España/Portugal
Espanha/Portugal
Espagne/Portugal
Spanje/Portugal
Spanien/Portugal
Spain/Portugal
Spagna/Portugallo

Golfe d
ATLANTIC
OCEAN
Pta de la Estaca de Bares
A CORUÑA
Ferrol
Viveiro
Ribadeo
Luarca
Avilés
GIJÓN
Ribadesella
SANT
Betanzos
Villalba
Tineo
OVIEDO
Mieres
Unquera
Torrelav
Picos de Europa 2648
Lugo
Santiago d. C.
Cabo de Finisterre
Riaño
Reinosa
Villablino
Lalín
LEÓN
Herrera de Pisuerga
Pontevedra
Ponferrada
Astorga
BURG
VIGO
Ourense
Miño
Sil
Puebla de Trives
Tui
Puebla de Sanabria
Mayorga
Verín
Benavente
Palencia
Viana do Castelo
Ponte da Barca
Bragança
Chaves
VALLADOLID
Braga
Guimarães
Zamora
Tordesillas
Cuéllar
Vila Real
Torre de Moncorvo
Douro
Medina del Campo
PORTO
Lamego
Tormes
SALAMANCA
Segovia
Aveiro
Albergaria a-V.
Viseu
Celorico da Beira
Villacastín
Mondego
Vilar Formoso
Ciudad Rodrigo
Ávila
Guarda
Piedrahita
Covilhã
Béjar
Figueira da Foz
Coimbra
MADRI
Plasencia
Coria
Navalmoral d. l. M.
Talavera de la Reina
Maqueda
Castelo Branco
Leiria
Toledo
Tajo
Tomar
Caldas da Rainha
Torres Novas
Abrantes
Cáceres
Peniche
Apalhão
Valencia de Alcántara
Trujillo
Guadalupe
Santarém
Portalegre
Guadiana
Vila Franca de Xira
Tejo
Mérida
Puebla d. A.
Puebla d. D. R.
Ciuda Real
Cascais
Estremoz
Badajoz
LISBOA
Almadén
Castuera
Setúbal
Marateca
Évora
Zafra
Baía de Setúbal
Alcácer do Sal
Jerez d. l. Cab.
Fregenal d. l. Sierra
Peñarroya-Pueblonuevo
Grândola
Ferreira d. A.
Llerena
Espiel
Beja
Sines
Serpa
Montoro
Aljustrel
Aracena
Santa Olalla d. C.
CÓRDOBA
Odemira
Mértola
Valverde del C.
Lora del Río
Martos
Baena
Écija
Montilla
SEVILLA
Carmona
Lucena
Ayamonte
HUELVA
Portemão
Faro
Tavira
Lagos
Sagres
Osuna
Loja
Morón d. l. F.
GRA
Golfo de Cádiz
Antequera
Guadalquivir
JEREZ DE LA FRONTERA
Ronda
MÁLAGA
Marbella
Torremolinos
CÁDIZ
San Fernando
Algeciras
La Linea d. l. C.
Gibraltar (Gr. Br.)
Tarifa
Estrecho de Gibraltar
Ceuta (Esp.)
TANGER
TETOUAN
Larache
Chechaouèn
Al-Hoceima
Ksar el-Kebir
AL-MAG
(MAROC)
Casablanca
P O R T U G A L
E S P

Bordeaux
Montauban
Lyon
Mont-de-Marsan
Gaillac
Albi
NÎMES
Arles
Marseille
MONTPELLIER
TOULOUSE
Lacaune
Castres
Pézenas
Dax
Aire-s.-l'A.
Auch
F R A N C E
Béziers
Sète
Orthez
Biarritz
Bayonne
Carcassonne
Narbonne
DONOSTIA
SAN SEBASTIAN
Tarbes
St-Martory
Pamiers
BILBAO
Pau
Oloron-Ste-Marie
Lourdes
Foix
Golfe du Lion
Tolosa
Irurzun
Quillan
PERPIGNAN
Alsasua
IRUÑA
PAMPLONA
Ax-les-Thermes
GASTEIZ
VITORIA
Estella
Jaca
Pico de Aneto 3404
ANDORRA
Andorra la V.
Puymorens
Port-Vendres
Bourg-Madame
Tafalla
LOGROÑO
la Seu d'Urgell
Figueres
l'Escala
Calahorra
Ejea d. l. C.
Huesca
Benabarre
Girona
Barbastro
Ponts
Vic
Manresa
Tossa de Mar
Soria
Tarazona
Sariñena
Ebro
Cervera
TERRASSA
Mataró
ZARAGOZA
Lleida
Igualada
BADALONA
Almazán
Bujaraloz
BARCELONA
Calatayud
Valls
Belchite
Reus
Medinaceli
Daroca
Gandesa
TARRAGONA
Alcañiz
Alcolea del Pilar
Molina d. A.
Montalbán
Tortosa
Monreal d. C.
Morella
Guadalajara
Sacedón
Vinaròs
Menorca
Illes Balears
Ciutadella
Maó
Teruel
Cuenca
Alcúdia
Mallorca
Sóller
CASTELLÓN
DE LA PLANA
Olivares de Júcar
Manacor
Sagunto
PALMA
D. M.
Utiel
Alarcón
Requena
VALENCIA
Santanyí
Golfo de Valencia
Cabrera
Cullera
La Roda
S. Antoni A.
Eivissa
Ibiza
Gandia
ALBACETE
Xàtiva
Denia
Almansa
Alcoy
Formentera
Alcaraz
Villena
Hellín
Segura
ELX
ALICANTE
Cieza
Caravaca d. l. Cr.
Orihuela
MURCIA
Huéscar
Cúllar d. B.
Lorca
CARTAGENA
Baza
Águilas
Guadix
Vera
ALMERÍA
Adra
MEDITERRANEAN SEA
ALGER
TIZI-OUZOU
Cherchell
Tipasa
Lakhdaria
Bouira
Ténès
BLIDA
Médéa
Tunis
Bir Ghabalou
Oued Chéliff
Khemis Miliana
Ech Cheliff
Ksar-El-Boukhari
Oued Rhiou
Aïn-El-Hadjel
MOSTAGANEM
Arzew
AL-JAZĀ'IR
ORAN
Relizane
Aïn Oussera
Tissemsilt
Mohammadia
Cap des Trois Fourches
Sig
Tiaret
(ALGÉRIE)
Mascara
Zahrez Rharbi
Melilla (Esp.)
Aïn-Témouchent
Sougueur
Ghazaouet
Frenda
Ahfir
Maghnia
TLEMCEN
Télagh
Saïda
Djelfa
Oujda

ATLANTIC OCEAN
A Coruña
A CORUÑA
Santiago de Compostela
LUGO
Lugo
GALICIA
Pontevedra
PONTEVEDRA
Ourense
OURENSE
PRINCIPADO DE ASTURIAS
Oviedo
Santander
CANTABRIA
LEÓN
León
PALEN-CIA
Palencia
BURGOS
Burgos
ZAMORA
Zamora
Valladolid
CASTILLA Y LEÓN
VALLADOLID
SEGOVIA
Segovia
Salamanca
SALAMANCA
Ávila
ÁVILA
C. DAD DE MADRID
MADRID
Guadalajara
ESP
VIANA DO CASTELO
Viana do Castelo
Braga
BRAGA
VILA REAL
Vila Real
Bragança
BRAGANÇA
PORTO
Porto
AVEIRO
Aveiro
VISEU
Viseu
GUARDA
Guarda
Coimbra
COIMBRA
CASTELO BRANCO
Castelo Branco
PORTUGAL
Leiria
LEIRIA
SANTARÉM
Santarém
Portalegre
PORTALEGRE
LISBOA
LISBOA
Setúbal
SETÚBAL
ÉVORA
Évora
Beja
BEJA
FARO
Faro
CÁCERES
Cáceres
EXTREMADURA
Badajoz
Mérida
BADAJOZ
Toledo
TOLEDO
CASTILLA-LA
Ciudad Real
CIUDAD REAL
CÓRDOBA
Córdoba
JAÉN
Jaén
HUELVA
Huelva
ANDALUCÍ
Sevilla
SEVILLA
GRANADA
Granada
MÁLAGA
Málaga
CÁDIZ
Cádiz
GIBRALTAR (U.K.)
CEUTA (ESP.)
Ceuta
Tanger
TANGER
Tétouan
TÉTOUAN
AL MAGHRIB (MAROC)
Larache
LARACHE
Chechaouene
CHECHA-OUENE
Al Hoceima
AL HOCEIMA
Nador
NADOR
KENITRA
CANARIAS
S. Cruz de Tenerife
C. CANARIA
Las Palmas de Gran Canaria
TENERIFE

F R A N C E
CHARENTE-MARITIME
CHARENTE
Angoulême
Limoges
LIMOUSIN
CORRÈZE
Tulle
PUY-DE-DÔME
AUVERGNE
LOIRE
RHÔNE
St.-Étienne
Chambéry
RHÔNE-ALPES
SAVOIE
Grenoble
ISÈRE
HAUTE-LOIRE
Le Puy
CANTAL
Aurillac
Valence
Privas
ARDÈCHE
DRÔME
HAUTES-ALPES
Gap
PROVENCE-ALPES-CÔTE D'AZUR
ALPES-DE-HAUTE-PROVENCE
Digne
ALPES-MARITIMES
Nice
MONACO
VAUCLUSE
Avignon
BOUCHES-DU-RHÔNE
Marseille
VAR
Toulon
Périgueux
DORDOGNE
Bordeaux
GIRONDE
LOT-ET-GARONNE
Agen
AQUITAINE
LANDES
Mont-de-Marsan
PYRÉNÉES-ATLANTIQUES
Pau
LOT
Cahors
AVEYRON
Rodez
TARN-ET-GARONNE
Montauban
MIDI-PYRÉNÉES
Albi
TARN
GERS
Auch
Toulouse
HAUTE-GARONNE
Tarbes
HAUTES-PYRÉNÉES
ARIÈGE
Foix
Mende
LOZÈRE
LANGUEDOC-ROUSSILLON
GARD
Nîmes
Montpellier
HÉRAULT
Carcassonne
AUDE
Perpignan
PYRÉNÉES-ORIENTALES
ITALIA
TORINO
Torino
PIEMONTE
VERCELLI
Vercelli
ASTI
Asti
CUNEO
Cuneo
SAVONA
IMPERIA
Imperia
ANDORRA
ANDORRA LA VELLA
Pamplona
UNIDAD FORAL DE NAVARRA
HUESCA
Huesca
ZARAGOZA
Zaragoza
ARAGÓN
LLEIDA
Lleida
CATALUNYA
GIRONA
Girona
BARCELONA
Barcelona
TARRAGONA
Tarragona
TERUEL
Teruel
A
CASTELLÓ
Castelló de la Plana
COMUNIDAD VALENCIANA
VALENCIA
Valencia
Albacete
ALACANT
Alacant
REGION DE MURCIA
Murcia
Palma de Mallorca
ISLAS BALEARS
MEDITERRANEAN SEA
AL JAZĀ'IR (ALGÉRIE)
AL JAZĀ'IR
Skikda
SKIKDA
Jijel
JIJEL
Béjaïa
BÉJAÏA
TIZI OUZOU
Tizi Ouzou
QACENTINA
Qacentina
Qum el Bouagul
QUM EL BOUAGUL
EL BOULAÏDA
El Boulaïda
Bouira
BOUIRA
Stif
STIF
ECH-CHELIFF
Ech-Cheliff
Lemdiyya
LEMDIYYA
MESTGHANEM
Mestghanem
Wahrān
WAHRĀN
MOUASKAR
Mouaskar
SIDI BEL ABBÈS
Sidi Bel Abbès
TILIMSEN
Tilimsen
SAÏDA
Tihert
TIHERT
EL DJELFA
El Djelfa
M'Sila
M'SILA
TBESSA
Batna
BATNA
Beskra
BESKRA

Índice · Índice · Sommaire · Inhoud
Inhaltsverzeichnis · Contents · Indice · Innehållsförteckning

Autopistas y rutas de larga distancia Autoestrada e estrada de longa distância Autoroutes et routes de grande liaison Autosnelwegen en belangrijke verbindingswegen	II-III	Autobahnen und Fernstraßen Motorways and trunk roads Autostrade e strade di grande comunicazione Motorvägar och genomfartsleder
Mapa administrativo Mapa administrativo Carte administrative Administrative kaart	IV-V	Verwaltungskarte Administrative area map Carta amministrativa Politisk indelning
Signos convencionales 1:300.000 Sinais convencionais 1:300.000 Légende 1:300.000 Legenda 1:300.000	VII-VIII	Zeichenerklärung 1:300.000 Legend 1:300.000 Segni convenzionali 1:300.000 Teckenförklaring 1:300.000
Mapa índice Corte dos mapas Carte d'assemblage Overzichtskaart	1	Kartenübersicht Key map Quadro d'unione Kartöversikt
Mapas 1:300.000 Mapas 1:300.000 Cartes 1:300.000 Kaarten 1:300.000	2-176	Karten 1:300.000 Maps 1:300.000 Carte 1:300.000 Kartor 1:300.000
Índice de topónimos Índice dos topónimos Index des localités Register van plaatsnamen	177-256	Ortsnamenverzeichnis Index of place names Elenco dei nomi di località Ortnamnsförteckning
Planos de ciudades 1:20.000 Planos de cidades 1:20.000 Plans de villes 1:20.000 Stadsplattegronden 1:20.000	257-272	Stadtpläne 1:20.000 City maps 1:20.000 Piante di città 1:20.000 Stadskartor 1:20.000
Mapas 1:4.500.000 Mapas 1:4.500.000 Cartes 1:4.500.000 Kaarten 1:4.500.000	1-16	Karten 1:4.500.000 Maps 1:4.500.000 Carte 1:4.500.000 Kartor 1:4.500.000

Signos convencionales · Sinais convencionais
Légende · Legenda
1:300.000

TRAFICO - TRÂNSITO		CIRCULATION - VERKEER
(E) (P) Autopista con enlace - Medio enlace - Estación de servicio - con área de descanso - Restaurante - con motel Auto-estrada com acesso - meio acesso - posto de gasolina - com bar - Restaurante - com motel	Mollet 20 21 Medol	Autoroute avec échangeur - Demi-échangeur - Poste d´essence - avec snack - Restaurant - avec motel Autosnelweg met op- en afritten - met of oprit of afrit - Benzinestation met snackbar - Restaurant - met motel (F) (NL)
Soló una calzada - en construcción - en proyecto Sô uma via - em construção - projectada		Seulement une chaussée - en construction - en projet Slechts een rijbaan - in aanleg - gepland
Carretera de cuatro o más carriles, de una o dos calzadas - en construcción Estrada com quatro ou mais faixas, de uma ou duas vias - em construção		Route à quatre ou plusieurs voies, à une ou deux chaussées - en construction Weg met vier of meer rijstroken, een of twee rijbanen - in aanleg
Carretera nacional - Carretera principal importante - en construcción Estrada nacional - Estrada principal importante - em construção		Route nationale - Route principale importante - en construction Rijksweg - Belangrijke hoofdweg - in aanleg
Carretera principal - Carretera secundaria Estrada principal - Estrada secundária		Route principale - Route secondaire Hoofdweg - Overige verharde wegen
Camino vecinal (sólo transitable con restricciones) - Sendéro Estrada (a trânsito condicionado) - Caminho		Chemin carrossable (pratibilité non assurée) - Sentièr Weg (beperkt berijdbaar) - Voetpad
Estado de las carreteras: polvoriento - muy malo Condição das estradas: poeirenta - muito má		Etat des routes: route sans revêtement - route en très mauvais état Toestand van het wegdek: onverhard - zeer slecht
Numero di strada europea Número de estrada europeia	E 6	Numéro des routes européennes Europawegnummer
Pendiente - Carretera de puerto de montana cerrado en invierno (de - a) Subida - Desfiladeiro fechado de inverno (de.. a..)	10% X - IV	Côte - Col fermé en hiver (de - à) Helling - Pas 's-winters gesloten (van - tot)
No aconsejable para caravanas - prohibido Não recomendável para roulotes - vedado		Non recommandé aux caravans - interdit Voor caravans niet aanbevolen - verboden
Distancias en kilómetros en autopistas Quilometragem em auto-estradas	75 30 45	Distances sur autoroutes en km Afstand in km op autosnelwegen
Distancias en kilómetros en las demàs carreteras Quilometragem em outras estradas	35 25 10	Distances sur autres routes en km Afstand op overige wegen in km
Ferrocarril principal - secondario (con estación o apeadero) Linha principal de caminho-de-ferro - Ramal (com estação resp. apeadeiro)		Chemin de fer principal - Chemin de fer secondaire (avec gare ou haltes) Belangrijke Spoorweg - Spoorweg (met station)
Ferrocarril (sólo para transporte de mercansias) - Funicular o cremallera Caminho-de-ferro (só para transporte de mercadorias) - ~ de gramalheira ou funicular		Chemin de fer (trafic de marchandises) - Chemin de fer à crémaillère ou funiculaire Spoorweg (alleen goederenverkeer) - Tandradbaan of kabelspoorweg
Teleférico - Telesilla - Telesqui Teleférico - Teleférico de cadeiras - Tele-esqui		Téléphérique - Télésiège - Téléski Kabelbaan - Stoeltjeslift - Skilift
Ferrocarril con transporte de automóviles - Línea maritima Autoverladung - Ligação maritima		Navette par voie ferrée pour autos - Ligne maritime Autoverlading - Scheepvaartlijn
Línea maritima con transporte de automóviles - Transportador fluvial de automóviles Ligação maritima com transporte de automóveis - Batelões para automóveis nos rios		Ligne maritime avec transport de voitures - Bac autos (rivière) Scheepvaartlijn met autovervoer - Autoveer over rivier
Carretera turística - Recorrido pintoresco Trajecto turístico - Itinerário pitoresco		Route touristique - Itinéraire pittoresque Toeristische route - Landschappelijk mooie route
Peaje - Carretera de peaje - Carretera cerrada al tráfico Portagem - Estrada sujeita a portagem - Estrada vedada a automóveis		Péage - Route à péage - Route interdite Tol - Tolweg - Verboden voor auto's
Aeropuerto - Aeródromo - Aeródromo de planeadores - Helipuerto Aeroporto - Aeródromo - Aeródromo para planadores - Heliporto		Aéroport - Aérodrome - Terrain pour vol à voile - Héliport Luchthaven - Vliegveld - Zweefvliegveld - Heliport

CURIOSIDADES - PONTOS DE INTERESSE		CURIOSITES - BEZIENSWAARDIGHEDEN
Población de especial interés Pavoação com interesse especial	MADRID	Localité pittoresque Zeer bezienswaardige plaats
Población de interés Pavoação interessante	ÁGUILAS	Localité remarquable Bezienswaardige plaats
Monumento artístico de especial interés Monumento artístico de interesse especial	*Alhambra*	Bâtiment très intéressant Zeer bezienswaardig gebouw
Monumento artístico de interés Monumento artístico interessante	*Castillo* *Catedral*	Bâtiment remarquable Bezienswaardig gebouw
Curiosidad natural de notable interés Grande beleza natural	*Palmeral de Elche*	Curiosité naturelle intéressant Zeer bezienswaardig natuurschoon
Otras curiosidades Outros pontos de interesse	*Mini Hollywood*	Autres curiosités Overige bezienswaardigheden
Jardín botánico - Jardín zoológico - Reserva de animales Jardim botânico - Jardim zoológico - Reserva de animais		Jardin botanique - Jardin zoologique - Parc à gibier Botanische tuin - Dierentuin - Wildpark
Parque nacional, parque natural - Vista panorámica Parque nacional, reserva - Miradouro		Parc national, parc naturel - Point de vue Nationaal park, natuurpark - Uitzichtpunt
Castillo, palacio - Monasterio - Ruinas - Iglesia - Capilla Castelo, palácio - Mostreiro - Ruinas - Igreja - Capela		Château- fort, Château - Monastère - Ruines - Église - Chapelle Burcht, slot - Klooster - Ruïnes - Kerk - Kapel
Torre - Torre de radio o de TV - Monumento - Cueva Torre - Antena de rádio ou TV - Monumento - Caverna		Tour - Tour radio ou télévision - Monument - Grotte Toren - Radio- of televisietoren - Monument - Grot
Faro - Buque faro - Molino de viento Farol - Navio-farol - Moinho de vento		Phare - Bâteau- phare - Moulin à vent Vuurtoren - Lichtschip - Windmolen

OTROS DATOS - DIVERSOS		AUTRES INDICATIONS - OVERIGE INFORMATIE
Albergue de juventud - Motel - Hotel o fonda aislados - Refugio de montana Albergue de juventude - Motel - Hotel ou estalagem isolados - Albergue de montanha		Auberge de jeunesse - Motel - Hôtel ou auberge isolés - Refuge de montagne Jeugdherberg - Motel - Afgelegen hotel of restaurant - Berghut
Camping todo el año - sólo en verano Parque de campismo aberto todo o ono - só de verao		Terrain de camping, permanent - saisonnier Camping, het gehele jaar - 's-zomers
Playa - Banos (playa) - Piscina descubierta - Balneario medicinal Praia recomendável - Praia com balneários - Piscina - Termas		Plage recommandée - Baignade - Piscine - Station thermale Strand met zwemgelegenheid - Strandbad - Openlucht- zwembad - Geneeskrachtige badplaats
Campo de golf - Puerto deportivo - Pesca submarina prohibida Área de golfe - Ancoradouro - Caça submarina proibida		Terrain de golf - Port de plaisance - Pêche sous-marine interdite Golfterrein - Jachthaven - Jagen onder water verboden
Granja aislada - Centro de vacaciones Quinta isolada - Aldeia turística		Ferme - Village de vacances Vrijstaande boerderij - Vakantiedorp
Frontera de estado - Paso fronterizo - Frontera regional Fronteira nacional - Posto fronteiriço - Limite de administrativo		Frontière d´Etat - Passage frontalier - Limite des régions Rijksgrens - Grensovergang - Regionale grens
Costa de aguas bajas - Arena y dunas Estuário - Areia e dunas		Mer recouvrant les hauts-fonds - Sable et dunes Bij eb droogvallende gronden - Zand en duinen
Bosque - Brezal Floresta - Charneca		Bois - Lande Bos - Heide
Glaciar - Zona prohibida Glaciar - Zona interdita		Glacier - Zone interdite Gletsjer - Verboden gebied

Zeichenerklärung · Legend
Segni convenzionali · Teckenförklaring
1:300.000

D GB | I S

VERKEHR - TRAFFIC | COMUNICAZIONI - TRAFIK

Autobahn mit Anschlußstelle - Halbanschlußstelle - Tankstelle - mit Kleinraststätte - Rasthaus - mit Motel Motorway with junction - Half junction - Filling station - with snackbar - Restaurant - with motel	Mollet 20 21 Medol	Autostrada con raccordi - Semi-raccordo - Stazione di servizio - con posto di ristoro - Ristorante - con motel Motorväg med trafikplats - Endast av- eller påfart - Bensinstation - med servering - Värdshus - med motell
Nur einbahnig - in Bau - geplant Only single carriageway - under construction - projected		Solo una carreggiate - in costruzione - progettata Endast en vägbana - under byggnad - planerad
Vier- oder mehrspurige Autostraße, ein- oder zweibahnig - in Bau Road with four or more lanes, single or dual carriageway - under construction		Strada a quattro o più corsie, a una o due carreggiate - in costruzione Väg med fyra eller flera körfält, en eller två vägbanor - under byggnad
Bundes- bzw. Staats- oder Nationalstraße - Wichtige Hauptstraße - in Bau National or federal road - Major main road - under construction		Strada statale - Strada principale di particolare importanza - in costruzione Genomfartsled - Viktig huvudled - under byggnad
Hauptstraße - Nebenstraße Main road - Secondary road		Strada principale - Strada secondaria Huvudled - Sidogata
Fahrweg (nur bedingt befahrbar) - Fußweg Practicable road (restricted passage) - Footpath		Strada carrozzabile (non sempre percorribile) - Sentiero Väg (delvis användbar för biltrafik) - Vandringsled
Straßenzustand: nicht staubfrei - sehr schlecht Road condition: unsealed - very bad		Stato delle strade: senza rivestimento antipolvere - in cattive condizioni Vägbeskaffenhet: ej dammfritt - mycket daligt
Europastraßennummer Number of main european route	E 6	Numero di strada europea Europavägnummer
Steigung - Paßstraße mit Wintersperre (von - bis) Gradient - Mountain pass closed in winter (from - to)	10% X - IV	Pendenza - Valico con chiusura invernale (da - a) Stigning - Väg över pass med vinterspärrtid (fran - till)
Für Caravans nicht empfehlenswert - verboten Not suitable - closed for caravans		Non raccomandabile alle roulottes - divieto di transito alle roulottes Väg ej lämplig för husvagn - spärrad för husvagn
Kilometrierung an Autobahnen Distances on motorways in km	75 30 45	Distanze chilometrica autostradale Afstånd i km vid motorvägar
Kilometrierung an übrigen Straßen Distances on other roads in km	35 25 10	Distanze chilometrica su altre strade Afstånd i km vid övriga vägar
Hauptbahn - Nebenbahn (mit Bahnhof bzw Haltepunkt) Main railway - Other railway (with station or stop)		Ferrovia principale - secondaria (con stazione o fermata) Huvudjärnweg - Mindre viktig järnweg (med station resp. hållplats)
Eisenbahn (nur Güterverkehr) - Zahnrad- oder Standseilbahn Railway (freight haulage only) - Rackrailway or cabin lift		Ferrovia (solo per trasporto merci) - Funicolare o ferroviaa cremagliera Järnväg (endast godstransport) - Linbana eller bergbana
Seilschwebebahn - Sessellift - Skilift Cable lift - Chair lift - T-bar		Funivia - Seggiovia - Sciovia Kabinbana - Stollift - Släplift
Autoverladung - Schiffahrtslinie Railway ferry for cars - Shipping route		Trasporto automobili per ferrovia - Linea di navigazione Järnväg med biltransport - Batförbindelse
Schiffahrtslinie mit Autotransport - Autofähre an Flüssen Car ferry route - Car ferry on river		Linea di navigazione con trasporto auto - Trasporto auto fluviale Båtförbindelse med biltransport - Flodfärja
Touristenstraße - Landschaftlich schöne Strecke Tourist road - Scenic road		Strada d´interesse turistico - Percorso panoramico Turistled - Naturskön vägstrecka
Mautstelle - Gebührenpflichtige Straße - für Kfz gesperrt Toll - Toll road - Road closed for motor traffic		Stazione a barriera - Strada a pedaggio - Strada chiusa al traffico automobilistico Vägavgift - Avgiftsbelagd väg - Väg sperrad för biltrafik
Flughafen - Flugplatz - Segelflugplatz - Hubschrauberlandeplatz Airport - Airfield - Gliding field - Heliport		Aeroporto - Campo di atterraggio - Campo di atterraggio per alianti - Eliporto Större trafikflygplats - Flygplats - Segelflygfält - Landningsplats för helikopter

SEHENSWÜRDIGKEITEN - PLACES OF INTEREST | INTERESSE TURISTICO - SEVÄRDHETER

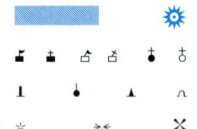

Besonders sehenswerter Ort Place of particular interest	MADRID	Località di grande interesse Mycket sevärd ort
Sehenswerter Ort Place of interest	ÁGUILAS	Località di notevole interesse Sevärd ort
Besonders sehenswertes Bauwerk Building of particular interest	*Alhambra*	Costruzione di grande interesse Mycket sevärd byggnad
Sehenswertes Bauwerk Interesting building	*Castillo* *Catedral*	Costruzione di notevole interesse Sevärd byggnad
Besondere Natursehenswürdigkeit Natural object of particular interest	*Palmeral de Elche*	Curiosità naturale particolarmente interessante Särskilt intressant natursevärdhet
Sonstige Sehenswürdigkeit Other object of interest	*Mini Hollywood*	Curiosità di altro tipo Annan sevärdhet
Botanischer Garten - Zoologischer Garten - Wildgehege Botanical gardens - Zoological gardens - Game park		Giardino botanico - Giardino zoologico - Zona faunistica protetta Botanisk trädgård - Zoologisk trädgård - Djurpark
Nationalpark, Naturpark - Aussichtspunkt National park, nature park - Viewpoint		Parco nazionale, parco naturale - Punto panoramico Nationalpark, naturpark - Utsiktsplats
Burg, Schloß - Kloster - Ruinen - Kirche - Kapelle Castle - Monastery - Ruins - Church - Chapel		Castello - Monastero - Rovine - Chiesa - Cappella Borg, slott - Kloster - Ruiner - Kyrka - Kapell
Turm - Funk- oder Fernsehturm - Denkmal - Höhle Tower - Radio- or TV tower - Monument - Cave		Torre - Pilone radio o TV - Monumento - Grotta Torn - Radio- eller TV- torn - Monument - Grotta
Leuchtturm - Feuerschiff - Windmühle Lighthouse - Lightship - Windmill		Faro - Nave faro - Molino a vento Fyr - Fyrskepp - Väderkvarn

SONSTIGES - OTHER INFORMATION | ALTRI SEGNI - ÖVRIGT

Jugendherberge - Motel - Alleinstehendes Hotel oder Gasthaus - Berghütte Youth hostel - Motel - Isolated hotel or inn - Mountain hut		Ostella della gioventù - Motel - Albergo o locanda isolati - Rifugio montagna Vandrarhem - Motel - Enslig hotell eller gästgiveri - Raststuga
Campingplatz, ganzjährig - nur im Sommer Camping site, permanent - seasonal		Campeggio aperto tutto l´anno - stagionale Campingplats hela året - endast under sommaren
Guter Badestrand - Strandbad - Schwimmbad - Heilbad Recommended beach - Bathing place - Swimming pool - Spa		Spiaggia - Balneare - Piscina (all´aperto) - Terme Badstrand - Strandbad - Friluftsbad - Badort
Golfplatz - Boots- und Yachthafen - Unterwasserjagd verboten Golf course - Harbour for boats and yachts - Underwater fishing prohibited		Campo da golf - Attraco natanti - Caccia subacquea divieto Golfbana - Småbåtshamn - Undervattensjakt förbjuden
Einzelhof - Feriendorf Isolated building - Holiday bungalows		Fattoria isolata - Località di soggiorno Gard - Stugby
Staatsgrenze - Grenzübergang - Verwaltungsgrenze International boundary - Border crossing point - Administrative boundary		Confine di stato - Passaggio di frontiera - Frontera regional Statsgräns - Gränsövergång - Regionsgräns
Wattenmeer - Sand und Dünen Tidal flat - Sand and dunes		Basso fondale - Sabbia e dune Omrade som torrlägges vid ebb - Sand och dyner
Wald - Heide Forest - Heath		Bosco - Brughiera Skog - Hed
Gletscher - Sperrgebiet Glacier - Restricted area		Ghiacciaio - Zona vietata Glaciär - Militärt skyddsomrade

Mapa índice · Corte dos mapas · Carte d'assemblage · Overzichtskaart
Kartenübersicht · Key map · Quadro d'unione · Kartöversikt
1:300.000

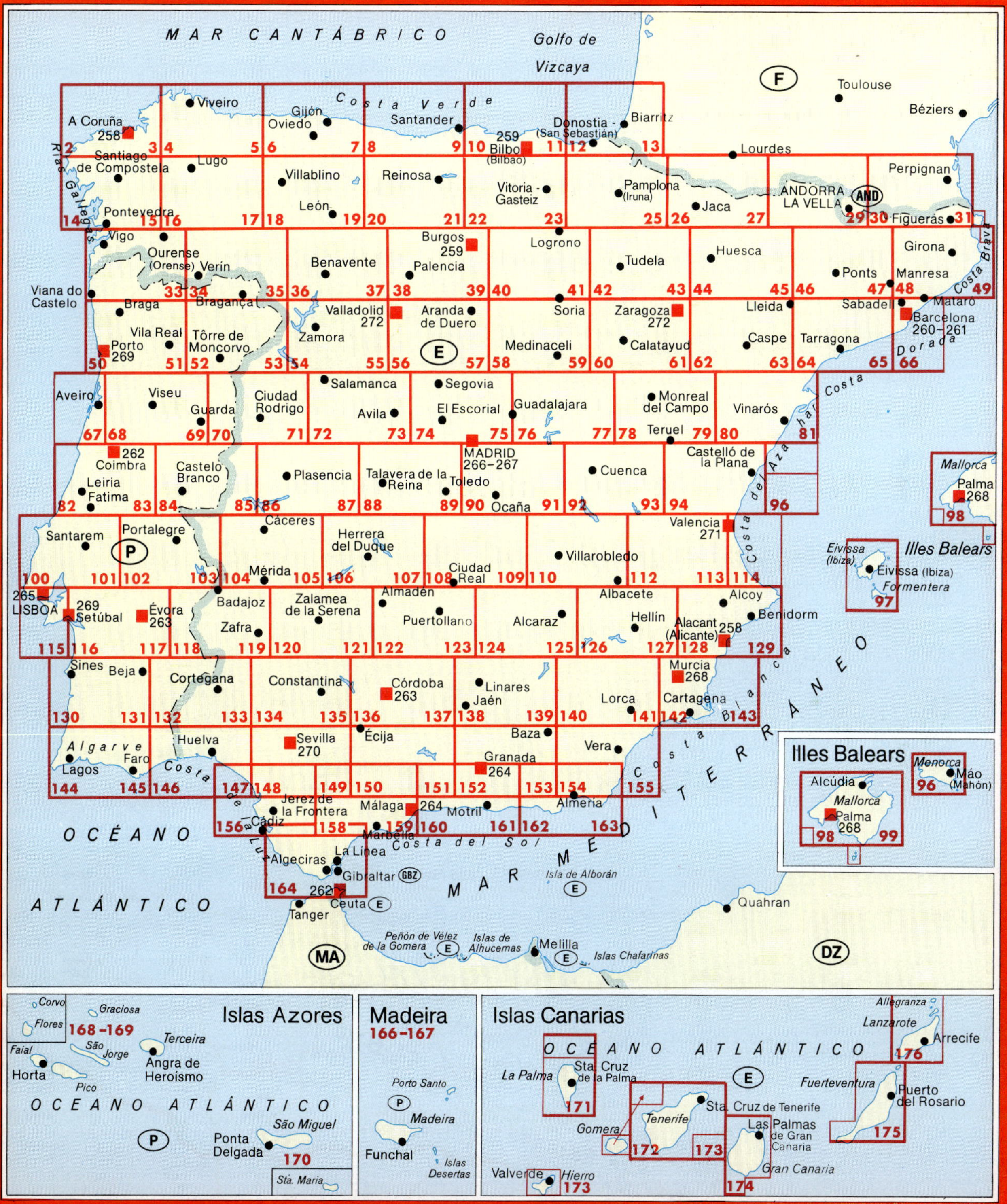

1:300.000

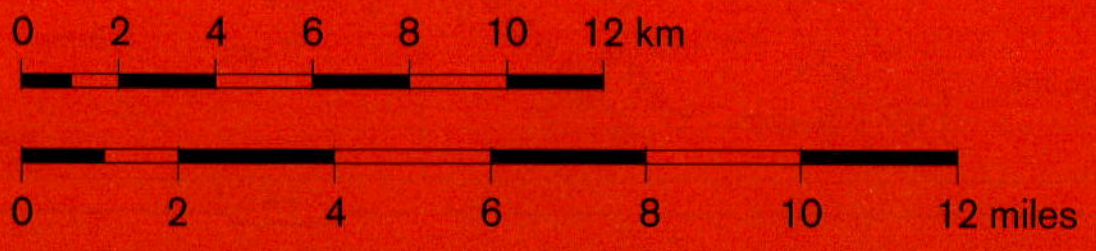

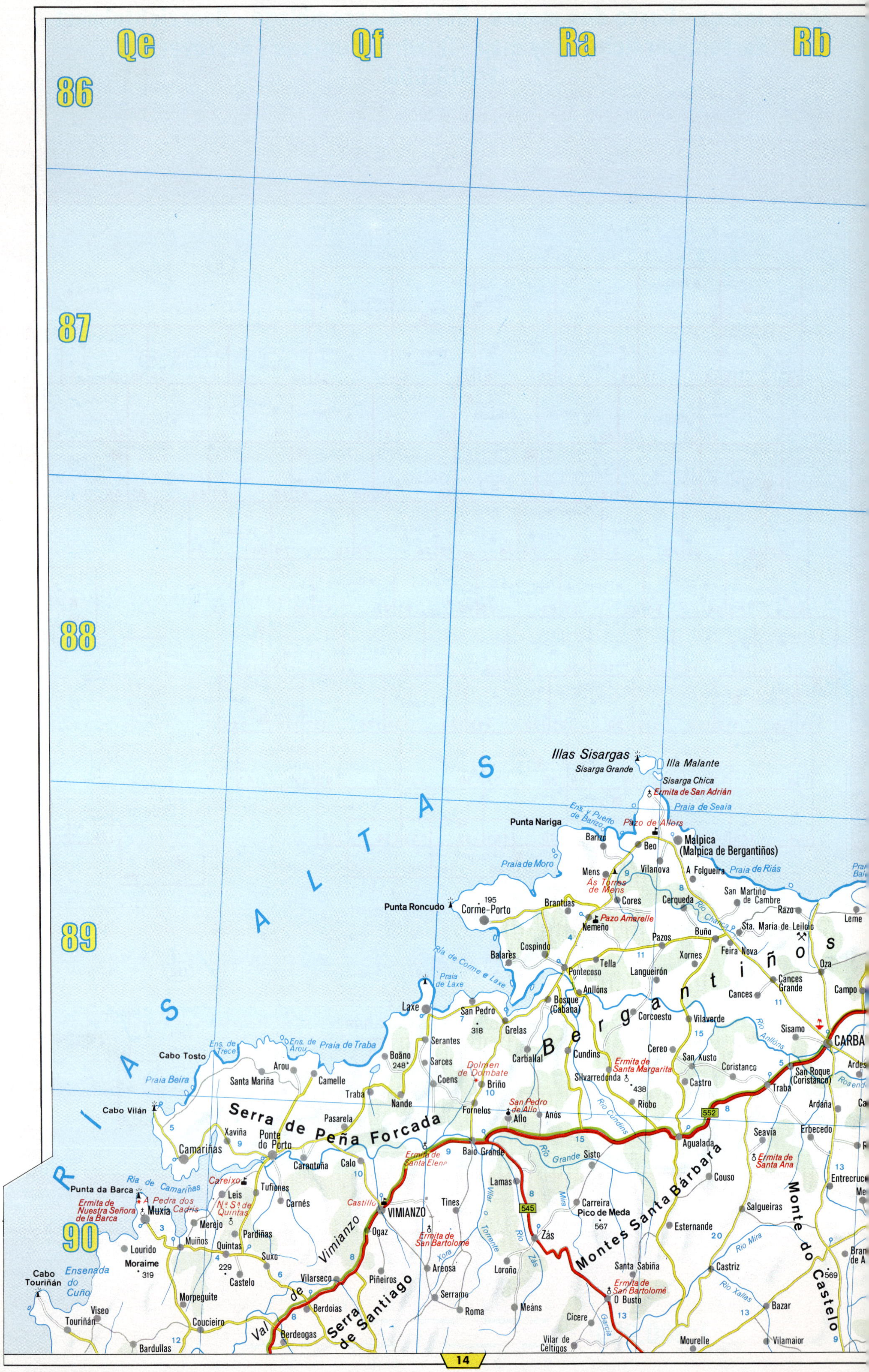

Qe
Qf
Ra
Rb
86
87
88
89
90
RIAS ALTAS
Illas Sisargas
Sisarga Grande
Illa Malante
Sisarga Chica
Ermita de San Adrián
Praia de Seaia
Ens. y Puerto de Barizo
Pazo de Allens
Punta Nariga
Barizo
Beo
Malpica
(Malpica de Bergantiños)
Praia de Moro
Mens
As Torres de Mens
Vilanova
A Folgueira
Praia de Riás
Cores
Cerqueda
San Martiño de Cambre
Razo
Punta Roncudo
195
Corme-Porto
Brantuas
Pazo Amarelle
Nemeño
Río Chanca
Sta. María de Leiloio
Leme
Buño
Pazos
Cospindo
Feira Nova
Balarés
Xornes
Oza
Ría de Corme e Laxe
Tella
Pontecoso
Langueirón
Praia de Laxe
Anllóns
Cances Grande
Campo
Cances
Bergantiños
Laxe
San Pedro
Bosque (Cabana)
Corcoesto
Vilaverde
Sisamo
CARBA
318
Grelas
Ens. de Trece
Ens. de Arou
Praia de Traba
Serantes
Boaño
248
Cabo Tosto
Carballal
Cundins
Cereo
San Xusto
Río Anllóns
Ardes
Arou
Sarces
Dolmen de Dombate
Ermita de Santa Margarita
Coristanco
San Roque (Coristanco)
Praia Beira
Santa Mariña
Camelle
Coens
Silvarredonda
Castro
Traba
Briño
438
Rosende
Traba
Nande
Riobo
Cabo Vilán
San Pedro de Allo
Río Cundins
Ardaña
Serra de Peña Forcada
Pasarela
Fornelos
Allo
Anós
552
Xaviña
Ponte do Porto
Erbecedo
Seavía
Camariñas
Ermita de Santa Elena
Baio Grande
Río Grande
Sisto
Agualada
Carantoña
Calo
Ermita de Santa Ana
Ría de Camariñas
Punta da Barca
Careixo
Tufiones
Lamas
Couso
Entrecruce
A Pedra dos Cadris
Leis
Carnés
Carreira
Ermita de Nuestra Señora de la Barca
Nª Sª de Quintas
Castillo
VIMIANZO
Tines
Pico de Meda
545
Salgueiras
Muxía
Merejo
Ogaz
Ermita de San Bartolomé
Vilar o Torrente
Río Zás
Mira
Zás
567
Esternande
Montes Santa Bárbara
Monte do Castelo
Lourido
Muiños
Pardiñas
Quintas
Xora
Río Mira
Moraime
319
229
Suxo
Val de Vimianzo
Areosa
Loroño
Santa Sabiña
Castriz
Cabo Touriñán
Ensenada do Cuño
Castelo
Vilarseco
Piñeiros
Ermita de San Bartolomé
O Busto
569
Morpeguite
Serrano
Río Xallas
Viseo
Berdoias
Roma
Meáns
Bazar
Touriñán
Coucieiro
Serra de Santiago
Cicere
Río García
Berdeogas
Vilar de Céltigos
Mourelle
Vilamaior
Bardullas

14

Rc
Rd
Re
Rf
RÍAS ALTAS
Punta Robaliceira
Punta Candelaria
San Andrés de Teixido
Chimparra
Golmar
Punta Ardillosa
Cervo
Ría de Cedeira
Praia de Arealonga
Cedeira
Serra da
Montoxo
Esteiro
Punta Corveira
Pantín
Praia de Frouxeira
Vilarrube
Vila da Iglesia (Cerdido)
Punta Frouxeira
Lagares
Embalse de das Forcadas
Atios
Seixas
Felgosas
Praia de Casal
Taraza
Lago de Frouxeira
Montefaro
Agudo
Monte
Pena
Aviño (Valdoviño)
Abad
Praia de Ponzo
Cabo Prior
Praia de Sta. Comba
Canteiros
Monte
Lagoa
Val
Sedes
San Ramón
Pedreira
Castillo
Moeche
Praia de San Xorxe
Raxón
Sobecos
Av. do Marqués de Figueroa
Illa Herbosa
Esmelle
Trasancos (S. Mateo)
Gándara
Pedroso (Narón)
(San Saturnino)
Pereiro (Moeche)
Vila de Area
Illa Gabeiras
A Mariña
Xubia
Ferreira
Serantellos
Trasancos
Penavidreira
Praia de Doniños
Doniños
Balón
Faisca
Neda
Castillo de Narahío
Igrexafeita
FERROL
La Graña
Pereiro
Castillo de San Felipe
Ría de Ferrol
Foxas (Fene)
Serra de Forgoselo
Vilar de Mouros
Penadeiriz
Cabo Prioriño Chico
Castillo de la Palma
Xuncede
Mugardos
San Marcos
Filgueiras
Punta Coitelada
San Pedro de Cervás
Ens. de Areosa
Lavandeira
Belelle
Ares
Laraxe
As Neves
Goente
Eirines
Filgueiras
Redes
Fontardión
Praia de Raso Ares
Cabañas
Río Eume
Convento de Caaveiro
Punta Torrella
Ría de Ares
PONTEDEUME
Torre de Andrade
Central del Eume
Eume
Santa María de Dexo
Praia de Ber
Torre de Hércules
Punta Herminia
Lorbé
Boebre
Campolongo
Andrade
Taboada
Embalse del Eume
San Xulián de Serantes
Castillo Andrade
Serra de Queixeiro
A CORUÑA
Ens. del Orzán
Castillo de Praderas
Castillo de San Antón
San Cosme de Maianca
Veigue
Carnoedo
Ría de Betanzos
Perbes
Grandal
Curbeiras
Río Vilariño
Ens. de Becha
Pastoriza
Nostián
Leocadia de Perillo
Santa Cruz
Meirás
Sada
Lairo
Armada
Montelongo
Central Termica de Sabón
Suevos
Golf
Santa María de Oleiros
Soñeiro
Ouces
Carreira
A Coruña
Fontaiña
San Pedro de Nos
San Xorxe de Irás
Carrió (Bergondo)
Viñas
Vilamateo
Graña
Rebordelo (Monfero)
Monfero
Castro
Oseiro
El Burgo/Aeropuerto
Cambre/Mabegondo
Pazo de Mariñán
Tercia
Lambre
Ambroa
Viña
Xestal
Honforo (Sta. Xuliana)
Cañedo
Laión
Campo
A Baiuca (Arteixo)
Rutis
Uges
o Burgo
Sigrás
Cambre
Guísamo
BETANZOS
Lagoa
A Estrela
Lañas
Foxo
Tarrío (Culleredo)
Aeropuerto de Alvedro
Cuatro Caminos
Brexo
Consistorio (Paderne)
Vigo
Pazo de Irixoa (Irixoa)
Sta. Leocadia
Canzobre
Brigantium Flavium
Torres de Ciobre
Bregua
Ledoño
Ancéis
Andeiro
Bribes Pequeno
Orto
Cortiñán
Aldea de Cela
Ascabanas
Payosaco
Montes de Santa Leocadia
Celas
Emb. de Cecebre
Sta. María de Vigo
Churic
Cambás
Laracha
San Paio
Castillo de Celas de Peiro
Tabeaio
Mabegondo
Limiñón
Sta. Eulalia
Veris
Lousa
Soutullo
Ermita de Santa Marta
Castelo
Coirós de Arriba (Coirós)
Golmar
Paradela
Mte do Xalo
Paleo
Carral
Torre San Tirso
Cos
Vivente
Callobre
Parada
Feas
Muniferral
Ponte-Aranga (Aranga)
Río Anllóns
San Marco (Abegondo)
Río Mendo
Montes de Montemaior
Meirama
Quembre
Nogueiras
Cines
Salto
Oza (Oza dos Ríos)
Fervenzas
Montesalgueiro
Cordal de Montouto
Montemaior
As Encrobas
Presedo
Mandaio
Rodeiro
Torrelavandeira
Castellana
Pto Portevello
Cerceda
Sumio
Hervés
Burricios
Aranga
Serra de Cedeira
Río Barcés
Traviesas
Paderne
LAS MARIÑAS
Silva
Estación de Cerceda
Central Termica de Meirama
Vizoño
Vilacoba
Cesuras
Trasanquelos
Quiemada
Langostelle
Rodis
Queixas
Autopista del Atlántico
Castillo
Filgueira de Barranca
Couceiros
Mesón do Vento
Xestada
Pepín
Río de Vilasenín
Visantoña
Filgueira de Traba
Teixeiro (Curtis)
Paradela
Río Pedrouzo
Lesta
Leira
Cabrui
Montes da Tieira
Brixeira
Curtis-Estación
A Baiuca
San Xorxe
Pontepedra (Tordoia)
Mesía
Curtis (Santa Eulalia)
Portoziños
Ameixeira
Bascoi
Foxados
Penela
Gorgullos
Parada
ORDES
Abellá
Albixoi
Fisteus
Suavila
Sabugueira
Ordes
Xanceda
Cumbraos
Ciudadela
Cruces
Monzo
Calle
Carballal
Lanzá
Ru (Vilasantar)
Mezonzo
Gosende
Santiago de Compostela
15

Sa
Sb
Sc
Sd
86
87
88
89
90
R I A S A
Punta da Estaca de Bares
Porto de Bares
Vila de Bares
Punta do Limo
Cabo Ortegal
Punta Robaliceira
Limo
558
CARIÑO
Praia de Castro
Capelada
Pedra
Figueiroa
Sismundi
Landoi
Concepenido
575
Feás
Ponte de Mera
Campo del Hospital
Mera (Santiago)
Felgosas
San Xiao
Retorno
Enchousas
Garita (Somozas)
Recemel
Monte Pena dos Ladros
Espiñaredo
Ribadeume
Faeira
Bermui
Xestoso (Sta. María)
Serra da Loba
Vilariño
Bostelo
Reboira
Cezar
Pardiñas
GUITIRIZ
Balneario de Guitiriz
Mariz
Negradas
Anxeriz
838
Anafreita
Cova
Cabana
Nodar
Punta Maeda
Praia Sarridal
Picón
339
Loiba
Porto de Espasante
Espasante
Ladrido
ORTIGUEIRA
Ría de Santa Marta de Ortigueira
Couzadoiro (S. Salvador)
Cuiña
Freires
Miñán
Mera (Sta. María)
Ermo
Insua
Seixas
621
Caxado
756
Uceira
San Mamede
El Remedio
Emb. da Ribeira
As Pontes de García Rodríguez
Aparral
Touza
Cerveira
Piñeiro
Candieira
Pedreiro (Xermade)
Campo da Feira
Penas
Buriz
Requeixo
Ferreiros
Rego Pequeno
683
Parga
Parga (Sta. Cruz)
Quintán
Baamonde
Pacios
Puebla de Parga
Río Parga
Castro
Viris
Donalbai
Seixón
Miraz
Trasmonte
Rosende
Corda de Ousa
741
Ousá
Pena (Santa Eulalia)
Candai
Vicinte
Aspai
Uriz
Ermita de Santa Isabel
Robra
Outeiro de Rei
Rábade
Lugo
16
27
Braeile
493
Couzadoiro (S. Cristóbal)
Corbelle
Devesos
Serra da Faladoira
Castros
Cabanas
As Neves
Grañas
Penamoura
Deveso
Freixo
Rioseco
Muras
Roupar
1053
Chao
Pazo
Cabreiros
Santiago
Candamil
Santaballa
Cazás
Tardade
Distriz
Aldea
Belesar
Xestoselo
Montes de Ramalleira
Alba
Rebordaos
634
Noche
Gaibor
Trobo
Begonte
Vila Grande
Porto de Barqueiro (Mogor)
Garavide
San Fiz
Negradas
Riberas do Sor
Mosende
Riobarda
Caión (Mañón)
Escola
Bravos
A Maciñeira
Entrambosores
Sisto
Penabad
Pto de la Gañidoira
(720)
Paleira
Mte Guriscado
932
Irixoa
Serra da Carba
Lousada
Balsa
912
Vilapedre
Candía
Ferreira
Lanzós (S. Martín)
Vilate
VILLALBA
Par. Nacional Condes de Villalba
Goiriz
Cartemil
Cendán
532
Reboredo
Mato
Castillo de Candaloba
Pino
Vicedo
Valle (S. Esteban)
Illa Coelleira
Praia Arca Grande
Valle (S. Román)
Folgueiro
Covas
Celeiro
VIVEIRO
Santa María del Campo
Murallas
Vieiro
Igrexa
Penedo Gordo
521
Merille
Monte Couteiro
Ourol
Belsar
Silan
Viveiro
Aborbó
Serra do Xistral
Xistral
1036
Montouto
Pico de Monseiban
929
A Costa
Ermita de S. Adriano
Corvelle
Martiñán
Aldige
Carballido
Román
Terra Cha
Rioaveso
Santo Estevo
Sistallo
Feira de Monte (Cospeito)
de Castro
Cospeito
Xermar
Denune
Sisoi
de Rei
Mos
Riberas de Lea
Castro
Sobrada
Cornide de Abaixo
Bonge
Mosteiro
Punta Roncadoira
Vilachá
San Cristobal
Faro
Morás
Illa Ansarón
Os Farallóns
Praia de Lago
Complejo Industrial
San Ciprián
Xove
Lieiro
Emb. de Río Cobo
Cervo
Cabo Burela
Sargadelos
Burela
Fonterova
Rigueira
Belén
Vilaestrofe
Valcarria
543
Monte
Chavín
Montes del Buyo
Montes de Cabaleiros
Central Eléctrica
Lobeiras
635
Miñotos
Vilacampa
Loureiro
Vilabuin
803
Frexulfe
Beloi
Cuadramón
Oirás
Folgueiras
Fraga Vella
Os Agros
Serra Togiza
838
Estelo
Pacios de Arriba
Cordal
Romariz
Fanoi
Camino de Santiago
Abadín
Candía
Cordal de Neda
802
Zoñán
Montecelo
Corvelle
Muimenta
Casablanca
Otero
Bazar
Xesto
Momán
Quintela
Xustás
Leontia
Mondriz
Golpilleiras
Teijeiro
Sasdónigas
Porto da Xesta
(590)
Galgao
Valle de Oro
Pazo
Vilacha
Eixo
Xunco
Rúa
Moucide
Budián de Herdeiro
Ferreia (Valadouro)
Bacoi
Castro de Ouro
Adelán
Figueiras
Catedral
Palacio Episcopal
MONDOÑEDO
Lindín
Argomoso
Currás
Cadabedo
Carballal
Vián
Reigosa
Pastoriza
Pacios
Crecente
Pousada
Castro de Rei
Azúmara
Goberno
Regüntille
Torreiros
MEIRA
Sierra de Meira
Penamazada
Mosteiro (Pol)
Luaces
Cirio
Lea
Suegos
Montecubeiro
Rioiuán
Milleirós
Moiña
A Braña
Cangas
Praia Area L
Nois
328
Fazouro
Trasmonte
Ermita de San Gonzal
Mondoñedo
San Martín
Santa Cruz
Vilatuxe
Vilaronte
Corneira
437
Oirán
Valle de Orenzana
Vilanova
San Salvador
Lourenzá
Santo
Mayor
Aguaxo
Meilán
Alvites
Bretoña (Río Forte)
Hermida
Ferreiravel
Aguarda
Porto de Ma de Alvare
Marco
E 70
642
640
641
Río Landro
Río Sor
Río Mera
Río Masma
Río Miño
Río Ladra
Río Támoga
Río Anllo
Río Azúmara
Río Labrada
Río Trimaz
Río Parga
Río Ouro
Río Cobo
Rego de Rocamonde
Río de Xantas
Río de Bravos
Río Eume
Río Pedra
Río Pulguerra
Río Baleo
Río Esteiro
Río Ouro
Río Magdalena
Río Ubeda
Río Mariz
Río Balsadas
Río Bestebuiz
Río Batan
Río Juanceda
Río Viveiro
Río do Barqueiro
Praia Xilloy
Río Requejo

Sf
Ta
Tb
Tc
Golfo
de
la
Asma
S
Praia de Arcalonga
Praia de Moledo
Playa de Peñarronda
Playa de Represas
Playa del Sarello
Playa de la Paloma
Playa de Ortiguera
Playa de la Vega
Tapia de Casariego
Santagadea
Rinlo
Piñeira
Villadún
Campos y Salave
El Franco
Viavélez
La Caridad (El Franco)
Loza
Ortiguera
Soirana
Puerto de Vega
Vigo
Andés
Piñera
NAVIA
Villainclán
Otur
LUARCA
634
San Miguel de Reinante
A Devesa
RIBADEO
Figueras
CASTROPOL
Tol
La Roda
Sueiro
Godella
Poblado Céltico
Jarrio
Noceda
Mondigo
569
Vilela
Cueva Tito Bustillo
Acevedo
448
Coaña
Boronas
Vallín
La Figal
Cubelas
Jarias
Arancedo
Poblado Céltico
Sante
Vidural
Menudero
Arante
Currada
Vilaosende
Vilavedelle
Seares
Llosoiro
Trelles
Embalse de Arbón
Vidal
Ermita de San Fernando
511
Porto de Abaixo
Porzún
Piantón
643
La Braña
Lebredo
Brañuas
842
Ordovaga
Vilafernando
Vegadeo
Santa Colomba
Lebredo (San Lorenzo)
Villartorey
Abaira
Samagán
Río Eo
Río Porcia
Río del Mazo
644
Villayón
Río Negro
Sierra de Buseco
Caborno
Eta de S. Román
Ría de Abrés
Balmonte
Penoutaaballon
Aballón
Serandinas
Miñagón
Carrio
Herías
La Montaña
986
Nera
640
Fuente de Louteiro
Meredo
Penzol
Rozadas
Boal
Illaso
964
Minas de Oro Romanas
Naraval
El Llano
Folgueiras
Villarín
Villanueva
728
Prelo
Sierra de
Coldobrero
Monasterio del Cristo
Foyedo
Guiar
Ouria
Espina
Branavara
Villar de San Pedro
Doiras
Illaso
Trabada
Parlero
Navelgas
Leirio
Río Sauron
Río Navia
Castrillón
Arredondas
Filgueirua
715
Freije
Sierra de la Bobia
1202
Froseira
Rellanos
Bres
Pojos
Sierra de Rañadoiro
Río Navelgas
Sierra de Ablaniego
Bouloso
Conforto
Taramundi
Gio
Bustantigo
Collada
A PONTENOVA
La Garganta
1101
Puerto La Garganta (905)
Morlongo
Cimadevilla
Embalse de Doiras
Castanedo
La Fajera
Ermita de Santa Bárbara
Aldeguer
1032
Ermita de San Juan
Lantero
Borres
Vilarxuane
Teixedáis
Villanueva
Villanueva de Oscos
Illano
Navedo
El Rebollo
La Mortera
Vilaboa
Sierra de Muriellos
San Esteban
Cancelas
Labiarón
763
Bendón
Sierra de
1291
Vilarmide
La Reigada
Porciles
Logares
San Martín de Oscos
Pelorde
Puerto del Palo (1146)
Pena de Cabras
902
Ventoso
Santa Eulalia de Oscos
San Pelayo
Pola de Allande
Ablaneda
O Acebo
A Veiga de Logares
Pesoz
Lago
Sanzo
Buslavín
630
Carballido
Río de San Martín
Sierra de Los Lagos
Prada
Trapa
Villavaser
Vilardiaz
816
Grandas (Grandas de Salime)
Berducedo
909
Vilafamil
Vilarchao
El Valle
Puente del Infierno
Monasterio de San Juan de Corias
893
1120
1210
Chao de ousadoiro
Vilarxubín
O Trobo
Padraira
Sierra Cazarnosa
Baos
Río Rodil
Silvachá
Vilarmeán
A Allonca
Orrua
1366
Parajas
Vilamaior
Frontal
Peñafuente
Puente romano
Moleiras
Cornollo
Besullo
CANGAS DE NARCEA
Outariz
San Pedro
Barbeitos
Ernes
Valledor (San Salvator)
Braña de Carbaldetoso
1262
Pacios
Alto de Acebo (1030)
Embalse de Salime
Río del Oro
San Pedro de las Montañas
Río Arganza
La Regla
Limés
A Proba de Burón
A FONSAGRADA
Fonfría
Negueira (Negueira de Muñiz)
Serra de Linares
1470
Río Narcea
Emb. de Fonsagrada
Barcela
1290
Agüera del Coto
1110
Vilardongo
O Padrón
Monteseiro
Serra de Uría
Villategil
Alto de Cerredo (960)
Aldomán
San Martín de Suarna
Ouviaño
1200
Braña del Candal
Vega de Hórreo
Monasterio del Coto
Castañedo
17

Td
Te
Tf
Ua
86
87
88
89
90
C o s t a
Cabo d
Cabo Vidio
Playa de San Pedro
Playa de Doria
Playa de los Molinos
Cabo Busto
Playa de Santa Ana
Playa de la Estaca
Peña Chuar
Playa de Cadavedo
Playa de Tablizo
Novellana
Riegoabajo
Salamir
Playa de Concha de Artedo
Playa de Aguilar
Isla La Deva
Punta Vidrias
Playón de Bayas
Bayas
Playa de Santa María del Mar
Playa de Salinas
Playa de Xagó
Playa de Tenredo
Lloreda
Manzaneda
San Juan de Nieva
Laviana
Salinas
AVILÉS
Busto
Canero
Cadavedo
Ballota
Soto de Luiña
Luiña
Cudillero
San Esteban
La Arena
Castillo
Monte
La Loba
El Puerto
Laspra
Piedras Blancas
Entrevinas
Almuña
Foyedo
Ermita de Pilar
Faedo
Muros (Muros de Nalón)
Los Cabos
Soto
La Corrada
Las Bárzanas
Pillarno
El Cuadro
Miranda
Villalegre
Los Campos
Nubledo
La Figal
Carlangas
417
Cortina
702
Mones
Villafría
Riberas
La Llamera
La Campa
Polide
Viescas
Villa
Llanos
San Feliz
778
Gallinero
687
Brieves
Carcedo
Sierra de los Vientos
PRAVIA
Fontebona
Pandiello
La Peral
Callezuela
Carbayal
Capilla
Merás
Muñás
Villavaler
Cueva de Candamo (Pinturas Rupestres)
Ventosa
Arlós
Caborno
921
Malleza
Arango
Valle
Trasmonte
Capilla del Fresno
Paredes
Río Esba
Buscabrero
Corias
San Román
Llamero
626
Santa Cruz de Llanera
Bonielles
Pena
Camino de Santiago
Lavio
Linares
Sandamías
Río Narcea
Río Nalón
Río Dele
Sierra del Pedroso
Rondiell
Ermita de Andamies
768
Ermita de Trevies
Ayones
Ermita del Rosario
Las Rubias
Priero
655 Figares
Luerces
Grullos
Murias
Soto
Biedes
Calleras
Brañalonga
La Peña
SALAS
Camuño
Cornellana
Cuero
Peñaflor
Santullano
Llanera
Fastias
Torre de Alba
Villazón
Palacio
Castañedo
Valduno
Marinas
Brañes
Villatresmil
(650)
La Espina
Dóriga (San Antonino)
GRADO
Premoño
Valsera
Folgueras
Barca
Escamplero
Ladines
1012
La Bonga
Godán
Cermoño
Vega de Anzo
Emb. de Priañes
Loriana
Sierra del Naranco
Bárcena del Monasterio
El Pedregal
Idarga
La Mata
Ermita de San Pelayo
OVIEDO
Ermita del Sto. Christo
Monasterio de Obona
Sierra de Tineo
Santa Eulalia de Tineo
Soto de los Infantes
Oviñana
Río Narcea
Pereda
Panizal
Gurullés
Báscones
Nora
San Claudio
Udrión
Obona
1012
1020
El Faedal
Sierra del Courio
Bayo
Soto
Sograndio
Piedramuelle
Vega de Rey
TINEO
Desfiladero Escobió
San Pedro
Coalla
Trubia
Pintoria
Priorio
Las Caldas
Latores
Castillo de San Juan de Priorio
Caces
Cueva Prehistórica
Rodical
Llaneces de la Barca (Barca)
Embalse de la Barca
Sierra de Begega
Selviella
Ambás
Río Cubia
Sama
Puerto
Soto de Ribera
Gera
La Florida
Santianes
Palomar
Pozón
Embalse de la Florida
Merillés
Restiello
Tuñón
Peñerudes
Linares
Castañedo del Monte
Villanueva
Lavares
La Piñera
Arganza
Tuña
Belmonte (Belmonte de Miranda)
Santa Eulalia
Jarceley
Quintana
Sierra de la Manteca
Pedroveya
San Sebastián
Busloñe
Llamas del Mouro
La Vega
Villabre
Murias
Proaza
Río Trubia
La Foz
Tebongo
1527
Villamejín
Grandiella
1228
Mieldes
Abedul
Río Pigüeña
Tolinas
Desfiladero de Peñas Juntas
1104
Caranga
Gamonal
1712
Doñajuandi
La Vega
Biescas
Oñón
1354
Embalse de Priañes
Felguera
Genestaza
Agüera
Las Agüeras
Bermiego
La Vega
Porley
Almurfe
Canal
Castillo
Gamoniteiro
1302
Aguasmestas
1474
Santa María
Las Ventas
Río Teverga
Garganta
Casares
Arrojo
Salcedo
Castillo de Alba
1782
Rioseco
Ambrés
Embalse de Valdemurrio
Santuario de Nuestra Señora de Acebo
Taja
Colegiata de San Pedro
Entrago
San Martín
Muriellos
Linares
Río Somiedo
Llanuces
Sierra del Acebo
Sierra de la Serrantina
Villanueva
La Plaza (Teverga)
Carrea
Sierra de Sobia
Piqüeces
Santa Marina
Murias
Tablado
Castro
Fresnedo
San Salvador
Nimbra
Cienfuegos
Carballo
Reserva
nacional
de
Somiedo
Embalse de Salencia
1836
Cueva de San Salvador (Cueva Prehistórica)
1781
Villagime
Las Llanas
Ricabo
Río Trubia
632
634
E 70
630
631
633
18

Ub
Uc
Ud
Ue
Verde
LUANCO
Ermita del Carmen
Playa de la Palmera
Ermita de San Pedro
CANDÁS
Piedeloro
Perlora
Albandi
Cabo Torres
Rebollada
Carrió
Musel-Arnao
San Lorenzo
Playa de San Lorenzo
Playa de Serín
Playa de la Ñora
Ensenada de España
Playa del Mesón
Jove
Veriña
Valle
Poago
Ambás
Monteana
Tremañes
Melendreras
GIJÓN
Monasterio
Somió
San Clemente
Cimadevilla
Villaverde
Careñes
Argüero
Oles
Tazones
Playa de Lastres
La Busta
Cabo Lastres
Cabueñes
Ermita de Grauderroble
Castiello
Cerra
El Puntal
El Olivar
Luces
Ermita de San Roque
Lastres
Playa de Lastres
Playa de la Griega
Mar (San Martín)
Selorio
Bárzana
Serín
Porceyo
Roces
Bernueces
Venta de la Esperanza
Venta de las Ranas
Vallina
Bedriñana
Cenero
Pinzales
Granda de Arriba
Deva
Peón
Oñón
Capilla de Tornón
Carda
San Salvador de Priesca
Priesca
Lué
Sales
COLUNGA
La Isla
Playa de La Isla
Playa de La Vega
La Vega
Salcedo
Pinera
La Pedrera
Mareo de Arriba
Caldones
La Camocha
Huerces
Fano
Santurio
Bárcena
Fonfría
Sariego
Grases
VILLAVICIOSA
Amandi
Fuentes
La Magdalena
La Vega
Santa Eugenia
Pernús
La Riera
Gobiendes
Carrandi
Santiago de Gobiendes
Prado
Berbes
Peñaferruz
Pruvia
Lavandera
San Pelayo
Santa Eulalia
Rozadas
Turueño
San Juan de Amandi
Coro
San Feliz
Capilla de los Mártires
Pivierda
Reserva nacional del Sueve
Linares
Alea
Mirador del Fito
Sueve
San Tirso
Alto de la Madera
Quintana
Argañoso
Candanal
Puelles
Lavares
Breceña
La Lampona
Ermita de Pinuco
Muño
Ceñal
Cima
Monasterio de Valdediós
El Conventín
Ámbás
Mogovio
Lugás
Viñón
Ermita de San Mamés
Sietes
Fano
Libardón
Villar
Cofiño
Fíos
Calabrez
La Vita
La Felguera
Paredes
Nueva
Collada
La Rimada
Celada
Gramedo
Llares
Sierra del Sueve
Muncó
Anes
Celles
La Vega
NOREÑA
POLA DE SIERO
Vega de Pola
Aveno
Pandenes
Santa Eulalia
Anayo
Collía
Margolles
Bobes
Santa Bárbara
Marcenado
Sariego (San Román)
Arriondo
Fresnedo
Torazo
Borines
Robledo
Palacio de Roces
Castillo
Camino Feleches
Cuenya
Camás
Lodeña
Ermita de Santa Ana
Vallobal
Cuadroveña
ARRIONDAS
Granda
El Berrón
Negales
Ermita de los Mártires
Paraes
Villabajo
Miyares
Cereceda
Tiñana
Hevia
Gijún
Traspando
Lieces
Tresali
Ceceda
Coya
Argandenes
Valles
Arobes
Julián
Prados
Pumarín
Valdesoto
La Roza
Monte
Villamayor
Mones
Villar
Sorribas
Parres
CANGAS DE ONÍS
Palacios
Santa Polonia
Solad
Molledo
Pumarabule
Lamuño
NAVA
Fuentesanta
Puente Romano
INFIESTO
Sevares
de Huergo
Vibaño
Vallobil
Puente Romano
Ruinas Ibéricas
Mieres
Moñera
Caballeros
Arenas
Suares
Martimporra
Sierra de Ques
Bierces
Valle
Pesquerín
Caldevilla
Priede
Lago
Caño
Frieres
Riaño
Gargantada
Ermita
Colladas
Bimenes
Tuilla
Piñera
Melendreros
Cobayas
Arenas
El Otero
Lozana
Fresnidiello
Tospe
Tudela de Agüeria
Veneros
Lada
Pando
LA FELGUERA
La Encarnada
Cadapereda
Villarcazo
Montes de Sebares
Ermita de San Antonio
El Pico
Llerandi
Tornín
Cotorraso
El Carmen
Ciriego
Santa Gadia
Sierra Grandasllanas
Artedosa
Melendreras
La Villa
Río Color
Puente Romano
La Trapa
San Tirso
Sama
Ciaño
Las Piezas
SOTRONDIO
Blimea
Condueño
Ovana
Vis
El Campo
El Entrego
Castillo de la Cabeza
Ordaliego
Trigueiro
Ligüeria
Riofabar
Pervis
La Rebollada
Capilla de Carbayo
Tiraña
Aves
Cazo
Garganta
Santillán
Pen
Santa Rosa
Rioturbio
Convento
La Nueva
El Carbayal
Los Barredos
Rebollada
La Marea
Tozo
Ambingue
MIERES
La Fresnosa
La Cruz
Ferrera
Capilla de Santa Rita
Cueva
Las Tablas
Sierra de Giblaniella
Rozapanera
Priesca
Sebarga
Villaverde
Villasola
El Caleyo
POLA de Laviana
Condado
Castillo de Santa Rita
Muñera
Puente Romano
Quintanas
Campiellos
Valle del Moro
Gargantas
Carangas
Turón
Figaredo
La Felguera
Urbiés
Canzana
Lorio
Soto de Lorio
Río Nalón
Villoria
Acebal
La Pola
Rioseco
Sotos
San Francisco
Villandio
Fornos
Tolivia
Soto
Agües
Embalse de Tanes
Tanes
Abantro
Bueres
Nieves
Balneario de Mestas
Cadenaba
Sovilla
Santa Cruz de Mieres
Sierra de Navaliego
Navaliego
Orlé
Río Orlé
Taranes
Abiegos
Viego
Beleño
Caborana
La Colladona
San Vicente de Serrapio
Peña Mea
Coballes
Cueva del Bollo
Arrobio
Veneros
Cordal de Ponga
Bóo
Moreda
Piñeres
Corigos
Desfiladero
Yano
Algüeria
Nembra
Cabañaquinta
Soto
Castillo
San Miguel
Enfistiella
Levinco
Pelúgano
Capilla de San Julián
Entrepeñas
Sierra del Crespón
Sierra Mermeja
Caleao
Coto nacional de Reres
Belerda
Soto
Sobrefoz
Sobrecastiello
La Foz
Río Nalón
Río Negro
Cordal de Murias
Bello
Murias
Sierra de Conforcos
La Felguerina
Pendones
Monte de Peloño
Cristina
Santibáñez de Murias
Cuérigo
Collanzo
Llanos
Sierra de Pintacanales
Monasterio
19

Uf
Va
Vb
Vc
86
87
88
89
90
Mar Can
RIBADESELLA
Playa de Ribadesella
Ermita de la Virgen de la Guía
Playa de Villanueva
Playa de Cuevas del Mar
San Antonio
Garaña
Llamés
Villanueva
Cueva
Hontoria
Santa Eulalia
Cueva de Tito Bustillo
(Pinturas Rupestres)
Llovio
Toriello
Nueva
Naves
Ermita de San Agustín
Niembro
Playa de Barro
Monasterio de San Salvador
Playa de Celorio
Barro
Celorio
Póo
LLANES
Playas de Llanes
San Antolín de Bedón
Posada
Bricia
Balmori
Porrúa
Pancar
Cue
Andrín
Aceból
Puertas
Pendueles
Playa de Pendueles
Playa de Buelna
Buelna
Playa de la Franca
San Emeterio
Cueva del Pindal
(Pinturas Rupestres)
Ría de Tina Mayor
Pimiango
Bustio
Unquera
Pechón
Pesues
Molleda
Munorrodero
Colombres
Villanueva
Noriega
Las Conchas
La Franca
Tresgrandas
Santa Eulalia
Vidiago
Purón
Menhir Peña Tú
Borbolla
Boquerizo
La Pereda
Parres
Cueva de Lledías
(Pinturas Rupestres)
Los Carriles
Rales
Los Callejos
Rioseco
Mestas
Mediavilla
Caldueño
El Mazuco
Cueva El Fresno
Peña Blanca
1176
Ardisana
Meré
Hibeo
867
761
Tereñes
La Vega
San Pedro
Leces
Ucio
Junco
Tresmonte
Santianes
Margolles
Triongo
Peruyes
Mofrecho
897
Riensena
Igena
Zardón
Tresano
Cueva del Buxu
CANGAS de Onís
Cardes
Llenín
Labra
Nieda
Corao
Abania
Grazanes
Mestas de Con
Con
Benia
Avín
Pedroso
Robellada
Escobal
Desfiladero
Salce
Puertas
Asiego
Teleña
La Riera
Següenco
Llerices
Tornín
San Roque
Llano de Con
Demués
Bobia de Abajo
Ermita de Castro
Canales
Carreña
Inguanzo
La Molina
Cueva Santa
Santuario de Covadonga
Covadonga
Sierra de Covadonga
Mirador de la Reina
Vis
Río Casaño
Sierra de Cuera
Turbina
1315
Lino
1178
Arangas
Ruenes
Alles
Rozagás
Trescares
Cueva de Santoje
Llonín
Tobes
Alevia
Nargaes
Abándames
Siejo
El Mazo
Panes
Cueva (Pinturas Rupestres)
Merodio
Casamaria
Cabanzón
Buelles
Helgueras
Camija
La Palomera
Embalse de Palomera
Para
Mier
Robriguero
La Loja
Suarias
Las Arenas
Desfiladero del Cares
Puente Romano
Oceño
Calzada Romana de Caoro
Cuñaba
1318
San Esteban
Desfiladero de La Hermida
Provincia de Asturias
Provincia de Cantabria
Gamonal
1225
Lafuente
Peña Crimienda
1343
Tielve
Horcadura del Canto
Balcón de Pilatos
La Hermida
Tresviso
Linares
Piñeres
Sobrelapeña
Cires
Sames
Carbes
Mián
San Román
Argolibio
Cien
Amieva
Casa Municipal de Pastores
Lago Enol
Restaurante
Lago de la Ercina
Cabezo Llorosso
1792
Camarmeña
PARQUE NACIONAL DE LA MONTAÑA DE COVADONGA
Sierra de Beza
Refugio M. de Villaviciosa
Desfiladero
El Murallón de Amuesa
Peña de Main
1609
Bulnes
Sotres
Embalse de Urdón
Beges
Garganta
Refugio Vega Redonda
Macizo Occidental u Covadonga
Cain
San Ignacio
Veyos
Vidosa
Desfiladero de Los Beyos
Viego
Embalse de Jocica
Picos de Cornión
Santa Peña
2596
Naranjo de Bulnes
2519
Invernales de Cabao
Las Vegas
1349
Cabañes
Santa María de Lebeña
Lebeña
Cicera
PICOS DE EUROPA
Picos de Mancodiu
Peña Bermeja
Sierra de las Cuerres
Sierra de Peña
Viboli
Alto
Cammamo
1744
Refugio de Vega Huerta
Macizo de Bulnes o Central
Corona
Cabana Verónica
Refugio de Vega Urriello
Peña Vieja
Contés
2370
Tabla de Lechugales
Castro
Viñon
San Francisco
Pumareña
Esanos
Cueva de la Peña
(Pinturas Rupestres)
Tolivia
1501
Soto
Refugio de Collado Jermoso
2617
2618
Llambrión
Ermita de la Virgen de las Nieves
Macizo de Andara u Oriental
Argüébanes
San Roque
Tama
Guadalupe
San Miguel
1059
Ermita de San Pedro
Mirador
Ribota
Oseja de Sajambre
2393
Cordiñanes
Posada de Valdeón
Soto de Valdeón
Mirador del Cable
Refugio de Aliva
Torre del Infantado
Turieno
Camaleño
San Pelayo
Puente Hojedo
San Tirso
Cahecho
Peña Sagra
2046
Losiezo
Frama
Cambarco
Aniezo
Mirador de Piedrafitas
Prada
Caldevilla
Prov. de León
Fuente Dé
Parador Nac. Río Deva
Santo Toribio de Liébana
Mieses
POTES
Río Bullón
Cabezón de Liébana
Toricos
1505
1733
Vierdes
Pio
(1450)
P. to de Panderruedas
Santa Marina de Valdeón
Espinama
Pembes
Bárcena
Sierra Collain
Enterria
Campollo
Buyezo
Pido
Las Ilces
Areños
1446
Cosgaya
Enterrías
634
6312
621
625
20

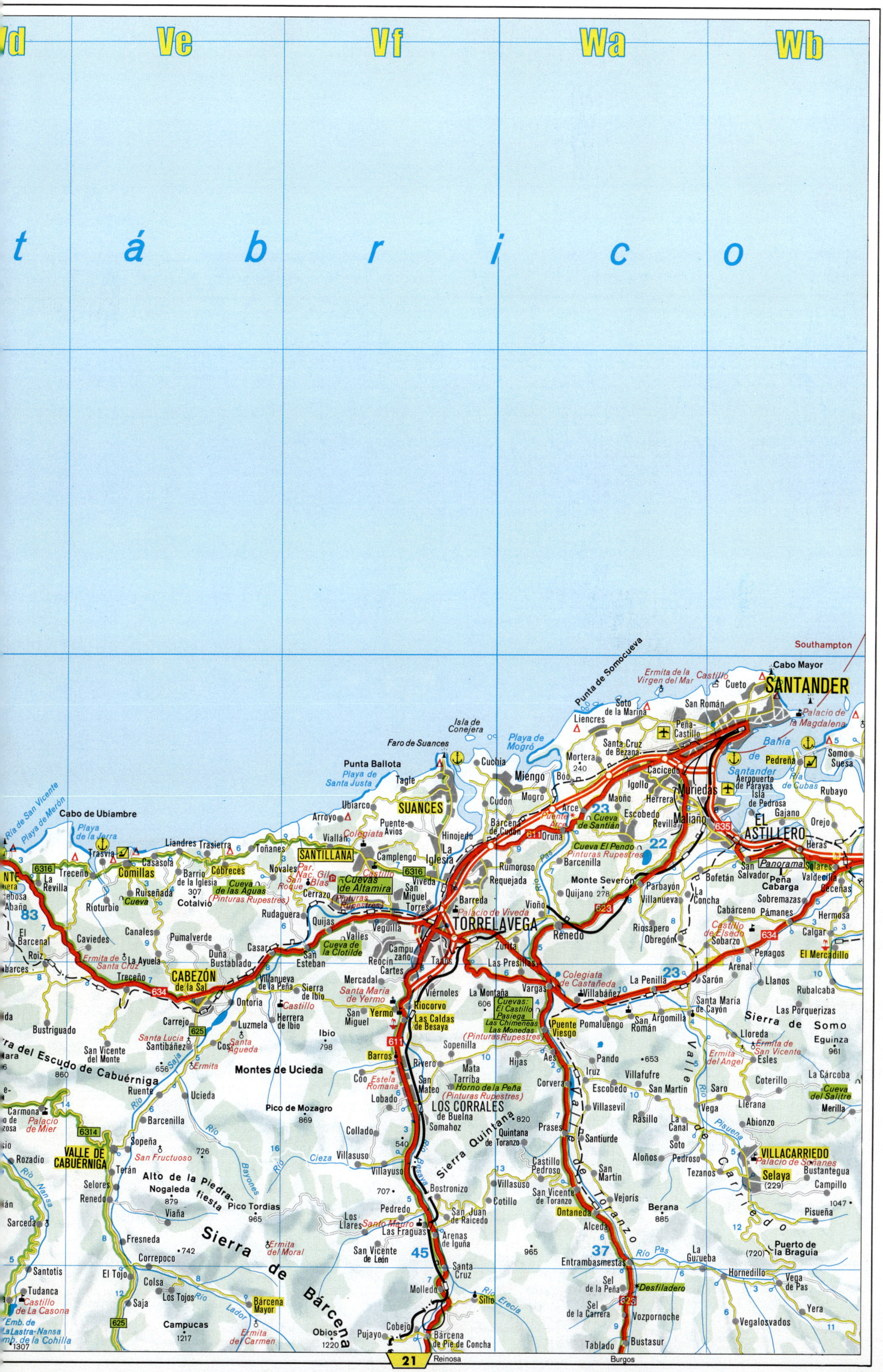
Ve
Vf
Wa
Wb
t á b r i c o
Southampton
Cabo Mayor
SANTANDER
Punta de Somocueva
Ermita de la Virgen del Mar
Castillo
Cueto
San Román
Soto de la Marina
Liencres
Palacio de la Magdalena
Peña-Castillo
Bahía de Santander
Pedreña
Somo
Suesa
Isla de Conejera
Faro de Suances
Playa de Mogró
Punta Ballota
Playa de Santa Justa
Tagle
Cuchía
Miengo
Mortera
Santa Cruz de Bezana
Igollo
Maoño
Herrera
Muriedas
Aeropuerto de Parayas
Isla de Pedrosa
Ría de Cubas
Rubayo
Gajano
Orejo
EL ASTILLERO
Heras
Maliaño
Revilla
Escobedo
Cueva de Santián
Arce
Oruña
Cudón
Mogro
Boo
Ubiarco
Arroyo
SUANCES
Puente-Avíos
Hinojedo
Colegiata
Viallán
Cabo de Ubiambre
Ría de San Vicente
Playa de Merón
Playa de la Jerra
Trasvía
Liandres
Trasierra
Toñanes
SANTILLANA
Camplengo
La Iglesia
Casasola
Comillas
Treceño
La Revilla
Ruiseñada
Cueva
Barrio de la Iglesia
Cóbreces
Cueva de las Aguas (Pinturas Rupestres)
Cotalvio
Novales
Cuevas de Altamira
Viveda
San Miguel
Torres
Barreda
Palacio de Viveda
TORRELAVEGA
Rumoroso
Requejada
Barcenilla
Cueva El Pendo (Pinturas Rupestres)
Monte Severón
Quijano
Parbayón
Villanueva
La Concha
Bofetán
San Salvador
Peña Cabarga
Sobremazas
Pámanes
Cabárceno
Castillo de Elsedo
Sobarzo
Riosapero
Obregón
Renedo
Vioño
Zurita
Las Presillas
Colegiata de Castañeda
Villabáñez
La Penilla
Sarón
Arenal
Penagos
El Mercadillo
Hermosa
Calgar
Llanos
Rubalcaba
Las Porquerizas
Sierra de Somo
Eguinza
Santa María de Cayón
San Román
Argomilla
Lloreda
Ermita de San Vicente
Esles
Ermita del Ángel
Valle de Carriedo
Coterillo
La Cárcoba
Cueva del Salitre
Saro
Llerana
Merilla
Vega
Abionzo
VILLACARRIEDO
Palacio de Soñanes
Selaya
Bustantegua
Campillo
Pisueña
Puerto de la Braguia
La Gurueba
Hornedillo
Vega de Pas
Yera
Vegalosvados
Riotorbio
Canales
Caviedes
El Barcenal
Roiz
Ermita de Santa Cruz
La Ayuela
Pumalverde
Duña
Bustablado
Casar
San Esteban
Cueva de la Clotilde
Valles
Veguilla
Campuzano
Reocín
Cartes
Tanos
Mercadal
Santa María de Yermo
Yermo
Riocorvo
Las Caldas de Besaya
Viérnoles
La Montaña
Cuevas: El Castillo, Pasiega, Las Chimeneas, Las Monedas (Pinturas Rupestres)
Puente Viesgo
Vargas
Pomaluengo
Pando
Iruz
Villafufre
Escobedo
San Martín
Villasevil
Rasillo
La Canal
Soto
Pedroso
Alceda
Ontaneda
Entrambasmestas
Sel de la Peña
Sel de la Carrera
Desfiladero
Vozpornoche
Bustasur
Tablado
Burgos
CABEZÓN de la Sal
Treceño
Villanueva de la Peña
Sierra de Ibio
Castillo
Ontoria
Luzmela
Herrera de Ibio
Ibio
Carrejo
Santa Lucía
Santibáñez
Santa Águeda
Cos
Ermita
Montes de Ucieda
Bustriguado
San Vicente del Monte
Sierra del Escudo de Cabuérniga
Ruente
Ucieda
Barcenilla
Carmona
Palacio de Mier
Sopeña
San Fructuoso
VALLE DE CABUÉRNIGA
Rozadío
Terán
Selores
Renedo
Alto de la Piedrafiesta
Nogaleda
Viaña
Pico Tordías
Sierra de Bárcena
Sarceda
Fresneda
Correpoco
Ermita del Moral
Santotis
Tudanca
Castillo de La Casona
Emb. de La Lastra-Nansa
El Tojo
Colsa
Saja
Los Tojos
Campucas
Bárcena Mayor
Ermita del Carmen
Obios
Pujayo
Cobejo
Bárcena de Pie de Concha
Reinosa
Pico de Mozagro
Barros
Coo
Estela Romana
Lobado
San Mateo
Mata
Tarriba
Horno de la Peña (Pinturas Rupestres)
LOS CORRALES de Buelna
Somahoz
Sopenilla
Rivero
Hijas
Aes
Corvera
Sierra Quintana
Quintana de Toranzo
Prases
Santiurde
Castillo Pedroso
San Martín
Valle de Toranzo
Villasuso
Cotillo
San Vicente de Toranzo
Vejorís
Berana
Collado
Villasuso
Villayuso
Bostronizo
Pedredo
Los Llares
Santo Mauro
Las Fraguas
San Juan de Raicedo
Arenas de Iguña
San Vicente de León
Santa Cruz
Molledo
Silió
Río Erecia
Río Pas
Río Saja
Río Nansa
Río Besaya
Río Pisueña
Cieza
Lador
Bayones
Panorama
Solares
Valdecilla
Cecenas

Wc
Wd
We
Wf
86
87
88
89
90
Kantauri I
Cabo de Ajo
Playa de Ajo
Playa de Galizano
Quejo
Playa de Ris
Las Dunas
Isla
Pedroso
Playa de Nueva Berria
Ajo
Arnuero
Tregandín
(Noja)
Nueva Berria
Dueso
Faro del Pescador
Galizano
Santa María
Moros
Güemes
San Miguel de Meruelo
Castillo
Ganzo
Loredo
Argoños
629
Faro del Caballo
Carriazo
Santa Rosa
San Mamés de Meruelo
Escalante
SANTOÑA
Castanedo
Liermo
Los Palacios
Suesa
Cubas
Omoño
Las Pilas
San Bartolomé de Meruelo
Convento de Mote Hano
Playa de Laredo
Playa de San Julián
Playa de Oriñón
Pontones
Praves
Beranga
Gama
Villaverde de Pontones
Hoz de Anero
Estrada
Bárcena de Cicero
LAREDO
Isequilla
Sonabia
Islares
Puente-Agüero
Palacio
Liusa
27
Hazas de Cesto
Cicero
Adal
COLINDRES
Oriñón
Cerdigo
Allendelagua
Cueva Peña del Cuco (Pinturas Rupestres)
Treto
San Roque
Seña
Hazas
Villaviad
634
Nocina
Cerredo
643
55
CASTRO-URDIALES
Castillo
Playa de Castro
Santander
Entrambasaguas
Caserío Garzón
Solórzano
Moncalián
Caserío Nates
Carasa
Rioseco
Mioño
Playa de la Arena
Navajeda
Hornedo
Fresnedo
Caserío Secadura
Rada
Cueva
Bádames
La Colina
497
Cristo de Limpias
LIMPIAS
Alto Guriezo
548
Francos
Balbacienta
Sámano
Ciérvana
La Cavada
Caserío El Portillo
San Pantaleón de Aras
AMPUERO
El Puente
Angostina
(395)
Helguera
pto de la Granja
Santullán
Lusa
Ontón
Pobeña
639
Camposdelante
Riaño
pto Fuente de la Varas
(450)
Bueras
Rascón
Campo de Ventoso
Setares
Rigada
San Pedro de Abanto
Caserío Llueva
San Miguel de Aras
San Bartolomé de los Montes
629
Ahedo
Landeral
Trebuesto
Otañes
Monte
San Sebastián
La Calzada
Bárcena de Udalla
Ermita de Santa Isabel
(362)
pto Hoyomenor
Talledo
San Juan de Muskiz
Las Carreras-Abanto
Matienzo
Monasterio de la Bien Aparecida
Udalla
Rocillo
La Piedad
Lombera
La Edilla
Nieves
776
Embalse del Juncal
Agüera
Ventoso
Gallarta-Abanto
Mortesante
Alisas
(674)
Puerto de Alisas
(360)
Puerto Cruz de Unzano
922
Bulco
Rasines
Santa Cruz
Ermita
Llaguno
Provincia de Cantabria
(410)
La Vega
El Tabladillo
Santuario de San Bernabé
Ojedar
Casavieja
Agüera
Pto de las Muñecas
Las Muñecas
Arenao
Cueva de Artekona
La Iglesia
Riba
Ogarrio
Bárcena
Helguera
Santa Ana
Armañón
855
Ermita de la Trinidad
Alén
La Cárcoba
Linto
La Roza
Valle
Mentera-Barruelo
Mina Federico
Romaña
Garape
La Aceña
Triano
822
Ajanedo
Socueva
Arredondo
Pondra
RAMALES de la Victoria
Cueva Venta de la Perra
Ranero
Cueva de Pozalagua (Pinturas Rupestres)
LA IGLESIA
Las Barrietas
Mercadillo
San Esteban de Galdames
San Pedro de Galdames
Sierra del Hornijo
Helguero
Los Valles
(Pinturas Rupestres)
Cuevas: Cullalvera, Covalanas, La Haza
(Pinturas Rupestres)
Santecilla
Rioseco
Paúles
Herboso
Palacio
Villanueva
San Miguel de Linares
Villaverde
San Martín de Carral
Chavarri
Val de Asón
Mortillano
1410
Salto del Oso
Molinar
El Callejo
630
Matanza
Traslaviña
Beci
Avellaneda
Humarán
Calseca
San Roque de Riomiera
Asón
Ermita del Rosario
La Pared
Otides
Las Toreachas
Regomedo
Casa de Juntas
Desfiladero
San Pedro
Rozas
Incedo
Treto
Lanestosa
San Cipriano
Sierra
Concha
Provincia de Cantabria
La Altura
Herboso
El Corillo
Güeñes
Astrana
San Juan
San Sebastián
Pandozales
La Herrera
Sodupe
La Concha
Nacimiento del Gándara
San Martín
La Revilla
Presa
Pando
Sollano-Llantada
Río Miera
pto del Asón
(682)
Hazas
Aja
Veguilla
Herada
Fresnedo
Valnera
Aldeacueva
Bernales
Montes de Ordunte
1043
Burgüeño
Peñueco
BALMASEDA
San Juan de Berbikiz
Zubieta
1632
Portillo de Lunada
Cañedo
Quintana
Pilas
Rehoyos
Villar
Lanzas Agudas
Vizcaya (Bizkaia)
Gijano
El Pontón
Gordoxola
(1350)
Valcaba
La Calera
Nava de Ordunte
624
Artekona
Río de Lunada
1518
(1160)
Cañoneros
(1200)
1270
Portillo de la Soa
1128
Embalse de Ordunte
Orrantia
652
Prov. de Álava
Jar
718
Refugio del C.D. de Bilbao
Portillo de la Sía
(920)
Provincia de Burgos
Partearroyo
San Roque
Opio
Santa Coloma
684
Idubaltza
Río de Lasia
1512
Los Tornos
Burceña
Hornes
La Presilla
Viérgol
Mendieta
Abiega
ARCENIEGA
Nª Sª de la Encina
Río de Trueba
Collado del Polvo
Menamayor
Artieta
Portsmouth
22

Xa
Xb
Xc
Xd
Costa Vasca
Cabo Machichaco
Ermita de San Juan de Gaztelugatxe
Playa de Arminza
I. Villano
Playa de Bakio
Ermita de San Pelayo
San Pelaio
Central Nuclear
Arminza
Urkizaur
Arteta
BERMEO
Isla de Izaro
Cabo Ogoña
Elanchove
Playa de Laga
Playa de Laida
Playa de Ea
Playa de Oguella
Castillo
Playa de Gorliz
Fano-Urazaranza
Elexalde
Urizar de Lemóniz
Plentzia
Basigo de Bakio
San Miguel
Torre de Ertzilla
Mundaka
Gamecho
Acorda
Alto del Sollube
Alboniga
Artigas
Sukarrieta
Ermita de San Pedro
Ibarranguelua o Elejalde
Ea
Etxatxegi
LEKEITIO
Playa de Karraspio
Billabaso
Arrondo
Emerando
Arrona-tegui
Santa Elena de Emerando
Sollube
Axpe de Busturia
Altamira
San Cristóbal
Nachitua
Bedarona
Ispáster (Elejalde)
Licona
Gorliz
Sopelana
Andracas
San Lorenzo de Marur
Billela
Ermita de San Martín
Ermita de Santillandi
San Lorenzo de Meste
Basechetas
Cueva de Santimamiñe
Castillo
Barrainca
Solarte-Gallete
Cueva de Lumentxa
Celaya o San Pedro de Mendeja
Campa
Mendiondo
Butroe
Garay-Sertucha
MUNGIA
Andra Maria de Meñuka
Barrena
Libano de Arrieta
Murueta
Arteaga
Elexalde-Zeeta
Icazurietas-Inchaurragas
Ugaran
Cueva de Erreka
ONDARROA
Egusquiza
San Martín de Lauquiniz
Unbe
Palacio de Billela
Basozabal
Soietxe
Mechicas
Idokiliz
Amoroto-Elejalde
Renteria
Saturrarán
Playa de Deba
Elejalde
Ergoyen
Maurolas
Fruniz
GERNIKA-LUMO
Zabala-Belendiz
Navarniz
Guizaburuaga
Asterrica
Elochelerri
Lauros
Ermita de San Miguel
Meacur de Morga
Meaca
Rigoitia
Castillo
Nabarriz
Mereludi
Berriatu
MUTRIKU
DEBA
Asua-Campa
Aeropuerto Sondica-Bilbao
Campa
Fika
Muxika
Loyola-Elejalde
Aulesti
Cueva
Derio
San Mamés
Goitiolza
Garaiolza
Flores
Mármiz
Olabe
Ermita de San Pablo
Zubero-Malax
Plazakola
Olatz
Pico Arno
Astigarribia
Zamudio
BILBAO
Astorecas
Astelarra
Elejalde
Berreño
Malax
Ermita de Santa Eufemia
Ubilla-Urberuaga
Samikel Arretxinaga
MARKINA-XEMEN
Larruskain
Lasturbea
Lezama
LARRABETZU
Zugastieta
Oca
Albiz
Ermita Santiago
Arbacegui-Munitibar
Zeinka-Zearregi
Aulestia
Urkarregi
Azpilgoeta
San Nicolas de Lastur
Etxebarri
Aldanas
Gorocica
Zornotza (Amorebieta)
Ibarruri
Urrutxua
Guerricáiz
Zenarrutza Monumento a Simón Bolívar
Bolibar
Iturreta
Barinaga
Deba/Elgoibar
Alzola
Ugarte-Berri
ARIZGOITI
Aguirre
Krutzea (Galdakao)
AMOREBIETA
San Martín
Magunas
Oiz
Guerena
Aginaga
Convento de Catequista
ELGOIBAR
Madariaga
Alto Azcárate
Emb. de Artiba
Basauri
Galdakao
Bedia-Elejalde
Ermita de San Antolín
Zornotza (Amorebieta) Guernica
San Miguel
Autopista del Cantábrico
Puerto de Trabakua
Goitana
Ermita de Nuestra Señora de Arrate
Urke
Arrate
San Roke
Sallabente
Autopista Solución Sur
Zaratamo
ARRIGO-RRIAGA
Gutiolo
Eroso-Ugarte
Arraibi
Elorriaga
San Antonio
San Marcos
Garay-San Miguel
Osma
ERMUA
EIBAR
Maltzaga
AZKOITIA
Aguirre
Miravalles Basauri
Arrigorriaga
Zollo
MIRAVALLES
Emb. de Zollo
Ereño
Euba
Durango
Komentuondo
Areitio
Bérriz-Olacueta
Zaldibar
Eibar/Ermua
Placencia de las Armas
Urrategi
Arrankudiaga
Ermita de San Martín
Igorre
Bernagoitia
Urtemondo
Castillo
Orozqueta
DURANGO
Sanatorio Psiquiátrico
Sagar-Erreka
Osintxu
Aresandiaga
Amezola
Arantzazu
Zelaia
Ermita de San Cristóbal
Vicarregui
Izurza
Abadiño-Zelaieta
Castillo
Egotxeaga
Arantze-tazearra
Basalgo
Monte Pagotxeta
Llodio/Amurrio
Aracaldo
Arculanda
Arilza-Olazar
Zubialde
Río Zeberio
Ermita
Ugarana
Oba
Ermita de Aite
Manaria
Ermita de San Martín
Berriozábal
Mendraca
Kenita
Berriz-Aldape
Ubera
Mekolalde
Elosa
Llodio/Orozko
Untzeta
Guezala
Arteaga
Cueva de Baltzola
Castillo
Cuevas de San Lorenzo
Mendiola
Cueva de Bolinkoba
San Agustín
Elgeta
BERGARA
Aginetea
Areatza
Indusi
Apatamonasterio
Necrópolis
ELORRIO
Angiozar
Murueta
Axpe
Iguria
Miranda de Ebro
Gasteiz-Vitoria
Donostia/San Sebastian
23

Xe
Xf
Ya
Yb
86
87
88
89
90
Golfe
Gasc
Costa Vasca
Côte d' Argent
SAINT-JEAN-de-Luz
Cabo Higuer
Fuerte de Nuestra Señora de Guadalupe
HONDARRIBIA
Hendaye Plage
Abbadia
Corniche Basque
Socoa
CIBOURE
Urtubie
Urrugne
HENDAYE
Campoito
IRÚN
Behobia
Biriatou
Olhette
DONOSTIA-SAN SEBASTIÁN
Playa de la Concha
Pasai San Pedro
Herrera
PASAIA
Donibane
Jaizkibel
543
Olaberria
San Martzial
Castillo Elatzeta
Diartzun
23
Coll de Ibardia
Fuerte de Pagogaña
Endarlaza
Castillo del Inglés
Vera de Bidasoa
Zaláin
Alcayaga
Caule
Igeldo
Monte Mendizorrotz
Antiguo
Igara
Arriceta
Txikierdi
Errekalde
Loiola
RENTERÍA
Altza
Ugaldetxo
DIARTZUN
Alcibar y Carrica
Ergoyen
Astigarraga
Ergobia
Lastada
HERNANI
Usúrbil
Zarikola
ORIO
Aizondo
Chalet El Oasis
A8
ZARAUTZ
Zarautz / Urdu
Cueva de Altxerri (Pinturas Rupestres)
Getaria
Punta Isarria
Playa de Santiago
Playa de Itzurun
ZUMAIA
San Prudentzio
Artadi
Zestoa / Zumaia
Oikia
Elkano
Urteta
Aizarnazábal
Ubegun
Aginaga
Lasarte
Hipódromo de Lasarte
Oria
24
Cta de Zikuñaga
Fagollaga
Urnieta
Ereñozu
Cuevas de Landarbaso
Zaria
630
Collado de Bianditz
Bianditz
840
Dolmen
Lesaca
Yanci
Cueva de San Juan
Irisarri
Aranaz
Berrizáun
121A
Embalse de Añarbe
Embalse de Articuza
Articuza
Gastaroz
652
Rio Latsa
Arroa
Endoia
Ekain (Pinturas Rupestres)
Iraeta
Zestoa
Aizarna
Balneario de Zestoa
Urdaneta
Monte Pagoeta
Laurgain
Aya [Aia]
710
2631
Ermita de Santa Engracia
Etumeta
Andatza
Ermita de San Pedro
562
488
Monte Estenaga
Soravilla
Aduna
ANDOAIN
131
Monte Adarra
817
Pagoaga
Arano
Olaso
Monte Izarraitz
1034
Lasao
Convento de Catequistas
AZPEITIA
Loyola
Santuario de Loiola
Convento
Onaz
Sistiaga
Kukuerri
Arrieta
Nuarbe
Aratz-Erreka
Monte Isaspi
Amenabar
Matxinmenta
Urrestilla
Ermita San Isidro
(532)
Beizama
Santa Marina
Aldaba
Erdoizta
Ermita de San Juan
Ermita de Santa Marina
Andatzarrate
Asteasu
Zizurkil
Larraul
Iturriotz
Alkiza
Monte Gazuma
Benta-Berri
Regil
1072
Bidegoyan
2634
Albiztur
Hernialde
Anoeta
Irura
TOLOSA
Urquizu
VILLABONA
Amasa
Leizaran
825
Berrobi
Eldúa
Belauntza
Elduayen
849
Ibarra
Leaburu
Gaztelu
Berastegi
935
Platzaola
Monte Mandoegui
862
Goizueta
Artzan
Leitzalarrea
1093
Monte Eracurri
Ecaiza
1034
Embalse de Mendaur
Ermita de la Trinidad
Elgorriaga
Ituren
SANTESTEBAN
Zubieta
Urrutiña
Oiz
Donamaria
Urroz
Rio Urola
Rio Oria
Rio Urumea
Rio Ezcurra
Bilbao
Altzo
Lizartza
Ordizia, Beasain
Iruña-Pamplona
24

Bordeaux
Yd
Ye
Yf
Za
Messanges
Azur
Vieux-Boucau-les Bains
Etang de Pinsolle
Quartier Caliot
Etang de Soustons
Magescq
Pontonx s-l'Adour
N.D. de Buglose
Buglose
Toulouse
Soustons
Houdin
Nerthe
Leborde
Abbesse
Berceau de S.t Vincent-de-Paul
S.t Vincent-de-Paul
Thetieu
Gaillou-Pountaout
Hardy
la Bagnère
Daha
la Pince
Yzosse
Candresse
Plage des Casernes
Etang Blanc
N.D. de Fatima
DAX
Narrosse
Hinx
Le Penon
Monts
S.t Geours de-M.
Angoumé
Mées
les Estagnots
Seignosse
Tosse
S.t Geours de-Maremne
Rivière Saas-et-Gourby
Seyresse
l'Etoile
S.t Pandelon
Chat. des Evêques
Mouliere
Saugnac et Cambran
Hossegor
Lac d'Hossegor
Saubion
Angresse
Saubusse
Tercis-les Bains
Luy
Mimbaste
Capbreton
Josse
Orist
Siest
Heugas
Moulin de Benesse
Bénesse lès-Dax
Benesse-Maremne
S.t Jean-de Marsacq
Pey
Gaas
Capbreton Hossegor
Labenne
Orx
Saubrigues
S.t Lon les-Mines
Pouillon
Labenne Ocean
Ugne
S.t Etienne-d'Orthe
Bélus
Cagnotte
Misson
Ondres-Plage
Ondres
Castets
S.t Martin-de Hinx
Noy
Villenave
Port-de-Lanne
Lac d'Irieu
S.t André de-Seignanx
Biarotte
Labatut
Tarnos
S.t Martin-de-Seignanx
Biaudos
S.te Marie-de-Gosse
Orthevielle
Peyrehorade
Ch.au d'Aspremont
Cauneille
Orthez, Pau
Labadie
Hastingues
Sorde-l'Abbaye
S.t Cricq-du-Gave
Lahontan
Quartier-Neuf
S.t Laurent-de Gosse
Sames
Abbaye d'Arthous
Guiche
Boucau
S.t Barthélmy
Leren
BAYONNE
Adour
Cassaber
Anglet
Bayonne-S.t Esprit
Lahonce
Urcuit
Urt
Château de Gramont
Carresse
Asserol
Butte de Mitemont
BIDACHE
Came
Saint-Dos
Souhy
Croix de Mouguerre
Nogues
Aéroport Parme
SAINT-PIERRE d'Irube
Mouguerre
Séguillon
Bardos
Auterrive
Labastide-Villefranche
Castagnède
Briscous-les-Salines
Briscous
Mixe
Arancou
Donjon
Escos
Bayonne/Cambo-l.-B.
Larraldia
Abbaye des Bénédictins
Monastère des Bénédictines
Oraàs
Biarritz
Bassussarry
Urdains
Elizaberry
Le Leu
Arcangues
Héguia
LABASTIDE-CLAIRENCE
la Chapelle
Bergouey
Arbonne
Villefranque
Routes Impériale des Cimes
l'Enseigne
Charritte-Mixe
Abitain
Athos
Berriotz
Hérauritz
Vielenave-Sur-Bidouze
Halty
Pessarou
Arraute
Biscay
Saint-Martin
Bideren
Haïtze
Orègue
Masparraute
Ilharre
Autevielle
Ahetze
USTARITZ
Jatxou
HASPARREN
Ayherre
Guinarthe
Laharanne
Labets-Biscay
Gabat
Arbouet
Osserain
Apairy
Château de Belunce
Succos
Amorots
Halsou
Saux
Camou
Larressore
Bonloc
Isturits
Amendeuix
Zelhay
Urcuray
Grottes d'Isturits et d'Oxocelhaya
Béguios
Sussaute
Saint-Pée-sur-Nivelle
Luxe
CAMBO-les-Bains
Gréciette
Chât.
Saint-Martin-d'Arberoue
Garris
Aïcirits
Sillègue
ESPELETTE
Lac de Saint-Pée
Mendionde
SAINT-PALAIS
Béhasque
Domezain
Souraïde
Altissane
Saint-Esteben
Méharin
Lapiste
Amotz
Macaye
Beyrie-sur-Joyeuse
Berraute
Ithorots
Amespétou
Cherchebruit
Souhelleta
Itxassou
Pas de Roland
Hélette
Jaurégia
Laxia
Louhossoa
Hérauritz
Armendarits
Orsanco
Larribar
Aïnhoa
M.t Atchuléguy
Guibelarte
Mont Baygoura
Garreta
Uhart-Mixe
Oyhercq
IHOLDY
Sorhapuru
Lohitzun
Dantxaria
Artzamendi
Behaune
Olce
Lantabat
Ostabat
Arhansus
Cueva de las Brujas
Urdax
Bidarray
Hochahandy
Larrandaberry
Zugarramurdi
Monasterio
Irissarry
Zelhai
Asme-Chilo
Ossès
Ascombéguy
Saint-Martin
Larceveau
Arros
Juxue
Saint-Martin-d'Arrossa
Ahaice
Suhescun
Saint-Etienne
Puerto de Otsondo
Eyharce
Gahardou
Cibits
Pagolle
Chapatendéguia
Lopeinea
Utxiat
Bunus
Gora makil
Alcurrunz
la Bastide
Aïnhice
Gamarthe
Ibarrolle
Col d'Osquich
Musculdy
Gorramendi
Jaxu
Plazagaina
Saint-Just
Maya del Baztán
Eyhéralde
Jara
Château d'Harispe
Licérasse
Bustince
Saint-Antoine
Castillo de Aizkolegi
P.to de Izpegui
Château d'Etchau
Irouléguy
Sorhueta
SAINT-JEAN-Pied-de-Port
Lacarre
Saint-Blaise d'Aphat-Ospital
Ibarre
Azpilcueta
Errazu
Ascarat
Saint-Jean-le-Vieux
Bussunarits
Nethe
Arla
Legate
Arizcun
Col d'Ispéguy
SAINT-ETIENNE-de-Baïgorry
Pic d'Elaudy
Gorostapolo de Errazu
Uhart-Cize
Ahaxe
Hosta
Oylarandoy
Lasse
Citadelle
Caro
Harriette
Pic de Belchou
Garaybie
Valle del Baztan
Autza
Munhoa
Aincille
Lecumberry
Huarte
Lecároz
Elvetea
Katalinaenea
Escanda
Bascassan
Forêt des Arbailles
ELIZONDO
Saint-Michel
Mendive
Béhorléguy
Hauskoa
Santa Engracia
Abraku
Vallée des Aldudes
Errachuenea
Hountto
Irurita
Zugarre de Ciga
Banca
Adarza
Estérencuby
Bassaburua
Ahusquy
Pecocheta
Arnéguy
Estérenguibel
Col d'Aphanize
Laurhibar
Berroeta
Peña de Alba
Aldudes
Gnafarenea
Valcarlos
Ondarolle
Phagalcette
Col d'Haltza
Iruña-Pamplona

2
Qe
Qf
Ra
Rb
90
91
92
93
94
Castelo
Vilarseco
Morpeguite
Viseo
Touriñán
Coucieiro
Berdoias
Berdeogas
Serra de Santiago
Val de Vimianzo
Camariñas
Serramo
Roma
Meáns
O Busto
Ermita de San Bartolomé
Santa Sabiña
Cicere
Vilar de Céltigos
Sta. Catalina de Armada
Mourelle
Bazar
Vilamaior
Rial
Talon
Bardullas
Frixe
Caberta
Baiñas
Grixoa
Santa Comba
Esmerode
Bembibre (Val do Dubra)
Praia Nemiña
Ría de Lires
Lires
Dumbría
Regoelle
Brandomil
Couto
O Couto
Freixeiro
Praia do Rostro
Canosa
Morancelle
Brandoñas
Río Xallas
Aion
Río Abuín
Punta das Pardas
Nª Sª de las Nieves
Ermita de San Pedro Mártir
Buxantes
Olveira
Sta. Lucía
Embalse da Fervenza
Albarés
Antes
A Pereira
Marcelle
Paramos
Ser
Denle
Sardiñeiro
Cée
Carboal
Brasal
Olveiroa
Abeleiroas
Barbeira
Fontecada
A Riba
Santa Mariña
San Vicente (A Baña)
San Román
Sardiñeiro de Abaixo
Jestoso
Embalse de Castrelo
Embalse de Ponte Olveira
Maroñas
Corneira
Leñas
Troitosende
Veladoiro
Cabo da Nave
CORCUBIÓN
Ameixenda
Castrelo
Atán (Mazaricos)
Eirón
Cuiña
Pesadoira
Ordoeste
Vilar de Suso
Praia de Mar de Fora
Praia de Langosteira
Fisterra
Ezaro
Arcos
Montes da Ruña
Río Beba
Beba
Piño do Val
Campolongo
Albite
A Pena
Monte
Fiopáns
Praia de Ézaro
Río Xallas
Gorgal
Aro
NEGREIRA
Lens
O Pindo
Mte do Pindo
Xinzo
Coiro
Asenso
Chacín
Sta. Leocadia
Cabanamoura
Xallas
Gonte
Ons
Ponte-Maceira
Cabo Fisterra
Ría de Corcubión
Illa Lobeira Grande
Illa Lobeira Chica
Adraño
Quilmas
Panchés
Valadares
Lantarón
Entis
Río Donas
Arzón
Liñaio
Embalse de Barrié de la Maza
Viceso
Pedrouzos (Brión)
Torres de Altamira
Caldebarcos
Vilar
Torea
Loios
Outes
Cornanda
Bertamirán (Ames)
Punta de Caldebarcos
Pedrafigueira
Silvosa
Serra de Outes (Outes)
Ponte Don Alonso
Río Tambre
Os Ánxeles
Praia de Carnota
Carnota
San Xulián
Tremuzo
Urdilde
Bugallo
Sestayo
Mallou
Abelleira
Serantes
Ponte de Don Alonso
Toxosoutos
Monasterio de Toxosoutos
San Xulián de Bastavales
Punta dos Remedios
Lira
Sestaio
Barquiña
Róo
Montes de Olerón
Ermedelo
Aguasantas
Tal de Arriba
Solleiros
Praia de Testal
Boa
NOIA
Sonora Manle
Picaraña de Arriba
Lariño
Serres
Punta Insua
MUROS
Faro de Rebordiño
San Martiño de Miñortos
Cruzeiro de Miñadoiro
Portobravo (Lousame)
Vilacoba
Esclavitud
Louro
Illa da Quiebra
San Sadurniño de Goiáns
Argalo
Praia de Lariño
Punta de Lens
Praia de San Francisco
Laguna de Xarfes
Portosín
Aldaris
Val de Quintáns
Dices
Rois
Praia de Louro
Ría de Muros e Noia
Chaves
Minas de San Fix
Monte Freito
Buxán
Punta Carreiro
Punta Cabeiro
Camboño
Tállara
PADRÓN
(rom. Iria Flavia)
PORTO DO SON
Noal
Fruime
Manselle
Tallos (Dodro)
Millón
Sta. María de Nebra
Moimenta
Macenda
Enfesta (Pontecesures)
Serra de Barbanza
Landeiras
Castro de Baroña
Baroña
Praia do Castro
Curés
Ourille
Bexo
Vilar
Praia de Queiruga
Calvelle
Beluso
Río Te
O Araño
Burés
Praia Xudemil
Tarrío
Pouscarro
Ermita de la Magdalena
Acuncheira
Taragoña
Crucero
Asados
Catoira
Tarrio
Xufres
Mosquete
Vilariño
Cespón
Pazo
Torre
Coage
Coaxe
Caamaño
Raño
Praia de Basonas
Los Forcados
Boiro de Arriba (Boiro)
Rianxo
Xuño
Escarabote
Casal de Mogos
Mte Xiabre
Laguna de Muro
Aldea Vella
Rebordelo
Abanqueiro
Illa de Cortegada
Carril
Cabo Teira
Praia Barrana
Presqueira
Castrogudín
Seráns
Punta Gorgo o Estalluns
Dolmen de Axeitos
Bretal
Oleiros
Capilla de Moldes
PUEBLA DEL CARAMIÑAL
Praia de Concha
VILAGARCÍA DE AROUSA
CALDAS
Praia Portinos
Teira
Gandára
Convento de Vista Alegre
Cabo Corrubedo
Porto-Corrubedo
Punta de Cabio
Vilaxoán
Ermita de San Alberto
Palmeira
Ría de Arousa
Corón
Praia Ladeira
SANTA EUGENIA (RIBEIRA)
Punta Cabalo
Currás (Portas)
Praia do Castro
Praia Lagoa
Illa de Arousa
Illa de Arousa
Vilanova de Arousa
András
Mirador de Lobeira
Vilanoviña
Deiro
Praia de Couso
Vixán
Castiñeiras
Praia de Riasón
Gomara
Río Umia
Piñeiro
Cabo Falcoeiro
Aguiño
Lois
Illas de Sagres
Torre San Saturnino
CAMBADOS
Par. Nacional del Albariño
Mosteiro (Meis)
Illa de A Toxa
Escusa (Ribadumia)
Curro
Praia de Menchiluera
O GROVE
Sisan
San Salvador de Meis
Punta San Vicenzo
San Martiño de Meis
Monte de Castrove
Illa de Sálvora
O Carreiro
Ardia
Padrenda
Castrove
Reiris
Balea
Couto de Abaixo
San Vicente do Mar
Monasterio
Xil
Escusa
Alba
Lerez
A Armenteira
Fianteira
Punta Abelleira
Praia da Lanzada
Dena
Outeiro (Meaño)
O Convento (Poio)
San Francisco
Nª Sª da Lanzada
Gondar
Simes
Combarro
Mourelos
Noalla Adigna
Nantes de Reis
Punta Fagilda
Bordóns
Pontevedra Marín
Aiós
Adina
Sanxenxo
Rajó
Illa de Tambo
Lourizán
Carballeira
Praia de Pocinas
Portonovo
Praia de Sanxenxo
A Laxe
Illa de Ons
Praia de Montalvo
Mogor
MARÍN
Ría de Pontevedra
Praia de Loira
Seixo
Balsei
Ría de Pontevedra
Illa de Onceta
Tiorn
Loira
Piñeiro
Fixón
Toural
Vilaboa
32
Vigo
RÍAS BAIXAS

A Coruña
A Coruña
3
Rc
Rd
Re
Rf
Sa
Casais
Portoziños
Penela
Gorgullos
Parada
ORDES
Ordes
Abellá
Xanceda
Albixoi
Cumbraos
Fisteus
Foxados
Ciudadela
Suavila
Sabugueira
Cruces
Monzo
Restande
Viaño Pequeño (Trazo)
Leobalde
Trasmonte
Calle
Montaos
E 01
Río Samo
San Mauro (Frades)
Galegos
Carballal
Ermita de la Magdalena
Campoduro
Lanzá
Gosende
Mezonzo
Ru (Vilasantar)
Santarandel
Foro
Vilariño
Cumbraos
Sobrado de los Monjes
Sobrado
Roade
Arceo
A Igrexa
Andabao
Présaras
Montes Corno do Boi
Castelo
Trazo
Bean
Autopista del Atlántico
Ponte Carreira
Marzoa
Reiris
Moar
Gafoi
Ledoira
Pazo
Camino de Santiago
Carelle
Corredoiras
Xavestre
Vilouchada
Berreo
A Iglesia (Droso)
Vilarromariz
Garabanxa
Larceiros
Anxeles
Pastor
San Esteban do Campo
Gándara (Boimorto)
Boimil
Nogueira
Montes do Bocelo
Rodeiros
Dormea
Brañas
Fecha S. Xoán)
Chaián
Estación de Oroso-Villacid
Sigüeiro
Cardama
Río Tambre
Medín
San Martiño de Calvos de Sobrecamiño
Corneda
Pilar 806
Xubial
Souto (Toques)
Ordes
Figueiras
Paradela
Berdía
Ruatraviesa
Budiño
A Tarroeira
Gonzar
Oins
Orxal
Villadavil
Piñeiros
Golán
Sesar
Río Mera
Pedrouzo (O Pino)
Dodro 456
Santiago (Sta. M. de la Peregrina)
Estación de la Sionlla
Sionlla
Carballal
Castrofeito
Vilarmeao
SANTA MARIA DE ARZÚA
A Portela
Zas de Rei
R. Salgueira
Vilouriz
Oleiros
634
547
Burres
Formaris
Reboredo
O Amenal
A Rúa
Cerceda
San Mamede de Ferreiros
Ferreiros
Figueiroa
Boente
MELIDE
Santa María
Serra de Careón
O Meire
734
545
550
San Marcos
Labacolla
Aeroporto Labacolla-Santiago
O Pedrouzo
Camino de Santiago
Quión
Baiobre
Pantiñobre
Vilantime
Campos
Catedral
Colegiata del Sar
Santiago-Norte/Aeroporto
Arca
Bama
Santa Lucaia Banza
Brandeso
Maroxo
Río Boente
As Varelas
O Leboreiro
Orosa
Arines
Loureda
Loxo
Fonte-Díaz (Touro)
Tronceda
Viños
Pezobre
Moldes
Santiago-Centro
543
Lamas
Castro
R.º de Beseño
Fao
Hortas
Portodemouros
Beigondo
Visantoña
Pedreira (Santiso)
Furelos
Sambreixo
Pambre
Lugo
Quintás
Forte
Obra
Sestelo
Düxame
Loño
Embalse de Portodemouros
Río Ulla
Ramil
Cacheiras
Susana
Sergude
Carballas
Salgueiros
Brandomés
Sesto
M.te da Serra
520
Val
Baiña
Amance
Pidre
Sales (S. Xulián)
Vilar
Río Ulla
Brandariz
Ollares
Ferreirós
Arnego
Castro de Amarante (Sta. Mariña)
Casanova (Boqueixón)
525
Carbia
Agoso
Santa Lucía
Pazos
Gres
Añobre
Vila de Cruces
Toiriz
Brántega
Artoño
Borraxeiros
Reboredo
Facha
Bascuas
Sabrexo
Serra de Orrea
Peizal
Cutrán
Castro
Oliveira
Teo (Santa María)
Avenida do Mestre Manuel Gómez
Ribadulla (San Mamede)
Ponte-Ulla
Cira
Río Deza
Merza
Fontao
Besexos
540
Serra do Farelo
71
Castro de Amarante (Santo Esteban)
649
Couso
Santeles
Sarandón (San Pedro)
Valboa
Dornelas
Abades
664
Golada
Palio
Rodís
Vilariño
Farelo 956
Somoza
Areas
Souto
Paradela
Palacio de Oca
Riobó (Versailles de Galicia)
Toxa
Monasterio San Lorenzo
Carboeiro
Bodaño
Asorei
832
Baloira
Trasmonte
Porto
Bandeira
Cadrón
Río Arnego
Ventosa
Río Vea
Toedo
Moreira
M.te Arbela
53
Estación de Silleda
Anzó
Bermés
Muimenta
Matalobos
541
A Cruxa
Foxo
750
Vilas
Curantes
60
Rellas
Silleda
Sello
Carballeda
Val de Camba
A ESTRADA
Bolos
Río de Rubín
Olives
Cascaxid
Escuadro
652
Guillar
Camba
Guimarei
Vinseiro
Apt. Ponte Taboada
Prado
640
Goiás
Requeno
Ouzande
Pardemarín
Graba
Cristimil
797
Alemparte
Pescoso
Arcos
Tabeirós
Xestoso
Cardigonde
LALÍN
Negrelos
Nigoi
Parada
Meabia
Ribela
Río Umia
Murás
Refoxos 822
Gresande
Alto de Nerpereixa
(738)
Albarellos
Rodeiro
Río Rodeiro
Trasulfe
Cuntis
Ermita de la Ascensión
Arca
A Sagrada
Liripio
Alto de Candán
Pereira
Freixeiro
853
Acebeiro
Río Asneiro
Soutolongo
Est. Lalín
Xesta
533
Sisto
Xinzo
Souto
Ermita de Santa Lucía
Días
Igrexas
Vilatuxe
Vilarello
Carboentes
Senra
Faro 1187
Cequeril
Montillón de Arriba
San Benito 1017
Río Deza
Doade
Maceiras
Asperelo
Monte Cregos 793
Sabucedo
Forcarei
Serra de Candán
Saborida
Pena de Francia 914
Río Arnego
Couso
Padín
Quireza
Tomonde
Río Lérez
Cachafeiro
Bustelos
Montes do Testeiro
Lebozán
Sanguiñedo
Arnego
Provadura
1026
Muimenta
R.º dos Calves
Morillas
Docabo
Vilar
969
A Triqueiro
Samprizón
Castro (Dozón)
Furco
A Lagoa (Campo Lameiro)
Serrapio
Provincia de Pontevedra
Provincia de Orense
Espiñeira
Abeledo
Alto de Santo Domingo (720)
Coiras
O Desterro
Oseira
Parada
Cerdedo
Folgoso
Soutelo
Cusanca
Alén
541
Sacos (Sta. María)
Presquerira
Portela de Lamas
Arnelas
984
Froufe
Lobigueira
Campo
Monte de Madalena
939
Pieles
Vales
Corredoira
1012
Serra del Cando
Devesa de Arriba
Lebozán
Cerdeira
Irixo de Arriba
Piñor
Mirela
1040
Mosteirón
Caroi
A Chan (Cotobade)
Alto de Parano (800)
Espiñeiros
Coucieiro
Trigás
Freás
Cobas
Portamieiro
Ermita de las Nieves
Fraguas
Barcia
Bouza
Beariz (Forxa)
109
Noguera
Guimarás
Cotelas
Cea (San Cristóbal de Cea)
Loureiro
Río Almofrei
Río Calvelle
Serra
Xirazga
Doade
Fenteira
Lobases
San Facundo
525
Biduedo
Vilamarín
Cambeses
Rubillón
Liñares
Feás
Brués
Madarnás
Arenteiro
Valongo
Fentosa
Serra do Suido
Boborás
Pedriña
Vilaseco
Sobreira
Gateira
Aguasantas
Río Verdugo
Couso
Cardelle
O CARBALLIÑO
Mundín
Barbantiño
Tourón
Antas
Edreira
Costa
Albarellos
Mesego
Dacón
Tamallancos
Maside
Santabaia
Pedreira (A Lama)
Ponte Caldelas
Xesta
Abelenda
Embalse de Albarellos
Avia
Banga
R.º de Varón
Partovia
Souto (Amoeiro)
Bóveda
Orense
Treboedo
Listanco
Povoanza
Liñares
Rebordelo
Ponte
Pigarzos
Igrexario (Avión)
Casar
Gomariz
Barrio
Formigueiro
Beiro
Anceo
Forzáns
541
Orense
33

A Coruña
4
Ribadeo, Castropol
Sa
Sb
Sc
Sd
90
91
92
93
94
Negradas
Miraz
Anxeriz
Trasmonte
Cordal de Ousa
Candai
Uriz
Outeiro de Rei
Bonge
Cornide de Abaixo
Mondriz
Lea
Cirio
Milleirós
Moiña
Coba
Anafreita
Rosende
Ousa
Aspai
Ermita de Santa Isabel
Robra
Mosteiro
Golpilleiras
Suegos
Serra de Monciro
Montecubeiro
A Braña
Cabana
Nodar
Vicinte
Serra do Outeiro Maior
Teijeiro
Pradeiro
Silvela
Madelos
Roimil
Cima de Vila
Lea
Narla
San Martín de Costa
Parada
Tirimol
Rubiás
A Meda
Labio
Pena
Fonteo
Santalla de Devesa
Friol
Vilalvite
Hombreiro
Meilán
Albeiros
Barredo (S. Andrés)
Barredo (S. Xoan)
Serés
Grandón
Carballo
Prado
Gondar
Bolaño
Santiago de Castroverde
Silvela
Santa Marta
LUGO
(rom. Lucus Augusti)
Muralla
Carballido
San Paio de Arcos
Vilariño
Vilalle
Xia
Pardellas
Serén
Torre de Sampalo
Romeán
Monte
A Frairía
San Martiño dos Condes
Guimarei
Vilachá de Mera
Carballido
Buratai
Vilachá
Cellán de Mosteiro
Riomol
Apregación
Bóveda (Santa Eulalia)
Burgo
Alto
Conturiz
Aday
Goi
Pumarega
A Retorda
Mera
Poutomillos
Villavite
Nadela
Coeo
Arxemil
Queizán
Miranda
Furís
Moredo
Ferreira
Vilamaior de Negral
Carballido
Campelo
Chamoso
Agustín
Sirvián
Monte de Meda
Picato
Sáa
Coeses
Manán
Corgo
Folgosa
Guimarei
Ulloa
Puxeda
Entram Laszugas
Fontao
Belesar
Campo
Gomean
Carballal (Mamede)
Carteire
Monasterio de San Salvador
Pradeda
Castelo
Farnadeiros
Sobrado
Moreira
Vilar de Donas
San Román
Marey
Alto
Palas de Rei
Mouromorto
Guntín
Santa Euxea
Grolos
Ferroi
Ferreiros
Toirán
Carballal (S. Sebastián)
Meixaboy
Laxes
Pousada
Lígonde
Vilaxuste
Mougán
San Andrés da Ribeira
Cela
Neira
Vilaleo
Riba de Neira
Albá
Tarrío
Montecelo
Puebla de San Julián (Láncara)
Covas
Coence
Nespereira
Berlai
Láncara
Oleiros
Salgueiros
Alto do Hospital
Caborrecelle
Reascos
Vilarmosteiro
Pedraza
Vilanova
Castrolázaro
Vilapedre (S. Miguel)
Céltigos
Xusaos
Alvidrón
Cumbraos
Narón
Gonzar
Gondrame
Trebolle (O Páramo)
Veiga de Sarria
Armeá
Cervela
Monterroso
Penas
Ermita San Juan
Portomarín
Vileirz
Goián
Sáa
Castro
San Miguel
Ribas de Miño
Páramo
Vilanova
Corvelle
Manán
Río
Antas de Ulla
Sirgal
Sambreixo
Loyo
Labrada
Arxemil
Betote
Frameán
Bagude
Sabadelle
Castro (S. Mamede)
Maside
Ferreiros
Seteventos
Verín
Meixonfrío
Ribas de Miño
Biville
SARRIA
Sucarral
Montes da
Peibás
Sucastro
95
Xián
Pacios (Paradela)
Camino de Santiago
Barbadelo
Fontao
Pintín
Lousada
Aldosende
Paradela
Rial
San Martín
Lendórrio
Santa Eulalia
Mte Acebedo
Frollais
Olveda
Bembibre
Embalse de Belesar
Foilebar
Teivilide
Monasterio
Samos
Triacastela
Majal
Ramil
Taboada
Teibel
Vilamaior
Mato
Oural
Froián
Real (S. Cristóbal)
Friamonde
Lamas
Vilacaiz
Castro de Rei
Cervela
Freixo
Vilafrío
Moreda
Piñeira
Castelo
Veitureira
Pacios
Serra do
Mato
Mao
Chelo
San Miguel (Monte)
Esperante
Vilela
Segán
Currelos
Forcados
Barbain
Embalse de Villasouto
Reboiró
Puerto El Faro
Argozon
Pacios
Rendar
Foilebar
Arcos
Pedrafita
Mte do Pico
Santalla
Serra del Faro
Limiñón
O Outeiro
Fondo de Vila
Vilasouto
Rubián
Oural
Tuimil
A Cruz do Incio (O Incio)
Hospital
Laxe
Sepulturas Célticas
Veiga
Xuvencos
Vilarello
Souto
Incio
Herrería
Balneario de Incio
Parada
Requeixo
San Salvador
Asma (San Félix)
San Estevo
Piñeiro
Martín
Bóveda
Serra do Peña Redonda
Montes
CHANTADA
Galegos
Ousende
Ver
Telo
Busto
Legua
Asma (Santa Eugenia)
Camporramiro
Puente romano
Freán
Morgade
Abuíme
Rei
Ferreiros
Pereira
Escairón (O Saviñao)
Fiolleda
Aspera
Asma
Cartelos
Arriba
Mourelos
Pallares
Pousa
Parada dos Montes
Sta. Mariña
Vilauxe
Nogueira de Miño
Baamorto
Campo
Puebla de Brollón
Fión
Tor
Buciños
A Barrela
Erbedeiro
Arxuá
San Estevo de Ribas de Miño
Castillón (San Vicente)
Pena
Ribasaltas
Salcedo
Serra da Trapa
Froxán
Castro (Carballedo)
Chouzán
Santa Mariña
Ermita de la Virgen de Referendes
Avide
Castillo de Lemos
Murallas
Cereixa
Estación
Carballedo
Marce
Aguada
San Mamede
Emb. dos Peares
Castro (Pantón)
MONFORTE (DE LEMOS)
Xestoso
Santabaia
Marzás
Atán
Mañente
Serra de Agua Elevada
Barxa de Lor
Toldaiva
Vilaquinte
Cova
Piñeira
Linares
El Rio
Casarizas
Vilasusá
Oleiros
Vilamelle
Val de Lemos
Monte
Penela
Parteme
Serra
Arribade
Guntín
Vilamarín
Quiroga
Gueral
Vilarrubín
Piuca
Canabal
Neirás
Morade
Vilachá
Fontearcada (A Peroxa)
Torrón
Seragude
Vilaoscura
Pombeiro
Sober
Aguasmestas
San Clodio (Ribas de Sil)
A Ría
Graices
Ciótelo
Frontón
Proendos
Gundibós
Pereira
Torbeo
Vilarchao (Coles)
Ferreirúa
Casaxeto
Hortás
San Esteban
Vilariño
Emb. de Sequeiros
Cambeo
A Peroxa
Monasterio de San Esteban de Ribas de Sil
Brosmos
Villar de Mouros
Piñeira de Arriba
Belesar
Emb. de Velle
Luintra (Nogueira de Ramuín)
Loureiros
Santiorxo
Doade
Embalse de San Esteban
Provincia de Lugo
Provincia de Orense
Cerengo
Gustei
Rivela
Melias
Embalse de San Esteban
Rubiascós
Sampil
Tronceda
Paradela
Serra de la Moa
Castiñeiro
Peites
Sobral
Castro
Río Sil
Medos
Orense
Santiago
33
34
540
547
640
630
533
546
525
120
N VI

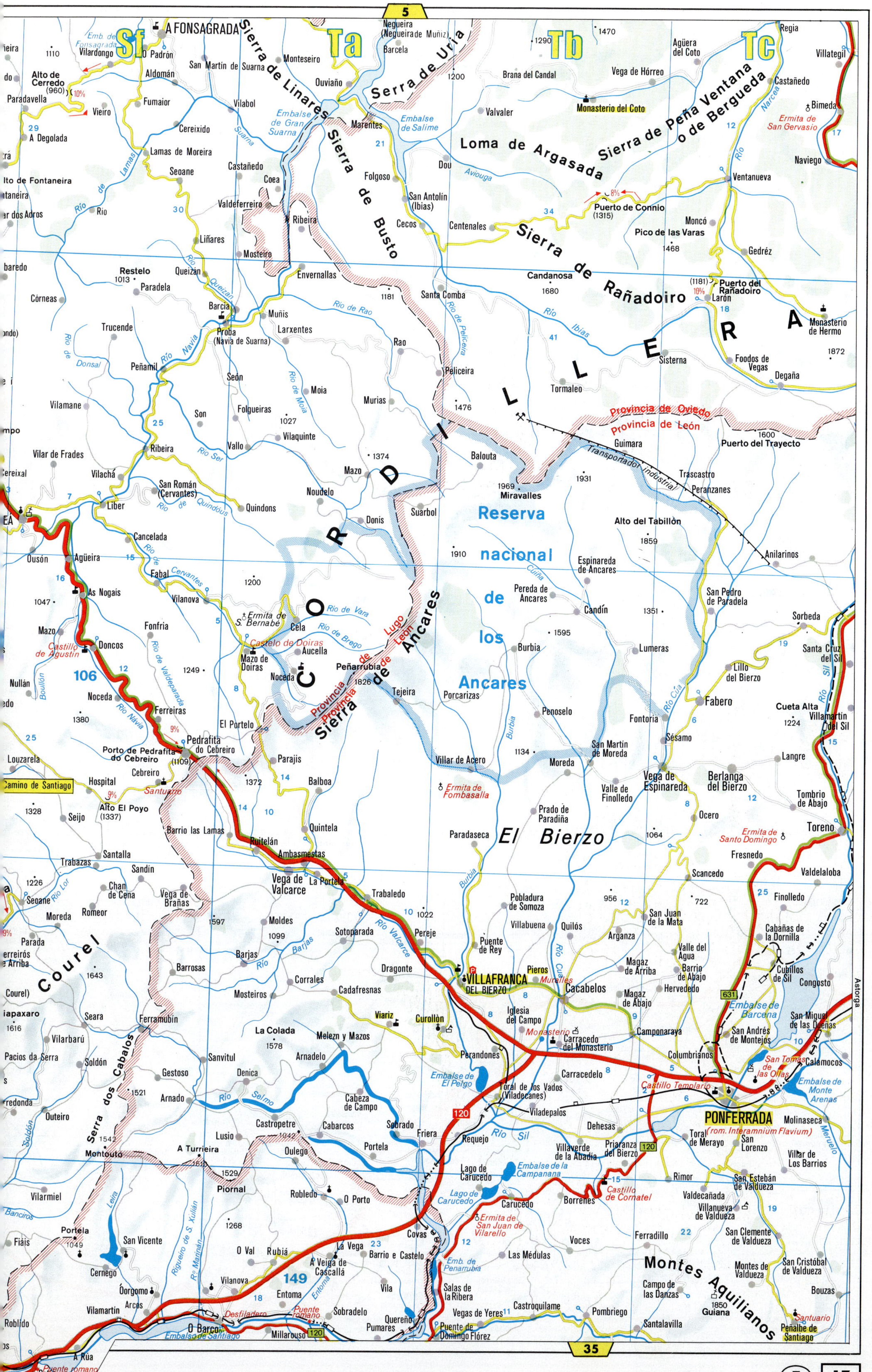
5
35
Sf
Ta
Tb
Tc
A FONSAGRADA
Sierra de Linares
Sierra de Busto
Serra de Uría
Loma de Argasada
Sierra de Peña Ventana o de Bergueda
Sierra de Rañadoiro
C O R D I L L E R A
Reserva nacional de los Ancares
Sierra de Ancares
El Bierzo
Courel
Serra dos Cabalos
Montes Aquilianos
Provincia de Oviedo
Provincia de León
Provincia de Lugo
Provincia de León
Transportador industrial
Embalse de Gran Suarna
Embalse de Salime
Embalse de El Pelgo
Embalse de la Campanaa
Embalse de Bárcena
Embalse de Monte Arenas
Emb. de Penarrubia
Embalse de Santiago
Lago de Carucedo
Río de Lamas
Río Navia
Río Suarna
Río Queizán
Río de Donsal
Río Ser
Río de Quindous
Río de Rao
Río de Moia
Río de Pelliceira
Río Ibias
Río Avoiuga
Río Narcea
Río de Vara
Río de Brego
Río de Valdeparada
Río Cúa
Río Burbia
Río Valcarce
Río Barjas
Río Selmo
Río Sil
Río Boeza
Río Meruelo
Río Lor
Río Soldón
Río Leira
Rigueiro de S. Xulián
Vilardongo
Alto de Cerredo
(960)
Paradavella
Vieiro
A Degolada
O Padrón
Aldomán
Fumaior
Cereixido
Lamas de Moreira
Seoane
Rio
San Martín de Suarna
Monteseiro
Vilabol
Castañedo
Coea
Valdeferreiro
Ribeira
Liñares
Mosteiro
Restelo
Paradela
Queizán
Córneas
Trucende
Barcia
Muñis
Envernallas
Proba (Navia de Suarna)
Larxentes
Peñamil
Seón
Moia
Vilamane
Son
Folgueiras
Vilaquinte
Vallo
Murias
Rao
Ribeira
Vilar de Frades
Vilachá
San Román (Cervantes)
Quindons
Liber
Noudelo
Mazo
Donis
Suarbol
Cancelada
Ousón
Agüeira
Fabal
Vilanova
As Nogais
Mazo
Doncos
Castillo de Agustín
Ermita de S. Bernabé
Cela
Castelo de Doiras
Aucella
Mazo de Doiras
Noceda
Peñarrubia
Tejeira
Fonfría
Nullán
Noceda
Ferreiras
El Portelo
Pedrafita do Cebreiro
Porto de Pedrafita do Cebreiro
(1109)
Cebreiro
Hospital
Santuario
Camino de Santiago
Alto El Poyo
(1337)
Seijo
Parajis
Balboa
Quintela
Barrio las Lamas
Ruitelán
Ambasmestas
Louzarela
Trabazas
Santalla
Sandín
Chan de Cena
Vega de Brañas
Seoane
Moreda
Romeor
Parada
Vega de Valcarce
La Portela
Trabaledo
Moldes
Sotoparada
Pereje
Barjas
Barrosas
Corrales
Dragonte
Cadafresnas
Mosteiros
Ferramubín
Seara
Vilarbarú
La Colada
Viariz
Curollón
Melezn y Mazos
Arnadelo
Pacios da Serra
Soldón
Sanvitul
Denica
Gestoso
Arnado
Cabeza de Campo
Outeiro
Castropetre
Cabarcos
Sobrado
Friera
Lusio
A Turrieira
Oulego
Portela
Montouto
Piornal
Robledo
O Porto
Vilarmiel
Portela
Fiáis
San Vicente
Cernego
Órgomo
Arcos
O Val
Rubiá
Vilanova
La Vega
A Veiga de Cascallá
Barrio e Castelo
Covas
Vila
Entoma
Sobradelo
Quereño
Pumares
Vilamartín
Robledo
O Barco
Destiladero
Puente romano
Millarouso
A Rúa
Petín
Carballal
Puente romano
Negueira (Negueira de Muñiz)
Barcela
Ouviaño
Marentes
Folgoso
Dou
San Antolín (Ibias)
Cecos
Centenales
Valvaler
Brana del Candal
Vega de Hórreo
Agüera del Coto
Monasterio del Coto
Regia
Villategil
Castañedo
Bimeda
Ermita de San Gervasio
Naviego
Ventanueva
Puerto de Connio
(1315)
Moncó
Pico de las Varas
Gedréz
Candanosa
Santa Comba
Puerto del Rañadoiro
(1181)
Larón
Monasterio de Hermo
Sisterna
Foodos de Vegas
Degaña
Tormaleo
Peliceira
Guimara
Puerto del Trayecto
Balouta
Miravalles
Trascastro
Peranzanes
Alto del Tabillón
Anilarinos
Espinareda de Ancares
Pereda de Ancares
Candín
San Pedro de Paradela
Sorbeda
Burbia
Lumeras
Santa Cruz del Sil
Lillo del Bierzo
Porcarizas
Penoselo
Fontoria
Fabero
Cueta Alta
Villamartín del Sil
Sésamo
San Martín de Moreda
Villar de Acero
Moreda
Langre
Ermita de Fombasalla
Valle de Finolledo
Vega de Espinareda
Berlanga del Bierzo
Tombrio de Abajo
Prado de Paradiña
Ocero
Paradaseca
Ermita de Santo Domingo
Toreno
Fresnedo
Scancedo
Valdelaloba
Pobladura de Somoza
San Juan de la Mata
Finolledo
Villabuena
Quilós
Arganza
Cabañas de la Dornilla
Puente de Rey
Valle del Agua
Magaz de Arriba
Barrio de Abajo
Cubillos del Sil
Congosto
VILLAFRANCA DEL BIERZO
Pieros
Murallas
Cacabelos
Hervededo
Magaz de Abajo
Iglesia del Campo
Camponaraya
San Andrés de Montejos
San Miguel de las Dueñas
Monasterio
Carracedo del Monasterio
Perandones
Columbrianos
San Tomás de las Ollas
Calamocos
Carracedelo
Castillo Templario
Toral de los Vados (Viladecanes)
Viladepalos
PONFERRADA
(rom. Interamnium Flavium)
Molinaseca
Dehesas
Requejo
Villaverde de la Abadía
Priaranza del Bierzo
Toral de Merayo
San Lorenzo
Villar de Los Barrios
Lago de Carucedo
Castillo de Cornatel
Rimor
San Esteban de Valdueza
Carucedo
Borrenes
Valdecañada
Villanueva de Valdueza
Ermita de San Juan de Vilarello
Las Médulas
Voces
Ferradillo
San Clemente de Valdueza
Montes de Valdueza
San Cristóbal de Valdueza
Salas de la Ribera
Campo de las Danzas
Guiana
Bouzas
Castroquilame
Vegas de Yeres
Pombriego
Santalavilla
Puente de Domingo Flórez
Santuario
Peñalbe de Santiago
Astorga
106
120
149
631

6
Td
Te
Tf
Ua
RESERVA
NACIONAL
DE
SOMIEDO
C O R D I L L E
Sierra del Acebo
Sierra de la Serrantina
Sierra de Pernules
Sierra de Sobia
Carballo
Cibea
Vallado
Trascastro
Brañas de Abajo
Genestoso
Villar
Castro
Pola de Somiedo
Coto de Buenamadre
Caunedo
Villanueva
La Plaza (Teverga)
Carrea
San Salvador
Fresnedo
Cueva de San Salvador
(Cueva Prehistórica)
Embalse de Saliencia
Arbeyales
Saliencia
Focella
Páramo
Puerto de la Mesa
Torrestio
Puerto de Ventana
Lago del Ajo
Santa Marina
Murias
Tablado
Villagime
Cienfuegos
Ricabo
Bueida
Cortes
Lindes
El Valle
Peña Rueda
Camparones
Tuiza de Arriba
Tuiza de Abajo
Refugio Casa de Mieres
Peña Ubiña
El Campo
Ermita de la Ascensión
El Puerto
Puerto Somiedo
San Pedro
La Cueta
Morronegro
Picos Albos
Genestosa
Torrebarrio
Candemuela
La Majúa
Villargusán
Pinos
P.to de la Cubilla
Puerto Leitariegos
Cerredo
Puerto Cerredo
Caboalles de Arriba
Caboalles de Abajo
Orallo
Villaseca de Laciana
VILLABLINO
Lumajo
Piedrafita de Babia
Lago de Babia
Cabrillanes
Torre de Babia
Cospedal
Cueva de Misin
Huergas de Babia
San Emiliano
Sierra de los Grajos
Riolago
Truébano
Villafeliz
Puerto de Valdeprado
Tejedo del Sil
Embalse de Las Rozas
Villarino del Sil
Rioscuro
Quintanilla de Babia
Peñalba de Cilleros
El Villar de Santiago
Sierra de Villabandín
Robledo de Caldas
Sena de Luna
Caldas de Luna
Villablino/Emb. de B.º de Luna
Oblanca
Valdeprado
Cuevas del Sil
Palacios del Sil
Sierra del Coto
Los Bayos
Santa Eulalia de las Manzanas
Peña Correa
Abelgas
Sierra Blanca
Mallo de Luna
Ermita de la Magdalena
Puerto de la Magdalena
Murias de Paredes
Senra
Salientes
Valseco
Susañe del Sil
Embalse de Matalavilla
Sierra de la Filera
Salce
Irede de Luna
Sosas del Cumbral
Villanueva de Omana
Curueña
Páramo del Sil
Salentinos
Catoute
Fasgar
Omañón
Río Omaña
Garueña
Arienza
La Urz
Villarín de Riello
Villayuste
Primout
Urdiales de Colinas
Río Vallegordo
Barrio de la Puente
Ermita de Santa Ana
Monte la Granda
Guisatecha
Lago
Vegarienza
Cirujales
Las Omañas
Rosales
Riello
Castro
Oterico
Soto y Amío
Villamartín del Sil
Colinas del Campo de Martín Moro
Suspirón
Sierra de Jistreo
Inicio
La Velilla
Librán
Tremor de Arriba
Transportador industrial
Embalse de Valdesamario
Pojos
Trascastro de Luna
Carrizal
Valdesamario
Paladín
Villar de las Traviesas
Noceda
Ermita de Virgen de la Vega
Quintana de Fuseros
Murias de Ponjos
La Utrera
Pobladuras de la Regueras
Los Barrios de Nistoso
San Feliz de las Lavanderas
Escuredo
San Martín de la Falamosa
Cabanillas de San Justo
Boeza
Villarmeriel
Losada
Arlanza
Almagarinas
Palaciosmil
Quintana del Castillo
San Bartolo
Castro de Cepeda
Santa Marina del Sil
El Valle
Río Boeza
Villaviciosa de la Ribera
Emb. de Villameca
Rodanillo
Folgoso de la Ribera
Tremor de Abajo
Brañuelas
Villagatón
Culebros
Abano
Morriondo
Santibáñez del Toral
La Veguellina de Cepeda
Ferreras
Villameca
Bembibre
Albares de la Ribera
La Ribera
La Granja de San Vicente
Río Porcos
Ponferrada
Almázcara
Torre del Bierzo
Suero de Cepeda
Riofrío
Casa del Convento
Castropodame
San Pedro Castañero
Santa Marina de Torre
Santa Cruz de Montes
Manzanal del Puerto
Ucedo
Porqueros
Castrillo de Cepeda
Quintanilla del Monte
Recostino
Turienzo Castañero
Puerto del Manzanal
Ermita de Villar
La Milla del Río
Onamio
San Facundo
Santibáñez de los Montes
Zacos
Embalse de Benamarías
Villamejil
Redondal
Rodrigatos
Chana Rasa
Armellada
Paradasolana
Fonfría
Veldedo
Vanidodes
Magaz de Cepeda
Cogorderos
Riego de Ambrós
Matavenero y Poibueno
Quintanilla de Combarros
Quintana de Fon
Turcia
Folgoso del Monte
Viforcos
Camino de Santiago
Combarros
Otero de Escarpizo
Fontoria de Cepeda
Antoñán del Valle
Vega de Antoñán
Gavilanes
Acebo
La Maluenga
Río Argañoso
Quintanilla del Valle
Espinoso de Compludo
Manjarín
Foncebadón
Rabanal del Camino
Brazuelo
Pradorrey
Villaobispo de Otero
La Carrera de Otero
BENAVIDES de Órbigo
Compludo
Sopeña de Carneros
Moral de Órbigo
Villamor de Órbigo
La Maragatería
Brimeda
San Román de la Vega
Villares de Órbigo
San Feliz de Órbigo
Palacios de Compludo
Andiñuela
Santa Marina de Somoza
El Ganso
Castrillo de los Polvazares
Santa Marina de Somoza
Prada de Sierra
Santa Colomba de Somoza
ASTORGA
Catedral
Murallas romanas (rom. Asturica Augusta)
San Justo de la Vega
Santibáñez de Valdeiglesias
Hospital de Órbigo
Veguellina de Órbigo
Villar de Ciervos
San Martín del Agostedo
Val de San Lorenzo
Estébanez de la Calzada
Villarejo de Órbigo
Pobladura de la Sierra
Tabladillo
Murias de Pedredo
Morales del Arcediano
Celada
La Meseta
Busnadiego
Benavente
35
36
90
91
92
93
94
76
78
631
633
623
N VI
XII-III

7

Ub
Uc
Ud
Ue
Uf
CANTÁBRICA
RESERVA NACIONAL DE MAMPODRE
Sierra de Carroceda
Cordal de Murias y Santibáñez
Serranía de las Fuentes de Invierno
Sierra de Corteguero
Sierra de Pintacanales
Cordal de Ponga
Monte de Peloño
Sierra de Mangayo
Picos de Mampodre
Sierra de Murias
Sierra de Casomera
Sierra Mermeja
Sierra de Sentiles
Sierra del Rozo
Sierra del Gato
Montes Pardominos
Peñaruelo
Valle de Curueño
Valle de Boñar
Región/Provincia de Asturias
Provincia de León
Puerto de Pajares
Puerto de Piedrafita
Puerto de Vegarada
Puerto de San Isidro
Puerto de Tarna
Puerto de Las Señales
Collado de Bezal
Collada de Valdeteja
Collada de Cármenes
Embalse del Porma
Lago del Ausente
Lago de Isoba
Desfiladero
Los Pontedos
Cueva de Valporquero
Cueva de Valdevezón (Prehistórica)
Busdongo
Arbas
Villamanín
Villanueva de la Tercia
La Pola de Gordón
La Robla
Cármenes
Valdeteja
Rodón
Tolibia de Abajo
Puebla de Lillo
Isoba
Redipollos
Cofiñal
Boñar
La Vecilla
Vegaquemada
La Ercina
Cistierna
Sabero
Gradefes
Nava de los Caballeros
Monasterio Santa María
San Miguel de Escalada
León
Mansilla de las Mulas
Camino de Santiago
Villaquilambre
Navatejera
Villaobispo de las Regueras
Valverde de la Virgen
La Virgen del Camino
Sariegos
Cuadros
Garrafe de Torío
Matallana de Torío
Robles de la Valcueva
Santa María del Monte del Condado
Villanueva del Condado
Vegas del Condado
Villasabariego
Villafañe
Puente Castro
Arcahueja
Onzonilla
Valdearcos
Villamarco
Valladolid
A 66
N-630
N-601
N-621
N-625
N-120
Vallín del Rubio
Río Esla
Río Porma
Río Curueño
Río Torío
Río Bernesga
Río Moro

37

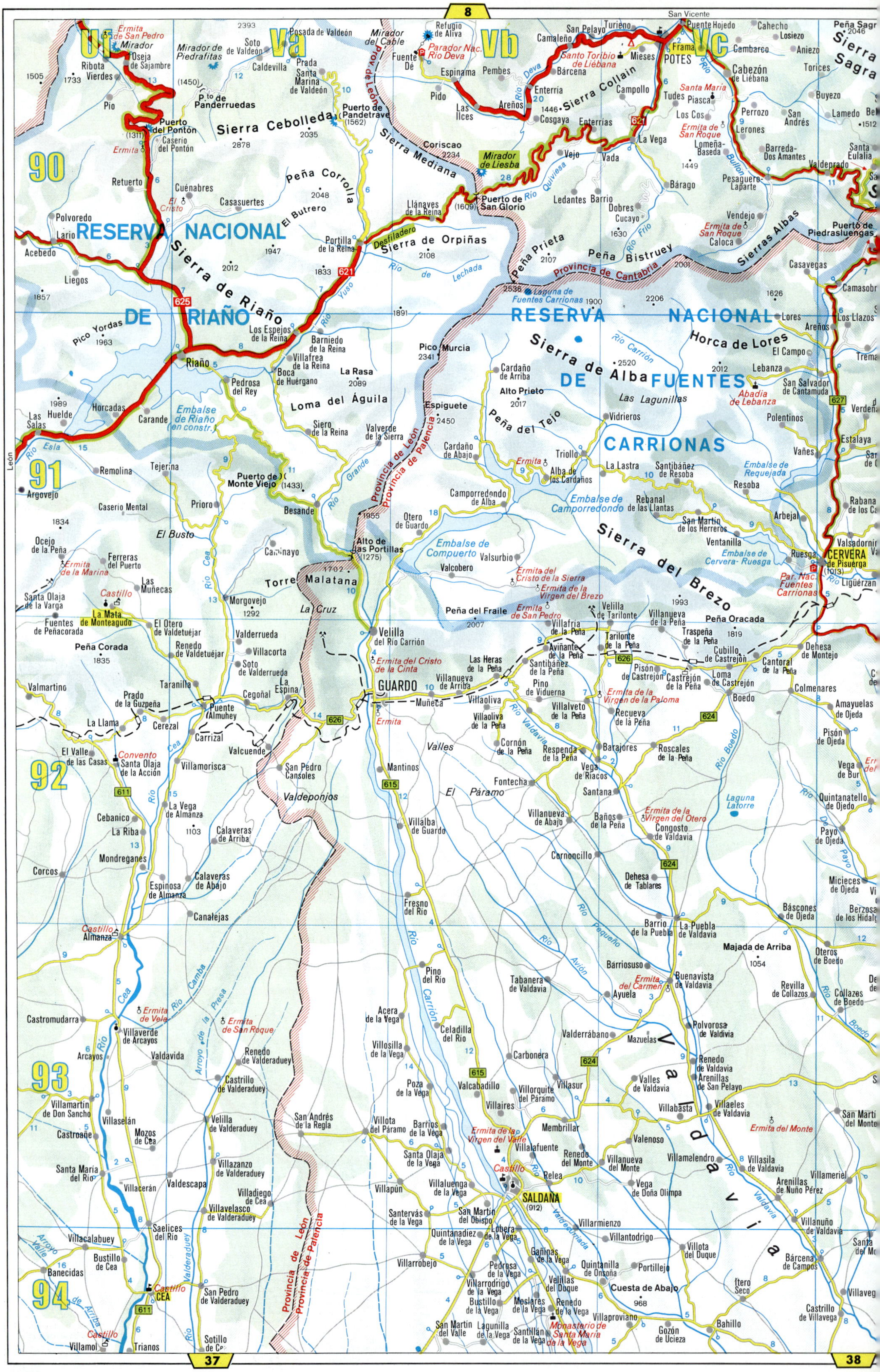

8
Ub
Va
Vb
Vc
90
91
92
93
94
37
38
RESERVA NACIONAL DE RIAÑO
RESERVA NACIONAL DE FUENTES CARRIONAS
Sierra Cebolleda
Sierra de Riaño
Sierra Mediana
Sierra de Orpiñas
Sierra Collain
Sierras Albas
Sierra de Alba
Sierra del Brezo
Sierra Sagra
Peña Corrolla
Peña Prieta
Peña Bistruey
Peña del Tejo
Loma del Águila
Horca de Lores
Provincia de Cantabria
Provincia de León
Provincia de Palencia
Prov. de León
Posada de Valdeón
Soto de Valdeón
Caldevilla
Prada
Santa Marina de Valdeón
Mirador de Piedrafitas
P.to de Panderruedas
Puerto de Pandetrave
Puerto del Pontón
Caserio del Pontón
Oseja de Sajambre
Ribota
Viérdes
Pio
Retuerto
Cuénabres
Casasuertes
El Butrero
Portilla de la Reina
Llánaves de la Reina
Puerto de San Glorio
Mirador de Liesba
Coriscao
Mirador del Cable
Fuente Dé
Parador Nac. Río Deva
Refugio de Aliva
Espinama
Pembes
Pido
Las Ilces
Areños
Camaleño
San Pelayo
Turieño
Santo Toribio de Liébana
Bárcena
Enterria
Cosgaya
Mieses
POTES
Frama
Puente Hojedo
San Vicente
Cabezón de Liébana
Cambarco
Cahecho
Losiezo
Aniezo
Torices
Tudes
Piasca
Santa María
Los Cos
Ermita de San Roque
Lomeña
Baseda
Perrozo
Lerones
San Andrés
Barreda-Dos Amantes
Buyezo
Lamedo
Santa Eulalia
Valdeprado
Campollo
La Vega
Vada
Vejo
Ledantes
Barrio
Dobres
Cucayo
Bárago
Pesaguero-Laparte
Vendejo
Caloca
Puerto de Piedrasluengas
Casavegas
Camasobres
Los Llazos
Lores
Areños
El Campo
Lebanza
San Salvador de Cantamuda
Abadía de Lebanza
Polentinos
Vañes
Estalaya
Resoba
Embalse de Requejada
Santibáñez de Resoba
La Lastra
Triollo
Vidrieros
Las Lagunillas
Alba de los Cardaños
Cardaño de Arriba
Cardaño de Abajo
Alto Prieto
Pico Murcia
Espiguete
Laguna de Fuentes Carrionas
Río Carrión
Camporredondo de Alba
Embalse de Camporredondo
Rebanal de las Llantas
San Martín de los Herreros
Ventanilla
Embalse de Cervera-Ruesga
Arbejal
Ruesga
CERVERA DE PISUERGA
Rabanal de los Caballeros
Par. Nac. Fuentes Carrionas
Ligüerzana
Peña Oracada
Villanueva de la Peña
Traspeña de la Peña
Cubillo de Castrejón
Cantoral de la Peña
Dehesa de Montejo
Colmenares
Loma de Castrejón
Castrejón de la Peña
Pisón de Castrejón
Tarilonte de la Peña
Velilla de Tarilonte
Villafría de la Peña
Aviñante de la Peña
Santibáñez de la Peña
Pino de Viduerna
Villalveto de la Peña
Ermita de la Virgen de la Paloma
Recueva de la Peña
Boedo
Amayuelas de Ojeda
Pisón de Ojeda
Vega de Bur
Quintanatello de Ojedo
Payo de Ojeda
Micieces de Ojeda
Báscones de Ojeda
Berzosa de los Hidalgos
Oteros de Boedo
Revilla de Collazos
Collazos de Boedo
Laguna Latorre
Roscales de la Peña
Barajores
Vega de Riacos
Santana
Baños de la Peña
Ermita de la Virgen del Otero
Congosto de Valdavia
Dehesa de Tablares
Barrio de la Puebla
La Puebla de Valdavia
Majada de Arriba
Barriosuso
Buenavista de Valdavia
Ayuela
Ermita del Carmen
Tabanera de Valdavia
Polvorosa de Valdivia
Mazuelas
Valderrábano
Renedo de Valdavia
Arenillas de San Pelayo
Valles de Valdavia
Villabasta
Villaeles de Valdavia
Ermita del Monte
San Martín del Monte
Valenoso
Villamelendro
Villasila de Valdavia
Arenillas de Nuño Pérez
Villameriel
Villanuño de Valdavia
Villota del Duque
Bárcena de Campos
Santa Cruz del Monte
Villavega
Castrillo de Villavega
Bahíllo
Gozón de Ucieza
Itero Seco
Cuesta de Abajo
Portillejo
Villantodrigo
Villarmienzo
Vega de Doña Olimpa
Villanueva del Monte
Renedo del Monte
Relea
SALDAÑA
Castillo
Villafuente
Membrillar
Ermita de la Virgen del Valle
Villasur
Villorquite del Páramo
Carbonera
Valcabadillo
Villaires
Villota del Páramo
Barrios de la Vega
Santa Olaja de la Vega
Villaluenga de la Vega
Villapún
San Martín del Obispo
Santervás de la Vega
Quintanadiez de la Vega
Lobera de la Vega
Villarrobejo
Pedrosa de la Vega
Gañinas de la Vega
Quintanilla de Onsoña
Villarrodrigo de la Vega
Bustillo de la Vega
Villaproviano
Velillas del Duque
Renedo de la Vega
Monasterio de Santa María de la Vega
Moslares de la Vega
Santillán de la Vega
Lagunilla de la Vega
San Martín del Valle
Poza de la Vega
Villosilla de la Vega
Acera de la Vega
Celadilla del Río
Pino del Río
Fresno del Río
Villalba de Guardo
Mantinos
Valles
El Páramo
Fontecha
Villanueva de Abajo
Cornoncillo
Cornón de la Peña
Respenda de la Peña
Villaoliva de la Peña
Villaoliva
Villanueva de Arriba
Las Heras de la Peña
Muñeca
GUARDO
Ermita del Cristo de la Cinta
Velilla del Río Carrión
Peña del Fraile
Ermita de San Pedro
Ermita del Cristo de la Sierra
Ermita de la Virgen del Brezo
Valsurbio
Valcobero
Embalse de Compuerto
Otero de Guardo
Alto de las Portillas
Torre Malatana
La Cruz
Camporredondo
Besande
Puerto de Monte Viejo
Valverde de la Sierra
Siero de la Reina
La Rasa
Villafrea de la Reina
Barniedo de la Reina
Boca de Huérgano
Los Espejos de la Reina
Pedrosa del Rey
Riaño
Embalse de Riaño (en constr.)
Carande
Horcadas
Huelde
Las Salas
Pico Yordas
Liegos
Acebedo
Lario
Polvoredo
Remolina
Tejerina
Argovejo
Caserío Mental
Prioro
El Busto
Ocejo de la Peña
Ferreras del Puerto
Ermita de la Marina
Las Muñecas
Santa Olaja de la Varga
Castillo
La Mata de Monteagudo
Fuentes de Peñacorada
Peña Corada
El Otero de Valdetuéjar
Renedo de Valdetuéjar
Morgovejo
Valderrueda
Villacorta
Soto de Valderrueda
La Espina
Cegoñal
Taranilla
Prado de la Guzpeña
Puente Almuhey
La Llama
Valmartino
Cerezal
Carrizal
Valcuende
San Pedro Cansoles
Valdeponjos
El Valle de las Casas
Convento Santa Olaja de la Acción
Villamorisca
La Vega de Almanza
Cebanico
La Riba
Calaveras de Arriba
Calaveras de Abajo
Mondreganes
Corcos
Espinosa de Almanza
Canalejas
Castillo Almanza
Castromudarra
Ermita de Vela
Ermita de San Roque
Villaverde de Arcayos
Arcayos
Valdavida
Renedo de Valderaduey
Castrillo de Valderaduey
Villamartín de Don Sancho
Villaselán
Castroañe
Mozos de Cea
Velilla de Valderaduey
San Andrés de la Regla
Villazanzo de Valderaduey
Santa María del Río
Villacerán
Valdescapa
Villadiego de Cea
Villavelasco de Valderaduey
Saelices del Río
Villacalabuey
Bustillo de Cea
Banecidas
Castillo CEA
San Pedro de Valderaduey
Sotillo de Cea
Villamol
Trianos
Río Esla
Río Cea
Río Carrión
Río Valdavia
Río Boedo
Río Deva
Río Quiviesa
Río Yuso
Río Grande
Río Camba
Arroyo de la Presa
Valderaduey
Valdearriada
Río Pequeño
Río Avión
Río Lechada
Río Frío
Río Bullón
León
621
625
626
611
615
624
627
2393
1505
1733
(1450)
(1311)
(1562)
2035
2878
2048
1947
2012
1833
2108
2107
2001
1626
2536
1900
2206
1891
2341
2520
2017
2450
1963
1857
1989
1834
1292
1835
1955
(1275)
1702
2007
1993
1819
1103
1054
968
(1609)
(1433)
(912)
1449
2046
1512

9
Torrelavega
Santander
Ve
Vf
Wa
Wb
Sierra de Bárcena Mayor
RESERVA NACIONAL DE SAJA
Sierra del Cordel
Peña Labra
Sierra de Escudo
Embalse del Ebro
Páramos de la Lora
REINOSA
SONCILLO
BARRUELO de Santullán
MATAPORQUERA
AGUILAR de Campoo
ALAR del Rey
HERRERA de Pisuerga
VILLADIEGO
Polientes
Prov. de Palencia
Prov. de Burgos
Provincia de Palencia
Provincia de Burgos
Miranda de Ebro
Burgos
Palencia
39
623
611
627
617
632
45
24
71
87

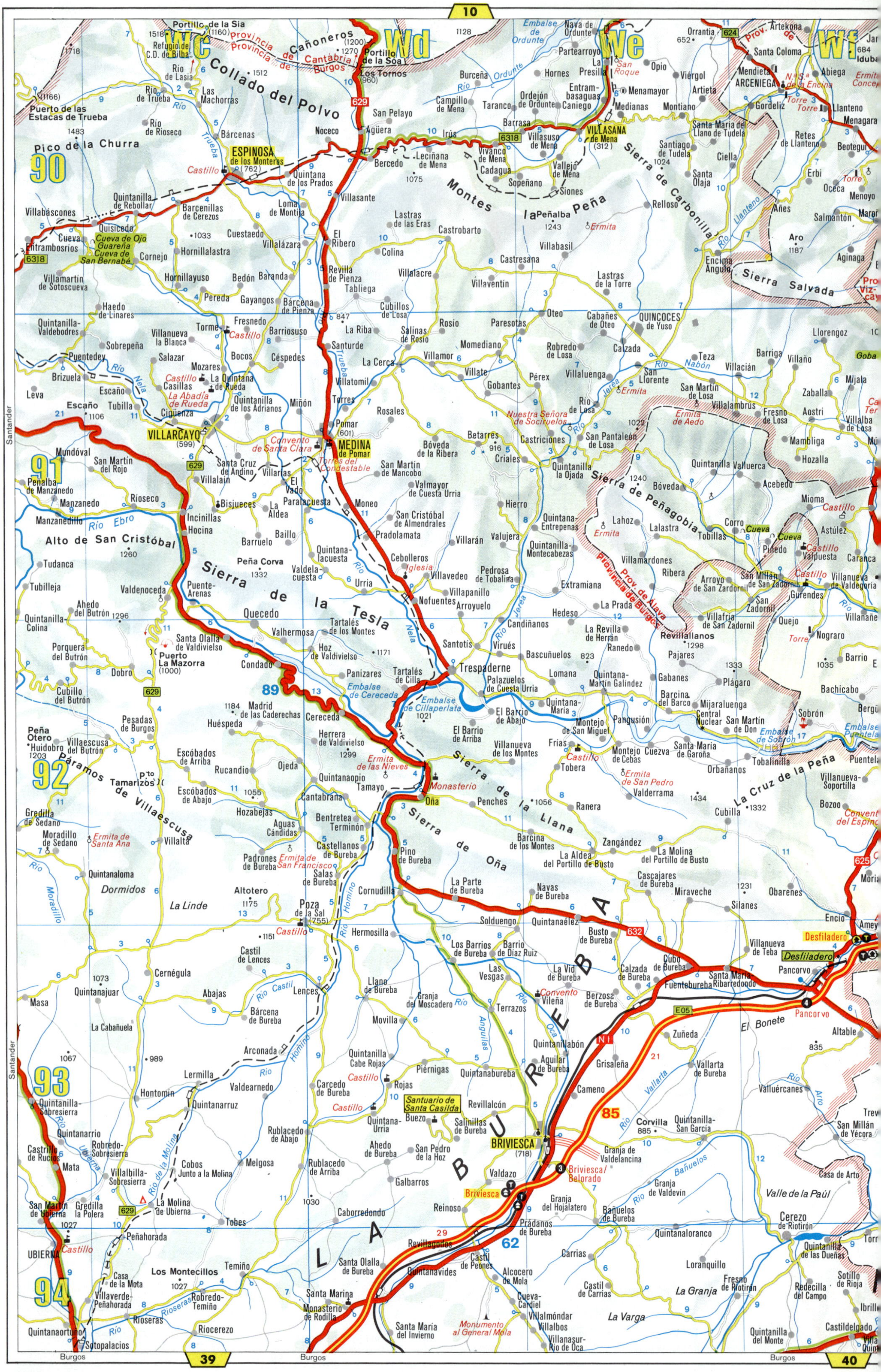
10
Wc
Wd
We
Wf
90
91
92
93
94
39
40
Portillo de la Sia
Refugio de C.D. de Biba
Provincia de Cantabria
Provincia de Burgos
Cañoneros
Portillo de la Sia
Los Tornos
Collado del Polvo
Puerto de las Estacas de Trueba
Pico de la Churra
ESPINOSA de los Monteros
Castillo
Bárcenas
Noceco
San Pelayo
Agüera
Bercedo
Lecinana de Mena
Irús
Burceña
Campillo de Mena
Taranco
Ordejón de Ordunte
Barrasa
Embalse de Ordunte
Nava de Ordunte
Partearroyo
La Presilla
San Roque
Opio
Hornes
Entrambasaguas
Caniego
Menamayor
Medianas
Montiano
Viérgol
Artieta
Orrantia
Artekona
Santa Coloma
Mendieta
ARCENIEGA
N.S.a de la Encina
Gordeliz
Torre
Llanteno
Menagara
Abiega
Ermita Concep
VILLASANA de Mena
Villasuso de Mena
Vivanco de Mena
Cadagua
Sopeñano
Vallejo de Mena
Siones
Sierra de Carbonilla
Santa María del Llano de Tudela
Santiago de Tudela
Ciella
Santa Olaja
Retes de Llanteno
Beotegui
Erbi
Oceca
Menoyo
Añes
Salmantón
Aro
Aginaga
Montes la Peñalba Peña
Relloso
Ermita
Villasante
Quintana de los Prados
Loma de Montija
Barcenillas de Cerezos
Quintanilla de Rebollar
Villabáscones
Quisicedo
Cueva
Entrambosrios
Cueva de Ojo Guareña
Cueva de San Bernabé
Cornejo
Hornillalastra
Cuestaedo
Villalázara
El Ribero
Colina
Lastras de las Eras
Castrobarto
Villabasil
Castresana
Villaventín
Villalacre
Revilla de Pienza
Tabliega
Cubillos de Losa
Lastras de la Torre
Encima Angulo
Sierra Salvada
Villamartín de Sotoscueva
Hornillayuso
Bedón
Baranda
Pereda
Gayangos
Bárcena de Pienza
Haedo de Linares
Quintanilla-Valdebodres
Sobrepeña
Villanueva la Blanca
Torme
Fresnedo
Castillo
Barriosuso
La Riba
Salinas de Rosío
Rosío
Paresotas
Oteo
Cabañes de Oteo
QUINCOCES de Yuso
Llorengoz
Puentedey
Salazar
Bocos
Céspedes
Santurde
La Cerca
Villamor
Momediano
Robredo de Losa
Calzada
Teza
Barriga
Villaño
Brizuela
Mozares
Castillo
Casillas
La Quintana de Rueda
La Abadía de Rueda
Villatomil
Villalte
Gobantes
Pérex
Villaluenga
San Llorente
Ermita
Río Nabón
Villacián
San Martín de Losa
Zaballa
Mijala
Leva
Escaño
Escanõ
Tubilla
Quintanilla de los Adrianos
Miñón
Torres
Rosales
Cigüenza
VILLARCAYO
Convento de Santa Clara
Pomar
MEDINA de Pomar
Torres del Condestable
Bóveda de la Ribera
Betarres
Criales
Nuestra Señora de Socirüelos
Río de Losa
Castriciones
San Pantaleón de Losa
Villalambrús
Fresno de Losa
Aostri
Villalba de Losa
Ermita de Aedo
Mambliga
Hozalla
Mundóval
San Martín del Rojo
Santa Cruz de Andino
Villalaín
Villarías
El Vado
Paralacuesta
San Martín de Mancobo
Valmayor de Cuesta Urria
Quintanilla la Ojada
Sierra de Peñagobia
Quintanilla
Valluerca
Bóveda
Acebedo
Peñalba de Manzanedo
Manzanedo
Rioseco
Bisjueces
La Aldea
Moneo
San Cristóbal de Almendrales
Hierro
Quintana-Entrepeñas
Lahoz
Ermita
Lalastra
Corro
Cueva
Mioma
Castillo
Astúlez
Manzanedillo
Río Ebro
Incinillas
Hocina
Baillo
Pradolamata
Villarán
Valujera
Quintanilla-Montecabezas
Tobillas
Pinedo
Castillo Valpuesta
Caranca
Alto de San Cristóbal
Barruelo
Quintana-lacuesta
Cebolleros
Iglesia
Villavedeo
Pedrosa de Tobalina
Villamardones
Ribera
Arroyo de San Zardornil
San Millán de San Zadornil
Gurendes
Villanueva de Valdegovia
Tudanca
Peña Corva
Sierra de la Tesla
Valdelacuesta
Urria
Villapanillo
Extramiana
Prov. de Álava
Provincia de Burgos
San Zadornil
Villafría de San Zadornil
Tubilleja
Valdenoceda
Puente-Arenas
Quecedo
Nofuentes
Arroyuelo
Hedeso
La Prada
Quejo
Villanañe
Quintanilla-Colina
Ahedo del Butrón
Tartalés de los Montes
Candiñanos
La Revilla de Herrán
Ranedo
Revillallanos
Torre
Nograro
Porquera del Butrón
Santa Olalla de Valdivielso
Puerto La Mazorra
Valhermosa
Hoz de Valdivielso
Santotis
Virués
Bascuñuelos
Pajares
Barrio
Dobro
Condado
Panizares
Tartalés de Cilla
TRESPADERNE
Palazuelos de Cuesta Urria
Lomana
Quintana-Martín Galíndez
Gabanes
Plágaro
Bachicabo
Cubillo del Butrón
89
Embalse de Cereceda
Embalse de Cillaperlata
Cillaperlata
El Barrio de Abajo
Quintana-María
Barcina del Barco
Mijaraluenga
Sobrón
Bergüenda
Madrid de las Caderechas
Cereceda
Huéspeda
Pesadas de Burgos
Montejo de San Miguel
Pangusión
Central Nuclear
San Martín de Don
Embalse de Sobrón
Embalse Puentelarrá
Peña Otero
Huidobro
Villaescusa del Butrón
Herrera de Valdivielso
El Barrio de Arriba
Villanueva de los Montes
Frías
Castillo
Montejo de Cebas
Cuezva
Santa María de Garoña
Tobalinilla
Puentelarrá
Páramos de Villaescusa
Tamarizos
Escóbados de Arriba
Rucandio
Ojeda
Ermita de las Nieves
Sierra de la Llana
Tobera
Ermita de San Pedro
Valderrama
Orbañanos
La Cruz de la Peña
Villanueva-Soportilla
Escóbados de Abajo
Quintanaopio
Tamayo
Monasterio
Oña
Penches
Ranera
Cubilla
Bozoo
Convento del Espino
Gredilla de Sedano
Hozabejas
Cantabrana
Bentretea
Terminón
Sierra de Oña
Barcina de los Montes
Zangández
Moradillo de Sedano
Ermita de Santa Ana
Villalta
Aguas Cándidas
Castellanos de Bureba
Pino de Bureba
La Aldea del Portillo de Busto
La Molina del Portillo de Busto
Padrones de Bureba
Ermita de San Francisco
Salas de Bureba
Cascajares de Bureba
Río Moradillo
Quintanaloma
Dormidos
La Linde
Altotero
Poza de la Sal
Cornudilla
La Parte de Bureba
Navas de Bureba
Miraveche
Silanes
Obarenes
Castillo
Hermosilla
Río Homino
Solduengo
Quintanaélez
Busto de Bureba
Encío
Ameyugo
Desfiladero
Castil de Lences
Los Barrios de Bureba
Barrio de Díaz Ruiz
La Vid de Bureba
Calzada de Bureba
Cubo de Bureba
Santa María Ribarredonda
Villanueva de Teba
Pancorvo
Fuentebureba
Quintanajuar
Cernégula
Abajas
Río Castil
Lences
Bárcena de Bureba
Llano de Bureba
Granja del Moscadero
Las Vesgas
Terrazos
Convento
Vileña
Berzosa de Bureba
E05
El Bonete
Altable
Masa
La Cabañuela
Arconada
Movilla
Río Oca
Quintanilla-Vivar
Zuñeda
N I
Quintanilla Cabe Rojas
Castillo
Rojas
Piérnigas
Quintanabureba
Aguilar de Bureba
Grisaleña
Vallarta de Bureba
Valluércanes
Río Homino
Lermilla
Hontomín
Quintanarruz
Valdearnedo
Carcedo de Bureba
Castillo
Santuario de Santa Casilda
Revillalcón
Cameno
Río Arto
Trevino
85
Quintanilla-Sobresierra
Quintanarrio
Robredo-Sobresierra
Rublacedo de Abajo
Quintana-Urria
Buezo
Salinillas de Bureba
BRIVIESCA
Corvilla
Quintanilla-San García
San Millán de Yécora
Castrillo de Rucios
Mata
Cobos Junto a la Molina
Melgosa
Ahedo de Bureba
San Pedro de la Hoz
Granja de Valdelancina
Briviesca/Belorado
Villabilla-Sobresierra
Río de la Molina
Rublacedo de Arriba
Galbarros
Valdazo
Granja de Valdevin
Río Bañuelos
Casa de Arto
Valle de la Paúl
San Martín de Ubierna
Gredilla la Polera
La Molina de Ubierna
Tobes
Caborredondo
Reinoso
Briviesca
Granja del Hojalatero
Bañuelos de Bureba
Cerezo de Riotirón
UBIERNA
Castillo
Peñahorada
LA BUREBA
Revillagodos
Prádanos de Bureba
Quintanaloranco
Quintanilla de las Dueñas
Casa de la Mota
Los Montecillos
Temiño
Santa Olalla de Bureba
Castil de Peones
62
Carrias
Loranquillo
Villaverde-Peñahorada
Robredo-Temiño
Quintanavides
Alcocero de Mola
Castil de Carrias
Fresno de Riotirón
Redecilla del Campo
Sotillo de Rioja
Ibrillos
Santa Marina
Monasterio de Rodilla
Cueva-Cardiel
La Granja
La Varga
Rioseras
Río Rioseras
Villamóndar
Villalbos
Castildelgado
Quintanaortuño
Sotopalacios
Riocerezo
Santa María del Invierno
Monumento al General Mola
Villanasur-Río de Oca
Quintanilla del Monte
Santander
Burgos

Bilbao
Bilbao
11
Xa
Xb
Xc
Xd
Llodio Amurrio
Aracaldo
Untzeta
Ariliza-Olazar
Zubialde
Arantzazu
Zelaia
Guezala
Ugarana
Arteaga
Areatza Villaro
Vicarregui
Oba
Ermita de Aite
Manaria
Cueva de Baltzola
Cuevas de San Lorenzo
Indusi
Izurza
Abadiño Zelaieta
Berriozabal
Mendraca
Kenita
Egotxeaga
Arantze-tazearra
Ubera
Bergara
Berrio-Aldape
Elgeta
ELORRIO
Mendiola
Cueva de Bolinkoba
Apatamonasterio
Necrópolis
Alluitzo
Axpe
Santiago
Arrázola
Iguria
Angiozar
Anguiozar
BERGARA
Irimoi
Antzuola
Puerto de Deskarga
Puerto de Kanpazar
Udala
Garagartza
Mehatz-Erreka
Benarre
San Prudentzio
Elorregi
Monte Asaldita
LEGAZPI
Garibay
Ermita de Sagrado Corazón
Murueta
Castillo
San Martín
Zubiaur (Orozco)
Jesuri
Monte de Arrola
Ibarra
Gallartú
Urigoiti
Cueva de Sopelegor
Dólmen
Uribe
Ceanuri
Alto
Plaza de Castillo
Elejabieta
Puerto de Urkiola
Urkiola
Ermita de Santa Bárbara
Santuario de San Antonio
Ameitermin
Puerto de Barázar
Anteparaluceta
Undurraga
Ipiñaburu
Ermita de San Roque
Arbaiza
Torre
AMURRIO
Berganza
Barambio
Ermita de Gorrastaxu
Sierra de Peña
Provincia de Vizcaya (Bizkaia)
Provincia de Álava
Gorbea
Cuevas de Mairuelegorreta
Oqueta
San Juan
Otxandio
Mecoleta
Echagüen
Olaeta
Ganzaga
Ibarra
Gesalibar (Santa Agueda)
Azcoaga
Altzaga
Apotzaga
Uribarri
ARETXABALETA
ARRASATE-MONDRAGÓN
Zañartu
OÑATI
Telleriarte
Olabarrieta
Aozaraza
Goronaeta
Urrejola
Uribarri
Brincola
Eskoriatza
Mendiola
Bolivar
Caverna de Aizquirri
Cueva
Marin
Zarimuz
Lezama
Inoso
Ciorroga
Ciorroga/Amurrio
Embalse de Gorbea
Embalse de Albiña
Olerias
Legutiano Villarreal de A.
Monumento a la Batalla de Villarreal
Leintz Gatzaga
Araotz
Arrolas
Castillo
Arántzazu
Santuario
Autopista Vasco Aragonesa
Uzquiano
Oyardo
Artomaña
Unza
Gujuli
Altube
Sarría
Marquina
Murua
Echagüen
Cestafe
Elosu
Emb. de Urrúnaga
Nafarrete
Gopegui
Zárate
Manurga
Urrúnaga
Goiain
Sierra de Elgea
Sierra de Urquilla
Provincia de Guipúzcoa (Gipuzkoa)
Provincia de Álava (Araba)
Aitz korri
Belunza
Izarra
Vitoria-Gasteiz Murguía
Murguía
Jugo
Záitegui
Buruaga
Berricano
Mendarozqueta
Betolaza
Urbina
Ullibarri Gamboa
Ermita de San Bernabé
Ermita de Santa Marina
Marieta-Larrinzar
Elguea
Abecia
Luquiano
Vitoriano
Oroko Saindutegia
Domaiquia
Letona
Embalse de Zadorra
Luco
Monasterio de Nuestra Señora de Barria
Arriola
Andagoya
Abornícano
Miñano Menor
Amarita
Miñano Mayor
Arroyabe
Nanclares de Gamboa
Ozaeta
Hermua
Larrea
Arangatxa
Anda
Apodaca
Aperregui
Sierra de Arrato
Mendivil
Castillo
Guevara
Aspuru
Narvaja
Galarreta
Ermita de Santa Marina
Artaza
Foronda
Mendiguren
Concha de Álava
Gordoa
Zalduondo
Ermita de San Antonio
Guillarte
Sendadiano
Tórtola
Hueto Arriba
Cuevas El Goro
Legarda
Mandojana
Abechuco
Durana
Arzubiaga
Ullivarri-Arrázua
Maturana
Mendijur
Etura
Audicana
Luzuriaga
Heredia
Ordoñana
Túmulo
Marinda
Santa Eulalia
Vadillo
Echávarri Cuartango
Ermita Virgen de Ubarriarán
Hueto Abajo
Ullivari-Viña
Gamarra Mayor
Lubiano
Jungitu
Argómaniz
Echevarri Urtupiña
Dallo
Zuazo de San Millán
Castillo
Mezquía
Salvatierra
Solacueva
Jócano
Arkamu
Uribarri
Zuazo de Cuartango
Torre
Martioda
Ermita de San Juan
Zurbano
Ilarraza
Matauco
Nuestra Señora de Ayala
Arrieta
Ezquerecocha
Gazeo
Murallas
Dolmen
Munain
Vicuña
Artaza
Apricano
Mendoza
Torre
Santa Catalina
Castillo
Trespuentes
Crispijana
Gobeo
Ali
Cerio
Santuario de Nuestra Señora de Estíbaliz
Argandoña
Elburgo
Alegría-Dulantzi
Chinchetru
Langarica
Castillo
Ocáriz
Haizkoeta
Urbilana
Otéros
Iruna
Villodas
Zuazo de Vitoria
Arinez
Arcaute
Ascarza
Andollu
Añua
Trocóniz
Gauna
Aciñu
Guereñu
Alaiza
Arrizala
Opacua
VITORIA GASTEIZ
Otazu
Cantoblanco
Basquiñuelas
Morillas
Pobes/Langraiz
Arbigano
Subijana-Morillas
Montevite
Ollavarre
Nanclares de Oca
Gomecha
Gardelegui
Aberásturi
Bolivar
Hijona
Erenchun
Egileor
Puerto de Opakua
Berrostegueta
Mendiola
Ullivarri-Jáuregui
Viloria
Paúl
Pobes
Anucita
Lasierra
Subijana de Álava
Castillo
Monasterioguren
Ullívarri-Olleros
Eguileta
Ermita de San Víctor
Puerto de Azaceta
Izarza
Azaceta
Iturrieta
Ermita de Santa Isabel
Onraita
Itturrieta
Caicedo
Sopeña
Tuyo
Prov. de Burgos
Castillo de Argancón
Zurbitu
Doroño
Puerto de Vitoria
Montes de Vitoria
Montes de Iturrieta
Musitu
Arreo
Hereña
Antezana de la Ribera
Argancón
Villanueva de la Oca
Arrieta
Ascarza
Oquina
Kapildui
Arenaza
Ibisate
Róitegui
Ermita
Molinilla
Turiso
Maciñana
del la Oca
Lapuebla
Golernio
San Vicentejo
Ochate
Ajarte
Virgala Mayor
Cicujano
Sabando
Ermita de Santa Teodosia
Alda
Castillo
San Pelayo
Manzanos
Añastro
Condado de Treviño
Cucho
Treviño
Uzquiano
Imíruri
Aguillo
Ermita de San Pedro
Virgala Menor
Arraia-Maeztu
San Vicente de Arana
Salcedo
Mellodes
Burgueta
Pangua
Marauri
San Cristóbal
Apellániz
Ermita de San Cristóbal
Igay
Quintanilla de la Ribera
Armiñón
Muergas
Franco
Pedruzo
Sáseta
Arlucea
Ataurí
Oteo
Comunión
Rivabellosa
Lacervilla
Ozana
Dordóniz
Arana
Armentia
Saraso
Argote
Ogueta
Páriza
Urarte
Ermita de San Juan
Marquínez
Cueva
Izkiz
Corres
Antoñana
Hornillos
Orbiso
Mirandilla
La Nave
Lacorzana
Escanzana
Mijancas
San Martín de Zar
Samiano
Cueva
Convento de Piérora
Bardauri
MIRANDA de Ebro
Arce
Berantevilla
Portilla
Santurde
Villanueva Tobera
Moraza
San Martín de Galvarín
Albaina
Mesanza
Faido
Cueva
Laño
Bajauri
Urturi
San Román de Campezo
Mueta
Bujanda
Ermita de San Román
Quintana
SANTA CRUZ DE CAMPEZO
Baños de Fuencaliente
Miranda/Zambrana
Ircio
Zambrana
Torre
Tobera
Barojo
Cueva
Zumento
Santa Cruz del Fierro
Ocio
Berganzo
Payueta
Peña-cerrada
Loza
Prov. de Burgos
Obécuri
Navarrete
Angostina
Genevilla
Cabredo
Castillo
Nuestra Señora de Ocón
Bernedo
Marañón
Aguilar de Codés
Santuario de Nuestra Señora de Codés
Monasterio de Herrera
Salinillas de Buradón
Toloño
Provincia de Álava
Provincia de la Rioja
Montoria
Lagrán
Villaverde
Villafría
Ermita de San Bartolomé
Ermita de San Tirso
Pipaón
Galbárruli
Castilseco
Prov. de Burgos
Villalba de Rioja
Ternero
Los Castillos
San Felices
Briñas
Ermita de San Ginés
Rivas de Tereso
Casa Pangua
Puerto de Herrera
Sierra de Cantabria
Cripán
Meano
Lapoblación
Azuelo
Labastida
Peciña
Puente Gótico
Ermita de San Martín
Ábalos
Ermita del Cristo
Castillo
Viñaspre
Castillo
Barriobusto
Labraza
Yécora
Aras
Tres Aras
Sajazarra
HARO
Casa de Hornillo
Samaniego
Leza
Castillo
Elvillar
Anguciana
Haro/Sto. Domingo
Cihuri
N.ª S.ª de Tironcillo
Castillo
SAN VICENTE de la Sonsierra
Villabuena de Álava
Páganos
Navaridas
LAGUARDIA
Lanciego
Cuzcurrita
Gimileo
Briones
Ermita de San Juan
Castillo
Baños de Ebro
Ermita del Espíritu Santo
Moreda de Álava
Ermita del Calvario
Casalarreina
Tirgo
Ollauri
Monasterio de La Estrella
RIOJA ALAVESA
Cuzcurrita-Río Tirón
Rodezno
Zarratón
Río Ebro
Elciego
Ermita de San Vicente
Assa
Mantibre
Puente Romano
Oyón
VIANA
Murallas
Baños de Rioja
Castañares de Rioja
Ermita de los Mártires
San Asensio
Lapuebla de Labarca
Laserna
Ermita de las Cuevas
Castillo
Villalobar de Rioja
Casas Blancas
Ermita del Buen Suceso
Ermita de la Concepción
Cidamón
Ventas de Valpierre
SAN ASENSIO
Villarrica
Torremontalbo
Lagunas de las Cañas
RIOJA ALTA
San Torcuato
Colonia agrícola de Santa Gertrudis
Villa Herminia
Cenicero
Cenicero
La Estación
El Cortijo
Fuenmayor
LOGROÑO
Catedral
Bañares
Neguerуela
Casa del Inglés
Sómalo
Casa de las Monjas
Nájera/Navarrete
Embalse de la Grajera
Logroño
Logroño
SANTO DOMINGO de la Calzada
Hervías
Hormilleja
Hormilla
Uruñuela
Casa de Navarrete
Navarrete
Villamediana de Iregua
Corporales
Camino de Santiago
Huércanos
Lardero
41
Soria
Zaragoza
Estella
Alsasua

Donostia (San Sebastián)
12
Xe
Xf
Ya
Yb
TOLOSA
Bidegoyan
ZUMÁRRAGA
ORDIZIA
BEASAIN
Lazkao
Betelu
LECUMBERRI
Puerto de Azpiroz
Valle de Ulzama
Sierra de Aralar
Provincia de Guipúzcoa
Provincia de Navarra
Sierra de San Miguel
Irumugarrieta
Valle de la Burunda
Sierra de Satrústegui
ALSASUA
Olazagutia
Sierra de Urbasa
Sierra de Andía
Puerto de Lizarraga o Usaide
Puerto de Urbasa
Hostal de Urbasa
Sierra de Santiago de Loquiz
Sierra de Valdellin
Monasterio de Iranzu
Embalse de Alloz
ESTELLA
PUENTE LA REINA
Cirauqui
Mañeru
Obanos
Puerto del Perdón
Perdón
Sierra de Sarvil
Puerto de Ulzurrun
Irurzun
Echarri
Echarri Aranaz
Lacunza
Huarte-Araquil
Vitoria/Gasteiz
Monte Santo
Camino de Santiago
LOS ARCOS
Torres del Río
Viana
Logroño
Mendavia
Sesma
Lodosa
Lerín
Allo
Dicastillo
Arróniz
Larraga
Mendigorría
ARTAJONA
TAFALLA
Miranda de Arga
Altos de San Marcos
La Yasa
Alto Juanes
Peña Milisal
Zaragoza
Ebro
Río Ega
Río Arga
Río Araquil
41
42
85
90
91
92
93
94

13
Saint-Jean
43
Xe
Ye
Yf
Za
Sierra de Abodi
Sierra de Uztarroz
Valle de Roncal
Valle de Salazar
Valle de Arce
Valle del Irati
Bosque del Irati
Sierra de Zariquieta
Sierra de Idocorry
Sierra de Illón
Sierra de Leire
Sierra de Orba
Sierra de Izco
Sierra de Alaiz
Sierra Nobla
San Pelayo
Valdonsella
Vallée des Aldudes
Santa Engracia
Irurita
Zurraurre de Ciga
Abraku 1003
Banca
Adarza 1250
Erratchuenea
Hountto
Pecocheta
Arnéguy
Estérencuby
Estérenguibel
Phagalcette
Bassaburua
Col d'Haltza
Col d'Aphanize
Saint-Sauveur
Hauskoa
Ahusquy
Pic des Vautours
Charritte-de-Haut
Lacarry
Berroeta
Abartán 1099
Peña de Alba 1075
Aldudes
Esnazu
Urepel
Valcarlos
Ondarolle
Pignon
Gañecoleta
Beherobie
Grotte
Sommet d' Occabe 1456
Chalet Pedro
Iraty
Pic des Escaliers 1472
Pic Salhagagne 1053
Penin
Larrau
Grotte historique
Sayoa 1418
Suriain 1408
Collado de Urquiaga
Adi 1459
Puerto de Ibañeta
Silo de Carlomagno
Roncesvalles
Monumento a la Batalla de Orreaga
Orzanzurieta 1570
Mendilaz 1343
Fábrica de Orbaiceta
Pantano de Irabia
Embalse de Irabia
Irati
Pic de Bizkarzé 1656
Col d' Erroymendi
Akerrena 1354
Goitean 1222
Embalse de Eugui
Eugui
Cilveti
Tiratun 1217
Espinal-Auzperri
BURGUETE
Iragui
Linzoáin
Viscarret-Guerendiáin
Mezquíriz
Arreguia 1098
Orbaiceta
Orbara
Aria
Villanueva de Aézcoa
Egozcue
Urtasun
Leránoz
Agorreta
Saigós
Erro
Puerto de Erro
Zubiri
Esáin
Olóndriz
Esnoz
Aincioa
Saragüeta
Villanueva
Arrieta
Corona 1387
Garralda
Arive
Garayoa
El Castillo 1198
Portillo de Lazar
Izalzu
Santuario de Nuestra Señora de Muskilda
OCHAGAVÍA
Imbuluzqueta
Urdániz
Camino de Santiago
Loizu
Sierra de Labia 1279
Imízcoz
Gorraiz
Oroz-Betelu
Oláldea
Abaurrea Baja
P.to de Abaurrea
Abaurrea Alta
Jaurrieta
Escároz
Ermita de Santa Cruz
Uztárroz
Sarasibar
Zandio
Osacáin
Olave
Zuriáin
Ilárraz
Larrasoaña
Setoáin
Venta de Aquerreta
Ilúrdoz
Lakarri 1046
Erreea
Ardaiz
Espoz
Urdiroz
Uriz
Azparren
Baigura 1477
Aristu
Remendia
Ermita de Santa Agueda
Oronz
Monterria 1237
Anchóriz
Zabaldica
Alzuza
Elía
Urricelqui
Zunzarren
Gurpegui
Arce
Nagore
Usoz
Artozqui
Monte Remendia 1381
Elcóaz
Jbilcieta
Esparza
Sarriés
Santa Bárbara 1463
Urzainqui
Roncal
San Sebastián
Mausoleo
Sagaseta
Echálaz
Elcano
Ibiricu
Eransus
Zalba
Arizcuren
Arangozqui
Ayechu
Igal
Huarte
PAMPLONA
Egüés
Mendióroz
Ozcáriz
Zazpe
Orbaiz
Itoiz
Embalse de Usoz
Gorriz
Zariquieta
Ongoz
Aldasur 1189
Santa Cruz 1223
Adoáin
Izal
Güesa
Saseta 1181
Vidángoz
Argible 1203
Ustárroz
Uroz
Azpa
Ardanaz
Janáriz
Olaverri
Erdozáin
Beortegui
Lizoáin
Badostáin
Yelz
Aranguren
Laquidáin
Lérruz
AOIZ
Javerri
Sastoya
Laregui
Santa Fe de Escániz
Epároz
Aizkurgi
Guindano
Olagato 1132
Gallués
Iciz
Uscarrés
Paito
Ermita de Nuestra Señora del Camino
Ilundáin
Idoate
URROZ
Villaveta
Ecay
Aós
Villanueva de Lónguida
Irurozqui
Ozcoidi
Zabalza
Imirizaldu
Ustés
P.to de Las Coronas
BURGUI
Zolina
Labiano
Góngora
Lizarraga
Unciti
Artaiz
Murillo de Lónguida
Larrángoz
Mugueta
Muru 771
Aspurz
Navascués
Zulueta
Cemboráin
Ardanaz
Zuazu
Najurieta
Reta
Turrillas
Sansoain
Nardués-Andurra
Murillo-Berroya
Napal
Cuevas de Bigüézal
Elorz
Zabalceta
Zabalegui
Otano
Alzórriz
Peña de Izaga 1352
Urbicáin
Izanoz
Grez
Artieda
Orradre
Iso
Bigüézal
Castillo-Nuevo
Virgen de la Peña
Ezperun
Yárnoz
Monreal 1289
Castillo de Monreal
Ermita de San Pedro Mártir
Muguetajarra
Induráin
San Vicente
Ripodas
Arboniés
Domeño
Puente de Bigüézal
Foz de Arbayún
Salvatierra de Escá
Higa de Monreal
Salinas de Ibargoiti
Idocin
Guerguitiáin
Tabar
Adansa
Usún
Arangoiti 1356
Torre de Ekisoain
Lecáun
Celigueta
Vesolla
Zabalza
Abinzano
Aldunate
Nardues-Aldunate
Ermita de San Bartolomé
LUMBIER
Gargantas
Pobado Romano
Monasterio de Leire
Sigüés
Miramont
Echagüe
Bariáin
Iracheta
Leoz
Izco
P.to de Loyti 1033
Las Ventas de Judas
Liédena
Yesa
Aringo
Tiermas
Escó
Huesca
Uzquita
Sabaiza
Usúmbelz
Iriberri
Amunarrizqueta
Artariáin
Guetádar
Gardaláin
Leache
Villa Romana
Castillo
La Granja
Santuario
JAVIER
Club Náutico
Embalse de Yesa
Río Aragón
Ruesta
Artieda
Mianos
Peña Musera 995
Julio
Arteta
Moriones
Sada de Sangüesa
Aibar
Rocaforte
Castillo
Loia
Amatriain
Olleta
Ezprogui
SANGÜESA
Iglesia de Santa María
Ermita de Socorro
Santa Quiteria
Undués de Lerda
Puerto de Cuatro Caminos
Bézquiz
Lerga
Eslava
Ayesa
Casa Goyo
El Boyeral
Maquirriain
Sansoain
Alto de Lerga
Río Induzi
Gabarderal
Campo Real
Undués-Pintano
Pintano
Sierra de Guerinda
Canal de las Bárdenas
Gallipienzo Nuevo
Gallipienzo
Cáseda
Casa Goya
Navardún
Urriés
Ermita de Santa María Magdalena
Casa Miranda Alta
Ermita de Santa Cita
SAN MARTÍN de Unx
Santuario
Castillo
UJUÉ
Ermita de San Miguel
Ermita de San Zoilo
Parador Nacional Fernando de Aragón
SOS DEL REY CATÓLICO
Palacio de Sada
Gordués
Gordún
Isuerre
Río Onsella
Peña
Caserío de Canuto
Caserío de Abete
Caserío del Aragonés
Venta del Zapato
Puerto de Sos
Castillo de Roita
Petilla de Aragón
Nuestra Señora de la Cerrada
Prov. de Navarra
Lobera de Onsella
Casa Torraza
San Isidro del Pinar
La Mora Baja
Mamillas
Sofuentes
Ermita La Blanca
Santakara Muro
Casa de Oliveta
Venta de Vicentico
Ermita de San Isidro
Novellaco
Barués
Castillo Barués
Bastanes
Ermita de Santa Quiteria
Laguna de Pitillas
Corral de la Fraila
Puig Moné 1313

Oloron-Sainte-Marie
Za
Zb
Zc
Zd
90
91
92
93
94
PYRÉNÉES OCC
PYRINEO OCCI
Tardets-Sorholus
Lanne
Arette
Issor
Lurbe-Saint-Christau
Arudy
Izeste
Sainte-Colome
Pedestarrès
Capbis
Montory
Restoue
Laguinge
Lichans
Alçay
Etchebar
Athérey
Haux
Licq-Athérey
Etchebar
Barlanes
Oulon
La Mouline
Escot
Défilé d'Escot
Sarrance
Lourdios-Ichere
Barsaut
Col de Marie-Blanque
Plateau de Bénou
Notre-Dame de Houndaas
Louvie-Juzon
Castet
Château
Bilhères
Bielle
Bélesten
Béon
Gère
Aste
Pic Montagnon
Pic du Moule de Jaut
Etchartes
Candau
le Layens
Grotte historique
Sainte-Engrâce
Calla
Senta
La Caserne
Crevasses d'Holcarté
Eglise romane
Arette-Pierre-Saint-Martin
Osse-en-Aspe
Bedous
Aydius
R.ers des Cinq-Monts
Louvie-Soubiron
Béost
Assouste
Arbéost
Pic Lorry
Laruns
Aas
Col d'Aubisque
Jouers
Accous
Lées-Athas
Obélisque
Vallée d'Aspe
Vallée d'Ossau
Gorges de Kakouette
Grotte historique
Gorges d'Uarre
Col de la Pierre Saint-Martin
Pic d'Anie
Cascade
Eaux-Bonnes
Cascade du Valentin
Gourette
Pic de Bergon
Estanguet
Cascade les Eaux-Chaudes
Pic de Ger
Grand Gabizo
Venta de Arracos
Belagua
Larrondo
le Billare
Lescun
Cascade
Cette-Eygun
Camy
Lhers
Etsaut
Pic de Sesques
Gorges du Bitet
Pic de Goupey
Mesa de los Tres Reyes
Borce
Gorges du Pont d'Enfer
Pic de la Sagette
Gabas
Foz de Minchate
Maz
Pic Lariste
Urdos
Lac de Fabrèges
Lac de Miguelou
Lac d'Artouste
Lac de Bious-Artigues
Lacs d'Ayous
Le Lurien
L'Arribet
Isaba
Zuriza
Tacheras
Peña Ezkaurre
La Mina
Larry
C. d'Ayous
Pic du Midi d'Ossau
Balatius
Refugio de Alfonso XII
Alana
Bosque de Zuriza
Monte Campanil
Forca
Selva de Oza
Refugio Choza Fumia
Boca del Infierno
Sierra de Bernera
Astún
El Portalet
Embalse de Respumoso
Ibón de Estanes
Bisaurín
Candanchú
Puerto de Somport
El Formigal
Garde
Ermita de la Virgen de Zuberoa
Sierra de Maito
Los Corralones
La Cuta
Sierra de San Miguel
Sierra de la Estiba
Pico de la Garganta
Fortaleza Col de Ladrones
Pico de Anayet
Sallent de Gállego
Canfranc-Estación
Embalse de Escarra
Garganta
Ansó
Siresa
San Pedro de Siresa
Hecho
Echo
Camino de Santiago
Ibón de Samán
Pico de Escarra
Escarrilla
Algarralleta
Fago
Valle de Ansó
Urdués
Pico Sayerri
Canfranc
Ibón de Ip
Collarada
Tramacastilla de Tena
El Pueyo de Jaca
Embalse de Búbal
Loma de Forcala
Sierra de los Dos Ríos
Valle de Echo
Santa Lucía
Aragüés del Puerto
Sierra de Luesia
Jasa
Villanúa
Valle de Canfranc
Piedrafita de Jaca
Hoz de Jaca
Peña Telera
Búbal
Ermita de Santa Isabel
Ermita de San Adrián
Aísa
Polituara
Lorbés
Sinués
Esposa
Aratorés
Borau
Cerro de las Canales
Sierra Limes
Valle de Tena
Majones
Huértalo
Ermita de la Virgen de Iguacel
Cenarbe
Nuestra Señora
Larrosa
Betés
Biescas
Gavín
Villarreal de la Canal
Castiello de Jaca
Acín
Aso de Sobremonte
Acumuer
Asún
Yosa de Sobremonte
Garganta
Biniés
Castillo
Embún
Lastiesas Bajas
Araguás de Solano
San Bartolomé
Bescós de Garcipollera
Villanovilla
Casas de Bolas
Asso Veral
Río Veral
Canías
Sierra de los Ángeles
Bergosa
Alharín
Isín
Escuer
Casas Bajas de Escuer
Orós Alto
Orós Bajo
Berdún
Santa Engracia
Fragínal
Somanés
Novés
Guasillo
Asieso
Ipás
Badaguás
Bolás
Oliván
Javierregay
Banaguás
Barağuás
Lerés
Güe
La Canal de Berdún
Martés
Santa Cilia de Jaca
Ascara
Abay
Catedral
Jaca
Guasa
Gracionépel
Espuéndolas
Larrés
Borrés
Sorripas
Lárrede
Puente la Reina de Jaca
Museo
Santa Cruz
Casa de Bescansa
Orante
Martillué
Val Ancha
Senegüé
Javierre del Obispo
Ermita de San Pelayo
Bagüés
Binacua
Atarés
Barós
Ulle
Navasa
Navasilla
Jarlata
Cartirana
Latas
Satué
Pardina Pueyo
Pardina de Lardiés
San Salvador
Frauca
Sasal
Aurín
Sabiñánigo
Alastúey
Santa Cruz de la Serós
Oroel
Peña Oroel
Binué
Isún de Basa
Larués
Monasterio de San Juan de la Peña
Ermita de la Virgen de la Gloria
Abena
Punta de la Selva
Sardas
Osán
Bailo
Arbués
Sierra de San Juan de la Peña
Puerto de Oroel
San Bartolomé
Ara
Rapún
Puente de Sabiñánigo
Cerro de las Colladas
Santa Bárbara
Puerto de Santa Bárbara
Botaya
Caserío Fatás
Ibort
Emb. de Jabarrella
Allué
Sierra de Por
Longás
Casa Pequera
Bernués
Orna de Gállego
Arto
Paternoy
Oruén
Sierra de Santo Domingo
Casa del Chas
Ena
Osia
Latrás
Ipiés
Jabarrella
Hostal de Ipiés
Abenilla
Santo Domingo
Virgen del Camino
Sieso de Jaca
Lasieso
Castillo de Lerés
Layés
Lanave
Casa Lagé
Santa Isabel
Sierra de Santa Isabel
Casa de Vizcarra
Villalangua
Pueblo Nuevo de Salinas
Javierrelatre
Latre
Emb. de Javierrelatre
Ordovés
Salinas de Jaca
Santa María
Triste
Yeste
Anzánigo
Caldearenas
Aquilué
Estallo
Alavés
Arraso
Belarra
Pamplona
Huesca
43
44

Tarbes
LOURDES
Cité religieuse
BAGNÈRES-de-Bigorre
CAMPAN
SAINTE-MARIE-de-Campan
ARGELÈS-GAZOST
Pierrefitte-Nestalas
CAUTERETS
Luz-St Sauveur
Barèges
Col du Tourmalet (2114)
Pic du Midi de Bigorre 2865
la Mongie (1800)
Pic des 4 Termes 2724
l'Arbizon 2831
Massif de Néouvielle
RÉSERVE NATURELLE DE NÉOUVIELLE
Pic de Néouvielle 3091
BIGORRE
LAVEDAN
ENTALESORRE
PYRÉNÉES OCCIDENTALES
Pic de Cabaliros 2334
Pic de Viscos
Cascade de Lutour
Pont d'Espagne
Vignemale 3298
Gèdre
Chaos de Coumély
Gavarnie
Cirque de Gavarnie
Cirque de Troumouse
Circo del Barrosa
Pic de Lourdes 2516
Pic de Tantés 2322
Puerto de Bujaruelo
le Taillon 3144
Brecha de Rolando
Marboré 3248
Monte Perdido 3355
PARQUE NACIONAL DE ORDESA
Sierra de las Cutas
Torla
Broto
Valle de Broto
Santa Custodia 2520
Las Tres Marías 2809
Sierra de las Sucas
Valle de Pineta
BIELSA
Parzán
Tunnel de Bielsa
Túnel de Bielsa
Hospital de Parzán
Pic de Lustou 3023
Pic d'Arrouyette 2866
Pic de Batoua 3034
Pic Schrader 3174
Punta Suelza 2974
Sierra Marqués
Xistau (Gistaín)
Valle de Gistaín
San Juan de Plan
Collado de Sahún
Sierra de Chía
Sierra Sardanera
Sierra Ferrera
Peña Madrid 1905
Cotiella 2912
Circo de Armeña
Desfiladero de las Devotlas
Garganta de Añisclo
Gargantas de Escuain
Sierra Bolave
Sierra de la Corona
Sierra del Galardón
Sierra de Picardiello
Serrablo
Sierra de Aineto
BOLTAÑA
AÍNSA-SOBRARBE
Sierra de Campanué
Sarrancolin
ARREAU
Col d'Aspin (1489)
Col d'Estivère
Signal de Bassia 1921
Pic de Montaut 1722
Montagne d'Areng 2070
BORDÈRES Louron
VIELLE AURE
SAINT-LARY Soulan
Pic d'Aret 2939
Pic d'Arriouère 2803
Val Louron
Peyresourde-Balestas
Lac de Caillauas
Aragnouet
Fabian
Zf
Aa
Ab
Ac

Montréjeau
Saint Martory
Lleida (Lérida)
45
46
Aventignan
Montégut
Nestier
Grottes de Gargas
Bonrepaire
Génerest
SAINT-BERTRAND-de-Comminges
Gourdan-Polignan
Labroguère
BARBAZAN
Luscan
Cier-de-Rivière
Ardiège
Lôo
Régades
Sauveterre-de-Comminges
Encausse-les-Thermes
Soueich
Pujos
Aspet
Court
Font-de-la-Vielle
Rouède
Paillas
Castelbiague
Urau
Saleich
Francazal
Lacave
Bonrepaux
Prat
Caumont
Mercenac
Montgauch
SAINT-LIZIER
SAINT-GIRONS
Grotte de la Maourо
Malvezie
Cazaunous
Sengouagnet
Milhas
Col de Buret
Corneil
Herran
Tuc de Graué
Balaguères
Moulis
Lorp-Sentaraille
Château de Sainte Catherine
Luzenac
Engomer
Villeneuve
Audressein
CASTILLON -en-Couserans
Arrien
Bethmale
Tuc de Castéra
Sentein
Bonac
Pic du Midi de Bordes
Tuc de Quer Ner
Mont Valier
Pic de Barlonguère
Pic de Cagire
Portet d'Aspet
Saint-Lary
Orgibet
Augirein
Pic de Sérau
Uchentein
Antras
Pic de la Calabasse
Estouéon
Luentein
Eylie
la Pucelle
Grotte de la Cigalère
Mail de Bulard
Pic de Mauberme
P Y R É N É E S
C E N T R
Antichan
MAULEON-Barousse
Esbareich
Pic du Mont Aspet
Chalets Saint-Néré
Fronsac
Chaum
Eup
SAINT-BEAT
Marignac
Arlos
Fos
Melles
Argut-Dessus
Tuc de l'Étang
le Mourtis
Montagne de Lège
Mont Né
Bourg-d'Oueil
Cirès
Mayrègne
Saint-Paul-d'Oueil
Jurvielle
Cathervielle
Castillon
Trébons
Moustajon
Juzet
Artigue
Salles-et-Pratvie
Antignac
Cier-de-Luchon
Gouaux-de-Luchon
Saint-Aventin
Montauban
BAGNÈRES-DE-LUCHON
Saint Mamet
Superbagnères
Pic de Cécire
Bordes-du-Lys
Gouffre Richard
Hospice de France
Lac d'Oô
Lac du Portillon
C.A.F.
Cascades
Pic de Vacanera
Canejan
Bausén
Tuc de la Pique
St. Joan de Toran
Riu de Toran
Lés
Serra de Goarbes
Serra de Montlude
Montlude
Serra de Pica Palomera
Bossòst
Serrat d'Arròs
Tuc de Samont
Tuc d'Arenyo
Serra d'Arenyo
Arres
Vilamòs
Benòs
Era Bordeta
les Bordes
Arròs
Vila
Montcorbau
Vall d'Aran
Betlan
Vilac
VIELHA (VIELLA)
Gausac
Casau
Betren
Escunhau
Garòs
Casarill
Gessa
Arties
Tredòs
SALARDÚ
Bagergue
Pla de Beret
Era Peira Roja
Vaqueira
Port de la Bonaigua
Monestir de Sant Joan d'Isil
Montgarri
la Noguera Pallaresa
Campalias
Pic de Moredo
Pic de la Conca
Cabana de Parros
Ermita de l'Artiga de Lin
Cascada
Pic de Montpius
Era Tuca
Mall d'es Vivers
Macizo de la Maladeta
Provincia de Lleida
Provincia de Huesca
La Renclusa
Baños de Benasque
Pico de la Maladeta
Pico de Aneto
Embalse de Estos
Embalse de Paso Nuevo
Lago Creguena
Serra d'Era Gerbosa
Túnel de Viella
Estany Redó
Estany Tort de Rius
Estany de Mar
la Restanca
Montardo
Serra de Tumeneia
Besiberri del Sud
Pico de Vallibierna
Embalse de Llauset
Embassament de Baserca
BENASQUE
Palacio de Ribagorza
Santuario de Guayente
Cerler
Anciles
Pico de Cerler
Eriste
Embalse de Linsoles
Sahún
Ermita de Santa Margarita
Sesué
Eresué
Villanova
Ramastué
Gallinero
Sos
Liri
Arasán
Castejón de Sos
Urmella
Chía
El Run
Bisaurri
Coll de Fadas
Casas de Rhins
Renanué
Congosto de Ventamillo
San Valero
Villarrué
Gabás
San Martín
Dos
Buyelgas
San Feliu de Veri
Laspaúles
Neril
Coll de l'Espina
Abella
La Muria
Baciero
Llert
Aguascaldas
El Turbón
Santa Maura
Padarniu
Ejea
Espluga
Castellaz
Nocellas
Merli
Vilas de Turbón
Monasterio de Obarra
Ballabriga
Obarra
Calvera
Torre la Ribera
Visalibons
Beranuy
Pardinella
Villacarli
Serrate
Pueyo
Sala
Reperós
Ermita de las Aras
Riolsabena
Sierra de Sis
Castrocit
Torre de Buira
Buira
Cirés
Betesa
Santoréns
Aneto
Senet
Sant Isidre
Pico de Cornadelo
Bono
Estet
Forcat
Fonchanina
Castanesa
Denúy
Ribera
Ardanúy
Benifons
Montanuy
Sant Antoni
Casós
Vilaller
Pic Monyido
Caldes de Boi
Erill-la-vall
Boi
Taüll
Sant Climent
Barruera
Durro
Cardet
la Nativitat
Pic de la Gelada
Serra de Martillac
Tuc des Carants
Pic del Pessó
Pic de Filià
PARC NACIONAL D'AIGÜES TORTES I SANT MAURICI
Estany de Sant Maurici
Amitges
Estany Llong
Pic de Subenuix
Estany Negre
Pic de Mainera
Estany Gento
Montsen
Cabdella
Central de Cabdella
Espui
Llessui
Sauri
Tuc de la Cometa
la Torre de Cabdella
Mont-ros
Pobella
Gramenet
Ancs
Mencui
Coll
Sarais
Iran
Llesp
Irgo
Sarroqueta
Castelló de Tor
Serra de Sant Martí
Cap dels Vedats d'Erta
Llarg
Gotarta
Malpàs
Peranera
Serra de Peranera
Erta
Sas
Benés
Sentís
les Esglésies
Castellnou d'Avellanos
Avellanos
Guiró
Oveix
la Plana
Beranui
Larén
Buira
Santa Coloma
Antist
Estavill
Xerallo
Vilella
Erdo
la Bastida de Bellera
Sant Genís
el Pont de Suert
la Faiada de Malpàs
Alt de Viu
Viu de Llevata
Alt de Perves
Sarroca de Bellera
Abella d'Adons
Adons
Begunda d'Adons
Corroncui
Pinyana
Cadolla
Naens
Senterada
Mentui
Montcortès
Cortscastell
la Pobleta de Bellveí
Envall
Sellui
Balestui
Bretui
Peramea
el Comte
GERRI de la Sal
Pantà d'Escales
Lespaúles
91
92
93
94
16
19
67
125
230
260
142
147
139
618

Pamiers
Bb
Bc
Bd
Be
45
25
29
16
58
27
26
37
22
20
52
47
Massif de Larize
Boussenac
OLARIZE
ÉESSLES
ANDORRA
Clermont
Allières
Montceu
Rhodes
Unjat
Crampagna
Saint-Jean-de-Verges
Gudas
Mont Pastourert
Ventenac
Seigneurix
Merviel
Gouiric
Bourch
la Grausse
Château de Saint Barthélemy
Durban
Brouzenac
Ségalas
LA BASTIDE-de-Sérou
Cadarcet
Clarac
Loubières
Marseillas
le Taychel
Pradettes
Tabre
Trespouech
Loubersenac
Montseron
Castelmire
Montels
Baulou
Labouiche
Vernajoul
Tournac
Villeneuve-du-Bosc
le Bousquet
Lieurac
Laroque-d'Olmes
Pondeau
Castelnau
les Atiels
Tresbens
Labarre
Sautel
Lescure
Rimont
Château Rougé
Fages
Cascade
Alzen
Saint-Martin-de-Caralp
Arabaux
Carla-de-Roquefort
Feillet
Nescus
Cos
la Vergnière
l'Herm
Rappy
Baup
Laborie
Saint-Pierre-de-Rivière
FOIX
Pradières
Illat
Combelongue
Pombole
Esplas-de-Sérou
Montagagne
Serres-sur-Arget
les Monges
LAVELANET
Cuillère
Balès
Sentenac-de-Sérou
Col des Marrous
Sahuc
Ganac
Musée
Tanière
Raissac
Touron
Burret
Benac
Carabyat
Saint-Cirac
Leychert
Lauch
le Bosc
Brassac
Becq
Soula
Roquefixade
Péreille
Rivèrenert
las Cabesses
Col de Jouels
Landes
les Chaubets
Erp
Brègne
Cazals
Montgaillard
Baure
Prayols
Nalzen
Benaix
Ségalac
Encenou
Saint-Paulet
Celles
Freychenet
Villeneuve-d'Olmes
Boussan
Tour Laffon
Montoulieu
Saint-Paul-de-Jarrat
Soulan
Arac
Rocher de Batail
le Pont du Diable
Montferrier
les Arils
les Bels
Jacoy
Col de Port
Labat
Ribaouto
Castet-d'Aleu
Antras
Pigaillous
Biert
Cabus
Tour Montorgueil
Amplaing
Garrabet
Grottes de Ker
MASSAT
Liers
Pic d'Estibat
Pré Communal
Musée
Mercus
Souiex
Aleu
Bougarelt
Bédeilhac
Aynat
Arignac
la Payregade
Montségur
Mourès
Saurat
Grotte Soudour
Croquié
Mont Fourcat
Eglise romane
Calamès-Château
Vic
Sarailhé
le Port
Rabat-les-Trois-Seigneurs
Surba
Bompas
Arnave
OUST
Cominac
Arac
Lacombe
Montagne de la Frau
Naudou
le Carol
la Freyte
Banat
Seix
TARASCON-sur-Ariège
Cazenave
les Monts d'Olmes
Saint Pierre
Ercé
Mouréou
Gourbit
Ussat
Château de Mirabat
Costes
Pic des 3 Seigneurs
Grotte de Lombrive
Ornolac
Pic de Saint Barthélemy
Goulos
Peyre-Auselère
Pic de Boucarle
Ussat-les-Bains
Pont de la Taule
Bincarède
les Escales
Grotte de Niaux
Gravures Préhistoriques
Niaux
Musée
Sinsat
Senconac
Caychax
Pic Fourcat
Pomarède
Escots
les Jammets
Cascades
Lapège
Capoulet Junac
Larnat
Verdun
Appy
Étang de Lers
Courtal-de-Lers
Illier
Miglos
Bouan
Axiat
Lordat
le Trein
Sérac
Ilès
Norrat
LES CABANNES
Albiès
Vèbre
Urs
Bestiac
Caussou
Bielle
Aulus-les-Bains
Suc
Sentenac
Orus
Norgeat
Larcat
Château-Verdun
Garanou
Vernaux
Saint Lizier
Ustou
Aston
Luzenac
Couflens
Prat Mataou
Salingres
Saleix
Lercoul
la Remise
Lassur
Unac
Signal de Chioula
Estillon
Étangs de Bassiès
Sem
Gestiès
Egl. rom.
Guzet Neige
Cascade d'Arse
Auzat
VICDESSOS
Perles
Tignac
Vaychis
Pic de Soubirou
Moussures
Cascade du Fouillet
Ossèse
Étang du Garbet
Goulier
Sarradeil
Ignaux
Salau
Cirque de Cagateille
Étang d'Aube
Centraux
Rieubel
Savignac-les-Ormeaux
Artiès
Bouychet
AX-LES-THERMES
Tungstène
Étang d'Alet
Pic Rouge de Bassiès
Ranet
Pique e d'Endron
Laball
Cap de Ruhos
Pic de Certascan
l'Artigue
Marc
Pradières
Pic de Baljesou
Aston
Prat Moll
Montcalm
Étang de Gnioure
Pic du Col de Gos
Cascade
Rouch
Estany de Certascan
Estany Romedo
Étang d'Izourt
Vallée de Savignac
Nagear
Tute de l'Ours
Noarre
Barrage de Pla de Soulcem
Peyregrand
Estany Major
Riu de Tavascan
Ison
Pic de Malcaras
Étang Fourcat
Quioulès
Artamont
Pic d'Estats
Pic du Thoumasset
Pic de Riet
Garsan
Serra de Costuix
Orrhys de Carla
Pic du Port
Ariège
Montarenyo
Pic de Ruille
Tavascan
Aineto
Rubiru
Estany Fons
Vall Ferrera
El Serrat
E09
Castell
Lladorre
Serra de Tufello
Pic des Bareytes
Pic de l'Estanyó
l'Hospitalet
Boldís Sobirà
Tudela
Monteixo
Llorts
Pics de Casamanya
Pic de la Cabaneta
Tunnel de Puymorens (en constr.)
Lladrós
Montcaubo
Arròs
Ginestarre
Serra de Monteixo
l'Aldosa
Ransol
Soldeu
Benante
Esterri de Cardós
Areu
la Cortinada
Canillo
Estaon
Ainet de Cardós
Tor
Arinsal
Erts
Sornas
Pas de la Casa
Anàs
Cassibròs
Noris
Santuari de Meritxell
Ordino
Ribera de Cardós
Santa Maria de la Torre
Pal
La Maçana
Sant-Romà
Les Bons
Port d'Envalira
Pics Orientaux de Font Nègre
Défilé de la Fau
Porta
Cuco
Ermita de Sant Miquel
Alins
l'Aldosa
Anyós
Encamp
els Cortals
Pere Burgal
Sispony
Vila
Ainet de Besan
Serra de la Mànega
Pic de Saloria
ANDORRA La Vella
Sant Miquel d'Engolasters
Pic dels Pessons
Puigcerdà
Tirvia
Aós
Les Escaldes
Burg
Santa Coloma
Bordes de Conflent
Arestui
Montesclado
Farrera
Bixessarri
Aixovall
Certers
Folch
Llavorsí
Mallolis
Bordes de Llosar
Nagol
Sant Romà de Tavèrnoles
Civis
Sant Julià de Lòria
Aixirivall
la Carabassa
Pic d'Urdossa
Santa Magdalena de Ribalera
Fontaneda
Pic Negre
Auvinyà
Pic de Monturull
Meranges
Ras de Conques
Els Plans
Sant Josep
Riu de Santa Magdalena
Asnurri
Ars
Riu Duran
Sant Sadurní
Roni
Juberri
Riu d'Arànser
Desfiladero
Montenartró
el Romadriu
Argolell
la Farga de Moles
Puig Punyó
Sant Marc
Éller
Sant Joan de l'Erm
Sant Joan Fumat
Arcavell
Arànser
Talltendre
Cortàs
Sant Cosme
Santa Anna
Ordèn
Olopte
Seix
Castell de Queralt
la Torreta de l'Orri
Solanell
Roc de la Guàrdia
Albert
Bescaran
Santa Llogaia d'Aristot
Lles
Ardòvol
Prullans
de Pallars
Santa Creu de Castellbò
Sant Serni de Tavèrnoles
Castellnou de Carcolze
Aristot
Músser
Sant Martí dels Castells
Anserall
Bellver de Cerdanya
Sta Maria
Rubió
Sant Andreu de Castellbò
Castellbò
Estamariu
Martinet
Tallo
Coll del Cantó
LA SEU d'Urgell
la Cabana
Toloriu
Segre
Montellà de Cadí
Coborriu de Bellver
Sant Marc
Aravell
Pallerols del Cantó
Castellciutat
Catedral
Alàs
Sant Miquel
El Carme
Arsèguel
Pi
Bellver
Bor
riguera
els Llacunes
la Torre
Museu Diocesà
Santa Magdalena
Freixe
Sant Joan
Vilamitjana
Aeroport de la Seu d'Urgell
Bell-lloc
Cerc
Artedó
Ermita de Sant Cristòfol
Villec
Biscarbó
Vila-cubla
Guils del Cantó
Avellanet
Montferrer de Segre
Vilanova de Banat
Sant Quir
Saulet
Castell
Cava
el Quer Foradat
Junyent
Ermita de Santa Ansina
Santa Secilia
Argestues
la Parròquia d'Hortó
Arfa
la Coma de Nabiners
la Bastida d'Hortons
Ansovell
Estana
Santuari de la Mare de Déu de Bastanist
Sebastià
Solans
Castellàs
Miravall
Adrall
Lletó
Bastanist
Espaén
Berén
Gramós
el Pla de Sant Tirs
la Freita
Nabiners
el Ges
Lleida

Carcassonne
Bf
Ca
Cc
Sonnac
CHALABRE
Montjardin
Régat
Léran
Montbel
Laroque-d'Olmer
Villaret
le Peyrat
la Bastide-sur-l'Hers
Sainte-Colombe-sur-l'Hers
Camp-Redon
Lesparrou
l'Aiguillon
Notre-Dame du Val d'Amour
Bélesta
Col-del-Teil
Fougax-et-Barrineuf
l'Espine
Pélail
Langarail
Vinsou
Villefort
Rivel
la Calmette
Puivert
Camp-Ferrier
Camp-Saure
les Bordes
Camp-Sylvestre
l'Escale
Lamayrède
Montmija
la Fage
Nébias
Brenac
Coudons
Belvis
la Peyre
Église de Quirhaut
la Bunague
Montplaisir
Plateau de Sault
Défilé d'Able
Défilé
Belfort
Joucou
Espezel
Roquefeuil
Galinagues
Rodome
BELCAIRE
Comus
Camurac
Prades
Montaillou
Niort-de-Sault
Mérial
Mazuby
Défilé d'Adouxes
Gorges du Rebenty
la Fajolle
Col de Marmate
Sorgeat
Ascou
la Forge
l'Eycherque
Lavail
Goulours
Orgeix
Orlu
Dent d'Orlu
Pic de Tarbezou
Port-de-Pailhères
Picaucel
Mijanès
Campagna-de-Sault
Fontanès-de-Sault
Aunat
Bessède-de-Sault
le Clat
Rouze
Château d'Usson
le Puch
Carcanières-les-Bains
Escouloubre-les-Bains
Artigues
le Pla
Carcanières
QUÉRIGUT
Château du Donezan
le Roc Blanc
Bourigeole
Tournebouix
Bouriège
Festes
Saint-André
Col de Festes
Rouvenac
Saint-Jean-de-Paracol
Sauzils
Quirbajou
Marsa
Rebenty
Roquetaillade
Conilhac-de-la-Montagne
Cairac
la Serpent
Croux
Antugnac
Montazels
Château des Ducs de Joyeuse
ESPÉRAZA
COUIZA
Campagne-sur-Aude
Saint-Ferriol
Granès
QUILLAN
Belvianes
Saint-Martin-Lys
Caillа
AXAT
Artigues
Gorges de Saint Georges
Grottes de l'Aguzou
Escouloubre
le Bousquet
Buillac
Roquefort-de-Sault
Counozouls
Sainte-Colombe-sur-Guette
Castel-Nègre
Luc-sur-Aude
Cassaignes
Coustaussa
Rennes-le-Château
Château de Blanchefort
Rennes-les-Bains
le Bézu
Saint-Just
Sainte-Julia-de-Bec
Saint-Louis
Véraza
Terroles
Peyrolles
Valmigère
Arques
Serres
Sals
Sougraigne
les Clamenées
Bugarach
le Linas
Col du Linas
Pic de Bugarach
Parahou-Grand
Lapradelle
Puilaurens
Salvezines
Gincla
Montfort-sur-Boulzane
Pic Dourmidou
Col de Jau
la Glèbe
Madrès
la Coume
Mosset
Molitg
Molitg-les-Bains
Campôme
Château Paracolls
Urbanya
Nohèdes
Conat
Ria
PRADES
Catllar
Eus
los Masos
Espira-de-Conflent
Marquixanes
Estoher
Chapelle Sirach
Abbaye Saint Michel de Cuxa (romane)
VILLEFRANCHE-de-Conflent
Grottes des Canalettes
Corneilla-de-Conflent
Fillols
Église romane
Taurinya
Clara
VERNET-les-Bains
Casteil
Abbaye de Saint Martin du Canigou (romane)
Tour de Goa
Sahorre
Thorrent
Saint-Pancrasse
Albières
MOUTHOUMET
Col du Paradis
le Pech
Savignan
Auriac
Château
les Moulines
Carcanet
Fourtou
Hermita
Soulatgé
Cubières-sur-Cinable
Gorges de Galamus
Camps-sur-l'Agly
Saint Antoine de Galamus
Prugnanes
Caudiès-de-Fenouillèdes
Maury
SAINT PAUL de-Fenouillet
Notre-Dame de Laval
Castel Fizel
Fenouillet
Castel Sabarda
Fosse
Saint-Martin
Vira
le Vivier
Felluns
FENOUILLÈDES
Prats-de-Sournia
SOURNIA
Pézilla-de-Conflent
Rabouillet
Église Saint Michel
Arsa
Campoussy
Roc du Roussillon
Tarerach
Col de Roque-Jalère
Comes
Arboussols
CORBIÈRES
Rieutort
Église romane
Puyvalador
Odeillo
Fontrabiouse
Réal
Formiguères
Villeneuve
Pic de la Pelade
Mont Coronat
Sansa
Railleu
Matemale
Ayguatébia
les Angles
Caudiès-de-Conflent
Talau
Oreilla
Evol
Jujols
Serdinya
Fuilla
OLETTE
Escaro
Canaveilles
Cabrils
Llar
Défilé des Graus
Thuès-entre-Valls
Gorges de la Carança
Enceinte
Puig de Très Estelles
Pic du Canigou
Massif du Canigou
Puig des Tres Vents
Cime des Cums
les Estables
Mantet
Collade des Roques Blanques
Mérens-les-Vals
Lac de Naguilles
Pics de Roque Rouge
Pic de l'Homme
Pic de Beys
C.A.F.
Pic d'Auriol
Cascades des Bésines
Étang de Lanoux
Pic Pédrous
Pic Carlit
Lac de Bouillouses
Lac de Matemale
Col de la Quillane
la Llagonne
Serrat de la Tausse
MONT-LOUIS
Pyrénées 2000
Super-Bolquère
Bolquère
Ermitage
Font-Romeu
Egat
Odeillo
Targassonne
Via
Saint-Pierre-dels-Forcats
Église romane
Planès
Prats-Balaguer
Fontpédrouse
Eyne
Eyne 2600
Cerdagne
Porté-Puymorens
Serrat des Loups
Andorra
Carol
Béna
Fanès
Dorres
Angoustrine
Villeneuve-des-Escaldes
la Tour-de-Carol
Quès
Enveitg
Estavar
Llívia
Museu
(ESPAÑA)
Caldegas
SAILLAGOUSE
Llo
Err
Église romane
Cambras d'Aze
Pic Redoun
Pic de la Dona
Vallter 2000
Roca Colom
Pla dels Hospitalets
la Preste
PRATS-DE-MOLLO
Saint-Sauveur
Gorges du Segre
Guils de Cerdanya
PUIGCERDÀ
Sant Martí d'Aravó
Bourg-Madame
Ur
Age
Nahuja
Llous
Osséja
Palau-de-Cerdagne
Bolvir
Ger
Vilallobent
Queixans
el Vilar d'Urtx
Urtx
Alp
Das
Valcebollère
Cotzé
les Planes
Vanéra
Santuari de Núria
Hotel Puigmal
Sant Gil
Coma de Vaca
Puigmal
Puig de Pastuira
Setcases
la Redonella
Espinavell
Pic de Dòrria
Quadres
Sant Salvador de Pedrames
Prats de Cerdanya
Urús
la Masella
la Molina
Super-Molina
Castell Torre de Riu
Sant Esteve d'Umfred
Ermita de Sant Grau d'Urús
Riu de Pendis
Túnel del Cadí (5 km)
Tossal de la Pia
Puigllançada
Greixer
Sant Genís
Gavarròs
Ripoll
la Pleta Roja
Castellar de N'Hug
Sant Joan de Cornudell
Costa Pubilla
Serra de Mogrony
Dòrria
Toses
Fornells de la Muntanya
Neva
Planoles
Solà-Ventolà
Roques Blanques
Queralbs
Vilamanya
el Freser
la Farga
Fustanya
el Serrat
Rialb
Batet
Castell de Segura
Pardines
Ribes de Freser
Balneari Perramon
Balneari Montagut
Sant Antoni
Campelles
el Taga
Bruguera
Serra Cavallera
Ogassa
Surroca de Baix
Sant Martí de Surroca
Santuari
Tregurà de Dalt
Cros
Llebro
Vilallonga de Ter
Faitús
Freixenet
Sant Esteve
Llanars
Abella
la Roca
Espinauga
Pont romànic
Cavallera
Fogonella
Monestir de Sant Pere
CAMPRODON
(rom. Campus Rotundis)
el Remei de Creixenturri
la Ral
el Sitjar
Puig Ou
Sant Pau de Seguries
Mollo
Santa Cecília
Rocabruna
Collado de Buxeda
Castell de Rocabruna
Salarsa
Bolòs
Sant Miquel de la Torre
Col d'Ares
Tech
PYRÉNÉES
ORIENTALES
PIRINEU
La Seu
47
48

Narbonne
Ce
Cf
Da
Db
Davejean
Palairac
Quintillan
590
Saint-Jean-de-Barrou
Notre-Dame de l'Olive
Embres-et-Castelmaure
Castelmaure
Feuilla
Lapalme
Leucate
Caves
la Franqui
Leucate
Leucate-Plage
Col de Ferréol
Ségure
Notre-Dame de Faste
Maisons
Tour des Géographes
Nouvelles
Treilles
Fitou
Montgaillard
Étang
TUCHAN
Château d'Aguilar
Périllos
Chapelle Saint Aubin
La Languedocienne-La Catalane
Port-Fitou
Centre d'Ostréiculture
Fourcat
681
Padern
la Vall Oriole
Tour
Opoul-Périllos
86
Port-Leucate
Paziols
la Serre
Leucate
Château
Cucugnan
Pas de l'Escale
Vingrau
Château Fort de Salses
Salses
de Salses
Paquebot Lydia
Port-Barcarès
Château de Quéribus
Port du Grau
Centre nautique
St Ange
Tautavel
506
Serre d'el Clot
le Barcarès
Maury
Cases-de-Pène
Espira-de-l'Agly
Perpignan-Nord Rivesaltes
Saint-Hippolyte
SAINT LAURENT-de-la-Salanque
Estagel
RIVESALTES
Notre-Dame de Pène
Sainte Catherine
Calce
Claira
Agly
Torreilles
Rasiguères
Planèzes
LATOUR-de-France
Baixas
Peyrestortes
E 15
A9
Pia
Bompas
Villelongue-de-la-Salanque
Sainte-Marie
Sainte-Marie-Plage
Cassagnes
Montner
Cuchous
Force Réal
507
Ermitage
Saint-Estève
Castel-Roussillon
Canet-en-Roussillon
Bélesta
Caladroi
(rom. Ruscino)
Cathédrale
PERPIGNAN
Canet-Plage
Corneilla-la-Rivière
Pézilla-la-Rivière
Villeneuve-la-Rivière
Baho
Têt
Palais des Rois de Majorque
Cabestany
Étang de Canet et de St Nazaire
Néfiach
MILLAS
Église romane
Saint-Féliu-d'Avall
le Soler
Saint-Nazaire
Sybille
Saint-Féliu-d'Amont
TOULOUGES
Église romane
43
Perpignan Sud
Saleilles
Ille-sur-Têt
Sainte Lucie
Canohès
Mas-Palégry
Plaine
116
les Rosiers
Pollestres
Théza
Alénya
Saint Cyprien
Saint Cyprien-Plage
Bouleternère
Corbère-les-Cabanes
Corbère
Bellecroze
Saint-Michel-de-Llotes
THUIR
Ponteilla
Nyls
34
Villeneuve-de-la-Raho
21
Corneilla-del-Vercol
du
Politg
Camélas
Llupia
Bages
Montescot
Cloître
Latour-Bas-Elne
les Capellans
Château
CASTELNOU
Sainte-Colombe
Terrats
Trouillas
Cathédrale (romane)
ELNE
Côte Vermeille
Casefabre
Le Village Catalan
(Illiberis Ibér.)
1015
Prieuré de Serrabone (romane)
Église de Fontcouverte
Villemolaque
Saint-Jean-Lasseille
Roussillon
Fontcouverte
Monestir del Camp (Ancien Prieuré)
Fourques
Passa
Ortaffa
Palau-del-Vidre
Taxo-d'Amont
Château Pujols
Veinat d'en Llense
Caixas
Montauriol
Banyuls-dels-Aspres
Brouilla
N
Argelès-Plage
Boule-d'Amont
Gorges
les Hostalets
Valpuy
Prunet
Tordères
Tresserre
Église romane
ARGELÈS-sur-Mer
Col de Fourtou
Château Belpuig
Capelle de la Trinité
Calmeilles
Llauro
Tech
la Grange
Saint-Génis-des-Fontaines
Saint-André
18
Fort Miradoux
COLLIOURE
Cap Béar
la Bastide
Oms
Agouillous
Villelongue-dels-Monts
Église romane
Sorède
Valmy
Château
Fort Béar
Saint-Marsal
le Boulou
Château d'Ultrera
la Pave
Fort Saint Elme
PORT-VENDRES
Vivès
LE BOULOU
Laroque-des-Albères
Lavall
Taillet
Montesquieu
la Vallée Heureuse
Gorges de Lavall
Notre-Dame de Consolation
Taulis
Aubiry
Notre-Dame de la Route
Saint-Jean-Pla-de-Corts
Tour de la Massane
Abbaye de Valbonne
Banyuls-sur-Mer
16
l'Écluse
Saint-Martin-d'Albère
l'Albère
Pic des 3 Termes
1129
1157
la Ville-Amont
Tour de Batère
Palalda
Maureillas-las-Illas
Pic des 4 Termes
Mas Atxer
Cap Rederis
Montbolo
Église romane
Reynès
CÉRET
Rempart
Musée d'Art moderne
Château des Maures
68
AMÉLIE-les-Bains-Palalda
le Perthus
Serra de l'Albera
Grotte de Pouade
Cerbère
Corsavy
Tour
Église romane
Thermes gallo-romaines
Riunoguès
Fort de Bellegarde
els Límits
Castell de Requesens
Sant Genís d'Esprac
El Pils
716
ARLES-sur-Tech
Gorges
Castell de Rocaberti
Portbou
Gorges de la Fou
Pic de Fontfrède
T.C.F. 1093
Sant Martí Peajé Aduana
Ermita de Santa Lúcia
Mas Corbera
588
Convent Sant Quirze de Colera
Carretera de la Costa
Montalba-d'Amélie
Super-las-Illas
Colera
Roc de France
las Illas
LA JONQUERA
Cantallops
Serra Gisbert
Molinas
Garbet
Platja de Garbet
1450
Santa Eugènia
Ermita de les Salines
252
Cap Ras
Castell de Cabrera
la Jonquera
la Jonquera
603
Platja de Grifeu
Ermita de Sant Bernabé
Vilartoli
Espolla
Grifeu
1145
Agullana
la Vajol
L'Estrada
25
Bell-lloc
Menhirs i dolmens
Rabós
Vilamaniscle
Port de Llançà
Macanet de Cabrenys
Sant Climent Sescebes
LLANÇÀ
Église romane
Serralongue
Autopista del Mediterraneo
A 7
Capmany
(Deciana rom.)
Far de S'arnella
Saint Laurent-de-Cerdans
Sant Brici
Ermita de Sant Esteve
zona de monuments megalítics
Delfià
Valleta
Muralla
Tapis
Mollet d'Empordà
Église romane
Arnera
Darnius
Monestir de el Camp
Coustouges
el Castell de Grillera
Masarac
Sant Pere de Rodes
Quera
Castell de Mont-roig
les Costes
Garriguella
Pujols
Mont Nègre
1425
Villeroge
Can Damon
Vilarnadal
Castell de Quermanço
Sant Onofre
la Selva de Mar
Pantà de Boadella
Vilajuïga
Biure
Boadella d'Empordà
Muralles
Carbonils
Caseta
252
Pau
Palau-saverdera
Castell de Sant Salvador
Sant Llorenç de la Muga
Pont de Molins
Castell de Rocaberti
Sant Julià de Ribelles
Sant Bartomeu de Pincaró
la Salut
Cabanes
Peralada
Marzà
Pedret
Església romanica de Sant Joan
527
Muralles
Cueva
les Escaules
Vilaüt
Monestir de Sant Aniol d'Aguja
Basseggda
la Penya
Terrades
la Guàrdia de la Muga
la Vall
Figueres N
Roses
el Puig
les Torroelles
Mas Busca
Bassegoda
1376
les Agulles
Corsavell
la Muga
Sant Baldiri
Palau-surroca
Llers
Vilabertran
Vilanova de la Muga
la Mugueta
ROSES
49
Ciutadella
Albanyà
Llorona
Castell de Sant Ferran
Santa Maria
CASTELLÓ d'Empúries
Talaixà
Riu
l'Estela
Vilarig
Vilatenim
Vila-sacra
260
Santa Margarida
Castro visigòtic
Sant Andreu de Gitarriu
Castell de la Trinitat
Santa Bàrbara
Saderres
Sant Miquel de Montellà
Cistella
Vilanant
Avinyonet de Puigventós
Museu Dalí
FIGUERES
Sant Martí
el Far d'Empordà
20
la Muga
La Mare de Déu del Mont
Pujol
Lladó
Empúria-brava
1021
Sant Martí Sesserres
Manol
Vilafant
Fortià
Rec del Molí
Pont' del Llierca
Castell Belpuig
Castell de Sales
Sant Miquel
Sous
Santa Maria
Llavanera
Taravaus
260
Santa Llogaia d'Àlguema
252
Seguerò
Riumors
Girona
49

14
Pontevedra
Ra
Rb
Rc
Rd
94
95
96
97
98
Illa de Ons
Illa de Onceta
Ría de Pontevedra
Praia de Montalvo
Praia de Sanxenxo
Cabo de Udra
Beluso
Bueu
Cela
Punta de Osas
Ría de Aldán
Menduíña
Vilanova
Donón
Híos
Aldán
CANGAS
Nerga
Cabo de Home
Punta Subrido
Illa de Monteagudo ou do Norte
Illas Cíes
Cíes
Balsa de pasajeros
Illa do S. Martiño
Cabo Bicos
Illa de Boeiro
Cabo Estai
Praia de Canido
Praia de dos Muiños
Canido
Coruxo
Oia
Fragoselo
Chandebrito
Monte Ferro
Monumento a los Mártires del Mar
Az Estelas
Ría de Baiona
Castelo Monterreal
Praia de América
Praia de Concheira
Panxón
Priegue
Monte
Nigrán
Ramallosa
BAIONA
Cabo Silleiro
Baredo
Tomadas
Belesar
Urxal
San Cibrán
Granja
Torre
Punta Centinela
Mougás
Villadesuso
Lousado
Pedornes
Torroña
Burgueira
Arrabal (Oia)
Refoxos
Serra de Argallo
Praia del Molino
Acebedo
Sanxián
Viso dos Eidos
Fornelos
Calvario (Rosal)
Tabagón
Pancenteo
Cividáns
Goián
Figueiró
Estás
Praia Fedorento
A GUARDA
Santa Tegra
Ruinas Celtas
Salcidos
O Pasaxe
Camposancos
Río Miño
CAMINHA
Seixas
Vilar de Mouros
Lanhelas
Cristelo
Moledo
Venade
Azevedo
Argela
Vilarinho
Vila Praia de Âncora
Gelfa
Afife
Montedor
Carreço
Amada
Paço
Santa Luzia
Troviscoso
Além do Rio
Lugar do Meio
Meadela
VIANA DO CASTELO
Darque
Mazarefes
Anha
Portuzelo
Subportela
Deão
Deocriste
Vila Franca
Portela Susa
Póvoa de Varzim
Mogor
MARÍN
A Laxe
Seixo
Loira
Fixón
Piñeiro
Tiobra
Minán
Península de Morrazo
Mirador de Cotorredondo
Sabarigo
S. Simón
Cobres
Fraga
Portela
Praia (Moaña)
Domaio
Moaña
Cangas
Palmás
Rande
Chapela
Teis/Chapela
VIGO
Ría de Vigo
Cabo do Mar
Bouzas
Praia de Samil
Navia
Lavadores
Sello
Pazo de Castrelos
Beade
Tameiga
Petelos
Coto
Garrida
O PORRIÑO
Zamáns
Arcos
Herbille
Galiñeiro
Gondomar
Par. Nac. Palacio Conde de Gondomar
Nande
Area
San Simón
San Xulián
Mallón
Malvas
Pinzás
Tebra
Cristelos
Barrantes
TUI
Par. Nac. San Telmo
Sobrada
Piñeiro
O Seixo (Tomiño)
Vilachán
Forcadela
Vilardematos
Reboreda
Arrotea
Cristelo Covo
VALENÇA do Minho
Gandra
Cerdal
Campos
VILA NOVA DE CERVEIRA
Loivo
Gondarém
Pousada de Dom Dinis
Sopo
Gávea
Valinho
Covas
Argela
Arga de São João
Arga de Baixo
Arga de Cima
Serra de Arga
Gondar
Pedrulhos
Orbacém
Trás Âncora
Montaria
Amonde
Estorãos
Moreira do Lima
Trogal
Meixedo
Nogueira
Fontão
Feira
Lanheses
Torre
Vila Mou
Serreleis
Santa Comba
Arcos
PONTE DE LIMA
Arca
Ribeira
Feitosa
Seara
Facha
Fojo Lobal
Vitorino dos Piães
Cabaços
Friastelas
Calvelo
Souto
Queijada
Anais
Rio Mau
Fornelos
Rebordões
Tomeza
Balseiro
Canicouva
Ponte-Sampaio
Ponte romano
Arcade
Ermita Peneda
Viso
Cesantes
Illa de S. Simón
REDONDELA
San Paio
Cepeda
Negros
Carballal
Aeropuerto Nac. de Vigo
Golf
Pico Salgueirón
Louredo
Mte. Castelo
Mos
Carracido
Ribadatea
Confurco
Cans
Rocha
Couso
San Ciprián
Pontellas
Vacaría
Casal
Soutelo
Fenteira
Guillarei
Páramos
Caldelas de Tui
Gantei
Verdoejo
Friestas
Gondomil
Boivão
Taião
Bade
Paços
Silva
Gondim
Fontoura
São Bento da Porta Aberta
Sapardos
Cossourado
Infesta
PAREDES DE COURA
Rubiães
Cunha
Agualonga
Romarigães
Rendufe
Labrujo
Bárrio
Calheiros
Brandara
Arcozelo
Refóios do Lima
Xustáns
Tourón
Taboadelo
Insua
Rebordelo
Barbudo
Embalse de Eiras
Anceo
RIAL (SOUTOMAIOR)
Castillo
Cabalo
Amoedo
Pazos
Gorgoreiro
Mosteiro
Cortellas
Padróns
Fozara
Mondariz-Balneario
Mondariz
Prado
Vilasobroso
PONTEAREAS
Areas
Oliveira (S. Mateo)
Lira
Fornelos
Pesqueiras
Esfarrapada (Salceda de Caselas)
Picoña
Souto
Cabreira
Arantei
O CASTELLO (SALVATERRA DO MIÑO)
Murallas
Cortes
MONÇÃO
Mazedo
Lara
Pinheiros
Aldeia
Lordelo
Moreira
Ponte romana
Pias
Lapa
Barroças e Taias
Portela
Abedim
Trute
Cambeses
Extremo
Porreiras
Insalde
Padornelo
Parada
Padroso
Mei
Sabadim
Vascões
Bico
Chaviães
Rio Frio
Miranda
Gondufe
Padreiro (Santa Cristina)
Padreiro (São Salvador)
Rio Cabrão
Madalena (Jolda)
São Paio (Jolda)
Gandra
Gondufe
Serdedelo
Beiral do Lima
Vila Chão
Boalhosa
Codesseda
Godinhaços
Pedregais
Duas Igrejas
Goães
Dossãos
Pico de Regalados
Pedreira (A Lama)
Xesta
Pigarzos
Forzáns
Ponte
A Laxe
Estacas
Igrexa (Fornelos de Montes)
Coto de Eira
885
Areas
Fofe
Festín
Barro
Barcademera
Maceira
Quintáns
Lougares
Covelo
Meirol
Parafios
Mouriscados
Mourigade
A Franqueira
Monasterio
Batalláns (S. Pedro)
As Carrasqueiras
San Nomedio
Cerdeira
Taboexa
Rubial
Rubiós
Corzáns
Fiolledo
Liñares
AS NEVES
Setados
Vide
Sela
Messegães
Cabo
Ceivães
Badim
Valadares
Bela
Longos Vales
Barbeita
Segude
Podame
Guimil
Santo André
Merufe
Tangil
Sago
Parada
Lordelo
Sernades
Anhões
Granja
Santa Marinha
Sistelo
Peneda
Portela
Alvora
Loureda
Cabreiro
Serra
Rio de Cabreiro
Eiras
Albóim das Choças
Vilela
Ferreiros
São Cosme e São Damião
Gondoriz
Rio de Moinhos
Aguiã
Proselo
Parada
Couto
Azere
Giela
Vila Fonche
Aveleiras
Monte Redondo
Guilhadeses
ARCOS DE VALDEVEZ
Paço
Vale
São Jorge
Távora
Tabaçó
Souto
PONTE DA BARCA
Vila Nova de Muía
Paço Vedro de Magalhães
Vade (São Tomé)
Lavradas
Oleiros
Ruivos
Boivães
Grovelas
Valões
Penascais
Azias
Ciude de Vila Verde
Abeim
Distrito de Viana do Castelo
Distrito de Braga
Gondomar
Gondoriz
Valdreu
Barros
Gomide
Passó
Vilarinho
Sande
Atães
Valbom
Balança
Ribeira
TERRAS
Chorense
Souto
Sequeiros
Coucieiro
Pico
Ponte
Mós
Braga
50
M
I
N
H
O

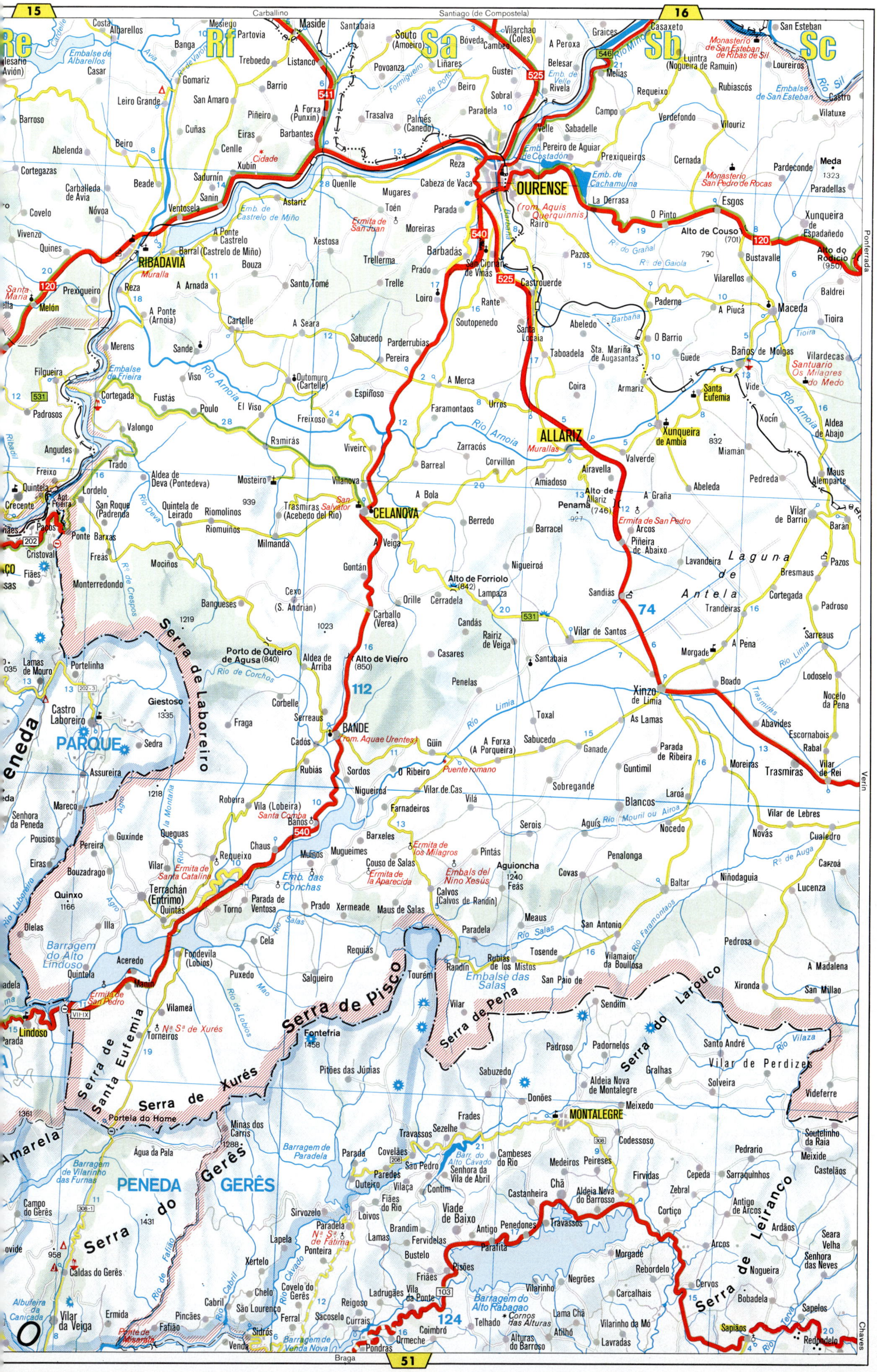
15
16
51
Carballino
Santiago (de Compostela)
Ponferrada
Verín
Chaves
Braga
Re
Rf
Sa
Sb
Sc
OURENSE
(rom. Aquis Querquinnis)
RIBADAVIA
Muralla
ALLARIZ
Murallas
CELANOVA
BANDE
(rom. Aquae Urentes)
Xinzo de Limia
MONTALEGRE
Maside
Souto (Amoeiro)
Vilarchao (Coles)
Casaxeto
San Esteban
Monasterio de San Esteban de Ribas de Sil
Luintra (Nogueira de Ramuín)
Loureiros
Embalse de San Esteban
Rio Sil
Castro
Vilatuxe
Embalse de Albarellos
Albarellos
Costa
Mesiego
Partovia
Banga
Treboedo
Listanco
Santabaia
Povoanza
Liñares
Bóveda
Cambeo
A Peroxa
Graices
Melias
Belesar
Rivela
Requeixo
Rubiascós
Gustei
Beiro
Sobral
Paradela
Campo
Verdefondo
Vilouriz
Velle
Sabadelle
Pereiro de Aguiar
Prexiqueiros
Cernada
Monasterio San Pedro de Rocas
Pardeconde
Meda
1323
Paradellas
Emb. de Cachamuiña
Emb. de Castadón
La Derrasa
O Pinto
Esgos
Xunqueira de Espadañedo
Alto de Couso
(701)
Alto do Rodicio
(950)
Bustavalle
Vilarellos
Baldrei
Maceda
A Piucá
Tioira
Gomariz
San Amaro
Barrio
Piñeiro
A Forxa (Punxín)
Barbantes
Trasalva
Palmés (Canedo)
Reza
Cabeza de Vaca
Mugares
Toén
Parada
Moreiras
Barbadás
Quenlle
Leiro Grande
Barroso
Cuñas
Eiras
Cenlle
Cidade
Xubín
Sadurnín
Sanin
Astariz
Abelenda
Beiro
Beade
Cortegazas
Carballeda de Avia
Nóvoa
Ventosela
Emb. de Castrelo de Miño
Covelo
Vivenzo
Quines
A Ponte Castrelo
Barral (Castrelo de Miño)
Bouza
Xestosa
Ermita de San Juan
Trellerma
Prado
San Ciprián de Viñas
Rairo
Pazos
Castrouerde
Rante
Santa María
Melón
Prexigueiro
Reza
A Arnada
Santo Tomé
Trelle
Loiro
Soutopenedo
Santa Locaia
Abeledo
O Barrio
Paderne
A Ponte (Arnoia)
Cartelle
A Seara
Sabucedo
Parderrubias
Pereira
Taboadela
Sta. Mariña de Augasantas
Guede
Baños de Molgas
Vilardecas
Santuario Os Milagres do Medo
Merens
Sande
Filgueira
Embalse de Frieira
Viso
Outomuro (Cartelle)
Espiñoso
A Merca
Coira
Armariz
Santa Eufemia
Vide
Xocín
Cortegada
Fustás
Poulo
El Viso
Padrosos
Valongo
Freixoso
Faramontaos
Urros
Aldea de Abajo
Angudes
Ramirás
Viveiro
Zarracós
Corvillón
Xunqueira de Ambía
Valverde
832
Miamán
Trado
Barreal
Airavella
Freixo
Quintela
Aldea de Deva (Pontedeva)
Mosteiro
Vilanova
Amiadoso
Abeleda
Pedreda
Maus Alemparte
Crecente
Lordelo
San Roque (Padrenda)
Quintela de Leirado
Riomolinos
939
Trasmiras (Acebedo del Río)
San Salvador
A Bola
Alto de Allariz
(746)
Penamá
927
A Graña
Vilar de Barrio
Barán
Riomuiños
Milmanda
Berredo
Barracel
Ermita de San Pedro
Arcos
Piñeira de Abaixo
Paços
Ponte Barxas
A Veiga
Cristoval
Freás
Fiães
Moción
Monterredondo
Gontán
Nigueiroá
Lavandeira
Laguna de Antela
Bresmaus
Pazos
Alto de Forriolo
(842)
Lampaza
Sandiás
Cortegada
Padroso
Cexo (S. Andrián)
Bangueses
Orille
Cerradela
74
Trandeiras
Carballo (Verea)
Candás
Vilar de Santos
Sarreaus
1219
Serra de Laboreiro
1023
Rairiz de Veiga
Porto de Outeiro de Agusa (840)
Aldea de Arriba
Alto de Vieiro
(850)
Casares
Santabaia
Morgade
A Pena
Lamas de Mouro
Portelinha
Rio de Corchos
112
Penelas
Boado
Lodoselo
Nocelo da Pena
Castro Laboreiro
Giestoso
1335
Corbelle
Fraga
Serreaus
Toxal
As Lamas
Abavides
Escornabois
Rabal
PARQUE
Sedra
Cadós
A Forxa (A Porqueira)
Sabucedo
Ganade
Parada de Ribeira
Peneda
Assureira
Rubiás
Sordos
O Ribeiro
Puente romano
Guntimil
Moreiras
Trasmiras
Vilar de Rei
Nigueiroá
Vilar de Cas
Sobregande
Laroá
1218
Roboira
Vila (Lobeira)
Santa Comba
Baños
Farnadeiros
Vilá
Blancos
Senhora da Peneda
Mareco
Serois
Aguis
Rio Mourilou Airoa
Nocedo
Vilar de Lebres
Pousios
Guxinde
Queguas
Chaus
Barxeles
Novás
Cualedro
Pereira
Requeixo
Muiños
Mugueimes
Ermita de los Milagros
Pintás
Penalonga
Eiras
Bouzadrago
Vilar
Ermita de Santa Catalina
Couso de Salas
Ermita de la Aparecida
Embals del Niño Xesús
Aguioncha
1240
Feás
Covas
Niñodaguia
Carzoá
Quinxo
1166
Terrachán (Entrimo)
Quintás
Emb. das Conchas
Parada de Ventosa
Torno
Prado
Xermeade
Maus de Salas
Calvos (Calvos de Randín)
Baltar
Lucenza
Olelas
Illa
Cela
Paradela
Meaus
San Antonio
Barragem do Alto Lindoso
Fondevila (Lobios)
Requiás
Rubiás de los Mistos
Tosende
Vilamaior da Boullosa
Pedrosa
Acevedo
Quintela
Manín
Puxedo
Salgueiro
Tourém
Randín
Embalse das Salas
San Paio de
A Madalena
Ermita de San Pedro
Serra de Pisco
Vilar
Serra de Pena
Sendim
Serra do Larouco
Xironda
San Millao
Lindoso
Vilameá
Nª Sª de Xurés
Torneiros
Fontefria
1458
Padroso
Padornelos
Santo André
Rio Vilaza
Serra de Santa Eufemia
Serra de Xurés
Pitões das Júnias
Sabuzedo
Aldeia Nova de Montalegre
Gralhas
Vilar de Perdizes
Solveira
Videferre
1361
Portela do Home
Donões
Meixedo
Amarela
Minas dos Carris
1288
Travassos
Sezelhe
Frades
Codessoso
Soutelinho da Raia
Água da Pala
Barragem de Paradela
Parada
Coveläes
Cambeses do Rio
Barr. do Alto Cávado
Senhora da Vila de Abril
Medeiros
Peireses
Pedrario
Meixide
Castelãos
Barragem de Vilarinho das Furnas
Paredes
Sao Pedro
Firvidas
Cepeda
Sarraquinhos
PENEDA GERÊS
Serra do Gerês
Outeiro
Vilaça
Contim
Chã
Aldeia Nova do Barrosso
Zebral
Antigo de Arcos
Campo do Gerês
Fiães do Rio
Castanheira
Corticó
Ardãos
1431
Sirvozelo
Loivos
Viade de Baixo
Antigo
Penedones
Travassos
Paradela
Nª Sª de Fátima
Brandim
Fervidelas
Seara Velha
Covide
958
Caldas do Gerês
Lapela
Ponteira
Lamas
Parafita
Morgade
Arcos
Senhora das Neves
Xertelo
Bustelo
Rebordelo
Nogueira
Serra de Leiranco
Chelo
Covelo do Gerês
Friães
Pisões
Negrões
Cervos
Bobadela
Albufeira da Caniçada
Vilar da Veiga
Ermida
Cabril
São Lourenço
Reigoso
Ladrugães
Vila da Ponte
Vilarinho
Carcalhais
Pincães
Ferral
Sacoselo
Currais
Barragem do Alto Rabagão
Cornos das Alturas
Lama Chã
Vilarinho da Mó
Sapelos
Ponte de Misarela
Fafião
Sidrós
Barragem de Venda Nova
Coimbró
124
Telhado
Alturas do Barroso
Atilhó
Lavradas
Sapiãos
Redondelo
Venda
Pondras
Ormeche

16
Monforte
Sc
Sd
Se
Sf
94
95
96
97
98
99
149
Brosmos
Villar de Mouros
Doade
Embalse de San Esteban
Tronceda
Vilariño
Provincia
Provincia de Orense
Lugo
Cerengo
1235
Emb. de Sequeiros
Pineira de Arriba
Bendillo
Vilar de Mondelo
Centeais
Cernego
Ourgomo
O Val
Vilanova
Rubiá
O Castro
O Barco
Desfiladero
Millarouso
Santiorxo
Sampil
Castro
Parada (Parada do Sil)
A Teixeira
Paradela
Castiñeiro
Medos
Pola
Cristosende
Castro-Caldelas
Sas de Penelas
San Xoán de Río
Peites
Montefurado
Roblido
San Martín de Albaredos
Vilamartín
Arcos
Correxais
Embalse de Santiago
Ferberza
A Rúa
Puente romano
Petín
Emb. de San Martiño
Mones
Santigoso
Candeda
Embalse de Edrada
Celeirós
Fiós
Forcas
San Xulián
Casasoa
San Martiño
Cerdeira
Alto de Cerdeira
Pena Folenche
Emb. de Montefurado
Seadur
Carballal
Freixido
Santa Eulalia
1378
Lama
Emb. de Edrada
Sistín
Larouco
Portomourisco
A Barxa
San Fiz
Riomao
Alto da Moneda
1525
Vilariño Frío
Abeledos
Embalse de Guístolas
Fitoiro
Paraisás
Puebla de Trives
Pazio
Chandoiro
Lentellais
San Martiño
Emb. de Sta. Baia
Caseta
Seoane Vello
Sas do Monte
Coba
Embalse de Montefurado
Prada
Vidalén
Marrubio
Rabal (Chandrexa de Queixa)
Manzaneda
O Bolo
Fornelos
1445
Embalse de Leboreiro
Montederramo
Cadeliña
Serra do Burgo
As Ermitas
Valbuxán
Meda
Curra
Paradaseca
San Lázaro
Placín
Trabazos
Río Bibei
Xaba
Vilaboa
Lamalonga
Xinzo da Costa
Fontedoso
Paredes
Casteloais
Paradela
Requeixo
Vilaseco
Cambela
1074
Candeda
Candedo
Chandrexa
San Miguel
Santa Cristina
Meixide
Embalse de Prada
Espino
Queixa
Vilar
Forcadas
Cabeza de Manzaneda
1778
Ermita de San Pablo
Raigada
Boa
Pradolongo
A Veiga
Requeixo
Serra de San Mamede
Castro de Escuadro
Embalse de Chandrexa de Queixa
Taboazas
Requeixo
Prada
Cernado
Palleiros
Buxán
Vilarmeao
Castromao
San Lorenzo
Baños
Mormontelos
Alto de Covelo
(998)
Río Xares
Valdín
Corzos
Seoane
1618
Altos de Samión
1593
Serra de Queixa
Grioxa
Tabazoa de Edroso
Sta. Mariña da Ponte
Mourisca
Rebordechao
Seixo
1707
Chaguazoso
Quintela de Edroso
Ramilo
Edreira
Río das Casas
Cenza
San Cristobo
Viana do Bolo
1532
Pradoalvar
Embalse de Bao
Montes do Invernadeiro
Vilariño de Conso
Fradelo
S. Cibrao
San Martiño
Penouta
1581
Pala Cerrada
Riobó
San Mamede de Edrada
Soutelo
Pinza
Mosexos
Rubiás
1548
Mosejos
Seoane de Arriba
Quintela de Humoso
Pradorramisquedo
Prado
Serra do Fial das Corzas
Embalse de Edrada
Bembibre
Pico de la Ortiga
1516
Entrecinsa
Fornelos de Filloás
Pradocabalos
Embalse de Pías
Cepedelo
Alberguería
Naveaus
O Castro
Embalse das Portas
Camba
Vilardemilo
Tabazoa de Humoso
Barjacoba
Correchouso
1249
1120
Dradelo
Freande
Carraxo
Toro
1240
Cerdedelo
Río Camba
Serra do Canizo
Vilaseco
Souteló Verde
Mercedes
Trez
Bouza
Pías
Nocelo da Pena
Laza
Porto-Camba
Campobecerros
A Gudiña
Alto do Canizo
(1067)
Villanueva de la Sierra
Río Támega
Ro de Collas
Veiga de Nostre
Canizo
1167
Las Hedradas
Baldriz
Retorta
Sanguñedo
Peña Nofre
1291
Parada da Serra
Erosa
(895)
Carballal
1184
525
Pereiro
Portela da Canda (1262)
Chanos
Pto de Estivadas
(890)
Arcucelos
1089
Vilar
Serra Entrimos
Servoi
Cortegada
Pentes
San Pedro
Vilavella
A Canda
Estivadas
Nocedo do Val
Rivas Servoi
Monteveloso
Pedrosa
Tameirón
A Mezquita
Castromil
Sierra del Marabón
Panavedre
Castrelo do Val
Gondulfes
Ventas da Barreira
Pentes (S. Lourenzo)
A Barxa
Río Pereira
Lamas
Enfesta
Estevesiños
S. Cristobo
Navallo
Esculqueira
Montes
Vilamaior do Val
Ermita de San Amaro
Ríos
Cadavos
Ermita de la Virgen de los Remedios
(855) Alto de Fumaces
Covelas
Castrelo de Cima
Cisterna
Pinheiro Novo
Penedo dos Tres Reinos
San Martiño
Albarellos
Monterrei
VERÍN
Fumaces
Castrelo de Abaixo
Vilarinho
Pinheiro Velho
Chaguazoso
Manzalvos
Ermita de San Sebastián
Vilaza
Par. Nac. Monterrei
Bemposta
Vilariño das Touzas
Marcelín
Progo
Moialde
Sernanda
Moimenta
Flariz
Abedes
Devesa
Río da Serranova
Quirás
1117
Santa María de Mixos
Bustelo
Ermita de San Roque
Lamasdeite
Berrande
Contim
Serra da Coroa
Quadra
Montouto
Medeiros
O Rosal
Cabreiroá
Muimenta
Vilardevós
Atrave
Edroso
Seixas
Landedo
Casas dos Montes
Oimbra
Tamagos
Soutochao
PARQUE NATURAL
Dine
Mourazos
Soutocobo
Passos
Santalha
Tuizelo
Salgueiros
Santa Cruz
Río Vilaza
Vilar de Cervos
Terroso
Vilar Seco de Lomba
Gestosa
Nuzedo
Travanca
San Cibrao
Río Támega
Tamaguelos
Ermita de Florderrey
Penso
Cabeça da Igreja
Peleias
Vilar de Ossos
1073
Bousés
Cambedo
Feces de Cima
Arzádigos
Frades
Sandim
Brito
Zido
Paço
Mairos
1083
São Vicente
Quintela
Vilarelho da Raia
Rabal
Mandín
Ferreiros
Caroceiras
Lagarelhos de Cima
Rio de Fornos
Prada
São Caetano
Vilarinho
Lama de Arcos
Travancas
Argenil
Edral
Candedo
Sobreiro
Muralha
VINHAIS
Cidadela
Vila Verde
Agrela
Vilela Seca
Feces de Abaixo
Mairos
Rio Mousse
Urjais
Espinhoso
de Baixo
Bairro do Carvalhal
Castelãos
Erveredo
Torre do Couto
Vila Meã
Vila de Frade
Roriz
Paradela
Vilar da Lomba
786
E 82
Valepaço
Curopos
Ermida
Vila Boa de Ousilhão
Calvão
742
Bustelo
434
Vila Verde da Raia
Santo António de Monforte
Cimo de Vila da Castanheira
Sanfins
Alvaredos
Nunes
Ousilhão
Sanjurge
Outeiro Seco
103-5
Pedra Bulideira
Tronco
São Jomil
Maceira
Vilar de Peregrinos
Castro
1077
(rom. Aquae Flaviae)
CHAVES
Santo Estêvão
Águas Frias
Bobadela
Vale de Janeiro
Saúde
Brito
Edrosa
Soutelo
Abobeleira
Faiões
Assureiras de Baixo
Nozelos
Lebução
Lampaça
Novaes
Vale de Anta
Ponte romano
Monforte
Eiras
Ocudires
Aveledas
Fiães
Boucoães
Rebordelo
Penhas Juntas
Melhe
Eiras Maiores
Zoio
Pastoria
Cando
São Lourenço
São Julião de Montenegro
Tinhela
Chairos
Carriça
Souti lha
850
São Bartolomeu
Curalha
Nova de Veiga
Nantes
Cela
Alvarelhos
Vale das Fontes
Felgueiras
Negreda
Vilar de Nantes
Tresmundes
Vila Real
Valpaços
52
Orense
Braga

Tb
Tc
Td
Te
Montes Aquilianos
Sierra del Teleno
Sierra Cabrera Baja
Sierra de la Culebra
Serra da Mina
Segundera
Valle de Sanabria
Sanabria
Tera
Los Colmenares
de la Gamoneda
de Montezinho
Parque natural
MONTEZINHO
Provincia de Orense
Provincia de León
Provincia de Zamora
Emb. de Penarrubia
Vila
Salas de la Ribera
Quereño
Vegas de Yeres
Castroquilame
Puente de Domingo Flórez
San Pedro de Trones
Portela do Trigal
Lardeira
Casaio
Soutadoiro
Eixe
Campo de las Danzas
1850
Guiana
Montes de Valdueza
Bouzas
Santuario
Peñalbe de Santiago
Palacios de Compludo
Prada de Sierra
Andiñuela
El Ganso
Santa Colomba de Somoza
Villar de Ciervos
Tabladillo
Pombriego
Santalavilla
Sotillo de Cabrera
Yebra
Benuza
Llamas de Cabrera
Ermita de la Virgen del Valle
2016
2135
1518
Río Cabrera
Pobladura de la Sierra
Busnadiego
Lucillo
Chana de Somoza
Molinaferrera
1787
Filiel
Quintanilla de Somoza
Luyego
Boisán
Río Duerna
1773
Lomba
Ermita de Santa Elena
Odollo
Silván
Morredero
Teleno
2185
La Barrera
Castrillo de Cabrera
Saceda
Peña de Forna
1667
Chao de la Meseta
Corporales
Priaranza de la Valduerna
Río de San Xil
Ermita de San Xil
Nogar
Tabuyo del Monte
Forna
Trabazos
Las Chanas
Baillo
1722
Pozos
1925
La Baña
Losadilla
Encinedo
Quintanilla da Losada
Iruela
1325
Manzaneda
Val de la Mula
Peña Survia
2095
Lago de la Baña
Río Cabrera
Villarino
Truchas
Cunas
Río Xares
Peña Trevinca
2124
Laguna de la Serpiente
2008
Río Eria
Morla de la Valderia
Valdavido
Truchillas
Quintanilla de Yuso
Villar del Monte
Moncalvo
2045
Embalse de Vega de Conde
Cerro Fallanquinos
2021
Alto del Peñón
1958
Vizcodillo
2122
1752
Torneros de la Valdería
Emb. de Vega de Tera
Lago de Cubillas
Río Tera
San Ciprián
Escuredo
Vega del Castillo
1239
Barrio de Rábano
Rábano de Sanabria
Doney de la Requejada
Carbajalinos
1386
Justel
Quintanilla
Villalverde
Embalse de Cárdena
San Martín de Castañeda
Vigo
Murias
San Justo
Lago de Sanabria
Trefacio
Villarino de Sanabria
Villarejo de la Sierra
Donado
Muelas de los Caballeros
Espadañedo
Embalse de Puente Porto
Ribadelago de Franco
Bouzas
Rozas
1419
San Juan de la Cuesta
Santiago de la Requejada
Ermita de San Pedro
Galende
Monterrubio
Letrillas
Arroyo del Regato
Valdespino
Sotillo de Sanabria
Samil
Rosinos de la Requejada
Dornillas
Donadillo
El Puente
Cabril
1850
Cobreros
San Miguel de Lomba
Avedillo de Sanabria
Anta de Rioconejos
Lanseros
Sejas de Sanabria
Peque
Ferreros
Remesal
Triufé
Río Negro
Santa Colomba de Sanabria
1141
Asturianos
Lagarejos de la Carballeda
Portillo del Padornelo (1360)
Padornelo
Puebla de Sanabria
Terroso
Otero de Sanabria
Palacios de Sanabria
Manzanal de los Infantes
Otero de los Centenos
1051
El Castro (969)
Requejo
Lobeznos
Ungilde
Río Tera
Embalse de Cernadilla
Entrepeñas
Mombuey
Santa Eulalia del Río Negro
Valleluengo
Pedralba de la Pradería
Cernadilla
622
Robledo
Sandín
Fresno de la Carballeda
Rionegro del Puente
525
Anta de Tera
Ap. de Robledo de Sanabria
Manzanal de Arriba
Valparaíso
Sagallos
Emb. de Valparaíso (en constr.)
Manzanal de Abajo
Téjera
Baños de Calabor
Santa Cruz de Abranes
1311
Calabor
Pedroso de la Carballeda
Codesal
Val de Santa María
Zamora
Folgoso de la Carballeda
974
Cional
Montezinho
Ribanor de Castilla
Rio de Onor
Santa Cruz de los Cuérragos
Villardeciervos
Villanueva de Valrojo
Linarejos
Boya
Portelo
França
Guadramil
Peña Mira
1243
Ferreras de Arriba
Miño Cuevo
1211
Rio Sabor
Riomonzanas
San Pedro de las Herrerías
Vilarinho
Cova da Lua
Soutelo
Aveleda
Rio de Onor
Villarino de Manzanas
Carragosa
Rabal
Varge
Estación de las Torres de Aliste
Senhora da Assunção
Petisqueira
Mahide
Figueruela de Arriba
Meixedo
Baçal
Saçoias
Labiados
Oleirinhos
Deilão
Figueruela de Abajo
Río Aliste
Pobladura de Aliste
Cabañas de Aliste
Oleiros
Donai
Vila Nova
Moldones
Las Torres de Aliste
Sarraein de Aliste
Vila Meã
Carvalhas
Gallegos del Campo
Grandais
Pousada de S. Bartolomeu
Babe
Palácios
São Julião
São Julião de Palácios
Palazuelo de las Cuevas
Campogrande de Aliste
Fontes
Castro de Avelãs
Gimonde
Vega de Nuez
Gostei
Bragança
Muralha (rom. Juliobriga)
San Blas
San Cristóbal de Aliste
Villarino de Cebal
San Vicente de la Cabeza
Berciacnos de Aliste
Samil
Milhão
Refega
El Poyo
Alfaião
Nuez
Viñas
San Vitero
São Pedro de Serracenos
Ruínas pré-históricas
Est. de Mosca
Veigas
Ribas
Grisuela
Fredellos
Sarzeda
Trabazos
Rio Maçãs
Quintanilha
Puente internacional
Tola
San Juan del Rebollar
Rabanales
Freixiedelo
Rio Frio
Rábano de Aliste
Apd. de Remisquedo
Failde
San Martín del Pedroso
Sejas de Aliste
Ufones
Tolilla
Vimioso
Zamora

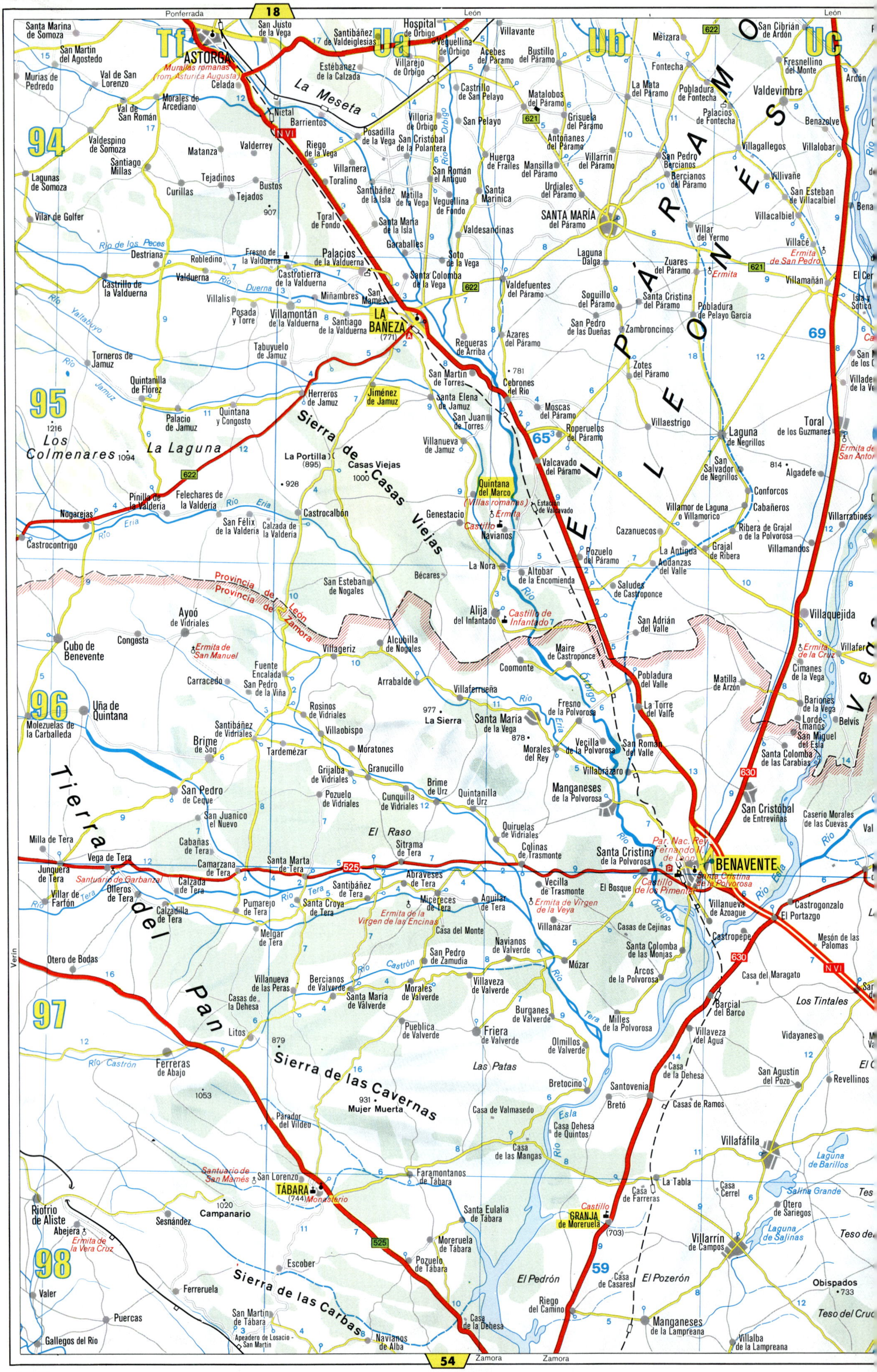
Ponferrada
18
León
León
Tf
Ua
Ub
Uc
94
95
96
97
98
Santa Marina de Somoza
San Justo de la Vega
Hospital de Órbigo
Villavante
Meizara
San Cibrián de Ardón
San Martín del Agostedo
ASTORGA
Murallas romanas (rom. Asturica Augusta)
Santibáñez de Valdeiglesias
Veguellina de Órbigo
Acebes del Páramo
Bustillo del Páramo
Fontecha
Fresnellino del Monte
Murias de Pedredo
Val de San Lorenzo
Celada
Estébanez de la Calzada
Villarejo de Órbigo
Castrillo de San Pelayo
Matalobos del Páramo
La Mata del Páramo
Pobladura de Fontecha
Valdevimbre
Ardón
La Meseta
Morales de Arcediano
Val de San Román
Nistal
Barrientos
Villoria de Órbigo
San Pelayo
Grisuela del Páramo
Palacios de Fontecha
Benazolve
Valdespino de Somoza
Valderrey
Posadilla de la Vega
San Cristóbal de la Polantera
Antoñanes del Páramo
Villagallegos
Villalobar
Matanza
Riego de la Vega
Huerga de Frailes
Mansilla del Páramo
Villarrín del Páramo
San Pedro Bercianos
Santiago Millas
Villarnera
Toralino
San Román el Antiguo
Bercianos del Páramo
Villivañe
Lagunas de Somoza
Tejadinos
Curillas
Bustos
Tejados
Santibáñez de la Isla
Matilla de la Vega
Veguellina de Fondo
Santa Marinica
Urdiales del Páramo
San Esteban de Villacalbiel
Vilar de Golfer
Toral de Fondo
Santa María de la Isla
Valdesandinas
SANTA MARÍA del Páramo
Villar del Yermo
Villacalbiel
Río de los Peces
Garaballes
Villacé
Destriana
Robledino
Fresno de la Valduerna
Palacios de la Valduerna
Soto de la Vega
Laguna Dalga
Zuares del Páramo
Ermita de San Pedro
Castrillo de la Valduerna
Valduerna
Castrotierra de la Valduerna
Santa Colomba de la Vega
Valdefuentes del Páramo
Ermita
Villamañán
Duerna
Villalís
Miñambres
San Mamés
Soguillo del Páramo
Santa Cristina del Páramo
Posada y Torre
Villamontán de la Valduerna
Santiago de la Valduerna
LA BAÑEZA
San Pedro de las Dueñas
Pobladura de Pelayo García
Zambroncinos
Río Yaltabuyo
Reguera de Arriba
Azares del Páramo
Torneros de Jamuz
Tabuyuelo de Jamuz
Zotes del Páramo
Cebrones del Río
Quintanilla de Flórez
San Martín de Torres
Villaestrigo
Laguna de Negrillos
Toral de los Guzmanes
Herreros de Jamuz
Jiménez de Jamuz
Santa Elena de Jamuz
Moscas del Páramo
Ermita de San Antonio
Palacio de Jamuz
Quintana y Congosto
San Juan de Torres
Roperuelos del Páramo
Los Colmenares
La Laguna
Sierra de Casas Viejas
Villanueva de Jamuz
Valcavado del Páramo
San Salvador de Negrillos
Algadefe
La Portilla
Casas Viejas
Quintana del Marco
(Villas romanas)
Conforcos
Pinilla de la Valderia
Felechares de la Valderia
Castrocalbón
Genestacio
Ermita
Castillo
Navianos
Estación de Valcavado
Villamor de Laguna o Villamorico
Cabañeros
Nogarejas
Río Eria
San Félix de la Valderia
Calzada de la Valderia
Villarrabines
Castrocontrigo
Cazanuecos
Ribera de Grajal o de la Polvorosa
La Nora
Pozuelo del Páramo
La Antigua
Grajal de Ribera
Villamandos
Bécares
Altobar de la Encomienda
Audanzas del Valle
Provincia de León
Provincia de Zamora
San Esteban de Nogales
Saludes de Castroponce
Ayoó de Vidriales
Alija del Infantado
Castillo de Infantado
San Adrián del Valle
Villaquejida
Congosta
Cubo de Benevente
Ermita de San Manuel
Alcubilla de Nogales
Maire de Castroponce
Villaferrueña
Ermita de la Cruz
Villageriz
Coomonte
Pobladura del Valle
Matilla de Arzón
Cimanes de la Vega
Carracedo
Fuente Encalada
San Pedro de la Viña
Arrabalde
Villaferrueña
La Torre del Valle
Bariones de la Vega
Uña de Quintana
Rosinos de Vidriales
La Sierra
Santa María de la Vega
Fresno de la Polvorosa
Lordemanos
Belvís
Molezuelas de la Carballeda
Santibáñez de Vidriales
Villaobispo
Vecilla de la Polvorosa
San Román del Valle
San Miguel del Esla
Brime de Sog
Tardemézar
Moratones
Morales del Rey
Santa Colomba de las Carabias
Tierra del Pan
Grijalba de Vidriales
Granucillo
Villabrázaro
San Pedro de Ceque
Pozuelo de Vidriales
Cunquilla de Vidriales
Brime de Urz
Quintanilla de Urz
Manganeses de la Polvorosa
San Cristóbal de Entreviñas
Caserío Morales de las Cuevas
San Juanico el Nuevo
El Raso
Quiruelas de Vidriales
Milla de Tera
Cabañas de Tera
Sitrama de Tera
Colinas de Trasmonte
Par. Nac. Rey Fernando II de León
Junquera de Tera
Vega de Tera
Camarzana de Tera
Santa Marta de Tera
Santa Cristina de la Polvorosa
BENAVENTE
Santuario de Garbanzal
Abraveses de Tera
Vecilla de Trasmonte
Castillo de los Pimentel
Villar de Farfón
Olleros de Tera
Calzada de Tera
Santibáñez de Tera
Aguilar de Tera
El Bosque
Ermita de Virgen de la Veya
Villanueva de Azoague
Castrogonzalo
El Portazgo
Calzadilla de Tera
Pumarejo de Tera
Santa Croya de Tera
Ermita de la Virgen de las Encinas
Micereces de Tera
Casas de Cejinas
Villanázar
Melgar de Tera
Casa del Monte
Castropepe
Mesón de las Palomas
Otero de Bodas
Navianos de Valverde
Santa Colomba de las Monjas
San Pedro de Zamudia
Mózar
Casa del Maragato
Río Castrón
Villanueva de las Peras
Bercianos de Valverde
Villaveza de Valverde
Arcos de la Polvorosa
Casas de la Dehesa
Santa María de Valverde
Morales de Valverde
Los Tintales
Barcial del Barco
Burganes de Valverde
Litos
Milles de la Polvorosa
Pueblica de Valverde
Friera de Valverde
Villaveza del Agua
Vidayanes
Ferreras de Abajo
Sierra de las Cavernas
Olmillos de Valverde
Las Patas
Casa de la Dehesa
San Agustín del Pozo
Revellinos
Bretocino
Santovenia
Mujer Muerta
Parador del Vildeo
Bretó
Casas de Ramos
Casa de Valmasedo
Casa Dehesa de Quintos
Río Esla
Villafáfila
Casa de las Mangas
Laguna de Barillos
Santuario de San Mamés
San Lorenzo
Faramontanos de Tábara
Salina Grande
La Tabla
Casa Cerrel
Casa de Farreras
TÁBARA
Monasterio
Castillo
GRANJA de Moreruela
Otero de Sariegos
Riofrío de Aliste
Campanario
Santa Eulalia de Tábara
Laguna de Salinas
Abejera
Sesnández
Ermita de la Vera Cruz
Moreruela de Tábara
Villarrín de Campos
Escober
Pozuelo de Tábara
El Pedrón
Casa de Casares
El Pozerón
Obispados
Valer
Ferreruela
Sierra de las Carbas
Riego del Camino
Teso del Cruz
Puercas
San Martín de Tábara
Apeadero de Losacio - San Martín
Casa de la Dehesa
Manganeses de la Lampreana
Gallegos del Río
Navianos de Alba
Villalba de la Lampreana
EL PÁRAMO LEONÉS
54
Zamora
Zamora
Verín
NVI
622
621
525
630
65
69
59

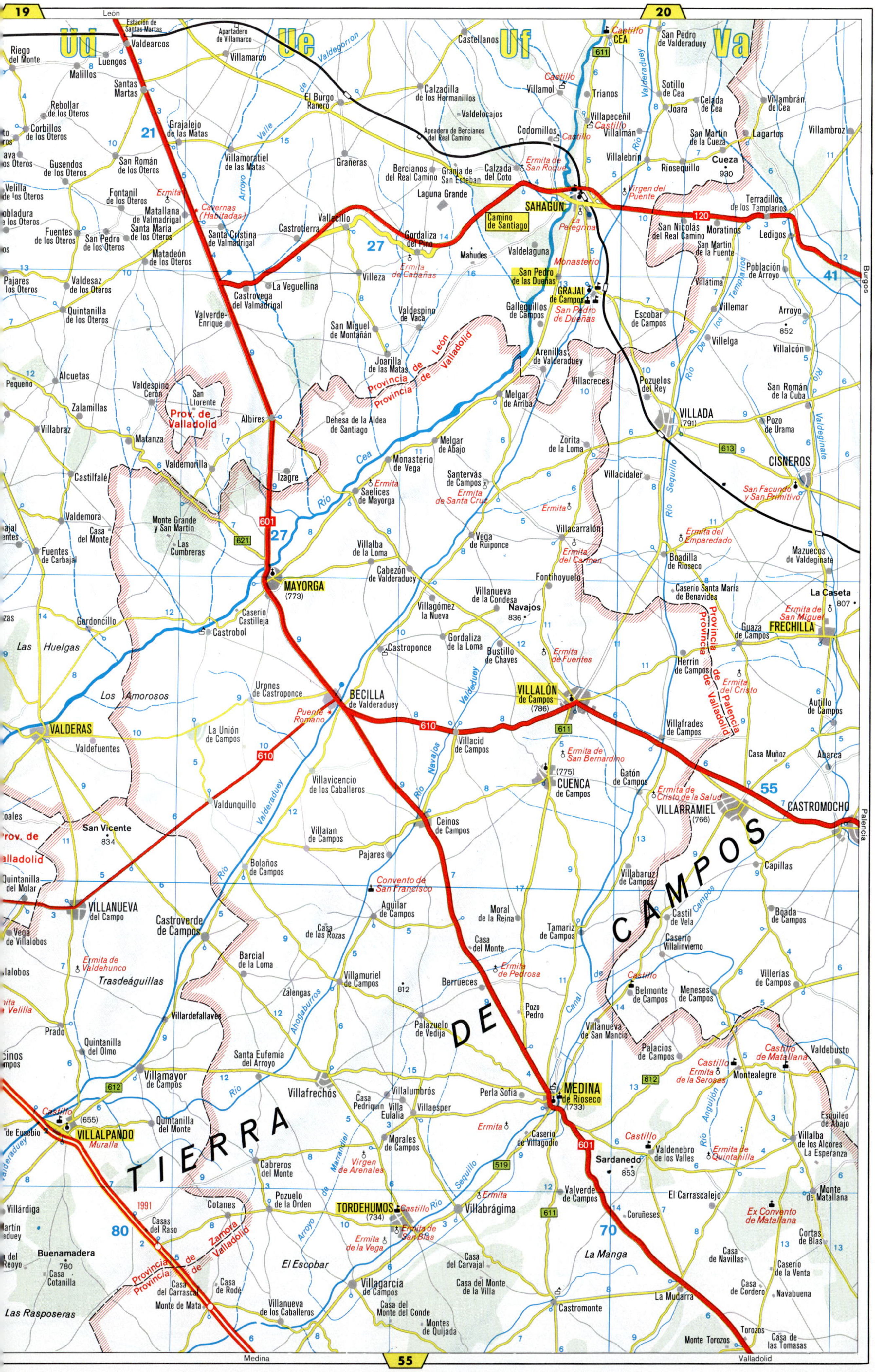
19
20
León
Estación de Santas Martas
Apartadero de Villamarco
Valdearcos
Villamarco
Castellanos
Castillo
CEA
San Pedro de Valderaduey
Riego del Monte
Luengos
Malillos
Santas Martas
Calzadilla de los Hermanillos
Villamol
Trianos
Sotillo de Cea
Celada de Cea
Villambrán de Cea
Joara
Rebollar de los Oteros
Grajalejo de las Matas
El Burgo Ranero
Valdelocajos
Villapecenil
Villamán
Corbillos de los Oteros
Codornillos
Apeadero de Bercianos del Real Camino
San Martín de la Cueza
Lagartos
Villambroz
Gusendos de los Oteros
San Román de los Oteros
Villamoratiel de las Matas
Grañeras
Bercianos del Real Camino
Granja de San Esteban
Calzada del Coto
Ermita de San Roque
Villalebrín
Riosequillo
Cueza
930
Fontanil de los Oteros
Ermita
Laguna Grande
Virgen del Puente
Terradillos de los Templarios
Matallana de Valmadrigal
Cavernas (Habitadas)
SAHAGÚN
Camino de Santiago
La Peregrina
120
Santa María de los Oteros
Castrotierra
Vallecillo
Gordaliza del Pino
San Nicolás del Real Camino
Moratinos
Ledigos
Fuentes de los Oteros
San Pedro de los Oteros
Santa Cristina de Valmadrigal
Mahudes
Valdelaguna
San Martín de la Fuente
Matadeón de los Oteros
27
Monasterio
Población de Arroyo
Burgos
41
Pajares de los Oteros
Valdesaz de los Oteros
La Veguellina
Villeza
Ermita de Cabañas
San Pedro de las Dueñas
Villátima
GRAJAL de Campos
Castrovega del Valmadrigal
Quintanilla de los Oteros
Valdespino de Vaca
Galleguillos de Campos
San Pedro de Dueñas
Escobar de Campos
Villemar
Arroyo
852
Valverde-Enrique
San Miguel de Montañán
Villelga
Villalcón
Joarilla de las Matas
Provincia de León
Provincia de Valladolid
Arenillas de Valderaduey
Alcuetas
Pequeño
Valdespino Cerón
San Llorente
Villacreces
Pozuelos del Rey
San Román de la Cuba
Zalamillas
Prov. de Valladolid
Dehesa de la Aldea de Santiago
Melgar de Arriba
VILLADA
(791)
Pozo de Urama
Villabraz
Albires
Matanza
Melgar de Abajo
Zorita de la Loma
613
Valdemorilla
Monasterio de Vega
CISNEROS
Castilfalé
Izagre
Santervás de Campos
Villacidaler
Río Cea
Saelices de Mayorga
Ermita de Santa Cruz
San Facundo y San Primitivo
Valdemora
Monte Grande y San Martín
601
Ermita
Casa del Monte
621
Las Cumbreras
Villacarralón
Ermita del Emparedado
Fuentes de Carbajal
Villalba de la Loma
Vega de Ruiponce
Ermita del Carmen
Boadilla de Rioseco
Mazuecos de Valdeginate
MAYORGA
(773)
Cabezón de Valderaduey
Fontihoyuelo
Caserío Santa María de Benavides
La Caseta
807
Villanueva de la Condesa
Navajos
836
Ermita de San Miguel
Gordoncillo
Caserío Castilleja
Villagómez la Nueva
Provincia de Palencia
Provincia de Valladolid
Guaza de Campos
FRECHILLA
Castrobol
Gordaliza de la Loma
Las Huelgas
Castroponce
Bustillo de Chaves
Ermita de Fuentes
Herrín de Campos
Ermita del Cristo
Urones de Castroponce
Los Amorosos
BECILLA de Valderaduey
VILLALÓN de Campos
(786)
Autillo de Campos
Puente Romano
VALDERAS
610
La Unión de Campos
Villacid de Campos
611
Villafrades de Campos
Valdefuentes
Ermita de San Bernardino
Casa Muñoz
Abarca
Villavicencio de los Caballeros
(775)
CUENCA de Campos
Gatón de Campos
55
Ermita de Cristo de la Salud
Río Navajos
Valdunquillo
VILLARRAMIEL
(766)
CASTROMOCHO
Palencia
San Vicente
834
Ceinos de Campos
Villalán de Campos
Pajares
Capillas
Bolaños de Campos
Villabaruz de Campos
Quintanilla del Molar
Convento de San Francisco
VILLANUEVA del Campo
Aguilar de Campos
Moral de la Reina
Castil de Vela
Boada de Campos
Castroverde de Campos
Casa de las Rozas
Tamariz de Campos
Caserío Villalinvierno
Vega de Villalobos
Casa del Monte
Ermita de Valdehunco
Barcial de la Loma
Ermita de Pedrosa
Trasdeagüillas
Villamuriel de Campos
812
Berrueces
Castillo
Belmonte de Campos
Meneses de Campos
Villerías de Campos
Zalengas
Río Ahogaburros
Canal de Campos
Prado
Villardefallaves
Pozo Pedro
Palazuelo de Vedija
Villanueva de San Mancio
Quintanilla del Olmo
Santa Eufemia del Arroyo
Palacios de Campos
Castillo de Matallana
Valdebusto
Castillo
Ermita de la Serosa
Montealegre
Villamayor de Campos
612
Villafrechós
Villalumbrós
Perla Sofía
MEDINA de Rioseco
(733)
Casa Pedriquín
Villa Eulalia
Villaesper
Castillo
(655)
VILLALPANDO
Muralla
Quintanilla del Monte
Ermita
Caserío de Villagodio
Castillo
Valdenebro de los Valles
Ermita de Quintanilla
Esquileo de Abajo
Villalba de los Alcores
La Esperanza
Morales de Campos
Virgen de Arenales
Cabreros del Monte
Sardanedo
853
519
TIERRA DE CAMPOS
Villárdiga
Pozuelo de la Orden
Ermita
Valverde de Campos
El Carrascalejo
Monte de Matallana
1991
Cotanes
TORDEHUMOS
(734)
Castillo
Villabrágima
Coruñeses
Ex Convento de Matallana
80
Casas del Raso
Ermita de San Blas
Ermita de la Vega
70
Cortas de Blas
Buenamadera
780
Casa Cotanilla
Provincia de Zamora
Provincia de Valladolid
El Escobar
Casa del Carvajal
La Manga
Casa de Navillas
Caserío de la Venta
Casa del Carrascal
Casa de Rodé
Villagarcía de Campos
Casa del Monte de la Villa
Casa de Cordero
Navabuena
Monte de Mata
Villanueva de los Caballeros
Casa del Monte del Conde
Castromonte
La Mudarra
Las Rasposeras
Montes de Quijada
Torozos
Monte Torozos
Casa de las Tomasas
Medina
55
Valladolid

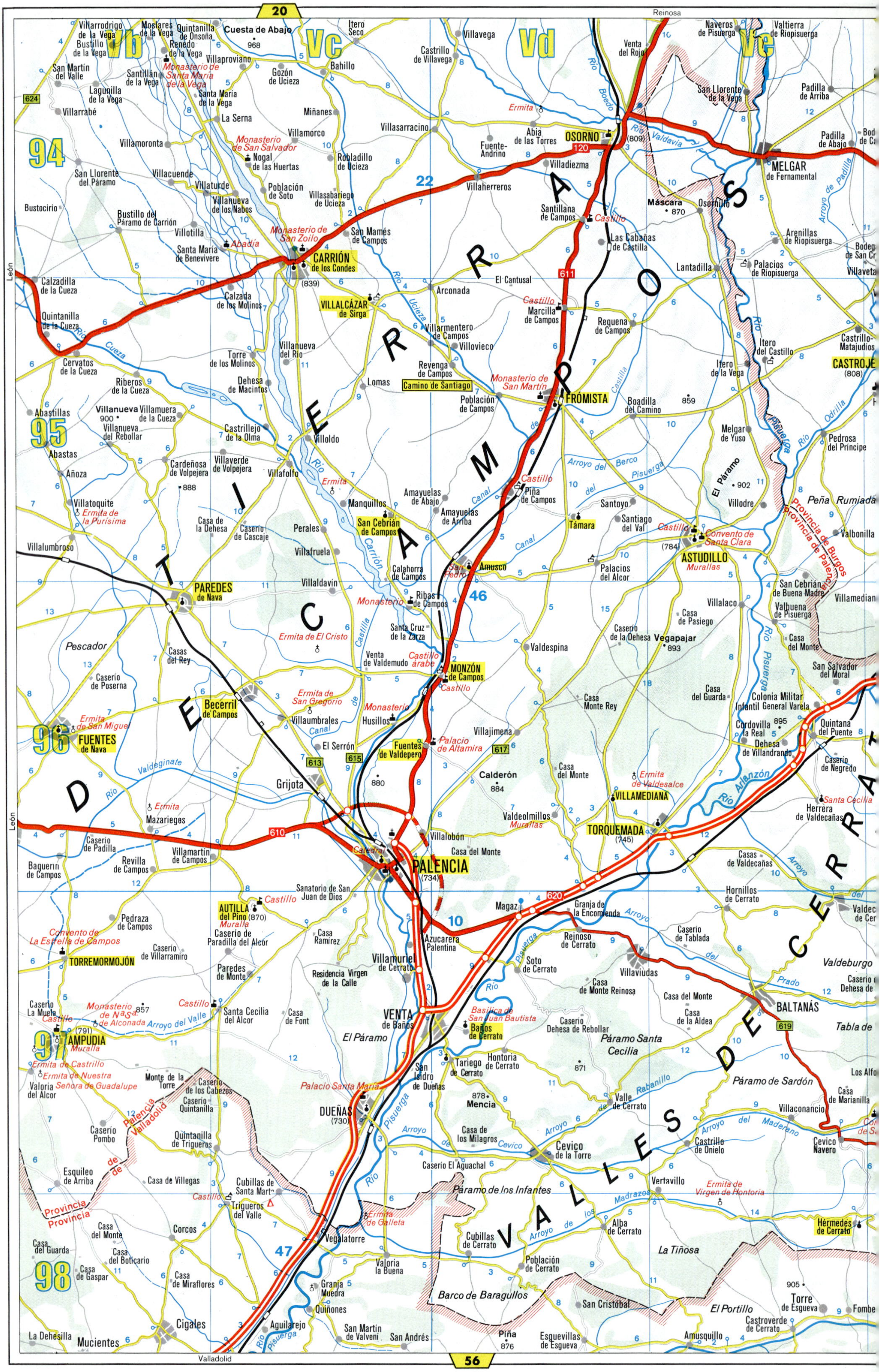
20
Vb
Vc
Vd
Ve
Reinosa
Villarrodrigo de la Vega
Moslares de la Vega
Quintanilla de Onsoña
Cuesta de Abajo
Itero Seco
Villavega
Naveros de Pisuerga
Valtierra de Riopisuerga
Bustillo de la Vega
Renedo de la Vega
968
Castrillo de Villavega
Venta del Rojo
Monasterio de Santa María de la Vega
Villaproviano
Bahillo
San Martín del Valle
Santillán de la Vega
Gozón de Ucieza
Padilla de Arriba
San Llorente de la Vega
Lagunilla de la Vega
Santa María de la Vega
624
Villarrabé
Miñanes
Ermita
La Serna
Villasarracino
Abia de las Torres
Padilla de Abajo
94
Villamoronta
Monasterio de San Salvador
Villamorco
Fuente-Andrino
OSORNO
(809)
Río Valdavia
120
Nogal de las Huertas
Robladillo de Ucieza
Villadiezma
MELGAR de Fernamental
San Llorente del Páramo
Villacuende
22
Villaturde
Población de Soto
Villaherreros
Bustocirio
Villanueva de los Nabos
Villasabariego de Ucieza
Máscara
870
Osornillo
Santillana de Campos
Castillo
Bustillo del Páramo de Carrión
Villotilla
Monasterio de San Zoilo
San Mamés de Campos
Las Cabañas de Castilla
Arenillas de Riopisuerga
Santa María de Benevivere
Abadía
CARRIÓN de los Condes
(839)
Lantadilla
Palacios de Riopisuerga
León
Calzadilla de la Cueza
Calzada de los Molinos
El Cantusal
611
Arconada
VILLALCÁZAR de Sirga
Castillo
Marcilla de Campos
Requena de Campos
Quintanilla de la Cueza
Villarmentero de Campos
Villovieco
Itero del Castillo
Castrillo-Matajudíos
Cervatos de la Cueza
Torre de los Molinos
Villanueva del Río
Revenga de Campos
Itero de la Vega
CASTROJE
(808)
Riberos de la Cueza
Dehesa de Macintos
Lomas
Camino de Santiago
Monasterio de San Martín
FRÓMISTA
Boadilla del Camino
859
Villanueva
900
Villamuera de la Cueza
Población de Campos
Abastillas
95
Villanueva del Rebollar
Castrillejo de la Olma
Villoldo
Melgar de Yuso
Pedrosa del Príncipe
Abastas
Cardeñosa de Volpejera
Villaverde de Volpejera
Villafolfo
Arroyo del Berco
Añoza
888
Ermita
Castillo
Piña de Campos
El Páramo
902
Villatoquite
Ermita de la Purísima
Manquillos
Amayuelas de Abajo
Amayuelas de Arriba
Santoyo
Villodre
Peña Rumiada
Casa de la Dehesa
Caserío de Cascaje
Perales
San Cebrián de Campos
Támara
Santiago del Val
Castillo
Convento de Santa Clara
(784)
ASTUDILLO
Murallas
Provincia de Burgos
Provincia de Palencia
Valbonilla
Villalumbroso
Villafruela
Calahorra de Campos
San Pedro
Amusco
Palacios del Alcor
PAREDES de Nava
Villaldavín
Monasterio
Ribas de Campos
46
San Cebrián de Buena Madre
Villamedianilla
Villalaco
Valbuena de Pisuerga
Casa de Pasiego
Pescador
Ermita de El Cristo
Santa Cruz de la Zarza
Caserío de la Dehesa
Vegapajar
893
Casa del Monte
Casas del Rey
Venta de Valdemudo
Castillo árabe
MONZÓN de Campos
Castillo
Valdespina
San Salvador del Moral
Caserío de Poserna
Casa del Guarda
Ermita de San Gregorio
Becerril de Campos
Monasterio
Casa Monte Rey
Colonia Militar Infantil General Varela
Ermita de San Miguel
96
FUENTES de Nava
Villaumbrales
Husillos
Villajimena
Cordovilla la Real
895
Quintana del Puente
Canal
El Serrón
Fuentes de Valdepero
Palacio de Altamira
617
Dehesa de Villandrando
613
615
Caserío de Negredo
Río Valdeginate
Grijota
880
Calderón
884
Casa del Monte
Ermita de Valdesalce
VILLAMEDIANA
Río Arlanzón
Santa Cecilia
Herrera de Valdecañas
Ermita
Mazariegos
Valdeolmillos
Murallas
TORQUEMADA
(745)
610
Villalobón
Caserío de Padilla
Catedral
Casa del Monte
Revilla de Campos
Villamartín de Campos
PALENCIA
(734)
Casas de Valdecañas
Baquerín de Campos
Sanatorio de San Juan de Dios
Castillo
Hornillos de Cerrato
AUTILLA del Pino
(870)
Muralla
Magaz
620
Granja de la Encomienda
Pedraza de Campos
10
Caserío de Tablada
Convento de La Estrella de Campos
Caserío de Paradilla del Alcor
Casa Ramírez
Azucarera Palentina
Reinoso de Cerrato
Caserío de Villarramiro
TORREMORMOJÓN
Soto de Cerrato
Villaviudas
Valdeburgo
Paredes de Monte
Villamuriel de Cerrato
Residencia Virgen de la Calle
Casa de Monte Reinosa
Casa del Monte
Caserío Dehesa de
Caserío La Muela
Monasterio de Nasa de Alconada
857
Castillo
Santa Cecilia del Alcor
Casa de Font
Basílica de San Juan Bautista
VENTA de Baños
Casa de la Aldea
BALTANÁS
Castillo
(791)
AMPUDIA
Muralla
Arroyo del Valle
Baños de Cerrato
El Páramo
Caserío Dehesa de Rebollar
Páramo Santa Cecilia
619
Tabla de
97
Ermita de Castrillo
Ermita de Nuestra Señora de Guadalupe
Tariego de Cerrato
Hontoria de Cerrato
San Isidro de Dueñas
871
Los Alfo
Valoria del Alcor
Monte de la Torre
Caserío de los Cabezos
Caserío Quintanilla
Palacio Santa María
878
Mencía
Valle de Cerrato
Páramo de Sardón
Casa de Marianilla
Palencia
Valladolid
DUEÑAS
(730)
Villaconancio
Caserío Pombo
Quintanilla de Trigueros
Casa de los Milagros
Cevico de la Torre
Castrillo de Onielo
Cevico Navero
Esquileo de Arriba
Casa de Villegas
Caserío El Aguachal
Vertavillo
Provincia de
Cubillas de Santa Marta
Castillo
Trigueros del Valle
Páramo de los Infantes
Ermita de Virgen de Hontoria
Ermita de Galleta
Provincia
Casa del Monte
Corcos
Vegalatorre
Cubillas de Cerrato
Alba de Cerrato
Hérmedes de Cerrato
Casa del Guarda
Casa del Boticario
47
Valoria la Buena
La Tiñosa
98
Casa de Gaspar
Casa de Miraflores
Población de Cerrato
Granja Muedra
905
Barco de Baragullos
Torre de Esgueva
Quiñones
San Cristóbal
El Portillo
Fombe
Cigales
Aguilarejo
Castroverde de Cerrato
La Dehesilla
Mucientes
San Martín de Valvení
San Andrés
Piña
876
Esguevillas de Esgueva
Amusquillo
Valladolid
56
TIERRA DE CAMPOS
VALLES DE CERRATO
Río Pisuerga
Río Carrión
Río Cueza
Río Ucieza
Canal de Castilla
Arroyo Rabanillo
Arroyo del Madero
Arroyo de los Madrazos
Río Boedo

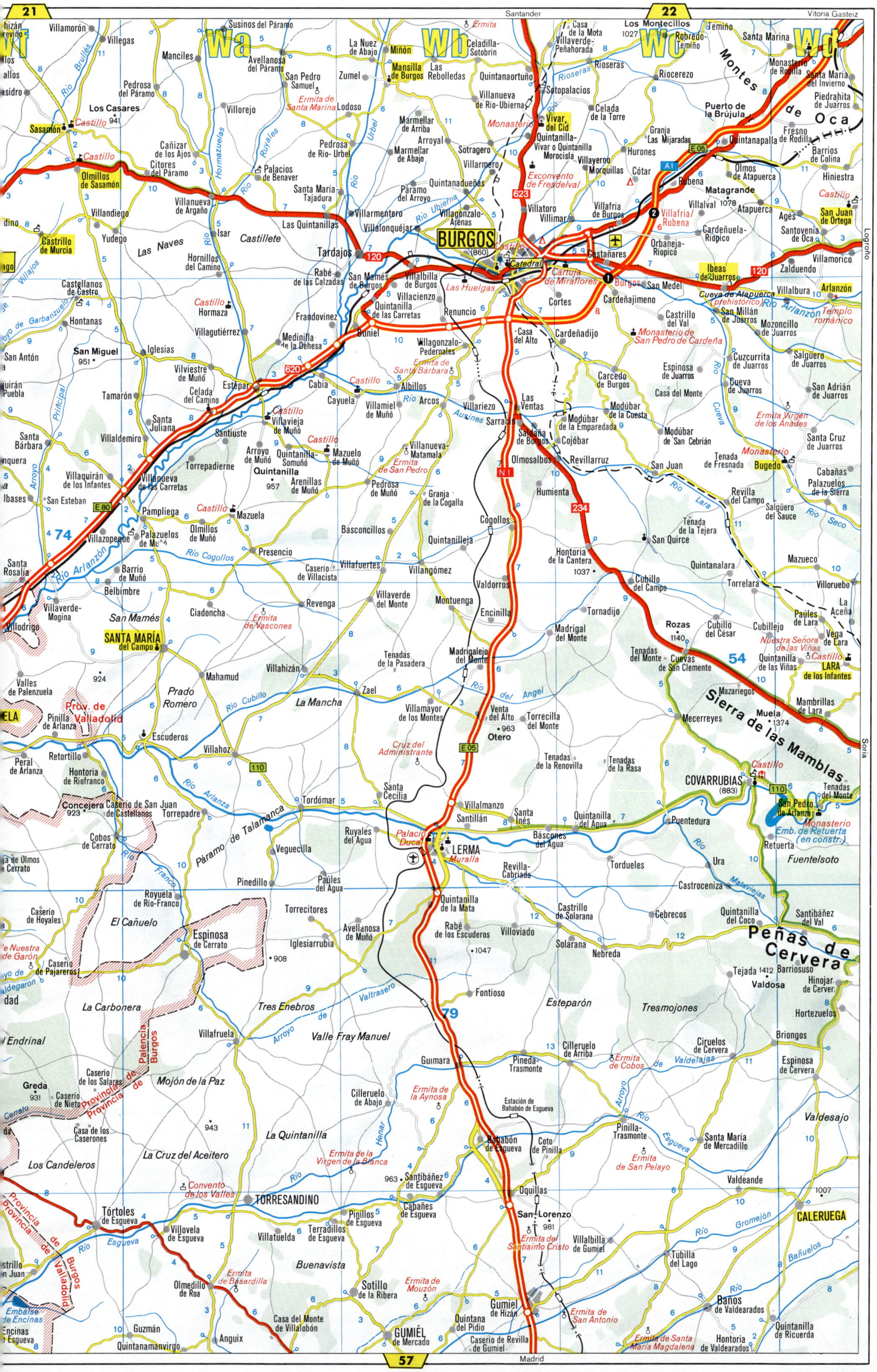
21
22
57
Santander
Vitoria Gasteiz
Logroño
Soria
Madrid
Wa
Wb
Wc
Wd
BURGOS
Catedral
Las Huelgas
Cartuja de Miraflores
Castillo
Villamorón
Villegas
Susinos del Páramo
Manciles
Avellanosa del Páramo
Pedrosa del Páramo
Los Casares
Villorejo
Sasamón
Olmillos de Sasamón
Cañizar de los Ajos
Citores del Páramo
Villanueva de Argaño
Villandiego
Yudego
Castrillo de Murcia
Las Naves
Castillete
Isar
Hornillos del Camino
Tardajos
Rabé de las Calzadas
Las Quintanillas
Palacios de Benaver
Santa María-Tajadura
San Pedro Samuel
Ermita de Santa Marina
Lodoso
Zumel
Pedrosa de Rio- Urbel
La Nuez de Abajo
Miñon
Mansilla de Burgos
Las Rebolledas
Celadilla-Sotobrin
Quintanaortuño
Villanueva de Rio-Ubierna
Marmellar de Arriba
Marmellar de Abajo
Arroyal
Sotragero
Villarmero
Quintanadueñas
Páramo del Arroyo
Villarmentero
Villalonquéjar
Villagonzalo-Arenas
Monasterio
Vivar del Cid
Quintanilla-Vivar o Quintanilla Morocisla
Excovento de Fresdelval
Villatoro
Villimar
Sotopalacios
Rioseras
Casa de la Mota
Villaverde-Peñahorada
Celada de la Torre
Los Montecillos
Robredo-Temiño
Temiño
Santa Marina
Riocerezo
Montes de Oca
Monasterio de Rodilla
Santa María del Invierno
Piedrahita de Juarros
Puerto de la Brújula
Fresno de Rodilla
Barrios de Colina
Quintanapalla
Granja Las Mijaradas
Hurones
Villayerno Morquillas
Cótar
Rubena
Olmos de Atapuerca
Hiniestra
Matagrande
Atapuerca
Villalval
Agés
San Juan de Ortega
Santovenia de Oca
Villafria/Rubena
Villafría de Burgos
Cardeñuela-Riopico
Orbaneja-Riopico
Castañares
Villamorico
Zalduendo
Ibeas de Juarros
Arlanzón
Cueva de Atapuerca (prehistórica)
Villalbura
Templo románico
San Medel
Cardeñajimeno
Cortes
San Millán de Juarros
Castrillo del Val
Mozoncillo de Juarros
Monasterio de San Pedro de Cardeña
Cardeñadijo
Casa del Alto
Salguero de Juarros
Cuzcurrita de Juarros
Espinosa de Juarros
Cueva de Juarros
Casa del Monte
San Adrián de Juarros
Carcedo de Burgos
Modúbar de la Cuesta
Modúbar de la Emparedada
Modúbar de San Cebrián
Ermita Virgen de los Anades
Santa Cruz de Juarros
Tenada de Fresnada
Bugedo
Cabañas
Palazuelos de la Sierra
Revilla del Campo
Salguero del Sauce
San Juan
Revillarruz
Cojóbar
Saldaña de Burgos
Sarracín
Las Ventas
Olmosalbos
Humienta
Villalbilla de Burgos
Villacienzo
Quintanilla de las Carretas
Renuncio
Frandovínez
Buniel
Villagonzalo-Pedernales
Ermita de Santa Bárbara
Castellanos de Castro
Hontanas
San Miguel
San Antón
Iglesias
Castillo Hormaza
Villagutiérrez
Medinilla de la Dehesa
Vilviestre de Muñó
Celada del Camino
Estépar
Cabia
Cayuela
Albillos
Arcos
Villariezo
Villamiel de Muñó
Tamarón
Santa Juliana
Villaldemiro
Santiuste
Villavieja de Muñó
Mazuelo de Muñó
Torrepadierne
Arroyo de Muñó
Quintanilla-Somuñó
Quintanilla
Arenillas de Muñó
Villanueva-Matamala
Ermita de San Pedro
Pedrosa de Muñó
Granja de la Cogolla
Villaquirán de los Infantes
Villanueva de las Carretas
San Esteban
Pampliega
Mazuela
Olmillos de Muñó
Villazopeque
Palazuelos de Muñó
Presencio
Río Cogollos
Río Arlanzón
Basconcillos
Quintanilleja
Cogollos
Hontoria de la Cantera
Tenada de la Tejera
San Quirce
Quintanalara
Mazuecos
Torrelara
Villoruebo
Cubillo del Campo
Tornadijo
Caserio de Villacista
Villafuertes
Villangómez
Valdorros
Barrio de Muñó
Belbimbre
Santa Rosalía
Villaverde-Mogina
Villodrigo
San Mamés
Ciadoncha
Ermita de Vasconas
Revenga
Villaverde del Monte
Montuenga
Encinilla
Madrigal del Monte
Rozas
Cubillo del César
Cubillejo
Páules de Lara
La Aceña
Vega de Lara
Nuestra Señora de las Viñas
Quintanilla de las Viñas
LARA de los Infantes
SANTA MARÍA del Campo
Tenadas de la Pasadera
Madrigalejo del Monte
Tenadas del Monte
Cuevas de San Clemente
Mazariegos
Sierra de las Mamblas
Muela
Mambrillas de Lara
Valles de Palenzuela
Mahamud
Villahizán
Prado Romero
Río Cubillo
Zael
La Mancha
Villamayor de los Montes
Venta del Alto
Otero
Torrecilla del Monte
Mecerreyes
Prov. de Valladolid
Pinilla de Arlanza
Escuderos
Retortillo
Villahoz
Cruz del Administrante
Tenadas de la Renovilla
Tenadas de la Rasa
COVARRUBIAS
Tenadas del Monte
San Pedro de Arlanza
Monasterio
Emb. de Retuerta (en constr.)
Peral de Arlanza
Hontoria de Riofranco
Concejera
Caserio de San Juan de Castellanos
Torrepadre
Río Arlanza
Tordómar
Santa Cecilia
Villalmanzo
Santillán
Santa Inés
Quintanilla del Agua
Puentedura
Retuerta
Fuentelsoto
Cobos de Cerrato
Páramo de Talamanca
Veguecilla
Ruyales del Agua
Palacio Ducal
LERMA
Muralla
Báscones del Agua
Tordueles
Ura
Pinedillo
Páules del Agua
Revilla-Cabriada
Castroceniza
Royuela de Río-Franco
Caserio de Hoyales
El Cañuelo
Torrecitores
Avellanosa de Muñó
Quintanilla de la Mata
Rabé de los Escuderos
Villoviado
Castrillo de Solarana
Solarana
Nebreda
Cebrecos
Quintanilla del Coco
Santibáñez del Val
Peñas de Cervera
Espinosa de Cerrato
Iglesiarrubia
Tejada
Barriosuso
Valdosa
Hinojar de Cervera
Caserio de Pajareros
La Carbonera
Tres Enebros
Fontioso
Esteparón
Tresmojones
Hortezuelos
Villafruela
Valle Fray Manuel
Arroyo de Valtrasero
Endrinal
Palencia
Burgos
Provincia de
Greda
Caserio de los Salares
Caserio de Nieto
Mojón de la Paz
Gumara
Pineda-Trasmonte
Cilleruelo de Arriba
Ermita de Cobos
Ciruelos de Cervera
Briongos
Espinosa de Cervera
Cilleruelo de Abajo
Ermita de la Aynosa
Estación de Bahabón de Esgueva
Valdesajo
Casa de los Caserones
La Quintanilla
Bahabón de Esgueva
Coto de Pinilla
Pinilla-Trasmonte
Santa María de Mercadillo
Los Candeleros
La Cruz del Aceitero
Ermita de la Virgen de la Blanca
Ermita de San Pelayo
Convento de los Valles
Santibáñez de Esgueva
Oquillas
Valdeande
TORRESANDINO
Tórtoles de Esgueva
Pinillos de Esgueva
Cabañes de Esgueva
San Lorenzo
CALERUEGA
Villovela de Esgueva
Villatuelda
Terradillos de Esgueva
Ermita del Santísimo Cristo
Villalbilla de Gumiel
Tubilla del Lago
Buenavista
Ermita de Basardilla
Olmedillo de Roa
Sotillo de la Ribera
Ermita de Mouzón
Gumiel de Hizán
Ermita de San Antonio
Baños de Valdearados
Embalse de Encinas
Casa del Monte de Villalobón
Quintana del Pidio
Guzmán
Quintanamanvirgo
Anguix
GUMIEL de Mercado
Caserio de Revilla de Gumiel
Ermita de Santa María Magdalena
Hontoria de Valdearados
Quintanilla de Ricuerda
Provincia de Valladolid
E 05
E 80
A1
N I
120
620
623
234
110
74
54
79

22
58
Wd
We
Wf
Xa
94
95
96
97
98
R I O J A
SIERRA DE LA DEMANDA
Montes de Oca
Reserva nacional
Coto nacional de Ezcaray
Sierra de Neila
Reserva de la Sierra de la Demanda
Sierra de San Lorenzo
Sierra Mencilla
Peñas de Cervera
Sierra de Resomo
Sierra de Duruelo
Cabezas Altas
Cabeza Gorda
Sierra de la Umbría
Sierra de Urbión
Sierra de Castejón
Peña Tejada
Peñas de Oro
Sierra de Santa Cruz
Sierra de San Antonio
Peña del Cuervo
Provincia de La Rioja
Provincia de Burgos
Burgos
SANTO DOMINGO de la Calzada
BELORADO
PRADOLUENGO
Ezcaray
San Millán de la Cogolla
Mansilla
SALAS de los Infantes
QUINTANAR de la Sierra
Duruelo de la Sierra
COVALEDA
SAN LEONARDO de Yagüe
HUERTA del Rey
Peñalba de Castro
CORUÑA del Conde
Santo Domingo de Silos
Convento
Camino de Santiago
Puerto Mojón Pardo
Molinos de Duero
Salduero
Hontoria del Pinar
Navaleno
Castrovido
Barbadillo del Mercado
Hortigüela
Contreras
Hacinas
Palacios de la Sierra
Vilviestre del Pinar
Canicosa de la Sierra
Regumiel de la Sierra
Neila
Campiña
Monasterio de la Sierra
Monterrubio de Demanda
Canales de la Sierra
Villavelayo
Viniegra de Abajo
Viniegra de Arriba
Ventrosa
Valgañón
Zorraquín
Ojacastro
Grañón
Alesanco
Badarán
Berceo
Estollo
Bobadilla
Tobia
Matute
Ardal
Cabrejas del Pinar
Muriel Viejo
Talveila
Cubilla
Cantalucía
Herrera de Soria
Vadillo
Casarejos
Arganza
Espejón
Hinojar del Rey
Quintanarraya
Clunia Sulpicia (Ciudad romana)
Quintanilla de Nuño-Pedro
Guijosa
54
65
111
113
120
234

23
Vitoria Gasteiz
Logroño
24
Xc
Xd
Xe
Xf
Fuenmayor
LOGROÑO
Mendavia
Lodosa
RIOJA BAJA
Navarrete
Huércanos
Villamediana de Iregua
Lardero
Recajo
Agoncillo
Arrúbal
Alcanadre
Sartaguda
Alberite
Entrena
Sotés
Manjarrés
Alesón
Medrano
Sojuela
Murillo de Río Leza
Autopista Vasco Aragonesa
Ausejo
El Villar
Pradejón
Santa Coloma
Daroca de Rioja
Albelda de Iregua
CLAVIJO
RIBAFRECHA
Nalda
Islallana
El Royo
Sorzano
Bezares
Serradero
Castroviejo
Castañares de las Cuevas
Viguera
Leza de Río Leza
Lagunilla del Jubera
Santa Engracia
Corera
El Redal
Galilea
Pipaona
Aldealobos
Tudelilla
Ocón
Zenzano
Trevijano
Jubera
Santa Lucía
Los Molinos de Ocón
Oteruelo
Las Ruedas de Ocón
Carbonera
La Nava
Panzares
Nestares
Luezas
Soto en Cameros
Bucesta
Robres del Castillo
San Vicente
Cabi Monteros
Bergasa
Arnedo
Quel
TORRECILLA en Cameros
SIERRA DE CAMEROS
Sierra de Camero Viejo
Montalbo en Cameros
Terroba
Treguajantes
El Collado
Buzarra
Valtrujal
Bergasillas Bajera
Bergasillas Somera
Santa María en Cameros
Torre en Cameros
San Román de Cameros
Velilla
Valdeosera
La Monjia
Santa Marina
Oliván
Antoñanzas
Santa Eulalia Somera
Santa Eulalia Bajera
Herce
Ribabellosa
Nieva de Cameros
Almarza de Cameros
Muro en Cameros
Jalón de Cameros
Hornillos de Cameros
Ribalmaguillo
La Santa
Torremuña
San Vicente
Munilla
Arnedillo
Peroblasco
Préjano
Pinillos
Cabezón de Cameros
Rabanera
Vadillos
Zarzosa
Valdevigas
Larriba
Avellaneda
Pradillo
Gallinero de Cameros
Laguna de Cameros
Ajamil
Las Escurquilla
Sierra de Préjano
Turruncún
Enciso
Peñaloscintos
Villanueva de Cameros
Canto Hincado
Aldeanueva de Cameros
Provincia de La Rioja
Provincia de Soria
Leria
Las Ruedas de Enciso
El Villar
Muro de Aguas
Villarroya
El Horcajo
Collado de Sancho Leza
La Vega
Garranzo
Poyales
Navalsaz
Ambas Aguas o Entrambas Aguas
Villoslada de Cameros
Diustes
Yanguas
Lumbreras
San Andrés
Camporredondo
Vellosillo
Sierra de la Bellanera
Armejún
Villarijo
Valdeperillo
Cornago
Villar de Maya
Aldealcardo
Ayedo
Valdemoro de San Pedro Manrique
Peñazcurna
Pajares
Tejadillo
Santa Cecilia
Villar del Río
Buimanco
Vea
Cameros
Puerto de Piqueras
Santa Cruz de Yanguas
La Laguna
Bretún
La Cuesta
Culebrillas
Villartoso
Valdeúrteles
Villaseca Bajera
Taniñe
Acrijos
Verguizas
Villaseca Somera
Las Fuentes de San Pedro
San Pedro Manrique
Fuentebella
Galiago
Castillejo
Sierra Urbión
Sierra Urguilla
Ledrado
Vizmanos
Huérteles
Palacio de San Pedro
Ventosa de San Pedro
Sarnago
Hoya Rasa
La Mesa
La Póveda de Soria
Sierra de Montes Claros
Valloria
Montaves
Navabellida
Sierra de Alcarama
Valdemadera
Cebollera
Sierra Cebollera
Barriomartín
Las Aldehuelas
Los Campos
Cayo
El Collado
Matasejún
El Vallejo
Valdenegrillos
Navajún
de Urbión
Arguijo
Oncala
San Andrés de San Pedro
Valdelavilla
Torretarrancho
Castillejo de San Pedro
Torrearévalo
Las Fuesas
Molinos de Razón
Valdeavellano de Tera
San Andrés de Soria
Gallinero
ALMARZA
P.to de Oncala
Sierra de El Rodadero
Valtajeros
Fuentes de Magaña
Cerbón
Valdeprado
Castilfrío de la Sierra
Estepa de Tera
Arévalo de la Sierra
Estepa de San Juan
Pinochos
Sotillo del Rincón
Aldehuela del Rincón
Rollamienta
Cubo de la Sierra
Segoviela
Ventosa de la Sierra
Castilfrío de la Sierra
Villar del Ala
Azapiedra
Rebollar
Tera
Matute de la Sierra
Fuentelfresno
Cuéllar de la Sierra
Aldealices
Magaña
Valdelagua del Cerro
El Royo
Sierra La Mata
Sepúlveda de la Sierra
Portelárbol
Ausejo de la Sierra
Carrascosa de la Sierra
Pobar
Villarraso
Fuentestrún
Derroñadas
Langosto
Espejo de Tera
La Rubia
Pinilla de Caradueña
Aldealseñor
El Alto
Sierra de Alcarama
Trébago
Vilviestre de los Nabos
Hinojosa de la Sierra
Santervás de la Sierra
Portelrubio
Pedraza
Cirujales del Río
La Losilla
Embalse de la Cuerda del Pozo
Canredondo de la Sierra
Fuentelsaz de Soria
Ayllonсillo
Los Villares de Soria
Narros
Suellacabras
Montenegro de Agreda
Dombellas
Chavaler
Fuentecantos
Almajano
Buitrago
Sierra del Almuerzo
El Espino
Sierra del Madero
Oteruelos
Pedrajas
Tardesillas
Canos
Matute
Caserío Mallumembre
Río Duero
Villaverde del Monte
Herreros
Cidones
Garray
Velilla de la Sierra
Renieblas
Aldehuela de Periáñez
Cortos
Nieva de Calderuela
Valdejeña
P.to del Madero
Toledillo
Numancia (Ciudad romana)
Ventosilla de San Juan
Torretartajo
Arancón
Calderuela
Sierra Llana
Ocenilla
Las Casas
Santo Cristo de los Olmedillos
Aldealpozo
Villar del Campo
Pozalmuro
Estopar
Fuentetoba
Golmayo
Fuensaúco
Omeñaca
Masegoso
Sierra del Costado
Villaciervos
Villaciervitos
Carbonera de Frentes
SORIA
Ontalvilla de Valcorba
Fuentetecha
Tozalmoro
Hinojosa del Campo
Martialay
Duáñez
Tajahuerce
El Burgo
Almazan
59
Calatayud
Tudela
69
96
111
115
122
123
143

24
Pamplona
Ya
Yb
Yc
Yd
94
95
96
97
98
Sierra de Peralta
LAS BARDENAS REALES
Monte Olivete
Sierra de Pégado
Tierra de Ágreda
Sierra del Madero
Sierra del Moncayo
Llano de Plasencia
Las Cañadillas
Planas Altas
Provincia de Navarra
Provincia de La Rioja
Provincia de la Rioja
Provincia de Soria
Logroño
Soria
Basílica de la Virgen de Gracia
Casa de Sirerras
Caserío del Cajo
Moncayuelo
Caserío de Gollena
Caserío Valerio
Santakara Muro
Pitillas
Laguna de Pitillas
Casa de Oliveta
Venta de Vicentico
Venta de Chiquito
Caserío del Barón
Venta de San Miguel
Autopista de Navarra
Murillo El Cuende
Murillo el Fruto
Castillo
Casa de Vallaliebre
Cárcar
Andosilla
Castillo
FALCES
Río Arga
Casa de la Sierra
Estación de Caparroso
Santacara
CARCASTILLO
Monasterio de la Oliva
Traibuenas
Río Aragón
Mélida
Caserío Arlas
465
La Torre
Virgen del Soto
CAPARROSO
San Adrián
Río Ega
Raso Jaurrieta
PERALTA
Marcilla Peralta
La Azucarera
Castillo
Murillo de Calahorra
MARCILLA
Castillo
El Soto
Rada
Acequia de Navarra
Corral del Cura
Corral de la Bárba
CALAHORRA
Catedral
Azagra
Funes
Alto de Masadas
(434)
Calahorra Arnedo
Par. Nac. Marco Fabio Quintiliano
Doña Blanca de Navarra
Cornialto
510
Casa de Ribarroya
Calahorra
Ermita de San Esteban
Villafranca
Dehesa de San Juan
Castillo de Tierra
Casa de Rivandia
Milagro
Valtierra
Alto de Masadas
(440)
Corral de la Cañada
Rincón de Soto
Granjafría
Castillo
Quel
Autol
Aldeanueva de Ebro
Cadreita
Casa de Turrax
Castillo
Ermita de Nuestra Señora del Yugo
Valtierra
Castillo
Lombarín
Alfaro
Castejón
ARGUEDAS (ARKETA)
Ruinas Romanas
Corral de Curro
Corral de las Romerales
Casa de Lobera
1001
Yerga
Alfaro Corella
Tudela Peaje
Apartadero de Argüedas
Casas de Castejón
Murillo de las Limas
Caserío de la Arboleda
Valverde
CORELLA
Corral del Pachín
Grávalos
Barranco de Cantares
921
El Yesal
Intercambio de Tudela
Casa de los Fetones
Casas de Franca
Casa de la Pola
Convento del Villar
CINTRUÉNIGO
Casa Liqués
TUDELA
Torre de Monreal
Ermita de la Virgen del Pilar
Igea
Ventas del Baño
Fitero
Estación de Fitero
Palacio de Carlos (El Real del Rey)
Cabanillas
Fustiñana
Plana
Ermita de la Virgen del Villar
Rincón de Olivedo o Las Casas
Murchante
Fontellas
Tudela
Tudela Tarazona
El Bocal
Casa de Cuerno Solano
Río Alhama
Casetas de Barnueva
Urzante
RIBAFORADA
CERVERA del Río Alhama
(543)
899
Castillo
Casa del Cura
715
Basílica de la Virgen del Romero
CASCANTE
Laguna de Lor
E 804
Cabretón
Monasterio
Ablitas
El Ginestar
Buñuel
Tozo
920
Inestrillas
Valdegutur
Valverde
Apartadero de Cervera de Río Alhama
Alto de la Muga
862
Tulebras
MONTEAGUDO
Barillas
Aguilar del Río Alhama
Castillo
Río Añamaza
Monasterio de la Virgen del Camino
Novallas
Malón
Cardelina
CORTES
Gutur
San Felices
Monegro
1187
Cigudosa
Vierlas
Tórtoles
San Vicente
Barrabás
1292
Pégado
Débanos
Valverde
Apeadero de La Nava - Tarazona
Santa Ana
Catedral
TARAZONA
Murallas
Cunchillos
88
Añavieja
Río Manzano
Torrellas
Santa Cruz de Moncayo
Río Queiles
El Buste
Fréscano
Castilruiz
San Blas
1219
Ágreda
Los Fayos
Gallopar
Grisel
Nuestra Señora de las Mercedes
805
Bisimbre
Agón
Gañarul
ÁGREDA
Castillo árabe
Carboneras
P.to de Lanzas Agudas
(681)
Santuario de Misericordia
BORJA
(Ib. Bursao)
Castillo
(Restos romanos)
Magallón
(941)
Castillo de la Muela
San Martín de la Virgen de Moncayo
Conejares
Muro de Agreda
Vozmediano
Castillo
35
Matalebreras
Augustobriga (Restos romanos)
Aldehuela de Agreda
Lituénigo
Trasmoz
Vera de Moncayo
Bulbuente
Maleján
Albeta
Alberite de San Juan
Ainzón
Bureta
Sanatorio de Agramonte
Litago
Veruela
de Veruela
La Aparecida
Río Huecha
San Sebastián
Fuentes de Agreda
Río Calles
Ermita de San Marcos
Nuestra Señora de Moncayo
2316
Moncayo
San Gerudioso
Añón
Alcalá de Moncayo
Ambel
La Nava
El Plano
Olvega
Cueva de Agreda
2222
Ermita de San Bartolomé
Barranco de la Peñezuela
Huechaseca
Fuendejalón
Cascarrera
Casa del Soto
Talamantes
Parideras Cerro Pellar
Bollón
1043
Las A
60

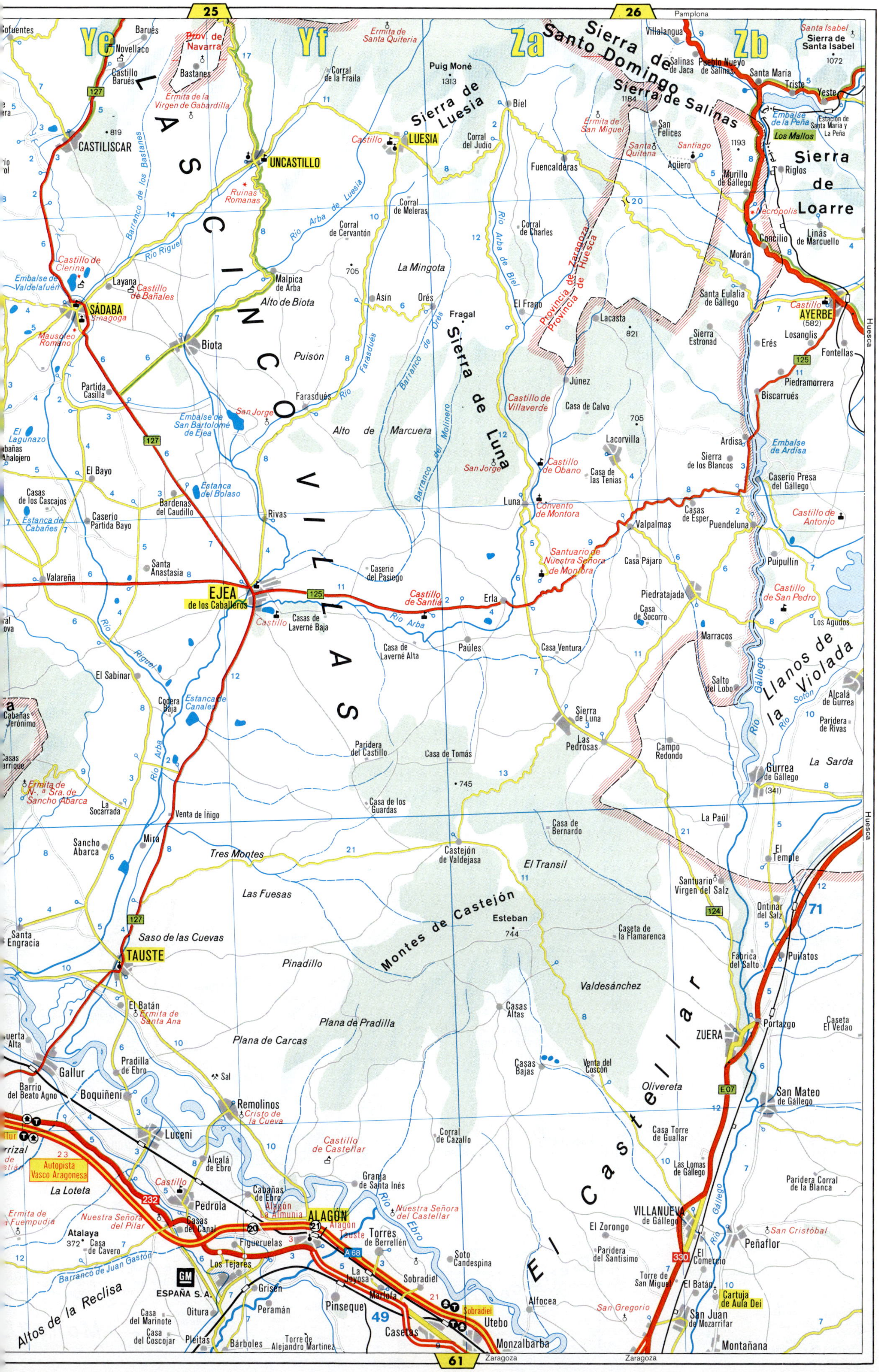
25
26
Pamplona
Ye
Yf
Za
Zb
Barués
Prov. de Navarra
Novellaco
Castillo Barués
Bastanes
Ermita de la Virgen de Gabardilla
Ermita de Santa Quiteria
Corral de la Fraila
Puig Moné
1313
Sierra de Luesia
Biel
Villalangua
Sierra de Santo Domingo
Salinas de Jaca
Pueblo Nuevo de Salinas
Sierra de Salinas
Santa María
Triste
Yeste
Santa Isabel
Sierra de Santa Isabel
1072
Embalse de la Peña
Estación de Santa María y La Peña
Los Mallos
Riglos
Sierra de Loarre
LAS CINCO VILLAS
CASTILISCAR
819
UNCASTILLO
Ruinas Romanas
Castillo
LUESIA
Corral del Judío
Fuencalderas
Ermita de San Miguel
San Felices
Santa Quiteria
Santiago
Agüero
1184
1193
Murillo de Gállego
Necrópolis
Concilio
Linás de Marcuello
Morán
Barranco de los Bastanes
Río Arba de Luesia
Corral de Meleras
Corral de Cervantón
Corral de Charles
Río Arba de Biel
Castillo de Clerina
Embalse de Valdelafuén
Layana
Castillo de Bañales
Malpica de Arba
Alto de Biota
705
La Mingota
Asín
Orés
Fragal
Sierra de Luna
El Frago
Provincia de Zaragoza
Provincia de Huesca
Santa Eulalia de Gállego
SÁDABA
Sinagoga
Mausoleo Romano
Biota
Río Riguel
Puisón
Farasdués
Barranco de Orés
Lacasta
821
Sierra Estronad
Castillo
AYERBE
(582)
Erés
Losanglis
Fontellas
Huesca
Partida Casilla
Alto de Marcuera
Barranco del Molinero
Castillo de Villaverde
Júnez
Casa de Calvo
Piedramorrera
Biscarrués
Embalse de San Bartolomé de Ejea
San Jorge
El Lagunazo
Bañas Ahalojero
705
Lacorvilla
Ardisa
Embalse de Ardisa
El Bayo
Castillo de Obano
San Jorge
Casa de las Tenías
Sierra de los Blancos
Caserío Presa del Gállego
Casas de los Cascajos
Estanca del Bolaso
Bardenas del Caudillo
Estanca de Cabañes
Caserío Partida Bayo
Rivas
Luna
Convento de Montora
Casas de Esper
Valpalmas
Puendeluna
Castillo de Antonio
Santa Anastasia
Caserío del Pasiego
Santuario de Nuestra Señora de Montora
Casa Pájaro
Pupullín
Valareña
EJEA de los Caballeros
Castillo
Casas de Laverné Baja
Castillo de Santía
Erla
Río Arba
Piedratajada
Casa de Socorro
Castillo de San Pedro
Los Agudos
Casa de Laverné Alta
Paúles
Casa Ventura
Marracos
El Sabinar
Río Riguel
Llanos de la Violada
Salto del Lobo
Río Gállego
Codera Baja
Estanca de Canales
Sierra de Luna
Alcalá de Gurrea
Paridera de Rivas
Río Sotón
Cabañas Jerónimo
Casas Arrique
Río Arba
Paridera del Castillo
Casa de Tomás
Las Pedrosas
Campo Redondo
La Sarda
Gurrea de Gállego
(341)
Ermita de N.ª Sra. de Sancho Abarca
745
La Socarrada
Casa de los Guardas
Venta de Íñigo
Casa de Bernardo
La Paúl
Mira
Sancho Abarca
Tres Montes
Castejón de Valdejasa
El Transil
El Temple
Santuario Virgen del Salz
Las Fuesas
Montes de Castejón
Esteban
744
Ontinar del Salz
71
Santa Engracia
Saso de las Cuevas
Caseta de la Flamarenca
TAUSTE
Pinadillo
Fábrica del Salto
Puilatos
Valdesánchez
El Batán
Ermita de Santa Ana
Casas Altas
Plana de Pradilla
Portazgo
Caseta El Vedao
Huerta Alta
Plana de Carcas
ZUERA
Pradilla de Ebro
Gallur
Sal
Casas Bajas
Venta del Coscón
Barrio del Beato Agno
Boquiñeni
Olivereta
San Mateo de Gállego
Remolinos
Cristo de la Cueva
Luceni
Casa Torre de Guallar
Corral de Cazallo
Castillo de Castellar
Autopista Vasco Aragonesa
Alcalá de Ebro
Las Lomas de Gállego
EL CASTELLAR
La Loteta
Castillo
Granja de Santa Inés
Paridera Corral de la Blanca
Ermita de la Fuempudia
Nuestra Señora del Pilar
Pedrola
Cabañas de Ebro
Alagón
La Almunia
ALAGÓN
Río Ebro
Nuestra Señora del Castellar
VILLANUEVA de Gállego
El Zorongo
San Cristóbal
Atalaya
372
Casa de Cavero
Casas del Canal
Figueruelas
Alagón
Tauste
Torres de Berrellén
Paridera del Santisimo
Peñaflor
Barranco de Juan Gastón
Los Tejares
Soto Candespina
El Comercio
GM ESPAÑA S.A.
Grisén
La Joyosa
Sobradiel
Torre de San Miguel
El Batán
Río Gállego
Cartuja de Aula Dei
Altos de la Reclisa
Casa del Marinote
Oitura
Peramán
Pinseque
Marlofa
Sobradiel
Alfocea
San Gregorio
San Juan de Mozarrifar
Casa del Coscojar
Pleitas
Bárboles
Torre de Alejandro Martínez
Casetas
Utebo
Monzalbarba
Montañana
49
61
Zaragoza
Zaragoza
127
125
124
E07
330
232
A 68

26
Pau
Zc
Zd
Ze
Zf
94
95
96
97
98
Latre
Layés
Lanave
Castillo de Guarga
Villobas
Serrablo
Secorún
Puerto de Serrablo
(1291)
Javierrelatre
Emb. de Javierrelatre
Estallo
Caldearenas y Aquilué
Río Guarga
Ordovés
Aineto
Matidero
La Virgen
Anzánigo
Alavés
E 07
330
Arraso
Gésera
Valle de Serrablo
Solanilla
Torruéllola de la Plana
Belarra
Grasa
Lasaosa
Sierra de Aineto
Bibán
San Vicente
Aquilué
Serué
Yéspola
Binueste
1466
Alastrué
1124
Rasal
Xirola
1379
Río Garona
La Trinidad
Sierra de Javierre
Puerto de Monrepós
(1262)
Sierra de Ibirque
Sierra de
Abellada
Azpe
Miz
Letosa
Bagüeste
Pusilibro
1595
1621
Ibirque
Bara
Santa Marina
Sierra de Loarre
Sierra Caballera
Bentué de Rasal
Ermita de Santa Magdalena
1467
Pardina de Ubieto
Ermita de San Urbez
Otín
Santa Engracia
Castillo de Loarre
Virgen de la Peña
Lúsera
Nocito
Bentué de Nocito
Used
Caserío Nasarre
Sarsamarcuello
Loarre
Arguis
Belsué
Embalse de Santa María de Belsué
Pardina de Orlato
1567
Novalla
Aniés
1560
Sierra de Gratal
Casas del Embalse
Sierra de la Gabardiella
Sierra de Guara
El Cabezo
1957
Rodellar
Embalse de la Nava
Guara
2077
Sierra Arangol
Sierra Balces
Castillo de Liso
Nuestra Señora de Ordás
Ermita de San Julián
Sierra de Sta Eulalia
1579
Pedruel
Las Almunias
Jabarillo
Nueno
Santa Eulalia de la Peña
Salto del Roldán
Ermita de San Martín
Emb. de Guara (en constr.)
Ermita de la Virgen de Arraro
Puerto Sierra de Rufas
Bolea
Loscorrales
Castillo de Navascués
Arascués
Sabayés
Emb. de Vadiello
Santuario de San Cosme
Río Calcón
Río Formiga
Santa Cilia
San Saturnino
Sierra
Quinzano
Puiboela
Lierta
Sagarillo
Castillo de Nisano
Lienas
Apiés
San Julián de Banzo
Santa Eulalia La Mayor
Bastarás
Plasencia del Monte
Castillo de Anzano
Chibluco
San Martín de la Val de Onsera
La Almunia del Romeral
Aguas
Panzano
Yaso
Morrano
La Verdola
Castillo de Artasona
45
Esquedas
Igriés
Barluenga
Coscullano
Virgen de la Viña
Las Casas de Nuevo
Hoya de Huesca
Castilsabás
Labata
San Román
Ermita de Santa Águeda
Castillo de Sagardillo
Yéqueda
Sasa del Abadiado
Loscertales
Castillo de Otura
Banastás
Fornillos
Ayera
Sipán
Bierge
Alberuela de Laliena
Castillo de la Mezquita
Lupiñén
Castillo de Algás
132
Chimillas
Bandaliés
Arbaniés
Ibieca
Sieso de Huesca
Casbas de Huesca
Adahues
Alerre
Loporzano
Castejón de Arbaniés
San Miguel de Foces
Castillo de Campiés
Castillo de Figueruelas
HUESCA
(lb. Osca)
Catedral
Quicena
Castillo de Montearagón
Junzano
Ortilla
Río Sotón
Huerrios
San Pedro
240
Santa María del Monte
Liesa
Ermita de San Bascués
Montmesa
Castillo de Villalpando o Torres Secas
Castillo del Sorné
Casa de Molera
Banariés
Loreto
San Jorge
Tierz
Siétamo
Velillas
Abiego
Embalse de la Sotonera
Angüés
Castillo de Saso Plano
Castillo Nuevo de Torres Secas
Cuarte
Universidad Laboral
Bellestar
Monflorite
Ola
Azlor
Llanos de la Violada
565
Pompenillo
Torres de Montes
Lascellas
Colonia de Tormos
330
Castillo de Pompién
131
Alcalá del Obispo
Fañanás
575
Anador
Ponzano
Mascariello
San Luis Bajo
Emb. de Valdabra
Escuela de vuelo sin motor
Castillo Alto de San Juan
Tabernas de Isuela
Castillo Corvino
Pueyo de Fañanás
Blecua
Bespén
Casa Lizana
507
Canal de Monegros
Argavieso
Albero Alto
Vicién
Castillo Bajo de San Juan
Bonales
Novales
El Forcallo
Antillón
495
Valsalada
Valiente
ALMUDÉVAR
(456)
Barbuñales
Albero Bajo
Sangarrén
Ermita de la Virgen de la Corona
Piracés
Pertusa
Artasona
Callén
Sesa
Salillas
Río Guatizalema
La Cuadrada
San Jorge
Estación de Almudévar
TARDIENTA
543
Tramaced
Zaragoza
Pamplona
Barbués
Torres de Barbués
Casa de Aviño
Torres de Alcanadre
459
Santa Águeda
Almuniente
Fraella
Emb. de Torrollón
Usón
Peralta de Alcofea
Corona de la Reina
629
Valfonda de Barbués
GRAÑÉN
(332)
Marcén
Santo Domingo
Huerto
Torralba de Aragón
San Salvador
Frula
Alberuela de Tubo
Venta de Ballerías
Puimelero
Casetas Alberto
Senés de Alcubierre
Rambla
Curbe
Soreto
Montsodeto
Casa del Guarda del Monte
San Lorenzo del Flumen
Paridera de Carlos
Ermita de San Sebastián
Casa El Vedao
Caseta de Bolea
Montesusín
San Gregorio
Poleñino
Lastanosa
Paridera de Escartín
Robres
Caseta del Guarda
Paridera del Médico
Capdesaso
Santa Ana
Los Quemados
Lalueza
(284)
Santa Elena
Caseta de Majito
518
Cantalobos
Castel
Virgen de Magallón
Alcubierre
San Gregorio
Masada del Pozo
Orillena
Ermita de Santiago
LECIÑENA
La Laguna
SARIÑENA
129
230
Casa del Castejonero
Balsa Nueva
Santa Engracia
Caseta de la Sarda
San Juan del Flumen
Lanaja
(369)
La Laguneta
Casa Nueva Garnica
Puigsabina
La Cartuja de Monegros
Perdiguera
San José
Aldea de Gazol
Mas de Lerín
Albalatillo
Paridera de los Quemados
Monte-Oscuro
812
Sierra de Alcubierre
San Caprasio
812
La Cartuja de Nuestra Señora de las Fuentes
Torre de Buil (Molino de agua)
Paridera de Cabezones
Peñalveta
Mas de Torres
Moncalvo
Pallaruelo de Monegros
Ermita de San Miguel
Masada de la Lomoza
Casetas de Campoliva
Casa Nueva
Mas de Mariano
Los Monegros
62

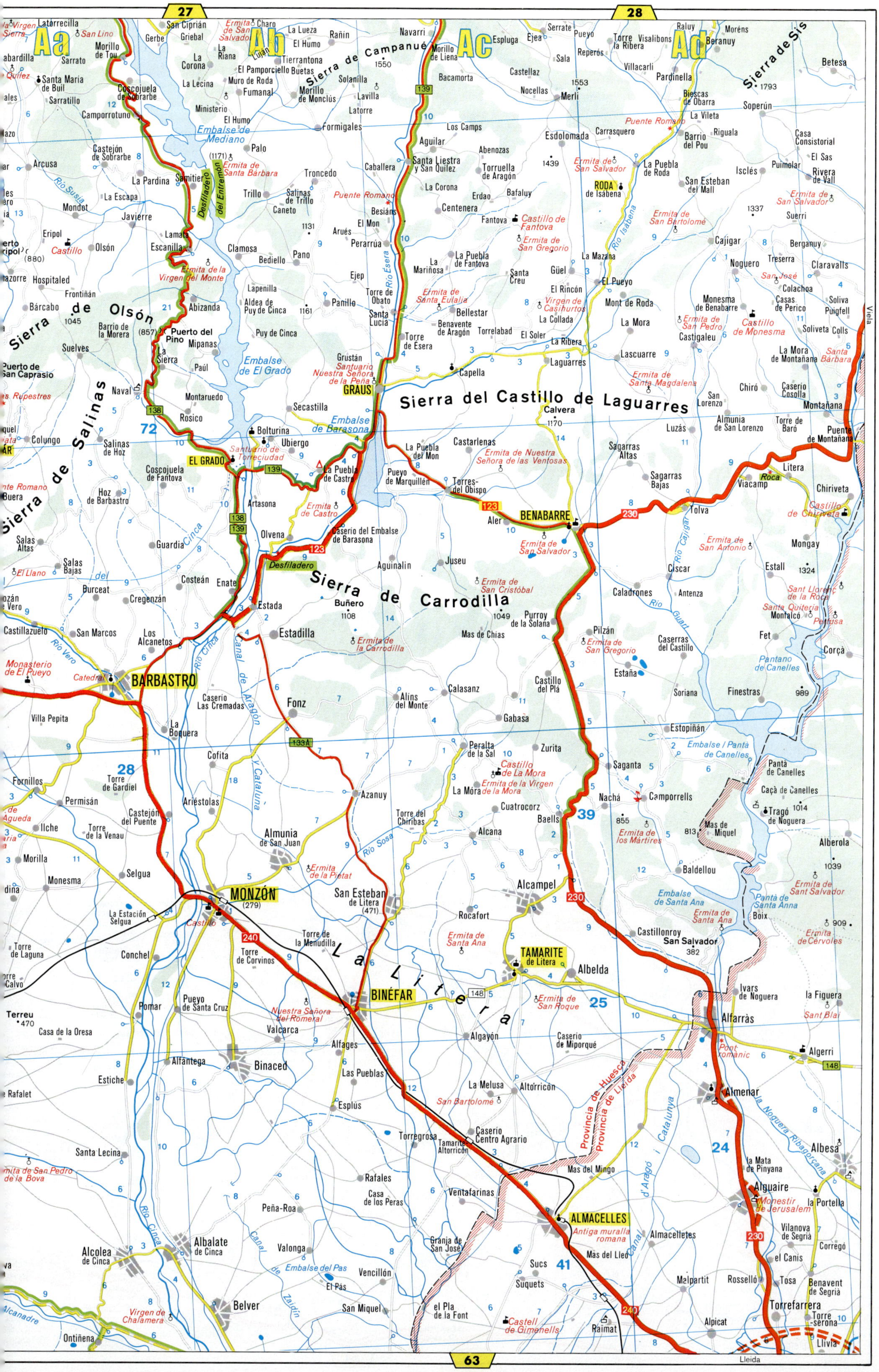

27
28
63
Aa
Ab
Ac
Ad
Latorrecilla
San Lino
Gerbe
San Ciprián
Charo
La Lueza
Rañín
Navarri
Serrate
Pueyo
Raluy
Moréns
Beranuy
Morillo de Tou
Griebal
Ermita de San Salvador
El Humo
Morillo de Liena
Espluga
Ejea
Torre la Ribera
Visalibons
Sierra de Sis
Betesa
Sarrato
La Corona
La Riana
Tierrantona
Sierra de Campanué
1550
Sala
Reperós
Villacarli
Pardinella
Santa María de Buil
El Pamporciello
Buetas
Solanilla
Bacamorta
Castellaz
1553
Biescas de Obarra
1793
Sarratillo
La Lecina
Muro de Roda
Coscojuela de Sobrarbe
Morillo de Monclús
Lavilla
Nocellas
Merli
Soperún
Fumanal
Latorre
139
Camporrotuno
Ministerio
El Humo
La Vileta
Embalse de Mediano
Formigales
Los Camps
Esdolomada
Carrasquero
Puente Romano
Barrio del Pou
Rigüala
Casa Consistorial
Palo
Aguilar
Abenozas
El Sas
Castejón de Sobrarbe
Santa Liestra y San Quílez
Arcusa
Ermita de Santa Bárbara
Troncedo
Caballera
Torruella de Aragón
1439
Ermita de San Salvador
La Puebla de Roda
Isclés
Puimolar
Rivera de Vall
Desfiladero del Entremón
La Pardina
Samitier
La Corona
San Esteban del Mall
Río Susía
La Escapa
Trillo
Salinas de Trillo
Puente Romano
Erdao
Bafaluy
RODA de Isábena
Ermita de San Salvador
Mondot
Caneto
Centenera
Besians
Javierre
Fantova
Ermita de Fantova
Ermita de San Bartolomé
1337
Suerri
1131
El Mon
Lamata
Arués
Eripol
Ermita de San Gregorio
Cajigar
Berganuy
Castillo
Olsón
Escanilla
Clamosa
Perarrúa
Río Isábena
(880)
Pano
La Mazana
Treserra
Claravalls
Bediello
La Puebla de Fantova
Noguero
Ermita de la Virgen del Monte
Hospitaled
Ejep
La Mariñosa
Güel
San José
Colachoa
Santa Creu
El Pueyo
Frontiñán
Lapenilla
Torre de Obato
Ermita de Santa Eulalia
El Rincón
Monesma de Benabarre
Casas de Perico
Soliva
Aldea de Puy de Cinca
Panillo
Virgen de Casiurhuros
Puigfell
Bárcabo
Sierra de Olsón
Abizanda
1161
Bellestar
Mont de Roda
1045
Barrio de la Morera
(857)
Puerto del Pino
Santa Lucía
La Collada
Ermita de Monesma
Castillo de Monesma
Soliveta
Colls
Puy de Cinca
Benavente de Aragón
Torrelabad
El Soler
La Mora
Castigaleu
Suelves
La Sierra
Mipanas
Torre de Ésera
La Ribera
Lascuarre
La Mora de Montañana
Santa Bárbara
Puerto de San Caprasio
Embalse de El Grado
Grustán
Santuario Nuestra Señora de la Peña
Laguarres
Paúl
Capella
GRAUS
Ermita de Santa Magdalena
Chiró
Caserío Cosolla
Naval
Montarruedo
Secastilla
Sierra del Castillo de Laguarres
San Lorenzo
Montañana
Sierra de Salinas
138
72
Rosico
Calvera
Bolturina
Embalse de Barasona
1170
Almunia de San Lorenzo
Torre de Baró
Luzás
Puente de Montañana
Colungo
Salinas de Hoz
Ubiergo
La Puebla del Mon
Castarlenas
Sagarras Altas
Santuario de Torreciudad
Ermita de Nuestra Señora de las Ventosas
EL GRADO
La Puebla de Castro
Coscojuela de Fantova
Pueyo de Marquillén
Torres del Obispo
Sagarras Bajas
Litera
Roca
Viacamp
Chiriveta
Sierra de Hoz
Hoz de Barbastro
Artasona
123
BENABARRE
230
Tolva
Castillo de Chiriveta
Ermita de Castro
Caserío del Embalse de Barasona
Aler
Ermita de San Salvador
Olvena
Ermita de San Antonio
Río Cajigar
Mongay
Salas Altas
Guardia
Desfiladero
Aguinalín
Juseu
Ciscar
Estall
1324
Salas Bajas
El Llano
Sierra de Carrodilla
Costeán
Enate
Ermita de San Cristóbal
Caladrones
Antenza
Sant Llorenç de la Roca
Burceat
Cregenzán
Estada
Buñero
1108
1049
Purroy de la Solana
Santa Quiteria
Montalco
Castillazuelo
San Marcos
Los Alcanetos
Estadilla
Mas de Chías
Pilzán
Ermita de San Gregorio
Caserras del Castillo
Fet
Ermita de la Carrodilla
Canal de Aragón y Cataluña
Corçà
Monasterio de El Pueyo
Catedral
BARBASTRO
Río Vero
Río Cinca
Estaña
Pantano de Canelles
Castillo del Plá
Caserío Las Cremadas
Calasanz
Soriana
Finestras
989
Villa Pepita
Fonz
Alins del Monte
Gabasa
Estopiñán
La Boquera
133A
Peralta de la Sal
Zurita
Embalse / Panta de Canelles
Cofita
Torre de Gardiel
Castillo de La Mora
Saganta
Panta de Canelles
Fornillos
Ermita de la Virgen de la Mora
Caçà de Canelles
La Mora
Nachá
Camporrells
Permisán
Ariéstolas
Azanuy
Cuatrocorz
Tragó de Noguera
1014
Castejón del Puente
39
Baells
855
Mas de Miquel
813
Ilche
Torre de la Venau
Almunia de San Juan
Torre del Chiribas
Alcana
Ermita de los Mártires
Alberola
Río Sosa
1039
Morilla
Ermita de la Pietat
Baldellou
Monesma
Selgua
Alcampel
Ermita de Sant Salvador
MONZÓN
(279)
San Esteban de Litera
(471)
Embalse de Santa Ana
Panta de Santa Anna
La Estación Selgua
Castillo
Rocafort
Ermita de Santa Ana
Boix
Torre de Laguna
Conchel
240
Torre de Corvinos
Torre de la Menudilla
La Litera
Ermita de Santa Ana
Castillonroy
San Salvador
382
909
Ermita de Cérvoles
TAMARITE de Litera
Albelda
Ivars de Noguera
Terreu
470
Pomar
Pueyo de Santa Cruz
BINÉFAR
148
Ermita de San Roque
25
La Figuera
Sant Blai
Casa de la Oresa
Nuestra Señora del Romeral
Valcarca
Algayón
Caserío de Miporqué
Alfarràs
Pont romànic
Algerri
Alfántega
Binaced
Alfages
Rafalet
Estiche
Las Puebles
La Melusa
Altorricón
Almenar
Esplús
San Bartolomé
Provincia de Huesca
Provincia de Lleida
La Noguera Ribagorçana
Caserío Centro Agrario
Torregrosa
Tamarite Altorricón
Canal d'Aragó i Catalunya
24
Albesa
Santa Lecina
La Mata de Pinyana
Ermita de San Pedro de la Bova
Mas del Mingo
Alguaire
La Portella
Rafales
Casa de los Peras
Ventafarinas
Monestir de Jerusalem
Peña-Roa
ALMACELLES
Antiga muralla romana
Vilanova de Segrià
Corregó
Alcolea de Cinca
Albalate de Cinca
Valonga
Granja de San José
Almacelletes
Mas del Lleó
el Canis
Embalse del Pas
Sucs
41
Vencillón
El Pas
Suquets
Malpartit
Rosselló
Tosa
Benavent de Segrià
Belver
San Miquel
el Pla de la Font
Castell de Gimenells
Raimat
Alpicat
Torrefarrera
Torre-serona
Virgen de Chalamera
Ontiñena
Canal de Zaidín
Alcanadre
Llívia
Lleida
Viella

28
94 Ae
Af
Ba
Bb
95
96
97
98
Pantà d'Escales
Sopeira
Sant Gervàs
La Pobla de Segur
Gerri de la Sal
Congost de Collegats
Serra de Prada
Serra del Boumort
Serra de Sant Joan
Serra de Carreu
Organyà
Salàs de Pallars
Talarn
Tremp
Coll de Nargó
Isona
Figuerola d'Orcau
Gavet de la Conca
Santa Maria Covet
Oliana
Serra de Montsec
Àger
Cova d'en Guerra
Cova dels Mosquits
Vilanova de Meià
Serra de Sant Mamet
Serra del Pubill
Ponts
Artesa de Segre
Cova del Tabac
Camarassa
Cubells
Pla d'Urgell
Agramunt
Balaguer
Bellvís
Linyola
Tornabous
Tàrrega
Guissona
Cervera
Menàrguens
Térmens
Corbins
Alcoletge
Lleida
64

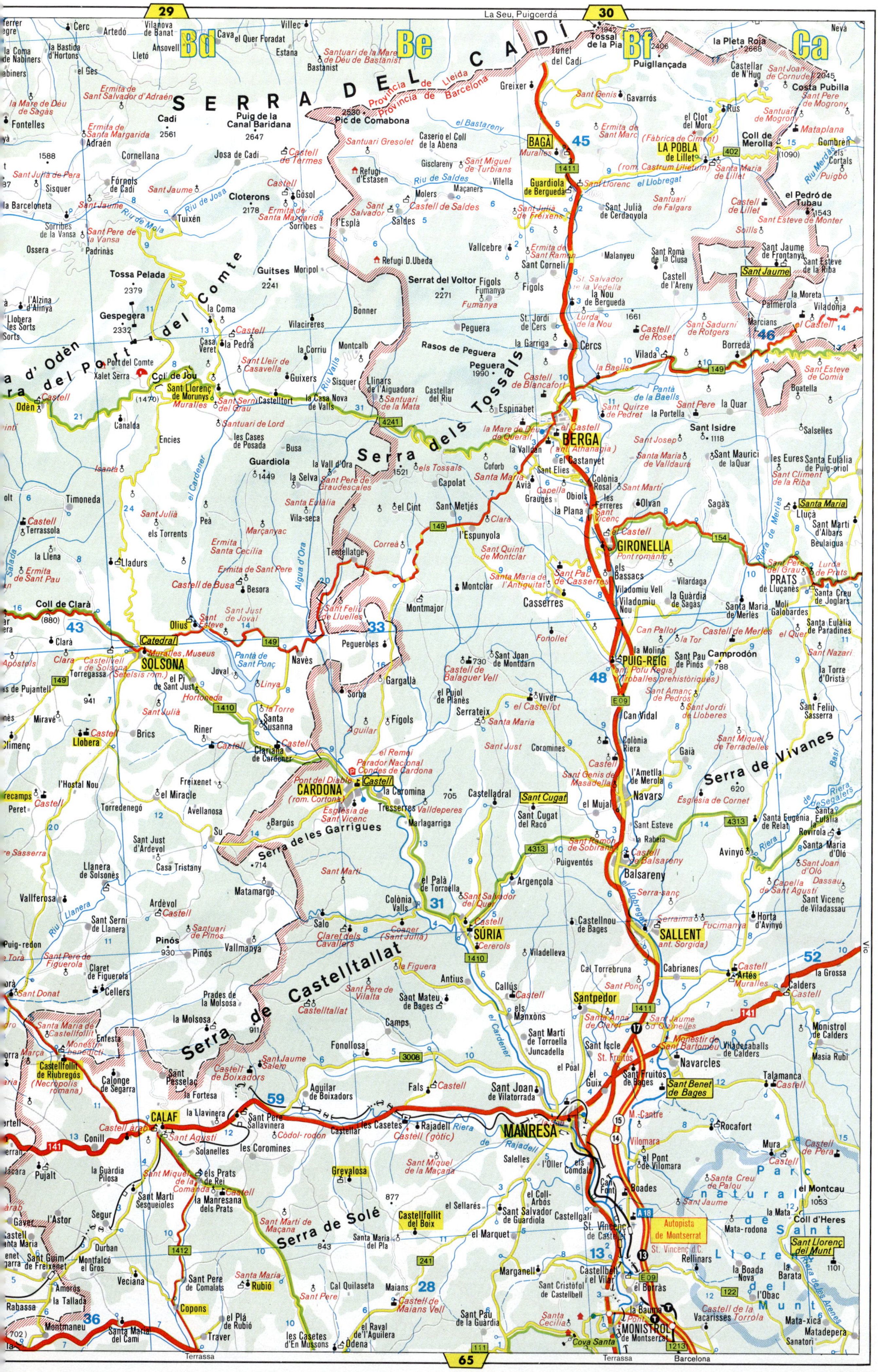
29
30
65
La Seu, Puigcerdà
Bd
Be
Bf
Ca
SERRA DEL CADÍ
Cerc
Artedó
Vilanova de Banat
Cava
el Quer Foradat
Villec
Estana
Ansovell
Lletó
Santuari de la Mare de Déu de Bastanist
Bastanist
Túnel del Cadí
Tossal de la Pia
Puigllançada
la Pleta Roja
Neva
Castellar de N'Hug
Costa Pubilla
la Bastida d'Hortons
el Ges
Ermita de Sant Salvador d'Adraén
la Mare de Déu de Sagàs
Fontelles
Cadí
2561
Puig de la Canal Baridana
2647
Pic de Comabona
Provincia de Lleida
Provincia de Barcelona
Greixer
Sant Genís
Gavarrós
el Clot del Moro
Rus
Coll de Merolla
Gombrèn
Ermita de Santa Margarida
Adraén
Cornellana
Josa de Cadí
Castell de Termes
Santuari Gresolet
Caserio el Coll de la Abena
el Bastareny
BAGÀ
Murallas
45
Ermita de Sant Marc
(Fàbrica de Ciment)
LA POBLA DE LILLET
Mataplana
1588
Refugi d'Estasen
Gisclareny
Sant Miquel de Turbians
(rom. Castrum Lilietum)
Santa Maria de Lillet
Cortals
Puigbò
Sant Julià de Pera
Fórnols de Cadí
Sisquer
Sant Jaume
Castell
Gósol
Riu de Saldes
Vilella
Guardiola de Berguedà
Sant Llorenç
el Llobregat
el Pedró de Tubau
la Barceloneta
Cloterons
2178
Ermita de Santa Margarida
Sorribes
Molers
Maçaners
Castell de Saldes
Sant Salvador
Saldes
l'Esplà
Sant Julià de Cerdanyola
Santuari de Falgars
Castell de Lillet
Sant Esteve de Monter
Tuixén
Sant Pere de la Vansa
Padrinàs
Ossera
Refugi D.Ubeda
Vallcebre
Ermita de Sant Ramon
Sant Corneli
Malanyeu
Sant Romà de la Clusa
Sant Jaume de Frontanyà
Sant Esteve de la Riba
Tossa Pelada
2379
Guitses
Moripol
2241
Serrat del Voltor
2271
Figols
Fumanya
St. Salvador de la Vedella
la Nou de Berguedà
Castell de l'Areny
Palmerola
la Moreta
Viladonja
l'Alzina d'Alinyà
Gespeguera
2332
la Coma
Bonner
Peguera
St. Jordi de Cers
Lurda de la Nou
1661
Castell de Roset
Sant Saturni de Rotgers
Marcians
46
del Comte
Casa Veret
la Pedra
Vilacireres
la Corriu
Montcalb
Rasos de Peguera
la Garriga
Cercs
Vilada
Borredà
Port del Comte
Xalet Serra
Coll de Jou
Sant Llorenç de Morunys
Sant Lleïr de Casavella
Guixers
Sisquer
Llinars de l'Aiguadora
Peguera
1990
Castell de Blancafort
la Baells
Pantà de la Baells
Sant Esteve de Comià
Boatella
Odèn
Castell
(1470)
Muralles
Sant Serni del Grau
Castelltort
la Casa Nova de Valls
Santuari de la Mata
Castellar del Riu
Espinabet
Sant Quirze de Pedret
la Portella
Sant Pere
la Quar
Canalda
Santuari de Lord
les Cases de Posada
Serra dels Tossals
la Mare de Déu de Queralt
BERGA
el Castell
(ant. Athanagia)
Sant Josep
Sant Isidre
1118
Salselles
Encies
Busa
Guardiola
1449
la Selva
la Vall d'Ora
1521
els Tossals
Coforb
la Valldan
el Castanyet
Santa Maria de Valldaura
Sant Maurici de laQuar
les Eures
Santa Eulàlia de Puig-oriol
Isanta
Sant Pere de Graudescales
Capolat
Santa Maria
Sant Elies
Avià
Colònia Rosal
Sant Martí
Sant Climent de la Riba
Timoneda
Santa Eulàlia
Vila-seca
el Cint
Sant Metjés
Capella
Graugés
Obiols
les Ferreres
Olvan
Sagàs
Santa Maria
Lluçà
Sant Julià
Peà
els Torrents
la Plana
Sant Vicenç
Castell
Castell
Terrassola
Marçanyac
Clarà
l'Espunyola
GIRONELLA
Pont romànic
Sant Martí d'Albars
Beulaigua
la Llena
Ermita Santa Cecília
Tentellatge
Correà
Sant Quintí de Montclar
Riera de Merlès
Lladurs
Ermita de Sant Pere
Vilardaga
Sant Pere del Grau
Lurda de Prats
Ermita de Sant Pau
Castell de Busa
Besora
Santa Maria de l'Antiguitat
Montclar
Sant Pau de Casserres
els Bassacs
Viladomiu Vell
la Guàrdia de Sagàs
PRATS DE LLUÇANES
Coll de Clarà
(880)
Sant Just de Joval
Sant Feliu de Lluelles
Montmajor
Casserres
Viladomiu Nou
Santa Maria de Merlès
Molí Galobardes
Santa Creu de Joglars
Olius
Sant Esteve
Clarà
Catedral
Muralles, Museus
33
Pegueroles
Fonollet
Can Pallot
la Tor
Castell de Merlès
el Quer
Santa Eulàlia de Paradines
Apòstols
Clara
Castellvell de Solsona
(Setelsis rom.)
SOLSONA
Torregassa
Joval
Navès
Pantà de Sant Ponç
Sant Joan de Montdarn
Castell de Balaguer Vell
730
la Molina
PUIG-REIG
Sant Pau de Pinós
Camprodón
788
Sant Nazari
la Torre d'Orista
Pujantell
el Pi de Sant Just
Linya
Sorba
Gargallà
el Pujol de Planès
Viver
Serrateix
el Castellot
48
Sant Polu Regis
(troballes prehistòriques)
Sant Amanç de Pedrós
Sant Jordi de Lloberes
Sant Feliu Sasserra
941
Mirave
Hortoneda
Sant Julià
la Torre
Santa Susanna
Fígols
Santa Maria
Can Vidal
Clímenç
Castell
Llobera
Brics
Riner
Castell
Aguilar
Sant Just
Coromines
Colònia Riera
Sant Miquel de Terradelles
Gaià
Clariana de Cardener
el Remei
Parador Nacional Condes de Cardona
Castell
Sant Genís de Masadella
l'Ametlla de Merola
Serra de Vivanes
l'Hostal Nou
Freixenet
Pont del Diable
CARDONA
(rom. Cortona)
la Coromina
705
Castelladral
Sant Cugat
Navars
620
Esglèsia de Cornet
recamps
Castell
el Miracle
Torredenegó
Avellanosa
Esglèsia de Sant Vicenç
Tresserres
Valldeperes
Sant Cugat del Racó
el Mujal
Sant Esteve
Santa Eugènia de Relat
Santa Eulàlia
Rovirola
Peret
Su
Bargús
Serra de les Garrigues
Marlagarriga
la Rabeia
Sant Ramon de Sobirana
Castell de Balsareny
Santa Maria d'Oló
Sasserra
Sant Just d'Ardèvol
Casa Tristany
714
Puigventós
Balsareny
Avinyó
Sant Joan d'Oló
Llanera de Solsonès
Sant Martí
Matamargó
Argençola
Serra-sanç
Capella de Sant Agustí
Dassau
Vallferosa
Ardèvol
Castell
Colònia Valls
el Palà de Torroella
31
Sant Salvador del Quer
Sant Vicenç de Viladassau
Sant Serni de Llanera
Riu Llanera
Santuari de Pinós
Salo
Claret dels Cavallers
Coaner
(Sant Julià)
Castell
SÚRIA
Cererols
Castellnou de Bages
Serraima
SALLENT
(ant. Sorgida)
Fucimanya
Horta d'Avinyó
Puig-redon
Pinós
930
Pinós
Vallmanya
Viladelleva
Cal Torrebruna
Cabrianes
Castell
Artés
Muralles
52
la Grossa
Sant Pere de Figuerola
Claret de Figuerola
Cellers
Serra de Castelltallat
la Figuera
Antius
Callús
Castell
Sant Pons
Santpedor
Calders
Castell
Sant Donat
Prades de la Molsosa
Sant Pere de Vilalta
Sant Mateu de Bages
els Manxons
Santa Anna de Claret
Sant Jaume d'Olzinelles
Monistrol de Calders
Santa Maria de Castellfollit
Monestir benedictí
la Molsosa
911
Castelltallat
Camps
Sant Martí de Torroella
Juncadella
Sant Iscle
St. Fruitós
Monestir de Sant Benet
Sant Bartomeu
Viladecavalls de Calders
Masia Rubí
Castellfollit de Riubregós
(Necropolis romana)
Enfesta
Calonge de Segarra
Sant Jaume Salerm
Castell de Boixadors
Fonollosa
3008
el Poal
el Guix
Sant Fruitós de Bages
Navarcles
Sant Benet de Bages
Talamanca
Castell
Sant Pesselaç
la Fortesa
59
Aguilar de Boixadors
Fals
Castell
Sant Joan de Vilatorrada
M.-Cantre
Rocafort
CALAF
la Llavinera
Sant Pere Sallavinera
Castell àrab
Sant Agustí
Còdol-rodon
Castellar
les Casetes
Rajadell
Riera de Rajadell
Castell (gòtic)
MANRESA
Vilomara
Mura
Castell de Pera
Conill
Solanelles
les Coromines
el Pont de Vilomara
141
Pujalt
la Guàrdia Pilosa
Sant Miquel de la Comanda
els Prats de Rei
Castell
Grevalosa
Sant Miquel de la Maçana
Salelles
l'Oller
els Comdals
Can Font
Boades
Santa Creu de Palou
Sant Jaume
Parc natural de Sant Llorenç del Munt
el Montcau
1053
Sant Martí Sesgueioles
la Manresana dels Prats
877
el Sellarès
el Coll-Arbós
Sant Salvador de Guardiola
Castellgalí
la Mata
Coll d'Heres
Mata-rodona
Segur
Gaver
l'Astor
Sant Martí de Maçana
Serra de Solé
Castellfollit del Boix
el Marquet
St. Vicenç de Castellet
Autopista de Montserrat
St. Vicenç d.C.
Sant Llorenç del Munt
Durban
Santa Maria del Pla
843
13
Rellinars
1101
Sant Guim de Freixenet
Montfalcó el Gros
1412
241
Marganell
Castellbell i el Vilar
el Borràs
la Boada Nova
Barata
Amorós
la Tallada
Veciana
Sant Pere de Comalats
Santa Maria
Rubió
Cal Quilaseta
Maians
28
Castell de Maians Vell
Sant Cristòfol de Castellbell
122
l'Obac
Rabassa
36
Santa Maria del Camí
Copons
el Plà de Rubió
Sant Pere
el Raval de l'Aguilera
Sant Pau de la Guàrdia
Santa Cecília
la Bauma
Castell de la Torrota
Vacarisses
Mata-xica
Matadepera
Montmaneu
(702)
Traver
les Casetes d'En Mussons
Odena
111
Cova Santa
MONISTROL de Montserrat
1213
Sanatori
Terrassa
Terrassa
Barcelona
Vic

30
Puigcerdá
Serra Cavallera
Serra de Mogrony
Cb
Cc
Cd
95
96
97
98
99
RIPOLL
SANT JOAN de les Abadesses
Monestir de Santa Maria
Serra de Puig Estela
Serra de Santa Magdalena
OLOT
Castellfollit de la Roca
BESALÚ
SANTA PAU
Serra del Corb
Serra de Sant Miquel
Provincia de Girona
Provincia de Barcelona
SANT QUIRZE de Besora
Serra del Puig del Moro
TORELLÓ
MANLLEU
RODA de Ter
Serra de Vielles
ANGLÈS
VIC
Serra de Clara
SANT HILARI Sacalm
SANTA COLOMA de Farners
TARADELL
Montseny
CENTELLES
MOIÀ
Arbúcies
BREDA
HOSTALRIC
SANT CELONI
Autopista del Mediterráneo
Serra de Montnegre
LA GARRIGA
CALDES de Montbui
CASTELLAR del Vallès
GRANOLLERS
Cardedeu
Llinars del Vallès
CANET de Mar
ARENYS de Mar
Manresa
Barcelona
66

Perpignan
31
FIGUERES
CASTELLÓ d'Empúries
Aa
Db
Golf de Roses
EMPORDÀ
Far de S'arnella
Cap Gros
el Golfet
el Port de la Selva
la Selva de Mar
Far de Creus
Cap de Creus
Illa de Portlligat
Illa Massina
Cadaqués
Castell d'en Bufalaranya
el Peni
513
Punta Oliguera
Església pre-romànica de Sant Tomàs
Sant Sebastià
Far de Cala Nans
ROSES
05
Dolmen
Montjoi
Canyelles
Cala Jóncols
l'Almadrava
Cap de Norfeu
Cala Canyelles
Punta Falconera
Empúria-brava
Castell de la Trinitat
l'Almadrava
Cala Jóncols
Cap de Norfeu
Vila-sacra
el Far d'Empordà
Fortià
Riumors
Vilanant
Avinyonet de Puigventós
Vilafant
Santa Llogaia d'Àlguema
Cistella
Llavanera
Taravaus
Borrassà
Ordis
Navata
Sant Pere
Creixell
Vilamalla
Tonyà
la Bomba
Basseia
Vilamacolum
Siurana
Vilacolum
Sant Pere Pescador
Bon Relax
Garrigàs
Estanyet
Sant Tomàs de Fluvià
Pontós
Ermedàs
Palau de Santa Eulàlia
Sant Miquel de Fluvià
Torroella de Fluvià
l'Armentera
Saldet
Castell de Pontós
Romanyà
Espinavessa
Orfes
Vilajoan
Parets d'Empordà
Empordà
Bàscara
Calabuig
Església
Vallveralla
Vila-robau
Montiró
Sant Mori
Ventalló
Empúries
Sant Quirze
Cinclaus
Ruïnes d'Empúries
Palauborrell
Viladamat
Museu
les Corts
L'ESCALA
Sant Pere
Montgó
Cala Montgó
Ollers
Galliners
Vilademuls
Vilaür
Saus
l'Escala-Empúries
Camallera
Valldavià
Castell de Sant Feliu de la Garriga
Riells de Dalt
Albons
Garrigoles
Vilavenut
Sant Marçal de Quarantella
Orriols
Llampaies
Pujals dels Pagesos
Terradelles
Sant Esteve de Guialbes
Mas Nicolau
la Mora
Pins
Viloprïu
les Olives
Maranyà
Tor
Bellcaire d'Empordà
Costa de la Mort
Punta de Castell
Sobrestany
Castell de Rocamaura
Cap d'Oltrera
Pujals dels Cavallers
les Olives
la Mata
Gaüses
Colomers
la Tallada d'Empordà
Sant Joan
Església Castell
Vilafreser
Viladasens
Jafre
Santa Caterina
l'Estartit
Cornellà del Terri
Santa Llogaia del Terri
la Castellana
Cervià de Ter
Sant Jordi Desvalls
Raset
VERGES
Montgrí
Ullà
309
Castell de Montgrí
Santa Maria dels Masos
les Illes Medes
Prades del Terri
Sant Andreu del Terri
el Tomet
Santa Maria de Cervià
Rissec
Flaçà
Sant Llorenç de les Arenes
Ferreres
Fonolleres
Fixà
Canet de Verges
el Ter
les Griells
TORROELLA de Montgrí
Muralles
Platja de Pals
Olivars
Medinyà
Bordils
Sant Joan de Mollet
la Sala
Ultramort
Gualta
Sant Julià de Ramis
Palagret
la Pera
Sant Iscle
Serra de Daró
Molins antics
Fontanilles
Mas Pinell
Celrà
Juià
Sant Martí Vell
Púbol
Rupià
Parlavà
Llabià
Daró
Sarrià de Ter
Campdorà
la Vilosa
Pedrinyà
Candell
Ciutat ibèrica d'Ullastret
Ullastret
Palau-sator
Fontclara
els Masos de Pals
Sant Joan Salern
Madremanya
Caça de Pelras
Corçà
Sant Julià de Boada
Millars
46
Vilers
Castell d'Empordà
Canapost
Peratallada
Torre de les Hores
sa Riera
Aiguafreda
Castell de Montjuïc
GIRONA
els Àngels
Monells
Sant Feliu de Boada
PALS
Regencós
Platja sa Tuna
450
Sant Sadurní de l'Heura
Palau episcopal
Vulpellac
el Pla
Begur
Cruïlles
Fonteta
Santa Susanna de Peralta
Torrent d'Empordà
Puigcalent
Fornells
Aiguablava
Castellar de la Selva
Montnegre
Sant Miquel de Cruïlles
LA BISBAL d'Empordà
Sant Climent de Peralta
Llofriu
Esclanyà
Tamariu
Costa Brava
Cova del Bisbe
Palau-sacosta
Quart
Sant Mateu de Montnegre
Riu Daró
Sant Pol
Vila-seca
Cala Pedrosa
Mas la Caseta
Dolmen
PALAFRUGELL
Fornells de la Selva
Llambilles
Santa Pellaia
Sant Cebrià de Lledó
Santa Llúcia
Fitor
Torroella
Mont-ras
Santa Margarida
Ermedàs
Far de Sant Sebastià
Llafranc
Calella de Palafrugell
Puig d'Arques
531
Sant Cebrià dels Alls
Coll de la Ganga
Castell de Vila-roma
Dolmen
Casa Potes
Cap Roig
Girona Airport
Campllong
Serra de les Gavarres
CASSÀ de la Selva
Serinyà
Bell-lloc
Vall-llobrega
Calonge
25
l'Estació de Riudellots
Riudellots de la Selva
Riera de Verneda
Sant Joan
Sant Daniel
la Fosca
Platja del Castell
Platja la Fosca
Sant Andreu Salou
Cova d'en Daina
Castellbarri (Poblat ibèric)
Cabanyes
Sant Antoni de Calonge
PALAMÓS
Museu
Esclet
Bruguera
Romanyà de la Selva
el Collet
Torre Valentina
34
Gayà
Penedès
Bell-lloc
Mas Nou
Termes rom.
CALDES de Malavella
LLAGOSTERA
Muralles
Menhir de Vallvanera
Castell d'Aro
Creta
Platja d'Aro
(Acquis Vaconis rom.)
Solius
Castell de Solius
Castell
Ermita de Sant Maurici
Sant Llorenç
Santa Cristina d'Aro
Platja de S'Agaró
S'Agaró
Santa Seclina
Ridaura
Casa Risec
Museu
Monestir de Sant Benet
Sant Pol
Platja de Sant Pol
SANT FELIU de Guíxols
Castell de Sant Iscle
Vidreres
Can Tranxinet
Sant Baldiri
Carretera de la Costa
Caulès de Vidreres
420
Rosamar
Canyet de Mar
Sant Grau
Platja de Canyet
Cabanyes
Casa Barraqué
Riera de Tossa
47
Giverola
Salinàç
Lloret Blau
la Creu de Lloret
Serra Brava
311
Roca Grossa
Muralles (Vila Vella)
TOSSA
Ruïnes romàniques
Martosa
Santa Maria de Lloret
Water World Parc
Condado de Jaruco
Canyelles
Platja de Canyelles
Santa Cristina
LLORET de Mar
Fenals
(Lauretum rom.)
Platja de Fenals
Platja de Treumal
Castell de Sant Joan
BLANES
(Blanda rom.)
Santa Anna
Platja de Sabanell
MALGRAT de Mar
Costa de Llevant
Costa Brava
E 15
A 7
N II
255
252
253
250
260
150
21
20

32
Tui
Monção
VIANA DO CASTELO
98
99
100
101
102
M
I
N
H
D
O
Costa Verde
BRAGA
(rom. Bracara Augusta)
BARCELOS
GUIMARÃES
ESPOSENDE
PÓVOA DE VARZIM
VILA DO CONDE
SANTO TIRSO
VILA NOVA DE FAMALICÃO
MAIA
PORTO
(rom. Portus Cale)
MATOSINHOS
Leça da Palmeira
VILA NOVA DE GAIA
GONDOMAR
VALONGO
PAREDES
PAÇOS DE FERREIRA
ESPINHO
CASTELO DE PAIVA
VILA VERDE
AMARES
TERRAS DO BOURO
Caldas de Vizela
LOUSADA
PENAFIEL
Ermesinde
Rio Tinto
Águas Santas
Senhora da Hora
São Mamede de Infesta
Leça do Balio
Custóias
Santo Cruz do Bispo
Perafita
Lavra
Vila Chã
Mindelo
Fajozes
Árvore
Azurara
Caxinas
A-Ver-o-Mar
Aguçadoura
Navais
Estela
Apúlia
Fão
Ofir
Marinhas
Mar
Antas
Castelo do Neiva
Anha
Mazarefes
Darque
Meadela
Santa Luzia
Alvarães
Vila Fria
Neiva
Carapeços
Arcozelo
Vila Frescainha
Tamel
Lijó
Ucha
Cabreiros
Martim
Sequeira
Celeirós
Aveleda
Lomar
Esporões
Nogueira
Fraião
Taipas (Caldelas)
Ponte
Brito
Azurém
Creixomil
Urgeses
Selho
Riba de Ave
Vermoim
Requião
Oliveira
Joane
Ribeirão
Lousado
Bougado
Trofa
Burgães
Rebordões
Lordelo
Vila Meã
Nine
Rio Covo
Pereira
Alvelos
Carvalhal
Várzea
Viatodos
Louro
Cruz
Gavião
Calendário
Famalicão
Fradelos
Balazar
Rates
Laundos
Terroso
Amorim
Beiriz
Junqueira
Touguinho
Retorta
Macieira da Maia
Vairão
Fornelo
Guidões
Alvarelhos
Gião
Modivas
Malta
Vilar do Pinheiro
Mosteiró
Moreira
Vermoim
Nogueira
Alfena
Folgosa
Água Longa
Agrela
Sobrado
Campo
Baltar
Vandoma
Gandra
Astromil
Mouriz
Cete
Parada de Todeia
Paço de Sousa
Sobreira
Recarei
Valbom
Fânzeres
São Pedro da Cova
Campanhã
Oliveira do Douro
Avintes
Jovim
Covelo
Foz de Sousa
Medas
Melres
Lomba
Pedorido
Sebolido
Raiva
Canelas
Lever
Crestuma
Olival
Sandim
Seixo Alvo
Pedroso
Perozinho
Vilar de Andorinho
Vilar do Paraíso
Madalena
Valadares
Gulpilhares
Arcozelo
Serzedo
Grijó
São Félix da Marinha
Sermonde
Argoncilhe
Anta
Silvalde
Nogueira da Regedoura
São Paio de Oleiros
Lourosa
Fiães
Sanguedo
Canedo
Sobreiros
Praia Miramar
Praia da Aguda
Praia da Granja
Praia Boa Nova
Distrito de Braga
Distrito de Porto
Distrito de Aveiro
Rio Douro
Rio Ave
Rio Cávado
Rio Neiva
Rio Este
Rio Leça
Rio Sousa
Rio Arda
Rio Paiva
Barragem de Crestuma
Citânia de Briteiros
Bom Jesus do Monte
Termas de Vizela
Caldas das Taipas
Cividade Bagunte
Ovar
Feira
São João de Madeira
67
68
A1
A3
A4
A7
E 01
E 82
IC 1
103
13
14
15
101
105
106
108
109
205
206
207
209
222
223
318
319

33
Chaves
Braga
Rf
Sa
Sb
Sc
Caldas do Gerês
Vilar da Veiga
Ermida
Cabril
Xertelo
Covelo do Gerês
Reigoso
Vila da Ponte
Barragem do Alto Rabagão
Vilarinho
Negrões
Rebordelo
Carcalhais
Cervos
Nogueira
Senhora das Neves
Bobadela
Sapelos
Albufeira da Caniçada
Pincães
São Lourenço
Ferral
Sacoselo
Ladrugães
Coimbro
124
Telhado
Cornos das Alturas
Lama Chã
Vilarinho da Mó
Fafião
Sidrós
Barragem de Venda Nova
Currais
Ormeche
Alturas do Barroso
Atilho
Lavradas
Beça
Sapiãos
Redondelo
Loureiro
Ruivães
Venda
Pondras
Serra do Barroso
Carvalho
Carvalhelhos
Granja
Redordondo
Cova
Salamonde
Botica
Padrões
Codeçoso
Vilarinho Seco
Viveiro
Quintas
BOTICAS
Venda Nova
Amiar
Pereira
Espindo
Campos
Valdegas
Anelhe
Caniçada
Pousada de São Bento
Eira Vedra
Fontelas
São Pedro
Penedos
Borralha
Cerdedo
Vila Pequena
Agrelos
Vilar
Torneiros
Vilarinho das Paranheiras
Soengas
Tabuaças
Casais
Pomar da Rainha
Bostofrio
Codessoso
Pinho
Arcossó
Serra da Cabreira
Cantelães
1261
Salto
Campos
Secerigo
VIEIRA DO MINHO
Mosteiro
Dornelas
Penalonga
Curros
Sebradelo
Vidago
Pinheiro
Corva
Tabuadela
Covas do Barroso
Capeludos
Senhora da Conceição
Vilar Chão
Soutelo
Anissó
Bugalhão
Póvoa
898
Canedo
Vilarinho de São Bento
Vila Verde
Barragem de Guilhofrei
Anjos
Seara
760
Fiães do Tâmega
Freixeda
Oura
Esperança
Rossas
Lamedo
Torrinheiras
Carrazedo da Cabugueira
Carrazedo
Brunhais
Guilhofrei
Bairro
Vila Boa
Gondiães
Rio Beça
Barragem de Senhora do Porto
Casares
Moscoso
Bragada
Seirós
Bragado
Vilela
Sobradelo da Goma
Roda
Outeiro
Bucos
Samão
Sabroso
Travasso
Rio Tâmega
Rio Avelames
Soutelinho
Lapela
Juguelhe
Torneiro
Melhe
Parada de Monteiros
Pensalvos
Aboim
Gondarém
Eiró
Rio Douro
Vilar de Cunhas
Erlz
Celeiro do Monte
Abadim
Rio Douro
Viela
Cunhas
Santo Aleixo de Além Tâmega
Lago Bom
Freia de Bornes
890
Gontim
Casal
Asnela
Cabanes
Termas de Pedras Salgadas
Bornes de Aguiar
Valugas
Monte
Queimadela
Felgueiras
Bastelo
Painzela
Pena
Granja Nova
Leiradas
Vila Cova
Pedraído
Ervideiro
Lagoa
Outeiro
Santa Marinha
Afonsim
Vila Meã
Tinhela de Cima
CABECEIRAS DE BASTO
Daivões
RIBEIRA DE PENA
Várzea Cova
Fojos
Refojos de Basto
Cavês
Arosa
Escarei
Santa Marta da Montanha
Trandeiras
Cidadelhe
Serra
Outeiro
Vilar
Carbonegas
Alvite
Pedraça
Vinhos
Revelhe
Vilela
Passos
Basto
Faia
Arco de Baúlhe
Aguinchos
Portela de Santa Eulália
Carrazedo do Alvão
Lixa de Alvão
Paredes
Guilhado
Ribeiros
Moreira do Rei
Perreira
Petimão
Morgado
Canda
Rio Louredo
VILA POUCA DE AGUIAR
Medelo
Brumela
Fornelos
Marinhão
Vila Pouca
Basto
Bouca Fria
Distrito de Braga
Distrito de Vila Real
Cerva
Soutelo de Aguiar
Montenegrelo
Revel
Ruivães
Vacaria
Gandarela
Vila Nune
Atei
Minas de São João
Cabriz
Gouvães da Serra
Parada do Corgo
FAFE
São Gens
Ribas
Alvite
Favais
Pontido
Campo
Bairro
Vale de Bouro
Minas de Adoria
Limões
Telões
Raiz do Monte
Cidadelhe de Jales
Lameira
Montim
Parada
Lamas
63
Zimão
Cerdeira
Alfarela de Jales
Antime
Caçarilhe
Gagos
Canedo de Basto
Alvadia
Outeiro
Graheira
Quinta
Moreira
Silvares
Casadela
Rego
Corgo
Ourilhe
Molares
Veade
Nossa Senhora da Graça
Vilarinho
Travassos
Macieira
Telha
Seidões
Mondim de Basto
Vilar de Ferreiros
Bilhó
1283
Soutelinho
Tourencinho
1132
Vreia de Jales
Cortinhas
Codeçais
Ardegão
Borba
Samardã
Serra da Falperra
Barrela
Carva
Sendim
Regadas
Borba da Montanha
Infesta
Gémeos
Britelo
Bobal
Costa
Rio Cabril
Vila Chã
Alvão
GUEIRAS
Arnosela
Basto
CELORICO DE BASTO
Pioledo
Vilarinho de Samardã
Serra Preta
1031
Alijão
Agilde
Carvalho
Arnoia
T
R
Á
Crimandre
Fervença
Paradança
Barreiro
Pinhão Cel
Torre de Pinhão
Jorjais
Moure
Castelo
Ponte de Olo
Rio Olo
Lamas de Olo
Serra de R
São Tomé do Castelo
Aguas Santas
Linhares
Fundões
Macieira da Lixa
Moreira do Castelo
Rebordelo
Ermelo
Fisgas
Fervença
Benagouro
Paredes
Caramos
Refontoura
Codeçoso
Parque Natural do Alvão
Fortunho
Vila Verde
Borba de Godim
Vila Cova da Lixa
Aboim
Pardelhas
1315
Serra de
Adoufe
Gravelos
Leiros
Justes
Telões
Vila Garcia
Canadelo
Campanhó
Borbela
Sanguinhedo
Sigarrosa
Parada de Pinhão
Freixo de Cima
Chapa Fridão
Lordelo
Lamares
Paredes
Vilar de Maçada
Figueiró
Gatão
Olo
Vila Cova
Vila Marim
Feitais
Galçada
Gache
São Lourenço de Ribapinhão
Minas de Vinheiros
Freixo de Baixo
Fijós
Vila Chã de Marão
Corvelo de Monte
1243
Pereira
Quintã
Pena
Mondrões
VILA REAL
Mouços
Ladares
Mancelos
Lufrei
Campeã
Pousada
Parada de Cunhos
Mateus
Garganta
Delgada
Souto
AMARANTE
Sancho
Aboadela
58
Arroios
Vale de Negueiras
Manhufe
Madalena
Várzea
Torgueda
Vila Nova
Folhadela
Constantim
Chaires
Banho
Fregim
Padronelo
Pousada de São Gonçalo
Real
Cepelos
Tapada
Souteló
Louredo
Portela
Antas
SABROSA
Loureido
Lomba
Gondar
Pena
Cumieira
Sabrosa
Andrães
São Cibrão
São Martinho de Antas
Passos
Vila Caiz
Salvador do Monte
Jazente
Candemil
Paradela do Monte
Fornelos
Fonteita
Roalde
Vilarinho de São Romão
Banho e Carvalhosa
Bustelo
1415
Ermida
Fontes
Jorjais
Sabrados
Celeiros
Goveia (S. Simão)
Carvalho de Rei
Rio Fornelo
Cima de Vila
Ermida
Nogueira
Magalhã
Toutosa
Légua
Serra do Marão
Vinhos
Abaçais
Paradela de Guiães
Vale de Mendiz
Santo Isidoro
Talheira
Folhada
Travanca do Monte
Carneiro
Sever
Provesende
Várzea da Ovelha e Aliviada
Toloes
Medrões
SANTA MARTA DE PENAGUIÃO
Bujões
Guiães
São Cristóvão do Douro
Fornos
Agrochão
Boscras
Ordem
Teixeira
Sedielos
Moura Morta
Sanhoane
Alvações do Corgo
Vila Seca
Tabuado
Aldeia
Loivos do Monte
Teixeira
Ramadas
Lobrigos
Alvações do Tanha
Ordonho
Pinhão
RCO DE NAVEZES
Rio de Galinhas
Cadimes
Vinheiros
Chavães
Ervins
Almofrela
Furacasas
Gestaço
Vila Marim
Oliveira
Loureiro
Godim
Galafura
Gouvinhas
Gouvães do Douro
Soalhães
Viariz
Cidadelhe
Poiares
Donelo
Covas do Douro
Freixo
Ingilde
BAIÃO
Tresouras
MESÃO FRIO
Fontelas
Vilarinho dos Freires
638
Quinta da Cascalheira
Manhuncelos
Chãos
Amarelhe
Valadares
PESO DA RÉGUA
Canelas
Covelinhas
Castilho
Mesquinhata
Grilo
Gosende
Santa Marinha do Zêzere
Quinta
Loivos da Ribeira
Caldas de Moledo
Barragem de Régua
Distrito de Vila Real
Distrito de Viseu
Rio Douro
Valença do Douro
Paredes de Viadores
Gove
Pousada
Uchas
Gem
Barqueiros
Samodães
Parada do Bispo
Folgosa
Adorigo
Vila Monim
Frende
Penajóia
Cambres
Balsemão
Penha Longa
Candós
Gaia
Covelas
Barrô
Santo Adrião
Desejosa
Baião
Devesa
Paredes
Valdigem
Fontelo
Vacalar
Vila Seca
Barcos
Paços de Gaiola
Ribadouro
Santa Cruz do Douro
São João de Fontoura
Avões
Sande
ARMAMAR
Santa Leocádia
Ancede
Lordelo
Caldas de Aregos
Cárquere
Anreade
RESENDE
Casal
Fonte da Mesa
1122
Ferreiros de Avões
Figueira
Aldeias
Coura
Pinheiros
TABUAÇO
São Martinho de Mouros
Queimada
Aricera
Pias
São Romão de Aregos
LAMEGO
Nª Sª dos Remédios
Toês
Travanca
Goujoim
Távora
CINFÃES
Oliveira do Douro
Freigil
Cárquere
Paus
Serra do Poio
Várzea de Abrunhais
Queimadela
São Romão
Vale de Figueira
São Cristóvão de Nogueira
Penude
Cepões
Carrazedo
Chavães
Santiago de Piães
Felgueiras
Moumis
Vila Pouca
Meixedo
Santiago
São Martinho das Chãs
Rio Tedo
Ferreiros de Tendais
Ramires
São Cipriano
Rossas
Póvoa
Britiande
Cortegada
Santa Cruz de Lumiares
São Cosmado
Granja do Tedo
Rio Cabrum
Ovadas
Melcões
Galvã
Ferreirim
Gouviães
Lumiares
Longra
Paradela
Magueija
Ucanha
Salzedas
Cimbres
1025
Ervilhais
Pimeiro
Feirão
Dornas
Meijinhos
Lalim
Arcos
Sendim
Arca
73
Dálvares
Contim
Castelo
1216
Formilo
Granja Nova
Aldeia
Nagosa
Paço
Pretarouca
Lazarim
Gondomar
Vila Chã da Beira
Tendais
Panchorra
Cotelo
Ribabelide
Mazes
TAROUCA
Passô
Gosende
Arguedeira
Mondim da Beira
Gralheira
Guedieiros
Castro Daire
Moimenta da Beira
69
Mirandela

Verin
34
Bragança
Braga
Vila Real
Sc
Sd
Se
Sf
Ta
98
99
100
101
102
Noval
Vale de Anta
Pastoria
Cando
Ponte romana
Monforte
Eiras
Aveiedas
Oucidres
Nozelos
Lampaça
Rebordelo
Penhas Juntas
Zoio
Mêlhe
CHAVES
Nantes
São Lourenço
São Julião de Montenegro
Fiães
Boucoais
Tinhela
Chairos
Carriça
Soutilha
Eiras Maiores
São Bartolomeu
Curalha
Nova de Veiga
Cela
Tresmondes
Alvarelhos
Vale das Fontes
Ervedosa
Felgueiras
Celas
Negreda
Bóbeda
Samaiões
Vilar de Nantes
Mosteiro de Cima
Sonim
Vilar de Ouro
Fornos de Ledra
Argana
Moz de Celas
Vilela do Tâmega
São Pedro de Agostém
Maços
Quintela
Soutilha
Pádua Freixo
São Pedro Velho
Vila Nova
Agrochão
Redial
Santiago
Paranhos
Barreiros
Lamalonga
Vilarinho de Agrochão
Murços
Ventoselos
Lagarelhos
Alanhosa
Frióes
Limãos
Sá
Santa Valha
Nogueira da Montanha
Valongo
Vilarandelo
Fradizela
Torre de Dona Chama
Espadanedo
Soutelo
Vilas Boas
Seixo
France
Vilaranda Boa
Celeiros
Ervões
Fornos do Pinhal
Bouça
Arcas
Santo Amaro
Moreiras
Vila Nova
Esturãos
Vale de Casas
Ferradosa
Valbom Pitez
São Sebastião
Nozelos
Selhariz
Matosinhos
Vilela
Santiago de Ribeira de Alhariz
Lagoas
Vilares
Vilarinho do Monte
Ferreira
Edroso
Loivos
Santa Leocádia
Serapicos
Vale de Gouvinhas
Nossa Senhora da Saúde
Vassal
Mosteiro
Seixo
Fernandinho
Vale de Telhas
Vila de Conde
Taberna
Pereiro
Paradela
VALPAÇOS
Possacos
Méles
Vale de Prados
Póvoa de Agrações
Dorna
Nozedo
Ala
Corujas
Múrias
Padrela
Algeriz
Sanfins
Valverde
Vale de Salgueiro
Frutuoso
Junqueiro
São João da Corveira
Lamas de Podence
Podence
893
Rio Bom
Poços
Alvites
Cabanelas
580
Sezulfe
Valoura
Silva
Midões
Mascarenhas
Vale de Lagoa
Barragem do Azibo
Barbadães
Padrela-e-Tazem
Carrazedo de Montenegro
Água Revés
Crasto
Miradeses
Amendoeira
Arrifana
Santa Catarina
da
Rio Torto
Valongo das Meadas
Abambres
Paradela
Vale de Pradinhos
Vale de Prados
Avantos
Santa Maria de Emeres
Fonte Mercê
Valbom de Figos
Pinhovelo
MACEDO DE CAVALEIROS
Cabanas
Rendufe
Lilela
Cortiços
Travanca
Veiga de Lila
Carvalhais
Romeu
Curros
Póvoa
27
Vale de Égua
Canaveses
Vila Real
Bragança
Eixes
Vilar de Ledra
Vale de Lobo
Carrapatas
Castelãos
Vilarelho
Ribeirinha
Vila Nova
Vilar do Monte
São Pedro de Veiga de Lila
Sucções
Eivados
Grijó de Valbenfeito
Covas
Penabeice
Castelo
Distrito de Vila Real
Distrito de Bragança
Ponte romano
Tresminas
Jou
701
Golfeiras
MIRANDELA
Vale Benfeito
Olmos
Granja
Comba
Muralha
625
Bornes
Vales
Passos
Cedães
Malta
Veles
Santa Comba
999
Toubres
Zebras
Bronceda
Reboredo
Serapicos
Vale de Asnes
Bornes
M
1172
Serra de Santa Comba
Carvas
Cedainhos
São Salvador
de
Serra de Garreia
891
São Bernardino
Vilares
Valongo de Milhais
Lamas de Orelhão
Marmelos
Vila Verde
S
Caravelas
Gebelim
Rio Tinhela
70
Franco
Serra
Vila Nova
Soeima
MURÇA
O
Rego de Vide
São Pedro de Vale do Conde
Burga
Palheiros
Pereira
Cobro
Freixeda
Felgueiras
Fiolhoso
Varges
Frechas
Colmeias
Covelas
Sambade
Parafita
Codaval
Sobredo
Vila Boa
Avidagos
Macedinho
Trindade
Alfândega da Fé
Noura
Vale Verde
Vale de Sancha
Vales
Agrobom
Populo
Vale de Cunho
Monfebres
Navalho
Barcel
Vilares de Vilariça
Freixo
Martim
Vilarinho das Azenhas
Benlhevai
Pombal
Vale Pereiro
Cal de Bois
Candedo
63
Ribalonga
Pegarinhos
824
691
Castelo
Milhais
Abreiro
Santa Comba de Vilariça
Carvalho
Vale de Mir
Vale Frechoso
Francelos
Santa Eugénia
Porrais
Sobreira
Vieiro
Vilas Boas
Assares
Vilarelhos
ALFÂNDEGA DA FÉ
Vila Chã
Chã
Valverde
Carlão
Codeçais
Brunheda
Pereiros
Lodões
Santa Justa
Agrelos
Freixiel
Róios
Eucísia
Sendim da R.
Franzilhal
Samões
Senhora dos Remédios
VILA FLOR
Nozelos
Sanfins do Douro
Prezandães
Caldas de S. Lourenço
Pinhal do Norte
Muralha
Sampaio
Sendim da Serra
Cerejais
ALIJÓ
Soutelinho
Favaios
Pousada do Barão de Forrester
Amieiro
Pombal
Areias
Zedes
Candoso
Carvalho de Egas
Arco
Adeganha
Gouveia
Paradela
Granja
707
Safres
Amedo
Samorinha
Mogo de Malta
Seixo de Manhoses
Nabo
Junqueira
Ferradosa
São Mamede de Ribatua
Belver
Vale de Torno
Cardanha
Picões
Tralhariz
Fonte de Seixas
Parambos
CARRAZEDA DE ANSIÃES
Mourão
Cilhade
Povoa
Castedo
Muralha
Fonte Longa
658
Castedo
Horta da Vilariça
Cotas
São Pedro
Estevais
Fuvoa
Vilarinho de Cotas
Ribalonga
Arnal
Felgar
Souto da Velha
Casal de Loivos
Castedo
Cotas
São Mamede
Tua
Linhares
Marzagão
Selores
Vilarinho da Castanheira
Cabanas de Cima
Larinho
Soutelo do Douro
Lavandeira
Seixo de Ansiães
870
Cabanas de Baixo
Nagozelo do Douro
Alegria-Est.
Beira Grande
Cabeça Boa
Carvalhal
Ervedosa do Douro
Campelos
790
Pinhal do Douro
TORRE DE MONCORVO
Mata Nacional do Reboredo
Serra do Reboredo
26
Sarzedinho
SÃO JOÃO DA PESQUEIRA
Barragem de Valeira
Lousa
Quintana do Vale do Meão
911
Granja
Felgueiras
Mós
Ferradosa
Vargelas
Coleja
Vale de Figueira
Vesúvio-Est.
Freixo de Namão-Est.
Sequeiros
Açoreira
Espinho
Estação Freixo de Numão
Distrito de Bragança
Castanheiro do Sul
Vale da Vila
Olas
Pocinho
Maçores
588
Distrito de Guarda
Pereiro
Seixas
Várzea de Trevões
Mós
Quintana das Centieras
Custóias
Santo Amaro
Senhora da Estrada
Vilarouco
Murça
Peredo dos Castelhanos
Numão
Espinhosa
Trevões
Valongo dos Azeites
733
Urros
Ligares
Quintana da
Granjinha
Horta
Freixo de Numão
Santa Bárbara
Paredes de Beira
Serra do Sampaio
934
Penela da Beira
VILA NOVA DE FOZ COA
Rio Douro
Sebadelhe
Urgal
Pereiros
Barragem do Pocinho
Póvoa de Penela
62
687
Touça
Quintana de Alva
Cedovim
715
Almendra-Est.
Muxagata
Riodades
69
Trancoso
Almeida
70

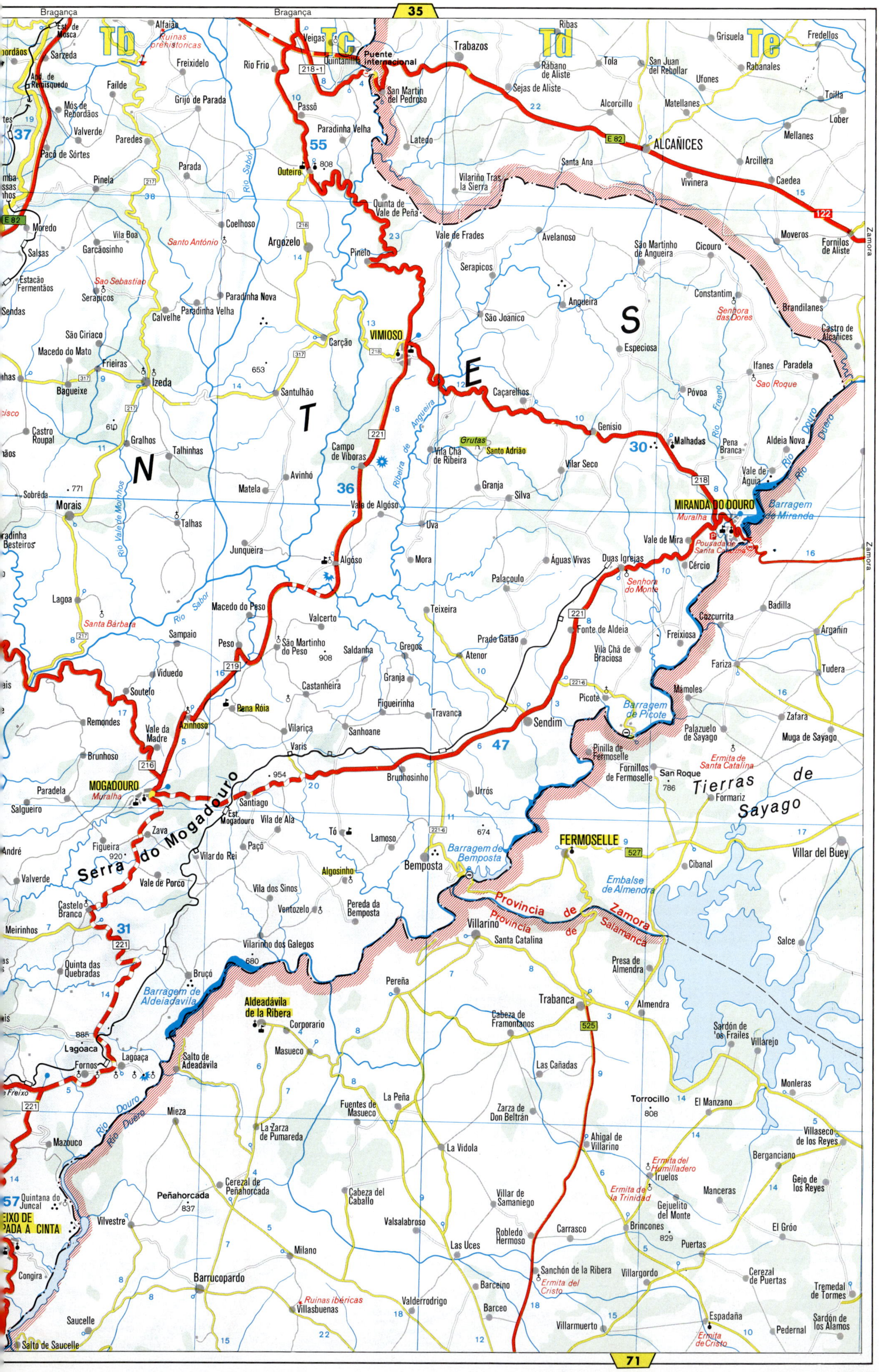

35
Bragança
Bragança
Tb
Tc
Td
Te
Est. de Mosca
Alfaião
Ruinas prehistoricas
Veigas
Ribas
Grisuela
Fredellos
Sarzeda
Freixidelo
Rio Frio
Quintanilha
Puente Internacional
Trabazos
Rábano de Aliste
Tola
San Juan del Rebollar
Rabanales
Apd. de Remisquedo
Failde
Grijó de Parada
San Martin del Pedroso
Sejas de Aliste
Ufones
Toilla
Mós de Rebordãos
Passô
Alcorcillo
Matellanes
Lober
Valverde
Paredes
Paradinha Velha
Latedo
E 82
ALCAÑICES
Mellanes
Paçó de Sórtes
Parada
Outeiro
Santa Ana
Arcillera
Pinela
Vilariño Tras la Sierra
Vivinera
Caedea
Quinta de Vale de Peña
122
Moredo
Coelhoso
Vila Boa
Santo António
Argozelo
Vale de Frades
Avelanoso
São Martinho de Angueira
Cicouro
Moveros
Fornilos de Aliste
Zamora
Salsas
Garcãosinho
Pinelo
Estação Fermentãos
Sao Sebastião
Serapicos
Serapicos
Constantim
Senhora das Dores
Paradinha Nova
Angueira
Brandilanes
Sendas
Calvelhe
Paradinha Velha
São Joanico
S
São Ciriaco
Carção
VIMIOSO
Especiosa
Castro de Alcañices
Macedo do Mato
Frieiras
653
Ifanes
Paradela
Izeda
Bagueixe
Santulhão
E
Caçarelhos
Sao Roque
Póvoa
T
Rio Fresno
Castro Roupal
610
Gralhos
Campo de Viboras
Grutas
Santo Adrião
Vila Chã de Ribeira
Genísio
Malhadas
Aldeia Nova
Pena Branca
N
Talhinhas
Avinhó
Ribeira de Angueira
Vilar Seco
Vale de Aguia
Rio Douro
Rio Duero
Sobrêda
771
Morais
Matela
Granja
Silva
MIRANDA DO DOURO
Muralha
Barragem de Miranda
Rio Vale de Moinhos
Talhas
Vale de Algóso
Uva
Vale de Mira
Pousada de Santa Catarina
Zamora
Paradinha Besteiros
Junqueira
Algôso
Mora
Águas Vivas
Duas Igrejas
Cércio
Lagoa
Rio Sabor
Palaçoulo
Senhora do Monte
Santa Bárbara
Macedo do Peso
Valcerto
Teixeira
Badilla
Sampaio
Peso
São Martinho do Peso
908
Saldanha
Gregos
Prado Gatão
Fonte de Aldeia
Cozcurrita
Freixiosa
Argañín
Atenor
Vila Chã de Braciosa
Fariza
Tudera
Viduedo
Castanheira
Granja
Mámoles
Soutelo
Pena Róia
Figueirinha
Travanca
Picote
Barragem de Picote
Zafara
Remondes
Azinhoso
Vilariça
Sanhoane
Sendim
Palazuelo de Sayago
Muga de Sayago
Vale da Madre
Varis
47
Pinilla de Fermoselle
Brunhoso
954
Fornillos de Fermoselle
Ermita de Santa Catalina
Paradela
MOGADOURO
Muralha
Brunhosinho
Urrós
San Roque
786
Tierras de Sayago
Formariz
Salgueiro
Santiago
Est. Mogadouro
Vila de Ala
Zava
Serra do Mogadouro
Tó
Lamoso
674
FERMOSELLE
527
Villar del Buey
Figueira
920
André
Vilar do Rei
Paço
Barragem de Bemposta
Bemposta
Cibanal
Valverde
Vale de Porco
Algosinho
Vila dos Sinos
Embalse de Almendra
Castelo Branco
Ventozelo
Pereda da Bemposta
Provincia de Zamora
Provincia de Salamanca
Meirinhos
31
221
Villarino
Santa Catalina
Salce
Vilarinho dos Galegos
680
Presa de Almendra
Quinta das Quebradas
Bruçó
Pereña
Barragem de Aldeiadavila
Aldeadávila de la Ribera
Trabanca
Almendra
Corporario
Cabeza de Framontanos
525
885
Lagoaca
Masueco
Sardón de los Frailes
Villarejo
Salto de Adeadávila
Las Cañadas
Fornos
Lagoaça
Freixo
Monleras
Torrocillo
808
El Manzano
La Peña
Fuentes de Masueco
Zarza de Don Beltrán
Rio Douro
Rio Duero
Mieza
Mazouco
La Zarza de Pumareda
Villaseco de los Reyes
La Vidola
Ahigal de Villarino
Ermita del Humilladero
Berganciano
Trueios
Ermita de la Trinidad
Quintana do Juncal
Cerezal de Peñahorcada
Peñahorcada
837
Cabeza del Caballo
Villar de Samaniego
Gejuelito del Monte
Manceras
Gejo de los Reyes
57
FREIXO DE ESPADA A CINTA
Vilvestre
Valsalabroso
Robledo Hermoso
Carrasco
Brincones
829
El Gróo
Milano
Las Uces
Puertas
Congira
Barrucopardo
Sanchón de la Ribera
Ermita del Cristo
Villargordo
Cerezal de Puertas
Barceino
Tremedal de Tormes
Ruinas ibericas
Villasbuenas
Valderrodrigo
Barceo
Saucelle
Espadaña
Villarmuerto
Pedernal
Sardón de los Álamos
Ermita de Cristo
Salto de Saucelle
71

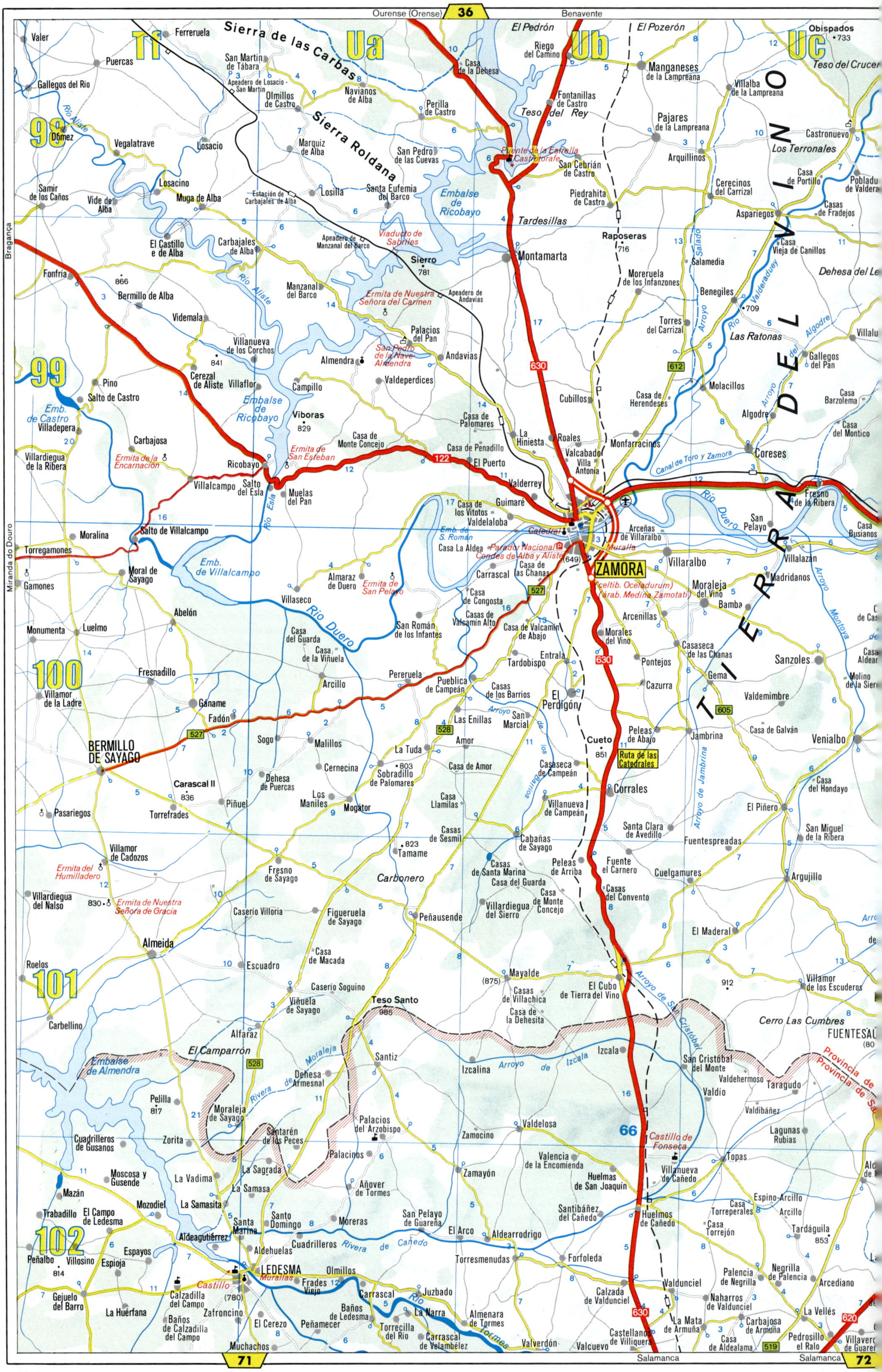

Ourense (Orense)
36
Benavente
Tf
Ua
Ub
Uc
99
100
101
102
Sierra de las Carbas
Sierra Roldana
Valer
Ferreruela
Puercas
Gallegos del Río
San Martín de Tábara
Olmillos de Castro
Navianos de Alba
Perilla de Castro
Marquiz de Alba
San Pedro de las Cuevas
Losilla
Santa Eufemia del Barco
Dómez
Vegalatrave
Losacio
Losacino
Muga de Alba
Samir de los Caños
Vide de Alba
El Castillo e de Alba
Carbajales de Alba
Embalse de Ricobayo
Viaducto de Sabriles
Sierro
Manzanal del Barco
Ermita de Nuestra Señora del Carmen
Fonfría
Bermillo de Alba
Videmala
Villanueva de los Corchos
Palacios del Pan
San Pedro de la Nave-Almendra
Almendra
Andavias
Cerezal de Aliste
Villaflor
Campillo
Valdeperdices
Pino
Salto de Castro
Emb. de Castro
Villadepera
Víboras
Carbajosa
Ermita de la Encarnación
Ermita de San Esteban
Casa de Monte Concejo
Casa de Palomares
Casa de Penadillo
El Puerto
Villardiegua de la Ribera
Ricobayo
Villalcampo
Salto del Esla
Muelas del Pan
Río Esla
Moralina
Salto de Villalcampo
Torregamones
Gamones
Moral de Sayago
Emb. de Villalcampo
Almaraz de Duero
Ermita de San Pelayo
Villaseco
Río Duero
Abelón
Monumenta
Luelmo
Casa del Guarda
Casa de la Viñuela
San Román de los Infantes
Fresnadillo
Arcillo
Pereruela
Villamor de la Ladre
Gáname
Fadón
Bermillo de Sayago
Sogo
Malillos
Cernecina
Dehesa de Puercas
Carascal II
Piñuel
Los Maniles
Mogátar
Pasariegos
Torrefrades
Villamor de Cadozos
Ermita del Humilladero
Fresno de Sayago
Villardiegua del Nalso
Ermita de Nuestra Señora de Gracia
Caserío Villoria
Figueruela de Sayago
Almeida
Casa de Macada
Roelos
Escuadro
Carbellino
Caserío Soguino
Viñuela de Sayago
Teso Santo
Alfaraz
El Camparrón
Embalse de Almendra
Dehesa de Armesnal
Rivera de Moraleja
Pelilla
Moraleja de Sayago
Santarén de los Peces
Palacios del Arzobispo
Cuadrilleros de Gusanos
Zorita
Palacinos
Moscosa y Gusende
La Vadima
La Sagrada
La Samasa
Mazán
Trabadillo
El Campo de Ledesma
Mozodiel
La Samasita
Santa Marina
Santo Domingo
Moreras
Añover de Tormes
Aldeagutiérrez
Aldehuelas
Cuadrilleros
Rivera de Cañedo
Peñalbo
Villosino
Espioja
Espayos
Ledesma
Murallas
Castillo
Olmillos
Frades Viejo
Gejuelo del Barro
Calzadilla del Campo
La Huérfana
Zafroncino
Baños de Calzadilla del Campo
El Cerezo
Peñamecer
Baños de Ledesma
Carrascal
Juzbado
La Narra
Torrecilla del Río
Carrascal de Velambélez
Muchachos
Río Tormes
71
El Pedrón
El Pozerón
Riego del Camino
Casa de la Dehesa
Manganeses de la Lampreana
Fontanillas de Castro
Teso del Rey
Villalba de la Lampreana
Pajares de la Lampreana
Puente de la Estrella
Castrotorafe
San Cebrián de Castro
Arquillinos
Castronuevo
Los Terronales
Piedrahita de Castro
Tardesillas
Cerecinos del Carrizal
Casa de Portillo
Asperiegos
Casas de Fradejos
Montamarta
Raposeras
Salamedia
Casa Vieja de Canillos
Moreruela de los Infanzones
Benegiles
Las Ratonas
Torres del Carrizal
Gallegos del Pan
Cubillos
Casa de Herendeses
Molacillos
Algodre
Casa Barzolema
Casa del Montico
La Hiniesta
Roales
Monfarracinos
Valcabado
Villa Antonia
Coreses
Canal de Toro y Zamora
Valderrey
Guimaré
Casa de los Vitotos
Valdelaloba
Emb. de S. Román
Catedral
Casa La Aldea
Parador Nacional Condes de Alba y Aliste
Muralla
Zamora
(celtib. Ocelodurum)
(árab. Medina Zamotati)
Arceñas de Villaralbo
Villaralbo
San Pelayo
Fresno de la Ribera
Casa Busianos
Villalazán
Madridanos
Carrascal
Casa de las Chanas
Casa de Congosta
Casas de Valcamin Alto
Casa de Valcamin de Abajo
Moraleja del Vino
Bamba
Arcenillas
Morales del Vino
Casaseca de las Chanas
Pontejos
Sanzoles
Entrala
Tardobispo
Cazurra
Gema
Valdemimbre
Pueblica de Campeán
Casas de los Barrios
El Perdigón
San Marcial
Las Enillas
Amor
Casa de Amor
La Tuda
Sobradillo de Palomares
Cueto
Peleas de Abajo
Ruta de las Catedrales
Jambrina
Casa de Galván
Venialbo
Casaseca de Campeán
Corrales
Casa Llamilas
Casas de Sesmil
Villanueva de Campeán
Casa del Hondayo
El Piñero
Tamame
Cabañas de Sayago
Santa Clara de Avedillo
Fuentespreadas
San Miguel de la Ribera
Carbonero
Casas de Santa Marina
Casa del Guarda
Peleas de Arriba
Fuente el Carnero
Cuelgamures
Argujillo
Casas del Convento
Peñausende
Villardiegua del Sierro
Casa de Monte Concejo
El Maderal
Mayalde
Casas de Villachica
El Cubo de Tierra del Vino
Casa de la Dehesa
Villamor de los Escuderos
Cerro Las Cumbres
Fuentesaúco
Santiz
Izcalina
Arroyo de Izcala
Izcala
San Cristóbal del Monte
Valdehermoso
Taragudo
Provincia de Zamora
Provincia de Salamanca
Valdío
Valdibáñez
Lagunas Rubias
Valdelosa
Zamocino
Castillo de Fonseca
Valencia de la Encomienda
Zamayón
Huelmas de San Joaquín
Villanueva de Cañedo
Topas
Santibáñez del Cañedo
Huelmos de Cañedo
Espino-Arcillo
Arcillo
Casa Torreperales
Casa Torrejón
Tardáguila
El Arco
Aldearrodrigo
San Pelayo de Guareña
Torresmenudas
Forfoleda
Negrilla de Palencia
Palencia de Negrilla
Arcediano
Valdunciel
Calzada de Valdunciel
Naharros de Valdunciel
Almenara de Tormes
La Vellés
Castellanos de Villiquera
La Mata de Armuña
Carbajosa de Armuña
Casa de Aldealama
Pedrosillo el Ralo
Valverdón
Valcuevo
Salamanca
72
630
122
527
528
612
605
519
620
66
Bragança
Miranda do Douro
TIERRA DEL VINO

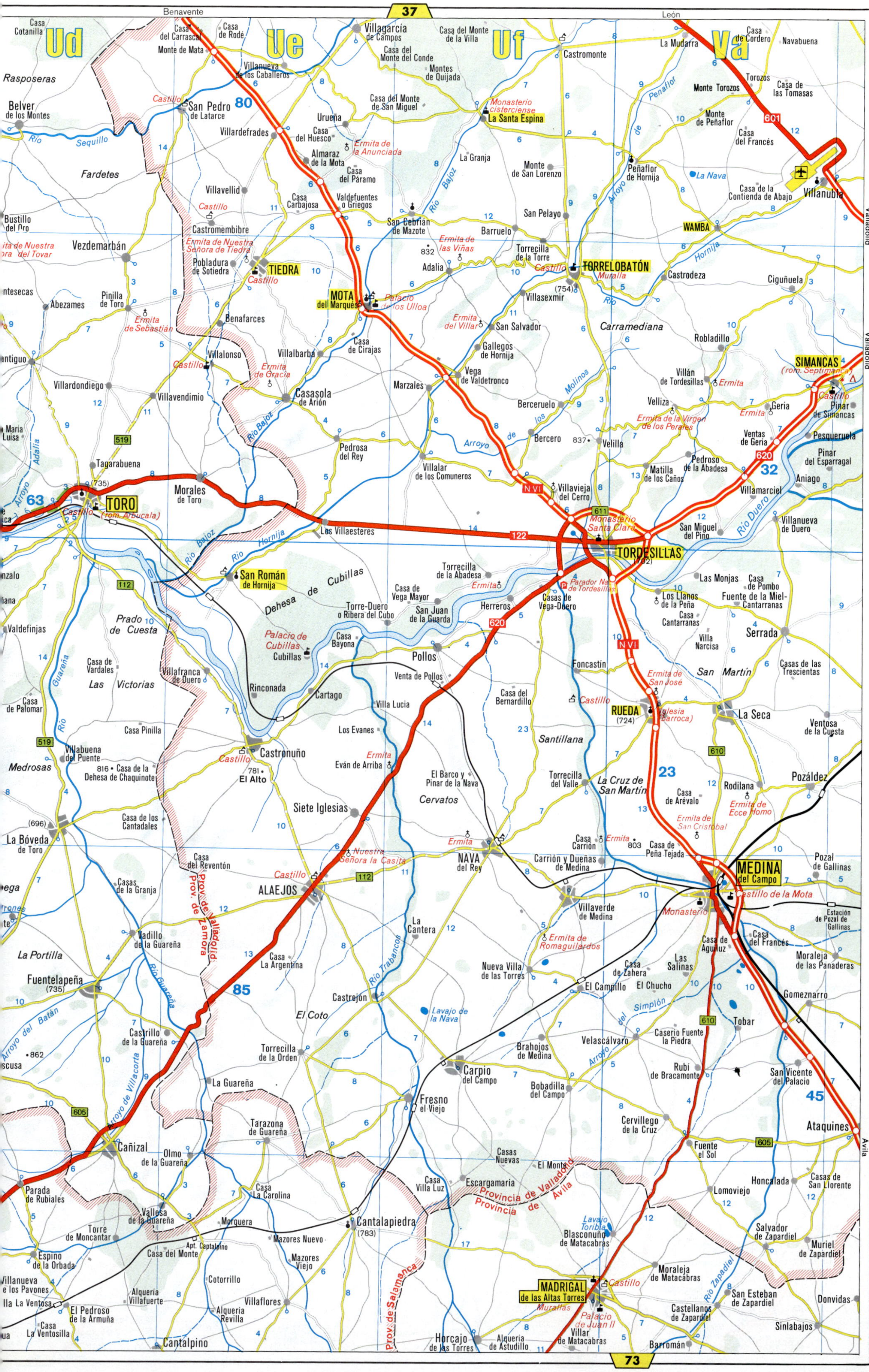

37
Benavente
León
Ud
Ue
Uf
Va
Casa Cotanilla
Casa del Carrascal
Casa de Rodé
Monte de Mata
Villagarcía de Campos
Casa del Monte de la Villa
Casa del Monte del Conde
Montes de Quijada
Castromonte
La Mudarra
Casa de Cordero
Navabuena
Rasposeras
Villanueva de los Caballeros
Castillo
San Pedro de Latarce
80
Belver de los Montes
Río Sequillo
Villardefrades
Urueña
Casa del Huesco
Casa del Monte de San Miguel
Monasterio cisterciense
La Santa Espina
Monte Torozos
Torozos
Casa de las Tomasas
Monte de Peñaflor
Casa del Francés
601
Ermita de la Anunciada
Almaraz de la Mota
Casa del Páramo
La Granja
Monte de San Lorenzo
Peñaflor de Hornija
La Nava
Casa de la Contienda de Abajo
Villanubla
Fardetes
Villavellid
Castillo
Castromembibre
Casa Carbajosa
Valdefuentes o Griegos
Río Bajoz
San Cebrián de Mazote
San Pelayo
Barruelo
Arroyo de Peñaflor
WAMBA
Valladolid
Bustillo del Oro
Ermita de Nuestra Señora del Tovar
Vezdemarbán
Ermita de Nuestra Señora de Tiedra
Pobladura de Sotiedra
TIEDRA
Castillo
832
Ermita de las Viñas
Adalia
Torrecilla de la Torre
Castillo
TORRELOBATÓN
Muralla
(754)
Castrodeza
Ciguñuela
Hornija
Pinilla de Toro
Abezames
Ermita de Sebastián
MOTA del Marqués
Palacio de los Ulloa
Villasexmir
Río
Benafarces
Ermita del Villar
San Salvador
Carramediana
Robladillo
Casa de Cirajas
Gallegos de Hornija
Villalonso
Castillo
Villalbarba
Ermita de Gracia
Marzales
Vega de Valdetronco
Villán de Tordesillas
Ermita
SIMANCAS
(rom. Septimanca)
Castillo
Pinar de Simancas
Villardondiego
Villavendimio
Casasola de Arión
Berceruelo
Molinos
Velliza
Ermita
Geria
Ermita de la Virgen de los Perales
María Luisa
519
Arroyo Adalia
Río Bajoz
Pedrosa del Rey
Arroyo de los
Bercero
837
Velilla
Ventas de Geria
Pesqueruela
Pedroso de la Abadesa
620
Pinar del Esparragal
Tagarabuena
(735)
Morales de Toro
Villalar de los Comuneros
Matilla de los Caños
32
Aniago
63
TORO
Castillo
(rom. Arbucala)
N VI
Villavieja del Cerro
611
Villamarciel
Monasterio Santa Clara
Río Duero
Villanueva de Duero
Los Villaesteres
122
San Miguel del Pino
TORDESILLAS
(702)
Río Bajoz
Río Hornija
San Román de Hornija
Torrecilla de la Abadesa
Ermita
Las Monjas
Casa de Pombo
Parador Nacional de Tordesillas
Dehesa de Cubillas
112
Casa de Vega Mayor
Torre-Duero o Ribera del Cubo
San Juan de la Guarda
Herreros
Casas de Vega-Duero
Los Llanos de la Peña
Fuente de la Miel-Cantarranas
Prado de Cuesta
Casa Cantarranas
Valdefinjas
Palacio de Cubillas
Cubillas
Casa Bayona
620
Pollos
N VI
Casa Narcisa
Serrada
Casa de Vardales
Las Victorias
Villafranca de Duero
Venta de Pollos
Foncastín
Ermita de San José
San Martín
Casas de las Trescientas
Río Guareña
Rinconada
Cartago
Casa del Bernardillo
Castillo
Casa de Palomar
Villa Lucía
RUEDA
(724)
Iglesia barroca
La Seca
Casa Pinilla
Los Evanes
Santillana
Ventosa de la Cuesta
519
Villabuena del Puente
Castronuño
Castillo
Ermita
Eván de Arriba
610
23
Medrosas
816
Casa de la Dehesa de Chaquinote
781
El Alto
El Barco y Pinar de la Nava
Torrecilla del Valle
La Cruz de San Martín
Casa de Arévalo
Rodilana
Pozáldez
Cervatos
Ermita de Ecce Homo
(696)
La Bóveda de Toro
Casa de los Cantadales
Siete Iglesias
Ermita de San Cristóbal
Casa del Reventón
Ermita
Casa Carrión
Ermita
803
Casa de Peña Tejada
Pozal de Gallinas
Nuestra Señora la Casita
Castillo
NAVA del Rey
Carrión y Dueñas de Medina
MEDINA del Campo
Castillo de la Mota
Casas de la Granja
Prov. de Valladolid
Prov. de Zamora
ALAEJOS
112
Villaverde de Medina
Monasterio
Estación de Pozal de Gallinas
Padillo de la Guareña
La Cantera
Casa de Aguñuz
Casa del Francés
Moraleja de las Panaderas
La Portilla
Ermita de Romaguillardos
Casa La Argentina
Río Trabancos
Nueva Villa de las Torres
Casa de Zahera
Las Salinas
Fuentelapeña
(735)
85
Castrejón
El Campillo
El Chucho
Gomeznarro
Arroyo del Batán
Río Guareña
El Coto
Lavajo de la Nava
Arroyo del Simplón
610
Tobar
Castrillo de la Guareña
Torrecilla de la Orden
Brahojos de Medina
Velascálvaro
Caserío Fuente la Piedra
862
Rubí de Bracamonte
San Vicente del Palacio
La Guareña
Carpio del Campo
Bobadilla del Campo
45
Arroyo de Villacorta
605
Fresno el Viejo
Cervillego de la Cruz
Ataquines
Tarazona de Guareña
605
Cañizal
Olmo de la Guareña
Casas Nuevas
El Monte
Fuente el Sol
Ávila
Honcalada
Casas de San Llorente
Parada de Rubiales
Casa La Carolina
Casa Villa Luz
Escargamaría
Provincia de Valladolid
Provincia de Ávila
Lomoviejo
Vallesa de la Guareña
Torre de Moncantar
Morquera
Cantalapiedra
(783)
Lavajo Toriba
Blasconuño de Matacabras
Salvador de Zapardiel
Muriel de Zapardiel
Apt. Captalpino
Casa del Monte
Mazores Nuevo
Espino de la Orbada
Mazores Viejo
Moraleja de Matacabras
Villanueva de los Pavones
Cotorrillo
Alquería Villafuerte
MADRIGAL de las Altas Torres
Castillo
Murallas
Palacio de Juan II
San Esteban de Zapardiel
Río Zapardiel
Villa La Ventosa
El Pedroso de la Armuña
Alquería Revilla
Villaflores
Castellanos de Zapardiel
Donvidas
Casa La Ventosilla
Prov. de Salamanca
Cantalpino
Horcajo de las Torres
Alquería de Astudillo
Villar de Matacabras
Barromán
Sinlabajos
73

38
Palencia
Vb
Vc
Vd
Ve
98
99
100
101
102
Casa de Miraflores
Granja Muedra
Quintanes
San Martín de Valveni
San Andrés
Barco de Baragullos
San Cristóbal
El Portillo
905
Torre de Esgueva
Fombellida
Castroverde de Cerrato
Cigales
Aguilarejo
Mucientes
La Dehesilla
Castillo
El Cristo
Cabezón
Río Pisuerga
Caserío Los Milagros
Piña
876
Piña de Esgueva
Esguevillas de Esgueva
Amusquillo
Castillo
Villafuerte
Villaco
Zamadueñas
620
Casa del Doctor
El Páramo
860
Villanueva de los Infantes
Castrillo-Tejeriego
Jaramiel de Abajo
Jaramiel de Arriba
Casas de Quintanilla
Castillo de los Viveros
FUENSALDAÑA
Ermita Virgen del Rosario
Santovenia de Pisuerga
Fuente el Sol
La Overuela
Casa de Pedrero
Castronuevo de Esgueva
Villarmentero de Esgueva
Olmos de Esgueva
La Sinova
Arroyo de Jaramiel
Monte Alto
903
Casa de Epifanio
Casas del Monte
Piñel de Abajo
León
Tres Hermanos
Lagar de Muniz
Casa del Capitán
Río Esgueva
Villavaquerín
Zaratán
Renedo
Casa de la Quemada
Monasterio Cisterciense
Valbuena de Duero
Olivares de Duero
Casa de Mazariegos
VALLADOLID
(Museo Nacional de Escultura)
(691)
Casasola
La Flecha
Villabáñez
Peñalba de Duero
Sardoncillo o La Granja
Retuerta
Vega Sicilia
Convento San Bernardo
Granja Agrícola
Arroyo
San Cristóbal
Cistérniga
Ermita del Humilladero
601
122
Tudela de Duero
Ex Priorato de Duero
Río Duero
(745)
QUINTANILLA de Onésimo
Quintanilla de Arriba
866
59
Tordesillas
El Pinar
Villar
Fuentes de Duero
Dehesas de Cantarranas y Tovilla
Apeadero de Traspinedo
Traspinedo
Sardón de Duero
Casa del Granizo
Manzanillo
Laguna de Duero
Ex Convento del Abrejo
610
Santibáñez de Valcorba
La Planta
Casa del Pozo
Langayo
Puente Duero
Herrera de Duero
Arroyo de Valimón
Casa de Valimón
Arroyo de la Vega
Las Guindaleras
La Vega de Porras
Boecillo
Arroyo Viejo
La Parrilla
Monte Bayón
Casa del Monte
Convento de la Alamedilla
Arroyo de Valdecas
Granja de San Mamés
Convento de Oreja
Molpeceres
Fompedraza
Viana de Cega
Ermita de Compasco
Ermita
Montecillo
Casa de la Dehesa de los Frailes
Castillo
COGECES del Monte
(887)
31
Casa de Quitapesares
Aldeamayor de San Martín
45
Las Arenas
MONTEMAYOR
Arroyo de Valcorba
Aldealbar
901
CAMPASPERO
(900)
Valdestillas
Castillo
PORTILLO
(758)
Bahabon
Torrescárcela
El Cardiel
Río Cega
La Pedraja de Portillo
Arrabal del Portillo
Camporredondo
Aldea de San Miguel
Santiago del Arroyo
53
San Miguel del Arroyo
Viloria
Provincia de Valladolid
Provincia de Segovia
El Henar
Palomera
El Pontón
Arroyo del Henar
Ermita de Sieteiglesias
Casa de las Abogadas
Matapozuelos
Mojados
La Boquilla
Cogeces de Iscar
Megeces
852
San Cristóbal de Cuéllar
Torregutiérrez
Vallelado
Mata de Cuéllar
Castillo
CUÉLLAR
Muralla (878)
(rom. Colenda)
Escarabajosa de Cuéllar
Fuentes de Cuéllar
Dehesa
Lovingos
Moraleja de Cuéllar
Olombrada
Villalba de Adaja
Brazuelas
El Empedragar
Ermita
Río Cega
Dehesa Mayor
Frumales
Pero
La Perla
Hornillos
Alcazarén
Casa del Cotarrón
Casa de Doña María
Puente Blanco
El Cristo
Castillo
ÍSCAR
(763)
Arroyo de la Sierpe
Puente del Segoviano
Cañada del Estepar
Río Adaja
Casa de Bayalada
Río Eresma
Remondo
Chañe
Arroyo de Cuéllar
Hoya Grande
Calabazas
La Luz
Valviadero
Pedrajas de San Esteban
Río Pirón
Sanchonuño
Las Praderas
Casa Navilla
La Cuesta
857
Fresneda de Cuéllar
Campo de Cuéllar
Los Barriales
Convento de la Mejorada
112
Caserío Ordoño
Villaverde de Iscar
Molino del Barado
Narros de Cuéllar
Chatún
Embalse de Bodón de la Lizenza
876
Monasterio
Castillo
Hornillejos de Cotes
OLMEDO
Casa de Bocos
Gomezserracín
Casa forestal La Lagartija
Aguasal
Fuente el Olmo de Iscar
Río Malucas
Molino Maluca
Samboal
Pinarejos
Zarzuela del Pinar
La Zarza
Casas La Cabaña
Llano de Olmedo
Villeguillo
Casa del guarda forestal
Caserío Gallegos
La Consejera
Ramiro
Fuente-Olmedo
Bocigas
Ciruelos de Coca
El Pinar Viejo
Matamozos
Castillo
Almenara de Adaja
866
Fuente de Santa Cruz
(785)
COCA
(Ib. Cauca)
Murallas
Castillo de Fonseca (morisco)
Mudrián
San Martín
Fuentepelayo
Navalmanzano
Villagonzalo de Coca
Río Eresma
Navas de Oro
Casa de Villagrán
Puras
Caserío del Pinar del Conde
Pinarnegrillo
Ataquines
Casa de Serranos
Bernuy de Coca
Molino Berral
Molino de Temeroso
Las Rozas
San Pablo de la Moraleja
Santiuste de San Juan Bautista
Tolocirio
887
Nava de la Asunción
Arroyo de Balisa
Casa El Pinar
Molino El Paredón
Hornquilana
Montejo de Arévalo
Las Cabezadas
53
Mozoncillo
Palacios de Goda
Apeadero de Palacios de Goda
Río Adaja
Tolocirio
37
Pinar de las Sordas
Bernardos
Fuentes
CARBONERO el Mayor
El Pradillo
Botalhorno
Donhierro
San Cristóbal de la Vega
Moraleja de Coca
Río Voltoya
Migueláñez
925
Domingo García
Casa de la Olmedilla
Rapariegos
Ermita de la Virgen
Ortigosa de Pestaño
Escarabajosa de Cabezas
Tierra de Arévalo
Nieva
Miguel-Ibáñez
Apeadero de Armuña-Bernardos
Caldillas
Tabanera la Luenga
Tornadizos de Arévalo
Martín Muñoz de la Dehesa
Aldeanueva del Codonal
605
SANTA MARÍA de la Real de Nieva
(901)
Armuña
Estación de Yanguas de Eresma
San Pedro
Yanguas de Eresma
Cantimpalos
ARÉVALO
Monasterio
Codorniz
Avila
Avila
73
Segovia
74

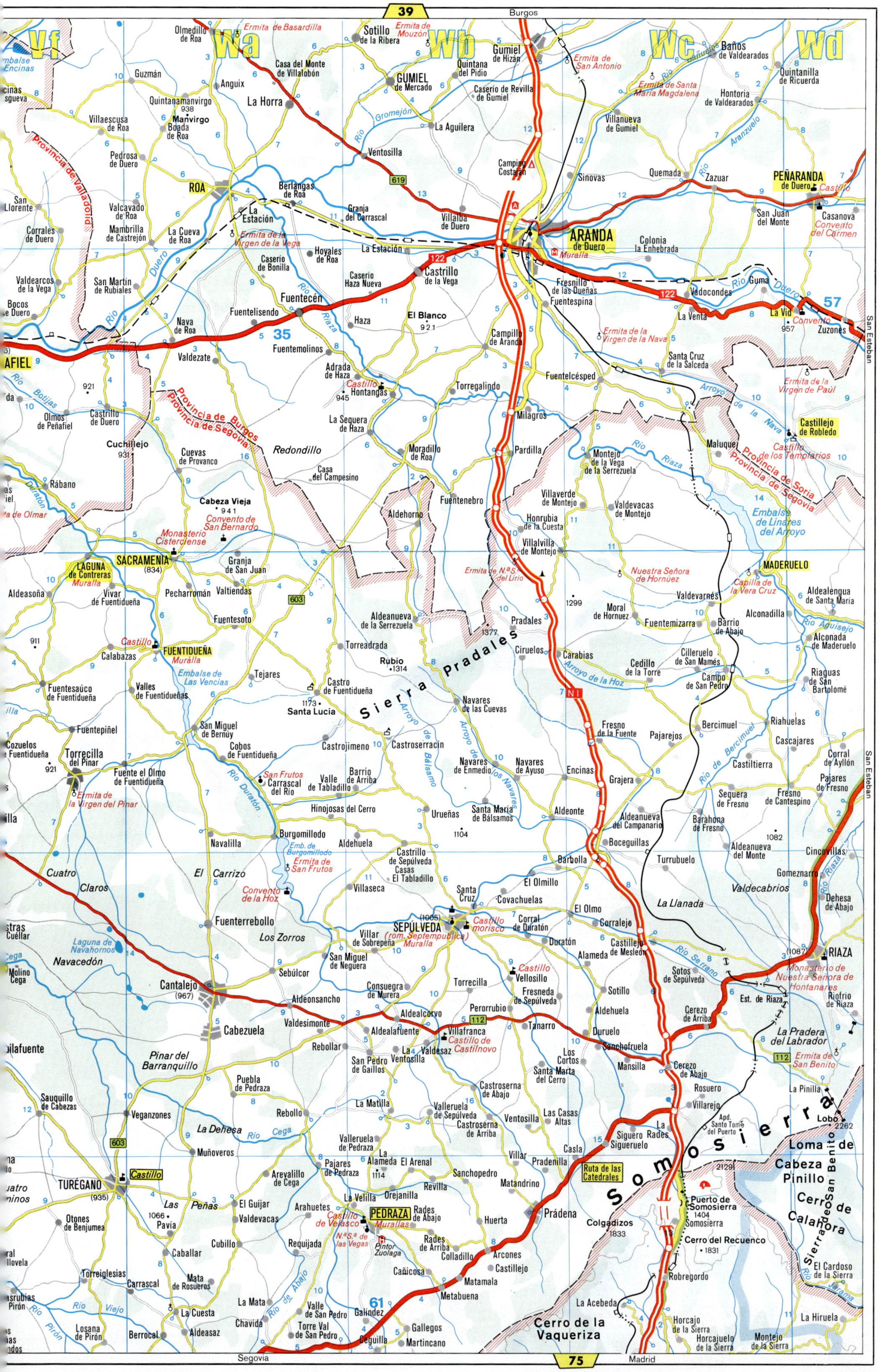
39
Burgos
Vf
Wa
Wb
Wc
Wd
Olmedillo de Roa
Ermita de Basardilla
Sotillo de la Ribera
Ermita de Mouzón
Gumiel de Hizán
Baños de Valdearados
Quintanilla de Ricuerda
Embalse de Las Encinas
Guzmán
Anguix
Casa del Monte de Villalobón
GUMIEL de Mercado
Quintana del Pidio
Caserío de Revilla de Gumiel
Ermita de San Antonio
Ermita de Santa María Magdalena
Hontoria de Valdearados
Quintanamanvirgo
938
Manvirgo
Boada de Roa
La Horra
Río Gromejón
La Aguilera
Villanueva de Gumiel
Río Arandilla
Río Aranzuelo
Villaescusa de Roa
Provincia de Valladolid
Pedrosa de Duero
Ventosilla
Camping Costaján
Sinovas
Quemada
Zazuar
PEÑARANDA de Duero
Castillo
San Llorente
ROA
Berlangas de Roa
619
Granja del Carrascal
Villalba de Duero
ARANDA de Duero
Muralla
San Juan del Monte
Casanova
Convento del Carmen
Corrales de Duero
Valcavado de Roa
Mambrilla de Castrejón
La Cueva de Roa
La Estación
Ermita de la Virgen de la Vega
Hoyales de Roa
La Estación
Colonia la Enhebrada
Caserío de Bonilla
122
Castrillo de la Vega
Valdearcos de la Vega
San Martín de Rubiales
Río Duero
Caserío Haza Nueva
Fresnillo de las Dueñas
Fuentespina
Vadocondes
Río Guma
Duero
Bocos de Duero
Fuentecén
Fuentelisendo
Río Riaza
Haza
El Blanco
921
La Venta
La Vid
Convento
957
Zuzones
57
Nava de Roa
35
Fuentemolinos
Campillo de Aranda
Ermita de la Virgen de la Nava
San Esteban
PEÑAFIEL
Valdezate
Adrada de Haza
Castillo
Hontangas
945
Fuentelcésped
Santa Cruz de la Salceda
Ermita de la Virgen de Paúl
Río Botijas
Olmos de Peñafiel
Castrillo de Duero
921
Torregalindo
Arroyo de la Nava
Provincia de Burgos
Provincia de Segovia
Milagros
Castillejo de Robledo
Cuchillejo
931
Cuevas de Provanco
Redondillo
La Sequera de Haza
Moradillo de Roa
Pardilla
Montejo de la Vega de la Serrezuela
Río Riaza
Maluque
Castillo de los Templarios
Provincia de Soria
Provincia de Segovia
Rábano
Casa del Campesino
Río Duratón
Villaverde de Montejo
Valdevacas de Montejo
Embalse de Linares del Arroyo
Cabeza Vieja
941
Convento de San Bernardo
Fuentenebro
Honrubia de la Cuesta
Aldehorno
Monasterio Cistercience
Villalvilla de Montejo
LAGUNA de Contreras
Muralla
SACRAMENIA
(834)
Granja de San Juan
Ermita de N.ª S.ª del Lirio
Nuestra Señora de Hornuez
MADERUELO
Capilla de la Vera Cruz
Aldeasoña
Vivar de Fuentidueña
Pecharromán
Valtiendas
603
1299
Valdevarnés
Aldealengua de Santa María
Moral de Hornuez
Alconadilla
Fuentesoto
Aldeanueva de la Serrezuela
1377
Pradales
Fuentemizarra
Barrio de Abajo
Río Aguisejo
911
Castillo
FUENTIDUEÑA
Muralla
Torreadrada
Ciruelos
Carabias
Alconada de Maderuelo
Calabazas
Rubio
1314
Sierra Pradales
Cilleruelo de San Mamés
Arroyo de la Hoz
Cedillo de la Torre
Campo de San Pedro
Riaguas de San Bartolomé
Fuentesaúco de Fuentidueña
Valles de Fuentidueñas
Embalse de Las Vencias
Tejares
Castro de Fuentidueña
1173
Santa Lucía
N I
Navares de las Cuevas
Fresno de la Fuente
Pajarejos
Bercimuel
Riahuelas
Fuentepiñel
San Miguel de Bernuy
Castrojimeno
Castroserracín
Arroyo de Bálsamo
Cascajeres
Cozuelos de Fuentidueña
Torrecilla del Pinar
921
Cobos de Fuentidueña
Navares de Enmedio
Arroyo de los Navares
Navares de Ayuso
Encinas
Grajera
Río de Bercimuel
Castiltierra
Corral de Ayllón
Pajares de Fresno
Ermita de la Virgen del Pinar
Fuente el Olmo de Fuentidueña
San Frutos
Carrascal del Río
Valle de Tabladillo
Barrio de Arriba
Río Duratón
Hinojosas del Cerro
Urueñas
Santa María de Bálsamos
Aldeonte
Aldeanueva del Campanario
Barahona de Fresno
Sequera de Fresno
Fresno de Cantespino
1104
1082
Burgomillodo
Emb. de Burgomillodo
Ermita de San Frutos
Navalilla
Aldehuela
Castrillo de Sepúlveda
Casas El Tabladillo
Boceguillas
Aldeanueva del Monte
Turrubuelo
Cincovillas
Barbolla
El Olmillo
Gomeznarro
Río Riaza
Cuatro Claros
El Carrizo
Convento de la Hoz
Villaseca
Santa Cruz
Covachuelas
La Llanada
Valdecabrios
Dehesa de Abajo
Fuenterrebollo
Los Zorros
(1005)
SEPÚLVEDA
Castillo morisco
Corral de Duratón
El Olmo
Corralejo
Villar de Sobrepeña
(rom. Septempublica)
Muralla
Duratón
Castillejo de Mesleón
Alameda
Laguna de Navahornos
Navacedón
San Miguel de Neguera
Río Serrano
Sotos de Sepúlveda
(1087)
RIAZA
Monasterio de Nuestra Señora de Hontanares
Sebúlcor
Castillo
Vellosillo
Molino Cega
Cantalejo
(967)
Consuegra de Murera
Torrecilla
Fresneda de Sepúlveda
Sotillo
Cerezo de Arriba
Est. de Riaza
Riofrío de Riaza
Aldeonsancho
Aldealcorvo
Perorrubio
112
Aldehuela
Cabezuela
Valdesimonte
Aldealafuente
Villafranca
Castillo de Castilnovo
Tanarro
Duruelo
Sanchofruela
La Pradera del Labrador
Pilafuente
Rebollar
Valdesaz
La Ventosilla
Los Cortos
Mansilla
Cerezo de Abajo
Ermita de San Benito
Pinar del Barranquillo
San Pedro de Gaillos
Santa Marta del Cerro
Puebla de Pedraza
Castroserna de Abajo
Rosuero
La Pinilla
Sauquillo de Cabezas
La Matilla
Valleruela de Sepúlveda
Las Casas Altas
Villarejo
Veganzones
Rebollo
Ventosilla
Apd. Santo Tomé del Puerto
Lobo
2262
603
La Dehesa
Río Cega
Valleruela de Pedraza
Castroserna de Arriba
Siguero
Rades
La Sigueruelo
Loma de Cabeza Pinillo
Muñoveros
La Alameda
El Arenal
Villar
Casla
Pajares de Pedraza
1114
Pradenilla
Ruta de las Catedrales
Somosierra
Arevalillo de Cega
Sanchopedro
Matandrino
2129
TURÉGANO
Castillo
(935)
Las Peñas
El Guijar
Arahuetes
La Velilla
Orejanilla
Revilla
Puerto de Somosierra
1404
Somosierra
Cerro de Calahora
Sierra de San Benito
Otones de Benjumea
1066
Pavía
Valdevacas
Castillo de Velasco
PEDRAZA
Murallas
Rades de Abajo
Huerta
Prádena
Colgadizos
1833
N.ª S.ª de las Vegas
Pintor Zuloaga
Cerro del Recuenco
1831
Cubillo
Requijada
Rades de Arriba
Colladillo
Arcones
Caballar
Cañicosa
Castillejo
Robregordo
El Cardoso de la Sierra
Río Jarama
Torreiglesias
Carrascal
Mata de Rosueros
Matamala
Río Abaio
Metabuena
Río Viejo
La Cuesta
La Mata
Valle de San Pedro
61
Galíndez
La Acebeda
Río Pirón
Losana de Pirón
Berrocal
Aldeasaz
Chavida
Torre Val de San Pedro
Ceguilla
Gallegos
Martincano
Cerro de la Vaquerizo
Horcajo de la Sierra
Horcajuelo de la Sierra
Montejo de la Sierra
La Hiruela
Segovia
75
Madrid

40
Wd
We
Wf
Xa
Castillo
(Restos históricos)
Quintanarraya
Río Espeja
Hinojar del Rey
CORUÑA del Conde
Convento San Jerónimo
Muñecas
Santa María de las Hoyas
Ardal
Sierra de Nafría
Ermita de San Bartolomé
Herrera de Soria
Muriel Viejo
Guijosa
Quintanilla de Nuño-Pedro
Fuencaliente del Burgo
Cantalucía
Cubilla
Arandilla
Alcubilla de Avellaneda
Ermita de San Juan de Canicera
Aylagas
Cubillas
Muriel de la Fuente
98
Valverde
Brazacorta
Alcoba de la Torre
Montes Valmayo
Fuentearmegil
Santervás del Burgo
Nafria de Ucero
UCERO
Castillo
Fuentecantales
Aldehuela de Calatañazor
Abioncillo
Santa Ana
Castillo
Cuzcurrita de Aranda
Zayas de Báscones
Zayuelas
Rejas de Ucero
Valdeavellano de Ucero
CALATAÑAZOR
(medieval)
Valdelinares
El Monte
Blacos
Río Perales
Zayas de Torre
Ermita de la Laguna
Valdealbín
Valdemaluque
Torreblacos
Bocigas de Perales
Villálvaro
Berzosa
Valdegrulla
Sotos del Burgo
Valdealvillo
La Mercadera
Ermita de San Isidro
Barcebal
Torralba del Burgo
Rioseco
Castildediez
Matanza de Soria
Valdelubiel
La Mue
Alcozar
Castillo
Rejas de San Esteban
Barcebalejo
Velasco
Ermita de San Roque
Santiuste
Castillo El Cubo
LANGA de Duero
Valdecastilla
Boós
Fuentela
Aranda de Duero
Velilla de San Esteban
Quintanilla de Tres Barrios
EL BURGO de Osma
Catedral
Valdenarros
Escobosa de Calatañazor
Puerta románica
Torreandaluz
Río Duero
OSMA
Ermita de la Magdalena
Ermita de San Julián
Valdenebro
Ermita de Almacedo
99
Las Alforjas
Soto de San Esteban
SAN ESTEBAN de Gormaz
Uxama Argelae (Ruinas romanas)
Bayubas de Arriba
Valderrodilla
Alcubilla del Marqués
Lodares de Osma
Valverde de los Ajos
Valdanzo
Muela
Aldea de San Esteban
Pedraja de San Esteban
Castillo
La Olmeda
Casa del Dornajo
Miño de San Esteban
Peñalba de San Esteban
Atauta
Olmillos
La Rasa
Estación de Osma-La Rasa
El Enebral
Tajueco
Bayubas de Abajo
Valdanzuelo
Andaluz
Iglesia románica
Necrópolis
Quintanas de Gormaz
Fuentecambrón
P.to Altos de Ayllón
Piquera de San Esteban
Cenegro
Inés
Navapalos
GORMAZ
Castillo
Vildé
Hortezuela
Estación de Berlanga de Duero
Aguilera
Recuerda
Morales
BERLANGA de Duero
Castillo
Palacio Marqueses
Moratilla
Morcuera
Villanueva de Gormaz
Valdepozuelos
Arroyo del Mome
Langilla
Quintanas Rubias de Abajo
Fresno de Caracena
Marquesado de Berlanga
Ciruela
Mazagatos
Otero
Torremocha de Ayllón
AYLLÓN
Muralla
Casa Palacio
Torraño
Quintanas Rubias de Arriba
Mosarejos
Galapagares
Casillas de Berlanga
Ermita San Baudelio
Santa María de Riaza
La Muela
Río Tielmes
Carrascosa de Abajo
Peones
Ligos
Alto de Encinar
Pozuelo
Río Talegones
100
Gallo
Hoz de Abajo
Hoz de Arriba
La Perera
Nograles
Brías
Cabreriza
Saldaña de Ayllón
Cuevas de Ayllón
Liceras
Caracena
Castillo
Río Caracena
Madruédano
Abanco
Sauquillo de Paredes
Alaló
Francos
Ribota
Valvieja
Montejo de Tiermes
Torresuso
Carrascosa de Arriba
San Cristóbal
Modamio
Estebanvela
Río Aguisejo
Noviales
Valderromán
Castillo
Lumias
Arenillas
Aldealázaro
Santibáñez de Ayllón
Rebollosa de Pedro
Cañicera
Tarancueña
Torrevicente
Villacorta
Ruinas de Termancia
El Negredo
Pedro
Rebollosa de los Escuderos
Retortillo de Soria
Madriguera
Alquite
Río Vadillo
Río Cambrones
Grado del Pico
Sotillos de Caracena
Manzanares
Ermita de Santa María
Losana
Valvenedizo
Castro
Serracín
Peralejo de los Escuderos
Cabeza Alta
Bañuelos
Barcones
Martín Muñoz de Ayllón
N.S.ª de Hontanares
Becerril
Sierra de Ayllón
El Muyo
La Torrecilla
Villacadima
Sierra de Pela
Sierra del Bulejo
Miedes de Atienza
Romanillos de Atienza
Provincia de Soria
Provincia de Guadalajara
Casillas
Campisábalos
Hijes
Bochones
El Morro
Somolinos
Ujados
Alpedroches
101
Río Lillas
Sierra
Cantalojas
Castillo de Galve
San Antón
Condemios de Arriba
Condemios de Abajo
Albendiego
Nuestra Señora del Puente
El Pinar
Molino de Arriba
Galve de Sorbe
Cañamares
Tordelloso
Río Sorbe
Loma del Puerto
Río Bornova
Recinto monumental
Castillo
Molina de Mochinga
ATIENZA
Muralla
Cincovillas
Reserva
Collado de San Pedro
Valdepinillos
Sierra de Alto Rey
Prádena de Atienza
La Miñosa
Ermita de Santa Lucía
Aldeanueva de Atienza
Ermita del Alto Rey
Venta de la Vieja
Río Sonsaz
Naharros
Bodera
La Huerce
Gascueña de Bornova
Peñalba de la Sierra
Sierra del Robledal
Zarzuela de Galve
Bustares
La Bodera
Riofrío del Llano
nacional
Umbralejo
El Ordial
Casas de la Quebrada
Casas de Valluengo
Robledo de Corpes
Cabida
Río Jaramilla
Valverde de los Arroyos
Ermita de la Magdalena
Cardeñosa
Bocígano
Casa Los Chozones
Arroyo de las Fraguas
Navas de Jadraque
Río Cañamares
102
de
Robleluengo
Majaelrayo
Ocejón
Villares de Jadraque
Embalse de Pálmaces
Embalse de Matallana
Río Riatillo
Rebollosa de Jadraque
Corralejo
Campillo de Ranas
La Nava de Jadraque
Hiendelaencina
Colmenar de la Sierra
Robleladasa
Espinar
Palancares
Río Sobre
Las Cabezadas
Río Seco
Zarzuela de Jadraque
Sonsaz
Campillejo
Semillas
Pálmaces de Jadraque
Angón
Huérmeces del Cerro
Segovia
75
110
114
116
122
101
Castillo
Atienza
Ermita
San Baudelio
Zarzuela
Galve

Burgos
Logroño
41
Tarazona
Xc
Xd
Xe
Xf
Estopar
Fuentetoba
Golmayo
Santo Cristo de los Olmedillos
Fuensaúco
Omeñaca
Sierra del Costado
Castillo
Ermita
Masegoso
Villaciervos
Villaciervitos
Catedral
SORIA
Ermita de San Santurio
Ontalvilla de Valcorba
Fuentetecha
Tozalmoro
Hinojosa del Campo
Tajahuerce
Altos de Villaciervos
Carbonera de Frentes
Sierra de San Marcos
Martialay
Duáñez
Granja La Salma
Alconaba
Cubo de Hogueras
Carazuelo
Ojuel
Esteras de Lubia
Pinilla del Campo
Villabuena
Ermita de Santa Eulalia
Los Rábanos
Embalse de Los Rábanos
Peroniel del Campo
Mazalvete
Castejón del Campo
Ermita de Hinodejo
Camparañón
Río Mazo
Casa Granja de Blasco Nuño
Candilichera
Río Duero
Almenar de Soria
Jaray
Hinodejo
Navalcaballo
Cabrejas del Campo
Las Cuevas de Soria
Castillo
Izana
Río Izana
Tardajos de Duero
Aldealafuente
Gómara
Cardejón
Monasterio
Los Llamosos
Miranda de Duero
La Laguna
Campo de
Aliud
Estación de Gómara
Albocabe
Buberos
Revilla
Calatañazor
Quintana Redonda
Lubia
Rabanera del Campo
Ribarroya
Paredesroyas
Portillo de Soria
Torrubia de Soria
Ventosa
Fuentepinilla
La Quebrada
33
Río Mazo
Ituero
Tapiela
Zamajón
Ermita de San Pablo
Torralba de Arciel
GÓMARA
Villaseca de Arciel
La Seca
TARDELCUENDE
Altos de Lubia
La Paloma
Ermita de la Virgen de la Solana
Cubo de la Solana
Rioturco
Villanueva de Zamajón
Tejado
Ledesma de Soria
Sierra Corija
Cascajosa
Valdespina
Almarail
Sauquillo de Boñices
Boñices
Almazul
Castil de Tierra
Abión
Río Izana
Valdemarcas
Borjabad
Nompeorides
Zárabes
Río Henar
El Santero
La Concepción
Apeadero de Matamala
Viana de Duero
Nepas
Nolay
Bliecos
Azagradero
La Cruz
Navazo
Mazaterón
Miñana
Río Duero
Baniel
Requijada
Castillo
Moñux
San Cristóbal
Tierra de Almazán
Fuentelcarro
Tejerizas
MATAMALA de Almazán
La Milana
SERÓN de Nágima
Ermita de la Virgen de la Vega
Ermita de Nuestra Señora de Linares
Santa María del Prado
Matute de Almazán
Palacio de los Condes de Altamira
ALMAZÁN
Murallas
Perdices
Escobosa de Almazán
Velilla de los Ajos
Rebollo de Duero
Ciadueña
Soliedra
Maján
El Llano de la Muela
Los Visos
Villalba
Neguillas
Torlengua
Barca
Covarrubias
Almantiga
La Miñosa
Bordejé
Borchicayada
Momblona
Las Mollas
Arroyo del Arenal
Cañamaque
Río Nágima
Frechilla de Almazán
Coscurita
Alentisque
Fuentelmonge
Valdelatorre
Cobertelada
Balluncar
Castillo
MORÓN de Almazán
Valtueña
Bordalba
Lodares del Monte
Centenera del Campo
Torremediana
Cabanillas
El Monte
Embalse de Monteagudo
Sauquillo del Campo
Altos de Barahona
Hontalbilla
Señuela
Puebla de Eca
Chércoles
MONTEAGUDO de las Vicarias
Murallas
Castillo
Pozuel de Ariza
Río Torete
Fuentegelmes
Villasayas
Hontalbilla de Almazán
Adradas
Taroda
Estación de Chércoles
Nuestra Señora de la Torre
de la Torre
Las Dehesillas
Bajera
Jodra de Cardos
Río Bordecorex
Sierra del Muedo
El Corralejo
Ermita de Soledad
Pinilla del Olmo
40
Calatayud
Barahona
Aguaviva de la Vega
Utrilla
Almaluez
Granja de San Pedro
Monreal de Ariza
(iber.-rom.)
Murallas
Santo Cristo de la Vega
P.to de Radona
Radona
Sierra de la Mata
SANTA MARÍA de Huerta
Monasterio Cisterciense
Alpanseque
Romanillos de Medinaceli
Mezquetillas
Alcubilla de las Peñas
Valladares
Torrehermosa
Castillo árabe
MONTUENGA de Soria
Aguilar de Montuenga
Blocona
Yuba
Beltejar
Rienda
Valdelcubo
Torrecilla del Ducado
Yelo
Corvesín
Jubera
ARCOS de Jalón
Alconchel de Ariza
Sienes
Conquezuela
La Santa Cruz
Miño de Medina
Lodares
Somaén
Río Jalón
Tobes
Laguna de Conquezuela
Castillo Almadeque
Querencia
Olmedillas
MEDINACELI
(Ruinas romanas, Murallas, Palacio ducal)
Villacorza
La Ventosa del Ducado
Ambrona
Lomeda
Arenales
Velilla de Medinaceli
Torre de Valdealmendras
Museo Paleontológico
Sagides
Chaorna
Casa de Alcondrón
Riotovi del Valle
Valdealmendras
Alboreca
Fuencaliente de Medina
Torralba del Moral
Salinas de Medinaceli
Río Blanco
Bujalcayado
Mojares
Horna
Azcamellas
Arbujuelo
Ures de Medina
Laguna de Judes
Judes
Matas
Ministra
15
Llano del Palomar
Iruecha
Pozancos
Ures
Alcuneza
Cubillas del Pinar
Esteras de Medina
Benamira
Villaseca de Arciel
Layna
Castillo
Guijosa
Bujarrabal
Cuestas de Esteras
Sierra Ministra
Codes
Palazuelos
Alto de San Sebastián
Recinto monumental
Ermita de Nuestra Señora de la Salud
SIGÜENZA
Catedral
Celt-ib. Segontia
Parador Nacional "Castillo de Sigüenza"
Barbatona
Estriégana
Maranchón
Balbacil
76
Alcalá/Molina
77
Molina

42
Xf
Ya
Yb
Yc
98
99
100
101
102
Madero
Cascarrera
Ermita de San Bartolomé
Cueva de Agreda
Casa del Soto
Beratón
Sierra del Moncayo
Talamantes
Barranco de la Henezuela
Huechaseca
Bollón
1043
Fuendejalón
Las A
Ermita de Nª Sª de los Remedios
Matalasilla
Noviercas
Sierra de Toranzo
1614
Río Araviana
Los Cerros
Mina
Ermita de Virgen de los Santos
1749
Sierra de Tablado
Purujosa
Parideras Cerro Pellar
1494
Corral de Minganares
Tabuenca
1131
Corral de los Vedaos
Paridera Huerta del Sastre
Puerto de la Chavola
(902)
1054
El Espartal
El Cortado
El Rebollar
Borobia
1504
Calcena
Corral de la Virgen
Trasobares
Sierra de Nava Alta
Caserío de Orchi
Soria
Río Manubles
Los Retrones
Pomer
Loma de los Congostos
Cabezarredonda
1339
Ermita de San Cristóbal
Río Isuela
Tierga
Rodanas
Ermita de la Virgen de la Sierra
Ciria
1333
Olvega
Nordesalas
Sauquillo de Alcázar
1295
P.to Bigornitz
(1100)
Tomillares
Reznos
Torrelapaja
San Roque
Aranda de Moncayo
Emb. de Maidevera
Oseja
La Manesa
923
Las Minas
La Quiñonería
Malanquilla
Berdejo
Las Casas
Ermita de San Juan
Bijuesca
Río Vigas
Sierra de la Virgen
Ermita de la Virgen de la Sierra
Río Aranda
San Sebastián
Jarque
Gotor
Castillo
ILLUECA
Mesones de Isuela
Niguëlla
Casa del Monte
Peñalcázar
Sierra de Miñana
La Alameda
Alto Cruz
(1313)
Clarés de Ribota
91
1413
Ermita del Santo
1433
Brea de Aragón
La Camamila
763
ARÁNDIGA
Río Aranda
Casa de la Veguilla
Ermita de los Santos
Río Carabán
Embalse de Aniñon-Niño Jesús
Sestrica
Chodes
Morés
Purroy
Villanueva de Jalón
Morata de Jalón
Torrijo de la Cañada
Villarroya de la Sierra
Viver de la Sierra
Morés
1168
Deza
Ermita de San Roque
Embalse de la Hoz
Aniñón
1264
Saviñán
909
Campo Alavés
Casa del Yelo
Villalengua
Cervera de la Cañada
Embid de la Ribera
San Roque
Puerto de El Frasno
(785)
Las Pasaderas
Torralba de Ribota
Paracuellos de la Ribera
El Frasno
Río Jalón
1035
La Estación
Cihuela
Río Monegrillo
Santa Bárbara
Moros
Sierra de Almantes
Campiel
Aluenda
Inogés
954
Ribota
Huérmeda
(764)
Puerto de Cabero
Marivella
Pietas
Sierra de Vicort
Embid de Ariza
Ermita de la Ascensión
Bílbilis (Ciudad Ibérica)
Murallas
Castillo árabe
Pico del Rayo
1420
Casa del Monte Nuevo
CALATAYUD
(arab. Kalat-Ayub)
San Roque
Antigua mezquita
Río Perejiles
Sediles
1219
Viver de Vicort
Casa de la Vega
Los Cabezos
Río Manubles
Terrer
Torres
Villalba de Perejil
El Carbonero
Santa Quiteria
Ateca
Santa Eulalia
221
Casa de Sandañón
ARIZA
N II
Ermita de Santiago
Bubierca
Aluzarera
Paracuellos de Jiloca
Belmonte de Calatayud
Orera
Medinaceli
Castillo Campillo
Contamina
Termas Pallarés
Muela
913
E 90
Castejón de las Armas
Valtorres
234
Maluenda
901
Mara
Ruesca
CETINA
Castillo
Cuatro Mojones
879
ALHAMA de Aragón
(rom. Aquae Bilbilitanae)
Venta del Feo
Carenas
202
La Vilueña
888
Ermita de San Juan
San Cristóbal
Velilla de Jiloca
Río Jiloca
Río del Peijelero
890
Godojos
Munébrega
Barranco
33
Miedes
Río Perejiles
Loma de Eslopar
Embalse de la Tranquera
Morata de Jiloca
Olvés
Fuentes de Jiloca
Ermita de San Gregorio
San Daniel
Loma del Camarero
Cabolafuente
Ibdes
Nuévalos
Granja de Zaragocilla
San Roque
Alarba
Nª Sª de Semón
Montón
Villafeliche
pto de Villafe
San Fabián
San Miguel
Monasterio de Piedra
Cascada
1018
Jaraba
(860)
Sisamón
Pajares de Calmarza
San Roque
Sierra de Pardos
Castejón de Alarba
1264
Ermita de la Soledad
Acered
Atea
Nª Sª de los Mártires
Murero
Provincia de Zaragoza
Provincia de Guadalajara
Lugar Nuevo
Monterde
P.to Campillo
(1031)
Casa de las Salinas
Santa Bárbara
Manchor
Calmarza
San Antón
Pardos
Santa Catalina
San Lamberto
Llunes
Granja de Llunes
Abanto
Sierra de Santa Cruz
Algar de Mesa
Río Mesa
Villel de Mesa
Campillo de Aragón
Ermita de Jesús
Ermita de San Esteban
Santa Bárbara
1423
Santa Cruz
Orcajo
DAROCA
Muralla
Los Pelados
Cimballa
Cubel
Balconchán
Mochales
Santo Tomás
Santo Cristo
Milmarcos
Río Piedra
Casa de Guialguerrero
211
Virgen del Rosario
Amayas
El Medio
1362
Castillo
Fuentelsaz
Ermita de San Roque
Aldehuela de Liestos
Used
1264
(1153)
pto de S
Ermita Cabazuela Blanca
San Roque
Virgen de la Olmeda
Labros
Torralba de los Frailes
Santed
77
78

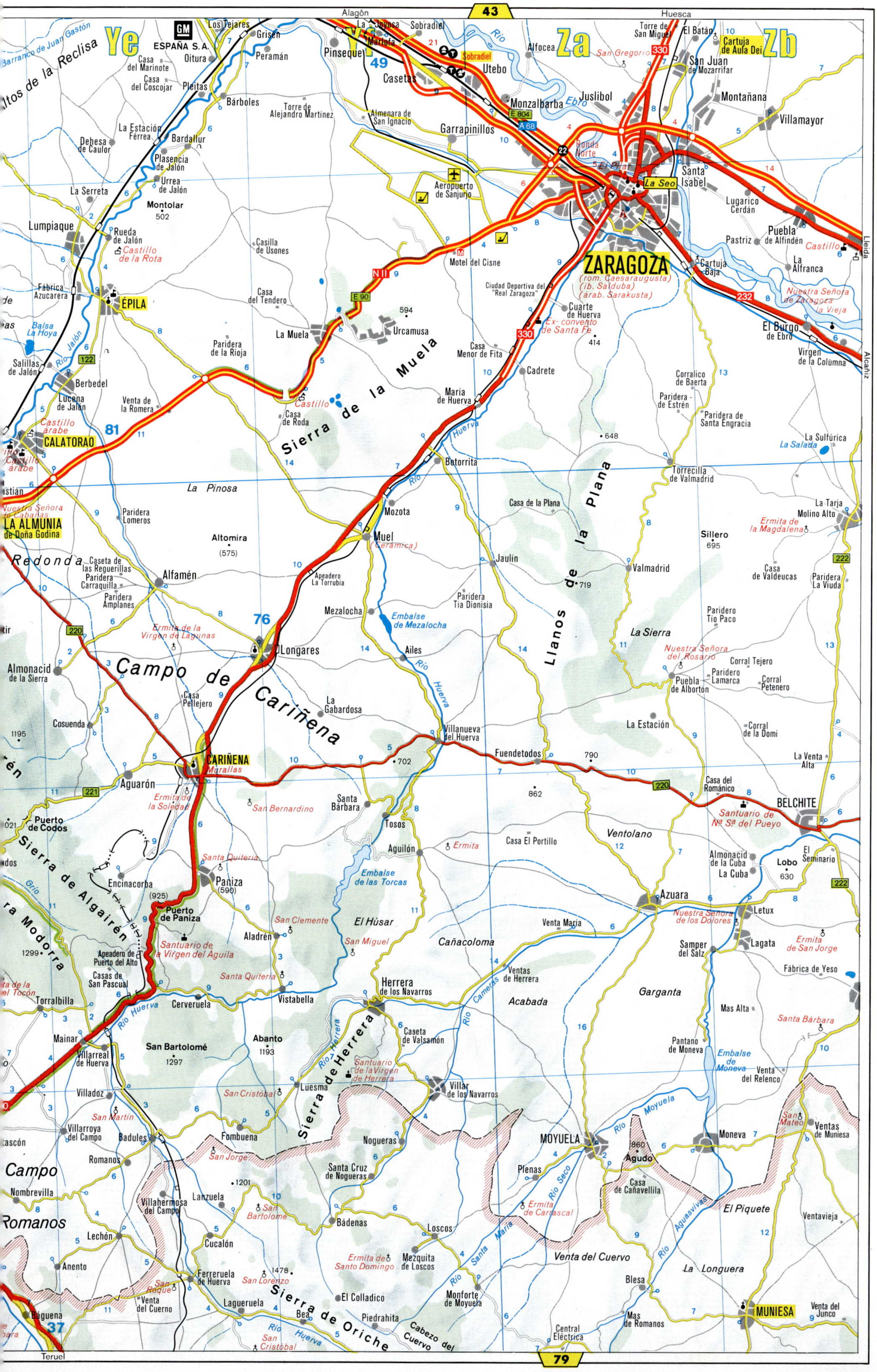
43
79
Ye
Za
Zb
ZARAGOZA
(rom. Caesaraugusta)
(ib. Salduba)
(árab. Sarakusta)
La Seo
El Pilar
Ronda Norte
Alagón
Huesca
Lleida
Alcañiz
Teruel
ESPAÑA S.A.
GM
Altos de la Reclisa
Barranco de Juan Gastón
Casa del Marinote
Casa del Coscojar
Oitura
Pleitas
Bárboles
Los Pejares
Grisén
Peramán
La Joyosa
Marlofa
Sobradiel
Pinseque
Casetas
Utebo
Alfocea
Torre de San Miguel
El Batán
Cartuja de Aula Dei
San Gregorio
San Juan de Mozarrifar
Montañana
Villamayor
Juslibol
Monzalbarba
Río Ebro
Ebro
Torre de Alejandro Martínez
Almenara de San Ignacio
Garrapinillos
La Estación Férrea
Bardallur
Dehesa de Caulor
Plasencia de Jalón
Urrea de Jalón
Aeropuerto de Sanjurjo
La Serreta
Montolar
502
Lumpiaque
Rueda de Jalón
Castillo de la Rota
Casilla de Usones
Motel del Cisne
Santa Isabel
Lugarico Cerdán
Puebla de Alfindén
Pastriz
Castillo
La Alfranca
Cartuja Baja
Ciudad Deportiva del "Real Zaragoza"
Cuarte de Huerva
Ex- convento de Santa Fe
414
Nuestra Señora de Zaragoza la Vieja
El Burgo de Ebro
Virgen de la Columna
Fábrica Azucarera
ÉPILA
Casa del Tendero
594
Urcamusa
La Muela
Balsa La Hoya
Salillas de Jalón
Río Jalón
Paridera de la Rioja
Casa Menor de Fita
Cadrete
Berbedel
Lucena de Jalón
Venta de la Romera
Castillo
Casa de Roda
Sierra de la Muela
María de Huerva
Corralico de Baerta
Paridera de Estrén
Paridera de Santa Engracia
648
La Sulfúrica
La Salada
Castillo árabe
CALATORAO
Río Huerva
Botorrita
Torrecilla de Valmadrid
La Pinosa
Nuestra Señora de Cabañas
LA ALMUNIA de Doña Godina
Paridera Lomeros
Mozota
Casa de la Plana
Llanos de la Plana
La Tarja
Molino Alto
Ermita de la Magdalena
Sillero
695
Altomira
(575)
Muel
(Cerámica)
Jaulín
Valmadrid
719
Casa de Valdeucas
Paridera La Viuda
Redonda
Caseta de las Reguerilles
Paridera Carraquilla
Paridera Amplanes
Alfamén
Apeadero La Torrubia
Paridera Tía Dionisia
Paridero Tío Paco
Mezalocha
Embalse de Mezalocha
Ermita de la Virgen de Lagunas
Longares
Ailes
La Sierra
Nuestra Señora del Rosario
Corral Tejero
Paridero Lamarca
Puebla de Albortón
Corral Petenero
Almonacid de la Sierra
Campo de Cariñena
Casa Pellejero
La Gabardosa
1195
Cosuenda
La Estación
Corral de la Domi
Villanueva del Huerva
Fuendetodos
790
La Venta Alta
CARIÑENA
Murallas
Aguarón
702
862
Casa del Romanico
BELCHITE
Santuario de Nª Sª del Pueyo
Ermita de la Soledad
San Bernardino
Santa Bárbara
Puerto de Codos
Sierra de Algairén
Tosos
Casa El Portillo
Ventolano
Aguilón
Ermita
Almonacid de la Cuba
La Cuba
Lobo
630
El Seminario
Santa Quiteria
Embalse de las Torcas
Encinacorba
Paniza
(590)
(925)
Puerto de Paniza
Santuario de la Virgen del Aguila
Sierra Modorra
1299
San Clemente
El Húsar
Azuara
Nuestra Señora de los Dolores
Letux
Venta María
Aladrén
San Miguel
Cañacoloma
Samper del Salz
Lagata
Ermita de San Jorge
Apeadero de Puerto del Alto
Casas de San Pascual
Santa Quiteria
Ventas de Herrera
Fábrica de Yeso
Torralbilla
Cerveruela
Vistabella
Herrera de los Navarros
Acabada
Garganta
Mas Alta
Río Cámaras
Mainar
San Bartolomé
1297
Abanto
1193
Caseta de Valsamón
Santa Bárbara
Pantano de Moneva
Embalse de Moneva
Venta del Relenco
Villarreal de Huerva
Sierra de Herrera
Santuario de la Virgen de Herrera
Villadoz
San Cristóbal
Luesma
Villar de los Navarros
Río Moyuela
Villarroya del Campo
San Martín
Badules
Fombuena
Nogueras
MOYUELA
860
Agudo
Moneva
San Mateo
Ventas de Muniesa
Campo
Romanos
San Jorge
Santa Cruz de Nogueras
Plenas
Casa de Cañavellila
El Piquete
Nombrevilla
1201
Lanzuela
Villahermosa del Campo
San Bartolomé
Río Seco
Ermita de Carrascal
Ventavieja
Bádenas
Loscos
Río Aguasvivas
Lechón
Cucalón
Anento
Ermita de Santo Domingo
Mezquita de Loscos
Venta del Cuervo
La Longuera
Ferreruela de Huerva
1478
San Lorenzo
Río Santa María
San Roque
Venta del Cuerno
Sierra de Oriche
Laguerela
El Colladico
Monforte de Moyuela
Blesa
Báguena
Bea
Piedrahita
Mas de Romanos
MUNIESA
Venta del Junco
Río Huerva
San Cristóbal
Cabezo del Cuervo
Central Eléctrica
N II
E 90
E 804
A 68
330
232
122
220
221
222
49
81
76
37

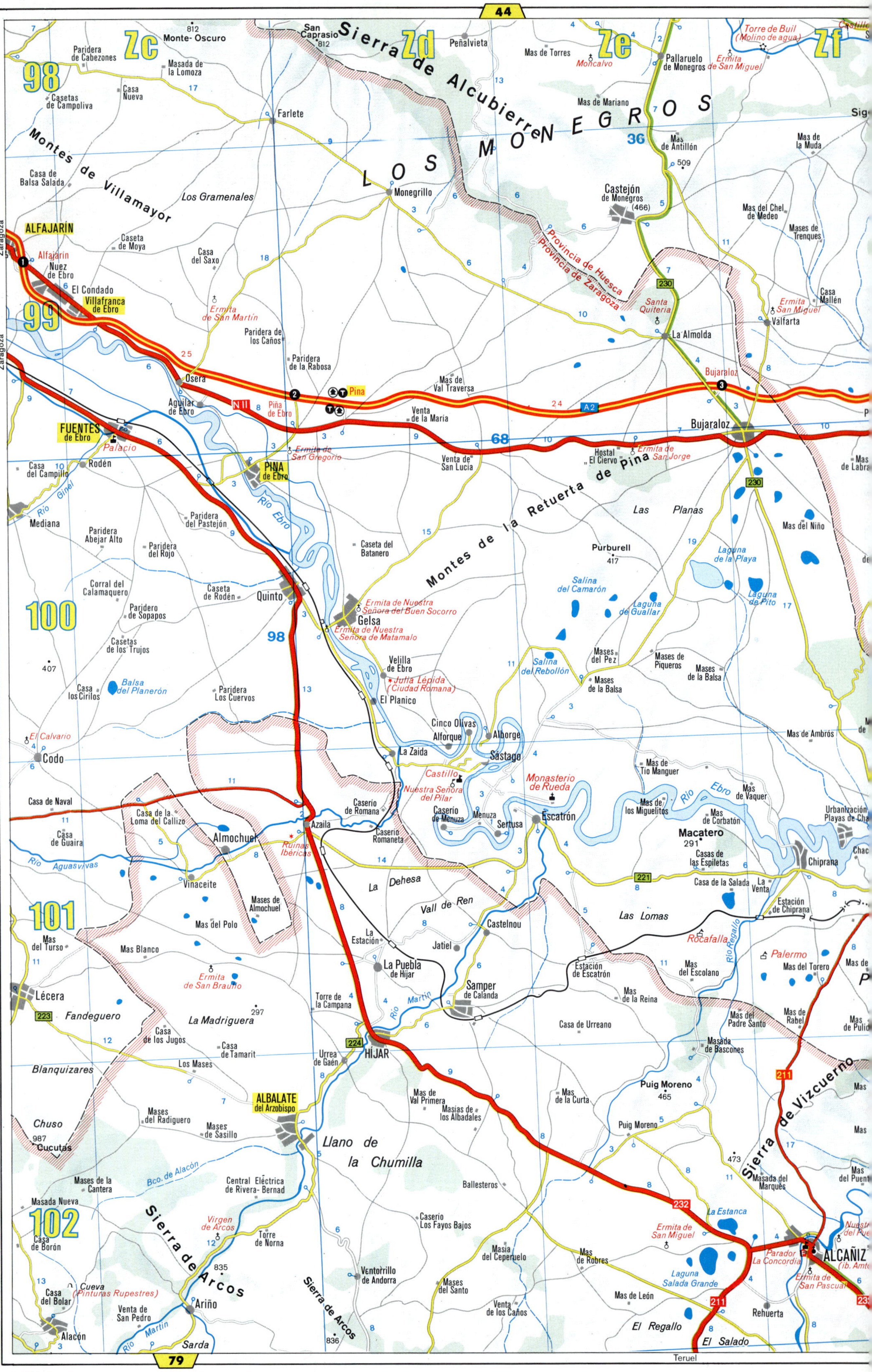
44
Zc
Zd
Ze
Zf
98
99
100
101
102
Monte- Oscuro
812
Paridera de Cabezones
Masada de la Lomoza
Casa Nueva
Casetas de Campoliva
San Caprasio
812
Sierra de Alcubierre
Peñalvieta
Mas de Torres
Moncalvo
Pallaruelo de Monegros
Ermita de San Miguel
Torre de Buil (Molino de agua)
Farlete
Mas de Mariano
LOS MONEGROS
Mas de Antillón
509
Mas de la Muda
Montes de Villamayor
Casa de Balsa Salada
Los Gramenales
Monegrillo
Castejón de Monegros
(466)
Mas del Chel de Medeo
Mases de Trenques
ALFAJARÍN
Zaragoza
Alfajarín
Caseta de Moya
Casa del Saxo
Provincia de Huesca
Provincia de Zaragoza
Nuez de Ebro
El Condado
Villafranca de Ebro
Ermita de San Martín
Santa Quiteria
Casa Mallén
Ermita San Miguel
Valfarta
La Almolda
Paridera de los Caños
Paridera de la Rabosa
Osera
Pina
Mas de Val Traversa
Bujaraloz
Aguilar de Ebro
N II
Piña de Ebro
A2
Venta de la María
FUENTES de Ebro
Palacio
Ermita de San Gregorio
Venta de San Lucía
Hostal "El Ciervo"
Ermita de San Jorge
Bujaraloz
68
Mas de Labra
Casa del Campillo
Rodén
PINA de Ebro
Montes de la Retuerta de Pina
Río Ginel
Mediana
Las Planas
Paridera del Pastejón
Río Ebro
Mas del Niño
Paridera Abejar Alto
Paridera del Rojo
Caseta del Batanero
Purburell
417
Laguna de la Playa
Corral del Calamaquero
Caseta de Rodén
Quinto
Salina del Camarón
Laguna de Guallar
Laguna de Pito
Paridero de Sopapos
Ermita de Nuestra Señora del Buen Socorro
Gelsa
Ermita de Nuestra Señora de Matamalo
98
Casetas de los Trujos
Velilla de Ebro
Julia Lépida (Ciudad Romana)
Salina del Rebollón
Mases del Pez
Mases de Piqueros
Mases de la Balsa
407
Casa los Cirilos
Balsa del Planerón
Paridera Los Cuervos
El Planico
El Calvario
Codo
Cinco Olivas
Alforque
Alborge
Sástago
La Zaida
Mas de Ambrós
Mas de Tío Manguer
Castillo
Nuestra Señora del Pilar
Monasterio de Rueda
Casa de Naval
Casa de la Loma del Callizo
Caserío de Romana
Caserío de Menuza
Menuza
Sertusa
Escatrón
Río Ebro
Mas de Vaquer
Mas de los Miguelitos
Mas de Corbatón
Urbanización Playas de Chaprana
Almochuel
Azaila
Caserío Romaneta
Macatero
291
Casa de Guaira
Ruinas Ibéricas
Casas de las Espiletas
Chiprana
Río Aguasvivas
La Dehesa
Casa de la Salada
La Venta
Vinaceite
Vall de Ren
Estación de Chiprana
Mases de Almochuel
Las Lomas
Mas del Polo
Castelnou
Mas del Turso
La Estación
Rocafalla
Mas Blanco
Jatiel
Palermo
Estación de Escatrón
Mas del Escolano
Mas del Torero
Ermita de San Braulio
La Puebla de Híjar
Samper de Calanda
Mas de la Reina
Lécera
Torre de la Campana
Río Martín
Mas de Rabel
Fandeguero
297
La Madriguera
Mas del Padre Santo
Casa de Urreano
Mas de Pulido
Casa de los Jugos
Casa de Tamarit
Urrea de Gaén
HÍJAR
Masada de Bascones
Los Mases
Blanquizares
Mas de Val Primera
Masías de los Albadales
Mas de la Curta
Puig Moreno
465
ALBALATE del Arzobispo
Chuso
Mases del Radiguero
Mases de Sasillo
Puig Moreno
Sierra de Vizcuerno
987
Cucutas
Llano de la Chumilla
473
Mas del Puente
Mases de la Cantera
Bco. de Alacón
Central Eléctrica de Rivera- Bernad
Ballesteros
Masada del Marqués
Masada Nueva
La Estanca
Sierra de Arcos
Virgen de Arcos
Torre de Norna
Caserío Los Fayos Bajos
Ermita de San Miguel
Casa de Borón
Masía del Ceperuelo
Mas de Robres
Parador La Concordia
ALCAÑIZ
835
Laguna Salada Grande
Ermita de San Pascual
Cueva (Pinturas Rupestres)
Ventorrillo de Andorra
Mases del Santo
Casa del Bolar
Venta de San Pedro
Ariño
Sierra de Arcos
Venta de los Caños
Mas de León
Rehuerta
Alacón
Río Martín
836
El Regallo
El Salado
Sarda
Teruel
79
230
221
223
224
232
211

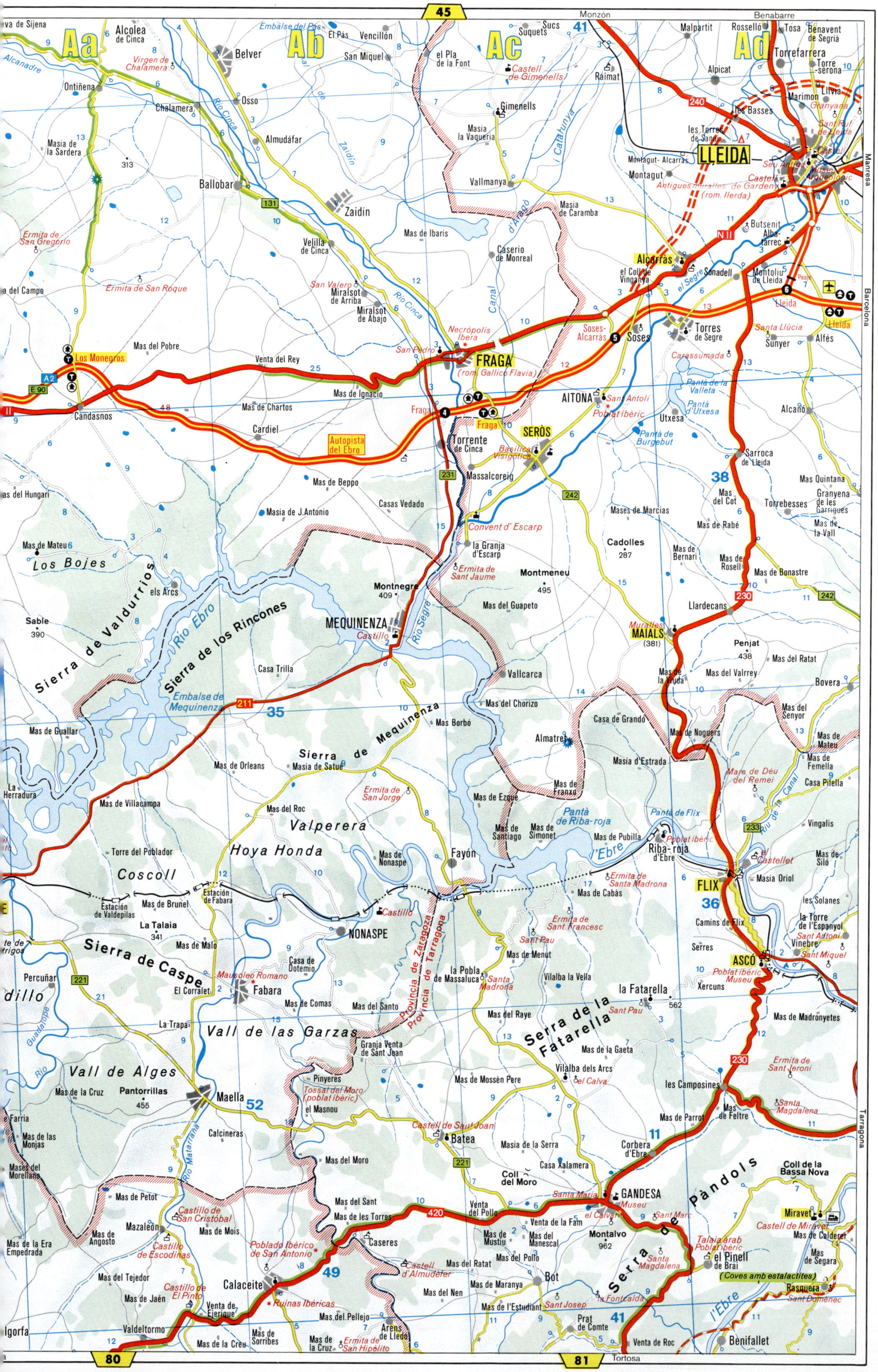
45
Monzón
Benabarre
Aa
Ab
Ac
Ad
va de Sijena
Alcolea de Cinca
Embalse del Pas
El Pas
Vencillón
Sucs
Suquets
41
Malpartit
Rosselló
Tosa
Benavent de Segrià
Alcanadre
Virgen de Chalamera
Belver
San Miquel
el Pla de la Font
Castell de Gimenells
Raïmat
Alpicat
Torrefarrera
Torre-serona
Ontiñena
Chalamera
Osso
Gimenells
240
les Basses
Marimon
Llívia
Granyana
Río Cinca
Zaidín
Masia la Vaquería
les Torres de Sanui
Sant Ruf de Lleida
Masia de la Sardera
Almudáfar
Catalunya
LLEIDA
Castell
313
Montagut-Alcarràs
Montagut
Seu Antiga
Manresa
Ballobar
Vallmanya
Antigues muralles de Gardeny
131
Zaidín
Masia de Caramba
(rom. Ilerda)
Ermita de San Gregorio
Mas de Ibaris
Butsenit
Velilla de Cinca
Caserío de Monreal
N II
Albatàrrec
Alcarràs
el Coll de Vinganya
Sonadell
Montoliu de Lleida
Ermita de San Roque
San Valero
Miralsot de Arriba
Miralsot de Abajo
Río Cinca
el Segre
Canal
Lleida
Barcelona
a del Campo
Mas del Pobre
Necrópolis Ibera
Soses-Alcarràs
Soses
Torres de Segre
Santa Llúcia
Sunyer
Alfés
Lleida
Los Monegros
Venta del Rey
San Pedro
FRAGA
(rom. Gallica Flavia)
Carassumada
A2
E 90
Mas de Ignacio
AITONA
Sant Antolí
Pantà de la Valleta
Pantà d'Utxesa
Candasnos
Mas de Chartos
Fraga
Poblat ibèric
Utxesa
Alcanó
Cardiel
Torrente de Cinca
SERÒS
Pantà de Burgebut
Autopista del Ebro
Basílica Visigòtica
Sarroca de Lleida
231
Massalcoreig
242
38
Mas Quintana
as del Hungari
Mas de Beppo
Casas Vedado
Mas del Cot
Torrebesses
Granyena de les Garrigues
Masia de J.Antonio
Mases de Marcias
Convent d'Escarp
Mas de Rabé
Mas de la Vall
Mas de Mateu
Cadolles
287
Los Bojes
la Granja d'Escarp
Mas de Bernari
Mas de Rosell
Mas de Bonastre
Ermita de Sant Jaume
Montmeneu
495
els Arcs
Montnegre
409
Llardecans
Mas del Guapeto
230
242
Sierra de Valdurrios
Río Ebro
Sierra de los Rincones
Sable
390
MEQUINENZA
Castillo
Río Segre
Muralles
MAIALS
(381)
Penjat
438
Mas del Ratat
Casa Trilla
Vallcarca
Mas de la Viuda
Mas del Valrrey
Bovera
Embalse de Mequinenza
211
35
Mas del Chorizo
Mas del Senyor
Mas de Guallar
Mas Borbó
Casa de Grandó
Mas de Noguers
Sierra de Mequinenza
Almatret
Mas de Mateu
Masia de Satué
Mas de Orleans
Masía d'Estrada
Mas de Femella
Casa Pilella
La Herradura
Ermita de San Jorge
Mare de Déu del Remei
Mas de Villacampa
Mas del Roc
Mas de Franxo
Mas de Ezque
Valperera
Pantà de Flix
Pantà de Riba-roja
Mas de Santiago
Mas de Simonet
Mas de Pubilla
Poblat ibèric
233
Vingalis
Torre del Poblador
Hoya Honda
Mas de Nonaspe
Fayón
l'Ebre
Riba-roja d'Ebre
Castellet
Mas de Siló
Coscoll
Ermita de Santa Madrona
Mas de Cabàs
Masia Oriol
FLIX
Estación de Fabara
Estación de Valdepilas
Mas de Brunel
36
les Solanes
Castillo
Camins de Flix
la Torre de l'Espanyol
La Talaia
341
NONASPE
Ermita de Sant Francesc
Sant Pau
Vinebre
Sant Antoni
Sant Miquel
Sierra de Caspe
Mas de Malo
Provincia de Zaragoza
Provincia de Tarragona
Mas de Menut
Serres
ASCÓ
Casa de Dotemio
Poblat ibèric
Museu
Percuñar
221
Mausoleo Romano
la Pobla de Massaluca
Santa Madrona
Vilalba la Vella
Xercuns
dillo
El Corralet
Fabara
la Fatarella
562
Mas de Comas
Mas del Santo
Sant Pau
Mas del Raye
Mas de Madronyetes
La Trapa
Vall de las Garzas
Serra de la Fatarella
Granja Venta de Sant Joan
Mas de la Gaeta
230
Guadalope
Ermita de Sant Jeroni
Vall de Alges
Pinyeres
Vilalba dels Arcs
el Calvari
Mas de la Cruz
Pantorrillas
455
Maella
Tossal del Moro (poblat ibèric)
Mas de Mossèn Pere
les Camposines
el Masnou
52
Mas de Feltre
Santa Magdalena
Farria
Mas de Parrot
11
Mas de las Monjas
Calcineras
Castell de Sant Joan
Batea
Masia de la Serra
Corbera d'Ebre
Tarragona
Mases del Morellano
Mas del Moro
221
Casa Xalamera
Coll de la Bassa Nova
Coll del Moro
Serra de Pàndols
Río Matarraña
Mas de Petot
Santa María
GANDESA
Mas del Sant
Museu
Mas de les Torres
420
Venta del Pollo
Sant Marc
Miravet
Castillo de San Cristóbal
Mas de la Fam
el Calvari
Castell de Miravet
Mazaleón
Mas de Mois
Mas de Mustiu
Mas del Manescal
Montalvo
962
Mas de Calderer
Mas de la Era Empedrada
Mas de Angosto
Poblado Ibérico de San Antonio
Caseres
Talaia àrab
Poblat ibèric
Castillo de Escodinas
Mas del Pollo
Santa Magdalena
el Pinell de Brai
Mas de Segara
Mas del Ratat
(Coves amb estalactites)
Mas del Tejedor
Castell d'Almudéfer
49
Bot
Rasquera
Castillo de El Pinto
Calaceite
Mas del Nen
Mas de Maranya
la Fontcalda
Sant Domènec
Mas de Jaén
Venta de Fierique
Ruinas Ibéricas
Mas de l'Estudiant
Sant Josep
41
l'Ebre
lgorfa
Valdeltormo
Mas del Pellejo
Arens de Lledó
Prat de Comte
Mas de Sorribes
Mas de la Creu
Mas de la Cruz
Ermita de San Hipólito
Venta de Roc
Benifallet
80
81
Tortosa

46

Manresa
Ae
Af
Ba
Bb
Corbins
Vilanova de la Barca
Bellvís
el Poal
Barbens
Seana
les Cases de Barbens
Anglesola
Vilagrassa
TÀRREGA
Fonolleres
la Curullada
la Mora
Granyanella
CERVERA
Utxafava
el Palau d'Anglesola
Castellnou de Seana
Alcoletge
Bell-lloc d'Urgell
Torre Concordio
Fondarella
MOLLERUSSA
Golmés
BELLPUIG
Montperler
Sidamon
els Alamús
Miralcamp
Vilanova de Bellpuig
Preixana
Verdú
Lleida
Mangraners
Torre Ribera
Vensilló
Margalef
Torregrossa
Puiggròs
els Eixaders
Belianes
Sant Martí de Maldà
Maldà
el Vilet
Rocafort de Vallbona
Nalec
Ciutadilla
Guimerà
Vallfogona de Riucorb
Artesa de Lleida
Puigverd de Lleida
Juneda
LES BORGES Blanques
Arbeca
Llorenç de Vallbona
Vallbona de les Monges
Montesquiu
Rocallaura
Belltall
Cantallops
Mas de Mandanya
Miravall
la Floresta
Mas de Matxerri
els Omellons
l'Espluga Calba
els Omells de Na Gaia
Montblanquet
Coll de Belltall
Forès
Rocafort de Queralt
Aspa
Castelldans
Serra del Tallat
Senan
Mas de Melons
Cova dels Moros
Casa Chino
Fulleda
Solivella
Mas d'En Xup
SARRAL
el Cogul
Ràfols
Mas de la Torre
Blancafort
l'Albagés
Cervià de les Garrigues
l'Albi
Vinaixa
Tarrés
Casa Vidal
Pira
Barberà de la Conca
Mas d'Albagié
la Sisquella
Mas del Perdó
Casa de la Cova
Vimbodí
L'ESPLUGA de Francolí
la Guàrdia dels Prats
el Soleràs
Casa Pinyol
els Torms
el Vilosell
Vallclara
Riudabella
les Masies
MONTBLANC
Prenafeta
Figuerola del Camp
Juncosa
Mas del Blanquet
la Pobla de Cérvoles
Serra la Llena
Vilanova de Prades
Muntanyes de Prades
Rojalons
Rojals
Vilaverd
Coll de l'Illa
Fontescaldes
la Granadella
Casa del Tronadit
la Pobla
Coll de la Creueta
Ulldemolins
Farena
la Bartra
el Pinetell de Rojals
la Riba
Mas de Marian
Mas de Jaime
Mas Bonito
Albarca
Coll d'Albarca
Prades
Capafonts
Puig de Marè
Picamoixons
VALLS
Margalef
Serra de Montsant
Cornudella de Montsant
Mas de la Noguera
la Febró
Mont-ral
l'Aixàviga
la Palma d'Ebre
la Bisbal de Falset
la Morera de Montsant
Siurana de Prades
Mas Gallicant
Serra de la Mussara
Mussara
l'Albiol
el Remei d'Alcover
ALCOVER
Bonretorn
Serra de les Gorraptes
Cabassers
POBOLEDA
Arbolí
Mas Enrei
la Mussara
Villa Urrutia
el Burguet
el Milà
Vilaplana
LA SELVA del Camp
el Rourell
Vilallonga del Camp
Garidells
la Vilella Alta
Mas del Francés
la Figuera
la Vilella Baixa
Torroja del Priorat
les Planes
la Garranxa
Mas del Perinet
Coll d'Alforja
Alforja
Vila-Rosita
l'Aleixar
Almoster
el Morell
la Pobla de Mafumet
Gratallops
Serra Alta
Porrera
Serra de Puigcerver
Maspujols
Castellvell del Camp
el Burgar
Institut Pere Mata
el Lloar
Coll de la Teixeta
les Irles
Riudecols
les Borges del Camp
les Voltes
Puig Marí
REUS
Constantí
el Molar
Bellmunt del Priorat
FALSET
Pradell de la Teixeta
l'Argentera
Duesaigües
Botarell
RIUDOMS
Quart
la Canonja
Garcia
Mas de Poldo
Verinxel
el Masroig
Marçà
Riudecanyes
Montbrió del Camp
Blancafort
Vinyols i els Arcs
Torreforta
TARRAGONA
Masia de Senier
la Torre de Fontaubella
Vilanova d'Escornalbou
VILA-SECA de Solcina
la Pineda
els Guiamets
Capçanes
Colldejou
Mola de Llaberia
Mont-roig del Camp
el Mas d'En Bosc
Móra la Nova
Darmós
Llaberia
Cova de Janet
Serra de la Pedrera
CAMBRILS
Salou
VILA-SALOU
Móra d'Ebre
la Serra d'Almos
Serra de Montalt
Vilafortuny
Cambrils Mediterrània
el Tarraco
Cap de Salou
Platja de la Pineda
Platja de la Canonja
Platja del Racó
Benissanet
Pratdip
Estació Mont-roig
Platja de Rifà
TIVISSA
Coll de Fatxes
Fatxes
Remullà
el Casalot
els Pins de Miramar
Ginestar
Coves
Coves de l'Escoda
Masdemboquera
Masriudoms
Platja dels Penyals
Mas d'Andreu
Serra de la Creu
Vandellòs
Castelló
la Platja de Miami
l'Hospitalet
Cala Figuera
Palau del Duc de Medinacelli
Gavadà
l'Hospitalet de l'Infant
Mas del Comte
el Burgar
el Puntaire
Serra de Esteve
Punta de Cala Bea
Casa de Fantalà
Mas de Planero
Mas de Cribas
Mas de Panaré
Castell del Coll de Balaguer
Central Nuclear de Vandellòs
l'Estació Vandellòs
Tortosa

81

Bc
Bd
Be
Bf
Manresa
IGUALADA
TERRASSA
OLESA de Montserrat
MONISTROL de Montserrat
MARTORELL
SANT SADURNÍ d'Anoia
VILAFRANCA del Penedès
VILANOVA i la Geltrú
SITGES
EL VENDRELL
CALAFELL
TORREDEMBARRA
ALTAFULLA
CASTELLDEFELS
GAVÀ
VILADECANS
SANT VICENÇ dels Horts
SANTA COLOMA de Queralt
LA LLACUNA
CAPELLADES
PIERA
LA BISBAL del Penedès
Santa Oliva
L'ARBOÇ
Cubelles
Cunit
Segur de Calafell
Coma-ruga
Sant Salvador
Roda de Berà
Creixell
Clarà
Salomó
Bonastre
Albinyana
Masllorenç
Montferri
Rodonyà
Vilardida
Aiguamúrcia
Santes Creus
Cal Canonjo
les Pobles
Selma
Bonany
el Pont d'Armentera
Querol
Esblada
Pontons
Torrelles de Foix
Font-rubí
Mediona
Sant Quintí de Mediona
Vallbona d'Anoia
la Torre de Claramunt
Carme
Òdena
Jorba
Clariana
Argençola
Rocamora
Carbasí
Montmaneu
Sant Guim de Freixenet
Rabassa
Montfalcó
Veciana
Copons
Rubió
el Plà de Rubió
Castellolí
Maians
Sant Pau de la Guàrdia
Marganell
Castellbell i el Vilar
Vacarisses
Matadepera
Mata-xica
Viladecavalls
Ullastrell
Abrera
Esparreguera
Collbató
Masquefa
Castellví de Rosanes
Sant Andreu de la Barca
Castellbisbal
Palleja
Corbera de Llobregat
Cervelló
Vallirana
Gelida
Subirats
Ordal
Olesa de Bonesvalls
Avinyonet del Penedès
Sant Cugat Sesgarrigues
Cantallops
Torrelles de Llobregat
Torrelletes
Sant Climent de Llobregat
Begues
Bruguers
la Morella
Garraf
Campdasens
Vallcarca
Olèrdola
Olivella
Canyelles
Sant Pere de Ribes
Castellet i la Gornal
Torrelletes
Santa Margarida i els Monjos
Moja
la Ràpita
Sant Martí Sarroca
Guardiola de Font-rubí
Puigdàlber
la Granada
Pacs del Penedès
les Cabanyes
Sant Jaume dels Domenys
Llorenç del Penedès
Banyeres del Penedès
Sant Jaume Sesoliveres
Sant Llorenç d'Hortons
Espiells
Sant Esteve Sesrovires
Masia Cal Solvet
Bellprat
Sant Magí de Brufaganya
Serra de Queralt
Serra de Brufaganya
Serra d'Ancosa
Provincia de Barcelona
Provincia de Tarragona
Massís de Garraf
Costes de Garraf
Costa de Ponent
Platja de la Covafumada
Platja de Port Alegre
Platja de la Ribera
Arc romà de Berà
Museu Cau Ferrat
Termica de Cubelles
Coves de Salnitre
Coves de Patraco
Monestir de Montserrat
Coves de les Deus
Alt Camp
Barcelona
Mollet del Vallès

48
La Garriga
Girona
Girona
GRANOLLERS
CANET de Mar
ARENYS de Mar
SABADELL
MATARÓ
Mollet del Vallès
La Llagosta
Ripollet
Montcada i Reixac
RUBÍ
CERDANYOLA del Vallès
SANT CUGAT del Vallès
SANTA COLOMA de Gramenet
BADALONA
El Masnou
Premià de Mar
Vilassar de Mar
BARCELONA
(Barcino rom.)
Sagrada Família
Catedral
Castell de Montjuïc
L'HOSPITALET de Llobregat
ESPLUGUES de Llobregat
SANT JUST Desvern
MOLINS de Rei
CORNELLÀ de Llobregat
SANT BOI de Llobregat
EL PRAT de Llobregat
VILADECANS
Aeroport del Prat - Barcelona
Platja Llarga
Estany del Remolar
el Llobregat
Gènova
Illes Balears
Platja de la Barceloneta
Tibidabo
Puig Castellar
Terrassa
Tarragona/Lleida
Sitges
99
100
101
102
103

50
Porto
Porto
Qf
Ra
Rb
Rc
ESPINHO
Albergaria-A-Velha
103
104
105
106
107
OCÉANO
ATLÁNTICO
Anta
Silvalde
Lourosa
Paramos
Santa Maria de Lamas
São João de Ver
Esmoriz
Praia de Esmoriz
Praia de Cortegaça
Cortegaça
Maceda
Carvalheira
Arada
FEIRA
Praia de São Pedro de Maceda
Praia de Furadouro
Furadouro
OVAR
Ribeira
Válega
Torrão Lameiro
Quintas do Norte
Quinta das Ricos
Avanca
Pardilhó
Brunheiro
Praia de Torreira
Torreira
Pousada da Ria
MURTOSA
Beduído
ESTARREJA
Salreu
Canelas
Reserva Natural das Dunas de S. Jacinto
Praia de São Jacinto
São Jacinto
Fermelã
Cacia
Angeja
Gafanha da Nazere
AVEIRO
Esgueira
Praia da Barra
Barra
Gafanha da Encarnação
Costa Nova do Prado
ÍLHAVO
Aradas
Vista Alegre
Gafanha do Carmo
Praia da Vagueira
Gafanha da Vagueira
VAGOS
Gafanha da Boa Hora
Oliveirinha
Requeixo
Fermentelos
Oiã
Palhaça
Ouca
Bustos
Mamarrosa
Praia de Mira
Praia de Mira
MIRA
Calvão
Ponte de Vagos
Amoreira da Gândara
Febres
Casal de São Tomé
Cochadas
CANTANHEDE
Palheiros da Tocha
Tocha
Cadima
Cordinhã
82
Figueira da Foz
Coimbra
Viseu
Coimbra

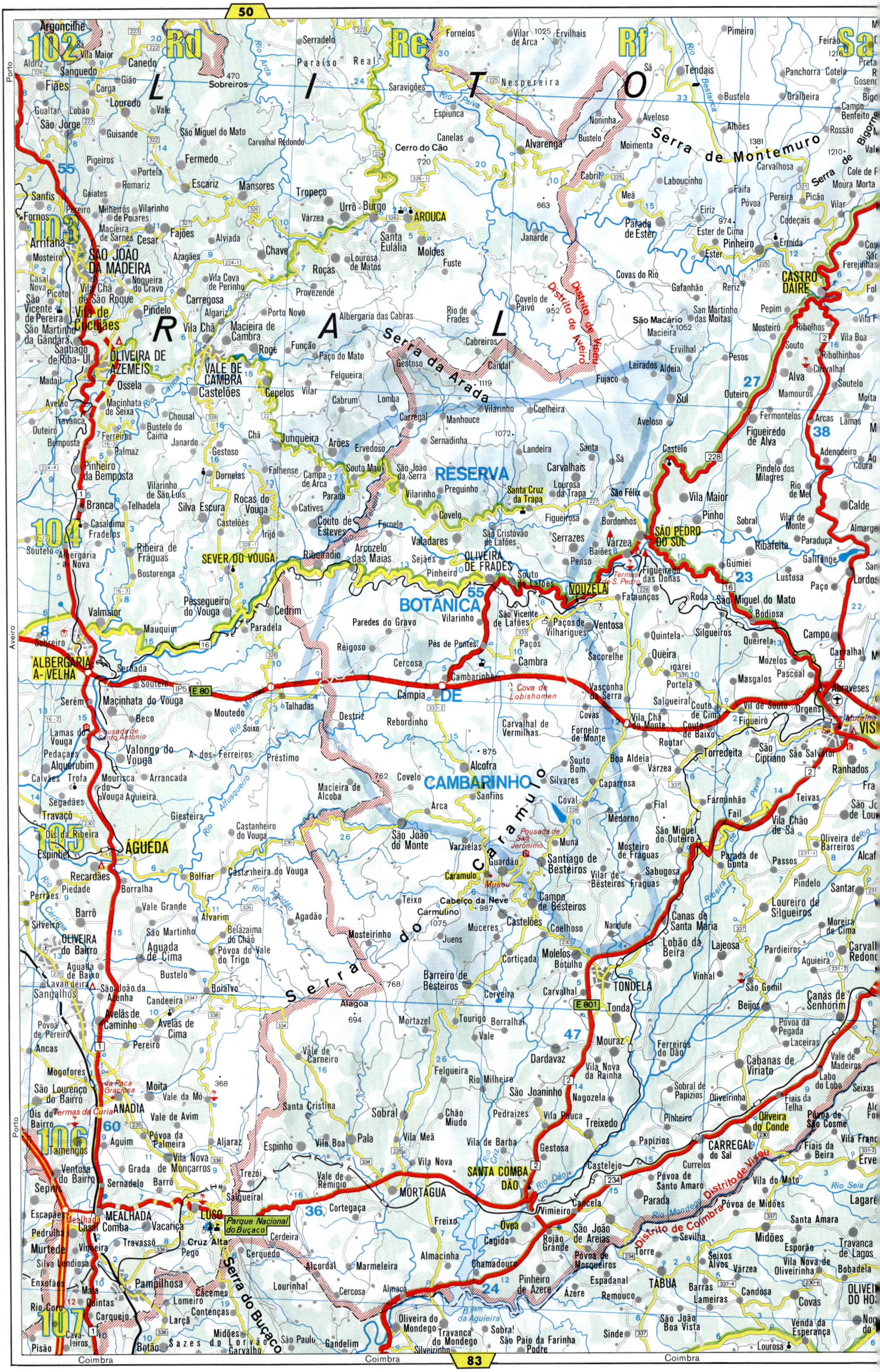
50
83
Rd
Re
Rf
Sa
102
103
104
105
106
107
L I T O -
R A L
Porto
Aveiro
Coimbra
SÃO JOÃO DA MADEIRA
OLIVEIRA DE AZEMÉIS
VALE DE CAMBRA
AROUCA
CASTRO DAIRE
SÃO PEDRO DO SUL
SEVER DO VOUGA
OLIVEIRA DE FRADES
VOUZELA
ALBERGARIA A-VELHA
ÁGUEDA
OLIVEIRA do Bairro
ANADIA
MEALHADA
LUSO
Parque Nacional do Buçaco
MORTÁGUA
SANTA COMBA DÃO
TONDELA
CARREGAL do Sal
TÁBUA
VISEU
Serra de Montemuro
Serra da Arada
Serra do Caramulo
Serra do Buçaco
RESERVA BOTÂNICA DE CAMBARINHO
Distrito de Aveiro
Distrito de Viseu
Distrito de Coimbra
Caramulo
E 80
E 801

51
Lamego
52
84
Covilhã, Castelo Branco
Sb
Sc
Sd
Se
B
E
I
R
A
A
L
T
A
Serra da Nave
Serra de Leomil
da Cascalheira
Serra da Lapa
Serra do Pereiro
Serra da Estrela
PARQUE NATURAL
SERRA DA ESTRELA
TAROUCA
São João de Tarouca
MOIMENTA DA BEIRA
PENEDONO
MEDA
Longroiva
MARIALVA
SERNANCELHE
VILA NOVA DE PAIVA
AGUIAR DA BEIRA
TRANCOSO
PENALVA DO CASTELO
Castelo de Penalva
MANGUALDE
FORNOS DE ALGODRES
CELORICO DA BEIRA
GOUVEIA
SEIA
MANTEIGAS
GUARDA
BELMONTE
Vila Franca das Naves
Pinhel
Cabeça Alta
Cerro do Gato
Linhares
Folgosinho
Caldas de Manteigas
Poço do Inferno
Pousada de São Lourenço
Senhora de Assedasse
Lagoa Comprida
Muralha
Vila Nova de Foz Coa
Freixedos
Ciudad-Rodrigo
E 80
E 802
IP5

52
Vila Nova da Foz Coa
Freixo
Sf
Ta
Tb
Tc
102
103
104
105
106
Barragem do Pocinho
Douro
Rio Côa
Urgal
Muxagata
Castelo Melhor
Almendra
Senora do Campo
Chãs
Tomadias
Devesa
Santa Comba
Espinhaço
Algodres
Senhora dos Aflitos
Vilar de Amargo
Cidadelhe
Vale de Alfonsinho
Freixeda do Torrão
Quinta de Pêro Martins
Penha de Águia
Serra da Marofa
Marofa
976
Colmeal
Muralha
CASTELO RODRIGO
FIGUEIRA DE CASTELO RODRIGO
Santa Maria de Aguiar
Nave Redonda
Gateira
Juizo
Madalena
Azevo
Erveddsa
Vieiro
623
Milheiro
Bogalhal
Santa Eufémia
Valbom
PINHEL
33
Pala
Reigadinho
Souro Pires
Malta
Almendra- Est.
Barca de Alva
Quintana de Alva
622
Poiares
San Martin
Vales
Escalhão
627
Mata de Lobos
Ribeira de Aguiar
La Fregeneda
Valdenoguera
Hinojosa del Duero
Congida
Saucelle
Salto de Saucelle
Moncalvo (Ruinas romanas)
Barrucopardo
Villasbuenas
Ruinas ibérico
Saldeana
Barreras
Encinas de los Com
Bermellar
Río Huebra
Ruinas históricas
Cerralbo
Murallas ibéricas
LUMBRALES
Sobradillo
Campilduero
Yecla (Villa
Apeadero de Olmedo y Cerralbo
Apeadero de Bogajo
La Rendonda
Olmedo de Camaces
Fuenteliante
Arevalillo
Ahigal de los Aceiteros
Almofala
Escarigo
SAN FELICES DE LOS GALLEGOS
Murallas
Bañobárez
Ermita del Humilladero
La Bouza
Puerto Seguro
Río Agueda
Vermiosa
Vilar Torpim
Reigada
Atalaya
774
Centenares
Caserio Centorrillo
Caserio Villar del Rey
Cinco Vilas
Senhora do Pranto
Vale de Madeira
Quinta dos Bernardos
35
Malpartida
769
Rio Seco
Rio Turones
Villar de Ciervo
Villar de la Yegua
Aldeanueva de Portanovis
Gamelas
Mangide
Pousada de Almeida
ALMEIDA
Vascoveiro
Pereiro
Lameiras
Manigoto
728
Carvalhal
Vale Verde
Vale de Coelha
Vale da Mula
Fuerte Concepción
Aldea del Obispo
Serranillo
Castillejo de Martín Viejo
Laguna Grande de Campar
Freixedas
Trancoso
Vendada
Roque
Azinhal
Junça
Castillejo de Dos Casas
Barquilla
Martillán
Campanero
Couveia
Lamegal
Atalaia
Peva
Aldeia Nova
Ansul
São Pedro de Rio Seco
El Gordón
Villar de Argañán
Sexmiro
Saelices el Chico
Aliseda
Guarda
Penhaforte
Pomares
Salgueiral
Safurdão
Chavelhas
Senouras
Naves
Ribeira das Cabras
Ribeira de Tourões
La Alameda de Gardón
Valdecarros
Toito
Cheiras
Leomil
Cuéllar
Ribeira dos Carinhos
Miragaia
Freixo
Mido
Castelo Bom
Gallegos de Argañán
Puenticilla
Berrocal del Río
36
La Mimbre
Marialba
Palacios
Ivanrey
Almeidinha
Montes
Jarmelo
Granja
Pinzio
VILAR FORMOSO
Colonia de la Estación
Carpio de Azaba
Manzanillo
Conejera
Catedral
Par. Enrique II
Gagos
Rabaça
Amoreira
Aldeia de São Sebastião
Est. de Freinada
Muralha
CASTELO MENDO
Fuentes de Oñoro
620
E 80
Aldehuela de los Gallegos
Ap. de Carpio de Azaba
CIUDAD-RODRIGO
Donfins
Castanheira
Mesquitela
Freinada
Hincapié
(rom. Augustobriga)
Fonseca
Huerto de Pedrotello
Monteiros
Cabreira
Monte da Velha
Paraisal
Ade
Ap. de Malhada Sorda
Espeja
Aldeanueva
Casal de Cinza
Monte Perobolço
Poço Velho
Manzano
Rio Noéme
Rivera de Azaba
Pousada
Parada
Pascualarina
Criado
Santo Antão
Ap. de Noemi
Porto de Ovelha
Malhada Sorda
Martihernando
Robliza
Rochoso
Cerdeira
Tejadillo
Albardo
Miuzela
Nave de Haver
La Concha
Campillo de Azaba
Melimbrazo
Vila Fernando
Monte Margarida
Arrifana
Dueña de Abajo
Aldeadalba de Hortaces
Las Perchas
Valquemada
Pero Ficós
Badamalos
Penedo da Sé
Marmoleiro
Vilar Maior
Batocas
La Alamedilla
Ituero de Azaba
El Bodón
Vale Longo
Carvalhal
Quinta do Gonçalo Martins
Seixo do Côa
Aldeia da Ribeira
Castillejo de Azaba
Collado de Malvarín
Caraval
Meão
Martim da Pega
Vale das Eguas
Bismula
Escabralhado
Puebla de Azaba
893
Guinaldo
Aldeanueva del Arenal
Pega
Abitureira
Rapoula do Côa
Vila do Touro
Ruivós
Aldeia da Dona
Rebolosa
La Alberguería de Argañán
Fuenteguinaldo
Casas del Montaraz
Vale Mouriseo
Baraçal
Rúvina
Aldeia da Ponte
El Risco
Urueña
Río Agueda
El Saúgo
851
Espinhal
Quintas de São Bartolomeu
Rendo
75
Nave
Alfaiates
Sacaparte
Casillas de Flores
Molino Sobrao
Robleda
Vila Boa
Cardeal
Farcalhos
Casas del Rolloso
Puente del Granadero
Castelo de Cinco Quinas
Aldeia de Santo António
SABUGAL
Torre
Souto
Aldeia Velha
Casas de la Berzosa
Castelo Branco
85
Coria

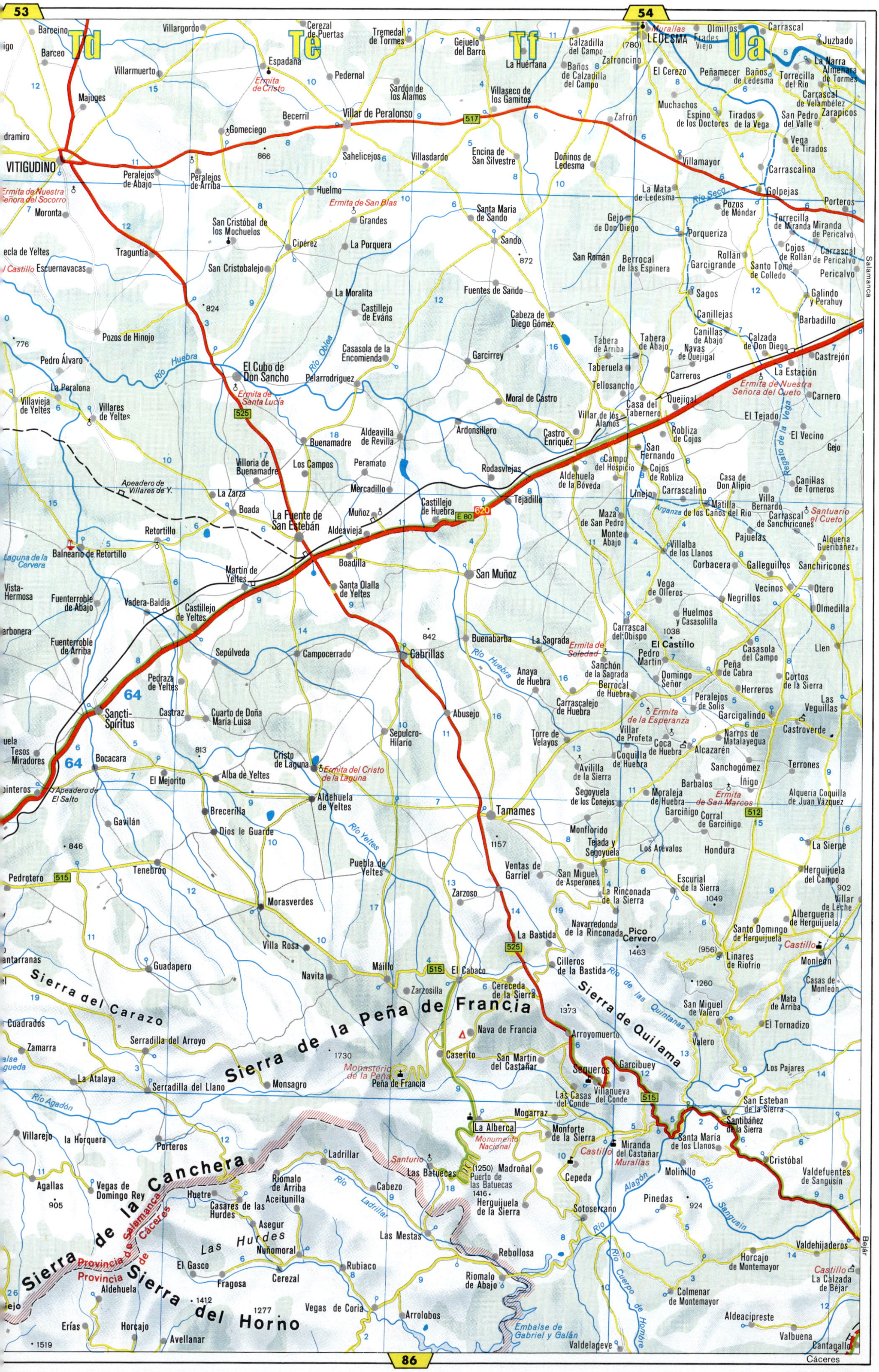
53
54
86
Td
Te
Tf
Ua
VITIGUDINO
LEDESMA
Barceino
Barceo
Villargordo
Cerezal de Puertas
Tremedal de Tormes
Gejuelo del Barro
La Huérfana
Calzadilla del Campo
Zafroncino
Baños de Calzadilla del Campo
Murallas
Olmillos
Frades Viejo
Carrascal
Juzbado
La Narra
Almenara de Tormes
Espadaña
Ermita de Cristo
Pedernal
Sardón de los Álamos
Villaseco de los Gamitos
El Cerezo
Peñamecer
Baños de Ledesma
Torrecilla del Río
Carrascal de Velambélez
Zarapicos
Villarmuerto
Majuges
Becerril
Villar de Peralonso
Gomeciego
Zafrón
Muchachos
Espino de los Doctores
Tirados de la Vega
San Pedro del Valle
Vega de Tirados
Sahelicejos
Villasdardo
Encina de San Silvestre
Doñinos de Ledesma
Villamayor
Carrascalina
Peralejos de Abajo
Peralejos de Arriba
Huelmo
Ermita de San Blas
Grandes
Santa María de Sando
Golpejas
La Mata de Ledesma
Río Seco
Porteros
Pozos de Mondar
Torrecilla de Miranda
Miranda de Pericalvo
Ermita de Nuestra Señora del Socorro
Moronta
San Cristóbal de los Mochuelos
Cipérez
La Porquera
Sando
Gejo de Don Diego
Porqueriza
Cojos de Rollán
Carrascal de Pericalvo
Pericalvo
Traguntía
San Cristobalejo
San Román
Berrocal de las Espinera
Garcigrande
Rollán
Santo Tomé de Colledo
Escuernavacas
La Moralita
Castillejo de Eváns
Fuentes de Sando
Sagos
Galindo y Perahuy
Cabeza de Diego Gómez
Canillejas
Barbadillo
Pozos de Hinojo
Casasola de la Encomienda
Garcirrey
Tábera de Arriba
Tabera de Abajo
Canillas de Abajo
Navas de Quejigal
Calzada de Don Diego
Castrejón
Pedro Álvaro
Río Huebra
El Cubo de Don Sancho
Río Oblea
Pelarrodríguez
Taberuela
Tellosancho
Carreros
La Estación
Ermita de Nuestra Señora del Cueto
Carnero
La Peralona
Villavieja de Yeltes
Villares de Yeltes
Ermita de Santa Lucía
Moral de Castro
Casa del Tabernero
Quejigal
El Tejado
Villar de los Álamos
Regato de la Vega
Buenamadre
Aldeavilla de Revilla
Ardonsillero
Castro Enriquez
Robliza de Cojos
El Vecino
Gejo
San Fernando
Villoria de Buenamadre
Los Campos
Peramato
Rodasviejas
Campo del Hospicio
Cojos de Robliza
Apeadero de Villares de Y.
Mercadillo
Aldehuela de la Bóveda
Carrascalino
Casa de Don Alipio
Canillas de Torneros
La Zarza
Linejo
Tejadillo
Villa Bernardo
Santuario el Cueto
Boada
La Fuente de San Estebán
Muñoz
Castillejo de Huebra
Arganza
Matilla de los Caños del Río
Carrascal de Sanchiricones
Retortillo
Aldeavieja
Maza de San Pedro
Monte Abajo
Pajuelas
Alquería Gueribáñez
Balneario de Retortillo
Laguna de la Cervera
Boadilla
San Muñoz
Villalba de los Llanos
Corbacera
Galleguillos
Sanchiricones
Martín de Yeltes
Santa Olalla de Yeltes
Vecinos
Otero
Vista-Hermosa
Fuenterroble de Abajo
Vadera-Baldía
Castillejo de Yeltes
Vega de Olleros
Negrillos
Olmedilla
Huelmos y Casasolilla
Fuenterroble de Arriba
Sepúlveda
Campocerrado
Buenabarba
La Sagrada
Ermita de Soledad
Carrascal del Obispo
El Castillo
Casasola del Campo
Llen
Cabrillas
Pedro Martín
Peña de Cabra
Cortos de la Sierra
Pedraza de Yeltes
Río Huebra
Anaya de Huebra
Sanchón de la Sagrada
Domingo Señor
Berrocal de Huebra
Herreros
Las Veguillas
Sancti-Spíritus
Castraz
Cuarto de Doña María Luisa
Abusejo
Carrascalejo de Huebra
Peralejos de Solís
Ermita de la Esperanza
Garcigalindo
Castroverde
Tesos Miradores
Sepulcro-Hilario
Torre de Velayos
Villar de Profeta
Coca de Huebra
Narros de Matalayegua
Bocacara
Cristo de Laguna
Ermita del Cristo de la Laguna
Coquilla de Huebra
Alcazarén
Terrones
Apeadero de El Salto
El Mejorito
Alba de Yeltes
Avililla de la Sierra
Sanchogómez
Íñigo
Barbalos
Ermita de San Marcos
Alquería Coquilla de Juan Vázquez
Aldehuela de Yeltes
Segoyuela de los Conejos
Moraleja de Huebra
Garcíñigo
Corral de Garcíñigo
Gavilán
Brecerilla
Tamames
Monflorido
Tejada y Segoyuela
Dios le Guarde
Río Yeltes
Los Arévalos
Hondura
La Sierpe
Pedrotoro
Tenebrón
Puebla de Yeltes
Ventas de Garriel
San Miguel de Asperones
Escurial de la Sierra
Herguijuela del Campo
Zarzoso
La Rinconada de la Sierra
Villar de Leche
Morasverdes
Alberguería de Herguijuela
Navarredonda de la Rinconada
Pico Cervero
Santo Domingo de Herguijuela
Castillo
La Bastida
Villa Rosa
Linares de Riofrío
Monleón
Guadapero
Máillo
El Cabaco
Cilleros de la Bastida
Casas de Monleón
Navita
Zarzosilla
Cereceda de la Sierra
Río de las Quintanas
San Miguel de Valero
Mata de Arriba
Sierra del Carazo
Sierra de la Peña de Francia
Sierra de Quilama
El Tornadizo
Cuadrados
Nava de Francia
Arroyomuerto
Valero
Zamarra
Serradilla del Arroyo
Caserito
San Martín del Castañar
Garcibuey
Los Pajares
La Atalaya
Serradilla del Llano
Monsagro
Monasterio de la Peña
Peña de Francia
Sequeros
Villanueva del Conde
Las Casas del Conde
San Esteban de la Sierra
Río Agadón
Mogarraz
Santibáñez de la Sierra
Villarejo
la Horquera
Porteros
La Alberca
Monumento Nacional
Monforte de la Sierra
Santa María de los Llanos
Ladrillar
Santurio
Las Batuecas
Madroñal
Puerto de las Batuecas
Miranda del Castañar
Castillo
Murallas
Cristóbal
Agallas
Vegas de Domingo Rey
Sierra de la Canchera
Riomalo de Arriba
Aceitunilla
Cabezo
Río Ladrillar
Cepeda
Molinillo
Pinedas
Río Alagón
Valdefuentes de Sangusín
Herguijuela de la Sierra
Sotoserrano
Río Sangusín
Huetre
Casares de las Hurdes
Asegur
Las Hurdes
Nuñomoral
Las Mestas
Río Cuerpo de Hombre
Valdehijaderos
Béjar
Provincia de Salamanca
Provincia de Cáceres
Rebollosa
Horcajo de Montemayor
El Gasco
Fragosa
Cerezal
Rubiaco
Riomalo de Abajo
Castillo
La Calzada de Béjar
Sierra del Horno
Aldehuela
Colmenar de Montemayor
Vegas de Coria
Arrolobos
Embalse de Gabriel y Galán
Aldeacipreste
Erías
Horcajo
Avellanar
Valdelageve
Valbuena
Cantagallo
Cáceres
Salamanca
517
525
E 80
620
64
512
515

Zamora
54
Tordesillas, Valladolid
Ub
Uc
Ud
Ue
102
103
104
105
106
SALAMANCA
Catedrales
Plaza Mayor
Villamayor
Santa Marta de Tormes
Cabrerizos
Calvarrasa de Abajo
Aeródromo de Matacán
Nuevo Amatos
Babilafuente
Villoria
Cantalpino
Villoruela
Huerta
Moriñigo
Cordovilla
Encinas de Abajo
Ventosa del Río Almar
Ruta de las Catedrales
PEÑARANDA de Bracamonte
Alconada
Arauzo
Nava de Sotrobal
Sotrobal
Macotera
Santiago de la Puebla
Alaraz
Aguda
Malpartida
Cabezas del Villar
ALBA de Tormes
Convento de Carmelitas
Monasterio San Leonardo
Embalse de Villagonzalo
Pelabravo
Machacón
Francos
Cilloruelo
Arapiles
Las Torres
Pelagarcía
Calvarrasa de Arriba
Terradillos
Valdemierque
Martinamor
Matamala
Terrados
Buenavista
Beleña
Sieteiglesias de Tormes
Pedro Martín
Fresno-Alhándiga
La Maya
Pantano de Santa Teresa
Galinduste
Pelayos
MONTEJO
Embalse de Santa Teresa
Salvatierra de Tormes
Aldeavieja de Tormes
GUIJUELO
Cespedosa
Sierra de Ventosa
Sierra de Frades
Frades de la Sierra
Navarredonda de Salvatierra
Berrocal de Salvatierra
Pizarral
El Rebollar
El Lombo
Casafranca
Endrinal
Campillo de Salvatierra
Fuenterroble de Salvatierra
Los Santos
Pedrizas
El Soto
Fuentes de Béjar
La Cabeza de Béjar
Guijo de Ávila
Valdelacasa
San Medel
Ledrada
Peromingo
Sanchotello
Puerto de Vallejera
Nava de Béjar
Sorihuela
Santibáñez de Béjar
Puente del Congosto
Santa Lucía
La Magdalena
LA HORCAJADA
Medinilla
Navalmoral de Béjar
BÉJAR
Murallas
Palacio Ducal
Santuario de Castañar
La Hoya
Puerto La Hoya
Becedas
Gilbuena
Junciana
El Barquillo
El Losar
Palacios de Becedas
Sierra de la Alberca
Navamorisca
HORCAJO Medianero
Santuario de Valjimena
Pedro Fuertes
Armenteros
Íñigo-Blasco
Mercadillo
Gallegos de Solmirón
Bercimuelle
Valdemolinos
Santa María del Berrocal
Provincia de Salamanca
Provincia de Ávila
Diego Álvaro
Pascualcobo
Arevalillo
El Rebollar
Collado del Mirón
Casillas de Chicapierna
Becedillas
Tórtolas
Cabezas de Bonilla
Bonilla de la Sierra
Sierra de Villafranca
PIEDRAHITA
Zapata
Puerto de la Peña Negra
Aleguillas
La Herguijuela
Las Navas Cimeras
Sierra de Villafranca
Gallana
El Barrio
Navaescurial
El Soto
Villafranca de la Sierra
Navacepedilla de Corneja
Hoyorredondo
La Carrera
La Almohalla
Riofraguas
Valdelaguna
Santiago del Collado
Las Solanas del Carrascal
La Aldehuela
Los Molinos
La Lastra
El Poyal
Navamuñana
Encinares
El Hoyo
Los Sauces
Carrascalejo
Collado
Santa María de los Caballeros
Navarregadilla
Avellaneda
Vallehondo
San Lorenzo de Tormes
Los Cuartos
Aldeanueva de Santa Cruz
Cáceres
87
Ciudad-Rodrigo
Vitigudino
La Alberca

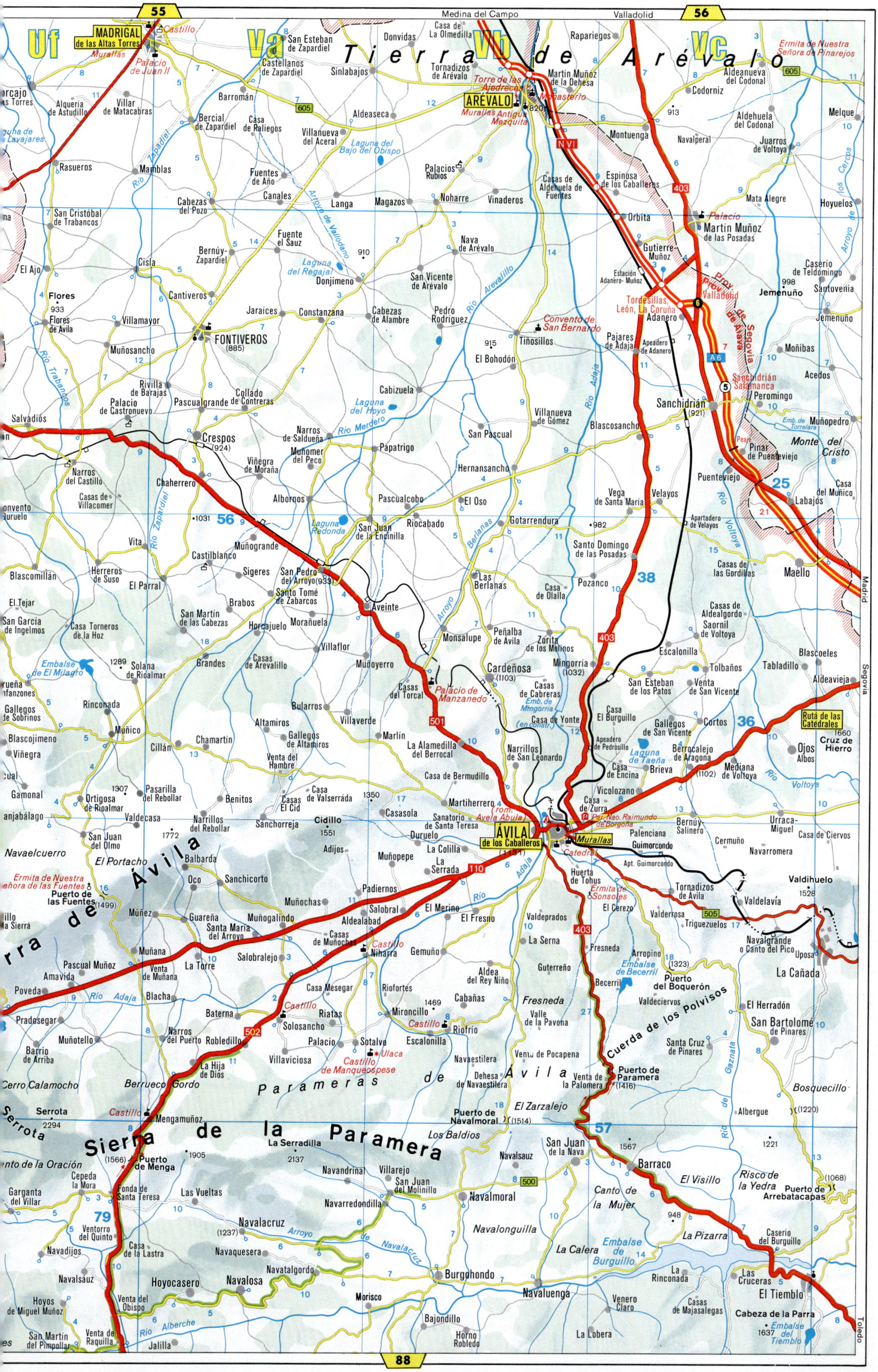
55
56
Medina del Campo
Valladolid
Uf
Va
Vb
Vc
Tierra de Arévalo
MADRIGAL de las Altas Torres
Castillo
Murallas
Palacio de Juan II
San Esteban de Zapardiel
Castellanos de Zapardiel
Donvidas
Casa de La Olmedilla
Sinlabajos
Tornadizos de Arévalo
Torre de las Ajedreces
ARÉVALO
Murallas
Antigua Mezquita
Monasterio
Martín Muñoz de la Dehesa
Rapariegos
Aldeanueva del Codonal
Codorniz
Aldehuela del Codonal
Juarros de Voltoya
Melque
Ermita de Nuestra Señora de Pinarejos
Alquería de Astudillo
Villar de Matacabras
Barromán
Bercial de Zapardiel
Casa de Raliegos
Villanueva del Aceral
Aldeaseca
Laguna del Bajo del Obispo
Montuenga
Navalperal
Rasueros
Mamblas
Río Zapardiel
Fuentes de Año
Canales
Palacios Rubios
Espinosa de los Caballeros
Casas de Aldehuela de Fuentes
N VI
403
Mata Alegre
Hoyuelos
San Cristóbal de Trabancos
Cabezas del Pozo
Langa
Magazos
Noharre
Vinaderos
Orbita
Palacio
Martín Muñoz de las Posadas
El Ajo
Bernuy-Zapardiel
Fuente el Sauz
Arroyo de Valdeprado
Nava de Arévalo
Gutierre-Muñoz
Estación Adanero-Muñoz
Caserío de Teldomingo
Jemenuño
Santovenia
Cisla
Laguna del Regajal
Donjimeno
San Vicente de Arévalo
Río Arevalillo
Tordesillas, León, La Coruña
Adanero
Prov. Valladolid
Prov. de Segovia
Flores
Flores de Ávila
Cantiveros
Villamayor
Jaraíces
Constanzana
Cabezas de Alambre
Pedro Rodríguez
Convento de San Bernardo
Tiñosillos
Pajares de Adaja
Apeadero de Adanero
Moñibas
Acedos
Muñosancho
FONTIVEROS
El Bohodón
A 6
Sanchidrián Salamanca
Peromingo
Río Trabancos
Rivilla de Barajas
Palacio de Castronuevo
Collado de Contreras
Pascualgrande
Cabizuela
Laguna del Hoyo
Villanueva de Gómez
Río Adaja
Sanchidrián
Muñopedro
Salvadiós
Crespos
Narros de Saldueña
Río Merdero
Papatrigo
San Pascual
Blascosancho
Pinar de Puenteviejo
Monte del Cristo
Narros del Castillo
Casas de Villacomer
Viñegra de Moraña
Muñomer del Peco
Hernansancho
Puenteviejo
Casa del Muñico
Labajos
Chaherrero
Albornos
Pascualcobo
El Oso
Vega de Santa María
Velayos
Apartadero de Velayos
Río Voltoya
Río Zapardiel
56
Laguna Redonda
San Juan de la Encinilla
Riocabado
Gotarrendura
Santo Domingo de las Posadas
Casas de las Gordillas
Maello
Muñogrande
Vita
Castilblanco
Sigeres
San Pedro del Arroyo
Río Berlanas
Las Berlanas
Pozanco
38
Madrid
Blascomillán
Herreros de Suso
El Parral
Santo Tomé de Zabarcos
Aveinte
Casa de Olalla
El Tejar
San García de Ingelmos
Casa Torneros de la Hoz
San Martín de las Cabezas
Brabos
Horcajuelo
Morañuela
Monsalupe
Peñalba de Ávila
Zorita de los Molinos
Casas de Aldealgordo
Saornil de Voltoya
Embalse de El Milagro
Solana de Rialmar
Grandes
Casas de Arevalillo
Villaflor
Muñoyerro
Cardeñosa
Mingorría
Escalonilla
Blascoeles
Tolbaños
Tabladillo
Aldeavieja
Segovia
Rinconada
Casas del Torcal
Palacio de Manzanedo
Casas de Cabreras
Emb. de Mingorría
San Esteban de los Patos
Venta de San Vicente
Gallegos de Sobrinos
Bularros
Villaverde
Altamiros
Casa de Yonte
Casa El Burguillo
Gallegos de San Vicente
Cortos
36
Ruta de las Catedrales
Muñico
Blascojimeno
Viñegra
Chamartín
Gallegos de Altamiros
Marlín
La Alamedilla del Berrocal
Narrillos de San Leonardo
Apeadero de Pedrosillo
Laguna de Taeña
Berrocalejo de Aragona
Ojos Albos
Cruz de Hierro
Cillán
Venta del Hambre
Casa de Bermudillo
Casa de Encina
Brieva
Mediana de Voltoya
Río Voltoya
Gamonal
Ortigosa de Rioalmar
Pasarilla del Rebollar
Benitos
Casas El Cid
Casa de Valserrada
Martiherrero
Vicolozano
Valdecasa
Narrillos del Rebollar
Sanchorreja
Cidillo
Casasola
Sanatorio de Santa Teresa
ÁVILA de los Caballeros
Murallas
Par. Nao. Raimundo de Borgoña
Palenciana
Guimorcondo
Bernuy-Salinero
Cermuño
Urraca-Miguel
Casa de Ciervos
Navarromera
San Juan del Olmo
Adijos
Durüelo
La Colilla
Catedral
Apt. Guimorcondo
Navaelcuerro
El Portacho
Balbarda
Muñopepe
La Serrada
110
Huerta de Tohus
Tornadizos de Ávila
Valdihuelo
Ermita de Nuestra Señora de las Fuentes
Puerto de las Fuentes
Oco
Sanchicorto
Padiernos
Ermita de Sonsoles
El Cerezo
Valdelavía
Sierra de Ávila
Muñochas
Salobral
El Merino
Río
Valdeprados
Valderrosa
Triguezuelos
Muñez
Guareña
Muñogalindo
Aldealabad
El Fresno
La Serna
Navalgrande o Canto del Pico
Uposa
Santa María del Arroyo
Casas de Muñochas
Castillo
Niharra
Gemuño
Fresneda
Arropino
Muñana
Pascual Muñoz
Venta de Muñana
La Torre
Salobralejo
Aldea del Rey Niño
Guterreño
Embalse de Becerril
Puerto del Boquerón
La Cañada
Amavida
Poveda
Río Adaja
Blacha
Casa Mesegar
Riofortes
Cabañas
Becerril
Valdeciervos
El Herradón
Pradosegar
Baterna
Castillo
Riatas
Miróncillo
Fresneda
Valle de la Pavona
Cuerda de los Polvisos
San Bartolomé de Pinares
Muñotello
Narros del Puerto
Robledillo
Solosancho
Palacio
Sotalvo
Castillo
Riofrío
Escalonilla
Barrio de Arriba
502
Villaviciosa
Ulaca
Castillo de Manqueospese
Navaestilera
Venta de Pocapena
Santa Cruz de Pinares
La Hija de Dios
Dehesa de Navaestilera
Ávila
Venta de la Palomera
Puerto de Paramera
Bosquecillo
Cerro Calamocho
Berrueco Gordo
Parameras de Ávila
El Zarzalejo
Serrota
Castillo
Mengamuñoz
Puerto de Navalmoral
Albergue
Serrota
Sierra de la Paramera
Los Baldíos
57
La Serradilla
San Juan de la Nava
Barraco
Puerto de Menga
Navalsauz
El Visillo
Risco de la Yedra
Puerto de Arrebatacapas
Canto de la Mujer
Navandrinal
Villarejo
San Juan del Molinillo
500
Cepeda la Mora
Fonda de Santa Teresa
Las Vueltas
Garganta del Villar
Navarredondilla
Navalmoral
79
Ventorro del Quinto
Navalacruz
Arroyo de Navalacruz
Navalonguilla
Caserío del Burguillo
La Pizarra
Casa de la Lastra
Navaquesera
La Calera
Embalse de Burguillo
Navadijos
Navalsáuz
Hoyocasero
Navalosa
Navatalgordo
Burgohondo
La Rinconada
Las Cruceras
El Tiemblo
Hoyos de Miguel Muñoz
Venta del Obispo
Morisco
Navaluenga
Venero Claro
Casas de Majasalegas
Cabeza de la Parra
Río Alberche
Bajondillo
Embalse del Tiemblo
San Martín del Pimpollar
Venta de Raquilla
Jalilla
Horno Robledo
La Lobera
Toledo
88

56
57
89
Valladolid
Ávila
Vd
Ve
Vf
Wa
102
103
104
105
106
SIERRA DE GUADARRAMA
Sierra de la Cuerda Larga
Sierra de Malagón
Sierra del Quintanar
Sierra de los Porrones
SEGOVIA
Acueducto
Alcázar
Muralla
SAN ILDEFONSO o La Granja
Palacio Real
Valsaín
Palacio
Quitapesares
RASCAFRÍA
Monasterio de El Paular
Pico de Peñalara
2430
Puerto de Navacerrada
(1860)
Puerto de Fuenfría
(1793)
Puerto del Paular o de los Cotos
(1830)
Peñacabra
La Nevera
El Brezal
La Pedriza de Manzanares
Pedriza de Manzanares
Peña del Diezmo
MANZANARES el Real
Castillo de Manzanares
Embalse de Santillana
Provincia de Segovia
Provincia de Madrid
Prov. de Madrid
Provincia de Ávila
Provincia de Madrid
Santa María la Real de Nieva
Nieva
Ochando
Ermita de la Virgen
Ortigosa de Pestaño
Miguel-Ibáñez
Apeadero de Armuña-Bernardos
Armuña
Caldillas
Tabanera la Luenga
San Pedro
Estación de Yanguas de Eresma
Yanguas de Eresma
Escarabajosa de Cabezas
Cantimpalos
Escobar de Polendos
Pinillos de Polendos
Cabañas de Polendos
El Pendón
Torreiglesias
Peñarrubias de Pirón
Losana de Pirón
Adrada de Pirón
Casa del Quintanar
Mata de Quintanar
Asenjo
Brieva
La Higuera
Carrascal
Mata de Rosueros
La Cuesta
Aldeasaz
Berrocal
Tenzuela
Pelayos del Arroyo
La Salceda
Navafría
Chavida
Valle de San Pedro
Torre Val de San Pedro
La Mata
Santo Domingo de Pirón
Sotosalbos
Collado Hermoso
Basardilla
El Hoyo
Aldehuela
Torrecaballeros
Pascuales
Pinilla Ambroz
Tabladillo
El Cañal
Añe
Aragoneses
Balisa
Paradinas
Carbonero de Ahusín
Apeadero de Ahusín
Roda de Eresma
Encinillas
Los Huertos
Valseca
Bernúy de Porreros
Espirdo
Tizneros
Hontanares de Eresma
Lobones
Convento de San Juan de la Cruz
Zamarramala
La Lastrilla
Cabanillas del Monte
Trescasas
San Cristóbal de Segovia
Sonsoto
Palazuelos de Eresma
Gamones
Laguna Rodrigo
Villoslada
Casa del Coto
Marazuela
Anaya
Garcillán
Ardidos
Velagómez
Abad D. Blasco
Etreros
Sangarcía
Marazoleja
Martín Miguel
Valverde del Majano
Juarros de Riomoros
Redonda el Nuevo
Cobos de Segovia
Casería de Bernúz de Montejo
Redonda El Viejo
Perocojo
Abades
Torredondo
Casa de Palazuelos
Perogordo
La Peladera
Hontoria
Aldeanueva
Bercial
Caserío de Párraces
Marugán
Allas de San Pedro
Lastras del Pozo
Casa de Mazarías
Madrona
PARQUE DE RIOFRÍO
Escobar
Palacio Real de Riofrío
Santillana
Pradera de Navalhorno
Fuentemilanos
Matamanzano
Tajuña
La Hoya del Pozo
Manilla
Campillo
Revenga
Navas de Riofrío
Embalse de Revenga-Riofrío
La Losa
Estación La Losa-Navas de Riofrío
Caballero
Monterrubio
San Pedro de las Dueñas
Colina
Aldeallana
Ortigosa del Monte
Lastras de Lama
Casa de los Blases
Guijasalbas
Torreón
Valdeprados
Otero de Herreros
El Portachuelo
Itüero y Lama
Zarzuela del Monte
Vegas de Matute
Emb. de El Carrascal
Estación de Otero de Herreros
Iglesia de San Sebastián
VILLACASTÍN
Coto San Isidro
Ermita de San Antonio
Embalse de Los Ángeles
Los Ángeles de San Rafael
Alto de Montesinos
Las Chimeneas
Navas de San Antonio
Ermita del Cristo del Caloco
Prados
Estación de El Espinar
Autopista del Noroeste
Ermita de la Virgen del Cubillo
San Rafael
Segovia
Peaje
Puerto de Guadarrama
Tablada
Hotel Don Juan
Caserío de Vallesturtos
EL ESPINAR
(1189)
SAN RAFAEL
Gudillos
Puerto Cruz de Hierro
Caserío de las Erjuelas
Emb. de Serones (en constr.)
Batanejos
El Altillo
Casas de la Lancha
Casa del Sapo
Casa Nueva de la Cepeda
Las Damas
Casasola
San Vicente de Arévalo
Peguerinos
Las Herreras
Caseruelas
Navalperal de Pinares
Castillo de Magalia
Las Navas del Marqués
Santa María de la Alameda
Puerto del Boquerón
Sonsoles
Ciudad Ducal
Navalespino
El Pimpollar
Las Juntas
Robledondo
La Hoya
La Paradilla
El Quintanar
Embalse de Robledo de Chavela
Sta. Catalina
Casa del Prado
Valdegarcía
Valdemaqueda
Río Cofio
El Hoyo de Pinares
Robledo de Chavela
Cebreros
Safari Park Quexigal
Nuestra Señora de Valsordo
Santa Leonor
Colonia Calas de Guisando
Costa de Madrid
Club Motonáutico
Club Madrileño
Ciudad de San Ramón
Virgen de la Nueva
Embalse de San Juan
Ermita de la Salud
Las Atalayas
Navas del Rey
Chapinería
Los Molinos
Cercedilla
Chalet de Peñalara
Camorritos
Sanatorio
Siete Picos
Real Sanatorio de Guadarrama
Ventorrillo
Embalse de Navalmedio
Navacerrada
Embalse de Navacerrada
Becerril de la Sierra
La Ponderosa
Mataelpino
El Boalo
Collado-Mediano
Cerro Grande
Cerceda
Casa de Navahuerta
Hotel de Torrelaguna
Moralzarzal
GUADARRAMA
(981)
Colonia de Mataespesa
Alpedrete
Cabezuelos
Fontenebros
Emb. La Jarosa
Emb. La Encinilla
Valle de los Caídos / El Escorial
Santa Cruz del Valle de los Caídos
La Pasarela
Los Negrales
COLLADO-VILLALBA
Leones
Estepar
Campamento de Navallera
El Campillo
Las Zorreras
San Ignacio
Abantos
Casa la Atalaya
Hoyo de Manzanares
Las Suertes de Villalba
Navalquejigo
SAN LORENZO de El Escorial
EL ESCORIAL
Monasterio de El Escorial
La Navata
El Encinar y San Alberto
Palacio Canto del Pico
Torrelodones
Las Rozuelas
Las Marías
Los Peñascales
El Encinar de los Reyes
Galapagar
Ermita de San Juan
Ermita de la Virgen de Gracia
Colmenarejo
Emb. de Molino de la Hoz
Las Matas
Pinosol
Zarzalejo
Peralejo
Pizarrera
Valmayor
Embalse de Valmayor
Los Ranchos
Nuevo Club de Golf de Madrid
Pajares
Paraíso
Pino Alto
Madroñal
Valdemorillo
Puente la Sierra
Mirador del Romero
Villanueva del Pardillo
Las Rozas de Madrid
El Tejar
Fresnedillas
Navalagamella
Cerro Alarcón
Ermita del Cristo de la Encarnación
Estación Espacial de Fresnedillas
Villafranca del Castillo
Palacio de Ballesteros
Majadahonda
El Plantío
Almenara
Navahonda
Villanueva de la Cañada
Bonanza
POZUELO de Alarcón
Valdecabañas
Los Rosales
Las Lomas
Monte de las Encinas
El Cortijo
Olivar de Miraval
Colmenar del Arroyo
Quijorna
(575)
Guadamonte
Perales de Milla
Brunete
Boadilla del Monte
Palacio
Palacio de los Molinillos
Emb. de Navalagamella
El Bosque
NVI
A6
601
603
605
110
600
607
604
505
501

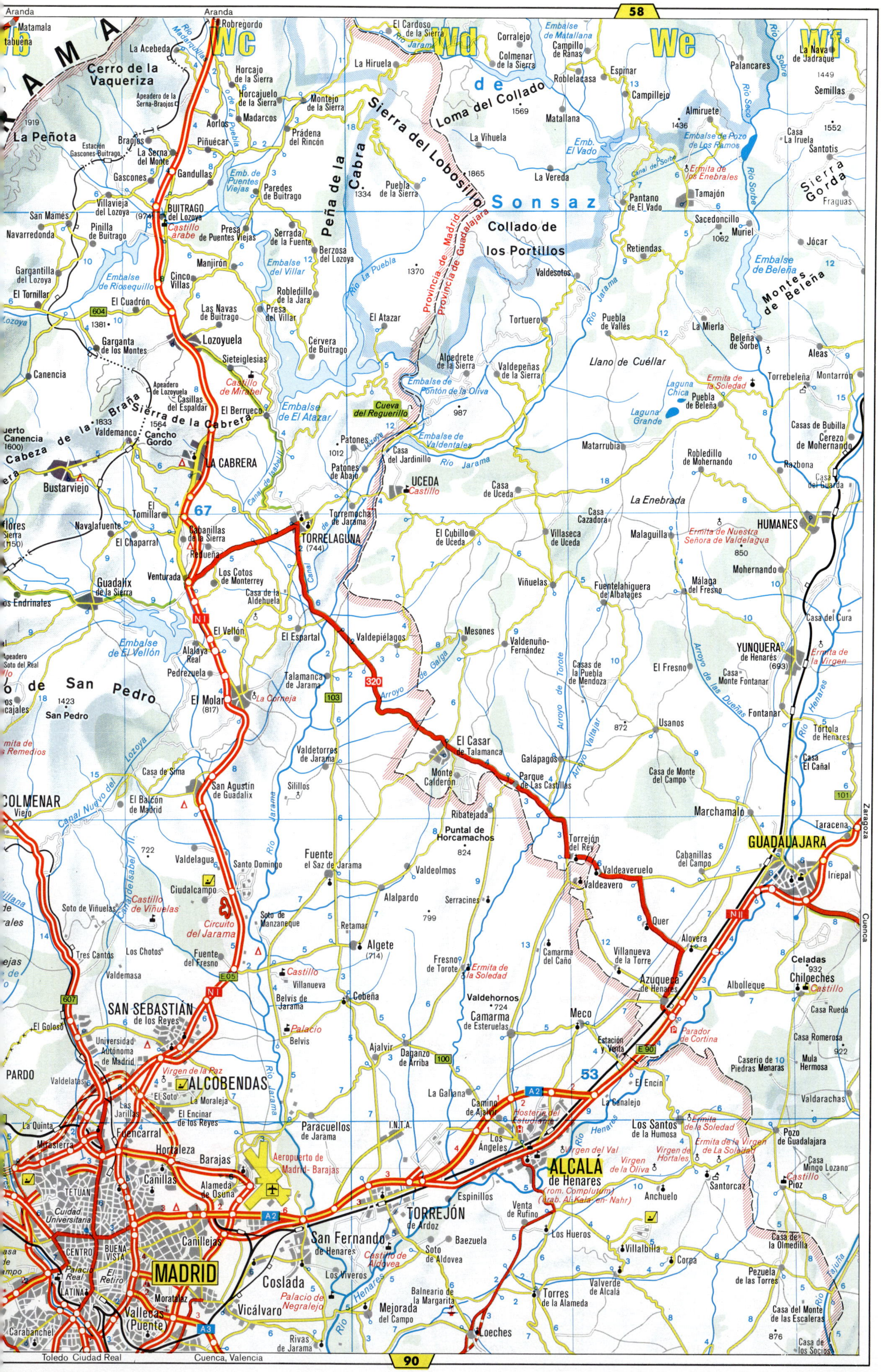
Aranda
58
Wc
Wd
We
Wf
Matamala
Robregordo
Cerro de la Vaqueriza
La Acebeda
Horcajo de la Sierra
Horcajuelo de la Sierra
Montejo de la Sierra
El Cardoso de la Sierra
La Hiruela
Corralejo
Colmenar de la Sierra
Embalse de Matallana
Campillo de Ranas
Roblelacasa
Espinar
Campillejo
Palancares
La Nava de Jadraque
Semillas
Madarcos
Aoslos
Piñuécar
Prádena del Rincón
Sierra del Lobosillo
Loma del Collado
Matallana
La Vihuela
Emb. El Vado
Almiruete
Embalse de Pozo de Los Ramos
Casa La Iruela
Santotis
Sierra Gorda
Fraguas
La Peñota
Braojos
La Serna del Monte
Gascones
Gandullas
Emb. de Puentes Viejas
Paredes de Buitrago
Peña de la Cabra
Puebla de la Sierra
La Vereda
Ermita de los Enebrales
Tamajón
Sonsaz
Collado de los Portillos
Pantano de El Vado
Sacedoncillo
Muriel
Jócar
San Mamés
Villavieja del Lozoya
BUITRAGO del Lozoya
Castillo árabe
Pinilla de Buitrago
Navarredonda
Presa de Puentes Viejas
Serrada de la Fuente
Berzosa del Lozoya
Retiendas
Embalse de Beleña
Montes de Beleña
Gargantilla del Lozoya
El Tornillar
Embalse de Riosequillo
Cinco Villas
Manjirón
Embalse del Villar
Robledillo de la Jara
Presa del Villar
Provincia de Madrid
Provincia de Guadalajara
Valdesotos
El Cuadrón
Las Navas de Buitrago
Lozoyuela
El Atazar
Cervera de Buitrago
Tortuero
Puebla de Vallés
La Mierla
Beleña de Sorbe
Aleas
Garganta de los Montes
Canencia
Sieteiglesias
Castillo de Mirabel
Alpedrete de la Sierra
Valdepeñas de la Sierra
Llano de Cuéllar
Laguna Chica
Laguna Grande
Puebla de Beleña
Ermita de la Soledad
Torrebeleña
Montarrón
Sierra de la Cabrera
El Berrueco
Embalse de El Atazar
Cueva del Reguerillo
Embalse de Pontón de la Oliva
Casas de Bubilla
Cerezo de Mohernando
Valdemanco
Cancho Gordo
Cabeza de la Braña
Patones
Casa del Jardinillo
Embalse de Valdentales
Matarrubia
Robledillo de Mohernando
Razbona
LA CABRERA
Bustarviejo
Patones de Abajo
Río Jarama
UCEDA Castillo
Casa de Uceda
Casa del Guarda
La Enebrada
El Tomillar
Navalafuente
El Chaparral
Cabanillas de la Sierra
Redueña
Torremocha de Jarama
TORRELAGUNA
El Cubillo de Uceda
Villaseca de Uceda
Casa Cazadora
Malaguilla
Ermita de Nuestra Señora de Valdelagua
HUMANES
Mohernando
Guadalix de la Sierra
Venturada
Los Cotos de Monterrey
Casa de la Aldehuela
Viñuelas
Fuentelahiguera de Albatages
Málaga del Fresno
Los Endrinales
El Vellón
El Espartal
Valdepiélagos
Mesones
Valdenuño-Fernández
Casa del Cura
Embalse de El Vellón
Alalaya Real
Pedrezuela
Talamanca de Jarama
Casas de la Puebla de Mendoza
El Fresno
YUNQUERA de Henares
Ermita de la Virgen
Casa Monte Fontanar
Fontanar
San Pedro
El Molar
La Cornejo
Arroyo de Galga
Usanos
Tórtola de Henares
Valdetorres de Jarama
El Casar de Talamanca
Galápagos
Casa El Cañal
Casa de Sima
San Agustín de Guadalix
Silillos
Monte Calderón
Parque de Las Castillas
Casa de Monte del Campo
COLMENAR Viejo
El Balcón de Madrid
Canal Nuevo del Lozoya
Ribatejada
Puntal de Horcamachos
Torrejón del Rey
Marchamalo
Taracena
GUADALAJARA
Zaragoza
Valdelagua
Santo Domingo
Fuente el Saz de Jarama
Valdeolmos
Valdeaveruelo
Valdeavero
Cabanillas del Campo
Iriepal
Ciudalcampo
Castillo de Viñuelas
Soto de Viñuelas
Circuito del Jarama
Soto de Manzaneque
Alalpardo
Serracines
Retamar
Quer
Alovera
Cuenca
Tres Cantos
Los Chotos
Fuente del Fresno
Algete
Fresno de Torote
Ermita de la Soledad
Camarma del Caño
Villanueva de la Torre
Celadas
Chiloeches
Castillo
Valdemasa
Castillo
Villanueva
Belvis de Jarama
Cobeña
Valdehornos
Camarma de Esteruelas
Azuqueca de Henares
Albolleque
SAN SEBASTIÁN de los Reyes
El Goloso
Universidad Autónoma de Madrid
Palacio Belvis
Meco
Estación y Venta
Parador de Cortina
Casa Rueda
Casa Romerosa
PARDO
Valdelatas
Virgen de la Paz
ALCOBENDAS
Ajalvir
Daganzo de Arriba
El Encín
Caserío de Piedras Menaras
Mula Hermosa
El Soto
La Moraleja
La Gallana
Camino de Ajalvir
La Canalejo
Valdarachas
Las Jarillas
El Encinar de los Reyes
Paracuellos de Jarama
I.N.T.A.
Hostería del Estudiante
Los Santos de la Humosa
Ermita de la Soledad
Pozo de Guadalajara
La Quinta
Fuencarral
Mirasierra
Hortaleza
Barajas
Aeropuerto de Madrid-Barajas
Los Ángeles
Virgen del Val
Virgen de la Oliva
Virgen de Hortales
Ermita de la Virgen de La Soledad
Casa Mingo Lozano
TETUÁN
Canillas
Alameda de Osuna
ALCALÁ de Henares
(rom. Complutum)
(árab. Al-Kala-en-Nahr)
Santorcaz
Castillo Pioz
Ciudad Universitaria
Espinillos
TORREJÓN de Ardoz
Venta de Rufino
Anchuelo
Canillejas
San Fernando de Henares
Baezuela
Los Hueros
Villalbilla
Corpa
Casa de la Olmedilla
CENTRO
BUENA VISTA
MADRID
Palacio Real
El Retiro
LATINA
Castillo de Aldovea
Soto de Aldovea
Coslada
Los Viveros
Balneario de la Margarita
Torres de la Alameda
Valverde de Alcalá
Pezuela de las Torres
Moratalaz
Vallecas (Puente)
Vicálvaro
Palacio de Negralejo
Mejorada del Campo
Casa del Monte de las Escaleras
Carabanchel
Rivas de Jarama
Loeches
Casa de los Socios
Toledo Ciudad Real
Cuenca, Valencia
90

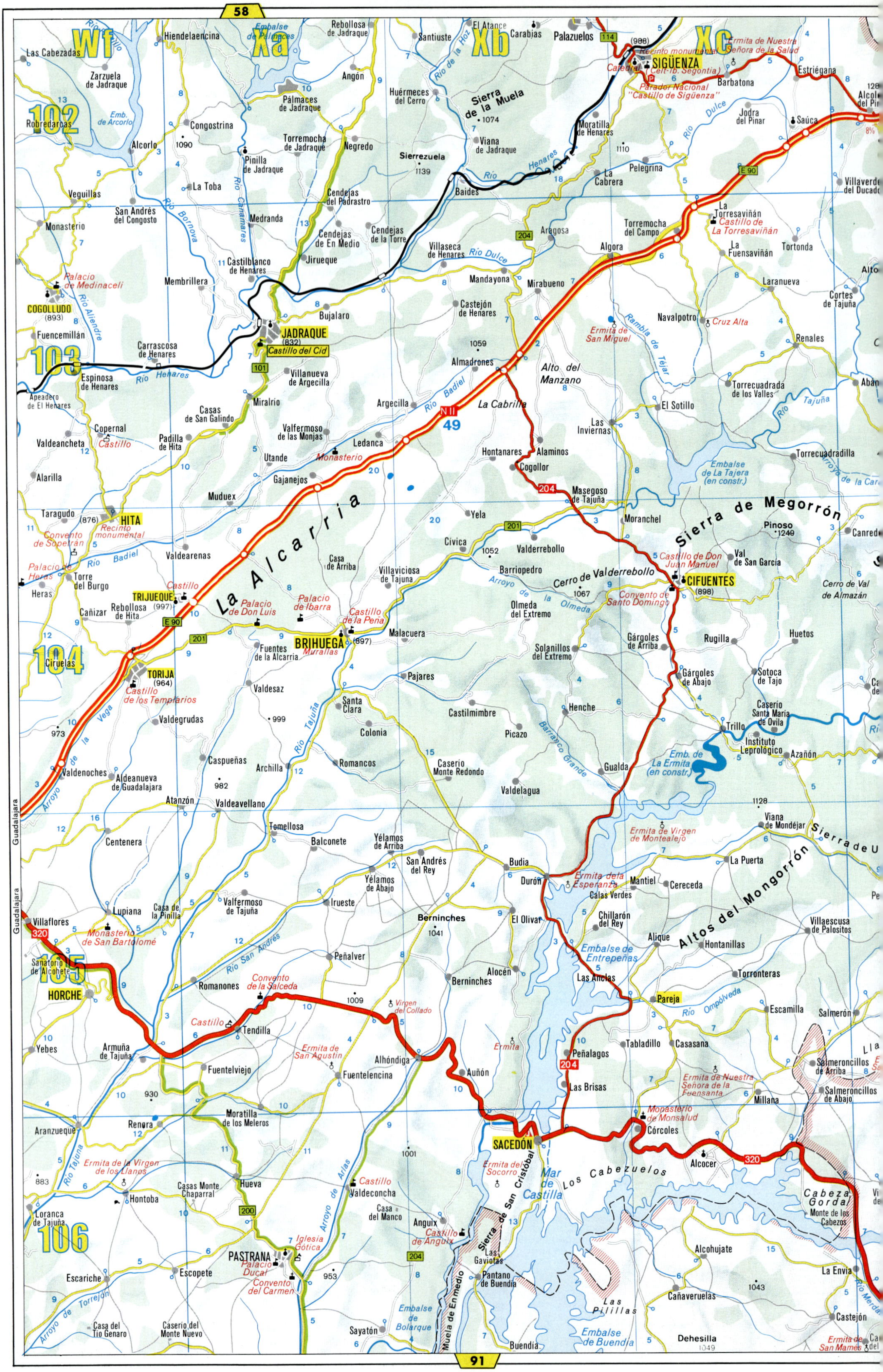
58
Wf
Xa
Xb
Xc
Las Cabezadas
Hiendelaencina
Embalse de Pálmaces
Rebollosa de Jadraque
Santiuste
El Atance
Carabias
Palazuelos
Sigüenza
Catedral
Recinto monumental
(Celt.-Ib. Segontia)
Parador Nacional "Castillo de Sigüenza"
Ermita de Nuestra Señora de la Salud
Estriégana
Barbatona
Zarzuela de Jadraque
Angón
Pálmaces de Jadraque
Huérmeces del Cerro
Sierra de la Muela
1074
Río Dulce
Jodra del Pinar
Saúca
Alcolea del Pinar
102
Robredarcas
Emb. de Arcorlo
Congostrina
Alcorlo
1090
Pinilla de Jadraque
Torremocha de Jadraque
Negredo
Viana de Jadraque
Moratilla de Henares
1110
Sierrezuela
1139
Río Henares
La Cabrera
Pelegrina
E 90
Villaverde del Ducado
Veguillas
La Toba
Río Bornova
Río Cañamares
Cendejas del Padrastro
Baides
San Andrés del Congosto
Medranda
Monasterio
Cendejas de En Medio
Cendejas de la Torre
Aragosa
Torremocha del Campo
La Torresaviñán
Castillo de La Torresaviñán
La Fuensaviñán
Tortonda
Villaseca de Henares
Castilblanco de Henares
Jirueque
Algora
Membrillera
Mandayona
Mirabueno
Laranueva
Palacio de Medinaceli
Cogolludo
(893)
Río Aliendre
Bujalaro
Castejón de Henares
Navalpotro
Cruz Alta
Cortes de Tajuña
Jadraque
(832)
Castillo del Cid
Ermita de San Miguel
Rambla de Téjar
Fuencemillán
103
Carrascosa de Henares
1059
Almadrones
Renales
Espinosa de Henares
Villanueva de Argecilla
Alto del Manzano
Torrecuadrada de los Valles
Apeadero de El Henares
Miralrio
Argecilla
Río Badiel
N II
49
La Cabrilla
El Sotillo
Río Tajuña
Copernal
Castillo
Casas de San Galindo
Valfermoso de las Monjas
Las Inviernas
Valdeancheta
Padilla de Hita
Ledanca
Monasterio
Utande
Hontanares
Alaminos
Torrecuadradilla
Embalse de La Tajera (en constr.)
Alarilla
Gajanejos
Cogollor
Arroyo de la Cañada
204
Masegoso de Tajuña
Muduex
Taragudo
(876)
Hita
Recinto monumental
Yela
Moranchel
Sierra de Megorrón
Convento de Sopetrán
Pinoso
1249
Canredondo
Río Badiel
Valdearenas
La Alcarria
Civica
201
Valderrebollo
1052
Castillo de Don Juan Manuel
Val de San García
Palacio de Heras
Heras
Torre del Burgo
Casa de Arriba
Villaviciosa de Tajuña
Barriopedro
Cerro de Valderrebollo
Cifuentes
(898)
Cerro de Val de Almazán
Trijueque
Castillo
(997)
Palacio de Ibarra
Palacio de Don Luis
Arroyo de la Olmeda
1067
Convento de Santo Domingo
Cañizar
Rebollosa de Hita
Castillo de la Peña
Olmeda del Extremo
E 90
Brihuega
(897)
Murallas
Malacuera
Gárgoles de Arriba
Rugilla
Huetos
104
Ciruelas
Fuentes de la Alcarria
Solanillos del Extremo
Torija
(964)
Castillo de los Templarios
Pajares
Gárgoles de Abajo
Sotoca de Tajo
Valdesaz
Santa Clara
Henche
Caserío Santa María de Ovila
Valdegrudas
999
Castilmimbre
Trillo
973
Colonia
Picazo
Barranco Grande
Instituto Leprológico
Azañón
Arroyo de la Vega
Caspueñas
Romancos
Caserío Monte Redondo
Emb. de La Ermita (en constr.)
Archilla
Gualda
Valdenoches
Aldeanueva de Guadalajara
982
Valdelagua
1128
Atanzón
Valdeavellano
Viana de Mondéjar
Guadalajara
Tomellosa
Ermita de Virgen de Montealegre
Sierra de Utande
Centenera
Balconete
Yélamos de Arriba
San Andrés del Rey
Budia
La Puerta
Yélamos de Abajo
Durón
Ermita de la Esperanza
Mantiel
Cereceda
Altos del Mongorrón
Lupiana
Casa de la Pinilla
Valfermoso de Tajuña
Irueste
Calas Verdes
Villaflores
320
Monasterio de San Bartolomé
Berninches
1041
El Olivar
Chillarón del Rey
Villaescusa de Palositos
Aliqué
Hontanillas
Sanatorio de Alcohete
105
Río San Andrés
Peñalver
Embalse de Entrepeñas
Horche
Romanones
Convento de la Salceda
Berninches
Alocén
Las Ancas
Torronteras
Pareja
1009
Virgen del Collado
Río Ompólveda
Escamilla
Salmerón
Castillo
Tendilla
Yebes
Armuña de Tajuña
Ermita de San Agustín
Alhóndiga
Ermita
Tabladillo
Casasana
Peñalagos
204
Salmeroncillos de Arriba
Fuentelviejo
Fuentelencina
Auñón
Las Brisas
Ermita de Nuestra Señora de la Fuensanta
Millana
Salmeroncillos de Abajo
930
Moratilla de los Meleros
Aranzueque
Renera
Monasterio de Monsalud
Córcoles
Sacedón
Ermita de la Virgen de los Llanos
Río Tajuña
1001
Ermita del Socorro
Alcocer
883
Casas Monte Chaparral
Hueva
Castillo
Valdeconcha
Mar de Castilla
Los Cabezuelos
Sierra de San Cristóbal
Cabeza Gorda
Monte de los Cabezos
Hontoba
Loranca de Tajuña
106
200
Casa del Manco
Anguix
Castillo de Anguix
Iglesia Gótica
Arroyo de Arlas
Alcohujate
Pastrana
Palacio Ducal
Convento del Carmen
204
Las Gaviotas
Escariche
Escopete
953
Pantano de Buendía
1043
La Envia
Cañaveruelas
Arroyo de Torrejón
Las Pililas
Castejón
Río Mayor
Embalse de Bolarque
Muela de Enmedio
Casa del Tío Genaro
Caserío del Monte Nuevo
Sayatón
Buendía
Embalse de Buendía
Dehesilla
1049
Ermita de San Mamés
91

59
60

Xe
Xf
Ya
Alto de San Sebastián
Codes
Amayas
El Medio
1362
Castillo
Fuentelsaz
Ermita de San Roque
Ermita
Caserío de Guisema
Labros
Hinojosa
Cabazuela Blanca
Balbacil
Ermita
Clares
Anchuela del Campo
Maranchón
211
Anguita
Luzón
1277
Pto de Maranchón
La Cerrada
Turmiel
Establés
Concha
Ciruelos del Pinar
(1250)
Mazarete
Tartanedo
Ermita de la Concepción
Iniéstola
Santa María del Espino
Castillo
Tobillos
Anquela del Ducado
Ermita de San Juan
Los Villares
Nuestra Señora de los Remedios
Tortuera
Cueva de la Hoz (prehistórica)
Torrubia
Las Cabezas
Casas de la Saceda
Aragoncillo
1517
Pardos
Padilla del Ducado
Villarejo de Medina
Cueva de los Casares (prehistórica)
Casa de Solanillo
Selas
60
Aragoncillo
Cillas
Dehesa de la Matilla
Ermita de Santa Cecilia
1408
Rueda de la Sierra
Ermita de San Gregorio
Rambla de la Vega
Castillo
Riba de Saelices
Saelices de la Sal
Ablanque
Ermita de la Virgen del Buenlabrado
Ermita de San Bernardo
Canales de Molina
Arroyo del Savico o de Herrería
Cubillejo del Sitio
Cubillejo de la Sierra
Molino de Abajo
Molino de En Medio
Torremocha del Pinar
Herrería
Arroyo Viejo
Venta de Montesoro
Águila
1443
Ribarredonda
La Loma
Río Linares
Ermita de la Virgen de Montesinos
Rillo de Gallo
Casas de la Dehesilla
Casa del Pote
202
Castillo Torre Aragón
Anchuela del Pedregal
Esplegares
Olmeda de Cobeta
Cobeta
Monasterio
Corduente
(1067)
Novella
Castellote
Cañizares
Castillo árabe
MOLINA
Tordelpalo
Huertahernando
Torrecilla del Pinar
Nuestra Señora de la Hoz
Castillo
Torete
Ventosa
Terraza
San Cristóbal
Valsalobre
Murallas
Castillo árabe
Castilnuevo
Casas El Rochizo
Castellar de la Muela
Aldehuela
Montreal del Campo
La Buenafuente de Sistal
1213
Villar de Cobeta
Canales del Ducado
Molino de Canales del Ducado
Casas del Campillo
1288
Cornero
Cuevas Labradas
Cuevas Minadas
Teroleja
Valhermoso
Pradilla
Chera
Prados Redondos
Parque
natural
del
Alto
Tajo
Huertapelayo
Lebrancón
Llano de la Villa
Torremochuela
Ocentejo
Llano de la Muela
Meseta del Chaparral
Escalera
Fuembellida
Zaorejas
Herrería Vieja
202
Tierzo
Torrecuadrada de Molina
Caserío de Almallá
Caserío Picaza
Otilla
Peña del Castillo
Armallones
Hoya del Boticario
Escarbadero
1253
Corral de Garra
1301
Río Tajo
Baños de Tajo
Caserío de Terzaguilla
Montes de Picaza
1426
1367
Valtablado del Río
Loma de los Estepares
Taravilla
Terzaga
Sima del Agujero
Molino de Cabrillas
Pinilla de Molina
Villanueva de Alcorón
Ventorro del Chato
Río Cabrillas
Traid
Castillo
Arbeteta
(994)
Alto Cuatro Villas
Peñalén
Ermita de Nuestra Señora de la Torre
Caserío La Laguna
Casa de Cañada Salineras
Casa La Cañadilla
Poveda de la Sierra
Sima de la Estrella
1508
Megina
Ermita de Santa Quiteria
Provincia de Guadalajara
Provincia de Cuenca
El Pozuelo
Valsalobre
Emb. de la Chorrera (en constr.)
Chequilla
El Recuenco
Valtablado de Beteta
Finca de Belvalle
Peralejos de las Truchas
1663
La Serrezuela
Checa
Ermita de Nuestra Señora de la Bienvenida
Vindel
1249
Carrascosa
Baños de la Rosa
Cueva del Hierro
1543
Ermita de San Sebastián
Río Alcantud
Beteta
Ermita de San Antón
Ermita de Ribagorda
Santa Cristina
La Hoz de Beteta
El Tobar
Masegosa
El Brezal
Casa El Cego
Machorro
Alcantud
Central Eléctrica Los Toriles
Central Eléctrica del Infernillo
Embalse del Molino de Chincha
Río Guadiela
Laguna Grande
Lagunaseca
Río de la Hoz
Puente de Vadillos
Emb. de la Tosca
El Maitoso
Cerro de la Modorra
Cañizares
Los Pradillos
1012
1034
Anfiteatro
Arandilla del Arroyo
Fábrica de Resinas
Balneario Solán de Cabras
Santa María del Val
1701
La Torneja
1321
Ermita de San Lorenzo
Puerto de Monsaete
Monsaete
Fuertescusa
Sierra de Molina
(1156)
Convento de Monjas El Rosal
Puerta del Infierno
Ermita de Santiago
Casa Fuente del Peral
El Tío Miguelete
1678
Convento de San Miguel de las Victorias
PRIEGO
(854)
202
Cañamares
Las Chorretas
Casas del Collado
Los Demetrios
Los Eustaquios
Río Tajo
Río Guadiela
Puente del Estrecho
Tinadas del Collado
Río Escabas
Casa Prado Tejero
El Molino
La Cueva (Vega del Codorno)
San Pedro Palmiches
Rocho de Tío Marco
Poste
1429
Poyatos
Los Perales
El Perchel
Casas de Cavero
1223
Tinadas de la Fuente del Soto
Casa de Monte Cesma
907
Villaconejos de Trabaque
Barrio El Otro Lado
La Frontera
Casa del Valle
Casa de Tejadillos
Cerro de San Felipe
1839
Mojón Blanco
Fresneda de la Sierra
Hortizuela
Peña del Fraile
Castillejo-Sierra
El Cermiñuelo
1518
Caserío El Hosquillo
Albalate de las Nogueras
Salinas
Rincón de los Olmos
El Larán
Tragacete
Cuenca
92

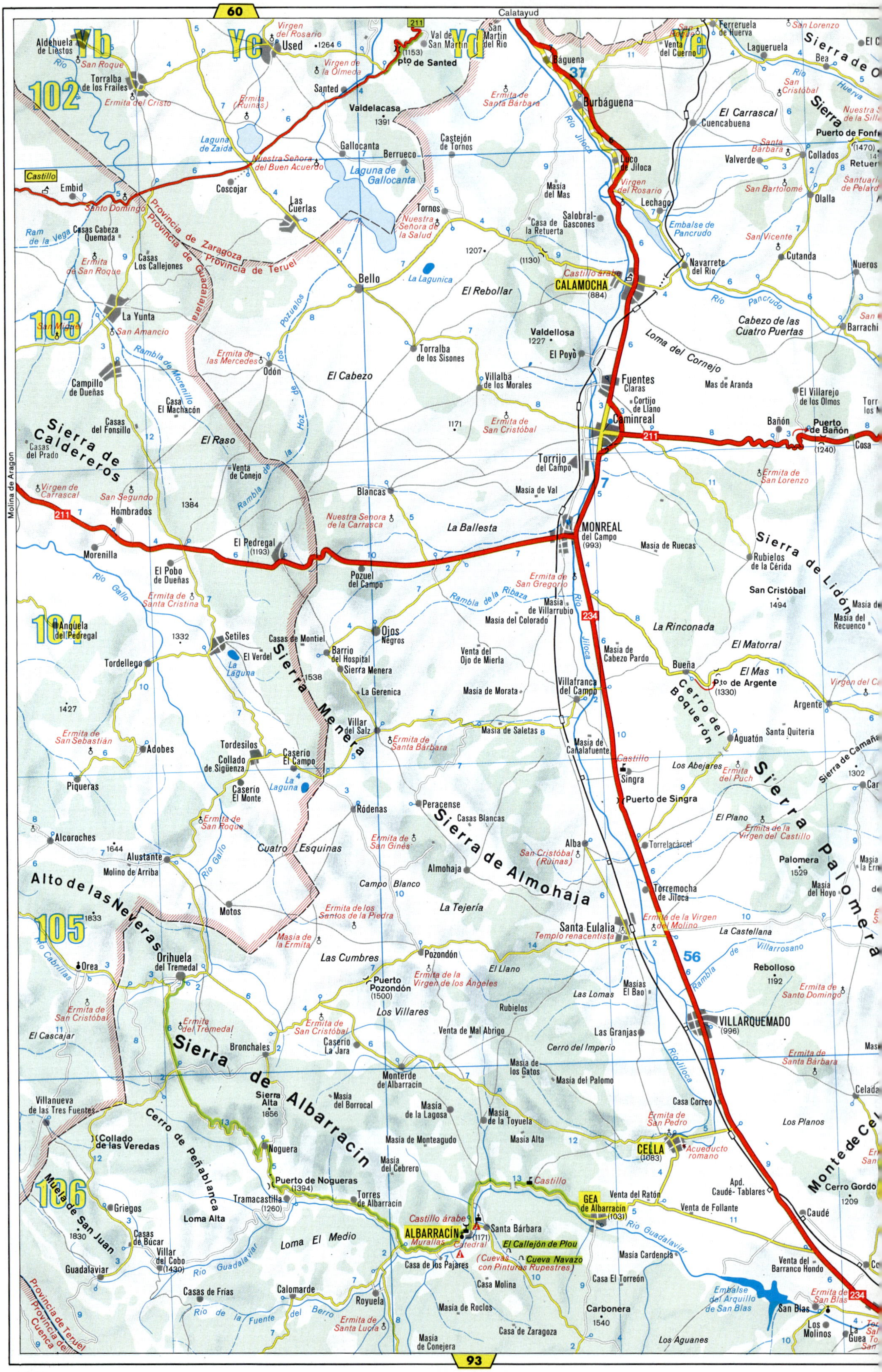
60
Calatayud
Yb
Yc
Yd
Ye
102
103
104
105
106
Aldehuela de Liestos
San Roque
Torralba de los Frailes
Ermita del Cristo
Virgen del Rosario
Used
Val de San Martín
San Martín del Río
Pto de Santed
Virgen de la Olmeda
Santed
Valdelacasa
Ermita (Ruinas)
Laguna de Zaida
Gallocanta
Berrueco
Castejón de Tornos
Laguna de Gallocanta
Nuestra Señora del Buen Acuerdo
Castillo
Embid
Coscojar
Las Cuerlas
Tornos
Nuestra Señora de la Salud
Santo Domingo
Provincia de Zaragoza
Provincia de Teruel
Provincia de Guadalajara
Casas Cabeza Quemada
Ermita de San Roque
Casas Los Callejones
Bello
La Lagunica
El Rebollar
La Yunta
San Miguel
San Amancio
Rambla de Morenillo
Pozuelos
Ermita de las Mercedes
Odón
Hoz de los
Campillo de Dueñas
Casa El Machacón
Casas del Fonsillo
Sierra de Caldereros
Casas del Prado
El Raso
Venta de Conejo
Virgen de Carrascal
San Segundo
Hombrados
Molina de Aragón
211
Morenilla
El Pobo de Dueñas
El Pedregal
Ermita de Santa Cristina
Río Gallo
Anquela del Pedregal
Tordellego
Setiles
El Verdel
La Laguna
Sierra Menera
Casas de Montiel
Barrio del Hospital
Sierra Menera
Ojos Negros
La Gerenica
Villar del Salz
Ermita de San Sebastián
Adobes
Piqueras
Tordesilos
Collado de Sigüenza
Caserío El Campo
Caserío El Monte
La Laguna
Ródenas
Peracense
Casas Blancas
Sierra de Almohaja
Alcoroches
Alustante
Molino de Arriba
Ermita de San Roque
Cuatro Esquinas
Ermita de San Ginés
Almohaja
Campo Blanco
Alto de las Neveras
Motos
Ermita de los Santos de la Piedra
La Tejería
Orea
Orihuela del Tremedal
Masía de la Ermita
Las Cumbres
Pozondón
El Llano
Puerto Pozondón
Ermita de la Virgen de los Ángeles
Ermita de San Cristóbal
El Cascajar
Ermita del Tremedal
Los Villares
Rubielos
Ermita de San Cristóbal
Caserío La Jara
Venta de Mal Abrigo
Bronchales
Sierra de Albarracín
Monterde de Albarracín
Masía de los Gatos
Masía del Palomo
Villanueva de las Tres Fuentes
Sierra Alta
Masía del Borrocal
Masía de la Lagosa
Masía de la Toyuela
Collado de las Veredas
Cerro de Peñablanca
Noguera
Masía de Monteagudo
Masía Alta
Masía del Cebrero
Puerto de Nogueras
Tramacastilla
Torres de Albarracín
Castillo
Muela de San Juan
Griegos
Loma Alta
Casas de Búcar
Castillo árabe
ALBARRACÍN
Murallas
Catedral
Santa Bárbara
El Callejón de Plou
Cueva Navazo
Cuevas con Pinturas Rupestres
Loma El Medio
Villar del Cobo
Guadalaviar
Río Guadalaviar
Casa de los Pajares
Casas de Frías
Calomarde
Royuela
Casa Molina
Masía de Roclos
Río de la Fuente del Berro
Ermita de Santa Lucía
Casa de Zaragoza
Masía de Conejera
Provincia de Teruel
Provincia de Cuenca
93
Báguena
Burbáguena
Ermita de Santa Bárbara
Río Jiloca
Luco de Jiloca
Virgen del Rosario
Masía del Mas
Lechago
Salobral-Gascones
Casa de la Retuerta
Castillo árabe
CALAMOCHA
Valdellosa
El Poyo
Torralba de los Sisones
Villalba de los Morales
Ermita de San Cristóbal
Fuentes Claras
Cortijo de Llano
Caminreal
Torrijo del Campo
Blancas
Nuestra Señora de la Carrasca
Masía de Val
La Ballesta
MONREAL del Campo
Masía de Ruecas
Pozuel del Campo
Ermita de San Gregorio
Rambla de la Ribaza
Masía de Villarrubio
Masía del Colorado
Venta del Ojo de Mierla
Masía de Morata
Masía de Cabezo Pardo
Villafranca del Campo
Ermita de Santa Bárbara
Masía de Saletas
Masía de Cañalafuente
Castillo
Singra
Puerto de Singra
Alba
San Cristóbal (Ruinas)
Torrelacárcel
Torremocha de Jiloca
Santa Eulalia
Templo renacentista
Ermita de la Virgen del Molino
Masías El Bao
Las Lomas
Las Granjas
VILLARQUEMADO
Cerro del Imperio
Casa Correo
Ermita de San Pedro
CELLA
Acueducto romano
GEA de Albarracín
Venta del Ratón
Venta de Follante
Apd. Caudé-Tablares
Caudé
Masía Cardencha
Casa El Torreón
Carbonera
Embalse del Arquillo de San Blas
San Blas
Ermita de San Blas
Los Molinos
La Guea
Los Aguanes
Venta del Barranco Hondo
Cerro Gordo
Monte de Ce
Los Planos
Ferreruela de Huerva
San Lorenzo
Venta del Cuerno
Lagueruela
Bea
Sierra de O
Río Huerva
San Cristóbal
El Carrascal
Cuencabuena
Sierra
Nuestra Señora de la Silla
Puerto de Fonfría
Santa Bárbara
Valverde
Collados
Retuerta
San Bartolomé
Olalla
Santuario de Pelarda
Embalse de Pancrudo
San Vicente
Cutanda
Navarrete del Río
Río Pancrudo
Nueros
Cabezo de las Cuatro Puertas
Barrachi
Loma del Cornejo
Mas de Aranda
El Villarejo de los Olmos
Bañón
Puerto de Bañón
Cosa
Ermita de San Lorenzo
Sierra de Lidón
Rubielos de la Cérida
San Cristóbal
La Rinconada
El Matorral
Bueña
Pto de Argente
El Mas
Cerro del Boquerón
Virgen del Cal
Argente
Aguatón
Santa Quiteria
Los Abejares
Ermita del Puch
Sierra Palomera
Sierra de Camañas
El Plano
Ermita de la Virgen del Castillo
Palomera
Masía del Hoyo
La Castellana
Villarrosano
Rambla de
Rebolloso
Ermita de Santo Domingo
Ermita de Santa Bárbara
Celadas
37
56
234
7

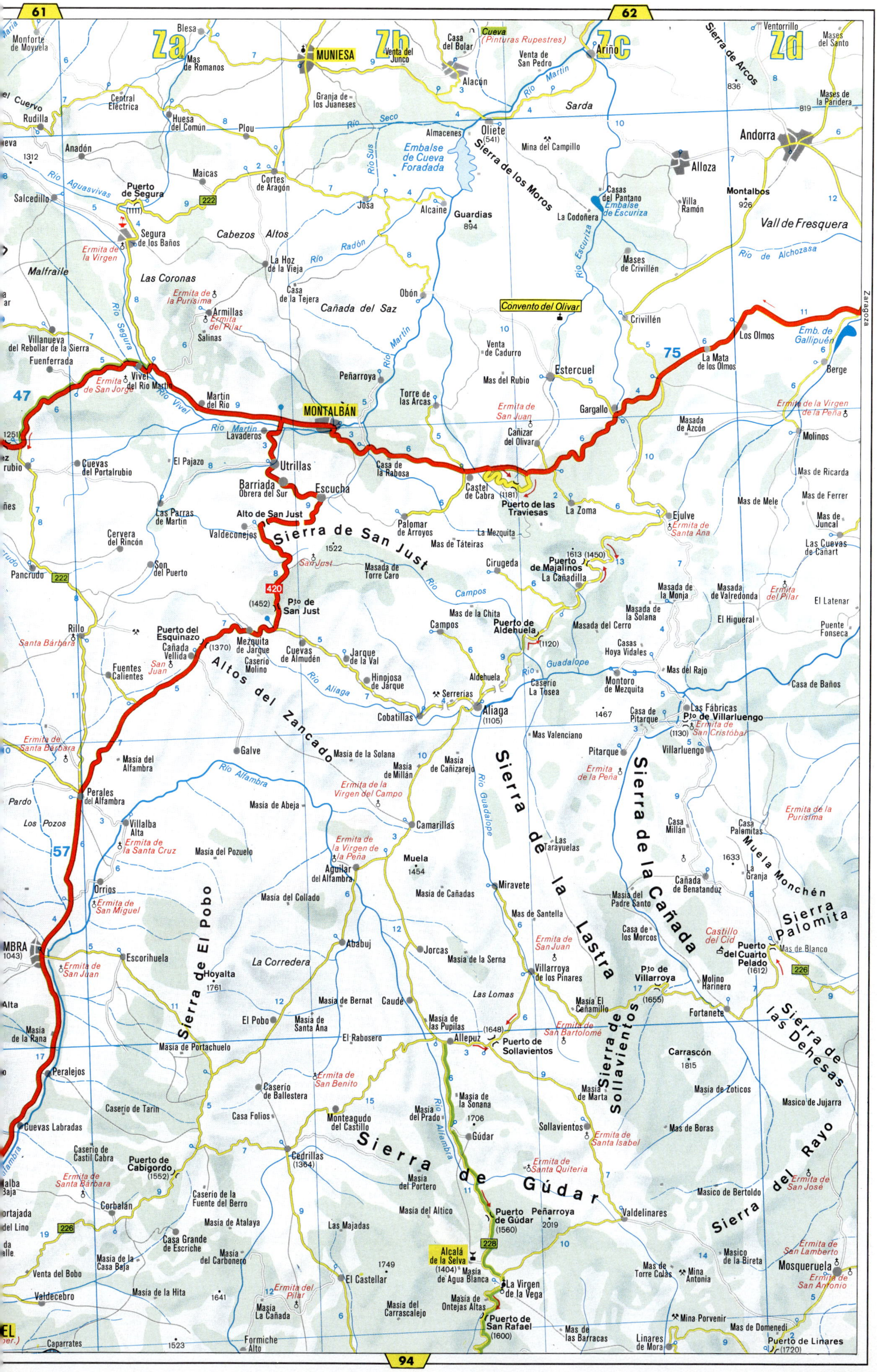
61
62
94
Za
Zb
Zc
Zd
Monforte de Moyuela
Blesa
Mas de Romanos
MUNIESA
Venta del Junco
Casa del Bolar
Cueva (Pinturas Rupestres)
Alacón
Venta de San Pedro
Ariño
Río Martín
Sierra de Arcos
Ventorrillo
Mases del Santo
Mases de la Paridera
Central Eléctrica
Granja de los Juaneses
Sarda
Rudilla
Huesa del Común
Plou
Río Seco
Almacenes
Oliete (541)
Andorra
Anadón
Embalse de Cueva Foradada
Sierra de los Moros
Mina del Campillo
Alloza
Río Aguasvivas
Maicas
Cortes de Aragón
Río Sus
Casas del Pantano
Embalse de Escuriza
Villa Ramón
Montalbos 926
Salcedillo
Puerto de Segura (1111)
Josa
Alcaine
Guardias 894
La Codoñera
Vall de Fresquera
Segura de los Baños
Ermita de la Virgen
Cabezos Altos
Río Radón
Río Escuriza
Río de Alchozasa
Malfraile
La Hoz de la Vieja
Mases de Crivillén
Las Coronas
Ermita de la Purísima
Casa de la Tejera
Obón
Cañada del Saz
Convento del Olivar
Zaragoza
Armillas
Ermita del Pilar
Salinas
Río Segura
Crivillén
Los Olmos
Emb. de Gallipuén
Villanueva del Rebollar de la Sierra
Venta de Cadurro
75
La Mata de los Olmos
Fuenferrada
Peñarroya
Río Martín
Estercuel
Berge
Vivel del Río Martín
Ermita de San Jorge
Mas del Rubio
47
Río Vivel
Martín del Río
Torre de las Arcas
Gargallo
Ermita de la Virgen de la Peña
MONTALBÁN
Ermita de San Juan
Masada de Azcón
Lavaderos
Cañizar del Olivar
Molinos
Cuevas del Portalrubio
El Pajazo
Utrillas
Casa de la Rabosa
Mas de Ricarda
Barriada Obrera del Sur
Escucha
Castel de Cabra
(1181)
Puerto de las Traviesas
La Zoma
Mas de Mele
Mas de Ferrer
Las Parras de Martín
Alto de San Just
Palomar de Arroyos
Ejulve
Ermita de Santa Ana
Mas de Juncal
Cervera del Rincón
Valdeconejos
Sierra de San Just
La Mezquita
Mas de Táteiras
Las Cuevas de Cañart
1522
San Just
1613 (1450)
Puerto de Majalinos
Cirugeda
Masada de Torre Caro
Son del Puerto
La Cañadilla
Pancrudo
222
420
Masada de la Monja
Masada de Valredonda
Ermita del Pilar
El Latenar
(1452)
Pto de San Just
Río Campos
Masada de la Solana
Mas de la Chita
El Higueral
Rillo
Puerto del Esquinazo
Campos
Puerto de Aldehuela
Masada del Cerro
Puente Fonseca
Santa Bárbara
Cañada Vellida
(1370)
Mezquita de Jarque
(1120)
Casas Hoya Vidales
Cuevas de Almudén
Jarque de la Val
Caserío Molino
Fuentes Calientes
San Juan
Altos del Zancado
Hinojosa de Jarque
Río Guadalope
Mas del Rajo
Aldehuela
Caserío La Tosca
Montoro de Mezquita
Casa de Baños
Río Aliaga
Serrerías
Aliaga (1105)
Las Fábricas
Cobatillas
1467
Casa de Pitarque
Pto de Villarluengo
(1130)
Ermita de San Cristóbal
Ermita de Santa Bárbara
Mas Valenciano
Galve
Masía de la Solana
Villarluengo
Pitarque
Masía del Alfambra
Masía de Millán
Masía de Cañizarejo
Ermita de la Peña
Río Alfambra
Ermita de la Virgen del Campo
Sierra de la Lastra
Sierra de la Cañada
Perales del Alfambra
Pardo
Masía de Abeja
Río Guadalope
Ermita de la Purísima
Los Pozos
Camarillas
Casa Millán
Casa Palomitas
Villalba Alta
Ermita de la Santa Cruz
Ermita de la Virgen de la Peña
Las Tarayuelas
57
Masía del Pozuelo
Muela 1454
1633
Muela Monchén
La Granja
Aguilar del Alfambra
Cañada de Benatanduz
Orrios
Masía del Collado
Masía de Cañadas
Miravete
Masía del Padre Santo
Ermita de San Miguel
Sierra de El Pobo
Mas de Santella
Sierra Palomita
Casa de los Morcos
Ermita del Cid
Puerto del Cuarto Pelado (1612)
Mas de Blanco
Ababuj
Ermita de San Juan
1043
Escorihuela
La Corredera
Jorcas
Masía de la Serna
Villarroya de los Pinares
Pto de Villarroya
Molino Harinero
226
Ermita de San Juan
Hoyalta 1761
Masía El Cañamillo
(1655)
Fortanete
Sierra de las Dehesas
Las Lomas
Masía de Bernat
Caudé
Masía de la Rana
El Pobo
Masía de Santa Ana
Masía de las Pupilas
(1648)
Ermita de San Bartolomé
Sierra de Sollavientos
Carrascón 1815
Masía de Portachuelo
El Rabosero
Allepuz
Puerto de Sollavientos
Peralejos
Ermita de San Benito
Caserío de Ballestera
Masía de la Sonana
Masía de Marta
Masía de Zoticos
Caserío de Tarín
Casa Folios
Monteagudo del Castillo
Masía del Prado
1706
Río Alfambra
Sollavientos
Masico de Jujarra
Mas de Boras
Cuevas Labradas
Gúdar
Ermita de Santa Isabel
Caserío de Castil Cabra
Puerto de Cabigordo (1552)
Cedrillas (1364)
Sierra de Gúdar
Ermita de Santa Quiteria
Sierra del Rayo
Ermita de Santa Bárbara
Caserío de la Fuente del Berro
Masía del Portero
Ermita de San José
Masico de Bertoldo
Corbalán
Masía del Altico
Puerto de Gúdar (1560)
Peñarroya 2019
Valdelinares
Masía de Atalaya
Las Majadas
Casa Grande de Escriche
228
Masía de la Casa Baja
Masía del Carbonero
Alcalá de la Selva
(1404)
Masía de Agua Blanca
1749
Ermita de San Lamberto
Masico de la Bireta
Mosqueruela
Venta del Bobo
El Castellar
La Virgen de la Vega
Mas de Torre Colás
Mina Antonia
Ermita de San Antonio
Valdecebro
Masía de la Hita
1641
Ermita del Pilar
Masía La Cañada
Masía del Carrascalejo
Masía de Ontejas Altas
Puerto de San Rafael (1600)
Mina Porvenir
Mas de Domenedi
Mas de las Barracas
Linares de Mora
Puerto de Linares (1720)
Caparrates
1523
Formiche Alto

62
Zaragoza
Flix
Zd
Ze
Zf
Aa
Venta de los Caños
Mas de León
El Regallo
El Salado
Mas Cascajeres
Rehuerta
Ermita de San Pascual
Valdealgorfa
Cueva del Charco de Agua Amarga
Mas del Tejedor
Mas de Jaén
Castillo de El Pinto
Calaceite
Ruinas Ibéricas
Valdeltormo
Venta de Ejerique
Mas del Pe
Mas de Perle
Mases del Collado
Castelserás
Ermita de Santa Bárbara
Torrecilla de Alcañiz
Valjunquera
Mas de la Creu
Mas de Sorribes
Mas de la Cruz
Abric dels Gascons
Roca dels Moros
Mas de Matutano
Calanda
Casa Peña de los Catalanes
La Codoñera
Río Mezquín
La Fresneda
Torre del Compte
Cretas
828
Foz-Calanda
Guadalopillo
La Vega
Casas de la Torreta
Torrevelilla
Fórnoles
Ermita de los Santos
Casa Blanca
Mas del Turulet
La Portellada
Castillo
VALDERROBRES
Alcorisa
801
Masada de Anduch
Emb. de Calanda
La Ginebrosa
Belmonte de Mezquín
La Cañada de Verich
Río Tastavins
Capilla de San Pedro Martín
Mas de Matalobos
Mas de Gabriel
Montalbán
Sierra de los Caballos
1021
Mas de las Matas
Aguaviva
Río Bergantes
Mas de la Cerroch
Mas d'Andreu
La Cerollera
809
Ráfales
Beceite
Mas del Pito
Embalse de Peña
Fuentespalda
Mas de Fousa
Mas de Dilla
60
Cruz Gorda
Seno
Masía de Valdecascallo
Castellote
Ermita de la Magdalena
Mas de Joaquinet
Mas de la Moleta
Monroyo
Mas de Morén
Mas de Bolinche
Masía Nova
Mas de Bernal
Mas de les Pubilles
Río Guadalope
Jaganta
Las Parras de Castellote
Mas de la Clota
Maset de Rocher
Dos Torres de Mercader
1015
Sierra Manadella
Caserío Villar
Necrópolis Romana
Torre de Arcas
Peñarroya de Tastavins
Ermita de San Miguel
Masía de Ricoll
Millán
949
La Balma
912
Crespol
Santolea
Ladruñán
Embalse de Santolea
Las Planas
Los Alagones
La Algecira
Zorita del Maestrazgo
Palanques
Caserío Pobleta de Riu
Herbés
Mas del Pont
Mas de Moyóns
Santuario Virgen de la Fuente
Provincia de Teruel
Provincia de Castelló
Encanade
1393
Fredes
Mas de la Roqueta
Mas de la Guardia
Corachar
Convento
Pantà d'Ulldecona
Mangraner
Mas del Cap del Barranc
(1250)
Port de Torre Miró
Luco de Bordón
Caserío Los Batanes
Ortells
Bojar
Masía de Segures
Convento de Benifasar
el Carrascal
1265
Masía de Torre Miró
Bordón
Villores
Herbeset
Castell de Cabres
Puebla de Benifasa
Ballestar
Masía de Asensio
Chiva de Morella
Masía del Esparave
Masía de les Pruneres
Montes de Benif
Todolella
Castillo
Forcall
Río Serrol
Bel
Rosell
Castillo
Olocan del Rey
MORELLA
(Fortaleza)
Castillo
San Cristóbal
La Mata de Morella
Ermita de Santo Domingo
Vallibona
Tronchón
Ermita de la Virgen de Gracia
Ermita de Santa Bárbara
Ermita de Santa Agueda
Sierra del Monte Turmell
Los Clots
1281
Mas de Sabaté
Moll
La Cuba
105
Mirambel
Rambla de Cantavieja
Casa Capellanes
Cinctorres
Port de Querol
(784)
La Tala
Capilla de la Bota
Llivis
Río Torre Segura
Vallivana
Ermita de San Marcos
Mola Murada (Estación Prehistórica)
Venta del Aire
Mas de las Monjas
Mas de Monsiacre
Mas de Guimerans
Racó del Mojón
Chert
Anroig
Venta de la Serafina
Cantavieja
Las Alboredas
Portell de Morella
Mas de Falcó
Masía Font Nueva
67
Masía de la Cruz
Masía del Om
Rambla Cerver
Río de la Cuba
Puerto de las Cabrillass
(1320)
Balneario la Avella
Masía Costereta
Morral del Buitre
835
Umbría
1737
Tarayuela
Castellfort
La Llacova
Masía Enramón
Masía de la Torreta
La Iglesuela del Cid
Ermita de la Virgen
Sierra de Valdancha
Casa Consistorial (Palacio)
Cati
SANT MATEU
Palacio
1286
Masía del Gatellá
Villa Raquel
San Miguel de la Puebla
Capilla de Santa Elena
Ares
1318
Ares del Maestre
Nuestra Señora de los A
Santa Elena
Masía de Jaime Vicente
Cueva
Ermita de Santa Bárbara
Salsadell
Nuestra Señora del Llosar
Virgen del Llosar
28
Tírig
VILLAFRANCA del Cid
Montalvana
Barranco de Gasulla (Pinturas Rupestres)
Masía Benafechines
Masía de la Tejería
Cap del Terme
Chisquerol
Virgen del Pilar
Casa La Torre Nova
Río de las Truchas
Caserío Los Monllats
Castell de Corbons
Monte gordo
837
Los Civiles
els Caballs de la Valltorta
Pinturas Rupestres
La Saltadora de la Valltorta
Encanes
715
106
Masico de Albardero
Berola de Grau
Torre- Beltráns
Masía de Segarra de Arriba
Loma del Milano
(1475)
Puerto de Mosqueruela
Mas de Valenti
1145
La Masía de Brusca
Sierra de Val
Benassal
El Algá
Hostal de Villar de Canes
Atalaya
Valda
Mas dels Orms
Río Monleón
ALBOCÁCER
Masía Piedra Seca
La Estrella
Foyes de Dal
Fuente En- Segures
Villar de Canes
San Pedro
La Esperanza
Venta de Blanco
Sierra Mayabona
Masía del Señor
Masía de Romeo
Les Casetes
Sant Pau
Masía de Capote
Castillo
Culla
La Calzada
EL MAESTRAZGO
Ermita de San Vicente
Cuevas de Vinromá
Río del Chorro
Provincia de Teruel
Provincia de Castellón
Mercedes de Baix
La Roca
Torre de Embesora
Rambla Carbonera
Masía Patí
Les Deveses
Sarratella
Masía de Toni
Masía de Salvator
Pla del Sabater
Els Mallads
Atala
95
420
211
232
231
226
227
238
2310

63
64
96
Flix
Tarragona
Mas de Maranya
Bot
Mas de l'Estudiant
Prat de Comte
Coves amb estalactites
Rasquera
Sant Domènec
Mas del Comte
el Burgar
Mas de Planero
Casa de Fantalá
Mas de Cribas
Serra de Esteve
el Puntaire
737
l'Hospitalet
Castell del Coll de Balaguer
Central Nuclear de Vandellós
Platja del l'Almadrava
Almadrava
Calafat
Cala de Sant Jordi
Castell de Sant Jordi d' Alfama
Punta de Cala Mosques
Circuit de Calafat
Mas de Renegac
Ponç
Mas d'Estanqué
Serra de la Barra
Mas de Panaré
Mas de Gorreta
Roquer
Mas del Rei
Serra del Boix
Xàquera
938
Ermita de l'Àngel
Castell
Cardó
Costuna
Benifallet
Set Serres
Serra de Cardó
Serra de la Lloma del Junc
les Planes
Venta de Roc
Torre de Móllet
Venta de Roixa
Xalamera
Venta del Fangar
Sant Josep
la Fontcalda
Serra de Pàuls
Sant Salvador d'Horta
Sant Antoni
Pàuls dels Ports
Moleta de la Coscollosa
878
Font Nova
Mas de Fandos
XERTA
Tivenys
Aldover
la Calle
Bitern
Mas del Ganxo
Serra
la Providència
Serra de les Comes
Garidells
Casa d'Alberedes
el Perelló
Muralles
l' Ametlla Perelló
l'Ametlla de Mar
Rocas doradas
Torre de l'Àliga
Platja de l'Arena
Platja de l'Avellana
Cap Roig
Platja de l'Ampolla
l'Ampolla
Golf de Sant Jordi
Far del Fangar
Port del Fangar
Bassa de les Olles
Baix Ebre
Platja de la Gola
l'Espina
1182
Alfara dels Ports
Serra de l'Espina
Església de Papel
Santa Llúcia
Sant Julià
Castell de Carles
Santa Magdalena
Colomers
els Reguers
Casa Alta
el Raval de Jesús
Roquetes
Catedral
Mitan Camí
TORTOSA
el Raval de Crist
Castell de la Suda
Hibera ib.
Dertosa Julia Augusta rom.
Mare de Déu dels Àngels
Casa de Cabosa
la Bassa dels Gandulls
les Parrellades
Beseit
Sant Antoni dels Ermitans
Mare de Déu del Carme
Serra de Rastells
Vinallop
Camp-redó
Venta del Ranchero
Tortosa Aldea
Masia de Vinaixarop
E 15
A 7
Camarles
el Lligallo del Gangüil
Paitrossos
l'Hostal dels Alls
l'Aldea
el Castell de Mianes
Amposta/ St. Carles
Serra de l'Àguila
Mas de Barberans
Santa Bàrbara
Masdenverge
AMPOSTA
Mas Pin
Jesús i Maria
Deltebre la Cava
Bassa de l'Estella
Riumar
Far de Buda
Delta de l'Ebre
Mare de Deu de la Cinta
Balada
Sant Jaume d'Enveja
el Calaix de la Mar
Casa de Buda
Illa de Buda
els Muntells
Casa del Francès
Mas Bages
els Masets
la Galera
el Carrascal
Montsianell
Freginals
Mas Pinyol
Canal de Navegació
Casa de la Cuxota
l'Encanyissada
Casa de Miralles
Torre de Sant Joan
la Platja dels Eucaliptus
Venta del Polit
Estació de Freginals
Godall
Mas de Favaró
Venta de la Punta
la Miliana
les Ventalles
Mas de Merades
Mata-redona
Casablanca
Cala de la Llanda
Platja del Trabucador
La Pietat (Pintures Rupestres)
Montsià
762
Serra de Montsià
SANT CARLES de la Ràpita
Port dels Alfacs
Salines de la Ràpita
el Castell
els Valentins
el Pas
Muralles
ULLDECONA
San Rafael del Río
el Loreto
Castell d'Ulldecona (origen àrab)
el Caluari (Poblat ibèric)
Corral Viejo
Apeadero Planas Altas
Cova bonica
el Port de Cementos del Mar
Platja d'Alcanar
Costa de Fora
Far de la Banya
Puente Nuevo
Vinaroz Ulldecona
Santuari de la Mare de Déu del Remei
ALCANAR
les Cases d'Alcanar
Torre Sol de Riu (origen àrab)
Apartadero
Traiguera
Sant Jordi
Ermita de Sant Sebastián
Los Almendros
Los Olivos
Platja del Río
VINARÒS
Iglesia barroca
Platja de Vinaròs
Colonia Europa
Virgen del Socorro
Càlig
Cervera del Maestrat
Río Seco
Autopista del Mediterráneo
Mas de Vegue
Benicarló
Iglesia barroca
BENICARLÓ
Parador Nat. Costa del Azahar
Platja
Apeadero de Peñíscola
Peñíscola Benicarló
Barranco del Sastre
Platja de Peñíscola
Castillo del Papa Luna
PEÑÍSCOLA
Muralla
Magdalena de Pulpis
Castillo
Castillo de Pulpis
Finca del Moro
Puerto Azul
Torreón de Badún
Sierra de Irta
Casa del Mochuelo

67
Mira
Catanhede
Qf
Ra
Rb
Rc
107
108
109
110
111
Costa de Prata
Tocha
Cadima
Fonte de Martel
L. da Tocha
Morros
Pedros do Poço Frio
Lagoa da Vela
Bom Sucesso
Camarção
L. dos Tres Bracos
Casa Nova
Erveda
Quiaios
Palheiros de Quiaios
Cabo Mondego
Serra da Boa Viagem
Tavarede
Buarcos
FIGUEIRA DA FOZ
Cova
Gala
Rio Mondego
Bica
Brenha
Alhadas
Maiorca
Ribas
Pincho
Esperança
Santana
Ferreira a-Nova
Netos
Liceia
Tojeiro
Bunhosa
Catarruchos
Casal
Arazede
Bebedouro
Amieiro
Seixo de Gatões
Gatões
Casal dos Cunhas
Santo Amaro de Bouça
Quinta da Foja
Carpinheira
Cavalinha
Meco
Portela
Morraça
Vale Canosa
Tentúgal
Meãs do Campo
Lamarosa
Santo Varão
MONTEMOR-O-VELHO
Alfarelos
Granja do Ulmeiro
Figueiró do Campo
Formoselha
Pereira
Ameal
Arzila
Lemede
Póvoa da Lomba
Outil
Vila Nova
Pena
Zambujal
Portunhos
Zambujeiro
Andorinha
Casais de Vera Cruz
Vila Verde
São Martinho de Árvore
Fontela
Vila Verde
Lares
Reveles
Verride
Vila Nova da Barca
Brunhós
Moinho de Almoxarife
Alqueidão
Albunheira
Carvalhal de Azóia
Cercal
Samuel
Gesteira
Casal do Redinho
Belide
Casével
Coimbra Conde
Vila Nova de Anços
Pouca Pena
Campizes
Ega
Rebolia
Alencarce
SOURE
Paleão
Presa
Venda Nova
Costa de Lavos
Lavos
Casal Verde
Amieira
Bicanho
Azenha
Paião
Calvete
Pedrógão
Carvalhais
Telhada
Outeiro
Sobral
Vila da Rainha
Casal dos Barcelos
Santo Isidro
Leirosa
Matos
Marinha das Ondas
Distrito de Coimbra
Distrito de Leiria
Sobral de Baixo
Carrascos
Matas
Louriçal
Netos
Simões
Redinha
Casais de São Jorge
Carunchо
Vieirinhos
Carriço
Guarda do Norte
Castelhanas
Almagreira
Rio Arunca
Antões
Biqueiras
Redondos
Boavista
Charneca
Arrancada
Pelariga
Venda da Cruz
Pousadas Vedras
Sabugueiro
Duna Litoral
Pinhal do Urso
Mata Mourisca
Pedroguera
Mourisca de Baixo
Grou
L. de Ervedeira
Praia de Pedrógão
Pedrógão
Ervedeira
Coimbrão
Monte Redondo
Seixo
Malhos
Covão da Silva
Verigo
Melriça
Ereiras
Serra de Sicó
Senhora de Belém
POMBAL
Lameiras
Feteira
Rio Carriche
Mendes
Carnide
Charneca
Arroteia
Vale
Aroeira
Ramalha de Cima
Praia de Vieira
Rio Lis
Praia
Sismaria
Passagem
Vieira de Leiria
Carreira
Lavegadas
Vale de Bajouca
Casal Novo
Casalinho
Ranha de Baixo
Sourão
Carvide
Coucho
Várzeas
São Miguel
Marinha da Carpalhosa
Ranha de S. João
Vermoil
Abiul
Vila Chã
Souto
Pedras Negras
Moinhos
Monte Real
Souto da Carpalhosa
Canto
Santiago de Litém
Serra do Porto de Urso
Ortigosa
Moita da Roda
Meirinhas
Porcejal
São Simão de Litém
Gracieira
Santiais
Pilado
Amor
Riba de Aves
Regueira de Pontes
Colmeias
Praia Velha
Coucinheira
Garcia
Barreiros
Chãs
Milagres
Janardo
Ruge Água
Cartaria
Memória
Albergaria dos Doze
Pinhal de Leiria
São Pedro de Muel
Gândara dos Olivais
Pinheiros
Boa Vista
Raposeira
Trutas
Pêro Neto
Barosa
Marrazes
Ponte Romano
Santa Eufémia
Cavaleira
Caranguejeira
Vesparia
Espite
Pedernaira
Casal de Bernardo
Água de Madeiros
MARINHA GRANDE
Castelo
Pousos
Opeia
LEIRIA
Parceiros
Boucinhas
Caldelas
Urqueira
Mata
Casal do Rib
Rio de Couros
Senhora da Vitória
Vale de Paredes
Burinhosa
Moita
Telheiro
Vidigal
Olivais
Freixial
Azoia
Maceira
Cercal
Olival
Carcavelos
Caxarias
Vale Furado
Martinganca
A-dos-Barbas
Vale do Horto
Cortes
Soutocico
Barreira
Arrabal
Fontes
Pataias
Ferraria
Vale Salgueiro
Faniqueira
Santa Catarina da Serra
Soutaria
Casais da Abadia
Gondemaria
Jorja
Seiça
Pisões
Pataias-Gare
Maceirinha
BATALHA
Mosteiro de Santa Maria da Vitória
Torre
Chainça
Loureira
Porto Carro
VILA NOVA DE OURÉM
Calvaria de Cima
Arengões
Reguengo do Fetal
Atouguia
Moita
Peras Ruiu
OURÉM
Alburitel
Fanhais
Alpedriz
Andam
Chão Pardo
São Jorge
Grutas
São Mamede
Santuário de Fátima
Vilar dos Prazeres
Toucinhos
NAZARÉ
Montez
Juncal
Tremoceira
Castelo
Alqueidão da Serra
Moita do Martinho
FÁTIMA
Alvaijar
Caneiro
Fungalvaz
Valado de Frades
Povoa
Çoz
Alqueidão
PORTO DE MÓS
Matas
Óbidos
Alcobaça
Santarém
101
Torres Novas

68
Mangualde
102
Golegã
Águeda
Guarda
Castelo Branco
Re
Rf
Sa
24
22
25
29
15
41
53
49
71
132
COIMBRA
Universidade
Mealhada
Pampilhosa
Cácemes
Lomeiro
Quintas
Carquejo
Larçã
Contenças
Barcouço
Sargento Mór
Souselas
Botão
Monte Redondo
Midões
Carvalho
São Paulo
Telhado
Gandelim
Agrelo
Figueira de Lorvão
Granja
Brasfemes
Aveleira
Lorvão
Convento
PENACOVA
Chelo
Eiras
Adémia de Cima
São Paulo de Frades
Roxo
Rebordosa
Relvinha
Dianteiro
Santo António dos Olivais
Cavalho
Torres de Montego
São Frutuoso
Cruz dos Morouços
Arrifana
Cima
Pereiro
de Baixo
Serra do Buçaco
Serra da Atalhada
Lourinhal
Cercosa
Almaça
Oliveira do Mondego
Travanca do Mondego
Raiva
Silveirinho
Laborinho
Miro
Friumes
Hombres
Paradela
Ponte da Mucela
Felgar
Ervideira
VILA NOVA DE POIARES
Lavegadas
Alveite Grande
São Miguel de Poiares
Vila Chã
Alveite Pequeno
Ponte Velha
Ceira
Cabouco
Vale de Colmeias
Castelo Viegas
Semide
Casal de Ermio
Serpins
Assafarge
Telhadela
Loureiro
Anaguéis
Rio Vide
Casal da Senhora
Gaiate
Foz de Arouce
Freixo
Lombo
Almalaguês
Pedreira
Vidual
Ribeira
Vilarinho
Bom Velho de Cima
Rio de Galinhas
LOUSÃ
MIRANDA DO CORVO
Nossa Senhora da Piedade
Espinho
Vila Seca
Lamas
Traveira
Godinhela
Cabo
Candal
Tábuas
Vila Nova
Podentes
Zambujal
Chainça
Além da Água
Relva de Tabuas
Fetais
PENELA
Castelo
Fartosa
São Sebastião
Espinhal
Casas Novas
Freixiosa
Florido
Serra da Lousã
CASTANHEIRA DE PÊRA
Campelo
Vilar
Peras
Camelo
Coentral
Vale de Todos
Torre de Vale de Todos
Lagarteira
Silveira
Ferraria de São João
Grocinas
Vilas de Pedro
São Nicolau
Moita
Escalos do Meio
Mega Fundeira
Louriceira
Moninhos Fundeiros
Cumeeira
Sarzedas de São Pedro
Vila Facaia
Mosteiro
Aldeia da Cruz
Cabeça Redonda
Avelar
ANSIÃO
Aguda
Aldeia de Ana de Avis
Figueira
PEDRÓGÃO GRANDE
Barragem do Cabril
FIGUEIRÓ DOS VINHOS
Lameira
Graça
Serra do Mouro
Casal do Soeiro
Chão de Couce
Maçãs de Dona Maria
Atalaia Cimeira
Pousaflores
Pereiro
Cabeças
Marvila
Seixo Cimeiro
Vale da Couda
Maçãs de Caminho
Pombaria
Arega
ALVAIÁZERE
Bofinho
Braçais
Pussos
Cabaços
Zambujal
Loureira
Lumiar
Ramalhal
Rego da Murta
Beco
Várzea de Pedro Mouro
Cernache do Bomjardim
Pampilhal
Castelo
Cabeçudo
Nesperal
Ave Casta
Pereiro
Milheiros
Lagoa
Dornes
Vale de Serrão
Areias
Paio Mendes
Trisio
Matos
Bontias
Pias
Águas Belas
Chãos
Bela Vista
S.ta Catarina
FERREIRA DO ZÊZERE
Jamprestes
Calvinos
Alviobeira
Igreja Nova do Sobral
Pombeira
Castanheira
Casais
Torre
Vialonga
Estrada dos Montes
Olalhas
Poço Redondo
Barreira
Alqueidão
Maxial
TOMAR
Azere
Remouco
Barras
Lameiras
Várzea Candosa
OLIVEIRA DO HOSPITAL
São Paio de Gramaços
Covas
Sobral
São Paio da Farinha
Podre
São João Boa Vista
Sinde
Corvelo
Esprizal
Venda da Esperança
Nogueira do Cravo
Penalva de Alva
Galizes
São Sebastião da Feira
Lourosa
Vila Pouca da Beira
Santa Ovaia
Alvôco das Várzeas
São Pedro de Alva
Atouguia
Sanguinhedo
Outeiro
Pereira
Carapinha
Pinheiro Coja
Barril de Alva
Aldeia das Dez
Venda da Serra
Mouronho
Meda de Mouros
Avô
Vila Cova de Alva
Anceriz
Avelar
Chão Sobral
São Martinho da Cortiça
Sail
Moita da Serra
Urgueira
Alvoeira
Coja
Vinho
Senhora das Preces
Pomares
Gramaça
Vale de Torno
Cerdeira
Covais
Pousadouros
Pisão
Dreia
Magro
Sobral
Sarzedo
Secarias
Pombeiro da Beira
Aveira
ARGANIL
Benfeita
Mourada Serra
Gordo
Mourísia
Piódão
Sarnadela
Murganheira
Casal de São José
Senhora do Monte Alto
Folques
Casal do Frade
Relva Velha
Nogueira
Torrozelas
Vila Nova do Ceira
Bordeira
Celavisa
Caratão
Castanheira
Teixeira
Serra de Açor
Relvas
Camba
GÓIS
Mata Cartomil
Sobral
Cepos
Cabreira
Colmeal
Fajão
Cadafaz
Rio Ceira
Barragem Monte Redondo
Cabeço da Mata
Ceiroquinho
Rocha
Malhada do Rei
Malhada
Coiços
Caveiras
Corterredor
Cerdeira
Vidual
Mestras
Braçal
Serra da Estrela
Mahada de Serra
Soeirinho
Barragem de Santa Luzia
Pescanseco
Cabril
Casal Novo
Vale Grande
Roda Cimeira
Simantorta
Póvoa
Brejo de Cima
Roda Fundeira
Carvalho
Moninho
Telhada
Sobral Valado
Armadouro
Amioso
Amiosinho
Fonte Limpa
Pesqueiro
Carvoeiro
PAMPILHOSA DA SERRA
Mega Cimeira
Tulhas
Álvares
Carrasqueira
Aldeia Cimeira
Machio
Cambas
Corte
Portela do Fojo
Trinhão
Distrito de Coimbra
Distrito de Castelo Branco
Amieira
Ribeiro do Soutelinho
Frazumeira
Álvaro
Roqueiro
Sobral
Sarnadas de Baixo
Estreito
Madeira
Melriço
Serra de Alvelos
Couxaria
Serra das Mougueiras
Pedrógão Pequeno
OLEIROS
Mosteiro
Painho
Macieira
de Cima
Sardeiras
de Baixo
Vale de Souto
Carvalhal
Cimo da Ribeira
Amioso
Troviscal
Serra de São Domingos
Maxial
Carvalhal
Casal Cutelo
Codeceira Grande
Aldeia da Ribeira
Ribeiro
Serra do Cabeço da Rainha
Figueiredo
Isna
Herdade
Vale de Cuba
Ribeira da Isna
SERTÃ
Pombas
Mosteiro
Entre-a-Serra
Castanheira
Ermida
Pedintal
Conqueiros
Portela
Calvaria
Mougueira
Várzea dos Cavaleiros
Corgas
Vale da Urza
Pedras Brancas
Vaquinhas
Póvoa
Sipote
Castanheira
Pena Falcão
Rola
Cumeada
Vale do Pereiro
Vale da Junça
Malhadal
Palhais
Rebaixia
Marmeleiro
Pisões
Sobreira Formosa
Montes da Senhora
Sarzedinha
Bernardia
Maljoga
Vilar do Ruivo
Sarnadas
Vergão
Cimeiras
PROENÇA-A-NOVA
Atalaia
Azinheira
Cimadas-Fundeiras
Giesteiras Cimeiras
Lagoa
Cabeço do Poço
Albrunheiro
Seada Grande
Sesmarias
Portela dos Colos
Casa Nova de São Bento
Vales de Cardigos
Moitas
Fundada
Relva
São João do Peso
Chaveira
Carrascal
Relva da Louça
Melriça
Casas da Ribeira
Roda
Boa Farinha
Várzea
Eira Velha
Cardigos
Esteves
Peral
VILA DE REI
Portela
Ladeira
Pergulho Cimeiro
Murteirinha
Trutas
Penedo
Arganil
Valadas
Amêndoa
Freixoeiro
Vale de Matos
Cercadas
Robalo
Pereiro
Redonda
Lameira do Martins
Naves
Chão de Lopes Grande
Aldeia de Eiras
Maxieira
Capela
São Pedro do Esteval
Milreu
Lousã

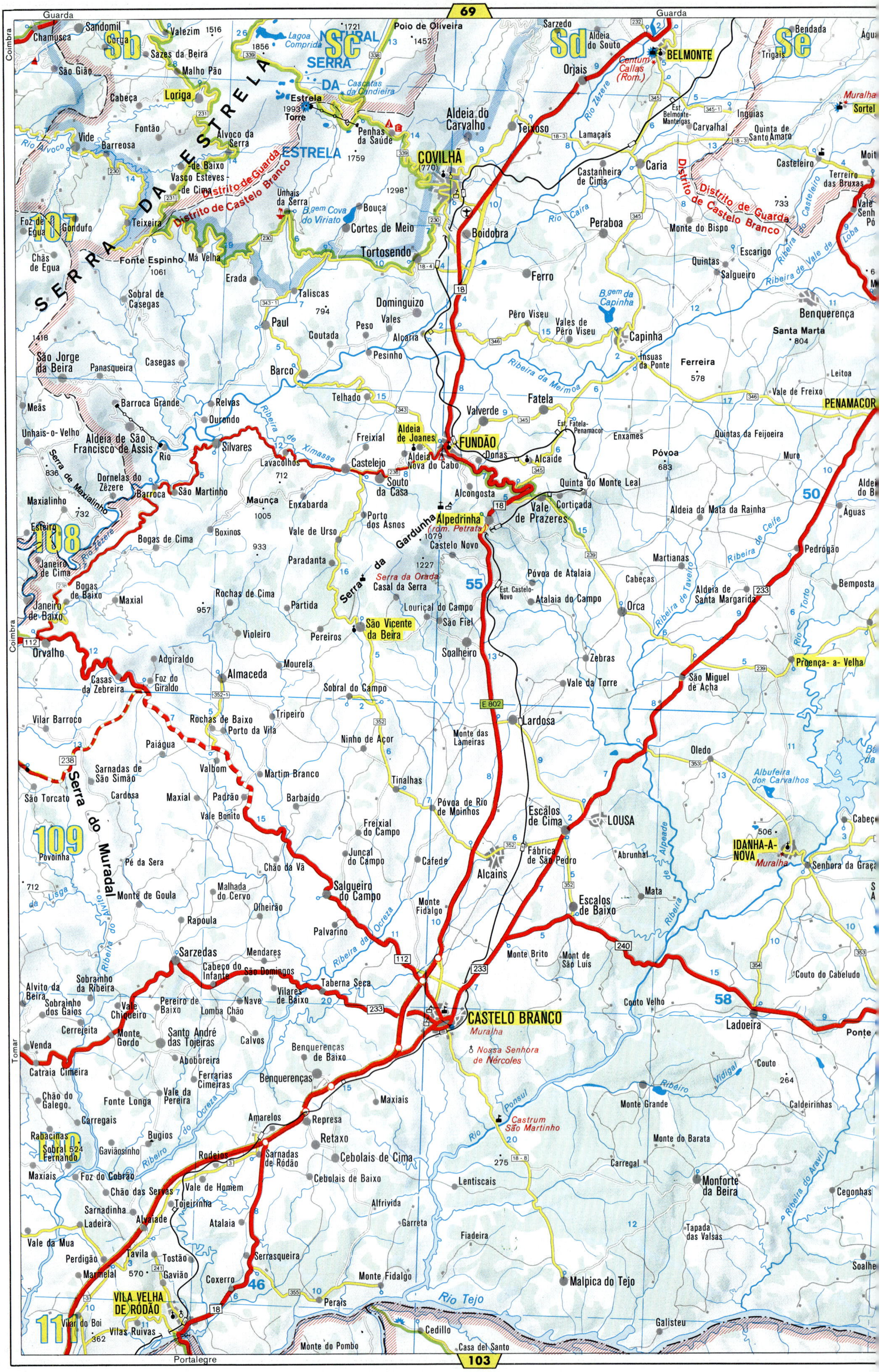
69
103
Guarda
Coimbra
Tomar
Portalegre
Sb
Sc
Sd
Se
107
108
109
110
111
SERRA DA ESTRELA
Distrito da Guarda
Distrito de Castelo Branco
Sandomil
Chamusca
Valezim
São Gião
Sazes da Beira
Malho Pão
Cabeça
Loriga
Fontão
Vide
Barreosa
Alvoco da Serra
Vasco Esteves - de Baixo
Vasco Esteves - de Cima
Teixeira
Gondufo
Foz de Egua
Chãs de Egua
Fonte Espinho
Má Velha
Erada
Sobral de Casegas
Casegas
Panasqueira
São Jorge da Beira
Barroca Grande
Relvas
Ourondo
Meás
Unhais-o- Velho
Aldeia de São Francisco de Assis
Rio
Silvares
Dornelas do Zêzere
Barroca
São Martinho
Maxialinho
Serra de Maxialinho
Esteiro
Janeiro de Cima
Bogas de Cima
Bogas de Baixo
Janeiro de Baixo
Maxial
Orvalho
Adgiraldo
Casas da Zebreira
Foz do Giraldo
Almaceda
Vilar Barroco
Paiágua
Sarnadas de São Simão
São Torcato
Cardosa
Serra do Muradal
Povoinha
Pé da Sera
Monte de Goula
Sarzedas
Sobrainho da Ribeira
Alvito da Beira
Sobrainho dos Gaios
Cerrejeita
Venda
Catraia Cimeira
Chão do Galego
Carregais
Fonte Longa
Rabacinas
Sobral Fernando
Gaviãosinho
Maxiais
Foz do Cobrão
Chão das Servas
Sarnadinha
Ladeira
Vale da Mua
Perdigão
Marmelal
Tavila
Tostão
Gavião
VILA VELHA DE RÓDÃO
Vilar do Boi
Vilas Ruivas
Lagoa Comprida
SERRA DA ESTRELA
Cascatas da Candieira
Estrela
Torre
Penhas da Saúde
Unhais da Serra
B.gem Cova do Viriato
Poio de Oliveira
Aldeia do Carvalho
COVILHÃ
Bouça
Cortes de Meio
Tortosendo
Taliscas
Dominguizo
Paul
Coutada
Peso
Vales
Alcaria
Pesinho
Barco
Telhado
Freixial
Aldeia de Joanes
Aldeia Nova do Cabo
FUNDÃO
Lavacolhos
Castelejo
Souto da Casa
Maunça
Enxabarda
Boxinos
Porto dos Asnos
Vale de Urso
Alcongosta
Alpedrinha
(rom. Petrata)
Serra da Gardunha
Castelo Novo
Paradanta
Serra da Orada
Casal da Serra
Rochas de Cima
Partida
Louriçal do Campo
São Fiel
São Vicente da Beira
Pereiros
Violeiro
Soalheiro
Mourela
Sobral do Campo
Rochas de Baixo
Porto da Vila
Tripeiro
Ninho de Açor
Valbom
Martim Branco
Maxial
Padrão
Barbaido
Vale Bonito
Tinalhas
Freixial do Campo
Juncal do Campo
Chão da Vã
Malhada do Cervo
Olheirão
Rapoula
Salgueiro do Campo
Palvarino
Cafede
Monte Fidalgo
Mendares
Cabeço do Infante
São Domingos
Vilares de Baixo
Taberna Seca
Nave
Pereiro de Baixo
Lomba Chão
Monte Gordo
Santo André das Tojeiras
Calvos
Aboboreira
Ferrarias Cimeiras
Vale da Pereira
Benquerenças de Baixo
Benquerenças
Maxiais
Amarelos
Represa
Retaxo
Bugios
Rodeiro
Sarnadas de Ródão
Cebolais de Cima
Cebolais de Baixo
Vale de Homem
Tojeirinha
Alvaiade
Atalaia
Alfrivida
Garreta
Serrasqueira
Coxerro
Monte Fidalgo
Perais
Monte do Pombo
Cedillo
Casa del Santo
Rio Tejo
Sarzedo
Aldeia do Souto
Orjais
Centum Callas (Rom.)
BELMONTE
Bendada
Trigais
Teixoso
Lamaçais
Est. Belmonte-Manteigas
Inguias
Carvalhal
Quinta de Santo Amaro
Sortel
Caria
Castanheira de Cima
Casteleiro
Terreiro das Bruxas
Boidobra
Peraboa
Monte do Bispo
Escarigo
Quintas
Salgueiro
Ferro
Pêro Viseu
Vales de Pêro Viseu
B.gem da Capinha
Capinha
Benquerença
Santa Marta
Ferreira
Insuas da Ponte
Fatela
Leitoa
Vale de Freixo
PENAMACOR
Valverde
Est. Fatela-Penamacor
Enxames
Quintas da Feijoeira
Donas
Alcaide
Póvoa
Muro
Quinta do Monte Leal
Vale de Prazeres
Cortiçada
Aldeia da Mata da Rainha
Águas
Martianas
Pedrógão
Cabeças
Póvoa de Atalaia
Atalaia do Campo
Est. Castelo-Novo
Aldeia de Santa Margarida
Bemposta
Orca
Zebras
Proença- a- Velha
Vale da Torre
São Miguel de Acha
Lardosa
Monte das Lameiras
Oledo
Albufeira dos Carvalhos
Póvoa de Rio de Moinhos
Escalos de Cima
LOUSA
Alcains
Fábrica de São Pedro
Abrunhal
IDANHA-A-NOVA
Muralha
Senhora da Graça
Escalos de Baixo
Mata
Monte Brito
Mont de São Luis
Couto do Cabeludo
Couto Velho
CASTELO BRANCO
Muralha
Nossa Senhora de Mércoles
Ladoeira
Ponte
Couto
Monte Grande
Caldeirinhas
Castrum São Martinho
Monte do Barata
Carregal
Lentiscais
Monforte da Beira
Cegonhas
Fiadeira
Tapada das Valsas
Malpica do Tejo
Galisteu
Rio Zêzere
Rio Ocreza
Ribeira da Meimoa
Rio Ponsul
Ribeira do Aravil
Rio Alvoco
Ribeira de Alpreade
Rio Caria

Vilar Formoso, Salamanca
70
Sr
Ta
Tb
Tc
Quintas de São Bartolomeu
Rendo
Vila Boa
Cardeal
Souto
Castelo de Cinco Quinas
SABUGAL
Torre
Colonia Agricola de Martim Rei
Quadrasais
Aldeia Velha
Aldeia do Bispo
Forcalhos
Lajeosa
Casillas de Flores
Casas de la Berzosa
Casas de Felipe
Casa del Rolloso
Villar de Flores
Molino Sobrao
Robleda
Puente del Granadero
Villasrubias
Puerto Nuevo
912
1219
Peñaparda
Sierra de Villasrubias
Malcata
Serra da Malcata
Vale de Espinho
Fóios
Cabeza Calva
Navasfrias
El Jaque
Meimão
RESERVA NATURAL PARCIAL DA SERRA DA MALCATA
1076
Quinta do Passarinho
Mezas
1265
Cruz del Rayo
El Payo
Dehesa de Perosín
Valdio de Robleda
Jañona
1367
Sierra de Gata
Carbajales
Cadalso
Concelhos
1007
Quinta do Major
Sierra de la Malvana
El Soto
1492
Puerto de Perales (910)
1034
La Atalaya
Gata
Cadalso
Torre de Don Miguel
VALVERDE DEL FRESNO
Eljas
San Martín de Trevejo
Acebo
San Juan
Nogueira
Casas de Casimiro Martín
Río de la Vega o de Matalobos
Villamiel
Trevejo
Hoyos
La Fatela
Villasbuenas de Gata
Santibáñez el Alto
Valle de Venta
513
Quelhinhas
Nª Sª de Bom Sucesso
Río Torto
Safurdão
866
Sierra de Santa Olalla
Perales del Puerto
526
Embalse de Borbollón
Río Besagueda
Casas Cucharón
Casa de Rolo
Villalba
El Cuarto
641
Cilleros
Los Arenales
Rivera de Gata
El Fresno
Parra Grande
Aranhas
Serra do Ramiro
Malpartida
483
Puente de la Merced
Rozacorderos
La Moheda
Embalse de Arrago
Guajardo y Malhincada
Vador
768
Campo Frio
Vale Feitoso
Pedrizas
Moreirinha
Cidral
754
Minguillana
Teso Moreno
Canal Alto
Moraleja
Calzadilla
512
Relva
Vale da Murta
Penha Garcia
Vaquilha
Río Erjas
Río Eljas
Navas
Casa de Atilano
Casas de Vidal
Vegaviana
Cañada
Huélaga
MONSANTO
Muralha Rom.
Badanais
239
524
La Mata
Santa María
Canal Bajo
Termas de Monfortinho
Malladas
Sierra de Coria
428
Rubiño
Velha
Monfortinho
Moreras
214
Casas de Don Gómez
CORIA
Catedral
Muralla (rom. Caurium)
Puente rom.
Ermita de Argeme
511
Rincón del Obispo
Vale das Eiras
529
Caballo
562
230
Sierra de la Garrapata
Casa Cuarto de Salamanca
Casillas de Coria
Ribeira de Arades
Torre
625
Casas del Salinero
Río Arrago
Caserío Vega de la Torrecilla
Cafozes
357
240
Casa Jorrica
Río Alagón
Toulões
Casa del Rincón
Casa Zamarril
Pescueza
Portaje
Monte Velho
B.gem da Toulica
Cachorrilla
Ermita del Cristo
Casa Benavente
608
407
Ribeira da Toulica
Salvaterra do Extremo
Casa Las Corraladas
Sierra de la Solana
Casa San Pablo
Caserío Los Corrales
Ermita Nª Sª del Casar
Emb. de Portaje (en constr.)
284
Zarza la Mayor
Penafiel
Casa de la Aceña
Casa de Temprano
Casa de Tejada de Abajo
332
Casa de la Sabanilla
Casa del Guarda
Río Fresnedosa
Zebreira
335
Ermita del Encinar
Dehesilla
Segura
Valdeaicalde de Arriba
Casa de Guerra
Casa de Valdelobos
Ermita de San Juan
Ermita de la Soledad
Ceclavín
Vale de Sobral
Enchacalla
Casa del Cuartillo
Acehuche
Portezuelo
Casa del Arenalejo
523
Piedras Albas
Casa del Madroño
Medronheira
Tremal
Casa de los Álamos
Casa de los Morales
Embalse de Alcántara
363
Tegueiro
Casa del Tío Miguel
Casa de San Cristóbal
Estorninos
Casa de Vinojales
Rosmaninhal
Casa de Morenito
Casa de la Lobera
Casa del Rincón
Casa de Valdemonjes
Puente Romano
Casa Capricho
Casa de Nava
Ruinas Romanas
ALCÁNTARA
Mata de Alcántara
Casa de la Lobera
Casas de las Aldeas
Casa de la Merced
Casa de Martos
Casa de San Martín
Garrovillas
Casa del Cancho
Casas de la Hijosa
Casa del Carrascal
Casa de Morgado
Morena
Casa del Castillejo
Casas de los Castaños
435
552
Casa del Cura
Río Tajo
Casa de la Malpartida
Casa de los Pedregal
Casa de Valencia
Casa del Olmillo
Villa del Rey
Casa del Orrillal
441
104

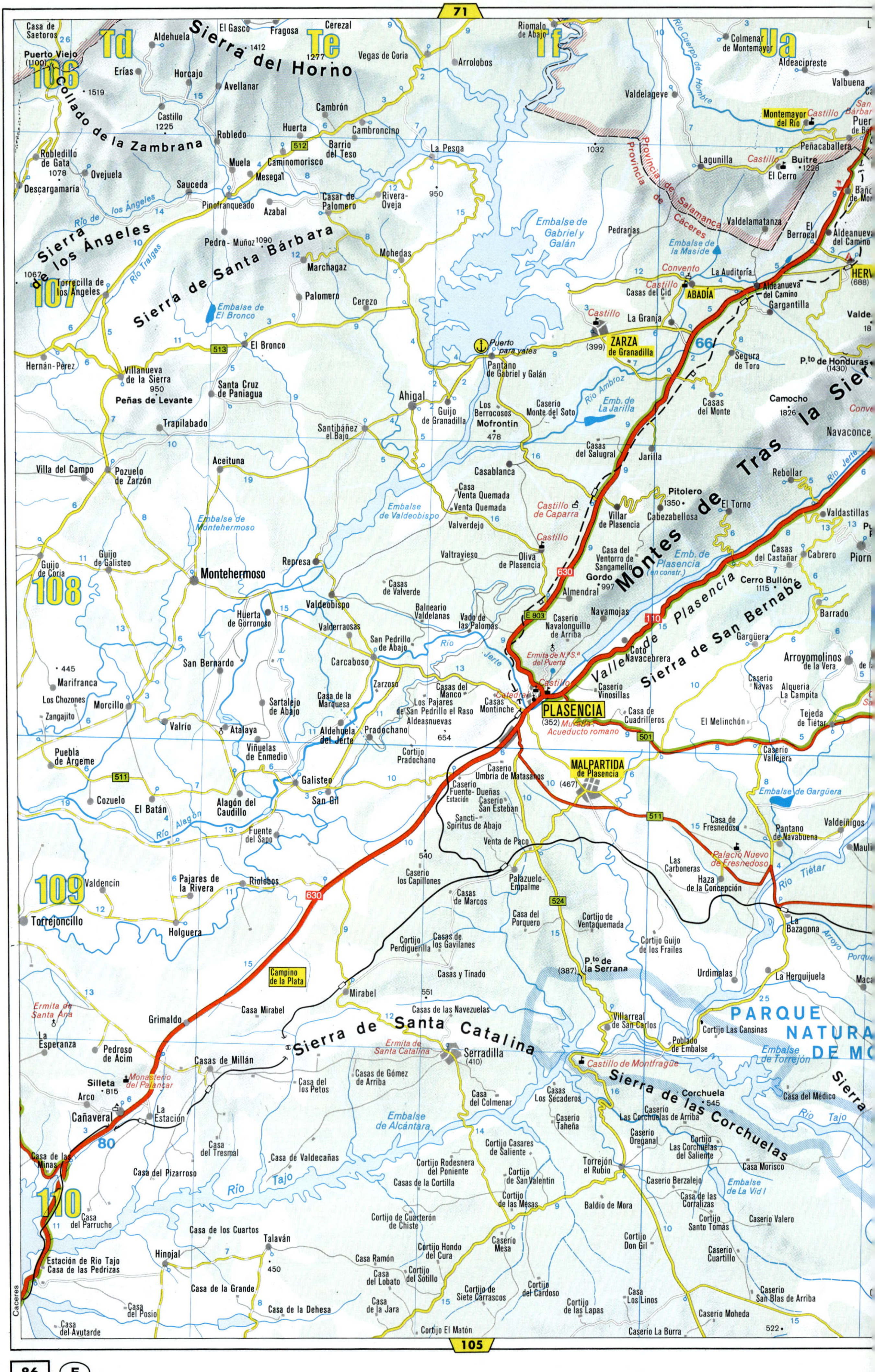
71
Td
Te
Tf
Ua
106
107
108
109
110
Sierra del Horno
Collado de la Zambrana
Sierra de los Ángeles
Sierra de Santa Bárbara
Montes de Tras la Sierra
Sierra de San Bernabé
Valle de Plasencia
Sierra de Santa Catalina
Sierra de las Corchuelas
PARQUE NATURAL
Casa de Saetoros
Puerto Viejo (1100)
Aldehuela
El Gasco
Fragosa
Cerezal
Vegas de Coria
Riomalo de Abajo
Arrolobos
Colmenar de Montemayor
Aldeacipreste
Valbuena
Erías
Horcajo
Avellanar
Cambrón
Castillo 1225
Robledo
Huerta
Cambroncino
Barrio del Teso
Robledillo de Gata
Ovejuela
Descargamaría
Muela
Caminomorisco
Mesegal
La Pesga
Valdelageve
Montemayor del Río
Castillo
Peñacaballera
Buitre 1228
El Cerro
Lagunilla
Sauceda
Pinofranqueado
Azabal
Casar de Palomero
Rivera-Oveja
Embalse de Gabriel y Galán
Provincia de Salamanca
Provincia de Cáceres
Valdelamatanza
Pedrajas
Embalse de la Maside
Río de los Ángeles
Río Tralgas
Pedro-Muñoz
Marchagaz
Mohedas
Palomero
Cerezo
La Auditoría
Convento
Castillo
Casas del Cid
ABADÍA
Aldeanueva del Camino
Gargantilla
Torrecilla de los Ángeles
Embalse de El Bronco
El Bronco
La Granja
Puerto para yates
Pantano de Gabriel y Galán
ZARZA de Granadilla
Segura de Toro
P.to de Honduras (1430)
Hernán-Pérez
Villanueva de la Sierra
Peñas de Levante
Santa Cruz de Paniagua
Ahigal
Guijo de Granadilla
Los Berrocosos
Mofrontín
Caserío Monte del Soto
Río Ambroz
Emb. de La Jarilla
Casas del Monte
Camocho
Trapilabado
Santibáñez el Bajo
Casas del Salugral
Jarilla
Navaconcejo
Villa del Campo
Pozuelo de Zarzón
Aceituna
Casablanca
Rebollar
Río Jerte
Embalse de Montehermoso
Casa Venta Quemada
Venta Quemada
Embalse de Valdeobispo
Valverdejo
Castillo de Caparra
Villar de Plasencia
Pitolero
Cabezabellosa
El Torno
Valdastillas
Guijo de Coria
Guijo de Galisteo
Montehermoso
Represa
Valtravieso
Oliva de Plasencia
Casa del Ventorro de Sangamello
Gordo
Emb. de Plasencia (en constr.)
Casas del Castañar
Cabrero
Piornal
Casas de Valverde
Almendral
Cerro Bullón
Huerta de Gorronoso
Valdeobispo
Balneario Valdelanas
Vado de las Palomas
Caserío Navalonguillo de Arriba
Navamojas
Barrado
Valderraosas
San Pedrillo de Abajo
Ermita de N.S.a del Puerto
Gargüera
Marifranca
San Bernardo
Carcaboso
Coto Navacebrera
Arroyomolinos de la Vera
Los Chozones
Zangajito
Morcillo
Sartalejo de Abajo
Zarzoso
Casa de la Marquesa
Casas del Manco
Los Pajares de San Pedrillo el Raso
Aldeasnuevas
Casas Montinche
Catedral
PLASENCIA
Murallas
Acueducto romano
Caserío Vinosillas
Casa de Cuadrilleros
Caserío Navas
Alquería La Campita
El Melinchón
Tejeda de Tiétar
Valrío
Atalaya
Aldehuela del Jerte
Pradochano
Cortijo Pradochano
Puebla de Argeme
Viñuelas de Enmedio
MALPARTIDA de Plasencia
Caserío Vallejera
Caserío Umbría de Matasanos
Galisteo
San Gil
Caserío Fuente-Dueñas
Caserío San Esteban
Cozuelo
El Batán
Alagón del Caudillo
Río Alagón
Embalse de Gargüera
Sancti-Spiritus de Abajo
Venta de Paco
Fuente del Sapo
Casa de Fresnedoso
Pantano de Navabuena
Valdeíñigos
Palacio Nuevo de Fresnedoso
Las Carboneras
Haza de la Concepción
Valdencín
Pajares de la Rivera
Riolobos
Caserío los Capillones
Palazuelo-Empalme
Río Tiétar
Torrejoncillo
Holguera
Casas de Marcos
Casa del Porquero
Cortijo de Ventaquemada
La Bazagona
Cortijo Perdiguerilla
Casas de los Gavilanes
Cortijo Guijo de los Frailes
P.to de la Serrana
Casas y Tinado
Urdimalas
La Herguijuela
Campiño de la Plata
Mirabel
Casa Mirabel
Casas de las Navezuelas
Villarreal de San Carlos
Cortijo Las Cansinas
Poblado de Embalse
Ermita de Santa Ana
Grimaldo
Embalse de Torrejón
La Esperanza
Pedroso de Acim
Ermita de Santa Catalina
Serradilla
Castillo de Monfragüe
Casas de Millán
Silleta
Monasterio del Palancar
Casa del los Petos
Casas de Gómez de Arriba
Casa del Colmenar
Casas Los Secaderos
Corchuela
Caserío Las Corchuelas de Arriba
Casa del Médico
Arco
Cañaveral
La Estación
Embalse de Alcántara
Caserío Taheña
Caserío Oreganal
Cortijo Las Corchuelas del Saliente
Río Tajo
Casa de las Minas
Casa del Tresmal
Casa de Valdecañas
Cortijo Casares de Saliente
Torrejón el Rubio
Casa Morisco
Casa del Pizarroso
Cortijo Rodesnera del Poniente
Cortijo de San Valentín
Caserío Berzalejo
Embalse de La Vid I
Casas de la Cortilla
Cortijo de las Mesas
Baldío de Mora
Casa de las Corralizas
Casa del Parrucho
Cortijo de Cuarterón de Chiste
Cortijo Santo Tomás
Caserío Valero
Casa de los Cuartos
Talaván
Cortijo Hondo del Cura
Caserío Mesa
Cortijo Don Gil
Caserío Cuartillo
Estación de Río Tajo
Casa de las Pedrizas
Hinojal
Casa Ramón
Casa del Lobato
Cortijo del Sotillo
Casa de la Grande
Cortijo de Siete Carrascos
Cortijo del Cardoso
Cortijo de las Lapas
Casa Los Linos
Caserío San Blas de Arriba
Casa del Posio
Casa de la Dehesa
Casa de la Jara
Caserío Moheda
Casa del Avutarde
Cortijo El Matón
Caserío La Burra
Cáceres
105

72
106
Salamanca
Ávila
Talavera de la Reina
BEJAR
Candelario
Sierra de Candelario
Sierra de la Alberca
Puerto del Tremedal
EL BARCO de Ávila
Navatejares
Hermosillo
La Carrera
Becedas
Palacios de Becedas
El Losar
Junciana
Los Sauces
El Hoyo
Collado
Santa María de los Caballeros
Vallehondo
Navamorisca
Carrascalejo
La Aldehuela
Navarregadilla
Navamuñana
Avellaneda
Aldeanueva de Santa Cruz
San Lorenzo de Tormes
Los Cuartos
Cardedal
La Lastra del Cano
Horcajo de la Ribera
Navasequilla
Zapardiel de la Ribera
Ortigosa de Tormes
San Bartolomé de Tormes
Navacepeda de Tormes
Las Navas Cimeras
Aleguillas
La Herguijuela
Hoyos del Collado
Hoyos del Espino
Barajas
Navalperal de Tormes
Río Tormes
La Angostura
La Aliseda de Tormes
Navamedina
Navamojada
Los Llanos de Tormes
Navamures
Los Guijuelos
Bohoyo
Tormellas
Risco Redondo
Risco de Pajaritos
Cabeza del Horcajo
Cabeza del Tormal
Navalonguilla
Risco de los Barrerones
Refugio del Club Alpino
COTO NACIONAL DE GREDOS
Cabeza Nevada
Circo de Gredos
Almanzor
Refugio del Rey
La Mira
La Piedra del Berrueco
Cuerda del Pinar
Vega Cabadiones
Alto de las Becedillas
Picos de Gredos
El Estrozadero
Lomas de las Escaleruelas
SIERRA
Cabeza Pelada
Loma de la Hoz
Roble Seco
Loma de la Cumbre
Cuerda del Picozo
Cerro del Estecillo
Sierra de Martinejo
Cuerda del Prado Camp
Cuerda de Riscos Altos
Cuerda del Risco del Águila
Navalguijo
Nava del Barco
Cabezas Altas
Casas del Abad
Gilgarcía
Puerto Castilla
Santiago de Aravalle
Umbrías
Retuerta
Canaleja
Los Narros
Solana de Béjar
Mazalinos
Tremedal
La Zarza
Casas del Puerto de Tornavacas
Puerto de Tornavacas
Tornavacas
Calvitero
Canchal Negro
Cerro Peñanegra
Jerte
Sierra de Tormantos
Mesas Altas
Panera
Guijo de Santa Bárbara
Aldeanueva de la Vera
Monasterio de Yuste
Cuacos de Yuste
Castillejo
JARANDILLA de la Vera
Parador Nacional Carlos V
LOSAR de la Vera
Viandar de la Vera
Talaveruela
Valverde de la Vera
VILLANUEVA de la Vera
Madrigal de la Vera
El Palancar
El Raso
El Rodeo
Tablailla
CANDELEDA
Fuente del Roble
Poyales del Hoyo
Guisando
Casa del Torno
Santuario de Nuestra Señora de Chilla
Puente del Puerto
Los Tomillares
Embalse de Rosario
Palacio de Rosarito
Casas del Rincón
Río Tiétar
La Vera
Garganta la Olla
Los Parrales
Robledillo de la Vera
El Robledo
Los Montes
Emb. de Navalmoral de la Mata
Ermita de la Soledad
JARAIZ de la Vera
Collado
Boguillas
Granja
Caserío de Torreseca
Caserío del Chinche
Pueblonuevo de Miramontes
Casa de los Potros
Barquilla de Pinares
Frontón de Migas Malas
Tiétar del Caudillo
Cerro de las Matas
Centro Agronómico
Matoso de Castilla
Las Ventas de San Julián
Palacio de La Bobadilla
Casas de Santa María
Corchuela
Los Tejares
Vega de Mesillas
Baldío
Talayuela
Santa María de las Lomas
Rosalejo
Berruguillas
Arroyo de Fresnedoso
Los Millares
Egido Grande
San Marcos
Provincia de Cáceres
Provincia de Toledo
Torviscoso
Casa de Bermejo
Casa de Cardoso
Casa de Pulida
Caserío de Pela
Torralba de Oropesa
OROPESA
Lagartera
Ermita Virgen de las Peñitas
La Calzada de Oropesa
Herreruela de Oropesa
Caleruela
Sexta Suerte
Tiro Barra
Casa de Cerrocolchón
Casa de Galochas
Embalse de Boyeril
Casa Vaqueriza
Espadañal
Palacio de las Cabezas
Casatejada
NAVALMORAL de la Mata
Peraleda de la Mata
Valdehúncar
Millanes
Embalse de Valdecañas
Guadalperal
El Gordo
Puebla de Naciados
Berrocalejo
Chozas
Torrico
Ermita de Bienvenida
EL PUENTE del Arzobispo
Alcolea de Tajo
Valdeverdeja
Ermita de Nª Sª de los Desamparados
Saucedilla
Casa de Cerro Alto
Embalse Arrocampo-Almaraz
Casa de la Canala
Castillo Monroy
Casas de Belvís
Belvís de Monroy
ALMARAZ
Bohonal de Ibor
Río Tajo
Valdecañas de Tajo
Mesas de Ibor
Río Ibor
Romangordo
Higuera
Casas de Miravete
Puerto de Miravete
Garganta Cuernacabras
Casa del Rincón
Casa de Gonzalo
Peraleda de San Román
Garvín
Valdelacasa de Tajo
Emb. del Pizarroso
Burguilla
Navalmoralejo
Villar del Pedroso
Casas de la Dehesa Frontal
Campillo de Deleitosa
Fresnedoso de Ibor
Río Gualija

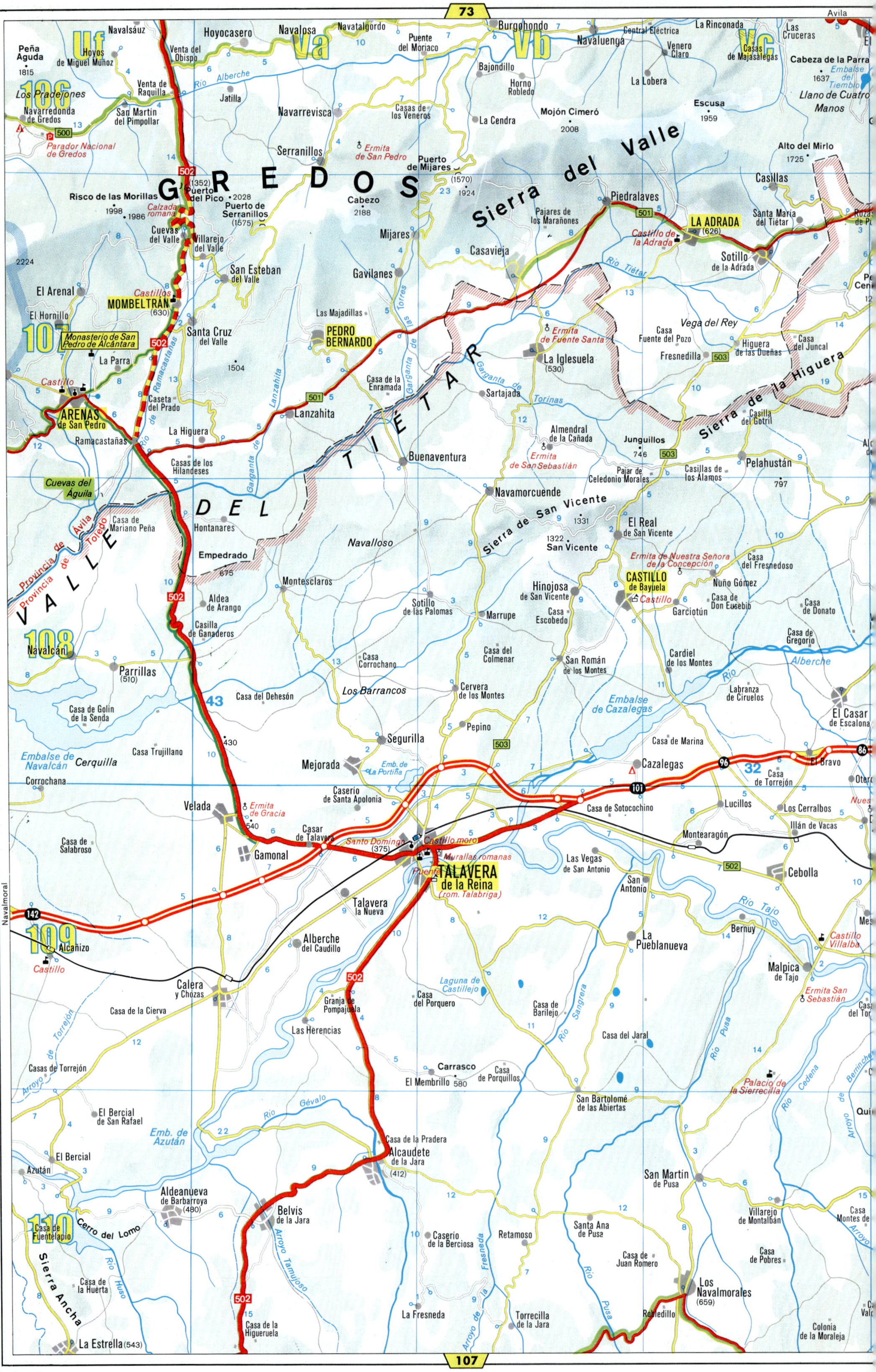

73
Avila
Uf
Va
Vb
Vc
106
107
108
109
110
Peña Aguda 1815
Navalsáuz
Hoyos de Miguel Muñoz
Venta del Obispo
Hoyocasero
Navalosa
Navatalgordo
Puente del Moriaco
Burgohondo
Navaluenga
Central Eléctrica
La Rinconada
Venero Claro
Casas de Majasalegas
Las Cruceras
Cabeza de la Parra
Embalse del Tiemblo
1637
Llano de Cuatro Manos
Los Pradejones
Navarredonda de Gredos
Venta de Raquilla
San Martín del Pimpollar
Río Alberche
Jatilla
Bajondillo
Horno Robledo
La Lobera
Escusa 1959
Parador Nacional de Gredos
Navarrevisca
Casas de los Veneros
La Cendra
Mojón Cimeró 2008
Serranillos
Ermita de San Pedro
Puerto de Mijares
Alto del Mirlo 1725
G R E D O S
Sierra del Valle
Risco de las Morillas
1998
1986
Puerto del Pico (1352)
Calzada romana
2028
Puerto de Serranillos (1575)
Cabezo 2188
(1570)
1924
Piedralaves
Pajares de los Marañones
Casillas
Santa María del Tiétar
LA ADRADA (626)
Castillo de la Adrada
Cuevas del Valle
Villarejo del Valle
Mijares
Casavieja
Sotillo de la Adrada
2224
San Esteban del Valle
Gavilanes
Río Tiétar
El Arenal
Castillos
MOMBELTRÁN (630)
El Hornillo
Las Majadillas
Torres
Garganta de las Torres
Ermita de Fuente Santa
Casa Fuente del Pozo
Vega del Rey
Higuera de las Dueñas
Casa del Juncal
Monasterio de San Pedro de Alcántara
Santa Cruz del Valle
PEDRO BERNARDO
La Iglesuela (530)
Fresnedilla
La Parra
Río de Ramacastañas
1504
Lanzahita
Garganta de Torinas
Sierra de la Higuera
Castillo
ARENAS de San Pedro
Caseta del Prado
Casa de la Enramada
Lanzahita
Sartajada
Casilla del Gotril
Ramacastañas
La Higuera
Almendral de la Cañada
Junguillos 746
Ermita de San Sebastián
Casas de los Hilandeses
Buenaventura
Pajar de Celedonio Morales
Casillas de los Álamos
Pelahustán 797
Cuevas del Águila
T I É T A R
Navamorcuende
Casa de Mariano Peña
D E L
Sierra de San Vicente
1331
El Real de San Vicente
Provincia de Avila
Provincia de Toledo
V A L L E
Hontanares
Navalloso
1322 San Vicente
Empedrado
675
Ermita de Nuestra Señora de la Concepción
Casa del Fresnedoso
Montesclaros
Hinojosa de San Vicente
CASTILLO de Bayuela
Nuño Gómez
Aldea de Arango
Sotillo de las Palomas
Casa Escobedo
Casa de Don Eusebio
Casa de Donato
Casilla de Ganaderos
Marrupe
Garciotún
Casa de Gregorio
Navalcán
Parrillas (510)
Casa Corrochano
Casa del Colmenar
San Román de los Montes
Cardiel de los Montes
Río Alberche
Casa del Dehesón
Los Barrancos
Cervera de los Montes
Labranza de Ciruelos
Casa de Golín de la Senda
Embalse de Cazalegas
El Casar de Escalona
430
Pepino
Segurilla
Casa de Marina
Casa Trujillano
Embalse de Navalcán
Cerquilla
Mejorada
Emb. de La Portiña
Cazalegas
El Bravo
Corrochana
Casa de Torrejón
Oter
Caserío de Santa Apolonia
Lucillos
Velada
Ermita de Gracia
540
Casa de Sotocochino
Los Cerralbos
Casa de Salabroso
Casar de Talavera
Santo Domingo (375)
Castillo moro
Murallas romanas
Montearagón
Illán de Vacas
Gamonal
Las Vegas de San Antonio
Cebolla
Navalmoral
TALAVERA de la Reina
(rom. Talabriga)
Puente
San Antonio
Talavera la Nueva
Río Tajo
Bernuy
Alcañizo
Castillo
Alberche del Caudillo
La Pueblanueva
Castillo Villalba
Malpica de Tajo
Calera y Chozas
Laguna de Castillejo
Ermita San Sebastián
Casa de la Cierva
Granja de Pompajuela
Casa del Porquero
Casa de Barilejo
Río Sangrera
Casa del Jaral
Las Herencias
Río Pusa
Arroyo de Torrejón
Casas de Torrejón
Carrasco
Casa de Porquillos
El Membrillo 580
Palacio de la Sierrecilla
Río Cedena
Arroyo de Berrinche
Río Gévalo
San Bartolomé de las Abiertas
El Bercial de San Rafael
Emb. de Azután
Casa de la Pradera
El Bercial
Alcaudete de la Jara (412)
Azután
San Martín de Pusa
Aldeanueva de Barbarroya (480)
Villarejo de Montalbán
Belvís de la Jara
Santa Ana de Pusa
Cerro del Lomo
Casa de Fuentelapio
Caserío de la Berciosa
Retamoso
Arroyo Fresneda
Casa de Juan Romero
Casa de Pobres
Arroyo Tamujoso
Sierra Ancha
Río Huso
Casa de la Huerta
Los Navalmorales (659)
Arroyo de la Fresneda
La Fresneda
Torrecilla de la Jara
Robledillo
Río Pusa
Colonia de la Moraleja
Casa de la Higueruela
La Estrella (543)
502
500
501
503
142
101
96
86
32
43
107

74

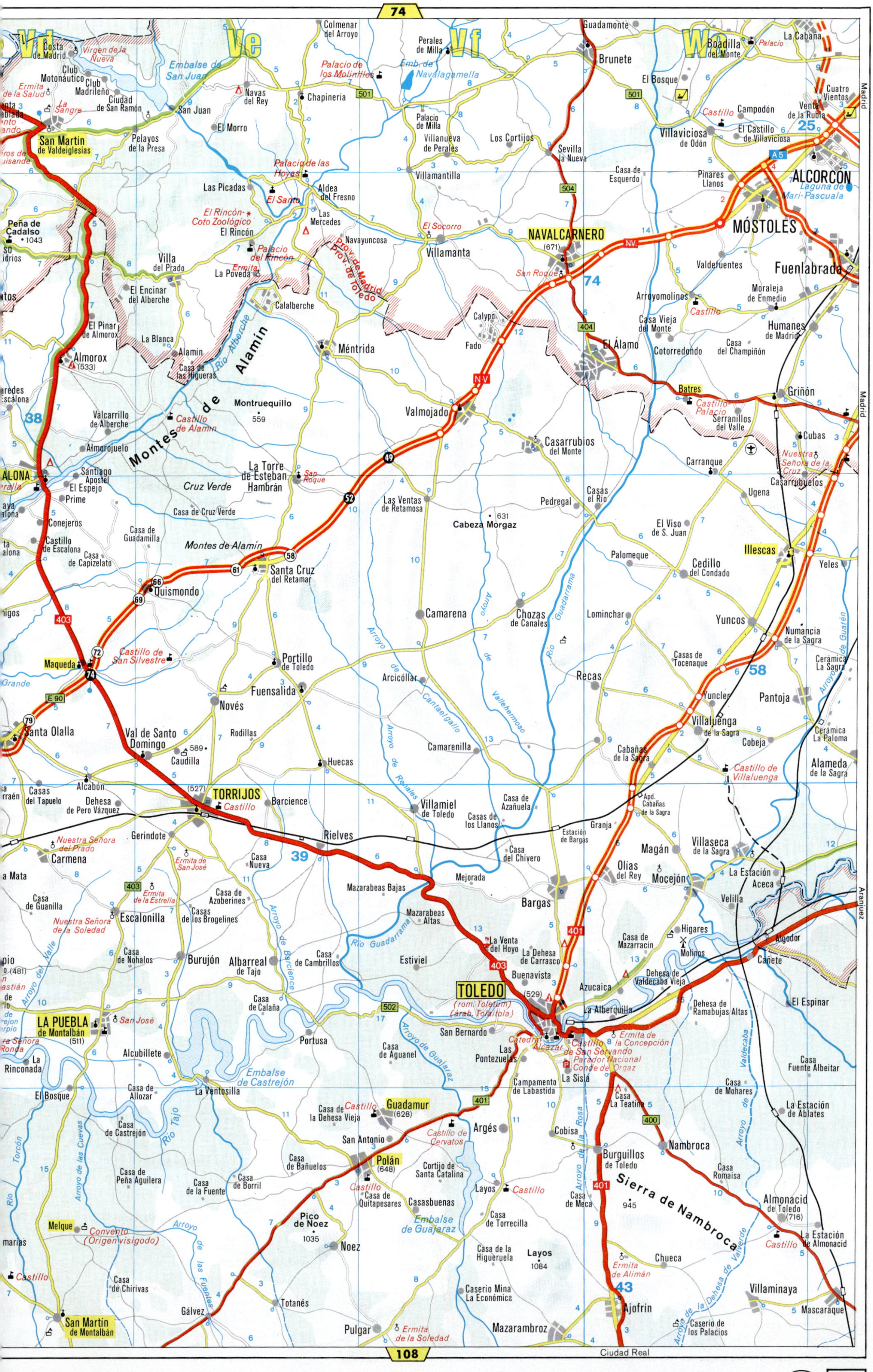

Vd
Ve
Vf
Wa
Costa de Madrid
Virgen de la Nueva
Club Motonáutico
Club Madrileño
Ciudad de San Ramón
Embalse de San Juan
Ermita de la Salud
La Sangre
San Martín de Valdeiglesias
Pelayos de la Presa
San Juan
Navas del Rey
El Morro
Colmenar del Arroyo
Chapinería
Palacio de los Molinillos
Perales de Milla
Emb. de Navalagamella
Palacio de Milla
Villanueva de Perales
Villamantilla
Los Cortijos
Guadamonte
Brunete
El Bosque
Boadilla del Monte
Palacio
La Cabaña
Castillo
Campodón
El Castillo de Villaviciosa
Villaviciosa de Odón
Venta de la Rubia
Cuatro Vientos
Madrid
Sevilla la Nueva
Casa de Esquerdo
Pinares Llanos
ALCORCÓN
Laguna de Mari-Pascuala
MÓSTOLES
Fuenlabrada
Las Picadas
Palacio de las Hoyas
Aldea del Fresno
El Santo
El Rincón-Coto Zoológico
El Rincón
Las Mercedes
Navayuncosa
El Socorro
Villamanta
NAVALCARNERO
San Roque
Valdefuentes
Moraleja de Enmedio
Arroyomolinos
Castillo
Peña de Cadalso
Villa del Prado
Palacio del Rincón
Ermita
La Poveda
Prov. de Madrid
Prov. de Toledo
El Encinar del Alberche
Calalberche
Calypo
Fado
Casa Vieja del Monte
Humanes de Madrid
El Álamo
Cotorredondo
Casa del Champiñón
El Pinar de Almorox
La Blanca
Alamín
Almorox
Casa de las Higueras
Río Alberche
Méntrida
Batres
Castillo Palacio
Serranillos del Valle
Griñón
Montes de Alamín
Montrequillo
Valcarrillo de Alberche
Castillo de Alamín
Valmojado
Casarrubios del Monte
Cubas
Almorojuelo
Santiago Apóstol
El Espejo
Prime
Cruz Verde
La Torre de Esteban Hambrán
San Roque
Las Ventas de Retamosa
Cabeza Morgaz
Pedregal
Casas el Río
Carranque
Nuestra Señora de la Cruz
Casarrubuelos
Ugena
Conejeros
Casa de Cruz Verde
Castillo de Escalona
Casa de Guadamilla
Casa de Capizelato
Montes de Alamín
Santa Cruz del Retamar
El Viso de S. Juan
Palomeque
Cedillo del Condado
Illescas
Yeles
Quismondo
Camarena
Chozas de Canales
Arroyo de Valdehermoso
Río Guadarrama
Lominchar
Yuncos
Numancia de la Sagra
Cerámica La Sagra
Maqueda
Castillo de San Silvestre
Portillo de Toledo
Fuensalida
Arcicóllar
Recas
Casas de Tocenaque
Yuncler
Pantoja
Novés
Arroyo de Cantaelgallo
Arroyo de Renales
Camarenilla
Villaluenga de la Sagra
Cobeja
Cerámica La Paloma
Santa Olalla
Val de Santo Domingo
Caudilla
Rodillas
Huecas
Cabañas de la Sagra
Castillo de Villaluenga
Alameda de la Sagra
Casas del Tapuelo
Alcabón
Dehesa de Pero Vázquez
TORRIJOS
Castillo
Barcience
Villamiel de Toledo
Casas de los Llanos
Casa de Azañuela
Apd. Cabañas de la Sagra
Estación de Bargas
Granja
Nuestra Señora del Prado
Carmena
Gerindote
Rielves
Casa del Chivero
Magán
Villaseca de la Sagra
La Estación
Aceca
Ermita de San José
Casa Nueva
Mazarabeas Bajas
Mejorada
Olías del Rey
Mocejón
Velilla
Casa de Guanilla
Ermita de la Estrella
Casa de Azoberines
Casas de los Brogelines
Arroyo de Barcience
Mazarabeas Altas
Bargas
Higares
Aranjuez
Nuestra Señora de la Soledad
Escalonilla
La Venta del Hoyo
La Dehesa de Carrasco
Casa de Mazarracín
Molinos
Algodor
Cañete
Casa de Nohalos
Burujón
Albarreal de Tajo
Casa de Cambrillos
Estiviel
Buenavista
Dehesa de Valdecaba Vieja
Río Guadarrama
TOLEDO
(rom. Toletum)
(árab. Tolaitola)
Azucaica
La Alberquilla
Dehesa de Ramabujas Altas
El Espinar
Arroyo del Valle
Casa de Calaña
LA PUEBLA de Montalbán
San José
Portusa
San Bernardo
Casa de Aguanel
Arroyo de Guajaraz
Catedral
Alcázar
Castillo de San Servando
Ermita de la Concepción
Parador Nacional Conde de Orgaz
Las Pontezuelas
La Sisla
Valdecaba
Alcubillete
La Rinconada
Embalse de Castrejón
Campamento de Labastida
Casa Fuente Albeitar
Casa de Allozar
La Ventosilla
El Bosque
Casa la Teatina
Casa de Mohares
La Estación de Ablates
Casa de la Dehesa Vieja
Castillo
Guadamur
Argés
Cobisa
Arroyo de la Rosa
Casa de Castrejón
Río Tajo
San Antonio
Castillo de Cervatos
Nambroca
Burguillos de Toledo
Arroyo de Valverde
Arroyo de las Cuevas
Casa de Bañuelos
Polán
Cortijo de Santa Catalina
Casa Romaisa
Casa de Peña Aguilera
Casa de la Fuente
Casa de Borril
Castillo
Casa de Quitapesares
Casasbuenas
Layos
Castillo
Casa de Meca
Sierra de Nambroca
Almonacid de Toledo
Río Torcón
Melque
Convento (Origen visigodo)
Arroyo de las Fuentes
Pico de Noez
Noez
Embalse de Guajaraz
Casa de Torrecilla
Casa de la Higueruela
Layos
Chueca
Castillo
La Estación de Almonacid
Castillo
Casa de Chirivas
Ermita de Alimán
Totanés
Caserio Mina La Económica
Arroyo de la Dehesa de Valverde
Villaminaya
San Martín de Montalbán
Gálvez
Pulgar
Ermita de la Soledad
Mazarambroz
Ajofrín
Caserio de los Palacios
Mascaraque
Ciudad Real
Peña de Cadalso
Escalona
Ermita
Castillo
Almorox
Arroyo de Guatén

108

75
MADRID
GETAFE
LEGANÉS
Fuenlabrada
Pinto
Parla
Valdemoro
CIEMPOZUELOS
ARGANDA
CHINCHÓN
Colmenar de Oreja
ARANJUEZ
OCAÑA
Mesa de Ocaña
YEPES
LA GUARDIA
TEMBLEQUE
LILLO
MORA
CORRAL de Almaguer
Villarejo de Salvanés
Seseña
Villatobas
Dosbarrios
Noblejas
Villarrubia de Santiago
Morata de Tajuña
Tielmes
Carabaña
Valdilecha
Loeches
Vicálvaro
Vallecas (Puente)
Vallecas (Pueblo)
Villaverde
Rivas de Jarama
Velilla de San Antonio
Mejorada del Campo
Campo Real
Perales de Tajuña
Belmonte de Tajo
Villaconejos
Titulcia
San Martín de la Vega
Esquivias
Borox
Añover de Tajo
Huerta de Valdecarábanos
Cabañas de Yepes
Ciruelos
Villasequilla de Yepes
Villamuelas
Villanueva de Bogas
El Romeral
Santa Cruz de la Zarza
Villamanrique de Tajo
Provincia de Madrid
Provincia de Toledo
Río Tajo
Río Jarama
Río Tajuña
Río Henares
Embalse de El Castro
Laguna de la Vega
Laguna de Lillo
106
107
108
109
110
Talavera
Toledo
Manzanares
109

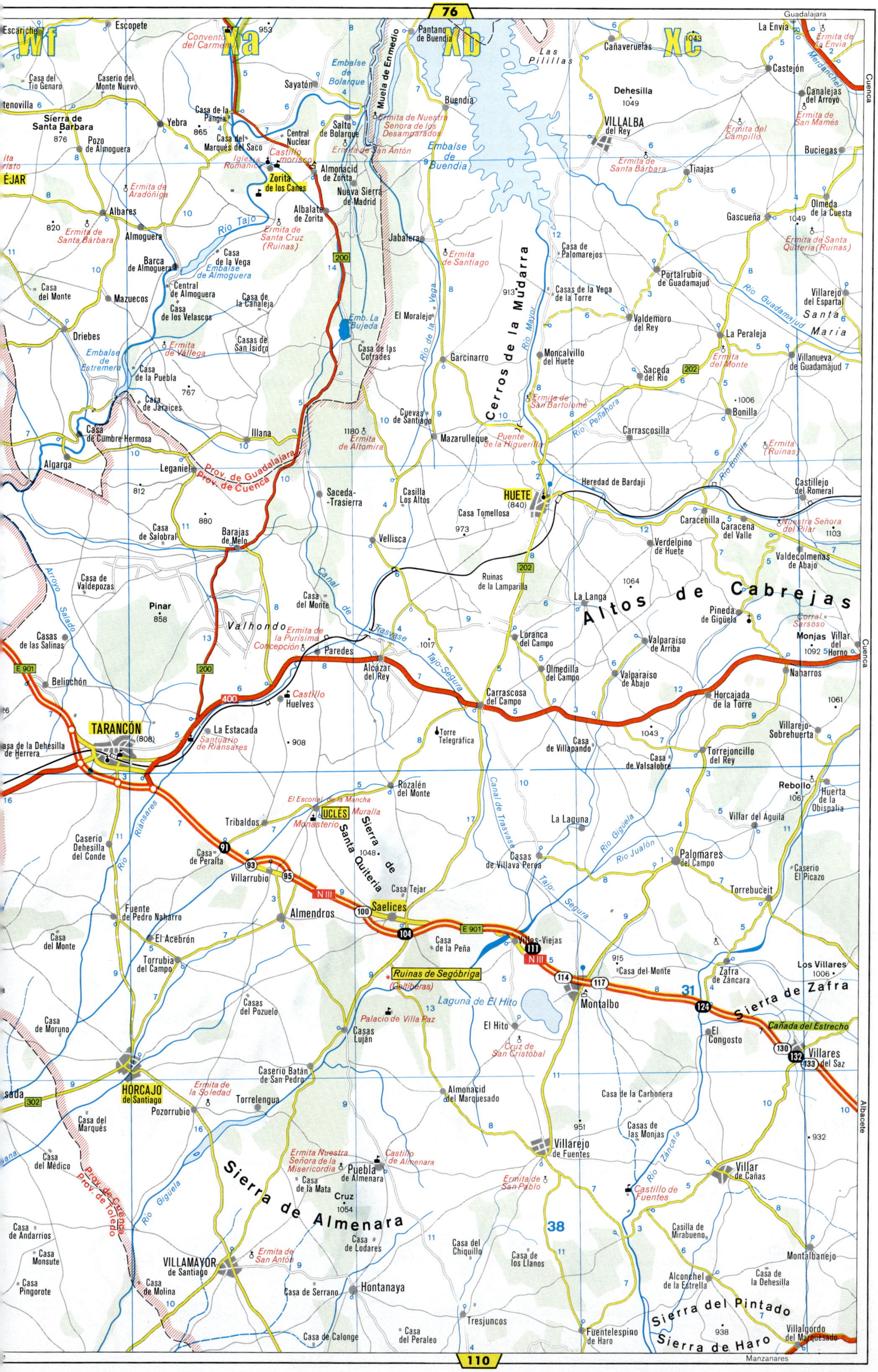
76
110
Wf
Xa
Xb
Xc
Guadalajara
Cuenca
Albacete
Manzanares
Escopete
Convento del Carmen
Sayatón
Pantano de Buendía
Embalse de Bolarque
Muela de En medio
Las Pililllas
Cañaveruelas
La Envía
Ermita de la Envía
Castejón
Canalejas del Arroyo
Ermita de San Mamés
Buciegas
Casa del Tío Genaro
Caserío del Monte Nuevo
Sierra de Santa Bárbara
Yebra
Pozo de Almoguera
Casa de la Pangía
Central Nuclear
Salto de Bolarque
Ermita de Nuestra Señora de los Desamparados
Ermita de San Antón
Buendía
Embalse de Buendía
Dehesilla
VILLALBA del Rey
Ermita del Campillo
Ermita de Santa Bárbara
Tinajas
Olmeda de la Cuesta
Gascueña
Ermita de Santa Quiteria (Ruinas)
Casa del Marqués del Saco
Iglesia Románica
Castillo morisco
Almonacid de Zorita
Zorita de los Canes
Nueva Sierra de Madrid
Albalate de Zorita
Ermita de Aradóniga
Albares
Almoguera
Río Tajo
Ermita de Santa Cruz (Ruinas)
Ermita de Santa Bárbara
Jabalera
Ermita de Santiago
Casa de Palomarejos
Portalrubio de Guadamajud
Villarejo del Espartal
Santa María
Río Guadamajud
Barca de Almoguera
Casa de la Vega
Embalse de Almoguera
Central de Almoguera
Casa de los Velascos
Casa del Monte
Mazuecos
Casa de la Cañaleja
Emb. La Bujeda
El Moralejo
Río de la Vega
Cerros de la Mudarra
Río Mayor
Casas de la Vega de la Torre
Valdemoro del Rey
La Peraleja
Driebes
Embalse de Estremera
Ermita de Vallega
Casas de San Isidro
Casa de las Cofrades
Garcinarro
Moncalvillo del Huete
Saceda del Río
Ermita del Monte
Villanueva de Guadamajud
Casa de la Puebla
Casa de Jaraices
Casa de Cumbre Hermosa
Algarga
Illana
Leganiel
Prov. de Guadalajara
Prov. de Cuenca
Cuevas de Santiago
Ermita de Altomira
Mazarulleque
Puente de la Higuerilla
Ermita de San Bartolomé
Río Peñahora
Carrascosilla
Bonilla
Ermita (Ruinas)
Río Bonilla
Saceda-Trasierra
Casilla Los Altos
HUETE
Heredad de Bardají
Castillejo del Romeral
Casa de Salobral
Barajas de Melo
Vellisca
Casa Tomellosa
Caracenilla
Caracena del Valle
Nuestra Señora del Pilar
Verdelpino de Huete
Valdecolmenas de Abajo
Casa de Valdepozas
Pinar
Ruinas de la Lamparilla
La Langa
Altos de Cabrejas
Pineda de Gigüela
Corral Sarsoso
Monjas
Villar del Horno
Arroyo Salado
Casa del Monte
Canal de Trasvase
Valhondo
Ermita de la Purísima Concepción
Paredes
Loranca del Campo
Valparaíso de Arriba
Casas de las Salinas
Belinchón
Alcázar del Rey
Tajo-Segura
Olmedilla del Campo
Valparaíso de Abajo
Naharros
Castillo
Huelves
Carrascosa del Campo
Horcajada de la Torre
TARANCÓN
La Estacada
Santuario de Riánsares
Torre Telegráfica
Casa de Villapando
Villarejo-Sobrehuerta
Casa de la Dehesilla de Herrera
Casa de Valsalobre
Torrejoncillo del Rey
Rozalén del Monte
El Escorial de la Mancha
UCLÉS
Muralla
Monasterio
Tribaldos
Sierra de Santa Quiteria
Rebollo
Huerta de la Obispalía
Caserío Dehesilla del Conde
Río Riánsares
Casa de Peralta
Villarrubio
La Laguna
Villar del Águila
Río Gigüela
Río Jualón
Casas de Villava Perea
Palomares del Campo
Caserío El Picazo
Casa Tejar
Torrebuceit
Fuente de Pedro Naharro
Almendros
Saelices
N III
E 901
Casa del Monte
El Acebrón
Casa de la Peña
Villas-Viejas
Torrubia del Campo
Ruinas de Segóbriga (Celtíberas)
Montalbo
Casa del Monte
Zafra de Záncara
Los Villares
Sierra de Zafra
Laguna de El Hito
Casas del Pozuelo
Palacio de Villa Paz
El Hito
El Congosto
Cañada del Estrecho
Villares del Saz
Casa de Moruno
Casas Luján
Cruz de San Cristóbal
HORCAJO de Santiago
Caserío Batán de San Pedro
Ermita de la Soledad
Torrelengua
Almonacid del Marquesado
Casa de la Carbonera
Pozorrubio
Casa del Marqués
Casas de las Monjas
Villarejo de Fuentes
Casa del Médico
Sierra de Almenara
Ermita Nuestra Señora de la Misericordia
Castillo de Almenara
Puebla de Almenara
Casa de la Mata
Cruz
Ermita de San Pablo
Río Záncara
Villar de Cañas
Castillo de Fuentes
Prov. de Cuenca
Prov. de Toledo
Río Gigüela
Casa de Andarríos
Casa Monsute
Casa Pingorote
VILLAMAYOR de Santiago
Ermita de San Antón
Casa de Molina
Casa de Lodares
Casa del Chiquillo
Casa de los Llanos
Casilla de Mirabueno
Montalbanejo
Alconchel de la Estrella
Casa de la Dehesilla
Casa de Serrano
Hontanaya
Tresjuncos
Sierra del Pintado
Sierra de Haro
Casa de Calonge
Casa del Peraleo
Fuentelespino de Haro
Villalgordo del Marquesado

77
Xd
Xe
Xf
Ya
Mojon Blanco
Villaconejos de Trabaque
Barrio El Otro Lado
La Frontera
Fresneda de la Sierra
Serranía de Cuenca
Hortizuela
Casa de Tejadillos
Peña
Guadalajara
106
Cañaveras (855)
Ermita de la Virgen del Pinar
Albalate de las Nogueras
Castillejo-Sierra
El Larán
El Cerminuelo
Caserío El Hosquillo
Salinas
Tragacete
202
El Pozuelo
Ermita de Santa Quiteria
Ribatajada
Arcos de la Sierra
Rincón de los Olmos
Tinadas de Chiriveche
Valsalobre
Casa Vieja
Ribagorda
Río Albalate
Convento de San Pantaleón
Ribatajadilla
Arroyo de la Portilla
Ermita de Perales
El Redero
Villaseca
Pajares
Casa Cueva Lóbrega
Casa de los Corzos
Arrancacepas
Torralba
Las Majadas
Olmedilla de Eliz
Castillo-Albaráñez
Sierra de Bascuñana
Torrecilla
Casa la Serratilla
Portilla
La Ceja
Cerro del Capote
Río Lliendre
Corral de Domingo Ramos
Casa de Guarda
Fuentesbuenas
Bólliga
Collados
Zarzuela
Salto de Villalba
Río Júcar
Ventano del Diablo
107
Santa María
Cabeza Albillas
Villar de Domingo García
Villalba de la Sierra
Laguna de Uña
Uña
La Toba
Embalse de La Toba
Río Guadamejuz
Valdecañas
Losares
Bascuñana de San Pedro
Ciudad Encantada
El Cambrón
La Ventosa
Culebras
Villalbilla
El Castillo
La Moraleja
Casa de la Sabina
Ermita de la Caridad
Ermita de la Virgen del Val
Sacedoncillo
Sotos
Casa de las Carboneras
Casa de la Muela
El Charco
Sotoca
Ermita de San Isidro
Noheda
Mariana
Aguaerillo
Fuentesclaras del Chillarón
Tondos
Molino de la Torre
Valdecabras
Casa del Prado de los Esquiladores
Tinada del Vallejo del
Cuevas de Velasco
Villar del Saz de Navalón
320
Caserío Embid
Río Valdecabras
Casa de Rocha
Buenache de la Sierra
Tinada de las
Arcos de la Cantera
Verdelpino de Cueva
Casa de Robardillo
Villar del Maestre
Navalón
Arroyo de Bonilla
Casa Forestal
Río Mayor
Valdecabrillas
Ermita de San Bartolomé
Chillarón de Cuenca
Casa de Pozo Coronado
51
Valdecolmenas de Arriba
Caserío Fuenterruz
Jábaga
Nohales
Casa de Cotillas
108
Villarejo de la Peñuela
Casa del Montaraz
Molinos del Papel
Palomera
Catedral
CUENCA
(1001) (rom. Conca)
Los Tres Mo
400
Puerto de Cabrejas
Caserío Pinar de los Llanos
La Grillera
La Cierva
Casa de La Parra
Tarancón
Río Gigüela
Villanueva de los Escuderos
Colliguilla
Ermita de San Miguel (subterránea)
Cabrejas
Cólliga
Caserío La Abengózar
La Estrella
El Ventorro
Las Torcas
Casa La Parrilla
Río Júcar
La Melgosa
Casa del Gitano
Abia de la Obispalía
Collado de la Carrasquilla
Hortizuela
420
Villar de Olalla
Casa Forestal
Hoya del Garbanzal
Ermita del Santo
Ballesteros
Arcas
Mohorte
Los Oteros
Casas del Egidillo
Las Zomas
Villarejo Seco
Barbalimpia
Olmedilla de Arcas
Atalaya de Cuenca
Cañada del Hoyo
Ermita de San Sebastián (Ruinas)
Ermita de San Isidro
Talayuelo
Río Moscas
Fuentes
Poveda de la Obispalía
Cerrillo de los Pinos
40
Puerto de Rocho
Malpesa
50
Valdeganga de Cuenca
Tórtola
Villar del Saz de Arcas
Fresneda de Altarejos
Ermita de San Bartolomé
Reillo
Carbone de Guadaz
109
Altarejos
El Frontón
Puerto de Tórdiga
Mota de Altarejos
Cerro Calderón
Casa del Guarda
Río Guadazaón
Villarejo-Periesteban
La Parra de las Vegas
Casa de Navarramiro
Río Belbis
San Lorenzo de la Parrilla
Arguisuela
Belmontejo
Termas Romanas
El Molino
Albaladejo del Cuende
Ermita de las Nieves
Castillo
VALERIA
Olmeda del Rey
Monteagudo de las Salinas
Las Salinas
Cerro del Rey
N III
Cervera del Llano
Ermita de San Tiburcio
Cerro Moro
420
Villaverde y Pasaconsol
Valera de Abajo
Chumillas
Olivares de Júcar
Ruinas de la Ciudad romana "Castrum altum"
Río De la Vega
110
Casa La Sabina
Solera del Gabaldón
147
148
Río Gritos
Río Piqueras
Sierra del Monje
Almodóvar del Pinar
Cerro del Puntal
89
La Hinojosa
Caserío Ucero
Valverde de Júcar
Piqueras del Castillo
Casa de la Barraca
Mojón Alto
La Almarcha
154
Laguna Airón
Don Benito
Hontecillas
Embalse de Alarcón
Ermita de Nuestra Señora de Aguas Santas
Ermita del Santillo
Albacete
111

78
Zaragoza
Montes Universales
Guadalaviar
Casas de Frías
Calomarde
Royuela
Casa Molina
Casa El Torreón
Carbonera
1540
Masía de Roclos
Casa de Zaragoza
Cruz de Montoyo
Ermita de Santa Lucía
Río de la Fuente del Berro
Casa de Inocencio Blas
Frías de Albarracín
Moscardón
1608
Caserío Los Molinares
Masía de Conejera
Saldón
Puerto de Donarque
1537
Bezas
La Lebrera
Los Aguanes
La Hoz
El Campillo
Carrascalejo
Ermita de San Blas
San Blas
Los Molinos
La Guea
Torre del Salvador
Torre de San Martín
TERUEL
Masía Nueva del Cerrito
Villaespesa
Casa de Fuente García
Masía de Bruno
Caserío Molinos de Algarbe
1543
Puerto de Valdecuenca
Las Trillas
Valdecuenca
1450
Puerto de Terriente
Terriente
Ermita de San Cristóbal
Casa de Mieria
Sierra de Jabalón
Casa y Salinas de Valdetablado
1825
Val de Cabriel
Cabezo
1478
Rubiales
Loma Gorda
1219
Villastar
Ligros
Caserío los Alemanes
Casa de Valmediano
Ermita de Hoyos Quemados
El Villarejo
Casa del Zarzoso
La Veredilla
Masegoso
Toril
Casa del Cura
Caserío La Venta
Jabaloyas
Villel
(823)
Los Pinajeros
Mas de Jacinto
El Vallecillo
1444
Arroyofrío
Jabalón
1692
Abrigo de los Toros (Pinturas Rupestres)
Loma Rodrigo
35
Sierra de Zafrilla
La Redoba
Masía de San Pedro
1374
La Lastra
Río de Camarena
Collado de la Grulla
El Cañigral
Tormón
Cascante del Río
Tramacastiel
El Campo
demeca
Zafrilla
La Hondonada
El Masegar
Castillo de Torrefuerte
La Tejería
1250
Los Alcores
Río Turia
Laguna del Marquesado
Casa Rento de la Peraleja
La Nogueruela
1532
Alobras
Río Ebrón
Libros
420
330
Masía del Villarejo
Sierra del Escornadero
Los Cortijos
El Cerregüete
Rento Artigas
Veguilla de la Sierra
El Cuervo
Cuesta del Rato
Huerta del Marquesado
Ermita de las Nieves
Tejadillos
Las Hondonadas
Castielfabib
Mas de Jacinto
Ermita de Santa Bárbara
Arroyo Cerezo
Casas Quemadas
Los Santos
Los Mudos
Torre Alta
Azefrue
Riodeva
Herrería y Central Eléctrica
1458
Hoya del Peral
Casa Molina
Cañada
Hontanar
Colladillo
Tóvedas de Abajo
Tóvedas
Los Pajares
Torre Baja
1315
Ermita de Nuestra Señora del Pilar de Atarejo
Salinas del Manzano
Casas Nuevas
Salvacañete
Campillos-Sierra
Caserío Peñarrubia
El Rincón de Ademuz
Casas El Soto
Casas de Arriba
Río Vallanca
Casa de la Hoz
Rento Callejones
Provincia de Valencia
Vallanca
ADEMUZ
Val de la Sabina
Mas del Olmo
71
Río Mayor del Molinillo
Río Cabriel
Valdelacasa
1561
1559
El Santerón
Ermita de Santerón
1329
Puebla de San Miguel
1304
Talayón
1602
Casas Altas
CAÑETE
Huérguina
Los Selvares
Negrón
Sesga
Sierra Tortajada
El Cajigar
La Muela
Alcalá de la Vega
Alto del Collado de las Monjas
Casas Bajas
Cabeza de Don Pedro
1488
El Cubillo
La Cañada
Algarra
Benarruel
Hoya de la Carrasca
Rento de Fuente de la Sierra
Central Eléctrica
Casas de Garcimolina
Pedro Izquierdo
Boniches
37
La Olmeda
Casas Quemadas
Campillos-Paravientos
Santo Domingo de Moya
Santa Cruz de Moya
La Orchova
Cuerda
1402
Casa del Cañizar
El Cañizar
Paravientos
Las Olmedillas
Moya (Arrabal)
El Campo
Sierra de las Cuerdas
Los Llanos
El Cerro
Manzaneruela
Aras de Alpuente
Campalbo
1330
El Cabezo
1271
Hoya de Cócera
Masegosillo
Barranco Hondo
Fuentelespino de Moya
1397
1235
Landete
(989)
Graja de Campalbo
Collado del Tejadal
Camparejo
Ermita de la Fuen María
Ermita de San Cristóbal
Loma de la Pedriza
1248
El Colmenar
Higueruela
San Martín de Boniches
Villar del Humo
Cuevas prehistóricas
Henarejos
1129
Mijares
1214
La Tinada
El Pajarero
Molino de Abajo
El Cerro la Casa
Talayuelas
1253
La Toba
Cerro de la Virgen
Puntal del Carnero
Río Algarra
Hoya del Molino
Los Madroñerales
1305
El Tornajuelo
La Manglana
La Peina
Garaballa
Monasterio de Nuestra Señora de Tejeda
Sierra de Mira
La Olmedilla
Los Felipes
Los Agustinos
1245
Río Nogueras
Arroyo del Rolo
Las Minas
1077
Casas de Roldán
Casas de Enmedio
El Cascajal
Los Chicoteros
Provincia de Cuenca
Provincia de Valencia
Las Minas de Henarejos
1034
Mozorrita
1113
Resinera
El Carrascalejo
1238
Casillas de Ranera
Casas del Campo de Melchor
Cardenete
(874)
Las Rinconadillas
Yémeda
Río Henares
Villora
Pelado
1442
Aliaguilla
Sinarcas
El Cubillo
102
Emb. de El Bujioso
Rento del Buitre
Narboneta
Embalse de Villora
1240
Cuesta de las Viñas
Sierra de Aliaguilla
(1090)
Huércemes
Emb. de la Lastra
Mira
(712)
54
Villanueva
Embalse de El Batanejo
Salto
Estación de Enguidanos
Cañavedija
Peñas Blancas
Ermita de San Antonio
Herradas
Emb. del Torilejo
Río Los Ojos de Moya
Rambla de la Torre
Lavajo de la Losa
Casa de la Junta
Apeadero de Mira
La Loberuela
Corral Alto
1045
Enguídanos
Casa del Pintado
La Cañada
La Torre
Valencia
112
Chelva
Valencia

79
113
Yf
7a
7b
Zc
107
108
109
110
82
34
TERUEL
Caminreal
Zaragoza
Venta del Bobo
Valdecebro
Masia de la Hita
El Castellar
La Virgen de la Vega
Mina Antonia
Mosquer
Mina Porvenir
Mas de Domenedi
Sierra de Camarena
Sierra de Javalambre
Sierra de Nogueruelas
Caparrates
Castralvo
Venta del Puente
Caseta del Sapo
Puerto de Escandón
Coronillas
Aldehuela
Masia de la Balsa
Ermita de Santa Bárbara
LA PUEBLA de Valverde
Murallas
Mas de Gabito
Valbona
MORA de Rubielos
Formiche Alto
Formiche Bajo
Masia del Rio
Masia del Campo
Masia de la Rambla
Cabra de Mora
Casa de las Golondrinas
Las Barrachinas
Los Campillos
Masia de la Olmedilla
Masia de Ontejas Altas
Masia del Carrascalejo
Puerto de San Rafael
Mas de Aliaga
Mas de las Barracas
Alto de la Roya
Casas de los Raimundos
Linares de Mora
Río Linares
Mas del Cerrito
Castelvispal
Mas de la Cervera
Lomas de Vivas
Cruces
Noguerueelas
Masia de Igual
La Laguna
Rubielos de Mora
Embalse de Balagueras
Embalse de Valbona
La Cumbre
Masia del Hocico
Masia de las Incosas
Ermita de San Cristóbal
Cubla
Valacloche
Mas de Navarrete
Casas de la Parra
Masia de los Enebrales
Mas de la Parra
Plano de Bolsón
Mas del Molinete
Masia de la Rinconada
La Solana Casa Vena
Mas del Manzano
Casa del Zurdo
Mas de Peñarroya
Camarena de la Sierra
Loma de San Pablo
Ermita de San Roque
Ermita de Santa Elena
Alto del Chorrillo
Javalambre
Loma de los Colchanes
Loma de la Cruz del Cerro
Sarrión
La Escaleruela
Los Mases
Mora de Rubielos
Albentosa
Estación de Rubielos de Mora
Caserío San Cristóbal
Masia de las Cuestas
Casetas del Pescater
Casa de Pelarda
Caserio Los Morales de Arriba
El Colmenar
Las Alhambras
Los Olmos
Manzanera
Torre-Peones
Río Albentosa
Los Cerezos
El Paúl
Fuen del Cepo
El Navajo
Paraíso Bajo
Paraíso Alto
Alcotas
Torre de Alcotas
Torrijas
Ermita de Santa Catalina
Los Villares
La Higuera
Central Eléctrica
Las Dueñas
Mas del Rio
Arcos de las Salinas
La Nava de Torrijas
Hoya del Jaque
Hoya de Pina
El Toro
Prov. de Teruel
Provincia de Castelló
Prov. de Valencia
Embalse de los Toranes
Río Mijares
Higuerancha
Los Villanuevas
Olba
Los Giles
Caseria El Fuenseca
Collado Royo y Poviles
Pozo Muela y Puntalico
Los Peirós
Tarín
Caserio El Chopo
Mases y Tamboril
San Agustin
Venta del Barro
Villanueva de Viver
Venta de Barruezo
Barracas
Pina
Pina de Montalgrao
Masia del Bolada
Fuentes de Rubielos
Las Clochas
Casa Iserte
Azafranares
Masia el Camino
Cortes de Arenoso
El Bosque
Casa Negra
Caserio Los Almorochos
San Vicent
Los Cantos
Embalse de Arenós-Montanejos
Mas de Aceite
Puebla de Arenoso
El Molarico
La Artejuela
Castillo Los Angeles
Campos de Arenoso
El Collado
Los Catalanes
Los Pastores
García
Los Calpes
Cueva de las Arenas
Montanejos
Fuente la Reina
La Alquería
Montán
Masia Valdesánchez
Venta Sardina
Masia de Buscavidas
Higueras
La Jarra
Cuestas de Ragudo
Masias Blancas
Masias de Parrela
Masada del Sordo
Masias del Cristo
La Estación
Caudiel
Benafer
El Molinar
Rios de Arriba
Torás
VIVER
JÉRICA
Novaliches
Gaibiel
Masia Paredes
Teresa
Bejís
Rios de Abajo
Río Palancia
Arteas de Abajo
Arteas de Arriba
Masia de los Pérez
Masia del Collado
Masias del Rio
La Muela
El Hostalejo
Altura
SEGOR
Masia de Rivas
Santuario
La Cueva Santa
La Peña Rubia
Cruz de Payás
Cartuja de Vall de Cristo
Masia de Uñoz
Losilla
El Collado
Castillo Pobo
Muela
El Hontanar
La Torre
La Canaleja
La Almeza
La Cuevarruz
Ermita de Santa Catalina
Vizcota
Corcolilla
La Pacheca
Las Ramblillas
Ermita de Santa Margarita
Abejuela
Masia de la Almarja
Salada
La Cervera
El Cerrito
Ermita Bardés
Cañada Seca
El Chopo
Baldovar
La Yesa
Obispo Hernández o Eras
Castillo árabe
Alpuente
Los Altos
Campo de Arriba
Titaguas
La Carrasca
Campo de Abajo
Casas de Arquela
Hoya del Tuéjar
Campo de Benacacira
Hoya Romaní
La Pobleta
Andilla
Canales
Sacañet
El Mamellar
Albergues
Mas de Aliaga
Alcotas
Ahillas
Mas de Arquelilla
Peñas de Dios
Oset
Alcublas
Masia de Cucalón
Casas y Corrales de Genaro
Artaj
Horno de Cal
Casas de Mozul
Hoya de Antaño
Higueruelas
Pardanchinos
La Pedrosa
Masia de Abanillas
Gátova
Alberique
La Salada
Tuéjar
Los Pinares
Castellano
Bodegas del Mundo Nuevo
Bodegas de Cea
Prov. de Castelló
Prov. de Valencia
Marines
Casas de Alguezar
CHELVA
Acueducto Romano
Zaé
La Mozaira
Casa de la Parra
Mas de Agustin
VILLAR del Arzobispo
Concordia
Casa del Campo
Bercuta
Calles
Altarejo
El Lopo
Casa Carlos
Masia Espinar
Olocau
Pantano del Generalísimo
Garganta del Turia
Domeño
Casinos
Benagéber
Barchel
Losa del Obispo
Zalagardos
Barranco Hondo
Ermita de San Isidro
Cortes
Embalse de Loriguilla
Loriguilla
Casa Roger
Masia del Juez
Marines Nuevo
Masia del Capella
Cerro-Águila
Ermita de la Soledad
Chulilla
Vanacloig
Masia del Carril
Moncati
Ermita San Vicente
Mas de Caballero
Casas de Medién
Requena
Valencia

80
Mayabona
Provincia de Teruel
Provincia de Castelló
Ze
Zf
Aa
28
Masia de Capote
Castillo
Culla
Masia del Señor
Masia de Romeo
Les Casetes
Sant Pau
La Esperanza
La Calzada
Masia Pati
Les Deveses
Sarratella
Cuevas de Vinromá
Alcalá de Chivert
Ermita de San Miguel
Masia de Salvador
Masia de Toni
Mercades de Baix
Pla del Sabater
Monllat
Torre de Embesora
La Roca
Roques de Llaó
Els Malladás
Masia de Rosildos
El Sol de la Foya
Vistabella del Maestrazgo
Puerto de Vidre
Moli Assor
Sierra de la Batalla
El Albaches
Masia de Manzanares
Benafigos
Caserio La Cormana
Meanes
Sierra de Espaneguera
Rambla Carbonera
Sierra d'En Galceran
El Parral
El Single
Sierra-Engarcerán
Cueva Santa
Ermitorio de San Miguel
Torre Endoménech
Mas de Calaf
Masia de Carrero
Masia Casa Bosch
Torreblanca Alcocéber
Almedijar
Torreblanca
Torrenostra
Tarragona
Sant Joan de Penyagolosa
Masia de les Pomeres
Chodos
Mas de la Lloma
Torre de Matella
La Bodega
Les Mosqueres
Mas de Trilles
Vilanova d'Alcolea
El Carbó
Penyagolosa
Masia de Gargán
Masia de la Carrasca
Adzaneta
Las Crevadas
Els Ibarsos
Benlloch
Mas d'Alentao
Mas de Campos
La Pelechana
Les Ramblelles
Benasques
Cuartico
Mas d'Enqueixa
El Mas Quemado
Sierra de Montordi
Masia de la Lloma
El Castell
Mas de Ensavi
Mas de Roures
Mas dels Chulos
Vall d'Alba
Masia de Agustina
Río Llucena
Mas de la Polla Rosa
Perchet
Mas Blanch
La Baseta
La Barona
Arco Romano de Cabanes
Cabanes
Estación de Cabanes
Torre La Sal
Sierra de la Cruz
Els Corral
Casa de Beneito
La Ribera
Ribera de Cabanes
Playa de les Amplaries
Puerto El Remolcador
Masia de Fabra Loma
Castillo de los Duques de Hijar
LUCENA del Cid
La Trallanta
Useras (Les Useres)
La Umbria
Pou de Encalbo
El Tancal
Ferradura
Castillo de Villamalefa
Foyos (Poblado Ibérico)
Masia Traganta
Masdavall
Rambla de la Viuda
Río Chinchilla
Figueroles
Costur
Vilafamés
Castillo
Les Santes
Oropesa Benicasim
Castillo Miravet
Mas de Guadamar de Dalt
Mas de la Mina
Embalse de Alcora
Las Baboseras
la Pobla de Tornesa
Sierra de Oropesa
ORPESA de Mar
Playa de Oropesa
Giraba de Arriba
Giraba de Abajo
Mas de Vicenta
Ludiente
Castillo La Muela
Rambla de David
ALCORA
Masia de Flores
Desierto de las Palmas
Sierra de les Santes
Araya
San Juan de Moro
(Pinturas Rupestres)
Cueva
Castillo de Montornés
Castillo
Las Villas
BENICÀSSIM
Playetas de Bellver
Argelita
Masia Bachero de Araya
Masia de Correntilla
Castillo Borriol
Santuario La Magdalena
Playa de las Villas
Toga
Vallat
Ribesalbes
Mas de Gil y Viuda
Embalse de Sitxar
Benadresa
Castello N. Benicasim
Mas de Oliver
Apartadero Las Palmas
Torre de San Vicente
Espadilla
Fanzara
Embalse de María Cristina
Coscollosa-Zafra
Tiro de Pichón
CASTELLÓ de la Plana
Playa del Pinar
Ayódar
Ermita de El Salvador
Río Mijares
Castelló Sur
San José
San Isidro
El Grao
ONDA
Convento del Carmen
Santa Bárbara
Artesa
San Francisco
Virgen de Gracia
Villa Lola
San Jaime
Playa del Serrallo
Villamalur
Sueras
Tales
Almazora (Almassora)
Playa Ben Afell
Playa de Pla de Torre
La Playa de la Torre
Embalse de Onda
Benitandús
Betxí
Río Seco
VILA-REAL
Santa Bárbara
Castillo de Alfándiga
Alcudia de Veo
Veo
Restos Ibéricos
San Antonio
Borriana-Nules
Vila-real Borriana
BORRIANA
San Gregorio
Espadán
Ahin
Niño Perdido
El Grao de Borriana
Sierra del Espadán
La Covatilla
Castillo
Artana
Eslida
Castillo de Castro
Ecce Homo
Playa
El Puerto
Almedijar
Ermita de los Santos de Piedra
Villavieja
NULES
Fortaleza
Chóvar
Alfondeguilla
VALL DE UXÓ
Azuébar
Playa de Nules
Gruta de San José
Moncófar
Playa de Moncófar
Sot de Ferrer
Vall de Uxó
El Grao
Algar de Palancia
Chilches
La Llosa
La Playa
Molinos
Playa de Chilches
Alfara de Algimia
Algimia de Alfara
Almenara
Casa-Blanca
Río Palancia
Torres-Torres
Quart de les Valls
Quartell
Ruinas del Templo de Venus
Benifairó de les Valls
Faura
Playa de Casa Blanca
Estivella
Collado de la Viña
Albalat dels Tarongers
Costa del Azahar
Petrés
SAGUNT
Canet d'En Berenguer
Playa de Canet
Segart
Gilet
(lt. Saguntum) (lt. Arse) (got. Murviedro)
Cascada
Monasterio de Sancti Spiritu
Teatro Romano
Ciudad Histórica
El Grao de Sagunto
Náquera
Monte Picayo
Convento
Planta Siderúrgica
Puçol
Valencia
114

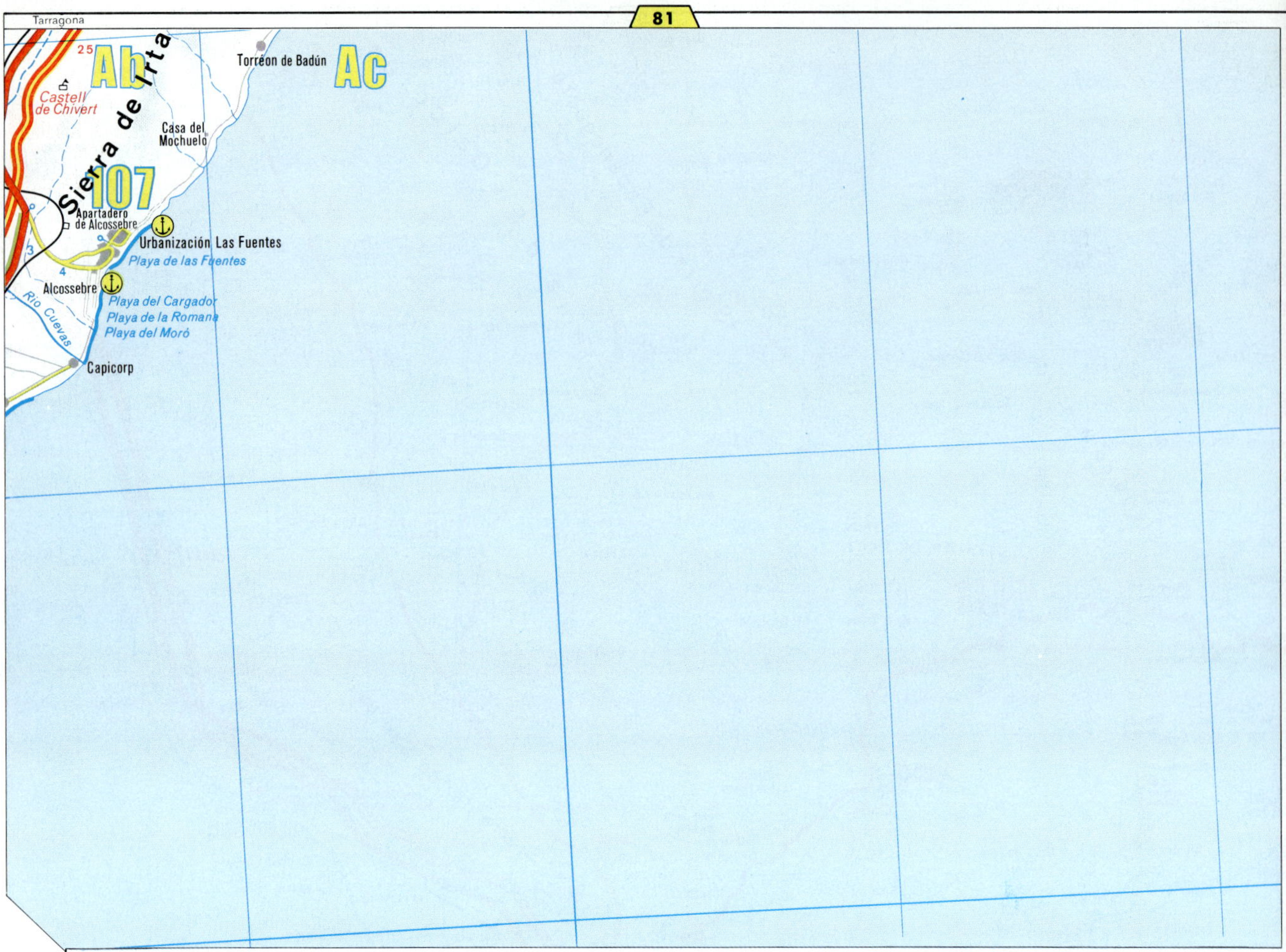
Ab
Ac
25
Castell de Chivert
Torreón de Badún
Sierra de Irta
Casa del Mochuelo
107
Apartadero de Alcossebre
Urbanización Las Fuentes
Playa de las Fuentes
Alcossebre
Río Cuevas
Playa del Cargador
Playa de la Romana
Playa del Moró
Capicorp

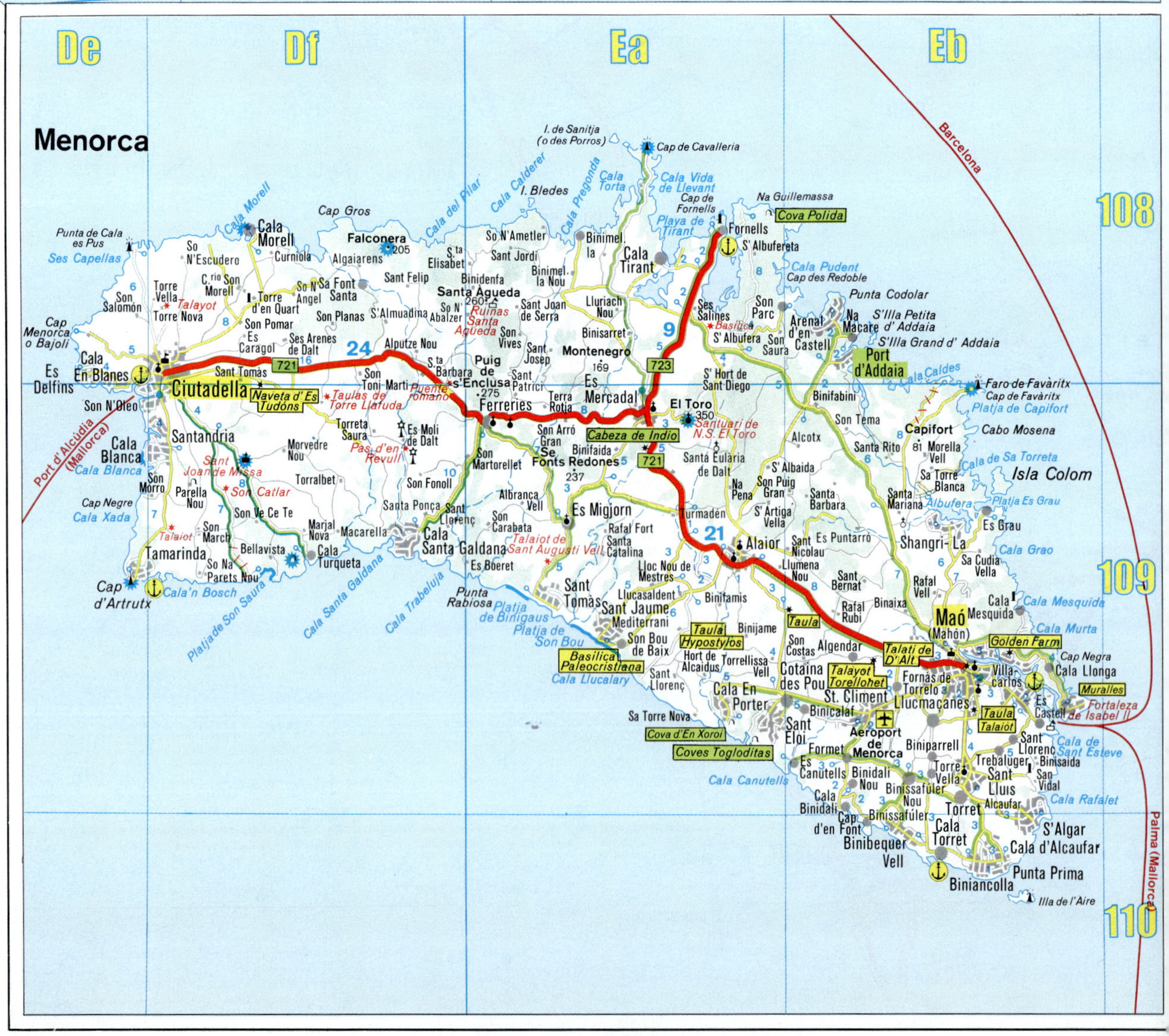
De
Df
Ea
Eb
Menorca
Barcelona
108
109
110
Palma (Mallorca)
Port d'Alcúdia (Mallorca)
I. de Sanitja (o des Porros)
Cap de Cavalleria
Cala Vida de Llevant
Cap de Fornells
Playa de Tirant
Na Guillemassa
Cova Polida
Fornells
S' Albufereta
Cala Pudent
Cap des Redoble
Punta Codolar
S'Illa Petita d' Addaia
S'Illa Grand d' Addaia
Port d'Addaia
Arenal d'en Castell
Na Macare
Cala Caldes
Faro de Favàritx
Cap de Favàritx
Platja de Capifort
Capifort
Cabo Mosena
Cala de Sa Torreta
Isla Colom
Platja Es Grau
Es Grau
Cala Grao
Shangri-La
Sa Cudia Vella
Cala Mesquida
Cala Murta
Golden Farm
Cap Negra
Cala Llonga
Muralles
Fortaleza de Isabel II
Cala de Sant Esteve
Cala Rafalet
Illa de l'Aire
Punta Prima
Biniancolla
S'Algar
Cala d'Alcaufar
Maó (Mahón)
Villacarlos
Es Castell
Sant Lluís
Trebaluger
Llucmaçanes
Talati de D'Alt
Talayot Torellohet
Aeroport de Menorca
Sant Climent
Cala En Porter
Cotaina des Pou
Sant Eloi
Binibequer Vell
Cala Torret
Cala Canutells
Coves Togloditas
Cova d'En Xoroi
Sa Torre Nova
Alaior
Taula
Hypostylos
Basílica Paleocristiana
Cala Llucalary
Sant Tomás
Sant Jaume Mediterrani
Son Bou
Platja de Son Bou
Platja de Binigaus
Punta Rabiosa
Es Migjorn
Talaiot de Sant Augusti Vell
El Toro
Santuari de N.S. El Toro
Es Mercadal
Cabeza de Indio
Ferreries
Puig de s'Enclusa
Santa Agueda
Ruinas Santa Agueda
Montenegro
Cala Tirant
Binimel la
Cala Pregonda
Cala Calderer
Cala del Pilar
I. Bledes
Falconera
Cap Gros
Cala Morell
Punta de Cala es Pus
Ses Capellas
Cap Menorca o Bajoli
Ciutadella
Cala En Blanes
Es Delfins
Son Oleo
Naveta d' Es Tudons
Taulas de Torre Llafuda
Santandria
Cala Blanca
Sant Joan de Missa
Son Catlar
Cap Negre
Cala Xada
Tamarinda
Cap d'Artrutx
Cala'n Bosch
Platja de Son Saura
Cala Turqueta
Cala Santa Galdana
Cala Trebaluja
Macarella
Pas d'en Revull
721
723
24
21
9

Bb
Bc
Bd
113
114
115
116
117
Eivissa (Ibiza), Formentera
Punta Mares
Punta des Moscarter
Cala d'en Sardina
Portinatx
S'Escullet
Cap Blanc
Can Joan des Murtar
Can Joan d'es Pla
Cova d'es Cuilleram
Sant Joan de Labritja
Sant Vicenç de sa Cala
Es Port
Cala de St. Vicenç
Punta de Sa Creu
Can Josepetes
Na Xemena
Cap des Mossons
Can Forn de Calç
Can Vicenç de sa Serra
Can Salvador
Serra de la Mala Costa
Es Figueral
Platja des Figueral
Cala d'en Sardina
Ses Casetes
Es Castellar
Can Blai
Can Ros
Sant Miquel de Balansat
Es Gorch
Can Toni Yuca
Illa Tagomago
Can Gorra
Can Miquel des Recó
Sant Mateu d'Aubarca
Can Vicenç des Racó
733
Sant Carles de Peralta
Rocas
Torre d'en Valls
Jordi
Ca's Mart
Santa Agnès de Corona
Can Francolí
Ca Na Marqueta
Sant Llorenç
Balafi
Cabo Nonó
Cova de les Fontanelles
San Patricio
Can Vicenç des Cocons
Forneu
347
Can
Can Negret
Can Miquel d'es Pouet
La Joya
Cabo Roig
Cala Salada
Punta Galera
Can Joan
Can Reconada
Can Llay
Ses Cases Velles
Cala Nova
Club Cala Llenya
Cala Llenya
Cap Cavall
Cap Negret
Can Pep d'es Cucons
Santa Gertrudis de Fruitera
30
Can Pep Mari
Es Canyar
Sa Conillera
Sant Antoní Abat
Sant Antoní
Can Canto
Cala Pada
S'Argamassa
Ca'n Malacosta
S'Olivera
Can Senyora Lluc
Cala des Torrent
Es Llinigol
Santa Eulària del Riu
I. de Sta. Eulària
Sete, Barcelona
Cala Bassa
Can Portes
Port d'es Torrent
Ses Paisses
Es Puig
16
Sant Rafel de Forca
Can Salvos
Cala Blanca
I. de s'Espart
Cala Corral
Cala Llonga
Cala Tarida
St. Agusti des Vedra
Putxet d'En Puig
Can Fornet
Puig d'En Valls
Sa Roca Llisa
Cala Moli
Puig d'es Furnat
Jesús
Can Serra
Sant Josep de sa Talaia
Serra de sa Murta
400
731
Platja Talamanca
Palma de Mallorca
Cala Vadella
Sa Talaissa
475
Can Berrinola
Puig de Can Damiá
Punta de Sa Cals
Ses Cases Noves
Illa Grossa
Can Bonnet
Cala Carbò
Cala d'Hort
Cova Santa
EIVISSA (IBIZA)
Can Visent Font
Platja d'en Bossa
Es Cubells
Vista Alegre
Sant Jordi
Es Codolar
Illa Es Vedra
Pahisa d'en Font
I. Vedranell
Porroig
Sa Caleta
Aeroport d'Eivissa
St. Francesc de ses Salines
Valencia
Punta de Porroig
Cap Llentrica
Platja de Codolar
Sa Canal
Punta de ses Portes
Punta de sa Rama
I. de Penjats
Faro d'en Pou
I. de Puercos
I. S'Espardell
I. S'Espalmador
Racó de Ses Ampollas
Port de sa Savina
Punta de sa Pedrera
Torre Gavina
Sa Savina
Platja d'es Pujols
Punta Prima
Punta Gavina
Can Rampuixa
Estany Pudent
Es Pujols
Illa de Formentera
Sant Francesc de Formentera
Cala Sahona
Punta Rosa
Can Ferrera
Gandia, Denia
Mestre
Punta de sa Palmera
Can Micalet
Torre des Pi des Català
La Xindri
Can Plate
Mariland
Sa Mola
El Pilar de la Mola
Punta de sa Ruda
Recodel Alga
Cap de Berberia
Andravel
S'Estufador

Illes Balears (Islas Baleares)

Mallorca

Cf
Da
Dc
Cap de Formentor
Cap de Catalunya
Les Fonts Salades
Fumat
334
Cases de Cala Murta
Punta de la Nau
Mirador
Formentor
Hotel Formentor
Punta Galera
Punta Beca
Cala Solleric
Cala Sant Vicenç
Coll de Vela
Es Vilar
S' Horta
La Cella
Rafal d' Ariant
Port de Pollença
Badia de Pollença
La Gola
Can Escanden
Pollença
Can Cullerossa
Ermita N. S. del Puig
Cap d'es Pinar
Sas Pasteras
Albergue Crucero Baleares
Ca'n Ribas
Cap de Menorca
Ciutadella (Menorca)
Manresa
Sa Talaia d'Alcúdia
444
Bon Aire
El Rafalet
Montanya
Tomir
1102
Binifaldó
Son Bruy
Els Jasses
Can Roig
Can Burgues
Alcúdia
Muralles
Teatro rom
Sa Bassa Blanca
Aucanada
Can Guilló
Can Melia
El Rafal
Ca Na Siona
Port d'Alcúdia
Ancanella
Hort de Biniatro
Rafal de Casellas
Es Murtera
Las Gaviotas
Fangar
Crestaix
Can Pol
Badia d' Alcúdia
Coves de Campanet
Platjes de Mallorca
Binibona
Campanet
Marjals
S'Albufera
Sa Pobla
Can Serra
Moscari
Selva
Buger
Vin Roma
Son San Marti
Can Picafort
Es Cap de Ferrutx
432
Es Plà d'es Caló
Muro
Son Parera
Monument Megalitic
Biniseti Nou
Son Morro
Son Serra Nou
Colònia Carme del M. de D.
Sacolònia de Sant Pere
Son Mascaró
S'Ermita de Betlem
Cap del Freu
Sa Mesquida
Sa Cova
Coll de Sant Joan
Punta de Capdepera
Santuari Sta Magdalena
Corral Serra
Illa Ravena
Sa Devesa
Son Morei Vell
Sa Teulada
Son Mari
Sa Canova de Morell
Castell de Capdepera
Cala Rajada
Capdepera
Artà
Son Besso
Hostal des Bovo
Llubí
Sta. Margalida
Sa Cabaneta
Sa Pastores
Mallorca Canyamel
Son Suan
Son Bisbal
Sa Cleda
Ses Eretes
Sa Font de la Cala
Es Carregador
Can Refila
Es Cabanells Vell
Pou Colomer Vell
Sa Jordana
Torre de Canyamel (Restaurante)
Son N'Horrac
Son Rossinyol
Maria de la Salut
Montblanch
Costitx
Ariany
Son Guillot
Can Canyella
Rafel Roig
Can Refila
Can Sopa
Es Rafalet
Coves d'Artà
Cap Vermell
Canyamel
Cala Canyamel
Costa de Canyamel
Cap d'es Pinar
Sencelles
Es Pla
Sinéu
Son Ribot
Son Mesquida Vell
Costa des Pins
Ruberts
Lloret de Vistalegre
Sa Torre
Es Rafalet Drac
Bellver
Son Cervera
Petra
Sa Vàlleta
St. Llorenç d'es Cardassar
Playa d'es Ribell
Cala Bona
Cala Millor
Peixeri
Can Calicant
S' Hort d'en Oleza
Sa Punta
Son Moro
Pina
Son Cervera
Sant Joan
Son Santandreu
Es Pon Nou
Manacor
Son Negre
Es Cubells
Castell de N'Amer
Platja de sa Coma
Son Mesquida
Can Xiu
Santuari de la Consolacion
Son Calderer
Ermita de Bonany
Hort d'En Mosson
Can Bulla
Son Carrio
Sa Gruta
S' Illot
Montuïri
Vilafranca de Bonany
Tejar de sa Moleta
Son Pou Nou
Dolores de N. S.
Son Campanario
Santa Sirga
Can Coca
Porto Cristo
Cala Morlanda
Ermita de Sant Miquel
Santa Ponça
Son Coll Vell
Can Polit
Es Pagos
Ca' S' Hostal
Sa Franquesa
Es Rafalot
S. Ermita
Coves dels Hams
Es Rafael Pudent
Cala Estany
Coves del Drac
Porto Cristo Novo
Santuari de Cura
Polo
Son Sastre Vell
Banyeres
Son Valent
Son Doctor
Son Valls de Pac
Son Joan Jaume
So N'Amer
Son Amoixa
Randa
Son Valls de Sastre
Porreres
M. de D. de la Consolació
Can Veny
Son Gall Vell
Son Macià
Santuari de N. S. de Gracia
Son Sampoli
Miner
Son Sastre
Son Gornals
S'Estany d'En Mas
Santuari de Montission
Bellviure
Pon Nou des Frares
Son Mesquida
Ses Puntes
La Mola
Felanitx
Es Realeng
S'Espinegar Vell
Cala Magraner
Cales de Mallorca
39
Can Gabriela
Es Campot
So' s Besons
Sant
509
Cala Antena
Cala Romaguera
Calles de Mallorca
Son Mesquida
Es Gameles
Son Nicolau
Cas Porrerenc
Santuari de Sant Salvador
Son Ramonet
Sa Plana Vella
Can Gelat
Cala Murada
Ses Penas Mortes
Son Marranet
San Julian
S' Alquería Rotja
Son Negre
Can N'Alou Vell
Castell de Santueri
Campos
Son Xorc
Ca's Concos
El Carritxo
Ca Na Curta
Porto Colom
Sa Punta
Can Barret
Son N'Elegant
Es Rosells
Son Moro
Can Espina
S'Horta Nova
Ca N'Esteve
Cala Marçal
Es Llobets
Sa Vinyoleta
Son Virgili
Serra de Levant
Sa Galera Nova
Alqueria Blanca
Calonge
Can Vent
Son Toni Amer
So N'Alegre
Cala Ferrera
Son Bielo
Son Pau
Son Busquerets
Can Sabater
Calla sa Nau
La Ràpita
Ca N'Escriva
Son Danuset
Can Jordi
Son Sestri
Cala d'Or
Marina
Salinas de Levante
Banyos de Sant Joan
Es Xabarlinar
Porto Petro
Marina de Cala d'Or
Ses Covetes
Ses Salines
St. Andreu Apòstol
Santanyí
Cala Mondrago
Son Corne Pons
Punta de Sa Torre
Llombarts
Cala Mondragó
Platja de Trenc
Cap d'es Moro
Els Antigors
Es Rafal des Porcs
Cala Santanyí
Cala Figuera
Torre d'En Beu
Colònia de Sant Jordi
Can Bassa
Torre de s'Almonia
Cala Llombarts
Cala de S'Almonia
Sa Vall
de ses Roquetes
Sa Vallet
Cala Entugores
Can Curt
Cala Marmols
Cap de ses Salines
MEDITERRÀNIA
712
713
714
715
717
10
27
38
21
25
14

Qc
Qd
Qe
Qf
111
112
113
114
115
Marinha Grande
NAZARÉ
Fanhais
Valado de Frades
Praia de Nazaré
Serra da Pescaria
Cela Velha
Bárrio
Vestiaria
Famalicão
Serra de Mangues
São Martinho do Porto
Cela
Bica
Facho
Marques
Macarea
Alfeizerão
Rebelos
Arcipreste
Salir do Porto
Pardo
Vale de Maceira
Gaio
Farilhões
Forcadas
Boavista
Chão da Parada
Valado de Santa Quitéria
Casal Velho
Peso
Cumeira
Vimeiro
Cidade
Serra do Bouro
Tornada
Cruzes
Santa Catarina
Estelas
Berlenga
Reserva Natural
Foz do Arelho
Praia d. Foz do Arelho
Salir de Matos
Carvalhal Benfeito
Casa da Marina
Nadadouro
Coto
Lagoa de Óbidos
CALDAS DA RAINHA
Benedita
Zambujal
Ribafria
Ramalhosa
Arelho
Bairro
Matueira
Almofala
Três do Outeiro
Cortém
Alvorninha
Remédios
Praia do Baleal
Baleal
Ferrel
Vau
Fanadia
Vidais
Cabo Carvoeiro
Fortaleza
Mestre Mendo
Gaieiras
ÓBIDOS
Muralha
Pousada do Castelo
A dos Negros
Crastos
PENICHE
Praia do Medão
Sobral da Lagoa
São Gregório da Fanadia
Alto da Serra
Atouguia da Baleia
Serra d'El-Rei
Amoreira
A da Gorda
Pequena
Sancheira
Rabaceiro
Praia da Consolação
Olho Marinho
São Mamede
Grande
Geraldes
Gracieira
A dos Francos
RIO MAIOR
Pó
Rolica
Vila Verde
Praia de São Bernardino
Bufarda
Salgueiro
Landal
Barrocalvo
Bairradas
Paço
Reguengo Grande
Delgada
Painho
Casais da Serra
Forte de Pai Mogo
Moledo
Carvalhal
Abelheira
Serranos
Figueiros
Praia da Areia Branca
São Bartolomeu dos Galegos
BOMBARRAL
Dagorda
Seixal
Vale Covo
26
Alguber
Areia Branca
Pinhôa
Peral
Vermelha
Distrito de Leiria
Distrito de Lisboa
Atalaia
LOURINHÃ
Nadrupe
Moita dos Ferreiros
CADAVAL
Sobrena
Casal Nova
Matas
Marteleira
Miragaia
Adão Lobo
Murteira
Cercal
Tagarro
Santa Bárbara
Rocha Forte
Ribamar
Pêro Moniz
Lamas
Ventosa
Cabeça Gorda
Campelos
Serra de Montejunto
Porto Novo
Outeiro da Cabeça
Pragança
São Salvador
Praia de Porto Novo
Vimeiro
Vilar
Praia de Santa Rita
Vila Facaia
67
Póvoa
Avenal
Quartel
Golf
Aldeia Grande
Vila Verde dos Francos
Póvoa de Penafirme
A dos Cunhados
Ramalhal
Cabanas de Torres
Abrigada
Santa Cruz
Ermigeira
Maxial
Penedos de Alenquer
Cabanas do Chão
Monte Redondo
Praia de Santa Cruz
Silveira
Folgarosa
Ventosa
Atalaia
Labrugeira
Fonte Grada
Monte Redondo
Brancos
Casalinho do Alfaiate
Ponte do Rol
Paúl
TORRES VEDRAS
Serra de São Julião
Bairro
Ota
Azenha Velha
Matacães
Merceana
Aldeia Gavinha
Olhalvo
Cambelas
São Pedro da Cadeira
Cucos
Meca
Cañadas
Figueiras
Carvoeira
Areia
Mouguelas
Ventosa
Aldeia Galega da Merceana
22
Azenhas
Serra da Vila
Runa
Barril
Cova da Moura
Arneiros
Carmões
Rancas
Camarna
Encarnação
Chãos
Fernandinho
Pereiro de Palhacana
Colaria
Turcifal
Ribaldeira
Dois Portos
ALENQUER
Casais de São Lourenço
Freiria
Freixofeira
Freiria
Carnota
Feliteira
SOBRAL DE MONTE AGRAÇO
Carregado
Ribamar
Lagoa
Picanceira
Azueira
Santa Isidoro
Monte Bom
Sobral da Abelheira
Enxara do Bispo
Zibreira
Santo Quintino
Cadafais
Pôro Negro
Praia São Sebastião
Fonte Boa dos Nabos
Gradil
Camondos
ARRUDA DOS VINHOS
Castanheira do Ribatejo
Barreiralva
Achada
ERICEIRA
Fonte Boa da Brincosa
Sobreiro
Vila Franca do Rosário
A do Baço
Cachoeiras
Cardosas
Vila Franca de Xira
Praia do Sul
Zambujal
Murgueira
Sapataria
Mata
Praia de Foz do Lisandro
Carvoeira
MAFRA
Mosteiro
Est. Jerumelo
Milharado
Arranhó
VILA FRANCA DE XIRA
Valverde
Malveira
Póvoa da Galega
Tesoureira
Santiago dos Velhos
São João dos Montes
Assafora
Seixal
Igreja Nova
Alcainão Grande
Venda do Pinheiro
Sobreira
Calhandriz
10
34
Quintas
Alhandra
Praia da Samarra
Catribana
Cheleiros
Est. Marta
Santo Estêvão das Galés
Cabeço de Montachique
Bemposta
Bucelas
Alverca
1995
Sobralinho
Montemuro
Alverca do Ribatejo
Sintra
Sintra
Lisboa
115
Lisboa

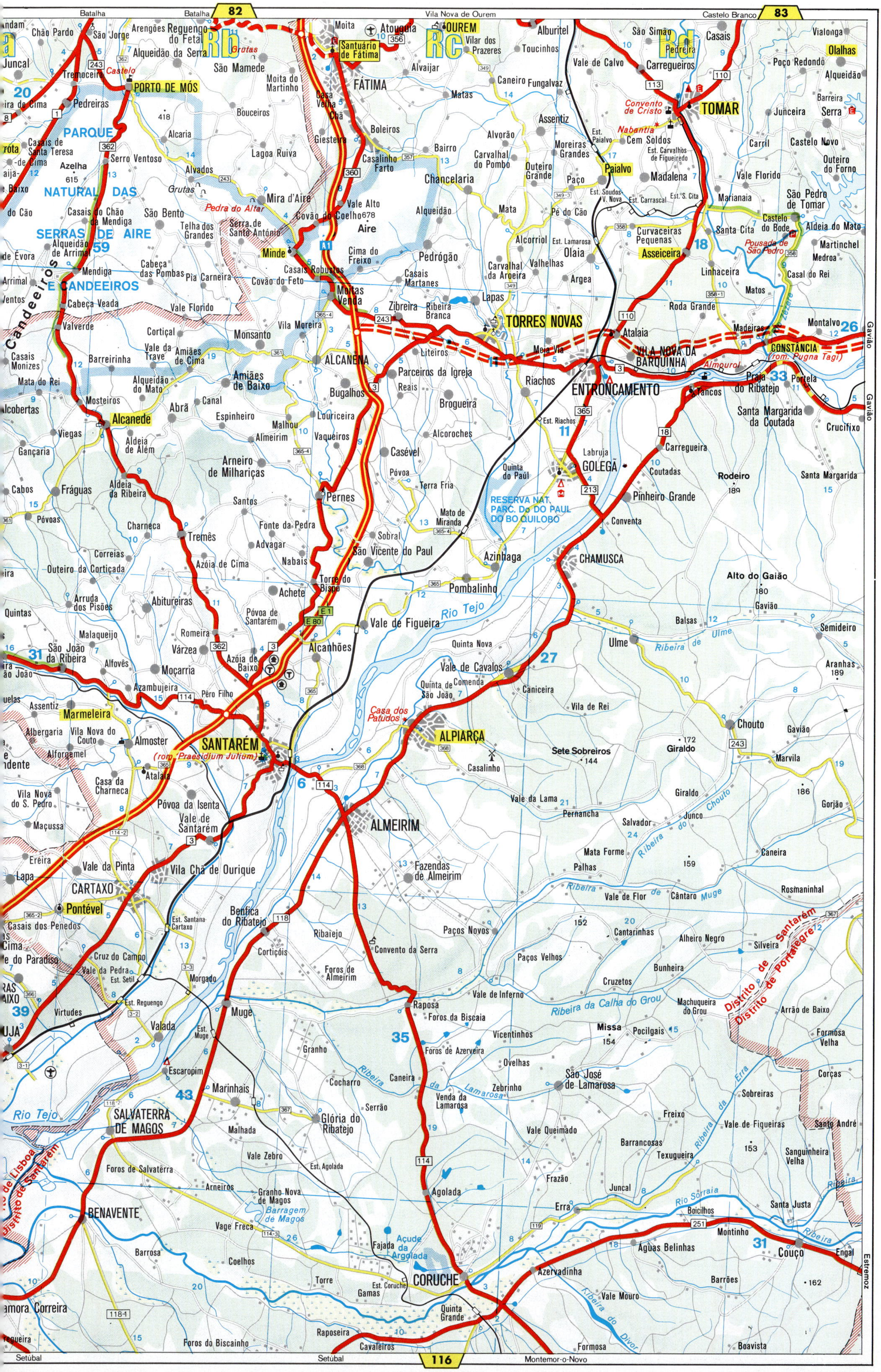

Batalha
82
Vila Nova de Ourem
Castelo Branco
83
Rb
Rc
Rd
Chão Pardo
São Jorge
Arengões
Reguengo do Feta
Alqueidão da Serra
Grutas
Moita
Atouguia
OUREM
Santuário de Fátima
Vilar dos Prazeres
Alburitel
Toucinhos
São Simão
Pedreira
Casais
Vialonga
Olalhas
Juncal
Tremoceira
Castelo
PORTO DE MÓS
São Mamede
Moita do Martinho
FÁTIMA
Alvaijar
Caneiro
Fungalvaz
Vale de Calvo
Carregueiros
Poço Redondo
Alqueidão
Pedreiras
Bouceiros
Casa Velha
Chã
Matas
Convento de Cristo
TOMAR
Barreira
Junceira
Serra
PARQUE
Alcaria
Giesteira
Boleiros
Assentiz
Nabantia
Cem Soldos
Est. Paialvo
Est. Carvalhos de Figueiredo
Carril
Castelo Novo
Casais de Santa Teresa
Serro Ventoso
Lagoa Ruiva
Bairro
Alvorão
Carvalhal do Pombo
Moreiras Grandes
Outeiro Grande
Paialvo
Madalena
Outeiro do Forno
Azelha
Alvados
Casalinho Farto
Chancelaria
Paço
Vale Florido
São Pedro de Tomar
NATURAL DAS
Grutas
Mira d'Aire
Vale Alto
Mata
Pé do Cão
Est. Soudos
V. Nova
Est. Carrascal
Est. S. Cita
Marianaia
Castelo do Bode
Aldeia do Mato
Casais do Chão da Mendiga
São Bento
Pedra do Altar
Covão do Coelho
Aire
Alqueidão
Santa Cita
Curvaceiras Pequenas
SERRAS DE AIRE
Alqueidão de Arrimal
Telha dos Grandes
Serra de Santo António
Cima do Freixo
Pedrógão
Alcorriol
Est. Lamarosa
Olaia
Asseiceira
Pousada de São Pedro
Martinchel
Medroa
Mendiga
Cabeça das Pombas
Pia Carneira
Minde
Casais Robustos
Covão do Feto
Casais Martanes
Carvalhal da Aroeira
Valhelhas
Argea
Linhaceira
Casal do Rei
E CANDEEIROS
Cabeça Veada
Vale Florido
Mortas
Venda
Zibreira
Ribeira Branca
Lapas
Matos
Roda Grande
Valverde
Cortical
Vila Moreira
TORRES NOVAS
Atalaia
Madeiras
Montalvo
Candeeiros
Vale da Trave
Amiães de Cima
Monsanto
Liteiros
Meia Via
VILA NOVA DA BARQUINHA
Almourol
CONSTÂNCIA
(rom. Pugna Tagi)
Casais Monizes
Barreirinha
ALCANENA
Parceiros da Igreja
Reais
Riachos
ENTRONCAMENTO
Praia do Ribatejo
Portela
Tancos
Mata do Rei
Alqueidão do Mato
Amiães de Baixo
Bugalhos
Santa Margarida da Coutada
Alcobertas
Mosteiros
Abrã
Canal
Espinheiro
Louriceira
Brogueira
Est. Riachos
Crucifixo
Viegas
Alcanede
Aldeia de Além
Almeirim
Malhou
Vaqueiros
Alcoroches
Carregueira
Gançaria
Casével
Quinta do Paúl
Labruja
GOLEGÃ
Coutadas
Rodeiro
Santa Margarida
Arneiro de Milhariças
Póvoa
Terra Fria
Cabos
Fráguas
Aldeia da Ribeira
Pernes
RESERVA NAT. PARC. DO DO PAUL DO BO QUILOBO
Pinheiro Grande
Santos
Mato de Miranda
Póvoas
Charneca
Tremês
Fonte da Pedra
Sobral
Conventa
Advagar
São Vicente do Paul
Correias
Azinhaga
CHAMUSCA
Outeiro da Cortiçada
Azóia de Cima
Nabais
Torre do Bispo
Alto do Gaião
Arruda dos Pisões
Abitureiras
Achete
Pombalinho
Gavião
Quintas
Póvoa de Santarém
Vale de Figueira
Rio Tejo
Balsas
Semideiro
Malaqueijo
Romeira
Ulme
Ribeira de Ulme
São João da Ribeira
Várzea
Azóia de Baixo
Alcanhões
Quinta Nova
Aranhas
Alfovês
Moçarria
Vale de Cavalos
Azambujeira
Pêro Filho
Quinta de Comenda
São João
Caniceira
Vila de Rei
Assentiz
Marmeleira
Casa dos Patudos
Chouto
Gavião
Albergaria
Vila Nova do Couto
Almoster
SANTARÉM
ALPIARÇA
Giraldo
Alforgemel
(rom. Praesidium Julium)
Atalaia
Casalinho
Sete Sobreiros
Marvila
Vila Nova do S. Pedro
Casa da Charneca
Póvoa da Isenta
Vale da Lama
Giraldo
Gorjão
Maçussa
Vale de Santarém
ALMEIRIM
Pernancha
Salvador
Junco
Ribeira do Chouto
Ereira
Mata Forme
Palhas
Caneira
Lapa
Vale da Pinta
Vila Chã de Ourique
Fazendas de Almeirim
CARTAXO
Ribeira de Muge
Vale de Flor
Cântaro
Rosmaninhal
Pontével
Est. Santana Cartaxo
Benfica do Ribatejo
Paços Novos
Cantarinhas
Alheiro Negro
Silveira
Casais dos Penedos
Ribaiejo
Corticóis
Convento da Serra
Distrito de Santarém
Distrito de Portalegre
Cruz do Campo
Paços Velhos
Bunheira
Vale da Pedra
Est. Setil
Foros de Almeirim
Cruzetos
Morgado
Est. Reguengo
Vale de Inferno
Ribeira da Calha do Grou
Machuqueira do Grou
Arrão de Baixo
Virtudes
Muge
Raposa
Valada
Est. Muge
Foros da Biscaia
Missa
Pocilgais
Formosa Velha
35
Vicentinhos
Granho
Foros de Azerveira
Escaropim
Ovelhas
Corças
Cocharro
Caneira
São José de Lamarosa
Marinhais
Zebrinho
Sobreiras
Ribeira da Lamarosa
Venda da Lamarosa
Serrão
Freixo
Rio Tejo
SALVATERRA DE MAGOS
Glória do Ribatejo
Vale de Figueiras
Santo André
Malhada
Vale Queimado
Barrancosas
Ribeira da Erra
Vale Zebro
Texugeira
Sanguinheira Velha
Est. Agolada
Distrito de Lisboa
Distrito de Santarém
Foros de Salvaterra
Arneiros
Granho Nova de Magos
Agolada
Frazão
Juncal
Barragem de Magos
Rio Sorraia
Santa Justa
BENAVENTE
Vage Freca
Erra
Boicilhos
Montinho
Açude da Agolada
Fajada
Águas Belinhas
Couço
Engal
Barrosa
Coelhos
Azervadinha
Estremoz
Torre
Est. Coruche
Gamas
CORUCHE
Barrões
Vale Mouro
Ribeira do Divor
Samora Correira
Quinta Grande
Raposeira
Foros do Biscainho
Cavaleiros
Formosa
Boavista
Setúbal
Setúbal
116
Montemor-o-Novo
Gavião
Gavião

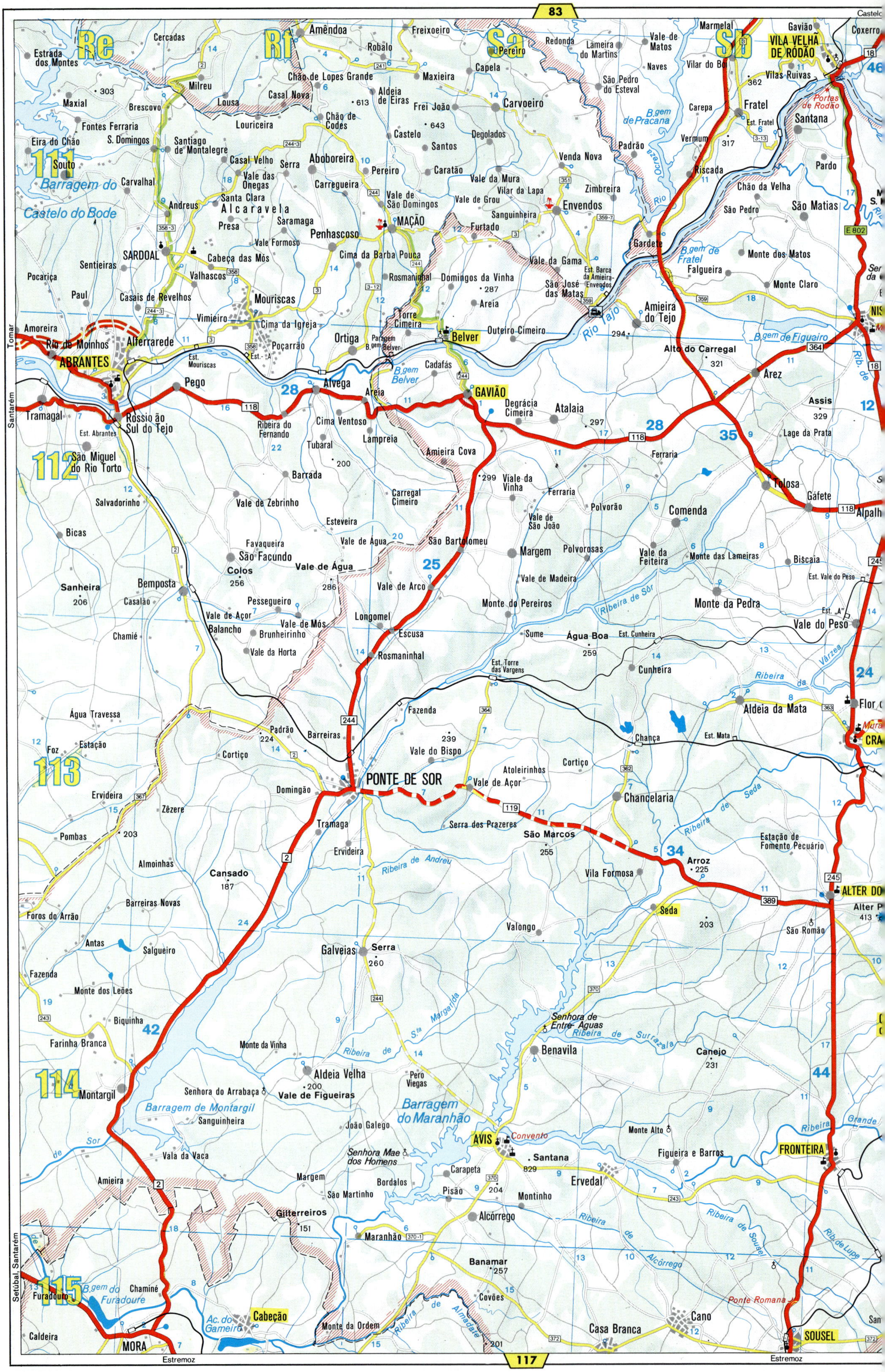
83
117
Re
Rf
Sa
Sb
111
112
113
114
115
Tomar
Santarém
Setúbal, Santarém
Estremoz
Castelo
Estrada dos Montes
Cercadas
Amêndoa
Freixoeiro
Redonda
Lameira do Martins
Vale de Matos
Marmelal
Gavião
VILA VELHA DE RÓDÃO
Coxerro
Robalo
Pereiro
Naves
Vilar do Bo
Vilas Ruivas
Maxial
Brescovo
Milreu
Chão de Lopes Grande
Maxieira
Capela
São Pedro do Esteval
Carepa
Fratel
Portas de Ródão
Fontes Ferraria
S. Domingos
Eira do Chão
Lousa
Casal Nova
Aldeia de Eiras
Frei João
Carvoeiro
Est. Fratel
Santana
Louriceira
Chão de Codes
Castelo
Degolados
B.gem de Pracana
Padrão
Vermum
Santiago de Montalegre
Santos
Souto
Barragem do Castelo do Bode
Carvalhal
Casal Velho
Serra
Aboboreira
Caratão
Venda Nova
Riscada
Pardo
Vale das Onegas
Carregueira
Pereiro
Vale da Mura
Vilar da Lapa
Zimbreira
Chão da Velha
Santa Clara
Alcaravela
Vale de São Domingos
Vale de Grou
Envendos
São Pedro
São Matias
Andreus
Presa
Saramaga
MAÇÃO
Sanguinheira
Furtado
Ocreza
Rio
Vale Formoso
Penhascoso
Gardete
B.gem de Fratel
Monte dos Matos
SARDOAL
Sentieiras
Cabeça das Mós
Cima da Barba Pouca
Vale da Gama
Falgueira
Pocariça
Valhascos
Rosmaninhal
Domingos da Vinha
Est. Barca da Amieira-Envendos
Monte Claro
Paul
Casais de Revelhos
Mouriscas
Areia
São José das Matas
Amieira do Tejo
Vimeiro
Torre Cimeira
Amoreira
Cima da Igreja
Outeiro Cimeiro
Rio Tejo
B.gem de Figueiro
Rio de Moinhos
Alferrarede
Ortiga
Barragem Belver
Belver
Alto do Carregal
ABRANTES
Poçarrão
Est. Mouriscas
Cadafás
B.gem Belver
Arez
Pego
Alvega
Areia
GAVIÃO
Tramagal
Rossio ao Sul do Tejo
Ribeira do Fernando
Cima Ventoso
Degrácia Cimeira
Atalaia
Assis
Est. Abrantes
Lampreia
Lage da Prata
São Miguel do Rio Torto
Tubaral
Amieira Cova
Ferraria
Tolosa
Barrada
Viale da Vinha
Ferraria
Gáfete
Salvadorinho
Carregal Cimeiro
Polvorão
Comenda
Alpalh
Vale de Zebrinho
Esteveira
Vale de São João
Bicas
Favaqueira
Vale de Água
São Bartolomeu
Margem
Polvorosas
Vale da Feiteira
Monte das Lameiras
Biscaia
São Facundo
Colos
Vale de Água
Sanheira
Bemposta
Vale de Arco
Vale de Madeira
Est. Vale do Peso
Casalão
Pesegueiro
Monte do Pereiros
Ribeira de Sôr
Monte da Pedra
Vale de Açor
Balancho
Vale de Mós
Longomel
Vale do Peso
Chamié
Brunheirinho
Escusa
Sume
Água Boa
Est. Cunheira
Vale da Horta
Rosmaninhal
Est. Torre das Vargens
Cunheira
Ribeira da Várzea
Água Travessa
Fazenda
Aldeia da Mata
Flor
Padrão
Barreiras
Chança
Est. Mata
CRA
Foz
Estação
Cortiço
Vale do Bispo
Cortiço
Atoleirinhos
PONTE DE SOR
Domingão
Vale de Açor
Chancelaria
Ervideira
Zêzere
Tramaga
Serra dos Prazeres
São Marcos
Ribeira de Seda
Pombas
Ervideira
Estação de Fomento Pecuário
Almoinhas
Cansado
Ribeira de Andreu
Vila Formosa
Arroz
ALTER DO
Barreiras Novas
Alter P
Foros do Arrão
Seda
Valongo
São Romão
Antas
Salgueiro
Galveias
Serra
Fazenda
Monte dos Leões
Biquinha
Senhora de Entre-Águas
Ribeira de Sufraxala
Farinha Branca
Monte da Vinha
Ribeira de Sta Margarida
Benavila
Canejo
Aldeia Velha
Pero Viegas
Montargil
Senhora do Arrabaça
Vale de Figueiras
Barragem de Montargil
Barragem do Maranhão
Sanguinheira
João Galego
Monte Alto
Ribeira Grande
Sor
AVIS
Convento
Senhora Mae dos Homens
Santana
Figueira e Barros
FRONTEIRA
Vala da Vaca
Amieira
Carapeta
Ervedal
Margem
Bordalos
Pisão
Montinho
São Martinho
Gilterreiros
Alcórrego
Ribeira de Alcórrego
Ribeira de Sousel
Rib. de Lupe
Maranhão
Banamar
Furadouro
B.gem do Furadouro
Chaminé
Covões
Ponte Romana
Ac. do Gameiro
Cabeção
Monte da Ordem
Ribeira de Almadafe
Cano
Caldeira
MORA
Casa Branca
SOUSEL
San

84
Sd
Se
Sf
Monte Fidalgo
Malpica do Tejo
Arraial da Poupa
Morena
Casas de la Hijosa
Perais
Río Tejo
Río Tajo
Galisteu
Cedillo
Casa del Santo
Herrera de Alcántara
Remedios
334
Vale de Figueira
Montalvão
Feja
Casa de la Ronguera
Molino de los Muertos
Embalse de Solana
Casa de la Solana o Moreno
Casa del Rivero
Casa de Gapita
Santiago de Alcántara
Carbajo
337
Casa del Esparragosillo
Río Salor
Casa Pié de Sancha
Casa del Sesmo de Abajo
Terrias
378
Casa Claveri
Casa Piejuntas
S. Silvestre
334
Vale de Figueira
Póvoa e Meadas (Nossa Senhora da Graça)
315
Casa de la Cabra
Embalse de Zamores
Membrío
Casa Hornos
Casa Tinado
Meada
Monte da Meada
Casa del Empalme
Casa de Ballesteros
613
Sierra Medina
Sierra del Colorado
Casa Morisca
Emb. de Salorino
Salorino
Cabeça
401
Pereiro
Casa del Cardizal
Molino de Enmedio
Emb. de Ribera de Mula
Cáceres
Puente Internacional
600
Casa del Millarón
Est. Marvão-Beira
Beirã
Casa de los Barreros
Barrio de la Est.
521
Casa de la Naves
Casa de Calvache
Casa del Corcho
23
Est. Castelo de Vide
CASTELO DE VIDE
Castelo
Senhora da Penha
Barretos
Ranginha
Santo António das Areias
Julia Contrasta
Seiçal
(rom. Hermínio Minor)
Relva
Caserío de la Vega
VALENCIA DE ALCANTARA
Torrico de San Pedro
703
Escusa
MARVÃO
Forte do Santo
Pousada de Santa Maria
Avidreira
427
Vale Serrão
Medobriga
Carreiras
Carvalhal
São Salvador da Aramenha
Ponte Velha
Braçais
La Fontañera
Caserío San Pedro
Las Casiñas
Ermita de San Antón
Casa de la Mula
Casa de la Galana
SAN VICENTE DE ALCANTARA
Casa del Realejo
Casa de Covacha
Alagoa
21
Ribeirinha
Rasa
Porto da Espada
Galegos
Puerto Roque
El Pino
Casa de la Torre
Casa del Macho
Mata
Antiqueira
14
Reveladas
Ribeira de Nisa
Serra de Mamede
Alagoinha
Virgen de la Cabeza
662
Fortios
Boavista
Carvalhal das Vinhas
Baldio
Montinho
1027
Sete
Penha de S. Tomé
S. Mamede
Castillo de Piedrabuena
Mártires
Reguengo
São Julião
863
Casas de Salines
Muralha
Catedral
33
PORTALEGRE
Carvalhal
Cima
Jola
777
Rabaça
Sierra del Naranjal
Castillo de Mayorga
Casas y Ermita de Mayorga
420
Casa del Sesmo
Casa del Tarro
Monte da Velha
Pisão
Mortais
Telheiros
Carvalhal
530
Caia Santiago
Monterecos
Casa del Puerco
Outeiro do Alho
Alegrete
Besteiros
Urra
Molino de los Piernos
Río Gévora
Serra da Caraba
Molino del Morro
ALBUQUERQUE
Santa María del Mercado
Portalegre
Quinta
Azenha Nova
La Codosera
Est. Ribeiro de Freixo
Azinhal
Barulho
Pombal
Parra
Benavente
Silvestre
Venda
Perna Chã
Mosteiros
Ermita de Carrión
Penha de Evora
391
Nave Fria
Hortas de Cima
Cortijo del Cabila
Santo António das Paredes
Ribeira de Freixo
Coutada
354
Esperança
Pintura de rochedo
Hortas de Baixo
Louções
Tapada
Puerto de los Conejeros
340
Puerto de los Conejeros
443
Assumar
Martim Tavares
Figueira
Arronches
Cortijo de la Barrosa
San Miguel
Cortijo de los Cuellar
Moreiros
Est. Arronches
Safra
337
Ribeiro de Abrilongo
Río Xévora
Cortijo del Zangallón
393
Vaiamonte
Salvador
Casas Novas
Senhora do Rosário
Torre de Palma
Ribeiro da Coutada
Senhora da Carmo
Revelhos
Senhora da Enxara
Capela
384
Baldio
Valada
São Bartolomeu
Tinoca
MONTFORTE
Amendoeirinha
328
Furadas
Granja
Nossa Senhora da Graça dos Degolados
Ouguela
Monte dos Francos
Ribeiro de Algalé
La Gallina
Reguengo
54
E802
Azeiteiros
Casa Branca
270
Atalaia da Contenda
337
Cortijo del Rincón de Gila
Barragem do Caia
CAMPO MAIOR
Muralha
308
Castro
Vale
Est.
Santa Eulália
Paragem
Prazeres
Godinhos
Fontalva
Ermita de Botoa y Colonia Escolar
285
314
Veiros
Estremoz
118

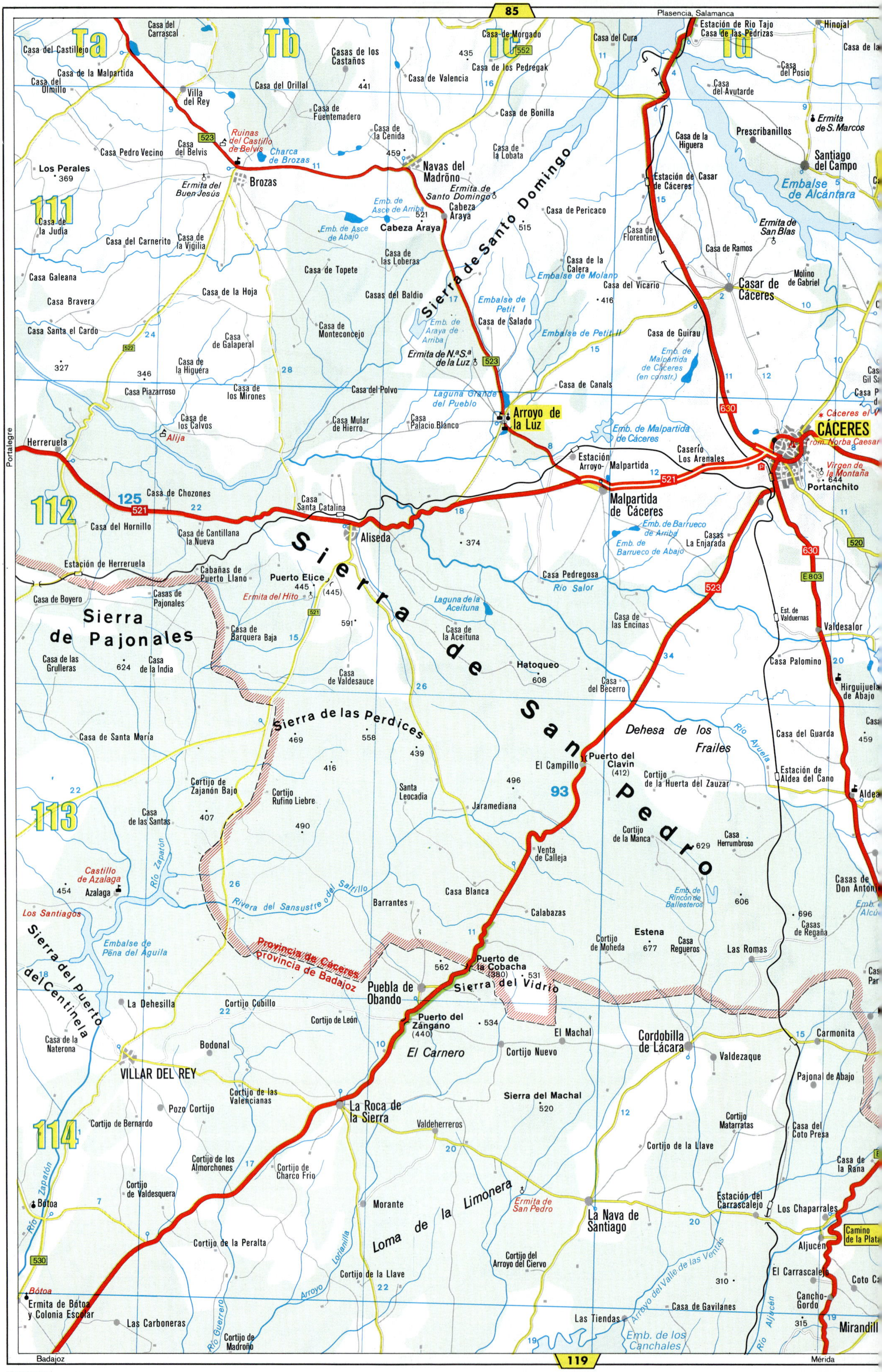
85
Plasencia, Salamanca
Ta
Tb
Tc
Td
111
112
113
114
125
Casa del Carrascal
Casa del Castillejo
Casa de la Malpartida
Casa del Olmillo
Villa del Rey
Casa del Orillal
Casas de los Castaños
441
435
Casa de Morgado
552
Casa de los Pedregak
Casa de Valencia
Casa de Fuentemadero
Casa de la Cenida
459
Navas del Madroño
Casa de Bonilla
Casa de la Lobata
Casa del Cura
Estación de Río Tajo
Casa de las Pedrizas
Hinojal
Casa de la
Casa del Posio
Casa del Avutarde
Ermita de S. Marcos
Prescribanillos
Santiago del Campo
Embalse de Alcántara
Casa de la Higuera
Estación de Casar de Cáceres
Ruinas del Castillo de Belvís
Charca de Brozas
523
Casa del Belvis
Casa Pedro Vecino
Los Perales
369
Ermita del Buen Jesús
Brozas
Emb. de Asce de Arriba
Emb. de Asce de Abajo
521
Cabeza Araya
Ermita de Santo Domingo
Sierra de Santo Domingo
Casa de Pericaco
515
Casa de la Judía
Casa del Carnerito
Casa de la Vigilia
Casa de las Loberas
Casa de Topete
Casas del Baldío
Casa de Florentino
Ermita de San Blas
Casa de Ramos
Casa de la Calera
Embalse de Molano
Casa del Vicario
416
Casar de Cáceres
Molino de Gabriel
Casa Galeana
Casa Bravera
Casa de la Hoja
Casa Santa el Cardo
522
Casa de Galapaperal
Casa de Monteconcejo
Emb. de Araya de Arriba
Embalse de Petit I
Casa de Salado
Embalse de Petit II
Casa de Guirau
Emb. de Malpartida de Cáceres (en constr.)
327
346
Casa de la Higuera
Casa de los Mirones
Ermita de N.ª S.ª de la Luz
Casa del Polvo
Casa de Canals
Casa Piazarroso
Laguna Grande del Pueblo
630
Arroyo de la Luz
Casa de los Calvos
Alija
Casa Mular de Hierro
Casa Palacio Blanco
Emb. de Malpartida de Cáceres
Cáceres el Viejo
CÁCERES
rom. Norba Caesar
Portalegre
Herreruela
Estación Arroyo-Malpartida
Caserío Los Arenales
Virgen de la Montaña
644
Portanchito
Casa de Chozones
521
Casa Santa Catalina
Malpartida de Cáceres
Casa del Hornillo
Casa de Cantillana la Nueva
Aliseda
374
Emb. de Barrueco de Arriba
Emb. de Barrueco de Abajo
Casas La Enjarada
520
Estación de Herreruela
Cabañas de Puerto Llano
Puerto Elice
445
(445)
Casa Pedregosa
Río Salor
E 803
Casa de Boyero
Casas de Pajonales
Ermita del Hito
Sierra de San Pedro
Laguna de la Aceituna
Est. de Valduernas
Valdesalor
Sierra de Pajonales
Casa de Barquera Baja
591
Casa de la Aceituna
Casa de las Encinas
Casa de las Grulleras
624
Casa de la India
Casa de Valdesauce
Hatoqueo
608
Casa del Becerro
Casa Palomino
Hirguijuela de Abajo
Sierra de las Perdices
469
558
439
Dehesa de los Frailes
Río Ayuela
Casa del Guarda
459
Casa de Santa María
416
El Campillo
Puerto del Clavín
(412)
Estación de Aldea del Cano
Cortijo de Zajanón Bajo
Cortijo Rufino Liebre
Santa Leocadia
496
93
Cortijo de la Huerta del Zauzar
Aldea
Casa de las Santas
407
490
Jaramediana
Cortijo de la Manca
Casa Herrumbroso
629
Río Zapatón
Castillo de Azalaga
454
Azalaga
Venta de Calleja
Casas de Don Antonio
Los Santiagos
Rivera del Sansustre o del Salrillo
Barrantes
Casa Blanca
Emb. de Rincón de Ballesteros
606
Calabazas
696
Casas de Regaña
Sierra del Puerto del Centinela
Embalse de Peña del Águila
Provincia de Cáceres
Provincia de Badajoz
562
Puerto de la Cobacha
(380)
531
Cortijo de Moheda
Estena
677
Casa Regueros
Las Romas
Puebla de Obando
Sierra del Vidrio
La Dehesilla
Cortijo Cubillo
Cortijo de León
Puerto del Zángano
(440)
534
El Machal
Cordobilla de Lácara
Carmonita
Casa de la Naterona
Bodonal
El Carnero
Cortijo Nuevo
Valdezaque
Pajonal de Abajo
VILLAR DEL REY
Cortijo de las Valencianas
La Roca de la Sierra
Sierra del Machal
520
Pozo Cortijo
Cortijo de Bernardo
Valdeherreros
Cortijo Matarratas
Casa del Coto Presa
Cortijo de los Almorchones
Cortijo de Charco Frío
Cortijo de la Llave
Casa de la Rana
Cortijo de Valdesquera
Botoa
Río Zapatón
Morante
Loma de la Limonera
Ermita de San Pedro
La Nava de Santiago
Estación del Carrascalejo
Los Chaparrales
Camino de la Plata
Cortijo de la Peralta
Río Lorianilla
Cortijo del Arroyo del Ciervo
Arroyo del Valle de las Ventas
Aljucén
530
Cortijo de la Llave
310
El Carrascalejo
Coto Ca
Botoa
Ermita de Botoa y Colonia Escolar
Las Carboneras
Arroyo
Las Tiendas
Casa de Gavilanes
Cancho-Gordo
315
Río Guerrero
Cortijo de Madroño
Emb. de los Canchales
Río Aljucén
Mirandilla
Badajoz
119
Mérida

86
120
Navalmoral
Casa Ramón
Casa del Lobato
Cortijo del Sotillo
Cortijo Hondo del Cura
Cortijo de Siete Carrascos
Cortijo del Cardoso
Casa de la Jara
Cortijo de las Lapas
Casa Los Linos
Caserío San Blas de Arriba
Caserío Coto
Casas de Miravete
Puerto de Miravete
Sierra de Miravete
Sierra de Rocacastaño
Casas de la Dehesa Frontal
Caserío Moheda
Caserío La Burra
Cortijo El Matón
Cortijo de Saucera
Cortijo de las Pila
Venta la Barquilla
Cortijo Jarrín Grande
Jaraicejo
Monroy
Cortijo de Parapuños
Cortijo de Téjareo
Cortijo de Azuguen de Corral
Cortijo Palanco
El Descansadero
Río Almonte
Caserío de Juan Collado
Deleitosa
Almonte
Cortijo de la Ventosilla
Cortijo Solanilla de Los Lobos
Cortijo Mampanilla
Cortijo de la Mangada Poniente
Cortijo Casilla-Grande
Río Tozo
Cortijo del Barranquillo
Cortijo de la Casilla
Cortijo de Marisancho
Cortijo Cabezuelas
Palacio Burdallo Grande
Labradillo y Pradillo
Marquinilla
Valdegamas
Cortijo Valgrande
Cortijo Umbría
Cortijo de las Puertas
Granja del Campazo
Palacio de Doña Catalina
Embalse del Tozo
Torrecillas de la Tiesa
Cortijo El Borril
El Águila
Aldea de Trujillo
Las Perillas
Cortijo de Guadalperalón
Cortijo del Raso
Castillo árabe de Espejel
Palacio Real
Cortijo del Carrascal
Señora
Cortijo de Valderuela
Cortijo Milaroncillo
Cortijo Serrezuelo
Cortijo Valdecebuches
Cortijo Galocha
Cortijo Las Canteras
Cortijo de los Vallespedros
Carmonilla
Aldeacentenera
Cortijo Mohedas
Cortijo las Suertes
Cortijo Carrona
Palacio de Casillas
Embalse de Casillas
Cortijo de la Gironda
Las Marchanas
Cortijo Pie Moro
Santa Marta
Río Magasca
Santa Marta de Magasca
Cortijo de Valdeaparicio
Cortijo La Covacha
Cortijo Ronjilón
Atalaya
Casa de Pascualete
Casas de Mingalozano
Cortijo El Toledillo
Casa Los Arrogatos
Caserío Pedraza del Agua
Caserío Aldeanueva
Cortijo de Cañada
Casa de la Breñilla
Belén
Caserío de Cañadafría
Casa de Carrascalejo
Casas Hinojosas
Cortijo de Torremarcos
Huertas de la Magdalena
Castillo árabe
TRUJILLO
(rom. Turris Julia)
Muralla (Turgalium)
Palacio
Casa de la Matilla del Royal
Embalse de Torre Herrera
Embalse de Madroñeras
Sierra de Pedro Gómez
Casas Don Vidal de Arriba
Río Gibranzos
Cortijo de la Viña
Casas Aguas de Verano
Caserío de Palacio Barriga
Casas de la Matilla de los Almendros
Palacio de Magasquilla
Río Magasca
MADROÑERA
Garciaz
Casa Matilla Vieja
Casas Caballerías del Rejón
Emb. de La Cumbre
Casas de la Mengosa
La Cumbre
Cortijo de los Quintos de San Pedro
Las Carboneras
Torreorgaz
Casas Mingajila de Ventosa
Las Golondrinas
Plasenzuela
Cortijo Palazuelo de Marqués
Casa de Valhondo
Casa del Borril
Casa Trovico
Collado del Guijarro
Herguijuela
Cortijo Contreras
Casa El Campillo
Torremocha
Casa de la Pizarra
Ermita de Torrealba
Botija
Cortijo Villarejo
Santa Cruz de la Sierra
Conquista de la Sierra
Casa de Pesqueros
Casa de la Banda
Ruanes
San Gregorio
Ibahernando
Casa de las Grangas
Benquerencia
Casa del Gallinero
Casa del Cerro de la Collada
Salvatierra de Santiago
Santa Ana
Casa de Santa María
Olivar
Mimbrera
Castillo árabe
Puerto de Santa Cruz
Sierra de Santa Cruz
Casa del Vaquerín
Casa de Maribcla
Guadalupe
Casa del Cerro
Valdefuentes
Sierra de Montánchez
ZORITA
Albalá del Caudillo
Casa del Acebuche
Robledillo de Trujillo
Casa de la Caballería
Casa del Chaparral
Ermita de Santa Ana
Torre de Santa María
Zarza de Montánchez
Villamesías
Abertura
Alcollarín
Casa de las Villalbas
Casa del Canchal Blanquillo
Castillo árabe
Montánchez
Castillo
Casa de la Jirondilla
Casilla de las Peñas
Casa de Busne
Cabezagorda
Casa de las Tarazonas
Casa de los Alcornoques
Casa Chamorro
Valdemorales
Casa de las Calamochas
Río Alcollarín
Casa de la Hoya
Casa del Roble
Arroyomolinos de Montánchez
Ermita del Santo
Casa de Bote
Campo Lugar
Casas de las Higueruela
Arroyo Pizarroso
Alcuéscar
Río Búrdalo
Casa de la Cañada de la Pita
Almoharín
Dehesa Las Reinas
Escurial
Casa de Cerros Verdes
Ermita de Santa Lucía
MIAJADAS
Castillo
Pizarro
Canal de Orellana
Casa Donoso
Ermita de San Bartolomé
Casas de los Hitos
Horno
MADRIGALEJO
Ermita de Sopetrán
Casa de la Encomienda
Casa Antigua
Casa del Notario
Casar de Miajadas
Palazuelo
Sierra del Saltillo
Casa Mengacha de Abajo
Casa Nueva de las Mezquitas
Puebla de Alcollarín
Casas Bajas de Valdelayegüas
Casa de Gálvez
Casas de Senador
Prov. de Cáceres
Prov. de Badajoz
Alonso de Ojeda
Vivares
Los Guadalperales
Conquista del Guadiana
Cortijo de Pasarón
Casas Altas de Valdelayegüas
Cortijo del Castillejo
Casa de Cañalazarza de Abajo
Villar de Rena
Sierra del Villar
El Torviscal
Zurbarán
Casa el Huelva
Casa Nueva de la Mezquita
Valdehornillo
Lomo de Liebre
Rena
Gargáligas
Río Gargáligas
Casa de la Sierrecilla
Ruecas
Ermita de San Isidro
Valdivia
Herrera del Duque
Casa El Mentidero
Casas del Guadalperal
Santa Amalia
Hernán Cortés
La Aliseda
Castillo de la Encomienda
Río Guadiana
Emb. de Cornalvo
Casa de Cerros Verdes
Casa de Cerro Pelao
Casa del Ramblazo
Entrerríos
Casa de Perales
Mérida
NV
E 90
430
401
524
520
521
46
73
87

87

Uc
Ud
Ue
Uf
110
111
112
113
114
SIERRA DE ALTAMIRA
SIERRA DE GUADALUPE
LAS VILLUERCAS
Casa de Gonzalo
Garvín
Valdelacasa de Tajo
Emb. del Pizarroso
Burguilla
Villar del Pedroso (497)
Casa de la Huerta
Campillo de Deleitosa
Fresnedoso de Ibor
Casas de Vicente
Casa del Chaparro
La Estrella (543)
Fuentes
La Avellaneda
La Nava de Ricomalillo
Las Colmenillas
Carrascalejo
Castañar de Ibor
Collado del Arrebatacapas
Aldeanueva de San Bartolomé
Robledollano
Navatrasierra
Mohedas de la Jara
Ermita de Santa Ana
Castillo
El Campillo de la Jara (650)
Gargantilla
Vascos
Provincia de Cáceres
Provincia de Toledo
Navalvillar de Ibor
Collado del Hospital
Retamosa
Roturas
Cervales
Sierra de la Villuerca
Sierra de Ortijuela
Sierra de la Palomera
Cabañas del Castillo
Río Berzocana
Río Almonte
Río Ibor
Río de Viejas
Navezuelas
La Calera
Puerto de San Vicente
Puerto de San Vicente (807)
Alcornocal
Cortijo de las Mesas
Embalse de Alía
Arroyo Guadarranquejo
Arroyo Jarigüela
Castillo Granja de Mirabel
Las Villuercas
Casa del Campillo
Solana
Parador Nacional de Zurbarán
GUADALUPE (640)
Palacio del Marqués
El Arca del Agua
Alía
Sierra de la Mimbrera
Minas de Santa Quiteria
Puerto Rey
Valdepuertas
Risco Gordo
Berzocana (728)
Caserío Brete
Ermita de Mirabel
Emb. de Cancho del Fresno
Castillo Granja de Valdefuentes
Caserío de Montalbán
La Concepción
Puerto de Berzocana
(810)
Río Guadarranque
Río Guadalupejo
Cortijo de Castilblanco
Pantano de Cíjara
Caserío La Nava
El Venero
Puerto Llano (836)
Casas de las Gargantillas
Casa de Dímas
Cañamero (598)
Guadisa
Loma de Cabezas
LOGROSÁN
Río Silvadillos
Almansa
Mérida
Ruinas Ibéricas
Casa de Mingote
Casa del Guijuelo
Sierra de San Cristóbal
Las Chamizas
Casas del Sindicato Agrícola
Provincia de Cáceres
Provincia de Badajoz
Arroyo de Valdefuentes
Arroyo de las Quebradas
Emb. de Valdecaballeros
Palacio-Castillo Cíjara
Río Ruecas
Río Cubilar
Ermita de San Simón
Casa del Sotillo
Balneario de Valdefernando
Casa del Platero
CASTILBLANCO
Convento de Malillo
Casa del Rincón
Valdecaballeros
Baños de la
Casa del Lavadero
Casa de la Ropera
Casas del Palancar
Embalse de García de Sola
Arroyo de Benazar
Sierra de los Pastillos
Copa
Casa de Valdepalacios
Casas del Rostro
Casa Ortiz
Peloche
Casa Valverde
HERRERA del Duque (468)
Castillo de Herrera
Virgen de la Consolación
Sierra de la Chimenea
Casa de Zaldívar
Vegas Altas
Cortijo de San Isidro
Casa del Canónigo
Casa de la Solanilla
Arroyo de Valmayor
Casa de Valmayor
Obando
Río Guadiana
Laguna Redonda
Casas de Don Pedro
NAVALVILLAR de Pela (367)
Acedera
Ermita de Santa Bárbara
Casa de los Llanos
Puerto de los Carneros (748)
Sierra de los Villares
Sierra de Pela
Repica
Casa de Maribáñez
Embalse de Orellana
Ermita de la Virgen Coronada
Casas de San Juanilla
Garbayuela
Casa del Bodonal
Cueva
Orellana de la Sierra u Orellanita
TALARRUBIAS (435)
Ermita de San Bartolomé
Arroyo de Majadales
Río Gualemar
ORELLANA la Vieja
Casa del Manantial
Sierra del Castillo
Tejares
Río Siruela
Casa de la Pachona
401
503
430

121

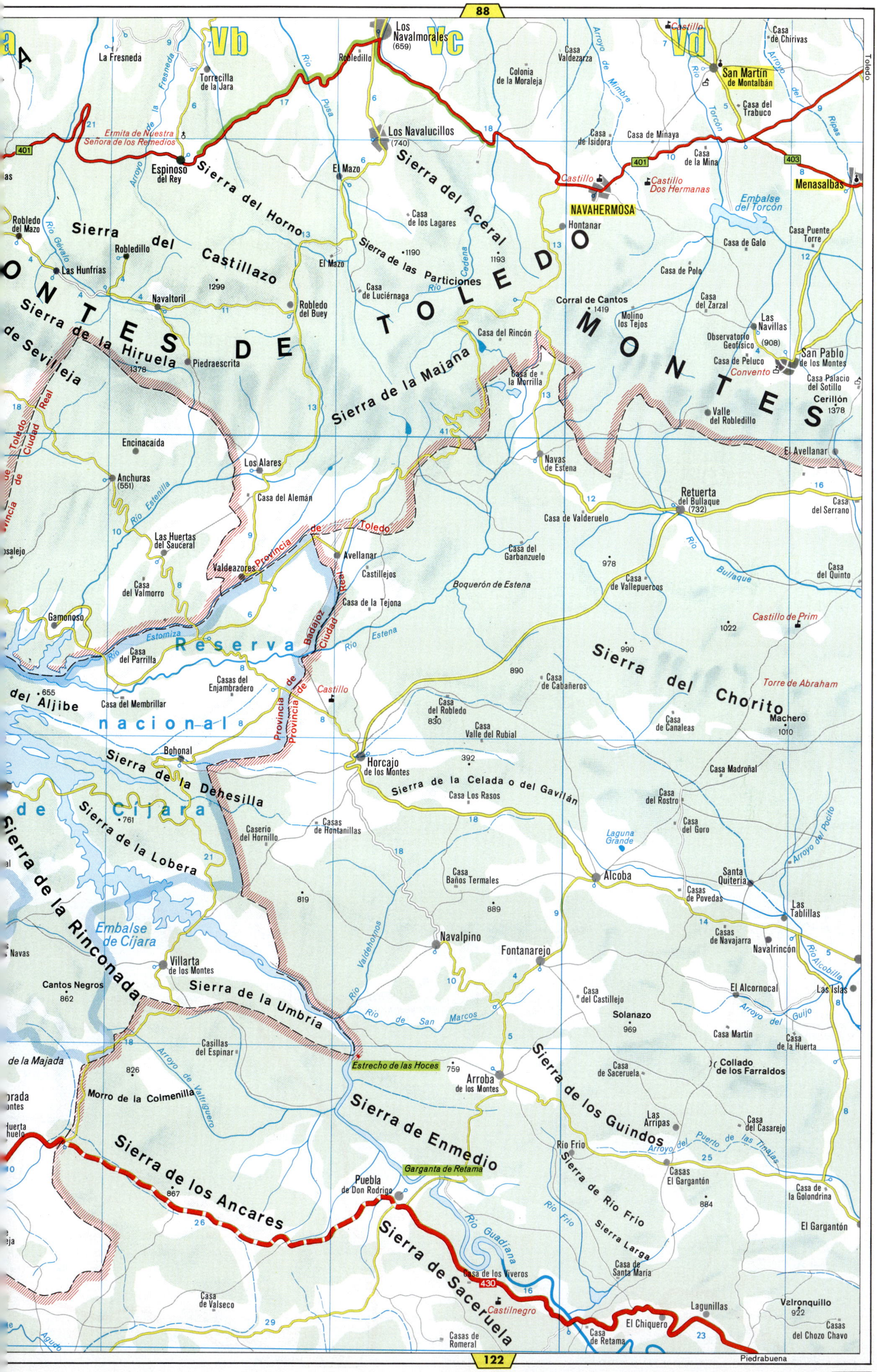
88
122
Vb
Vc
Vd
Los Navalmorales (659)
La Fresneda
Torrecilla de la Jara
Robledillo
Colonia de la Moraleja
Casa Valdezarza
Castillo
Casa de Chirivas
Toledo
San Martín de Montalbán
Casa del Trabuco
Río Torcón
Arroyo de Mimbre
Río Pusa
Los Navalucillos (740)
Casa de Isidora
Casa de Minaya
Casa de la Mina
Ermita de Nuestra Señora de los Remedios
401
403
Espinoso del Rey
El Mazo
Sierra del Horno
Sierra del Aceral
Castillo
NAVAHERMOSA
Castillo Dos Hermanas
Menasalbas
Embalse del Torcón
Hontanar
Casa Puente Torre
Robledo del Mazo
Río Gévalo
Sierra del Castillazo
Robledillo
Las Hunfrías
1299
Casa de los Lagares
1190
Sierra de las Particiones
1193
Casa de Galo
Casa de Polo
Casa de Luciérnaga
Casa del Zarzal
Navaltoril
Robledo del Buey
Corral de Cantos 1419
Molino los Tejos
Las Navillas (908)
Observatorio Geofísico
Casa de Peluco
Convento
San Pablo de los Montes
Casa Palacio del Sotillo
Cerillón 1378
MONTES DE TOLEDO
Sierra de la Hiruela
1378
Piedraescrita
Sierra de Sevilleja
Casa del Rincón
Casa de la Morrilla
Sierra de la Majana
Valle del Robledillo
MONTES
Provincia de Toledo Ciudad Real
Encinacaida
Anchuras (551)
Río Estenilla
Los Alares
Casa del Alemán
Navas de Estena
El Avellanar
Retuerta del Bullaque (732)
Casa del Serrano
Casa de Valderuelo
Las Huertas del Sauceral
Provincia de Toledo
Avellanar
Castillejos
Casa del Garbanzuelo
978
Río Bullaque
Casa del Quinto
Valdeazores
Casa del Valmorro
Casa de la Tejona
Boquerón de Estena
Casa de Vallepuercos
Gamonoso
Castillo de Prim
1022
Río Estomiza
Casa del Parrilla
Reserva nacional
Provincia de Badajoz Ciudad Real
Río Estena
990
Sierra del Chorito
Casas del Enjambradero
890
Casa de Cabañeros
Torre de Abraham
655
del Aljibe
Casa del Membrillar
Castillo
Casa del Robledo 830
Casa de Canaleas
Machero 1010
Casa Valle del Rubial
Bohonal
Horcajo de los Montes
392
Casa Madroñal
Sierra de la Dehesilla
Sierra de la Celada o del Gavilán
Casa Los Rasos
Casa del Rostro
de Cíjara
761
Caserío del Hornillo
Casas de Hontanillas
Casa del Goro
Laguna Grande
Arroyo del Pocito
Sierra de la Lobera
Sierra de la Rinconada
819
Casa Baños Termales
Alcoba
Santa Quiteria
Casas de Povedas
889
Las Tablillas
Embalse de Cijara
Navas
Navalpino
Fontanarejo
Casas de Navajarra
Navalrincón
Río Alcobilla
Villarta de los Montes
Cantos Negros 862
Río Valdehornos
El Alcornocal
Las Islas
Casa del Castillejo
Arroyo del Guijo
Sierra de la Umbría
Río de San Marcos
Solanazo 969
Casa Martín
Casa de la Huerta
Casillas del Espinar
Arroyo de Valtriguero
Estrecho de las Hoces
759
Arroba de los Montes
Casa de Saceruela
Collado de los Farraldos
de la Majada
826
Morro de la Colmenilla
Sierra de los Guindos
Las Arripas
Casa del Casarejo
Sierra de Enmedio
Río Frío
Arroyo del Puerto de las Tinajas
Garganta de Retama
Puebla de Don Rodrigo
Sierra de Río Frío
Casas El Gargantón
Sierra de los Ancares
867
884
Casa de la Golondrina
Sierra de Saceruela
Río Guadiana
Sierra Larga
El Gargantón
Casa de los Viveros
430
Casa de Santa María
Castilnegro
Casa de Valseco
Lagunillas
Valronquillo 922
El Chiquero
Casas del Chozo Chavo
Casas de Romeral
Casa de Retama
Agudo
Piedrabuena

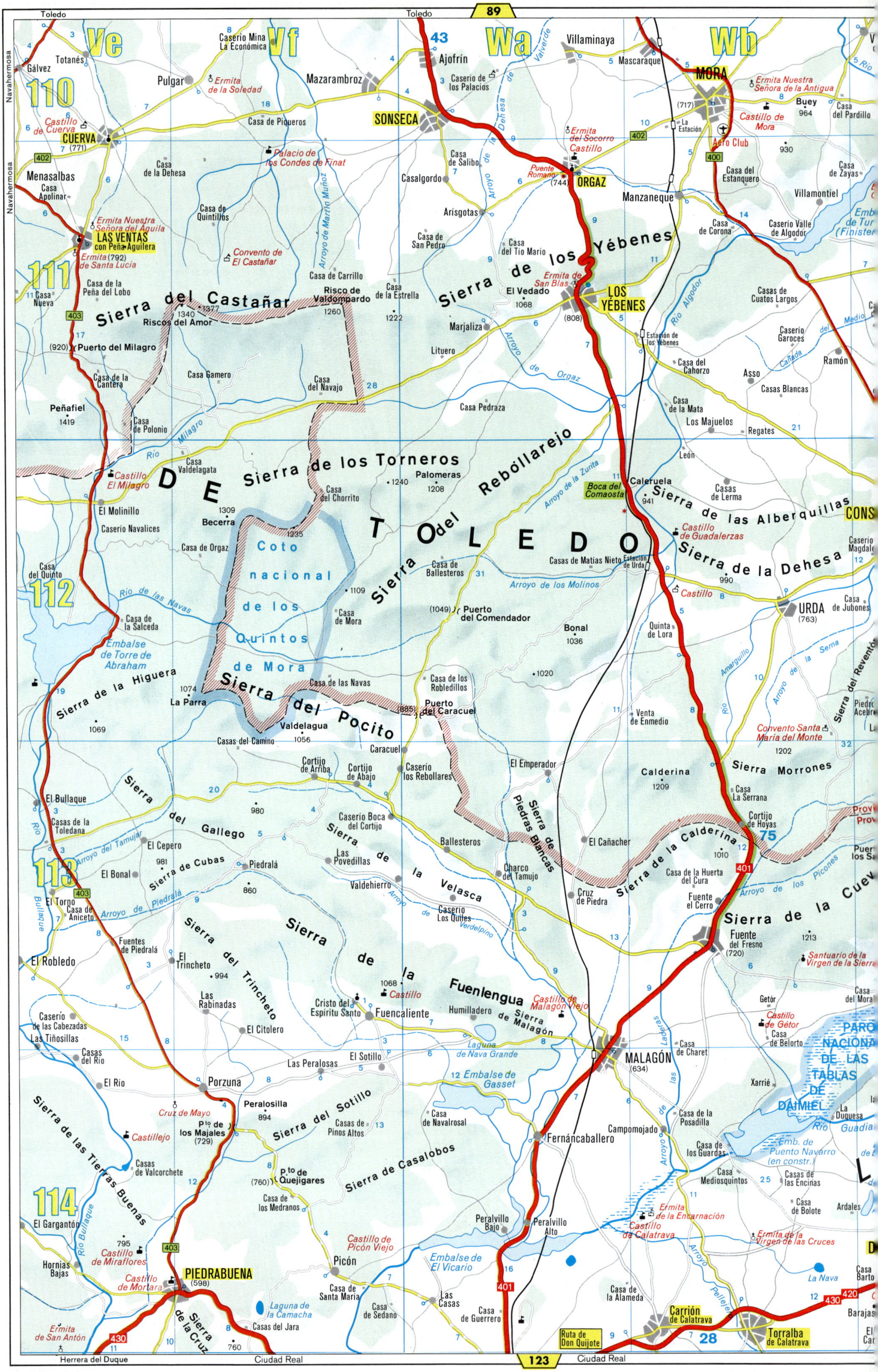

Toledo
Toledo
89
Ve
Vf
Wa
Wb
110
111
112
113
114
Navahermosa
Navahermosa
Totanés
Gálvez
Pulgar
Ermita de la Soledad
Caserío Mina La Económica
Mazarambroz
43
Ajofrín
Caserío de los Palacios
Villaminaya
Mascaraque
MORA
(717)
Ermita Nuestra Señora de la Antigua
Buey 964
Casa del Pardillo
Castillo de Mora
Aero Club
La Estación
Castillo de Cuerva
CUERVA
(771)
Casa de Piqueros
SONSECA
Ermita del Socorro
Castillo
402
400
930
Menasalbas
Casa Apolinar
Casa de la Dehesa
Palacio de los Condes de Finat
Casa de Salibo
Casalgordo
Puente Romano
(744)
ORGAZ
Casa del Estanquero
Casa de Zayas
Villamontiel
Manzaneque
Ermita Nuestra Señora del Águila
LAS VENTAS con Peña Aguilera
Ermita (792) de Santa Lucía
Casa de Quintillos
Convento de El Castañar
Arroyo de Martín Muñoz
Arísgotas
Casa de San Pedro
Casa del Tío Mario
Sierra de los Yébenes
Casa de Corona
Caserío Valle de Algodor
Casa de la Peña del Lobo
Casa Nueva
Casa de Carrillo
Risco de Valdompardo
1260
Casa de la Estrella
1222
Ermita de San Blas
El Vedado 1068
LOS YÉBENES
(808)
Casas de Cuatos Largos
Sierra del Castañar
1340
1377
Riscos del Amor
Marjaliza
Lituero
Estación de los Yébenes
Río Algodor
Caserío Garoces
(920) Puerto del Milagro
Casa de la Cantera
Casa Gamero
Casa del Navajo
Arroyo de Orgaz
Casa del Cahorzo
Asso
Ramón
Casas Blancas
Peñafiel 1419
Casa de Polonio
Río Milagro
Casa Pedraza
Casa de la Mata
Los Majuelos
Regates
Castillo El Milagro
Casa Valdelagata
DE TOLEDO
Sierra de los Torneros
1240
Palomeras 1208
Sierra del Rebollarejo
Arroyo de la Zurita
León
El Molinillo
Caserío Navalices
1309 Becerra
Casa del Chorrito
Boca del Comaosta
Caleruela
941
Sierra de las Alberquillas
Casas de Lerma
Castillo de Guadalerzas
1235
Casa de Orgaz
Coto nacional de los Quintos de Mora
Sierra del Toledo
Casa de Ballesteros
Casas de Matías Nieto
Estación de Urda
Sierra de la Dehesa
990
Caserío Magdalena
Casa del Quinto
Río de las Navas
1109
Arroyo de los Molinos
Castillo
URDA (763)
Casa de Jubones
Casa de la Salceda
Casa de Mora
(1049) Puerto del Comendador
Bonal 1036
Quinta de Lora
Embalse de Torre de Abraham
1020
Río Amarguillo
Arroyo de la Serna
Sierra del Reventón
Sierra de la Higuera
1074
La Parra
Sierra del Pocito
Casa de las Navas
Casa de los Robledillos
(885) Puerto del Caracuel
Venta de Enmedio
Convento Santa María del Monte
1069
Valdelagua 1056
Casas del Camino
Caracuel
1202
Cortijo de Arriba
Cortijo de Abajo
Caserío los Rebollares
El Emperador
Calderina 1209
Sierra Morrones
El Bullaque
Sierra del Gallego
980
Caserío Boca del Cortijo
Casa La Serrana
Casas de la Toledana
Sierra de la Velasca
Sierra de Piedras Blancas
El Cañacher
Cortijo de Hoyas
75
Sierra de la Calderina
1010
Arroyo del Tamujar
El Cepero
981
Sierra de Cubas
Piedralá
Las Povedillas
Ballesteros
Charco del Tamujo
El Bonal
860
Valdehierro
Caserío Los Quiles
Cruz de Piedra
Casa de la Huerta del Cura
401
El Torno
Casa de Aniceto
Arroyo de Piedralá
Arroyo de Verdelpino
Fuente el Cerro
Arroyo de los Picones
Sierra de la Cueva
Fuentes de Piedralá
El Trincheto
994
Sierra del Trincheto
Sierra de la Fuenlengua
Fuente del Fresno (720)
1213
Santuario de la Virgen de la Sierra
El Robledo
Las Rabinadas
1068
Castillo
Cristo del Espíritu Santo
Fuencaliente
Humilladero
Castillo de Malagón Viejo
Sierra de Malagón
Getór
Castillo de Getór
Casa del Moral
Caserío de las Cabezadas
Las Tiñosillas
El Citolero
Casa de Charet
Casa de Belorto
PARQUE NACIONAL DE LAS TABLAS DE DAIMIEL
Casas del Río
Las Peralosas
El Sotillo
Laguna de Nava Grande
MALAGÓN (634)
El Río
Porzuna
Embalse de Gasset
Xarrié
Cruz de Mayo
Peralosilla 894
Sierra del Sotillo
Casas de Pinos Altos
Casa de Navalrosal
Campomojado
Casa de la Posadilla
La Duquesa
Castillejo
Pto de los Majales (729)
Fernáncaballero
Casa de los Guardas
Emb. de Puente Navarro (en constr.)
Río Guadiana
Sierra de las Tierras Buenas
Casas de Valcorchete
(760) Pto de Quejigares
Sierra de Casalobos
Casa Mediosquintos
Casas de las Encinas
Casa de los Medranos
Casa de Bolote
Ardales
El Gargantón
Río Bullaque
Peralvillo Bajo
Peralvillo Alto
Ermita de la Encarnación
Castillo de Calatrava
795
Castillo de Miraflores
403
Castillo de Picón Viejo
Ermita de la Virgen de las Cruces
Hornias Bajas
Castillo de Mortara
PIEDRABUENA (598)
Picón
Embalse de El Vicario
La Nava
Casa de Santa María
Casa de Sedano
Las Casas
Casa de Guerrero
Casa de la Alameda
Río Pellejero
Laguna de la Camacha
Sierra de la Cruz
Casas del Jara
Ruta de Don Quijote
Carrión de Calatrava
28
Torralba de Calatrava
Barajas
Ermita de San Antón
430
420
760
Herrera del Duque
Ciudad Real
123
Ciudad Real

90

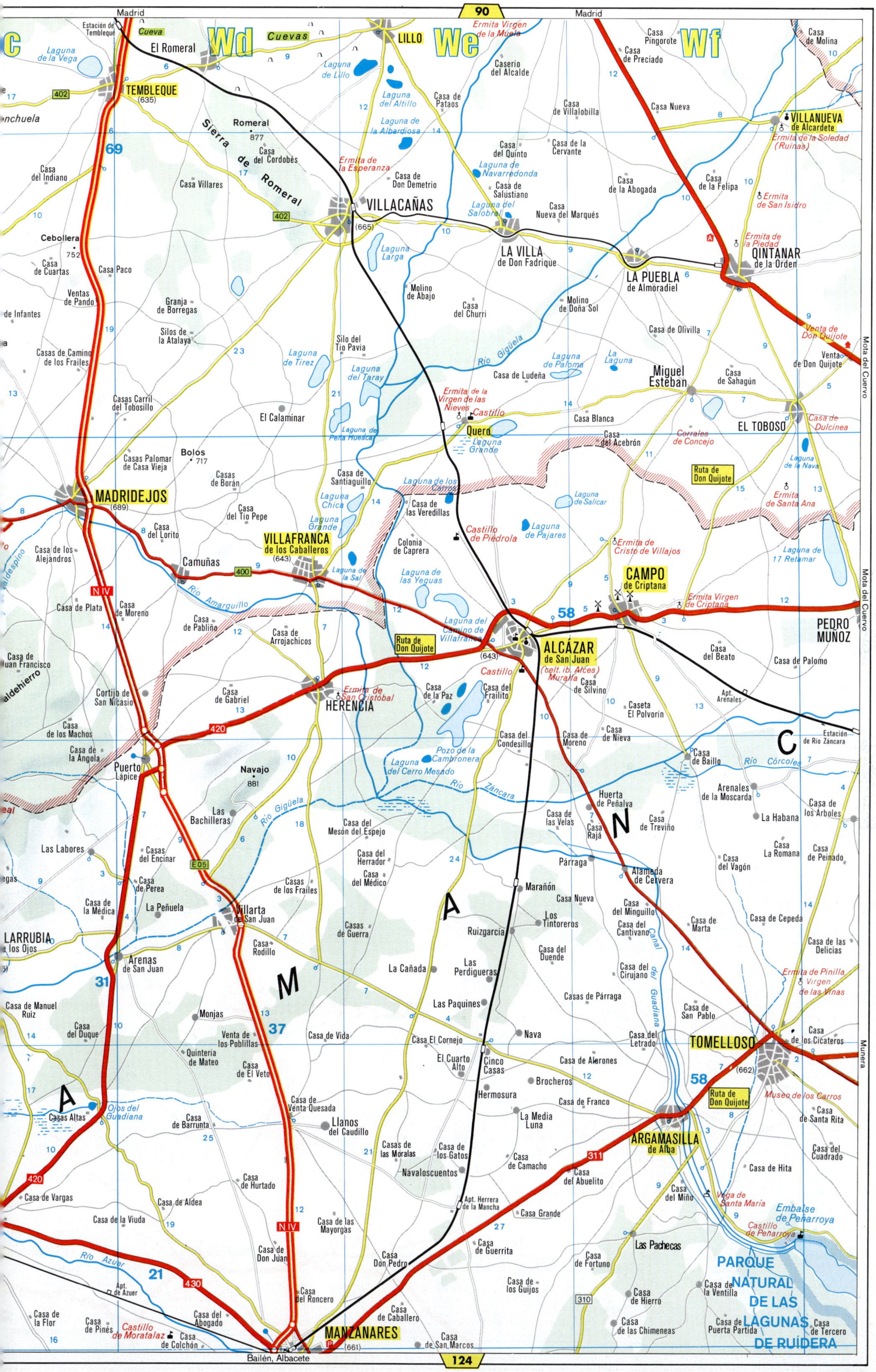
Madrid
Wd
We
Wf
Estación de Tembleque
Cueva
Cuevas
LILLO
Ermita Virgen de la Muela
Casa Pingorote
Casa de Molina
El Romeral
Laguna de la Vega
Laguna de Lillo
Casa de Preciado
Caserío del Alcalde
TEMBLEQUE
(635)
Laguna del Altillo
Casa de Pataos
Casa Nueva
Casa de Villalobilla
VILLANUEVA de Alcardete
Laguna de la Albardiosa
Ermita de la Soledad (Ruinas)
Romeral
877
Sierra de Romeral
Casa del Cordobés
Casa del Quinto
Casa de la Cervante
Ermita de la Esperanza
Casa del Indiano
Casa Villares
Casa de Don Demetrio
Laguna de Navarredonda
Casa de Salustiano
Casa de la Abogada
Casa de la Felipa
Ermita de San Isidro
VILLACAÑAS
(665)
Laguna del Salobral
Casa Nueva del Marqués
Cebollera
752
Laguna Larga
LA VILLA de Don Fadrique
Ermita de la Piedad
QINTANAR de la Orden
Casa de Cuartas
Casa Paco
LA PUEBLA de Almoradiel
Molino de Abajo
Ventas de Pando
Granja de Borregas
Casa del Churri
Molino de Doña Sol
de Infantes
Venta de Don Quijote
Silos de la Atalaya
Silo del Tío Pavia
Casa de Olivilla
Casas de Camino de los Frailes
Laguna de Tirez
Laguna del Taray
Río Gigüela
Laguna de Paloma
La Laguna
Casa de Ludeña
Miguel Esteban
Casa de Sahagún
Venta de Don Quijote
Mota del Cuervo
Casas Carril del Tobosillo
El Calaminar
Ermita de la Virgen de las Nieves
Castillo
Laguna de Peña Hueca
Querd
Laguna Grande
Casa Blanca
EL TOBOSO
Casa de Dulcinea
Bolos
717
Casas Palomar de Casa Vieja
Casa del Acebrón
Corrales de Concejo
Laguna de la Nava
Casas de Borán
Casa de Santiaguillo
Laguna de los Carros
Ruta de Don Quijote
MADRIDEJOS
(689)
Laguna Chica
Laguna Grande
Casa de las Veredillas
Laguna de Salicar
Ermita de Santa Ana
Casa del Tío Pepe
Castillo de Piedrola
Laguna de Pajares
Casa del Lorito
VILLAFRANCA de los Caballeros
(643)
Colonia de Caprera
Ermita de Cristo de Villajos
Laguna de 17 Retamar
Casa de los Alejandros
Camuñas
Laguna de la Sal
Laguna de las Yeguas
CAMPO de Criptana
Río Amarguillo
Ermita Virgen de Criptana
Casa de Plata
Casa de Moreno
Casa de Pablino
Laguna del Camino de Villafranca
ALCÁZAR de San Juan
PEDRO MUÑOZ
Casa de Arrojachicos
Ruta de Don Quijote
(643)
Castillo
(celt. ib. Alces) Muralla
Casa del Beato
Casa de Palomo
Casa de Juan Francisco
Cortijo de San Nicasio
Casa de Gabriel
HERENCIA
Ermita de San Cristóbal
Casa de la Paz
Casa del Frailito
Casa de Silvino
Caseta El Polvorín
Apt. Arenales
Casa de los Machos
Casa del Condesillo
Casa de Moreno
Casa de Nieva
Estación de Río Záncara
Casa de la Angola
Puerto Lápice
Navajo
881
Pozo de la Cambronera
Laguna del Cerro Mesado
Río Záncara
Casa de Baillo
Río Córcoles
Las Bachilleras
Río Gigüela
Huerta de Peñalva
Arenales de la Moscarda
Casa de los Árboles
La Habana
Casa del Mesón del Espejo
Casa de las Velas
Casa Rajá
Casa de Treviño
Las Labores
Casas del Encinar
Casa del Herrador
Párraga
Casa La Romana
Casa de Peinado
Casa del Vagón
Casa de Perea
Casas de los Frailes
Casa del Médico
Marañón
Alameda de Cervera
Casa de la Médica
La Peñuela
Villarta de San Juan
Casa Nueva
Casa del Minguillo
Los Tintoreros
Casa del Cantivano
Casa de Marta
Casa de Cepeda
LARRUBIA de los Ojos
Casas de Guerra
Ruizgarcía
Canal del Guadiana
Casa de las Delicias
Arenas de San Juan
Casa Rodillo
Casa del Duende
Las Perdigueras
Casa del Cirujano
Ermita de Pinilla
Virgen de las Viñas
La Cañada
M
Casas de Párraga
Casa de San Pablo
Casa de Manuel Ruiz
Monjas
Las Paquines
Casa del Duque
Venta de los Poblillas
Casa de Vida
Nava
Casa del Letrado
TOMELLOSO
Casa de los Cicateros
Quintería de Mateo
Casa El Cornejo
Casa de El Veto
El Cuarto Alto
Cinco Casas
Casa de Alarones
(662)
Brocheros
Hermosura
Ruta de Don Quijote
Museo de los Carros
Ojos del Guadiana
Casas Altas
Casa de Venta Quesada
Casa de Barrunta
Llanos del Caudillo
La Media Luna
Casa de Franco
Casa de Santa Rita
ARGAMASILLA de Alba
Casa del Cuadrado
Casas de las Morales
Casa de los Gatos
Navaloscuentos
Casa de Camacho
Casa de Hita
Casa de Vargas
Casa de Hurtado
Casa del Abuelito
Casa del Miño
Vega de Santa María
Casa de Aldea
Apt. Herrera de la Mancha
Casa Grande
Embalse de Peñarroya
Casa de la Viuda
Casa de las Mayorgas
Castillo de Peñarroya
Casa de Don Juan
Casa de Guerrita
Las Pachecas
Río Azuer
Casa Don Pedro
Casa de Fortuno
PARQUE NATURAL DE LAS LAGUNAS DE RUIDERA
Apt. de Azuer
Casa de los Guijos
Casa de Hierro
Casa de la Ventilla
Casa del Roncero
Casa de la Flor
Casa de Pinés
Castillo de Moratalaz
Casa de Colchón
Casa del Abogado
Casa de Caballero
MANZANARES
(661)
Casa de San Marcos
Casa de las Chimeneas
Casa de Puerta Partida
Casa de Tercero
Bailén, Albacete
Munera
C
A
N
A
A
M
69
31
37
21
58
58
N IV
E 05
402
400
420
430
311
310

124

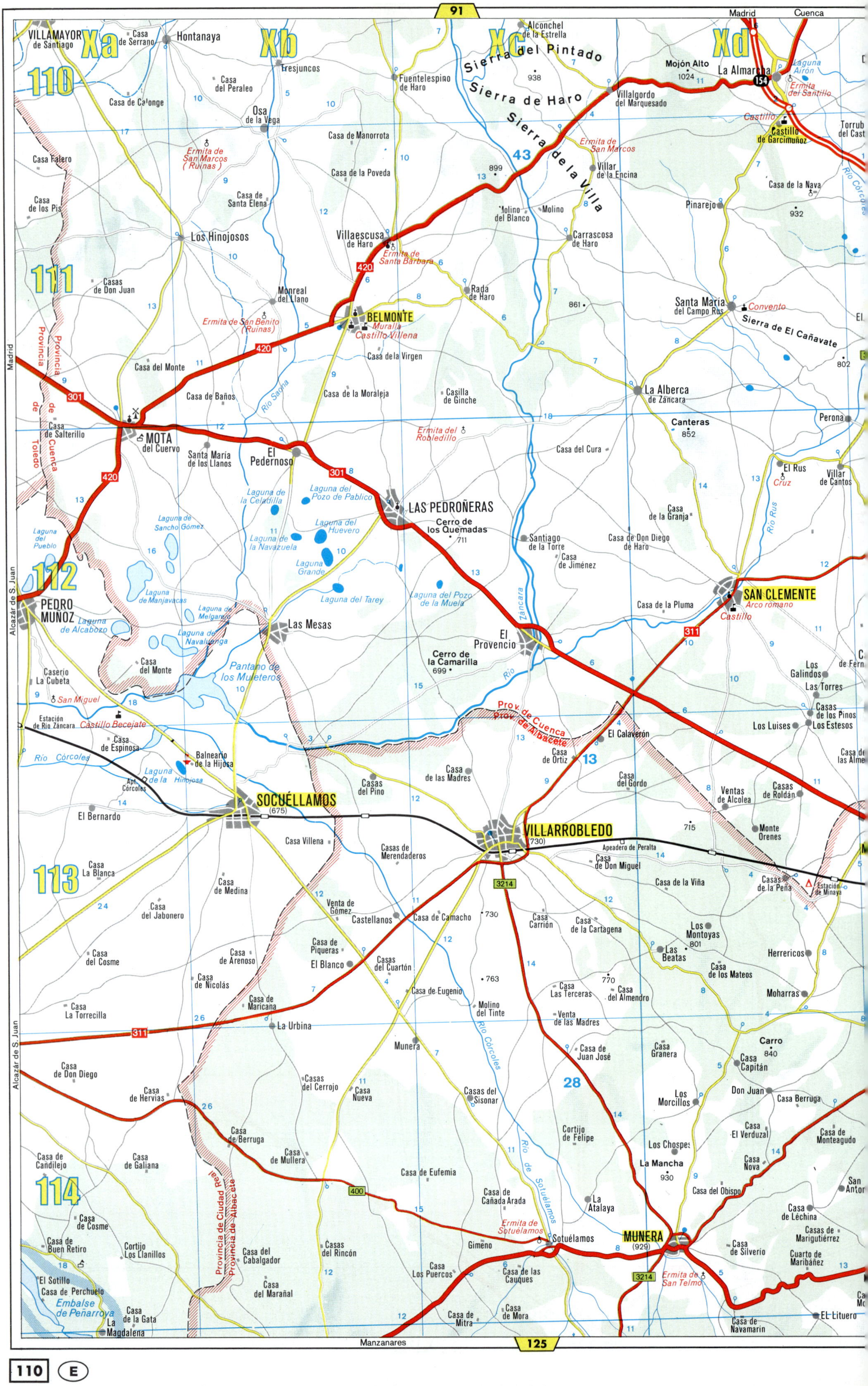
91
Madrid
Cuenca
VILLAMAYOR de Santiago
Casa de Serrano
Hontanaya
Xa
Xb
Xc
Xd
110
Fresjuncos
Fuentelespino de Haro
Alconchel de la Estrella
Sierra del Pintado
Sierra de Haro
Sierra de la Villa
Mojón Alto 1024
La Almarcha
Laguna Airón
Ermita del Santillo
Villalgordo del Marquesado
Castillo
Castillo de Garcimuñoz
Torrub del Cast
Casa del Peraleo
Casa de Calonge
Osa de la Vega
Casa de Manorrota
Casa de la Poveda
Casa Falero
Ermita de San Marcos (Ruinas)
Casa de Santa Elena
Casa de los Pis
Los Hinojosos
Villaescusa de Haro
Ermita de Santa Bárbara
Ermita de San Marcos
Villar de la Encina
Molino del Blanco
Molino
Carrascosa de Haro
Pinarejo
Casa de la Nava
932
938
899
111
Casas de Don Juan
Monreal del Llano
Ermita de San Benito (Ruinas)
BELMONTE
Muralla
Castillo Villena
Rada de Haro
861
Santa María del Campo Rus
Convento
Sierra de El Cañavate
802
Provincia de Cuenca
Provincia de Toledo
Madrid
Casa del Monte
Casa de Baños
Río Saona
Casa de la Virgen
Casa de la Moraleja
Casilla de Ginche
La Alberca de Záncara
Canteras 852
Perona
Casa de Salterillo
MOTA del Cuervo
Santa María de los Llanos
El Pedernoso
Ermita del Robledillo
Casa del Cura
El Rus
Cruz
Villar de Cantos
Laguna de la Celadilla
Laguna del Pozo de Pablico
LAS PEDROÑERAS
Cerro de los Quemadas 711
Laguna de Sancho Gómez
Laguna del Pueblo
Laguna de la Navazuela
Laguna del Huevero
Laguna Grande
Santiago de la Torre
Casa de Jiménez
Casa de la Granja
Casa de Don Diego de Haro
Río Rus
112
PEDRO MUÑOZ
Laguna de Alcahozo
Laguna de Manjavacas
Laguna de Melgarejo
Laguna de Navalonga
Las Mesas
Laguna del Tarey
Laguna del Pozo de la Muela
Zancara
SAN CLEMENTE
Arco romano
Castillo
Casa de la Pluma
Alcazar de S. Juan
Caserío La Cubeta
Casa del Monte
Pantano de los Muleteros
El Provencio
Cerro de la Camarilla 699
Río
Los Galindos
Las Torres
Casas de los Pinos
Los Estesos
Los Luises
San Miguel
Estación de Río Zancara
Castillo Becejate
Casa de Espinosa
Balneario de la Hijosa
Río Córcoles
Laguna de la Hinojosa
Apt. Córcoles
Prov. de Cuenca
Prov. de Albacete
El Calaverón
Casa de Ortiz
Casa de las Madres
Casas del Pino
Casa del Gordo
Ventas de Alcolea
Casas de Roldán
Monte Orenes
715
El Bernardo
SOCUÉLLAMOS (675)
Casa Villena
VILLARROBLEDO (730)
Apeadero de Peralta
Casa de Don Miguel
Casas de Merendaderos
Casa de la Viña
Casas de la Peña
Estación de Minaya
113
Casa La Blanca
Casa de Medina
Casa del Jabonero
Venta de Gómez
Castellanos
Casa de Camacho
730
Casa Carrión
Casa de la Cartagena
Los Montoyas 801
Las Beatas
Herrericos
Casa del Cosme
Casa de Arenoso
Casa de Piqueras
El Blanco
Casas del Cuartón
763
770
Casa de los Mateos
Casa de Nicolás
Casa de Maricana
Casa de Eugenio
Molino del Tinte
Casa Las Terceras
Casa del Almendro
Moharras
Casa La Torrecilla
La Urbina
Venta de las Madres
Munera
Río Córcoles
Casa de Juan José
Casa Granera
Carro 840
Casa Capitán
Alcazar de S. Juan
Casa de Don Diego
Casa de Hervías
Casas del Cerrojo
Casa Nueva
Casas del Sisonar
28
Los Morcillos
Don Juan
Casa Berruga
Casa de Berruga
Casa de Mullera
Cortijo de Felipe
Los Chopes
Casa El Verduzal
Casa de Monteagudo
Casa de Candilejo
Casa de Galiana
114
Casa de Eufemia
Río de Sotuélamos
La Mancha 930
Casa Nova
Casa del Obispo
Casa de Cañada Arada
La Atalaya
Provincia de Ciudad Real
Provincia de Albacete
Casa de Cosme
Casa de Buen Retiro
Cortijo Los Llanillos
Casa del Cabalgador
Casas del Rincón
Gimeno
Ermita de Sotuélamos
Sotuélamos
MUNERA (929)
Casa de Léchina
Casas de Marigutiérrez
Casa de Silverio
Cuarto de Maribáñez
El Sotillo
Casa de Perchuelo
Embalse de Peñarroya
Casa del Marañal
Casa Los Puercos
Casa de las Cauques
Ermita de San Telmo
Casa de la Gata
La Magdalena
Casa de Mitra
Casa de Mora
Casa de Navamarín
El Lituero
Manzanares
125
420
301
311
400
3214
154
43
13

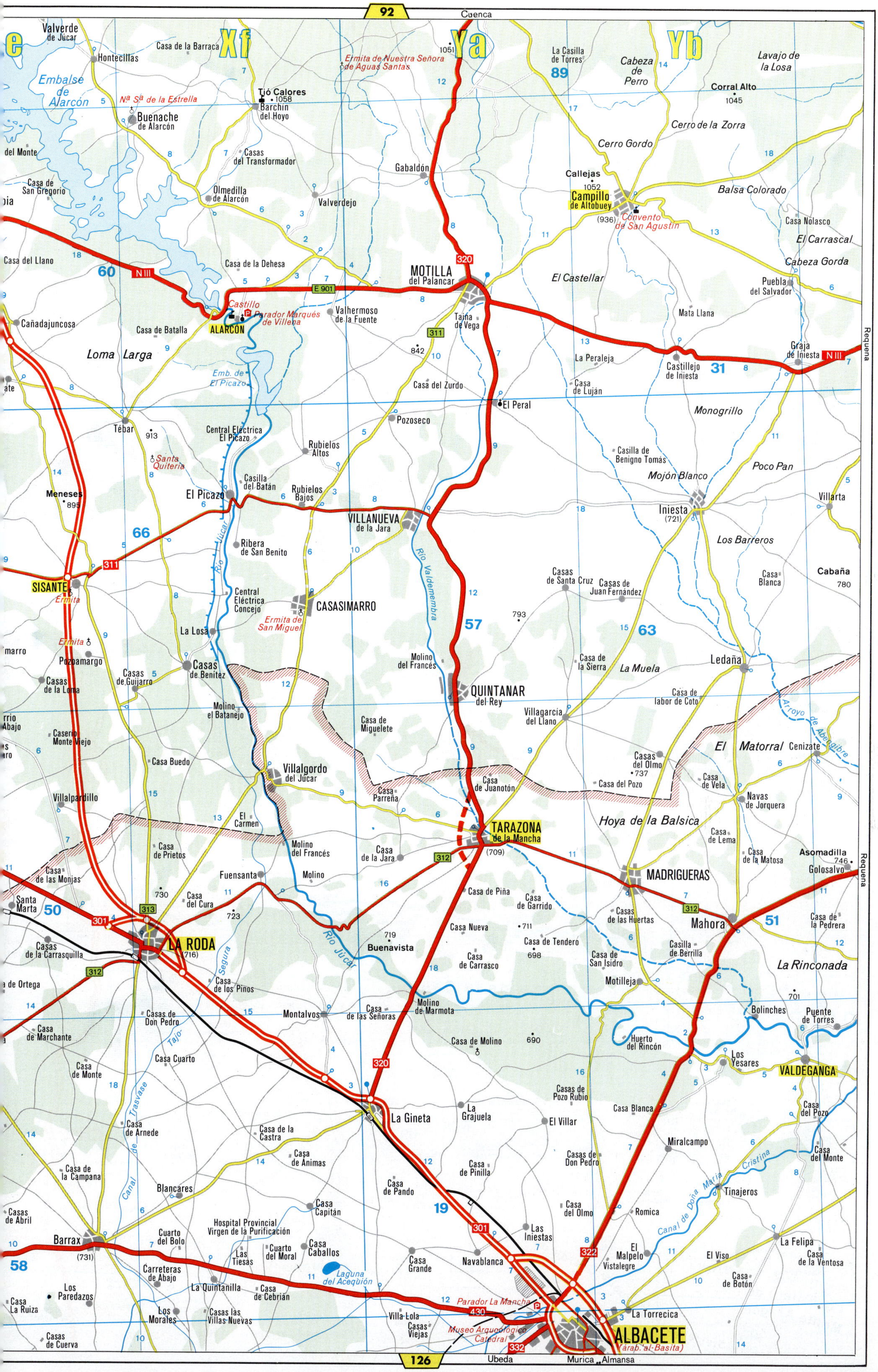

92
Cuenca
Xf
Ya
Yb
Valverde de Júcar
Hontecillas
Casa de la Barraca
Embalse de Alarcón
Nª Sª de la Estrella
Buenache de Alarcón
Tió Calores
1058
Barchín del Hoyo
Ermita de Nuestra Señora de Aguas Santas
1051
La Casilla de Torres
89
Cabeza de Perro
Lavajo de la Losa
Corral Alto
1045
Cerro de la Zorra
Cerro Gordo
del Monte
Casas del Transformador
Casa de San Gregorio
Olmedilla de Alarcón
Valverdejo
Gabaldón
Callejas
1052
Campillo de Altobuey
(936)
Convento de San Agustín
Balsa Colorado
Casa Nolasco
El Carrascal
Cabeza Gorda
Casa del Llano
60
N III
Casa de la Dehesa
E 901
MOTILLA del Palancar
320
El Castellar
Puebla del Salvador
Castillo
Parador Marqués de Villena
ALARCÓN
Valhermoso de la Fuente
Tajna de Vega
Mata Llana
Cañadajuncosa
Casa de Batalla
Loma Larga
311
842
La Peraleja
Castillejo de Iniesta
31
Graja de Iniesta
Requena
Emb. de El Picazo
Casa del Zurdo
Casa de Luján
El Peral
Monogrillo
Tébar
913
Central Eléctrica El Picazo
Pozoseco
Santa Quiteria
Rubielos Altos
Casilla de Benigno Tomás
Mojón Blanco
Poco Pan
Meneses
895
El Picazo
Casilla del Batán
Rubielos Bajos
VILLANUEVA de la Jara
Iniesta
(721)
Villarta
66
Ribera de San Benito
Río Júcar
Río Valdemembra
Los Barreros
SISANTE
Ermita
Central Eléctrica Concejo
CASASIMARRO
Ermita de San Miguel
Casas de Santa Cruz
Casas de Juan Fernández
Casa Blanca
Cabaña
780
57
793
63
La Losa
Ermita
marro
Pozoamargo
Casas de la Loma
Casas de Benítez
Casas de Guijarro
Molino del Francés
QUINTANAR del Rey
Casa de la Sierra
La Muela
Ledaña
Casa de labor de Coto
Molino el Batanejo
Casa de Miguelete
Villagarcía del Llano
Arroyo de Abengibre
rrio Abajo
Caserío Monte Viejo
Casa Buedo
Villalgordo del Júcar
Casa de Juanotón
Casas del Olmo
737
Casa del Pozo
El Matorral
Cenizate
Casa de Vela
Villalpardillo
Casa Parreña
Navas de Jorquera
El Carmen
TARAZONA de la Mancha
(709)
Hoya de la Balsica
Casa de Lema
Casa de Prietos
Molino del Francés
Casa de la Jara
312
Casa de la Matosa
Asomadilla
746
Golosalvo
Casa de las Monjas
Fuensanta
Molino
MADRIGUERAS
Santa Marta
50
730
Casa del Cura
723
Casa de Piña
Casa de Garrido
Casas de las Huertas
Mahora
51
Casa de la Pedrera
301
313
LA RODA
(716)
719
Buenavista
Casa Nueva
711
Casa de Tendero
698
Casilla de Berrilla
Casas de la Carrasquilla
Segura
Río Júcar
Casa de Carrasco
Casa de San Isidro
La Rinconada
de Ortega
Casa de los Pinos
Motilleja
701
Montalvos
Casas de Don Pedro
Casa de las Señoras
Molino de Marmota
Bolinches
Puente de Torres
Casa de Marchante
Tajo
Huerto del Rincón
Casa Cuarto
Casa de Molino
690
Los Yesares
VALDEGANGA
Casa de Monte
Casas de Pozo Rubio
Canal de Trasvase
La Gineta
La Grajuela
El Villar
Casa Blanca
Casa del Pozo
Casa de Arnede
Casa de la Castra
Casa de Ánimas
Casa de Pinilla
Casas de Don Pedro
Miralcampo
Casa del Monte
Casa de la Campana
Casa de Pando
Canal de Doña María Cristina
Tinajeros
Casas de Abril
Blancares
Casa Capitán
19
Casa del Olmo
Romica
Hospital Provincial Virgen de la Purificación
Las Iniestas
Barrax
(731)
58
Cuarto del Bolo
Las Tiesas
Cuarto del Moral
Casa Caballos
Casa Grande
Navablanca
322
El Malpelo
Vistalegre
El Viso
La Felipa
Casa de la Ventosa
Carreteras de Abajo
Laguna del Acequión
Casa de Botón
Los Paredazos
La Quintanilla
Casa de Cebrián
Casa La Ruiza
Los Morales
Casas las Villas Nuevas
Parador La Mancha
430
La Torrecica
Villa Lola
Casas Viejas
Museo Arqueológico
Catedral
332
ALBACETE
(arab. al-Basita)
Casas de Cuerva
126
Ubeda
Murica
Almansa

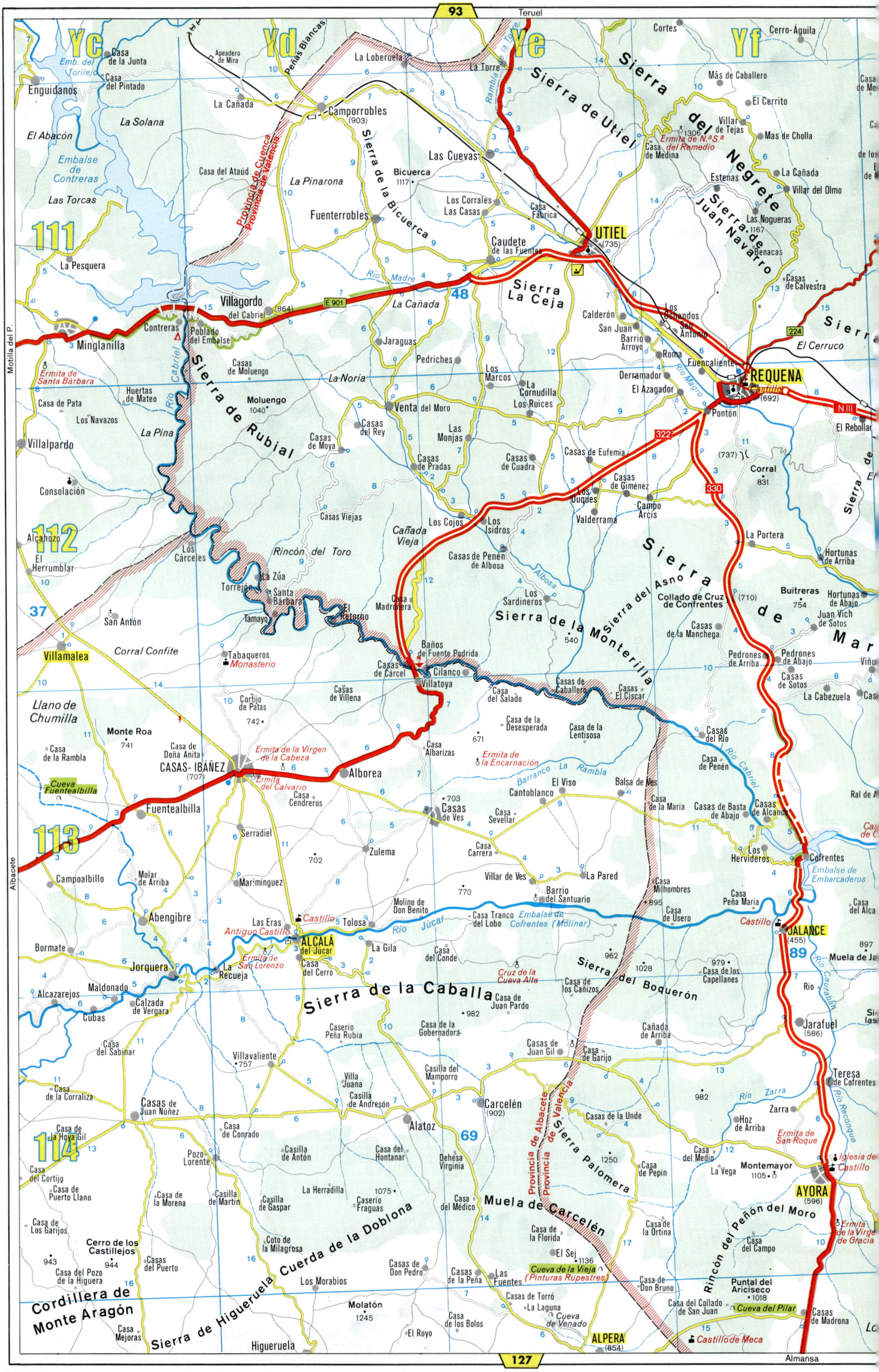
93
Teruel
Yc
Yd
Ye
Yf
Casa de la Junta
Emb. del Torilejo
Casa del Pintado
Enguídanos
El Abacón
La Solana
Embalse de Contreras
Las Torcas
111
La Pesquera
Apeadero de Mira
Peñas Blancas
La Loberuela
La Cañada
Camporrobles (903)
Provincia de Cuenca
Provincia de Valencia
Casa del Ataúd
La Pinarona
Sierra de la Bicuerca
Bicuerca 1117
Fuenterrobles
Las Cuevas
La Torre
Rambla de la Torre
Sierra de Utiel
Los Corrales
Las Casas
Casa Fábrica
Caudete de las Fuentes
UTIEL (735)
Río Madre
Sierra La Ceja
Villagordo del Cabriel (864)
E 901
La Cañada
48
Minglanilla
Contreras
Poblado del Embalse
Ermita de Santa Bárbara
Motilla del P.
Casas de Moluengo
Jaraguas
Pedriches
La Noria
Río Cabriel
Sierra de Rubial
Moluengo 1040
Huertas de Mateo
Casa de Pata
Los Navazos
La Pina
Villalpardo
Consolación
Venta del Moro
Casas del Rey
Casas de Moya
Los Marcos
La Cornudilla
Los Ruices
Las Monjas
Casas de Pradas
Casas de Cuadra
Cortes
Cerro-Águila
Sierra del Negrete
Más de Caballero
El Cerrito
Villar de Tejas
Ermita de N.ª S.ª del Remedio
Casa de Medina
1306
Mas de Cholla
Estenas
La Cañada
Villar del Olmo
Sierra de Juan Navarro
Las Nogueras
1167
Benacas
Casas de Calvestra
Los Duendes
San Antonio
Calderón
San Juan
Barrio Arroyo
Roma
Fuencaliente
Derramador
El Azagador
Río Magro
REQUENA (692)
Castillo
Pontón
224
El Cerruco
N III
El Rebollar
322
330
Casas de Eufemia
(737)
Corral 831
Casas de Giménez
Los Duques
Campo Arcis
Valderrama
Los Cojos
Los Isidros
Casas Viejas
Cañada Vieja
Rincón del Toro
112
Alcahozo
El Herrumblar
Los Cárceles
Torrejón
La Zúa
Santa Bárbara
Tamayo
El Retorno
Casa Madrigueras
Casas de Penén de Albosa
Albosa
Los Sardineros
Sierra de la Monterilla
Sierra del Asno
Sierra de Mar
Collado de Cruz de Confrentes
(710)
Buitreras 754
Hortunas de Arriba
Hortunas de Abajo
Juan Vich de Sotos
Casas de la Manchega
540
La Portera
37
San Antón
Villamalea
Corral Confite
Tabaqueros
Monasterio
Baños de Fuente Podrida
Casas de Cárcel
Cilanco
Villatoya
Pedrones de Arriba
Pedrones de Abajo
Casas de Sotos
La Cabezuela
Llano de Chumilla
Cortijo de Patas
742
Casas de Villena
Casa del Salado
Casas de Caballero
Casas El Ciscar
Monte Roa 741
Casa de la Rambla
Casa de Doña Anita
CASAS-IBÁÑEZ (707)
Ermita de la Virgen de la Cabeza
Ermita del Calvario
Alborea
Casa Albarizas
671
Casa de la Desesperada
Casa de la Lentisosa
Ermita de la Encarnación
Barranco La Rambla
Cueva Fuentealbilla
Fuentealbilla
Casa Cendreros
El Viso
Cantoblanco
Balsa de Ves
Casas del Río
Casa de Penén
Río Cabriel
113
Serradiel
703
Casas de Ves
Casa Sevellar
Casa de la María
Casas de Basta de Abajo
Casas de Alcance
Ral de A
Campoalbillo
702
Zulema
Casa Carrera
Los Hervideros
Cofrentes
Embalse de Embarcaderos
Molar de Arriba
Marimínguez
Villar de Ves
La Pared
770
Barrio del Santuario
Casa Milhombres
895
Casa Peña María
Casa del Alca
Abengibre
Molino de Don Benito
Castillo
Las Eras
Tolosa
Casa Tranco del Lobo
Embalse de Cofrentes (Molinar)
Río Júcar
Casa de Usero
Castillo
JALANCE (455)
89
897
Muela de Ja
Bormate
Antiguo Castillo
ALCALÁ del Júcar
Ermita de San Lorenzo
La Gila
Casa del Conde
962
1028
979
Casa de los Capellanes
Jorquera
La Recueja
Casa del Cerro
Cruz de la Cueva Alta
Sierra del Boquerón
Río Cautabán
Río
Alcazarejos
Maldonado
Calzada de Vergara
Cubas
Sierra de la Caballa
Casa de los Cañizos
Casa de Juan Pardo
982
Casa de la Gobernadora
Caserío Peña Rubia
Cañada de Arriba
Jarafuel (586)
Casa del Sabinar
Villavaliente 757
Casas de Juan Gil
Casa de Garijo
Casilla del Mamporro
Teresa de Cofrentes
Casa de la Corraliza
Villa Juana
Casilla de Andresón
Carcelén (902)
982
Río Zarra
Zarra
Casas de Juan Núñez
Casa de Conrado
Alatoz
69
Casas de la Unde
Hoz de Arriba
Río Reconque
Ermita de San Roque
Casa de la Hoya Gil
114
Pozo-Lorente
Casilla de Antón
Casa del Hontanar
Dehesa Virginia
Sierra Palomera
1250
Casa del Medio
La Vega
Montemayor 1105
Iglesia de
Castillo
Casa del Cortijo
Casa de Puerto Llano
Casa de la Morena
Casilla del Martín
Casilla de Gaspar
La Herradilla
1075
Caserío Fraguas
Casa del Médico
Muela de Carcelén
Provincia de Albacete
Provincia de Valencia
Casas de Pepín
AYORA (596)
Rincón del Peñón del Moro
Ermita de la Virgen de Gracia
Casa de Los Garijos
Cerro de los Castillejos
943
944
Casas del Puerto
Coto de la Milagrosa
Cuerda de la Doblona
Casa de la Florida
El Sej
1136
Casa de la Ortina
Casa del Campo
Casa del Pozo de la Higuera
Casas de Don Pedro
Los Morabios
Casas de la Peña
Las Fuentes
Cueva de la Vieja (Pinturas Rupestres)
Casa de Don Bruno
Puntal del Ariciseco 1018
Cordillera de Monte Aragón
Sierra de Higueruela
Molatón 1245
Casas de Torró
La Laguna
Cueva de Venado
Casa del Collado de San Juan
Cueva del Pilar
Casas de Madrona
Casa Mejoras
Higueruela
El Royo
Casa de los Bolos
ALPERA (854)
Castillo de Meca
127
Almansa
Albacete

94
Zb
Zc
Zd
Villareal
Embalse de Loriguilla
Chulilla
Vanacloig
Masia del Juez
Masia del Carril
Moncati
Masia del Capella
Ermita San Vicente
Llíria (190)
(ib.Edeta, rom.Lauro)
Real Monasterio de San Miguel
Barranco de Carraixet
Náquera
Masia Arnal
Monte Picayo
Convento
Puçol
Sot de Chera
El Corindón
620
Gestalgar
Bugarra
Pedralba
Río Turia
La Pea
Benisanó
La Pobla de Vallbona
Benaguacil
Corral Caruana
La Malla
BÉTERA
Rafelbuñol
Puig
La Pobla de Farnals
Massamagrell
Massalfassar
Museros
Albuixech
Sierra de Enmedio
946
La Balsa
El Collado
Sierra de los Bosques
Marjana
de Santa María
Vilamarxant
San Antonio de Benagéber
L'Eliana
La Providencia
Moncada
Emperador
Vinalesa
Foios
Albalat dels Sorells
Santa Bárbara
Masarrochos
Rocafort
Godella
Bonrepós y Mirambell
Meliana
Almàssera
La Lomayna
Rodana
345
Riba-roja de Túria
Vallesa de Mandor
Casilla del Sacristán
Urbanización de Horquera
La Cañada
Fuente del Jarro
PATERNA
BURJASSOT
Alboraya
Caserio la Vallesa
Gustaverde
Casa de Viñas
CHESTE
Loriguilla
MANISES
Quart de Poblet
Mislata
Río Turia
Sierra de la Cabrera
Siete Aguas
Estación Venta Mina-Siete Aguas
Venta Quemada
Río Buñol
CHIVA
(271)
Castillo árabe
Castillo
Estación de Llano
Apeadero Hermanas Chavas
Aeropuerto de Manises
Masia Aldamar
Ventas de Poyo
Pay y Capellanes
ALDAYA
Xirivella
(arab. Medina-Bu-larat)
ALAQUÀS
TORRENT
VALENCIA (VALÈNCIA)
El Grao
La Punta
Pinedo
Sierra de Malacara
Ciudadela mora
Miravalencia
441
BUÑOL (387)
Alborache
Godelleta
Marisán
Masia del Juez
El Vedat
Picanya
Castillo
Paiporta
Benetússer
Sedaví
Alfafar
Massanassa
El Saler
1118
La Rambla y Condesa
Loma Parreta
Yátova
Macastre
Turís
Calabarra
Más de Vergés
Masia de las Palmas
Catarroja
Albal
Beniparrell
Alcàcer
Venta de Cabrera
Embalse de Forata
Quinete
Río Magro
Villa Teresa
Monserrat
Casa Fallareta
Montroy (140)
Castillo
Real de Montroy
Picassent
Fuente del Omet
Silla
La Albufera
Casa de Gualeda
Canal Júcar-Turia
Casa Ale
Casa Zacarés
El Palmar
Casa de Millas
Sierra Ave o de Dos Aguas
834
Casas Collado
Caserio Paridera Roya
Casa de Rogart
Caseta del Tio Rabali
Castillo Aledua
Besori
361
Almaguer-Espedreñals
La Garrofera
Benifaió
Almussafes
Casa Sisentes
El Oro
Embalse de Millares
Rambla Seca
Dos Aguas
Sierra del Caballón
538
Casa La Canal
San Antonio
Llombai
Catadau (94)
Alfarp
ALGINET
Paridera del Hondo
Sollana
Mocarrá Bobalar
Huerto Isaura
Monte de los Santos
Sants de la Pedra
Otonel
(en constr.)
765
Casa Antonia
Río Júcar
Millares (344)
755
Pintarrafes
CARLET
Benimodo
Santa Bárbara
La Cruz Negra
Regal
Casa Gobernador
Maria Loera
Reig
Alzira Algemesí
Albalat de la Ribera
Cortes de Pallás
Los Tejones
Casa Mengual
Salto de Millares
Casa El Tislar
L'ALCÚDIA
ALGEMESÍ
Guadasuar
Polinyà de Xúquer
Riola
Cullera
Benicull
La Parra
Villa Amparín
Horno Carrascosa
Casas Jijara
Muela de Cortes de Pallás
Reserva Nacional
Casa Canillas
El Fresno
Embalse de Tous (en constr.)
Casa Alcalde
Montortal
Santa María de Bonaire
Alzira
Corbera
Llauri
Dénia
Casa del Zorrero
Cueva
877
Masia Quitorras
Tous
Masalarés
Benimuslem
Monasterio de Jerónimos (Murta)
Sierra de les Agulles
Rocas
Bicorp
Cueva
Quesa
La Herradura
Palmeral
336
La Montaña
ALBERIQUE
Río Júcar
Cogullada
Carcaixent
Barraca de Aguas Vivas
de Tona
Cueva de la Araña
Caroch
1126
Benifetal
Río Ludey
Río Grande
Cuevas
Navarrés (316)
Sumacàrcer
Gabarda
Antella
VILA-NOVA (Villanueva)
La Pobla Llarga
Benegida
Càrcer
Torrica
Serratella
Riu-Rau
La Muela
Bolbaite
Alcàntera de Xúquer
Senyera
Manuel
San Juan de Enova
Berfull
El Realengo
Rafelguaraf
447
Casas de la Molinera
Casas de la Gorda
Corral de Bru
Chella
Balneario de Santa Ana
Enova
Solana de Alambim
Casa de Gachas
1013
Casas de Ligero
Benali
Anna
Sellent
Estubeny
Torre Lloris
Río Barxeta
Lugar Nuevo de Fenollet
Barxeta
Los Corrales
Sierra del Buixcarró
728
676
Llosa de Ranes
Rotglà y Corberà
Xàtiva (árab. Xateba)
Genovés
Pinet
El Saytón
La Granja de la Costera (120)
Torrella
Torre-Cerda
Castillo Mayor
Cova Negra
Alboy
Sierra de la Creu
Castillo de Chio
Convento de Santo Domingo
Caserio Benigüengo
991
Cueva
ENGUERA
Castillo
L'Alcúdia de Crespins
Barranco Benacancil
Castillo
Novelé
Benigànim
Llutxent
El Transformador
Benamil
Montesa
CANALS (157)
Bellús
Quatretonda
Almansa
128
Alicante

Zd
Ze
Zf
Aa
Ab
95
Villareal
El Grao de Sagunto
Monte Picayo
Planta
Siderúrgica
Puçol
Playa de Mar
Rafelbuñol
Tres Colinas
Playa del Puig
Puig
65
111
La Pobla de Farnals
La Torre
Massamagrell
Massalfassar
Museros
Emperador
Moncada
Albuixech
Playa de Albuixech
Vinalesa
Albalat dels Sorells
Foios
Masarrochos
Rocafort
Bonrepòs y Mirambell
Godella
Meliana
Almàssera
Playa de Alboraya
Playa de la Malvarrosa
BURJASSOT
Alboraya
Playa de las Arenas
VALÈNCIA
Mislata
Requena
(árab. Medina- bû- tarab)
El Grao
La Punta
Golfo de Valencia
Costa del Azahar
Palma de Mallorca
Eivissa (Ibiza)
Benetússer
Paiporta
Sedaví
Pinedo
Playa de Nazaret
Playa de Pinedo
Alfafar
Massanassa
Catarroja
El Saler
Playa del Saler
Albal
Beniparrell
Silla
Almansa
La Albufera
Playa de Dehesa
Parador Luis Vives
Casa Ale
Casa Zacarés
El Palmar
Playa del Recati
Laguna de la Plana
Puerta del Sol
Almussafes
Casa Sisentes
Benifaió
Sollana
El Perelló
Playa de Las Palmeras
Mocarra-Bobalar
Monte de los Santos
Playa de Mareny
Las Palmeras
Mareny Barraquetas
Bega del Mar
Casa Gobernador
Sants de la Pedra
Mareny de San Lorenzo
Mareny Blau
Mareny de Vilches
Albalat de la Ribera
SUECA
Balsa de San Lorenzo
Ermita
Faro de Cullera
Alzira
Algemesí
Polinyà de Xúquer
Riola
Torre del Cabo
Benicull
Fortaleny
Castillo
CULLERA
Horno Carrascosa
Casas Jijara
Alzira
Corbera
Llauri
El Brosquil
Monasterio de Jerónimos (Murta)
Favara
Sierra de la Murta
Cullera
La Goleta
Sierra de les Agulles
Rocas
Playa de Tabernes
625
La Marina
Barraca de Aguas Vivas
114
TABERNES ((TAVERNES))
Benifairó de Valldigna
Casa del Alcalde
El Realengo
Simat de Valldigna
Monasterio de Simat
Playa de Xeraco
Playa de Xeresa
77
Xeraco
447
La Safor
Playa de El Grao de Gandía
Tavernes
Barxeta
Los Corrales
La Puig-Mola
Barx
Mondúber
Colonia Ducal
Castillo de Bayren
Xeresa
Sierra del Buixcarró
728
841
La Drova
676
Cueva de Parpalló
Castillo de San Juan
El Grao de Gandía
Playa de Venecia
Sierra de la Creu
Pinet
Sierra de Gandía
Beniopa
Daimús
Marchuquera
GANDÍA
Castillo de Chío
627
Autopista del Mediterráneo
Miramar
115
Convento de Santo Domingo
San Jerónimo de Cotalba
Bellreguart
La Playa de la Torre de Piles
Benigànim
Llutxent
Almoines
Piles
Playa de Oliva
Quatretonda
Rótova
Beniarjó
Alquería (Comtessa)
Dénia
129

Ericeira
Mafra
Torres Vedras
100
Caldas da Rainha
Qd
Qe
Qf
Ra
115
116
117
118
119
Valverde
Igreja Nova
Seixal
Assafora
Alcainão Grande
Malveira
Venda do Pinheiro
Póvoa da Galega
Sobreira
Tesoureira
Santiago dos Velhos
Calhandriz
São João dos Montes
Alhandra
Porto Alto
Praia da Samarra
Catribana
RESERVA NATURAL
São João das Lampas
Cheleiros
Quintas
Santo Estêvão das Galés
Cabeço de Montachique
Bemposta
Sobralinho
Santa Eulália
Montemuro
Lousa
Bucelas
Alverca
Alverca do Ribatejo
Magoito
Praia de Magoito
Bolembre
Carne Assada
Montelavar
Maceira
Fanhões
Vialonga
Portas do Capitão Mór
Fontanelas
Godigana
Pêro Pinheiro
Almargem do Bispo
Covas de Ferro
Murteira
Zambujal
Portagem
Azenhas do Mar
Gouveia
Terrugem
Covões
Morelena
Santo Antão do Tojal
São Julião do Tojal
RESERVA
Póvoa de Santa Iria
Portas do Mouchão da Cabra
Praia das Maçãs
Praia Pequena
Janas
Vila Verde
Almornos
Bótica Sete
Santa Iria da Azóia
NATURAL DO
Praia Grande
SINTRA
Colares
Morelinho
Sabugo
Vale de Lobos
Dona Maria
Camarões
Caneças
LOURES
Unhos
Portas do Marão do Cão
Praia da Adraga
Cesas
Novas
Lourel
Palácio Nacional
Algueirão
Frielas
São João da Talha
ESTUÁRIO
Cabo da Roca
SINTRA
Castelo dos Mouros
Mem Martins
Meleças
Mercês
Amoreira
Póvoa de Santo Adrião
Bobadela
Pancas
Convento dos Capuchos
Palácio da Pena
Venda Seca
A-da Beja
Golf
Odivelas
Camarate
Sacavém
DO TEJO
Azoia
Serra de Sintra
Rio de Mouro
Cacém
Belas
Charneca
Ameixoeira
AEROPORTO
Lumiar
Moscavide
Olivais
Ponto mais Ocidental do Continente Europeu
490
Malveira de Cima
Linhó
Zambujal
Albarraque
Queluz
AMADORA
Pontinha
Carnide
Arneiro
Manique de Cima
Castelo
Benfica
Campo Grande
Guincho
Murches
Alcoitão
Carrascal
Trajouce
Tercena
Poço do Bispo
Areia
Alcabideche
Bicesse
Leião
Barcarena
Monsanto
228
Rio Tejo
ALOCHETE
Birre
Abóboda
Linda-a-Pastora
Carnaxide
Castelo
Samouco
Cabo Raso
Torre
ESTORIL
Tires
São Domingos de Rana
Porto Salvo
Caxias
Linda-a-Velha
Ajuda
Mosteiro dos Jerónimos
LISBOA
Alfama
MONTIJO
Boca do Inferno
CASCAIS
Parede
Carcavelos
Paço de Arcos
Ponte do 25 de Abril
Cacilhas
Atalaia
OEIRAS
BELÉM
ALMADA
Costa do Estoril
São Julião
Trafaria
Banática
Caparica
Portagem
BARREIRO
Rosário
Pequenos
Lançada
Sarilhos Grandes
Bugio
Cova do Vapor
Lavradio
Gaio
Quinta de Santo António
Vale Flor
Cova da Piedade
Baixa da Banheira
Manhoso
Costa da Caparica
Capuchos
Sobreda
Feijó
Almada/Costa da Caparica
Alhos Vedros
MOITA
Corroios
Amora
Santo André
Seixal
Costa do Sol
Palhais
Vila Chã
Charneca
Arrentela
Aldeia de Paio Pires
Santo António da Charneca
Penteado
Pinhal Novo
Foguteiro
Palhais
Palhota
Setxal/Sesimbra
Outeiro
Olhos de Água
Coina
Penalva
Pinhal d'El-Rei
Brejos Correteiros
Pinhal da Aroeira
Barreiro
Fonte da Telha
PALMELA
Fernão Ferro
Quinta do Anjo
Fortaleza (Pousada)
Pinhal do Arneiro
Parque Verde
Aldeia dos Pinheiros
Cabanas
RESERVA
Apostiça
Brejos
DA MATA
(Vila Fresca de Azeitão)
Serra de São Luís
São Simão
São Luís
392
SETÚBAL
Medos de Albufeira
NACIONAL
Casa de Infantado
Aiana de Baixo
(Vila Nogueira de Azeitão)
São Lourenço
Castelo São Filipe (Pousada)
Lagoa de Albufeira
DOS MEDOS
Pinhal do Mesquita
Alfarim
Almoinha
Serra da Arrábida
Ponta do Adoche
Outão
Tróia
Caixas
Praia da Tramagueira
Aldeia do Meco
Santana
Sampaio
Portinho da Arrábida
Praia de Portinho
Complexo Turístico
Cetóbriga (Ruína Romana)
Calhariz
Convento Novo
Praia de Alpertuche
Costa da Galé
Sines
-de Baixo
Pedreiras
Zambujal de Cima
SESIMBRA
Reserva Nat. do Estuário do Sado
Ponta dos Lagosteiros
Praia da Figueirinha
Praia dos Lagosteiros
Serra
Serra do Cabo
Corroios
Forte do Cavalo
Praia do Espadarte
Cabo de Aires
Costa Bela
Nª Sª do Cabo
156
Cabo Espichel
Porto da Baleeira
Baía de Setúbal
130

Santarém
101
Rb
Rc
Rd
Re
CORUCHE
Samora Correira
Torre
Gamas
Est. Coruche
Quinta Grande
Vale Mouro
Barrões
Caldas da Rainha
Telhal
Carregueira
Raposeira
Cavaleiros
Aroeira
Foros do Biscainho
Vale Grande
Formosa
Boavista
Aldeia Velha
115
Monte dos Condes
Foros do Almada
Foros da Branca
Foros do Rebocho
Salgueirinha (Paragem)
Foros da Salgueirinha
Açude do Monte da Barca
Foros da Fonte de Pau
Verdugos
Pinçalinhos
Adema
Santo Estêvão
Água Boa
Sesmaria Nova
Carregais
Infantado
Est. São Torcato
Carregoeira
Latadas
Fazendas das Figueiras
Foros dos Carapuções
Várzeas
Figueiras
Lave (Estação)
Cordiçadas do Lavre
Casas Novas
Godeal
Ribeira de Lavre
Monte dos Frades
116
interdita
Distrito de Santarém
Distrito de Setúbal
Canha
Carrapatal
Sesmaria Nova
Lavre
Est. Canha
Pitamariça de Baixo
Taipadas
Abegoaria
Canafecheira
Foros de Vale de Figueira
Pontal
Foros do Trapo
Paúl da Amieira
Santo Isidro de Pegões
Ribeira de Canha
Vidigal
Rio Frio
Lagou do Calvo
Amieira
Vala da Asseiceira
Pegos Claros
Est. Bomel
VENDAS NOVAS
Est. S. João das Craveiras
Est. Pegões
Rádio Marconi
Forninho
de Cima
Espira-
de Baixo
Monte das Piçarras
Ajuda Velha
Cuncos
Est. Lagoa da Palha
Barragem dos Vinte e Dois
Poceirão
Fernando Pó
Est. Fonte
Est. Valdera
Est. Cabrela
Silveiras
Lau
Arraiados
Vale de Ancho
Safira
Algeruz
117
Landeira
Nicolau
Águas de Moura
Marateca
Retorta
Cabrela
Grou
Brejo
Ribeira de Marateca
Ribeira de Cabrela
Mocho
Est. Águas de Moura
Moinhola
Quinta do Sousa
Torre da Gadanha
(en constr.)
Est. Mourisca-Sado
Zambujal
São Romão
Gâmbia
Setúbal
Montinho
Est. Praixa-Sado
Brejo de Canes
Cacho-farra
Praia do Sado
Est. Praça do Quebedo
Charneca
Vale de Asna
Olheiro
Casebres
Distrito de Évora
Distrito de Setúbal
Serra Alta
Bairro de Sapec
Santa Catarina
Fangarrifam
Azambujeira
Gorgolim
Mina de Jungeis
São Cristóvão
Ribeira de São Martinho
Palma
Sesmarias das Correias
Colos
Foros de Amendoncia
Foros do Pinheiro
Est. Pinheiro
Troia
RESERVA NATURAL DO ESTUÁRIO DO SADO
Pinheiro
Monte da Volta
Berlonguinho
Rio Sado
Monte Novo
Caeirinha
Santa Susana
Ouvidor
Alberge
Barragem de Pego do Altar
Monsarve
118
Est. Monte Novo-Palma
Monte da Pedra
Estalagem
Moitinha
Murta
Terça
Freixial
Caldeira
Pego do Altar
Costa da Galé
Comporta
Montevil
Batalha
ALCÁCER DO SAL
Santa Catarina
Sesmarias dos Pretos
Canelas
Cachopos
Torre
Barrosinha
Alfebrinho
Carvalhoso
Alfebre do Mato
Outeirão
Carvalhal
Torroal
Maceira
São Soeiro
Arouca
Artolo da Pernada do Marco
Foros de Albergaria
Est. Vale de Guiso
Vale de Guiso
Couseira
119
Colónia Penal
Casa Branca
São Bento
Algalé
Pinheiro da Cruz
Pedrógão
Frades
Vale
Pousada Vale do Gaio
Barragem de Vale do Gaio
Martim Afonso
São Romão do Sadão
Xarraminha
Sines
130
Grândola

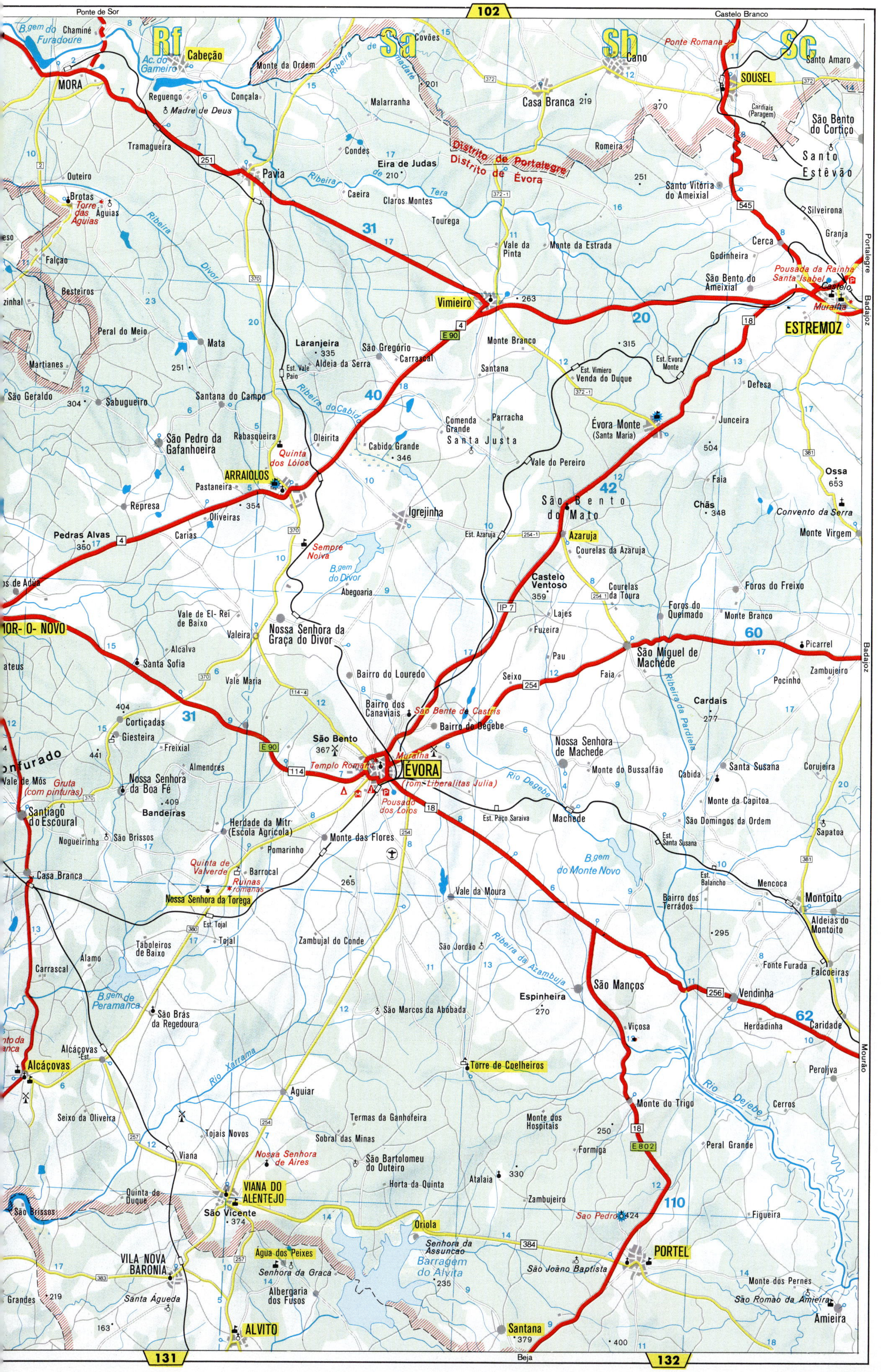

Ponte de Sor
102
Castelo Branco
Rf
Sa
Sb
Sc
B.gem do Furadouro
Chaminé
Cabeção
Ac. do Gameiro
Monte da Ordem
Covões
Cano
Ponte Romana
Santo Amaro
SOUSEL
MORA
Reguengo
Madre de Deus
Conçala
Malarranha
Casa Branca
Cardiais (Paragem)
São Bento do Cortiço
Tramagueira
Condes
Eira de Judas
Distrito de Portalegre
Distrito de Évora
Romeira
Santo Estêvão
Outeiro
Pavia
Caeira
Claros Montes
Tourega
Santo Vitória do Ameixial
Brotas
Torre das Águias
Águias
Silveirona
Granja
Cerca
Vale da Pinta
Monte da Estrada
Godinheira
Falcão
Besteiros
São Bento do Ameixial
Pousada da Rainha Santa Isabel
Castelo
Muralha
Vimieiro
ESTREMOZ
Peral do Meio
Mata
Laranjeira
São Gregório
Carrascal
Aldeia da Serra
Monte Branco
Est. Évora Monte
Est. Vimieiro
Venda do Duque
Santana
Martianes
Defesa
São Geraldo
Sabugueiro
Santana do Campo
Comenda Grande
Parracha
Santa Justa
Évora Monte (Santa Maria)
Junceira
São Pedro da Gafanhoeira
Rabasqueira
Oleirita
Cabido Grande
Quinta dos Lóios
Vale do Pereiro
ARRAIOLOS
Pastaneira
Represa
Ossa
Faia
São Bento do Mato
Chãs
Convento da Serra
Igrejinha
Oliveiras
Carias
Pedras Alvas
Est. Azaruja
Azaruja
Monte Virgem
Sempre Noiva
Courelas da Azaruja
B.gem do Divor
Castelo Ventoso
Courelas da Toura
Foros do Freixo
Abegoaria
Foros do Queimado
Monte Branco
Lajes
Vale de El-Rei de Baixo
Fuzeira
MOR-O-NOVO
Valeira
Nossa Senhora da Graça do Divor
Alcalva
Pau
São Miguel de Machede
Picarrel
Santa Sofia
Bairro do Louredo
Seixo
Faia
Zambujeiro
Vale Maria
Pocinho
Bairro dos Canaviais
São Bento de Castris
Cardais
Cortiçadas
Bairro do Degebe
Giesteira
Freixial
São Bento
Muralha
Nossa Senhora de Machede
Almendres
Templo Romano
ÉVORA
Monte do Bussalfão
Cabida
Santa Susana
Corujeira
Vale de Mós
Gruta (com pinturas)
Nossa Senhora da Boa Fé
(tom. Liberalitas Julia)
Rio Degebe
Monte da Capitoa
Santiago do Escoural
Bandeiras
Pousada dos Lóios
Herdade da Mitra (Escola Agrícola)
Est. Paço Saraiva
Machede
São Domingos da Ordem
Nogueirinha
São Brissos
Monte das Flores
Est. Santa Susana
Sapatoa
Pomarinho
Quinta de Valverde
Barrocal
Ruínas romanas
B.gem do Monte Novo
Est. Balancho
Casa Branca
Mencoca
Nossa Senhora da Tourega
Vale da Moura
Bairro dos Terrados
Montoito
Est. Tojal
Aldeias do Montoito
Tojal
Taboleiros de Baixo
Zambujal do Conde
São Jordão
Ribeira da Azambuja
Fonte Furada
Falcoeiras
Álamo
Carrascal
São Manços
Vendinha
B.gem de Peramanca
Espinheira
São Brás da Regedoura
São Marcos da Abóbada
Herdadinha
Caridade
Viçosa
Alcáçovas-Est.
Alcáçovas
Torre de Coelheiros
Perolivа
Rio Xarrama
Aguiar
Rio Degebe
Cerros
Monte do Trigo
Seixo da Oliveira
Termas da Ganhoteira
Monte dos Hospitais
Tojais Novos
Sobral das Minas
Formiga
Peral Grande
Viana
Nossa Senhora de Aires
São Bartolomeu do Outeiro
Atalaia
Quinta do Duque
Horta da Quinta
Zambujeiro
VIANA DO ALENTEJO
São Brissos
São Vicente
São Pedro
Figueira
Oriola
Senhora da Assunção
VILA NOVA BARONIA
Água dos Peixes
Barragem do Alvito
São João Baptista
PORTEL
Senhora da Graça
Monte dos Pernes
Grandes
Santa Águeda
Albergaria dos Fusos
São Romão da Amieira
Amieira
ALVITO
Santana
131
Beja
132
Portalegre
Badajoz
Mourão

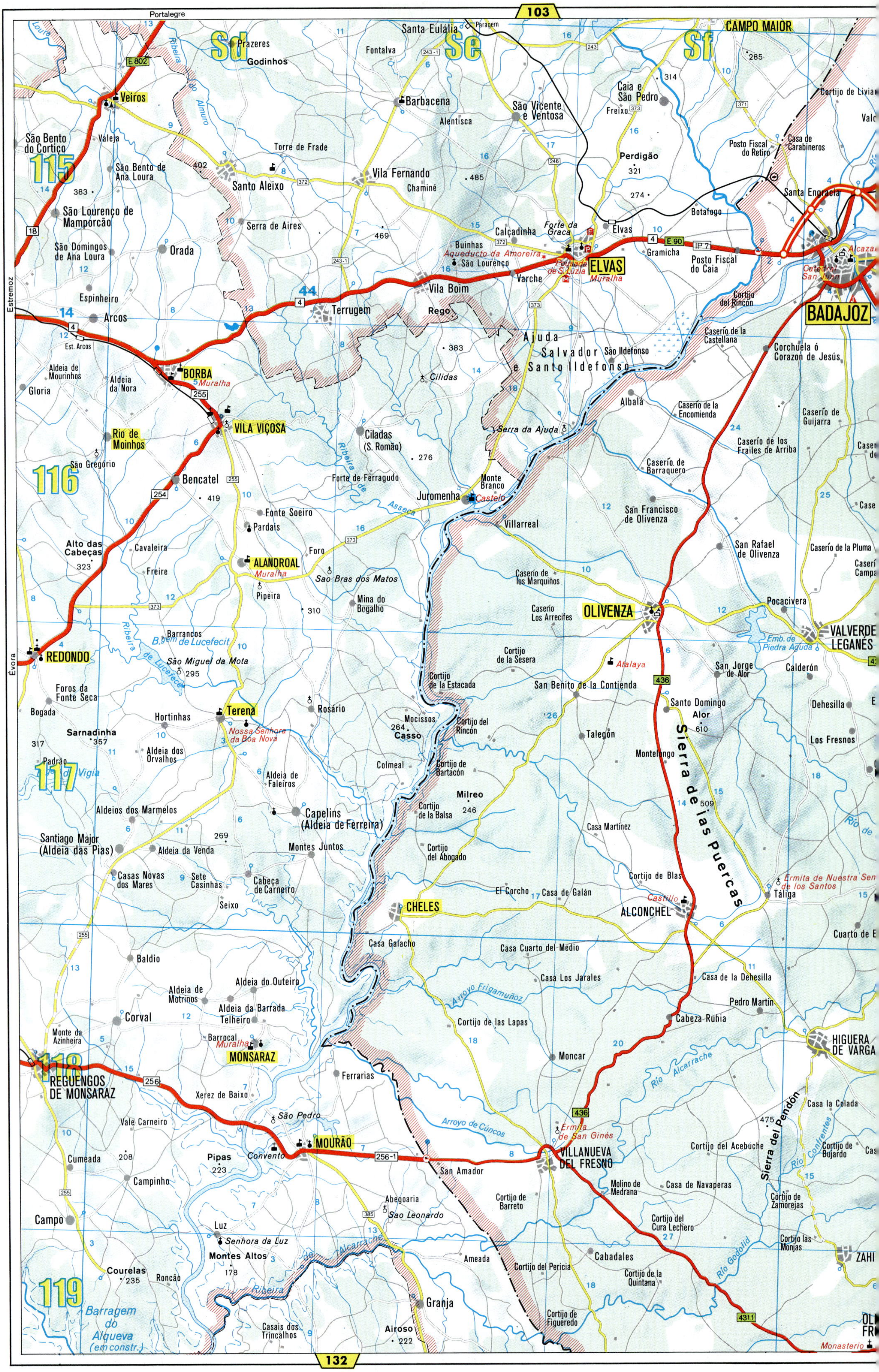
103
132
Portalegre
Estremoz
Évora
Sd
Se
Sf
115
116
117
118
119
CAMPO MAIOR
Prazeres
Godinhos
Santa Eulália
Paragem
Fontalva
Barbacena
Alentisca
São Vicente e Ventosa
Caia e São Pedro
Freixo
Perdigão
Cortijo de Livia
Posto Fiscal do Retiro
Casa de Carabineros
Santa Engracia
Botafogo
Veiros
Valeja
São Bento do Cortiço
São Bento de Ana Loura
Torre de Frade
Santo Aleixo
Vila Fernando
Chaminé
São Lourenço de Mamporcão
Serra de Aires
São Domingos de Ana Loura
Orada
Calçadinha
Forte da Graça
Elvas
Gramicha
Posto Fiscal do Caia
Buinhas
Aqueduto da Amoreira
São Lourenço
Pousada de S. Luzia
ELVAS
Muralha
Varche
Espinheiro
Vila Boim
Terrugem
Rego
Cortijo del Rincón
BADAJOZ
Catedral San Juan
Alcazaba
Arcos
Est. Arcos
Ajuda
Salvador
São Ildefonso
e Santo Ildefonso
Caserío de la Castellana
Corchuela ó Corazon de Jesús
Aldeia de Mourinhos
Aldeia da Nora
Gloria
BORBA
Muralha
Cilidas
Albalá
Caserío de la Encomienda
Caserío de Guijarra
VILA VIÇOSA
Rio de Moinhos
Serra da Ajuda
Ciladas (S. Romão)
Caserío de los Frailes de Arriba
São Gregório
Caserío de Barraquero
Bencatel
Forte de Ferragudo
Monte Branco
Juromenha
Castelo
Ribeira de Asseca
Fonte Soeiro
Pardais
Villarreal
San Francisco de Olivenza
San Rafael de Olivenza
Caserío de la Pluma
Alto das Cabeças
Cavaleira
Foro
Freire
ALANDROAL
Muralha
Sao Bras dos Matos
Caserío de los Marquiños
Pipeira
Mina do Bogalho
Caserío Los Arrecifes
OLIVENZA
Pocacivera
VALVERDE DE LEGANÉS
Emb. de Piedra Aguda
Barrancos
B.gem de Lucefecit
REDONDO
São Miguel da Mota
Ribeira de Lucefecit
Cortijo de la Sesera
Atalaya
San Jorge de Alor
Calderón
Cortijo de la Estacada
San Benito de la Contienda
Foros da Fonte Seca
Santo Domingo
Alor
Dehesilla
Bogada
Hortinhas
Terena
Rosário
Mocissos
Casso
Cortijo del Rincón
Nossa Senhora da Boa Nova
Sarnadinha
Padrão
Vigia
Aldeia dos Orvalhos
Colmeal
Talegón
Montelongo
Los Fresnos
Sierra de las Puercas
Aldeia de Faleiros
Cortijo de Bartacón
Milreo
Aldeios dos Marmelos
Capelins (Aldeia de Ferreira)
Cortijo de la Balsa
Casa Martinez
Río de
Santiago Major (Aldeia das Pias)
Aldeia da Venda
Montes Juntos
Cortijo del Abogado
Casas Novas dos Mares
Sete Casinhas
Cabeça de Carneiro
Cortijo de Blas
Ermita de Nuestra Señora de los Santos
Seixo
CHELES
El Corcho
Casa de Galán
Castillo
ALCONCHEL
Táliga
Casa Galacho
Casa Cuarto del Medio
Cuarto de E
Baldio
Casa Los Jarales
Casa de la Dehesilla
Aldeia do Outeiro
Aldeia de Motrinos
Aldeia da Barrada
Telheiro
Arroyo Frigamuñoz
Pedro Martín
Corval
Cortijo de las Lapas
Cabeza Rubia
Monte da Azinheira
Barrocal
Muralha
MONSARAZ
Moncar
HIGUERA DE VARGAS
REGUENGOS DE MONSARAZ
Ferrarias
Río Alcarrache
Xerez de Baixo
São Pedro
Arroyo de Cúncos
Ermita de San Ginés
Casa la Colada
Sierra del Pendón
Vale Carneiro
Cortijo del Acebuche
Cortijo de Bujardo
Cumeada
Pipas
Convento
MOURÃO
San Amador
VILLANUEVA DEL FRESNO
Río Contientes
Campinho
Molino de Medrana
Casa de Navaperas
Abegoaria
Sao Leonardo
Cortijo de Barreto
Cortijo de Zamorejas
Campo
Luz
Senhora da Luz
Cortijo del Cura Lechero
Cortijo las Monjas
ZAHI
Montes Altos
Ameada
Río Alcarrache
Cortijo del Pericia
Cabadales
Río Godolid
Courelas
Roncão
Cortijo de la Quintana
Ribeira
Granja
Barragem do Alqueva (em constr.)
Casais dos Trincalhos
Airoso
Cortijo de Figueredo
Monasterio
E 802
E 90
IP 7

104
133
134
Cáceres
Mérida
Ciudad Real
Córdoba
Sevilla
Fregenal de la Sierra
Tb
Tc
Td
Te
Las Carboneras
Cortijo de las Monjas
Cortijo de Madroño
Cortijo de la Llave
Cortijo Quintana
Cortijo de Capote
Las Tiendas
Casa de Gavilanes
Emb. de Los Canchales
El Carrasclejo
Cancho-Gordo
Coto Capitán
Mirandilla
Casa Herrerilla
Cortijo de Márquez
Emb. de Proserpina
Presa Romana
Trujillanos
Alcazaba
Novelda del Guadiana
Estación de Talavera
Pueblonuevo del Guadiana
Guadiana del Caudillo
MONTIJO
Casarente
Pueblo Nuevo del Lácara
Esparragalejo
Estación de Aljucén
La Cortegana
Acueducto Romano
La Garrovilla
Los Hornos
Los Fresnos
La Colonia
Los Cercados
Torremayor
Emb. de Montijo
Matadero Provincial
Circo Romano
Anfiteatro Romano
MÉRIDA
Alcazar
Murallas Romanas (rom. Augusta Emerita)
Par. Nacional
Vía de la Plata
Balboa
Valdelacalzada
Puebla de la Calzada
Barbaño
El Piño
Calamonte
TALAVERA LA REAL
Villafranco del Guadiana
Casa Senuista
Guadajira
Lobón
Río Guadiana
Ermita de San Serván
Arroyo de San Serván
Sierra de San Serván
Casa del Encinar
Don Álvaro
Don Tello
Castillo y Cortijo Casa Colorada
La Risca
Alvarado
Cortijo de la Cascajosa
Cortijo del Portugués
Cortijo de la Calderona
La Honrada
Cortijo de los Granadinos
Río Guadajira
Cortijo de Mazas
Casas de la Cora
P.to de Sevilla
Cortijo del Barbudo
Cortijo de Palomarejo
Cortijo del Olivar
Cortijos de la Pijotilla
Cortijo de Doña Teresa
Casa de Guadarjira
Casa de la Carrascala
Torremegía
Cortijo de Chaves
Obando
Emb. de Alange
Camino de la Plata
Cortijo de Santa María
Cortijo de San Román
Cortegana
Chaparral
Retamal
Cortijo del Cura
Solana de los Barros
Casa de la Carboneras
Cortijo del Mochuelo
Cortijo El Mazo
LA ALBUERA
Entrin Bajo
Corte de Peleas
Cortijo de Ceballos
Laguna Grande
Entrin Alto
Cortijo de la Colegiata
Cortijo Villa Catalina
Cortijo del Potosí
Cerro del Moro
Cortijo Chico de Capela
Cortijo de Valdelasierpe
Tierra de Barros
ALMENDRALEJO
Palacio
Palacio Quemado
Entrines
Casa Roja
ACEUCHAL
Espartales
Las Colmenitas
Los Llanos
Torre de Miguel Sesmero
Ruinas Romanas
SANTA MARTA
Villalba de los Barros
Matilla
Manantial
ALMENDRAL
Castillo
NOGALES
Valdehierro
Cortijo Carrascal
Cortijo de la Mimosa
Convento de Rocamader
Sierra de María Andrés
Campo de la Parra
Barrio del Pilar
El Rascón
VILLAFRANCA DE LOS BARROS
Guarida
La Morera
Embalse de Albuera de Feria
San Juan
San Pedro
Huerta Cruz
San Isidro
Ermita de San Isidro
Cementerio
La Herrería
La Parra
Cubo de la Canal
FUENTE DEL MAESTRE
SALVALEÓN
FERIA
Trasierra
Baños del Moral
SALVATIERRA DE LOS BARROS
Peregrina y Bodegas
Huerta Julián
Cortijo de Rosita
Sierra de Santa María
Campo Gallego
Cortijo La Caballera Nueva
Sierra Vieja
El Portero
Don Blasco
Sierra de Salvatierra
Sierra del Castellar
Embalse de Guadajira
Embalse de Zafra
El Moral
La Santa Cruz
Portazgo ó San Antonio
Cortijo los Buenos
La Lapa
Nuestra Señora de la Estrella
LOS SANTOS DE MAIMONA
Cortijo de las Veranas
Cortijo de Marianes
Montes
Cabrahiga
Muralla
ZAFRA
Ciudad Romana
La Estación
Sierra Gorda
Los Barciales
Embalse de Albuera de Castellar
Buen Suceso
Alcazar
(iber. Segada) (rom. Julia Restituta)
Par. Nacional Hernán Cortés
Sierra de los Santos
Coto Murillo
Cortijo del Guarda
Las Morilas
El Álamo
Alconera
Valle de Matamoros
BURGUILLOS DEL CERRO
Huertas Concejo
Puebla de Sancho Pérez
Matanegra
Valle de Santa Ana
Arroyo del Castaño y Rubiales
Puerto de Santo Domingo
Palomar Navas
Ermita Belén
El Raposo
Los Clementes
Barreales
Campo de Santo Domingo
Embalse de Brovales
Brovales
Begíco
JEREZ DE LOS CABALLEROS
Cumbres
Jacintos
Santísimo Criste del Humilladero
MEDINA DE LAS TORRES
Atalaya
Murallas
Emb. de Albuera
Mina de Santa Justa
Valverde de Burguillos
El Castaño
El Rabilero
Valvengo
Embalse de Valuengo
Río Ardila
Cortijo de Antón Sánchez
Cabrera
Cabezaquemada
Los Bolsicos
Calzadilla de los Barros
Almendral
Rota

105
Ciudad Real
Te
Tf
Ua
Ub
Casa El Mentidero
E 90
Casas del Guadalperal
Ermita de San Isidro
Santa Amalia
Hernán Cortés
Castillo de la Encomienda
Valdivia
Río Guadiana
Casa de Cerro Pelao
430
23
Emb. de Cornalvo
Casa de Cerros Verdes
Campomanes
Torrefresneda
520
Casa del Ramblazo
Casa de la Isla de Remondo
Casa de la Veguilla
Don Llorente
Entrerrios
Casa de P
Chinas Blancas
Yelbes
Casa de los Pilares
Casa Cazales
Casa de la Dehesa de las Yeguas
Sierra de Yelves
391
VILLANUEVA de la Serena
Río Zújar
Canal del Zújar
San Pedro de Mérida
NV
20
Mérida
Castillo
MEDELLIN
(rom. Metelinum)
(264)
DON BENITO
(279)
(234)
420
Ermita Santa Mar
Río Guadiana
Mengabril
Apt. Medellín
Casa de Zapatero
115
Valverde de Mérida
Casa del Guijo
Valdetorres
Casa de Plantonada
Casa de Calderonas
Casa del Casquero
Huerta de Granda
La Haba
Ermita de Santa Lucía
La Coronada
Est. Magacela
Castillo
Charca Grande
Vado
Casa del Tejar
La China
La Estación Guareña
Arroyo del Zújar
Casa de Medina
Las Gamitas
Sierra de la Ortiga
Cruces
Ermita de los Mártires
562
Ermita de los Remedios
Magacela
Casa del Tonto
Villagonzalo
Canal del Zújar
423
GUAREÑA
Casa de Rodriguillo
Casa Las Rozas
Casa de Valdeprado
Río Guadámez
659
Casa de los Delgados
Casa de Pastores
Casa de Cabeza Redonda
Casa de Morillos
Castillo
43
CAMPANARIO
(398)
Estación Zarza de Alange
Cristina
Arroyo Chaparral
Casa del Toconal
Caserío Antigua
Ermita de Nuestra Señora de la Antigua
Casa del Intendente
La Estación
Valdearenales
La Lapa
L A
Zarza de Alange
Las Zapateras
Manchita
Casa de Catalina
Casa de la Bóveda
Casa de las Lomas
Sierra de la Lapa
Ruinas Romanas
ALANGE
La Culebra
Oliva de Mérida
Los Carneriles
Casa de la Vega de los Maderos
Sierra del Arrozao
La Guarda
Casa de Guerechal
Sierra de Utrera
Sierra de la Garza
Casa de los Corteses
Oliva
677
Casas de Valdelapeña
116
Casa del Tendero
Casa de la Dehesa de Utrera
Sierra Agalla
Casa de Buenavista
Casa de la Encomendilla
La Garza
Casa de la Pajosa
Casa de Valdegama de Arriba
Ermita de San José
Tamujoso
(409)
QUINTANA de la Serena
Sierra de la Trancha
Cortijo de los Novillos
Cortijo del Chaparral
Campo Ameno
Arroyo de San Juan
Casa de Aguas del Rey
Cortijo de los Morales
342
Las Poyatas
Palomas
Cortijo de la Argamasa
Tejonera de Arriba
Abejarrones de Arriba y de Abajo
Valle de la Serena
Casa de la Dehesilla
Las Matas
Cortijo de los Codrios
Cortijo de los Calerizos
Cortijo de la Bermeja
Sierra de Guadámez
El Madroño
Puebla de la Reina
Cortijo de San Antonio
Malpartida de la Serena
ZALAMEA de la Serena
Castillo
(485)
Cortijo del Aguila
Cortijo de la Mineta
Cortijo de la Estanquera
Ermita
Cortijo de Prin
707
Higuera de la Serena
Castillo
Cortijo de Buenamira
Cortijo de la Donosa
Los Llanos
Cuarteles de la Osa y Las Navas
654
413
El Esparragal
Pino
Casas Las Huelgas
Casa La Tallisca
Arroyo de la Tallisca
Gallegos y Herreras
Cortijo Los Llanos
708
117
Baños de los Remedios
Cortijo La Solana
Puebla del Prior
Buzalén e Irines
Hornachos
943
Casa la Hoya
Casas El Membrillero
Pozos de la Fuente Santa
Retamal
Sierra de Argallenes
Majada Bur
Cortijo Argallenes
Sierra Grande
Castillo
Ribera del Fresno
Molino La Zalia
HORNACHOS
(539)
Cortijo de los Puertos
Cortijo Las Arcas
La Morala
Arroyo de Santa María
732
Laguna del Santo
Los Pollos
844
Presa de los Molinos (en constr.)
Chaparral y Chapaya
El Casar
Llanos de las Corchas
Cortijo Santa María
Sierra del Conde
Dehesa Nueva
79
Santa
Charca del Bercial
Castaños y Trasierra
Campillo de Llerena
Río Matachel
El Bercial
Casa Gavilanes
Cortijo Canta el Gallo
503
Hinojosa del Valle
Caserío La Canchalosa
772
Molino de las Monjas
Cortijo Potrico
Casa La Bóveda
Cortijo Peña Traviesa
Encinares
Sierra Velita
El Valluno
Llera
Laguna de San Fernando
Puerto Llano
Calvo
597
Casa La Tahona
Cortijo El Recorvo
Atalaya
600
Los Montes
Chinchin
666
Cortijo de las Desgracias
Laguna
La Sierra
Cortijo Los Riscos
563
Cornicabra
Valles Fríos
El Zauzal
Cortijo Arriba
118
Emb. de El Mosquil
Reventón
Cortijo de las Provincias
Casas Quiros
Valencia de las Torres
Río Retín
El Raposo
Cortijo Las Torrecillas
437
Agua del Pilar
Dehesa de Palomero
Casa de la Mata
Zafra
609
432
Cortijo La Gavilana
Arroyo Conejo
Rubiales
Maguilla
Llaguna del Moro
USAGRE
Higuera de Llerena
Cortijo del Tío Piche
Cortijo de las Cruzadas
La Barranca
Matorrales
Magdalena
La Vicaría
Arroyo de Romanzal
Cortijo Barrancos
35
La Estación
Cortijo de Pozo Herrera
Malajuncia
Cruz de Cabrera
Cortijo La Merchana
El Coto
119
Bienvenida
Casa de la Vera
Casas del Pontón
Casas de Pila
Cortijo de San José
Jarero
Las Capellanías
Cortijo de Tarilla
Nava Fría
Cortijo de la Pipa
GRANJA de Torrehermosa
Córdoba
134

106
135
136
Ud
Ue
Uf
TALARRUBIAS
PUEBLA de Alcocer
Esparragosa
Galizuela
Sierra del Castillo
Embalse de Orellana
Orellana de la Sierra u Orellanita
Cueva
Casa del Manantial
Tejares
Virgen de las Cuevas
Castillo
Ermita de San Bartolomé
Río Siruela
Río Guadalemar
Río Guadalenar
Casa de la Pachona
Casa de Bartolo
SIRUELA
Tamurejo
Casa del Médico
Motilla
Nuestra Señora de Altagracia
Sierra de Siruela
Sancti Spiritus
Risco
Garlitos
Ermita de la Nazarena
San Antón
Casa de la Grana
Casa de Las Garbayuelas
Terrines
La Sevillana
Hernán Cabrera
Casa San Blas
Embalse del Zújar
Monreal
Casa de Valdeinfierno
Pantano del Zújar
Casa de la Portugalesa
Casa Toril
Casas de Cuesta Mala
Arroyo Dos Hermanas
Casa del Vaquero
Casa del Cerro Sagrado
Casa El Fraile
Ermita de Piedraescrita
Arroyo del Guadalefra
Casa La Muela
Casa Redondo
Berrocal
Río Zújar
Peñalsordo
Capilla
Ermita de San Sebastián
Ermita de Santa Marina
Zarza-Capilla
Sierra del Torozo
Casa de la Peña
Casa de la Burra
Casa del Cabrito
Casa Huerta la Racha
Sierra de la Moraleja
Quinto Las Ventas
Río Guadálmez
Minaj Bombita
Navas
Mina de Santa Catalina
Gualdalmez
R E N A
413
Arroyo Mejorada
Sierra de Castuera
Ermita de San José
Benquerencia de la Serena
Isidro
Apeadero El Quintillo
Belén
Sierra de Tiros
Tiros
961
La Nava
Helechal
Almorchón
CABEZA del Buey
San Blas
Puerto de la Nava
895
420
Estación de Belalcázar
Prov. de Ciudad Real
Prov. de Córdoba
Puerto Hurraco
801
Mangurriano
Canada Honda
Luján
Bulera
El Quintillo
La Tiesa
Cantos Blancos
Zaragantal
Caserío Minas Dificultades
Sierra del Oro
Vallehermosa
Arroyo de Benquerencia
Río Zújar
Arroyo de Malagón
Conejeras
Solana Cabras
Casa de Espina
Trapero
MONTERRUBIO de la Serena
881
El Tallar
Cachiporro
Castillo
BELALCÁZAR
Santa Clara
Las Campiñuelas
Río Guadamatilla
Navajunde
Casas de las Navazuelas
Sijuela
Cañuelo
Arroyo de la Jarilla
Casa de la Torretejeda
Cortijo de la Ventosa
Dehesa de Santa Eufemia
Nuestra Señora de la Consolación
Casa de la Cabra
Cortijo de Casablanca
Cortijo del Postuero
Mataborrachas
Ermita de Santo Domingo
Pedroche
Cerro Blanco
Ermita Cristo de las Injurias
Cortijo de Mano Soberbia
Casa de la Coneja
Estación de Mármol
La Jarilla
Línea discontinuo
HINOJOSA del Duque
Iglesia gótica
Castillo
EL VISO
Virgen de Fátima
El Torozo
Sierra del Torozo
Sierra de la Mesegara
781
Sierra Trapera
La Barquera
Cerro Cohete
639
San Bartolomé
Ermita de San Bartolomé
VILLARALTO
Provincia de Badajoz
Provincia de Córdoba
Sierra del Coscojo
Sierra del Cabrón
770
Angosturias
Arroyo de la Patuda
Los Jarales
Casa de Alfonso Cano
Casa de Don Fernando Luna
Casa de Buenavista
Casa Huerta del Boteró
Fuente la Lancha
La Navarra
749
Blázquez
Valsequillo
El Morconcillo
Embalse de Arroyo Cascajoso
Casa de Cayetano Torres
Casa de Calandilla
VILLANUEVA del Duque
ALCARACEJOS
Las Casas
Sierra del Ducado
Casa de Orihuela
La Granjuela
Sierra Noria
Sierra El Perú
Cortijo del Cuartanero
421
411
Sierra de la Herrera
Sierra de la Grana
811
Porvenir de la Industria
PEÑARROYA-Pueblonuevo
El Alicante
Cámaras Altas
Cerro de la Romera
Córdoba

107
Herrera del Duque
Va
Vb
Vc
Vd
Sierra de Saceruela
Sierra de los Canalizos
Sierra del Prior
Sierra de la Osa
Río Guadiana
Río de Agudo
Río Esteras
Agudo
Ermita de San Isidro
Ermita de San Blas
Baterno
Valdemanco del Esteras
Casa de la Mina
Casa de Valseco
Casa de los Viveros
Castilnegro
Casas de Romeral
Casas de Riseda
Casa de Navalonguilla
Saceruela
Cortijo de Santa Clara
Casa de Santa María
El Chiquero
Lagunillas
Casa de Retama
Valronquillo
Laguna de Michos
Castillo de Ojalora
Casa de Doña Inés
Casas de los Charos
Casa de la Patuda
Abenójar
Cortijo de los Peñoncillos
Casa Esteras
Posada de Colmenas
Puerto del Rayo
Casa de la Calderera
Puerto del Manzano
Embalse de Quejigo Gordo
Casa de los Pilones
Casa de Párraga
Duranes
Casa Jaca
Navalmedio de Morales
Cabezarados
Casas Martín Caro
Palacio de la Ribera
Casa Metalloso
Casa de Corchado
Puerto Grande
Casa de la Huerta del Rosalejo
Gargantiel
Mina Victoria
Chillón
Castillo árabe
ALMADÉN
Virgen del Castillo
Navacerrada
Casa de las Navas
Fontanosas
Casa Blanca
Casas de la Retamosa
115
116
117
118
Casa del Vivero
Embalse de Castilseras
Almadenejos
Mina de la Concepción
Embalse de Entredicho
Castillo Manzaire
Castillo Aznarón
Vega San Ildefonso
Apd. Alamillo
Apd. Chillón
Río Alcudia
Sierra de la Cerrata
Estación de El Madroñal-Fontanosas
Sierra del Torozo
Casas de la Canaleja
Valdeazogues
Estación de Caracollera
Viñuela
Estación de Los Pedroches
Alamillo
Río de la Cabra
Casa del Puerto (Albergue)
Castillo del Vioque
Cerro de las Monterías
Alto de las Lagunas
Morra
Bienvenida
Veredas
Brazatortas
Veredilla
Horcón
Castillo
Sierra del Pajonal
Valtravieso
Bonal
San Blas
Sierra de Alcudia
Sierra de los Bonales
Pasaderas
Casas de la Molina
Santa Eufemia
San Ginés
Río Guadalmez
Arroyo de Santa María
Castillo de Mochuelo
Puerto de San Juan
Judio
Casa Castaños
Casa del Pastor
VALLE DE
Nuestra Señora de Atocha
Arenales
Cerro Capilla
San Benito
Puerto del Mochuelo
Sierra de Mochuelo
Casa de San Juan
Ermita de San Juan
Divina Pastora
Venta de la Inés
Casas del Robledillo
Lomas Coronadas
Puerto de Niefla
Casas de Escorial
Casas de Pedro Morillo
Sierra del
Cerro del Ochavillo
Cerro Gordo
Pájaros
Horcajo
Puerto de Valderrepisa
Cerrejuelo
Guijo
Betán de las Canos
Sierra de la Garganta
Cortijo del Berrocal
Casa Huerta de la Mayorazga
Cortijo El Coto
Cortijo de Cerro García
Torrecampo
San Serafín
La Garganta
Casa Charancho
Peñarrodrigo
Cortijo de los Llanos
Dos Torres
Casa de los Reventones
Cortijo de Santiago
Ermita de San Isidro
PEDROCHE
(árab. Fahs al-Ballut)
Casa del Pozo Linares
Mogabar
Cortijo de Paco El Perito
Añora
Casa del Chabacano
Casa de la Cueva de la Loba
Cortijo del Americano
Conquista
Río Guadalmez
Cortijo de Valera
Casa del Fontanar
Arroyo Membrillo
Cortijo de las Veguillas
Fuencaliente
Río Guadarramilla
POZOBLANCO
Santa Catalina
Casa de los Mocosos
Cortijo de Diego López
Cortijo de Gomarro
Casa de los Mesoneros
Cortijo de la Patricia
Torrubia
Cañada La Huesa
La Romana
La Jara
Rosuela
Barranco Palomo
Virgen de Luna
VILLANUEVA de Córdoba
Cortijo de Serrano
Cortijo de Cantarero
136
Villa del Río

Toledo
108
Daimiel
PIEDRABUENA
(598)
Castillo de Mortara
Laguna de la Camacha
Vf
Wa
Wb
Casas deSanta María
Casa de la Alameda
Las Casas
Casa de Sedano
Casa de los Guardas
Castillo de Calatrava La Vieja
Carrión de Calatrava
Torralba de Calatrava
Barajas
Castillo
El Campillo
Sierra de la Cruz
Casas del Jara
Castillo de Benavente
760
Caserío de Sancho Rey
Catedral Santa María de Prado
CIUDAD REAL
(635)
28
Arroyo
Pellejero
430
420
Sierra de las Majadas
869
Alcolea de Calatrava
Valverde
La Poblachuela
Ermita de San Isidro
MIGUELTURRA
Casa de Peñuelas
Casa de Galera
Casa de Valdecañas
de Valpérez
Casas Castillejo
Casa del Chaparal
814
Laguna de Alcolea
Casas de San Benito
Castillo de Alarcos
Molino de Alarcos
Poblete
Casas La Celadilla
Caserío El Campazo
Casa La Colonia
Casa del Viejo
Casa de las Canteras
Santuario de la Virgen de las Nieves
Laguna de Fuentillejo
Castillo de Calabazas
Central eléctrica de El Martinete
Castillo de Herrera
Casa del Pardillo
Santa Marina
Casa de Ciruela
Laguna de la Inesperada
Casas de Patón
Pozuelo de Calatrava
BOLAÑOS de Calatrava
(646)
Castillo de San Fernando
829
Pozuelos de Calatrava
(580)
Coto
Torrecilla
Casas de Valdarachas
Río Jabalón
Puebla
Laguna de Argamasilla
Corral de Comedias
Casas del Acebuchar
Ermita de San Isidro
Castillo
ALMAGRO
(Antigua Universidad)
415
Casa de la Corruca
Casa de las Duronas
Corral de Calatrava
Cañada de Calatrava
Villar del Pozo
Baños de San Cristóbal
Baños de Fuensanta
Valenzuela de Calatrava
417
Casa Mata Bestias
Laguna de Carrizosa
Caracuel
36
Castillo
Ballesteros de Calatrava
Casa de la Nava
Valdepeñas
CAMPO DE
Casa La Caridad
Castillo El Tesoro
Casa de Rondín
Virgen de los Santos
Casas de Cervera
Casa Cobote
Villamayor de Calatrava
Aljibe
848
Casa del Hoyo
Laguna del Acebuche
860
Casa del Quinto de Santiago
Granátula de Calatrava
Laguna de los Almeros
La Laguna
Casa de las Setecientas
Montanchuelos
Laguna
Laguna de Cucharas
Casa de Pasamontes
Laguna de las Carboneras
Ermita de Nuestra Señora de Zuqueca
La Quinteria
Nuestra Señora del Socorro
Laguna de los Lomillos
Aldea del Rey
Casa del Hormigón
424
ARGAMASILLA de Calatrava
410
Ermita de la Esperanza
Castillo árabe
ALMODÓVAR del Campo
Sierra de Calatrava
CALZADA de Calatrava
(661)
Cortijo del Apañado
Laguna
PUERTOLLANO
Castillo
Ermita de la Santa Brígida
Estación La Nava
E. N. Calvo Sotelo
990
980
Arroyo de Sequillo
Retamar
Casa de Navalonguilla
Castillo de Calatrava la Nueva
Castillo de Salvatierra
Casa El Puerto
Cortijo de León
Colmenar de Chacaló
Asdrúbal
Laguna de Retamar
Mojina
1068
Molino de Delio
Cortijo La Berenjena
Villalba de Calatrava
Sierra de Puertollano
Mata
996
Cabezarrubias del Puerto
860
El Villar
Cortijo de Antonio Montoya
Cortijo de Fontalba
Río Ojailén
Belvis
Cortijo de Crespo
Casa de Chupahueses
Puerto de Mestanza
(871)
Casas del General
(763)
Hinojosas de Calatrava
Villanueva de San Carlos
La Alameda
Casa de Serranillo
Embalse de Fresneda
1096
Casa de la Alberguilla
Los Mirones
CUDIA
Mestanza
Puerto del Burcio
Esparragal
816
Cortijo de Navalaencina
Umbría de Fresnedas
Emb. de Tabillas
Embalse de Montoro
Cortijo del Rasino
Cortijo del Burcio
Río Fresneda
Cortijo de los Aparceros
878
Casa del Aguila
Cortijo de Mata
Molino de los Frailes
Cortijo de Isaac
Casa del Manchego
Cortijo de Churchis
Casa de Baldomero
Cortijo del Alhorín
Casa de las Huesas
1175
Mina de Diógenes
Casa de los Quemados
Casa de los Toriles
Cortijo de Canto Blanco
Casa del Acebuchal
Cortijo de la Cosoja
Casa de Fresnedas
Sierra de Valdoro
Río Montoro
Huertezuelas
1120
Casas de la Monja
Baño de la Tiñosa
Cortijo de la Nava
Cortijo de Pinchino
Casas del Castillo
Casa de Encorrolo
Puerto de los Rehoyos
La Antigua
Cortijo de la Mantuja
Casa de Rumualto
San Lorenzo de Calatrava
Ermita de San Andrés
Sierra de San
Solana del Pino
(750)
Río Montoro
Río Riguelo
1032
Venta del Robledo
Sierra Algova
Cortijo del Cardeal
Solanilla del Tamaral
Chorrillo
1061
Sierra del Agua
Casa de Castillejo
Colmenar de la Parrilla
Sierra Madrona
Río Robledillo
La Neva
Sierra del Herruza
1161
El Hoyo
Casa de Carvajal
Rebollera
1161
Río Jándula
1290
Casa de Hontanar-Gordo
Casilla de Cascajosa
Embalse de Río Grande
Sierra Quintana
Hontanar de Flores
Prov. de Ciudad Real
Provincia de Jaén
Casa de Peñarrubia
1210
Casa de Nava Martina
Casa Nueva de Nava Martina
Contadero
Colonia de Selladores
Casa de Navalzás
Casa de Contosa
Cortijo de la Herradura
Río Valmayor
Casa de Navamuñoz
Casilla Sardina
Embalse de Jándula
El Centenillo
Cortijo del Manto
Loma de Navalonguilla
Casilla del Fontanarejo
137
138

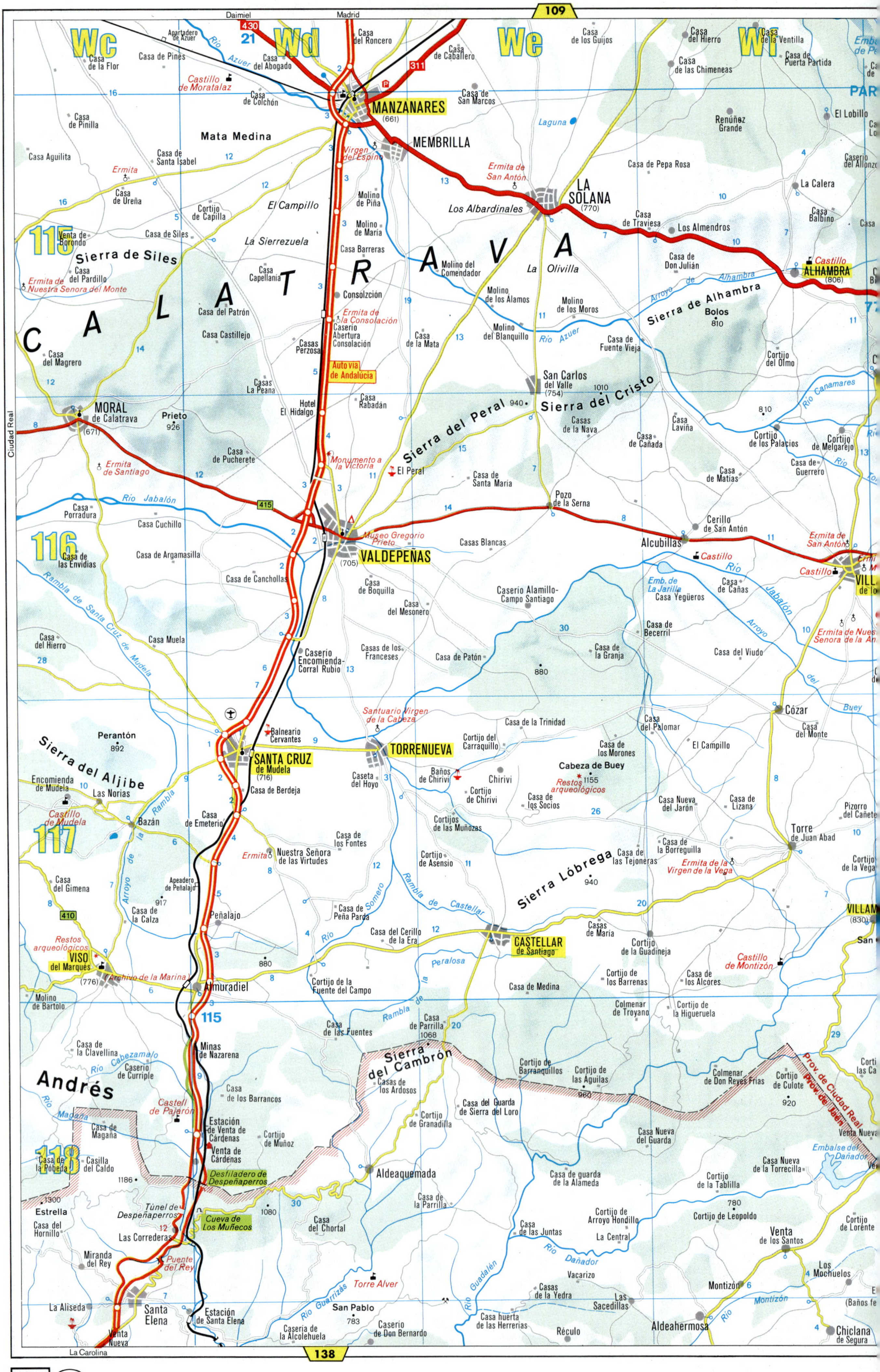
109
Daimiel
Madrid
430
21
311
Wc
Wd
We
Wf
Apartadero de Azuer
Río Azuer
Casa de la Flor
Casa de Pines
Casa del Abogado
Casa del Roncero
Casa de Caballero
Casa de los Guijos
Casa del Hierro
Casa de la Ventilla
Casa de las Chimeneas
Casa de Puerta Partida
Castillo de Moratalaz
Casa de Colchón
MANZANARES
(661)
Casa de San Marcos
Laguna
Casa de Pinilla
Mata Medina
MEMBRILLA
Renúñez Grande
El Lobillo
Casa Aguilita
Casa de Santa Isabel
Virgen del Espino
Ermita
Casa de Ureña
Ermita de San Antón
LA SOLANA
(770)
Casa de Pepa Rosa
La Calera
Casa de Ureña
Cortijo de Capilla
El Campillo
Molino de Piña
Los Albardinales
Casa de Traviesa
Los Almendros
Casa Balbino
Casa de Siles
Molino de María
115
Venta de Borondo
La Sierrezuela
Casa Barreras
Casa de Don Julián
Castillo
ALHAMBRA
(806)
Sierra de Siles
Casa del Pardillo
Ermita de Nuestra Señora del Monte
Casa Capellanía
Molino del Comendador
La Olivilla
C A L A T R A V A
Consolzción
Molino de los Alamos
Molino de los Moros
Arroyo de Alhambra
Sierra de Alhambra
Bolos
810
Casa del Patrón
Ermita de la Consolación
Caserío Abertura Consolación
Casa Castillejo
Casas Perzosa
Casa de la Mata
Molino del Blanquillo
Río Azuer
Casa de Fuente Vieja
Cortijo del Olmo
Casa del Magrero
Autovía de Andalucía
San Carlos del Valle
(754)
1010
Casas La Peana
Casa Rabadán
940
Sierra del Cristo
Río Canamares
MORAL de Calatrava
(671)
Prieto
926
Hotel El Hidalgo
Sierra del Peral
Casas de la Nava
Casa Laviña
810
Casa de Cañada
Cortijo de los Palacios
Cortijo de Melgarejo
Ermita de Santiago
Casa de Pucherete
Monumento a la Victoria
El Peral
Casa de Santa María
Casa de Matías
Casa de Guerrero
Ciudad Real
Río Jabalón
415
Casa Porradura
Pozo de la Serna
Cerillo de San Antón
Casa Cuchillo
Museo Gregorio Prieto
Casas Blancas
Alcubillas
Ermita de San Antón
116
Casa de las Envidias
Casa de Argamasilla
VALDEPEÑAS
(705)
Castillo
Castillo
Casa de Cancholias
Casa de Boquilla
Caserío Alamillo-Campo Santiago
Emb. de La Jarilla
Casa Yegüeros
Casa de Cañas
Rambla de Santa Cruz de Mudela
Casa del Mesonero
Casa de Becerril
Arroyo
Ermita de Nuestra Señora de la An
Casa del Hierro
Casa Muela
Casas de los Franceses
Casa de Patón
Casa de la Granja
Casa del Viudo
Caserío Encomienda-Corral Rubio
880
Río Buey
Santuario Virgen de la Cabeza
Casa de la Trinidad
Casa del Palomar
Cózar
Perantón
892
Balneario Cervantes
TORRENUEVA
Cortijo del Carraquillo
Casa de los Morones
El Campillo
Casa del Monte
Sierra del Aljibe
SANTA CRUZ de Mudela
(716)
Caseta del Hoyo
Baños de Chiriví
Chiriví
Cabeza de Buey
1155
Restos arqueológicos
Encomienda de Mudela
Las Norias
Casa de Berdeja
Cortijo de Chiriví
Casa de los Socios
Casa Nueva del Jarón
Casa de Lizana
Pizorro del Cañete
Castillo de Mudela
Bazán
Casa de Emeterio
Casa de los Fontes
Cortijos de las Muñozas
Torre de Juan Abad
117
Ermita
Nuestra Señora de las Virtudes
Cortijo de Asensio
Casa de la Borreguilla
Casa de las Tejoneras
Ermita de la Virgen de la Vega
Cortijo de la Vega
Casa del Gimena
Apeadero de Peñalajo
Arroyo de la Rambla
Rambla de Castellar
Sierra Lóbrega
940
917
Casa de la Calza
Casa de Peña Parda
Río Somero
410
Peñalajo
Casas de María
VILLAM (830)
Restos arqueológicos
VISO del Marqués
(776)
Archivo de la Marina
Casa del Cerillo de la Era
CASTELLAR de Santiago
Cortijo de la Guadineja
Castillo de Montizón
880
Peralosa
Cortijo de los Barrenas
Casa de los Alcores
Almuradiel
Cortijo de la Fuente del Campo
Casa de Medina
Molino de Bartolo
115
Colmenar de Troyano
Cortijo de la Higueruela
Casa de la Clavellina
Casa de las Fuentes
Rambla de la Rambla
Casa de Parrilla
1068
Río Cabezamalo
Caserío de Curriple
Minas de Nazarena
Sierra del Cambrón
Cortijo de Barranquillos
Cortijo de las Aguilas
Colmenar de Don Reyes Frías
Cortijo de Culote
Prov. de Ciudad Real
Prov. de Jaén
Andrés
Casas de los Ardosos
960
920
Casa de los Barrancos
Castell de Pajarón
Casa del Guarda de Sierra del Loro
Río Magaña
Casa de Magaña
Estación de Venta de Cárdenas
Cortijo de Muñoz
Cortijo de Granadilla
Casa Nueva del Guarda
Venta Nueva
118
Casa de la Pobeda
Casilla del Caldo
Venta de Cárdenas
Embalse del Dañador
1186
Desfiladero de Despeñaperros
Aldeaquemada
Casa de guarda de la Alameda
Casa Nueva de la Torrecilla
Cortijo de la Tablilla
1300
Estrella
Túnel de Despeñaperros
1080
Casa de la Parrilla
780
Casa del Hornillo
Cueva de Los Muñecos
Casa del Chortal
Cortijo de Arroyo Hondillo
Cortijo de Leopoldo
Cortijo de Lorente
Las Correderas
La Central
Casa de las Juntas
Venta de los Santos
Miranda del Rey
Puente del Rey
Río Dañador
Vacarizo
Los Mochuelos
Torre Alver
Casas de la Yedra
Las Sacedillas
Montizón
La Aliseda
Santa Elena
Estación de Santa Elena
San Pablo
783
Río Guarrizás
Río Guadalén
Casa huerta de las Herrerías
Río Montizón
(Baños fe
Venta Nueva
Casería de la Alcolehuela
Caserío de Don Bernardo
Réculo
Aldeahermosa
Chiclana de Segura
La Carolina
138

110
139
140
Xa
Xb
Xc
Xd
Sotuélamos
Ermita de Sotuélamos
Gimeno
MUNERA
(929)
3214
Ermita de San Telmo
Cuarto de Maribáñez
Maripérez
Casa de Montoya
EL Lituero
Casa de Navamarín
Casa del Maranal
Casa Los Puercos
Casa de las Cauques
Casa de Mitra
Casa de Mora
Casa de Abel
Casa de Sabadillas
Casa de la Gata
La Magdalena
Casa de la Ortigosa
Casa de Cabeza Morena
Ruidera
430
OSSA de Montiel
(901)
Lagunas de Ruidera
Laguna de la Colgada
Cueva de Montesinos
Castillo de Rochafría
Laguna de San Pedro
Laguna Concejo
Casa de Doña María
LAGUNAS DE RUIDERA
El Ossero
Sabinares
Loma del Almendro
Laguna Blanca
Cortijo de la Gloria
El Espinillo
Cortijo de Infierno
Casa de Sages
Casa de las Aguas
El Guijoso
Campo de Montiel
Ermita de Santa Ana
EL BONILLO
(1068)
Casa Alberica
Casa de la Sabina
Arroyo del Molinillo
Cañada de la Losilla
Casa de la Quejigosa
Laguna de Navalcudia
Nava Conchel
34
Casa de Herrera
Casa de Cadete
Lezuza
(912)
Casa del Pozo del Conde
Casa Cacharro
Casa del Roble
El Mingote
Venta de San Miguel
Casa del Tonto
Casa de Ricardo
Casa de Elez
Venta de Marta
Salinas de Pinilla
Río Pinilla
Casa del Gallo
Pinilla
El Ballestero
Casa de Pontezuelas
El Jardín
Albacete
Villaverde
Cortijo de las Nogueras
Cortijo Nuevo
Cortijo de Caballeros
Casa de la Lóbrega
Casa de Turra
Cortijo de Chindarga
Casa de los Teatinos
La Monja
Venta de Pepés o Colonia
El Cubillo
Los Chospes
Cortijo de la Cueva
Ituero
Cortijo del Curilla
El Cepillo
Milano
1042
Viveros
(1010)
Cortijo de Eleuterio
Hoya Conejo
Cortijo de la Hoya
Robledo
Arquillo
Arroyo del Rollo
VILLAHERMOSA
415
Cañamares
Santa María
Casa Silverio
Cortijo de Acuña
Casa de la Venta (Venta del Vecino)
Puerto de los Pocicos
(1058)
El Horcajo
Cerroblanco
Masegoso
Castillo La Estrella
Ermita del Santo Cristo
Castillo San Polo
MONTIEL
(900)
Virgen de los Mártires
Cortijo de Flores
Prov. de Ciudad Real
Prov. de Albacete
Povedilla
Canaleja
Solanilla
Santuario de Cortes
Casa Lazna
Cilleruela
Villanueva de la Fuente
Cortijo de Los Hoyuelos
Ermita de los Desamparados
La Hoz
Peñascosa
Pesebre
Carboneras
322
ALCARAZ
(959)
Castillo
Casa Gorgogí
Cortijo Nuevo
Cortijo de Pradogallo
Cortijo de la Dehesilla
Santa Cruz de los Cañamos
Casa el Palomar
Vianos
Casa del Santo
Cortijo Portelano
El Peralejo
La Mesta
La Casa Nueva
Castellanos
1041
Terrinches
Cortijo de los Baños
Albaladejo
(940)
Casas del Relumbrar
Río Salobre
Reolid
Cortijo de Aguamala
Paterna del Madera
Molino de Abajo
Pilas Verdes
1151
Cortijo de Cardos
Salobre
Fábrica de Paños
Escondite
Puerto del Barrancazo
(1030)
Cortijo de Tortas
Río Madera
Cortijo de la Vega
Ermita de Santo Cristo
1017
Cortijo de la Jara
Sierra del Relumbrar
Cortijo del Zapatero
Villapalacios
Arroyo de Las Cruzetas
Las Parideras
Chaparros
Escorial
Batán del Puerto
Puebla del Príncipe
Casa de Sendallana
Cortijo Nuevo
Cortijos del Río de Casa
Ermita de San Cristóbal
El Ojuelo
Zapateros
Las Hoyas del Pino
El Encebrico
El Puerto
Almenara
1798
Las Espineras del León
Vegallera
Sierra de Alcaraz
Sierra del Agua
Casa San Blas
1320
Cerro de Carboneras
Puerto de las Crucetillas
(1480)
Cañada del Provencio
Cortijo de los Carboneros
Cortijo de las Huebras
Molino de Rajamantas
Río Guadalmena
Río Turruchel
Ermita de Turruchel
1218
Bienservida
(893)
El Puntal
Casas Cruceta
El Luso
El Noguerón
El Gollizo
Riópar
(1139)
El-Lugar Nuevo
Cortijos del Cura
Fábricas de San Juan de Alcaraz
El Laminador
Mesones
Hellín
Molino de Macayo
Villarrodrigo
Pozo de Abajo
Bellotar
1580
Puerto del Arenal
(1180)
La Casa de la Noguera
El Moralico
Cortijo de Don Ignacio
Onsares
556
Carrascosa
Villaverde de Guadalimar
Cortijo del Puerto
Cueva de los Chorros
Argel
1694
Quebradas
902
La Marañosa
Embalse Guadalmena
Cortijo de Portilles
La Parrilla
La Solana
Fuente Carrasca
Los Maridos
Sierra de Calderón
Cortijos de los Tribaldos
Calar del Mundo
Raspilla
Cortijo de la Torre de Raspilla
Almohadilla
Crucetas
99
(833)
Génave
Fuente Mujer
Torres de Albanchez
Cañada del Señor
Campillo
Parrizón
Cotillas
Hoya de la Parrilla
Majada Carrascas
Cortijo de los Pesebres
Salfaraf
1074
Agracea
Cortijo de Verjaga
Caserío Atalayas
Los Barrancos
Fuenfría
La Hoya
La Tala
Castillo Tasca
Cantalar
Arroyofrío
Provincia de Albacete
Provincia de Jaén
Tus
Moropeche
Nuestra Señora de la Cabeza
Los Pascuales
Cortijo de Huerto Perdido
Los Prados
La Dehesa
Cortijo de San Blas
SILES
Baños de Tus
Cortijo del Collado de Carrasco
Boche
Camarillas
Cortijo Viejo
740
Las Fuentes
Río Guadalimar
Sierra del Cuquillo
Cortijo del Pocino
1560
Cortijo del Vado de Tus
Cortijo de las Anchuricas
Fuentes
YESTE
(877)
1440
Sierra de Ardal
Cortijo del Palomo
Casa Blanca
Los Avileses
(555)
Puente de Génave
Castillo Bujalamé
La Puerta de Segura
Castillo El Cardete
Puente Honda
Benatae
La Fresnadilla
Cortijo de Collado Tornero
Cortijo de los Prados Altos
Haza Alta
Cortijos Nuevos
Llanos de Arriba
La Hueta
Cortijo de Ventura
Los Voladores
1897
Calar de la Sima
Arguellite
1320
Cortijo de la Capellanía
El Tamaral
Cortijo de Don Tristán
Arroyo del Ojanco
Peñolite
321
La Torre
El Aguadero
ORCERA
Linarejos
Los Arroyos
Ermita de la Sierra de Agua
Cortijo de las Hoyas
Cortijo del Batán
Paúles
Cortijo Cañada Arada
Valdemarín
Villanueva del Arzobispo

111
Munera
Madrid
Requena, Valencia
Xe
Xf
Ya
Yb
ALBACETE
(arab. al-Basita)
Museo Arqueológico
Catedral
Parador la Mancha
La Torrecica
Los Paredazos
Carreteras de Abajo
La Quintanilla
Casa de Cebrián
Casa La Ruiza
Los Morales
Casas las Villas Nuevas
Villa Lola
Casas Viejas
Casas de Cuerva
Canal de Trasvase
Casa de los Arcos
Casa de Hoya Vacas
Estación de los Prados
Melegriz
Casas de Verlupe
Los Cuarteros
La Herrera
Caserío de la Choriza
La Pulgosa
Casa de la Morena
Apartadero de La Losilla
Casa de los Pardales
Río Lezuza
Vandelaras de Arriba
Vandelaras de Abajo
Aeropuerto de Los Llanos
Chinchilla de Monte Aragón
Castillo
Santa María del Salvador
La Losilla
Monasterio de Santo Domingo
Pozo de la Peña
Los Llanos
Casas de los Carrileros
Aguas Nuevas
115
La Yunquera
Casa de las Ideas
Los Partidores
Río Balazote de Don Juan
Estación de las Santanas
El Barrio
Santa Ana
60
Tiriez
El Cuartico
Casa Humosa
La Ruiza
Balazote
(771)
Tajo-Segura
Pradorredondo
Venta del Cojo
Aldeanueva
Casa del Abogado
Casa de Juan León
Río Jardín
La Florida
El Salobral
32
Casa de Oliva
Venta de Segovia
Argamasón
La Casa Nueva
Los Anguijes
San Pedro
Río El Mirón
La Cueva
El Viso
Orán
Cerros de Córdoba
Torrenueva
Casa La Losa
Villanueva
Pozo-Cañada
Pozuelo
Casa del Guarda
Caserío de las Mitras
Casa de Quevedo
Bernabé
Casa Cañete
Cañada del Salobral o Molina
Lomas de Salobral
Torremarín
Las Casas de Arriba
Casas de Abajo
La Zarza
Túnel de Talave
Campillo de las Doblas
922
Cañada Juncosa
Casica del Madroño
Casas de Lázaro
El Madroño
La Solana
Campillo del Hambre
Abuzaderas
Sierra de Enmedio
58
116
Ituero
El Batán
Cucharal
Los Pocicos
El Barrio Nuevo
La Rambla
El Colmenar
1257
El Roble
El Fontanar de Alarcón
Castillo
Peñas de San Pedro
Pozohondo
Cerrolobo
Ontalafia
Laguna de Ontalafia
Sierra de Ontalafia
Apeadero de Los Hitos
Casas del Conde
Peñarrubia
Berro
El Sahuco
Sierra del Sahuco
Casa del Nordal
Montemayor
Navalengua
El Valero
La Fuensanta
El Royo
La Molata
Balsain
Casa de Puentecillas
El Puerto
Santa Ana
El Molinar
Judarra
Burrueco
Fontanar de las Viñas
Nava de Arriba
Nava de Abajo
Casa de El Rinconcito
Los Charcos
Sierra de los Buhos
39
Arteaga
1360
Fuenlabrada
1340
Casasola
Alcadozo
916
Sierra de los Navajuelos
Casa de la Toba
El Altico
Cañadas de Haches de Arriba
Caserío La Jara
Casa de la Quebrada
Mullidar
Cercado de Catera
Casas de la Higuera
1031
Raso
El Prado del Caño
Río Mencal
Cañadas de Haches de Abajo
La Navazuela
La Herrería
Moriscote
Casablanca
Fuente Albilla
1023
Balneario de la Pestosa
Abenuj
Casa Rosa
Las Casas de Haches
La Noguera
45
Cañada de Tobarra
Casas de Alcadozo
Rincón del Moro
Polope
117
Las Mohedas
La Fuente del Arenal
Bogarra
(649)
El Griego
Cortijo de Pedrosa
Potiche
La Dehesa
Villarejo
Casas de la Rambla
Heruela
Casa de Tedón
Sierra de la Umbría del Rincón
Casa de Pinos Altos
Padastro
1503
Río Bogarra
Cortijo de la Sarguilla
Cortijo de Trifillas
Losa
1056
Cortijo del Collado del Rayo
980
Las Yeguarizas
Royo-Odrea
AYNA
(673)
Alcadima
Castillarejo
Liétor
(641)
Casilla de Altamira
Casa de la Zarzuela
HELLÍN
(rom. Ilunum)
(566)
Cortijo de los Suancias
Cortijo de Los Luisos
Casas del Ginete
Hijar
Río Mundo
904
Cruces
Ermita de Santa Bárbara
Sierra de las Quebradas
Ruiz Sánchez
879
Embalse de Talave
Ermita de Santa Bárbara
Pozuelo
Los Alejos
Sierra de Bogarra
El Ginete
Casa de Andrés
Talave
La Alfera
Sierra Seca
Agua Salada
Cortijo de Rodríguez
Casa de la Luz
Cortijo de la Loma
Quejigal
Fuente-Higuera
Pinilla
Fuente-Carrasca
Fuente del Taif
Cuerda de Santa María
Isso
Puerto de Peralejo
(1140)
El Pardal
Cortijo de Don Pedro
Gaspares
Porrón
979
Méndez
Alcaraz
Cañada de Morote
Las Hoyas
Cortijo de las Ramblas
1080
Derramadero
El Grao
Casas del Río
Mingogil
Molinicos
Puerto del Pino
1227
Cerro de Picarzos
Las Hermanas
El Morcillar
Torre-Pedro
Picarzos
El Entredicho
Arenalejo
ELCHE de la Sierra
(630)
Cortijo del Campillo
Casa Mina
La Matanza
Cobatillas
37
Sierra de Ca
El Montañés
Villares
Vicorto
Cortijo de la Lobera
Cortijo de las Ramblas
Casa de Pinoverde
Casa de los Grajos
Casa de los Peruelos
Horno-Ciego
Peñarrubia
Cortijo de la Juliana
Llano de la Torre
118
Casas de Moreto
Peralta
Tobillas
Casas Hoya-Nevada
Gallego
Embalse del Cenajo
842
Sierra del Baladre
Sierra Seca
Rala
Almazarán
Río Segura
Cortijo del Collado Alto
Cortijo de Hijar
Jartos
Casas del Pantano
Embalse de la Fuensanta
Cortijo de Macalones
Caserío La Nogueruela
Cenajo
Río Segura
Letur
(737)
Castillo
Abejuela
Casas de Juan Quílez
Férez
La Rada
795
Sierra Seca
847
Cortijo del Collado
Tindavar
El Cañar
Almirez
El Toril
SOCOVOS
Arroyo
Cañada Buendía
El Algaidón
Ermita de Don Antonio Martín
Casas del Pino
La Dehesa
Las Casicas
Claras
Casa de la Herrada
Canal de Taibilla
Castillo
Ermita de San Felipe
50
Los Olmos
Salmerón
598
Cortijo de la Capellanía
Río Taibilla
Cortijo de Don Martín
Casa de la Cueva
Cortijo de Reolid
Caserío de Agustín Tomás
Las Covatillas
El Chopillo
Tazona
Sujayal
1174
140

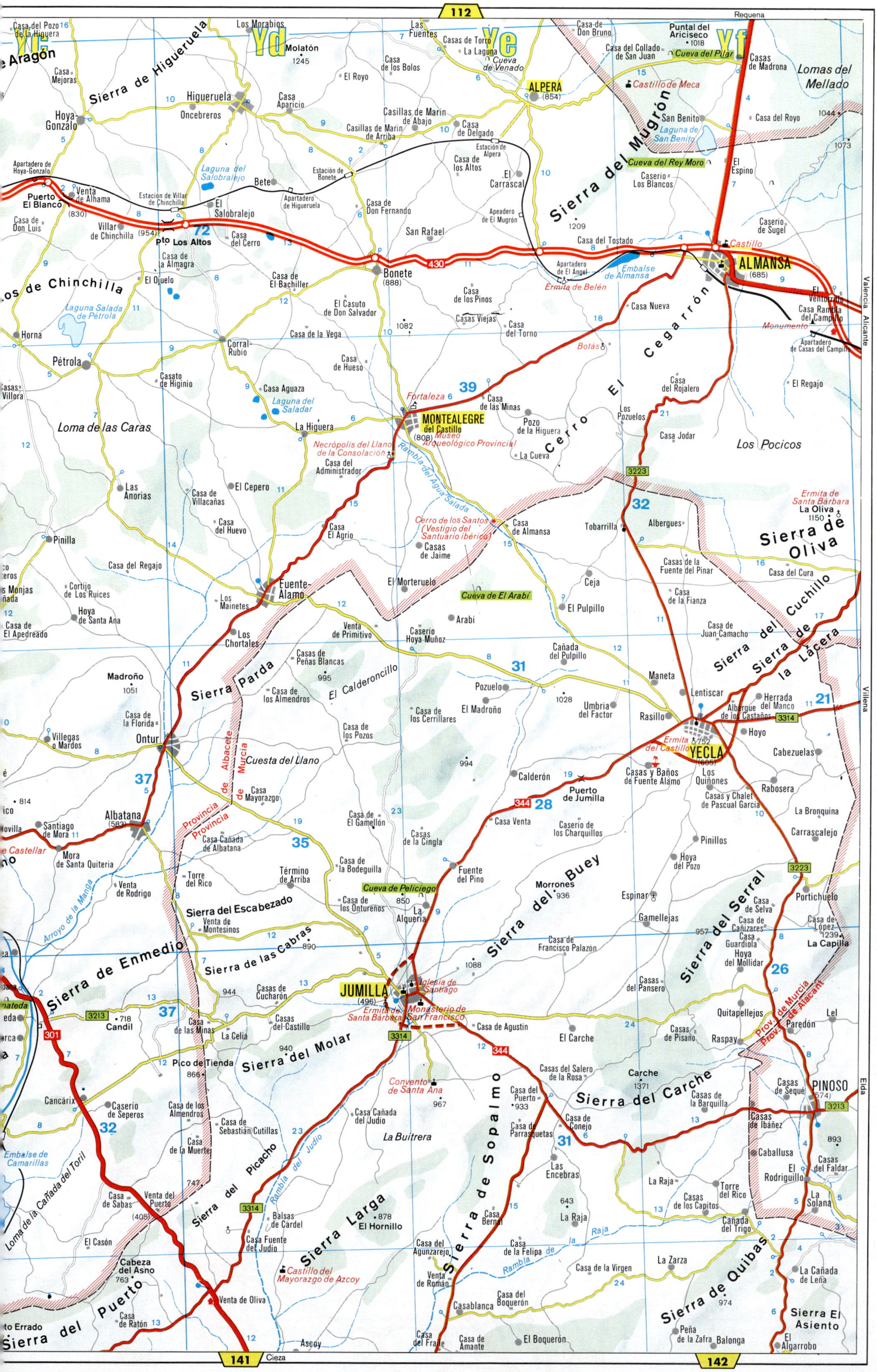

112
Yc
Yd
Ye
Yf
Requena
Aragón
Casa del Pozo de la Higuera
Los Morabios
Molatón
1245
Las Fuentes
Casas de Torro
La Laguna
Cueva de Venado
Casa de Don Bruno
Puntal del Ariciseco
1018
Casa del Collado de San Juan
Cueva del Pilar
Casas de Madrona
Lomas del Mellado
Casa Mejoras
Sierra de Higueruela
Casa de los Bolos
El Royo
ALPERA
(854)
Castillo de Meca
Higueruela
Oncebreros
Casa Aparicio
Hoya-Gonzalo
Casillas de Marin de Abajo
Casillas de Marin de Arriba
Casa de Delgado
Sierra del Mugrón
San Benito
Laguna de San Benito
Casa del Royo
1044
1073
Estación de Alpera
Cueva del Rey Moro
El Espino
Apartadero de Hoya-Gonzalo
Laguna del Salobralejo
Estación de Bonete
Casa de los Altos
El Carrascal
Caserio Los Blancos
Puerto El Blanco
(830)
Venta de Alhama
Estación de Villar de Chinchilla
Bete
Apartadero de Higueruela
Casa de Don Fernando
Apeadero de El Mugrón
1209
Caserio de Sugel
Casa de Don Luis
El Salobralejo
Villar de Chinchilla
(954)
Pto Los Altos
72
Casa del Cerro
San Rafael
Casa del Tostado
Castillo
ALMANSA
(685)
Casa de la Almagra
430
Bonete
(888)
Apartadero de El Angel
Embalse de Almansa
Ermita de Belén
El Ojuelo
Casa de El Bachiller
Casa de los Pinos
El Ventorrillo
Casa Rambla del Campillo
Monumento
Apartadero de Casas del Campillo
Valencia
Alicante
Sierra de Chinchilla
Laguna Salada de Pétrola
El Casuto de Don Salvador
Casas Viejas
Casa del Torno
Casa Nueva
Horna
1082
Casa de la Vega
Corral-Rubio
Botás
Cerro El Cegarrón
Pétrola
Casa de Hueso
Casato de Higinio
El Regajo
Casas Villora
Casa Aguaza
Laguna del Saladar
Fortaleza
39
Casa de las Minas
Casa del Rojalero
Loma de las Caras
La Higuera
MONTEALEGRE del Castillo
(808)
Museo Arqueológico Provincial
Pozo de la Higuera
Los Pozuelos
Casa Jodar
Los Pocicos
Necrópolis del Llano de la Consolación
La Cueva
Rambla del Agua Salada
Casa del Administrador
3223
Las Anorias
Casa de Villacañas
El Cepero
32
Ermita de Santa Bárbara
La Oliva
1150
Casa del Huevo
Casa El Agrio
Cerro de los Santos (Vestigio del Santuario ibérico)
Casa de Almansa
Tobarrilla
Albergues
Sierra de Oliva
Pinilla
Casas de Jaime
Casas de la Fuente del Pinar
Casa del Cura
Casa del Regajo
Ceja
Cortijo de Los Ruices
Fuente-Alamo
El Morteruelo
Cueva de El Arabí
Casa de la Fianza
Monjas
Los Mainetes
El Pulpillo
Casa de El Apedreado
Hoya de Santa Ana
Arabí
Venta de Primitivo
Caserio Hoya Muñoz
Casa de Juan Camacho
Sierra del Cuchillo
Los Chortales
Casas de Peñas Blancas
995
Cañada del Pulpillo
Sierra de la Lácera
Madroño
1051
Sierra Parda
Casa de los Almendros
El Calderoncillo
31
Maneta
Pozuelo
1028
Lentiscar
Herrada del Manco
21
Casa de la Florida
Casa de los Cerrillares
El Madroño
Umbria del Factor
Rasillo
Albergue de los Castaños
3314
Hoyo
Villegas o Mardos
Casa de los Pozos
Ermita del Castillo
(752)
YECLA
(605)
Cabezuelas
Ontur
Cuesta del Llano
994
Calderón
Puerto de Jumilla
Casas y Baños de Fuente Alamo
Los Quiñones
Rabosera
37
Provincia de Albacete
Provincia de Murcia
Casa Mayorazgo
344
28
Casas y Chalet de Pascual Garcia
814
Albatana
(583)
Casa de El Gamellón
Casa Venta
Caserio de los Charquillos
La Bronquina
Santiago de Mora
Casa Cañada de Albatana
35
Casas de la Cingla
Pinillos
Carrascalejo
Castellar
Mora de Santa Quiteria
Casa de la Bodeguilla
Fuente del Pino
Hoya del Pozo
Torre del Rico
Término de Arriba
Morrones
936
Venta de Rodrigo
Cueva del Peliciego
850
Sierra del Buey
Espinar
Portichuelo
Arroyo de la Manga
Sierra del Escabezado
Venta de Montesinos
Casa de los Onturenos
La Alqueria
Gamellejas
Casa de Selva
Casa de Cañizares
Casa Guardiola
Casa de López
1239
La Capilla
Sierra de Enmedio
Sierra de las Cabras
890
Casa de Francisco Palazón
957
Sierra del Serral
Hoya del Mollidar
26
1088
Iglesia de Santiago
Casas de Cucharón
944
JUMILLA
(496)
Ermita de Santa Bárbara
Monasterio de San Francisco
Casas del Pansero
3213
718
Candil
Casa de las Minas
La Celia
Casas del Castillo
Casa de Agustin
El Carche
Casas de Pisano
Quitapellejos
Raspay
Prov. de Murcia
Prov. de Alicante
Paredón
Lel
301
Sierra del Molar
940
Pico de Tienda
866
Casas del Salero de la Rosa
Carche
1371
Sierra del Carche
Casas de Segué
PINOSO
(574)
Elda
Convento de Santa Ana
967
Casa del Puerto
933
Casas de la Barquilla
Cancárix
Caserio de Seperos
Casa de los Almendros
Casa de Sebastián Cutillas
Casa Cañada del Judío
Sierra de Sopalmo
Casa de Parrasquetas
Casa de Conejo
Casas de Ibáñez
893
La Buitrera
Embalse de Camarillas
Casa de la Muerte
Sierra del Picacho
Rambla del Judío
Las Encebras
Caballusa
Casas del Faldar
Loma de la Cañada del Toril
El Rodriguillo
747
La Raja
Torre del Rico
Casa de Sabas
Venta del Puerto
(405)
Balsas de Cárdel
Sierra Larga
878
El Hornillo
643
La Raja
Casas de los Capitos
La Solana
Cañada del Trigo
El Casón
Casa Fuente del Judío
Casa Bernal
Casa del Agunzarejo
Casa de la Felipa
Rambla de la Raja
La Zarza
Cabeza del Asno
763
Castillo del Mayorazgo de Azcoy
Venta de Román
Casa de la Virgen
Sierra de Quibas
La Cañada de Leña
Venta de Oliva
Casa del Boquerón
974
Sierra El Asiento
Sierra del Puerto
Casa de Ratón
Casablanca
Peña de la Zafra
Balonga
El Algarrobo
Ascoy
Casa del Fraile
Casa de Amante
El Boquerón
141
Cieza
142
Villena

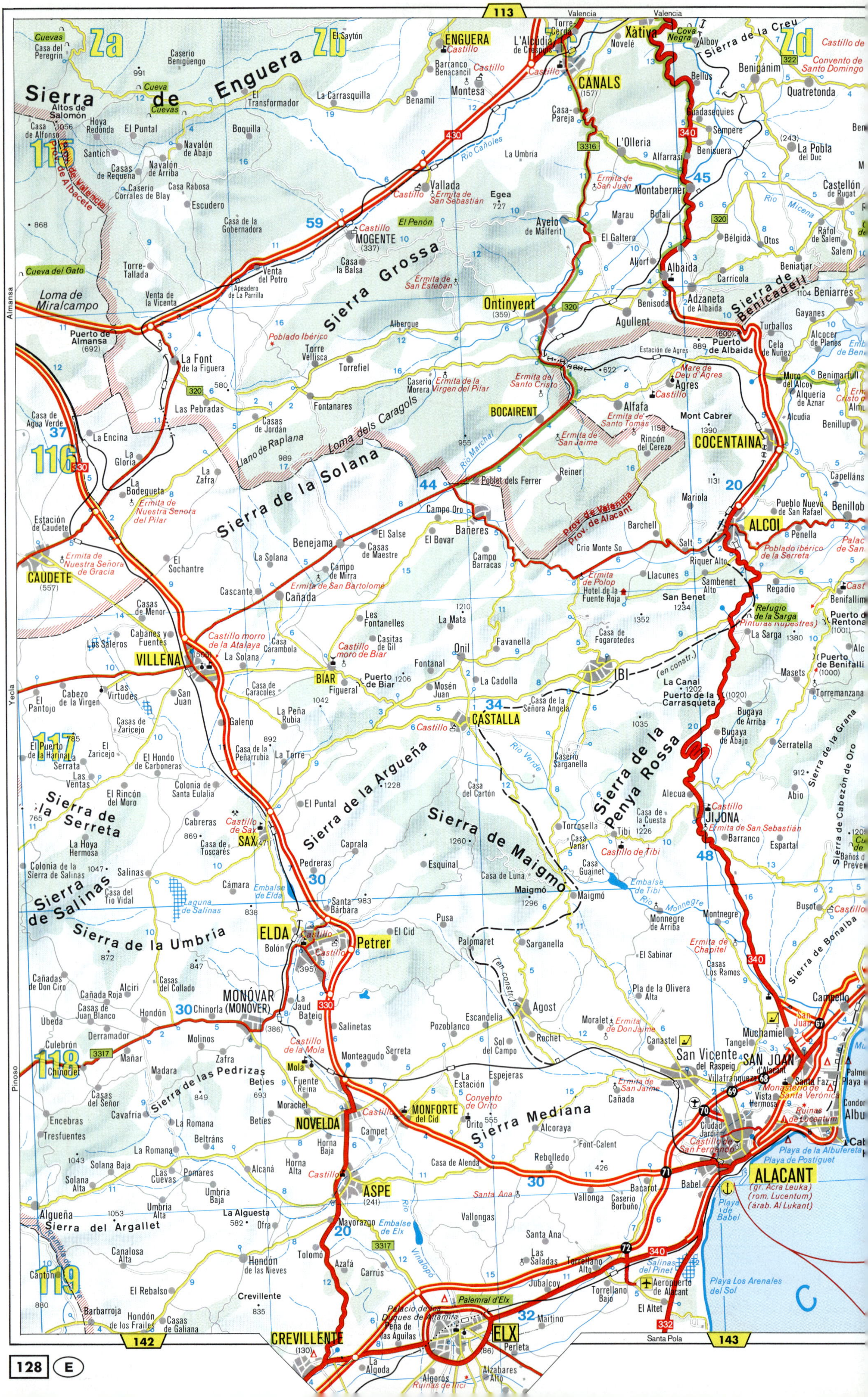
113
Valencia
Za
Zb
Zd
Sierra de Enguera
ENGUERA
Castillo
L'Alcudia de Crespins
Xàtiva
Cova Negra
Alboy
Sierra de la Creu
Castillo de
Convento de Santo Domingo
Cuevas
Casa del Peregrin
El Saytón
Caserío Benigüengo
Barranco Benacancil
Montesa
CANALS
(157)
Novelé
Bellús
Benigánim
Quatretonda
Sierra
de
Altos de Salomón
Casa de Alfonso
1056
Hoya Redonda
El Puntal
Cueva
Cuevas
El Transformador
La Carrasquilla
Benamil
Casa-Pareja
Guadasequies
Sempere
Benisuera
L'Olleria
Alfarrasí
La Pobla del Duc
115
Santich
Navalón de Abajo
Navalón de Arriba
Boquilla
Casas de Requena
Caserío Corrales de Blay
Casa Rabosa
Escudero
Vallada
Castillo
Ermita de San Sebastián
Egea
727
La Umbría
Río Cañoles
Ermita de San Juan
Montaberner
45
Castellón de Rugat
Prov. de Valencia
Prov. de Albacete
868
Casa de la Gobernadora
59
Castillo
MOGENTE
(337)
El Peñón
Ayelo de Malferit
Marau
Bufalí
El Galtero
Bélgica
Otos
Ráfol de Salem
Salem
Río Micena
Torre-Tallada
Cueva del Gato
Venta del Potro
Apeadero de La Parrilla
Casa la Balsa
Sierra Grossa
Ermita de San Esteban
Aljorf
Albaida
Carricola
Beniatjar
Almansa
Loma de Miralcampo
Venta de la Vicenta
Ontinyent
(359)
Adzaneta de Albaida
Benisoda
Sierra de Benicadell
1104
Beniarrés
Gayanes
Puerto de Almansa
(692)
Poblado Ibérico
Albergue
Agullent
Turballos
Torre Vellisca
Estación de Agres
889
(600)
Puerto de Albaida
Cela de Núñez
Alcocer de Planes
La Font de la Figuera
Torrefiel
580
Caserío Morera
Ermita de la Virgen del Pilar
Ermita del Santo Cristo
622
Mare de Déu d'Agres
Agres
Castillo
Muro del Alcoy
Benimarfull
Alquería de Aznar
Las Pebradas
Fontanares
Alfafa
Ermita de Santo Tomás
Mont Cabrer
1390
Alcudia
Benillup
Casa de Agua Verde
37
La Encina
Casas de Jordán
Llano de Raplana
Loma dels Caragols
BOCAIRENT
1158
Rincón del Cerezo
COCENTAINA
116
La Gloria
989
955
Ermita de San Jaime
Río Marchal
La Zafra
La Bodegueta
Sierra de la Solana
44
Poblet dels Ferrer
Reiner
1131
20
Capellans
Ermita de Nuestra Señora del Pilar
Mariola
Pueblo Nuevo de San Rafael
Benillob
Estación de Caudete
Campo Oro
Prov. de Valencia
Prov. de Alacant
Barchell
ALCOI
Penella
El Salse
Bañeres
El Bovar
Benejama
Casas de Maestre
Crio Monte So
Salt
Poblado ibérico de la Serreta
Ermita de Nuestra Señora de Gracia
CAUDETE
(557)
El Sochantre
La Solana
Campo de Mirra
Campo Barracas
Ermita de Polop
Llacunes
Riquer Alto
Sambenet Alto
Regadío
Cascante
Cañada
Ermita de San Bartolomé
Hotel de la Fuente Roja
San Benet
1234
Refugio de la Sarga
Pinturas Rupestres
Casas de Menor
Les Fontanelles
1210
La Mata
1352
La Sarga
1380
Puerto de Rentonar
(1001)
Los Saleros
Cabanes y Fuentes
Castillo morro de la Atalaya
Casa Carambola
Castillo moro de Biar
Casitas de Gil
Favanella
Casa de Fogarotedes
VILLENA
La Solana
Fontanal
Onil
Puerto de Benifallim
(1000)
(en constr.)
Casa de Caracoles
BIAR
Figueral
Puerto de Biar
1206
Mosén Juan
La Cadolla
IBI
La Canal
1202
Puerto de la Carrasqueta
(1020)
Masets
Torremanzana
Yecla
El Pantojo
Cabezo de la Virgen
Las Virtudes
San Juan
1042
34
Casa de la Señora Angela
Bugaya de Arriba
Bugaya de Abajo
Casas de Zaricejo
Galeno
La Peña Rubia
Castillo
CASTALLA
1035
Serratella
117
El Puerto de la Harina
785
El Zaricejo
892
Casa de la Peñarrubia
La Torre
Río Verde
Caserío Sarganella
Sierra de la Penya Rossa
Serrata
El Hondo de Carboneras
Sierra de la Argueña
1228
Casa del Cartón
912
Sierra de la Grana
Las Ventas
Colonia de Santa Eulalia
El Rincón del Moro
Alecua
Abio
Sierra de la Serreta
765
El Puntal
Sierra de Maigmó
Castillo
JIJONA
Cabreras
Castillo de Sax
869
Casa de Toscares
SAX
(471)
Caprala
1260
Torrosella
Casa Vanar
Casa de la Cuesta
1226
Tibi
Ermita de San Sebastián
Barranco
Espartal
La Hoya Hermosa
Castillo de Tibi
48
Colonia de la Sierra de Salinas
1047
Salinas
Pedreras
Esquinal
Casa de Luna
Casa Guainet
Sierra de Salinas
Cámara
30
Embalse de Elda
Embalse de Tibi
Casa del Tío Vidal
Laguna de Salinas
838
Santa Bárbara
983
Maigmó
1296
Maigmó
Río Monnegre
Montnegre
Busot
Castillo
Monnegre de Arriba
Sierra de la Umbría
ELDA
Castillo
Petrer
El Cid
Pusa
872
Bolón
Castillo
(395)
847
Palomaret
Sarganella
Ermita de Chapitel
Sierra de Bonalba
El Sabinar
340
Casas Los Ramos
Cañadas de Don Ciro
Cañada Roja
Alcirí
Casas del Collado
MONÓVAR
30
Chinorla (MONOVER)
La Jaud
Bateig
330
(en constr.)
Pla de la Olivera Alta
Campello
Casas de Juan Blanco
Hondón
(386)
Salinetas
Escandelia
Pozoblanco
Agost
Moralet
Ermita de Don Jaime
Úbeda
Derramador
Molinos
Castillo de la Mola
Sol del Campo
Rochet
Canastel
Muchamiel
Tangel
Culebrón
118
Chinorlet
3317
Mañar
Madara
Zafra
Mola
Monteagudo
Serreta
San Vicente del Raspeig
SAN JUAN D'ALACANT
Villafranqueza
Pinoso
Sierra de las Pedrizas
Beties
Fuente Reina
La Estación
Espejeras
Ermita de San Jaime
Cañada
Monasterio de Santa Verónica
Santa Faz
Vista Hermosa
Casas del Señor
849
693
Morachel
Castillo
MONFORTE del Cid
Convento de Orito
Orito
555
Sierra Mediana
Ciudad Jardín
Ruinas de Lucentum
Encebras
Cavafria
La Romana
Beties
NOVELDA
Campet
Alcoraya
Castillo de San Fernando
Tresfuentes
Beltráns
Horna Baja
Font-Calent
Playa de la Albufereta
Playa de Postiguet
La Romana
Horna Alta
Castillo
Casa de Alenda
Rebolledo
426
1043
Solana Baja
Las Cuevas
Pomares
Alcaná
ASPE
(241)
Santa Ana
30
71
Babel
ALACANT
(gr. Acra Leuka)
(rom. Lucentum)
(árab. Al Lukant)
Solana Alta
Umbría Baja
Vallonga
Caserío Borbuño
Bacarot
Algueña
1053
Umbría Alta
La Alguesta
582
Ofra
Mayorazgo
Embalse de Elx
Río Vinalopó
Vallongas
Playa de Babel
Sierra del Argallet
20
3317
Santa Ana
72
340
Canalosa Alta
Hondón de las Nieves
Tolomo
Azafá
Carrús
Las Saladas
Torrellano Alto
Salinas del Pinet
Cantón
119
El Rebalso
Crevillente
835
Jubalcoy
Torrellano Bajo
Aeropuerto de Alacant
Playa Los Arenales del Sol
880
Barbarroja
Hondón de los Frailes
Casas de Galiana
Palacio de los Duques de Altamira
Peña de las Águilas
Palemral d'Elx
ELX
32
Maitino
El Altet
332
142
CREVILLENTE
(130)
Perleta
(86)
Santa Pola
143
La Algoda
Algorós
Ruinas de Ilici
Alzabares Alto

Valencia
114
Ze
Zf
Aa
Ab
Autopista del Mediterráneo
Marchuquera
Beniopa
GANDIA
Daimús
Miramar
Bellreguart
La Playa de la Torre de Piles
Piles
San Jerónimo de Cotalba
Almoines
Beniarjó
Alquería (Comtessa)
Castillo de los Duques de Gandia
Playa de Oliva
Rótova
Palma de Gandia
Rafelcofer
Playa
OLIVA
Alfahuir
Ador
Potries
Castillo del Rebollet
(en constr.)
Llocnou de Sant Jeroni
Castellonet
La Font d'En Carròs
Casa Vidal
Elca
Los Llanos
Oliva/ Pego
San Pedro
Posada
San Jaime
Sierra de la Safor
Santa Azafor
Villalonga
Forna
Castillo
Sierra del Almirante
Sierra de Mustalla
Molinell
El Rincón
Playa de Vergel
Punta de los Molinos
Bovetes
Las Marinas
Murallas
Safari
Miraflor
El Palmar
DENIA
(Gr. Artemisium)
(Rom. Dianium)
Castillo
Vergel
Adsubia
Lorcha
Castillo Galinera
PEGO
Ermita de San Sebastián
Sierra de Segaria
Beniarbeig
Ondara
Las Rotas
Castillo Almisera
Benimeli
Benisili
Patró
Carroja
Beniali
Benirrama
Rafól de Almunia
Ondara Denia
La Jara
Alqueria de Serra
Poblado ibérico
Ermita de San Juan
Cuevas
Cabo San Martín
Lombay
Benisivá
Benitaya
Cueva del Rull
Sanet y Negrals
Sagra
Pedreguer
Jesús Pobre
XÀBIA
Aduanas
Castillo Benisili
Vall de Ebo
Tormos
Cueva de las Calaveras
Parador Nacional Costa Blanca
Alcalá de la Jovada
Embalse de Isbert
Benidoleig
Vall de Ros
Playa de la Arena
Cala Blanca
Margarida
Campell
Orba
Castillo de Orba
Tarraula
Capsadas
Beniaya
Sierra de Alfaro
Benimaurell
Fleix
Fontilles
Murla
Llosa de Camacho
GATA de Gorgos
La Garganta (Desfiladero)
Isla del Portichol
Tollos
Río Castells
Alcalalí
Jalón
Tosalet
Cueva dels Orguens
Benimasot
Benichembla
Parcent
Lliber
Casas La Garganta
Costa Nova
Cabo de La Nao
Facheca
Senija
Canor
Teulada
Benitachell
La Granadella
Isla del Descubridor
Coll de Rates
Sierra del Carrascal de Parcent
Berdica
Playa de Granadella
Cuatretondeta
Famorca
Castell de Castells
Catedral de la Marina
Benissa
Sierra de Serrella
Castillo de Bolulla
Sierra del Ferrer
San Antonio
Paratella
Moraira
Sierra de Aixorta
Playa de Portet
Puerto de Ares
Abdet
Embalse de Guadalest
Castillo de los Moros
Tárbena
Marnes
Benimarraig
Punta de Moraira
Beniardá
Castillo de Guadalest
Bollulla
Pinos
Pedramala
Playa del Castillo
Confrides
Benimantell
Bernia
Buena Vista
Benifato
Ondarella
Callosa d'En Sarrià
Ermita del Vicario
La Cometa
Playa de Levante
Sierra de Aitana
Aitana
CALP
Ifach
Ruinas de Calpea
Ermita Seguró
Castillo
Chirles
Ermita de San Lorenzo
Altea la Vieja
La Canuta
Playa del Puerto
Peñón de Ifach
Puerto Tudons
Casas del Arch
Castillo
Polop
Llano del Castillo
Mascarat
La Solana
La Nucia
Altea
Isletas de la Olla
Sella
Casa Charquer
Cautivador Carbonera
Olla
Castillo
Masía del Oficial
Casa Margoch
Montaud
ALTEA
Murallas
Relleu
Sierra de Orcheta
Casa Mishara
Alfaz del Pi
Finestrat
Benidorm Callosa
Faro de Altea
Punta Bombarda
Embalse de Relleu
Orcheta
Almafrá
Panorama
Ermita de Sanz
Ruinas
Benienzo
Casa Murtal
Aqualand
Hoya Manera
Casa del Collado
La Marina
BENIDORM
Rincón de Loix
Isleta Mediana
Casa Cortes
Villajoyosa
Embalse de Amadorio
San Antonio
Montbenidorm
Playa de Poniente
Playa de Levante
Punta de la Escaleta
Mediases
La Cala
Casas Salomons
La Ermita
Torres
Playa de la Cala
VILA JOIOSA
Islote de Benidorm
Murallas, Ruinas Romanas
Playa de Parals
Venta Lanuza
Costa Blanca
Marseille
143

Palmela
115
Palmela
Qf
Ra
Rb
Rc
119
120
121
122
123
Pinheiro da Cruz
Pedrógão
56
Martim Afonso
Brejos do Fetal
Ameiras de Baixo
Ervideira
Fontaínhas
Apaúlinha
Aldeia do Futuro
GRÂNDOLA
Ruinas Rom.
Palhotas
Água de Porco
Caveira
Atalaia
Nª S.ª de Penha
Penha
Praia de Melides
Lagoa de Melides
Melides
Serra de Grândola
Botinas
Santa Margarida da Serra
Canal Caveira
Costa
Praia de Santo André
Brescos
Nª S.ª do Livramento
Mina da Caveira
Nicolau
São Francisco da Serra
Mosqueirão
Lagoa de Santo André
Foros da Quinta
Cruz de João Mendes
Deixa-o-Resto
Roncão
Tanganhal
Santo André
Santa Cruz
Relvinhas
Bejinhos
Pomar Grande
Carapeleiro
São Bartolomeu da Serra
Mirobriga
SANTIAGO DO CACÉM
Várzea Nova
Bêbeda
Cova do Gato
Abela
Relvas Verdes
Ortiga
Chãos
Praia da Laguna
Est. Abela
Quinta da Cortiça
Cabo de Sines
Est. Dalda
Cerca Velha
SINES
Paiol
B.gem do Moinho do Escaravelho
Cerro da Corte
Vale Miguel
Praia da Provença
Provença
Castanheiro
Chaparral
São Domingos
Praia de São Torpes
Praia de Morgável
Arneiro
Muda
Vale de Água
Foros do Malhão
Praia d. Oliveirinha
Praia do Burrinho
Vale da Rocha
Solposta
Foros de Cadouços
B.gem de Morgável
Sonega
Vale Manhãs
Foros do Arneirinho
Foros do Sobralinho
Vale Pereiro
Distrito de Setúbal
Distrito de Beja
Porto Covo da Bandeira
Tanganheira
Barragem de Campilhas
Rata
Ilha do Pessegueiro
Foros do Monte Novo
Courela
Foros do Campo
Foros da Caiada
Terrazina
Praia de Aivados
Charnequinha
Silveiras
Foros de Vale Coelho
Casas Grandes
Serra do Cercal
Cercal
CERCAL
Casas Novas
Coelheiras
Caeiros
Bicos
Vales
Água Branca
Boavista
Fonte Santa
Salgadinho
Malhada do Velho
Malhadinha
Rabo do Lobo
Catifarras
Portelinha
Campo Redondo
Lajinha
Montecos
Barranco do Bebedouro
Foros do Pereira
Brunheiras
Ferrenho
Aldeia do Cano
Ribeira do Seiçal
Pego do Seixo
Barranco do ...
Ferraria
Barranquinho
Vila Nova de Milfontes
Senhora das Neves
Vale Bacias
Caeiros
Barranquinha
Caldeira
Pinheiro
SÃO LUÍS
Praia das Furnas
Estrada
São Domingos
Cova da Zorra
Malhão
Relíquias
Vale da Beja
Zambujeira
Cortinhas
Lagarteira
Vale de Casca
Soalheira
Vale de Agrilhão
Carapetos
Ribeira do Salto
Nascedios
Zambujeiras
Nova Reguengo
Vale de Ferro
Rio Mira
Troviscais
Pequeno
Chaissa Madriz
Praia de Almograve
Almograve
Monte Novo de Troviscais
Reguengo Pequeno
Medo Tojeiro
Sol Posto
Gavião
Vale de Figueiras
Ribeira
Montinho
Cabo Sardão
Cavaleiro
Algoceira
ODEMIRA
Cerro das Pedras
Fataca
Aldeia da Bemposta
Nascedios
Valas
Marofanha
Lucianes
Estacas
Darqueiras
Boavista dos Pinheiros
Giz
Carrascal
Azinheira
Touril
Tagariças
Rio Mira
Porto das Barcas
Camachos
Lagos
144

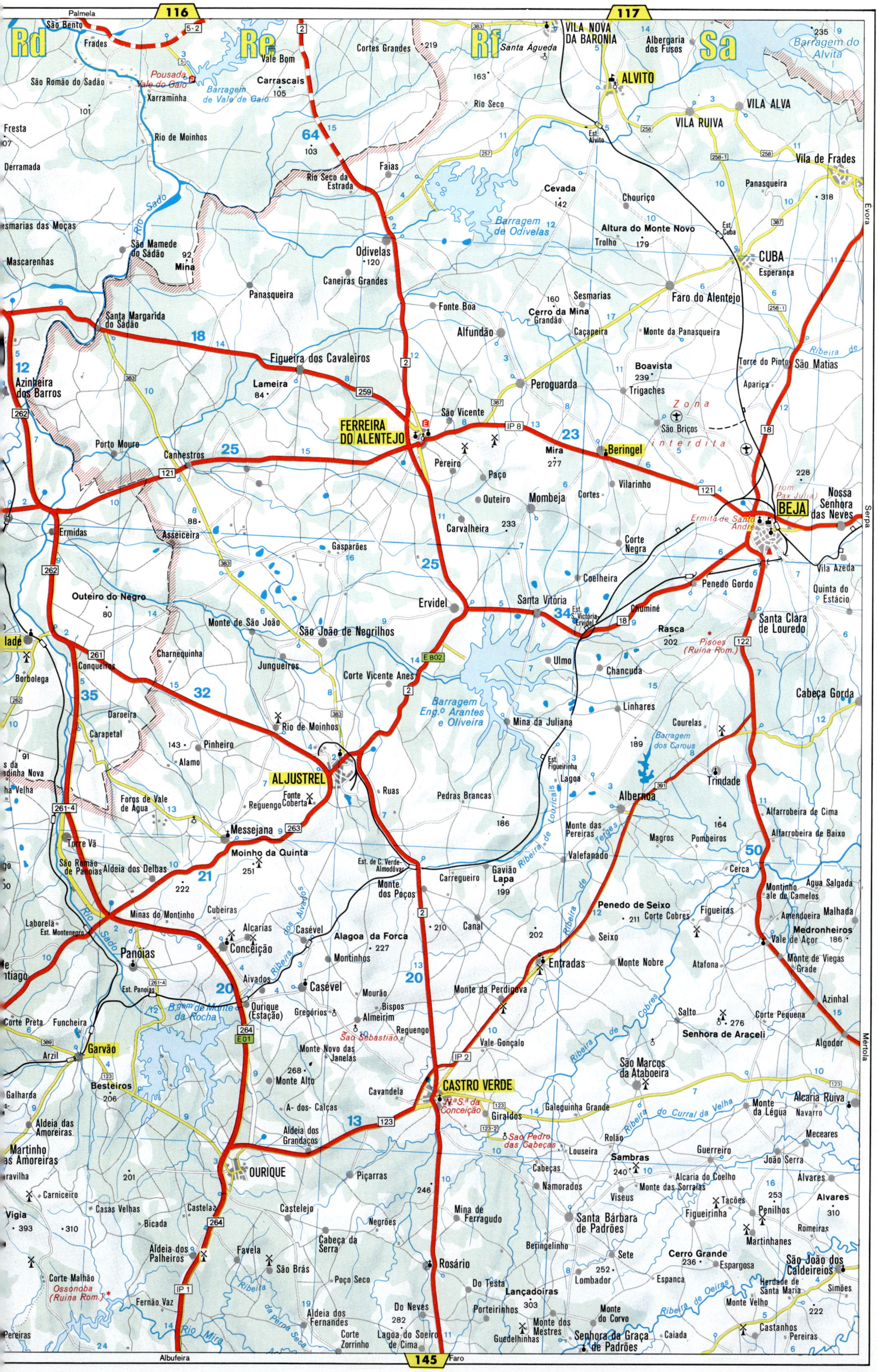

116
117
145
Rd
Re
Rf
Sa
Palmela
São Bento
Frades
São Romão do Sadão
Pousada Vale do Gaio
Barragem de Vale de Gaio
Xarraminha
Vale Bom
Carrascais
Cortes Grandes
Santa Águeda
VILA NOVA DA BARONIA
Albergaria dos Fusos
ALVITO
Barragem do Alvito
VILA ALVA
VILA RUIVA
Vila de Frades
Fresta
Derramada
Rio de Moinhos
Rio Sado
Rio Seco da Estrada
Faias
Rio Seco
Est. Alvito
Panasqueira
Chouriço
Cevada
Barragem de Odivelas
Altura do Monte Novo
Trolho
Est. Cuba
CUBA
Esperança
Évora
Smarias das Moças
Mascarenhas
São Mamede do Sádão
Mina
Odivelas
Caneiras Grandes
Panasqueira
Fonte Boa
Sesmarias
Cerro da Mina
Grandão
Faro do Alentejo
Alfundão
Caçapeira
Monte da Panasqueira
Santa Margarida do Sadão
Figueira dos Cavaleiros
Lameira
Azinheira dos Barros
Peroguarda
Boavista
Trigaches
Torre do Pinto
São Matias
Aparica
Ribeira de
São Vicente
FERREIRA DO ALENTEJO
Zona interdita
São Brissos
Porto Mouro
Canhestros
Pereiro
Paço
Mira
Beringel
Vilarinho
Outeiro
Mombeja
Cortes
Nossa Senhora das Neves
BEJA
Ermida de Santo André
Ermidas
Asseiceira
Gasparões
Carvalheira
Corte Negra
Serpa
Coelheira
Vila Azeda
Quinta do Estácio
Penedo Gordo
Outeiro do Negro
Ervidel
Santa Vitória
Est. S. Vitória Ervidel
Chaminé
Monte de São João
São João de Negrilhos
Santa Clara de Louredo
Rasca
Pisões (Ruína Rom.)
Charnequinha
Conqueiros
Borbolega
Jungueiros
Corte Vicente Anes
Ulmo
Chancuda
Cabeça Gorda
Barragem Eng.º Arantes e Oliveira
Linhares
Daroeira
Rio de Moinhos
Mina da Juliana
Courelas
Carapetal
Pinheiro
Alamo
Barragem dos Carous
Trindade
ALJUSTREL
Est. Figueirinha
Lagoa
Albernoa
Foros de Vale de Água
Reguengo
Fonte Coberta
Ruas
Pedras Brancas
Alfarrobeira de Cima
Alfarrobeira de Baixo
Messejana
Monte das Pereiras
Magros
Pombeiros
Torre Vã
Moinho da Quinta
Valefanado
São Romão de Panoias
Aldeia dos Delbas
Est. de C. Verde-Almodôvar
Carregueiro
Gavião
Lapa
Ribeira de Loúrica
Ribeira de Terges
Cerca
Monte dos Poços
Montinho
Vale de Camelos
Agua Salgada
Laborela
Est. Montenegro
Minas do Montinho
Cubeiras
Alcarias
Casével
Alagoa da Forca
Canal
Penedo de Seixo
Corte Cobres
Figueiras
Amendoeira
Malhada
Medronheiros
Vale de Açor
Panoias
Conceição
Montinhos
Seixo
Entradas
Monte Nobre
Atafona
Monte de Viegas
Grade
Est. Panoias
Aivados
Ribeira dos Alvados
Casével
Mourão
Monte da Perdigoa
Azinhal
Corte Preta
Funcheira
B.gem de Monte da Rocha
Ourique (Estação)
Gregórios
Bispos
Almeirim
Reguengo
São Sebastião
Salto
Senhora de Araceli
Corte Pequena
Algodor
Mertola
Garvão
Arzil
Monte Novo das Janelas
Vale Gonçalo
São Marcos da Ataboeira
Galharda
Besteiros
Monte Alto
Cavandela
CASTRO VERDE
N.ª S.ª da Conceição
Giraldos
Galeguinha Grande
Ribeira do Curral da Velha
Monte da Légua
Alcaria Ruiva
Navarro
A-dos-Calças
Aldeia das Amoreiras
Aldeia dos Grandaços
São Pedro das Cabeças
Louseira
Rolão
Guerreiro
Mecearas
Martinho das Amoreiras
OURIQUE
Piçarras
Cabeças
Sambras
Alcaria do Coelho
João Serra
Alvares
Carniceiro
Namorados
Monte das Serralhas
Viseus
Tacões
Penilhos
Alvares
Casas Velhas
Castelão
Castelejo
Mina de Ferragudo
Santa Bárbara de Padrões
Figueirinha
Romeiras
Vigia
Bicada
Negrões
Martinhanes
Aldeia dos Palheiros
Favela
Cabeça da Serra
Beringelinho
Sete
Cerro Grande
Espargosa
São João dos Caldeireiros
São Brás
Rosário
Lombador
Espanca
Herdade de Santa Maria
Simões
Corte Malhão
Ossonoba (Ruína Rom.)
Poço Seco
Do Testa
Lançadoiras
Monte Velho
Fernão Vaz
Porteirinhos
Monte do Corvo
Ribeira de Oeiras
Aldeia dos Fernandes
Do Neves
Monte dos Mestres
Castanhos
Pereiras
Corte Zorrinho
Lagoa do Soeiro de Cima
Guedelhinhas
Senhora da Graça de Padrões
Caiada
Pereiras
Rio Mira
Ribeira da Perna Seca
Albufeira
Faro

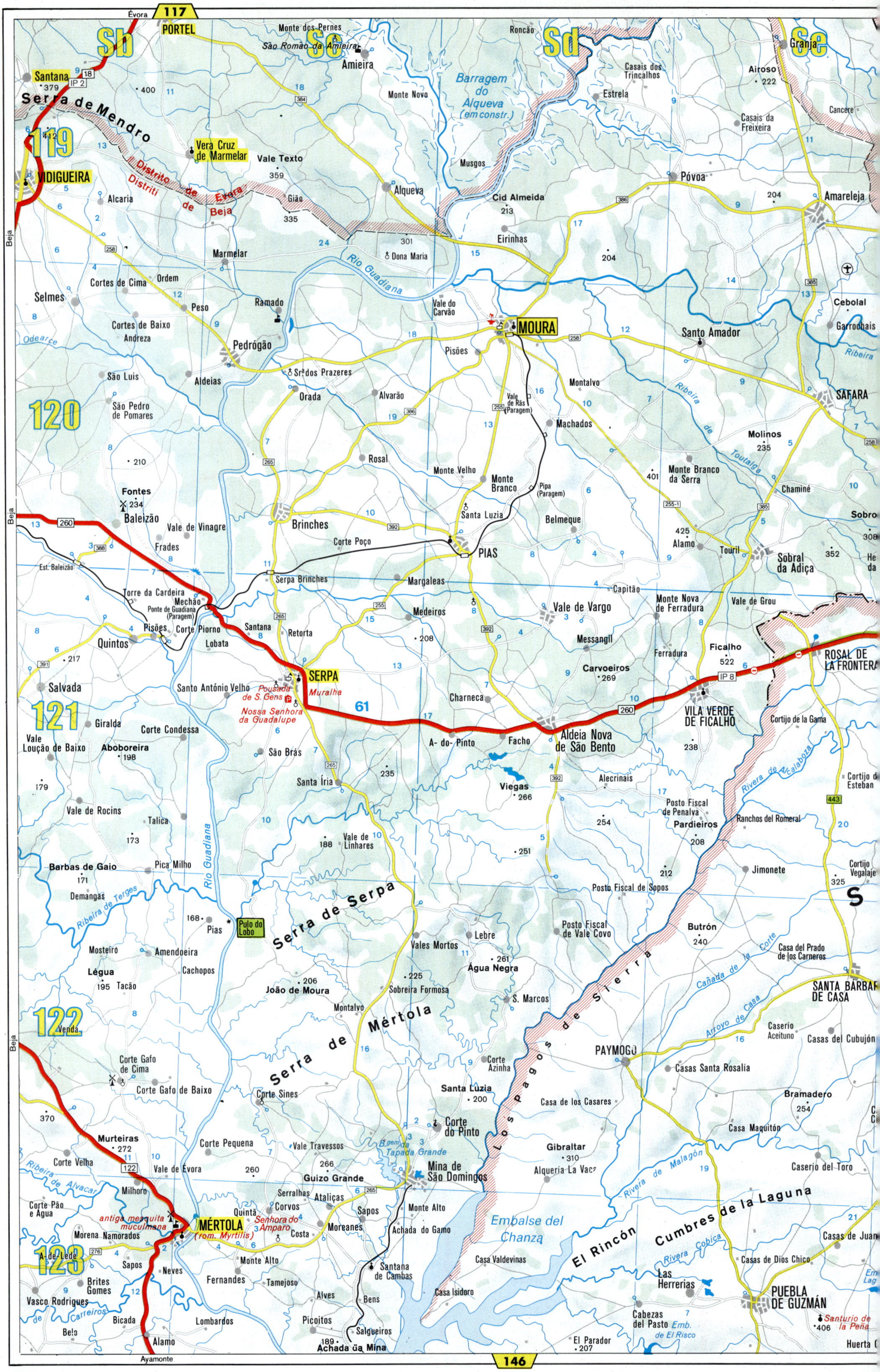

117
Évora
PORTEL
Sb
Sc
Sd
Se
Granja
Monte dos Pernes
São Romão da Amieira
Amieira
Roncão
Barragem do Alqueva (em constr.)
Casais dos Trincalhos
Estrela
Airoso
222
Cancere
Casais da Freixeira
Santana
379
IP 2
18
400
Serra de Mendro
119
Vera Cruz de Marmelar
Vale Texto
359
Monte Novo
Musgos
Alqueva
Póvoa
Amareleja
204
VIDIGUEIRA
Distrito de Évora
Distrito de Beja
Alcaria
Gião
335
Cid Almeida
213
Eirinhas
301
Dona Maria
Rio Guadiana
Marmelar
Cortes de Cima
Ordem
Selmes
Peso
Ramado
Vale do Carvão
MOURA
Cortes de Baixo
Andreza
Pedrógão
Santo Amador
Cebolal
Garrochais
Ribeira
Odearce
São Luís
Aldeias
Sr.ª dos Prazeres
Orada
Pisões
Alvarão
Montalvo
SAFARA
120
São Pedro de Pomares
Vale de Ras (Paragem)
Machados
Molinos
235
Rosal
Ribeira de Toutalga
Chaminé
210
Monte Velho
Monte Branco
Pipa (Paragem)
Monte Branco da Serra
401
Fontes
234
Baleizão
Santa Luzia
Belmeque
Brinches
Vale de Vinagre
Corte Poço
PIAS
Alamo
425
Touril
Sobral da Adiça
352
Sobral
308
Frades
Est. Baleizão
Serpa Brinches
Margaleas
Torre da Cardeira
Mechão
Ponte de Guadiana (Paragem)
Capitão
Medeiros
Vale de Vargo
Monte Nova de Ferradura
Vale de Grou
Pisões
Corte Piorno
Santana
Retorta
208
Messangil
Ferradura
Ficalho
522
ROSAL DE LA FRONTERA
Quintos
217
Lobata
SERPA
Carvoeiros
269
IP 8
Salvada
Santo António Velho
Pousada de S. Gens
Muralha
61
Charneca
VILA VERDE DE FICALHO
121
Giralda
Nossa Senhora da Guadalupe
Corte Condessa
A- do- Pinto
Facho
Aldeia Nova de São Bento
Cortijo de la Gama
Vale Loução de Baixo
Aboboreira
198
São Brás
238
179
Santa Iria
235
Viegas
266
Alecrinais
Rivera de Alcalaboza
Cortijo de Esteban
Vale de Rocins
Talica
Posto Fiscal de Penalva
Pardieiros
208
254
Ranchos del Romeral
173
188
Vale de Linhares
251
Jimonete
Barbas de Gaio
171
Pica Milho
Rio Guadiana
212
Cortijo Vegalaje
325
Demangas
Ribeira de Terges
Serra de Serpa
Posto Fiscal de Sopos
168
Pias
Pulo do Lobo
Posto Fiscal de Vale Covo
Butrón
240
Lebre
Mosteiro
Amendoeira
Vales Mortos
261
Água Negra
Casa del Prado de los Carneros
Légua
195
Tacão
Cachopos
225
Sobreira Formosa
Cañada de la Corte
SANTA BARBARA DE CASA
206
João de Moura
S. Marcos
Serra de Mértola
Montalvo
Sierra de los Pagos
Arroyo de Casa
Caserio Aceituno
Casas del Cubujón
122
Venda
Corte Gafo de Cima
Corte Gafo de Baixo
Corte Azinha
PAYMOGO
Casas Santa Rosalia
Corte Sines
Santa Luzia
200
Casa de los Casares
Bramadero
254
370
Corte do Pinto
Murteiras
272
Corte Pequena
Vale Travessos
Bgem. da Tapada Grande
Gibraltar
310
Casa Maquitón
Corte Velha
Vale de Évora
260
266
Mina de São Domingos
Alqueria La Vaca
Rivera de Malagón
Caserio del Toro
Ribeira de Alvacar
Milhoro
Guizo Grande
Serralhas
Ataliças
Corte Pão e Água
antiga mesquita muçulmana
MÉRTOLA
(rom. Myrtilis)
Quintã
Corvos
Senhora do Amparo
Sapos
Monte Alto
Embalse del Chanza
Cumbres de la Laguna
Casas de Juan
Morena
Namorados
Moreanes
Costa
Achada do Gamo
El Rincón
123
A. de Lede
Sapos
Monte Alto
Santana de Cambas
Casa Valdevinas
Rivera Cobica
Casas de Dios Chico
Brites Gomes
Neves
Fernandes
Tamejoso
Alves
Bens
Casa Isidoro
Las Herrerías
PUEBLA DE GUZMÁN
Vasco Rodrigues
Ribeira de Carreiros
Bicada
Lombardos
Picoitos
Cabezas del Pasto
Emb. de El Risco
Santurio de la Peña
406
Belo
Alamo
189
Achada da Mina
Salgueiros
El Parador
207
Huerta
Ayamonte
Beja
146

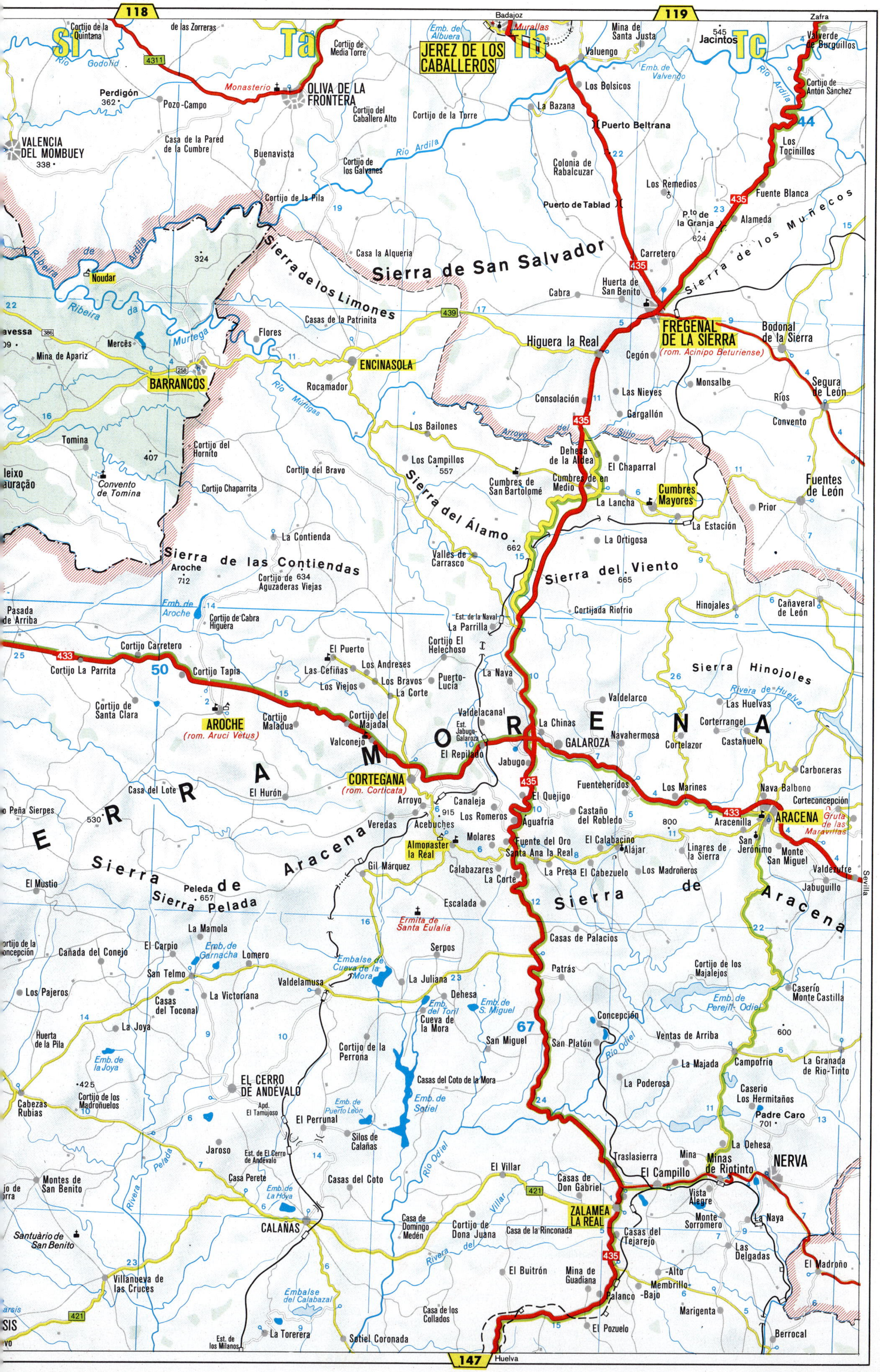

118
119
147
Badajoz
Zafra
Huelva
Sevilla
Sl
Ta
Tb
Tc
Cortijo de la Quintana
de las Zorreras
Río Godolid
4311
Monasterio
OLIVA DE LA FRONTERA
Cortijo de Media Torre
Emb. de Alburera
JEREZ DE LOS CABALLEROS
Murallas
Mina de Santa Justa
545
Jacintos
Valverde de Burguillos
Valuengo
Emb. de Valvengo
Río Ardila
Cortijo de Antón Sánchez
Perdigón
362
Pozo-Campo
Cortijo del Caballero Alto
Cortijo de la Torre
Los Bolsicos
La Bazana
Puerto Beltrana
44
VALENCIA DEL MOMBUEY
338
Casa de la Pared de la Cumbre
Buenavista
Río Ardila
Cortijo de los Galvanes
Colonia de Rabalcuzar
Los Tocinillos
Los Remedios
Cortijo de la Pila
Puerto de Tablad
P.to de la Granja
624
Fuente Blanca
435
Alameda
Sierra de los Muñecos
Ribeira de Ardila
324
Noudar
Sierra de los Limones
Casa la Alquería
Sierra de San Salvador
Carretero
Huerta de San Benito
Cabra
Ribeira da Murtega
Casas de la Patrinita
439
Flores
Higuera la Real
FREGENAL DE LA SIERRA
(rom. Acinipo Beturiense)
Bodonal de la Sierra
avessa
386
Mercês
258
Mina de Apariz
BARRANCOS
ENCINASOLA
Rocamador
Río Múrtigas
Cegón
Monsalbe
Segura de León
Las Nieves
Consolación
Gargallón
Ríos
Convento
Tomina
407
Cortijo del Hornito
Los Bailones
Arroyo del Sillo
Dehesa de la Aldea
El Chaparral
leixo auração
Convento de Tomina
Cortijo del Bravo
Los Campillos
557
Cumbres de San Bartolomé
Cumbres de en Medio
La Lancha
Cumbres Mayores
Prior
Fuentes de León
Cortijo Chaparrita
Sierra del Álamo
662
La Estación
La Ortigosa
La Contienda
Sierra de las Contiendas
Aroche
712
Cortijo de Aguzaderas Viejas
634
Valles de Carrasco
Sierra del Viento
665
Emb. de Aroche
Cortijo de Cabra Higuera
Pasada de Arriba
Est. de la Naval
La Parrilla
Cortijada Riofrío
Hinojales
Cañaveral de León
433
Cortijo Carretero
Cortijo La Parrita
50
Cortijo Tapia
El Puerto
Las Cefiñas
Los Andreses
Cortijo El Helechoso
La Nava
Sierra Hinojoles
Los Viejos
Los Bravos
La Corte
Puerto-Lucía
Valdelarco
Rivera de Huelva
Las Huelvas
Cortijo de Santa Clara
AROCHE
(rom. Aruci Vetus)
Cortijo Maladua
Cortijo del Majadal
Valdelacanal
Est. Jabugo-Galaroza
La Chinas
Valconejo
El Repilado
GALAROZA
Navahermosa
Cortelazor
Corterrangel
Castañuelo
SIERRA MORENA
CORTEGANA
(rom. Corticata)
Jabugo
Casa del Lote
El Hurón
Fuenteheridos
Los Marines
Carboneras
Nava Balbono
Corteconcepción
Peña Sierpes
530
Arroyo
Canaleja
915
Acebuches
Los Romeros
El Quejigo
Castaño del Robledo
Aracenilla
ARACENA
Gruta de las Maravillas
800
Veredas
Almonaster la Real
Molares
Aguafría
Fuente del Oro
Santa Ana la Real
El Calabacino
Alájar
Linares de la Sierra
San Jerónimo
Monte San Miguel
Valdezufre
Sierra de Aracena
El Mustio
Gil Márquez
Calabazares
La Corte
La Presa
El Cabezuelo
Los Madroñeros
Jabuguillo
Peleda
657
Sierra Pelada
Escalada
La Mamola
Ermita de Santa Eulalia
Cortijo de la Concepción
Cañada del Conejo
El Carpio
Emb. de Garnacha
Lomero
Serpos
Casas de Palacios
Embalse de Cueva de la Mora
Patrás
Cortijo de los Majalejos
San Telmo
Los Pajeros
Casas del Toconal
La Victoriana
Valdelamusa
La Juliana
Dehesa
Emb. del Toril
Emb. de S. Miguel
Emb. de Perejil-Odiel
Caserío Monte Castilla
Huerta de la Pila
La Joya
Cueva de la Mora
67
San Miguel
San Platón
Concepción
Río Odiel
Ventas de Arriba
600
Emb. de la Joya
Cortijo de la Perrona
La Majada
Campofrío
La Granada de Río-Tinto
425
Cortijo de los Madroñuelos
EL CERRO DE ANDÉVALO
Apd. El Tamujoso
Casas del Coto de la Mora
Emb. de Sotiel
La Poderosa
Caserío Los Hermitaños
Cabezas Rubias
Emb. de Puerto León
El Perrunal
Padre Caro
701
Silos de Calañas
Jaroso
Est. de El Cerro de Andévalo
Traslasierra
Mina
Minas de Riotinto
La Dehesa
NERVA
Montes de San Benito
Casa Perete
Emb. de La Hoya
Río Odiel
El Villar
Casas de Don Gabriel
El Campillo
Rivera Pelada
Casas del Coto
421
Vista Alegre
Monte Sorromero
La Naya
Santuario de San Benito
CALAÑAS
Casa de Domingo Medén
Cortijo de Dona Juana
Casa de la Rinconada
Rivera del Villar
ZALAMEA LA REAL
Casas del Tejarejo
Las Delgadas
El Madroño
Villanueva de las Cruces
El Buitrón
Mina de Guadiana
-Alto
Membrillo
-Bajo
Embalse del Calabazal
Casa de los Collados
Palanco
Marigenta
421
La Torerera
Est. de los Milanos
Sotiel Coronada
El Pozuelo
Berrocal

119
Zafra
Zafra
Td
Te
Tf
Ua
35
El Castaño
El Rabilero
Cabrera
672
Magdalena
La Estación
Cortijo de Pozo Herrera
Casas del Pontón
Malajuncia
Casas de Pila
Cortijo de San José
Caserío El Rosal
Casas Los Codriales
Doña Elvira
VALENCIA DEL VENTOSO
La Madrona
Río Bodión
Argamasa
Calzadilla de los Barros
Cabezaquemada
Bienvenida
Casa de la Vera
Dehesilla
VILLAGARCÍA de la Torre
Casas Guzulas
Dehesa Nueva
Bienvenida
793
Santa Elena
Arroyo de Romanzal
El Pedrosillo
Cortijo de Pata Caballo
Apt. Valencia del V.
119
Nuestra Señora del Valle
FUENTE DE CANTOS
Las Cardosas
Cantalgallo
LLERENA
(639)
Ruinas Romanas
Pizarral
Cortijo del Sesmo
Casa del Risco
Dehesa del Campo
Ermita de San Isidro
Pto de la Loba
Baldío de la Grulla
Sierra de San Bernardo
Los Molinos
931
Casas de Reina
d Las Casas
Castillo
Reina
Barrilejos
Trasierra
Cortijo de San Pedro
Pedro Moreno
Huerta Sevilla
612
Cortijo Buenvecino
Casas y Minas de la Lapa
Casa de Mendoza
Cerro del Peñón
Ardila
Gallicanta
Cortijo Sierra de Enmedio
Garrapito
Montemolín
Cortijo El Viar
Cortijo Las Calderonas
Fuente del Arco
Ermita
La Jayona
Provincia
Cortijo Encina Colorada
Los Barrancos
731
El Águila
Casa El Hinojo
Cortijo El Campillo
701
Sierra de San
Calera de León
Ruinas Romanas
Pallarés
Encinar
Río Viar
Sierra de la Araña
Casas de El Alcornocal
Cabeza la Vaca
MONESTERIO
Puebla del Maestre
Cortijo Buenavista
120
San Antonio
Las Lapas
Puerto Cañadas
Casas La Encomienda
Cortijo La Nava
Cortijo de la Dehesa de la Higuera
El Castaño
Tentudía
1104
Santa María de Tentudía
Arroyo Moro
1084
Arroyo Culebrín
Dehesilla Guzmán
Huerta del Coto
Sierra de Guadalc
Rincón
Arroyomolinos de León
Morena
912
Venta del Culebrín
Cortijo El Bóvedo
Vendoval
Cortijo El Palancar
Prado Gil
Rivera
Los Murtales
Monte San Benito
600
La Vicaria
Puerto de las Marismas
101
Santa María de Nava la Zapatera u Hoja de Santa María
Embalse del Pintado
Jabata
764
Puerto Lobo y Endrinales
Casa de la Mina de Campos
El Pintado
Cala
Prov. de Badajoz
Prov. de Huelva
Venta del Helechoso
Casa de los Carabales
Mina de Cala
EL REAL de la Jara
Casa de Don Aurelio
Puerto de la Sal
Padrona
908
Alcornoque
Loma de Juan Cabello
Cortijo de Navarredonda
Embalse de Aracena
121
Cortijo El Concho
Casa de la Laguna
Casa Huerta de Cano
La Ganchosa
SANTA OLALLA DEL CALA
Contraemb. del Pintado
Casa del Rincón de la Higuera
Puerto- Moral
Caserío El Encinar
SIERRA MORENA
Cortijo El Martajal
Casa del Esterquizo
Casa del Indiano
Serpa, Badajoz
La Umbría
Casa de los Cuquiles
Almadén de la Plata
Casa del Rincón
Loma de las Gateras
Loma de Gallinero
518
Santa Marina
800
Higuera de la Sierra
Cortijo Mancha Llana Alta
Las Tejoneras
Los Aulagares
ZUFRE
Rivera de Huelva
Camino de la Plata
El Berrocal
Los Viveros
Arroyo de Garganta Fría
Embalse de El Pintado (Derivación)
72
Vicaria
596
Venta Curro Fal
Arroyo del Perrero
Ermita del Prado
Cortijo de las Dehesillas
Casa de la Cuquera
Cortalinero
509
Sierra Bajosa
Cortijo Décima 2ª
Cortijo de la Parrilla
122
Casa de Jarramilla
El Hoyuelo
Ermita de San Benito
Las Cortecillas
Valdeflores
La Alcornocosa
Embalse de la Minilla
Embalse de Cala
Majada de Matute
La Atalaya
Peroamigo
EL RONQUILLO
El Peralejo
Archidona
Casas de la Aldea de las Gaigas
Ermita de Nuestra Señora de Escardiel
Milaneras
Casa de la Montera
La Aulaga
Minas del Castillo de las Guardas
Ventorro del Negro
Palacio de Parladé
Casa de la Carrasca
Hacienda de los Melonares
El Castillo de las Guardas
Huerta Medialegua
Casa de Canillas
Cerro de los Buitres
CASTILBLANCO de los Arroyos
Juan Gallego
Villargordo
El Pedrosillo
Arroyo de la Plata
El Cañuelo
Las Cañadillas
Cebrón
408
Juan Antón
Río Crispinejo
El Alisar
Casa de Coscojal o Valdepotros
123
El Álamo
El Garrobo
Llanos de Medina
Loma del Algarrobito
Casa de la Huelva del Alcornoque
Embalse de Guillena
Cortijo El Gergal
Casa Vieja del Coto
Sevilla
148

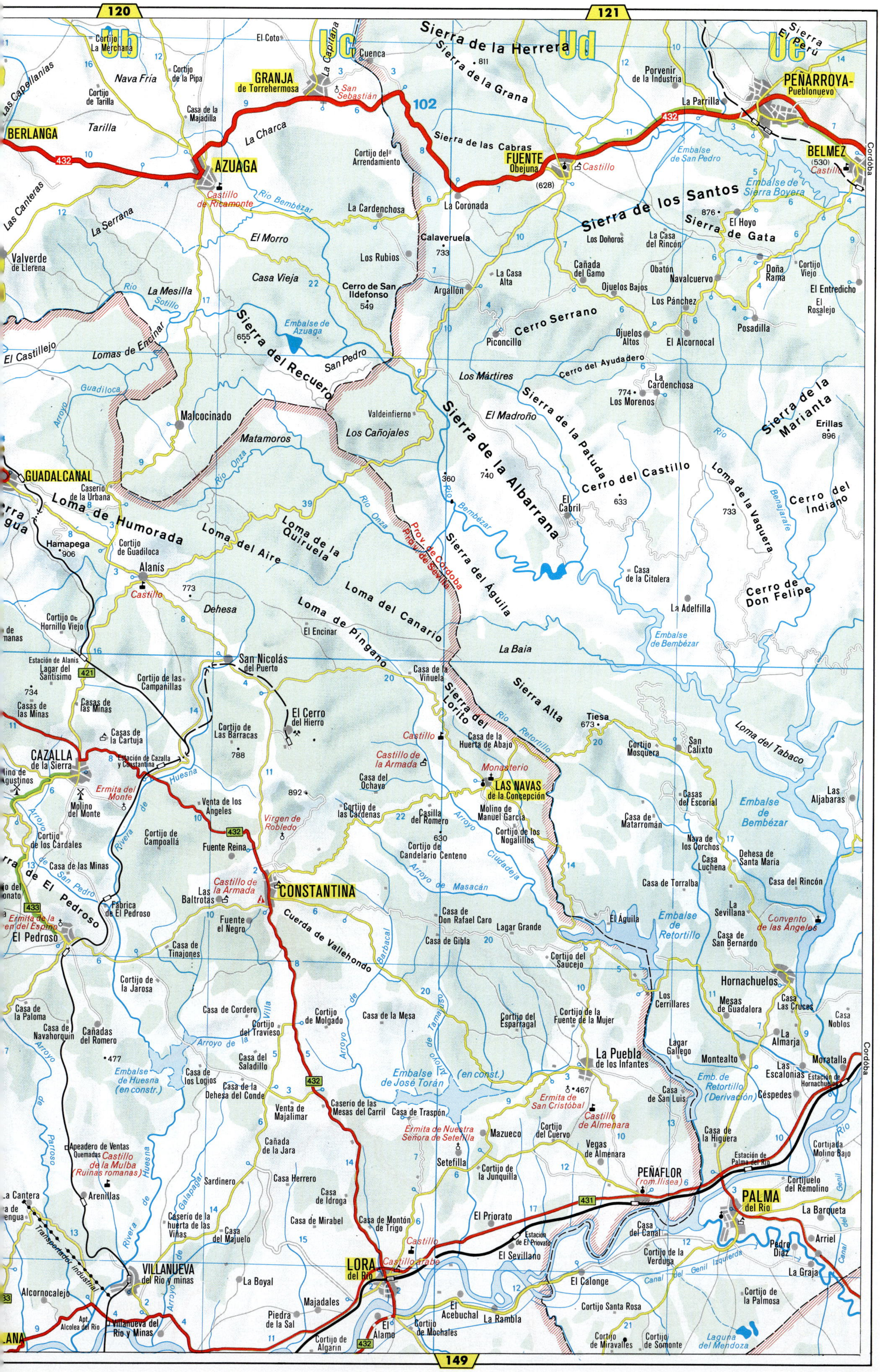
120
121
Ub
Uc
Ud
Ue
Cortijo La Merchana
El Coto
Cuenca
Sierra de la Herrera
Sierra El Perú
Nava Fría
Cortijo de la Pipa
GRANJA
de Torrehermosa
La Capitana
San Sebastián
Sierra de la Grana
811
Porvenir de la Industria
PEÑARROYA-
Pueblonuevo
Las Capellanías
Cortijo de Tarilla
Casa de la Majadilla
102
La Parrilla
Tarilla
La Charca
Sierra de las Cabras
432
BERLANGA
Cortijo del Arrendamiento
FUENTE
Obejuna
Castillo
Embalse de San Pedro
BELMEZ
(530)
Castillo
Córdoba
AZUAGA
Castillo de Ricamonte
(628)
Embalse de Sierra Boyera
Las Canteras
Río Bembézar
La Coronada
Sierra de los Santos
La Serrana
La Cardenchosa
876
El Hoyo
Sierra de Gata
El Morro
Calaveruela
733
Los Doñoros
La Casa del Rincón
Valverde de Llerena
Los Rubios
Cañada del Gamo
Obatón
Doña Rama
Cortijo Viejo
Casa Vieja
La Casa Alta
Navalcuervo
La Mesilla
Río Sotillo
Cerro de San Ildefonso
549
Argallón
Ojuelos Bajos
El Entredicho
Los Pánchez
El Rosalejo
Embalse de Azuaga
Cerro Serrano
Posadilla
Sierra del Recuero
655
Piconcillo
Ojuelos Altos
El Alcornocal
El Castillejo
Lomas de Encinar
San Pedro
Cerro del Ayudadero
Los Mártires
La Cardenchosa
Arroyo Guadiloca
Sierra de la Patuda
774
Los Morenos
Sierra de la Marianta
Valdeinfierno
El Madroño
Erillas
896
Malcocinado
Los Cañojales
Sierra de la Albarrana
Matamoros
Río Onza
Cerro del Castillo
Loma de la Vaquera
GUADALCANAL
Caserío de la Urbana
360
740
El Cabril
633
Río Benajarafe
Cerro del Indiano
Loma de Humorada
Río Bembézar
733
Hamapega
906
Loma de la Quiruela
Río Onza
Prov. de Córdoba
Prov. de Sevilla
Loma del Aire
Sierra del Águila
Cortijo de Guadiloca
Alanís
Castillo
773
Casa de la Citolera
Cerro de Don Felipe
Loma del Canario
La Adelfilla
Cortijo de Hornillo Viejo
Dehesa
Loma de Pingano
El Encinar
Embalse de Bembézar
La Baía
Estación de Alanís
Lagar del Santísimo
421
San Nicolás del Puerto
20
Casa de la Viñuela
Sierra Alta
Cortijo de las Campanillas
734
Casas de las Minas
Casas de las Minas
El Cerro del Hierro
Sierra del Lorito
Tiesa
673
Loma del Tabaco
Casas de la Cartuja
Cortijo de las Barracas
Castillo
Casa de la Huerta de Abajo
Río Retortillo
Cortijo Mosquera
San Calixto
CAZALLA de la Sierra
Estación de Cazalla y Constantina
788
Castillo de la Armada
Monasterio
Ermita del Monte
Huesna
Casa del Ochavo
LAS NAVAS de la Concepción
Las Aljabaras
892
Casas del Escorial
Embalse de Bembézar
Molino del Monte
Venta de los Ángeles
Virgen de Robledo
Cortijo de las Cárdenas
Casilla del Romero
Molino de Manuel García
Casa de Matarromán
Arroyo
Cortijo de los Cardales
Cortijo de Campoallá
Fuente Reina
630
Cortijo de Candelario Centeno
Cortijo de los Nogalillos
Nava de los Corchos
Dehesa de Santa María
Casa de las Minas
Casa Luchena
Castillo de la Armada
Las Baltrotas
CONSTANTINA
Arroyo de Masacán
Ciudadeja
Casa de Torralba
Casa del Rincón
Sierra de El Pedroso
Fábrica de El Pedroso
Casa de Don Rafael Caro
Lagar Grande
El Águila
Embalse de Retortillo
La Sevillana
Convento de los Ángeles
Ermita de la Virgen del Espino
El Pedroso
Fuente el Negro
Cuerda de Vallehondo
Casa de Gibla
Casa de San Bernardo
Casa de Tinajones
Barbacal
Cortijo del Saucejo
Hornachuelos
Cortijo de la Jarosa
Los Cerrillares
Mesas de Guadalora
Casa Las Cruces
Casa de la Paloma
Casa de Cordero
Villa
Cortijo de Molgado
Casa de la Mesa
Cortijo del Esparragal
Cortijo de la Fuente de la Mujer
Casa Noblos
Casa de Navahorquín
Cañadas del Romero
Cortijo del Travieso
Arroyo de Tamarguillo
Lagar Gallego
La Almarja
477
Arroyo de la
Casa del Saladillo
La Puebla de los Infantes
Montealto
Moratalla
Embalse de Huesna (en constr.)
Casa de los Logios
Casa de la Dehesa del Conde
432
Embalse de José Torán
(en const.)
467
Emb. de Retortillo (Derivación)
Las Escalonias
Estación de Hornachuelos
Venta de Majalimar
Caserío de las Mesas del Carril
Casa de Traspón
Ermita de San Cristóbal
Castillo de Almenara
Casa de San Luis
Céspedes
Arroyo de Parroso
Apeadero de Ventas Quemadas
Castillo de la Mulva (Ruinas romanas)
Cañada de la Jara
Ermita de Nuestra Señora de Setefilla
Mazueco
Cortijo del Cuervo
Vegas de Almenara
Casa de la Higuera
Cortijada Molino Bajo
Setefilla
Cortijo de la Junquilla
Estación de Palma del Río
Sardinero
Casa Herrero
PEÑAFLOR
(rom. Ilisea)
Cortijuelo del Remolino
La Cantera
Arenillas
Casa de Idroga
431
PALMA del Río
La Barqueta
Caserío de la huerta de las Viñas
Casa del Majuelo
Casa de Mirabel
Casa de Montón de Trigo
El Priorato
Estación de El Priorato
Casa del Canal
Pedro Díaz
Arriel
Transportador industrial
Cortijo de la Verduga
Castillo
El Sevillano
Canal del Genil Izquierda
VILLANUEVA del Río y Minas
LORA del Río
Castillo árabe
El Calonge
La Graja
Alcornocalejo
La Boyal
Majadales
Cortijo de la Palmosa
Apt. Alcolea del Río
Villanueva del Río y Minas
Piedra de la Sal
El Acebuchal
La Rambla
Cortijo Santa Rosa
El Álamo
Cortijo de Mochales
Cortijo de Algarín
432
Cortijo de Miravalles
Cortijo de Somonte
Laguna del Mendoza
149

121
Uf
Va
Vb
120
121
122
123
150
El Alicante
Cámaras Altas
Cerro de la Romera
Peñaladrones
Peñarroya-P.
BELMEZ
(530)
Veta del Fresno
Apartadero de Cabeza de Vaca
El Bujadillo
Dos Hermanas
VILLANUEVA del Rey
(549)
Peña de la Osa
935
Casa del Aguila
Sordo
981
Puerto Calatraveño
(727)
Cerro de la Mina
Cuerda de Martinaza
Cortijo de Maestro
Pto Espiel
727
ESPIEL
(547)
Estación de Espiel
Cerro de Doña Loba
Sierra del Castillo
Cerro del Pajilejo
Chimorra
959
Río Guadalbardo
Río Cuzna
Barranco Palomo
Loma de la Era Grande
736
Piedra de la Atalaya
Arroyo de las Cañadas
Loma de Buenavista
La Canaleja
Sierra del Castaño
La Romana
La Jara
Rosuela
Virgen de Luna
VILLANUEVA de Córdoba
(724)
Casa de las Viborillas
Casa de Cerro Gordo
Casa de Cantalobillo
Casa de los Acebuchares
Cortijo de los Fr
Gordo
Venta de la Jara
Colorado
Las Muleras
Loma del Mercader
Cuerda de la Ra
Río Varas
Cuerda del Cerero
728
Corcovado
San Andrés
Río Tomilloso
Río Gato
Río Cuzna
La Ballesta
Castillo
Convento
Estación de Almorchón
Villaharta
Peñas Blancas
Cerro de Alcántara
878
832
Cerro de la Grajera
Peña del Águila
Central Térmica de Puente Nuevo
Embalse de Puente Nuevo
Castillo árabe
Obejo
775
Cerro de Calderón
Río Guadalbarbo
Sierra de Casas Rubias
Castillo de Névalo
Puerto de Peñas Rubias
Río Manzano
Río Névalo
VILLAVICIOSA de Córdoba
771
Castillo
El Vacar
48
Campo Alto
Puerto del Aire
(740)
Cruces
888
Cerro de la Calera
Loma del Caballón de Valtrio
Ronquillo Alto
Embalse de Guadalmellato
Casa de Valsequillo
Casa de Navajuelos
Casa de la Urraquilla Alta
Sierra del Espárragal
Sierra de las Tonadas
Río Guadiato
Estación de Obejo
Suerte Alta
Cerro Muriano
546
Retamalejo
Río Guadalmellato
Emb. de S. Rafael Navallana
Casas de la Campana
Casas del Palomar
620
Casa de Tiemble
Caserío del Pajaron
Casa de las Lastras
Casa Colmenar
Casa de José Cantador
Casa del Molino
La Balanzona
Casa de Vadohondillo
Casería de la Tierna
Ermita Nuestra Señora del Pilar
Casa Los Borres
Las Jaras
Loma del Vellón
Caseta de Fuente Vieja
Castaño
647
Casa de Navamuelas
Caserío El Puerto
El Rosal
Santuario de Santo Domingo
Santuario de Nuestra Señora de Linares
Alcolea
Puente de Alcolea
Los Cansinos
Casa de Mojón Blanco
Casa de Casarejos
Casa del Prado
Santa María de Trassierra
Santuario Las Ermitas
Pedroches
Nuestra Señora de la Fuensanta
Universidad Laboral
Río Guadalvacarejo
Los Ortegas
Mesas Altas
Castillo de la Albaida
Parador de la Arruzafa
Las Quemadas
Estación Los Cansin
Casa Nueva de la Plata
Casa de la Plata
Real Monasterio de San Jerónimo
Medina Azahara
(Ruinas históricas)
CÓRDOBA
(123)
Mezquita Catedral
Alcázar
Puente romano
Cortijo de Galapar
Cabeza Pedro
Casas de Villalobillos
Alamiria (Ruinas históricas)
Cuevas Bajas
Cobatillas
Torilejo Bajo
Calamón Alto
Lagar Alto
Majaneque
El Higuerón
Cortijo de Doña Sol
Cortijo de Luis Díaz
Cortijo de los Montecitos
Arroyo de Leon
Cortijo de la Alamedilla
Serrezuela de Posadas
308
Lagar Los Hermanos
Mina de Cinco Amigos
Embalse de la Breña
ALMODÓVAR del Río
Veredón
Villarrubia
Alameda del Obispo
Estación de Valchillón
Cordobilla
Lope Amargo
Emparedada
Alvarizas
(123)
Fuenreal
Casa de los Frailes
Cortijo de la Reina
Cortijada del Judío Nuevo
Cañetejo
356
Torre Juan Gil Alto
POSADAS
(85)
Castillo
Los Mochos
Valchillón
Almanya (Almanzor)
Monasterio de San Jerónimo
Paterna
Casa de Mingaobez
El Temple
Los Estepas
Redondo Bajo
Apt. El Chaparral
Cortijo de Malabrigo
Cortijo de Trinidades
Rivero de Posadas
Cortijo de los Trances
Cortijo de Villaseca
Cortijo de la Haza de la Caridad
Cortijo de la Jurada
Río Guadajoz
Torre
Torres Cabrera
Lora del Río
Río Guadalquivir
Arroyo de Guadalmazán
Bajo
Cuesta de Espino
46
Cortijo del Encineño
Ochavillo del Río
Cortijo de la Parrilla
Arroyo de los Picachos
Guadalcázar
Ermita de Villafranquilla
Estación de Torres Cabrera
Cortijo de la Zarza
Los Sesmos
Villalón
La Herrería
Arroyo de la Recomba
Santa Rosa
Molino de Guzmán
Cortijo del Bramadero Bajo
Peñalosa
Cortijo de la Sierrezuela
Cortijo de la Ratosa
Santa Cruz
Fuente Palmera
La Ventilla
Reinilla y Ladrillos
La Fuencubierta
Aldea Quintana
Caserío Las Higueruelas
Cortijo de Cuarto Nuevo
Molino de Pareja
Las Pinedas
Arrecife
La Chica Carlota
Torre de Don Lucas
Estación de Fernán-Núñez
Sitillos
Molino del Notario
Monte Alto
La Victoria
Cortijo del Frenil
Cortijo Dehesilla
Arroyo de Tinte
El Garabato
La Calleja
Mirasivienes
Fuente Carreteros
La Carlota
El Rinconcillo
San Sebastián de los Ballesteros
Palacio Ducal
FERNÁN-NÚÑEZ
(Villa medieval)
Las Huertas
Ermita de Doshermanas
Cortijo de la Suerte
Cañada del Rabadán
Molino del Cordobés
Molino del Corregidor
Monte Alto
Caserío de los Alamillos
El Privilegio
MONTEMAYOR
Castillo
Castillo de Doshermanas
Casa de Laguna
Cortijo de la Suerte
Villar
La Paz
Molina de Valderrama
Casa del Cero
Molino Dos Vigas
La Guijarrosa
Apt. Montemayor
Écija
Montilla
502
432
411
431
NIV
E05
331
430
329

122
123
Ciudad Real
Vd
Ve
Vf
Wa
SIERRA MORENA
Loma de Navalonguilla
Cerro de los Venados
Cañada La Huesa
Cortijo de Serrano
Cortijo de Cantarero
Azuel
Cortijo del Oreganal
Cortijo de la Herradura
Río Valmayor
Casa de Navamuñoz
Casilla Sardina
Casilla del Fontanarejo
Casilla del Ojuelo
Casilla del Villar
Embalse de Jándula
Cortijo del Templado
Casa de Navalazarza
Casa de la Mina de San Cayetano
Cortijo de Lucas Muraño
Cortijo de Piedra Empinada
Cardeña
Río de las Yeguas
Río Sardinilla
Casillas del Puerto
Cortijo de Pedro Abad
Cortijo de Sirizuela
Cortijo de los Carreteros
Venta del Cerezo
Casa del Rozalejo
Casa de Mingo Ramos
Loma de Enmedio
Castellón de los Chorros
Loma del Caballero
Casa de Valquemado
Casa de Montealegre
Cortijo de los Lázaros
Provincia de Córdoba
Provincia de Jaén
La Lancha
Venta del Charco
Manuelas
Ermita de la Virgen del Rosario
Emb. del Encinarejo
Los Escoriales
Casa de Navalasno
Santuario
Virgen de la Cabeza
Casa de la Disea
Españares
Cortijos de Fimia
Cortijo de Garci-Gómez
La Chaparrera
Mina de Óxido de cobre
El Lugar Nuevo
El Encinarejo
Casa huerta de Gorgojil
Ermita de la Concepción
Ermita Santa María
Colodro
Rasos
Emb. de Yeguas (en constr.)
Ermita de San José
Casa de los Cipreses
San Ginés
Caseria de la Corregidora
Casa de los Pastedales
Casa y Molino de los Lorenzos
Torrecilla
Casa de Rueda
Casa del Asco
Valdelipe
La Aldehuela
Caseria de la Salcedilla
Casa de Ramírez
Lavadero de los Frailes
Balneario de Marmolejo
Caseria de Isasa
Casería de Valparroso
Casería de Villalba
Escobar
Casillas de Velasco
Baños del Arenosillo
Casa de la Loma del Vicario
Embalse de Marmolejo
Agua Mineral
MARMOLEJO
La Ropera
ANDÚJAR
Maroteras
Baños de Fuente de la Encina
Santa Brígida
Casa de los Caleros
Casería de la Marquesa
Guadalquivir
Puente Romano
Cortijo del Marqués de la Merced
Los Barrios
Los Villares
Ermita de Santa Petenciana
MONTORO
Ermita de San Roque
Ermita de la Fuensanta
Nava
Yegüerizas
San Julián
Vegas de Triana
La Quintería
Iliturgi (ibér.-rom.)
ADAMUZ
Ermita de la Virgen del Sol
Las Vegas
Apartadero de Los Silos
Estación de Marmolejo
Estación de Arjonilla
Arroyo Salado
VILLANUEVA de la Reina
Algallarín
N IV
E 05
Puente romano
Valcargado
Caseria de Mena
Cortijo de Marmolejo
Cortijo Valle Bajo
Cortijo de las Eras
Caseria de la Marquesita
VILLA del Río
Cortijo del Empalme
ARJONILLA
Ardón
Cortijo de Conde de Gracia Real
Higuera de Arjona
Cortijo de la Hincosa
PEDRO ABAD
La Huelga
Cortijo de Valenzuela
La Estación
Cortijo de los Prados
Los Leones
Cortijos Silvente
Castillo mudéjar
Maruanas
Morente
Cortijo de Cabanillas
LOPERA
Santiago
ARJONA (rom. Urgavo)
Albaida
Corbunillo
Cortijo de Golosillo
Casa de la Viuda
Caserío del Conde de Hornachuelos
Casería de la Alamedilla
Cortijo de Encinas
Cortijo de Doña Dolores Serrano
Cortijo de Chorchas
La Cruz
Cortijo de la Redonda
BUJALANCE
Cortijo del Morrón
Casería del Valle
Cortijada del Peñón
Cortijo de Zaragoza
Dehesa de Potros
Casa de Pantoja
Carrasquilla
Comendador
Alharilla
Cotrufe
Cortijo de la Torre
Cortijada de Cañada de Zafra
Cortijo de Carrasquilla
Castillo de las Siete Torres
Caserío del Alamillo
Cortijo de Cadenas
Escañuela
Río Guadatín
CAÑETE de las Torres
Castillo mudéjar
San Pantaleón
Castillo árabe
PORCUNA
Cortijo de Mudapelos
Cortijo Cansino
Cortijada de Capisol
Cortijo del Carmen
María Aparicio
Ollas
Alharilla
Caserío Retamillas
La Ahumada
El Berrueco
Cortijo de Nora del Cojo
Cortijo del Fiscal
Cortijo de Albarizas
El Zahán
Cortijada de Torre de Alcázar
Abolafia de la Torre
Magdalena
Villardompardo
La Muña
Cortijo de los Rubios
Puente del Villar
Cortijo de la Moyana
Cortijo de Valhondo
La Nava
Los Villares
Cortijo El Castil
Prágdena
San Pedro
Cortijo de Cantarero
Higuera de Calatrava
Cortijo de Espanta Palomas
Caserío Gil Alonso
Casa de Torrelampérez
Cortijo de la Magdalena
Cortijo de Valverdejo
Cortijo de Pozodulce
Cortijo de Aldea de Don Gil
Cortijo Fuente Palacios
Cortijo de Avozares
Cortijo de las Pedruscosas
Cortijo de los Yesos
TORRE del Campo
Silera
Algarve
Torre-fuencubierta
La Consolación
Cuadradillo
Arroyo del Algarve
Valenzuela
Lendínez
TORREDONJIMENO
Cortijo de los Sercanos
Cortijo del Arroyuelo
Las Puertas
La Serna
Santiago de Calatrava
El Madroño
Jamilena
Gamonosa
Ermita de los Butaquillos
San Bartolomé
Cortijo del Pozo de la Orden
Cortijo de Pandura
El Cambrón
Fuentidueña
Cortijada de Casasola
Cortijos de Mingoyustre
Castillo árabe (Restos romanos)
Cortijo de Vadoseco
Casa de Polonia
Cobatillas
Las Ermiticas
MARTOS
Cortijo de Melenas
Cortijo de Mirabuenos
Monte Lope Alvarez
Cortijada de Contreras
CASTRO del Río
Caseria de Marcona
Cortijo de la Caballera
Cortijo de Vado Fresno
Cortijo Alto
Cortijo del Manchego
Baños del Agua Hedionda
Castillo árabe
Cortijo de Santa Sofía
Barajuela
Izcar
Salina de Cuesta Paloma
Palomar
Albendín
Ventas de Doña María
Molino de Aramundo
Cortijo del Coto
Casa Olivar de Mangula
Puente romano
Castillo
Hornerico
Donadío de las Ventas
La Bobadilla
Estación de Vado Jaén
Cortijo de Dehesa Alta
Cortijada de Vado Jaén
Los Encinares
Cortijo del Duende
Cortijo de Toril
Cortijo de Ovejero
Los Noguerones
Molino del Despeñadero
Las Casillas
La Carrasca
Fuensanta de Martos
Río Víboras
Río Guadajoz
Río Salado
Baena
151
Alcaudete
Bailén
Jaén
58
55
30
20

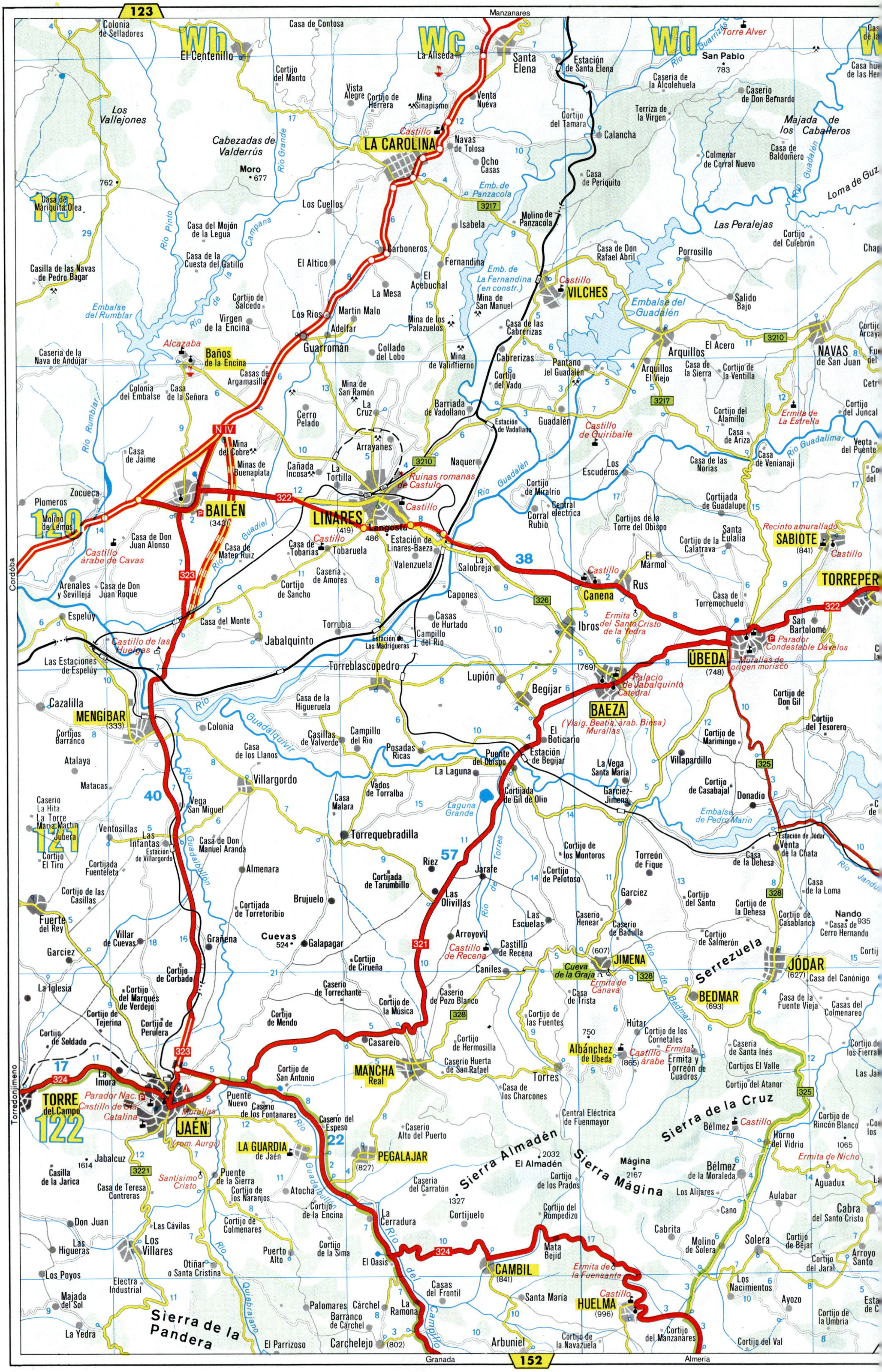
123
Manzanares
Wb
Wc
Wd
Colonia de Selladores
El Centenillo
Casa de Contosa
La Aliseda
Santa Elena
Estación de Santa Elena
San Pablo
783
Torre Alver
Los Vallejones
Cortijo del Manto
Vista Alegre
Cortijo de Herrera
Mina Sinapismo
Venta Nueva
Caseria de la Alcolehuela
Caserio de Don Bernardo
Terriza de la Virgen
Majada de los Caballeros
Cortijo del Tamara
Calancha
Cabezadas de Valderrús
Moro 677
Castillo
LA CAROLINA
Navas de Tolosa
Ocho Casas
Colmenar de Corral Nuevo
Casa de Baldomero
Casa de Periquito
Loma de Guz
Río Grande
762
119
Casa de Mariquita Olea
Los Cuellos
Emb. de Panzacola
3217
Molino de Panzacola
Las Peralejas
Casa del Mojón de la Legua
Río Pinto
Isabela
Carboneros
Fernandina
Casa de Don Rafael Abril
Porrosillo
Cortijo del Culebrón
Casa de la Cuesta del Gatillo
El Altico
El Acebuchal
Emb. de La Fernandina (en constr.)
Mina de San Manuel
Castillo
VILCHES
Casilla de las Navas de Pedro Bagar
Cortijo de Salcedo
La Mesa
Salido Bajo
Embalse del Rumblar
Virgen de la Encina
Los Rios
Martin Malo
Mina de los Palazuelos
Casa de las Cabrerizas
Embalse del Guadalén
Adelfar
Arquillos
El Acero
3210
NAVAS de San Juan
Alcazaba
Baños de la Encina
Caseria de la Nava de Andújar
Guarromán
Collado del Lobo
Mina de Valinfierno
Cabrerizas
Pantano del Guadalén
Arquillos El Viejo
Casa de la Sierra
Cortijo de la Ventilla
Casas de Argamasilla
Mina de San Ramón
La Cruz
Cortijo del Vado
3217
Colonia del Embalse
Casa de la Señora
Cerro Pelado
Barriada de Vadollano
Estación de Vadollano
Guadalén
Castillo de Guiribaile
Cortijo del Alamillo
Casa de Ariza
Ermita de La Estrella
Cortijo del Juncal
Río Rumblar
N IV
Mina del Cobre
Arrayanes
Venta del Puente
Casa de Jaime
Minas de Buenaplata
Cañada Incosa
La Tortilla
3210
Naquer
Los Escuderos
Casa de las Norias
Casa de Venienaji
Río Guadalimar
Ruinas romanas de Castulo
Zocueca
Plomeros
BAILÉN
(343)
322
LINARES
(419)
Castillo
Cortijo de Miralrio
Central eléctrica
Río Guadalén
Cortijada de Guadalupe
120
Molino de Lemos
Casa de Don Juan Alonso
Castillo árabe de Cavas
Casa de Mateo Ruiz
Río Guadiel
Casa de Tobarias
Tobaruela
Langosta
486
Estación de Linares-Baeza
Corral Rubio
Cortijos de la Torre del Obispo
Santa Eulalia
Cortijo de la Calatrava
Recinto amurallado
SABIOTE
(841)
Castillo
La Salobreja
38
El Mármol
Castillo
Rus
Canena
TORREPER
Córdoba
Arenales y Sevillejá
Casa de Don Juan Roque
323
Caseria de Amores
Cortijo de Sancho
Valenzuela
Capones
326
Casa de Torremochuelo
Espelúy
Casa del Monte
Jabalquinto
Torrubia
Casas de Hurtado
Campillo del Rio
Ibros
Ermita del Santo Cristo de la Yedra
San Bartolomé
322
Castillo de las Huelgas
Estación de Las Madrigueras
ÚBEDA
(748)
Parador Condestable Dávalos
Murallas de origen morisco
Las Estaciones de Espelúy
Torreblascopedro
Lupión
Begíjar
(769)
Palacio de Jabalquinto
Catedral
BAEZA
Cortijo de Don Gil
Cazalilla
MENGÍBAR
(333)
Río Guadalquivir
Casa de la Higueruela
(Visig. Beatia, árab. Biesa) Murallas
Colonia
Casillas de Valverde
Campillo del Rio
Cortijos Barranco
Casa de los Llanos
Posadas Ricas
El Boticario
Estación de Begíjar
Puente del Obispo
Cortijo de Marimingo
Cortijo del Tesorero
Atalaya
La Laguna
La Vega Santa María
Villapardillo
325
Villargordo
Vados de Torralba
Cortijada de Gil de Olio
Matacas
Caserio La Hita
La Torre
María Martin
Jubera
121
40
Vega San Miguel
Casa Malara
Laguna Grande
Garcíez-Jimena
Cortijo de Casabajal
Donadio
Embalse de Pedro Marín
Ventosillas
Las Infantas
Estación de Villargordo
Cortijo El Tiro
Torrequebradilla
Casa de Don Manuel Aranda
Cortijo de los Montoros
Estación de Jódar
Venta de la Chata
Casa de la Dehesa
Cortijada Fuenteleta
Almenara
Riez
57
Jarafe
Cortijo de Pelotoso
Torreón de Fique
Casa de la Loma
Río Guadalbullón
Cortijada de Tarumbillo
Las Olivillas
Río Torres
Cortijo de las Casillas
Brujuelo
Cortijada de Torretoribio
Garcíez
Cortijo del Santo
Cortijo de la Dehesa
Nando
Casas de Cerro Hernando 935
Fuerte del Rey
Las Escuelas
Caserio Henear
Caserio de Badulla
Cortijo de Casablanca
Villar de Cuevas
Granena
Cuevas 524
Galapagar
Arroyovil
Castillo de Recena
Cortijo de Recena
(607)
JIMENA
Cortijo de Salmerón
Serrezuela
Garcíez
Cortijo de Corbado
Cortijo de Ciruena
321
Caniles
Cueva de la Graja
328
JÓDAR
(627)
Casa del Canónigo
La Iglesia
Cortijo del Marqués de Verdejo
Caserio de Torrechante
Cortijo de la Música
Caserio de Pozo Blanco
Ermita de Cánava
Casa de Trista
BEDMAR
(693)
Casa de la Fuente Vieja
Casas del Colmenareo
Cortijo de Tejerina
Cortijo de Perulera
Cortijo de Mendo
328
Cortijo de las Fuentes
Cortijo de Hermosilla
Hútar
Cortijo de los Cornetales
Cortijo de Soldado
Casareio
750
Albánchez de Úbeda
(865)
Castillo árabe
Ermita
Ermita y Torreón de Cuadros
Caseria de Santa Inés
Cortijos El Valle
Torredonjimeno
17
324
La Imora
323
Cortijo de San Antonio
MANCHA Real
Caserio Huerta de San Rafael
Torres
Cortijo del Atanor
325
TORRE del Campo
Parador Nac.
Castillo de Sta. Catalina
Murallas
JAÉN
(rom. Aurgi)
Puente Nuevo
Caserio de los Fontaneres
Casa de los Charcones
Central Eléctrica de Fuenmayor
Sierra de la Cruz
Castillo
Bélmez
122
Caserío del Espeso
Caserio Alto del Puerto
Cortijo de Rincón Blanco
Horno del Vidrio
1065
Ermita de Nicho
Jabalcuz
1614
3221
LA GUARDIA de Jaén
22
PEGALAJAR
(827)
Sierra Almadén
2032
El Almadén
Sierra Mágina
Mágina
2167
Bélmez de la Moraleda
Casilla de la Jarica
Casa de Teresa Contreras
Santísimo Cristo
Puente de la Sierra
Cortijo de los Naranjos
Atocha
Caseria del Carratón
1327
Cortijo de los Prados
Los Alijares
Aguadux
Aulabar
Cabra del Santo Cristo
Don Juan
Cortijo de la Encina
La Cerradura
Cortijuelo
Cortijo del Rompedizo
Cano
Cabrita
Las Cávilas
Cortijo de Colmenares
Las Higueras
Los Villares
Río Guadalbullón
Puerto Alto
Cortijo de la Sima
324
Mata Bejid
Molino de Solera
Solera
Cortijo de Bejar
Arroyo Santo
Los Poyos
Otiñar o Santa Cristina
El Oasis
CAMBIL
(841)
Ermita de la Fuensanta
Los Nacimientos
Cortijo del Jaral
Electra Industrial
Majada del Sol
Sierra de la Pandera
Río Quebrajano
Palomares
Cárchel
Barranco de Cárchel
La Ramona
Casas del Frontil
Santa María
Castillo
HUELMA
(996)
Ayozo
Cortijo de la Umbría
La Yedra
El Parrizoso
Carchelejo
(802)
Río del Campillo
Arbuniel
Cortijo de la Navazuela
Cortijo del Manzanares
Cortijo del Val
Granada
152
Almería

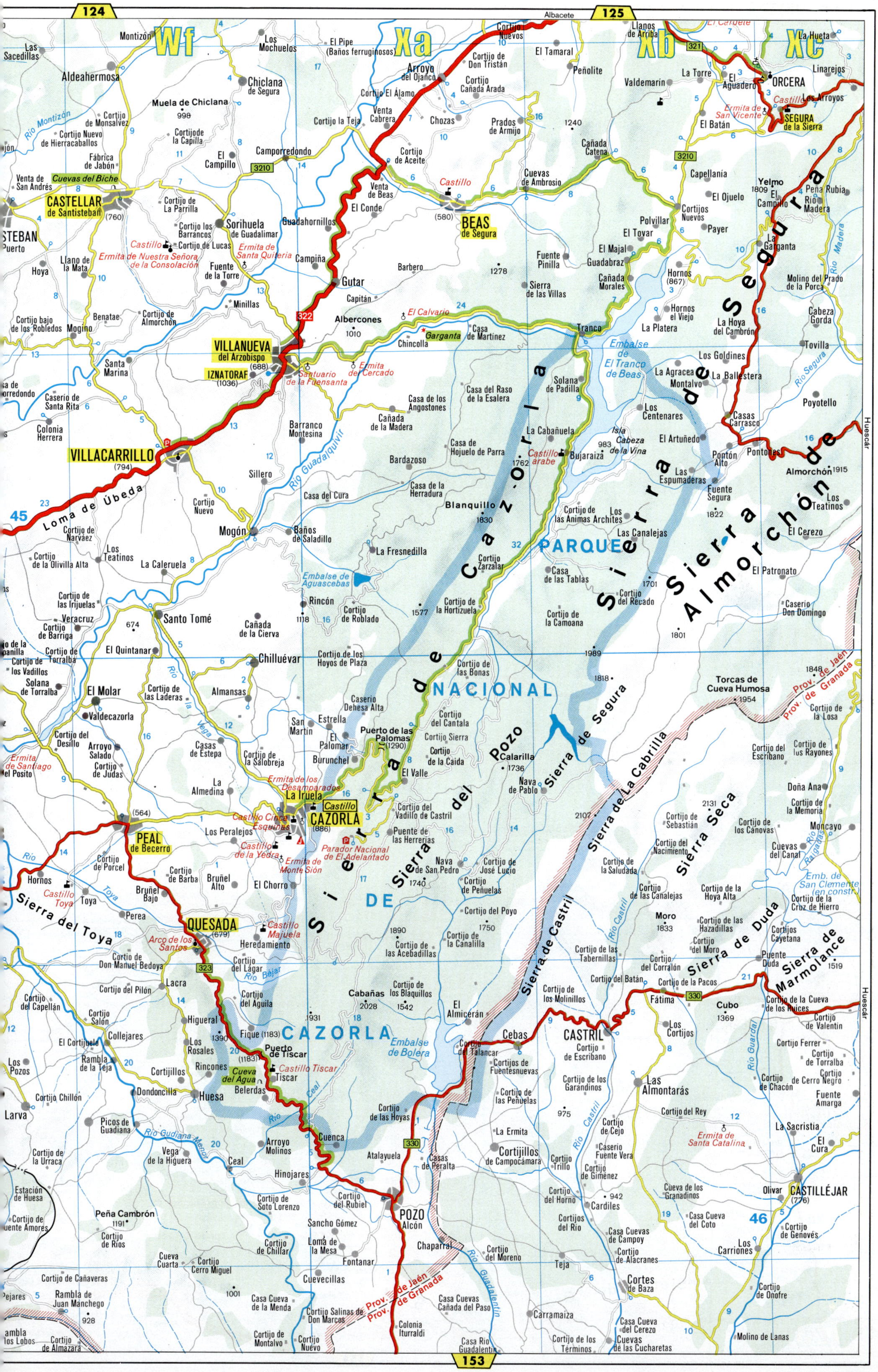

124
125
153
Wf
Xa
Xb
Xc
Albacete
Huescár
Montizón
Las Sacedillas
Aldeahermosa
Los Mochuelos
El Pipe (Baños ferruginosos)
Chiclana de Segura
Muela de Chiclana
Arroyo del Ojanco
Cortijo Nuevos
El Tamaral
Peñolite
Llanos de Arriba
La Hueta
Linarejos
ORCERA
El Aguadero
La Torre
Valdemarin
SEGURA de la Sierra
Los Arroyos
El Batán
Ermita de San Vicente
Cuevas del Biche
CASTELLAR de Santisteban
Sorihuela de Guadalimar
Camporredondo
El Campillo
Venta de Beas
El Conde
BEAS de Segura
Castillo
Cuevas de Ambrosio
Cañada Catena
Prados de Armijo
Chozas
Venta Cabrera
Capellania
El Ojuelo
Yelmo
El Campillo
Peña Rubia
Río Madera
Polvillar
Cortijos Nuevos
Payer
El Tovar
El Majal
Guadabraz
Cañada Morales
Hornos
La Gargantа
Sierra de las Villas
Fuente Pinilla
Barbero
Campiña
Guadahornillos
Gutar
Capitán
Albercones
El Calvario
Garganta
Casa de Martínez
Chincolla
Tranco
Embalse de El Tranco de Beas
VILLANUEVA del Arzobispo
IZNATORAF
Santuario de la Fuensanta
Ermita del Cercado
Santa Marina
Caserío de Santa Rita
VILLACARRILLO
Loma de Úbeda
Mogón
Baños de Saladillo
Embalse de Aguascebas
Rincón
Santo Tomé
Cañada de la Cierva
Chilluévar
El Quintanar
El Molar
Valdecazorla
Almansas
San Martín
Estrella
El Palomar
Burunchel
Puerto de las Palomas
La Iruela
CAZORLA
Castillo
Parador Nacional de El Adelantado
PEAL de Becerro
Los Peralejos
El Chorro
Hornos
Toya
Sierra del Toya
Perea
QUESADA
Arco de los Santos
Castillo Majuela
Heredamiento
Lacra
Higueral
Los Rosales
Fique
Puerto de Tiscar
Castillo Tiscar
Tiscar
Cueva del Agua
Rincones
Belerdas
Huesa
Dondoncilla
Larva
Picos de Guadiana
Vega de la Higuera
Ceal
Arroyo Molinos
Hinojares
Cuenca
Atalayuela
POZO Alcón
Chaparral
Sancho Gómez
Fontanar
Cuevecillas
Peña Cambrón
Prov. de Jaén
Prov. de Granada
Colonia Iturraldi
Embalse de Bolera
Cabañas
El Almicerán
Cebas
CASTRIL
Las Almontarás
Cortijillos de Campocámara
La Ermita
Cardiles
Cortes de Baza
Carramaiza
Teja
PARQUE NACIONAL DE CAZORLA
Sierra de Cazorla
Sierra de Segura
Sierra de Alcaraz
Sierra del Pozo
Sierra de Castril
Sierra de La Cabrilla
Sierra Seca
Sierra de Duda
Sierra de Marmolance
Sierra de Almorchón
Blanquillo
Calarilla
Nava de Pablo
Nava de San Pedro
El Valle
La Fresnedilla
Bujaraiza
Castillo árabe
La Cabañuela
Solana de Padilla
Isla Cabeza de la Viña
Los Centenares
El Artuñedo
Las Espumaderas
Fuente Segura
Pontón Alto
Pontones
Almorchón
Los Teatinos
El Cerezo
El Patronato
La Platera
La Hoya del Cambrón
Los Goldines
La Agracea
Montalvo
La Ballestera
Casas Carrasco
Poyotello
Tovilla
Torcas de Cueva Humosa
Moro
Fátima
Cubo
Puente Duda
Doña Ana
Moncayo
Emb. de San Clemente (en constr.)
La Sacristía
El Cura
Olivar
CASTILLÉJAR
Los Carriones
Molino de Lanas
Ermita de Santa Catalina
45
46

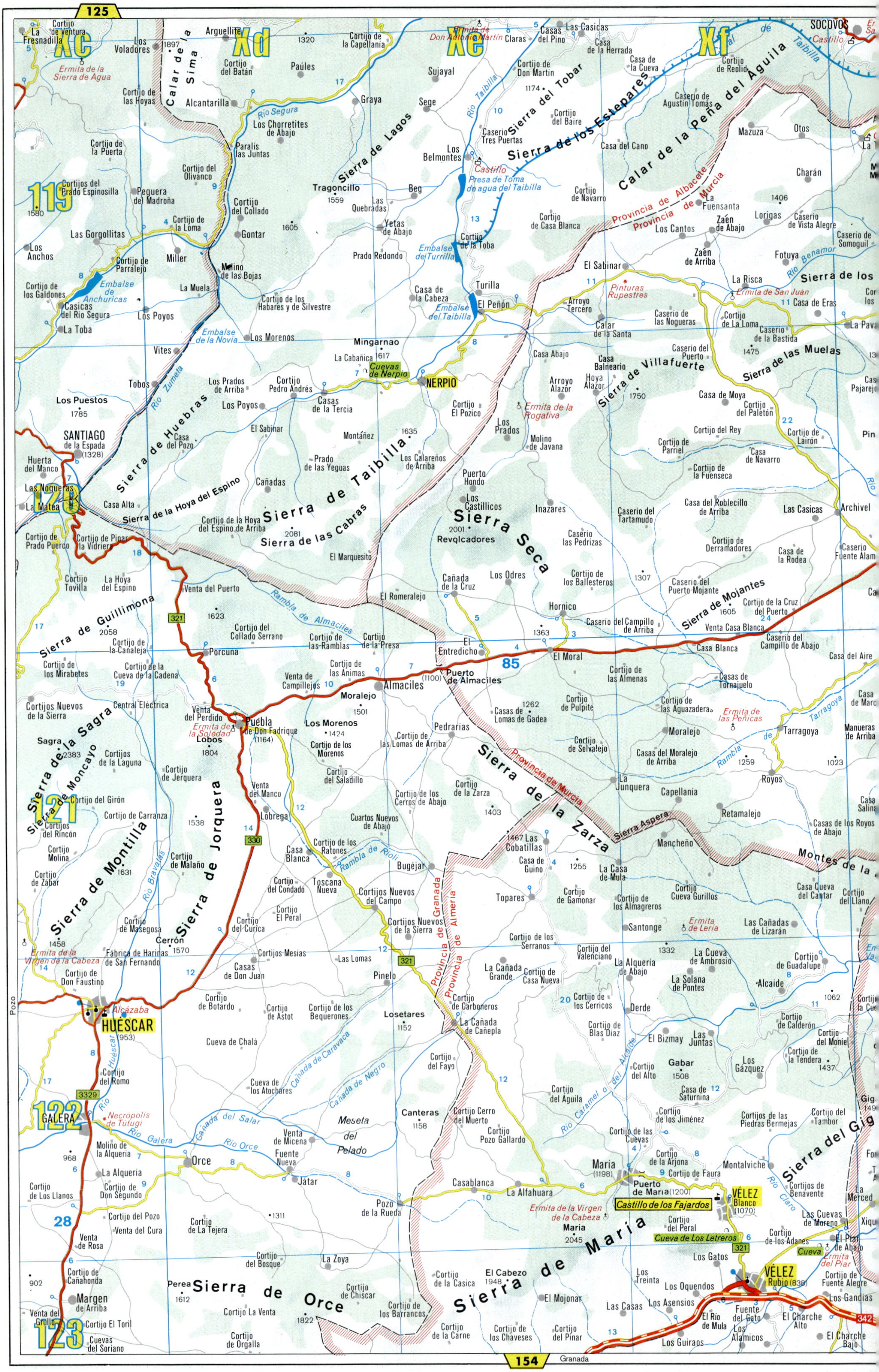
125
Xc
Xd
Xe
Xf
La Fresnadilla
Cortijo de Ventura
Ermita de la Sierra de Agua
Los Voladores
Calar de la Sima
Arguellite
Cortijo del Batán
Paúles
Cortijo de la Capellanía
Ermita de Don Antonio Martín
Claras
Casas del Pino
Las Casicas
Casa de la Herrada
SOCOVOS
Castillo
Sujayal
Cortijo de Don Martin
Cortijo de Reolid
Casa de la Cueva
Caserío de Agustín Tomás
Cortijo de las Hoyas
Alcantarilla
Graya
Sege
Rio Segura
Los Chorretites de Abajo
Río Taibilla
Sierra de Lagos
Caserío Tres Puertas
Sierra del Tobar
Cortijo del Baire
Sierra de los Estepares
Calar de la Peña del Aguila
Mazuza
Otos
Cortijo de la Puerta
Paralis las Juntas
Los Belmontes
Casa del Cano
Charán
Cortijo del Olivanco
Tragoncillo
Beg
Castillo
Presa de Toma de agua del Taibilla
Cortijo de Navarro
Provincia de Albacete
Provincia de Murcia
La Fuensanta
119
Cortijos del Prado Espinosilla
Peguera del Madroño
Cortijo del Collado
Las Quebradas
Zaén de Abajo
Lorigas
Caserío de Vista Alegre
Las Gorgollitas
Cortijo de la Loma
Gontar
Yetas de Abajo
Cortijo de Casa Blanca
Los Cantos
Caserío de Somoguil
Los Anchos
Cortijo de Parralejo
Miller
Prado Redondo
Embalse del Turrilla
Cortijo de la Toba
Zaén de Arriba
Fotuya
Río Benamor
Embalse de Anchuricas
Molino de las Bojas
El Sabinar
Pinturas Rupestres
La Risca
Sierra de los
Cortijo de los Galdones
La Muela
Casa de la Cabeza
Turilla
Ermita de San Juan
Casicas del Río Segura
Cortijo de los Habares y de Silvestre
El Peñón
Arroyo Tercero
Casa de Eras
Los Poyos
Embalse del Taibilla
Calar de la Santa
Caserío de las Nogueras
Cortijo de La Loma
Caserío de la Bastida
La Toba
Embalse de la Novia
Los Morenos
Mingarnao
Vites
La Cabañica
Cuevas de Nerpio
Casa Abajo
Casa Balneario
Caserío del Puerto
Sierra de las Muelas
Tobos
Río Zumeta
Los Prados de Arriba
Cortijo Pedro Andrés
NERPIO
Arroyo Alazor
Hoya Alazor
Sierra de Villafuerte
Los Puestos
Los Poyos
Casas de la Tercia
Cortijo El Pozico
Ermita de la Rogativa
Casa de Moya
Cortijo del Paletón
SANTIAGO de la Espada
Sierra de Huebras
El Sabinar
Montáñez
Los Prados
Molino de Javana
Cortijo del Rey
Cortijo de Lairón
Huerta del Manco
Casa del Pozo
Prado de las Yeguas
Los Calareños de Arriba
Cortijo de Parriel
Casa de Navarro
Las Nogueras
120
La Matea
Cañadas
Sierra de Taibilla
Puerto Hondo
Cortijo de la Fuenseca
Casa Alta
Sierra de la Hoya del Espino
Cortijo de la Hoya del Espino de Arriba
Los Castillicos
Inazares
Caserío del Tartamudo
Casa del Roblecillo de Arriba
Las Casicas
Archivel
Cortijo de Prado Puerco
Cortijo de Pinar la Vidriera
Sierra de las Cabras
Sierra Seca
Revolcadores
Caserío las Pedrizas
Cortijo de Derramadores
Casa de la Rodea
Caserío Fuente Alamo
El Marquesito
Cortijo Tovilla
La Hoya del Espino
Venta del Puerto
Cañada de la Cruz
Los Odres
Cortijo de los Ballesteros
Caserío del Puerto Mojante
Sierra de Guillimona
Rambla de Almaciles
El Romeralejo
Hornico
Sierra de Mojantes
Cortijo de la Cruz del Puerto
Cortijo del Collado Serrano
Caserío del Campillo de Arriba
Venta Casa Blanca
Cortijo de la Canaleja
Cortijo de las Ramblas
Cortijo de la Presa
El Entredicho
El Moral
Casa Blanca
Caserío del Campillo de Abajo
Casa del Aire
Cortijo de los Mirabetes
Porcuna
Cortijo de la Cueva de la Cadena
Cortijo de las Animas
Puerto de Almaciles
Cortijo de las Almenas
Casas de Tornajuelo
Cortijos Nuevos de la Sierra
Central Eléctrica
Venta de Campillejos
Almaciles
Moralejo
Casas de Lomas de Gadea
Cortijo de Pulpite
Cortijo de las Aguazaderas
Ermita de las Peñicas
Venta del Perdido
Ermita de la Soledad
Puebla de Don Fadrique
Los Morenos
Cortijo de los Morenos
Pedrarias
Cortijo de las Lomas de Arriba
Cortijo de Selvalejo
Moralejo
Tarragoya
Manueras de Arriba
Sagra
Sierra de la Sagra
Cortijos de la Laguna
Lobos
Sierra de Moncayo
Cortijo de Jerquera
Cortijo del Saladillo
Casas del Moralejo de Arriba
Rambla de Tarragoya
Royos
Sierra de la Zarza
Provincia de Murcia
La Junquera
Capellanía
Cortijo del Girón
121
Cortijo de Carranza
Venta del Manco
Lóbrega
Cortijo de los Cerros de Abajo
Cortijo de la Zarza
Cuartos Nuevos de Abajo
Retamalejo
Cortijos del Rincón
Sierra de Jorquera
Sierra Aspera
Mancheño
Casas de los Royos de Abajo
Cortijo Molina
Cortijo de Malaño
Casa Blanca
Cortijo de los Ratones
Rambla de Rioli
Las Cobatillas
Casa de Guino
La Casa de Mula
Montes de la
Cortijo de Zabar
Sierra de Montilla
Río Bravatas
Cortijo del Condado
Toscana Nueva
Bugéjar
Provincia de Granada
Provincia de Almería
Topares
Cortijo de Gamonar
Cortijo de los Almagreros
Cortijo Cueva Gurillos
Casa Queva del Cantar
Cortijo del Llano
Cortijo El Peral
Cortijos Nuevos del Campo
Cortijo de Masegosa
Cortijo del Curica
Cortijos Nuevos de la Sierra
Santonge
Ermita de Leria
Las Cañadas de Lizarán
Ermita de la Virgen de la Cabeza
Fábrica de Harinas de San Fernando
Cerrón
Sierra
Cortijos Mesías
Las Lomas
Cortijo de los Serranos
Cortijo del Valenciano
La Alquería de Abajo
La Cueva de Ambrosio
Cortijo de Guadalupe
Cortijo de Don Faustino
Casas de Don Juan
Pinelo
La Cañada Grande
Cortijo de Casa Nueva
La Solana de Pontes
Alcaide
Pozo
Alcazaba
HUÉSCAR
Cortijo de Botardo
Cortijo de Astot
Cortijo de los Bequerones
Losetares
Cortijo de Carboneros
La Cañada de Cañepla
Cortijo de los Cerricos
Derde
Cortijo de Calderón
Cueva de Chalá
Cortijo de Blas Díaz
El Bizmay
Las Juntas
Cortijo del Monie
Río Huéscar
Cortijo del Romo
Cañada de Caravaca
Cortijo del Fayo
Gabar
Los Gázquez
Cortijo de la Tendera
Cueva de los Atocharejos
Cañada de Negro
Cortijo del Alto
Casa de Saturnina
122
GALERA
Necrópolis de Túgul
Meseta del Pelado
Canteras
Cortijo Cerro del Muerto
Cortijo de la Aguila
Río Caramel o del Alcaide
Cortijo de los Jiménez
Cortijos de las Piedras Bermejas
Cortijo del Tambor
Río Galera
Cañada del Salar
Venta de Micena
Cortijo Pozo Gallardo
Cortijo de las Cuevas
Molino de la Alquería
Río Orce
Orce
Fuente Nueva
María
Cortijo de la Arjona
Cortijo de Faura
Montalviche
Sierra del Gig
La Alquería
Jatar
Casablanca
La Alfahuara
Puerto de María
VÉLEZ Blanco
Castillo de los Fajardos
Cortijos de Benavente
Cortijo de Los Llanos
Cortijo de Don Segundo
Pozo de la Rueda
Ermita de la Virgen de la Cabeza
Río Claro
La Merced
Cortijo del Pozo
Venta del Cura
Cortijo de La Tejera
Cortijo del Peral
Las Cuevas de Moreno
Venta de Rosa
Sierra de María
Cueva de Los Letreros
Cortijo de los Adanes
El Piar de Abajo
Cortijo del Bosque
La Zoya
Los Gatos
Cueva
Ermita del Piar
Cortijo de Cañahonda
Perea
Sierra de Orce
Cortijo de la Casica
El Cabezo
Los Treinta
VÉLEZ Rubio
Cortijo de Fuente Alegre
Margen de Arriba
Cortijo de Chiscar
El Mojonar
Los Oquendos
Los Gandías
Venta del Grillo
Cortijo El Toril
Cortijo La Venta
Cortijo de los Barrancos
Las Casas
Los Asensios
El Río de Mula
Fuente del Gato
El Charche Alto
123
Cuevas del Soriano
Cortijo de Orgalla
Cortijo de la Carne
Cortijo de los Chaveses
Cortijo del Pinar
Los Guiraos
Los Alamicos
El Charche Bajo
154
Granada

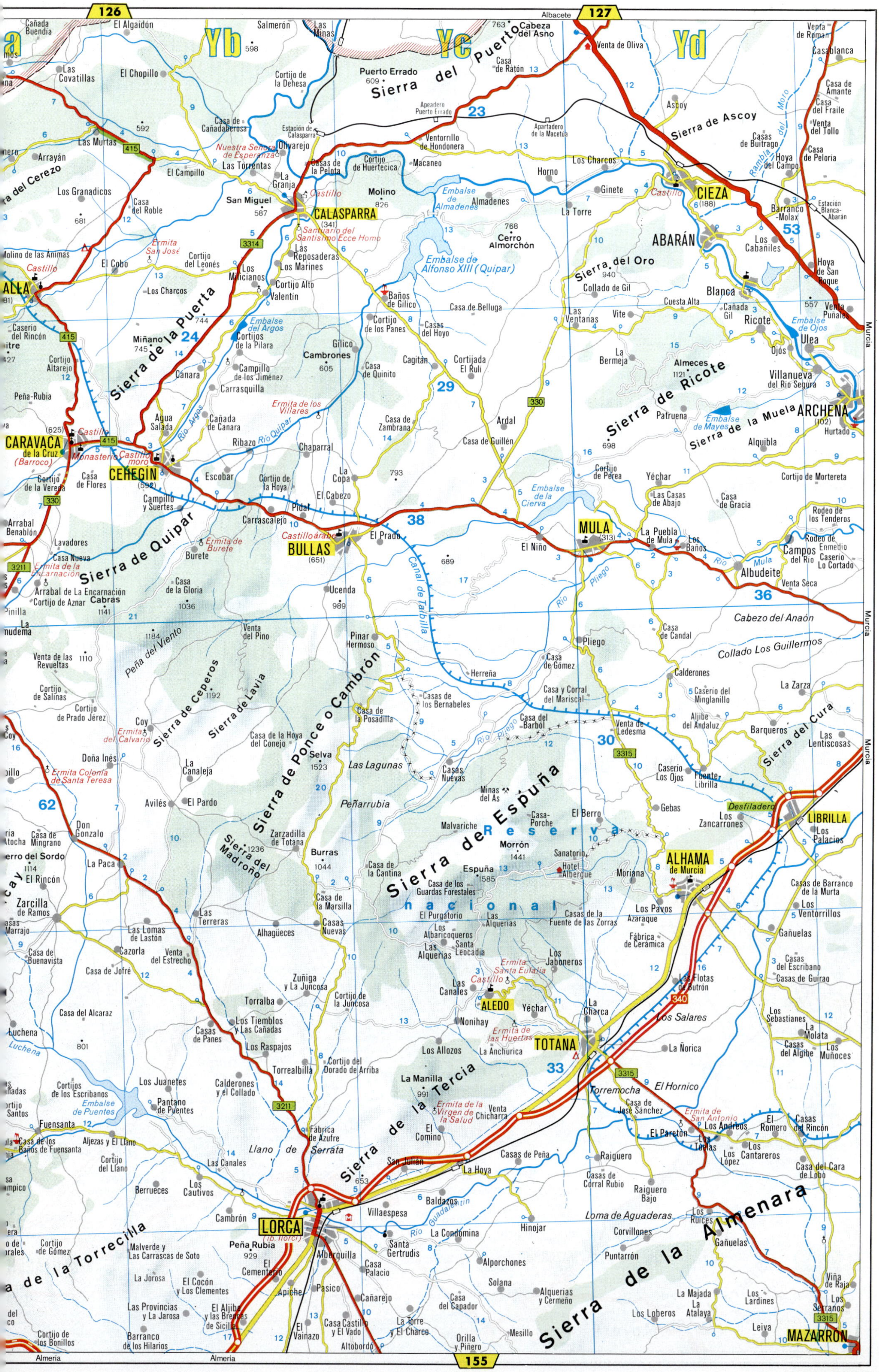
Yb
Yc
Yd
Albacete
Sierra del Puerto
Sierra de Ascoy
Puerto Errado 609
Cabeza del Asno 763
Venta de Oliva
Casa de Ratón
Cortijo de la Dehesa
Las Minas
Salmerón
El Algaidón
Cañada Buendía
Las Covatillas
El Chopillo
598
Apeadero Puerto Errado
Apartadero de la Macetua
Estación de Calasparra
Casa de Cañadaberosa
Nuestra Señora de Esperanza
Olivarejo
Las Torrentas
Las Murtas
Arrayán
El Campillo
Los Granadicos
Casa del Roble
La Granja
San Miguel 587
Castillo
CALASPARRA (341)
Santuario del Santísimo Ecce Homo
Molino 826
Ventorrillo de Hondonera
Cortijo de Huertecica
Casas de la Pelota
Macaneo
Embalse de Almadenes
Almadenes
Cerro Almorchón 768
Embalse de Alfonso XIII (Quipar)
Horno
Los Charcos
Ginete
La Torre
CIEZA (188)
ABARÁN
Sierra del Oro 940
Collado de Gil
Ascoy
Casas de Buitrago
Hoya del Campo
Rambla del Moro
Barranco-Molax
Estación Blanca-Abarán
Los Cabañiles
Hoya de San Roque
Venta de Román
Casablanca
Casa de Amante
Casa del Fraile
Venta del Tollo
Casa de Peloria
Blanca
Cañada Gil
Ricote
Cuesta Alta
Vite
Las Ventanas
Casa de Belluga
Baños de Gilico
Cortijo de los Panes
Casas del Hoyo
Gilico
Cambrones 605
Casa de Quinito
Cagitán
Cortijada El Ruli
Embalse de Ojos
Ulea
Ojós
Venta Puñales
557
Villanueva del Río Segura
ARCHENA (102)
Hurtado
Almeces 1121
Sierra de Ricote
La Bermeja
Patruena
Embalse de Mayes
Sierra de la Muela
Alquibla
698
Molino de las Ánimas
Ermita San José
Cortijo del Leonés
El Cobo
Los Charcos
Los Marines
Las Reposaderas
Los Micianos
Cortijo Alto
Valentín
Embalse del Argos
Cortijos de la Pilara
Campillo de los Jiménez
Carrasquilla
Miñano 745
Sierra de la Puerta
744
Caserío del Rincón
Cortijo Altarejo
Peña-Rubia
Canara
Agua Salada
Río Argos
Cañada de Canara
Ribazo
Río Quípar
Ermita de los Villares
Chaparral
Casa de Zambrana
793
La Copa
El Cabezo
Ardal
Casa de Guillén
Cortijo de Perea
Yéchar
Las Casas de Abajo
Casa de Gracia
Cortijo de Mortereta
Rodeo de los Tenderos
CARAVACA de la Cruz (Barroco) (625)
Castillo
Monasterio
Castillo moro
CEHEGÍN (592)
Casa de Flores
Cortijo de la Vereda
Escobar
Cortijo de la Hoya
Campillo y Suertes
Pidal
Carrascalejo
Castillo árabe
BULLAS (651)
El Prado
Embalse de la Cierva
MULA (313)
La Puebla de Mula
Los Baños
El Niño
Río Mula
Albudeite
Campos del Río
Rodeo de Enmedio
Caserío Lo Cortado
Venta Seca
Arrabal Benablón
Lavadores
Casa Nueva
Ermita de la Encarnación
Sierra de Quípar
Ermita de Burete
Burete
Arrabal de La Encarnación
Cortijo de Aznar
Cabras 1141
Casa de la Gloria
1036
Ucenda
989
689
Canal de Taibilla
Río Pliego
Cabezo del Anaón
Collado Los Guillermos
Venta de las Revueltas
1110
Peña del Viento
1184
Venta del Pino
Pinar Hermoso
Casa de Candal
Pliego
Casa de Gómez
Herreña
Calderones
Caserío del Minglanillo
La Zarza
Cortijo de Salinas
Cortijo de Prado Jérez
Sierra de Ceperos
1192
Sierra de Lavia
Sierra de Ponce o Cambrón
Casas de los Bernabeles
Casa de la Posadilla
Casa y Corral del Mariscal
Casa del Barbol
Venta de Ledesma
Aljibe del Andaluz
Barqueros
Sierra del Cura
Las Lentiscosas
Coy
Ermita del Calvario
Casa de la Hoya del Conejo
Doña Inés
Ermita Colonia de Santa Teresa
La Canaleja
Selva 1523
Las Lagunas
Casas Nuevas
Caserío Los Ojos
Fuente Librilla
Desfiladero
LIBRILLA
Los Palacios
Los Zancarrones
Gebas
Avilés
El Pardo
Peñarrubia
Minas del As
Casa-Porche
El Berro
Don Gonzalo
Casa de Mingrano
Cerro del Sordo
1114
El Rincón
La Paca
Sierra del Madroño
1236
Zarzadilla de Totana
Burras 1044
Malvariche
Sierra de Espuña
Reserva nacional
Morrón 1441
Sanatorio
Hotel Albergue
Moriana
ALHAMA de Murcia
Casa de la Cantina
Espuña 1585
Casa de los Guardas Forestales
El Purgatorio
Las Alquerías
Casas de la Fuente de las Zorras
Los Pavos
Azaraque
Casas de Barranco de la Murta
Los Ventorrillos
Zarcilla de Ramos
Las Terreras
Las Lomas de Lastón
Alhagüeces
Casa de la Marsilla
Casas Nuevas
Los Albaricoqueros
Las Alquerías
Santa Leocadia
Fábrica de Cerámica
Gañuelas
Casa de Buenavista
Cazorla
Venta del Estrecho
Casa de Jofré
Zúñiga y La Juncosa
Cortijo de la Juncosa
Ermita Santa Eulalia
Castillo
Las Canales
ALEDO
Yéchar
Los Jaboneros
Las Flotas de Butrón
Casas del Escribano
Casas de Guirao
Casa del Alcaraz
Torralba
Los Tiemblos y Las Cañadas
Casas de Panes
Los Raspajos
Nonihay
Ermita de las Huertas
La Anchurica
TOTANA
La Charca
Los Salares
La Ñorica
Los Sebastianes
La Molata
Casas del Aljibe
Los Muñoces
Luchena
801
Los Allozos
Torrealbilla
Cortijo del Dorado de Arriba
La Manilla 991
Sierra de la Tercia
Ermita de la Virgen de la Salud
Venta Chicharra
Torremocha
El Hornico
Casa de José Sánchez
Ermita de San Antonio
Los Andreos
El Romero
Casas del Rincón
El Paretón
Cortijos de los Escribanos
Embalse de Puentes
Los Juanetes
Pantano de Puentes
Calderones y el Collado
Fuensanta
Casa de los Baños de Fuensanta
Aljezas y El Llano
Cortijo del Llano
Fábrica de Azufre
El Comino
Llano de Serrata
Los Tablas
Los Cantareros
Los López
Casa del Cara de Lobo
Las Canales
San Julián
Casas de Peña
La Hoya
Rajguero
Casas de Corral Rubio
Raiguero Bajo
Berrueces
Los Cautivos
653
Baldazos
Río Guadalentín
Villaespesa
Cambrón
LORCA
Peña Rubia 929
La Condomina
Hinojar
Loma de Aguaderas
Los Ruices
Corvillones
Gañuelas
Sierra de la Almenara
Sierra de la Torrecilla
Cortijo de Gómez
Malverde y Las Carrascas de Soto
El Cementerio
Alberquilla
Santa Gertrudis
Casa Palacio
Alporchones
Puntarrón
La Jorosa
El Cocón y Los Clementes
Apiche
Pasico
Cañarejo
Solana
Alquerías y Cermeño
La Majada
La Atalaya
Los Lardines
Viña de Raja
Los Serranos
Las Provincias y La Jarosa
El Aljibe y las Breñas de Sicilia
El Vainazo
Casa Castillo y El Vado
La Torre y El Chareo
Casa del Capador
Orilla y Piñero
Mesillo
Los Loberos
Leiva
MAZARRÓN
Cortijo de los Bonillos
Barranco de los Hilarios
Altobordo
Almería
Murcia

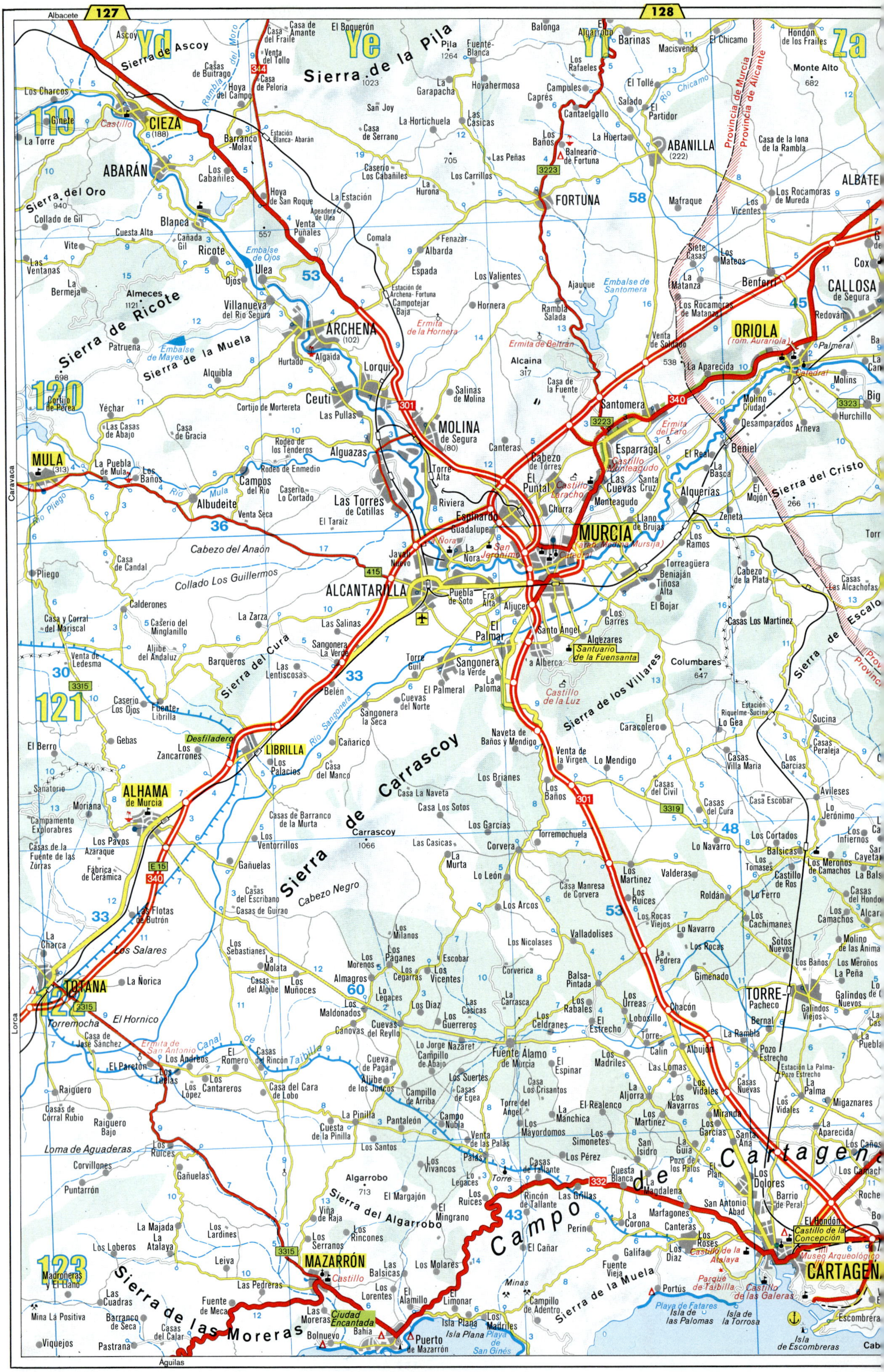
127
128
Albacete
Yd
Ye
Yf
Za
Sierra de Ascoy
Sierra de la Pila
119
120
121
122
123
CIEZA
ABARÁN
Sierra del Oro
Blanca
Ricote
Ulea
Embalse de Ojos
Sierra de Ricote
Villanueva del Río Segura
ARCHENA
Sierra de la Muela
Lorquí
Ceutí
MULA
MOLINA de Segura
Alguazas
Las Torres de Cotillas
Albudeite
Campos del Río
FORTUNA
ABANILLA
Balneario de Fortuna
Provincia de Murcia
Provincia de Alicante
ALBATERA
CALLOSA de Segura
ORIOLA
(rom. Aurariola)
Santomera
Esparragal
Beniel
Sierra del Cristo
MURCIA
(árab. Medina Mursiya)
Catedral
Monteagudo
Castillo Monteagudo
ALCANTARILLA
Puebla de Soto
Espinardo
Guadalupe
El Palmar
Sangonera la Verde
Santo Angel
Algezares
Santuario de la Fuensanta
Sierra de los Villares
Cabezo del Anaón
Collado Los Guillermos
Sierra del Cura
Pliego
Desfiladero
LIBRILLA
ALHAMA de Murcia
Sierra de Carrascoy
Carrascoy
Cabezo Negro
TOTANA
El Hornico
Canal de Taibilla
Loma de Aguaderas
Fuente Álamo de Murcia
Corvera
Los Martínez
Sierra del Algarrobo
MAZARRÓN
Sierra de las Moreras
Ciudad Encantada
Puerto de Mazarrón
Campo de Cartagena
Sierra de la Muela
CARTAGENA
Castillo de la Concepción
Museo Arqueológico
Isla de Escombreras
Isla de las Palomas
Isla de la Torrosa
Playa de Fatares
Isla Plana
Playa de San Ginés
TORRE-Pacheco
Caravaca
Lorca
Águilas

Almansa
Alicante
Alicante
332
Zb
Zc
Zd
Ze
LENTE
ELX
Peña de las Águilas
La Algoda
Perleta
Balsares
Santa Ana
Valverde Alto
Valverde Bajo
Santa Ana
Alzabares Alto
Alzabares Bajo
Algorós
Ruinas de Ilici
Baya Alta
Baya Baja
Ermita de San Andrés
Pusol
Daimés
La Estación de Crevillente
Ermita del Ángel
Matola
Ermita de San Isidoro
La Hoya
Ermita de San Antón
Salinas del Bras del Port
El Realengo
Derramador
3317
Fortaleza
Casas del Cap
Cabo de Santa Pola
SANTA POLA
3321
San Felipe de Neri
Catral
Playa de Pinet
Islote de La Cantera
51
El Pinet
La Marina
DOLORES
Llobregales
Laguna del Hondo Ambroz
Playa de la Marina
Puebla de Rocamora
La Florida
3321
Daya Vieja
Daya Nueva
San Fulgencio
Pinada- Jardín
Playa de la Pinada
3323
Formentera del Segura
Rojales
Castillo
GUARDAMAR del Segura
Playa de Guardamar
Dunas
Algorfa
Benijófar
Estación Rojales-Benijófar
Castillo de Montemar
El Moncayo
3321
Los Montesinos
Las Moreras
Salinas de la Mata
Nueva Playa
Lomas del Mar
Los Pérez
Salinas de Torrevieja
Casa Manteles
Complejo Turistico El Torrejón
San Miguel de Salinas
TORREVIEJA
Villamartín
Punta Prima
Playa Flamenca
La Zenia
Casa de San Ginés
26
Cabo Roig
Cabo Roig
Playas de Orihuela
El Pinar de Campoverde
Dehesa de Campoamor
Casa Verea
Torre Horadada
Playa de la Horadada
Pilar de la Horadada
Las Rocas
El Mojón
SAN PEDRO del Pinatar
López
Los Lorcas
Salinas de Cotorillo
Playa de Algas
Ciudad del Aire
San Blas
Molino La Calcetera
Punta de Algas
Santiago de la Ribera
Encañizada
Aeropuerto de San Javier Murcia
Playa de Palo
Los Buenos
Los Narejos
Punta del Pudrider
Playa del Pudrider
Faro del Estacio
Escull Grande del Estacio
Playa del Estacio
Isla Grosa
Islote de Galera
Mar Menor
La Manga del Mar Menor
Playa del Pedrucho
El Pedrucho
Isla Perdiguera
Isla Mayor
Euromanga
Los Urrutias
Isla del Sujeto
Hacienda 2 Mares
Isla Redonda
Punta de la Raja
Isla del Ciervo
Playa del Marchamalo
Los Nietos
La Manga
Islas Hormigas
San Ginés de la Jara
Mar de Cristal
Cabo de Palos
Los Blancos
Playa Honda
Cabo de Palos
Playa del Descargador
Llano de Beal
Los Belones
Jordana
Las Barracas
Cobaticas
Punta Espada
Playa de Negrete
Atamaria
Playa Larga
Playa Parreño
Cabo Negrete

Ra
Rb
Rc
123
124
125
126
127
130
Sines, Beja
Boavista dos Pinheiros
Daroeiras
Touril
Tagarições
Porto das Barcas
Praia da Zambujeira
Zambujeira do Mar
Cabeça Gorda
Vale de Figueira
SÃO TEOTÓNIO
Pederneiras
Praia do Carvalhal
Brejão
Asseiceira
Cabeço de Arvêloa
Vale Juncalinho
Delfeira
Camachos
Boieira
Rio Mira
Vale de Moinhos
Totenique
Queimado
Sabóia
Santa Bárbara
Rosal
Serra da Brejeira
Algares
Giz
Carrascal
Estacas
Azinheira
Padrona
Praia de Odeceixe
Odeceixe
Baiona
São Miguel
Monte Novo
Praia da Samouqueira
Samouqueira
Fonte Ferrenha
Maria Vinagre
Azenha
Zambujeiro
Galé de Baixo
Galé de Cima
Foz do Besteiro
Foz do Arroio
Distrito de Beja
Distrito de Faro
Ladeira de Cima
Mesquita
Nave Redonda
Bunheira
Rogil
Azia
Saiceira
Moinho do Sogro
Fonte Santa
Giraldo
Serominheiro
Carrascalinho
Praia da Carriagem
Praia de Monte Clérigo
Foz do Carvalhoso
Chã da Casinha
Foz do Farelo
Cimalhas
Carvalho
Causino
Serra de Monchique
Pedras Juntas
Barranco dos Pisões
Garganta
Pomba
Peso
Boucinhos
ALJEZUR
Castelo mourisco
Igreja Nova
Cerca dos Pomares
Pêro Negro
Moinho do Bispo
Pacil
Portela
Chilrão
Fóia
Belém
MONCHIQUE
Alferce
Palmeirinha
Vale da Nora das Arvores
Marmelete
Pé do Frio
Picos
Gralhos
Maçarotal
Picota
Meia Viana
Fornalha
Vales
Abutareira
Vale Formoso
Rua Nova
Nave
Ladeira
Praia da Artifana
Arrifana
Monte Novo
Zebro
Vale de Água
Caseis
Gil Bordalo
Barranco do Barracão
Caldas de Monchique
Serra de Espinhaço de Cão
Praia da Penedo
Canal
Barranco da Vaca
Malhão
Romeiras
Praia de Vale de Figueiras
Chabouco
Monte Novo
Tojeiro
Três Figos
Vale da Horta
Barranco do Carriçal
Embarradoiro
Barracão
Ribeira das Canas
Cavaca
Chiqueiro
Corcino
Guena
Barranco do Milho
Montes de Cima
Moinho da Rocha
Mesquita
Monte Ruivo
Espinhaço de Cão
Praia do Bordeira
Pincho
Barragem da Bravura
Pereira
Casas da Senhora do Verde
Túmulos de Alcalar
(Necrópole megalítica)
Reguengo
Cabeça Branca
Odelouca
(árab. Xelb)
SILVES
Pontal
Bordeira
Carrapateira
Milharada
Cotifo
Monte Ruivo
Ruivo
Alcalá
Poio
Rolhão
Palácio
Porto de Lagos
Almarjão
Praia do Amado
Praia d. Murração
Vilarinha
Arão
Mexilhoeira Grande
Alcalá
Torre
Donalda
Arrochela
Praia d. Mirouço
Praia d. Mouranitos
Praia d. Barriga
Pedralva
Barão de São João
Bensafrim
Odeáxere
Chão das Donas
Fontes
Praia da Cordama
Pardieiro
Pêro Queimado
Colégio
Sargaçal
Penina
Abicada
(Vila Romana)
Montes de Alvor
Grutas de Bone Ammar
Estômbar
Louzeira
Torre
Pirra
Praia do Castelejo
Monte Judeu
Portelas
Marateca
Meia Praia
Alvor
Torralba
PORTIMÃO
Ferragudo
Alto da Cerca
Ferrel
Barão de São Miguel
Espiche
Praia d. Alvor
Baía de Lagos
Mato Serrão
Torre de Aspa
Raposeira
N.ª S.ª de Guadalupe
Budens
Almadena
Cerro das Ferrarias
LAGOS
Meia Praia
VILA DO BISPO
Montinhos da Luz
Luz
Porto de Mós
Praia d. Dona Ana
Praia d. Camilo
Praia de Três Irmãos
Praia d. João de Arens
Praia Vau
Praia da Rocha
Praia d. Ferragudo
Ponta do Altar
Praia d. Caneiros
Praia d. Vale da Lapa
Praia d. Carvoeiro
Carvoeiro
Praia do Carvalho
Praia d. Benagil
Praia d. Ponta Ruiva
Santo António
Figueira
Salema
Burgau
Forte
Barrancão
Praia d. Luz
Praia d. D. Maria
Praia d. Burgau
Praia d. Porto de Mós
Praia d. Canavial
Ponta da Piedade
Praia do S. Telheiro
Hortas do Tabual
Praia d. Figueira
Praia d. Salema
Praia d. Boca do Rio
Praia d. Almadena
Ponta de Almadena
Grutas do Monte Francês
Pousada do Infante
Cabo de São Vicente
Beliche
Sagres
Praia d. Tonel
Praia d. Ingrina
Praia d. João Vaz
Praia d. Barranco
Ponta da Torre
Praia d. Reboinhos
Praia de Martinhal
Ponta da Atalaia
Praia d. Mareta
Ponta de Sagres

131
Beja
Re
Bf
Sa
Corte Malhão
Ossonoba (Ruína Rom.)
Fernão Vaz
Pereiras
Serrinho
Lajes
Monte Arriba
Barragem de Marcello Caetano
Daroeira
Pomba
Santana da Serra
Alcaria
Gomes Aires
Poço Seco
Aldeia dos Fernandes
Corte Zorrinho
Vale da Grade
Moinho de Vento
Do Neves
Lagoa do Soeiro de Cima
Almodôvar -a-Velha
Santo Amaro
ALMODÔVAR
Do Testa
Lançadoiras
Porteirinhos
Monte dos Mestres
Guedelhinhas
Brancanes
Monte do Corvo
Espanca
Herdade de Santa Maria
Simões
Monte Velho
Castanhos
Caiada
Pereiras
Senhora da Graça de Padrões
Semblana
Cumeadas
Alcaria Longa
Góis
São Miguel do Pinheiro
Casa Velha da Botelha
Serranos
Manuel Galo
Gato
Gorazes
Monte da Vinha
Murteira
Ma Noite
Viúvas
Corredoura
Santa Clara-a-Nova
Montinho
Guedelhas
Sap-Pedro de Solis
Acharrua
Gonçalo Anes
A- dos- Grandes
Quintã
Penedos
Monte João Dias
Negas
Roncão
Rio Torto
Santa Pequena
Boavista
Monte das Mestras
Castelejo
Bicada
Corcha
Curvatos
Gagos
Boi
Fialho
Castelhanos
Brenha
Dogueno
Romba
Santa Cruz
Martim Longo
Diogo Dias
Azinhal
Malhão
Pé da Ladeira
Vale de Estacas
Pesqueiro
Azinhal
Joios
Carvalho
Fornalha
Tremelgo
Barrada
Corte Paral
Baião
Serra do Caldeirão
Monte Novo
Corvos
Monte Branco
Pero Dias
Monte Ruivo
Brunheira
Corte Figueira
Tavilhão
Reveses
Cumeada do Malhão
Mestras
Estradas
Barroso
Monte de Argil
Arrisada
Vale de Hortas
Santa Susana
Pampilhais de Baião
Cansados
Vale da Moita
Corte Serranos
São Marcos da Serra
Ribeira de Odelouca
Mudo
Azinhal
Ameixial
Corte João Marques
Silveira
São Barnabé
Felizes
Moimentos
Corte Pinheiro
Mealha
Anta das Pedras Altas
Vale de Odre
Perna Seca
Ramos
Gralha
Vale Fontes
Corte do Cabo
Medronheira
Corte de Ouro
Ximeno
Portela
Casas Baixas
Distrito de Beja
Distrito de Faro
Vermelhos
Palheiros
Besteiros
Cachopo
Passa Frio
Sarnim
Águas Frias
Zambujal
Almarginho
Garcia
Seiceira
Monte Alto
Sarnadinha
Miradouro do Caldeirão
Sítio das Éguas
Barrigões
Cavalos
Fonte de Corcho
Currais
Ribeiro de Arade
Zebro
Malhão
Pêro Ponto
A
R
V
E
Monte Branco
Vale Figueira
Gavião de Cima
Curral
Soalheira
Sobradinho
Pé do Coelho
Sobreira Formosa
Fornalha
Figueirinha
Vales
Gavião de Baixo
Azinhal
Cortinhola
Cerro de Alganduro
Vale da Rosa
Vales Luís Neto
Alcaria Alta
Funcho
Pedreiras
São Bartolomeu de Messines
João Andrés
Sarnadas
Alcaria
Freixo Seco
Cabeça
Cortiçadas
Alcornicosa
Vale Fuzeiros
Sao Pedro
Pico Alto
Negros
Cabeça de Vaca
Feiteira
Amorosa
Vale
Cerro
Santa Margarida
Rocha dos Soidos
Penina
Rocha
Pé da Serra
Paço
Carrasqueiro
Cumeada
Montes Novos
Castelão
Cortelha
Cerôis
Gregórios
Cortes
Portela
Messines de Baixo
Cortelha
Besteirinhos
Alfarrobeiras
Alte
Fontes de Alte
Salir
Cabanas
Amendoeira
Nora
Charneca da Velha
Barrocal
Monte da Charneca
Benafim Grande
Pena
Castelo mouro
Touris
Besteiros
Quintã
Barranco Velho
Parizes
Lajes
Areeiro
Monte Brito
Amarela
Palmeiros
Javalis
Calvos
Abelheira
Carrasqueiro
Esteveira
Nave do Barão
Corte Neto
Corcitos
Cerro
Aivados e Fontes
Carrasqueira
Corxo
Serra de
Malhado do Judeu
Alcorvel
Barranco Longo
Ribeira de Alte
Lentiscais
Estevais de Moiros
Espargal
Alto Fica
Gemica
Vicentes
Querença
Corgas Bravas
Águas de Tábuas
Malhada de Santa Maria
Mesquita
Ribeira Alta
Ferrarias
Aldeia dos Matos
Ribeira de Algibre
Aldeia de Tor
Bispo
Cova da Muda
Paderne
Muralha, Vestígios de gótico manuelino
Cerro
Amendoais
Purgatório
Cerca Velha
Amendoeira
Carvalhal
Alportel
Porto Carvalhoso
Estevais
Algoz
Tunes Gare
Amoreira
Alfontes
Picota
Gilvrazino
Afeição
Assumadas
Clarianes
Ribeira
Alportel
Seixosas
Baiãs
Cerro do Ouro
Centieira
Telheiro
Soalheira
Castelo e muralha
SÃO BRÁS DE ALPORTEL
Pousada de São Brás
Torrinha
Assumadas
Agostas
Alto da Serra
LOULÉ
Apra
Santa Catarina da Fonte do Bispo
Vigia
Alcantarilha
Guia
Valverde
Ferreiras
Cotovio
Boliqueime
Monte Zorros
Fonte do Touro
Corotelo
Desbarato
Pêra
Tavagueira
Vale Covo
Fonte da Murta
Bordeira
Desbarate
Vale da Ursa
Alpouvar
Pinhal
Vale de Judeu
Benatrite
Machados
Peral
Mosqueira
Branqueira
Goncinha
Poço da Amoreira
Azinhal e Amendoeira
Pereiro
Foupana
Vale de Parra
ALBUFEIRA
Quarteira
Quinta da
Areeiro
Valados
Santa Bárbara de Nexe
Lagos
Serra de Monte Figo
Esteiramanteus
Sesmaria
Oura
Olhos de Água
Vilamoura
Pereiras
Vale Formoso
Azinheiro
Grutas de Moncarapacho
Gruta do Xorino
Cerro da Vila (Vila Romana)
Quarteira
Esteval
313 (Vila Romana)
Milreu
Palácio de Estói
Gião
Ponta do Castelo
Praia d. Galé
Praia d. Castelo
Praia d. Coelha
Praia d. São Rafael
Praia d. Baleeira
Praia d. Albufeira
Praia d. Oura
Praia d. Balaia
Praia d. Maria Luísa
Praia d. Olhos de Água
Praia d. Falésia
Forta Sta
Almansil
São João da Venda
ESTÓI
Moncarapacho
Marayota
Ferrarias
Paraíso
Quelfes
Laranjeiro
Areias
Praia d. Quarteira
Loulé Velho
Vale da Venda
Conceição
Pechão
Vale de Lobo
Bracias
Vale da Mó
Brancanes
Bela Romão
Praia d. Trafal
Quinta do Lago
Patacão
Torre
Belmonte
Quatrim
Quatrim do Sul
Bias do Sul
Praia d. Vale do Lobo
Ludo
Monte Negro
Rio Seco
Vergílios
Praia d. Ancão
Ludo
FARO
OLHÃO
Praia da Armona
Praia de Faro
Reserva Natural da Ria Formosa
Praia d. Culatra
Ilha da Culatra
Ilha do Ancão
Praia
Praia d. Hangares
Ilha da Barreta
Praia d. Farol
Cabo de Santa Maria
Tavira

Beja
Sb
Sc
Sd
Se
Brites Gomes
Vasco Rodrigues
Bicada
Lombardos
Tamejoso
Alves
Bens
Picoitos
Salgueiros
Casa Isidoro
Las Herrerias
Cabezas del Pasto
PUEBLA DE GUZMÁN
Santurio de la Peña
Emb. de Lagunazo
Belo
São Sebastião dos Carros
123
Boisões
Alamo
Cruz
230
Roncão
Almoinha Velha
189
Achada da Mina
Embalse del Chanza
El Parador
207
Emb. de El Risco
Casa de Don Ramón
La Isabel
Serra Madroñera
Formoa
Pomarão
Moinho de Vento
Espírito Santo
Colgadeiros
Mesquita
Mina de Santa Catalina
Granado
322
Sierra del Granado
320
Casa de los Almendreros
Carros
224
Vicentes
Sedas
São Bartolomeu de Via Glória
Gato
Zambujal
Vargens
Besteiros
Alcarias de Javazes
Distrito de Beja
Distrito de Faro
Monte Vascão
Puerto de la Laja
EL GRANADO
Colonia de Tejada
Casa La Corte
EL Almendro
Diogo Martins
73
Ribeira do Vascão
Cortes Pereiras
Santa Marta
Afonso Vicente
Cerro das Relíquias
Rivera de la Golondrina
Embalse de Tres Picos
VILLANUEVA DE LOS CASTILLEJOS
Clarines
Giões
Farelos
Coito
Cerro da Vinha
ALCOUTIM
Mouros
SANLÚCAR DE GUADIANA
Azud de Matacavas
Laborato
Lotão
Viçoso
Tesouro
Velhas
Vicentes
Corte Tabelião
Cortijo Dehesa de los Millares
Cortijo del Toril Nuevo
Pereiro
Marmeleiro
Pentaeireiros
289
Alcaria Alta
Fornalha
273
Tacões
Corte da Seda
302
Santa Justa
Marim
Alcaria
Balurcos
Torneiro
Casa de los Lanchas
Caserío Los Pajosos
124
Ribeira da Foupana
226
Puerto Carbón
Casa de Garcia Alonso
Ferrarias
Mesquita
El Romerano
Casa de Ruiz Martín
Cortijo del Cuco
Pão Duro
Vaqueiros
Alcaria Queimada
Palmeira
Laranjeiras
Zambujal
Soudes
SAN SILVESTRE DE GUZMÁN
Emb. de Pietras
Casas Huertos de la Fuente
Casa de las Barajonas
Mafrade
Corte de São Tomé
Corte das Donas
175
Miramundo
Monchique
333
Lagoa
Preguiças
Corte Nova
Tenência
Madeiras
Bentos
Galachos
Furnazinhas
Vale de Pinheiro
Casa de la Pericona
Ribeira de Odeleite
Fortes
Casas de la Parra
Jardos
Montinho
Odeleite
Casas Espartero
160
Monte Gordo
Fernandilho
Galego
Várzea
Carvalhinhos
Grainho
Alcarias
Preguiça
Monte de Baixo Grande
Choça Queimada
Alcaria
Rio Piedras
Azinhosa
Estrada
Corujos
Almada de Ouro
Emb. de Los Machos (en constr.)
Centenil
Portela
Cabaços
Barragem de Beliche
Vale da Rosa
Funchosa
Magoito
Picarral
Villablanca
Casa de Don Felipe
Cabeça Gorda
Serra do Cume
Mercador
Várzea da Azinheira
Carne Cerva
Cintados
216
Sentinela
Azinhal
Casa Colombo
Marroquil
Alcarias
Ribeira de Beliche
Garrobo
Tafe
Beliche do Cerro
Cortelha
Beliche
Vale Andreu
La Ermita
Castelhanos
125
Alcaria do Cume
Aguas dos Fusos
Úmbrias de Camacho
Borracheira
Campeiros
Cerro do Anho
Botelhas
Junqueira
Villa Matias
Casa de Elías
Alcaria do Cume
Alcaria
Vale de Ebros
Nora
Carrapateira
Cabeço
El Empalme
LEPE
525
Carvalhal
Taleiros
Pomar
Soalheiras
Monte Francisco
AYAMONTE
431
Miguel Anes
Cotovio
229
Ribeiro
Rio Seco
Vale da Vaca
Corte de Besteiros
Estorninhos
Corte António Martins
CASTRO MARIM
Pozo del Camino
La Redondeia
Casas Altas
Ribeirinha
Campana
Montinho
Casas del Terrón
Malhada de Santa Maria
259
Fornalha
VILA REAL de Sto. António
Par. Nacional Costa de la Luz
ISLA CRISTINA
El Rompido
Malhado do Rico
Zimbral
Ribeira da Gafa
Aroeira
São Bartolomeu
Sapal de Castro Marim
Canela
Playa del Hoyo
La Antilla
Nueva Umbría
Umbria
Colos
Malhada do Peres
Pocinho
Santa Rita
Altura
Isla del Moral
Punta del Caimán
Playa de Isla Cristina
Playa de la Antilla
Playa de Nueva Umbría
Morenos
Palheirinhos
Eiras Altas
Eira da Palma
Coutada
Nora
Vila Nova de Cacela
Lagoa
Monte Gordo
Casas del Médico
Caserío La Barra
de Isla Canela
Cascata Moinhos da Rocha
São Marcos
111
Fonte Salgada
Praia Verde
Praia d. Monte Gordo
Playa Canela
Marco
Valongo
Manta Rota
Praia d. Alagoas
Ponta da Areia
Loulé
Monte Agudo
Malhão
Mato do Santo Espírito
Conceição
Cacela
22
Santo Estêvão
Santa Margarida
Cabanas
Praia d. Manta Rota
Praia d. Cabanas
Campina
Sinagoga
TAVIRA
Castelo mouro
Amaro
Pedras de El-Rei
Gonçalves
Santa Luzia
Praia d. Cascas
Luz
Praia d. Ilha de Tavira
Belmonte
126
Praia d. Barril
Pinheiro
Ilha de Tavira
Torre de Ares
Torre de Ares (bastante antiga)
Faro
Praia d. Fuzeta
Ilha da Armona
Golfo de
127

133

Sf
Ta
Tb
Tc
Zafra
Villanueva de las Cruces
Embalse del Calabazal
Mina de Guadiana
Palanco
Membrillo-Bajo
Marigenta
Berrocal
La Torerera
Est. de los Milanos
Sierra Grijona
Sotiel Coronada
Casa de los Collados
El Pozuelo
VALVERDE DEL CAMINO
Emb. de Sillillos
Apeadero La Encarnación
Casa Los Calamorros
Río Oraque
Campanario
Embalse de Campanario
Apeadero El Cobujón
Los Pinos
Venta de Eligio
Navahermosa
La Tiesa
Mascote
La Caba
Rivera de Casa de Valverde
Casa de Conal Quemado
Cortijo del Matiloso
Casa de la Mata
Los Marcos de Alcolea
Fuente de la Corcha
Apartadero de Pallarés
Embalse de Beas
Raboconejo
Caballón
Los Caños
El Tumbalejo
Casa del Vinagre
Emb. de El Sancho
Apeadero de Belmonte
Alcornocosa
186
La Cumbre
Estación de Manantiales
El Guijo
Casas de las Mesas
TOLOMÉ
El Campillo
Mesas de en Medio
Estación de Beas
Beas
El Zapillo
El Guijillo
La Peñuela
Sierra
Estación de Gadea
Emb. de Corumbel Bajo
Río Odiel
TRIGUEROS
Candón
Río Tinto
Villarrasa
Campo de Abajo
Sevilla
GIBRALEÓN
El Puente
El Judio
Cortijo La Torre
Cortijo Valdepalina
NIEBLA
Muralla
LA PALMA DEL CONDADO
VILLALBA DEL ALCOR
Ermita del Conde de Barbate
Dehesa de Abajo
Las Mallas
Apd. La Mezquita
Pequerillas
BOLLULLOS PAR DEL CONVADO
Rehoya
Apeadero de Aljaraque
La Alquería y Valcasao
BONARES
Pantanar
San Juan del Puerto
Ventanas
Rociana del Condado
Convento de Moranina
Lucena del Puerto
Hacienda de la Luz
Cardeñas
La Soledad
Convento de Santa Clara
MOGUER
Aljaraque
Corrales
Villa Trene
ALMONTE
Casa de Damaso
Salinas de Bacuta
HUELVA
Casa Portales
Casa de las Cinco Algaidas
Ruinas Romanas
Marina Dávila
Palos de la Frontera
Arroyo de Santa María
Casa El Villar
Cortijo de la Bota
Monumento a Colón
Río Tinto
La Rábida
Monasterio de la Rábida
Casa del Piojo
Arroyo de la Cañada
El Portil
Playa del Portil
El Corchuelo
Caserío Los Llanos
Ruta de las Marismas
Punta Umbría
Isla de Saltés
Refinería
Playa de Punta Umbría
La Matilla
Casa de los Bodegones
Villareo
Los Cabezudos
Las Marismas
Laguna de la Mujer
Casa Tres Rayas
Casa del Gato
Casa de la Cañada del Sotillo
Casas del Sacristán
Faro El Picacho de la Barra
Mazagón
Playa de Mazagón
Parador N. Cristóbal Colón
El Rocío
Nª Sª del Rocío
El Abalario
Playa de Castilla
Torre del Oro
El Alamillo
Casa Nueva
Torre del Asperillo
Asperillo
Acebuche
Cádiz
Casa de la Mogea
Playa de Torre la Higuera
Complejo turístico
Torre de la Higuera
Caño Guerreo
Casa de Santa Olalla
Pueblo Andaluz
Matalascañas
Laguna de Santa Olalla
Casa de Matalascañas
Playa de Matalascañas
Torre Carbonero
A49
E01
431
435
442
443
421
612

150

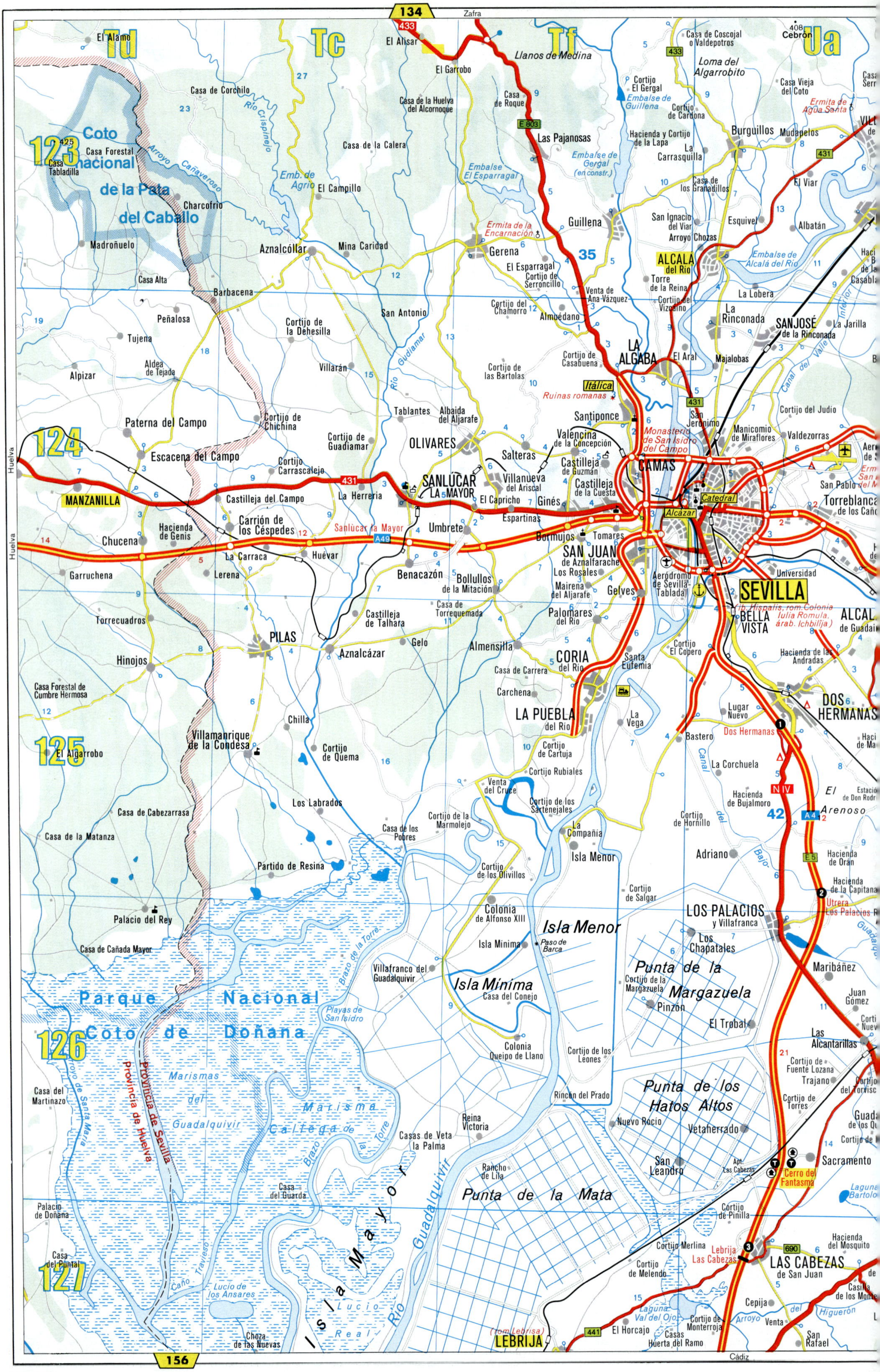
134
Zafra
433
El Alisar
El Garrobo
Llanos de Medina
Td
Tc
Tf
Ua
El Alamo
Casa de Coscojal o Valdepotros
Cebrón
Loma del Algarrobito
Cortijo El Gergal
Embalse de Guillena
Casa Vieja del Coto
Ermita de Agua Santa
Casa de Corchilo
Río Crispinejo
Casa de la Huelva del Alcornoque
Casa de Roque
E 803
Cortijo de Cardona
Hacienda y Cortijo de la Lapa
Burguillos
Mudapelos
Coto Nacional de la Pata del Caballo
123
Casa Forestal
Casa Tabladilla
Arroyo Cañaveroso
Casa de la Calera
Las Pajanosas
Embalse de Gergal (en constr.)
La Carrasquilla
431
Emb. de Agrio
El Campillo
Embalse El Esparragal
Casa de los Granadillos
El Viar
Charcofrío
Guillena
San Ignacio del Viar
Esquivel
Albatán
Ermita de la Encarnación
Arroyo Chozas
Madroñuelo
Aznalcóllar
Mina Caridad
Gerena
35
ALCALÁ del Río
Embalse de Alcalá del Río
Casa Alta
El Esparragal
Cortijo de Serroncillo
Torre de la Reina
Barbacena
Venta de Ana Vázquez
La Lobera
Cortijo del Chamorro
Cortijo del Vizcaíno
Peñalosa
Cortijo de la Dehesilla
San Antonio
Almedano
La Rinconada
SAN JOSÉ de la Rinconada
La Jarilla
Tujena
Río Guadiamar
Aldea de Tejada
Villarán
Cortijo de Casabuena
LA ALGABA
El Aral
Majalobas
Alpizar
Cortijo de las Bartolas
Itálica
Ruinas romanas
Canal del Valle
Cortijo de Chichina
Tablantes
Albaida del Aljarafe
Santiponce
San Jerónimo
Cortijo del Judío
Paterna del Campo
Cortijo de Guadiamar
OLIVARES
Valencina de la Concepción
Monasterio de San Isidro del Campo
Manicomio de Miraflores
Valdezorras
124
Escacena del Campo
Cortijo Carrascalejo
Salteras
Castilleja de Guzmán
CAMAS
Huelva
MANZANILLA
SANLÚCAR LA MAYOR
Villanueva del Ariscal
Castilleja de la Cuesta
San Pablo
Torreblanca de los Caños
Castilleja del Campo
La Herrería
El Caprichó
Ginés
Catedral
Hacienda de Genis
Carrión de los Céspedes
Sanlúcar la Mayor
Espartinas
Alcázar
Chucena
Umbrete
Bormujos
Tomares
A49
SAN JUAN de Aznalfarache
La Carraca
Huévar
Garrucheña
Lerena
Benacazón
Bollullos de la Mitación
Los Rosales
Aeródromo de Sevilla-Tablada
Universidad
SEVILLA
(lb. Hispalis, rom. Colonia Iulia Romula, árab. Ichbiliya)
Mairena del Aljarafe
Gelves
Torrecuadros
Casa de Torrequemada
Castilleja de Talhara
Palomares del Río
BELLA VISTA
ALCALÁ de Guadaíra
PILAS
Gelo
Hinojos
Aznalcázar
Almensilla
Cortijo El Copero
Hacienda de las Andradas
CORIA del Río
Santa Eufemia
Casa Forestal de Cumbre Hermosa
Casa de Carrera
Carchena
DOS HERMANAS
LA PUEBLA del Río
La Vega
Lugar Nuevo
Chilla
Villamanrique de la Condesa
Bastero
Dos Hermanas
125
El Algarrobo
Cortijo de Quema
Cortijo de Cartuja
Canal del Bajo Guadalquivir
La Corchuela
Cortijo Rubiales
Venta del Cruce
Cortijo de los Sartenejales
Hacienda de Bujalmoro
N IV
El Arenoso
Casa de Cabezarrasa
Los Labrados
Cortijo de la Marmolejo
42
A4
Casa de la Matanza
Casa de los Pobres
La Compañía
Cortijo de Hornillo
Isla Menor
Adriano
E 5
Hacienda de Orán
Partido de Resina
Cortijo de los Olivillos
Cortijo de Salgar
Hacienda de la Capitana
Colonia de Alfonso XIII
LOS PALACIOS y Villafranca
Utrera
Los Palacios
Palacio del Rey
Isla Menor
Isla Mínima
Paso de Barca
Los Chapatales
Casa de Cañada Mayor
Punta de la Margazuela
Maribáñez
Villafranco del Guadalquivir
Cortijo de la Margazuela
Isla Mínima
Casa del Conejo
Pinzón
Juan Gómez
Parque Nacional Coto de Doñana
Brazo de la Torre
Playas de San Isidro
El Trobal
Las Alcantarillas
126
Colonia Queipo de Llano
Cortijo de los Leones
Cortijo de Fuente Lozana
Trajano
Provincia de Sevilla
Provincia de Huelva
Marismas del Guadalquivir
Punta de los Hatos Altos
Casa del Martinazo
Arroyo de Santa María
Marisma Gallega
Rincón del Prado
Cortijo de Torres
Reina Victoria
Nuevo Rocío
Vetaherrado
Brazo de la Torre
Casas de Veta la Palma
Sacramento
Rancho de Lila
San Leandro
Apt. Las Cabezas
Cerro del Fantasma
Palacio de Doñana
Punta de la Mata
Casa del Guarda
Cortijo de Pinilla
Isla Mayor
Río Guadalquivir
Casa del Puntal
127
Caño Travieso
Cortijo Merlina
Lebrija
Las Cabezas
690
LAS CABEZAS de San Juan
Hacienda del Mosquito
Cortijo de Melendo
Lucio de los Ansares
Lucio Real
Laguna Val del Ojo
Cortijo de Monterroja
Cepija
Venta
Arroyo del Higuerón
Choza de las Nuevas
(rom. Lebrisa)
LEBRIJA
441
El Horcajo
Casas Huerta del Ramo
San Rafael
156
Cádiz

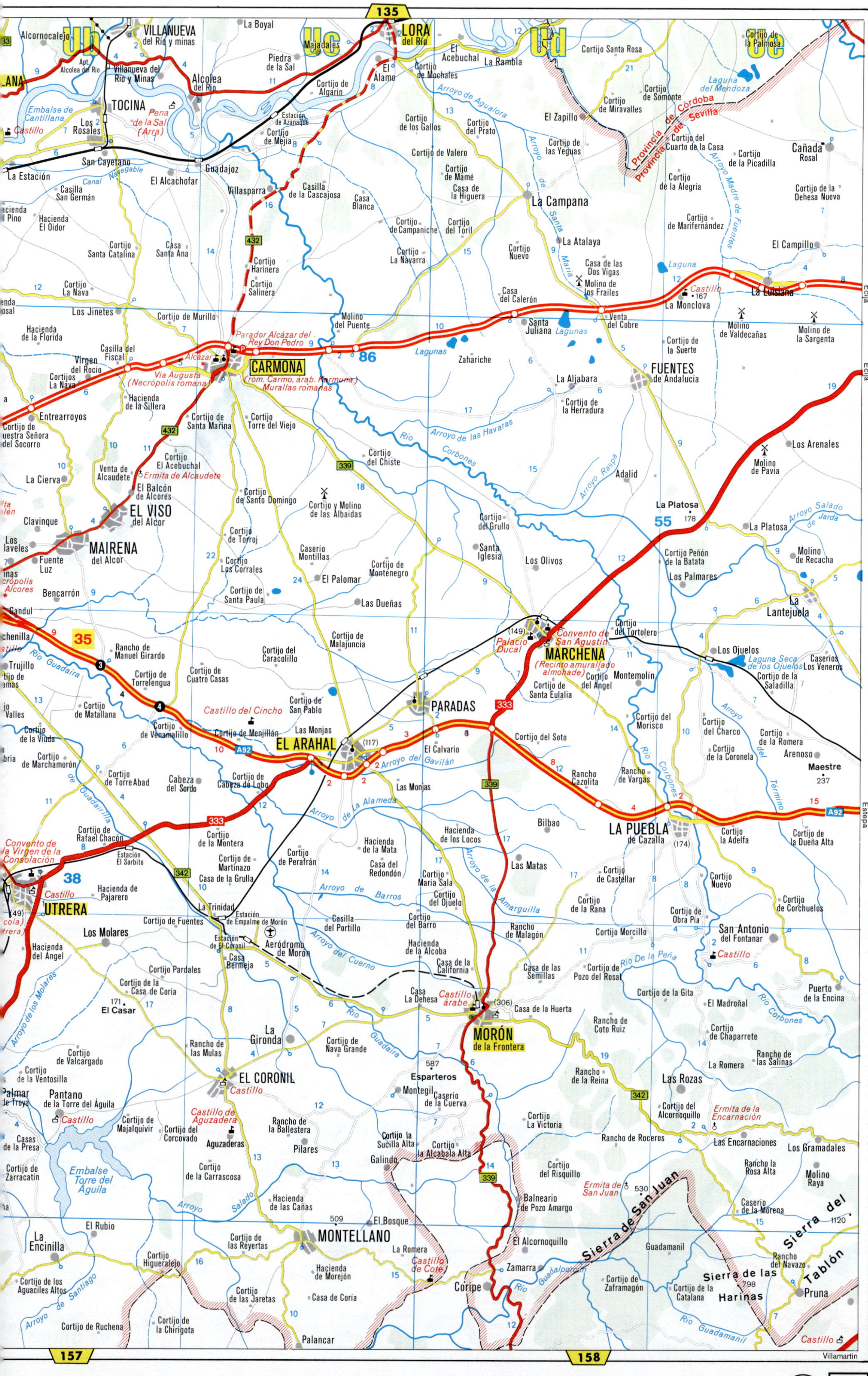
135
157
158
Ub
Uc
Ud
Ue
LORA del Río
VILLANUEVA del Río y minas
Alcolea del Río
TOCINA
Los Rosales
San Cayetano
Guadajoz
Villasparra
El Alcachofar
La Estación
Embalse de Cantillana
Peña de la Sal (Arra)
Canal Navegable
La Boyal
Piedra de la Sal
Majadales
El Álamo
El Acebuchal
La Rambla
Cortijo Santa Rosa
Cortijo de la Palmosa
Laguna del Mendoza
Provincia de Córdoba
Provincia de Sevilla
El Zapillo
Cortijo de Miravalles
Cortijo de Somonte
Cañada Rosal
Cortijo del Cuarto de la Casa
Cortijo de la Picadilla
Cortijo de la Alegría
Cortijo de la Dehesa Nueva
Cortijo de Marifernández
Arroyo Madre de Fuentes
El Campillo
La Campana
La Atalaya
Casa de las Dos Vigas
Molino de los Frailes
Arroyo de Aguaolora
Arroyo de Santa María
Cortijo de las Yeguas
Cortijo del Prato
Cortijo de los Gallos
Cortijo de Valero
Cortijo de Mamé
Casa de la Higuera
Cortijo de Campaniche
Cortijo del Toril
Cortijo La Navarra
Cortijo Nuevo
Casa Blanca
Casilla de la Cascajosa
Cortijo de Algarín
Estación de Azanaque
Cortijo de Mejía
Cortijo de Mochales
Cortijo Harinera
Cortijo Salinera
432
Casilla San Germán
Hacienda El Oidor
Cortijo Santa Catalina
Casa Santa Ana
Cortijo La Nava
Los Jinetes
Cortijo de Murillo
Hacienda de la Florida
Casilla del Fiscal
Virgen del Rocío
Cortijos La Nava
Entrearroyos
Parador Alcázar del Rey Don Pedro
Alcázar
CARMONA
(rom. Carmo, árab. Karmuna)
Murallas romanas
Vía Augusta (Necrópolis romana)
Hacienda de la Sillera
Cortijo de Santa Marina
Cortijo Torre del Viejo
86
Molino del Puente
Lagunas
Zahariche
Santa Juliana
Casa del Calerón
Venta del Cobre
La Monclova
Castillo
167
La Luisiana
Molino de Valdecañas
Molino de la Sargenta
Écija
Cortijo de la Suerte
FUENTES de Andalucía
La Aljabara
Cortijo de la Herradura
Arroyo de las Havaras
Río Corbones
Arroyo Raspa
Adalid
Los Arenales
Molino de Pavía
La Platosa
178
55
Arroyo Salado de Jarda
Cortijo Peñón de la Batata
Los Palmares
Molino de Recacha
La Lantejuela
Cortijo del Chiste
339
Cortijo y Molino de las Albaidas
Cortijo de Santo Domingo
Cortijo El Acebuchal
Ermita de Alcaudete
Venta de Alcaudete
El Balcón de Alcores
EL VISO del Alcor
La Cierva
Clavinque
MAIRENA del Alcor
Fuente Luz
Bencarrón
Gandul
Cortijo de Torroj
Cortijo Los Corrales
Cortijo de Santa Paula
Caserío Montillas
El Palomar
Cortijo de Montenegro
Las Dueñas
Cortijo del Grullo
Santa Iglesia
Los Olivos
Cortijo del Tortolero
Convento de San Agustín
Palacio Ducal
MARCHENA
(Recinto amurallado almohade)
Montemolín
Cortijo del Ángel
Cortijo de Santa Eulalia
Los Ojuelos
Laguna Seca de los Ojuelos
Caseríos Los Veneros
Cortijo de la Saladilla
35
Rancho de Manuel Girardo
Cortijo de Torrelengua
Cortijo de Cuatro Casas
Cortijo del Caracolillo
Cortijo de Malajuncia
Castillo del Cincho
Cortijo de San Pablo
Las Monjas
Cortijo de Menjillán
Cortijo de Venamalillo
Cortijo de Matallana
Río Guadaira
Trujillo
EL ARAHAL
(117)
PARADAS
El Calvario
Arroyo del Gavilán
333
Cortijo del Soto
Rancho Cazolita
Rancho de Vargas
Cortijo del Morisco
Cortijo del Charco
Cortijo de la Coroneña
Cortijo de la Romera
Arenoso
Maestre
237
A92
Estepa
Cortijo de Marchamorón
Cortijo de Torre Abad
Cabeza del Sordo
Cortijo de Cabeza de Lobo
Las Monjas
Arroyo de la Alameda
Hacienda de los Locos
Bilbao
LA PUEBLA de Cazalla
(174)
Cortijo la Adelfa
Cortijo de la Dueña Alta
Convento de la Virgen de la Consolación
Cortijo de Rafael Chacón
Estación El Sorbito
Cortijo de la Montera
Cortijo de Martinazo
Casa de la Grulla
342
Hacienda de la Mata
Casa del Redondón
Cortijo de Perafrán
Cortijo María Sala
Cortijo del Ojuelo
Arroyo de la Amarguilla
Las Matas
Cortijo de Castellar
Cortijo de la Rana
Cortijo Nuevo
Cortijo de Corchuelos
38
UTRERA
Castillo
Hacienda de Pajarero
La Trinidad
Estación de Empalme de Morón
Arroyo de Barros
Casilla del Portillo
Cortijo del Barro
Rancho de Malagón
Cortijo Morcillo
Cortijo de Obra Pía
San Antonio del Fontanar
Cortijo de Fuentes
Los Molares
Hacienda del Ángel
Aeródromo de Morón
Estación de El Coronil
Casa Bermeja
Arroyo del Cuerno
Hacienda de la Alcoba
Casa de la California
Casa de las Semillas
Cortijo de Pozo del Rosal
Río De la Peña
Cortijo de la Gita
Puerto de la Encina
Cortijo Pardales
Cortijo de la Casa de Coría
171
El Casar
Arroyo de los Molares
Casa La Dehesa
Castillo árabe
(306)
Casa de la Huerta
MORÓN de la Frontera
Rancho de Coto Ruiz
El Madroñal
Río Corbones
Cortijo de Chaparrete
La Gironda
Rancho de las Mulas
Cortijo de Nava Grande
Río Guadaira
587
Esparteros
Montegil
Caserío de la Cuerva
Rancho de la Reina
Las Rozas
La Romera
Rancho de las Salinas
Cortijo de Valcargado
Cortijo de la Ventosilla
EL CORONIL
Castillo
Palmar de Troya
Pantano de la Torre del Águila
Castillo de Aguzadera
Cortijo de Majalquivir
Cortijo del Corcovado
Aguzaderas
Rancho de la Ballestera
Pilares
Cortijo la Sucilla Alta
Cortijo la Alcabala Alta
Galindo
Cortijo La Victoria
Rancho de Roceros
Cortijo del Alcornoquillo
Ermita de la Encarnación
Las Encarnaciones
Los Gramadales
Casas de la Presa
Cortijo de Zarracatín
Embalse Torre del Águila
Cortijo de la Carrascosa
Arroyo Salado
Hacienda de las Cañas
Balneario de Pozo Amargo
Cortijo del Risquillo
Ermita de San Juan
530
Sierra de San Juan
Rancho la Rosa Alta
Molino Raya
Caserío de la Morena
1120
Sierra del Tablón
El Rubio
La Encinilla
Cortijo de las Reyertas
509
El Bosque
MONTELLANO
La Romera
El Alcornoquillo
Guadamanil
Cortijo Higueralejo
Hacienda de Morejón
Castillo de Cote
Zamarra
Río Guadalporcún
Coripe
Cortijo de Zaframagón
Cortijo de la Catalana
Sierra de las Harinas
798
Rancho del Navazo
Pruna
Cortijo de los Aguaciles Altos
Arroyo de Santiago
Cortijo de las Jaretas
Casa de Coría
Cortijo de Ruchena
Cortijo de la Chirigota
Palancar
Río Guadamanil
Castillo
Villamartín

136

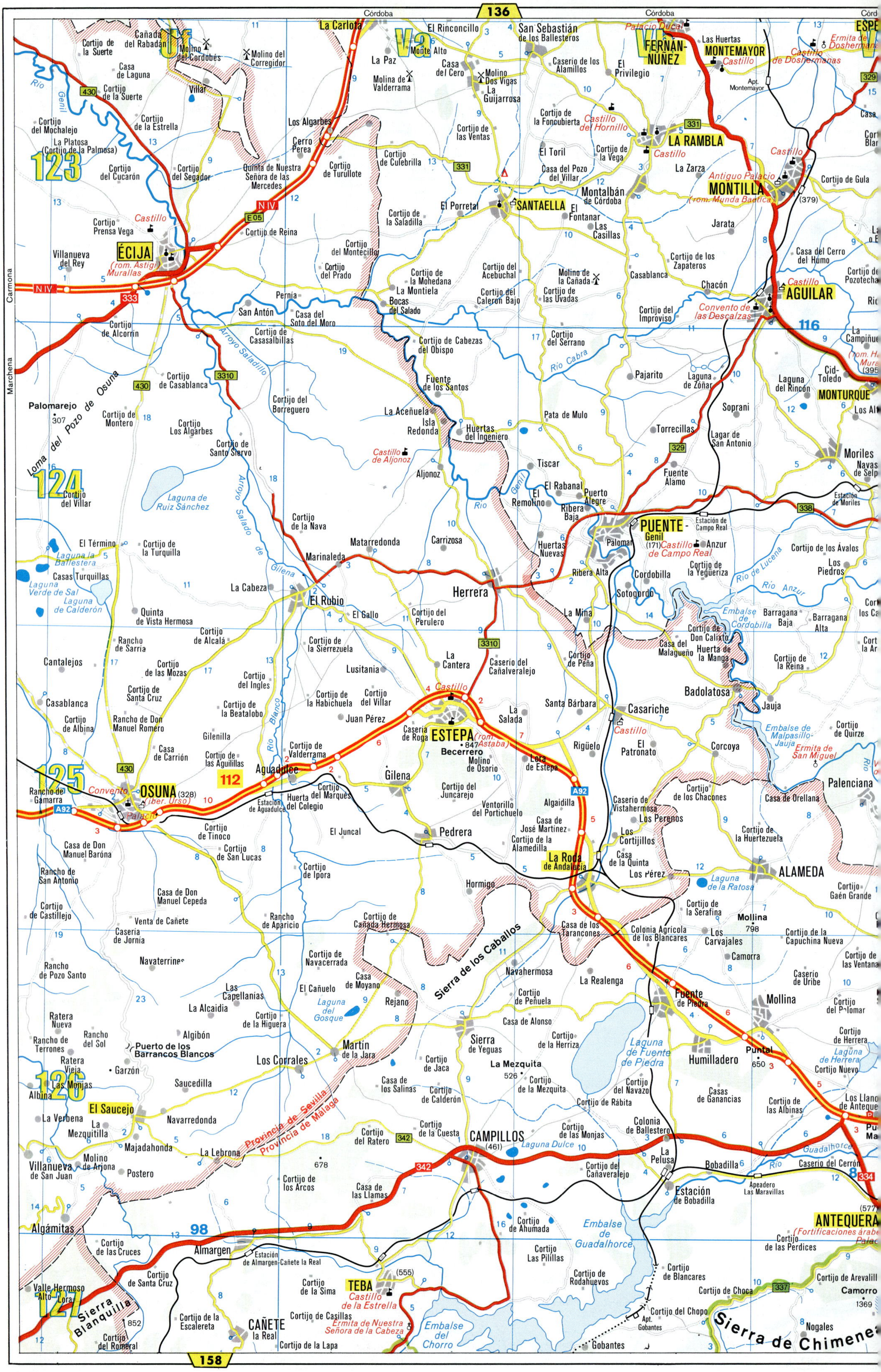
Córdoba
La Carlota
El Rinconcillo
San Sebastián de los Ballesteros
Palacio Ducal
Fernán-Núñez
Las Huertas
Montemayor
Castillo
Ermita de Dosherm
Castillo de Doshermanas
Cañada del Rabadán
Cortijo de la Suerte
Molino del Cordobés
Molino del Corregidor
Monte Alto
La Paz
Casa del Cero
Molino Dos Vigas
La Guijarrosa
Caserío de los Alamillos
El Privilegio
Apt. Montemayor
Casa de Laguna
Villar
Molina de Valderrama
Río Genil
Cortijo del Mochalejo
Cortijo de la Estrella
Los Algarbes
Cortijo de la Foncubierta
Castillo del Hornillo
La Rambla
La Platosa (Cortijo de la Palmosa)
Cerro Perea
Cortijo de las Ventas
El Toril
Cortijo de la Vega
Cortijo de Culebrilla
Cortijo del Cucarón
Cortijo del Segador
Quinta de Nuestra Señora de las Mercedes
Cortijo de Turullote
Casa del Pozo del Villar
La Zarza
Antiguo Palacio
Montilla
(rom. Munda Baetica)
Cortijo de Gula
Montalbán de Córdoba
El Porretal
Santaella
El Fontanar
Las Casillas
Cortijo Prensa Vega
Castillo
Cortijo de Reina
Cortijo de la Saladilla
Jarata
Écija
(rom. Astigi)
Murallas
Villanueva del Rey
Cortijo del Montecillo
Cortijo del Prado
Cortijo de la Mohedana
La Montiela
Cortijo del Acebuchal
Molino de la Cañada
Cortijo de los Zapateros
Casa del Cerro del Humo
Cortijo del Calerón Bajo
Cortijo de las Uvadas
Casablanca
Chacón
Castillo
Aguilar
Convento de las Descalzas
Pernía
San Antón
Bocas del Salado
Casa del Soto del Moro
Cortijo de Casasalbillas
Cortijo del Improviso
Cortijo de Alcorrín
Carmona
Marchena
Cortijo de Cabezas del Obispo
Cortijo del Serrano
Río Cabra
Arroyo Saladillo
Cortijo de Casablanca
Fuente de los Santos
Pajarito
Laguna de Zóñar
Laguna del Rincón
Cid-Toledo
Monturque
Palomarejo
307
Loma del Pozo de Osuna
Cortijo de Montero
Cortijo del Borreguero
La Aceñuela
Isla Redonda
Huertas del Ingeniero
Pata de Mulo
Soprani
Cortijo Los Algarbes
Cortijo de Santo Siervo
Castillo de Aljonoz
Torrecillas
Lagar de San Antonio
Moriles
Aljonoz
Tiscar
Fuente Álamo
Cortijo del Villar
Laguna de Ruiz Sánchez
Arroyo Salado de Gilena
El Rabanal
Puerto Alegre
El Remolino
Ribera Baja
Estación de Moriles
Cortijo de la Nava
Puente-Genil
Estación de Campo Real
Castillo de Campo Real
Anzur
Palomar
El Término
Cortijo de la Turquilla
Matarredonda
Carrizosa
Huertas Nuevas
Laguna la Ballestera
Marinaleda
Cortijo de los Ávalos
Casas Turquillas
Laguna Verde de Sal
Laguna de Calderón
La Cabeza
El Rubio
Herrera
Ribera Alta
Cordobilla
Río de Lucena
Río Anzur
Los Piedros
Cortijo de la Yegüeriza
Sotogordo
Quinta de Vista Hermosa
El Gallo
Cortijo del Perulero
La Mina
Embalse de Cordobilla
Barragana Baja
Barragana Alta
Cortijo de Alcalá
Rancho de Sarria
Cortijo de Don Calixto
Casa del Malagueño
Huerta de la Manga
Cortijo de la Sierrezuela
Cortijo de Peña
Caserío del Cañalveralejo
La Cantera
Cantalejos
Cortijo de las Mozas
Lusitania
Cortijo de la Reina
Cortijo del Ingles
Castillo
Badolatosa
Cortijo de Santa Cruz
Cortijo de la Habichuela
Cortijo del Villar
Casablanca
Cortijo de la Beatalobo
Juan Pérez
La Salada
Santa Bárbara
Casariche
Jauja
Cortijo de Albina
Rancho de Don Manuel Romero
Río Blanco
Caseria de Roga
Estepa
(rom. Astapa)
Becerrero
847
Castillo
Embalse de Malpasillo-Jauja
Cortijo de Quirze
Ermita de San Miguel
Gilenilla
Casa de Carrión
Cortijo de Valderrama
Molino de Osorio
Lora de Estepa
Rigüelo
El Patronato
Corcoya
Cortijo de las Aguilillas
Aguadulce
Gilena
Palenciana
Rancho de Gamarra
Convento
Osuna
(328)
(iber. Urso)
Palacio
Estación de Aguadulce
Huerta del Colegio
Cortijo del Marqués
Cortijo del Juncarejo
Caserío de Vistahermosa
Cortijo de los Chacones
Casa de Orellana
Ventorillo del Portichuelo
Algaidilla
Los Perenos
Casa de Don Manuel Barón
Cortijo de Tinoco
El Juncal
Casa de José Martínez
Cortijo de la Alamedilla
Los Cortijillos
Cortijo de la Huertezuela
Pedrera
La Roda de Andalucía
Casa de la Quinta
Rancho de San Antonio
Cortijo de San Lucas
Cortijo de Ipora
Los Pérez
Laguna de la Ratosa
Alameda
Cortijo Gaén Grande
Cortijo de Castillejo
Casa de Don Manuel Cepeda
Hormigo
Cortijo de la Serafina
Mollina
798
Venta de Cañete
Rancho de Aparicio
Cortijo de Cañada Hermosa
Casa de los Tarancones
Colonia Agrícola de los Blancares
Los Carvajales
Cortijo de la Capuchina Nueva
Caseria de Jornia
Sierra de los Caballos
Camorra
Cortijo de las Ventanas
Rancho de Pozo Santo
Navaterrines
Cortijo de Navacerrada
Navahermosa
Caserío de Uribe
Las Capellanías
Casa de Moyano
La Realenga
Fuente de Piedra
Mollina
Cortijo del Palomar
El Cañuelo
Cortijo de Peñuela
Ratera Nueva
La Alcaidia
Laguna del Gosque
Rejano
Cortijo de la Higuera
Casa de Alonso
Laguna de Fuente de Piedra
Rancho de Terrones
Rancho del Sol
Algibón
Puerto de los Barrancos Blancos
Martín de la Jara
Sierra de Yeguas
Cortijo de la Herriza
Humilladero
Puntal
650
Cortijo de Herrera
Laguna de Herrera
Cortijo Nuevo
Ratera Vieja
Garzón
Los Corrales
La Mezquita
526
Cortijo de Jaca
Albina
Las Monjas
Saucedilla
Casa de los Salinas
Cortijo de Calderón
Cortijo de la Mezquita
Cortijo del Navazo
Casas de Ganancias
El Saucejo
La Verbena
Navarredonda
Cortijo de Rábita
Cortijo de las Albinas
Los Llanos de Antequera
La Mezquitilla
Colonia de Ballestero
Majadahonda
Provincia de Sevilla
Provincia de Málaga
Cortijo del Ratero
Cortijo de la Cuesta
Campillos
(461)
Laguna Dulce
Cortijo de las Monjas
La Pelusa
Villanueva de San Juan
Molino de Arjona
La Lebrona
678
Cortijo del Cañaveralejo
Bobadilla
Río Guadalhorce
Caserío del Cerrón
Postero
Cortijo de los Arcos
Casa de las Llamas
Estación de Bobadilla
Apeadero Las Maravillas
Antequera
(Fortificaciones árabes)
Palacio
Algámitas
Cortijo de las Cruces
Almargen
Estación de Almargen-Cañete la Real
Cortijo de Ahumada
Embalse de Guadalhorce
Cortijo Las Pililias
Cortijo de las Perdices
Cortijo de Santa Cruz
Cortijo de la Sima
Teba
(555)
Castillo de la Estrella
Cortijo de Rodahuevos
Cortijo de Blancares
Cortijo de Choca
Cortijo de Arevalillo
Camorro
1369
Valle Hermoso Alto
Lora
Sierra Blanquilla
852
Cortijo del Romeral
Cortijo de la Escalereta
Cañete la Real
Cortijo de Casillas
Ermita de Nuestra Señora de la Cabeza
Embalse del Chorro
Cortijo del Chopo
Apt. Gobantes
Gobantes
Nogales
Sierra de Chimenea
Cortijo de la Lapa
123
124
125
126
127
112
116
98
N IV
E 05
A92
430
333
331
3310
342
329
338
337
334

158

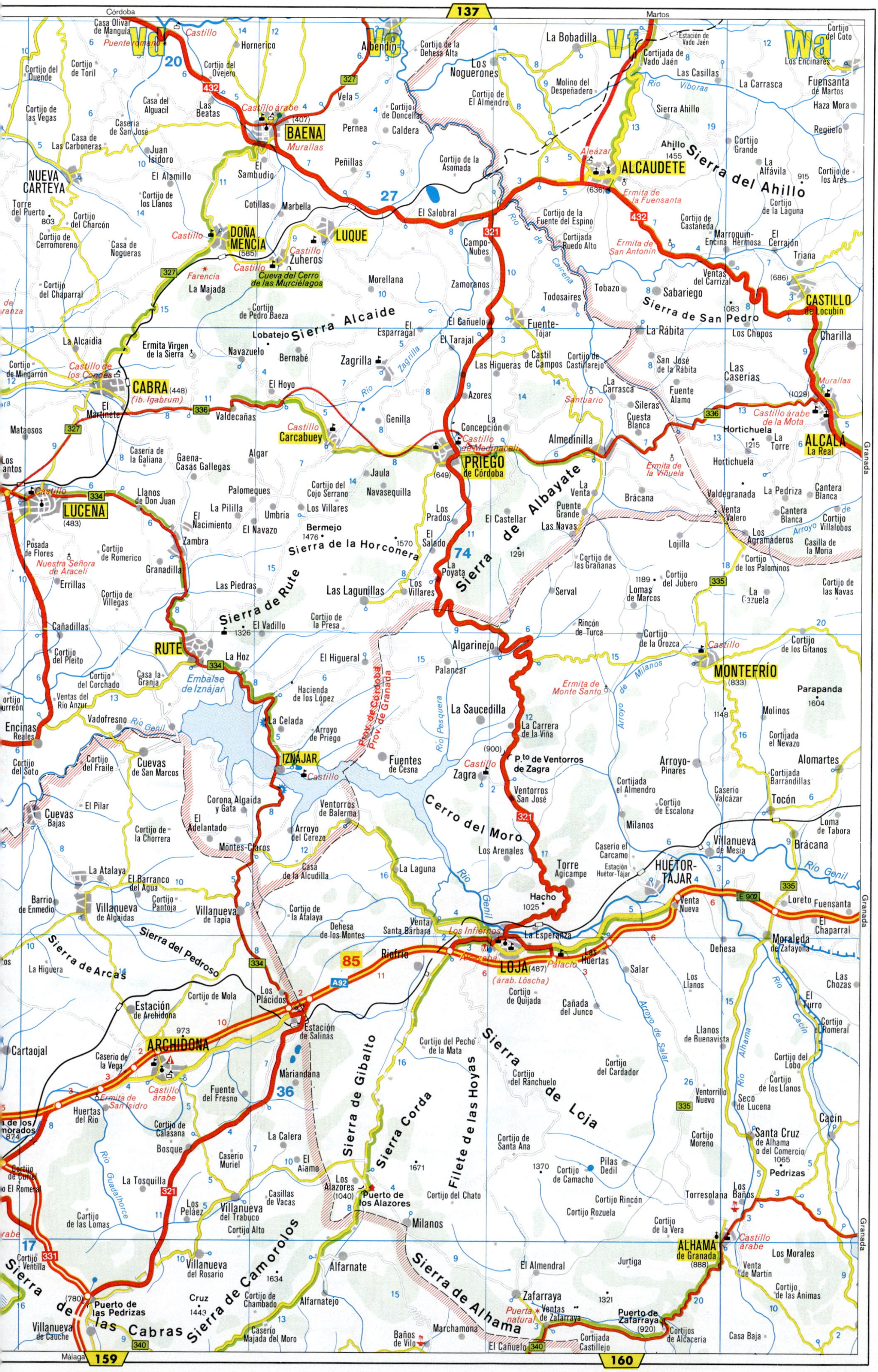
137
Córdoba
Martos
Vd
Ve
Vf
Wa
20
27
74
85
36
17
Casa Olivar de Mangula
Puente romano
Castillo
Hornerico
Albendín
Cortijo de la Dehesa Alta
Los Noguerones
La Bobadilla
Estación de Vado Jaén
Cortijada de Vado Jaén
Cortijo del Coto
Los Encinares
Cortijo del Duende
Cortijo de Toril
Cortijo del Ovejero
432
327
Vela
Cortijo de Doncella
Caldera
Cortijo de El Almendro
Molino del Despeñadero
Las Casillas
Río Víboras
La Carrasca
Fuensanta de Martos
Haza Mora
Regüelo
Cortijo de las Vegas
Casa del Alguacil
Las Beatas
Castillo árabe
Casería de San José
(407)
BAENA
Murallas
Pernea
Sierra Ahillo
Casa de Las Carboneras
Juan Isidoro
Peñillas
Cortijo de la Asomada
Aleázar
ALCAUDETE
Ahillo
1455
Sierra del Ahillo
Cortijo Grande
La Alfávila
915
Cortijo de los Arés
NUEVA CARTEYA
El Alamillo
El Sambudio
(636)
Ermita de la Fuensanta
Torre del Puerto
803
Cortijo del Charcón
Cortijo de los Llanos
Cotillas
Marbella
El Salobral
Cortijo de la Fuente del Espino
Cortijada Ruedo Alto
Río de Carcena
Cortijo de Castañeda
Cortijo de la Laguna
Marroquín-Encina
El Hermosa
El Cerrajón
Triana
Cortijo de Cerromoreno
Casa de Nogueras
Castillo
DOÑA MENCÍA
(585)
LUQUE
Zuheros
321
Campo-Nubes
Ermita de San Antonín
Ventas del Carrizal
(686)
CASTILLO de Locubín
Farencia
Cueva del Cerro de las Murciélagos
Morellana
Zamoranos
Tobazo
Sabariego
Cortijo del Chaparral
La Majada
Cortijo de Pedro Baeza
Todosaires
1083
Sierra de San Pedro
Sierra Alcaide
El Esparragal
El Cañuelo
Fuente-Tójar
La Rábita
Los Chopos
Charilla
La Alcaidia
Lobatejo
Ermita Virgen de la Sierra
Navazuelo
Bernabé
Zagrilla
Río Zagrilla
El Tarajal
Castil de Campos
Cortijo de Castillarejo
San José de la Rábita
Las Caserías
Cortijo de Mingarrón
Castillo de los Condes
CABRA
(448)
(ib. Igabrum)
El Hoyo
Las Higueras
La Carrasca
Fuente Álamo
Murallas
El Martinete
336
Valdecañas
Azores
Santuario
Sileras
Cuesta Blanca
(1029)
Castillo árabe de la Mota
ALCALÁ La Real
Mataosos
Carcabuey
Genilla
La Concepción
Castillo de Medinaceli
Almedinilla
Hortichuela
La Torre
1215
Casería de la Galiana
Gaena-Casas Gallegas
Algar
PRIEGO de Córdoba
(649)
Ermita de la Viñuela
Hortichuela
Jaula
Navasequilla
Cortijo del Cojo Serrano
Palomeques
Sierra de Albayate
La Venta
Puente Grande
Las Navas
Brácana
Valdegranada
La Pedriza
Cantera Blanca
Venta Valero
Cortijo Villalobos
LUCENA
(483)
334
Llanos de Don Juan
La Pililla
El Nacimiento
Umbría
Los Villares
Bermejo
1476
Los Prados
El Castellar
Los Agramaderos
Arroyo de
Casilla de la Moria
Zambra
El Navazo
Sierra de la Horconera
1570
El Salado
1291
Lojilla
Posada de Flores
Cortijo de Romerico
Nuestra Señora de Araceli
La Poyata
Cortijo de las Grañanas
Cortijo de los Palominos
Granadilla
Las Piedras
Las Lagunillas
Los Villares
1189
Cortijo del Jubero
Lomas de Marcos
Serval
335
La Cazuela
Cortijo de las Navas
Erillas
Cortijo de Villegas
Sierra de Rute
Cortijo de la Presa
Cañadillas
El Vadillo
1326
Rincón de Turca
Cortijo de la Orozca
Castillo
Cortijo de los Gitanos
Cortijo del Pleito
RUTE
La Hoz
El Higueral
Algarinejo
Palancar
MONTEFRÍO
(833)
Cortijo del Corchado
Casa la Granja
Ventas del Río Anzur
Embalse de Iznájar
Hacienda de los López
Ermita de Monte Santo
Arroyo de Milanos
Parapanda
1604
Vadofresno
Río Genil
La Celada
Arroyo de Priego
La Saucedilla
La Carrera de la Viña
1148
Molinos
Encinas Reales
Cortijo del Fraile
Cuevas de San Marcos
Río Pesquera
Prov. de Córdoba
Prov. de Granada
IZNÁJAR
Castillo
Fuentes de Cesna
Castillo
Zagra
(900)
P.to de Ventorros de Zagra
Arroyo-Pinares
Cortijada el Nevazo
Alomartes
Cortijo del Soto
Cortijada Barrandillas
Cuevas Bajas
El Pilar
Corona Algaida y Gata
Ventorros de Balerma
Ventorros San José
Cortijada el Almendro
Cortijo de Escalona
Casería Valcázar
Tocón
Cortijo de la Chorrera
El Adelantado
Arroyo del Cerezo
Cerro del Moro
Milanos
Loma de Tabora
Montes-Claros
Los Arenales
Casería el Carcamo
Villanueva de Mesia
Brácana
La Atalaya
Casa de la Alcudilla
La Laguna
Torre Agicampe
Estación Huétor-Tajar
HUÉTOR-TAJAR
Río Genil
El Barranco del Agua
Cortijo Pantoja
Cortijo de la Atalaya
Hacho
1025
Venta Nueva
E 902
Loreto
Fuensanta
Barrio de Enmedio
Villanueva de Algaidas
Villanueva de Tapia
Dehesa de los Montes
Venta Santa Bárbara
Los Infiernos
La Esperanza
El Chaparral
Sierra del Pedroso
Sierra de Arcas
Riofrío
Alcazaba
LOJA
(487)
(árab. Lôscha)
Palacio
Las Huertas
Moraleda de Zafayona
Dehesa
La Higuera
A92
Cortijo de Quijada
Cañada del Junco
Salar
Los Llanos
Las Chozas
Cortijo de Mola
Los Plácidos
Estación de Archidona
973
Estación de Salinas
Arroyo de Salar
El Turro
Río Cacín
ARCHIDONA
Cortijo del Pecho de la Mata
Sierra de Loja
Llanos de Buenavista
Cortijo Romeral
Cartaojal
Casería de la Vega
Ermita de San Isidro
Castillo árabe
Mariandana
Sierra de Gibalto
Cortijo del Cardador
Río Alhama
Cortijo del Lobo
Fuente del Fresno
Cortijo del Ranchuelo
Cortijo de los Llanos
Huertas del Río
Cortijo de Calasana
Ventorrillo Nuevo
Seco de Lucena
Cacín
Bosque
La Calera
Sierra Corda
Filete de las Hoyas
Cortijo de Santa Ana
Cortijo Moreno
Santa Cruz de Alhama o del Comercio
1065
Pedrizas
Río Guadalhorce
Casería Muriel
El Aimo
1671
1370
Cortijo de Camacho
Pilas Dedil
La Tosquilla
Los Alazores
(1040)
Puerto de los Alazores
Cortijo del Chato
Cortijo Rincón
Torresolana
Los Baños
Los Pelaez
Casillas de Vacas
Villanueva del Trabuco
Cortijo Rozuela
Cortijo de las Lomas
Cortijo Alto
Milanos
Cortijo de la Vera
ALHAMA de Granada
(888)
Castillo árabe
Cortijo Ventilla
331
Sierra de Camorolos
Villanueva del Rosario
1634
Alfarnate
Sierra de Alhama
El Almendral
Jurtiga
Los Morales
Venta de Martín
(780)
Puerto de las Pedrizas
Cruz
1443
Cortijo de Chambado
Alfarnatejo
Zafarraya
1321
Cortijo de las Ánimas
Sierra de las Cabras
Puerta natural
Ventas de Zafarraya
Puerto de Zafarraya
(920)
Villanueva de Cauche
Casería Majada del Moro
Baños de Vilo
Marchamona
Cortijos de Alcaceria
Casa Baja
Málaga
159
340
El Cañuelo
Cortijada Castillejo
160
Granada

138
Jaén
Wa
Wb
Wc
Wd
123
124
125
126
127
Sierra de la Pandera
Sierra de Alta Coloma
Sierra de Lucena
Sierra Sierra del Trigo
Provincia de Jaén
Provincia de Granada
Sierra de Pozuelo
Sierra Harana
Sierra de Cogollos
Sierra de la Yedra
Collado de la Gitana
Sierra del Manar
Loma Charcapiedra
La Tórtola
SIERRA
RESERVA
NACIONAL
DE SIERRA NEVADA
Majada del Sol
Electra Industrial
La Yedra
Palomares
Cárchel
Barranco de Cárchel
La Ramona
Casas del Frontil
Río del Campillo
Santa María
Castillo
HUELMA
(996)
Los Nacimientos
Ayozo
El Parrizoso
Embalse de Quiebrajano
Carchelejo
(802)
Arbuniel
Cortijo de la Navazuela
Cortijo del Manzanares
Cortijo del Val
Ruiz Cerezo
Villacampo del Moral
Estación de Huelma
Chircales
Cortijo Ranera
Cortijo de Pocopán
Ermita de Santa Lucía
La Cañadilla
Cortijo de los Ciervos
Las Cañadas
Cuesta Los Gallardos
(1180)
Zamora
Zarzaica
Río Grande
Valdepeñas de Jaén
1768
Cortijo de Marisánchez
La Umbría
Cortijo de las Vacas
Cortijo de Lomana
Cortijo Zamarrón
Cortijo de Don Pedro Quesada
El Papel
Cortijo Carboneros
Cortijo de Barbahijar
Cortijo del Castillo
Ventorrillo
Alta Coloma
1698
Montejícar
Camargo
Casa Blanca
Campillo de Arenas
Río Guadahortuna
Cortijo Nuevo
Cortijo del Mármel
Guadahortuna
(969)
Cortijo Pastelero
Las Cabreras
Cortijo de la Solana
Cortijada de la Fresnedilla
Alamillos
1655
Manzanillo
Cortijo Fresneda
Cortijo del Paulejo
(1220)
P.to de Torrecardela
Las Hoyas
Llanos del Angel
Navalcán
Noalejo
Casa Los Menchones
Cortijo de Cotilfar Alta
Cortijo de la Fuente de los Potros
Cortijada Doña Marina
Cortijos Saltadero Bajo
Cortijos de Riguelos
1662
1477
Puerto de Carretero
(1040)
Cortijo de la Lastra Alta
Los Rosales
Cortijo del Burgalés
Cortijo del Fistel
Torre-Cardela
(1217)
Estación de Pedro-Martínez
Noguerüelas
Cañada de Alcalá
Hoya del Salobral
Montillana
Río De las Juntas
E 902
Domingo Pérez
Cañadatalhora
Cortijo de Aguas Morales Alto
Frailes
Cortijo de la Carraca
Cortijo de Navasequilla
Cortijo Alto
1246
Campotéjar
(936)
Cortijo Aguas de los Sauces
Gobernador
Santa Ana
Ribera Alta
Cortijo Elvira
Cortijo de las Encebras
Dehesas Viejas
Cortijada Encebras
Cortijo Cañada de la Iglesia
Ribera Baja
Cortijo Las Carrillas
Trujillos
1448
Cortijo de Barrionuevo
Venta de Andar
Cortijo La Nora
Río Pinar
Río Mures
Río de Colomera
Cortijo de los Espinares
Puerto Onitar
(1040)
Onitar
Terre
Cortijo la Zorrera
Piñar
(932)
El Moralejo
Cortijo la Goleta
Moreda
(1091)
Estación de Moreda
Alhama de Granada
Cortijo El Zegri
Montalbanes
Cortijo de Gomiel
Cortijo de Peñalver
Benalúa de las Villas
Puerto de Zegri
(1080)
Caserío Bular Bajo
Cortijo del Chopo
Atascadero
Mures
Caserío Los Melerillas
Cortijos las Provincias
Cortijo del Saladillo
Emb. de Colomera (en constr.)
Cortijo de Marino Vega
Venta de la Nava
El Cortijuelo
Cortijo de Peñate
Cortijo de la Cañada
Bogarre
Ermita Nueva
Cortijo El Quejigar
La Alhondiguilla
Puerto Blanco
El Fregue
Castillo árabe
Venta Valentina
Faucena
Estación de Piñar
Venta del Puntal
Cortijo Esquiladero
Limones
Ermita de San Antonio
Cortijo de las Nogueras
IZNALLOZ
(805)
Puntal de Bogarre
1623
Cortijo de Romalique
Cortijo del Menchón
P.to Lope
(900)
Tozár
Colomera
Mitaga
Cortijo de los Diablos
Barcinas
Cortijo Prinque
Cortijo de Pozo Alto
Cortijo de la Muralla
Cortijo de Villaquemado
Pozuelo
1351
Cortijo de las Encinillas
Cortijo de la Melera
Los Villares
Darro
(1120)
Cortijo Los Cierzos
MOCLÍN
Berbe Bajo
Cortijo del Escuzar
Cortijo de las Mercedes
Sillar Baja
Sillar Alta
Caserío la Rosa
1265
Puerto-López
Los Olivares
Tiena la Baja
Cortijada Las Torres
Arenales
Deifontes
Casa de la Pedriza
Orduña
1943
Caserío Los Asperones
Prado Negro
La Ermita
La Solana
Diezma
Albuñuelas
Cortijo Fuente de Madrid
Caserío Cortijo Nuevo
Río Blanco
Puerto El Molinillo
(1300)
El Molinillo
Cortijo de Carbonales
Río Fardes
ILLORA
(744)
Cozcojar
Caserío Bucor
Caserío la Rata
Caserío La Mojaiva
1654
Cortijo Pozuelo
Cortijada Malajara
Cortijo Los Alcachofares
Casa Nueva
Complejo Polideportivo
Embalse del Cubillas
Calicasas
Cogollos Vega
Caserío Gariattaqui
Cortijo del Polvorista
Río Morollón
Zujaira
PINOS-Puente
Caparacena
Chaparral de Cartuja
El Chaparral
Güevéjar
Nivar
Canteras
1599
Casa Forestal
Marchalejo
Valderrubio
Alitaje
Buenavista
Baños de Sierra Elvira
Albolote
Peligros
Pulianas
Alfacar
El Colmenar
(1280)
Puerto de la Mora
Ermita de Nuestra Señora del Pilar
Cortijo del Chato
Tocón
Escóznar
Fuente Vaqueros
Ruinas de Elvira
Maracena
Jun
Víznar
(1120)
P.to del Lobo
Huétor-Santillán
Beas de Granada
Río Aguas
Agustinos
Cortijos de la Remonta
El Martinete
Cijuela
Romilla
Chauchina
ATARFE
Pulianillas
(685)
Fargue
Embalse de Quéntar
Cortijada Padules
Río Genil
Trasmulas
El Jau
Albaicín
GRANADA
Quéntar
Cortijo Castillejo
Cortijo del Manantial
Cortijo de Vicente
Láchar
Los Vados
SANTAFÉ
Belicena
Purchil
Catedral
Alhambra
Jesús del Valle
Dúdar
Embalse de Canales (en constr.)
2017
Loja
Peñuelas
Canal del Cacín
Ambroz
Churriana de la Vega
Parador San Francisco
Barranco del Oro
Cenes de la Vega
Pinos-Genil
Güéjar-Sierra
Maitena
Puntal
Cúllar-Vega
Huétor-Vega
Canales
Gabia la Grande
Armilla
Río Monachil
El Charcón
Cortijo las Villas
Chimeneas
Cortijada de Santa Catalina
Gabia la Chica
Cájar
Monachil
Diechar
La carretera más alta de Europa
Castillo
Tajarja
971
Montevives
Alhendín
Ogíjares
Zubia
Convento de San Jerónimo
Albergue Universitario
Malá
Gójar
Balzain
Caserío Huenes
Parador Nacional de Sierra Nevada
Solynieve
(2080)
Albergue de la Hoya de la Mora
Cortijo de Noniles
Cortijada Arbollar
Otura
Molinos de la Torrecilla
La Cortichuela
La Zahora
Acula
Puerto del Suspiro del Moro
Central Eléctrica
Río Dílar
Pico de Veleta
3392
Ventas de Huelma
(860)
Dílar
(878)
Suspiro del Moro
Ermita de las Nieves
3481
Mulhacén
Ochichar
Escúzar
Cortijada de la Sierra
Albergue de Elorrieta
Refugio de Félix Méndez
Cortijo la Escribana
Refugio de Peñón Colorado
Cortijo Piñonero
La Pera
Río Dúrcal
Caldera
Agrón
Padul
(749)
Aguadero
3115
Refugio de Lanjarón
Cortijo Prado Hondo
2716
Pantano de los Bermejales
Hacienda de Don Juan
Central Eléctrica
Alcaudete
Embalse de los Bermejales
1393
Cozvíjar
Dúrcal
Río Torrente
Refugio de Ventura
Caserío Puntal
Los Corrales
Venta del Fraile
Nigüelas
Acequias
Fuentes
Retamales
(874)
La Colonia
Río Granada
Cortijo de San José
Cortijo de Fuente Piedra
Cortijo del Barranco del Agua
Cónchar
Río de Lanjarón
Río Chico
Río Mulhacén
Capileira
Arenas del Rey
Fornes
Jayena
Herrero
1504
Murchas
Mondújar
Lalará
Pampaneira
Bubión
Pórtugos
Pitres
Cortijo de Pincho
160
Motril
A92
E 902
323
432
340
3211
325
336
80
81
54
65
92
30
E

139
Wf
Xa
Xb
Xc
Rambla de Juan Manchego
928
1001
Casa Cueva de la Menda
Cortijo Salinas de Don Marcos
Casa Cuevas Cañada del Paso
Rio Guadalentin
Carramaiza
Cortes de Baza
Cortijo de Onofre
Colonia Iturraldi
Casa Cueva del Cerezo
Cuevas de las Cucharetas
Molino de Lanas
Cortijo de Montalvo
Charrín
Cortijo Nuevo
Cortijo de Almazara
Casa Rio Guadalentín
Cortijo de los Términos
Casa Cueva del Tío Tarra
Cuevas de Puente Abajo
Benamaurel
(723)
Alicún de Ortega
1072
Río Guadahortuna
Tarahal
Cuevas del Campo
Cuevas Barranco de Las Yeseras
Valdemanzanos
Baños de Zújar
Cuevas de Luna
Casa Tarquina
Tamojares
323
Embalse de Negratín
Cortijo Azún
Río de Cúllar
Dehesas de Guadix
Fardes
Rambla de la Matanza
Cortijo del Negretín
Cortijo Seco
Jabalcón
1492
Cortijo de Malagón
Cuevas de Lavaderas
Cortijo de Melerillas
Cortijo de la Cuesta de las Piedras
Santuario de N.S.ª de la Cabeza
La Amarguilla
(633)
Cabañuela
Venta de Mateo
Jabalcón
Ermita de la Virgen del Rosario
Vélez Rubio
Cortijo Nuevo
Cortijo del Parador
Villanueva de las Torres
Cortijo de Barches Alto
Zújar
Cortijo El Olivarillo
Venta del Camacho
Fuente Caldera
Caregüela
Casa Cortijillo
20
Serreta
1138
Cueva de la Meseta
Bácor-Olivar
Freila
La Colonia
Venta de Pepeara
Cortijo de Mazarra
Casa Joay
Cortijo de los Olivares
Molino Rasma
Cortijo Ventica
Servalillo
Cortijo Nuevo
Cuerda del Pocico
1139
Baños de Alicún de las Torres
Cortijo del Túnel
Ibros
Alcazaba árabe
Pedro-Martínez
(1042)
Mencal
1447
Cortijo de Hondo de la Vega
Rambla del Baúl
Cortijo Valenciano
Venta Quemada
Plaza de Toros
Baza
(rom. Basti)
Curcar
Las Canteras
Cortijo de Soto Cruz
Casilla del Cocón
Cortijo del los Puntales
Casa de la Viuda
Ermita del Ángel
Palacio de los Enríquez
(846)
Estación de Caniles
Cortijo de la Girana
Gorafe
(855)
Cortijo El Manes
1269
Cortijo de Bas
El Francés
Los Pinos
Cortijo de la Alegría
Cortijo de las Chirlatas
19
323
Almidar
Cueva del Pepín
Cortijo del Capricho
Los Mesas
Huélago
Los Balcones
1481
Caniles
(911)
Cortijo de Muros
Cortijo de Becerra
Cuevas del Algibe
Rambla de Balata
Cortijo de la Molinera
Cortijo de Santaolalla
Los Gallardos
La Jauca
Cortijo de Onrrubia
Cortijo de Belijaca
Cenascuras
El Baúl
Quintana
1921
Cortijo de la Canaleja Baja
Casa de Medina
Cortijo Churrón
Cortijo del Puente
Cortijo del Conejo
Fonelas
Los Charcones
La Venta
Sierra de Baza
Estación de Hijate
Almería
Rambla del Ovel
Cortijo del Conejo
Las Viñas
Est. de Gorafe
El Alambique
Cortijo de Piedras Rodadas
Santa Bárbara
Cortijo de Varea
Río Gallego
Las Molineras
Balax
Boduria
Estación de Gor
83
Rayo del Serval
2271
Los Manzanos
Cortijo de Mecina
Ermita de San Torcuato
Hernán Valle
1348
Gor
Cuevas de Almería
Picón de Gor
2148
Cortijo del Carcajal
1093
Balsillas
Los Mancebos
Rejano
Valcabra
Belerda
A92
Cortijo de Germán
Cortijo de Marchales
Río Gor
Cortijada Pocopan
Benalúa de Guadix
Cortijo del Tuerto
Cuevas del Canillo
Fuente Álamo
El Peru
1517
Las Juntas
Cortijo Nuevo
Los Olmos
Domenes Amarguilla
Molino
Las Vallicas
El Bajarín
Cortijo del Agua
Cortijo del Perro
Cortijo de la Nogueruela
Los Bastianes
2296
Golopón
Moros
Purullena
Estación de Guadix
Cortijo de la Tala
Cortijo de los Bernabeles
Cerro Grande
1778
Cortijo de Marraclán
1861
Casas de Don Diego
El Cerrón
Checas
Baños
Ermita San Lázaro
Cavernas (Habitadas)
Paulenca
Cortijo de Apolo
Charches
Santa Olalla
Carboneras
Marchal
Guadix
(íber. Accí)
(árab. Wādi-Āsh)
Cortijo de Cerrada
Cortijo de Contreras
Venta de la Trinidad
Rambla del Agua
Cortijo de Benajara
El Raposo
Tablas
San Nicolás del Moro
Tres Morales
Cortijo del Rey
Cortijo de los Andaluces
Cortijo Los Mellizos
Padilla
Blanquez del Saúco
Beas de Guadix
Esfiliana
Cortijo de Ramos
El Pocico
Güitamarín
2062
1939
Nijar
El Tesorero
Alcudia de Guadix
Estación de Lacalahorra
Las Piletas
El Prado
San Pedro
Arroyo de Baza
Saúco
Cortijo la Casilla
Cavernas (Habitadas)
Ermita de San Gregorio
1988
Cortijo de la Paridera
Ermita de Santa Teresa
Cortijo del Sobrestante
El Haza del Riego
2086
Dos Picos
Cogollos de Guadix
Albuñán
324
23
Ermita de la Virgen de las Peñas
Cortijo del Cura Morales
Alto de Carrasca
Minas de Santa Constanza
Minas del Marquesado
Cortijo del Portero
Cardal
1355
Molinos y Sierra
Venta Ratonera
Las Olivillas
La Fuente Mendoza
Los Rojas
Jeres del Marquesado
Alquife
Castillo
Lacalahorra
Dólar
Las Cuevas
Huéneja
(1158)
Fiñana
(946)
1080
Las Adelfas
Escúllar
Gilma
Los Sanchos
Monasterio
San Antonio
Ferreira
Las Torrecillas
26
Lanteira
La Herredal
Pago de Escuchagranos
El Camino Real
Los Piletas
Aulago
Alto
Marquesado de Zenete
Aldeire
Ermita de San Antón
Las Juntas
Los Lázaros
La Estación
Provincia de Granada
Provincia de Almería
Río de Fiñana
Cortijos del Capitán
El Pecho
Abla
Ocaña
Doña María
110
Abrucena
Romera
El Rosal
Relleno
Los Monjos
La Rambla Encira
Los Navarros
Nacimiento
Venta del Almirez
Collado del Lobo
Puerto de la Ragua
Cortijo de Haza del Conejo
El Doctor
Los Canos
Santillana
Peñón del Puerto
2750
Alto de San Juan
2781
Collado del Realejo
2741
Chullo
Cerro del Almirez
2519
2467
Cortijo de la Fuente del Espino
Río Nacimiento
Nevada
Cortijo Los Murillos
Montenegro
1710
Ticés
Albergue de los Espinares
Río Chico
Barriada Las Minas
Cortijo de Barranco Hondo
Cortijo Brado
Ohanes
Cortijo de los Trazas
Alboloduy
Cortijada Los Retamales
Bayárcal
Paterna del Río
Beires
Canjáyar
Las Ramblas
Cortijada de Hova Marta
Nechite
Mairena
Júbar
Laroles
Picena
Guarros
Nacimiento
Laujar de Andarax
Benecid
Almócita
Padules
332
La Solaneta
Los Llanetes
Bentarique
Sierra Yegen
Válor
Mecina Alfahar
Cortijada del Pajarraco
La Casería
Castillo árabe
Río Andarax
Rágol
Instinción
Illar
Mecina-Bombarón
Bérchules
332
Yegen
Cortijada Unqueira
Fuente Victoria
Fondón
La Barrada de Alcora
Alcútar
Golco
Ermita de San Sebastián
Cortijo de Cantarilla
Cherín
Alcolea
1202
La Fuente de los Morales
1345
Narila
Yátor
Rambla Carlonca
Ugíjar
(559)
Casa del Empalme
Cortijo de Chapina
Cortijo El Boliche
Lomas de la Zarza
Timar
Cádiar
Lucainena
Cerro del Albaricoque
161
162

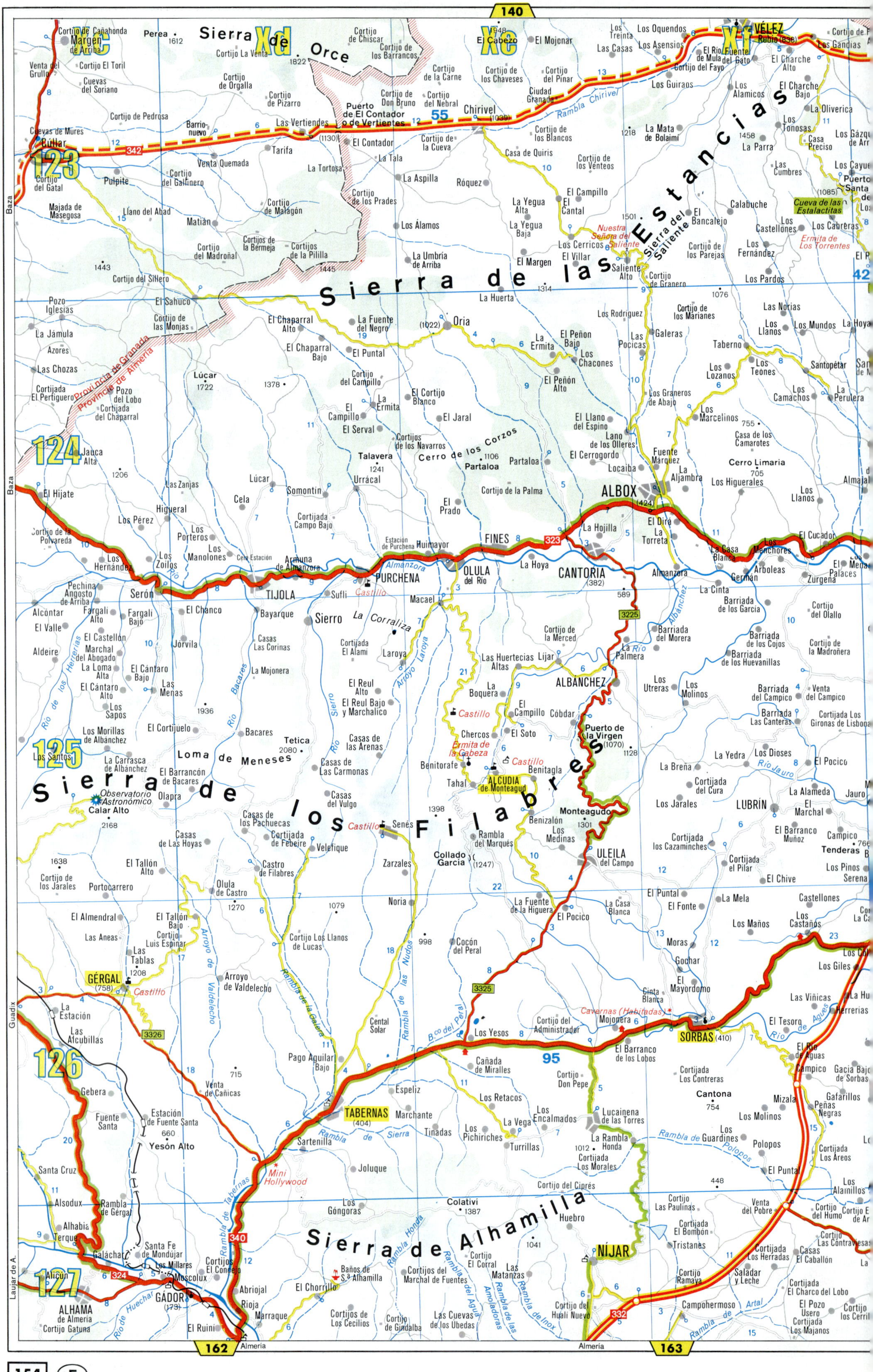
140
Xc
Xd
Xe
Xf
Sierra de Orce
Margen de Arriba
Cortijo de Cañahonda
Perea
1612
Venta del Grullo
Cortijo El Toril
Cuevas del Soriano
Cortijo de Pedrosa
Cuevas de Mures
Cúllar
123
Cortijo del Gatal
Majada de Masegosa
Pulpite
Llano del Abad
Cortijo del Gallinero
Venta Quemada
Tarifa
Matián
Cortijo de Malagón
Cortijos de la Bermeja
Cortijos de la Pililla
Cortijo del Madroñal
1443
1445
Cortijo del Sillero
Cortijo La Venta
1822
Cortijo de Chiscar
Cortijo de los Barrancos
Cortijo de Orgalla
Cortijo de Pizarro
Barrio nuevo
Las Vertientes
Puerto de El Contador o de Vertientes
(1130)
El Contador
La Tortosa
La Tala
Cortijo de la Carne
Cortijo de Don Bruno
Cortijo del Nebral
55
Chirivel
(1039)
Cortijo de la Cueva
La Aspilla
Cortijo de los Prades
Róquez
Los Álamos
La Umbría de Arriba
El Cabezo
1948
El Mojonar
Cortijo de los Chaveses
Cortijo del Pinar
Ciudad Granada
Rambla Chirivel
Casa de Quiris
Cortijo de los Blancos
Cortijo de los Venteos
La Yegua Alta
La Yegua Baja
El Campillo
El Cantal
Nuestra Señora del Saliente
El Margen
El Villar
Saliente Alto
Los Cerricos
Los Treinta
Los Oquendos
Las Casas
Los Asensios
Los Guiraos
1218
La Mata de Bolaimí
Vélez Rubio (838)
El Rio de Mula
Fuente del Gato
Cortijo del Fayo
El Charche Alto
El Charche Bajo
Los Alamicos
1458
La Parra
Los Tonosas
La Oliverica
Casa Preciso
Las Cumbres
Calabuche
Cueva de los Estalactitas
1501
El Bancalejo
Los Castellones
Los Cabreras
Ermita de Los Torrentes
Cortijo de los Parejas
Los Fernández
Los Pardos
Cortijo de Granero
Sierra de las Estancias
Sierra del Saliente
Pozo Iglesias
El Sahuco
La Jámula
Cortijo de las Monjas
Azores
Las Chozas
Provincia de Granada
Provincia de Almería
Cortijada El Pertiguero
Pozo del Lobo
Cortijada del Chaparral
Lúcar
1722
1378
El Chaparral Alto
El Chaparral Bajo
La Fuente del Negro
(1022)
Oria
El Puntal
Cortijo del Campillo
La Ermita
El Cortijo Blanco
El Campillo
El Serval
El Jaral
La Huerta
1314
La Ermita
El Peñón Bajo
Los Chacones
El Peñón Alto
Los Rodríguez
Las Pocicas
Galeras
Cortijo de los Marianes
1076
Taberno
Las Norias
Los Llanos
Los Mundos
Los Lozanos
Los Teones
Santopétar
Los Graneros de Abajo
Los Camachos
La Perulera
Los Marcelinos
755
Casa de los Camarotes
124
Jauca Alta
1206
Cortijos de los Navarros
Cerro de los Corzos
Talavera
1241
1106
Partaloa
Partaloa
El Llano del Espino
Lano de los Olleres
El Cerrogordo
Locaiba
Fuente Márquez
La Aljambra
Cerro Limaria
705
Los Higuerales
Los Llanos
Almajalejo
El Hijate
Las Zanjas
Lúcar
Somontín
Urrácal
Cela
Cortijada Campo Bajo
El Prado
Cortijo de la Palma
Albox
(424)
Higueral
Los Pérez
Los Porteros
Cortijo de la Polvareda
Los Manolones
Los Hernández
Los Zoilos
Cerro Estación
Armuña de Almanzora
Estación de Purchena
Huimayor
Fines
323
La Hojilla
El Dirá
La Torreta
La Casa Blanca
Los Menchores
El Cucador
Almanzora
Olula del Río
La Hoya
Cantoria
(382)
Almanzora
Arboleas
Germán
Zurgena
Palaces
Tíjola
Purchena
Castillo
Sufli
Macael
589
La Cinta
Pechina
Angosto de Arriba
Serón
Alcóntar
Fargali Alto
Fargali Bajo
El Chanco
Bayarque
Sierro
La Corraliza
3225
Barriada de los García
Cortijo del Olallo
El Valle
El Castellón
Jórvila
Casas Las Corinas
Cortijada El Alami
Laroya
Cortijo de la Merced
Barriada del Morera
Barriada de los Cojos
Cortijo de la Madroñera
Aldeire
Marchal del Abogado
La Loma Alta
El Cántaro Bajo
El Cántaro Alto
Los Sapos
La Mojonera
Arroyo Laroya
Las Huertecias Altas
Lijar
La Rio Palmera
Barriada de los Huevanillas
Las Menas
El Reul Alto
El Reul Bajo y Marchalico
La Boquera
Albánchez
Los Utreras
Los Molinos
Barriada del Campico
Venta del Campico
1936
Río Bacares
Río Sierro
El Campillo
Cóbdar
Castillo
Barriada Las Canteras
Cortijada Los Gironas de Lisboa
Los Morillas de Albánchez
El Cortijuelo
Bacares
Tetica
2080
Casas de las Arenas
Chercos
El Soto
Puerto de la Virgen
(1070)
1128
La Yedra
Los Dioses
El Pocico
125
Los Santos
La Carrasca de Albánchez
Loma de Meneses
Casas de Las Carmonas
Ermita de la Cabeza
Castillo
Benitorafe
Benitagla
La Breña
Río Jauro
Sierra de los Filabres
El Barrancón de Bacares
Tahal
Alcudia de Monteagud
Cortijada del Cura
La Alameda
Jauro
Observatorio Astronómico
Calar Alto
Olapra
Casas del Vulgo
Los Jarales
Lubrín
El Marchal
Casas de los Pachuecas
Castillo
Senés
1398
Monteagudo
1301
Benizalón
2168
Casas de Las Hoyas
Cortijada de Febeire
Velefique
Rambla del Marqués
Los Medinas
Cortijada los Cazaminches
El Barranco Muñoz
Campico
Tenderas
Collado García
(1247)
Uleila del Campo
1638
Cortijo de los Jarales
El Tallón Alto
Castro de Filabres
Zarzales
10
Cortijada el Pilar
Los Pinos
Serena
Portocarrero
Olula de Castro
1270
22
El Chive
El Puntal
El Fonte
La Mela
Castellones
1079
Noria
La Fuente de la Higuera
El Pocico
La Casa Blanca
El Almendral
El Tallón Bajo
Los Maños
Los Castaños
Las Aneas
Cortijo Luis Espinar
Cortijo Los Llanos de Lucas
998
Cocón del Peral
Moras
Gochar
Los Giles
Las Tablas
1208
Arroyo de Valdelecho
Arroyo de Valdelecho
Rambla de la Galera
Rambla de las Nudos
El Mayordomo
Gérgal
(758)
Castillo
3325
Cinta Blanca
Las Viñicas
La Estación
3326
Cavernas (Habitadas)
Mojonera
Las Alcubillas
Central Solar
B.co del Peral
Los Yesos
Cortijo del Administrador
Sorbas
(410)
El Tesoro
Río de Aguas
Herrerías
126
715
Pago Aguilar Bajo
95
Cañada de Miralles
El Barranco de los Lobos
El Río de Aguas
Campico
Gacia Bajo de Sorbas
Gebera
Venta de Cañicas
Espeliz
Los Retacos
Cortijo Don Pepe
Cortijada Los Contreras
Cantona
754
Mizala
Gafarillos
Peñas Negras
Fuente Santa
Estación de Fuente Santa
660
Yesón Alto
Tabernas
(404)
Marchante
Tinadas
Los Encalmados
La Vega
Los Pichiriches
Lucainena de las Torres
Los Molinos
Rambla de Sierra
Sartenilla
Turrillas
1012
La Rambla Honda
Cortijada Los Morales
Rambla de Guardines
Los Guardines
Polopos
Cortijada Los Areos
Santa Cruz
Mini Hollywood
Joluque
El Puntal
448
Los Alamillos
Alsodux
Rambla de Gérgal
Rambla de Tabernas
Los Góngoras
Colativí
1387
Sierra de Alhamilla
Cortijo del Ciprés
Cortijo Las Paulinas
Venta del Pobre
Cortijo del Humo
Alhabia
Terque
Santa Fe de Mondújar
340
Huebro
Cortijada El Bombón
Tristanes
Cortijo Los Contraviesas
Galáchar
Los Millares
Cortijos El Conejo
Rambla Honda
1041
Níjar
Cortijada Los Herradas
Casas El Caballón
127
Alicún
324
Moscolux
Baños de Sª Alhamilla
Cortijo El Corral
Las Matanzas
Cortijos del Marchal de Fuentes
Cortijo Ramaya
Saladar y Leche
Cortijada El Charco del Lobo
Alhama de Almería
Gádor
(173)
Abriojal
El Chorrillo
Rambla del Agua
Rambla de las Amoladoras
Rambla de Inox
Cortijo del Huali Nuevo
Campohermoso
Rambla de Artal
El Pozo Usero
Cortijada Los Majanos
Cortijo los Cerrillos
Cortijo Gatuna
Río de Huechar
Rioja
El Ruini
Marraque
Cortijos de Los Cecilios
Cortijo de Gindalba
Las Cuevas de los Úbedas
332
162
Almería
Almería
163
Baza
Baza
Guadix
Laujar de A.
342

Murcia
Cartagena
Ya
Yb
Yc
Yd
El Cementerio
Apiche
Pasico
Cañarejo
La Torre y Charco
Casa del Capador
Solana
Alquerias y Cermeño
La Majada
La Atalaya
Los Lardines
Las Provincias y La Jarosa
El Aljibe y las Brencas de Sicilia
Cortijo de los Bonillos
Barranco de los Hilarios
El Vainazo
Casa Castillo y El Vado
Mesillo
Los Loberos
Leiva
Las Pedreras
Orilla y Piñero
Madroñeras y el Llano
Sierra de la Almenara
Sierra de las Moreras
Los Asensios
Altobordo
Ermita del Niño
Esparragosilla
Cortijo de los Jordanes
Cuesta del Mellado
Los Pallareses
Esparragalico
Estación de Lumbreras
Los Salobrares
Los Conventos
Félix
Campico de los López
Rambla
Mina La Positiva
Las Cuadras
Barranco de Seca
Fuente de Meca
Venta de las Cegarras
Cortijos de Talancón
Espartal y Mirones
Esparragal
Carrasquilla
Viquejos
Pastrana
Casas del Calar
Cañada de Gallego
Cortijo de los Agustinos
PUERTO Lumbreras
Casa del Cura y Cañada del Alba
Purias
Alcántara y Los Bucanos
Pelile y El Jurado
Ermita del Ramonete
Las Casitas Vilerda y Cinco Oliveras
Plata y Los Palanquines
La Galera y Los Jopos
Villarreal
Campico de los Lirias
Casas de Peña
Los Curas
Casa de Palazuelos
Playa de Perches
Playa de la Roya
Pastrana
Humbrias
Cabezo Jara
1246
Turbinto
Las Pocicas
Redón y Venta de Ceferino
El Aljibe
Sierra de la Carrasquilla
Tébar
Yegua Blanca
642
El Cantar
Calnegre y Los Curas
Los Carrascos
Sierra de Enmedio
Sierra del Cantal
Casas de Castellar
Perdiz
Las Cruceticas
Barranco del Baladre
Garrobillo
Medro
856
Goñar
La Escarihuela
Parador
Sierra de la Carrasquilla
Majada del Moro
Cala Blanca
El Rincón
Collado de Lirón
Rincón de la Casa Grande
Barranco de los Lobos
Las Casicas
Urcal
Almendricos
El Cabildo y La Campana
Los Arejos
Los Estrechos
Las Norias
Las Casicas
Colorado
640
Costa Cálida
Rincón y Las Ramblicas
Pozo de la Higuera
Los Melenchones
Las Zurraderas
Castillo
Cope
Punta Cerro de la Cruz
Cortijos de Los Benitos
Cortijo de Las Lomas
Los Soleres
El Labradorcico
Calabardina
Castillo de San Juan
Playa de Calabardina
Cabo Cope
San Francisco
Los Pinares
Vizcaino
Benzal
El Molino
Huerta del Abad
Isla del Fraile
Peña de la Aguilica
Cortijo Molina
Garcia
Prov. de Murcia
Pulpí
El Cocón
Matalentisco
ÁGUILAS
El Saltador
El Convoy
Pilar de Jaravia
Los Caparroses
HUERCAL-Overa
(279)
Minas de San Clemente
Los Campoys
La Fuente
Los Jurados
Sierra de los Pinos
Emb. de Cuevas del Almanzora (en constr.)
Sierra de Almagro
711
Los Guiraos
Las Canalejas
San Juan de los Terreros
Isla de los Terreros
Cortijo de Los Orives
El Rincón
San Miguel
El Largo
Grima
Pozo del Esparto
Cortijada Las Jaulas
Cortijo la Morcilla
El Alhanchete
Jordana
491
Las Cupillas
Castillo de los Vélez
Catedral
CUEVAS del Almanzora
La Portilla
Los Lobos
El Tomillar
Tenerife
367
Sierra Almagrera
Cavernas (Habitadas)
Arriila
Venta el Peregil
Burjulú
La Muleria
Barriada Nueva
Cala Concha
Río Almanzora
Las Cunas
Las Herrerías
El Real
Cala de la Cuera
Villaricos
Aljariz
Antas
VERA
(102)
Palomares
Las Bambardas
Los Lanos del Mayor
Playa de Puerto Rey
Casa El Esparragal
Puerto del Rey
Cortijo de la Jara
Club Marítimo
GARRUCHA
Castillo Jesús Nazareno
Las Alparatas
TURRE
(árab. Murgis Akra)
MOJÁCAR
Playa del Descargador
Cortijo del Chalet
Parador Nacional de los Reyes Católicos
La Alcantarilla
Cortijo Limerica
Arraez
919
El Dondo
Cortijada Aljuezar
Sierra Cabrera
Castillo Macenas
La Adelfa
El Agua del Medio
Torre del Peñón
Sopalmo
El Barranco Garcia
El Saltador Bajo
La Islica
Playa del Algarrobico
Playa de Carboneras
Castillo
Carboneras
El Llano de Don Antonio
Cortijada La Torre Vieja
Playa de Torre Vieja
La Mesa Roldán
Punta de los Muertos
220
Punta de la Media Naranja
Playa de Agua Amarga
Cortijo El Plomo
332
340
342
3211
3327
32
33
38
39
46
52

147
Ta
Tb
Tc
Td
126
127
128
129
130
Laguna de las Madres
Las Marismas
Casa Tres Rayas
Casa de los Bodegones
Villareo
Casa del Gato
Casa de la Cañada del Sotillo
Partido de
Casas del Sacristán
Palacio del Rey
612
Nasa del Rocío
El Rocío
Casa de Cañada Mayor
Mazagón
Playa de Mazagón
47
Parador N. Cristobal Colón
El Abalario
Parque Nacional
Coto de Doña
Playa de Castilla
Torre del Oro
Choza del Alamillo
22
442
Casa Nueva
Torre del Asperillo
Asperillo
Acebuche
Arroyo de Santa María
Provincia de Huelva
Provincia de Sevilla
Marismas del Guadalquivir
Casa del Martina
Casa de la Mogea
Coto de Doñana
Playa de Torre la Higuera
Torre de la Higuera
Complejo turístico
Caño Guerreo
Pueblo Andaluz
Matalascañas
Casa de Santa Olalla
Palacio de Doñana
Laguna de Santa Olalla
Casa de Matalascañas
Casa del Puntal
Caño Travieso
Lucio de los Ansares
Torre Carbonero
Playa de Matalascañas
Casa de Belelengua
Casa del Cerro del Trigo
Trigo
27
El Te
Casa de Granadero
Torre de Zalabar
Casa de las Salinas
Caserio La Marismilla
La Algaida
Torre de San Jacinto
Venta de la Serrana
Venta
Bonanza
Faro de Malandar
Castillo de San Salvador
SANLÚCAR de Barrameda
Castillo del Espíritu Santo
441
La Jara
Costa de Sanlúcar
CHIPIONA
(rom.Turris Coeprionis)
Torre Scipio
Castillo
Caserio Santo Domingo
Monasterio de Nuestra Señora de Regla
Caserio Hidalgo
Miraflores
Caserio Majadales
Ruta del Vino
Playa de Regla
6040
Las Brevas
Cortijo de Atalaya
Apeadero de la Ballena
Caserio Costa de Rota
Casa de San Lorenzo
Playa de la Ballena
Peña del Águila
Casa de la Capitana
El Campillo
Castillo de Luna
Castillo de Almadraba
Almadraba
ROTA
Fuentebravía
Playa de Fuentebravía
El Mana
Vistah
Castillo de Santa C
Golfo de Cádiz
Bahía de Cádiz
Islas Canarias
Castillo de Santa Catalina
Castillo de San Sebastián
CÁDIZ
Playa de la Victoria
Playa de Cortad
Torre de La

148
149

Sevilla
Granada
Tf
Ua
Ub
Isla Menor
Isla Mínima
Punta de la Margazuela
Punta de los Hatos Altos
Punta de la Mata
Colonia de Alfonso XIII
Villafranco del Guadalquivir
Casa del Conejo
Colonia Queipo de Llano
Cortijo de Salgar
LOS PALACIOS y Villafranca
Los Chapatales
Cortijo de la Margazuela
Pinzón
El Trobal
Cortijo de los Leones
Rincón del Prado
Nuevo Rocío
Vetaherrado
San Leandro
Reina Victoria
Casas de Veta la Palma
Rancho de Lila
Hacienda de la Capitana
UTRERA
Castillo
Convento de la Virgen de la Consolación
(rom. Utricola)
(arab. Gatrera)
Hacienda de Pajarero
La Trinidad
Cortijo de Fuentes
Los Morales
Hacienda del Ángel
Rancho de la Asomadilla
Maribáñez
Rancho de la Romana
Juan Gómez
Casa del Pajarito
Cortijo Nuevo
Las Alcantarillas
Cortijo Pardales
Cortijo de la Casa de Coria
El Casar
Rancho de las Mulas
Cortijo de Jaime Pérez
Cortijo de Valcargado
Cortijo de la Ventosilla
Cortijo de Fuente Lozana
Trajano
Cortijo del Torviscal
Cortijo de Torres
Cortijo de las Peñuelas
El Palmar de Troya
Pantano de la Torre del Águila
EL CORONIL
Guadalema de los Quinteros
Cortijo de Montera
Laguna de Troya
Casas de la Presa
Cortijo de Majalquivir
Cortijo del Corcovado
Sacramento
Cerro del Fantasma
Laguna de Zarracatín
Cortijo de Zarracatín
Embalse Torre del Águila
Cortijo de la Carrascosa
Laguna de Bartolomé
Cortijo de la Mercadeña
Arroyo Salado
Cortijo de Pinilla
Cortijo Merlina
Lebrija Las Cabezas
LAS CABEZAS de San Juan
Hacienda del Mosquito
El Cuerno
Venta de San Antonio
La Encinilla
El Rubio
Cortijo Higueraleja
Cortijo de Melendo
Casilla de los Montecillos
Cortijo de los Aguacíles Altos
Laguna Val del Ojo
El Horcajo
Cepija
Venta
Cortijo de Monterroja
La Harinosa
Cortijo de Ruchena
Cortijo de la Chirigota
LEBRIJA
(rom. Lebrisa)
Iglesia mudéjar
Rancho de los Rasillos
Casas Huerta del Ramo
San Rafael
Cortijo del Labrador
Molino del Salado
Pago Dulce
Majadavieja
Venta de Santa Lucía
Las Arenas
Provincia de Sevilla
Provincia de Cádiz
San Bernardino
Casa del Capitán
Cortijo de San Lázaro
La Cierva
El Mármol
El Algarrobillo
Cortijo de Puertollano
Rancho de Ibáñez
Cortijo de los Llanos
Cortijo de Carija
Cortijo de Los Prados
Casa de la Sevillana
TREBUJENA
Cortijo de Abajo
Cortijo de Micones
Cortijo de la Alberquilla
El Cuervo
Sierra de Gibalbín
Castillo
Espera
VILLAMARTÍN
Las Navas
Cortijo de la Zorrilla
Cortijo de Boniches
Cortijo de la Laguna
Coto de Bornos
Cortijo de Capita
Cortijo Algarve
Casablanca
Laguna de los Tollos
Gibalbín
Cortijo de los Olivos
Cortijo de las Peñas
Cortijo de Marcegoso
Caserío El Casarejo
Cortijo del Bujón
Romanina Alta
Cortijo La Blanquilla
Gibalbín
El Yugo
BORNOS
Castillo árabe
Cortijo de Alperchite
Alberite
Burujena
Laguna Grande
Mesas de Asta
Cortijo La Compañía
El Cuadrejón
Cabezas de Cautina
Cortijo de la Plata
San Rafael
Casa de Algarbejo
Cortijo de la Zorrilla
Toronjil
Embalse de Bornos
Viña de Dios
Tabajete
Cortijo de la Zarpa
Ducha
Autopista del Sur
Embalse de Arcos
Los Barrancos
Ermita de la Fuensanta
Cortijo de Romanito
Casa del Barón
Casa La Pavena
Nueva Jarilla
La Jara
Mesas de Santiago
ARCOS de la Frontera
Castillo
El Santiscal
Cortijo de la Fuensanta
Macharnudo Alto
El Carrascal
La Parra
La Norieta
Castillo de Melgarejo
Ruta de los Pueblos Blancos
Jédula
El Guijo
Parador Nacional Casa del Corregidor
La Canturrona
Añina
Casas de la Polanca
Bogas
Los Garciagos
Cortijo de Casablanca
Casa de Tablellina
Castillo
Casa de Morla
Cortijo de Vista Hermosa
JEREZ de la Frontera
Alcázar
(iber. Serit)
Las Abiertas
Jerez-Norte Arcos
Cortijo de Vico
El Concejo
Casa de Canillas
Aznar
Vallejas
Balbaina
Albadalejo Alto
Montealegre
Estella del Marqués
Lomopardo
Alcántara
El Drago
Casa de la Perdiz
Casa de la Vicuña
El Solete Alto
Jerez-Sur/Medina
Casa de Dehesa
José Antonio
Cortijo de Alcornocalejo
Los Tercios
Sierra de San Cristóbal
El Portal
Ermita de la Ina
Río Guadalete
San Isidro de Guadalete
La Ina
La Barca de la Florida
Casa la Ber
Casa del Sotillo Nuevo
Algar
El Mimbral
Rancho de la Teja
San Ignacio
Sidueña
Castillo de Doña Blanca
Las Quinientas
Casa del Cerro del Inglés
Las Cuevas
El Torno
Cortijo de la Suara
Los Romerales
El Tempul
Casa Palmetín
EL PUERTO de Santa María
Laguna de Medina
Caserío El Boyal
Rancho de Frontán
San José del Valle
Sierra de la Sal
Sierra de las Cabras
El Romero
Cortijo de Roa La Bota
Casa del Beato
Casa de Cuéllar
Torrecera
Salinillas
Casa de Mesas de Bolaños
Salinas de San Carlos
Casa de la Calera
Casa de Doña Benita
Arroyo Salado de Paterna
Casa de Torrecera
Casa de Santa María
Ruta del Romancero
La Parrilla
Rancho del Puerto de Picao
Casa de la Tinaja
Cortijo de las Piletas
Cortijo de los Isletes
Cortijo de Pajarrete
Puerto S.ta María Puerto Real
Casa de la Granadina
La Castellana
Casa de la Bedora
Cortijo de Gallardo
Fuente Rey del Rey
Baños de Gigonza
Castillo
Cortijo de Tamayo
Casa La Paloma
PUERTO REAL
(rom. Portus Gaditanus)
Casa del Carvajal
Castillo
Berroquejo
Paterna de Rivera
Rancho del Pino
El Esparragal
Cortijo de Palmitoso
Fraja
Cortijo de Nobles
Trocadero
Barrio de Jarana
Venta de la Catalana
Cortijo El Pedroso
Molino aceitero de Guerra
Casa del Judío
Huelvacar
Cortijo del Médico
Río Barbate
Caseria de Ossio
La Carraca
Depósito de aguas de Malas Noches
Cortijo del Colorado
Sierra del Aljibe
Río Salado
MEDINA-Sidonia
Ventorrillo de Rufino
Cortijo del Vínculo
Cortijo del Brecial
Porquerizas
Cortijo de las Arenas
Castillo árabe de Luna
ALCALÁ de los Gazules
Pinar de los Franceses
Lagunas de Montellano
Tarifa
Ronda
Guadalquivir
Mayor

164

149
Uc
Ud
Ue
Uf
Cortijo Maria Sala
Cortijo del Ojuelo
Cortijo del Barro
Casilla del Portillo
Estacion de El Coronil
Aeródromo de Morón
Arroyo de Barros
Arroyo del Cuerno
Hacienda de la Alcoba
Casa de la California
Casa La Dehesa
Castillo árabe
Casa de la Huerta
MORÓN de la Frontera
La Gironda
126
EL CORONIL
Castillo
Cortijo de Nava Grande
Rio Guadaira
Esparteros
Montegil
Caserio de la Cueva
Rancho de la Ballestera
Pilares
Cortijo la Sucilla Alta
Cortijo la Alcabala Alta
Galindo
Salado
Hacienda de las Cañas
El Bosque
MONTELLANO
Cortijo de las Reyertas
La Romera
Castillo de Cote
Hacienda de Morejón
Casa de Coria
Cortijo de las Jaretas
Coripe
Prov. de Sevilla
Prov. de Cádiz
Palancar
127
Puerto Serrano
Cortijo de las Gateras
Sierra de la Nava
La Nava y Lapa
Ermita de la Gloria
Cortijo del Novillero
Rio Guadalete
342
Santa Lucia
Casa del Cerillar
Molino de Serracin
Sierra de Santa Lucia
Ermita de Las Montanas
Las Lomas
Cerro Prieto
Las Montañas
PRADO del Rey
Sierra de Zafalgar
128
Castillejos
El Bosque
Benamahoma
P.to del Boyar
GRAZALEMA (rom. Lacidula)
El Boyar
Hortales
Abrajanejo
Tavizna
Sierra del Endrinal
Hondón
Campobuche
Castillo de Tavizna
Sierra del Caillo
Casa de Fardela
Benaocaz
Casa de la Dehesa de Atrera
Pico de Adrion
Fátima-Juncal
Castillo de Fátima
Villaluenga del Rosario
Casa de la Atalaya
Cortijo de Rotijón
UBRIQUE
Embalse de los Hurones
Mulera Bujeos
Sierra de Ubrique
Charco de los Hurones
La Alcaria
Casa de Millán
Cerro del Jabato
129
La Jarda
Puerto de Galis
Venta Nueva de Galiz
Casa Gami
Puerto del Algarrobo
La Sauceda
Aljibe
Ventorrillo Las Canillas
130
Pico del Montero
Reserva Nacional de Cortes de la Frontera
Loma del Castillo
Venta de los Arrieros
Rancho de la Casilla
El Colmenar
Est. Gaucín
Canuto Largo
Loma de Lapa
Majada del Lobo
Cortijo de la Potrica
Algeciras
Rancho de Malagón
Cortijo Morcillo
Casa de las Semillas
Cortijo de Pozo del Rosal
Cortijo de Castellar
Cortijo de la Rana
Arroyo de la Amarguilla
Cortijo de Obra Pia
Cortijo Nuevo
San Antonio del Fontanar
Castillo
Cortijo de Corchuelos
Cortijo de Castillejo
Cortijo de la Gita
El Madroñal
Rio Corbones
Rancho de Coto Ruiz
Cortijo de Chaparrete
Rancho de las Salinas
La Romera
Las Rozas
Rancho de la Reina
Cortijo La Victoria
Cortijo del Alcornoquillo
Ermita de la Encarnación
Las Encarnaciones
Rancho de Roceros
Cortijo del Risquillo
Ermita de San Juan
Balneario de Pozo Amargo
Sierra de San Juan
El Alcornoquillo
Zamarra
Rio Guadalporcun
Guadamanil
Cortijo de Zaframagón
Cortijo de la Catalana
Sierra de las Harinas
Rio Guadamanil
OLVERA (Ib. Urso, rom. Gemina Urbanorum)
Castillo árabe
La Muela
Juncales
Lijar
Sierra de Lijar
Campo-Huerta
Castillo
ALGODONALES
Casa de Arenal
Era de Casa la Viña
El Jaral
El Gastor
Cabañas
Cortijo de los Zapateros
Villalones
ZAHARA
Castillo árabe
Arroyomolinos
La Sierra
Ronda la Vieja
Ruinas de Acinipo (Teatro romano)
Montecorto
P.to de las Palomas
Gaidovar
Mediodia
Los Arenosos
Fuente de la Higuera
Cueva del Hundidero
Huerta Nueva-Sancho Jaén
Montejaque
Cueva del Gato
Benaoján
Sierra de Libar
Los Riscos
Cueva de la Pileta (Pinturas rupestres)
Provincia de Cádiz
Provincia de Málaga
Jimera de Libar
Huerta del Americano
Cortes de la Frontera
Cortijo del Moro
La Sierra
Sierra
Estación de Cortes de la Frontera
Opayar
Rio Guadiaro
La Angostura del Guadiaro
Puerto de las Eras
Castillo
GAUCÍN
Rio Genal
Majada Madrid
Sierra Crestellina
165
100
341
Puerto de la Encina
Rancho de Pozo Santo
Ratera Nueva
Rancho del Sol
Rancho de Terrones
Ratera Vieja
Albina
Las Monjas
La Verbena
El Saucejo
La Mezquitilla
Molino de Ariona
Los Gramadales
Villanueva de San Juan
Rancho la Rosa Alta
Molino Raya
Caserio de la Morena
Sierra del Tablón
Terril
Algámitas
Rancho del Navazo
Pruna
Valle Hermoso Alto
Valle Hermoso Bajo
Lora
Castillo
Sierra Blanquilla
Loma de la Cordillera
Torre-Alháquime
Cortijo de Munición
Alcalá del Valle
Sierra del Borbollón
Rancho de Tenorio
Castillo
SETENIL
Campiña
Venta Leches
Cortijo de Charco Lucero
Sierra de las Salinas
Acequia de los Frailes
Arriate
Sanguijuela
Rio Guadalcobacin
Morales
Tajo de Ronda
Alcazaba
RONDA (rom. Arunda)
Cortijo de Castaños
Molinos
Cortijo de Garapiño
Rosalejo
El Quejigal
SERRANÍA DE
Cortijo de Navazo
Sierra del Oreganal
Cartajima
Parauta
Atajate
Alpandeire
Faraján
Júzcar
Pujerra
Igualeja
Benadalid
Benalauria
Algatocín
Molino de Enmedio
Solana
Jubrique
Benarrabá
Genalguacil
La Alharia
La Majada la Higuera
Sierra Bermeja
P.to de Peñas Blancas
Reales
Casa de Don Manuel Cepeda
Venta de Cañete
Caseria de Jornia
Navaterrines
Las Capellar
La Alcaidia
Algibón
Puerto de los Barrancos Blancos
Garzón
Saucedilla
Navarredonda
Majadahonda
Postero
La Lebrona
Provincia de Sevilla
Provincia de Málaga
98
Cortijo de las Cruces
Cortijo de Santa Cruz
de Almargen-Ca
Cortijo de la Escalereta
Estación de Atalaya
Cortijo del Romeral
Cortijo de Pedro Bueno
Cortijo de Antonio Moreno
Cortijo del Borbollón
Cuevas del Becerro
Est. Setenil
Cortijo de las Pilas
Parchite
Sierra de los Merinos
Cortijo de Hornillo
Barranco de la Madera
Puerto del Viento
Sierra de Blanquilla
Morales-Santa María
P.to de los Ladrones
Navares y Tejares
Acueducto romano
Cortijo de la Majada Vieja
Cortijo de Navarro
Sierra de las Nieves
Cortijo de los Blanquizales
53
Casa del Pozuelo
Puerto de la Refriega
Sierra Palmitera
Casa de Viña
Casas del Marqués de Santiago
Rio Guadalmina
Rio Guadalmansa
El Madroñal
339
Casa de Tramotores
Alcuzcu
Venta de Candelas
Benahavis
Castillo árabe
Alquería
Romera
Cortes
Gibral
37
Jeréz de la Fr.

150
Sevilla
Córdoba
151
Va
Vb
Vc
Vd
Hormigo
Cortijo de Cañada Hermosa
Sierra de los Caballos
La Roda de Andalucía
Los Perez
Laguna de la Ratosa
ALAMEDA
Cortijo Gaén Grande
Cortijo del Realengo
Barrio de Enmedio
La Atalaya
El Barranco del Agua
Villanueva de Algaidas
Cortijo Pantoja
Sierra del Pedroso
Casa de los Tarancones
Colonia Agrícola de los Blancares
Cortijo de la Serafina
Mollina
798
Los Carvajales
Camorra
Cortijo de la Capuchina Nueva
Cortijo de las Ventanas
Caserío de Uribe
Cortijo de los Huertos
Cortijo San Juan
La Higuera
Sierra de Arcas
Navahermosa
La Realenga
Fuente de Piedra
Mollina
Cortijo del Palomar
Cortijo de Peñuela
Casa de Moyano
Rejano
Casa de Alonso
Cortijo de la Herriza
Laguna de Fuente de Piedra
Humilladero
Puntal
650
A92
Cortijo de Herrera
Laguna de Herrera
Cortijo Nuevo
Cartaojal
Estación de Archidona
Cortijo de Mola
ARCHIDONA
973
Caserío de la Vega
Sierra de Yeguas
Martín de la Jara
Cortijo de Jaca
La Mezquita
526
Cortijo de la Mezquita
Cortijo del Navazo
Casas de Ganancias
Cortijo de las Albinas
Los Llanos de Antequera
331
Puerto de Matallebres
Peña de los Enamorados
874
Huertas del Río
Castillo árabe
Ermita de San Isidro
Casa de los Salinas
Cortijo de Calderón
Cortijo de Rábita
Colonia de Ballestero
Cortijo de Calasana
Bosque
Cortijo del Ratero
342
Cortijo de la Cuesta
CAMPILLOS
(461)
Laguna Dulce
Cortijo de las Monjas
La Pelusa
Bobadilla
Río Guadalhorce
Caserío del Cerrón
(Dolmen)
Cueva del Romeral
Cortijo de Curiel
Cortijo El Romeral
La Tosquilla
321
Casa de las Llamas
Cortijo del Cañaveralejo
Estación de Bobadilla
Apeadero Las Maravillas
334
(577)
ANTEQUERA
(Fortificaciones árabes)
Cueva de Menga
(Dolmen)
Castillo árabe
Palacio Nájera
Cortijo de las Lomas
Los Pelaez
Cortijo de Ahumada
Embalse de Guadalhorce
Cortijo de las Perdices
Cortijo Ventilla
Villanueva del Rosario
Cortijo Las Pilillas
(555)
TEBA
Castillo de la Estrella
Casillas
Ermita de Nuestra Señora de la Cabeza
Cortijo de la Soterraña
Cortijo de Rodahuevos
Cortijo de Blancares
Cortijo de Choca
Cortijo de Arevalillo
Camorro Alto
Parque Natural
1369
Cortijo de los Navazos
Sierra de las Cabras
(780)
Puerto de las Pedrizas
Cruz
1443
Cortijo del Chopo
Gobantes
Nogales
Sierra del Valle de Abdalajís
Ermita del Cristo
Sierra de Chimenea
El Torcal (Rocas)
340
Huertas y Montes
Embalse del Chorro
Pantano del Chorro
Cortijo de la Rejanada
1188
Valle de Abdalajís
La Hoya
Cortijo Los Nogales
Torcal de Antequera
Villanueva de la Concepción
Cortijo Enebro
Moriscos
Ortegicar
Garganta del Chorro
(Pinturas rupestres)
El Chorro
Ruinas de Bobastro
Cortijo La Alcobilla
Loma de Rojas
Cortijo Cadenas
Cortijo de la Aguada
Cuevas
Casa de Portezuelos
Arroyo de Colmenar
Cortijo de Reyes
3310
Venta de Cadenas o Barrio de la Hornilla
Venta de Cadenas
Arroyo Coche
Casabermeja
Jaral
Mogea
ARDALES
Castillo de Turón
Castillo
Casa de Calinoria
Las Mellizas
Vado del Alamo
337
Arroyo Jevar
Cortijo Pacheco
El Chaparral
Las Trujillas
Venta de Pinoda
Portales
Río Turón
Casa del Capellán
Carratraca
Vega Redonda
Molino Tallista
Ermita de Jotrón
Sabinal
Casa de Fuentearroyo
Venta de San Antonio o de la Leche
Puerto del León
1031
(960)
Sierra de Alcaparaín
1290
Cortijo de Gálvez
Cerrillos y Chirlita
Casa del Polo
ÁLORA
(rom. Iluro)
Castillo
(194)
Casablanquilla
Casas de Juan de Luque
Almogía
Caserío Humaina
El Mopagán
Zumaque
Vega Malilla
Los Llanos
Gascar
Fuentes
Verdiales
Jaboneros
Cortijo de la Ventilla
Casarabonela
Casas de Rivero
Vega Santa María
Saucedillas
Casa del Bracho
Suizo
Huertas y Lomas
Los Lagares
Peral
Casa de la Tormenta
Sierra Prieta
1505
Zalea
Pizarra
Villalón
Cortijo de las Proveedoras
Guadalmedina
Puerto de las Abejas
Hoya de Málaga
Gibralgalia
Casas de la Rabadana
Comendador
Estación de Cártama
Puerto de la Torre
Almendrales
(820)
Castillo
Yunquera
Jorox
Casa de El Espartalejo
Cerralba
Aljaima
Santa Rosalía
Colonia de Santa Inés
Alozaina
Cortijo de Buenavista
Ermita de Casa Palma
Cortijo de Pajares
Campiña
Doñana
Campanillas
STA. INÉS
Teatro Romano
Gibralfaro
(Castillo moro)
Alcazaba
Santa Catalina
El Palo
RONDA
Las Millanas
Ardite
Cortijo de la Viuda
Cártama
Castillo
Villafranca del Guadalhorce
Alquería
El Candado
MÁLAGA
Palma
SERVA
Tolox
344
Río Grande
Cortijo Benitez
Romeral
Aeropuerto de Rompedizo
Palacio de Misericordia
Melilla
Casa de Baños
Santa Amalia
La Fuensanta
San Julián
CIONAL
Guaro
COÍN
(209)
Alhaurín de la Torre
Churriana
Tánger
Cerro del Hinojar
1051
Nuestra Señora de Fuensanta
529
ALHAURÍN el Grande
La Colina
El Pinar
RANÍA
Casa de la Sepultura
Monda
(305)
Sierra de Mijas
Mijas
1150
Puerto de los Pescadores
Sierra Llana
967
Los Álamos
Benyamina
La Carihuela
Río Verde
Sierra de Alpujata
Río Alaminos
Arroyo de la Miel
TORREMOLINOS
RONDA
843
Mijas
Convento
Benalmádena
Torremuelle
Montemar
Fuente de la Salud
Istán
Embalse de la Concepción
Sierra Blanca
(780)
Refugio del Juanar
580
El Puerto
929
Arroyo de las Palmas
Carvajal
Benalmádena Costa
Colonia de la Verdad
Torrequebrada
Ojén
Campo-Mijas
Torreblanca del Sol
Los Boliches
Sierra
Linarejos
511
Casa del Toril
Río de Ojén
Las Pasadas
Cortijo de Naela
Playas de Fuengirola
FUENGIROLA
Cortijo Holgado
372
Casa de Puerto Llano
Castillo de Fuengirola
Las Lomas
Torre Real
Alicate
El Chaparral
Mijas Costa
Faro y Torre de Calaburras
Río Real
340
247
Sitio de Calahonda
La Cala del Moral
Puerto Deportivo
MARBELLA
Los Monteros
Costa Bella
Ciudad Sindical
Elviria
Ensenada de Cala del Moral
Playas de Marbella
Ensenada de Marbella
Torrenueva
Riviera del Sol
Bellamar
Playa de Calahonda
DRO de Alcántara
Loja
Loja, Granada
Motril, Granada

Baena
151
Hacho
1025
Torre Agicampe
HUÉTOR-TÁJAR
Venta Nueva
Loreto
Fuensanta
Trasmulas
Láchar
Cijuela
SAN
Villanueva de Tapia
Cortijo de la Atalaya
Dehesa de los Montes
Venta Santa Bárbara
Río Genil
Los Infiernos
La Esperanza
Las Huertas
Alcazaba
LOJA
(487)
Palacio
(árab. Lóscha)
Riofrío
Salar
El Chaparral
Moraleda de Zafayona
Peñuelas
Canal del Cacín
Dehesa
Los Llanos
Las Chozas
El Turro
Cortijo las Villas
Chimeneas
Cortijada de Santa Catalina
Los Plácidos
Estación de Salinas
Cortijo de Quijada
Cañada del Junco
Arroyo de Salar
Llanos de Buenavista
Río Cacín
Cortijo el Romeral
Castillo
Tajarja
Antequera
Fuente del Fresno
Mariandana
Cortijo del Pecho de la Mata
Sierra de Loja
Cortijo del Ranchuelo
Cortijo del Cardador
Río Alhama
Cortijo del Lobo
Cortijo de los Llanos
La Zahora
Cortijo de Noniles
Cortijada Arbollar
Acula
Ventorrillo Nuevo
Seco de Lucena
Ventas de Huelma
Sierra de Gibaltón
Sierra Corda
Filete de las Hoyas
Cortijo de Santa Ana
Cortijo Moreno
Santa Cruz de Alhama o del Comercio
1065
Pedrizas
Cacín
Ochichar
Escúzar
La Calera
El Álamo
1671
1370
Cortijo de Camacho
Pilas Dedil
Cortijo Piñonero
La Pera
Loma Charcap
Agrón
Los Alazores (1040)
Puerto de los Alazores
Casillas de Vacas
Cortijo del Chato
Cortijo Rincón
Cortijo Rozuela
Torresolana
Los Baños
Pantano de los Bermejales
Hacienda de Don Juan
La Tórtola
Cortijo Alto
Milanos
Cortijo de la Vera
ALHAMA de Granada (888)
Castillo árabe
Los Morales
Alfarnate
1634
El Almendral
Júrtiga
Venta de Martín
Embalse de los Bermejales
1393
Los Corrales
Cortijo de Chambado
Alfarnatejo
Sierra de Alhama
Zafarraya
Puerta natural
Ventas de Zafarraya
1321
Puerto de Zafarraya (920)
Cortijo de las Ánimas
Arenas del Rey
Retamales o La Colonia
Cortijo de San José
Caserío Majada del Moro
Marchamona
Cortijada Castillejo
Cortijos de Alcaceria
Casa Baja
(874)
Fornes
Jayena
Mondrón
Baños de Vilo
El Cañuelo
Espino
Cortijo de la Huerta de Hoyas
Río Alhama
Játar
Río Cacín
Río Granada
El Cortijo Blanco
Periana
Venta de Palma
Venta de la Mañana
La Resinera
Riogordo
COLMENAR
Los Marines
Catalán
Río Guaro
Los Cortijillos
Alcaucín
Sierra de Tejeda
2065
Río Cebollón
Río Grande
Venta Baja
El Cerro
Venta del Vicario
Provincia de Granada
Provincia de Málaga
Venta de López
1824
Cortijo del Duro
Emb. de la Viñuela (en constr.)
Casa la Paloma
Río
Cortijo Grande
Las Casillas
Los Cortijuelos
Puente de Salina
Canillas de Aceituno
Sierra de Almijara
Cortijo Prados de Loper
Solano
Las Cuevas-Romo
Río de la Cueva
Río Bermuza
Bermuza
Sedella
RESERVA
Canillas de Albaida
Cortijo del Daire
Cortijo de Cabañeros
Los Romanes
Viñuela
Portugalejo
Los Valverde
Salares
Ermita del Cerro del Moro
Comares
Salto del Negro
Las Umbrías
Rubite
Río Rubite
Cómpeta
NACIONAL DE
Navachica
1832
Alquería
Benamargosa
335
Arroyo Luis
Cútar
Triana
Los Vados
Daimalos
Molino de Blas
Acebuchal
SIERRA DE
Caserío Santo Pitar
Santopitar
Almáchar
El Borge
Las Zorrillas
Río de Benamargosa
Castillo
Arenas
Corumbela
1020
Almáchar
Trapiche
Frigiliana
Montes de Málaga
Río
Río de Iznate
Castillo
Sayalonga
Rábita de Sayalonga
672
Carraspite
Benamayor
TEJEDA
Caserío Colmenarejo
Casas de Viñas
El Rescate
Benamocarra
VÉLEZ-MÁLAGA
Vallejo
Iznate
Río de Vélez
Tumba Fenicia
Algarrobo
Almachares
Totalán
Moclinejo
Benaque
Manzano
Cuevas de Nerja
El Cerval
Olías
Valdés
La Caleta
Algarrobo-Costa
Lagos
Torrox
Caserío Calaceite
91
Maro
Cortijada Cantarriján
Zarzo
Macharaviaya
Cajis
Cajisillo
Almayate Alto
El Capitán
Huit
Morche
Playa de Burriana
Jarazmín
Benagalbón
Benajarafe Alto
Almayate Bajo
Playa de Torre del Mar
Torre del Mar
Balcon de Europa
NERJA
El Playazo
Las Palomas
La Herradura
Cala del Moral
Cueva del Tesoro
Chilches
Torre Moya
Benajarafe
Faro de Torre del Mar
Punta de Torrox
Torrox-Costa
Punta de
Málaga
Cueva del Higuerón
Rincón de la Victoria
Torre de Benagalbón
E103
Playa de Torrox
A92
85
126
127
128
129
321
334
340
Costa d

152
153
Wd
We
Wf
Alcaudete
Jaén
Gaudix
GRANADA
Alhambra
Catedral
Purchil
Ambroz
Churriana de la Vega
Armilla
Gabia la Chica
Ogíjares
Cájar
Zubia
Monachil
Huétor-Vega
Genes de la Vega
Jesus del Valle
Pinos-Genil
Dúdar
Quéntar
Embalse de Canales (en constr.)
Güéjar-Sierra
Canales
El Charcón
Maitena
Collado de la Gitana
Cortijo del Manantial
2017
Puntal de la Canilla
2329
Mirador Alto
Cortijo de Vicente el Bueno
Jeres del Marquesado
Minas del Marquesado
Alquife
San Antonio
Lanteira
Aldeire
Marquesado de Zenete
La carretera más alta de Europa
Diechar
Convento de San Jerónimo
Parador Nacional de Sierra Nevada
Solynieve (2080)
Albergue Universitario
Albergue de la Hoya de la Mora
RESERVA
Cerro Pelado
3182
Siete Lagunas
Cortijo Rosca
Collado del Lobo
Peñon del Puerto
2750
Alto de San Juan
2781
Collado del Realejo
2741
Otura
Dílar (878)
Suspiro del Moro
Gójar
Balzain
Caserío Huenes
Molinos de la Torrecilla
Central Eléctrica
Río Dílar
SIERRA
NACIONAL
Pico de Veleta
3392
Mulhacén
3481
DE SIERRA NEVADA
Ermita de las Nieves
Sierra del Manar
Cortijada de la Sierra
Albergue de Elorrieta
Refugio de Félix Méndez
Refugio de Peñón Colorado
Río Dúrcal
Caldera
2716
Cortijo de las Minas
Cortijo de Barranco Hondo
Albergue de los Espinares
Cortijada Los Retamales
Cortijada de Hova Marta
Nechite
Valle de Lecrín
Padul (749)
Aguadero
323
E 902
65
Dúrcal
Cozvíjar
Central Eléctrica
3115
Refugio de Lanjarón
Cortijo Prado Hondo
Trevélez (1470)
2532
Cortijo Barranco de la Bina
Refugio de Ventura
Caserío Puntal
Río Torrente
Nigüelas
Acequias
Castillo
Mondújar
Murchas
Cónchar
Cortijo del Barranco del Agua
Talará
Melegís
Chite
Saleres
Restábal
Barrio de Fernán-Núñez
Albuñuelas (734)
Barrio Bajo
Béznar
Tablate
Lanjarón (659)
Embalse de Béznar
Pinos del Valle
Capileira
Pampaneira
Bubión
Pórtugos
Pitres
Soportújar
Cáñar
Carataunas
Bayacas
San Sebastián
Órjiva (454)
Secano
332
Fuentezuelas
Bérchules
Mecina-Bombarón
Sierra Yegen
Válor
Yegen
Cortijo de Cantarilla
Ermita de San Sebastián
Golco
Yator
Alcútar
Narila
Juviles
Los Llanos
Busquistar
Atalbéitar
Ferreirola
Mecina Fondales
Cástaras
Nieles
Timar
Lobras
CÁDIAR
Casa de la Memoria
1026
Jorairátar
Pelegrinas
Las Alpujarras
Notaez
Almegíjar
Guadalfeo
La Plantonada
Sierra de las Guájaras
Isbor
Venta de la Cebeda
Cortijo de Tajo
Cortijo de San Nicolás
1222
Guájar Alto
Guájar-Faragüit
Guájar-Fondón
Pago
Los Tablones
Baños de la Marrana
(560)
Puerto Jubiley
Torviscón (684)
Sierra de la Contraviesa
Los Morones
La Rambla del Banco
1311
El Manzanillo
1511
Murtas
Cojáyar
Mecina-Tedel
Ermita de las Angustias
Caserío de la Fábrica
Puerto Camacho (1219)
Alcázar
Los Cózares
Cuesta del Largo
Los Vargas
Ermita de los Dolores
Los Archillas
Los Casimiros
Caserío del Espolón
Los Cipreses
Albondón
Del Chaparral
Lentegí
Guindalera
1072
Ítrabo
Vélez de Benaudalla
Sierra de Lújar
1871
Fregenite
Olías
1544
Bargis
333
Rubite
Haza del Lino
Alfornón
1007
El Maurel
El Collado
Cerrón
1238
Los Clementes
Los Rivas
Cuesta Vieja
Los Gálvez
El Acebuche
Los Valentines
La Bernadilla
Molino de Pepe
Molvízar
La Gorgoracha
Lagos
Lújar
Los Gálvez
Polopos
Sorvilán
ALBUÑOL
Casafuerte
Los Chaulines
Los Castillos
La Loma Colorada
Los Herreros
Los Coliches
Los Pómpolos
Los Lopez
Los Perez
Caillos
Lobres
Cortijada Pataura
Río Guadalfeo
Velilla o Taramay
Barranco Traba
Jete
Los Tablones
Venta de las Monjas
Los Morales
Los Carlos
La Rubia
Los Díaz
Barranco de Ferrer
Espinar Alto
Barriales
Rambla del Agua
Los Yesos
El Saltadero
El Cortijo Bojo
La Haza Mora
El Castillo de Huarea
SALOBREÑA
340
MOTRIL
La Garnatilla
832
Conjuros
Jolúcar
Gualchos
Castillo de Baños
La Mamola
Melicena
Punta Negra
La Rábita
El Pozuelo
La Cueva de la Juana
La Alcazaba
Taramay
Playa de Velilla
La Caleta-Guardia
El Capricho
NÉCAR
Murallas
Playa de Granada
El Varadero
Playa de Motril
Torrenueva
Puntalón
Carchuna
Cabo Sacratif
Fuerte
Calahonda
Castell de Ferro
Almería
Laujar de A.
e l S o l

153
154
Gaudix
Cardal
Dólar
Ferreira
HUENEJA
Las Cuevas
Venta Ratonera
FIÑANA
Monasterio
La Fuente Mendoza
Las Adelfas
Escullar
Gilma
Los Sanchos
Portocarrero
El Tallón Alto
Olula de Castro
Marquesado de Zenete
La Herredal
Ermita de San Antón
Pago de Escuchagranos
El Camino Real
Las Torrecillas
Las Juntas
Los Lázaros
Los Piletas
Aulago
El Almendral
Las Aneas
El Tallón Bajo
Cortijo Luis Espinar
Las Tablas
Cortijos del Capitán
El Pecho
Abla
Abrucena
Romera
Ocaña
Doña María
La Estación
GÉRGAL
Castillo
Provincia de Granada
Provincia de Almería
El Rosal
Relleno
Los Monjos
La Rambla Encira
Los Navarros
Nacimiento
Venta del Almirez
Las Alcubillas
Cortijo de Haza del Conejo
Puerto de la Ragua
Chullo
El Doctor
Los Canos
Cerro del Almirez
Cortijo de la Fuente del Espino
Santillana
Montenegro
NEVADA
Cortijo Los Murillos
Río Chico
Barriada Las Minas
Tices
Gebera
Fuente Santa
Estación de Fuente Santa
Yesón Alto
Venta de Cañicas
Ohanes
Cortijo de los Trazas
Alboloduy
Cortijo Brado
Bayárcal
Paterna del Río
Beires
CANJÁYAR
Las Ramblas
Santa Cruz
Júbar
Mairena
Laroles
Picena
Guarros
Nacimiento
LAUJAR de Andarax
Benecid
Castillo árabe
Almócita
Padules
La Solaneta
Los Llanetes
Terque
Alsodux
Alhabia
Rambla de Gérgal
La Caseria
Fuente Victoria
Fondón
Río Andarax
La Barriada de Alcora
Rágol
Instinción
Illar
Bentarique
Huécija
Alicún
Gáldchal
Santa Fe de Mondújar
Los Millares
Mascolux
Cortijada del Pajarraco
Cortijada Unquieira
Cherín
Alcolea
Casa del Empalme
La Fuente de los Morales
ALHAMA de Almería
Cortijo Gatuna
GÁDOR
El Ruini
Benahadux
El Chuche
UGÍJAR
Rambla Carlonca
Lucainena
Loma del Barco
Cortijo de Chapina
Cortijo El Boliche
Lomas de la Zarza
Cerro del Albaricoque
Cortijo de la Chañata
Las Minas
Cortijo de Ochotorena
Los Montoros
Lamparilla
Embalse de Beninar
Darrical
Cortijo de las Eras
Choza del Guarda
Cortijo del Barranco de los Caballos
Sierra de Gádor
Casas del Calabrial
El Marchal de Antón López
Loma de los Yegüeros
Enix
Cortijo de la Campita
Cortijo del Pocico
Chirán
Cerro del Molinero
Cortijo de la Vega
Hirmes
El Cid
Castala
Loma del Cuchillo
Cerro de la Atalaya
Cortijo de Los Bazzas
Félix
Venta de La Menea
La Cuesta del Gato
Aljibe Alto
El Marchal
Beninar
La Peñarrodada
Ermita de la Virgen de Gádor
Cortijo de Los Amates
Lote de la Sierra
Turón
Cortijo de Cintas
Cortijo Barro
Carcauz
BERJA
Murallas
Celín
La Balsilla de Taray
Vícar
La Alcazaba
La Garrofa
ALMERÍA
San Roque
Benejí
Alcaudique
El Aljibe de la Cruz
DALÍAS
Cortijo de Peñas Negras
Campo de Dalías
El Cañuelo
Las Hortichuelas
Aguadulce
Urbanización Aguadulce
El Parador de las Hortichuelas
Playa de La Garrofa
Playa del Palmer
El Rio Chico
El Rio Grande
La Majarada
Sierra Alhamilla
Cortijo de Buenavista
Cortijo Tajillo Blanco
Cortijo del Águila
Casa Blanca
Playa de Aguadulce
Los Vázquez
La Cueva Blanca
Aljibillos
Pampanico
Santa María del Águila
El Algarrobal
La Ribera de la Algaida
Salinas de S. Rafael
Los Curros
La Alquería
Casa de Rebeque
La Parra
El Pardo
Tarambana
Neca
El Ejido
La Mujer
Playa de Roquetas
La Curibaila
Guainos Altos
La Fuente del Ahijado
El Campillo
El Puente del Río
Balanegra
Galiana
Las Norias
Mojonera
Cortijada de Marín
ROQUETAS de Mar
El Puerto
Castillo
El Lance de la Virgen
ADRA
Murallas
Playa de la Rambla
Playa de Balerma
Balerma
Onayar
Cortijo de los Cerilios
Cortijo Puesto de los Pérez
Cortijada Las Chozas de Redondo
Camponuevo
La Loma del Viento
Las Salinas
Las Marinas
Urbanización Roquetas de Mar
Matagorda
Salinas (abandonadas)
Guardias Viejas
Baños
Castillo
Cortijo Puesto de la Muela
Salinas Viejas
Playa Serena
Salinas de Cerrillos
Playa de Cerrillos
Urbanización Oasis de Costa del Sol
Cortijo de Villalobos
Almerimar
Las Entinas
Punta Entinas
Punta del Sabinar
Salinas de Cerrillos
Costa d
127
128
129
130

Murcia
155
GARRUCHA
Las Alparatas
Castillo Jesús Nazareno
Los Gallardos
Ya
Xe
Xf
Zarzales
Noria
1079
Llanos
998
Cocón del Peral
La Fuente de la Higuera
El Pocico
ULEILA del Campo
La Casa Blanca
El Puntal
El Fonte
Cortijada el Pilar
La Mela
El Chive
Los Pinos Serena
Castellones
Los Maños
Los Castaños
Cortijo La Carabinera
Alfaix
Playa del Descargador
TURRE
(árab. Murgis Akra)
MOJÁCAR
Cortijo del Chalet
La Alcantarilla
Parador Nacional de los Reyes Católicos
Moras
Gochar
El Mayordomo
Cinta Blanca
Los Collados
Los Giles
Caserío La Losa
El Cortijo Grande
Cortijo Limerica
3325
Central Solar
Rambla de las Nudos
B.co del Peral
Los Yesos
Cortijo del Administrador
Cavernas (Habitadas)
Mojonera
SORBAS (410)
El Tesoro
Río de Aguas
Las Viñicas
La Huelga
Herrerías
Arraez
919
El Dondo
Sierra Cabrera
Cortijada Aljuezar
Castillo Macenas
Torre del Peñón
95
Cañada de Miralles
El Barranco de los Lobos
Cortijo Don Pepe
Cortijada Los Contreras
El Río de Aguas
Campico
Gacia Alto de Sorbas
Gacia Bajo de Sorbas
La Carrasca
961
La Fuente del Royo
La Adelfa
El Agua del Medio
Sopalmo
TABERNAS (404)
Espeliz
Marchante
Los Retacos
Cantona
754
Mizala
Gafarillos
Peñas Negras
Herradura
Cortijada El Barranco de García
La Cueva del Pájaro
Tinadas
Los Pichiriches
La Vega
Los Encalmados
Lucainena de las Torres
Los Molinos
Rambla de Sierra
Turrillas
La Rambla Honda
1012
Cortijada Los Morales
Los Guardines
Rambla de Polopos
Polopos
Cortijada Los Areos
Los Loberos
El Saltador Bajo
354
El Cumbrero
La Islica
Playa del Algarrobico
Joluque
El Puntal
Los Vicentes
Los Alamillos
El Argamasón
Río Carboneras
Castillo
Carboneras
Playa de Carboneras
Cortijo del Ciprés
448
Cortijo Las Paulinas
Venta del Pobre
Cortijo del Humo
Cortijo El Molino de Arriba
El Llano de Don Antonio
Los Góngoras
Colativi
1387
Sierra de Alhamilla
Huebro
Cortijada El Bombón
Tristanes
Cortijo Las Contraviesas
311
18
Cortijada La Torre Vieja
1041
NÍJAR
Cortijada La Palmerosa
Cortijo El Corral
Las Matanzas
Cortijada Los Herradas
Casas El Caballón
Cortijada los Cerrillos
Playa de Torre Vieja
Baños de S.ª Alhamilla
Cortijos del Marchal de Fuentes
Rambla del Amoladeras
Rambla de Inox
Cortijo Ramaya
Saladar y Leche
Cortijada El Charco del Lobo
La Mesa Roldán
Punta de los Muertos
Agua Amarga
220
Cortijos de Los Cecilios
Cortijo de Gindalba
Las Cuevas de los Ubedas
Cortijo del Huali Nuevo
332
Campohermoso
Rambla de Artal
El Pozo Usero
Cortijo los Cerrillos
Punta de la Media Naranja
Playa de Agua Amarga
Cortijo El Plomo
Rambla Honda
Cuevas de los Juanorros
Hornillo
San Isidro de Níjar
Pueblo Blanco
Cortijada Los Majanos
Fernán Pérez
Caserío San Pedro
Punta Javana
Álvarez mayor
Las Viudas
Cortijo Rodríguez
Venta de las Canteras
Venta Balsaseca
El Pozo del Capitán
Sierra de Gata
Cortijada Bornos
Las Cuevas de los Medinas
Cortijo del Maltés
Los Nietos
Atochares
Cortijada Los Giménez
Cortijo el Hornillo
Las Negras
Playa de Las Negras
Cortijo de Los Andújares
Cortijo del Cuco
Cortijo de los Pescadores
Hortichuelas
Castillo San Ramón
El Playazo
Albaricoques
Rodalquilar
El Alquián
Venta de Retamar
Cortijo Cerro Blanco
Rambla de Morales
Rellana
378
Punta de la Polacra
Costacabana
Retamar
Ermita de Torre García
El Barranquete
El Carrizalejo
Cortijada Ruescas
Cortijada Los Matías
Las Presillas Bajas
La Isleta
Río
Mazarulleque
C.E.M.A.
Los Escullos
Castillo San Felipe
Cortijo del Pozo de Gálvez
El Pozo de los Frailes
493
El Cabo de Gata
Venta La Cepa
El Rincón de Martos
Santa Bárbara
435
Los Alemanes Nuevos
Golfo de Almería
Salinas del Cabo de Gata
Revancha
384
San José
Almadraba de Monteleva
Cortijo de la Balsica de Andújar
El Romeral
Playa de Los Genoveses
Casas El Mónsul
Punta Negra
Playa de Mónsul
Cabo de Gata
Mar de Almería

157
156
Sevilla
Sevilla
Ruta del Romancero
Te
Tf
Ua
Ub
129
130
131
132
133
Valdelagrana
Puerto S.ta María
PUERTO REAL
Casa de Mesas de Bolaños
Casa de la Tinaja
Casa de la Calera
Cortijo de Gallardo
Fuente Rey del Rey
Cortijo de las Piletas
Casa de Santa María
Cortijo de los Isletes
La Parrilla
Rancho del Puerto de Picao
Cortijo de Pajarrete
Baños de Gigonza
Castillo
Cortijo de Tamayo
Casa La Paloma
La Castellana
Casa de la Bedora
Casa de la Granadina
Casa del Carvajal
Castillo
Berroquejo
Paterna de Rivera
Rancho del Pino
El Esparragal
Cortijo de Palmitoso
Fraja
Cortijo de Nobles
Barrio de Jarana
Venta de la Catalana
Molino aceitero de Guerra
Cortijo El Pedroso
Casa del Judío
Huelvacar
Cortijo del Médico
Caseria de Ossio
La Carraca
Depósito de aguas de Malas Noches
Cortijo del Colorado
Ventorrillo de Rufino
MEDINA-Sidonia
Cortijo del Vinculo
Cortijo del Brecial
Porquerizas
Cortijo de las Arenas
SAN FERNANDO
Lagunas de Montellano
Casas del Berrueco
Castillo árabe de Luna
ALCALÁ de los Gazules
Patrite
Pinar de los Franceses
Ventorrillo del Álamo
San Joaquín
Laguna de Jeli
Cortijo de Pocasangre
Castillo
Los Alburejos
Ermita de los Santos
Cortijo de Pradillo Alto
Bartivas
CHICLANA de la Frontera
Cortijo de la Palmosa
La Canaleja
Cortijo de la Palmosa
Venta de Alegría
La Victoria
Cortijo del Álamo
Cortijo de Dorapila
Casa de la Varela
Casa las Canteruelas
Cortijo de la Mesa
Cortijo del Lobo
Rancho de la Atalaya
Cortijo de los Portichuelos
Las Cobatillas
Balneario de Fuente Amarga
Sancti-Petri
Los Gallos
Laguna de la Paja
Molino de Almaza
Torre Bermeja
Dehesa de Chaparral
Pago del Humo
Cortijo de Colona
Charco Dulce
Cortijo del Yeso
Cortijo de Pedregosillo
Cortijo de Alcántara
Cortijo La Maestranza
Playa de la Barrosa
La Barrosa
Campano
Barrio Nuevo
Casa del Lanchar
Los Naveros
Cortijada de Alquería
Los Badalejos
Malcocinado
Benalup de Sidonia
Cortijo de los Poyales
Cortijo del Cermeño
Palacio de Jautor
Playa del Puerco
Torre del Puerco
Ventorrillo del Colorado
Cortijo del Grullo
Castillo de Benalup
Cucarrete
Cortijo de Macote
Casa de las Peñuelas
Cortijo de los Palominos
La Florida
Roche
Fuente del Gallo
Castillo
Casa de Postas
Cortijo Altamira
El Parralejo
Nájaras
Laguna de Rehuelga
Cortijo de Rehuelga
Casa del Tío Alozaina
Cueva del Tajo de las Figuras
Playa de Fontanilla
Castillo
CONIL de la Frontera
Playa de Bateles
Patria
La Muela
Cañada Ancha
Libreros
Las Lomas
Casa Jandilla
Cortijo de los Charcones
Embalse de Celemín
Sierra Blanq
Santa Lucía
Cortijo de la Mediana
Torre Nueva
Cortijo de los Benitos del Lomo
VEJER de la Frontera
La Barca
El Cañal
Cortijo de Arroyo Diego
Cortijo de China
Cortijo El Palmar
Montecote
Castillo
Buena Vista
El Soto
Cortijo de la Marisma
Antigua laguna de la Janda
Venta del Cojo
Zanona
Cortijada de los Atravesados
San Ambrosio
Ermita de Porquera
La Ribera de la Oliva
Ermita de la Oliva
Manzanete
Río Almodóvar
Emb. de Aciscar
Cortijo de las Habas
Zahora
Meca
Manantiales
Los Caños de Meca
Venta La Rambla
Castillo de Barbate
Cortijo del Águila
Venta de Retín
Cabo de Trafalgar
Playa de los Caños de Meca
Torre del Tajo
BARBATE de Franco
Cortijo del Guarda
Sierra de Retín
Cortijada del Aciscar
Ensenada de Barbate
Tahivilla
La Zarzuela
Cortijo de la Dehesilla
Caserío Iruelas
Ruta de los Mares
Caserío Gasma
El Almarchal
El Acebuchal
Facinas
Zahara de los Atunes
El Alamillo
P.to de Facinas
Sierra de la Plata
Cortijada de las Cumbres
Sierra de Fates
Molino del Moro
Cortijada de la Lapa
Atlanterra
Ensenada de Zahara
Ruinas Romanas de Bella
El Chaparral
Las Piñas
Torre de Gracia
Camarinal
El Lentiscal
Punta Camarinal
Ensenada de Bolonia
Casas de Porros
Caserío de las Palomas
La Peña
Torre
Punta Palomas
Ensenada de Valdevaqueros
Costa de la Luz
Estrech

158
159
Uc
Ud
Ue
Uf
Reserva Natural de Cortes de la Frontera
La Jarda
Cerro del Jabato
Loma del Castillo
937
Casa Gami
Venta de los Arrieros
Rancho de la Casilla
El Colmenar
Estación de Cortes de la Frontera
Opayar
Sierra
La Angostura del Guadiaro
Puerto de las Eras
Algatocín
Benarrabá
Molino de Enmedio
Solana
Jubrique
Casas del Marqués de Santiago
1156
Genalguacil
966
La Majada Higuera
La Alharia
Castillo
GAUCÍN
(629)
Puerto del Algarrobo
La Sauceda
Ventorrillo Las Canillas
Canuto Largo
840
Loma de Lapa
Majada del Lobo
Cortijo de la Potrica
Montero
Corzo de los Lobos
569
El Polvorín
San Pablo o Buceite
La Mesa
Guadiana
Castillo Algibe
JIMENA de la Frontera
(202)
Los Angeles
Provincia de Málaga
Provincia de Cádiz
Río Guadiaro
Río Genal
Sierra Crestellina
926
Majada Madrid
Sierra Bermeja
Reales
1449
P.to de Peñas Blancas
1010
1209
Sierra Palmitera
1472
El Madroñal
Casa de Tramotores
Venta de Candelas
Benahavís
Castillo árabe
Romera
Alquería
Pantano Roto
Cortes
Cancelada
Voladilla Alta
Castor
Cala Padrón
El Saladillo
Guadalmansa
Playa Bella
Castillo árabe
El Velerín
Playa de Estepona
ESTEPONA
Saladavieja
Acueducto Romano de Salduba
Guadalobón
Castillo
Perrete
Casares
(435)
Cortijo de Argüelles
Ermita del Rosario
Cortijo Nuevo
Río de Manilva
Cortesín-La Hedionda
346
Manilva
Buenas Noches
Torre de la Sal
San Luis de Sabinillas
Puerto Duquesa
Castillo de Sabinillas
Martagina
Playa del Negro
Playa de Arenas
Alcorín
La Rondana
Papudo-Acebuchal-Soto Colorado
Hoyos de Guadarranque o Buenas Noches
Cortijo La Sangre
Casa de Labor de las Torres
Río Guadarranque
Marchenilla
Cortijo El Sancho
Cortijo Sambana
Río Hozgarganta
Cortijo El Marqués
San Martín o El Tesorillo
Cortijo Matillas
Embalse de Guadarranque
Castillo Fortaleza
Castellar de la Frontera
(257)
Cortijo El Espadañal
Los Castillejos
Cortijo Montenegral Alto
Punta Europa
San Enrique
San Diego
Guadiaro
Torre Guadiaro
Nuevo Guadiaro
Sotogrande del Guadiaro
Cortijo
Sierra del Padrón
Sierra de Montecoche
La Polvorilla
Castillo árabe
Almoraima
Palacio y Jardines de Almoraima
Pueblo Nuevo
Nueva Castellar
Safari
207
Sierra del Arca
Embalse de Charco Redondo
Puerto de Valdespera
Casa de Alcaria
Cortijo del Pino
Cortijo de Borondo
Punta Mala
Torre Carbonera
Cortijo de las Aguzaderas
Puerto del Higuerón
(151)
SAN ROQUE
Estación de San Roque
Torre Nueva
Carboneras
310
Santa Margarita
Cortijo de Ahojiz
Casa de la Huerta del Capullar
Taraguilla
Los Barrios
Guadacorte
Guadarranque
Ruinas Romanas de Carteya
Puente Mayorga
Palmones
El Campamento
La Atunara
LA LÍNEA de la Concepción
Estación Ferrea
El Rinconcillo
Bahía de Algeciras
El Tiradero
Ojén
San Bernabé
ALGECIRAS
Algeciras
Ensenada del Saladillo
Playa de los Catalanes
Mezquita, hoy iglesia
423
GIBRALTAR (GB)
(ib. Calpe, arab. Djebel Al Tarik)
Punta de Europa
Cueva de St. Michael
Sierra de Bujeo
Luna
786
Ermita de Murillo
Los Pastores
El Pelayo
El Rodeo
Algamasilla
Ensenada de Getares
Getares
Mesón Sancho
320
Cortijo de Marchenilla
Punta del Carnero
Sierra del Cabrito
El Bujeo
Cortijo de la Joya
El Cuartón
Torre
Punta del Fraile
Castillo de Tolmo
Ensenada del Tolmo
178
La Costa
Casas de Matatoros
Tánger
(1.30 h)
Costa del Sol
Gibraltar
Punta Leona
Ras del Ahmiar
I. del Perejil
Bahía de Benzú
Benzú
Punta Blanca
Playa Benítez
Punta Cires
Playa Er Remel
Beliunez
Ibel Musa
842
MARRUECOS
Hayar El Kaluli
El Hauma
Uad Er Remel
El Biutz
Acn Dechicha
Uest
Príncipe
Jadú
I. de Sta. Catalina
Punta Almina
Monte Hacho
San Antonio
Santuario de N.a S.a de África
CEUTA (Esp.)
(Sebta)

Madeira (Portugal)

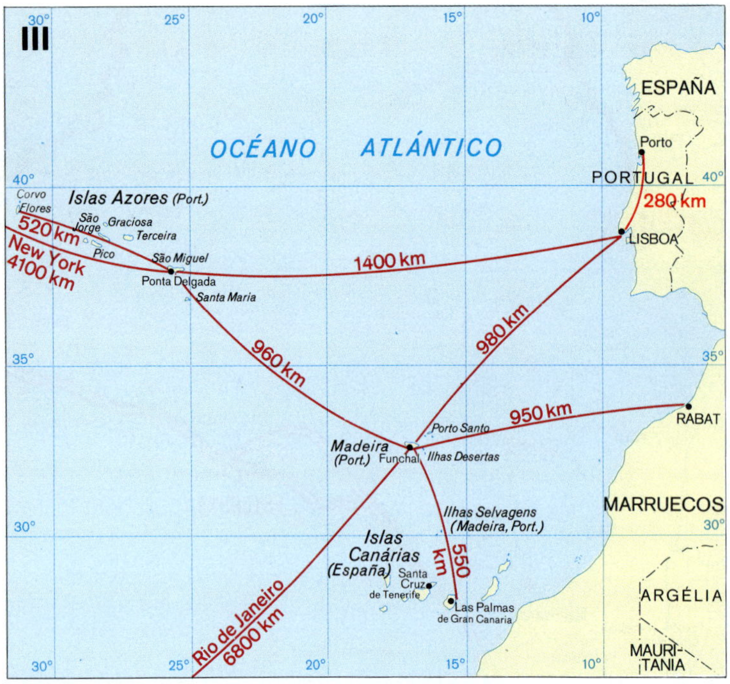

Carretera principal	203	Refugio	
Carretera secundaria		Hotel	
Camino vecinal			
Camino de carro		Vista panorámica	
Sendero		Iglesias – Monumento	
Con revestimiento		Faro	
Sin revestimiento		Levada	
Distancias en km	3 3 6	Puerto para yates y botes	

Porto Santo
II
0 1 2 3 4 km
1:155.000
Ilhéu de Ferro
Ponta do Varadouro
Fonte da Areia
Baixa dos Barbeiros
Bárbara Gomes
227
Camacha
Eiras
176
Aeroporto
Pico do Castelo
437
Pico do Facho
517
Lapeiras
Serra de Dentro
Ilhéu das Cenouras
Pico de Ana Ferreira
283
Tanque
Capela da Graça
Pico do Concelho
324
Ponta
Boqueirão de Baixo
Campo de Baixo
Pedras Pretas
Porto Santo
(Vila Baleira)
Serra de Fora
Praia
Boqueirão de Cima
Funchal
Ilhéu de Baixo
Ilhéu de Cima
C
D
16° 50'
Atlántico
1
2
3
32°50'
32°40'
Madeira
0 1 2 3 4 5 km
1:155.000
Ponta de S. Jorge
São Jorge
Ponta de Santana
Faial
Garnal
Ribeira do Porco
Santana
Ponta do Clérigo
Ilha
101-5
Feiteiras
Eiras
Faial
Penha de Aguia
590
Lombo de Baixo
Lombo de Cima
Casa das Queimadas
Caldeirão Verde
Parque Florestal
Lombo Galego
Mazapes
Porto da Cruz
Ponta do Espigão
Amarelo
Boca do Risco
Achada da Teixeira
1592
1407
Cruzinha
103-1
Fontinha
S. Roque do Faial
Achadinha
Chiqueiro da Queimada
Ruivo
Achada do Cedro Gordo
Referta
Junqueira
Ponta do Bode
Ponta do Rosto
Ponta de S. Lourenço
Baía de Abra
Ilhéu de Agostinho
1851
Ribeira
Ribeira de São Roque
Lamaceiros
Portela
662
Ribeira Sêca
Castanho
589
101-3
Natação
Prainha
Ponta das Gaivotas
Fajã da Nogueira
Parque Florestal
Ribeira de Machico
21
Caniçal
Pico de Arieiro
1818
Ribeiro Frio
32
Jardim
Balcões
1692
101
Levada Nova
Ponta do Altar
Ilhéu de Fora
1759
Golfe
Santo da Serra
102
Machico
Fortaleza
João do Prado
1306
Poiso
1400
Covelopes
820
Matur
Roma
Água de Pena
Ponta da Queimada
Esteios
1346
Ribeira de Santa Luzia
João Frino
Eira da Cruz
Cancela
Eiras
Aeroporto
Águas Mansas
Ponta de S. Catarina
Pico Alto
1129
Fonte dos Almocreves
Santa Cruz
Terreiro da Luta
S.ra do Monte
103
Achadinha
Camacha
Salão
Vasco Gil
Veredas
Vale de Paraíso
Torre Velha
Gaula
29
São Roque
Choupana
201
Levadas
Porto Novo
105
Tendeira
Porto Novo
São Antonio
Jardim Botânico
102
Quinta do Palheiro Ferreiro
Assomada
Forte do Pico
355
São Gonçalo
101
Caniço
105
Reis Magos
101
Ponta da Oliveira
Atlas
FUNCHAL
Ponta do Garajau
Porto Santo

Te
Tf
Wf
Xa
110
111
112
114
115
116
117
118
Wa
Wb
Wc
Wd
31°20'
31°10'
39°40'
39°30'
39°10'
28°00'
39°00'
28°30'
28°20'
28°50'
28°40'
38°40'
38°30'
Ilha do Corvo
Ponta Torrais
Caldeirão
Morro d. Homans
Corvo
Ilha das Flores
Ponta Delgada
Grutas
Ilhéu da Gadelha
Cedro
Morro Alto
Faja Grande
Fajãzinha
Mosteiro
Lagoa Funda
Rocha dos Bordões
Lajedo
Fazenda de S. Cruz
Santa Cruz das Flores
Caveira
Ponta da Caveira
Lomba
Fazenda
Lajes das Flores
Rib. Grande
Ilha Graciosa
Ponta da Barca
Santa Cruz da Graciosa
Igreja da Senhora della Ajuda
Vitória
Fontes
Guadelupe
Ilhéu da Praia
Praia
Ribeirinha
Pico Timão
Fonte do Mato
Caldeira
Furna do Enxofre
Luz
Ilhéu de Baixo
Carapacho
Ponta dos Rosais
Ilha do Faial
Cascalho
Cedros
Canto
Salão
Baia da Ribeira das Cabras
Norte Pequeno
Ponta dos Capelinhos
Ribeira Funda
Praia do Norte
Florestal de Capelo
Caldeira
Capelo
Ribeira do Cabo
Cabeço Gordo
Valadouro
Rib. da Fonte Nova
Ribeirinha
Pedro Miguel
Chão Frio
Praia do Almoxarife
Flamengos
Granja
Atafoneiro
Portela
Santa Catarina
Lombega
HORTA
Pasteleiro
Ponta de Castelo Branco
Castelo Branco
Feteira
Monte da Guia
Canal do Faial
Madalena
Areia Larga
Criação Velha
Cachorro
Toledos
Cabeço Chão
Sete Cidades
Quinta das Rosas
Bandeiras
Canto
Santa Luzia
Santana
Santo António
Cais
Valverde
Rib. Nova
Redondo
Monte
Furna de Frei Matias
Lagoa do Capitão
Pico
Candelária
Campo Raso
Ribeira da Borda do M.
São Mateus
São Caetano
Terra do Pão
Cabeço do
São João
Companhia de Ca.
Ilha do Pico

Xd
Xe
Xf
Ya
27°20'
27°10'
27°00'
Ilha Terceira
Porto dos Boscoitos
Altares
Raminho
Biscoitos
Quatro Ribeiras
Vila Nova
Ilhéu do Norte
Ponta do Queimado
Agualva
São Bras
Lajes
Santo Rita
Serreta
Caldeira
836
Lagoa do Negro
Pico Gordo
622
Furnas do Enxofre
Câmara Municipal
Fontinhas
Santa Bárbara
1021
VILA PRAIA DA VITORIA
Doze Ribeiras
638
Pico da Bragacina
Casa da Ribeira
545
Serra do Cume
Cabo da Praia
215
632
Serra do Morião
482
Santa Bárbara
Fonte do Bastardo
150
Nossa Senhora do Pilar
Duas Ribeiras
Terra Chã
Ribeira Seca
Porto Martins
São Bartolomeu de Regatos
Porto Santo
Ribeirinha
Ribeira do Testo
São Mateus da Calheta
Catedral Sé
São Bento
Feteira
São Sebastião
Porto Judeu
Castelo de São Baptista
205
ANGRA DO HEROISMO
148
Ponta das Contendas
Monte Brasil
Ilhéus das Cabras
Ilhéu dos Fradinhos
Calheta (São Jorge)

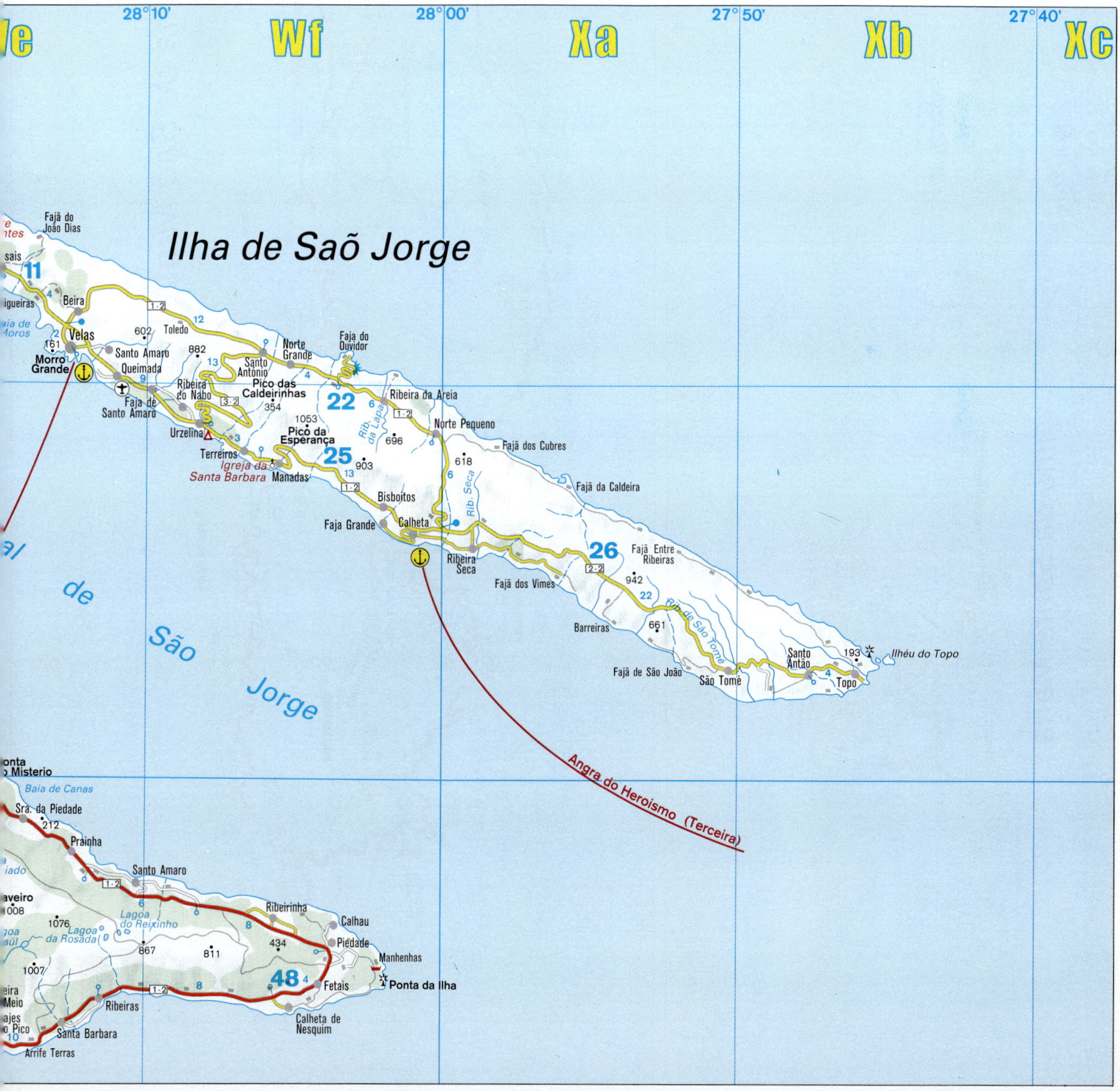
Wf
Xa
Xb
Xc
28°10'
28°00'
27°50'
27°40'
Ilha de Saõ Jorge
Fajã do João Dias
Beira
Toledo
602
Velas
161
Morro Grande
Santo Amaro
882
Norte Grande
Faja do Ouvidor
Queimada
Santo António
Pico das Caldeirinhas
354
Ribeira do Nabo
Faja de Santo Amaro
Ribeira da Areia
Norte Pequeno
Urzelina
1053
Pico da Esperança
696
Fajã dos Cubres
Terreiros
Igreja da Santa Barbara
Manadas
903
618
Rib. da Lapa
Rib. Seca
Fajã da Caldeira
Bisboitos
Faja Grande
Calheta
Ribeira Seca
Fajã Entre Ribeiras
942
Fajã dos Vimes
Barreiras
661
Rib. de São Tomé
Santo Antão
193
Ilhéu do Topo
Fajã de São João
São Tomé
Topo
de
São
Jorge
Angra do Heroismo (Terceira)
Misterio
Baia de Canas
Sra. da Piedade
212
Prainha
Santo Amaro
Ribeirinha
Calhau
1076
Lagoa do Reixinho
Lagoa da Rosada
867
434
Piedade
811
Manhenhas
1007
Fetais
Ponta da Ilha
Ribeiras
Calheta de Nesquim
Santa Barbara
Arrife Terras

Ilha de São Miguel
PONTA DELGADA
Ribeira Grande
Vila Franca do Campo
Caldeira das Sete Cidades
Pico da Vara
Lagoa Azul
Lagoa das Furnas
Lagoa do Fogo
Sete Cidades
Mosteiros
Ponta dos Mosteiros
Ilhéu dos Mosteiros
Ponta da Ferraria
Ponta da Bretanha
Bretanha
Remédios
Santo António
Capelas
Ginetes
Candelária
Feteiras
Pico das Éguas
Relva
Covoada
Arrifes
Fenais da Luz
São Vicente Ferreira
Fajã de Baixo
Fajã de Cima
São Roque
Pico da Pedra
Calhetas
Livramento
Lagoa
Rabo de Peixe
Cabouco
Pico Queimado
Lomba de Sta. Barbara
Ribeira Seca
Água de Pau
Serra da Agua de Pau
Ribeirinha
Ponta do Cintrão
Caldeiras
Ribeira Chã
Água de Alto
Ilhéu de Vila Franca
Porto Formoso
Ribeira das Tainhas
Rib. das Tainhas
Rib. da Cafua
Lagoa do Congro
Maia
Ponta Garça
Lomba da Maia
Fenais da Ajuda
Ponta da Ajuda
Pico do Ferro
Furnas
Achadinha
Salga
Salto do Cavalo
Ribeira Quente
Achada
Santana
Rib. da Mulher
Povoação
Nossa Senhora dos Remédios
Planalto dos Graminhais
Pico Verde
Nordestinho
Lomba da Pazenda
Rib. da Guilherme
Faial da Terra
Água Retorta
Pedreira
Nordeste
Ponta do Arnel
Ponta da Madrugada
Ilha de Santa Maria
Vila do Porto
Capela dos Anjos
Anjos
Ilhéu da Vila
Ponta dos Frades
São Pedro
Feteiras
Pico Alto
Almagreira
Sta. Barbara
Praia
Baía da Praia
Ilhéu das Lagoinhas
Malbusca
Sto. Espírito
Baía de São Lourenço
Maia
Ponta do Castelo
Islas Azores
1 : 5.000.000
OCÉANO ATLÁNTICO
Corvo
Flores
Santa Cruz
Faial
Horta
São Jorge
Velas
Pico
Lajes do Pico
Graciosa
Santa Cruz
Terceira
Angra do Heroismo
São Miguel
Ponta Delgada
Santa Maria
Vila da Porto
Za
Zb
Zc
Zd
Ze
Zf
Aa
121
122
126
127

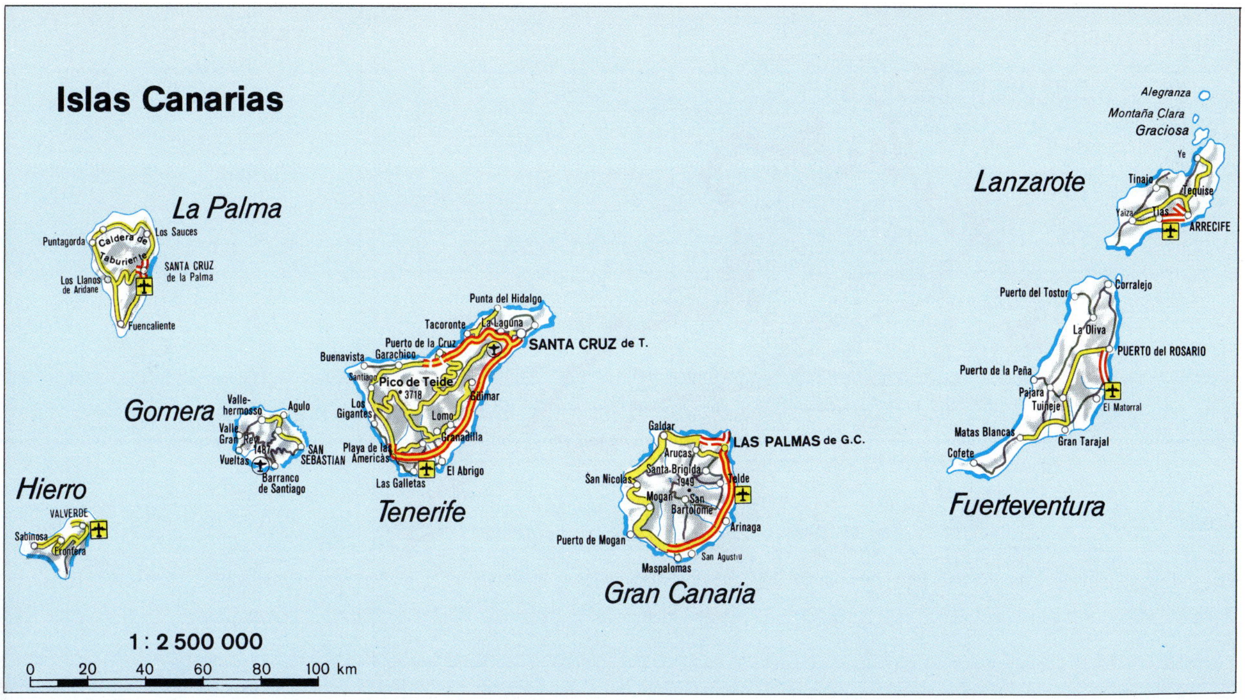
Islas Canarias
La Palma
Puntagorda
Caldera de Taburiente
Los Sauces
SANTA CRUZ de la Palma
Los Llanos de Aridane
Fuencaliente
Hierro
VALVERDE
Sabinosa
Frontera
Gomera
Vallehermoso
Agulo
SAN SEBASTIAN
Barranco de Santiago
Tenerife
Punta del Hidalgo
Tacoronte
La Laguna
SANTA CRUZ de T.
Puerto de la Cruz
Buenavista
Garachico
Pico de Teide
3718
Los Gigantes
Güimar
Playa de las Americas
Granadilla
Las Galletas
El Abrigo
Gran Canaria
Galdar
LAS PALMAS de G.C.
Arucas
San Nicolas
Santa Brigida
1949
Telde
Mogan
San Bartolome
Arinaga
Puerto de Mogan
San Agustin
Maspalomas
Lanzarote
Alegranza
Montaña Clara
Graciosa
Ye
Tinajo
Teguise
Yaiza
Tias
ARRECIFE
Fuerteventura
Corralejo
Puerto del Tostón
La Oliva
PUERTO del ROSARIO
Puerto de la Peña
Pajara
Tuineje
El Matorral
Matas Blancas
Gran Tarajal
Cofete
1 : 2 500 000
0 20 40 60 80 100 km

LA PALMA
B
C
D
1
2
3
4
Punta de Rabisca
Caleta de la Furna
306
El Palmar
Don Pedro
El Tablado
Punta Gaviota
Punta del Corcho
Faro de Punta Cumplida
Punta de Valiero
Roque de las Tabaibas
Garafía (o Santo Domingo)
Punta y Prois de Santo Domingo
Caleta Paso de la Soga
Franceses
Gallegos
Barlovento
La Cuesta
Llano Negro
Lomada Grande
El Castillo
Matos
503
Punta Gorda
Casas de la Mata
Roque del Faro
Hoya Grande
San Andrés y Sauces
La Verada
San Andrés
de las Lomadas
Punta El Guincho
Los Tilos
Bermudez
San Juan
Casa del Salto
La Galga
La Tricias
1209
Puntagorda
Don Pancho
629
Punta del Serradero
Dragos
Roque de los Muchachos
2426
Pico de la Cruz
2351
Observatorio Astrofísico
Caldera de Taburiente
Barranco
Cubo de la Galga
47
Playa de Nogales
El Granel
Puntallana (o San Juan de Puntallana)
Punta Salinas
Salinas
Playa de Camariño
Cascajo
Parque Nacional
Pico de las Nieves
2247
Mirador San Juanito
Santa Lucía
Lomo de los Gomeros
Tenagua
Playa de la Veta
Tijarafe
Somada Alta
1926
Roque Idafe
Panorama
Los Álamos
41
Playa de las Vinagreras
Playa de Jurado
El Pinar
Pico del Cedro
2091
Las Toscas
Miranda
La Capellania
Arecida
El Jesús
La Caldera
Pico Bejenado
1854
Panorama La Cumbrecita
Lomo de la Choias
Las Nieves
Castillo de Santa Catalina
Punta de la Corvina
Las Cabezadas
Casas La Viña
1854
La Cuesta
Santa Cruz de la Palma
Santa Cruz de Tenerife
Hierro, Las Palmas de Gr. C.
La Punta
Mirador El Time
Los Llanos de Aridane
Buenavista de Arriba
Mirador El Risco
Punta del Moro
26
Breña Alta
1995
El Fuerte
Túnel de La Cumbre
Playa de Cancajo
Puerto
Las Rosas
Tazacorte
El Paso
El Llanito
El Socorro
Los Cangajos
Cumbre Nueva
Breña Baja (o San José)
San Antonio
Montaña de Enrique
1261
Cardón
Monte de Breña
La Costa
Tajuya
Los Campitos
800
La Rosa
Los Barriales
1200
San Blas
Playa del Noyo
Lodero
Playa Nueva
Ermita del Corazón de Jesús
Las Manchas
1400
Villa de Mazo
Callejones
Casas de la Bombilla
Lava
Llano del Blanco
1808
1032
San Simon
Puerto Naos
Jedey
La Sabina
Cueva del Belmaco
Playa del Pozo
Cumbre Vieja
Deseada o Nambroque
1949
Playa del Burro
Malpaises
Playa Arenas Blancas
Refugio de Tigalate
Ermita de Santa Cecilia
Casas del Remo
Tigalate
Tiguerorte
Playa del Azufre
Punta del Cabestro
Caldera del Búcaro
1593
Playa de la Barqueta
Bahía de los Roques
El Charco
Monte de Luna
Bahía de la Balera
Punta del Poris
Punta Banco
Fuego
1249
Playa Martin
Playa y Bajas de Zamora
Playa del Río
42
Playa de los Roquitas
Punta del Hombre
Las Indias
Las Caletas
Los Roques de Anaga
Los Quemados
Fuencaliente de la Palma
o Los Canarios
Punta Larga
Volcán de Teneguía
439
Caleta del Ancón
Faro de Fuencaliente
Punta de Fuencaliente

II GOMERA
I TENERIFE
Baja de los Roques
Los Órganos
Punta de los Órganos
Punta del Peligro
Playa de Santa Catalina
Laja del Infierno
Agulo
Playa de Santa Catalina
Teselinde
Baja del Picacho
Tazo
Vallehermoso
Hermigua
Playa del Trigo
Epina
Alojera
Playa de Guarinén
Acardece
Cerro Quemado
Arure
Playa de Heredia
La Laguna Grande
El Cedro
Enchereda
Mirador de la Carbonera
Punta Majona
Playa Majona
Punta Gaviota
Carretera del Norte
Punta Llana
Playa del Cangrejo
Punta de Avalo
Playa de Avalo
Roque de Ojila
Chejelipes
Garajonay
El Guro
Valle Gran Rey
Playa del Inglés
La Playa Calera
Fortaleza
Igualero
Roque de Agando
Vegaipala
Degollada de Peraza
San Sebastián de la Gomera
Torre del Conde (Museo)
Santa Cruz de Ten.
Los Cristianos (Tenerife)
Vueltas
Imada
Playa de Machal
Playa de la Guancha
Playa de El Cabrito
Casas de Pastrana
Carretera del Sur
Punta Gorda
Playa de la Roja
Playa de Suárez
Punta Gaviota
Playa de Tapahuga
Playa de Iguala
La Dama
La Rajita
Arguayoda
Alajeró
Playa de Santiago
Playa de la Negra
Punta de la Nariz
Caleta de Cala Cantera
Punta Falcones
La Cantera
Barranco de Santiago
Punta de Becerro
Playa de la Salvajita
Playa de Santiago
Punta del Casado
Punta Negra
Buenavista del Norte
Garachico
San Marcos
Punta de Juan Centellas
San Juan de la Rambla
Icod de los Vinos
Drago Milenario
La Guancha
Realejo Alto
Los Realejos
Loro Parque
Punta del Ancón
Mirador de Don Pompeyo
Faro de Teno
TENO
Los Silos
El Palmar
Las Portelas
Erjos
Ruigómez
Santiago del Teide
Montañeta
El Amparo
Las Hiedras
Los Castillos
Degollada del Cedro
Centro de Visitantes
Playa del Carrizal
Puntilla Piedra de las Viejas
Masca
Baja del Bizcocho
El Retamar
Las Manchas
La Vista del Cedro
Abejera Grande
Acantilado de los Gigantes
Tamaimo
Arguayo
Volcán de la Botija
Laderas del Teide
Teide
Los Huevos del Teide
Montaña Blanca
Panorama
Pico Viejo
Cuevas Negras
La Asomada del Gato
La Canalita
Los Gigantes
Puerto de Santiago
Playa de la Arena
Los Pinos Altos
Chío
Acevedo
Chiguergue
PARQUE NACIONAL LAS CAÑADAS DEL TEIDE
Centro de Servicios del Parque Nacional
Parador Nacional de las Cañadas
Los Roques
Cañada de los Azulejos
Boca de Tauce
Zapato de la Reina (roca)
Chirche
Guía de Isora
El Jaral
Punta de Alcalá
Alcalá
Virgen de la Luz
Playa de la Barrera
Playa Rosalia
San Juan
Tejina
Las Ánimas
Las Lajas
Lomo Largo
Vera de Erque
Tijoce de Arriba
El Grillo
Vilaflor
Ermita de San Roque
Tijoco de Abajo
Casas La Concepción
Taucho
Casa La Quinta
Barranco del Infierno
Puerto de los Mozos
Casas Los Menores
Armeñime
Santa Úrsula
Adeje
Playa Paraíso
Escalona
Granadilla de Abona
El Becerro
Casas El Puertito
Fañabé
Punta de las Gaviotas
Playa de la Enramada
La Caleta
Torviscas
Playa Fañabe
Arona
Valle de San Lorenzo
El Roque
San Miguel
Charco del Pino
San Eugenio
Octopus
Playa del Bobo
La Caldera
Playa de las Americas
Mirador de la Centinela
Buzanada
Aldea Blanca del Llano
Cabo Blanco
Parque de la Reina
Aeropuerto del Sur
Playa de las Americas
Playa de Troya
Los Cristianos
Guaza
Cañada Blanca
Guincho
El Abrigo
San Sebastián de la Gomera
Charco del Lino
El Palm-Mar
Barriada de Entre-canales
Costa del Silencio
Playa Colmenares
Urbanización El Guincho
Piedra Mena
Punta Salema
Las Galletas
Punta El Callao
Costa del Silencio

E
F
G
Santa Cruz de la Palma
Cádiz, Funchal (Madeira)
Arrecife (Lanzarote)
Las Palmas de Gran Canaria
Pto. Rosario (Fuerteventura)
San Sebastián de la Gomera
Puerto de la Estaca (Hierro)
Roque de Fuera
Roque de Tierra
Punta de los Roquetes
Playa del Junquillo
Faro de Anaga
Punta Tamadite
Punta Fajana
Punta del Hidalgo
Playa de Tamatide
Playa de los Troches
Baja de la Caleta
Playa del Tachero
Playa del San Roque
Playa de El Draguillo
Playa de Benijo
Benijo
N.ª S.ª de Begoña
Las Palmas
Casas Blancas
Lomo de las Bodegas
Playa de Anosma
Punta de Anaga
Playa de Ijuana
Chinobre
Taganana
Túnel de Bailadero
Taborno
Las Carboneras
Las Casas de Afur
Roque Negro
La Cumbrilla
Batán de Abajo
Lomo Bermejo
Los Banquitos
Punta de Antequera
Playa de Antequera
El Roquete
Semáforo
Playa del Burro
Playa de las Gaviotas
San Andrés
Cueva Bermeja
Bufadero
Valle Crispín
Valle Seco
Bco. Tahodio
Panorama
Las Mercedes
Pedro Álvarez
Tegueste
Bajamar
Caleta del Arco
Punta del Fraile
Tejina
Valle de Guerra
Punta del Viento
Puerto de la Madera
San Gonzalo
El Palomar
Mesa del Mar
Bahía de la Garanona
Guayonje
San Juan
Los Perales
Guamasa
LA LAGUNA
(San Cristóbal)
Catedral
El Drago
La Higuerita
Tacoronte
Sauzal
Punta del Puertito
Autopista del Norte
Los Baldíos
San Bartolomé de Geneto
La Cuesta
Parque Municipal
Monumento de los Caídos
SANTA CRUZ
de Tenerife
N.ª S.ª de la Concepción
Barrio de Chamberí
La Matanza
El Caletón
Agua García
El Ortigal
Carretera Dorsal
Parque Reserve Africana
La Esperanza
(El Rosario)
Taco
Hoya Fría
Playa del Muerto
Madre del Agua
Huerta Vicho
La Matanza de Acentejo
Bosque de la Esperanza
La Victoria de Acentejo
Las Rosas
Santa Úrsula
Mirador Pico de la Flores
El Tablero
Santa María del Mar
Radazul
Playa de la Nea
La Orotava
La Corujera
Mirador Humboldt
El Diablillo
(1600)
Barranco Hondo
Tabaiba
Bco. Hondo
Autopista del Sur
La Florida
Mirador Ortuño
Igueste
Las Caletillas
Playa de las Caletas
Las Arenitas
Playa de las Arenas
Araya
Las Cuevecitas
Carretera del Sur
Candelaria
Basílica
Mirador Ayosa
(2000)
Malpaís
Arafo
Playa de Lima
El Socorro
Playa de la Entrada
Punta de la Cruz
Chinico
Güímar
Valle de Güímar
Observatorio Meteorogico de Izaña
2386
Puerto de Güímar
Playa de Arriba o Las Bajas
La Ladera
Mirador de Don Martín
La Medida
Pájara
Fasnia
Los Nitos
Lomo de Mena
Playa de Abajo
Punta Prieta/La Caleta
Playa Bco. Arriba
Cueva del Barranco de Herque
Playa de la Margallera
La Zarza
El Tablado/El Escobonal
El Tablado
Fondeadero del Escobonal
Sombrera
Punta del Abrigo
Fondeadero de Fasnia
Fasnia/Los Roques
Lomo Oliva
Punta de Honduras
Cuevas de las Ricas
Las Eras
Playa de las Ceras
Arico
Arico/Poris de Abona
Punta La Ternera
Poris de Abona
Abades
Playa Grande
Casas San Juan
Sanatorio de Abona
Casa de Pegueras
Playa de la Jaca
P.I.R.S. Tajao
Punta del Sordo
San Miguel de Tajao
Playa del Río
Ensenada del Cobón
Punta del Camello
III HIERRO
B
C
1
2
3
Bahía de las Calcosas
Punta Norte
Casas Pozo de las Calcosas
Baja del Negro
Punta de Amacas
Playa de Adentro
Echedo
Playa del Salto
Tamaduste
Playa de Agache
Ermita San Pedro
Hoyo del Barrio
Ermita de Santiago
Roque Salmor
Tesbabo
Mirador El Golfo
Guarazoca
Mocanal
Playas Largas
Mirador de La Peña
Jaralas
Erese
Valverde
La Caleta
Embarcadero de Punta Grande
Las Montañetas
Tiñor
Puerto de la Estaca
Cueva de la Pólvora
Las Puntas
El Golfo
Risco de Tibataje
San Andrés
La Cuesta
Playas del Mulato
Casas
Izique
Playa de Tijeretas
Punta de Tijimiraque
Punta de la Sal
Punta Arenas Blancas
Bahía de los Pozos
Gruta de Los Mocanes
Mirador de El Rincón
Pozo de la Salud
Bahía de la Hoya
Los Llanillos
Tigaday
Frontera
Las Rosas
Los Llanos
La Torre
Isora
Punta del Varondal
Bahía de los Reyes
La Dehesa
Monumento al General Serrador
Sabinosa
Los Palos Blancos
Casas
Las Toscas
Las Playecitas
Santuario de N.ª S.ª de los Reyes
Venteja
Malpaso
Tenerife
Mirador de las Playas
Bermeja
Punta de Ajones
Punta del Barbudo
Montaña Colorada
Tembárgena
Quemada
Playa de Fraile
Playa de las Almorranas
Las Casas
Playa de la Arena
El Pinar
Playa de los Cardones
Faro de Orchilla
El Julán
Los Números
Los Letreros
Montaña Hoya del Morcillo
La Empalizada
Taibique
Parador National de Hierro
Playa de los Calcosas
Punta de Miguel
Playa de Miguel
Cueva del Bucarón
Playa de las Coloradas
Playa de los Mozos
Playa de Tejeda
Playa del Cuervito
Playa de Linés
El Río
Playa Brava
Playa del Pozzo
Las Lapillas
303
Playa del Cantadel
Roque de Naos
La Restinga
Punta de la Restinga
Playa de la Herradura

I GRAN CANARIA
B
C
D
1
2
3
4
5
La Isleta
LAS PALMAS DE GRAN CANARIA
PUERTO DE LA LUZ
VEGUETA
Punta de Sardina
Punta de Gáldar
Punta de Guanarteme
Gáldar
Sta. María de Guía de Gran Canaria
Arucas
Moya
Firgas
Teror
Santa Brígida
Vega de San Mateo
Tafira
Monte Coello
Caldera de Bandama
TELDE
Ingenio
Agüimes
Carrizal
Vecindario
Cruce de Sardina
Arinaga
Juan Grande
Agaete
Puerto de las Nieves
Punta de Góngora
Punta de la Aldea
San Nicolás de Tolentino
Tejeda
Artenara
Roque Nublo
Pico de las Nieves
1949
San Bartolomé de Tirajana
Santa Lucía
Santidad
Mogán
Puerto Rico
Arguineguín
Patalavaca
San Agustín
Playa del Inglés
Maspalomas
Punta de Maspalomas
Oasis de Maspalomas
Dunas de Maspalomas
Fataga
Amurga
Tunte
Cercados
La Plata
Ayacata
El Juncal
Mogarenes
Los Canalizos
La Playa de Mogán
Tasarte
Tasartico
Inagua
Tauro
Punta de Tenefé
Bahía de Formas
Costa Canaria
Aeroclub
Aeropuerto de Gando
Jetfoil: Las Palmas de Gran Canaria – Santa Cruz de Tenerife
A
B
Península de Jandía
Punta de Jandía
Faro de Jandía
Punta del Tigre
Punta Pesebre
Punta Cotillo (o de Cachorros)
Punta de Barlovento
Montaña Aguda
El Islote
El Golfo
Cofete (Abandonada)
Fraile
683
Casas de Gran Valle
Jorós
Jandía
Jandía Playa
Playa de Barlovento de Jandía
Playa de Cofete
Caleta de la Madera
Puerto de la Cruz
Casas del Matorral

FUERTEVENTURA
D
E
F
Punta de la Tiñosa
Faro de Lobos
Punta Martino
Playa de la Arena
Lobos
Casas El Puertito
Transbordador de pasajeros
Roques del Puertito
Playa del Bajo de la Burra
Caleta del Barco
Bajo de los Picachos
Lanzarote
El Río
Corralejo
Montaña de la Mancha
Casas de Majanicho
Caleta de Beatriz
Punta Aguda
El Jablito
Cortijo de la Costilla
Punta de la Ballena (o de Tostón)
Faro de Tostón
Coto de María Díaz
Bayuyo
Montaña del Cuervo
Playa del Médano
Playas de Corralejo
Playa Bajo Negro
Montaña Colorada
Punta La Barra
Urbanización Los Lagos
Tostón
Roque
Lajares
Rosa de Combrillo
Playa del Moro
Playa del Algibe de la Cueva
Montaña La Lengua
Casas de Los Apartaderos
Playita del Poris
Playa del Águila
Montañeta Negra Blanca
Montaña Negra
Caleta la Bonanza
Casas de Taca
Playa de Esquinzo
Arena
Villaverde
Roja
Aljibe
Montaña de Escanfraga
Playa de la Cazuela
Punta Paso Chico
Bco. de Esquinzo
Montaña Alta
La Oliva
Casa de los Coroneles
Cortijo de Fimapaire
Bco. Azul
Punta Una Gato
Montaña Tindaya
Playa del Chinchorro
Paso Viejo
Morro de los Rincones
Vallebrón
Caldereta
Playa de Tebeto
Tindaya
Playa del Perchel
Playa de la Mujer
Playa del Jarubio
Monumento a D. Miguel de Unamuno
Montañeta de Darubio
Muda
Los Morros
Playa de los Valdivias
La Matilla
El Time
Guisgey
Punta de la Tiñosa
Punta del Salvaje
Montaña Blanca
Casas Los Molinos
Casa del Cordobés
Temejereque
Ermita de las Mercedes
Playita del Charquito
Playa de Lajas
Tetir
Urbanización Rosa de la Monja
Puerto Lajas
La Juanita
Bahía de las Gaviotas
Colonia García Escámez
Tefía
Ermita de San Agustín
Casas de los Majadas
Salinas
Chuchillos
Cortijo de la Sargenta
La Asomada
Arrecife (Lanzarote)
Punta del Gavioto
Montaña de Tesjuates
Caleta del Barro
Casas Montañeta de Tao
Tao
Tesjuates
Puerto del Rosario
Casillas del Angel
Urbanización Los Pozos
Playa del Valle
Llanos de la Concepción
La Montaña del Barranco
Playa Blanca
Parador Nacional de Fuerteventura
Casas El Almacigo
La Vega de Abajo
Playa de Santa Inés
Urbanización Llano del Sol
Las Palmas de Gran Canaria
Santa Cruz de Tenerife
Punta del Junquillo
Morro Alto
Valle de Santa Inés
San Pedro Alcántara
La Ampuyenta
Rosa del Taro
Emb. del Río Cabras
Ensenada de Agua Amarga
Degollada del Valle
Punta Gonzalo
Morro Negro
Casas del Hospital
Llano Negro
El Matorral
Punta del Tarajalito
Catedral Santa María
Betancuria
Triquivijate
Playa de las Caletillas
Caleta de la Peña Vieja
Bco. de la Peña
Museo Arqueológico
Antigua
Ruinas de Convento
Morro Janana
Casas de Escanque
Bco. de la Boca del Risco
Caleta de la Camella
Caleta Corcha
Puerto de la Peña
Ajuy
Alto de la Potranca
Ermita de N.ª S.ª de la Peña
Las Pocetas
Casa del Frontón
Montaña Blanca de Abajo
Castillo de Fustes
Playa de los Muertos
Cuevas de la Peña
Vega de Río Palmas
Valles de Ortega
Ermita de San Francisco
Casas de Majada Blanca
Los Corrales de la Torre
Casas de la Guirra
Mézquez
Gran Montaña
Agua de Bueyes
Ermita de San Roque
Calelilla del Espino
Playa de la Solapa
Central Termoeléctrica
Fenduca
Casillas de Morales
Casas de El Cortijo
Finca del Vicario
Casas de las Salinas
Mézquez
Toto
Agudo
Ruinas Guanches
Playa de Garcey
Piscina
Pájara
Virgen de la Regla
Tiscamanita
Caleta de la Ballena
Punta del Peñón Blanco
La Matanza (Zona prohibida)
Casas de Abaise
Carbón
Malpaís Chio
Morro de Leandro
Casa de Machín
Tuineje
Cortijada de Tegueryele
Playa de Leandro
Ruinas Guanches
Degollada de Adeje
Cortijo de Adeje
Bco. del Pozo
Malpaís Grande
Casas del Saladillo
Casas de Pozo Negro
Vigocho
Las Casitas
Casas de Tonicosquey
Playa de los Chopos
Casas de la Florida
Casilla Blanca
Rosa de Catalina García
Playa del Guincho
Degollada del Viento
Playa Amanay
Degollada Cha Cabrera
Tesejerague
Cortijada Cañada de la Mata
Casas de Ezquén
Punta Gorda
Cortijo de Diego Alonso
Casas de Jacomar
Ensenada de Puerto Rico
Montaña Hendida
Tequital
Montaña Tirba
Las Moretas
Bco. de Gran Valle
Cardón
Casas de la Cañada de Teguital
Bco. de Chilegua
Fuente de Bartolo
Ensenada de Gran Valle
Montaña Areguia
Rosa de los James
Vigán
Playa de Ugán
Casas de Tamaretilla
Casas de Violante
Bco. de Puerto Nuevo
El Charco
La Entallada
Playa de los James
Laja Blanca
Corrales de las Hermosas
Las Playas
Peñón del Roque
Carga del Camello
Morro Negro
Caracol
Gran Tarajal
Palmeral
Playa del Pajarito
La Pared
Giniginamar
Piedras Caídas
Granillo
Playa de Agando
Tarajalejo
Playa de Giniginamar
La Lajita
Casas de Matas Blancas
Punta Paloma
Playa Laja del Corral
Urbanización Costa Calma
Punta de los Molinillos
Urbanización Bahía Calma
Playa Puerto Rico
Playa de Sotavento
Esmeralda
Degollada Jandía
Tres Montañas
Jandía
de Mal Nombre

LANZAROTE

B
C
D
1
2
3
4
5
Alegranza
Punta Mosegos
Punta Grieta
Punta de los Mosquitos
Faro de Alegranza
La Caldera
Punta Delgada
Punta Trubuco
Punta de la Moreta
El Caletón
Roque del Oeste
Punta de la Camella
Montaña Clara
Punta Gorda
Punta del Agua
Graciosa
Caleta del Sebo
Transbordador de pasajeros
Punta Fariones
Orzola
El Arco
Mirador del Río
Ye
Los Molinos
Guinate
Máguez
Cueva de los Verdes
Jameos del Agua
Haría
Arrieta
Punta Escamas
Punta Usaje
Tabayesco
Punta de la Pared
Mala
Charco del Palo
Guatiza
Teguise
Teseguite
Los Valles
La Isleta
El Roque
La Santa
Sóo
Tinajo
Tiagua
Mancha Blanca
Teneza
Muñique
Tao
Mozaga
San Bartolomé
Tahiché
Nazaret
Costa Teguise
Punta de Tope
Arrecife
Castillo de San José
Castillo de San Gabriel
Punta de la Lagarta
Urbanización Playa Honda
Tías
Puerto del Carmen
Mácher
Conil
Güime
PARQUE NACIONAL DE TIMANFAYA
El Volcán
Ruta de los volcanes
Islote de Hilario
Montañas del Fuego
Yaiza
Uga
Femés
Playa Quemada
Las Breñas
El Golfo
Los Hervideros
Punta del Volcán
Hacha Grande
Playa Blanca
Punta Pechiguera
Punta Limones
Punta del Águila
Punta del Papagayo
Punta Gorda
Corralejo (Fuerteventura)
Las Palmas de Gran Canaria
Puerto del Rosario (Fuerteventura)
Dakar

Índice de topónimos · Índice dos topónimos
Index des localités · Register van plaatsnamen
Ortsnamenverzeichnis · Index of place names
Elenco dei nomi di località · Ortnamnsförteckning

Barcelona	E	(Bar)	66	Cb 100
①	②	③	⑤	⑥

Faro	P	(Fa)	145	Sa 126
①	②	④	⑤	⑥

	①	②	③	④
E	Topónimo	Nacionalidad	Provincia	Distrito
P	Topónimo	Nacionalidade	Provincia	Distrito
F	Localité	Nationalité	Province	District
NL	Plaatsnaam	Nationaliteit	Provincie	District
D	Ortsname	Nationalität	Provinz	Distrikt
GB	Place name	Country	Province	District
I	Località	Nazionalità	Provincia	Distretto
S	Ortnamn	Nationalitet	Provins	Distrikt

	⑤	⑥
E	N°. de página	Coordenadas de la casilla de localización
P	N° da pagina	Indicação do quadrado de localização
F	N° de page	Coordonnées
NL	Paginanummer	Zoekfeld-gegevens
D	Seitenzahl	Suchfeldangabe
GB	Page number	Grid search reference
I	N° di pagina	Riquadro nel quale si trova il nome
S	Sidnummer	Kartrutangivelse

E España

③

ÁLA	Álava	**LEÓ**	León
ALB	Albacete	**LUG**	Lugo
ALI	Alicante	**LLE**	Lleida
ALM	Almería	**MAD**	Madrid
AST	Asturias	**MÁL**	Málaga
ÁVI	Ávila	**MUR**	Murcia
BAD	Badajoz	**NAV**	Navarra
BAL	Baleares	**OUR**	Ourense
BAR	Barcelona	**PAL**	Palencia
BUR	Burgos	**PALM**	Las Palmas
CÁC	Cáceres	**PON**	Pontevedra
CÁD	Cádiz	**RIO**	La Rioja
CAN	Cantabria	**SAL**	Salamanca
CAS	Castellón	**SEG**	Segovia
CIU	Ciudad Real	**SEV**	Sevilla
COR	A Coruña	**SOR**	Soria
CÓRD	Córdoba	**TAR**	Tarragona
CUE	Cuenca	**TEN**	Santa Cruz de Tenerife
GIR	Girona	**TER**	Teruel
GRA	Granada	**TOL**	Toledo
GUA	Guadalajara	**VAL**	Valencia
GUI	Guipúzcoa	**VALL**	Valladolid
HUEL	Huelva	**VIZ**	Vizcaya
HUES	Huesca	**ZAM**	Zamora
JAÉ	Jaén	**ZAR**	Zaragoza

P Portugal

④

Aç	Açores
Av	Aveiro
Ba	Bragança
Be	Beja
Br	Braga
CB	Castelo Branco
Co	Coimbra
Év	Évora
Fa	Faro
Gu	Guarda
Le	Leiria
Li	Lisboa
Ma	Madeira
Pg	Portalegre
Por	Porto
Sa	Santarém
Se	Setúbal
VC	Viana do Castelo
Vi	Viséu
VR	Vila Real

AND Andorra

GBZ Gibraltar

A

Ababuj **E** (TER) 79 Zb 105
Abaçao (São Tomé) **P** (Br) 50 Re 100
Abaças **P** (VR) 51 Sb 101
Abaches, El **E** (CAS) 95 Ze 107
Abad **E** (COR) 3 Sa 87
Abade de Neiva **P** (Br) 50 Rc 99
Abade de Vermoim **P** (Br) 50 Rd 100
Abades **E** (PON) 15 Re 92
Abades **E** (SEG) 74 Ve 103
Abadía **E** (CÁC) 86 Ua 107
Abadim **P** (Br) 51 Sa 99
Abadín **E** (LUG) 4 Sd 88
Abadiño-Zelaieta **E** (VIZ) 11 Xc 90
Abáigar **E** (NAV) 24 Xf 93
Abaira **E** (LUG) 5 Se 88
Abajas **E** (BUR) 22 Wc 93
Abalario, El **E** (HUEL) 147 Tb 126
Abalos **E** (RIO) 23 Xb 93
Abaltzisketa **E** (GUI) 24 Xf 90
Abambres **P** (Ba) 52 Se 99
Abánades **E** (GUA) 76 Xd 103
Abanco **E** (SOR) 58 Xa 100
Abándames **E** (AST) 8 Vc 89
Abandonada = Cofete **E** (PALM) 174 II B 5
Abanilla **E** (MUR) 142 Yf 119
Abanillas **E** (CAN) 8 Vd 88
Abano **E** (LEÓ) 18 Tf 93
Abanto **E** (ZAR) 60 Yb 102
Abantro **E** (AST) 7 Ud 89
Abaño **E** (CAN) 9 Vd 88
Abarán **E** (MUR) 141 Yd 119
Abarca **E** (PAL) 37 Va 96
Abárzuza **E** (NAV) 24 Xf 92
Abastas **E** (PAL) 38 Vb 95
Abastillas **E** (PAL) 38 Vb 95
Abaurrea Alta **E** (NAV) 25 Ye 91
Abaurrea Baja **E** (NAV) 25 Ye 91
Abavides **E** (OUR) 33 Sc 96
Abay **E** (HUES) 26 Zc 93
Abdet **E** (ALI) 129 Ze 116
Abechuko **E** (ÁLA) 23 Xb 91
Abedes **E** (OUR) 34 Sd 97
Abedim **P** (VC) 32 Rc 97
Abedul **E** (AST) 6 Te 89
Abegoaria **P** (Év) 117 Sa 116
Abegoaria **P** (Év) 118 Se 118
Abegoaria **P** (Se) 116 Rc 116
Abejar **E** (SOR) 40 Xb 98
Abejarrones de Arriba y de Abajo **E** (BAD) 120 Ua 116
Abejera **E** (ZAM) 36 Tf 98
Abejuela **E** (ALB) 126 Xf 118
Abejuela **E** (ALM) 155 Ya 123
Abejuela **E** (TER) 94 Za 109
Abela **P** (Se) 130 Rc 121
Abeleda **E** (OUR) 33 Sb 95
Abeledo **E** (OUR) 33 Sb 95
Abeledo **E** (PON) 15 Rf 93
Abeledos **E** (OUR) 34 Sd 95
Abeleiroas **E** (COR) 14 Ra 91
Abelenda **E** (COR) 2 Rc 90
Abelenda **E** (OUR) 33 Re 94
Abelgas **E** (LEÓ) 18 Ua 91
Abelheira **P** (Fa) 145 Re 125
Abelheira **P** (Li) 100 Qe 113
Abelón **E** (ZAM) 54 Tf 100
Abellá **E** (COR) 3 Re 90
Abella **E** (GIR) 30 Cb 95
Abella **E** (HUES) 28 Ad 94
Abella, l' - **E** (BAR) 48 Cb 98
Abellada **E** (HUES) 44 Ze 94
Abella d'Adons **E** (LLE) 28 Ae 94
Abella de la Conca **E** (LLE) 46 Ba 96
Abena **E** (HUES) 26 Zd 94
Abengibre **E** (ALB) 112 Yc 113
Abenilla **E** (HUES) 26 Ze 94
Abenójar **E** (CIU) 122 Vd 115
Abenozas **E** (HUES) 45 Ac 95
Abenuj **E** (ALB) 126 Yb 117
Aberásturi **E** (ÁLA) 23 Xc 92
Aberin **E** (NAV) 24 Xf 93
Abersturi = Aberásturi **E** (ÁLA) 23 Xc 92
Abertura **E** (CÁC) 105 Ub 113
Abetxuco = Abechuko **E** (ÁLA) 23 Xb 91
Abezames **E** (ZAM) 55 Ud 99
Abezia = Abecia **E** (ÁLA) 23 Xa 91
Abi **E** (HUES) 27 Ac 94
Abiada **E** (CAN) 21 Ve 90
Abia de la Obispalia **E** (CUE) 92 Xd 108
Abia de las Torres **E** (PAL) 38 Vd 94
Abiega **E** (ÁLA) 10 Wf 90
Abiego **E** (HUES) 44 Zf 96
Abiegos **E** (AST) 7 Ue 89
Abiertas, Las - **E** (CÁD) 157 Tf 128
Abinzano **E** (NAV) 25 Yd 92
Abio **E** (ALI) 128 Zd 117
Abión **E** (SOR) 59 Xe 99
Abioncillo **E** (SOR) 58 Xa 98
Abionzo **E** (CAN) 9 Wb 89
Abitureira **P** (Gu) 70 Sf 106
Abitureiras **P** (Sa) 101 Rb 113
Abiul **P** (Le) 82 Rc 109
Abizanda **E** (HUES) 45 Ab 95
Abla **E** (ALM) 153 Xb 126
Ablaneda **E** (AST) 5 Tc 89
Ablanque **E** (GUA) 77 Xe 103
Ablaña de Arriba **E** (AST) 7 Ub 89
Ables **E** (AST) 6 Ua 88
Ablitas **E** (NAV) 42 Yc 97
Aboadela **P** (Por) 51 Sa 101
Abóbada **P** (Li) 115 Qd 116
Abobeleira **P** (VR) 34 Sd 98
Aboboreira **P** (CB) 84 Sb 110
Aboboreira **P** (Sa) 102 Rf 111
Aboim **P** (Br) 51 Rf 99
Aboim **P** (Por) 51 Rf 101
Aboim da Nóbrega **P** (Br) 32 Rd 98
Abolafia de la Torre **E** (CÓRD) 137 Vd 121
Aborbó **E** (LUG) 4 Sc 88
Aborim **P** (Br) 50 Rc 99
Abornícano **E** (ÁLA) 23 Xa 91
Abrã **P** (Sa) 101 Rb 112
Abragão **P** (Por) 50 Re 102
Abrajanejo **E** (CÁD) 158 Uc 128
Abrantes **P** (Sa) 102 Re 112
Abraveses **P** (Vi) 68 Sa 104
Abraveses de Tera **E** (ZAM) 36 Ua 97
Abreiro **P** (Ba) 52 Se 100
Abrera **E** (BAR) 65 Bf 99
Abrigada **P** (Li) 100 Qf 114
Abrigo, El **E** (TEN) 172 I D 5
Abriojal **E** (ALM) 154 Xd 127
Abrucena **E** (ALM) 153 Xb 126
Abrunhal **P** (CB) 84 Sd 109
Abrunhosa-a-Velha **P** (Gu) 69 Sc 105
Abrunhosa do Mato **P** (Vi) 69 Sb 105
Abuíme **E** (LUG) 16 Sc 93
Abusejo **E** (SAL) 71 Tf 104
Abusejo de Abajo **E** (SAL) 72 Uc 103
Abusejo de Arriba **E** (SAL) 72 Uc 103
Abutareira **P** (Fa) 144 Rb 125
Abuzaderas **E** (ALB) 126 Yb 116
Acardece **E** (TEN) 172 II B 2
Acebal **E** (AST) 7 Uc 89
Acebal **E** (AST) 8 Vb 88
Acebeda, La - **E** (MAD) 57 Wc 102
Acebedo **E** (ÁLA) 22 Wf 91
Acebedo **E** (LEÓ) 8 Uf 90
Acebedo **E** (PON) 144 Rb 97
Acebeiro **E** (PON) 15 Re 93
Acebes del Páramo **E** (LEÓ) 18 Ua 94
Acebo **E** (CÁC) 85 Tb 107
Acebo **E** (LEÓ) 18 Td 94
Acebo, O - **E** (LUG) 5 Se 89
Acebosa, La - **E** (CAN) 9 Vd 88
Acebrón, El - **E** (CUE) 91 Xa 109
Acebuchal **E** (MÁL) 160 Wa 128
Acebuchal, El - **E** (CÁD) 164 Ub 132
Acebuchal, El - **E** (JAÉ) 138 Wc 119
Acebuchal, El - **E** (SEV) 135 Ud 123
Acebuche **E** (HUEL) 147 Tc 126
Acebuche, El - **E** (GRA) 161 Wf 128
Acebuches **E** (HUEL) 133 Tb 121
Aceca **E** (TOL) 89 Wa 109
Acedera **E** (BAD) 106 Uc 114
Acedillo **E** (BUR) 21 Wa 93
Acedo **E** (NAV) 24 Xe 92
Acedos **E** (SEG) 73 Vd 103
Acehúche **E** (CÁC) 85 Tc 110
Aceituna **E** (CÁC) 86 Te 108
Aceitunilla **E** (CÁC) 71 Te 106
Aceituno **E** (HUEL) 132 Se 122
Aceña, La - **E** (BUR) 39 Wd 96
Aceñuela, La - **E** (SEV) 150 Va 124
Acequia de los Frailes **E** (MÁL) 158 Ue 128
Acequias **E** (GRA) 152 Wc 127
Acera de la Vega **E** (PAL) 20 Vb 93
Acered **E** (ZAR) 60 Yc 101
Aceredo **E** (OUR) 145 Rf 97
Acero, El - **E** (JAÉ) 138 Wd 119
Aceuchal **E** (BAD) 119 Td 117
Acevedo **E** (AST) 5 Ta 87
Acevedo **E** (TEN) 172 I C 4
Aceviños, Los - **E** (TEN) 172 II B 2
Aciberos **E** (ZAM) 35 Ta 96
Acilu **E** (ÁLA) 23 Xd 91
Acin **E** (HUES) 26 Zd 93
Acorda **E** (VIZ) 11 Xc 88
Açoreira **P** (Ba) 70 Sf 102
Açores **P** (Gu) 69 Se 105
Acrijos **E** (SOR) 41 Xe 96
Acula **E** (GRA) 152 Wb 126
Acumuer **E** (HUES) 26 Zd 93
Acuncheira **E** (COR) 14 Ra 92
Acusa **E** (PALM) 174 I B 2
Achada **P** (Aç) 170 Ze 121
Achada **P** (Li) 100 Qd 115
Achada de Calheta **P** (Ma) 166 I B 2
Achada do Credo Gordo **P** (Ma) 167 I C 2
Achada do Gamo **P** (Be) 132 Sc 123
Achadas da Cruz **P** (Ma) 166 I A 1
Achadinha **P** (Aç) 170 Ze 121
Achadinha **P** (Ma) 167 I C 2
Achadinha **P** (Ma) 167 I D 2
Acharrua **P** (Be) 145 Rf 124
Achete **P** (Sa) 101 Rb 113
A-da Beja **P** (Li) 115 Qe 116
Adães **P** (Br) 50 Rc 99
A-da Gorda **P** (Le) 100 Qe 112
Adahuesca **E** (HUES) 44 Zf 96
Adai **E** (LUG) 16 Sd 91
Adal **E** (CAN) 10 Wd 88
Adalia **E** (VALL) 55 Uf 99
Adalid **E** (SEV) 149 Ud 124
Adamuz **E** (CÓRD) 137 Vc 120
Adanero **E** (ÁVI) 73 Vc 103
Adansa **E** (NAV) 25 Ye 93
Adão **P** (Gu) 69 Sf 106
Adão Lobo **P** (Li) 100 Qf 113
Adáufe **P** (Br) 50 Rd 99
Ade **P** (Gu) 70 Ta 105
A-de-Barros **P** (Vi) 69 Sc 103
Adeganha **P** (Ba) 52 Sf 101
Adeje **E** (TEN) 172 I C 5
Adelán **E** (LUG) 4 Sd 87
Adelantado, El - **E** (CÓRD) 151 Vd 125
A-de-Lede **P** (Be) 131 Sb 123
Adelfa, La - **E** (ALM) 155 Ya 126
Adelfar **E** (JAÉ) 138 Wb 119
Adelfas, Las - **E** (ALM) 153 Xb 125
Adelfilla, La - **E** (CÓRD) 135 Ue 120
Adema **P** (Sa) 116 Ra 115
Adémia de Cima **P** (Co) 83 Rd 107
Ademuz **E** (VAL) 93 Ye 108
Adenodeiro **P** (Vi) 68 Sa 104
Adgiraldo **P** (CB) 84 Sb 108
Adijos **E** (ÁVI) 73 Va 105
Adina **E** (PON) 15 Rb 94
Adiós **E** (NAV) 24 Yb 92
Adoáin **E** (NAV) 25 Ye 92
A-do Baço **P** (Li) 100 Qf 115
Adobes **E** (GUA) 78 Yb 104
A-do-Cavaio **P** (Gu) 69 Se 103
Adons **E** (LLE) 28 Ae 94
A-do-Pinto **P** (Be) 132 Sd 121
Ador **E** (VAL) 129 Ze 115
Adorigo **P** (Vi) 51 Sc 102
A-dos-Barbas **P** (Le) 82 Ra 110
A-dos-Bispo **P** (Vi) 69 Sd 103
A-dos-Calças **P** (Be) 131 Re 122
A dos Cunhados **P** (Li) 100 Qe 114
A-dos-Ferreiros **P** (Av) 68 Rd 105
A-dos-Ferreiros **P** (Gu) 69 Se 104
A dos Francos **P** (Le) 100 Qf 113
A-dos-Grandes **P** (Be) 145 Sa 124
A dos Negros **P** (Le) 100 Qf 112
Adoufe **P** (VR) 51 Sb 100
Adra **E** (ALM) 162 Wf 128
Adrada, La **E** (ÁVI) 88 Vc 107
Adrada de Haza **E** (BUR) 57 Wb 99
Adrada de Pirón **E** (SEG) 74 Vf 102
Adradas **E** (SOR) 59 Xd 100
Adrados **E** (LEÓ) 19 Ue 91
Adrados **E** (SEG) 57 Vf 100
Adrados de Ordás **E** (LEÓ) 18 Ua 92
Adraén **E** (LLE) 47 Bd 95
Adrall **E** (LLE) 29 Bc 95
Adri **E** (GIR) 48 Ce 96
Adriano **E** (SEV) 148 Ua 125
Adrião **P** (Li) 115 Qf 116
Adsubia **E** (ALI) 129 Zf 115
Aduanas **E** (ALI) 129 Ab 116
Aduna **E** (GUI) 12 Xf 89
Advagar **P** (Sa) 101 Rb 112
Adzaneta de Albaida **E** (VAL) 128 Zd 116
Aes **E** (CAN) 9 Wa 89
Afife **P** (VC) 32 Ra 98
Afonsim **P** (VR) 51 Sb 99
Afonso Vicente **P** (Fa) 146 Sc 124
Agadão **P** (Av) 68 Re 105
Agaete **E** (PALM) 174 I B 2
Agaete **E** (PALM) 174 I C 3
Agallas **E** (SAL) 71 Td 106
Agaró, S' - **E** (GIR) 49 Da 98
Age **E** (GIR) 30 Bf 94
Àger **E** (LLE) 46 Ae 96
Agés **E** (BUR) 39 Wd 94
Agilde **P** (Br) 51 Rf 100
Aginaga = Aguinaga **E** (GUI) 11 Xe 90
Aginaga = Aguinaga **E** (GUI) 12 Xf 89
Aginaga = Aguiñiga **E** (ÁLA) 22 Wf 90
Agodim **P** (Le) 82 Rb 110
Agolada **P** (Sa) 101 Rc 114
Agón **E** (ZAR) 42 Yd 97
Agoncillo **E** (RIO) 24 Xe 94
Agones **E** (AST) 6 Tf 87
Agorreta **E** (NAV) 25 Yd 91
Agoso **E** (COR) 15 Rc 92
Agost **E** (ALI) 128 Zc 118
Agostas **P** (Fa) 145 Re 126
Agra **E** (ALB) 126 Yb 118
Agra **P** (Br) 51 Rf 99
Agracea **E** (JAÉ) 125 Xb 118
Agracea, La - **E** (JAÉ) 139 Xb 120
Agrade **E** (LUG) 16 Sa 93
Agramaderos, Los - **E** (JAÉ) 151 Wa 124
Agramón **E** (ALB) 127 Yc 118
Agramunt **E** (LLE) 46 Ba 98
Ágreda **E** (SOR) 42 Ya 97
Agrela **P** (Br) 51 Re 99
Agrela **P** (Por) 50 Rd 101
Agrela **P** (Por) 50 Re 102
Agrela **P** (VR) 34 Sc 98
Agrelo **P** (Co) 83 Rd 107
Agrelos **P** (Por) 50 Re 101
Agrelos **P** (VR) 51 Sb 99
Agrelos **P** (VR) 52 Sc 101
Agres **E** (ALI) 128 Zc 116
Agroal **P** (Sa) 83 Rd 110
Agrobom **P** (Ba) 52 Ta 100
Agrochão **P** (Ba) 52 Sf 98
Agrochão **P** (Por) 51 Rf 101
Agrón **E** (GRA) 152 Wb 126
Agros, Os - **E** (LUG) 4 Sd 88
Agua Amarga **E** (ALM) 155 Ya 127
Água Boa **P** (Sa) 116 Rc 115
Água Branca **P** (Be) 130 Rd 122
Aguada **E** (LUG) 16 Sa 93
Aguada de Baixo **P** (Av) 68 Rd 105
Aguada de Cima **P** (Av) 68 Rd 105
Água da Pala **P** (Br) 33 Rf 98
Agua de Alte **P** (Vi) 68 Sa 104
Agua de Alto **P** (Aç) 170 Zd 122
Agua de Bueyes **E** (PALM) 175 II D 3
Agua del Medio, El - **E** (ALM) 155 Ya 126
Agua del Pilar **E** (BAD) 120 Ua 118
Água de Madeiros **P** (Le) 82 Qf 110
Agua de Pau **P** (Aç) 170 Zc 122
Água de Pena **P** (Ma) 167 I D 2
Água de Porco **P** (Se) 130 Rb 119
Aguadero **E** (GRA) 152 Wc 126
Aguadero, El - **E** (JAÉ) 125 Xb 119
Água Derramada **P** (Se) 131 Rd 119
Água Doce **P** (Be) 116 Re 118
Água dos Peixes **P** (Év) 117 Sa 119
Aguadulce **E** (ALM) 162 Xc 128
Aguadulce **E** (SEV) 150 Va 125
Aguadux **E** (JAÉ) 138 We 122
Aguafría **E** (HUEL) 133 Tb 121
Agua Garcia **E** (TEN) 173 I E 3
Água Longa **P** (Por) 50 Rd 101
Agualonga **P** (VC) 32 Rc 97
Agualva **P** (Aç) 169 Xe 116
Agua Mineral **E** (JAÉ) 137 Ve 120
Aguapesada **E** (COR) 14 Rc 91
Aguarda **E** (LUG) 4 Se 89
Agua Retorta **P** (Aç) 170 Zf 122
Água Revés **P** (VR) 52 Sd 99
Aguarón **E** (ZAR) 61 Ye 100
Aguas **E** (HUES) 44 Ze 95
Águas **P** (CB) 84 Se 108
Aguas, Las - **E** (TEN) 172 I D 3
Aguasal **E** (VALL) 56 Vc 101
Agua Salada **E** (ALB) 126 Xf 118
Agua Salada **E** (MUR) 141 Yb 120
Água Salgada **P** (Be) 131 Sb 122
Aguasantas **E** (COR) 14 Rb 92
Aguasantas **E** (PON) 15 Rd 94
Águas Belas **P** (Gu) 69 Se 106
Águas Belas **P** (Sa) 83 Re 110
Águas Belinhas **P** (Sa) 101 Rd 115
Águas Boas **P** (Vi) 69 Sc 103
Aguascaldas **E** (HUES) 28 Ac 94
Aguas Cándidas **E** (BUR) 22 Wc 92
Aguas de Busot **E** (ALI) 128 Zd 118
Águas de Moura **P** (Se) 116 Rb 117
Águas de Tábuas **P** (Fa) 145 Sb 125
Águas dos Fusos **P** (Fa) 146 Sb 125
Águas Frias **P** (VR) 34 Sd 98
Águas Mansas **P** (Ma) 167 I D 2
Aguasmestas **E** (AST) 6 Te 89
Aguasmestas **E** (LUG) 16 Sd 93
Aguas Nuevas **E** (ALB) 126 Ya 115
Águas Santas **P** (Br) 50 Re 99
Águas Santas **P** (Por) 50 Rc 101
Águas Santas **P** (VR) 51 Sc 100
Águas Vivas **P** (Ba) 53 Td 100
Aguatón **E** (TER) 78 Ye 104
Aguatona **E** (PALM) 174 I D 3
Água Travessa **P** (Sa) 102 Re 113
Aguaviva **E** (TER) 80 Ze 104
Aguaviva de la Vega **E** (SOR) 59 Xd 101
Aguaxosa **E** (LUG) 4 Se 88
Aguçadoura **P** (Por) 50 Rb 100
Aguda **P** (Le) 83 Re 109
Agudo **E** (CIU) 122 Va 115
Agudos, Los - **E** (HUES) 43 Zb 96
Águeda **P** (Av) 68 Rd 105
Águeda del Caudillo **E** (SAL) 70 Td 105
Agüeira **E** (LUG) 17 Sf 92
Agüera **E** (AST) 6 Te 89
Agüera **E** (BUR) 22 Wd 90
Agüera del Coto **E** (AST) 5 Tc 90
Agüeras, Las - **E** (AST) 6 Ua 89
Agüeria **E** (AST) 7 Ub 90
Agüero **E** (HUES) 43 Zb 94
Agües **E** (AST) 7 Ud 89
Aguiã **P** (VC) 32 Rd 97
Aguiar **P** (Br) 50 Rc 99
Aguiar **P** (Év) 117 Sa 118
Aguiar da Beira **P** (Gu) 69 Sc 104
Aguiar de Sousa **P** (Por) 50 Rd 102
Águias **P** (Év) 117 Rf 115
Agueira **P** (Av) 68 Rd 105
Agueira **P** (Vi) 68 Sa 105
Águila **E** (CÁD) 157 Te 129
Águila, El - **E** (BAD) 134 Te 120
Águila, El - **E** (CÁC) 105 Ub 111
Águila, El - **E** (CÓRD) 135 Ud 121
Aguilafuente **E** (SEG) 57 Vf 101
Aguilar **E** (AST) 7 Ub 89
Aguilar **E** (CÓRD) 151 Vc 123
Aguilar **E** (HUES) 45 Ac 95
Aguilar de Anguita **E** (SOR) 77 Xd 102
Aguilar de Boixadors **E** (BAR) 47 Bd 98
Aguilar de Bureba **E** (BUR) 22 We 93
Aguilar de Campoo **E** (PAL) 21 Ve 92
Aguilar de Campos **E** (VALL) 37 Ue 97
Aguilar de Codés **E** (NAV) 23 Xd 93
Aguilar de Ebro **E** (ZAR) 62 Zc 99
Aguilar del Alfambra **E** (TER) 79 Zb 105
Aguilar del Río Alhama **E** (RIO) 42 Ya 97
Aguilar de Montuenga **E** (SOR) 59 Xe 101
Aguilar de Tera **E** (ZAM) 36 Ua 97
Aguilarejo **E** (VALL) 38 Vc 98
Águilas **E** (MUR) 155 Yc 124
Aguila Vella, S' - **E** (BAL) 98 Ce 112
Aguilera **E** (SOR) 58 Xa 100
Aguilera, Ca N' - **E** (BAR) 65 Be 99
Aguilera, La - **E** (BUR) 57 Wb 98
Aguilera, La - **E** (CAN) 21 Vf 91
Aguilón **E** (ZAR) 61 Yf 101
Aguillo **E** (BUR) 23 Xc 92
Aguim **P** (Av) 68 Rd 106
Agüimes **E** (PALM) 174 I D 3
Aguinaga **E** (GUI) 11 Xd 89
Aguinaga **E** (GUI) 11 Xe 90
Aguinaga **E** (GUI) 12 Xf 89
Aguinaga **E** (NAV) 24 Yb 91
Aguinalín **E** (HUES) 45 Ac 96
Aguinhos **P** (VR) 51 Sa 100
Aguiñiga **E** (ÁLA) 22 Wf 90
Aguirre **E** (VIZ) 11 Xa 89
Aguis **E** (OUR) 33 Sb 97
Agulo **E** (TEN) 172 II B 1
Agullana **E** (GIR) 31 Cf 94
Agullent **E** (VAL) 128 Zc 116
Agulló **E** (LLE) 46 Ae 96
Aguoló **E** (TAR) 65 Bc 99
Agurain = Salvatierra **E** (ÁLA) 23 Xd 91
Agustín **E** (LUG) 16 Se 91
Agustinos **E** (GRA) 152 Wd 125
Agustinos, Los - **E** (VAL) 93 Yf 110
Aguzaderas **E** (SEV) 149 Uc 126
Ahedo de Bureba **E** (BUR) 22 Wd 93
Ahedo del Butrón **E** (BUR) 22 Wb 91
Ahigal **E** (CÁC) 86 Te 107
Ahigal de los Aceiteros **E** (SAL) 70 Tb 103
Ahigal de Villarino **E** (SAL) 53 Td 102
Ahillas **E** (VAL) 94 Za 110
Ahillones **E** (BAD) 134 Ua 119
Ahín **E** (CAS) 95 Zd 109
Ahumada, La - **E** (JAÉ) 137 Vf 121
Aia **E** (GUI) 12 Xf 89
Aia = Aya **E** (GUI) 24 Xf 91
Aiana de Baixo **P** (Se) 115 Qf 117
Aião **P** (Por) 51 Re 101
Aibar **E** (NAV) 25 Yd 93
Aielo de Malferit **E** (VAL) 113 Zc 115
Aiguablava **E** (GIR) 49 Db 97
Aiguafreda **E** (BAR) 48 Cb 98
Aiguafreda **E** (GIR) 49 Db 97
Aiguamúrcia **E** (TAR) 65 Bc 101
Aiguaviva **E** (GIR) 49 Ce 97
Aiguaviva **E** (TAR) 65 Bd 100
Ailanes **E** (BUR) 21 Wb 91
Ailes **E** (ZAR) 61 Yf 100
Aincioa **E** (NAV) 25 Yd 91
Ainet de Besan **E** (LLE) 29 Bb 93
Ainet de Cardós **E** (LLE) 29 Bb 93
Aineto **E** (HUES) 27 Ze 94
Aineto **E** (LLE) 29 Bb 93
Ainielle **E** (HUES) 27 Ze 93
Ainsa-Sobrarbe **E** (HUES) 27 Aa 94
Ainzón **E** (ZAR) 42 Yc 98
Aiós **E** (PON) 14 Ra 94
Airães **P** (Por) 51 Re 101
Airão (Santa Maria) **P** (Br) 50 Rd 100
Airavella **E** (OUR) 33 Sb 95
Airó **P** (Br) 50 Rc 99
Airraia-Maeztu **E** (ÁLA) 23 Xd 92
Aísa **E** (HUES) 26 Zc 92
Aitona **E** (LLE) 63 Ac 100
Aivados **P** (Be) 131 Re 122
Aivados e Fontes **P** (Fa) 145 Re 125
Aixàviga **E** (TAR) 64 Ba 101
Aixirivall **AND** 29 Bd 94
Aixovall **AND** 29 Bc 94
Aizarna **E** (GUI) 12 Xe 89
Aizarnazabal **E** (GUI) 12 Xe 89
Aizkurgi **E** (NAV) 25 Ye 92
Aizpea **E** (GUI) 24 Xe 90
Aizpún **E** (NAV) 24 Ya 91
Aja **E** (CAN) 10 Wc 89
Ajalvir **E** (MAD) 75 Wd 105
Ajamil **E** (RIO) 41 Xd 95
Ajanedo **E** (CAN) 10 Wb 89
Ajarte **E** (BUR) 23 Xc 92
Ajauque **E** (MUR) 142 Yf 120
Ajo **E** (CAN) 10 Wc 88
Ajo, El **E** (ÁVI) 73 Uf 103
Ajofrín **E** (TOL) 89 Wa 110
Ajuda **P** (Li) 115 Qe 116
Ajuda Salvador e Santo Ildefonso **P** (Pg) 118 Se 116
Ajuda Velha **P** (Év) 116 Rd 117
Ajude **P** (Br) 50 Re 99
Ajuy **E** (PALM) 175 II D 3
Ala **P** (Ba) 52 Sf 99
Alacant **E** (ALI) 128 Zd 118
Alacón **E** (TER) 62 Zb 102
Alacuás = Alaquás **E** (VAL) 113 Zd 112
Aladrén **E** (ZAR) 61 Yf 101
Alaejos **E** (VALL) 55 Ue 101
Alagoa **P** (Pg) 103 Sc 112
Alagoas **P** (Gu) 85 Sf 107
Alagón **E** (ZAR) 43 Yf 98
Alagón del Caudillo **E** (CÁC) 86 Te 109
Alagones, Los - **E** (TER) 80 Ze 104
Alagoniha **P** (Pg) 103 Se 113
Alagüe **E** (NAV) 25 Yc 91
Alaior **E** (BAL) 96 Ea 109
Alaiza **E** (ÁLA) 23 Xd 92
Alájar **E** (HUEL) 133 Tc 121
Alajeró **E** (TEN) 172 II B 2
Alalaya Real **E** (MAD) 75 Wc 104
Alaló **E** (SOR) 58 Xa 100
Alalpardo **E** (MAD) 75 Wd 105
Alameda **E** (BAD) 133 Tc 119
Alameda **E** (MÁL) 150 Vc 125
Alameda **E** (SEG) 57 Wc 101
Alameda, La - **E** (ALM) 154 Xf 125
Alameda, La - **E** (CIU) 123 Wa 117
Alameda, La - **E** (SEG) 57 Wb 102
Alameda, La - **E** (SOR) 60 Xf 99
Alameda de Cervera **E** (CIU) 109 Wf 113
Alameda de Gardón, La - **E** (SAL) 70 Tb 105
Alameda de la Sagra **E** (TOL) 90 Wb 108
Alameda del Obispo **E** (CÓRD) 136 Vb 121
Alameda del Valle **E** (MAD) 74 Wa 103
Alameda de Osuna **E** (MAD) 75 Wc 106
Alamedilla **E** (GRA) 153 We 123
Alamedilla del Berrocal, La - **E** (ÁVI) 73 Vb 104
Alamicos, Los - **E** (ALM) 140 Xf 123
Alamillo **E** (CIU) 122 Vb 116
Alamillo, El - **E** (CÁD) 164 Ub 132
Alamillo, El - **E** (CÓRD) 151 Vc 123
Alamillo, El - **E** (MUR) 142 Ye 123
Alamillos **E** (JAÉ) 152 Wb 123
Alamillos, Los - **E** (ALM) 154 Xf 127
Alamín **E** (MAD) 89 Ve 107
Alaminos **E** (GUA) 76 Xb 103
Alamo **P** (Be) 131 Re 121
Alamo **P** (Be) 132 Sb 123
Álamo **P** (Be) 132 Se 120
Álamo **P** (Év) 117 Rf 118
Álamo **P** (Fa) 146 Sd 124
Álamo, El - **E** (ÁVI) 72 Ud 105
Álamo, El - **E** (BAD) 119 Td 118
Álamo, El - **E** (MÁL) 151 Ve 126
Álamo, El - **E** (SEV) 134 Td 123
Álamo, El - **E** (SEV) 135 Uc 123
Álamo, El **E** (MAD) 89 Wa 107
Alamos **E** (TEN) 171 C 2
Álamos, Los - **E** (ALM) 154 Xe 123
Álamos, Los - **E** (MÁL) 159 Vc 129
Alamús, els - **E** (LLE) 64 Ae 99
Alandroal **P** (Év) 118 Sd 116
Alange **E** (BAD) 120 Te 116
Alanhosa **P** (VR) 52 Sd 98
Alanís **E** (SEV) 135 Ub 120
Alaquás **E** (VAL) 113 Zd 112
Alaraz **E** (SAL) 72 Ue 104
Alarba **E** (ZAR) 60 Yc 101
Alarcia **E** (BUR) 40 We 95

Alarcón **E** (CUE) 111 Xf 111
Alar del Rey **E** (PAL) 21 Ve 93
Alares, Los - **E** (TOL) 107 Vb 112
Alarilla **E** (GUA) 76 Wf 103
Alaró **E** (BAL) 98 Ce 110
Alàs **E** (LLE) 29 Bd 94
Alastrué **E** (HUES) 44 Zf 94
Alastúey **E** (HUES) 26 Zb 93
Alatoz **E** (ALB) 112 Yd 114
Alavés **E** (HUES) 26 Zd 94
Alazores, Los - **E** (GRA) 151 Ve 126
Alba **E** (BUR) 40 We 94
Alba **E** (LUG) 4 Sb 89
Albá **E** (LUG) 16 Sa 91
Alba **E** (PON) 15 Rc 94
Albacastro **E** (BUR) 21 Ve 92
Albacete **E** (ALB) 111 Ya 115
Albachés, El - **E** (CAS) 95 Ze 107
Albadalejo Alto **E** (CÁD) 157 Tf 128
Alba de Cerrato **E** (PAL) 38 Vd 98
Alba de los Cardaños **E** (PAL) 20 Vb 91
Alba de Tormes **E** (SAL) 72 Uc 104
Alba de Yeltes **E** (SAL) 71 Te 104
Albagés, l' - **E** (LLE) 64 Ae 100
Albaida **E** (JAÉ) 137 Vf 121
Albaida **E** (VAL) 128 Zc 115
Albaida, S' - **E** (BAL) 96 Ea 109
Albaida del Aljarafe **E** (SEV) 148 Tf 124
Albaina **E** (BUR) 23 Xc 92
Albal **E** (VAL) 113 Zd 112
Albalá **E** (BAD) 118 Sf 116
Albalá de Caudillo **E** (CÁC) 105 Te 113
Albaladejo **E** (CIU) 125 Xb 117
Albaladejo del Cuende **E** (CUE) 92 Xe 110
Albalat de la Ribera **E** (VAL) 113 Zd 113
Albalat dels Sorells **E** (VAL) 113 Zd 111
Albalat dels Tarongers **E** (VAL) 95 Ze 110
Albalate de Cinca **E** (HUES) 45 Aa 98
Albalate del Arzobispo **E** (TER) 62 Zc 102
Albalate de las Nogueras **E** (CUE) 77 Xe 106
Albalate de Zorita **E** (GUA) 91 Xa 107
Albalatillo **E** (HUES) 44 Zf 98
Albánchez **E** (ALM) 154 Xe 125
Albánchez de Úbeda **E** (JAÉ) 138 Wd 122
Albandi **E** (AST) 7 Ub 87
Albanyà **E** (GIR) 31 Ce 95
Albañá = Albanyà **E** (GIR) 31 Ce 95
Albarca **E** (TAR) 64 Af 101
Albarda **E** (MUR) 142 Ye 120
Albardo **P** (Gu) 70 Sf 105
Albaredo **E** (LUG) 17 Se 91
Albarellos **E** (OUR) 33 Rf 94
Albarellos **E** (OUR) 34 Sd 97
Albarellos **E** (PON) 15 Rf 93
Albarés **E** (COR) 14 Ra 91
Albares **E** (GUA) 91 Wf 107
Albares de la Ribera **E** (LEÓ) 18 Td 93
Albaricoqueros, Los - **E** (MUR) 141 Yc 122
Albaricoques **E** (ALM) 163 Xf 127
Albarracín **E** (TER) 78 Yd 106
Albarraque **P** (Li) 115 Qd 116
Albarreal de Tajo **E** (TOL) 89 Ve 109
Albatán **E** (SEV) 148 Ua 123
Albatana **E** (ALB) 127 Yc 117
Albatàrrec **E** (LLE) 63 Ad 99
Albatarrech = Albatàrrec **E** (LLE) 63 Ad 99
Albatera **E** (ALI) 142 Za 119
Albeiros **E** (LUG) 16 Sc 90
Albeiza = Albéniz **E** (ÁLA) 24 Xe 91
Albelda **E** (HUES) 45 Ac 97
Albelda de Iregua **E** (RIO) 41 Xd 94
Albelos **E** (PON) 33 Re 96
Albella **E** (HUES) 27 Zf 94
Albendea **E** (CUE) 77 Xd 106
Albendiego **E** (GUA) 58 Wf 101
Albendín **E** (CÓRD) 137 Ve 122
Albéniz **E** (ÁLA) 24 Xe 91
Albentosa **E** (TER) 94 Zb 108
Albeos **E** (PON) 33 Re 96
Alberca, La - **E** (MUR) 142 Yf 121
Alberca, La **E** (SAL) 71 Tf 106
Alberca de Záncara, La - **E** (CUE) 110 Xd 111
Albercón **E** (PALM) 174 I B 3
Alberche del Caudillo **E** (TOL) 88 Va 109
Albergaria **P** (Sa) 101 Ra 113
Albergaria-a-Nova **P** (Av) 68 Rd 104
Albergaria-a-Velha **P** (Av) 68 Rd 104
Albergaria das Cabras **P** (Av) 68 Re 103
Albergaria dos Doze **P** (Le) 82 Rc 110
Albergaria dos Fusos **P** (Év) 117 Sa 119
Alberge **P** (Se) 116 Rc 118
Albergue de los Castaños **E** (MUR) 127 Yf 117
Albergue de los Espinares **E** (GRA) 153 Wf 126
Alberguería **E** (OUR) 34 Sc 96
Alberguería de Argañán, La **E** (SAL) 70 Tb 106
Alberguería de Herguijuela **E** (SAL) 71 Ua 105
Albergues **E** (VAL) 94 Za 109
Alberique **E** (VAL) 94 Yf 110
Alberique **E** (VAL) 113 Zc 114
Alberite **E** (CÁD) 157 Uc 128
Alberite **E** (RIO) 41 Xd 94
Alberite de San Juan **E** (ZAR) 42 Yd 98
Albernoa **P** (Be) 131 Sa 121
Albero Alto **E** (HUES) 44 Zd 96
Albero Bajo **E** (HUES) 44 Zd 96
Alberola **E** (LLE) 45 Ae 97
Alberquilla **E** (MUR) 141 Yb 123
Alberquilla, La - **E** (MUR) 140 Ya 119
Alberquilla, La - **E** (TOL) 89 Wa 109
Albert **E** (LLE) 29 Bb 94
Alberuela de Liera **E** (HUES) 44 Zf 96
Alberuela de Tubo **E** (HUES) 44 Ze 97
Albesa **E** (LLE) 45 Ad 98
Albeta **E** (ZAR) 42 Yc 98
Albi, l' - **E** (LLE) 64 Af 100
Albiasu **E** (NAV) 24 Ya 90
Albillos **E** (BUR) 39 Wb 95
Albina **E** (SEV) 150 Ue 126
Albinyana **E** (TAR) 65 Bc 101
Albiñana = Albinyana **E** (TAR) 65 Bc 101
Albió **E** (TAR) 64 Bb 99
Albiol, l' - **E** (TAR) 64 Ba 101
Albires **E** (LEÓ) 37 Ue 95
Albite **E** (COR) 14 Ra 91
Albixoi **E** (COR) 3 Re 90
Albiz **E** (VIZ) 11 Xc 89
Albiztur **E** (GUI) 12 Xf 90
Albocabe **E** (SOR) 59 Xe 99
Albocácer **E** (CAS) 80 Aa 106
Alboim das Choças **P** (VC) 32 Rd 97
Alboloduy **E** (ALM) 153 Xc 126
Albolote **E** (GRA) 152 Wc 125
Albolleque **E** (GUA) 75 We 105
Albondón **E** (GRA) 161 We 128
Alboniga **E** (VIZ) 11 Xb 88
Albons **E** (GIR) 49 Da 96
Alborache **E** (VAL) 113 Zb 112
Alborajico **E** (ALB) 127 Yc 117
Alboraya **E** (VAL) 113 Zd 112
Alborea **E** (ALB) 112 Yd 113
Alboreca **E** (GUA) 59 Xc 102
Alboredas, Las - **E** (CAS) 80 Ze 105
Alborge **E** (ZAR) 62 Zd 100
Albornos **E** (ÁVI) 73 Va 103
Albox **E** (ALM) 154 Xf 124
Alboy **E** (VAL) 113 Zd 115
Albranca Vell **E** (BAL) 96 Ea 109
Albrunheira **P** (Co) 82 Rb 108
Albrunheiro Grande **P** (CB) 83 Re 110
Albudeite **E** (MUR) 141 Yd 120
Albuera, La **E** (BAD) 119 Tb 116
Albufeira **P** (Fa) 146 Re 126
Albufera, S' - **E** (BAL) 96 Ea 108
Albufereta **E** (ALI) 128 Zd 118
Albufereta, S' - **E** (BAL) 96 Ea 108
Albuixech **E** (VAL) 113 Ze 111
Albujón **E** (MUR) 142 Yf 122
Albuñán **E** (GRA) 153 Wf 125
Albuñol **E** (GRA) 161 We 128
Albuñuelas **E** (GRA) 152 We 125
Albuñuelas **E** (GRA) 161 Wc 127
Alburquerque **E** (BAD) 103 Sf 113
Alburejos, Los - **E** (CÁD) 164 Ua 130
Alburitel **P** (Sa) 82 Rc 111
Alcabideche **P** (Li) 115 Qd 116
Alcabón **E** (TOL) 89 Vd 108
Alcácer **E** (VAL) 113 Zd 112
Alcácer do Sal **P** (Se) 116 Rc 118
Alcáçovas **P** (Év) 117 Rf 118
Alcáçovas, Estação **P** (Év) 117 Rf 118
Alcachofar, El - **E** (SEV) 149 Ub 123
Alcadima **E** (ALB) 126 Xf 117
Alcadozo **E** (ALB) 126 Ya 117
Alcafache **P** (Vi) 68 Sa 105
Alcafozes **P** (CB) 85 Sf 109
Alcahozo **E** (CUE) 112 Yc 112
Alcaide **E** (ALM) 140 Xf 122
Alcaide **P** (CB) 84 Sd 108
Alcaidía, La - **E** (CÓRD) 151 Vd 124
Alcaidía, La - **E** (SEV) 150 Uf 126
Alcainão Grande **P** (Li) 100 Qe 115
Alcaine **E** (TER) 79 Zb 103
Alcains **P** (CB) 84 Sd 109
Alcalá **E** (TEN) 172 I C 4
Alcalá **P** (Fa) 144 Rc 125
Alcalá de Chivert **E** (CAS) 80 Ab 107
Alcalá de Ebro **E** (ZAR) 43 Ye 98
Alcalá de Guadaira **E** (SEV) 148 Ua 124
Alcalá de Gurrea **E** (HUES) 43 Zb 96
Alcalá de Henares **E** (MAD) 75 Wd 106
Alcalá de la Jovada **E** (ALI) 129 Ze 116
Alcalá de la Selva **E** (TER) 79 Zb 106
Alcalá de la Vega **E** (CUE) 93 Yc 108
Alcalá del Júcar **E** (ALB) 112 Yd 113
Alcalá del Obispo **E** (HUES) 44 Ze 96
Alcalá de los Gazules **E** (CÁD) 157 Ub 130
Alcalá del Río **E** (SEV) 148 Ua 23
Alcalá del Río **E** (SEV) 148 Ua 123
Alcalá del Valle **E** (CÁD) 158 Ue 127
Alcalá de Moncayo **E** (ZAR) 42 Yb 98
Alcalá la Real **E** (JAÉ) 151 Wa 124
Alcalalí **E** (ALI) 129 Zf 116
Alcalva **P** (Év) 117 Rf 117
Alcampel **E** (HUES) 45 Ac 97
Alcaná **E** (ALI) 128 Za 118
Alcana **E** (HUES) 45 Ac 97
Alcanadre **E** (RIO) 41 Xf 94
Alcanar **E** (TAR) 81 Ac 105
Alcanede **P** (Sa) 101 Rb 112
Alcanena **P** (Sa) 101 Rb 112
Alcanetos, Los - **E** (HUES) 45 Aa 96
Alcanhões **P** (Sa) 101 Rc 113
Alcanó **E** (LLE) 63 Ad 100
Alcántara **E** (CÁC) 85 Ta 110
Alcántara **E** (CÁD) 157 Ua 128
Alcántara de Júcar = Alcàntera de Xúquer **E** (VAL) 113 Zc 114
Alcañtara y Los Bucanos **E** (MUR) 155 Yb 123
Alcantarilha **P** (Fa) 145 Rd 126
Alcantarilla **E** (ALB) 140 Xd 119
Alcantarilla **E** (MUR) 142 Ye 121
Alcantarilla, La - **E** (ALM) 155 Ya 126
Alcantarillas, Las - **E** (SEV) 148 Ua 126
Alcàntera de Xúquer **E** (VAL) 113 Zc 114
Alcantud **E** (CUE) 77 Xd 105
Alcañices **E** (ZAM) 53 Td 98
Alcañiz **E** (TER) 62 Zf 102
Alcañizo **E** (TOL) 88 Uf 109
Alcaracejos **E** (CÓRD) 121 Va 118
Alcaraces **E** (MUR) 142 Za 122
Alcaravela **P** (Sa) 102 Rf 111
Alcaraz **E** (ALB) 125 Xd 116
Alcaria **P** (Be) 132 Sb 119
Alcaria **P** (Be) 145 Re 124
Alcaria **P** (CB) 84 Sc 107
Alcaria **P** (Fa) 145 Rf 125
Alcaria **P** (Fa) 146 Sc 124
Alcaria **P** (Fa) 146 Sc 125
Alcaria **P** (Fa) 146 Sd 125
Alcaria **P** (Le) 101 Rb 111
Alcaria, La - **E** (CÁD) 158 Uc 129
Alcaria Alta **P** (Fa) 145 Sb 125
Alcaria Alta **P** (Fa) 146 Sb 124
Alcaria do Coelho **P** (Be) 131 Sa 123
Alcaria Longa **P** (Be) 145 Sa 123
Alcaria Queimada **P** (Fa) 146 Sc 124
Alcaria Ruiva **P** (Be) 131 Sb 122
Alcarias **P** (Be) 131 Re 122
Alcarias **P** (Fa) 146 Sb 125
Alcarias **P** (Fa) 146 Sc 125
Alcarias de Javazes **P** (Be) 146 Sc 123
Alcarias Pedro Guerreiro **P** (Fa) 145 Sa 124
Alcarràs **E** (LLE) 63 Ad 99
Alcarva **P** (Vi) 69 Sd 102
Alcaucín **E** (MÁL) 160 Vf 127
Alcaudete **E** (JAÉ) 151 Vf 123
Alcaudete de la Jara **E** (TOL) 88 Va 110
Alcaudique **E** (ALM) 162 Xa 128
Alcaufar **E** (BAL) 96 Eb 109
Alcayaga **E** (NAV) 12 Yb 89
Alcazaba **E** (BAD) 119 Tb 115
Alcazaba, La - **E** (ALM) 161 Wf 128
Alcázar **E** (GRA) 161 Wd 127
Alcázar del Rey **E** (CUE) 91 Xb 108
Alcázar de San Juan **E** (CIU) 109 We 112
Alcazarejos **E** (ALB) 112 Yc 114
Alcazarén **E** (SAL) 71 Ua 104
Alcazarén **E** (VALL) 56 Vb 100
Alcázares, Los **E** (MUR) 143 Za 122
Alceda **E** (CAN) 9 Wa 89
Alcedo **E** (ÁLA) 23 Wf 92
Alcíbar y Carrica **E** (GUI) 12 Ya 89
Alcira = Alzira **E** (VAL) 114 Zd 114
Alciri **E** (ALI) 128 Za 118
Alcoba **E** (CIU) 107 Vd 113
Alcobaça **P** (Le) 100 Ra 111
Alcoba de la Ribera **E** (LEÓ) 18 Ub 93
Alcoba de la Torre **E** (SOR) 58 Wd 98
Alcobaza **E** (BAD) 118 Ta 118
Alcobendas **E** (MAD) 75 Wc 105
Alcobertas **P** (Sa) 101 Ra 112
Alcocer **E** (CUE) 76 Xc 106
Alcocer de Planes **E** (ALI) 128 Zd 116
Alcocero de Mola **E** (BUR) 22 Wd 94
Alcochete **P** (Se) 115 Ra 116
Alcoentre **P** (Li) 100 Ra 113
Alcofra **P** (Vi) 68 Re 105
Alcohujate **E** (CUE) 76 Xc 106
Alcoi **E** (ALI) 128 Zd 116
Alcoitão **P** (Li) 115 Qd 116
Alcolea **E** (ALM) 153 Xa 127
Alcolea **E** (CÓRD) 136 Vb 121
Alcolea de Calatrava **E** (CIU) 123 Vf 115
Alcolea de Cinca **E** (HUES) 45 Aa 98
Alcolea de las Peñas **E** (GUA) 58 Xb 101
Alcolea del Pinar **E** (GUA) 76 Xd 102
Alcolea del Río **E** (SEV) 149 Ub 123
Alcolea de Tajo **E** (TOL) 87 Uf 110
Alcoletge **E** (LLE) 64 Ae 99
Alcollarín **E** (CÁC) 105 Ub 113
Alconaba **E** (SOR) 59 Xd 98
Alconada **E** (SAL) 72 Ud 103
Alconada de Maderuelo **E** (SEG) 57 Wd 100
Alconadilla **E** (SEG) 57 Wd 100
Alconchel **E** (BAD) 118 Sf 117
Alconchel de Ariza **E** (SOR) 59 Xf 101
Alconchel de la Estrella **E** (CUE) 91 Xc 110
Alconera **E** (BAD) 119 Td 118
Alcongosta **P** (CB) 84 Sd 108
Alcóntar **E** (ALM) 154 Xc 124
Alcora **E** (CAS) 95 Ze 108
Alcoraya **E** (ALI) 128 Zc 118
Alcorcillo **E** (ZAM) 53 Td 98
Alcorcón **E** (MAD) 74 Wb 106
Alcordal **P** (Vi) 68 Re 106
Alcorin **E** (MÁL) 165 Ue 130
Alcorisa **E** (TER) 80 Zd 103
Alcorlo **E** (GUA) 76 Wf 102
Alcornicosa **P** (Fa) 145 Sb 125
Alcornocal **E** (CÁC) 106 Ud 111
Alcornocal, El - **E** (CIU) 107 Vd 113
Alcornocal, El - **E** (CÓRD) 135 Ue 119
Alcornocalejo **E** (SEV) 135 Ub 123
Alcornocosa, La - **E** (SEV) 134 Te 122
Alcornoque **E** (SEV) 134 Tf 121
Alcornoquillo, El - **E** (SEV) 149 Ud 127
Alcorochel **P** (Sa) 101 Rc 112
Alcoroches **E** (GUA) 78 Yb 105
Alcórrego **P** (Pg) 102 Sa 114
Alcorriol **P** (Sa) 101 Rc 111
Alcorvel **P** (Fa) 145 Sb 125
Alcossebre **E** (CAS) 96 Ab 107
Alcotas **E** (TER) 94 Zb 108
Alcotas **E** (VAL) 94 Za 110
Alcotx **E** (BAL) 96 Eb 109
Alcoutim **P** (Fa) 146 Sd 124
Alcover **E** (TAR) 64 Bb 101
Alcoyes **E** (ALI) 128 Zd 117
Alcoz **E** (NAV) 24 Yb 90
Alcozar **E** (SOR) 58 We 99
Alcubierre **E** (HUES) 44 Zd 98
Alcubilla de Avellaneda **E** (SOR) 58 We 98
Alcubilla de las Peñas **E** (SOR) 59 Xc 101
Alcubilla del Marqués **E** (SOR) 58 Wf 99
Alcubilla de Nogales **E** (ZAM) 36 Ua 96
Alcubillas **E** (CIU) 124 Wf 116
Alcubillas, La - **E** (ALM) 154 Xc 126
Alcubillete **E** (TOL) 89 Ve 109
Alcublas **E** (VAL) 94 Zb 110
Alcudia **E** (ALI) 128 Zd 116
Alcúdia **E** (BAL) 99 Da 109
Alcúdia, l' **E** (VAL) 113 Zc 113
Alcudia de Carlet = Alcúdia, L' - **E** (VAL) 113 Zc 113
Alcúdia de Crespins, l' **E** (VAL) 113 Zc 115
Alcudia de Guadix **E** (GRA) 153 Wf 125
Alcudia de Monteagud **E** (ALM) 154 Xe 125
Alcudia de Veo **E** (CAS) 95 Zd 109
Alcuéscar **E** (CÁC) 105 Te 113
Alcuetas **E** (LEÓ) 37 Ud 95
Alcuneza **E** (GUA) 59 Xc 102
Alcútar **E** (GRA) 153 We 127
Alcuzcuz **E** (MÁL) 158 Uf 129
Alda **E** (ÁLA) 24 Xe 92
Aldaba **E** (GUI) 12 Xf 90
Aldaba **E** (NAV) 24 Yb 91
Aldaia Viçosa **P** (Gu) 69 Se 105
Aldán **E** (PON) 32 Rb 95
Aldanas **E** (VIZ) 11 Xb 89
Aldão **P** (Br) 50 Re 100
Aldaris **E** (COR) 14 Rb 92
Aldaya **E** (VAL) 113 Zd 112
Aldaz **E** (NAV) 24 Ya 90
Aldea **E** (LUG) 4 Sb 89
Aldea, La - **E** (AST) 7 Ue 90
Aldea, La - **E** (BUR) 22 Wc 91
Aldea, l' - **E** (TAR) 81 Ad 104
Aldea Blanca **E** (PALM) 174 I D 3
Aldea Blanca del Llano **E** (TEN) 172 I D 5
Aldeacentenera **E** (CÁC) 105 Uc 111
Aldeacipreste **E** (SAL) 71 Ua 106
Aldeacueva **E** (VIZ) 10 Wd 89
Aldeadalba de Hortaces **E** (SAL) 70 Tc 105
Aldeadávila de la Ribera **E** (SAL) 53 Tc 101
Aldea de Arango **E** (TOL) 88 Va 108
Aldea de Arriba **E** (OUR) 33 Sa 96
Aldea de Cela **E** (COR) 3 Rf 89
Aldea de Deva (Pontedeva) **E** (OUR) 33 Rf 96
Aldea de Ebro **E** (CAN) 21 Vf 91
Aldea de Gazol **E** (HUES) 44 Zd 98
Aldea de la Valdoncina, La - **E** (LEÓ) 19 Ub 93
Aldea del Cano **E** (CÁC) 104 Te 113
Aldea del Fresno **E** (MAD) 89 Ve 107
Aldea del Obispo **E** (SAL) 70 Tb 104
Aldea del Pinar **E** (BUR) 40 Wf 97
Aldea del Portillo de Busto, La - **E** (BUR) 22 We 92
Aldea del Puente, La - **E** (LEÓ) 19 Ue 93
Aldea del Rey **E** (CIU) 123 Wa 116
Aldea del Rey Niño **E** (ÁVI) 73 Vb 105
Aldea de Puy de Cinca **E** (HUES) 45 Ab 95
Aldea de San Esteban **E** (SOR) 58 We 99
Aldea de San Miguel **E** (VALL) 56 Vc 100
Aldea de Tejada **E** (HUEL) 148 Td 124
Aldea de Trujillo **E** (CÁC) 105 Ua 111
Aldeaencabo de Escalona **E** (TOL) 89 Vd 107
Aldeagallega **E** (SAL) 72 Ub 103
Aldeagordo de Abajo **E** (SAL) 72 Ub 104
Aldeagutiérrez **E** (SAL) 54 Tf 102
Aldeahermosa **E** (JAÉ) 124 Wf 119
Aldealabad **E** (ÁVI) 73 Va 105
Aldealabad del Mirón **E** (ÁVI) 72 Ud 105
Aldealafuente **E** (SEG) 57 Wb 101
Aldealafuente **E** (SOR) 59 Xe 98
Aldealázaro **E** (SEG) 58 Wd 100
Aldealbar **E** (VALL) 56 Vd 100
Aldealcardo **E** (SOR) 41 Xe 96
Aldealcorvo **E** (SEG) 57 Wb 101
Aldealengua **E** (SAL) 72 Uc 103
Aldealengua de Santa María **E** (SEG) 57 Wd 100
Aldealices **E** (SOR) 41 Xe 97
Aldealobos **E** (RIO) 41 Xe 95
Aldealpozo **E** (SOR) 41 Xe 98
Aldealseñor **E** (SOR) 41 Xe 97
Aldeallana **E** (SEG) 74 Ve 103
Aldeamayor de San Martín **E** (VALL) 56 Vc 99
Aldeanueva **E** (ALB) 126 Yb 115
Aldeanueva **E** (SAL) 70 Tc 105
Aldeanueva **E** (SEG) 74 Vf 103
Aldeanueva de Atienza **E** (GUA) 58 Wf 101
Aldeanueva de Barbarroya **E** (TOL) 88 Uf 110
Aldeanueva de Cameros **E** (RIO) 41 Xc 96
Aldeanueva de Campo Mojado **E** (SAL) 72 Ub 105
Aldeanueva de Ebro **E** (RIO) 42 Ya 95
Aldeanueva de Figueroa **E** (SAL) 54 Uc 102
Aldeanueva de Guadalajara **E** (GUA) 76 Wf 104
Aldeanueva del Arenal **E** (SAL) 70 Tc 106
Aldeanueva de la Serrezuela **E** (SEG) 57 Wb 100
Aldeanueva de la Vera **E** (CÁC) 87 Ub 108
Aldeanueva del Camino **E** (CÁC) 86 Ua 107
Aldeanueva del Campanario **E** (SEG) 57 Wc 100
Aldeanueva del Codonal **E** (SEG) 56 Vc 102
Aldeanueva del Monte **E** (SEG) 57 Wc 100
Aldeanueva de Portanovis **E** (SAL) 70 Tc 104
Aldeanueva de San Bartolomé **E** (TOL) 106 Uf 111
Aldeanueva de Santa Cruz **E** (ÁVI) 72 Ud 106
Aldeaquemada **E** (JAÉ) 124 Wd 118
Aldea Quintana **E** (CÓRD) 136 Va 122
Aldea Real **E** (SEG) 56 Vf 101
Aldearrodrigo **E** (SAL) 54 Ub 102
Aldearrubia **E** (SAL) 72 Ud 102
Aldeasaz **E** (SEG) 57 Wa 102
Aldeaseca **E** (ÁVI) 73 Vb 102
Aldeaseca de Alba **E** (SAL) 72 Ud 104
Aldeaseca de Armuña **E** (SAL) 72 Ub 102
Aldeaseca de la Frontera **E** (SAL) 72 Ue 103
Aldeasnuevas **E** (CÁC) 86 Te 108
Aldeasoña **E** (SEG) 57 Vf 100
Aldeatejada **E** (SAL) 72 Ub 103
Aldea Vella **E** (COR) 14 Ra 93
Aldeavieja **E** (ÁVI) 73 Vd 104
Aldeavieja **E** (SAL) 71 Te 104
Aldeavieja de Tormes **E** (SAL) 72 Uc 105
Aldeavilla de Revilla **E** (SAL) 71 Te 103
Aldeayuste **E** (SAL) 72 Ue 103
Aldeguer **E** (LUG) 5 Se 89
Aldehorno **E** (SEG) 57 Wb 99
Aldehuela **E** (CÁC) 71 Td 106
Aldehuela **E** (GUA) 77 Yb 104
Aldehuela **E** (SEG) 57 Wb 100
Aldehuela **E** (SEG) 74 Vf 102
Aldehuela **E** (TER) 79 Zb 104
Aldehuela **E** (TER) 94 Yf 107
Aldehuela **E** (TOL) 90 Wd 108
Aldehuela, La - **E** (JAÉ) 137 Wa 120
Aldehuela, La **E** (ÁVI) 72 Ud 106
Aldehuela de Ágreda **E** (SOR) 42 Ya 98
Aldehuela de Calatañazor **E** (SOR) 58 Xb 98
Aldehuela de la Bóveda **E** (SAL) 71 Tf 103
Aldehuela del Codonal **E** (SEG) 73 Vc 102
Aldehuela de Liestos **E** (ZAR) 60 Yb 102
Aldehuela del Jerte **E** (CÁC) 86 Te 108
Aldehuela de los Gallegos **E** (SAL) 70 Tc 105
Aldehuela de Periáñez **E** (SOR) 41 Xe 98
Aldehuela de Rincón **E** (SOR) 41 Xc 97
Aldehuela de Santa Cruz **E** (ZAR) 60 Yd 100
Aldehuela de Yeltes **E** (SAL) 71 Te 105
Aldehuelas **E** (SAL) 54 Ua 102
Aldehuelas, Las - **E** (SOR) 41 Xd 97
Aldeia **P** (Br) 50 Rc 100
Aldeia **P** (Por) 51 Sa 101
Aldeia **P** (VC) 32 Rc 96
Aldeia **P** (Vi) 51 Sc 102
Aldeia **P** (Vi) 68 Rf 103
Aldeia Cimeira **P** (Co) 83 Sa 108
Aldeia da Barrada **P** (Év) 118 Sd 118
Aldeia da Bemposta **P** (Be) 130 Rc 123
Aldeia da Cruz **P** (Le) 83 Re 109
Aldeia da Dona **P** (Gu) 70 Ta 106
Aldeia da Mata **P** (Pg) 102 Sb 113
Aldeia da Mata da Rainha **P** (CB) 84 Se 108
Aldeia da Nora **P** (Év) 118 Sc 116
Aldeia da Ponte **P** (Gu) 70 Ta 106
Aldeia da Ribeira **P** (CB) 83 Rf 110
Aldeia da Ribeira **P** (Gu) 70 Ta 106
Aldeia da Ribeira **P** (Sa) 101 Rb 112
Aldeia das Amoreiras **P** (Be) 131 Rd 122
Aldeia das Dez **P** (Co) 83 Sa 107
Aldeia da Serra **P** (Év) 117 Sa 116
Aldeia da Serra **P** (Év) 118 Sc 116
Aldeia da Venda **P** (Év) 118 Sd 117
Aldeia de Além **P** (Sa) 101 Rb 112
Aldeia de Ana de Avis **P** (Le) 83 Re 109
Aldeia de Eiras **P** (Sa) 102 Rf 111
Aldeia de Faleiros **P** (Év) 118 Sd 117
Aldeia de Joanes **P** (CB) 84 Sc 108
Aldeia de João Pires **P** (CB) 84 Sf 108
Aldeia de Motrinos **P** (Év) 118 Sd 118

Aldeia de Mourinhos **P** (Év) 118 Sc 116
Aldeia de Nacomba **P** (Vi) 69 Sc 103
Aldeia de Paio Pires **P** (Se) 115 Qf 117
Aldeia de Santa Madalena **P** (Gu) 69 Se 106
Aldeia de Santa Margarida **P** (CB) 84 Se 108
Aldeia de Santo António **P** (Gu) 70 Sf 106
Aldeia de São Francisco de Assis **P** (CB) 84 Sb 108
Aldeia de São Sebastião **P** (Gu) 70 Ta 105
Aldeia de Tor **P** (Fa) 145 Rf 125
Aldeia de Vale de Maceiras **P** (Pg) 103 Sc 114
Aldeia do Bispo **P** (CB) 84 Sf 108
Aldeia do Bispo **P** (Gu) 69 Se 106
Aldeia do Bispo **P** (Gu) 85 Ta 107
Aldeia do Cano **P** (Se) 130 Rc 122
Aldeia do Carvalho **P** (CB) 84 Sd 107
Aldeia do Futuro **P** (Se) 130 Rc 119
Aldeia do Mato **P** (Sa) 102 Re 111
Aldeia do Meco **P** (Se) 115 Qe 118
Aldeia do Outeiro **P** (Év) 118 Sd 118
Aldeia do Rio **P** (Le) 82 Rc 109
Aldeia dos Delbas **P** (Be) 131 Re 122
Aldeia dos Fernandes **P** (Be) 131 Re 123
Aldeia dos Grandaços **P** (Be) 131 Re 123
Aldeia dos Matos **P** (Fa) 145 Re 125
Aldeia dos Orvalhos **P** (Év) 118 Sd 117
Aldeia do Souto **P** (CB) 69 Sd 106
Aldeia dos Palheiros **P** (Be) 130 Re 123
Aldeia dos Pinheiros **P** (Se) 115 Qf 117
Aldeia dos Ruins **P** (Be) 131 Re 120
Aldeia Formosa **P** (Co) 68 Sa 106
Aldeia Galega da Merceana **P** (Li) 100 Qf 114
Aldeia Gavinha **P** (Li) 100 Qf 114
Aldeia Grande **P** (Li) 100 Qf 114
Aldeia Nova **P** (Ba) 53 Te 99
Aldeia Nova **P** (Gu) 69 Sd 104
Aldeia Nova **P** (Gu) 70 Ta 104
Aldeia Nova **P** (Vi) 69 Sc 104
Aldeia Nova de Montalegre **P** (VR) 33 Sb 97
Aldeia Nova de São Bento **P** (Be) 132 Sd 121
Aldeia Nova do Barroso **P** (VR) 33 Sb 98
Aldeia Nova do Cabo **P** (CB) 84 Sc 108
Aldeia Rica **P** (Gu) 69 Se 105
Aldeias **P** (Be) 132 Sb 120
Aldeias **P** (Gu) 69 Sc 106
Aldeias **P** (Vi) 51 Sb 102
Aldeias do Montoito **P** (Év) 117 Sc 117
Aldeia Velha **P** (Gu) 85 Ta 106
Aldeia Velha **P** (Pg) 103 Rf 114
Aldeia Velha **P** (Sa) 116 Re 115
Aldeios dos Marmelos **P** (Év) 118 Sd 117
Aldeire **E** (ALM) 154 Xc 125
Aldeire **E** (GRA) 153 Wf 126
Aldenueva del Camino **E** (CÁC) 86 Ua 107
Aldeonsancho **E** (SEG) 57 Wa 101
Aldeonte **E** (SEG) 57 Wb 100
Aldeyuso **E** (VALL) 56 Vf 99
Aldixe **E** (LUG) 4 Sc 89
Aldomán **E** (LUG) 5 Sf 90
Aldosa, l' **AND** 29 Bd 93
Aldosende **E** (LUG) 16 Sc 92
Aldover **E** (TAR) 81 Ac 103
Aldreu **P** (Br) 50 Rb 99
Aldriz **P** (Av) 68 Rc 102
Alea **E** (AST) 7 Uf 88
Aleas **E** (GUA) 75 Wf 103
Alecrinais **P** (Be) 132 Sd 121
Alecua **E** (ALI) 128 Zc 117
Aledo **E** (MUR) 141 Yc 122
Alegia **E** (GUI) 24 Xf 90
Alegranza **E** (PALM) 176 C 1
Alegrete **P** (Pg) 103 Se 113
Alegria-Dulantzi **E** (ÁLA) 23 Xc 91
Aleicar, l' - **E** (TAR) 64 Ba 101
Aleje **E** (LEÓ) 19 Uf 91
Alejos, Los - **E** (ALB) 126 Xe 117
Alella **E** (BAR) 66 Cb 100
Alemanes Nuevos, Los - **E** (ALM) 163 Xf 128
Além de Água **P** (Co) 83 Rd 108
Além do Rio **P** (VC) 32 Ra 98
Alemparte **E** (OUR) 145 Sc 95
Alemparte **E** (PON) 15 Rf 92
Alén **E** (OUR) 15 Rf 93
Alén **E** (VIZ) 10 We 89
Alençarce de Cima **P** (Co) 82 Rc 108
Alenquer **P** (Li) 100 Qf 114
Alentisca **P** (Pg) 118 Se 115
Alentisque **E** (SOR) 59 Xd 100
Alentorn **E** (LLE) 46 Ba 97
Aler **E** (HUES) 45 Ac 96
Alera **E** (NAV) 42 Yd 95
Alerre **E** (HUES) 44 Zd 96
Alesanco **E** (RIO) 40 Xb 94
Alesón **E** (RIO) 41 Xb 94
Alevia **E** (AST) 8 Vc 88
Alfabia **E** (BAL) 98 Ce 110
Alfacar **E** (GRA) 152 Wc 125
Alfafar **E** (VAL) 114 Zd 112
Alfafara **E** (ALI) 128 Zc 116
Alfages **E** (HUES) 45 Ab 98
Alfahuara, La - **E** (ALM) 140 Xe 122
Alfahuir **E** (VAL) 129 Ze 115
Alfaião **P** (Ba) 35 Tb 98
Alfaiates **P** (Gu) 70 Ta 106
Alfaix **E** (ALM) 155 Ya 126
Alfajarín **E** (ZAR) 61 Zb 99
Alfambra **E** (TER) 79 Yf 105
Alfamén **E** (ZAR) 61 Ye 100
Alfândega da Fé **P** (Ba) 52 Ta 100
Alfántega **E** (HUES) 45 Aa 98
Alfanzina **P** (Fa) 144 Rd 126
Alfara de Algimia **E** (VAL) 95 Zd 110
Alfara de Carles **E** (TAR) 81 Ac 103
Alfaraz **E** (ZAM) 54 Ua 101
Alfarela de Jales **P** (VR) 51 Sc 100
Alfarelos **P** (Co) 82 Rc 108
Alfarim **P** (Se) 115 Qf 118
Alfarnate **E** (MÁL) 151 Ve 127
Alfarnatejo **E** (MÁL) 151 Ve 127
Alfaro **E** (RIO) 42 Yb 95
Alfarp **E** (VAL) 113 Zc 113
Alfarràs **E** (LLE) 45 Ad 97
Alfarrasí **E** (VAL) 128 Zd 115
Alfarrobeira **P** (Fa) 145 Re 125
Alfarrobeira de Baixo **P** (Be) 131 Sa 121
Alfarrobeira de Cima **P** (Be) 131 Sa 121
Alfávila, La - **E** (JAÉ) 151 Wa 123
Alfaz del Pi **E** (ALI) 129 Zf 117
Alfebre do Mato **P** (Se) 116 Rd 118
Alfebrinho **P** (Se) 116 Rd 118
Alfeicão **P** (Fa) 145 Rf 126
Alfeizerão **P** (Le) 100 Qf 111
Alfena **P** (Por) 50 Rc 101
Alfera, La - **E** (ALB) 126 Xe 117
Alferce **P** (Fa) 144 Rd 125
Alferrarede **P** (Sa) 102 Re 112
Alfés **E** (LLE) 63 Ad 99
Alfocea **E** (ZAR) 43 Za 98
Alfoces, Los - **E** (PAL) 38 Vf 97
Alfondeguilla **E** (CAS) 95 Ze 109
Alfonso XIII, Refugio de - **E** (HUES) 26 Ze 92
Alfontes **P** (Fa) 145 Re 126
Alforgemel **P** (Sa) 101 Ra 113
Alforja **E** (TAR) 64 Af 101
Alfornón **E** (GRA) 161 We 128
Alforque **E** (ZAR) 62 Zd 101
Alfovês **P** (Sa) 101 Rb 113
Alfranca, La - **E** (ZAR) 61 Zb 99
Alfrivida **P** (CB) 84 Sc 109
Alfundão **P** (Be) 131 Rf 120
Algá, el - **E** (CAS) 80 Zf 106
Algaba, La **E** (SEV) 148 Tf 124
Algadefe **E** (LEÓ) 36 Uc 95
Algaiarens **E** (BAL) 96 Df 108
Algaida **E** (BAL) 99 Cf 111
Algaida **E** (MUR) 142 Ye 120
Algaida, La - **E** (CÁD) 156 Te 128
Algaidilla **E** (SEV) 150 Vb 125
Algaidón, El - **E** (MUR) 126 Yb 119
Algalé **P** (Se) 116 Re 119
Algallarín **E** (CÓRD) 137 Vd 121
Algamasilla **E** (CÁD) 165 Uc 132
Algámitas **E** (SEV) 150 Uf 126
Algámitas, Las - **E** (CÁD) 164 Uc 131
Algar **E** (CÁD) 158 Uc 129
Algar **E** (CÓRD) 151 Vd 124
Algar, El **E** (MUR) 143 Za 123
Algar, S' **E** (BAL) 96 Eb 110
Algarbes, Los - **E** (CÓRD) 150 Va 123
Algar de Mesa **E** (GUA) 60 Ya 102
Algar de Palancia **E** (VAL) 95 Zd 110
Algarga **E** (GUA) 91 Wf 107
Algarinejo **E** (GRA) 151 Vf 125
Algariz **P** (Av) 68 Rd 103
Algarra **E** (CUE) 93 Yd 108
Algarrobal, El - **E** (ALM) 162 Xb 128
Algarrobillo, El - **E** (SEV) 157 Ua 127
Algarrobo **E** (MÁL) 160 Vf 128
Algarrobo, El **E** (HUEL) 148 Td 125
Algarrobo, El **E** (MUR) 127 Yf 119
Algarrobo-Costa **E** (MÁL) 160 Vf 128
Algarve **E** (CÓRD) 137 Ve 122
Algatocín **E** (MÁL) 158 Ue 129
Algayón **E** (HUES) 45 Ac 97
Algecira, La - **E** (TER) 80 Zd 104
Algeciras **E** (CÁD) 165 Ud 132
Algemesí **E** (VAL) 113 Zd 113
Algendar **E** (BAL) 96 Eb 109
Algeriz **P** (VR) 52 Sd 99
Algerri **E** (LLE) 45 Ad 98
Algeruz **P** (Se) 116 Rb 117
Algete **E** (MAD) 75 Wd 105
Algezares **E** (MUR) 142 Yf 121
Algibón **E** (SEV) 150 Uf 126
Algimia de Alfara **E** (VAL) 95 Zd 110
Algimia de Almonacid **E** (CAS) 95 Zd 109
Alginet **E** (VAL) 113 Zd 113
Algoceira **P** (Be) 130 Rb 123
Algoda, La - **E** (ALI) 143 Zb 119
Algodonales **E** (CÁD) 158 Ud 127
Algodor **P** (Be) 131 Sb 122
Algodre **E** (ZAM) 54 Uc 99
Algodres **P** (Gu) 70 Sf 103
Algora **E** (GUA) 76 Xb 103
Algorfa **E** (ALI) 143 Zb 120
Algorós **E** (ALI) 143 Zb 119
Algorta **E** (VIZ) 11 Wf 88
Algosinho **P** (Ba) 53 Tc 101
Algóso **P** (Ba) 53 Tc 100
Algoz **P** (Fa) 145 Re 126
Alguaire **E** (LLE) 45 Ad 98
Alguazas **E** (MUR) 142 Ye 120
Alguber **P** (Li) 100 Qf 113
Algueidão da Serra **P** (Le) 82 Rb 111
Algueirão **P** (Li) 115 Qd 116
Algueña **E** (ALI) 128 Za 118
Alhabía **E** (ALM) 154 Xc 127
Alhadas **P** (Co) 82 Rd 107
Alhadinha **P** (Be) 130 Rb 122
Alhagüeces **E** (MUR) 141 Yb 121
Alhais **P** (Vi) 69 Sb 103
Alhais de Cima **P** (Vi) 69 Sb 103
Alhama de Almería **E** (ALM) 154 Xc 127
Alhama de Aragón **E** (ZAR) 60 Ya 101
Alhama de Granada **E** (GRA) 151 Wa 126
Alhama de Murcia **E** (MUR) 141 Yd 121
Alhambra **E** (CIU) 124 Wf 115
Alhambras, Las - **E** (TER) 94 Za 108
Alhanchete, El - **E** (ALM) 155 Ya 125
Alhandra **P** (Li) 100 Qf 115
Alharia, La - **E** (MÁL) 158 Ue 129
Alharilla **E** (JAÉ) 137 Vf 121
Alhaurín de la Torre **E** (MÁL) 159 Vc 129
Alhaurín el Grande **E** (MÁL) 159 Vb 129
Alheira **P** (Br) 50 Rc 99
Alheiro Negro **P** (Sa) 101 Rd 114
Alhendín **E** (GRA) 152 Wc 126
Alhões **P** (Vi) 68 Rf 103
Alhondiguilla, La - **E** (GRA) 152 Wb 124
Alhos Vedros **P** (Se) 115 Qf 117
Ali **E** (ÁLA) 23 Xb 91
Alía **E** (CÁC) 106 Ue 112
Aliaga **E** (TER) 79 Zb 104
Aliaguilla **E** (CUE) 93 Ye 110
Alicante, El - **E** (CÓRD) 121 Ue 119
Alicante = Alacant **E** (ALI) 128 Zd 118
Alicate **E** (MÁL) 159 Vb 129
Alicún **E** (ALM) 154 Xc 127
Alicún de Ortega **E** (GRA) 153 Wf 123
Alija de la Ribera **E** (LEÓ) 19 Uc 93
Alija del Infantado **E** (LEÓ) 36 Ub 96
Alijão **P** (Br) 51 Rf 100
Alijar **E** (CÁD) 156 Te 128
Alijares, Los - **E** (JAÉ) 138 Wd 122
Alijó **P** (VR) 52 Sd 101
Alimonte **P** (Ba) 34 Ta 98
Alins **E** (HUES) 28 Ad 94
Alins **E** (LLE) 29 Bb 93
Alíns del Monte **E** (HUES) 45 Ac 96
Alinyà **E** (LLE) 47 Bc 95
Aliñá = Alinyà **E** (LLE) 47 Bc 95
Alió **E** (TAR) 64 Bb 101
Alique **E** (GUA) 76 Xc 105
Alisar, El - **E** (SEV) 134 Te 123
Alisas **E** (CAN) 10 Wc 89
Aliseda **E** (CÁC) 104 Tb 112
Aliseda **E** (SAL) 70 Tc 104
Aliseda, La - **E** (JAÉ) 124 Wc 119
Aliseda de Tormes, La **E** (ÁVI) 87 Ud 107
Alitaje **E** (GRA) 152 Wb 125
Aliud **E** (SOR) 59 Xe 99
Aljabara, La **E** (SEV) 149 Ud 124
Aljabaras, Las **E** (CÓRD) 135 Ue 121
Aljaima **E** (MÁL) 159 Vc 128
Aljambra, La - **E** (ALM) 154 Xf 124
Aljaraque **E** (HUEL) 147 Sf 125
Aljaraz **P** (Av) 68 Rd 106
Aljariz **E** (ALM) 155 Ya 125
Aljezas y El Llano **E** (MUR) 141 Ya 122
Aljezur **P** (Fa) 144 Rb 125
Aljibe **E** (PALM) 175 II E 2
Aljibe de la Cruz, El - **E** (ALM) 162 Xb 127
Aljibe del Andaluz **E** (MUR) 141 Yd 121
Aljibe de los Juncos **E** (MUR) 142 Ye 122
Aljibete, El - **E** (MUR) 155 Yb 123
Aljibe y las Brencas de Sicilia, El - **E** (MUR) 141 Yb 123
Aljibillos **E** (ALM) 162 Xa 128
Aljonoz **E** (SEV) 150 Va 124
Aljorf **E** (VAL) 128 Zc 115
Aljorra, La - **E** (MUR) 142 Yf 122
Aljubarrota **P** (Le) 101 Ra 111
Aljubé **E** (ALB) 127 Yc 117
Aljucén **E** (BAD) 104 Td 114
Aljucer **E** (MUR) 142 Yf 121
Aljustrel **P** (Be) 131 Re 121
Alkibar **E** (GUI) 24 Xe 91
Alkiza **E** (GUI) 12 Xf 89
Almaceda **P** (CB) 84 Sc 108
Almacellas = Almacelles **E** (LLE) 45 Ac 98
Almacelles **E** (LLE) 45 Ac 98
Almacelletes **E** (LLE) 45 Ad 98
Almacenes **E** (TER) 79 Zb 103
Almaciles **E** (GRA) 140 Xd 121
Almacinha **P** (Vi) 68 Re 106
Almáchar **E** (MÁL) 160 Ve 128
Almachares **E** (MÁL) 160 Wa 128
Almada **P** (Se) 115 Qf 116
Almada de Ouro **P** (Fa) 146 Sd 125
Almadén **E** (CIU) 122 Vb 116
Almadena **P** (Fa) 144 Rb 126
Almadén de la Plata **E** (SEV) 134 Tf 121
Almadenejos **E** (CIU) 122 Vb 116
Almadenes **E** (MUR) 141 Yc 119
Almadraba **E** (CÁD) 156 Td 129
Almadraba, l' - **E** (GIR) 31 Db 95
Almadraba de Monteleva **E** (ALM) 163 Xe 128
Almadraba Esparola **E** (CÁD) 164 Te 130
Almadrava, l' **E** (TAR) 81 Af 103
Almadrones **E** (GUA) 76 Xb 103
Almafrá **E** (ALI) 129 Zf 117
Almagarinos **E** (LEÓ) 18 Te 92
Almagreira **P** (Le) 82 Rc 109
Almagro **E** (CIU) 123 Wb 115
Almagros **E** (MUR) 142 Ye 122
Almaguer-Espedreñals **E** (VAL) 113 Zd 113
Almajalejo **E** (ALM) 154 Ya 124
Almajano **E** (SOR) 41 Xd 97
Almajar **E** (CÁD) 157 Te 129
Almalaguês **P** (Co) 83 Rd 108
Almaluez **E** (SOR) 59 Xe 101
Almándoz **E** (NAV) 25 Yc 90
Almansa **E** (ALB) 127 Yf 115
Almansa **E** (CÁC) 106 Ue 112
Almansas **E** (JAÉ) 139 Wf 121
Almansil **P** (Fa) 145 Rf 126
Almantiga **E** (SOR) 59 Xc 100
Almanza **E** (LEÓ) 20 Uf 93
Almanzora = Almassora **E** (CAS) 95 Zf 109
Almarail **E** (SOR) 59 Xd 99
Almaraz **E** (CÁC) 87 Uc 110
Almaraz de Duero **E** (ZAM) 54 Ua 100
Almaraz de la Mota **E** (VALL) 55 Ue 98
Almarça **P** (Vi) 68 Re 106
Almarcha, La **E** (CUE) 92 Xd 110
Almarchal, El - **E** (CÁD) 164 Ub 132
Almargem **P** (Vi) 68 Sa 104
Almargem do Bispo **P** (Li) 115 Qe 115
Almargen **E** (MÁL) 158 Uf 127
Almarginho **P** (Fa) 145 Sa 125
Almarja, La - **E** (CÓRD) 135 Ue 122
Almarjão **P** (Fa) 144 Rd 125
Almarza **E** (SOR) 41 Xd 97
Almarza de Cameros **E** (RIO) 41 Xc 95
Almàssera **E** (VAL) 113 Zd 111
Almassor **E** (LLE) 46 Af 98
Almassora **E** (CAS) 95 Zf 109
Almatret **E** (ZAR) 63 Ac 101
Almatriche **E** (PALM) 174 I D 2
Almayate Alto **E** (MÁL) 160 Vf 128
Almayate Bajo **E** (MÁL) 160 Vf 128
Almazán **E** (SOR) 59 Xc 100
Almazarán **E** (ALB) 126 Xf 118
Almázcara **E** (LEÓ) 18 Td 93
Almazorre **E** (HUES) 45 Aa 95
Almazul **E** (SOR) 59 Xf 99
Almedíjar **E** (CAS) 95 Ab 107
Almedíjar **E** (CAS) 95 Zd 109
Almedina **E** (CIU) 125 Xa 117
Almedina, La **E** (JAÉ) 139 Wf 121
Almedinilla **E** (CÓRD) 151 Vf 124
Almegíjar **E** (GRA) 161 We 127
Almeida **E** (ZAM) 54 Tf 101
Almeida **P** (Gu) 70 Ta 104
Almeidinha **P** (Gu) 70 Sf 105
Almeirim **P** (Be) 131 Rf 122
Almeirim **P** (Sa) 101 Rb 112
Almeirim **P** (Sa) 101 Rc 113
Almenar **E** (LLE) 45 Ad 98
Almenara **E** (CAS) 95 Ze 110
Almenara **E** (JAÉ) 138 Wb 121
Almenara de Adaja **E** (VALL) 56 Vb 101
Almenara de San Ignacio **E** (ZAR) 61 Yf 98
Almenara de Tormes **E** (SAL) 54 Ub 102
Almenar de Soria **E** (SOR) 59 Xe 98
Almendra **E** (SAL) 53 Td 101
Almendra **E** (ZAM) 54 Ua 99
Almendra **P** (Gu) 70 Sf 102
Almendral **E** (BAD) 119 Tb 117
Almendral **E** (CÁC) 86 Tf 108
Almendral, El - **E** (ALM) 154 Xc 126
Almendral, El - **E** (GRA) 151 Vf 127
Almendral de la Cañada **E** (TOL) 88 Vb 107
Almendralejo **E** (BAD) 119 Td 116
Almendrales **E** (MÁL) 159 Vd 128
Almendres **P** (Év) 117 Rf 117
Almendricos **E** (MUR) 155 Yb 124
Almendro, El - **E** (HUEL) 146 Se 123
Almendros **E** (CUE) 91 Xa 109
Almendros, los - **E** (CAS) 81 Ad 105
Almendros, Los - **E** (CIU) 124 Wf 115
Almensilla **E** (SEV) 148 Tf 125
Almería **E** (ALM) 162 Xd 127
Almerimar **E** (ALM) 162 Xb 128
Almeza, La - **E** (VAL) 94 Za 109
Almicerán, El - **E** (JAÉ) 139 Xa 122
Almidar **E** (GRA) 153 Wf 124
Almirez **E** (ALB) 126 Ya 118
Almiruete **E** (GUA) 75 We 102
Almócita **E** (ALM) 153 Xb 126
Almochuel **E** (ZAR) 62 Zc 101
Almodôvar **P** (Be) 145 Rf 123
Almodôvar-a-Velha **P** (Be) 145 Rf 123
Almodóvar del Campo **E** (CIU) 123 Ve 116
Almodóvar del Pinar **E** (CUE) 92 Ya 110
Almodóvar del Río **E** (CÓRD) 136 Uf 122
Almofala **P** (Gu) 70 Ta 103
Almofala **P** (Le) 100 Qf 112
Almofala **P** (Vi) 69 Sb 103
Almofrela **P** (Por) 51 Rf 101
Almogía **E** (MÁL) 159 Vc 128
Almograve **P** (Be) 130 Rb 123
Almoguera **E** (GUA) 91 Xa 107
Almohadilla **E** (JAÉ) 125 Xb 118
Almohaja **E** (TER) 78 Yd 105
Almohalla, La - **E** (ÁVI) 72 Ud 106
Almoharín **E** (CÁC) 105 Tf 113
Almoines **E** (VAL) 114 Ze 115
Almoinha **P** (Se) 115 Qf 118
Almoinhas **P** (Pg) 102 Rf 113
Almolda, La - **E** (ZAR) 62 Ze 99
Almonacid de la Cuba **E** (ZAR) 61 Zb 101
Almonacid de la Sierra **E** (ZAR) 61 Ye 100
Almonacid del Marquesado **E** (CUE) 91 Xb 110
Almonacid de Toledo **E** (TOL) 89 Wa 110
Almonacid de Zorita **E** (GUA) 91 Xa 107
Almonaster la Real **E** (HUEL) 133 Tb 121
Almontarás, Las - **E** (GRA) 139 Xb 122
Almonte **E** (HUEL) 147 Tc 125
Almor **E** (GIR) 48 Cd 95
Almoradí **E** (ALI) 143 Zb 120
Almoraima **E** (CÁD) 165 Ud 131
Almorchón **E** (BAD) 121 Ue 116
Almornos **P** (Li) 115 Qe 115
Almorojuelo **E** (TOL) 89 Vd 107
Almorox **E** (TOL) 89 Vd 107
Almoster **E** (TAR) 64 Ba 101
Almoster **P** (Le) 83 Rd 109
Almoster **P** (Sa) 101 Rb 113
Almuadina, S' - **E** (BAL) 96 Df 108
Almudáfar **E** (HUES) 63 Ab 99
Almudaina **E** (ALI) 128 Zd 116
Almudena **E** (MUR) 141 Ya 120
Almudévar **E** (HUES) 44 Zc 96
Almuédano **E** (SEV) 148 Tf 124
Almuinha Velha **P** (Be) 146 Sc 123
Almunia de Doña Godina, La **E** (ZAR) 61 Yd 100
Almunia del Romeral, La - **E** (HUES) 44 Ze 95
Almunia de San Juan **E** (HUES) 45 Ab 97
Almunia de San Lorenzo **E** (HUES) 45 Ad 95
Almunias, Las - **E** (HUES) 44 Zf 95
Almuniente **E** (HUES) 44 Zd 97
Almuña **E** (AST) 6 Tc 87
Almuñécar **E** (GRA) 161 Wb 128
Almuradiel **E** (CIU) 124 Wd 117
Almurfe **E** (AST) 6 Te 89
Almusafes = Almussafes **E** (VAL) 113 Zd 113
Almussafes **E** (VAL) 113 Zd 113
Almuzara **E** (LEÓ) 19 Uc 91
Alobras **E** (TER) 93 Yd 107
Alocén **E** (GUA) 76 Xb 105
Alojera **E** (TEN) 172 II B 2
Alomartes **E** (GRA) 151 Wa 125
Alón **E** (COR) 14 Ra 90
Alonso de Ojeda **E** (CÁC) 105 Ua 114
Alonsotegui **E** (VIZ) 11 Xa 89
Aloños **E** (CAN) 9 Wa 89
Álora **E** (MÁL) 159 Vb 128
Alòs de Balaguer **E** (LLE) 46 Af 97
Alòs de Gil **E** (LLE) 28 Ba 92
Alòs d'Isil = Alòs de Gil **E** (LLE) 28 Ba 92
Alosno **E** (HUEL) 147 Sf 123
Alou, l' - **E** (BAR) 48 Ca 96
Alovera **E** (GUA) 75 We 105
Alozaina **E** (MÁL) 159 Va 128
Alp **E** (GIR) 30 Bf 94
Alpalhão **P** (Pg) 102 Sc 112
Alpandeire **E** (MÁL) 158 Ue 129
Alpanseque **E** (SOR) 59 Xb 101
Alparatas, Las - **E** (ALM) 155 Ya 126
Alpartir **E** (ZAR) 61 Yd 100
Alpedrete **E** (MAD) 74 Vf 105
Alpedrete de la Sierra **E** (GUA) 75 Wd 103
Alpedrinha **P** (CB) 84 Sd 108
Alpedriz **P** (Le) 82 Ra 111
Alpedroches **E** (GUA) 58 Xa 101
Alpendurada e Matos **P** (Por) 50 Re 102
Alpens **E** (BAR) 48 Ca 96
Alpeñes **E** (TER) 79 Yf 104
Alpera **E** (ALB) 112 Ye 115
Alpiarça **P** (Sa) 101 Rc 113
Alpizar **E** (HUEL) 148 Td 124
Alporchones **E** (MUR) 141 Yc 123
Alportel **P** (Fa) 145 Sa 125
Alpouvar **P** (Fa) 145 Re 126
Alpuente **E** (VAL) 94 Yf 109
Alputze Nou **E** (BAL) 96 Df 108
Alqueidão **P** (Co) 82 Rb 108
Alqueidão **P** (Le) 82 Ra 111
Alqueidão **P** (Sa) 83 Re 111
Alqueidão **P** (Sa) 101 Rc 111
Alqueidão da Serra **P** (Le) 82 Rb 111
Alqueidão de Arrimal **P** (Le) 101 Ra 111
Alqueidão do Mato **P** (Sa) 101 Rb 112
Alquería **E** (MÁL) 158 Uf 129
Alquería **E** (MÁL) 159 Vc 128
Alquería **E** (MÁL) 160 Ve 127
Alquería, La - **E** (ALM) 162 Wf 128
Alquería, La - **E** (CAS) 94 Zc 108
Alquería, La - **E** (GRA) 140 Xc 122
Alquería, La - **E** (MUR) 127 Ye 117
Alquería Alizaces **E** (SAL) 72 Uc 103
Alquería Blanca **E** (BAL) 99 Db 112
Alquería Carabias **E** (SAL) 72 Ud 104
Alquería Castañeda **E** (SAL) 72 Ud 103
Alquería Cemprón **E** (SAL) 72 Ub 104
Alquería Continos **E** (SAL) 72 Ub 103
Alquería Coquilla de Juan Vázquez **E** (SAL) 71 Ua 104
Alquería Cortos de Sacedón **E** (SAL) 72 Ub 104
Alquería de Abajo, La - **E** (ALM) 140 Xf 122
Alquería de Astudillo **E** (ÁVI) 73 Uf 102
Alquería de Aznar **E** (ALI) 128 Zd 116
Alquería de la Condesa **E** (VAL) 114 Zf 115
Alquería de Serra **E** (ALI) 129 Aa 116
Alquería Gallegos de Crespos **E** (SAL) 72 Ud 104
Alquería Gueribáñez **E** (SAL) 71 Ub 104
Alquería Herreros de Salvatierra **E** (SAL) 72 Ub 104
Alquería La Campita **E** (CÁC) 86 Ua 108
Alquería La Dueña de Abajo **E** (SAL) 72 Ub 104
Alquería La Vaca **E** (HUEL) 132 Sd 122

Alquería Pedrezuela de San Bricio **E** (SAL) 72 Ue 103
Alquería Revilla **E** (SAL) 55 Ue 102
Alquería Riolobos **E** (SAL) 72 Ue 102
Alquerías **E** (MUR) 142 Yf 120
Alquerías, Las - **E** (MUR) 141 Yc 122
Alquería Sanchotuerto **E** (SAL) 72 Uc 104
Alquería San Mamés **E** (SAL) 72 Ud 104
Alquería Somosancho **E** (SAL) 72 Ue 104
Alquerías y Cermeño **E** (MUR) 141 Yc 123
Alquería Terrubias **E** (SAL) 72 Ub 103
Alquería Velayos **E** (SAL) 72 Uc 104
Alquería Villafuerte **E** (SAL) 55 Ud 102
Alquería y Valcasao, La - **E** (HUEL) 147 Ta 125
Alqueries, Ses - **E** (BAL) 98 Cf 111
Alquerta Rotja, S' - **E** (BAL) 99 Cf 112
Alquerubim **P** (Av) 68 Rd 105
Alqueva **P** (Be) 132 Sc 119
Alquézar **E** (HUES) 45 Aa 95
Alquián, El - **E** (ALM) 163 Xd 127
Alquibla **E** (MUR) 141 Yd 120
Alquife **E** (GRA) 153 Wf 125
Alquite **E** (SEG) 58 Wd 101
Alsamora **E** (LLE) 46 Ae 96
Alsasu **E** (NAV) 24 Xe 91
Alsodux **E** (ALM) 154 Xc 126
Altable **E** (BUR) 22 Wf 93
Altafulla **E** (TAR) 65 Bc 102
Altamira-San Cristóbal **E** (VIZ) 11 Xb 88
Altamiros **E** (ÁVI) 73 Va 104
Altarejos **E** (CUE) 92 Xd 109
Altares **P** (Aç) 169 Xe 116
Alta-riba **E** (LLE) 47 Bc 98
Alte **P** (Fa) 145 Re 125
Altea **E** (ALI) 129 Zf 117
Altea la Vieja **E** (ALI) 129 Zf 117
Alter do Chão **P** (Pg) 102 Sc 113
Altes **E** (LLE) 46 Bb 96
Altet **E** (LLE) 46 Ba 98
Altet, l' **E** (ALI) 128 Zc 119
Altico, El - **E** (ALB) 126 Xe 117
Altico, El - **E** (JAÉ) 138 Wb 119
Altillo, El - **E** (SEG) 74 Vd 104
Alto **E** (LUG) 16 Sc 91
Alto **E** (LUG) 16 Sd 91
Altobar de la Encomienda **E** (LEÓ) 36 Ub 96
Altobordo **E** (MUR) 141 Yc 123
Alto da Cerca **P** (Fa) 144 Rb 126
Alto da Serra **P** (Sa) 100 Ra 112
Alto do Hospital **E** (LUG) 16 Sb 91
Alto do Serra **P** (Fa) 145 Rf 126
Alto Fica **P** (Fa) 145 Rf 125
Altorricón **E** (HUES) 45 Ac 98
Altos, Los - **E** (CÓRD) 150 Vc 124
Altos, Los - **E** (PALM) 174 I C 2
Altron **E** (LLE) 28 Ba 94
Altura **E** (CAS) 94 Zc 109
Altura **P** (Fa) 146 Sc 125
Altura, La **E** (CAN) 10 We 89
Alturas do Barroso **P** (VR) 51 Sb 98
Altuzarra **E** (RIO) 40 Wf 95
Altza **E** (GUI) 12 Ya 89
Altzaga **E** (ÁLA) 23 Xc 90
Altzaga = Alzaga **E** (GUI) 24 Xf 90
Altzibar, Karrika **E** (GUI) 12 Ya 89
Altzo **E** (GUI) 12 Xf 90
Altzola = Alzola **E** (GUI) 11 Xd 89
Altzo-muiñoa **E** (GUI) 24 Xf 90
Aluenda **E** (ZAR) 60 Yc 100
Alumbras **E** (MUR) 142 Za 123
Alustante **E** (GUA) 78 Yc 105
Alva **P** (Vi) 68 Sa 103
Alvacões do Corgo **P** (VR) 51 Sb 101
Alvações do Tanha **P** (VR) 51 Sb 101
Alvadia **P** (VR) 51 Sb 100
Alvados **P** (Le) 101 Rb 111
Alvaiade **P** (CB) 84 Sb 110
Alvaiázere **P** (Le) 83 Rd 110
Alvaijar **P** (Sa) 82 Rc 111
Alvalade **P** (Se) 130 Rd 121
Alvarado **E** (BAD) 119 Tb 116
Alvarães **P** (VC) 50 Rb 99
Alvarão **P** (Be) 131 Sc 120
Alvaredo **P** (VC) 32 Re 96
Alvaredos **P** (Ba) 34 Sf 98
Alvarelhos **P** (Por) 50 Rc 101
Alvarelhos **P** (VR) 52 Sd 98
Alvarenga **P** (Av) 68 Rf 103
Álvares **P** (Be) 131 Sb 123
Álvares **P** (Co) 83 Rf 108
Alvarim **P** (Av) 68 Rd 105
Alvarizas **E** (CÓRD) 136 Uf 122
Álvaro **P** (CB) 83 Sa 109
Alvas **P** (VC) 50 Rb 99
Alvega **P** (Sa) 102 Rf 112
Alveite Grande **P** (Co) 83 Re 107
Alveite Pequeno **P** (Co) 83 Re 107
Alvelos **P** (Br) 50 Rc 99
Alvendre **P** (Gu) 69 Se 105
Alverca da Beira **P** (Gu) 70 Se 104
Alverca do Ribatejo **P** (Li) 115 Qf 115
Alves **P** (Be) 132 Sc 123
Alviada **P** (Av) 68 Rd 103
Alvidrón **E** (LUG) 16 Sa 92
Alviobeira **P** (Sa) 83 Rd 110
Alvite **P** (Br) 51 Rf 100
Alvite **P** (Vi) 69 Sb 103
Alvite **P** (VR) 51 Sb 100
Alvites **E** (LUG) 4 Se 88
Alvites **P** (Ba) 52 Sf 99
Alvito **P** (Br) 50 Rc 99
Alvito **P** (Év) 131 Sa 119
Alvito da Beira **P** (CB) 84 Sb 110
Alvoco da Serra **P** (Gu) 84 Sb 107
Alvoco das Várzeas **P** (Co) 83 Sb 107
Alvoeira **P** (Co) 83 Rf 107
Alvor **P** (Fa) 144 Rc 126
Alvora **P** (VC) 32 Rd 97
Alvorão **P** (Sa) 101 Rc 111
Alvorge **P** (Le) 83 Rd 109
Alvorninha **P** (Le) 100 Qf 112
Alvre **P** (Por) 50 Rd 102
Alzabares Alto **E** (ALI) 143 Zb 119
Alzabares Bajo **E** (ALI) 143 Zc 119
Alzaga **E** (GUI) 24 Xf 90
Alzina, l' - **E** (LLE) 46 Ae 96
Alzina d'Alinyà, l' - **E** (LLE) 47 Bc 95
Alzira **E** (VAL) 114 Zd 114
Alzola **E** (GUI) 11 Xd 89
Alzondo **E** (GUI) 12 Xf 89
Alzórriz **E** (NAV) 25 Yd 92
Alzuza **E** (NAV) 25 Yc 91
All **E** (GIR) 30 Bf 94
Allariz **E** (OUR) 33 Sb 95
Allas de San Pedro **E** (SEG) 74 Ve 103
Allendelagua **E** (CAN) 10 We 88
Allepuz **E** (TER) 79 Zb 106
Aller = Cabañaquinta **E** (AST) 7 Uc 90
Alles (Peñamellera Alta) **E** (AST) 8 Vb 88
Allo **E** (COR) 2 Ra 90
Allo **E** (NAV) 24 Xf 93
Allonca, A - **E** (LUG) 5 Ta 89
Alloz **E** (NAV) 24 Ya 92
Alloza **E** (TER) 79 Zc 103
Allozos, Los - **E** (MUR) 141 Yc 122
Allué **E** (HUES) 26 Ze 94
Allueva **E** (TER) 79 Yf 103
Amada **P** (VC) 32 Ra 98
Amadora **P** (Li) 115 Qe 116
Amaitermín **E** (VIZ) 23 Xc 90
Amance **E** (PON) 15 Rf 92
Amandi **E** (AST) 7 Ud 88
Amarante **P** (Por) 51 Rf 101
Amarela **P** (Fa) 145 Rf 125
Amareleja **P** (Be) 132 Se 119
Amarelhe **P** (Por) 51 Rf 102
Amarelos **P** (CB) 84 Sc 110
Amarguilla **E** (ALM) 153 Xc 125
Amarguilla, La - **E** (GRA) 153 Xc 123
Amarita **E** (ÁLA) 23 Xc 91
Amaro **P** (Fa) 146 Sb 126
Amasa **E** (GUI) 12 Xf 89
Amatos de Alba **E** (SAL) 72 Ud 103
Amatos de Salvatierra **E** (SAL) 72 Ub 104
Amatriain **E** (NAV) 25 Yc 93
Amavida **E** (ÁVI) 73 Uf 105
Amaya **E** (BUR) 21 Vf 93
Amayas **E** (GUA) 60 Ya 102
Amayuelas de Abajo **E** (PAL) 38 Vd 95
Amayuelas de Arriba **E** (PAL) 38 Vd 95
Amayuelas de Ojeda **E** (PAL) 20 Vd 92
Ambás **E** (AST) 6 Tf 89
Ambás **E** (AST) 7 Ub 87
Ambas Aguas o Entrambas Aguas **E** (RIO) 41 Xf 96
Ambasmestas **E** (LEÓ) 17 Ta 92
Ambel **E** (ZAR) 42 Yc 98
Ambingue **E** (AST) 7 Ue 89
Ambite **E** (MAD) 90 We 107
Amboade **E** (COR) 3 Rc 89
Ambrés **E** (AST) 6 Td 89
Ambroa **E** (COR) 3 Rf 89
Ambrona **E** (SOR) 59 Xc 101
Ambroz **E** (GRA) 152 Wc 126
Ameada **P** (Év) 118 Se 119
Ameal **P** (Co) 82 Rc 107
Ameiras de Baixo **P** (Se) 130 Rc 119
Ameixanda **E** (COR) 14 Rc 91
Ameixial **P** (Fa) 145 Sa 124
Ameixoeira **P** (Li) 115 Qf 116
Amenal, O **E** (COR) 15 Rd 91
Amêndoa **P** (Sa) 83 Rf 111
Amendoais **P** (Fa) 145 Re 125
Amendoeira **P** (Ba) 52 Ta 99
Amendoeira **P** (Be) 132 Sb 122
Amendoeira **P** (Fa) 145 Sa 125
Amendoeira **P** (Fa) 145 Sb 125
Amênoda **P** (Sa) 102 Rf 111
Amer **E** (GIR) 48 Cd 96
Ametlla, La -= Ametlla del Vallès, l' - **E** (BAR) 48 Cb 98
Ametlla del Vallès, l' - **E** (BAR) 48 Cb 98
Ametlla de Mar, l' **E** (TAR) 81 Ae 103
Ametlla de Merola, l' - **E** (BAR) 47 Bf 97
Ametlla de Montsec, l' - **E** (LLE) 46 Ae 96
Ametlla de Segarra, l' - **E** (LLE) 64 Bb 99
Ameyugo **E** (BUR) 22 Wf 93
Amezketa **E** (GUI) 24 Xf 90
Amezola **E** (VIZ) 11 Xa 90
Amiadoso **E** (OUR) 33 Sb 95
Amiães de Baixo **P** (Sa) 101 Rb 112
Amiães de Cima **P** (Sa) 101 Rb 112
Amiar **P** (VR) 51 Sa 98
Amieira **P** (CB) 83 Sa 109
Amieira **P** (Co) 82 Rb 108
Amieira **P** (Év) 132 Sc 119
Amieira **P** (Pg) 102 Rf 114
Amieira **P** (Se) 116 Rb 116
Amieira Cova **P** (Pg) 102 Sa 112
Amieira do Tejo **P** (Pg) 102 Sb 111
Amieiro **P** (Co) 82 Rc 107
Amieiro **P** (VR) 52 Sd 101
Amieva **E** (AST) 8 Uf 89
Amil **E** (PON) 15 Rc 93
Amillano **E** (NAV) 24 Xf 92
Amiosinho **P** (Co) 83 Rf 108
Amioso **P** (CB) 83 Rf 109
Amioso **P** (Co) 83 Rf 108
Amitges **E** (LLE) 28 Af 93
Amoedo **E** (PON) 32 Rc 95
Amonde **P** (VC) 32 Rb 98
Amoníaco **P** (Av) 67 Rc 104
Amor **E** (ZAM) 54 Ub 100
Amor **P** (Le) 82 Ra 110
Amora **P** (Se) 115 Qf 117
Amorbieta = Zornotza **E** (VIZ) 11 Xb 89
Amoreira **P** (Fa) 145 Re 126
Amoreira **P** (Fa) 145 Sb 124
Amoreira **P** (Gu) 70 Sf 105
Amoreira **P** (Le) 100 Qe 112
Amoreira **P** (Li) 115 Qe 116
Amoreira **P** (Sa) 101 Re 112
Amoreira da Gândara **P** (Av) 67 Rc 106
Amoreiras **P** (Be) 131 Rd 122
Amorim **P** (Por) 50 Rb 100
Amorós **E** (LLE) 47 Bc 99
Amorosa **P** (Fa) 145 Re 125
Amorosa **P** (VC) 50 Rb 99
Amoroto-Elejalde **E** (VIZ) 11 Xc 89
Amoroto-Elexalde = Amoroto-Elejalde **E** (VIZ) 11 Xc 89
Ampolla, l' **E** (TAR) 81 Ae 104
Amposta **E** (TAR) 81 Ad 104
Ampudia **E** (PAL) 38 Vb 97
Ampuero **E** (CAN) 10 Wd 88
Ampurias = Empúries **E** (GIR) 49 Da 96
Ampuyenta, La - **E** (PALM) 175 II E 3
Amunarrizqueta **E** (NAV) 25 Yc 93
Amunartia **E** (RIO) 40 Wf 94
Amunt, l' - **E** (BAR) 65 Bf 100
Amurrio **E** (ÁLA) 23 Xa 90
Amusco **E** (PAL) 38 Vd 95
Amusquillo **E** (VALL) 38 Ve 98
Anadia **P** (Av) 68 Rd 106
Anadón **E** (TER) 79 Za 103
Anafreita **E** (LUG) 4 Sa 90
Anagueis **P** (Co) 83 Rd 108
Anais **P** (VC) 50 Rc 98
Anàs **E** (LLE) 29 Bb 93
Anaya **E** (SEG) 74 Ve 103
Anaya de Alba **E** (SAL) 72 Ud 104
Anaya de Huebra **E** (SAL) 71 Tf 104
Anayo **E** (AST) 7 Ud 88
Ançã **P** (Co) 82 Rc 107
Ancanella **E** (BAL) 99 Cf 110
Ancas **P** (Av) 68 Rd 106
Ancede **P** (Por) 51 Rf 102
Ancéis **E** (COR) 3 Rd 89
Anceo **E** (PON) 32 Rd 94
Anceriz **P** (Co) 83 Sa 107
Anciles **E** (HUES) 28 Ad 93
Ancín **E** (NAV) 24 Xe 93
Ancla, El - **E** (CÁD) 156 Te 129
Anclas, Las - **E** (GUA) 76 Xb 105
Ancs **E** (LLE) 28 Ba 94
Anchóriz **E** (NAV) 25 Yc 91
Anchos, Los - **E** (JAÉ) 140 Xc 119
Anchuela del Campo **E** (GUA) 77 Xf 102
Anchuela del Pedregal **E** (GUA) 77 Yb 103
Anchuelo **E** (MAD) 75 We 106
Anchuras **E** (CIU) 107 Vb 112
Anchurica, La - **E** (MUR) 141 Yc 122
Anchurón, El - **E** (GRA) 152 We 124
Andabao **E** (COR) 15 Rf 90
Andam **P** (Le) 82 Ra 111
Andaparaluzeta = Anteparaluceta **E** (VIZ) 23 Xc 90
Andatxa = Andatza **E** (GUI) 12 Xf 89
Andatza **E** (GUI) 12 Xf 89
Andatzarrate **E** (GUI) 12 Xf 89
Andavías **E** (ZAM) 54 Ua 99
Andeiro **E** (COR) 3 Rd 89
Andés **E** (AST) 5 Tb 87
Andilla **E** (VAL) 94 Zb 109
Andiñuela **E** (LEÓ) 35 Te 94
Andoain **E** (GUI) 12 Xf 89
Andoín **E** (ÁLA) 24 Xe 91
Andoin = Andoín **E** (ÁLA) 24 Xe 91
Andollu **E** (ÁLA) 23 Xc 91
Andorinha **P** (Co) 82 Rc 107
Andorra **E** (TER) 79 Zd 103
Andorra La Vella **AND** 29 Bd 93
Andosilla **E** (NAV) 42 Ya 95
Andracas **E** (VIZ) 11 Xa 88
Andrães **P** (VR) 51 Sb 101
Andra María de Meñuka-Barrena **E** (VIZ) 11 Xb 88
András **E** (PON) 14 Rb 93
Andratx, Port d' **E** (BAL) 98 Cc 111
Ándravel **E** (BAL) 97 Bc 117
Andreos, Los - **E** (MUR) 141 Yd 122
Andrés Bueno **E** (SAL) 72 Uc 103
Andreses, Los - **E** (HUEL) 133 Ta 121
Andreus **P** (Sa) 102 Rf 111
Andreza **P** (Be) 132 Sb 120
Andrín **E** (AST) 8 Vb 88
Andújar **E** (JAÉ) 137 Vf 120
Aneas, Las - **E** (ALM) 154 Xc 126
Anelhe **P** (VR) 51 Sc 98
Anento **E** (ZAR) 61 Ye 102
Aneto **E** (HUES) 28 Ae 93
Angeiras **P** (Por) 50 Rb 101
Angeja **P** (Av) 67 Rc 104
Ángel, El - **E** (MÁL) 159 Va 129
Ángeles, Los - **E** (CÁD) 165 Ud 130
Ángeles, Los - **E** (MAD) 75 Wd 106
Ángeles de San Rafael, Los - **E** (SEG) 74 Ve 104
Angiozar = Anguiozar **E** (GUI) 11 Xd 90
Anglès **E** (GIR) 48 Cd 97
Anglesola **E** (LLE) 46 Ba 99
Angón **E** (GUA) 58 Xa 102
Angostina **E** (ÁLA) 23 Xd 93
Angostina **E** (CAN) 10 We 88
Angosto de Arriba **E** (ALM) 154 Xc 124
Angostura, La - **E** (ÁVI) 87 Ud 106
Angostura, La - **E** (PALM) 174 I D 2
Angra do Heroísmo **P** (Aç) 169 Xe 117
Anguciana **E** (RIO) 23 Xa 93
Angudes **E** (PON) 33 Re 95
Angueira **P** (Ba) 53 Td 99
Angüés **E** (HUES) 44 Zf 96
Anguiano **E** (RIO) 40 Xb 95
Anguijes, Los - **E** (ALB) 126 Ya 115
Anguiozar **E** (GUI) 11 Xd 90
Anguita **E** (GUA) 77 Xd 102
Anguix **E** (BUR) 39 Wa 98
Anguix **E** (GUA) 76 Xb 106
Anguta **E** (RIO) 40 Wf 94
Anha **P** (VC) 32 Rb 98
Anhões **P** (VC) 32 Rd 97
Aniago **E** (VALL) 55 Va 99
Aniés **E** (HUES) 44 Zc 95
Aniezo **E** (CAN) 8 Vc 90
Aniñón **E** (ZAR) 60 Yb 100
Anissó **P** (Br) 51 Re 99
Aniz **E** (NAV) 13 Yc 90
Anjos **P** (Aç) 170 Zf 126
Anjos **P** (Br) 51 Rf 99
Anllares **E** (LEÓ) 17 Tc 91
Anllarinos **E** (LEÓ) 17 Tc 91
Anllós **E** (COR) 2 Ra 89
Anna **E** (VAL) 113 Zc 114
Anóbra **P** (Co) 82 Rc 108
Anocibar **E** (NAV) 24 Yc 91
Anoeta **E** (GUI) 12 Xf 90
Anorias, Las - **E** (ALB) 127 Yc 116
Anós **E** (COR) 2 Ra 90
Anoves, les - **E** (LLE) 46 Bc 96
Anoz **E** (NAV) 24 Yb 91
Anoz **E** (NAV) 24 Yc 91
Anquela del Ducado **E** (GUA) 77 Xf 103
Anquela del Pedregal **E** (GUA) 78 Yb 104
Anreade **P** (Vi) 51 Sa 102
Anroig **E** (CAS) 80 Aa 105
Anserall **E** (LLE) 29 Bc 94
Ansião **P** (Le) 83 Rd 109
Ansó **E** (HUES) 26 Zb 92
Ansovell **E** (LLE) 29 Bd 95
Ansul **P** (Gu) 70 Ta 105
Anta **P** (Por) 50 Rc 102
Anta de Rioconejos **E** (ZAM) 35 Td 96
Anta de Tera **E** (ZAM) 35 Td 97
Antanhol **P** (Co) 83 Rd 108
Antas **E** (ALM) 155 Ya 125
Antas **E** (PON) 15 Rd 94
Antas **P** (Br) 50 Rb 99
Antas **P** (Gu) 69 Sc 105
Antas **P** (Le) 100 Qf 112
Antas **P** (Pg) 102 Re 114
Antas **P** (VC) 32 Rc 97
Antas **P** (Vi) 69 Sa 102
Antas **P** (Vi) 69 Sd 103
Antas **P** (VR) 51 Sc 101
Antas de Ulla **E** (LUG) 16 Sa 92
Antazede **P** (Co) 83 Rd 107
Antella **E** (VAL) 113 Zc 114
Antenza **E** (HUES) 45 Ad 96
Anteparaluceta **E** (VIZ) 23 Xc 90
Antequera **E** (MÁL) 150 Vc 126
Antes **E** (COR) 14 Ra 91
Antezana **E** (ÁLA) 23 Xb 91
Antezana de la Ribera **E** (ÁLA) 23 Xa 92
Antigo **P** (VR) 33 Sa 98
Antigo de Arcos **P** (VR) 33 Sc 98
Antigors, Els - **E** (BAL) 99 Da 113
Antigua **E** (PALM) 175 II D 3
Antigua, La **E** (LEÓ) 36 Ub 95
Antigüedad **E** (PAL) 39 Vf 97
Antilla, La - **E** (HUEL) 146 Se 125
Antillón **E** (HUES) 44 Zf 96
Antime **P** (Br) 51 Rf 100
Antimio de Abajo **E** (LEÓ) 19 Uc 94
Antimio de Arriba **E** (LEÓ) 19 Uc 93
Antiqueira **P** (Pg) 103 Sd 112
Antist **E** (LLE) 28 Af 94
Antius **E** (BAR) 47 Be 98
Antões **P** (Le) 82 Rb 109
Antoncojo **E** (TEN) 172 II B 2
Antoñana **E** (ÁLA) 23 Xd 92
Antoñán del Valle **E** (LEÓ) 18 Ua 93
Antoñanes del Páramo **E** (LEÓ) 36 Ub 94
Antoñanzas **E** (RIO) 41 Xe 95
Antzuola **E** (GUI) 23 Xd 90
Anuzita = Anucita **E** (ÁLA) 23 Xa 92
Ánxeles **E** (COR) 15 Re 91
Ánxeles, Os - **E** (COR) 14 Rb 91
Anxeriz **E** (LUG) 4 Sa 90
Anya **E** (LLE) 46 Ba 97
Anyós **AND** 29 Bd 93
Anzánigo **E** (HUES) 26 Zc 94
Anzó **E** (PON) 15 Re 92
Anzur **E** (CÓRD) 150 Vb 124
Añastro **E** (BUR) 23 Xb 92
Añavieja **E** (SOR) 42 Ya 97
Añdrade **E** (COR) 3 Rf 88
Añe **E** (SEG) 74 Ve 102
Añézcar **E** (NAV) 24 Yb 91
Añina **E** (CÁD) 157 Te 128
Añobre **E** (PON) 15 Re 92
Añón **E** (ZAR) 42 Yb 98
Añora **E** (CÓRD) 122 Va 118
Añorbe **E** (NAV) 24 Yb 93
Añover de Tajo **E** (TOL) 90 Wb 109
Añover de Tormes **E** (SAL) 54 Ua 102
Añoza **E** (PAL) 38 Vb 95
Añua **E** (ÁLA) 23 Xc 91
Aoiz **E** (NAV) 25 Yd 92
Aorlos **E** (MAD) 75 Wc 102
Aós **E** (LLE) 29 Bc 93
Aós **E** (NAV) 25 Yd 92
Aostri **E** (BUR) 22 Wf 91
Aozaratza = Aozaraza **E** (GUI) 23 Xd 90
Aozaraza **E** (GUI) 23 Xd 90
Aparal **E** (COR) 4 Sb 88
Aparecida, La - **E** (ALI) 142 Yf 120
Aparecida, La - **E** (MUR) 142 Za 123
Apariça **P** (Be) 131 Sa 120
Apatamonasterio **E** (VIZ) 11 Xc 90
Apaúlinha **P** (Se) 130 Rc 119
Apellániz **E** (ÁLA) 23 Xd 92
Aperregi = Apérregui **E** (ÁLA) 23 Xa 91
Apérregui **E** (ÁLA) 23 Xa 91
Apianiz = Apellániz **E** (ÁLA) 23 Xd 92
Apiche **E** (MUR) 141 Yb 123
Apiés **E** (HUES) 44 Zd 95
Apodaca **E** (ÁLA) 23 Xb 91
Apodaka = Apodaca **E** (ÁLA) 23 Xb 91
Apostiça **P** (Se) 115 Qf 117
Apotzaga = Apozaga **E** (GUI) 23 Xc 90
Apozaga **E** (GUI) 23 Xc 90
Apra **P** (Fa) 145 Sa 126
Apregación **E** (LUG) 16 Sb 91
Apricano **E** (ÁLA) 23 Xa 91
Aprikano = Apricano **E** (ÁLA) 23 Xa 91
Apúlia **P** (Br) 50 Rb 100
Áquas Frias **P** (Fa) 145 Re 125
Aquilué **E** (HUES) 26 Zd 94
Ara **E** (HUES) 26 Zd 94
Arabayona **E** (SAL) 72 Ud 102
Arabell = Aravell **E** (LLE) 29 Bc 94
Arabí **E** (MUR) 127 Ye 116
Aracaldo **E** (VIZ) 11 Xa 90
Aracena **E** (HUEL) 133 Tc 121
Aracenilla **E** (HUEL) 133 Tc 121
Arada **P** (Av) 67 Rc 103
Aradas **P** (Av) 67 Rc 105
Aradillos **E** (CAN) 21 Vf 90
Arafo **E** (TEN) 173 I E 3
Aragoncillo **E** (GUA) 77 Xf 103
Aragoneses **E** (SEG) 74 Vd 102
Aragosa **E** (GUA) 76 Xb 103
Araguás **E** (HUES) 27 Aa 94
Araguás del Solano **E** (HUES) 26 Zc 93
Aragüés del Puerto **E** (HUES) 26 Zb 92
Arahal, El - **E** (SEV) 149 Uc 125
Arahuetes **E** (SEG) 57 Wa 102
Aral, El - **E** (SEV) 148 Tf 124
Aralla **E** (LEÓ) 18 Ub 91
Arama **E** (GUI) 24 Xf 90
Aramendía **E** (NAV) 24 Xf 92
Aramunt **E** (LLE) 46 Ba 95
Arana **E** (BUR) 23 Xb 92
Aranarache **E** (NAV) 24 Xe 92
Aranaz **E** (NAV) 12 Yb 89
Arancedo **E** (AST) 5 Tb 87
Arancón **E** (SOR) 41 Xe 98
Aranda de Duero **E** (BUR) 57 Wb 98
Aranda de Moncayo **E** (ZAR) 60 Yb 99
Arándiga **E** (ZAR) 60 Yc 99
Arandigoyen **E** (NAV) 24 Ya 92
Arandilla **E** (BUR) 58 Wd 98
Arandilla del Arroyo **E** (CUE) 77 Xd 105
Aranga **E** (COR) 3 Sa 89
Arangas **E** (AST) 8 Vb 89
Arango **E** (AST) 6 Te 88
Arangozqui **E** (NAV) 25 Ye 92
Aranguren **E** (NAV) 25 Yc 92
Aranhas **P** (CB) 85 Sf 108
Aranjuez **E** (MAD) 90 Wc 108
Arano **E** (NAV) 12 Ya 89
Arànser **E** (LLE) 29 Bd 94
Aransís **E** (LLE) 46 Af 96
Arante **E** (LUG) 5 Sf 88
Arantei **E** (PON) 32 Rc 96
Arántzazu **E** (GUI) 23 Xd 91
Arantzazu-Zelaia **E** (VIZ) 11 Xb 90
Aranyó, l' - **E** (LLE) 46 Bb 98
Aranza **E** (LUG) 16 Se 91
Aránzazu **E** (GUI) 23 Xd 91
Aranzueque **E** (GUA) 76 Wf 106
Araño, O - **E** (COR) 14 Rb 92
Araño = Aranyó, l' - **E** (LLE) 46 Bb 98
Arañuel **E** (CAS) 94 Zd 108
Arão **P** (VC) 32 Rc 96
Araós **E** (LLE) 29 Bb 93
Araotz = Araoz **E** (GUI) 23 Xd 91
Araoz **E** (GUI) 23 Xd 91
Arapiles **E** (SAL) 72 Uc 103
Arasán **E** (HUES) 28 Ad 93
Arascués **E** (HUES) 44 Zd 95
Aras de Alpuente **E** (VAL) 93 Yf 109
Aras o Tres Aras **E** (NAV) 23 Xd 93
Aratorés **E** (HUES) 26 Zc 93
Aratz-Erreka **E** (GUI) 12 Xe 90
Aratz-Matximenta = Avatz-Machiventa **E** (GUI) 12 Xe 90
Arauzo **E** (SAL) 72 Ue 103
Arauzo de Miel **E** (BUR) 40 Wd 97
Arauzo de Salce **E** (BUR) 40 Wd 98
Arauzo de Torre **E** (BUR) 40 Wd 98
Aravaca **E** (MAD) 75 Wb 106
Aravell **E** (LLE) 29 Bc 94
Araya **E** (CAS) 95 Ze 108
Araya **E** (TEN) 173 I E 3
Araya = Araia **E** (ÁLA) 24 Xe 91
Arazede **P** (Co) 82 Rc 107
Arazuri **E** (NAV) 24 Yb 92
Arbacegui-Munitibar **E** (VIZ) 11 Xc 89
Arbaiza **E** (VIZ) 23 Xa 90
Arbancón **E** (GUA) 75 Wf 103
Arbaniés **E** (HUES) 44 Ze 96
Arbás **E** (LEÓ) 19 Ub 91
Arbejal **E** (PAL) 20 Vc 91
Arbeteta **E** (GUA) 77 Xd 104
Arbeyales **E** (AST) 18 Te 90
Arbieto **E** (ÁLA) 23 Xa 90
Arbizu **E** (NAV) 24 Xf 91
Arboç, l' **E** (TAR) 65 Bd 101
Arboçar, l' - **E** (BAR) 65 Be 100
Arboleas **E** (ALM) 154 Xf 124
Arboleda, La - **E** (VIZ) 10 Wf 89
Arbolí **E** (TAR) 64 Af 101
Arboniés **E** (NAV) 25 Ye 92

Arbós = Arboç, l' - **E** (TAR) 65 Bd 101
Arbucias = Arbúcies **E** (GIR) 48 Cd 98
Arbúcies **E** (GIR) 48 Cd 98
Arbués **E** (HUES) 26 Zb 93
Arbujuelo **E** (SOR) 59 Xd 102
Arbuniel **E** (JAÉ) 152 Wc 123
Arca **E** (COR) 15 Rd 91
Arca **E** (PON) 15 Rd 93
Arca **P** (VC) 32 Rc 98
Arca **P** (Vi) 68 Re 105
Arça **P** (VR) 51 Sc 101
Arcabell = Arcavell **E** (LLE) 29 Bc 94
Arcade **E** (PON) 32 Rc 94
Arcahueja **E** (LEÓ) 19 Ud 93
Arcalís **E** (LLE) 28 Ba 94
Arcas **E** (CUE) 92 Xf 109
Arcas **P** (Ba) 52 Sf 99
Arcas **P** (Vi) 68 Sa 104
Arcas **P** (Vi) 69 Sb 102
Arcas **P** (Vi) 69 Sd 102
Arcaute **E** (ÁLA) 23 Xc 91
Arcavell **E** (LLE) 29 Bc 94
Arcayos **E** (LEÓ) 20 Uf 93
Arce **E** (BUR) 23 Xa 92
Arce **E** (CAN) 9 Wa 88
Arce **E** (NAV) 25 Yd 91
Arcediano **E** (SAL) 54 Uc 102
Arceniaga = Artziniega **E** (ÁLA) 10 Wf 90
Arcenillas **E** (ZAM) 54 Ub 100
Arceñas de Villaralbo **E** (ZAM) 54 Ub 99
Arceo **E** (COR) 15 Re 90
Arcera **E** (CAN) 21 Vf 91
Arcicóllar **E** (TOL) 89 Vf 108
Arcillera **E** (ZAM) 53 Te 98
Arcillo **E** (SAL) 54 Uc 102
Arcillo **E** (ZAM) 54 Ua 100
Arcipreste **P** (Le) 100 Qf 111
Arco **E** (CÁC) 86 Td 110
Arco **P** (Ba) 52 Sf 101
Arco, El - **E** (SAL) 54 Ub 102
Arco da Calheta **P** (Ma) 166 I B 2
Arco de Baúlhe **P** (Br) 51 Sa 100
Arco de São Jorge **P** (Ma) 167 I C 2
Arconada **E** (BUR) 22 Wc 93
Arconada **E** (PAL) 38 Vd 95
Arcones **E** (SEG) 57 Wb 102
Arcos **E** (BUR) 39 Wb 95
Arcos **E** (LUG) 16 Sb 93
Arcos **E** (OUR) 34 Sf 94
Arcos **E** (OUR) 145 Sb 96
Arcos **E** (PON) 15 Rc 93
Arcos **E** (PON) 32 Rb 96
Arcos **P** (Br) 50 Rd 99
Arcos **P** (Év) 118 Sc 116
Arcos **P** (Por) 50 Rc 100
Arcos **P** (VC) 32 Rc 98
Arcos **P** (Vi) 51 Sc 102
Arcos **P** (VR) 33 Sb 98
Arcos, Los **E** (BAD) 119 Ta 117
Arcos, Los **E** (MUR) 142 Ye 122
Arcos, Los **E** (NAV) 24 Xe 93
Arcos de Jalón **E** (SOR) 59 Xe 101
Arcos de la Cantera **E** (CUE) 92 Xe 108
Arcos de la Frontera **E** (CÁD) 157 Ub 128
Arcos de la Polvorosa **E** (ZAM) 36 Ub 97
Arcos de la Sierra **E** (CUE) 92 Xf 106
Arcos de las Salinas **E** (TER) 94 Yf 109
Arcos de Valdevez **P** (VC) 32 Rd 97
Arcossó **P** (VR) 51 Sc 99
Arcozelo **P** (Br) 50 Rc 98
Arcozelo **P** (Gu) 69 Sc 105
Arcozelo **P** (Por) 50 Rc 102
Arcozelo **P** (VC) 32 Rc 98
Arcozelo das Maias **P** (Vi) 68 Re 104
Arcozelos **P** (Vi) 69 Sc 103
Arcs, els - **E** (HUES) 63 Aa 100
Arcs, els - **E** (LLE) 46 Af 98
Arcucelos **E** (OUR) 34 Sd 96
Arculanda **E** (VIZ) 11 Xa 90
Arcusa **E** (HUES) 45 Aa 95
Archena **E** (MUR) 142 Ye 120
Archidona **E** (MÁL) 151 Vd 126
Archidona **E** (SEV) 134 Te 122
Archilla **E** (GUA) 76 Xa 104
Archillas, Los - **E** (GRA) 161 We 127
Archites, Los - **E** (JAÉ) 139 Xb 120
Archivel **E** (MUR) 140 Ya 120
Ardaiz **E** (NAV) 25 Yd 91
Ardal **E** (MUR) 141 Yc 120
Ardales **E** (CIU) 108 Wb 114
Ardales **E** (MÁL) 159 Va 127
Ardanaz **E** (NAV) 25 Yc 92
Ardanaz **E** (NAV) 25 Yd 92
Ardanúy **E** (HUES) 28 Ad 94
Ardaña **E** (COR) 2 Rb 89
Ardãos **P** (VR) 33 Sc 98
Ardegão **P** (Br) 51 Rf 100
Ardegão **P** (VC) 50 Rc 99
Ardes **E** (COR) 2 Rb 89
Ardèvol **E** (LLE) 47 Bd 97
Ardia **E** (PON) 14 Ra 94
Ardido **P** (Le) 100 Ra 112
Ardidos **E** (SEG) 74 Ve 103
Ardila **E** (BAD) 134 Td 120
Ardisa **E** (ZAR) 43 Zb 95
Ardisana **E** (AST) 8 Va 88
Ardite **E** (MÁL) 159 Va 128
Ardón **E** (JAÉ) 137 Vf 121
Ardón **E** (LEÓ) 19 Uc 94
Ardoncino **E** (LEÓ) 19 Uc 94
Ardonsillero **E** (SAL) 71 Tf 103
Ardòvol **E** (LLE) 29 Be 94
Area **E** (PON) 32 Rb 96
Areas **E** (LUG) 15 Sa 92
Areas **E** (PON) 32 Rb 96
Areas **E** (PON) 32 Rc 95
Areas **E** (PON) 32 Rd 95
Areatza = Arenaza **E** (ÁLA) 23 Xd 92
Areatza-Billaro **E** (VIZ) 11 Xb 90
Arecida **E** (TEN) 171 B 2
Areeiro **P** (Fa) 145 Re 125
Areeiro **P** (Fa) 145 Rf 126
Arega **P** (Le) 83 Re 109
Arega **P** (Sa) 101 Rd 111
Areia **P** (Br) 50 Rb 100
Areia **P** (Li) 100 Qd 114
Areia **P** (Li) 115 Qd 116
Areia **P** (Pg) 102 Sa 111
Areia **P** (Por) 50 Rb 101
Areia **P** (Sa) 102 Rf 112
Areia Branca **P** (Li) 100 Qe 113
Areia Larga **P** (Aç) 168 Wc 117
Areias **P** (Ba) 52 Se 101
Areias **P** (Br) 50 Rc 99
Areias **P** (Fa) 145 Sb 126
Areias **P** (Sa) 83 Rd 110
Areias de Vilar **P** (Br) 50 Rc 99
Areira de Gonde **P** (Av) 67 Rc 104
Areitio **E** (VIZ) 11 Xc 89
Arejos, Los - **E** (MUR) 155 Yb 124
Arelho **P** (Le) 100 Qe 112
Arellano **E** (NAV) 24 Xf 93
Arén **E** (HUES) 46 Ae 95
Arena, La **E** (AST) 6 Tf 87
Arenal **E** (CAN) 9 Wb 89
Arenal, El - **E** (SEG) 57 Wb 102
Arenal, El **E** (ÁVI) 88 Uf 107
Arenal, S' **E** (BAL) 98 Ce 111
Arenal d'en Castell **E** (BAL) 96 Eb 108
Arenalejo **E** (ALB) 126 Xf 118
Arenales **E** (GRA) 152 Wc 125
Arenales **E** (SOR) 59 Xe 102
Arenales, Los - **E** (CÁC) 85 Tb 108
Arenales, Los - **E** (GRA) 151 Vf 125
Arenales, Los - **E** (SEV) 149 Ue 124
Arenales de San Gregorio **E** (CIU) 109 Wf 113
Arenales y Sevilleja **E** (JAÉ) 138 Wa 120
Arenao **E** (VIZ) 23 We 88
Arenas **E** (AST) 7 Uc 88
Arenas **E** (AST) 7 Ud 89
Arenas **E** (CAN) 8 Vd 89
Arenas **E** (MÁL) 160 Vf 128
Arenas, Las - **E** (SEV) 157 Tf 127
Arenas, Las - **E** (VALL) 56 Vc 99
Arenas,Las **E** (AST) 8 Vb 89
Arenas de Iguña **E** (CAN) 9 Vf 89
Arenas del Rey **E** (GRA) 152 Wa 127
Arenas de San Juan **E** (CIU) 109 Wd 113
Arenas de San Pedro **E** (ÁVI) 88 Uf 107
Arenaza **E** (ÁLA) 23 Xd 92
Arenes, les **E** (BAR) 48 Ca 99
Arenes de Dalt, Ses - **E** (BAL) 96 Df 108
Arengões **P** (Le) 82 Rb 111
Arenillas **E** (SEV) 135 Ub 122
Arenillas **E** (SOR) 58 Xa 100
Arenillas de Muñó **E** (BUR) 39 Wa 95
Arenillas de Nuño Pérez **E** (PAL) 20 Vc 93
Arenillas de Riopisuerga **E** (BUR) 38 Ve 94
Arenillas de San Pelayo **E** (PAL) 20 Vc 93
Arenillas de Valderaduey **E** (LEÓ) 37 Uf 95
Arenillas de Villadiego **E** (BUR) 21 Wa 93
Arenitas, Las - **E** (TEN) 173 I E 3
Arenoso **E** (SEV) 149 Ue 125
Arenosos, Los - **E** (MÁL) 158 Ue 128
Arens de Lledó **E** (TER) 63 Ab 103
Arentim **P** (Br) 50 Rc 100
Arenys de Mar **E** (BAR) 48 Cd 99
Arenys de Munt **E** (BAR) 48 Cd 99
Arenzana de Abajo **E** (RIO) 41 Xb 94
Arenzana de Arriba **E** (RIO) 41 Xb 94
Areños **E** (CAN) 20 Vb 90
Areños **E** (PAL) 20 Vd 91
Areosa **E** (COR) 2 Ra 90
Ares **E** (ALI) 129 Ze 116
Ares **E** (COR) 3 Re 88
Ares **E** (LLE) 46 Bb 95
Aresandiaga **E** (VIZ) 11 Xa 89
Ares del Maestrat **E** (CAS) 80 Zf 106
Areso **E** (NAV) 24 Ya 90
Arestui **E** (LLE) 29 Bb 93
Aretxabaleta **E** (GUI) 23 Xc 90
Arevalillo **E** (ÁVI) 72 Ud 105
Arevalillo **E** (SAL) 70 Tc 103
Arevalillo de Cega **E** (SEG) 57 Wa 102
Arévalo **E** (ÁVI) 56 Vb 102
Arévalo de la Sierra **E** (SOR) 41 Xd 97
Arévalos, Los - **E** (SAL) 71 Ua 105
Arez **P** (Pg) 102 Sb 112
Arfa **E** (LLE) 29 Bc 95
Arga de Baixo **P** (VC) 32 Rb 97
Arga de Cima **P** (VC) 32 Rb 97
Arga de São João **P** (VC) 32 Rb 97
Argalo **E** (COR) 14 Ra 92
Argallón **E** (CÓRD) 135 Ud 119
Argamasa **E** (BAD) 134 Td 119
Argamasilla de Alba **E** (CIU) 109 Wf 114
Argamasilla de Calatrava **E** (CIU) 123 Vf 116
Argamasón **E** (ALB) 126 Xf 115
Argamasón, El - **E** (ALM) 154 Ya 127
Argamassa, S' - **E** (BAL) 97 Bd 115
Argame **E** (AST) 6 Ua 89
Argana **E** (PALM) 176 C 4
Argana **P** (Ba) 52 Sf 98
Arganda **E** (MAD) 90 Wd 107
Argandenes **E** (AST) 7 Ue 88
Argandoña **E** (ÁLA) 23 Xc 91
Arganil **P** (Co) 83 Rf 107
Arganil **P** (Sa) 83 Sa 110
Arganza **E** (AST) 6 Td 89
Arganza **E** (LEÓ) 17 Tb 93
Arganza **E** (SOR) 40 Wf 98
Argañín **E** (ZAM) 53 Te 100
Argañoso **E** (AST) 7 Uc 88
Argavieso **E** (HUES) 44 Ze 96
Argecilla **E** (GUA) 76 Xb 103
Argela **P** (VC) 32 Rb 97
Argelaguer **E** (GIR) 48 Cd 95
Argelita **E** (CAS) 95 Zd 108
Argençola **E** (BAR) 47 Be 97
Argençola **E** (BAR) 65 Bc 99
Argenil **P** (VR) 34 Se 97
Argensola = Argençola **E** (BAR) 65 Bc 99
Argente **E** (TER) 78 Yf 104
Argentera **E** (LLE) 46 Ba 97
Argentera, l' **E** (TAR) 64 Af 102
Argentona **E** (BAR) 66 Cc 99
Argés **E** (TOL) 89 Vf 110
Argestues **E** (LLE) 29 Bb 95
Argilaga, l' - **E** (TAR) 64 Bb 101
Argolell **E** (LLE) 29 Bc 94
Argomaiz = Argómaniz **E** (ÁLA) 23 Xc 91
Argómaniz **E** (ÁLA) 23 Xc 91
Argomedo **E** (BUR) 21 Wb 91
Argomilla **E** (CAN) 9 Wa 89
Argomoso **E** (LUG) 4 Sd 88
Argoncilhe **P** (Av) 68 Rc 102
Argoños **E** (CAN) 10 Wd 88
Argote **E** (BUR) 23 Xb 92
Argovejo **E** (LEÓ) 20 Uf 91
Argozelo **P** (Ba) 53 Tc 99
Argozón **E** (LUG) 16 Sa 93
Arguayo **E** (TEN) 172 I C 4
Arguayoda **E** (TEN) 172 II B 2
Argüébanes **E** (CAN) 8 Vc 89
Arguedas (Arketa) **E** (NAV) 42 Yc 95
Arguedeira **P** (Vi) 51 Sb 102
Arguellite **E** (ALB) 125 Xd 118
Argüero **E** (AST) 7 Ud 87
Argüeso **E** (CAN) 21 Ve 90
Arguijo **E** (SOR) 41 Xc 97
Arguineguín **E** (PALM) 174 I B 4
Arguiñano **E** (NAV) 24 Ya 92
Arguis **E** (HUES) 44 Zd 95
Arguisuelas **E** (CUE) 92 Yb 109
Aria **E** (NAV) 25 Ye 91
Ariany **E** (BAL) 99 Da 111
Aricera **P** (Vi) 51 Sc 102
Arico **E** (TEN) 173 I E 4
Arienza **E** (LEÓ) 18 Tf 92
Ariéstolas **E** (HUES) 45 Ab 97
Arija **E** (BUR) 21 Wa 91
Arilza-Olazar **E** (VIZ) 11 Xa 90
Arinaga = Puerto der Arinaga **E** (PALM) 174 I D 3
Arines **E** (COR) 15 Rc 91
Aringo **E** (ZAR) 25 Yf 93
Ariniz = Ariñez **E** (ÁLA) 23 Xb 92
Arinsal **AND** 29 Bc 93
Arintero **E** (LEÓ) 19 Ud 91
Ariñez **E** (ÁLA) 23 Xb 92
Ariñez **E** (PALM) 174 I C 2
Ariño **E** (TER) 62 Zc 102
Arisgotas **E** (TOL) 108 Wa 111
Aristot **E** (LLE) 29 Bd 94
Aristregui **E** (NAV) 24 Yb 91
Aristu **E** (NAV) 25 Ye 91
Aritzalde **E** (GUI) 24 Xe 91
Arive **E** (NAV) 25 Ye 91
Ariz **E** (NAV) 24 Yb 91
Ariz **P** (Vi) 69 Sc 103
Ariza **E** (ZAR) 60 Xf 101
Arizala **E** (NAV) 24 Xf 92
Arizaleta **E** (NAV) 24 Ya 92
Arizcun **E** (NAV) 13 Yd 89
Arizcuren **E** (NAV) 25 Ye 91
Arizgoiti **E** (VIZ) 11 Xa 89
Arizu **E** (NAV) 25 Yc 91
Arjona **E** (JAÉ) 137 Vf 121
Arjonilla **E** (JAÉ) 137 Vf 121
Arkaute = Arcaute **E** (ÁLA) 23 Xc 91
Arlanza **E** (LEÓ) 18 Td 93
Arlanzón **E** (BUR) 39 Wd 95
Arlegui **E** (NAV) 24 Yb 92
Arlós **E** (AST) 6 Ua 88
Arlucea **E** (ÁLA) 23 Xc 92
Arluzea = Arlucea **E** (ÁLA) 23 Xc 92
Armação de Pêra **P** (Fa) 145 Rd 126
Armada **E** (COR) 3 Rf 88
Armadàs **E** (GIR) 49 Ce 96
Armadouro **P** (Co) 83 Sa 108
Armallones **E** (GUA) 77 Xe 104
Armamar **P** (Vi) 51 Sb 102
Armañanzas **E** (NAV) 24 Xe 93
Armariz **E** (OUR) 145 Sb 95
Armeá **E** (LUG) 16 Se 92
Armedo **P** (Ba) 52 Se 101
Armejún **E** (SOR) 41 Xe 96
Armellada **E** (LEÓ) 18 Ua 93
Armenteira, A - **E** (PON) 15 Rb 94
Armentera, l' - **E** (GIR) 49 Da 95
Armenteros **E** (SAL) 72 Ud 105
Armentia **E** (BUR) 23 Xb 92
Armeñime **E** (TEN) 172 I C 5
Armesto **E** (LUG) 17 Se 92
Armil **P** (Br) 51 Re 100
Armilla **E** (GRA) 152 Wc 126
Armillas **E** (TER) 79 Za 103
Armintza **E** (VIZ) 11 Xa 88
Armiñon **E** (ÁLA) 23 Xa 92
Armunia **E** (LEÓ) 19 Uc 93
Armuña **E** (SEG) 56 Ve 102
Armuña de Almanzora **E** (ALM) 154 Xd 124
Armuña de Tajuña **E** (GUA) 76 Wf 105
Arnada, A - **E** (OUR) 33 Rf 95
Arnadelo **E** (LEÓ) 17 Ta 93
Arnado **E** (LEÓ) 17 Sf 93
Arnal **P** (Ba) 52 Sd 101
Arnas **P** (Vi) 69 Sd 103
Arnedillo **E** (RIO) 41 Xe 95
Arnedo **E** (BUR) 21 Wa 91
Arnedo **E** (RIO) 41 Xf 95
Arnego **E** (PON) 15 Rf 92
Arnego **E** (PON) 15 Sa 93
Arneiro **P** (Li) 115 Qd 116
Arneiro **P** (Se) 130 Rb 121
Arneiro de Milhariças **P** (Sa) 101 Rb 112
Arneiro de Tremês **P** (Sa) 101 Rb 112
Arneiros **P** (Li) 100 Qe 114
Arneirós **P** (Sa) 101 Rb 115
Arnelas **E** (OUR) 15 Re 93
Arnes **E** (TAR) 80 Ab 103
Arneva **E** (ALI) 142 Za 120
Arnilla **E** (ALM) 155 Ya 125
Arnoia **P** (Br) 51 Rf 100
Arnosela **P** (Br) 51 Rf 100
Arnoso **P** (Br) 50 Rc 100
Arnoso **P** (Br) 50 Rd 100
Arnuero **E** (CAN) 10 Wc 88
Aro **E** (COR) 14 Rb 91
Arobes **E** (AST) 7 Ue 88
Aroche **E** (HUEL) 133 Ta 121
Aroeira **P** (Fa) 146 Sc 125
Aroeira **P** (Sa) 116 Rb 115
Aroeiras **P** (Le) 82 Rc 109
Arões **P** (Av) 68 Re 104
Arões **P** (Br) 51 Re 100
Arona **E** (TEN) 172 I C 5
Arosa **P** (Br) 51 Sa 99
Aróstegui **E** (NAV) 24 Yb 91
Arouca **P** (Av) 68 Re 103
Arouca **P** (Se) 116 Rd 119
Arquillinos **E** (ZAM) 54 Uc 98
Arquillo **E** (ALB) 125 Xd 116
Arquillos **E** (JAÉ) 138 Wd 119
Arquillos El Viejo **E** (JAÉ) 138 Wd 120
Arquisquil **E** (NAV) 24 Ya 90
Arrabal **P** (Le) 82 Rb 110
Arrabal (Oia) **E** (PON) 32 Ra 96
Arrabalde **E** (ZAM) 36 Ua 96
Arrabal de Benablón **E** (MUR) 141 Ya 120
Arrabal de La Encarnación **E** (MUR) 141 Ya 120
Arrabal del Portillo **E** (VALL) 56 Vc 100
Arrabal de Oricáin **E** (NAV) 25 Yc 91
Arrabasada, l' - **E** (TAR) 64 Bb 102
Arrabassada, l' - **E** (BAR) 66 Ca 100
Arraco, S' - **E** (BAL) 98 Cc 111
Arraiados **P** (Se) 116 Rb 117
Arraial da Poupa **P** (CB) 85 Sf 110
Arraibi **E** (VIZ) 11 Xb 89
Arraiolos **P** (Év) 117 Sa 116
Arraiza **E** (NAV) 24 Yb 92
Arraiz-Orquín **E** (NAV) 24 Yc 90
Arrancacepas **E** (CUE) 92 Xd 107
Arrancada **P** (Av) 68 Rd 105
Arrancada **P** (Le) 82 Rc 109
Arranhó **P** (Li) 100 Qf 115
Arrankudiaga **E** (VIZ) 11 Xa 89
Arrao **P** (Fa) 144 Rc 125
Arrão de Baixo **P** (Sa) 101 Re 114
Arrarás **E** (NAV) 24 Yb 90
Arrasate-Mondragón **E** (GUI) 23 Xd 90
Arraso **E** (HUES) 26 Ze 94
Arrate **E** (GUI) 11 Xd 89
Arraya de Oca **E** (BUR) 40 Wd 94
Arrayán **E** (MUR) 141 Ya 119
Arrayanes **E** (JAÉ) 138 Wc 120
Arrayoz **E** (NAV) 13 Yc 90
Arrázola **E** (VIZ) 23 Xc 90
Arrazola = Arrázola **E** (VIZ) 23 Xc 90
Arreba **E** (BUR) 21 Wb 91
Arrecife **E** (CÓRD) 136 Va 122
Arrecife **E** (PALM) 176 C 4
Arredondas **E** (AST) 5 Sf 88
Arredondo **E** (CAN) 10 Wc 89
Arreigada **P** (Por) 50 Rd 101
Arrentela **P** (Se) 115 Qf 117
Arreo **E** (ÁLA) 23 Xa 92
Arres **E** (LLE) 28 Ae 92
Arresa **E** (HUES) 27 Zf 94
Arreu **E** (LLE) 28 Ba 92
Arriandi Ibarrondo **E** (VIZ) 11 Xc 89
Arriarán **E** (GUI) 24 Xe 90
Arriaran = Arriarán **E** (GUI) 24 Xe 90
Arriate **E** (MÁL) 158 Uf 128
Arriba **E** (LUG) 16 Sb 93
Arriba **E** (NAV) 24 Ya 90
Arribade **E** (LUG) 16 Sc 94
Arriel **E** (CÓRD) 135 Ue 122
Arrieta **E** (ÁLA) 23 Xd 91
Arrieta **E** (BUR) 23 Xb 92
Arrieta **E** (NAV) 25 Yd 91
Arrieta **E** (PALM) 176 D 3
Arrieta = Arrietas **E** (GUI) 24 Xe 91
Arrietas **E** (GUI) 24 Xe 91
Arrifana **P** (Av) 68 Rd 103
Arrifana **P** (Ba) 52 Ta 99
Arrifana **P** (Co) 82 Rc 108
Arrifana **P** (Co) 83 Re 107
Arrifana **P** (Gu) 69 Se 105
Arrifana **P** (Gu) 70 Ta 105
Arrifana **P** (Li) 101 Ra 113
Arrifes **P** (Aç) 170 Zb 122
Arrife Terras **P** (Aç) 169 We 118
Arrigorriaga **E** (VIZ) 11 Xa 89
Arrimal **P** (Le) 101 Ra 112
Arriola **E** (ÁLA) 23 Xd 91
Arriondas **E** (AST) 7 Ue 88
Arriondo **E** (AST) 7 Ud 88
Arripas, Las - **E** (CIU) 107 Vd 114
Arrisada **P** (Fa) 145 Sb 124
Arrizabalaga = Arrizala **E** (ÁLA) 23 Xd 92
Arrizala **E** (ÁLA) 23 Xd 92
Arro **E** (HUES) 27 Ab 94
Arró **E** (LLE) 28 Ae 92
Arroa = Arrona **E** (GUI) 12 Xe 89
Arroba de los Montes **E** (CIU) 107 Vc 114
Arrobio **E** (AST) 7 Ud 89
Arrochela **P** (Fa) 144 Rd 125
Arroiabe = Arroyabe **E** (ÁLA) 23 Xc 91
Arroios **P** (Fa) 146 Sb 126
Arroios **P** (VR) 51 Sb 101
Arrolas **E** (GUI) 23 Xd 91
Arrolobos **E** (CÁC) 71 Tf 106
Arrona **E** (GUI) 12 Xe 89
Arronategui **E** (VIZ) 11 Xb 88
Arronches **P** (Pg) 103 Se 114
Arrondo **E** (VIZ) 11 Xb 88
Arróniz **E** (NAV) 24 Xf 93
Arropino **E** (ÁVI) 73 Vc 105
Arròs **E** (LLE) 28 Ae 92
Arròs **E** (LLE) 29 Bb 93
Arrotea **E** (PON) 144 Rb 96
Arroteia **P** (Le) 82 Rc 109
Arrouquelas **P** (Sa) 101 Ra 113
Arroyabe **E** (ÁLA) 23 Xc 91
Arroya de la Plata **E** (SEV) 134 Te 122
Arroyal **E** (BUR) 39 Wb 94
Arroyal **E** (CAN) 21 Vf 91
Arroyivil **E** (JAÉ) 138 Wc 121
Arroyo **E** (ALB) 126 Ya 118
Arroyo **E** (CAN) 9 Vf 88
Arroyo **E** (CAN) 21 Vf 91
Arroyo **E** (HUEL) 133 Tb 121
Arroyo **E** (PAL) 37 Va 95
Arroyo **E** (VALL) 56 Vb 99
Arroyo Alazor **E** (MUR) 140 Xe 120
Arroyo Cerezo **E** (VAL) 93 Yd 108
Arroyo Coche **E** (MÁL) 159 Vd 127
Arroyo Chozas **E** (SEV) 148 Ua 123
Arroyo de Colmenar **E** (MÁL) 159 Vb 127
Arroyo de Cuéllar **E** (SEG) 56 Vd 100
Arroyo de la Luz **E** (CÁC) 104 Tc 112
Arroyo de la Miel **E** (MÁL) 159 Vc 129
Arroyo de las Fraguas **E** (GUA) 58 Wf 102
Arroyo de las Palmas **E** (MÁL) 159 Vc 129
Arroyo del Castaño y Rubiales **E** (BAD) 119 Tb 118
Arroyo del Cerezo **E** (CÓRD) 151 Ve 125
Arroyo del Ojanco **E** (JAÉ) 125 Xa 119
Arroyo de Muñó **E** (BUR) 39 Wa 95
Arroyo de Priego **E** (CÓRD) 151 Ve 125
Arroyo de Salas **E** (BUR) 40 We 96
Arroyo de San Serván **E** (BAD) 119 Td 115
Arroyo de Verdelecho **E** (ALM) 154 Xd 126
Arroyofrío **E** (ALB) 125 Xc 118
Arroyofrío **E** (TER) 93 Yd 107
Arroyo Jevar **E** (MÁL) 159 Vc 127
Arroyo Luis **E** (MÁL) 160 Ve 128
Arroyomolinos **E** (CÁD) 158 Ud 128
Arroyo Molinos **E** (JAÉ) 139 Wf 122
Arroyomolinos **E** (MAD) 89 Wa 107
Arroyomolinos de la Vera **E** (CÁC) 86 Ua 108
Arroyomolinos de León **E** (HUEL) 134 Td 120
Arroyomolinos de Montánchez **E** (CÁC) 105 Tf 113
Arroyo Moro **E** (BAD) 134 Te 120
Arroyomuerto **E** (SAL) 71 Tf 105
Arroyo-Pinares **E** (GRA) 151 Vf 125
Arroyos, Los - **E** (JAÉ) 125 Xc 119
Arroyo Salado **E** (JAÉ) 139 Wf 121
Arroyo Santo **E** (JAÉ) 138 We 122
Arroyo Tercero **E** (MUR) 140 Xe 119
Arroyuelo **E** (BUR) 22 Wd 91
Arroyuelos **E** (CAN) 21 Wa 91
Arruazu **E** (NAV) 24 Xf 91
Arrúbal **E** (RIO) 24 Xe 94
Arruda dos Pisões **P** (Sa) 101 Ra 113
Arruda dos Vinhos **P** (Li) 100 Qf 115
Arruiz **E** (NAV) 24 Ya 91
Ars **E** (LLE) 29 Bc 94
Arsèguel **E** (LLE) 29 Bd 94
Arseguell = Arsèguel **E** (LLE) 29 Bd 94
Artà **E** (BAL) 99 Dc 110
Artadi = San Miguel de Artadi **E** (GUI) 12 Xe 89
Artaiz **E** (NAV) 25 Yd 92
Artaj **E** (VAL) 94 Zb 110
Artajona **E** (NAV) 24 Yb 93
Artamont **E** (LLE) 29 Bb 92
Artana **E** (CAS) 95 Ze 109
Artaráin **E** (NAV) 25 Yc 93
Artasona **E** (HUES) 44 Zc 96
Artasona **E** (HUES) 45 Ab 96
Artatza Foronda = Artaza de Foronda **E** (ÁLA) 23 Xb 91
Artavia **E** (NAV) 24 Xf 92
Artaza **E** (ÁLA) 23 Xa 91
Artaza **E** (NAV) 24 Xf 92
Artaza de Foronda **E** (ÁLA) 23 Xb 91
Artázcoz **E** (NAV) 24 Yb 92
Artazu **E** (NAV) 24 Ya 92
Arteaga **E** (ALB) 126 Xe 117
Arteaga **E** (NAV) 24 Xf 92
Arteaga **E** (VIZ) 11 Xc 88
Arteas de Abajo **E** (CAS) 94 Zb 109
Arteas de Arriba **E** (CAS) 94 Zb 109
Artedara **E** (PALM) 174 I C 3
Artedó **E** (LLE) 29 Bd 94
Arteixo **E** (COR) 3 Rd 89
Artejévez **E** (PALM) 174 I B 3
Artejuela, La - **E** (CAS) 94 Zd 108
Artenara **E** (PALM) 174 I C 2
Artés **E** (BAR) 47 Bf 98
Artesa **E** (CAS) 95 Ze 109
Artesa de Lérida = Artesa de Lleida **E** (LLE) 64 Ae 99
Artesa de Lleida **E** (LLE) 64 Ae 99
Artesa de Segre **E** (LLE) 46 Ba 97
Arteta **E** (VIZ) 11 Xa 88
Articuza **E** (NAV) 12 Yb 89

Artieda E (HUES) 25 Za 93
Artieda E (NAV) 25 Ye 92
Arties E (LLE) 28 Af 92
Artieta E (BUR) 10 We 90
Artigas E (VIZ) 11 Xb 88
Artiga Vella, S' - E (BAL) 96 Ea 109
Arto E (HUES) 26 Zd 94
Artoño E (PON) 15 Rf 92
Artosilla E (HUES) 26 Ze 94
Artozqui E (NAV) 25 Ye 91
Artuñedo, El - E (JAÉ) 139 Xb 120
Artzan E (NAV) 12 Ya 90
Artziniega E (ÁLA) 10 Wf 90
Arucas E (PALM) 174 I C 2
Arués E (HUES) 45 Ab 95
Arure E (TEN) 172 II B 2
Arviza o Arviza Barrena E (RIO) 40 Wf 94
Árvore P (Por) 50 Rb 100
Arxemil E (LUG) 16 Sd 91
Arxemil E (LUG) 16 Sd 92
Arxuá E (LUG) 16 Sb 93
Arzádigos E (OUR) 34 Se 97
Arzallus E (GUI) 12 Xe 89
Arzil P (Be) 131 Rd 122
Arzila P (Co) 82 Rc 107
Arzina de Ribelles, l' - E (LLE) 46 Bf 97
Arzón E (COR) 14 Ra 91
Arzoz E (NAV) 24 Ya 92
Arzúa E (COR) 15 Rf 91
Arzubiaga E (ÁLA) 23 Xc 91
Asados E (COR) 14 Rb 92
Asarta E (NAV) 24 Xe 93
Ascabanas E (COR) 3 Rf 89
Ascara E (HUES) 26 Zc 93
Ascarza E (ÁLA) 23 Xc 91
Ascarza E (BUR) 23 Xb 92
Ascó E (TAR) 63 Ad 101
Ascona E (NAV) 24 Xf 93
Ascoy E (MUR) 141 Yd 119
Asdrúbal E (CIU) 123 Vf 117
Asegur E (CÁC) 71 Te 106
Asensios, Los - E (ALM) 140 Xf 123
Asensios, Los - E (MUR) 155 Yb 123
Asenso E (COR) 14 Ra 91
Asiáin E (NAV) 24 Yb 91
Asiego E (AST) 8 Va 89
Asieso E (HUES) 26 Zc 93
Asilo Matía E (GUI) 12 Xf 89
Asín E (ZAR) 43 Yf 95
Asín de Broto E (HUES) 27 Zf 93
Askartxa = Ascarza E (ÁLA) 23 Xc 91
Asma E (LUG) 16 Sa 93
Asma (San Félix) E (LUG) 16 Sb 93
Asma (Santa Euxenia) E (LUG) 16 Sb 93
Asnela P (Br) 51 Sa 99
Asnurri E (LLE) 29 Bc 94
Aso de Sobremonte E (HUES) 26 Zd 93
Asomada E (PALM) 176 B 4
Asomada, La - E (PALM) 175 II E 2
Asón E (CAN) 10 Wc 89
Asorei E (PON) 15 Rf 92
Aspa E (LLE) 64 Ae 100
Aspai E (LUG) 4 Sb 90
Aspariegos E (ZAM) 54 Uc 98
Aspe E (ALI) 128 Zb 118
Aspera E (LUG) 16 Sd 93
Asperelo E (PON) 15 Sa 93
Asperillo E (HUEL) 147 Tc 126
Aspilla, La - E (ALM) 154 Xe 123
Aspinheiro P (Sa) 101 Rb 112
Aspiroz E (NAV) 24 Ya 90
Aspuru E (ÁLA) 23 Xd 91
Aspurz E (NAV) 25 Yf 92
Asquel E (HUES) 45 Aa 95
Assa E (ÁLA) 23 Xc 93
Assafarge P (Co) 83 Rd 108
Assafora P (Li) 100 Qd 115
Assares P (Ba) 52 Sf 100
Asseiceira P (Be) 131 Re 121
Asseiceira P (Be) 144 Rb 124
Asseiceira P (Le) 100 Ra 113
Asseiceira P (Sa) 101 Rd 111
Assentiz P (Sa) 101 Ra 113
Assentiz P (Sa) 101 Rc 111
Asso E (TOL) 108 Wb 111
Assomada P (Ma) 167 I D 3
Asso-Veral E (ZAR) 26 Za 93
Assumadas P (Fa) 145 Re 126
Assumadas P (Fa) 145 Rf 126
Assumar P (Pg) 103 Sd 114
Assureira P (VC) 33 Re 97
Assureiras de Baixo P (VR) 34 Sd 98
Astariz E (OUR) 33 Rf 95
Asteasu E (GUI) 12 Xf 89
Astelarra E (VIZ) 11 Xb 89
Astell E (LLE) 28 Af 94
Asterrica E (VIZ) 11 Xd 89
Asterrika = Asterrica E (VIZ) 11 Xd 89
Astigarraga Ergobia E (GUI) 12 Ya 89
Astigarreta E (GUI) 24 Xe 90
Astigarribia E (GUI) 11 Xd 89
Astillero,El E (CAN) 9 Wb 88
Astiz E (NAV) 24 Ya 91
Astor, l' - E (BAR) 47 Bc 98
Astorecas E (VIZ) 11 Xb 89
Astorga E (LEÓ) 18 Tf 94
Astráin E (NAV) 24 Yb 92
Astrana E (CAN) 10 Wc 89
Astromil P (Por) 50 Rd 101
Astudillo E (PAL) 38 Ve 95
Astún E (HUES) 26 Zc 92
Asturianos E (ZAM) 35 Td 96
Asua-La Campa E (VIZ) 11 Xa 89
Asún E (HUES) 26 Zd 93
Atães P (Br) 32 Rd 98
Atães P (Br) 50 Re 100
Atafona P (Be) 131 Sa 122
Atafoneiro P (Aç) 168 Wc 117
Ataíde P (Por) 51 Re 101
Ataija de Cima de Baixo P (Le) 101 Ra 111
Atainde P (Br) 50 Rd 100
Atajate E (MÁL) 158 Ue 129
Atajo, El - E (TEN) 172 II C 2
Atalaia P (CB) 83 Sa 110
Atalaia P (CB) 84 Sc 110
Atalaia P (Év) 117 Sb 118
Atalaia P (Gu) 70 Sf 105
Atalaia P (Li) 100 Qe 113
Atalaia P (Li) 100 Qf 114
Atalaia P (Pg) 102 Sa 112
Atalaia P (Sa) 101 Rb 113
Atalaia P (Sa) 101 Rd 112
Atalaia P (Se) 115 Ra 116
Atalaia Cimeira P (Le) 83 Re 109
Atalaia do Campo P (CB) 84 Sd 108
Atalaya E (BAD) 119 Td 119
Atalaya E (CÁC) 86 Te 108
Atalaya E (CÁC) 105 Ub 111
Atalaya E (CÓRD) 150 Vc 124
Atalaya E (JAÉ) 138 Wa 121
Atalaya, La - E (ALB) 110 Xc 114
Atalaya, La - E (ÁVI) 74 Vd 106
Atalaya, La - E (CÁC) 85 Tc 107
Atalaya, La - E (MÁL) 151 Vd 125
Atalaya, La - E (MUR) 141 Yd 123
Atalaya, La - E (PALM) 174 I C 2
Atalaya, La - E (PALM) 174 I D 2
Atalaya, La - E (SAL) 71 Td 105
Atalaya, La - E (SEV) 149 Ud 123
Atalaya de Cuenca E (CUE) 92 Xf 109
Atalaya del Cañavate E (CUE) 111 Xe 111
Atalaya-Isdabe E (MÁL) 165 Uf 130
Atalayas-Valdancher E (CAS) 80 Ab 106
Atalayuela E (JAÉ) 139 Xa 122
Atalbéitar E (GRA) 161 We 127
Ataliças P (Be) 132 Sc 123
Atamaría E (MUR) 143 Zb 123
Atán E (LUG) 16 Sb 94
Atán (Mazaricos) E (COR) 14 Ra 91
Atance, El - E (GUA) 58 Xb 102
Atanores E (CÓRD) 151 Vc 123
Atanzón E (GUA) 76 Xa 104
Atapuerca E (BUR) 39 Wc 94
Ataquines E (VALL) 55 Vb 101
Atarés E (HUES) 26 Zc 93
Atarfe E (GRA) 152 Wb 125
Atascadero E (GRA) 152 We 124
Atauri E (ÁLA) 23 Xd 92
Atauta E (SOR) 58 We 99
Atazar, El - E (MAD) 75 Wd 103
Atea E (ZAR) 60 Yc 102
Ateca E (ZAR) 60 Yb 101
Atei P (VR) 51 Sa 100
Atenor P (Ba) 53 Td 100
Atiães P (Br) 50 Rd 99
Atiart E (HUES) 27 Ab 94
Atienza E (GUA) 58 Xa 101
Atilhó P (VR) 51 Sb 98
Atios E (COR) 3 Rf 87
Atlanterra E (CÁD) 164 Ub 132
Atlas P (Ma) 167 I C 3
Atocha E (JAÉ) 138 Wb 122
Atochares E (ALM) 163 Xf 127
Atoleirinhos P (Pg) 102 Sa 113
Atondo E (NAV) 24 Yb 91
Atouguia P (Co) 83 Rf 107
Atouguia P (Sa) 82 Rc 111
Atouguia da Baleia P (Le) 100 Qe 112
Atrave E (OUR) 34 Se 97
Atunara, La - E (CÁD) 165 Ue 131
Aucanada E (BAL) 99 Da 109
Aucello E (LUG) 17 Ta 92
Audanzas del Valle E (LEÓ) 36 Ub 95
Audicana E (ÁLA) 23 Xd 91
Audikana = Audicana E (ÁLA) 23 Xd 91
Aulabar E (JAÉ) 138 Wd 122
Aulaga, La - E (SEV) 134 Td 122
Aulago E (ALM) 153 Xc 126
Aulàs E (LLE) 46 Ae 95
Aulesti E (VIZ) 11 Xc 89
Aulesti E (VIZ) 11 Xd 89
Aulestia = Aulesti E (VIZ) 11 Xd 89
Auñón E (GUA) 76 Xb 105
Aurín E (HUES) 26 Zd 93
Ausejo E (RIO) 41 Xe 94
Ausejo de la Sierra E (SOR) 41 Xd 97
Autilla del Pino E (PAL) 38 Vc 97
Autillo de Campos E (PAL) 37 Va 96
Autol E (RIO) 42 Xf 95
Auvinyà AND 29 Bd 94
Auza E (NAV) 24 Yb 91
Avanca P (Av) 67 Rc 104
Avantos P (Ba) 52 Sf 99
Avatz-Machiventa E (GUI) 12 Xe 90
Ave Casta P (Sa) 83 Rd 110
Avedillo de Sanabria E (ZAM) 35 Tb 96
Aveinte E (ÁVI) 73 Va 104
Aveira P (Co) 83 Rf 107
Aveiras de Baixo P (Li) 101 Ra 114
Aveiras de Cima P (Li) 101 Ra 114
Aveiro P (Av) 67 Rc 105
Avelal P (Vi) 69 Sb 104
Avelanoso P (Ba) 53 Td 99
Avelão P (Av) 68 Rd 104
Avelar P (Co) 83 Sa 107
Avelar P (Le) 83 Rd 109
Avelãs de Ambom P (Gu) 69 Se 105
Avelãs de Caminho P (Av) 68 Rd 106
Avelãs de Cima P (Av) 68 Rd 106
Aveleda P (Ba) 35 Tb 97
Aveleda P (Br) 50 Rd 99
Aveleda P (Por) 50 Rb 101
Aveleda P (Por) 50 Re 101
Aveledas P (VR) 34 Sd 98
Aveleiras P (VC) 32 Rd 97
Aveleita P (Co) 83 Rd 107
Aveloso P (Gu) 69 Se 103
Aveloso P (Vi) 68 Rf 104
Avellà, l' - E (BAR) 65 Bd 100
Avellanar E (CÁC) 71 Te 106
Avellanar E (CIU) 107 Vc 112
Avellanar, El - E (TOL) 107 Ve 112
Avellaneda E (ÁVI) 72 Ud 106
Avellaneda E (RIO) 41 Xd 95
Avellaneda, La - E (CÁC) 106 Ud 110
Avellanes, les - E (LLE) 46 Ae 97
Avellanet E (LLE) 29 Bc 94
Avellanos E (LLE) 28 Af 94
Avellanosa E (LLE) 47 Bd 97
Avellanosa del Páramo E (BUR) 21 Wa 94
Avellanosa de Muñó E (BUR) 39 Wb 97
Avellanosa de Rioja E (BUR) 40 Wf 94
Avenal P (Li) 100 Qf 113
Avenida do Marqués de Figueroa (San Sadurniño) E (COR) 3 Rf 87
Avenida do Mestre Manuel Gómez E (COR) 15 Rd 92
Aveno E (AST) 7 Uc 88
A-Ver-o-Mar P (Por) 50 Rb 100
Aves P (Por) 50 Rd 100
Avessadas P (Por) 51 Re 102
Avià E (BAR) 47 Be 96
Aviados E (LEÓ) 19 Ud 92
Avidagos P (Ba) 52 Se 100
Avide E (LUG) 16 Sc 93
Avidos P (Br) 50 Rd 100
Ávila E (ÁVI) 73 Vb 105
Ávila de los Caballeros E (ÁVI) 73 Vb 105
Avilés E (AST) 6 Ua 87
Avilés E (MUR) 141 Yb 121
Avileses E (MUR) 142 Za 121
Avileses, Los - E (JAÉ) 125 Xb 118
Avililla de la Sierra E (SAL) 71 Tf 104
Avín E (AST) 8 Va 88
Avinazas E (JAÉ) 138 We 120
Avinhó P (Ba) 53 Tc 99
Avintes P (Por) 50 Rc 102
Avinyó E (BAR) 47 Bf 97
Avinyonet = Avinyonet del Penedès E (BAR) 65 Be 100
Avinyonet de Puigventós E (GIR) 31 Cf 95
Aviñante de la Peña E (PAL) 20 Vb 92
Aviño (Valdoviño) E (COR) 3 Rf 87
Aviñonet de Puig Ventós = Avinyonet de Puigventós E (GIR) 31 Cf 95
Avis P (Pg) 103 Sa 114
Aviso P (Por) 50 Rc 101
Avô P (Co) 83 Sa 107
Avões P (Vi) 51 Sb 102
Axpe E (VIZ) 11 Xc 90
Axpe de Busturia E (VIZ) 11 Xb 88
Axpuru = Aspuru E (ÁLA) 23 Xd 91
Aya E (GUI) 24 Xf 91
Aya = Aia E (GUI) 12 Xf 89
Ayabarrena E (RIO) 40 Wf 95
Ayagaures E (PALM) 174 I C 3
Ayamonte E (HUEL) 146 Sd 125
Ayamosna E (TEN) 172 II B 2
Ayechu E (NAV) 25 Ye 92
Ayégui E (NAV) 24 Xf 93
Ayelo de Rugat E (VAL) 128 Zd 115
Ayera E (HUES) 44 Ze 95
Ayerbe E (HUES) 43 Zb 95
Ayerbe de Broto E (HUES) 27 Zf 93
Ayesa E (NAV) 25 Yd 93
Ayguafreda = Aiguafreda E (BAR) 48 Cb 98
Aylagas E (SOR) 58 Wf 98
Ayllón E (SEG) 58 Wd 100
Aylloncillo E (SOR) 41 Xd 97
Ayna E (ALB) 126 Xf 117
Aynet de Besán = Ainet de Besan E (LLE) 29 Bb 93
Ayódar E (CAS) 95 Zd 108
Ayoluengo E (BUR) 21 Wa 92
Ayones E (AST) 6 Td 88
Ayoó de Vidriales E (ZAM) 36 Tf 96
Ayora E (VAL) 112 Yf 114
Ayozo E (JAÉ) 138 Wd 123
Aytona = Aitona E (LLE) 63 Ac 100
Ayuela E (PAL) 20 Vc 93
Ayuela, La - E (CAN) 9 Ve 88
Ayuelas E (BUR) 22 Wf 92
Azabal E (CÁC) 86 Te 107
Azaceta E (ÁLA) 23 Xd 92
Azadinos E (LEÓ) 19 Uc 93
Azadón E (LEÓ) 19 Ub 93
Azafá E (ALI) 128 Zb 119
Azafranares E (CAS) 94 Zc 107
Azagador, El - E (VAL) 112 Yf 112
Azagães P (Av) 68 Rd 103
Azagala E (BAD) 104 Ta 113
Azagra E (NAV) 42 Ya 95
Azaila E (TER) 62 Zd 101
Azambuja P (Li) 101 Ra 114
Azambujeira P (Év) 116 Re 117
Azambujeira P (Sa) 101 Rb 113
Azanúy-Alíns E (HUES) 45 Ab 97
Azañón E (GUA) 76 Xc 104
Azapiedra E (SOR) 41 Xc 97
Azara E (HUES) 44 Zf 96
Azaraque E (MUR) 141 Yd 122
Azares del Páramo E (LEÓ) 36 Ub 95
Azarrulla E (RIO) 40 Wf 95
Azaruja P (Év) 117 Sb 116
Azcamellas E (SOR) 59 Xd 102
Azcárate E (NAV) 24 Xf 90
Azcoaga E (ÁLA) 23 Xc 90
Azcona E (NAV) 24 Ya 92
Azefrue E (TER) 93 Ye 108
Azeiteiros P (Pg) 103 Sd 114
Azenha P (Co) 82 Rb 108
Azenha P (Fa) 144 Rb 124
Azenha Nova P (Pg) 103 Se 113
Azenhas P (Li) 100 Qd 114
Azenhas do Mar P (Li) 115 Qd 115
Azenhas Velhas P (Li) 100 Qd 114
Ázere P (Co) 68 Rf 106
Ázere P (VC) 32 Rd 97
Azevedo P (Por) 50 Rc 100
Azevedo P (VC) 32 Rb 97
Azevo P (Gu) 70 Sf 103
Azia P (Fa) 144 Rb 124
Azias P (VC) 32 Rd 98
Azilu = Acilu E (ÁLA) 23 Xd 91
Azinhaga P (Sa) 101 Rc 112
Azinhal P (Be) 131 Sb 122
Azinhal P (Be) 145 Rf 124
Azinhal P (Fa) 145 Rf 125
Azinhal P (Fa) 145 Sa 124
Azinhal P (Fa) 145 Sb 124
Azinhal P (Fa) 146 Sd 125
Azinhal P (Gu) 70 Ta 104
Azinhal P (Pg) 103 Sd 113
Azinhal P (Sa) 116 Re 116
Azinhal e Amendoeira P (Fa) 145 Sa 126
Azinheira P (Be) 130 Rd 123
Azinheira P (CB) 83 Rf 110
Azinheira P (Li) 100 Ra 113
Azinheira dos Barros P (Se) 131 Rd 120
Azinheiro P (Fa) 145 Sa 126
Azinhosa P (Fa) 146 Sb 125
Azinhoso P (Ba) 53 Tb 100
Azkarai E (VIZ) 10 Wf 89
Azkizu = Azquizu E (GUI) 12 Xe 89
Azkoaga = Azcoaga E (ÁLA) 23 Xc 90
Azkoitia E (GUI) 12 Xe 89
Azlor E (HUES) 44 Zf 96
Aznalcázar E (SEV) 148 Te 125
Aznalcóllar E (SEV) 148 Tc 123
Azões P (Br) 50 Rc 98
Azofra E (RIO) 40 Xb 94
Azohía, La - E (MUR) 142 Yf 123
Azoia P (Le) 82 Rb 110
Azoia P (Li) 115 Qd 116
Azóia de Baixo P (Sa) 101 Rb 113
Azóia de Cima P (Sa) 101 Rb 112
Azores E (CÓRD) 151 Ve 124
Azores E (GRA) 154 Xc 124
Azoz E (NAV) 24 Yc 91
Azpa E (NAV) 25 Yc 92
Azparren E (NAV) 25 Ye 91
Azpe E (HUES) 44 Ze 94
Azpeitia E (GUI) 12 Xe 89
Azpilcueta E (NAV) 13 Yc 89
Azpilgoeta E (GUI) 11 Xd 89
Azqueta E (NAV) 24 Xf 93
Azquizu E (GUI) 12 Xe 89
Aztiria E (GUI) 24 Xe 90
Azuaga E (BAD) 135 Ub 119
Azuara E (ZAR) 61 Za 101
Azucaica E (TOL) 89 Wa 109
Azucarera, La - E (NAV) 42 Yb 94
Azucarera Palentina E (PAL) 38 Vc 97
Azud de Villagonzalo E (SAL) 72 Ud 103
Azuébar E (CAS) 95 Zd 109
Azueira P (Li) 100 Qe 114
Azuel E (CÓRD) 122 Ve 119
Azuelo E (NAV) 23 Xd 93
Azúmara E (LUG) 4 Sd 89
Azuqueca de Henares E (GUA) 75 We 105
Azurara P (Por) 50 Rb 100
Azurém P (Br) 50 Re 100
Azután E (TOL) 88 Uf 110

B

Baamonde E (LUG) 4 Sb 89
Baamorto E (LUG) 16 Sc 93
Babe P (Ba) 35 Tc 98
Babel E (ALI) 128 Zc 118
Babilafuente E (SAL) 72 Ud 103
Bacáicoa E (NAV) 24 Xf 91
Baçal P (Ba) 35 Tb 97
Bacamorta E (HUES) 27 Ac 94
Bacares E (ALM) 154 Xd 125
Bacarot E (ALI) 128 Zc 118
Bacoi E (LUG) 4 Sd 87
Bacor-Olivar E (GRA) 153 Xa 123
Bachicabo E (ÁLA) 22 Wf 92
Bachilleras, Las - E (CIU) 109 Wd 113
Badaguás E (HUES) 26 Zd 93
Badain E (HUES) 27 Ab 93
Badajoz E (BAD) 118 Ta 115
Badalejos, Los - E (CÁD) 164 Ua 130
Badalona E (BAR) 66 Cb 100
Badamalos P (Gu) 70 Ta 106
Bádames E (CAN) 10 Wd 88
Badanais P (CB) 85 Ta 108
Badarán E (RIO) 40 Xb 94
Bade P (VC) 32 Rc 97
Bádenas E (TER) 61 Yf 102
Badia Gran E (BAL) 98 Ce 112
Badia Palma E (BAL) 98 Cd 111
Badilla E (ZAM) 53 Te 100
Badim P (VC) 32 Rd 96
Badolatosa E (SEV) 150 Vb 125
Badostáin E (NAV) 25 Yc 92
Badules E (ZAR) 61 Ye 102
Baells E (HUES) 45 Ac 97
Baén E (LLE) 28 Ba 95
Baena E (CÓRD) 151 Ve 123
Baeza E (JAÉ) 138 Wd 121
Baezuela E (MAD) 75 Wd 106
Bafaluy E (HUES) 45 Ac 95
Bagà E (BAR) 47 Bf 95
Bagergue E (LLE) 28 Af 92
Baget = Beget E (GIR) 30 Cc 95
Bagoada P (VC) 32 Rb 97
Bagude E (LUG) 16 Sb 92
Bagueixe P (Ba) 53 Tb 99
Báguena E (TER) 61 Yd 102
Bagüés E (HUES) 25 Za 93
Bagüeste E (HUES) 44 Zf 94
Bagulhão P (VR) 51 Sa 99
Bagunte P (Por) 50 Rc 100
Bagur = Begur E (GIR) 49 Db 97
Bahabón E (VALL) 56 Ve 100
Bahabón de Esgueva E (BUR) 39 Wb 97
Bahía E (MUR) 142 Ye 123
Bahillo E (PAL) 20 Vc 94
Baião P (Fa) 145 Rd 124
Baião P (Por) 51 Rf 102
Baiãs P (Fa) 145 Re 126
Baiasca E (LLE) 29 Ba 93
Baides E (GUA) 76 Xb 102
Baigorri E (NAV) 24 Ya 93
Bailén E (JAÉ) 138 Wb 120
Bailo E (HUES) 26 Zb 93
Bailones, Los - E (HUEL) 133 Tb 120
Baillo E (BUR) 22 Wc 91
Baillo E (LEÓ) 35 Td 95
Baiña E (AST) 6 Ub 89
Baiña E (PON) 15 Rf 92
Baiobre E (COR) 15 Re 91
Baiões P (Vi) 68 Rf 104
Baio Grande E (COR) 2 Ra 90
Baiona E (PON) 32 Ra 96
Baiona P (Be) 144 Rb 124
Bairradas P (Le) 100 Ra 113
Bairro P (Br) 50 Rd 100
Bairro P (Br) 51 Rf 99
Bairro P (Le) 100 Qf 112
Bairro P (Li) 100 Qf 114
Bairro P (Sa) 101 Rc 111
Bairro de Sapec P (Se) 116 Rb 118
Bairro do Carvalhal P (Ba) 34 Sf 98
Bairro do Degebe P (Év) 103 Sa 117
Bairro do Louredo P (Év) 117 Sa 117
Bairro dos Canaviais P (Év) 117 Sa 117
Bairro dos Terrádos P (Év) 117 Sb 117
Bairros P (Av) 50 Re 102
Bairros P (Br) 50 Rc 100
Bairros P (Por) 50 Rc 100
Baiuca, A E (COR) 3 Rf 90
Baixa da Banheira P (Se) 115 Qf 117
Bajamar E (PALM) 176 C 3
Bajamar E (TEN) 173 I E 2
Bajancas Fundeiras P (Co) 83 Re 108
Bajarin, El - E (GRA) 153 We 124
Bajauri E (BUR) 23 Xc 93
Bajol, La -= Vajol, la - E (GIR) 31 Ce 94
Bajondillo E (ÁVI) 73 Vb 106
Balada E (TAR) 81 Ae 104
Balafi E (BAL) 97 Bc 114
Balaguer E (LLE) 46 Ae 98
Balança P (Br) 50 Re 98
Balancho P (Sa) 102 Rf 113
Balanegra E (ALM) 162 Xa 128
Balanzona, La - E (CÓRD) 136 Vb 121
Balarés E (COR) 2 Ra 89
Balax E (GRA) 153 Xb 124
Balazar P (Br) 50 Rd 99
Balazar P (Por) 50 Rc 100
Balazote E (ALB) 126 Xf 115
Balbacienta E (CAN) 10 We 88
Balbacil E (GUA) 59 Xf 102
Balbaina E (CÁD) 157 Te 128
Balbarda E (ÁVI) 73 Va 105
Balbases, Los - E (BUR) 39 Vf 95
Balboa E (BAD) 119 Tb 115
Balboa E (LEÓ) 17 Ta 92
Balconchán E (ZAR) 60 Yd 102
Balcón de Alcores, El - E (SEV) 149 Ub 124
Balcón de Madrid, El - E (MAD) 75 Wb 104
Balcones, Los - E (GRA) 153 Xa 124
Balconete E (GUA) 76 Xa 105
Baldazos E (MUR) 141 Yc 122
Baldellou E (HUES) 45 Ad 97
Baldío E (CÁC) 87 Uc 109
Baldio P (Év) 118 Sd 118
Baldio P (Pg) 103 Sd 113
Baldio P (Pg) 103 Se 114
Baldío de la Grulla E (BAD) 134 Tf 119
Baldío de Mora E (CÁC) 86 Tf 110
Baldios, Los - E (TEN) 173 I F 3
Baldomar E (LLE) 46 Ba 97
Baldos P (Vi) 69 Sc 103
Baldovar E (VAL) 94 Yf 109
Baldrei E (OUR) 33 Sc 95
Baldriz E (OUR) 34 Sc 96
Balea E (PON) 14 Ra 94
Balea E (PON) 32 Rb 95
Baleal P (Le) 100 Qe 112
Baleizão P (Be) 132 Sb 120
Balenario de Benito E (ALB) 125 Xc 117
Balenario La Esperanza E (ALB) 125 Xc 117
Balerma E (ALM) 162 Xa 128
Balestui E (LLE) 28 Ba 94
Baliarraín E (GUI) 24 Xf 90
Baliarrain = Baliarraín E (GUI) 24 Xf 90
Balisa E (SEG) 74 Vd 102
Bàlitx de Baix E (BAL) 98 Ce 110
Balma, La - E (CAS) 80 Ze 104
Balmaseda E (VIZ) 10 We 89
Balmonte E (AST) 5 Ta 88
Balmori E (AST) 8 Va 88
Balneario Cervantes E (CIU) 124 Wd 117
Balneario de Babilafuente E (SAL) 72 Ud 103
Balneario de Cantalar E (MUR) 140 Xf 120
Balneario de Fortuna E (MUR) 142 Yf 119
Balneario de Fuente Amarga E (CÁD) 164 Tf 130
Balneario de Guitiriz E (LUG) 4 Sa 90
Balneario de Incio E (LUG) 16 Se 93
Balneario de la Berzosa E (CAN) 9 Vd 89

Balneario de la Margarita **E** (MAD) 75 Wd 106
Balneario de la Pestosa **E** (ALB) 126 Yb 117
Balneario de Marmolejo **E** (JAÉ) 137 Ve 120
Balneario de Mestas **E** (AST) 7 Ue 89
Balneario de Pozo Amargo **E** (CÁD) 149 Ud 126
Balneario de Retortillo **E** (SAL) 71 Td 104
Balneario de Valdefernando **E** (BAD) 106 Ue 113
Balneario Fonté **E** (ZAR) 62 Zf 101
Balneario la Aliseda **E** (JAÉ) 124 Wc 119
Balneario l'Avella **E** (CAS) 80 Aa 105
Balneario Valdelanas **E** (CÁC) 86 Te 108
Balneari Sant Vicens **E** (LLE) 29 Bd 94
Balneari Senillers **E** (LLE) 26 Be 94
Baloira **E** (PON) 15 Rc 92
Balón **E** (COR) 3 Re 88
Balones **E** (ALI) 128 Zd 116
Balonga **E** (MUR) 127 Yf 119
Balouta **E** (LEÓ) 17 Tb 91
Balsa **E** (LUG) 4 Sc 88
Balsa **P** (Por) 50 Rd 101
Balsa **P** (VR) 51 Sc 100
Balsa, La - **E** (MUR) 142 Za 122
Balsa de Ves **E** (ALB) 112 Ye 113
Balsaín **E** (ALB) 126 Yb 116
Balsa-Pintada **E** (MUR) 142 Yf 122
Balsareny **E** (BAR) 47 Bf 97
Balsares **E** (ALI) 143 Zc 119
Balsas **P** (Co) 67 Rc 106
Balsas **P** (Sa) 101 Rd 113
Balsas de Cardel **E** (MUR) 127 Yd 118
Balseiro **E** (PON) 32 Rc 94
Balsicas **E** (MUR) 142 Za 122
Balsicas, Las - **E** (MUR) 142 Ye 123
Balsilla de Taray, La - **E** (ALM) 162 Xb 128
Balsillas **E** (GRA) 153 Xb 124
Baltanás **E** (PAL) 38 Ve 97
Baltar **E** (OUR) 33 Sb 97
Baltar **P** (Por) 50 Rd 101
Baltrotas, Las - **E** (SEV) 135 Uc 121
Balugães **P** (VC) 50 Rc 99
Balurco **P** (Fa) 146 Sc 124
Balzaín **E** (GRA) 152 Wc 126
Ballabriga **E** (HUES) 28 Ad 94
Ballariáin **E** (NAV) 24 Yb 91
Ballbona de les Monges = Vallbona de les Monges **E** (LLE) 64 Ba 99
Ballesta, La - **E** (CÓRD) 136 Va 120
Ballestera, La - **E** (JAÉ) 139 Xb 120
Ballestero, El - **E** (ALB) 125 Xd 115
Ballesteros **E** (CIU) 108 Wa 113
Ballesteros **E** (CUE) 92 Xf 109
Ballesteros **E** (TER) 62 Zd 102
Ballesteros de Calatrava **E** (ZAR) 123 Wa 115
Ballobar **E** (HUES) 63 Ab 99
Ballota **E** (AST) 6 Td 87
Balluncar **E** (SOR) 59 Xc 100
Bama **E** (COR) 15 Rd 91
Bamba **E** (ZAM) 54 Uc 100
Banaguás **E** (HUES) 26 Zc 93
Banariés **E** (HUES) 44 Zd 96
Banastás **E** (HUES) 44 Zd 95
Banastón **E** (HUES) 27 Ab 94
Banática **P** (Li) 115 Qe 116
Bancalejo, El - **E** (ALM) 154 Xf 123
Bancales, Los - **E** (ALI) 129 Aa 117
Bandaliés **E** (HUES) 44 Ze 96
Bande **E** (OUR) 33 Sa 96
Bandeira **E** (PON) 15 Re 92
Bandeiras **P** (Aç) 168 Wd 117
Banecidas **E** (LEÓ) 20 Uf 94
Banga **E** (OUR) 33 Rf 94
Bangueses **E** (OUR) 33 Rf 96
Banho **P** (Por) 51 Rf 101
Banho e Carvalhosa **P** (Por) 51 Rf 101
Banhos da Ariola **P** (Gu) 69 Se 103
Baniel **E** (SOR) 59 Xd 99
Bañolas = Banyoles **E** (GIR) 48 Ce 96
Baños de Cerrato **E** (PAL) 38 Vd 97
Banquitos, Los - **E** (TEN) 173 I G 2
Banuncias **E** (LEÓ) 19 Uc 94
Banyalbufar **E** (BAL) 98 Cd 110
Banyeres **E** (BAL) 99 Da 111
Banyeres del Penedès **E** (TAR) 65 Bd 101
Banyoles **E** (GIR) 48 Ce 96
Banyos de Sant Joan **E** (BAL) 99 Da 112
Banys de Trédos **E** (LLE) 28 Af 93
Baña, La **E** (LEÓ) 35 Tb 95
Bañaderos **E** (PALM) 174 I C 2
Bañares **E** (RIO) 23 Xa 94
Bañeras = Banyeres del Penedès **E** (TAR) 65 Bd 101
Bañeres **E** (ALI) 128 Zc 116
Bañeza, La **E** (LEÓ) 36 Ua 95
Bañobárez **E** (SAL) 70 Tc 103
Baño de la Tiñosa **E** (CIU) 123 Vf 118
Bañón **E** (TER) 78 Ye 103
Baños **E** (CÁC) 86 Ua 107
Baños **E** (OUR) 33 Sa 97
Baños **E** (OUR) 146 Ta 95
Baños, Los - **E** (GRA) 151 Wa 126
Baños, Los - **E** (GRA) 153 We 125
Baños, Los - **E** (MUR) 141 Yd 120
Baños, Los - **E** (MUR) 142 Yf 119
Baños, Los - **E** (MUR) 142 Yf 121
Baños, Los - **E** (MUR) 142 Za 122
Baños de Alicún de las Torres **E** (GRA) 153 Wf 123
Baños de Brochales **E** (CIU) 124 Xa 117
Baños de Busot **E** (ALI) 128 Zd 117
Baños de Calabor **E** (ZAM) 35 Tb 97
Baños de Calzadilla del Campo **E** (SAL) 54 Tf 102
Baños de Ebro **E** (ÁLA) 23 Xb 93
Baños de Fuencaliente **E** (BUR) 23 Xa 93
Baños de Fuensanta **E** (CIU) 123 Wa 115
Baños de Fuente de la Encina **E** (JAÉ) 137 Wa 120
Baños de Fuente Podrida **E** (VAL) 112 Yd 112
Baños de Gilico **E** (MUR) 141 Yc 119
Baños de la Dehesilla **E** (BAD) 106 Va 113
Baños de la Encina **E** (JAÉ) 138 Wb 119
Baños del Agua Hedionda **E** (JAÉ) 137 Wa 122
Baños de la Marrana **E** (GRA) 161 Wd 127
Baños de la Peña **E** (PAL) 20 Vc 92
Baños del Arenosillo **E** (CÓRD) 137 Vd 120
Baños de la Rosa **E** (CUE) 77 Xf 105
Baños de Ledesma **E** (SAL) 54 Ua 102
Baños del Moral **E** (BAD) 119 Tb 118
Baños de los Remedios **E** (BAD) 120 Tf 117
Baños del Relumbrar **E** (ALB) 125 Xb 117
Baños de Molgas **E** (OUR) 33 Sb 95
Baños de Rioja **E** (RIO) 23 Xa 93
Baños de Río Tobía **E** (RIO) 40 Xb 94
Baños de Saladillo **E** (JAÉ) 139 Wf 120
Baños de San Cristóbal **E** (CIU) 123 Wa 115
Baños de Sierra Elvira **E** (GRA) 152 Wb 125
Baños de Tajo **E** (GUA) 77 Ya 104
Baños de Tus **E** (ALB) 125 Xd 118
Baños de Valdearados **E** (BUR) 39 Wc 98
Baños de Vilo **E** (MÁL) 151 Ve 127
Baños de Zújar **E** (GRA) 153 Xb 123
Bañuelos **E** (GUA) 58 Xa 101
Bañuelos de Bureba **E** (BUR) 22 We 93
Bañugues **E** (AST) 7 Ub 87
Baquedano **E** (NAV) 24 Xf 92
Baquerín de Campos **E** (PAL) 38 Vb 96
Bara **E** (HUES) 44 Zf 95
Baraçal **P** (Gu) 69 Se 104
Baraçal **P** (Gu) 70 Sf 106
Bárago **E** (CAN) 20 Vc 90
Baraguás **E** (HUES) 26 Zd 93
Barahona **E** (SOR) 59 Xc 101
Barahona de Fresno **E** (SEG) 57 Wc 100
Baráibar **E** (NAV) 24 Ya 91
Barainka = Barrainca **E** (VIZ) 11 Xc 88
Barajas **E** (ÁVI) 87 Uf 106
Barajas **E** (CIU) 108 Wc 114
Barajas **E** (MAD) 75 Wc 106
Barajas de Melo **E** (CUE) 91 Xa 108
Barajores **E** (PAL) 20 Vb 92
Barajuela **E** (CÓRD) 137 Vd 122
Barakaldo **E** (VIZ) 11 Xa 89
Baralla **E** (LUG) 16 Se 91
Barambio **E** (ÁLA) 23 Xa 90
Barán **E** (OUR) 145 Sc 96
Baranco de Vale Francisco **P** (Be) 144 Rc 124
Baranda **E** (BUR) 22 Wc 90
Barangón **E** (LUG) 5 Se 90
Barañáin **E** (NAV) 24 Yb 92
Barão de São João **P** (Fa) 144 Rb 126
Barão de São Miguel **P** (Fa) 144 Rb 126
Barásoain **E** (NAV) 24 Yc 93
Barata, la - **E** (BAR) 47 Bf 99
Barbacena **E** (SEV) 148 Td 124
Barbacena **P** (Pg) 118 Se 115
Barbadães **P** (VR) 52 Sc 99
Barbadás **E** (OUR) 33 Sa 95
Barbadelo **E** (LUG) 16 Sd 92
Barbadillo **E** (SAL) 71 Ua 103
Barbadillo de Herreros **E** (BUR) 40 We 96
Barbadillo del Mercado **E** (BUR) 40 Wd 96
Barbadillo del Pez **E** (BUR) 40 We 96
Barbaído **P** (CB) 84 Sc 109
Barbain **E** (LUG) 16 Sd 92
Barbalimpia **E** (CUE) 92 Xe 109
Barbalos **E** (SAL) 71 Ua 104
Barbantes **E** (OUR) 33 Rf 94
Barbaño **E** (BAD) 119 Tc 115
Barbará = Barberà de la Conca **E** (TAR) 64 Bb 100
Barbarin **E** (NAV) 24 Xf 93
Barbarroja **E** (ALI) 128 Za 119
Barbaruens **E** (HUES) 27 Ac 93
Barbastro **E** (HUES) 45 Aa 96
Barbatáin **E** (NAV) 24 Yc 92
Barbate de Franco **E** (CÁD) 164 Ua 131
Barbatona **E** (GUA) 59 Xc 102
Barbeira **E** (COR) 14 Ra 91
Barbeita **P** (VC) 32 Rd 96
Barbeitos **E** (LUG) 5 Sf 90
Barbens **E** (LLE) 46 Ba 98
Barbenuta **E** (HUES) 26 Ze 93
Barberà de la Conca **E** (TAR) 64 Bb 100
Barberà del Vallès **E** (BAR) 66 Ca 99
Barbero **E** (JAÉ) 139 Xa 119
Bárboles **E** (ZAR) 43 Ye 98
Barbolla **E** (SEG) 57 Wb 101
Barbolla, La - **E** (GUA) 59 Xb 101
Barbolla, La - **E** (SOR) 59 Xb 99
Barbosa **P** (Év) 116 Re 118
Barbudo **E** (PON) 32 Rd 94
Barbudo **P** (Br) 50 Rd 99
Barbués **E** (HUES) 44 Zd 97
Barbuñales **E** (HUES) 44 Zf 96
Barca **E** (AST) 6 Tf 88
Barca **E** (SOR) 59 Xc 100
Barca, La - **E** (CÁD) 164 Ua 131
Bárcabo **E** (HUES) 45 Aa 95
Barca de Almoguera **E** (GUA) 91 Xa 107
Barca de Alva **P** (Gu) 70 Ta 102
Barca de la Florida, La **E** (CÁD) 157 Ua 129
Barcala **E** (PON) 15 Rc 92
Barcala (Santa Marina) **E** (PON) 15 Rc 92
Barcarena **P** (Li) 115 Qe 116
Barcarrota **E** (BAD) 119 Ta 117
Barcebal **E** (SOR) 58 Wf 99
Barcebalejo **E** (SOR) 58 Wf 99
Barceíno **E** (SAL) 53 Td 102
Barcel **P** (Ba) 52 Se 100
Barcela **E** (LUG) 5 Ta 90
Barcela **E** (PON) 32 Rd 96
Barcelinhos **P** (Br) 50 Rc 99
Barcelona **E** (BAR) 66 Cb 100
Barceloneta, la - **E** (BAR) 65 Bf 100
Barceloneta, la - **E** (LLE) 47 Bc 95
Barcelos **P** (Br) 50 Rc 99
Bárcena **E** (AST) 7 Uc 88
Bárcena **E** (CAN) 8 Vb 90
Bárcena de Bureba **E** (BUR) 22 Wc 93
Bárcena de Campos **E** (PAL) 20 Vd 94
Bárcena de Cicero **E** (CAN) 10 Wc 88
Bárcena de Cudón **E** (CAN) 9 Wa 88
Bárcena de Ebro **E** (CAN) 21 Vf 91
Bárcena del Monasterio **E** (AST) 6 Tc 88
Bárcena de Pie de Concha **E** (CAN) 9 Vf 90
Bárcena de Pienza **E** (CAN) 22 Wd 90
Barcenal, El **E** (CAN) 9 Vd 88
Bárcena Mayor **E** (CAN) 9 Ve 90
Bárcenas **E** (BUR) 22 Wc 90
Barcenilla **E** (CAN) 9 Ve 89
Barcenilla **E** (CAN) 9 Wa 88
Barcenilla de Cerezos **E** (BUR) 22 Wc 90
Barceo **E** (SAL) 53 Td 102
Barcia **E** (LUG) 17 Ta 91
Barcia **E** (PON) 15 Rd 94
Barciademera **E** (PON) 32 Rd 95
Barcial de la Loma **E** (VALL) 37 Ue 97
Barcial del Barco **E** (ZAM) 36 Uc 97
Barciales, Los - **E** (BAD) 119 Td 118
Barcias **E** (LUG) 16 Se 90
Barcience **E** (TOL) 89 Ve 109
Barciles Bajo **E** (TOL) 90 Wb 109
Barcina del Barco **E** (BUR) 22 We 92
Barcina de los Montes **E** (BUR) 22 We 92
Barcinas **E** (GRA) 152 Wc 124
Barco **P** (Br) 50 Re 100
Barco **P** (CB) 84 Sc 107
Barco, O **E** (OUR) 34 Ta 94
Barco de Ávila, El **E** (ÁVI) 87 Uc 106
Barcones **E** (SOR) 58 Xb 101
Barcos **P** (Vi) 51 Sc 102
Barcouço **P** (Av) 68 Rd 107
Barco y Pinar de la Nava, El - **E** (VALL) 55 Uf 100
Barchel **E** (VAL) 94 Yf 110
Barchell **E** (ALI) 128 Zc 116
Barcheta = Barxeta **E** (VAL) 113 Zd 114
Barchín del Hoyo **E** (CUE) 111 Xf 111
Bardallur **E** (ZAR) 61 Ye 98
Bardauri **E** (BUR) 23 Xa 92
Bardazoso **E** (JAÉ) 139 Xa 120
Bardenas del Caudillo **E** (NAV) 43 Ye 95
Baredo **E** (PON) 32 Ra 96
Bargas **E** (TOL) 89 Vf 109
Bargis **E** (GRA) 161 Wd 128
Bargota **E** (NAV) 24 Xe 93
Bargús **E** (BAR) 47 Bd 97
Bariáin **E** (NAV) 25 Yc 93
Baridà **E** (LLE) 46 Bb 95
Bárig = Barx **E** (VAL) 114 Ze 114
Barillas **E** (NAV) 42 Yc 97
Barinaga **E** (VIZ) 11 Xd 89
Barinas **E** (MUR) 142 Yf 119
Baríndano **E** (NAV) 24 Xf 92
Bariones de la Vega **E** (LEÓ) 36 Uc 96
Barizo **E** (COR) 2 Ra 89
Barjacoba **E** (ZAM) 34 Ta 96
Barjas **E** (LEÓ) 17 Ta 93
Barlonuinho **P** (Se) 116 Rd 118
Barlovento **E** (TEN) 171 C 2
Barluenga **E** (HUES) 44 Zd 95
Barniedo de la Reina **E** (LEÓ) 20 Va 91
Baro **E** (LLE) 28 Ba 94
Baroja **E** (ÁLA) 23 Xb 93
Barona, la - **E** (CAS) 95 Zf 108
Baronia de Rialb, la - **E** (LLE) 46 Bb 97
Baronía de Rialp = Baronia de Rialb, la - **E** (LLE) 46 Bb 97
Barós **E** (HUES) 26 Zc 93
Barosa **P** (Le) 82 Ra 110
Barqueiros **P** (Br) 50 Rb 100
Barqueiros **P** (VR) 51 Sa 102
Barqueros **E** (MUR) 141 Yd 121
Barqueta, La - **E** (CÓRD) 135 Ue 122
Barquilla **E** (SAL) 70 Tb 104
Barquilla de Pinares **E** (CÁC) 87 Ud 108
Barquillo, El - **E** (ÁVI) 72 Uc 106
Barquiña **E** (COR) 14 Ra 92
Barra **P** (Av) 67 Rb 105
Barraca de Aguas Vivas **E** (VAL) 113 Zd 114
Barracão **P** (Co) 67 Rc 106
Barracão **P** (Fa) 144 Rc 125
Barracão **P** (Gu) 69 Se 105
Barracas **E** (CAS) 94 Zb 108
Barracas, Las - **E** (MUR) 143 Zb 123
Barracel **E** (OUR) 33 Sb 96
Barraco **E** (ÁVI) 73 Vc 106
Barrachina **E** (TER) 78 Yf 103
Barrachinas, Las - **E** (TER) 94 Zb 107
Barrada **P** (Fa) 145 Sb 124
Barrada **P** (Sa) 102 Rf 112
Barrado **E** (CÁC) 86 Ua 108
Barragana Alta **E** (CÓRD) 150 Vc 124
Barragana Baja **E** (CÓRD) 150 Vc 124
Barrainca **E** (VIZ) 11 Xc 88
Barral (Castrelo de Miño) **E** (OUR) 33 Rf 95
Barran—cao **P** (Fa) 144 Rb 126
Barrancão **P** (Se) 116 Rd 117
Barranco **E** (ALI) 128 Zd 117
Barranco-Benacancil **E** (VAL) 113 Zb 115
Barranco da Vaca **P** (Fa) 144 Rb 125
Barranco de Cárchel **E** (JAÉ) 138 Wc 123
Barranco de Ferrer **E** (GRA) 161 Wd 128
Barranco del Agua, El - **E** (MÁL) 151 Vd 125
Barranco de la Madera **E** (MÁL) 158 Uf 128
Barranco del Baladre **E** (MUR) 155 Yc 124
Barranco del Laurel **E** (PALM) 174 I C 2
Barranco del Lobo **E** (MUR) 155 Yc 124
Barranco del Oro **E** (GRA) 152 Wc 126
Barranco de los Hilarios **E** (MUR) 141 Yb 123
Barranco de los Lobos, El - **E** (ALM) 154 Xe 126
Barranco del Pinar **E** (PALM) 174 I C 2
Barranco de Santiago **E** (TEN) 172 II B 2
Barranco de Seca **E** (MUR) 155 Yd 123
Barranco do Banho **P** (Fa) 144 Rc 125
Barranco do Bebedouro **P** (Be) 130 Rc 122
Barranco do Cailogo **P** (Be) 130 Rd 122
Barranco do Carriçal **P** (Fa) 144 Rc 125
Barranco do Resgalho **P** (Fa) 145 Rd 125
Barranco Hondo **E** (TEN) 173 I E 3
Barranco Longo **P** (Fa) 145 Re 125
Barranco-Molax **E** (MUR) 141 Yd 119
Barranco Montesina **E** (JAÉ) 139 Xa 120
Barranco Muñoz, El - **E** (ALM) 154 Xf 125
Barrancón de Bacares, El - **E** (ALM) 154 Xd 125
Barranco Palomo **E** (CÓRD) 122 Va 119
Barrancos **P** (Be) 133 Ta 120
Barrancos **P** (Év) 118 Sd 117
Barrancos, Los - **E** (BAD) 134 Td 120
Barrancos, Los - **E** (CÁD) 157 Ub 128
Barrancos, Los - **E** (JAÉ) 125 Xb 118
Barrancosas **P** (Sa) 101 Rd 114
Barranco Velho **P** (Fa) 145 Sa 125
Barranda **E** (MUR) 140 Ya 120
Barranquete, El - **E** (ALM) 163 Xe 127
Barranquillo Andrés, El - **E** (PALM) 174 I B 3
Barranquinha **P** (Be) 130 Rc 122
Barrantes **E** (CÁC) 104 Tc 113
Barrantes **E** (PON) 32 Rb 96
Barraques, Ses - **E** (BAL) 98 Cd 111
Barraquinho **P** (Be) 130 Rc 122
Barras **P** (Co) 68 Sa 106
Barrax **E** (ALB) 111 Xe 114
Barreal **E** (OUR) 145 Sa 95
Barreales **E** (BAD) 119 Tc 118
Barreda **E** (CAN) 9 Vf 88
Barreda-Dos Amantes **E** (CAN) 20 Vc 90
Barredo **E** (AST) 6 Ua 87
Barredo (San Andrés) **E** (LUG) 16 Sd 90
Barredo (San Xoan) **E** (LUG) 16 Sd 90
Barregas **E** (SAL) 72 Ub 103
Barreira **P** (Gu) 69 Se 103
Barreira **P** (Le) 82 Rb 110
Barreira **P** (Sa) 101 Re 111
Barreiralva **P** (Li) 100 Qe 115
Barreiras **P** (Aç) 169 Xa 117
Barreiras **P** (Pg) 102 Rf 113
Barreiras Novas **P** (Pg) 102 Rf 113
Barreirinha **P** (Sa) 101 Rb 112
Barreiro **P** (Se) 115 Qf 117
Barreiro **P** (VR) 51 Sb 100
Barreiro de Besteiros **P** (Vi) 68 Re 105
Barreiros **P** (Le) 82 Ra 110
Barreiros **P** (Vi) 69 Sb 104
Barreiros **P** (VR) 52 Se 98
Barrela **P** (VR) 51 Sc 100
Barrela, A **E** (LUG) 16 Sb 93
Barrenes **E** (LEÓ) 17 Tb 94
Barreosa **P** (Gu) 84 Sb 107
Barreras **E** (SAL) 70 Tc 102
Barretó, el - **E** (GIR) 48 Cb 96
Barretos **P** (Pg) 103 Sd 112
Barriada de Alcora, La - **E** (ALM) 153 Xb 127
Barriada de Entre-Canales **E** (TEN) 172 I C 5
Barriada del Campico **E** (ALM) 154 Xf 125
Barriada del Morera **E** (ALM) 154 Xf 125
Barriada de los Cojos **E** (ALM) 154 Xf 125
Barriada de los García **E** (ALM) 154 Xf 125
Barriada de los Huevanillas **E** (ALM) 154 Xf 125
Barriada de Vadollano **E** (JAÉ) 138 Wc 120
Barriada Las Canteras **E** (ALM) 154 Xf 125
Barriada Las Minas **E** (ALM) 153 Xb 126
Barriada Nueva **E** (ALM) 155 Yb 125
Barriales **E** (GRA) 161 We 128
Barriales, Los - **E** (TEN) 171 B 3
Barrientos **E** (LEÓ) 36 Ua 94
Barrietas, Las - **E** (VIZ) 10 We 89
Barriga **E** (BUR) 22 Wf 91
Barrigões **P** (Fa) 145 Sa 125
Barrika = Elexalde **E** (VIZ) 11 Xa 88
Barril **P** (Li) 100 Qd 114
Barril de Alva **P** (Co) 83 Sa 107
Barrilejos **E** (BAD) 134 Tf 119
Barrillos **E** (LEÓ) 19 Ud 92
Barrillos de las Arrimadas **E** (LEÓ) 19 Ue 92
Barrins **P** (Co) 67 Rb 107
Barrio **E** (CAN) 20 Vb 90
Barrio **E** (CAN) 21 Ve 90
Barrio **E** (OUR) 33 Rf 94
Bárrio **P** (Le) 100 Qf 111
Bárrio **P** (VC) 32 Rc 98
Barrio, El - **E** (ALB) 126 Ya 115
Barrio, El - **E** (ÁVI) 72 Ue 106
Barrio, O - **E** (OUR) 33 Sa 97
Barrio, O - **E** (OUR) 33 Sb 95
Barrio Arroyo **E** (VAL) 112 Yf 111
Barrio Bajo **E** (GRA) 161 Wc 127
Barriobusto **E** (ÁLA) 23 Xd 93
Barrio de Abajo **E** (CUE) 111 Xe 113
Barrio de Abajo **E** (LEÓ) 17 Tc 93
Barrio de Abajo **E** (SEG) 57 Wc 100
Barrio de Arriba **E** (ÁVI) 73 Uf 105
Barrio de Arriba **E** (SEG) 57 Wb 100
Barrio de Arriba **E** (VAL) 112 Za 111
Barrio de Arriba, El - **E** (BUR) 22 Wd 92
Barrio de Bricia **E** (BUR) 21 Wa 91
Barrio de Díaz Ruiz **E** (BUR) 22 Wd 93
Barrio de Enmedio **E** (MÁL) 151 Vd 125
Barrio de Fernán-Núñez **E** (GRA) 152 Wc 127
Barrio de Gisbert **E** (VAL) 112 Za 111
Barrio de Jarana **E** (CÁD) 157 Tf 129
Barrio de la Estación **E** (OUR) 34 Sf 94
Barrio de la Iglesia **E** (CAN) 9 Ve 88
Barrio de la Morera **E** (HUES) 45 Aa 95
Barrio de la Puebla **E** (PAL) 20 Vc 92
Barrio de la Puente **E** (LEÓ) 18 Te 92
Barrio de la Tercia **E** (LEÓ) 19 Uc 91
Barrio del Beato Agno **E** (ZAR) 43 Ye 97
Barrio de los Atienzas **E** (VAL) 112 Za 111
Barrio del Pilar **E** (BAD) 119 Tc 117
Barrio del Pou **E** (HUES) 45 Ad 95
Barrio del Santuario **E** (ALB) 112 Ye 113
Barrio del Teso **E** (CÁC) 86 Te 107
Barrio de Muñó **E** (BUR) 39 Vf 95
Barrio de Nuestra Señora **E** (LEÓ) 19 Ud 92
Barrio de Peral **E** (MUR) 142 Za 123
Barrio de Rábano **E** (ZAM) 35 Tc 96
Barrio de San Felices **E** (BUR) 21 Ve 93
Barrio de San Pedro **E** (PAL) 21 Vd 92
Barrio de Santa María **E** (PAL) 21 Vd 92
Barrio de San Vicente **E** (BUR) 21 Ve 93
Barrio e Castelo **E** (OUR) 17 Ta 94
Barrio El Otro Lado **E** (CUE) 77 Xe 106
Barrio Estación **E** (LEÓ) 19 Uc 94
Barrio las Lamas **E** (LEÓ) 17 Ta 92
Barrio-Lucío **E** (BUR) 21 Vf 92
Barriomartín **E** (SOR) 41 Xd 97
Barrio Nuevo **E** (CÁD) 164 Tf 130
Barrionuevo **E** (GRA) 154 Xd 123
Barrionuevo **E** (PON) 32 Rb 97
Barrio Nuevo, El - **E** (ALB) 126 Yb 116
Barriopalacio **E** (CAN) 21 Ve 91
Barrio-Panizares **E** (BUR) 21 Wa 92
Barriopedro **E** (GUA) 76 Xb 104
Barrios, Los - **E** (JAÉ) 137 Vf 120
Barrios, Los **E** (CÁD) 165 Uc 131
Barrios de Bureba, Los - **E** (BUR) 22 Wd 93
Barrios de Colina **E** (BUR) 39 Wd 94
Barrios de Gordón, Los - **E** (LEÓ) 19 Ub 91
Barrios de la Vega **E** (PAL) 20 Vb 93
Barrios de Luna, Los **E** (LEÓ) 18 Ua 91
Barrios de Nistoso, Los - **E** (LEÓ) 18 Tf 92

Barrios de Villadiego **E** (BUR) 21 Vf 93
Barriosuso **E** (BUR) 22 Wc 91
Barriosuso **E** (BUR) 39 Wd 97
Barriosuso **E** (PAL) 20 Vc 93
Barro **E** (AST) 8 Vb 88
Barro **E** (PON) 32 Rd 95
Barrô **P** (Av) 68 Rd 105
Barrô **P** (Av) 68 Rd 106
Barrô **P** (Vi) 51 Sa 102
Barroca **P** (CB) 84 Sb 108
Barroca Grande **P** (CB) 84 Sb 108
Barrocal **P** (Év) 117 Sa 117
Barrocal **P** (Év) 118 Sd 118
Barrocal **P** (Fa) 145 Re 125
Barrocalvo **P** (Le) 100 Qf 113
Barroças e Taias **P** (VC) 32 Rd 96
Barrões **P** (Sa) 101 Rd 115
Barromán **E** (ÁVI) 55 Va 102
Barros **E** (CAN) 9 Vf 89
Barros **P** (Br) 32 Rd 98
Barrosa **P** (Sa) 101 Rb 115
Barrosa, La - **E** (CÁD) 164 Tf 130
Barrosas **E** (LEÓ) 17 Sf 93
Barrosas **P** (Por) 50 Re 100
Barrosas **P** (Por) 50 Re 101
Barrosinha **P** (Se) 116 Rd 118
Barroso **E** (OUR) 33 Re 94
Barroso **P** (Fa) 145 Sb 124
Barruecopardo **E** (SAL) 53 Tc 102
Barruelo **E** (BUR) 22 Wc 91
Barruelo **E** (VALL) 55 Uf 98
Barruelo de Santullán **E** (PAL) 21 Ve 91
Barruelo de Villadiego **E** (BUR) 21 Vf 93
Barruera **E** (LLE) 28 Ae 93
Bartivas **E** (CÁD) 164 Tf 130
Bartra, la - **E** (TAR) 64 Ba 101
Barués **E** (ZAR) 25 Ye 94
Barulho **P** (Pg) 103 Se 113
Barx **E** (VAL) 114 Ze 114
Barxa, A - **E** (OUR) 34 Se 97
Barxa, A - **E** (OUR) 34 Sf 94
Barxas **E** (LUG) 17 Se 93
Barxeles **E** (OUR) 145 Sa 97
Barxeta **E** (VAL) 113 Zd 114
Barxo de Lor **E** (LUG) 16 Sd 93
Bárzana **E** (AST) 6 Ua 90
Bárzana **E** (AST) 7 Ud 87
Bárzanas, Las - **E** (AST) 6 Ua 87
Basalgo **E** (GUI) 11 Xd 90
Basarán **E** (HUES) 27 Ze 93
Basardilla **E** (SEG) 74 Vf 102
Basca, La - **E** (MUR) 142 Yf 120
Bàscara **E** (GIR) 49 Cf 96
Bascoi **E** (COR) 3 Re 90
Basconcillos **E** (BUR) 39 Wb 95
Basconcillos del Tozo **E** (BUR) 21 Wa 92
Báscones **E** (AST) 6 Ua 88
Báscones de Ebro **E** (PAL) 21 Vf 92
Báscones del Agua **E** (BUR) 39 Wb 96
Báscones de Ojeda **E** (PAL) 20 Vc 92
Báscones de Zamanzas **E** (BUR) 21 Wb 91
Bascuas **E** (PON) 15 Re 92
Bascuñana **E** (BUR) 40 Wf 94
Bascuñana de San Pedro **E** (CUE) 92 Xe 107
Basechetas **E** (VIZ) 11 Xc 88
Baseta, la - **E** (CAS) 95 Zf 108
Basetxeta = Basechetas **E** (VIZ) 11 Xc 88
Basigo de Bakio **E** (VIZ) 11 Xb 88
Basozábal **E** (VIZ) 11 Xa 88
Basquiñuelas **E** (ÁLA) 23 Xa 92
Bassa Blanca, Sa - **E** (BAL) 99 Db 109
Bassacs, els - **E** (BAR) 47 Bf 96
Bassa dels Ganduls, la - **E** (TAR) 81 Ac 104
Bassagoda = Bassegoda **E** (GIR) 31 Cd 95
Bassegoda **E** (GIR) 31 Cd 95
Basseia **E** (GIR) 49 Da 95
Bassella **E** (LLE) 46 Bb 96
Basses, les - **E** (LLE) 63 Ad 99
Bastanes **E** (NAV) 25 Ye 94
Bastanist **E** (LLE) 29 Be 95
Bastarás **E** (HUES) 44 Zf 95
Bastelo **P** (Br) 51 Rf 99
Bastero **E** (SEV) 148 Tf 125
Bastianes, Los - **E** (GRA) 153 Xa 124
Bastida, La - **E** (SAL) 71 Tf 105
Bastida de Bellera, la - **E** (LLE) 28 Af 94
Bastida d'Hortons, la - **E** (LLE) 29 Bc 95
Bastideta de Corroncui, la - **E** (LLE) 46 Af 95
Basto **P** (Br) 51 Rf 100
Basto **P** (Br) 51 Sa 100
Bastons **E** (GIR) 48 Cd 96
Bastuço **P** (Br) 50 Rc 99
Basturs **E** (LLE) 46 Ba 96
Batalha **P** (Le) 82 Rb 111
Batalha **P** (Se) 116 Rc 118
Batalláns (San Pedro) **E** (PON) 32 Rd 96
Batán, El - **E** (ALB) 126 Xe 116
Batán, El - **E** (CÁC) 86 Td 109
Batán, EL - **E** (JAÉ) 139 Xb 119
Batán, El - **E** (ZAR) 43 Ye 97
Batán, El - **E** (ZAR) 43 Zb 98
Batán de Abajo **E** (TEN) 173 I F 2
Batán del Puerto **E** (ALB) 125 Xe 117
Batanejos **E** (SEG) 74 Vd 104
Batanera, La - **E** (CIU) 123 Ve 118
Batea **E** (TAR) 63 Ab 102
Bateig **E** (ALI) 128 Zb 118
Baterna **E** (ÁVI) 73 Va 105
Baterno **E** (BAD) 122 Va 115
Batet **E** (GIR) 30 Ca 95
Batet = Batet de la Serra **E** (GIR) 48 Cd 95
Batet de la Serra **E** (GIR) 48 Cd 95
Batocas **P** (Gu) 70 Ta 106
Batres **E** (MAD) 89 Wa 107
Batuecas, Las - **E** (SAL) 71 Tf 106
Batxicabo = Bachicabo **E** (ÁLA) 22 Wf 92
Baúl, El - **E** (GRA) 153 Xa 124
Bauma, la - **E** (BAR) 47 Bf 99
Bausen **E** (LLE) 28 Ae 91
Baya Alta **E** (ALI) 143 Zc 119
Baya Baja **E** (ALI) 143 Zc 119
Bayacas **E** (GRA) 161 Wd 127
Bayárcal **E** (ALM) 153 Wf 126
Bayarque **E** (ALM) 154 Xd 125
Bayas **E** (AST) 6 Tf 87
Bayo **E** (AST) 6 Tf 88
Bayo, El - **E** (NAV) 43 Ye 95
Bayos, Los - **E** (LEÓ) 18 Te 91
Bayubas de Arriba **E** (SOR) 58 Xa 99
Baza **E** (GRA) 153 Xb 124
Bazagona, La - **E** (CÁC) 86 Ua 109
Bazán **E** (CIU) 124 Wc 117
Bazana, La **E** (BAD) 133 Ta 119
Bazar **E** (COR) 2 Rb 90
Bazar **E** (LUG) 4 Sd 89
Bea **E** (TER) 61 Yf 102
Beade **E** (OUR) 33 Rf 95
Beade **E** (PON) 32 Rb 95
Beal **E** (MUR) 143 Za 123
Beamud **E** (CUE) 92 Yb 107
Beán **E** (COR) 15 Rd 90
Beanturi = Berantevilla **E** (ÁLA) 23 Xa 92
Bearín **E** (NAV) 24 Xf 92
Beariz (Forxa) **E** (OUR) 15 Re 94
Beas **E** (HUEL) 147 Tb 124
Beasain **E** (GUI) 24 Xe 90
Beas de Granada **E** (GRA) 152 Wd 125
Beas de Guadix **E** (GRA) 153 We 125
Beas de Segura **E** (JAÉ) 139 Xa 119
Beasoáin **E** (NAV) 24 Yb 91
Beatas, Las - **E** (ALB) 110 Xd 113
Beatas, Las - **E** (CÓRD) 151 Vd 123
Beatos, Los - **E** (MUR) 142 Za 123
Bebeda **P** (Se) 130 Rb 120
Bebedouro **P** (Co) 82 Rb 107
Beberino **E** (LEÓ) 19 Ub 91
Beça **P** (VR) 51 Sb 98
Bécares **E** (LEÓ) 36 Ua 96
Becedas **E** (ÁVI) 72 Uc 106
Becedillas **E** (ÁVI) 72 Ue 105
Beceite **E** (TER) 80 Ab 103
Becerreá **E** (LUG) 17 Sf 91
Becerril **E** (ÁVI) 73 Vc 105
Becerril **E** (SAL) 71 Te 102
Becerril **E** (SEG) 58 Wd 101
Becerril de Campos **E** (PAL) 38 Vc 96
Becerril de la Sierra **E** (MAD) 74 Wa 104
Becerril del Carpio **E** (PAL) 21 Ve 92
Beci **E** (VIZ) 10 We 89
Becilla de Valderaduey **E** (VALL) 37 Ue 96
Beco **P** (Av) 68 Rd 105
Beco **P** (Sa) 83 Re 110
Bechí = Betxí **E** (CAS) 95 Ze 109
Bedaio = Bedayo **E** (GUI) 24 Xf 90
Bédar **E** (ALM) 154 Ya 125
Bedaroa = Bedarona **E** (VIZ) 11 Xc 88
Bedarona **E** (VIZ) 11 Xc 88
Bedayo **E** (GUI) 24 Xf 90
Bedia-Elejalde **E** (VIZ) 11 Xb 89
Bediello **E** (HUES) 45 Ab 95
Bedmar **E** (JAÉ) 138 Wd 122
Bedón **E** (BUR) 22 Wc 90
Bedorc, el - **E** (BAR) 65 Be 100
Bedriñana **E** (AST) 7 Ud 88
Beduído **P** (Av) 67 Rc 104
Beg **E** (ALB) 140 Xe 119
Bega del Mar **E** (VAL) 114 Ze 113
Begas = Begues **E** (BAR) 65 Bf 101
Beges **E** (CAN) 8 Vc 89
Beget **E** (GIR) 30 Cc 95
Begico **E** (BAD) 119 Te 118
Begíjar **E** (JAÉ) 138 Wc 121
Begonte **E** (LUG) 4 Sb 90
Begudà **E** (GIR) 48 Cd 95
Beguda Baixa, la - **E** (BAR) 65 Bf 100
Begues **E** (BAR) 65 Bf 101
Begunda d'Adons **E** (LLE) 46 Af 95
Begur **E** (GIR) 49 Db 97
Beigondo **E** (COR) 15 Rf 91
Beijos **P** (Vi) 68 Sa 105
Beinza-Labayen **E** (NAV) 24 Yb 90
Beira **P** (Aç) 169 We 116
Beirã **P** (Pg) 103 Sd 112
Beira Grande **P** (Ba) 52 Se 101
Beiral do Lima **P** (VC) 32 Rd 98
Beira Valente **P** (Vi) 69 Sc 102
Beire **E** (NAV) 25 Yc 94
Beire **P** (Av) 67 Rc 103
Beire **P** (Por) 50 Re 101
Beires **E** (ALM) 153 Xb 126
Beiriz **P** (Por) 50 Rb 100
Beiro **E** (OUR) 33 Rf 94
Beiro **E** (OUR) 33 Sa 94
Beizama **E** (GUI) 12 Xe 90
Beja **P** (Be) 131 Sa 120
Béjar **E** (SAL) 72 Ub 106
Bejís **E** (CAS) 94 Zb 109
Bel **E** (CAS) 80 Aa 105
Bela **P** (VC) 32 Rd 96
Belagua **E** (NAV) 26 Za 91
Belalcázar **E** (CÓRD) 121 Uf 117
Belandia **E** (VIZ) 22 Wf 90
Belarra **E** (HUES) 26 Zd 94
Belas **P** (Li) 115 Qe 116
Belascoáin **E** (NAV) 24 Yb 92
Belauntza = Belaunza **E** (GUI) 12 Xf 90
Belaunza **E** (GUI) 12 Xf 90
Belazaima do Chão **P** (Av) 68 Rd 105
Belbimbre **E** (BUR) 39 Vf 95
Belchite **E** (ZAR) 61 Zb 101
Belecón **E** (OUR) 33 Re 94
Beleder **E** (HUES) 27 Ac 94
Belém **P** (Fa) 144 Rc 125
Belém **P** (Li) 115 Qe 116
Belén **E** (CÁC) 105 Ua 112
Belén **E** (LUG) 4 Sd 87
Belén **E** (MUR) 142 Ye 121
Beleña **E** (SAL) 72 Uc 104
Beleña de Sorbe **E** (GUA) 75 We 103
Beleño (Ponga) **E** (AST) 7 Uf 89
Belerda **E** (AST) 7 Ue 90
Belerda **E** (GRA) 153 We 124
Belerdas **E** (JAÉ) 139 Wf 122
Belesar **E** (LUG) 4 Sb 89
Belesar **E** (LUG) 16 Sc 91
Belesar **E** (OUR) 145 Sb 94
Belesar **E** (PON) 32 Rb 96
Bélgida **E** (VAL) 128 Zd 115
Belianes **E** (LLE) 64 Ba 99
Belicena **E** (GRA) 152 Wb 125
Beliche **P** (Fa) 146 Sd 125
Beliche do Cerro **P** (Fa) 146 Sc 125
Belide **P** (Co) 82 Rc 108
Belinchón **E** (CUE) 91 Wf 108
Belmeque **P** (Be) 132 Sd 120
Bélmez **E** (CÓRD) 135 Ue 119
Belmez **E** (JAÉ) 138 Wd 122
Bélmez de la Moraleda **E** (JAÉ) 138 Wd 122
Belmonte **E** (AST) 6 Te 89
Belmonte **E** (CAN) 20 Vd 90
Belmonte **E** (CUE) 110 Xb 111
Belmonte **P** (CB) 69 Sd 106
Belmonte **P** (Fa) 145 Sa 126
Belmonte **P** (Fa) 146 Sb 126
Belmonte de Calatayud **E** (ZAR) 60 Yc 101
Belmonte de Campos **E** (PAL) 37 Va 97
Belmonte de Mezquín **E** (TER) 80 Zf 103
Belmonte de Miranda = Belmonte **E** (AST) 6 Te 89
Belmonte de Tajo **E** (MAD) 90 Wd 108
Belmontejo **E** (CUE) 92 Xd 110
Belmontes, Los - **E** (ALB) 140 Xe 119
Belo **P** (Be) 132 Sb 123
Beloi **E** (LUG) 4 Sd 87
Belones, Los **E** (MUR) 143 Zb 123
Belorado **E** (BUR) 40 We 94
Belo Romão **P** (Fa) 145 Sb 126
Belsar **E** (LUG) 4 Sc 87
Belsierre **E** (HUES) 27 Aa 93
Belsué **E** (HUES) 44 Zd 95
Beltejar **E** (SOR) 59 Xd 101
Beltráns **E** (ALI) 128 Za 118
Beluso **E** (COR) 14 Ra 92
Beluso **E** (PON) 32 Rb 95
Belver **E** (HUES) 45 Ab 98
Belver **P** (Ba) 52 Se 101
Belver **P** (Pg) 102 Sa 112
Belver de los Montes **E** (ZAM) 55 Ud 98
Belvis **E** (CIU) 123 Wa 117
Belvis **E** (LEO) 36 Uc 96
Belvis **E** (MAD) 75 Wc 105
Belvis de Jarama **E** (MAD) 75 Wc 105
Belvís de la Jara **E** (TOL) 88 Va 110
Belvís de Monroy **E** (CÁC) 87 Uc 110
Belzunce **E** (NAV) 24 Yb 91
Bellamar **E** (MÁL) 159 Vb 130
Bellaterra **E** (BAR) 66 Ca 99
Bellavista **E** (BAL) 96 Df 109
Bellavista **E** (SEV) 148 Ua 125
Bellavista **E** (TAR) 64 Bb 101
Bellcaire = Bellcaire d'Empordà **E** (GIR) 49 Da 96
Bellcaire d'Empordà **E** (GIR) 49 Da 96
Bellcaire de Urgel = Bellcaire d'Urgell **E** (LLE) 46 Af 98
Bellcaire d'Urgell **E** (LLE) 46 Af 98
Bellestar **E** (HUES) 44 Zd 96
Bellestar **E** (HUES) 45 Ac 95
Bellestar **E** (LLE) 46 Af 98
Bellestar, El **E** (CAS) 80 Ab 105
Bellfort **E** (LLE) 46 Bf 97
Bell-lloc **E** (GIR) 31 Cf 94
Bell-lloc **E** (GIR) 49 Cf 97
Bell-lloc d'Urgell **E** (LLE) 64 Ae 99
Bell-Lloch = Bell-lloc d'Urgell **E** (LLE) 64 Ae 99
Bellmunt de Ciurana = Bellmunt del Priorat **E** (TAR) 64 Ae 102
Bellmunt del Priorat **E** (TAR) 64 Ae 102
Bellmunt de Segarra **E** (LLE) 65 Bc 99
Bellmunt d'Urgell **E** (LLE) 46 Af 98
Bello **E** (AST) 7 Uc 90
Bello **E** (TER) 78 Yc 103
Bellostas, Las - **E** (HUES) 44 Zf 94
Bellotar **E** (ALB) 125 Xc 118
Bellprat **E** (BAR) 65 Bc 99
Bellpui **E** (LLE) 46 Bb 95
Bellpuig **E** (LLE) 64 Ba 99
Bellreguard **E** (VAL) 114 Zf 115
Belltall **E** (TAR) 64 Bb 99
Bellulla **E** (BAR) 48 Cb 99
Bellús **E** (VAL) 113 Zd 115
Bellvei **E** (LLE) 46 Bb 98
Bellvei **E** (TAR) 65 Bd 101
Bellver **E** (LLE) 29 Be 94
Bellver de Cerdanya **E** (LLE) 29 Be 94
Bellver de Cerdeña = Bellver de Cerdanya **E** (LLE) 29 Be 94
Bellver d'Ossó **E** (LLE) 46 Bb 98
Bellvís **E** (LLE) 46 Ae 98
Bellviure **E** (BAL) 99 Da 112
Bembibre **E** (LEÓ) 18 Td 93
Bembibre **E** (LUG) 16 Sb 92
Bembibre **E** (OUR) 34 Sf 96
Bembibre (Val do Dubra) **E** (COR) 14 Rb 90
Bemposta **E** (OUR) 146 Sd 97
Bemposta **P** (Av) 68 Rd 104
Bemposta **P** (Ba) 53 Tc 101
Bemposta **P** (CB) 84 Se 108
Bemposta **P** (Li) 100 Qf 115
Bemposta **P** (Sa) 102 Rf 112
Benabarre **E** (HUES) 45 Ac 96
Benablón **E** (MUR) 141 Ya 120
Benacas **E** (VAL) 112 Yf 111
Benacazón **E** (SEV) 148 Te 124
Benachera **E** (CAS) 95 Zd 108
Benadalid **E** (MÁL) 158 Ue 129
Benadresa **E** (CAS) 95 Zf 108
Benafarces **E** (VALL) 55 Ue 99
Benafer **E** (CAS) 94 Zc 109
Benafigos **E** (CAS) 95 Ze 107
Benafim Grande **P** (Fa) 145 Rf 125
Benagalbón **E** (MÁL) 160 Ve 128
Benagéber **E** (VAL) 94 Yf 110
Benagouro **P** (VR) 51 Sb 100
Benaguasil **E** (VAL) 113 Zc 111
Benahadux **E** (ALM) 162 Xd 127
Benahavís **E** (MÁL) 158 Uf 129
Benajarafe **E** (MÁL) 160 Ve 128
Benajarafe Alto **E** (MÁL) 160 Ve 128
Benalauría **E** (MÁL) 158 Ue 129
Benalí **E** (VAL) 113 Zb 114
Benalmádena **E** (MÁL) 159 Vc 129
Benalúa de Guadix **E** (GRA) 153 We 124
Benalúa de las Villas **E** (GRA) 152 Wb 124
Benalup de Sidonia **E** (CÁD) 164 Ub 130
Benamahoma **E** (CÁD) 158 Ud 128
Benamargosa **E** (MÁL) 160 Ve 127
Benamariel **E** (LEÓ) 36 Uc 94
Benamaurel **E** (GRA) 153 Xb 123
Benamayor **E** (MÁL) 160 Wa 128
Benamejí **E** (CÓRD) 150 Vc 125
Benamil **E** (VAL) 128 Zb 115
Benamira **E** (SOR) 59 Xd 102
Benamocarra **E** (MÁL) 160 Vf 128
Benamor de Abajo **E** (MUR) 140 Ya 120
Benante **E** (LLE) 29 Bb 93
Benaocaz **E** (CÁD) 158 Ud 128
Benaoján **E** (MÁL) 158 Ue 128
Benaque **E** (MÁL) 160 Ve 128
Benarrabá **E** (MÁL) 158 Ue 129
Benarruel **E** (CUE) 93 Yd 108
Benasau **E** (ALI) 129 Zd 116
Benasque **E** (HUES) 28 Ad 93
Benasques **E** (CAS) 95 Aa 107
Benassal **E** (CAS) 80 Zf 106
Benatae **E** (JAÉ) 125 Xc 118
Benatae **E** (JAÉ) 139 Wf 119
Benatrite **P** (Fa) 145 Sa 126
Benavent = Benavent de la Conca **E** (LLE) 46 Ba 96
Benavent de la Conca **E** (LLE) 46 Ba 96
Benavent de Lérida = Benavent de Segrià **E** (LLE) 45 Ad 98
Benavent de Segrià **E** (LLE) 45 Ad 98
Benavente **E** (BAD) 103 Sf 113
Benavente **E** (ZAM) 36 Ub 96
Benavente **P** (Sa) 101 Rb 115
Benavente de Aragón **E** (HUES) 45 Ac 95
Benavides de Órbigo **E** (LEÓ) 18 Ua 93
Benavila **P** (Pg) 103 Sa 114
Benazolve **E** (LEÓ) 36 Uc 94
Bencarrón **E** (SEV) 149 Ub 124
Bencatel **P** (Év) 118 Sd 116
Bendada **P** (Gu) 69 Se 106
Bendollo **E** (LUG) 34 Se 94
Bendón **E** (AST) 5 Tb 89
Benecid **E** (ALM) 153 Xa 127
Benedita **P** (Le) 100 Ra 112
Benegida **E** (VAL) 113 Zc 114
Benegiles **E** (ZAM) 54 Uc 99
Benegorri **E** (NAV) 25 Yc 93
Benejama **E** (ALI) 128 Zb 116
Benejí **E** (ALM) 162 Xa 128
Benejúzar **E** (ALI) 143 Za 120
Benés **E** (LLE) 28 Af 94
Benespera **P** (Gu) 69 Se 106
Benetúser = Benetússer **E** (VAL) 113 Zd 112
Benetússer **E** (VAL) 113 Zd 112
Benfeita **P** (Co) 83 Sa 107
Benfica **P** (Li) 115 Qe 116
Benfica do Ribatejo **P** (Sa) 101 Rb 114
Benia (Onís) **E** (AST) 8 Va 88
Beniaján **E** (MUR) 142 Yf 121
Benialfaquí **E** (ALI) 129 Zd 116
Benialí **E** (ALI) 129 Ze 116
Beniarbeig **E** (ALI) 129 Aa 116
Beniardá **E** (ALI) 129 Ze 116
Beniarjó **E** (VAL) 114 Ze 115
Beniarrés **E** (ALI) 128 Zd 116
Beniatjar **E** (VAL) 128 Zd 115
Beniaya **E** (ALI) 129 Ze 116
Benicarló **E** (CAS) 81 Ac 106
Benicasim = Benicàssim **E** (CAS) 95 Aa 108
Benicàssim **E** (CAS) 95 Aa 108
Benicolet **E** (VAL) 128 Zd 115
Benicull **E** (VAL) 113 Zd 113
Benichembla **E** (ALI) 129 Zf 116
Benidoleig **E** (ALI) 129 Zf 116
Benidorm **E** (ALI) 129 Zf 117
Beniel **E** (MUR) 142 Za 120
Benienzo **E** (ALI) 129 Ze 117
Benifaió **E** (VAL) 113 Zd 113
Benifairó de les Valls **E** (VAL) 95 Ze 110
Benifairó de Valldigna **E** (VAL) 114 Ze 114
Benifallet **E** (TAR) 63 Ad 103
Benifallim **E** (ALI) 128 Zd 117
Benifato **E** (ALI) 129 Ze 116
Benifayó = Benifaió **E** (VAL) 113 Zd 113
Benifetal **E** (VAL) 113 Za 114
Benifons **E** (HUES) 28 Ad 94
Benigánim **E** (VAL) 113 Zd 115
Benijo **E** (TEN) 173 I F 2
Benijófar **E** (ALI) 143 Zb 120
Benilloba **E** (ALI) 128 Zd 116
Benillup **E** (ALI) 128 Zd 116
Benimantell **E** (ALI) 129 Ze 116
Benimarfull **E** (ALI) 128 Zd 116
Benimarraig **E** (ALI) 129 Aa 116
Benimasot **E** (ALI) 129 Ze 116
Benimaurell **E** (ALI) 129 Zf 116
Benimeli **E** (ALI) 129 Zf 116
Benimodo **E** (VAL) 113 Zc 113
Benimuslem **E** (VAL) 113 Zd 114
Benínar **E** (ALM) 162 Wf 127
Beniopa **E** (VAL) 114 Ze 115
Beniparrel **E** (VAL) 113 Zd 112
Benirrama **E** (ALI) 129 Ze 116
Benisa = Benissa **E** (ALI) 129 Aa 116
Benisanet = Benissanet **E** (TAR) 64 Ad 102
Benisanó **E** (VAL) 113 Zc 111
Benisili **E** (ALI) 129 Ze 116
Benisivá **E** (ALI) 129 Ze 116
Benisoda **E** (VAL) 128 Zc 116
Benissa **E** (ALI) 129 Aa 116
Benissanet **E** (TAR) 64 Ad 102
Benisuera **E** (VAL) 128 Zd 115
Benita, La - **E** (CÓRD) 150 Vc 123
Benitachell **E** (ALI) 129 Aa 116
Benitagla **E** (ALM) 154 Xe 125
Benitandús **E** (CAS) 95 Ze 109
Benitaya **E** (ALI) 129 Ze 116
Benitorafe **E** (ALM) 154 Xe 125
Benitos **E** (ÁVI) 73 Va 104
Beniure **E** (LLE) 46 Ae 96
Benizalón **E** (ALM) 154 Xe 125
Benlhevai **P** (Ba) 52 Sf 100
Benllera **E** (LEÓ) 19 Ub 92
Benlloch **E** (CAS) 95 Aa 107
Benòs **E** (LLE) 28 Ae 92
Benquerença **P** (CB) 84 Se 107
Benquerenças **P** (CB) 84 Sc 110
Benquerenças de Baixo **P** (CB) 84 Sc 110
Benquerencia **E** (CÁC) 105 Tf 113
Benquerencia **E** (LUG) 5 Se 87
Benquerencia de la Serena **E** (BAD) 121 Ud 116
Bens **P** (Be) 132 Sc 123
Bensa **E** (LLE) 46 Af 97
Bensafrim **P** (Fa) 144 Rb 126
Bentarique **E** (ALM) 153 Xc 127
Bentos **P** (Fa) 146 Sb 124
Bentretea **E** (BUR) 22 Wd 92
Bentué de Nocito **E** (HUES) 44 Ze 95
Bentué de Rasal **E** (HUES) 44 Zc 95
Benuza **E** (LEÓ) 35 Tb 94
Benvende **P** (Gu) 69 Sd 104
Benyamina **E** (MÁL) 159 Vc 129
Benyamina **E** (MÁL) 159 Vd 129
Benza **E** (COR) 15 Rc 90
Benzal **E** (ALM) 155 Yb 124
Benzú **E** (CÁD) 165 Ud 133
Beo **E** (COR) 2 Ra 89
Beorburu **E** (NAV) 24 Yb 91
Beortegui **E** (NAV) 25 Yd 92
Beotegui **E** (ÁLA) 22 Wf 90
Beraiz **E** (NAV) 25 Yc 91
Beramendi **E** (NAV) 24 Yb 91
Beranga **E** (CAN) 10 Wc 88
Berango **E** (VIZ) 11 Xa 88
Berantevilla **E** (ÁLA) 23 Xa 92
Beranui **E** (LLE) 28 Af 94
Beranuy **E** (HUES) 28 Ad 94
Berastegi **E** (GUI) 12 Ya 90
Beratón **E** (SOR) 60 Yb 98
Berbe Bajo **E** (GRA) 152 Wb 125
Berbedel **E** (ZAR) 61 Ye 99
Berbegal **E** (HUES) 45 Aa 97
Berben **E** (CÁD) 157 Te 129
Berberana **E** (BUR) 22 Wf 91
Berbes **E** (AST) 7 Uf 88
Berbikez = San Juan de Berbikiz **E** (VIZ) 10 Wf 89
Berbinzana **E** (NAV) 24 Ya 93
Berbusa **E** (HUES) 26 Ze 93
Berceda **E** (BUR) 22 Wd 90
Berceo **E** (RIO) 40 Xa 94
Bercero **E** (VALL) 55 Uf 99
Berceruelo **E** (VALL) 55 Uf 99
Bercial **E** (SEG) 74 Vd 103
Bercial, El - **E** (TOL) 88 Uf 110
Bercial de San Rafael, El - **E** (TOL) 88 Uf 110
Bercial de Zapardiel **E** (ÁVI) 73 Va 102
Bercianos de Aliste **E** (ZAM) 35 Te 98
Bercianos del Páramo **E** (LEÓ) 36 Ub 94
Bercianos del Real Camino **E** (LEÓ) 37 Uf 94
Bercianos de Valverde **E** (ZAM) 36 Ua 97
Bercimuel **E** (SEG) 57 Wc 100
Bercimuelle **E** (ÁVI) 72 Uf 103
Bercimuelle **E** (SAL) 72 Ud 105
Bercuta **E** (VAL) 94 Yf 110
Bérchules **E** (GRA) 153 We 127
Berdejo **E** (ZAR) 60 Ya 99
Berdía **E** (COR) 15 Rc 91
Berducedo **E** (AST) 5 Tb 89
Berdún **E** (HUES) 26 Za 93
Berén **E** (LLE) 29 Bb 95
Berfull **E** (VAL) 113 Zd 114
Berga **E** (BAR) 47 Bf 96
Berganciano **E** (SAL) 53 Te 102
Berganuy **E** (HUES) 45 Ae 95

Berganzo **E** (ÁLA) 23 Xb 93
Bergara **E** (GUI) 11 Xd 90
Bergasa **E** (RIO) 41 Xf 95
Bergasillas Bajera **E** (RIO) 41 Xf 95
Bergasillas Somera **E** (RIO) 41 Xf 95
Berge **E** (TER) 79 Zd 103
Bergonda = Bergüenda **E** (ÁLA) 22 Wf 92
Bergosa **E** (HUES) 26 Zc 93
Bergua **E** (HUES) 27 Ze 93
Beriáin **E** (NAV) 24 Yc 92
Beringel **P** (Be) 131 Sa 120
Beringelinho **P** (Be) 131 Rf 123
Berja **E** (ALM) 162 Xa 127
Berlai **E** (LUG) 16 Sc 91
Berlanas, Las **E** (ÁVI) 73 Vb 104
Berlanga **E** (BAD) 135 Ub 119
Berlanga de Duero **E** (SOR) 58 Xa 100
Berlanga del Bierzo **E** (LEÓ) 17 Tc 92
Berlangas de Roa **E** (BUR) 57 Wa 98
Berlonguinho **P** (Se) 116 Rd 118
Bermeja, La - **E** (MUR) 141 Yd 120
Bermellar **E** (SAL) 70 Tb 103
Bermeo **E** (VIZ) 11 Xb 88
Bermés **E** (PON) 15 Rf 92
Bermiego **E** (AST) 6 Ua 89
Bermillo de Alba **E** (ZAM) 54 Tf 99
Bermillo de Sayago **E** (ZAM) 54 Tf 100
Bermudez **E** (TEN) 171 C 2
Bermui **E** (COR) 4 Sa 88
Bernabé **E** (ALB) 126 Xf 116
Bernabé **E** (CÓRD) 151 Ve 124
Bernadilla, La - **E** (GRA) 161 Wc 128
Bernagoitia **E** (VIZ) 11 Xb 89
Bernal **E** (MUR) 142 Za 122
Bernardia **P** (CB) 83 Rf 110
Bernardo, El - **E** (CIU) 110 Xa 113
Bernardos **E** (SEG) 56 Vd 102
Bernardos **P** (Le) 82 Rc 109
Bernedo **E** (ÁLA) 23 Xd 93
Bernia **E** (ALI) 129 Zf 116
Berninches **E** (GUA) 76 Xb 105
Bernoy-Cemprón **E** (SAL) 72 Ub 104
Bernueces **E** (AST) 7 Uc 87
Bernués **E** (HUES) 26 Zc 94
Bernúy **E** (TOL) 88 Vc 109
Bernúy de Coca **E** (SEG) 56 Vc 101
Bernúy de Porreros **E** (SEG) 74 Vf 102
Bernúy-Salinero **E** (ÁVI) 73 Vc 104
Bernúy-Zapardiel **E** (ÁVI) 73 Va 103
Berola de Grau **E** (CAS) 80 Zf 106
Berrande **E** (OUR) 34 Se 97
Berrazales, Los - **E** (PALM) 174 I C 2
Berredo **E** (OUR) 33 Sa 96
Berreño **E** (VIZ) 11 Xc 89
Berreo **E** (COR) 15 Rd 91
Berriatu **E** (VIZ) 11 Xd 89
Berricano **E** (ÁLA) 23 Xb 91
Berriel **E** (PALM) 174 I C 4
Berrikao = Berricano **E** (ÁLA) 23 Xb 91
Berrio-Aldape **E** (VIZ) 11 Xc 90
Berrioplano **E** (NAV) 24 Yb 91
Berriosuso **E** (NAV) 24 Yb 91
Berriozábal-Arabios **E** (VIZ) 11 Xc 90
Berriozabal-Aramiño = Berriozábal-Arabios **E** (VIZ) 11 Xc 90
Berrizáun **E** (NAV) 12 Yb 89
Bérriz-Olacueta **E** (VIZ) 11 Xc 89
Berriz-Olakueta = Bérriz-Olacueta **E** (VIZ) 11 Xc 89
Berro **E** (ALB) 126 Xe 116
Berro, El - **E** (MUR) 141 Yd 121
Berrobi **E** (GUI) 12 Xf 90
Berrocal **E** (BAD) 121 Uf 115
Berrocal **E** (HUEL) 133 Tc 123
Berrocal **E** (SEG) 57 Wa 102
Berrocal, El - **E** (CÁC) 86 Ua 107
Berrocal, El - **E** (SEV) 134 Tf 122
Berrocal de Huebra **E** (SAL) 71 Ua 104
Berrocal de la Espinera **E** (SAL) 71 Tf 103
Berrocal del Río **E** (SAL) 70 Tc 105
Berrocal de Salvatierra **E** (SAL) 72 Ub 105
Berrocalejo **E** (CÁC) 87 Ud 110
Berrocalejo de Aragona **E** (ÁVI) 73 Vc 104
Berrocosos, Los - **E** (CÁC) 86 Tf 107
Berroeta **E** (NAV) 13 Yc 90
Berrón, El - **E** (AST) 7 Ub 88
Berroquejo **E** (CÁD) 157 Ua 129
Berrós Jussà **E** (LLE) 29 Ba 93
Berrós Sobirà **E** (LLE) 29 Bb 93
Berrosteguieta **E** (ÁLA) 23 Xb 92
Berroy **E** (HUES) 27 Zf 93
Berroztegieta = Berrosteguieta **E** (ÁLA) 23 Xb 92
Berrueces **E** (MUR) 141 Yb 122
Berrueces **E** (VALL) 37 Uf 97
Berrueco **E** (ZAR) 78 Yd 103
Berrueco, El - **E** (JAÉ) 137 Wa 121
Berrueco, El - **E** (MAD) 75 Wc 103
Berruguillas **E** (CÁC) 87 Ud 109
Bertamiráns (Ames) **E** (COR) 14 Rc 91
Bertelhe **P** (Vi) 69 Sb 104
Beruete **E** (NAV) 24 Yb 90
Berzocana **E** (CÁC) 106 Ud 112
Berzosa **E** (MAD) 74 Wa 105
Berzosa **E** (SOR) 58 Wf 99
Berzosa de Bureba **E** (BUR) 22 We 93
Berzosa del Lozoya **E** (MAD) 75 Wc 103
Berzosa de los Hidalgos **E** (PAL) 20 Vd 92
Berzosilla **E** (PAL) 21 Vf 92
Besalú **E** (GIR) 48 Ce 95
Besande **E** (LEÓ) 20 Va 91
Besarredonda **E** (LUG) 17 Sf 93
Bescanó **E** (GIR) 48 Ce 97
Bescaran **E** (LLE) 29 Bd 94
Bescós de Guarga **E** (HUES) 27 Ze 94
Beselga **P** (Vi) 69 Sd 103
Besexos **E** (PON) 15 Re 92
Besiáns **E** (HUES) 45 Ac 95
Besons, So's - **E** (BAL) 99 Da 112
Besora **E** (LLE) 47 Bd 96
Bespén **E** (HUES) 44 Zf 96
Besteirinhos **P** (Fa) 145 Sa 125
Besteiro **P** (Fa) 144 Rb 124
Besteiros **P** (Be) 146 Sb 123
Besteiros **P** (Br) 50 Rd 99
Besteiros **P** (Fa) 145 Rf 125
Besteiros **P** (Fa) 145 Sa 124
Besteiros **P** (Pg) 103 Se 113
Besteiros **P** (Por) 50 Rd 101
Besteiros **P** (Sa) 117 Rf 116
Béstida **P** (Av) 67 Rb 104
Bestracà **E** (GIR) 31 Cd 95
Bestué **E** (HUES) 27 Aa 93
Besullo **E** (AST) 5 Tc 89
Betancuria **E** (PALM) 175 II D 3
Betán de los Canos **E** (CIU) 122 Vc 118
Betanzos **E** (COR) 3 Re 89
Bete **E** (ALB) 127 Yd 115
Betelu **E** (NAV) 24 Ya 90
Bétera **E** (VAL) 113 Zd 111
Betés **E** (HUES) 26 Zd 93
Betesa **E** (HUES) 28 Ae 94
Beteta **E** (CUE) 77 Xf 105
Betíes **E** (ALI) 128 Zb 118
Betlan **E** (LLE) 28 Ae 92
Betolatza = Betolaza **E** (ÁLA) 23 Xc 91
Betolaza **E** (ÁLA) 23 Xc 91
Betorz **E** (HUES) 45 Aa 95
Betote **E** (LUG) 16 Sd 92
Betrén **E** (LLE) 28 Ae 92
Betxí **E** (CAS) 95 Ze 109
Beuda **E** (GIR) 48 Ce 95
Beulaigua **E** (BAR) 47 Ca 96
Beunza **E** (NAV) 24 Yb 91
Bexo **E** (COR) 14 Rb 92
Bezana **E** (BUR) 21 Wb 91
Bezares **E** (RIO) 41 Xb 94
Bezas **E** (TER) 93 Ye 107
Bezi = Beci **E** (VIZ) 10 We 89
Béznar **E** (GRA) 161 Wc 127
Bézquiz **E** (NAV) 25 Yc 93
Biar **E** (ALI) 128 Zb 117
Bias do Sul **P** (Fa) 145 Sb 126
Bibán **E** (HUES) 44 Zf 94
Bibiles **E** (HUES) 28 Ae 94
Bibioj **E** (CAS) 95 Zd 107
Bica **P** (Co) 82 Rb 107
Bica **P** (Le) 100 Qf 111
Bicada **P** (Be) 131 Re 123
Bicada **P** (Be) 132 Sb 123
Bicada **P** (Be) 145 Sa 124
Bicanho **P** (Co) 82 Rb 108
Bicesse **P** (Li) 115 Qd 116
Bico **P** (VC) 32 Rc 97
Bicorp **E** (VAL) 113 Zb 114
Bicos **P** (Be) 130 Rd 122
Bidania **E** (GUI) 12 Xf 90
Bidegoian = Bidania **E** (GUI) 12 Xf 90
Biduedo **E** (LUG) 17 Se 92
Biduedo **E** (OUR) 15 Sa 94
Biduido **E** (COR) 15 Rc 91
Biedes **E** (AST) 6 Ua 88
Biel **E** (ZAR) 43 Za 94
Bielba **E** (CAN) 8 Vd 89
Bielsa **E** (HUES) 27 Ab 93
Bienservida **E** (ALB) 125 Xc 117
Bienvenida **E** (BAD) 120 Te 119
Bienvenida **E** (CIU) 122 Vc 117
Bierces **E** (AST) 7 Ud 88
Bierge **E** (HUES) 44 Zf 96
Biert **E** (GIR) 48 Ce 96
Biescas **E** (HUES) 26 Ze 93
Biescas **E** (HUES) 27 Ac 94
Biescas de Obarra **E** (HUES) 28 Ad 94
Bigas = Bigues **E** (BAR) 48 Cb 98
Bigastro **E** (ALI) 142 Za 120
Bigorne **P** (Vi) 68 Sa 102
Bigues **E** (BAR) 48 Cb 98
Bigüézal **E** (NAV) 25 Yf 92
Bihiorella, Urbanización - **E** (BAL) 98 Cc 111
Bijuesca **E** (ZAR) 60 Ya 99
Bikarregi **E** (VIZ) 11 Xb 90
Bikuña = Vicuña **E** (ÁLA) 23 Xe 91
Bilanane = Villanañe **E** (ÁLA) 22 Wf 91
Bilbao **E** (SEV) 149 Ud 125
Bilbao **E** (VIZ) 11 Xa 89
Bilbo = Bilbao **E** (VIZ) 11 Xa 89
Bilhó **P** (VR) 51 Sa 100
Biloda = Villodas **E** (ÁLA) 23 Xb 91
Biloria = Viloria **E** (ÁLA) 23 Xa 92
Billabaso **E** (VIZ) 11 Xa 88
Billela **E** (VIZ) 11 Xa 89
Bimeda **E** (AST) 17 Tc 90
Bimenes **E** (AST) 7 Uc 89
Binaced **E** (HUES) 45 Ab 98
Binacua **E** (HUES) 26 Zb 93
Binaixa **E** (BAL) 96 Eb 109
Binéfar **E** (HUES) 45 Ab 97
Biniali **E** (BAL) 98 Cf 111
Biniamar **E** (BAL) 98 Cf 110
Biniancolla **E** (BAL) 96 Eb 110
Biniaraix **E** (BAL) 98 Ce 110
Binibequer Vell **E** (BAL) 96 Eb 110
Binibona **E** (BAL) 99 Cf 110
Binicalaf **E** (BAL) 96 Eb 109
Binidali Nou **E** (BAL) 96 Eb 109
Binidenfa **E** (BAL) 96 Ea 108
Biniés **E** (HUES) 26 Zb 93
Binifabini **E** (BAL) 96 Eb 109
Binifaida **E** (BAL) 96 Ea 109
Binifaldó **E** (BAL) 99 Cf 109
Binifamis **E** (BAL) 96 Ea 109
Binijame **E** (BAL) 96 Ea 109
Binimel.la **E** (BAL) 96 Ea 108
Binimel. la Nou **E** (BAL) 96 Ea 108
Biniparrell **E** (BAL) 96 Eb 109
Binisaida **E** (BAL) 96 Eb 109
Binisarret **E** (BAL) 96 Ea 108
Biniseti Nou **E** (BAL) 99 Cf 110
Binissafúller Nou **E** (BAL) 96 Eb 109
Binissalem **E** (BAL) 98 Cf 110
Binué **E** (HUES) 26 Zd 93
Binueste **E** (HUES) 44 Zf 94
Biosca **E** (LLE) 46 Bc 97
Biota **E** (ZAR) 43 Ye 95
Biqueiras **P** (Le) 82 Rb 109
Biquinha **P** (Pg) 102 Re 114
Birgara Barren = Virgala Menor **E** (ÁLA) 23 Xd 92
Birgara Goien = Virgala Major **E** (ÁLA) 23 Xd 92
Birre **P** (Li) 115 Qd 116
Bisaurri **E** (HUES) 28 Ad 94
Bisbal de Falset, la - **E** (TAR) 64 Ae 101
Bisbal del Pandés = Bisbal del Penedès, la - **E** (TAR) 65 Bc 101
Bisbal del Penedès, la - **E** (TAR) 65 Bc 101
Bisbal d'Empordà, la **E** (GIR) 49 Da 97
Bisboitos **P** (Aç) 169 Wf 117
Biscaia **P** (Pg) 102 Sb 112
Biscarbó **E** (LLE) 29 Bb 94
Biscarri **E** (LLE) 46 Ba 96
Biscarrués **E** (HUES) 43 Zb 95
Biscoitos **P** (Aç) 169 Xe 116
Biscós de Garcipollera **E** (HUES) 26 Zc 93
Bisimbre **E** (ZAR) 42 Yd 97
Bisjueces **E** (BUR) 22 Wc 91
Bismula **P** (Gu) 70 Ta 106
Bispos **P** (Be) 131 Rf 122
Bitarães **P** (Por) 50 Re 101
Bitern **E** (TAR) 81 Ad 103
Bitoriano = Vitoriano **E** (ÁLA) 23 Xb 91
Biure **E** (GIR) 31 Cf 94
Biure de Gaià **E** (TAR) 65 Bc 100
Biurrun **E** (NAV) 24 Yb 92
Bivas **P** (Sa) 102 Re 112
Biville **E** (LUG) 16 Sc 92
Bixessarri **AND** 29 Bc 94
Bizmay, El - **E** (ALM) 140 Xf 122
Blacos **E** (SOR) 58 Xa 98
Blacha **E** (ÁVI) 73 Va 105
Blanca **E** (MUR) 141 Yd 119
Blanca, La **E** (MAD) 89 Ve 107
Blancafort **E** (TAR) 64 Ba 100
Blancafort **E** (TAR) 64 Ba 102
Blancares **E** (ALB) 111 Xf 114
Blancas **E** (TER) 78 Yd 104
Blanco, El - **E** (ALB) 110 Xb 113
Blancos **E** (OUR) 33 Sb 97
Blancos, Los - **E** (MUR) 143 Zb 123
Blanes **E** (GIR) 49 Ce 98
Blánquez del Saúco **E** (ALM) 153 Xc 125
Blanquitos, Los - **E** (TEN) 172 I D 5
Blascoeles **E** (ÁVI) 73 Vd 104
Blascojimeno **E** (ÁVI) 73 Uf 104
Blascomillán **E** (ÁVI) 73 Uf 104
Blasconuño de Matacabras **E** (ÁVI) 55 Va 102
Blascosancho **E** (ÁVI) 73 Vc 103
Blázquez **E** (CÓRD) 121 Ud 118
Blecua **E** (HUES) 44 Ze 96
Bleda, la - **E** (BAR) 65 Bd 100
Blesa **E** (TER) 61 Za 102
Bliecos **E** (SOR) 59 Xe 99
Blocona **E** (SOR) 59 Xd 101
Boa Aldeia **P** (Vi) 68 Rf 105
Boa Cambela **E** (OUR) 34 Sf 95
Boada **E** (LLE) 46 Ba 97
Boada **E** (SAL) 71 Te 104
Boada de Campos **E** (PAL) 37 Va 97
Boada de Roa **E** (BUR) 57 Wa 98
Boada de Villadiego **E** (BUR) 21 Wa 93
Boada Nova, la - **E** (BAR) 47 Bf 99
Boadella d'Empordà **E** (GIR) 31 Cf 95
Boades **E** (BAR) 47 Bf 98
Boadilla **E** (SAL) 71 Te 104
Boadilla del Camino **E** (PAL) 38 Vd 95
Boadilla del Monte **E** (MAD) 74 Wa 106
Boadilla de Rioseco **E** (PAL) 37 Va 95
Boado **E** (OUR) 33 Sb 96
Boa Farinha **P** (CB) 83 Rf 110
Boal **E** (AST) 5 Tb 88
Boalhosa **P** (VC) 32 Rd 98
Boalo, El - **E** (MAD) 74 Wa 104
Boatella **E** (BAR) 47 Ca 96
Boaventura **P** (Ma) 166 I C 2
Boa Vista **P** (Le) 82 Rb 110
Boavista **P** (Le) 82 Rc 109
Boavista **P** (Le) 100 Qe 112
Boavista **P** (Le) 100 Ra 111
Boavista **P** (Pg) 103 Sd 113
Boavista **P** (Sa) 116 Re 115
Boavista **P** (Se) 130 Rb 122
Boavista dos Pinheiros **P** (Be) 130 Rc 123
Bobadela **P** (Co) 68 Sa 106
Bobadela **P** (Li) 115 Qf 116
Bobadela **P** (VR) 33 Sc 98
Bobadilla **E** (MÁL) 150 Vb 126
Bobadilla **E** (RIO) 40 Xb 95
Bobadilla, La **E** (JAÉ) 137 Vf 123
Bobadilla del Campo **E** (VALL) 55 Uf 101
Bobadilla Estación **E** (MÁL) 150 Vb 126
Bobal **P** (VR) 51 Sb 100
Bobar, El - **E** (ALM) 163 Xd 128
Bobarás **E** (OUR) 15 Rf 94
Bóbeda **P** (VR) 52 Sc 98
Bobera = Bovera **E** (LLE) 63 Ad 101
Bobes **E** (AST) 7 Ub 88
Bobia de Abajo **E** (AST) 8 Va 89
Bocacara **E** (SAL) 71 Td 104
Boca de Huérgano **E** (LEÓ) 20 Va 91
Bocairent **E** (VAL) 128 Zc 116
Bocairente = Bocairent **E** (VAL) 128 Zc 116
Bocal, El - **E** (NAV) 42 Yc 96
Bocas del Salado **E** (CÓRD) 150 Va 123
Boceguillas **E** (SEG) 57 Wc 100
Bocígano **E** (GUA) 58 Wd 102
Bocigas **E** (VALL) 56 Vb 101
Bocigas de Perales **E** (SOR) 58 Wd 98
Bocines **E** (AST) 7 Ub 87
Bocos **E** (BUR) 22 Wc 91
Bocos de Duero **E** (VALL) 57 Vf 99
Boche **E** (ALB) 125 Xe 118
Bochones **E** (GUA) 58 Xa 101
Bodaño **E** (PON) 15 Re 92
Bodas, Las - **E** (LEÓ) 19 Ue 91
Bodega, la - **E** (CAS) 95 Zf 107
Bodegas Bilbaínas **E** (TOL) 90 Wc 110
Bodegas de Carranxero **E** (BUR) 38 Vf 94
Bodegas de Cea **E** (VAL) 94 Zb 110
Bodegas de la Atalayuela **E** (RIO) 24 Xe 94
Bodegas del Mundo Nuevo **E** (VAL) 94 Zb 110
Bodegas de San Cristóbal **E** (BUR) 38 Vf 94
Bodegueta, La - **E** (ALI) 128 Za 116
Bodera, La - **E** (GUA) 58 Xa 102
Bodiosa **P** (Vi) 68 Sa 104
Bodón, El **E** (SAL) 70 Tc 106
Bodonal **E** (BAD) 104 Tb 114
Bodonal de la Sierra **E** (BAD) 133 Tc 120
Bodurria **E** (GRA) 153 Xb 124
Boebre **E** (COR) 3 Re 88
Boecillo **E** (VALL) 56 Vb 99
Boedo **E** (PAL) 20 Vc 92
Boelhe **P** (Por) 50 Re 102
Boente **E** (COR) 15 Rf 91
Boeret, Es - **E** (BAL) 96 Ea 109
Boeza **E** (LEÓ) 18 Te 92
Bofetán **E** (CAN) 9 Wa 88
Bofinho **P** (Le) 83 Rd 110
Bogada **P** (Év) 118 Sc 117
Bogajo **E** (SAL) 70 Tc 103
Bogalhal **P** (Gu) 70 Sf 104
Bogarra **E** (ALB) 126 Xe 117
Bogarre **E** (GRA) 152 Wd 124
Bogás **E** (CÁD) 157 Tf 128
Bogas de Baixo **P** (CB) 84 Sb 108
Bogas de Cima **P** (CB) 84 Sb 108
Bohío y Casas de la Hinojosa **E** (CÁC) 85 Ta 110
Bohodón, El - **E** (ÁVI) 73 Vb 103
Bohonal **E** (BAD) 107 Vb 113
Bohonal de Ibor **E** (CÁC) 87 Ud 110
Bohoyo **E** (ÁVI) 87 Ud 107
Boí **E** (LLE) 28 Ae 93
Boi **P** (Be) 145 Sa 124
Boialvo **P** (Av) 68 Rd 105
Boiças **P** (Sa) 101 Ra 113
Boicilhos **P** (Sa) 101 Rd 115
Boidobra **P** (CB) 84 Sd 107
Boieira **P** (Be) 144 Rc 123
Boim **P** (Por) 50 Re 101
Boimil **E** (COR) 15 Rf 90
Boimo **P** (Vc) 32 Re 97
Boiro de Arriba (Boiro) **E** (COR) 14 Ra 93
Boisán **E** (LEÓ) 35 Te 94
Boisões **P** (Be) 146 Sb 123
Boivães **P** (VC) 32 Rd 98
Boivão **P** (VC) 32 Rc 96
Boix **E** (LLE) 45 Ad 97
Boixar, El **E** (CAS) 80 Aa 104
Bóixols **E** (LLE) 46 Ba 95
Bojar, El **E** (MUR) 142 Yf 121
Bojons **E** (BAR) 48 Cb 97
Bola, A - **E** (OUR) 33 Sa 96
Bolaño **E** (LUG) 16 Se 90
Bolaños de Calatrava **E** (CIU) 123 Wc 115
Bolaños de Campos **E** (VALL) 37 Ue 96
Bolbaite **E** (VAL) 113 Zb 114
Boldís Sobirà **E** (LLE) 29 Bb 93
Boldú **E** (LLE) 46 Ba 98
Bolea **E** (HUES) 44 Zc 95
Boleiros **P** (Sa) 101 Rc 111
Bolembre **P** (Li) 115 Qd 115
Bolfiar **P** (Av) 68 Rd 105
Bolho **P** (Co) 67 Rc 106
Bolibar **E** (VIZ) 11 Xc 89
Bolibar = Bolívar **E** (ÁLA) 23 Xc 92
Bolibar = Bolívar **E** (GUI) 23 Xc 90
Boliches, Los - **E** (MÁL) 159 Vc 129
Bolinches **E** (ALB) 111 Yb 114
Boliqueime **P** (Fa) 145 Rf 126
Bolívar **E** (ÁLA) 23 Xc 92
Bolívar **E** (GUI) 23 Xc 90
Bolmir **E** (CAN) 21 Vf 91
Bolnuevo **E** (MUR) 142 Ye 123
Bolo, O - **E** (OUR) 34 Sf 95
Bolón **E** (ALI) 128 Zb 118
Bolòs **E** (GIR) 30 Cc 95
Bolos **E** (PON) 15 Rd 92
Bolsicos, Los - **E** (BAD) 133 Tb 119
Boltaña **E** (HUES) 27 Aa 94
Bolturina **E** (HUES) 45 Ab 96
Bolulla **E** (ALI) 129 Zf 116
Bolvir **E** (GIR) 30 Bf 94
Bollacín **E** (CAN) 21 Wa 90
Bólliga **E** (CUE) 92 Xd 107
Bollullos de la Mitación **E** (SEV) 148 Tf 124
Bollullos Par del Convado **E** (HUEL) 147 Tc 124
Bomba, la - **E** (GIR) 49 Da 95
Bombardas, Las - **E** (ALM) 155 Yb 125
Bombarral **P** (Le) 100 Qf 113
Bom Sucesso **P** (Co) 82 Rb 107
Bom Velho de Cima **P** (Co) 83 Rd 108
Bonaigua de Baix, la - **E** (LLE) 28 Ba 93
Bon Aire **E** (BAL) 99 Da 109
Bonal, El - **E** (CIU) 108 Ve 113
Bonansa **E** (HUES) 28 Ae 94
Bonany **E** (TAR) 65 Bc 100
Bonanza **E** (CÁD) 156 Td 128
Bonanza **E** (MAD) 74 Wa 106
Bonares **E** (HUEL) 147 Tb 125
Bonastre **E** (TAR) 65 Bc 101
Bonete **E** (ALB) 127 Yd 115
Boniches **E** (CUE) 93 Yc 109
Bonielles **E** (AST) 6 Ua 88
Bonilla **E** (CUE) 91 Xc 107
Bonilla de la Sierra **E** (ÁVI) 72 Ue 105
Bonillo, El **E** (ALB) 125 Xc 115
Bon Lugar **E** (PALM) 174 I C 2
Bonmatí **E** (GIR) 48 Ce 97
Bonner **E** (LLE) 47 Be 95
Bono **E** (HUES) 28 Ae 93
Bon Relax **E** (GIR) 49 Da 95
Bonrepòs **E** (LLE) 46 Ba 96
Bonrepós y Mirambell **E** (VAL) 113 Zd 111
Bonretorn **E** (TAR) 64 Ba 101
Bons, Les **AND** 29 Bd 03
Bonxe **E** (LUG) 4 Sc 90
Boñar **E** (LEÓ) 19 Ue 91
Boñices **E** (SOR) 59 Xe 99
Bóo **E** (AST) 7 Ub 90
Bóo **E** (CAN) 9 Wa 88
Boós **E** (SOR) 58 Xa 99
Boquera, La - **E** (ALM) 154 Xe 125
Boquera, La - **E** (HUES) 45 Aa 96
Boquerizo **E** (AST) 8 Vc 88
Boquerón, El - **E** (MUR) 127 Ye 119
Boquilla **E** (VAL) 128 Zb 115
Boquiñeni **E** (ZAR) 43 Ye 97
Bor **E** (LLE) 29 Be 94
Borau **E** (HUES) 26 Zc 93
Borba **P** (Br) 51 Rf 100
Borba **P** (Év) 118 Sd 116
Borba da Montanha **P** (Br) 51 Rf 100
Borba de Godim **P** (Por) 51 Rf 101
Borbela **P** (VR) 51 Sb 101
Borbolega **P** (Se) 131 Rd 121
Borcos **E** (BUR) 21 Wa 93
Borchicayada **E** (SOR) 59 Xd 100
Bordalba **E** (ZAR) 59 Xf 100
Bordalos **P** (Pg) 102 Sa 114
Bordas de Arriba **E** (NAV) 24 Ya 92
Bordas el Peletón **E** (NAV) 24 Ya 91
Bordecorex **E** (SOR) 59 Xb 100
Bordeira **P** (Co) 83 Rf 107
Bordeira **P** (Fa) 144 Ra 125
Bordeira **P** (Fa) 145 Sa 126
Bordejé **E** (SOR) 59 Xc 100
Bordes, es **E** (LLE) 28 Ae 92
Bordes de Conflent **E** (LLE) 29 Bc 93
Bordes del Seix de Gurp **E** (LLE) 46 Af 95
Bordes de Llosar **E** (LLE) 29 Bc 94
Bordeta, Era - **E** (LLE) 28 Ae 92
Bordils **E** (GIR) 49 Cf 96
Bordón **E** (TER) 80 Ze 104
Bordonhos **P** (Vi) 68 Rf 104
Bordóns **E** (PON) 15 Rb 94
Boren **E** (LLE) 28 Ba 93
Borge, El - **E** (MÁL) 160 Ve 128
Borges Blanques, les **E** (LLE) 64 Af 99
Borges del Camp, les - **E** (TAR) 64 Ba 101
Borgonyà **E** (BAR) 48 Cb 96
Borgonyà del Terri **E** (GIR) 49 Ce 96
Borines **E** (AST) 7 Ue 88
Borja **E** (ZAR) 42 Yc 97
Borjabad **E** (SOR) 59 Xd 99
Borjas Blancas = Borges Blanques, les - **E** (LLE) 64 Af 99
Borjas del Campo = Borges del Camp, les - **E** (TAR) 64 Ba 101
Bormate **E** (ALB) 112 Yc 113
Bormoio **E** (COR) 2 Rb 90
Bormujos **E** (SEV) 148 Tf 124
Bornes **P** (Ba) 52 Sf 100
Bornes de Aguiar **P** (VR) 51 Sc 99
Bornos **E** (CÁD) 157 Ub 128
Borobia **E** (SOR) 59 Ya 99
Boronas **E** (AST) 5 Tc 87
Borox **E** (TOL) 90 Wb 108
Borracheira **P** (Fa) 146 Sb 125
Borralha **P** (Av) 68 Rd 105
Borralha **P** (VR) 51 Sa 99
Borralhal **P** (Vi) 68 Rf 106
Borràs, el - **E** (BAR) 47 Bf 99
Borrassà **E** (GIR) 49 Cf 95
Borraxeiros **E** (PON) 15 Rf 92
Borredà **E** (BAR) 47 Bf 96
Borres **E** (AST) 5 Tc 88
Borrés **E** (HUES) 26 Zd 93
Borricén **E** (MUR) 142 Za 123
Borriol **E** (CAS) 95 Zf 108
Boscras **P** (Por) 51 Rf 101
Bosost = Bossòst **E** (LLE) 28 Ae 92
Bosque **E** (MÁL) 151 Vd 126
Bosque, El - **E** (CÁD) 158 Uc 128
Bosque, El - **E** (CAS) 94 Zc 107
Bosque, El - **E** (MAD) 74 Wa 106
Bosque, El - **E** (SEV) 149 Uc 126
Bosque, El - **E** (TOL) 88 Vd 110
Bosque, El - **E** (ZAM) 36 Ub 97
Bosque (Cabana) **E** (COR) 2 Ra 89
Bossòst **E** (LLE) 28 Ae 92
Bostelo **E** (LUG) 4 Sa 89
Bostofrio **P** (VR) 51 Sb 99
Bostorenga **P** (Av) 68 Rd 104

Bostronizo **E** (CAN) 9 Vf 89
Bot **E** (TAR) 63 Ac 102
Botafogo **P** (Pg) 118 Sf 115
Botalhorno **E** (SEG) 56 Vb 102
Botão **P** (Co) 68 Rd 107
Botarell **E** (TAR) 64 Af 102
Botaya **E** (HUES) 26 Zc 94
Botelhas **P** (Fa) 146 Sd 125
Botica **P** (Br) 51 Rf 98
Boticario, El - **E** (JAÉ) 138 Wc 121
Boticas **P** (VR) 51 Sc 98
Botica Sete **P** (Li) 115 Qe 115
Botija **E** (CÁC) 105 Tf 112
Botinas **P** (Se) 130 Rc 120
Bótoa **E** (BAD) 104 Ta 114
Botorrita **E** (ZAR) 61 Yf 99
Botulho **P** (Vi) 68 Rf 105
Bouça **P** (Ba) 52 Se 99
Bouça **P** (Br) 50 Rc 100
Bouça **P** (CB) 84 Sc 107
Bouça Cova **P** (Gu) 69 Se 104
Bouca Fria **P** (Br) 51 Sa 100
Bouças Donas **P** (VC) 32 Re 97
Bouceiros **P** (Le) 101 Rb 111
Boucinhas **P** (Le) 82 Rb 110
Boucinhos **P** (Fa) 144 Rc 124
Boucoaes **P** (VR) 34 Se 98
Bouços **P** (Av) 50 Rc 102
Bouga, La - **E** (AST) 6 Te 88
Bougado **P** (Por) 50 Rc 100
Bouloso **E** (LUG) 5 Se 88
Bouro **P** (Br) 50 Re 99
Bousés **E** (OUR) 34 Sc 97
Bouza **E** (OUR) 15 Re 94
Bouza **E** (OUR) 33 Rf 95
Bouza **E** (OUR) 34 Sf 96
Bouza, La **E** (SAL) 70 Tb 103
Bouzadrago **E** (OUR) 145 Rf 97
Bouzas **E** (LEÓ) 35 Tc 94
Bouzas **E** (PON) 32 Rb 95
Bouzas **E** (ZAM) 35 Tb 96
Bovar, El - **E** (ALI) 128 Zb 116
Bóveda **E** (ÁLA) 22 We 91
Bóveda **E** (LUG) 16 Sd 93
Bóveda **E** (OUR) 33 Sa 94
Bóveda (Santa Eulalia) **E** (LUG) 16 Sb 91
Bóveda de la Ribera **E** (BUR) 22 Wd 91
Bóveda del Río Almar **E** (SAL) 72 Ue 103
Bóveda de Toro, La **E** (ZAM) 55 Ud 100
Bóvedas, Las - **E** (ALI) 143 Zb 120
Bovera **E** (LLE) 63 Ad 101
Bovetes **E** (ALI) 129 Aa 115
Boxinos **P** (CB) 84 Sb 108
Boya **E** (ZAM) 35 Td 97
Boyal, La - **E** (SEV) 135 Uc 123
Boyar, El - **E** (CÁD) 158 Ud 128
Boyeral, El - **E** (NAV) 25 Ye 93
Boyeriza, La **E** (MAD) 90 Wc 107
Bozoo **E** (BUR) 22 Wf 92
Brabos **E** (ÁVI) 73 Va 104
Braçais **P** (Le) 83 Re 110
Braçais **P** (Pg) 103 Se 112
Braçal **P** (Co) 83 Rf 108
Brácana **E** (CÓRD) 151 Vf 124
Brácana **E** (GRA) 151 Wa 125
Bracas **E** (LEÓ) 36 Uc 95
Braceira **P** (Pg) 102 Sc 111
Braciais **P** (Fa) 145 Sa 126
Braeile **E** (COR) 4 Sb 86
Brâfim **E** (TAR) 65 Bc 101
Braga **P** (Br) 50 Rd 99
Bragada **P** (Ba) 53 Ta 99
Bragada **P** (VR) 51 Sb 99
Bragado **P** (VR) 51 Sc 99
Bragança **P** (Ba) 35 Tb 98
Brahojos de Medina **E** (VALL) 55 Uf 101
Bralláns **E** (HUES) 28 Ad 94
Branca **P** (Av) 68 Rd 104
Brancanes **P** (Be) 145 Rf 123
Brancanes **P** (Fa) 145 Sa 126
Brancos **P** (Li) 100 Qf 114
Branda de São Bento do Cande **P** (VC) 33 Re 97
Brandara **P** (VC) 32 Rc 98
Brandariz **E** (PON) 15 Re 92
Brandeso **E** (COR) 15 Re 91
Brandilanes **E** (ZAM) 53 Te 99
Brandim **P** (VR) 33 Sa 98
Brandomés **E** (PON) 15 Re 92
Brandomil **E** (COR) 14 Ra 90
Brandoñas **E** (COR) 14 Ra 90
Brandoñas de Arriba **E** (COR) 2 Rb 90
Branqueira **P** (Fa) 145 Re 126
Brántega **E** (PON) 15 Rf 92
Brantuas **E** (COR) 2 Ra 89
Branzelo **P** (Por) 50 Rd 102
Braña, A - **E** (LUG) 4 Se 90
Braña, La - **E** (AST) 5 Ta 88
Braña de Carbaldetoso **E** (AST) 5 Tb 90
Braña del Candal **E** (AST) 5 Tb 90
Brañadesella **E** (AST) 5 Ta 88
Brañalonga **E** (AST) 6 Td 88
Brañas **E** (COR) 15 Sa 90
Brañas de Arriba **E** (AST) 18 Td 90
Brañavara **E** (AST) 5 Ta 88
Brañavieja **E** (CAN) 21 Vd 90
Brañes **E** (AST) 6 Ua 88
Brañosera **E** (PAL) 21 Ve 91
Brañúas **E** (AST) 5 Tc 88
Brañuelas **E** (LEÓ) 18 Te 93
Braojos **E** (MAD) 75 Wc 102
Brasfemes **P** (Co) 83 Rd 107
Brasieira **P** (Fa) 145 Rf 125
Bravães **P** (VC) 32 Rd 98
Bravo, El - **E** (TOL) 88 Vc 108
Bravos **E** (LUG) 4 Sc 87
Bravos, Los - **E** (HUEL) 133 Ta 121
Brazacorta **E** (BUR) 58 Wd 98
Brazatortas **E** (CIU) 122 Ve 117
Brazuelas **E** (VALL) 56 Vb 100
Brazuelo **E** (LEÓ) 18 Tf 94
Brea de Aragón **E** (ZAR) 60 Yc 99
Brea de Tajo **E** (MAD) 91 Wf 107
Breceña **E** (AST) 7 Ud 88
Brecerilla **E** (SAL) 71 Te 105
Breda **E** (GIR) 48 Cd 98
Bregua **E** (COR) 3 Rd 89
Brejão **P** (Be) 144 Rb 124
Brejinhos **P** (Se) 130 Rb 120
Brejo **P** (Se) 116 Rb 117
Brejo de Canes **P** (Se) 116 Rb 117
Brejo de Cima **P** (Co) 83 Sa 108
Brejos **P** (Se) 115 Qf 117
Brejos Correteiros **P** (Se) 115 Ra 117
Brejos do Fetal **P** (Se) 130 Rc 119
Brenes **E** (SEV) 148 Ua 123
Brenha **P** (Co) 82 Rb 107
Breña, La - **E** (ALM) 154 Xf 125
Breña Alta **E** (TEN) 171 C 3
Breña Baja **E** (TEN) 171 C 3
Breñas, Las - **E** (PALM) 176 B 4
Bres **E** (AST) 5 Sf 88
Bresca **E** (LLE) 46 Ba 95
Brescos **P** (Se) 130 Rb 120
Bresmaus **E** (OUR) 145 Sc 96
Bretanha **P** (Aç) 170 Zb 121
Bretó **E** (ZAM) 36 Ub 97
Bretocino **E** (ZAM) 36 Ub 97
Bretoña **E** (LUG) 4 Se 88
Bretui **E** (LLE) 28 Ba 94
Bretún **E** (SOR) 41 Xd 96
Brevas, Las **E** (CÁD) 156 Td 128
Brexo **E** (COR) 3 Re 89
Brezal **E** (TEN) 172 I D 3
Brezal, El - **E** (CUE) 77 Ya 105
Briallos **E** (PON) 14 Rc 93
Brianes, Los - **E** (MUR) 142 Ye 121
Brías **E** (SOR) 58 Xa 100
Bribes Pequeno **E** (COR) 3 Re 89
Bricia **E** (AST) 8 Va 88
Bricia **E** (BUR) 21 Wb 91
Brics **E** (LLE) 47 Bd 97
Brieva **E** (ÁVI) 73 Vc 104
Brieva **E** (SEG) 74 Vf 102
Brieva de Cameros **E** (RIO) 40 Xb 95
Brieva de Juarros **E** (BUR) 40 Wd 95
Brieves **E** (AST) 6 Td 88
Brihuega **E** (GUA) 76 Xa 104
Brimeda **E** (LEÓ) 18 Tf 94
Brime de Sog **E** (ZAM) 36 Tf 96
Brime de Urz **E** (ZAM) 36 Ua 96
Bríncola **E** (GUI) 23 Xd 90
Brincones **E** (SAL) 53 Td 102
Brinches **P** (Be) 132 Sc 120
Brinkola = Bríncola **E** (GUI) 23 Xd 90
Briñas **E** (RIO) 23 Xb 93
Briño **E** (COR) 2 Ra 89
Briones **E** (RIO) 23 Xb 93
Briongos **E** (BUR) 39 Wd 97
Brisas, Las - **E** (GUA) 76 Xb 105
Briteiros **P** (Br) 50 Re 99
Britelo **P** (Br) 51 Sa 100
Britelo **P** (VC) 32 Re 97
Brites Gomes **P** (Be) 132 Sb 123
Britiande **P** (Vi) 51 Sb 102
Brito **P** (Ba) 34 Sf 97
Brito **P** (Br) 50 Rd 100
Briviesca **E** (BUR) 22 We 93
Brixeria **E** (COR) 3 Rf 90
Brizuela **E** (BUR) 22 Wc 91
Brocheros **E** (CIU) 109 We 114
Brogueira **P** (Sa) 101 Rc 112
Bronceda **P** (Ba) 52 Se 100
Bronco, El - **E** (CÁC) 86 Te 107
Bronchales **E** (TER) 78 Yc 105
Bronquina, La - **E** (MUR) 127 Yf 117
Brosmos **E** (OUR) 34 Sc 94
Brosquil, El - **E** (VAL) 114 Ze 114
Brotas **P** (Sa) 117 Rf 115
Broto **E** (HUES) 27 Zf 93
Brovales **E** (BAD) 119 Tb 118
Brozas **E** (CÁC) 104 Tb 111
Bruc, el - **E** (BAR) 65 Be 99
Brucó **P** (Ba) 53 Tb 101
Bruch = Bruc, el - **E** (BAR) 65 Be 99
Brués **E** (OUR) 15 Rf 94
Brufe **P** (Br) 33 Re 98
Brugos de Fenar **E** (LEÓ) 19 Uc 92
Bruguera **E** (GIR) 30 Cb 95
Bruguera **E** (GIR) 49 Cf 97
Brugueres **E** (BAR) 65 Bd 100
Bruguers **E** (BAR) 65 Bf 101
Bruicedo **E** (LUG) 5 Se 90
Brujuelo **E** (JAÉ) 138 Wb 121
Brull, el - **E** (BAR) 48 Cb 98
Brullés **E** (BUR) 21 Wa 93
Brumela **P** (VR) 51 Sa 100
Brunete **E** (MAD) 74 Wa 106
Brunhais **P** (Br) 51 Re 99
Brunheda **P** (Ba) 52 Sd 101
Brunheira **P** (Be) 145 Rf 124
Brunheiras **P** (Be) 130 Rb 122
Brunheirinho **P** (Sa) 102 Rf 113
Brunheiro **P** (Av) 67 Rc 104
Brunhos **P** (Co) 82 Rb 108
Brunhosinho **P** (Ba) 53 Tc 100
Brunhoso **P** (Ba) 53 Tb 100
Brunyola **E** (GIR) 48 Ce 97
Bruñel Alto **E** (JAÉ) 139 Wf 121
Bruñel Bajo **E** (JAÉ) 139 Wf 121
Bruñola = Brunyola **E** (GIR) 48 Ce 97
Buadella = Boadella d'Empordà **E** (GIR) 31 Cf 95
Buarcos **P** (Co) 82 Ra 108
Búbal **E** (HUES) 26 Ze 92
Buberos **E** (SOR) 59 Xe 99
Bubierca **E** (ZAR) 60 Ya 101
Bubión **E** (GRA) 152 Wd 127
Bucelas **P** (Li) 115 Qf 115
Bucesta **E** (RIO) 41 Xd 95
Buciegas **E** (CUE) 91 Xd 106
Buciños **E** (LUG) 16 Sa 93
Bucos **P** (Br) 51 Rf 99
Budens **P** (Fa) 144 Rb 126
Budia **E** (GUA) 76 Xb 105
Budián de Herdeiro **E** (LUG) 4 Sd 87
Budiño **E** (COR) 15 Rd 91
Bueidia **E** (AST) 18 Ua 90
Buelna **E** (AST) 8 Vc 88
Buelles **E** (AST) 8 Vc 88
Buelles **E** (AST) 19 Ub 90
Buenabarba **E** (SAL) 71 Tf 104
Buenache de Alarcón **E** (CUE) 111 Xf 111
Buenache de la Sierra **E** (CUE) 92 Ya 108
Buenafuente del Sistal, La - **E** (GUA) 77 Xe 104
Buenamadre **E** (SAL) 71 Te 103
Buenamesón **E** (MAD) 90 We 108
Buenasbodas **E** (TOL) 107 Va 111
Buenas Noches **E** (MÁL) 165 Ue 130
Buenaventura **E** (TOL) 88 Va 107
Buena Vista **E** (ALI) 129 Aa 116
Buenavista **E** (BAD) 133 Ta 119
Buena Vista **E** (CÁD) 164 Ua 131
Buenavista **E** (GRA) 152 Wb 125
Buenavista **E** (SAL) 72 Uc 104
Buenavista **E** (TOL) 89 Vf 109
Buenavista de Arriba **E** (TEN) 171 C 2
Buenavista del Norte **E** (TEN) 172 I B 3
Buenavista de Valdavia **E** (PAL) 20 Vc 93
Buendía **E** (CUE) 91 Xb 106
Bueno, El - **E** (TEN) 173 I E 4
Buenos, Los - **E** (MUR) 143 Zb 122
Buen Paso **E** (TEN) 172 I C 3
Buen Suceso **E** (BAD) 119 Td 118
Bueña **E** (TER) 78 Ye 104
Buera **E** (HUES) 45 Aa 96
Bueras **E** (CAN) 10 Wd 88
Buerba **E** (HUES) 27 Aa 93
Bueres **E** (AST) 7 Ud 89
Buesa **E** (HUES) 27 Zf 93
Buetas **E** (HUES) 27 Ab 94
Bueu **E** (PON) 32 Rb 95
Buezo **E** (BUR) 22 Wd 93
Bufadero **E** (TEN) 173 I F 2
Bufali **E** (VAL) 128 Zc 115
Bufarda **P** (Le) 100 Qe 113
Bugalhos **P** (Sa) 101 Rc 112
Bugallido **E** (COR) 14 Rc 91
Bugarra **E** (VAL) 113 Zb 111
Bugaya de Abajo **E** (ALI) 128 Zd 117
Bugaya de Arriba **E** (ALI) 128 Zd 117
Bugedo **E** (BUR) 23 Wf 93
Bugedo **E** (BUR) 39 Wd 95
Bugéjar **E** (GRA) 140 Xe 121
Buger **E** (BAL) 99 Cf 110
Bugios **P** (CB) 84 Sb 110
Buguda Alta, la - **E** (BAR) 65 Bf 100
Buimanco **E** (SOR) 41 Xe 96
Buinhas **P** (Pg) 118 Se 115
Buira **E** (HUES) 28 Ae 94
Buira **E** (LLE) 28 Af 94
Buisán **E** (HUES) 27 Zf 93
Buitrago **E** (SEV) 148 Ua 124
Buitrago **E** (SOR) 41 Xd 97
Buitrago del Lozoya **E** (MAD) 75 Wc 103
Buitrón, El - **E** (HUEL) 147 Tb 123
Buiza **E** (LEÓ) 19 Ub 91
Bujadillo, El - **E** (CÓRD) 136 Uf 119
Bujalance **E** (CÓRD) 137 Vd 121
Bujalaro **E** (GUA) 76 Xa 103
Bujalcayado **E** (GUA) 59 Xb 102
Bujanda **E** (ÁLA) 23 Xd 92
Bujaraiza **E** (JAÉ) 139 Xb 120
Bujaraloz **E** (ZAR) 62 Zf 100
Bujarrabal **E** (GUA) 59 Xc 102
Bujaruelo **E** (HUES) 27 Zf 92
Bujeo, El - **E** (CÁD) 165 Uc 132
Bujões **P** (VR) 51 Sb 101
Bularros **E** (ÁVI) 73 Va 104
Bulbuente **E** (ZAR) 42 Yc 98
Bulera **E** (BAD) 121 Ud 117
Bulnes **E** (AST) 8 Vb 89
Bullaque, El - **E** (CIU) 108 Ve 113
Bullas **E** (MUR) 141 Yb 120
Bunheira **P** (Fa) 144 Rb 124
Bunheira **P** (Sa) 101 Rd 114
Bunhosa **P** (Co) 67 Rb 107
Buniel **E** (BUR) 39 Wb 95
Bunyola **E** (BAL) 98 Ce 110
Buñales **E** (HUES) 44 Zd 96
Buño **E** (COR) 2 Rb 89
Buñol **E** (VAL) 113 Zb 112
Buñuel **E** (NAV) 42 Yd 97
Buratai **E** (LUG) 16 Sc 91
Burbáguena **E** (TER) 78 Yd 102
Burbia **E** (LEÓ) 17 Tb 92
Burceat **E** (HUES) 45 Aa 96
Burceña **E** (BUR) 10 Wd 90
Burela **E** (LUG) 4 Sd 87
Burés **E** (COR) 14 Rb 92
Bureta **E** (ZAR) 42 Yd 98
Burete **E** (MUR) 141 Yb 120
Burg **E** (LLE) 29 Bb 93
Burga **P** (Ba) 52 Sf 100
Burgães **P** (Br) 50 Rd 100
Burganes de Valverde **E** (ZAM) 36 Ub 97
Burgar, el - **E** (TAR) 64 Ae 102
Burgar, el - **E** (TAR) 64 Ba 101
Burgasé **E** (HUES) 27 Zf 93
Burgau **P** (Fa) 144 Rb 126
Burgelu = Elburgo **E** (ÁLA) 23 Xc 91
Burgo **E** (LUG) 16 Sc 91
Burgo **P** (Av) 68 Re 103
Burgo, El **E** (MÁL) 159 Va 128
Burgo, O **E** (PON) 33 Re 95
Burgo de Ebro, El **E** (ZAR) 61 Zb 99
Burgo de Osma, El **E** (SOR) 58 Wf 99
Burgohondo **E** (ÁVI) 73 Vb 106
Burgomillodo **E** (SEG) 57 Wa 100
Burgo Ranero, El **E** (LEÓ) 37 Ue 94
Burgos **E** (BUR) 39 Wb 94
Burgueira **E** (PON) 32 Rb 96
Burguet, el - **E** (TAR) 64 Bb 101
Burgueta **E** (BUR) 23 Xa 92
Burguete **E** (NAV) 25 Yd 91
Burgui **E** (NAV) 25 Yf 92
Burguilla **E** (CÁC) 87 Ue 110
Burguillos **E** (SEV) 148 Ua 123
Burguillos del Cerro **E** (BAD) 119 Tc 118
Burguillos de Toledo **E** (TOL) 89 Wa 110
Burinhosa **P** (Le) 82 Ra 110
Buriz **E** (LUG) 4 Sa 89
Burjasot = Burjassot **E** (VAL) 113 Zd 111
Burjassot **E** (VAL) 113 Zd 111
Burjulú **E** (ALM) 155 Yb 125
Burres **E** (COR) 15 Re 91
Burriana **E** (CAS) 95 Zf 109
Burricios **E** (COR) 3 Re 89
Burrillas, Las - **E** (PALM) 174 I B 3
Burrueco **E** (ALB) 126 Xf 116
Buruaga **E** (ÁLA) 23 Xb 91
Burujón **E** (TOL) 89 Ve 109
Burunchel **E** (JAÉ) 139 Xa 121
Burutáin **E** (NAV) 25 Yc 91
Busa **E** (LLE) 47 Bd 96
Buscabrero **E** (AST) 6 Te 88
Busdongo **E** (LEÓ) 19 Ub 91
Buseu **E** (LLE) 46 Ba 95
Buslavín **E** (AST) 5 Tb 89
Busloñe **E** (AST) 6 Ua 89
Busmeón **E** (AST) 6 Td 88
Busnadiego **E** (LEÓ) 35 Td 94
Busnela **E** (BUR) 21 Wb 90
Busot **E** (ALI) 128 Zd 118
Busquistar **E** (GRA) 161 We 127
Busta, La **E** (AST) 7 Ue 87
Bustablado **E** (CAN) 9 Ve 88
Bustamante **E** (CAN) 21 Vf 90
Bustantegua **E** (CAN) 9 Wb 89
Bustantijo **E** (AST) 5 Tb 88
Bustares **E** (GUA) 58 Wf 102
Bustarviejo **E** (MAD) 75 Wb 103
Bustasur **E** (CAN) 9 Wa 90
Bustasur **E** (CAN) 21 Vf 91
Bustavalle **E** (OUR) 145 Sc 95
Buste, El - **E** (ZAR) 42 Yc 97
Bustelo **E** (OUR) 146 Sd 97
Bustelo **P** (Av) 68 Rd 105
Bustelo **P** (Av) 68 Rf 103
Bustelo **P** (Por) 50 Rd 102
Bustelo **P** (Por) 50 Re 101
Bustelo **P** (Por) 51 Sa 101
Bustelo **P** (Vi) 68 Rf 102
Bustelo **P** (Vi) 69 Sb 103
Bustelo **P** (VR) 33 Sa 98
Bustelo **P** (VR) 34 Sd 98
Bustelo de Fisteus **E** (LUG) 17 Se 93
Bustelo do Caima **P** (Av) 68 Rd 104
Bustelos **E** (PON) 15 Re 93
Bustellán **E** (AST) 6 Td 88
Bustidoño **E** (CAN) 21 Wa 91
Bustillo de Cea **E** (LEÓ) 20 Uf 94
Bustillo de Chaves **E** (VALL) 37 Uf 96
Bustillo de la Vega **E** (PAL) 20 Vb 94
Bustillo del Monte **E** (CAN) 21 Vf 91
Bustillo del Oro **E** (ZAM) 55 Ud 98
Bustillo del Páramo **E** (BUR) 21 Wa 93
Bustillo del Páramo **E** (LEÓ) 19 Ub 94
Bustillo del Páramo de Carrión **E** (PAL) 38 Vb 94
Bustio, El **E** (AST) 8 Vc 88
Bustiyerro **E** (CAN) 21 Wb 90
Busto **E** (AST) 6 Td 87
Busto **E** (AST) 7 Ub 87
Busto **E** (LUG) 16 Se 93
Busto, El - **E** (NAV) 24 Xe 93
Busto, O - **E** (COR) 2 Ra 90
Bustocirio **E** (PAL) 38 Vb 94
Busto de Bureba **E** (BUR) 22 We 93
Bustos **E** (LEÓ) 36 Tf 94
Bustos **P** (Av) 67 Rc 106
Bustriguado **E** (CAN) 9 Vd 89
Butroe **E** (VIZ) 11 Xa 88
Butsènit **E** (LLE) 63 Ad 99
Butsènit d'Urgell **E** (LLE) 46 Af 98
Buxán **E** (COR) 14 Rb 92
Buxán **E** (OUR) 34 Sf 95
Buxanda = Bujanda **E** (ÁLA) 23 Xd 92
Buyelgas **E** (HUES) 28 Ad 94
Buyezo **E** (CAN) 8 Vc 90
Buzalén e Irines **E** (BAD) 120 Tf 117
Buzanada **E** (TEN) 172 I D 5
Buzarra **E** (RIO) 41 Xe 95

C

Caba, La - **E** (HUEL) 147 Td 123
Cabaça **P** (Fa) 145 Rf 125
Cabaco, El **E** (SAL) 71 Tf 105
Cabaços **P** (Fa) 146 Sc 125
Cabaços **P** (Le) 83 Rd 110
Cabaços **P** (VC) 50 Rc 98
Cabaços **P** (Vi) 69 Sc 102
Cabalo **E** (PON) 32 Rc 95
Caballar **E** (SEG) 57 Wa 102
Caballera **E** (HUES) 45 Ac 95
Caballero **E** (SEG) 74 Vd 103
Caballeros **E** (AST) 7 Ub 88
Caballón **E** (HUEL) 147 Tb 124
Caballusa **E** (ALI) 127 Yf 118
Cabana, la - **E** (LLE) 29 Bd 94
Cabanabona **E** (LLE) 46 Bb 97
Cabana de Parros **E** (LLE) 28 Af 92
Cabana Maior **P** (VC) 32 Rd 97
Cabanamoura **E** (COR) 14 Ra 91
Cabanas **E** (LUG) 4 Sb 87
Cabanas **E** (LUG) 16 Sa 90
Cabanas **P** (Fa) 145 Sb 125
Cabanas **P** (Fa) 146 Sc 126
Cabanas **P** (Por) 50 Rd 101
Cabanas **P** (Se) 115 Ra 117
Cabanas **P** (VR) 52 Sd 99
Cabanas = Cabanes **E** (GIR) 31 Cf 95
Cabanas de Baixo **P** (Ba) 52 Sf 101
Cabanas de Cima **P** (Ba) 52 Sf 101
Cabanas de Torres **P** (Li) 100 Qf 114
Cabanas de Viriato **P** (Vi) 68 Sa 106
Cabanases **P** (VR) 51 Sc 99
Cabanelas **P** (Ba) 52 Se 99
Cabanelas **P** (Br) 50 Rd 99
Cabanelas **P** (Por) 50 Rb 101
Cabanelles **E** (GIR) 49 Ce 95
Cabanells Vell, Es - **E** (BAL) 99 Db 110
Cabanes **E** (CAS) 95 Aa 108
Cabanes **E** (GIR) 31 Cf 95
Cabanes y Fuentes **E** (ALI) 128 Za 117
Cabaneta, Sa **E** (BAL) 98 Ce 111
Cabanillas **E** (LEÓ) 19 Uc 92
Cabanillas **E** (NAV) 42 Yc 96
Cabanillas **E** (SOR) 59 Xd 100
Cabanillas de la Sierra **E** (MAD) 75 Wc 104
Cabanillas del Campo **E** (GUA) 75 We 105
Cabanillas del Monte **E** (SEG) 74 Vf 103
Cabanillas de San Justo **E** (LEÓ) 18 Td 92
Cabans do Chão **P** (Li) 100 Qf 114
Cabanyas, las -= Cabanyes, les - **E** (BAR) 65 Be 100
Cabanyes **E** (GIR) 49 Ce 98
Cabanyes **E** (GIR) 49 Da 97
Cabanyes, les - **E** (BAR) 65 Be 100
Cabanzón **E** (CAN) 8 Vd 89
Cabaña, La - **E** (MAD) 74 Wa 106
Cabañaquinta (Aller) **E** (AST) 7 Uc 90
Cabañas **E** (ÁVI) 73 Vb 105
Cabañas **E** (BUR) 39 Wd 95
Cabañas **E** (CÁD) 158 Ue 127
Cabañas **E** (COR) 3 Rf 88
Cabañas **E** (LEÓ) 36 Uc 95
Cabañas de Aliste **E** (ZAM) 35 Te 97
Cabañas de Castilla, Las - **E** (PAL) 38 Vd 94
Cabañas de Ebro **E** (ZAR) 43 Yf 98
Cabañas de Jerónimo **E** (NAV) 43 Ye 96
Cabañas de la Dornilla **E** (LEÓ) 17 Tc 93
Cabañas del Ahalojero **E** (NAV) 43 Yd 95
Cabañas de la Sagra **E** (TOL) 89 Wa 108
Cabañas del Castillo **E** (CÁC) 106 Uc 111
Cabañas de Polendos **E** (SEG) 57 Vf 102
Cabañas de Puerto Llano **E** (CÁC) 104 Tb 112
Cabañas de Sayago **E** (ZAM) 54 Ub 100
Cabañas de Tera **E** (ZAM) 36 Tf 96
Cabañas de Virtus **E** (BUR) 21 Wa 90
Cabañas de Yepes **E** (TOL) 90 Wc 109
Cabaña Verónica **E** (LEÓ) 8 Va 89
Cabañeros **E** (LEÓ) 36 Uc 95
Cabañes **E** (CAN) 8 Vc 89
Cabañes de Esgueva **E** (BUR) 39 Wb 98
Cabañica, La - **E** (ALB) 140 Xd 120
Cabañiles, Los - **E** (MUR) 141 Yd 119
Cabañuela **E** (GRA) 153 Xa 123
Cabañuela, Las - **E** (BUR) 22 Wc 93
Cabañuela, La - **E** (JAÉ) 139 Xb 120
Cabárceno **E** (CAN) 9 Wb 88
Cabarcos **E** (LEÓ) 17 Ta 93
Cabassers **E** (TAR) 64 Ae 101
Cabeça **P** (Gu) 84 Sb 107
Cabeça Boa **P** (Ba) 52 Sf 101
Cabeça Branca **P** (Fa) 144 Rd 125
Cabeça da Igreja **P** (Ba) 34 Sf 97
Cabeça da Serra **P** (Be) 131 Rf 123
Cabeça das Mós **P** (Sa) 102 Rf 111
Cabeça das Pombas **P** (Le) 101 Rb 112
Cabeça de Carneiro **P** (Év) 118 Sd 117
Cabeça de Vaca **P** (Fa) 145 Sa 125
Cabeça Gorda **P** (Be) 131 Sb 121
Cabeça Gorda **P** (Fa) 146 Sb 125
Cabeça Gorda **P** (Li) 100 Qe 113
Cabeção **P** (Év) 117 Rf 115
Cabeça Redonda **P** (Le) 83 Rd 109
Cabeças **P** (Av) 67 Rc 104
Cabeças **P** (Be) 131 Sa 123
Cabeças **P** (CB) 84 Sd 108
Cabeças **P** (Le) 83 Re 109
Cabeça Santa **P** (Por) 50 Re 102
Cabeça Veada **P** (Le) 101 Ra 112
Cabeceiras de Basto **P** (Br) 51 Sa 99
Cabecés = Cabassers **E** (TAR) 64 Ae 101
Cabecinhas **P** (Co) 67 Rb 106
Cabeço **P** (Av) 67 Rb 106
Cabeço **P** (Fa) 146 Sd 125
Cabeço Chão **P** (Aç) 168 Wd 117
Cabeço de Arvéloa **P** (Be) 144 Rb 124
Cabeço de Montachique **P** (Li) 115 Qe 115
Cabeço de Vide **P** (Pg) 103 Sc 114
Cabeço do Infante **P** (CB) 84 Sc 109
Cabeço do Poço **P** (CB) 83 Rf 110
Cabeço Monteiro **P** (CB) 84 Se 109
Cabeçudo **P** (CB) 83 Rf 110
Cabeçudos **P** (Br) 50 Rc 100
Cabestany **E** (LLE) 64 Bb 99
Cabeza, La - **E** (SEV) 150 Uf 124
Cabeza Araya **E** (CÁC) 104 Tc 111
Cabezabellosa **E** (CÁC) 86 Ua 108

Cabezabellosa de la Calzada **E** (SAL) 72 Ud 102
Cabeza Calva **E** (SAL) 85 Tb 107
Cabezadas, Las - **E** (GUA) 58 Wf 102
Cabezadas, Las - **E** (TEN) 171 B 2
Cabeza de Béjar, La - **E** (SAL) 72 Uc 106
Cabeza de Campo-La Ribera **E** (LEÓ) 17 Ta 93
Cabeza de Diego Gómez **E** (SAL) 71 Tf 103
Cabeza de Framontanos **E** (SAL) 53 Td 101
Cabeza del Buey **E** (BAD) 121 Ue 116
Cabeza del Caballo **E** (SAL) 53 Tc 102
Cabeza del Sordo **E** (SEV) 149 Uc 125
Cabeza de Vaca **E** (OUR) 33 Sa 95
Cabezagorda **E** (CÁC) 105 Ub 113
Cabeza Gorda **E** (CÁD) 156 Te 128
Cabeza Gorda **E** (JAÉ) 139 Xc 119
Cabeza la Vaca **E** (BAD) 134 Td 120
Cabezamesada **E** (TOL) 91 Wf 110
Cabezanada, La - **E** (HUES) 27 Ab 94
Cabeza Pedro **E** (CÓRD) 136 Uf 121
Cabezaquemada **E** (BAD) 119 Te 119
Cabezarados **E** (CIU) 122 Ve 115
Cabezarrubias del Puerto **E** (CIU) 123 Ve 117
Cabeza Rubia **E** (BAD) 118 Sf 118
Cabezas Altas **E** (ÁVI) 87 Uc 107
Cabezas de Alambre **E** (ÁVI) 73 Va 103
Cabezas de Bonilla **E** (ÁVI) 72 Ue 105
Cabezas de Cautina **E** (CÁD) 157 Tf 128
Cabezas del Pasto **E** (HUEL) 146 Se 123
Cabezas del Pozo **E** (ÁVI) 73 Va 102
Cabezas del Villar **E** (ÁVI) 72 Ue 104
Cabezas de San Juan, Las **E** (SEV) 148 Ua 127
Cabezas Rubias **E** (HUEL) 133 Sf 122
Cabezo **E** (CÁC) 71 Te 106
Cabezo, El - **E** (MUR) 141 Yb 120
Cabezo, El - **E** (TEN) 172 II B 2
Cabezo de la Plata **E** (MUR) 142 Za 121
Cabezo de la Virgen **E** (ALI) 128 Za 117
Cabezo de Torres **E** (MUR) 142 Yf 120
Cabezón **E** (VALL) 56 Vc 98
Cabezón de Cameros **E** (RIO) 41 Xc 95
Cabezón de la Sal **E** (CAN) 9 Ve 89
Cabezón de la Sierra **E** (BUR) 40 We 97
Cabezón de Liébana **E** (CAN) 8 Vc 90
Cabezón de Valderaduey **E** (VALL) 37 Uf 95
Cabezudos, Los **E** (HUEL) 147 Tc 125
Cabezuela **E** (SEG) 57 Wa 101
Cabezuela, La - **E** (VAL) 112 Yf 113
Cabezuela del Valle **E** (CÁC) 87 Ub 107
Cabezuela de Salvatierra **E** (SAL) 72 Uc 105
Cabezuelas **E** (MUR) 127 Yf 117
Cabezuelo **E** (ÁVI) 87 Uc 106
Cabezuelo, El - **E** (HUEL) 133 Tb 121
Cabezuelos **E** (MAD) 74 Vf 105
Cabia **E** (BUR) 39 Wa 95
Cabida **E** (GUA) 58 Wd 102
Cabida **P** (Év) 117 Sb 117
Cabido Grande **P** (Év) 117 Sa 116
Cabildo y La Campana, El - **E** (MUR) 155 Yb 124
Cabizuela **E** (ÁVI) 73 Vb 103
Cabó **E** (LLE) 46 Bb 95
Cabo **P** (Co) 83 Re 108
Cabo **P** (Ma) 166 I A 2
Cabo **P** (VC) 32 Rd 96
Caboalles de Abajo **E** (LEÓ) 18 Td 91
Caboalles de Arriba **E** (LEÓ) 18 Td 91
Cabo Blanco **E** (TEN) 172 I C 5
Cabo da Praia **P** (Aç) 169 Xf 116
Cabo de Gata, El - **E** (ALM) 163 Xe 128
Cabo de Palos **E** (MUR) 143 Zb 123
Cabolafuente **E** (ZAR) 60 Xf 101
Caborana **E** (AST) 7 Ub 89
Cabornera **E** (LEÓ) 19 Ub 91
Caborno **E** (AST) 5 Tc 88
Cabo Roig **E** (ALI) 143 Zb 121
Caborrecelle **E** (LUG) 16 Sb 91
Caborredondo **E** (BUR) 22 Wd 93
Cabos **P** (Sa) 101 Ra 112
Cabos, Los - **E** (AST) 6 Tf 87
Cabouco **P** (Aç) 170 Zc 122
Caboulo **P** (Co) 83 Rd 107
Cabra **E** (BAD) 133 Tb 119
Cabra **E** (CÓRD) 151 Vd 124
Cabração **P** (VC) 32 Rc 96
Cabra del Camp **E** (TAR) 64 Bb 100
Cabra del Campo = Cabra del Camp **E** (TAR) 64 Bb 100
Cabra del Santo Cristo **E** (JAÉ) 138 We 122
Cabra de Mora **E** (TER) 94 Zb 107
Cabrahiga **E** (BAD) 119 Td 118
Cabrasmalas **E** (SAL) 72 Ub 103
Cabredo **E** (NAV) 23 Xd 93
Cabreira **E** (PON) 32 Rc 96
Cabreira **P** (Co) 83 Rf 108
Cabreira **P** (Gu) 70 Sf 105
Cabreiro **P** (VC) 32 Rd 97
Cabreiroá **E** (OUR) 34 Sd 97
Cabreiros **E** (LUG) 4 Sb 88
Cabreiros **P** (Av) 68 Re 103
Cabreiros **P** (Br) 50 Rd 99
Cabrejas **E** (CUE) 92 Xd 108
Cabrejas del Campo **E** (SOR) 59 Xe 98
Cabrejas del Pinar **E** (SOR) 40 Xa 98
Cabrela **P** (Év) 116 Rd 117
Cabrera, La **E** (GUA) 76 Xb 102
Cabrera, La **E** (MAD) 75 Wc 103
Cabrera de Mar **E** (BAR) 66 Cc 99
Cabrera de Mataró = Cabrera de Mar **E** (BAR) 66 Cc 99
Cabreras **E** (ALI) 128 Za 117
Cabreras, Las - **E** (JAÉ) 152 Wa 123
Cabreras, Los - **E** (ALM) 154 Xf 123
Cabreriza **E** (SOR) 58 Xa 100
Cabrerizas **E** (JAÉ) 138 Wc 119
Cabrerizos **E** (SAL) 72 Uc 103
Cabrero **E** (CÁC) 86 Ua 108
Cabreros del Monte **E** (VALL) 37 Ue 97
Cabreros del Río **E** (LEÓ) 36 Uc 94
Cabretón **E** (RIO) 42 Ya 97
Cabria **E** (PAL) 21 Ve 92
Cabrianes **E** (BAR) 47 Bf 98
Cabril **P** (Co) 83 Sa 108
Cabril **P** (Vi) 68 Rf 103
Cabril **P** (VR) 33 Rf 98
Cabril, El **E** (CÓRD) 135 Ud 120
Cabrils **E** (BAR) 66 Cc 99
Cabrillanes **E** (LEÓ) 18 Tf 91
Cabrillas **E** (SAL) 71 Te 104
Cabrita **E** (JAÉ) 138 Wd 122
Cabrito, El **E** (TEN) 172 II C 2
Cabriz **P** (VR) 51 Sb 100
Cabroelo **P** (Por) 50 Rd 102
Cabrui **E** (COR) 3 Re 90
Cabrum **P** (Av) 68 Re 104
Cabueñes **E** (AST) 7 Uc 87
Cacabelos **E** (LEÓ) 17 Tb 93
Caçà de Canelles **E** (LLE) 45 Ad 97
Caçà de la Selva = Cassà de la Selva **E** (GIR) 49 Cf 97
Caçà de Pelràs **E** (GIR) 49 Cf 96
Caçães **P** (Por) 50 Rd 101
Caçapeira **P** (Be) 131 Rf 120
Caçarelhos **P** (Ba) 53 Td 99
Caçarilhe **P** (Br) 51 Rf 100
Cacela **P** (Fa) 146 Sc 126
Cacém **P** (Li) 115 Qe 116
Cácemes **P** (Co) 68 Rd 106
Cáceres **E** (CÁC) 104 Td 112
Caces **E** (AST) 6 Ua 89
Cacia **P** (Av) 67 Rc 104
Cacicedo **E** (CAN) 9 Wa 88
Cacín **E** (GRA) 151 Wa 126
Cachafeiro **E** (PON) 15 Rd 93
Cacheiras **E** (COR) 15 Rc 92
Cachoeiras **P** (Li) 100 Qf 115
Cachofarra **P** (Se) 116 Ra 117
Cachopo **P** (Fa) 145 Sb 125
Cachopos **P** (Be) 132 Sb 122
Cachorro **P** (Aç) 168 Wd 117
Cadabedo **E** (LUG) 4 Sd 88
Cádabo, O (Baleira) **E** (LUG) 16 Se 90
Cadafais **P** (Li) 100 Qf 114
Cadafás **P** (Pg) 102 Sa 112
Cadafáz **P** (Co) 83 Rf 108
Cadafaz **P** (Gu) 69 Sd 105
Cadafresnas **E** (LEÓ) 17 Ta 93
Cadagua **E** (BUR) 22 Wd 90
Cadalso **E** (CÁC) 85 Tc 107
Cadalso de los Vidrios **E** (MAD) 89 Vd 107
Cadapereda **E** (AST) 7 Ud 89
Cadaqués **E** (GIR) 31 Db 95
Cadaval **P** (Li) 100 Qf 113
Cadavedo **E** (AST) 6 Td 87
Cádavos **E** (OUR) 34 Sf 97
Cadeliña **E** (OUR) 34 Sd 95
Cadenaba **E** (AST) 7 Ue 89
Cades **E** (CAN) 8 Vd 89
Cádiar **E** (GRA) 153 We 127
Cadima **P** (Co) 67 Rc 107
Cadimes **P** (Por) 51 Rf 101
Cadiñanos **E** (BUR) 22 Wd 92
Cádiz **E** (CÁD) 156 Te 129
Cadolla **E** (LLE) 28 Af 94
Cadolla, La - **E** (ALI) 128 Zc 117
Cadós **E** (OUR) 145 Sa 96
Cadreita **E** (NAV) 42 Yb 95
Cadrete **E** (ZAR) 61 Za 99
Cadrón **E** (PON) 15 Rf 92
Caeira **P** (Év) 117 Sa 115
Caeirinha **P** (Se) 116 Re 118
Caeiros **P** (Be) 130 Rc 122
Cães **P** (VC) 32 Rc 96
Cafede **P** (CB) 84 Sc 109
Cagido **P** (Vi) 68 Rf 106
Cagitán **E** (MUR) 141 Yc 120
Cahecho **E** (CAN) 8 Vc 90
Caheruelas, Las - **E** (CÁD) 164 Uc 132
Caiada **P** (Be) 131 Sa 123
Caia e São Pedro **P** (Pg) 118 Sf 115
Caia Santiago **P** (Pg) 103 Sd 113
Caíde de Rei **P** (Por) 50 Re 101
Caideros **E** (PALM) 174 I C 2
Caillos **E** (ALM) 161 Wf 128
Caimari **E** (BAL) 99 Cf 110
Caín **E** (LEÓ) 8 Va 89
Caión **E** (COR) 3 Rc 89
Caión (Mañón) **E** (COR) 4 Sb 87
Caires **P** (Br) 50 Rd 99
Cais do Pico **P** (Aç) 168 We 117
Caixans = Queixans **E** (GIR) 30 Bf 94
Caixas **P** (Se) 115 Qf 118
Cájar **E** (GRA) 152 Wc 126
Cajigar **E** (HUES) 45 Ad 95
Cajisillo **E** (MÁL) 160 Ve 128
Cajiz **E** (MÁL) 160 Ve 128
Cajol **E** (HUES) 27 Zf 93
Cala **E** (HUEL) 134 Te 121
Cala **E** (MÁL) 165 Uf 130
Cala, La - **E** (ALI) 129 Zf 117
Cala Antena **E** (BAL) 99 Db 112
Calabacino, El - **E** (HUEL) 133 Tb 121
Calabardina **E** (MUR) 155 Yc 124
Calabarra **E** (VAL) 113 Zc 112
Cala Bassa **E** (BAL) 97 Bb 115
Calabazares **E** (HUEL) 133 Tb 121
Calabazas **E** (CÁC) 104 Tc 113
Calabazas **E** (SEG) 57 Vf 100
Calabazas **E** (VALL) 56 Vb 100
Cala Binidali **E** (BAL) 96 Eb 109
Cala Blanca **E** (ALI) 129 Ab 116
Cala Blanca **E** (BAL) 96 Df 109
Cala Blava **E** (BAL) 98 Ce 112
Cala Bona **E** (BAL) 99 Dc 111
Calabor **E** (ZAM) 35 Tb 97
Calabrez **E** (AST) 7 Uf 88
Calabuche **E** (ALM) 154 Xf 123
Calabuig **E** (GIR) 49 Cf 96
Calaceite **E** (ZAR) 63 Ab 102
Cala Corral **E** (BAL) 97 Bb 115
Cala d'Alcaufar **E** (BAL) 96 Eb 110
Cala del Moral **E** (MÁL) 160 Ve 128
Cala del Moral, La - **E** (MÁL) 159 Vb 129
Caladera, La - **E** (TEN) 171 B 2
Cala de Santandria **E** (BAL) 96 Df 109
Cala de Sant Jordi **E** (TAR) 81 Af 103
Cala d'Hoort **E** (BAL) 97 Bb 115
Cala d'Or **E** (BAL) 99 Db 112
Caladrones **E** (HUES) 45 Ad 96
Cala En Porter **E** (BAL) 96 Ea 109
Cala Estany **E** (BAL) 99 Db 111
Calaf **E** (BAR) 47 Bd 98
Calafat **E** (TAR) 81 Af 103
Calafau **E** (BAR) 48 Ca 99
Calafell **E** (TAR) 65 Bd 101
Cala Ferera **E** (BAL) 99 Db 112
Cala Figuera **E** (BAL) 99 Db 113
Calahonda **E** (GRA) 161 Wd 128
Calahorra **E** (RIO) 42 Ya 95
Calahorra de Boedo **E** (PAL) 21 Vd 93
Calahorra de Campos **E** (PAL) 38 Vc 95
Calalberche **E** (TOL) 89 Ve 107
Cala Llombarts **E** (BAL) 99 Da 113
Cala Llonega **E** (BAL) 96 Eb 109
Cala Llonga **E** (BAL) 97 Bd 115
Cala Major **E** (BAL) 98 Cd 111
Cala Mesquida **E** (BAL) 96 Eb 109
Cala Millor **E** (BAL) 99 Dc 111
Calaminar, El - **E** (TOL) 109 Wd 111
Calamocos **E** (LEÓ) 17 Tc 93
Calamocha **E** (TER) 78 Ye 103
Cala Moli **E** (BAL) 97 Bb 115
Calamón Alto **E** (CÓRD) 136 Uf 121
Cala Mondrago **E** (BAL) 99 Db 112
Calamonte **E** (BAD) 119 Td 115
Cala Morell **E** (BAL) 96 Df 108
Cala Murada **E** (BAL) 99 Db 112
Calancha **E** (JAÉ) 138 Wd 119
Calanda **E** (TER) 80 Ze 103
Cala Nova **E** (BAL) 97 Bd 114
Calañas **E** (HUEL) 133 Ta 123
Cala Pada **E** (BAL) 97 Bd 115
Cala Pi **E** (BAL) 98 Cf 112
Cala Rajada **E** (BAL) 99 Dc 110
Calar de la Santa **E** (MUR) 140 Xe 119
Calareños de Arriba, Los - **E** (ALB) 140 Xe 120
Calares, Los - **E** (JAÉ) 139 We 120
Cala Sahona **E** (BAL) 97 Bc 116
Cala Santa Galdana **E** (BAL) 96 Df 109
Cala Santanyí **E** (BAL) 99 Da 113
Cala Sant Vicenç **E** (BAL) 99 Da 109
Calasanz **E** (HUES) 45 Ac 96
Calas de Guisando **E** (ÁVI) 74 Vd 106
Calasparra **E** (MUR) 141 Yb 119
Calas Verdes **E** (GUA) 76 Xb 105
Calatañazor **E** (SOR) 58 Xb 98
Cala Tarida **E** (BAL) 97 Bb 115
Calatayud **E** (ZAR) 60 Yc 100
Cala Tirant **E** (BAL) 96 Ea 108
Calatorao **E** (ZAR) 61 Yd 99
Cala Torret **E** (BAL) 96 Eb 110
Cala Tuent **E** (BAL) 98 Ce 109
Cala Turqueta **E** (BAL) 96 Df 109
Cala Vadella **E** (BAL) 97 Bb 115
Calaveras de Abajo **E** (LEÓ) 20 Va 92
Calaveras de Arriba **E** (LEÓ) 20 Va 92
Calaverón, El - **E** (ALB) 110 Xc 113
Cal Ballet **E** (TAR) 65 Bc 100
Calçadinha **P** (Pg) 118 Se 115
Cal Canonjo **E** (TAR) 65 Bc 100
Calcena **E** (ZAR) 60 Yb 99
Calcineras **E** (ZAR) 63 Aa 102
Caldas, Las - **E** (AST) 6 Ua 89
Caldas da Cavaca **P** (Gu) 69 Sc 104
Caldas da Felgueira **P** (Vi) 68 Sa 106
Caldas da Rainha **P** (Le) 100 Qf 112
Caldas de Besaya, Las - **E** (CAN) 9 Vf 89
Caldas de Luna **E** (LEÓ) 18 Ua 91
Caldas de Malavella = Caldes de Malavella **E** (GIR) 49 Ce 97
Caldas de Monchique **P** (Fa) 144 Rc 125
Caldas de Reis **E** (PON) 14 Rc 93
Caldas de Vizela **P** (Br) 50 Re 100
Caldas do Gerês **P** (Br) 33 Rf 98
Calde **P** (Vi) 68 Sa 104
Caldearenas **E** (HUES) 26 Zd 94
Cal de Bois **P** (VR) 52 Sd 100
Caldeira **P** (Be) 130 Rb 122
Caldeira **P** (Év) 116 Re 118
Caldeira **P** (Ma) 166 I C 3
Caldeira **P** (Sa) 102 Re 115
Caldeiras **P** (Aç) 170 Zd 122
Caldeirinhas **P** (CB) 84 Se 110
Caldelas **P** (Br) 50 Rd 98
Caldelas **P** (Le) 82 Rb 110
Caldelas de Tui **E** (PON) 32 Rc 96
Caldera **E** (CÓRD) 151 Ve 123
Caldera, La - **E** (TEN) 172 I C 5
Caldereta **E** (PALM) 175 II E 2
Calderón **E** (BAD) 118 Ta 117
Calderón **E** (MUR) 127 Ye 117
Calderón **E** (VAL) 112 Ye 111
Calderonas **E** (MUR) 141 Yd 121
Calderones y el Collado **E** (MUR) 141 Yb 122
Calders **E** (BAR) 47 Bf 98
Calderuela **E** (SOR) 41 Xe 98
Caldes de Boí **E** (LLE) 28 Af 93
Caldes de Estrach = Caldes d'Estrac **E** (BAR) 48 Cd 99
Caldes de Malavella **E** (GIR) 49 Ce 97
Caldes de Montbui **E** (BAR) 48 Cb 99
Caldes de Montbúy = Caldes de Montbui **E** (BAR) 48 Cb 99
Caldes d'Estrac **E** (BAR) 48 Cd 99
Caldetes = Caldes d'Estrac **E** (BAR) 48 Cd 99
Caldevilla **E** (AST) 7 Ue 88
Caldevilla **E** (LEÓ) 8 Va 90
Caldillas **E** (SEG) 56 Ve 102
Caldones **E** (AST) 7 Uc 88
Caldueño **E** (AST) 8 Va 88
Caleao **E** (AST) 7 Ud 90
Calella **E** (BAR) 48 Ce 99
Calella de Palafrugell **E** (GIR) 49 Db 97
Calendário **P** (Br) 50 Rc 100
Calera, La **E** (CÁC) 106 Ue 111
Calera, La **E** (CIU) 124 Wf 115
Calera, La **E** (MÁL) 151 Ve 126
Calera, La **E** (VIZ) 10 Wd 89
Calera de León **E** (BAD) 134 Td 120
Calera y Chozas **E** (TOL) 88 Va 109
Caleruega **E** (BUR) 39 Wd 98
Caleruela **E** (TOL) 87 Ue 109
Caleruela, La - **E** (JAÉ) 139 Wf 120
Cales de Mallorca **E** (BAL) 99 Db 112
Caleta, La - **E** (MÁL) 160 Vf 128
Caleta, La - **E** (TEN) 172 I C 3
Caleta, La - **E** (TEN) 173 III C 2
Caleta, Sa - **E** (BAL) 97 Bb 115
Caleta, La **E** (PALM) 174 I D 4
Caleta, La **E** (TEN) 172 I C 5
Caleta de Famara, La - **E** (PALM) 176 C 3
Caleta del Sebo **E** (PALM) 176 C 2
Caleta-Guardia, La - **E** (GRA) 161 Wc 128
Caletas, Las - **E** (TEN) 171 C 4
Caletón, El - **E** (TEN) 173 I E 3
Caleyo, El - **E** (AST) 6 Ua 89
Caleyo, El - **E** (AST) 7 Uc 89
Calgar **E** (CAN) 9 Wb 88
Calhandriz **P** (Li) 100 Qf 115
Calhariz **P** (Se) 115 Qf 118
Calhau **P** (Aç) 169 Wf 118
Calheiros **P** (VC) 32 Rc 98
Calheta **P** (Aç) 169 Wf 117
Calheta **P** (Ma) 166 I A 2
Calheta de Nesquim **P** (Aç) 169 Wf 118
Calhetas **P** (Aç) 170 Zc 122
Calicasas **E** (GRA) 152 Wc 125
Cálig **E** (CAS) 81 Ac 106
Calmarza **E** (ZAR) 60 Ya 102
Calnegre y Los Curas **E** (MUR) 155 Yd 123
Calobra, Sa - **E** (BAL) 98 Ce 109
Caloca **E** (CAN) 20 Vc 90
Calomarde **E** (TER) 78 Yc 106
Calonge **E** (BAL) 99 Db 112
Calonge **E** (GIR) 49 Da 97
Calonge, El **E** (CÓRD) 135 Ud 123
Calonge de Segarra **E** (BAR) 47 Bc 98
Calp **E** (ALI) 129 Aa 117
Calpes, Los - **E** (CAS) 94 Zc 108
Cal Quilaseta **E** (BAR) 47 Bd 99
Calseca **E** (CAN) 10 Wb 89
Cal Sisplau **E** (BAR) 65 Bd 100
Cals Reis **E** (BAL) 98 Ce 110
Caltojar **E** (SOR) 58 Xb 100
Cal Torrebruna **E** (BAR) 47 Bf 98
Calvães **P** (Av) 68 Rc 105
Calvão **P** (Co) 67 Rb 106
Calvão **P** (VR) 34 Sc 98
Calvaria **P** (CB) 83 Re 110
Calvaria de Cima **P** (Le) 82 Ra 111
Calvario, El - **E** (SEV) 149 Ud 125
Calvario (Rosal) **E** (PON) 32 Ra 97
Calvarrasa de Abajo **E** (SAL) 72 Uc 103
Calvarrasa de Arriba **E** (SAL) 72 Uc 103
Calvelhe **P** (Ba) 53 Tb 99
Calvelhe **P** (Por) 50 Rb 101
Calvelo **P** (VC) 50 Rc 98
Calvelle **E** (COR) 14 Ra 92
Calvera **E** (HUES) 28 Ad 94
Calvete **P** (Co) 82 Rb 108
Calvià **E** (BAL) 98 Cd 111
Calvinos **P** (Sa) 83 Rd 110
Calvos **P** (Br) 50 Re 99
Calvos **P** (CB) 84 Sc 110
Calvos **P** (Fa) 145 Re 125
Calvos (Calvos de Randín) **E** (OUR) 33 Sa 97
Calypso **E** (TOL) 89 Vf 107
Calzada, La - **E** (CAN) 10 Wc 89
Calzada, la - **E** (CAS) 80 Aa 107
Calzada, La - **E** (PALM) 174 I D 2
Calzada de Béjar, La - **E** (SAL) 71 Ub 106
Calzada de Bureba **E** (BUR) 22 We 93
Calzada de Calatrava **E** (CIU) 123 Wb 116
Calzada de Don Diego **E** (SAL) 71 Ua 103
Calzada de la Valdería **E** (LEÓ) 36 Tf 95
Calzada del Coto **E** (LEÓ) 37 Uf 94
Calzada de los Molinos **E** (PAL) 38 Vc 95
Calzada de Oropesa, La **E** (TOL) 87 Ue 109
Calzada de Tera **E** (ZAM) 36 Tf 97
Calzada de Valdunciel **E** (SAL) 54 Ub 102
Calzada de Vergara **E** (ALB) 112 Yc 114
Calzadilla **E** (CÁC) 85 Tc 108
Calzadilla de la Cueza **E** (PAL) 38 Vb 95
Calzadilla de la Valmuza **E** (SAL) 72 Ub 103
Calzadilla del Campo **E** (SAL) 54 Tf 102
Calzadilla de los Barros **E** (BAD) 119 Te 119
Calzadilla de los Hermanillos **E** (LEÓ) 19 Uf 94
Calzadilla de Tera **E** (ZAM) 36 Tf 97
Calldetenes **E** (BAR) 48 Cb 97
Calle, la - **E** (TAR) 81 Ad 103
Calleja, La - **E** (CÓRD) 136 Va 122
Callejones **E** (TEN) 171 C 3
Callejos, Los **E** (AST) 8 Va 88
Callén **E** (HUES) 44 Zd 97
Calleras **E** (AST) 6 Td 88
Calles **E** (VAL) 94 Za 110
Callezuela **E** (AST) 6 Ua 88
Callobre **E** (COR) 3 Re 89
Callosa d'En Sarrià **E** (ALI) 129 Zf 117
Callosa de Segura **E** (ALI) 142 Za 120
Callús **E** (BAR) 47 Be 98
Camacha **P** (Ma) 167 II
Camacha **P** (Ma) 167 I C 2
Camachos **P** (Be) 144 Rc 123
Camachos, Los - **E** (ALM) 154 Xf 124
Camachos, Los - **E** (MUR) 142 Za 122
Camachos, Los - **E** (MUR) 142 Za 123
Camaleño **E** (CAN) 8 Vb 90
Camallera **E** (GIR) 49 Cf 96
Camañas **E** (TER) 78 Yf 105
Cámara **E** (ALI) 128 Za 117
Câmara de Lobos **P** (Ma) 166 I C 3
Camarasa **E** (LLE) 46 Af 97
Cámaras Altas **E** (CÓRD) 121 Uf 119
Camarate **P** (Li) 115 Qf 116
Camarção **P** (Co) 82 Rb 107
Camarena **E** (TOL) 89 Vf 108
Camarena de la Sierra **E** (TER) 94 Yf 108
Camarenilla **E** (TOL) 89 Vf 108
Camaretas **E** (PALM) 174 I C 3
Camargo **E** (GRA) 152 Wd 123
Camargo = Muriedas **E** (CAN) 9 Wa 88
Camarillas **E** (JAÉ) 125 Xb 118
Camarillas **E** (TER) 79 Zb 105
Camarinal **E** (CÁD) 164 Ub 132
Camarles **E** (TAR) 81 Ae 104
Camarma de Esteruelas **E** (MAD) 75 Wd 105
Camarma del Caño **E** (MAD) 75 Wd 105
Camarmeña **E** (AST) 8 Va 89
Camarna **P** (Li) 100 Ra 114
Camarneira **P** (Co) 67 Rc 106
Camarões **P** (Li) 115 Qe 116
Camarzana de Tera **E** (ZAM) 36 Tf 97
Camás **E** (AST) 7 Ud 88
Camas **E** (SEV) 148 Tf 124
Camasobres **E** (PAL) 20 Vd 90
Camba **E** (OUR) 34 Sd 96
Camba **E** (PON) 15 Sa 92
Camba **P** (Co) 83 Sa 107
Cambados **E** (PON) 14 Rb 93
Cambarco **E** (CAN) 8 Vc 90
Cambarinho **P** (Vi) 68 Re 104
Cambás **E** (COR) 3 Sa 89
Cambas **P** (Co) 83 Sa 108
Cambedo **P** (VR) 34 Sd 97
Cambelas **P** (Li) 100 Qd 114
Cambeo **E** (OUR) 145 Sa 94
Cambeses **E** (PON) 15 Rd 94
Cambeses **P** (Br) 50 Rc 100
Cambeses **P** (VC) 32 Rd 96
Cambeses do Rio **P** (VR) 33 Sa 98
Cambil **E** (JAÉ) 138 Wc 122
Camboño **E** (COR) 14 Ra 92
Cambra **P** (Vi) 68 Rf 104
Cambre **E** (COR) 3 Rd 89
Cambres **P** (Vi) 51 Sb 102
Cambrils **E** (LLE) 46 Bc 96
Cambrils **E** (TAR) 64 Ba 102
Cambrón **E** (CÁC) 86 Te 106
Cambrón **E** (MUR) 141 Yb 122
Cambrón, El - **E** (CÓRD) 136 Vc 122
Cambrón, El - **E** (CÓRD) 137 Vd 122
Cambrón, El - **E** (CUE) 92 Xf 107
Cambroncino **E** (CÁC) 86 Te 106
Camelo **P** (Le) 83 Rf 108
Cameno **E** (BUR) 22 We 93
Camijanes **E** (CAN) 8 Vd 89
Caminayo **E** (LEÓ) 20 Va 91
Caminha **P** (VC) 32 Ra 97
Camino **E** (AST) 7 Uc 88
Camino **E** (CAN) 21 Ve 90
Camino de Ajalvir **E** (MAD) 75 Wd 105
Camino de Chasna, El - **E** (TEN) 172 I D 3
Caminomorisco **E** (CÁC) 86 Te 107

Camino Real, El - **E** (ALM) 153 Xb 126
Caminreal **E** (TER) 78 Ye 103
Camins de Flix **E** (TAR) 63 Ad 101
Camocha, La - **E** (AST) 7 Uc 88
Camondos **P** (Li) 100 Qf 115
Camorra **E** (MÁL) 159 Vb 126
Camorritos **E** (MAD) 74 Vf 104
Camós **E** (GIR) 48 Ce 96
Campa **E** (VIZ) 11 Xa 88
Campa, La - **E** (AST) 6 Tf 87
Campa de Arca **P** (Av) 68 Re 104
Campamento **E** (CÁD) 165 Ud 131
Campamento **E** (MAD) 75 Wb 106
Campamento-Álvarez de Sotomayor **E** (ALM) 163 Xd 127
Campamento de Labastida **E** (TOL) 89 Vf 109
Campana **P** (Fa) 146 Sc 125
Campana, La - **E** (GRA) 153 We 124
Campana, La **E** (SEV) 149 Ud 123
Campanario **E** (BAD) 120 Uc 115
Campanario **E** (HUEL) 147 Tb 123
Campanário **P** (Ma) 166 I B 3
Campanas **E** (NAV) 24 Yc 92
Campanero **E** (SAL) 70 Tc 104
Campanero, El - **E** (MUR) 141 Ya 119
Campanet **E** (BAL) 99 Cf 110
Campaneta, La - **E** (ALI) 142 Za 120
Campanhã **P** (Por) 50 Rc 102
Campanhó **P** (VR) 51 Sa 101
Campanillas **E** (MÁL) 159 Vc 128
Campano **E** (CÁD) 164 Tf 130
Campañones **E** (AST) 7 Ub 88
Camparañón **E** (SOR) 59 Xc 98
Campaspero **E** (VALL) 56 Ve 100
Campazas **E** (LEÓ) 37 Ud 96
Campdàsens **E** (BAR) 65 Bf 101
Camp de Mar **E** (BAL) 98 Cc 111
Camp de Santiães **P** (Av) 67 Rc 104
Campdevànol **E** (GIR) 48 Cb 95
Campdorà **E** (GIR) 49 Cf 96
Campeã **P** (VR) 51 Sa 101
Campeiros **P** (Fa) 146 Sc 125
Campelo **E** (LUG) 16 Sd 91
Campelo **P** (Sa) 83 Re 108
Campelos **P** (Ba) 52 Sd 101
Campelos **P** (Br) 50 Rd 100
Campelos **P** (Li) 100 Qe 113
Campell **E** (ALI) 129 Zf 116
Campellas = Campelles **E** (GIR) 30 Ca 95
Campelles **E** (GIR) 30 Ca 95
Campello, el **E** (ALI) 128 Zd 118
Campet **E** (ALI) 128 Zb 118
Campia **P** (Vi) 68 Re 104
Campico **E** (ALM) 154 Xf 125
Campico **E** (ALM) 154 Xf 126
Campico de las Lirias **E** (MUR) 155 Yc 123
Campico de los López **E** (MUR) 155 Yc 123
Campiel **E** (ZAR) 60 Yc 100
Campiello **E** (AST) 6 Tf 89
Campiellos **E** (AST) 7 Ud 89
Campilduero **E** (SAL) 70 Tc 103
Campillejo **E** (GUA) 58 We 102
Campillo **E** (ALB) 125 Xc 118
Campillo **E** (CAN) 9 Wb 89
Campillo **E** (SEG) 74 Ve 103
Campillo **E** (ZAM) 54 Ua 99
Campillo, El - **E** (ALM) 154 Xd 124
Campillo, El - **E** (ALM) 154 Xe 123
Campillo, El - **E** (ALM) 154 Xe 125
Campillo, El - **E** (ALM) 162 Xa 128
Campillo, El - **E** (CÁC) 104 Tc 113
Campillo, El - **E** (CÁD) 156 Te 129
Campillo, El - **E** (CIU) 108 Wc 114
Campillo, El - **E** (CIU) 124 Wf 117
Campillo, El - **E** (HUEL) 133 Tc 122
Campillo, El - **E** (HUEL) 147 Sf 124
Campillo, El - **E** (JAÉ) 139 Wf 119
Campillo, El - **E** (MAD) 90 Wd 107
Campillo, El - **E** (MUR) 141 Ya 121
Campillo, El - **E** (MUR) 141 Yb 119
Campillo, El - **E** (SEV) 148 Te 123
Campillo, El - **E** (SEV) 149 Ue 123
Campillo, El - **E** (TER) 93 Ye 107
Campillo, El - **E** (VALL) 55 Uf 101
Campillo, El **E** (JAÉ) 139 Xc 119
Campillo, El **E** (MAD) 74 Vf 105
Campillo de Abajo **E** (MUR) 142 Ye 122
Campillo de Adentro **E** (MUR) 142 Yf 123
Campillo de Altobuey **E** (CUE) 111 Yb 111
Campillo de Aragón **E** (ZAR) 60 Ya 102
Campillo de Aranda **E** (BUR) 57 Wb 99
Campillo de Arenas **E** (JAÉ) 152 Wc 123
Campillo de Arriba **E** (MUR) 142 Ye 122
Campillo de Azaba **E** (SAL) 70 Tb 105
Campillo de Deleitosa **E** (CÁC) 87 Uc 110
Campillo de Dueñas **E** (GUA) 78 Yb 103
Campillo de la Jara, El **E** (TOL) 106 Uf 111
Campillo de las Doblas **E** (ALB) 126 Yb 116
Campillo del Hambre **E** (ALB) 126 Ya 116
Campillo del Negro, El - **E** (ALB) 126 Yb 116
Campillo de los Jiménez **E** (MUR) 141 Yb 120
Campillo del Río **E** (JAÉ) 138 Wc 120
Campillo del Río **E** (JAÉ) 138 Wc 121
Campillo de Llerena **E** (BAD) 120 Ub 117
Campillo de Ranas **E** (GUA) 58 We 102
Campillo de Salvatierra **E** (SAL) 72 Ub 105
Campillos **E** (MÁL) 150 Va 126
Campillos, Los - **E** (HUEL) 133 Tb 120
Campillos, Los - **E** (TER) 94 Zb 107
Campillos-Paravientos **E** (CUE) 93 Yc 109
Campillos-Sierra **E** (CUE) 93 Yb 108
Campillo y Melardes **E** (SAL) 72 Ue 104
Campillo y Suertes **E** (MUR) 141 Yb 120
Campina **P** (Fa) 146 Sb 126
Camping Costaján **E** (BUR) 57 Wb 98
Campinho **P** (Év) 118 Sd 118
Campino **E** (BUR) 21 Wb 91
Campins **E** (BAR) 48 Cc 98
Campiña **E** (CÁD) 158 Ue 127
Campiña **E** (JAÉ) 139 Xa 119
Campiña **E** (MÁL) 159 Vb 128
Campiñuela, La - **E** (CÓRD) 150 Vc 124
Campisábalos **E** (GUA) 58 Wf 101
Campitos, Los - **E** (TEN) 171 B 3
Campizes **P** (Co) 82 Rc 108
Camplengo **E** (CAN) 9 Vf 88
Camplongo de Arbás **E** (LEÓ) 19 Ub 91
Campllonch = Campllong **E** (GIR) 49 Ce 97
Campllong **E** (GIR) 49 Ce 97
Campllong **E** (LLE) 28 Ba 94
Campmany **E** (GIR) 31 Cf 94
Campo **E** (COR) 2 Rb 89
Campo **E** (COR) 3 Rc 89
Campo **E** (HUES) 27 Ac 94
Campo **E** (LEÓ) 19 Uc 91
Campo **E** (LUG) 16 Sc 91
Campo **E** (LUG) 16 Sd 93
Campo **E** (OUR) 15 Rf 93
Campo **E** (OUR) 33 Sb 94
Campo **P** (Br) 50 Rc 99
Campo **P** (Év) 118 Sc 118
Campo **P** (Le) 100 Qf 112
Campo **P** (Por) 50 Rd 100
Campo **P** (Por) 50 Rd 101
Campo **P** (Vi) 68 Sa 104
Campo **P** (VR) 51 Sc 100
Campo, El - **E** (AST) 7 Ub 89
Campo, El - **E** (PAL) 20 Vc 91
Campo, El - **E** (TER) 93 Ye 107
Campo Alavés **E** (ZAR) 60 Ya 100
Campoalbillo **E** (ALB) 112 Yc 113
Campo Ameno **E** (BAD) 120 Tf 116
Campo Arcis **E** (VAL) 112 Yf 112
Campo Barracas **E** (ALI) 128 Zc 116
Campobecerros **E** (OUR) 34 Se 96
Campo Benfeito **P** (Vi) 68 Sa 103
Campobuche **E** (CÁD) 158 Ud 128
Campocerrado **E** (SAL) 71 Te 104
Campo Coy **E** (MUR) 141 Ya 121
Campo da Feria **E** (LUG) 4 Sa 89
Campodarbe **E** (HUES) 27 Aa 94
Campo de Abajo **E** (HUEL) 147 Tc 124
Campo de Abajo **E** (VAL) 94 Yf 109
Campo de Arriba **E** (VAL) 94 Yf 109
Campo de Baixo **P** (Ma) 167 II
Campo de Benacacira **E** (VAL) 94 Yf 109
Campo de Besteiros **P** (Vi) 68 Rf 105
Campo de Criptana **E** (CIU) 109 Wf 112
Campo de Cuéllar **E** (SEG) 56 Vd 101
Campo de Ebro **E** (CAN) 21 Wa 92
Campo de la Parra **E** (BAD) 119 Tc 117
Campo de las Danzas **E** (LEÓ) 35 Tc 94
Campo de Ledesma, El - **E** (SAL) 54 Tf 102
Campo del Hospicio **E** (SAL) 71 Tf 103
Campo de Mirra **E** (ALI) 128 Zb 116
Campo de Peñaranda, El **E** (SAL) 72 Ue 103
Campo de San Pedro **E** (SEG) 57 Wc 100
Campo de Santo Domingo **E** (BAD) 119 Td 118
Campo de Val **E** (LUG) 16 Se 93
Campo de Víboras **P** (Ba) 53 Tc 99
Campo de Villavidel **E** (LEÓ) 19 Uc 94
Campo do Gerês **P** (Br) 33 Re 98
Campo do Hospital **E** (COR) 4 Sa 87
Campodón **E** (MAD) 89 Wa 106
Campoduro **E** (COR) 15 Re 90
Campofrío **E** (HUEL) 133 Tc 122
Campo Gallego **E** (BAD) 119 Ta 118
Campo Grande **P** (Li) 115 Qf 116
Campogrande de Aliste **E** (ZAM) 35 Te 98
Campohermoso **E** (ALM) 154 Xf 127
Campohermoso **E** (LEÓ) 19 Ud 91
Campo-Huerta **E** (CÁD) 158 Ud 127
Campois, Los - **E** (ALM) 155 Yb 124
Campol **E** (HUES) 27 Zf 94
Campolara **E** (BUR) 40 Wd 96
Campolongo **E** (COR) 3 Rf 88
Campolongo **E** (COR) 14 Ra 91
Campo Lugar **E** (CÁC) 105 Ub 113
Campollo **E** (CAN) 8 Vc 90
Campo Maior **P** (Pg) 103 Sf 114
Campomanes **E** (AST) 19 Ub 90
Campomanes **E** (BAD) 120 Te 115
Campo-Mijas **E** (MÁL) 159 Vc 129
Campomojado **E** (CIU) 108 Wb 114
Campo-Nubes **E** (CÓRD) 151 Ve 123
Campo Nubla **E** (MUR) 142 Ye 122
Camponuevo **E** (ALM) 162 Xb 128
Campo Oro **E** (ALI) 128 Zb 116
Campo Raso **P** (Aç) 168 Wd 118
Campo Real **E** (MAD) 90 Wd 106
Campo Real **E** (ZAR) 25 Ye 93
Campo Redondo **E** (HUES) 43 Zb 96
Campo Redondo **P** (Be) 130 Rc 122
Camporramiro **E** (LUG) 16 Sb 93
Camporredondo **E** (JAÉ) 139 Wf 119
Camporredondo **E** (SOR) 41 Xd 96
Camporredondo **E** (VALL) 56 Vc 100
Camporredondo de Alba **E** (PAL) 20 Vb 91
Camporrells **E** (HUES) 45 Ad 97
Camporrobles **E** (VAL) 112 Yd 111
Camporrotuno **E** (HUES) 45 Aa 94
Campos **E** (BAL) 99 Da 112
Campos **E** (COR) 15 Rf 91
Campos **E** (TER) 79 Zb 104
Campos **P** (Br) 50 Re 99
Campos **P** (Br) 51 Rf 98
Campos **P** (VC) 32 Rb 97
Campos **P** (VR) 51 Sb 99
Campos, Los - **E** (AST) 6 Ua 87
Campos, Los - **E** (SAL) 71 Te 103
Campos, Los - **E** (SOR) 41 Xd 97
Campo-sagrado **E** (LEÓ) 19 Ub 92
Camposancos **E** (PON) 32 Ra 97
Campos de Arenoso **E** (CAS) 94 Zc 108
Camposdelante **E** (CAN) 10 Wc 88
Campos del Río **E** (MUR) 141 Yd 120
Camposines, les **E** (TAR) 63 Ad 102
Camposolillo **E** (LEÓ) 19 Ue 91
Campos y Salave **E** (AST) 5 Ta 87
Campot, Es - **E** (BAL) 99 Cf 112
Campotéjar **E** (GRA) 152 Wc 124
Campotejar Baja **E** (MUR) 142 Ye 120
Camp-redó **E** (TAR) 81 Ad 104
Camprodon **E** (GIR) 30 Cc 95
Camprovín **E** (RIO) 41 Xb 94
Camps **E** (BAR) 47 Be 98
Camps, Los - **E** (HUES) 45 Ac 95
Campules **E** (MUR) 142 Yf 119
Campuzano **E** (CAN) 9 Vf 88
Camuñas **E** (TOL) 109 Wd 112
Camuño **E** (AST) 6 Te 88
Canabal **E** (LUG) 16 Sc 94
Ca Na Curta **E** (BAL) 99 Db 112
Canada **P** (Gu) 69 Se 103
Canadas **P** (Li) 100 Qf 114
Canadelo **E** (PON) 144 Rc 96
Canadelo **P** (Por) 51 Sa 101
Canado **P** (Vi) 69 Sa 103
Canafecheira **P** (Év) 116 Rd 116
Canal **P** (Be) 131 Rf 122
Canal **P** (Fa) 144 Ra 125
Canal **P** (Sa) 101 Rb 112
Canal, El - **E** (PAL) 21 Ve 91
Canal, La - **E** (CAN) 9 Wa 89
Canal, Sa **E** (BAL) 97 Bc 115
Canala **E** (VIZ) 11 Xb 88
Canal Caveira **P** (Se) 32 Rd 120
Canalda **E** (LLE) 47 Bd 96
Canaleja **E** (ALB) 125 Xc 116
Canaleja **E** (ÁVI) 87 Uc 107
Canaleja **E** (HUEL) 133 Tb 121
Canaleja **E** (LEÓ) 19 Uc 93
Canaleja, La - **E** (CÁD) 164 Ua 130
Canaleja, La - **E** (CÓRD) 136 Vb 119
Canaleja, La - **E** (MUR) 141 Yb 121
Canaleja, La - **E** (VAL) 94 Za 109
Canalejas **E** (LEÓ) 20 Va 92
Canalejas, Las - **E** (ALM) 155 Yb 124
Canalejas, Las - **E** (JAÉ) 139 Xb 120
Canalejas del Arroyo **E** (CUE) 76 Xd 106
Canalejas de Peñafiel **E** (VALL) 57 Vf 99
Canalejo, La - **E** (MAD) 75 We 105
Canales **E** (AST) 8 Va 89
Canales **E** (ÁVI) 73 Va 102
Canales **E** (CAN) 9 Ve 88
Canales **E** (CAS) 94 Zb 109
Canales **E** (GRA) 152 Wd 126
Canales **E** (LEÓ) 19 Ub 92
Canales, Las - **E** (MUR) 141 Yb 122
Canales, Las - **E** (MUR) 141 Yc 122
Canales de la Sierra **E** (RIO) 40 Wf 96
Canales del Ducado **E** (GUA) 77 Xd 104
Canales de Molina **E** (GUA) 77 Ya 103
Canaletes **E** (BAR) 65 Be 100
Canalosa Alta **E** (ALI) 128 Za 119
Canals **E** (LLE) 46 Ba 95
Canals **E** (VAL) 113 Zc 115
Ca Na Marqueta **E** (BAL) 97 Bc 114
Canapost **E** (GIR) 49 Da 97
Canara **E** (MUR) 141 Yb 120
Canarios, Los **E** (TEN) 171 B 4
Canas de Santa Maria **P** (Vi) 68 Rf 105
Canas de Senhorim **P** (Vi) 68 Sa 105
Canastel **E** (ALI) 128 Zc 118
Can Aulet **E** (BAL) 98 Ce 112
Canaveses **P** (VR) 52 Sd 99
Can Barret **E** (BAL) 99 Cf 112
Can Bassa **E** (BAL) 99 Da 113
Can Batista **E** (BAR) 65 Be 100
Can Berrinola **E** (BAL) 97 Bc 115
Can Blai **E** (BAL) 97 Bc 114
Can Bonnet **E** (BAL) 97 Bc 115
Can Bou **E** (BAR) 65 Be 100
Can Bulla **E** (BAL) 99 Db 111
Can Burgués **E** (BAL) 99 Da 109
Can Calicant **E** (BAL) 99 Da 111
Can Canto **E** (BAL) 97 Bd 115
Can Canyella **E** (BAL) 99 Db 111
Cancárix **E** (ALB) 127 Yc 118
Can Castells **E** (BAR) 65 Bf 99
Can Catassús **E** (BAR) 65 Be 100
Cancela **P** (Ma) 167 I C 2
Cancela **P** (Vi) 68 Rf 106
Cancelada **E** (LUG) 17 Sf 91
Cancelada **E** (MÁL) 165 Uf 130
Cancelas **E** (LUG) 5 Sf 89
Cancelos **P** (Gu) 69 Se 103
Cancere **P** (Év) 132 Se 119
Cances **E** (COR) 2 Rb 89
Cances Grande **E** (COR) 2 Rb 89
Cancienes **E** (AST) 6 Ua 87
Can Coca **E** (BAL) 99 Db 111
Can Creixel **E** (BAR) 65 Be 100
Can Cullerossa **E** (BAL) 99 Da 109
Can Curt **E** (BAL) 99 Da 113
Cancho-Gordo **E** (BAD) 104 Te 114
Canda **P** (VR) 51 Sa 100
Canda, A **E** (OUR) 34 Ta 96
Candado, El - **E** (MÁL) 159 Vd 128
Candai **E** (LUG) 4 Sb 90
Candal **P** (Co) 83 Re 108
Candal **P** (Le) 83 Rd 110
Candal **P** (Vi) 68 Re 103
Candamil **E** (LUG) 4 Sb 88
Cándamo **E** (AST) 8 Uf 89
Cándana de Curueño, La - **E** (LEÓ) 19 Ud 92
Candanal **E** (AST) 7 Uc 88
Candanchú **E** (HUES) 26 Zc 92
Candanedo de Boñar **E** (LEÓ) 19 Ue 92
Candanedo de Fenar **E** (LEÓ) 19 Uc 92
Candás **E** (OUR) 33 Sa 96
Candás (Carreño) **E** (AST) 7 Ub 87
Candasnos **E** (HUES) 63 Aa 99
Candeda **E** (OUR) 34 Sf 95
Candeda **E** (OUR) 34 Ta 94
Candedo **E** (OUR) 34 Sd 95
Candedo **P** (Ba) 34 Sf 97
Candedo **P** (VR) 52 Sd 100
Candeeira **P** (Av) 68 Rd 104
Candeeiros **P** (Le) 100 Ra 112
Candelaria **E** (TEN) 173 I E 3
Candelária **P** (Aç) 168 Wc 118
Candelaria **P** (Aç) 170 Zb 122
Candelario **E** (SAL) 87 Ub 106
Candeleda **E** (ÁVI) 87 Ue 108
Candell **E** (GIR) 49 Da 96
Candemil **P** (Por) 51 Sa 101
Candemil **P** (VC) 32 Rb 97
Candemuela **E** (LEÓ) 18 Tf 91
Candiá **E** (LUG) 4 Sb 88
Candieira **E** (LUG) 4 Sa 88
Candilichera **E** (SOR) 59 Xe 98
Candin **E** (LEÓ) 17 Tb 92
Cando **P** (VR) 34 Sc 98
Candón **E** (HUEL) 147 Tb 124
Candós **P** (Por) 51 Rf 102
Candosa **P** (Co) 68 Sa 106
Candoso **P** (Ba) 52 Se 101
Caneças **P** (Li) 115 Qe 116
Canedo **E** (COR) 3 Sa 89
Canedo **P** (Av) 50 Rd 102
Canedo **P** (VR) 51 Sb 99
Canedo de Basto **P** (Br) 51 Sa 100
Caneira **P** (Sa) 101 Rc 114
Caneira **P** (Sa) 101 Re 113
Caneiras Grandes **P** (Be) 131 Re 120
Caneiro **P** (Sa) 82 Rc 111
Caneja **E** (MUR) 140 Ya 120
Canejan **E** (LLE) 28 Ae 91
Canela **E** (HUEL) 146 Sd 125
Canelas **P** (Av) 67 Rc 104
Canelas **P** (Av) 68 Re 103
Canelas **P** (Év) 116 Re 118
Canelas **P** (Por) 50 Rc 102
Canelas **P** (Por) 50 Re 102
Canelles de Segre **E** (LLE) 46 Bc 95
Canena **E** (JAÉ) 138 Wd 120
Canencia **E** (MAD) 75 Wb 103
Canero **E** (AST) 6 Td 87
Can Escanden **E** (BAL) 99 Da 109
Ca N'Escriva **E** (BAL) 99 Da 112
Can Espina **E** (BAL) 99 Db 112
Ca N'Esteve **E** (BAL) 99 Db 112
Canet d'Adri **E** (GIR) 48 Ce 96
Canet de Adri = Canet d'Adri **E** (GIR) 48 Ce 96
Canet de Berenguer = Canet d'En Berenguer **E** (VAL) 95 Zd 110
Canet de Mar **E** (BAR) 48 Cd 99
Canet d'En Berenguer **E** (VAL) 95 Ze 110
Canet de Verges **E** (GIR) 49 Da 96
Canet lo Roig **E** (CAS) 80 Ab 105
Caneto **E** (HUES) 45 Ab 95
Can Fatjó dels Aurons **E** (BAR) 66 Ca 100
Can Ferrera **E** (BAL) 97 Bc 116
Canferrer de la Cogullada **E** (TAR) 65 Bc 101
Can Font **E** (BAR) 47 Bf 98
Can Font **E** (GIR) 48 Cd 96
Can Fontimarc **E** (BAR) 65 Bf 99
Can Forn de Calç **E** (BAL) 97 Bc 114
Can Fornet **E** (BAL) 97 Bc 115
Canfranc **E** (HUES) 26 Zc 92
Canfranc-Estación **E** (HUES) 26 Zc 92
Can Frankoli **E** (BAL) 97 Bc 114
Can Gabriela **E** (BAL) 99 Cf 112
Cangajos, Los - **E** (TEN) 171 C 3
Cangas **E** (LUG) 4 Se 87
Cangas **E** (PON) 32 Rb 95
Cangas del Narcea **E** (AST) 5 Tc 89
Cangas de Onís (Cangues d'Onis) **E** (AST) 7 Uf 88
Can Gelat **E** (BAL) 99 Db 112
Can Gorra **E** (BAL) 97 Bb 114
Can Guilló **E** (BAL) 99 Da 109
Canha **P** (Se) 116 Rc 116
Canha (Estação) **P** (Se) 116 Rc 116
Canhas **P** (Ma) 166 I B 2
Canhestros **P** (Be) 131 Re 120
Caniás **E** (HUES) 26 Zc 93
Caniçada **P** (Br) 51 Re 99
Caniçal **P** (Ma) 167 I D 2
Caniceira **P** (Co) 67 Rb 106
Caniceira **P** (Sa) 101 Rc 113
Caniço **P** (Ma) 167 I C 3
Canicosa de la Sierra **E** (BUR) 40 Wf 97
Canicouva **E** (PON) 32 Rc 94
Canidelo **P** (Por) 50 Rc 101
Canidelo **P** (Por) 50 Rc 102
Canido **E** (PON) 32 Rb 95
Caniles **E** (GRA) 153 Xb 124
Caniles **E** (JAÉ) 138 Wc 122
Canillas **E** (MAD) 75 Wc 106
Canillas de Abajo **E** (SAL) 71 Ua 103
Canillas de Aceituno **E** (MÁL) 160 Vf 127
Canillas de Albaida **E** (MÁL) 160 Wa 127
Canillas de Esgueva **E** (VALL) 38 Vf 98
Canillas de Río Tuerto **E** (RIO) 40 Xa 94
Canillas de Torneros **E** (SAL) 71 Ua 103
Canillejas **E** (MAD) 75 Wc 106
Canillejas **E** (SAL) 71 Ua 103
Canillo **AND** 29 Bd 93
Canís, el - **E** (LLE) 45 Ad 98
Caniza, A **E** (PON) 32 Re 95
Canizo, O **E** (OUR) 34 Sf 96
Canjáyar **E** (ALM) 153 Xb 126
Can Joan **E** (BAL) 97 Bb 114
Can Joan des Murtar **E** (BAL) 97 Bd 114
Can Joan d'es Plá **E** (BAL) 97 Bd 114
Can Jombo **E** (BAR) 65 Bd 100
Can Jordi **E** (BAL) 99 Da 112
Can Josepetes **E** (BAL) 97 Bc 114
Can Llay **E** (BAL) 97 Bc 114
Ca'n Malacosta **E** (BAL) 97 Bc 115
Can Marcet **E** (BAR) 65 Be 99
Can Mas **E** (BAR) 48 Cb 99
Can Melia **E** (BAL) 99 Da 109
Can Micalet **E** (BAL) 97 Bd 116
Can Miguel d'es Pouet **E** (BAL) 97 Bd 114
Can Miquel des Recó **E** (BAL) 97 Bc 114
Can N'Alou Vell **E** (BAL) 99 Db 112
Can Negret **E** (BAL) 97 Bd 114
Cano **E** (JAÉ) 138 Wd 122
Cano **P** (Pg) 117 Sb 115
Canonja, la - **E** (TAR) 64 Bb 102
Canor **E** (ALI) 129 Aa 116
Canos **E** (SOR) 41 Xe 98
Canós, el - **E** (LLE) 46 Bb 98
Canos, Los - **E** (ALM) 153 Xa 126
Canova de Morell **E** (BAL) 99 Db 110
Cánovas **E** (MUR) 142 Ye 122
Canovelles **E** (BAR) 48 Cb 99
Cànoves **E** (BAR) 48 Cc 98
Can Paixano **E** (BAR) 65 Bd 99
Can Pastilla **E** (BAL) 98 Ce 111
Can Pep d'es Cucons **E** (BAL) 97 Bc 114
Can Pep Mari **E** (BAL) 97 Bd 114
Can Picafort **E** (BAL) 99 Db 110
Can Plate **E** (BAL) 97 Bc 116
Can Plaza **E** (TAR) 65 Bc 99
Can Pol **E** (BAL) 99 Da 110
Can Polit **E** (BAL) 99 Da 111
Can Portes **E** (BAL) 97 Bb 115
Can Rampuixa **E** (BAL) 97 Bc 116
Can Recó **E** (BAL) 97 Bc 114
Can Reconada **E** (BAL) 97 Bc 114
Canredondo **E** (GUA) 76 Xd 104
Canredondo de la Sierra **E** (SOR) 41 Xc 97
Can Refila **E** (BAL) 99 Db 110
Can Refila **E** (BAL) 99 Db 111
Can Rei **E** (BAL) 98 Cf 111
Ca'n Ribas **E** (BAL) 99 Da 109
Can Ribes **E** (BAR) 48 Cc 98
Can Roca **E** (BAL) 98 Ce 112
Can Roca **E** (BAR) 65 Bf 99
Can Roig **E** (BAL) 99 Da 109
Can Ros **E** (BAL) 97 Bc 114
Can Rosell **E** (BAR) 65 Be 100
Can Roses **E** (BAR) 66 Ca 99
Cans **E** (PON) 144 Rc 96
Can Sabater **E** (BAL) 99 Db 112
Cansados **P** (Be) 145 Rf 124
Can Salvador **E** (BAL) 97 Bc 114
Can Salvos **E** (BAL) 97 Bc 115
Can Sanç de Mar **E** (BAR) 48 Cd 99
Canseco **E** (LEÓ) 19 Uc 91
Can Senyora Lluc **E** (BAL) 97 Bc 115
Can Serra **E** (BAL) 97 Bc 115
Can Serra **E** (BAL) 99 Da 110
Cansinos, Los - **E** (CÓRD) 136 Vc 121
Can Sogas **E** (BAR) 65 Bd 100
Can Soler de Roset **E** (BAR) 65 Bd 100
Can Sopa **E** (BAL) 99 Db 111
Cantabrana **E** (BUR) 22 Wd 92
Cantaelgallo **E** (MUR) 142 Yf 119
Cantagallo **E** (SAL) 71 Ub 106
Cantal, El - **E** (ALM) 154 Xe 123
Cantalapiedra **E** (SAL) 55 Ue 102
Cantalar **E** (JAÉ) 125 Xc 118
Cantalejo **E** (SEG) 57 Wa 101
Cantalejos **E** (SEV) 150 Uf 125
Cantalgallo **E** (BAD) 134 Tf 119
Cantalobos **E** (HUES) 44 Ze 98
Cantalojas **E** (GUA) 58 We 101
Cantalpino **E** (SAL) 72 Ue 102
Cantalucía **E** (SOR) 40 Xa 98
Cantallops **E** (BAR) 65 Be 100
Cantallops **E** (GIR) 31 Cf 94
Cantanhede **P** (Co) 67 Rc 106
Cantar, El - **E** (MUR) 155 Yd 123
Cantaracillo **E** (SAL) 72 Uf 103
Cantareros, Los - **E** (MUR) 141 Yd 122
Cantarinas **E** (SAL) 70 Tc 105
Cantarinhas **P** (Sa) 101 Rd 114

Cântaro **P** (Sa) 101 Rd 113
Cântaro Alto, El - **E** (ALM) 154 Xc 125
Cántaro Bajo, El - **E** (ALM) 154 Xc 125
Cantarranas **E** (SAL) 71 Td 105
Cantavieja **E** (TER) 80 Zd 105
Canteiros **E** (COR) 3 Re 87
Cantelães **P** (Br) 51 Rf 99
Cantera, La **E** (SEV) 135 Ub 122
Cantera, La **E** (SEV) 150 Va 125
Cantera, La **E** (VALL) 55 Uf 101
Cantera Blanca **E** (JAÉ) 151 Wa 124
Canteras **E** (GRA) 152 Wc 125
Canteras **E** (MUR) 142 Yf 120
Canteras **E** (MUR) 142 Yf 123
Canteras, Las - **E** (GRA) 153 Xc 124
Cantillana **E** (SEV) 149 Ub 123
Cantimpalos **E** (SEG) 56 Vf 102
Cantiveros **E** (ÁVI) 73 Va 103
Canto **P** (Aç) 168 Wb 117
Canto **P** (Aç) 168 Wd 117
Canto **P** (Le) 82 Rb 109
Cantoblanco **E** (ALB) 112 Ye 113
Cantón **E** (MUR) 128 Za 119
Cantonigròs **E** (BAR) 48 Cc 96
Can Toni Yuca **E** (BAL) 97 Bd 114
Cantoral de la Peña **E** (PAL) 20 Vc 92
Cantoria **E** (ALM) 154 Xe 124
Cantos, Los **E** (CAS) 94 Zc 108
Cantos, Los **E** (MUR) 140 Xf 119
Can Traninet **E** (GIR) 49 Cf 98
Canturrona, La - **E** (CÁD) 157 Ub 128
Cantusal, El - **E** (PAL) 38 Vd 95
Canuta, La - **E** (ALI) 129 Aa 117
Canutells, Es - **E** (BAL) 96 Eb 109
Can Varineta **E** (BAL) 98 Ce 111
Can Vent **E** (BAL) 99 Cf 112
Can Veny **E** (BAL) 99 Da 111
Can Vicenç de la Serra **E** (BAL) 97 Bc 114
Can Vicenç des Cocons **E** (BAL) 97 Bb 114
Can Vicenç des Racó **E** (BAL) 97 Bc 114
Can Vidal **E** (BAR) 47 Bf 97
Can Visent Font **E** (BAL) 97 Bc 115
Can Xiu **E** (BAL) 99 Cf 111
Canya de Dalt **E** (GIR) 48 Cd 95
Canyamars **E** (BAR) 48 Cc 99
Canyamel **E** (BAL) 99 Dc 111
Canyar, Es - **E** (BAL) 97 Bd 114
Canyelles **E** (BAR) 65 Be 101
Canyelles **E** (GIR) 31 Db 95
Canyelles **E** (GIR) 49 Cf 98
Canyet, el - **E** (BAR) 66 Cb 100
Canyet de Mar **E** (GIR) 49 Cf 98
Canzana **E** (AST) 7 Uc 89
Canzobre **E** (COR) 3 Rd 89
Cañachar, El - **E** (TOL) 108 Wa 113
Cañada **E** (ALI) 128 Zb 116
Cañada **E** (ALI) 128 Zc 118
Cañada **E** (CÁC) 85 Tc 108
Cañada **E** (VAL) 93 Yd 108
Cañada, La - **E** (CIU) 109 We 113
Cañada, La - **E** (CUE) 112 Yd 111
Cañada, La - **E** (VAL) 112 Yf 111
Cañada, La - **E** (VAL) 113 Zd 111
Cañada, La **E** (ÁVI) 73 Vd 105
Cañada Buendía **E** (ALB) 126 Ya 119
Cañada Carbonera **E** (SAL) 71 Td 104
Cañada Catena **E** (JAÉ) 139 Xb 119
Cañada de Agra **E** (ALB) 126 Yb 118
Cañada de Alcatá **E** (JAÉ) 152 Wb 124
Cañada de Arriba **E** (VAL) 112 Ye 114
Cañada de Benatanduz **E** (TER) 79 Zc 105
Cañada de Calatrava **E** (CIU) 123 Vf 115
Cañada de Canara **E** (MUR) 141 Yb 120
Cañada de Cañepla, La - **E** (ALM) 140 Xe 122
Cañada de Gallego **E** (MUR) 155 Yd 123
Cañada de la Cierva **E** (JAÉ) 139 Wf 120
Cañada de la Cruz **E** (MUR) 140 Xe 120
Cañada de la Jara **E** (SEV) 135 Uc 122
Cañada de la Madera **E** (JAÉ) 139 Xa 120
Cañada del Conejo **E** (HUEL) 133 Sf 122
Cañada de Leña, La - **E** (MUR) 127 Yf 119
Cañada del Gamo **E** (CÓRD) 135 Ud 119
Cañada del Hoyo **E** (CUE) 92 Ya 109
Cañada del Junco **E** (GRA) 151 Vf 126
Cañada del Provencio **E** (ALB) 125 Xd 117
Cañada del Pulpillo **E** (MUR) 127 Ye 117
Cañada del Rabadán **E** (CÓRD) 136 Uf 123
Cañada del Rosal **E** (SEV) 149 Ue 123
Cañada del Salobral o Molina **E** (ALB) 126 Ya 116
Cañada del Señor **E** (JAÉ) 125 Xc 118
Cañada del Trigo **E** (MUR) 127 Yf 118
Cañada de Miralles **E** (ALM) 154 Xe 126
Cañada de Morote **E** (ALB) 126 Xe 118
Cañada de San Urbano, La **E** (ALM) 163 Xd 127
Cañada de Tobarra **E** (ALB) 126 Ya 117
Cañada de Verich, La **E** (TER) 80 Zf 103
Cañada Gil **E** (MUR) 141 Yd 120
Cañada Grande, La - **E** (ALM) 140 Xe 122
Cañada Incosa **E** (JAÉ) 138 Wb 120
Cañada Juncosa **E** (ALB) 126 Xf 116
Cañadajuncosa **E** (CUE) 111 Xe 111
Cañada La Huesa **E** (CÓRD) 122 Vd 118
Cañada Morales **E** (JAÉ) 139 Xb 119
Cañada Roja **E** (ALI) 128 Za 118
Cañadas **E** (ALB) 140 Xd 120
Cañadas, Las - **E** (JAÉ) 152 Wd 123
Cañadas, Las - **E** (MUR) 141 Ya 122
Cañadas, Las - **E** (SAL) 53 Td 101
Cañadas, Parador Nacional de las - **E** (TEN) 172 I D 4
Cañadas de Don Ciro **E** (ALI) 128 Za 118
Cañadas de Haches de Abajo **E** (ALB) 126 Xf 117
Cañadas de Haches de Arriba **E** (ALB) 126 Xe 117
Cañadas de Lizarán, Las - **E** (ALM) 140 Xf 121
Cañadas del Romero **E** (SEV) 135 Ub 122
Cañada Seca **E** (VAL) 94 Za 109
Cañadatalhora **E** (GRA) 152 Wd 124
Cañada Vellida **E** (TER) 79 Za 104
Cañadilla **E** (SAL) 54 Ud 102
Cañadilla, La - **E** (JAÉ) 152 Wc 123
Cañadilla, La - **E** (TER) 79 Zc 104
Cañadillas **E** (CÓRD) 151 Vd 124
Cañadillas, Las - **E** (SEV) 134 Te 122
Cañal, El - **E** (CÁD) 164 Ua 131
Cañal, El - **E** (SEG) 74 Ve 102
Cañamaque **E** (SOR) 59 Xe 100
Cañamares **E** (CIU) 125 Xb 116
Cañamares **E** (GUA) 58 Xa 101
Cañamero **E** (CÁC) 106 Ud 112
Cañar **E** (GRA) 161 Wd 127
Cañar, El - **E** (ALB) 126 Ya 118
Cañar, El - **E** (MUR) 142 Yf 123
Cañardo **E** (HUES) 27 Zf 94
Cañarejo **E** (MUR) 141 Yb 123
Cañarico, El - **E** (MUR) 142 Ye 121
Cañas **E** (RIO) 40 Xa 94
Cañavate, El - **E** (CUE) 110 Xe 111
Cañavedija **E** (CUE) 93 Yd 110
Cañaveral **E** (CÁC) 86 Td 110
Cañaveral de León **E** (HUEL) 133 Tc 120
Cañaveras **E** (CUE) 77 Xd 106
Cañaveruelas **E** (CUE) 76 Xc 106
Cañeda **E** (CAN) 21 Vf 90
Cañedo **E** (CAN) 10 Wc 89
Cañete **E** (CUE) 93 Yc 108
Cañete **E** (TOL) 89 Wa 109
Cañete de las Torres **E** (CÓRD) 137 Ve 121
Cañete la Real **E** (MÁL) 150 Uf 127
Cañicera **E** (SOR) 58 Wf 100
Cañicosa **E** (SEG) 57 Wb 102
Cañidanos **E** (BUR) 22 Wd 92
Cañigral, El - **E** (TER) 93 Yd 107
Cañizal **E** (ZAM) 55 Ud 101
Cañizal de Rueda **E** (LEÓ) 19 Ud 93
Cañizar **E** (GUA) 76 Wf 104
Cañizar, El - **E** (CUE) 93 Yb 109
Cañizar de Amaya **E** (BUR) 21 Ve 93
Cañizar de Argaño **E** (BUR) 39 Wa 94
Cañizar del Olivar **E** (TER) 79 Zc 104
Cañizares **E** (CUE) 77 Xe 105
Cañizares **E** (GUA) 77 Ya 103
Cañizo **E** (ZAM) 36 Uc 98
Caño **E** (AST) 7 Uf 89
Caño Guerrero **E** (HUEL) 147 Tc 127
Caños, Los - **E** (HUEL) 147 Tb 124
Caños, Los - **E** (MUR) 142 Za 123
Caños de Meca, Los **E** (CÁD) 164 Tf 131
Cañuelas **E** (MUR) 141 Yd 122
Cañuelo, El - **E** (ALM) 162 Xb 128
Cañuelo, El - **E** (CAS) 94 Zd 108
Cañuelo, El - **E** (MÁL) 151 Vf 127
Cañuelo, El - **E** (SEV) 134 Te 123
Cañuelo, El - **E** (SEV) 150 Va 126
Capafons = Capafonts **E** (TAR) 64 Ba 101
Capafonts **E** (TAR) 64 Ba 101
Capagna, La - **E** (PALM) 176 A 4
Caparacena **E** (GRA) 152 Wb 125
Capareiros **P** (VC) 50 Rb 99
Caparica **P** (Se) 115 Qe 117
Caparrosa **P** (Vi) 68 Rf 105
Caparroses, Los - **E** (ALM) 155 Yb 124
Caparroso **E** (NAV) 42 Yc 94
Capblanc **E** (ALI) 129 Zf 117
Capçanes **E** (TAR) 64 Ae 102
Cap del Terme **E** (CAS) 80 Ze 106
Capdellà, Es - **E** (BAL) 98 Cc 111
Cap d'en Font **E** (BAL) 96 Eb 110
Capdepera **E** (BAL) 99 Dc 110
Capdesaso **E** (HUES) 44 Ze 97
Capela **P** (Év) 117 Re 117
Capela **P** (Por) 50 Rd 102
Capela **P** (Sa) 102 Sa 111
Capela da Graca **P** (Ma) 167 II
Capelas **P** (Aç) 170 Zb 122
Capelins (Aldeia de Ferreira) **P** (Év) 118 Sd 117
Capelo **P** (Aç) 168 Wb 117
Capeludos **P** (VR) 51 Sc 99
Capella **E** (HUES) 45 Ac 95
Capellades **E** (BAR) 65 Be 99
Capellanía **E** (JAÉ) 139 Xb 119
Capellanía **E** (MUR) 140 Xf 121
Capellanía, La - **E** (TEN) 171 B 2
Capellanías, Las - **E** (SEV) 150 Uf 126
Capelláns **E** (ALI) 128 Zd 116
Capicorp **E** (CAS) 96 Ab 107
Capileira **E** (GRA) 152 Wd 127
Capilla **E** (BAD) 121 Uf 116
Capillas **E** (PAL) 37 Va 96
Capinha **P** (CB) 84 Sd 107
Capitán **E** (JAÉ) 139 Xa 119
Capitán, El - **E** (MÁL) 160 Vf 128
Capitão **P** (Be) 132 Sd 120
Capmany **E** (GIR) 31 Cf 94
Cap Negret **E** (BAL) 97 Bb 115
Capolat **E** (BAR) 47 Be 96
Capones **E** (JAÉ) 138 Wc 120
Caporocoró Vell **E** (BAL) 98 Ce 112
Caprala **E** (ALI) 128 Zb 117
Caprés **E** (MUR) 142 Yf 119
Capricho, El - **E** (GRA) 161 Wb 128
Capricho, El - **E** (SEV) 148 Tf 124
Capsadas **E** (ALI) 129 Aa 116
Capsanes = Capçanes **E** (TAR) 64 Ae 102
Capsec **E** (GIR) 48 Cc 95
Capuchos **P** (Se) 115 Qe 117
Carabanchel **E** (MAD) 75 Wb 106
Carabaña **E** (MAD) 90 We 107
Carabias **E** (GUA) 59 Xb 102
Carabias **E** (SEG) 57 Wb 100
Caracena **E** (SOR) 58 Wf 100
Caracena del Valle **E** (CUE) 91 Xc 108
Caracenilla **E** (CUE) 91 Xc 108
Caracol, El - **E** (PALM) 174 I D 3
Caracolero, El - **E** (MUR) 142 Yf 121
Caracuel **E** (CIU) 108 Wa 113
Caracuel **E** (CIU) 123 Vf 115
Caragol, Es - **E** (BAL) 96 Df 108
Caralps = Queralbs **E** (GIR) 30 Ca 94
Caramos **P** (Por) 51 Re 100
Caramujo, Casa do - **P** (Ma) 166 I B 2
Caramulo **P** (Vi) 68 Rf 105
Carande **E** (LEÓ) 20 Uf 91
Caranga **E** (AST) 6 Tf 89
Carangas **E** (AST) 7 Ue 89
Caranguejeira **P** (Le) 82 Rb 110
Carapacho **P** (Aç) 168 Xa 114
Carapeços **P** (Br) 50 Rc 99
Carapeleiro **P** (Se) 130 Rc 120
Carapeta **P** (Pg) 102 Sa 114
Carapetal **P** (Se) 131 Rd 121
Carapetos **P** (Be) 130 Rb 122
Carapinha **P** (Co) 83 Rf 107
Carapito **P** (Vi) 69 Sc 103
Carasa **E** (CAN) 10 Wd 88
Carascal **P** (Év) 117 Sa 116
Caratão **P** (Co) 83 Rf 107
Caratão **P** (Sa) 102 Sa 111
Carataunas **E** (GRA) 161 Wd 127
Caravaca de la Cruz **E** (MUR) 141 Ya 120
Caraval Meão **P** (Gu) 70 Sf 106
Caravelas **P** (Ba) 52 Sf 100
Cara Vinagre **E** (LLE) 46 Bc 97
Carazo **E** (BUR) 40 Wd 97
Carazuelo **E** (SOR) 59 Xe 98
Carbajal de Fuentes **E** (LEÓ) 37 Ud 95
Carbajal de la Legua **E** (LEÓ) 19 Uc 93
Carbajal de Rueda **E** (LEÓ) 19 Ue 92
Carbajales **E** (SAL) 85 Tb 107
Carbajales de Alba **E** (ZAM) 54 Ua 99
Carbajalinos **E** (ZAM) 35 Td 96
Carbajo **E** (CÁC) 103 Se 111
Carbajosa **E** (LEÓ) 19 Ud 93
Carbajosa **E** (ZAM) 54 Tf 99
Carbajosa de Armuña **E** (SAL) 54 Uc 102
Carbajosa de la Sagrada **E** (SAL) 72 Uc 103
Carballa **E** (PON) 14 Rc 94
Carballal **E** (COR) 2 Ra 89
Carballal **E** (COR) 3 Re 90
Carballal **E** (COR) 15 Rd 91
Carballal **E** (LUG) 4 Sd 89
Carballal **E** (OUR) 146 Sf 94
Carballal **E** (PON) 144 Rc 95
Carballal (Mamede) **E** (LUG) 16 Sa 91
Carballal (San Sebastián) **E** (LUG) 16 Sa 91
Carballeda **E** (OUR) 35 Ta 94
Carballeda **E** (PON) 15 Rf 92
Carballeda de Avia **E** (OUR) 33 Rf 95
Carballedo **E** (LUG) 16 Sb 93
Carballido **E** (LUG) 4 Sc 89
Carballido **E** (LUG) 5 Sf 89
Carballido **E** (LUG) 16 Sc 91
Carballido **E** (LUG) 16 Sd 90
Carballino, O **E** (OUR) 15 Rf 94
Carballo **E** (AST) 6 Td 90
Carballo **E** (COR) 2 Rb 89
Carballo **E** (LUG) 4 Sa 90
Carballo (Verea) **E** (OUR) 33 Sa 96
Carbasí **E** (BAR) 65 Bc 99
Carbayal **E** (AST) 6 Ua 88
Carbayal, El - **E** (AST) 7 Uc 89
Carbellino **E** (ZAM) 54 Tf 101
Carbes **E** (AST) 8 Uf 89
Carbia **E** (PON) 15 Re 92
Carbó, El - **E** (CAS) 95 Zd 107
Carboeiro **E** (PON) 15 Re 92
Carboentes **E** (PON) 15 Sa 93
Carbonegas **P** (Br) 51 Rf 100
Carbonera **E** (ALI) 129 Zf 117
Carbonera **E** (PAL) 20 Vb 93
Carbonera **E** (RIO) 41 Xe 95
Carbonera de Frentes **E** (SOR) 41 Xc 98
Carboneras **E** (ALB) 125 Xd 117
Carboneras **E** (ALM) 153 Xc 125
Carboneras **E** (ALM) 155 Ya 127
Carboneras **E** (HUEL) 133 Tc 121
Carboneras **E** (SOR) 42 Ya 97
Carboneras, Las - **E** (BAD) 104 Ta 115
Carboneras, Las - **E** (CÁC) 86 Ua 109
Carboneras, Las - **E** (CÁC) 105 Ub 112
Carboneras, Las - **E** (TEN) 173 I F 2
Carboneras de Guadazaón **E** (CUE) 92 Yb 109
Carbonero de Ahusín **E** (SEG) 74 Ve 102
Carbonero el Mayor **E** (SEG) 56 Ve 102
Carboneros **E** (JAÉ) 138 Wc 119
Carbonils **E** (GIR) 31 Ce 94
Carcaboso **E** (CÁC) 86 Te 108
Carcabuey **E** (CÓRD) 151 Ve 124
Carcagente = Carcaixent **E** (VAL) 113 Zd 114
Carcaixent **E** (VAL) 113 Zd 114
Carcalhais **P** (VR) 33 Sb 98
Cárcamo **E** (ÁLA) 22 Wf 91
Carção **P** (Ba) 53 Tc 99
Cárcar **E** (NAV) 42 Ya 94
Carcastillo **E** (NAV) 42 Yd 94
Carcauz **E** (ALM) 162 Xb 127
Carcavelos **P** (Li) 115 Qd 116
Carcavelos **P** (Sa) 82 Rc 110
Carcedo **E** (AST) 6 Td 88
Carcedo de Bureba **E** (BUR) 22 Wd 93
Carcedo de Burgos **E** (BUR) 39 Wc 95
Carcelén **E** (ALB) 112 Ye 114
Cárceles, Los - **E** (ALB) 112 Yc 112
Cárcer **E** (VAL) 113 Zc 114
Carcoá **E** (OUR) 145 Sc 97
Cárcoba, La - **E** (CAN) 9 Wb 89
Carche, El - **E** (MUR) 127 Ye 118
Cárchel **E** (JAÉ) 138 Wc 123
Carchelejo **E** (JAÉ) 138 Wc 123
Carchena **E** (CÓRD) 150 Vc 123
Carchena **E** (SEV) 148 Tf 125
Carchuna **E** (GRA) 161 Wd 128
Carda **E** (AST) 7 Ud 88
Cardama **E** (COR) 15 Rd 91
Cardanha **P** (Ba) 52 Sf 101
Cardaño de Abajo **E** (PAL) 20 Vb 91
Cardaño de Arriba **E** (PAL) 20 Vb 91
Cardeal **P** (Gu) 69 Sf 106
Cardedeu **E** (BAR) 48 Cc 99
Cardejón **E** (SOR) 59 Xf 99
Cardenal **E** (ÁVI) 87 Ud 106
Cárdenas **E** (RIO) 40 Xb 94
Cardenchosa, La **E** (BAD) 135 Uc 119
Cardenete **E** (CUE) 93 Yb 110
Cardeña **E** (CÓRD) 122 Ve 119
Cardeñadijo **E** (BUR) 39 Wc 95
Cardeñajimeno **E** (BUR) 39 Wc 95
Cardeñas **E** (HUEL) 147 Ta 125
Cardeñosa **E** (ÁVI) 73 Vb 104
Cardeñosa **E** (GUA) 58 Xa 102
Cardeñosa de Volpejera **E** (PAL) 38 Vb 95
Cardeñuela-Ríopico **E** (BUR) 39 Wc 94
Cardes **E** (AST) 8 Uf 88
Cardet **E** (LLE) 28 Ae 93
Cardiel **E** (HUES) 63 Ab 100
Cardiel, El - **E** (VALL) 56 Vb 100
Cardiel de los Montes **E** (TOL) 88 Vc 108
Cardigonde **E** (PON) 15 Re 93
Cardigos **P** (Sa) 83 Rf 110
Cardiles **E** (GRA) 139 Xb 122
Cardiñanos **E** (BUR) 22 Wd 92
Cardó **E** (TAR) 81 Ad 103
Cardón **E** (PALM) 175 II D 4
Cardón **E** (TEN) 171 B 3
Cardona **E** (BAR) 47 Be 97
Cardones **E** (PALM) 174 I C 2
Cardosa **P** (CB) 84 Sb 109
Cardosa, la - **E** (LLE) 46 Bb 98
Cardosas **P** (Li) 100 Qf 115
Cardosas, Las - **E** (BAD) 134 Tf 119
Cardoso de la Sierra, El - **E** (GUA) 57 Wd 102
Caregue **E** (LLE) 28 Ba 94
Caregüela **E** (GRA) 153 Wf 123
Carelle **E** (COR) 15 Rf 90
Carenas **E** (ZAR) 60 Yb 101
Careñes **E** (AST) 7 Ud 87
Carepa **P** (CB) 102 Sb 111
Carga del Camello **E** (PALM) 175 II D 4
Caria **P** (CB) 84 Sd 107
Caria **P** (Vi) 69 Sc 103
Carias **P** (Év) 117 Rf 116
Caridad, La **E** (AST) 5 Tb 87
Caridad, La **E** (TEN) 172 I D 3
Caridade **P** (Év) 117 Sc 118
Carihuela, La - **E** (MÁL) 159 Vc 129
Cariñena **E** (ZAR) 61 Ye 100
Cariño **E** (COR) 4 Sa 86
Carlangas **E** (AST) 6 Td 87
Carlão **P** (VR) 52 Sd 101
Carlet **E** (VAL) 113 Zc 113
Carlos, Los - **E** (GRA) 161 Wd 128
Carlota, La **E** (CÓRD) 136 Va 122
Carme **E** (BAR) 65 Bd 99
Carmeldo **E** (SAL) 72 Uc 104
Carmen, El - **E** (AST) 7 Ub 89
Carmen, El - **E** (CUE) 111 Xf 113
Carmena **E** (TOL) 89 Vd 109
Cármenes **E** (LEÓ) 19 Uc 91
Carmo **P** (Év) 117 Sb 116
Carmões **P** (Li) 100 Qf 114
Carmona **E** (CAN) 9 Vd 89
Carmona **E** (SEV) 149 Uc 124
Carmonilla **E** (CÁC) 105 Ub 111
Carmonita **E** (BAD) 104 Td 114
Carnaxide **P** (Li) 115 Qe 116
Carne Assada **P** (Li) 115 Qd 115
Carne Cerva **P** (Fa) 146 Sb 125
Carneiro **P** (Por) 51 Sa 101
Carneiros **P** (Fa) 145 Sb 125
Carneriles, Los - **E** (BAD) 120 Tf 116
Carnero **E** (SAL) 71 Ua 103
Carnicães **P** (Gu) 69 Se 104
Carniceiro **P** (Be) 131 Rd 123
Carnide **P** (Le) 82 Rb 109
Carnide **P** (Li) 115 Qe 116
Carnoedo **E** (COR) 3 Re 88
Carnota **P** (Li) 100 Qf 114
Caroceiras **P** (Ba) 34 Sf 97
Caroi **E** (PON) 15 Rd 94
Carolina, La - **E** (JAÉ) 138 Wc 119
Carpinheira **P** (Co) 82 Rc 107
Carpio **E** (VALL) 55 Uf 101
Carpio, El - **E** (HUEL) 133 Ta 122
Carpio, El **E** (CÓRD) 137 Vd 121
Carpio-Bernardo **E** (SAL) 72 Uc 103
Carpio de Azaba **E** (SAL) 70 Tc 105
Carpio de Tajo, El - **E** (TOL) 89 Vd 109
Carpio Medianero **E** (ÁVI) 72 Ud 105
Carquejo **P** (Av) 68 Rd 107
Cárquere **P** (Vi) 51 Sa 102
Carraca, La - **E** (CÁD) 157 Te 130
Carraca, La - **E** (SEV) 148 Te 124
Carracedelo **E** (LEÓ) 17 Tb 93
Carracedo **E** (PON) 14 Rc 93
Carracedo **E** (ZAM) 36 Tf 96
Carracedo del Monasterio **E** (LEÓ) 17 Tb 93
Carracido **E** (PON) 144 Rc 95
Carragosa **P** (Ba) 35 Tb 97
Carragozela **P** (Gu) 69 Sb 106
Carral **E** (COR) 3 Rd 89
Carralcova **P** (VC) 32 Rd 97
Carraluz **E** (AST) 19 Ub 90
Carramaiza **E** (GRA) 139 Xa 123
Carrandi **E** (AST) 7 Ue 88
Carranque **E** (TOL) 89 Wa 107
Carrapatal **P** (Se) 116 Rc 116
Carrapatas **P** (Ba) 52 Ta 99
Carrapateira **P** (Fa) 144 Ra 125
Carrapateira **P** (Fa) 146 Sc 125
Carrapichana **P** (Gu) 69 Sd 105
Carrasca, La - **E** (ALM) 155 Ya 126
Carrasca, La - **E** (CÓRD) 151 Vf 124
Carrasca, La - **E** (JAÉ) 137 Wa 123
Carrasca, La - **E** (MUR) 142 Ye 122
Carrasca, La - **E** (VAL) 94 Yf 109
Carrasca de Albánchez, La - **E** (ALM) 154 Xc 125
Carrascal **E** (SAL) 54 Ua 102
Carrascal **E** (SEG) 57 Wa 102
Carrascal **E** (ZAM) 54 Ub 100
Carrascal **P** (Be) 130 Rc 123
Carrascal **P** (Év) 117 Rf 118
Carrascal **P** (Li) 115 Qd 116
Carrascal **P** (Sa) 83 Sa 110
Carrascal, El - **E** (ALB) 127 Ye 115
Carrascal, El - **E** (CÁD) 157 Tf 128
Carrascal, el - **E** (TAR) 81 Ac 104
Carrascal de Barregas **E** (SAL) 72 Ub 103
Carrascal del Asno **E** (SAL) 72 Ub 104
Carrascal del Obispo **E** (SAL) 71 Ua 104
Carrascal del Río **E** (SEG) 57 Wa 100
Carrascal de Pericalvo **E** (SAL) 71 Ub 103
Carrascal de Sanchiricones **E** (SAL) 71 Ua 104
Carrascal de Velambélez **E** (SAL) 54 Ua 102
Carrascalejo **E** (ÁVI) 72 Ud 106
Carrascalejo **E** (CÁC) 106 Ue 111
Carrascalejo **E** (MUR) 127 Yf 117
Carrascalejo **E** (MUR) 141 Yb 120
Carrascalejo, El - **E** (BAD) 104 Td 114
Carrascalejo, El - **E** (VALL) 37 Va 98
Carrascalejo de Huebra **E** (SAL) 71 Tf 104
Carrascalina **E** (SAL) 71 Ua 102
Carrascalinho **P** (Fa) 144 Rb 124
Carrascalino **E** (SAL) 71 Ua 103
Carrasco **E** (SAL) 53 Td 102
Carrascos **P** (Le) 82 Rb 108
Carrascos, Los - **E** (MUR) 155 Ya 123
Carrascosa **E** (ALB) 125 Xc 118
Carrascosa **E** (CUE) 77 Xf 105
Carrascosa de Abajo **E** (SOR) 58 Wf 100
Carrascosa de Arriba **E** (SOR) 58 Wf 100
Carrascosa de Haro **E** (CUE) 110 Xc 111
Carrascosa de Henares **E** (GUA) 76 Wf 103
Carrascosa de la Sierra **E** (SOR) 41 Xe 97
Carrascosa del Campo **E** (CUE) 91 Xb 108
Carrascosa de Tajo **E** (GUA) 76 Xd 104
Carrascosilla **E** (CUE) 91 Xc 107
Carraspite **E** (MÁL) 160 Vf 128
Carrasqueira **P** (Co) 83 Rf 108
Carrasqueira **P** (Fa) 145 Re 125
Carrasqueiras, As - **E** (PON) 32 Rd 96
Carrasqueiro **P** (Fa) 145 Re 125
Carrasqueiro **P** (Fa) 145 Sa 125
Carrasquero **E** (HUES) 45 Ad 95
Carrasquet **E** (GIR) 48 Cb 96
Carrasquilla **E** (JAÉ) 137 Ve 121
Carrasquilla **E** (MUR) 141 Yb 120
Carrasquilla **E** (MUR) 155 Yc 123
Carrasquilla, La - **E** (SEV) 148 Ua 123
Carrasquilla, La - **E** (VAL) 128 Zb 115
Carratraca **E** (MÁL) 159 Vb 127
Carraxo **E** (OUR) 146 Sc 96
Carrazeda de Ansiães **P** (Ba) 52 Se 101
Carrazedo **P** (Ba) 34 Ta 98
Carrazedo **P** (Br) 50 Rd 99

Carrazedo **P** (Br) 51 Rf 99
Carrazedo **P** (Vi) 51 Sc 102
Carrazedo da Cabugueira **P** (VR) 51 Sc 99
Carrazedo de Montenegro **P** (VR) 52 Sd 99
Carrazedo do Alvão **P** (VR) 51 Sb 100
Carre **E** (AST) 6 Tf 90
Carreço **P** (VC) 32 Ra 98
Carregado **P** (Li) 100 Ra 114
Carregais **P** (CB) 84 Sb 110
Carregais **P** (Sa) 116 Re 115
Carregal **P** (CB) 84 Sd 110
Carregal **P** (Vi) 68 Re 104
Carregal **P** (Vi) 69 Sc 103
Carregal Cimeiro **P** (Sa) 102 Sa 112
Carregal do Sal **P** (Vi) 68 Sa 106
Carregoiceira **P** (Sa) 116 Rd 115
Carregosa **P** (Av) 68 Rd 103
Carregueira **P** (Sa) 101 Rd 112
Carregueira **P** (Sa) 102 Rf 111
Carregueira **P** (Sa) 116 Ra 115
Carregueiro **P** (Be) 131 Rf 122
Carregueiros **P** (Sa) 83 Rd 111
Carreira **E** (COR) 2 Ra 90
Carreira **E** (COR) 3 Re 88
Carreira **P** (Br) 50 Rc 100
Carreira **P** (Br) 50 Rd 100
Carreira **P** (Le) 82 Ra 109
Carreira **P** (Ma) 166 I B 2
Carreiras **P** (Pg) 103 Sd 112
Carreiro, O - **E** (PON) 14 Ra 94
Carrejo **E** (CAN) 9 Ve 89
Carreña (Cabrales) **E** (AST) 8 Va 89
Carreño = Candás **E** (AST) 7 Ub 87
Carrera, La - **E** (ÁVI) 72 Ud 106
Carrera, La - **E** (ÁVI) 87 Uc 106
Carrera de la Viña, La - **E** (GRA) 151 Vf 125
Carrera de Otero, La - **E** (LEÓ) 18 Tf 93
Carrer de Baix, el - **E** (BAR) 48 Cb 99
Carrer de Cal Rossell, el - **E** (BAR) 65 Be 100
Carreros **E** (SAL) 71 Ua 103
Carretera **E** (LUG) 5 Se 87
Carretera (Gutín de Pallares) = Guntín **E** (LUG) 16 Sb 91
Carreteras de Abajo **E** (ALB) 111 Xf 114
Carretero **E** (BAD) 133 Tc 119
Carreu **E** (LLE) 46 Ba 95
Carrias **E** (BUR) 22 We 94
Carriazo **E** (CAN) 10 Wb 88
Carriço **P** (Le) 82 Rb 109
Carrícola **E** (VAL) 128 Zd 115
Carriches **E** (TOL) 89 Vd 109
Carril **E** (PON) 14 Rb 93
Carriles, Los - **E** (AST) 8 Va 88
Carrillos, Los - **E** (MUR) 142 Ye 119
Carrio **E** (AST) 5 Tb 88
Carrio **E** (AST) 7 Ub 87
Carrio **E** (AST) 7 Uc 89
Carrio (Bergondo) **E** (COR) 3 Re 89
Carrión de Calatrava **E** (CIU) 108 Wb 114
Carrión de los Céspedes **E** (SEV) 148 Te 124
Carrión de los Condes **E** (PAL) 38 Vc 94
Carriones, Los - **E** (GRA) 139 Xb 122
Carrión y Dueñas de Medina **E** (VALL) 55 Va 101
Carris **E** (PON) 32 Re 95
Carris **P** (Le) 100 Ra 112
Carritxo, El - **E** (BAL) 99 Db 112
Carrizal **E** (LEÓ) 18 Ua 92
Carrizal **E** (LEÓ) 20 Va 92
Carrizal **E** (PALM) 174 I D 3
Carrizalejo, El - **E** (ALM) 163 Xf 128
Carrizo de la Ribera **E** (LEÓ) 18 Ub 93
Carrizosa **E** (CIU) 124 Xa 115
Carrizosa **E** (SEV) 150 Va 124
Carrocera **E** (LEÓ) 19 Ub 92
Carroja **E** (ALI) 129 Ze 116
Carros **P** (Be) 146 Sb 123
Carrús **E** (ALI) 128 Zb 119
Cartagena **E** (MUR) 142 Za 123
Cartago **E** (VALL) 55 Ue 100
Cartajima **E** (MÁL) 158 Uf 129
Cartaojal **E** (MÁL) 151 Vc 126
Cartaxo **P** (Sa) 101 Rb 114
Cartaya **E** (HUEL) 147 Sf 125
Carteire **E** (LUG) 16 Sb 91
Cartelos **E** (LUG) 16 Sa 93
Cartella **E** (GIR) 49 Ce 96
Cartelle **E** (OUR) 33 Rf 95
Cartemil **E** (LUG) 4 Sc 89
Cartes **E** (CAN) 9 Vf 89
Cartirana **E** (HUES) 26 Zd 93
Cartuja Baja **E** (ZAR) 61 Zb 99
Cartuja de Aula Dei **E** (ZAR) 43 Zb 98
Cartuja de Monegros **E** (HUES) 44 Ze 98
Carucedo **E** (LEÓ) 17 Tb 94
Caruncho **P** (Le) 82 Rc 109
Carva **P** (VR) 51 Sc 100
Carvajal **E** (MÁL) 159 Vc 129
Carvajales, Los - **E** (MÁL) 150 Vb 125
Carvalha **P** (Vi) 69 Sb 103
Carvalhais **P** (Ba) 52 Sf 99
Carvalhais **P** (Co) 82 Rb 108
Carvalhais **P** (Vi) 50 Re 102
Carvalhais **P** (Vi) 68 Rf 104
Carvalhal **P** (Ba) 52 Ta 101
Carvalhal **P** (Br) 50 Rc 99
Carvalhal **P** (CB) 83 Rf 109
Carvalhal **P** (CB) 83 Sa 109
Carvalhal **P** (CB) 84 Se 107
Carvalhal **P** (Fa) 145 Sa 125
Carvalhal **P** (Fa) 146 Sb 125
Carvalhal **P** (Gu) 69 Se 103
Carvalhal **P** (Gu) 69 Se 105
Carvalhal **P** (Gu) 70 Sf 104
Carvalhal **P** (Gu) 70 Ta 106
Carvalhal **P** (Le) 100 Qf 113
Carvalhal **P** (Le) 100 Ra 112
Carvalhal **P** (Pg) 103 Sd 112
Carvalhal **P** (Pg) 103 Sd 113
Carvalhal **P** (Pg) 103 Se 113
Carvalhal **P** (Sa) 102 Re 111
Carvalhal **P** (Se) 116 Rb 119
Carvalhal **P** (Vi) 68 Rf 105
Carvalhal **P** (Vi) 68 Sa 103
Carvalhal **P** (Vi) 68 Sa 104
Carvalhal **P** (Vi) 69 Sb 104
Carvalhal Benfeito **P** (Le) 100 Qf 112
Carvalhal da Aroeira **P** (Sa) 101 Rc 111
Carvalhal da Loiça **P** (Gu) 69 Sb 106
Carvalhal das Vinhas **P** (Pg) 103 Sd 113
Carvalhal de Azóia **P** (Co) 82 Rb 108
Carvalhal de Vermilhas **P** (Vi) 68 Rf 105
Carvalhal do Pombo **P** (Sa) 101 Rc 111
Carvalhal Redondo **P** (Av) 68 Rd 103
Carvalhal Redondo **P** (Vi) 68 Sa 105
Carvalhas **P** (Ba) 35 Tc 98
Carvalheira **P** (Av) 67 Rc 103
Carvalheira **P** (Be) 131 Rf 120
Carvalheira **P** (Br) 33 Re 98
Carvalhelhos **P** (VR) 51 Sb 98
Carvalhindos **P** (Fa) 146 Sc 125
Carvalho **P** (Av) 67 Rc 103
Carvalho **P** (Be) 145 Rf 124
Carvalho **P** (Br) 51 Rf 100
Carvalho **P** (Co) 83 Rd 107
Carvalho **P** (Co) 83 Sa 108
Carvalho **P** (Fa) 144 Rc 124
Carvalho **P** (VR) 51 Sb 98
Carvalho **P** (VR) 52 Sd 100
Carvalho de Egas **P** (Ba) 52 Se 101
Carvalho do Rei **P** (Por) 51 Rf 101
Carvalhos **P** (Br) 50 Rc 100
Carvalhos **P** (Por) 50 Rc 102
Carvalhos **P** (VC) 50 Rc 99
Carvalhosa **P** (Por) 50 Rd 101
Carvalhosa **P** (Vi) 68 Sa 103
Carvas **P** (VR) 52 Sd 100
Carviçais **P** (Ba) 52 Ta 101
Carvide **P** (Le) 82 Ra 109
Carvoeira **P** (Li) 100 Qd 115
Carvoeira **P** (Li) 100 Qf 114
Carvoeiro **P** (Co) 83 Sa 108
Carvoeiro **P** (Fa) 144 Rd 126
Carvoeiro **P** (Sa) 102 Sa 111
Casa Abajo **E** (MUR) 140 Xe 120
Casa Aguaza **E** (ALB) 127 Yd 116
Casa Aguilita **E** (CIU) 124 Wc 115
Casa Albarizas **E** (ALB) 112 Yd 113
Casa Alberica **E** (ALB) 125 Xc 115
Casa Alcachofeta **E** (ALI) 142 Za 121
Casa Alcalde **E** (VAL) 113 Zc 113
Casa Ale **E** (VAL) 113 Zd 113
Casa Aliaga **E** (VAL) 113 Za 114
Casa Alta **E** (HUEL) 148 Td 123
Casa Alta **E** (MUR) 140 Xc 120
Casa Alta **E** (RIO) 41 Xd 94
Casa Alta **E** (TAR) 81 Ac 103
Casa Alta, La - **E** (CÓRD) 135 Ud 119
Casa Antigua **E** (CÁC) 105 Ua 114
Casa Antonia **E** (VAL) 113 Zb 113
Casa Aparicio **E** (ALB) 127 Yd 115
Casa Apolinar **E** (TOL) 108 Ve 111
Casa Asperilla **E** (TOL) 90 Wd 109
Casa Ayala **E** (PALM) 174 I D 2
Casa Baja **E** (GRA) 151 Wa 127
Casa Balbino **E** (CIU) 124 Wf 115
Casa Balde **E** (ALI) 128 Zd 117
Casa Baños Termales **E** (CIU) 107 Vc 113
Casa Barraqué **E** (GIR) 49 Cf 98
Casa Barreras **E** (CIU) 124 Wd 115
Casa Barzolema **E** (ZAM) 54 Uc 99
Casa Bayona **E** (VALL) 55 Ue 100
Casa Benavente **E** (CÁC) 85 Tb 109
Casabermeja **E** (MÁL) 159 Vd 127
Casa Bermeja **E** (SEV) 149 Uc 126
Casa Bernal **E** (MUR) 127 Ye 118
Casa Berruga **E** (ALB) 110 Xd 114
Casa Blanca **E** (ALB) 111 Yb 114
Casablanca **E** (ALB) 126 Ya 117
Casablanca **E** (ALM) 140 Xe 122
Casa Blanca **E** (ALM) 162 Xb 128
Casablanca **E** (CÁC) 86 Tf 108
Casa Blanca **E** (CÁC) 104 Tc 113
Casablanca **E** (CÁD) 157 Tf 128
Casa-Blanca **E** (CAS) 95 Ze 110
Casa Blanca **E** (CIU) 122 Vc 116
Casablanca **E** (CÓRD) 150 Vb 123
Casa Blanca **E** (CUE) 111 Yb 112
Casa Blanca **E** (GRA) 140 Xd 121
Casa Blanca **E** (JAÉ) 125 Xa 118
Casa Blanca **E** (JAÉ) 152 Wb 123
Casablanca **E** (LUG) 4 Sd 89
Casablanca **E** (MUR) 127 Ye 119
Casa Blanca **E** (MUR) 140 Xf 121
Casa-Blanca **E** (MUR) 142 Za 121
Casa Blanca **E** (PALM) 174 I C 2
Casa Blanca **E** (SEV) 149 Uc 123
Casablanca **E** (SEV) 150 Ue 125
Casablanca **E** (TAR) 81 Ad 105
Casa Blanca **E** (TER) 80 Ab 103
Casa Blanca **E** (TOL) 109 Wf 111
Casa Blanca, La - **E** (ALM) 154 Xe 126
Casa Blanca, La - **E** (ALM) 154 Xf 124
Casa Blanca, Sa - **E** (BAL) 98 Ce 111
Casa Blanca de los Rioteros **E** (ALB) 127 Yc 116
Casablanquilla **E** (MÁL) 159 Vb 128
Casablanquilla **E** (SEV) 148 Ua 123
Casa Branca **P** (Év) 117 Rf 117
Casa Branca **P** (Pg) 117 Sb 115
Casa Branca **P** (Se) 116 Rb 119
Casa Branca **P** (Se) 116 Rd 119
Casa Bravera **E** (CÁC) 104 Ta 111
Casa Bresoso **E** (CIU) 107 Ve 113
Casa Buedo **E** (CUE) 111 Xf 113
Casa Busianos **E** (ZAM) 54 Uc 99
Casa Caballos **E** (ALB) 111 Xf 114
Casa Cacharro **E** (ALB) 125 Xe 115
Casa Canillas **E** (VAL) 113 Za 113
Casa Cantarranas **E** (VALL) 55 Va 100
Casa Cantó **E** (RIO) 41 Xf 95
Casa Cañada de Albatana **E** (MUR) 127 Yd 117
Casa Cañada de la Gorra **E** (TOL) 108 Wc 111
Casa Cañada del Judio **E** (MUR) 127 Yd 118
Casa Cañete **E** (ALB) 126 Xf 116
Casa Capellanes **E** (CAS) 80 Ze 105
Casa Capellanía **E** (CIU) 124 Wd 115
Casa Capitán **E** (ALB) 110 Xd 114
Casa Carambola **E** (ALI) 128 Zb 117
Casa Carbajosa **E** (VALL) 55 Ue 98
Casa Carlos **E** (VAL) 94 Zc 110
Casa Carrera **E** (ALB) 112 Ye 113
Casa Carrión **E** (ALB) 110 Xc 113
Casa Carrión **E** (VALL) 55 Uf 100
Casa Castaños **E** (CIU) 122 Vc 117
Casa Castillejo **E** (CIU) 124 Wd 115
Casa Castillo y El Vado **E** (MUR) 141 Yb 123
Casa Cazadora **E** (GUA) 75 We 104
Casa Cazales **E** (BAD) 120 Tf 115
Casa Cendreros **E** (ALB) 112 Yd 113
Casa Cerrel **E** (ZAM) 36 Uc 98
Casa Claveri **E** (CÁC) 103 Sf 111
Casa Cobote **E** (CIU) 123 Wb 116
Casa Colmenar **E** (CÓRD) 136 Uf 121
Casa Colombo **E** (HUEL) 146 Se 125
Casa Collada de Vall d'Ariet **E** (LLE) 46 Af 97
Casa Consistorial **E** (HUES) 45 Ae 95
Casa Cornava **E** (NAV) 24 Xe 93
Casa Correo **E** (TER) 78 Ye 106
Casa Corrochano **E** (TOL) 88 Va 108
Casa Cortes **E** (ALI) 129 Ze 117
Casa Cortijillo **E** (GRA) 153 Xb 123
Casa Cotanilla **E** (ZAM) 37 Ud 98
Casa Cuarto **E** (ALB) 111 Xf 114
Casa Cuarto del Medio **E** (BAD) 118 Se 118
Casa Cuarto de Salamanca **E** (CÁC) 85 Tb 109
Casa Cuchillo **E** (CIU) 124 Wc 116
Casa Cueva de la Menda **E** (JAÉ) 139 Wf 123
Casa Cueva del Cantar **E** (ALM) 140 Xf 121
Casa Cueva del Cerezo **E** (GRA) 139 Xb 123
Casa Cueva del Coto **E** (GRA) 139 Xb 122
Casa Cueva del Tío Tarra **E** (GRA) 153 Xc 123
Casa Cueva Lóbrega **E** (CUE) 92 Ya 107
Casa Cuevas Cañada del Paso **E** (GRA) 139 Xa 123
Casa Cuevas de Campoy **E** (GRA) 139 Xb 122
Casa Chamorro **E** (CÁC) 105 Tf 113
Casa Charancho **E** (CIU) 122 Vd 118
Casa Charquer **E** (ALI) 129 Ze 117
Casa Chino **E** (LLE) 64 Ae 100
Casa da Charneca **P** (Sa) 101 Rb 113
Casa d'Alberedes **E** (TAR) 81 Ae 103
Casa da Marina **P** (Le) 100 Ra 112
Casa da Ribeira **P** (Aç) 169 Xf 116
Casa de Abel **E** (ALB) 125 Xc 115
Casa de Agua Melianes **E** (PALM) 174 II B 5
Casa de Aguanel **E** (TOL) 89 Vf 109
Casa de Aguas del Rey **E** (BAD) 120 Ua 116
Casa de Agua Verde **E** (ALB) 128 Za 116
Casa de Aguiluz **E** (VALL) 55 Va 101
Casa de Agustín **E** (MUR) 127 Ye 118
Casa de Alarones **E** (CIU) 109 Wf 114
Casa de Alcaría **E** (CÁD) 165 Ud 131
Casa de Aldea **E** (CIU) 109 Wd 114
Casa de Aldealama **E** (SAL) 72 Uc 102
Casa de Aldeanueva **E** (ZAM) 54 Uc 100
Casa de Alenda **E** (ALI) 128 Zb 118
Casa de Alfonso **E** (ALB) 128 Za 115
Casa de Alfonso Cano **E** (CÓRD) 121 Ue 118
Casa de Algarbejo **E** (CÁD) 157 Ub 128
Casa de Algondrón **E** (SOR) 59 Xf 102
Casa de Alías **E** (HUEL) 146 Se 125
Casa de Almansa **E** (MUR) 127 Ye 116
Casa de Alonso **E** (MÁL) 150 Vb 126
Casa de Allozar **E** (TOL) 89 Ve 110
Casa de Amante **E** (MUR) 127 Ye 119
Casa de Amor **E** (ZAM) 54 Ua 100
Casa de Amorós **E** (TOL) 90 Wf 110
Casa de Andarríos **E** (TOL) 91 Wf 110
Casa de Andrés **E** (ALB) 126 Ya 118
Casa de Angelón **E** (CIU) 108 Wc 114
Casa de Aniceto **E** (CIU) 108 Ve 113
Casa de Ánimas **E** (ALB) 111 Xf 114
Casa de Arenal **E** (CÁD) 158 Ud 127
Casa de Arenoso **E** (CIU) 110 Xb 113
Casa de Arévalo **E** (VALL) 55 Va 100
Casa de Argamasilla **E** (CIU) 124 Wc 116
Casa de Arilla **E** (TOL) 90 We 109
Casa de Ariza **E** (JAÉ) 138 Wd 120
Casa de Arnede **E** (ALB) 111 Xe 114
Casa de Arratas **E** (NAV) 24 Ya 93
Casa de Arriba **E** (GUA) 76 Xa 104
Casa de Arrojachicos **E** (CIU) 109 Wd 112
Casa de Arto **E** (BUR) 22 Wf 93
Casa de Avila **E** (CÁC) 103 Sd 111
Casa de Aviño **E** (HUES) 44 Ze 97
Casa de Azañuela **E** (TOL) 89 Vf 109
Casa de Azoberines **E** (TOL) 89 Ve 109
Casa de Baillo **E** (CIU) 109 Wf 113
Casa de Baldomero **E** (CIU) 123 Ve 117
Casa de Baldomero **E** (JAÉ) 138 Wd 119
Casa de Balsa Salada **E** (ZAR) 62 Zc 99
Casa de Ballesteros **E** (CÁC) 103 Se 112
Casa de Ballesteros **E** (TOL) 108 Wa 112
Casa de Baños **E** (CUE) 110 Xb 111
Casa de Baños **E** (MÁL) 159 Va 128
Casa de Baños **E** (TER) 79 Zd 104
Casa de Bañuelos **E** (TOL) 89 Ve 110
Casa de Barilejo **E** (TOL) 88 Vb 109
Casa de Barquera Baja **E** (CÁC) 104 Tb 112
Casa de Barraén **E** (TOL) 89 Vd 109
Casa de Barrunta **E** (CIU) 109 Wd 114
Casa de Bartolo **E** (BAD) 121 Uf 115
Casa de Batalla **E** (CUE) 111 Xf 111
Casa de Bayalada **E** (VALL) 56 Vb 100
Casa de Bayuncal **E** (TOL) 90 We 109
Casa de Belalengua **E** (HUEL) 156 Td 127
Casa de Belorto **E** (CIU) 108 Wb 113
Casa de Belluga **E** (MUR) 141 Yc 120
Casa de Beneito **E** (CAS) 95 Aa 108
Casa de Ber **E** (CÁD) 157 Ua 129
Casa de Berdeja **E** (CIU) 124 Wd 117
Casa de Bermejales **E** (CÁD) 157 Ub 128
Casa de Bermejo **E** (TOL) 87 Ud 109
Casa de Bermudillo **E** (ÁVI) 73 Vb 104
Casa de Bernardo **E** (ZAR) 43 Za 97
Casa de Berruga **E** (ALB) 110 Xb 114
Casa de Bescansa **E** (HUES) 26 Zd 93
Casa de Bocos **E** (SEG) 56 Vc 101
Casa de Bolote **E** (CIU) 108 Wb 114
Casa de Bonilla **E** (CÁC) 104 Tc 111
Casa de Boquilla **E** (CIU) 124 Wd 116
Casa de Borón **E** (TER) 62 Zb 102
Casa de Borril **E** (TOL) 89 Ve 110
Casa de Bote **E** (CÁC) 105 Ua 113
Casa de Botón **E** (ALB) 111 Yb 114
Casa de Boyero **E** (CÁC) 104 Ta 112
Casa de Buda **E** (TAR) 81 Af 104
Casa de Buenavista **E** (BAD) 120 Te 116
Casa de Buenavista **E** (CÓRD) 121 Uf 118
Casa de Buenavista **E** (MUR) 141 Ya 122
Casa de Buen Retiro **E** (CIU) 110 Xa 114
Casa de Busne **E** (CÁC) 105 Ua 113
Casa de Caballero **E** (CIU) 109 We 114
Casa de Cabañeros **E** (CIU) 107 Vc 112
Casa de Cabeza Morena **E** (ALB) 125 Xb 115
Casa de Cabeza Redonda **E** (BAD) 120 Ua 115
Casa de Cabezarrasa **E** (HUEL) 148 Td 125
Casa de Cabosa **E** (TAR) 81 Ac 104
Casa de Cadete **E** (ALB) 125 Xd 115
Casa de Calandilla **E** (CÓRD) 121 Uf 118
Casa de Calaña **E** (TOL) 89 Ve 109
Casa de Calderón **E** (TOL) 90 We 110
Casa de Calderonas **E** (BAD) 120 Ua 115
Casa de Calinoria **E** (MÁL) 159 Vb 127
Casa de Calonge **E** (CUE) 91 Xa 110
Casa de Calvache **E** (CÁC) 103 Ta 112
Casa de Calvo **E** (ZAR) 43 Za 95
Casa de Camacho **E** (ALB) 110 Xc 113
Casa de Camacho **E** (CIU) 109 We 114
Casa de Camarilla **E** (CIU) 124 Xa 116
Casa de Cambrillos **E** (TOL) 89 Ve 109
Casa de Campico **E** (MUR) 141 Ya 122
Casa de Canaleas **E** (CIU) 107 Vd 112
Casa de Canals **E** (CÁC) 104 Tc 111
Casa de Canchollas **E** (CIU) 124 Wd 116
Casa de Candal **E** (MUR) 141 Yd 121
Casa de Candelo **E** (TOL) 108 Wc 112
Casa de Candilejo **E** (CIU) 110 Xa 114
Casa de Canillas **E** (CÁD) 157 Ub 128
Casa de Canillas **E** (SEV) 134 Tf 122
Casa de Cantalobillo **E** (CÓRD) 136 Vb 119
Casa de Cantillana la Nueva **E** (CÁC) 104 Tb 112
Casa de Cañada **E** (CIU) 124 Wf 116
Casa de Cañadaberosa **E** (MUR) 141 Yb 119
Casa de Cañada Mayor **E** (HUEL) 148 Td 126
Casa de Cañada Salineras **E** (GUA) 77 Yb 105
Casa de Cañalazarza de Abajo **E** (BAD) 105 Tf 114
Casa de Cañas **E** (CIU) 124 Wf 116
Casa de Cañavellila **E** (TER) 61 Za 102
Casa de Cañizares **E** (MUR) 127 Yf 117
Casa de Capizelato **E** (TOL) 89 Vd 108
Casa de Carabineros **E** (BAD) 118 Sf 115
Casa de Caracoles **E** (ALI) 128 Zb 117
Casa de Carazorra **E** (TOL) 90 Wd 109
Casa de Cardoso **E** (TOL) 87 Ud 109
Casa de Carrascalejo **E** (CÁC) 105 Tf 112
Casa de Carrasco **E** (ALB) 111 Ya 113
Casa de Carrera **E** (SEV) 148 Tf 125
Casa de Carrillo **E** (TOL) 108 Vf 111
Casa de Carrión **E** (SEV) 150 Uf 125
Casa de Cartagena **E** (ALB) 110 Xc 113
Casa de Carvajal **E** (JAÉ) 123 Wb 118
Casa de Casarejos **E** (CÓRD) 136 Uf 121
Casa de Casares **E** (ZAM) 36 Ub 98
Casa de Castellanos de la Cañada **E** (ÁVI) 72 Ue 105
Casa de Castillejo **E** (CIU) 123 Wb 118
Casa de Castrejón **E** (TOL) 89 Vd 110
Casa de Castrillo **E** (ZAM) 54 Uc 100
Casa de Catalina **E** (BAD) 120 Ua 116
Casa de Cavero **E** (ZAR) 43 Ye 98
Casa de Cavirá **E** (VAL) 113 Za 114
Casa de Cayetano Torres **E** (CÓRD) 121 Uf 118
Casa de Cebrián **E** (ALB) 111 Xf 114
Casa de Cecilio **E** (TOL) 90 We 110
Casa de Cepeda **E** (CIU) 109 Wf 113
Casa de Cerquillos **E** (TOL) 88 Vb 108
Casa de Cerro Alto **E** (CÁC) 87 Ub 109
Casa de Cerrocolchón **E** (CÁC) 87 Ub 109
Casa de Cerro Gordo **E** (CÓRD) 136 Vc 119
Casa de Cerro Pelao **E** (BAD) 105 Tf 115
Casa de Cerros Verdes **E** (BAD) 105 Tf 115
Casa de Cerros Verdes **E** (CÁC) 105 Ub 113
Casa de Ciervos **E** (ÁVI) 73 Vd 105
Casa de Cirajas **E** (VALL) 55 Ue 99
Casa de Colchón **E** (CIU) 109 Wd 114
Casa de Colmenar **E** (BUR) 40 We 94
Casa de Conal Quemado **E** (HUEL) 147 Tc 123
Casa de Conejo **E** (MUR) 127 Ye 118
Casa de Congosta **E** (ZAM) 54 Ub 100
Casa de Conrado **E** (ALB) 112 Yd 114
Casa de Contosa **E** (JAÉ) 123 Wb 118
Casa de Corchado **E** (CIU) 122 Vd 116
Casa de Corchilo **E** (SEV) 134 Td 123
Casa de Cordero **E** (SEV) 135 Uc 122
Casa de Cordero **E** (VALL) 37 Va 98
Casa de Coria **E** (SEV) 149 Uc 127
Casa de Corona **E** (TOL) 108 Wb 111
Casa de Cortés **E** (NAV) 42 Yd 95
Casa de Coscojal o Valdepotros **E** (SEV) 134 Tf 123
Casa de Cosme **E** (CIU) 110 Xa 114
Casa de Cotillas **E** (CUE) 92 Ya 108
Casa de Covacha **E** (BAD) 103 Ta 112
Casa de Cristalinas **E** (JAÉ) 139 We 119
Casa de Cruz Verde **E** (TOL) 89 Ve 108
Casa de Cuadrilleros **E** (CÁC) 86 Tf 108
Casa de Cuartas **E** (TOL) 109 Wc 111
Casa de Cuéllar **E** (CÁD) 157 Tf 129
Casa de Cuerno Solano **E** (RIO) 42 Ya 96
Casa de Cumbre Hermosa **E** (GUA) 91 Wf 107
Casa de Charco Lobo **E** (TOL) 87 Ue 108
Casa de Charet **E** (CIU) 108 Wb 113
Casa de Chaves **E** (TOL) 90 Wb 109
Casa de Chirivas **E** (TOL) 89 Vd 110

Casa de Chozones **E** (CÁC) 104 Tb 112
Casa de Chupahueses **E** (CIU) 123 Wb 117
Casa de Dámaso **E** (HUEL) 147 Sf 125
Casa de Dehesa **E** (CÁD) 157 Ua 129
Casa de Delgado **E** (ALB) 127 Ye 115
Casa de Dimas **E** (CÁC) 106 Uf 112
Casa de Domingo Medén **E** (HUEL) 133 Tb 123
Casa de Don Alipio **E** (SAL) 71 Ua 103
Casa de Donato **E** (TOL) 88 Vc 108
Casa de Don Aurelio **E** (SEV) 134 Tf 121
Casa de Don Bruno **E** (ALB) 112 Ye 115
Casa de Don Demetrio **E** (TOL) 109 We 111
Casa de Don Diego **E** (CIU) 110 Xa 114
Casa de Don Diego de Haro **E** (CUE) 110 Xd 112
Casa de Don Eusebio **E** (TOL) 88 Vc 108
Casa de Don Felipe **E** (HUEL) 146 Se 125
Casa de Don Fernando **E** (ALB) 127 Yd 115
Casa de Don Fernando Luna **E** (CÓRD) 121 Uf 118
Casa de Don Juan **E** (CIU) 109 Wd 114
Casa de Don Juan Alonso **E** (JAÉ) 138 Wb 120
Casa de Don Juan Roque **E** (JAÉ) 138 Wa 120
Casa de Don Julián **E** (CIU) 124 Wf 115
Casa de Don Luis **E** (ALB) 127 Yc 115
Casa de Don Manuel Aranda **E** (JAÉ) 138 Wb 121
Casa de Don Manuel Barona **E** (SEV) 150 Uf 125
Casa de Don Manuel Cepeda **E** (SEV) 150 Uf 125
Casa de Don Miguel **E** (ALB) 110 Xc 113
Casa de Don Pedro **E** (CIU) 109 We 114
Casa de Don Rafael Abril **E** (JAÉ) 138 Wd 119
Casa de Don Rafael Caro **E** (SEV) 135 Uc 121
Casa de Don Ramón **E** (HUEL) 146 Se 123
Casa de Don Silverio **E** (TOL) 90 We 109
Casa de Doña Anita **E** (ALB) 112 Yc 113
Casa de Doña Benita **E** (CÁD) 157 Ua 129
Casa de Doña Inés **E** (CIU) 122 Vc 115
Casa de Doña María **E** (CIU) 125 Xa 115
Casa de Doña María **E** (VALL) 56 Vc 100
Casa de Dotemio **E** (ZAR) 63 Ab 101
Casa de El Apedreado **E** (ALB) 127 Yc 116
Casa de El Bachiller **E** (ALB) 127 Yd 115
Casa de el Espartalejo **E** (MÁL) 159 Va 128
Casa de Elez **E** (ALB) 125 Xc 115
Casa de El Gamellón **E** (MUR) 127 Yd 117
Casa de El Reventón **E** (CÓRD) 137 Vc 120
Casa de El Rinconcito **E** (ALB) 126 Ya 117
Casa de El Veto **E** (CIU) 109 Wd 114
Casa de Emeterio **E** (CIU) 124 Wd 117
Casa de Encina **E** (ÁVI) 73 Vc 104
Casa de Encorrulo **E** (CIU) 123 Wb 118
Casa de Epifanio **E** (VALL) 56 Ve 98
Casa de Eras **E** (MUR) 140 Xf 119
Casa de Escorial **E** (CIU) 122 Vd 117
Casa de Espina **E** (CÓRD) 121 Va 117
Casa de Espinosa **E** (CIU) 110 Xa 113
Casa de Esquerdo **E** (MAD) 74 Wa 106
Casa de Eufemia **E** (ALB) 110 Xc 114
Casa de Eugenio **E** (ALB) 110 Xb 113
Casa de Eusebio **E** (ZAM) 37 Ud 97
Casa de Fanalá **E** (TAR) 64 Ae 103
Casa de Fardela **E** (CÁD) 158 Ud 128
Casa de Farreras **E** (ZAM) 36 Ub 98
Casa de Figueroba **E** (CÁC) 104 Te 111
Casa de Florentino **E** (CÁC) 104 Td 111
Casa de Flores **E** (MUR) 141 Ya 120
Casa de Fogarotedes **E** (ALI) 128 Zc 117
Casa de Font **E** (PAL) 38 Vc 97
Casa de Fortuno **E** (CIU) 109 Wf 114
Casa de Francisco Palazón **E** (MUR) 127 Ye 118
Casa de Franco **E** (CIU) 109 Wf 114
Casa de Fresnedas **E** (CIU) 123 Wc 117
Casa de Fresnedoso **E** (CÁC) 86 Ua 109
Casa de Fuentearroyo **E** (MÁL) 159 Vc 127
Casa de Fuente García **E** (TER) 93 Yb 107
Casa de Fuentelapio **E** (TOL) 88 Uf 110
Casa de Fuente Lengua **E** (SEV) 135 Ub 122
Casa de Fuentemadero **E** (CÁC) 104 Tb 111
Casa de Fuente Vieja **E** (CIU) 124 Wf 115
Casa de Gabriel **E** (CIU) 109 Wd 112
Casa de Gachas **E** (VAL) 113 Za 114
Casa de Galán **E** (BAD) 118 Sf 117
Casa de Galaperal **E** (CÁC) 104 Tb 111
Casa de Galera **E** (CIU) 123 Wb 115
Casa de Galiana **E** (CIU) 110 Xa 114
Casa de Galo **E** (TOL) 107 Vd 111
Casa de Galochas **E** (CÁC) 87 Uc 109
Casa de Galván **E** (ZAM) 54 Uc 100
Casa de Gálvez **E** (CÁC) 105 Tf 114
Casa de Gapita **E** (CÁC) 103 Se 111
Casa de García **E** (HUEL) 146 Se 124
Casa de Garijo **E** (VAL) 112 Ye 114
Casa de Garrido **E** (ALB) 111 Ya 113
Casa de Gaspar **E** (VALL) 38 Vb 98
Casa de Gavilanes **E** (BAD) 104 Td 114
Casa de Gétor **E** (CIU) 108 Wb 113
Casa de Gibla **E** (SEV) 135 Uc 121
Casa de Gil Sánchez **E** (CÁC) 104 Te 111
Casa de Gil Téllez **E** (CÁC) 104 Te 111
Casa de Golín de la Senda **E** (TOL) 88 Uf 108
Casa de Gómez **E** (MUR) 141 Yc 121
Casa de Gonzalo **E** (CÁC) 87 Ud 110
Casa de Gracia **E** (MUR) 141 Yd 120
Casa de Granaderos **E** (CÁD) 156 Te 127
Casa de Grandó **E** (TAR) 63 Ac 101
Casa de Gregorio **E** (TOL) 88 Vc 108
Casa de Gregorio **E** (TOL) 90 Wd 110
Casa de Guadamilla **E** (TOL) 89 Ve 108
Casa de Guadarjia **E** (BAD) 119 Td 116
Casa de Guaira **E** (ZAR) 62 Zb 101
Casa de Gualeda **E** (VAL) 113 Zc 113
Casa de Guanilla **E** (TOL) 89 Vd 109
Casa de Guarda **E** (CUE) 92 Xf 107
Casa de Guerechal **E** (BAD) 120 Ua 116
Casa de Guerra **E** (CÁC) 85 Tc 110
Casa de Guerrero **E** (CIU) 108 Wa 114
Casa de Guerrero **E** (CIU) 124 Wf 116
Casa de Guerrita **E** (CIU) 109 We 114
Casa de Guialguerrero **E** (ZAR) 60 Yc 102
Casa de Guillén **E** (MUR) 141 Yc 120
Casa de Guino **E** (ALM) 140 Xe 121
Casa de Guirau **E** (CÁC) 104 Td 111
Casa de Herendeses **E** (ZAM) 54 Ub 99
Casa de Herrera **E** (ALB) 125 Xd 115
Casa de Hervias **E** (CIU) 110 Xa 114
Casa Dehesa de Quintos **E** (ZAM) 36 Ub 97
Casa de Hilario **E** (TOL) 89 Vd 109
Casa de Hita **E** (CIU) 109 Wf 114
Casa de Hojuelo de Parra **E** (JAÉ) 139 Xa 120
Casa de Hontanar-Gordo **E** (CIU) 123 Vf 118
Casa de Hornillo **E** (RIO) 23 Xb 93
Casa de Hoya Vacas **E** (ALB) 126 Ya 115
Casa de Hueso **E** (ALB) 127 Yd 116
Casa de Hurtado **E** (CIU) 109 Wd 114
Casa de Idroga **E** (SEV) 135 Uc 122
Casa de Infantes **E** (TOL) 109 Wc 111
Casa de Inocencio Blas **E** (TER) 78 Yb 106
Casa de Isidora **E** (TOL) 107 Vd 110
Casa de Jaime **E** (JAÉ) 138 Wb 120
Casa de Jaraices **E** (GUA) 91 Xa 107
Casa de Jarramilla **E** (HUEL) 134 Td 122
Casa de Jiménez **E** (CUE) 110 Xc 112
Casa de Jofré **E** (MUR) 141 Ya 122
Casa de José Cantador **E** (CÓRD) 136 Va 121
Casa de José Martínez **E** (SEV) 150 Vb 125
Casa de José Sánchez **E** (MUR) 141 Yd 122
Casa de Juan Camacho **E** (MUR) 127 Yf 117
Casa de Juan Francisco **E** (TOL) 109 Wc 112
Casa de Juan José **E** (ALB) 110 Xc 114
Casa de Juan León **E** (ALB) 126 Xe 115
Casa de Juanotón **E** (ALB) 111 Ya 113
Casa de Juan Pardo **E** (ALB) 112 Ye 114
Casa de Juan Romero **E** (TOL) 88 Vc 110
Casa de Jubones **E** (TOL) 108 Wc 112
Casadela **P** (Br) 51 Rf 100
Casa de la Abogada **E** (TOL) 109 Wf 111
Casa de la Aceituna **E** (CÁC) 104 Tc 112
Casa de la Aceña **E** (CÁC) 85 Ta 109
Casa de la Alameda **E** (CIU) 108 Wa 114
Casa de la Alberguilla **E** (CIU) 123 Vf 117
Casa de la Alcudilla **E** (CÓRD) 151 Ve 125
Casa de la Aldea **E** (PAL) 38 Ve 97
Casa de la Aldehuela **E** (MAD) 75 Wc 104
Casa de la Almagra **E** (ALB) 127 Yd 115
Casa de la Angola **E** (TOL) 109 Wc 113
Casa de la Atalaya **E** (CÁD) 158 Uc 128
Casa de la Atalaya **E** (MAD) 74 Wb 105
Casa de la Banda **E** (CÁC) 105 Tf 113
Casa de la Barraca **E** (CUE) 92 Xf 110
Casa de la Bayona **E** (TOL) 89 Vd 109
Casa de la Bedora **E** (CÁD) 157 Tf 129
Casa de la Bodeguilla **E** (MUR) 127 Yd 117
Casa del Abogado **E** (ALB) 126 Ya 115
Casa del Abogado **E** (CIU) 109 Wd 114
Casa de labor de Coto **E** (CUE) 111 Yb 112
Casa de Labor de las Torres **E** (CÁD) 165 Ud 130
Casa de la Borreguilla **E** (CIU) 124 Wf 117
Casa de la Bóveda **E** (BAD) 120 Ua 116
Casa de la Breñilla **E** (CÁC) 105 Ua 112
Casa del Abuelito **E** (CIU) 109 We 114
Casa de la Burra **E** (BAD) 121 Ud 116
Casa de la Caballería **E** (CÁC) 105 Ua 113
Casa de la Cabeza **E** (ALB) 140 Xe 119
Casa de la Cabra **E** (CÁC) 103 Sd 111
Casa de la Cabra **E** (CÓRD) 121 Uf 117
Casa de la Calderera **E** (CIU) 122 Vb 115
Casa de la Calera **E** (CÁC) 104 Tc 111
Casa de la Calera **E** (CÁD) 157 Tf 129
Casa de la Calera **E** (SEV) 148 Te 123
Casa de la California **E** (SEV) 149 Ud 126
Casa de la Calza **E** (CIU) 124 Wc 117
Casa de la Campana **E** (ALB) 111 Xe 114
Casa de la Canala **E** (CÁC) 87 Uc 109
Casa de la Canaleja **E** (GUA) 91 Xa 107
Casa de la Cantera **E** (TOL) 108 Ve 111
Casa de la Cantina **E** (MUR) 141 Yc 121
Casa de la Cañada Arada **E** (ALB) 110 Xc 114
Casa de la Cañada de la Pita **E** (CÁC) 105 Tf 113
Casa de la Cañada del Horno **E** (ÁVI) 72 Uf 106
Casa de la Cañada del Sotillo **E** (HUEL) 147 Tc 125
Casa de la Capitana **E** (CÁD) 156 Td 128
Casa de la Carbonera **E** (CUE) 91 Xc 110
Casa de la Carboneras **E** (BAD) 119 Td 116
Casa de la Carrasca **E** (MUR) 141 Ya 121
Casa de la Carrasca **E** (SEV) 134 Tf 122
Casa de la Carrascala **E** (BAD) 119 Td 116
Casa de la Castra **E** (ALB) 111 Xf 114
Casa de la Cavina **E** (MAD) 90 Wc 109
Casa del Acebrón **E** (TOL) 109 Wf 112
Casa del Acebuchal **E** (CIU) 123 Wa 117
Casa del Acebuche **E** (CÁC) 105 Tf 113
Casa de la Cenida **E** (CÁC) 104 Tb 111
Casa de la Cervanta **E** (TOL) 109 We 111
Casa de la Cierva **E** (TOL) 88 Uf 109
Casa de la Cigüeña **E** (HUEL) 132 Sf 122
Casa de la Citolera **E** (CÓRD) 135 Ud 120
Casa de la Clavellina **E** (CIU) 124 Wc 118
Casa de la Coneja **E** (CÓRD) 121 Uf 117
Casa de la Contienda de Abajo **E** (VALL) 55 Va 98
Casa de la Corraliza **E** (ALB) 112 Yc 114
Casa de la Corruca **E** (CIU) 123 Wa 115
Casa de la Cova **E** (TAR) 64 Ba 100
Casa de la Cuesta **E** (ALI) 128 Zc 117
Casa de la Cuesta del Gatillo **E** (JAÉ) 138 Wb 119
Casa de la Cueva **E** (ALB) 126 Xf 119
Casa de la Cueva de la Loba **E** (CÓRD) 122 Vc 118
Casa de la Cuquera **E** (SEV) 134 Tf 122
Casa de la Degollada **E** (PALM) 176 B 4
Casa de la Dehesa **E** (CÁC) 86 Te 110
Casa de la Dehesa **E** (CUE) 111 Xf 111
Casa de la Dehesa **E** (JAÉ) 138 Wd 121
Casa de la Dehesa **E** (PAL) 38 Vc 95
Casa de la Dehesa **E** (TOL) 108 Ve 111
Casa de la Dehesa **E** (ZAM) 36 Ua 98
Casa de la Dehesa **E** (ZAM) 36 Ub 97
Casa de la Dehesa de Atrera **E** (CÁD) 158 Uc 128
Casa de la Dehesa de Chaquinote **E** (ZAM) 55 Ud 100
Casa de la Dehesa de las Yeguas **E** (BAD) 120 Tf 115
Casa de la Dehesa del Conde **E** (SEV) 135 Uc 122
Casa de la Dehesa de los Frailes **E** (VALL) 56 Vd 99
Casa de la Dehesa de Utrera **E** (BAD) 120 Ua 116
Casa de la Dehesa Vieja **E** (CÓRD) 136 Vc 120
Casa de la Dehesa Vieja **E** (TOL) 89 Ve 110
Casa de la Dehesilla **E** (BAD) 118 Sf 118
Casa de la Dehesilla **E** (BAD) 120 Ub 116
Casa de la Dehesilla **E** (CUE) 91 Xc 110
Casa de la Dehesilla de Herrera **E** (CUE) 91 Wf 108
Casa de la Dehesita **E** (ZAM) 54 Ub 101
Casa de la Desesperada **E** (ALB) 112 Ye 113
Casa de la Disea **E** (JAÉ) 137 Vf 119
Casa del Administrador **E** (ALB) 127 Yd 116
Casa de la Duquesa **E** (CIU) 108 Wc 114
Casa de la Encomendilla **E** (BAD) 120 Tf 116
Casa de la Encomienda **E** (CÁC) 105 Tf 114
Casa de la Enramada **E** (ÁVI) 88 Va 107
Casa de la Estrella **E** (TOL) 108 Vf 111
Casa de la Felipa **E** (MUR) 127 Ye 118
Casa de la Felipa **E** (TOL) 109 Wf 111
Casa de la Fianza **E** (MUR) 127 Yf 116
Casa de la Fiscala **E** (RIO) 41 Xf 95
Casa de la Flor **E** (CIU) 109 Wc 114
Casa de la Florida **E** (ALB) 112 Ye 114
Casa de la Florida **E** (ALB) 127 Yc 117
Casa de la Fuente **E** (MUR) 142 Yf 120
Casa de la Fuente **E** (TOL) 89 Ve 110
Casa de la Fuente Vieja **E** (JAÉ) 138 We 122
Casa de la Galana **E** (BAD) 103 Ta 112
Casa de la Gallega **E** (TOL) 90 Wc 109
Casa de la Gata **E** (CIU) 110 Xa 114
Casa de la Gloria **E** (MUR) 141 Yb 120
Casa de la Gobernadora **E** (ALB) 112 Yd 114
Casa de la Gobernadora **E** (VAL) 128 Zb 115
Casa de la Golondrina **E** (CIU) 107 Ve 114
Casa de la Granadina **E** (CÁD) 157 Tf 129
Casa de la Grande **E** (CÁC) 86 Te 110
Casa de la Granja **E** (CIU) 124 We 116
Casa de la Granja **E** (CUE) 110 Xd 112
Casa de la Graña **E** (BAD) 121 Va 115
Casa de la Grulla **E** (SEV) 149 Uc 125
Casa del Aguijón **E** (CÁC) 104 Te 111
Casa del Águila **E** (CIU) 123 Vf 117
Casa del Águila **E** (CÓRD) 136 Uf 119
Casa de Laguna **E** (SEV) 136 Uf 123
Casa del Agunzarejo **E** (MUR) 127 Ye 119
Casa de la Herrada **E** (ALB) 126 Xf 119
Casa de la Herradura **E** (JAÉ) 139 Xa 120
Casa de la Higuera **E** (CÁC) 104 Tb 111
Casa de la Higuera **E** (CÓRD) 135 Ue 122
Casa de la Higuera **E** (SEV) 149 Ud 123
Casa de la Higuera **E** (TOL) 90 Wb 108
Casa de la Higueruela **E** (JAÉ) 138 Wb 121
Casa de la Higueruela **E** (TOL) 88 Va 110
Casa de la Higueruela **E** (TOL) 89 Vf 110
Casa de la Hoja **E** (CÁC) 104 Tb 111
Casa de la Hontanilla **E** (TOL) 90 Wc 110
Casa de la Hoya **E** (CÁC) 105 Ub 113
Casa de la Hoya del Conejo **E** (MUR) 141 Yb 121
Casa de la Hoya Gil **E** (ALB) 112 Yc 114
Casa de la Hoz **E** (CUE) 93 Yd 108
Casa de la Huelva del Alcornoque **E** (SEV) 148 Te 123
Casa de la Huerta **E** (CIU) 107 Ve 113
Casa de la Huerta **E** (SEV) 149 Ud 126
Casa de la Huerta **E** (TOL) 88 Uf 110
Casa de la Huerta de Abajo **E** (SEV) 135 Ud 121
Casa de la Huerta del Capullar **E** (CÁD) 165 Uc 131
Casa de la Huerta del Cura **E** (CIU) 108 Wb 113
Casa de la Huerta del Rosalejo **E** (CIU) 122 Vb 116
Casa de la India **E** (BAD) 104 Tb 112
Casa de la Iona de la Rambla **E** (ALI) 142 Za 119
Casa del Aire **E** (MUR) 140 Ya 121
Casa de la Isla de Remondo **E** (BAD) 120 Ua 115
Casa de la Jara **E** (ALB) 111 Ya 113
Casa de la Jara **E** (CÁC) 86 Te 110
Casa de la Javiera **E** (CIU) 122 Ve 117
Casa de la Jirondilla **E** (CÁC) 105 Tf 113
Casa de la Judía **E** (CÁC) 104 Ta 111
Casa de la Junta **E** (CUE) 93 Ye 110
Casa de la Laguna **E** (SEV) 134 Tf 121
Casa de la Lastra **E** (ÁVI) 73 Va 106
Casa del Alcalde **E** (VAL) 112 Yf 113
Casa del Alcalde **E** (VAL) 114 Ze 114
Casa del Alcaraz **E** (MUR) 141 Ya 122
Casa del Alemán **E** (TOL) 107 Vb 112
Casa de la Lentisosa **E** (ALB) 112 Ye 113
Casa del Alguacil **E** (CÓRD) 137 Vd 123
Casa del Almendro **E** (ALB) 110 Xc 113
Casa de la Lobata **E** (CÁC) 104 Tc 111
Casa de la Lobera **E** (CÁC) 85 Tb 110
Casa de la Lóbrega **E** (CIU) 125 Xa 116
Casa de la Loma **E** (JAÉ) 138 We 121
Casa de la Loma del Callizo **E** (TER) 62 Zc 101
Casa de la Loma del Vicario **E** (CÓRD) 137 Ve 120
Casa del Alto **E** (BUR) 39 Wb 95
Casa de la Luz **E** (ALB) 126 Xf 117
Casa de la Magdalena **E** (CÁC) 87 Ub 108
Casa de la Majadilla **E** (BAD) 135 Ub 119
Casa de la Malpartida **E** (CÁC) 85 Ta 110
Casa de la María **E** (VAL) 112 Ye 113
Casa de la Marquesa **E** (CÁC) 86 Te 108
Casa de la Marsilla **E** (MUR) 141 Yb 121
Casa de la Mata **E** (BAD) 120 Uc 118
Casa de la Mata **E** (CIU) 124 We 115
Casa de la Mata **E** (CUE) 91 Xa 110
Casa de la Mata **E** (HUEL) 147 Ta 124
Casa de la Mata **E** (TOL) 108 Wb 111
Casa de la Matanza **E** (HUEL) 148 Td 125
Casa de la Matilla del Royal **E** (CÁC) 105 Tf 112
Casa de la Matosa **E** (ALB) 111 Yb 113
Casa de la Médica **E** (CIU) 109 Wc 113
Casa de la Memoria **E** (GRA) 161 We 127
Casa de la Mengosa **E** (CÁC) 105 Tf 112
Casa de la Merced **E** (CÁC) 85 Tc 110
Casa de la Mesa **E** (SEV) 135 Uc 122
Casa de la Mina **E** (CIU) 122 Vb 115
Casa de la Mina **E** (TOL) 107 Vd 111
Casa de la Mina de Campos **E** (SEV) 134 Tf 121
Casa de la Mina de San Cayetano **E** (CÓRD) 137 Vd 119
Casa de la Mogea **E** (HUEL) 147 Tc 126
Casa de la Monjia **E** (NAV) 24 Xe 93
Casa de la Montera **E** (SEV) 134 Ua 122

Casa de la Moraleja **E** (CUE) 110 Xb 111
Casa de la Morena **E** (ALB) 112 Yc 114
Casa de la Morena **E** (ALB) 126 Yb 115
Casa de la Morena **E** (CIU) 122 Ve 115
Casa de la Morilla **E** (CIU) 107 Vc 111
Casa de la Mota **E** (BUR) 22 Wc 94
Casa de la Muela **E** (CUE) 92 Xf 107
Casa de la Muerte **E** (ALB) 127 Yd 118
Casa de la Mula **E** (CÁC) 103 Sf 112
Casa de la Naterona **E** (BAD) 104 Ta 114
Casa de la Nava **E** (CIU) 123 Wa 116
Casa de la Nava **E** (CUE) 110 Xd 111
Casa de la Nava **E** (TOL) 89 Vd 110
Casa de la Naves **E** (CÁC) 103 Ta 112
Casa de la Noguera, La - **E** (ALB) 125 Xd 118
Casa de la Olmedilla **E** (MAD) 75 Wf 106
Casa de La Olmedilla **E** (SEG) 56 Vb 102
Casa de la Oresa **E** (HUES) 45 Aa 97
Casa de la Ortigosa **E** (ALB) 110 Xb 115
Casa de la Ortina **E** (VAL) 112 Ye 114
Casa de la Pachona **E** (BAD) 106 Uf 114
Casa de la Pajosa **E** (BAD) 120 Ua 116
Casa de la Paloma **E** (SEV) 135 Ub 122
Casa de la Pangía **E** (GUA) 91 Xa 106
Casa de la Pared **E** (CÁC) 104 Te 113
Casa de la Pared de la Cumbre **E** (BAD) 133 Sf 119
Casa de La Parra **E** (CUE) 92 Ya 108
Casa de la Parra **E** (VAL) 94 Za 110
Casa de la Parrilla **E** (CÓRD) 137 Vc 120
Casa de la Parrilla **E** (JAÉ) 124 We 118
Casa de la Patuda **E** (CIU) 122 Vd 115
Casa de la Paz **E** (CIU) 109 We 112
Casa de la Pedrera **E** (ALB) 111 Yc 113
Casa de la Pedriza **E** (GRA) 152 Wc 124
Casa de la Peña **E** (BAD) 121 Ud 116
Casa de la Peña **E** (CUE) 91 Xb 109
Casa de la Peña del Lobo **E** (TOL) 108 Ve 111
Casa de la Peñarrubia **E** (ALI) 128 Zb 117
Casa de la Perdiz **E** (CÁD) 157 Ub 128
Casa de la Pericona **E** (HUEL) 146 Sd 124
Casa de la Pinilla **E** (GUA) 76 Wf 105
Casa de la Pizarra **E** (CÁC) 105 Tf 112
Casa de la Plana **E** (ZAR) 61 Za 100
Casa de la Plata **E** (CÓRD) 136 Uf 121
Casa de la Pluma **E** (CUE) 110 Xd 112
Casa de la Póbeda **E** (CIU) 124 Wc 118
Casa de la Pola **E** (NAV) 42 Yd 96
Casa de la Portugalesa **E** (BAD) 121 Uc 115
Casa de la Posadilla **E** (CIU) 108 Wb 114
Casa de la Posadilla **E** (MUR) 141 Yc 121
Casa de la Poveda **E** (CUE) 110 Xb 111
Casa de la Pradera **E** (TOL) 88 Va 110
Casa de la Puebla **E** (GUA) 91 Xa 107
Casa de la Quebrada **E** (ALB) 126 Xf 117
Casa de la Quejigosa **E** (ALB) 125 Xd 115
Casa de la Quemada **E** (VALL) 56 Vd 99
Casa de la Quinta **E** (SEV) 150 Vb 125
Casa de la Rabosa **E** (TER) 79 Zb 104
Casa de la Rambla **E** (ALB) 112 Yc 113
Casa de la Rana **E** (BAD) 104 Te 114
Casa del Arenalejo **E** (CÁC) 85 Tc 110
Casa de la Retuerta **E** (TER) 78 Yd 103
Casa de la Rinconada **E** (HUEL) 133 Tb 123
Casa de la Rodea **E** (MUR) 140 Xf 120
Casa de la Ronguera **E** (CÁC) 103 Sd 111
Casa de la Ropera **E** (CÁC) 106 Ud 113
Casa de la Roseldo **E** (TAR) 81 Ae 105
Casa del Arreciado **E** (TOL) 106 Va 112
Casa de la Sabanilla **E** (CÁC) 85 Tb 109
Casa de la Sabina **E** (ALB) 125 Xc 115
Casa de la Sabina **E** (CUE) 92 Ya 107
Casa de las Abogadas **E** (VALL) 56 Vb 100
Casa de las Aguas **E** (ALB) 125 Xb 115
Casa de la Salada **E** (ZAR) 62 Ze 101
Casa de la Salceda **E** (CIU) 108 Ve 112
Casa de la Salina de Periago **E** (MUR) 140 Ya 121
Casa de las Almenas **E** (CUE) 110 Xe 113
Casa de las Barajonas **E** (HUEL) 146 Se 124
Casa de las Cabrerizas **E** (JAÉ) 138 Wc 119
Casa de las Calamochas **E** (CÁC) 105 Ua 113
Casa de las Canteras **E** (CIU) 123 Wb 115
Casa de las Carboneras **E** (CUE) 92 Xf 107
Casa de las Cauques **E** (ALB) 110 Xc 114
Casa de las Cinco Algáidas **E** (HUEL) 147 Tc 125
Casa del Asco **E** (CÓRD) 137 Ve 120
Casa de las Cofrades **E** (GUA) 91 Xb 107
Casa de las Corralizas **E** (CÁC) 86 Ua 110
Casa de las Chanas **E** (ZAM) 54 Ub 100
Casa de las Chimeneas **E** (CIU) 109 Wf 114
Casa de las Delicias **E** (CIU) 109 Xa 113
Casa de las Dos Vigas **E** (SEV) 149 Ud 123
Casa de las Duronas **E** (CIU) 123 Wb 115
Casa de las Encinas **E** (CÁC) 104 Td 112
Casa de las Envidias **E** (CIU) 124 Wc 116
Casa de la Señora **E** (JAÉ) 138 Wb 120
Casa de la Señora Ángela **E** (ALI) 128 Zc 117
Casa de la Sepultura **E** (MÁL) 159 Va 129
Casa de la Sevillana **E** (CÁD) 157 Te 127
Casa de las Fuentes **E** (CIU) 124 Wd 118
Casa de Las Garbayuelas **E** (BAD) 121 Uf 115
Casa de las Golondrinas **E** (TER) 94 Zb 107
Casa de las Grangas **E** (CÁC) 105 Tf 113
Casa de las Grulleras **E** (BAD) 104 Ta 112
Casa de las Higueras **E** (MAD) 89 Ve 107
Casa de las Huesas **E** (CIU) 123 Wb 117
Casa de las Ideas **E** (ALB) 126 Xf 115
Casa de la Sierra **E** (CUE) 111 Ya 112
Casa de la Sierra **E** (JAÉ) 138 Wd 120
Casa de la Sierra **E** (NAV) 42 Ya 94
Casa de la Sierrecilla **E** (BAD) 105 Tf 114
Casa de las Juntas **E** (JAÉ) 124 We 118
Casa de las Lastras **E** (CÓRD) 136 Uf 121
Casa de las Loberas **E** (CÁC) 104 Tb 111
Casa de las Lomas **E** (BAD) 120 Ua 116
Casa de las Llamas **E** (MÁL) 150 Va 126
Casa de las Madres **E** (ALB) 110 Xc 113
Casa de las Mangas **E** (ZAM) 36 Ub 97
Casa de las Mayorgas **E** (CIU) 109 Wd 114
Casa de las Minas **E** (ALB) 127 Ye 116
Casa de las Minas **E** (CÁC) 86 Td 110
Casa de las Minas **E** (MUR) 127 Yd 118
Casa de las Minas **E** (SEV) 135 Ub 121
Casa de las Monjas **E** (ALB) 111 Xe 113
Casa de las Monjas **E** (RIO) 23 Xc 94
Casa de las Monjas de Pozo-Cañada **E** (ALB) 127 Yc 116
Casa de las Morras **E** (CIU) 123 Ve 117
Casa de las Navas **E** (CIU) 122 Vc 116
Casa de las Navas **E** (TOL) 108 Vf 112
Casa de las Norias **E** (JAÉ) 138 Wd 120
Casa de la Solana o Moreno **E** (CÁC) 103 Sd 111
Casa de la Solanilla **E** (BAD) 106 Ue 114
Casa de las Pedrizas **E** (CÁC) 86 Td 110
Casa de las Peñuelas **E** (CÁD) 164 Tf 131
Casa de las Rozas **E** (VALL) 37 Ue 97
Casa de las Salinas **E** (CÁD) 156 Td 127
Casa de las Salinas **E** (ZAR) 60 Yb 102
Casa de las Santas **E** (BAD) 104 Tb 113
Casa de las Semillas **E** (SEV) 149 Ud 126
Casa de las Señoras **E** (ALB) 111 Ya 113
Casa de las Setecientas **E** (CIU) 123 Wa 116
Casa de las Tablas **E** (JAÉ) 139 Xb 120
Casa de las Tarazonas **E** (CÁC) 105 Te 113
Casa de las Tejoneras **E** (CIU) 124 We 117
Casa de las Tenias **E** (ZAR) 43 Za 95
Casa de las Tomasas **E** (VALL) 37 Va 98
Casa de las Velas **E** (CIU) 109 We 113
Casa de las Veredillas **E** (CIU) 109 We 112
Casa de las Viborillas **E** (CÓRD) 136 Vb 119
Casa del Ataúd **E** (CUE) 112 Yd 111
Casa de la Tejera **E** (TER) 79 Zb 103
Casa de la Tejona **E** (CIU) 107 Vc 112
Casa de la Tinaja **E** (CÁD) 157 Tf 129
Casa de la Toba **E** (ALB) 126 Xe 117
Casa de la Tormenta **E** (MÁL) 159 Vd 128
Casa de la Torre **E** (CÁC) 103 Sf 112
Casa de la Trinidad **E** (CIU) 124 We 117
Casa de la Urraca **E** (TOL) 90 Wc 110
Casa de la Urraquilla Alta **E** (CÓRD) 136 Vc 120
Casa de la Varela **E** (CÁD) 164 Ub 130
Casa de la Vega **E** (ALB) 127 Yd 115
Casa de la Vega **E** (GUA) 91 Xa 107
Casa de la Vega **E** (ZAR) 60 Ya 100
Casa de la Vega de los Maderos **E** (BAD) 120 Ua 116
Casa de la Veguilla **E** (BAD) 120 Ua 115
Casa de la Veguilla **E** (ZAR) 60 Ya 99
Casa de la Venta **E** (ALB) 125 Xc 116
Casa de la Ventilla **E** (CIU) 109 Wf 114
Casa de la Ventosa **E** (ALB) 111 Yb 114
Casa de la Vera **E** (BAD) 120 Tf 119
Casa de Laverné Alta **E** (ZAR) 43 Yf 96
Casa de la Vicuña **E** (CÁD) 157 Te 129
Casa de la Vigilia **E** (CÁC) 104 Tb 111
Casa de la Villalbas **E** (CÁC) 105 Uc 113
Casa de la Viña **E** (ALB) 110 Xd 113
Casa de la Viña **E** (NAV) 24 Ya 93
Casa de la Viñas **E** (TOL) 87 Ue 108
Casa de la Viñuela **E** (SEV) 135 Uc 121
Casa de la Viñuela **E** (ZAM) 54 Ua 100
Casa de la Virgen **E** (CUE) 110 Xb 111
Casa de la Virgen **E** (MUR) 127 Ye 119
Casa de la Viuda **E** (CIU) 109 Wd 114
Casa de la Viuda **E** (CÓRD) 137 Ve 121
Casa de la Viuda **E** (GRA) 153 Xa 124
Casa de la Viuda **E** (TOL) 90 We 110
Casa del Avutardo **E** (CÁC) 86 Td 110
Casa de la Zarzuela **E** (ALB) 126 Yb 117
Casa del Barbol **E** (MUR) 141 Yc 121
Casa del Barcial **E** (PAL) 38 Vf 96
Casa del Barón **E** (CÁD) 157 Te 128
Casa del Batán **E** (TOL) 90 Wd 110
Casa del Beato **E** (CÁD) 157 Tf 129
Casa del Beato **E** (CIU) 109 Wf 112
Casa del Becerril **E** (CIU) 124 We 116
Casa del Becerro **E** (CÁC) 104 Td 112
Casa del Belvis **E** (CÁC) 104 Tb 111
Casa del Bernardillo **E** (VALL) 55 Uf 100
Casa del Bodonal **E** (BAD) 106 Uc 114
Casa del Bolar **E** (TER) 62 Zb 102
Casa del Boquerón **E** (MUR) 127 Ye 119
Casa del Borril **E** (CÁC) 105 Tf 112
Casa del Boticario **E** (VALL) 38 Vb 98
Casa del Bracho **E** (MÁL) 159 Vc 128
Casa del Cabalgador **E** (ALB) 110 Xb 114
Casa del Cabrito **E** (BAD) 121 Ue 116
Casa del Cahorzo **E** (TOL) 108 Wb 111
Casa del Calerón **E** (SEV) 149 Ud 123
Casa del Campesino **E** (BUR) 57 Wa 99
Casa del Campillo **E** (CÁC) 106 Ud 112
Casa del Campillo **E** (ZAR) 62 Zb 100
Casa del Campo **E** (VAL) 94 Zc 110
Casa del Campo **E** (VAL) 112 Yf 114
Casa del Canal **E** (SEV) 135 Ud 122
Casa del Canchal Blanquillo **E** (CÁC) 105 Te 113
Casa del Cancho **E** (CÁC) 85 Tc 110
Casa del Cano **E** (ALB) 140 Xf 119
Casa del Canónigo **E** (BAD) 106 Ud 114
Casa del Canónigo **E** (JAÉ) 138 We 122
Casa del Cantivano **E** (CIU) 109 Wf 113
Casa del Cañizar **E** (CUE) 93 Yb 109
Casa del Capador **E** (MUR) 141 Yc 123
Casa del Capellán **E** (MÁL) 159 Va 127
Casa del Capitán **E** (ALB) 111 Xf 114
Casa del Capitán **E** (CÁD) 157 Ub 127
Casa del Capitán **E** (VALL) 56 Vb 99
Casa del Cara de Lobo **E** (MUR) 141 Yd 122
Casa del Cardizal **E** (CÁC) 103 Sf 112
Casa del Carnerito **E** (CÁC) 104 Ta 111
Casa del Carrascal **E** (CÁC) 85 Ta 110
Casa del Carrascal **E** (VALL) 37 Ue 98
Casa del Cartón **E** (ALI) 128 Zb 117
Casa del Carvajal **E** (CÁD) 157 Tf 129
Casa del Carvajal **E** (VALL) 37 Uf 98
Casa del Casarejo **E** (CIU) 107 Vd 114
Casa del Casquero **E** (BAD) 120 Ua 115
Casa del Castaño **E** (CÁD) 165 Uc 131
Casa del Castejonero **E** (HUES) 44 Zf 98
Casa del Castillejo **E** (CÁC) 85 Ta 110
Casa del Castillejo **E** (CIU) 107 Vd 113
Casa del Cebollar de Santa Ana **E** (HUEL) 147 Sf 124
Casa del Cerillar **E** (CÁD) 158 Ud 127
Casa del Cerillo de la Era **E** (CIU) 124 Wd 117
Casa del Cero **E** (CÓRD) 136 Va 123
Casa del Cerro **E** (ALB) 112 Yd 113
Casa del Cerro **E** (ALB) 127 Yd 115
Casa del Cerro **E** (CÁC) 105 Te 113
Casa del Cerro **E** (MAD) 91 Wf 107
Casa del Cerro de la Collada **E** (CÁC) 105 Tf 113
Casa del Cerro del Humo **E** (CÓRD) 150 Vc 123
Casa del Cerro del Inglés **E** (CÁD) 157 Tf 129
Casa del Cerro del Trigo **E** (HUEL) 156 Td 127
Casa del Cerro Sagrado **E** (BAD) 121 Ud 115
Casa del Cirujano **E** (CIU) 109 Wf 113
Casa del Colmenar **E** (CÁC) 86 Tf 110
Casa del Colmenar **E** (TOL) 88 Vb 108
Casa del Collado **E** (ALI) 129 Ze 117
Casa del Collado de San Juan **E** (VAL) 112 Yf 115
Casa del Conde **E** (ALB) 112 Ye 113
Casa del Condesillo **E** (CIU) 109 We 113
Casa del Conejo **E** (SEV) 148 Tf 126
Casa del Convento **E** (LEÓ) 18 Ua 93
Casa del Corcho **E** (CÁC) 103 Ta 112
Casa del Cordobes **E** (PALM) 175 II E 2
Casa del Cordobés **E** (TOL) 109 Wd 111
Casa del Corneta **E** (TOL) 90 We 109
Casa del Cortijo **E** (ALB) 112 Yc 114
Casa del Coscojar **E** (ZAR) 43 Ye 98
Casa del Cosme **E** (CIU) 110 Xa 113
Casa del Cotarrón **E** (VALL) 56 Vc 100
Casa del Coto **E** (SEG) 74 Vd 103
Casa del Coto Presa **E** (BAD) 104 Td 114
Casa del Cuadrado **E** (CIU) 109 Xa 114
Casa del Cuartillo **E** (CÁC) 85 Ta 110
Casa del Cul **E** (VAL) 113 Za 113
Casa del Cura **E** (ALB) 111 Xf 113
Casa del Cura **E** (ALB) 127 Yf 116
Casa del Cura **E** (CÁC) 85 Tc 110
Casa del Cura **E** (CUE) 93 Yb 107
Casa del Cura **E** (CUE) 110 Xc 112
Casa del Cura **E** (JAÉ) 139 Xa 120
Casa del Cura **E** (NAV) 42 Ya 96
Casa del Cura y Cañada del Alba **E** (MUR) 155 Yb 123
Casa del Chabacano **E** (CÓRD) 122 Vb 118
Casa del Champiñón **E** (MAD) 89 Wa 107
Casa del Chaparral **E** (CÁC) 105 Ua 113
Casa del Chaparral **E** (CIU) 123 Ve 115
Casa del Chaparro **E** (CÁC) 106 Ue 110
Casa del Chas **E** (HUES) 26 Za 94
Casa del Chico **E** (MUR) 140 Ya 121
Casa del Chiquillo **E** (CUE) 91 Xb 110
Casa del Chivero **E** (TOL) 89 Vf 109
Casa del Chorrito **E** (TOL) 108 Vf 112
Casa del Chortal **E** (JAÉ) 124 Wd 118
Casa del Churri **E** (TOL) 109 We 111
Casa del Dehesón **E** (TOL) 88 Va 108
Casa del Doctor **E** (VALL) 56 Vc 98
Casa del Dorado **E** (TOL) 90 Wf 109
Casa del Duende **E** (CIU) 109 We 113
Casa del Duque **E** (CIU) 109 Wc 113
Casa del Duque **E** (CÓRD) 150 Vc 123
Casa del Duque **E** (TOL) 90 Wb 110
Casa de Léchina **E** (ALB) 110 Xd 114
Casa de Lema **E** (ALB) 111 Yb 113
Casa del Empalme **E** (ALM) 153 Xa 127
Casa del Empalme **E** (CÁC) 103 Se 112
Casa del Encinar **E** (BAD) 119 Td 115
Casa del Esparragosillo **E** (CÁC) 103 Ta 111
Casa del Estanquero **E** (TOL) 108 Wb 111
Casa del Esterquizo **E** (SEV) 134 Tf 121
Casa del Fausto **E** (TOL) 90 Wb 110
Casa del Fontanar **E** (CÓRD) 122 Vb 118
Casa del Fraile **E** (MUR) 127 Ye 119
Casa del Frailito **E** (CIU) 109 We 112
Casa del Francès **E** (TAR) 81 Ad 104
Casa del Francés **E** (VALL) 55 Va 98
Casa del Francés **E** (VALL) 55 Va 101
Casa del Fresnedoso **E** (TOL) 88 Vc 108
Casa del Frontón **E** (PALM) 175 II E 3
Casa del Gallinero **E** (CÁC) 105 Tf 113
Casa del Gallo **E** (ALB) 125 Xb 115
Casa del Garbanzuelo **E** (CIU) 107 Vc 112
Casa del Gato **E** (HUEL) 147 Tc 126
Casa del Gimena **E** (CIU) 124 Wc 117
Casa del Gitano **E** (CUE) 92 Ya 108
Casa del Gordo **E** (ALB) 110 Xc 113
Casa del Goro **E** (CIU) 107 Vd 113
Casa del Granizo **E** (VALL) 56 Ve 99
Casa del Guarda **E** (ALB) 126 Xf 116
Casa del Guarda **E** (CÁC) 85 Tc 109
Casa del Guarda **E** (CUE) 92 Xf 109
Casa del Guarda **E** (HUEL) 147 Tc 126
Casa Del Guarda **E** (RIO) 41 Xc 94
Casa del Guarda **E** (SEV) 148 Te 126
Casa del Guarda de la Alameda **E** (JAÉ) 124 We 118
Casa del Guarda del Monte **E** (HUES) 44 Ze 97
Casa del Guarda de Sierra del Loro **E** (JAÉ) 124 We 118
Casa del Guijo **E** (BAD) 120 Tf 115
Casa del Guijuelo **E** (CÁC) 106 Uc 113
Casa del Herradón **E** (BAD) 121 Uc 115
Casa del Herrador **E** (CIU) 109 We 113
Casa del Hierro **E** (CIU) 109 Wf 114
Casa del Hierro **E** (CIU) 124 Wc 116
Casa del Higueral **E** (NAV) 42 Yd 95
Casa del Hondayo **E** (ZAM) 54 Uc 100
Casa del Hontanar **E** (ALB) 112 Yd 114
Casa del Hormigón **E** (CIU) 123 Wb 116
Casa del Hornillo **E** (CÁC) 104 Ta 112
Casa del Hornillo **E** (CIU) 122 Ve 117
Casa del Hornillo **E** (JAÉ) 124 Wc 118
Casa del Horquillo **E** (TOL) 87 Uf 109
Casa del Hoyo **E** (CIU) 123 Vf 116
Casa del Huesco **E** (VALL) 55 Ue 98
Casa del Huevo **E** (ALB) 127 Yd 116
Casa del Indiano **E** (SEV) 134 Tf 121
Casa del Indiano **E** (TOL) 109 Wc 111
Casa del Infante **E** (SEV) 148 Ua 125
Casa del Inglés **E** (RIO) 23 Xb 94
Casa del Intendente **E** (BAD) 120 Ub 115
Casa del Iranzo **E** (ZAR) 42 Yd 95
Casa de Lizana **E** (CIU) 124 Wf 117
Casa del Jabonero **E** (CIU) 110 Xa 113
Casa del Jaral **E** (TOL) 88 Vb 109
Casa del Jardinillo **E** (GUA) 75 Wd 103
Casa del Judío **E** (CÁD) 157 Ua 130
Casa del Juncal **E** (MAD) 88 Vc 107
Casa del Lanchar **E** (CÁD) 164 Tf 130
Casa del Lavadero **E** (CÁC) 106 Uc 113
Casa del Letrado **E** (CIU) 109 Wf 114
Casa del Linareo **E** (TOL) 106 Va 111
Casa del Lobato **E** (CÁC) 86 Te 110
Casa del Lorito **E** (TOL) 109 Wd 112
Casa del Lote **E** (HUEL) 133 Ta 121
Casa del Llano **E** (CIU) 124 Xa 115
Casa del Llano **E** (CUE) 111 Xe 111
Casa del Macho **E** (BAD) 103 Sf 112
Casa del Madroño **E** (CÁC) 85 Tb 110
Casa del Magrero **E** (CIU) 124 Wc 115
Casa del Majuelo **E** (SEV) 135 Uc 122
Casa del Malagueño **E** (SEV) 150 Vb 125
Casa del Manantial **E** (BAD) 106 Ue 114
Casa del Manco **E** (GUA) 76 Xa 106
Casa del Manco **E** (MUR) 142 Ye 121

Casa del Manchego **E** (CIU) 123 Wb 117
Casa del Maragato **E** (ZAM) 36 Uc 97
Casa del Marañal **E** (ALB) 110 Xb 114
Casa del Marinote **E** (ZAR) 43 Ye 98
Casa del Marqués **E** (CUE) 91 Wf 110
Casa del Marqués del Saco **E** (GUA) 91 Xa 106
Casa del Marqués de Remisa **E** (MAD) 91 Wf 108
Casa del Marqués de Santiago **E** (MÁL) 158 Ue 129
Casa del Martinazo **E** (HUEL) 148 Td 126
Casa del Médico **E** (ALB) 112 Ye 114
Casa del Medio **E** (VAL) 112 Yf 114
Casa del Membrillar **E** (BAD) 107 Vb 112
Casa del Mesón del Espejo **E** (CIU) 109 We 113
Casa del Mesonero **E** (CIU) 124 We 116
Casa del Millaron **E** (CÁC) 103 Sf 112
Casa del Minguillo **E** (CIU) 109 Wf 113
Casa del Miño **E** (CIU) 109 Wf 114
Casa del Mochuelo **E** (CAS) 81 Ac 107
Casa del Mojón de la Legua **E** (JAÉ) 138 Wb 119
Casa del Molino **E** (CÓRD) 136 Uf 121
Casa del Molino **E** (PALM) 176 C 3
Casa del Montaraz **E** (CUE) 92 Xd 108
Casa del Monte **E** (ALB) 111 Yb 114
Casa del Monte **E** (ÁVI) 72 Uf 104
Casa del Monte **E** (BUR) 39 Wc 95
Casa del Monte **E** (CIU) 124 Wf 117
Casa del Monte **E** (CUE) 91 Wf 109
Casa del Monte **E** (CUE) 91 Xa 108
Casa del Monte **E** (CUE) 91 Xc 109
Casa del Monte **E** (CUE) 110 Xa 111
Casa del Monte **E** (CUE) 110 Xa 112
Casa del Monte **E** (CUE) 111 Xe 111
Casa del Monte **E** (GUA) 91 Wf 107
Casa del Monte **E** (JAÉ) 138 Wb 120
Casa del Monte **E** (LEÓ) 19 Ub 93
Casa del Monte **E** (LEÓ) 37 Ud 95
Casa del Monte **E** (PAL) 38 Vd 96
Casa del Monte **E** (PAL) 38 Ve 96
Casa del Monte **E** (PAL) 38 Ve 97
Casa del Monte **E** (SAL) 55 Ue 102
Casa del Monte **E** (VALL) 37 Uf 97
Casa del Monte **E** (VALL) 38 Vb 98
Casa del Monte **E** (VALL) 56 Vd 99
Casa del Monte **E** (ZAM) 36 Ua 97
Casa del Monte **E** (ZAR) 60 Yd 99
Casa del Monte **E** (ZAR) 60 Yd 102
Casa del Monte de las Escaleras **E** (MAD) 75 Wf 106
Casa del Monte de la Villa **E** (VALL) 37 Uf 98
Casa del Monte del Conde **E** (VALL) 37 Ue 98
Casa del Monte de San Miguel **E** (VALL) 55 Uf 98
Casa del Monte de Torozos **E** (VALL) 37 Va 98
Casa del Monte de Villalobón **E** (BUR) 39 Wa 98
Casa del Monte Nuevo **E** (ZAR) 60 Ya 100
Casa del Monte Reoyo **E** (ZAM) 37 Ud 98
Casa del Montico **E** (ZAM) 54 Uc 99
Casa del Moral **E** (CIU) 108 Wc 113
Casa del Muni **E** (TOL) 90 Wd 109
Casa del Muñico **E** (SEG) 73 Vd 103
Casa del Navajo **E** (CIU) 108 Vf 111
Casa del Nordal **E** (ALB) 126 Yb 116
Casa del Notario **E** (CÁC) 105 Ua 114
Casa de Lobera **E** (RIO) 42 Ya 95
Casa del Obispo **E** (ALB) 110 Xd 114
Casa del Ochavo **E** (SEV) 135 Uc 121
Casa de Lodares **E** (CUE) 91 Xb 110
Casa del Olmillo **E** (CÁC) 85 Ta 111
Casa del Olmo **E** (ALB) 111 Ya 114
Casa de López **E** (MUR) 127 Yf 118
Casa del Orillal **E** (CÁC) 85 Tb 111
Casa de los Acebuchares **E** (CÓRD) 136 Vc 119
Casa de los Alamos **E** (CÁC) 85 Tb 110
Casa de los Alcores **E** (CIU) 124 Wf 117
Casa de los Alcornoques **E** (CÁC) 105 Tf 113
Casa de los Alejandros **E** (TOL) 109 Wc 112
Casa de los Almendreros **E** (HUEL) 146 Se 123
Casa de los Almendros **E** (ALB) 127 Yd 118
Casa de los Almendros **E** (MUR) 127 Yd 117
Casa de los Angostones **E** (JAÉ) 139 Xa 120
Casa de los Árboles **E** (CIU) 109 Xa 113
Casa de los Arcos **E** (ALB) 126 Xf 115
Casa de los Ayeruales **E** (BAD) 106 Va 113
Casa de los Baños de Fuensanta **E** (MUR) 141 Ya 122
Casa de los Barrancos **E** (CIU) 124 Wd 118
Casa de los Barreros **E** (CÁC) 103 Se 112
Casa de los Bilbaínos **E** (ZAR) 60 Yd 99
Casa de los Blases **E** (SEG) 74 Vd 104
Casa de los Bodegones **E** (HUEL) 147 Sf 125
Casa de los Bolos **E** (ALB) 112 Ye 115
Casa de los Cadetes **E** (RIO) 41 Xe 94
Casa de los Caleros **E** (CÓRD) 137 Ve 120
Casa de los Calvos **E** (CÁC) 104 Tb 112
Casa de los Camarotes **E** (ALM) 154 Xf 124
Casa de los Cantadales **E** (ZAM) 55 Ue 100
Casa de los Cañizos **E** (ALB) 112 Ye 114
Casa de los Capellanes **E** (VAL) 112 Yf 113
Casa de los Carabales **E** (SEV) 134 Tf 121
Casa de los Casares **E** (HUEL) 132 Sd 122
Casa de los Caserones **E** (BUR) 39 Vf 97
Casa de los Cerrillares **E** (MUR) 127 Ye 117
Casa de los Cerros **E** (SEV) 148 Ua 125
Casa de los Cicateros **E** (CIU) 109 Xa 113
Casa de los Cipreses **E** (JAÉ) 137 Vf 120
Casa de los Collados **E** (HUEL) 133 Tb 123
Casa de los Coroneles **E** (PALM) 175 II E 2
Casa de los Corteses **E** (BAD) 120 Tf 116
Casa de los Corzos **E** (CUE) 92 Ya 107
Casa de los Cuartos **E** (CÁC) 86 Te 110
Casa de los Cuquiles **E** (SEV) 134 Tf 121
Casa de los Charcones **E** (JAÉ) 138 Wc 122
Casa de los Delgados **E** (BAD) 120 Ua 115
Casa de los Fontes **E** (CIU) 124 Wd 117
Casa de los Frailes **E** (CÓRD) 136 Va 122
Casa de Los Garijos **E** (ALB) 112 Yc 114
Casa de los Gatos **E** (CIU) 109 We 114
Casa de los Grajos **E** (ALB) 126 Yb 118
Casa de los Granadillos **E** (SEV) 148 Ua 123
Casa de los Guardas **E** (CIU) 108 Wa 114
Casa de los Guardas **E** (ZAR) 43 Yf 96
Casa de los Guijos **E** (CIU) 109 We 114
Casa de los Hoyos de Zanona **E** (CÁD) 164 Uc 131
Casa de los Jugos **E** (TER) 62 Zc 101
Casa de los Lagares **E** (TOL) 107 Vc 111
Casa de los Lanchas **E** (HUEL) 146 Sd 124
Casa de los Logios **E** (SEV) 135 Ub 122
Casa de los Llanos **E** (BAD) 106 Ue 114
Casa de los Llanos **E** (CÓRD) 137 Vc 120
Casa de los Llanos **E** (CUE) 91 Xb 110
Casa de los Llanos **E** (JAÉ) 138 Wb 121
Casa de los Machos **E** (TOL) 109 Wc 112
Casa de los Mateos **E** (ALB) 110 Xd 113
Casa de los Medranos **E** (CIU) 108 Vf 114
Casa de los Mesoneros **E** (CÓRD) 122 Vc 118
Casa de los Milagros **E** (PAL) 38 Vd 97
Casa de los Mirones **E** (CÁC) 104 Tb 111
Casa de los Mocosos **E** (CÓRD) 122 Vb 118
Casa de los Mojones **E** (PALM) 176 B 4
Casa de los Morales **E** (CÁC) 85 Tb 110
Casa de los Morcos **E** (TER) 79 Zc 105
Casa de los Morrones **E** (CIU) 124 We 117
Casa de los Niños **E** (ALB) 126 Yb 118
Casa de los Ontureños **E** (MUR) 127 Yd 117
Casa de los Pajares **E** (TER) 78 Yd 106
Casa de los Pardales **E** (ALB) 126 Xe 115
Casa de los Pedregak **E** (CÁC) 85 Tc 110
Casa de los Peras **E** (HUES) 45 Ab 98
Casa de los Peruelos **E** (ALB) 126 Yb 118
Casa de los Petos **E** (CÁC) 86 Te 110
Casa de los Pilares **E** (BAD) 120 Tf 115
Casa de los Pilones **E** (CIU) 122 Vc 115
Casa de los Pinos **E** (ALB) 111 Xf 113
Casa de los Pinos **E** (ALB) 127 Ye 115
Casa de los Pis **E** (TOL) 110 Xa 111
Casa de los Pobres **E** (SEV) 148 Te 125
Casa de los Potros **E** (CÁC) 87 Ud 108
Casa de los Pozos **E** (MUR) 127 Yd 117
Casa de los Quemados **E** (CIU) 123 Vf 117
Casa de los Rastedales **E** (CÓRD) 137 Vd 120
Casa de los Reventones **E** (CÓRD) 122 Vb 118
Casa de los Robledillos **E** (TOL) 108 Wa 112
Casa de los Salinas **E** (MÁL) 150 Va 126
Casa de los Santiagos **E** (CIU) 123 Ve 115
Casa de los Socios **E** (CIU) 124 We 117
Casa de los Socios **E** (MAD) 75 Wf 106
Casa de los Tarancones **E** (SEV) 150 Vb 126
Casa de los Teatinos **E** (ALB) 125 Xc 116
Casa de los Tetones **E** (NAV) 42 Yc 96
Casa de los Toriles **E** (CIU) 123 Wa 117
Casa de los Velascos **E** (GUA) 91 Xa 107
Casa de los Vitotos **E** (ZAM) 54 Ub 99
Casa de los Viveros **E** (CIU) 107 Vc 114
Casa del Pajarito **E** (SEV) 148 Ua 126
Casa del Palomar **E** (CIU) 124 Wf 117
Casa del Páramo **E** (VALL) 55 Ue 98
Casa del Pardillo **E** (CIU) 123 Wa 115
Casa del Pardillo **E** (CIU) 124 Wc 115
Casa del Pardillo **E** (TOL) 90 Wb 110
Casa del Parrilla **E** (BAD) 107 Vb 112
Casa del Parrucho **E** (CÁC) 86 Td 110
Casa del Pastor **E** (CIU) 122 Vd 117
Casa del Patrón **E** (CIU) 124 Wd 115
Casa del Peñón **E** (MUR) 141 Ya 122
Casa del Peraleo **E** (CUE) 91 Xb 110
Casa del Peregrín **E** (VAL) 113 Za 115
Casa del Pintado **E** (CUE) 93 Yc 110
Casa del Piojo **E** (HUEL) 147 Tc 125
Casa del Pizarroso **E** (CÁC) 86 Td 110
Casa del Platero **E** (BAD) 106 Uf 113
Casa del Polo **E** (MÁL) 159 Vb 128
Casa del Polvo **E** (CÁC) 104 Tb 112
Casa del Porquero **E** (CÁC) 86 Tf 109
Casa del Porquero **E** (TOL) 88 Va 109
Casa del Posio **E** (CÁC) 86 Td 110
Casa del Postuero Cordel **E** (ÁVI) 72 Ue 106
Casa del Pote **E** (GUA) 77 Ya 103
Casa del Pozo **E** (ALB) 111 Yb 114
Casa del Pozo **E** (ALB) 140 Xd 120
Casa del Pozo **E** (CUE) 111 Yb 113
Casa del Pozo **E** (VALL) 56 Ve 99
Casa del Pozo de la Higuera **E** (ALB) 112 Yc 114
Casa del Pozo del Villar **E** (CÓRD) 150 Vb 123
Casa del Pozo Linares **E** (CÓRD) 122 Vb 118
Casa del Pozuelo **E** (MÁL) 158 Uf 129
Casa del Prado **E** (ÁVI) 74 Ve 105
Casa del Prado **E** (CÓRD) 136 Va 121
Casa del Prado de los Carneros **E** (HUEL) 132 Se 122
Casa del Prado de los Esquiladores **E** (CUE) 92 Ya 108
Casa del Puerco **E** (BAD) 103 Sf 113
Casa del Puerto **E** (ALB) 126 Yc 116
Casa del Puerto **E** (MUR) 127 Ye 118
Casa del Puerto (Albergue) **E** (CÓRD) 122 Va 117
Casa del Puntal **E** (HUEL) 148 Td 127
Casa del Quintanar **E** (SEG) 74 Vf 102
Casa del Quinto **E** (CIU) 108 Ve 112
Casa del Quinto **E** (TOL) 109 We 111
Casa del Quinto de Santiago **E** (CIU) 123 Wb 116
Casa del Ramblazo **E** (BAD) 105 Ua 115
Casa del Raso **E** (TOL) 89 Vd 109
Casa del Raso de la Esalera **E** (JAÉ) 139 Xa 120
Casa del Rayado **E** (CIU) 109 Wc 113
Casa del Rayo **E** (ALM) 155 Ya 123
Casa del Realejo **E** (BAD) 103 Sf 112
Casa del Redondón **E** (SEV) 149 Uc 125
Casa del Regajo **E** (ALB) 127 Yc 116
Casa del Repiao **E** (BAD) 103 Ta 113
Casa del Reventón **E** (VALL) 55 Ue 101
Casa del Rincón **E** (CÁC) 85 Tb 109
Casa del Rincón **E** (CÁC) 85 Tc 110
Casa del Rincón **E** (CÁC) 87 Ud 110
Casa del Rincón **E** (CÁC) 106 Ud 113
Casa del Rincón **E** (CÓRD) 135 Ue 121
Casa del Rincón **E** (SEV) 134 Tf 121
Casa del Rincón **E** (SOR) 41 Xb 97
Casa del Rincón **E** (TOL) 107 Vc 111
Casa del Rincón, La - **E** (CÓRD) 135 Ud 119
Casa del Rincón de la Higuera **E** (SEV) 134 Ua 121
Casa del Risco **E** (BAD) 134 Td 119
Casa del Rivero **E** (CÁC) 103 Sd 111
Casa del Roble **E** (ALB) 125 Xe 115
Casa del Roble **E** (CÁC) 105 Tf 113
Casa del Roble **E** (MUR) 141 Yb 119
Casa del Roblecillo de Arriba **E** (MUR) 140 Xf 120
Casa del Robledo **E** (CIU) 107 Vc 112
Casa del Rojalero **E** (ALB) 127 Yf 116
Casa del Románico **E** (ZAR) 61 Zb 101
Casa del Romeral **E** (ALB) 110 Xe 114
Casa del Roncero **E** (CIU) 109 Wd 114
Casa del Rostro **E** (CIU) 107 Vd 113
Casa del Royo **E** (VAL) 127 Yf 115
Casa del Rozalejo **E** (JAÉ) 137 Vf 119
Casa del Sabinar **E** (ALB) 112 Yc 114
Casa del Saladillo **E** (SEV) 135 Uc 122
Casa del Salado **E** (ALB) 112 Ye 113
Casa del Salarnein **E** (LLE) 46 Af 97
Casa del Salto **E** (TEN) 171 C 2
Casa del Santo **E** (ALB) 125 Xd 117
Casa del Santo **E** (CÁC) 103 Sd 111
Casa del Sapo **E** (MAD) 74 Vd 105
Casa del Sapo **E** (TOL) 87 Uf 109
Casa del Saxo **E** (ZAR) 62 Zc 99
Casa del Serrano **E** (CIU) 107 Ve 112
Casa del Sesmo **E** (BAD) 103 Sf 113
Casa del Sesmo de Abajo **E** (CÁC) 103 Sd 111
Casa del Soldat **E** (LLE) 46 Ae 95
Casa del Sotillo **E** (BAD) 106 Ue 113
Casa del Sotillo Nuevo **E** (CÁD) 157 Ua 129
Casa del Soto **E** (SOR) 42 Ya 98
Casa del Soto del Moro **E** (SEV) 150 Va 123
Casa del Tabernero **E** (SAL) 71 Ua 103
Casa del Tarro **E** (BAD) 103 Ta 113
Casa del Tejar **E** (BAD) 120 Tf 115
Casa del Tendero **E** (BAD) 120 Tf 116
Casa del Tendero **E** (ZAR) 61 Yf 99
Casa del Tío Alozaina **E** (CÁD) 164 Ub 131
Casa del Tío Genaro **E** (GUA) 76 Wf 106
Casa del Tío Mario **E** (TOL) 108 Wa 111
Casa del Tío Miguel **E** (CÁC) 85 Tc 110
Casa del Tío Pepe **E** (TOL) 109 Wd 112
Casa del Tío Salao **E** (TOL) 109 Wc 111
Casa del Tío Vidal **E** (ALI) 128 Za 117
Casa del Toconal **E** (BAD) 120 Ua 115
Casa del Tonto **E** (ALB) 125 Xc 115
Casa del Tonto **E** (BAD) 120 Uc 115
Casa del Toril **E** (MÁL) 159 Vb 129
Casa del Torno **E** (ALB) 127 Ye 115
Casa del Torno **E** (ÁVI) 87 Uf 107
Casa del Torrejón **E** (TOL) 89 Vc 109
Casa del Tostado **E** (ALB) 127 Ye 115
Casa del Trabuco **E** (TOL) 107 Vd 110
Casa del Tresmal **E** (CÁC) 86 Te 110
Casa del Tronadit **E** (LLE) 64 Ae 100
Casa del Tuerto **E** (PAL) 39 Vf 97
Casa de Luciérnaga **E** (TOL) 107 Vc 111
Casa de Ludeña **E** (TOL) 109 We 111
Casa de Luján **E** (CUE) 111 Yb 111
Casa de Luna **E** (ALI) 128 Zc 117
Casa del Vagón **E** (CIU) 109 Wf 113
Casa del Valmorro **E** (CIU) 107 Vb 112
Casa del Valle **E** (CUE) 77 Xf 106
Casa del Valle **E** (PAL) 38 Vc 97
Casa del Vaquerín **E** (CÁC) 105 Uc 113
Casa del Vaquero **E** (BAD) 121 Ue 115
Casa del Ventorro de Sangamello **E** (CÁC) 86 Tf 108
Casa del Vicario **E** (CÁC) 104 Td 111
Casa del Viejo **E** (CIU) 123 Wb 115
Casa del Vinagre **E** (HUEL) 147 Tc 123
Casa del Viudo **E** (CIU) 124 Wf 116
Casa del Vivero **E** (CIU) 122 Vb 116
Casa del Vivero **E** (NAV) 42 Xf 94
Casa del Yelo **E** (SOR) 60 Ya 100
Casa del Zarzal **E** (TOL) 107 Vd 111
Casa del Zarzoso **E** (TER) 93 Yd 107
Casa del Zorrero **E** (VAL) 113 Zb 114
Casa del Zurdo **E** (CUE) 111 Ya 111
Casa del Zurdo **E** (TER) 94 Za 108
Casa de Macada **E** (ZAM) 54 Ua 101
Casa de Machín **E** (PALM) 175 II D 4
Casa de Maeso **E** (ALB) 126 Yb 118
Casa de Magaña **E** (JAÉ) 124 Wc 118
Casa de Manita Chica **E** (HUEL) 147 Sf 125
Casa de Manorrota **E** (CUE) 110 Xb 111
Casa de Manuel Ruiz **E** (CIU) 109 Wc 113
Casa de Marco **E** (MUR) 140 Ya 121
Casa de Marchante **E** (ALB) 111 Xe 114
Casa de Marianilla **E** (PAL) 38 Ve 97
Casa de Mariano Peña **E** (TOL) 88 Uf 108
Casa de Maribáñez **E** (BAD) 106 Ud 114
Casa de Maribela **E** (CÁC) 105 Ub 113
Casa de Maricana **E** (ALB) 110 Xb 113
Casa de Marín **E** (TOL) 90 Wb 110
Casa de Marina **E** (TOL) 88 Vc 108
Casa de Mariquita Olea **E** (JAÉ) 138 Vf 119
Casa de Marta **E** (CIU) 109 Wf 113
Casa de Martínez **E** (JAÉ) 139 Xa 119
Casa de Martos **E** (CÁC) 85 Tc 110
Casa de Matalascañas **E** (HUEL) 147 Tc 127
Casa de Matarromán **E** (CÓRD) 135 Ud 121
Casa de Mateo Ruiz **E** (JAÉ) 138 Wb 120
Casa de Matías **E** (CIU) 124 Wf 116
Casa de Mazarías **E** (SEG) 74 Ve 103
Casa de Mazariegos **E** (VALL) 56 Ve 99
Casa de Mazarracín **E** (TOL) 89 Wa 109
Casa de Meca **E** (TOL) 89 Wa 110
Casa de Medina **E** (BAD) 120 Tf 115
Casa de Medina **E** (CIU) 110 Xb 113
Casa de Medina **E** (CIU) 124 We 117
Casa de Medina **E** (GRA) 153 Xb 124
Casa de Medina **E** (VAL) 112 Yf 111
Casa de Melena **E** (BAD) 118 Ta 118
Casa de Mesas de Bolaños **E** (CÁD) 157 Tf 129
Casa de Miería **E** (TER) 93 Yd 107
Casa de Miguelete **E** (CUE) 111 Ya 113
Casa de Millán **E** (CÁD) 158 Ud 129
Casa de Millas **E** (VAL) 113 Za 113
Casa de Minaya **E** (TOL) 107 Vd 110
Casa de Mingaobez **E** (CÓRD) 136 Uf 122
Casa de Mingo Ramos **E** (JAÉ) 137 Vf 119
Casa de Mingote **E** (CÁC) 106 Uc 113
Casa de Mingrano **E** (MUR) 141 Ya 121
Casa de Mirabel **E** (SEV) 135 Uc 122
Casa de Miraflores **E** (VALL) 38 Vb 98
Casa de Miralles **E** (TAR) 81 Ad 105
Casa de Mohares **E** (TOL) 89 Wa 109
Casa de Mojón Blanco **E** (CÓRD) 136 Uf 121
Casa de Molera **E** (HUES) 44 Zc 96
Casa de Molina **E** (CUE) 91 Xa 110
Casa de Molino **E** (ALB) 111 Ya 114
Casa de Monte **E** (ALB) 111 Xe 114
Casa de Monteagudo **E** (ALB) 110 Xd 114
Casa de Montealegre **E** (JAÉ) 137 Vf 119
Casa de Monte Cesma **E** (CUE) 77 Xd 106
Casa de Monteconcejo **E** (CÁC) 104 Tb 111
Casa de Monte Concejo **E** (ZAM) 54 Ua 99
Casa de Monte Concejo **E** (ZAM) 54 Ub 101
Casa de Monte del Campo **E** (GUA) 75 We 104
Casa de Monte Reinosa **E** (PAL) 38 Vd 97
Casa de Montón de Trigo **E** (SEV) 135 Uc 122
Casa de Montoya **E** (ALB) 110 Xe 114
Casa de Mora **E** (ALB) 110 Xc 114
Casa de Mora **E** (TOL) 108 Vf 112
Casa de Moracho **E** (TOL) 87 Ue 108
Casa de Moreno **E** (CIU) 109 We 113
Casa de Moreno **E** (CIU) 124 Xa 117
Casa de Moreno **E** (TOL) 109 Wd 112
Casa de Morgado **E** (CÁC) 85 Tc 110
Casa de Morillos **E** (BAD) 120 Ub 115
Casa de Morla **E** (CÁD) 157 Ub 128
Casa de Moruno **E** (CUE) 91 Wf 109
Casa de Moya **E** (MUR) 140 Xf 120
Casa de Moyano **E** (SEV) 150 Va 126
Casa de Mula, La - **E** (ALM) 140 Xf 121
Casa de Mullera **E** (ALB) 110 Xb 114
Casa de Muñopepe **E** (SAL) 72 Uc 105
Casa de Nava **E** (CÁC) 85 Tc 110
Casa de Navahorquín **E** (SEV) 135 Ub 122
Casa de Navahuerta **E** (MAD) 74 Wa 104
Casa de Navajuelos **E** (CÓRD) 136 Vc 120
Casa de Naval **E** (ZAR) 62 Zb 101
Casa de Navalasno **E** (JAÉ) 137 Vf 119
Casa de Navalazarza **E** (CÓRD) 137 Vc 119

Casa de Navalmoro **E** (CIU) 122 Ve 115
Casa de Navalonguilla **E** (CIU) 122 Vb 115
Casa de Navalonguilla **E** (CIU) 123 Wa 116
Casa de Navalrosal **E** (CIU) 108 Wa 114
Casa de Navalzás **E** (JAÉ) 123 Wb 118
Casa de Navamarín **E** (ALB) 110 Xd 114
Casa de Nava Martina **E** (JAÉ) 123 Wc 118
Casa de Navamuelas **E** (CÓRD) 136 Uf 121
Casa de Navamuñoz **E** (JAÉ) 123 Vf 118
Casa de Navapedroche **E** (CÓRD) 137 Vc 120
Casa de Navaperas **E** (BAD) 118 Sf 118
Casa de Navarramiro **E** (CUE) 92 Ya 109
Casa de Navarrete **E** (RIO) 23 Xc 94
Casa de Navarro **E** (MUR) 140 Xf 120
Casa de Navillas **E** (VALL) 37 Va 98
Casa de Nicolás **E** (CIU) 110 Xb 113
Casa de Nieva **E** (CIU) 109 Wf 112
Casa de Nogueras **E** (CÓRD) 151 Vd 123
Casa de Nohalos **E** (TOL) 89 Vd 109
Casa de Olalla **E** (ÁVI) 73 Vb 104
Casa de Oliva **E** (ALB) 126 Xf 115
Casa de Oliveta **E** (NAV) 25 Yd 94
Casa de Olivilla **E** (TOL) 109 Wf 111
Casa de Orellana **E** (CÓRD) 150 Vc 125
Casa de Orgaz **E** (CIU) 108 Vf 112
Casa de Orihuela **E** (CÓRD) 121 Ud 118
Casa de Ortega **E** (ALB) 111 Xe 113
Casa de Ortega **E** (TOL) 90 Wb 108
Casa de Ortiz **E** (ALB) 110 Xc 113
Casa de Pabliño **E** (TOL) 109 Wd 112
Casa de Palazuelos **E** (MUR) 155 Yd 123
Casa de Palazuelos **E** (SEG) 74 Ve 103
Casa de Paletos **E** (CÁC) 104 Te 113
Casa de Palomar **E** (ZAM) 55 Ud 100
Casa de Palomarejos **E** (CUE) 91 Xb 107
Casa de Palomares **E** (ZAM) 54 Ub 99
Casa de Palomo **E** (CIU) 109 Wf 112
Casa de Pando **E** (ALB) 111 Ya 114
Casa de Pantoja **E** (CÓRD) 137 Ve 121
Casa de Párraga **E** (CIU) 122 Vb 115
Casa de Parrasquetas **E** (MUR) 127 Ye 118
Casa de Parrilla **E** (CIU) 124 We 118
Casa de Pasamontes **E** (CIU) 123 Vf 116
Casa de Pascualete **E** (CÁC) 105 Tf 112
Casa de Pasiego **E** (PAL) 38 Ve 96
Casa de Pastores **E** (BAD) 120 Ua 115
Casa de Pata **E** (CUE) 112 Yc 112
Casa de Pataos **E** (TOL) 109 We 110
Casa de Patón **E** (CIU) 124 We 116
Casa de Pedregales **E** (CÁC) 85 Tc 110
Casa de Pedrero **E** (VALL) 56 Vb 98
Casa de Pedro **E** (MAD) 91 Wf 108
Casa de Pedro Morillo **E** (CIU) 122 Vd 117
Casa de Pegueras **E** (TEN) 173 I E 5
Casa de Peinado **E** (CIU) 109 Xa 113
Casa de Pelarda **E** (TER) 94 Zb 108
Casa de Peloría **E** (MUR) 141 Ye 119
Casa de Peluco **E** (TOL) 107 Vd 111
Casa de Penadillo **E** (ZAM) 54 Ub 99
Casa de Penén **E** (VAL) 112 Yf 113
Casa de Peña Aguilera **E** (TOL) 89 Vd 110
Casa de Peña Berrueco **E** (ÁVI) 72 Ue 106
Casa de Peñalba **E** (ZAM) 54 Uc 100
Casa de Peña Parda **E** (CIU) 124 Wd 117
Casa de Peñarrubia **E** (JAÉ) 123 Wb 118
Casa de Peña Tejada **E** (VALL) 55 Va 100
Casa de Peñuelas **E** (CIU) 123 Wb 115
Casa de Pepa Rosa **E** (CIU) 124 Wf 115
Casa de Pepín **E** (VAL) 112 Ye 114
Casa de Perales **E** (BAD) 105 Uc 115
Casa de Peralta **E** (CUE) 91 Xa 109
Casa de Perchuelo **E** (CIU) 110 Xa 114
Casa de Perea **E** (CIU) 109 Wd 113
Casa de Pericaco **E** (CÁC) 104 Tc 111
Casa de Periquito **E** (JAÉ) 138 Wd 119
Casa de Pesqueros **E** (CÁC) 105 Tf 113
Casa de Pinés **E** (CIU) 109 Wc 114
Casa de Pinilla **E** (ALB) 111 Ya 114
Casa de Pinilla **E** (CIU) 124 Wc 115
Casa de Pinos Altos **E** (ALB) 126 Yb 117
Casa de Pinoverde **E** (ALB) 126 Yb 118
Casa de Piña **E** (ALB) 111 Ya 113
Casa de Piqueras **E** (ALB) 110 Xb 113
Casa de Piqueros **E** (TOL) 108 Vf 110
Casa de Pitarque **E** (TER) 79 Zc 105
Casa de Plantonada **E** (BAD) 120 Ua 115
Casa de Plata **E** (TOL) 109 Wc 112
Casa de Pluma **E** (CUE) 110 Xe 112
Casa de Pobres **E** (TOL) 88 Vc 110
Casa de Polo **E** (TOL) 107 Vd 111
Casa de Polonia **E** (CÓRD) 137 Vd 122
Casa de Polonio **E** (TOL) 108 Ve 111
Casa de Pombo **E** (VALL) 55 Va 100
Casa de Pontezuelas **E** (ALB) 125 Xd 115
Casa de Porquillos **E** (TOL) 88 Vb 109
Casa de Portezuelos **E** (MÁL) 159 Vb 127
Casa de Portillo **E** (ZAM) 54 Uc 98
Casa de Postas **E** (CÁD) 164 Tf 131
Casa de Pozo Coronado **E** (CUE) 92 Ya 108
Casa de Pozo Moro **E** (ALB) 127 Yc 116
Casa de Pradorredondo **E** (JAÉ) 138 We 120
Casa de Preciado **E** (TOL) 91 Wf 110
Casa de Prietos **E** (ALB) 111 Xf 113
Casa de Pucherete **E** (CIU) 124 Wd 116
Casa de Puerta Partida **E** (CIU) 109 Wf 114
Casa de Puerto Llano **E** (ALB) 112 Yc 114
Casa de Puerto Llano **E** (MÁL) 159 Vb 129
Casa de Pulida **E** (TOL) 87 Ue 109
Casa de Purga **E** (ALB) 111 Xe 114
Casa de Quevedo **E** (ALB) 126 Xe 116
Casa de Quinito **E** (MUR) 141 Yc 120
Casa de Quintillos **E** (TOL) 108 Vf 111
Casa de Quiris **E** (ALM) 154 Xe 123
Casa de Quitapesares **E** (TOL) 89 Vf 110
Casa de Quitapesares **E** (VALL) 56 Vb 100
Casa de Raliegos **E** (ÁVI) 73 Va 102
Casa de Ramírez **E** (JAÉ) 137 Vf 120
Casa de Ramitos **E** (TOL) 90 Wc 109
Casa de Ramos **E** (CÁC) 104 Td 111
Casa de Ratón **E** (MUR) 127 Yc 119
Casa de Rebeque **E** (ALM) 162 Xa 128
Casa de Retama **E** (CIU) 107 Vd 114
Casa de Ribarroya **E** (RIO) 42 Ya 95
Casa de Ricardo **E** (ALB) 125 Xc 115
Casa de Riseda **E** (CIU) 122 Vc 115
Casa de Rivandia **E** (RIO) 42 Xf 95
Casa de Robardillo **E** (CUE) 92 Ya 108
Casa de Robledo **E** (CÁC) 87 Ub 108
Casa de Rocha **E** (CUE) 92 Xf 108
Casa de Roda **E** (ZAR) 61 Yf 99
Casa de Rodé **E** (VALL) 37 Ue 98
Casa de Rodriguillo **E** (BAD) 120 Ua 115
Casa de Rogart **E** (VAL) 113 Zb 113
Casa de Rolo **E** (CÁC) 85 Ta 108
Casa de Ron **E** (CÁC) 104 Te 111
Casa de Rondín **E** (CIU) 123 Wa 116
Casa de Ropé **E** (VAL) 112 Za 111
Casa de Roque **E** (SEV) 134 Tf 123
Casa de Rosa **E** (VAL) 113 Za 113
Casa de Rueda **E** (CÓRD) 137 Vd 120
Casa de Ruiz Martín **E** (HUEL) 146 Sd 124
Casa de Rumualto **E** (CIU) 123 Wa 118
Casa de Sabadillas **E** (ALB) 125 Xc 115
Casa de Sabas **E** (ALB) 127 Yc 118
Casa de Saceruela **E** (CIU) 107 Vd 114
Casa de Saetoros **E** (SAL) 71 Td 106
Casa de Sages **E** (ALB) 125 Xb 115
Casa de Sahagún **E** (TOL) 109 Wf 111
Casa de Salabroso **E** (TOL) 88 Uf 109
Casa de Salado **E** (CÁC) 104 Tc 111
Casa de Salibo **E** (TOL) 108 Wa 111
Casa de Salobral **E** (CUE) 91 Xa 108
Casa de Salterillo **E** (CUE) 110 Xa 111
Casa de Salustiano **E** (TOL) 109 We 111
Casa de San Bernardo **E** (CÓRD) 135 Ue 121
Casa de San Blas **E** (TOL) 90 Wc 110
Casa de San Cristóbal **E** (CÁC) 85 Tc 110
Casa de Sandañón **E** (ZAR) 60 Yc 101
Casa de San Ginés **E** (ALI) 143 Zb 121
Casa de San Gregorio **E** (CUE) 111 Xe 111
Casa de San Isidro **E** (ALB) 111 Yb 113
Casa de San Juan **E** (CIU) 122 Vc 117
Casa de San Juan de Dios **E** (CÁD) 156 Te 128
Casa de San Lorenzo **E** (CÁD) 156 Td 128
Casa de San Luis **E** (SEV) 135 Ue 122
Casa de San Marcos **E** (CIU) 109 We 114
Casa de San Martin **E** (CÁC) 85 Ta 110
Casa de San Pablo **E** (CIU) 109 Wf 113
Casa de San Pedro **E** (TOL) 108 Wa 111
Casa de San Rafael **E** (CÓRD) 136 Vc 120
Casa de Santa Elena **E** (CUE) 110 Xb 111
Casa de Santa Isabel **E** (CIU) 124 Wc 115
Casa de Santa Maria **E** (BAD) 104 Ta 113
Casa de Santa María **E** (CÁC) 105 Ua 113
Casa de Santa María **E** (CÁD) 157 Ua 129
Casa de Santa María **E** (CIU) 107 Vd 114
Casa de Santa María **E** (CIU) 108 Vf 114
Casa de Santa María **E** (CIU) 124 We 116
Casa de Santa Olalla **E** (HUEL) 147 Td 127
Casa de Santa Rita **E** (CIU) 109 Xa 114
Casa de Santiaguillo **E** (TOL) 109 We 112
Casa de Sariñana **E** (ZAM) 55 Ud 100
Casa de Saturnina **E** (ALM) 140 Xf 122
Casa de Sebastián Cutillas **E** (MUR) 127 Yd 118
Casa de Sedano **E** (CIU) 108 Vf 114
Casa de Selva **E** (MUR) 127 Yf 117
Casa de Sendallana **E** (CIU) 125 Xa 117
Casa de Serralla **E** (SEV) 134 Ua 123
Casa de Serranillo **E** (CIU) 123 Wb 117
Casa de Serrano **E** (CUE) 91 Xa 110
Casa de Serrano **E** (MUR) 142 Ye 119
Casa de Serranos **E** (VALL) 56 Vb 101
Casa des Guarda, Sa - **E** (BAL) 98 Ce 112
Casa de Siles **E** (CIU) 124 Wd 115
Casa de Silverio **E** (ALB) 110 Xd 114
Casa de Silvino **E** (CIU) 109 Wf 112
Casa de Sima **E** (MAD) 75 Wc 104
Casa de Sirerras **E** (NAV) 24 Ya 94
Casa de Socorro **E** (ZAR) 43 Za 96
Casa de Solanillo **E** (GUA) 77 Xe 103
Casa de Sotocochino **E** (TOL) 88 Vb 109
Casa d'es Teix **E** (BAL) 98 Ce 110
Casa de Tablellina **E** (CÁD) 157 Ua 128
Casa de Tamarit **E** (TER) 62 Zc 101
Casa de Tarala **E** (TOL) 90 Wb 109
Casa de Tedón **E** (ALB) 126 Ya 117
Casa de Tejada de Abajo **E** (CÁC) 85 Tc 109
Casa de Tejadillos **E** (CUE) 77 Ya 106
Casa de Temprano **E** (CÁC) 85 Tb 109
Casa de Tendero **E** (ALB) 111 Ya 113
Casa de Tercero **E** (CIU) 109 Xa 114
Casa de Teresa Contreras **E** (JAÉ) 138 Wb 122
Casa de Tiemble **E** (CÓRD) 136 Uf 121
Casa de Tinajones **E** (SEV) 135 Ub 121
Casa de Tobarías **E** (JAÉ) 138 Wb 120
Casa de Tomás **E** (ZAR) 43 Za 96
Casa de Topete **E** (CÁC) 104 Tb 111
Casa de Torralba **E** (CÓRD) 135 Ue 121
Casa de Torrecera **E** (CÁD) 157 Ua 129
Casa de Torrecilla **E** (TOL) 89 Vf 110
Casa de Torrejón **E** (TOL) 88 Vc 108
Casa de Torrelampérez **E** (JAÉ) 137 Wa 122
Casa de Torremochuelo **E** (JAÉ) 138 Wd 120
Casa de Torrequemada **E** (SEV) 148 Te 125
Casa de Torretejeda **E** (CÓRD) 121 Uf 117
Casa de Torrique **E** (TOL) 90 Wd 108
Casa de Toscarés **E** (ALI) 128 Za 117
Casa de Tramotores **E** (MÁL) 158 Uf 129
Casa de Traspón **E** (SEV) 135 Uc 122
Casa de Traviesa **E** (CIU) 124 Wf 115
Casa de Treviño **E** (CIU) 109 Wf 113
Casa de Trista **E** (JAÉ) 138 Wc 122
Casa de Turra **E** (ALB) 125 Xb 116
Casa de Turrax **E** (RIO) 42 Ya 95
Casa de Uceda **E** (GUA) 75 Wd 103
Casa de Ureña **E** (CIU) 124 Wc 115
Casa de Urreano **E** (TER) 62 Ze 101
Casa de Usero **E** (VAL) 112 Yf 113
Casa de Vadohondillo **E** (CÓRD) 136 Vc 121
Casa de Vaidemojones **E** (CÁC) 85 Ta 110
Casa de Valcamín de Abajo **E** (ZAM) 54 Ub 100
Casa de Valdecañas **E** (CÁC) 86 Te 110
Casa de Valdecañas **E** (CIU) 123 Wb 115
Casa de Valdegama de Arriba **E** (BAD) 120 Ua 116
Casa de Valdeinfierno **E** (BAD) 121 Uc 115
Casa de Valdelobos **E** (CÁC) 85 Ta 110
Casa de Valdepalacios **E** (CÁC) 106 Ud 113
Casa de Valdepozas **E** (CUE) 91 Wf 108
Casa de Valdeprado **E** (BAD) 120 Ua 115
Casa de Valderuelo **E** (CIU) 107 Vd 112
Casa de Valdesauce **E** (CÁC) 104 Tb 112
Casa de Valdespera **E** (CÁD) 164 Uc 131
Casa de Valdeucas **E** (ZAR) 61 Zb 100
Casa de Valdongiles **E** (TOL) 89 Vd 109
Casa de Valencia **E** (CÁC) 85 Tc 110
Casa de Valhondo **E** (CÁC) 105 Te 112
Casa de Valimón **E** (VALL) 56 Vd 99
Casa de Valmaseda **E** (CIU) 122 Ve 117
Casa de Valmasedo **E** (ZAM) 36 Ub 97
Casa de Valmayor **E** (BAD) 106 Uf 114
Casa de Valmediano **E** (TER) 93 Yc 107
Casa de Valquemado **E** (JAÉ) 137 Ve 119
Casa de Valsalobre **E** (CUE) 91 Xc 108
Casa de Valseco **E** (CIU) 107 Vb 114
Casa de Valsequillo **E** (CÓRD) 136 Vc 120
Casa de Valserrada **E** (ÁVI) 73 Va 104
Casa de Valtriguera **E** (ZAR) 43 Ye 94
Casa de Vallaliebre **E** (NAV) 42 Ya 94
Casa de Vallepuercos **E** (CIU) 107 Vd 112
Casa de Vardales **E** (ZAM) 55 Ud 100
Casa de Vargas **E** (CIU) 109 Wc 114
Casa de Vega Mayor **E** (VALL) 55 Uf 100
Casa de Vela **E** (ALB) 111 Yb 113
Casa de Venianaji **E** (JAÉ) 138 Wd 120
Casa de Venta Quesada **E** (CIU) 109 Wd 114
Casa de Vida **E** (CIU) 109 Wd 113
Casa de Villacañas **E** (ALB) 127 Yd 116
Casa de Villachica **E** (ZAM) 55 Ud 99
Casa de Villagrán **E** (VALL) 56 Vb 101
Casa de Villalobilla **E** (TOL) 109 Wf 110
Casa de Villapando **E** (CUE) 91 Xc 108
Casa de Villarino **E** (TOL) 90 Wd 109
Casa de Villarmiro **E** (PAL) 39 Vf 97
Casa de Villegas **E** (CIU) 109 Wc 113
Casa de Villegas **E** (VALL) 38 Vb 97
Casa de Vinojales **E** (CÁC) 85 Tc 110
Casa de Vinya Nou **E** (LLE) 64 Ae 99
Casa de Viña **E** (MÁL) 158 Uf 129
Casa de Viñas **E** (VAL) 113 Zb 111
Casa de Vizcarra **E** (HUES) 26 Zc 94
Casa de Yonte **E** (ÁVI) 73 Vb 104
Casa de Zahera **E** (VALL) 55 Va 101
Casa de Zahora **E** (CIU) 125 Xa 118
Casa de Zaldívar **E** (BAD) 106 Ud 114
Casa de Zambrana **E** (MUR) 141 Yc 120
Casa de Zapatero **E** (BAD) 120 Ub 115
Casa de Zaragoza **E** (TER) 78 Yd 106
Casa de Zayas **E** (TOL) 108 Wc 111
Casa de Zorrero **E** (TOL) 90 We 109
Casa de Zurra **E** (ÁVI) 73 Vc 104
Casa do Infantado **P** (Se) 115 Qe 117
Casa Donoso **E** (CÁC) 105 Tf 114
Casa El Agrio **E** (ALB) 127 Yd 116
Casa El Burguillo **E** (ÁVI) 73 Vc 104
Casa El Campillo **E** (CÁC) 105 Ua 112
Casa El Cañal **E** (GUA) 75 Wf 104
Casa El Cego **E** (GUA) 77 Yb 105
Casa El Cornejo **E** (CIU) 109 We 114
Casa El Chorrillo **E** (CUE) 76 Xd 105
Casa El Esparragal **E** (ALM) 155 Ya 125
Casa El Fraile **E** (BAD) 121 Ue 115
Casa el Hinojo **E** (BAD) 134 Tf 120
Casa el Huelva **E** (BAD) 105 Te 114
Casa El Machacón **E** (GUA) 78 Yc 103
Casa El Mentidero **E** (BAD) 105 Te 114
Casa el Palomar **E** (ALB) 125 Xc 117
Casa El Pinar **E** (SEG) 56 Vd 102
Casa El Portillo **E** (ZAR) 61 Za 101
Casa El Puerto **E** (CIU) 123 Wb 117
Casa El Tislar **E** (VAL) 113 Zc 113
Casa El Torreón **E** (TER) 78 Ye 106
Casa El Vedao **E** (ZAR) 44 Zc 97
Casa El Verduzal **E** (ALB) 110 Xd 114
Casa El Villar **E** (HUEL) 147 Tb 125
Casa Escobar **E** (MUR) 142 Za 121
Casa Escobedo **E** (TOL) 88 Vb 108
Casa Escobero **E** (CÁC) 105 Te 112
Casa Esteras **E** (CIU) 122 Vc 115
Casa Eulogio **E** (MAD) 90 Wc 107
Casa Fábrica **E** (VAL) 112 Ye 111
Casa Falero **E** (TOL) 110 Xa 111
Casa Fallareta **E** (VAL) 113 Zb 112
Casa Feliu **E** (ALI) 128 Zd 117
Casa Folios **E** (TER) 79 Za 106
Casafort **E** (TAR) 64 Bb 101
Casafranca **E** (SAL) 72 Ub 105
Casa Fuente Albeitar **E** (TOL) 89 Wb 109
Casa Fuente del Judío **E** (MUR) 127 Yd 118
Casa Fuente del Peral **E** (CUE) 77 Xf 106
Casa Fuente del Pozo **E** (ÁVI) 88 Vc 107
Casafuerte **E** (GRA) 161 We 128
Casa Galacho **E** (BAD) 118 Se 118
Casa Galeana **E** (CÁC) 104 Ta 111
Casa Gálvez **E** (TOL) 90 Wb 108
Casa Gamero **E** (CIU) 108 Vf 111
Casa Gami **E** (CÁD) 158 Uc 129
Casa Ganga **E** (TOL) 90 Wc 110
Casa Gavilanes **E** (BAD) 120 Ua 118
Casa Gobernador **E** (VAL) 113 Zd 113
Casa Gorgogi **E** (ALB) 125 Xc 117
Casa Goyo **E** (NAV) 25 Ye 93
Casa Grande **E** (ALB) 111 Ya 114
Casa Grande **E** (CIU) 109 We 114
Casa Grande de Escriche **E** (TER) 79 Za 106
Casa Granera **E** (ALB) 110 Xd 114
Casa Granja de Blasco Nuño **E** (SOR) 59 Xd 98
Casa Guainet **E** (ALI) 128 Zc 117
Casa Gualda **E** (ALB) 126 Yc 115
Casa Guardiola **E** (MUR) 127 Yf 118
Casa Herrerilla **E** (BAD) 119 Te 115
Casa Herrero **E** (SEV) 135 Uc 122
Casa Herrumbruso **E** (CÁC) 104 Td 113
Casa Higueras **E** (TOL) 90 We 110
Casa Hornes **E** (CÁC) 103 Ta 111
Casa Huerta de Cano **E** (SEV) 134 Tf 121
Casa huerta de Gorgojil **E** (JAÉ) 137 Wa 120
Casa Huerta de la Mayorazga **E** (CÓRD) 122 Va 118
Casa huerta de las Herrerías **E** (JAÉ) 124 We 119
Casa Huerta del Botero **E** (CÓRD) 121 Va 118
Casa Huerta la Racha **E** (BAD) 121 Ue 116
Casa Humosa **E** (ALB) 126 Ya 115
Casaio **E** (OUR) 35 Tb 94
Casais **E** (COR) 3 Rc 90
Casais **P** (Por) 50 Re 101
Casais **P** (Sa) 83 Rd 111
Casais **P** (VR) 51 Sa 99
Casais da Abadia **P** (Sa) 82 Rc 110
Casais da Charneca **P** (Le) 100 Ra 112
Casais da Freixeira **P** (Év) 132 Se 119
Casais da Granja **P** (Le) 83 Rd 109
Casais da Serra **P** (Le) 100 Qf 113
Casais de Monte Godelo **P** (Li) 100 Ra 114
Casais de Revelhos **P** (Sa) 102 Re 111
Casais de Santa Teresa **P** (Le) 101 Ra 111
Casais de São Jorge **P** (Co) 82 Rc 108
Casais de São Lourenço **P** (Li) 100 Qd 114
Casais de Vera Cruz **P** (Co) 82 Rc 107
Casais do Chão da Mendiga **P** (Le) 101 Ra 111
Casais do Monte **P** (Vi) 69 Sa 104
Casais dos Faiscas **P** (Co) 67 Rb 107
Casais dos Penedos **P** (Sa) 101 Ra 114
Casais dos Trincalhos **P** (Év) 132 Sd 119
Casa Iserte **E** (CAS) 94 Zc 108
Casa Isidoro **E** (HUEL) 146 Sd 123
Casais Martanes **P** (Sa) 101 Rc 111
Casais Monizes **P** (Sa) 101 Ra 112
Casais Robustos **P** (Sa) 101 Rb 111
Casa Jaca **E** (CIU) 122 Vc 115
Casa Jandilla **E** (CÁD) 164 Ua 131
Casa Joay **E** (GRA) 153 Xa 123
Casa Jodar **E** (ALB) 127 Yf 116
Casa Jorrica **E** (CÁC) 85 Tb 109
Casal **E** (PON) 32 Rc 96
Casal **P** (Br) 51 Rf 99
Casal **P** (Co) 67 Rc 107
Casal **P** (Vi) 51 Sa 102
Casal, El - **E** (HUES) 27 Ab 93
Casa La Aldea **E** (ZAM) 54 Ub 100
Casa la Alquería **E** (BAD) 133 Ta 119
Casa La Argentina **E** (VALL) 55 Ue 101
Casa la Atalaya **E** (MAD) 74 Wa 105
Casa la Balsa **E** (VAL) 128 Zb 115
Casa La Blanca **E** (CIU) 110 Xa 113
Casa la Bóveda **E** (BAD) 120 Ub 118
Casa La Canal **E** (VAL) 113 Zb 113
Casa La Cañadilla **E** (GUA) 77 Xe 105
Casa La Caridad **E** (CIU) 123 Wb 116
Casa La Carolina **E** (SAL) 55 Ue 102
Casa la Colada **E** (BAD) 118 Ta 118
Casa La Colonia **E** (CIU) 123 Wb 115
Casa La Corte **E** (HUEL) 146 Se 123
Casa La Dehesa **E** (RIO) 41 Xd 94
Casa la Dehesa **E** (SEV) 149 Ud 126
Casa Lagé **E** (HUES) 26 Zb 94
Casa la Granja **E** (CÓRD) 151 Vd 125
Casa la Hoya **E** (BAD) 120 Tf 117
Casa La Iruela **E** (GUA) 75 We 102
Casa la Lagunilla **E** (RIO) 41 Xf 94
Casa La Lobera **E** (ALB) 110 Xe 113
Casa La Losa **E** (ALB) 126 Xf 116
Casa La Muela **E** (BAD) 121 Ud 116
Casa La Naveta **E** (MUR) 142 Ye 121

Casalão **P** (Sa) 102 Rf 112
Casa La Paloma **E** (CÁD) 157 Ub 129
Casa la Paloma **E** (MÁL) 160 Ve 127
Casa La Parrilla **E** (CUE) 92 Ya 108
Casa la Pavena **E** (CÁD) 157 Tf 128
Casa la Quinta **E** (TEN) 172 I C 5
Casa La Romana **E** (CIU) 109 Wf 113
Casalarreina **E** (RIO) 23 Xa 93
Casa La Ruiza **E** (ALB) 111 Xe 114
Casa La Sabina **E** (CUE) 92 Xe 110
Casa las Canteruelas **E** (CÁD) 164 Tf 130
Casa las Carboneras **E** (CÓRD) 151 Vd 123
Casa Las Corraladas **E** (CÁC) 85 Tb 109
Casa las Cruces **E** (CÓRD) 135 Ue 122
Casa La Serrana **E** (TOL) 108 Wb 113
Casa la Serratilla **E** (CUE) 92 Xf 107
Casa Las Rozas **E** (BAD) 120 Tf 115
Casa Las Terceras **E** (ALB) 110 Xc 113
Casa La Tahona **E** (BAD) 120 Tf 118
Casa la Tallisca **E** (BAD) 120 Ua 117
Casa La Teatina **E** (TOL) 89 Wa 110
Casa La Torrecilla **E** (CIU) 110 Xa 113
Casa La Torre Nova **E** (CAS) 80 Ze 106
Casa La Ventosilla **E** (SAL) 55 Ud 102
Casa Laviña **E** (CIU) 124 Wf 116
Casa Lazna **E** (ALB) 125 Xd 116
Casal Comba **P** (Av) 68 Rd 106
Casal Cutelo **P** (CB) 83 Rf 109
Casal da Senhora **P** (Co) 83 Re 108
Casal de Cinza **P** (Gu) 70 Sf 105
Casal de Ermio **P** (Co) 83 Re 108
Casal de Loivos **P** (VR) 51 Sc 101
Casal de Mogos **E** (PON) 14 Rb 93
Casal de São José **P** (Co) 83 Rf 107
Casal de São Tomé **P** (Co) 67 Rb 106
Casaldima **P** (Av) 68 Rd 104
Casal do Frade **P** (Co) 83 Rf 107
Casal do Redinho **P** (Co) 82 Rc 108
Casal do Rei **P** (Sa) 101 Re 111
Casal do Ribeiro **P** (Sa) 82 Rc 110
Casal dos Barcelos **P** (Co) 82 Rb 108
Casal dos Bernardos **P** (Sa) 82 Rc 110
Casal dos Cunhas **P** (Co) 82 Rb 107
Casal do Soeiro **P** (Le) 83 Rd 109
Casalgordo **E** (TOL) 108 Wa 111
Casa Ligués **E** (NAV) 42 Yb 96
Casalinho **P** (Le) 82 Rc 109
Casalinho **P** (Sa) 101 Rc 113
Casalinho de Alfaiate **P** (Li) 100 Qd 114
Casalinho Farto **P** (Sa) 101 Rc 111
Casa Lizana **E** (HUES) 44 Zf 96
Casal Nova **P** (Av) 68 Rc 103
Casal Nova **P** (CB) 102 Rf 111
Casal Nova **P** (Li) 100 Qe 113
Casal Novo **P** (Co) 83 Rf 108
Casal Novo **P** (Le) 82 Rb 109
Casalonga **E** (COR) 14 Rc 92
Casa Los Arrogatos **E** (CÁC) 105 Tf 112
Casa Los Borres **E** (CÓRD) 136 Va 121
Casa Los Calamorros **E** (HUEL) 147 Sf 123
Casa los Cirilos **E** (ZAR) 62 Zc 100
Casa Los Crisantos **E** (MUR) 142 Yf 122
Casa Los Chozones **E** (GUA) 58 We 102
Casa Los Jarales **E** (BAD) 118 Se 118
Casa Los Linos **E** (CÁC) 86 Tf 110
Casa Los Menchones **E** (JAÉ) 152 Wc 123
Casa Los Puercos **E** (ALB) 110 Xc 114
Casa Los Rasos **E** (CIU) 107 Vc 113
Casa Los Sotos **E** (MUR) 142 Ye 121
Casa los Toriles **E** (TOL) 108 Wc 111
Casalot, el - **E** (TAR) 64 Af 102
Casa Luchena **E** (CÓRD) 135 Ue 121
Casal Vasco **P** (Gu) 69 Sc 105
Casal Velho **P** (Le) 100 Qf 112
Casal Velho **P** (Sa) 102 Rf 111
Casal Verde **P** (Co) 82 Rb 108
Casa Llamilas **E** (ZAM) 54 Ua 100
Casa Llorente **E** (VALL) 37 Ue 95
Casa Madroñal **E** (CIU) 107 Vd 113
Casa Madroñera **E** (VAL) 112 Yd 112
Casa Malara **E** (JAÉ) 138 Wb 121
Casa Mallén **E** (HUES) 62 Zf 99
Casa Manresa de Corvera **E** (MUR) 142 Yf 122
Casa Manteles **E** (ALI) 143 Zb 121
Casa Maquitón **E** (HUEL) 132 Se 122
Casa Margoch **E** (ALI) 129 Zf 117
Casamaría **E** (CAN) 8 Vc 89
Casa Marina **E** (BAD) 120 Uc 116
Casa Martín **E** (CIU) 107 Vd 113
Casa Martínez **E** (BAD) 118 Sf 117
Casa Mata Bestias **E** (CIU) 123 Wc 115
Casa Matilla Vieja **E** (CÁC) 105 Tf 112
Casa Mayorazgo **E** (MUR) 127 Yd 117
Casa Mediosquintos **E** (CIU) 108 Wb 114
Casa Mejoras **E** (ALB) 112 Yc 115
Casa Mengacha de Abajo **E** (CÁC) 105 Te 114
Casa Mengual **E** (VAL) 113 Zb 113
Casa Menor de Fita **E** (ZAR) 61 Za 99
Casa Mesegar **E** (ÁVI) 73 Va 105
Casa Mesón de Vegarada **E** (LEÓ) 19 Ud 90
Casa Metalloso **E** (CIU) 122 Vc 116
Casa Milhombres **E** (VAL) 112 Ye 113
Casa Millán **E** (TER) 79 Zc 105
Casa Mina **E** (ALB) 126 Ya 118
Casa Mingo Lozano **E** (GUA) 75 Wf 106
Casa Mirabel **E** (CÁC) 86 Te 109
Casa Miranda Alta **E** (ZAR) 25 Za 93
Casa Mishara **E** (ALI) 129 Zf 117
Casa Molina **E** (TER) 78 Yd 106
Casa Molina **E** (VAL) 93 Yd 108
Casa Monsute **E** (TOL) 91 Wf 110
Casa Monte Fontanar **E** (GUA) 75 We 104
Casa Monte Rey **E** (PAL) 38 Vd 96
Casa Montes de Orón **E** (TOL) 88 Vc 110
Casa Morisca **E** (CÁC) 103 Sf 112
Casa Morisco **E** (CÁC) 86 Ua 110
Casa Muela **E** (CIU) 124 Wc 116
Casa Mular de Hierro **E** (CÁC) 104 Tb 112
Casa Municipal de Pastores **E** (AST) 8 Ue 89
Casa Muñoz **E** (PAL) 37 Va 96
Casa Murtal **E** (ALI) 129 Ze 117
Casa Navilla **E** (VALL) 56 Vb 101
Casa Negra **E** (CAS) 94 Zd 107
Casa Noblos **E** (CÓRD) 135 Ue 122
Casa Noguer **E** (GIR) 48 Cc 97
Casa Nolasco **E** (CUE) 111 Yb 111
Casa Nova **E** (ALB) 110 Xd 114
Casanova **E** (BUR) 57 Wd 98
Casa Nova **P** (Co) 82 Rb 107
Casanova (Boqueixón) **E** (COR) 15 Rd 92
Casa Nova de São Bento **P** (Sa) 83 Rf 110
Casa Nova de Valls, la - **E** (LLE) 47 Be 96
Casa Nueva **E** (ALB) 110 Xb 114
Casa Nueva **E** (ALB) 111 Ya 113
Casa Nueva **E** (ALB) 127 Yc 116
Casa Nueva **E** (ALB) 127 Yf 115
Casa Nueva **E** (CIU) 109 Wf 113
Casa Nueva **E** (GRA) 152 Wb 125
Casa Nueva **E** (HUEL) 147 Tc 126
Casa Nueva **E** (MUR) 141 Ya 120
Casa Nueva **E** (TOL) 89 Ve 109
Casa Nueva **E** (TOL) 108 We 111
Casa Nueva **E** (TOL) 109 Wf 110
Casa Nueva **E** (ZAR) 44 Zc 98
Casa Nueva, La - **E** (ALB) 125 Xe 117
Casa Nueva, La - **E** (ALB) 126 Yb 115
Casa Nueva de la Cepeda **E** (ÁVI) 74 Ve 105
Casa Nueva de la Mezquita **E** (BAD) 105 Te 114
Casa Nueva de la Plata **E** (CÓRD) 136 Ue 121
Casa Nueva de las Mezquitas **E** (BAD) 105 Tf 114
Casa Nueva de la Torrecilla **E** (JAÉ) 124 Wf 118
Casa Nueva del Guarda **E** (JAÉ) 124 We 118
Casa Nueva del Jarón **E** (CIU) 124 Wf 117
Casa Nueva del Marqués **E** (TOL) 109 We 111
Casa Nueva de Nava Martina **E** (JAÉ) 123 Wc 118
Casa Nueva Garnica **E** (HUES) 44 Zf 98
Casa Olivar de Mangula **E** (CÓRD) 137 Vd 123
Casa Ortiz **E** (BAD) 106 Ue 113
Casa Paco **E** (TOL) 109 Wc 111
Casa Pájaro **E** (ZAR) 43 Za 96
Casa Palacio **E** (MUR) 141 Yc 123
Casa Palacio Blanco **E** (CÁC) 104 Tc 112
Casa Palacio del Sotillo **E** (TOL) 108 Ve 111
Casa Palanquetas **E** (ALI) 129 Zd 117
Casa Palmetín **E** (CÁD) 157 Ub 129
Casa Palomino **E** (CÁC) 104 Td 112
Casa Palomitas **E** (TER) 79 Zd 105
Casa Pangua **E** (RIO) 23 Xb 93
Casa-Pareja **E** (VAL) 128 Zc 115
Casa Parreña **E** (ALB) 111 Ya 113
Casa Pedraza **E** (TOL) 108 Wa 111
Casa Pedregosa **E** (CÁC) 104 Tc 112
Casa Pedriquín **E** (VALL) 37 Ue 97
Casa Pedro Vecino **E** (CÁC) 104 Ta 111
Casa Pellejero **E** (ZAR) 61 Ye 100
Casa Peña de los Catalanes **E** (TER) 80 Zf 103
Casa Peña María **E** (VAL) 112 Yf 113
Casa Pequera **E** (HUES) 26 Za 94
Casa Pereta **E** (HUEL) 133 Ta 122
Casa Pernuza **E** (NAV) 24 Ya 93
Casa Perodesma de Arriba **E** (CÁC) 104 Te 112
Casa Piazarroso **E** (CÁC) 104 Ta 112
Casa Pié de Sancha **E** (CÁC) 103 Ta 111
Casa Piejuntas **E** (CÁC) 103 Sf 111
Casa Pilella **E** (TAR) 63 Ad 101
Casa Pingorote **E** (TOL) 91 Wf 110
Casa Pinilla **E** (ZAM) 55 Ud 100
Casa Pinyol **E** (LLE) 64 Ae 100
Casa Piroja **E** (TOL) 89 Vc 109
Casa-Porche **E** (MUR) 141 Yc 121
Casa Porradura **E** (CIU) 124 Wc 116
Casa Portales **E** (HUEL) 147 Tc 125
Casa Potes **E** (GIR) 49 Da 97
Casa Prado Primero **E** (RIO) 41 Xd 94
Casa Prado Tejero **E** (CUE) 77 Xf 106
Casa Preciso **E** (ALM) 154 Xf 123
Casa Puente Torre **E** (TOL) 107 Ve 111
Casa Pujadas **E** (NAV) 24 Xe 94
Casa Queimada **P** (Fa) 145 Rd 125
Casa Quemada **E** (MAD) 74 Wb 106
Casa Quinto del Arenal **E** (TOL) 87 Ue 108
Casar **E** (CAN) 9 Ve 88
Casar **E** (OUR) 33 Re 94
Casar **E** (TOL) 90 Wc 110
Casar, El - **E** (BAD) 120 Ua 117
Casa Rabadán **E** (CIU) 124 Wd 116
Casarabonela **E** (MÁL) 159 Va 128
Casa Rabosa **E** (VAL) 128 Za 115
Casa Rajá **E** (CIU) 109 Wf 113
Casa Rambla del Campillo **E** (ALB) 127 Yf 116
Casa Ramírez **E** (PAL) 38 Vc 97
Casa Ramón **E** (CÁC) 86 Te 110
Casar de Cáceres **E** (CÁC) 104 Td 111
Casar de Escalona, El **E** (TOL) 88 Vc 108
Casar de Miajadas **E** (CÁC) 105 Ua 114
Casar de Palomero **E** (CÁC) 86 Te 107
Casar de Talamanca, El **E** (GUA) 75 Wd 104
Casar de Talavera **E** (TOL) 88 Va 109
Casar do Nabo **E** (OUR) 32 Re 94
Casa Redondo **E** (BAD) 121 Ue 116
Casa Regueros **E** (CÁC) 104 Td 113
Casarejo **E** (JAÉ) 138 Wc 122
Casarejos **E** (SOR) 40 Wf 98
Casarente **E** (BAD) 119 Tc 115
Casa Rento de la Peraleja **E** (CUE) 93 Yc 108
Casares **E** (AST) 6 Ua 89
Casares **E** (MÁL) 165 Ue 130
Casares **E** (OUR) 33 Sa 96
Casares **P** (Br) 51 Rf 99
Casares de Arbás **E** (LEÓ) 19 Ub 91
Casares de las Hurdes **E** (CÁC) 71 Te 106
Casariche **E** (SEV) 150 Vb 125
Casarill **E** (LLE) 28 Ae 92
Casa Río Guadalentín **E** (GRA) 139 Xa 123
Casa Risec **E** (GIR) 49 Cf 98
Casarizas **E** (OUR) 16 Sb 94
Casa Rodillo **E** (CIU) 109 Wd 113
Casa Roger **E** (VAL) 94 Zb 110
Casa Roja **E** (BAD) 119 Tb 117
Casa Romaisa **E** (TOL) 89 Wa 110
Casa Romerosa **E** (GUA) 75 Wf 105
Casa Rosa **E** (ALB) 126 Xe 117
Casarrubios del Monte **E** (TOL) 89 Vf 107
Casarrubuelos **E** (MAD) 89 Wa 107
Casa Rueda **E** (GUA) 75 Wf 105
Casas **P** (Li) 115 Qd 116
Casas, Las - **E** (ALM) 140 Xe 123
Casas, Las - **E** (CIU) 108 Wa 114
Casas, Las - **E** (CÓRD) 121 Ud 118
Casas, Las - **E** (PALM) 174 I C 4
Casas, Las - **E** (SOR) 41 Xd 98
Casas, Las - **E** (TEN) 172 I B 3
Casas, Las - **E** (TEN) 173 III C 2
Casas, Las - **E** (VAL) 112 Ye 111
Casas, Las - **E** (ZAR) 60 Ya 99
Casas, Los - **E** (TEN) 172 II B 2
Casas Agalán **E** (TEN) 172 II B 2
Casas Aguas de Verano **E** (CÁC) 105 Tf 112
Casas Altas **E** (CIU) 109 Wc 114
Casas Altas **E** (VAL) 93 Ye 108
Casas Altas **E** (ZAR) 43 Za 97
Casas Altas, Las - **E** (SEG) 57 Wb 101
Casas Altas de Valdelayegüas **E** (CÁC) 105 Te 114
Casasana **E** (GUA) 76 Xc 105
Casa San Blas **E** (ALB) 125 Xc 117
Casa San Blas **E** (BAD) 121 Ud 115
Casa Sánchez **E** (NAV) 24 Ya 93
Casa San Pablo **E** (CÁC) 85 Tb 109
Casa Santa Ana **E** (SEV) 149 Ub 123
Casa Santa Catalina **E** (CÁC) 104 Tb 112
Casa Santa el Cardo **E** (CÁC) 104 Ta 111
Casas Atlas **P** (Fa) 146 Sb 125
Casas Baixas **P** (Fa) 145 Sb 124
Casas Bajas **E** (VAL) 93 Ye 108
Casas Bajas **E** (ZAR) 43 Za 97
Casas Bajas de Escuer **E** (HUES) 26 Zd 93
Casas Bajas de Valdelayegüas **E** (CÁC) 105 Te 114
Casas Bergés **E** (HUES) 27 Zf 93
Casas Blancas **E** (CIU) 124 We 116
Casas Blancas **E** (CIU) 124 Xa 115
Casas Blancas **E** (RIO) 23 Xa 94
Casas Blancas **E** (TEN) 173 I G 2
Casas Blancas **E** (TER) 78 Yd 105
Casas Blancas **E** (TOL) 108 Wb 111
Casasbuenas **E** (TOL) 89 Vf 110
Casas Caballerías de Rejón **E** (CÁC) 105 Tf 112
Casas Cabeza Quemada **E** (GUA) 78 Yb 103
Casas Carrasco **E** (JAÉ) 139 Xb 120
Casas Carril del Tobosillo **E** (TOL) 109 Wd 111
Casas Castillejo **E** (CIU) 123 Ve 115
Casas Collado **E** (VAL) 113 Zb 113
Casas Cruceta **E** (ALB) 125 Xc 117
Casas Cucharón **E** (CÁC) 85 Ta 108
Casas Cueva de la Negra **E** (PALM) 174 II B 5
Casas Cueva de Valero **E** (MUR) 141 Ya 120
Casas da Ribeira **P** (Sa) 83 Rf 110
Casas da Senhora do Verde **P** (Fa) 144 Rc 125
Casas da Zebreira **P** (CB) 84 Sb 108
Casas de Abaise **E** (PALM) 175 II D 3
Casas de Abajo **E** (ALB) 126 Xf 116
Casas de Abajo, Las - **E** (MUR) 141 Yd 120
Casas de Abril **E** (ALB) 111 Xe 114
Casas de Afur, Las - **E** (TEN) 173 I F 2
Casas de Alcadozo **E** (ALB) 126 Ya 117
Casas de Alcance **E** (VAL) 112 Yf 113
Casas de Aldealgordo **E** (ÁVI) 73 Vc 104
Casas de Algibe **E** (MUR) 141 Yd 122
Casas de Alguezar **E** (VAL) 93 Yf 110
Casas de Arevalillo **E** (ÁVI) 73 Va 104
Casas de Argamasilla **E** (JAÉ) 138 Wb 120
Casas de Arquela **E** (VAL) 94 Yf 109
Casas de Arriba **E** (VAL) 93 Yf 108
Casas de Arriba, Las - **E** (ALB) 126 Yb 116
Casas de Atilano **E** (CÁC) 85 Tb 108
Casas de Ayagaures Albto **E** (PALM) 174 I C 3
Casas de Bartolo **E** (CIU) 108 Wc 114
Casas de Basta de Abajo **E** (VAL) 112 Yf 113
Casas de Belvis **E** (CÁC) 87 Uc 110
Casas de Benítez **E** (CUE) 111 Xf 112
Casas de Bolás **E** (HUES) 26 Zd 93
Casas de Borán **E** (TOL) 109 Wd 112
Casas de Bubilla **E** (GUA) 75 Wf 103
Casas de Búcar **E** (TER) 78 Yb 106
Casas de Buitrago **E** (MUR) 141 Yd 119
Casas de Butihondo **E** (PALM) 174 II C 5
Casas de Caballero **E** (VAL) 112 Ye 113
Casas de Cabreras **E** (ÁVI) 73 Vb 104
Casas de Calvestra **E** (VAL) 112 Yf 111
Casas de Camino de los Frailes **E** (TOL) 109 Wc 111
Casas de Cárcel **E** (VAL) 112 Yd 112
Casas de Casimiro Martín **E** (CÁC) 85 Ta 107
Casas de Castejón **E** (NAV) 42 Yb 96
Casas de Castellar **E** (ALM) 155 Ya 123
Casas de Cavero **E** (CUE) 77 Ya 106
Casas de Cejinas **E** (ZAM) 36 Ub 97
Casas de Cerro Hernando **E** (JAÉ) 138 We 121
Casas de Cervera **E** (CIU) 123 Wa 116
Casas de Contrera **E** (TEN) 172 II B 2
Casas de Corral Rubio **E** (MUR) 141 Yd 122
Casas de Cuadra **E** (VAL) 112 Ye 112
Casas de Cuatos Largos **E** (TOL) 108 Wb 111
Casas de Cucharón **E** (MUR) 127 Yd 118
Casas de Cuerva **E** (ALB) 111 Xe 115
Casas de Cuesta Mala **E** (BAD) 121 Ue 115
Casas de Chamoriscán **E** (PALM) 174 I C 3
Casas de Dios Chico **E** (HUEL) 132 Se 123
Casas de Don Antonio **E** (CÁC) 104 Te 113
Casas de Don Diego **E** (GRA) 153 Xa 125
Casas de Don Gabriel **E** (HUEL) 133 Tb 122
Casas de Don Gómez **E** (CÁC) 85 Tc 108
Casas de Don Juan **E** (CUE) 110 Xa 111
Casas de Don Juan **E** (GRA) 140 Xd 122
Casas de Don Pedro **E** (ALB) 111 Xf 113
Casas de Don Pedro **E** (ALB) 111 Yb 114
Casas de Don Pedro **E** (ALB) 112 Yd 114
Casas de Don Pedro **E** (BAD) 105 Ue 114
Casas de Egea **E** (MUR) 142 Ye 122
Casas de El Alcor **E** (BAD) 134 Td 120
Casas de El Cortijo **E** (PALM) 175 II E 3
Casas de El Golfo **E** (PALM) 176 B 4
Casas de El Tesorico **E** (ALB) 126 Yb 118
Casas de Enmedio **E** (VAL) 93 Ye 110
Casas de Escaque **E** (PALM) 175 II E 3
Casas de Esper **E** (ZAR) 43 Zb 96
Casas de Esquinzo **E** (PALM) 174 II C 5
Casas de Estepa **E** (JAÉ) 139 Wf 121
Casas de Eufemia **E** (VAL) 112 Ye 112
Casas de Ezquén **E** (PALM) 175 II E 4
Casas de Farrique **E** (NAV) 43 Ye 96
Casas de Felipe **E** (SAL) 85 Tb 106
Casas de Fernando Alonso **E** (CUE) 110 Xe 112
Casas de Fradejos **E** (ZAM) 54 Uc 98
Casas de Franca **E** (NAV) 42 Yc 96
Casas de Frías **E** (TER) 78 Yc 106
Casas de Galiana **E** (ALI) 128 Za 119
Casas de Ganancias **E** (MÁL) 150 Vb 126
Casas de Garcimolina **E** (CUE) 93 Yd 109
Casas de Giménez **E** (VAL) 112 Ye 112
Casas de Gómez de Arriba **E** (CÁC) 86 Te 110
Casas de Gran Valle **E** (PALM) 174 II B 5
Casas de Guarratino **E** (ZAM) 54 Ud 101
Casas de Guerra **E** (CIU) 109 We 113
Casas de Guijarro **E** (CUE) 111 Xf 112
Casas de Guirao **E** (MUR) 141 Yd 122
Casas de Haches, Las - **E** (ALB) 126 Xe 117
Casas de Haro **E** (CUE) 111 Xe 113
Casas de Hontanillas **E** (CIU) 107 Vb 113
Casas de Hurtado **E** (JAÉ) 138 Wc 120
Casas de Ibáñez **E** (ALI) 127 Yf 118
Casas de Jacomar **E** (PALM) 175 II E 4
Casas de Jaime **E** (ALB) 127 Ye 116
Casas de Jordán **E** (ALI) 128 Zb 116
Casas de Jorós **E** (PALM) 174 II B 5
Casas de Juan Blanco **E** (ALI) 128 Za 118
Casas de Juan de Luque **E** (MÁL) 159 Vc 128
Casas de Juan Fernández **E** (CUE) 111 Yb 112
Casas de Juan Gil **E** (ALB) 112 Ye 114
Casas de Juan Núñez **E** (ALB) 112 Yc 114
Casas de Juan Quilez **E** (ALB) 126 Xe 118
Casas de la Aldea de las Gaigas **E** (SEV) 134 Te 122
Casas del Abad **E** (ÁVI) 87 Uc 107
Casas de la Barquilla **E** (MUR) 127 Yf 118
Casas de la Berzosa **E** (SAL) 85 Tb 106
Casas de la Bombilla **E** (TEN) 171 B 3
Casas de la Campana **E** (CÓRD) 136 Va 121
Casas de la Canaleja **E** (CIU) 122 Vd 116
Casas de la Cañada de Teguital **E** (PALM) 175 II E 4
Casas de la Carrasquilla **E** (ALB) 111 Xe 113
Casas de la Cartuja **E** (SEV) 135 Ub 121
Casas del Acebuchar **E** (CIU) 123 Wb 115
Casas de la Cingla **E** (MUR) 127 Ye 117
Casas de la Cora **E** (BAD) 119 Tc 116
Casas de la Cortilla **E** (CÁC) 86 Tf 110
Casas de la Dehesa **E** (ZAM) 36 Tf 97
Casas de la Dehesa Frontal **E** (CÁC) 87 Uc 110
Casas de la Dehesilla **E** (GUA) 77 Ya 103
Casas de la Florida **E** (PALM) 175 II D 4
Casas de la Florida **E** (PALM) 176 C 3
Casas de la Fuente de las Zorras **E** (MUR) 141 Yd 121
Casas de la Fuente del Pinar **E** (MUR) 127 Yf 116
Casas de la Gorda **E** (VAL) 113 Zb 114
Casas de la Granja **E** (ZAM) 55 Ud 101
Casas de la Guirra **E** (PALM) 175 II E 3
Casas de la Higuera **E** (ALB) 126 Ya 117
Casas de la Huerta de Navalmochuelo **E** (BAD) 107 Va 114
Casas de la Isla **E** (ÁVI) 87 Ue 107
Casas de la Lancha **E** (ÁVI) 74 Vd 105
Casas de la Loma **E** (CUE) 110 Xe 112
Casas de la Manchega **E** (VAL) 112 Yf 112
Casas de la Mata **E** (TEN) 171 B 2
Casas de la Matilla de Los Almendros **E** (CÁC) 105 Tf 112
Casas de la Molina **E** (CIU) 122 Vd 117
Casas de la Molinera **E** (VAL) 113 Za 114
Casas de la Monja **E** (CIU) 123 Wb 118
Casas de la Nava **E** (CIU) 124 We 116
Casas de Lanos Prietos **E** (PALM) 174 I D 3
Casas de la Parra **E** (HUEL) 146 Sd 124
Casas de la Parra **E** (TER) 94 Yf 108

Casas de la Patrinita **E** (HUEL) 133 Ta 120
Casas de la Pelota **E** (MUR) 141 Yb 119
Casas de la Peña **E** (ALB) 110 Xd 113
Casas de la Peña **E** (ALB) 112 Ye 114
Casas de la Polanca **E** (CÁD) 157 Te 128
Casas de la Pollero **E** (CÁD) 157 Te 128
Casas de la Presa **E** (SEV) 149 Ub 126
Casas de la Puebla de Mendoza **E** (GUA) 75 We 104
Casas de la Quebrada **E** (GUA) 58 Wf 102
Casas de la Rabadana **E** (MÁL) 159 Va 128
Casas de la Rambla **E** (ALB) 126 Ya 117
Casas del Arch **E** (ALI) 129 Ze 117
Casas de la Retamosa **E** (CIU) 122 Vd 116
Casas de la Saceda **E** (GUA) 77 Xe 103
Casas de las Aldeas **E** (CÁC) 85 Tb 110
Casas de las Arenas **E** (ALM) 154 Xd 125
Casas de Las Carmonas **E** (ALM) 154 Xd 125
Casas de las Coloradas **E** (PALM) 174 I D 2
Casas de las Encinas **E** (CIU) 108 Wb 114
Casas de las Espiletas **E** (ZAR) 62 Ze 101
Casas de las Gargantillas **E** (CÁC) 106 Ue 112
Casas de las Gordillas **E** (ÁVI) 73 Vc 104
Casas de las Higueruela **E** (CÁC) 105 Uc 113
Casas de Las Hoyas **E** (ALM) 154 Xd 125
Casas de las Huertas **E** (ALB) 111 Yb 113
Casas de las Mesas **E** (HUEL) 147 Sf 124
Casas de las Minas **E** (LLE) 47 Bc 95
Casas de las Minas **E** (SEV) 135 Ub 121
Casas de las Monjas **E** (CUE) 91 Xc 110
Casas de las Monjas **E** (MUR) 143 Za 123
Casas de las Navas **E** (BAD) 107 Va 113
Casas de las Navazuelas **E** (BAD) 121 Ud 117
Casas de las Navezuelas **E** (CÁC) 86 Tf 109
Casas de las Salinas **E** (CUE) 91 Wf 108
Casas de las Salinas **E** (PALM) 175 II E 3
Casas de las Trescientas **E** (VALL) 55 Va 100
Casas de las Zorreras **E** (HUEL) 147 Ta 125
Casas de la Tercia **E** (ALB) 140 Xd 120
Casas de la Toledana **E** (CIU) 108 Ve 113
Casas de la Torreta **E** (TER) 80 Zf 103
Casas de la Unde **E** (VAL) 112 Ye 114
Casas de la Vega **E** (ÁVI) 72 Uc 106
Casas de la Vega de la Torre **E** (CUE) 91 Xb 107
Casas de Laverné Baja **E** (ZAR) 43 Yf 96
Casas de la Yedra **E** (JAÉ) 124 We 118
Casas de Lázaro **E** (ALB) 126 Xe 116
Casas del Baldío **E** (CÁC) 104 Tc 111
Casas del Barranco de la Murta **E** (MUR) 141 Ye 121
Casas del Berrueco **E** (CÁD) 164 Tf 130
Casas del Calabrial **E** (ALM) 162 Xb 127
Casas del Calar **E** (MUR) 155 Yd 123
Casas del Camino **E** (CIU) 108 Vf 113
Casas del Camino **E** (PALM) 174 I B 2
Casas del Campillo **E** (GUA) 77 Xf 104
Casas del Campo de Melchor **E** (VAL) 93 Yf 110
Casas del Canal **E** (ZAR) 43 Ye 98
Casas del Canchel Blanquillo **E** (CÁC) 105 Te 113
Casas del Cap **E** (ALI) 143 Zc 119
Casas del Castañar **E** (CÁC) 86 Ua 108
Casas del Castillo **E** (CIU) 123 Wb 118
Casas del Castillo **E** (MUR) 127 Yd 118
Casas del Cerrojo **E** (ALB) 110 Xb 114
Casas del Cid **E** (CÁC) 86 Ua 107
Casas del Civil **E** (MUR) 142 Yf 121
Casas del Colmenareo **E** (JAÉ) 138 We 122
Casas del Collado **E** (ALI) 128 Za 118
Casas del Collado **E** (CUE) 77 Xf 106
Casas del Conde **E** (ALB) 126 Yb 116
Casas del Conde, La - **E** (SAL) 71 Tf 105
Casas del Convento **E** (ZAM) 54 Ub 101
Casas del Coto **E** (HUEL) 133 Ta 122
Casas del Coto de la Mora **E** (HUEL) 133 Tb 122
Casas del Cuartón **E** (ALB) 110 Xb 113
Casas del Cubujón **E** (HUEL) 132 Sd 122
Casas del Cura **E** (MUR) 142 Yf 121
Casas del Chozo Chavo **E** (CIU) 107 Ve 114
Casas del Dornajo **E** (SOR) 58 Wf 99
Casas del Egidillo **E** (CUE) 92 Xe 109
Casas del Embalse **E** (HUES) 44 Zd 95
Casas del Encinar **E** (CIU) 109 Wd 113
Casas del Enjambradero **E** (BAD) 107 Vb 112
Casas de Lerma **E** (TOL) 108 Wb 112
Casas del Escorial **E** (CÓRD) 135 Ue 121
Casas del Escribano **E** (MUR) 141 Yd 122
Casas del Faldar **E** (ALI) 127 Yf 118
Casas del Fonsillo **E** (GUA) 78 Yb 103
Casas del Frontil **E** (JAÉ) 138 Wc 123
Casas del General **E** (CIU) 123 Ve 117
Casas del Ginete **E** (ALB) 126 Xf 117
Casas del Guadalperal **E** (BAD) 105 Tf 114
Casas del Guarda **E** (CÁC) 87 Uc 108
Casas del Guarda del Corchadillo **E** (MÁL) 158 Va 129
Casas del Hondo **E** (MUR) 142 Za 122
Casas del Hospinal **E** (PALM) 175 II E 3
Casas del Hoyo **E** (MUR) 141 Yc 120
Casas de Ligero **E** (VAL) 113 Zb 114
Casas del Islote **E** (PALM) 176 B 3
Casas del Jara **E** (CIU) 108 Vf 114
Casas del Manco **E** (CÁC) 86 Tf 108
Casas del Médico **E** (HUEL) 146 Sd 125
Casas del Miñón **E** (VAL) 113 Za 114
Casas del Montaraz **E** (SAL) 70 Tc 106
Casas del Monte **E** (CÁC) 86 Ua 107
Casas del Monte **E** (TOL) 90 Wc 110
Casas del Monte **E** (VALL) 56 Ve 98
Casas del Monte de los Cabezos **E** (GUA) 76 Xc 106
Casas del Moralejo de Arriba **E** (MUR) 140 Xf 121
Casas del Olmo **E** (CUE) 111 Yb 113
Casas de Lomas de Gadea **E** (MUR) 140 Xe 121
Casas de los Altos **E** (ALB) 127 Ye 115
Casas de Los Apartaderos **E** (PALM) 175 II E 2
Casas de los Ardosos **E** (JAÉ) 124 Wd 118
Casas de los Barrios **E** (ZAM) 54 Ub 100
Casas de los Bernabeles **E** (MUR) 141 Yc 121
Casas de los Brogelines **E** (TOL) 89 Ve 109
Casas de los Capitos **E** (MUR) 127 Yf 118
Casas de los Carrileros **E** (ALB) 126 Yb 115
Casas de los Cascajos **E** (ZAR) 43 Ye 95
Casas de los Castaños **E** (CÁC) 85 Tb 110
Casas de los Charos **E** (CIU) 122 Vd 115
Casas de los Frailes **E** (CIU) 109 Wd 113
Casas de los Franceses **E** (CIU) 124 Wd 116
Casas de los Gavilanes **E** (CÁC) 86 Tf 109
Casas de los Hilandeses **E** (ÁVI) 88 Uf 107
Casas de los Hitos **E** (CÁC) 105 Ub 114
Casas de los Llanos **E** (TOL) 89 Vf 109
Casas de los Majadas **E** (PALM) 175 II E 2
Casas de los Morales **E** (CIU) 109 We 114
Casas de los Pachuecas **E** (ALM) 154 Xd 125
Casas de los Pinos **E** (CUE) 110 Xd 113
Casas de los Raimundos **E** (TER) 94 Zc 107
Casas de los Royos de Abajo **E** (MUR) 140 Xf 121
Casas de los Veneros **E** (ÁVI) 88 Vb 106
Casas del Palancar **E** (BAD) 106 Ue 113
Casas del Palomar **E** (CÓRD) 136 Va 121
Casas del Pansero **E** (MUR) 127 Yf 118
Casas del Pantano **E** (ALB) 126 Xe 118
Casas del Pantano **E** (TER) 79 Zc 103
Casas del Pino **E** (ALB) 110 Xb 113
Casas del Pino **E** (ALB) 126 Xe 118
Casas del Pontón **E** (BAD) 120 Tf 119
Casas del Pozo del Conde **E** (ALB) 125 Xd 115
Casas del Pozuelo **E** (CUE) 91 Xa 109
Casas del Prado **E** (GUA) 78 Yb 103
Casas del Puerto **E** (ALB) 112 Yc 114
Casas del Puerto de Tornavacas **E** (ÁVI) 87 Uc 107
Casas del Puerto de Villatoro **E** (ÁVI) 72 Ue 105
Casas del Puzuelo **E** (TOL) 90 Wb 110
Casas del Raso **E** (ZAM) 37 Ud 98
Casas del Remo **E** (TEN) 171 B 3
Casas del Rey **E** (PAL) 38 Vb 96
Casas del Rey **E** (VAL) 112 Yd 112
Casas del Rincón **E** (ALB) 110 Xb 114
Casas del Rincón **E** (ÁVI) 87 Ue 108
Casas del Rincón **E** (MUR) 141 Yd 122
Casas del Río **E** (ALB) 126 Yb 118
Casas del Río **E** (CIU) 108 Ve 114
Casas del Río **E** (VAL) 112 Yf 113
Casas del Rivero **E** (CÁC) 103 Sf 111
Casas del Robledillo **E** (CÓRD) 122 Va 117
Casas del Rolloso **E** (SAL) 70 Tb 106
Casas del Romeral **E** (CIU) 107 Vc 114
Casas del Rostro **E** (BAD) 106 Ud 113
Casas del Sacristán **E** (HUEL) 147 Tc 126
Casas del Saladillo **E** (PALM) 175 II E 4
Casas del Salero de la Rosa **E** (MUR) 127 Ye 118
Casas del Salinero **E** (CÁC) 85 Ta 109
Casas del Salugral **E** (CÁC) 86 Tf 107
Casas del Señor **E** (ALI) 128 Za 118
Casas del Sindicato Agrícola **E** (CÁC) 106 Ud 113
Casas del Sisonar **E** (ALB) 110 Xc 114
Casas del Tapuelo **E** (TOL) 89 Vd 109
Casas del Tejarejo **E** (HUEL) 133 Tc 123
Casas del Terrón **E** (HUEL) 146 Se 125
Casas del Toconal **E** (HUEL) 133 Ta 122
Casas del Torcal **E** (ÁVI) 73 Vb 104
Casas del Trampal **E** (CÁC) 104 Te 114
Casas del Transformador **E** (CUE) 111 Xf 111
Casas del Vulgo **E** (ALM) 154 Xd 125
Casas de Madrero **E** (TOL) 106 Va 111
Casas de Madrona **E** (VAL) 112 Yf 115
Casas de Maestre **E** (ALI) 128 Zb 116
Casas de Majada Blanca **E** (PALM) 175 II E 3
Casas de Majadavieja **E** (BAD) 107 Va 114
Casas de Majanicho **E** (PALM) 175 II E 1
Casas de Majasalegas **E** (ÁVI) 73 Vc 106
Casas de Mal Nombre **E** (PALM) 174 II C 5
Casas de Marcos **E** (CÁC) 86 Tf 109
Casas de María **E** (CIU) 124 We 117
Casas de Mariguitiérrez **E** (ALB) 110 Xd 114
Casas de Marrajo **E** (MUR) 141 Ya 121
Casas de Masión **E** (PALM) 176 B 4
Casas de Matas Blancas = Matas Blanca **E** (PALM) 175 II C 4
Casas de Matatoros **E** (CÁD) 165 Uc 132
Casas de Matías Nieto **E** (TOL) 108 Wa 112
Casas de Matorral **E** (PALM) 174 II C 5
Casas de Medién **E** (VAL) 94 Za 111
Casas de Mencaliz **E** (TOL) 108 Wc 111
Casas de Menor **E** (ALI) 128 Za 117
Casas de Merendaderos **E** (ALB) 110 Xb 113
Casas de Migalbín **E** (ÁVI) 72 Ue 104
Casas de Millán **E** (CÁC) 86 Te 110
Casas de Mingalozano **E** (CÁC) 105 Ub 112
Casas de Miravete **E** (CÁC) 87 Ub 110
Casas de Mitra **E** (ALB) 110 Xc 114
Casas de Moluengo **E** (VAL) 112 Yd 111
Casas de Monleón **E** (SAL) 71 Ub 105
Casas de Montiel **E** (TER) 78 Yc 104
Casas de Moreira **P** (Gu) 69 Se 104
Casas de Moreto **E** (ALB) 126 Xe 118
Casas de Mozul **E** (VAL) 94 Za 110
Casas de Muñochas **E** (ÁVI) 73 Va 105
Casas de Navajarra **E** (CIU) 107 Vd 113
Casas de Nuevo, Las - **E** (HUES) 44 Zc 95
Casas de Pajarilla del Berrocal **E** (ÁVI) 72 Uf 104
Casas de Pajonales **E** (BAD) 104 Ta 112
Casas de Palacios **E** (HUEL) 133 Tb 122
Casas de Palmar **E** (TEN) 172 II C 2
Casas de Panes **E** (MUR) 141 Yb 122
Casas de Párraga **E** (CIU) 109 Wf 113
Casas de Pastrana **E** (TEN) 172 II B 2
Casas de Patón **E** (CIU) 123 Wb 115
Casas de Pecenescal **E** (PALM) 174 II C 5
Casas de Penén de Albosa **E** (VAL) 112 Ye 112
Casas de Peña **E** (MUR) 141 Yc 122
Casas de Peña **E** (MUR) 155 Yd 123
Casas de Peñas Blancas **E** (MUR) 127 Yd 117
Casas de Peralta **E** (JAÉ) 139 Xa 122
Casas de Perico **E** (HUES) 45 Ad 95
Casas de Pila **E** (BAD) 120 Ua 119
Casas de Pino Gordo **E** (PALM) 174 I B 3
Casas de Pinos Altos **E** (CIU) 108 Vf 114
Casas de Pisano **E** (MUR) 127 Yf 118
Casas de Porros **E** (CÁD) 164 Ub 132
Casas de Povedas **E** (CIU) 107 Vd 113
Casas de Pozo Rubio **E** (ALB) 111 Ya 114
Casas de Pradas **E** (VAL) 112 Yd 112
Casas de Puentecillas **E** (ALB) 126 Xe 116
Casas de Quintanilla **E** (VALL) 56 Ve 98
Casas de Ramos **E** (ZAM) 36 Ub 97
Casas de Regaña **E** (CÁC) 104 Te 113
Casas de Reina o las Casas **E** (BAD) 134 Ua 119
Casas de Requena **E** (VAL) 128 Za 115
Casas de Reverte **E** (MUR) 140 Ya 121
Casas de Rivero **E** (MÁL) 159 Vb 128
Casas de Roldán **E** (CUE) 93 Ye 110
Casas de Roldán **E** (CUE) 110 Xd 113
Casas de Sa Calobra **E** (BAL) 98 Ce 109
Casas de Salines **E** (BAD) 103 Sf 113
Casas de San Benito **E** (CIU) 123 Vf 115
Casas de San Galindo **E** (GUA) 76 Xa 103
Casas de San Isidro **E** (GUA) 91 Xa 107
Casas de San Juanilla **E** (BAD) 106 Uf 114
Casas de San Llorente **E** (VALL) 55 Va 102
Casas de San Pascual **E** (ZAR) 61 Ye 101
Casas de Santa Brigida **E** (PALM) 174 I B 3
Casas de Santa Catalina **E** (TEN) 172 II B 2
Casas de Santa Cruz **E** (CUE) 111 Ya 112
Casas de Santa María **E** (TOL) 87 Ue 108
Casas de Santa Marina **E** (ZAM) 54 Ub 101
Casas de Sebastián Pérez **E** (ÁVI) 72 Ud 106
Casas de Senador **E** (CÁC) 105 Tf 114
Casas de Sequé **E** (ALI) 127 Yf 118
Casas de Serranos de la Torre **E** (ÁVI) 72 Ue 105
Casas de Sesmil **E** (ZAM) 54 Ub 101
Casas de Sotos **E** (VAL) 112 Yf 113
Casas de Taca **E** (PALM) 175 II D 2
Casas de Tallante **E** (MUR) 142 Yf 123
Casas de Tamadaba **E** (PALM) 174 I B 2
Casas de Tamaretilla **E** (PALM) 175 II D 4
Casas de Tirma **E** (PALM) 174 I B 2
Casas de Tonicosquey **E** (PALM) 175 II E 4
Casas de Tornajuelo **E** (MUR) 140 Xf 121
Casas de Torrejón **E** (TOL) 88 Uf 109
Casas de Torró **E** (ALB) 112 Ye 115
Casas de Valcamín Alto **E** (ZAM) 54 Ub 100
Casas de Valcorchete **E** (CIU) 108 Ve 114
Casas de Valdarachas **E** (CIU) 123 Wa 115
Casas de Valdecañas **E** (PAL) 38 Ve 96
Casas de Valdelapeña **E** (BAD) 120 Tf 116
Casas de Valdeolmeña **E** (GUA) 91 Wf 107
Casas de Valiluengo **E** (GUA) 58 Wf 102
Casas de Valtravieso **E** (TOL) 87 Uf 108
Casas de Valverde **E** (CÁC) 86 Te 108
Casas de Vega-Duero **E** (VALL) 55 Uf 100
Casas de Verlupe **E** (ALB) 126 Yb 115
Casas de Ves **E** (ALB) 112 Ye 113
Casas de Veta la Palma **E** (SEV) 148 Te 126
Casas de Vicente **E** (CÁC) 106 Ud 110
Casas de Vidal **E** (CÁC) 85 Tb 108
Casas de Villacomer **E** (ÁVI) 73 Uf 103
Casas de Villachica **E** (ZAM) 54 Ub 101
Casas de Villalobillos **E** (CÓRD) 136 Va 121
Casas de Villava Perea **E** (CUE) 91 Xb 109
Casas de Villena **E** (ALB) 112 Yd 113
Casas de Villora **E** (ALB) 127 Yc 116
Casas de Viñas **E** (MÁL) 160 Wb 128
Casas de Violante **E** (PALM) 175 II D 4
Casas de Zaricejo **E** (ALI) 128 Za 117
Casas de Zurraquín **E** (ÁVI) 72 Ue 104
Casas Don Vidal de Arriba **E** (CÁC) 105 Tf 112
Casas dos Montes **E** (OUR) 34 Sc 97
Casas du Cuevas Blancas **E** (TEN) 172 II C 2
Casaseca de Campeán **E** (ZAM) 54 Ub 100
Casaseca de las Chanas **E** (ZAM) 54 Ub 100
Casa Seguró **E** (ALI) 129 Ze 117
Casas El Almácio **E** (PALM) 175 II D 3
Casas El Caballón **E** (ALM) 154 Xf 127
Casas El Caidero **E** (PALM) 174 I B 3
Casas El Cid **E** (ÁVI) 73 Va 104
Casas El Ciscar **E** (VAL) 112 Ye 113
Casas El Gargantón **E** (CIU) 107 Vd 114
Casas el Guirre **E** (TEN) 173 I D 5
Casas El Manantial **E** (PALM) 174 I B 3
Casas el Membrillero **E** (BAD) 120 Tf 117
Casas El Mónsul **E** (ALM) 163 Xf 128
Casas El Puertito **E** (PALM) 175 II F 1
Casas El Puertito **E** (TEN) 172 I C 5
Casas el Río **E** (TOL) 89 Wa 108
Casas El Rochizo **E** (GUA) 77 Yb 104
Casas El Soto **E** (VAL) 93 Ye 108
Casas El Tabladillo **E** (SEG) 57 Wb 101
Casa Senuista **E** (BAD) 119 Tb 115
Casa Serrano **E** (MAD) 90 Wb 109
Casas Espartero **E** (HUEL) 146 Sd 124
Casa Sevellar **E** (ALB) 112 Ye 113
Casas Francés **E** (ALB) 127 Yc 115
Casas Grandes **P** (Se) 130 Rb 122
Casas Guzulas **E** (BAD) 134 Tf 119
Casas Hinojosas **E** (CÁC) 105 Tf 112
Casas Hoya-Nevada **E** (ALB) 126 Xf 118
Casas Hoya Vidales **E** (TER) 79 Zc 104
Casas Huerta del Ramo **E** (SEV) 148 Tf 127
Casas Huertos de la Fuente **E** (HUEL) 146 Se 124
Casas-Ibáñez **E** (ALB) 112 Yd 113
Casa Silverio **E** (CIU) 125 Xb 116
Casasimarro **E** (CUE) 111 Xf 112
Casas Sisentes **E** (VAL) 113 Zd 113
Casas Jijará **E** (VAL) 113 Zd 114
Casas la Breña **E** (PALM) 176 D 2
Casas La Cabaña **E** (VALL) 56 Vb 101
Casas La Cantera **E** (TEN) 172 II B 2
Casas La Celadilla **E** (CIU) 123 Wb 115
Casas La Concepción **E** (TEN) 172 I C 5
Casas la Encomienda **E** (BAD) 134 Ua 120
Casas La Enjarada **E** (CÁC) 104 Td 112
Casas La Garganta **E** (ALI) 129 Aa 116
Casas La Peana **E** (CIU) 124 Wd 115
Casas Las Alcachofas **E** (ALI) 142 Za 121
Casas Las Corinas **E** (ALM) 154 Xd 125
Casas Las Escamas **E** (PALM) 176 D 2
Casas las Hoyas **E** (PALM) 174 I B 2
Casas las Huelgas **E** (BAD) 120 Tf 117
Casas Las Toscas **E** (TEN) 173 III B 2
Casas las Villas Nuevas **E** (ALB) 111 Xf 114
Casas La Viña **E** (TEN) 171 B 2
Casas Los Callejones **E** (GUA) 78 Yc 103
Casas los Codriales **E** (BAD) 120 Ua 119
Casas Los Martínez **E** (MUR) 142 Za 121
Casas Los Menores **E** (TEN) 172 I C 5
Casas Los Mocanes **E** (TEN) 173 III C 2
Casas Los Molinos **E** (PALM) 174 I D 3
Casas Los Molinos **E** (PALM) 175 II D 2
Casas Los Ramos **E** (ALI) 128 Zd 118
Casas Los Secaderos **E** (CÁC) 86 Tf 110
Casas Luján **E** (CUE) 91 Xa 109
Casas Martincaro **E** (CIU) 122 Va 115
Casas Mingajila de Ventosa **E** (CÁC) 105 Tf 112

Casas Montañeta de Tao **E** (PALM) 175 II D 3
Casas Monte Chaparral **E** (GUA) 76 Xa 106
Casas Montinche **E** (CÁC) 86 Tf 108
Casas Novas **P** (Év) 116 Rd 116
Casas Novas **P** (Le) 83 Rd 108
Casas Novas **P** (Pg) 103 Sd 114
Casas Novas **P** (Se) 130 Rc 122
Casas Novas dos Mares **P** (Év) 118 Sd 117
Casas Nuevas **E** (CUE) 93 Yd 108
Casas Nuevas **E** (MUR) 141 Yb 121
Casas Nuevas **E** (MUR) 141 Yc 121
Casas Nuevas **E** (MUR) 142 Yf 122
Casas Nuevas **E** (VALL) 55 Uf 102
Casasoa **E** (OUR) 34 Sd 94
Casasola **E** (ALB) 126 Xf 117
Casasola **E** (ÁVI) 73 Vb 104
Casasola **E** (CAN) 9 Ve 88
Casasola **E** (VALL) 56 Vc 99
Casasola de Arión **E** (VALL) 55 Ue 99
Casasola de la Encomienda **E** (SAL) 71 Te 103
Casasola del Campo **E** (SAL) 71 Ua 104
Casasola de Rueda **E** (LEÓ) 19 Ue 93
Casas Palomar de Casa Vieja **E** (TOL) 109 Wd 112
Casas Peraleja **E** (MUR) 142 Za 121
Casas Perzosa **E** (CIU) 124 Wd 115
Casas Pozo de las Calcosas **E** (TEN) 173 III C 1
Casas Quemadas **E** (CUE) 93 Ye 109
Casas Quemadas **E** (VAL) 93 Yd 108
Casas Quiros **E** (BAD) 120 Tf 118
Casas Salomóns **E** (ALI) 129 Ze 117
Casas San Juan **E** (TEN) 173 I E 5
Casas Santa Rosalía **E** (HUEL) 132 Sd 122
Casas Turquillas **E** (SEV) 150 Uf 124
Casasuertes **E** (LEÓ) 20 Va 90
Casas Vedado **E** (HUES) 63 Ab 100
Casas Velhas **P** (Be) 131 Re 123
Casas Viejas **E** (ALB) 111 Ya 115
Casas Viejas **E** (ALB) 127 Ye 115
Casas Viejas **E** (VAL) 112 Yd 112
Casas Villa María **E** (MUR) 142 Yf 121
Casas y Baños de Fuente Álamo **E** (MUR) 127 Yf 117
Casas y Corrales de Genaro **E** (VAL) 94 Yf 110
Casas y Chalet de Pascual García **E** (MUR) 127 Yf 117
Casas y Ermita de Mayorga **E** (BAD) 103 Sf 113
Casas y Minas de la Lapa **E** (BAD) 134 Ua 119
Casas y Tinado **E** (CÁC) 86 Tf 109
Casa Tabladilla **E** (HUEL) 148 Td 123
Casa Tarquina **E** (GRA) 153 Xc 123
Casatejada **E** (CÁC) 87 Ub 109
Casa Tejar **E** (CUE) 91 Xb 109
Casa Tinado **E** (CÁC) 103 Ta 111
Casato de Higinio **E** (ALB) 127 Yc 116
Casa Tomellosa **E** (CUE) 91 Xb 108
Casa Toril **E** (BAD) 121 Ud 115
Casa Torneros de la Hoz **E** (ÁVI) 73 Uf 104
Casa Torraza **E** (NAV) 25 Yd 94
Casa Torre de Guallar **E** (ZAR) 43 Za 98
Casa Torrejón **E** (SAL) 54 Uc 102
Casa Torreperales **E** (SAL) 54 Uc 102
Casa Tranco del Lobo **E** (ALB) 112 Ye 113
Casa Tres Rayas **E** (HUEL) 147 Tb 126
Casa Trilla **E** (ZAR) 63 Ab 100
Casa Tristany **E** (LLE) 47 Bd 97
Casa Trovico **E** (CÁC) 105 Ua 112
Casa Trujillano **E** (TOL) 88 Uf 108
Casa Tuartas **E** (HUES) 27 Zf 94
Casau **E** (LLE) 28 Ae 92
Casa Valdelagata **E** (CIU) 108 Vf 112
Casa Valdeviñas **E** (HUEL) 132 Sd 123
Casa Valdezarza **E** (TOL) 88 Vc 110
Casa Valverde **E** (CÁC) 106 Ud 113
Casa Valle del Rubial **E** (CIU) 107 Vc 112
Casa Vallongas **E** (ALI) 128 Zd 117
Casa Vanar **E** (ALI) 128 Zc 117
Casa Vaqueriza **E** (CÁC) 87 Uc 109
Casavegas **E** (CAN) 8 Vc 90
Casa Velha **P** (Le) 82 Rb 111
Casa Velha da Botelha **P** (Be) 145 Sa 123
Casa Vena **E** (TER) 94 Zb 107
Casa Venta **E** (MUR) 127 Ye 117
Casa Venta Quemada **E** (CÁC) 86 Tf 108
Casa Ventura **E** (ZAR) 43 Za 96
Casa Verea **E** (ALI) 143 Zb 121
Casa Veret **E** (LLE) 47 Bd 96
Casa Vidal **E** (TAR) 64 Ba 100
Casa Vidal **E** (VAL) 129 Zf 115
Casavieja **E** (ÁVI) 88 Vb 107
Casavieja **E** (CAN) 10 Wd 89
Casa Vieja **E** (CUE) 92 Ya 107
Casa Vieja de Canillos **E** (ZAM) 54 Uc 99
Casa Vieja del Coto **E** (SEV) 134 Ua 123
Casa Vieja del Monte **E** (MAD) 89 Wa 107
Casa Villa Luz **E** (VALL) 55 Uf 102
Casa Villares **E** (TOL) 109 Wd 111
Casa Villena **E** (CIU) 110 Xb 113
Casa Xalamera **E** (TAR) 63 Ac 102
Casaxeto **E** (OUR) 33 Sb 94
Casa y Corral del Mariscal **E** (MUR) 141 Yd 121
Casa Yegüeros **E** (CIU) 124 Wf 116
Casa y Molino de los Lorenzos **E** (CÓRD) 137 Vd 120
Casa y Salinas de Valdetablado **E** (TER) 93 Yb 107
Casa Zacarés **E** (VAL) 113 Zd 113
Casa Zamarril **E** (CÁC) 85 Tc 109
Casbas de Huesca **E** (HUES) 44 Zf 96
Cascais **P** (Li) 115 Qd 116
Cascajares **E** (SEG) 57 Wd 100
Cascajares de Bureba **E** (BUR) 22 We 92
Cascajares de la Sierra **E** (BUR) 40 Wd 96
Cascajo **E** (TEN) 171 B 2
Cascajosa **E** (SOR) 59 Xb 99
Cascalho **P** (Aç) 168 Wb 117
Cascante **E** (ALI) 128 Zb 116
Cascante **E** (NAV) 42 Yb 97
Cascante del Rio **E** (TER) 93 Yf 107
Cascantes **E** (LEÓ) 19 Uc 92
Cascaxid **E** (PON) 15 Re 92
Ca's Concos **E** (BAL) 99 Da 112
Casconha **P** (Por) 50 Rd 102
Casebres **P** (Se) 116 Rd 117
Cáseda **E** (NAV) 25 Yd 93
Casegas **P** (CB) 84 Sb 107
Caseiro **E** (OUR) 33 Re 95
Caseis **P** (Fa) 144 Rc 125
Caselho **P** (Vi) 68 Rf 104
Caselles, les - **E** (GIR) 49 Ce 95
Caseras = Caseres **E** (TAR) 63 Ab 102
Caseres **E** (TAR) 63 Ab 102
Casería, La - **E** (ALM) 153 Xa 127
Casería de Amores **E** (JAÉ) 138 Wc 120
Casería de Jornía **E** (SEV) 150 Uf 125
Casería de la Alcolehuela **E** (JAÉ) 124 Wd 119
Casería de la Corregidora **E** (JAÉ) 137 Wa 120
Casería de la Galiana **E** (CÓRD) 151 Vd 124
Casería de la Marquesita **E** (CÓRD) 137 Ve 121
Casería de la Salcedilla **E** (JAÉ) 137 Wa 120
Casería de la Tierna **E** (CÓRD) 136 Vb 121
Casería del Carratón **E** (JAÉ) 138 Wc 122
Casería de Marcona **E** (CÓRD) 137 Vd 122
Casería de Mena **E** (JAÉ) 137 Ve 121
Casería de Ossío **E** (CÁD) 157 Te 130
Casería de Roga **E** (SEV) 150 Va 125
Casería de San José **E** (CÓRD) 151 Vd 123
Caserías, Las - **E** (JAÉ) 151 Wa 124
Caserío Abad Don Blasco **E** (SEG) 74 Vd 103
Caserío Abertura Consolación **E** (CIU) 124 Wd 115
Caserío Aguilar **E** (HUES) 27 Zf 94
Caserío Alamillo-Campo Santiago **E** (CIU) 124 We 116
Caserío Aldeanueva **E** (CÁC) 105 Ua 112
Caserío Aldehuela de Las Flores **E** (SAL) 72 Ue 102
Caserío Alto del Puerto **E** (JAÉ) 138 Wc 122
Caserío Antigua **E** (BAD) 120 Ub 115
Caserío Arias **E** (GUA) 77 Ya 104
Caserío Arlas **E** (NAV) 42 Yb 94
Caserío Atalayas **E** (JAÉ) 125 Xb 118
Caserío Barcial **E** (SAL) 72 Ub 104
Caserío Batán de San Pedro **E** (CUE) 91 Xa 109
Caserío Benagés **E** (CAS) 95 Zd 107
Caserío Benigüengo **E** (VAL) 113 Za 115
Caserío Berzalejo **E** (CÁC) 86 Ua 110
Caserío Biniagual **E** (BAL) 98 Cf 110
Caserío Blanco **E** (BAD) 118 Ta 116
Caserío Boca del Cortijo **E** (CIU) 108 Vf 113
Caserío Borbuño **E** (ALI) 128 Zc 119
Caserío Brete **E** (CÁC) 106 Uc 112
Caserío Búcor **E** (GRA) 152 Wb 125
Caserío Bular Bajo **E** (GRA) 152 Wd 124
Caserío Cabrera **E** (BAL) 98 Cf 114
Caserío Calaceite **E** (MÁL) 160 Wa 128
Caserío Calzadilla de Mendigos **E** (SAL) 72 Ub 104
Caserío Castilleja **E** (VALL) 37 Ue 96
Caserío Centorrillo **E** (SAL) 70 Tc 104
Caserío Centro Agrario **E** (HUES) 45 Ac 98
Caserío Colmenarejo **E** (MÁL) 160 Wb 128
Caserío Corrales de Blay **E** (VAL) 128 Za 115
Caserío Cortijo Nuevo **E** (GRA) 152 Wb 125
Caserío Cosolla **E** (HUES) 45 Ad 95
Caserío Costa de Rota **E** (CÁD) 156 Td 128
Caserío Coto **E** (CÁC) 86 Ub 110
Caserío Covetes **E** (ALI) 128 Zd 117
Caserío Cuartillo **E** (CÁC) 86 Ua 110
Caserío Cuaternos **E** (CÁC) 87 Uc 108
Caserío Cuatro Calzadas **E** (SAL) 72 Uc 104
Caserío de Abete **E** (NAV) 25 Yc 94
Caserío de Agustín Tomás **E** (ALB) 126 Xf 119
Caserío de Aldehuela de Fuentes **E** (ÁVI) 73 Vb 102
Caserío de Almallá **E** (GUA) 77 Ya 104
Caserío de Arroyo **E** (NAV) 24 Yb 94
Caserío de Badulla **E** (JAÉ) 138 Wd 121
Caserío de Ballestera **E** (TER) 79 Za 106
Caserío de Barraquero **E** (BAD) 118 Sf 116
Caserío de Bernúi de Montejo **E** (SEG) 74 Vd 103
Caserío de Bonilla **E** (BUR) 57 Wa 99
Caserío de Canuto **E** (NAV) 25 Yc 94
Caserío de Cañadafría **E** (CÁC) 105 Ub 112
Caserío de Cascaje **E** (PAL) 38 Vc 95
Caserío de Castil Cabra **E** (TER) 79 Za 106
Caserío de Curriple **E** (CIU) 124 Wc 118
Caserío de Don Bernardo **E** (JAÉ) 124 Wd 119
Caserío de El Mimbrero **E** (BAD) 119 Ta 116
Caserío de Escobar **E** (NAV) 24 Yb 93
Caserío de Gollena **E** (NAV) 24 Yb 94
Caserío de Granja **E** (CÁC) 85 Ta 108
Caserío de Gregorio **E** (NAV) 24 Yb 94
Caserío de Guijarra **E** (BAD) 118 Ta 116
Caserío de Guisema **E** (GUA) 77 Yb 102
Caserío Dehesa Alta **E** (JAÉ) 139 Xa 121
Caserío Dehesa de Rebollar **E** (PAL) 38 Vd 97
Caserío Dehesilla del Conde **E** (CUE) 91 Wf 109
Caserío de Hoyales **E** (PAL) 39 Vf 97
Caserío de Isasa **E** (CÓRD) 137 Vd 120
Caserío de Juan Collado **E** (CÁC) 105 Ub 111
Caserío de la Alamedilla **E** (JAÉ) 137 Vf 121
Caserío de la Arboleda **E** (RIO) 42 Ya 96
Caserío de la Bastida **E** (MUR) 140 Xf 120
Caserío de la Berciosa **E** (TOL) 88 Vb 110
Caserío de la Castellana **E** (BAD) 118 Sf 116
Caserío de la Central del Chorro **E** (ÁVI) 87 Uc 107
Caserío de la Cuerva **E** (SEV) 149 Ud 126
Caserío de la Choriza **E** (ALB) 126 Xf 115
Caserío de la Dehesa **E** (PAL) 38 Vd 96
Caserío de la Dehesa de Valverde **E** (PAL) 38 Vf 97
Caserío de la Encomienda **E** (BAD) 118 Sf 116
Caserío de la Fábrica **E** (GRA) 161 Wd 127
Caserío de la Fuente del Berro **E** (TER) 79 Za 106
Caserío de la huerta de las Viñas **E** (SEV) 135 Ub 122
Caserío del Alamillo **E** (CÓRD) 137 Ve 121
Caserío del Alcalde **E** (TOL) 90 We 110
Caserío de la Marquesa **E** (JAÉ) 137 Ve 120
Caserío de la Mata Moral **E** (LEÓ) 19 Ue 93
Caserío del Amogable **E** (SOR) 40 Xa 97
Caserío de la Mora **E** (BAD) 118 Ta 116
Caserío de la Morena **E** (SEV) 149 Ue 126
Caserío de la Nava de Andújar **E** (JAÉ) 138 Wa 119
Caserío de la Pluma **E** (BAD) 118 Ta 116
Caserío del Aragonés **E** (NAV) 25 Yc 94
Caserío de las Cabezadas **E** (CIU) 108 Ve 113
Caserío de las Erijuelas **E** (SEG) 74 Vd 104
Caserío de las Mesas del Carril **E** (SEV) 135 Uc 122
Caserío de las Mitras **E** (ALB) 126 Xe 116
Caserío de las Nogueras **E** (MUR) 140 Xf 119
Caserío de las Palomas **E** (CÁD) 164 Ub 132
Caserío de la Urbana **E** (SEV) 135 Ub 120
Caserío de la Vega **E** (CÁC) 103 Se 112
Caserío de la Vega **E** (MÁL) 151 Vd 126
Caserío de la Venta **E** (VALL) 37 Va 98
Caserío del Barón **E** (NAV) 24 Ya 94
Caserío del Batán **E** (TOL) 90 Wd 110
Caserío del Burguillo **E** (ÁVI) 73 Vc 106
Caserío del Cajo **E** (NAV) 24 Yb 94
Caserío del Campillo **E** (BAD) 118 Ta 116
Caserío del Campillo de Abajo **E** (MUR) 140 Xf 120
Caserío del Campillo de Arriba **E** (MUR) 140 Xf 120
Caserío del Cañaveralejo **E** (SEV) 150 Va 125
Caserío del Castillo **E** (CÁC) 86 Td 106
Caserío del Cerrón **E** (MÁL) 150 Vc 126
Caserío del Conde de Hornachuelos **E** (JAÉ) 137 Ve 121
Caserío del Corbo **E** (NAV) 24 Ya 94
Caserío del Chincho **E** (CÁC) 87 Uc 108
Caserío del Embalse de Barasona **E** (HUES) 45 Ab 96
Caserío del Espeso **E** (JAÉ) 138 Wb 122
Caserío del Espolón **E** (GRA) 161 We 127
Caserío del Hornillo **E** (CIU) 107 Vb 113
Caserío del Minglanillo **E** (MUR) 141 Yd 121
Caserío del Monte **E** (NAV) 24 Yb 93
Caserío del Monte Nuevo **E** (GUA) 76 Wf 106
Caserío de los Alamillos **E** (CÓRD) 136 Vb 123
Caserío de los Cabezos **E** (VALL) 38 Vb 97
Caserío de los Corrales **E** (CÁC) 85 Tc 109
Caserío de los Charquillos **E** (MUR) 127 Ye 117
Caserío de los Fontanares **E** (JAÉ) 138 Wb 122
Caserío de los Frailes de Arriba **E** (BAD) 118 Sf 116
Caserío de los Marquinos **E** (BAD) 118 Se 116
Caserío de los Palacios **E** (TOL) 89 Wa 110
Caserío de los Salares **E** (PAL) 39 Vf 97
Caserío del Pajarón **E** (CÓRD) 136 Ue 121
Caserío del Pasiego **E** (ZAR) 43 Yf 96
Caserío del Pinar del Conde **E** (SEG) 56 Vd 101
Caserío del Pontón **E** (LEÓ) 20 Uf 90
Caserío del Puerto **E** (MUR) 140 Xf 120
Caserío del Puerto Mojante **E** (MUR) 140 Xf 120
Caserío del Rincón **E** (MUR) 141 Ya 120
Caserío del Ronquillo **E** (BAD) 119 Ta 116
Caserío del Tartamudo **E** (MUR) 140 Xf 120
Caserío del Toro **E** (HUEL) 132 Sd 122
Caserío del Valle **E** (JAÉ) 137 Vf 121
Caserío de Mauleón **E** (NAV) 24 Xf 93
Caserío de Menuza **E** (ZAR) 62 Zd 101
Caserío de Miporqué **E** (HUES) 45 Ac 98
Caserío de Monreal **E** (HUES) 63 Ac 99
Caserío de Montalbán **E** (CÁC) 106 Ue 112
Caserío de Negredo **E** (PAL) 38 Ve 96
Caserío de Nieto **E** (PAL) 39 Vf 97
Caserío de Orchi **E** (ZAR) 60 Yd 99
Caserío de Padilla **E** (PAL) 38 Vb 96
Caserío de Pajarejo de Abajo **E** (MUR) 140 Ya 120
Caserío de Pajareros **E** (PAL) 39 Vf 97
Caserío de Palacio Barriga **E** (CÁC) 105 Tf 112
Caserío de Paradilla del Alcor **E** (PAL) 38 Vc 97
Caserío de Párraces **E** (SEG) 74 Vd 103
Caserío de Pela **E** (TOL) 87 Ue 109
Caserío de Piedras Menaras **E** (GUA) 75 We 105
Caserío de Poserna **E** (PAL) 38 Vb 96
Caserío de Pozo Blanco **E** (JAÉ) 138 Wc 122
Caserío de Revilla de Gumiel **E** (BUR) 39 Wb 98
Caserío de Romana **E** (TER) 62 Zd 101
Caserío de Sancho Rey **E** (CIU) 123 Wa 115
Caserío de San Juan de Castellanos **E** (PAL) 39 Vf 96
Caserío de Santa Apolonia **E** (TOL) 88 Va 109
Caserío de Santa Inés **E** (JAÉ) 138 Wd 122
Caserío de Santa Rita **E** (JAÉ) 139 We 120
Caserío de Seperos **E** (ALB) 127 Yc 118
Caserío de Somoguil **E** (MUR) 140 Ya 119
Caserío de Sugel **E** (ALB) 127 Yf 115
Caserío de Tablada **E** (PAL) 38 Ve 97
Caserío de Tarín **E** (TER) 79 Za 106
Caserío de Teldomingo **E** (SEG) 73 Vd 103
Caserío de Terzaguilla **E** (GUA) 77 Ya 104
Caserío de Torrechante **E** (JAÉ) 138 Wb 122
Caserío de Torreseca **E** (CÁC) 87 Uc 108
Caserío de Uribe **E** (MÁL) 150 Vc 126
Caserío de Valdiferre **E** (NAV) 24 Yb 93
Caserío de Valparroso **E** (JAÉ) 137 Ve 120
Caserío de Vallestuertos **E** (SEG) 74 Vd 104
Caserío de Ventaniella **E** (AST) 19 Ue 90
Caserío de Villacista **E** (BUR) 39 Wa 95
Caserío de Villagodio **E** (VALL) 37 Uf 97
Caserío de Villalba **E** (JAÉ) 137 Vf 120
Caserío de Villalinvierno **E** (PAL) 37 Va 97
Caserío de Villarramiro **E** (PAL) 38 Vb 97
Caserío de Viñes **E** (HUES) 27 Zf 93
Caserío de Vista Alegre **E** (MUR) 140 Xf 119
Caserío de Vistahermosa **E** (SEV) 150 Vb 125
Caserío Don Domingo **E** (JAÉ) 139 Xc 120
Caserío Don Gil **E** (CÁC) 86 Ua 110
Caserío El Aguachal **E** (PAL) 38 Vd 97
Caserío el Boyal **E** (CÁD) 157 Ua 129
Caserío El Campazo **E** (CIU) 123 Wb 115
Caserío El Campo **E** (GUA) 78 Yc 104
Caserío el Carcamo **E** (GRA) 151 Vf 125
Caserío El Casarejo **E** (CÁD) 157 Te 128
Caserío el Coll de la Abena **E** (BAR) 47 Be 95
Caserío El Chopo **E** (TER) 94 Zb 108
Caserío El Encinar **E** (HUEL) 134 Td 121
Caserío El Fuenseca **E** (TER) 94 Zb 108
Caserío El Hosquillo **E** (CUE) 77 Ya 106
Caserío El Monte **E** (GUA) 78 Yc 105
Caserío El Picazo **E** (CUE) 91 Xc 109
Caserío El Portillo **E** (CAN) 10 Wc 88
Caserío El Puerto **E** (CÓRD) 136 Va 121
Caserío el Rosal **E** (BAD) 120 Ua 119
Caserío Embid **E** (CUE) 92 Xf 108
Caserío Encomienda-Corral Rubio **E** (CIU) 124 Wd 116
Caserío Fatás **E** (HUES) 26 Zc 94
Caserío Figarol **E** (NAV) 43 Yd 94
Caserío Figuerets **E** (ALI) 129 Ze 117
Caserío Fraguas **E** (ALB) 112 Yd 114
Caserío Fuente Álamo **E** (MUR) 140 Ya 120
Caserío Fuente-Dueñas **E** (CÁC) 86 Tf 109
Caserío Fuente la Piedra **E** (VALL) 55 Va 101
Caserío Fuenterruz **E** (CUE) 92 Xe 108
Caserío Fuente Vera **E** (GRA) 139 Xb 122
Caserío Gallegos **E** (SEG) 56 Vd 101
Caserío Gariattaqui **E** (GRA) 152 Wc 125
Caserío Garoces **E** (TOL) 108 Wb 111
Caserío Garzón **E** (CAN) 10 Wc 88
Caserío Gasma **E** (CÁD) 164 Ua 132
Caserío Gejo de Doña **E** (SAL) 71 Ua 103
Caserío Gil Alonso **E** (JAÉ) 137 Vf 122
Caserío Golpejera **E** (SAL) 72 Ub 103
Caserío Haza Nueva **E** (BUR) 57 Wb 99
Caserío Henear **E** (JAÉ) 138 Wd 121
Caserío Hidalgo **E** (CÁD) 156 Td 128
Caserío Hoya Muñoz **E** (MUR) 127 Ye 116
Caserío Huenes **E** (GRA) 152 Wc 126
Caserío Huerta de San Rafael **E** (JAÉ) 138 Wc 122
Caserío Humaina **E** (MÁL) 159 Vd 128
Caserío Iruelas **E** (CÁD) 164 Ub 132
Caserío Jaldarín **E** (MÁL) 160 Vd 127
Caserío La Abengózar **E** (CUE) 92 Xe 108
Caserío La Auditoría **E** (CÁC) 86 Ua 107
Caserío La Barra **E** (HUEL) 146 Sd 125
Caserío La Burra **E** (CÁC) 86 Ua 110
Caserío La Campana **E** (BAD) 118 Ta 116
Caserío la Canchalosa **E** (BAD) 120 Tf 118
Caserío La Carrona **E** (BAD) 118 Ta 116
Caserío La Cormana **E** (CAS) 95 Ze 107
Caserío La Cubeta **E** (CIU) 109 Xa 112
Caserío la Dehesa **E** (RIO) 41 Xe 94
Caserío la Hita **E** (JAÉ) 138 Wa 121
Caserío La Jara **E** (ALB) 126 Xf 117
Caserío La Jara **E** (TER) 78 Yc 105
Caserío La Laguna **E** (GUA) 77 Ya 105
Caserío La Losa **E** (ALM) 154 Ya 126
Caserío la Magdalena **E** (TOL) 108 Wc 112
Caserío La Marismilla **E** (HUEL) 156 Td 127
Caserío La Masada **E** (CAS) 94 Zd 107

Caserío La Mojaiva **E** (GRA) 152 Wc 125
Caserío La Muela **E** (PAL) 38 Vb 97
Caserío La Nava **E** (CÁC) 106 Ud 112
Caserío La Nogueruela **E** (ALB) 126 Ya 118
Caserío la Parada **E** (TOL) 87 Ue 108
Caserío la Rata **E** (GRA) 152 Wb 125
Caserío la Rosa **E** (GRA) 152 Wa 125
Caserío Las Bargas **E** (RIO) 41 Xe 95
Caserío Las Corchuelas de Arriba **E** (CÁC) 86 Ua 110
Caserío Las Cremadas **E** (HUES) 45 Ab 96
Caserío las Higueruelas **E** (CÓRD) 136 Vb 122
Caserío las Pedrizas **E** (MUR) 140 Xe 120
Caserío Las Umbrías **E** (CAS) 94 Zd 107
Caserío La Tosca **E** (TER) 79 Zc 104
Caserío la Vallesa **E** (VAL) 113 Za 111
Caserío La Venta **E** (TER) 93 Ye 107
Caserío Lo Cortado **E** (MUR) 141 Ye 120
Caserío los Alemanes **E** (TER) 93 Ye 107
Caserío Los Almorochos **E** (CAS) 94 Zc 108
Caserío Los Arenales **E** (CÁC) 104 Td 112
Caserío Los Arrecifes **E** (BAD) 118 Se 116
Caserío Los Asperones **E** (GRA) 152 Wc 125
Caserío Los Batanes **E** (TER) 80 Ze 104
Caserío Los Blancos **E** (ALB) 127 Yf 115
Caserío Los Cabañiles **E** (MUR) 142 Ye 119
Caserío Los Calles **E** (CÁC) 87 Ub 109
Caserío los Capillones **E** (CÁC) 86 Te 109
Caserío Los Fayos Bajos **E** (TER) 62 Zd 102
Caserío Los Llanos **E** (HUEL) 147 Tb 125
Caserío Los Melerillas **E** (GRA) 152 Wb 124
Caserío Los Milagros **E** (VALL) 56 Vc 98
Caserío Los Molinares **E** (TER) 93 Yc 107
Caserío Los Monllats **E** (CAS) 80 Ze 106
Caserío Los Morales de Arriba **E** (TER) 94 Za 108
Caserío Los Navazos **E** (CIU) 124 Xa 115
Caserío Los Ojos **E** (MUR) 141 Yd 121
Caserío Los Pajoso **E** (HUEL) 146 Se 124
Caserío Los Quiles **E** (CIU) 108 Wa 113
Caserío los Rebollares **E** (CIU) 108 Wa 113
Caserío Llueva **E** (CAN) 10 Wc 88
Caserío Mahudes **E** (LEÓ) 37 Uf 94
Caserío Majada del Moro **E** (MÁL) 151 Ve 127
Caserío Majadales **E** (CÁD) 156 Td 128
Caserío Mallumembre **E** (SOR) 41 Xc 98
Caserío Megrillán **E** (SAL) 72 Ub 103
Caserío Mental **E** (LEÓ) 20 Uf 91
Caserío Mesa **E** (CÁC) 86 Tf 110
Caserío Mina La Económica **E** (TOL) 89 Vf 110
Caserío Minas Dificultades **E** (CÓRD) 121 Va 117
Caserío Moheda **E** (CÁC) 86 Ua 110
Caserío Molino **E** (TER) 79 Za 104
Caserío Molinos de Algarbe **E** (TER) 93 Yc 107
Caserío Monte Castilla **E** (HUEL) 133 Tc 122
Caserío Monte del Soto **E** (CÁC) 86 Tf 107
Caserío Monte Redondo **E** (GUA) 76 Xb 104
Caserío Monte So **E** (ALI) 128 Zc 116
Caserío Monte Viejo **E** (CUE) 111 Xe 113
Caserío Montillas **E** (SEV) 149 Uc 124
Caserío Morales de las Cuevas **E** (ZAM) 36 Uc 96
Caserío Morera **E** (VAL) 128 Zb 116
Caserío Muriel **E** (MÁL) 151 Vd 126
Caserío Nasarre **E** (HUES) 44 Zf 95
Caserío Nates **E** (CAN) 10 Wd 88
Caserío Navalices **E** (CIU) 108 Ve 112
Caserío Navalonguillo de Arriba **E** (CÁC) 86 Tf 108
Caserío Navas **E** (CÁC) 86 Ua 108
Caserío Ordoño **E** (VALL) 56 Vc 101
Caserío Oreganal **E** (CÁC) 86 Tf 110
Caserío Paridera Roya **E** (VAL) 113 Zb 113
Caserío Partida Bayo **E** (ZAR) 43 Ye 95
Caserío Pedraza del Agua **E** (CÁC) 105 Tf 112
Caserío Peñarrubia **E** (CUE) 93 Yc 108
Caserío Peña Rubia **E** (ALB) 112 Yd 114
Caserío Picaza **E** (GUA) 77 Ya 104
Caserío Pinar de los Llanos **E** (CUE) 92 Xe 108
Caserío Playa de Alojera **E** (TEN) 172 II B 1
Caserío Playa de Alojera **E** (TEN) 172 II B 2
Caserío Playa de Vallehermoso **E** (TEN) 172 II B 1
Caserío Poblenta de Riu **E** (CAS) 80 Zf 104
Caserío Pombo **E** (PAL) 38 Vb 97
Caserío Porqueiros **E** (SAL) 72 Ub 103
Caserío Presa del Gállego **E** (HUES) 43 Zb 95
Caserío Puerto de la Luz **E** (PALM) 174 II B 5
Caserío Puntal **E** (GRA) 152 Wd 127
Caserío Quintanilla **E** (VALL) 38 Vc 97
Caserío Raidón **E** (VAL) 113 Za 111
Caserío Retamillas **E** (JAÉ) 137 Vf 121
Caserío Rioseco Alto **E** (GRA) 160 Wb 128
Caserío Romaneta **E** (TER) 62 Zd 101
Caserío San Bartolomé **E** (CAS) 94 Zd 107
Caserío San Benito de la Valmuza **E** (SAL) 72 Ub 103
Caserío San Blas de Arriba **E** (CÁC) 86 Ua 110
Caserío San Cristóbal **E** (TER) 94 Zb 108
Caserío San Esteban **E** (CÁC) 86 Tf 109
Caserío San Lorenzo **E** (NAV) 25 Yc 93
Caserío San Pedro **E** (ALM) 163 Ya 127
Caserío San Pedro **E** (CÁC) 103 Se 112
Caserío Santa María de Benavides **E** (PAL) 37 Va 96
Caserío Santa María de Ovila **E** (GUA) 76 Xc 104
Caserío Santo Domingo **E** (CÁD) 156 Td 128
Caserío Santo Pítar **E** (MÁL) 160 Vd 128
Caserío Sarganella **E** (ALI) 128 Zc 117
Caserío Secadura **E** (CAN) 10 Wc 88
Caseríos los Veneros **E** (SEV) 149 Ue 125
Caserío Soguino **E** (ZAM) 54 Ua 101
Caserío Surcas **E** (ALI) 129 Zd 117
Caserío Taheña **E** (CÁC) 86 Tf 110
Caserío Tinocas **E** (PALM) 174 I D 2
Caserío Tres Puertas **E** (ALB) 140 Xe 119
Caserío Turra **E** (SAL) 72 Ub 103
Caserío Ucero **E** (CUE) 92 Xe 110
Caserío Umbría de Matasanos **E** (CÁC) 86 Tf 109
Caserío Valcázar **E** (GRA) 151 Vf 125
Caserío Valdeolivas **E** (TOL) 90 Wf 109
Caserío Valerio **E** (NAV) 24 Yb 94
Caserío Valero **E** (CÁC) 86 Ua 110
Caserío Valle de Algodor **E** (TOL) 108 Wb 111
Caserío Vallejera **E** (CÁC) 86 Ua 108
Caserío Vega de la Torrecilla **E** (CÁC) 85 Tc 109
Caserío Villar **E** (CAS) 80 Zf 104
Caserío Villar del Rey **E** (SAL) 70 Tc 104
Caserío Villoria **E** (ZAM) 54 Ua 101
Caserío Vinosillas **E** (CÁC) 86 Tf 108
Caserío Vista Bella **E** (ALI) 143 Za 120
Caserito **E** (SAL) 71 Tf 105
Caserras del Castillo **E** (HUES) 45 Ad 96
Caseruelas **E** (ÁVI) 74 Vd 105
Cases d'Alcanar, les - **E** (TAR) 81 Ad 105
Cases de Barbens, les - **E** (LLE) 46 Ba 99
Cases de Cala Murta **E** (BAL) 99 Db 109
Cases de l'Alzina, les - **E** (BAR) 65 Be 99
Cases de Posada, les - **E** (LLE) 47 Bd 96
Cases Noves, Ses - **E** (BAL) 97 Bb 115
Casesnoves de Cal Pardro, les - **E** (BAR) 65 Bd 100
Casesnoves Noia de la Riera, les - **E** (BAR) 65 Be 100
Cases Velles, Ses **E** (BAL) 97 Bc 114
Caseta **E** (GIR) 31 Cf 95
Caseta **E** (OUR) 34 Sc 95
Caseta Blanca **E** (BAL) 98 Ce 111
Caseta de Bolea **E** (ZAR) 44 Zc 97
Caseta de Fuente Vieja **E** (CÓRD) 136 Uf 121
Caseta de la Flamarenca **E** (ZAR) 43 Za 97
Caseta de la Sarda **E** (HUES) 44 Ze 98
Caseta de las Reguerillas **E** (ZAR) 61 Ye 100
Caseta del Batanero **E** (ZAR) 62 Zd 100
Caseta del Guarda **E** (HUES) 44 Zd 97
Caseta del Hoyo **E** (CIU) 124 Wd 117
Caseta del Monte **E** (BUR) 40 Wd 94
Caseta del Prado **E** (ÁVI) 88 Uf 107
Caseta del Sapo **E** (TER) 94 Za 107
Caseta del Tío Rabalí **E** (VAL) 113 Zc 113
Caseta de Majito **E** (HUES) 44 Zd 98
Caseta de Moya **E** (ZAR) 62 Zc 99
Caseta de Rodén **E** (ZAR) 62 Zc 100
Caseta de Valsamón **E** (ZAR) 61 Yf 101
Caseta El Polvorín **E** (CIU) 109 Wf 112
Casetas **E** (ZAR) 43 Yf 98
Casetas Alberto **E** (ZAR) 44 Zc 97
Casetas de Barnueva **E** (RIO) 42 Ya 96
Casetas de Campoliva **E** (ZAR) 62 Zb 98
Casetas de Lomas **E** (HUES) 27 Zf 93
Casetas de los Trujos **E** (ZAR) 62 Zc 100
Casetas del Pescatero **E** (TER) 94 Za 108
Casetes, les - **E** (BAR) 47 Be 98
Casetes, les - **E** (BAR) 65 Bf 100
Casetes, les - **E** (CAS) 80 Zf 106
Casetes, Ses **E** (BAL) 97 Bc 114
Casetes d'En Mussons, les - **E** (BAR) 65 Bd 99
Casetes de N'Oliveró, les - **E** (BAR) 65 Bf 100
Casetes d'En Raspall, les - **E** (BAR) 65 Be 100
Casével **P** (Be) 131 Re 122
Casével **P** (Co) 82 Rc 108
Casével **P** (Sa) 101 Rc 112
Casfreiras **P** (Vi) 69 Sb 104
Cà'S'Hostal **E** (BAL) 99 Da 111
Casica del Madroño **E** (ALB) 126 Xf 116
Casicas **E** (ALI) 143 Zb 119
Casicas **E** (MUR) 140 Xf 120
Casicas, Las - **E** (ALB) 126 Xe 119
Casicas, Las - **E** (MUR) 142 Ye 119
Casicas, Las - **E** (MUR) 142 Ye 122
Casicas, Las - **E** (MUR) 142 Za 122
Casicas, Las - **E** (MUR) 155 Yb 124
Casicas, Las - **E** (MUR) 155 Yc 124
Casicas del Río Segura **E** (JAÉ) 140 Xc 119
Casilla Blanca **E** (PALM) 175 II D 4
Casilla de Altamira **E** (ALB) 126 Ya 117
Casilla de Andresón **E** (ALB) 112 Yd 114
Casilla de Antón **E** (ALB) 112 Yd 114
Casilla de Benigno Tomás **E** (CUE) 111 Yb 112
Casilla de Berrilla **E** (ALB) 111 Yb 113
Casilla de Cascajosa **E** (JAÉ) 123 Wb 118
Casilla de Ganaderos **E** (TOL) 88 Va 108
Casilla de Gaspar **E** (ALB) 112 Yd 114
Casilla de Ginche **E** (CUE) 110 Xc 111
Casilla de la Cascajosa **E** (SEV) 149 Uc 123
Casilla de la Jarica **E** (JAÉ) 138 Wa 122
Casilla de la Moría **E** (JAÉ) 151 Wa 124
Casilla de las Navas de Pedro Bagar **E** (JAÉ) 138 Wa 119
Casilla de las Peñas **E** (CÁC) 105 Tf 113
Casilla del Batán **E** (CUE) 111 Xf 112
Casilla del Caldo **E** (JAÉ) 124 Wc 118
Casilla del Cocón **E** (GRA) 153 Wf 124
Casilla del Fiscal **E** (SEV) 149 Ub 124
Casilla del Fontanarejo **E** (JAÉ) 123 Wa 119
Casilla del Gotril **E** (TOL) 88 Vc 107
Casilla del Mamporro **E** (ALB) 112 Yd 114
Casilla del Ojuelo **E** (JAÉ) 137 Vf 119
Casilla de los Montecillos **E** (SEV) 148 Ua 127
Casilla del Portillo **E** (SEV) 149 Uc 126
Casilla del Sacristán **E** (VAL) 113 Zb 111
Casilla del Villar **E** (JAÉ) 137 Vf 119
Casilla de Martín **E** (ALB) 112 Yc 114
Casilla de Mirabueno **E** (CUE) 91 Xc 110
Casilla de San Antón **E** (SEV) 148 Ua 123
Casilla de Torres, La - **E** (CUE) 92 Yb 110
Casilla de Usones **E** (ZAR) 61 Yf 99
Casilla Los Altos **E** (CUE) 91 Xb 108
Casillas **E** (ÁVI) 88 Vc 107
Casillas **E** (BUR) 22 Wc 91
Casillas **E** (GUA) 58 Xa 101
Casillas, Las - **E** (ALM) 154 Xc 125
Casillas, Las - **E** (CÓRD) 150 Vb 123
Casillas, Las - **E** (JAÉ) 137 Vf 123
Casillas, Las - **E** (MÁL) 160 Ve 127
Casillas, Las - **E** (SAL) 72 Uc 106
Casilla Sadina **E** (JAÉ) 123 Vf 118
Casilla San Germán **E** (SEV) 149 Ub 123
Casillas de Berlanga **E** (SOR) 58 Xb 100
Casillas de Coria **E** (CÁC) 85 Tc 109
Casillas de Chicapierna **E** (ÁVI) 72 Ue 105
Casillas de Flores **E** (SAL) 70 Tb 106
Casillas del Angel **E** (PALM) 175 II E 3
Casillas del Espaldar **E** (MAD) 75 Wc 103
Casillas del Espinar **E** (CIU) 107 Vb 114
Casillas de los Álamos **E** (TOL) 88 Vc 107
Casillas del Puerto **E** (JAÉ) 137 Vf 119
Casillas de Marín de Abajo **E** (ALB) 127 Ye 115
Casillas de Marín de Arriba **E** (ALB) 127 Yd 115
Casillas de Morales **E** (PALM) 175 II D 3
Casillas de Ranera **E** (CUE) 93 Ye 110
Casillas de Vacas **E** (MÁL) 151 Ve 126
Casillas de Valverde **E** (JAÉ) 138 Wb 121
Casillas de Velasco **E** (CÓRD) 137 Vd 120
Casimiros, Los - **E** (GRA) 161 Wf 127
Casinos **E** (VAL) 94 Zb 110
Casiñas, Las - **E** (CÁC) 103 Se 112
Casitas, Las - **E** (PALM) 175 II D 4
Casitas de Femés, Las - **E** (PALM) 176 B 4
Casitas de Gil **E** (ALI) 128 Zb 117
Casitas Vilerda y Cinco Oliveras, Las - **E** (MUR) 155 Yb 123
Casla **E** (SEG) 57 Wc 101
Ca's Mart **E** (BAL) 97 Bb 114
Casmilo **P** (Co) 82 Rd 108
Casó, el - **E** (LLE) 46 Bb 95
Casomera **E** (AST) 19 Uc 90
Casón, El - **E** (ALB) 127 Yc 118
Casós **E** (LLE) 28 Ae 94
Casots, els - **E** (BAR) 65 Be 100
Caspe **E** (ZAR) 62 Zf 101
Cas Porrerenc **E** (BAL) 99 Da 112
Caspueñas **E** (GUA) 76 Xa 104
Cassà de la Selva **E** (GIR) 49 Cf 97
Casserres **E** (BAR) 47 Bf 96
Cassibròs **E** (LLE) 29 Bb 93
Castainço **P** (Vi) 69 Sd 103
Castala **E** (ALM) 162 Xa 127
Castalla **E** (ALI) 128 Zb 117
Castanedo **E** (AST) 5 Tb 88
Castanedo **E** (CAN) 10 Wb 88
Castanesa **E** (HUES) 28 Ae 93
Castanheira **P** (Ba) 53 Tc 100
Castanheira **P** (CB) 83 Sa 110
Castanheira **P** (Co) 83 Sa 107
Castanheira **P** (Gu) 69 Sd 103
Castanheira **P** (Gu) 70 Sf 105
Castanheira **P** (Sa) 83 Re 110
Castanheira **P** (VC) 32 Rc 97
Castanheira **P** (VR) 33 Sb 98
Castanheira de Cima **P** (CB) 84 Sd 107
Castanheira de Pêra **P** (Sa) 83 Re 108
Castanheira do Ribatejo **P** (Li) 100 Ra 115
Castanheira do Vouga **P** (Av) 68 Rd 105
Castanheiro **P** (Se) 130 Rb 121
Castanheiro do Sul **P** (Vi) 52 Sc 102
Castanhos **P** (Be) 131 Sa 123
Castanya, la - **E** (BAR) 48 Cc 98
Castanyera, la - **E** (BAR) 48 Cc 98
Castanyet, el - **E** (BAR) 47 Bf 96
Castanyet, el - **E** (GIR) 48 Cd 97
Castañar de Ibor **E** (CÁC) 106 Ud 111
Castañares **E** (BUR) 39 Wc 94
Castañares de las Cuevas **E** (RIO) 41 Xc 95
Castañares de Rioja **E** (RIO) 23 Xa 93
Castañedo **E** (AST) 5 Tc 90
Castañedo **E** (AST) 6 Te 87
Castañedo **E** (AST) 6 Tf 88
Castañedo **E** (LUG) 17 Ta 90
Castaño, El - **E** (BAD) 119 Td 119
Castaño, El - **E** (HUEL) 134 Td 120
Castaño del Robledo **E** (HUEL) 133 Tb 121
Castaños, Los - **E** (ALM) 154 Xf 126
Castaños y Trasierra **E** (BAD) 120 Tf 117
Castañuelo **E** (HUEL) 133 Tc 121
Cástaras **E** (GRA) 161 We 127
Castarlenas **E** (HUES) 45 Ac 96
Castarnés **E** (HUES) 28 Ae 94
Castedo **P** (Ba) 52 Sf 101
Castedo **P** (VR) 52 Sd 101
Casteição **P** (Gu) 69 Se 103
Castejón **E** (CUE) 76 Xc 106
Castejón **E** (NAV) 42 Yb 95
Castejón de Alarba **E** (ZAR) 60 Yc 101
Castejón de Arbaniés **E** (HUES) 44 Ze 96
Castejón de Henares **E** (GUA) 76 Xb 103
Castejón de las Armas **E** (ZAR) 60 Yb 101
Castejón del Campo **E** (SOR) 59 Xf 98
Castejón del Puente **E** (HUES) 45 Aa 97
Castejón de Monegros **E** (HUES) 62 Ze 99
Castejón de Sobrarbe **E** (HUES) 45 Aa 95
Castejón de Sos **E** (HUES) 28 Ac 93
Castejón de Tornos **E** (TER) 78 Yd 103
Castejón de Valdejasa **E** (ZAR) 43 Za 97
Castelão **P** (Be) 131 Re 123
Castelão **P** (Fa) 145 Sa 125
Castelãos **P** (Ba) 52 Ta 99
Castelãos **P** (VR) 34 Sc 98
Castel de Cabra **E** (TER) 79 Zb 104
Casteleiro **P** (Gu) 84 Se 107
Castelejo **P** (Be) 131 Re 123
Castelejo **P** (Be) 145 Sa 124
Castelejo **P** (CB) 84 Sc 108
Castelejo **P** (Vi) 68 Rf 106
Castelflorite **E** (HUES) 44 Zf 98
Castelhanas **P** (Le) 82 Rb 109
Castelhanos **P** (Fa) 145 Sb 124
Castelhanos **P** (Fa) 146 Sd 125
Castéligo **E** (OUR) 34 Sd 95
Castelnou **E** (TER) 62 Zd 101
Castelnou de Bassella **E** (LLE) 46 Bb 97
Castelnou de Carcolze **E** (LLE) 29 Bd 94
Castelo **E** (COR) 3 Rd 89
Castelo **E** (COR) 15 Rd 90
Castelo **E** (LUG) 16 Sb 92
Castelo **E** (LUG) 16 Sc 91
Castelo **P** (Ba) 52 Ta 100
Castelo **P** (Br) 51 Rf 100
Castelo **P** (CB) 83 Re 109
Castelo **P** (Sa) 102 Rf 111
Castelo **P** (Vi) 51 Sc 102
Castelo **P** (Vi) 68 Rf 104
Castelo **P** (VR) 52 Sd 100
Casteloais **E** (OUR) 34 Sd 95
Castelo Bom **P** (Gu) 70 Ta 105
Castelo Branco **P** (Aç) 168 Wb 117
Castelo Branco **P** (Ba) 53 Tb 101
Castelo Branco **P** (CB) 84 Sd 110
Castelo de Paiva **P** (Por) 50 Re 102
Castelo de Penalva **P** (Gu) 69 Sc 105
Castelo de Vide **P** (Pg) 103 Sd 112
Castelo do Bode **P** (Sa) 101 Re 111
Castelo do Neiva **P** (VC) 50 Rb 99
Castelões **P** (Av) 68 Rd 104
Castelões **P** (Por) 51 Re 101
Castelões **P** (Vi) 68 Rf 105
Castelo Melhor **P** (Gu) 70 Sf 102
Castelo Mendo **P** (Gu) 70 Ta 105
Castelo Novo **P** (CB) 84 Sd 108
Castelo Novo **P** (Sa) 101 Re 111
Castelo Rodrigo **P** (Gu) 70 Ta 103
Castelo Velho **P** (Be) 130 Rd 121
Castelo Viegas **P** (Co) 83 Rd 108
Castelserás **E** (TER) 80 Zf 103
Castelvispal **E** (TER) 94 Zc 107
Castell, El - **E** (CAS) 95 Ze 107
Castell, el **E** (TAR) 81 Ac 105
Castell, Es **E** (BAL) 96 Eb 109
Castelladral **E** (BAR) 47 Be 97
Castellana **E** (COR) 3 Rf 89
Castellana, La - **E** (CÁD) 157 Tf 129
Castellana, la - **E** (GIR) 49 Cf 96
Castellanos **E** (ALB) 110 Xb 113
Castellanos **E** (LEÓ) 19 Uf 94
Castellanos de Bureba **E** (BUR) 22 Wd 92
Castellanos de Castro **E** (BUR) 39 Vf 95
Castellanos de Moriscos **E** (SAL) 72 Uc 102
Castellanos de Villiquera **E** (SAL) 54 Ub 102
Castellanos de Zapardiel **E** (ÁVI) 55 Va 102
Castellar **E** (BAR) 47 Bd 98
Castellar **E** (HUES) 27 Zf 93
Castellar **E** (LLE) 46 Bc 95
Castellar, El - **E** (CÓRD) 151 Vf 124
Castellar, El - **E** (TER) 79 Zb 106
Castellar de la Frontera **E** (CÁD) 165 Ud 131
Castellar de la Mantanya **E** (GIR) 48 Cd 95
Castellar de la Muela **E** (GUA) 77 Yb 104
Castellar de la Ribera **E** (LLE) 47 Bc 96
Castellar de la Selva **E** (GIR) 49 Cf 97
Castellar del Riu **E** (BAR) 47 Be 96
Castellar del Vallès **E** (BAR) 48 Ca 99
Castellar de N'Hug **E** (BAR) 30 Ca 95
Castellar de Nuch = Castellar de N'Hug **E** (BAR) 30 Ca 95
Castellar de Santiago **E** (CIU) 124 We 117
Castellar de Santisteban **E** (JAÉ) 139 Wf 119
Castellàs **E** (LLE) 29 Bb 95
Castellaz **E** (HUES) 28 Ac 94
Castellazo **E** (HUES) 45 Aa 94
Castellbell i el Vilar **E** (BAR) 47 Bf 99
Castellbell y Vilar = Castellbell i el Vilar **E** (BAR) 47 Bf 99
Castellbisbal **E** (BAR) 65 Bf 100
Castellbó **E** (LLE) 29 Bc 94
Castellcir **E** (BAR) 48 Ca 98
Castellciutat **E** (LLE) 29 Bc 94
Castelldans **E** (LLE) 64 Ae 100
Castell d'Aro **E** (GIR) 49 Da 98
Castell de Ampurdá = Castell d'Empordà **E** (GIR) 49 Da 97
Castell de Cabres **E** (CAS) 80 Aa 105
Castell de Castells **E** (ALI) 129 Ze 116
Castelldefels **E** (BAR) 65 Bf 101
Castell de Ferro **E** (GRA) 161 Wd 128
Castell de l'Areny **E** (BAR) 48 Bf 95
Castell del Areny = Castell de l'Areny **E** (BAR) 48 Bf 95
Castell de Mianes, el - **E** (TAR) 81 Ad 104
Castell d'Empordà **E** (GIR) 49 Da 97
Castell de Santa Maria, el - **E** (LLE) 47 Bc 98
Castellet **E** (LLE) 46 Ae 95
Castellet i la Gornal **E** (BAR) 65 Bd 101
Castellfollit de la Roca **E** (GIR) 48 Cd 95
Castellfollit del Boix **E** (BAR) 47 Be 98
Castellfollit de Riubregós **E** (BAR) 47 Bc 98
Castellfort **E** (CAS) 80 Ze 105
Castellfullit de la Roca = Castellfollit de la Roca **E** (GIR) 48 Cd 95

Castellfullit de Riubregós = Castellfollit del Riubregós **E** (BAR) 47 Bc 98
Castellgalí **E** (BAR) 47 Bf 98
Castell-llebre **E** (LLE) 46 Bb 96
Castellmeià **E** (LLE) 46 Bb 98
Castellnou **E** (LLE) 46 Ba 96
Castellnou d'Avellanós **E** (LLE) 28 Af 94
Castellnou de Bages **E** (BAR) 47 Bf 97
Castellnou de Montfalcó **E** (LLE) 46 Ba 98
Castellnou de Montsec **E** (LLE) 46 Ae 96
Castellnou de Seana **E** (LLE) 46 Af 99
Castellnou d'Oluja **E** (LLE) 46 Bb 98
Castellnovo **E** (CAS) 95 Zd 109
Castelló **E** (TAR) 64 Af 102
Castelló de Ampurias = Castelló d'Empúries **E** (GIR) 31 Da 95
Castelló de Farfanya **E** (LLE) 46 Ae 98
Castelló de Farfaña = Castelló de Farfanya **E** (LLE) 46 Ae 98
Castelló de la Plana = Castellón de la Plana **E** (CAS) 95 Zf 109
Castelló d'Empúries **E** (GIR) 31 Da 95
Castelló de Rugat **E** (VAL) 128 Zd 115
Castelló de Tor **E** (LLE) 28 Ae 94
Castellolí **E** (BAR) 65 Be 99
Castellón, El - **E** (ALM) 154 Xc 125
Castellón de la Plana **E** (CAS) 95 Zf 109
Castellones **E** (ALM) 154 Xf 126
Castellones, Los - **E** (ALM) 154 Xf 123
Castellonet **E** (VAL) 129 Ze 115
Castellote **E** (GUA) 77 Ya 103
Castellote **E** (TER) 80 Ze 104
Castells **E** (LLE) 46 Bb 95
Castellserà **E** (LLE) 46 Af 98
Castellterçol **E** (BAR) 48 Ca 98
Castelltersol = Castellterçol **E** (BAR) 48 Ca 98
Castelltort **E** (LLE) 47 Bd 96
Castellvell = Castellvell del Camp **E** (TAR) 64 Ba 101
Castellvell del Camp **E** (TAR) 64 Ba 101
Castellví de Rosanes **E** (BAR) 65 Bf 100
Castielfabib **E** (VAL) 93 Ye 108
Castiello de Jaca **E** (HUES) 26 Zc 93
Castigaleu **E** (HUES) 45 Ad 95
Castilblanco **E** (ÁVI) 73 Va 104
Castilblanco **E** (BAD) 106 Uf 113
Castilblanco de Henares **E** (GUA) 76 Xa 103
Castilblanco de los Arroyos **E** (SEV) 134 Ua 122
Castilblanques **E** (VAL) 112 Yf 113
Castil de Campos **E** (CÓRD) 151 Vf 124
Castil de Carrias **E** (BUR) 22 We 94
Castil de Lences **E** (BUR) 22 Wc 93
Castildelgado **E** (BUR) 22 Wf 94
Castil de Peones **E** (BUR) 22 Wd 94
Castil de Tierra **E** (SOR) 59 Xe 99
Castil de Vela **E** (PAL) 37 Va 97
Castilfalé **E** (LEÓ) 37 Ud 95
Castilforte **E** (GUA) 77 Xd 105
Castilfrío **E** (SOR) 41 Xc 97
Castilfrío de la Sierra **E** (SOR) 41 Xe 97
Castilho **P** (Por) 51 Rf 102
Castiliscar **E** (ZAR) 43 Ye 94
Castilmimbre **E** (GUA) 76 Xb 104
Castilnuevo **E** (GUA) 77 Ya 104
Castilruiz **E** (SOR) 42 Xf 97
Castilsabás **E** (HUES) 44 Ze 95
Castilseco **E** (RIO) 23 Xa 93
Castiltierra **E** (SEG) 57 Wc 100
Castillarejo **E** (ALB) 126 Ya 117
Castillazuelo **E** (HUES) 45 Aa 96
Castilleja de Guzmán **E** (SEV) 148 Tf 124
Castilleja de la Cuesta **E** (SEV) 148 Tf 124
Castilleja del Campo **E** (SEV) 148 Te 124
Castilleja de Talhara **E** (SEV) 148 Te 125
Castiléjar **E** (GRA) 139 Xc 122
Castillejo **E** (SEG) 57 Wb 102
Castillejo de Azaba **E** (SAL) 70 Tb 106
Castillejo de Dos Casas **E** (SAL) 70 Tb 104
Castillejo de Evans **E** (SAL) 71 Te 103
Castillejo de Huebra **E** (SAL) 71 Tf 104
Castillejo de Iniesta **E** (CUE) 111 Yb 111
Castillejo del Romeral **E** (CUE) 91 Xd 108
Castillejo de Martín Viejo **E** (SAL) 70 Tc 104
Castillejo de Mesleón **E** (SEG) 57 Wc 101
Castillejo de Robledo **E** (SOR) 57 Wd 99
Castillejo de Salvatierra **E** (SAL) 72 Uc 104
Castillejo de San Pedro **E** (SOR) 41 Xd 97
Castillejo de Yeltes **E** (SAL) 71 Te 104
Castillejos **E** (CÁD) 158 Uc 128
Castillejos **E** (CIU) 107 Vc 112
Castillejos, Los - **E** (CÁD) 165 Ud 131
Castillejo-Sierra **E** (CUE) 77 Xf 106
Castillicos, Los - **E** (MUR) 140 Xe 120
Castillo **E** (ÁLA) 23 Xb 92
Castillo **E** (CAN) 10 Wc 88
Castillo **E** (COR) 3 Re 90
Castillo, El - **E** (TEN) 171 B 2
Castillo, El **E** (CUE) 92 Xf 107
Castillo, O (Salvaterra de Miño) **E** (PON) 32 Rd 96
Castillo-Albarañez **E** (CUE) 92 Xd 107
Castillo Alto de San Juan **E** (HUES) 44 Zd 96
Castillo Bajo de San Juan **E** (HUES) 44 Zd 96
Castillo Barués **E** 25 Ye 94
Castillo de Alba, El - **E** (ZAM) 54 Tf 99
Castillo de Aro = Castell d'Aro **E** (GIR) 49 Da 98
Castillo de Baños **E** (GRA) 161 We 128
Castillo de Bayuela **E** (TOL) 88 Vb 108
Castillo de Doña Blanca **E** (CÁD) 157 Tf 129
Castillo de Escalona **E** (TOL) 89 Vd 108
Castillo de Garcimuñoz **E** (CUE) 110 Xd 111
Castillo de Guarga **E** (HUES) 26 Ze 94
Castillo de Huarea, El - **E** (GRA) 161 Wf 128
Castillo de las Guardas, El **E** (SEV) 134 Te 122
Castillo de Locubín **E** (JAÉ) 151 Wa 123
Castillo del Plá **E** (HUES) 45 Ac 96
Castillo de Pompién **E** (HUES) 44 Zd 96
Castillo de Recena **E** (JAÉ) 138 Wc 121
Castillo de Ros **E** (MUR) 142 Za 122
Castillo de Tajo **E** (MAD) 90 We 108
Castillo de Villalpando o Torres Secas **E** (HUES) 44 Zc 96
Castillo de Villamalefa **E** (CAS) 95 Zd 108
Castillo de Villaviciosa, El - **E** (MAD) 89 Wa 106
Castillón (San Vicente) **E** (LUG) 16 Sc 93
Castillonroy **E** (HUES) 45 Ad 97
Castillo-Nuevo **E** (NAV) 25 Yf 92
Castillo Pedroso **E** (CAN) 9 Wa 89
Castillos, Los - **E** (GRA) 161 We 128
Castillos, Los - **E** (MUR) 142 Za 122
Castillos, Los - **E** (RIO) 23 Xa 93
Castillo y Cortijo Casa Colorado **E** (BAD) 119 Ta 116
Castiñeiras **E** (COR) 14 Ra 93
Castiñeiro **E** (OUR) 34 Se 94
Castissent **E** (LLE) 46 Ae 96
Castor **E** (MÁL) 165 Uf 130
Castralvo **E** (TER) 94 Yf 107
Castraz **E** (SAL) 71 Te 104
Castrecias **E** (BUR) 21 Ve 92
Castrejón **E** (SAL) 71 Ua 103
Castrejón **E** (VALL) 55 Ue 101
Castrejón de la Peña **E** (PAL) 20 Vc 92
Castrelo de Abaixo **E** (OUR) 34 Se 97
Castrelo de Cima **E** (OUR) 34 Se 97
Castrelo do Val **E** (OUR) 34 Sd 97
Castrelos **E** (ZAM) 34 Ta 96
Castrelos **P** (Ba) 34 Ta 98
Castresana **E** (BUR) 22 We 90
Castril **E** (GRA) 139 Xb 122
Castrillejo de la Olma **E** (PAL) 38 Vc 95
Castrillo de Bezana **E** (BUR) 21 Wb 91
Castrillo de Cabrera **E** (LEÓ) 35 Tc 94
Castrillo de Cepeda **E** (LEÓ) 18 Tf 93
Castrillo de Don Juan **E** (PAL) 39 Vf 98
Castrillo de Duero **E** (VALL) 57 Vf 99
Castrillo de Haya **E** (CAN) 21 Ve 91
Castrillo de la Guareña **E** (ZAM) 55 Ue 101
Castrillo de la Reina **E** (BUR) 40 We 97
Castrillo de la Ribera **E** (LEÓ) 19 Uc 93
Castrillo de la Valduerna **E** (LEÓ) 36 Tf 95
Castrillo de la Vega **E** (BUR) 57 Wb 99
Castrillo de los Polvazares **E** (LEÓ) 18 Tf 94
Castrillo del Val **E** (BUR) 39 Wc 95
Castrillo de Murcia **E** (BUR) 39 Vf 94
Castrillo de Onielo **E** (PAL) 38 Ve 97
Castrillo de Porma **E** (LEÓ) 19 Ud 93
Castrillo de Riopisuerga **E** (BUR) 21 Ve 93
Castrillo de Rucios **E** (BUR) 21 Wb 93
Castrillo de San Pelayo **E** (LEÓ) 18 Ua 94
Castrillo de Sepúlveda **E** (SEG) 57 Wb 100
Castrillo de Solarana **E** (BUR) 39 Wc 97
Castrillo de Valdelomar **E** (CAN) 21 Vf 92
Castrillo de Valderaduey **E** (LEÓ) 20 Va 93
Castrillo de Villavega **E** (PAL) 20 Vd 94
Castrillo-Matajudíos **E** (BUR) 38 Ve 95
Castrillón **E** (AST) 5 Tb 88
Castrillón = Piedras Blancas **E** (AST) 6 Ua 87
Castrillo-Tejeriego **E** (VALL) 56 Vd 98
Castriz **E** (COR) 2 Rb 90
Castro **E** (AST) 6 Te 90
Castro **E** (CAN) 8 Vc 89
Castro **E** (COR) 2 Rb 89
Castro **E** (COR) 3 Sa 89
Castro **E** (COR) 15 Rd 91
Castro **E** (LEÓ) 18 Ua 92
Castro **E** (LUG) 4 Sb 90
Castro **E** (LUG) 4 Sd 90
Castro **E** (LUG) 16 Sb 92
Castro **E** (OUR) 34 Sc 94
Castro **E** (SOR) 58 Wf 101
Castro **P** (Pg) 103 Ta 114
Castro, O - **E** (OUR) 34 Sf 96
Castro, O - **E** (OUR) 34 Ta 94
Castro (Carballedo) **E** (LUG) 16 Sb 93
Castro (Dozón) **E** (PON) 15 Rf 93
Castro (Pantón) **E** (LUG) 16 Sc 93
Castro (San Mamede) **E** (LUG) 16 Sc 92
Castro (Santo Estevo), O - **E** (LUG) 15 Sa 92
Castroañe **E** (LEÓ) 20 Uf 93
Castrobarto **E** (BUR) 22 Wd 90
Castrobol **E** (VALL) 37 Ue 96
Castrocalbón **E** (LEÓ) 36 Ua 95
Castro-Caldelas **E** (OUR) 34 Sd 94
Castroceniza **E** (BUR) 39 Wc 96
Castrocit **E** (HUES) 28 Ad 94
Castrocontrigo **E** (LEÓ) 36 Te 95
Castro Daire **P** (Vi) 68 Sa 103
Castro de Alcañices **E** (ZAM) 54 Te 99
Castro de Amacante (Santa Mariña) **E** (LUG) 15 Sa 92
Castro de Amarante **E** (LUG) 15 Sa 92
Castro de Cepeda **E** (LEÓ) 18 Tf 93
Castro de Escuadro **E** (OUR) 34 Sc 95
Castro de Filabres **E** (ALM) 154 Xd 125
Castro de Fuentidueña **E** (SEG) 57 Wa 100
Castro del Río **E** (CÓRD) 137 Vd 122
Castro de Ouro **E** (LUG) 4 Sd 87
Castro de Rei **E** (LUG) 4 Sd 89
Castro de Rei **E** (LUG) 16 Sc 92
Castrodeza **E** (VALL) 55 Va 99
Castro Enríquez **E** (SAL) 71 Tf 103
Castrofeito **E** (COR) 15 Rd 91
Castrofuerte **E** (LEÓ) 36 Uc 95
Castrogonzalo **E** (ZAM) 36 Uc 97
Castrogudín **E** (PON) 14 Rb 93
Castrojeriz **E** (BUR) 38 Vf 95
Castrojimeno **E** (SEG) 57 Wa 100
Castro Laboreiro **P** (VC) 33 Rf 96
Castrolázaro **E** (LUG) 16 Sc 92
Castromao **E** (OUR) 34 Sf 95
Castro Marim **P** (Fa) 146 Sd 125
Castromembibre **E** (VALL) 55 Ue 98
Castromil **E** (OUR) 34 Ta 96
Castromocho **E** (PAL) 37 Vb 96
Castromonte **E** (VALL) 37 Uf 98
Castromorca **E** (BUR) 21 Wa 94
Castromudarra **E** (LEÓ) 20 Uf 93
Castronuevo **E** (ZAM) 54 Uc 98
Castronuevo de Esgueva **E** (VALL) 56 Vc 98
Castronuño **E** (VALL) 55 Ue 100
Castropepe **E** (ZAM) 36 Uc 97
Castropetre **E** (LEÓ) 17 Ta 93
Castropodame **E** (LEÓ) 18 Td 93
Castropol **E** (AST) 5 Sf 87
Castroponce **E** (VALL) 37 Ue 96
Castroquilame **E** (LEÓ) 35 Tb 94
Castro Roupal **P** (Ba) 53 Tb 99
Castros **E** (COR) 4 Sb 87
Castroserna de Abajo **E** (SEG) 57 Wb 100
Castroserna de Arriba **E** (SEG) 57 Wb 101
Castroserracín **E** (SEG) 57 Wb 100
Castrotierra **E** (LEÓ) 37 Ue 94
Castrotierra de la Valduerna **E** (LEÓ) 36 Ua 95
Castro-Urdiales **E** (CAN) 10 We 88
Castrovega del Valmadrigal **E** (LEÓ) 37 Ue 95
Castroverde **E** (LUG) 16 Se 90
Castroverde **E** (OUR) 33 Sa 95
Castroverde **E** (SAL) 71 Ua 104
Castro Verde **P** (Be) 131 Rf 122
Castroverde de Campos **E** (VAL) 37 Ue 97
Castroverde de Cerrato **E** (VALL) 38 Ve 98
Castro Vicente **P** (Ba) 53 Ta 100
Castrovido **E** (BUR) 40 We 96
Castroviejo **E** (RIO) 41 Xc 95
Castuera **E** (BAD) 121 Uc 116
Casuto de Don Salvador, El - **E** (ALB) 127 Yd 115
Catadau **E** (VAL) 113 Zc 113
Cataláin **E** (NAV) 25 Yc 93
Catalán **E** (MÁL) 160 Ve 127
Catalanes, Los - **E** (CAS) 94 Zc 108
Catamarruch **E** (ALI) 129 Ze 116
Catarroja **E** (VAL) 113 Zd 112
Catarruchos **P** (Co) 82 Rb 107
Catí **E** (CAS) 80 Aa 106
Catifarras **P** (Se) 130 Rc 122
Catívelos **P** (Gu) 69 Sb 105
Catives **P** (Av) 68 Re 104
Catllar, el **E** (TAR) 65 Bb 101
Catoira **E** (PON) 14 Rb 92
Catraia Cimeira **P** (CB) 84 Sb 110
Catral **E** (ALI) 143 Zb 120
Catribana **P** (Li) 115 Qd 115
Caudé **E** (TER) 78 Ye 106
Caudé **E** (TER) 79 Zb 105
Caudete **E** (ALB) 128 Za 116
Caudete de las Fuentes **E** (VAL) 112 Ye 111
Caudiel **E** (CAS) 94 Zc 109
Caudilla **E** (TOL) 89 Ve 108
Caule **E** (NAV) 12 Yb 89
Caules de Vidreres **E** (GIR) 49 Cf 98
Caunedo **E** (AST) 18 Te 90
Causino **P** (Fa) 144 Rd 124
Cautivador **E** (ALI) 129 Zf 117
Cautivos, Los - **E** (MUR) 141 Yb 122
Cava **E** (LLE) 29 Bd 95
Cava, la - **E** (TAR) 81 Ae 104
Cavada,La **E** (CAN) 10 Wb 88
Cavadas **P** (Co) 67 Rb 106
Cavadoude **P** (Gu) 69 Se 105
Cavafría **E** (ALI) 128 Za 118
Cavaleira **P** (Év) 118 Sd 116
Cavaleiro **P** (Be) 130 Rb 123
Cavaleiros **P** (Av) 83 Rd 107
Cavaleiros **P** (Sa) 101 Rc 115
Cavaleiros **P** (Vi) 83 Rd 107
Cavalho **P** (Co) 67 Re 107
Cavalos **P** (Fa) 145 Sa 125
Cavallera **E** (GIR) 30 Cc 95
Cavandela **P** (Be) 131 Rf 122
Cavao **P** (Ma) 166 I C 3
Caveira **P** (Aç) 168 Tf 112
Caveira **P** (Se) 130 Rb 120
Cavenca **P** (VC) 32 Re 96
Cavernães **P** (Vi) 69 Sa 104
Cavernães **P** (Vi) 69 Sb 104
Cavês **P** (Br) 51 Sa 99
Caviedes **E** (CAN) 9 Ve 88
Cávilas, Las - **E** (JAÉ) 138 Wb 122
Caxarias **P** (Sa) 82 Rc 110
Caxias **P** (Li) 115 Qe 116
Caxieira **P** (Le) 82 Rb 110
Caxinas **P** (Por) 50 Rb 100
Cayuela **E** (BUR) 39 Wb 95
Cayuelas, Los - **E** (ALM) 154 Ya 123
Cazalegas **E** (TOL) 88 Vb 108
Cazalilla **E** (JAÉ) 138 Wa 121
Cazalla de la Sierra **E** (SEV) 135 Ub 121
Cazanuecos **E** (LEÓ) 36 Ub 95
Cazás **E** (LUG) 4 Sb 89
Cazo **E** (AST) 7 Ue 89
Cazorla **E** (JAÉ) 139 Wf 121
Cazorla **E** (MUR) 141 Yb 122
Cazuela, La - **E** (GRA) 151 Wa 124
Cázulas **E** (GRA) 161 Wb 128
Cazurra **E** (ZAM) 54 Ub 100
Cea **E** (LEÓ) 20 Uf 94
Cea (San Cristovo de Cea) **E** (OUR) 15 Sa 94
Ceadea **E** (ZAM) 53 Te 98
Ceal **E** (JAÉ) 139 Wf 122
Ceanauri Alto **E** (VIZ) 23 Xb 90
Cebadales **E** (BAD) 118 Sf 119
Cebanico **E** (LEÓ) 20 Uf 92
Cebas **E** (GRA) 139 Xa 122
Cebolais de Baixo **P** (CB) 84 Sc 110
Cebolais de Cima **P** (CB) 84 Sc 110
Cebolla **E** (TOL) 88 Vc 109
Cebolleros **E** (BUR) 22 Wd 91
Cebrecos **E** (BUR) 39 Wc 97
Cebreiro **E** (LUG) 17 Sf 92
Cebreros **E** (ÁVI) 74 Vd 106
Cebrones del Río **E** (LEÓ) 36 Ub 95
Ceceda **E** (AST) 7 Ud 88
Ceceñas **E** (CAN) 9 Wb 88
Ceclavín **E** (CÁC) 85 Tb 110
Cecos **E** (AST) 17 Ta 90
Cedães **P** (Ba) 52 Sf 100
Cedainhos **P** (Ba) 52 Sf 100
Cedeira **E** (COR) 3 Rf 87
Cedillo **E** (CÁC) 103 Sd 111
Cedillo de la Torre **E** (SEG) 57 Wc 100
Cedillo del Condado **E** (TOL) 89 Wa 108
Cedovim **P** (Gu) 69 Se 102
Cedramán **E** (CAS) 95 Zd 108
Cedrillas **E** (TER) 79 Za 106
Cedrim **P** (Av) 68 Rd 104
Cedro **P** (Aç) 168 Tf 112
Cedro, El - **E** (TEN) 172 II B 2
Cedros **P** (Aç) 168 Wb 117
Cefiñas, Las - **E** (HUEL) 133 Ta 121
Cegarras, Los - **E** (MUR) 142 Ye 122
Cegón **E** (BAD) 133 Tc 120
Cegonhas Novas **P** (CB) 84 Se 110
Cegoñal **E** (LEÓ) 20 Va 92
Ceguilla **E** (SEG) 57 Wb 102
Cehegín **E** (MUR) 141 Yb 120
Ceinos de Campos **E** (VALL) 37 Uf 96
Ceira **P** (Co) 83 Rd 107
Ceiroquinho **P** (Co) 83 Sa 108
Ceivães **P** (VC) 32 Rd 96
Ceja **E** (MUR) 127 Ye 116
Ceja, La - **E** (CUE) 92 Ya 107
Cejancas **E** (CAN) 21 Wa 91
Cela **E** (ALM) 154 Xd 124
Cela **E** (LUG) 16 Sd 91
Cela **E** (LUG) 17 Ta 92
Cela **E** (OUR) 33 Rf 97
Cela **E** (PON) 32 Rb 95
Cela **P** (Le) 100 Qf 111
Cela **P** (VC) 32 Re 96
Cela **P** (VR) 52 Sd 98
Celada **E** (AST) 7 Ud 88
Celada **E** (LEÓ) 18 Tf 94
Celada, Las - **E** (BUR) 21 Wb 94
Celada, La - **E** (CÓRD) 151 Ve 125
Celada de Cea **E** (LEÓ) 37 Va 94
Celada de la Torre **E** (BUR) 39 Wc 94
Celada del Camino **E** (BUR) 39 Wa 95
Celada de Roblecedo **E** (PAL) 20 Vd 91
Celada-Marlantes **E** (CAN) 21 Vf 91
Celadas **E** (TER) 78 Yf 106
Cela de Núñez **E** (ALI) 128 Zd 116
Celadilla del Páramo **E** (LEÓ) 19 Ub 93
Celadilla del Río **E** (PAL) 20 Vb 93
Celadilla-Sotobrín **E** (BUR) 21 Wb 94
Celanova **E** (OUR) 33 Sa 96
Celas **E** (COR) 3 Rd 89
Celas **P** (Ba) 52 Ta 98
Cela Velha **P** (Le) 100 Qf 111
Celavisa **P** (Co) 83 Rf 107
Celaya o San Pedro de Mendeja **E** (VIZ) 11 Xd 88
Celdranes, Los - **E** (MUR) 142 Yf 122
Celeiro **E** (LUG) 4 Sc 86
Celeiro do Monte **P** (Br) 51 Rf 99
Celeiros **E** (OUR) 146 Sd 94
Celeiros **P** (Br) 50 Rd 99
Celeiros **P** (VR) 51 Sc 101
Celeiros **P** (VR) 52 Sd 99
Celia, La - **E** (MUR) 127 Yd 118
Celigueta **E** (NAV) 25 Yd 92
Celín **E** (ALM) 162 Xa 128
Celis **E** (CAN) 8 Vd 89
Celorico da Beira **P** (Gu) 69 Sd 105
Celorico de Basto **P** (Br) 51 Sa 100
Celorio **E** (AST) 8 Vb 88
Celrà **E** (GIR) 49 Cf 96
Céltigos **E** (LUG) 16 Sd 91
Cella **E** (TER) 78 Ye 106
Cella, La - **E** (BAL) 99 Cf 109
Cellán de Mosfeiro **E** (LUG) 16 Se 91
Cellera de Ter, la - **E** (GIR) 48 Cd 97
Cellers **E** (LLE) 46 Af 96
Cellers **E** (LLE) 47 Bc 98
Celles **E** (AST) 7 Ub 88
Cellorigo **E** (RIO) 23 Xa 93
Cemboráin **E** (NAV) 25 Yc 92
Cembranos **E** (LEÓ) 19 Uc 94
Cembrero **E** (PAL) 20 Vd 93
Cementerio **E** (BAD) 119 Tb 117
Cementerio, El - **E** (MUR) 141 Yb 123
Cem Soldos **P** (Sa) 101 Rd 111
Cenajo **E** (ALB) 126 Yb 118
Cenarbe **E** (HUES) 26 Zc 93
Cenascuras **E** (GRA) 153 Wf 124
Cendán **E** (LUG) 4 Sc 88
Cendejas de En Medio **E** (GUA) 76 Xa 103
Cendejas de la Torre **E** (GUA) 76 Xa 103
Cendejas del Padrastro **E** (GUA) 76 Xa 103
Cendra, La - **E** (ÁVI) 88 Vb 106
Cendrosa, la - **E** (LLE) 46 Af 98
Cenegro **E** (SOR) 58 Wd 99
Cenero **E** (AST) 7 Ub 87
Cenes de la Vega **E** (GRA) 152 Wc 126
Cenia, La - **E** (LEÓ) 19 Ue 93
Cenia, la = Sénia, la **E** (TAR) 81 Ab 105
Cenicero **E** (RIO) 23 Xc 94
Cenicientos **E** (MAD) 89 Vd 107
Cenizate **E** (ALB) 111 Yc 113
Cenlle **E** (OUR) 33 Rf 94
Centeais **E** (LUG) 34 Se 94
Centellas = Centelles **E** (BAR) 48 Cb 98
Centelles **E** (BAR) 48 Cb 98
Centenales **E** (AST) 17 Tb 90
Centenares **E** (SAL) 70 Tc 104
Centenaros, Los **E** (JAÉ) 139 Xb 120
Centenera **E** (GUA) 76 Wf 105
Centenera **E** (HUES) 45 Ac 95
Centenera de Andaluz **E** (SOR) 59 Xb 99
Centenera del Campo **E** (SOR) 59 Xc 100
Centenil **E** (HUEL) 146 Se 125
Centenillo, El - **E** (JAÉ) 123 Wb 118
Centenys **E** (GIR) 49 Ce 96
Centieira **P** (Fa) 145 Re 126
Central, La - **E** (JAÉ) 124 We 118
Central de Almoguera **E** (GUA) 91 Xa 107
Central de Cabdella **E** (LLE) 28 Af 94
Central del Carmen **E** (RIO) 41 Xd 94
Ceñal **E** (AST) 7 Uc 88
Cepães **P** (Br) 51 Re 100
Cepeda **E** (PON) 32 Rc 95
Cepeda **E** (SAL) 71 Tf 106
Cepeda **P** (VR) 33 Sb 98
Cepeda la Mora **E** (ÁVI) 73 Uf 106
Cepedelo **E** (OUR) 34 Sf 96
Cepelos **P** (Av) 68 Rd 103
Cepelos **P** (Por) 51 Rf 101
Cepero, El - **E** (ALB) 127 Yd 116
Cepero, El - **E** (CIU) 108 Ve 113
Cepija **E** (SEV) 148 Ua 127
Cepillo, El - **E** (ALB) 125 Xc 116
Cepões **P** (Vi) 51 Sb 102
Cepões **P** (Vi) 69 Sb 104
Cepos **P** (Co) 83 Sa 108
Cequiril **E** (PON) 15 Rc 93
Cerado, El - **E** (TEN) 172 II B 2
Cerámica La Paloma **E** (TOL) 89 Wb 108
Cerámica La Sagra **E** (TOL) 89 Wb 108
Cerbi **E** (LLE) 29 Ba 93
Cerbón **E** (SOR) 41 Xe 97
Cerc **E** (LLE) 29 Bc 94
Cerca **P** (Be) 131 Sa 122
Cerca **P** (Év) 117 Sc 115
Cerca, La **E** (BUR) 22 Wd 91
Cercadas **P** (Sa) 83 Re 111
Cercadillo **E** (GUA) 58 Xb 102
Cercado de Catera **E** (ALB) 126 Ya 117
Cercados, Los - **E** (BAD) 119 Tc 115
Cercados, Los - **E** (PALM) 174 I C 3
Cerca dos Pomares **P** (Fa) 144 Rb 125
Cercal **P** (Co) 82 Rc 108
Cercal **P** (Li) 100 Ra 113
Cercal **P** (Sa) 82 Rc 110

Cercal **P** (Se) 130 Rb 122
Cerca Velha **P** (Fa) 145 Re 126
Cerca Velha **P** (Se) 130 Rb 121
Cerceda **E** (COR) 3 Rd 89
Cerceda **E** (COR) 15 Re 91
Cerceda **E** (MAD) 74 Wa 104
Cercedilla **E** (MAD) 74 Vf 104
Cércio **P** (Ba) 53 Te 100
Cercosa **P** (Vi) 68 Re 104
Cercoso **P** (Vi) 68 Re 106
Cercs **E** (BAR) 47 Bf 96
Cerdal **P** (VC) 32 Rc 97
Cerdanyès, el - **E** (LLE) 46 Ba 96
Cerdanyola del Vallès **E** (BAR) 66 Ca 100
Cerdedelo **E** (OUR) 34 Sd 96
Cerdedo **E** (PON) 15 Rd 93
Cerdedo **P** (VR) 51 Sa 99
Cerdeira **E** (OUR) 15 Re 94
Cerdeira **E** (OUR) 34 Se 94
Cerdeira **E** (PON) 32 Rd 96
Cerdeira **P** (Co) 83 Rf 108
Cerdeira **P** (Co) 83 Sa 107
Cerdeira **P** (Gu) 70 Sf 105
Cerdeira **P** (Vi) 68 Re 106
Cerdeira **P** (Vi) 69 Sb 103
Cerdeira **P** (VR) 51 Sc 100
Cereceda **E** (AST) 7 Ue 88
Cereceda **E** (BUR) 22 Wd 92
Cereceda **E** (GUA) 76 Xc 105
Cereceda de la Sierra **E** (SAL) 71 Tf 105
Cerecedo **E** (LEÓ) 19 Ue 91
Cerecinos de Campos **E** (ZAM) 37 Ud 97
Cerecinos del Carrizal **E** (ZAM) 54 Uc 98
Cereixal **E** (LUG) 17 Se 91
Cereixido **E** (LUG) 17 Sf 90
Cereixo **E** (LUG) 16 Sd 93
Cerejais **P** (Ba) 52 Ta 101
Cerejo **P** (Gu) 69 Se 104
Cereo **E** (COR) 2 Rb 89
Ceresa **E** (HUES) 27 Ab 93
Cerésola **E** (HUES) 27 Ze 94
Ceresuela **E** (HUES) 27 Aa 93
Cerezal **E** (CÁC) 71 Te 106
Cerezal **E** (LEÓ) 20 Uf 92
Cerezal de Aliste **E** (ZAM) 54 Tf 99
Cerezal de Peñahorcada **E** (SAL) 53 Tc 102
Cerezal de Puertas **E** (SAL) 53 Te 102
Cerezales del Condado **E** (LEÓ) 19 Ud 92
Cerezo **E** (CÁC) 86 Te 107
Cerezo, El - **E** (ÁVI) 73 Vc 105
Cerezo, El - **E** (JAÉ) 139 Xc 120
Cerezo, El - **E** (SAL) 54 Ua 102
Cerezo de Abajo **E** (SEG) 57 Wc 101
Cerezo de Arriba **E** (SEG) 57 Wc 101
Cerezo de Mohernando **E** (GUA) 75 Wf 103
Cerezo de Riotirón **E** (BUR) 22 Wf 94
Cerezos, Los **E** (TER) 94 Za 108
Cerio **E** (ÁLA) 23 Xc 91
Cerler **E** (HUES) 28 Ad 93
Cermiñuelo, El - **E** (CUE) 77 Ya 106
Cermoño **E** (AST) 6 Te 88
Cermuño **E** (ÁVI) 73 Vc 105
Cernache **P** (Co) 83 Rd 108
Cernache do Bomjardim **P** (CB) 83 Re 110
Cernada **E** (OUR) 33 Sb 94
Cernadilla **E** (ZAM) 35 Td 96
Cernado **E** (OUR) 34 Se 95
Cernecina **E** (ZAM) 54 Ua 100
Cernego **E** (OUR) 34 Sf 94
Cernégula **E** (BUR) 22 Wc 93
Ceróis **P** (Fa) 146 Sb 125
Cerollera, La **E** (TER) 80 Zf 103
Cerqueda **E** (COR) 2 Rb 89
Cerquedo **P** (Co) 68 Rd 106
Cerra **E** (AST) 7 Uc 87
Cerradela **E** (OUR) 33 Sa 96
Cerrado del Pino **E** (PALM) 174 I C 3
Cerradura, La - **E** (JAÉ) 138 Wc 122
Cerrajón, El - **E** (JAÉ) 151 Wa 123
Cerralba **E** (MÁL) 159 Vb 128
Cerralbo **E** (SAL) 70 Tc 103
Cerralbos, Los - **E** (TOL) 88 Vc 109
Cerratón de Juarros **E** (BUR) 40 Wd 94
Cerrazo **E** (CAN) 9 Vf 88
Cerredo **E** (AST) 18 Td 91
Cerrejeita **P** (CB) 84 Sb 110
Cerricos, Los - **E** (ALM) 154 Xe 123
Cerrillares, Los - **E** (SEV) 135 Ud 122
Cerrillo de San Antón **E** (CIU) 124 Wf 116
Cerrillos y Chirlita **E** (MÁL) 159 Vb 128
Cerrito, El - **E** (TER) 94 Za 109
Cerrito, El - **E** (VAL) 112 Yf 111
Cerro **P** (Fa) 145 Re 125
Cerro **P** (Fa) 145 Rf 125
Cerro **P** (Fa) 145 Sb 125
Cerro, El - **E** (MÁL) 160 Vf 127
Cerro, El - **E** (SAL) 86 Ua 107
Cerro Alarcón **E** (MAD) 74 Vf 106
Cerroblanco **E** (ALB) 125 Xd 116
Cerro das Pedras **P** (Be) 130 Rd 123
Cerro da Vinha **P** (Fa) 146 Sc 124
Cerro de Alganduro **P** (Fa) 145 Rf 125
Cerro de Andévalo, El - **E** (HUEL) 133 Ta 122
Cerro del Hierro, El - **E** (SEV) 135 Uc 121
Cerro del Moro **E** (BAD) 119 Te 116
Cerro do Anho **P** (Fa) 146 Sc 125
Cerro do Ouro **P** (Fa) 145 Re 126
Cerrogordo, El - **E** (ALM) 154 Xe 124
Cerro Grande **E** (MAD) 74 Wa 104
Cerrolobo **E** (ALB) 126 Yb 116
Cerro Muriano **E** (CÓRD) 136 Vb 120
Cerrón, El - **E** (GRA) 153 Xb 125
Cerro Pelado **E** (JAÉ) 138 Wb 120
Cerro Perea **E** (SEV) 150 Va 123
Cerros **P** (Év) 117 Sc 118
Certers **AND** 29 Bd 94
Cerulleda **E** (LEÓ) 19 Ud 90
Cerva **P** (VR) 51 Sa 100
Cervães **P** (Br) 50 Rc 99
Cerval, El - **E** (GRA) 160 Wb 128
Cervatos **E** (CAN) 21 Vf 91
Cervatos de la Cueza **E** (PAL) 38 Vb 95
Cerveira **E** (LUG) 4 Sa 88
Cervela **E** (LUG) 16 Sd 92
Cervelló **E** (BAR) 65 Bf 100
Cervera **E** (LLE) 46 Bb 98
Cervera, La **E** (TER) 94 Za 109
Cervera de Buitrago **E** (MAD) 75 Wc 103
Cervera de la Cañada **E** (ZAR) 60 Yb 100
Cervera del Llano **E** (CUE) 92 Xd 110
Cervera del Maestrat **E** (CAS) 81 Ab 106
Cervera de los Montes **E** (TOL) 88 Vb 108
Cervera del Rincón **E** (TER) 79 Za 104
Cervera del Río Alhama **E** (RIO) 42 Ya 96
Cervera de Pisuerga **E** (PAL) 20 Vd 91
Cerveruela **E** (ZAR) 61 Ye 101
Cerviá = Cervià de les Garrigues **E** (LLE) 64 Af 100
Cervià de les Garrigues **E** (LLE) 64 Af 100
Cervià de Ter **E** (GIR) 49 Cf 96
Cervigal, El - **E** (LEÓ) 36 Uc 95
Cervillego de la Cruz **E** (VALL) 55 Va 101
Cervo **E** (COR) 3 Rf 86
Cervo **E** (LUG) 4 Sd 86
Cérvoles **E** (LLE) 46 Af 95
Cervos **P** (VR) 33 Sb 98
Cesantes **E** (PON) 32 Rc 95
Cesar **E** (PON) 14 Rc 93
Cesar **P** (Av) 68 Rd 103
Céspedes **E** (BUR) 22 Wc 91
Céspedes **E** (CÓRD) 135 Ue 122
Cespedosa **E** (SAL) 72 Uc 105
Cespedosa de Agadones **E** (SAL) 70 Td 106
Cespón **E** (COR) 14 Ra 92
Cestafe **E** (ÁLA) 23 Xb 91
Cesuras **E** (COR) 3 Re 89
Cete **P** (Por) 50 Rd 101
Cetina **E** (ZAR) 60 Ya 101
Cetrina **E** (JAÉ) 138 We 120
Ceuró **E** (LLE) 46 Bc 96
Ceuta (Sebta) **E** (CÁD) 165 Ue 133
Ceutí **E** (MUR) 142 Ye 120
Cevico de la Torre **E** (PAL) 38 Vd 97
Cevico Navero **E** (PAL) 38 Ve 97
Cexo (San Andrián) **E** (OUR) 33 Rf 96
Cezar **E** (LUG) 4 Sa 89
Cezura **E** (PAL) 21 Ve 92
Cía **E** (NAV) 24 Yb 91
Ciadoncha **E** (BUR) 39 Wa 96
Ciadueña **E** (SOR) 59 Xc 100
Ciaño **E** (AST) 7 Ub 89
Ciaño **E** (AST) 7 Uc 89
Ciáurriz **E** (NAV) 24 Yc 91
Cibanal **E** (SAL) 53 Te 101
Cibea **E** (AST) 18 Td 90
Cibões **P** (Br) 32 Re 98
Ciborro **P** (Év) 117 Re 116
Cicera **E** (CAN) 8 Vc 89
Cicere **E** (COR) 2 Ra 90
Cicero **E** (CAN) 10 Wd 88
Cicouro **P** (Ba) 53 Te 99
Cicujano **E** (ÁLA) 23 Xd 92
Cid, El - **E** (ALI) 128 Zb 118
Cid, El - **E** (ALM) 162 Xa 127
Cidad de Valdeporres **E** (BUR) 21 Wb 90
Cidade **P** (Le) 100 Qe 112
Cidadela **E** (COR) 3 Rf 90
Cidadelhe **P** (Gu) 70 Sf 103
Cidadelhe **P** (VC) 33 Re 97
Cidadelhe **P** (VR) 51 Sa 102
Cidadelhe **P** (VR) 51 Sc 99
Cidadelhe de Jales **P** (VR) 51 Sc 100
Cidai **P** (Por) 50 Rc 101
Cidamón **E** (RIO) 23 Xa 94
Cidones **E** (SOR) 41 Xc 98
Cidral **P** (CB) 85 Sf 108
Cidreira **P** (Co) 83 Rd 107
Cid-Toledo **E** (CÓRD) 150 Vc 124
Ciempozuelos **E** (MAD) 90 Wc 108
Cien **E** (AST) 8 Uf 89
Cienfuegos **E** (AST) 6 Ua 90
Cierva, La - **E** (CÁD) 157 Ub 127
Cierva, La **E** (CUE) 92 Ya 108
Cierva, La **E** (SEV) 149 Ub 124
Cies **E** (PON) 32 Ra 95
Cieza **E** (MUR) 141 Yd 119
Cifuentes **E** (GUA) 76 Xc 104
Cifuentes de Rueda **E** (LEÓ) 19 Ue 93
Ciga **E** (NAV) 13 Yc 90
Cigales **E** (VALL) 38 Vb 98
Cigudosa **E** (SOR) 42 Xf 97
Cigüenza **E** (BUR) 22 Wc 91
Ciguera **E** (LEÓ) 19 Uf 91
Ciguñuela **E** (VALL) 55 Va 99
Cihuri **E** (RIO) 23 Xa 93
Cijuela **E** (GRA) 152 Wb 125
Ciladas (S. Romão) **P** (Év) 118 Se 116
Cilanco **E** (ALB) 112 Ye 112
Cildoz **E** (NAV) 24 Yb 91
Cilhade **P** (Ba) 52 Ta 101
Cilha do Centeio **P** (Se) 130 Rd 119
Cilha do Pascoal **P** (Se) 130 Rd 119
Cilveti **E** (NAV) 25 Yd 91
Cillamayor **E** (PAL) 21 Ve 91
Cillán **E** (ÁVI) 73 Va 104
Cillanueva **E** (LEÓ) 19 Uc 94
Cillarena **E** (RIO) 40 Xa 95
Cillas **E** (GUA) 77 Ya 103
Cilleros **E** (CÁC) 85 Tb 108
Cilleros de la Bastida **E** (SAL) 71 Tf 105
Cilleros el Hondo **E** (SAL) 72 Ub 103
Cilleruela **E** (ALB) 125 Xd 116
Cilleruelo de Abajo **E** (BUR) 39 Wb 97
Cilleruelo de Arriba **E** (BUR) 39 Wc 97
Cilleruelo de Bezana **E** (BUR) 21 Wa 91
Cilleruelo de Bricia **E** (BUR) 21 Wa 91
Cilleruelo de San Mamés **E** (SEG) 57 Wc 100
Cilloruelo **E** (SAL) 72 Ud 103
Cima **P** (Pg) 103 Se 113
Cima da Barba Pouca **P** (Sa) 102 Rf 111
Cima da Igreja **P** (Sa) 102 Rf 111
Cimadas Fundeiras **P** (CB) 83 Sa 110
Cimades Cimeiras **P** (CB) 83 Sa 110
Cima de Vila **E** (LUG) 16 Sb 90
Cima de Vila **P** (Por) 51 Sa 101
Cimadevila = Boiro de Arriba **E** (COR) 14 Ra 93
Cimadevilla **E** (AST) 5 Ta 88
Cimadevilla **E** (AST) 7 Uc 87
Cima do Freixo **P** (Sa) 101 Rc 111
Cimalhas **P** (Fa) 144 Rc 124
Cimanes de la Vega **E** (LEÓ) 36 Uc 96
Cimanes del Tejar **E** (LEÓ) 19 Ub 93
Cima Ventoso **P** (Sa) 102 Rf 112
Cimballa **E** (ZAR) 60 Yb 102
Cimbres **P** (Vi) 51 Sb 102
Cimo da Ribeira **P** (CB) 83 Rf 109
Cimo de Vila **P** (Av) 67 Rc 103
Cimo de Vila da Castanheira **P** (VR) 34 Se 98
Cinclaus **E** (GIR) 49 Da 96
Cinco Casas **E** (CIU) 109 We 114
Cinco Olivas **E** (ZAR) 62 Zd 100
Cinco Vilas **P** (Gu) 70 Ta 104
Cincovillas **E** (GUA) 58 Xb 101
Cinco Villas **E** (MAD) 75 Wc 103
Cincovillas **E** (SEG) 57 Wd 101
Cinctorres **E** (CAS) 80 Ze 105
Cines **E** (COR) 3 Re 89
Cinfães **P** (Vi) 51 Sa 102
Cint, el - **E** (BAR) 47 Be 96
Cinta, La - **E** (ALM) 154 Xf 124
Cinta Blanca **E** (ALM) 154 Xf 126
Cintados **P** (Fa) 146 Sc 125
Cintruénigo **E** (NAV) 42 Yb 96
Ciñera **E** (LEÓ) 19 Uc 91
Cional **E** (ZAM) 35 Td 97
Ciordi **E** (NAV) 24 Xe 91
Ciorraga **E** (ÁLA) 23 Xa 90
Cipérez **E** (SAL) 71 Te 103
Cipreses, Los - **E** (GRA) 161 We 127
Cirat **E** (CAS) 94 Zd 108
Ciráuqui **E** (NAV) 24 Ya 92
Cirera, la - **E** (TAR) 64 Bb 99
Cires **E** (CAN) 8 Vd 89
Cirés **E** (HUES) 28 Ae 94
Ciria **E** (SOR) 60 Ya 99
Ciriego **E** (AST) 7 Uc 89
Ciriñuela **E** (RIO) 40 Xa 94
Cirio **E** (LUG) 4 Sd 90
Ciriza **E** (NAV) 24 Yb 92
Cirueches **E** (GUA) 59 Xb 102
Ciruela **E** (SOR) 58 Xb 100
Ciruelas **E** (GUA) 76 Wf 104
Ciruelos **E** (SEG) 57 Wb 100
Ciruelos **E** (TOL) 90 Wc 109
Ciruelos de Cervera **E** (BUR) 39 Wc 97
Ciruelos de Coca **E** (SEG) 56 Vc 101
Ciruelos del Pinar **E** (GUA) 77 Xe 102
Cirueña **E** (RIO) 40 Xa 94
Cirugeda **E** (TER) 79 Zb 104
Cirujales del Río **E** (SOR) 41 Xe 97
Ciscar **E** (HUES) 45 Ad 96
Cisla **E** (ÁVI) 73 Uf 103
Cisneros **E** (PAL) 37 Va 95
Cistella **E** (GIR) 31 Cf 95
Cisterna **P** (Ba) 34 Se 97
Cistérniga **E** (VALL) 56 Vb 99
Cistierna **E** (LEÓ) 19 Uf 92
Citolero, El - **E** (CIU) 108 Vf 113
Citores del Páramo **E** (BUR) 39 Wa 94
Citruela **E** (SOR) 60 Ya 100
Ciudad del Aire **E** (MUR) 143 Zb 122
Ciudad de San Ramón **E** (MAD) 74 Vd 106
Ciudad Ducal **E** (ÁVI) 74 Vd 105
Ciudad Granada **E** (ALM) 154 Xe 123
Ciudad Jardín **E** (ALI) 128 Zc 118
Ciudad Real **E** (CIU) 123 Wa 115
Ciudad-Rodrigo **E** (SAL) 70 Tc 105
Ciudad Sindical **E** (MÁL) 159 Vb 130
Ciudalcampo **E** (MAD) 75 Wc 105
Ciude de Vila Verde **P** (VC) 32 Rd 98
Ciurana = Siurana d'Empordà **E** (GIR) 49 Cf 95
Ciurana = Siurana de Prades **E** (TAR) 64 Af 101
Ciutadella **E** (BAL) 96 Df 109
Ciutadilla **E** (LLE) 64 Ba 99
Ciutat Vella, la **E** (BAR) 66 Cb 100
Ciutelo **E** (OUR) 16 Sb 94
Cívica **E** (GUA) 76 Xb 104
Cividáns **E** (PON) 144 Ra 97
Civis **E** (LLE) 29 Bc 94
Civit **E** (LLE) 65 Bc 99
Cizur Mayor **E** (NAV) 24 Yb 92
Cizur Menor **E** (NAV) 24 Yb 92
Clamosa **E** (HUES) 45 Ab 95
Clarà **E** (LLE) 47 Bc 97
Clarà **E** (TAR) 65 Bc 102
Claramunt **E** (LLE) 46 Ae 95
Claras **E** (ALB) 126 Xe 119
Claravalls **E** (HUES) 45 Ae 95
Claravalls **E** (LLE) 46 Ba 98
Clares **E** (GUA) 77 Xf 102
Clarés de Ribota **E** (ZAR) 60 Ya 99
Claret **E** (LLE) 46 Af 96
Claret **E** (LLE) 46 Ba 97
Claret de Figuerola **E** (LLE) 47 Bc 98
Clariana **E** (BAR) 65 Bc 99
Clariana = Clariana de Cardener **E** (LLE) 47 Bd 97
Clarianes **P** (Fa) 145 Sa 125
Clarines **P** (Fa) 146 Sc 124
Claros Montes **P** (Év) 117 Sa 115
Claveles, Los - **E** (SEV) 149 Ub 124
Claverol **E** (LLE) 46 Af 95
Clavijo **E** (RIO) 41 Xd 94
Clavinque **E** (SEV) 149 Ub 124
Cleda, Sa - **E** (BAL) 99 Da 110
Clementes, Los - **E** (ALM) 161 Wf 128
Clementes, Los - **E** (BAD) 119 Tb 118
Clocalou **E** (GIR) 48 Cc 95
Clochas, Las - **E** (TER) 94 Zc 108
Clot d'Almedrà **E** (BAL) 98 Ce 110
Clot del Moro, el - **E** (BAR) 48 Bf 95
Clua, la - **E** (LLE) 46 Ae 96
Clua, la - **E** (LLE) 46 Bf 97
Clua de Meià, la - **E** (LLE) 46 Ba 97
Club Cala Llenya **E** (BAL) 97 Bd 114
Coalla **E** (AST) 6 Tf 88
Coaña **E** (AST) 5 Tb 87
Coaxe **E** (COR) 14 Rb 93
Coba **E** (OUR) 34 Se 95
Coballes **E** (AST) 7 Ud 89
Cobas **E** (OUR) 15 Sa 94
Cobaticas **E** (MUR) 143 Zb 123
Cobatillas **E** (ALB) 126 Ya 118
Cobatillas **E** (CÓRD) 136 Uf 121
Cobatillas **E** (CÓRD) 137 Vd 122
Cobatillas **E** (TER) 79 Zb 104
Cobatillas, Las - **E** (ALM) 140 Xe 121
Cobatillas, Las - **E** (CÁD) 164 Ub 130
Cobayas **E** (AST) 7 Ud 89
Cóbdar **E** (ALM) 154 Xe 125
Cobeja **E** (TOL) 89 Wa 108
Cobejo **E** (CAN) 9 Vf 90
Cobeña **E** (MAD) 75 Wc 105
Cobertelada **E** (SOR) 59 Xc 100
Cobertoria, La - **E** (AST) 7 Ub 90
Cobeta **E** (GUA) 77 Xf 103
Cobisa **E** (TOL) 89 Vf 110
Cobo, El - **E** (MUR) 141 Yb 119
Coborriu de Bellver **E** (LLE) 29 Be 94
Cobos de Cerrato **E** (PAL) 39 Vf 96
Cobos de Fuentidueña **E** (SEG) 57 Wa 100
Cobos de Segovia **E** (SEG) 74 Vd 103
Cobos Junto a la Molina **E** (BUR) 22 Wc 93
Cóbreces **E** (CAN) 9 Ve 88
Cobreros **E** (ZAM) 35 Tb 96
Cobres **E** (PON) 32 Rc 94
Cobres **E** (PON) 32 Rc 95
Cobro **P** (Ba) 52 Se 100
Çoc **P** (Le) 100 Ra 111
Coca **E** (SEG) 56 Vc 101
Coca de Alba **E** (SAL) 72 Ud 103
Coca de Huebra **E** (SAL) 71 Ua 104
Cocentaina **E** (ALI) 128 Zd 116
Cocón, El - **E** (MUR) 155 Yc 124
Cocón del Peral **E** (ALM) 154 Xe 126
Cocón y Los Clementes, El - **E** (MUR) 141 Yb 123
Coculina **E** (BUR) 21 Wa 93
Cochadas **P** (Co) 67 Rb 106
Cocharro **P** (Sa) 101 Rc 114
Codaval **P** (VR) 52 Sd 100
Codeçais **P** (Ba) 52 Se 101
Codeçais **P** (Br) 51 Re 100
Codeçais **P** (Vi) 68 Sa 103
Codeceira Grande **P** (CB) 83 Rf 109
Codeçoso **P** (Br) 51 Rf 100
Codeçoso **P** (VR) 33 Sb 98
Codera Baja **E** (ZAR) 43 Ye 96
Codes **E** (GUA) 59 Xf 102
Codesal **E** (ZAM) 35 Td 97
Codesseda **P** (Br) 32 Rd 98
Codesseiro **P** (Gu) 69 Se 105
Codessoso **P** (VR) 51 Sa 98
Codessoso **P** (VR) 51 Sb 99
Codines, les - **E** (LLE) 64 Ba 99
Codo **E** (ZAR) 62 Zb 101
Codolar, Es - **E** (BAL) 97 Bc 115
Codoñera, La **E** (TER) 79 Zf 103
Codornillos **E** (LEÓ) 37 Uf 94
Codorniz **E** (SEG) 56 Vc 102
Codos **E** (ZAR) 61 Yd 101
Codosera, La - **E** (BAD) 103 Se 113
Coea **E** (LUG) 17 Ta 90
Coelheira **P** (Be) 131 Sa 121
Coelheira **P** (Vi) 68 Rf 104
Coelheiras **P** (Se) 130 Rc 122
Coelhos **P** (Sa) 101 Rb 115
Coelhoso **P** (Ba) 53 Tc 99
Coelhoso **P** (Vi) 68 Rf 105
Coence **E** (LUG) 16 Sa 91
Coens **E** (COR) 2 Ra 89
Coentral **P** (Le) 83 Re 108
Coeo **E** (LUG) 16 Sd 91
Coeses **E** (LUG) 16 Sc 91
Cofete **E** (PALM) 174 II B 5
Cofiñal **E** (LEÓ) 19 Ue 90
Cofiño **E** (AST) 7 Ue 88
Cofita **E** (HUES) 45 Ab 97
Cofrentes **E** (VAL) 112 Yf 113
Cogeces de Íscar **E** (VALL) 56 Vc 100
Cogeces del Monte **E** (VALL) 56 Ve 99
Cogollor **E** (GUA) 76 Xb 103
Cogollos **E** (BUR) 39 Wb 95
Cogollos de Guadix **E** (GRA) 153 Wf 125
Cogollos Vega **E** (GRA) 152 Wc 125
Cogolls **E** (GIR) 48 Cd 96
Cogolludo **E** (GUA) 76 Wf 103
Cogorderos **E** (LEÓ) 18 Tf 93
Coguilla de Huebra **E** (SAL) 71 Tf 104
Cogul, el - **E** (LLE) 64 Ae 100
Cogula **P** (Gu) 69 Se 104
Cogull = Cogul, el - **E** (LLE) 64 Ae 100
Cogullada **E** (VAL) 113 Zd 114
Coiços **P** (Co) 83 Rf 108
Coimbra **P** (Co) 83 Rd 107
Coimbrão **P** (Le) 82 Ra 109
Coimbró **P** (VR) 51 Sa 98
Coín **E** (MÁL) 159 Vb 129
Coina **P** (Se) 115 Qf 117
Coira **E** (OUR) 33 Sb 95
Coirás **E** (OUR) 15 Sa 93
Coirós de Arriba (Coirós) **E** (COR) 3 Rf 89
Coito **P** (Fa) 146 Sc 124
Coja **P** (Co) 83 Sa 107
Coja **P** (Gu) 69 Sc 104
Cojáyar **E** (GRA) 161 Wf 127
Cojóbar **E** (BUR) 39 Wc 95
Cojos, Los - **E** (VAL) 112 Ye 112
Cojos de Robliza **E** (SAL) 71 Ua 103
Cojos de Rollán **E** (SAL) 71 Ua 103
Colachoa **E** (HUES) 45 Ad 95
Colares **P** (Li) 115 Qd 116
Colaria **P** (Li) 100 Qe 114
Coldobrero **E** (AST) 5 Tc 88
Cole de Pito **P** (Vi) 68 Sa 103
Colégio **P** (Fa) 144 Rb 126
Coleja **P** (Ba) 52 Se 102
Colera **E** (GIR) 31 Da 94
Colgadeiros **P** (Be) 146 Sc 123
Coliches, Los - **E** (GRA) 161 Wf 128
Colilla, La - **E** (ÁVI) 73 Vb 105
Colina **E** (BUR) 22 Wd 90
Colina **E** (SEG) 74 Ve 103
Colina, La - **E** (MÁL) 159 Vc 129
Colinas del Campo de Martín Moro **E** (LEÓ) 18 Te 92
Colinas de Trasmonte **E** (ZAM) 36 Ub 96
Colindres **E** (CAN) 10 Wd 88
Colmeais **P** (Ba) 52 Sf 100
Colmeal **P** (CB) 69 Se 106
Colmeal **P** (Co) 67 Rb 106
Colmeal **P** (Co) 83 Sa 108
Colmeal **P** (Év) 118 Se 117
Colmeal **P** (Gu) 70 Sf 103
Colmeal da Torre **P** (CB) 69 Sd 106
Colmeias **P** (Le) 82 Rb 110
Colmenar **E** (MÁL) 159 Vd 127
Colmenar, El **E** (ALB) 126 Xf 116
Colmenar, El **E** (GRA) 152 Wc 125
Colmenar, El **E** (MÁL) 158 Ud 129
Colmenar de Corral Nuevo **E** (JAÉ) 138 Wd 119
Colmenar de Chacaló **E** (CIU) 123 Vf 117
Colmenar de Don Reyes Frías **E** (CIU) 124 Wf 118
Colmenar de la Parilla **E** (CIU) 123 Wc 118
Colmenar del Arroyo **E** (MAD) 74 Ve 106
Colmenar de la Sierra **E** (GUA) 58 Wd 102
Colmenar de Montemayor **E** (SAL) 71 Ua 106
Colmenar de Oreja **E** (MAD) 90 Wd 108
Colmenar de Troyano **E** (CIU) 124 We 118
Colmenarejo **E** (MAD) 74 Vf 105
Colmenares **E** (PAL) 20 Vc 92
Colmenar Viejo **E** (MAD) 75 Wb 105
Colmenillas, Las - **E** (CÁC) 106 Ud 111
Colmenitas, Las - **E** (BAD) 119 Tc 117
Colombres (Ribadedeva) **E** (AST) 8 Vc 88
Colomera **E** (GRA) 152 Wb 124
Colomers **E** (GIR) 49 Cf 96
Colomés = Colomers **E** (GIR) 49 Cf 96
Colonia **E** (GUA) 76 Xa 104
Colonia **E** (JAÉ) 138 Wb 121
Colonia, La - **E** (BAD) 119 Tc 115
Colonia, La - **E** (GRA) 153 Xb 123
Colonia Agrícola de los Blancares **E** (MÁL) 150 Vb 126
Colónia Agrícola de Martim Rei **P** (Gu) 85 Sf 107
Colonia agrícola de Santa Gertrudis **E** (RIO) 23 Xa 94
Colonia de Alfonso XIII **E** (SEV) 148 Tf 126
Colonia de Ballestero **E** (MÁL) 150 Vb 126
Colonia de Caprera **E** (CIU) 109 We 112
Colonia de la Compañia Ibérica **E** (HUES) 27 Ab 93
Colonia de la Estación **E** (SAL) 70 Tb 105
Colonia de la Moraleja **E** (TOL) 88 Vc 110
Colonia de la Sierra de Salinas **E** (ALI) 128 Za 117
Colonia de la Verdad **E** (MÁL) 159 Vc 129
Colonia del Embalse **E** (JAÉ) 138 Wb 120
Colonia de Mataespesa **E** (MAD) 74 Vf 105
Colonia de Rabalcuzar **E** (BAD) 133 Tb 119

Colonia de Santa Eulalia **E** (ALI) 128 Za 117
Colonia de Santa Inés **E** (MÁL) 159 Vd 128
Colònia de Sant Jordi **E** (BAL) 99 Cf 113
Colònia de Sant Pere, Sa **E** (BAL) 99 Db 110
Colonia de Selladores **E** (JAÉ) 123 Wb 118
Colonia de Tejada **E** (HUEL) 146 Sd 123
Colonia de Tormos **E** (HUES) 44 Zc 96
Colonia Ducal **E** (VAL) 114 Zf 114
Colonia Europa **E** (CAS) 81 Ac 106
Colonia García Escámez **E** (PALM) 175 II D 2
Colonia Herrera **E** (JAÉ) 139 We 120
Colonia Hispania **E** (TOL) 90 Wb 108
Colonia Iberia **E** (TOL) 90 Wb 109
Colonia Iturraldi **E** (GRA) 139 Xa 123
Colonia Jordana **E** (GIR) 48 Cb 95
Colonia la Enhebrada **E** (BUR) 57 Wc 99
Colònia M. de D. del Carme **E** (BAL) 99 Db 110
Colonia Militar Infantil General Varela **E** (PAL) 38 Ve 96
Colónia Penal **P** (Se) 116 Rb 119
Colonia Queipo de Llano **E** (SEV) 148 Tf 126
Colonia Riera **E** (BAR) 47 Bf 97
Colònia Rosal **E** (BAR) 47 Bf 96
Colònia Valls **E** (BAR) 47 Be 97
Colos **P** (Be) 131 Rd 122
Colos **P** (Fa) 146 Sc 125
Colos **P** (Se) 116 Rd 118
Colsa **E** (CAN) 9 Ve 90
Columbiello **E** (AST) 7 Ub 90
Columbrianos **E** (LEÓ) 17 Tc 93
Colunga **E** (AST) 7 Ue 88
Colungo **E** (HUES) 45 Aa 95
Coll **E** (LLE) 28 Ae 94
Collada **E** (AST) 5 Tc 88
Collada, La - **E** (HUES) 45 Ac 95
Colladas **E** (AST) 7 Uc 88
Colladico, El - **E** (TER) 61 Yf 102
Colladillo **E** (SEG) 57 Wb 102
Colladillo **E** (VAL) 93 Ye 108
Colladillo, El - **E** (CAS) 95 Zd 108
Collado **E** (ÁVI) 72 Ud 106
Collado **E** (CÁC) 87 Ub 108
Collado **E** (CAN) 9 Vf 89
Collado, El - **E** (CAS) 94 Zc 108
Collado, El - **E** (GRA) 161 Wf 128
Collado, El - **E** (RIO) 41 Xd 95
Collado, El - **E** (SOR) 41 Xe 97
Collado, El - **E** (VAL) 94 Yf 109
Collado de Contreras **E** (ÁVI) 73 Va 103
Collado de Gil **E** (MUR) 141 Yd 119
Collado de la Grulla **E** (TER) 93 Yc 107
Collado de Lirón **E** (MUR) 155 Yb 124
Collado del Lobo **E** (JAÉ) 138 Wc 119
Collado del Mirón **E** (ÁVI) 72 Ud 105
Collado de Malvarín **E** (SAL) 70 Tc 106
Collado de Sigüenza **E** (GUA) 78 Yc 104
Collado Hermosa **E** (SEG) 74 Wa 102
Collado-Mediano **E** (MAD) 74 Vf 104
Collado Royo y Poviles **E** (TER) 94 Zb 108
Collados **E** (CUE) 92 Xe 107
Collados **E** (TER) 78 Ye 103
Collados, Los - **E** (ALB) 125 Xe 118
Collados, Los - **E** (ALM) 154 Ya 126
Collado-Villalba **E** (MAD) 74 Wa 105
Collanzo **E** (AST) 7 Uc 90
Coll-Arbós, el - **E** (BAR) 47 Be 98
Collazos de Boedo **E** (PAL) 20 Vd 93
Collbató **E** (BAR) 65 Be 99
Colldarnat **E** (LLE) 47 Bc 95
Colldejou **E** (TAR) 64 Af 102
Colldelrat **E** (LLE) 46 Ba 97
Coll de Nargó **E** (LLE) 46 Bb 95
Coll de N'Orri, el - **E** (GIR) 48 Cd 98
Coll d'En Rabassa **E** (BAL) 98 Ce 111
Coll de Sant Joan **E** (BAL) 99 Dc 110
Coll de Vinganya, el - **E** (LLE) 63 Ac 99
Colle **E** (LEÓ) 19 Ue 91
Collejares **E** (JAÉ) 139 Wf 122
Collfred **E** (GIR) 48 Cc 96
Collfred **E** (LLE) 46 Ba 97
Collía **E** (AST) 7 Ue 88
Cólliga **E** (CUE) 92 Xe 108
Colliguilla **E** (CUE) 92 Xe 108
Collmorter **E** (LLE) 46 Af 96
Colls **E** (HUES) 45 Ae 95
Collsuspina **E** (BAR) 48 Cb 98
Coma, la - **E** (LLE) 47 Bd 95
Comabella **E** (LLE) 46 Bc 98
Coma de Nabiners, la - **E** (LLE) 29 Bc 95
Coma de Vaca **E** (GIR) 30 Cb 94
Comala **E** (MUR) 142 Ye 120
Coma Major **E** (BAL) 98 Cc 111
Comares **E** (MÁL) 160 Ve 127
Comarruga = Coma-ruga **E** (TAR) 65 Bd 101
Coma-ruga **E** (TAR) 65 Bd 101
Comas, las **E** (TAR) 64 Ae 102
Comasema **E** (BAL) 98 Ce 110
Combarro **E** (PON) 15 Rb 94
Combarros **E** (LEÓ) 18 Tf 93
Comdals, els - **E** (BAR) 47 Be 98
Comenda **P** (Pg) 102 Sb 112
Comenda **P** (Sa) 101 Rc 113
Comendador **E** (JAÉ) 137 Ve 121
Comendador **E** (MÁL) 159 Vc 128
Comenda Grande **P** (Év) 117 Sa 116
Comercio, El - **E** (ZAR) 43 Zb 98
Cometa, La - **E** (ALI) 129 Aa 117
Comillas **E** (CAN) 9 Ve 88
Comino, El - **E** (MUR) 141 Yc 122
Companhia de Ca. **P** (Aç) 168 Wd 118
Compañía, La - **E** (SEV) 148 Tf 125
Cómpeta **E** (MÁL) 160 Wa 127
Compludo **E** (LEÓ) 18 Td 94
Componaraya **E** (LEÓ) 17 Tb 93
Comporta **P** (Se) 116 Rb 118
Comte, el - **E** (LLE) 28 Ba 94
Comtessa = Alquería de la Condesa **E** (VAL) 114 Zf 115
Concabella **E** (LLE) 46 Bb 98
Conceição **P** (Be) 131 Re 122
Conceição **P** (Fa) 145 Sa 126
Conceição **P** (Fa) 146 Sc 126
Concejo, El - **E** (CÁD) 157 Ub 128
Concepción **E** (HUEL) 133 Tb 122
Concepción **E** (SOR) 59 Xc 99
Concepción, La - **E** (CÓRD) 151 Vf 124
Concepción, La - **E** (MÁL) 159 Va 129
Concilio **E** (ZAR) 43 Zb 95
Concordia **E** (VAL) 94 Zb 110
Concud **E** (TER) 78 Yf 106
Concha **E** (GUA) 77 Ya 102
Concha, La - **E** (CAN) 9 Wa 88
Concha, La - **E** (SAL) 70 Tb 105
Cónchar **E** (GRA) 152 Wc 127
Conchas, Las - **E** (AST) 8 Vc 88
Conchel **E** (HUES) 45 Aa 97
Condado **E** (AST) 7 Ud 89
Condado **E** (BUR) 22 Wc 92
Condado, El - **E** (ZAR) 62 Zc 99
Condado de Jaruco **E** (GIR) 49 Ce 98
Conde **P** (Br) 50 Re 100
Conde, El - **E** (JAÉ) 139 Xa 119
Condeixa-a-Nova **P** (Co) 82 Rd 108
Condeixa-a-Velha **P** (Co) 82 Rd 108
Condemios de Abajo **E** (GUA) 58 Wf 101
Condemios de Arriba **E** (GUA) 58 Wf 101
Condes **P** (Év) 117 Sa 115
Condomina **E** (ALI) 128 Zd 118
Condomina, La - **E** (MUR) 141 Yc 123
Condueño **E** (AST) 7 Uc 89
Conehada **P** (VC) 32 Rb 98
Conejares **E** (SOR) 42 Xf 97
Conejera **E** (SAL) 70 Tc 105
Conejeros **E** (TOL) 89 Vd 108
Conesa **E** (TAR) 64 Bb 99
Conforcos **E** (AST) 19 Uc 90
Conforcos **E** (LEÓ) 36 Uc 95
Conforto **E** (LUG) 5 Sf 88
Confrides **E** (ALI) 129 Ze 116
Confurco **E** (PON) 32 Rc 95
Congira **P** (Ba) 53 Tb 102
Congosta **E** (ZAM) 36 Tf 96
Congostinas **E** (AST) 19 Ub 90
Congosto **E** (BUR) 21 Vf 93
Congosto, El - **E** (CUE) 91 Xc 109
Congosto de Valdavia **E** (PAL) 20 Vc 92
Congostrina **E** (GUA) 76 Xa 102
Conil **E** (PALM) 176 B 4
Conil de la Frontera **E** (CÁD) 164 Tf 131
Conill **E** (BAR) 47 Bc 98
Conill **E** (LLE) 46 Ba 98
Conilleres, les - **E** (BAR) 65 Bd 100
Conlelas **P** (Ba) 34 Ta 98
Conqueiros **P** (CB) 83 Sa 110
Conqueiros **P** (Se) 131 Rd 121
Conques **E** (LLE) 46 Ba 96
Conquezuela **E** (SOR) 59 Xc 101
Conquista **E** (CÓRD) 122 Vc 118
Conquista de la Sierra **E** (CÁC) 105 Ub 112
Conquista del Guadiana **E** (CÁC) 105 Tf 114
Consell **E** (BAL) 98 Ce 110
Consistorio (Arbo) **E** (PON) 32 Re 96
Consistorio (Paderne) **E** (COR) 3 Re 89
Consolación **E** (BAD) 133 Tb 120
Consolación **E** (CIU) 124 Wd 115
Consolación **E** (CUE) 112 Yc 112
Constance **P** (Por) 51 Rf 101
Constância **P** (Sa) 101 Rd 112
Constantí **E** (TAR) 64 Bb 102
Constantim **P** (Ba) 53 Te 99
Constantim **P** (VR) 51 Sb 101
Constantina **E** (SEV) 135 Uc 121
Constantins **E** (GIR) 48 Ce 97
Constanzana **E** (ÁVI) 73 Va 103
Consuegra **E** (TOL) 109 Wc 112
Consuegra de Murera **E** (SEG) 57 Wb 101
Contador, El - **E** (ALM) 154 Xd 123
Contamina **E** (ZAR) 60 Ya 101
Contenças **P** (Co) 68 Rd 107
Contenças de Baixo **P** (Vi) 69 Sb 105
Contienda, La - **E** (HUEL) 133 Ta 120
Contienda, La - **E** (VAL) 113 Za 112
Contim **P** (Ba) 34 Sf 97
Contim **P** (Vi) 51 Sc 102
Contim **P** (VR) 33 Sa 98
Contrasta **E** (ÁLA) 24 Xe 92
Contreras **E** (BUR) 40 Wd 96
Contreras **E** (CUE) 112 Yc 111
Conturiz **E** (LUG) 16 Sc 91
Conventa **P** (Sa) 101 Rd 112
Convento **E** (BAD) 133 Tc 120
Convento, O (Poio) **E** (PON) 14 Rb 94
Convento da Serra **P** (Sa) 101 Rc 114
Convento de Duruelo, El - **E** (ÁVI) 73 Uf 103
Convento de Malillo **E** (CÁC) 106 Uc 113
Conventos, Los - **E** (MUR) 155 Yb 123
Convoy, El - **E** (ALM) 155 Yb 124
Cóo **E** (CAN) 9 Vf 89
Coomonte **E** (ZAM) 36 Ub 96
Copa, La - **E** (MUR) 141 Yc 120
Cope **E** (MUR) 155 Yd 124
Copernal **E** (GUA) 76 Wf 103
Copons **E** (BAR) 47 Bd 99
Coquilla de Huebra **E** (SAL) 71 Tf 104
Coráchar **E** (CAS) 80 Aa 104
Corao **E** (AST) 8 Uf 88
Coratxà **E** (CAS) 80 Aa 104
Corbacera **E** (SAL) 71 Ua 104
Corbalán **E** (TER) 79 Za 106
Corbatón **E** (TER) 78 Yf 104
Corbelle **E** (COR) 4 Sb 87
Corbelle **E** (OUR) 33 Rf 96
Corbera **E** (VAL) 114 Zd 114
Corbera de Alcira = Corbera **E** (VAL) 114 Zd 114
Corbera de Baix **E** (BAR) 65 Bf 100
Corbera d'Ebre **E** (TAR) 63 Ac 102
Corbera de Dalt **E** (BAR) 65 Bf 100
Corbillos de la Sobarriba **E** (LEÓ) 19 Uc 93
Corbillos de los Oteros **E** (LEÓ) 37 Ud 94
Corbins **E** (LLE) 46 Ae 98
Corbunillo **E** (JAÉ) 137 Wa 121
Corçà **E** (GIR) 49 Da 97
Corçà **E** (LLE) 45 Ae 96
Corcáns **E** (PON) 32 Rd 96
Corças **P** (Gu) 69 Sd 103
Corças **P** (Sa) 101 Re 114
Corcino **P** (Fa) 144 Rb 125
Corcoesto **E** (COR) 2 Ra 89
Córcoles **E** (CUE) 76 Xc 106
Corcolilla **E** (VAL) 94 Yf 109
Corconte **E** (CAN) 21 Wa 90
Corcos **E** (LEÓ) 20 Uf 92
Corcos **E** (VALL) 38 Vb 98
Corcoya **E** (SEV) 150 Vb 125
Corcha **P** (Be) 145 Sa 124
Corcho, El - **E** (BAD) 118 Se 117
Corchuela **E** (TOL) 87 Ue 109
Corchuela ó Corazon de Jesús **E** (BAD) 118 Sf 116
Corchuelo, El - **E** (HUEL) 147 Tb 125
Cordal **E** (LUG) 4 Sd 88
Cordiçadas do Lavre **P** (Év) 116 Rd 116
Cordinhã **P** (Co) 67 Rc 107
Cordiñanes **E** (LEÓ) 8 Va 90
Córdoba **E** (CÓRD) 136 Vb 121
Cordobilla **E** (CÓRD) 136 Vc 122
Cordobilla **E** (CÓRD) 150 Vb 124
Cordobilla de Lácara **E** (BAD) 104 Td 114
Cordovilla **E** (ALB) 127 Yc 117
Cordovilla **E** (NAV) 24 Yc 92
Cordovilla **E** (SAL) 72 Ud 103
Cordovilla de Aguilar **E** (PAL) 21 Ve 91
Cordovilla la Real **E** (PAL) 38 Ve 96
Cordovín **E** (RIO) 40 Xb 94
Corduente **E** (GUA) 77 Ya 103
Corella **E** (NAV) 42 Yb 96
Corera **E** (RIO) 41 Xe 94
Cores **E** (COR) 2 Ra 89
Coreses **E** (ZAM) 54 Uc 99
Corga **P** (Av) 68 Rd 103
Corga **P** (Br) 50 Rc 100
Corga **P** (Gu) 69 Sb 106
Corgas **P** (CB) 83 Sa 110
Corges Bravas **P** (Fa) 145 Sa 125
Corgo **P** (Br) 51 Sa 100
Corgo, O **E** (LUG) 16 Sd 91
Córgomo **E** (OUR) 34 Sf 94
Coria **E** (CÁC) 85 Tc 109
Coria del Río **E** (SEV) 148 Tf 125
Corias **E** (AST) 6 Te 89
Corias **E** (AST) 6 Tf 88
Corigos **E** (AST) 7 Ub 90
Corijos de la Bermeja **E** (GRA) 154 Xd 123
Coripe **E** (SEV) 149 Ud 127
Coriscada **P** (Gu) 69 Se 103
Coristanco **E** (COR) 2 Rb 89
Corme-Porto **E** (COR) 2 Ra 89
Cornago **E** (RIO) 41 Xf 96
Cornanda **E** (COR) 14 Rb 91
Córneas **E** (LUG) 17 Sf 91
Corneda **E** (COR) 15 Rf 91
Corneira **E** (COR) 14 Rb 91
Cornejo **E** (BUR) 22 Wc 90
Cornellá = Cornellà de Llobregat **E** (BAR) 66 Ca 100
Cornellà del Terri **E** (GIR) 49 Ce 96
Cornellà de Llobregat **E** (BAR) 66 Ca 100
Cornellana **E** (AST) 6 Tf 88
Cornellana **E** (AST) 7 Ub 90
Cornellana **E** (LLE) 47 Bd 95
Cornes **P** (VC) 32 Rb 97
Cornicabra **E** (BAD) 120 Ua 118
Cornide de Abaixo **E** (LUG) 4 Sd 90
Corniero **E** (LEÓ) 19 Ue 91
Cornisa **E** (PALM) 174 I B 4
Cornjeira **P** (Gu) 69 Sd 105
Cornollo **E** (AST) 5 Tb 89
Cornoncillo **E** (PAL) 20 Vb 92
Cornón de la Peña **E** (PAL) 20 Vb 92
Cornudella de Montsant **E** (TAR) 64 Af 101
Cornudilla **E** (BUR) 22 Wd 92
Cornudilla, La - **E** (VAL) 112 Ye 112
Coro **E** (AST) 7 Ud 88
Coromina, la - **E** (BAR) 47 Be 97
Coromines **E** (BAR) 47 Be 97
Coromines, les - **E** (BAR) 47 Bd 98
Corón **E** (PON) 14 Rb 93
Corona **E** (LEÓ) 8 Va 89
Corona, La - **E** (HUES) 27 Ab 94
Corona, La - **E** (HUES) 45 Ac 95
Corona, La - **E** (MUR) 142 Yf 123
Corona, Algaida y Gata **E** (CÓRD) 151 Vd 125
Coronada, La **E** (BAD) 120 Uc 115
Coronado **P** (Por) 50 Rc 101
Coronil, El - **E** (SEV) 149 Uc 126
Corotelo **P** (Fa) 145 Sa 126
Corpa **E** (MAD) 75 We 106
Corporales **E** (LEÓ) 35 Td 95
Corporales **E** (RIO) 23 Xa 94
Corporario **E** (SAL) 53 Tc 101
Corrada, La - **E** (AST) 6 Tf 87
Corral, els - **E** (CAS) 95 Zf 108
Corral Caruana **E** (VAL) 113 Zd 111
Corral de Almaguer **E** (TOL) 90 Wf 110
Corral de Ayllón **E** (SEG) 57 Wd 100
Corral de Bru **E** (VAL) 113 Zb 114
Corral de Calatrava **E** (CIU) 123 Vf 115
Corral de Cazallo **E** (ZAR) 43 Yf 98
Corral de Cervantón **E** (ZAR) 43 Yf 95
Corral de Curro **E** (NAV) 42 Yd 95
Corral de Charles **E** (ZAR) 43 Za 95
Corral de Duratón **E** (SEG) 57 Wb 101
Corral de Garcíñigo **E** (SAL) 71 Ua 105
Corral de Gova **E** (ZAR) 43 Yd 96
Corral de la Bárbara **E** (NAV) 42 Yd 95
Corral de la Cañada **E** (RIO) 42 Ya 95
Corral de la Domi **E** (ZAR) 61 Zb 100
Corral de la Fraila **E** (ZAR) 25 Yf 94
Corral de las Romerales **E** (RIO) 42 Xf 96
Corral de la Virgen **E** (ZAR) 60 Yc 99
Corral del Calamaquero **E** (ZAR) 62 Zc 100
Corral del Cura **E** (NAV) 42 Yc 95
Corral de Linte **E** (NAV) 24 Yb 93
Corral del Judío **E** (ZAR) 43 Za 94
Corral de los Vedaos **E** (ZAR) 60 Yc 98
Corral del Pachín **E** (NAV) 42 Yd 96
Corral de Meleras **E** (ZAR) 43 Yf 94
Corral de Minganares **E** (ZAR) 60 Yc 98
Corralejo **E** (BUR) 21 Vf 92
Corralejo **E** (GUA) 58 Wd 102
Corralejo **E** (PALM) 175 II E 1
Corralejo **E** (SEG) 57 Wc 101
Corrales **E** (HUEL) 147 Ta 125
Corrales **E** (LEÓ) 17 Ta 93
Corrales **E** (ZAM) 54 Ub 100
Corrales, Los - **E** (GRA) 152 Wb 127
Corrales, Los - **E** (SEV) 150 Va 126
Corrales, Los - **E** (VAL) 112 Ye 111
Corrales, Los - **E** (VAL) 113 Zd 114
Corrales, Los (Los Corralles de Buelna) **E** (CAN) 9 Vf 89
Corrales de Duero **E** (VALL) 57 Vf 98
Corrales de las Hermosas **E** (PALM) 175 II C 4
Corrales de la Torre, Los - **E** (PALM) 175 II E 3
Corralet, el - **E** (ZAR) 63 Aa 101
Corralico de Baerta **E** (ZAR) 61 Zb 99
Corralones, Los - **E** (HUES) 26 Zc 92
Corral Petenero **E** (ZAR) 61 Zb 100
Corral-Rubio **E** (ALB) 127 Yd 115
Corral Rubio **E** (JAÉ) 138 Wc 120
Corral Serra **E** (BAL) 99 Da 110
Corral Tejero **E** (ZAR) 61 Zb 100
Corrallillos, Los - **E** (PALM) 174 I D 3
Correcillas **E** (LEÓ) 19 Ud 91
Correchouso **E** (OUR) 34 Sd 96
Correderas, Las - **E** (JAÉ) 124 Wc 118
Corredoira **E** (PON) 15 Rd 94
Corredoiras **E** (COR) 15 Rf 90
Corredoria, La - **E** (AST) 7 Ub 88
Corredoura **P** (Be) 145 Sa 123
Corregó **E** (LLE) 45 Ad 98
Correias **P** (Sa) 101 Rb 112
Correpoco **E** (CAN) 9 Ve 89
Corres **E** (ÁLA) 23 Xd 92
Correxais **E** (OUR) 34 Sf 94
Corriu, la - **E** (LLE) 47 Bd 96
Corro **E** (ÁLA) 22 Wf 91
Corrochana **E** (TOL) 88 Uf 109
Corró d'Amunt **E** (BAR) 48 Cb 98
Corró d'Avall **E** (BAR) 48 Cb 99
Corroios **P** (Se) 115 Qe 118
Corroios **P** (Se) 115 Qf 117
Corsá = Corçà **E** (GIR) 49 Da 97
Corsavell **E** (GIR) 31 Ce 95
Cortados, Los - **E** (MUR) 142 Za 122
Cortalaviña **E** (HUES) 27 Ab 93
Cortals, els - **E** (GIR) 47 Ca 95
Cortals, els **AND** 29 Bd 93
Cortàs **E** (LLE) 29 Be 94
Cortas de Blas **E** (VALL) 37 Va 98
Corte **P** (Co) 83 Rf 109
Corte, La - **E** (HUEL) 133 Ta 121
Corte, La - **E** (HUEL) 133 Tb 121
Corte António Martins **P** (Fa) 146 Sc 125
Corte Azinha **P** (Be) 132 Sd 122
Cortecampo **E** (NAV) 24 Xe 93
Cortecillas, Las - **E** (SEV) 134 Td 122
Corte Cobres **P** (Be) 131 Sa 122
Corteconcepción **E** (HUEL) 133 Tc 121
Corte Condessa **P** (Be) 132 Sb 121
Corte das Donas **P** (Fa) 146 Sd 124
Corte da Seda **P** (Fa) 146 Sd 124
Corte de Besteiros **P** (Fa) 146 Sc 125
Corte de Ouro **P** (Fa) 145 Sa 124
Corte de Peleas **E** (BAD) 119 Tb 116
Corte de São Tomé **P** (Fa) 146 Sc 124
Corte do Cabo **P** (Be) 145 Rf 124
Corte do Gago **P** (Fa) 146 Sc 125
Corte do Pinto **P** (Be) 132 Sd 122
Corte Fugueira **P** (Be) 145 Rf 124
Cortegaça **P** (Av) 67 Rc 103
Cortegaça **P** (Vi) 68 Re 106
Cortegada **E** (OUR) 33 Rf 95
Cortegada **E** (OUR) 33 Sc 96
Cortegada **P** (Vi) 51 Sb 102
Corte Gafo de Baixo **P** (Be) 132 Sb 122
Corte Gafo de Cima **P** (Be) 132 Sb 122
Cortegana **E** (BAD) 119 Tc 116
Cortegana **E** (BAD) 119 Te 115
Cortegana **E** (HUEL) 133 Tb 121
Cortegazas **E** (OUR) 33 Re 95
Corte João Marques **P** (Fa) 145 Sa 124
Cortelazor **E** (HUEL) 133 Tc 121
Cortelha **P** (Fa) 145 Sa 125
Cortelha **P** (Fa) 145 Sb 125
Cortelha **P** (Fa) 146 Sc 125
Cortella **E** (OUR) 33 Re 95
Cortellas **E** (PON) 32 Rc 95
Cortém **P** (Le) 100 Qf 112
Corte Malhão **P** (Be) 131 Rd 123
Corte Negra **P** (Be) 131 Sa 120
Corte Neto **P** (Fa) 145 Rf 125
Corte Nova **P** (Fa) 146 Sc 124
Corte Pão e Água **P** (Be) 132 Sb 123
Corte Paral **P** (Fa) 145 Re 124
Corte Pequena **P** (Be) 131 Sa 122
Corte Pequena **P** (Be) 132 Sc 122
Corte Pinheiro **P** (Be) 145 Rf 124
Corte Piorno **P** (Be) 132 Sb 121
Corte Poço **P** (Be) 132 Sc 120
Corte Preta **P** (Be) 131 Rd 122
Corterrangel **E** (HUEL) 133 Tc 121
Corterredor **P** (Co) 83 Rf 108
Cortes **E** (AST) 18 Ua 90
Cortes **E** (BUR) 39 Wc 95
Cortes **E** (MÁL) 158 Uf 130
Cortes **E** (NAV) 42 Yd 97
Cortés **E** (VAL) 93 Yf 110
Cortes **P** (Be) 131 Sa 120
Cortes **P** (Fa) 145 Re 125
Cortes **P** (Le) 82 Rb 110
Cortes **P** (VC) 32 Rc 96
Cortes de Aragón **E** (TER) 79 Za 103
Cortes de Arenoso **E** (CAS) 94 Zc 107
Cortes de Baixo **P** (Be) 132 Sb 120
Cortes de Baza **E** (GRA) 139 Xb 123
Cortes de Cima **P** (Be) 132 Sb 120
Cortes de la Frontera **E** (MÁL) 158 Ud 129
Cortes de Meio **P** (CB) 84 Sc 107
Cortes de Pallás **E** (VAL) 113 Za 113
Cortes de Tajuña **E** (GUA) 76 Xd 103
Corte Serranos **P** (Fa) 145 Sb 124
Cortes Grandes **P** (Se) 117 Rf 119
Corte Sines **P** (Be) 132 Sc 122
Cortesín -La Hedionda **E** (MÁL) 165 Ue 130
Cortes Pereiras **P** (Be) 131 Rd 123
Cortes Pereiras **P** (Fa) 146 Sc 124
Corte Tabelião **P** (Fa) 146 Sc 124
Corte Velha **P** (Be) 132 Sb 122
Corte Vicente Anes **P** (Be) 131 Rf 121
Corte Zorrinho **P** (Be) 145 Rf 123
Cortiçada **P** (CB) 84 Sc 108
Cortiçada **P** (Gu) 69 Sc 104
Cortiçada **P** (Vi) 68 Rf 105
Cortiçadas **P** (Év) 117 Rf 117
Cortiçadas **P** (Fa) 145 Sa 125
Cortiçal **P** (Sa) 101 Rb 112
Corticeiro de Baixo **P** (Co) 67 Rb 106
Corticeiro de Cima **P** (Co) 67 Rb 106
Cortiçô **P** (Gu) 69 Sd 105
Cortiço **P** (Pg) 102 Rf 113
Cortiço **P** (Pg) 102 Sa 113
Cortiço **P** (VR) 33 Sb 98
Cortiçô da Serra **P** (Gu) 69 Sd 105
Cortiçóis **P** (Sa) 101 Rb 114
Cortiços **P** (Ba) 52 Sf 99
Cortichuela, La - **E** (GRA) 152 Wd 126
Cortiguera **E** (BUR) 21 Wb 92
Cortijada Aljuezar **E** (ALM) 155 Ya 126
Cortijada Arbollar **E** (GRA) 152 Wb 126
Cortijada Barranco y Traba **E** (GRA) 161 Wb 128
Cortijada Barrandillas **E** (GRA) 151 Wa 125
Cortijada Bornos **E** (ALM) 163 Xf 127
Cortijada Campo Bajo **E** (ALM) 154 Xd 124
Cortijada Cantariján **E** (GRA) 160 Wb 128
Cortijada Cañada de la Mata **E** (PALM) 175 II D 4
Cortijada Casas Bajas **E** (ALM) 154 Xc 124
Cortijada Castillejo **E** (GRA) 151 Vf 127
Cortijada de Alquería **E** (CÁD) 164 Ua 130
Cortijada de Cañada de Zafra **E** (JAÉ) 137 Wa 121
Cortijada de Capisol **E** (JAÉ) 137 Wa 121
Cortijada de Casasola **E** (JAÉ) 137 Ve 122
Cortijada de Contreras **E** (JAÉ) 137 Wa 122
Cortijada de Chapí **E** (ALM) 155 Ya 125
Cortijada de Febeire **E** (ALM) 154 Xd 125

Cortijada de Gil de Olio **E** (JAÉ) 138 Wc 121
Cortijada de Guadalupe **E** (JAÉ) 138 Wd 120
Cortijada de Guadiana **E** (JAÉ) 139 We 121
Cortijada de Hova Marta **E** (GRA) 153 Wf 126
Cortijada del Aciscar **E** (CÁD) 164 Ub 131
Cortijada de la Fresnedilla **E** (JAÉ) 152 Wb 123
Cortijada de la Lapa **E** (CÁD) 164 Ub 132
Cortijada de las Cumbres **E** (CÁD) 164 Ub 132
Cortijada de la Sierra **E** (GRA) 152 Wc 126
Cortijada del Cura **E** (ALM) 154 Xf 125
Cortijada del Chaparral **E** (ALM) 154 Xc 124
Cortijada del Jauro **E** (ALM) 155 Ya 125
Cortijada del Judío Nuevo **E** (CÓRD) 136 Vb 122
Cortijada de los Atravesados **E** (CÁD) 164 Tf 131
Cortijada del Pajarraco **E** (GRA) 153 Wf 127
Cortijada del Peñón **E** (JAÉ) 137 Wa 121
Cortijada de Marín **E** (ALM) 162 Xc 128
Cortijada de Santa Catalina **E** (GRA) 152 Wb 126
Cortijada de Tarumbillo **E** (JAÉ) 138 Wc 121
Cortijada de Teguereyle **E** (PALM) 175 II D 4
Cortijada de Torre de Alcázar **E** (JAÉ) 137 Vf 121
Cortijada de Torretoribio **E** (JAÉ) 138 Wb 121
Cortijada de Vado Jaén **E** (JAÉ) 137 Vf 123
Cortijada Doña Marina **E** (GRA) 152 We 123
Cortijada El Alamí **E** (ALM) 154 Xd 125
Cortijada el Almendro **E** (GRA) 151 Vf 125
Cortijada El Barranco de García **E** (ALM) 155 Ya 126
Cortijada El Bombón **E** (ALM) 154 Xf 127
Cortijada El Charco del Lobo **E** (ALM) 154 Xf 127
Cortijada el Nevazo **E** (GRA) 151 Wa 125
Cortijada El Pertiguero **E** (GRA) 154 Xc 124
Cortijada el Pilar **E** (ALM) 154 Xf 125
Cortijada El Rulí **E** (MUR) 141 Yc 120
Cortijada Encebras **E** (GRA) 152 Wd 124
Cortijada Fuenteleta **E** (JAÉ) 138 Wb 121
Cortijada La Palmerosa **E** (ALM) 154 Ya 127
Cortijada Las Chozas de Redondo **E** (ALM) 162 Xb 128
Cortijada Las Jaulas **E** (ALM) 155 Yb 125
Cortijada Las Torres **E** (GRA) 152 Wb 125
Cortijada La Torre Vieja **E** (ALM) 155 Ya 127
Cortijada Los Areos **E** (ALM) 154 Xf 126
Cortijada los Cazaminches **E** (ALM) 154 Xf 125
Cortijada los Cerrillos **E** (ALM) 155 Ya 127
Cortijada Los Contreras **E** (ALM) 154 Xf 126
Cortijada Los Giménez **E** (ALM) 163 Xf 127
Cortijada Los Gironas de Lisbona **E** (ALM) 154 Xf 125
Cortijada Los Herradas **E** (ALM) 154 Xf 127
Cortijada Los Majanos **E** (ALM) 154 Xf 127
Cortijada Los Matías **E** (ALM) 163 Xf 128
Cortijada Los Morales **E** (ALM) 154 Xe 126
Cortijada Los Retamales **E** (GRA) 153 Wf 126
Cortijada Malajara **E** (GRA) 152 We 125
Cortijada Molino Bajo **E** (CÓRD) 135 Ue 122
Cortijada Padules **E** (GRA) 152 Wd 125
Cortijada Pataura **E** (GRA) 161 Wc 128
Cortijada Pocopán **E** (GRA) 153 Xb 124
Cortijada Riofrío **E** (HUEL) 133 Tb 120
Cortijada Ruedo Alto **E** (JAÉ) 151 Vf 123
Cortijada Ruescas **E** (ALM) 163 Xe 128
Cortijada Unquieira **E** (GRA) 153 Wf 127
Cortija de Golosillo **E** (JAÉ) 137 Wa 121
Cortija de los Cuellar **E** (BAD) 103 Ta 114
Cortija de los Madroñuelos **E** (HUEL) 133 Sf 122
Cortija del Tesorero **E** (JAÉ) 138 Wd 121
Cortija del Zangallón **E** (BAD) 103 Ta 114
Cortijillos **E** (JAÉ) 139 Wf 122
Cortijillos, Los - **E** (MÁL) 160 Vf 127
Cortijillos, Los - **E** (SEV) 150 Vb 125
Cortijillos de Campocámara **E** (GRA) 139 Xa 122
Cortijo, El - **E** (MAD) 74 Wa 106
Cortijo, El - **E** (RIO) 23 Xc 94
Cortijo Aguas de los Sauces **E** (GRA) 152 Wd 124
Cortijo Algarve **E** (CÁD) 157 Tf 128
Cortijo Altamira **E** (CÁD) 164 Tf 131
Cortijo Altarejo **E** (MUR) 141 Ya 120
Cortijo Alto **E** (JAÉ) 137 Vf 122
Cortijo Alto **E** (JAÉ) 152 Wb 124
Cortijo Alto **E** (MÁL) 151 Vd 126
Cortijo Alto **E** (MUR) 141 Yb 119
Cortijo Argallenes **E** (BAD) 120 Ub 117
Cortijo Arrayanosa **E** (CÁD) 158 Uc 128
Cortijo Arriba **E** (BAD) 120 Ub 118
Cortijo Azún **E** (GRA) 153 Xa 123
Cortijo Babezuelas **E** (CÁC) 105 Ua 111
Cortijo Bajo, El - **E** (GRA) 161 We 128
Cortijo Bajo de los Robledos **E** (JAÉ) 139 We 119
Cortijo Bañuelos **E** (GRA) 161 Wb 128
Cortijo Barranco de la Bina **E** (GRA) 152 We 127
Cortijo Barrancos **E** (BAD) 120 Tf 118
Cortijo Barro **E** (ALM) 162 Wf 127
Cortijo Benítez **E** (MÁL) 159 Vb 128
Cortijo Blanco **E** (CÓRD) 150 Vc 123
Cortijo Blanco, El - **E** (ALM) 154 Xe 124
Cortijo Blanco, El - **E** (MÁL) 160 Ve 127
Cortijo Brado **E** (ALM) 153 Xa 126
Cortijo Buenavista **E** (BAD) 134 Ua 120
Cortijo Buenvecino **E** (BAD) 134 Tf 119
Cortijo Burujena **E** (CÁD) 157 Te 128
Cortijo Cadenas **E** (MÁL) 159 Vd 127
Cortijo Cansino **E** (JAÉ) 137 Vf 121
Cortijo Canta el Gallo **E** (BAD) 120 Ub 118
Cortijo Cañada Arada **E** (JAÉ) 125 Xa 119
Cortijo Cañada de la Iglesia **E** (GRA) 152 Wd 124
Cortijo Carboneros **E** (JAÉ) 152 Wb 123
Cortijo Carrascal **E** (BAD) 119 Tc 117
Cortijo Carrascalejo **E** (SEV) 148 Te 124
Cortijo Carretero **E** (HUEL) 133 Sf 121
Cortijo Carrona **E** (CÁC) 105 Tf 111
Cortijo Casares de Saliente **E** (CÁC) 86 Tf 110
Cortijo Casilla-Grande **E** (CÁC) 105 Te 111
Cortijo Castelo **E** (CÁD) 157 Te 128
Cortijo Castillejo **E** (GRA) 152 Wd 125
Cortijo Cerro Blanco **E** (ALM) 163 Xe 127
Cortijo Cerro del Muerto **E** (ALM) 140 Xe 122
Cortijo Cerro Miguel **E** (JAÉ) 139 Wf 122
Cortijo Clavijo **E** (ALM) 140 Xf 121
Cortijo Contreras **E** (CÁC) 105 Ua 112
Cortijo Cubillo **E** (BAD) 104 Tb 114
Cortijo Cueva Gurillos **E** (ALM) 140 Xf 121
Cortijo Culebra **E** (GRA) 153 We 124
Cortijo Chaparrita **E** (HUEL) 133 Ta 120
Cortijo Chico de Capela **E** (BAD) 119 Tb 116
Cortijo Chillón **E** (JAÉ) 139 We 122
Cortijo Churrón **E** (GRA) 153 Xb 124
Cortijo de Abajo **E** (CIU) 108 Vf 113
Cortijo de Abajo **E** (SEV) 157 Tf 127
Cortijo de Aceite **E** (JAÉ) 139 Xa 119
Cortijo de Acuña **E** (CIU) 125 Xa 116
Cortijo de Adeje **E** (PALM) 175 II D 4
Cortijo de Aguamala **E** (ALB) 125 Xc 117
Cortijo de Aguas Morales Alto **E** (GRA) 152 Wd 124
Cortijo de Agüica de Mula **E** (MUR) 141 Ya 122
Cortijo de Aguzaderas Viejas **E** (HUEL) 133 Ta 120
Cortijo de Ahojiz **E** (CÁD) 165 Uc 131
Cortijo de Ahumada **E** (MÁL) 150 Vb 126
Cortijo de Alacranes **E** (GRA) 139 Xb 122
Cortijo de Albadía **E** (ALM) 154 Xf 123
Cortijo de Albarizas **E** (JAÉ) 137 Ve 121
Cortijo de Albina **E** (SEV) 150 Uf 125
Cortijo de Alcalá **E** (SEV) 150 Uf 125
Cortijo de Alcántara **E** (CÁD) 164 Ua 130
Cortijo de Alcornocalejo **E** (CÁD) 157 Ub 129
Cortijo de Alcorrín **E** (SEV) 150 Uf 123
Cortijo de Aldea de Don Gil **E** (CÓRD) 137 Vd 122
Cortijo de Algarín **E** (SEV) 135 Uc 123
Cortijo de Aljonoz **E** (SEV) 150 Va 124
Cortijo de Almazara **E** (JAÉ) 139 Wf 123
Cortijo de Almorchón **E** (JAÉ) 139 Wf 119
Cortijo de Alperchite **E** (CÁD) 157 Ub 128
Cortijo de Antonio Montoya **E** (CIU) 123 Wa 117
Cortijo de Antonio Moreno **E** (MÁL) 158 Uf 127
Cortijo de Antón Sánchez **E** (BAD) 119 Tc 119
Cortijo de Apolo **E** (GRA) 153 Wf 125
Cortijo de Arevalillo **E** (MÁL) 150 Vc 127
Cortijo de Argüelles **E** (MÁL) 165 Ue 130
Cortijo de Armíndez **E** (JAÉ) 139 We 121
Cortijo de Arriba **E** (CIU) 108 Vf 113
Cortijo de Arroyo Diego **E** (CÁD) 164 Ub 131
Cortijo de Arroyo Hondillo **E** (JAÉ) 124 We 118
Cortijo de Asensio **E** (CIU) 124 We 117
Cortijo de Astot **E** (GRA) 140 Xd 122
Cortijo de Atalaya **E** (CÁD) 156 Te 128
Cortijo de Avozares **E** (JAÉ) 137 Vf 122
Cortijo de Aznar **E** (MUR) 141 Ya 120
Cortijo de Azuguen de Corral **E** (CÁC) 105 Tf 111
Cortijo de Barba **E** (JAÉ) 139 Wf 121
Cortijo de Barbahijar **E** (JAÉ) 152 Wb 123
Cortijo de Barches Alto **E** (GRA) 153 Xa 123
Cortijo de Barranco Hondo **E** (GRA) 153 Wf 126
Cortijo de Barranquillos **E** (CIU) 124 We 118
Cortijo de Barreto **E** (BAD) 118 Se 118
Cortijo de Barriga **E** (JAÉ) 139 We 120
Cortijo de Barrionuevo **E** (GRA) 152 Wb 124
Cortijo de Bartacón **E** (BAD) 118 Se 117
Cortijo de Bas **E** (GRA) 153 Xb 124
Cortijo de Becerra **E** (GRA) 153 Wf 124
Cortijo de Béjar **E** (JAÉ) 138 Wd 122
Cortijo de Belijaca **E** (GRA) 153 Wf 124
Cortijo de Benajara **E** (GRA) 153 Xa 125
Cortijo de Blancares **E** (MÁL) 150 Vb 127
Cortijo de Blas **E** (BAD) 118 Sf 117
Cortijo de Blas Díaz **E** (ALM) 140 Xe 122
Cortijo de Boniches **E** (CÁD) 157 Ub 127
Cortijo de Borbollón **E** (MÁL) 158 Uf 127
Cortijo de Borondo **E** (CÁD) 165 Ue 131
Cortijo de Botardo **E** (GRA) 140 Xd 122
Cortijo de Buenamira **E** (BAD) 120 Te 117
Cortijo de Buenavista **E** (ALM) 162 Xa 128
Cortijo de Bujardo **E** (BAD) 118 Ta 118
Cortijo de Caballeros **E** (CIU) 125 Xa 116
Cortijo de Cabanillas **E** (CÓRD) 137 Ve 121
Cortijo de Cabañeros **E** (GRA) 160 Wb 127
Cortijo de Cabeza de Lobo **E** (SEV) 149 Uc 125
Cortijo de Cabezas del Obispo **E** (SEV) 150 Va 124
Cortijo de Cabra Higuera **E** (HUEL) 133 Ta 121
Cortijo de Cadenas **E** (JAÉ) 137 Wa 121
Cortijo de Calasana **E** (MÁL) 151 Vd 126
Cortijo de Calderón **E** (ALM) 140 Xf 122
Cortijo de Calderón **E** (MÁL) 150 Va 126
Cortijo de Camacho **E** (GRA) 151 Vf 126
Cortijo de Camorra Alta **E** (HUEL) 133 Sf 122
Cortijo de Campaniche **E** (SEV) 149 Uc 123
Cortijo de Candelario Centeno **E** (SEV) 135 Uc 121
Cortijo de Cantarero **E** (CÓRD) 122 Vd 119
Cortijo de Cantarero **E** (JAÉ) 137 Ve 122
Cortijo de Cantarilla **E** (GRA) 153 Wf 127
Cortijo de Canto Blanco **E** (CIU) 123 Wa 117
Cortijo de Cañada **E** (CÁC) 105 Ua 112
Cortijo de Cañada Hermosa **E** (MÁL) 150 Va 125
Cortijo de Cañahonda **E** (GRA) 140 Xc 123
Cortijo de Cañaveras **E** (JAÉ) 139 We 123
Cortijo de Capilla **E** (CIU) 124 Wd 115
Cortijo de Cápita **E** (CÁD) 157 Tf 127
Cortijo de Capote **E** (BAD) 119 Tc 115
Cortijo de Carbonales **E** (GRA) 152 Wd 125
Cortijo de Carboneros **E** (ALM) 140 Xe 122
Cortijo de Cardona **E** (SEV) 148 Ua 123
Cortijo de Cardos **E** (ALB) 125 Xc 117
Cortijo de Carija **E** (CÁD) 157 Ub 127
Cortijo de Carranza **E** (GRA) 140 Xc 121
Cortijo de Carrasquilla **E** (CÓRD) 137 Vc 121
Cortijo de Cartuja **E** (SEV) 148 Tf 125
Cortijo de Casabajal **E** (JAÉ) 138 Wd 121
Cortijo de Casa Blanca **E** (ALB) 140 Xe 119
Cortijo de Casablanca **E** (BAD) 121 Ud 117
Cortijo de Casablanca **E** (CÁD) 157 Ua 128
Cortijo de Casablanca **E** (JAÉ) 138 We 121
Cortijo de Casablanca **E** (SEV) 150 Uf 124
Cortijo de Casabuena **E** (SEV) 148 Tf 124
Cortijo de Casa Nueva **E** (ALM) 140 Xe 122
Cortijo de Casasalbillas **E** (SEV) 150 Uf 124
Cortijo de Casillas **E** (MÁL) 150 Va 127
Cortijo de Castañeda **E** (JAÉ) 151 Vf 123
Cortijo de Castaños **E** (MÁL) 158 Ue 128
Cortijo de Castellar **E** (SEV) 149 Ud 125
Cortijo de Castilblanco **E** (CÁC) 106 Uf 112
Cortijo de Castillarejo **E** (CÓRD) 151 Vf 124
Cortijo de Castillejo **E** (SEV) 150 Ue 125
Cortijo de Castro **E** (MÁL) 158 Uf 128
Cortijo de Ceballos **E** (BAD) 119 Tb 116
Cortijo de Cejo **E** (GRA) 139 Xb 122
Cortijo de Cerrade **E** (GRA) 153 We 125
Cortijo de Cerro Espesillo **E** (CIU) 125 Xa 115
Cortijo de Cerro García **E** (CÓRD) 122 Vb 118
Cortijo de Cerromoreno **E** (CÓRD) 151 Vd 123
Cortijo de Cerro Negro **E** (GRA) 139 Xc 122
Cortijo Décima 2a **E** (SEV) 134 Tf 122
Cortijo de Cintas **E** (ALM) 162 Wf 127
Cortijo de Cirueña **E** (JAÉ) 138 Wc 121
Cortijo de Cobatillas **E** (JAÉ) 138 We 121
Cortijo de Colana **E** (CÁD) 164 Ua 130
Cortijo de Colmenares **E** (JAÉ) 138 Wb 122
Cortijo de Collado Tornero **E** (ALB) 125 Xd 118
Cortijo de Compoallá **E** (SEV) 135 Ub 121
Cortijo de Conde de Gracia Real **E** (JAÉ) 137 Vf 121
Cortijo de Contreras **E** (GRA) 153 Wf 125
Cortijo de Corbado **E** (JAÉ) 138 Wb 121
Cortijo de Corchuelos **E** (SEV) 149 Ue 125
Cortijo de Cotilfar Alta **E** (GRA) 152 Wd 123
Cortijo de Crespo **E** (CIU) 123 Wb 117
Cortijo de Cruz **E** (CÓRD) 151 Ve 123
Cortijo de Cuarterón de Chiste **E** (CÁC) 86 Te 110
Cortijo de Cuarto Nuevo **E** (CÓRD) 136 Vb 122
Cortijo de Cuatro Casas **E** (SEV) 149 Uc 125
Cortijo de Culebrilla **E** (CÓRD) 150 Va 123
Cortijo de Culote **E** (JAÉ) 124 Wf 118
Cortijo de Curiel **E** (MÁL) 151 Vd 126
Cortijo de Chacón **E** (GRA) 139 Xb 122
Cortijo de Chambado **E** (MÁL) 151 Ve 127
Cortijo de Chaparrete **E** (SEV) 149 Ue 126
Cortijo de Chapina **E** (ALM) 153 Xa 127
Cortijo de Charco Frío **E** (BAD) 104 Tb 114
Cortijo de Charco Lucero **E** (MÁL) 158 Ue 128
Cortijo de Charcones de Abajo **E** (GRA) 152 We 123
Cortijo de Charcones de Arriba **E** (GRA) 152 We 123
Cortijo de Chaves **E** (BAD) 119 Td 116
Cortijo de Chichina **E** (HUEL) 148 Td 124
Cortijo de Chillar **E** (JAÉ) 139 Wf 122
Cortijo de China **E** (CÁD) 164 Ub 131
Cortijo de Chindarga **E** (ALB) 125 Xc 116
Cortijo de Chiriví **E** (CIU) 124 We 117
Cortijo de Chiscar **E** (GRA) 140 Xd 123
Cortijo de Choca **E** (MÁL) 150 Vb 127
Cortijo de Chorchas **E** (CÓRD) 137 Vd 121
Cortijo de Churchis **E** (CIU) 123 Wb 117
Cortijo de Derramadores **E** (MUR) 140 Xf 120
Cortijo de Diego Alonso **E** (PALM) 175 II D 4
Cortijo de Diego López **E** (CÓRD) 122 Vc 118
Cortijo de Don Bruno **E** (ALM) 154 Xe 123
Cortijo de Don Calixto **E** (SEV) 150 Vb 124
Cortijo de Doncellar **E** (CÓRD) 151 Ve 123
Cortijo de Don Faustino **E** (GRA) 140 Xc 122
Cortijo de Don Gil **E** (JAÉ) 138 Wd 121
Cortijo de Don Ignacio **E** (JAÉ) 125 Xb 118
Cortijo de Don Juan Feo **E** (PALM) 176 C 3
Cortijo de Don Manuel Bedoya **E** (JAÉ) 139 Wf 121
Cortijo de Don Martín **E** (ALB) 126 Xe 119
Cortijo de Don Pedro **E** (ALB) 126 Xf 118
Cortijo de Don Pedro Quesada **E** (JAÉ) 152 Wa 123
Cortijo de Don Segundo **E** (GRA) 140 Xc 122
Cortijo de Don Tristán **E** (JAÉ) 125 Xa 119
Cortijo de Doña Dolores Serrano **E** (JAÉ) 137 Wa 121
Cortijo de Doña Juana **E** (HUEL) 133 Tb 122
Cortijo de Doña Sol **E** (CÓRD) 136 Vb 121
Cortijo de Doña Teresa **E** (BAD) 119 Tc 116
Cortijo de Dos Hermanas **E** (SEV) 135 Ub 120
Cortijo de El Almendro **E** (JAÉ) 151 Vf 123
Cortijo de Eleuterio **E** (CIU) 125 Xb 116
Cortijo de Encinas **E** (JAÉ) 137 Vf 121
Cortijo de Escalona **E** (GRA) 151 Vf 125
Cortijo de Escribano **E** (GRA) 139 Xb 122
Cortijo de Espanta Palomas **E** (JAÉ) 137 Vf 122
Cortijo de Esteban **E** (HUEL) 132 Se 121
Cortijo de Faura **E** (ALM) 140 Xf 122
Cortijo de Felipe **E** (ALB) 110 Xc 114
Cortijo de Figueredo **E** (BAD) 118 Sf 119
Cortijo de Fimapaire **E** (PALM) 175 II E 2
Cortijo de Flores **E** (CIU) 125 Xb 116
Cortijo de Fontalba **E** (CIU) 123 Wa 117
Cortijo de Fuente Alegre **E** (ALM) 140 Xf 123
Cortijo de Fuente Amores **E** (JAÉ) 139 We 122
Cortijo de Fuente Lozana **E** (SEV) 148 Ua 126
Cortijo de Fuente Piedra **E** (GRA) 152 Wb 127
Cortijo de Fuentes **E** (SEV) 149 Ub 126
Cortijo de Galapar **E** (CÓRD) 136 Vc 121
Cortijo de Gálvez **E** (MÁL) 159 Va 128
Cortijo de Gallardo **E** (CÁD) 157 Tf 129
Cortijo de Gamonar **E** (ALM) 140 Xe 121
Cortijo de Garapiño **E** (MÁL) 158 Ue 128
Cortijo de Garci-Gómez **E** (CÓRD) 137 Vd 119
Cortijo de Genovés **E** (GRA) 139 Xc 122
Cortijo de Germán **E** (GRA) 153 Wf 124
Cortijo de Giloca **E** (ALM) 154 Ya 124
Cortijo de Giménez **E** (GRA) 139 Xb 122
Cortijo de Gindalba **E** (ALM) 154 Xd 127
Cortijo de Gomarro **E** (CÓRD) 122 Ve 118
Cortijo de Gómez **E** (MUR) 141 Ya 123
Cortijo de Gomiel **E** (GRA) 152 Wb 124
Cortijo de Granadilla **E** (JAÉ) 124 Wd 118
Cortijo de Granero **E** (ALM) 154 Xf 123
Cortijo de Guadalperalón **E** (CÁC) 105 Tf 111
Cortijo de Guadiamar **E** (SEV) 148 Te 124
Cortijo de Guadiloca **E** (SEV) 135 Ub 120
Cortijo de Gula **E** (CÓRD) 150 Vc 123

Cortijo de Haza del Conejo **E** (ALM) 153 Wf 126
Cortijo de Hermosilla **E** (JAÉ) 138 Wc 122
Cortijo de Herrera **E** (CÓRD) 150 Vc 125
Cortijo de Herrera **E** (JAÉ) 138 Wc 119
Cortijo de Herrera **E** (MÁL) 150 Vc 126
Cortijo Dehesa de los Millares **E** (HUEL) 146 Sd 124
Cortijo Dehesilla **E** (CÓRD) 136 Vc 122
Cortijo de Híjar **E** (ALB) 126 Ya 118
Cortijo de Hondo de la Vega **E** (GRA) 153 Wf 124
Cortijo de Hornillo **E** (MÁL) 158 Uf 128
Cortijo de Hornillo **E** (SEV) 148 Ua 125
Cortijo de Hornillo Viejo **E** (SEV) 135 Ub 120
Cortijo de Hoyas **E** (TOL) 108 Wb 113
Cortijo de Huertecica **E** (MUR) 141 Yc 119
Cortijo de Huerto Perdido **E** (JAÉ) 125 Xb 118
Cortijo de Infierno **E** (ALB) 125 Xc 115
Cortijo de Ipora **E** (SEV) 150 Va 125
Cortijo de Isaac **E** (CIU) 123 Wb 117
Cortijo de Jaca **E** (MÁL) 150 Va 126
Cortijo de Jaime Pérez **E** (SEV) 149 Ub 126
Cortijo de Jerquera **E** (GRA) 140 Xd 121
Cortijo de José Lucio **E** (JAÉ) 139 Xa 121
Cortijo de Judas **E** (JAÉ) 139 Wf 121
Cortijo de la Aguada **E** (MÁL) 159 Va 127
Cortijo de la Alamedilla **E** (CÓRD) 136 Vb 121
Cortijo de la Alamedilla **E** (SEV) 150 Va 125
Cortijo de la Alberquilla **E** (SEV) 157 Tf 127
Cortijo de la Alegría **E** (GRA) 153 We 124
Cortijo de la Alegría **E** (SEV) 149 Ue 123
Cortijo de la Argamasa **E** (BAD) 120 Tf 116
Cortijo de la Argamasilla **E** (CÓRD) 150 Vc 125
Cortijo de la Arjona **E** (ALM) 140 Xf 122
Cortijo de la Asomada **E** (CÓRD) 151 Ve 123
Cortijo de la Atalaya **E** (GRA) 151 Ve 125
Cortijo de la Balsa **E** (BAD) 118 Se 117
Cortijo de la Balsica de Andújar **E** (ALM) 163 Xe 128
Cortijo de la Banda **E** (CÓRD) 151 Vc 123
Cortijo de la Beatalobo **E** (SEV) 150 Uf 125
Cortijo de la Bermeja **E** (BAD) 120 Ua 116
Cortijo del Abogado **E** (BAD) 118 Se 117
Cortijo de la Bota **E** (HUEL) 147 Sf 125
Cortijo de la Caballera **E** (CÓRD) 137 Vd 122
Cortijo de la Caída **E** (JAÉ) 139 Xa 121
Cortijo de la Calatrava **E** (JAÉ) 138 Wd 120
Cortijo de la Calderona **E** (BAD) 119 Tc 116
Cortijo de la Camoana **E** (JAÉ) 139 Xb 120
Cortijo de la Campanilla **E** (JAÉ) 139 We 120
Cortijo de la Campita **E** (ALM) 162 Xc 127
Cortijo de la Canaleja **E** (GRA) 140 Xc 120
Cortijo de la Canaleja Baja **E** (GRA) 153 Xa 124
Cortijo de la Canalilla **E** (JAÉ) 139 Xa 121
Cortijo de la Cañada **E** (GRA) 152 Wd 124
Cortijo de la Capellanía **E** (ALB) 125 Xe 119
Cortijo de la Capellanía **E** (ALM) 155 Ya 125
Cortijo de la Capilla **E** (JAÉ) 139 Wf 119
Cortijo de la Capuchina Nueva **E** (MÁL) 150 Vc 126
Cortijo de la Carne **E** (ALM) 140 Xe 123
Cortijo de la Carraca **E** (JAÉ) 152 Wa 124
Cortijo de la Carrascosa **E** (SEV) 149 Uc 126
Cortijo de la Casa de Coria **E** (SEV) 149 Ub 126
Cortijo de la Cascajosa **E** (BAD) 119 Tb 116
Cortijo de la Casica **E** (ALM) 140 Xe 123
Cortijo de la Casilla **E** (CÁC) 105 Ub 111
Cortijo de la Casilla **E** (GRA) 153 We 125
Cortijo de la Catalana **E** (CÁD) 149 Ue 127
Cortijo del Acebuchal **E** (CÓRD) 150 Vb 123
Cortijo del Acebuche **E** (BAD) 118 Sf 118
Cortijo de la Centera **E** (GRA) 153 We 124
Cortijo de la Colegiata **E** (BAD) 119 Tc 117
Cortijo de la Concepción **E** (HUEL) 133 Sf 122
Cortijo de la Coronela **E** (SEV) 149 Ue 125
Cortijo de la Cosoja **E** (CIU) 123 Wb 117
Cortijo de la Costilla **E** (PALM) 175 II E 1
Cortijo de la Cruz de Hierro **E** (GRA) 139 Xc 121
Cortijo de la Cruz del Puerto **E** (MUR) 140 Xf 120
Cortijo de la Cuesta **E** (MÁL) 150 Va 126
Cortijo de la Cuesta **E** (MUR) 140 Ya 122
Cortijo de la Cuesta de las Piedras **E** (GRA) 153 Xa 123
Cortijo de la Cueva **E** (ALB) 125 Xd 116
Cortijo de la Cueva **E** (ALM) 154 Xe 123
Cortijo de la Cueva de la Cadena **E** (GRA) 140 Xc 121
Cortijo de la Cueva de los Ruices **E** (GRA) 139 Xc 122
Cortijo de La Chanata **E** (ALM) 162 Xb 127
Cortijo de la Chirigota **E** (CÁD) 149 Ub 127
Cortijo de la Chorrera **E** (MÁL) 151 Vd 125
Cortijo de la Dehesa **E** (JAÉ) 138 Wd 121
Cortijo de la Dehesa **E** (MUR) 126 Yb 119
Cortijo de la Dehesa Alta **E** (CÓRD) 137 Ve 123
Cortijo de la Dehesa Nueva **E** (SEV) 149 Ue 123
Cortijo de la Dehesilla **E** (ALB) 125 Xc 117
Cortijo de la Dehesilla **E** (CÁD) 164 Ub 131
Cortijo de la Dehesilla **E** (SEV) 148 Te 124
Cortijo del Administrador **E** (ALM) 154 Xe 126
Cortijo de la Donosa **E** (BAD) 120 Tf 117
Cortijo de la Dueña Alta **E** (SEV) 149 Ue 125
Cortijo de la Encina **E** (JAÉ) 138 Wb 122
Cortijo de la Escalereta **E** (MÁL) 150 Uf 127
Cortijo de la Estacada **E** (BAD) 118 Se 117
Cortijo de la Estanquera **E** (BAD) 120 Ua 117
Cortijo de la Estrella **E** (SEV) 150 Uf 123
Cortijo de la Foncubierta **E** (CÓRD) 150 Vb 123
Cortijo de la Fuenlabrada **E** (CIU) 125 Xa 116
Cortijo de la Fuensanta **E** (CÁD) 157 Ub 128
Cortijo de la Fuenseca **E** (MUR) 140 Xf 120
Cortijo de la Fuente de la Mujer **E** (SEV) 135 Ud 122
Cortijo de la Fuente del Campo **E** (CIU) 124 Wd 117
Cortijo de la Fuente del Espino **E** (ALM) 153 Xb 126
Cortijo de la Fuente del Espino **E** (JAÉ) 151 Vf 123
Cortijo de la Fuente de los Potros **E** (GRA) 152 Wd 123
Cortijo de la Gama **E** (HUEL) 132 Se 121
Cortijo de la Girana **E** (GRA) 153 Wf 124
Cortijo de la Gironda **E** (CÁC) 105 Ub 111
Cortijo de la Gita **E** (SEV) 149 Ue 126
Cortijo de la Gloria **E** (CIU) 125 Xb 115
Cortijo del Agua **E** (GRA) 153 Wf 125
Cortijo de la Guadineja **E** (CIU) 124 Wf 117
Cortijo del Águila **E** (ALM) 140 Xe 122
Cortijo del Águila **E** (ALM) 162 Xb 128
Cortijo del Águila **E** (BAD) 120 Tf 117
Cortijo del Águila **E** (CÁD) 164 Ua 131
Cortijo del Águila **E** (JAÉ) 139 Wf 122
Cortijo de la Habichuela **E** (SEV) 150 Va 125
Cortijo de la Haza de la Caridad **E** (CÓRD) 136 Vb 122
Cortijo de la Herradura **E** (JAÉ) 123 Ve 118
Cortijo de la Herradura **E** (SEV) 149 Ud 124
Cortijo de la Herriza **E** (MÁL) 150 Vb 126
Cortijo de la Higuera **E** (MÁL) 150 Uf 126
Cortijo de la Higueruela **E** (CIU) 124 Wf 118
Cortijo de la Hincosa **E** (JAÉ) 137 Wa 121
Cortijo de la Hortizuela **E** (JAÉ) 139 Xa 120
Cortijo de la Hoya **E** (ALB) 125 Xc 116
Cortijo de la Hoya **E** (MUR) 141 Yb 120
Cortijo de la Hoya Alta **E** (GRA) 139 Xb 121
Cortijo de la Hoya del Espino de Arriba **E** (ALB) 140 Xd 120
Cortijo de la Huerta de Hoyas **E** (GRA) 160 Vf 127
Cortijo de la Huerta del Zauzar **E** (CÁC) 104 Td 113
Cortijo de la Huertezuela **E** (MÁL) 150 Vc 125
Cortijo de la Imagen **E** (JAÉ) 138 We 120
Cortijo de Lairón **E** (MUR) 140 Xf 120
Cortijo de la Jara **E** (ALM) 155 Ya 125
Cortijo de la Jara **E** (CIU) 125 Xb 117
Cortijo de la Jarosa **E** (SEV) 135 Ub 122
Cortijo de la Joya **E** (CÁD) 165 Uc 132
Cortijo de la Juliana **E** (ALB) 126 Xe 118
Cortijo de la Juncosa **E** (MUR) 141 Yb 122
Cortijo de la Junquilla **E** (SEV) 135 Ud 122
Cortijo de la Jurada **E** (CÓRD) 136 Vb 122
Cortijo de la Laguna **E** (CÁD) 157 Ub 127
Cortijo de la Laguna **E** (JAÉ) 137 Wa 123
Cortijo del Alamillo **E** (JAÉ) 138 Wd 120
Cortijo del Álamo **E** (CÁD) 164 Ua 130
Cortijo del Álamo **E** (JAÉ) 138 We 121
Cortijo de la Lapa **E** (MÁL) 150 Uf 127
Cortijo de la Lastra Alta **E** (JAÉ) 152 Wa 123
Cortijo del Alcaide **E** (GRA) 161 Wb 128
Cortijo del Alcaide **E** (MÁL) 151 Vd 125
Cortijo del Alcornoquillo **E** (SEV) 149 Ue 126
Cortijo del Alhorín **E** (CIU) 123 Vf 117
Cortijo de la Lobera **E** (ALB) 126 Ya 118
Cortijo de la Loma **E** (ALB) 126 Ya 118
Cortijo de la Loma **E** (JAÉ) 140 Xd 119
Cortijo de La Loma **E** (MUR) 140 Xf 119
Cortijo de la Losa **E** (GRA) 139 Xc 121
Cortijo del Alto **E** (ALM) 140 Xf 122
Cortijo de la Llave **E** (BAD) 104 Tb 114
Cortijo de la Llave **E** (BAD) 104 Td 114
Cortijo de la Madroñera **E** (ALM) 154 Xf 125
Cortijo de la Magdalena **E** (CÓRD) 137 Vd 122
Cortijo de la Majada Vieja **E** (MÁL) 158 Uf 128
Cortijo de la Manca **E** (CÁC) 104 Td 113
Cortijo de la Mangada Poniente **E** (CÁC) 105 Ua 111
Cortijo de la Mantuja **E** (CIU) 123 Vf 118
Cortijo de la Margazuela **E** (SEV) 148 Tf 126
Cortijo de la Marisma **E** (CÁD) 164 Ua 131
Cortijo de la Marmolejo **E** (SEV) 148 Te 125
Cortijo de la Mediana **E** (CÁD) 164 Ub 131
Cortijo de la Melera **E** (GRA) 152 Wd 124
Cortijo de la Memoria **E** (GRA) 139 Xc 121
Cortijo de la Mercadeña **E** (SEV) 149 Ub 126
Cortijo de la Merced **E** (ALM) 154 Xe 125
Cortijo del Americano **E** (CÓRD) 122 Vc 118
Cortijo de la Mesa **E** (CÁD) 164 Tf 130
Cortijo de la Mezquita **E** (MÁL) 150 Vb 126
Cortijo de la Mimosa **E** (BAD) 119 Td 117
Cortijo de la Mineta **E** (BAD) 120 Tf 117
Cortijo de la Mohedana **E** (CÓRD) 150 Va 123
Cortijo de la Molinera **E** (GRA) 153 Xa 124
Cortijo de la Montera **E** (SEV) 149 Uc 125
Cortijo de la Moyana **E** (CÓRD) 137 Vc 122
Cortijo de la Muralla **E** (GRA) 152 Wd 124
Cortijo de la Música **E** (JAÉ) 138 Wc 122
Cortijo de la Nava **E** (CIU) 123 Ve 118
Cortijo de la Nava **E** (SEV) 150 Va 124
Cortijo de la Nevazuela **E** (JAÉ) 138 Wd 123
Cortijo del Ángel **E** (SEV) 149 Ud 125
Cortijo de la Nogueruela **E** (GRA) 153 Wf 125
Cortijo de la Olivilla Alta **E** (JAÉ) 139 We 120
Cortijo de la Orozca **E** (GRA) 151 Vf 124
Cortijo de la Palma **E** (ALM) 154 Xe 124
Cortijo de la Palmosa **E** (CÁD) 164 Ua 130
Cortijo de la Palmosa **E** (CÁD) 164 Ub 130
Cortijo de la Palmosa **E** (CÓRD) 135 Ue 123
Cortijo del Apañado **E** (CIU) 123 Wb 116
Cortijo de la Paridera **E** (GRA) 153 We 125
Cortijo de la Parilla **E** (CÓRD) 136 Uf 122
Cortijo de la Parilla **E** (JAÉ) 139 Wf 119
Cortijo de la Parrilla **E** (SEV) 134 Ua 122
Cortijo de la Patricia **E** (CÓRD) 122 Vd 118
Cortijo de la Peralta **E** (BAD) 104 Tb 114
Cortijo de la Perrona **E** (HUEL) 133 Ta 122
Cortijo de la Picadilla **E** (SEV) 149 Ue 123
Cortijo de la Pila **E** (BAD) 133 Ta 119
Cortijo de la Pipa **E** (BAD) 120 Ub 119
Cortijo de la Plata **E** (CÁD) 157 Ua 128
Cortijo de la Polvareda **E** (ALM) 154 Xc 124
Cortijo de la Potrica **E** (CÁD) 158 Uc 130
Cortijo de la Presa **E** (CÓRD) 151 Ve 124
Cortijo de la Presa **E** (GRA) 140 Xd 121
Cortijo de la Puerta **E** (JAÉ) 140 Xc 119
Cortijo de la Quintana **E** (BAD) 118 Sf 119
Cortijo de la Rana **E** (SEV) 149 Ud 125
Cortijo de la Ratosa **E** (CÓRD) 136 Vc 122
Cortijo del Arcayán **E** (JAÉ) 138 We 119
Cortijo de la Redona **E** (CÓRD) 137 Vd 121
Cortijo de la Reina **E** (CÓRD) 136 Va 122
Cortijo de la Reina **E** (CÓRD) 150 Vc 125
Cortijo de la Rejanada **E** (MÁL) 159 Vb 127
Cortijo de la Romera **E** (SEV) 149 Ue 125
Cortijo del Arrendamiento **E** (BAD) 135 Uc 119
Cortijo del Arroyo del Ciervo **E** (BAD) 104 Tc 114
Cortijo del Arroyuelo **E** (CÓRD) 137 Ve 122
Cortijo de las Acebadillas **E** (JAÉ) 139 Xa 121
Cortijo de las Aguazaderas **E** (MUR) 140 Xf 121
Cortijo de las Águilas **E** (CIU) 124 We 118
Cortijo de las Aguilillas **E** (SEV) 150 Uf 125
Cortijo de las Aguzaderas **E** (CÁD) 165 Ue 131
Cortijo de la Saladilla **E** (CÓRD) 150 Va 123
Cortijo de la Saladilla **E** (SEV) 149 Ue 125
Cortijo de las Albinas **E** (MÁL) 150 Vc 126
Cortijo de las Almenas **E** (MUR) 140 Xf 121
Cortijo de la Salobreja **E** (JAÉ) 139 Wf 121
Cortijo de la Saludada **E** (GRA) 139 Xb 121
Cortijo de las Anchuricas **E** (JAÉ) 125 Xc 118
Cortijo de las Ánimas **E** (GRA) 140 Xd 121
Cortijo de las Ánimas **E** (GRA) 151 Wa 127
Cortijo de las Ánimas **E** (JAÉ) 139 Xb 120
Cortijo de las Ánimas **E** (JAÉ) 152 We 123
Cortijo de las Arenas **E** (CÁD) 157 Ub 130
Cortijo de las Arenas **E** (MÁL) 158 Uf 127
Cortijo de la Sargenta **E** (PALM) 175 II E 2
Cortijo de la Sarguilla **E** (ALB) 126 Xf 117
Cortijo de Las Barracas **E** (SEV) 135 Uc 121
Cortijo de las Bartolas **E** (SEV) 148 Tf 124
Cortijo de las Bonas **E** (JAÉ) 139 Xa 121
Cortijo de las Campanillas **E** (SEV) 135 Ub 121
Cortijo de las Canalejas **E** (GRA) 139 Xb 121
Cortijo de las Cañadas **E** (CIU) 124 Wf 118
Cortijo de las Cárdenas **E** (SEV) 135 Uc 121
Cortijo de las Casicas **E** (GRA) 154 Xc 123
Cortijo de las Casillas **E** (JAÉ) 138 Wa 121
Cortijo de las Colladillas **E** (CIU) 122 Ve 118
Cortijo de las Cruces **E** (MÁL) 150 Uf 127
Cortijo de las Cruzadas **E** (BAD) 120 Ub 118
Cortijo de las Cuestas **E** (MUR) 141 Ya 123
Cortijo de las Cuevas **E** (ALM) 140 Xf 122
Cortijo de las Chirlatas **E** (GRA) 153 Xa 124
Cortijo de las Dehesillas **E** (HUEL) 134 Td 122
Cortijo de las Desgracias **E** (BAD) 120 Ub 118
Cortijo de las Encebras **E** (GRA) 152 Wb 124
Cortijo de las Encinillas **E** (GRA) 152 Wc 124
Cortijo de la Serafina **E** (MÁL) 150 Vb 125
Cortijo de las Eras **E** (ALM) 162 Wf 127
Cortijo de las Eras **E** (CÓRD) 137 Vd 121
Cortijo de la Sesera **E** (BAD) 118 Se 117
Cortijo de las Fuentes **E** (JAÉ) 138 Wc 122
Cortijo de las Gateras **E** (CÁD) 158 Uc 127
Cortijo de las Grañanas **E** (GRA) 151 Vf 124
Cortijo de las Habas **E** (CÁD) 164 Ub 131
Cortijo de las Hazadillas **E** (GRA) 139 Xb 121
Cortijo de las Hoyas **E** (JAÉ) 125 Xd 119
Cortijo de las Hoyas **E** (JAÉ) 139 Xa 122
Cortijo de las Huebras **E** (CIU) 125 Xb 117
Cortijo de la Sierrezuela **E** (CÓRD) 136 Vb 122
Cortijo de la Sierrezuela **E** (SEV) 150 Va 125
Cortijo de la Sima **E** (JAÉ) 138 Wb 122
Cortijo de la Sima **E** (MÁL) 150 Va 127
Cortijo de las Irijuelas **E** (JAÉ) 139 Wf 120
Cortijo de las Jaretas **E** (SEV) 149 Uc 127
Cortijo de las Laderas **E** (JAÉ) 139 Wf 121
Cortijo de las Lapas **E** (BAD) 118 Se 118
Cortijo de las Lapas **E** (CÁC) 86 Tf 110
Cortijo de Las Loberas **E** (CIU) 125 Xa 117
Cortijo de Las Lomas **E** (ALM) 155 Ya 124
Cortijo de las Lomas **E** (MÁL) 151 Vd 126
Cortijo de las Lomas de Arriba **E** (GRA) 140 Xe 121
Cortijo de las Mercedes **E** (GRA) 152 Wc 124
Cortijo de las Mesas **E** (CÁC) 86 Tf 110
Cortijo de las Mesas **E** (CÁC) 106 Uc 111
Cortijo de las Minas **E** (GRA) 153 We 126
Cortijo de las Monjas **E** (BAD) 104 Tb 115
Cortijo de las Monjas **E** (GRA) 154 Xd 124
Cortijo de las Monjas **E** (MÁL) 150 Vb 126
Cortijo de las Mozas **E** (SEV) 150 Uf 125
Cortijo de las Muñozas **E** (CIU) 124 We 117
Cortijo de las Navas **E** (GRA) 151 Wa 124
Cortijo de las Nogueras **E** (CIU) 125 Xa 115
Cortijo de las Nogueras **E** (GRA) 152 Wb 124
Cortijo de la Solana **E** (JAÉ) 152 Wb 123
Cortijo de la Soterraña **E** (MÁL) 150 Va 127
Cortijo de las Pedruscosas **E** (JAÉ) 137 Wa 122
Cortijo de las Peñas **E** (CÁD) 157 Ua 128
Cortijo de las Peñuelas **E** (GRA) 139 Xa 122
Cortijo de las Peñuelas **E** (SEV) 149 Ub 126
Cortijo de las Perdices **E** (MÁL) 150 Vc 126
Cortijo de las Pila **E** (CÁC) 105 Ua 111
Cortijo de las Pilas **E** (MÁL) 158 Uf 128
Cortijo de las Proveedoras **E** (MÁL) 159 Vc 128
Cortijo de las Provincias **E** (BAD) 120 Ub 118
Cortijo de las Puertas **E** (CÁC) 105 Ua 111
Cortijo de las Ramblas **E** (ALB) 126 Xf 118
Cortijo de las Ramblas **E** (ALB) 126 Ya 118

Cortijo de las Ramblas **E** (GRA) 140 Xd 120
Cortijo de las Reyertas **E** (SEV) 149 Uc 127
Cortijo de las Tabernillas **E** (GRA) 139 Xb 121
Cortijo de la Suara **E** (CÁD) 157 Ua 129
Cortijo de la Suerte **E** (SEV) 136 Uf 123
Cortijo de la Suerte **E** (SEV) 149 Ue 124
Cortijo de las Uvadas **E** (CÓRD) 150 Vb 123
Cortijo de las Vacas **E** (GRA) 152 Wd 123
Cortijo de las Valencianas **E** (BAD) 104 Tb 114
Cortijo de las Vegas **E** (CÓRD) 151 Vd 123
Cortijo de las Veguillas **E** (CÓRD) 122 Vc 118
Cortijo de las Ventanas **E** (MÁL) 150 Vc 126
Cortijo de las Ventas **E** (CÓRD) 150 Va 123
Cortijo de las Veranas **E** (BAD) 119 Tb 118
Cortijo de las Yeguas **E** (SEV) 149 Ud 123
Cortijo de la Tablilla **E** (JAÉ) 124 Wf 118
Cortijo de la Tala **E** (GRA) 153 Wf 125
Cortijo del Atanor **E** (JAÉ) 138 Wd 122
Cortijo de La Tejera **E** (GRA) 140 Xd 122
Cortijo de la Tendera **E** (ALM) 140 Xf 122
Cortijo de la Toba **E** (ALB) 140 Xe 119
Cortijo de la Torre **E** (BAD) 133 Tb 119
Cortijo de la Torre **E** (JAÉ) 137 Vf 121
Cortijo de la Torre de Raspilla **E** (ALB) 125 Xd 118
Cortijo de la Turquilla **E** (SEV) 150 Uf 124
Cortijo de la Umbría **E** (JAÉ) 138 We 123
Cortijo de la Urraca **E** (JAÉ) 139 We 122
Cortijo de la Vega **E** (ALM) 162 Wf 127
Cortijo de la Vega **E** (CIU) 124 Xa 117
Cortijo de la Vega **E** (CÓRD) 150 Vb 123
Cortijo de la Ventilla **E** (JAÉ) 138 Wd 120
Cortijo de la Ventilla **E** (MÁL) 159 Va 128
Cortijo de la Ventosa **E** (CÓRD) 121 Uf 117
Cortijo de la Ventosilla **E** (CÁC) 105 Tf 111
Cortijo de la Ventosilla **E** (CÓRD) 136 Vc 122
Cortijo de la Ventosilla **E** (SEV) 149 Ub 126
Cortijo de la Vera **E** (GRA) 151 Vf 126
Cortijo de la Verduga **E** (SEV) 135 Ud 122
Cortijo de la Vereda **E** (MUR) 141 Ya 120
Cortijo de la Víbora Baja **E** (MÁL) 159 Va 128
Cortijo de la Viña **E** (CÁC) 105 Ua 112
Cortijo de la Viuda **E** (MÁL) 159 Vb 128
Cortijo de la Viuda **E** (SEV) 149 Ub 125
Cortijo de la Yegüeriza **E** (CÓRD) 150 Vb 124
Cortijo de la Zarpa **E** (CÁD) 157 Tf 128
Cortijo de la Zarza **E** (CÓRD) 136 Vb 122
Cortijo de la Zarza **E** (GRA) 140 Xe 121
Cortijo de la Zorrilla **E** (CÁD) 157 Ua 127
Cortijo de la Zorrilla **E** (CÁD) 157 Ub 128
Cortijo del Baire **E** (ALB) 140 Xe 119
Cortijo del Barbudo **E** (BAD) 119 Tb 116
Cortijo del Barranco del Agua **E** (GRA) 152 Wc 127
Cortijo del Barranco de los Caballos **E** (ALM) 162 Xa 127
Cortijo del Barranquillo **E** (CÁC) 105 Tf 111
Cortijo del Barro **E** (SEV) 149 Uc 125
Cortijo del Batán **E** (ALB) 125 Xd 119
Cortijo del Batán **E** (GRA) 139 Xb 122
Cortijo del Berbo Alto **E** (GRA) 152 Wb 125
Cortijo del Berrocal **E** (CÓRD) 122 Vb 118
Cortijo del Borreguero **E** (SEV) 150 Va 124
Cortijo del Bosque **E** (GRA) 140 Xd 123
Cortijo del Bramadero Bajo **E** (CÓRD) 136 Uf 122
Cortijo del Bravo **E** (HUEL) 133 Ta 120
Cortijo del Brecial **E** (CÁD) 157 Ua 130
Cortijo del Bujón **E** (CÁD) 157 Tf 128
Cortijo del Burcio **E** (CIU) 123 Wa 117
Cortijo del Burgalés **E** (GRA) 152 Wc 123
Cortijo del Calerón Bajo **E** (CÓRD) 150 Va 123
Cortijo del Campillo **E** (ALB) 126 Ya 118
Cortijo del Campillo **E** (ALM) 154 Xd 124
Cortijo del Cantalar **E** (JAÉ) 139 Xa 121
Cortijo del Cañaveralejo **E** (MÁL) 150 Vb 126
Cortijo del Capellán **E** (JAÉ) 139 We 122
Cortijo del Capricho **E** (GRA) 153 Xb 124
Cortijo del Caracolillo **E** (SEV) 149 Uc 125
Cortijo del Carcajal **E** (GRA) 153 Xa 124
Cortijo del Cardador **E** (GRA) 151 Vf 126
Cortijo del Cardeal **E** (CIU) 123 Wa 118
Cortijo del Cardoso **E** (CÁC) 86 Tf 110
Cortijo del Carmen **E** (CÓRD) 137 Vd 121
Cortijo del Carraquillo **E** (CIU) 124 We 117
Cortijo del Carrascal **E** (CÁC) 105 Ub 111
Cortijo del Castillejo **E** (CÁC) 105 Tf 114
Cortijo del Castillo **E** (JAÉ) 152 Wc 123
Cortijo del Cermeño **E** (CÁD) 164 Ub 130
Cortijo del Cerrillo **E** (GRA) 153 Xa 123
Cortijo del Ciprés **E** (ALM) 154 Xe 126
Cortijo del Cojo Serrano **E** (CÓRD) 151 Ve 124
Cortijo del Colorado **E** (CÁD) 157 Ua 130
Cortijo del Collado **E** (ALB) 140 Xd 119
Cortijo del Collado **E** (MUR) 126 Yb 118
Cortijo del Collado Alto **E** (ALB) 126 Ya 118
Cortijo del Collado de Carrasco **E** (ALB) 125 Xd 118
Cortijo del Collado del Rayo **E** (ALB) 126 Ya 117
Cortijo del Collado Serrano **E** (GRA) 140 Xd 120
Cortijo del Condado **E** (GRA) 140 Xd 121
Cortijo del Conejo **E** (GRA) 153 We 124
Cortijo del Conejo **E** (GRA) 153 Wf 124
Cortijo del Corcovado **E** (SEV) 149 Ub 126
Cortijo del Corchado **E** (CÓRD) 151 Vd 125
Cortijo del Coronel **E** (JAÉ) 139 We 121
Cortijo del Corralón **E** (GRA) 139 Xb 121
Cortijo del Coto **E** (JAÉ) 137 Wa 122
Cortijo del Cuartanero **E** (CÓRD) 121 Uf 118
Cortijo del Cuarto de la Casa **E** (SEV) 149 Ue 123
Cortijo del Cucarón **E** (SEV) 150 Uf 123
Cortijo del Cuco **E** (ALM) 163 Xd 127
Cortijo del Cuco **E** (HUEL) 146 Se 124
Cortijo del Cuervo **E** (SEV) 135 Ud 122
Cortijo del Culebrón **E** (JAÉ) 138 We 119
Cortijo del Cura **E** (BAD) 119 Tc 116
Cortijo del Cura Lechero **E** (BAD) 118 Sf 118
Cortijo del Cura Morales **E** (ALM) 153 Xc 125
Cortijo del Curica **E** (GRA) 140 Xd 121
Cortijo del Curilla **E** (CIU) 125 Xb 116
Cortijo del Chalet **E** (ALM) 155 Yb 126
Cortijo del Chamorro **E** (SEV) 148 Tf 124
Cortijo del Chaparral **E** (BAD) 120 Tf 116
Cortijo del Chaparral **E** (CÓRD) 151 Vd 123
Cortijo del Charco **E** (SEV) 149 Ue 125
Cortijo del Charcón **E** (CÓRD) 151 Vd 123
Cortijo del Chato **E** (GRA) 151 Ve 126
Cortijo del Chato **E** (GRA) 152 Wd 125
Cortijo del Chavo **E** (ALM) 155 Ya 125
Cortijo del Chiste **E** (SEV) 149 Uc 124
Cortijo del Chopo **E** (GRA) 152 Wd 124
Cortijo del Chopo **E** (MÁL) 150 Vb 127
Cortijo del Daire **E** (MÁL) 160 Wa 127
Cortijo del Desillo **E** (JAÉ) 139 We 121
Cortijo del Dorado de Arriba **E** (MUR) 141 Yb 122
Cortijo del Dorapila **E** (CÁD) 164 Ua 130
Cortijo del Duende **E** (CÓRD) 137 Vd 123
Cortijo del Duque **E** (CÓRD) 150 Vc 124
Cortijo del Duro **E** (GRA) 160 Wb 127
Cortijo del Empalme **E** (JAÉ) 137 Vf 121
Cortijo del Encineño **E** (CÓRD) 136 Vc 122
Cortijo de León **E** (BAD) 104 Tb 114
Cortijo de León **E** (CIU) 123 Wc 117
Cortijo de Leopoldo **E** (JAÉ) 124 Wf 118
Cortijo de Lero **E** (JAÉ) 139 We 119
Cortijo del Escribano **E** (GRA) 139 Xc 121
Cortijo del Escribano **E** (JAÉ) 138 We 120
Cortijo del Escúzar **E** (GRA) 152 Wb 124
Cortijo del Esparragal **E** (SEV) 135 Ud 122
Cortijo del Estanquero **E** (SEV) 149 Ub 125
Cortijo del Fiscal **E** (CÓRD) 137 Ve 121
Cortijo del Fistel **E** (GRA) 152 Wd 124
Cortijo del Fraile **E** (MÁL) 151 Vd 125
Cortijo del Frenil **E** (CÓRD) 136 Vb 122
Cortijo del Gallinero **E** (GRA) 154 Xd 123
Cortijo del Gatal **E** (GRA) 154 Xc 123
Cortijo del Girón **E** (GRA) 140 Xc 121
Cortijo del Grullo **E** (CÁD) 164 Ua 130
Cortijo del Grullo **E** (SEV) 149 Ud 124
Cortijo del Guarda **E** (BAD) 119 Tc 118
Cortijo del Guarda **E** (CÁD) 164 Ua 131
Cortijo del Hornito **E** (HUEL) 133 Ta 120
Cortijo del Horno **E** (GRA) 139 Xb 122
Cortijo del Hualí Nuevo **E** (ALM) 154 Xe 127
Cortijo del Humo **E** (ALM) 154 Xf 127
Cortijo del Improviso **E** (CÓRD) 150 Vb 123
Cortijo del Inglés **E** (SEV) 150 Uf 125
Cortijo de Liviana **E** (BAD) 118 Ta 115
Cortijo del Jaral **E** (JAÉ) 138 We 122
Cortijo del Jarillo **E** (CÓRD) 137 Vc 121
Cortijo del Jubero **E** (GRA) 151 Vf 124
Cortijo del Judío **E** (SEV) 148 Ua 124
Cortijo del Juncal **E** (JAÉ) 138 We 120
Cortijo del Juncarejo **E** (SEV) 150 Va 125
Cortijo del Labrador **E** (SEV) 157 Tf 127
Cortijo del Lagar **E** (JAÉ) 139 Wf 121
Cortijo del Leonés **E** (MUR) 141 Yb 119
Cortijo del Lobo **E** (CÁD) 164 Ua 130
Cortijo del Lobo **E** (GRA) 151 Wa 126
Cortijo del Llano **E** (ALM) 140 Ya 121
Cortijo del Llano **E** (MUR) 141 Ya 122
Cortijo del Madroñal **E** (GRA) 154 Xd 123
Cortijo del Majadal **E** (HUEL) 133 Ta 121
Cortijo del Manantial **E** (GRA) 152 Wd 125
Cortijo del Manchego **E** (JAÉ) 137 Wa 122
Cortijo del Manto **E** (JAÉ) 123 Wb 119
Cortijo del Manzanares **E** (JAÉ) 138 Wd 123
Cortijo del Mármel **E** (GRA) 152 Wd 123
Cortijo del Marqués **E** (SEV) 150 Va 125
Cortijo del Marqués de la Merced **E** (JAÉ) 137 Vf 120
Cortijo del Marqués de Verdejo **E** (JAÉ) 138 Wb 122
Cortijo del Matiloso **E** (HUEL) 147 Sf 124
Cortijo del Médico **E** (CÁD) 157 Ua 129
Cortijo del Menchón **E** (GRA) 152 Wa 124
Cortijo del Mingarrón **E** (CÓRD) 151 Vd 124
Cortijo del Mochalejo **E** (SEV) 150 Ue 123
Cortijo del Mochuelo **E** (BAD) 119 Te 116
Cortijo del Monie **E** (MUR) 140 Ya 122
Cortijo del Montecillo **E** (SEV) 150 Va 123
Cortijo del Moreno **E** (GRA) 139 Xa 122
Cortijo del Morisco **E** (SEV) 149 Ud 125
Cortijo del Moro **E** (GRA) 139 Xb 121
Cortijo del Moro **E** (MÁL) 158 Ue 129
Cortijo del Morrón **E** (CÓRD) 137 Ve 121
Cortijo del Nacimiento **E** (GRA) 139 Xb 121
Cortijo del Navazo **E** (MÁL) 150 Vb 126
Cortijo del Nebral **E** (ALM) 140 Xe 123
Cortijo del Negratín **E** (GRA) 153 Xa 123
Cortijo del Novillero **E** (CÁD) 158 Uc 127
Cortijo del Olallo **E** (ALM) 154 Xf 125
Cortijo del Olivanco **E** (JAÉ) 140 Xd 119
Cortijo del Olivar **E** (BAD) 119 Tb 116
Cortijo del Olmo **E** (CIU) 124 Wf 115
Cortijo de Lomana **E** (JAÉ) 152 Wd 123
Cortijo del Oreganal **E** (CÓRD) 122 Ve 118
Cortijo de Lorente **E** (JAÉ) 124 Wf 118
Cortijo de los Adanes **E** (ALM) 140 Xf 122
Cortijo de los Aguaciles Altos **E** (SEV) 149 Ub 127
Cortijo de los Agustinos **E** (MUR) 155 Ya 123
Cortijo de los Álamos **E** (MUR) 140 Ya 119
Cortijo de los Almagreros **E** (ALM) 140 Xe 121
Cortijo de los Almagreros **E** (ALM) 140 Xf 121
Cortijo de los Almorchones **E** (BAD) 104 Tb 114
Cortijo de Los Amates **E** (ALM) 162 Xb 127
Cortijo de los Andaluces **E** (GRA) 153 Wf 125
Cortijo de Los Andújares **E** (ALM) 163 Xe 127
Cortijo de los Aparceros **E** (CIU) 123 Wb 117
Cortijo de los Arcos **E** (MÁL) 150 Uf 126
Cortijo de los Ares **E** (JAÉ) 137 Wa 123
Cortijo de los Ávalos **E** (CÓRD) 150 Vc 124
Cortijo de Los Baezas **E** (ALM) 162 Xb 127
Cortijo de los Ballesteros **E** (MUR) 140 Xe 120
Cortijo de los Baños **E** (CIU) 125 Xb 117
Cortijo de los Barrancos **E** (GRA) 140 Xe 123
Cortijo de los Barrenas **E** (CIU) 124 We 117
Cortijo de los Benitos del Lomo **E** (CÁD) 164 Tf 131
Cortijo de los Bequerones **E** (GRA) 140 Xd 122
Cortijo de los Bernabeles **E** (GRA) 153 Wf 125
Cortijo de los Blancos **E** (ALM) 154 Xe 123
Cortijo de los Blanquizales **E** (MÁL) 158 Uf 129
Cortijo de los Blaquillos **E** (JAÉ) 139 Xa 122
Cortijo de los Bonillos **E** (MUR) 141 Ya 123
Cortijo de los Calerizos **E** (BAD) 120 Tf 116
Cortijo de los Cánovas **E** (GRA) 139 Xc 121
Cortijo de los Carboneros **E** (CIU) 125 Xa 117
Cortijo de los Cardales **E** (SEV) 135 Ub 121
Cortijo de los Carreteros **E** (CÓRD) 137 Vd 119
Cortijo de los Castillas **E** (CÓRD) 150 Vc 124
Cortijo de Los Cerilios **E** (ALM) 162 Xb 128
Cortijo de los Cerricos **E** (ALM) 140 Xe 122
Cortijo de los Cerros de Abajo **E** (GRA) 140 Xe 121
Cortijo de los Ciervos **E** (JAÉ) 152 Wc 123
Cortijo de los Codrios **E** (BAD) 120 Tf 116
Cortijo de los Collados **E** (JAÉ) 138 We 122
Cortijo de los Cornetales **E** (JAÉ) 138 Wd 122
Cortijo de los Chacones **E** (MÁL) 150 Vb 125
Cortijo de los Charcones **E** (CÁD) 164 Ub 131
Cortijo de los Chaveses **E** (ALM) 140 Xe 123
Cortijo de los Diablos **E** (GRA) 152 Wc 124
Cortijo de los Elementos **E** (JAÉ) 139 We 120
Cortijo de los Espinares **E** (GRA) 152 Wb 124
Cortijo de los Fierrales **E** (JAÉ) 138 We 122
Cortijo de los Frailes **E** (CÓRD) 136 Vc 119
Cortijo de los Frailes **E** (JAÉ) 139 We 122
Cortijo de los Galdones **E** (JAÉ) 140 Xc 119
Cortijo de los Gallos **E** (SEV) 149 Uc 123
Cortijo de los Garandinos **E** (GRA) 139 Xb 122
Cortijo de los Gitanos **E** (GRA) 153 Wa 124
Cortijo de los Granadinos **E** (BAD) 119 Tc 116
Cortijo de los Habares y de Silvestre **E** (ALB) 140 Xd 119
Cortijo de los Hoyos de Plaza **E** (JAÉ) 139 Xa 120
Cortijo de Los Hoyuelos **E** (CIU) 125 Xb 116
Cortijo de los Huertos **E** (MÁL) 150 Vc 126
Cortijo de los Isletes **E** (CÁD) 157 Ua 129
Cortijo de los Jarales **E** (ALM) 154 Xc 125
Cortijo de los Jiménez **E** (ALM) 140 Xf 122
Cortijo de los Jordanes **E** (MUR) 155 Ya 123
Cortijo de los Lázaros **E** (CÓRD) 137 Vd 119
Cortijo de los Leones **E** (SEV) 148 Tf 126
Cortijo de Los Luisos **E** (ALB) 126 Xf 117
Cortijo de los Llanos **E** (CÁD) 157 Ub 127
Cortijo de los Llanos **E** (CÓRD) 122 Va 118
Cortijo de los Llanos **E** (CÓRD) 151 Vd 123
Cortijo de Los Llanos **E** (GRA) 140 Xc 122
Cortijo de los Llanos **E** (GRA) 151 Wa 126
Cortijo de los Majalejos **E** (HUEL) 133 Tc 122
Cortijo de los Marianes **E** (ALM) 154 Xf 124
Cortijo de los Mirabetes **E** (GRA) 140 Xc 121
Cortijo de los Molinillos **E** (GRA) 139 Xb 122
Cortijo de los Montecitos **E** (CÓRD) 136 Vc 121
Cortijo de los Montoros **E** (JAÉ) 138 Wc 121
Cortijo de los Morales **E** (BAD) 120 Te 116
Cortijo de los Morales **E** (MUR) 141 Ya 123
Cortijo de los Morenos **E** (GRA) 140 Xd 121
Cortijo de los Naranjos **E** (JAÉ) 138 Wb 122
Cortijo de los Navazos **E** (MÁL) 150 Vc 127
Cortijo de los Nogalillos **E** (SEV) 135 Ud 121
Cortijo de los Novillos **E** (BAD) 120 Tf 116
Cortijo de los Olivares **E** (GRA) 153 We 123
Cortijo de los Olivillos **E** (SEV) 148 Tf 125
Cortijo de los Olivos **E** (CÁD) 157 Ua 127
Cortijo de Los Orives **E** (ALM) 155 Ya 124
Cortijo de los Palacios **E** (CIU) 124 Wf 116
Cortijo de los Palominos **E** (CÁD) 164 Tf 131
Cortijo de los Palominos **E** (GRA) 151 Wa 124
Cortijo de los Panes **E** (MUR) 141 Yc 120
Cortijo de los Parejas **E** (ALM) 154 Xf 123
Cortijo de los Peñoncillos **E** (CIU) 122 Vb 115
Cortijo de los Pescadores **E** (ALM) 163 Xe 127
Cortijo de los Pesebres **E** (JAÉ) 125 Xa 118
Cortijo de los Piletas **E** (CÁD) 157 Ua 129
Cortijo de los Portichuelos **E** (CÁD) 164 Ua 130
Cortijo de los Poyales **E** (CÁD) 164 Ub 130
Cortijo de los Prades **E** (ALM) 154 Xd 123
Cortijo de los Prados **E** (CÓRD) 137 Vd 121
Cortijo de los Prados **E** (JAÉ) 138 Wc 122
Cortijo de los Prados Altos **E** (ALB) 125 Xd 118
Cortijo de los Propios **E** (JAÉ) 139 We 121
Cortijo de los Puertos **E** (BAD) 120 Ua 117
Cortijo de los Puntales **E** (GRA) 153 Xa 124
Cortijo de los Quintos de San Pedro **E** (CÁC) 105 Ua 112
Cortijo de los Ratones **E** (GRA) 140 Xd 121
Cortijo de los Rayones **E** (GRA) 139 Xc 121
Cortijo de los Rubios **E** (CÓRD) 137 Ve 122
Cortijo de los Ruices **E** (ALB) 127 Yc 116
Cortijo de los Sartenejales **E** (SEV) 148 Tf 125
Cortijo de los Serranos **E** (ALM) 140 Xe 121
Cortijo de los Suancias **E** (ALB) 126 Xe 117
Cortijo de los Términos **E** (GRA) 153 Xb 123
Cortijo de los Trances **E** (CÓRD) 136 Uf 122
Cortijo de los Trazas **E** (ALM) 153 Xb 126
Cortijo de los Vadillos **E** (JAÉ) 139 We 121
Cortijo de los Valles **E** (SEV) 149 Ub 125
Cortijo de los Vallespedros **E** (CÁC) 105 Ub 111

Cortijo de los Venteos **E** (ALM) 154 Xe 123
Cortijo de los Yesos **E** (JAÉ) 137 Wa 122
Cortijo de los Zapateros **E** (CÁD) 149 Ue 127
Cortijo de los Zapateros **E** (CÓRD) 150 Vb 123
Cortijo del Paletón **E** (MUR) 140 Xf 120
Cortijo del Palomar **E** (MÁL) 150 Vc 126
Cortijo del Palomo **E** (JAÉ) 125 Xa 118
Cortijo del Parador **E** (GRA) 153 Wf 123
Cortijo del Patronato **E** (SEV) 135 Ub 121
Cortijo del Paulejo **E** (GRA) 152 Wd 123
Cortijo del Pecho de la Mata **E** (GRA) 151 Ve 126
Cortijo del Peñón **E** (MUR) 140 Ya 121
Cortijo del Peral **E** (ALM) 140 Xf 122
Cortijo del Perro **E** (GRA) 153 Wf 125
Cortijo del Perulero **E** (SEV) 150 Va 124
Cortijo del Pilón **E** (JAÉ) 139 Wf 122
Cortijo del Pinar **E** (ALM) 140 Xe 123
Cortijo del Pino **E** (CÁD) 165 Ud 131
Cortijo del Pleito **E** (CÓRD) 151 Vd 125
Cortijo del Pocico **E** (ALM) 162 Xc 127
Cortijo del Pocino **E** (JAÉ) 125 Xd 118
Cortijo del Polvorista **E** (GRA) 152 Wd 125
Cortijo del Portero **E** (GRA) 153 Wf 125
Cortijo del Portugués **E** (BAD) 119 Tb 116
Cortijo del Posito **E** (JAÉ) 139 We 121
Cortijo del Postuero **E** (BAD) 121 Ud 117
Cortijo del Poyo **E** (JAÉ) 139 Xa 121
Cortijo del Pozo **E** (GRA) 140 Xc 122
Cortijo del Pozo de Gálvez **E** (ALM) 163 Xe 128
Cortijo del Pozo de la Orden **E** (JAÉ) 137 Vf 122
Cortijo del Prado **E** (SEV) 150 Va 123
Cortijo del Prato **E** (SEV) 149 Ud 123
Cortijo del Puente **E** (GRA) 153 Xb 124
Cortijo del Puerto **E** (ALB) 125 Xd 118
Cortijo del Ranchuelo **E** (GRA) 151 Vf 126
Cortijo del Rasino **E** (CIU) 123 Vf 117
Cortijo del Raso **E** (CÁC) 105 Tf 111
Cortijo del Ratero **E** (MÁL) 150 Va 126
Cortijo del Realengo **E** (MÁL) 150 Vc 125
Cortijo del Recado **E** (JAÉ) 139 Xb 120
Cortijo del Rey **E** (GRA) 139 Xb 122
Cortijo del Rey **E** (GRA) 153 Wf 125
Cortijo del Rey **E** (MUR) 140 Xf 120
Cortijo del Rincón **E** (BAD) 118 Se 117
Cortijo del Rincón **E** (BAD) 118 Sf 115
Cortijo del Rincón de Gila **E** (BAD) 103 Ta 114
Cortijo del Risquillo **E** (SEV) 149 Ud 126
Cortijo del Romeral **E** (CÁD) 150 Uf 127
Cortijo del Romo **E** (GRA) 140 Xc 122
Cortijo del Rompedizo **E** (JAÉ) 138 Wc 122
Cortijo del Rubiel **E** (JAÉ) 139 Xa 122
Cortijo del Saladillo **E** (GRA) 140 Xd 121
Cortijo del Saladillo **E** (GRA) 152 Wb 124
Cortijo del Santo **E** (JAÉ) 138 Wd 121
Cortijo del Saucejo **E** (SEV) 135 Ud 121
Cortijo del Segador **E** (SEV) 150 Uf 123
Cortijo del Serrano **E** (CÓRD) 150 Vb 123
Cortijo del Sesmo **E** (BAD) 134 Td 119
Cortijo del Sillero **E** (GRA) 154 Xc 123
Cortijo del Sobrestante **E** (GRA) 153 Wf 125
Cortijo del Sotillo **E** (CÁC) 86 Te 110
Cortijo del Soto **E** (CÓRD) 151 Vd 125
Cortijo del Soto **E** (SEV) 149 Ud 125
Cortijo del Tagarrillar **E** (JAÉ) 123 Ve 118
Cortijo del Talancar **E** (JAÉ) 139 Xa 122
Cortijo del Tamara **E** (JAÉ) 138 Wd 119
Cortijo del Tambor **E** (ALM) 140 Xf 122
Cortijo del Templado **E** (CÓRD) 137 Vd 119
Cortijo del Tío Piche **E** (BAD) 120 Ua 118
Cortijo del Toril **E** (SEV) 149 Ud 123
Cortijo del Toril Nuevo **E** (HUEL) 146 Se 124
Cortijo del Tortolero **E** (SEV) 149 Ud 125
Cortijo del Torviscal **E** (SEV) 148 Ua 126
Cortijo del Travieso **E** (SEV) 135 Uc 122
Cortijo del Tuerto **E** (GRA) 153 We 124
Cortijo del Túnel **E** (GRA) 153 Xa 123
Cortijo de Lucas **E** (JAÉ) 139 Wf 119
Cortijo de Lucas Muraño **E** (CÓRD) 137 Vd 119
Cortijo de Lucía **E** (MÁL) 159 Va 127
Cortijo de Luis Díaz **E** (CÓRD) 136 Vc 121
Cortijo del Vadillo de Castril **E** (JAÉ) 139 Xa 121
Cortijo del Vado **E** (JAÉ) 138 Wc 120
Cortijo del Vado de Tus **E** (ALB) 125 Xd 118
Cortijo del Val **E** (JAÉ) 138 Wd 123
Cortijo del Valenciano **E** (ALM) 140 Xe 122
Cortijo del Ventu **E** (CÁD) 157 Te 127
Cortijo del Villar **E** (SEV) 150 Uf 124
Cortijo del Villar **E** (SEV) 150 Va 125
Cortijo del Vínculo **E** (CÁD) 157 Ua 130
Cortijo del Vizcaíno **E** (SEV) 148 Tf 123
Cortijo del Vizco **E** (JAÉ) 138 We 122
Cortijo del Yeso **E** (CÁD) 164 Ua 130
Cortijo del Zapatero **E** (ALB) 125 Xb 117
Cortijo del Zarzalico **E** (MUR) 141 Ya 123
Cortijo de Llamas **E** (SEV) 149 Ub 125
Cortijo de Llano **E** (TER) 78 Ye 103
Cortijo de Macalones **E** (ALB) 126 Xf 118
Cortijo de Macote **E** (CÁD) 164 Ub 130
Cortijo de Madroño **E** (BAD) 104 Tb 115
Cortijo de Maestro **E** (CÓRD) 136 Va 119
Cortijo de Majalquivir **E** (SEV) 149 Ub 126
Cortijo de Malabrigo **E** (CÓRD) 136 Vb 122
Cortijo de Malagón **E** (GRA) 153 Xb 123
Cortijo de Malagón **E** (GRA) 154 Xd 123
Cortijo de Malajuncia **E** (SEV) 149 Uc 125
Cortijo de Malandén **E** (CÓRD) 137 Vd 120
Cortijo de Malaño **E** (GRA) 140 Xd 121
Cortijo de Mamé **E** (SEV) 149 Ud 123
Cortijo de Mano Soberbia **E** (CÓRD) 121 Uf 117
Cortijo de Marcegoso **E** (CÁD) 157 Uc 127
Cortijo de Marchales **E** (GRA) 153 Xa 124
Cortijo de Marchamorón **E** (SEV) 149 Ub 125
Cortijo de Marchenilla **E** (CÁD) 165 Ud 132
Cortijo de Marianes **E** (BAD) 119 Tb 118
Cortijo de Marifernández **E** (SEV) 149 Ue 123
Cortijo de Marimingo **E** (JAÉ) 138 Wd 121
Cortijo de Marino Vega **E** (GRA) 152 Wc 124
Cortijo de Marisánchez **E** (GRA) 152 Wc 123
Cortijo de Marisancho **E** (CÁC) 105 Uc 111
Cortijo de Marmolejo **E** (JAÉ) 137 Vf 121
Cortijo de Márquez **E** (BAD) 119 Tc 115
Cortijo de Marraclán **E** (GRA) 153 Xa 125
Cortijo de Martinazo **E** (SEV) 149 Uc 125
Cortijo de Masegosa **E** (GRA) 140 Xc 121
Cortijo de Mata **E** (CIU) 123 Wa 117
Cortijo de Matallana **E** (SEV) 149 Ub 125
Cortijo de Mazarra **E** (GRA) 153 Xc 123
Cortijo de Mazas **E** (BAD) 119 Tc 116
Cortijo de Mecina **E** (GRA) 153 We 124
Cortijo de Media Torre **E** (BAD) 119 Ta 119
Cortijo de Mejía **E** (SEV) 149 Uc 123
Cortijo de Melenas **E** (CÓRD) 137 Vd 122
Cortijo de Melendo **E** (SEV) 148 Tf 127
Cortijo de Melerillas **E** (GRA) 153 Wf 123
Cortijo de Melgarejo **E** (CIU) 124 Wf 116
Cortijo de Mendo **E** (JAÉ) 138 Wb 122
Cortijo de Menjillán **E** (SEV) 149 Uc 125
Cortijo de Micones **E** (SEV) 157 Tf 127
Cortijo de Mirabuenos **E** (CÓRD) 137 Ve 122
Cortijo de Miralrío **E** (JAÉ) 138 Wc 120
Cortijo de Miravalles **E** (CÓRD) 135 Ud 123
Cortijo de Mochales **E** (SEV) 135 Uc 123
Cortijo de Moheda **E** (CÁC) 104 Td 113
Cortijo de Mola **E** (MÁL) 151 Vd 126
Cortijo de Molgado **E** (SEV) 135 Uc 122
Cortijo de Monge **E** (SEV) 148 Ua 123
Cortijo de Monsálvez **E** (JAÉ) 139 Wf 119
Cortijo de Montalvo **E** (JAÉ) 139 Wf 123
Cortijo de Montefrío Alto **E** (CÓRD) 136 Vc 122
Cortijo de Montenegro **E** (SEV) 149 Uc 124
Cortijo de Montera **E** (SEV) 148 Ua 126
Cortijo de Montero **E** (SEV) 150 Uf 124
Cortijo de Monterroja **E** (SEV) 148 Ua 127
Cortijo de Mortereta **E** (MUR) 141 Ye 120
Cortijo de Mudapelos **E** (JAÉ) 137 Vf 121
Cortijo de Munición **E** (CÁD) 158 Uf 127
Cortijo de Muñoz **E** (CIU) 124 Wd 118
Cortijo de Murillo **E** (SEV) 149 Ub 124
Cortijo de Muros **E** (GRA) 153 Wf 124
Cortijo de Naela **E** (MÁL) 159 Vb 129
Cortijo de Narváez **E** (JAÉ) 139 Wf 120
Cortijo de Navacerrada **E** (SEV) 150 Va 126
Cortijo de Nava Grande **E** (SEV) 149 Uc 126
Cortijo de Navajuncosa **E** (CÓRD) 136 Vc 120
Cortijo de Navalaencina **E** (CIU) 123 Wb 117
Cortijo de Navarredonda **E** (HUEL) 134 Te 121
Cortijo de Navarro **E** (ALB) 140 Xe 119
Cortijo de Navarro **E** (MÁL) 158 Uf 128
Cortijo de Navasequilla **E** (JAÉ) 152 Wb 124
Cortijo de Navazo **E** (MÁL) 158 Uf 128
Cortijo de Nobles **E** (CÁD) 157 Ub 129
Cortijo de Noniles **E** (GRA) 152 Wb 126
Cortijo de Nora del Cojo **E** (CÓRD) 137 Vd 121
Cortijo de Nuestra Señora del Socorro **E** (SEV) 149 Ub 124
Cortijo de Obra Pía **E** (SEV) 149 Ue 125
Cortijo de Ochotorena **E** (ALM) 162 Xc 127
Cortijo de Ojuelo **E** (SEV) 149 Ud 125
Cortijo de Onofre **E** (GRA) 139 Xb 123
Cortijo de Onrubia **E** (GRA) 153 We 124
Cortijo de Orgalla **E** (GRA) 140 Xd 123
Cortijo de Pablo **E** (JAÉ) 138 We 122
Cortijo de Paco El Perito **E** (CIU) 122 Vd 118
Cortijo de Pacos **E** (GRA) 139 Xb 122
Cortijo de Pajares **E** (JAÉ) 139 We 123
Cortijo de Pajares **E** (MÁL) 159 Vb 128
Cortijo de Pajarrete **E** (CÁD) 157 Ub 129
Cortijo de Palmitoso **E** (CÁD) 157 Ub 129
Cortijo de Palomarejo **E** (BAD) 119 Tb 116
Cortijo de Panduro **E** (JAÉ) 137 Vf 122
Cortijo de Parapuños **E** (CÁC) 105 Te 111
Cortijo de Paricia **E** (BAD) 118 Se 119
Cortijo de Parralejo **E** (JAÉ) 140 Xc 119
Cortijo de Parriel **E** (MUR) 140 Xf 120
Cortijo de Pasarón **E** (BAD) 105 Uc 114
Cortijo de Pata Caballo **E** (BAD) 134 Ua 119
Cortijo de Patas **E** (ALB) 112 Yd 113
Cortijo de Pedregosilla **E** (CÁD) 164 Ua 130
Cortijo de Pedro Abad **E** (CÓRD) 137 Vc 119
Cortijo de Pedro Baeza **E** (CÓRD) 137 Ve 123
Cortijo de Pedro Bueno **E** (MÁL) 158 Uf 127
Cortijo de Pedro Manjón **E** (JAÉ) 139 We 119
Cortijo de Pedrosa **E** (ALB) 126 Xe 117
Cortijo de Pedrosa **E** (GRA) 154 Xc 123
Cortijo de Pelotoso **E** (JAÉ) 138 Wc 121
Cortijo de Penate **E** (GRA) 152 Wd 124
Cortijo de Peña **E** (SEV) 150 Vb 125
Cortijo de Peñalver **E** (GRA) 152 Wb 124
Cortijo de Peñas Negras **E** (ALM) 162 Xb 128
Cortijo de Peñuela **E** (MÁL) 150 Va 126
Cortijo de Peñuelas **E** (JAÉ) 139 Xa 121
Cortijo de Perafrán **E** (SEV) 149 Uc 125
Cortijo de Perea **E** (MUR) 141 Yd 120
Cortijo de Perulera **E** (JAÉ) 138 Wb 122
Cortijo de Pichón **E** (PALM) 174 I D 3
Cortijo de Piedra Empinada **E** (CÓRD) 137 Ve 119
Cortijo de Piedras Rodadas **E** (GRA) 153 Xa 124
Cortijo de Pinar la Vidriera **E** (GRA) 140 Xc 120
Cortijo de Pinchino **E** (CIU) 123 Wa 118
Cortijo de Pincho **E** (GRA) 152 Wb 127
Cortijo de Pinilla **E** (SEV) 148 Ua 127
Cortijo de Pizarro **E** (GRA) 154 Xd 123
Cortijo de Pocasangre **E** (CÁD) 164 Ua 130
Cortijo de Pocopán **E** (JAÉ) 152 Wb 123
Cortijo de Porcel **E** (JAÉ) 139 Wf 121
Cortijo de Portilles **E** (JAÉ) 125 Xb 118
Cortijo de Potosí **E** (BAD) 119 Tc 116
Cortijo de Pozo Alto **E** (GRA) 152 Wd 124
Cortijo de Pozo del Rosal **E** (SEV) 149 Ud 126
Cortijo de Pozodulce **E** (CÓRD) 137 Vd 122
Cortijo de Pozo Herrera **E** (BAD) 120 Tf 119
Cortijo de Pozotechado **E** (CÓRD) 150 Vc 123
Cortijo de Pradillo Alto **E** (CÁD) 164 Ub 130
Cortijo de Pradogallo **E** (ALB) 125 Xc 117
Cortijo de Prado Jérez **E** (MUR) 141 Ya 121
Cortijo de Prado Puerco **E** (GRA) 140 Xc 120
Cortijo de Prín **E** (BAD) 120 Ua 117
Cortijo de Puertollano **E** (CÁD) 157 Ub 127
Cortijo de Pulpite **E** (MUR) 140 Xe 121
Cortijo de Quema **E** (SEV) 148 Te 125
Cortijo de Quijada **E** (GRA) 151 Vf 126
Cortijo de Quirze **E** (CÓRD) 150 Vc 125
Cortijo de Rabiche **E** (HUEL) 132 Sf 121
Cortijo de Rábita **E** (MÁL) 150 Vb 126
Cortijo de Rafael Chacón **E** (SEV) 149 Ub 125
Cortijo de Ramos **E** (GRA) 153 Wf 125
Cortijo de Raposeros de Arriba **E** (BAD) 105 Te 114
Cortijo de Recalde **E** (GRA) 160 Wb 127
Cortijo de Rehuelga **E** (CÁD) 164 Ub 131
Cortijo de Reina **E** (SEV) 150 Uf 123
Cortijo de Reolid **E** (ALB) 126 Xf 119
Cortijo de Reverte de Arriba **E** (MUR) 141 Ya 121
Cortijo de Reyes **E** (MÁL) 159 Vb 127
Cortijo de Rincón Blanco **E** (JAÉ) 138 We 122
Cortijo de Ríos **E** (JAÉ) 139 Wf 122
Cortijo de Roa La Bota **E** (CÁD) 157 Tf 129
Cortijo de Roblado **E** (JAÉ) 139 Xa 120
Cortijo de Robledillo **E** (CÁD) 157 Uc 128
Cortijo de Rodahuevos **E** (MÁL) 150 Vb 127
Cortijo de Rodríguez **E** (ALB) 126 Xf 117
Cortijo de Romalique **E** (GRA) 152 We 124
Cortijo de Romanito **E** (CÁD) 157 Tf 128
Cortijo de Romerico **E** (CÓRD) 151 Vd 124
Cortijo de Rosita **E** (BAD) 119 Te 117
Cortijo de Rotijón **E** (CÁD) 158 Uc 129
Cortijo de Ruchena **E** (SEV) 149 Ub 127
Cortijo de Salcedo **E** (JAÉ) 138 Wb 119
Cortijo de Salgar **E** (SEV) 148 Tf 125
Cortijo de Salinas **E** (MUR) 141 Ya 121
Cortijo de Salmerón **E** (JAÉ) 138 Wd 121
Cortijo de Sanabria **E** (SEV) 149 Ub 125
Cortijo de San Antonio **E** (BAD) 120 Tf 117
Cortijo de San Antonio **E** (JAÉ) 138 Wb 122
Cortijo de San Blas **E** (JAÉ) 125 Xc 118
Cortijo de Sánchez **E** (ALM) 154 Ya 124
Cortijo de Sancho **E** (JAÉ) 138 Wb 120
Cortijo de San Isidro **E** (BAD) 106 Uc 114
Cortijo de San José **E** (BAD) 120 Ua 119
Cortijo de San José **E** (GRA) 152 Wb 127
Cortijo de San Lázaro **E** (CÁD) 157 Ub 127
Cortijo de San Lucas **E** (SEV) 150 Uf 125
Cortijo de San Nicasio **E** (TOL) 109 Wd 112
Cortijo de San Nicolás **E** (GRA) 161 Wc 127
Cortijo de San Pablo **E** (SEV) 149 Uc 125
Cortijo de San Pedro **E** (BAD) 134 Ua 119
Cortijo de San Román **E** (BAD) 119 Tb 116
Cortijo de Santa Ana **E** (GRA) 151 Vf 126
Cortijo de Santa Catalina **E** (TOL) 89 Vf 110
Cortijo de Santa Clara **E** (CIU) 122 Vc 115
Cortijo de Santa Clara **E** (HUEL) 133 Sf 121
Cortijo de Santa Cruz **E** (MÁL) 150 Uf 127
Cortijo de Santa Cruz **E** (SEV) 150 Uf 125
Cortijo de Santa Eulalia **E** (SEV) 149 Ud 125
Cortijo de Santa María **E** (BAD) 119 Td 116
Cortijo de Santa Marina **E** (SEV) 149 Ub 124
Cortijo de Santaolalla **E** (GRA) 153 Xb 124
Cortijo de Santa Paula **E** (SEV) 149 Uc 124
Cortijo de Santa Sofía **E** (CÓRD) 137 Vd 122
Cortijo de Santiago **E** (CIU) 122 Vd 118
Cortijo de Santo Domingo **E** (SEV) 149 Uc 124
Cortijo de Santos **E** (MUR) 141 Ya 122
Cortijo de Santo Siervo **E** (SEV) 150 Uf 124
Cortijo de San Valentín **E** (CÁC) 86 Tf 110
Cortijo de Saucera **E** (CÁC) 105 Tf 111
Cortijo de Sebastián **E** (GRA) 139 Xb 121
Cortijo de Selvalejo **E** (MUR) 140 Xe 121
Cortijo de Serrano **E** (CÓRD) 122 Vd 118
Cortijo de Serroncillo **E** (SEV) 148 Tf 123
Cortijo de Siete Carrascos **E** (CÁC) 86 Tf 110
Cortijo de Sirizuela **E** (CÓRD) 137 Vd 119
Cortijo de Soldado **E** (JAÉ) 138 Wa 122
Cortijo de Somonte **E** (CÓRD) 135 Ud 123
Cortijo de Soria **E** (TOL) 90 Wb 109
Cortijo de Soto Cruz **E** (GRA) 153 Wf 124
Cortijo de Soto Lorenzo **E** (JAÉ) 139 Wf 122
Cortijo de Tajo **E** (GRA) 161 Wc 127
Cortijo de Tamayo **E** (CÁD) 157 Ub 129
Cortijo de Tango **E** (MÁL) 159 Va 128
Cortijo de Tarilla **E** (BAD) 120 Ub 119
Cortijo de Téjareo **E** (CÁC) 105 Tf 111
Cortijo de Tejerina **E** (JAÉ) 138 Wa 122
Cortijo de Tinoco **E** (SEV) 150 Uf 125
Cortijo de Toril **E** (CÓRD) 137 Vd 123
Cortijo de Torralba **E** (GRA) 139 Xc 122
Cortijo de Torralba **E** (JAÉ) 139 We 120
Cortijo de Torre Abad **E** (SEV) 149 Ub 125
Cortijo de Torrearenas **E** (MUR) 126 Yb 118
Cortijo de Torrelengua **E** (SEV) 149 Ub 125
Cortijo de Torremarcos **E** (CÁC) 105 Ua 112
Cortijo de Torres **E** (SEV) 148 Ua 126
Cortijo de Torroj **E** (SEV) 149 Uc 124
Cortijo de Tortas **E** (ALB) 125 Xd 117
Cortijo de Trifillas **E** (ALB) 126 Ya 117
Cortijo de Trinidades **E** (CÓRD) 136 Vc 122
Cortijo de Turullote **E** (SEV) 150 Va 123
Cortijo de Vado Fresno **E** (CÓRD) 137 Ve 122
Cortijo de Vadoseco **E** (CÓRD) 137 Vc 122
Cortijo de Valcargado **E** (SEV) 149 Ub 126
Cortijo de Valdeaparicio **E** (CÁC) 105 Tf 111
Cortijo de Valdelasierpe **E** (BAD) 119 Tc 116
Cortijo de Valderrama **E** (SEV) 150 Va 125
Cortijo de Valderuela **E** (CÁC) 105 Uc 111
Cortijo de Valdesquera **E** (BAD) 104 Ta 114
Cortijo de Valentín **E** (GRA) 139 Xc 122

Cortijo de Valenzuela **E** (JAÉ) 137 Ve 121
Cortijo de Valera **E** (CÓRD) 122 Vb 118
Cortijo de Valero **E** (SEV) 149 Ud 123
Cortijo de Valhondo **E** (CÓRD) 137 Vd 122
Cortijo de Valverdejo **E** (CÓRD) 137 Vd 122
Cortijo de Valle Bajo **E** (GRA) 152 Wd 124
Cortijo de Varea **E** (GRA) 153 Xb 124
Cortijo de Venamalillo **E** (SEV) 149 Ub 125
Cortijo de Ventaquemada **E** (CÁC) 86 Tf 109
Cortijo de Ventura **E** (JAÉ) 125 Xc 118
Cortijo de Verjaga **E** (JAÉ) 125 Xa 118
Cortijo de Vicente el Bueno **E** (GRA) 152 We 125
Cortijo de Vico **E** (CÁD) 157 Ua 128
Cortijo de Villalobos **E** (ALM) 162 Xb 128
Cortijo de Villaquemado **E** (GRA) 152 Wa 124
Cortijo de Villaseca **E** (CÓRD) 136 Uf 122
Cortijo de Villegas **E** (CÓRD) 151 Vd 124
Cortijo de Vista Hermosa **E** (CÁD) 157 Ub 128
Cortijo de Zabar **E** (GRA) 140 Xc 121
Cortijo de Zaframagón **E** (CÁD) 149 Ud 127
Cortijo de Zajanón Bajo **E** (CÁC) 104 Tb 113
Cortijo de Zamorejas **E** (BAD) 118 Ta 118
Cortijo de Zaragoza **E** (CÓRD) 137 Vd 121
Cortijo de Zarracatín **E** (SEV) 149 Ub 126
Cortijo Don Pepe **E** (ALM) 154 Xe 126
Cortijo El Acebuchal **E** (SEV) 149 Ub 124
Cortijo El Álamo **E** (JAÉ) 139 Xa 119
Cortijo El Boliche **E** (ALM) 153 Xa 127
Cortijo El Borril **E** (CÁC) 105 Ua 111
Cortijo el Bóvedo **E** (BAD) 134 Tf 120
Cortijo el Campillo **E** (BAD) 134 Ua 120
Cortijo El Castil **E** (JAÉ) 137 Wa 122
Cortijo El Concho **E** (HUEL) 134 Te 121
Cortijo El Copero **E** (SEV) 148 Tf 125
Cortijo El Corral **E** (ALM) 154 Xe 127
Cortijo el Coto **E** (CÓRD) 122 Vb 118
Cortijo el Espadañal **E** (CÁD) 165 Ud 131
Cortijo el Gergal **E** (SEV) 134 Tf 123
Cortijo El Helechoso **E** (HUEL) 133 Tb 121
Cortijo el Hornillo **E** (ALM) 163 Xf 127
Cortijo El Manes **E** (GRA) 153 Xa 124
Cortijo El Marqués **E** (CÁD) 165 Ud 130
Cortijo El Martajal **E** (HUEL) 134 Te 121
Cortijo El Matón **E** (CÁC) 86 Tf 110
Cortijo El Mazo **E** (BAD) 119 Td 116
Cortijo El Molino de Arriba **E** (ALM) 154 Ya 127
Cortijo El Olivarillo **E** (GRA) 153 Xb 123
Cortijo el Palancar **E** (BAD) 134 Tf 120
Cortijo el Palmar **E** (CÁD) 164 Tf 131
Cortijo El Pedroso **E** (CÁD) 157 Ua 129
Cortijo El Peral **E** (GRA) 140 Xd 121
Cortijo El Plomo **E** (ALM) 155 Ya 127
Cortijo El Pocico **E** (ALB) 140 Xe 120
Cortijo El Quejigar **E** (JAÉ) 152 Wa 124
Cortijo el Recorvo **E** (BAD) 120 Tf 118
Cortijo el Romeral **E** (GRA) 151 Wa 126
Cortijo El Romeral **E** (MÁL) 151 Vc 126
Cortijo el Sancho **E** (CÁD) 165 Ud 130
Cortijo El Tiro **E** (JAÉ) 138 Wa 121
Cortijo El Toledillo **E** (CÁC) 105 Uc 112
Cortijo El Toril **E** (GRA) 140 Xc 123
Cortijo el Viar **E** (BAD) 134 Tf 120
Cortijo Elvira **E** (GRA) 152 Wb 124
Cortijo El Zegrí **E** (GRA) 152 Wc 124
Cortijo Encina Colorado **E** (BAD) 134 Td 120
Cortijo Enebro **E** (MÁL) 159 Vd 127
Cortijo Esquiladero **E** (GRA) 152 Wb 124
Cortijo Ferrer **E** (GRA) 139 Xc 122
Cortijo Fresneda **E** (GRA) 152 Wd 123
Cortijo Fuente de Madrid **E** (GRA) 152 Wa 125
Cortijo Fuente Palacios **E** (JAÉ) 137 Vf 122
Cortijo Gaén Grande **E** (MÁL) 150 Vc 125
Cortijo Galocha **E** (CÁC) 105 Tf 111
Cortijo Gatuna **E** (ALM) 154 Xc 127
Cortijo Grande **E** (JAÉ) 151 Wa 123
Cortijo Grande **E** (MÁL) 160 Ve 127
Cortijo Grande, El - **E** (ALM) 155 Ya 126
Cortijo Guijo de los Frailes **E** (CÁC) 86 Ua 109
Cortijo Harinera **E** (SEV) 149 Uc 123
Cortijo Higueralejo **E** (SEV) 149 Ub 127
Cortijo Holgado **E** (MÁL) 159 Va 129
Cortijo Hondo del Cura **E** (CÁC) 86 Tf 110
Cortijo Jarrín Grande **E** (CÁC) 105 Ua 111
Cortijo la Adelfa **E** (SEV) 149 Ue 125
Cortijo La Alcabala Alta **E** (SEV) 149 Ud 126
Cortijo La Berenjena **E** (CIU) 123 Wb 117
Cortijo la Blanquita **E** (CÁD) 157 Ua 128
Cortijo La Caballera Nueva **E** (BAD) 119 Tb 118
Cortijo La Carabinera **E** (ALM) 154 Ya 126
Cortijo la Compañia **E** (CÁD) 157 Tf 128
Cortijo La Covacha **E** (CÁC) 105 Ua 111
Cortijo la Dehesa de la Higuera **E** (BAD) 134 Td 120
Cortijo la Escribana **E** (GRA) 152 Wb 126
Cortijo la Gavilana **E** (BAD) 120 Ua 118
Cortijo La Goleta **E** (GRA) 152 Wd 124
Cortijo la Maestranza **E** (CÁD) 164 Ub 130
Cortijo la Merchana **E** (BAD) 120 Ub 119
Cortijo la Morcilla **E** (ALM) 155 Yb 125
Cortijo la Nava **E** (BAD) 134 Ua 120
Cortijo La Nava **E** (SEV) 149 Ub 123
Cortijo la Navarra **E** (SEV) 149 Uc 123
Cortijo La Ñora **E** (GRA) 152 Wd 124
Cortijo La Parrita **E** (HUEL) 133 Sf 121
Cortijo la Sangre **E** (CÁD) 158 Uc 130
Cortijo las Arcas **E** (BAD) 120 Ua 117
Cortijo las Calderonas **E** (BAD) 134 Ua 120
Cortijo Las Cansinas **E** (CÁC) 86 Ua 109
Cortijo Las Canteras **E** (CÁC) 105 Ua 111
Cortijo Las Carrillas **E** (JAÉ) 152 Wb 124
Cortijo Las Contraviesas **E** (ALM) 154 Xf 127
Cortijo Las Corchuelas del Saliente **E** (CÁC) 86 Ua 110
Cortijo Las Mesillas **E** (GRA) 153 Wf 123
Cortijo las Monjas **E** (BAD) 118 Ta 118
Cortijo la Solana **E** (BAD) 120 Uc 117
Cortijo Las Paulinas **E** (ALM) 154 Xf 127
Cortijo las Pilillas **E** (MÁL) 150 Vb 127
Cortijo las Suertes **E** (CÁC) 105 Tf 111
Cortijo las Torrecillas **E** (BAD) 120 Tf 118
Cortijo la Sucilla Alta **E** (SEV) 149 Ud 126
Cortijo Las Vetas **E** (CÁD) 157 Te 127
Cortijo las Villas **E** (GRA) 152 Wa 126
Cortijo la Teja **E** (JAÉ) 139 Xa 119
Cortijo La Torre **E** (HUEL) 147 Ta 124
Cortijo La Venta **E** (GRA) 140 Xd 123
Cortijo la Victoria **E** (SEV) 149 Ud 126
Cortijo la Zorrera **E** (GRA) 152 Wd 124
Cortijo Limerica **E** (ALM) 155 Ya 126
Cortijo Los Alcachofares **E** (GRA) 152 Wa 125
Cortijo los Algarbes **E** (SEV) 150 Uf 124
Cortijo los Barrancos **E** (JAÉ) 139 Wf 119
Cortijo los Buenos **E** (BAD) 119 Tb 118
Cortijo los Cerrillos **E** (ALM) 154 Xf 127
Cortijo Los Cierzos **E** (GRA) 152 Wa 124
Cortijo los Corrales **E** (SEV) 149 Uc 124
Cortijo los Fontalbas **E** (CÓRD) 136 Vc 122
Cortijo Los Llanillos **E** (CIU) 110 Xa 114
Cortijo los Llanos **E** (BAD) 120 Ua 117
Cortijo Los Llanos de Lucas **E** (ALM) 154 Xd 126
Cortijo Los Mellizos **E** (GRA) 153 Xb 125
Cortijo Los Murillos **E** (ALM) 153 Xa 126
Cortijo los Nogales **E** (MÁL) 159 Vc 127
Cortijo Los Ortegas **E** (ALM) 155 Ya 124
Cortijo Los Prados **E** (CÁD) 157 Tf 127
Cortijo los Riscos **E** (BAD) 120 Tf 118
Cortijo Los Valera **E** (MUR) 141 Ya 122
Cortijo Luis Espinar **E** (ALM) 154 Xd 126
Cortijo Maladua **E** (HUEL) 133 Ta 121
Cortijo Mamparilla **E** (CÁC) 105 Tf 111
Cortijo Mancha Llana Alta **E** (SEV) 134 Te 121
Cortijo María Sala **E** (SEV) 149 Ud 125
Cortijo Marisma del Guadalquivir **E** (CÁD) 157 Te 127
Cortijo Matacebada **E** (BAD) 118 Ta 117
Cortijo Matarratas **E** (BAD) 104 Td 114
Cortijo Matillas **E** (CÁD) 165 Ud 130
Cortijo Merlina **E** (SEV) 148 Tf 127
Cortijo Millaróncillo **E** (CÁC) 105 Tf 111
Cortijo Mohedas **E** (CÁC) 105 Tf 111
Cortijo Molina **E** (ALM) 155 Ya 124
Cortijo Molina **E** (GRA) 140 Xc 121
Cortijo Monja de Abajo **E** (MUR) 141 Ya 122
Cortijo Morcillo **E** (SEV) 149 Ud 126
Cortijo Moreno **E** (GRA) 151 Vf 126
Cortijo Mosquera **E** (CÓRD) 135 Ud 121
Cortijo Nuevo **E** (ALB) 125 Xc 117
Cortijo Nuevo **E** (BAD) 104 Tc 114
Cortijo Nuevo **E** (CIU) 125 Xb 116
Cortijo Nuevo **E** (CIU) 125 Xb 117
Cortijo Nuevo **E** (GRA) 152 Wd 123
Cortijo Nuevo **E** (GRA) 153 Wf 123
Cortijo Nuevo **E** (GRA) 153 Xb 124
Cortijo Nuevo **E** (GRA) 153 Xc 123
Cortijo Nuevo **E** (JAÉ) 139 Wf 120
Cortijo Nuevo **E** (JAÉ) 139 Wf 123
Cortijo Nuevo **E** (MÁL) 150 Vc 126
Cortijo Nuevo **E** (MÁL) 165 Ue 130
Cortijo Nuevo **E** (SEV) 148 Ua 126
Cortijo Nuevo **E** (SEV) 149 Ud 123
Cortijo Nuevo **E** (SEV) 149 Ue 125
Cortijo Nuevo de Hierracaballos **E** (JAÉ) 139 We 119
Cortijo Nuevos **E** (JAÉ) 125 Xb 118
Cortijo Ovejero **E** (CÓRD) 137 Vd 123
Cortijo Pacheco **E** (MÁL) 159 Vc 127
Cortijo Palanco **E** (CÁC) 105 Ua 111
Cortijo Palazuelo de Marqués **E** (CÁC) 105 Ua 112
Cortijo Pantoja **E** (MÁL) 151 Vd 125
Cortijo Pardales **E** (SEV) 149 Ub 126
Cortijo Pastelero **E** (GRA) 152 We 123
Cortijo Pedro Andrés **E** (ALB) 140 Xd 120
Cortijo Peña Sierpes **E** (HUEL) 133 Sf 121
Cortijo Peña Traviesa **E** (BAD) 120 Tf 118
Cortijo Peñón de la Batata **E** (SEV) 149 Ue 124
Cortijo Perdiguerilla **E** (CÁC) 86 Te 109
Cortijo Piedras Gordas **E** (BAD) 134 Ua 119
Cortijo Pie Moro **E** (CÁC) 105 Tf 111
Cortijo Pierre **E** (GRA) 153 We 123
Cortijo Piñonero **E** (GRA) 152 Wa 126
Cortijo Portelano **E** (ALB) 125 Xd 117
Cortijo Potrico **E** (BAD) 120 Ua 118
Cortijo Pozo Gallardo **E** (ALM) 140 Xe 122
Cortijo Pozuelo **E** (GRA) 152 Wd 125
Cortijo Pradochano **E** (CÁC) 86 Te 108
Cortijo Prado del Rey **E** (BAD) 119 Ta 118
Cortijo Prado Hondo **E** (GRA) 152 Wd 126
Cortijo Prados de Lopera **E** (GRA) 160 Wb 127
Cortijo Prensa Vega **E** (SEV) 150 Uf 123
Cortijo Prinque **E** (GRA) 152 Wc 124
Cortijo Puesto de la Muela **E** (ALM) 162 Xb 128
Cortijo Puesto de los Pérez **E** (ALM) 162 Xb 128
Cortijo Quintana **E** (BAD) 119 Tb 115
Cortijo Ramaya **E** (ALM) 154 Xf 127
Cortijo Ranera **E** (JAÉ) 152 Wb 123
Cortijo Rincón **E** (GRA) 151 Vf 126
Cortijo Rodesnera del Poniente **E** (CÁC) 86 Tf 110
Cortijo Rodríguez **E** (ALM) 163 Xe 127
Cortijo Ronjilón **E** (CÁC) 105 Ua 111
Cortijo Rosca **E** (GRA) 153 We 126
Cortijo Rozuela **E** (GRA) 151 Vf 126
Cortijo Rubiales **E** (SEV) 148 Tf 125
Cortijo Rufino Liebre **E** (CÁC) 104 Tb 113
Cortijos, Los - **E** (CUE) 93 Yd 108
Cortijos, Los - **E** (GRA) 139 Xb 122
Cortijos, Los - **E** (MAD) 89 Vf 106
Cortijo Salinas de Don Marcos **E** (JAÉ) 139 Wf 123
Cortijo Salinera **E** (SEV) 149 Uc 123
Cortijo Salón **E** (JAÉ) 139 Wf 122
Cortijo Sambana **E** (CÁD) 165 Ud 130
Cortijo San Juan **E** (MÁL) 159 Vc 126
Cortijo Santa Catalina **E** (SEV) 149 Ub 123
Cortijo Santa María **E** (BAD) 120 Ub 117
Cortijo Santa Rosa **E** (CÓRD) 135 Ud 123
Cortijo Santo Tomás **E** (CÁC) 86 Ua 110
Cortijos Barranco **E** (JAÉ) 138 Wa 121
Cortijos Bautista **E** (GRA) 154 Xc 123
Cortijos Cayetana **E** (GRA) 139 Xc 121
Cortijos de Alcacería **E** (GRA) 151 Vf 127
Cortijos de Benavente **E** (ALM) 140 Xf 122
Cortijos de Fimía **E** (CÓRD) 137 Ve 119
Cortijos de Fuentesnuevas **E** (GRA) 139 Xa 122
Cortijos de la Bermeja **E** (GRA) 154 Xd 123
Cortijos de la Laguna **E** (GRA) 140 Xc 121
Cortijos de la Pijotilla **E** (BAD) 119 Tc 116
Cortijos de la Pilara **E** (MUR) 141 Yb 120
Cortijos de la Pililla **E** (GRA) 154 Xd 123
Cortijos de la Remonta **E** (GRA) 152 We 125
Cortijos de las Piedras Bermejas **E** (ALM) 140 Xf 122
Cortijos de la Torre del Obispo **E** (JAÉ) 138 Wd 120
Cortijos del Capitán **E** (ALM) 153 Xa 126
Cortijos del Cura **E** (ALB) 125 Xd 118
Cortijos del Maltés **E** (ALM) 163 Xe 127
Cortijos del Marchal de Fuentes **E** (ALM) 154 Xd 127
Cortijos de Los Benitos **E** (ALM) 155 Ya 124
Cortijos de Los Cecilios **E** (ALM) 154 Xd 127
Cortijos de los Escribanos **E** (MUR) 141 Ya 122
Cortijos de los Navarros **E** (ALM) 154 Xe 124
Cortijos de los Tribaldos **E** (ALB) 125 Xd 118
Cortijos del Prado Espinosilla **E** (JAÉ) 140 Xc 119
Cortijos del Rincón **E** (GRA) 140 Xc 121
Cortijos del Río **E** (GRA) 139 Xb 122
Cortijos del Río de Casa **E** (ALB) 125 Xc 117
Cortijos del Saucillo **E** (GRA) 161 Wb 128
Cortijos de Mingoyustre **E** (JAÉ) 137 Vf 122
Cortijos de Riguelos **E** (JAÉ) 152 Wb 123
Cortijos de Talancón **E** (MUR) 155 Ya 123
Cortijo Seco **E** (GRA) 153 Xa 123
Cortijos El Concejo **E** (ALM) 154 Xd 127
Cortijos El Valle **E** (JAÉ) 138 Wd 122
Cortijo Serrezuelo **E** (CÁC) 105 Tf 111
Cortijo Sierra **E** (JAÉ) 139 Xa 121
Cortijo Sierra de Enmedio **E** (BAD) 134 Tf 119
Cortijos la Nava **E** (SEV) 149 Ub 124
Cortijos la Provincial **E** (GRA) 152 Wb 124
Cortijos Mesías **E** (GRA) 140 Xd 122
Cortijos Nuevos **E** (JAÉ) 139 Xb 119
Cortijos Nuevos de la Sierra **E** (GRA) 140 Xc 121
Cortijos Nuevos de la Sierra **E** (GRA) 140 Xe 121
Cortijos Nuevos del Campo **E** (GRA) 140 Xd 121
Cortijo Solanilla de Los Lobos **E** (CÁC) 105 Tf 111
Cortijos Saltadero Bajo **E** (JAÉ) 152 Wb 123
Cortijos Silvente **E** (JAÉ) 137 Wa 121
Cortijo Suerte Alta del Montecillo **E** (SEV) 136 Uf 123
Cortijos Viejos **E** (PALM) 176 B 4
Cortijo Tajillo Blanco **E** (ALM) 162 Xb 128
Cortijo Tapia **E** (HUEL) 133 Ta 121
Cortijo Torre del Viejo **E** (SEV) 149 Uc 124
Cortijo Tovilla **E** (GRA) 140 Xc 120
Cortijo Trillo **E** (GRA) 139 Xb 122
Cortijo Umbría **E** (CÁC) 105 Tf 111
Cortijo Valcalentejo **E** (CÓRD) 136 Vc 121
Cortijo Valdecebuches **E** (CÁC) 105 Tf 111
Cortijo Valdepalina **E** (HUEL) 147 Sf 124
Cortijo Valenciano **E** (GRA) 153 Xa 124
Cortijo Valgrande **E** (CÁC) 105 Tf 111
Cortijo Valle Bajo **E** (CÓRD) 137 Vd 121
Cortijo Vegalajetas **E** (HUEL) 132 Se 121
Cortijo Ventica **E** (GRA) 153 Xb 123
Cortijo Ventilla **E** (MÁL) 151 Vd 127
Cortijo Viejo **E** (CÓRD) 135 Ue 119
Cortijo Viejo **E** (JAÉ) 125 Xb 118
Cortijo Villa Catalina **E** (BAD) 119 Td 116
Cortijo Villalobos **E** (JAÉ) 151 Wa 124
Cortijo Villarejo **E** (CÁC) 105 Ua 112
Cortijo y Molino de las Albaidas **E** (SEV) 149 Uc 124
Cortijo Zamarrón **E** (GRA) 152 We 123
Cortijo Zarzalar **E** (JAÉ) 139 Xa 120
Cortijo Zurreón **E** (CÓRD) 151 Vc 125
Cortijuelo **E** (JAÉ) 138 Wc 122
Cortijuelo, El - **E** (ALM) 154 Xd 125
Cortijuelo, El - **E** (GRA) 152 Wc 124
Cortijuelo, El - **E** (JAÉ) 139 Wf 122
Cortijuelo del Remolino **E** (CÓRD) 135 Ue 122
Cortijuelos, Los - **E** (MÁL) 160 Vf 127
Cortillas **E** (HUES) 27 Ze 93
Cortina **E** (AST) 6 Td 87
Cortina, La - **E** (AST) 19 Ub 90
Cortinada, La **AND** 29 Bd 93
Cortinhas **P** (Be) 130 Rb 122
Cortinhas **P** (VR) 51 Sc 100
Cortinhola **P** (Fa) 145 Rf 125
Cortins **P** (Ba) 52 Se 99
Cortiñán **E** (COR) 3 Re 89
Cortio de Bernardo **E** (BAD) 104 Ta 114
Cortiuda **E** (LLE) 46 Bb 96
Cortos **E** (ÁVI) 73 Vc 104
Cortos **E** (SOR) 41 Xe 98
Cortos, Los - **E** (SEG) 57 Wc 101
Cortos de la Sierra **E** (SAL) 71 Ua 104
Corts **E** (GIR) 49 Ce 96
Corts, les - **E** (GIR) 49 Da 96
Cortscastell **E** (LLE) 28 Ba 95
Coruche **P** (Gu) 69 Sc 104
Coruche **P** (Sa) 101 Rc 115
Corucho **P** (Le) 82 Ra 109
Corujas **P** (Ba) 52 Ta 99
Corujeira **P** (Év) 117 Sc 117
Corujeira **P** (Vi) 69 Sb 104
Corujeiras **P** (Co) 67 Rb 106
Corujera, La - **E** (TEN) 173 I E 3
Corujos **P** (Fa) 146 Sc 125
Corullón **E** (LEÓ) 17 Tb 93
Corumbela **E** (MÁL) 160 Vf 128
Coruña **E** (PALM) 174 I C 2
Coruña, A **E** (COR) 3 Rd 88
Coruña del Conde **E** (BUR) 40 Wd 98
Coruñeses **E** (VALL) 37 Va 98
Coruño **E** (AST) 7 Ub 88
Coruto **E** (PON) 14 Rc 93
Coruxo **E** (PON) 32 Rb 95
Corva **P** (VR) 51 Sa 99
Corval **P** (Év) 118 Sd 118
Corveira **P** (Vi) 68 Rf 105
Corvelo **P** (Co) 68 Rf 107
Corvelo do Monte **P** (Por) 51 Sa 101
Corvella **E** (LUG) 4 Sd 89
Corvelle **E** (LUG) 4 Sc 88
Corvelle **E** (LUG) 16 Sd 92
Corvera **E** (CAN) 9 Wa 89
Corvera **E** (MUR) 142 Yf 122
Corvera de Asturias = Nubledo **E** (AST) 6 Ua 87
Corverica **E** (MUR) 142 Ye 122
Corvesún **E** (SOR) 59 Xd 101
Corvillón **E** (OUR) 145 Sa 95
Corvillones **E** (MUR) 141 Yd 123
Corvio **E** (PAL) 21 Ve 92
Corvo **P** (Aç) 168 Tf 110
Corvos **P** (Be) 132 Sc 123
Corvos **P** (Be) 145 Sa 124
Corxo **P** (Fa) 145 Sb 125
Corzáns **E** (COR) 32 Rd 96
Corzos **E** (OUR) 34 Sf 95
Cos **E** (CAN) 9 Ve 89
Cos **E** (COR) 3 Re 89
Cos, Los - **E** (CAN) 20 Vc 90
Cosa **E** (TER) 78 Yf 103
Coscó **E** (LLE) 46 Ba 98
Coscojar **E** (ZAR) 78 Yc 103
Coscojuela de Fantova **E** (HUES) 45 Ab 96
Coscojuela de Sobrarbe **E** (HUES) 27 Aa 94
Coscollar, El - **E** (HUES) 45 Aa 95
Coscollosa-Zafra **E** (CAS) 95 Zf 108
Coscullano **E** (HUES) 44 Ze 95
Coscurita **E** (SOR) 59 Xd 100
Cosgaya **E** (CAN) 20 Vb 90
Cosilla del Romero **E** (SEV) 135 Uc 121
Cosio **E** (CAN) 9 Vd 89
Coslada **E** (MAD) 75 Wc 106
Cospedal **E** (LEÓ) 18 Tf 91
Cospeito **E** (LUG) 4 Sc 89
Cospindo **E** (COR) 2 Ra 89
Cossourado **P** (Br) 50 Rc 99
Cossourado **P** (VC) 32 Rc 97
Costa **E** (OUR) 33 Re 94
Costa **P** (Be) 132 Sc 123
Costa **P** (Br) 50 Re 100
Costa **P** (Por) 50 Rc 102
Costa **P** (Por) 50 Rd 101
Costa **P** (Se) 130 Rb 120
Costa **P** (VC) 32 Rb 97
Costa **P** (VC) 32 Rb 98
Costa **P** (VR) 51 Sa 100
Costa, A - **E** (LUG) 4 Sc 88
Costa, La - **E** (PALM) 174 I D 2
Costa, La - **E** (PALM) 176 C 3
Costa, La - **E** (TEN) 171 B 3
Costa, La **E** (CÁD) 165 Uc 132
Costacabana **E** (ALM) 163 Xd 127
Costa da Caparica **P** (Se) 115 Qe 117
Costa da Galé **P** (Se) 115 Ra 118
Costa de Canyamel **E** (BAL) 99 Dc 111
Costa de la Atalya **E** (BAL) 98 Ce 110
Costa de Lavos **P** (Co) 82 Ra 108
Costa del Silencio **E** (TEN) 172 I D 5
Costa de Madrid **E** (MAD) 74 Vd 106
Costa d'en Blanes **E** (BAL) 98 Cd 111
Costa de Sa Calma **E** (BAL) 98 Cc 111
Costa de Sanlúcar **E** (CÁD) 156 Td 128
Costa des Pins **E** (BAL) 99 Dc 111
Costana,La **E** (CAN) 21 Vf 90
Costa Nova **E** (ALI) 129 Ab 116
Costa Nova **P** (Av) 67 Rb 105
Costa Teguise **E** (PALM) 176 D 4
Costeán **E** (HUES) 45 Ab 96
Costes, les - **E** (GIR) 31 Da 94
Costilhão **P** (Vi) 68 Sa 103
Costitx **E** (BAL) 99 Cf 111
Costunà **E** (TAR) 81 Ad 103
Costur **E** (CAS) 95 Ze 108
Cosuenda **E** (ZAR) 61 Ye 100

Cota **P** (Vi) 69 Sb 104
Cotaina des Pou **E** (BAL) 96 Eb 109
Cotanes **E** (ZAM) 37 Ue 98
Cótar **E** (BUR) 39 Wc 94
Cotas **P** (VR) 52 Sd 101
Cotelas **E** (OUR) 15 Sa 94
Cotelo **P** (Vi) 51 Sa 102
Coterillo **E** (CAN) 9 Wb 89
Cotifo **P** (Fa) 144 Rb 125
Cotillas **E** (ALB) 125 Xc 118
Cotillas **E** (CÓRD) 151 Ve 123
Cotillo **E** (CAN) 9 Vf 89
Cótimos **P** (Gu) 69 Se 104
Coto **E** (CIU) 123 Vf 115
Coto **E** (PON) 32 Rc 95
Coto **P** (Le) 100 Qf 112
Coto, El - **E** (BAD) 120 Uc 118
Coto Capitán **E** (BAD) 104 Te 114
Coto de Bornos **E** (CÁD) 157 Ub 127
Coto de Buenamadre **E** (AST) 18 Te 90
Coto de la Milagrosa **E** (ALB) 112 Yd 114
Coto de Pinilla **E** (BUR) 39 Wb 97
Coto Murillo **E** (BAD) 119 Te 118
Coto Navacebrera **E** (CÁC) 86 Tf 108
Cotorraso **E** (AST) 7 Ub 89
Cotorredondo **E** (MAD) 89 Wa 107
Cotorrillo **E** (SAL) 55 Ue 102
Coto San Isidro **E** (SEG) 74 Vd 104
Cotos de Monterrey, Los - **E** (MAD) 75 Wc 104
Cotovio **P** (Fa) 145 Re 126
Cotovio **P** (Fa) 146 Sc 125
Cotrufe **E** (JAÉ) 137 Vf 121
Couceiros **E** (COR) 3 Rf 90
Coucieiro **E** (OUR) 15 Rf 94
Coucieiro **P** (Br) 50 Rd 98
Coucinheira **P** (Le) 82 Ra 110
Couço **P** (Sa) 101 Re 115
Coura **P** (VC) 32 Rc 97
Coura **P** (Vi) 51 Sc 102
Coura **P** (Vi) 68 Sa 104
Courel **P** (Br) 50 Rc 100
Courela **P** (Se) 130 Rc 121
Courelas **P** (Be) 131 Sa 121
Courelas **P** (Gu) 69 Sd 104
Courelas da Azaruja **P** (Év) 117 Sb 116
Courelas da Toura **P** (Év) 117 Sb 116
Couso **E** (COR) 2 Rb 90
Couso **E** (OUR) 15 Re 94
Couso **E** (PON) 15 Rc 92
Couso **E** (PON) 15 Rc 93
Couso **E** (PON) 15 Sa 93
Couso **E** (PON) 32 Rc 96
Couso de Salas **E** (OUR) 33 Sa 97
Cousso **P** (VC) 32 Re 96
Coutada **P** (CB) 84 Sc 107
Coutada **P** (Fa) 146 Sc 125
Coutadas **P** (Sa) 101 Rd 112
Couto **E** (PON) 14 Rc 94
Couto **P** (Br) 50 Rc 99
Couto **P** (CB) 84 Se 110
Couto **P** (Por) 50 Rd 101
Couto **P** (VC) 32 Rd 97
Couto, O - **E** (COR) 14 Rb 90
Couto de Abaixo **E** (PON) 14 Rb 94
Couto de Baixo **P** (Vi) 68 Rf 105
Couto de Cima **P** (Vi) 68 Rf 104
Couto de Esteves **P** (Av) 68 Re 104
Couto do Cabeludo **P** (CB) 84 Se 109
Couto Velho **P** (CB) 84 Sd 109
Couvela de São Mateus **P** (Év) 117 Re 117
Couvelha **P** (Av) 67 Rc 106
Couxaria **P** (CB) 83 Rf 109
Couzadoiro (San Cristóbal) **E** (COR) 4 Sb 87
Couzadoiro (San Salvador) **E** (COR) 4 Sb 86
Cova **E** (LUG) 16 Sb 94
Cova **P** (Br) 51 Rf 98
Cova **P** (Co) 82 Ra 108
Cova, Sa - **E** (BAL) 99 Dc 110
Covachuelas **E** (SEG) 57 Wb 101
Cova da Lua **P** (Ba) 35 Tb 97
Cova da Moura **P** (Li) 100 Qd 114
Cova da Muda **P** (Fa) 145 Sa 125
Cova da Piedade **P** (Se) 115 Qf 116
Cova da Zorra **P** (Be) 130 Rc 122
Cova de Vapor **P** (Se) 115 Qe 117
Covadonga **E** (AST) 8 Uf 89
Covais **P** (Co) 83 Rf 107
Coval **P** (Vi) 68 Rf 105
Covaleda **E** (SOR) 40 Xa 97
Covanera **E** (BUR) 21 Wb 92
Covão da Silva **P** (Le) 82 Rc 109
Covão do Feto **P** (Le) 101 Rb 112
Covão do Lobo **P** (Av) 67 Rc 106
Covarrubias **E** (BUR) 39 Wc 96
Covarrubias **E** (SOR) 59 Xc 100
Covas **E** (LUG) 4 Sc 86
Covas **E** (LUG) 16 Se 91
Covas **E** (OUR) 17 Ta 94
Covas **E** (OUR) 33 Sb 97
Covas **P** (Co) 68 Sa 106
Covas **P** (Por) 50 Re 101
Covas **P** (VC) 32 Rb 97
Covas **P** (Vi) 68 Rf 105
Covas **P** (VR) 52 Sc 100
Covas de Ferro **P** (Li) 115 Qe 115
Covas do Barroso **P** (VR) 51 Sb 99
Covas do Douro **P** (VR) 51 Sc 101
Covas do Rio **P** (Vi) 68 Rf 103
Covata Fumá, La - **E** (ALI) 128 Zd 118
Covatillas, Las - **E** (MUR) 126 Ya 119
Covelães **P** (VR) 33 Sa 98
Covelas **E** (OUR) 34 Se 97
Covelas **P** (Ba) 52 Ta 100
Covelas **P** (Br) 50 Re 99
Covelas **P** (Por) 51 Sa 102
Covelinhas **P** (VR) 51 Sb 102
Covelo **E** (OUR) 33 Re 95
Covelo **E** (PON) 32 Rd 95
Covelo **P** (Por) 50 Rd 102
Covelo **P** (Vi) 68 Re 104
Covelo **P** (Vi) 68 Re 105
Covelo de Cima **P** (Vi) 69 Sb 103
Covelo de Paiva **P** (Vi) 69 Sb 103
Covelo de Paivó **P** (Av) 68 Rf 103
Covelo do Gerês **P** (VR) 33 Sa 98
Covet **E** (LLE) 46 Ba 96
Coveta Fumada, la **E** (ALI) 128 Zd 118
Covetes, Ses - **E** (BAL) 99 Cf 112
Covide **P** (Br) 33 Re 98
Covilhã **P** (CB) 84 Sd 107
Covoada **P** (Aç) 170 Zb 122
Covões **P** (Co) 67 Rc 106
Covões **P** (Li) 115 Qd 115
Covões **P** (Pg) 117 Sa 115
Cox **E** (ALI) 142 Za 120
Coxerro **P** (CB) 84 Sc 110
Coy **E** (MUR) 141 Yb 121
Coya **E** (AST) 7 Ud 88
Coz **P** (Le) 82 Ra 111
Cózar **E** (CIU) 124 Wf 117
Cózares, Los - **E** (GRA) 161 We 127
Cozcojar **E** (GRA) 152 Wb 125
Cozcurrita **E** (ZAM) 53 Te 100
Cozuelo **E** (CÁC) 86 Td 109
Cozuelos de Fuentidueña **E** (SEG) 57 Vf 100
Cozuelos de Ojeda **E** (PAL) 21 Vd 92
Cozvíjar **E** (GRA) 152 Wc 127
Crasto **P** (Por) 50 Rb 101
Crasto **P** (VR) 52 Se 99
Crato **P** (Pg) 102 Sc 113
Craveiras **P** (Be) 144 Rd 124
Crecente **E** (PON) 33 Re 96
Cred Vermella **E** (BAL) 98 Ce 111
Cregenzán **E** (HUES) 45 Aa 96
Creixell **E** (GIR) 49 Cf 95
Creixell **E** (TAR) 65 Bc 101
Creixomil **P** (Br) 50 Rb 99
Creixomil **P** (Br) 50 Re 100
Crémenes **E** (LEÓ) 19 Uf 91
Cresente **E** (LUG) 4 Se 89
Crespià **E** (GIR) 49 Ce 95
Crespo **E** (BUR) 21 Wb 91
Crespol **E** (TER) 80 Zd 104
Crespos **E** (ÁVI) 73 Va 103
Crespos **P** (Br) 50 Rd 99
Crestaix **E** (BAL) 99 Da 110
Crestuma **P** (Por) 50 Rc 102
Cretas **E** (TER) 80 Ab 103
Creu de Lloret, la - **E** (GIR) 49 Ce 98
Crevadas, las - **E** (CAS) 95 Zf 107
Crevillente **E** (ALI) 143 Zb 119
Criaçao **P** (Co) 67 Rb 106
Criação Velha **P** (Aç) 168 Wc 117
Criado **P** (Gu) 70 Sf 105
Criales **E** (BUR) 22 We 91
Crias **P** (Br) 50 Rb 100
Crimandre **P** (VR) 51 Sc 100
Cripan **E** (ÁLA) 23 Xc 93
Crispijana **E** (ÁLA) 23 Xb 91
Cristelo **P** (Br) 50 Rb 100
Cristelo **P** (Por) 50 Rd 101
Cristelo **P** (VC) 32 Ra 97
Cristelo **P** (VC) 32 Rc 97
Cristelo Covo **P** (VC) 32 Rc 96
Cristelos **E** (PON) 32 Rb 96
Cristelos **P** (Por) 50 Re 101
Cristianos, Los **E** (TEN) 172 I C 5
Cristimil **E** (PON) 15 Re 92
Cristina **E** (BAD) 120 Tf 115
Cristiñade **E** (PON) 32 Rc 96
Cristóbal **E** (SAL) 71 Ua 106
Cristo de la Laguna **E** (SAL) 71 Te 104
Cristo del Espíritu Santo **E** (CIU) 108 Vf 113
Cristosende **E** (OUR) 34 Sd 94
Cristoval **P** (VC) 33 Re 96
Crivillén **E** (TER) 79 Zb 103
Croca **P** (Por) 50 Re 101
Cros **E** (GIR) 30 Cb 95
Crostos **P** (Le) 100 Qf 112
Crota **E** (GIR) 49 Da 98
Cruce de Arinaga **E** (PALM) 174 D 3
Cruceiro **E** (COR) 14 Rb 92
Cruceras, Las - **E** (ÁVI) 73 Vc 106
Cruces **E** (BAD) 120 Ua 115
Cruces, Las - **E** (AST) 7 Ub 88
Cruces, As **E** (COR) 3 Rf 90
Crucetas **E** (JAÉ) 125 Xb 118
Cruceticas, Las - **E** (MUR) 155 Yb 124
Crucifixo **P** (Sa) 101 Re 112
Cruïlles **E** (GIR) 49 Da 97
Cruz **P** (Br) 50 Rd 100
Cruz **P** (Por) 50 Rc 101
Cruz, La - **E** (AST) 7 Uc 89
Cruz, La - **E** (CÓRD) 137 Vd 121
Cruz, La - **E** (JAÉ) 138 Wc 120
Cruz, La = Krutzea (Galdakao) **E** (VIZ) 11 Xa 89
Cruz de Incio, A (O Incio) **E** (LUG) 16 Sd 93
Cruz de João Mendes **P** (Se) 130 Rc 120
Cruz del Rayo **E** (SAL) 85 Tb 107
Cruz de Piedra **E** (CIU) 108 Wa 113
Cruz de Pineda **E** (PALM) 174 I C 2
Cruz do Campo **P** (Sa) 101 Rb 114
Cruz dos Morouços **P** (Co) 83 Rd 107
Cruzes **P** (Le) 100 Qf 112
Cruzetos **P** (Sa) 101 Rd 114
Cruz Grande **E** (TEN) 172 I C 3
Cruzinha **P** (Ma) 167 I C 2
Cruz Negra, La - **E** (VAL) 113 Zd 113
Cruz Santa **E** (TEN) 172 I D 3
Cuacos de Yuste **E** (CÁC) 87 Ub 108
Cuadrada, La - **E** (HUES) 44 Zf 97
Cuadra d'Agulladets, la - **E** (BAR) 65 Bd 100
Cuadradillo **E** (CÓRD) 137 Vd 122
Cuadramón **E** (LUG) 4 Sd 88
Cuadras, Las - **E** (MUR) 155 Yd 123
Cuadrilleros **E** (SAL) 54 Ua 102
Cuadrilleros de Gusanos **E** (SAL) 54 Tf 102
Cuadro, El - **E** (AST) 6 Ua 87
Cuadrón, El - **E** (MAD) 75 Wc 103
Cuadros **E** (LEÓ) 19 Uc 92
Cuadroveña **E** (AST) 7 Ue 88
Cualedro **E** (OUR) 33 Sc 97
Cuart de Poblet = Quart de Poblet **E** (VAL) 113 Zd 112
Cuarte **E** (HUES) 44 Zd 96
Cuarte de Huerva **E** (ZAR) 61 Za 99
Cuarteles de la Osa y las Navas **E** (BAD) 120 Ua 117
Cuartell = Quartell **E** (VAL) 95 Zd 110
Cuarteros, Los - **E** (ALB) 126 Xe 115
Cuartico **E** (CAS) 95 Aa 107
Cuartico, El - **E** (ALB) 126 Xf 115
Cuarto, El - **E** (CÁC) 85 Ta 108
Cuarto Alto, El - **E** (CIU) 109 We 114
Cuarto de Doña María Luisa **E** (SAL) 71 Te 104
Cuarto de Enmedio **E** (BAD) 118 Ta 117
Cuarto del Bolo **E** (ALB) 111 Xf 114
Cuarto del Moral **E** (ALB) 111 Xf 114
Cuarto de Maribáñez **E** (ALB) 110 Xd 114
Cuartón, El - **E** (CÁD) 165 Uc 132
Cuartos, Los - **E** (ÁVI) 72 Ud 106
Cuartos Nuevos de Abajo **E** (GRA) 140 Xd 121
Cuatretonda = Quatretonda **E** (VAL) 113 Zd 115
Cuatretondeta **E** (ALI) 129 Ze 116
Cuatrocorz **E** (HUES) 45 Ac 97
Cuatro Vientos **E** (MAD) 89 Wb 106
Cuba **P** (Be) 131 Sa 120
Cuba, La - **E** (TER) 80 Ze 105
Cuba, La - **E** (ZAR) 61 Zb 101
Cubaba **E** (TEN) 172 II B 1
Cubalhão **P** (VC) 33 Re 96
Cubas **E** (ALB) 112 Yc 114
Cubas **E** (CAN) 10 Wb 88
Cubas **E** (CÓRD) 137 Vc 122
Cubas **E** (MAD) 89 Wa 107
Cubeiras **P** (Be) 131 Re 122
Cubel **E** (ZAR) 60 Yc 102
Cubelas **E** (LUG) 5 Sf 88
Cubellas = Cubelles **E** (BAR) 65 Be 101
Cubelles **E** (BAR) 65 Be 101
Cubells **E** (LLE) 46 Af 97
Cubells, Es **E** (BAL) 97 Bb 115
Cubilla **E** (BUR) 22 We 92
Cubilla **E** (SOR) 40 Xa 98
Cubillana **E** (BAD) 119 Td 115
Cubillas **E** (SOR) 58 Xa 98
Cubillas **E** (VALL) 55 Ue 100
Cubillas de Arbás **E** (LEÓ) 19 Ub 91
Cubillas de Cerrato **E** (PAL) 38 Vd 98
Cubillas de los Oteros **E** (LEÓ) 37 Uc 94
Cubillas del Pinar **E** (GUA) 59 Xc 102
Cubillas de Rueda **E** (LEÓ) 19 Ue 93
Cubillas de Santa Marta **E** (VALL) 38 Vc 97
Cubilledo **E** (LUG) 17 Se 90
Cubillejo **E** (BUR) 39 Wc 96
Cubillejo de la Sierra **E** (GUA) 77 Yb 103
Cubillejo del Sitio **E** (GUA) 77 Yb 103
Cubillo **E** (SEG) 57 Wa 102
Cubillo, El - **E** (ALB) 125 Xd 116
Cubillo, El - **E** (CUE) 93 Yd 108
Cubillo de Castrejón **E** (PAL) 20 Vc 92
Cubillo del Butrón **E** (BUR) 22 Wb 92
Cubillo del Campo **E** (BUR) 39 Wc 95
Cubillo del César **E** (BUR) 39 Wc 96
Cubillo de Ojeda **E** (PAL) 20 Vd 92
Cubillo de Uceda, El **E** (GUA) 75 Wd 104
Cubillos **E** (ZAM) 54 Ub 99
Cubillos de Losa **E** (BUR) 22 Wd 90
Cubillos del Rojo **E** (BUR) 21 Wb 91
Cubillos de Sil **E** (LEÓ) 17 Tc 93
Cubla **E** (TER) 94 Yf 107
Cubo de Benavente **E** (ZAM) 36 Tf 96
Cubo de Bureba **E** (BUR) 22 We 93
Cubo de Don Sancho; El **E** (SAL) 71 Te 103
Cubo de Hogueras **E** (SOR) 59 Xd 98
Cubo de la Canal **E** (BAD) 119 Tc 117
Cubo de la Sierra **E** (SOR) 41 Xd 97
Cubo de la Solana **E** (SOR) 59 Xd 99
Cubo de Tierra del Vino, El **E** (ZAM) 54 Ub 101
Cucador, El - **E** (ALM) 154 Xf 124
Cucalón **E** (TER) 61 Ye 102
Cucarrete **E** (CÁD) 164 Ua 131
Cucayo **E** (CAN) 20 Vc 90
Cucos **P** (Li) 100 Qe 114
Cucharal **E** (ALB) 126 Xe 116
Cuchia **E** (CAN) 9 Vf 88
Cuchillo, El - **E** (PALM) 176 C 3
Cucho **E** (BUR) 23 Xb 92
Cudia Vella, Sa - **E** (BAL) 96 Eb 109
Cudillero (Cuideiru) **E** (AST) 6 Tf 87
Cudón **E** (CAN) 9 Vf 88
Cué **E** (AST) 8 Vb 88
Cuelgamures **E** (ZAM) 54 Uc 101
Cuéllar **E** (SAL) 70 Tc 105
Cuéllar **E** (SEG) 56 Ve 100
Cuéllar de la Sierra **E** (SOR) 41 Xd 97
Cuellos, Los - **E** (CÓRD) 138 Wb 119
Cuena **E** (CAN) 21 Ve 91
Cuénabres **E** (LEÓ) 20 Va 90
Cuenca **E** (CÓRD) 121 Uc 119
Cuenca **E** (CUE) 92 Xf 108
Cuenca **E** (JAÉ) 139 Xa 122
Cuenca, La - **E** (SOR) 41 Xb 98
Cuencabuena **E** (TER) 78 Ye 102
Cuenca de Campos **E** (VALL) 37 Uf 96
Cuenya **E** (AST) 7 Ud 88
Cuerlas, Las - **E** (ZAR) 78 Yc 103
Cuero **E** (AST) 6 Tf 88
Cuerva **E** (TOL) 108 Ve 110
Cuervo, El - **E** (SEV) 157 Tf 127
Cuervo, El - **E** (TER) 93 Ye 108
Cuesta, La - **E** (SOR) 41 Xe 96
Cuesta, La - **E** (TEN) 173 III C 2
Cuesta, La - **E** (TEN) 173 I F 3
Cuesta, La **E** (SEG) 57 Wa 102
Cuesta, La **E** (TEN) 171 C 2
Cuesta Alta **E** (MUR) 141 Yd 120
Cuesta Blanca **E** (CÓRD) 151 Vf 124
Cuesta Blanca **E** (MUR) 142 Yf 123
Cuesta de la Pinilla **E** (MUR) 142 Ye 122
Cuesta del Gato, La - **E** (ALM) 162 Xd 127
Cuesta del Largo **E** (GRA) 161 We 127
Cuesta del Mellado **E** (MUR) 155 Yb 123
Cuesta del Rato **E** (VAL) 93 Ye 108
Cuestaedo **E** (BUR) 22 Wc 90
Cuesta Vieja **E** (GRA) 161 Wf 128
Cueta, La - **E** (LEÓ) 18 Te 90
Cueto **E** (CAN) 9 Wb 88
Cueva **E** (BUR) 22 Wb 90
Cueva, La - **E** (ALB) 126 Yb 116
Cueva, La - **E** (ALB) 127 Ye 116
Cueva (Vega del Codorno), La - **E** (CUE) 77 Ya 106
Cueva Bermeja **E** (TEN) 173 I F 2
Cueva Blanca, La - **E** (ALM) 162 Xb 128
Cueva-Cardiel **E** (BUR) 22 Wd 94
Cueva Cuarta **E** (JAÉ) 139 Wf 122
Cueva de Ágreda **E** (SOR) 42 Ya 98
Cueva de Ambrosio, La - **E** (ALM) 140 Xf 122
Cueva de Chalá **E** (GRA) 140 Xd 122
Cueva de Juarros **E** (BUR) 39 Wc 95
Cueva de la Juana, La - **E** (ALM) 161 Wf 128
Cueva de la Mora **E** (HUEL) 133 Tb 122
Cueva del Hierro **E** (CUE) 77 Xf 105
Cueva de los Atochares **E** (GRA) 140 Xd 122
Cueva de los Granadinos **E** (GRA) 139 Xb 122
Cueva del Pájaro, La - **E** (ALM) 155 Ya 126
Cueva del Pepín **E** (GRA) 153 Wf 124
Cueva de Pagán **E** (MUR) 142 Ye 122
Cueva de Plaza **E** (CUE) 91 Wf 109
Cueva de Roa, La - **E** (BUR) 57 Wa 98
Cueva de Rompelaire **E** (TOL) 91 Wf 109
Cuevarruz, La - **E** (VAL) 94 Za 109
Cuevas, Las - **E** (ALI) 128 Za 118
Cuevas, Las - **E** (CÁD) 157 Tf 129
Cuevas, Las - **E** (GRA) 153 Xa 125
Cuevas, Las - **E** (MUR) 142 Yf 120
Cuevas, Las - **E** (VAL) 112 Ye 111
Cueva Santa, La - **E** (CAS) 94 Zc 109
Cuevas Bajas **E** (CÓRD) 136 Va 121
Cuevas Bajas **E** (MÁL) 151 Vd 125
Cuevas Barranco de Las Yeseras **E** (GRA) 153 Xb 123
Cuevas de Almería **E** (GRA) 153 Xa 124
Cuevas de Almudén **E** (TER) 79 Zb 104
Cuevas de Amaya **E** (BUR) 21 Ve 93
Cuevas de Ambrosio **E** (JAÉ) 139 Xb 119
Cuevas de Ayllón **E** (SOR) 58 We 100
Cuevas de Cañart **E** (TER) 79 Zd 104
Cuevas del Algibe **E** (GRA) 153 Wf 124
Cuevas del Almanzora **E** (ALM) 155 Ya 125
Cuevas de las Cucharetas **E** (GRA) 139 Xb 123
Cuevas de las Ricas **E** (TEN) 173 I E 4
Cuevas de Lavaderas **E** (GRA) 153 Xb 123
Cuevas del Becerro **E** (MÁL) 158 Uf 127
Cuevas del Campo **E** (GRA) 153 Xa 123
Cuevas del Canal **E** (GRA) 139 Xc 121
Cuevas del Canillo **E** (GRA) 153 Wf 124
Cuevas del Norte **E** (MUR) 142 Ye 121
Cuevas de los Juanotros **E** (ALM) 163 Xe 127
Cuevas de los Medinas, Las - **E** (ALM) 163 Xe 127
Cuevas de los Ubedas, Las - **E** (ALM) 154 Xe 127
Cuevas del Portalrubio **E** (TER) 79 Za 104
Cuevas del Reyllo **E** (MUR) 142 Ye 122
Cuevas del Sil **E** (LEÓ) 18 Td 91
Cuevas del Soriano **E** (GRA) 140 Xc 123
Cuevas de Luna **E** (GRA) 153 Xb 123
Cuevas del Valle **E** (ÁVI) 88 Uf 107
Cuevas de Moreno, Las - **E** (ALM) 140 Xf 122
Cuevas de Mures **E** (GRA) 154 Xc 123
Cuevas de Provanco **E** (SEG) 57 Wa 99
Cuevas de Puente Abajo **E** (GRA) 153 Xb 123
Cuevas de San Clemente **E** (BUR) 39 Wc 96
Cuevas de San Marcos **E** (MÁL) 151 Vd 125
Cuevas de Santiago **E** (CUE) 91 Xb 107
Cuevas de Soria, Las - **E** (SOR) 59 Xc 98
Cuevas de Velasco **E** (CUE) 92 Xd 108
Cuevas de Vinromá **E** (CAS) 80 Aa 107
Cuevas Labradas **E** (GUA) 77 Xf 104
Cuevas Labradas **E** (TER) 79 Yf 106
Cuevas Minadas **E** (GUA) 77 Xf 104
Cuevas-Romo, Las - **E** (MÁL) 160 Ve 127
Cuevecillas **E** (JAÉ) 139 Xa 123
Cuevecitas, Las - **E** (TEN) 173 I E 3
Cuforb **E** (BAR) 47 Be 96
Cuiña **E** (COR) 4 Sa 87
Cuiña **E** (COR) 14 Ra 91
Cujó **P** (Vi) 69 Sa 103
Culata, La - **E** (PALM) 174 I C 3
Culebras **E** (CUE) 92 Xd 107
Culebrón **E** (ALI) 128 Za 118
Culebros **E** (LEÓ) 18 Tf 93
Culla **E** (CAS) 80 Zf 106
Cúllar-Baza **E** (GRA) 154 Xc 123
Cúllar-Vega **E** (GRA) 152 Wb 126
Cullera **E** (VAL) 114 Ze 113
Cumbraos **E** (COR) 3 Re 90
Cumbraos **E** (COR) 15 Rf 90
Cumbraos **E** (LUG) 16 Sb 92
Cumbre, La - **E** (HUEL) 147 Tb 124
Cumbre, La **E** (CÁC) 105 Ua 112
Cumbreras, Las - **E** (VALL) 37 Ud 95
Cumbrero, El - **E** (ALM) 155 Ya 126
Cumbres **E** (BAD) 119 Tc 118
Cumbres, Las - **E** (ALM) 154 Xf 123
Cumbres de en Medio **E** (HUEL) 133 Tb 120
Cumbres de San Bartolomé **E** (HUEL) 133 Tb 120
Cumbres Mayores **E** (HUEL) 133 Tc 120
Cumbrilla, La - **E** (TEN) 173 I F 2
Cumeada **P** (CB) 83 Rf 110
Cumeada **P** (Év) 118 Sc 118
Cumeada **P** (Fa) 145 Sa 125
Cumeeira **P** (Co) 83 Rd 109
Cumeira **P** (Le) 100 Qf 112
Cumeira de Cima **P** (Le) 101 Ra 111
Cumieira **P** (VR) 51 Sb 101
Cunas **E** (LEÓ) 35 Td 95
Cunas, Las - **E** (ALM) 155 Ya 125
Cuncos **P** (Év) 116 Re 117
Cundins **E** (COR) 2 Ra 89
Cunha **P** (Br) 50 Rc 100
Cunha **P** (VC) 32 Rc 97
Cunha **P** (Vi) 69 Sd 103
Cunha Alta **P** (Vi) 69 Sb 105
Cunha Baixa **P** (Vi) 69 Sb 105
Cunhas **P** (Br) 51 Sa 99
Cunheira **P** (Pg) 102 Sb 113
Cunit **E** (TAR) 65 Bd 101
Cunquilla de Vidriales **E** (ZAM) 36 Ua 96
Cuntis **E** (PON) 15 Rc 93
Cuñaba **E** (AST) 8 Vc 89
Cuñas **E** (OUR) 33 Rf 94
Cuoto **E** (PON) 33 Re 95
Cupillas, Las - **E** (ALM) 155 Ya 125
Cura, El - **E** (GRA) 139 Xc 122
Curalha **P** (VR) 34 Sc 98
Curas, Los - **E** (MUR) 155 Yd 123
Curbe **E** (HUES) 44 Ze 97
Curbeiras **E** (COR) 3 Rf 88
Curcar **E** (GRA) 153 Xb 124
Curcaveira Pequena **P** (Sa) 101 Rd 111
Cures **E** (COR) 14 Ra 92
Curibaila, La - **E** (ALM) 162 Wf 128
Curiel de Duero **E** (VALL) 57 Vf 99
Curillas **E** (LEÓ) 36 Tf 94
Curniola **E** (BAL) 96 Df 108
Curopos **P** (Ba) 34 Sf 98
Curra **E** (OUR) 146 Ta 95
Currada **E** (LUG) 5 Sf 88
Currais **P** (Fa) 145 Sb 125
Currais **P** (VR) 51 Sa 98
Curral **P** (Fa) 145 Re 125
Curral das Freiras **P** (Ma) 166 I C 2
Currás (Portas) **E** (PON) 14 Rc 93
Currelos **E** (LUG) 16 Sc 92
Currelos **P** (Vi) 68 Sa 106
Curro **E** (PON) 14 Rb 93
Curros **E** (LUG) 4 Se 88
Curros **P** (VR) 51 Sb 99
Curros, Los - **E** (ALM) 162 Wf 128
Curtis (Santa Eulalia) **E** (COR) 3 Rf 90
Curtis-Estación **E** (COR) 3 Rf 90
Curueña **E** (LEÓ) 18 Ua 91
Curullada, la - **E** (LLE) 46 Bb 99
Curvatos **P** (Be) 145 Rf 124
Curvos **P** (Br) 50 Rb 99
Cusanca **E** (OUR) 15 Rf 93
Custóias **P** (Gu) 52 Se 102
Custóias **P** (Por) 50 Rc 101
Cutanda **E** (TER) 78 Ye 103
Cútar **E** (MÁL) 160 Ve 128
Cutrán **E** (LUG) 15 Sa 92
Cuzcurrita de Aranda **E** (BUR) 58 Wd 98
Cuzcurrita de Juarros **E** (BUR) 39 Wc 95
Cuzcurrita-Río Tirón **E** (RIO) 23 Xa 93
Cuzcurritilla **E** (RIO) 23 Xa 93

CH

Chã **P** (Av) 68 Rd 104
Chã **P** (Sa) 101 Rc 111
Chã **P** (VR) 33 Sb 98
Chã **P** (VR) 52 Sd 101
Chabouco **P** (Fa) 144 Rb 125
Chacim **P** (Ba) 52 Ta 100
Chacin **E** (COR) 14 Ra 91
Chacón **E** (CÓRD) 150 Vb 123
Chacón **E** (MUR) 142 Yf 122
Chacón **E** (ZAR) 62 Zf 101
Chacones, Los - **E** (ALM) 154 Xe 124
Chachimanes, Los - **E** (MUR) 142 Za 122
Chã da Casinha **P** (Fa) 144 Rc 124
Chagarcía Medianero **E** (SAL) 72 Ud 105
Chaguazoso **E** (OUR) 34 Se 95
Chaguazoso **E** (OUR) 34 Sf 97
Chaherrero **E** (ÁVI) 73 Va 103
Chaián **E** (COR) 15 Rc 91
Chainça **P** (Co) 83 Rd 108
Chainça **P** (Le) 82 Rb 111
Chairos Carriça **P** (Ba) 52 Se 98
Chaissa Madriz **P** (Be) 130 Rd 122
Chalamera **E** (HUES) 63 Aa 99
Chalé **P** (Be) 131 Rd 122
Chalet de Íñigo **E** (RIO) 41 Xd 94
Chalet de Peñalara **E** (MAD) 74 Vf 104
Chamadouro **P** (Vi) 68 Rf 106
Chamartín **E** (ÁVI) 73 Va 104
Chaminé **P** (Be) 132 Se 120
Chaminé **P** (Pg) 118 Se 115
Chaminé **P** (Sa) 102 Re 113
Chaminé **P** (Sa) 102 Rf 115
Chamizas, Las - **E** (CÁC) 106 Uc 113
Chamoim **P** (Br) 32 Re 98
Chamoso **E** (LUG) 16 Sd 91
Chamusca **P** (Co) 69 Sb 106
Chamusca **P** (Sa) 101 Rd 112
Chan, A (Cotobade) **E** (PON) 15 Rd 94
Chana de Somoza **E** (LEÓ) 35 Td 94
Chança **P** (Pg) 102 Sb 113
Chancelaria **P** (Pg) 102 Sb 113
Chancelaria **P** (Sa) 101 Rc 111
Chanco, El - **E** (ALM) 154 Xd 125
Chancuda **P** (Be) 131 Sa 121
Chandebrito **E** (PON) 32 Rb 96
Chan de Cena **E** (LUG) 17 Sf 93
Chan de Luneda Padrón **E** (PON) 32 Re 96
Chandoiro **E** (OUR) 34 Sf 95
Chandrexa (Chandrexa de Queixa) **E** (OUR) 34 Sd 95
Chanos **E** (ZAM) 34 Ta 96
Chantada **E** (LUG) 16 Sb 93
Chantre, El - **E** (JAÉ) 139 We 122
Chañe **E** (SEG) 56 Vd 100
Chao **E** (LUG) 4 Sb 88
Chão da Parada **P** (Le) 100 Qf 111
Chão das Donas **P** (Fa) 144 Rc 126
Chão das Servas **P** (CB) 84 Sb 110
Chão da Vã **P** (CB) 84 Sc 109
Chão da Velha **P** (Pg) 102 Sb 111
Chão de Codes **P** (Sa) 102 Rf 111
Chão de Couce **P** (Le) 83 Rd 109
Chão de Lopes Grande **P** (Sa) 102 Rf 111
Chao de Pousadoiro (Ribeira de Piquín) **E** (LUG) 5 Se 89
Chão do Galego **P** (CB) 84 Sb 110
Chão do Porto **P** (VC) 32 Rb 97
Chão Frio **P** (Aç) 168 Wc 117
Chão Miúdo **P** (Vi) 68 Re 106
Chão Padro **P** (Le) 82 Ra 111
Chaorna **E** (SOR) 59 Xe 102
Chãos **P** (Gu) 69 Se 103
Chãos **P** (Gu) 69 Se 105
Chãos **P** (Li) 100 Qe 114
Chãos **P** (Por) 51 Rf 102
Chãos **P** (Sa) 83 Rd 110
Chãos **P** (Se) 130 Rb 121
Chão Sobral **P** (Co) 83 Sb 107
Chapa Fridão **P** (Por) 51 Rf 101
Chaparral **E** (BAD) 119 Tb 116
Chaparral **E** (JAÉ) 138 We 119
Chaparral **E** (JAÉ) 139 Xa 122
Chaparral **E** (MUR) 141 Yb 120
Chaparral **P** (Se) 130 Rb 121
Chaparral, El - **E** (CÁD) 164 Ub 132
Chaparral, El - **E** (GRA) 151 Wa 125
Chaparral, El - **E** (GRA) 152 Wc 125
Chaparral, El - **E** (MAD) 75 Wc 104
Chaparral, El - **E** (MÁL) 159 Vc 127
Chaparral, El - **E** (TOL) 89 Wa 108
Chaparral, El **E** (MÁL) 159 Vb 129
Chaparral Alto, El - **E** (ALM) 154 Xd 124
Chaparral Bajo, El - **E** (ALM) 154 Xd 124
Chaparral de Cartuja **E** (GRA) 152 Wb 125
Chaparrales, Los - **E** (BAD) 104 Te 114
Chaparral y Chapaya **E** (BAD) 120 Tf 117
Chaparrera, La - **E** (CÓRD) 137 Vd 120
Chaparros **E** (ALB) 125 Xd 117
Chapatales, Los - **E** (SEV) 148 Ua 126
Chapela **E** (PON) 32 Rb 95
Chapinería **E** (MAD) 74 Ve 106
Charán **E** (MUR) 140 Xf 119
Charca, La - **E** (MUR) 141 Yd 122
Charco, El - **E** (PALM) 175 II D 4
Charco, El - **E** (TEN) 171 B 3
Charco de los Hurones **E** (CÁD) 157 Uc 129
Charco del Pino **E** (TEN) 172 I D 5
Charco del Tamujo **E** (CIU) 108 Wa 113
Charco Dulce **E** (CÁD) 164 Ua 130
Charcofrío **E** (SEV) 148 Td 123
Charcón, El - **E** (GRA) 152 Wd 126
Charcón Alto **E** (GRA) 154 Xc 123
Charcones, Los - **E** (GRA) 153 Xa 124
Charcos, Los - **E** (ALB) 126 Yb 117
Charcos, Los - **E** (MUR) 141 Yb 119
Charcos, Los - **E** (MUR) 141 Yd 119
Charche Alto, El - **E** (ALM) 140 Xf 123
Charche Bajo, El - **E** (ALM) 140 Xf 123
Charches **E** (GRA) 153 Xa 125
Charilla **E** (JAÉ) 151 Wa 124
Charneca **P** (Be) 132 Sd 121
Charneca **P** (Év) 116 Rc 117
Charneca **P** (Le) 82 Rc 109
Charneca **P** (Li) 115 Qf 116
Charneca **P** (Sa) 101 Rb 112
Charneca **P** (Se) 115 Qe 117
Charneca da Velha **P** (Fa) 145 Re 125
Charnequinha **P** (Be) 131 Re 121
Charnequinha Silveiras **P** (Se) 130 Rc 122
Charo **E** (HUES) 27 Ab 94
Charrín **E** (JAÉ) 153 Wf 123
Chãs **P** (Gu) 70 Sf 103
Chãs **P** (Le) 82 Rb 110
Chãs de Égua **P** (Co) 84 Sb 107
Chãs de Tavares **P** (Gu) 69 Sc 105
Chatún **E** (SEG) 56 Vd 101
Chauchina **E** (GRA) 152 Wb 125
Chaulines, Los - **E** (GRA) 161 We 128
Chaus **E** (OUR) 33 Rf 97
Chavães **P** (Por) 51 Rf 101
Chavães **P** (Vi) 51 Sc 102
Chavaler **E** (SOR) 41 Xd 97
Chavarri **E** (VIZ) 10 Wf 89
Chave **E** (COR) 14 Ra 92
Chave **P** (Av) 68 Rd 103
Chaveira **P** (Sa) 83 Sa 110
Chavelhas **P** (Gu) 70 Ta 105
Chaves **P** (VR) 34 Sd 98
Chaviães **P** (VC) 33 Re 96
Chavião **P** (VC) 32 Rc 97
Chavida **E** (SEG) 57 Wa 102
Chavín **E** (LUG) 4 Sc 87
Checa **E** (GUA) 77 Yb 105
Checas **E** (ALM) 153 Xc 125
Cheiras **P** (Gu) 70 Sf 105
Cheires **P** (VR) 51 Sc 101
Chejelipes **E** (TEN) 172 II C 2
Cheleiros **P** (Li) 115 Qe 115
Cheles **E** (BAD) 118 Se 117
Chelo **E** (LUG) 16 Se 92
Chelo **P** (Co) 83 Re 107
Chelo **P** (VR) 33 Rf 98
Chelva **E** (VAL) 94 Za 110
Chella **E** (VAL) 113 Zc 114
Chequilla **E** (GUA) 77 Yb 105
Chera **E** (GUA) 77 Yb 104
Chera **E** (VAL) 112 Za 111
Chércoles **E** (SOR) 59 Xe 100
Chercos **E** (ALM) 154 Xe 125
Cherín **E** (GRA) 153 Wf 127
Cherta = Xerta **E** (TAR) 81 Ac 103
Cheste **E** (VAL) 113 Zb 112
Chía **E** (HUES) 28 Ac 93
Chiblúco **E** (HUES) 44 Zd 95
Chica Carlota, La - **E** (CÓRD) 136 Va 122
Chicamo, El - **E** (MUR) 142 Za 119
Chiclana de la Frontera **E** (CÁD) 164 Tf 130
Chiclana de Segura **E** (JAÉ) 124 Wf 119
Chicoteros, Los - **E** (CUE) 93 Yd 110
Chiguergue **E** (TEN) 172 I C 4
Chilches **E** (CAS) 95 Ze 110
Chilches **E** (MÁL) 160 Ve 128
Chiloeches **E** (GUA) 75 Wf 105
Chilrão **P** (Fa) 144 Rc 125
Chilla **E** (SEV) 148 Te 125
Chillarón de Cuenca **E** (CUE) 92 Xe 108
Chillarón del Rey **E** (GUA) 76 Xb 105
Chillón **E** (CIU) 122 Va 116
Chilluévar **E** (JAÉ) 139 Wf 120
Chilluévar **E** (JAÉ) 139 Wf 121
Chimeneas **E** (GRA) 152 Wb 126
Chimiche **E** (TEN) 172 I D 5
Chimillas **E** (HUES) 44 Zd 95
Chimparra **E** (COR) 3 Rf 86
China, La - **E** (BAD) 120 Tf 115
Chinas, Las - **E** (HUEL) 133 Tb 121
Chinas Blancas **E** (BAD) 120 Tf 115
Chincolla **E** (JAÉ) 139 Xa 119
Chinchetru **E** (ÁLA) 23 Xd 91
Chinchilla de Monte Aragón **E** (ALB) 126 Yb 115
Chinchón **E** (MAD) 90 Wd 108
Chinorla **E** (ALI) 128 Za 118
Chio **E** (TEN) 172 I C 4
Chipiona **E** (CÁD) 156 Td 128
Chiprana **E** (ZAR) 62 Zf 101
Chiqueda de Cima **P** (Le) 100 Ra 111
Chiquero, El - **E** (CIU) 107 Vd 114
Chiquierdi **E** (GUI) 12 Xf 89
Chirán **E** (ALM) 162 Xa 127
Chircales **E** (JAÉ) 152 Wa 123
Chirche **E** (TEN) 172 I C 4
Chirivel **E** (ALM) 154 Xe 123
Chirivella = Xirivella **E** (VAL) 113 Zd 112
Chiriveta **E** (HUES) 45 Ae 96
Chirivi **E** (CIU) 124 We 117
Chirivilla, La - **E** (CAS) 95 Zd 108
Chirles **E** (ALI) 129 Zf 117
Chiró **E** (HUES) 45 Ad 95
Chisagüés **E** (HUES) 27 Ab 93
Chisquerol **E** (CAS) 80 Ze 106
Chite **E** (GRA) 161 Wc 127
Chiva **E** (VAL) 113 Zb 112
Chiva de Morella **E** (CAS) 80 Zf 105
Chive, El - **E** (ALM) 154 Xf 125
Choca do Mar **P** (Co) 67 Rb 106
Choça Queimada **P** (Fa) 146 Sc 125
Chodes **E** (ZAR) 60 Yd 100
Chodos **E** (CAS) 95 Ze 107
Chopillo, El - **E** (MUR) 126 Yb 119
Chopo, El - **E** (VAL) 94 Za 109
Chopos, Los - **E** (JAÉ) 151 Wa 123
Chorense **P** (Br) 50 Re 98
Chorente **P** (Br) 50 Rc 100
Chorretas, Las - **E** (CUE) 77 Ya 106
Chorretites de Abajo, Los - **E** (ALB) 140 Xd 119
Chorrillo, El - **E** (ALM) 154 Xd 127
Chorrillo, El - **E** (PALM) 174 I C 3
Chorro, El - **E** (JAÉ) 139 Wf 121
Chorro, El - **E** (MÁL) 159 Vb 127
Chortales, Los - **E** (ALB) 127 Yd 116
Chosendo **P** (Vi) 69 Sd 103
Chospes, Los - **E** (ALB) 110 Xd 114
Chospes, Los - **E** (ALB) 125 Xd 116
Chotos, Los - **E** (MAD) 75 Wc 105
Choupana **P** (Ma) 167 I C 2
Chouriço **P** (Be) 131 Sa 119
Chousal **P** (Av) 68 Rd 104
Chouto **P** (Sa) 101 Rd 113
Chouzán **E** (LUG) 16 Sb 93
Chóvar **E** (CAS) 95 Ze 109
Choza del Alamillo **E** (HUEL) 147 Tc 126
Choza de las Nuevas **E** (SEV) 148 Te 127
Choza del Guarda **E** (ALM) 162 Xa 127
Choza Fumia, Refugio - **E** (HUES) 26 Zb 92
Chozas **E** (JAÉ) 139 Xa 119
Chozas, Las - **E** (GRA) 151 Wa 126
Chozas, Las - **E** (GRA) 154 Xc 124
Chozas de Abajo **E** (LEÓ) 19 Ub 93
Chozas de Arriba **E** (LEÓ) 19 Ub 93
Chozas de Canales **E** (TOL) 89 Vf 108
Chozo de Colmenar **E** (CÁC) 103 Sf 111
Chozones, Los - **E** (CÁC) 86 Td 108
Chozos de la Bardera **E** (ÁVI) 72 Uf 105
Chucena **E** (HUEL) 148 Td 124
Chuche, El - **E** (ALM) 162 Xd 127
Chucho, El - **E** (VALL) 55 Va 101
Chuchurumbache **E** (TEN) 172 I D 5
Chueca **E** (TOL) 89 Wa 110
Chulilla **E** (VAL) 94 Za 111
Chumillas **E** (CUE) 92 Xf 110
Chuminé **P** (Se) 131 Sa 121
Chunchillos **E** (ZAR) 42 Yb 97
Churió **E** (COR) 3 Rf 89
Churra **E** (MUR) 142 Yf 120
Churreira **P** (Év) 118 Sd 117
Churriana **E** (MÁL) 159 Vc 129
Churriana de la Vega **E** (GRA) 152 Wc 126
Churriara **E** (MÁL) 159 Vc 129

D

Dacón **E** (OUR) 15 Rf 94
Daganzo de Arriba **E** (MAD) 75 Wd 105
Dagarda **P** (Li) 100 Qf 113
Daimalos **E** (MÁL) 160 Vf 128
Daimés **E** (ALI) 143 Zb 119
Daimiel **E** (CIU) 109 Wc 114
Daimús **E** (VAL) 114 Zf 115
Daimuz = Daimús **E** (VAL) 114 Zf 115
Daivões **P** (VR) 51 Sa 99
Dalías **E** (ALM) 162 Xa 128
Dálvares **P** (Vi) 51 Sb 102
Dallo **E** (ÁLA) 23 Xd 91
Dama, La - **E** (TEN) 172 II B 2
Damas, Las - **E** (ÁVI) 74 Ve 105
Dancharinea **E** (NAV) 13 Yc 89
Dardavaz **P** (Vi) 68 Rf 106
Darmós **E** (TAR) 64 Ae 102
Darnius **E** (GIR) 31 Ce 94
Daroca **E** (ZAR) 60 Yd 102
Daroca de Rioja **E** (RIO) 41 Xc 94
Daroeira **P** (Se) 131 Re 121
Daroeiras **P** (Be) 130 Rb 123
Darque **P** (VC) 32 Rd 98
Darrical **E** (ALM) 162 Wf 127
Darro **E** (GRA) 152 We 124
Das **E** (GIR) 30 Bf 94
Daya Nueva **E** (ALI) 143 Zb 120
Daya Vieja **E** (ALI) 143 Zb 120
Deão **P** (VC) 32 Rb 98
Deba **E** (GUI) 11 Xd 89
Débanos **E** (SOR) 42 Ya 97
Decermilo **P** (Vi) 69 Sc 104
Defesa **P** (Év) 117 Sc 116
Degaña **E** (AST) 17 Tc 91
Degolada, A - **E** (LUG) 17 Sf 90
Degoludos **P** (Sa) 102 Sa 111
Degrácia Cimeira **P** (Pg) 102 Sa 112
Degrácias **P** (Co) 82 Rc 108
Dehesa **E** (GRA) 151 Wa 126
Dehesa **E** (HUEL) 133 Tb 122
Dehesa **E** (SEG) 56 Ve 100
Dehesa, La - **E** (ALB) 126 Xe 118
Dehesa, La - **E** (ALB) 126 Xf 117
Dehesa, La - **E** (HUEL) 133 Tc 122
Dehesa, La - **E** (JAÉ) 125 Xb 118
Dehesa Armesnal **E** (ZAM) 54 Ua 101
Dehesa de Abajo **E** (HUEL) 147 Tb 124
Dehesa de Abajo **E** (SEG) 57 Wd 101
Dehesa de Campoamor **E** (ALI) 143 Zb 121
Dehesa de Carrasco, La - **E** (TOL) 89 Vf 109
Dehesa de Caulor **E** (ZAR) 61 Ye 98
Dehesa de Cuadrados **E** (SAL) 71 Td 105
Dehesa de Chaparral **E** (CÁD) 164 Tf 130
Dehesa de la Aldea de Santiago **E** (VALL) 37 Ue 95
Dehesa del Campo **E** (BAD) 134 Te 119
Dehesa de los Montes **E** (GRA) 151 Ve 125
Dehesa del Roblecedo **E** (HUEL) 133 Tc 121
Dehesa de Macintos **E** (PAL) 38 Vc 95
Dehesa de Monte de Fuentidueña **E** (MAD) 90 We 108
Dehesa de Montejo **E** (PAL) 20 Vc 92
Dehesa de Navaestilera **E** (ÁVI) 73 Vb 105
Dehesa de Perosín **P** (SAL) 85 Tb 107
Dehesa de Pero Vázquez **E** (TOL) 89 Vd 109
Dehesa de Potros **E** (CÓRD) 137 Vd 121
Dehesa de Puercas **E** (ZAM) 54 Ua 100
Dehesa de Ramabujas Altas **E** (TOL) 89 Wa 109
Dehesa de Romanos **E** (PAL) 20 Vd 93
Dehesa de San Juan **E** (NAV) 42 Yb 95
Dehesa de Santa María **E** (CÓRD) 135 Ue 121
Dehesa de Tablares **E** (PAL) 20 Vc 92
Dehesa de Valdecaba Vieja **E** (TOL) 89 Wa 109
Dehesa de Villandrando **E** (PAL) 38 Ve 96
Dehesa Mayor **E** (SEG) 56 Ve 100
Dehesa Nueva **E** (BAD) 120 Ua 117
Dehesa Nueva **E** (BAD) 134 Te 119
Dehesas **E** (LEÓ) 17 Tb 93
Dehesas de Cantarranas y Tovilla **E** (VALL) 56 Vc 99
Dehesas de Guadix **E** (GRA) 153 Wf 123
Dehesas Viejas **E** (GRA) 152 Wc 124
Dehesa Virginia **E** (ALB) 112 Ye 114
Dehesilla **E** (BAD) 134 Tf 119
Dehesilla **E** (BUR) 40 Wf 97
Dehesilla **E** (CÁC) 85 Tc 109
Dehesilla, La - **E** (BAD) 104 Ta 114
Dehesilla, La - **E** (VALL) 38 Vb 98
Dehesilla Guzmán **E** (BAD) 134 Tf 120
Dehesillas **E** (CIU) 125 Xa 117
Deià **E** (BAL) 98 Cd 110
Deifontes **E** (GRA) 152 Wc 125
Deilão **P** (Ba) 35 Tc 97
Deiro **E** (PON) 14 Rb 93
Deixa-o-Resto **P** (Se) 130 Rb 120
Delães **P** (Br) 50 Rd 100
Deleitosa **E** (CÁC) 105 Uc 111
Delfeira **P** (Be) 144 Rb 124
Delfiá **E** (GIR) 31 Da 94
Delfins, Es - **E** (BAL) 96 De 108
Delgada **P** (Le) 100 Qf 113
Delgadas, Las - **E** (HUEL) 133 Tc 123
Delgadillo **E** (GRA) 152 We 124
Delgado **P** (VR) 51 Sc 101
Delica **E** (ÁLA) 23 Xa 91
Delika = Delica **E** (ÁLA) 23 Xa 91
Deltebre la Cava **E** (TAR) 81 Ae 104
Demangas **P** (Be) 132 Sb 122
Demetrios, Los - **E** (CUE) 77 Ya 106
Demués **E** (AST) 8 Va 89
Dena **E** (PON) 15 Rb 94
Denia **E** (ALI) 129 Aa 115
Denune **E** (LUG) 4 Sc 89
Denúy **E** (HUES) 28 Ad 93
Deocriste **P** (VC) 32 Rb 98
Depósito de aguas de Malas Noches **E** (CÁD) 157 Tf 130
Derde **E** (ALM) 140 Xf 122
Derramadero **E** (ALB) 126 Xf 118
Derramador **E** (ALI) 128 Za 118
Derramador **E** (ALI) 143 Zb 119
Derramador **E** (VAL) 112 Yf 112
Derrasa, La - **E** (OUR) 145 Sb 95
Derrengada-Valhondo **E** (SAL) 72 Uc 104
Derroñadas **E** (SOR) 41 Xc 97
Desamparados **E** (ALI) 142 Za 120
Desbarate **P** (Fa) 145 Sb 126
Desbarato **P** (Fa) 145 Sb 126
Descansadero, El - **E** (CÁC) 105 Ub 111
Descargamaría **E** (CÁC) 86 Td 107
Desejosa **P** (Vi) 51 Sc 102
Desierto, El - **E** (TEN) 172 I D 5
Desierto de las Palmas **E** (CAS) 95 Aa 108
Desojo **E** (NAV) 24 Xe 93
Desterro, O **E** (OUR) 15 Rf 93
Destriana **E** (LEÓ) 36 Tf 95
Destriz **P** (Vi) 68 Re 105
Deva **E** (AST) 7 Uc 87
Devesa **P** (Av) 67 Rc 104
Devesa **P** (Gu) 70 Sf 103
Devesa **P** (Por) 51 Rf 102
Devesa, A - **E** (LUG) 5 Sf 87
Devesa, A - **E** (OUR) 34 Sd 97
Devesa, Sa - **E** (BAL) 99 Db 110
Devesa de Arriba **E** (PON) 15 Re 94
Devesa de Curueño **E** (LEÓ) 19 Ud 92
Deveses, les - **E** (CAS) 80 Aa 107
Deveso **E** (COR) 4 Sa 87
Devesos **E** (COR) 4 Sb 87
Deza **E** (SOR) 60 Xf 100
Dianteiro **P** (Co) 83 Rd 107
Díaz, Los - **E** (GRA) 161 We 128
Díaz, Los - **E** (MUR) 142 Ye 122
Díaz, Los - **E** (MUR) 142 Yf 123
Dicastillo **E** (NAV) 24 Xf 93
Dices **E** (COR) 14 Rb 92
Diechar **E** (GRA) 152 Wd 126
Diego Álvaro **E** (ÁVI) 72 Ue 105
Diezma **E** (GRA) 152 We 125
Dilar **E** (GRA) 152 Wc 126
Dine **P** (Ba) 34 Ta 97
Diogo Dias **P** (Fa) 145 Sb 124
Diogo Martins **P** (Be) 146 Sb 123
Dioses, Los - **E** (ALM) 154 Xf 125
Dios le Guarde **E** (SAL) 71 Te 105
Dirá, El - **E** (ALM) 154 Xf 124
Distriz **E** (LUG) 4 Sb 89
Diustes **E** (SOR) 41 Xd 96
Divina Pastora **E** (CIU) 122 Vd 117
Doade **E** (LUG) 34 Sd 94
Doade **E** (PON) 15 Rf 93
Dobres **E** (CAN) 20 Vc 90
Dobro **E** (BUR) 22 Wc 92
Docabo **E** (PON) 15 Rd 93
Doctor, El - **E** (ALM) 153 Xa 126
Doctoral, El - **E** (PALM) 174 I D 4
Dodro **E** (COR) 15 Re 91
Dogueno **P** (Be) 145 Sa 124
Doiras **E** (AST) 5 Tb 88
Dois Portos **P** (Li) 100 Qe 114
Dólar **E** (GRA) 153 Xa 125
Dolores **E** (ALI) 143 Zb 120
Dolores **E** (MUR) 142 Za 122
Dolores, Los - **E** (ALI) 143 Za 120
Dolores, Los - **E** (MUR) 142 Yf 123
Domaikia = Domaiquia **E** (ÁLA) 23 Xb 91
Domaio **E** (PON) 32 Rb 95
Domaiquia **E** (ÁLA) 23 Xb 91
Dombellas **E** (SOR) 41 Xc 97
Domenes **E** (ALM) 153 Xc 125
Domeño **E** (NAV) 25 Ye 92
Domeño **E** (VAL) 94 Za 110
Dómez **E** (ZAM) 54 Tf 98
Domingão **P** (Pg) 102 Rf 113
Domingo García **E** (SEG) 56 Vd 102
Domingo Pérez **E** (GRA) 152 Wc 124
Domingo Pérez **E** (TOL) 88 Vc 109
Domingos da Vinha **P** (Pg) 102 Sa 111
Domingo Señor **E** (SAL) 71 Ua 104
Domingueiros **P** (Vi) 69 Sb 103
Dominguizo **P** (CB) 84 Sc 107
Domiz **E** (OUR) 34 Ta 94
Donadillo **E** (ZAM) 35 Te 96
Donadío **E** (JAÉ) 138 Wd 121
Donadío de las Ventas **E** (CÓRD) 137 Ve 122
Donado **E** (ZAM) 35 Td 96
Donai **P** (Ba) 35 Tb 98
Donalbai **E** (LUG) 4 Sb 90
Donalda **P** (Fa) 144 Rc 125
Don Álvaro **E** (BAD) 119 Te 115
Donamaría **E** (NAV) 12 Yb 90
Dona María **P** (Be) 132 Sc 119
Dona Maria **P** (Li) 115 Qe 116
Donas **P** (CB) 84 Sd 108
Don Benito **E** (BAD) 120 Ua 115
Don Benito **E** (CUE) 92 Xe 110
Don Blasco **E** (BAD) 119 Tc 118
Doncell = Donzell d'Urgell, la - **E** (LLE) 46 Ba 97
Doncos **E** (LUG) 17 Sf 92
Dondo, El - **E** (ALM) 155 Ya 126
Dondoncilla **E** (JAÉ) 139 Wf 122
Done Bikendi Harana = San Vicente de Arana **E** (ÁLA) 23 Xd 92
Donelo **P** (VR) 51 Sc 101
Do Neves **P** (Be) 131 Rf 123
Doney de la Requejada **E** (ZAM) 35 Tc 96
Donfins **P** (Gu) 70 Sf 105
Don Gonzalo **E** (MUR) 141 Ya 121
Donhierro **E** (SEG) 56 Vb 102
Doniños **E** (COR) 3 Re 88
Donis **E** (LUG) 17 Ta 91
Donjimeno **E** (ÁVI) 73 Va 103
Don Juan **E** (ALB) 110 Xd 114
Don Juan **E** (JAÉ) 138 Wa 122
Don Llorente **E** (BAD) 120 Ua 115
Donões **P** (VR) 33 Sb 98
Donón **E** (PON) 32 Ra 95
Donostia-San Sebastián **E** (GUI) 12 Ya 89
Don Pedro **E** (TEN) 171 B 1
Don Tello **E** (BAD) 119 Te 115
Donvidas **E** (ÁVI) 55 Vb 102
Donzell d'Urgell, la - **E** (LLE) 46 Ba 97
Doña Ana **E** (GRA) 139 Xc 121
Doña Elvira **E** (BAD) 134 Td 119
Doña Inés **E** (MUR) 141 Ya 121
Doñajuandi **E** (AST) 6 Ua 89
Doña María **E** (ALM) 153 Xb 126
Doña Mencía **E** (CÓRD) 151 Vd 123
Doña Rama **E** (CÓRD) 135 Ue 119
Doñaros, Los - **E** (CÓRD) 135 Ud 119
Doña Santos **E** (BUR) 40 Wd 97
Doñinos de Ledesma **E** (SAL) 71 Tf 102
Doñinos de Salamanca **E** (SAL) 72 Ub 103
Dordóniz **E** (BUR) 23 Xb 92
Dormeá **E** (COR) 15 Rf 91
Dorna **P** (VR) 52 Sd 99
Dornas **P** (Vi) 51 Sa 102
Dornelas **E** (PON) 15 Rd 92
Dornelas **P** (Av) 68 Rd 104
Dornelas **P** (Br) 50 Re 99
Dornelas **P** (Gu) 69 Sc 104
Dornelas **P** (VR) 51 Sa 99
Dornelas do Zêzere **P** (Co) 84 Sb 108
Dornes **P** (Sa) 83 Re 110
Dornillas **E** (ZAM) 35 Td 96
Doroño **E** (BUR) 23 Xb 92
Dòrria **E** (GIR) 30 Ca 94

Dorve **E** (LLE) 29 Ba 93
Dos **E** (HUES) 28 Ad 94
Dos Aguas **E** (VAL) 113 Zb 113
Dosaiguas = Duesaigües **E** (TAR) 64 Af 102
Dosbarrios **E** (TOL) 90 Wd 109
Dos Hermanas **E** (CÓRD) 136 Uf 119
Dos Hermanas **E** (SEV) 148 Ua 125
Dosquers **E** (GIR) 48 Ce 95
Dosrius **E** (BAR) 48 Cc 99
Dossãos **P** (Br) 50 Rd 98
Dos Torres **E** (CÓRD) 122 Va 118
Dos Torres de Mercader **E** (TER) 80 Zd 104
Do Testa **P** (Be) 131 Rf 123
Dou **E** (AST) 17 Ta 90
Doze Ribeiras **P** (Aç) 169 Xd 116
Dradelo **E** (OUR) 34 Sf 96
Drago, El **E** (CÁD) 157 Ua 128
Dragonte **E** (LEÓ) 17 Ta 93
Dreia **P** (Co) 83 Sa 107
Driebes **E** (GUA) 91 Wf 107
Drova, La - **E** (VAL) 114 Ze 114
Duáñez **E** (SOR) 41 Xe 98
Duas Igrejas **P** (Ba) 53 Td 100
Duas Igrejas **P** (Br) 32 Rd 98
Duas Igrejas **P** (Por) 50 Re 101
Duas Igrejas **P** (Vi) 69 Sb 104
Dúas Igréxas **E** (PON) 15 Rd 93
Ducha **E** (CÁD) 157 Tf 128
Dúdar **E** (GRA) 152 Wd 125
Dueña de Abajo **E** (SAL) 70 Tc 105
Dueñas **E** (PAL) 38 Vc 97
Dueñas, Las - **E** (SEV) 149 Uc 124
Dueñas, Las - **E** (TER) 94 Yf 108
Duesaigües **E** (TAR) 64 Af 102
Dueso **E** (CAN) 10 Wd 88
Dulantzi = Alegría-Dulantzi **E** (ÁLA) 23 Xc 91
Dume **P** (Br) 50 Rd 99
Dunas **E** (ALI) 143 Zc 120
Duña **E** (CAN) 9 Ve 88
Duques, Los - **E** (VAL) 112 Ye 112
Durana **E** (ÁLA) 23 Xc 91
Durango **E** (VIZ) 11 Xc 89
Duratón **E** (SEG) 57 Wb 101
Durban **E** (BAR) 47 Bc 98
Dúrcal **E** (GRA) 152 Wc 127
Durón **E** (GUA) 76 Xb 105
Durrães **P** (Br) 50 Rc 99
Durro **E** (LLE) 28 Ae 93
Durruma Donemiliaga = San Román de San Millán **E** (ÁLA) 24 Xe 91
Durruma Kanpezu = San Román de Campezo **E** (ÁLA) 23 Xd 92
Duruelo **E** (ÁVI) 73 Vb 105
Duruelo **E** (SEG) 57 Wc 101
Duruelo de la Sierra **E** (SOR) 40 Xa 97
Düxame **E** (PON) 15 Re 91

E

Ea **E** (VIZ) 11 Xc 88
Ecala **E** (NAV) 24 Xe 92
Ecay **E** (NAV) 25 Yd 92
Écija **E** (SEV) 150 Uf 123
Echagüe **E** (NAV) 25 Yc 93
Echagüen **E** (ÁLA) 23 Xb 91
Echagüen **E** (ÁLA) 23 Xc 90
Echalar **E** (NAV) 12 Yc 89
Echalaz **E** (NAV) 25 Yc 91
Echalecu **E** (NAV) 24 Yb 91
Echarren **E** (NAV) 24 Ya 91
Echarren de Guirguillano **E** (NAV) 24 Ya 92
Echarri **E** (NAV) 24 Ya 90
Echarri **E** (NAV) 24 Yb 92
Echarri-Aranaz **E** (NAV) 24 Xf 91
Echauri **E** (NAV) 24 Yb 92
Echavacoiz **E** (NAV) 24 Yb 92
Echavarri **E** (NAV) 24 Xf 92
Echavarri **E** (NAV) 24 Xf 93
Echedo **E** (TEN) 173 III C 2
Echevarri-Urtupiña **E** (ÁLA) 23 Xc 91
Echeverri **E** (NAV) 24 Ya 91
Edral **P** (Ba) 34 Sf 97
Edreida **E** (OUR) 146 Ta 95
Edreira **E** (OUR) 15 Re 94
Edreira **E** (OUR) 34 Sd 95
Edreira **E** (OUR) 34 Ta 95
Edrosa **P** (Ba) 34 Ta 98
Edroso **P** (Ba) 34 Sf 97
Edroso **P** (Ba) 52 Ta 99
Ega **P** (Co) 82 Rc 108
Egido Grande **E** (CÁC) 87 Ud 109
Egilehor = Eguileor **E** (ÁLA) 23 Xd 92
Egino = Eguino **E** (ÁLA) 24 Xe 91
Egiraz = Eguilaz **E** (ÁLA) 23 Xd 91
Egozcue **E** (NAV) 25 Yc 91
Eguaras **E** (NAV) 24 Yb 91
Eguen-Lariz = Guizaburuaga **E** (VIZ) 11 Xc 89
Egüés **E** (NAV) 25 Yc 92
Eguilaz **E** (ÁLA) 23 Xd 91
Eguileor **E** (ÁLA) 23 Xd 92
Eguileta **E** (ÁLA) 23 Xc 92
Eguillor **E** (NAV) 24 Yb 91
Eguino **E** (ÁLA) 24 Xe 91
Eguzquiza **E** (VIZ) 11 Xa 88
Ehari = Ali **E** (ÁLA) 23 Xb 91
Eibar **E** (GUI) 11 Xd 89
Eira da Cruz **P** (Ma) 167 I C 2
Eira da Palma **P** (Fa) 146 Sc 125
Eira de Ana **P** (Br) 50 Rb 99
Eirado **P** (Gu) 69 Sd 104
Eira do Chão **P** (Sa) 102 Re 111
Eirados **P** (VC) 32 Rd 96
Eira do Serrado **P** (Ma) 167 I C 2
Eiras **P** (Co) 83 Rd 107
Eiras **P** (Ma) 167 I C 2
Eiras **P** (Ma) 167 I D 2
Eiras **P** (VC) 33 Re 97
Eiras **P** (VR) 34 Sd 98
Eiras, As - **E** (OUR) 33 Rf 94
Eiras, As - **E** (PON) 32 Rb 97
Eiras Altas **P** (Fa) 146 Sb 125
Eiras Maiores **P** (Ba) 52 Ta 98
Eira Vedra **P** (Br) 51 Rf 99
Eira Velha **P** (CB) 83 Rf 110
Eirines **E** (COR) 3 Rf 88
Eirinhas **P** (Be) 132 Sd 119
Eiriz **P** (Por) 50 Rd 101
Eiriz **P** (Vi) 68 Rf 103
Eiriz **P** (VR) 51 Sc 99
Eiró **P** (Br) 51 Sa 99
Eirol **P** (Av) 67 Rc 105
Eirón **E** (COR) 14 Ra 91
Eivados **P** (Ba) 52 Se 100
Eivissa **E** (BAL) 97 Bc 115
Eixaders, els - **E** (LLE) 64 Af 99
Eixes **P** (Ba) 52 Se 99
Eixo **E** (LUG) 4 Sd 87
Eixo **P** (Av) 67 Rc 105
Eja **P** (Por) 50 Re 102
Ejea **E** (HUES) 28 Ac 94
Ejea de los Caballeros **E** (ZAR) 43 Yf 96
Ejeme **E** (SAL) 72 Uc 104
Ejep **E** (HUES) 45 Ab 95
Ejido, El - **E** (ALM) 162 Xb 128
Ejulve **E** (TER) 79 Zc 104
Elanchove **E** (VIZ) 11 Xc 88
Elantxobe = Elanchobe **E** (VIZ) 11 Xc 88
Elburgo **E** (ÁLA) 23 Xc 91
Elca **E** (VAL) 129 Zf 115
Elcano **E** (GUI) 12 Xe 89
Elcano **E** (NAV) 25 Yc 91
Elciego **E** (ÁLA) 23 Xc 93
Elcóaz **E** (NAV) 25 Ye 91
Elche = Elx **E** (ALI) 128 Zb 119
Elche de la Sierra **E** (ALB) 126 Xf 118
Elda **E** (ALI) 128 Zb 118
Eldúa **E** (GUI) 12 Xf 90
Elduа = Eldúa **E** (GUI) 12 Xf 90
Elduain = Elduayen **E** (GUI) 12 Xf 90
Elduayen **E** (GUI) 12 Xf 90
Elejalde **E** (VIZ) 11 Xc 89
Elejalde (Lejona) **E** (VIZ) 11 Xa 89
Elejalde = Ispáster **E** (VIZ) 11 Xc 88
Elexalde **E** (VIZ) 11 Xa 88
Elexalde = Elejalde **E** (VIZ) 11 Xc 89
Elexalde-Zeeta **E** (VIZ) 11 Xc 88
Elgea = Elguea **E** (ÁLA) 23 Xc 91
Elgeta **E** (GUI) 11 Xd 90
Elgoibar **E** (GUI) 11 Xd 89
Elgorriaga **E** (NAV) 12 Yb 90
Elguea **E** (ÁLA) 23 Xc 91
Elía **E** (NAV) 25 Yc 91
Eliana, l' - **E** (VAL) 113 Zc 111
Elizondo **E** (NAV) 13 Yc 90
Eljas **E** (CÁC) 85 Ta 107
Elkano = Elcano **E** (GUI) 12 Xe 89
Elochelerri **E** (VIZ) 11 Xa 89
El Olivar **E** (AST) 7 Ud 87
Elorriaga **E** (VIZ) 11 Xb 89
Elorrieta, Albergue de - **E** (GRA) 152 Wd 126
Elorrio **E** (VIZ) 11 Xc 90
Elorz **E** (NAV) 25 Yc 92
Elosu **E** (ÁLA) 23 Xb 91
Elosu = Elosua **E** (GUI) 11 Xd 90
Elosua **E** (GUI) 11 Xd 90
Elso **E** (GUI) 12 Ya 91
Eltziego = Elciego **E** (ÁLA) 23 Xc 93
Elvas **P** (Pg) 118 Sf 115
Elvetea **E** (NAV) 13 Yc 90
Elviria **E** (MÁL) 159 Vb 130
Elx **E** (ALI) 128 Zb 119
Elzaburu **E** (NAV) 24 Yb 90
Éllar = Éller **E** (LLE) 29 Be 94
Éller **E** (LLE) 29 Be 94
Embarcadero de Punta Grande **E** (TEN) 173 III C 2
Embarradoiro **P** (Fa) 144 Rc 125
Embid **E** (GUA) 78 Yb 103
Embid de Ariza **E** (ZAR) 60 Ya 100
Embid de la Ribera **E** (ZAR) 60 Yc 100
Embún **E** (HUES) 26 Zb 93
Emerando **E** (VIZ) 11 Xb 88
Empalme, El - **E** (HUEL) 146 Se 125
Emparedada **E** (CÓRD) 136 Uf 122
Emperador **E** (VAL) 113 Zd 111
Emperador, El - **E** (TOL) 108 Wa 113
Empúria-brava **E** (GIR) 31 Da 95
Empúries **E** (GIR) 49 Da 96
Ena **E** (HUES) 26 Zb 94
Enate **E** (HUES) 45 Ab 96
Encalmados, Los - **E** (ALM) 154 Xe 126
E.N. Calvo Sotelo **E** (CIU) 123 Vf 116
Encamp **AND** 29 Bd 93
Encarnação **P** (Li) 100 Qd 114
Encarnaciones, Las - **E** (SEV) 149 Ue 126
Encarnaçõa **P** (Li) 100 Qd 114
Encarnada, La - **E** (AST) 7 Uc 89
Encebras **E** (ALI) 128 Za 118
Encebras, Las - **E** (MUR) 127 Ye 118
Encebrico, El - **E** (ALB) 125 Xd 117
Encies **E** (LLE) 47 Bd 96
Encies, les - **E** (GIR) 48 Cd 96
Encima Angulo **E** (BUR) 22 We 90
Encín, El - **E** (MAD) 75 We 105
Encina, La - **E** (ALI) 128 Za 116
Encina, La - **E** (SAL) 70 Tc 106
Encinacaída **E** (CIU) 107 Vb 112
Encinacorba **E** (ZAR) 61 Ye 101
Encinar **E** (BAD) 134 Tf 120
Encinar, El - **E** (SEV) 135 Uc 120
Encinar del Alberche, El - **E** (MAD) 89 Vd 107
Encinar de los Reyes, El **E** (MAD) 74 Vf 105
Encinarejo, El - **E** (JAÉ) 137 Vf 120
Encinares **E** (ÁVI) 72 Ud 106
Encinares **E** (BAD) 120 Tf 118
Encinares, Los - **E** (JAÉ) 137 Wa 123
Encinar y San Alberto, El **E** (MAD) 74 Vf 105
Encinas **E** (SEG) 57 Wc 100
Encinas, Las - **E** (SEV) 149 Ub 124
Encina San Silvestre **E** (SAL) 71 Tf 102
Encinas de Abajo **E** (SAL) 72 Ud 103
Encinas de Arriba **E** (SAL) 72 Uc 104
Encinas de Esgueva **E** (VALL) 39 Vf 98
Encinasola **E** (HUEL) 133 Ta 120
Encinasola de los Comendadores **E** (SAL) 70 Tc 102
Encinas Reales **E** (CÓRD) 151 Vd 125
Encinedo **E** (LEÓ) 35 Tc 95
Encinilla **E** (BUR) 39 Wb 96
Encinilla, La - **E** (SEV) 149 Ub 127
Encinillas **E** (SEG) 74 Vf 102
Enciso **E** (RIO) 41 Xe 96
Encomienda de Mudela **E** (CIU) 124 Wc 117
Encourados **P** (Br) 50 Rc 99
Encrobas, As - **E** (COR) 3 Rd 89
Enchate **P** (Br) 50 Rb 99
Encherim **P** (Fa) 144 Rd 125
Enchousas **E** (COR) 4 Sa 87
Endarlaza **E** (NAV) 12 Yb 89
Endériz **E** (NAV) 25 Yc 91
Endoia **E** (GUI) 12 Xe 89
Endrinal **E** (SAL) 72 Ub 105
Endrinales, Los - **E** (MAD) 75 Wb 104
Enebral, El - **E** (SOR) 58 Wf 99
Enériz **E** (NAV) 24 Yb 92
Enfesta **E** (LLE) 47 Bc 98
Enfesta **E** (OUR) 34 Sc 97
Enfesta (Pentecesures) **E** (PON) 14 Rc 92
Enfistiella **E** (AST) 7 Ub 90
Engal **P** (Sa) 101 Re 115
Enguera **E** (VAL) 113 Zb 115
Enguídanos **E** (CUE) 93 Yc 110
Enillas, Las - **E** (ZAM) 54 Ua 100
Enix **E** (ALM) 162 Xc 127
Énova **E** (VAL) 113 Zd 114
Enseu **E** (LLE) 28 Ba 95
Entenza **E** (PON) 32 Rc 96
Enterría **E** (CAN) 8 Vb 90
Enterrías **E** (CAN) 20 Vb 90
Entinas, Las **E** (ALM) 162 Xb 128
Entis **E** (COR) 14 Ra 91
Entoma **E** (OUR) 34 Ta 94
Entradas **P** (Be) 131 Rf 122
Entrago **E** (AST) 6 Tf 90
Entrala **E** (ZAM) 54 Ub 100
Entrambasaguas **E** (BUR) 22 We 90
Entrambasaguas **E** (CAN) 10 Wb 88
Entrambasmestas **E** (CAN) 9 Wa 89
Entrambosores **E** (LUG) 4 Sb 87
Entrambosríos **E** (BUR) 22 Wb 90
Entram Laszugas **E** (LUG) 16 Sb 91
Entre Ambos-os-Rios **P** (VC) 32 Re 98
Entrearroyos **E** (SEV) 149 Ub 124
Entre-a-Serra **P** (CB) 83 Sa 110
Entrecinsa **E** (OUR) 34 Se 96
Entrecruces **E** (COR) 2 Rb 90
Entredicho, El - **E** (ALB) 126 Xf 118
Entredicho, El - **E** (CÓRD) 135 Ue 119
Entredicho, El - **E** (MUR) 140 Xe 121
Entrego, El **E** (AST) 7 Uc 89
Entrena **E** (RIO) 41 Xc 94
Entre-os-Rios **P** (Por) 50 Re 102
Entrepeñas **E** (AST) 7 Uc 90
Entrepeñas **E** (ZAM) 35 Td 96
Entrepontes **P** (Br) 50 Rd 99
Entrerríos **E** (BAD) 105 Ub 115
Entreviñas **E** (AST) 6 Ua 87
Entrín Alto **E** (BAD) 119 Tb 116
Entrín Bajo **E** (BAD) 119 Tb 116
Entrines **E** (BAD) 119 Tb 117
Entroncamento **P** (Sa) 101 Rd 112
Envall **E** (LLE) 28 Af 94
Envendos **P** (Sa) 102 Sa 111
Envernalles **E** (LUG) 17 Ta 91
Envía, La - **E** (CUE) 76 Xc 106
Enviny **E** (LLE) 28 Ba 94
Enxabarda **P** (CB) 84 Sc 108
Enxames **P** (CB) 84 Sd 108
Enxara do Bispo **P** (Li) 100 Qe 115
Enxofães **P** (Co) 68 Rd 106
Epároz **E** (NAV) 25 Ye 92
Épila **E** (ZAR) 61 Ye 99
Epina **E** (TEN) 172 II B 1
Epiñaredo **E** (COR) 4 Sa 88
Era Alta **E** (MUR) 142 Ye 121
Erada **P** (CB) 84 Sc 107
Era de la Viña **E** (CÁD) 158 Ud 127
Eransus **E** (NAV) 25 Yc 92
Era Peira Roja **E** (LLE) 28 Af 92
Eras, Las - **E** (ALB) 112 Yd 113
Eraso **E** (NAV) 24 Yb 91
Erasun **E** (NAV) 24 Yb 90
Eraul **E** (NAV) 24 Xf 92
Erbecedo **E** (COR) 2 Rb 90
Erbedeiro **E** (LUG) 16 Sb 93
Erbille **E** (PON) 32 Rb 96
Ercina, La - **E** (LEÓ) 19 Ue 92
Erdao **E** (HUES) 45 Ac 95
Erdo **E** (LLE) 28 Af 94
Erdoizta **E** (GUI) 12 Xe 89
Erdoñana = Ordoñana **E** (ÁLA) 23 Xd 91
Erdozáin **E** (NAV) 25 Yd 92
Ereira **P** (Sa) 101 Ra 113
Ereiras **P** (Le) 82 Rc 109
Erenchun **E** (ÁLA) 23 Xc 92
Erentxun = Erenchun **E** (ÁLA) 23 Xc 92
Ereño **E** (VIZ) 11 Xb 89
Ereñozu **E** (GUI) 12 Ya 89
Erés **E** (HUES) 43 Zb 95
Eres, les - **E** (LLE) 46 Af 95
Erese **E** (TEN) 173 III C 2
Eresué **E** (HUES) 28 Ad 93
Eretes, Ses - **E** (BAL) 99 Db 110
Ergoien = Ergoyen **E** (GUI) 12 Ya 89
Ergoiena **E** (GUI) 24 Xe 91
Ergoyen **E** (GUI) 12 Ya 89
Ería, La - **E** (AST) 6 Ua 87
Erías **E** (CÁC) 71 Td 106
Erice **E** (NAV) 24 Yb 91
Ericeira **P** (Li) 100 Qd 115
Eriete **E** (NAV) 24 Yb 92
Erillas **E** (CÓRD) 151 Vd 124
Erinyà **E** (LLE) 46 Af 95
Eripol **E** (HUES) 45 Aa 95
Eristáin **E** (NAV) 25 Yc 93
Eriste **E** (HUES) 28 Ac 93
Erize **E** (NAV) 24 Yb 91
Erjos **E** (TEN) 172 I C 4
Erla **E** (ZAR) 43 Za 96
Ermedàs **E** (GIR) 49 Cf 95
Ermedàs **E** (GIR) 49 Db 97
Ermedelo **E** (COR) 14 Rb 92
Ermelo **P** (VC) 32 Re 97
Ermelo **P** (VR) 51 Sa 100
Ermesinde **P** (Por) 50 Rc 101
Ermida **E** (LUG) 4 Se 89
Ermida **P** (Ba) 34 Sf 98
Ermida **P** (CB) 83 Sa 110
Ermida **P** (Co) 67 Rb 106
Ermida **P** (Vi) 68 Sa 103
Ermida **P** (VR) 33 Rf 98
Ermida **P** (VR) 51 Sa 101
Ermida **P** (VR) 51 Sb 101
Ermidas **P** (Se) 131 Rd 121
Ermidas-Sado **P** (Se) 131 Rd 120
Ermigeira **P** (Li) 100 Qe 114
Ermita **P** (VC) 32 Re 98
Ermita, La - **E** (ALI) 129 Ze 117
Ermita, La - **E** (ALM) 154 Xd 124
Ermita, La - **E** (ALM) 154 Xe 124
Ermita, La - **E** (GRA) 139 Xa 122
Ermita, La - **E** (GRA) 152 Wd 125
Ermita, La - **E** (HUEL) 146 Sd 125
Ermita Belén **E** (BAD) 119 Td 118
Ermita de Bótoa y Colonia Escolar **E** (BAD) 103 Ta 115
Ermita del Ramonete **E** (MUR) 155 Yd 123
Ermita de Sanz **E** (ALI) 129 Zf 117
Ermita Nueva **E** (JAÉ) 152 Wa 124
Ermitas, As - **E** (OUR) 34 Sf 95
Ermita Virgen de la Sierra **E** (CÓRD) 151 Vd 124
Ermita y Torreón de Cuadros **E** (JAÉ) 138 Wd 122
Ermiticas, Las - **E** (CÓRD) 137 Vd 122
Ermo **E** (COR) 4 Sa 87
Ermua **E** (VIZ) 11 Xc 89
Ernes **E** (LUG) 5 Ta 90
Eroles **E** (LLE) 46 Ae 95
Erosa **E** (OUR) 34 Se 96
Eroso-Ugarte **E** (VIZ) 11 Xb 89
Erque **E** (TEN) 172 II B 2
Erra **P** (Sa) 101 Rd 114
Errazquin **E** (NAV) 24 Ya 90
Errea **E** (NAV) 25 Yd 91
Errekalde **E** (GUI) 12 Xf 89
Errenteria **E** (GUI) 12 Ya 89
Erreta-Lantenu = Retes de Llanteno **E** (ÁLA) 22 Wf 90
Errezil = Régil **E** (GUI) 12 Xe 89
Errezu **E** (NAV) 24 Ya 92
Erribera = Ribera **E** (ÁLA) 22 We 91
Erril-la-vall **E** (LLE) 28 Ae 93
Erro **E** (NAV) 25 Yd 91
Erroeta = Onraita **E** (ÁLA) 23 Xd 92
Erroitegi **E** (ÁLA) 23 Xd 92
Erroz **E** (NAV) 24 Yb 91
Erta **E** (LLE) 28 Af 94
Erts **AND** 29 Bc 93
Erustes **E** (TOL) 88 Vd 109
Ervas Tenras **P** (Gu) 69 Se 104
Ervedal **P** (Co) 68 Sa 106
Ervedal **P** (Co) 82 Rb 107
Ervedal **P** (Pg) 103 Sb 114
Ervedeira **P** (Le) 82 Ra 109
Ervedosa **P** (Ba) 52 Sf 98
Ervedosa **P** (Gu) 70 Se 103
Ervedosa do Douro **P** (Vi) 52 Sd 102
Ervedoso **P** (Av) 68 Re 104
Ervideira **P** (Co) 83 Re 107
Ervideira **P** (Pg) 102 Rf 113
Ervideira **P** (Sa) 102 Re 113
Ervideira **P** (Se) 130 Rb 119
Ervideiro **P** (Br) 51 Rf 99
Ervidel **P** (Be) 131 Rf 121
Ervilhais **P** (Vi) 51 Rf 102
Ervilhal **P** (Vi) 68 Rf 103
Ervins **P** (Por) 51 Rf 101
Erviti **E** (NAV) 24 Yb 91
Ervões **P** (VR) 52 Sd 99
Esáin **E** (NAV) 25 Yc 91
Esanos **E** (CAN) 8 Vc 89
Esblada **E** (TAR) 65 Bc 100
Escabralhado **P** (Gu) 70 Ta 106
Escacena del Campo **E** (HUEL) 148 Td 124
Escairón (O Saviñao) **E** (LUG) 16 Sc 93
Escala, l' **E** (GIR) 49 Da 96
Escalada **E** (BUR) 21 Wb 92
Escalada **E** (HUEL) 133 Tb 121
Escalante **E** (CAN) 10 Wc 88
Escalarre **E** (LLE) 29 Ba 93
Escaldes, Les **AND** 29 Bd 93
Escalera **E** (GUA) 77 Xf 104
Escaleruela, La - **E** (TER) 94 Zb 108
Escalhão **P** (Gu) 70 Ta 103
Escaló **E** (LLE) 28 Ba 93
Escalona **E** (HUES) 27 Aa 94
Escalona **E** (TEN) 172 I D 5
Escalona **E** (TOL) 89 Vd 108
Escalona del Prado **E** (SEG) 57 Vf 101
Escalonias, Las - **E** (CÓRD) 135 Ue 122
Escalonilla **E** (ÁVI) 73 Vb 105
Escalonilla **E** (TOL) 89 Vd 109
Escalos de Baixo **P** (CB) 84 Sd 109
Escalos de Cima **P** (CB) 84 Sd 109
Escalos do Meio **P** (Le) 83 Re 109
Escamarão **P** (Vi) 50 Re 102
Escamilla **E** (GUA) 76 Xc 105
Escamplero **E** (AST) 6 Ua 88
Escandella **E** (ALI) 128 Zb 118
Escanilla **E** (HUES) 45 Ab 95
Escanzana **E** (ÁLA) 23 Xa 92
Escaño **E** (BUR) 22 Wc 91
Escañuela **E** (JAÉ) 137 Vf 121
Escapa, La - **E** (HUES) 45 Aa 95
Escapães **P** (Co) 67 Rc 106
Escarabajosa de Cabezas **E** (SEG) 56 Ve 102
Escarabajosa de Cuéllar **E** (SEG) 56 Ve 100
Escarabote **E** (COR) 14 Ra 93
Escarei **P** (VR) 51 Sb 99
Escargamaría **E** (VALL) 55 Uf 102
Escariche **E** (GUA) 76 Wf 106
Escarigo **P** (CB) 84 Se 107
Escarigo **P** (Gu) 70 Tb 103
Escarihuela, La - **E** (MUR) 155 Yb 124
Escariz **P** (Av) 68 Rd 103
Escariz **P** (Br) 50 Rc 99
Escarlà **E** (LLE) 46 Ae 95
Escaropim **P** (Sa) 101 Rb 114
Escároz **E** (NAV) 25 Yf 91
Escarrilla **E** (HUES) 26 Ze 92
Escart **E** (LLE) 28 Ba 93
Escartín **E** (HUES) 27 Ze 93
Escàs **E** (LLE) 28 Ba 94
Escatrón **E** (ZAR) 62 Ze 101
Escaules, les - **E** (GIR) 31 Cf 95
Esclanyà **E** (GIR) 49 Db 97
Esclavituo **E** (COR) 14 Rc 92
Esclet **E** (GIR) 49 Cf 97
Escó **E** (ZAR) 25 Yf 93
Escóbados de Abajo **E** (BUR) 22 Wc 92
Escóbados de Arriba **E** (BUR) 22 Wc 92
Escobal **E** (AST) 8 Va 88
Escobar **E** (JAÉ) 137 Wa 120
Escobar **E** (MUR) 141 Yb 120
Escobar **E** (MUR) 142 Ye 122
Escobar **E** (SEG) 74 Ve 103
Escobar de Campos **E** (LEÓ) 37 Va 95
Escobar de Polendos **E** (SEG) 56 Vf 102
Escobedo **E** (CAN) 9 Wa 88
Escober **E** (ZAM) 36 Ua 98
Escobosa de Almazán **E** (SOR) 59 Xd 100
Escobosa de Calatañazor **E** (SOR) 58 Xa 99
Escola **E** (LUG) 4 Sb 87
Escombreras **E** (MUR) 142 Za 123
Escondite **E** (ALB) 125 Xd 117
Escopete **E** (GUA) 76 Wf 106
Escorca **E** (BAL) 98 Cf 109
Escorial **E** (ALB) 125 Xd 117
Escorial, El **E** (MAD) 74 Vf 105
Escoriales, Los - **E** (JAÉ) 137 Wa 119
Escorihuela **E** (TER) 79 Za 105
Escornabois **E** (OUR) 33 Sc 96
Escóznar **E** (GRA) 116 Wa 125
Escuadro **E** (PON) 15 Re 92
Escuadro **E** (ZAM) 54 Ua 101
Escuain **E** (HUES) 27 Aa 93
Escucha **E** (TER) 79 Zb 104
Escudeiros **P** (Br) 50 Rd 100
Escudero **E** (VAL) 128 Za 115
Escuderos **E** (BUR) 21 Vf 92
Escuderos **E** (BUR) 39 Wa 96
Escuderos, Los - **E** (JAÉ) 138 Wd 120
Escuelas, Las - **E** (JAÉ) 138 Wc 121
Escuer **E** (HUES) 26 Zd 93
Escuernavacas **E** (SAL) 71 Td 103
Esculqueira **E** (OUR) 34 Sf 97
Escúllar **E** (ALM) 153 Xb 125
Escullos, Los - **E** (ALM) 163 Xf 128
Escunhau = Escunyau **E** (LLE) 28 Ae 92
Escunyau **E** (LLE) 28 Ae 92
Escuredo **E** (LEÓ) 18 Ua 92
Escuredo **E** (ZAM) 35 Tc 95
Escurial **E** (CÁC) 105 Ua 113
Escurial de la Sierra **E** (SAL) 71 Ua 105
Escurquela **P** (Vi) 69 Sc 102
Escurquilla, Las - **E** (RIO) 41 Xe 96
Escusa **E** (PON) 14 Rb 94
Escusa **P** (Pg) 102 Sa 112
Escusa **P** (Pg) 103 Sd 112
Escusa (Ribadumia) **E** (PON) 14 Rb 93
Escúzar **E** (GRA) 152 Wb 126
Esdolomada **E** (HUES) 45 Ac 95
Esfarrapada (Salceda de Caselas) **E** (PON) 32 Rc 96
Esfiliana **E** (GRA) 153 Wf 125
Esgleieta, S' - **E** (BAL) 98 Cd 111
Esglésies, les - **E** (LLE) 28 Af 94
Esgos **E** (OUR) 33 Sb 95
Esgueira **P** (Av) 67 Rc 105
Esguevillas de Esgueva **E** (VALL) 38 Vd 98
Eskoriatza **E** (GUI) 23 Xc 90
Eslava **E** (NAV) 25 Yd 93
Esles **E** (CAN) 9 Wb 89
Eslida **E** (CAS) 95 Ze 109
Esmelle **E** (COR) 3 Re 87
Esmeralda Jandía **E** (PALM) 175 II C 5
Esmerode **E** (COR) 14 Ra 90
Esmolfe **P** (Vi) 69 Sb 104
Esmoriz **P** (Av) 67 Rc 103
Esnoz **E** (NAV) 25 Yd 91

Espada **E** (MUR) 142 Ye 120
Espadanal **P** (Co) 68 Rf 106
Espadanedo **P** (Ba) 52 Ta 99
Espadanedo **P** (Vi) 50 Re 102
Espadaña **E** (SAL) 53 Te 102
Espadañal **E** (CÁC) 87 Uc 109
Espadañedo **E** (ZAM) 35 Td 96
Espadilla **E** (CAS) 95 Zd 108
Espaén **E** (LLE) 29 Bb 95
Espana **P** (Be) 131 Sa 123
Espandanedo **P** (Vi) 51 Re 102
Españares **E** (CÓRD) 137 Ve 119
Espargal **P** (Fa) 145 Rf 125
Espargosa **P** (Be) 131 Sa 123
Espariz **P** (Co) 83 Rf 107
Esparra, l' - **E** (GIR) 48 Cd 98
Esparragal **E** (MUR) 142 Yf 120
Esparragal **E** (MUR) 155 Yb 123
Esparragal, El - **E** (CÁD) 157 Ub 129
Esparragal, El - **E** (CÓRD) 151 Vd 124
Esparragal, El - **E** (SEV) 148 Tf 123
Esparragalejo **E** (BAD) 119 Td 115
Esparragalico **E** (MUR) 155 Yb 123
Esparragosa **E** (BAD) 121 Ue 115
Esparragosa de la Serena **E** (BAD) 120 Uc 117
Esparragosilla **E** (MUR) 155 Yb 123
Esparraguera = Esparreguera **E** (BAR) 48 Bf 99
Esparreguera **E** (BAR) 65 Bf 99
Espartal **E** (ALI) 128 Zd 117
Espartal, El - **E** (MAD) 75 Wc 104
Espartales **E** (BAD) 119 Tb 117
Espartal y Mirones **E** (MUR) 155 Yb 123
Espartinas **E** (SEV) 148 Tf 124
Esparza **E** (NAV) 24 Yb 92
Esparza **E** (NAV) 25 Yf 91
Espasante **E** (COR) 4 Sb 86
Espayos **E** (SAL) 54 Tf 102
Especiosa **P** (Ba) 53 Td 99
Espeja **E** (SAL) 70 Tb 105
Espeja de San Marcelino **E** (SOR) 40 We 98
Espejeras **E** (ALI) 128 Zc 118
Espejo **E** (ÁLA) 22 Wf 92
Espejo **E** (CÓRD) 136 Vc 122
Espejo, El - **E** (TOL) 89 Vd 108
Espejo de Tera **E** (SOR) 41 Xd 97
Espejón **E** (SOR) 40 We 98
Espejos de la Reina, Los **E** (LEÓ) 20 Va 91
Espeliz **E** (ALM) 154 Xd 126
Espelt, l' - **E** (BAR) 65 Bd 99
Espelúy **E** (JAÉ) 138 Wa 120
Espera **E** (CÁD) 157 Ub 127
Esperança **P** (Be) 131 Sa 120
Esperança **P** (Br) 51 Rf 99
Esperança **P** (Co) 82 Rb 107
Esperança **P** (Pg) 103 Se 114
Esperante **E** (LUG) 16 Sb 92
Esperanza, La - **E** (CÁC) 86 Td 110
Esperanza, La - **E** (GRA) 151 Vf 125
Esperanza, La - **E** (TEN) 173 I E 3
Esperanza, La - **E** (VALL) 37 Va 97
Espés **E** (HUES) 28 Ad 94
Espés Alto **E** (HUES) 28 Ad 94
Espiche **P** (Fa) 144 Rb 126
Espiel **E** (CÓRD) 136 Uf 119
Espiells **E** (BAR) 65 Be 100
Espierba **E** (HUES) 27 Aa 93
Espierlo **E** (HUES) 27 Aa 94
Espierre **E** (HUES) 26 Ze 93
Espills **E** (LLE) 46 Ae 95
Espín **E** (HUES) 27 Ze 94
Espina **E** (AST) 5 Sf 88
Espina, La **E** (AST) 6 Td 88
Espina, La **E** (LEÓ) 20 Va 92
Espinabell **E** (GIR) 30 Cc 94
Espinabet **E** (BAR) 47 Be 96
Espinal-Auzperri **E** (NAV) 25 Yd 91
Espinama **E** (CAN) 8 Vb 90
Espinar **E** (GUA) 58 We 102
Espinar **E** (MUR) 127 Yf 117
Espinar, El - **E** (MUR) 142 Yf 122
Espinar, El - **E** (TOL) 89 Wa 109
Espinar, El **E** (SEG) 74 Ve 104
Espinar Alto **E** (GRA) 161 Wd 128
Espinardo **E** (MUR) 142 Yf 120
Espinaredo de Ancares **E** (LEÓ) 17 Tb 92
Espinauga **E** (GIR) 30 Cc 95
Espinavessa **E** (GIR) 49 Cf 95
Espindo **P** (Br) 51 Rf 99
Espinedo **E** (AST) 18 Ua 90
Espinegar Vell, S' - **E** (BAL) 99 Db 112
Espinelves **E** (GIR) 48 Cc 97
Espineras del León, Las - **E** (ALB) 125 Xd 117
Espinhaço de Cão **P** (Fa) 144 Rb 125
Espinhal **P** (Co) 83 Rd 108
Espinhal **P** (Gu) 70 Sf 106
Espinheiro **P** (Co) 67 Rc 106
Espinheiro **P** (Év) 118 Sc 115
Espinhel **P** (Av) 68 Rd 105
Espinho **P** (Av) 50 Rc 102
Espinho **P** (Br) 50 Rd 99
Espinho **P** (Co) 83 Re 108
Espinho **P** (Vi) 52 Sd 102
Espinho **P** (Vi) 68 Re 106
Espinho **P** (Vi) 69 Sb 105
Espinhosa **P** (Vi) 52 Sd 102
Espinhosela **P** (Ba) 35 Ta 97
Espinhoso **P** (Ba) 34 Sf 98
Espinilla **E** (CAN) 21 Ve 90
Espinillo, El - **E** (ALB) 125 Xb 115
Espinillo, El - **E** (PALM) 174 I C 3
Espinillos **E** (MAD) 75 Wd 106
Espino **E** (MÁL) 160 Vf 127
Espino **E** (OUR) 34 Ta 95
Espino, El - **E** (ALB) 127 Yf 115
Espino, El - **E** (SOR) 41 Xe 97
Espino-Arcillo **E** (SAL) 54 Uc 102
Espino de la Orbada **E** (SAL) 55 Ud 102
Espino de los Doctores **E** (SAL) 71 Ua 102
Espinosa de Almanza **E** (LEÓ) 20 Uf 92
Espinosa de Bricia **E** (CAN) 21 Wa 91
Espinosa de Cerrato **E** (PAL) 39 Wa 97
Espinosa de Cervera **E** (BUR) 39 Wd 97
Espinosa de Henares **E** (GUA) 76 Wf 103
Espinosa de Juarros **E** (BUR) 39 Wc 95
Espinosa de la Ribera **E** (LEÓ) 18 Ub 92
Espinosa del Camino **E** (BUR) 40 We 94
Espinosa del Monte **E** (BUR) 40 Wf 94
Espinosa de los Caballeros **E** (ÁVI) 73 Vc 102
Espinosa de los Monteros **E** (BUR) 22 Wc 90
Espinosa de Villagonzalo **E** (PAL) 21 Vd 94
Espinosilla de San Bartolomé **E** (BUR) 21 Wa 93
Espinoso de Compludo **E** (LEÓ) 18 Td 94
Espinoso del Rey **E** (TOL) 107 Vb 111
Espinzella **E** (GIR) 48 Cc 97
Espiñeira **E** (LUG) 4 Se 87
Espiñeira **E** (OUR) 15 Re 93
Espiñeiros **E** (OUR) 15 Re 94
Espiñoso **E** (OUR) 33 Sa 95
Espioja **E** (SAL) 54 Tf 102
Espira--de Cima -de Baixo **P** (Se) 116 Rc 117
Espirdo **E** (SEG) 74 Vf 103
Espírito Santo **P** (Be) 146 Sc 123
Espite **P** (Sa) 82 Rc 110
Espiunca **P** (Av) 68 Re 103
Esplà, l' - **E** (BAR) 47 Be 95
Esplegares **E** (GUA) 77 Xd 104
Espluga **E** (HUES) 28 Ac 94
Espluga Calba, L' - **E** (LLE) 64 Ba 100
Espluga de Francolí, l' **E** (TAR) 64 Ba 100
Espluga de Serra **E** (LLE) 46 Af 95
Esplugafreda **E** (LLE) 46 Ae 95
Esplugas de Llobregat = Esplugues de Llobregat **E** (BAR) 66 Ca 100
Esplugues de Llobregat **E** (BAR) 66 Ca 100
Esplús **E** (HUES) 45 Ab 98
Espolla **E** (GIR) 31 Cf 94
Espona, l' - **E** (LLE) 46 Bc 98
Esponellà **E** (GIR) 49 Ce 95
Esporão **P** (Co) 68 Sa 106
Esporles **E** (BAL) 98 Cd 110
Esporões **P** (Br) 50 Rd 99
Esporões **P** (Gu) 69 Se 103
Esposa **E** (HUES) 26 Zc 93
Esposende **P** (Br) 50 Rb 99
Espot **E** (LLE) 28 Ba 93
Espoz **E** (NAV) 25 Yd 91
Espronceda **E** (NAV) 24 Xe 93
Espuéndolas **E** (HUES) 26 Zd 93
Espui **E** (LLE) 28 Af 94
Espumaderas, Las - **E** (JAÉ) 139 Xb 120
Espunyola, l' - **E** (BAR) 47 Be 96
Esquedas **E** (HUES) 44 Zc 95
Esquileo de Abajo **E** (PAL) 37 Vb 97
Esquileo de Arriba **E** (PAL) 38 Vb 97
Esquinal **E** (ALI) 128 Zb 117
Esquíroz **E** (NAV) 24 Yc 92
Esquivel **E** (SEV) 148 Ua 123
Esquivias **E** (TOL) 90 Wb 108
Establés **E** (GUA) 77 Xf 102
Establiments **E** (BAL) 98 Cd 111
Estac **E** (LLE) 28 Ba 94
Estacada, La - **E** (CUE) 91 Xa 108
Estação **P** (Sa) 102 Re 113
Estação de Fomento Pecuário **P** (Pg) 102 Sb 113
Estacar, S' - **E** (BAL) 99 Cf 111
Estacas **E** (PON) 32 Rd 94
Estación, La **E** (ALI) 128 Zb 118
Estación, La **E** (ALM) 154 Xc 126
Estación, La **E** (BAD) 119 Td 118
Estación, La **E** (BAD) 120 Te 119
Estación, La **E** (BUR) 57 Wa 98
Estación, La **E** (CÁC) 86 Td 110
Estación, La **E** (CAS) 94 Zb 109
Estación, La **E** (CÓRD) 137 Vd 121
Estación, La **E** (HUEL) 133 Tc 120
Estación, La **E** (MUR) 142 Ye 119
Estación, La **E** (RIO) 23 Xc 94
Estación, La **E** (SAL) 71 Ua 103
Estación, La **E** (SEV) 149 Ub 123
Estación, La **E** (TOL) 89 Wa 109
Estación, La **E** (ZAR) 60 Yc 100
Estación, La **E** (ZAR) 61 Za 100
Estación Arroya-Malpartida **E** (CÁC) 104 Tc 112
Estación de Ablates, La - **E** (TOL) 89 Wa 110
Estación de Aldea del Cano **E** (CÁC) 104 Td 113
Estación de Aljucén **E** (BAD) 119 Td 115
Estación de Almonacid, La - **E** (TOL) 89 Wb 110
Estación de Archidona **E** (MÁL) 151 Vd 126
Estación de Beas **E** (HUEL) 147 Tb 124
Estación de Begíjar **E** (JAÉ) 138 Wc 121
Estación de Cabra **E** (JAÉ) 138 We 123
Estación de Cártama **E** (MÁL) 159 Vc 128
Estación de Casar de Cáceres **E** (CÁC) 104 Td 111
Estación de Caudete **E** (ALB) 128 Za 116
Estación de Cortes de la Frontera **E** (MÁL) 158 Ud 129
Estación de Crevillente, La - **E** (ALI) 143 Zb 119
Estación de Chinchilla **E** (ALB) 126 Yb 115
Estación de Chiprana **E** (ZAR) 62 Zf 101
Estación de El Espinar **E** (SEG) 74 Ve 104
Estación de Escatrón **E** (TER) 62 Ze 101
Estación de Fernán-Núñez **E** (CÓRD) 136 Vb 122
Estación de Fuente Santa **E** (ALM) 154 Xc 126
Estación de Gadea **E** (HUEL) 147 Tc 124
Estación de Gor **E** (GRA) 153 Wf 124
Estación de Guadix **E** (GRA) 153 Wf 125
Estación de Herreruela **E** (CÁC) 104 Ta 112
Estación de Huélago-Darro y Diezma **E** (GRA) 153 We 124
Estación de Huelma **E** (JAÉ) 153 We 123
Estación de Huesa **E** (JAÉ) 139 We 122
Estación de Infierno de la Pinilla **E** (SEG) 57 Wd 101
Estación de Lacalahorra **E** (GRA) 153 Wf 125
Estación de la Sionlla **E** (COR) 15 Rd 91
Estación del Carrascalejo **E** (BAD) 104 Td 114
Estación de Linares-Baeza **E** (JAÉ) 138 Wc 120
Estación de Manantiales **E** (HUEL) 147 Tc 124
Estación de Moreda **E** (GRA) 152 We 124
Estación de Oroso-Villacid **E** (COR) 15 Rd 91
Estación de Pedro-Martínez **E** (GRA) 152 We 123
Estación de Rubielos de Mora **E** (TER) 94 Zb 108
Estación de Salinas **E** (MÁL) 151 Ve 126
Estación de San Roque **E** (CÁD) 165 Ud 131
Estación de Santa Elena **E** (JAÉ) 124 Wc 119
Estación de Silleda **E** (PON) 15 Re 92
Estación de Talavera **E** (BAD) 119 Tb 115
Estación de Valduernas **E** (CÁC) 104 Td 112
Estación de Venta de Cárdenas **E** (CIU) 124 Wd 118
Estaciones de Espelúy, Las - **E** (JAÉ) 138 Wa 120
Estación Espacial de Fresnedillas **E** (MAD) 74 Vf 106
Estación Férrea **E** (CÁD) 165 Ud 131
Estación Férrea, La - **E** (ZAR) 61 Ye 98
Estación invernal Alto de Campoo **E** (CAN) 21 Vd 90
Estación Maçanet-Massanes **E** (GIR) 48 Ce 98
Estación Rojales-Benijófar **E** (ALI) 143 Zb 120
Estación y Pajares, La **E** (MAD) 74 Vf 105
Estación y Venta **E** (MAD) 75 We 105
Estach = Estac **E** (LLE) 28 Ba 94
Estada **E** (HUES) 45 Ab 96
Estadilla **E** (HUES) 45 Ab 96
Estado de Mora **E** (NAV) 42 Yd 97
Estahón = Estaon **E** (LLE) 29 Bb 93
Estalagem **P** (Se) 116 Rc 118
Estalaya **E** (PAL) 20 Vd 91
Estall **E** (HUES) 45 Ad 96
Estallo **E** (HUES) 26 Zd 94
Estamariu **E** (LLE) 29 Bd 94
Estana **E** (LLE) 29 Bd 95
Estanco, El - **E** (PALM) 174 I D 3
Estanquinhos **P** (Ma) 166 I B 2
Estany, l' - **E** (BAR) 48 Ca 97
Estanyet **E** (GIR) 49 Cf 95
Estanyet Llavaneres **E** (BAR) 66 Cd 99
Estanyol **E** (GIR) 48 Ce 97
Estanyol de Migjorn, S' - **E** (BAL) 99 Cf 112
Estaña **E** (HUES) 45 Ad 96
Estaon **E** (LLE) 29 Bb 93
Estaràs **E** (LLE) 47 Bc 98
Estaronillo **E** (HUES) 27 Aa 93
Estarreja **P** (Av) 67 Rc 104
Estartit, l' - **E** (GIR) 49 Db 96
Estás **E** (PON) 32 Rb 97
Estavill **E** (LLE) 28 Af 94
Este **P** (Br) 50 Rd 99
Estébanez de la Calzada **E** (LEÓ) 18 Ua 94
Esteban Isidro **E** (SAL) 72 Ub 104
Estebanvela **E** (SEG) 58 We 100
Esteiramanteus **P** (Fa) 146 Sb 126
Esteiro **E** (COR) 3 Rf 87
Esteiro **P** (Av) 67 Rc 104
Esteiro **P** (Co) 84 Sb 108
Estela **P** (Por) 50 Rb 100
Estela, l' - **E** (GIR) 31 Ce 95
Estelo **E** (LUG) 4 Sd 88
Estella **E** (NAV) 24 Xf 92
Estella del Marqués **E** (CÁD) 157 Tf 128
Estellencs **E** (BAL) 98 Cc 111
Estenas **E** (VAL) 112 Yf 111
Esténoz **E** (NAV) 24 Ya 92
Estepa **E** (SEV) 150 Va 125
Estepa de San Juan **E** (SOR) 41 Xe 97
Estepa de Tera **E** (SOR) 41 Xd 97
Estépar **E** (BUR) 39 Wa 95
Estepas, Los - **E** (CÓRD) 136 Va 122
Estepona **E** (MÁL) 165 Uf 130
Ester **P** (Vi) 68 Rf 103
Esteras de Lubia **E** (SOR) 59 Xe 98
Esteras de Medina **E** (SOR) 59 Xd 102
Estercuel **E** (TER) 79 Zc 103
Ester de Cima **P** (Vi) 68 Rf 103
Esternande **E** (COR) 2 Rb 90
Esterri d'Àneu **E** (LLE) 28 Ba 93
Esterri de Aneu = Esterri d'Aneu **E** (LLE) 28 Ba 93
Esterri de Cardós **E** (LLE) 29 Bb 93
Estesos, Los - **E** (CUE) 110 Xd 113
Estet **E** (HUES) 28 Ae 93
Estevais **P** (Ba) 52 Sf 101
Estevais **P** (Ba) 53 Tb 101
Estevais **P** (Fa) 145 Rd 126
Estevais de Moiros **P** (Fa) 145 Re 125
Esteval **P** (Fa) 145 Sa 126
Esteveira **P** (Fa) 145 Rf 125
Esteveira **P** (Sa) 102 Rf 112
Esteves **P** (CB) 83 Sb 110
Estevesiños **E** (OUR) 34 Sd 97
Estiche de Cinca **E** (HUES) 45 Aa 98
Estimariu = Estamariu **E** (LLE) 29 Bd 94
Estiula **E** (GIR) 48 Ca 95
Estivadas **E** (OUR) 34 Sc 96
Estivella **E** (VAL) 95 Zd 110
Estiviel **E** (TOL) 89 Vf 109
Estói **P** (Fa) 145 Sa 126
Estollo **E** (RIO) 40 Xa 95
Estômbar **P** (Fa) 144 Rd 126
Estopiñán **E** (HUES) 45 Ad 97
Estorãos **P** (VC) 32 Rc 98
Estoril **P** (Li) 115 Qd 116
Estorn **E** (LLE) 46 Af 96
Estorninhos **P** (Fa) 146 Sc 125
Estorninos **E** (CÁC) 85 Ta 110
Estrada **E** (CAN) 8 Vd 88
Estrada **E** (CAN) 10 Wc 88
Estrada **P** (Be) 130 Rc 122
Estrada **P** (Br) 50 Rc 100
Estrada **P** (Fa) 146 Sc 125
Estrada **P** (Por) 50 Re 101
Estrada **P** (VR) 51 Sb 101
Estrada, l' - **E** (GIR) 31 Cf 94
Estrada, A **E** (PON) 15 Rd 92
Estrada dos Montes **P** (Sa) 83 Re 111
Estradas **P** (Fa) 145 Sa 124
Estrecho, El - **E** (MUR) 142 Yf 122
Estrechos, Los - **E** (MUR) 155 Yc 124
Estreito **P** (CB) 83 Sb 109
Estreito da Calheta **P** (Ma) 166 I A 2
Estreito de Câmara de Lobos **P** (Ma) 166 I C 2
Estrela **P** (Év) 132 Sd 119
Estrela, A - **E** (COR) 3 Rc 89
Estrella **E** (JAÉ) 139 Xa 121
Estrella, La **E** (CUE) 92 Xf 108
Estrella, La **E** (PALM) 174 I D 2
Estrella, La **E** (TER) 80 Ze 106
Estrella, La **E** (TOL) 88 Uf 110
Estremera **E** (MAD) 91 Wf 107
Estremoz **P** (Év) 117 Sc 115
Estriégana **E** (GUA) 59 Xc 102
Estubeny **E** (VAL) 113 Zc 114
Esturãos **P** (VR) 52 Sd 99
Etayo **E** (NAV) 24 Xf 93
Eterna **E** (BUR) 40 Wf 94
Etreros **E** (SEG) 74 Vd 103
Etuláin **E** (NAV) 25 Yc 91
Etura **E** (ÁLA) 23 Xd 91
Etxabarri-Koartango = Echávarri-Cuartango **E** (ÁLA) 23 Xa 91
Etxaguen = Echagüen **E** (ÁLA) 23 Xc 90
Etxarexgi **E** (VIZ) 11 Xc 88
Etxebarri **E** (VIZ) 11 Xa 89
Etxebarri-Urtupiana = Echevarri-Urtupiña **E** (ÁLA) 23 Xc 91
Euba **E** (VIZ) 11 Xb 89
Eucísia **P** (Ba) 52 Sf 101
Eugui **E** (NAV) 25 Yc 91
Eulate **E** (NAV) 24 Xe 92
Eulz **E** (NAV) 24 Xf 92
Eume **E** (COR) 3 Sa 88
Eures, les - **E** (BAR) 47 Ca 96
Euromanga **E** (MUR) 143 Zb 122
Eurovillas **E** (MAD) 90 We 106
Eustaquios, Los - **E** (CUE) 77 Ya 106
Eván de Arriba **E** (VALL) 55 Ue 100
Evanes, Los - **E** (VALL) 55 Ue 100
Évora **P** (Év) 117 Sa 117
Évora de Alcobaça **P** (Le) 100 Ra 111
Évora Monte (Santa Maria) **P** (Év) 117 Sb 116
Extremo **P** (VC) 32 Rd 97
Ezcániz **E** (NAV) 25 Ye 92
Ezcaray **E** (RIO) 40 Wf 95
Ezcurra **E** (NAV) 24 Yb 90
Ezkerekotxa = Ezquerecocha **E** (ÁLA) 23 Xd 91
Ezkio **E** (GUI) 24 Xe 90
Ezperun **E** (NAV) 25 Yc 92
Ezprogui **E** (NAV) 25 Yd 93
Ezquerecocha **E** (ÁLA) 23 Xd 91
Ezquerra **E** (BUR) 40 We 94

F

Fabal **E** (LUG) 17 Sf 92
Fabara **E** (ZAR) 63 Ab 101
Fabero **E** (LEÓ) 17 Tc 92
Fablo **E** (HUES) 27 Ze 94
Fábrica = Arija **E** (BUR) 21 Wa 91
Fábrica Azucarera **E** (ZAR) 61 Ye 99
Fábrica de Azufre **E** (MUR) 141 Yb 122
Fábrica de Cerámica **E** (MUR) 141 Yd 122
Fábrica de El Pedroso **E** (SEV) 135 Ub 121
Fábrica de Harinas de San Fernando **E** (GRA) 140 Xc 121
Fábrica del Salto **E** (ZAR) 43 Zb 97
Fábrica de Orbaiceta **E** (NAV) 25 Ye 90
Fábrica de São Pedro **P** (CB) 84 Sd 109
Fábricas, Las - **E** (TER) 79 Zc 104
Fábricas de San Juan de Alcaraz **E** (ALB) 125 Xd 118
Facinas **E** (CÁD) 164 Ub 132
Facha **E** (LUG) 15 Sa 92
Facha **P** (VC) 32 Rc 98
Facheca **E** (ALI) 129 Ze 116
Facho **P** (Be) 132 Sd 121
Facho **P** (Le) 100 Qf 111
Facho **P** (Por) 50 Rb 101
Fado **E** (TOL) 89 Vf 107
Fadón **E** (ZAM) 54 Tf 100
Faedal **E** (AST) 6 Td 88
Faedo **E** (AST) 6 Te 87
Faeira **E** (COR) 4 Sa 88
Fafe **P** (Br) 51 Rf 100
Fafião **P** (VR) 33 Rf 98
Fáfilas **E** (LEÓ) 37 Ud 95
Fago **E** (HUES) 26 Za 92
Fagollaga **E** (GUI) 12 Ya 89
Faia **P** (Br) 51 Sa 100
Faia **P** (Év) 117 Sb 116
Faia **P** (Év) 117 Sb 117
Faia **P** (Gu) 69 Se 105
Faia **P** (Vi) 69 Sc 103
Faiac **P** (Ma) 167 I C 2
Faial **P** (Ma) 167 I C 2
Faial da Terra **P** (Aç) 170 Ze 122
Faias **P** (Be) 131 Rf 119
Faido **E** (BUR) 23 Xc 92
Faidu = Faido **E** (BUR) 23 Xc 92
Faifa **P** (Vi) 68 Rf 103
Fail **P** (Vi) 68 Sa 105
Failde **P** (Ba) 53 Tb 98
Faiões **P** (VR) 34 Sd 98
Faisca **E** (COR) 3 Re 88
Faitús **E** (GIR) 30 Cc 94
Fajada **P** (Sa) 101 Rc 115
Fajã da Caldeira **P** (Aç) 169 Xa 117
Fajã da Nigueira **P** (Ma) 167 I C 2
Fajã da Ovelha **P** (Ma) 166 I A 2
Fajã da Parreira **P** (Ma) 166 I B 2
Fajã das Contreiras **P** (Ma) 166 I B 1
Fajã de Areia **P** (Ma) 166 I B 2
Fajã de Baixo **P** (Aç) 170 Zc 122
Fajã de Cima **P** (Aç) 170 Zc 122
Fajã de Santo Amaro **P** (Aç) 169 Wf 117
Fajã de São João **P** (Aç) 169 Xa 117
Fajã do João Dias **P** (Aç) 169 We 116
Fajã do Mar **P** (Ma) 166 I B 2
Faja do Ouvidor **P** (Aç) 169 Wf 117
Fajã do Penedo **P** (Ma) 167 I C 2
Fajã dos Cubres **P** (Aç) 169 Xa 117
Fajã dos Vimes **P** (Aç) 169 Xa 117
Fajã Entre Ribeiras **P** (Aç) 169 Xa 117
Faja Grande **P** (Aç) 168 Te 112
Faja Grande **P** (Aç) 169 Wf 117
Fajão **P** (Co) 83 Sa 108
Fajã Redonda **P** (Ma) 166 I B 2
Fajãzinha **P** (Aç) 168 Te 112
Fajera, La - **E** (AST) 5 Tc 88
Fajões **P** (Av) 68 Rd 103
Fajozes **P** (Por) 50 Rb 101
Falagueira **P** (Pg) 102 Sb 111
Falca de Cima **P** (Ma) 166 I C 2
Falção **P** (Sa) 117 Rf 115
Falces **E** (NAV) 42 Yb 94
Falcoeiras **P** (Év) 117 Sc 118
Falcons, els - **E** (LLE) 46 Af 98
Falgons **E** (GIR) 48 Cd 96
Fals **E** (BAR) 47 Be 98
Falset **E** (TAR) 64 Ae 102
Famalicão **P** (Gu) 69 Sd 106
Famalicão **P** (Le) 100 Qf 111
Famorca **E** (ALI) 129 Ze 116
Fanabé **E** (TEN) 172 I C 5
Fanadia **P** (Le) 100 Qf 112
Fangar **E** (BAL) 99 Cf 110
Fangarrifam **P** (Se) 116 Rc 117
Fanhais **P** (Le) 82 Ra 111
Fanhões **P** (Li) 115 Qf 115
Faniqueira **P** (Le) 82 Rb 110
Fanlillo **E** (HUES) 27 Ze 94
Fanlo **E** (HUES) 27 Zf 93
Fano **E** (AST) 7 Uc 88
Fano **E** (AST) 7 Ue 88
Fanoi **E** (LUG) 4 Sd 88
Fano-Urazarantza **E** (VIZ) 11 Xa 88
Fantova **E** (HUES) 45 Ac 95
Fanzara **E** (CAS) 95 Ze 108
Fânzeres **P** (Por) 50 Rc 102
Fañanás **E** (HUES) 44 Ze 96
Fao **E** (COR) 15 Re 91
Fão **P** (Br) 50 Rb 99
Far, el - **E** (LLE) 46 Bb 98
Farajan **E** (MÁL) 158 Ue 129
Faramontanos de Tábara **E** (ZAM) 36 Ua 97
Faramontaos **E** (OUR) 145 Sa 95
Farasdués **E** (ZAR) 43 Yf 95
Far d'Empordà, el - **E** (GIR) 31 Cf 95

Fareja **P** (Br) 50 Re 100
Farelos **P** (Fa) 146 Sc 124
Farena **E** (TAR) 64 Ba 101
Fares **E** (GIR) 48 Ce 95
Farga, la - **E** (GIR) 30 Cb 94
Farga, la - **E** (LLE) 28 Af 93
Farga de Moles, la - **E** (LLE) 29 Bc 94
Fargalí Alto **E** (ALM) 154 Xc 125
Fargalí Bajo **E** (ALM) 154 Xc 125
Fargue **E** (GRA) 152 Wc 125
Faria **P** (Br) 50 Rb 100
Farinha Branca **P** (Pg) 102 Re 114
Fariza **E** (ZAM) 53 Te 100
Farlete **E** (ZAR) 62 Zd 98
Farminhão **P** (Vi) 68 Rf 105
Farnadeiros **E** (LUG) 16 Sc 91
Farnadeiros **E** (OUR) 145 Sa 97
Faro **E** (LUG) 4 Sc 86
Faro **P** (Fa) 145 Sa 126
Faro de Arriba **E** (AST) 7 Ub 88
Faro do Alentejo **P** (Be) 131 Sa 120
Faro El Picacho de la Barra **E** (HUEL) 147 Tb 126
Farrera **E** (LLE) 29 Bb 93
Farrés, la **E** (GIR) 49 Ce 96
Fárrio **P** (Sa) 82 Rc 110
Fartosa **P** (Co) 83 Rd 108
Fasgar **E** (LEÓ) 18 Te 92
Fasnia **E** (TEN) 173 I E 4
Fastias **E** (AST) 6 Td 88
Fataca **P** (Be) 130 Rb 123
Fataga **E** (PALM) 174 I C 3
Fatarella, la - **E** (TAR) 63 Ac 101
Fataunços **P** (Vi) 68 Rf 104
Fatela **P** (CB) 84 Sd 108
Fatela, La **E** (CÁC) 85 Tc 107
Fátima **E** (GRA) 139 Xb 122
Fátima **P** (Sa) 101 Rc 111
Fátima-Juncal **E** (CÁD) 158 Uc 128
Fatxes **E** (TAR) 64 Ae 102
Faucena **E** (GRA) 152 Wd 124
Faura **E** (VAL) 95 Ze 110
Favaios **P** (VR) 52 Sc 101
Favanella **E** (ALI) 128 Zc 117
Favara **E** (VAL) 114 Ze 114
Favareta = Favara **E** (VAL) 114 Ze 114
Faveis **P** (VR) 51 Sb 100
Favela **P** (Be) 131 Re 123
Favões **P** (Por) 50 Re 102
Fayón **E** (ZAR) 63 Ac 101
Fayos, Los - **E** (ZAR) 42 Yb 97
Fazenda **P** (Aç) 168 Tf 112
Fazenda **P** (Pg) 102 Re 114
Fazenda **P** (Pg) 102 Sa 113
Fazenda de Santa Cruz **P** (Aç) 168 Tf 112
Fazendas das Figueiras **P** (Sa) 116 Rc 116
Fazendas de Almeirim **P** (Sa) 101 Rc 113
Fazouro **E** (LUG) 4 Se 87
Feás **E** (COR) 3 Rf 89
Feás **E** (COR) 4 Sa 86
Feás **E** (OUR) 15 Re 94
Feás **E** (OUR) 33 Sa 97
Febres **P** (Co) 67 Rc 106
Febró, la - **E** (TAR) 64 Ba 101
Feces de Abaixo **E** (OUR) 34 Sd 98
Feces de Cima **E** (OUR) 34 Sd 97
Fecha (San Xoan) **E** (COR) 15 Rc 91
Feijó **P** (Se) 115 Qf 117
Feira **P** (VC) 32 Rb 98
Feira do Monte (Cospeito) **E** (LUG) 4 Sc 89
Feira Nova **E** (COR) 2 Rb 89
Feirão **P** (Vi) 51 Sa 102
Feitais **P** (VR) 51 Sb 101
Feital **P** (Gu) 69 Se 104
Feiteira **P** (Fa) 145 Sa 125
Feiteiras **P** (Ma) 167 I C 2
Feitos **P** (Br) 50 Rb 99
Feitosa **P** (VC) 32 Rc 98
Feja **P** (Pg) 103 Sc 111
Felanitx **E** (BAL) 99 Da 112
Felechares de la Valdería **E** (LEÓ) 36 Tf 95
Felechas **E** (LEÓ) 19 Ue 91
Feleches **E** (AST) 7 Uc 88
Felechosa **E** (AST) 19 Uc 90
Felgar **P** (Ba) 52 Ta 101
Felgar **P** (Co) 83 Re 107
Felgosas **E** (COR) 4 Sa 87
Felgueira **P** (Av) 68 Re 103
Felgueira **P** (Co) 68 Sa 106
Felgueira **P** (Vi) 68 Re 106
Felgueiras **P** (Ba) 52 Sf 98
Felgueiras **P** (Ba) 52 Ta 100
Felgueiras **P** (Ba) 70 Sf 102
Felgueiras **P** (Br) 51 Rf 99
Felgueiras **P** (Por) 51 Re 100
Felgueiras **P** (VC) 32 Re 96
Felgueiras **P** (Vi) 51 Sa 102
Felguera **E** (AST) 6 Ua 89
Felguera, La - **E** (AST) 7 Ub 88
Felguera, La **E** (AST) 7 Ub 89
Felgueras **E** (AST) 7 Ub 90
Felguerina, La **E** (AST) 7 Ud 90
Felipa, La - **E** (ALB) 111 Yb 114
Felipes, Los - **E** (VAL) 93 Yf 110
Feliteira **P** (Li) 100 Qe 114
Félix **E** (ALM) 162 Xc 127
Félix **E** (MUR) 155 Yc 123
Félix Méndez, Refugio de - **E** (GRA) 152 Wd 126
Felizes **P** (Be) 145 Rf 124
Felmín **E** (LEÓ) 19 Uc 91
Femés **E** (PALM) 176 B 4
Fenais da Ajuda **P** (Aç) 170 Ze 121
Fenais da Luz **P** (Aç) 170 Zc 122
Fenals **E** (GIR) 49 Cf 98
Fenazar **E** (MUR) 142 Ye 120
Fenillosa **E** (HUES) 27 Ze 94
Fenteira **E** (PON) 32 Rc 96
Fentosa **E** (PON) 15 Rd 94
Ferberza **E** (OUR) 34 Sf 94
Ferejinhas **P** (Vi) 68 Sa 103
Férez **E** (ALB) 126 Xf 118
Feria **E** (BAD) 119 Tc 117
Fermedo **P** (Av) 68 Rd 103
Fermelã **P** (Av) 67 Rc 104
Fermentelos **P** (Av) 67 Rc 105
Fermil **P** (Ba) 35 Ta 98
Fermontelos **P** (Vi) 68 Sa 103
Fermoselle **E** (ZAM) 53 Td 101
Fernáncaballero **E** (CIU) 108 Wa 114
Fernandes **P** (Be) 132 Sc 123
Fernández, Los - **E** (ALM) 154 Xf 123
Fernandilho **P** (Fa) 146 Sb 125
Fernandina **E** (JAÉ) 138 Wc 119
Fernandinho **P** (Li) 100 Qe 114
Fernandinho **P** (VR) 52 Sd 99
Fernando Pó **P** (Se) 116 Rb 117
Fernán-Núñez **E** (CÓRD) 136 Vb 122
Fernán Pérez **E** (ALM) 163 Xf 127
Fernão **P** (Be) 131 Re 123
Fernão Ferro **P** (Se) 115 Qf 117
Fernão Joanes **P** (Gu) 69 Sd 106
Ferradillo **E** (LEÓ) 17 Tc 94
Ferradosa **P** (Ba) 52 Sd 102
Ferradosa **P** (Ba) 52 Se 99
Ferradosa **P** (Ba) 52 Ta 101
Ferradura **P** (Be) 132 Se 121
Ferragudo **P** (Fa) 144 Rc 126
Ferral **P** (VR) 51 Sa 98
Ferral del Bernesga **E** (LEÓ) 19 Uc 93
Ferramubin **E** (LUG) 17 Sf 93
Ferran **E** (LLE) 47 Bc 98
Ferraria **P** (Le) 82 Ra 110
Ferraria **P** (Pg) 102 Sa 112
Ferraria **P** (Pg) 102 Sb 112
Ferraria **P** (Se) 130 Rc 122
Ferraria de São João **P** (Co) 83 Re 109
Ferrarias **P** (Fa) 145 Re 125
Ferrarias **P** (Fa) 145 Rf 126
Ferrarias **P** (Fa) 146 Sb 124
Ferrarias **P** (Sa) 116 Re 115
Ferrarias Cimeiras **P** (CB) 84 Sb 110
Ferreira **E** (COR) 3 Rf 87
Ferreira **E** (GRA) 153 Wf 125
Ferreira **E** (LUG) 4 Sb 88
Ferreira **E** (LUG) 16 Sb 91
Ferreira **P** (Ba) 52 Ta 99
Ferreira **P** (Por) 50 Rd 101
Ferreira **P** (VC) 32 Rc 97
Ferreira (Valadouro) **E** (LUG) 4 Sd 87
Ferreira-a-Nova **P** (Co) 82 Rb 107
Ferreira de Aves **P** (Vi) 69 Sc 104
Ferreira do Alentejo **P** (Be) 131 Rf 120
Ferreira do Zêzere **P** (Sa) 83 Re 110
Ferreiras **E** (LUG) 17 Sf 92
Ferreiras **P** (Fa) 145 Re 126
Ferreiravella **E** (LUG) 4 Se 89
Ferreirim **P** (Vi) 51 Sb 102
Ferreirim **P** (Vi) 69 Sd 103
Ferreiró **P** (Por) 50 Rc 100
Ferreirola **E** (GRA) 161 We 127
Ferreiros **E** (COR) 15 Re 91
Ferreiros **E** (LUG) 4 Sb 89
Ferreiros **E** (LUG) 16 Sd 92
Ferreiros **E** (LUG) 16 Se 91
Ferreirós **E** (PON) 15 Re 92
Ferreiros **P** (Av) 68 Rd 104
Ferreiros **P** (Ba) 34 Se 97
Ferreiros **P** (Br) 50 Rd 99
Ferreiros **P** (VC) 32 Rd 97
Ferreirós de Arriba **E** (LUG) 17 Sf 93
Ferreiros de Avões **P** (Vi) 51 Sb 102
Ferreiros de Tendais **P** (Vi) 51 Rf 102
Ferreirós do Dão **P** (Vi) 68 Rf 106
Ferreirúa **E** (OUR) 16 Sd 94
Ferrel **P** (Fa) 144 Rb 126
Ferrel **P** (Le) 100 Qe 112
Ferrenho **P** (Be) 130 Rc 122
Ferrera **E** (AST) 7 Uc 89
Ferreras **E** (LEÓ) 18 Ua 93
Ferreras de Abajo **E** (ZAM) 36 Tf 97
Ferreras de Arriba **E** (ZAM) 35 Te 97
Ferreras del Puerto **E** (LEÓ) 20 Uf 91
Ferreres **E** (GIR) 49 Cf 96
Ferreres, les **E** (BAR) 47 Bf 96
Ferrería **E** (LUG) 16 Se 93
Ferreries **E** (BAL) 96 Ea 109
Ferreros **E** (ZAM) 35 Tc 96
Ferreruela **E** (ZAM) 36 Tf 98
Ferreruela de Huerva **E** (TER) 61 Ye 102
Ferrete **E** (MÁL) 165 Ue 130
Ferro **P** (CB) 84 Sd 107
Ferro, Lo - **E** (MUR) 142 Za 122
Ferroi **E** (LUG) 16 Sc 91
Ferrol **E** (COR) 3 Re 88
Ferronha **P** (Vi) 69 Sd 103
Fervença **P** (Br) 51 Rf 100
Fervenzas **E** (COR) 3 Rf 89
Fervidelas **P** (VR) 33 Sa 98
Fesnedo **E** (AST) 6 Tf 90
Fesnedo **E** (AST) 7 Ud 88
Festin **E** (PON) 32 Rd 95
Fet **E** (HUES) 45 Ad 96
Fetais **P** (Aç) 169 Wf 118
Fetais **P** (Co) 83 Re 108
Feteira **P** (Aç) 168 Wb 117
Feteira **P** (Aç) 169 Xf 117
Feteira **P** (Le) 82 Rb 109
Feteiras **P** (Aç) 170 Zb 122
Feteiras **P** (Aç) 170 Zf 126
Fiadeira **P** (CB) 84 Sd 110
Fiães **P** (Av) 68 Rc 103
Fiães **P** (Gu) 69 Sd 104
Fiães **P** (VC) 33 Re 96
Fiães **P** (VR) 34 Se 98
Fiães do Rio **P** (VR) 33 Sa 98
Fiães do Tâmega **P** (VR) 51 Sb 99
Fiais **E** (LUG) 17 Sf 94
Fiais da Beira **P** (Co) 68 Sa 106
Fiais da Telha **P** (Vi) 68 Sa 106
Fial **P** (Vi) 68 Rf 105
Fialho **P** (Be) 145 Sa 124
Fianteira **E** (PON) 15 Rb 94
Figal, La - **E** (AST) 5 Tc 87
Figaredo **E** (AST) 7 Ub 89
Figares **E** (AST) 6 Te 88
Figarol **E** (NAV) 42 Yd 94
Fígols **E** (BAR) 47 Be 97
Fígols **E** (BAR) 48 Bf 95
Fígols de la Conca **E** (LLE) 46 Ae 96
Fígols de Orgaña = Fígols d'Organyà **E** (LLE) 46 Bc 95
Fígols de Tremp = Fígols de la Conca **E** (LLE) 46 Ae 96
Fígols d'Organyà **E** (LLE) 46 Bc 95
Figueira **P** (Ba) 53 Tb 101
Figueira **P** (Év) 117 Sc 118
Figueira **P** (Fa) 144 Ra 126
Figueira **P** (Pg) 103 Se 114
Figueira **P** (Por) 50 Rd 102
Figueira **P** (Vi) 51 Sb 102
Figueira da Foz **P** (Co) 82 Ra 108
Figueira de Castelo Rodrigo **P** (Gu) 70 Ta 103
Figueira de Lorvão **P** (Co) 83 Re 107
Figueira dos Cavaleiros **P** (Be) 131 Re 120
Figueira e Barros **P** (Pg) 102 Sb 114
Figueiras **E** (COR) 15 Rc 91
Figueiras **E** (COR) 15 Rf 91
Figueiras **E** (LUG) 4 Sd 88
Figueiras **P** (Aç) 169 We 116
Figueiras **P** (Be) 131 Sa 122
Figueiras **P** (Li) 100 Qe 114
Figueiras **P** (Li) 100 Qf 113
Figueiredo **P** (Br) 50 Rd 99
Figueiredo **P** (Br) 50 Rd 100
Figueiredo **P** (CB) 83 Sa 109
Figueiredo das Donas **P** (Vi) 68 Rf 104
Figueiredo de Alva **P** (Vi) 68 Sa 104
Figueirinha **P** (Ba) 53 Tc 100
Figueirinha **P** (Be) 131 Sa 123
Figueirinha **P** (Fa) 144 Rd 125
Figueiró **E** (PON) 32 Rb 97
Figueiró **P** (Le) 83 Re 109
Figueiró **P** (Por) 50 Rd 101
Figueiró **P** (Por) 51 Rf 101
Figueiró **P** (Vi) 68 Sa 105
Figueiroa **E** (COR) 4 Sa 86
Figueiroa **E** (COR) 15 Rf 91
Figueiró da Granja **P** (Gu) 69 Sd 105
Figueiró do Campo **P** (Co) 82 Rc 108
Figueiró dos Vinhos **P** (Le) 83 Re 109
Figueiros **P** (Sa) 116 Rc 116
Figueirosa **P** (Vi) 68 Rf 104
Figuera, la - **E** (LLE) 45 Ae 97
Figuera, la **E** (TAR) 64 Ae 101
Figueral **E** (ALI) 128 Zb 117
Figueral, Es - **E** (BAL) 97 Bd 114
Figueras **E** (AST) 5 Sf 87
Figueras = Figueres **E** (GIR) 31 Cf 95
Figueres **E** (GIR) 31 Cf 95
Figueró, el - **E** (BAR) 48 Cb 98
Figuerola del Camp **E** (TAR) 64 Bb 100
Figuerola de Meià **E** (LLE) 46 Af 97
Figuerola de Orcau = Figuerola d'Orcau **E** (LLE) 46 Af 96
Figuerola d'Orcau **E** (LLE) 46 Af 96
Figueroles **E** (CAS) 95 Ze 108
Figuerosa, la - **E** (LLE) 46 Bb 98
Figueruela de Abajo **E** (ZAM) 35 Td 97
Figueruela de Arriba **E** (ZAM) 35 Td 97
Figueruela de Sayago **E** (ZAM) 54 Ua 101
Figueruelas **E** (ZAR) 43 Ye 98
Fijos **P** (Por) 51 Rf 101
Fika **E** (VIZ) 11 Xb 89
Filgueira **E** (PON) 33 Re 95
Filgueira de Barranca **E** (COR) 3 Re 90
Filgueira de Traba **E** (COR) 3 Re 90
Filgueiras **E** (COR) 3 Rf 88
Filgueirua **E** (LUG) 5 Sf 88
Filiel **E** (LEÓ) 35 Td 94
Finca de Belvalle **E** (CUE) 77 Ya 105
Finca del Moro **E** (CAS) 81 Ac 106
Finca del Vicario **E** (PALM) 175 II E 3
Fines **E** (ALM) 154 Xe 124
Finestras **E** (HUES) 45 Ad 96
Finestrat **E** (ALI) 129 Ze 117
Finolledo **E** (LEÓ) 17 Tc 93
Fiñana **E** (ALM) 153 Xa 125
Fiol **E** (BAR) 65 Bc 99
Fiolhoso **P** (VR) 52 Sc 100
Fiolleda **E** (LUG) 16 Sc 93
Fiolledo **E** (PON) 32 Rd 96
Fión **E** (LUG) 16 Sc 93
Fiopáns **E** (COR) 14 Rb 91
Fiós **E** (OUR) 34 Sc 94
Fique **E** (JAÉ) 139 Wf 122
Firgas **E** (PALM) 174 I C 2
Firvidas **P** (VR) 33 Sb 98
Fiscal **E** (HUES) 27 Zf 94
Fiscal **P** (Br) 50 Rd 99
Fisteus **E** (COR) 3 Rf 90
Fitero **E** (NAV) 42 Ya 96
Fitoiro **E** (OUR) 34 Sd 95
Fitor **E** (GIR) 49 Da 97
Fixón **E** (PON) 32 Rb 94
Flaçà **E** (GIR) 49 Cf 96
Flamengos **P** (Aç) 168 Wc 117
Flariz **E** (OUR) 34 Sc 97
Flassá = Flaçà **E** (GIR) 49 Cf 96
Flecha, La - **E** (VALL) 56 Vb 99
Fleix **E** (ALI) 129 Zf 116
Flix **E** (BAR) 65 Bd 99
Flix **E** (LLE) 46 Af 98
Flix **E** (TAR) 63 Ad 101
Flor da Rosa **P** (Pg) 102 Sc 113
Flor de Acebos **E** (AST) 19 Ub 90
Florejacs **E** (LLE) 46 Bb 98
Florejachs = Florejacs **E** (LLE) 46 Bb 98
Florencas **P** (Ma) 166 I B 2
Flores **E** (HUEL) 133 Ta 120
Flores **E** (VIZ) 11 Xb 89
Flores de Ávila **E** (ÁVI) 73 Uf 103
Floresta, la - **E** (BAR) 66 Ca 100
Floresta, la - **E** (LLE) 64 Af 99
Florida **E** (SEV) 135 Ua 120
Florida, La - **E** (ALB) 126 Ya 115
Florida, La - **E** (ALI) 143 Zb 120
Florida, La - **E** (CÁD) 164 Tf 131
Florida, La - **E** (CAN) 9 Vd 89
Florida, La - **E** (MAD) 74 Wb 106
Florida, La - **E** (PALM) 174 I D 4
Florida, La - **E** (TEN) 173 I E 3
Florida, La **E** (AST) 6 Td 89
Florida de Liébana **E** (SAL) 72 Ub 102
Flotas de Butrón, Las - **E** (MUR) 141 Yd 122
Focella **E** (AST) 18 Tf 90
Fofe **E** (PON) 32 Rd 95
Fogars de Montclús **E** (BAR) 48 Cc 98
Fogars de Tordera **E** (BAR) 48 Ce 98
Fogás de Montclús = Fogars de Montclús **E** (BAR) 48 Cc 98
Fogás de Tordera = Fogars de Tordera **E** (BAR) 48 Ce 98
Fogonella **E** (GIR) 30 Cb 95
Fogueres del Pla **E** (GIR) 48 Cd 98
Fogueteiro **P** (Se) 115 Qf 117
Foia, la **E** (ALI) 143 Zb 119
Foilebar **E** (LUG) 16 Sc 92
Foilebar **E** (LUG) 16 Se 92
Foios **E** (VAL) 113 Zd 111
Fóios **P** (Gu) 85 Ta 107
Foixà **E** (GIR) 49 Cf 96
Fojedo **E** (LEÓ) 19 Ub 93
Fojo Lobal **P** (VC) 50 Rc 98
Fojos **P** (Br) 51 Rf 99
Folch **E** (GIR) 29 Be 94
Foldada **E** (PAL) 21 Vd 92
Folgarolas = Folgueroles **E** (BAR) 48 Cb 97
Folgarosa **P** (Li) 100 Qf 114
Folgosa **E** (LUG) 16 Se 91
Folgosa **P** (Por) 50 Rc 101
Folgosa **P** (Vi) 51 Sb 102
Folgosa do Salvador **P** (Gu) 69 Sb 106
Folgosinho **P** (Gu) 69 Sc 105
Folgoso **E** (AST) 17 Ta 90
Folgoso **E** (PON) 15 Rd 93
Folgoso **P** (Vi) 68 Sa 103
Folgoso (Folgoso do Courel) **E** (LUG) 17 Se 93
Folgoso de la Carballeda **E** (ZAM) 35 Td 97
Folgoso de la Ribera **E** (LEÓ) 18 Te 93
Folgoso del Monte **E** (LEÓ) 18 Td 93
Folgoso do Courel = Folgoso **E** (LUG) 17 Se 93
Folgueira, A - **E** (COR) 2 Rb 89
Folgueiras **E** (AST) 5 Sf 88
Folgueiras **E** (LUG) 4 Sc 88
Folgueiras **E** (LUG) 17 Ta 91
Folgueiro **E** (LUG) 4 Sc 86
Folguer **E** (LLE) 46 Ba 96
Folgueras **E** (AST) 6 Ua 88
Folgueroles **E** (BAR) 48 Cb 97
Folhada **P** (Por) 51 Rf 101
Folhadal **P** (Vi) 68 Sa 105
Folhadela **P** (VR) 51 Sb 101
Folhadosa **P** (Gu) 69 Sb 106
Folhense **P** (Av) 68 Rd 104
Folques **P** (Co) 83 Rf 107
Folledo **E** (LEÓ) 19 Ub 91
Fombellida **E** (CAN) 21 Vf 91
Fombellida **E** (VALL) 38 Ve 98
Fombuena **E** (ZAR) 61 Ye 102
Fompedraza **E** (VALL) 56 Vf 99
Foncastín **E** (VALL) 55 Uf 100
Foncea **E** (RIO) 22 Wf 93
Foncebadón **E** (LEÓ) 18 Td 94
Fonchanina **E** (HUES) 28 Ad 93
Fonda de Santa Teresa **E** (ÁVI) 73 Uf 106
Fondarella **E** (LLE) 64 Af 99
Fondeadero de Fasnia **E** (TEN) 173 I E 4
Fondevila (Lobios) **E** (OUR) 33 Rf 97
Fondo de Vila **E** (LUG) 16 Sb 93
Fondón **E** (ALM) 153 Xa 127
Fondos de Vegas **E** (AST) 17 Tc 91
Fonelas **E** (GRA) 153 We 124
Fonfría **E** (AST) 7 Uc 88
Fonfría **E** (LEÓ) 18 Te 93
Fonfria **E** (LUG) 17 Sf 92
Fonfría **E** (TER) 78 Yf 103
Fonfría **E** (ZAM) 54 Tf 99
Fonoll, el - **E** (TAR) 64 Bb 99
Fonolleres **E** (LLE) 46 Bb 99
Fonollosa **E** (BAR) 47 Be 98
Fonsagrada, A **E** (LUG) 5 Sf 90
Fonseca **E** (SAL) 70 Tc 105
Fontaínhas **P** (Por) 50 Rc 100
Fontaínhas **P** (Se) 130 Rb 119
Fontaínhas **P** (Vi) 69 Sb 104
Fontaiña **E** (COR) 3 Rd 89
Fontalva **P** (Pg) 118 Se 115
Fontanal **E** (ALI) 128 Zb 117
Fontanar **E** (GUA) 75 We 104
Fontanar **E** (JAÉ) 139 Xa 122
Fontanar, El - **E** (CÓRD) 150 Vb 123
Fontanar de Alarcón, El - **E** (ALB) 126 Xf 116
Fontanar de las Viñas **E** (ALB) 126 Xf 116
Fontanarejo **E** (CIU) 107 Vc 113
Fontanares **E** (MUR) 140 Ya 122
Fontanars dels Alforins **E** (VAL) 128 Zb 116
Fontaneda **AND** 29 Bc 94
Fontaneira **E** (LUG) 17 Se 90
Fontanelas **P** (Li) 115 Qd 115
Fontanelles, Les - **E** (ALI) 128 Zb 117
Fontanera, La - **E** (CÁC) 103 Se 112
Fontanil de los Oteros **E** (LEÓ) 37 Ud 94
Fontanillas = Fontanilles **E** (GIR) 49 Da 96
Fontanillas de Castro **E** (ZAM) 54 Ub 98
Fontanilles **E** (GIR) 49 Da 96
Fontanosas **E** (CIU) 122 Vc 116
Fontanos de Torio **E** (LEÓ) 19 Uc 92
Fontao **E** (LUG) 16 Sc 91
Fontao **E** (LUG) 16 Sd 92
Fontao **E** (PON) 15 Re 92
Fontão **P** (Av) 67 Rc 105
Fontão **P** (Gu) 84 Sb 107
Fontão **P** (VC) 32 Rc 98
Font-Calent **E** (ALI) 128 Zc 118
Fontclara **E** (GIR) 49 Da 97
Fontcoberta **E** (GIR) 49 Ce 96
Fontcuberta = Fontcoberta **E** (GIR) 49 Ce 96
Font de Can Bou **E** (BAR) 65 Bd 99
Font de Còdol, le **E** (BAR) 65 Be 99
Font de la Cala, Sa **E** (BAL) 99 Dc 110
Font de la Figuera, la **E** (VAL) 128 Za 116
Font de la Figuera, La **E** (VAL) 128 Zd 117
Font d'En Carròs, la **E** (VAL) 129 Ze 115
Font-d'En-Segures **E** (CAS) 80 Zf 106
Fontdepou **E** (LLE) 46 Ae 97
Fonte, El - **E** (ALM) 154 Xf 126
Fonte Arcada **P** (Por) 50 Rd 102
Fonte Arcada **P** (Vi) 69 Sc 103
Fontearcada (A Peroxa) **E** (OUR) 16 Sb 94
Fonte Arcadinha **P** (Gu) 69 Sc 104
Fonte Boa **P** (Be) 131 Rf 120
Fonte Boa **P** (Br) 50 Rb 100
Fonte Boa da Brincosa **P** (Li) 100 Qd 115
Fonte Boa dos Nabos **P** (Li) 100 Qd 115
Fontebona **E** (AST) 6 Tf 88
Fontecada **E** (COR) 14 Ra 91
Fontecoba **E** (LUG) 4 Sc 87
Fonte Coberta **P** (Be) 131 Re 121
Fonte Coberta **P** (Br) 50 Rc 100
Fontecha **E** (ÁLA) 23 Wf 92
Fontecha **E** (LEÓ) 19 Ub 94
Fontecha **E** (PAL) 20 Vb 92
Fonte da Matosa **P** (Fa) 145 Rd 126
Fonte da Murta **P** (Fa) 145 Sa 126
Fonte da Pedra **P** (Sa) 101 Rb 112
Fonte da Telha **P** (Se) 115 Qe 117
Fonte de Aldeia **P** (Ba) 53 Td 100
Fonte de Angeão **P** (Co) 67 Rb 106
Fonte de Corcho **P** (Fa) 145 Sa 125
Fonte de Martel **P** (Co) 67 Rb 107
Fonte de Seixas **P** (Ba) 52 Sd 101
Fonte-Díaz (Touro) **E** (COR) 15 Re 91
Fonte do Bastardo **P** (Aç) 169 Xf 116
Fonte do Mato **P** (Aç) 168 Xa 114
Fonte dos Almocreves **P** (Ma) 167 I D 2
Fontedoso **E** (OUR) 34 Sd 95
Fonte do Touro **P** (Fa) 145 Sa 126
Fonte Ferrenha **P** (Fa) 144 Rb 124
Fonte Furada **P** (Év) 117 Sc 118
Fonte Grada **P** (Li) 100 Qe 114
Fonteita **P** (VR) 51 Sc 101
Fontela **P** (Co) 82 Rb 108
Fontelas **P** (Br) 51 Rf 99
Fontelas **P** (VR) 51 Sb 102
Fonte Limpa **P** (Co) 83 Rf 108
Fontelo **P** (Vi) 51 Sb 102
Fonte Longa **P** (Ba) 52 Se 101
Fonte Longa **P** (CB) 84 Sb 110
Fontellas **E** (HUES) 43 Zb 95
Fontellas **E** (NAV) 42 Yc 96
Fontelles **E** (LLE) 47 Be 95
Fonte Mercê **P** (VR) 52 Se 99
Fontenebro **E** (MAD) 74 Wa 105
Fonteñera, La - **E** (CÁC) 103 Se 112
Fonteo **E** (LUG) 16 Se 90
Fonterova **E** (LUG) 4 Sc 87
Fontes **P** (Aç) 168 Wf 114
Fontes **P** (Ba) 35 Ta 98
Fontes **P** (Fa) 144 Rd 126
Fontes **P** (Le) 82 Rb 110
Fontes **P** (VR) 51 Sb 101
Fonte Salgada **P** (Fa) 146 Sc 126
Fonte Santa **P** (Se) 130 Rb 122
Fontescaldes **E** (TAR) 64 Bb 101
Fontes Ferraria **P** (Sa) 102 Re 111
Fonte Soeiro **P** (Év) 118 Sd 116
Fonteta **E** (GIR) 49 Da 97
Fonte Zambujo **P** (Fa) 146 Sc 124
Fontibre **E** (CAN) 21 Ve 90
Fontihoyuelo **E** (VALL) 37 Uf 96
Fontilles **E** (ALI) 129 Zf 116
Fontinha **P** (Co) 67 Rc 106
Fontinha **P** (Ma) 167 I C 2
Fontinhas **P** (Aç) 169 Xf 116
Fontioso **E** (BUR) 39 Wb 97
Fontiveros **E** (ÁVI) 73 Va 103
Fontllonga **E** (LLE) 46 Af 97
Font Nova **E** (TAR) 81 Ac 103
Fontoria **E** (LEÓ) 17 Tc 92
Fontoria de Cepeda **E** (LEÓ) 18 Tf 93
Fontoura **P** (VC) 32 Rc 97
Font Picant, la - **E** (GIR) 48 Cd 96
Font Pudosa, La **E** (GIR) 48 Cb 96
Font-rubí **E** (BAR) 65 Bd 100
Fonts, les - **E** (BAR) 66 Ca 99
Fontsagrada **E** (LLE) 46 Af 96
Font Santa, Sa - **E** (BAL) 96 Df 108
Fontsanta, La **E** (GIR) 48 Cb 96
Fontscaldetes **E** (TAR) 64 Bb 100
Fonz **E** (HUES) 45 Ab 96
Fonzaleche **E** (RIO) 23 Wf 93
Foradada **E** (LLE) 46 Ba 97

Foradada del Toscar **E** (HUES) 27 Ac 94
Foral **P** (Fa) 145 Re 125
Forca **P** (Vi) 69 Sc 103
Forcadas **E** (OUR) 34 Sd 95
Forcadela **E** (PON) 32 Rb 97
Força d'Estany, la - **E** (LLE) 46 Ba 97
Forcalhos **P** (Gu) 85 Tb 106
Forcall **E** (CAS) 80 Ze 105
Forcarei **E** (PON) 15 Rd 93
Forcas **E** (OUR) 34 Sc 94
Forcat **E** (HUES) 28 Ae 93
Forès **E** (TAR) 64 Bb 100
Forfoleda **E** (SAL) 54 Ub 102
Forjães **P** (Br) 50 Rb 99
Forles **P** (Vi) 69 Sc 103
Formaris **E** (COR) 15 Rd 91
Formariz **E** (ZAM) 53 Te 100
Formariz **P** (VC) 32 Rc 97
Formentera del Segura **E** (ALI) 143 Zb 120
Formentor **E** (BAL) 99 Da 109
Formet **E** (BAL) 96 Eb 109
Formiche Alto **E** (TER) 94 Za 107
Formiche Bajo **E** (TER) 94 Za 107
Formiga **P** (Év) 117 Sb 118
Formiga, Can - **E** (GIR) 48 Cd 97
Formigais **P** (Sa) 83 Rd 110
Formigal, El - **E** (HUES) 26 Zd 92
Formigales **E** (HUES) 45 Ab 94
Formigones **E** (LEÓ) 18 Ua 92
Formilo **P** (Vi) 51 Sb 102
Formosa **P** (Be) 146 Sc 123
Formosa **P** (CB) 83 Sa 110
Formosa **P** (Sa) 101 Rd 115
Formoselha **P** (Co) 82 Rc 107
Forn **E** (LLE) 47 Bc 95
Forna **E** (ALI) 129 Ze 115
Forna **E** (LEÓ) 35 Tc 95
Fornalha **P** (Be) 145 Sa 124
Fornalha **P** (Fa) 144 Rc 125
Fornalha **P** (Fa) 145 Rf 125
Fornalha **P** (Fa) 146 Sb 125
Fornalhas **P** (Be) 130 Rd 122
Fornalha Velha **P** (Be) 131 Rd 121
Fornalutx **E** (BAL) 98 Ce 110
Fornas de Torrelo **E** (BAL) 96 Eb 109
Fórnea **E** (LUG) 5 Se 88
Fornelo **P** (Por) 50 Rc 101
Fornelo **P** (Vi) 68 Re 104
Fornelo do Monte **P** (Vi) 68 Rf 105
Fornelos **E** (COR) 2 Ra 89
Fornelos **E** (OUR) 34 Sf 95
Fornelos **E** (PON) 32 Rb 97
Fornelos **E** (PON) 32 Rd 96
Fornelos **P** (Br) 50 Rb 99
Fornelos **P** (Br) 51 Re 100
Fornelos **P** (VC) 32 Rc 98
Fornelos **P** (Vi) 51 Re 102
Fornelos **P** (VR) 51 Sb 101
Fornelos de Filloás **E** (OUR) 34 Se 96
Fornells **E** (BAL) 96 Ea 108
Fornells **E** (BAL) 98 Cc 111
Fornells **E** (GIR) 49 Db 97
Fornells de la Muntanya **E** (GIR) 30 Ca 95
Fornells de la Selva **E** (GIR) 49 Ce 97
Fornes **E** (GRA) 152 Wa 127
Fornillos **E** (HUES) 44 Zd 95
Fornillos **E** (HUES) 45 Aa 97
Fornillos de Aliste **E** (ZAM) 53 Te 99
Fornillos de Fermoselle **E** (ZAM) 53 Te 100
Forninho **P** (Se) 116 Rb 117
Forninhos **P** (Gu) 69 Sc 104
Fórnoles **E** (TER) 80 Zf 103
Fornols = Fórnols de Cadí **E** (LLE) 47 Bd 95
Fórnols de Cadí **E** (LLE) 47 Bd 95
Fornos **E** (AST) 7 Uc 89
Fornos **P** (Av) 68 Rc 103
Fornos **P** (Ba) 53 Tb 101
Fornos **P** (Por) 51 Rf 101
Fornos de Algodres **P** (Gu) 69 Sc 105
Fornos de Ledra **P** (Ba) 52 Sf 98
Fornos de Maceira Dão **P** (Vi) 69 Sb 105
Fornos do Pinhal **P** (VR) 52 Se 99
Forno Telheiro **P** (Gu) 69 Sd 104
Foro **E** (COR) 15 Rf 90
Foro **P** (Év) 118 Sd 116
Foronda **E** (ÁLA) 23 Xb 91
Foros da Barradinha Nova **P** (Be) 131 Rd 121
Foros da Biscaia **P** (Sa) 101 Rc 114
Foros da Branca **P** (Sa) 116 Rc 115
Foros da Caiada **P** (Be) 130 Rc 121
Foros da Fonte de Pau **P** (Sa) 116 Rd 115
Foros da Fonte Seca **P** (Év) 118 Sc 117
Foros da Quinta **P** (Se) 130 Rb 120
Foros da Salgueirinha **P** (Sa) 116 Rc 115
Foros de Aduá **P** (Év) 117 Re 117
Foros de Albergaria **P** (Se) 116 Rc 119
Foros de Almeirim **P** (Sa) 101 Rc 114
Foros de Amendonça **P** (Év) 116 Re 118
Foros de Azerveira **P** (Sa) 101 Rc 114
Foros de Cadouços **P** (Se) 130 Rc 121
Foros de Salvaterra **P** (Sa) 101 Rb 114
Foros de Vale Coelho **P** (Se) 130 Rb 122
Foros de Vale de Figueira **P** (Év) 116 Re 116
Foros do Arncirinho **P** (Se) 130 Rc 121
Foros do Arrão **P** (Sa) 101 Re 113
Foros do Biscainho **P** (Sa) 116 Rb 115
Foros do Campo **P** (Se) 130 Rc 121
Foros do Freixo **P** (Év) 117 Sc 116
Foros do Malhão **P** (Se) 130 Rc 121
Foros do Monte Novo **P** (Se) 130 Rc 121
Foros do Pereira **P** (Be) 130 Rb 122
Foros do Queimado **P** (Év) 103 Sb 117
Foros do Rebocho **P** (Sa) 116 Rd 115
Foros dos Carapucões **P** (Sa) 116 Rd 116
Foros do Sobralinho **P** (Se) 130 Rc 121
Foros do Trapo **P** (Se) 116 Rb 116
Foroso do Almada **P** (Sa) 116 Rb 115
Forros de Vale de Água **P** (Be) 131 Re 121
Fortaleny **E** (VAL) 114 Ze 113
Fortanete **E** (TER) 79 Zc 105
Forte **E** (COR) 15 Rd 92
Forte da Casa **P** (Li) 115 Qf 115
Forte de Ferragudo **P** (Év) 118 Se 116
Forte do Santo **P** (Pg) 103 Sd 112
Fortes **P** (Fa) 146 Sc 124
Fortesa, la - **E** (BAR) 47 Bd 98
Fortesa, la - **E** (BAR) 65 Be 100
Fortià **E** (GIR) 31 Da 95
Fortim **P** (Fa) 146 Sc 125
Fortios **P** (Pg) 103 Sd 113
Fortuna **E** (MUR) 142 Yf 119
Fortuna, La - **E** (MAD) 90 Wb 106
Fortunho **P** (VR) 51 Sb 100
Forxa, A (A Porqueira) **E** (OUR) 33 Sa 96
Forxa, A (Purxín) **E** (OUR) 33 Rf 94
Forzáns **E** (PON) 32 Rd 94
Fosado **E** (HUES) 27 Ab 94
Fosca, la - **E** (GIR) 49 Da 97
Fotuya **E** (MUR) 140 Xf 119
Foupana **P** (Fa) 145 Sb 126
Foxados **E** (COR) 3 Rf 90
Foxas (Fene) **E** (COR) 3 Rf 88
Foxo **E** (COR) 3 Rc 89
Foxo **E** (PON) 15 Rd 92
Foyedo **E** (AST) 5 Tc 88
Foyedo **E** (AST) 6 Te 87
Foyes de Dal **E** (CAS) 80 Zf 106
Foyos = Foios **E** (VAL) 113 Zd 111
Foz **E** (LUG) 4 Se 87
Foz **P** (Sa) 102 Re 113
Foz, La - **E** (AST) 6 Ua 89
Foz, La - **E** (AST) 7 Ue 90
Fozara **E** (PON) 144 Rc 95
Foz-Calanda **E** (TER) 80 Ze 103
Foz da Égua **P** (Co) 84 Sb 107
Foz de Arouce **P** (Co) 83 Re 108
Foz de Odeleite **P** (Fa) 146 Sd 124
Foz do Arelho **P** (Le) 100 Qe 112
Foz do Arroio **P** (Fa) 144 Rc 124
Foz do Besteiro **P** (Fa) 144 Rc 124
Foz do Carvalhoso **P** (Fa) 144 Rc 124
Foz do Cobrão **P** (CB) 84 Sb 110
Foz do Farelo **P** (Fa) 144 Rc 124
Foz do Giraldo **P** (CB) 84 Sb 108
Foz do Sousa **P** (Por) 50 Rd 102
Fradelo **E** (OUR) 34 Sf 95
Fradelos **P** (Av) 68 Rd 104
Fradelos **P** (Br) 50 Rc 100
Frades **P** (Ba) 34 Sf 97
Frades **P** (Be) 132 Sb 120
Frades **P** (Br) 50 Re 99
Frades **P** (Se) 116 Rd 119
Frades **P** (VR) 33 Sa 98
Frades de la Sierra **E** (SAL) 72 Ub 105
Frades Viejo **E** (SAL) 54 Ua 102
Fradizela **P** (Ba) 52 Se 99
Fraella **E** (HUES) 44 Ze 97
Fraga **E** (HUES) 63 Ac 99
Fraga **E** (OUR) 33 Rf 96
Fraga **E** (PON) 32 Rb 95
Fragén **E** (HUES) 27 Zf 93
Fraginal **E** (HUES) 26 Zb 93
Frago, El **E** (ZAR) 43 Za 95
Fragosa **E** (CÁC) 71 Te 106
Fragosela **P** (Vi) 68 Sa 105
Fragoselo **E** (PON) 32 Rb 95
Fragoso **P** (Br) 50 Rb 99
Fraguas **E** (GUA) 75 Wf 102
Fraguas **E** (PON) 15 Rd 94
Fraguas **E** (SAL) 72 Ub 103
Fráguas **P** (Sa) 101 Ra 112
Fráguas **P** (Vi) 68 Rf 105
Fráguas **P** (Vi) 69 Sb 103
Fraguas, Las - **E** (SOR) 59 Xb 98
Fraguas,Las **E** (CAN) 9 Vf 89
Frague, El - **E** (GRA) 152 Wc 124
Fraião **P** (Br) 50 Rd 99
Frailes **E** (JAÉ) 152 Wa 124
Frairia, A - **E** (LUG) 16 Se 90
Fraja **E** (CÁD) 157 Ub 129
Frama **E** (CAN) 8 Vc 90
Frameán **E** (LUG) 16 Sb 92
França **P** (Ba) 35 Tb 97
Franca, La **E** (AST) 8 Vc 88
Francàs, el - **E** (TAR) 65 Bc 101
France **P** (VC) 32 Rb 97
France **P** (VR) 52 Sd 99
Francelos **P** (VR) 52 Sc 100
Francés, El - **E** (GRA) 153 Xb 124
Franceses **E** (TEN) 171 B 2
Franciac **E** (GIR) 49 Ce 97
Franco **E** (BUR) 23 Xb 92
Franco **P** (Ba) 52 Sd 100
Franco, El - **E** (AST) 5 Ta 87
Francos **E** (SAL) 72 Ud 103
Francos **E** (SEG) 58 Wd 100
Frandovinez **E** (BUR) 39 Wa 95
Franqueira, A - **E** (PON) 32 Rd 95
Franquesa, Sa - **E** (BAL) 99 Da 111
Franqueses del Vallès, les **E** (BAR) 48 Cb 99
Franzilhal **P** (VR) 52 Sd 101
Frasno, El **E** (ZAR) 60 Yd 100
Fratel **P** (CB) 102 Sb 111
Frauca **E** (HUES) 26 Zd 93
Frazão **P** (Por) 50 Rd 101
Frazão **P** (Sa) 101 Rd 114
Frazumeira **P** (CB) 83 Sa 109
Freamunde **P** (Por) 50 Rd 101
Freán **E** (LUG) 16 Sb 93
Freande **E** (OUR) 34 Sc 96
Freás **E** (OUR) 15 Sa 94
Freás **E** (OUR) 33 Rf 96
Frechas **P** (Ba) 52 Sf 100
Freches **P** (Gu) 69 Sd 104
Frechilla **E** (PAL) 37 Va 96
Frechilla de Almazán **E** (SOR) 59 Xc 100
Fredellos **E** (ZAM) 35 Te 98
Fredes **E** (CAS) 80 Ab 104
Fregenal de la Sierra **E** (BAD) 133 Tc 119
Fregeneda, La **E** (SAL) 70 Ta 103
Fregenite **E** (GRA) 161 Wd 128
Fregim **P** (Por) 51 Rf 101
Freginals **E** (TAR) 81 Ad 104
Freia de Bornes **P** (VR) 51 Sc 99
Freigil **P** (Vi) 51 Rf 102
Freije **E** (AST) 5 Sf 88
Frei João **P** (Sa) 102 Sa 111
Freila **E** (GRA) 153 Xa 123
Freinada **P** (Gu) 70 Ta 105
Freire **P** (Év) 118 Sd 116
Freires **E** (COR) 4 Sa 87
Freiria **P** (Li) 100 Qe 114
Freiria **P** (Li) 100 Qf 114
Freiriz **P** (Br) 50 Rc 99
Freita, la - **E** (LLE) 29 Bc 95
Freitas **P** (Br) 51 Re 99
Freixe **E** (LLE) 29 Bb 94
Freixeda **P** (Ba) 52 Sf 100
Freixeda **P** (VR) 51 Sc 99
Freixeda do Torrão **P** (Gu) 70 Sf 103
Freixedas **P** (Gu) 70 Sf 104
Freixeiro **E** (COR) 14 Rb 90
Freixeiro **E** (PON) 15 Re 93
Freixenet **E** (GIR) 30 Cc 95
Freixenet **E** (LLE) 47 Bd 97
Freixenet de Segarra **E** (LLE) 47 Bc 99
Freixial **P** (CB) 84 Sc 108
Freixial **P** (Év) 117 Rf 117
Freixial **P** (Gu) 69 Se 104
Freixial **P** (Le) 82 Rb 110
Freixial **P** (Se) 116 Rd 118
Freixial do Campo **P** (CB) 84 Sc 109
Freixianda **P** (Sa) 83 Rd 110
Freixidelo **P** (Ba) 35 Tb 98
Freixido **E** (OUR) 34 Sf 94
Freixiel **P** (Ba) 52 Se 101
Freixinho **P** (Vi) 69 Sc 103
Freixiosa **P** (Ba) 53 Te 100
Freixiosa **P** (Co) 83 Rd 109
Freixiosa **P** (Vi) 69 Sb 105
Freixo **E** (COR) 4 Sb 87
Freixo **E** (LUG) 16 Se 92
Freixo **E** (PON) 33 Re 96
Freixo **P** (Co) 83 Re 108
Freixo **P** (Gu) 70 Sf 105
Freixo **P** (Pg) 118 Sf 115
Freixo **P** (Por) 51 Rf 102
Freixo **P** (Sa) 101 Rd 114
Freixo **P** (VC) 50 Rc 99
Freixo **P** (Vi) 68 Re 106
Freixo **P** (VR) 52 Sc 100
Freixo da Serra **P** (Gu) 69 Sc 105
Freixo de Baixo **P** (Por) 51 Rf 101
Freixo de Cima **P** (Por) 51 Rf 101
Freixo de Espada á Cinta **P** (Ba) 53 Tb 102
Freixo de Numão **P** (Gu) 52 Se 102
Freixoeiro **P** (Sa) 83 Sa 111
Freixofeira **P** (Li) 100 Qe 114
Freixo Seco **P** (Fa) 145 Rf 125
Freixoso **E** (OUR) 145 Sa 95
Frende **P** (Por) 51 Sa 102
Fréscano **E** (ZAR) 42 Yd 97
Fresnadilla, La - **E** (JAÉ) 125 Xc 118
Fresnadillo **E** (ZAM) 54 Tf 100
Fresneda **E** (ÁVI) 73 Vb 105
Fresneda **E** (CAN) 9 Ve 89
Fresneda, La - **E** (AST) 7 Ub 88
Fresneda, La - **E** (TOL) 88 Vb 110
Fresneda, La **E** (TER) 80 Aa 103
Fresneda de Altarejos **E** (CUE) 92 Xe 109
Fresneda de Cuéllar **E** (SEG) 56 Vd 101
Fresneda de la Sierra **E** (CUE) 77 Xf 106
Fresneda de la Sierra Tirón **E** (BUR) 40 Wf 95
Fresneda de Sepúlveda **E** (SEG) 57 Wb 101
Fresnedilla **E** (ÁVI) 88 Vc 107
Fresnedilla, La - **E** (JAÉ) 139 Xa 120
Fresnedillas **E** (MAD) 74 Vf 106
Fresnedo **E** (BUR) 22 Wc 91
Fresnedo **E** (CAN) 10 Wc 88
Fresnedo **E** (LEÓ) 17 Tc 92
Fresnedo de Valdellorma **E** (LEÓ) 19 Ue 92
Fresnedoso **E** (SAL) 72 Ub 106
Fresnedoso de Ibor **E** (CÁC) 87 Uc 110
Fresnellino del Monte **E** (LEÓ) 19 Uc 94
Fresneña **E** (BUR) 40 Wf 94
Fresnidiello **E** (AST) 7 Ue 89
Fresnillo de las Dueñas **E** (BUR) 57 Wc 99
Fresno, El - **E** (ÁVI) 73 Vb 105
Fresno, El - **E** (CÁC) 85 Tb 108
Fresno, El - **E** (GUA) 75 We 104
Fresno-Alhándiga **E** (SAL) 72 Uc 104
Fresno de Cantespino **E** (SEG) 57 Wc 100
Fresno de Caracena **E** (SOR) 58 Wf 100
Fresno de la Carballeda **E** (ZAM) 35 Td 97
Fresno de la Fuente **E** (SEG) 57 Wc 100
Fresno de la Polvorosa **E** (ZAM) 36 Ub 96
Fresno de la Ribera **E** (ZAM) 54 Uc 99
Fresno de la Vega **E** (LEÓ) 36 Uc 94
Fresno del Camino **E** (LEÓ) 19 Uc 93
Fresno de Losa **E** (BUR) 22 Wf 91
Fresno del Río **E** (CAN) 21 Vf 90
Fresno del Río **E** (PAL) 20 Vb 92
Fresno de Riotirón **E** (BUR) 22 We 94
Fresno de Rodilla **E** (BUR) 39 Wd 94
Fresno de Sayago **E** (ZAM) 54 Ua 101
Fresno de Torote **E** (MAD) 75 Wd 105
Fresno de Valduerna **E** (LEÓ) 36 Tf 95
Fresno el Viejo **E** (VALL) 55 Uf 101
Fresnos, Los - **E** (BAD) 118 Ta 117
Fresnos, Los - **E** (BAD) 119 Tb 115
Fresnosa, La - **E** (AST) 7 Ub 89
Fresta **P** (Se) 131 Rd 119
Fresulfe **P** (Ba) 34 Ta 97
Frexulfe **E** (LUG) 4 Sd 87
Friães **P** (VR) 33 Sa 98
Friamonde **E** (LUG) 16 Sb 92
Friande **P** (Br) 50 Re 99
Frías **E** (BUR) 22 We 92
Frías de Albarracín **E** (TER) 93 Yc 106
Friastelas **P** (VC) 50 Rc 98
Frieiras **P** (Ba) 53 Tb 99
Frielas **P** (Li) 115 Qf 116
Friera **E** (LEÓ) 17 Tb 93
Friera de Valverde **E** (ZAM) 36 Ua 97
Frieres **E** (AST) 7 Ub 89
Friestas **P** (VC) 32 Rc 96
Frigiliana **E** (MÁL) 160 Wa 128
Frime **E** (COR) 14 Rb 92
Friões **P** (VR) 52 Sd 99
Friol **E** (LUG) 16 Sb 90
Friumes **P** (Co) 83 Re 107
Froián **E** (LUG) 16 Sd 92
Frollais **E** (LUG) 16 Sd 92
Frómista **E** (PAL) 38 Vd 95
Frontal **E** (LUG) 5 Ta 89
Fronteira **P** (Pg) 102 Sc 114
Frontera **E** (TEN) 173 III C 2
Frontera, La **E** (CUE) 77 Xe 106
Frontiñán **E** (HUES) 45 Aa 95
Frontón **E** (LUG) 16 Sc 94
Frontón **E** (PALM) 174 I C 2
Froseira **E** (AST) 5 Ta 88
Frossos **P** (Av) 67 Rc 105
Frossos **P** (Br) 50 Rd 99
Froufe **E** (OUR) 15 Re 93
Froxán **E** (LUG) 16 Se 93
Frula **E** (HUES) 44 Zd 97
Frumales **E** (SEG) 56 Ve 100
Fruniz **E** (VIZ) 11 Xb 89
Frutuoso **P** (VR) 52 Sc 99
Fuembellida **E** (GUA) 77 Ya 104
Fuencalderas **E** (ZAR) 43 Za 94
Fuencaliente **E** (CIU) 108 Vf 113
Fuencaliente **E** (CIU) 122 Ve 118
Fuencaliente del Burgo **E** (SOR) 58 We 98
Fuencaliente de Lucio **E** (BUR) 21 Vf 92
Fuencaliente de Medina **E** (SOR) 59 Xd 102
Fuencaliente de Puerta o Fuencalenteja **E** (BUR) 21 Vf 93
Fuencaliente y Calera **E** (ALM) 154 Xc 124
Fuencarral **E** (MAD) 75 Wb 106
Fuencemillán **E** (GUA) 76 Wf 103
Fuencivil **E** (BUR) 21 Wa 93
Fuencubierta, La - **E** (CÓRD) 136 Va 122
Fuendecampo **E** (HUES) 27 Ab 94
Fuendejalón **E** (ZAR) 42 Yd 98
Fuen del Cepo **E** (TER) 94 Zb 108
Fuendetodos **E** (ZAR) 61 Za 100
Fuenferrada **E** (TER) 79 Yf 103
Fuenfría **E** (JAÉ) 125 Xb 118
Fuengirola **E** (MÁL) 159 Vc 129
Fuenlabrada **E** (ALB) 126 Xe 117
Fuenlabrada **E** (MAD) 90 Wb 107
Fuenlabrada de los Montes **E** (BAD) 107 Va 114
Fuenllana **E** (CIU) 125 Xa 116
Fuenmayor **E** (RIO) 23 Xc 94
Fuenreal **E** (CÓRD) 136 Va 122
Fuensaldaña **E** (VALL) 56 Vb 98
Fuensalida **E** (TOL) 89 Ve 108
Fuensanta **E** (ALB) 111 Xf 113
Fuensanta **E** (GRA) 151 Wa 125
Fuensanta **E** (MUR) 141 Ya 122
Fuensanta, La **E** (ALB) 126 Xf 116
Fuensanta, La **E** (ALM) 155 Ya 123
Fuensanta, La **E** (MUR) 140 Xf 119
Fuensanta de Martos **E** (JAÉ) 137 Wa 123
Fuensaúco **E** (SOR) 41 Xd 98
Fuensaviñán, La - **E** (GUA) 76 Xc 103
Fuente, La **E** (ALM) 155 Yb 124
Fuente-Álamo **E** (ALB) 127 Yd 116
Fuente Álamo **E** (CÓRD) 150 Vb 124
Fuente Álamo **E** (GRA) 153 Wf 124
Fuente Álamo **E** (JAÉ) 151 Vf 124
Fuente-Álamo **E** (MUR) 142 Ye 122
Fuentealbilla **E** (ALB) 112 Yc 113
Fuente Amarga **E** (ALM) 154 Ya 124
Fuente Amarga **E** (GRA) 140 Xc 122
Fuente-Andrino **E** (PAL) 38 Vd 94
Fuentearmegil **E** (SOR) 58 We 98
Fuentebella **E** (SOR) 41 Xf 96
Fuente Blanca **E** (BAD) 133 Tc 119
Fuente-Blanca **E** (MUR) 142 Ye 119
Fuentebravía **E** (CÁD) 156 Te 129
Fuentebureba **E** (BUR) 22 We 93
Fuente Caldera **E** (GRA) 153 We 123
Fuente Calixto **E** (TOL) 90 Wb 110
Fuentecambrón **E** (SOR) 58 We 99
Fuentecantales **E** (SOR) 58 Xa 98
Fuentecantos **E** (SOR) 41 Xd 97
Fuente-Carrasca **E** (ALB) 126 Xe 118
Fuente Carrasca **E** (JAÉ) 125 Xb 118
Fuente Carreteros **E** (SEV) 136 Uf 122
Fuentecén **E** (BUR) 57 Wa 99
Fuente Dé **E** (CAN) 8 Vb 90
Fuente de Bartolo **E** (PALM) 175 II D 4
Fuente de Cantos **E** (BAD) 134 Te 119
Fuente de la Corcha **E** (HUEL) 147 Ta 124
Fuente de la Higuera **E** (MÁL) 158 Ue 128
Fuente de la Higuera, La - **E** (ALM) 154 Xe 125
Fuente de la Higuera = Font de la Figuera, La - **E** (VAL) 128 Zd 117
Fuente del Ahijado, La - **E** (ALM) 162 Wf 128
Fuente de la Miel-Cantarranas **E** (VALL) 55 Va 100
Fuente del Arco **E** (BAD) 134 Ua 120
Fuente del Arenal, La - **E** (ALB) 126 Xe 117
Fuente de la Salud **E** (MÁL) 159 Vc 129
Fuente de la Torre **E** (JAÉ) 139 Wf 119
Fuente del Fresno **E** (CIU) 108 Wb 113
Fuente del Fresno **E** (MAD) 75 Wc 105
Fuente del Fresno **E** (MÁL) 151 Vd 126
Fuente del Gallo **E** (CÁD) 164 Tf 131
Fuente del Gato **E** (ALM) 140 Xf 123
Fuente del Jarro **E** (VAL) 113 Zd 111
Fuente del Maestre **E** (BAD) 119 Td 117
Fuente del Negro, La - **E** (ALM) 154 Xd 124
Fuente del Omet **E** (VAL) 113 Zd 112
Fuente del Oro **E** (HUEL) 133 Tb 121
Fuente de los Morales, La - **E** (ALM) 153 Xb 127
Fuente de los Santos **E** (CÓRD) 150 Va 124
Fuente de Louteiro **E** (AST) 5 Sf 88
Fuente del Pino **E** (MUR) 127 Ye 117
Fuente del Royo, La - **E** (ALM) 154 Ya 126
Fuente del Sapo **E** (CÁC) 86 Te 109
Fuente del Taif **E** (ALB) 126 Xf 118
Fuente del Turco **E** (JAÉ) 138 We 119
Fuente de Meca **E** (MUR) 155 Yd 123
Fuente de Pedro Naharro **E** (CUE) 91 Wf 109
Fuente de Piedra **E** (MÁL) 150 Vb 126
Fuente de San Esteban, La **E** (SAL) 71 Te 104
Fuente de Santa Cruz **E** (SEG) 56 Vc 101
Fuente de Villar **E** (CUE) 92 Yb 109
Fuente Diago **E** (JAÉ) 138 Wd 120
Fuente el Carnero **E** (ZAM) 54 Ub 101
Fuente el Cerro **E** (CIU) 108 Wb 113
Fuente el Fresno **E** (CIU) 108 Wb 113
Fuente el Negro **E** (SEV) 135 Uc 121
Fuente el Olmo de Fuentidueña **E** (SEG) 57 Vf 100
Fuente el Olmo de Íscar **E** (SEG) 56 Vd 101
Fuente el Sauz **E** (ÁVI) 73 Va 103
Fuente el Saz de Jarama **E** (MAD) 75 Wc 105
Fuente el Sol **E** (VALL) 55 Va 101
Fuente el Sol **E** (VALL) 56 Vb 98
Fuente Encalada **E** (ZAM) 36 Ua 96
Fuente-Encarroz = Font d'En Carròs, La - **E** (VAL) 129 Ze 115
Fuentegelmes **E** (SOR) 59 Xc 100
Fuenteguinaldo **E** (SAL) 70 Tb 106
Fuenteheridos **E** (HUEL) 133 Tc 121
Fuente-Higuera **E** (ALB) 126 Xe 118
Fuentelahiguera de Albatages **E** (GUA) 75 We 104
Fuente la Lancha **E** (CÓRD) 121 Uf 118
Fuentelaldea **E** (SOR) 59 Xb 99
Fuentelapeña **E** (ZAM) 55 Ud 101
Fuentelárbol **E** (SOR) 58 Xb 99
Fuente la Reina **E** (CAS) 94 Zc 108
Fuentelcarro **E** (SOR) 59 Xc 99
Fuentelcésped **E** (BUR) 57 Wc 99
Fuentelencina **E** (GUA) 76 Xa 105
Fuentelespino de Haro **E** (CUE) 91 Xb 110
Fuentelespino de Moya **E** (CUE) 93 Yd 109
Fuentelfresno **E** (SOR) 41 Xd 97
Fuenteliante **E** (SAL) 70 Tc 103
Fuente-Librilla **E** (MUR) 141 Yd 121
Fuentelisendo **E** (BUR) 57 Wa 99
Fuentelmonge **E** (SOR) 59 Xe 100
Fuentelsaz **E** (GUA) 60 Ya 102
Fuentelsaz de Soria **E** (SOR) 41 Xd 97
Fuente Luz **E** (SEV) 149 Ub 124
Fuentelviejo **E** (GUA) 76 Xa 105
Fuente Márquez **E** (ALM) 154 Xf 124
Fuente Mendoza, La - **E** (ALM) 153 Xb 125
Fuentemilanos **E** (SEG) 74 Ve 103
Fuentemizarra **E** (SEG) 57 Wc 100

Fuentemolinos **E** (BUR) 57 Wa 99
Fuente Mujer **E** (JAÉ) 125 Xb 118
Fuentenebro **E** (BUR) 57 Wb 99
Fuentenovilla **E** (GUA) 91 Wf 106
Fuente Nueva **E** (GRA) 140 Xd 122
Fuente Obejuna **E** (CÓRD) 135 Ud 119
Fuenteodra **E** (BUR) 21 Vf 92
Fuente-Olmedo **E** (VALL) 56 Vc 101
Fuente Palmera **E** (CÓRD) 136 Uf 122
Fuentepelayo **E** (SEG) 56 Ve 101
Fuente Pinilla **E** (JAÉ) 139 Xb 119
Fuentepinilla **E** (SOR) 58 Xb 99
Fuentepiñel **E** (SEG) 57 Vf 100
Fuente Reina **E** (ALI) 128 Zb 118
Fuente Reina **E** (SEV) 135 Uc 121
Fuente Rey **E** (CÁD) 157 Ua 129
Fuenterrabia = Hondarribia **E** (GUI) 12 Yb 88
Fuenterrebollo **E** (SEG) 57 Wa 101
Fuenterroble de Abajo **E** (SAL) 71 Td 104
Fuenterroble de Arriba **E** (SAL) 71 Td 104
Fuenterroble de Salvatierra **E** (SAL) 72 Ub 105
Fuenterrobles **E** (VAL) 112 Yd 111
Fuentes **E** (ALB) 125 Xd 118
Fuentes **E** (CUE) 92 Xf 109
Fuentes **E** (MÁL) 159 Vc 128
Fuentes **E** (SEG) 56 Ve 102
Fuentes **E** (TOL) 106 Uf 110
Fuentes, Las - **E** (ALB) 112 Ye 114
Fuentes, Las - **E** (JAÉ) 125 Xb 118
Fuente Santa **E** (ALM) 154 Xc 126
Fuentesanta **E** (AST) 7 Ud 88
Fuentesaúco **E** (ZAM) 54 Ud 101
Fuentesaúco de Fuentidueña **E** (SEG) 57 Vf 100
Fuentesbuenas **E** (CUE) 92 Xd 107
Fuentes Calientes **E** (TER) 79 Za 104
Fuentes Claras **E** (TER) 78 Ye 103
Fuentesclaras del Chillarón **E** (CUE) 92 Xe 108
Fuentes de Ágreda **E** (SOR) 42 Ya 98
Fuentes de Andalucía **E** (SEV) 149 Ud 124
Fuentes de Año **E** (ÁVI) 73 Va 102
Fuentes de Ayódar **E** (CAS) 95 Zd 108
Fuentes de Béjar **E** (SAL) 72 Ub 105
Fuentes de Carbajal **E** (LEÓ) 37 Ud 95
Fuentes de Cesna **E** (GRA) 151 Ve 125
Fuentes de Cuéllar **E** (SEG) 56 Ve 100
Fuentes de Duero **E** (VALL) 56 Vc 99
Fuentes de Ebro **E** (ZAR) 62 Zc 99
Fuentes de Jiloca **E** (ZAR) 60 Yc 101
Fuentes de la Alcarria **E** (GUA) 76 Xa 104
Fuentes de León **E** (BAD) 133 Tc 120
Fuentes de los Oteros **E** (LEÓ) 37 Ud 94
Fuentes de Magaña **E** (SOR) 41 Xe 97
Fuentes de Nava **E** (PAL) 38 Vb 96
Fuentes de Oñoro **E** (SAL) 70 Tb 105
Fuentes de Peñacorada **E** (LEÓ) 20 Uf 92
Fuentes de Piedralá **E** (CIU) 108 Ve 113
Fuentes de Ropel **E** (ZAM) 36 Uc 96
Fuentes de Rubielos **E** (TER) 94 Zc 107
Fuentes de Sando **E** (SAL) 71 Tf 103
Fuentes de San Pedro, Las - **E** (SOR) 41 Xe 96
Fuentes de Valdepero **E** (PAL) 38 Vc 96
Fuentesecas **E** (ZAM) 55 Ud 99
Fuente Segura **E** (JAÉ) 139 Xb 120
Fuentesoto **E** (SEG) 57 Wa 100
Fuentespalda **E** (TER) 80 Aa 104
Fuentespina **E** (BUR) 57 Wb 99
Fuentespreadas **E** (ZAM) 54 Uc 101
Fuentestrún **E** (SOR) 41 Xf 97
Fuentetecha **E** (SOR) 41 Xe 98
Fuentetoba **E** (SOR) 41 Xc 98
Fuente-Tójar **E** (CÓRD) 151 Vf 123
Fuente-Tovar **E** (SOR) 58 Xb 100
Fuente-Urbel **E** (BUR) 21 Wa 93
Fuente Vaqueros **E** (GRA) 152 Wb 125
Fuente Victoria **E** (ALM) 153 Xa 127
Fuente Vieja **E** (MUR) 142 Yf 123
Fuentezaoz **E** (CÁC) 86 Ub 107
Fuentezuelas **E** (GRA) 152 We 127
Fuentidueña **E** (CÓRD) 137 Ve 122
Fuentidueña **E** (SEG) 57 Wa 100
Fuentidueña de Tajo **E** (MAD) 90 Wf 108
Fuerte, El - **E** (TEN) 171 C 3
Fuerte del Rey **E** (JAÉ) 138 Wa 121
Fuertescusa **E** (CUE) 77 Xe 106
Fuesas, Las - **E** (SOR) 41 Xe 97
Fuinhas **P** (Gu) 69 Sd 104
Fuiola, la **E** (LLE) 46 Ba 98
Fuiroso **E** (BAR) 48 Cd 98
Fujaco **P** (Vi) 68 Rf 103
Fulleda **E** (LLE) 64 Ba 100
Fumaces **E** (OUR) 34 Sd 97
Fumaior **E** (LUG) 17 Sf 90
Fumanal **E** (HUES) 27 Ab 94
Fumanya **E** (BAR) 47 Be 95
Função **P** (Av) 68 Re 103
Funchal **P** (Ma) 167 I C 3
Funcheira **P** (Be) 131 Re 122
Funcho **P** (Fa) 145 Rd 125
Funchosa **P** (Fa) 146 Sc 125
Fundada **P** (CB) 83 Rf 110
Fundão **P** (CB) 84 Sd 108
Fundões **P** (VR) 51 Sc 100
Funes **E** (NAV) 42 Yb 95
Fungalvaz **P** (Sa) 101 Rd 111
Furacasas **P** (Por) 51 Sa 101
Furadas **P** (Pg) 103 Se 114
Furadouro **P** (Av) 67 Rb 103
Furadouro **P** (Co) 82 Rd 108
Furadouro **P** (Sa) 102 Re 115
Furcados **E** (LUG) 16 Sc 92
Furco **E** (LUG) 15 Sa 93
Furís **E** (LUG) 16 Se 91
Furnas **P** (Aç) 170 Ze 122
Furnazinhas **P** (Fa) 33 Sc 124
Furtado **P** (Pg) 102 Sa 111
Fustanya el Serrat **E** (GIR) 30 Cb 94
Fustás **E** (OUR) 33 Rf 95
Fuste **P** (Av) 68 Re 103
Fustiñana **E** (NAV) 42 Yd 96
Fuzeira **P** (Év) 117 Sb 117
Fuzeta **P** (Fa) 146 Sb 126

G

Gabaldón **E** (CUE) 111 Ya 111
Gabarda **E** (VAL) 113 Zc 114
Gabarderal **E** (NAV) 25 Ye 93
Gabardilla **E** (HUES) 27 Aa 94
Gabardosa, La - **E** (ZAR) 61 Yf 100
Gabarra = Gavarra **E** (LLE) 46 Bb 96
Gabás **E** (HUES) 28 Ac 94
Gabasa **E** (HUES) 45 Ac 96
Gabia la Chica **E** (GRA) 152 Wc 126
Gabia la Grande **E** (GRA) 152 Wb 126
Gabián **E** (PON) 15 Rc 94
Gabiria **E** (GUI) 24 Xe 90
Gaceo **E** (ÁLA) 23 Xd 91
Gacia Alto de Sorbas **E** (ALM) 154 Xf 126
Gacia Bajo de Sorbas **E** (ALM) 154 Xf 126
Gache **P** (VR) 51 Sc 101
Gádor **E** (ALM) 154 Xd 127
Gaena-Casas Gallegas **E** (CÓRD) 151 Vd 124
Gafanha da Boa Hora **P** (Av) 65 Rb 105
Gafanha da Encarnação **P** (Av) 67 Rb 105
Gafanha da Nazaré **P** (Av) 67 Rb 105
Gafanha da Vagueira **P** (Av) 67 Rb 105
Gafanha de Aquém **P** (Av) 67 Rb 105
Gafanha do Areão **P** (Av) 67 Rb 105
Gafanha do Carmo **P** (Av) 67 Rb 105
Gafanhão **P** (Vi) 68 Rf 103
Gafarillos **E** (ALM) 154 Xf 126
Gáfete **P** (Pg) 102 Sb 112
Gafoi **E** (COR) 15 Re 90
Gagos **P** (Be) 145 Rf 124
Gagos **P** (Br) 51 Rf 100
Gagos **P** (Gu) 70 Sf 105
Gaià **E** (BAR) 47 Bf 97
Gaia **P** (CB) 69 Se 106
Gaia **P** (Por) 51 Rf 102
Gaiate **P** (Co) 83 Re 108
Gaiates **P** (Av) 68 Rd 103
Gaibiel **E** (CAS) 94 Zd 109
Gaibor **E** (LUG) 4 Sc 89
Gaidovar **E** (CÁD) 158 Ud 128
Gaieiras **P** (Le) 100 Qf 112
Gaifar **P** (VC) 50 Rc 99
Gaintza = Gainza **E** (GUI) 24 Xf 90
Gainza **E** (GUI) 24 Xf 90
Gaio **P** (Le) 100 Qf 112
Gaio **P** (Se) 115 Qf 116
Gajanejos **E** (GUA) 76 Xa 103
Gajano **E** (CAN) 9 Wb 88
Gajates **E** (SAL) 72 Ud 104
Gala **P** (Co) 82 Ra 108
Galáchar **E** (ALM) 154 Xc 127
Galachos **P** (Fa) 146 Sc 124
Galafura **P** (VR) 51 Sb 101
Galapagar **E** (JAÉ) 138 Wb 121
Galapagar **E** (MAD) 74 Vf 105
Galapagares **E** (SOR) 58 Xa 100
Galápagos **E** (GUA) 75 Wd 104
Galar **E** (NAV) 24 Yb 92
Galar **E** (NAV) 24 Yc 92
Galarde **E** (BUR) 40 Wd 94
Galaroza **E** (HUEL) 133 Tb 121
Galarreta **E** (ÁLA) 23 Xd 91
Galatzó **E** (BAL) 98 Cc 111
Galbarra **E** (NAV) 24 Xe 92
Galbarros **E** (BUR) 22 Wd 93
Galbárruli **E** (RIO) 23 Xa 93
Galçada **P** (VR) 51 Sb 101
Gáldar **E** (PALM) 174 I C 2
Galdeano **E** (NAV) 24 Xf 92
Galdent **E** (BAL) 99 Cf 111
Galeana **P** (Év) 132 Se 119
Galé de Baixo **P** (Fa) 144 Rb 124
Galé de Cima **P** (Fa) 144 Rb 124
Galego **P** (Fa) 146 Sb 125
Galegos **E** (COR) 15 Re 90
Galegos **E** (LUG) 5 Se 89
Galegos **E** (LUG) 16 Sb 93
Galegos **P** (Br) 50 Rc 99
Galegos **P** (Br) 50 Re 99
Galegos **P** (Pg) 103 Se 112
Galegos **P** (Por) 50 Re 102
Galende **E** (ZAM) 35 Tc 96
Galeno **E** (ALI) 128 Za 117
Galequinha Grande **P** (Be) 131 Sa 122
Galera **E** (GRA) 140 Xc 122
Galera, la **E** (TAR) 81 Ac 104
Galera Nova, Sa - **E** (BAL) 99 Da 112
Galeras **E** (ALM) 154 Xf 124
Galera y Los Jopos, La - **E** (MUR) 155 Yb 123
Galga, La - **E** (TEN) 171 C 2
Galharda **P** (Be) 131 Rd 122
Galiana **E** (ALM) 162 Xb 128
Galiana, La - **E** (MAD) 75 Wd 105
Galifa **E** (MUR) 142 Yf 123
Galifonge **P** (Vi) 68 Sa 104
Galilea **E** (BAL) 98 Cd 111
Galilea **E** (RIO) 41 Xe 94
Galíndez **E** (SEG) 57 Wb 102
Galindo **E** (SEV) 149 Uc 126
Galindo Béjar **E** (SAL) 72 Uc 104
Galindos, Los - **E** (CUE) 110 Xd 112
Galindos Nuevos **E** (MUR) 142 Za 122
Galindos Viejos **E** (MUR) 142 Za 122
Galindo y Perahuy **E** (SAL) 71 Ua 103
Galinduste **E** (SAL) 72 Uc 105
Galisancho **E** (SAL) 72 Uc 104
Galisteo **E** (CÁC) 86 Te 109
Galisteu **P** (CB) 103 Se 111
Galizano **E** (CAN) 10 Wc 88
Galizes **P** (Co) 83 Sa 107
Galizuela **E** (BAD) 121 Ue 115
Galtero, El - **E** (VAL) 128 Zc 115
Galvã **P** (Vi) 51 Sb 102
Galve **E** (TER) 79 Za 105
Galve de Sorbe **E** (GUA) 58 We 101
Galveias **P** (Pg) 103 Sa 114
Gálvez **E** (TOL) 89 Ve 110
Gálvez, Los - **E** (GRA) 161 Wd 128
Gálvez, Los - **E** (GRA) 161 We 128
Gallagos de Argañán **E** (SAL) 70 Tb 105
Gallardos, Los **E** (ALM) 155 Ya 126
Gallardos, Los **E** (GRA) 153 Xb 124
Gallarta-Abanto **E** (VIZ) 10 Wf 89
Gallartu **E** (VIZ) 23 Xa 90
Gallega, La **E** (BUR) 40 We 97
Gallego **E** (ALB) 126 Xf 118
Gallegos **E** (AST) 7 Ub 89
Gallegos **E** (SEG) 57 Wb 102
Gallegos **E** (TEN) 171 B 2
Gallegos de Altamiros **E** (ÁVI) 73 Va 104
Gallegos de Curueño **E** (LEÓ) 19 Ud 92
Gallegos de Hornija **E** (VALL) 55 Uf 99
Gallegos del Campo **E** (ZAM) 35 Td 98
Gallegos del Pan **E** (ZAM) 54 Uc 99
Gallegos de Río **E** (ZAM) 36 Te 98
Gallegos de San Vicente **E** (ÁVI) 73 Vc 104
Gallegos de Sobrinos **E** (ÁVI) 73 Uf 104
Gallegos de Solmirón **E** (SAL) 72 Ud 105
Gallegos y Herreras **E** (BAD) 120 Ua 117
Galleguillos **E** (SAL) 71 Ua 104
Galleguillos **E** (SAL) 72 Ud 104
Galleguillos de Campos **E** (LEÓ) 37 Uf 95
Gallejones **E** (BUR) 21 Wb 91
Galletas, Las **E** (TEN) 172 I D 5
Gallicanta **E** (BAD) 134 Tf 119
Gallifa **E** (BAR) 48 Ca 98
Gallifa **E** (BAR) 48 Cb 96
Gallina, La - **E** (BAD) 103 Ta 114
Gallinero **E** (AST) 6 Te 88
Gallinero **E** (SOR) 41 Xd 97
Gallinero de Cameros **E** (RIO) 41 Xe 95
Gallinero de Rioja **E** (RIO) 40 Xa 94
Galliners **E** (GIR) 49 Cf 96
Gallipienzo Nuevo **E** (NAV) 25 Yd 93
Gallo, El **E** (SEV) 150 Va 124
Gallocanta **E** (ZAR) 78 Yc 102
Gallopar **E** (ZAR) 42 Yb 97
Gallos, Los - **E** (CÁD) 164 Tf 130
Gallués **E** (NAV) 25 Yf 92
Gallur **E** (ZAR) 43 Ye 97
Gama **E** (CAN) 10 Wc 88
Gamarra Mayor **E** (ÁLA) 23 Xc 91
Gamarra Nagusia = Gamarra Mayor **E** (ÁLA) 23 Xc 91
Gamas **P** (Sa) 101 Rc 115
Gamaseta, La - **E** (VAL) 113 Zd 113
Gâmbia **P** (Se) 116 Rb 117
Gamecho **E** (VIZ) 11 Xb 88
Gamelas **P** (Gu) 70 Sf 104
Gameles, Es - **E** (BAL) 99 Cf 112
Gamellejas **E** (MUR) 127 Yf 117
Gamitas, Las - **E** (BAD) 120 Tf 115
Gamonal **E** (ÁVI) 73 Uf 104
Gamonal **E** (TOL) 88 Va 109
Gamonal, El - **E** (BAD) 118 Ta 117
Gamones **E** (SEG) 74 Vf 103
Gamones **E** (ZAM) 54 Te 100
Gamonosa **E** (CÓRD) 137 Vd 122
Gamonoso **E** (CIU) 107 Va 112
Ganade **E** (OUR) 33 Sb 96
Gáname **E** (ZAM) 54 Tf 100
Gançaria **P** (Sa) 101 Ra 112
Ganchosa, La - **E** (SEV) 134 Ua 121
Gandára **E** (COR) 14 Ra 93
Gândara **P** (Co) 67 Rb 106
Gándara (Boimorto) **E** (COR) 15 Rf 91
Gandarela **E** (PON) 32 Re 95
Gandarela **P** (Br) 50 Rd 100
Gandarela **P** (Br) 51 Rf 100
Gandarilla **E** (CAN) 8 Vd 88
Gandelim **P** (Co) 67 Re 107
Gandesa **E** (TAR) 63 Ac 102
Gandia **E** (VAL) 114 Ze 115
Gandías, Los - **E** (ALM) 140 Xf 123
Gandra **P** (Br) 50 Rb 99
Gandra **P** (Por) 50 Rd 101
Gandra **P** (VC) 32 Rc 96
Gandra **P** (VC) 32 Rd 98
Gandrachão **P** (VC) 32 Rc 97
Gandul **E** (SEV) 149 Ub 125
Gandullas **E** (MAD) 75 Wc 102
Ganfei **P** (VC) 32 Rc 96
Ganso, El - **E** (LEÓ) 18 Te 94
Gantzaga = Ganzaga **E** (ÁLA) 23 Xc 90
Ganuza **E** (NAV) 24 Xf 92
Ganzaga **E** (ÁLA) 23 Xc 90
Gañarul **E** (ZAR) 42 Yd 97
Gañecoleta **E** (NAV) 25 Ye 90
Gañinas de la Vega **E** (PAL) 20 Vb 94
Garaballa **E** (CUE) 93 Yd 110
Garaballes **E** (LEÓ) 36 Ua 94
Garabanxa **E** (COR) 15 Re 90
Garabato **E** (TEN) 172 II B 2
Garabato, El - **E** (CÓRD) 136 Va 122
Garachico **E** (TEN) 172 I C 3
Garafía **E** (TEN) 171 B 2
Garagaltza = Garagalza **E** (GUI) 23 Xd 90
Garagalza **E** (GUI) 23 Xd 90
Garagartza = Garagarza **E** (GUI) 23 Xc 90
Garagarza **E** (GUI) 23 Xc 90
Garaiolza **E** (VIZ) 11 Xb 89
Garai-San Migel = Garay-San Miguel **E** (VIZ) 11 Xc 89
Garaña **E** (AST) 8 Va 88
Garaño **E** (LEÓ) 19 Ub 92
Garapacha, La - **E** (MUR) 142 Ye 119
Garavide **E** (LUG) 4 Sb 86
Garayoa **E** (NAV) 25 Ye 91
Garay-San Miguel **E** (VIZ) 11 Xc 89
Garay-Sertucha **E** (VIZ) 11 Xa 88
Garbajosa **E** (SOR) 59 Xd 102
Garbayuela **E** (BAD) 106 Va 114
Garbet **E** (GIR) 31 Da 94
Garcão **P** (VC) 32 Rd 98
Garcãosinho **P** (Ba) 53 Tb 99
García **E** (ALM) 155 Ya 124
Garcia **E** (TAR) 64 Ad 102
García **E** (TER) 94 Zc 108
Garcia **P** (Fa) 145 Sb 125
Garcia **P** (Le) 82 Ra 110
Garciagos, Los - **E** (CÁD) 157 Tf 128
Garcías, Los - **E** (MUR) 142 Ye 121
Garcías, Los - **E** (MUR) 142 Yf 122
Garcías, Los - **E** (MUR) 142 Za 121
Garciaz **E** (CÁC) 105 Uc 112
Garcibuey **E** (SAL) 71 Ua 105
Garcíez **E** (JAÉ) 138 Wa 121
Garcíez **E** (JAÉ) 138 Wd 121
Garcíez-Jimena **E** (JAÉ) 138 Wd 121
Garcigalindo **E** (SAL) 71 Ua 104
Garcigrande **E** (SAL) 71 Ua 103
Garcigrande **E** (SAL) 72 Ud 104
Garcihernández **E** (SAL) 72 Ud 103
Garcillán **E** (SEG) 74 Ve 103
Garcinarro **E** (CUE) 91 Xb 107
Garciñigo **E** (SAL) 71 Ua 105
Garciotún **E** (TOL) 88 Vc 108
Garciriáin **E** (NAV) 24 Yb 91
Garcirrey **E** (SAL) 71 Tf 103
Garcisobaco **E** (CÁD) 157 Uc 129
Gardaláin **E** (NAV) 25 Yd 93
Garde **E** (NAV) 26 Za 92
Gardea **E** (ÁLA) 11 Xa 90
Gardelegi = Gardelegui **E** (ÁLA) 23 Xb 92
Gardelegui **E** (ÁLA) 23 Xb 92
Gardete **P** (CB) 102 Sb 111
Garfe **P** (Br) 50 Re 99
Garfín **E** (LEÓ) 19 Ue 92
Gargáligas **E** (BAD) 105 Uc 114
Gargallà **E** (BAR) 47 Be 97
Gargallo **E** (TER) 79 Zc 103
Gargallón **E** (BAD) 133 Tb 120
Gargallóns **E** (PON) 15 Rc 94
Garganchón **E** (BUR) 40 We 95
Garganta **P** (VR) 51 Sc 101
Garganta, La - **E** (CIU) 122 Vd 118
Garganta, La - **E** (JAÉ) 139 Xc 119
Garganta, La **E** (AST) 5 Sf 88
Garganta, La **E** (CÁC) 86 Ub 107
Gargantada **E** (AST) 7 Uc 88
Garganta de los Hornos **E** (ÁVI) 72 Uf 106
Garganta de los Montes **E** (MAD) 75 Wb 103
Garganta del Villar **E** (ÁVI) 73 Uf 106
Garganta la Olla **E** (CÁC) 87 Ub 108
Gargantiel **E** (CIU) 122 Vb 116
Gargantilla **E** (CÁC) 86 Ua 107
Gargantilla **E** (TOL) 106 Va 111
Gargantilla del Lozoya **E** (MAD) 75 Wb 103
Gargantón, El - **E** (CIU) 107 Ve 114
Gárgoles de Abajo **E** (GUA) 76 Xc 104
Gárgoles de Arriba **E** (GUA) 76 Xc 104
Gargüera **E** (CÁC) 86 Ua 108
Garibai = Garibay **E** (GUI) 23 Xd 90
Garibay **E** (GUI) 23 Xd 90
Garidells, la - **E** (TAR) 64 Bb 101
Garín **E** (GUI) 24 Xe 90
Garin = Garín **E** (GUI) 24 Xe 90
Garínoain **E** (NAV) 24 Yc 93
Garísoain **E** (NAV) 24 Ya 92
Garita, La - **E** (PALM) 174 I D 2
Garita (Somozas) **E** (COR) 4 Sa 87
Garlitos **E** (BAD) 121 Uf 115
Garnal **P** (Ma) 167 I C 2
Garnatilla, La - **E** (GRA) 161 Wd 128
Garòs **E** (LLE) 28 Af 92
Garraf **E** (BAR) 65 Bf 101
Garrafe de Torío **E** (LEÓ) 19 Uc 92
Garralda **E** (NAV) 25 Ye 91
Garranxa, la - **E** (TAR) 64 Af 101
Garranzo **E** (RIO) 41 Xe 96
Garrapinillos **E** (ZAR) 61 Yf 98
Garrapito **E** (BAD) 134 Te 120
Garray **E** (SOR) 41 Xd 98
Garres, Los - **E** (MUR) 142 Yf 121
Garreta **P** (CB) 84 Sc 110
Garrida **E** (PON) 32 Rb 95
Garrida **E** (PON) 32 Rb 96
Garriga, la - **E** (BAR) 47 Bf 96
Garriga, la - **E** (BAR) 48 Cb 98
Garriga, Sa - **E** (BAL) 98 Cd 111
Garrigàs **E** (GIR) 49 Cf 95
Garrigolas = Garrigoles **E** (GIR) 49 Da 96
Garrigoles **E** (GIR) 49 Da 96
Garriguella **E** (GIR) 31 Da 94
Garrobillo **E** (MUR) 155 Yd 124
Garrobo **P** (Fa) 146 Sb 125
Garrobo, El - **E** (SEV) 134 Te 123
Garrochais **P** (Be) 132 Se 120
Garrofa, La - **E** (ALM) 162 Xc 128
Garrovilla, La - **E** (BAD) 119 Td 115
Garrovillas **E** (CÁC) 85 Tc 110
Garrucha **E** (ALM) 155 Yb 125
Garruchena **E** (HUEL) 148 Td 124
Garueña **E** (LEÓ) 18 Tf 92
Garvão **P** (Be) 131 Rd 122
Garvín **E** (CÁC) 87 Ud 110
Garza, La - **E** (BAD) 120 Tf 116
Garzarón **E** (NAV) 24 Yb 91
Gàrzola **E** (LLE) 46 Ba 97
Garzón **E** (SEV) 150 Uf 126
Gascar **E** (MÁL) 159 Vc 128
Gasco, El - **E** (CÁC) 71 Te 106
Gascones **E** (MAD) 75 Wc 102
Gascue **E** (NAV) 24 Yc 91
Gascueña **E** (CUE) 91 Xc 107
Gascueña de Bornova **E** (GUA) 58 Wf 102
Gaspares **E** (ALB) 126 Ya 118
Gasparões **P** (Be) 131 Re 121
Gastellet y Gornal = Castellet i la Gornal **E** (BAR) 65 Bd 101
Gastellfullit del Boix = Castellfollit del Boix **E** (BAR) 47 Be 98
Gastiáin **E** (NAV) 24 Xe 92
Gastor, El - **E** (CÁD) 158 Ue 127
Gata **E** (CÁC) 85 Tc 107
Gata **P** (Gu) 69 Se 105
Gata de Gorgos **E** (ALI) 129 Aa 116
Gatão **P** (Por) 51 Rf 101
Gateira **E** (PON) 15 Rd 94
Gateira **P** (Gu) 70 Se 103
Gato **P** (Be) 145 Sb 123
Gato **P** (Be) 146 Sc 123
Gato **P** (Év) 116 Re 117
Gatões **P** (Co) 82 Rb 107
Gatón de Campos **E** (VALL) 37 Va 96
Gatos, Los - **E** (ALM) 140 Xf 123
Gátova **E** (CAS) 94 Zc 110
Gaucín **E** (MÁL) 158 Ue 129
Gaula **P** (Ma) 167 I D 2
Gauna **E** (ÁLA) 23 Xd 92
Gausac **E** (LLE) 28 Ae 92
Gausach = Gausac **E** (LLE) 28 Ae 92
Gaüses **E** (GIR) 49 Cf 96
Gavà **E** (BAR) 65 Ca 101
Gavadà **E** (TAR) 64 Ae 102
Gavamar **E** (BAR) 66 Ca 101
Gavarra **E** (LLE) 46 Bb 96
Gavarrós **E** (BAR) 30 Bf 95
Gavàs **E** (LLE) 29 Ba 93
Gave **P** (VC) 32 Re 96
Gávea **P** (VC) 32 Rb 97
Gàver **E** (LLE) 47 Bc 98
Gavet de la Conca **E** (LLE) 46 Af 96
Gavião **P** (Be) 131 Rf 122
Gavião **P** (Br) 50 Rc 100
Gavião **P** (CB) 84 Sb 110
Gavião **P** (Pg) 102 Sa 112
Gavião **P** (Sa) 101 Re 113
Gavião de Baixo **P** (Fa) 145 Re 125
Gavião de Cima **P** (Fa) 145 Re 125
Gaviãosinho **P** (CB) 84 Sb 110
Gavieira **P** (VC) 33 Re 97
Gavilán **E** (SAL) 71 Td 105
Gavilanes **E** (ÁVI) 88 Va 107
Gavilanes **E** (LEÓ) 18 Ua 93
Gavín **E** (HUES) 26 Ze 93
Gavinhos de Baixo **P** (Co) 68 Sa 106
Gaviotas, Las - **E** (BAL) 99 Da 110
Gaviotas, Las - **E** (GUA) 76 Xa 106
Gayà **E** (GIR) 49 Cf 97
Gayá = Gaiá **E** (BAR) 47 Bf 97
Gayanes **E** (ALI) 128 Zd 116
Gayangos **E** (BUR) 22 Wc 90
Gazeo = Gaceo **E** (ÁLA) 23 Xd 91
Gazólaz **E** (NAV) 24 Yb 92
Gázquez, Los - **E** (ALM) 140 Xf 122
Gázquez, Los - **E** (ALM) 155 Ya 123
Gázquez de Arriba, Los - **E** (ALM) 154 Ya 123
Gaztelu **E** (GUI) 12 Xf 90
Gaztelu = Castillo **E** (ÁLA) 23 Xb 92
Gea, Lo - **E** (MUR) 142 Yf 121
Gea de Albarracín **E** (TER) 78 Yd 106
Gebara = Guevara **E** (ÁLA) 23 Xc 91
Gebas **E** (MUR) 141 Yd 121
Gebelim **P** (Ba) 52 Ta 100
Gebera **E** (ALM) 154 Xc 126
Gedrez **E** (AST) 17 Tc 90
Gejo de Don Diego **E** (SAL) 71 Tf 103
Gejo de los Reyes **E** (SAL) 53 Te 102
Gejuelito del Monte **E** (SAL) 53 Te 102
Gejuelo del Barro **E** (SAL) 54 Tf 102
Geldo **E** (CAS) 94 Zd 109
Gelfa **P** (VC) 144 Ra 98
Gelibra, La - **E** (GRA) 161 Wb 128
Gelida **E** (BAR) 65 Bf 100
Gelo **E** (SEV) 148 Te 125
Gelsa **E** (ZAR) 62 Zd 100
Gelves **E** (SEV) 148 Tf 124
Gem **P** (Por) 51 Sa 102
Gema **E** (SAL) 70 Tc 103
Gema **E** (ZAM) 54 Uc 100
Gême **P** (Br) 50 Rd 98
Gémeos **P** (Br) 51 Rf 100
Gemezes **P** (Br) 50 Rb 99
Gemica **P** (Fa) 145 Rf 125
Gemunde **P** (Por) 50 Rc 101
Gemuño **E** (ÁVI) 73 Vb 105
Genalguacil **E** (MÁL) 158 Ue 129
Génave **E** (JAÉ) 125 Xb 118
Genestacio **E** (LEÓ) 36 Ua 95
Genestaza **E** (AST) 6 Td 89
Genestosa **E** (LEÓ) 18 Tf 90
Genevilla **E** (NAV) 23 Xd 93

Genicera **E** (LEÓ) 19 Ud 91
Genilla **E** (CÓRD) 151 Ve 124
Genísio **P** (Ba) 53 Td 99
Génova **E** (BAL) 98 Cd 111
Genovés **E** (VAL) 113 Zd 115
Gens **P** (Por) 50 Rd 102
Genstoso **E** (AST) 18 Td 90
Ger **E** (GIR) 30 Bf 94
Gera **E** (AST) 6 Td 89
Geraldes **P** (Le) 100 Qe 113
Geras **E** (LEÓ) 19 Ub 91
Geraz do Minho **P** (Br) 50 Re 99
Gerb **E** (LLE) 46 Ae 98
Gerbe **E** (HUES) 27 Ab 94
Geré **E** (HUES) 27 Zf 93
Gerea = Guerena **E** (VIZ) 11 Xc 89
Gerena **E** (SEV) 148 Tf 123
Gerenica, La - **E** (TER) 78 Yc 104
Gereñu **E** (ÁLA) 23 Xd 92
Gérgal **E** (ALM) 154 Xc 126
Geria **E** (VALL) 55 Va 99
Gerindote **E** (TOL) 89 Ve 109
Germán **E** (ALM) 154 Xf 124
Germil **P** (VC) 32 Re 98
Germil **P** (Vi) 69 Sb 105
Gernika-Lumo **E** (VIZ) 11 Xb 89
Gerona = Girona **E** (GIR) 49 Ce 97
Gerri = Gerri de la Sal **E** (LLE) 28 Ba 95
Gerri de la Sal **E** (LLE) 28 Ba 95
Gerrikaitz = Guerricáiz **E** (VIZ) 11 Xc 89
Ges, el - **E** (LLE) 29 Bc 95
Gesalibar = Guesalibar Santa Águeda **E** (GUI) 23 Xc 90
Gésera **E** (HUES) 26 Ze 94
Gessa **E** (LLE) 28 Af 92
Gesta **E** (PON) 15 Rf 93
Gestaço **P** (Por) 51 Sa 101
Gestalgar **E** (VAL) 113 Za 111
Gesteira **P** (Co) 82 Rc 108
Gesto **E** (LUG) 4 Sd 89
Gestosa **P** (Ba) 34 Sf 97
Gestosa **P** (Vi) 68 Rf 106
Gestoso **E** (AST) 5 Sf 89
Gestoso **E** (LEÓ) 17 Sf 93
Gestoso **E** (LUG) 16 Se 93
Gestoso **E** (PON) 15 Re 93
Gestoso **P** (Av) 68 Rd 104
Gestoso **P** (Vi) 68 Re 103
Getafe **E** (MAD) 90 Wb 107
Getares **E** (CÁD) 165 Ud 132
Getaria **E** (GUI) 12 Xe 89
Gete **E** (BUR) 40 We 97
Gete **E** (LEÓ) 19 Uc 91
Getino **E** (LEÓ) 19 Uc 91
Gévora del Caudillo **E** (BAD) 118 Ta 115
Giantes, Los **E** (TEN) 172 C 4
Gião **P** (Av) 68 Rd 103
Gião **P** (Be) 132 Sc 119
Gião **P** (Fa) 145 Sb 126
Gião **P** (Por) 50 Rb 101
Gibraleón **E** (HUEL) 147 Ta 124
Gibralgalia **E** (MÁL) 159 Vb 128
Gibraltar **GBZ** 165 Ud 132
Giela **P** (VC) 32 Rd 97
Giesteira **P** (Av) 68 Rd 105
Giesteira **P** (Év) 117 Rf 117
Giesteira **P** (Le) 101 Rb 111
Giesteiras Cimeiras **P** (CB) 83 Sb 110
Gigante, El - **E** (MUR) 141 Ya 122
Gigantes, Los - **E** (TEN) 172 I B 4
Gigosos de los Oteros **E** (LEÓ) 37 Uc 94
Gijano **E** (BUR) 10 We 90
Gijón (Xixón) **E** (AST) 7 Uc 87
Gijún **E** (AST) 7 Ub 88
Gila, La - **E** (ALB) 112 Yd 113
Gil Bordalo **P** (Fa) 144 Rc 125
Gilbuena **E** (ÁVI) 72 Uc 106
Gilena **E** (SEV) 150 Va 125
Gilenilla **E** (SEV) 150 Uf 125
Giles, Los - **E** (ALM) 154 Xf 126
Giles, Los - **E** (TER) 94 Zc 108
Gilet **E** (VAL) 95 Ze 110
Gilgarcía **E** (ÁVI) 87 Uc 107
Gilico **E** (MUR) 141 Yc 120
Gilma **E** (ALM) 153 Xb 125
Gil Márquez **E** (HUEL) 133 Ta 121
Gilmonde **P** (Br) 50 Rc 99
Gilvrazino **P** (Fa) 145 Rf 126
Gillué **E** (HUES) 27 Ze 94
Gimenado **E** (MUR) 142 Yf 122
Gimenells **E** (LLE) 63 Ac 99
Gimeno **E** (ALB) 110 Xc 114
Gimialcón **E** (ÁVI) 73 Uf 103
Gimileo **E** (RIO) 23 Xb 93
Gimonde **P** (Ba) 35 Tb 98
Ginebrosa, La - **E** (TER) 80 Zf 103
Ginés **E** (SEV) 148 Tf 124
Ginestar **E** (GIR) 48 Ce 96
Ginestar **E** (TAR) 64 Ad 102
Ginestar, El - **E** (NAV) 42 Yd 97
Ginestarre **E** (LLE) 29 Bb 93
Gineta, La **E** (ALB) 111 Ya 114
Ginete **E** (MUR) 141 Yd 119
Ginete, El - **E** (ALB) 126 Ya 117
Ginetes **P** (Aç) 170 Za 121
Giniginamar **E** (PALM) 175 II D 4
Ginjas **P** (Ma) 166 I B 2
Ginuábel **E** (HUES) 27 Zf 94
Gío **E** (AST) 5 Ta 88
Giões **P** (Fa) 146 Sb 124
Giraba de Abajo **E** (CAS) 95 Zd 108
Giraba de Arriba **E** (CAS) 95 Zd 108
Girabolhos **P** (Gu) 69 Sb 105
Giral **E** (HUES) 27 Zf 93
Giralda **P** (Be) 132 Sb 121
Giraldo **P** (Fa) 144 Rb 124
Giraldo **P** (Sa) 101 Rd 113
Giraldos **P** (Be) 131 Rf 122
Girona **E** (GIR) 49 Ce 97
Gironda, La - **E** (SEV) 149 Uc 126
Gironella **E** (BAR) 47 Bf 96
Gisclareni **E** (BAR) 47 Be 95
Gistaín = Xistau **E** (HUES) 27 Ac 93
Giverola **E** (GIR) 49 Cf 98
Gleva, La - **E** (BAR) 48 Cb 96
Glória **P** (Év) 118 Sc 116
Gloria, La - **E** (ALI) 128 Za 116
Gloria, La - **E** (SAL) 72 Ub 106
Glória do Ribatejo **P** (Sa) 100 Rc 114
Glorieta **E** (TAR) 64 Bb 99
Goães **P** (Br) 50 Rc 98
Goães **P** (Br) 50 Re 99
Gobantes **E** (MÁL) 150 Vb 127
Gobeo **E** (ÁLA) 23 Xb 91
Gobernador **E** (GRA) 152 We 124
Goberno **E** (LUG) 4 Sd 89
Gobiendes **E** (AST) 7 Ue 88
Gochar **E** (ALM) 154 Xf 126
Godall **E** (TAR) 81 Ac 105
Godán **E** (AST) 6 Te 88
Godella **E** (AST) 5 Tb 87
Godella **E** (VAL) 113 Zd 111
Godelleta **E** (VAL) 113 Zb 112
Godigana **P** (Li) 115 Qd 115
Godim **P** (VR) 51 Sb 101
Godinhaços **P** (Br) 32 Rd 98
Godinheira **P** (Év) 117 Sc 115
Godinhela **P** (Co) 83 Rd 108
Godojos **E** (ZAR) 60 Ya 101
Godons **E** (PON) 144 Re 95
Godos **E** (TER) 78 Yf 103
Goente **E** (COR) 3 Sa 88
Goi **E** (LUG) 16 Sd 91
Goiain **E** (ÁLA) 23 Xc 91
Goialdea = Goyaldea **E** (GUI) 24 Xe 91
Goián **E** (LUG) 16 Sd 92
Goián **E** (PON) 32 Rb 97
Goiás **E** (PON) 15 Rf 92
Góios **P** (Br) 50 Rb 99
Góios **P** (Br) 50 Rc 100
Goiriz **E** (LUG) 4 Sc 89
Góis **P** (Be) 145 Sb 123
Góis **P** (Co) 83 Rf 108
Goitaa = Goitana **E** (VIZ) 11 Xc 89
Goitana **E** (VIZ) 11 Xc 89
Goitiolza **E** (VIZ) 11 Xb 89
Goiuri = Gujuli **E** (ÁLA) 23 Xa 91
Goizueta **E** (NAV) 12 Ya 89
Gójar **E** (GRA) 152 Wc 126
Gola, La - **E** (BAL) 99 Da 109
Golada **E** (PON) 15 Rf 92
Golães **P** (Br) 51 Re 100
Golán **E** (COR) 15 Rf 91
Golco **E** (GRA) 153 Wf 127
Goldáraz **E** (NAV) 24 Ya 91
Goldines, Los - **E** (JAÉ) 139 Xb 120
Golegã **P** (Sa) 101 Rd 112
Golernio **E** (BUR) 23 Xb 92
Goleta, La - **E** (VAL) 114 Ze 114
Golfar **P** (Gu) 69 Se 104
Golfeiras **P** (Ba) 52 Se 100
Golhofa **P** (Be) 130 Rd 123
Golmar **E** (COR) 3 Re 89
Golmar **E** (COR) 3 Rf 86
Golmayo **E** (SOR) 41 Xc 98
Golmés **E** (LLE) 64 Af 99
Golondrinas, Las - **E** (CÁC) 105 Tf 112
Golosalvo **E** (ALB) 111 Yc 113
Goloso, El - **E** (MAD) 75 Wb 105
Golpejar de la Tercia **E** (LEÓ) 19 Uc 91
Golpejas **E** (SAL) 71 Ua 102
Golpilleiras **E** (LUG) 4 Sd 90
Gollano **E** (NAV) 24 Xf 92
Gollizo, El - **E** (ALB) 125 Xd 117
Gomara **E** (PON) 14 Rb 93
Gómara **E** (SOR) 59 Xe 99
Gomariz **E** (OUR) 33 Rf 94
Gombrèn **E** (GIR) 47 Ca 95
Gomean **E** (LUG) 16 Sd 91
Gomecello **E** (SAL) 72 Uc 102
Gomeciego **E** (SAL) 71 Te 102
Gomecha **E** (ÁLA) 23 Xb 92
Gomes Aires **P** (Be) 145 Re 123
Gometxa = Gomecha **E** (ÁLA) 23 Xb 92
Gomeznarro **E** (SEG) 57 Wd 101
Gomeznarro **E** (VALL) 55 Va 101
Gomezserracín **E** (SEG) 56 Ve 101
Gómez Velasco **E** (SAL) 72 Ud 104
Gomide **P** (Br) 32 Rd 98
Gónar **E** (ALM) 155 Ya 124
Gonça **P** (Br) 50 Re 99
Gonçala **P** (Év) 117 Rf 115
Gonçalo **P** (Gu) 69 Sd 106
Gonçalo Bocas **P** (Gu) 69 Se 105
Gonçalves **P** (Fa) 146 Sb 126
Goncinha **P** (Fa) 145 Rf 126
Gondalães **P** (Por) 50 Re 101
Gondar **E** (LUG) 16 Sd 90
Gondar **E** (PON) 15 Rb 94
Gondar **P** (Br) 50 Rd 100
Gondar **P** (Por) 51 Rf 101
Gondar **P** (VC) 32 Rb 97
Gondar **P** (VC) 32 Rb 98
Gondarém **P** (Br) 51 Rf 99
Gondarem **P** (VC) 32 Rb 97
Gondemaria **P** (Sa) 82 Rc 110
Gondesende **P** (Ba) 35 Ta 97
Gondiães **P** (Br) 51 Sa 99
Gondim **P** (Por) 50 Rc 101
Gondim **P** (Por) 51 Re 100
Gondim **P** (VC) 32 Rc 97
Gondinhanços **P** (Br) 32 Rd 98
Gondomar **E** (PON) 32 Rb 96
Gondomar **P** (Br) 32 Rd 98
Gondomar **P** (Br) 50 Re 99
Gondomar **P** (Por) 50 Rc 102
Gondomar **P** (Vi) 51 Sb 102
Gondomil **P** (VC) 32 Rc 96
Gondoriz **P** (Br) 32 Re 98
Gondoriz **P** (VC) 32 Rd 97
Gondrame **E** (LUG) 16 Sc 92
Gondufe **P** (VC) 32 Rc 98
Gondufo **P** (Gu) 84 Sb 107
Gondulfes **E** (OUR) 34 Sd 97
Góngora **E** (NAV) 25 Yc 92
Góngoras, Los - **E** (ALM) 154 Xd 126
Gontán **E** (OUR) 33 Sa 96
Gontar **E** (ALB) 140 Xd 119
Gonte **E** (COR) 14 Rb 91
Gontias **P** (Sa) 83 Rd 110
Gontim **P** (Br) 51 Rf 99
Gonzar **E** (COR) 15 Re 91
Gonzar **E** (LUG) 16 Sb 92
Goñi **E** (NAV) 24 Ya 91
Gopegi **E** (ÁLA) 23 Xb 91
Gopegui = Gopegi **E** (ÁLA) 23 Xb 91
Gor **E** (GRA) 153 Xa 124
Gorafe **E** (GRA) 153 Wf 124
Gorazes **P** (Be) 145 Sa 123
Gorch, Es - **E** (BAL) 97 Bd 114
Gordaliza de la Loma **E** (VALL) 37 Uf 96
Gordaliza del Pino **E** (LEÓ) 37 Uf 94
Gordo, El - **E** (CÁC) 87 Ud 109
Gordoa **E** (ÁLA) 23 Xd 91
Gordón, El - **E** (SAL) 70 Tb 104
Gordoncillo **E** (LEÓ) 37 Ud 96
Gordoxola **E** (VIZ) 10 Wf 89
Gordues **E** (ZAR) 25 Ye 93
Gordún **E** (ZAR) 25 Yf 94
Gorga **E** (ALI) 128 Zd 116
Gorgal **E** (COR) 14 Ra 91
Gorgolim **P** (Se) 116 Rc 117
Gorgollitas, Las - **E** (JAÉ) 140 Xc 119
Gorgoracha, La - **E** (GRA) 161 Wc 128
Gorgoreiro **E** (PON) 32 Rc 95
Gorgullos **E** (COR) 3 Rd 90
Goriz **E** (HUES) 27 Aa 93
Gorjão **P** (Sa) 101 Re 113
Gormaz **E** (SOR) 58 Wf 100
Gornal, la - **E** (BAR) 65 Bd 101
Goro, El - **E** (PALM) 174 I D 3
Gorocica **E** (VIZ) 11 Xb 89
Goroeta = Goronaeta **E** (GUI) 23 Xd 90
Goronaeta **E** (GUI) 23 Xd 90
Gorostapolo de Errazu **E** (NAV) 13 Yd 89
Gorostiaga = Acebedo **E** (ÁLA) 22 Wf 91
Gorraiz **E** (NAV) 25 Yd 91
Gorriti **E** (NAV) 24 Ya 90
Górriz **E** (NAV) 25 Yd 92
Gorronz-Olano **E** (NAV) 24 Yb 91
Gos, el - **E** (LLE) 46 Ba 97
Gosende **E** (COR) 15 Re 90
Gosende **P** (Por) 51 Rf 102
Gosende **P** (Vi) 68 Sa 102
Gósol **E** (LLE) 47 Bd 95
Gospí **E** (LLE) 46 Bc 98
Gostei **P** (Ba) 35 Tb 98
Gotarrendura **E** (ÁVI) 73 Vb 104
Gotarta **E** (LLE) 28 Ae 94
Gotor **E** (ZAR) 60 Yc 99
Goujoim **P** (Vi) 51 Sc 102
Gouvães da Serra **P** (VR) 51 Sb 100
Gouvães do Douro **P** (VR) 51 Sc 101
Gouveia **P** (Ba) 52 Ta 101
Gouveia **P** (Gu) 69 Sc 106
Gouveia **P** (Li) 115 Qd 115
Gouveias **P** (Gu) 70 Sf 105
Gouviães **P** (Vi) 51 Sb 102
Gouvinhas **P** (VR) 51 Sc 101
Gove **P** (Por) 51 Rf 102
Goveia (São Simão) **P** (Por) 51 Rf 101
Goyaldea **E** (GUI) 24 Xe 91
Goyerri **E** (VIZ) 11 Xa 88
Gozon = Luanco **E** (AST) 7 Ud 89
Gozón de Ucieza **E** (PAL) 20 Vc 94
Gózquez de Abajo **E** (MAD) 90 Wc 107
Gózquez de Arriba **E** (MAD) 90 Wc 107
Gra **E** (LLE) 46 Bb 98
Graba **E** (PON) 15 Re 92
Graça **P** (Le) 83 Re 109
Gracieira **P** (Le) 82 Rc 110
Gracieira **P** (Le) 100 Qf 113
Gracionépel **E** (HUES) 26 Zd 93
Grada **P** (Av) 68 Rd 106
Grade **P** (Be) 131 Sb 122
Grade **P** (VC) 32 Rd 97
Gradefes **E** (LEÓ) 19 Ue 93
Gradil **P** (Li) 100 Qe 115
Gradiz **P** (Gu) 69 Sc 103
Grado (Grau) **E** (AST) 6 Tf 88
Grado, El **E** (HUES) 27 Aa 94
Grado, El **E** (HUES) 45 Ab 96
Grado del Pico **E** (SEG) 58 We 101
Graena **E** (GRA) 153 We 125
Graess **E** (AST) 7 Ud 88
Graheira **P** (VR) 51 Sc 100
Graices **E** (OUR) 33 Sb 94
Grainho **P** (Fa) 146 Sb 125
Graja, La - **E** (CÓRD) 135 Ue 122
Graja de Campalbo **E** (CUE) 93 Ye 109
Graja de Iniesta **E** (CUE) 111 Yb 111
Grajal de Campos **E** (LEÓ) 37 Uf 95
Grajal de Ribera **E** (LEÓ) 36 Ub 95
Grajalejo de las Matas **E** (LEÓ) 37 Ud 94
Grajera **E** (SEG) 57 Wc 100
Grajuela, La - **E** (ALB) 111 Ya 114
Gralhas **P** (VR) 33 Sb 97
Gralheira **P** (Vi) 68 Sa 102
Gralhos **P** (Ba) 53 Tb 99
Gralhos **P** (Fa) 144 Rc 125
Gralhos **P** (VR) 33 Sb 98
Gramaça **P** (Co) 83 Sa 107
Gramadales, Los - **E** (SEV) 149 Ue 126
Gramedo **E** (AST) 7 Ud 88
Gramedo **E** (PAL) 20 Vd 91
Gramenet **E** (LLE) 28 Af 94
Gramicha **P** (Pg) 118 Sf 115
Gramós **E** (LLE) 29 Bc 95
Gramuntell **E** (LLE) 64 Bb 99
Granada **E** (GRA) 152 Wc 125
Granada, la - **E** (BAR) 65 Be 100
Granada de Río-Tinto, La **E** (HUEL) 133 Tc 122
Granadella, La - **E** (ALI) 129 Ab 116
Granadella, la **E** (LLE) 64 Ae 100
Granadicos, Los - **E** (MUR) 141 Ya 119
Granadilla **E** (CÓRD) 151 Vd 124
Granadilla de Abona **E** (TEN) 172 I D 5
Granado, El - **E** (HUEL) 146 Sd 123
Granátula de Calatrava **E** (CIU) 123 Wb 116
Granda **E** (AST) 6 Ua 87
Granda **E** (AST) 7 Ub 88
Granda de Arriba **E** (AST) 7 Uc 88
Grandais **P** (Ba) 35 Tb 98
Grandal **E** (COR) 3 Rf 88
Grandão **P** (Be) 131 Rf 120
Grandas (Grandas de Salime) **E** (AST) 5 Ta 89
Grandes **E** (ÁVI) 73 Va 104
Grandes **E** (SAL) 71 Te 103
Grandiella **E** (AST) 6 Ua 89
Grândola **P** (Se) 130 Rc 119
Grandón **E** (LUG) 16 Se 90
Grandoso **E** (LEÓ) 19 Ue 91
Granel, El - **E** (TEN) 171 C 2
Granera **E** (BAR) 48 Ca 98
Graneros de Abajo, Los - **E** (ALM) 154 Xf 124
Granho **P** (Sa) 101 Rc 114
Granho Nova de Mayos **P** (Sa) 101 Rb 114
Granja **P** (Aç) 168 Wc 117
Granja **P** (Ba) 52 Ta 102
Granja **P** (Ba) 53 Tc 100
Granja **P** (Ba) 53 Td 99
Granja **P** (Co) 83 Rd 107
Granja **P** (Év) 117 Sc 115
Granja **P** (Év) 132 Se 119
Granja **P** (Gu) 69 Se 104
Granja **P** (Gu) 70 Sf 105
Granja **P** (Pg) 103 Se 114
Granja **P** (Por) 50 Rc 102
Granja **P** (VC) 32 Rd 96
Granja **P** (Vi) 68 Sa 103
Granja **P** (Vi) 69 Sd 102
Granja **P** (VR) 51 Sc 98
Granja **P** (VR) 52 Sc 100
Granja **P** (VR) 52 Sd 101
Granja, La - **E** (CÁC) 86 Ua 107
Granja, La - **E** (MUR) 141 Yb 119
Granja, La - **E** (SAL) 72 Ud 103
Granja, La - **E** (TER) 79 Zc 105
Granja, La - **E** (VALL) 55 Uf 98
Granja de Ançã **P** (Co) 83 Rd 107
Granja de Baixo **P** (Av) 67 Rc 105
Granja de Borregas **E** (TOL) 109 Wd 111
Granja de Cima **P** (Av) 67 Rc 105
Granja de Escarpe = Granja d'Escarp, la - **E** (LLE) 63 Ac 100
Granja de la Cogalla **E** (BUR) 39 Wb 95
Granja de la Costera, La - **E** (VAL) 113 Zc 115
Granja de la Encomienda **E** (PAL) 38 Vd 97
Granja del Campazo **E** (CÁC) 105 Ua 111
Granja del Carrascal **E** (BUR) 57 Wb 98
Granja del Hojalatero **E** (BUR) 22 We 93
Granja del Moscadero **E** (BUR) 22 Wd 93
Granja de los Juaneses **E** (TER) 79 Zb 102
Granja de Llunes **E** (ZAR) 60 Yb 102
Granja de Moreruela **E** (ZAM) 36 Ub 98
Granja de Olmos de Cerrato **E** (PAL) 39 Vf 96
Granja de Pompajuela **E** (TOL) 88 Va 109
Granja de Rocamora **E** (ALI) 142 Za 120
Granja de San Antolín **E** (LEÓ) 19 Uc 94
Granja de San Esteban **E** (LEÓ) 37 Uf 94
Granja de San José **E** (HUES) 45 Ac 98
Granja de San Juan **E** (SEG) 57 Wa 100
Granja de San Mamés **E** (VALL) 56 Ve 99
Granja de San Pedro **E** (SOR) 59 Xe 101
Granja de Santa Inés **E** (ZAR) 43 Yf 98
Granja de Santibáñez **E** (BUR) 21 Vf 94
Granja de San Vicente, La - **E** (LEÓ) 18 Te 93
Granja d'Escarp, la - **E** (LLE) 63 Ac 100
Granja de Torrehermosa **E** (BAD) 120 Uc 119
Granja de Valdelaencina **E** (BUR) 22 We 93
Granja de Valdevín **E** (BUR) 22 We 93
Granja de Zaragocilla **E** (ZAR) 60 Yb 101
Granja do Tedo **P** (Vi) 51 Sc 102
Granja do Ulmeiro **P** (Co) 82 Rc 108
Granjafría **E** (NAV) 42 Yb 95
Granjal **P** (Vi) 69 Sc 103
Granja la Salma **E** (SOR) 59 Xd 98
Granja Las Mijarades **E** (BUR) 39 Wc 94
Granja Muedra **E** (VALL) 38 Vc 98
Granja Nova **P** (Vi) 51 Sb 102
Granja Nova **P** (VR) 51 Sb 99
Granjas, Las - **E** (TER) 78 Ye 105
Granja Venta de Sant Joan **E** (TAR) 63 Ab 102
Granjinha **P** (Vi) 52 Sc 102
Granollers **E** (BAR) 48 Cb 99
Granollers de Segarra **E** (LLE) 46 Bf 97
Granolles de Rocacorba **E** (GIR) 31 Cd 96
Gran Tarajal = Puerto de Gran Tarajal **E** (PALM) 175 II D 4
Granucillo **E** (ZAM) 36 Ua 96
Granxa **E** (PON) 32 Rb 96
Granyanella **E** (LLE) 46 Bb 99
Granyena de les Garrigues **E** (LLE) 64 Ad 100
Granyena de Segarra **E** (LLE) 64 Bb 99
Graña **E** (COR) 3 Rf 89
Graña, A **E** (COR) 3 Re 88
Graña, A **E** (OUR) 33 Sb 96
Graña, A **E** (PON) 32 Re 95
Grañanella = Granyanella **E** (LLE) 46 Bb 99
Grañas **E** (COR) 4 Sb 87
Grañén **E** (HUES) 44 Zd 97
Grañena **E** (JAÉ) 138 Wb 121
Grañena = Granyena de Segarra **E** (LLE) 64 Bb 99
Grañena de las Garrigas = Granyena de les Garrigues **E** (LLE) 64 Ad 100
Grañeras **E** (LEÓ) 37 Ue 94
Grañón **E** (RIO) 23 Wf 94
Grao, El - **E** (ALB) 126 Yb 118
Grao, El - **E** (CAS) 95 Aa 109
Grao, El - **E** (VAL) 95 Ze 111
Grao, El - **E** (VAL) 113 Ze 112
Grasa **E** (HUES) 26 Ze 94
Gratallops **E** (TAR) 64 Ae 101
Grau **P** (Le) 82 Ra 109
Grau, Es - **E** (BAL) 96 Eb 109
Grau de Castelló, el **E** (CAS) 95 Aa 109
Grau de Gandía, el **E** (VAL) 114 Zf 115
Graugés **E** (BAR) 47 Bf 96
Graus **E** (HUES) 45 Ac 95
Gravaca **P** (Gu) 69 Sc 104
Gravaz **P** (Vi) 69 Sb 102
Gravelos **P** (VR) 51 Sb 100
Graya **E** (ALB) 140 Xd 119
Grazalema **E** (CÁD) 158 Ud 128
Gredilla de Sedano **E** (BUR) 21 Wb 92
Gredilla la Polera **E** (BUR) 22 Wb 93
Gregórios **P** (Be) 131 Rf 122
Gregórios **P** (Fa) 145 Rd 125
Gregos **P** (Ba) 53 Tc 100
Gréixer **E** (BAR) 30 Bf 95
Grelas **E** (COR) 2 Ra 89
Gres **E** (PON) 15 Rd 92
Gresande **E** (PON) 15 Re 93
Grevalosa **E** (BAR) 47 Bd 98
Grez **E** (NAV) 25 Yd 92
Griebal **E** (HUES) 27 Ab 94
Griego, El - **E** (ALB) 126 Xf 117
Griegos **E** (TER) 78 Yb 106
Griells, les - **E** (GIR) 49 Db 96
Grifeu **E** (GIR) 31 Da 94
Grijalba **E** (BUR) 39 Vf 94
Grijalba de Vidriales **E** (ZAM) 36 Ua 96
Grijera **E** (PAL) 21 Ve 92
Grijó **P** (Por) 50 Rc 102
Grijó de Parada **P** (Ba) 53 Tb 98
Grijó de Valbenfeito **P** (Ba) 52 Ta 100
Grijota **E** (PAL) 38 Vc 96
Grilo **P** (Por) 51 Rf 102
Grillas, Las - **E** (MUR) 142 Yf 123
Grillera, La - **E** (CUE) 92 Xf 108
Grima **E** (ALM) 155 Yb 125
Grimaldo **E** (CÁC) 86 Td 109
Grimancelos **P** (Br) 50 Rc 100
Griñón **E** (MAD) 89 Wa 107
Grioxa **E** (OUR) 34 Sf 95
Grisaleña **E** (BUR) 22 We 93
Grisel **E** (ZAR) 42 Yb 97
Grisén **E** (ZAR) 43 Yf 98
Grisuela **E** (ZAM) 35 Te 98
Grisuela del Páramo **E** (LEÓ) 36 Ub 94
Grixoa **E** (COR) 14 Ra 90
Grocin **E** (NAV) 24 Xf 92
Grocinas **P** (Co) 83 Rd 109
Grolos **E** (LUG) 16 Sc 91
Gróo, El - **E** (SAL) 53 Te 102
Grossa, la - **E** (BAR) 47 Ca 98
Grou **P** (Év) 116 Rd 117
Grovas **P** (VC) 32 Rb 98
Grove, O **E** (PON) 14 Ra 94
Grovelas **P** (Br) 32 Rd 98
Grulleros **E** (LEÓ) 19 Uc 93
Grullos **E** (AST) 6 Tf 88
Grustán **E** (HUES) 45 Ab 95
Gruta, Sa - **E** (BAL) 99 Dc 111
Guadabraz **E** (JAÉ) 139 Xb 119
Guadacorte **E** (CÁD) 165 Ud 131
Guadahornillos **E** (JAÉ) 139 Xa 119
Guadahortuna **E** (GRA) 152 Wd 123
Guadajira **E** (BAD) 119 Tb 115
Guadajoz **E** (SEV) 149 Ub 123
Guadalajara **E** (GUA) 75 Wf 105
Guadalaviar **E** (TER) 78 Yb 106
Guadalcanal **E** (SEV) 135 Ub 120
Guadalcázar **E** (CÓRD) 136 Va 122
Guadalema de los Quinteros **E** (SEV) 148 Ua 126
Guadalén **E** (JAÉ) 138 Wc 120
Guadalix de la Sierra **E** (MAD) 75 Wb 104
Guadalmansa **E** (MÁL) 165 Uf 130
Guadalmedina **E** (MÁL) 159 Vd 128
Guadalmina **E** (MÁL) 165 Uf 130
Guadalobón **E** (MÁL) 165 Ue 130

Guadalperal **E** (CÁC) 87 Ud 109
Guadalperales, Los **E** (BAD) 105 Uc 114
Guadalupe **E** (ALM) 140 Xf 122
Guadalupe **E** (CÁC) 106 Ue 112
Guadalupe **E** (MUR) 142 Ye 121
Guadamanil **E** (CÁD) 149 Ue 127
Guadamonte **E** (MAD) 74 Wa 106
Guadamur **E** (TOL) 89 Vf 110
Guadapero **E** (SAL) 71 Td 105
Guadarrama **E** (MAD) 74 Vf 104
Guadarranque **E** (CÁD) 165 Ud 131
Guadasequies **E** (VAL) 128 Zd 115
Guadassuar **E** (VAL) 113 Zd 113
Guadelupe **P** (Aç) 168 Wf 114
Guadiana **E** (CÁD) 165 Ud 130
Guadiana del Caudillo **E** (BAD) 119 Tb 115
Guadiaro **E** (CÁD) 165 Ue 131
Guadilla de Villamar **E** (BUR) 21 Ve 93
Guadisa **E** (TOL) 106 Uf 112
Guadix **E** (GRA) 153 Wf 125
Guadramil **P** (Ba) 35 Tc 97
Guainos Altos **E** (ALM) 162 Wf 128
Guainos Bajos **E** (ALM) 161 Wf 128
Guájar Alto **E** (GRA) 161 Wc 127
Guajardo y Malhincada **E** (CÁC) 85 Tc 108
Guájar-Faragüit **E** (GRA) 161 Wc 127
Guájar-Fondón **E** (GRA) 161 Wc 128
Guajonje **E** (TEN) 173 I E 3
Gualba de Dalt **E** (BAR) 48 Cd 98
Gualchos **E** (GRA) 161 Wd 128
Gualda **E** (GUA) 76 Xb 104
Gualdálmez **E** (CIU) 121 Va 116
Gualta **E** (GIR) 49 Da 96
Gualtar **P** (Av) 68 Rc 103
Gualtar **P** (Br) 50 Rd 99
Gualter **E** (LLE) 46 Bb 97
Guamasa **E** (TEN) 173 I E 2
Guancha, La **E** (TEN) 172 I D 3
Guarazoca **E** (TEN) 173 III C 2
Guarda **P** (Gu) 69 Se 105
Guarda **P** (Le) 82 Rd 109
Guarda, A **E** (PON) 32 Ra 97
Guarda do Norte **P** (Le) 82 Ra 109
Guarda-Gare **P** (Gu) 69 Se 105
Guarda. La **E** (BAD) 120 Ub 116
Guardamar del Segura **E** (ALI) 143 Zc 120
Guardão **P** (Vi) 68 Rf 105
Guardia **E** (HUES) 45 Aa 96
Guardia, La **E** (TOL) 90 Wd 110
Guàrdia d'Ares, la - **E** (LLE) 46 Bb 95
Guardia de Arés, La -= Guàrdia d'Ares, la - **E** (LLE) 46 Bb 95
Guardia de Jaén, La - **E** (JAÉ) 138 Wb 122
Guàrdia de la Muga, la - **E** (GIR) 31 Cf 95
Guàrdia dels Prats, la - **E** (TAR) 64 Bb 100
Guàrdia de Noguera **E** (LLE) 46 Af 96
Guàrdia de Sagàs, la - **E** (BAR) 47 Bf 96
Guardia de Tremp, La -= Guàrdia de Noguera **E** (LLE) 46 Af 96
Guàrdia d'Urgell, la - **E** (LLE) 46 Ba 98
Guardia Lada, la - **E** (LLE) 64 Bb 99
Guàrdia Pilosa, la - **E** (BAR) 47 Bc 98
Guardias Viejas **E** (ALM) 162 Xa 128
Guardines, Los - **E** (ALM) 154 Xf 126
Guardiola **E** (LLE) 46 Bb 98
Guardiola de Berga = Guardiola de Berguedà **E** (BAR) 48 Bf 95
Guardiola de Berguedà **E** (BAR) 48 Bf 95
Guardiola de Font-rubí **E** (BAR) 65 Bd 100
Guardiola de Segre **E** (LLE) 46 Bf 97
Guardizela **P** (Br) 50 Rd 100
Guardo **E** (PAL) 20 Va 92
Guareña **E** (ÁVI) 73 Va 105
Guareña **E** (BAD) 120 Tf 115
Guareña, La - **E** (VALL) 55 Ue 101
Guarida **E** (BAD) 119 Te 117
Guaro **E** (MÁL) 159 Va 129
Guarrate **E** (ZAM) 55 Ud 101
Guarromán **E** (JAÉ) 138 Wb 119
Guarros **E** (ALM) 153 Xa 126
Guasa **E** (HUES) 26 Zc 93
Guasillo **E** (HUES) 26 Zc 93
Guaso **E** (HUES) 27 Aa 94
Guatiza **E** (PALM) 176 D 3
Guaza de Campos **E** (PAL) 37 Va 96
Gúdar **E** (TER) 79 Zb 106
Gudiña, A **E** (OUR) 34 Sf 96
Gudramiro **E** (SAL) 71 Td 102
Gudugarreta **E** (GUI) 24 Xe 90
Guea, La - **E** (TER) 78 Yf 106
Guecho = Algorta **E** (VIZ) 11 Wf 88
Guede **E** (OUR) 33 Sb 95
Guedelhas **P** (Be) 145 Sa 124
Guedelhinhas **P** (Be) 131 Rf 123
Guedieiros **P** (Vi) 69 Sc 102
Güéjar-Sierra **E** (GRA) 152 Wd 126
Güel **E** (HUES) 45 Ac 95
Guelbenzu **E** (NAV) 24 Yb 91
Guembe **E** (NAV) 24 Ya 92
Güemes **E** (CAN) 10 Wc 88
Guena **P** (Fa) 144 Rb 125
Guenduláin **E** (NAV) 24 Yb 92
Guenduláin **E** (NAV) 24 Yc 91
Güeñes **E** (VIZ) 10 Wf 89
Güeñes = Guenes **E** (VIZ) 10 Wf 89
Gueral **E** (OUR) 16 Sb 94
Gueral **P** (Br) 50 Rc 100
Guerena **E** (VIZ) 11 Xc 89
Guerendiáin **E** (NAV) 25 Yc 92
Guereñu = Gereñu **E** (ÁLA) 23 Xd 92
Guerguitiáin **E** (NAV) 25 Yd 92
Guerreiro **P** (Be) 131 Sa 122
Guerreiros do Rio **P** (Fa) 146 Sd 124
Guerreros, Los - **E** (MUR) 142 Ye 122
Guerricáiz **E** (VIZ) 11 Xc 89
Güesa **E** (NAV) 25 Yf 92
Guesalibar Santa Águeda **E** (GUI) 23 Xc 90
Guetádar **E** (NAV) 25 Yd 93
Guevara **E** (ÁLA) 23 Xc 91
Güevéjar **E** (GRA) 152 Wc 125
Guezala **E** (VIZ) 11 Xa 90
Guia **P** (Fa) 145 Re 126
Guia **P** (Le) 82 Rb 109
Guía, La - **E** (MUR) 142 Yf 123
Guía = Santa María de Guía de Gran Canaria **E** (PALM) 174 I C 2
Guía de Isora **E** (TEN) 172 I C 4
Guiães **P** (VR) 51 Sc 101
Guialmons **E** (TAR) 65 Bc 99
Guiamets, els - **E** (TAR) 64 Ae 102
Guiar **E** (AST) 5 Sf 88
Guidões **P** (Por) 50 Rc 101
Guijar, El **E** (SEG) 57 Wa 102
Guijarrosa, La - **E** (CÓRD) 136 Va 123
Guijasalbas **E** (SEG) 74 Ve 104
Guijillo, El - **E** (HUEL) 147 Tb 124
Guijo **E** (CÓRD) 122 Vb 118
Guijo, El **E** (CÁD) 157 Ua 128
Guijo, El **E** (HUEL) 147 Tc 124
Guijo de Ávila **E** (SAL) 72 Uc 105
Guijo de Coria **E** (CÁC) 86 Td 108
Guijo de Galisteo **E** (CÁC) 86 Td 108
Guijo de Granadilla **E** (CÁC) 86 Tf 107
Guijo de Santa Bárbara **E** (CÁC) 87 Uc 108
Guijosa **E** (GUA) 59 Xc 102
Guijosa **E** (SOR) 40 We 98
Guijoso, El - **E** (ALB) 125 Xb 115
Guijuelo **E** (SAL) 72 Uc 105
Guijuelos, Los - **E** (ÁVI) 87 Ud 107
Guilar, el **E** (GIR) 48 Cd 95
Guilhabreu **P** (Por) 50 Rc 101
Guilhadeses **P** (VC) 32 Rd 98
Guilhado **P** (VR) 51 Sc 100
Guilhafonso **P** (Gu) 69 Se 105
Guilheiro **P** (Gu) 69 Sd 103
Guilhofrei **P** (Br) 51 Rf 99
Guilhufe **P** (Por) 50 Re 101
Guils = Guils del Contó **E** (LLE) 29 Bb 94
Guils de Cerdanya **E** (GIR) 30 Bf 94
Guils de Cerdaña = Guils de Cerdanya **E** (GIR) 30 Bf 94
Guils del Contó **E** (LLE) 29 Bb 94
Guillar **E** (PON) 15 Sa 92
Guillarei **E** (PON) 32 Rc 96
Guillena **E** (SEV) 148 Tf 123
Güimar **E** (TEN) 173 I E 4
Guimara **E** (BUR) 39 Wb 97
Guimara **E** (LEÓ) 17 Tb 91
Guimarães **P** (Br) 50 Re 100
Guimarás **E** (OUR) 15 Rf 94
Guimaré **E** (ZAM) 54 Ub 99
Guimarei **E** (LUG) 16 Se 91
Guimarei **E** (PON) 15 Rd 92
Guimarei **P** (Por) 50 Rd 101
Güime **E** (PALM) 176 C 4
Guimerà **E** (LLE) 64 Bb 99
Guimil **P** (VC) 32 Rd 96
Guimorcondo **E** (ÁVI) 73 Vc 105
Guinate **E** (PALM) 176 D 2
Guincho, El - **E** (TEN) 172 I D 5
Guindaleras, Las - **E** (VALL) 56 Vb 99
Guindano **E** (NAV) 25 Ye 92
Guinea **E** (ÁLA) 23 Wf 91
Guingueta d'Anen, la **E** (LLE) 28 Ba 93
Guinicio **E** (ÁLA) 23 Wf 92
Guiraos, Los - **E** (ALM) 140 Xf 123
Guiraos, Los - **E** (ALM) 155 Yb 124
Guirguillano **E** (NAV) 24 Ya 92
Guiró **E** (LLE) 28 Af 94
Guisamo **E** (COR) 3 Re 89
Guisande **P** (Av) 68 Rd 103
Guisande **P** (Br) 50 Rd 100
Guisando **E** (ÁVI) 88 Uf 107
Guisatecha **E** (LEÓ) 18 Tf 92
Guisgey **E** (PALM) 175 II E 2
Guisona = Guissona **E** (LLE) 46 Bb 98
Guissona **E** (LLE) 46 Bb 98
Güitamarín **E** (ALM) 153 Xb 125
Guitiriz **E** (LUG) 4 Sa 89
Guiuria **E** (VIZ) 11 Xc 89
Guix, el - **E** (BAR) 47 Bf 98
Guixers **E** (LLE) 47 Bd 96
Guixes = Guixers **E** (LLE) 47 Bd 96
Guizaburuago **E** (VIZ) 11 Xc 89
Gujuli **E** (ÁLA) 23 Xa 91
Gulina **E** (NAV) 24 Yb 91
Gulpilhares **P** (Por) 50 Rc 102
Guma **E** (BUR) 57 Wc 99
Gumiei **P** (Vi) 68 Sa 104
Gumiel de Hizán **E** (BUR) 39 Wb 98
Gumiel de Mercado **E** (BUR) 39 Wb 98
Gundibós **E** (LUG) 16 Sc 94
Guntimil **E** (OUR) 33 Sb 96
Guntín **E** (LUG) 16 Sb 91
Guntín **E** (LUG) 16 Sc 94
Gunyoles, les - **E** (BAR) 65 Be 100
Gunyoles, les - **E** (TAR) 64 Bb 101
Gurb **E** (BAR) 48 Cb 97
Guro, El - **E** (TEN) 172 II B 2
Gurp = Gurp de la Conca **E** (LLE) 46 Af 95
Gurp de la Conca **E** (LLE) 46 Af 95
Gurpegui **E** (NAV) 25 Yd 91
Gurrea de Gállego **E** (HUES) 43 Zb 96
Gurueba, La - **E** (CAN) 9 Wa 89
Gurullés **E** (AST) 6 Tf 88
Gusendos de los Oteros **E** (LEÓ) 37 Ud 94
Gustei **E** (OUR) 33 Sa 94
Gutar **E** (JAÉ) 139 Xa 119
Guterreño **E** (ÁVI) 73 Vb 105
Gutierre-Muñoz **E** (ÁVI) 73 Vc 103
Gutiolo **E** (VIZ) 11 Xa 89
Gutur **E** (RIO) 42 Ya 97
Guxinde **E** (OUR) 33 Rf 97
Guzmán **E** (BUR) 39 Wa 98

H

Haba, La **E** (BAD) 120 Ub 115
Habana, La - **E** (CIU) 109 Wf 113
Hacienda, La - **E** (TEN) 173 I D 3
Hacienda 2 Mares **E** (MUR) 143 Zb 123
Hacienda Alabarra **E** (SEV) 148 Ua 123
Hacienda de Bujalmoro **E** (SEV) 148 Ua 125
Hacienda de Don Juan **E** (GRA) 152 Wa 126
Hacienda de Genís **E** (HUEL) 148 Td 124
Hacienda de la Alcoba **E** (SEV) 149 Ud 126
Hacienda de la Capitana **E** (SEV) 148 Ua 125
Hacienda de la Florida **E** (SEV) 149 Ub 124
Hacienda de la Luz **E** (HUEL) 147 Tb 125
Hacienda de la Mata **E** (SEV) 149 Uc 125
Hacienda del Ángel **E** (SEV) 149 Ub 126
Hacienda de las Andradas **E** (SEV) 148 Ua 125
Hacienda de las Cañas **E** (SEV) 149 Uc 126
Hacienda de la Sillera **E** (SEV) 149 Ub 124
Hacienda de la Soledad **E** (SEV) 148 Ua 124
Hacienda del Bodegón de las Cañas **E** (SEV) 148 Ua 123
Hacienda del Córdoba **E** (SEV) 149 Ub 124
Hacienda del Corzo **E** (SEV) 149 Ub 124
Hacienda del Mosquito **E** (SEV) 148 Ua 127
Hacienda de los Locos **E** (SEV) 149 Ud 125
Hacienda de los López **E** (CÓRD) 151 Ve 125
Hacienda de los Melonares **E** (SEV) 134 Ua 122
Hacienda del Pino **E** (MUR) 143 Za 122
Hacienda del Rosal **E** (SEV) 149 Ub 123
Hacienda de Maestre **E** (SEV) 148 Ua 125
Hacienda de Morejón **E** (SEV) 149 Uc 127
Hacienda de Orán **E** (SEV) 148 Ua 125
Hacienda de Pajarero **E** (SEV) 149 Ub 125
Hacienda de Zafra **E** (SEV) 148 Ua 125
Hacienda El Oidor **E** (SEV) 149 Ub 125
Hacienda El Pino **E** (SEV) 149 Ub 123
Hacienda y Cortijo de la Lapa **E** (SEV) 148 Tf 123
Hacinas **E** (BUR) 40 We 97
Hacho, El - **E** (GRA) 152 We 123
Haedillo **E** (BUR) 40 We 94
Haedo **E** (BUR) 40 Wd 97
Haedo de las Pueblas **E** (BUR) 21 Wb 90
Haedo de Linares **E** (BUR) 22 Wc 90
Haizkoeta **E** (ÁLA) 23 Xa 91
Haría **E** (PALM) 176 D 3
Harinosa, La - **E** (SEV) 148 Ua 127
Haro **E** (RIO) 23 Xa 93
Haya, El - **E** (CAN) 21 Vf 91
Hayas, Las - **E** (TEN) 172 II B 2
Haza **E** (BUR) 57 Wb 99
Haza Alta **E** (JAÉ) 125 Xa 118
Haza de la Concepción **E** (CÁC) 86 Ua 109
Haza del Lino **E** (GRA) 161 We 128
Haza del Riego, El - **E** (ALM) 153 Xb 125
Haza Mora **E** (JAÉ) 151 Wa 123
Haza Mora, La - **E** (GRA) 161 We 128
Hazas **E** (CAN) 10 Wc 89
Hazas **E** (CAN) 10 Wd 88
Hazas de Cesto **E** (CAN) 10 Wc 88
Hecho (Echo) **E** (HUES) 26 Zb 92
Hedradas, Las - **E** (ZAM) 34 Ta 96
Helechal **E** (BAD) 121 Ud 116
Helechosa **E** (BAD) 107 Va 113
Helguera **E** (CAN) 10 Wd 89
Helgueras **E** (CAN) 8 Vd 88
Helguero **E** (CAN) 10 Wd 89
Hellín **E** (ALB) 126 Yb 117
Henar, El - **E** (SEG) 56 Vd 100
Henarejos **E** (CUE) 93 Yd 109
Henares **E** (MUR) 155 Ya 123
Henche **E** (GUA) 76 Xb 104
Herada **E** (CAN) 10 Wd 89
Heras **E** (CAN) 9 Wb 88
Heras **E** (GUA) 76 Wf 104
Heras de la Peña,Las **E** (PAL) 20 Vb 92
Herba-savina **E** (LLE) 46 Ba 95
Herbés **E** (CAS) 80 Zf 104
Herbeset **E** (CAS) 80 Zf 105
Herbosa **E** (BUR) 21 Wa 91
Herboso **E** (VIZ) 10 We 89
Herce **E** (RIO) 41 Xe 95
Herdade **P** (CB) 83 Sb 109
Herdade da Mitra (Escola Agrícola) **P** (Év) 117 Rf 117
Herdade da Negrita **P** (Be) 132 Se 120
Herdade de Santa Maria **P** (Be) 131 Sb 123
Herdadinha **P** (Év) 117 Sc 118
Heredad de Bardaji **E** (CUE) 91 Xc 108
Heredamiento **E** (JAÉ) 139 Wf 121
Heredia **E** (ÁLA) 23 Xd 91
Herencia **E** (CIU) 109 Wd 112
Herencias, Las - **E** (TOL) 88 Va 109
Hereña **E** (ÁLA) 23 Xa 92
Heres **E** (AST) 7 Ub 87
Herguijuela **E** (CÁC) 105 Ub 112
Herguijuela, La - **E** (CÁC) 86 Ua 109
Herguijuela, La **E** (ÁVI) 72 Ue 106
Herguijuela de la Sierra **E** (SAL) 71 Tf 106
Herguijuela del Campo **E** (SAL) 71 Ua 105
Herguijuelas de Abajo **E** (CÁC) 104 Te 112
Herguijuelo de Ciudad-Rodrigo **E** (SAL) 70 Tc 106
Herías **E** (AST) 5 Tb 88
Hermanas, Las - **E** (ALB) 126 Xe 118
Hérmedes de Cerrato **E** (PAL) 38 Ve 98
Hermida, La **E** (CAN) 8 Vc 89
Hermigua **E** (TEN) 172 II B 2
Hermisende **E** (ZAM) 34 Ta 97
Hermosa **E** (CAN) 9 Wb 88
Hermosilla **E** (BUR) 22 Wd 93
Hermosillo **E** (ÁVI) 87 Ud 106
Hermosura **E** (CIU) 109 We 114
Hermua **E** (ÁLA) 23 Xd 91
Hernán Cabrera **E** (BAD) 121 Ud 115
Hernán Cortés **E** (BAD) 105 Ua 114
Hernández, Los - **E** (ALM) 154 Xc 124
Hernani **E** (GUI) 12 Ya 89
Hernán-Pérez **E** (CÁC) 86 Td 107
Hernansancho **E** (ÁVI) 73 Vb 103
Hernán Valle **E** (GRA) 153 Wf 124
Hernialde **E** (GUI) 12 Xf 90
Herrada del Manco **E** (MUR) 127 Yf 117
Herradas **E** (VAL) 93 Ye 110
Herradilla, La - **E** (ALB) 112 Yd 114
Herradón, El - **E** (ÁVI) 73 Vc 105
Herradura **E** (ALM) 154 Xf 126
Herradura, La - **E** (GRA) 160 Wb 128
Herradura, la - **E** (ZAR) 63 Aa 101
Herramélluri **E** (RIO) 23 Wf 93
Herredal, La - **E** (ALM) 153 Xa 126
Herreña **E** (MUR) 141 Yc 121
Herrera **E** (CAN) 9 Wa 88
Herrera **E** (SEV) 150 Va 124
Herrera, La - **E** (ALB) 126 Xf 115
Herrera, La - **E** (VIZ) 10 Wf 89
Herrera de Alcántara **E** (CÁC) 103 Sd 111
Herrera de Duero **E** (VALL) 56 Vc 99
Herrera de Ibio **E** (CAN) 9 Ve 89
Herrera del Duque **E** (BAD) 106 Uf 114
Herrera de los Navarros **E** (ZAR) 61 Yf 101
Herrera de Pisuerga **E** (PAL) 21 Ve 93
Herrera de Soria **E** (SOR) 40 Wf 98
Herrera de Valdecañas **E** (PAL) 38 Ve 96
Herrera de Valdivielso **E** (BUR) 22 Wd 92
Herreras, Las - **E** (MAD) 74 Ve 105
Herrería **E** (GUA) 77 Ya 103
Herrería, La - **E** (ALB) 126 Xf 117
Herrería, La - **E** (BAD) 119 Tb 117
Herrería, La - **E** (CÓRD) 136 Uf 122
Herrería, La - **E** (SEV) 148 Te 124
Herrería de los Chorros **E** (CUE) 92 Yb 107
Herrerías **E** (ALM) 154 Xf 126
Herrerías, Las - **E** (ALM) 155 Yb 125
Herrerías, Las - **E** (HUEL) 146 Se 123
Herrería Vieja **E** (GUA) 77 Xf 104
Herrería y Central Eléctrica **E** (CUE) 93 Yb 108
Herrericos **E** (ALB) 110 Xd 113
Herreros **E** (SAL) 71 Ua 104
Herreros **E** (SOR) 41 Xb 98
Herreros **E** (VALL) 55 Uf 100
Herreros, Los - **E** (ALM) 161 Wf 128
Herreros, Los - **E** (VAL) 112 Za 113
Herreros de Jamuz **E** (LEÓ) 36 Ua 95
Herreros de Rueda **E** (LEÓ) 19 Ue 93
Herreros de Suso **E** (ÁVI) 73 Uf 104
Herreruela **E** (CÁC) 104 Ta 112
Herreruela de Castillería **E** (PAL) 21 Vd 91
Herreruela de Oropesa **E** (TOL) 87 Ue 109
Herrezuelo **E** (SAL) 72 Ud 104
Herrín de Campos **E** (VALL) 37 Va 96
Herrumblar, El - **E** (CUE) 112 Yc 112
Heruela **E** (ALB) 126 Ya 117
Hervás **E** (CÁC) 86 Ua 107
Hervededo **E** (LEÓ) 17 Tc 93
Hervés **E** (COR) 3 Rd 89
Hervías **E** (RIO) 23 Xa 94
Hervideros, Los - **E** (VAL) 112 Yf 113
Hevia **E** (AST) 7 Ub 88
Hiendelaencina **E** (GUA) 58 Wf 102
Hierro **E** (BUR) 22 Wd 91
Higares **E** (TOL) 89 Wa 109
Higón **E** (BUR) 21 Wa 91
Higuera **E** (CÁC) 87 Uc 110
Higuera, La - **E** (ALB) 127 Yd 116
Higuera, La - **E** (ÁVI) 88 Va 107
Higuera, La - **E** (MÁL) 151 Vd 126
Higuera, La - **E** (SEG) 74 Vf 102
Higuera, La - **E** (TER) 94 Yf 108
Higuera de Arjona **E** (JAÉ) 137 Wa 121
Higuera de Calatrava **E** (JAÉ) 137 Vf 122
Higuera de las Dueñas **E** (ÁVI) 88 Vc 107
Higuera de la Serena **E** (BAD) 120 Ub 117
Higuera de la Sierra **E** (HUEL) 134 Td 121
Higuera de Llerena **E** (BAD) 120 Ua 118
Higuera de Vargas **E** (BAD) 118 Ta 118
Higueral **E** (ALM) 154 Xc 124
Higueral **E** (JAÉ) 139 Wf 122
Higueral, El - **E** (CÓRD) 151 Ve 125
Higueral, El - **E** (TER) 79 Zd 104
Higuera la Real **E** (BAD) 133 Tb 120
Higuerales, Los - **E** (ALM) 154 Xf 124
Higueras **E** (CAS) 94 Zc 109
Higueras, Las - **E** (CÓRD) 151 Vf 124
Higueras, Las - **E** (JAÉ) 138 Wa 122
Higuerilla, La - **E** (PALM) 174 I C 3
Higuerita, La - **E** (TEN) 173 I F 3
Higuerón, El - **E** (CÓRD) 136 Va 121
Higueruela **E** (ALB) 127 Yd 115
Higueruela **E** (CUE) 93 Ye 109
Higueruelas **E** (VAL) 94 Za 110
Hija de Dios, La - **E** (ÁVI) 73 Va 105
Híjar **E** (ALB) 126 Xf 117
Híjar **E** (TER) 62 Zd 101
Hijas **E** (CAN) 9 Wa 89
Hijate, El - **E** (ALM) 154 Xc 124
Hijes **E** (GUA) 58 Wf 101
Hijona **E** (ÁLA) 23 Xc 92
Hijosa de Boedo **E** (PAL) 21 Ve 93
Hincapié **E** (SAL) 70 Tc 105
Hinestrosa **E** (BUR) 38 Vf 95
Hiniesta, La - **E** (ZAM) 54 Ub 99
Hiniestra **E** (BUR) 39 Wd 94
Hinojal **E** (CÁC) 86 Td 110
Hinojal de Riopisuerga **E** (BUR) 21 Ve 93
Hinojales **E** (HUEL) 133 Tc 120
Hinojar **E** (MUR) 141 Yc 122
Hinojar de Cervera **E** (BUR) 39 Wd 97
Hinojar del Rey **E** (BUR) 40 We 98
Hinojares **E** (JAÉ) 139 Wf 122
Hinojedo **E** (CAN) 9 Vf 88
Hinojos **E** (HUEL) 148 Td 125
Hinojosa **E** (GUA) 77 Ya 102
Hinojosa, La - **E** (CUE) 92 Xd 110
Hinojosa, La - **E** (SOR) 40 We 98
Hinojosa de Duero **E** (SAL) 70 Tb 103
Hinojosa de Jarque **E** (TER) 79 Zb 104
Hinojosa de la Sierra **E** (SOR) 41 Xc 97
Hinojosa del Campo **E** (SOR) 41 Xf 98
Hinojosa del Duque **E** (CÓRD) 121 Uf 118
Hinojosa del Valle **E** (BAD) 120 Te 118
Hinojosa de San Vicente **E** (TOL) 88 Vb 108
Hinojosas de Calatrava **E** (CIU) 123 Vf 117
Hinojosas del Cerro **E** (SEG) 57 Wa 100
Hinojosos, Los - **E** (CUE) 110 Xb 111
Hío **E** (PON) 32 Rb 95
Hirmes **E** (ALM) 162 Xa 127
Hiruela, La - **E** (MAD) 57 Wd 102
Hita **E** (GUA) 76 Wf 104
Hito, El - **E** (CUE) 91 Xb 109
Hocina **E** (BUR) 22 Wc 91
Hojilla, La - **E** (ALM) 154 Xe 124
Holguera **E** (CÁC) 86 Td 109
Hombrados **E** (GUA) 78 Yb 104
Hombres **P** (Co) 83 Re 107
Honcalada **E** (VALL) 55 Va 102
Hondarribia **E** (GUI) 12 Yb 88
Hondo de Carboneras, El - **E** (ALI) 128 Za 117
Hondón **E** (ALI) 128 Za 118
Hondón **E** (CÁD) 158 Ud 128
Hondón, El - **E** (MUR) 142 Za 123
Hondonada, La - **E** (CUE) 93 Yc 107
Hondonadas, Las - **E** (CUE) 93 Yd 108
Hondón de las Nieves **E** (ALI) 128 Za 119
Hondón de los Frailes **E** (ALI) 142 Za 119
Hondura **E** (SAL) 71 Ua 105
Honfero (Santa Xuliana) **E** (COR) 3 Rf 89
Honquilana **E** (VALL) 56 Vb 102
Honrada, La - **E** (BAD) 119 Tc 116
Honrubia **E** (CUE) 111 Xe 111
Honrubia de la Cuesta **E** (SEG) 57 Wb 99
Hontalbilla **E** (SEG) 57 Vf 100
Hontalbilla de Almazán **E** (SOR) 59 Xc 100
Hontanar **E** (TOL) 107 Vd 111
Hontanar **E** (VAL) 93 Yd 108
Hontanar, El - **E** (VAL) 94 Yf 109
Hontanar de Flores **E** (JAÉ) 123 Vf 118
Hontanares **E** (ÁVI) 88 Va 108
Hontanares **E** (GUA) 76 Xb 103
Hontanares de Eresma **E** (SEG) 74 Ve 103
Hontanas **E** (BUR) 39 Vf 95
Hontanaya **E** (CUE) 91 Xa 110
Hontangas **E** (BUR) 57 Wb 99
Hontanillas **E** (GUA) 76 Xc 105
Hontecillas **E** (CUE) 92 Xe 110

Hontoba **E** (GUA) 76 Wf 106
Hontomín **E** (BUR) 22 Wc 93
Hontoria **E** (AST) 8 Va 88
Hontoria **E** (SEG) 74 Vf 103
Hontoria de Cerrato **E** (PAL) 38 Vd 97
Hontoria de la Cantera **E** (BUR) 39 Wc 95
Hontoria del Pinar **E** (BUR) 40 Wf 97
Hontoria de Riofranco **E** (BUR) 39 Vf 96
Hontoria de Valdearados **E** (BUR) 57 Wc 98
Horca, La - **E** (ALB) 127 Yc 118
Horcadas **E** (LEÓ) 20 Uf 91
Horcajada, La **E** (ÁVI) 72 Ud 106
Horcajada de la Torre **E** (CUE) 91 Xc 108
Horcajo **E** (CÁC) 71 Td 106
Horcajo **E** (CIU) 122 Vd 117
Horcajo, El **E** (ALB) 125 Xd 116
Horcajo, El **E** (RIO) 41 Xc 96
Horcajo, El **E** (SEV) 148 Tf 127
Horcajo de la Ribera **E** (ÁVI) 87 Ud 106
Horcajo de la Sierra **E** (MAD) 57 Wc 102
Horcajo de las Torres **E** (ÁVI) 55 Uf 102
Horcajo de los Montes **E** (CIU) 107 Vc 113
Horcajo de Montemayor **E** (SAL) 71 Ua 106
Horcajo de Santiago **E** (CUE) 91 Xa 109
Horcajo Medianero **E** (SAL) 72 Ud 105
Horcajuelo **E** (ÁVI) 73 Va 104
Horcajuelo de la Sierra **E** (MAD) 75 Wc 102
Horche **E** (GUA) 76 Wf 105
Hormaza **E** (BUR) 39 Wa 95
Hormazuela **E** (BUR) 21 Wa 93
Hormicedo **E** (BUR) 21 Wa 93
Hormigo **E** (SEV) 150 Va 125
Hormigos **E** (TOL) 89 Vd 108
Hormiguera **E** (CAN) 21 Vf 91
Hormilla **E** (RIO) 23 Xb 94
Hormilleja **E** (RIO) 23 Xb 94
Horna **E** (ALB) 127 Yc 115
Horna **E** (GUA) 59 Xc 102
Horna Alta **E** (ALI) 128 Zb 118
Horna Baja **E** (ALI) 128 Zb 118
Hornachos **E** (BAD) 120 Tf 117
Hornachuelos **E** (CÓRD) 135 Ue 121
Horna de Ebro **E** (CAN) 21 Vf 91
Hornedillo **E** (CAN) 9 Wb 90
Hornedo **E** (CAN) 10 Wc 88
Hornera **E** (MUR) 142 Ye 120
Hornerico **E** (CÓRD) 137 Vd 123
Hornes **E** (BUR) 10 We 90
Hornias Bajas **E** (CIU) 108 Ve 114
Hornico **E** (MUR) 140 Xe 120
Hornillalastra **E** (BUR) 22 Wc 90
Hornillayuso **E** (BUR) 22 Wc 90
Hornillejos de Cotes **E** (VALL) 56 Vb 101
Hornillo **E** (ALM) 163 Xf 127
Hornillo **E** (TEN) 172 II B 2
Hornillo, El - **E** (ÁVI) 88 Uf 107
Hornillo, El - **E** (PALM) 174 I C 2
Hornillos **E** (VALL) 56 Vb 100
Hornillos de Cameros **E** (RIO) 41 Xd 95
Hornillos de Cerrato **E** (PAL) 38 Ve 97
Hornillos del Camino **E** (BUR) 39 Wa 94
Horno **E** (CÁC) 105 Uc 114
Horno **E** (MUR) 141 Yc 119
Horno Carrascosa **E** (VAL) 113 Zd 113
Horno-Ciego **E** (ALB) 126 Xe 118
Horno de Cal **E** (VAL) 94 Yf 110
Horno del Vidrio **E** (JAÉ) 138 Wd 122
Horno Robledo **E** (ÁVI) 73 Vb 106
Hornos **E** (CÓRD) 139 We 121
Hornos **E** (JAÉ) 139 Xb 119
Hornos, Los **E** (BAD) 119 Tc 115
Hornos de Moncalvillo **E** (RIO) 41 Xc 94
Hornos el Viejo **E** (JAÉ) 139 Xb 119
Horquera, La - **E** (SAL) 71 Td 106
Horquera, Urbanización de - **E** (VAL) 113 Zb 111
Horra, La **E** (BUR) 57 Wa 98
Horta **P** (Aç) 168 Wc 117
Horta **P** (Gu) 52 Se 102
Horta, S' - **E** (BAL) 99 Da 109
Horta da Quinta **P** (Év) 117 Sa 118
Horta da Vilariça **P** (Ba) 52 Sf 101
Horta d'Avinyó **E** (BAR) 47 Bf 98
Horta de San Juan = Horta de Sant Joan **E** (TAR) 81 Ab 103
Horta de Sant Joan **E** (TAR) 81 Ab 103
Hortales **E** (CÁD) 158 Uc 128
Hortaleza **E** (MAD) 75 Wc 106
Horta Nova, S' - **E** (BAL) 99 Db 112
Hortas **E** (COR) 15 Re 91
Hortás **E** (LUG) 16 Sc 94
Hortas de Baixo **P** (Pg) 103 Se 114
Hortas de Cima **P** (Pg) 103 Se 113
Hortas do Tabual **P** (Fa) 144 Ra 126
Horta Seca **P** (Be) 131 Sb 120
Hort de Alcaidus **E** (BAL) 96 Ea 109
Hort de Biniatro **E** (BAL) 99 Cf 110
Hort d'En Mosson **E** (BAL) 99 Da 111
Hort d'en Oleza, S' - **E** (BAL) 99 Db 111
Hort de Sant Diego, S' - **E** (BAL) 96 Ea 108
Hortells **E** (CAS) 80 Ze 104
Hortezuela **E** (SOR) 58 Xa 100
Hortezuela de Océn, La - **E** (GUA) 77 Xd 103
Hortezuelos **E** (BUR) 39 Wd 97
Hortichuela **E** (JAÉ) 151 Wa 124
Hortichuela, La - **E** (MUR) 142 Ye 119
Hortichuelas **E** (ALM) 163 Xf 127
Hortichuelas, Las - **E** (ALM) 162 Xc 128
Hortigal **E** (CAN) 8 Vd 88
Hortigüela **E** (BUR) 40 Wd 96
Hortinhas **P** (Év) 118 Sd 117
Hortizuela **E** (CUE) 77 Xf 106
Hortizuela **E** (CUE) 92 Xe 108
Hortoneda de la Conca **E** (LLE) 46 Ba 95
Hortsavinyà **E** (BAR) 48 Cd 98
Hortunas de Abajo **E** (VAL) 112 Yf 112
Hortunas de Arriba **E** (VAL) 112 Yf 112
Hospital **E** (HUES) 27 Aa 93
Hospital **E** (LUG) 16 Sd 93
Hospital **E** (LUG) 17 Sf 92
Hospital, l' - **E** (BAR) 65 Bf 100
Hospital de Gistain **E** (HUES) 27 Ac 93
Hospital del Duque **E** (RIO) 40 Xa 95
Hospital de Órbigo **E** (LEÓ) 18 Ua 94
Hospital de Parzán **E** (HUES) 27 Ab 92
Hospitaled **E** (HUES) 45 Aa 95
Hospitalet = Hospitalet de Llobregat, l' - **E** (BAR) 66 Ca 100
Hospitalet de l'Infant, l' **E** (TAR) 64 Af 103
Hospitalet de Llobregat, L' **E** (BAR) 66 Ca 100
Hospital Provincial Virgen de la Purificación **E** (ALB) 111 Xf 114
Hostafrancs **E** (LLE) 46 Bb 98
Hostal de Ipiés **E** (HUES) 26 Zd 94
Hostal dels Alls, l' - **E** (TAR) 81 Ad 104
Hostal de Urbasa **E** (NAV) 24 Xf 92
Hostal de Villar de Canes **E** (CAS) 80 Zf 106
Hostalejo, El - **E** (CAS) 94 Zc 109
Hostal El Ciervo **E** (ZAR) 62 Ze 100
Hostalets de Balenyá, els - **E** (BAR) 48 Cb 98
Hostalets de Cervera, els - **E** (LLE) 46 Bc 99
Hostalets d'en Bas, els - **E** (GIR) 48 Cc 96
Hostalets de Pierola, els - **E** (BAR) 65 Be 99
Hostalets de Tost, els - **E** (LLE) 46 Bc 95
Hostal Nou, l' - **E** (LLE) 47 Bc 97
Hostalric **E** (GIR) 48 Cd 98
Hostalrich = Hostalric **E** (GIR) 48 Cd 98
Hotel de la Fuente Roja **E** (ALI) 128 Zc 117
Hotel de Torrelaguna **E** (MAD) 74 Wa 104
Hotel la Vega **E** (MÁL) 150 Vc 126
Hoya **E** (JAÉ) 139 We 119
Hoya, La - **E** (ALM) 154 Xe 124
Hoya, La - **E** (ALM) 154 Xf 124
Hoya, La - **E** (JAÉ) 125 Xb 118
Hoya, La - **E** (MAD) 74 Ve 105
Hoya, La - **E** (MUR) 141 Yc 122
Hoya, La - **E** (SAL) 72 Ub 106
Hoya Alazor **E** (MUR) 140 Xe 120
Hoya Conejo **E** (ALB) 125 Xc 116
Hoya de Antaño **E** (VAL) 94 Za 110
Hoya de la Carrasca **E** (TER) 93 Yf 108
Hoya de la Mora, Albergue de la - **E** (GRA) 152 Wd 126
Hoya de la Parrilla **E** (ALB) 125 Xd 118
Hoya del Cambrón, La - **E** (JAÉ) 139 Xb 119
Hoya del Campo **E** (MUR) 141 Yd 119
Hoya del Espino, La - **E** (GRA) 140 Xc 120
Hoya del Mollidar **E** (MUR) 127 Yf 118
Hoya del Peral **E** (CUE) 93 Yd 108
Hoya del Pozo **E** (MUR) 127 Yf 117
Hoya del Salobral **E** (JAÉ) 152 Wb 124
Hoya de Redonda **E** (TEN) 172 I C 3
Hoya de San Roque **E** (MUR) 141 Ye 119
Hoya de Santa Ana **E** (ALB) 127 Yc 116
Hoya Fria **E** (TEN) 173 I F 3
Hoya-Gonzalo **E** (ALB) 127 Yc 115
Hoya Grande **E** (TEN) 171 B 2
Hoyahermosa **E** (MUR) 142 Yf 119
Hoya Hermosa, La - **E** (ALI) 128 Za 117
Hoyales de Roa **E** (BUR) 57 Wa 99
Hoya Manera **E** (ALI) 129 Zf 117
Hoya Redonda **E** (VAL) 128 Za 115
Hoyas, Las - **E** (ALB) 126 Xe 118
Hoyas, Las - **E** (JAÉ) 152 Wa 123
Hoyas del Pino, Las - **E** (ALB) 125 Xd 117
Hoyas de San Gregorio **E** (PALM) 174 I D 3
Hoyo **E** (MUR) 127 Yf 117
Hoyo, El - **E** (ÁVI) 72 Ud 106
Hoyo, El - **E** (CÓRD) 135 Ue 119
Hoyo, El - **E** (CÓRD) 151 Ve 124
Hoyo, El **E** (CIU) 123 Wa 118
Hoyocasero **E** (ÁVI) 73 Va 106
Hoyo del Barrio **E** (TEN) 173 III C 2
Hoyo de Manzanares **E** (MAD) 74 Wa 105
Hoyo de Pinares, El **E** (ÁVI) 74 Vd 106
Hoyorredondo **E** (ÁVI) 72 Ud 106
Hoyos **E** (CÁC) 85 Tb 107
Hoyos de Guadarranque o Buenas Noches **E** (CÁD) 165 Uc 130
Hoyos del Collado **E** (ÁVI) 87 Ue 106
Hoyos del Espino **E** (ÁVI) 87 Uf 106
Hoyos del Tozo **E** (BUR) 21 Wa 92
Hoyos de Miguel Muñoz **E** (ÁVI) 73 Uf 106
Hoyuelo, El - **E** (SEV) 134 Te 122
Hoyuelos **E** (SEG) 73 Vd 102
Hoyuelos de la Sierra **E** (BUR) 40 We 96
Hoz, La - **E** (ALB) 125 Xd 116
Hoz, La - **E** (CÓRD) 151 Vd 125
Hozabejas **E** (BUR) 22 Wc 92
Hoz de Abajo **E** (SOR) 58 Wf 100
Hoz de Anero **E** (CAN) 10 Wc 88
Hoz de Arreba **E** (BUR) 21 Wb 91
Hoz de Arriba **E** (SOR) 58 Wf 100
Hoz de Arriba **E** (VAL) 112 Yf 114
Hoz de Barbastro **E** (HUES) 45 Aa 96
Hoz de Jaca **E** (HUES) 26 Ze 92
Hoz de la Vieja, La - **E** (TER) 79 Za 103
Hoz de Valdivielso **E** (BUR) 22 Wd 92
Huarte **E** (NAV) 13 Yc 90
Huarte **E** (NAV) 25 Yc 91
Huarte-Araquil **E** (NAV) 24 Ya 91
Huebro **E** (ALM) 154 Xe 127
Huecas **E** (TOL) 89 Ve 108
Huécija **E** (ALM) 154 Xc 127
Hueco del Pico **E** (JAÉ) 139 We 120
Huechaseca **E** (ZAR) 42 Yc 98
Huélaga **E** (CÁC) 85 Tc 108
Huélago **E** (GRA) 152 We 124
Huélamo **E** (CUE) 92 Yb 107
Huelde **E** (LEÓ) 20 Uf 91
Huelga, La - **E** (ALM) 154 Xf 126
Huelga, La - **E** (CÓRD) 137 Vd 121
Huelma **E** (JAÉ) 138 Wd 123
Huelmo **E** (SAL) 71 Te 103
Huelmos de Cañedo **E** (SAL) 54 Ub 102
Huelmos de San Joaquín **E** (SAL) 54 Ub 102
Huelmos y Casasolilla **E** (SAL) 71 Ua 104
Huelva **E** (HUEL) 147 Ta 125
Huelvacar **E** (CÁD) 157 Ua 130
Huelvas, Las - **E** (HUEL) 133 Tc 121
Huelves **E** (CUE) 91 Xa 108
Huéneja **E** (GRA) 153 Xa 125
Huércal de Almería **E** (ALM) 162 Xd 127
Huércal-Overa **E** (ALM) 155 Ya 124
Huércanos **E** (RIO) 23 Xb 94
Huercas de Babia **E** (AST) 7 Ub 88
Huerce, La - **E** (GUA) 58 We 102
Huércemes **E** (CUE) 93 Yb 110
Huérfana, La - **E** (SAL) 54 Tf 102
Huerga de Frailes **E** (LEÓ) 36 Ua 94
Huergas de Gordón **E** (LEÓ) 19 Uc 91
Huérguina **E** (CUE) 93 Yc 108
Huérmeces **E** (BUR) 21 Wb 93
Huérmeces del Cerro **E** (GUA) 76 Xb 102
Huérmeda **E** (ZAR) 60 Yc 100
Huerneses, Los - **E** (MAD) 75 Wd 106
Huerrios **E** (HUES) 44 Zd 96
Huerta **E** (CÁC) 86 Te 106
Huerta **E** (SAL) 72 Ud 103
Huerta **E** (SEG) 57 Wb 102
Huerta, La - **E** (ALM) 154 Xe 123
Huerta, La - **E** (ALM) 155 Ya 125
Huerta, La - **E** (MUR) 142 Yf 119
Huerta Alta **E** (ZAR) 43 Ye 97
Huerta Cruz **E** (BAD) 119 Td 117
Huerta de Abajo **E** (BUR) 40 Wf 96
Huerta de Arriba **E** (BUR) 40 Wf 96
Huerta de Gorronoso **E** (CÁC) 86 Te 108
Huerta de Granda **E** (BAD) 120 Ua 115
Huerta del Abad **E** (MUR) 155 Yc 124
Huerta de la Manga **E** (SEV) 150 Vb 125
Huerta del Americano **E** (MÁL) 158 Ue 129
Huerta de la Obispalía **E** (CUE) 91 Xd 109
Huerta de la Pila **E** (HUEL) 133 Sf 122
Huerta del Colegio **E** (SEV) 150 Va 125
Huerta del Coto **E** (BAD) 134 Tf 120
Huerta del Manco **E** (JAÉ) 140 Xc 120
Huerta del Marquesado **E** (CUE) 93 Yb 108
Huerta del Palmar **E** (PALM) 174 I C 2
Huerta del Rey **E** (BUR) 40 Wd 97
Huerta de Peñalva **E** (CIU) 109 Wf 113
Huerta de San Benito **E** (BAD) 133 Tb 119
Huerta de Tohús **E** (ÁVI) 73 Vb 105
Huerta de Valdecarábanos **E** (TOL) 90 Wc 109
Huerta de Vero **E** (HUES) 45 Aa 96
Huerta Grande **E** (HUEL) 133 Sf 123
Huertahernando **E** (GUA) 77 Xe 104
Huerta Julián **E** (BAD) 119 Td 118
Huértalo **E** (HUES) 26 Za 93
Huertalpelayo **E** (GUA) 77 Xe 104
Huerta Medialegua **E** (SEV) 134 Te 122
Huerta Nueva, La - **E** (PALM) 174 I B 3
Huerta Nueva-Sancho Jaén **E** (MÁL) 158 Ue 128
Huertas, Las - **E** (CÓRD) 136 Vb 123
Huertas, Las - **E** (GRA) 151 Vf 126
Huertas Concejo **E** (BAD) 119 Td 118
Huertas de la Magdalena **E** (CÁC) 105 Ua 112
Huertas del Ingeniero **E** (CÓRD) 150 Va 124
Huertas del Rio **E** (MÁL) 151 Vd 126
Huertas del Sauceral, Las - **E** (CIU) 107 Vb 112
Huertas de Mateo **E** (CUE) 112 Yc 112
Huerta Sevilla **E** (BAD) 134 Td 119
Huertas Nuevas **E** (CÓRD) 150 Vb 124
Huertas y Lomas **E** (MÁL) 159 Vb 128
Huertas y Montes **E** (MÁL) 159 Va 127
Huerta Vicho **E** (TEN) 173 I E 3
Huertecicas Altas, Las - **E** (ALM) 154 Xe 125
Huérteles **E** (SOR) 41 Xe 96
Huertezuelas **E** (CIU) 123 Wb 118
Huerto **E** (HUES) 44 Zf 97
Huerto del Rincón **E** (ALB) 111 Yb 114
Huerto de Pedrotello **E** (SAL) 70 Tc 105
Huerto Isaura **E** (VAL) 113 Zd 113
Huertos, Los - **E** (SEG) 74 Ve 102
Huesa **E** (JAÉ) 139 Wf 122
Huesa del Común **E** (TER) 79 Za 102
Huesca **E** (HUES) 44 Zd 96
Huéscar **E** (GRA) 140 Xc 122
Huéspeda **E** (BUR) 22 Wc 92
Hueta, La - **E** (JAÉ) 125 Xc 118
Huete **E** (CUE) 91 Xb 108
Hueto Abajo **E** (ÁLA) 23 Xb 91
Hueto Arriba **E** (ÁLA) 23 Xb 91
Huétor-Santillán **E** (GRA) 152 Wc 125
Huétor-Tájar **E** (GRA) 151 Vf 125
Huétor-Vega **E** (GRA) 152 Wc 126
Huetos **E** (GUA) 76 Xc 104
Huetre **E** (CÁC) 71 Te 106
Hueva **E** (GUA) 76 Xa 106
Huévar **E** (SEV) 148 Te 124
Huici **E** (NAV) 24 Ya 90
Huidobro **E** (BUR) 22 Wb 92
Huimayor **E** (ALM) 154 Xe 124
Huit **E** (MÁL) 160 Vf 128
Humada **E** (BUR) 21 Vf 92
Humanes **E** (GUA) 75 Wf 104
Humanes de Madrid **E** (MAD) 89 Wb 107
Humarán **E** (VIZ) 10 Wf 89
Humbrías **E** (MUR) 155 Yd 123
Húmera **E** (MAD) 75 Wb 106
Humienta **E** (BUR) 39 Wb 95
Humilladero **E** (CIU) 108 Wa 113
Humilladero **E** (MÁL) 150 Vb 126
Humo, El **E** (HUES) 45 Ab 94
Hunfrías, Las - **E** (TOL) 107 Va 111
Hurchillo **E** (ALI) 142 Za 120
Hurón, El - **E** (HUEL) 133 Ta 121
Hurona, La - **E** (MUR) 142 Ye 119
Hurones **E** (BUR) 39 Wc 94
Hurtado **E** (MUR) 141 Ye 120
Hurtumpascual **E** (ÁVI) 73 Uf 104
Husillos **E** (PAL) 38 Vc 96
Hútar **E** (JAÉ) 138 Wd 122

I

Ibahernando **E** (CÁC) 105 Ua 113
Ibarguren **E** (ÁLA) 24 Xe 91
Ibarra **E** (ÁLA) 23 Xc 90
Ibarra **E** (GUI) 12 Xf 90
Ibarra **E** (VIZ) 10 Wf 89
Ibarrangelu = Ibarranguelua **E** (VIZ) 11 Xc 88
Ibarranguelua **E** (VIZ) 11 Xc 88
Ibárruri **E** (VIZ) 11 Xb 89
Ibars de Noguera = Ivars de Noguera **E** (LLE) 45 Ad 97
Ibars de Urgel = Ivars d'Urgell **E** (LLE) 46 Af 98
Ibarsos, els - **E** (CAS) 95 Zf 107
Ibdes **E** (ZAR) 60 Ya 101
Ibeas de Juarros **E** (BUR) 39 Wc 95
Iberia **E** (TOL) 90 Wb 109
Ibi **E** (ALI) 128 Zc 117
Ibieca **E** (HUES) 44 Ze 96
Ibilcieta **E** (NAV) 25 Yf 91
Ibiricu **E** (NAV) 24 Xf 92
Ibiricu **E** (NAV) 25 Yc 92
Ibirque **E** (HUES) 44 Ze 94
Ibisate **E** (ÁLA) 23 Xd 92
Ibiza = Eivissa **E** (BAL) 97 Bc 115
Iborra = Ivorra **E** (LLE) 47 Bc 98
Ibort **E** (HUES) 26 Zd 94
Iboyo **E** (AST) 5 Tc 89
Ibrillos **E** (BUR) 22 Wf 94
Ibros **E** (JAÉ) 138 Wc 120
Icazteguieta **E** (GUI) 24 Xf 90
Icazurietas-Inchaurrragas **E** (VIZ) 11 Xc 88
Icedo **E** (BUR) 21 Wa 93
Iciar = Itziar **E** (GUI) 11 Xe 89
Iciz **E** (NAV) 25 Yf 92
Icod de los Vinos **E** (TEN) 172 I C 3
Icod el Alto **E** (TEN) 172 I D 3
Ichaso **E** (NAV) 24 Yb 91
Idanha-a-Nova **P** (CB) 84 Se 109
Idanha-a-Velha **P** (CB) 84 Sf 109
Idarga **E** (AST) 6 Te 88
Idiazábal **E** (GUI) 24 Xe 90
Idiazabal = Idiazábal **E** (GUI) 24 Xe 90
Idoate **E** (NAV) 25 Yd 92
Idocin **E** (NAV) 25 Yd 92
Idokiliz **E** (VIZ) 11 Xc 88
Ifac **E** (ALI) 129 Aa 117
Ifanes **P** (Ba) 53 Te 99
Igal **E** (NAV) 25 Yf 92
Igarei **P** (Vi) 68 Rf 104
Igea **E** (RIO) 42 Xf 96
Igeldo = Igueldo **E** (GUI) 12 Xf 89
Igeleta = Eguileta **E** (ÁLA) 23 Xc 92
Igena **E** (AST) 8 Uf 88
Iglesia, La - **E** (CAN) 9 Vf 88
Iglesia, La - **E** (CAN) 10 Wc 89
Iglesia, La - **E** (JAÉ) 138 Wa 122
Iglesia (Oroso), A - **E** (COR) 15 Rd 91
Iglesia, La **E** (VIZ) 10 We 89
Iglesia del Campo **E** (LEÓ) 17 Tb 93
Iglesiapinta **E** (BUR) 40 We 96
Iglesiarrubia **E** (BUR) 39 Wa 97
Iglesias **E** (BUR) 39 Wa 95
Iglesuela, La **E** (TOL) 88 Vb 107
Iglesuela del Cid, La **E** (TER) 80 Ze 106
Igoa **E** (NAV) 24 Yb 90
Igollo **E** (CAN) 9 Wa 88
Igorre (Elexalde) **E** (VIZ) 11 Xb 90
Igreja **P** (Fa) 144 Rb 125
Igreja Nova **P** (Br) 50 Rc 99
Igreja Nova **P** (Li) 100 Qe 115
Igreja Nova do Sobral **P** (Sa) 83 Re 110
Igrejinha **P** (Év) 117 Sa 116
Igrexa **E** (LUG) 4 Sc 87
Igrexa, A - **E** (COR) 15 Re 90
Igrexa (Fornelos de Montes) **E** (PON) 32 Rd 94
Igrexafeita **E** (COR) 3 Rf 88
Igrexario (Avión) **E** (OUR) 33 Re 94
Igriés **E** (HUES) 44 Zd 95
Igualada **E** (BAR) 65 Bd 99
Igualeja **E** (MÁL) 158 Uf 129
Igualero **E** (TEN) 172 II B 2
Igueldo **E** (GUI) 12 Xf 89
Igüeña **E** (LEÓ) 18 Te 92
Iguria **E** (VIZ) 23 Xc 90
Igúzquiza **E** (NAV) 24 Xf 93
Ihurre = Yurre **E** (ÁLA) 23 Xb 91
Ikaztegieta = Icazteguieta **E** (GUI) 24 Xf 90
Ikazurieta-Intxaurra = Icazurietas-Inchaurragas **E** (VIZ) 11 Xc 88
Ilarduia = Ilarduya **E** (ÁLA) 24 Xe 91
Ilarduya **E** (ÁLA) 24 Xe 91
Ilarratza = Ilarraza **E** (ÁLA) 23 Xc 91
Ilárraz **E** (NAV) 25 Yc 91
Ilarraza **E** (ÁLA) 23 Xc 91
Ilces, Las - **E** (CAN) 20 Vb 90
Ilche **E** (HUES) 45 Aa 97
Ilha **P** (Ma) 167 I C 2
Ílhavo **P** (Av) 67 Rb 105
Ilundáin **E** (NAV) 25 Yc 92
Ilúrdoz **E** (NAV) 25 Yc 91
Ilzarbe **E** (NAV) 24 Ya 91
Illa **E** (OUR) 33 Rf 97
Illa, l' - **E** (TAR) 64 Bb 100
Illa de Arousa **E** (COR) 14 Ra 93
Illana **E** (GUA) 91 Xa 107
Illán de Vacas **E** (TOL) 88 Vc 109
Illano (Eilao) **E** (AST) 5 Ta 89
Illar **E** (ALM) 153 Xc 127
Illa Ravena **E** (BAL) 99 Db 110
Illaso **E** (AST) 5 Tb 88
Illescas **E** (TOL) 89 Wa 108
Íllora **E** (GRA) 152 Wa 125
Illot, S' - **E** (BAL) 99 Dc 111
Illueca **E** (ZAR) 60 Yc 99
Imada **E** (TEN) 172 II B 2
Imárkoain **E** (NAV) 25 Yc 92
Imas **E** (NAV) 24 Xf 94
Imbuluzqueta **E** (NAV) 25 Yc 91
Imende **E** (COR) 2 Rc 89
Imirizaldu **E** (NAV) 25 Ye 92
Imiruri **E** (BUR) 23 Xb 92
Imízcotz **E** (NAV) 25 Yd 91
Imón **E** (GUA) 59 Xb 102
Imora, La - **E** (JAÉ) 138 Wb 122
Ina, La **E** (CÁD) 157 Tf 129
Inazares **E** (MUR) 140 Xe 120
Inca **E** (BAL) 99 Cf 110
Incedo **E** (CAN) 10 Wd 89
Incinillas **E** (BUR) 22 Wc 91
Incio **E** (LUG) 16 Sd 93
Indias, Las - **E** (TEN) 171 B 3
Indioteria, S' - **E** (BAL) 98 Ce 111
Induráin **E** (NAV) 25 Yd 92
Indusi **E** (VIZ) 11 Xb 90
Inés **E** (SOR) 58 Wf 99
Inestrillas **E** (RIO) 42 Ya 97
Infantado **P** (Sa) 116 Rb 115
Infantas **P** (Br) 50 Re 100
Infantas, Las **E** (JAÉ) 138 Wb 121
Infesta **P** (Br) 51 Rf 100
Infesta **P** (VC) 32 Rc 97
Infias **P** (Br) 50 Re 100
Infiernos, Los - **E** (MUR) 142 Za 122
Infiesto **E** (AST) 7 Ud 88
Ingenio **E** (PALM) 174 I D 3
Ingilde **P** (Por) 51 Rf 102
Inguenzo **E** (AST) 8 Va 89
Inguias **P** (CB) 84 Se 107
Inicio **E** (LEÓ) 18 Ua 92
Iniesta **E** (CUE) 111 Yb 112
Iniestas, Las - **E** (ALB) 111 Ya 114
Iniéstola **E** (GUA) 77 Xd 103
Inogés **E** (ZAR) 60 Yd 100
Inoso **E** (ÁLA) 23 Xa 90
Insalde **P** (VC) 32 Rc 97
Insalus, Balneario de - **E** (GUI) 24 Xf 90
Instinción **E** (ALM) 153 Xc 127
Instituto Leprológico **E** (GUA) 76 Xc 104
Institut Pere Mata **E** (TAR) 64 Ba 101
Insua **E** (COR) 4 Sa 87
Insúa **E** (LUG) 5 Se 87
Insua **E** (PON) 32 Rc 94
Ínsuas da Ponte **P** (CB) 84 Sd 107
Intxetru = Chinchetru **E** (ÁLA) 23 Xd 91

Invernales de Cabao **E** (AST) 8 Vb 89
Inviernas, Las - **E** (GUA) 76 Xb 103
Inza **E** (NAV) 24 Ya 90
Íñigo **E** (SAL) 71 Ua 104
Íñigo-Blasco **E** (SAL) 72 Ud 105
Ipás **E** (HUES) 26 Zc 93
Ipazter = Ispáster **E** (VIZ) 11 Xc 88
Ipiés **E** (HUES) 26 Zd 94
Ipiñaburu **E** (VIZ) 23 Xb 90
Iracheta **E** (NAV) 25 Yc 93
Iraeta **E** (GUI) 12 Xe 89
Iragui **E** (NAV) 25 Yc 91
Iráizoz **E** (NAV) 24 Yb 91
Iran **E** (LLE) 28 Ae 94
Irañeta **E** (NAV) 24 Ya 91
Irati **E** (NAV) 25 Yf 91
Irberri **E** (NAV) 25 Yc 93
Ircio **E** (BUR) 23 Xa 93
Irede de Luna **E** (LEÓ) 18 Ua 91
Irgo **E** (LLE) 28 Ae 94
Iribas **E** (NAV) 24 Ya 91
Iriépal **E** (GUA) 75 Wf 105
Irijó **P** (Av) 68 Re 104
Irimo **E** (GUI) 23 Xd 90
Irisarri **E** (NAV) 12 Yb 89
Irixoa **E** (LUG) 4 Sb 88
Irixoa = Pazo de Irixoa **E** (COR) 3 Rf 89
Irixo de Arriba **E** (PON) 15 Rf 93
Irlas, las -= Irles, las - **E** (TAR) 64 Af 101
Irles, les - **E** (TAR) 64 Af 101
Iruecha **E** (SOR) 59 Xf 102
Iruela **E** (LEÓ) 35 Td 95
Iruela, La - **E** (JAÉ) 139 Xa 121
Iruelos **E** (SAL) 53 Te 102
Irueste **E** (GUA) 76 Xa 105
Irujo **E** (NAV) 24 Ya 92
Irún **E** (GUI) 12 Yb 88
Iruña = Pamplona **E** (NAV) 25 Yc 92
Iruñela **E** (NAV) 24 Xf 92
Irura **E** (GUI) 12 Xf 89
Irurita **E** (NAV) 13 Yc 90
Irurozqui **E** (NAV) 25 Ye 92
Irurre **E** (NAV) 24 Ya 92
Irurzun **E** (NAV) 24 Yb 91
Irús **E** (BUR) 22 Wd 90
Iruz **E** (CAN) 9 Wa 89
Irvio **P** (Por) 50 Re 101
Is **E** (AST) 5 Tb 89
Isaba **E** (NAV) 26 Za 91
Isabel, La - **E** (HUEL) 146 Sd 123
Isabela **E** (JAÉ) 138 Wc 119
Isar **E** (BUR) 39 Wa 94
Isavarre **E** (LLE) 28 Ba 93
Isbor **E** (GRA) 161 Wc 127
Íscar **E** (VALL) 56 Vc 100
Isclés **E** (HUES) 45 Ad 95
Isequilla **E** (CAN) 10 Wd 88
Isidros, Los - **E** (VAL) 112 Ye 112
Isil **E** (LLE) 28 Ba 92
Isín **E** (HUES) 26 Zd 93
Isla **E** (CAN) 10 Wc 88
Isla, La - **E** (AST) 7 Ue 88
Isla Canela **E** (HUEL) 146 Sd 125
Isla Cristina **E** (HUEL) 146 Se 125
Isla del Moral **E** (HUEL) 146 Sd 125
Isla de Pedrosa **E** (CAN) 9 Wb 88
Islallana **E** (RIO) 41 Xc 95
Isla Menor **E** (SEV) 148 Tf 125
Isla Mínima **E** (SEV) 148 Tf 126
Isla Plana **E** (MUR) 142 Ye 123
Isla Redonda **E** (SEV) 150 Va 124
Islares **E** (CAN) 23 Xb 93
Islas, Las - **E** (CIU) 107 Ve 113
Isla y Sotico **E** (LEÓ) 36 Uc 95
Isleta, La - **E** (ALM) 163 Xf 128
Isleta, La - **E** (PALM) 174 I D 2
Islica, La - **E** (ALM) 155 Ya 126
Isna **P** (CB) 83 Sa 109
Isoba **E** (LEÓ) 19 Ue 90
Isòbol = Isòvol **E** (GIR) 30 Be 94
Ison **E** (LLE) 29 Bb 92
Isona **E** (LLE) 46 Ba 96
Isora **E** (TEN) 173 III C 2
Isòvol **E** (GIR) 30 Be 94
Ispáster **E** (VIZ) 11 Xc 88
Isso **E** (ALB) 126 Yb 118
Istán **E** (MÁL) 159 Va 129
Isuerre **E** (ZAR) 25 Yf 94
Isún de Basa **E** (HUES) 26 Ze 93
Itera del Castillo **E** (BUR) 38 Ve 95
Itero de la Vega **E** (PAL) 38 Ve 95
Itero Seco **E** (PAL) 20 Vc 94
Itoiz **E** (NAV) 25 Yd 92
Itrabo **E** (GRA) 161 Wc 128
Itsaso **E** (GUI) 24 Xe 90
Itsaso-Alegia **E** (GUI) 24 Xe 90
Itsasondo **E** (GUI) 24 Xe 90
Ituero **E** (ALB) 126 Xe 116
Ituero **E** (SOR) 59 Xd 99
Ituero de Azaba **E** (SAL) 70 Tb 106
Ituero y Lama **E** (SEG) 74 Vd 104
Ituren **E** (NAV) 12 Yb 90
Iturgoyen **E** (NAV) 24 Ya 92
Iturmendi **E** (NAV) 24 Xf 91
Iturreta **E** (VIZ) 11 Xc 89
Iturri **E** (GUI) 11 Xd 90
Iturrieta **E** (ÁLA) 23 Xd 92
Itxasperri **E** (NAV) 24 Ya 91
Itzanotz **E** (NAV) 25 Yd 92
Itziar **E** (GUI) 11 Xe 89
Ivanrey **E** (SAL) 70 Tc 105
Ivars de Noguera **E** (LLE) 45 Ad 97
Ivars d'Urgell **E** (LLE) 46 Af 98
Ivorra **E** (LLE) 47 Bc 98
Ixona = Hijona **E** (ÁLA) 23 Xc 92
Iza **E** (NAV) 24 Yb 91
Izagre **E** (LEÓ) 37 Ue 95
Izal **E** (NAV) 25 Yf 92
Izalzu **E** (NAV) 25 Yf 91
Izana **E** (SOR) 59 Xc 98
Izara **E** (CAN) 21 Ve 91
Izarra **E** (ÁLA) 23 Xa 91
Izartza = Izarza **E** (ÁLA) 23 Xc 92
Izarza **E** (ÁLA) 23 Xc 92
Izcala **E** (SAL) 54 Ub 101
Izcalina **E** (SAL) 54 Ub 101
Izcar **E** (CÓRD) 137 Vd 122
Izco **E** (NAV) 25 Yd 93
Izcue **E** (NAV) 24 Yb 92
Izeda **P** (Ba) 53 Tb 99
Iznájar **E** (CÓRD) 151 Ve 125
Iznalloz **E** (GRA) 152 Wc 124
Iznate **E** (MÁL) 160 Ve 128
Iznatoraf **E** (JAÉ) 139 Wf 120
Izoria **E** (ÁLA) 22 Wf 90
Izurdiaga **E** (NAV) 24 Yb 91
Izurtza = Izurza **E** (VIZ) 11 Xc 90
Izurza **E** (VIZ) 11 Xc 90
Izurzu **E** (NAV) 24 Ya 92

J

Jábaga **E** (CUE) 92 Xe 108
Jabalcón **E** (GRA) 153 Xb 123
Jabalcuz **E** (JAÉ) 138 Wb 122
Jabalera **E** (CUE) 91 Xb 107
Jabaloyas **E** (TER) 93 Yd 107
Jabalquinto **E** (JAÉ) 138 Wb 120
Jabares de los Oteros **E** (LEÓ) 37 Uc 94
Jabarillo **E** (HUES) 44 Zc 95
Jabarrella **E** (HUES) 26 Zd 94
Jaboneros **E** (MÁL) 159 Vd 128
Jaboneros, Los - **E** (MUR) 141 Yc 122
Jabugo **E** (HUEL) 133 Tb 121
Jabuguillo **E** (HUEL) 133 Tc 121
Jaca **E** (HUES) 26 Zc 93
Jacarilla **E** (ALI) 142 Za 120
Jadraque **E** (GUA) 76 Xa 103
Jadú **E** (CÁD) 165 Ud 133
Jaén **E** (JAÉ) 138 Wb 122
Jafre **E** (GIR) 49 Da 96
Jaganta **E** (TER) 80 Ze 104
Jalance **E** (VAL) 112 Yf 113
Jalón **E** (ALI) 129 Zf 116
Jalón de Cameros **E** (RIO) 41 Xd 95
Jambrina **E** (ZAM) 54 Uc 100
Jamilena **E** (JAÉ) 137 Wa 122
Jamprestes **P** (Sa) 83 Rd 110
Jámula, La **E** (GRA) 154 Xc 124
Jana, la **E** (CAS) 81 Ab 105
Janarde **P** (Av) 68 Rf 103
Janardo **P** (Av) 68 Rd 104
Janardo **P** (Le) 82 Rb 110
Janáriz **E** (NAV) 25 Yd 92
Janas **P** (Li) 115 Qd 116
Jandiola **E** (ÁLA) 10 Wf 90
Janeiro de Baixo **P** (Co) 84 Sb 108
Janeiro de Cima **P** (CB) 84 Sb 108
Jánovas **E** (HUES) 27 Zf 94
Jaque, El - **E** (SAL) 85 Tc 107
Jara, La - **E** (ALI) 129 Aa 116
Jara, La - **E** (CÓRD) 122 Vb 118
Jara, La **E** (CÁD) 156 Td 128
Jara, La **E** (CÁD) 157 Ua 128
Jaraba **E** (ZAR) 60 Ya 101
Jaraco = Xaraco **E** (VAL) 114 Ze 114
Jarafe **E** (JAÉ) 138 Wc 121
Jarafuel **E** (VAL) 112 Yf 114
Jaraguas **E** (VAL) 112 Yd 111
Jaraicejo **E** (CÁC) 105 Ub 111
Jaraices **E** (ÁVI) 73 Va 103
Jaraiz de la Vera **E** (CÁC) 87 Ub 108
Jaral, El - **E** (ALM) 154 Xe 124
Jaral, El - **E** (CÁD) 158 Ud 127
Jaral, El - **E** (TEN) 172 I C 4
Jarales **E** (TEN) 173 III C 2
Jarales, Los - **E** (ALM) 154 Xf 125
Jaramediana **E** (CÁC) 104 Tc 113
Jaramieles, Los - **E** (VALL) 56 Ve 98
Jaramillo de la Fuente **E** (BUR) 40 We 96
Jaramillo-Quemado **E** (BUR) 40 Wd 96
Jarandilla de la Vera **E** (CÁC) 87 Uc 108
Jaras, Las - **E** (CÓRD) 136 Va 121
Jarata **E** (CÓRD) 150 Vb 123
Jaray **E** (SOR) 59 Xf 98
Jaraz de Meredo **E** (AST) 5 Sf 88
Jarazmín **E** (MÁL) 160 Ve 128
Jarceley **E** (AST) 6 Td 89
Jarda, La - **E** (CÁD) 158 Uc 129
Jardim da Serra **P** (Ma) 166 I C 2
Jardim do Mar **P** (Ma) 166 I A 2
Jardín, El - **E** (ALB) 125 Xe 116
Jardo **P** (Gu) 70 Ta 105
Jardón, El - **E** (CÓRD) 136 Vc 122
Jardos **P** (Fa) 146 Sc 125
Jarero **E** (BAD) 120 Ub 119
Jarias **E** (AST) 5 Ta 88
Jarilla **E** (CÁC) 86 Tf 107
Jarilla, La - **E** (SEV) 148 Ua 124
Jarillas, Las - **E** (MAD) 75 Wb 105
Jarillas, Las - **E** (SEV) 134 Ua 122
Jarlata **E** (HUES) 26 Zd 93
Jarmelo **P** (Gu) 70 Sf 105
Jarosas, Las - **E** (JAÉ) 138 We 122
Jaroso **E** (HUEL) 133 Ta 122
Jarque **E** (ZAR) 60 Yb 99
Jarque de la Val **E** (TER) 79 Zb 104
Jarrio **E** (AST) 5 Tb 87
Jartos **E** (ALB) 126 Xe 118
Jasa **E** (HUES) 26 Zb 92
Jasses, Els - **E** (BAL) 99 Da 109
Játar **E** (GRA) 140 Xd 122
Játar **E** (GRA) 160 Wa 127
Jatiel **E** (TER) 62 Zd 101
Jatilla **E** (ÁVI) 73 Va 106
Játiva = Xàtiva **E** (VAL) 113 Zc 115
Jau, El - **E** (GRA) 152 Wb 125
Jauca, La - **E** (GRA) 153 Xc 124
Jauca Alta **E** (ALM) 154 Xc 124
Jaud, La - **E** (ALI) 128 Zb 118
Jauja **E** (CÓRD) 150 Vc 125
Jaula **E** (CÓRD) 151 Ve 124
Jaulín **E** (ZAR) 61 Za 100
Jaunsarás **E** (NAV) 24 Yb 90
Jauro **E** (ALM) 154 Ya 125
Jaurrieta **E** (NAV) 25 Yf 91
Javalí Nuevo **E** (MUR) 142 Ye 121
Javalis **P** (Fa) 145 Sa 125
Jávea = Xàbia **E** (ALI) 129 Aa 116
Javerri **E** (NAV) 25 Ye 92
Javier **E** (NAV) 25 Ye 93
Javierre **E** (HUES) 27 Ab 93
Javierre **E** (HUES) 27 Zf 94
Javierre **E** (HUES) 45 Aa 95
Javierre del Obispo **E** (HUES) 26 Ze 93
Javierregay **E** (HUES) 26 Zb 93
Javierrelatre **E** (HUES) 26 Zc 94
Jayena **E** (GRA) 152 Wb 127
Jayona, La - **E** (BAD) 134 Ua 120
Jazente **P** (Por) 51 Rf 101
Jedey **E** (TEN) 171 B 3
Jédula **E** (CÁD) 157 Ua 128
Jemenuño **E** (SEG) 73 Vd 103
Jemingómez **E** (SAL) 72 Ud 103
Jerdune **E** (TEN) 172 II B 2
Jeresa = Xeresa **E** (VAL) 114 Ze 114
Jerez de la Frontera **E** (CÁD) 157 Tf 128
Jerez del Marquesado **E** (GRA) 153 Wf 125
Jerez de los Caballeros **E** (BAD) 32 Tb 119
Jérica **E** (CAS) 94 Zc 109
Jerónimo, Lo - **E** (MUR) 142 Za 122
Jerte **E** (CÁC) 87 Ub 107
Jesufrei **P** (Br) 50 Rc 100
Jesús **E** (BAL) 97 Bc 115
Jesús, El - **E** (TEN) 171 B 2
Jesús del Valle **E** (GRA) 152 Wc 125
Jesús i Maria **E** (TAR) 81 Ae 104
Jesús Pobre **E** (ALI) 129 Aa 116
Jete **E** (GRA) 161 Wb 128
Jimena **E** (JAÉ) 138 Wd 121
Jimena de la Frontera **E** (CÁD) 165 Ud 130
Jiménez de Jamuz **E** (LEÓ) 36 Ua 95
Jimera de Líbar **E** (MÁL) 158 Ue 129
Jimonete **E** (HUEL) 132 Se 121
Jinetes, Los - **E** (SEV) 149 Ub 124
Jirueque **E** (GUA) 76 Xa 103
Joane **P** (Br) 50 Rd 100
Joanet **E** (GIR) 48 Cd 97
Joanetes **E** (GIR) 48 Cc 96
João Andrês **P** (Fa) 145 Re 125
João Antão **P** (Gu) 69 Se 106
João Frino **P** (Ma) 167 I D 2
João Galego **P** (Pg) 102 Rf 114
João Serra **P** (Be) 131 Sa 122
Joara **E** (LEÓ) 37 Va 94
Joarilla de las Matas **E** (LEÓ) 37 Ue 95
Jócar **E** (GUA) 75 Wf 103
Jódar **E** (JAÉ) 138 Wd 121
Jodra de Cardos **E** (SOR) 59 Xc 100
Jodra del Pinar **E** (GUA) 76 Xc 102
Joios **P** (Fa) 145 Rd 124
Jola **E** (CÁC) 103 Se 113
Jolúcar **E** (GRA) 161 Wd 128
Joluque **E** (ALM) 154 Xd 126
Jonquera, La **E** (GIR) 31 Cf 94
Jorairátar **E** (GRA) 161 Wf 127
Jorba **E** (BAR) 65 Bd 99
Jorcas **E** (TER) 79 Zb 105
Jordana **E** (ALM) 155 Ya 125
Jordana **E** (MUR) 143 Zb 123
Jordana, Sa - **E** (BAL) 99 Dc 110
Jordi **E** (BAL) 97 Bd 114
Jorge, Lo - **E** (MUR) 142 Ye 122
Jorja **P** (Sa) 82 Rc 110
Jorjais **P** (VR) 51 Sb 101
Jorjais **P** (VR) 51 Sc 100
Jorosa, La - **E** (MUR) 141 Yb 123
Jorquera **E** (ALB) 112 Yc 113
Jórvila **E** (ALM) 154 Xd 125
Josa **E** (TER) 79 Zb 103
Josa de Cadí **E** (LLE) 47 Bd 95
Josa del Cadí = Josa de Cadí **E** (LLE) 47 Bd 95
José Antonio **E** (CÁD) 157 Ua 128
Jou **E** (LLE) 28 Ba 93
Jou **P** (VR) 52 Sd 100
Joval **E** (LLE) 47 Bd 97
Jove **E** (AST) 7 Ub 87
Jovim **P** (Por) 50 Rc 102
Joya, La - **E** (BAL) 97 Bd 114
Joya, La - **E** (HUEL) 133 Sf 122
Joyosa, La - **E** (ZAR) 43 Yf 98
Juan Antón **E** (SEV) 134 Td 123
Juanetes, Los - **E** (MUR) 141 Yb 122
Juanetes = Joanetes **E** (GIR) 48 Cc 96
Juan Gallego **E** (SEV) 134 Td 123
Juan Gómez **E** (SEV) 148 Ua 126
Juan Grande **E** (PALM) 174 I D 4
Juan Isidoro **E** (CÓRD) 151 Vd 123
Juan Pérez **E** (SEV) 150 Va 125
Juarbe **E** (NAV) 24 Yb 91
Juarros **E** (SAL) 72 Ud 104
Juarros de Riomoros **E** (SEG) 74 Ve 103
Juarros de Voltoya **E** (SEG) 73 Vc 102
Jubalcoy **E** (ALI) 128 Zc 119
Júbar **E** (GRA) 153 Wf 126
Jubera **E** (JAÉ) 138 Wa 121
Jubera **E** (RIO) 41 Xe 95
Jubera **E** (SOR) 59 Xd 101
Juberri **AND** 29 Bc 94
Jubrique **E** (MÁL) 158 Ue 129
Judarra **E** (ALB) 126 Yb 116
Judes **E** (SOR) 59 Xe 102
Judío, El - **E** (HUEL) 147 Ta 124
Juens **P** (Vi) 68 Re 105
Jugo **E** (ÁLA) 23 Xb 91
Jugueiros **P** (Por) 51 Re 100
Juguelhe **P** (Br) 51 Sa 99
Juià **E** (GIR) 49 Cf 96
Juinyà **E** (GIR) 48 Ce 95
Juizo **P** (Gu) 70 Sf 103
Juliana, La - **E** (HUEL) 133 Tb 122
Julio **E** (NAV) 25 Yd 93
Jumilla **E** (MUR) 127 Ye 118
Jun **E** (GRA) 152 Wc 125
Junça **P** (Gu) 70 Ta 104
Juncadella **E** (BAR) 47 Be 98
Juncais **P** (Gu) 69 Sc 105
Juncal **P** (Le) 101 Ra 111
Juncal **P** (Por) 50 Rc 102
Juncal **P** (Sa) 101 Rd 114
Juncal, El - **E** (PALM) 174 I C 3
Juncal, El - **E** (SEV) 150 Va 125
Juncal do Campo **P** (CB) 84 Sc 109
Juncales **E** (CÁD) 158 Ud 127
Juncar, La - **E** (AST) 6 Ua 89
Junceira **P** (Év) 117 Sb 116
Junceira **P** (Sa) 101 Rd 111
Junciana **E** (ÁVI) 72 Uc 106
Junco **E** (AST) 8 Uf 88
Junco **P** (Sa) 101 Rd 113
Juncosa **E** (LLE) 64 Ae 100
Juncosa de Montmell, la - **E** (TAR) 65 Bc 101
Juneda **E** (LLE) 64 Ae 99
Junéz **E** (ZAR) 43 Za 95
Jungitu = Junguitu **E** (ÁLA) 23 Xc 91
Junguitu **E** (ÁLA) 23 Xc 91
Junqueira **P** (Av) 68 Rd 104
Junqueira **P** (Ba) 52 Sf 101
Junqueira **P** (Ba) 53 Tc 100
Junqueira **P** (Fa) 146 Sd 125
Junqueira **P** (Ma) 167 I D 2
Junqueira **P** (Por) 50 Rb 100
Junqueiro **P** (VR) 52 Sd 99
Junqueiros **P** (Be) 131 Re 121
Junquera, La - **E** (MUR) 140 Xe 121
Junquera, La = La Jonquera **E** (GIR) 31 Cf 94
Junquera de Tera **E** (ZAM) 36 Tf 96
Juntas, Las - **E** (ALM) 140 Xf 122
Juntas, Las - **E** (ALM) 153 Xb 126
Juntas, Las - **E** (GRA) 153 Xa 124
Juntas, Las - **E** (GRA) 153 Xa 125
Juntas, Las - **E** (GRA) 153 Xb 123
Juntas, Las - **E** (MAD) 74 Ve 105
Junyent **E** (LLE) 29 Bb 94
Junzano **E** (HUES) 44 Zf 96
Jurados, Los - **E** (ALM) 155 Yb 124
Juromenha **P** (Év) 118 Se 116
Júrtiga **E** (GRA) 151 Vf 127
Jusã **P** (Av) 67 Rc 103
Juseu **E** (HUES) 45 Ac 96
Juslibol **E** (ZAR) 61 Za 98
Justel **E** (ZAM) 35 Te 96
Justes **P** (VR) 51 Sc 100
Juviles **E** (GRA) 153 We 127
Juyá = Juià **E** (GIR) 49 Cf 96
Juzbado **E** (SAL) 54 Ua 102
Júzcar **E** (MÁL) 158 Ue 129

K

Kaizedo = Goikoa **E** (ÁLA) 23 Xa 92
Kaizedo Behekoa = Caicedo de Yuso **E** (ÁLA) 23 Xa 92
Karanka = Caranca **E** (ÁLA) 22 Wf 91
Kenita **E** (VIZ) 11 Xc 90
Komentuondo **E** (VIZ) 11 Xc 89
Kontrasta = Contrasta **E** (ÁLA) 24 Xe 92
Korres = Corres **E** (ÁLA) 23 Xd 92
Krispiñana = Crispijana **E** (ÁLA) 23 Xb 91
Krutzea (Galdakao) **E** (VIZ) 11 Xa 89

L

Labacolla **E** (COR) 15 Rd 91
Laba do Lobo **P** (Vi) 68 Sa 106
Labajos **E** (SEG) 73 Vc 103
Labarces **E** (CAN) 9 Vd 89
Labastida **E** (ÁLA) 23 Xb 93
Labata **E** (HUES) 44 Zf 95
Labeaga **E** (NAV) 24 Xf 93
Labiados **P** (Ba) 35 Tc 97
Labiano **E** (NAV) 25 Yc 92
Labiarón **E** (AST) 5 Ta 89
Labio **E** (LUG) 16 Sd 90
Laborato **P** (Fa) 146 Sb 124
Laborcillas **E** (GRA) 152 We 124
Laborela **P** (Be) 131 Rd 122
Labores, Las **E** (CIU) 109 Wc 113
Laborino **P** (Co) 83 Re 107
Laboucinho **P** (Vi) 68 Rf 103
Labra **E** (AST) 8 Uf 88
Labrada **E** (LUG) 16 Sd 92
Labradillo y Pradillo **E** (CÁC) 105 Ub 111
Labradorcico, El - **E** (MUR) 155 Yc 124
Labrados, Los - **E** (SEV) 148 Te 125
Labranza de Ciruelos **E** (TOL) 88 Vc 108
Labraza **E** (ÁLA) 23 Xd 93
Labros **E** (GUA) 60 Ya 102
Labruge **P** (Por) 50 Rb 101
Labrugeira **P** (Li) 100 Qf 114
Labruja **P** (Sa) 101 Rd 112
Labruja **P** (VC) 32 Rc 97
Labrujó **P** (VC) 32 Rc 97
Labuerda **E** (HUES) 27 Aa 94
Lacalahorra **E** (GRA) 153 Wf 125
Lácar **E** (NAV) 24 Ya 92
La Cardenchosa **E** (CÓRD) 135 Ud 120
Lacasta **E** (ZAR) 43 Za 95
Laceiras **P** (VC) 32 Rd 97
Laceiras **P** (Vi) 68 Sa 106
Lacervilla **E** (ÁLA) 23 Xa 92
La Coronada **E** (CÓRD) 135 Ud 119
Lacort **E** (HUES) 27 Ab 94
Lacort **E** (HUES) 27 Zf 94
Lacorvilla **E** (ZAR) 43 Za 95
Lacra **E** (JAÉ) 139 Wf 122
Lacunza **E** (NAV) 24 Xf 91
Láchar **E** (GRA) 152 Wa 125
Lada **E** (AST) 7 Ub 89
Ladares **P** (VR) 51 Sc 101
Ladeira **P** (Be) 131 Rd 123
Ladeira **P** (CB) 83 Rf 110
Ladeira **P** (CB) 84 Sb 110
Ladeira **P** (Fa) 144 Rc 125
Ladeira de Cima **P** (Fa) 144 Rc 124
Laderas, Las - **E** (PALM) 176 C 3
Ladines **E** (AST) 6 Ua 88
Ladoeira **P** (CB) 84 Se 109
Ladrido **E** (COR) 4 Sb 86
Ladrillar **E** (CÁC) 71 Te 106
Ladrugães **P** (VR) 33 Sa 98
Ladruñán **E** (TER) 80 Zd 104
Lafortunada **E** (HUES) 27 Ab 93
Lafuente **E** (CAN) 8 Vc 89
Lagar Alto **E** (CÓRD) 136 Uf 121
Lagar del Puerto **E** (SEV) 135 Ua 121
Lagar del Santísimo **E** (SEV) 135 Ub 121
Lagar de Muniz **E** (VALL) 56 Vc 98
Lagar de San Antonio **E** (CÓRD) 150 Vb 124
Lagarejos de la Carballeda **E** (ZAM) 35 Td 96
Lagarelhos **P** (Ba) 34 Sf 97
Lagarelhos **P** (VR) 52 Sd 98
Lagares **E** (COR) 3 Rf 87
Lagares **P** (Co) 68 Sa 106
Lagares **P** (Por) 50 Rd 102
Lagares **P** (Por) 50 Re 100
Lagares, Los - **E** (MÁL) 159 Vc 128
Lagar Gallego **E** (CÓRD) 135 Ue 122
Lagar Grande **E** (SEV) 135 Ud 121
Lagarinhos **P** (Gu) 69 Sc 106
Lagar Los Hermanos **E** (CÓRD) 136 Uf 121
Lagarteira **P** (Le) 83 Rd 109
Lagarteira **P** (Se) 130 Rc 122
Lagartera **E** (TOL) 87 Ue 109
Lagartos **E** (PAL) 37 Va 94
Lagata **E** (ZAR) 61 Zb 101
Lage da Prata **P** (Pg) 102 Sb 112
Lago **E** (AST) 5 Tb 89
Lago **E** (AST) 7 Ue 88
Lago **E** (LEÓ) 18 Ua 92
Lago **P** (Br) 50 Rd 99
Lagoa **E** (COR) 3 Rc 89
Lagoa **P** (Aç) 170 Zc 122
Lagoa **P** (Av) 67 Rb 106
Lagoa **P** (Ba) 53 Tb 100
Lagoa **P** (Be) 131 Rf 121
Lagoa **P** (Br) 51 Rf 99
Lagoa **P** (CB) 83 Rf 110
Lagoa **P** (Fa) 144 Rd 126
Lagoa **P** (Fa) 146 Sd 125
Lagoa **P** (Li) 100 Qd 114
Lagoa **P** (Sa) 83 Rd 110
Lagoa, A (Campo Lameiro) **E** (PON) 15 Rc 93
Lagoaça **P** (Ba) 53 Tb 101
Lagoa do Cão **P** (Le) 101 Ra 111
Lagoa do Soeiro de Cima **P** (Be) 145 Rf 123
Lagoa Negra **P** (Por) 50 Rb 100
Lagoa Ruiva **P** (Le) 101 Rb 111
Lagoas **P** (Co) 67 Rc 106
Lagoãs **P** (VR) 52 Se 99
Lago Bom **P** (VR) 51 Sc 99
Lago de Babia **E** (LEÓ) 18 Te 91
Lago de Carucedo **E** (LEÓ) 17 Tb 94
Lagomar **P** (Ba) 35 Tb 98
Lagos **E** (GRA) 161 Wd 128
Lagos **E** (MÁL) 160 Vf 128
Lagos **P** (Fa) 144 Rb 126
Lagos **P** (Fa) 145 Sa 126
Lagos da Beira **P** (Co) 69 Sb 106
Lagou do Calvo **P** (Se) 116 Rb 116
Lagran **E** (ÁLA) 23 Xc 93
La Granja **E** (NAV) 25 Ye 93
La Granjuela **E** (CÓRD) 121 Ud 118
Lagrozana = Lacorzana **E** (ÁLA) 23 Xa 92
Lagúa **E** (LUG) 17 Se 91
Laguardia **E** (ÁLA) 23 Xc 93
Laguarres **E** (HUES) 45 Ac 95
Laguarta **E** (HUES) 27 Zf 94
Lagueruela **E** (TER) 61 Ye 102
Laguna, La **E** (ALB) 112 Ye 115
Laguna, La **E** (CAS) 94 Zc 107
Laguna, La **E** (CUE) 91 Xc 109
Laguna, La **E** (GRA) 151 Ve 125
Laguna, La **E** (JAÉ) 138 Wc 121
Laguna, La **E** (SOR) 41 Xd 96
Laguna Dalga **E** (LEÓ) 36 Ub 94
Laguna de Cameros **E** (RIO) 41 Xc 95
Laguna de Contreras **E** (SEG) 57 Vf 100
Laguna de Duero **E** (VALL) 56 Vb 99
Laguna del Marquesado **E** (CUE) 93 Yb 107
Laguna de Negrillos **E** (LEÓ) 36 Uc 95
Laguna de Zóñar **E** (CÓRD) 150 Vb 124
Laguna Rodrigo **E** (SEG) 74 Vd 103
Lagunarrota **E** (HUES) 44 Zf 97
Lagunas, Las - **E** (PALM) 174 I C 3
Lagunas de Somoza **E** (LEÓ) 36 Te 94
Lagunaseca **E** (CUE) 77 Xf 105
Lagunas Rubias **E** (SAL) 54 Uc 101
Lagunetas, Las - **E** (PALM) 174 I C 2
Lagunilla **E** (SAL) 86 Ua 107
Lagunilla de la Vega **E** (PAL) 20 Vb 94
Lagunilla del Jubera **E** (RIO) 41 Xe 94
Lagunillas **E** (CIU) 107 Vd 114
Lagunillas, Las - **E** (CÓRD) 151 Ve 124

Lahoz **E** (ÁLA) 22 We 91
Laja, La - **E** (TEN) 172 II B 2
Lajares **E** (PALM) 175 II E 1
Laje **P** (Br) 50 Rd 99
Laje **P** (VC) 32 Ra 98
Lajedo **P** (Aç) 168 Te 112
Lajeosa **P** (Co) 68 Sa 106
Lajeosa **P** (Gu) 85 Tb 106
Lajeosa **P** (Vi) 68 Sa 105
Lajeosa do Mondego **P** (Gu) 69 Sd 105
Lajes **P** (Aç) 169 Xf 116
Lajes **P** (Be) 145 Re 123
Lajes **P** (Év) 117 Sb 117
Lajes **P** (Fa) 145 Sb 125
Lajes **P** (Gu) 69 Sb 106
Lajes das Flores **P** (Aç) 168 Tf 112
Lajes do Pico **P** (Aç) 169 We 118
Lajita, La - **E** (PALM) 175 II D 4
Lajnha **P** (Se) 130 Re 122
La Laguna del Portil **E** (HUEL) 147 Sf 125
Lalim **P** (Vi) 51 Sb 102
Lalín **E** (PON) 15 Rf 93
Laluenga **E** (HUES) 44 Zf 96
Lalueza **E** (HUES) 44 Ze 97
Lama **E** (OUR) 34 Sc 94
Lama **P** (Br) 50 Rc 99
Lama **P** (Por) 50 Rd 100
Lamaçais **P** (CB) 84 Sd 107
Lamaceiros **P** (Ma) 167 I C 2
Lamacide **E** (LUG) 4 Se 89
Lama Chã **P** (VR) 33 Sb 98
Lama de Arcos **P** (VR) 34 Sd 98
Lamalonga **E** (OUR) 34 Ta 95
Lamalonga **P** (Ba) 52 Sf 98
Lamares **P** (VR) 51 Sc 101
Lamarosa **P** (Co) 82 Rc 107
Lamas **E** (COR) 2 Ra 90
Lamas **E** (COR) 15 Rd 91
Lamas **E** (LUG) 16 Sc 92
Lamas **E** (OUR) 146 Sc 97
Lamas **P** (Co) 83 Rd 108
Lamas **P** (Li) 100 Qf 113
Lamas **P** (Vi) 68 Sa 104
Lamas **P** (VR) 33 Sa 98
Lamas **P** (VR) 51 Sb 100
Lamas, As - **E** (OUR) 33 Sb 96
Lamas de Ferreira **P** (Vi) 69 Sb 104
Lamasdeite **E** (OUR) 34 Se 97
Lamas de Moreira **E** (LUG) 17 Sf 90
Lamas de Mouro **P** (VC) 33 Re 96
Lamas de Olo **P** (VR) 51 Sb 100
Lamas de Orelhão **P** (Ba) 52 Se 100
Lamas de Podence **P** (Ba) 52 Ta 99
Lamas do Vouga **P** (Av) 68 Rd 105
Lamata **E** (HUES) 45 Ab 95
Lamedo **E** (CAN) 20 Vd 90
Lamedo **P** (Br) 51 Rf 99
Lamegal **P** (Gu) 70 Sf 105
Lameira **P** (Br) 51 Rf 100
Lameira **P** (Le) 83 Re 109
Lameira do Martins **P** (CB) 83 Sb 111
Lameiras **P** (Co) 68 Sa 106
Lameiras **P** (Gu) 69 Se 106
Lameiras **P** (Gu) 70 Sf 104
Lameiras **P** (Le) 82 Rb 109
Lameiros **P** (Ma) 166 I B 2
Lamelas **P** (Por) 50 Rd 101
Lamiana **E** (HUES) 27 Ab 93
Laminador, El - **E** (ALB) 125 Xd 118
Lamosa **E** (PON) 32 Rd 95
Lamosa **P** (Vi) 69 Sc 103
Lamoso **P** (Ba) 53 Tc 101
Lamoso **P** (Por) 50 Rd 101
Lampaça **P** (VR) 34 Se 98
Lampai **E** (COR) 14 Rc 92
Lampaza **E** (OUR) 33 Sa 96
Lampona, La - **E** (AST) 7 Ub 88
Lampreia **P** (Sa) 102 Rf 112
Lamuño **E** (AST) 7 Uc 88
Lanaja **E** (HUES) 44 Ze 98
Lanave **E** (HUES) 26 Zd 94
Lancada **P** (Se) 115 Ra 116
Lanção **P** (Ba) 53 Ta 98
Láncara **E** (LUG) 16 Sd 91
Lance de la Virgen, El **E** (ALM) 162 Wf 128
Lanceiros **P** (Ma) 166 I A 1
Lanciego **E** (ÁLA) 23 Xc 93
Lanco **P** (Ma) 166 I B 2
Lancha, La - **E** (HUEL) 133 Tb 120
Lancha, La - **E** (JAÉ) 137 Wa 119
Lanchares **E** (CAN) 21 Wa 90
Landal **P** (Le) 100 Qf 113
Landedo **P** (Ba) 34 Sf 97
Landeira **P** (Év) 116 Rc 117
Landeira **P** (Vi) 68 Rf 104
Landeiras **E** (COR) 14 Rb 92
Landeral **E** (CAN) 10 We 88
Landete **E** (CUE) 93 Yd 109
Landim **P** (Br) 50 Rd 100
Landoi **E** (COR) 4 Sa 86
Lándraves **E** (BUR) 21 Wb 91
Lanestosa **E** (VIZ) 10 Wd 89
Langa **E** (ÁVI) 73 Va 102
Langa, La - **E** (CUE) 91 Xc 108
Langa de Duero **E** (SOR) 58 Wd 99
Langa del Castillo **E** (ZAR) 61 Yd 101
Langara-Ganboa = Nanclares de Gamboa **E** (ÁLA) 23 Xc 91
Langarica **E** (ÁLA) 23 Xd 91
Langarika = Langarica **E** (ÁLA) 23 Xd 91
Langayo **E** (VALL) 56 Ve 99
Langostelle **E** (LUG) 3 Sa 89
Langosto **E** (SOR) 41 Xc 97
Langre **E** (LEÓ) 17 Tc 92
Langreo = Sama **E** (AST) 7 Ub 89
Langueirón **E** (COR) 2 Rb 89
Languilla **E** (SEG) 58 Wd 100
Languna del Rincón **E** (CÓRD) 150 Vc 124
Lanhas **P** (Br) 50 Rd 98
Lanhelas **P** (VC) 32 Rb 97
Lanheses **P** (VC) 32 Rb 98
Lanhoso **P** (Br) 50 Re 99
Lanjarón **E** (GRA) 161 Wd 127
Lanseros **E** (ZAM) 35 Td 96
Lantadilla **E** (PAL) 38 Ve 94
Lantarón **E** (COR) 14 Ra 91
Lanteira **E** (GRA) 153 Wf 126
Lantejuela, La - **E** (SEV) 149 Ue 124
Lanteno = Llanteno **E** (ÁLA) 22 Wf 90
Lantero **E** (AST) 5 Tb 88
Lant Llorenç de la Muga **E** (GIR) 31 Ce 95
Lantueno **E** (CAN) 21 Vf 90
Lantziego = Lanciego **E** (ÁLA) 23 Xc 93
Lanz **E** (NAV) 25 Yc 90
Lanzá **E** (COR) 3 Re 90
Lanzahita **E** (ÁVI) 88 Va 107
Lanzarote **E** (PALM) 174 I C 2
Lanzas Agudas **E** (VIZ) 10 Wd 89
Lanzós (San Martín) **E** (LUG) 4 Sc 88
Lanzuela **E** (TER) 61 Ye 102
Lañas **E** (COR) 3 Rc 89
Laño **E** (BUR) 23 Xc 93
Lapa **P** (Co) 67 Rc 106
Lapa **P** (Gu) 69 Sb 106
Lapa **P** (Sa) 101 Ra 114
Lapa **P** (VC) 32 Rd 96
Lapa **P** (Vi) 69 Sc 103
Lapa, La - **E** (BAD) 119 Tc 118
Lapa, La - **E** (BAD) 120 Ua 116
Lapa dos Dinheiros **P** (Gu) 69 Sb 106
Lapas **P** (Sa) 101 Rc 112
Lapas, Las - **E** (BAD) 134 Td 120
Lapeiras **P** (Ma) 167 II
Lapela **P** (Br) 51 Rf 99
Lapela **P** (VC) 32 Rc 96
Lapela **P** (VR) 33 Sa 98
Lapenilla **E** (HUES) 45 Ab 95
Laperdiguera **E** (HUES) 44 Zf 97
Lapinhas **P** (Ma) 166 I C 2
Lapoblación **E** (NAV) 23 Xd 93
Lapuebla de Labarca **E** (ÁLA) 23 Xc 93
Laquidáin **E** (NAV) 25 Yc 92
Lara **P** (VC) 32 Rc 96
Laracha **E** (COR) 3 Rc 89
Lara de los Infantes **E** (BUR) 39 Wd 96
Larán, El - **E** (CUE) 77 Xf 106
Laranjeira **P** (Av) 67 Rc 103
Laranjeiras **P** (Fa) 146 Sd 124
Laranjeiro **P** (Fa) 145 Sb 126
Laranueva **E** (GUA) 76 Xc 103
Laraxe **E** (COR) 3 Rf 88
Larçã **P** (Co) 68 Rd 107
Larceiros **E** (COR) 15 Re 91
Lardeira **E** (OUR) 35 Tb 94
Lardero **E** (RIO) 23 Xd 94
Lardiés **E** (HUES) 27 Zf 94
Lardines, Los - **E** (MUR) 141 Yd 123
Lardosa **P** (CB) 84 Sd 109
Laredo **E** (CAN) 10 Wd 88
Laren **E** (LLE) 28 Af 94
Larequi **E** (NAV) 25 Ye 92
Lares **P** (Co) 82 Rb 108
Largo, El - **E** (ALM) 155 Yb 124
Larinho **P** (Ba) 52 Sf 101
Lario **E** (LEÓ) 20 Uf 90
Laroá **E** (OUR) 33 Sb 96
Laroles **E** (GRA) 153 Wf 126
Larón **E** (AST) 17 Tc 91
Larouco **E** (OUR) 34 Sf 94
Laroya **E** (ALM) 154 Xd 125
Larrabasterra **E** (VIZ) 11 Xa 88
Larrabetzu **E** (VIZ) 11 Xb 89
Larraga **E** (NAV) 24 Ya 93
Larragueta **E** (NAV) 24 Yb 91
Larráinzar **E** (NAV) 24 Yb 91
Larrángoz **E** (NAV) 25 Yd 92
Larraona **E** (NAV) 24 Xe 92
Larrasoaña **E** (NAV) 25 Yc 91
Larraul **E** (GUI) 12 Xf 89
Larraya **E** (NAV) 24 Yb 92
Larráyoz **E** (NAV) 24 Yb 91
Larrea **E** (ÁLA) 23 Xd 91
Lárrede **E** (HUES) 26 Ze 93
Larrés **E** (HUES) 26 Zd 93
Larriba **E** (RIO) 41 Xd 95
Larrión **E** (NAV) 24 Xf 92
Larrodrigo **E** (SAL) 72 Ud 104
Larrosa **E** (HUES) 26 Zd 93
Larrumeonti **E** (GUI) 12 Xe 90
Larruskain **E** (VIZ) 11 Xd 89
Larués **E** (HUES) 26 Za 93
Larumbe **E** (NAV) 24 Yb 91
Larva **E** (JAÉ) 139 We 122
Larxentes **E** (LUG) 17 Ta 91
Lasaosa **E** (HUES) 26 Ze 94
Lasarte **E** (GUI) 12 Xf 89
Lascambras **E** (HUES) 27 Ab 94
Lascellas **E** (HUES) 44 Zf 96
Lascorz **E** (HUES) 27 Ab 94
Lascuarre **E** (HUES) 45 Ad 95
Laserna **E** (ÁLA) 23 Xc 93
Lasieso **E** (HUES) 26 Zd 94
Las Palmas de Gran Canaria **E** (PALM) 174 I D 2
Laspaúles **E** (HUES) 28 Ad 94
Laspra **E** (AST) 6 Ua 87
Laspuña **E** (HUES) 27 Aa 93
Lastanosa **E** (HUES) 44 Zf 97
Lastiesas Bajas **E** (HUES) 26 Zb 93
Lastra, A - **E** (LUG) 17 Se 90
Lastra, La - **E** (ÁVI) 72 Ud 106
Lastra, La - **E** (CAN) 9 Vd 90
Lastra, La - **E** (PAL) 20 Vc 91
Lastra del Cano, La - **E** (ÁVI) 87 Ud 106
Lastras de Cuéllar **E** (SEG) 57 Vf 101
Lastras de Lama **E** (SEG) 74 Vd 104
Lastras de las Eras **E** (BUR) 22 Wd 90
Lastras del Pozo **E** (SEG) 74 Vd 103
Lastres **E** (AST) 7 Ue 87
Lastrilla **E** (PAL) 21 Vf 92
Lastrilla, La - **E** (SEG) 74 Vf 103
Lastur = San Nicolás de Lastur **E** (GUI) 11 Xd 89
Latadas **P** (Se) 116 Rc 116
Latas **E** (HUES) 26 Zd 93
Latasa **E** (NAV) 24 Yb 91
Latedo **E** (ZAM) 53 Tc 98
Latenar, El - **E** (TER) 79 Zd 104
Latores **E** (AST) 6 Ua 88
Latorre **E** (HUES) 45 Ab 94
Latorrecilla **E** (HUES) 27 Aa 94
Latrás **E** (HUES) 26 Zd 94
Latre **E** (HUES) 26 Zd 94
Lau **P** (Se) 116 Rb 117
Laujar de Andarax **E** (ALM) 153 Xa 127
Laundos **P** (Por) 50 Rb 100
Laurgain **E** (GUI) 12 Xf 89
Lauros **E** (VIZ) 11 Xa 89
Laustierreka **E** (GUI) 24 Xe 91
Lavacolhos **P** (CB) 84 Sc 108
Lavadero de los Frailes **E** (JAÉ) 137 Vf 120
Lavaderos **E** (TER) 79 Za 104
Lavadores **E** (MUR) 141 Ya 120
Lavadores **E** (PON) 32 Rb 95
Lavadores **P** (Por) 50 Rb 102
Lavandeira **E** (COR) 3 Rf 88
Lavandeira **E** (OUR) 33 Sb 96
Lavandeira **P** (Av) 68 Rd 105
Lavandeira **P** (Ba) 52 Se 101
Lavandera **E** (AST) 7 Uc 88
Lavandera **E** (LEÓ) 19 Uc 91
Lavares **E** (AST) 6 Ua 89
Lavares **E** (AST) 7 Ud 88
Lave (Estação) **P** (Sa) 116 Rc 116
Lavegadas **P** (Co) 83 Re 107
Lavegadas **P** (Le) 82 Rb 109
Lavelilla **E** (HUES) 27 Zf 94
Lavern **E** (BAR) 65 Be 100
Laviana **E** (AST) 6 Ua 87
Lavid de Ojeda **E** (PAL) 21 Vd 93
Lavilla **E** (HUES) 27 Ab 94
Lavio **E** (AST) 6 Te 88
Lavit **E** (BAR) 65 Be 100
Lavos **P** (Co) 82 Rb 108
Lavra **P** (Por) 50 Rb 101
Lavradas **P** (VC) 32 Rd 98
Lavradas **P** (VR) 51 Sb 98
Lavradio **P** (Se) 115 Qf 116
Lavre **P** (Év) 116 Rd 116
Laxaga **E** (NAV) 42 Yd 94
Laxe **E** (LUG) 16 Sa 93
Laxe, A - **E** (PON) 144 Rd 94
Laxes **E** (LUG) 16 Sd 91
Layana **E** (ZAR) 43 Ye 95
Layés **E** (HUES) 26 Zd 94
Layna **E** (SOR) 59 Xe 102
Layos **E** (TOL) 89 Vf 110
Laza **E** (OUR) 34 Sd 96
Lazagurría **E** (NAV) 24 Xe 94
Lazareto de Gando **E** (PALM) 174 I D 3
Lazarim **P** (Vi) 69 Sa 102
Lázaros, Los - **E** (ALM) 153 Xb 126
Lazkao **E** (GUI) 24 Xe 90
Lea **E** (LUG) 4 Sd 90
Leaburu **E** (GUI) 12 Xf 90
Leache **E** (NAV) 25 Yd 93
Learza **E** (NAV) 24 Xe 93
Lebanza **E** (PAL) 20 Vc 91
Lebeña **E** (CAN) 8 Vc 89
Leboreiro, O **E** (COR) 15 Sa 91
Lebozán **E** (OUR) 15 Re 94
Lebozán **E** (PON) 15 Rf 93
Lebrancón **E** (GUA) 77 Xf 104
Lebre **P** (Be) 132 Sd 122
Lebredo **E** (AST) 5 Tb 88
Lebredo (San Lorenzo) **E** (AST) 5 Tb 88
Lebrija **E** (SEV) 157 Tf 127
Lebrona, La - **E** (SEV) 150 Uf 126
Lebução **P** (VR) 34 Se 98
Leça da Palmeira **P** (Por) 50 Rb 101
Leça do Bailio **P** (Por) 50 Rc 101
Lecároz **E** (NAV) 13 Yc 90
Lecáun **E** (NAV) 25 Yd 92
Lécera **E** (ZAR) 62 Zb 101
Leces **E** (AST) 8 Uf 88
Lecina **E** (HUES) 45 Aa 95
Lecina, La - **E** (HUES) 27 Ab 94
Leciñana de la Oca **E** (ÁLA) 23 Xa 92
Leciñana de Mena **E** (BUR) 22 Wd 90
Leciñena **E** (ZAR) 44 Zc 98
Lecumberri **E** (NAV) 24 Ya 90
Lechago **E** (TER) 78 Ye 103
Lechón **E** (ZAR) 61 Ye 102
Lechuza, La - **E** (PALM) 174 I C 2
Ledanca **E** (GUA) 76 Xa 103
Ledantes **E** (CAN) 20 Vb 90
Ledaña **E** (CUE) 111 Yb 112
Ledesma **E** (SAL) 54 Ua 102
Ledesma de la Cogolla **E** (RIO) 41 Xb 95
Ledesma de Soria **E** (SOR) 59 Xe 99
Ledigos **E** (PAL) 37 Va 94
Ledoira **E** (COR) 15 Re 90
Ledoño **E** (COR) 3 Rd 89
Ledrada **E** (SAL) 72 Ub 106
Ledrado **E** (SOR) 41 Xd 96
Legaces, Lo - **E** (MUR) 142 Ye 122
Legaces, Lo - **E** (MUR) 142 Ye 123
Leganés **E** (MAD) 90 Wb 107
Leganiel **E** (CUE) 91 Xa 108
Legarda **E** (NAV) 24 Xe 94
Legarda **E** (NAV) 24 Yb 92
Legaria **E** (NAV) 24 Xe 93
Legazpi **E** (GUI) 23 Xd 90
Legorreta **E** (GUI) 24 Xf 90
Légua **P** (Por) 51 Rf 101
Legutiano **E** (ÁLA) 23 Xc 91
Legutio = Legutiano **E** (ÁLA) 23 Xc 91
Leião **P** (Li) 115 Qe 116
Leintz Gatzaga **E** (GUI) 23 Xc 91
Leioa = Elejalde **E** (VIZ) 11 Xa 89
Leira **E** (COR) 3 Rd 90
Leiradas **P** (Br) 51 Sa 99
Leirado **E** (PON) 32 Rd 96
Leirados **P** (Vi) 68 Rf 103
Leiria **P** (Le) 82 Rb 110
Leirio **E** (AST) 5 Ta 88
Leiro **E** (COR) 3 Re 88
Leiro Grande **E** (OUR) 33 Rf 94
Leirós **P** (VR) 51 Sc 100
Leirosa **P** (Co) 82 Ra 108
Leitoa **P** (CB) 84 Se 107
Leitões **P** (Br) 50 Rd 100
Leitões **P** (Co) 67 Rb 106
Leitzalarrea **E** (NAV) 12 Ya 90
Leiva **E** (MUR) 141 Yd 123
Leiva **E** (RIO) 22 Wf 93
Leiza **E** (NAV) 24 Ya 90
Lejona = Elejalde **E** (VIZ) 11 Xa 89
Lekeitio **E** (VIZ) 11 Xc 88
Lel **E** (ALI) 127 Yf 118
Leme **E** (COR) 2 Rb 89
Lemede **P** (Co) 67 Rc 107
Lemenhe **P** (Br) 50 Rc 100
Lena = Pola de Lena **E** (AST) 7 Ub 90
Lences **E** (BUR) 22 Wd 93
Lendequintana **E** (AST) 5 Tb 88
Lendínez **E** (JAÉ) 137 Vf 122
Lendiosa **P** (Av) 68 Rd 106
Lendo **E** (COR) 3 Rc 89
Lendoño de Abajo **E** (VIZ) 22 Wf 90
Lendório **E** (LUG) 16 Sb 92
Lens **E** (COR) 14 Rb 91
Lente **P** (Por) 50 Rb 100
Lentegí **E** (GRA) 161 Wb 127
Lentellais **E** (OUR) 34 Sf 95
Lentiscais **P** (CB) 84 Sb 110
Lentiscais **P** (Fa) 145 Re 125
Lentiscal, El **E** (CÁD) 164 Ub 132
Lentiscar **E** (MUR) 127 Yf 117
Lentiscosas, Las - **E** (MUR) 141 Ye 121
Lentisqueira **P** (Co) 67 Rb 106
Leñas **E** (COR) 14 Rb 91
Leobalde **E** (COR) 15 Rd 90
Leomil **P** (Gu) 70 Ta 105
Leomil **P** (Vi) 69 Sc 103
León **E** (LEÓ) 19 Uc 93
León **E** (TOL) 108 Wb 112
León, Lo - **E** (MUR) 142 Ye 122
Leones, Los **E** (CÓRD) 137 Vd 121
Leontia **E** (LUG) 4 Sd 90
Leoz **E** (NAV) 25 Yc 93
Lepe **E** (HUEL) 146 Se 125
Lepuzáin **E** (NAV) 25 Yc 93
Leránoz **E** (NAV) 25 Yc 91
Lerate **E** (NAV) 24 Ya 92
Lerena **E** (SEV) 148 Td 124
Lerés **E** (HUES) 26 Zd 93
Lerga **E** (NAV) 25 Yc 93
Leria **E** (SOR) 41 Xe 96
Lérida = Lleida **E** (LLE) 63 Ad 99
Lerin **E** (NAV) 24 Ya 94
Lerma **E** (BUR) 39 Wb 96
Lermilla **E** (BUR) 22 Wc 93
Lerones **E** (CAN) 20 Vc 90
Lérruz **E** (NAV) 25 Yd 92
Les **E** (LLE) 28 Ae 92
Lesaca **E** (NAV) 12 Yb 89
Lesta **E** (COR) 3 Rd 90
Letona **E** (ÁLA) 23 Xb 91
Letosa **E** (HUES) 44 Zf 94
Letrillas **E** (ZAM) 35 Td 96
Letur **E** (ALB) 126 Xf 118
Letux **E** (ZAR) 61 Zb 101
Leva **E** (BUR) 22 Wd 90
Levadas **P** (Ma) 167 I D 3
Lever **P** (Por) 50 Rd 102
Levinco **E** (AST) 7 Uc 90
Levira **P** (Av) 67 Rc 106
Leza **E** (ÁLA) 23 Xc 93
Leza de Río Leza **E** (RIO) 41 Xd 94
Lezaeta **E** (NAV) 24 Ya 90
Lezama **E** (VIZ) 11 Xb 89
Lezáun **E** (NAV) 24 Ya 92
Lezuza **E** (ALB) 125 Xd 115
Liandres **E** (CAN) 9 Ve 88
Líbano de Arrieta **E** (VIZ) 11 Xb 88
Libardón **E** (AST) 7 Ue 88
Liber **E** (LUG) 17 Sf 91
Librán **E** (LEÓ) 18 Tc 92
Libreros **E** (CÁD) 164 Ua 131
Librilla **E** (MUR) 141 Yd 121
Libros **E** (TER) 93 Ye 108
Liceia **P** (Co) 82 Rb 107
Liceras **E** (SOR) 58 We 100
Licona **E** (VIZ) 11 Xd 88
Lidón **E** (TER) 78 Yf 104
Liédena **E** (NAV) 25 Ye 93
Liedó **E** (TER) 81 Ab 103
Liegos **E** (LEÓ) 20 Uf 90
Lieiro **E** (LUG) 4 Sd 86
Lienas **E** (HUES) 44 Zd 95
Liencres **E** (CAN) 9 Wa 88
Lieres **E** (AST) 7 Uc 88
Liermo **E** (CAN) 10 Wc 88
Lierta **E** (HUES) 44 Zd 95
Liesa **E** (HUES) 44 Ze 96
Liétor **E** (ALB) 126 Ya 117
Lifa **E** (MÁL) 158 Uf 128
Ligares **P** (Ba) 52 Ta 102
Ligonde **E** (LUG) 16 Sb 91
Ligos **E** (SOR) 58 We 100
Ligros **E** (TER) 93 Yd 107
Ligüeria **E** (AST) 7 Ud 89
Ligüerre de Ara **E** (HUES) 27 Zf 94
Ligüérzana **E** (PAL) 20 Vd 91
Lijar **E** (ALM) 154 Xe 125
Lijó **P** (Br) 50 Rc 99
Likoa = Licona **E** (VIZ) 11 Xd 88
Lilela **P** (VR) 52 Se 99
Lillo **E** (TOL) 90 We 110
Lillo del Bierzo **E** (LEÓ) 17 Tc 92
Limanes **E** (AST) 7 Ub 88
Limãos **P** (Ba) 53 Ta 99
Limãos **P** (VR) 52 Sd 98
Limarejos **E** (ZAM) 35 Td 97
Limés **E** (AST) 5 Tc 90
Limiñón **E** (COR) 3 Re 89
Limiñón **E** (LUG) 16 Sa 93
Límits, els - **E** (GIR) 31 Cf 94
Limões **P** (VR) 51 Sb 100
Limonar, El - **E** (MUR) 142 Ye 123
Limones **E** (GRA) 152 Wb 124
Limpias **E** (CAN) 10 Wd 88
Linaio **E** (COR) 14 Rb 91
Linarejos **E** (JAÉ) 125 Xc 119
Linarejos **E** (MÁL) 159 Vb 129
Linarejos **E** (ZAM) 35 Td 97
Linares **E** (AST) 6 Te 88
Linares **E** (AST) 6 Tf 89
Linares **E** (CAN) 8 Vc 89
Linares **E** (JAÉ) 138 Wc 120
Linares **E** (PON) 32 Rd 96
Linares del Acebo **E** (AST) 6 Td 90
Linares de la Sierra **E** (HUEL) 133 Tc 121
Linares de Mora **E** (TER) 79 Zc 107
Linares de Riofrío **E** (SAL) 71 Ua 105
Linás de Broto **E** (HUES) 27 Ze 93
Linás de Marcuello **E** (HUES) 43 Zb 95
Linda-a-Pastora **P** (Li) 115 Qe 116
Linda-a-Velha **P** (Li) 115 Qe 116
Lindín **E** (LUG) 4 Sd 88
Lindoso **P** (VC) 33 Re 97
Línea de la Concepción, La **E** (CÁD) 165 Ud 131
Linejo **E** (SAL) 71 Ua 103
Linhaceira **P** (Sa) 101 Rd 111
Linhares **P** (Ba) 52 Sd 101
Linhares **P** (Be) 131 Sa 121
Linhares **P** (Gu) 69 Sd 105
Linhares **P** (VC) 32 Rc 97
Linhares **P** (VR) 51 Sc 100
Linhó **P** (Li) 115 Qd 116
Linto **E** (CAN) 10 Wb 89
Linyola **E** (LLE) 46 Af 98
Linzoáin **E** (NAV) 25 Yd 91
Liñares **E** (LUG) 16 Sd 93
Liñares **E** (LUG) 17 Sf 90
Liñares **E** (OUR) 15 Re 94
Liñares **E** (OUR) 33 Sa 94
Liñola = Linyola **E** (LLE) 46 Af 98
Lira **E** (PON) 32 Rd 96
Liri **E** (HUES) 28 Ad 93
Liria = Llíria **E** (VAL) 113 Zc 111
Liripio **E** (PON) 15 Rd 93
Lisboa **P** (Li) 115 Qf 116
Listanco **E** (OUR) 33 Rf 94
Litago **E** (ZAR) 42 Yb 98
Liteiros **P** (Sa) 101 Rc 112
Litem **P** (Le) 82 Rc 110
Litera **E** (HUES) 45 Ad 96
Litos **E** (ZAM) 36 Tf 97
Lituénigo **E** (ZAR) 42 Yb 97
Lituero **E** (TOL) 108 Wa 111
Lituero, El - **E** (ALB) 109 Xd 115
Livramento **P** (Aç) 170 Zc 122
Lixa de Alvão **P** (VR) 51 Sb 99
Lizarraga **E** (NAV) 24 Xf 91
Lizarraga **E** (NAV) 25 Yd 92
Lizarragabengoa **E** (NAV) 24 Xf 91
Lizartza **E** (GUI) 12 Xf 90
Lizaso **E** (NAV) 24 Yb 91
Lizasoáin **E** (NAV) 24 Yb 91
Lizeriuri = Lacervilla **E** (ÁLA) 23 Xa 92
Lizoáin **E** (NAV) 25 Yd 92
Loarre **E** (HUES) 44 Zc 95
Loba, La - **E** (AST) 6 Tf 87
Lobado **E** (CAN) 9 Vf 89
Lobão **P** (Av) 68 Rd 103
Lobão da Beira **P** (Vi) 68 Rf 105
Lobás **E** (OUR) 15 Rf 94
Lobata **P** (Be) 132 Sc 121
Lobeiras **E** (LUG) 4 Sc 87
Lobelhe do Mato **P** (Vi) 69 Sb 105
Lober **E** (ZAM) 53 Te 98
Lobera, La - **E** (ÁVI) 73 Vc 106
Lobera, La - **E** (SEV) 148 Ua 123
Lobera de la Vega **E** (PAL) 20 Vb 93
Lobera de Onsella **E** (ZAR) 25 Yf 94
Loberos, Los - **E** (MUR) 141 Yd 123
Loberos, Los **E** (ALM) 154 Ya 126
Loberuela, La **E** (VAL) 93 Yd 110
Lobeznos **E** (ZAM) 35 Tc 96
Lobillo, El **E** (CIU) 124 Wf 115
Lobón **E** (BAD) 119 Tc 115
Lobones **E** (SEG) 74 Ve 103
Lobos, Los - **E** (ALM) 155 Yb 125
Lobosillo **E** (MUR) 142 Yf 122
Lobras **E** (GRA) 161 We 127
Lóbrega **E** (GRA) 140 Xd 121
Lobres **E** (GRA) 161 Wc 128
Lobrigos **P** (VR) 51 Sb 101
Locaiba **E** (ALM) 154 Xf 124
Lodão **P** (Por) 51 Sa 102
Lodares **E** (SOR) 59 Xd 101
Lodares **P** (Por) 50 Re 101
Lodares del Monte **E** (SOR) 59 Xc 100
Lodares de Osma **E** (SOR) 58 Wf 99
Lodeiro **P** (Por) 50 Rd 102
Lodeña **E** (AST) 7 Ud 88
Lodero **E** (TEN) 171 C 3
Lodões **P** (Ba) 52 Sf 101
Lodosa **E** (NAV) 24 Xf 94
Lodoselo **E** (OUR) 33 Sc 96
Lodoso **E** (BUR) 39 Wb 94
Loeches **E** (MAD) 75 Wd 106
Logares **E** (LUG) 5 Sf 89
Logroño **E** (RIO) 23 Xd 94
Logrosán **E** (CÁC) 106 Ud 112
Loia **E** (NAV) 25 Yd 93
Loiba **E** (COR) 4 Sb 86
Loio **E** (LUG) 16 Sc 92
Loiola = Loyola **E** (GUI) 12 Xe 89
Loiola-Elexalde = Loyola-Elejalde **E** (VIZ) 11 Xc 89
Loios **E** (COR) 14 Ra 91
Loira **E** (PON) 32 Rb 94

Loiro **E** (OUR) 33 Sa 95
Lois **E** (LEÓ) 19 Uf 91
Lois **E** (PON) 14 Rb 93
Loivo **P** (VC) 32 Rb 97
Loivos **P** (VR) 33 Sa 98
Loivos **P** (VR) 52 Sc 99
Loivos da Ribeira **P** (Por) 51 Sa 102
Loivos do Monte **P** (Por) 51 Sa 101
Loizu **E** (NAV) 25 Yd 91
Loja **E** (GRA) 151 Vf 126
Lojilla **E** (GRA) 151 Vf 124
Loma, La - **E** (GUA) 77 Xe 103
Loma Alta, La - **E** (ALM) 154 Xc 125
Loma Colorada, La - **E** (ALM) 161 Wf 128
Lomada Grande **E** (TEN) 171 B 2
Loma de Castrejón **E** (PAL) 20 Vc 92
Loma de la Mesa **E** (JAÉ) 139 Xa 122
Loma del Saliente **E** (CÁC) 87 Uc 108
Loma del Viento, La - **E** (ALM) 162 Xb 128
Loma de Montija **E** (BUR) 22 Wd 90
Loma de Tabora **E** (GRA) 151 Wa 125
Lomana **E** (BUR) 22 We 92
Lomar **P** (Br) 50 Rd 99
Lomas **E** (PAL) 38 Vc 95
Lomas, Las - **E** (CÁD) 158 Uc 128
Lomas, Las - **E** (CÁD) 164 Ua 131
Lomas, Las - **E** (GRA) 140 Xd 122
Lomas, Las - **E** (MAD) 74 Wa 106
Lomas, Las - **E** (MÁL) 159 Va 129
Lomas, Las - **E** (MUR) 142 Yf 122
Lomas de Lastón, Las - **E** (MUR) 141 Yb 121
Lomas del Gállego, Las - **E** (ZAR) 43 Zb 98
Lomas del Mar **E** (ALI) 143 Zc 120
Lomas del Medio **E** (CÁC) 87 Uc 108
Lomas del Poniente **E** (CÁC) 87 Uc 108
Lomas de Marcos **E** (GRA) 151 Vf 124
Loma Somera **E** (CAN) 21 Vf 91
Lomayna, La - **E** (VAL) 113 Zc 111
Lomba **E** (LEÓ) 35 Tb 94
Lomba **P** (Aç) 168 Tf 112
Lomba **P** (Av) 67 Rb 105
Lomba **P** (Av) 68 Re 104
Lomba **P** (Gu) 69 Sf 106
Lomba **P** (Por) 50 Rd 102
Lomba **P** (Por) 51 Rf 101
Lomba, La - **E** (CAN) 21 Ve 90
Lomba Chão **P** (CB) 84 Sc 110
Lombada **P** (Ma) 166 I B 2
Lombada dos Marinheiros **P** (Ma) 166 I A 2
Lomba da Maia **P** (Aç) 170 Zd 122
Lomba da Pazenda **P** (Aç) 170 Zf 121
Lombada Velha **P** (Ma) 166 I A 2
Lomba de Santa Barbara **P** (Aç) 170 Zc 122
Lombadinha **P** (Ma) 166 I C 2
Lombador **P** (Be) 131 Sa 123
Lombardos **P** (Be) 132 Sc 123
Lombatin **E** (AST) 5 Tb 88
Lombega **P** (Aç) 168 Wb 117
Lombo **P** (Ba) 53 Ta 100
Lombo **P** (Co) 83 Re 108
Lombo **P** (Ma) 166 I B 2
Lombo da Estrela **P** (Ma) 166 I A 2
Lombo das Laranjeiras **P** (Ma) 166 I A 2
Lombo de Baixo **P** (Ma) 167 I C 2
Lombo de Cima **P** (Ma) 167 I C 2
Lombo de São Jaão **P** (Ma) 166 I B 2
Lombo do Brasil **P** (Ma) 166 I B 2
Lombo do Doutor **P** (Ma) 166 I B 2
Lombo do Mouro, Casa do - **P** (Ma) 166 I B 2
Lombo Galego **P** (Ma) 167 I C 2
Lombomeão **P** (Av) 67 Rb 105
Lombos **P** (Fa) 144 Rd 126
Lombraña **E** (CAN) 21 Vd 90
Lomeda **E** (SOR) 59 Xd 102
Lomeiro **P** (Co) 68 Rd 107
Lomeña-Baseda **E** (CAN) 20 Vc 90
Lomera **E** (HUEL) 133 Ta 122
Lomilla **E** (PAL) 21 Ve 92
Lominchar **E** (TOL) 89 Wa 108
Lomitos, Los - **E** (PALM) 174 I C 2
Lomo Bermejo **E** (TEN) 173 I G 2
Lomo de Arico **E** (TEN) 173 I E 5
Lomo de la Palma **E** (PALM) 174 I C 3
Lomo de las Bodegas **E** (TEN) 173 I G 2
Lomo del Balo **E** (TEN) 172 II B 2
Lomo de Liebre **E** (BAD) 105 Ua 114
Lomo de los Gomeros **E** (TEN) 171 C 2
Lomo de Mena **E** (TEN) 173 I E 4
Lomo Magullo, El - **E** (PALM) 174 I D 3
Lomo Oliva **E** (TEN) 173 I E 4
Lomopardo **E** (CÁD) 157 Tf 128
Lomo Román **E** (TEN) 173 I E 3
Lomoviejo **E** (VALL) 55 Va 102
Longares **E** (ZAR) 61 Yf 100
Longás **E** (ZAR) 26 Za 94
Longomel **P** (Pg) 102 Sa 112
Longos **P** (Br) 50 Rd 99
Longos Vales **P** (VC) 32 Rd 96
Longra **P** (Vi) 51 Sc 102
Longroiva **P** (Gu) 69 Se 103
Loño **E** (PON) 15 Rf 91
Lope Amargo **E** (CÓRD) 136 Vc 122
Lopera **E** (GRA) 153 We 125
Lopera **E** (JAÉ) 137 Ve 121
López, Los - **E** (ALM) 161 Wf 128
López, Los - **E** (MUR) 141 Yd 122
López, Los - **E** (MUR) 143 Zb 121
Loporzano **E** (HUES) 44 Ze 96
Lora **E** (CÁD) 150 Uf 127
Lora de Estepa **E** (SEV) 150 Vb 125
Lora del Río **E** (SEV) 135 Uc 123
Loranca del Campo **E** (CUE) 91 Xb 108
Loranca de Tajuña **E** (GUA) 76 Wf 106
Loranquillo **E** (BUR) 22 We 94
Lorbé **E** (COR) 3 Re 88
Lorbés **E** (ZAR) 26 Za 92
Lorca **E** (MUR) 141 Yb 122
Lorca **E** (NAV) 24 Ya 92
Lorcas, Los - **E** (MUR) 143 Zb 122
Lordelo **E** (OUR) 33 Re 96
Lordelo **P** (Br) 50 Rd 100
Lordelo **P** (Por) 50 Rd 101
Lordelo **P** (Por) 51 Rf 102
Lordelo **P** (VC) 32 Rc 96
Lordelo **P** (VC) 32 Rd 96
Lordelo **P** (VR) 51 Sb 101
Lordemanos **E** (LEÓ) 36 Uc 96
Lordosa **P** (Vi) 68 Sa 104
Loredo **E** (AST) 5 Tb 88
Loredo **E** (CAN) 10 Wb 88
Lorentes, Los - **E** (MUR) 142 Ye 123
Lorenzana **E** (LEÓ) 19 Uc 92
Lores **E** (PAL) 20 Vc 91
Loreto **E** (GRA) 151 Wa 125
Loreto **P** (Ma) 166 I B 2
Loriana **E** (AST) 6 Ua 88
Loriga **P** (Gu) 84 Sb 107
Lorigas **E** (MUR) 140 Xf 119
Loriguilla **E** (VAL) 94 Za 110
Loriguilla **E** (VAL) 113 Zc 112
Lorilla **E** (BUR) 21 Wa 92
Loroño **E** (COR) 2 Ra 90
Loros, Los - **E** (TEN) 172 II B 2
Lorquí **E** (MUR) 142 Ye 120
Lorvão **P** (Co) 83 Re 107
Losa, La - **E** (CUE) 111 Xf 112
Losa, La - **E** (SEG) 74 Vf 103
Losacino **E** (ZAM) 54 Tf 98
Losacio **E** (ZAM) 54 Tf 98
Losada **E** (LEÓ) 18 Td 93
Losa del Obispo **E** (VAL) 94 Za 110
Losadilla **E** (LEÓ) 35 Tc 95
Losana **E** (SOR) 58 Wf 101
Losana de Pirón **E** (SEG) 57 Vf 102
Losanglis **E** (HUES) 43 Zb 95
Losar, El - **E** (ÁVI) 72 Uc 106
Losar de la Vera **E** (CÁC) 87 Uc 108
Loscertales **E** (HUES) 44 Ze 95
Loscorrales, Los - **E** (HUES) 44 Zc 95
Loscos **E** (TER) 61 Yf 102
Losilla **E** (VAL) 94 Yf 109
Losilla **E** (ZAM) 54 Ua 98
Losilla, La - **E** (ALB) 126 Yb 115
Losilla, La - **E** (SOR) 41 Xe 97
Losilla y San Adrián, La **E** (LEÓ) 19 Ue 91
Los Santos de Maimona **E** (BAD) 119 Td 118
Lotão **P** (Fa) 146 Sb 124
Louçainha **P** (Co) 83 Re 108
Loucainha **P** (Co) 83 Re 108
Lougares **E** (PON) 32 Rd 95
Loulé **P** (Fa) 145 Rf 126
Loural **P** (Ma) 166 I B 2
Loureda **E** (COR) 15 Rd 91
Loureda **P** (VC) 32 Rd 97
Louredo **E** (PON) 32 Rc 95
Louredo **P** (Av) 68 Rd 103
Louredo **P** (Br) 50 Re 99
Louredo **P** (Br) 51 Rf 98
Louredo **P** (Por) 50 Re 101
Louredo **P** (Por) 51 Rf 101
Louredo **P** (VR) 51 Sb 101
Loureira **P** (Br) 50 Rd 99
Loureira **P** (Le) 82 Rb 111
Loureira **P** (Le) 83 Rd 110
Loureiro **E** (LUG) 4 Sc 87
Loureiro **E** (PON) 15 Rd 94
Loureiro **P** (Av) 68 Rc 104
Loureiro **P** (Co) 83 Rd 108
Loureiro **P** (VR) 51 Sb 101
Loureiro de Silgueiros **P** (Vi) 68 Sa 105
Loureiros **E** (OUR) 33 Sc 94
Lourel **P** (Li) 115 Qd 116
Lourenzá (San Adriano) **E** (LUG) 4 Se 88
Lourenzá (San Tomé) **E** (LUG) 4 Se 88
Loures **P** (Li) 115 Qe 116
Louriçal **P** (Le) 82 Rb 108
Louriçal do Campo **P** (CB) 84 Sc 108
Louriceira **P** (Le) 83 Rf 109
Louriceira **P** (Sa) 101 Rb 112
Louriceira **P** (Sa) 102 Rf 111
Lourido **P** (VC) 32 Re 98
Lourinhã **P** (Li) 100 Qe 113
Lourinhal **P** (Co) 68 Re 106
Lourizán **E** (PON) 15 Rc 94
Louro **P** (Br) 50 Rc 100
Lourosa **P** (Av) 67 Rc 103
Lourosa **P** (Co) 68 Sa 107
Lourosa da Trapa **P** (Vi) 68 Rf 104
Lourosa de Matos **P** (Av) 68 Re 103
Lousa **E** (COR) 3 Sa 89
Lousa **P** (Ba) 52 Se 101
Lousa **P** (CB) 84 Sd 109
Lousa **P** (CB) 102 Rf 111
Lousã **P** (Co) 83 Re 108
Lousa **P** (Li) 115 Qe 115
Lousada **E** (LUG) 4 Sb 88
Lousada **E** (LUG) 16 Se 92
Lousada **P** (Por) 50 Re 101
Lousado **P** (Br) 50 Rc 100
Louseira **E** (LUG) 5 Se 89
Louseira **P** (Be) 131 Sa 122
Louseira **P** (Se) 116 Rd 119
Louzarela **E** (LUG) 17 Sf 92
Louzeira **P** (Fa) 144 Rb 126
Lovelhe **P** (VC) 32 Rb 97
Lovingos **E** (SEG) 56 Ve 100
Loxo **E** (COR) 15 Rd 91
Loyola **E** (GUI) 12 Xe 89
Loyola **E** (GUI) 12 Ya 89
Loyola-Elejalde **E** (VIZ) 11 Xc 89
Loza **E** (ÁLA) 23 Xb 93
Loza **E** (AST) 5 Tb 87
Loza **E** (NAV) 24 Yb 91
Lozana **E** (AST) 7 Ud 89
Lozanos, Los - **E** (ALM) 154 Xf 124
Lozoya **E** (MAD) 74 Wb 103
Lozoyuela **E** (MAD) 75 Wc 103
Lúa **E** (LUG) 4 Se 90
Luaces **E** (LUG) 4 Sd 90
Luanco (Lluanco) **E** (AST) 7 Ub 87
Luarca **E** (AST) 5 Tc 87
Lubián **E** (ZAM) 34 Ta 96
Lubiano **E** (ÁLA) 23 Xc 91
Lubrín **E** (ALM) 154 Xf 125
Lucainena **E** (ALM) 153 Wf 127
Lucainena de las Torres **E** (ALM) 154 Xe 126
Lúcar **E** (ALM) 154 Xd 124
Lucena **E** (CÓRD) 151 Vd 124
Lucena de Jalón **E** (ZAR) 61 Ye 99
Lucena del Cid **E** (CAS) 95 Ze 108
Lucena del Puerto **E** (HUEL) 147 Tb 125
Luceni **E** (ZAR) 43 Ye 98
Lucenza **E** (OUR) 33 Sc 97
Luces **E** (AST) 7 Ue 87
Lucía **E** (HUEL) 133 Tb 121
Luciana **E** (CIU) 122 Ve 114
Luciana **E** (CIU) 122 Ve 115
Lucillo **E** (LEÓ) 35 Te 94
Lucillos **E** (TOL) 88 Vc 109
Luco **E** (ÁLA) 23 Xc 91
Luco de Bordón **E** (TER) 80 Ze 104
Luco de Jiloca **E** (TER) 78 Ye 103
Luchena **E** (MUR) 141 Ya 122
Luchente = Llutxent **E** (VAL) 113 Zd 115
Ludiente **E** (CAS) 95 Zd 108
Ludo **P** (Fa) 145 Rf 126
Lué **E** (AST) 7 Ue 88
Luelmo **E** (ZAM) 54 Tf 100
Luengos **E** (LEÓ) 19 Ud 94
Luerces **E** (AST) 6 Tf 88
Luesia **E** (ZAR) 43 Yf 94
Luesma **E** (ZAR) 61 Yf 102
Lueza, La - **E** (HUES) 27 Ab 94
Luezas **E** (RIO) 41 Xd 95
Lufrei **P** (Por) 51 Rf 101
Lugán **E** (LEÓ) 19 Ue 92
Lugar do Meio **P** (VC) 32 Ra 98
Lugarico Cerdán **E** (ZAR) 61 Zb 99
Lugar Nuevo **E** (SEV) 148 Ua 125
Lugar Nuevo **E** (ZAR) 60 Yb 101
Lugar Nuevo, El - **E** (ALB) 125 Xd 118
Lugar Nuevo, El - **E** (JAÉ) 137 Vf 120
Lugar Nuevo de Fenollet **E** (VAL) 113 Zd 114
Lugar Nuevo de San Jerónimo = Llocnou de Sant Jeroni **E** (VAL) 129 Ze 115
Lugás **E** (AST) 7 Ud 88
Lugo **E** (LUG) 16 Sc 90
Lugo de Llanera **E** (AST) 7 Ub 88
Lugones **E** (AST) 7 Ub 88
Lugros **E** (GRA) 153 We 125
Luintra (Nogueira de Ramuín) **E** (OUR) 33 Sb 94
Luises, Los - **E** (CUE) 110 Xd 113
Luisiana, La **E** (SEV) 149 Ue 123
Luján **E** (HUES) 27 Ab 94
Lújar **E** (GRA) 161 Wd 128
Lukiano = Luquiano **E** (ÁLA) 23 Xa 91
Luku = Luco **E** (ÁLA) 23 Xc 91
Lumajo **E** (LEÓ) 18 Te 91
Lumbier **E** (NAV) 25 Ye 93
Lumbrales **E** (SAL) 70 Tb 103
Lumbreras **E** (RIO) 41 Xc 96
Lumeras **E** (LUG) 17 Tb 92
Lumiar **P** (Le) 83 Rd 110
Lumiar **P** (Li) 115 Qf 116
Lumiares **P** (Vi) 51 Sc 102
Lumias **E** (SOR) 58 Xa 100
Lumpiaque **E** (ZAR) 61 Ye 99
Luna **E** (ÁLA) 23 Xa 91
Luna **E** (ALB) 110 Xe 114
Luna **E** (ZAR) 43 Za 95
Luou **E** (COR) 15 Rc 92
Lupiana **E** (GUA) 76 Wf 105
Lupiñén **E** (HUES) 44 Zc 95
Lupión **E** (JAÉ) 138 Wc 121
Luque **E** (CÓRD) 151 Ve 123
Luquiano **E** (ÁLA) 23 Xa 91
Luquin **E** (NAV) 24 Xf 93
Lurda, La - **E** (SAL) 72 Ud 103
Lúsera **E** (HUES) 44 Ze 95
Lusinde **P** (Vi) 69 Sb 104
Lusio **E** (LEÓ) 17 Ta 93
Lusitania **E** (SEV) 150 Va 125
Luso **P** (Av) 68 Rd 106
Luso, El - **E** (ALB) 125 Xc 117
Lustosa **P** (Por) 50 Re 100
Lustosa **P** (Vi) 68 Sa 104
Luxaondo **E** (ÁLA) 23 Xa 90
Luyego **E** (LEÓ) 35 Te 94
Luz **P** (Aç) 168 Xa 114
Luz **P** (Év) 118 Sd 118
Luz **P** (Fa) 144 Rb 126
Luz **P** (Fa) 146 Sb 126
Luz, La - **E** (VALL) 56 Vb 100
Luzaga **E** (GUA) 76 Xd 103
Luzás **E** (HUES) 45 Ad 96
Luzianes **P** (Be) 130 Rd 123
Luzim **P** (Por) 50 Re 102
Luzmela **E** (CAN) 9 Ve 89
Luzón **E** (GUA) 77 Xe 102
Luzuriaga **E** (ÁLA) 23 Xd 91

LL

Llaberia **E** (TAR) 64 Af 102
Llabià **E** (GIR) 49 Da 96
Llacova, la - **E** (CAS) 80 Zf 106
Llacuna, la **E** (BAR) 65 Bd 100
Llacunes **E** (ALI) 128 Zc 116
Llacunes, les - **E** (LLE) 29 Bb 94
Lladó **E** (GIR) 31 Ce 95
Lladorre **E** (LLE) 29 Bb 93
Lladrós **E** (LLE) 29 Bb 93
Lladurs **E** (LLE) 47 Bd 96
Llafranc **E** (GIR) 49 Db 97
Llagosta, la - **E** (BAR) 66 Cb 99
Llagostera **E** (GIR) 49 Cf 98
Llaguno **E** (CAN) 10 We 89
Llama, La - **E** (LEÓ) 20 Uf 92
Llamas **E** (AST) 19 Uc 90
Llamas de Cabrera **E** (LEÓ) 35 Tc 94
Llamas de la Ribera **E** (LEÓ) 18 Ub 93
Llamas del Mouro **E** (AST) 6 Td 89
Llamas de Rueda **E** (LEÓ) 19 Uf 93
Llamazares **E** (LEÓ) 19 Ud 91
Llambillas = Llambilles **E** (GIR) 49 Cf 97
Llambilles **E** (GIR) 49 Cf 97
Llamera **E** (LEÓ) 19 Ud 91
Llamera, La - **E** (AST) 6 Tf 87
Llamero **E** (AST) 6 Tf 88
Llamés **E** (AST) 8 Va 88
Llamosos, Los - **E** (SOR) 59 Xc 99
Llamp, Es - **E** (BAL) 98 Cc 111
Llampaies **E** (GIR) 49 Cf 96
Llananzanes **E** (AST) 19 Uc 90
Llanars **E** (GIR) 30 Cc 95
Llanas, Las - **E** (AST) 6 Ua 90
Llanás = Llanars **E** (GIR) 30 Cc 95
Llánaves de la Reina **E** (LEÓ) 20 Vb 90
Llançà **E** (GIR) 31 Da 94
Llaneces de la Barca (Barca) **E** (AST) 6 Td 89
Llanera **E** (AST) 6 Ua 88
Llanera de Solsonès **E** (LLE) 47 Bc 97
Llanes **E** (AST) 8 Vb 88
Llanetes, Los - **E** (ALM) 153 Xc 127
Llanillo **E** (BUR) 21 Vf 92
Llanillos, Los - **E** (TEN) 173 III B 2
Llanito, El - **E** (TEN) 171 C 3
Llano **E** (CAN) 21 Wa 91
Llano, El - **E** (AST) 8 Uf 88
Llano, El **E** (AST) 5 Sf 88
Llano Blanco **E** (PALM) 174 I C 2
Llano de Beal **E** (MUR) 143 Za 123
Llano de Brujas **E** (MUR) 142 Yf 120
Llano de Bureba **E** (BUR) 22 Wd 93
Llano de Campos **E** (TEN) 172 II B 1
Llano de Con **E** (AST) 8 Uf 89
Llano de Don Antonio, El - **E** (ALM) 155 Ya 127
Llano del Abad **E** (GRA) 154 Xc 123
Llano de la Mata **E** (JAÉ) 139 Wf 119
Llano de la Torre **E** (ALB) 126 Xe 118
Llano del Castillo **E** (ALI) 129 Zf 117
Llano del Espino **E** (ALM) 154 Xe 124
Llano de los Olleres **E** (ALM) 154 Xe 124
Llano de Olmedo **E** (VALL) 56 Vc 101
Llano Negro **E** (TEN) 171 B 2
Llanos **E** (AST) 6 Ua 87
Llanos **E** (AST) 7 Uc 90
Llanos **E** (CAN) 9 Wb 89
Llanos, Los - **E** (ALB) 126 Ya 115
Llanos, Los - **E** (ALM) 154 Xf 124
Llanos, Los - **E** (BAD) 119 Tc 117
Llanos, Los - **E** (BAD) 120 Ua 117
Llanos, Los - **E** (GRA) 151 Vf 126
Llanos, Los - **E** (GRA) 152 We 127
Llanos, Los - **E** (MÁL) 159 Vb 128
Llanos, Los - **E** (PALM) 174 I B 2
Llanos, Los - **E** (TEN) 173 III C 2
Llanos, Los - **E** (VAL) 129 Zf 115
Llanos de Alba **E** (LEÓ) 19 Uc 92
Llanos de Antequera, Los - **E** (MÁL) 150 Vc 126
Llanos de Aridane, Los - **E** (TEN) 171 B 3
Llanos de Arriba **E** (JAÉ) 125 Xb 118
Llanos de Buenavista **E** (GRA) 151 Wa 126
Llanos de Don Juan **E** (CÓRD) 151 Vd 124
Llanos de la Concepción **E** (PALM) 175 II D 3
Llanos del Ángel **E** (JAÉ) 152 Wb 123
Llanos de la Peña, Los - **E** (VALL) 55 Va 100
Llanos del Caudillo **E** (CIU) 109 Wd 114
Llanos del Mayor, Los - **E** (ALM) 155 Ya 125
Llanos de Somerón **E** (AST) 19 Ub 90
Llanos de Tormes, Los - **E** (ÁVI) 87 Ud 107
Llansá = Llançà **E** (GIR) 31 Da 94
Llanses, les - **E** (GIR) 48 Cb 96
Llanteno **E** (ÁLA) 22 Wf 90
Llanuces **E** (AST) 6 Ua 90
Llardecans **E** (LLE) 63 Ad 100
Llares **E** (AST) 7 Ud 88
Llares, Los - **E** (CAN) 9 Vf 89
Llarvén **E** (LLE) 28 Ba 94
Llastarri **E** (LLE) 46 Ae 95
Llaurí **E** (VAL) 113 Ze 114
Llavanera **E** (GIR) 31 Cf 95
Llavanera **E** (GIR) 49 Ce 95
Llavinera, la - **E** (BAR) 47 Bd 98
Llavorsí **E** (LLE) 29 Bb 94
Llazos, Los - **E** (PAL) 20 Vd 91
Llebro **E** (GIR) 30 Cb 94
Lleida **E** (LLE) 63 Ad 99
Llen **E** (SAL) 71 Ua 104
Llena, la - **E** (LLE) 47 Bc 96
Llenín **E** (AST) 8 Uf 88
Llera **E** (BAD) 120 Tf 118
Llerana **E** (CAN) 9 Wb 89
Llerandi **E** (AST) 7 Ue 89
Llerena **E** (BAD) 134 Tf 119
Llerices **E** (AST) 8 Uf 89
Llerona **E** (BAR) 48 Cb 99
Llers **E** (GIR) 31 Cf 95
Llert **E** (HUES) 28 Ac 94
Lles **E** (LLE) 29 Be 94
Llesp **E** (LLE) 28 Ae 94
Llessui **E** (LLE) 28 Ba 94
Llesuy = Llessui **E** (LLE) 28 Ba 94
Lletó **E** (LLE) 29 Bd 95
Llianars **E** (GIR) 30 Cc 95
Llíber **E** (ALI) 129 Aa 116
Lliçà de Munt **E** (BAR) 48 Cb 99
Lliçà de Vall **E** (BAR) 48 Cb 99
Lligallo del Gàguil, el - **E** (TAR) 81 Ad 104
Llimiana **E** (LLE) 46 Af 96
Llinars **E** (LLE) 46 Bc 96
Llinars de l'Aiguadora **E** (BAR) 47 Be 96
Llinars del Vallès **E** (BAR) 48 Cc 99
Llinás = Llinars del Vallès **E** (BAR) 48 Cc 99
Llinigol, Es - **E** (BAL) 97 Bc 115
Llíria **E** (VAL) 113 Zc 111
Llissá de Munt = Lliçà de Munt **E** (BAR) 48 Cb 99
Llissá de Vall = Lliçà de Vall **E** (BAR) 48 Cb 99
Llívia **E** (GIR) 30 Bf 94
Llívia **E** (LLE) 63 Ad 99
Llivis **E** (CAS) 80 Zf 105
Lloar, el **E** (TAR) 64 Ae 101
Llobera **E** (LLE) 47 Bc 97
Llobera les Sorts **E** (LLE) 47 Bc 95
Lloberola **E** (LLE) 46 Bc 97
Llobets, Es - **E** (BAL) 99 Cf 112
Llobregales **E** (ALI) 143 Zb 120
Lloc Nou de Mestres **E** (BAL) 96 Ea 109
Llocnou de Sant Jeroni **E** (VAL) 129 Ze 115
Llodio (Laudio) **E** (ÁLA) 11 Xa 90
Llofriu **E** (GIR) 49 Da 97
Llombai **E** (VAL) 113 Zc 113
Llombardes, les - **E** (BAR) 65 Bd 100
Llombards, Es **E** (BAL) 99 Da 112
Llombera **E** (LEÓ) 19 Uc 91
Llonín **E** (AST) 8 Vc 88
Llor, el - **E** (LLE) 46 Bb 98
Llorà **E** (GIR) 48 Ce 96
Llorac **E** (TAR) 64 Bb 99
Llorach = Llorac **E** (TAR) 64 Bb 99
Llordà **E** (LLE) 46 Ba 96
Lloreda **E** (AST) 6 Ua 87
Lloreda **E** (CAN) 9 Wb 89
Llorenç del Penedès **E** (TAR) 65 Bd 101
Llorenç de Montgai **E** (LLE) 46 Af 97
Llorenç de Vallbona **E** (LLE) 64 Ba 99
Llorengoz **E** (BUR) 22 Wf 91
Llorens = Llorenç del Penedès **E** (TAR) 65 Bd 101
Lloret Blau **E** (GIR) 49 Ce 98
Lloret de Mar **E** (GIR) 49 Cf 98
Lloret de Vistalegre **E** (BAL) 99 Cf 111
Llorona **E** (GIR) 31 Ce 95
Llorts **AND** 29 Bd 93
Llosa, La - **E** (CAS) 95 Ze 110
Llosa de Camacho **E** (ALI) 129 Zf 116
Llosa de Ranes **E** (VAL) 113 Zc 114
Llosas, Las -= Llosses, les - **E** (GIR) 48 Ca 96
Lloseta **E** (BAL) 98 Cf 110
Llosoiro **E** (AST) 5 Tb 88
Llosses, les - **E** (GIR) 48 Ca 96
Llovera = Llobera de Solsonès **E** (LLE) 47 Bc 97
Llovio **E** (AST) 8 Uf 88
Llub **E** (BAL) 99 Da 110
Lluçà **E** (BAR) 47 Ca 96
Lluçà **E** (LLE) 46 Af 95
Lluçars **E** (LLE) 46 Ba 97
Llucasaldent **E** (BAL) 96 Ea 109
Llucmaçanes **E** (BAL) 96 Eb 109
Llucmajor **E** (BAL) 98 Cf 112
Llug Alcari **E** (BAL) 98 Cd 110
Lluides **E** (LLE) 64 Bb 99
Llumena Nou **E** (BAL) 96 Ea 109
Llunes **E** (ZAR) 60 Yb 102
Lluriach Nou **E** (BAL) 96 Ea 108
Llussá = Lluçà **E** (BAR) 47 Ca 96
Llutxent **E** (VAL) 113 Zd 115

M

Mabegondo **E** (COR) 3 Re 89
Macael **E** (ALM) 154 Xe 125
Maçainhas **P** (CB) 69 Se 106
Maçainhas de Baixo **P** (Gu) 69 Se 105
Maçal da Ribeira **P** (Gu) 69 Se 104
Maçal do Chão **P** (Gu) 69 Se 104
Maçana, La **AND** 29 Bd 93
Macaneo **E** (MUR) 141 Yc 119
Maçaners **E** (BAR) 47 Be 95
Maçanes **E** (GIR) 48 Cd 98
Maçanet de Cabrenys **E** (GIR) 31 Ce 94
Maçanet de la Selva **E** (GIR) 48 Ce 98
Mação **P** (Sa) 102 Sa 111
Macare, Na - **E** (BAL) 96 Eb 108
Macarea **P** (Le) 100 Qf 111
Macarella **E** (BAL) 96 Df 109
Maçarotal **P** (Fa) 144 Rc 125

Macarra **E** (CÁC) 86 Ub 109
Maçãs **P** (Ba) 34 Ta 97
Maças de Caminho **P** (Le) 83 Rd 109
Maçãs de Dona Maria **P** (Le) 83 Re 109
Macastre **E** (VAL) 113 Zb 112
Macayo **E** (TEN) 172 II B 1
Maceda **E** (OUR) 33 Sc 95
Maceda **P** (Av) 67 Rc 103
Macedinho **P** (Ba) 52 Sf 100
Macedo de Cavaleiros **P** (Ba) 52 Ta 99
Macedo do Mato **P** (Ba) 53 Tb 99
Macedo do Peso **P** (Ba) 53 Tc 100
Maceira **E** (PON) 32 Rd 95
Maceira **P** (Ba) 34 Sf 98
Maceira **P** (Gu) 69 Sd 104
Maceira **P** (Le) 82 Ra 110
Maceira **P** (Li) 115 Qe 115
Maceira **P** (Se) 116 Rd 119
Maceiras **E** (PON) 15 Rf 93
Maceirinha **P** (Le) 82 Ra 110
Macenda **E** (COR) 14 Ra 92
Macieira **P** (CB) 83 Rf 109
Macieira **P** (Vi) 68 Rf 103
Macieira **P** (Vi) 69 Sd 103
Macieira **P** (VR) 51 Sb 100
Macieira da Lixa **P** (Por) 51 Rf 100
Macieira da Maia **P** (Por) 50 Rc 100
Macieira de Alcoba **P** (Av) 68 Re 105
Macieira de Cambra **P** (Av) 68 Rd 103
Macieira de Rates **P** (Br) 50 Rc 100
Macieira de Sarnes **P** (Av) 68 Rd 103
Macinhata de Seixa **P** (Av) 68 Rd 104
Maçinhata do Vouga **P** (Av) 68 Rd 105
Maciñeira, A - **E** (LUG) 4 Sb 87
Macisvenda **E** (MUR) 142 Yf 119
Maçores **P** (Ba) 70 Sf 102
Maços **P** (VR) 52 Sd 98
Macotera **E** (SAL) 72 Ue 104
Maçussa **P** (Li) 101 Ra 113
Machacón **E** (SAL) 72 Uc 103
Machados **P** (Be) 132 Sd 120
Machados **P** (Fa) 145 Sa 126
Machal, El - **E** (BAD) 104 Tc 114
Macharaviaya **E** (MÁL) 160 Ve 128
Macharnudo Alto **E** (CÁD) 157 Te 128
Machede **P** (Év) 117 Sb 117
Mácher **E** (PALM) 176 B 4
Machico **P** (Ma) 167 I D 2
Machio **P** (Co) 83 Rf 108
Machorras, Las - **E** (BUR) 22 Wc 90
Machorro **E** (CUE) 77 Xd 105
Machuqueira do Grou **P** (Sa) 101 Rd 114
Madail **P** (Av) 68 Rc 103
Madalena **P** (Aç) 168 Wc 117
Madalena **P** (Gu) 70 Sf 103
Madalena **P** (Por) 50 Rc 102
Madalena **P** (Por) 50 Rd 101
Madalena **P** (Por) 51 Rf 101
Madalena **P** (Sa) 101 Rd 111
Madalena, A - **E** (OUR) 33 Sc 97
Madalena, La - **E** (SAL) 72 Uc 106
Madalena (Jalda) **P** (VC) 32 Rc 98
Madalena do Mar **P** (Ma) 166 I B 2
Madara **E** (ALI) 128 Za 118
Madarcos **E** (MAD) 75 Wc 102
Madariaga **E** (GUI) 11 Xd 89
Madeirã **P** (CB) 83 Rf 109
Madeiras **P** (Fa) 146 Sb 124
Madeiras **P** (Sa) 101 Rd 112
Madelos **E** (LUG) 4 Sa 90
Ma de Mossèn Pere **E** (TAR) 63 Ac 102
Maderal, El **E** (ZAM) 54 Uc 101
Maderuelo **E** (SEG) 57 Wc 100
Madorra **P** (VC) 32 Rb 98
Madoz **E** (NAV) 24 Ya 91
Madrelagua **E** (PALM) 174 I C 2
Madremanya **E** (GIR) 49 Cf 97
Madremaña = Madremanya **E** (GIR) 49 Cf 97
Madres del Avitor **E** (HUEL) 147 Ta 125
Madrid **E** (MAD) 75 Wb 106
Madridanos **E** (ZAM) 54 Uc 100
Madrid de las Caderechas **E** (BUR) 22 Wc 92
Madridejos **E** (TOL) 109 Wc 112
Madrigal **E** (GUA) 58 Xb 101
Madrigal de las Altas Torres **E** (ÁVI) 55 Uf 102
Madrigal de la Vera **E** (CÁC) 87 Ud 108
Madrigal del Monte **E** (BUR) 39 Wb 96
Madrigalejo **E** (CÁC) 105 Uc 114
Madrigalejo del Monte **E** (BUR) 39 Wb 96
Madriguera **E** (SEG) 58 We 101
Madrigueras **E** (ALB) 111 Yb 113
Madriles, Los - **E** (MUR) 142 Ye 123
Madriles, Los - **E** (MUR) 142 Yf 122
Madrona **E** (LLE) 46 Bc 97
Madrona **E** (SEG) 74 Ve 103
Madrona, La - **E** (BAD) 134 Td 119
Madroñal **E** (SAL) 71 Tf 106
Madroñal, EL **E** (MÁL) 158 Uf 129
Madroñal, El **E** (SEV) 149 Ue 126
Madroñera **E** (CÁC) 105 Ub 112
Madroñeras y El Llano **E** (MUR) 155 Yd 123
Madroñeros, Los - **E** (HUEL) 133 Tc 121
Madroño, El **E** (ALB) 126 Xf 116
Madroño, El **E** (BAD) 120 Tf 117
Madroño, El **E** (BAD) 120 Uc 118
Madroño, El **E** (JAÉ) 137 Vf 122
Madroño, El **E** (MUR) 127 Ye 117
Madroño, El **E** (SEV) 133 Tc 123
Madroñuelo **E** (HUEL) 148 Td 123
Madruédano **E** (SOR) 58 Wf 100
Maella **E** (ZAR) 63 Aa 102
Maello **E** (ÁVI) 73 Vc 104
Mafet **E** (LLE) 46 Ba 98
Mafra **P** (Li) 100 Qe 115
Mafrade **P** (Fa) 146 Sb 124
Mafraque **E** (MUR) 142 Yf 119
Magacela **E** (BAD) 120 Ub 115
Magalhã **P** (VR) 51 Sc 101
Magallón **E** (ZAR) 42 Yd 98
Magalluf **E** (BAL) 98 Cd 111
Magán **E** (TOL) 89 Wa 109
Maganha **P** (Por) 50 Rc 101
Magaña **E** (SOR) 41 Xf 97
Magariños **E** (PON) 14 Rc 92
Magaz **E** (PAL) 38 Vd 97
Magaz de Abajo **E** (LEÓ) 17 Tb 93
Magaz de Arriba **E** (LEÓ) 17 Tb 93
Magazos **E** (ÁVI) 73 Vb 102
Magdalena **E** (BAD) 120 Te 119
Magdalena **E** (CÓRD) 137 Ve 122
Magdalena, La - **E** (AST) 7 Ud 88
Magdalena, La - **E** (CIU) 110 Xa 115
Magdalena, La - **E** (MUR) 142 Yf 123
Magdalena, La **E** (LEÓ) 19 Ub 92
Magoito **P** (Fa) 146 Sc 125
Magoito **P** (Li) 115 Qd 115
Magros **P** (Be) 131 Sa 121
Magueija **P** (Vi) 51 Sa 102
Máguez **E** (PALM) 176 D 3
Maguilla **E** (BAD) 120 Ua 118
Maguma, Mauma = Magunas **E** (VIZ) 11 Xc 89
Magunas **E** (VIZ) 11 Xc 89
Mahada de Serra **P** (Co) 83 Rf 108
Mahallos **E** (BUR) 21 Vf 94
Mahamud **E** (BUR) 39 Wa 96
Mahave **E** (RIO) 40 Xb 94
Mahide **E** (ZAM) 35 Td 97
Mahón = Maó **E** (BAL) 96 Eb 109
Mahora **E** (ALB) 111 Yb 113
Maia **P** (Aç) 170 Zd 122
Maia **P** (Por) 50 Rc 101
Maià de Montcal **E** (GIR) 48 Ce 95
Maials **E** (LLE) 63 Ad 100
Maians **E** (BAR) 47 Be 99
Maicas **E** (TER) 79 Za 103
Maigmó **E** (ALI) 128 Zc 118
Maíllo **E** (SAL) 71 Te 105
Mainar **E** (ZAR) 61 Ye 101
Mainetes, Los - **E** (ALB) 127 Yd 116
Maiorca **P** (Co) 82 Rb 108
Maiorga **P** (Le) 100 Ra 111
Maire de Castroponce **E** (ZAM) 36 Ub 96
Mairena **E** (GRA) 153 Wf 126
Mairena del Alcor **E** (SEV) 149 Ub 124
Mairena del Aljarafe **E** (SEV) 148 Tf 124
Mairos **P** (VR) 34 Sd 98
Maitena **E** (GRA) 152 Wd 126
Maitino **E** (ALI) 128 Zc 119
Maitoso, El - **E** (CUE) 77 Ya 105
Majada, La - **E** (CÓRD) 151 Vc 123
Majada, La - **E** (HUEL) 133 Tc 122
Majada, La - **E** (MUR) 141 Yd 123
Majada Carrascas **E** (ALB) 125 Xd 118
Majada del Moro **E** (MUR) 155 Yc 124
Majada del Sol **E** (JAÉ) 138 Wa 123
Majada de Masegosa **E** (GRA) 154 Xc 123
Majada de Matute **E** (SEV) 134 Tf 122
Majadahonda **E** (MAD) 74 Wa 106
Majadahonda **E** (SEV) 150 Uf 126
Majada la Higuera, La - **E** (MÁL) 158 Ue 129
Majadales **E** (SEV) 135 Uc 123
Majada Madrid **E** (MÁL) 158 Ue 130
Majadas **E** (CÁC) 87 Ub 109
Majadas, Las - **E** (TER) 79 Zb 106
Majadas, Las **E** (CUE) 92 Xf 107
Majadas de la Cuesta **E** (SOR) 59 Xb 98
Majadavieja **E** (SEV) 157 Tf 127
Majadilla, La - **E** (PALM) 174 I D 2
Majadillas **E** (GRA) 160 Wb 128
Majadillas, Las - **E** (ÁVI) 88 Va 107
Majadillas, Las - **E** (CÁC) 86 Ub 107
Majaelrayo **E** (GUA) 58 We 102
Majal, El - **E** (JAÉ) 139 Xb 119
Majalobas **E** (SEV) 148 Ua 124
Maján **E** (SOR) 59 Xe 100
Majaneque **E** (CÓRD) 136 Va 121
Majaraba, La - **E** (ALM) 162 Wf 128
Majones **E** (HUES) 26 Za 93
Majúa, La - **E** (LEÓ) 18 Tf 91
Majuelos, Los - **E** (TOL) 108 Wb 111
Majuges **E** (SAL) 71 Td 102
Malá **E** (GRA) 152 Wb 126
Mala **E** (PALM) 176 D 3
Mala **P** (Av) 68 Rd 106
Malacara **E** (LLE) 47 Bc 98
Malacuera **E** (GUA) 76 Xb 104
Málaga **E** (MÁL) 159 Vd 128
Málaga del Fresno **E** (GUA) 75 We 104
Malagón **E** (CIU) 108 Wa 114
Malagón **E** (CÓRD) 137 Vc 122
Malaguilla **E** (GUA) 75 We 104
Malajuncia **E** (BAD) 120 Ua 119
Malanquilla **E** (ZAR) 60 Ya 99
Malanyeu **E** (BAR) 47 Bf 95
Malaqueijo **P** (Sa) 101 Rb 113
Malarranha **P** (Év) 117 Sa 115
Malataja **E** (CAN) 21 Wa 91
Malax **E** (VIZ) 11 Xc 89
Malcata **P** (Gu) 85 Se 107
Malcocinado **E** (BAD) 135 Ub 120
Malcocinado **E** (CÁD) 164 Ua 130
Maldà **E** (LLE) 64 Ba 99
Maldonado **E** (ALB) 112 Yc 114
Maldonados, Los - **E** (MUR) 142 Ye 122
Maleján **E** (ZAR) 42 Yc 98
Malgosa, la - **E** (LLE) 46 Bc 97
Malgrat de Mar **E** (BAR) 49 Ce 99
Malgrat de Noves **E** (LLE) 46 Bb 95
Malhada **P** (Be) 131 Sb 122
Malhada **P** (Co) 83 Sa 108
Malhada **P** (Ma) 166 I C 2
Malhada **P** (Sa) 101 Rb 114
Malhada **P** (Vi) 69 Sb 103
Malhada de Santa Maria **P** (Fa) 33 Sc 125
Malhada de Santa Maria **P** (Fa) 146 Sb 125
Malhada do Cervo **P** (CB) 84 Sc 109
Malhada do Judeu **P** (Fa) 145 Sb 125
Malhada do Peres **P** (Fa) 146 Sc 125
Malhada do Rei **P** (Co) 83 Sa 108
Malhada do Rico **P** (Fa) 146 Sb 125
Malhadal **P** (CB) 83 Sa 110
Malhadas **P** (Ba) 53 Te 99
Malhada Sorda **P** (Gu) 70 Ta 105
Malhão **P** (Be) 130 Rc 122
Malhão **P** (Fa) 144 Rb 125
Malhão **P** (Fa) 145 Rd 125
Malhão **P** (Fa) 145 Rf 125
Malhão **P** (Fa) 146 Sb 126
Malho Pão **P** (Gu) 69 Sb 106
Malhos **P** (Le) 82 Rb 109
Malhou **P** (Sa) 101 Rb 112
Maliaño **E** (CAN) 9 Wa 88
Malillos **E** (LEÓ) 19 Ud 94
Malillos **E** (ZAM) 54 Ua 100
Maljoga **P** (CB) 83 Rf 110
Malón **E** (ZAR) 42 Yb 97
Malpais **E** (TEN) 173 I E 3
Malpaises **E** (TEN) 171 C 3
Malpartida **E** (CÁC) 85 Ta 108
Malpartida **E** (SAL) 72 Ue 104
Malpartida **P** (Gu) 70 Ta 104
Malpartida de Cáceres **E** (CÁC) 104 Tc 112
Malpartida de Corneja **E** (ÁVI) 72 Ud 105
Malpartida de la Serena **E** (BAD) 120 Uc 116
Malpartida de Plasencia **E** (CÁC) 86 Tf 109
Malpartit **E** (LLE) 45 Ad 98
Malpàs **E** (LLE) 28 Ae 94
Malpaso **E** (PALM) 174 I D 2
Malpelo, El - **E** (ALB) 111 Yb 114
Malpesa **E** (CUE) 92 Xd 109
Malpica (Malpica de Bergantiños) **E** (COR) 2 Rb 89
Malpica de Arba **E** (ZAR) 43 Yf 95
Malpica de Bergantiños = Malpica **E** (COR) 2 Rb 89
Malpica de Tajo **E** (TOL) 88 Vc 109
Malpica do Tejo **P** (CB) 84 Sd 110
Malseira **P** (Ma) 166 I A 2
Malta **P** (Ba) 52 Ta 100
Malta **P** (Gu) 70 Sf 104
Malta **P** (Por) 50 Rc 101
Malta, La **E** (CÁD) 156 Te 129
Maltzaga = Malzaga **E** (GUI) 11 Xd 89
Maluenda **E** (ZAR) 60 Yc 101
Maluenga, La - **E** (LEÓ) 18 Te 93
Maluque **E** (SEG) 57 Wc 99
Malva **E** (ZAM) 55 Ud 99
Malvariche **E** (MUR) 141 Yc 121
Malvas **E** (PON) 32 Rb 96
Malveira **P** (Li) 100 Qe 115
Malveira de Serra **P** (Li) 115 Qd 116
Malverde y Las Carrascas de Soto **E** (MUR) 141 Yb 123
Malzaga **E** (GUI) 11 Xd 89
Malla **E** (BAR) 48 Cb 97
Mallá, La - **E** (VAL) 113 Zd 111
Malladas **E** (CÁC) 85 Tb 108
Malladés, els - **E** (CAS) 80 Zf 107
Mallas, Las - **E** (HUEL) 147 Tb 124
Mallén **E** (ZAR) 42 Yd 97
Malleza **E** (AST) 6 Te 88
Mallo de Luna **E** (LEÓ) 18 Ua 91
Mallol, el - **E** (GIR) 48 Cc 96
Mallolís **E** (LLE) 29 Bb 94
Mallón **E** (PON) 32 Rc 96
Mallona, La - **E** (SOR) 59 Xb 98
Mallorquines, les - **E** (GIR) 48 Ce 98
Mamarrosa **P** (Av) 67 Rc 106
Mamblas **E** (ÁVI) 73 Uf 102
Mambliga **E** (BUR) 22 Wf 91
Mambrilla de Castrejón **E** (BUR) 57 Wa 98
Mambrillas de Lara **E** (BUR) 39 Wd 96
Mamí, El - **E** (ALM) 163 Xd 127
Mamillas **E** (ZAR) 25 Ye 94
Mamodeiro **P** (Av) 67 Rc 105
Mamola, La - **E** (GRA) 161 We 128
Mamola, La - **E** (HUEL) 133 Ta 122
Mamolar **E** (BUR) 40 Wd 97
Mámoles **E** (ZAM) 53 Te 100
Mamouros **P** (Vi) 68 Sa 103
Manacor **E** (BAL) 99 Db 111
Manadas **P** (Aç) 169 Wf 117
Managarai **E** (ÁLA) 22 Wf 90
Manán **E** (LUG) 16 Sd 91
Mananella **E** (BAL) 98 Cf 110
Manantial **E** (BAD) 119 Te 117
Manantial, El - **E** (CÁD) 156 Te 129
Manantiales, Los - **E** (TEN) 172 II B 2
Manària **E** (VIZ) 11 Xc 90
Mancebos, Los - **E** (GRA) 153 Xb 124
Mancelos **P** (Por) 51 Rf 101
Mancera de Abajo **E** (SAL) 72 Ue 103
Mancera de Arriba **E** (ÁVI) 72 Uf 104
Manceras **E** (SAL) 53 Te 102
Manciles **E** (BUR) 21 Wa 94
Mancilleros **E** (LEÓ) 19 Ud 93
Mancor de la Val **E** (BAL) 98 Cf 110
Mancha Blanca **E** (PALM) 176 B 3
Mancha Real **E** (JAÉ) 138 Wc 122
Manchas, Las - **E** (TEN) 171 B 3
Manchas, Las - **E** (TEN) 172 I C 4
Mancheño **E** (ALM) 140 Xf 121
Manchica, La - **E** (MUR) 142 Yf 122
Manchita **E** (BAD) 120 Tf 116
Manchones **E** (ZAR) 60 Yd 102
Mandaio **E** (COR) 3 Re 89
Mandaita = Montevite **E** (ÁLA) 23 Xa 92
Mandarnás **E** (OUR) 15 Rf 94
Mandayona **E** (GUA) 76 Xb 103
Mandín **E** (OUR) 34 Sd 97
Mandiola **E** (GUI) 11 Xd 89
Mandoiana = Mandojana **E** (ÁLA) 23 Xb 91
Mandojana **E** (ÁLA) 23 Xb 91
Maneta **E** (MUR) 127 Yf 117
Manga del Mar Menor, La - **E** (MUR) 143 Zb 123
Manganeses de la Lampreana **E** (ZAM) 36 Ub 98
Manganeses de la Polvorosa **E** (ZAM) 36 Ub 96
Mangide **P** (Gu) 70 Ta 104
Mangraner **E** (CAS) 80 Ab 104
Mangraners **E** (LLE) 64 Ae 99
Mangualde **P** (Vi) 69 Sb 105
Mangualde da Serra **P** (Gu) 69 Sc 106
Manhenhas **P** (Aç) 169 Wf 118
Manhente **P** (Br) 50 Rc 99
Manhoso **P** (Se) 115 Ra 117
Manhouce **P** (Vi) 68 Re 104
Manhufe **P** (Por) 51 Rf 101
Manhuncelos **P** (Por) 51 Rf 102
Manicomio de Miraflores **E** (SEV) 148 Ua 124
Manigoto **P** (Gu) 70 Sf 104
Maniles, Los - **E** (ZAM) 54 Ua 100
Manilva **E** (MÁL) 165 Ue 130
Manilla **E** (SEG) 74 Vd 103
Manín **E** (OUR) 33 Rf 97
Manique de Cima **P** (Li) 115 Qd 116
Manique do Intendente **P** (Li) 101 Ra 113
Manises **E** (VAL) 113 Zd 112
Manjabálago **E** (ÁVI) 73 Uf 105
Manjarín **E** (LEÓ) 18 Td 94
Manjarrés **E** (RIO) 41 Xb 94
Manjirón **E** (MAD) 75 Wc 103
Manlleu **E** (BAR) 48 Cb 96
Manolones, Los - **E** (ALM) 154 Xd 124
Manquillos **E** (PAL) 38 Vc 95
Manresa **E** (BAL) 99 Da 109
Manresa **E** (BAR) 47 Be 98
Manresana dels Prats, la - **E** (BAR) 47 Bd 98
Manselle **E** (COR) 14 Rb 92
Mansilla **E** (RIO) 40 Xa 96
Mansilla **E** (SEG) 57 Wc 101
Mansilla de Burgos **E** (BUR) 21 Wb 94
Mansilla de las Mulas **E** (LEÓ) 19 Ud 93
Mansilla del Páramo **E** (LEÓ) 36 Ub 94
Mansilla Mayor **E** (LEÓ) 19 Ud 93
Mansores **P** (Av) 68 Rd 103
Manta Rota **P** (Fa) 146 Sc 126
Manteigas **P** (Gu) 69 Sc 106
Mantiel **E** (GUA) 76 Xc 105
Mantinos **E** (PAL) 20 Va 92
Manuel **E** (VAL) 113 Zd 114
Manuelas **E** (CÓRD) 137 Vd 119
Manuel Galo **P** (Be) 145 Sb 123
Manurga **E** (ÁLA) 23 Xb 91
Manut **E** (BAL) 99 Cf 109
Manxòns, els - **E** (BAR) 47 Be 98
Manyanet **E** (LLE) 28 Af 94
Manzalvos **E** (OUR) 34 Sf 97
Manzanal de Abajo **E** (ZAM) 35 Te 97
Manzanal de Arriba **E** (ZAM) 35 Td 97
Manzanal del Barco **E** (ZAM) 54 Ua 99
Manzanal de los Infantes **E** (ZAM) 35 Td 96
Manzanares **E** (CIU) 124 Wd 115
Manzanares **E** (SOR) 58 Wf 101
Manzanares de Rioja **E** (RIO) 40 Xa 94
Manzanares el Real **E** (MAD) 74 Wa 104
Manzaneda **E** (AST) 6 Ua 87
Manzaneda **E** (AST) 7 Ub 89
Manzaneda **E** (LEÓ) 35 Te 95
Manzaneda **E** (OUR) 34 Se 95
Manzaneda de Torío **E** (LEÓ) 19 Uc 92
Manzanedillo **E** (BUR) 22 Wb 91
Manzanedo **E** (BUR) 22 Wb 91
Manzaneque **E** (TOL) 108 Wb 111
Manzanera **E** (TER) 94 Zb 108
Manzaneruela **E** (CUE) 93 Ye 109
Manzanete **E** (CÁD) 164 Ua 131
Manzanilla **E** (HUEL) 148 Td 124
Manzanillo **E** (GRA) 152 Wc 123
Manzanillo **E** (SAL) 70 Tc 105
Manzanillo **E** (VALL) 56 Ve 99
Manzanillo, El - **E** (GRA) 161 We 127
Manzano **E** (MÁL) 160 Wa 128
Manzano, El - **E** (SAL) 53 Te 101
Manzano, El - **E** (SAL) 70 Tc 105
Manzanos, Los - **E** (GRA) 153 Xc 124
Mañar **E** (ALI) 128 Za 118
Mañente **E** (LUG) 16 Sc 94
Mañeru **E** (NAV) 24 Ya 92
Maños, Los - **E** (ALM) 154 Xf 126
Maó **E** (BAL) 96 Eb 109
Mao **E** (LUG) 16 Se 92
Maoño **E** (CAN) 9 Wa 88
Maqueda **E** (TOL) 89 Vd 108
Maquirriain **E** (NAV) 24 Yc 91
Maquirriain **E** (NAV) 25 Yc 93
Mar **P** (Br) 50 Rb 99
Mar (San Martín) **E** (AST) 7 Ud 87
Mara **E** (ZAR) 60 Yc 101
Maracena **E** (GRA) 152 Wc 125
Maragota **P** (Fa) 145 Sb 126
Maranchón **E** (GUA) 77 Xe 102
Maranges = Merangès **E** (GIR) 29 Be 94
Maranhão **P** (Pg) 102 Sa 114
Maranyà **E** (GIR) 49 Da 96
Maraña **E** (LEÓ) 19 Ue 90
Marañón **E** (CIU) 109 We 113
Marañón **E** (NAV) 23 Xd 93
Marañosa, La - **E** (JAÉ) 125 Xb 118
Marañosa, La - **E** (MAD) 90 Wc 107
Maras **E** (LUG) 16 Sb 94
Marateca **P** (Fa) 144 Rb 126
Marateca **P** (Se) 116 Rb 117
Marau **E** (VAL) 128 Zc 115
Marauri **E** (BUR) 23 Xc 92
Maravilha **P** (Be) 131 Rd 123
Marazoleja **E** (SEG) 74 Vd 103
Marazovel **E** (SOR) 59 Xb 101
Marazuela **E** (SEG) 74 Vd 103
Marbella **E** (CÓRD) 151 Ve 123
Marbella **E** (MÁL) 159 Va 129
Marçà **E** (TAR) 64 Ae 102
Marcaláin **E** (NAV) 24 Yb 91
Marce **E** (LUG) 16 Sb 93
Marcelinos, Los - **E** (ALM) 154 Xf 124
Marcelle **E** (COR) 14 Rb 91
Marcén **E** (HUES) 44 Ze 97
Marcenado **E** (AST) 7 Uc 88
Marcians **E** (GIR) 47 Ca 96
Marciegas, Las - **E** (PALM) 174 I B 3
Marcilla **E** (NAV) 42 Yb 95
Marcilla de Campos **E** (PAL) 38 Vd 95
Marco **E** (LUG) 4 Se 89
Marco **P** (Av) 67 Rc 105
Marco **P** (Fa) 146 Sb 126
Marco de Canavezes **P** (Por) 51 Rf 101
Marco do Grilo **P** (Se) 115 Qf 117
Marcos, Los - **E** (VAL) 112 Ye 112
Marcos de Alcolea, Los - **E** (HUEL) 147 Ta 124
Marcovau **E** (LLE) 46 Ba 97
Marchagaz **E** (CÁC) 86 Te 107
Marchal **E** (GRA) 153 We 125
Marchal, El - **E** (ALM) 154 Xf 125
Marchal, El - **E** (GRA) 162 Wf 127
Marchal de Antón López, El - **E** (ALM) 162 Xc 127
Marchal del Abogado **E** (ALM) 154 Xc 125
Marchalejo **E** (GRA) 152 We 125
Marchamalo **E** (GUA) 75 We 104
Marchamona **E** (MÁL) 151 Ve 127
Marchanas, Las - **E** (CÁC) 105 Uc 111
Marchante **E** (ALM) 154 Xd 126
Marchena **E** (SEV) 149 Ud 125
Marchenilla **E** (CÁD) 165 Ud 130
Marchenilla **E** (SEV) 149 Ub 125
Marchuquera **E** (VAL) 114 Ze 115
Mardea de Arráyoz **E** (NAV) 13 Yc 90
Mar de Cristal **E** (MUR) 143 Zb 123
Marea, La **E** (AST) 7 Ud 89
Mareco **P** (Gu) 69 Sc 105
Mareco **P** (VC) 33 Re 97
Marecos **P** (Por) 50 Re 101
Marentes **E** (AST) 17 Ta 90
Mareny Barraquetas **E** (VAL) 114 Ze 113
Mareny Blau **E** (VAL) 114 Ze 113
Mareny de San Lorenzo **E** (VAL) 114 Ze 113
Mareny de Vilches **E** (VAL) 114 Ze 113
Mareo de Arriba **E** (AST) 7 Ub 88
Marey **E** (LUG) 16 Sd 91
Marfagones **E** (MUR) 142 Yf 123
Margajón, El - **E** (MUR) 142 Ye 123
Margaleas **P** (Be) 132 Sc 120
Margalef **E** (LLE) 64 Ae 99
Margalef **E** (TAR) 64 Ae 101
Marganell **E** (BAR) 47 Be 99
Margarida **E** (ALI) 129 Ze 116
Margem **P** (Pg) 102 Rf 114
Margem **P** (Pg) 102 Sa 112
Margen, El - **E** (ALM) 154 Xe 123
Margen de Arriba **E** (GRA) 140 Xc 123
Margolles **E** (AST) 8 Uf 88
Margudgued **E** (HUES) 27 Aa 94
María **E** (ALM) 140 Xe 122
María Aparicio **E** (CÓRD) 137 Vd 121
María de Huerva **E** (ZAR) 61 Za 99
María de la Salut **E** (BAL) 99 Da 110
Marialba **E** (SAL) 70 Tc 105
Marialba de la Ribera **E** (LEÓ) 19 Uc 93
María Loera **E** (VAL) 113 Zd 113
Marialva **P** (Gu) 69 Se 103
Mariana **E** (CUE) 92 Xf 107
Marianaia **P** (Sa) 101 Rd 111
Mariandana **E** (MÁL) 151 Ve 126
Marías, Las - **E** (MAD) 74 Wa 105
Maribáñez **E** (SEV) 148 Ua 126
Maridos, Los - **E** (JAÉ) 125 Xc 118
Marieta-Larrintzar = Marieta-Larrinzar **E** (ÁLA) 23 Xc 91
Marieta-Larrinzar **E** (ÁLA) 23 Xc 91
Marifranca **E** (CÁC) 86 Td 108
Marigenta **E** (HUEL) 133 Tc 123
Mariland **E** (BAL) 97 Bd 116
Marim **P** (Fa) 146 Sc 124
Marimínguez **E** (ALB) 112 Yd 113
Marimon **E** (LLE) 63 Ad 99
Marín **E** (PON) 32 Rb 94
Marina **E** (BAL) 98 Cf 111
Marina **E** (BAL) 99 Cf 112
Marina, La - **E** (VAL) 114 Ze 114
Marina, la **E** (ALI) 143 Zc 120

Marina Dávila **E** (HUEL) 147 Tb 125
Marina de Cala d'Or **E** (BAL) 99 Db 112
Marinaleda **E** (SEV) 150 Va 124
Marinas **E** (AST) 6 Ua 88
Marinas, Las - **E** (ALI) 129 Aa 115
Marinas, Las - **E** (ALM) 162 Xc 128
Marinda **E** (ÁLA) 23 Xa 91
Marines **E** (VAL) 94 Zc 110
Marines, Los - **E** (HUEL) 133 Tc 121
Marines, Los - **E** (MÁL) 160 Ve 127
Marines, Los - **E** (MUR) 141 Yb 119
Marines Nuevo **E** (VAL) 94 Zc 110
Marinha **P** (Av) 67 Rc 103
Marinha da Carpalhosa **P** (Le) 82 Rb 109
Marinha das Ondas **P** (Co) 82 Rb 108
Marinha Grande **P** (Le) 82 Ra 110
Marinhais **P** (Sa) 101 Rb 114
Marinhão **P** (Br) 51 Rf 100
Marinhas **P** (Br) 50 Rb 99
Mariña, A - **E** (COR) 3 Re 87
Mariñosa, La - **E** (HUES) 45 Ac 95
Mariola **E** (ALI) 128 Zc 116
Maripérez **E** (ALB) 110 Xe 114
Marisán **E** (VAL) 113 Zc 112
Marivella **E** (ZAR) 60 Yc 100
Mariz **E** (LUG) 4 Sa 90
Mariz **P** (Br) 50 Rb 99
Marjaliza **E** (TOL) 108 Wa 111
Marjal Nova **E** (BAL) 96 Df 109
Markina = Marquina **E** (ÁLA) 23 Xb 91
Markina-Xemein **E** (VIZ) 11 Xd 89
Markiz = Marquínez **E** (ÁLA) 23 Xc 92
Marlagarriga **E** (LLE) 47 Be 97
Marlín **E** (ÁVI) 73 Vb 104
Marlofa **E** (ZAR) 43 Yf 98
Marmelal **P** (CB) 84 Sb 110
Marmelar **P** (Be) 132 Sc 119
Marmeleira **P** (Sa) 101 Qf 113
Marmeleira **P** (Vi) 68 Re 106
Marmeleiro **P** (CB) 83 Rf 110
Marmeleiro **P** (Fa) 146 Sd 124
Marmelete **P** (Fa) 144 Rc 125
Marmelos **P** (Ba) 52 Se 100
Marmellar **E** (TAR) 65 Bd 100
Marmellar de Arriba **E** (BUR) 39 Wb 94
Mármiz **E** (VIZ) 11 Xc 89
Mármol, El - **E** (CÁD) 157 Uc 127
Mármol, El - **E** (JAÉ) 138 Wd 120
Marmoleiro **P** (Gu) 70 Sf 106
Marmolejo **E** (JAÉ) 137 Ve 120
Marne **E** (LEÓ) 19 Ud 93
Marnes **E** (ALI) 129 Zf 116
Maro **E** (MÁL) 160 Wa 128
Marofanha **P** (Be) 130 Rb 123
Maroñas **E** (COR) 14 Ra 91
Maroño **E** (ÁLA) 22 Wf 90
Maroteras **E** (JAÉ) 137 Vf 120
Maroxo **E** (COR) 15 Rf 91
Marques **P** (Le) 100 Qf 111
Marquesito, El - **E** (ALB) 140 Xd 120
Marquet, el - **E** (BAR) 47 Be 99
Marquina **E** (ÁLA) 23 Xb 91
Marquina-Jemein = Marquina Xemein **E** (VIZ) 11 Xd 89
Marquínez **E** (ÁLA) 23 Xc 92
Marquinilla **E** (CÁC) 105 Tf 111
Marquiz de Alba **E** (ZAM) 54 Ua 98
Marracos **E** (ZAR) 43 Zb 96
Marrancos **P** (Br) 50 Rc 98
Marraque **E** (ALM) 154 Xd 127
Marratxi **E** (BAL) 98 Ce 111
Marrazes **P** (Le) 82 Rb 110
Marroquil **P** (Fa) 146 Sc 125
Marroquín-Encina Hermosa **E** (JAÉ) 151 Vf 123
Marrubio **E** (OUR) 34 Sd 95
Marrupe **E** (TOL) 88 Vb 108
Marsá = Marçà **E** (TAR) 64 Ae 102
Marteira **P** (Av) 67 Rc 103
Marteleira **P** (Li) 100 Qe 113
Martés **E** (HUES) 26 Za 93
Martiago **E** (SAL) 71 Td 106
Martialay **E** (SOR) 41 Xd 98
Martianas **P** (CB) 84 Se 108
Martianes **P** (Sa) 117 Rf 116
Martihernando **E** (SAL) 70 Tc 105
Martiherrero **E** (ÁVI) 73 Vb 104
Martillán **E** (SAL) 70 Tb 104
Martillán **E** (SAL) 72 Uc 104
Martillué **E** (HUES) 26 Zd 93
Martim **P** (Br) 50 Rc 99
Martím **P** (VR) 52 Sd 100
Martim Afonso **P** (Se) 130 Rb 119
Martim Branco **P** (CB) 84 Sc 109
Martim da Pega **P** (Gu) 70 Sf 106
Martim Longo **P** (Fa) 145 Sb 124
Martímporra (Bimenes) **E** (AST) 7 Uc 88
Martim Tavares **P** (Pg) 103 Se 114
Martín **E** (LUG) 16 Sc 93
Martinamor **E** (SAL) 72 Uc 104
Martincano **E** (SEG) 57 Wb 102
Martinchel **P** (Sa) 101 Re 111
Martín de la Jara **E** (SEV) 150 Va 126
Martín del Río **E** (TER) 79 Za 103
Martín de Yeltes **E** (SAL) 71 Te 104
Martinet **E** (LLE) 29 Be 94
Martinete, El - **E** (CÓRD) 151 Vd 124
Martinete, El - **E** (GRA) 152 Wb 125
Martínez **E** (ÁVI) 72 Ud 105
Martínez, Los - **E** (MUR) 142 Yf 122
Martingança **P** (Le) 82 Ra 110
Martinhanes **P** (Be) 131 Sa 123
Martín Malo **E** (JAÉ) 138 Wc 119
Martín Miguel **E** (SEG) 74 Ve 103
Martín Muñoz de Ayllón **E** (SEG) 58 Wd 101
Martín Muñoz de la Dehesa **E** (SEG) 56 Vb 102
Martín Muñoz de las Posadas **E** (SEG) 73 Vc 103
Martín Vicente **E** (SAL) 72 Uc 104
Martiñán **E** (LUG) 4 Sc 89
Martioda **E** (ÁLA) 23 Xb 91
Mártires, Los - **E** (GUI) 11 Xd 90
Martís **E** (GIR) 49 Ce 95
Martorell **E** (BAR) 65 Bf 100
Martorelles de Baix **E** (BAR) 66 Cb 99
Martorelles del Mig **E** (BAR) 66 Cb 99
Martos **E** (JAÉ) 137 Wa 122
Martosa **E** (GIR) 49 Cf 98
Maruanas **E** (CÓRD) 137 Vd 121
Marugán **E** (SEG) 74 Vd 103
Marujal **P** (Co) 82 Rb 108
Marvão **P** (Co) 67 Rc 106
Marvão **P** (Pg) 103 Sd 112
Marvila **P** (Le) 83 Re 109
Marvilha **P** (Sa) 101 Re 113
Marzà **E** (GIR) 31 Da 95
Marzagán **E** (PALM) 174 I D 2
Marzagão **P** (Ba) 52 Se 101
Marzales **E** (VALL) 55 Uf 99
Marzoa **E** (COR) 15 Rd 90
Masa **E** (BUR) 22 Wb 93
Masada de Anduch **E** (TER) 80 Ze 103
Masada de Azcón **E** (TER) 79 Zc 104
Masada de Bascones **E** (TER) 62 Ze 102
Masada de la Lomoza **E** (ZAR) 44 Zc 98
Masada de la Monja **E** (TER) 79 Zc 104
Masada de la Solana **E** (TER) 79 Zc 104
Masada del Cerro **E** (TER) 79 Zc 104
Masada del Marqués **E** (TER) 62 Zf 102
Masada del Pozo **E** (HUES) 44 Zd 98
Masada del Sordo **E** (CAS) 94 Zc 109
Masada del Valle **E** (TER) 79 Yf 106
Masada de Torre Caro **E** (TER) 79 Zb 104
Masada de Valredonda **E** (TER) 79 Zc 104
Masada Nueva **E** (TER) 62 Zb 102
Masadera, La - **E** (HUES) 44 Zf 97
Masalavés **E** (VAL) 113 Zc 114
Masalcorreig = Massalcoreig **E** (LLE) 63 Ac 100
Mas Alta **E** (ZAR) 61 Zb 101
Masamagrell = Massamagrell **E** (VAL) 113 Ze 111
Másana **E** (LLE) 46 Af 97
Masanasa = Massanassa **E** (VAL) 113 Zd 112
Masarac **E** (GIR) 31 Cf 94
Masarach = Masarac **E** (GIR) 31 Cf 94
Masarbonès **E** (TAR) 65 Bc 101
Masarrochos **E** (VAL) 113 Zd 111
Mas Bages **E** (TAR) 81 Ad 104
Mas Blanco **E** (TER) 62 Zc 101
Mas Blanch **E** (CAS) 95 Zf 108
Mas Bonito **E** (TAR) 64 Ae 101
Mas Borbó **E** (ZAR) 63 Ab 101
Masca **E** (TEN) 172 I B 4
Mascaraque **E** (TOL) 89 Wb 110
Mascarat **E** (ALI) 129 Zf 117
Mascarenhas **P** (Ba) 52 Sf 99
Mascarenhas **P** (Se) 131 Rd 120
Mascariello **E** (HUES) 44 Zc 96
Mas Cascajares **E** (TER) 80 Ze 103
Mas Corbera **E** (GIR) 31 Da 94
Mascote **E** (HUEL) 147 Tc 123
Mascotelos **P** (Br) 50 Re 100
Masdache **E** (PALM) 176 C 4
Mas d'Albagié **E** (LLE) 64 Ae 100
Mas d'Alentao **E** (CAS) 95 Zf 107
Mas d'Andreu **E** (TAR) 64 Ae 102
Mas d'Andréu **E** (TER) 80 Zf 104
Masdavall **E** (CAS) 95 Ze 108
Mas de Aceite **E** (CAS) 94 Zc 108
Mas de Agustín **E** (VAL) 94 Zb 110
Mas de Aliaga **E** (TER) 94 Zb 107
Más de Aliaga **E** (VAL) 94 Za 110
Mas de Ambrós **E** (ZAR) 62 Zf 101
Mas de Angosta **E** (TER) 63 Aa 102
Mas de Antillón **E** (HUES) 62 Ze 99
Mas de Aranda **E** (TER) 78 Ye 103
Mas de Arquelilla **E** (VAL) 94 Yf 110
Mas de Barberans **E** (TAR) 81 Ac 104
Mas de Bartomeu **E** (TAR) 65 Bc 101
Mas de Beppo **E** (HUES) 63 Ab 100
Mas de Bernal **E** (TER) 80 Aa 104
Mas de Bernari **E** (LLE) 63 Ad 100
Mas de Blanco **E** (TER) 79 Zd 105
Mas de Bolincha **E** (TER) 80 Aa 104
Mas de Bonastre **E** (LLE) 63 Ad 100
Mas de Bondia, el - **E** (LLE) 64 Bb 99
Mas de Boras **E** (TER) 79 Zc 106
Mas de Brunel **E** (ZAR) 63 Aa 101
Más de Caballero **E** (VAL) 94 Yf 111
Mas de Cabás **E** (TAR) 63 Ac 101
Mas de Calaf **E** (CAS) 95 Aa 107
Mas de Calderer **E** (TAR) 63 Ad 102
Mas de Campos **E** (CAS) 95 Zf 107
Mas de Cantaritas **E** (TER) 62 Zf 102
Mas de Cebrián **E** (ZAR) 62 Zf 101
Mas de Comas **E** (ZAR) 63 Ab 101
Mas de Corbatón **E** (ZAR) 62 Ze 101
Mas de Cribas **E** (TAR) 64 Ae 103
Mas de Chartos **E** (HUES) 63 Ab 99
Mas de Chias **E** (HUES) 45 Ac 96
Mas de Cholla **E** (VAL) 112 Yf 111
Mas de Dilla **E** (TER) 80 Aa 104
Mas de Domenedi **E** (TER) 94 Zd 107
Mas de Ensavi **E** (CAS) 95 Zf 107
Mas de Ezque **E** (ZAR) 63 Ac 101
Mas de Falcó **E** (CAS) 80 Ze 105
Mas de Fandos **E** (TAR) 81 Ac 103
Mas de Farria **E** (TER) 63 Zf 102
Mas de Favaró **E** (TAR) 81 Ac 105
Mas de Feltre **E** (TAR) 63 Ad 102
Mas de Femella **E** (TAR) 63 Ad 101
Mas de Ferrer **E** (TER) 79 Zd 104
Mas de Fousa **E** (TER) 80 Aa 104
Mas de Franxo **E** (LLE) 63 Ac 101
Mas de Gabito **E** (TER) 94 Za 107
Mas de Gabriel **E** (TER) 80 Aa 103
Mas de Gil y Viuda **E** (CAS) 95 Ze 108
Mas de Gorreta **E** (TAR) 81 Ad 103
Mas de Guadamar de Dalt **E** (CAS) 95 Ze 108
Mas de Guallár **E** (ZAR) 63 Aa 101
Mas de Guimerans **E** (CAS) 80 Zf 105
Mas de Ibarís **E** (HUES) 63 Ab 99
Mas de Ignacio **E** (HUES) 63 Ab 99
Mas de Jacinto **E** (TER) 93 Yf 107
Mas de Jacinto **E** (VAL) 93 Ye 108
Mas de Jaén **E** (TER) 63 Aa 102
Mas de Jaime **E** (TAR) 64 Ae 101
Mas de Labrador **E** (HUES) 62 Zf 100
Mas de la Cerroch **E** (TER) 80 Zf 103
Mas de la Cervera **E** (TER) 94 Zc 107
Mas de la Clota **E** (TER) 80 Zf 104
Mas de la Creu **E** (TAR) 80 Ab 103
Mas de la Creu **E** (TER) 63 Aa 103
Mas de la Cruz **E** (TER) 63 Ab 103
Mas de la Cruz **E** (ZAR) 63 Aa 102
Mas de la Curta **E** (TER) 62 Ze 102
Mas de la Chita **E** (TER) 79 Zb 104
Mas de la Era Empedrado **E** (TER) 63 Zf 102
Mas de la Gaeta **E** (TAR) 63 Ac 102
Mas de la Guardia **E** (CAS) 80 Aa 104
Mas de l'Alzinet **E** (TAR) 65 Bc 101
Mas de la Lloma **E** (CAS) 95 Ze 107
Mas de la Mina **E** (CAS) 95 Ze 108
Mas de la Moleta **E** (TER) 80 Zf 104
Mas de la Muda **E** (HUES) 62 Zf 99
Mas de la Noguera **E** (TAR) 64 Af 101
Mas de la Parra **E** (TER) 94 Za 107
Mas de la Pineda **E** (BAR) 65 Bd 100
Mas de la Polla Rosa **E** (CAS) 95 Ze 107
Mas de la Reina **E** (TER) 62 Ze 101
Mas de la Roqueta **E** (CAS) 80 Zf 104
Mas de las Barracas **E** (TER) 79 Zc 106
Mas de las Matas **E** (TER) 80 Ze 103
Mas de las Monjas **E** (CAS) 80 Ze 105
Mas de las Monjas **E** (ZAR) 63 Zf 102
Mas de la Torre **E** (TAR) 64 Ba 100
Mas de la Vall **E** (LLE) 63 Ad 100
Mas de la Viuda **E** (LLE) 63 Ad 100
Mas del Blanquet **E** (LLE) 64 Ae 100
Mas del Cap del Barranc **E** (CAS) 80 Zf 104
Mas del Cerrito **E** (TER) 94 Zc 107
Mas del Comte **E** (TAR) 64 Ad 102
Mas del Cot **E** (LLE) 63 Ad 100
Mas del Chel de Medeo **E** (HUES) 62 Zf 99
Mas del Chorizo **E** (LLE) 63 Ac 101
Mas de León **E** (TER) 62 Ze 102
Mas de Lerín **E** (HUES) 44 Ze 98
Mas del Escolano **E** (ZAR) 62 Ze 101
Mas de les Pubilles **E** (TER) 80 Aa 104
Mas de les Torres **E** (TAR) 63 Ab 102
Mas del Estudiante **E** (TAR) 63 Ab 102
Mas del Francés **E** (TAR) 64 Ae 101
Mas del Ganxo **E** (TAR) 81 Ad 103
Mas del Guapeto **E** (LLE) 63 Ac 100
Mas del Hungari **E** (HUES) 63 Aa 100
Mas del Joaquinet **E** (TER) 80 Zf 104
Mas del Juncal **E** (TER) 79 Zd 104
Mas del l'Estudiant **E** (TAR) 63 Ac 102
Mas del Lleó **E** (LLE) 45 Ac 98
Mas del Magi **E** (HUES) 62 Zf 100
Mas del Manescal **E** (TAR) 63 Ac 102
Mas del Manzano **E** (TER) 94 Za 107
Mas del Mingo **E** (LLE) 45 Ac 98
Mas del Molinete **E** (TER) 94 Zb 107
Mas del Moro **E** (TAR) 63 Ab 102
Mas del Nen **E** (TAR) 63 Ab 102
Mas del Niño **E** (ZAR) 62 Zf 100
Mas del Nogueret **E** (LLE) 64 Ae 100
Mas del Olmo **E** (VAL) 93 Ye 108
Mas de los Miguelitos **E** (ZAR) 62 Ze 101
Mas del Padre Santo **E** (TER) 62 Ze 101
Mas del Pedró **E** (LLE) 64 Ae 100
Mas del Pellejo **E** (TER) 63 Ab 102
Mas del Perdó **E** (LLE) 64 Ae 100
Mas del Perinet **E** (TAR) 64 Af 101
Mas del Pito **E** (TER) 80 Aa 104
Mas del Pobre **E** (HUES) 63 Aa 99
Mas del Polo **E** (TER) 62 Zc 101
Mas del Pollo **E** (TAR) 63 Ac 102
Mas del Pont **E** (TER) 80 Aa 104
Mas del Puente **E** (TER) 62 Zf 102
Mas del Rajo **E** (TER) 79 Zc 104
Mas del Raye **E** (TAR) 63 Ac 102
Mas del Rei **E** (TAR) 81 Ad 103
Mas del Río **E** (TER) 94 Yf 108
Mas del Roc **E** (ZAR) 63 Ab 101
Mas del Roig **E** (TER) 80 Ab 103
Mas del Rubio **E** (TER) 79 Zb 103
Mas del Sant **E** (TAR) 63 Ab 102
Mas del Santos **E** (ZAR) 63 Ab 101
Mas dels Chulos **E** (CAS) 95 Zf 107
Mas del Senyor **E** (LLE) 63 Ad 101
Mas dels Oms **E** (CAS) 80 Ze 106
Mas del Tejedor **E** (TER) 63 Aa 102
Mas del Torero **E** (ZAR) 62 Zf 101
Mas del Turso **E** (ZAR) 62 Zb 101
Mas del Turulet **E** (TER) 80 Ze 103
Mas del Valrrey **E** (LLE) 63 Ad 100
Mas de Madronyetes **E** (TAR) 63 Ad 102
Mas de Malo **E** (ZAR) 63 Aa 101
Mas de Mandanya **E** (LLE) 64 Ae 99
Mas de Mantilla **E** (TER) 62 Zf 102
Mas de Maranya **E** (TAR) 63 Ac 102
Mas de Marian **E** (LLE) 64 Ae 101
Mas de Mariano **E** (HUES) 44 Ze 98
Mas de Matalobos **E** (TER) 80 Ab 103
Mas de Mateu **E** (HUES) 63 Aa 100
Mas de Mateu **E** (LLE) 63 Ad 101
Mas de Matutano **E** (TER) 80 Ze 103
Mas de Matxerri **E** (LLE) 64 Ae 99
Masdemboquera **E** (TAR) 64 Af 102
Mas de Mele **E** (TER) 79 Zd 104
Mas de Melons **E** (LLE) 64 Ae 100
Mas de Menut **E** (TAR) 63 Ac 101
Mas de Merades **E** (TAR) 81 Ac 105
Mas de Miquel **E** (LLE) 45 Ad 97
Mas de Miralles **E** (TAR) 81 Ab 103
Mas de Mois **E** (TER) 63 Aa 102
Mas de Monsiacre **E** (CAS) 80 Zf 105
Mas de Montardi **E** (LLE) 46 Ae 97
Mas de Morén **E** (TER) 80 Aa 104
Mas de Moyóns **E** (TER) 80 Aa 104
Mas de Mustiu **E** (TAR) 63 Ac 102
Mas de Navarrete **E** (TER) 94 Yf 107
Mas d'En Bosc **E** (TAR) 65 Bc 101
Mas d'En Bosc, el - **E** (TAR) 64 Ba 102
Mas d'En Ferrans **E** (TAR) 64 Ae 101
Mas d'En Gil **E** (TAR) 64 Af 101
Mas de Noguers **E** (LLE) 63 Ad 101
Mas de Nonaspe **E** (ZAR) 63 Ab 101
Mas d'Enqueixa **E** (CAS) 95 Aa 107
Masdenverge **E** (TAR) 81 Ad 104
Mas d'En Xup **E** (TAR) 64 Ba 100
Mas de Oliver **E** (CAS) 95 Zf 108
Mas de Orleans **E** (ZAR) 63 Ab 101
Mas de Palomar **E** (TER) 62 Zf 102
Mas de Panaré **E** (TAR) 64 Ae 103
Mas de Parrot **E** (TAR) 63 Ad 102
Mas de Peñarroya **E** (TER) 94 Za 108
Mas de Perle **E** (TER) 80 Zd 103
Mas de Petot **E** (TER) 63 Aa 102
Mas de Planero **E** (TAR) 64 Ad 103
Mas de Poldo **E** (TAR) 64 Ae 102
Mas de Pontons, el - **E** (BAR) 65 Bd 100
Mas de Pubilla **E** (TAR) 63 Ac 101
Mas de Pujantell **E** (LLE) 47 Bc 97
Mas de Pulido **E** (ZAR) 62 Zf 101
Mas de Rabé **E** (LLE) 63 Ad 100
Mas de Rabel **E** (ZAR) 62 Zf 101
Mas de Rafalet **E** (HUES) 45 Aa 98
Mas de Ratat **E** (LLE) 63 Ad 100
Mas de Ratat **E** (TAR) 63 Ac 102
Mas de Renegac **E** (TAR) 81 Ae 103
Mas de Ricarda **E** (TER) 79 Zd 104
Mas de Robres **E** (TER) 62 Ze 102
Mas de Roc **E** (CAS) 80 Ab 105
Mas de Romanos **E** (TER) 61 Za 102
Mas de Rosell **E** (LLE) 63 Ad 100
Mas de Rosildos **E** (CAS) 95 Zf 107
Mas de Roures **E** (CAS) 95 Zf 107
Mas de Sabaté **E** (CAS) 80 Zf 105
Mas de Santella **E** (TER) 79 Zc 105
Mas de Santiago **E** (ZAR) 63 Ac 101
Mas de Segara **E** (TAR) 63 Ad 102
Mas de Siló **E** (TAR) 63 Ad 101
Mas de Simonet **E** (TAR) 63 Ac 101
Mas de Solduga **E** (LLE) 46 Af 96
Mas de Sorribes **E** (TER) 63 Ab 103
Mas d'Estadella, el - **E** (LLE) 64 Ba 99
Mas d'Estanqué **E** (TAR) 81 Ae 103
Mas de Táteiras **E** (TER) 79 Zb 104
Mas de Tío Manguer **E** (ZAR) 62 Ze 101
Mas de Torre Colás **E** (TER) 79 Zc 106
Mas de Torres **E** (HUES) 44 Ze 98
Mas de Trilles **E** (CAS) 95 Aa 107
Mas de Valentí **E** (CAS) 80 Zf 106
Mas de Val Primera **E** (TER) 62 Zd 102
Mas de Val Traversa **E** (ZAR) 62 Zd 99
Mas de Vaquer **E** (ZAR) 62 Zf 101
Mas de Vegue **E** (CAS) 81 Ab 106
Más de Vergés **E** (VAL) 113 Zc 112
Mas de Vicenta **E** (CAS) 95 Zd 108
Mas de Villacampa **E** (ZAR) 63 Aa 101
Mas de Vinyals **E** (TAR) 81 Ab 103
Masegar, El - **E** (CUE) 93 Yc 107
Masegosa **E** (CUE) 77 Xf 105
Masegoso **E** (ALB) 125 Xe 116
Masegoso **E** (SOR) 41 Xf 98
Masegoso **E** (TER) 93 Yc 107
Masegoso de Tajuña **E** (GUA) 76 Xb 104
Masella, la - **E** (GIR) 30 Bf 94
Mas Enrei **E** (TAR) 64 Af 101
Mases, Los - **E** (TER) 62 Zc 102
Mases, Los - **E** (TER) 94 Zb 108
Mases de Almochuel **E** (ZAR) 62 Zc 101
Mases de Crivillén **E** (TER) 79 Zb 103
Mases de la Balsa **E** (ZAR) 62 Ze 100
Mases de la Cantera **E** (TER) 62 Zb 102
Mases de la Paridera **E** (TER) 79 Zd 103
Mases del Collado **E** (TER) 80 Zd 103
Mases del Morellano **E** (TER) 63 Zf 102
Mases del Pez **E** (ZAR) 62 Ze 100
Mases del Radiguero **E** (TER) 62 Zc 102
Mases del Santo **E** (TER) 62 Zd 102
Mases de Marcias **E** (LLE) 63 Ac 100
Mases de Pantoja **E** (ZAR) 62 Zf 101
Mases de Piqueros **E** (ZAR) 62 Ze 100
Mases de Sasillo **E** (TER) 62 Zc 102
Mases de Trenques **E** (HUES) 62 Zf 99
Mases y Tamboril **E** (TER) 94 Zb 108
Maset de Rocher **E** (TER) 80 Aa 104
Masets **E** (ALI) 128 Zd 117
Masets, els - **E** (TAR) 81 Ac 104
Masgalos **P** (Vi) 68 Sa 104
Mas Gallicant **E** (TAR) 64 Af 101
Masía Aldamar **E** (VAL) 113 Zc 112
Masía Alta **E** (TER) 78 Yd 106
Masía Arnal **E** (VAL) 113 Zd 111
Masía Bachero de Araya **E** (CAS) 95 Ze 108
Masía Benafechines **E** (CAS) 80 Aa 106
Masia Cal Solvet **E** (BAR) 65 Bc 99
Masía Cardencla **E** (TER) 78 Ye 106
Masía Casa Bosch **E** (CAS) 95 Ab 107
Masía Costereta **E** (CAS) 80 Aa 106
Masía de Abanillas **E** (CAS) 94 Zc 110
Masía de Abeja **E** (TER) 79 Za 105
Masía de Agua Blanca **E** (TER) 79 Zb 106
Masía de Agustina **E** (CAS) 95 Zd 107
Masía de Asensio **E** (TER) 80 Zd 104
Masía de Atalaya **E** (TER) 79 Za 106
Masía de Bernat **E** (TER) 79 Zb 105
Masía de Bruno **E** (TER) 93 Yc 107
Masía de Brusca, la - **E** (CAS) 80 Aa 106
Masía de Buscavidas **E** (CAS) 94 Zc 108
Masía de Cabezo Pardo **E** (TER) 78 Ye 104
Masía de Cañadas **E** (TER) 79 Zb 105
Masía de Cañalafuente **E** (TER) 78 Yd 104
Masía de Cañizarejo **E** (TER) 79 Zb 105
Masía de Capote **E** (CAS) 80 Ze 106
Masía de Caramba **E** (LLE) 63 Ac 99
Masía de Cardo **E** (TER) 78 Yf 105
Masía de Carrero **E** (CAS) 95 Ab 107
Masía de Conejera **E** (TER) 78 Yd 106
Masía de Correntilla **E** (CAS) 95 Zf 108
Masía de Cucalón **E** (CAS) 94 Zc 110
Masía de Fabra Lloma **E** (CAS) 95 Ze 108
Masía de Flores **E** (CAS) 95 Zf 108
Masía de Fuentes **E** (CAS) 94 Zd 108
Masía de Gargán **E** (CAS) 95 Ze 107
Masía de Igual **E** (TER) 94 Zc 107
Masía de Jaime Vicente **E** (CAS) 80 Zf 106
Masía de J. Antonio **E** (HUES) 63 Ab 100
Masía de la Almarja **E** (CAS) 94 Zb 109
Masía de la Balsa **E** (TER) 94 Za 107
Masía de la Cañada **E** (TER) 78 Yf 104
Masía de la Carrasca **E** (CAS) 95 Ze 107
Masía de la Casa Baja **E** (TER) 79 Za 106
Masía de la Creu **E** (CAS) 80 Aa 105
Masía de la Ermita **E** (TER) 78 Yf 105
Masía de la Hita **E** (TER) 79 Za 106
Masía de la Lagosa **E** (TER) 78 Yd 106
Masía del Alfambra **E** (TER) 79 Za 105
Masía del Altico **E** (TER) 79 Zb 106
Masía de la Lloma **E** (CAS) 95 Ze 107
Masía de la Olmedilla **E** (TER) 94 Zb 107
Masía de la Rambla **E** (TER) 94 Za 107
Masía de la Rana **E** (TER) 79 Yf 105
Masía de la Rinconada **E** (TER) 94 Zb 107
Masía de la Sardera **E** (HUES) 63 Aa 99
Masía de las Cuestas **E** (TER) 94 Za 108
Masía de la Serna **E** (TER) 79 Zb 105
Masia de la Seva **E** (TAR) 63 Ac 102
Masía de las Incosas **E** (TER) 94 Zb 107
Masía de la Solana **E** (TER) 79 Zb 105
Masía de la Sonana **E** (TER) 79 Zb 106
Masía de las Palmas **E** (VAL) 113 Zc 112
Masía de las Pupilas **E** (TER) 79 Zb 105
Masía de la Tejería **E** (CAS) 80 Aa 106
Masía de la Torreta **E** (CAS) 80 Aa 106
Masía de la Toyuela **E** (TER) 78 Yd 106
Masía del Bolado **E** (CAS) 94 Zb 108
Masía del Borrocal **E** (TER) 78 Yc 106
Masía del Campo **E** (HUES) 63 Aa 99
Masía del Campo **E** (TER) 94 Za 107
Masía del Capella **E** (VAL) 94 Zc 110
Masía del Carbonero **E** (TER) 79 Za 106
Masía del Carrascalejo **E** (TER) 79 Zb 106
Masía del Carril **E** (VAL) 94 Zb 111
Masía del Cebrero **E** (TER) 78 Yd 106

Masía del Ceperuelo **E** (TER) 62 Zd 102
Masía del Colorado **E** (TER) 78 Yd 104
Masía del Collado **E** (CAS) 94 Zb 109
Masía del Collado **E** (TER) 79 Za 105
Masía del Dols **E** (CAS) 80 Ze 105
Masía del Esparavé **E** (CAS) 80 Aa 105
Masía de les Pomeres **E** (CAS) 95 Ze 107
Masía de les Pruneres **E** (CAS) 80 Aa 105
Masía del Gatellá **E** (CAS) 80 Aa 106
Masía del Hocico **E** (TER) 94 Zb 107
Masía del Hoyo **E** (TER) 78 Yf 105
Masía del Juez **E** (VAL) 94 Zb 110
Masía del Juez **E** (VAL) 113 Zc 112
Masía del Mas **E** (TER) 78 Yd 103
Masía del Oficial **E** (ALI) 129 Ze 117
Masía del Om **E** (CAS) 80 Aa 105
Masía de los Gatos **E** (TER) 78 Yd 106
Masía de los Pérez **E** (CAS) 94 Zb 109
Masía del Padre Santo **E** (TER) 79 Zc 105
Masía del Palomo **E** (TER) 78 Yd 106
Masía del Plano de Arriba **E** (CAS) 94 Zd 108
Masía del Portero **E** (TER) 79 Zb 106
Masía del Pozuelo **E** (TER) 79 Za 105
Masía del Prado **E** (TER) 79 Zb 106
Masía del Rebollo **E** (CAS) 94 Zd 108
Masía del Recuenco **E** (TER) 78 Yf 104
Masía del Río **E** (TER) 94 Za 107
Masía del Rull **E** (CAS) 94 Zd 108
Masía del Señor **E** (CAS) 80 Zf 106
Masía del Villarejo **E** (TER) 93 Yf 108
Masía de Manzanares **E** (CAS) 95 Ze 107
Masía de Marta **E** (TER) 79 Zc 106
Masía de Millán **E** (TER) 79 Zb 105
Masía de Monteagudo **E** (TER) 78 Yd 106
Masía de Morata **E** (TER) 78 Yd 104
Masía de Ontejas Altas **E** (TER) 79 Zb 106
Masía de Portachuelo **E** (TER) 79 Za 106
Masía de Ricoll **E** (TER) 80 Ze 104
Masía de Rivas **E** (CAS) 94 Zc 109
Masía de Roclos **E** (TER) 78 Yd 106
Masía de Romeo **E** (CAS) 80 Zf 106
Masía de Ruecas **E** (TER) 78 Ye 104
Masía de Saletas **E** (TER) 78 Yd 104
Masía de Salvador **E** (CAS) 80 Ze 107
Masía de San Juan **E** (CAS) 94 Zc 110
Masía de San Pedro **E** (TER) 93 Yc 107
Masía de Santa Ana **E** (TER) 79 Zb 105
Masía de Satué **E** (ZAR) 63 Ab 101
Masía de Segarra de Arriba **E** (CAS) 80 Zf 106
Masía de Segures **E** (TER) 80 Aa 104
Masia de Senier **E** (TAR) 64 Ad 102
Masia d'Estrada **E** (TAR) 63 Ac 101
Masía de Toni **E** (CAS) 80 Ze 107
Masía de Torre Miró **E** (CAS) 80 Zf 104
Masía de Uñoz **E** (CAS) 94 Zc 110
Masía de Val **E** (TER) 78 Yd 104
Masía de Valdecascallo **E** (TER) 80 Zd 104
Masía de Valdomingo **E** (TER) 79 Yf 106
Masía de Villarrubio **E** (TER) 78 Yd 104
Masía de Vinaixarop **E** (TAR) 81 Ad 104
Masía de Zoticos **E** (TER) 79 Zc 106
Masía el Camino **E** (CAS) 94 Zc 108
Masía El Cañamillo **E** (TER) 79 Zc 105
Masía El Plano de Herrera **E** (CAS) 94 Zd 108
Masía Enramón **E** (CAS) 80 Aa 106
Masía Espinar **E** (VAL) 94 Zc 110
Masía Font Nova **E** (CAS) 80 Aa 105
Masía La Cañada **E** (TER) 79 Za 106
Masía la Vaquería **E** (LLE) 63 Ac 99
Masía Nova **E** (TER) 80 Aa 104
Masía Nueva del Cerrito **E** (TER) 93 Yf 107
Masia Oriol **E** (TAR) 63 Ad 101
Masia Pallaresa **E** (CAS) 81 Ab 106
Masía Paredes **E** (CAS) 94 Zc 109
Masía Pati **E** (CAS) 80 Zf 107
Masía Piedra Seca **E** (CAS) 80 Ab 106
Masía Quitorras **E** (VAL) 113 Zc 114
Masia Rubí **E** (BAR) 47 Ca 98
Masías Blancas **E** (CAS) 94 Zc 109
Masías del Cristo **E** (CAS) 94 Zc 109
Masías de los Albadales **E** (TER) 62 Zd 102
Masías del Río **E** (CAS) 94 Zc 109
Masías de Parrela **E** (CAS) 94 Zc 109
Masías de Roda = Masies de Roda, les - **E** (BAR) 48 Cb 97
Masías de Voltregá = Masies de Voltregà, les - **E** (BAR) 48 Cb 96
Masías El Bao **E** (TER) 78 Ye 105
Masías Traganta **E** (CAS) 95 Ze 108
Masía Valdesánchez **E** (CAS) 94 Zc 108
Masico de Albardero **E** (TER) 80 Zd 106
Masico de Bertoldo **E** (TER) 79 Zc 106
Masico de Jujarra **E** (TER) 79 Zd 106
Masico de la Bireta **E** (TER) 79 Zc 106
Masico de la Custodia **E** (TER) 79 Zc 106
Maside **E** (LUG) 16 Sd 92
Maside **E** (OUR) 33 Rf 94
Masies, les - **E** (LLE) 46 Bb 96
Masies, les - **E** (TAR) 64 Ba 100
Masies de Roda, les - **E** (BAR) 48 Cb 97
Masies de Voltregà, les - **E** (BAR) 48 Cb 96
Masío de los Enebrales **E** (TER) 94 Za 107
Mas la Caseta **E** (GIR) 49 Da 97
Masllorenç **E** (TAR) 65 Bc 101
Masllorens = Masllorenç **E** (TAR) 65 Bc 101
Masmolets **E** (TAR) 64 Bb 101
Mas Nicolau **E** (GIR) 49 Cf 96
Mas Nou **E** (GIR) 49 Da 97
Masnou, el - **E** (TAR) 63 Ab 102
Masnou, el **E** (BAR) 66 Cb 100
Masó, la - **E** (TAR) 64 Bb 101
Masos de Pals, els - **E** (GIR) 49 Db 97
Masos de Sant Martí **E** (LLE) 46 Ba 96
Masos de Sant Romà, els - **E** (LLE) 46 Ae 97
Masos de Tamúrcia, els - **E** (LLE) 46 Ae 95
Masos de Vespella, els - **E** (TAR) 65 Bc 101
Masoteras = Massoteres **E** (LLE) 46 Bb 98
Maspalomas **E** (PALM) 174 I C 4
Mas Pin **E** (TAR) 81 Ad 104
Mas Pinell **E** (GIR) 49 Db 96
Mas Pinyol **E** (TAR) 81 Ad 104
Maspujols **E** (TAR) 64 Ba 101
Masquefa **E** (BAR) 65 Be 99
Mas Quemado, El - **E** (CAS) 95 Zd 107
Mas Quintana **E** (LLE) 63 Ad 100
Masriudoms **E** (TAR) 64 Af 102
Masroig, el - **E** (TAR) 64 Ae 102
Massalcoreig **E** (LLE) 63 Ac 100
Massalfassar **E** (VAL) 113 Ze 111
Massamagrell **E** (VAL) 113 Ze 111
Massanas = Maçanes **E** (GIR) 48 Cd 98
Massanassa **E** (VAL) 113 Zd 112
Massanet de Cabrenys = Maçanet de Cabrenys **E** (GIR) 31 Ce 94
Massanet de la Selva = Maçanet de la Selva **E** (GIR) 48 Ce 98
Massivert **E** (LLE) 28 Ae 94
Massoteres **E** (LLE) 46 Bb 98
Masueco **E** (SAL) 53 Tc 101
Masuques, les - **E** (BAR) 65 Bd 101
Mas Valenciano **E** (TER) 79 Zc 105
Mas Vidal **E** (GIR) 48 Cc 97
Mata **E** (BUR) 22 Wb 93
Mata **E** (CAN) 9 Vf 89
Mata **E** (GIR) 49 Ce 96
Mata **P** (CB) 84 Sd 109
Mata **P** (Év) 117 Rf 116
Mata **P** (Li) 115 Qf 115
Mata **P** (Pg) 103 Sd 112
Mata **P** (Sa) 82 Rc 110
Mata **P** (Sa) 101 Rc 111
Mata, La - **E** (ALI) 128 Zb 117
Mata, La - **E** (AST) 6 Tf 88
Mata, la - **E** (BAR) 47 Bf 99
Mata, La - **E** (CÁC) 85 Tb 108
Mata, la - **E** (GIR) 49 Cf 96
Mata, La - **E** (SEG) 57 Wa 102
Mata, La - **E** (TOL) 89 Vd 109
Mata Alegre **E** (SEG) 73 Vc 102
Mata Bejid **E** (JAÉ) 138 Wc 122
Matabuena **E** (SEG) 57 Wb 102
Matacães **P** (Li) 100 Qe 114
Mata Cartomil **P** (Co) 83 Sa 108
Matacas **E** (JAÉ) 138 Wb 121
Mata de Alcántara **E** (CÁC) 85 Tb 110
Mata de Armuña, La - **E** (SAL) 54 Uc 102
Mata de Arriba **E** (SAL) 71 Ua 105
Mata de Bolaimí, La - **E** (ALM) 154 Xf 123
Mata de Cima **P** (Le) 82 Rc 109
Mata de Cuéllar **E** (SEG) 56 Vd 100
Mata de Curueño, La - **E** (LEÓ) 19 Ud 92
Mata de Hoz **E** (CAN) 21 Ve 91
Mata de la Riba, La - **E** (LEÓ) 19 Ud 91
Mata de Ledesma, La - **E** (SAL) 71 Ua 102
Mata de Lobos **P** (Gu) 70 Ta 103
Mata de los Olmos, La - **E** (TER) 79 Zb 103
Mata del Páramo, La - **E** (LEÓ) 19 Ub 94
Mata de Monteagudo, La **E** (LEÓ) 20 Uf 91
Mata de Morella, La - **E** (CAS) 80 Ze 105
Matadeón de los Oteros **E** (LEÓ) 37 Ud 94
Matadepera **E** (BAR) 47 Ca 99
Mata de Pinyana, la - **E** (LLE) 45 Ad 98
Mata de Quintanar **E** (SEG) 74 Vf 102
Matadero Provincial **E** (BAD) 119 Td 115
Mata de Rosueros **E** (SEG) 57 Wa 102
Mata do Rei **P** (Sa) 101 Ra 112
Mataduços **P** (Av) 67 Rc 105
Mataelpino **E** (MAD) 74 Wa 104
Mata Forme **P** (Sa) 101 Rd 113
Matagorda **E** (ALM) 162 Xa 127
Matagorda **E** (CÁD) 157 Te 129
Matalascañas **E** (HUEL) 147 Tc 126
Matalascañas **E** (HUEL) 147 Tc 127
Matalasilla **E** (SOR) 60 Xf 98
Matalbaniega **E** (PAL) 21 Ve 91
Matalebreras **E** (SOR) 42 Xf 97
Matalentisco **E** (MUR) 155 Yc 124
Matalindo **E** (BUR) 40 Wd 95
Matalobos **E** (PON) 15 Rc 92
Matalobos del Páramo **E** (LEÓ) 36 Ub 94
Mata Llana **E** (CUE) 111 Yb 111
Matallana **E** (GUA) 75 Wd 102
Matallana de Torío **E** (LEÓ) 19 Uc 91
Matallana de Valmadrigal **E** (LEÓ) 37 Ud 94
Matamala **E** (GIR) 48 Ca 96
Matamala **E** (SAL) 72 Uc 104
Matamala **E** (SEG) 57 Wb 102
Matamala de Almazán **E** (SOR) 59 Xc 99
Matamanzano **E** (SEG) 74 Ve 103
Matamargó **E** (LLE) 47 Bd 97
Matamorisca **E** (PAL) 21 Ve 91
Matamorosa **E** (CAN) 21 Vf 91
Mata Mourisca **P** (Le) 82 Rb 109
Matamozos **E** (VALL) 56 Vb 101
Matança **P** (Gu) 69 Sc 104
Matandrino **E** (SEG) 57 Wb 102
Matanegra **E** (BAD) 119 Te 118
Matanza **E** (LEÓ) 36 Tf 94
Matanza **E** (LEÓ) 37 Ud 95
Matanza, La - **E** (ALB) 126 Ya 118
Matanza, La - **E** (ALI) 142 Yf 120
Matanza, La - **E** (PALM) 174 I D 2
Matanza, La **E** (CAN) 10 We 89
Matanza de Acentejo, La **E** (TEN) 173 I E 3
Matanza de Soria **E** (SOR) 58 We 99
Matanzas, Las - **E** (ALM) 154 Xe 127
Mataosos **E** (CÓRD) 151 Vc 124
Mataporquera **E** (CAN) 21 Vf 91
Matapozuelos **E** (VALL) 56 Vb 100
Mata-redona **E** (TAR) 81 Ad 105
Mataró **E** (BAR) 66 Cc 99
Mata-rodona **E** (BAR) 47 Bf 99
Matarredonda **E** (SEV) 150 Va 124
Matarrepudio **E** (CAN) 21 Vf 91
Matarrubia **E** (GUA) 75 We 103
Matas **E** (GUA) 59 Xb 102
Matas **P** (Le) 82 Rb 108
Matas **P** (Li) 100 Qe 113
Matas **P** (Sa) 101 Rc 111
Matas, Las **E** (BAD) 120 Ub 116
Matas, Las **E** (MAD) 74 Wa 105
Matas, Las **E** (SEV) 149 Ud 125
Matasejún **E** (SOR) 41 Xe 97
Mata-solana **E** (LLE) 46 Af 96
Matauco = Matauko **E** (ÁLA) 23 Xc 91
Matauku **E** (ÁLA) 23 Xc 91
Mataveneno y Poibueno **E** (LEÓ) 18 Td 93
Mata-xica **E** (BAR) 47 Ca 99
Matea, La - **E** (JAÉ) 140 Xc 120
Matela **P** (Ba) 53 Tc 99
Matela **P** (Gu) 69 Sc 104
Matellanes **E** (ZAM) 53 Te 98
Mateos, Los - **E** (ALI) 142 Yf 120
Matet **E** (CAS) 94 Zd 109
Mateus **P** (VR) 51 Sb 101
Matián **E** (GRA) 154 Xd 123
Matidero **E** (HUES) 27 Zf 94
Matienzo **E** (CAN) 10 Wc 89
Matilla **E** (BAD) 119 Td 117
Matilla, La - **E** (HUEL) 147 Tb 125
Matilla, La - **E** (SEG) 57 Wb 101
Matilla, La **E** (PALM) 175 II E 2
Matilla de Arzón **E** (ZAM) 36 Uc 96
Matilla de la Vega **E** (LEÓ) 18 Ua 94
Matilla de los Caños **E** (VALL) 55 Va 99
Matilla de los Caños del Río **E** (SAL) 71 Ua 104
Matilla la Seca **E** (ZAM) 54 Ud 99
Mato **E** (LUG) 4 Sc 89
Mato **E** (LUG) 16 Sa 92
Mato **E** (LUG) 16 Sd 92
Mato **P** (VC) 50 Rc 99
Mato de Miranda **P** (Sa) 101 Rc 112
Mato do Santo Espírito **P** (Fa) 146 Sc 126
Matola **E** (ALI) 143 Zb 119
Matorrales **E** (BAD) 120 Tf 118
Matos **P** (Co) 82 Ra 108
Matos **P** (Por) 50 Rb 101
Matos **P** (Sa) 83 Rd 110
Matos **P** (Sa) 101 Rd 111
Mato Serrão **P** (Fa) 144 Rd 126
Matosinhos **P** (Por) 50 Rb 101
Matosinhos **P** (VR) 52 Sd 99
Matreros, Los - **E** (ALM) 154 Ya 125
Matueca de Torío **E** (LEÓ) 19 Uc 92
Matueira **P** (Le) 100 Qf 112
Matur **P** (Ma) 167 I D 2
Matura = Maturana **E** (ÁLA) 23 Xc 91
Maturana **E** (ÁLA) 23 Xc 91
Matutano, El - **E** (VAL) 112 Za 112
Matute **E** (RIO) 40 Xb 95
Matute de Almazán **E** (SOR) 59 Xc 100
Matute de la Sierra **E** (SOR) 41 Xd 97
Maulique **E** (CÁC) 86 Ua 109
Mauquim **P** (Av) 68 Rd 104
Maurel, El - **E** (GRA) 161 We 128
Maureles **P** (Por) 51 Re 101
Maurga = Manurga **E** (ÁLA) 23 Xb 91
Maurolas **E** (VIZ) 11 Xa 89
Maús **E** (OUR) 33 Sc 95
Maus de Salas **E** (OUR) 33 Sa 97
Mave **E** (PAL) 21 Ve 92
Ma Velha **P** (CB) 84 Sb 107
Maxal **E** (LUG) 16 Sa 92
Maxiais **P** (CB) 84 Sb 110
Maxial **P** (CB) 83 Rf 109
Maxial **P** (CB) 84 Sb 108
Maxial **P** (CB) 84 Sb 109
Maxial **P** (Li) 100 Qe 114
Maxial **P** (Sa) 102 Re 111
Maxialinho **P** (Co) 84 Sb 108
Maxias **P** (CB) 84 Sc 110
Maxieira **P** (Sa) 102 Sa 111
Maya, La - **E** (SAL) 72 Uc 104
Maya del Baztán **E** (NAV) 13 Yd 89
Mayá de Moncal = Maià de Montcal **E** (GIR) 48 Ce 95
Mayalde **E** (ZAM) 54 Ub 101
Mayals = Maials **E** (LLE) 63 Ad 100
Mayor **E** (LUG) 4 Se 88
Mayorazgo **E** (ALI) 128 Zb 119
Mayordomo, El - **E** (ALM) 154 Xf 126
Mayordomos, Los - **E** (MUR) 142 Yf 122
Mayorga **E** (VALL) 37 Ue 96
Maza de Alba, La - **E** (SAL) 72 Uc 103
Maza de San Pedro **E** (SAL) 71 Tf 104
Mazagatos **E** (SEG) 58 Wd 100
Mazagón **E** (HUEL) 147 Tb 126
Mazaleón **E** (TER) 63 Aa 102
Mazalinos **E** (ÁVI) 87 Uc 106
Mazalvete **E** (SOR) 59 Xe 98
Mazán **E** (SAL) 54 Tf 102
Mazana, La - **E** (HUES) 45 Ad 95
Mazanal del Puerto **E** (LEÓ) 18 Te 93
Mazandrero **E** (CAN) 21 Ve 90
Mazapes **P** (Ma) 167 I C 2
Mazarabeas Altas **E** (TOL) 89 Vf 109
Mazarabeas Bajas **E** (TOL) 89 Vf 109
Mazarambroz **E** (TOL) 89 Vf 110
Mazaresfes **P** (VC) 32 Rb 98
Mazarete **E** (GUA) 77 Xf 102
Mazariegos **E** (BUR) 39 Wc 96
Mazariegos **E** (PAL) 38 Vb 96
Mazarrón **E** (MUR) 143 Ye 123
Mazarulleque **E** (ALM) 163 Xe 128
Mazarulleque **E** (CUE) 91 Xb 107
Mazaterón **E** (SOR) 59 Xf 99
Mazedo **P** (VC) 32 Rd 96
Mazes **P** (Vi) 69 Sa 102
Mazo **E** (LUG) 17 Sf 92
Mazo **E** (LUG) 17 Ta 91
Mazo **E** (TEN) 171 C 3
Mazo, El - **E** (AST) 8 Vc 89
Mazo, El - **E** (TOL) 107 Vb 111
Mazo de Doiras **E** (LUG) 17 Ta 92
Mazores Nuevo **E** (SAL) 55 Ue 102
Mazores Viejo **E** (SAL) 55 Ue 102
Mazouco **P** (Ba) 53 Tb 102
Mazuco, El **E** (AST) 8 Va 88
Mazueco **E** (BUR) 39 Wd 95
Mazueco **E** (SEV) 135 Ud 122
Mazuecos **E** (GUA) 91 Wf 107
Mazuecos de Valdeginate **E** (PAL) 37 Va 95
Mazuela **E** (BUR) 39 Wa 95
Mazuelas **E** (PAL) 20 Vc 93
Mazuelo de Muñó **E** (BUR) 39 Wa 95
Mazuza **E** (MUR) 140 Xf 119
Meã **P** (Vi) 68 Rf 103
Meabia **E** (PON) 15 Rd 93
Meaca **E** (VIZ) 11 Xb 89
Meacur de Morga **E** (VIZ) 11 Xb 89
Meada **P** (Pg) 103 Sd 110
Meadela **P** (VC) 32 Rb 98
Meaga = Meagas **E** (GUI) 12 Xe 89
Meagas **E** (GUI) 12 Xe 89
Mealha **P** (Fa) 145 Sa 124
Mealhada **P** (Av) 68 Rd 106
Meanes **E** (CAS) 95 Zf 107
Meano **E** (NAV) 23 Xd 93
Meáns **E** (COR) 2 Ra 90
Meãs **P** (Co) 84 Sb 108
Meãs do Campo **P** (Co) 82 Rc 107
Meaus **E** (OUR) 33 Sb 97
Meca **P** (Li) 100 Qf 114
Mecadillo **E** (SAL) 71 Te 104
Meceares **P** (Be) 131 Sb 122
Mecerreyes **E** (BUR) 39 Wc 96
Mecina Alfahar **E** (GRA) 153 Wf 127
Mecina-Bombarón **E** (GRA) 153 Wf 127
Mecina Fondales **E** (GRA) 161 We 127
Mecina-Tedel **E** (GRA) 161 Wf 127
Meco **E** (MAD) 75 We 105
Meco **P** (Co) 82 Rc 107
Mecoleta **E** (VIZ) 23 Xb 90
Mechão **P** (Be) 132 Sc 121
Mechicas **E** (VIZ) 11 Xb 88
Meda **E** (OUR) 34 Sf 95
Meda **P** (Gu) 69 Se 103
Meda, A - **E** (LUG) 16 Sd 90
Meda de Mouros **P** (Co) 83 Rf 107
Médano, El **E** (TEN) 172 I D 5
Medas **P** (Por) 50 Rd 102
Medeiros **E** (OUR) 34 Sc 97
Medeiros **P** (Be) 132 Sc 121
Medeiros **P** (Fa) 144 Rd 125
Medeiros **P** (VR) 33 Sb 98
Medelim **P** (CB) 84 Se 108
Medelo **P** (Br) 51 Rf 100
Medellín **E** (BAD) 120 Ua 115
Mediadoiro **E** (CAN) 21 Vf 91
Media Luna, La - **E** (CIU) 109 We 114
Mediana **E** (ZAR) 62 Zb 100
Mediana de Voltoya **E** (ÁVI) 73 Vc 104
Mediases **E** (ALI) 129 Ze 117
Mediavilla **E** (AST) 8 Va 88
Medida, La - **E** (TEN) 173 I E 4
Medin **E** (COR) 15 Re 91
Medinaceli **E** (SOR) 59 Xd 101
Medina de las Torres **E** (BAD) 119 Td 118
Medina del Campo **E** (VALL) 55 Va 101
Medina de Pomar **E** (BUR) 22 Wd 91
Medina de Rioseco **E** (VALL) 37 Uf 97
Medinas, Los - **E** (ALM) 154 Xe 125
Medina-Sidonia **E** (CÁD) 164 Ua 130
Medinilla **E** (ÁVI) 72 Uc 106
Medinilla de la Dehesa **E** (BUR) 39 Wa 95
Medinyà **E** (GIR) 49 Cf 96
Mediñá = Medinyà **E** (GIR) 49 Cf 96
Mediodía **E** (CÁD) 158 Ud 128
Mediona **E** (BAR) 65 Bd 100
Medorno **P** (Vi) 68 Rf 105
Medos **E** (OUR) 34 Se 94
Medranda **E** (GUA) 76 Xa 103
Medrano **E** (RIO) 41 Xc 94
Medroa **P** (Sa) 101 Re 111
Medrões **P** (VR) 51 Sb 101
Medronheira **P** (CB) 85 Sf 110
Medronheira **P** (Fa) 145 Sa 124
Medulas, Las - **E** (LEÓ) 17 Tb 94
Mega Cimeira **P** (Co) 83 Rf 108
Mega Fundeira **P** (Le) 83 Rf 109
Megeces **E** (VALL) 56 Vc 100
Megina **E** (GUA) 77 Ya 105
Mei **P** (VC) 32 Rd 97
Meia Praia **P** (Fa) 144 Rc 126
Meia Via **P** (Sa) 101 Rc 112
Meia Viana **P** (Fa) 144 Rc 125
Meijinhos **P** (Vi) 69 Sa 102
Meilán **E** (LUG) 4 Se 88
Meilán **E** (LUG) 16 Sc 90
Meimão **P** (CB) 85 Sf 107
Meimoa **P** (CB) 84 Se 107
Meinedo **P** (Por) 50 Re 101
Meios **P** (Gu) 69 Sd 106
Meira **E** (LUG) 4 Se 89
Meirama **E** (COR) 3 Rd 89
Meirás **E** (COR) 3 Re 88
Meire, O - **E** (COR) 15 Sa 91
Meirinhas **P** (Le) 82 Rb 109
Meirinhos **P** (Ba) 53 Tb 101
Meirol **E** (PON) 32 Rd 95
Meixaboy **E** (LUG) 16 Sb 91
Meixedo **P** (Ba) 35 Tb 97
Meixedo **P** (VC) 32 Rb 98
Meixedo **P** (Vi) 51 Sb 102
Meixedo **P** (VR) 33 Sb 98
Meixid **E** (OUR) 146 Ta 95
Meixide **P** (VR) 33 Sc 98
Meixomil **P** (Por) 50 Rd 101
Meixonfrío **E** (COR) 2 Rc 90
Meixonfrío **E** (LUG) 16 Sb 92
Mézara **E** (LEÓ) 19 Ub 94
Mejorada **E** (TOL) 88 Va 108
Mejorada **E** (TOL) 89 Vf 109
Mejorada del Campo **E** (MAD) 75 Wd 106
Mejorito, El - **E** (SAL) 71 Td 104
Mela, La - **E** (ALM) 154 Xf 126
Melcões **P** (Vi) 51 Sb 102
Meleças **P** (Li) 115 Qe 116
Melegís **E** (GRA) 161 Wc 127
Melegriz **E** (ALB) 126 Ya 115
Melenara **E** (PALM) 174 I D 3
Melenchones, Los - **E** (MUR) 155 Yc 124
Melendreras **E** (AST) 7 Ub 87
Melendreras **E** (AST) 7 Ud 89
Melendreros **E** (AST) 7 Uc 89
Meles **P** (Ba) 52 Sf 99
Melezna y Mazos **E** (LEÓ) 17 Ta 93
Melgaço **P** (VC) 33 Re 96
Melgar de Abajo **E** (VALL) 37 Uf 95
Melgar de Arriba **E** (VALL) 37 Uf 95
Melgar de Fernamental **E** (BUR) 38 Ve 94
Melgar de Tera **E** (ZAM) 36 Tf 97
Melgar de Yuso **E** (PAL) 38 Ve 95
Melgosa **E** (BUR) 22 Wc 93
Melgosa, La **E** (CUE) 92 Xf 108
Melgosa de Villadiego **E** (BUR) 21 Wa 93
Mêlhe **P** (Ba) 34 Ta 98
Melhe **P** (VR) 51 Sb 99
Meliana **E** (VAL) 113 Zd 111
Melias **E** (OUR) 33 Sb 94
Melicena **E** (GRA) 161 We 128
Mélida **E** (NAV) 42 Yc 94
Mélida **E** (VALL) 57 Vf 99
Melide **E** (COR) 15 Rf 91
Melides **P** (Se) 130 Rb 120
Melimbrazos **E** (SAL) 70 Tc 105
Melinchón, El - **E** (CÁC) 86 Ua 108
Melo **P** (Gu) 69 Sc 105
Melón **E** (OUR) 33 Re 95
Melque **E** (SEG) 73 Vd 102
Melque **E** (TOL) 88 Vd 110
Melres **P** (Por) 50 Rd 102
Melriça **P** (CB) 83 Rf 110
Melriça **P** (Le) 82 Rc 109
Melrico **P** (CB) 83 Sa 109
Melusa, La **E** (HUES) 45 Ac 98
Mellanes **E** (ZAM) 53 Te 98
Mellanzos **E** (LEÓ) 19 Ue 93
Mellizas, Las - **E** (MÁL) 159 Vb 127
Membibre de la Hoz **E** (SEG) 57 Vf 100
Membribe **E** (SAL) 72 Ub 104
Membrilla **E** (CIU) 124 Wd 115
Membrillar **E** (PAL) 20 Vb 93
Membrillera **E** (GUA) 76 Xa 103
Membrillo, El - **E** (TOL) 88 Vb 109
Membrillo--Bajo -Alto **E** (HUEL) 133 Tc 123
Membrío **E** (CÁC) 103 Sf 111
Mem Martins **P** (Li) 115 Qd 116
Memória **P** (Le) 82 Rc 110
Menàrguens **E** (LLE) 46 Ae 98
Menas, Las - **E** (ALM) 154 Xc 125
Menas, Los - **E** (ALM) 154 Ya 124
Menasalbas **E** (TOL) 107 Ve 111
Menaza **E** (PAL) 21 Ve 91
Mencoca **P** (Év) 117 Sc 117
Mencui **E** (LLE) 28 Ba 94
Menchores, Los - **E** (ALM) 154 Xf 124
Mendares **P** (CB) 84 Sc 109
Mendarozketa = Mendarozqueta **E** (ÁLA) 23 Xb 91

Mendarozqueta **E** (ÁLA) 23 Xb 91
Mendavia **E** (NAV) 24 Xe 94
Mendaza **E** (NAV) 24 Xe 93
Mendeica **E** (VIZ) 22 Wf 90
Mendes **P** (Le) 82 Rb 109
Méndez **E** (ALB) 126 Yb 118
Mendibil = Mendivil **E** (ÁLA) 23 Xc 91
Mendiga **P** (Le) 101 Ra 112
Mendigo, Lo - **E** (MUR) 142 Yf 121
Mendigorría **E** (NAV) 24 Ya 93
Mendiguren **E** (ÁLA) 23 Xb 91
Mendijur **E** (ÁLA) 23 Xc 91
Mendilibarri **E** (NAV) 24 Xe 93
Mendiola **E** (ÁLA) 23 Xc 92
Mendiola **E** (GUI) 23 Xd 90
Mendiola **E** (VIZ) 11 Xc 90
Mendiondo **E** (VIZ) 11 Xa 88
Mendióroz **E** (NAV) 25 Yd 92
Mendívil **E** (ÁLA) 23 Xc 91
Mendixur = Mendijur **E** (ÁLA) 23 Xc 91
Mendo Gordo **P** (Gu) 69 Sd 103
Mendoza **E** (ÁLA) 23 Xb 91
Mendraca **E** (VIZ) 11 Xc 90
Mendraka = Mendraca **E** (VIZ) 11 Xc 90
Menduiña **E** (PON) 32 Rb 95
Meneses de Campos **E** (PAL) 37 Va 97
Mengabril **E** (BAD) 120 Ua 115
Mengamuñoz **E** (ÁVI) 73 Va 105
Mengemor **E** (CÓRD) 137 Vc 121
Mengíbar **E** (JAÉ) 138 Wb 121
Menoita **P** (Gu) 69 Se 105
Menoyo **E** (ÁLA) 22 Wf 90
Mens **E** (COR) 2 Ra 89
Mentera-Barruelo **E** (CAN) 10 Wd 89
Mentrestido **P** (VC) 32 Rc 97
Méntrida **E** (TOL) 89 Ve 107
Mentui **E** (LLE) 28 Af 95
Menudero **E** (AST) 5 Tc 88
Menuza **E** (ZAR) 62 Zd 101
Mequinenza **E** (ZAR) 63 Ab 100
Mera **E** (LUG) 16 Sb 91
Mera (Santa María) **E** (COR) 4 Sa 87
Mera (Santiago) **E** (COR) 4 Sa 87
Meranges **E** (GIR) 29 Be 94
Merás **E** (AST) 6 Td 88
Meravella **E** (LLE) 46 Bf 97
Merca, A **E** (OUR) 33 Sa 95
Mercadal **E** (CAN) 9 Vf 89
Mercadal, Es **E** (BAL) 96 Ea 109
Mercadera, La - **E** (SOR) 58 Xa 99
Mercades de Baix **E** (CAS) 80 Zf 107
Mercadillo **E** (ÁVI) 72 Ud 105
Mercadillo **E** (VIZ) 10 Wf 89
Mercadillo, El (Liérganes) **E** (CAN) 9 Wb 88
Mercadillos **E** (ALB) 126 Yb 116
Mercador **P** (Fa) 146 Sb 125
Mercamadrid **E** (MAD) 75 Wc 106
Merceana **P** (Li) 100 Qf 114
Merced, La - **E** (MUR) 142 Ya 122
Mercedes **E** (OUR) 34 Sc 96
Mercedes **E** (PAL) 21 Ve 91
Mercedes, Las - **E** (MAD) 89 Ve 107
Mercedes, Las - **E** (TEN) 173 I F 2
Mercês **P** (Be) 133 Sf 120
Mercês **P** (Li) 115 Qe 116
Meré **E** (AST) 8 Va 88
Merelim **P** (Br) 50 Rd 99
Mereludi **E** (VIZ) 11 Xd 89
Merens **E** (OUR) 33 Rf 95
Mérida **E** (BAD) 119 Td 115
Merilla **E** (CAN) 9 Wb 89
Merille **E** (LUG) 4 Sc 87
Merillés **E** (AST) 6 Td 89
Merino, El - **E** (ÁVI) 73 Vb 105
Merli **E** (HUES) 28 Ac 94
Merodio **E** (AST) 8 Vc 89
Meroñes, Los - **E** (MUR) 142 Za 122
Mértola **P** (Be) 132 Sc 123
Merufe **P** (VC) 32 Rd 96
Meruge **P** (Co) 69 Sb 106
Merza **E** (PON) 15 Re 92
Mesa, La - **E** (CÁD) 165 Ud 130
Mesa, La - **E** (JAÉ) 138 Wc 119
Mesa, La - **E** (TOL) 90 Wc 110
Mesa del Mar **E** (TEN) 173 I E 2
Mesanza **E** (BUR) 23 Xc 92
Mesão Frio **P** (Br) 50 Re 100
Mesão Frio **P** (VR) 51 Sa 102
Mesa Roldán, La - **E** (ALM) 155 Ya 127
Mesas, Las - **E** (CUE) 110 Xb 112
Mesas, Los - **E** (GRA) 153 Xb 124
Mesas Altas **E** (CÓRD) 136 Uf 121
Mesas de Asta **E** (CÁD) 157 Te 128
Mesas de en Medio **E** (HUEL) 147 Ta 124
Mesas de Guadalora **E** (CÓRD) 135 Ue 122
Mesas de Ibor **E** (CÁC) 87 Uc 110
Mesas de Santiago **E** (CÁD) 157 Ua 128
Mesegal **E** (CÁC) 86 Te 107
Mesegar **E** (TOL) 88 Vd 109
Mesegar de Corneja **E** (ÁVI) 72 Ue 105
Mesía **E** (COR) 3 Re 90
Mesiego **E** (OUR) 33 Rf 94
Mesillo **E** (MUR) 141 Yc 123
Mesón de las Palomas **E** (ZAM) 36 Uc 97
Mesón de Valdecabras **E** (ZAM) 36 Uc 97
Mesón do Vento **E** (COR) 3 Rd 90
Mesones **E** (ALB) 125 Xd 118
Mesones **E** (GUA) 75 Wd 104
Mesones de Isuela **E** (ZAR) 60 Yc 99
Mesquida, Sa - **E** (BAL) 99 Dc 110
Mesquinhata **P** (Por) 51 Rf 102
Mesquita **P** (Be) 146 Sc 123
Mesquita **P** (Fa) 145 Re 125
Mesquita **P** (Fa) 146 Sb 124
Mesquitela **P** (Gu) 69 Sd 105
Mesquitela **P** (Gu) 70 Ta 105
Messangil **P** (Be) 132 Sd 121
Messegães **P** (VC) 32 Rd 96
Messejana **P** (Be) 131 Re 122
Messines de Baixo **P** (Fa) 145 Re 125
Mesta, La - **E** (ALB) 125 Xd 117
Mestanza **E** (CIU) 123 Vf 117
Mestas **E** (AST) 8 Va 88
Mestas, Las - **E** (CÁC) 71 Tf 106
Mestas de Con **E** (AST) 8 Uf 88
Mestras **P** (Co) 83 Rf 108
Mestras **P** (Fa) 145 Sa 124
Mestre **E** (BAL) 97 Bc 116
Mestre Mendo **P** (Le) 100 Qe 112
Metauten **E** (NAV) 24 Xf 92
Meüll, el - **E** (LLE) 46 Ae 96
Mexilhoeira Grande **P** (Fa) 144 Rc 126
Mezalocha **E** (ZAR) 61 Yf 100
Mezio **P** (Vi) 68 Sa 103
Mezkia = Mezquia **E** (ÁLA) 23 Xd 91
Mezquetillas **E** (SOR) 59 Xc 101
Mézquez **E** (PALM) 175 II D 3
Mezquia **E** (ÁLA) 23 Xd 91
Mezquiriz **E** (NAV) 25 Yd 91
Mezquita, La - **E** (TER) 79 Zb 104
Mezquita, A **E** (OUR) 34 Sf 96
Mezquita de Jarque **E** (TER) 79 Za 104
Mezquita de Loscos **E** (TER) 61 Yf 102
Mezquitilla, La - **E** (SEV) 150 Uf 126
Miajadas **E** (CÁC) 105 Ua 114
Miamán **E** (OUR) 145 Sb 95
Miana, la - **E** (GIR) 48 Cd 95
Mianos **E** (ZAR) 25 Za 93
Micereces de Tera **E** (ZAM) 36 Ua 97
Micieces de Ojeda **E** (PAL) 20 Vd 92
Mido **P** (Gu) 70 Ta 105
Midões **P** (Br) 50 Rc 99
Midões **P** (Co) 68 Rd 107
Midões **P** (Co) 68 Sa 106
Midões **P** (VR) 52 Sd 99
Miedes **E** (ZAR) 60 Yd 101
Miedes de Atienza **E** (GUA) 58 Xa 101
Mieldes **E** (AST) 6 Td 89
Miengo **E** (CAN) 9 Wa 88
Mieras = Mieres **E** (GIR) 48 Cd 96
Mieres **E** (AST) 7 Ub 89
Mieres **E** (GIR) 48 Cd 96
Mierla, La - **E** (GUA) 75 We 103
Mieses **E** (CAN) 8 Vc 90
Mieza **E** (SAL) 53 Tb 102
Migaznares **E** (MUR) 142 Za 122
Migjorn Gran, Es **E** (BAL) 96 Ea 109
Migueláñez **E** (SEG) 56 Vd 102
Miguel Esteban **E** (TOL) 109 Wf 111
Miguel-Ibáñez **E** (SEG) 56 Vd 102
Miguel Muñoz **E** (SAL) 72 Ub 104
Miguelturra **E** (CIU) 123 Wa 115
Mijala **E** (BUR) 22 Wf 91
Mijancas **E** (ÁLA) 23 Xb 92
Mijaraluenga **E** (BUR) 22 We 92
Mijares **E** (ÁVI) 88 Va 107
Mijares **E** (CUE) 93 Yd 109
Mijares **E** (VAL) 113 Za 112
Mijas **E** (MÁL) 159 Vc 129
Mijas Costa **E** (MÁL) 159 Vb 129
Milà, el - **E** (TAR) 64 Bb 101
Milagres **P** (Le) 82 Rb 110
Milagres **P** (VC) 32 Rd 96
Milagro **E** (NAV) 42 Yb 95
Milagros **E** (BUR) 57 Wb 99
Milana, La - **E** (SOR) 59 Xd 100
Milano **E** (SAL) 53 Tc 102
Milanos **E** (GRA) 151 Ve 126
Milanos **E** (GRA) 151 Vf 125
Milanos, Los - **E** (MUR) 142 Ye 122
Milany **E** (GIR) 48 Cb 96
Milhais **P** (Ba) 52 Se 100
Milhão **P** (Ba) 35 Tc 98
Milharado **P** (Li) 100 Qe 115
Milhazes **P** (Br) 50 Rc 100
Milheiro **P** (Gu) 70 Sf 103
Milheiros **P** (Sa) 83 Rd 110
Milheirós de Poiares **P** (Av) 68 Rd 103
Milhoro **P** (Be) 132 Sb 123
Milhundos **P** (Por) 50 Re 101
Miliana, la - **E** (TAR) 81 Ac 105
Milicianos, Los - **E** (MUR) 141 Yb 119
Milmanda **E** (OUR) 33 Rf 96
Milmarcos **E** (GUA) 60 Ya 102
Milreu **P** (CB) 83 Rf 111
Milla **E** (LLE) 46 Ae 97
Milla del Páramo, La - **E** (LEÓ) 19 Ub 94
Milla del Río, La - **E** (LEÓ) 18 Ua 93
Milla de Tera **E** (ZAM) 36 Te 96
Millana **E** (GUA) 76 Xc 105
Millanas, Las - **E** (MÁL) 159 Va 128
Millanes **E** (CÁC) 87 Uc 109
Millares **E** (VAL) 113 Zb 113
Millares, Los - **E** (CÁC) 87 Ud 109
Millarouso **E** (OUR) 34 Ta 94
Millars **E** (GIR) 49 Cf 97
Milleirós **E** (LUG) 4 Se 90
Millena **E** (ALI) 128 Zd 116
Miller **E** (JAÉ) 140 Xd 119
Milles de la Polvorosa **E** (ZAM) 36 Ub 97
Millón **E** (COR) 14 Rb 92
Milludi = Mereludi **E** (VIZ) 11 Xd 89
Mimbral, El - **E** (CÁD) 157 Ub 129
Mimbre, La - **E** (SAL) 70 Tb 105
Mimbrera **E** (CÁC) 105 Ua 113
Mimetiz **E** (VIZ) 10 Wf 89
Mina **E** (HUEL) 133 Tc 122
Mina, La - **E** (CÓRD) 150 Ve 124
Mina, La - **E** (HUES) 26 Zb 91
Mina Antonia **E** (TER) 79 Zc 106
Mina Bombita **E** (CIU) 121 Va 116
Mina Caridad **E** (SEV) 148 Te 123
Mina da Caveira **P** (Se) 130 Rc 120
Mina da Juliana **P** (Be) 131 Rf 121
Mina de Apariz **P** (Be) 133 Sf 120
Mina de Cala **E** (HUEL) 134 Td 121
Mina de Cinco Amigos **E** (CÓRD) 136 Uf 121
Mina de Diógenes **E** (CIU) 123 Vf 117
Mina de Ferragudo **P** (Be) 131 Rf 123
Mina de Guadiana **E** (HUEL) 147 Tb 123
Mina de Jungeis **P** (Se) 116 Rd 118
Mina de la Concepción **E** (CIU) 122 Vb 116
Mina del Campillo **E** (TER) 79 Zc 103
Mina del Cobre **E** (JAÉ) 138 Wb 120
Mina de los Palazuelos **E** (JAÉ) 138 Wc 119
Mina de Óxido de cobre **E** (CÓRD) 137 Ve 120
Mina de San Manuel **E** (JAÉ) 138 Wc 119
Mina de San Ramón **E** (JAÉ) 138 Wc 120
Mina de Santa Catalina **E** (CIU) 121 Va 116
Mina de Santa Catalina **E** (HUEL) 146 Sd 123
Mina de Santa Justa **E** (BAD) 133 Tb 119
Mina de São Domingos **P** (Be) 132 Sd 122
Mina de Valinfierno **E** (JAÉ) 138 Wc 119
Mina do Bugalho **P** (Év) 118 Se 116
Mina do Lousal **P** (Se) 131 Rd 120
Mina La Fortuna **E** (CIU) 122 Ve 116
Mina La Positiva **E** (MUR) 155 Yc 123
Mina Panadera **E** (CIU) 123 Ve 117
Mina Porvenir **E** (TER) 79 Zc 106
Minas, Las - **E** (ALB) 126 Yb 119
Minas, Las - **E** (ALM) 162 Xc 127
Minas, Las - **E** (CUE) 93 Yd 110
Minas, Las - **E** (ZAR) 60 Yc 99
Minas de Adoria **P** (VR) 51 Sa 100
Minas de Buenaplata **E** (JAÉ) 138 Wb 120
Minas de Henarejos, Las - **E** (CUE) 93 Yd 110
Minas del As **E** (MUR) 141 Yc 121
Minas del Castillo de las Guardas **E** (SEV) 134 Td 122
Minas del Marquesado **E** (GRA) 153 Wf 125
Minas de los Engarbos o del Roblear **E** (JAÉ) 125 Xa 118
Minas de Nazarena **E** (CIU) 124 Wd 118
Minas de Riotinto **E** (HUEL) 133 Tc 122
Minas de San Clemente **E** (ALM) 155 Yb 124
Minas de San Fix **E** (COR) 14 Rb 92
Minas de Santa Constanza **E** (GRA) 153 We 125
Minas de Santa Quiteria **E** (TOL) 106 Va 112
Minas de São João **P** (VR) 51 Sa 100
Minas de Vinheiros **P** (VR) 51 Sc 101
Minas do Montinho **P** (Be) 131 Re 122
Minas dos Carris **P** (VR) 33 Rf 98
Mina Sinapismo **E** (JAÉ) 138 Wc 119
Minateda **E** (ALB) 127 Yc 118
Mina Victoria **E** (CIU) 122 Vd 116
Minaya **E** (ALB) 110 Xe 113
Minde **P** (Le) 101 Rb 111
Mindelo **P** (Por) 50 Rb 101
Miner **E** (BAL) 99 Cf 111
Minglanilla **E** (CUE) 112 Yc 111
Mingogil **E** (ALB) 126 Yb 118
Mingorría **E** (ÁVI) 73 Vb 104
Mingote, El - **E** (ALB) 125 Xd 115
Mingrano, El - **E** (MUR) 142 Ye 123
Minguillana **E** (CÁC) 85 Ta 108
Minhocal **P** (Gu) 69 Sd 104
Minhotães **P** (Br) 50 Rc 100
Minillas **E** (JAÉ) 139 Wf 119
Ministerio **E** (HUES) 45 Ab 94
Miñagón **E** (AST) 5 Tb 88
Miñambres **E** (LEÓ) 36 Ua 95
Miñan **E** (COR) 4 Sa 87
Miñán **E** (PON) 32 Rb 94
Miñana **E** (SOR) 59 Xf 99
Miñanes **E** (PAL) 38 Vc 94
Miñano Mayor **E** (ÁLA) 23 Xc 91
Miñano Menor **E** (ÁLA) 23 Xc 91
Miñao Barren = Miñano Menor **E** (ÁLA) 23 Xc 91
Miñao Goien = Miñano Mayor **E** (ÁLA) 23 Xc 91
Miño de Medinaceli **E** (SOR) 59 Xc 101
Miño de San Esteban **E** (SOR) 58 Wd 99
Miñón **E** (BUR) 21 Wb 94
Miñón **E** (BUR) 22 Wd 91
Miñosa, La - **E** (GUA) 58 Xa 101
Miñosa, La - **E** (SOR) 59 Xc 100
Miñotos **E** (LUG) 4 Sc 87
Mioma **P** (Vi) 69 Sb 104
Mioño **E** (CAN) 10 We 88
Mipanas **E** (HUES) 45 Ab 95
Mira **E** (CUE) 93 Yd 110
Mira **E** (ZAR) 43 Ye 97
Mira **P** (Co) 67 Rb 106
Miraballes **E** (VIZ) 11 Xa 89
Mirabel **E** (CÁC) 86 Te 109
Mirabueno **E** (GUA) 76 Xb 103
Miracle, el - **E** (LLE) 47 Bd 97
Mira Daire **P** (Le) 101 Rb 111
Miradeses **P** (Ba) 52 Se 99
Mirador, El - **E** (MUR) 143 Za 121
Mirador del Romero **E** (MAD) 74 Vf 106
Miraflor **E** (ALI) 129 Aa 115
Miraflores de la Sierra **E** (MAD) 75 Wb 104
Mirafuentes **E** (NAV) 24 Xe 93
Miragaia **P** (Gu) 70 Sf 105
Miragaia **P** (Li) 100 Qe 113
Miralcamp **E** (LLE) 64 Af 99
Miralcampo **E** (ALB) 111 Yb 114
Miralpeix **E** (LLE) 46 Bf 97
Miralrío **E** (GUA) 76 Xa 103
Miralrío **E** (MAD) 90 We 108
Miralsot de Abajo **E** (HUES) 63 Ab 99
Miralsot de Arriba **E** (HUES) 63 Ab 99
Miramar **E** (TAR) 64 Bb 100
Miramar **E** (VAL) 114 Zf 115
Mirambel **E** (TER) 80 Zd 105
Mirambell **E** (LLE) 46 Bf 97
Miramont **E** (ZAR) 25 Za 93
Miranda **E** (AST) 6 Ua 87
Miranda **E** (LUG) 16 Se 91
Miranda **E** (MUR) 142 Yf 122
Miranda **E** (TEN) 171 C 2
Miranda **P** (VC) 32 Rd 97
Miranda de Arga **E** (NAV) 24 Ya 94
Miranda de Azán **E** (SAL) 72 Ub 103
Miranda de Duero **E** (SOR) 59 Xd 99
Miranda de Ebro **E** (BUR) 23 Xa 92
Miranda del Castañar **E** (SAL) 71 Ua 106
Miranda del Rey **E** (JAÉ) 124 Wc 118
Miranda de Pericalvo **E** (SAL) 71 Ua 103
Miranda do Corvo **P** (Co) 83 Re 108
Miranda do Douro **P** (Ba) 53 Te 100
Mirandela **P** (Ba) 52 Se 100
Mirandilla **E** (BAD) 104 Te 114
Mirantes de Luna **E** (LEÓ) 18 Ua 91
Mirasierra **E** (MAD) 75 Wb 106
Mirasivienes **E** (CÓRD) 136 Va 122
Miravall **E** (LLE) 29 Ba 95
Miravall **E** (LLE) 64 Ae 99
Miravé **E** (LLE) 47 Bc 97
Miraveche **E** (BUR) 22 We 92
Miravet **E** (TAR) 63 Ad 102
Miravete **E** (TER) 79 Zb 105
Miraz **E** (LUG) 4 Sa 90
Miraz **E** (LUG) 17 Se 93
Miro **P** (Co) 83 Re 107
Mirón, El - **E** (ÁVI) 72 Ud 105
Mironcillo **E** (ÁVI) 73 Vb 105
Mirones, Los - **E** (CIU) 123 Wb 117
Mirueña de los Infanzones **E** (ÁVI) 73 Uf 104
Mislata **E** (VAL) 113 Zd 112
Mitagalán **E** (GRA) 152 Wc 124
Mitreu **P** (CB) 102 Rf 111
Miuzela **P** (Gu) 70 Sf 105
Mixancas = Mijancas **E** (ÁLA) 23 Xb 92
Miyares **E** (AST) 7 Ue 88
Miz **E** (HUES) 44 Zf 94
Mizala **E** (ALM) 154 Xf 126
Mizarela **P** (Gu) 69 Sd 105
Mizquitillas **E** (ALB) 126 Yc 116
Moar **E** (COR) 15 Re 90
Moarves de Ojeda **E** (PAL) 20 Vd 92
Mocanal **E** (TEN) 173 III C 2
Mocarrá-Bobalar **E** (VAL) 113 Zd 113
Moçarria **P** (Sa) 101 Rb 113
Mocejón **E** (TOL) 89 Wa 109
Mociños **E** (OUR) 33 Rf 96
Mocissos **P** (Év) 118 Se 117
Moclín **E** (GRA) 152 Wb 124
Moclinejo **E** (MÁL) 160 Ve 128
Mochales **E** (GUA) 60 Xf 102
Mocho **P** (Se) 116 Rb 117
Mochos, Los - **E** (CÓRD) 136 Va 122
Mochuelos, Los - **E** (JAÉ) 124 Wf 118
Modamio **E** (SOR) 58 Xa 100
Modelos **P** (Por) 50 Rd 101
Modino **E** (LEÓ) 19 Uf 92
Modivas **P** (Por) 50 Rb 101
Modúbar de la Cuesta **E** (BUR) 39 Wc 95
Modúbar de la Emparedada **E** (BUR) 39 Wc 95
Modúbar de San Cibrián **E** (BUR) 39 Wc 95
Mões **P** (Vi) 68 Sa 103
Mofreita **P** (Ba) 34 Ta 97
Mogadouro **P** (Ba) 53 Tb 100
Mogadouro **P** (Le) 82 Rd 109
Mogán **E** (PALM) 174 I B 3
Mogarraz **E** (SAL) 71 Tf 106
Mogátor **E** (ZAM) 54 Ua 100
Mogea **E** (MÁL) 159 Vd 127
Mogege **P** (Br) 50 Rd 100
Mogino **E** (JAÉ) 139 Wf 119
Mogo de Malta **P** (Ba) 52 Se 101
Mogofores **P** (Av) 68 Rd 106
Mogón **E** (JAÉ) 139 Wf 120
Mogor **E** (PON) 144 Rb 94
Mogovio **E** (AST) 7 Ud 88
Mogró **E** (CAN) 9 Wa 88
Mogueira **P** (VR) 33 Sc 98
Moguer **E** (HUEL) 147 Tb 125
Moharque **E** (MUR) 126 Yb 118
Moharras **E** (ALB) 110 Xd 113
Moheda, La - **E** (CÁC) 85 Tc 108
Mohedas **E** (CÁC) 86 Te 107
Mohedas, Las - **E** (ALB) 126 Xe 117
Mohedas de la Jara **E** (TOL) 106 Uf 111
Mohernando **E** (GUA) 75 We 104
Mohorte **E** (CUE) 92 Xf 108
Moià **E** (BAR) 48 Ca 98
Moia **E** (LUG) 17 Ta 91
Moialde **E** (OUR) 34 Se 97
Moimenta **E** (COR) 14 Ra 92
Moimenta **P** (Ba) 34 Ta 97
Moimenta **P** (Vi) 51 Re 102
Moimenta **P** (Vi) 68 Rf 103
Moimenta da Beira **P** (Vi) 69 Sc 103
Moimenta da Serra **P** (Gu) 69 Sc 106
Moimenta de Maceira Dão **P** (Vi) 69 Sb 105
Moimentinha **P** (Gu) 69 Se 104
Moimentos **P** (Be) 145 Rf 124
Moinho da Rocha **P** (Fa) 144 Rc 125
Moinho de Almoxarife **P** (Co) 82 Rb 108
Moinho de Vento **P** (Be) 145 Rf 123
Moinho de Vento **P** (Be) 146 Sb 123
Moinho do Bispo **P** (Fa) 144 Rb 125
Moin ho do Sogro **P** (Fa) 144 Rb 124
Moinhola **P** (Év) 116 Rc 117
Moinhos **P** (Le) 82 Ra 109
Moiña **E** (LUG) 4 Se 90
Moita **P** (Av) 68 Rd 106
Moita **P** (Gu) 84 Se 107
Moita **P** (Le) 82 Ra 110
Moita **P** (Le) 83 Re 109
Moita **P** (Sa) 82 Rb 111
Moita **P** (Se) 115 Ra 117
Moita **P** (Vi) 68 Sa 103
Moita da Roda **P** (Le) 82 Rb 110
Moita da Serra **P** (Co) 83 Rf 107
Moita do Martinho **P** (Le) 82 Rb 111
Moita dos Ferreiros **P** (Li) 100 Qe 113
Moitas **P** (CB) 83 Sa 110
Moitas Venda **P** (Sa) 101 Rc 112
Moitinha **P** (Se) 116 Rb 118
Moitinhas **P** (Be) 144 Rc 124
Moixent **E** (VAL) 128 Zb 115
Moja **E** (BAR) 65 Be 101
Mojácar **E** (ALM) 155 Ya 126
Mojados **E** (VALL) 56 Vc 100
Mojares **E** (GUA) 59 Xc 102
Mojón, El - **E** (ALI) 143 Zb 121
Mojón, El - **E** (MUR) 142 Za 120
Mojón, El - **E** (PALM) 176 C 3
Mojonar, El - **E** (ALM) 140 Xe 123
Mojonera **E** (ALM) 154 Xe 126
Mojonera, La - **E** (ALM) 154 Xd 125
Mojonera, La **E** (ALM) 162 Xb 128
Mola **E** (ALI) 128 Zb 118
Mola, La **E** (BAL) 99 Da 112
Mola, Sa **E** (BAL) 97 Bd 117
Molá = Molar, el - **E** (TAR) 64 Ae 101
Molacillos **E** (ZAM) 54 Uc 99
Molar, El - **E** (JAÉ) 139 Wf 121
Molar, el - **E** (TAR) 64 Ae 101
Molar, El **E** (MAD) 75 Wc 104
Molar de Arriba **E** (ALB) 112 Yc 113
Molares **E** (HUEL) 133 Tb 121
Molares **P** (Br) 51 Sa 100
Molares, Los - **E** (MUR) 142 Ye 123
Molares, Los - **E** (SEV) 149 Ub 126
Molarico, El - **E** (CAS) 94 Zc 108
Molata, La - **E** (ALB) 126 Xf 116
Molata, La - **E** (MUR) 141 Yd 122
Moldes **E** (COR) 15 Rf 91
Moldes **E** (LEÓ) 17 Ta 93
Moldes **P** (Av) 68 Re 103
Moldones **E** (ZAM) 35 Td 97
Moledo **P** (Li) 100 Qe 113
Moledo **P** (VC) 32 Ra 97
Moledo **P** (Vi) 68 Sa 104
Moleiras **E** (LUG) 5 Se 90
Molelos **P** (Vi) 68 Rf 105
Molers **E** (BAR) 47 Be 95
Moletons, els - **E** (BAR) 65 Bd 99
Molezuelas de la Carballeda **E** (ZAM) 36 Te 96
Molí Assor **E** (CAS) 95 Zd 107
Molí d'Amat **E** (BAR) 66 Ca 99
Molí de Dalt, Es - **E** (BAL) 96 Df 109
Molí d'Espígol **E** (LLE) 46 Ba 98
Molí Galobardas **E** (BAR) 47 Ca 97
Molina **E** (GUA) 77 Ya 103
Molina, La - **E** (AST) 8 Va 89
Molina, la - **E** (BAR) 47 Bf 97
Molina, la - **E** (GIR) 30 Bf 94
Molina de Aragón = Molina **E** (GUA) 77 Ya 103
Molina del Portillo de Busto, La - **E** (BUR) 22 We 92
Molina de Segura **E** (MUR) 142 Ye 120
Molina de Ubierna, La - **E** (BUR) 22 Wc 93
Molinaferrera **E** (LEÓ) 35 Td 94
Molinar **E** (VIZ) 10 Wd 89
Molinar, El - **E** (ALB) 126 Xf 116
Molinar, El - **E** (BAL) 98 Ce 111
Molinar, El - **E** (CAS) 94 Zb 109
Molinas **E** (GIR) 31 Da 94
Molinaseca **E** (LEÓ) 17 Tc 93
Molinell **E** (ALI) 129 Zf 115
Molineras, Las - **E** (GRA) 153 Xb 124
Molinicos **E** (ALB) 126 Xe 118
Molinillo **E** (SAL) 71 Ua 106
Molinillo, El - **E** (GRA) 152 Wd 125
Molinillo, El **E** (CIU) 108 Ve 112
Molinito, El - **E** (TEN) 172 II C 2
Molino **E** (TOL) 109 Wc 112
Molino, El - **E** (ALM) 155 Yb 124
Molino, El - **E** (CUE) 92 Ya 110
Molino, EL **E** (CUE) 77 Ya 106
Molino aceitero de Guerra **E** (CÁD) 157 Ua 129
Molino Alto **E** (ZAR) 61 Zb 100
Molino Berral **E** (SEG) 56 Vd 102
Molino Cega **E** (SEG) 57 Vf 101
Molino Ciudad **E** (ALI) 142 Za 120
Molino de Abajo **E** (ALB) 125 Xb 117
Molino de Abajo **E** (CUE) 93 Yc 109
Molino de Abajo **E** (GUA) 77 Xe 103
Molino de Abajo **E** (TOL) 109 We 111
Molino de Alarcos **E** (CIU) 123 Vf 115
Molino de Almaza **E** (CÁD) 157 Te 130
Molino de Aramundo **E** (JAÉ) 137 Wa 122
Molino de Arjona **E** (SEV) 150 Uf 126
Molino de Arriba **E** (GUA) 58 We 101
Molino de Bartolo **E** (CIU) 124 Wc 117
Molino de Blas **E** (MÁL) 160 Wa 128

Molino de Cabrillas **E** (GUA) 77 Ya 104
Molino de Carbajal **E** (CÁD) 157 Uc 129
Molino de Delio **E** (CIU) 123 Vf 117
Molino de Don Benito **E** (ALB) 112 Yd 113
Molino de Doña Sol **E** (TOL) 109 We 111
Molino de Enmedio **E** (CÁC) 103 Ta 112
Molino de En Medio **E** (GUA) 77 Xe 103
Molino de Enmedio **E** (MÁL) 158 Ue 129
Molino de Gabriel **E** (CÁC) 104 Td 111
Molino de Guzmán **E** (CÓRD) 136 Ue 122
Molino de Javana **E** (MUR) 140 Xe 120
Molino de la Alquería **E** (GRA) 140 Xc 122
Molino de la Cañada **E** (CÓRD) 150 Vb 123
Molino de la Mina de Lápiz **E** (CAN) 21 Ve 90
Molino de Lanas **E** (GRA) 139 Xb 123
Molino de las Ánimas **E** (MUR) 141 Ya 119
Molino de las Ánimas **E** (MUR) 142 Za 122
Molino de la Sargenta **E** (SEV) 149 Ue 124
Molino de las Bojas **E** (ALB) 140 Xd 119
Molino de la Sierna **E** (ZAM) 54 Uc 100
Molino de las Monjas **E** (BAD) 120 Tf 118
Molino de la Torre **E** (CUE) 92 Xf 108
Molino del Barado **E** (SEG) 56 Vd 101
Molino del Blanco **E** (CUE) 110 Xc 111
Molino del Blanquillo **E** (CIU) 124 We 115
Molino del Comendador **E** (CIU) 124 We 115
Molino del Cordobés **E** (SEV) 136 Uf 123
Molino del Corregidor **E** (SEV) 136 Uf 123
Molino del Despeñadero **E** (JAÉ) 137 Vf 123
Molino de Lemos **E** (JAÉ) 138 Wa 120
Molino del Francés **E** (ALB) 111 Xf 113
Molino del Francés **E** (CUE) 111 Ya 112
Molino del Monte **E** (SEV) 135 Ub 121
Molino del Moro **E** (CÁD) 164 Ub 132
Molino del Notario **E** (SEV) 136 Uf 122
Molino de los Agustinos **E** (SEV) 135 Ub 121
Molino de los Álamos **E** (CIU) 124 We 115
Molino de los Frailes **E** (CIU) 123 Wa 117
Molino de los Frailes **E** (SEV) 149 Ud 123
Molino de los Moros **E** (CIU) 124 We 115
Molino de los Muertos **E** (CÁC) 103 Sd 111
Molino de los Piernos **E** (BAD) 103 Se 113
Molino del Prado de la Porca **E** (JAÉ) 139 Xc 119
Molino del Puente **E** (SEV) 149 Uc 124
Molino del Salado **E** (SEV) 157 Ua 127
Molino del Tinte **E** (ALB) 110 Xc 113
Molino de Macayo **E** (CIU) 125 Xb 118
Molino de Manuel García **E** (SEV) 135 Ud 121
Molino de María **E** (CIU) 124 Wd 115
Molino de Marmota **E** (ALB) 111 Ya 113
Molino de Mastral **E** (CÁD) 164 Uc 132
Molino de Medrana **E** (BAD) 118 Sf 118
Molino de Mochinga **E** (GUA) 58 Wf 101
Molino de Morro **E** (BAD) 103 Sf 113
Molino de Osorio **E** (SEV) 150 Va 125
Molino de Panzacola **E** (JAÉ) 138 Wc 119
Molino de Pareja **E** (SEV) 136 Uf 122
Molino de Pavía **E** (SEV) 149 Ue 124
Molino de Pepe **E** (GRA) 161 Wc 128
Molino de Piña **E** (CIU) 124 Wd 115
Molino de Rajamantas **E** (CIU) 125 Xb 117
Molino de Recacha **E** (SEV) 149 Ue 124
Molino de Saladavieja **E** (CÁD) 164 Uc 132
Molino de Serracín **E** (CÁD) 158 Uc 127
Molino de Solera **E** (JAÉ) 138 Wd 122
Molino de Temeroso **E** (SEG) 56 Ve 101
Molino de Valdecañas **E** (SEV) 149 Ue 123
Molino de Valderrama **E** (CÓRD) 136 Va 123
Molino dos Vigas **E** (CÓRD) 136 Va 123
Molino el Batanejo **E** (CUE) 111 Xf 112
Molino El Paredón **E** (SEG) 56 Ve 102
Molino La Calcetera **E** (MUR) 143 Zb 122
Molino Las Vallicas **E** (GRA) 153 We 124
Molino la Zalía **E** (BAD) 120 Tf 117
Molino los Tejos **E** (TOL) 107 Vd 111
Molino Maluca **E** (SEG) 56 Vd 101
Molino Rasma **E** (GRA) 153 Xa 123
Molino Raya **E** (SEV) 149 Ue 126
Molinos **E** (ALI) 128 Za 118
Molinos **E** (CÁD) 165 Uc 132
Molinos **E** (CAS) 95 Ze 110
Molinos **E** (GRA) 151 Wa 125
Molinos **E** (LLE) 28 Af 94
Molinos **E** (MÁL) 158 Ue 128
Molinos **E** (TER) 79 Zd 104
Molinos, Los - **E** (ALM) 154 Xf 125
Molinos, Los - **E** (ALM) 154 Xf 126
Molinos, Los - **E** (ÁVI) 72 Ud 106
Molinos, Los - **E** (BAD) 134 Tf 119
Molinos, Los - **E** (HUES) 27 Ab 94
Molinos, Los - **E** (PALM) 174 I B 3
Molinos, Los - **E** (PALM) 176 D 2
Molinos, Los **E** (MAD) 74 Vf 104
Molinos, Los **E** (TER) 78 Ye 106
Molinos de Duero **E** (SOR) 40 Xb 97
Molinos de la Torrecilla **E** (GRA) 152 Wc 126
Molinos del Papel **E** (CUE) 92 Xf 108
Molinos de Ocón, Los - **E** (RIO) 41 Xe 95
Molinos de Razón **E** (SOR) 41 Xc 97
Molino Sobrao **E** (SAL) 85 Tc 106
Molinos y Sierra **E** (GRA) 153 Xa 125
Molino Tallista **E** (MÁL) 159 Vc 127
Molíns **E** (ALI) 142 Za 120
Molins de Rei **E** (BAR) 65 Ca 100
Molíns de Rey = Molins de Rei **E** (BAR) 65 Ca 100
Molpeceres **E** (VALL) 56 Vf 99
Molsosa, la - **E** (LLE) 47 Bd 98
Molvízar **E** (GRA) 161 Wc 128
Moll **E** (CAS) 80 Zf 105
Molledo **E** (AST) 7 Ub 88
Molledo **E** (CAN) 9 Vf 90
Molledo, El - **E** (TEN) 172 I C 4
Mollerusa = Mollerussa **E** (LLE) 64 Af 99
Mollerussa **E** (LLE) 64 Af 99
Mollet = Mollet de Vallès **E** (BAR) 66 Cb 99
Mollet del Vallès **E** (BAR) 66 Cb 99
Mollet d'Empordà **E** (GIR) 31 Cf 94
Mollina **E** (MÁL) 150 Vc 126
Molló **E** (GIR) 30 Cc 94
Mombeja **P** (Be) 131 Rf 120
Mombeltrán **E** (ÁVI) 88 Uf 107
Momblona **E** (SOR) 59 Xd 100
Mombuey **E** (ZAM) 35 Te 96
Mon, El - **E** (HUES) 45 Ac 95
Monachil **E** (GRA) 152 Wc 126
Monars **E** (TAR) 64 Bb 102
Monasterio **E** (GUA) 76 Wf 103
Monasterio **E** (SOR) 59 Xb 99
Monasterio de Hermo **E** (AST) 17 Tc 91
Monasterio de la Sierra **E** (BUR) 40 We 96
Monasterio del Coto **E** (AST) 17 Tb 90
Monasterio de Rodilla **E** (BUR) 22 Wd 94
Monasterio de Vega **E** (VALL) 37 Ue 95
Monasterioguren **E** (ÁLA) 23 Xc 92
Moncada **E** (VAL) 113 Zd 111
Moncada y Reixach = Montcada i Reixac **E** (BAR) 66 Cb 100
Moncalián **E** (CAN) 10 Wc 88
Moncalvillo **E** (BUR) 40 We 97
Moncalvillo del Huete **E** (CUE) 91 Xb 107
Monção **P** (VC) 32 Rd 96
Moncar **E** (BAD) 118 Sf 118
Moncarapacho **P** (Fa) 145 Sb 126
Moncayo **E** (GRA) 139 Xc 121
Moncayo, El - **E** (ALI) 143 Zc 120
Monclava, La - **E** (SEV) 149 Ue 123
Moncó **E** (AST) 17 Tc 90
Moncófar **E** (CAS) 95 Zf 110
Monchique **P** (Fa) 144 Rc 125
Monchique **P** (Fa) 146 Sb 124
Monda **E** (MÁL) 159 Va 129
Mondariz **E** (PON) 32 Rd 95
Mondariz-Balneario **E** (PON) 32 Rd 95
Mondéjar **E** (GUA) 91 Wf 107
Mondim da Beira **P** (Vi) 69 Sb 102
Mondim de Basto **P** (VR) 51 Sa 100
Mondoñedo **E** (LUG) 4 Sd 88
Mondot **E** (HUES) 45 Aa 95
Mondreganes **E** (LEÓ) 20 Uf 92
Mondriz **E** (LUG) 4 Sd 90
Mondrões **P** (VR) 51 Sb 101
Mondrón **E** (MÁL) 160 Ve 127
Mondújar **E** (GRA) 152 Wc 127
Monegrillo **E** (ZAR) 62 Zd 99
Monegro **E** (CAN) 21 Vf 90
Monells **E** (GIR) 49 Da 97
Moneo **E** (BUR) 22 Wd 91
Mones **E** (AST) 6 Td 87
Mones **E** (AST) 7 Ue 88
Mones **E** (OUR) 34 Sf 94
Monesma **E** (HUES) 45 Aa 97
Monesma de Benabarre **E** (HUES) 45 Ad 95
Monesterio **E** (BAD) 134 Te 120
Moneva **E** (ZAR) 61 Za 102
Monfalcó **E** (HUES) 45 Ad 96
Monfarracinos **E** (ZAM) 54 Ub 99
Monfebres **P** (VR) 52 Sb 100
Monflorido **E** (SAL) 71 Tf 105
Monflorite **E** (HUES) 44 Zd 96
Monforte **P** (Pg) 103 Sd 114
Monforte (Monforte de Lemos) **E** (LUG) 16 Sc 93
Monforte da Beira **P** (CB) 84 Se 110
Monforte de la Sierra **E** (SAL) 71 Tf 106
Monforte del Cid **E** (ALI) 128 Zb 118
Monforte de Moyuela **E** (TER) 61 Yf 102
Monfortinho **P** (CB) 85 Ta 108
Mongat **E** (BAR) 66 Cb 100
Mongat = Montgat **E** (BAR) 66 Cb 100
Mongay **E** (HUES) 45 Ad 96
Mongay = Montgai **E** (LLE) 46 Af 98
Moniello **E** (AST) 7 Ub 87
Moninho **P** (Co) 83 Sa 108
Moninhos Fundeiros **P** (Le) 83 Re 109
Monistrol = Monistrol de Montserrat **E** (BAR) 44 Bf 99
Monistrol d'Anoia **E** (BAR) 65 Be 100
Monistrol de Calders **E** (BAR) 47 Ca 98
Monistrol de Montserrat **E** (BAR) 44 Bf 99
Monja, La - **E** (ALB) 125 Xd 116
Monjas **E** (CIU) 109 Wd 113
Monjas, Las - **E** (SEV) 149 Uc 125
Monjas, Las - **E** (SEV) 150 Uf 126
Monjas, Las - **E** (VAL) 112 Ye 112
Monjas, Las - **E** (VALL) 55 Va 100
Monjía, La - **E** (RIO) 41 Xd 95
Monjos, Los - **E** (ALM) 153 Xb 126
Monleón **E** (SAL) 71 Ua 105
Monleras **E** (SAL) 53 Te 101
Monllat **E** (CAS) 95 Zf 107
Monnaber **E** (BAL) 98 Ce 110
Monnegre de Arriba **E** (ALI) 128 Zc 118
Monóvar **E** (ALI) 128 Zb 118
Monòver = Monóvar **E** (ALI) 128 Zb 118
Monreal **E** (BAD) 121 Ud 115
Monreal **E** (NAV) 25 Yc 92
Monreal de Ariza **E** (ZAR) 59 Xf 101
Monreal del Campo **E** (TER) 78 Yd 104
Monreal del Llano **E** (CUE) 110 Xb 111
Monroy **E** (CÁC) 105 Te 111
Monroyo **E** (TER) 80 Zf 104
Monsagreño **E** (SAL) 70 Tc 104
Monsagro **E** (SAL) 71 Te 105
Monsalbe **E** (BAD) 133 Tc 120
Monsalupe **E** (ÁVI) 73 Vb 104
Monsanto **P** (CB) 85 Sf 108
Monsanto **P** (Sa) 101 Rb 112
Monsaraz **P** (Év) 118 Sd 118
Monsarves **P** (Év) 116 Re 118
Monserrat **E** (VAL) 113 Zc 112
Monsul **P** (Br) 50 Re 99
Montaberner **E** (VAL) 128 Zd 115
Montabliz **E** (CAN) 21 Vf 90
Montagut **E** (GIR) 48 Cd 95
Montagut **E** (LLE) 63 Ad 99
Montalbán **E** (TER) 79 Zb 103
Montalbán de Córdoba **E** (CÓRD) 150 Vb 123
Montalbanejo **E** (CUE) 91 Xd 110
Montalbanes **E** (GRA) 152 Wc 124
Montalbo **E** (CUE) 91 Xb 109
Montalbo en Cameros **E** (RIO) 41 Xd 95
Montalé **E** (LLE) 46 Ba 98
Montalegre **E** (TAR) 65 Bc 100
Montalegre **P** (VR) 33 Sb 98
Montalvana **E** (CAS) 80 Zf 106
Montalvão **P** (Pg) 103 Sc 111
Montalviche **E** (ALM) 140 Xf 122
Montalvo **E** (JAÉ) 139 Xb 120
Montalvo **P** (Be) 132 Sc 122
Montalvo **P** (Be) 132 Sd 120
Montalvo **P** (Sa) 101 Re 112
Montalvos **E** (ALB) 111 Xf 113
Montamarta **E** (ZAM) 54 Ub 99
Montán **E** (CAS) 94 Zc 108
Montánchez **E** 105 Tf 113
Montanchuelos **E** (CIU) 123 Wc 116
Montanejos **E** (CAS) 94 Zc 108
Montanisell = Montanissell **E** (LLE) 46 Bb 95
Montanissell **E** (LLE) 46 Bb 95
Montanuy **E** (HUES) 28 Ae 94
Montanya **E** (BAL) 99 Cf 109
Montanyola = Muntanyola **E** (BAR) 48 Cb 97
Montaña, La - **E** (AST) 5 Tc 88
Montaña, La - **E** (CAN) 9 Vf 89
Montaña, La - **E** (VAL) 113 Zc 114
Montaña Blanca **E** (PALM) 176 C 4
Montaña de la Data **E** (PALM) 174 I C 4
Montaña Hendida **E** (PALM) 175 II D 4
Montañana **E** (HUES) 45 Ae 96
Montañana **E** (ZAR) 62 Zb 98
Montañas, Las - **E** (CÁD) 158 Uc 128
Montañés, El - **E** (ALB) 126 Xe 118
Montañeta, La - **E** (TEN) 172 I C 3
Montañetas, Las - **E** (TEN) 173 III C 2
Montáñez **E** (ALB) 140 Xd 120
Montaos **E** (COR) 15 Rd 90
Montardit **E** (LLE) 28 Ba 94
Montargil **P** (Pg) 102 Re 114
Montargull **E** (LLE) 46 Ba 97
Montargull **E** (TAR) 65 Bc 99
Montaria **P** (VC) 32 Rb 98
Montarrón **E** (GUA) 75 Wf 103
Montaruedo **E** (HUES) 45 Ab 95
Montau **E** (LLE) 46 Bc 95
Montaud **E** (ALI) 129 Zf 117
Montaves **E** (SOR) 41 Xe 96
Montbenidorm **E** (ALI) 129 Zf 117
Montblanc **E** (TAR) 64 Ba 100
Montblanch **E** (BAL) 99 Da 110
Montblanch = Montblanc **E** (TAR) 64 Ba 100
Montblanquet **E** (LLE) 64 Ba 100
Montbò **E** (GIR) 49 Ce 96
Montbrió de la Marca **E** (TAR) 64 Bb 100
Montbrió del Camp **E** (TAR) 64 Ba 102
Montbrió de Tarragona = Montbrió del Camp **E** (TAR) 64 Ba 102
Montcada i Reixac **E** (BAR) 66 Cb 99
Montcalb **E** (LLE) 47 Be 96
Montclar **E** (BAR) 47 Be 96
Montclar d'Orgell **E** (LLE) 46 Ba 97
Montcorbau **E** (LLE) 28 Ae 92
Montcortès **E** (LLE) 28 Ba 95
Mont de Roda **E** (HUES) 45 Ad 95
Mont de São Luís **P** (CB) 84 Sd 109
Monte **E** (AST) 7 Ud 88
Monte **E** (CAN) 10 Wc 89
Monte **E** (COR) 3 Rf 87
Monte **E** (COR) 14 Rb 91
Monte **E** (LUG) 4 Sd 87
Monte **E** (LUG) 16 Sd 90
Monte **E** (LUG) 16 Sd 93
Monte **E** (PON) 144 Rb 96
Monte **P** (Aç) 168 Wc 118
Monte **P** (Av) 67 Rc 104
Monte **P** (Br) 50 Re 98
Monte **P** (Br) 51 Rf 99
Monte, El - **E** (VALL) 55 Uf 102
Monte Abajo **E** (SAL) 72 Ub 104
Monteagudo **E** (ALI) 128 Zb 118
Monteagudo **E** (MUR) 142 Yf 120
Monteagudo **E** (NAV) 42 Yb 97
Monte Agudo **P** (Fa) 146 Sb 126
Monteagudo de las Salinas **E** (CUE) 92 Ya 110
Monteagudo de las Vicarías **E** (SOR) 59 Xe 100
Monteagudo del Castillo **E** (TER) 79 Zb 106
Montealegre **E** (CÁD) 157 Tf 128
Montealegre **E** (VALL) 37 Va 97
Montealegre del Castillo **E** (ALB) 127 Ye 116
Montealto **E** (CÓRD) 135 Ue 122
Monte Alto **E** (CÓRD) 136 Va 122
Monte Alto **E** (CÓRD) 136 Va 123
Monte Alto **E** (VALL) 56 Ve 98
Monte Alto **P** (Be) 100 Sc 123
Monte Alto **P** (Be) 131 Re 122
Monte Alto **P** (Fa) 145 Re 125
Monte Alto **P** (Pg) 102 Sb 114
Monteana **E** (AST) 7 Ub 87
Montearagón **E** (TOL) 88 Vc 109
Monte Arriba **P** (Be) 145 Re 123
Monte Bom **P** (Li) 100 Qd 115
Monte Branco **P** (Be) 132 Sd 120
Monte Branco **P** (Be) 145 Sa 124
Monte Branco **P** (Év) 117 Sb 116
Monte Branco **P** (Év) 117 Sc 117
Monte Branco **P** (Év) 118 Se 116
Monte Branco **P** (Fa) 145 Re 125
Monte Branco da Serra **P** (Be) 132 Se 120
Monte Brito **P** (CB) 84 Sd 109
Monte Brito **P** (Fa) 145 Re 125
Montecal **E** (GIR) 48 Ce 96
Monte Calderón **E** (GUA) 75 Wd 104
Montecelo **E** (LUG) 4 Sd 89
Montecelo **E** (LUG) 16 Sb 91
Montecillo **E** (CAN) 21 Wa 92
Montecillo **E** (VALL) 56 Vd 99
Monte Claro **P** (Pg) 102 Sb 111
Monte Coello **E** (PALM) 174 I D 2
Monte Córdova **P** (Por) 50 Rd 101
Montecorto **E** (MÁL) 158 Ue 128
Montecos **P** (Be) 130 Rc 122
Montecote **E** (CÁD) 164 Tf 131
Montecubeiro **E** (LUG) 4 Se 90
Monte da Azinheira **P** (Év) 118 Sc 118
Monte da Capitoa **P** (Év) 117 Sb 117
Monte da Charneca **P** (Fa) 145 Re 125
Monte D. Adelina **P** (Pg) 102 Sc 111
Monte da Estrada **P** (Év) 117 Sb 115
Monte da Légua **P** (Be) 131 Sa 122
Monte da Meada **P** (Pg) 103 Sd 112
Monte da Ordem **P** (Pg) 117 Rf 115
Monte da Panasqueira **P** (Be) 131 Sa 120
Monte da Pedra **P** (Pg) 102 Sb 112
Monte da Pedra **P** (Se) 116 Rc 118
Monte da Perdigova **P** (Be) 131 Rf 122
Monte das Flores **P** (Év) 103 Sa 117
Monte das Lameiras **P** (CB) 84 Sd 109
Monte das Lameiras **P** (Pg) 102 Sb 112
Monte das Mestras **P** (Be) 145 Rf 124
Monte das Pereiras **P** (Be) 131 Sa 121
Monte das Piçarras **P** (Év) 116 Rc 117
Monte das Sorraias **P** (Be) 131 Sa 123
Monte da Toula **P** (CB) 85 Sf 109
Monte da Velha **P** (Gu) 70 Ta 105
Monte da Velha **P** (Pg) 103 Sc 113
Monte da Vinha **P** (Be) 145 Sa 123
Monte da Vinha **P** (Pg) 102 Rf 114
Monte da Volta **P** (Se) 116 Rc 118
Monte de Argil **P** (Fa) 145 Sb 124
Monte de Baixo Grande **P** (Fa) 146 Sc 125
Monte de Breña **E** (TEN) 171 C 3
Monte de Goula **P** (CB) 84 Sb 109
Monte de las Encinas **E** (MAD) 74 Wa 106
Monte de La Torre **E** (PAL) 38 Vb 97
Monte de los Santos **E** (VAL) 114 Ze 113
Monte de Luna **E** (TEN) 171 C 3
Monte de Mata **E** (VALL) 37 Ue 98
Monte de Matallana **E** (VALL) 37 Va 97
Monte de Meda **E** (LUG) 16 Sc 91
Monte de Orusco, El - **E** (MAD) 90 We 107
Monte de Peñaflor **E** (VALL) 55 Va 98
Montederramo **E** (OUR) 34 Sd 95
Monte de San Lorenzo **E** (VALL) 55 Uf 98
Monte de São João **P** (Be) 131 Re 121
Monte de Viegas **P** (Be) 131 Sa 122
Monte do Barata **P** (CB) 84 Se 110
Monte do Corvo **P** (Be) 131 Sa 123
Monte do Gamito **P** (Pg) 103 Sc 113
Monte do Pereiros **P** (Pg) 102 Sa 112
Monte do Pombo **P** (Pg) 103 Sc 111
Montedor **P** (VC) 32 Ra 98
Monte dos Condes **P** (Sa) 116 Rb 115
Monte dos Frades **P** (Év) 116 Rd 116
Monte dos Francos **P** (Pg) 103 Sd 114
Monte dos Hospitais **P** (Év) 117 Sb 118
Monte dos Leões **P** (Pg) 102 Re 114
Monte dos Matos **P** (Pg) 102 Sb 111
Monte dos Mestres **P** (Be) 131 Sa 123
Monte dos Pernes **P** (Év) 117 Sc 119
Monte dos Poços **P** (Be) 131 Rf 122
Monte do Trigo **P** (Év) 117 Sb 118
Monte dp Bispo **P** (CB) 84 Se 107
Montefaro **E** (COR) 3 Re 87
Monte Fidalgo **P** (CB) 84 Sc 110
Monte Francisco **P** (Fa) 146 Sd 125
Montefrío **E** (GRA) 151 Vf 125
Montefurado **E** (LUG) 34 Se 94
Montegil **E** (SEV) 149 Uc 126
Monte Gordo **P** (CB) 84 Sb 110
Monte Gordo **P** (Fa) 146 Sd 125
Monte Grande **E** (LEÓ) 37 Ud 95
Monte Grande **P** (CB) 84 Sd 110
Monte Grandes **P** (Fa) 144 Rd 125
Monte Grande y San Martín **E** (VALL) 37 Ud 95
Montehermosa **E** (CÁC) 85 Tc 108
Montehermoso **E** (CÁC) 86 Td 108
Monteiras **P** (Vi) 68 Sa 103
Monteiros **P** (Gu) 70 Sf 105
Montejaque **E** (MÁL) 158 Ue 128
Montejícar **E** (GRA) 152 Wc 123
Montejo **E** (SAL) 72 Uc 105
Monte João Dias **P** (Be) 145 Sa 124
Montejo de Arévalo **E** (SEG) 56 Vc 102
Montejo de Bricia **E** (BUR) 21 Wa 91
Montejo de Cebas **E** (BUR) 22 We 92
Montejo de la Sierra **E** (MAD) 75 Wc 102
Montejo de la Vega de la Serrezuela **E** (SEG) 57 Wc 99
Montejo de Tiermes **E** (SOR) 58 We 100
Montejos del Camino **E** (LEÓ) 19 Ub 93
Monte Judeu **P** (Fa) 144 Rb 126
Monte la Reina **E** (ZAM) 54 Ud 99
Montelavar **P** (Li) 115 Qd 115
Montelongo **E** (BAD) 118 Sf 117
Montelongo **E** (COR) 3 Rf 88
Monte Lope Álvarez **E** (JAÉ) 137 Vf 122
Montellá = Montellà de Cadí **E** (LLE) 29 Be 94
Montellà de Cadí **E** (LLE) 29 Be 94
Montellano **E** (SEV) 149 Uc 127
Montemaior **E** (COR) 3 Rc 89
Montemar **E** (MÁL) 159 Vc 129
Monte Margarida **P** (Gu) 70 Sf 106
Montemayor **E** (ALB) 126 Xe 116
Montemayor **E** (CÓRD) 136 Vb 123
Montemayor **E** (VALL) 56 Vd 99
Montemayor del Río **E** (SAL) 86 Ua 106
Montemediano **E** (RIO) 41 Xb 95
Montemolín **E** (BAD) 134 Te 120
Montemolín **E** (SEV) 149 Ud 125
Montemor-o-Novo **P** (Év) 117 Re 117
Montemor-o-Velho **P** (Co) 82 Rb 107
Montemuro **P** (Li) 115 Qe 115
Montenartró **E** (LLE) 29 Bb 94
Montenegral Alto **E** (CÁD) 165 Ud 131
Montenegrelo **P** (VR) 51 Sc 100
Monte Negro **P** (Fa) 145 Sa 126
Montenegro de Ágreda **E** (SOR) 41 Xf 97
Montenegro de Cameros **E** (RIO) 40 Xb 96
Monte Nobre **P** (Be) 131 Sa 122
Monte Nova de Ferradura **P** (Be) 132 Se 121
Monte Novo **P** (Be) 145 Sa 124
Monte Novo **P** (Év) 132 Sc 119
Monte Novo **P** (Fa) 144 Ra 125
Monte Novo **P** (Fa) 144 Rb 124
Monte Novo **P** (Fa) 144 Rb 125
Monte Novo **P** (Gu) 69 Se 106
Monte Novo **P** (Se) 116 Rc 118
Monte Novo das Janelas **P** (Be) 131 Rf 122
Monte Novo de Troviscais **P** (Be) 130 Rb 123
Monte Orenes **E** (CUE) 110 Xd 113
Monte Pequeño **E** (LEÓ) 37 Ud 95
Monte Perobolço **P** (Gu) 70 Ta 105
Monte Picayo **E** (VAL) 95 Ze 111
Monterde **E** (ZAR) 60 Yb 101

Monterde de Albarracín **E** (TER) 78 Yd 105
Monte Real **P** (Le) 82 Ra 109
Monterecos **P** (Pg) 103 Se 113
Monte Redondo **P** (Co) 68 Rd 107
Monte Redondo **P** (Le) 82 Rb 109
Monte Redondo **P** (Li) 100 Qe 114
Monte Redondo **P** (VC) 32 Rd 98
Monte Robledal **E** (MAD) 90 Wf 107
Monteros, Los **E** (MÁL) 159 Va 129
Monterredondo **E** (OUR) 33 Rf 96
Monterrei **E** (OUR) 34 Sd 97
Monterroso **E** (BAD) 118 Ta 117
Monterroso **E** (LUG) 16 Sa 92
Monterrubio **E** (SEG) 74 Vd 103
Monterrubio **E** (ZAM) 35 Td 96
Monterrubio de Armuña **E** (SAL) 72 Uc 102
Monterrubio de Demanda **E** (BUR) 40 Wf 96
Monterrubio de la Serena **E** (BAD) 121 Ud 117
Monterrubio de la Sierra **E** (SAL) 72 Ub 104
Monte Ruivo **P** (Fa) 144 Rb 125
Monte Ruivo **P** (Fa) 145 Rd 124
Montes **E** (BAD) 119 Tc 118
Montes **E** (OUR) 34 Sc 97
Montes **P** (Gu) 70 Sf 105
Montes **P** (Le) 82 Ra 111
Montes, Los - **E** (BAD) 120 Ua 118
Montesa **E** (VAL) 113 Zc 115
Montesalgueiro **E** (COR) 3 Rf 89
Monte San Miguel **E** (HUEL) 133 Tc 121
Montesclado **E** (LLE) 29 Bb 93
Montes-Claros **E** (CÁN) 21 Vf 91
Montes-Claros **E** (CÓRD) 151 Vd 125
Montesclaros **E** (TOL) 88 Va 108
Montes da Senhora **P** (CB) 83 Sb 110
Montes de Alvor **P** (Fa) 144 Rc 126
Montes de Cima **P** (Fa) 144 Rc 125
Montes de Quijada **E** (VALL) 37 Uf 98
Montes de San Benito **E** (HUEL) 133 Sf 122
Montes de Valdueza **E** (LEÓ) 35 Tc 94
Monteseiro **E** (LUG) 5 Ta 90
Montesinos, Los - **E** (ALI) 143 Zb 120
Montes Juntos **P** (Év) 118 Sd 117
Montes Novos **P** (Fa) 145 Sa 125
Montes Novos **P** (Pg) 102 Sc 113
Montesodeto **E** (HUES) 44 Ze 97
Monte Sorromero **E** (HUEL) 133 Tc 122
Montesquiu **E** (BAR) 48 Cb 96
Montesquiu **E** (LLE) 46 Af 95
Montesquiu **E** (LLE) 64 Ba 99
Montesusín **E** (HUES) 44 Zd 97
Monte Torozos **E** (VALL) 55 Va 98
Monte Vasco **P** (Gu) 69 Se 106
Monte Velho **P** (Be) 130 Rd 122
Monte Velho **P** (Be) 131 Sa 123
Monte Velho **P** (Be) 132 Sd 120
Monte Velho **P** (CB) 85 Sf 109
Monteveloso **E** (OUR) 34 Sd 97
Montevil **P** (Se) 116 Rc 118
Montevite **E** (ÁLA) 23 Xa 92
Montez **P** (Le) 82 Ra 111
Montezinho **P** (Ba) 35 Tb 97
Monte Zorros **P** (Fa) 145 Rf 126
Montfalcó d'Agramunt **E** (LLE) 46 Ba 98
Montfalcó el Gros **E** (BAR) 47 Bc 99
Montfalcó Murallat **E** (LLE) 46 Bc 98
Montfar **E** (LLE) 65 Bc 99
Montferrer de Segre **E** (LLE) 29 Bc 94
Montferri **E** (TAR) 65 Bc 101
Montgai **E** (LLE) 46 Af 98
Montgarri **E** (LLE) 28 Ba 92
Montgat **E** (BAR) 66 Cb 100
Montgó **E** (GIR) 49 Db 96
Montiano **E** (BUR) 22 We 90
Montico, El - **E** (AST) 7 Ub 87
Montichelvo **E** (VAL) 128 Zd 115
Montiel **E** (CIU) 125 Xa 116
Montiela, La - **E** (CÓRD) 150 Va 123
Montijo **E** (BAD) 119 Tc 115
Montijo **P** (Se) 115 Ra 116
Montilla **E** (CÓRD) 151 Vc 123
Montillana **E** (GRA) 152 Wb 124
Montillón de Arriba **E** (PON) 15 Rd 93
Montim **P** (Br) 51 Rf 100
Montinho **P** (Be) 130 Rc 123
Montinho **P** (Be) 145 Rf 124
Montinho **P** (Co) 67 Rc 106
Montinho **P** (Fa) 146 Sc 124
Montinho **P** (Fa) 146 Sc 125
Montinho **P** (Pg) 102 Sa 114
Montinho **P** (Pg) 103 Se 113
Montinho **P** (Sa) 101 Rd 115
Montinho **P** (Se) 116 Rb 117
Montinho ale de Camelos **P** (Be) 131 Sa 122
Montinhos **P** (Be) 131 Rf 122
Montinhos da Luz **P** (Fa) 144 Rb 126
Montiró **E** (GIR) 49 Da 96
Montizón **E** (JAÉ) 124 Wf 118
Montjoi **E** (GIR) 31 Db 95
Montlleó **E** (LLE) 47 Bc 99
Montmagastre **E** (LLE) 46 Ba 97
Montmajor **E** (BAR) 47 Be 96
Montmaneu **E** (BAR) 47 Bc 99
Montmany **E** (BAR) 48 Cb 98
Montmeló **E** (BAR) 66 Cb 99
Montmell, el **E** (TAR) 65 Bc 101
Montmesa **E** (HUES) 44 Zc 96
Montnegre **E** (ALI) 128 Zd 118
Montnegre **E** (BAR) 48 Cd 98
Montnegre **E** (GIR) 49 Cf 97
Montoito **P** (Év) 117 Sc 117
Montoliu de Lérida = Montoliu de Lleida **E** (LLE) 63 Ad 99
Montoliu de Lleida **E** (LLE) 63 Ad 99
Montoliu de Segarra **E** (LLE) 64 Bb 99
Montón **E** (ZAR) 60 Yc 101
Montoria **E** (ÁLA) 23 Xb 93
Montornés = Montornès de Segarra **E** (LLE) 64 Bb 99
Montornés del Vallès **E** (BAR) 66 Cb 99
Montornès de Segarra **E** (LLE) 64 Bb 99
Montoro **E** (CÓRD) 137 Vd 120
Montoro de Mezquita **E** (TER) 79 Zc 104
Montoros, Los - **E** (GRA) 162 Wf 127
Montortal **E** (VAL) 113 Zc 113
Montoto **E** (BUR) 21 Wb 93
Montoto de Ojeda **E** (PAL) 20 Vd 92
Montouro **P** (Co) 67 Rc 106
Montouto **E** (LUG) 4 Sc 88
Montouto **P** (Ba) 34 Ta 97
Montovo **E** (AST) 6 Te 89
Montoxo **E** (COR) 3 Sa 87
Montoyas, Los - **E** (ALB) 110 Xd 113
Montpalau **E** (LLE) 47 Bc 99
Montperler **E** (LLE) 64 Ba 99
Montpolt **E** (LLE) 47 Bc 96
Mont-ral **E** (TAR) 64 Ba 101
Mont-ras **E** (GIR) 49 Da 97
Montreal = Mont-ral **E** (TAR) 64 Ba 101
Mont Reals **E** (BAL) 98 Ce 110
Montroig = Mont-roig del Camp **E** (TAR) 64 Af 102
Mont-roig del Camp **E** (TAR) 64 Af 102
Montrondo **E** (LEÓ) 18 Te 91
Mont-ros **E** (LLE) 28 Af 94
Montroy **E** (VAL) 113 Zc 112
Montseny **E** (BAR) 48 Cc 98
Montserrat **E** (BAR) 65 Bf 99
Montsonís **E** (LLE) 46 Ba 97
Montsor **E** (LLE) 46 Af 95
Montuenga **E** (BUR) 39 Wb 96
Montuenga **E** (SEG) 73 Vc 102
Montuenga de Soria **E** (SOR) 59 Xe 101
Montuerto **E** (LEÓ) 19 Ud 91
Montuïri **E** (BAL) 99 Cf 111
Monturque **E** (CÓRD) 150 Vc 124
Monumenta **E** (ZAM) 54 Tf 100
Monzalbarba **E** (ZAR) 43 Za 98
Monzo **E** (COR) 3 Rc 90
Monzón **E** (HUES) 45 Ab 97
Monzón de Campos **E** (PAL) 38 Vd 96
Moñeca **E** (AST) 7 Ub 88
Moñibas **E** (SEG) 73 Vc 103
Moñux **E** (SOR) 59 Xd 99
Mopagán, El - **E** (MÁL) 159 Vb 128
Móra **E** (BAR) 48 Cb 98
Mora **E** (TOL) 108 Wb 110
Mora **P** (Ba) 53 Tc 100
Mora **P** (Sa) 117 Rf 115
Móra, la - **E** (GIR) 49 Cf 96
Mora, La - **E** (HUES) 45 Ac 97
Mora, La - **E** (HUES) 45 Ad 95
Móra, la - **E** (LLE) 46 Bb 99
Mora Baja, La - **E** (ZAR) 25 Ye 94
Morabios, Los - **E** (ALB) 112 Yd 114
Mora Comdal, la - **E** (LLE) 46 Bc 96
Morachel **E** (ALI) 128 Zb 118
Morade **E** (LUG) 16 Sd 93
Móra d'Ebre **E** (TAR) 64 Ad 102
Mora de Ebro = Móra d'Ebre **E** (TAR) 64 Ad 102
Mora de Luna **E** (LEÓ) 18 Ua 92
Mora de Montañana, La - **E** (HUES) 45 Ad 95
Mora de Rubielos **E** (TER) 94 Zb 107
Mora de Santa Quiteria **E** (ALB) 127 Yc 117
Moradillo del Castillo **E** (BUR) 21 Wa 92
Moradillo de Roa **E** (BUR) 57 Wb 99
Moradillo de Sedano **E** (BUR) 22 Wb 92
Morais **P** (Ba) 53 Tb 100
Moral, El - **E** (BAD) 119 Te 118
Moral, El - **E** (MUR) 140 Xe 121
Morala, La - **E** (BAD) 120 Ub 117
Móra la Nova **E** (TAR) 64 Ad 102
Mora la Nueva = Móra la Nova **E** (TAR) 64 Ad 102
Moral de Calatrava **E** (CIU) 124 Wc 116
Moral de Castro **E** (SAL) 71 Tf 103
Moral de Hornúez **E** (SEG) 57 Wc 100
Moral de la Reina **E** (VALL) 37 Uf 97
Moral del Condado **E** (LEÓ) 19 Ud 93
Moral de Órbigo **E** (LEÓ) 18 Ua 94
Moral de Sayago **E** (ZAM) 54 Tf 100
Moraleda de Zafayona **E** (GRA) 151 Wa 125
Moraleja **E** (CÁC) 85 Tc 108
Moraleja, La - **E** (CUE) 92 Xf 107
Moraleja, La - **E** (MAD) 75 Wc 105
Moraleja de Coca **E** (SEG) 56 Vc 102
Moraleja de Cuéllar **E** (SEG) 56 Ve 100
Moraleja de Enmedio **E** (MAD) 89 Wa 107
Moraleja de Huebra **E** (SAL) 71 Ua 104
Moraleja de las Panaderas **E** (VALL) 55 Vb 101
Moraleja del Vino **E** (ZAM) 54 Uc 100
Moraleja de Matacabras **E** (ÁVI) 55 Va 102
Moraleja de Sayago **E** (ZAM) 54 Tf 101
Moralejo **E** (MUR) 140 Xf 121
Moralejo, El - **E** (CUE) 91 Xb 107
Moralejo, El - **E** (GRA) 152 Wd 124
Morales **E** (MÁL) 158 Ue 128
Morales **E** (RIO) 40 Wf 94
Morales **E** (SOR) 58 Xa 100
Morales, Los - **E** (ALB) 111 Xf 114
Morales, Los - **E** (GRA) 151 Wa 127
Morales, Los - **E** (GRA) 161 Wd 128
Morales de Arcediano **E** (LEÓ) 36 Tf 94
Morales de Campos **E** (VALL) 37 Ue 97
Morales del Vino **E** (ZAM) 54 Ub 100
Morales de Rey **E** (ZAM) 36 Ub 96
Morales de Toro **E** (ZAM) 55 Ue 99
Morales de Valverde **E** (ZAM) 36 Ua 97
Morales-Santa María **E** (MÁL) 158 Uf 128
Moralet **E** (ALI) 128 Zc 118
Moralico, El - **E** (JAÉ) 125 Xb 118
Moralina **E** (ZAM) 54 Tf 100
Moralita, La - **E** (SAL) 71 Te 103
Moralzarzal **E** (MAD) 74 Wa 104
Morán **E** (ZAR) 43 Zb 95
Morana, la **E** (LLE) 46 Bb 98
Moranchel **E** (GUA) 76 Xc 104
Morante **E** (BAD) 104 Tb 114
Morañuela **E** (ÁVI) 73 Va 104
Moras **E** (ALM) 154 Xf 126
Morás **E** (LUG) 4 Sd 86
Morasverdes **E** (SAL) 71 Te 105
Morata de Jalón **E** (ZAR) 60 Yd 100
Morata de Jiloca **E** (ZAR) 60 Yc 101
Morata de Tajuña **E** (MAD) 90 Wd 107
Moratalaz **E** (MAD) 75 Wc 106
Moratalla **E** (CÓRD) 135 Ue 122
Moratalla **E** (MUR) 141 Ya 119
Moratilla de Henares **E** (GUA) 76 Xb 102
Moratilla de los Meleros **E** (GUA) 76 Xa 105
Moratinos **E** (PAL) 37 Va 94
Moratones **E** (ZAM) 36 Ua 96
Moraza **E** (BUR) 23 Xb 92
Morcat **E** (HUES) 27 Aa 94
Morcillar, El - **E** (ALB) 126 Xe 118
Morcillo **E** (CÁC) 86 Td 108
Morcillos, Los - **E** (ALB) 110 Xd 114
Morcín = Santa Eulalia **E** (AST) 6 Ua 89
Morconcillo, El - **E** (CÓRD) 121 Ue 118
Morcuera **E** (SOR) 58 We 100
Morche **E** (MÁL) 160 Wa 128
Moreanes **P** (Be) 132 Sc 123
Moreda **E** (AST) 7 Ub 89
Moreda **E** (GRA) 152 We 124
Moreda **E** (LEÓ) 17 Tb 92
Moreda **E** (LUG) 17 Sf 93
Moreda de Álava **E** (ÁLA) 23 Xd 93
Moredo **E** (LUG) 16 Sa 91
Moredo **P** (Ba) 53 Tb 99
Moreia **E** (LLE) 46 Ba 96
Moreira **E** (LUG) 16 Sa 91
Moreira **E** (PON) 15 Rd 92
Moreira **P** (Por) 50 Rc 101
Moreira **P** (VC) 32 Rd 96
Moreira **P** (VR) 52 Sc 100
Moreira de Cima **P** (Vi) 68 Sa 105
Moreira de Cónegos **P** (Br) 50 Rd 100
Moreira de Geraz do Lima **P** (VC) 32 Rb 98
Moreira do Castelo **P** (Br) 51 Rf 100
Moreira do Lima **P** (VC) 32 Rc 98
Moreira do Rei **P** (Br) 51 Rf 100
Moreira do Rei **P** (Gu) 69 Se 104
Moreiras **E** (OUR) 33 Sa 95
Moreiras **P** (VR) 52 Sd 99
Moreiras Grandes **P** (Sa) 101 Rc 111
Moreirinhas **P** (Gu) 69 Se 103
Moreiró **P** (Por) 50 Rb 101
Moreiros **P** (Pg) 103 Sd 114
Morelena **P** (Li) 115 Qe 115
Morelinho **P** (Li) 115 Qd 116
Morell, el - **E** (TAR) 64 Bb 101
Morella **E** (CAS) 80 Zf 105
Morellana **E** (CÓRD) 151 Ve 123
Morella Vell **E** (BAL) 96 Eb 109
Morena **P** (Be) 132 Sb 123
Morena **P** (CB) 85 Sf 110
Morenilla **E** (GUA) 78 Yb 104
Morenos **P** (Fa) 146 Sb 125
Morenos, Los - **E** (ALB) 140 Xd 119
Morenos, Los - **E** (CÓRD) 135 Ud 120
Morenos, Los - **E** (MUR) 142 Ye 122
Moréns **E** (HUES) 28 Ad 94
Morente **E** (CÓRD) 137 Vd 121
Morentin **E** (NAV) 24 Xf 93
Moreños de Camachos, Los - **E** (MUR) 142 Za 122
Morera, La - **E** (BAD) 119 Tc 117
Morera de Montsant, la - **E** (TAR) 64 Af 101
Moreras **E** (CÁC) 85 Ta 109
Moreras **E** (SAL) 54 Ua 102
Moreras, Las - **E** (ALI) 143 Zb 120
Moreras, Las - **E** (MUR) 142 Ye 123
Moreria, La - **E** (BAL) 98 Ce 112
Moreruela de los Infanzones **E** (ZAM) 54 Ub 99
Moreruela de Tábara **E** (ZAM) 36 Ua 98
Morés **E** (ZAR) 60 Yc 100
Moreta, la - **E** (GIR) 47 Ca 96
Morgade **E** (LUG) 16 Sc 93
Morgade **E** (OUR) 33 Sb 96
Morgade **P** (VR) 33 Sb 98
Morgado **P** (Br) 51 Sa 100
Morgado **P** (Sa) 101 Rb 114
Morgovejo **E** (LEÓ) 20 Va 91
Moriana **E** (BUR) 22 Wf 92
Moriana **E** (MUR) 141 Yd 121
Moriles **E** (CÓRD) 150 Vc 124
Morilla **E** (HUES) 45 Aa 97
Morilla de los Oteros **E** (LEÓ) 37 Ud 94
Morillas **E** (ÁLA) 23 Xa 92
Morillas **E** (PON) 15 Rd 93
Morillas de Albánchez, Los - **E** (ALM) 154 Xc 125
Morille **E** (SAL) 72 Ub 104
Morillejo **E** (GUA) 76 Xd 104
Morillo de Monclús **E** (HUES) 27 Ab 94
Morillo de San Pietro **E** (HUES) 27 Aa 94
Morillo de Tou **E** (HUES) 27 Aa 94
Moriñigo **E** (SAL) 72 Ud 103
Moriones **E** (NAV) 25 Yd 93
Moripol **E** (LLE) 47 Be 95
Moriscos **E** (MÁL) 159 Vd 127
Moriscos **E** (SAL) 72 Uc 102
Moriscote **E** (ALB) 126 Xf 117
Morla de la Valdería **E** (LEÓ) 35 Te 95
Mormontelos **E** (OUR) 34 Se 95
Morón de Almazán **E** (SOR) 58 Xd 100
Morón de la Frontera **E** (SEV) 149 Ud 126
Morones, Los - **E** (GRA) 161 We 127
Moronta **E** (SAL) 71 Td 103
Moropeche **E** (ALB) 125 Xd 118
Moror **E** (LLE) 46 Af 96
Moros **E** (ZAR) 60 Yb 100
Morquera **E** (SAL) 55 Ue 102
Morqui **E** (VAL) 129 Ze 115
Morraça **P** (Co) 82 Rc 107
Morrano **E** (HUES) 44 Zf 95
Morredero **E** (LEÓ) 35 Td 94
Morreira **P** (Br) 50 Rd 100
Morriondo **E** (LEÓ) 18 Ua 93
Morro, El - **E** (MAD) 89 Ve 106
Morro del Jable **E** (PALM) 174 II B 5
Morros **P** (Co) 67 Rb 107
Mortágua **P** (Vi) 68 Re 106
Mortais **P** (Pg) 103 Sc 113
Mortazel **P** (Vi) 68 Re 106
Mortera **E** (CAN) 9 Wa 88
Mortera, La - **E** (AST) 5 Tc 89
Morteruelo, El - **E** (ALB) 127 Ye 116
Mortesante **E** (CAN) 10 Wb 89
Morvedre Nou **E** (BAL) 96 Df 109
Mos **E** (LUG) 4 Sc 90
Mos **E** (PON) 32 Rc 95
Mós **P** (Ba) 52 Ta 102
Mós **P** (Br) 50 Rd 98
Mós **P** (Gu) 52 Se 102
Mós **P** (VC) 32 Rb 98
Mosarejos **E** (SOR) 58 Wf 100
Moscardón **E** (TER) 93 Yc 107
Moscari **E** (BAL) 99 Cf 110
Moscas del Páramo **E** (LEÓ) 36 Ub 95
Moscavide **P** (Li) 115 Qf 116
Moscolux **E** (ALM) 154 Xd 127
Moscosa y Gusende **E** (SAL) 54 Tf 102
Moscoso **P** (Br) 51 Sa 99
Mós de Rebordãos **P** (Ba) 53 Tb 98
Mosende **E** (LUG) 4 Sc 86
Mosén Juan **E** (ALI) 128 Zb 117
Moslares de la Vega **E** (PAL) 20 Vb 94
Mosqueira **P** (Fa) 145 Re 126
Mosqueirão **P** (Se) 130 Rc 120
Mosqueres, les - **E** (CAS) 95 Zf 107
Mosqueroles **E** (BAR) 48 Cc 98
Mosqueruela **E** (TER) 79 Zd 106
Mosquete **E** (COR) 14 Ra 93
Mosteirinho **P** (Vi) 68 Re 105
Mosteiro **E** (LUG) 4 Sc 90
Mosteiro **E** (LUG) 17 Ta 90
Mosteiro **E** (OUR) 33 Rf 95
Mosteiro **E** (PON) 144 Rc 95
Mosteiro **P** (Aç) 168 Te 112
Mosteiro **P** (Av) 68 Rc 103
Mosteiro **P** (Ba) 52 Sf 99
Mosteiro **P** (Be) 132 Sb 122
Mosteiro **P** (Br) 51 Rf 99
Mosteiro **P** (CB) 83 Rf 110
Mosteiro **P** (CB) 83 Sa 109
Mosteiro **P** (Le) 83 Re 109
Mosteirô **P** (Vi) 68 Sa 103
Mosteiro **P** (Vi) 69 Sc 103
Mosteiro (Meis) **E** (PON) 14 Rb 93
Mosteiró de Cima **P** (VR) 52 Sd 98
Mosteiro de Fráguas **P** (Vi) 68 Rf 105
Mosteirón **E** (OUR) 15 Sa 93
Mosteiros **E** (LEÓ) 17 Ta 93
Mosteiros **P** (Aç) 170 Zb 121
Mosteiros **P** (Pg) 103 Se 113
Mosteirós **P** (Por) 50 Rb 101
Mosteiros **P** (Sa) 101 Ra 112
Móstoles **E** (MAD) 89 Wa 107
Mosxos **E** (OUR) 34 Sf 96
Mota, la - **E** (GIR) 49 Ce 96
Mota de Altarejos **E** (CUE) 92 Xe 109
Mota del Cuervo **E** (CUE) 110 Xa 112
Mota del Marqués **E** (VALL) 55 Ue 99
Motel del Cisne **E** (ZAR) 61 Yf 99
Mote Vascão **P** (Fa) 146 Sc 123
Motilla del Palancar **E** (CUE) 111 Ya 111
Motilleja **E** (ALB) 111 Yb 113
Motos **E** (GUA) 78 Yc 105
Motril **E** (GRA) 161 Wc 128
Moucide **E** (LUG) 4 Sd 87
Mouços **P** (VR) 51 Sb 101
Moucho **E** (COR) 2 Rc 89
Mougán **E** (LUG) 16 Sc 91
Mougás **E** (PON) 32 Ra 96
Mougueira **P** (CB) 83 Rf 110
Mougueles **P** (Li) 100 Qd 114
Moumis **P** (Vi) 51 Sa 102
Moura **P** (Be) 132 Sd 120
Mourada Serra **P** (Co) 83 Sa 107
Moura Morta **P** (Vi) 68 Sa 103
Moura Morta **P** (VR) 51 Sb 101
Mourão **P** (Ba) 52 Se 101
Mourão **P** (Be) 131 Rf 122
Mourão **P** (Év) 118 Sd 118
Mouraz **P** (Vi) 68 Rf 106
Mourazos **E** (OUR) 34 Sd 97
Moure **P** (Br) 50 Rc 99
Moure **P** (Br) 50 Rd 99
Moure **P** (Br) 50 Re 99
Moure **P** (Por) 51 Re 100
Mourela **P** (CB) 84 Sc 108
Mourelos **E** (LUG) 16 Sb 93
Mourelos **E** (PON) 14 Ra 94
Mourelle **E** (COR) 2 Rb 90
Mourentán **E** (PON) 32 Re 96
Mourigade **E** (PON) 32 Rd 95
Mourilhe **P** (VR) 33 Sa 97
Mourisca **E** (OUR) 34 Sf 95
Mourisca de Baixo **P** (Le) 82 Rb 109
Mouriscados **E** (PON) 144 Rd 95
Mourisca do Vouga **P** (Av) 68 Rd 105
Mouriscas **P** (Sa) 102 Rf 111
Mourisia **P** (Co) 83 Sa 107
Mouriz **P** (Por) 50 Rd 101
Mouromorto **E** (LUG) 16 Sb 91
Mouronho **P** (Co) 83 Rf 107
Moutedo **P** (Av) 68 Rd 105
Moveros **E** (ZAM) 53 Te 99
Movilla **E** (BUR) 22 Wd 93
Moya **E** (CUE) 93 Yd 109
Moya **E** (PALM) 174 I C 2
Moyá = Moià **E** (BAR) 48 Ca 98
Moyaga, La - **E** (HUEL) 146 Sf 125
Moyos **E** (CÁC) 85 Tb 107
Moyuela **E** (ZAR) 61 Za 102
Mozaga **E** (PALM) 176 C 3
Mozaira, La - **E** (VAL) 94 Yf 110
Mózar **E** (ZAM) 36 Ub 97
Mozárbez **E** (SAL) 72 Uc 103
Mozares **E** (BUR) 22 Wc 91
Moz de Celas **P** (Ba) 52 Ta 98
Mozelos **P** (Vi) 68 Sa 104
Mozodiel **E** (SAL) 54 Tf 102
Mozodiel del Camino **E** (SAL) 72 Uc 102
Mozodiel de Sachiñigo **E** (SAL) 72 Ub 102
Mozoncillo **E** (SEG) 56 Ve 102
Mozoncillo de Juarros **E** (BUR) 39 Wc 95
Mozoncillo de Oca **E** (BUR) 40 Wd 94
Mozóndiga **E** (LEÓ) 19 Ub 94
Mozos de Cea **E** (LEÓ) 20 Uf 93
Mozota **E** (ZAR) 61 Yf 100
Mozuelos **E** (BUR) 21 Wb 92
Mria Vinagre **P** (Fa) 144 Rb 124
Múceres **P** (Vi) 68 Rf 105
Mucientes **E** (VALL) 56 Vb 98
Muchachos **E** (SAL) 54 Ua 102
Muchamiel **E** (ALI) 128 Zd 118
Muda **P** (Se) 130 Rb 121
Mudapelos **E** (SEV) 148 Ua 123
Mudarra, La **E** (VALL) 37 Va 98
Mudos, Los - **E** (VAL) 93 Ye 108
Mudrián **E** (SEG) 56 Vd 101
Muduex **E** (GUA) 76 Xa 104
Muel **E** (ZAR) 61 Yf 100
Muela **E** (CÁC) 86 Te 107
Muela, La - **E** (CÁD) 158 Ud 127
Muela, La - **E** (CÁD) 164 Ua 131
Muela, La - **E** (JAÉ) 140 Xd 119
Muela, La - **E** (SOR) 58 Xb 99
Muela, La - **E** (VAL) 113 Za 114
Muela, La **E** (ZAR) 61 Yf 99
Muelas de los Caballeros **E** (ZAM) 35 Te 96
Muelas del Pan **E** (ZAM) 54 Ua 99
Muergas **E** (BUR) 23 Xb 92
Mués **E** (NAV) 24 Xe 93
Muez **E** (NAV) 24 Ya 92
Muga de Alba **E** (ZAM) 54 Tf 98
Muga de Sayago **E** (ZAM) 53 Te 100
Mugardos **E** (COR) 3 Re 88
Mugares **E** (OUR) 145 Sa 95
Muge **P** (Sa) 101 Rb 114
Mugueimes **E** (OUR) 33 Sa 97
Mugueta **E** (NAV) 25 Ye 92
Muguetajarra **E** (NAV) 25 Yd 92
Muguiro **E** (NAV) 24 Ya 91
Muimenta **E** (LUG) 4 Sd 89
Muimenta **E** (OUR) 34 Sd 97
Muimenta **E** (PON) 15 Rc 93
Muimenta **E** (PON) 15 Rf 92
Muiños **E** (OUR) 33 Sa 97
Mujal, el - **E** (BAR) 47 Bf 97
Mujer, La - **E** (ALM) 162 Xb 128
Mula **E** (MUR) 141 Yd 120
Mula Hermosa **E** (GUA) 75 Wf 105
Mulera Bujeos **E** (CÁD) 158 Ud 129
Muleras, Las - **E** (CÓRD) 136 Vb 119
Mulería, La - **E** (ALM) 155 Yb 125
Muller **E** (LLE) 46 Af 98
Muller **E** (LLE) 46 Bb 98
Mullidar **E** (ALB) 126 Ya 117
Muna **P** (Vi) 68 Rf 105
Munain **E** (ÁLA) 23 Xd 91
Munain = Munain **E** (ÁLA) 23 Xd 91
Munárriz **E** (NAV) 24 Ya 92
Muncó **E** (AST) 7 Uc 88
Mundaka **E** (VIZ) 11 Xb 88
Mundão **P** (Vi) 68 Sa 104
Mundilla **E** (BUR) 21 Vf 92
Mundín **E** (OUR) 15 Rf 94
Mundos, Los - **E** (ALM) 154 Xf 124
Mundóval **E** (BUR) 22 Wb 90
Munébrega **E** (ZAR) 60 Yb 101
Munera **E** (ALB) 110 Xc 114
Munera **E** (ALB) 110 Xd 114
Muneta **E** (NAV) 24 Xf 92
Mungia **E** (VIZ) 11 Xa 88
Múnia, la - **E** (BAR) 65 Bd 101
Muniáin **E** (NAV) 24 Ya 92
Muniáin de la Solana **E** (NAV) 24 Xf 93
Munibáñez **E** (ALB) 126 Yc 115

Muniesa **E** (TER) 61 Zb 102
Muniferral **E** (COR) 3 Rf 89
Munilla **E** (BUR) 21 Wb 91
Munilla **E** (RIO) 41 Xe 95
Muntanyola **E** (BAR) 48 Cb 97
Muntells, els - **E** (TAR) 81 Ae 104
Múnter **E** (BAR) 48 Cb 97
Munueras de Arriba **E** (MUR) 140 Ya 121
Muña, La - **E** (JAÉ) 137 Wa 122
Muñana **E** (ÁVI) 73 Uf 105
Muñás **E** (AST) 6 Td 88
Muñeca **E** (PAL) 20 Vb 92
Muñecas **E** (SOR) 40 Wf 98
Muñecas, Las - **E** (LEÓ) 20 Uf 91
Muñera **E** (AST) 7 Uc 89
Múñez **E** (ÁVI) 73 Va 105
Muñico **E** (ÁVI) 73 Uf 104
Muñique **E** (PALM) 176 C 3
Muñis **E** (LUG) 17 Ta 91
Muñó **E** (AST) 7 Uc 88
Muñoces, Los - **E** (MUR) 141 Ye 122
Muñochas **E** (ÁVI) 73 Va 105
Muñogalindo **E** (ÁVI) 73 Va 105
Muñogrande **E** (ÁVI) 73 Va 104
Muñomer del Peco **E** (ÁVI) 73 Va 103
Muñón Cimero **E** (AST) 6 Ua 89
Muñopedro **E** (SEG) 73 Vd 103
Muñopepe **E** (ÁVI) 73 Vb 105
Muñorrodero **E** (CAN) 8 Vd 88
Muñosancho **E** (ÁVI) 73 Uf 103
Muñotello **E** (ÁVI) 73 Uf 105
Muñoveros **E** (SEG) 57 Wa 101
Muñoyerro **E** (ÁVI) 73 Va 104
Muñoz **E** (SAL) 71 Te 104
Mura **E** (BAR) 47 Bf 98
Muras **E** (LUG) 4 Sb 88
Murás **E** (PON) 15 Re 93
Murça **P** (Gu) 52 Se 102
Murça **P** (VR) 52 Sd 100
Murcia **E** (MUR) 142 Yf 121
Murçós **P** (Ba) 52 Ta 98
Murchante **E** (NAV) 42 Yc 96
Murchas **E** (GRA) 152 Wc 127
Murches **P** (Li) 115 Qd 116
Murero **E** (ZAR) 60 Yd 102
Mures **E** (JAÉ) 152 Wb 124
Murga **E** (ÁLA) 23 Wf 90
Murganheira **P** (Co) 83 Rf 107
Murgia **E** (ÁLA) 23 Xb 91
Murgueira **P** (Li) 100 Qe 115
Murguía = Murgia **E** (ÁLA) 23 Xb 91
Muria, La - **E** (HUES) 28 Ad 94
Murias **E** (AST) 6 Tf 88
Murias **E** (AST) 6 Ua 90
Murias **E** (AST) 7 Uc 90
Murias **E** (LUG) 17 Ta 91
Murias **E** (ZAM) 35 Tc 96
Múrias **P** (Ba) 52 Sf 99
Murias de Paredes **E** (LEÓ) 18 Te 91
Murias de Pedredo **E** (LEÓ) 18 Te 94
Muriedas **E** (CAN) 9 Wa 88
Muriel **E** (GUA) 75 We 103
Muriel de la Fuente **E** (SOR) 58 Xa 98
Muriel de Zapardiel **E** (VALL) 55 Va 102
Muriel Viejo **E** (SOR) 40 Xa 98
Muriellos **E** (AST) 5 Tb 89
Muriellos **E** (AST) 6 Ua 90
Murieta **E** (NAV) 24 Xf 93
Murillo **E** (NAV) 24 Ya 92
Murillo-Berroya **E** (NAV) 25 Ye 92
Murillo de Calahorra **E** (RIO) 42 Ya 94
Murillo de Gállego **E** (ZAR) 43 Zb 94
Murillo de las Limas **E** (NAV) 42 Yc 96
Murillo de Lónguida **E** (NAV) 25 Yd 92
Murillo de Río Leza **E** (RIO) 41 Xe 94
Murillo El Cuende **E** (NAV) 42 Yc 94
Murillo el Fruto **E** (NAV) 42 Yd 94
Murla **E** (ALI) 129 Zf 116
Muro **E** (BAL) 99 Da 110
Muro **E** (HUES) 27 Aa 94
Muro **E** (HUES) 27 Zf 94
Muro **P** (CB) 84 Se 108
Muro **P** (Por) 50 Rc 101
Muro de Ágreda **E** (SOR) 42 Ya 98
Muro de Aguas **E** (RIO) 41 Xf 96
Muro del Alcoy **E** (ALI) 128 Zd 116
Muro de Roda **E** (HUES) 27 Ab 94
Muro en Cameros **E** (RIO) 41 Xc 95
Muros (Muros de Nalón) **E** (AST) 6 Tf 87
Muros de Nalón = Muros **E** (AST) 6 Tf 87
Murta **P** (Se) 116 Rb 118
Murta, La - **E** (MUR) 142 Ye 122
Murtales, Los - **E** (HUEL) 134 Td 120
Murtas **E** (GRA) 161 Wf 127
Murtas, Las - **E** (MUR) 141 Ya 119
Murtede **P** (Co) 67 Rc 106
Murteira **P** (Be) 145 Sa 123
Murteira **P** (Li) 100 Qf 113
Murteira **P** (Li) 115 Qe 115
Murteirinha **P** (CB) 83 Sb 110
Murtera, Es - **E** (BAL) 99 Da 110
Murtosa **P** (Av) 67 Rc 104
Murua **E** (ÁLA) 23 Xb 91
Muruarte de Reta **E** (NAV) 24 Yc 92
Muru-Astráin **E** (NAV) 24 Yb 92
Murueta **E** (VIZ) 11 Xb 88
Murugarren **E** (NAV) 24 Xf 92
Muruzabal **E** (NAV) 24 Yb 92
Muruzábal de Andión **E** (NAV) 24 Ya 93
Musara, la -= Mussara, la - **E** (TAR) 64 Ba 101
Musel-Arnao **E** (AST) 7 Ub 87
Museros **E** (VAL) 113 Zd 111
Musgos **P** (Év) 132 Sd 119
Musitu **E** (ÁLA) 23 Xd 92
Mussara, la - **E** (TAR) 64 Ba 101
Músser **E** (LLE) 29 Be 94
Mustio, El - **E** (HUEL) 133 Sf 121
Mutiloa **E** (GUI) 24 Xe 90
Mutilva Baja **E** (NAV) 25 Yc 92
Mutriku **E** (GUI) 11 Xd 89
Muxagata **P** (Gu) 69 Sd 105
Muxagata **P** (Gu) 70 Sf 102
Muxika **E** (VIZ) 11 Xb 89
Muyo, El - **E** (SEG) 58 We 101
Muzqui **E** (NAV) 24 Ya 92
Muzqui-Iriberri **E** (NAV) 25 Yc 93

N

Nabais **P** (Gu) 69 Sc 105
Nabais **P** (Sa) 101 Rb 112
Nabarriz = Navarniz **E** (VIZ) 11 Xc 89
Nabiners **E** (LLE) 29 Bc 95
Nabo **P** (Ba) 52 Sf 101
Nacimiento **E** (ALM) 153 Xc 126
Nacimiento, El **E** (CÓRD) 151 Vd 124
Nacimientos, Los **E** (JAÉ) 138 Wd 123
Nachá **E** (HUES) 45 Ac 97
Nachitua **E** (VIZ) 11 Xc 88
Nadadouro **P** (Le) 100 Qe 112
Nadela **E** (LUG) 16 Sd 91
Naens **E** (LLE) 28 Af 95
Nafarrete **E** (ÁLA) 23 Xb 91
Nafría de Ucero **E** (SOR) 58 Wf 98
Nafría la Llana **E** (SOR) 58 Xb 99
Nagol **AND** 29 Bd 94
Nagore **E** (NAV) 25 Yd 91
Nagosa **P** (Vi) 51 Sc 102
Nagozela **P** (Vi) 68 Rf 106
Nagozelo do Douro **P** (Vi) 52 Sd 101
Naharros **E** (CUE) 91 Xc 108
Naharros **E** (GUA) 58 Xa 102
Naharros de Valdunciel **E** (SAL) 54 Uc 102
Naharros Nuevo **E** (SAL) 72 Uc 103
Nájaras **E** (CÁD) 164 Ua 131
Nájera **E** (RIO) 41 Xb 94
Najurieta **E** (NAV) 25 Yd 92
Nalda **E** (RIO) 41 Xd 94
Nalec **E** (LLE) 64 Ba 99
Nalech = Nalec **E** (LLE) 64 Ba 99
Nambroca **E** (TOL) 89 Wa 110
Namorados **P** (Be) 131 Rf 123
Namorados **P** (Be) 132 Sb 123
Nanclares de Gamboa **E** (ÁLA) 23 Xc 91
Nanclares de Oca = Langraiz Oka **E** (ÁLA) 23 Xb 92
Nande **E** (PON) 32 Rb 96
Nandufe **P** (Vi) 68 Rf 105
Nantes **P** (VR) 52 Sd 98
Nantes de Reis **E** (PON) 15 Rb 94
Napal **E** (NAV) 25 Ye 92
Naquer **E** (JAÉ) 138 Wc 120
Náquera **E** (VAL) 95 Zd 111
Naranco **E** (AST) 6 Ua 88
Naraval **E** (AST) 5 Tc 88
Narbaxa = Narvaja **E** (ÁLA) 23 Xd 91
Narboneta **E** (CUE) 93 Yd 110
Narcué **E** (NAV) 24 Xe 92
Nardues **E** (NAV) 25 Yd 93
Nardues-Andurra **E** (NAV) 25 Ye 92
Naredo de Fenar **E** (LEÓ) 19 Uc 92
Narejos, Los - **E** (MUR) 143 Za 122
Narganes **E** (AST) 8 Vc 88
Narila **E** (GRA) 153 We 127
Nariz **P** (Av) 67 Rc 105
Narla **E** (LUG) 16 Sb 90
Narón **E** (LUG) 16 Sb 92
Narón **E** (LUG) 17 Se 92
Narra, La - **E** (SAL) 54 Ua 102
Narrillos **E** (SAL) 72 Uc 104
Narrillos del Álamo **E** (ÁVI) 72 Ud 105
Narrillos del Rebollar **E** (ÁVI) 73 Va 105
Narrillos de San Leonardo **E** (ÁVI) 73 Vb 104
Narros **E** (SOR) 41 Xe 97
Narros, Los - **E** (ÁVI) 87 Uc 107
Narros de Cuéllar **E** (SEG) 56 Vd 101
Narros del Castillo **E** (ÁVI) 73 Uf 103
Narros del Puerto **E** (ÁVI) 73 Va 105
Narros de Matalayegua **E** (SAL) 71 Ua 104
Narros de Saldueña **E** (ÁVI) 73 Va 103
Narvaja **E** (ÁLA) 23 Xd 91
Narvarte **E** (NAV) 12 Yc 90
Nascedios **P** (Be) 130 Rb 122
Nascedios **P** (Be) 130 Rc 123
Natxitua = Nachitua **E** (VIZ) 11 Xc 88
Nava **E** (AST) 7 Uc 88
Nava **E** (CIU) 109 We 113
Nava **E** (CÓRD) 137 Ve 120
Nava, La - **E** (BAD) 121 Ud 116
Nava, La - **E** (HUEL) 133 Tb 121
Nava, La - **E** (JAÉ) 137 Vf 122
Nava Balbono **E** (HUEL) 133 Tc 121
Navabellida **E** (SOR) 41 Xe 97
Navablanca **E** (ALB) 111 Ya 114
Navabuena **E** (VALL) 37 Va 98
Navacarros **E** (SAL) 72 Ub 106
Navacepeda de Tormes **E** (ÁVI) 87 Ue 106
Navacepedilla de Corneja **E** (ÁVI) 72 Ue 106
Navacerrada **E** (CIU) 122 Vd 116
Navacerrada **E** (MAD) 74 Vf 104
Navaconcejo **E** (CÁC) 86 Ub 107
Nava de Abajo **E** (ALB) 126 Ya 117
Nava de Arévalo **E** (ÁVI) 73 Vb 103
Nava de Arriba **E** (ALB) 126 Ya 116
Nava de Béjar **E** (SAL) 72 Ub 106
Nava de Campana **E** (ALB) 127 Yc 118
Nava de Francia **E** (SAL) 71 Tf 105
Nava de Jadraque, La - **E** (GUA) 58 Wf 102
Nava de la Asunción **E** (SEG) 56 Vd 102
Nava del Barco **E** (ÁVI) 87 Uc 107
Nava de los Caballeros **E** (LEÓ) 19 Ue 93
Nava de los Corchos **E** (CÓRD) 135 Ue 121
Nava de los Oteros **E** (LEÓ) 37 Ud 94
Nava del Rey **E** (VALL) 55 Uf 101
Nava de Pablo **E** (JAÉ) 139 Xb 121
Nava de Ricomalillo, La **E** (TOL) 106 Va 111
Nava de Roa **E** (BUR) 57 Wa 99
Nava de San Pedro **E** (JAÉ) 139 Xa 121
Nava de Santiago, La - **E** (BAD) 104 Tc 114
Nava de Sotrobal **E** (SAL) 72 Ue 103
Nava de Torrijas, La - **E** (TER) 94 Za 109
Navadijos **E** (ÁVI) 73 Uf 106
Navaescurial **E** (ÁVI) 72 Ue 106
Navaestilera **E** (ÁVI) 73 Vb 105
Navafría **E** (LEÓ) 19 Ud 93
Navafría **E** (SEG) 74 Wb 102
Navagallega **E** (SAL) 72 Ub 104
Navahermosa **E** (HUEL) 133 Tc 121
Navahermosa **E** (HUEL) 147 Tb 123
Navahermosa **E** (MÁL) 150 Va 126
Navahermosa **E** (TOL) 107 Vd 111
Navahombela **E** (SAL) 72 Ud 105
Navahonda **E** (SEV) 135 Ub 121
Navais **P** (Por) 50 Rb 100
Navajas **E** (CAS) 94 Zd 109
Navajeda **E** (CAN) 10 Wb 88
Navajún **E** (RIO) 41 Xf 97
Naval **E** (HUES) 45 Aa 95
Navalacruz **E** (ÁVI) 73 Va 106
Navalafuente **E** (MAD) 75 Wb 104
Navalagamella **E** (MAD) 74 Vf 106
Navalcaballo **E** (SOR) 59 Xc 98
Navalcán **E** (JAÉ) 152 Wb 123
Navalcán **E** (TOL) 88 Uf 108
Navalcarnero **E** (MAD) 89 Vf 107
Navalcuervo **E** (CÓRD) 135 Ue 119
Navalengua **E** (ALB) 126 Xe 116
Navaleno **E** (SOR) 40 Xa 97
Navales **E** (SAL) 72 Ud 104
Navalespino **E** (MAD) 74 Ve 105
Navalgrande o Canto del Pico **E** (ÁVI) 73 Vc 105
Navalguijo **E** (ÁVI) 87 Uc 107
Navalho **P** (Ba) 52 Se 100
Navaliego **E** (AST) 7 Uc 89
Navalilla **E** (SEG) 57 Wa 100
Navalmanzano **E** (SEG) 56 Ve 101
Navalmedio de Morales **E** (CIU) 122 Vc 115
Navalmoral **E** (ÁVI) 73 Vb 106
Navalmoral de Béjar **E** (SAL) 72 Ub 106
Navalmoral de la Mata **E** (CÁC) 87 Uc 109
Navalmoralejo **E** (TOL) 87 Uf 110
Navalmorales, Los **E** (TOL) 88 Vc 110
Navalón **E** (CUE) 92 Xe 108
Navalón de Abajo **E** (VAL) 128 Za 115
Navalón de Arriba **E** (VAL) 128 Za 115
Navalonguilla **E** (ÁVI) 87 Ud 107
Navalosa **E** (ÁVI) 73 Va 106
Navaloscuentos **E** (CIU) 109 We 114
Navalperal **E** (SEG) 73 Vc 102
Navalperal de Pinares **E** (ÁVI) 74 Vd 105
Navalperal de Tormes **E** (ÁVI) 87 Ue 106
Navalpino **E** (CIU) 107 Vc 113
Navalpotro **E** (GUA) 76 Xc 103
Navalquejigo **E** (MAD) 74 Vf 105
Navalrincón **E** (CIU) 107 Vd 113
Navalsáuz **E** (ÁVI) 73 Uf 106
Navalsauz **E** (ÁVI) 73 Vb 106
Navalsaz **E** (RIO) 41 Xe 96
Navaltoril **E** (TOL) 107 Vb 111
Navalucillos, Los - **E** (TOL) 107 Vc 110
Navaluenga **E** (ÁVI) 73 Vb 106
Navalvillar de Ibor **E** (CÁC) 106 Ud 111
Navalvillar de Pela **E** (BAD) 106 Ud 114
Navallera **E** (MAD) 74 Wa 105
Navallo **E** (OUR) 34 Se 97
Navamedina **E** (ÁVI) 87 Ud 107
Navamojada **E** (ÁVI) 87 Ud 107
Navamojas **E** (CÁC) 86 Tf 108
Navamorales **E** (SAL) 72 Ud 106
Navamorcuende **E** (TOL) 88 Vb 108
Navamorisca **E** (ÁVI) 72 Uc 106
Navamuel **E** (CAN) 21 Vf 91
Navamuñana **E** (ÁVI) 72 Ud 106
Navamures **E** (ÁVI) 87 Ud 107
Navandrinal **E** (ÁVI) 73 Va 106
Navapalos **E** (SOR) 58 Wf 99
Navaquesera **E** (ÁVI) 73 Va 106
Navarcles **E** (BAR) 47 Bf 98
Navardún **E** (ZAR) 25 Yf 93
Navares **E** (MUR) 141 Ya 120
Navares de Ayuso **E** (SEG) 57 Wb 100
Navares de Enmedio **E** (SEG) 57 Wb 100
Navares de las Cuevas **E** (SEG) 57 Wb 100
Navares y Tejares **E** (MÁL) 158 Uf 128
Navaridas **E** (ÁLA) 23 Xc 93
Navarniz **E** (VIZ) 11 Xc 89
Navarredonda **E** (MAD) 75 Wb 103
Navarredonda **E** (SEV) 150 Uf 126
Navarredonda de Gredos **E** (ÁVI) 88 Uf 106
Navarredonda de la Rinconada **E** (SAL) 71 Tf 105
Navarredonda de Salvatierra **E** (SAL) 72 Ub 105
Navarredondilla **E** (ÁVI) 73 Vb 106
Navarregadilla **E** (ÁVI) 72 Ud 106
Navarrés **E** (VAL) 113 Zb 114
Navarrete **E** (RIO) 23 Xc 94
Navarrete del Río **E** (TER) 78 Ye 103
Navarrevisca **E** (ÁVI) 88 Va 106
Navarri **E** (HUES) 27 Ac 94
Navarro **P** (Be) 131 Sb 122
Navarro, Lo - **E** (MUR) 142 Yf 122
Navarromera **E** (ÁVI) 73 Vc 105
Navarros, Los - **E** (ALM) 153 Xc 126
Navarros, Los - **E** (MUR) 142 Yf 122
Navarros, Los - **E** (PALM) 174 I B 3
Navàs **E** (BAR) 47 Bf 97
Navas **E** (CÁC) 85 Ta 108
Navas **E** (CIU) 121 Va 116
Navas, Las - **E** (CÓRD) 151 Vf 124
Navas, Las - **E** (SEV) 157 Ua 127
Navasa **E** (HUES) 26 Zd 93
Navascués **E** (NAV) 25 Yf 92
Navas de Buitrago, Las - **E** (MAD) 75 Wc 103
Navas de Estena **E** (CIU) 107 Vc 112
Navas de Jadraque **E** (GUA) 58 Wf 102
Navas de Jorquera **E** (ALB) 111 Yb 113
Navas de la Concepción, Las **E** (SEV) 135 Ud 121
Navas del Madroño **E** (CÁC) 104 Tc 111
Navas del Marqués, Las **E** (ÁVI) 74 Vd 105
Navas del Pinar **E** (BUR) 40 We 97
Navas del Rey **E** (MAD) 74 Ve 106
Navas de Oro **E** (SEG) 56 Vd 101
Navas de Quejigal **E** (SAL) 71 Ua 103
Navas de Riofrío **E** (SEG) 74 Vf 103
Navas de San Antonio **E** (SEG) 74 Ve 104
Navas de San Juan **E** (JAÉ) 138 We 119
Navas de Selpillar **E** (CÓRD) 150 Vc 124
Navas de Tolosa **E** (JAÉ) 138 Wc 119
Navasequilla **E** (ÁVI) 87 Ud 106
Navasequilla **E** (CÓRD) 151 Ve 124
Navasfrías **E** (SAL) 85 Tb 107
Navasilla **E** (HUES) 26 Zd 93
Navata **E** (GIR) 49 Cf 95
Navata, La - **E** (MAD) 74 Wa 105
Navatalgordo **E** (ÁVI) 73 Va 106
Navatejares **E** (ÁVI) 87 Uc 106
Navatejera **E** (LEÓ) 19 Uc 93
Navaterrines **E** (SEV) 150 Uf 126
Navatrasierra **E** (CÁC) 106 Ue 111
Nava y Lapa, La - **E** (CÁD) 158 Ud 127
Navayuncosa **E** (MAD) 89 Ve 107
Navaz **E** (NAV) 24 Yb 91
Navazo, El - **E** (CÓRD) 151 Ve 124
Navazos, Los - **E** (CUE) 112 Yc 112
Navazuela, La - **E** (ALB) 126 Xf 117
Navazuelo **E** (CÓRD) 151 Vd 124
Nave **P** (CB) 84 Sc 110
Nave **P** (Fa) 144 Rc 125
Nave **P** (Gu) 70 Ta 106
Naveaus **E** (OUR) 34 Sc 96
Naveda **E** (CAN) 21 Ve 90
Nave de Haver **P** (Gu) 70 Tb 105
Navedo **E** (AST) 5 Tb 88
Nave do Barão **P** (Fa) 145 Rf 125
Nave Fria **P** (Pg) 103 Se 113
Navelgas **E** (AST) 5 Tc 88
Nave Redonda **P** (Be) 144 Rd 124
Nave Redonda **P** (Gu) 70 Ta 103
Naveros, Los **E** (CÁD) 164 Ua 130
Naveros de Pisuerga **E** (PAL) 21 Ve 94
Naves **E** (AST) 8 Va 88
Navès **E** (LLE) 47 Bd 97
Naves **P** (CB) 83 Sb 111
Naves **P** (Gu) 70 Ta 105
Naveta de Baños y Mendigo **E** (MUR) 142 Yf 121
Navezuelas **E** (CÁC) 106 Ud 111
Navia **E** (AST) 5 Tb 87
Navia **E** (PON) 32 Rb 95
Navianos **E** (LEÓ) 36 Ub 95
Navianos de Alba **E** (ZAM) 36 Ua 98
Navianos de Valverde **E** (ZAM) 36 Ub 97
Naviego **E** (AST) 17 Tc 90
Navillas, Las - **E** (TOL) 107 Vd 111
Navió **P** (VC) 50 Rc 98
Navita **E** (SAL) 71 Te 105
Naya, La - **E** (HUEL) 133 Tc 122
Nazar **E** (NAV) 24 Xe 93
Nazaré **P** (Le) 100 Qf 111
Nazaret **E** (MUR) 142 Ye 122
Nazaret **E** (PALM) 176 C 3
Nebreda **E** (BUR) 39 Wc 97
Neca **E** (ALM) 162 Xa 128
Nechite **E** (GRA) 153 Wf 126
Neda **E** (COR) 3 Rf 88
Negales **E** (AST) 7 Uc 88
Negas **P** (Be) 145 Sa 124
Negradas **E** (LUG) 4 Sa 90
Negradas **E** (LUG) 4 Sb 86
Negrales, Los **E** (MAD) 74 Vf 105
Negras, Las - **E** (ALM) 163 Xf 127
Negreda **P** (Ba) 52 Ta 98
Negredo **E** (GUA) 76 Xa 102
Negredo, El - **E** (SEG) 58 We 101
Negreira **E** (COR) 14 Rb 91
Negreiros **P** (Br) 50 Rc 100
Negrelos **E** (PON) 15 Sa 93
Negrelos **P** (Br) 50 Rd 100
Negrilla de Palencia **E** (SAL) 54 Uc 102
Negrillos **E** (SAL) 71 Ua 104
Negrões **P** (Be) 131 Rf 123
Negrões **P** (VR) 33 Sb 98
Negrón **E** (VAL) 93 Yd 108
Negros **E** (PON) 144 Rc 95
Negueira (Negueira de Muñiz) **E** (LUG) 5 Ta 90
Negueruela **E** (RIO) 23 Xa 94
Neguillas **E** (SOR) 59 Xd 100
Neila **E** (BUR) 40 Xa 96
Neila de San Miguel **E** (ÁVI) 72 Uc 106
Neira **E** (LUG) 16 Sd 91
Neirás **E** (LUG) 16 Sc 94
Neiva **P** (VC) 50 Rb 99
Nelas **P** (Vi) 68 Sa 105
Nembro **E** (AST) 7 Ub 87
Nemeño **E** (COR) 2 Ra 89
Nepas **E** (SOR) 59 Xd 99
Nera **E** (AST) 5 Tc 88
Nerga **E** (PON) 32 Rb 95
Neril **E** (HUES) 28 Ad 94
Nerín **E** (HUES) 27 Aa 93
Nerja **E** (MÁL) 160 Wa 128
Nerpio **E** (ALB) 140 Xe 120
Nerva **E** (HUEL) 133 Tc 122
Nesperal **P** (CB) 83 Rf 110
Nespereira **E** (LUG) 16 Sb 91
Nespereira **P** (Br) 50 Re 100
Nespereira **P** (Gu) 69 Sc 105
Nespereira **P** (Por) 50 Re 101
Nespereira **P** (Vi) 51 Re 102
Nestar **E** (PAL) 21 Ve 91
Nestares **E** (CAN) 21 Vf 90
Nestares **E** (RIO) 41 Xc 95
Netos **P** (Co) 82 Rb 107
Netos **P** (Le) 82 Rc 108
Nevà **E** (GIR) 30 Ca 95
Neva, La - **E** (CIU) 123 Wa 118
Neves **P** (Be) 132 Sb 123
Neves, As - **E** (COR) 4 Sa 87
Neves, As **E** (COR) 3 Rf 88
Neves, As **E** (PON) 32 Rd 96
Nevogilde **P** (Br) 50 Rd 99
Nevogilde **P** (Por) 50 Re 101
Nicolases, Los - **E** (MUR) 142 Yf 122
Nicolau **P** (Év) 116 Rc 117
Nicolau **P** (Se) 130 Rc 120
Nidáguila **E** (BUR) 21 Wb 93
Niebla **E** (HUEL) 147 Tb 124
Nieda **E** (AST) 8 Uf 88
Nieles **E** (GRA) 161 We 127
Niembro **E** (AST) 8 Va 88
Nietos, Los - **E** (ALM) 163 Xe 127
Nietos, Los - **E** (MUR) 143 Zb 123
Nieva **E** (SEG) 56 Vd 102
Nieva de Calderuela **E** (SOR) 41 Xe 98
Nieva de Cameros **E** (RIO) 41 Xc 95
Nieves **E** (AST) 7 Ue 89
Nieves, Las - **E** (BAD) 133 Tb 120
Nieves, Las - **E** (TEN) 171 C 2
Nigoi **E** (PON) 15 Rd 93
Nigrán **E** (PON) 32 Rb 96
Nigueiroá **E** (OUR) 33 Sa 96
Nigueiroá **E** (OUR) 145 Sa 97
Nigüelas **E** (GRA) 152 Wc 127
Nigüella **E** (ZAR) 60 Yc 99
Niharra **E** (ÁVI) 73 Va 105
Níjar **E** (ALM) 153 Xc 125
Níjar **E** (ALM) 154 Xe 127
Nine **P** (Br) 50 Rc 100
Ninho do Açor **P** (CB) 84 Sc 109
Niño, El **E** (MUR) 141 Yc 120
Niñodaguia **E** (OUR) 33 Sb 97
Niño Perdido **E** (CAS) 95 Zf 109
Nisa **P** (Pg) 102 Sc 111
Nistal **E** (LEÓ) 36 Tf 94
Nívar **E** (GRA) 152 Wc 125
Niveiro **E** (COR) 14 Rc 90
Noáin **E** (NAV) 25 Yc 92
Noal **E** (COR) 14 Ra 92
Noalejo **E** (JAÉ) 152 Wc 123
Noales **E** (HUES) 28 Ad 94
Noalla **E** (PON) 14 Ra 94
Noarre **E** (LLE) 29 Bb 92
Noblejas **E** (TOL) 90 Wd 109
Noceco **E** (BUR) 22 Wd 90
Noceda **E** (LEÓ) 18 Td 92
Noceda **E** (LUG) 5 Sf 87
Noceda **E** (LUG) 17 Sf 92
Noceda **E** (LUG) 17 Ta 92
Nocedo **E** (BUR) 21 Wb 92
Nocedo **E** (OUR) 33 Sb 97
Nocedo de Curueño **E** (LEÓ) 19 Ud 91
Nocedo de Gordón **E** (LEÓ) 19 Uc 91
Nocedo do Val **E** (OUR) 34 Sd 96
Nocelo da Pena **E** (OUR) 34 Sc 96
Nocellas **E** (HUES) 28 Ac 94
Nocito **E** (HUES) 44 Ze 95
Noche **E** (LUG) 4 Sb 89
Nódalo **E** (SOR) 58 Xb 98
Nodar **E** (LUG) 4 Sa 90
Noez **E** (TOL) 90 Ve 110
Nofuentes **E** (BUR) 22 Wd 91
Nogais, As **E** (LUG) 17 Sf 92
Nogal de las Huertas **E** (PAL) 38 Vc 94
Nogales **E** (BAD) 119 Tb 117
Nogales **E** (CÁC) 104 Te 113
Nogales **E** (MÁL) 151 Vc 127
Nogales de Pisuerga **E** (PAL) 21 Ve 92
Nogar **E** (LEÓ) 35 Tc 95
Nogarejas **E** (LEÓ) 36 Tf 95
Nograles **E** (SOR) 58 Xa 100
Nogueira **E** (COR) 15 Rf 90
Nogueira **P** (Ba) 35 Tb 98
Nogueira **P** (Br) 50 Rd 99
Nogueira **P** (CB) 85 Sf 107
Nogueira **P** (Co) 83 Rf 107
Nogueira **P** (Por) 50 Rc 101
Nogueira **P** (VC) 32 Rb 97
Nogueira **P** (Vi) 69 Sb 104
Nogueira **P** (VR) 51 Sb 101
Nogueira da Montanha **P** (VR) 52 Sd 99

Nogueira da Regedoura **P** (Av) 50 Rc 102
Nogueira de Miño **E** (LUG) 16 Sb 93
Nogueira do Cravo **P** (Av) 68 Rd 103
Nogueira do Cravo **P** (Co) 68 Sa 106
Nogueiras **E** (COR) 3 Re 89
Nogueirinha **P** (Év) 117 Rf 117
Nogueiro **P** (Br) 50 Rd 99
Nogueiroa **E** (OUR) 15 Re 94
Noguera **E** (TER) 78 Yc 106
Noguera, La - **E** (ALB) 126 Xf 117
Nogueras **E** (TER) 61 Yf 102
Nogueras, Las - **E** (JAÉ) 140 Xc 120
Nogueras, Las **E** (VAL) 112 Yf 111
Noguero **E** (HUES) 45 Ad 95
Noguerón, El - **E** (ALB) 125 Xd 117
Noguerones, Los **E** (JAÉ) 137 Ve 122
Nogueruela, La - **E** (CUE) 93 Yc 107
Nogueruelas **E** (JAÉ) 152 Wa 124
Nogueruelas **E** (TER) 94 Zc 107
Nohales **E** (CUE) 92 Xe 108
Noharre **E** (ÁVI) 73 Vb 102
Noheda **E** (CUE) 92 Xe 107
Noia **E** (COR) 14 Ra 92
Noicela **E** (COR) 2 Rc 89
Nolay **E** (SOR) 59 Xd 99
Nombela **E** (TOL) 88 Vd 108
Nombrevilla **E** (ZAR) 61 Yd 102
Nomparedes **E** (SOR) 59 Xe 99
Nonaspe **E** (ZAR) 63 Ab 101
Nonihay **E** (MUR) 141 Yc 122
Noninha **P** (Av) 68 Rf 103
Nora **E** (AST) 6 Ua 88
Nora **P** (Fa) 145 Rd 125
Nora **P** (Fa) 146 Sc 125
Nora, La - **E** (LEÓ) 36 Ub 95
Nordeste **P** (Aç) 170 Zf 122
Nordestinho **P** (Aç) 170 Ze 121
Noreña **E** (AST) 7 Ub 88
Noria **E** (ALM) 154 Xd 126
Noria, La - **E** (GRA) 161 Wf 127
Norias, Las - **E** (ALM) 154 Xf 124
Norias, Las - **E** (ALM) 155 Ya 124
Norias, Las - **E** (ALM) 162 Xb 128
Norias, Las - **E** (CIU) 124 Wc 117
Norias, Las - **E** (ZAR) 43 Yd 97
Noriega **E** (AST) 8 Vc 88
Norieta, La - **E** (CÁD) 157 Tf 128
Norilas, Las - **E** (BAD) 119 Td 118
Norinha **P** (Fa) 144 Rd 125
Noris **E** (LLE) 29 Bc 93
Norte Grande **P** (Aç) 169 Wf 117
Norte Pequeno **P** (Aç) 168 Wb 117
Norte Pequeno **P** (Aç) 169 Wf 117
Nossa Senhora da Boa Fé **P** (Év) 117 Rf 117
Nossa Senhora da Graça do Divor **P** (Év) 117 Sa 117
Nossa Senhora da Graça dos Degolàdos **P** (Pg) 103 Sf 114
Nossa Senhora das Neves **P** (Be) 131 Sb 120
Nossa Senhora da Torega **P** (Év) 117 Rf 118
Nossa Senhora de Machede **P** (Év) 117 Sb 117
Nossa Senhora do Pilar **P** (Aç) 169 Xe 116
Nossa Senhora dos Remedios **P** (Aç) 170 Ze 122
Nostián **E** (COR) 3 Rd 88
Notaez **E** (GRA) 161 We 127
Noudar **P** (Be) 133 Sf 119
Nou de Berguedà, la - **E** (BAR) 48 Bf 95
Nou de Gaià, la - **E** (TAR) 65 Bc 101
Nou de Gayá, la -= Nou de Gaià, la - **E** (TAR) 65 Bc 101
Noudelo **E** (LUG) 17 Ta 91
Noura **P** (VR) 52 Sd 100
Nova de Veiga **P** (VR) 52 Sd 98
Noval **P** (VR) 34 Sc 98
Novales **E** (CAN) 9 Ve 88
Novales **E** (HUES) 44 Ze 96
Novaliches **E** (CAS) 94 Zc 109
Novallas **E** (ZAR) 42 Yb 97
Novalle **E** (HUES) 44 Zc 95
Nova Reguengo Pequeno **P** (Be) 130 Rc 122
Novás **E** (OUR) 33 Sc 97
Novas **P** (Li) 115 Qd 116
Nova Valldemossa **E** (BAL) 98 Cd 110
Novelas **P** (Por) 50 Re 101
Novelda **E** (ALI) 128 Zb 118
Novelda del Guadiana **E** (BAD) 119 Tb 115
Novelé **E** (VAL) 113 Zc 115
Noveleta **E** (NAV) 24 Xf 93
Novella **E** (GUA) 77 Ya 103
Novellaco **E** (ZAR) 25 Ye 94
Novellana **E** (AST) 6 Te 87
Novés **E** (HUES) 26 Zc 93
Novés **E** (TOL) 89 Ve 108
Noves de Segre **E** (LLE) 46 Bc 95
Noviales **E** (SOR) 58 We 100
Noviercas **E** (SOR) 60 Xf 98
Novillas **E** (ZAR) 42 Yd 97
Nóvoa **E** (OUR) 33 Re 95
Nozedo **P** (VR) 52 Sd 99
Nozelos **P** (Ba) 52 Sf 99
Nozelos **P** (Ba) 52 Sf 101
Nozelos **P** (VR) 34 Se 98
Nuarbe **E** (GUI) 12 Xe 90
Nubledo **E** (AST) 6 Ua 87
Nucia, la **E** (ALI) 129 Zf 117
Nueno **E** (HUES) 44 Zd 95
Nueros **E** (TER) 78 Yf 103
Nuestra Señora de la Estrella **E** (BAD) 119 Td 118
Nuestra Señora de las Virtudes **E** (CIU) 124 Wd 117
Nuestra Señora del Rosario **E** (GUI) 24 Xf 90
Nuestra Señora del Valle **E** (BAD) 134 Td 119
Nueva **E** (AST) 8 Va 88
Nueva, La - **E** (AST) 7 Ub 89
Nueva Andalucía **E** (MÁL) 159 Va 129
Nueva Berria **E** (CAN) 10 Wd 88
Nueva Carteya **E** (CÓRD) 151 Vd 123
Nueva Jarilla **E** (CÁD) 157 Tf 128
Nuévalos **E** (ZAR) 60 Yb 101
Nueva Sierra de Madrid **E** (GUA) 91 Xb 107
Nueva Umbría **E** (HUEL) 33 Se 125
Nueva Villa de las Torres **E** (VALL) 55 Uf 101
Nuevo Amatos **E** (SAL) 72 Ud 103
Nuevo Baztán **E** (MAD) 90 We 106
Nuevo Chinchón **E** (MAD) 90 Wd 108
Nuevo Guadiaro **E** (CÁD) 165 Ue 131
Nuevo Riaño **E** (LEÓ) 20 Va 91
Nuevo Rocío **E** (SEV) 148 Tf 126
Nuez **E** (ZAM) 35 Tc 98
Nuez de Abajo, La - **E** (BUR) 21 Wb 94
Nuez de Arriba, La **E** (BUR) 21 Wb 93
Nuez de Ebro **E** (ZAR) 62 Zb 99
Nuin **E** (NAV) 24 Yb 91
Nules **E** (CAS) 95 Zf 109
Nullán **E** (LUG) 17 Sf 92
Nulles **E** (TAR) 64 Bb 101
Numancia de la Sagra **E** (TOL) 89 Wa 108
Numão **P** (Gu) 52 Se 102
Nuncarga **E** (LLE) 46 Bb 96
Nunes **P** (Ba) 34 Ta 98
Nuño Gómez **E** (TOL) 88 Vc 108
Nuñomoral **E** (CÁC) 71 Te 106
Nuzedo **P** (Ba) 34 Sf 97

Ñ

Ñora, La - **E** (MUR) 142 Ye 121
Ñorica, La - **E** (MUR) 141 Yd 122

O

Oasis, El - **E** (JAÉ) 138 Wc 122
Oasis de Maspalomas **E** (PALM) 174 I C 4
Oba **E** (VIZ) 11 Xb 90
Obac, l' - **E** (BAR) 47 Bf 99
Obacs, els - **E** (LLE) 46 Af 96
Obagues, les - **E** (BAR) 65 Bd 100
Obando **E** (BAD) 106 Ud 114
Obando **E** (BAD) 119 Te 116
Obanos **E** (NAV) 24 Yb 92
Obarra **E** (HUES) 28 Ad 94
Obatón **E** (CÓRD) 135 Ud 119
Obécuri **E** (BUR) 23 Xc 93
Obejo **E** (CÓRD) 136 Vb 120
Obeso **E** (CAN) 8 Vd 89
Óbidos **P** (Le) 100 Qf 112
Obiols **E** (BAR) 47 Bf 96
Obispo Hernández o Eras **E** (VAL) 94 Yf 109
Oblanca **E** (LEÓ) 18 Ua 91
Obón **E** (TER) 79 Zb 103
Obona **E** (AST) 6 Td 88
Obra **E** (COR) 15 Rd 91
Obregón **E** (CAN) 9 Wa 88
Observatorio Geofísico **E** (TOL) 107 Vd 111
Ocaña **E** (ALM) 153 Xb 126
Ocaña **E** (TOL) 90 Wd 109
Ocáriz **E** (ÁLA) 23 Xd 91
Ocejo de la Peña **E** (LEÓ) 20 Uf 91
Ocenilla **E** (SOR) 41 Xc 98
Ocentejo **E** (GUA) 77 Xd 104
Oceño **E** (AST) 8 Vb 89
Ocinera **E** (AST) 6 Te 87
Ocio **E** (ÁLA) 23 Xb 93
Oco **E** (ÁVI) 73 Va 105
Oco **E** (NAV) 24 Xe 93
Ocón **E** (RIO) 41 Xe 95
Ocón de Villafranca **E** (BUR) 40 We 94
Ochagavía **E** (NAV) 25 Yf 91
Ochando **E** (SEG) 74 Vd 102
Ochandos, Los - **E** (VAL) 112 Yf 111
Ochánduri **E** (RIO) 23 Wf 93
Ochate **E** (BUR) 23 Xc 92
Ochavillo del Río **E** (CÓRD) 136 Uf 122
Ochíchar **E** (GRA) 152 Wa 126
Ocho Casas **E** (JAÉ) 138 Wc 119
Odeáxere **P** (Fa) 144 Rc 126
Odeceixe **P** (Fa) 144 Rb 124
Odeleite **P** (Fa) 146 Sd 124
Odelouca **P** (Fa) 144 Rd 125
Odemira **P** (Be) 130 Rc 123
Odèn **E** (LLE) 47 Bc 96
Òdena **E** (BAR) 65 Bd 99
Odériz **E** (NAV) 24 Ya 91
Odina **E** (HUES) 45 Aa 97
Odivelas **P** (Be) 131 Rf 120
Odivelas **P** (Li) 115 Qe 116
Odollo **E** (LEÓ) 35 Tc 94
Odón **E** (TER) 78 Yc 103
Odres, Los - **E** (MUR) 140 Xe 120
Oeiras **P** (Li) 115 Qe 116
Oencia **E** (LEÓ) 17 Ta 93
Ofir **P** (Br) 50 Rb 99
Ofra **E** (ALI) 128 Zb 119
Ogarrio **E** (CAN) 10 Wc 89
Ogassa **E** (GIR) 30 Cb 95
Ogern **E** (LLE) 46 Bc 96
Ogíjares **E** (GRA) 152 Wc 126
Ogueta **E** (BUR) 23 Xc 92
Ohanes **E** (ALM) 153 Xb 126
Ohas **P** (Be) 131 Re 120
Oia **E** (PON) 32 Rb 95
Oiã **P** (Av) 67 Rc 105
Oiartzun **E** (GUI) 12 Ya 89
Oimbra **E** (OUR) 34 Sd 97
Oins **E** (COR) 15 Re 91
Oion **E** (ÁLA) 23 Xd 93
Oirán **E** (LUG) 4 Sd 87
Oirás **E** (LUG) 4 Sd 88
Óis da Ribeira **P** (Av) 68 Rc 105
Óis do Bairro **P** (Av) 68 Rd 106
Oitura **E** (ZAR) 43 Ye 98
Oix **E** (GIR) 31 Cd 95
Oiz **E** (NAV) 12 Yb 90
Ojacastro **E** (RIO) 40 Wf 94
Ojeda **E** (BUR) 22 Wc 92
Ojedar **E** (CAN) 10 Wd 89
Ojén **E** (CÁD) 165 Uc 132
Ojén **E** (MÁL) 159 Va 129
Ojós **E** (MUR) 141 Yd 120
Ojos Albos **E** (ÁVI) 73 Vc 104
Ojos de Garza **E** (PALM) 174 I D 3
Ojos Negros **E** (TER) 78 Yd 104
Ojuel **E** (SOR) 59 Xe 98
Ojuelo, El - **E** (ALB) 127 Yc 115
Ojuelo, El - **E** (JAÉ) 139 Xb 119
Ojuelo, El **E** (ALB) 125 Xc 117
Ojuelos, Los - **E** (SEV) 149 Ue 125
Ojuelos Altos **E** (CÓRD) 135 Ud 119
Ojuelos Bajos **E** (CÓRD) 135 Ud 119
Okariz = Ocáriz **E** (ÁLA) 23 Xd 91
Okia = Oquina **E** (ÁLA) 23 Xc 92
Okondo **E** (ÁLA) 11 Wf 90
Ola **E** (HUES) 44 Ze 96
Olabarri = Ollavarre **E** (ÁLA) 23 Xb 92
Olabarrieta **E** (GUI) 23 Xd 90
Olabe **E** (VIZ) 11 Xc 89
Olaberria **E** (GUI) 12 Yb 89
Olaberría **E** (GUI) 24 Xe 90
Olaberria = Olaberría **E** (GUI) 24 Xe 90
Olaeta **E** (ÁLA) 23 Xc 90
Olaia **P** (Sa) 101 Rd 111
Olaiz **E** (NAV) 25 Yc 91
Olaldea, La - **E** (NAV) 25 Ye 91
Olalhas **P** (Sa) 83 Re 111
Olalla **E** (TER) 78 Yf 103
Olapra **E** (ALM) 154 Xc 125
Olarán **E** (GUI) 24 Xe 91
Olaran = Olarán **E** (GUI) 24 Xe 91
Olas **P** (Vi) 52 Se 102
Olave, La - **E** (NAV) 25 Yc 91
Olaverri **E** (NAV) 25 Yd 92
Olazagutía **E** (NAV) 24 Xe 91
Olaz Subiza **E** (NAV) 24 Yc 92
Olba **E** (TER) 94 Zc 108
Olbán = Olvan **E** (BAR) 47 Bf 96
Olcoz **E** (NAV) 24 Yb 93
Oldrões **P** (Por) 50 Re 102
Olea **E** (CAN) 21 Ve 91
Olea de Boedo **E** (PAL) 20 Vd 93
Oledo **P** (CB) 84 Se 109
Oleirinhos **P** (Ba) 35 Tb 97
Oleirita **P** (Év) 117 Sa 116
Oleiros **E** (COR) 15 Sa 91
Oleiros **E** (LUG) 16 Sb 94
Oleiros **E** (LUG) 16 Sd 91
Oleiros **P** (Ba) 35 Ta 97
Oleiros **P** (Br) 50 Rd 99
Oleiros **P** (Br) 50 Rd 100
Oleiros **P** (CB) 83 Sa 109
Oleiros **P** (VC) 32 Rd 98
Oleiros = Santa María de Oleiros **E** (COR) 3 Re 88
Olejua **E** (NAV) 24 Xf 93
Olelas **E** (OUR) 33 Re 97
Olèrdola **E** (BAR) 65 Be 101
Oles **E** (AST) 7 Ud 87
Olesa de Bonesvalls **E** (BAR) 65 Bf 100
Olesa de Montserrat **E** (BAR) 65 Bf 99
Oleta = Olaeta **E** (ÁLA) 23 Xc 90
Olhalvo **P** (Li) 100 Qf 114
Olhão **P** (Fa) 145 Sb 126
Olheirão **P** (CB) 84 Sc 109
Olheiro **P** (Év) 116 Re 117
Olho Marinho **P** (Le) 100 Qe 113
Olhos de Água **P** (Fa) 145 Re 126
Olhos de Água **P** (Se) 115 Ra 117
Oliana **E** (LLE) 46 Bb 96
Olías **E** (GRA) 161 Wd 128
Olías **E** (MÁL) 160 Ve 128
Olías del Rey **E** (TOL) 89 Wa 109
Oliete **E** (TER) 79 Zb 103
Oliola **E** (LLE) 46 Bb 97
Olite **E** (NAV) 25 Yc 94
Olius **E** (LLE) 47 Bd 96
Oliva **E** (VAL) 129 Zf 115
Oliva, La **E** (PALM) 175 II E 2
Oliva de la Frontera **E** (BAD) 118 Ta 119
Oliva de Mérida **E** (BAD) 120 Tf 116
Oliva de Plasencia **E** (CÁC) 86 Tf 108
Olivais **P** (Le) 82 Rb 110
Olivais **P** (Li) 115 Qf 116
Olival **P** (Por) 50 Rc 102
Olival **P** (Sa) 82 Rc 110
Oliván **E** (HUES) 26 Ze 93
Oliván **E** (RIO) 41 Xe 95
Olivar **E** (CÁC) 105 Ua 113
Olivar **E** (GRA) 139 Xc 122
Olivar, El - **E** (GUA) 76 Xb 105
Olivar de Miraval **E** (MAD) 74 Wa 106
Olivarejo **E** (MUR) 141 Yb 119
Olivares **E** (SEV) 148 Tf 124
Olivares, Los - **E** (GRA) 152 Wb 125
Olivares de Duero **E** (VALL) 56 Vd 99
Olivares de Júcar **E** (CUE) 92 Xd 110
Olivars **E** (GIR) 49 Cf 96
Oliveira **E** (COR) 15 Rc 92
Oliveira **P** (Br) 50 Rc 99
Oliveira **P** (Br) 50 Rd 100
Oliveira **P** (Br) 51 Re 99
Oliveira **P** (Por) 51 Re 101
Oliveira **P** (VR) 51 Sb 101
Oliveira (San Mateo) **E** (PON) 32 Rd 96
Oliveira de Azeméis **P** (Av) 68 Rd 103
Oliveira de Barreiros **P** (Vi) 68 Sa 105
Oliveira de Frades **P** (Vi) 68 Re 104
Oliveira do Bairro **P** (Av) 68 Rd 105
Oliveira do Conde **P** (Vi) 68 Sa 106
Oliveira do Douro **P** (Por) 50 Rc 102
Oliveira do Douro **P** (Vi) 51 Rf 102
Oliveira do Hospital **P** (Co) 68 Sa 106
Oliveira do Mondego **P** (Co) 67 Re 107
Oliveiras **P** (Év) 117 Rf 116
Oliveirinha **P** (Av) 67 Rc 105
Oliveirinha **P** (Vi) 68 Sa 106
Olivella **E** (BAR) 65 Be 101
Olivenza **E** (BAD) 118 Sf 116
Olivera, S' - **E** (BAL) 97 Bc 115
Oliverica, La - **E** (ALM) 154 Xf 123
Olives **E** (PON) 15 Rd 92
Olives, les - **E** (GIR) 49 Cf 96
Olives, les - **E** (GIR) 49 Da 96
Olivia, l' - **E** (TAR) 64 Bb 102
Olivillas, Las - **E** (ALM) 153 Xb 125
Olivillas, Las - **E** (JAÉ) 138 Wc 121
Olivos, los - **E** (CAS) 81 Ac 106
Olivos, Los - **E** (SEV) 149 Ud 124
Olmeda, La - **E** (CUE) 93 Ye 109
Olmeda, La - **E** (SOR) 58 Wf 99
Olmeda de Cobeta **E** (GUA) 77 Xe 103
Olmeda de Jadraque, La - **E** (GUA) 59 Xb 102
Olmeda de la Cuesta **E** (CUE) 91 Xd 107
Olmeda de las Fuentes **E** (MAD) 90 We 106
Olmeda del Extremo **E** (GUA) 76 Xb 104
Olmeda del Rey **E** (CUE) 92 Xf 110
Olmedilla **E** (SAL) 71 Ua 104
Olmedilla, La - **E** (VAL) 93 Yf 110
Olmedilla de Alarcón **E** (CUE) 111 Xf 111
Olmedilla de Arcas **E** (CUE) 92 Xf 109
Olmedilla de Éliz **E** (CUE) 92 Xd 107
Olmedilla del Campo **E** (CUE) 91 Xb 108
Olmedillas **E** (GUA) 59 Xc 101
Olmedillas, Las - **E** (CUE) 93 Yd 109
Olmedillo de Roa **E** (BUR) 39 Wa 98
Olmedo **E** (VALL) 56 Vb 101
Olmedo de Camaces **E** (SAL) 70 Tc 103
Olmillo, El - **E** (SEG) 57 Wb 101
Olmillos **E** (SAL) 54 Ua 102
Olmillos **E** (SOR) 58 Wf 99
Olmillos de Castro **E** (ZAM) 54 Ua 98
Olmillos de Muñó **E** (BUR) 39 Wa 95
Olmillos de Sasamón **E** (BUR) 39 Vf 94
Olmillos de Valverde **E** (ZAM) 36 Ub 97
Olmo, El - **E** (SEG) 57 Wc 101
Olmo de la Guareña **E** (ZAM) 55 Ue 102
Olmos **P** (Ba) 52 Ta 100
Olmos, Los - **E** (ALB) 126 Ya 119
Olmos, Los - **E** (GRA) 153 Xb 124
Olmos, Los - **E** (TER) 79 Zc 103
Olmos, Los - **E** (TER) 94 Za 108
Olmosalbos **E** (BUR) 39 Wc 95
Olmos de Atapuerca **E** (BUR) 39 Wc 94
Olmos de Campana, Los - **E** (MUR) 142 Za 122
Olmos de Esgueva **E** (VALL) 56 Vc 98
Olmos de la Picaza **E** (BUR) 21 Wa 94
Olmos de Ojeda **E** (PAL) 20 Vd 92
Olmos de Peñafiel **E** (VALL) 57 Vf 99
Olmos de Pisuerga **E** (PAL) 21 Ve 94
Olo **P** (Por) 51 Rf 101
Olocau **E** (VAL) 94 Zc 110
Olocau del Rey **E** (CAS) 80 Zd 105
Olombrada **E** (SEG) 56 Vf 100
Olóndriz **E** (NAV) 25 Yd 91
Olopte **E** (GIR) 29 Be 94
Olóriz **E** (NAV) 25 Yc 93
Olost **E** (BAR) 48 Ca 97
Olot **E** (GIR) 48 Cc 95
Olp **E** (LLE) 28 Ba 94
Olsón **E** (HUES) 45 Aa 95
Oluges, les **E** (LLE) 46 Bb 98
Oluja = Oluges, les **E** (LLE) 46 Bb 98
Olula de Castro **E** (ALM) 154 Xd 125
Olula del Río **E** (ALM) 154 Xe 124
Olvan **E** (BAR) 47 Bf 96
Olveda **E** (LUG) 16 Sa 92
Olvega **E** (SOR) 60 Ya 98
Olvena **E** (HUES) 45 Ab 96
Olvera **E** (CÁD) 158 Ue 127
Olvés **E** (ZAR) 60 Yc 101
Olza **E** (NAV) 24 Yb 91
Olzinelles **E** (BAR) 48 Cd 99
Olla **E** (ALI) 129 Zf 117
Ollacarizqueta **E** (NAV) 24 Yb 91
Ollares **E** (PON) 15 Re 92
Ollas **E** (JAÉ) 137 Ve 121
Ollauri **E** (RIO) 23 Xb 93
Ollavarre **E** (BUR) 23 Xa 92
Oller, l' - **E** (BAR) 47 Be 98
Olleria, l' **E** (VAL) 113 Zc 115
Ollerías **E** (ÁLA) 23 Xb 91
Olleries, Ses - **E** (BAL) 98 Cf 111
Olleros de Alba **E** (LEÓ) 19 Ub 92
Olleros de Paredes Rubias **E** (PAL) 21 Vf 92
Olleros de Pisuerga **E** (PAL) 21 Ve 92
Olleros de Sabero **E** (LEÓ) 19 Ue 92
Olleros de Tera **E** (ZAM) 36 Tf 97
Ollers **E** (GIR) 49 Ce 96
Ollers **E** (TAR) 64 Bb 100
Olleta **E** (NAV) 25 Yc 93
Ollo **E** (NAV) 24 Ya 91
Ollobarren **E** (NAV) 24 Xf 92
Ollogoyen **E** (NAV) 24 Xf 92
Olloniego **E** (AST) 7 Ub 89
Ollora **E** (RIO) 40 Xa 95
Omañas, Las - **E** (LEÓ) 18 Ua 92
Ombreiro **E** (LUG) 16 Sc 90
Omellons, els - **E** (LLE) 64 Af 99
Omells de Na Gaia, els - **E** (LLE) 64 Ba 99
Omells de Nagaya = Omells de Na Gaia, els - **E** (LLE) 64 Ba 99
Omeñaca **E** (SOR) 41 Xe 98
Omoño **E** (CAN) 10 Wc 88
Onayar **E** (ALM) 162 Xa 127
Onaz **E** (GUI) 12 Xe 90
Oncala **E** (SOR) 41 Xe 97
Oncebreros **E** (ALB) 127 Yd 115
Oncina de Valdoncina **E** (LEÓ) 19 Uc 93
Oncís **E** (HUES) 27 Ab 94
Onda **E** (CAS) 95 Ze 109
Ondara **E** (ALI) 129 Aa 116
Ondarella **E** (ALI) 129 Ze 117
Ondarroa **E** (VIZ) 11 Xd 89
Ongoz **E** (NAV) 25 Ye 92
Onil **E** (ALI) 128 Zb 117
Onitar **E** (GRA) 152 Wc 124
Onón **E** (AST) 7 Ud 87
Onraita **E** (ÁLA) 23 Xd 92
Ons **E** (COR) 14 Rb 91
Onsares **E** (JAÉ) 125 Xc 118
Ontalafia **E** (ALB) 126 Yb 116
Ontalvilla de Valcorba **E** (SOR) 41 Xd 98
Ontaneda **E** (CAN) 9 Wa 89
Onteniente = Ontinyent **E** (VAL) 128 Zc 116
Ontígola **E** (TOL) 90 Wc 108
Ontinar del Salz **E** (ZAR) 43 Zb 97
Ontinyent **E** (VAL) 128 Zc 116
Ontiñena **E** (HUES) 45 Aa 98
Ontón **E** (CAN) 10 We 88
Ontoria **E** (CAN) 9 Ve 89
Ontur **E** (ALB) 127 Yc 117
Onzonilla **E** (LEÓ) 19 Uc 93
Oña **E** (BUR) 22 Wd 92
Oñati **E** (GUI) 23 Xd 90
Oñón **E** (AST) 6 Td 89
Opacua **E** (ÁLA) 23 Xd 92
Opakua = Opacua **E** (ÁLA) 23 Xd 92
Opayar **E** (MÁL) 158 Ue 129
Opeia **P** (Le) 82 Rb 110
Oqueales, Los - **E** (GRA) 152 We 123
Oquendo = Okondo **E** (ÁLA) 11 Wf 90
Oquendos, Los - **E** (ALM) 140 Xf 123
Oquillas **E** (BUR) 39 Wb 98
Oquina **E** (ÁLA) 23 Xc 92
Orada **P** (Be) 132 Sc 120
Orada **P** (Év) 118 Sd 115
Oralla **E** (LEÓ) 18 Td 91
Orán **E** (ALB) 126 Ya 116
Orante **E** (HUES) 26 Zd 93
Orba **E** (ALI) 129 Zf 116
Orbacém **P** (VC) 32 Rb 98
Orbada, La - **E** (SAL) 54 Ud 102
Orbadilla, La - **E** (SAL) 55 Ud 102
Orbaiceta **E** (NAV) 25 Ye 91
Orbaiz **E** (NAV) 25 Yd 92
Orbaneja del Castillo **E** (BUR) 21 Wb 91
Orbaneja-Riópico **E** (BUR) 39 Wc 94
Orbañanos **E** (BUR) 22 We 92
Orbara **E** (NAV) 25 Ye 91
Orbiso **E** (ÁLA) 23 Xd 92
Órbita **E** (ÁVI) 73 Vc 103
Orca **P** (CB) 84 Sd 108
Orcajo **E** (ZAR) 60 Yd 102
Orcau **E** (LLE) 46 Af 96
Orce **E** (GRA) 140 Xd 122
Orcera **E** (JAÉ) 125 Xc 119
Orcheta **E** (ALI) 129 Ze 117
Orchova, La - **E** (CUE) 93 Ye 109
Ordal **E** (BAR) 65 Bf 100
Ordaliego **E** (AST) 7 Uc 89
Ordejón de Abajo o Santa María **E** (BUR) 21 Vf 93
Ordejón de Arriba o San Juan **E** (BUR) 21 Vf 93
Ordejón de Ordunte **E** (BUR) 22 We 90
Ordem **P** (Be) 132 Sb 120
Ordem **P** (Por) 50 Re 101
Ordem **P** (Por) 51 Sa 101
Ordèn **E** (LLE) 29 Be 94
Ordenes = Ordes **E** (COR) 3 Rd 90
Ordes **E** (COR) 3 Rd 90
Ordes **E** (COR) 15 Sa 91
Ordial, El - **E** (GUA) 58 Wf 102
Ordino **AND** 29 Bd 93
Ordins **P** (Por) 50 Rd 102
Ordis **E** (GIR) 49 Cf 95
Ordizia **E** (GUI) 24 Xe 90
Ordoeste **E** (COR) 14 Rb 91
Ordonhe **P** (Av) 67 Rc 102
Ordonho **P** (VR) 51 Sc 101
Ordoñana **E** (ÁLA) 23 Xd 91
Ordovaga **E** (AST) 5 Tc 88
Ordovés **E** (HUES) 26 Zd 94
Ordres, les - **E** (TAR) 65 Bc 100
Orduña **E** (VIZ) 23 Wf 91
Orea **E** (GUA) 78 Yb 105
Oreja **E** (TOL) 90 Wd 108
Oreja = Orexa **E** (GUI) 24 Xf 90
Orejanilla **E** (SEG) 57 Wb 102
Orejo **E** (CAN) 9 Wb 88
Orellana de la Sierra u Orellanita **E** (BAD) 106 Ud 114
Orellana la Vieja **E** (BAD) 106 Uc 114
Orendain **E** (GUI) 24 Xf 90
Orense = Ourense **E** (OUR) 33
Orera **E** (ZAR) 60 Yd 101
Orés **E** (ZAR) 43 Za 95
Orexa **E** (GUI) 24 Xf 90
Orfes **E** (GIR) 49 Cf 95
Organyà **E** (LLE) 46 Bb 95
Orgañá = Organyà **E** (LLE) 46 Bb 95

Orgaz **E** (TOL) 108 Wa 111
Orgéns **P** (Vi) 68 Sa 104
Oria **E** (ALM) 154 Xe 124
Oria **E** (GUI) 12 Xf 89
Oricin **E** (NAV) 25 Yc 93
Orient **E** (BAL) 98 Ce 110
Orihuela **E** (ALI) 142 Za 120
Orihuela del Tremedal **E** (TER) 78 Yc 105
Orillares **E** (SOR) 40 We 98
Orilla y Piñero **E** (MUR) 141 Yc 123
Orille **E** (OUR) 33 Sa 96
Orillena **E** (HUES) 44 Ze 98
Orio **E** (GUI) 12 Xf 89
Oriola **P** (Év) 117 Sa 119
Orís **E** (BAR) 48 Cb 96
Orísoain **E** (NAV) 25 Yc 93
Oristà **E** (BAR) 48 Ca 97
Orito **E** (ALI) 128 Zb 118
Oriz **P** (Br) 32 Rd 98
Orjais **P** (CB) 69 Sd 106
Órjiva **E** (GRA) 161 Wd 127
Orlé **E** (AST) 7 Ue 89
Ormaiztegi **E** (GUI) 24 Xe 90
Ormeche **P** (VR) 51 Sa 98
Orna de Gállego **E** (HUES) 26 Zd 94
Oro, El - **E** (VAL) 113 Za 113
Orones **E** (LEÓ) 19 Ue 91
Oronoz **E** (NAV) 13 Yc 90
Oronz **E** (NAV) 25 Yf 91
Oropesa **E** (TOL) 87 Uf 109
Oroquieta **E** (NAV) 24 Yb 90
Ororbia **E** (NAV) 24 Yb 92
Orosa **E** (LUG) 15 Sa 91
Orós Alto **E** (HUES) 26 Ze 93
Orós Bajo **E** (HUES) 26 Ze 93
Orotava, La **E** (TEN) 173 I D 3
Oroz-Betelu **E** (NAV) 25 Ye 91
Orozqueta **E** (VIZ) 11 Xb 89
Orpesa **E** (CAS) 95 Aa 108
Orpí **E** (BAR) 65 Bd 99
Orradre **E** (NAV) 25 Ye 92
Orrantia **E** (BUR) 10 We 90
Orrio **E** (NAV) 24 Yc 91
Orriols **E** (GIR) 49 Cf 96
Orrios **E** (TER) 79 Za 105
Orrit **E** (LLE) 46 Ae 95
Òrrius **E** (BAR) 66 Cc 99
Ortegas, Los - **E** (CÓRD) 136 Uf 121
Ortegícar **E** (MÁL) 159 Va 127
Ortiga **P** (Sa) 102 Rf 112
Ortiga **P** (Se) 130 Rb 121
Ortigal, El **E** (TEN) 172 I E 3
Ortigosa **E** (RIO) 41 Xb 95
Ortigosa **P** (Le) 82 Ra 110
Ortigosa, La - **E** (HUEL) 133 Tb 120
Ortigosa del Monte **E** (SEG) 74 Ve 103
Ortigosa de Pestaño **E** (SEG) 56 Vd 102
Ortigosa de Rioalmar **E** (ÁVI) 73 Uf 104
Ortigosa de Tormes **E** (ÁVI) 87 Ue 106
Ortigueira **E** (COR) 4 Sa 86
Ortiguera **E** (AST) 5 Tb 87
Ortilla **E** (HUES) 44 Zc 96
Orto **E** (COR) 3 Re 89
Ortuella **E** (VIZ) 10 Wf 89
Oruén **E** (HUES) 26 Zc 94
Oruña **E** (CAN) 9 Wa 88
Orús **E** (HUES) 27 Ze 94
Orusco **E** (MAD) 90 We 107
Orvalho **P** (CB) 84 Sb 108
Orxa, l' **E** (ALI) 129 Ze 115
Orxal **E** (COR) 15 Re 91
Orzales **E** (CAN) 21 Vf 90
Orzola **E** (PALM) 176 D 2
Orzonaga **E** (LEÓ) 19 Uc 91
Osacáin **E** (NAV) 25 Yc 91
Osácar **E** (NAV) 24 Yb 91
Osa de la Vega **E** (CUE) 110 Xb 111
Osán **E** (HUES) 26 Ze 94
Oscáriz **E** (NAV) 25 Yd 92
Oscoz **E** (NAV) 24 Yb 91
Os de Balaguer **E** (LLE) 46 Ae 97
Oseira **E** (OUR) 15 Sa 93
Oseiro **E** (COR) 3 Rd 89
Oseja **E** (ZAR) 60 Yb 99
Oseja de Sajambre **E** (LEÓ) 8 Uf 90
Osera **E** (ZAR) 62 Zc 99
Oset **E** (VAL) 94 Zb 110
Osia **E** (HUES) 26 Zc 94
Osintxu = Mártires, Los - **E** (GUI) 11 Xd 90
Osma **E** (ÁLA) 22 Wf 91
Osma **E** (SOR) 58 Wf 99
Osma **E** (VIZ) 11 Xc 89
Oso, El - **E** (ÁVI) 73 Vb 103
Osona **E** (SOR) 59 Xb 99
Osonilla **E** (SOR) 59 Xb 99
Osor **E** (GIR) 48 Cd 97
Osornillo **E** (PAL) 38 Ve 94
Osorno **E** (PAL) 38 Vd 94
Ossa de Montiel **E** (ALB) 125 Xb 115
Ossela **P** (Av) 68 Rd 104
Ossera **E** (LLE) 47 Bc 95
Ossero, El - **E** (ALB) 125 Xb 115
Osso **E** (HUES) 63 Ab 99
Osso da Baleia **P** (Le) 82 Ra 108
Ossó de Sió **E** (LLE) 46 Ba 98
Ostiz **E** (NAV) 25 Yc 91
Osuna **E** (SEV) 150 Uf 125
Ota **P** (Li) 100 Ra 114
Otal **E** (HUES) 27 Ze 93
Otano **E** (NAV) 25 Yc 92
Otañes **E** (CAN) 10 We 89
Otazu **E** (ÁLA) 23 Xc 91
Oteiza **E** (NAV) 12 Yc 90
Oteiza **E** (NAV) 24 Ya 93
Oteiza **E** (NAV) 24 Yb 91
Oteo **E** (ÁLA) 23 Xd 92
Oteo **E** (BUR) 22 We 90
Oter **E** (GUA) 76 Xd 104
Oterico **E** (LEÓ) 18 Ua 92
Otero **E** (LUG) 4 Sd 89
Otero **E** (SAL) 71 Ua 104
Otero **E** (TOL) 88 Vc 108
Otero, El - **E** (AST) 7 Ud 89
Otero de Bodas **E** (ZAM) 36 Tf 97
Otero de Guardo **E** (PAL) 20 Vb 91
Otero de Herreros **E** (SEG) 74 Ve 104
Otero de las Dueñas **E** (LEÓ) 19 Ub 92
Otero de los Centenos **E** (ZAM) 35 Te 96
Otero de María Asensio **E** (SAL) 72 Uc 103
Otero de Sanabria **E** (ZAM) 35 Tc 96
Otero de Sariegos **E** (ZAM) 36 Uc 98
Otero de Valdetuéjar, El - **E** (LEÓ) 20 Uf 92
Oteros, Los - **E** (CUE) 92 Ya 108
Oteros de Boedo **E** (PAL) 20 Vd 93
Otero Vaciadores **E** (SAL) 72 Ub 103
Oteruelo **E** (RIO) 41 Xe 95
Oteruelo de la Valdoncina **E** (LEÓ) 19 Uc 93
Oteruelo del Valle **E** (MAD) 74 Wa 103
Oteruelos **E** (SOR) 41 Xc 97
Otides **E** (VIZ) 10 Wd 89
Otilla **E** (GUA) 77 Yb 104
Otín **E** (HUES) 44 Zf 95
Otiñano **E** (NAV) 24 Xe 93
Otiñar o Santa Cristina **E** (JAÉ) 138 Wb 122
Otívar **E** (GRA) 161 Wb 128
Oto **E** (HUES) 27 Zf 93
Oto Barren = Hueto Abajo **E** (ÁLA) 23 Xb 91
Oto Goien = Hueto Arriba **E** (ÁLA) 23 Xb 91
Otonel **E** (VAL) 113 Za 113
Otones de Benjumea **E** (SEG) 57 Vf 102
Otos **E** (MUR) 140 Xf 119
Otos **E** (VAL) 128 Zd 115
Otur **E** (AST) 5 Tc 87
Otura **E** (GRA) 152 Wc 126
Otxandio **E** (VIZ) 23 Xc 90
Otzaurte **E** (GUI) 24 Xe 91
Ouca **P** (Av) 67 Rc 105
Ouces **E** (COR) 3 Re 88
Oucidres **P** (VR) 34 Sd 98
Oueluz **P** (Li) 115 Qe 116
Ouguela **P** (Pg) 103 Sf 114
Ouise **E** (TEN) 172 II B 2
Oulego **E** (OUR) 17 Ta 93
Oura **P** (Fa) 145 Re 126
Oura **P** (VR) 51 Sc 99
Oural **E** (LUG) 16 Sd 92
Ourém **P** (Sa) 82 Rc 111
Ourense (Orense) **E** (OUR) 33 Sa 94
Ourenta **P** (Co) 67 Rc 106
Ouría **E** (AST) 5 Sf 88
Ouría **E** (AST) 5 Ta 88
Ourilhe **P** (Br) 51 Rf 100
Ourille **E** (COR) 14 Rb 92
Ourique **P** (Be) 131 Re 123
Ourique (Estaço) **P** (Be) 131 Re 122
Ourol **E** (LUG) 4 Sc 87
Ourondo **P** (CB) 84 Sb 108
Ourozinho **P** (Vi) 69 Sd 103
Ousá **E** (LUG) 4 Sb 90
Ousende **E** (LUG) 16 Sc 93
Ousón **E** (LUG) 17 Sf 91
Outão **P** (Se) 115 Ra 118
Outariz **E** (LUG) 5 Se 90
Outeira **P** (Br) 51 Rf 99
Outeirinho **P** (Br) 50 Rc 100
Outeiro **E** (LUG) 17 Sf 93
Outeiro **P** (Av) 68 Rc 104
Outeiro **P** (Ba) 53 Tc 98
Outeiro **P** (Be) 131 Rf 120
Outeiro **P** (Br) 50 Rb 99
Outeiro **P** (Br) 50 Rd 100
Outeiro **P** (Br) 51 Rf 99
Outeiro **P** (Co) 82 Rb 108
Outeiro **P** (Co) 83 Rf 107
Outeiro **P** (Le) 83 Rd 109
Outeiro **P** (Por) 50 Rb 100
Outeiro **P** (Sa) 117 Rf 115
Outeiro **P** (Se) 115 Qf 117
Outeiro **P** (VC) 32 Rb 97
Outeiro **P** (VC) 32 Rb 98
Outeiro **P** (Vi) 68 Sa 103
Outeiro **P** (VR) 33 Sa 98
Outeiro **P** (VR) 51 Sb 100
Outeiro **P** (VR) 51 Sc 99
Outeiro (Meaño) **E** (PON) 15 Rb 94
Outeiro, O **E** (LUG) 16 Sb 93
Outeiro Cimeiro **P** (Pg) 102 Sa 112
Outeiro da Cabeça **P** (Li) 100 Qe 113
Outeiro da Cortiçada **P** (Sa) 101 Rb 113
Outeiro de Gatos **P** (Gu) 69 Se 103
Outeiro de Rei **E** (LUG) 4 Sc 90
Outeiro do Alho **P** (Pg) 103 Sd 113
Outeiro do Forno **P** (Sa) 101 Re 111
Outeiro Grande **P** (Sa) 101 Rc 111
Outeiro Seco **P** (VR) 34 Sd 98
Outes **E** (COR) 14 Ra 91
Outil **P** (Co) 67 Rc 107
Outiz **P** (Br) 50 Rc 100
Outomuro (Cartelle) **E** (OUR) 33 Rf 95
Ouviaño **E** (LUG) 5 Ta 90
Ouvidor **P** (Se) 116 Rc 118
Ouzande **E** (PON) 15 Rc 92
Ovadas **P** (Vi) 51 Sa 102
Ovana **E** (AST) 7 Ud 89
Ovar **P** (Av) 67 Rc 103
Oveix **E** (LLE) 28 Af 94
Ovejuela **E** (CÁC) 86 Td 107
Ovelhas **P** (Sa) 101 Rc 114
Overuela, La - **E** (VALL) 56 Vb 98
Oviedo (Uviéu) **E** (AST) 6 Ua 88
Ovil **P** (Por) 51 Rf 101
Oville **E** (LEÓ) 19 Ud 91
Oviñana **E** (AST) 6 Te 88
Óvoa **P** (Vi) 68 Rf 106
Oyardo **E** (ÁLA) 23 Xa 91
Oyón = Oion **E** (ÁLA) 23 Xd 93
Oza **E** (COR) 2 Rb 89
Oza (Oza dos Rios) **E** (COR) 3 Re 89
Oza des Ríos = Oza **E** (COR) 3 Re 89
Ozaeta = Ozeta **E** (ÁLA) 23 Xd 91
Ozana **E** (BUR) 23 Xb 92
Ozcoidi **E** (NAV) 25 Ye 92
Ozeca **E** (ÁLA) 22 Wf 90
Ozeta **E** (ÁLA) 23 Xd 91

P

Paca, La **E** (MUR) 141 Yb 121
Pacil **P** (Fa) 144 Rb 125
Pacios **E** (LUG) 4 Sb 89
Pacios **E** (LUG) 4 Sd 89
Pacios **E** (LUG) 5 Sf 90
Pacios **E** (LUG) 16 Sb 94
Pacios **E** (LUG) 16 Sd 92
Pacios (Paradela) **E** (LUG) 16 Sc 92
Pacios de Arriba **E** (LUG) 4 Sd 88
Paciros da Serra **E** (LUG) 17 Sf 93
Paço **P** (Av) 67 Rc 103
Paço **P** (Ba) 34 Ta 97
Paçó **P** (Ba) 53 Tc 101
Paço **P** (Be) 131 Rf 120
Paço **P** (Fa) 145 Rf 125
Paco **P** (Li) 100 Qe 113
Paço **P** (Sa) 101 Rd 111
Paço **P** (VC) 32 Ra 98
Paçó **P** (VC) 32 Rd 98
Paço **P** (Vi) 51 Sc 102
Paço **P** (Vi) 68 Sa 104
Paço de Arcos **P** (Li) 115 Qe 116
Paço de Sórtes **P** (Ba) 53 Tb 98
Paço de Sousa **P** (Por) 50 Rd 102
Paço do Mato **P** (Av) 68 Re 103
Paços **P** (VC) 32 Rc 97
Paços **P** (VC) 33 Re 96
Paços **P** (Vi) 68 Rf 104
Paços da Serra **P** (Gu) 69 Sc 106
Paços de Brandão **P** (Av) 67 Rc 103
Paços de Ferreira **P** (Por) 50 Rd 101
Paços de Gaiolo **P** (Por) 51 Rf 102
Paços de Vilharigues **P** (Vi) 68 Rf 104
Paços Novos **P** (Sa) 101 Rc 114
Paços Velhos **P** (Sa) 101 Rd 114
Paço Vedro de Magalhães **P** (VC) 32 Rd 98
Pacs del Penedès **E** (BAR) 65 Be 100
Pachecas, Las **E** (CIU) 109 Wf 114
Pachecos, Los - **E** (CIU) 109 Wf 114
Pachs = Pacs del Penedès **E** (BAR) 65 Be 100
Padarníu **E** (HUES) 28 Ac 94
Paderne **E** (COR) 3 Re 89
Paderne **P** (Fa) 145 Re 125
Paderne **P** (VC) 32 Re 96
Paderne (Paderne de Allariz) **E** (OUR) 33 Sb 95
Padiernos **E** (ÁVI) 73 Va 105
Padilla de Abajo **E** (BUR) 38 Ve 94
Padilla de Arriba **E** (BUR) 21 Ve 94
Padilla de Duero **E** (VALL) 56 Vf 99
Padilla de Hita **E** (GUA) 76 Xa 103
Padilla del Ducado **E** (GUA) 77 Xd 103
Padim da Graça **P** (Br) 50 Rd 99
Padin **E** (PON) 15 Rc 93
Padornelo **E** (ZAM) 35 Ta 96
Padornelo **P** (VC) 32 Rc 97
Padornelos **P** (VR) 33 Sb 97
Padraira **E** (AST) 5 Ta 89
Padrão **P** (CB) 84 Sc 109
Padrão **P** (CB) 102 Sb 111
Padrão **P** (Év) 118 Sc 117
Padrão **P** (Pg) 102 Rf 113
Padreiro (Santa Cristina) **P** (VC) 32 Rd 98
Padreiro (São Salvador) **P** (VC) 32 Rd 98
Padrela e Tazem **P** (VR) 52 Sd 99
Padrenda **E** (PON) 14 Rb 94
Padrinàs **E** (LLE) 47 Bc 95
Padro **P** (Le) 100 Qf 112
Padrões **P** (VR) 51 Sa 98
Padrón **E** (COR) 14 Rb 92
Padrón **E** (MÁL) 165 Uf 130
Padrón, O - **E** (LUG) 5 Sf 90
Padrona **P** (Be) 144 Rd 123
Padronelo **P** (Por) 51 Rf 101
Padrones de Bureba **E** (BUR) 22 Wc 92
Padróns **E** (PON) 32 Rc 95
Padroso **E** (OUR) 145 Sc 96
Padroso **P** (VC) 32 Rd 97
Padroso **P** (VR) 33 Sb 97
Padrosos **E** (PON) 33 Re 95
Pádua Freixo **P** (Ba) 52 Se 98
Padul **E** (GRA) 152 Wc 126
Padul = Paúl **E** (ÁLA) 23 Xa 92
Padules **E** (ALM) 153 Xb 127
Pagador, El - **E** (PALM) 174 I C 2
Paganes, Los - **E** (MUR) 142 Ye 122
Pago **E** (GRA) 161 Wd 127
Pago Aguilar Bajo **E** (ALM) 154 Xd 126
Pago de Escuchagranos **E** (ALM) 153 Xb 126
Pago del Humo **E** (CÁD) 164 Tf 130
Pago Dulce **E** (SEV) 157 Tf 127
Pagos, Es - **E** (BAL) 99 Da 111
Pahisa d'en Font **E** (BAL) 97 Bb 115
Paiágua **P** (CB) 84 Sb 109
Paialvo **P** (Sa) 101 Rd 111
Paião **P** (Co) 82 Rb 108
Paião **P** (Év) 116 Re 117
Painho **P** (CB) 83 Rf 109
Painho **P** (Li) 100 Qf 113
Painzela **P** (Br) 51 Rf 99
Paiol **P** (Se) 130 Rb 121
Paio Mendes **P** (Sa) 83 Re 110
Paiosaco **E** (COR) 3 Rc 89
Pai Penela **P** (Gu) 69 Se 103
Paiporta **E** (VAL) 113 Zd 112
Paitrossos **E** (TAR) 81 Ad 104
Pajanosas, Las **E** (SEV) 148 Tf 123
Pájara **E** (PALM) 175 II D 3
Pájara **E** (TEN) 173 I E 4
Pajar de Celedonio Morales **E** (TOL) 88 Vc 107
Pajarejos **E** (ÁVI) 72 Ue 105
Pajarejos **E** (SEG) 57 Wc 100
Pajares **E** (AST) 19 Ub 90
Pajares **E** (CUE) 92 Xe 107
Pajares **E** (GUA) 76 Xb 104
Pajares **E** (RIO) 41 Xc 96
Pajares **E** (VALL) 37 Ue 96
Pajares, Los **E** (SAL) 71 Ua 105
Pajares, Los **E** (VAL) 93 Ye 108
Pajares de Adaja **E** (ÁVI) 73 Vc 103
Pajares de Calmarza **E** (ZAR) 60 Ya 101
Pajares de Fresno **E** (SEG) 57 Wd 100
Pajares de la Laguna **E** (SAL) 54 Uc 102
Pajares de la Lampreana **E** (ZAM) 54 Ub 98
Pajares de la Rivera **E** (CÁC) 86 Td 109
Pajares de los Marañones **E** (ÁVI) 88 Vb 107
Pajares de los Oteros **E** (LEÓ) 37 Ud 95
Pajares de Pedraza **E** (SEG) 57 Wa 102
Pajares de San Pedrillo el Raso, Los - **E** (CÁC) 86 Te 108
Pajarito **E** (CÓRD) 150 Vb 124
Pajarón **E** (CUE) 93 Yb 109
Pajaroncillo **E** (CUE) 93 Yb 109
Pajazo, El - **E** (TER) 79 Za 104
Pajeros, Los - **E** (HUEL) 133 Sf 122
Pajonal Abajo **E** (BAD) 104 Td 114
Pajuelas **E** (SAL) 71 Ua 104
Pal **AND** 29 Bc 93
Pala **P** (Gu) 70 Sf 104
Pala **P** (Vi) 68 Re 106
Palacés, El - **E** (ALM) 154 Xf 124
Palacinos **E** (SAL) 54 Ua 102
Palacio **E** (ÁVI) 73 Va 105
Palacio **E** (CAN) 10 We 89
Palacio de Castronuevo **E** (ÁVI) 73 Uf 103
Palacio de Doñana **E** (HUEL) 148 Td 127
Palacio de La Bobadilla **E** (TOL) 87 Ue 108
Palacio de la Ribera **E** (CIU) 122 Vb 115
Palacio del Rey **E** (HUEL) 148 Td 126
Palacio de Milla **E** (MAD) 89 Vf 106
Palacio de Revilla **E** (ÁVI) 72 Uf 105
Palacio de San Pedro **E** (SOR) 41 Xe 96
Palacio de Torío **E** (LEÓ) 19 Uc 92
Palacio de Valdellorma **E** (LEÓ) 19 Ue 92
Palacio Quemado **E** (BAD) 119 Te 116
Palacios **E** (SAL) 70 Tc 105
Palácios **P** (Ba) 35 Tc 98
Palacios, Los - **E** (MUR) 141 Yd 121
Palacios de Becedas **E** (ÁVI) 72 Uc 106
Palacios de Benaver **E** (BUR) 39 Wa 94
Palacios de Campos **E** (VALL) 37 Va 97
Palacios de Compludo **E** (LEÓ) 35 Td 94
Palacios de Corneja **E** (ÁVI) 72 Ud 106
Palacios de Fontecha **E** (LEÓ) 36 Uc 94
Palacios de Goda **E** (ÁVI) 56 Vb 102
Palacios de Jamuz **E** (LEÓ) 36 Tf 95
Palacios del Alcor **E** (PAL) 38 Vd 95
Palacios del Arzobispo **E** (SAL) 54 Ua 101
Palacios de la Sierra **E** (BUR) 40 Wf 97
Palacios de la Valduerna **E** (LEÓ) 36 Ua 95
Palacios del Pan **E** (ZAM) 54 Ua 99
Palacios del Sil **E** (LEÓ) 18 Td 91
Palacios de Riopisuerga **E** (BUR) 38 Ve 94
Palacios de Rueda **E** (LEÓ) 19 Uf 92
Palacios de Salvatierra **E** (SAL) 72 Ub 105
Palacios de Sanabria **E** (ZAM) 35 Tc 96
Palaciosmil **E** (LEÓ) 18 Tf 92
Palacios Rubios **E** (ÁVI) 73 Vb 102
Palaciosrubios **E** (SAL) 72 Ue 102
Palacios y Villafranca, Los **E** (SEV) 148 Ua 126
Palaçoulo **P** (Ba) 53 Td 100
Palà de Torroella, el - **E** (BAR) 47 Be 97
Paladín **E** (LEÓ) 18 Ua 92
Palafolls **E** (BAR) 49 Ce 98
Palafrugell **E** (GIR) 49 Db 97
Palagret **E** (GIR) 49 Cf 96
Palamós **E** (GIR) 49 Da 97
Palancar **E** (GRA) 151 Ve 125
Palancar **E** (SEV) 149 Uc 127
Palancares **E** (GUA) 58 We 102
Palanco **E** (HUEL) 147 Tb 123
Palanques **E** (CAS) 80 Ze 104
Palanquinos **E** (LEÓ) 19 Uc 94
Palas **E** (MUR) 142 Ye 123
Palas de Rei **E** (LUG) 16 Sa 91
Palauborrell **E** (GIR) 49 Da 96
Palau d'Anglesola, el **E** (LLE) 46 Af 99
Palaudàries **E** (BAR) 48 Cb 99
Palau de Anglesola = Palau d'Anglesola, el - **E** (LLE) 46 Af 99
Palau de Noguera **E** (LLE) 46 Af 96
Palau de Plegamans **E** (BAR) 48 Cb 99
Palau de Rialb **E** (LLE) 46 Bb 96
Palau de Santa Eulàlia **E** (GIR) 49 Cf 95
Palau-Sabardera = Palau-savardera **E** (GIR) 31 Da 95
Palau-sacosta **E** (GIR) 49 Ce 97
Palau-sator **E** (GIR) 49 Da 97
Palau-saverdera **E** (GIR) 31 Da 95
Palau-surroca **E** (GIR) 31 Cf 95
Palazuelo **E** (BAD) 105 Ub 114
Palazuelo de Boñar **E** (LEÓ) 19 Ue 92
Palazuelo de Eslonza **E** (LEÓ) 19 Ud 93
Palazuelo de las Cuevas **E** (ZAM) 35 Te 98
Palazuelo de la Valcueva **E** (LEÓ) 19 Ud 91
Palazuelo de Sayago **E** (ZAM) 53 Te 100
Palazuelo de Torío **E** (LEÓ) 19 Uc 92
Palazuelo de Vedija **E** (VALL) 37 Uf 97
Palazuelo-Empalme **E** (CÁC) 86 Tf 109
Palazuelos **E** (GUA) 59 Xb 102
Palazuelos de Cuesta Urria **E** (BUR) 22 Wd 92
Palazuelos de Eresma **E** (SEG) 74 Vf 103
Palazuelos de la Sierra **E** (BUR) 39 Wd 95
Palazuelos de Muñó **E** (BUR) 39 Wa 95
Palazuelos de Villadiego **E** (BUR) 21 Vf 93
Paleão **P** (Co) 82 Rc 108
Paleira **E** (LUG) 4 Sb 88
Palencia **E** (PAL) 38 Vc 96
Palencia de Negrilla **E** (SAL) 54 Uc 102
Palenciana **E** (ÁVI) 73 Vc 105
Palenciana **E** (CÓRD) 150 Vc 125
Palenzuela **E** (PAL) 38 Vf 96
Paleo **E** (COR) 3 Rd 89
Palera **E** (GIR) 48 Ce 95
Palhaça **P** (Av) 67 Rc 105
Palhais **P** (CB) 83 Re 110
Palhais **P** (Gu) 69 Sd 104
Palhais **P** (Se) 115 Qe 117
Palhais **P** (Se) 115 Qf 117
Palhas **P** (Sa) 101 Rd 113
Palheirinhos **P** (Fa) 146 Sb 125
Palheiros **P** (Be) 145 Rf 125
Palheiros **P** (VR) 52 Sd 100
Palheiros da Tocha **P** (Co) 82 Rd 107
Palheiros de Quiaios **P** (Co) 82 Ra 107
Palhota **P** (Se) 115 Ra 117
Palhotas **P** (Se) 130 Rb 119
Palio **E** (PON) 15 Rf 92
Palma **P** (Se) 116 Rc 118
Palma, la **E** (BAR) 65 Bf 100
Palma, La **E** (MUR) 142 Za 122
Pálmaces de Jadraque **E** (GUA) 76 Xa 102
Palma d'Ebre, la - **E** (TAR) 64 Ad 101
Palma de Ebro, la -= Palma d'Ebre, la - **E** (TAR) 64 Ad 101
Palma de Gandía **E** (VAL) 129 Ze 115
Palma del Condado, La **E** (HUEL) 147 Tc 124
Palma del Río **E** (CÓRD) 135 Ue 122
Palma de Mallorca **E** (BAL) 98 Cd 111
Palma Nova **E** (BAL) 98 Cd 111
Palmanyola **E** (BAL) 98 Ce 110
Palmar, El - **E** (ALI) 129 Aa 115
Palmar, El - **E** (MUR) 142 Yf 121
Palmar, El - **E** (TEN) 172 I B 3
Palmar, el **E** (VAL) 113 Ze 113
Palmar, El = Cuevas del Palmar **E** (TEN) 171 B 1
Palmar de Troya, El **E** (SEV) 149 Ub 126
Palmares, Los - **E** (SEV) 149 Ue 124
Palmás **E** (PON) 144 Rb 95
Palmas, Las - **E** (TEN) 173 I G 2
Palmas de Gran Canaria, Las **E** (PALM) 174 I D 2
Palmaz **P** (Av) 68 Rd 104
Palme **P** (Br) 50 Rb 99
Palmeira **E** (COR) 14 Ra 93
Palmeira **P** (Br) 50 Rd 99
Palmeira **P** (Fa) 146 Sc 124
Palmeira **P** (Ma) 166 I C 3
Palmeira **P** (Por) 50 Rd 100
Palmeira de Faro **P** (Br) 50 Rb 99
Palmeirinha **P** (Fa) 144 Ra 125
Palmeiros **P** (Fa) 145 Rf 125
Palmela **P** (Se) 115 Ra 117
Palmera, La - **E** (ALM) 154 Xe 125
Palmeral **E** (ALI) 128 Zd 118
Palmeral, El - **E** (MUR) 142 Ye 121
Palmeres, Las **E** (VAL) 114 Ze 113
Palmeres, Ses **E** (BAL) 98 Ce 112
Palmerola **E** (GIR) 47 Ca 96
Palmes (Canedo) **E** (OUR) 33 Sa 94
Palmita, La **E** (TEN) 172 II B 3
Palmital, El - **E** (PALM) 174 I C 2
Palm-Mar, El - **E** (TEN) 172 I C 5
Palmones **E** (CÁD) 165 Ud 131
Palo **E** (HUES) 45 Ab 95
Palo, El - **E** (MÁL) 159 Vd 128
Palol de Rebardit = Palol de Revardit **E** (GIR) 49 Ce 96
Palol de Revardit **E** (GIR) 49 Ce 96
Paloma, La - **E** (MUR) 142 Ye 121

Palomar **E** (AST) 6 Ua 89
Palomar **E** (CÁD) 157 Te 129
Palomar **E** (CÓRD) 137 Ve 122
Palomar, El - **E** (JAÉ) 139 Xa 121
Palomar, El - **E** (SEV) 149 Uc 124
Palomar, El - **E** (TEN) 173 I F 2
Palomar de Arroyos **E** (TER) 79 Zb 104
Palomares **E** (ALM) 155 Yb 125
Palomares **E** (JAÉ) 138 Wb 123
Palomares **E** (SAL) 72 Ub 106
Palomares de Alba **E** (SAL) 72 Uc 103
Palomares del Campo **E** (CUE) 91 Xc 109
Palomares del Río **E** (SEV) 148 Tf 125
Palomaret **E** (ALI) 128 Zb 118
Palomar Navas **E** (BAD) 119 Td 118
Palomas **E** (BAD) 120 Tf 116
Palomeque, Palacio Rael de - **E** (TOL) 89 Wa 108
Palomeques **E** (CÓRD) 151 Vd 124
Palomera **E** (CUE) 92 Xf 108
Palomera, La - **E** (CAN) 8 Vd 89
Palomero **E** (CÁC) 86 Te 107
Palos de la Frontera **E** (HUEL) 147 Ta 125
Palou **E** (BAR) 48 Cb 99
Palou de Sanaüja **E** (LLE) 46 Bb 98
Palou de Torà **E** (LLE) 46 Bc 98
Pals **E** (GIR) 49 Da 97
Palvarino **P** (CB) 84 Sc 109
Pallarés **E** (BAD) 134 Tf 120
Pallares **E** (LUG) 16 Sc 93
Pallareses, Los - **E** (MUR) 155 Yb 123
Pallaresos, els - **E** (TAR) 64 Bb 101
Pallargas = Pallargues, les **E** (LLE) 46 Bb 98
Pallargues, les **E** (LLE) 46 Bb 98
Pallaruelo de Monegros **E** (HUES) 44 Ze 98
Palleirós **E** (OUR) 34 Se 95
Pallejà **E** (BAR) 65 Bf 100
Pallerols **E** (LLE) 46 Bb 96
Pallerols = Pallerols del Cantó **E** (LLE) 29 Bb 94
Pallerols del Cantó **E** (LLE) 29 Bb 94
Pallide **E** (LEÓ) 19 Ue 91
Pámanes **E** (CAN) 9 Wb 88
Pampaneira **E** (GRA) 152 Wd 127
Pampanico **E** (ALM) 162 Xa 128
Pampe **E** (LLE) 46 Bc 96
Pampilhais de Baixo **P** (Be) 145 Rf 124
Pampilhal **P** (CB) 83 Re 110
Pampilhosa **P** (Av) 68 Rd 107
Pampilhosa da Serra **P** (Co) 83 Sa 108
Pampliega **E** (BUR) 39 Wa 95
Pamplona (Iruña) **E** (NAV) 24 Yc 92
Pamporciello, El - **E** (HUES) 27 Ab 94
Panadella, la - **E** (BAR) 65 Bc 99
Panasqueira **P** (Be) 131 Re 120
Panasqueira **P** (Be) 131 Sa 119
Panasqueira **P** (CB) 84 Sb 107
Panavedre **E** (OUR) 146 Sc 97
Pancar **E** (AST) 8 Vb 88
Pancas **P** (Sa) 115 Ra 116
Pancenteo **E** (PON) 32 Ra 97
Pancorvo **E** (BUR) 22 Wf 93
Pánchez, Los - **E** (CÓRD) 135 Ue 119
Panchorra **P** (Vi) 51 Sa 102
Pandenes **E** (AST) 7 Ud 88
Pandiello **E** (AST) 6 Tf 88
Pando **E** (AST) 7 Ub 89
Pando **E** (CAN) 9 Wa 89
Pando **E** (VIZ) 10 We 89
Pandos, Los - **E** (CAN) 21 Wa 90
Panes (Peñamellera Baja) **E** (AST) 8 Vc 89
Pangua **E** (BUR) 23 Xb 92
Panillo **E** (HUES) 45 Ab 95
Paniza **E** (ZAR) 61 Ye 101
Panizal **E** (AST) 6 Tf 88
Panizares **E** (BUR) 22 Wd 92
Pano **E** (HUES) 45 Ab 95
Panóias **P** (Be) 131 Re 122
Panoias **P** (Br) 50 Rd 99
Panóis de Cima **P** (Gu) 69 Se 105
Panorama **E** (ALI) 129 Zf 117
Panque **P** (Br) 50 Rc 99
Panta de Canelles **E** (LLE) 45 Ad 97
Pantaleón **E** (MUR) 142 Ye 122
Pantanar **E** (HUEL) 147 Tc 125
Pantano de Cíjara **E** (CÁC) 106 Va 112
Pantano de El Vado **E** (GUA) 75 We 102
Pantano de Gabriel y Galán **E** (CÁC) 86 Tf 107
Pantano de Irabia **E** (NAV) 25 Ye 91
Pantano de la Torre del Águila **E** (SEV) 149 Ub 126
Pantano del Chorro **E** (MÁL) 159 Vb 127
Pantano del Generalísimo **E** (VAL) 94 Yf 110
Pantano del Guadalén **E** (JAÉ) 138 Wd 120
Pantano de los Bermejales **E** (GRA) 152 Wa 126
Pantano de Moneva **E** (ZAR) 61 Za 101
Pantano de Navabuena **E** (CÁC) 86 Ua 109
Pantano de Puentes **E** (MUR) 141 Yb 122
Pantano de Santa Teresa **E** (SAL) 72 Uc 104
Pantano de Zújar **E** (BAD) 121 Ud 115
Pantano Roto **E** (MÁL) 158 Uf 129
Panticosa **E** (HUES) 26 Ze 92
Pantín **E** (COR) 3 Rf 87
Pantiñobre **E** (COR) 15 Re 91
Pantoja **E** (TOL) 89 Wa 108
Pantojo, El - **E** (ALI) 128 Za 117
Panxón **E** (PON) 32 Rb 96
Panzano **E** (HUES) 44 Zf 95
Panzares **E** (RIO) 41 Xc 95
Pañeda Nueva **E** (AST) 7 Ub 88
Paoaga **E** (GUI) 12 Ya 89
Pão Duro **P** (Fa) 146 Sb 124
Paones **E** (SOR) 58 Xa 100
Papatrigo **E** (ÁVI) 73 Vb 103
Papel, El - **E** (JAÉ) 152 Wa 123
Papiol, el - **E** (BAR) 65 Ca 100
Papiolet, el - **E** (TAR) 65 Bd 101
Papízios **P** (Vi) 68 Rf 106
Papudo-Acebuchal-Soto Colorado **E** (MÁL) 165 Ue 130
Paquines, Las - **E** (CIU) 109 We 113
Para **E** (AST) 8 Vc 89
Paracuelles **E** (CAN) 21 Ve 90
Paracuellos **E** (CUE) 93 Yb 110
Paracuellos de Jarama **E** (MAD) 75 Wc 105
Paracuellos de Jiloca **E** (ZAR) 60 Yc 101
Paracuellos de la Ribera **E** (ZAR) 60 Yc 100
Parada **E** (COR) 3 Rd 90
Parada **E** (COR) 3 Rf 89
Parada **E** (LUG) 16 Sc 90
Parada **E** (LUG) 16 Se 93
Parada **E** (LUG) 17 Sf 93
Parada **E** (OUR) 33 Sa 95
Parada **E** (PON) 15 Rd 93
Parada **P** (Av) 68 Re 104
Parada **P** (Ba) 52 Ta 101
Parada **P** (Ba) 53 Tb 98
Parada **P** (Gu) 70 Sf 105
Parada **P** (Por) 50 Rc 100
Parada **P** (VC) 32 Rc 97
Parada **P** (VC) 32 Rd 96
Parada **P** (VC) 32 Rd 97
Parada **P** (VC) 33 Re 97
Parada **P** (Vi) 68 Rf 106
Parada **P** (VR) 33 Sa 98
Parada **P** (VR) 51 Sa 100
Parada (Parada do Sil) **E** (OUR) 34 Sc 94
Parada da Serra **E** (OUR) 34 Se 96
Parada de Achas **E** (PON) 144 Rc 95
Parada de Arriba **E** (SAL) 72 Ub 103
Parada de Bouro **P** (Br) 50 Re 99
Parada de Cunhos **P** (VR) 51 Sb 101
Parada de Ester **P** (Vi) 68 Rf 103
Parada de Gatim **P** (Br) 50 Rc 99
Parada de Gonta **P** (Vi) 68 Sa 105
Parada de Monteiros **P** (VR) 51 Sb 99
Parada de Pinhão **P** (VR) 51 Sc 100
Parada de Ribeira **E** (OUR) 33 Sb 96
Parada de Rubiales **E** (SAL) 55 Ud 102
Parada de Todeia **P** (Por) 50 Rd 102
Parada de Ventosa **E** (OUR) 33 Rf 97
Parada do Bispo **P** (Vi) 51 Sb 102
Parada do Corgo **P** (VR) 51 Sc 100
Parada do Monte **P** (VC) 32 Re 96
Parada dos Montes **E** (LUG) 16 Se 93
Paradamente **P** (VC) 32 Re 97
Paradança **P** (VR) 51 Sa 100
Paradanta **P** (CB) 84 Sc 108
Paradapiñol **E** (LUG) 17 Sf 94
Paradas **E** (SEV) 149 Uc 125
Paradaseca **E** (LEÓ) 17 Tb 92
Paradaseca **E** (OUR) 146 Sd 95
Paradasolana **E** (LEÓ) 18 Td 93
Paradavella **E** (LUG) 17 Sf 90
Paradela **E** (COR) 3 Rd 89
Paradela **E** (COR) 3 Sa 90
Paradela **E** (COR) 15 Sa 91
Paradela **E** (LUG) 16 Sd 92
Paradela **E** (LUG) 17 Sf 91
Paradela **E** (OUR) 33 Sa 94
Paradela **E** (OUR) 33 Sa 97
Paradela **E** (OUR) 34 Sd 94
Paradela **E** (OUR) 34 Se 95
Paradela **E** (PON) 15 Rd 92
Paradela **P** (Av) 68 Rd 104
Paradela **P** (Ba) 52 Sd 101
Paradela **P** (Ba) 52 Sf 99
Paradela **P** (Ba) 53 Tb 100
Paradela **P** (Ba) 53 Te 99
Paradela **P** (Br) 50 Rb 100
Paradela **P** (Co) 83 Re 107
Paradela **P** (VC) 33 Re 97
Paradela **P** (Vi) 51 Sc 102
Paradela **P** (VR) 33 Sa 98
Paradela **P** (VR) 34 Sd 98
Paradela **P** (VR) 52 Sd 99
Paradela de Guiães **P** (VR) 51 Sc 101
Paradela do Monte **P** (VR) 51 Sa 101
Paradellas **E** (OUR) 33 Sc 94
Parades **P** (Br) 50 Rb 100
Paradilla, La **E** (MAD) 74 Ve 105
Paradilla de Gordón **E** (LEÓ) 19 Ub 91
Paradilla de la Sobarriba **E** (LEÓ) 19 Ud 93
Paradinas **E** (SAL) 70 Tc 104
Paradinas **E** (SEG) 74 Vd 102
Paradinas de San Juan **E** (SAL) 72 Uf 103
Paradinha **P** (Vi) 69 Sc 102
Paradinha de Besteiros **P** (Ba) 53 Ta 100
Paradinha Nova **P** (Ba) 53 Tc 99
Paradinha Velha **P** (Ba) 53 Tb 99
Parador **E** (MUR) 155 Yb 124
Parador, El - **E** (HUEL) 146 Sd 123
Parador de las Hortichuelas, El - **E** (ALM) 162 Xc 128
Parador del Vildeo **E** (ZAM) 36 Ua 97
Parador de Valdegollada **E** (TOL) 89 Ve 108
Paraduça **P** (Vi) 68 Sa 104
Paraes **E** (AST) 7 Uc 88
Parafita **P** (VR) 33 Sa 98
Parafita **P** (VR) 52 Sc 100
Paraisal **P** (Gu) 70 Ta 105
Paraisás **E** (OUR) 34 Se 95
Paraiso **E** (MAD) 74 Vf 105
Paraíso **P** (Av) 50 Re 102
Paraíso **P** (Fa) 145 Sa 126
Paraíso Alto **E** (TER) 94 Za 108
Paraíso Bajo **E** (TER) 94 Za 108
Paraja **E** (AST) 5 Tc 89
Parajís **E** (LEÓ) 17 Ta 92
Paralacuesta **E** (BUR) 22 Wd 91
Paralego, El - **E** (SEV) 134 Td 122
Paralis las Juntas **E** (ALB) 140 Xd 119
Parambos **P** (Ba) 52 Sd 101
Parâmio **P** (Ba) 35 Ta 97
Páramo **E** (AST) 18 Tf 90
Páramo de Boedo **E** (PAL) 21 Vd 93
Páramo del Arroyo **E** (BUR) 39 Wb 94
Páramo del Sil **E** (LEÓ) 18 Td 92
Páramos **E** (COR) 14 Rb 91
Páramos **E** (PON) 32 Rc 96
Paramos **P** (Av) 67 Rc 103
Parana **E** (AST) 19 Ub 90
Paranhos **P** (Br) 50 Rd 98
Paranhos **P** (Gu) 69 Sb 106
Paranhos **P** (VR) 52 Sd 98
Paraños **E** (PON) 32 Rd 95
Parata, La - **E** (ALM) 154 Ya 124
Paratella **E** (ALI) 129 Aa 116
Parauta **E** (MÁL) 158 Uf 129
Paraya, La **E** (AST) 19 Uc 90
Parbayón **E** (CAN) 9 Wa 88
Parceiros **P** (Le) 82 Ra 110
Parceiros da Igreja **P** (Sa) 101 Rc 112
Parcent **E** (ALI) 129 Zf 116
Parchal **P** (Fa) 144 Rc 126
Parchite **E** (MÁL) 158 Uf 128
Pardais **P** (Év) 118 Sd 116
Pardal, El - **E** (ALB) 126 Xe 118
Pardanchinos **E** (VAL) 94 Zb 110
Pardavé **E** (LEÓ) 19 Ud 92
Pardeconde **E** (OUR) 33 Sc 94
Pardelhas **P** (Av) 67 Rc 104
Pardelhas **P** (VR) 51 Sa 100
Pardellas **E** (LUG) 16 Sb 90
Pardemarín **E** (PON) 15 Rd 92
Parderrubias **E** (OUR) 33 Sa 95
Pardesivil **E** (LEÓ) 19 Ud 92
Pardieiros **P** (Vi) 68 Sa 105
Pardilhó **P** (Av) 67 Rc 104
Pardilla **E** (BUR) 57 Wb 99
Pardilla, La - **E** (PALM) 174 I D 2
Pardilla de Hoz de Arreba **E** (BUR) 21 Wb 91
Pardina, La - **E** (HUES) 27 Ab 94
Pardina, La - **E** (HUES) 45 Aa 95
Pardina de Lardiés **E** (HUES) 26 Zb 93
Pardina de Orlato **E** (HUES) 44 Ze 95
Pardina de Ubieto **E** (HUES) 44 Zd 94
Pardina Pueyo **E** (HUES) 26 Zb 93
Pardinas = Pardines **E** (GIR) 30 Cb 95
Pardinella **E** (HUES) 28 Ad 94
Pardines **E** (GIR) 30 Cb 95
Pardiñas **E** (LUG) 4 Sa 89
Pardo **P** (Pg) 102 Sb 111
Pardo, El - **E** (ALM) 162 Xa 128
Pardo, El - **E** (MUR) 141 Yb 121
Pardo, El **E** (MAD) 75 Wb 105
Pardos **E** (GUA) 77 Ya 103
Pardos **E** (ZAR) 60 Yb 102
Pardos, Los - **E** (ALM) 154 Xf 123
Pared, La - **E** (ALB) 112 Ye 113
Pared, La - **E** (CAN) 10 Wd 89
Pared, La - **E** (PALM) 175 II C 4
Paredazos, Los - **E** (ALB) 111 Xe 114
Parede **P** (Li) 115 Qd 116
Paredes **E** (AST) 6 Td 88
Paredes **E** (CUE) 91 Xa 108
Paredes **E** (OUR) 34 Sd 95
Paredes **P** (Ba) 53 Tb 98
Paredes **P** (Por) 50 Re 101
Paredes **P** (Por) 51 Rf 102
Paredes **P** (VR) 33 Sa 98
Paredes **P** (VR) 51 Sb 100
Paredes **P** (VR) 51 Sc 101
Paredes da Beira **P** (Vi) 52 Sd 102
Paredes de Buitrago **E** (MAD) 75 Wc 102
Paredes de Coura **P** (VC) 32 Rc 97
Paredes de Escalona **E** (TOL) 89 Vd 107
Paredes de Monte **E** (PAL) 38 Vc 97
Paredes de Nava **E** (PAL) 38 Vb 96
Paredes de Sigüenza **E** (GUA) 59 Xb 101
Paredes de Viadores **P** (Por) 51 Rf 102
Paredes do Gravo **P** (Vi) 68 Re 104
Paredesroyas **E** (SOR) 59 Xe 99
Paredes Secas **P** (Br) 50 Re 99
Paredón **E** (ALI) 127 Yf 118
Pareja **E** (GUA) 76 Xc 105
Parella Nou **E** (BAL) 96 Df 109
Paresotas **E** (BUR) 22 We 91
Paretón, El **E** (MUR) 141 Yd 122
Parets = Parets del Vallès **E** (BAR) 66 Cb 99
Parets del Vallès **E** (BAR) 66 Cb 99
Parets d'Empordà **E** (GIR) 49 Cf 96
Parga **E** (LUG) 4 Sa 89
Parga (Santa Cruz) **E** (LUG) 4 Sb 89
Paridera Abejar Alto **E** (ZAR) 62 Zc 100
Paridera Amplanes **E** (ZAR) 61 Ye 100
Paridera Carraquilla **E** (ZAR) 61 Ye 100
Paridera Corral de la Blanca **E** (ZAR) 43 Zb 98
Paridera de Cabezones **E** (ZAR) 44 Zc 98
Paridera de Carlos **E** (HUES) 44 Zf 97
Paridera de Escartín **E** (ZAR) 44 Zc 97
Paridera de Estrén **E** (ZAR) 61 Za 99
Paridera de la Rabosa **E** (ZAR) 62 Zd 99
Paridera de la Rioja **E** (ZAR) 61 Ye 99
Paridera del Castillo **E** (ZAR) 43 Yf 96
Paridera del Hondo **E** (VAL) 113 Zd 113
Paridera del Médico **E** (HUES) 44 Ze 97
Paridera de los Caños **E** (ZAR) 62 Zc 99
Paridera de los Quemados **E** (ZAR) 44 Zc 98
Paridera del Pastejón **E** (ZAR) 62 Zc 100
Paridera del Rojo **E** (ZAR) 62 Zc 100
Paridera del Santísimo **E** (ZAR) 43 Za 98
Paridera de Rivas **E** (HUES) 43 Zb 96
Paridera de Santa Engracia **E** (ZAR) 61 Zb 99
Paridera de Sopapos **E** (ZAR) 62 Zc 100
Paridera Huerta del Sastre **E** (ZAR) 60 Yc 98
Paridera La Viuda **E** (ZAR) 61 Zb 100
Paridera Lomeros **E** (ZAR) 61 Ye 100
Paridera Los Cuervos **E** (ZAR) 62 Zc 100
Parideras, Las - **E** (ALB) 125 Xc 117
Parideras Cerro Pellar **E** (ZAR) 60 Yc 98
Paridera Tía Dionisia **E** (ZAR) 61 Yf 100
Paridero Lamarca **E** (ZAR) 61 Zb 100
Paridero Tío Paco **E** (ZAR) 61 Zb 100
Parilla, La - **E** (HUEL) 133 Tb 121
Páriza **E** (BUR) 23 Xc 92
Parizes **P** (Fa) 145 Sa 125
Parla **E** (MAD) 90 Wb 107
Parlabá = Parlavà **E** (GIR) 49 Da 96
Parlavà **E** (GIR) 49 Da 96
Parlero **E** (AST) 5 Tb 88
Parque de Las Castillas **E** (GUA) 75 Wd 104
Parra **P** (Pg) 103 Se 113
Parra, La - **E** (ALM) 154 Xf 123
Parra, La - **E** (ALM) 162 Wf 128
Parra, La - **E** (ÁVI) 88 Uf 107
Parra, La - **E** (CÁD) 157 Tf 128
Parra, La **E** (BAD) 119 Tc 117
Parracha **P** (Év) 117 Sb 116
Parra de las Vegas, La - **E** (CUE) 92 Xe 109
Párraga **E** (CIU) 109 Wf 113
Parra Grande **E** (CÁC) 85 Tc 108
Parral, El - **E** (ÁVI) 73 Va 104
Parral, el - **E** (CAS) 95 Zf 107
Parral de Villovela **E** (SEG) 57 Vf 102
Parralejo, El - **E** (CÁD) 164 Ua 131
Parralejo, El - **E** (JAÉ) 125 Xa 118
Parral Grande **E** (PALM) 174 I C 3
Parras de Castellote, Las - **E** (TER) 80 Ze 104
Parras de Martín, Las - **E** (TER) 79 Za 104
Parres **E** (AST) 8 Vb 88
Parreta Grande, La - **E** (CAS) 94 Zd 108
Parrilla, La - **E** (CÁD) 157 Ua 129
Parrilla, La - **E** (CÓRD) 135 Ue 119
Parrilla, La - **E** (JAÉ) 125 Xb 118
Parrilla, La - **E** (VALL) 56 Vc 99
Parrillas **E** (TOL) 88 Uf 108
Parrizón **E** (ALB) 125 Xc 118
Parrizoso, El - **E** (JAÉ) 138 Wb 123
Parroquia de Ortó = Parròquia d'Hortó, la - **E** (LLE) 29 Bc 95
Parròquia d'Hortó, la - **E** (LLE) 29 Bc 95
Partaloa **E** (ALM) 154 Xe 124
Parte, La - **E** (BUR) 21 Wa 93
Parte de Bureba, La - **E** (BUR) 22 Wd 92
Parteme **E** (LUG) 16 Se 94
Partida **P** (CB) 84 Sc 108
Partida Casilla **E** (ZAR) 43 Ye 95
Partido de Resina **E** (SEV) 148 Te 125
Partidor, El - **E** (MUR) 142 Yf 119
Partidores, Los - **E** (ALB) 126 Xf 115
Partovia **E** (OUR) 33 Rf 94
Parzán **E** (HUES) 27 Ab 93
Pas, El - **E** (HUES) 45 Ab 98
Pas, el - **E** (TAR) 81 Ac 105
Pasada de los Bayos **E** (HUEL) 146 Sf 125
Pasada del Palo **E** (HUEL) 146 Sf 124
Pasadilla **E** (PALM) 174 I D 3
Pasai Donibane **E** (GUI) 12 Ya 89
Pasai San Pedro **E** (GUI) 12 Ya 89
Pasajes = Pasaia **E** (GUI) 12 Ya 89
Pasanant = Passanant **E** (TAR) 64 Bb 99
Pasariegos **E** (ZAM) 54 Tf 100
Pasarilla del Rebollar **E** (ÁVI) 73 Uf 104
Pasarón de la Vera **E** (CÁC) 86 Ub 108
Pasaxe, O - **E** (PON) 32 Ra 97
Pascoal **P** (Vi) 68 Sa 104
Pascualarina **E** (SAL) 70 Tc 105
Pascualcobo **E** (ÁVI) 72 Ue 105
Pascualcobo **E** (ÁVI) 73 Vb 103
Pascuales **E** (SEG) 74 Vd 102
Pascuales, Los - **E** (JAÉ) 125 Xb 118
Pascualgrande **E** (ÁVI) 73 Va 103
Pascual Muñoz **E** (ÁVI) 73 Uf 105
Pas de la Casa **AND** 29 Be 93
Pasico **E** (MUR) 141 Yb 123
Pasito Blanco **E** (PALM) 174 I C 4
Paso, El - **E** (TEN) 171 B 3
Passa Frio **P** (Fa) 145 Sb 124
Passagem **P** (Le) 82 Ra 109
Passanant **E** (TAR) 64 Bb 99
Passessio des Cap Blanc **E** (BAL) 98 Ce 112
Passô **P** (Ba) 53 Tc 98
Passó **P** (Br) 32 Rd 98
Passo **P** (Ma) 166 I B 2
Passô **P** (Vi) 69 Sb 102
Passos **P** (Ba) 34 Sf 97
Passos **P** (Ba) 52 Se 100
Passos **P** (Br) 50 Rd 99
Passos **P** (Vi) 68 Sa 105
Passos **P** (VR) 51 Sc 101
Pastaneira **P** (Év) 117 Rf 116
Pasteleiro **P** (Aç) 168 Wc 117
Pasteras, Sas - **E** (BAL) 99 Db 109
Pastor **E** (COR) 15 Re 91
Pastores **E** (SAL) 70 Tc 105
Pastores, Los - **E** (TER) 94 Zc 108
Pastores, Sa - **E** (BAL) 99 Db 110
Pastores, Los **E** (CÁD) 165 Ud 132
Pastoria **P** (VR) 34 Sc 98
Pastoriza **E** (COR) 3 Rd 88
Pastoriza, A **E** (LUG) 4 Sd 89
Pastrana **E** (CÁD) 156 Te 128
Pastrana **E** (GUA) 76 Xa 106
Pastrana **E** (MUR) 155 Yd 123
Pastriz **E** (ZAR) 61 Zb 99
Patã **P** (Fa) 145 Re 126
Patacão **P** (Fa) 145 Sa 126
Pata de Mulo **E** (CÓRD) 150 Vb 124
Pataias **P** (Le) 82 Ra 110
Pataias-Gare **P** (Le) 82 Ra 111
Patalvaca **E** (PALM) 174 I B 4
Paterna **E** (CÓRD) 136 Ue 122
Paterna **E** (VAL) 113 Zd 111
Paterna del Campo **E** (HUEL) 148 Td 124
Paterna del Madera **E** (ALB) 125 Xd 117
Paterna del Río **E** (ALM) 153 Xa 126
Paterna de Rivera **E** (CÁD) 157 Ua 129
Paternáin **E** (NAV) 24 Yb 92
Paternoy **E** (HUES) 26 Zb 94
Patones **E** (MAD) 75 Wd 103
Patones de Abajo **E** (MAD) 75 Wd 103
Patrás **E** (HUEL) 133 Tb 122
Patria **E** (CÁD) 164 Tf 131
Patrite **E** (CÁD) 164 Ub 130
Patró **E** (ALI) 129 Ze 116
Patronato, El - **E** (JAÉ) 139 Xc 120
Patronato, El - **E** (SEV) 150 Vb 125
Patruena **E** (MUR) 141 Yd 120
Pau **E** (GIR) 31 Da 95
Pau **P** (Év) 117 Sb 117
Paúl **E** (ÁLA) 23 Xa 92
Paúl **E** (HUES) 45 Ab 95
Paul **P** (CB) 84 Sc 107
Paul **P** (Li) 100 Qe 114
Paul **P** (Sa) 102 Re 111
Paúl, El - **E** (TER) 94 Zb 108
Paúl, La - **E** (HUES) 43 Zb 97
Paul do Mar **P** (Ma) 166 I A 2
Paulenca **E** (GRA) 153 We 125
Paúles **E** (ALB) 125 Xd 119
Paúles **E** (VIZ) 10 We 89
Paúles **E** (ZAR) 43 Za 96
Paúles del Agua **E** (BUR) 39 Wa 96
Paúles de Lara **E** (BUR) 39 Wd 96
Paúles de Vero **E** (HUES) 45 Aa 95
Pauls **E** (LLE) 28 Af 94
Paüls **E** (TAR) 81 Ac 103
Paus **P** (Vi) 51 Sa 102
Pava, La - **E** (MUR) 140 Ya 120
Pavia **E** (LLE) 65 Bc 99
Pavía **E** (SEG) 57 Wa 102
Pavia **P** (Év) 117 Rf 115
Pavías **E** (CAS) 94 Zd 109
Pavòn **E** (TEN) 172 II B 2
Pavos, Los - **E** (MUR) 141 Yd 121
Payer **E** (JAÉ) 139 Xb 119
Paymogo **E** (HUEL) 132 Sd 122
Payo, El **E** (SAL) 85 Tb 107
Payo de Ojeda **E** (PAL) 20 Vd 92
Payueta **E** (ÁLA) 23 Xb 93
Pay y Capellanes **E** (VAL) 113 Zc 112
Paz, La - **E** (CÓRD) 136 Va 123
Pazio **E** (OUR) 146 Se 95
Pazo **E** (COR) 14 Rb 92
Pazo **E** (COR) 14 Rb 93
Pazo **E** (COR) 15 Re 90
Pazo **E** (LUG) 4 Sb 88
Pazo **E** (LUG) 4 Sd 87
Pazo **E** (PON) 14 Rc 92
Pazo de Irixoa (Irixoa) **E** (COR) 3 Rf 89
Pazos **E** (COR) 2 Rb 89
Pazos **E** (COR) 15 Rd 92
Pazos **E** (OUR) 33 Sb 95
Pazos **E** (OUR) 33 Sc 96
Pazos **E** (PON) 32 Rc 95
Pazos de Reis **E** (PON) 32 Rc 96
Pazuengos **E** (RIO) 40 Xa 95
Peà **E** (LLE) 47 Bd 96
Pea, La - **E** (VAL) 113 Zc 111
Pea (Santa Eulalia) **E** (LUG) 4 Sb 90
Peal de Becerro **E** (JAÉ) 139 Wf 121
Pebradas, Las - **E** (VAL) 128 Za 116
Peciña **E** (RIO) 23 Xb 93
Pecocheta **E** (NAV) 13 Ye 90
Pechão **P** (Fa) 145 Sa 126
Pecharromán **E** (SEG) 57 Wa 100
Pechina **E** (ALM) 154 Xc 124
Pechina **E** (ALM) 162 Xd 127

Pecho, El - **E** (ALM) 153 Xa 126
Pechón **E** (CAN) 8 Vd 88
Pedaçaes **P** (Av) 68 Rd 105
Pé da Ladeira **P** (Be) 145 Rf 124
Pe da Serra **P** (Fa) 145 Rf 125
Pé da Serra **P** (Sa) 100 Ra 112
Pé de Cão **P** (Sa) 101 Rd 111
Pedeiras **P** (Se) 115 Qf 118
Pedernal **E** (SAL) 53 Te 102
Pederneira **P** (Sa) 82 Rc 110
Pederneiras **P** (Be) 144 Rb 124
Pedernoso, El - **E** (CUE) 110 Xb 112
Pedintal **P** (CB) 83 Sa 110
Pé do Coelho **P** (Fa) 145 Rf 125
Pé do Frio **P** (Fa) 144 Rc 125
Pedome **P** (Br) 50 Rd 100
Pedorido **P** (Av) 50 Rd 102
Pedornes **E** (PON) 144 Ra 96
Pedra **E** (COR) 4 Sa 86
Pedra, la - **E** (LLE) 47 Bd 96
Pedra Alta **P** (VC) 50 Rb 99
Pedraça **P** (Br) 51 Sa 100
Pedrafita **E** (LUG) 16 Sb 93
Pedrafita **E** (LUG) 16 Se 93
Pedrafita (Camporredondo) **E** (LUG) 17 Se 91
Pedrafita do Cebreiro **E** (LUG) 17 Sf 92
Pedra Furada **P** (Br) 50 Rc 100
Pedraído **P** (Br) 51 Rf 99
Pedraizes **P** (Vi) 68 Rf 106
Pedraja de Portillo, La - **E** (VALL) 56 Vc 100
Pedraja de San Esteban **E** (SOR) 58 Wf 99
Pedrajas **E** (SOR) 41 Xc 98
Pedrajas de San Esteban **E** (VALL) 56 Vc 100
Pedralba **E** (VAL) 113 Zb 111
Pedralba de la Pradería **E** (ZAM) 35 Tb 96
Pedralva **P** (Br) 50 Re 99
Pedralva **P** (Fa) 144 Ra 126
Pedramala **E** (ALI) 129 Aa 116
Pedrarias **E** (CÁC) 86 Tf 107
Pedrarías **E** (GRA) 164 Xe 121
Pedrario **P** (VR) 33 Sc 98
Pedras Brancas **P** (Be) 131 Rf 121
Pedras Brancas **P** (CB) 83 Sa 110
Pedras de El-Rei **P** (Fa) 146 Sb 126
Pedras Juntas **P** (Fa) 144 Rc 124
Pedras Pretas **P** (Ma) 167 II
Pedraza **E** (LUG) 16 Sa 92
Pedraza **E** (SEG) 57 Wb 102
Pedraza **E** (SOR) 41 Xd 97
Pedraza de Alba **E** (SAL) 72 Ud 104
Pedraza de Campos **E** (PAL) 38 Vb 97
Pedraza de Yeltes **E** (SAL) 71 Te 104
Pedreda **E** (OUR) 33 Sc 95
Pedredo **E** (CAN) 9 Vf 89
Pedregais **P** (Br) 32 Rd 98
Pedregal **E** (LEÓ) 18 Ua 92
Pedregal **E** (TOL) 89 Vf 108
Pedregal **P** (Ma) 166 I A 2
Pedregal, El - **E** (AST) 6 Td 88
Pedregal, El **E** (GUA) 78 Yc 104
Pedreguer **E** (ALI) 129 Aa 116
Pedreia **P** (Co) 83 Re 108
Pedreia **P** (Por) 50 Rb 100
Pedreira **E** (COR) 3 Re 87
Pedreira **P** (Aç) 170 Zf 122
Pedreira **P** (Av) 67 Rc 105
Pedreira **P** (Por) 51 Re 101
Pedreira **P** (Sa) 83 Rd 111
Pedreira (A Lama) **E** (PON) 32 Rd 94
Pedreira (Santiso) **E** (COR) 15 Rf 91
Pedreiras **P** (Fa) 145 Re 125
Pedreiras **P** (Le) 101 Rb 111
Pedreiras do Poio **P** (Gu) 52 Sf 102
Pedreiro (Xermade) **E** (LUG) 4 Sb 88
Pedreña **E** (CAN) 9 Wb 88
Pedrera **E** (SEV) 150 Va 125
Pedrera, La - **E** (AST) 6 Ua 88
Pedrera, La - **E** (AST) 7 Ub 88
Pedrera, La - **E** (MUR) 142 Yf 122
Pedreras **E** (ALI) 128 Zb 117
Pedreras, Las - **E** (MUR) 155 Yd 123
Pedret **E** (GIR) 31 Da 95
Pedrezuela **E** (MAD) 75 Wc 104
Pedriches **E** (VAL) 112 Ye 111
Pedrinyà **E** (GIR) 49 Cf 96
Pedrís **E** (LLE) 46 Af 98
Pedriza, La - **E** (JAÉ) 151 Wa 124
Pedrizas **E** (CÁC) 85 Tb 108
Pedro **E** (SOR) 58 We 101
Pedro Abad **E** (CÓRD) 137 Vd 121
Pedro Alvarez **E** (TEN) 173 I F 2
Pedro Álvaro **E** (SAL) 71 Td 103
Pedro Barba **E** (PALM) 176 D 2
Pedro Bernardo **E** (ÁVI) 88 Va 107
Pedroche **E** (CÓRD) 122 Vb 118
Pedroches **E** (CÓRD) 136 Vb 121
Pedro Díaz **E** (CÓRD) 135 Ue 122
Pedro Fuertes **E** (SAL) 72 Ud 105
Pedrógão **P** (Be) 132 Sc 120
Pedrógão **P** (CB) 84 Se 108
Pedrógão **P** (Co) 82 Rb 108
Pedrógão **P** (Le) 82 Ra 109
Pedrógão **P** (Sa) 101 Rc 111
Pedrógão Grande **P** (Le) 83 Rf 109
Pedrógão Pequeno **P** (CB) 83 Rf 109
Pedro Izquierdo **E** (CUE) 93 Yd 109
Pedrola **E** (ZAR) 43 Ye 98
Pedro Llen **E** (SAL) 72 Ub 104
Pedro Martín **E** (BAD) 118 Sf 118
Pedro Martín **E** (SAL) 71 Ua 104
Pedro Martín **E** (SAL) 72 Uc 104
Pedro-Martínez **E** (GRA) 153 We 124
Pedro Miguel **P** (Aç) 168 Wc 117
Pedro Moreno **E** (BAD) 134 Td 119
Pedro Muñoz **E** (CÁC) 86 Te 107
Pedro Muñoz **E** (CIU) 110 Xa 112
Pedrones, Los **E** (VAL) 112 Yf 112
Pedrones de Abajo **E** (VAL) 112 Yf 113
Pedroñeras, Las **E** (CUE) 110 Xb 112
Pedro Rodríguez **E** (ÁVI) 73 Vb 103
Pedrosa **E** (BUR) 21 Wb 90
Pedrosa **E** (OUR) 33 Sc 97
Pedrosa **E** (OUR) 34 Se 96
Pedrosa de Duero **E** (BUR) 57 Wa 98
Pedrosa de la Vega **E** (PAL) 20 Vb 94
Pedrosa del Páramo **E** (BUR) 21 Wa 94
Pedrosa del Príncipe **E** (BUR) 38 Ve 95
Pedrosa del Rey **E** (LEÓ) 20 Va 91
Pedrosa del Rey **E** (VALL) 55 Ue 99
Pedrosa de Muñó **E** (BUR) 39 Wb 95
Pedrosa de Río-Urbel **E** (BUR) 39 Wb 94
Pedrosa de Tobalina **E** (BUR) 22 Wd 91
Pedrosa de Valdelucio **E** (BUR) 21 Vf 92
Pedrosas, Las - **E** (ZAR) 43 Za 96
Pedros do Poço Frio **P** (Co) 82 Rb 107
Pedrosillo, El - **E** (BAD) 134 Ua 119
Pedrosillo, El - **E** (SEV) 134 Td 123
Pedrosillo de Alba **E** (SAL) 72 Ud 104
Pedrosillo de los Aires **E** (SAL) 72 Ub 104
Pedrosillo el Ralo **E** (SAL) 54 Uc 102
Pedroso **E** (AST) 8 Va 88
Pedroso **E** (CAN) 9 Wa 89
Pedroso **E** (CAN) 10 Wc 88
Pedroso **E** (COR) 3 Rf 87
Pedroso **E** (RIO) 41 Xb 95
Pedroso **P** (Por) 50 Rc 102
Pedroso, El **E** (SEV) 135 Ub 121
Pedroso de Acím **E** (CÁC) 86 Td 110
Pedroso de la Abadesa **E** (VALL) 55 Va 99
Pedroso de la Armuña, El - **E** (SAL) 55 Ud 102
Pedroso de la Carballeda **E** (ZAM) 35 Td 97
Pedrotoro **E** (SAL) 71 Td 105
Pedrouzo (O Pino), O - **E** (COR) 15 Rd 91
Pedrouzos (Brión) **E** (COR) 14 Rb 91
Pedro Valiente **E** (CÁD) 164 Uc 132
Pedroveya **E** (AST) 6 Ua 89
Pedrucho, El - **E** (MUR) 143 Zb 122
Pedruel **E** (HUES) 44 Zf 95
Pedrulha **P** (Av) 68 Rd 106
Pedrulhos **P** (VC) 32 Rb 98
Pedrún de Torío **E** (LEÓ) 19 Ud 92
Pedruzo **E** (BUR) 23 Xb 92
Pega **P** (Gu) 70 Sf 106
Pegalajar **E** (JAÉ) 138 Wc 122
Pegarinhos **P** (VR) 52 Sd 100
Pego **E** (ALI) 129 Zf 115
Pego **P** (Av) 68 Rd 106
Pego **P** (Sa) 102 Rf 112
Pego, El - **E** (ZAM) 55 Ud 100
Pego do Altar **P** (Se) 116 Rd 118
Pego do Seixo **P** (Be) 130 Rd 122
Pego Escuro **P** (Fa) 145 Rd 125
Pegos Claros **P** (Se) 116 Rb 116
Peguera **E** (BAL) 98 Cc 111
Peguera **E** (BAR) 47 Be 96
Peguera del Madroño **E** (JAÉ) 140 Xc 119
Peguerillas **E** (HUEL) 147 Ta 124
Peguerinos **E** (ÁVI) 74 Ve 105
Pegueroles **E** (LLE) 47 Be 97
Peibás **E** (LUG) 16 Sa 92
Peireial **P** (CB) 85 Sf 110
Peireses **P** (VR) 33 Sb 98
Peirós, Los - **E** (TER) 94 Zc 108
Peisses, Ses - **E** (BAL) 97 Bb 115
Peites **E** (LUG) 34 Se 94
Peixerí **E** (BAL) 99 Cf 111
Pelabravo **E** (SAL) 72 Uc 103
Peladera, La - **E** (SEG) 74 Vf 103
Peláez, Los - **E** (MÁL) 151 Vd 126
Pelagalls **E** (LLE) 46 Bb 98
Pelagarcía **E** (SAL) 72 Uc 103
Pelahustán **E** (TOL) 88 Vc 107
Pelariga **P** (Le) 82 Rc 109
Pelarrodríguez **E** (SAL) 71 Te 103
Pelayo, El **E** (CÁD) 165 Ud 132
Pelayos **E** (SAL) 72 Uc 105
Pelayos de la Presa **E** (MAD) 89 Ve 106
Pelayos del Arroyo **E** (SEG) 74 Wa 102
Peleagonzalo **E** (ZAM) 55 Ud 100
Peleas de Abajo **E** (ZAM) 54 Ub 100
Peleas de Arriba **E** (ZAM) 54 Ub 101
Pelechaneta, la **E** (CAS) 95 Zf 107
Pelegrina **E** (GUA) 76 Xc 102
Pelegrinas **E** (GRA) 161 Wf 127
Peleias **P** (Ba) 34 Sf 97
Peliceira **E** (LUG) 17 Ta 91
Peligros **E** (GRA) 152 Wc 125
Peílle y el Jurado **E** (MUR) 155 Yb 123
Pelilla **E** (SAL) 54 Tf 101
Pelmá **P** (Le) 83 Rd 110
Peloche **E** (BAD) 106 Uf 113
Pelorde **E** (AST) 5 Ta 89
Pelúgano **E** (AST) 7 Uc 90
Pelusa, La - **E** (MÁL) 150 Vb 126
Pembes **E** (CAN) 8 Vb 90
Pen **E** (AST) 7 Uf 89
Pena **E** (AST) 6 Td 88
Pena **E** (COR) 3 Rf 87
Pena **E** (LUG) 16 Sc 93
Pena **E** (LUG) 16 Sd 90
Pena **P** (Br) 51 Sa 99
Pena **P** (Co) 67 Rc 107
Pena **P** (VR) 51 Sb 101
Pena, A - **E** (COR) 14 Rb 91
Pena, A - **E** (OUR) 33 Sb 96
Pena, Na - **E** (BAL) 96 Ea 109
Penabad **E** (LUG) 4 Sc 87
Penabeice **P** (VR) 52 Sd 100
Pena Branca **P** (Ba) 35 Te 99
Penacova **P** (Co) 83 Re 107
Pena de Cabras **E** (LUG) 5 Se 89
Penadeiriz **E** (COR) 3 Sa 88
Pena Falcão **P** (CB) 83 Sb 110
Penafiel **P** (Por) 50 Re 101
Pena Folenche **E** (OUR) 34 Se 94
Penafuente **E** (AST) 5 Ta 89
Penagos **E** (CAN) 9 Wb 88
Penáguila **E** (ALI) 128 Zd 116
Penajoia **P** (Vi) 51 Sa 102
Pena Lobo **P** (Gu) 69 Se 106
Penalonga **E** (OUR) 33 Sb 97
Penalonga **P** (VR) 51 Sb 99
Penalva **P** (Se) 115 Qf 117
Penalva de Alva **P** (Co) 83 Sb 107
Penalva do Castelo (Insua) **P** (Vi) 69 Sb 104
Penamacor **P** (CB) 84 Se 107
Penamaior **P** (Por) 50 Rd 101
Penamazada **E** (LUG) 4 Se 89
Penamil **E** (LUG) 17 Sf 91
Penamoura **E** (COR) 4 Sb 87
Pena Róia **P** (Ba) 53 Tc 100
Penas **E** (LUG) 4 Sa 89
Penas **E** (LUG) 16 Sb 92
Penascais **P** (Br) 32 Rd 98
Penasrubias **E** (LUG) 17 Se 93
Pena Verde **P** (Gu) 69 Sd 104
Penavidreia **E** (COR) 3 Rf 87
Pencelo **P** (Br) 50 Re 100
Penches **E** (BUR) 22 Wd 92
Pendilhe **P** (Vi) 69 Sa 103
Pendilla **E** (LEÓ) 19 Ub 90
Pendones **E** (AST) 7 Ue 90
Pendueles **E** (AST) 8 Vc 88
Penedès **E** (GIR) 49 Cf 97
Penedo **P** (CB) 83 Rf 110
Penedo da Sé **P** (Gu) 70 Sf 106
Penedo Gordo **P** (Be) 131 Sa 121
Penedones **P** (VR) 33 Sb 98
Penedono **P** (Vi) 69 Sd 103
Penedos **P** (Be) 145 Sb 124
Penedos **P** (VR) 51 Sa 99
Penedos de Alenquer **P** (Li) 100 Qf 114
Penela **E** (COR) 3 Rc 90
Penela **E** (LUG) 16 Sd 93
Penela **P** (Co) 83 Rd 108
Penela da Beira **P** (Vi) 52 Sd 102
Penelas **E** (OUR) 145 Sa 96
Penella **E** (ALI) 128 Zd 116
Penellas = Penelles **E** (LLE) 46 Af 98
Penelles **E** (LLE) 46 Af 98
Penha de Águia **P** (Gu) 70 Sf 103
Penhaforte **P** (Gu) 70 Sf 105
Penha Garcia **P** (CB) 85 Sf 108
Penha Longa **P** (Por) 51 Rf 102
Penhascoso **P** (Sa) 102 Rf 111
Penhas da Saúde **P** (CB) 84 Sc 107
Penhas Juntas **P** (Ba) 34 Sf 98
Peniche **P** (Le) 100 Qd 112
Penilhos **P** (Be) 131 Sa 123
Penilla,La **E** (CAN) 9 Wa 89
Penim **P** (VC) 32 Rc 97
Penina **P** (Fa) 144 Rc 126
Penina **P** (Fa) 145 Rf 125
Penoselo **E** (LEÓ) 17 Tb 92
Penouta **E** (OUR) 34 Sf 95
Pensalvos **P** (VR) 51 Sc 99
Penso **P** (Ba) 34 Sf 97
Penso **P** (Br) 50 Rd 100
Penso **P** (VC) 32 Re 96
Penso **P** (Vi) 68 Rf 104
Penso **P** (Vi) 69 Sc 103
Penteado **P** (Se) 115 Ra 117
Penteareiros **P** (Fa) 146 Sb 124
Pentes **E** (OUR) 34 Sf 96
Pentes (San Lourenzo) **E** (OUR) 34 Se 96
Penude **P** (Vi) 51 Sa 102
Penya, la - **E** (GIR) 31 Ce 95
Penzol **E** (AST) 5 Ta 88
Peña **E** (AST) 5 Tc 89
Peña **E** (NAV) 25 Ye 94
Peña, La **E** (AST) 6 Te 88
Peña, La **E** (CÁD) 164 Ub 132
Peña, La **E** (MUR) 142 Za 122
Peña, La **E** (SAL) 53 Tc 101
Peñacaballera **E** (SAL) 86 Ua 106
Peña-Castillo **E** (CAN) 9 Wa 88
Peñacerrada = Urizaharra **E** (ÁLA) 23 Xb 93
Peñacoba **E** (BUR) 40 Wd 97
Peña de Cabra **E** (SAL) 71 Ua 104
Peña de Francia **E** (SAL) 71 Tf 105
Peña del Águila **E** (CÁD) 156 Td 128
Peña de las Águilas **E** (ALI) 143 Zb 119
Peña de la Zafra **E** (MUR) 127 Yf 119
Peñaferruz **E** (AST) 7 Ub 88
Peñafiel **E** (VALL) 39 Vf 99
Peñaflor **E** (AST) 6 Tf 88
Peñaflor **E** (SEV) 135 Ud 122
Peñaflor **E** (ZAR) 43 Zb 98
Peñaflor de Hornija **E** (VALL) 55 Va 98
Peñahorada **E** (BUR) 22 Wc 94
Peñaladrones **E** (CÓRD) 136 Uf 119
Peñalagos **E** (GUA) 76 Xb 105
Peñalajo **E** (CIU) 124 Wd 117
Peñalba **E** (CAS) 94 Zd 109
Peñalba **E** (HUES) 63 Zf 99
Peñalba de Ávila **E** (ÁVI) 73 Vb 104
Peñalba de Castro **E** (BUR) 40 Wd 98
Peñalba de Cilleros **E** (LEÓ) 18 Tf 91
Peñalba de Duero **E** (VALL) 56 Vd 99
Peñalba de la Sierra **E** (GUA) 58 Wd 102
Peñalba de Manzanedo **E** (BUR) 22 Wb 91
Peñalba de San Esteban **E** (SOR) 58 We 99
Peñalba de Santiago **E** (LEÓ) 35 Tc 94
Peñalbo **E** (SAL) 54 Tf 102
Peñalén **E** (GUA) 77 Xf 105
Peñalosa **E** (CÓRD) 136 Uf 122
Peñalosa **E** (HUEL) 148 Td 124
Peñaloscintos **E** (RIO) 41 Xb 95
Peñalsordo **E** (BAD) 121 Uf 116
Peñalver **E** (GUA) 76 Xa 105
Peñalveta **E** (HUES) 44 Zd 98
Peña María y Fuente Atocha **E** (MUR) 141 Ya 121
Peñamecer **E** (SAL) 54 Ua 102
Peñaparda **E** (SAL) 85 Tc 107
Peñaranda de Bracamonte **E** (SAL) 72 Ue 103
Peñaranda de Duero **E** (BUR) 39 Wd 98
Peñarandilla **E** (SAL) 72 Ud 103
Peña-Roa **E** (HUES) 45 Ab 98
Peñarrodada, La - **E** (ALM) 162 Xa 127
Peñarroya **E** (TER) 79 Zb 103
Peñarroya de Tastavins **E** (TER) 80 Aa 104
Peñarroya-Pueblonuevo **E** (CÓRD) 135 Ue 119
Peñarrubia **E** (ALB) 126 Xe 116
Peñarrubia **E** (ALB) 126 Xe 118
Peña Rubia **E** (JAÉ) 139 Xc 119
Peña-Rubia **E** (MUR) 141 Ya 120
Peña Rubia, La - **E** (ALI) 128 Zb 117
Peñas, Las - **E** (MUR) 142 Yf 119
Peñas Blancas **E** (CÓRD) 136 Va 120
Peñascales, Los - **E** (MAD) 74 Wa 105
Peñascosa **E** (ALB) 125 Xd 116
Peñas de San Pedro **E** (ALB) 126 Ya 116
Peñas Negras **E** (ALM) 154 Xf 126
Peñasrubias de Pirón **E** (SEG) 57 Vf 102
Peñausende **E** (ZAM) 54 Ua 101
Peñazcurna **E** (SOR) 41 Xe 96
Peñillas **E** (CÓRD) 151 Ve 123
Peñíscola **E** (CAS) 81 Ac 106
Peñolite **E** (JAÉ) 125 Xb 119
Peñón, El - **E** (ALB) 140 Xe 119
Peñón, El - **E** (GRA) 153 We 123
Peñón Alto, El - **E** (ALM) 154 Xe 124
Peñón Bajo, El - **E** (ALM) 154 Xe 124
Peñón Colorado, Refugio de - **E** (GRA) 152 Wd 126
Peñones, Los - **E** (PALM) 174 I C 3
Peñueco **E** (VIZ) 10 We 89
Peñuela, La - **E** (CIU) 109 Wd 113
Peñuela, La - **E** (HUEL) 147 Tb 124
Peñuelas **E** (GRA) 152 Wa 125
Peón **E** (AST) 7 Uc 88
Peones **E** (BUR) 21 Vf 93
Pepe **P** (VR) 51 Sa 101
Pepim **P** (Vi) 68 Sa 103
Pepín **E** (COR) 3 Rd 90
Pepino **E** (TOL) 88 Vb 108
Peque **E** (ZAM) 35 Te 96
Pêra **P** (Fa) 145 Rd 126
Pera, la - **E** (GIR) 49 Cf 96
Pera, La - **E** (GRA) 152 Wb 126
Peraboa **P** (CB) 84 Sd 107
Peracalç **E** (LLE) 46 Ba 95
Peracense **E** (TER) 78 Yd 105
Pêra do Moço **P** (Gu) 69 Se 105
Perafita **E** (BAR) 48 Ca 96
Perafita **P** (Por) 50 Rb 101
Perafort **E** (TAR) 64 Bb 101
Perais **P** (CB) 84 Sc 110
Peral **E** (MÁL) 159 Vc 128
Peral **P** (CB) 83 Sb 110
Peral **P** (Fa) 145 Sa 126
Peral **P** (Li) 100 Qf 113
Peral, El - **E** (CIU) 124 Wd 116
Peral, El - **E** (CUE) 111 Ya 112
Peral, La **E** (AST) 6 Ua 88
Peralada **E** (GIR) 31 Da 95
Peralba **E** (LLE) 46 Af 97
Peral de Arlanza **E** (BUR) 39 Vf 96
Peral do Meio **P** (Év) 117 Rf 116
Peraleda de la Mata **E** (CÁC) 87 Ud 109
Peraleda de San Román **E** (CÁC) 87 Ud 110
Peraleda de Zaucejo **E** (BAD) 121 Uc 118
Peraleja, La - **E** (CUE) 111 Yb 111
Peraleja, La **E** (CUE) 91 Xc 107
Peralejo **E** (MAD) 74 Vf 105
Peralejo, El - **E** (ALB) 125 Xd 117
Peralejo, El - **E** (SEV) 134 Td 122
Peralejo de los Escuderos **E** (SOR) 58 Wf 101
Peralejos **E** (TER) 79 Yf 106
Peralejos, Los - **E** (JAÉ) 139 Wf 121
Peralejos de Abajo **E** (SAL) 71 Td 102
Peralejos de Arriba **E** (SAL) 71 Te 102
Peralejos de las Truchas **E** (GUA) 77 Ya 105
Peralejos de Solís **E** (SAL) 71 Ua 104
Perales **E** (PAL) 38 Vc 95
Perales, Los - **E** (CUE) 77 Ya 106
Perales, Los - **E** (SAL) 72 Uc 103
Perales del Alfambra **E** (TER) 79 Za 105
Perales del Puerto **E** (CÁC) 85 Tb 108
Perales del Río **E** (MAD) 90 Wc 107
Perales de Milla **E** (MAD) 74 Vf 106
Perales de Tajuña **E** (MAD) 90 Wd 107
Peral Grande **P** (Év) 117 Sc 118
Peralosas, Las - **E** (CIU) 108 Vf 114
Peralta **E** (ALB) 126 Xe 118
Peralta **E** (NAV) 42 Yb 94
Peralta de Alcofea **E** (HUES) 44 Zf 97
Peralta de la Sal **E** (HUES) 45 Ac 97
Peraltilla **E** (HUES) 44 Zf 96
Peralveche **E** (GUA) 76 Xd 105
Peralvillo Alto **E** (CIU) 108 Wa 114
Peralvillo Bajo **E** (CIU) 108 Wa 114
Peramán **E** (ZAR) 43 Yf 98
Peramato **E** (SAL) 71 Te 103
Peramea **E** (LLE) 28 Ba 95
Peramola **E** (LLE) 46 Bb 96
Perandones **E** (LEÓ) 17 Tb 93
Peranera **E** (LLE) 28 Ae 94
Peranzanes **E** (LEÓ) 17 Tc 91
Perapertú **E** (PAL) 21 Vd 91
Perarnau **E** (GIR) 48 Cb 95
Perarrúa **E** (HUES) 45 Ac 95
Peras **P** (Le) 83 Re 108
Peras Ruivas **P** (Sa) 82 Rc 111
Peratallada **E** (GIR) 49 Da 97
Pêra Velha **P** (Vi) 69 Sc 103
Perazancas **E** (PAL) 20 Vd 92
Perbes **E** (COR) 3 Re 88
Percuñar **E** (ZAR) 63 Aa 101
Perchas, Las - **E** (SAL) 70 Tb 106
Perchel, El - **E** (CUE) 77 Ya 106
Perchet **E** (CAS) 95 Zf 108
Perdices **E** (SOR) 59 Xd 100
Perdigão **P** (CB) 84 Sb 110
Perdigón, El **E** (ZAM) 54 Ub 100
Perdiguera **E** (ZAR) 44 Zc 98
Perdigueras, Las - **E** (CIU) 109 We 113
Perdiz **E** (MUR) 155 Yb 124
Perdoma, La - **E** (TEN) 172 I D 3
Perea **E** (JAÉ) 139 Wf 121
Perecamps **E** (LLE) 47 Bc 97
Pereda **E** (AST) 6 Tf 88
Pereda **E** (BUR) 22 Wc 90
Pereda, La - **E** (AST) 8 Vb 88
Pereda de Ancares **E** (LEÓ) 17 Tb 92
Peredilla **E** (LEÓ) 19 Uc 92
Peredo **P** (Ba) 52 Ta 100
Peredo da Bemposta **P** (Ba) 53 Tc 101
Peredo dos Castelhanos **P** (Ba) 70 Sf 102
Peregrina y Bodegas **E** (BAD) 119 Td 117
Pereira **E** (LUG) 16 Sb 93
Pereira **E** (LUG) 16 Sd 94
Pereira **E** (OUR) 33 Rf 97
Pereira **E** (OUR) 33 Sa 95
Pereira **E** (PON) 15 Re 93
Pereira **P** (Ba) 52 Se 100
Pereira **P** (Br) 50 Rc 100
Pereira **P** (Co) 82 Rc 107
Pereira **P** (Co) 83 Rf 107
Pereira **P** (Fa) 144 Rc 125
Pereira **P** (Vi) 68 Sa 103
Pereira **P** (Vi) 69 Sc 104
Pereira **P** (VR) 51 Sa 98
Pereira **P** (VR) 51 Sa 101
Pereira, A **E** (COR) 14 Ra 91
Pereiras **P** (Be) 131 Sb 123
Pereiras **P** (Be) 144 Rd 124
Pereiras **P** (Fa) 145 Rf 126
Pereiro **E** (OUR) 34 Sf 96
Pereiro **P** (Av) 68 Rd 103
Pereiro **P** (Av) 68 Rd 106
Pereiro **P** (Be) 131 Rf 120
Pereiro **P** (Fa) 145 Sb 126
Pereiro **P** (Fa) 146 Sc 124
Pereiro **P** (Gu) 69 Sb 106
Pereiro **P** (Gu) 70 Sf 104
Pereiro **P** (Le) 83 Rd 109
Pereiro **P** (Pg) 103 Sd 112
Pereiro **P** (Sa) 83 Rd 110
Pereiro **P** (Sa) 102 Rf 111
Pereiro **P** (Sa) 102 Sa 111
Pereiro **P** (Vi) 52 Sd 102
Pereiro **P** (VR) 52 Sd 99
Pereiro (Moeche) **E** (COR) 3 Sa 87
Pereiro de Aguiar **E** (OUR) 33 Sb 94
Pereiro de Baixo **P** (CB) 84 Sb 110
Pereiro de Baixo **P** (Co) 83 Re 107
Pereiro de Palhacana **P** (Li) 100 Qf 114
Pereiros **P** (Ba) 52 Se 101
Pereiros **P** (CB) 84 Sc 108
Pereiros **P** (Vi) 52 Sd 102
Pereje **E** (LEÓ) 17 Ta 93
Perelhal **P** (Br) 50 Rb 99
Perelló, el **E** (TAR) 81 Ae 103
Perelló, el **E** (VAL) 114 Ze 113
Perenos, Los - **E** (SEV) 150 Vb 125
Pereña **E** (SAL) 53 Tc 101
Perera, La - **E** (SOR) 58 Wf 100
Pereruela **E** (ZAM) 54 Ua 100
Peret **E** (LLE) 47 Bc 97
Pérex **E** (BUR) 22 We 91
Pérez, Los - **E** (ALI) 143 Zb 120
Pérez, Los - **E** (ALM) 154 Xc 124
Pérez, Los - **E** (ALM) 161 Wf 128
Pérez, Los - **E** (MUR) 142 Yf 123
Pérez, Los - **E** (SEV) 150 Vb 125
Pergulho Cimeiro **P** (CB) 83 Sa 110
Periana **E** (MÁL) 160 Ve 127
Pericalvo **E** (SAL) 71 Ub 103
Perilla de Castro **E** (ZAM) 54 Ua 98
Perillas, Las - **E** (CÁC) 105 Tf 111
Perín **E** (MUR) 142 Yf 123
Perla, La - **E** (SEG) 56 Ve 100
Perla Sofía **E** (VALL) 37 Uf 97
Perles **E** (LLE) 46 Bc 95
Perleta **E** (ALI) 143 Zc 119
Perlora **E** (AST) 7 Ub 87
Permalona, La - **E** (SAL) 71 Td 103
Permisán **E** (HUES) 45 Aa 97
Perna Chã **P** (Pg) 103 Se 113
Pernancha **P** (Sa) 101 Rd 113
Perna Seca **P** (Fa) 145 Re 124
Pernea **E** (CÓRD) 151 Ve 123
Pernes **P** (Sa) 101 Rc 112
Pernía **E** (SEV) 150 Va 123
Pernús **E** (AST) 7 Ue 88
Peroamigo **E** (SEV) 134 Td 122
Peroblasco **E** (RIO) 41 Xe 95
Perocojo **E** (SEG) 74 Ve 103
Pêro Dias **P** (Fa) 145 Sb 124
Pêro Ficós **P** (Gu) 70 Sf 106

Pêro Filho **P** (Sa) 101 Rb 113
Perogordo **E** (SEG) 74 Vf 103
Peroguarda **P** (Be) 131 Rf 120
Perolet **E** (LLE) 46 Ba 96
Perolivas **P** (Év) 117 Sc 118
Peromingo **E** (SAL) 72 Ub 106
Peromingo **E** (SEG) 73 Vc 103
Pêro Moniz **P** (Li) 100 Qf 113
Perona **E** (CUE) 110 Xd 112
Pêro Negro **P** (Fa) 144 Rb 124
Pêro Neto **P** (Le) 82 Ra 110
Peroniel del Campo **E** (SOR) 59 Xe 98
Pêro Pinheiro **P** (Li) 115 Qe 115
Pêro Ponto **P** (Fa) 145 Sa 125
Pêro Queimado **P** (Fa) 144 Ra 126
Perorrubio **E** (SEG) 57 Wb 101
Perosillo **E** (SEG) 56 Vf 100
Pêro Soares **P** (Gu) 69 Se 105
Pero Viegas **P** (Pg) 102 Sa 114
Pêro Viseu **P** (CB) 84 Sd 107
Peroxa, A **E** (OUR) 16 Sb 94
Perozelo **P** (Por) 50 Re 102
Perozinho **P** (Por) 50 Rc 102
Perrães **P** (Av) 68 Rc 105
Perre **P** (VC) 32 Rb 98
Perreira **P** (Br) 51 Rf 100
Perrozo **E** (CAN) 20 Vc 90
Perrunal, El - **E** (HUEL) 133 Ta 122
Pertusa **E** (HUES) 44 Zf 96
Peru, El - **E** (GRA) 153 Xa 124
Perucha **P** (Sa) 82 Rd 110
Perulera, La - **E** (ALM) 154 Xf 124
Peruyes **E** (AST) 8 Uf 88
Pervis **E** (AST) 7 Uf 89
Pesadas de Burgos **E** (BUR) 22 Wc 92
Pesadoira **E** (COR) 14 Ra 91
Pesaguero-Laparte **E** (CAN) 20 Vc 90
Pescanseco **P** (Co) 83 Sa 108
Pescoso **E** (PON) 15 Sa 92
Pescueza **E** (CÁC) 85 Tc 109
Pes de Pontes **P** (Vi) 68 Re 104
Pesebre **E** (ALB) 125 Xd 116
Pesegueiro **P** (Fa) 145 Sa 124
Pesga, La **E** (CÁC) 86 Te 107
Pesinho **P** (CB) 84 Sc 107
Peso **P** (Ba) 53 Tc 100
Peso **P** (Be) 132 Sb 120
Peso **P** (CB) 84 Sc 107
Peso **P** (Fa) 144 Rc 124
Peso **P** (Le) 100 Qf 112
Peso **P** (Por) 51 Sa 101
Peso **P** (Sa) 117 Re 115
Peso da Régua **P** (VR) 51 Sb 102
Pesos **P** (Vi) 68 Rf 103
Pesoz (Pezós) **E** (AST) 5 Ta 89
Pesqueira **E** (COR) 14 Ra 93
Pesqueiras **E** (PON) 32 Rd 96
Pesquera **E** (CAN) 21 Vf 90
Pesquera **E** (LEÓ) 19 Uf 92
Pesquera, La - **E** (CUE) 112 Yc 111
Pesquera de Duero **E** (VALL) 56 Vf 99
Pesquera de Ebro **E** (BUR) 21 Wb 92
Pesquerín **E** (AST) 7 Ue 88
Pesqueruela **E** (VALL) 55 Va 99
Pessegueiro **P** (Co) 83 Rf 108
Pessegueiro **P** (Sa) 102 Rf 112
Pessegueiro do Vouga **P** (Av) 68 Rd 104
Pessolta **P** (Gu) 69 Se 105
Pessonada **E** (LLE) 46 Ba 95
Pesués **E** (CAN) 8 Vd 88
Petelos **E** (PON) 32 Rc 95
Petilla de Aragón **E** (NAV) 25 Yf 94
Petimão **P** (Br) 51 Rf 100
Petín **E** (OUR) 34 Sf 94
Petisqueira **P** (Ba) 35 Tc 97
Petra **E** (BAL) 99 Da 111
Petrel = Petrer **E** (ALI) 128 Zb 118
Petrer **E** (ALI) 128 Zb 118
Petrés **E** (VAL) 95 Ze 110
Pétrola **E** (ALB) 127 Yc 116
Peva **P** (Gu) 70 Ta 104
Peva **P** (Vi) 69 Sb 103
Peza, La - **E** (GRA) 152 We 125
Pezobre **E** (COR) 15 Rf 91
Pezuela de las Torres **E** (MAD) 75 We 106
Pi **E** (LLE) 29 Be 94
Pia Carneira **P** (Le) 101 Rb 112
Pia Furada **P** (Le) 82 Rc 109
Piantón **E** (AST) 5 Sf 88
Piar de Abajo, El - **E** (ALM) 140 Xf 122
Pías **E** (PON) 32 Ra 97
Pías **E** (ZAM) 34 Ta 96
Pias **P** (Be) 132 Sc 122
Pias **P** (Be) 132 Sd 120
Pias **P** (Sa) 83 Re 110
Pias **P** (VC) 32 Rc 96
Pias **P** (Vi) 51 Rf 102
Piasca **E** (CAN) 20 Vc 90
Picachos, Los - **E** (PALM) 176 D 3
Picadas, Las - **E** (MAD) 89 Ve 107
Pica Milho **P** (Be) 132 Sb 121
Picamoixons **E** (TAR) 64 Bb 101
Picanceira **P** (Li) 100 Qd 114
Picanya **E** (VAL) 113 Zd 112
Picaña = Picanya **E** (VAL) 113 Zd 112
Picão **P** (Vi) 68 Sa 103
Picaraña de Arriba **E** (COR) 14 Rc 92
Piçarral **P** (Fa) 146 Sd 125
Piçarras **P** (Be) 131 Rf 123
Picarzos **E** (ALB) 126 Xf 118
Picasent = Picassent **E** (VAL) 113 Zd 112
Picassent **E** (VAL) 113 Zd 112
Picazo **E** (GUA) 76 Xb 104
Picazo, El - **E** (CUE) 111 Xf 112
Picena **E** (GRA) 153 Wf 126
Pico **P** (Br) 32 Rd 98
Pico, El - **E** (AST) 7 Ue 89
Pico Alto **P** (Fa) 145 Re 125
Pico da Pedra **P** (Aç) 170 Zc 122
Pico del Viento **E** (PALM) 174 I C 2
Pico de Regalados **P** (Br) 50 Rd 98
Picões **P** (Ba) 52 Ta 101
Picoitos **P** (Be) 132 Sc 123
Picón **E** (CIU) 108 Vf 114
Picón **E** (COR) 4 Sb 86
Piconcillo **E** (CÓRD) 135 Ud 119
Picones **E** (SAL) 70 Tc 102
Picos del Guadiana **E** (JAÉ) 139 Wf 122
Picota **P** (Fa) 145 Rf 126
Picote **P** (Ba) 53 Td 100
Picoto **P** (Av) 68 Rc 103
Picoto **P** (Por) 50 Rc 102
Pichiriches, Los - **E** (ALM) 154 Xe 126
Pidal **E** (MUR) 141 Yb 120
Pi de Sant Just, el - **E** (LLE) 47 Bd 97
Pido **E** (CAN) 8 Vb 90
Pidre **E** (LUG) 15 Sa 92
Piedade **P** (Aç) 169 Wf 118
Piedade **P** (Av) 68 Rd 105
Piedade **P** (Le) 100 Ra 111
Piedeloro **E** (AST) 7 Ub 87
Piedra **E** (MAD) 90 Wd 107
Piedra,La **E** (BUR) 21 Wa 93
Piedrabuena **E** (CIU) 108 Vf 114
Piedraceda **E** (AST) 6 Ua 90
Piedra de la Sal **E** (SEV) 135 Uc 123
Piedraescrita **E** (BAD) 121 Uc 115
Piedraescrita **E** (TOL) 107 Vb 111
Piedrafita **E** (LEÓ) 19 Uc 90
Piedrafita de Babia **E** (LEÓ) 18 Te 91
Piedrafita de Jaca **E** (HUES) 26 Ze 92
Piedrahita **E** (ÁVI) 72 Ue 106
Piedrahita **E** (TER) 61 Yf 102
Piedrahita de Castro **E** (ZAM) 54 Ub 98
Piedrahita de Juarros **E** (BUR) 39 Wd 94
Piedrahita de Muñó **E** (BUR) 40 We 96
Piedralá **E** (CIU) 108 Vf 113
Piedralaves **E** (ÁVI) 88 Vb 107
Piedramillera **E** (NAV) 24 Xe 93
Piedramorrera **E** (HUES) 43 Zb 95
Piedramuelle **E** (AST) 6 Ua 88
Piedras, Las - **E** (CÓRD) 151 Ve 124
Piedras Albas **E** (CÁC) 85 Ta 110
Piedras Blancas (Castrillón) **E** (AST) 6 Ua 87
Piedrasecha **E** (LEÓ) 19 Ub 92
Piedrasluengas **E** (PAL) 20 Vd 90
Piedratajada **E** (ZAR) 43 Zb 96
Piedrola-Acebrón **E** (TOL) 108 Wc 112
Piedros, Los - **E** (CÓRD) 150 Vc 124
Pieiro **E** (COR) 3 Re 88
Pieles **E** (OUR) 15 Sa 93
Piera **E** (BAR) 65 Be 99
Piérnigas **E** (BUR) 22 Wd 93
Pierola **E** (BAR) 65 Be 99
Pieros **E** (LEÓ) 17 Tb 93
Pietas **E** (ZAR) 60 Yd 100
Piezas, Las - **E** (AST) 7 Ub 89
Pigarzos **E** (PON) 32 Rd 94
Pigeiros **P** (Av) 68 Rd 103
Pigüeces **E** (AST) 6 Te 90
Pigueña **E** (AST) 6 Te 90
Pilado **P** (Le) 82 Ra 110
Pilar, El - **E** (MÁL) 151 Vd 125
Pilar de Jaravia **E** (ALM) 155 Yb 124
Pilar de la Horadada **E** (ALI) 143 Zb 121
Pilares **E** (SEV) 149 Uc 126
Pilar y Fuensanta, La - **E** (VALL) 56 Vf 99
Pilas **E** (CAN) 10 Wd 89
Pilas **E** (SEV) 148 Te 125
Pilas, Las - **E** (CAN) 10 Wc 88
Pilas, las -= Piles, les - **E** (TAR) 65 Bc 99
Pilas Dedil **E** (GRA) 151 Vf 126
Piles **E** (VAL) 114 Zf 115
Piles, les - **E** (TAR) 65 Bc 99
Piletas, Las - **E** (GRA) 153 Xa 125
Piletas, Los - **E** (ALM) 153 Xb 126
Pililla, La - **E** (CÓRD) 151 Vd 124
Pilitas, Las - **E** (HUEL) 146 Sf 124
Piloña = Infiesto **E** (AST) 7 Ud 88
Pils, El - **E** (GIR) 31 Da 94
Pilzán **E** (HUES) 45 Ac 96
Pimeiro **P** (Vi) 51 Rf 102
Pimiango **E** (AST) 8 Vc 88
Pimpollar, El - **E** (MAD) 74 Ve 105
Pina **E** (BAL) 99 Cf 111
Pina de Ebro **E** (ZAR) 62 Zc 100
Pina de Montalgrao **E** (CAS) 94 Zc 108
Pinar, El - **E** (MÁL) 159 Vc 129
Pinar, El - **E** (TEN) 171 III C 2
Pinar, El - **E** (VALL) 56 Vb 99
Pinar de Almorox, El - **E** (TOL) 89 Vd 107
Pinar de Campoverde, El - **E** (ALI) 143 Zb 121
Pinar del Esparragal **E** (VALL) 55 Va 99
Pinar de los Franceses **E** (CÁD) 157 Tf 130
Pinar de Puenteviejo **E** (ÁVI) 73 Vc 103
Pinar de Simancas **E** (VALL) 55 Vb 99
Pinarejo **E** (CUE) 110 Xd 111
Pinarejos **E** (SEG) 56 Ve 101
Pinares, Los - **E** (ALM) 155 Yb 124
Pinares, los - **E** (GIR) 49 Cf 98
Pinares Llanos **E** (MAD) 89 Wa 107
Pinar Hermoso **E** (MUR) 141 Yc 121
Pinarnegrillo **E** (SEG) 56 Ve 101
Pincães **P** (VR) 33 Rf 98
Pinçais **P** (Sa) 116 Re 115
Pinçalinhos **P** (Sa) 116 Re 115
Pincho **P** (Co) 82 Rb 107
Pincho **P** (Fa) 144 Rb 125
Pindelo **P** (Av) 68 Rd 103
Pindelo **P** (Vi) 68 Sa 105
Pindelo dos Milagres **P** (Vi) 68 Sa 104
Pineda, la - **E** (TAR) 64 Bb 102
Pineda = Pineda de Mar **E** (BAR) 48 Ce 99
Pineda de Gigüela **E** (CUE) 91 Xc 108
Pineda de la Sierra **E** (BUR) 40 We 95
Pineda de Mar **E** (BAR) 48 Ce 99
Pinedas **E** (SAL) 71 Ua 106
Pinedas, Las - **E** (CÓRD) 136 Va 122
Pineda-Trasmonte **E** (BUR) 39 Wb 97
Pinedillo **E** (BUR) 39 Wa 96
Pinedo **E** (VAL) 113 Ze 112
Pinela **P** (Ba) 53 Tb 98
Pinelo **E** (GRA) 140 Xd 122
Pinelo **P** (Ba) 53 Tc 99
Pinell de Brai, el - **E** (TAR) 63 Ad 102
Pinell de Bray = Pinell de Brai, el - **E** (TAR) 63 Ad 102
Pinell de Solsonès **E** (LLE) 47 Bc 97
Pinera **E** (AST) 7 Ub 88
Pinet **E** (VAL) 113 Zd 115
Pinet, El - **E** (ALI) 143 Zc 120
Pinetell de Rojals, el - **E** (TAR) 64 Ba 101
Pinhal **P** (Fa) 145 Re 126
Pinhal do Douro **P** (Ba) 52 Se 101
Pinhal do Norte **P** (Ba) 52 Sd 101
Pinhal Novo **P** (Se) 115 Ra 117
Pinhanços **P** (Gu) 69 Sb 106
Pinhão **P** (VR) 51 Sc 101
Pinhão Cel **P** (VR) 51 Sc 100
Pinheiro **P** (Av) 67 Rc 105
Pinheiro **P** (Be) 130 Rb 122
Pinheiro **P** (Be) 131 Re 121
Pinheiro **P** (Br) 51 Rf 99
Pinheiro **P** (Fa) 146 Sb 126
Pinheiro **P** (Gu) 69 Sc 104
Pinheiro **P** (Ma) 166 I B 2
Pinheiro **P** (Por) 50 Re 102
Pinheiro **P** (Se) 116 Rb 118
Pinheiro **P** (Vi) 68 Re 104
Pinheiro **P** (Vi) 68 Rf 106
Pinheiro **P** (Vi) 68 Sa 103
Pinheiro da Bemposta **P** (Av) 68 Rd 104
Pinheiro de Ázere **P** (Vi) 68 Rf 106
Pinheiro de Coja **P** (Co) 83 Sa 107
Pinheiro de Fora **P** (Ma) 166 I B 2
Pinheiro Grande **P** (Sa) 101 Rd 112
Pinheiro Novo **P** (Ba) 34 Sf 97
Pinheiros **P** (Le) 82 Rb 110
Pinheiros **P** (VC) 32 Rc 96
Pinheiros **P** (Vi) 51 Sc 102
Pinheiro Velho **P** (Ba) 34 Sf 97
Pinhel **P** (Gu) 70 Sf 104
Pinho **P** (Vi) 68 Rf 104
Pinho **P** (VR) 51 Sc 99
Pinhoa **P** (Li) 100 Qe 113
Pinhovelo **P** (Ba) 52 Ta 99
Pinilla **E** (ALB) 125 Xc 116
Pinilla **E** (ALB) 126 Xe 118
Pinilla **E** (ALB) 127 Yc 116
Pinilla **E** (MUR) 141 Ya 120
Pinilla, La - **E** (MUR) 142 Ye 122
Pinilla Ambroz **E** (SEG) 74 Vd 102
Pinilla de Arlanza **E** (BUR) 39 Vf 96
Pinilla de Buitrago **E** (MAD) 75 Wb 103
Pinilla de Caradueña **E** (SOR) 41 Xd 97
Pinilla de Fermoselle **E** (ZAM) 53 Td 100
Pinilla de Jadraque **E** (GUA) 76 Xa 102
Pinilla de la Valdería **E** (LEÓ) 36 Tf 95
Pinilla del Campo **E** (SOR) 59 Xf 98
Pinilla del Olmo **E** (SOR) 59 Xc 101
Pinilla de los Barruecos **E** (BUR) 40 We 97
Pinilla de los Moros **E** (BUR) 40 We 96
Pinilla del Valle **E** (MAD) 74 Wb 103
Pinilla de Molina **E** (GUA) 77 Ya 104
Pinilla de Toro **E** (ZAM) 55 Ud 99
Pinilla-Trasmonte **E** (BUR) 39 Wc 97
Pinillos **E** (MUR) 127 Yf 117
Pinillos **E** (RIO) 41 Xc 95
Pinillos de Esgueva **E** (BUR) 39 Wb 98
Pinillos de Polendos **E** (SEG) 57 Vf 102
Pino **E** (BAD) 120 Tf 117
Pino **E** (LUG) 4 Sc 89
Pino **E** (ZAM) 54 Tf 99
Pino, El - **E** (AST) 19 Uc 90
Pino, El - **E** (CÁC) 103 Se 113
Pino, O - **E** (COR) 15 Re 91
Pino Alto **E** (MAD) 74 Vf 105
Pino de Bureba **E** (BUR) 22 Wd 92
Pino del Río **E** (PAL) 20 Vb 93
Pino de Tormes, El - **E** (SAL) 72 Ub 102
Pino de Viduerna **E** (PAL) 20 Vb 92
Pino do Val **E** (COR) 14 Ra 91
Pinofranqueado **E** (CÁC) 86 Te 107
Pinos **E** (ALI) 129 Zf 116
Pinos **E** (LEÓ) 18 Ua 91
Pinós **E** (LLE) 47 Bd 98
Pinos, Los - **E** (ALM) 154 Xf 125
Pinos, Los - **E** (CÁC) 87 Ub 107
Pinos, Los - **E** (GRA) 153 Xb 124
Pinos, Los - **E** (HUEL) 147 Tb 123
Pinos, Los - **E** (MUR) 143 Za 121
Pino Santo **E** (PALM) 174 I C 2
Pinos del Valle **E** (GRA) 161 Wc 127
Pinos-Genil **E** (GRA) 152 Wd 126
Pinoso **E** (ALI) 127 Yf 118
Pinosol **E** (MAD) 74 Vf 105
Pinos-Puente **E** (GRA) 152 Wb 125
Pins **E** (GIR) 49 Cf 96
Pins de Miramar, el **E** (TAR) 64 Af 102
Pinseque **E** (ZAR) 43 Yf 98
Pinsoro **E** (NAV) 43 Yd 95
Pintado, El - **E** (SEV) 134 Ua 121
Pintano **E** (ZAR) 25 Yf 93
Pintarrafes **E** (VAL) 113 Zc 113
Pintás **E** (OUR) 33 Sa 97
Pintín **E** (LUG) 16 Sd 92
Pinto **E** (MAD) 90 Wb 107
Pinto, O - **E** (OUR) 33 Sb 95
Pinya, la - **E** (GIR) 48 Cc 95
Pinyana **E** (LLE) 28 Af 95
Pinyeres **E** (TAR) 63 Ab 102
Pinza **E** (OUR) 34 Sf 96
Pinzales **E** (AST) 7 Ub 88
Pinzás **E** (PON) 32 Rb 96
Pinzio **P** (Gu) 70 Sf 105
Pinzón **E** (SEV) 148 Tf 126
Piña **E** (COR) 3 Rc 89
Piña, La -= Pinya, la - **E** (GIR) 48 Cc 95
Piña de Campos **E** (PAL) 38 Vd 95
Piña de Esgueva **E** (VALL) 56 Vd 98
Piñar **E** (GRA) 152 Wd 124
Piñas, Las - **E** (CÁD) 164 Ub 132
Piñeira **E** (LUG) 5 Se 90
Piñeira **E** (LUG) 5 Sf 87
Piñeira **E** (LUG) 16 Sb 92
Piñeira **E** (LUG) 16 Se 91
Piñeira de Abaixo **E** (OUR) 33 Sb 96
Piñeira de Arriba **E** (LUG) 34 Se 94
Piñeiro **E** (LUG) 4 Sa 88
Piñeiro **E** (LUG) 16 Sc 93
Piñeiro **E** (OUR) 33 Rf 94
Piñeiro **E** (PON) 15 Rc 93
Piñeiro **E** (PON) 144 Rb 94
Piñeiro **E** (PON) 144 Rb 96
Piñeiros **E** (COR) 15 Rf 91
Piñel de Abajo **E** (VALL) 56 Vf 98
Piñel de Arriba **E** (VALL) 57 Vf 98
Piñera **E** (AST) 5 Tb 87
Piñera **E** (AST) 7 Uc 89
Piñera, La - **E** (AST) 6 Ua 89
Piñera de Abajo **E** (AST) 19 Ub 90
Piñeres **E** (AST) 7 Ub 89
Piñeres **E** (CAN) 8 Vc 89
Piñero, El **E** (ZAM) 54 Uc 100
Piñor **E** (OUR) 15 Rf 94
Piñuécar **E** (MAD) 75 Wc 102
Pío **E** (LEÓ) 8 Uf 90
Piodão **P** (Co) 83 Sb 107
Pioledo **P** (VR) 51 Sa 100
Piornal **E** (CÁC) 86 Ua 108
Piornedo **E** (LEÓ) 19 Uc 90
Pioz **E** (GUA) 75 We 106
Pipaón **E** (ÁLA) 23 Xc 93
Pipaona **E** (RIO) 41 Xe 95
Pipe, El - **E** (JAÉ) 124 Xa 118
Pipeira **P** (Év) 118 Sd 116
Piquera de San Esteban **E** (SOR) 58 We 99
Piqueras **E** (GUA) 78 Yb 105
Piqueras del Castillo **E** (CUE) 92 Xf 110
Piquín **E** (LUG) 5 Se 89
Pira **E** (TAR) 64 Bb 100
Piracés **E** (HUES) 44 Ze 96
Pirra **P** (Fa) 144 Rc 126
Pisão **P** (Av) 68 Rd 107
Pisão **P** (Co) 83 Sa 107
Pisão **P** (Pg) 102 Sa 114
Pisão **P** (Pg) 103 Sc 113
Pisões **P** (Be) 132 Sb 121
Pisões **P** (Be) 132 Sd 120
Pisões **P** (CB) 83 Rf 110
Pisões **P** (Le) 82 Ra 111
Pisões **P** (VR) 33 Sa 98
Pisón de Castrejón **E** (PAL) 20 Vc 92
Pisón de Ojeda **E** (PAL) 20 Vd 92
Pisueña **E** (CAN) 9 Wb 89
Pitamariça de Baixo **P** (Év) 116 Rd 116
Pitarque **E** (TER) 79 Zc 105
Pitiegua **E** (SAL) 55 Ud 102
Pitillas **E** (NAV) 25 Yc 94
Pitões das Júnias **P** (VR) 33 Sa 97
Pitres **E** (GRA) 161 We 127
Piuca **E** (LUG) 16 Sb 94
Piúca, A - **E** (OUR) 33 Sb 95
Piul, El - **E** (MAD) 90 Wd 106
Pivierda **E** (AST) 7 Ue 88
Pizarra **E** (MÁL) 159 Vb 128
Pizarral **E** (BAD) 134 Te 119
Pizarral **E** (SAL) 72 Uc 105
Pizarrera **E** (MAD) 74 Vf 105
Pizarro **E** (CÁC) 105 Ub 114
Pizorro del Cañete **E** (CIU) 124 Wf 117
Pla, el - **E** (GIR) 49 Da 97
Placencia = Soraluze **E** (GUI) 11 Xd 89
Plácidos, Los - **E** (MÁL) 151 Ve 126
Placín **E** (OUR) 34 Se 95
Pla de Cabra = Pla de Santa Maria, el - **E** (TAR) 64 Bb 100
Pla de Corroncui **E** (LLE) 28 Af 94
Pla de la Font, el **E** (LLE) 45 Ac 98
Pla de la Olivera Alta **E** (ALI) 128 Zc 118
Plá del Panadés = Pla del Penedès, el - **E** (BAR) 65 Be 100
Pla del Penedès, el - **E** (BAR) 65 Be 100
Pla del Remei, el - **E** (BAR) 48 Cc 98
Pla dels Hospitalets **E** (GIR) 30 Cb 94
Pla de Manelleu, el - **E** (TAR) 65 Bd 100
Pla de Na Tosa **E** (BAL) 98 Ce 111
Plá de Rubió, el - **E** (BAR) 47 Bd 99
Pla de Sabater **E** (CAS) 80 Zf 107
Pla de Santa Maria, el **E** (TAR) 64 Bb 100
Pla de Sant Tirs, el - **E** (LLE) 29 Bc 95
Plà d'es Caló, Es - **E** (BAL) 99 Dc 110
Pladogau **E** (LLE) 46 Bb 97
Plágaro **E** (BUR) 22 We 92
Plan **E** (HUES) 27 Ac 93
Plan, El - **E** (MUR) 142 Yf 123
Plana, de la - **E** (VAL) 95 Zf 108
Plana, la - **E** (BAR) 47 Bf 96
Plana, la - **E** (GIR) 48 Cc 95
Plana, la - **E** (LLE) 28 Af 94
Plana, Sa - **E** (BAL) 98 Cf 109
Planas, Las **E** (TER) 80 Ze 104
Planas, Las -= Planes d'Hostoles, les - **E** (GIR) 48 Cd 96
Plana Vella, Sa - **E** (BAL) 99 Db 112
Planes **E** (ALI) 128 Zd 116
Planes, les - **E** (BAR) 66 Ca 100
Planes, les - **E** (TAR) 64 Af 101
Planes d'Hostoles, les - **E** (GIR) 48 Cd 96
Planico, El - **E** (ZAR) 62 Zd 100
Planillo **E** (HUES) 27 Zf 94
Plano, El - **E** (HUES) 27 Ab 94
Planolas = Planoles **E** (GIR) 30 Ca 95
Planoles **E** (GIR) 30 Ca 95
Plans, Els **AND** 29 Bd 94
Planta, La - **E** (VALL) 56 Vd 99
Plantío, El - **E** (MAD) 74 Wa 106
Plantonada, La - **E** (GRA) 161 We 127
Plasencia **E** (CÁC) 86 Tf 108
Plasencia de Jalón **E** (ZAR) 61 Ye 98
Plasencia del Monte **E** (HUES) 44 Zc 95
Plasenzuela **E** (CÁC) 105 Tf 112
Plata, La - **E** (PALM) 174 I C 3
Plata y Los Palanquines **E** (MUR) 155 Yb 123
Platera, La - **E** (JAÉ) 139 Xb 119
Platja de Calafell, la - **E** (TAR) 65 Bd 101
Platja de Miami, la - **E** (TAR) 64 Af 102
Platja de Nules **E** (CAS) 95 Zf 109
Platja Talamanca **E** (BAL) 97 Bc 115
Platjes de Mallorca **E** (BAL) 99 Da 110
Platosa, La - **E** (SEV) 149 Ue 124
Platosa (Cortijo de la Palmosa), La - **E** (SEV) 150 Uf 123
Platzaola **E** (GUI) 12 Ya 90
Playa **E** (VAL) 114 Zf 115
Playa Bella **E** (MÁL) 165 Uf 130
Playa Blanca **E** (PALM) 176 B 4
Playa Calera, La **E** (TEN) 172 II A 2
Playa de Arguineguín, la **E** (PALM) 174 I B 4
Playa de Aro = Platja d'Aro **E** (GIR) 49 Da 98
Playa de Escalona **E** (TOL) 89 Vd 108
Playa de la Salineta **E** (PALM) 174 I D 3
Playa de las Américas **E** (TEN) 172 I C 5
Playa de la Torre, La - **E** (CAS) 95 Zf 109
Playa de la Torre de Piles, La - **E** (VAL) 114 Zf 115
Playa del Hombre **E** (PALM) 174 I D 3
Playa del Hoyo **E** (HUEL) 146 Se 125
Playa del Inglés **E** (PALM) 174 I C 4
Playa del Recati **E** (VAL) 114 Ze 113
Playa de Mar **E** (VAL) 114 Ze 111
Playa de Melenara **E** (PALM) 174 I D 3
Playa de Mogán, La **E** (PALM) 174 I B 4
Playa de San Juan **E** (ALI) 128 Zd 118
Playa de Santiago **E** (TEN) 172 II B 2
Playa de Tabernes **E** (VAL) 114 Ze 114
Playa de Tauro, La **E** (PALM) 174 I B 4
Playa de Vallehermoso **E** (TEN) 172 II B 1
Playa de Veneguera, La **E** (PALM) 174 I B 3
Playa de Xeraco **E** (VAL) 114 Ze 114
Playa Granada **E** (GRA) 161 Wc 128
Playa Honda **E** (MUR) 143 Zb 123
Playa Nueva **E** (TEN) 171 B 3
Playa Quemada **E** (PALM) 176 B 4
Playas, Las **E** (PALM) 175 II E 4
Playa Serena **E** (ALM) 162 Xc 128
Plaza (Teverga), La - **E** (AST) 6 Tf 90
Plaza de Castillo y Elejabieta **E** (VIZ) 23 Xb 90
Plazakola **E** (VIZ) 11 Xd 89
Pleitas **E** (ZAR) 43 Ye 98
Plenas **E** (ZAR) 61 Za 102
Plentzia **E** (VIZ) 11 Xa 88
Pliego **E** (MUR) 141 Yd 121
Plomeros **E** (JAÉ) 138 Wa 120
Plou **E** (TER) 79 Za 103
Plumarejos **E** (BUR) 40 Wd 97
Pó **P** (Le) 100 Qe 113
Poago **E** (AST) 7 Ub 87
Poal, el **E** (LLE) 46 Af 98
Poal, el - **E** (BAR) 47 Be 98
Pobar **E** (SOR) 41 Xe 97
Pobella **E** (LLE) 28 Af 94
Pobes **E** (ÁLA) 23 Xa 92
Pobla, la - **E** (LLE) 64 Ae 100
Pobla, Sa **E** (BAL) 99 Da 110
Población, La - **E** (CAN) 21 Wa 90
Población de Abajo **E** (CAN) 21 Wa 91
Población de Arriba **E** (CAN) 21 Wa 91
Población de Arroyo **E** (PAL) 37 Va 94

Población de Campos E (PAL) 38 Vd 95
Población de Cerrato E (PAL) 38 Vd 98
Población de Soto E (PAL) 38 Vc 94
Población de Suso E (CAN) 21 Ve 91
Poblachuela, La - E (CIU) 123 Wa 115
Pobla de Carivenys, la - E (TAR) 65 Bc 99
Pobla de Cérvoles, la - E (LLE) 64 Af 100
Pobla de Ciérvoles = Pobla de Cérvoles, la - E (LLE) 64 Af 100
Pobla de Claramunt, la - E (BAR) 65 Be 99
Pobla de Farnals, La - E (VAL) 114 Ze 111
Pobla de Ferran, la - E (TAR) 64 Bb 99
Pobla del Duc, La - E (VAL) 128 Zd 115
Pobla de Lillet, la E (BAR) 47 Bf 95
Pobla de Mafumet, la - E (TAR) 64 Bb 101
Pobla de Masaluca = Pobla de Massaluca, la - E (TAR) 63 Ac 101
Pobla de Massaluca, la - E (TAR) 63 Ac 101
Pobla de Montornès, la - E (TAR) 65 Bc 101
Pobla de Segur, la E (LLE) 46 Af 95
Pobla de Tornesa, la E (CAS) 95 Aa 108
Pobla de Vallbona, La E (VAL) 113 Zc 111
Poblado de Embalse E (CÁC) 86 Ua 109
Poblado del Embalse E (BAD) 121 Ud 115
Poblado del Embalse E (VAL) 112 Yd 111
Pobladura de Aliste E (ZAM) 35 Te 97
Pobladura de Bernesga E (LEÓ) 19 Uc 93
Pobladura de Fontecha E (LEÓ) 19 Ub 94
Pobladura de la Reguera E (LEÓ) 18 Te 92
Pobladura de la Sierra E (LEÓ) 35 Td 94
Pobladura de los Oteros E (LEÓ) 37 Ud 94
Pobladura del Valle E (ZAM) 36 Ub 96
Pobladura de Pelayo García E (LEÓ) 36 Ub 95
Pobladura de Somoza E (LEÓ) 17 Tb 93
Pobladura de Sotiedra E (VALL) 55 Ue 99
Pobladura de Valderaduey E (ZAM) 54 Uc 98
Pobla Llarga, la E (VAL) 113 Zd 114
Pobla Tornesa, la E (CAS) 95 Aa 108
Pobles, les - E (TAR) 65 Bc 100
Poblet E (TAR) 64 Ba 100
Pobleta, La - E (VAL) 94 Zb 109
Pobleta de Bellvehí = Pobleta de Bellveí, la - E (LLE) 28 Af 94
Pobleta de Bellveí, La - E (LLE) 28 Af 94
Poblet dels Ferrer E (VAL) 128 Zc 116
Poblete E (CIU) 123 Wa 115
Pobo, El E (TER) 79 Za 105
Pobo de Dueñas, El E (GUA) 78 Yc 104
Poboleda E (TAR) 64 Af 101
Pobra (Navia de Suarna) E (LUG) 17 Sf 91
Pobra de San Xulián (Láncara) E (LUG) 16 Sd 91
Pobra do Brollón E (LUG) 16 Sd 93
Pobra do Caramiñal, A E (COR) 14 Ra 93
Pocacivera E (BAD) 118 Sf 116
Pocafarina E (BAR) 48 Cd 99
Pocafarina E (GIR) 48 Cc 96
Pocariça P (Co) 67 Rc 106
Pocariça P (Sa) 102 Re 111
Poçarrão P (Sa) 102 Rf 112
Poceirão P (Se) 116 Rb 117
Pocetas, Las - E (PALM) 175 II D 3
Pocicas, Las - E (ALM) 154 Xf 124
Pocicas, Las - E (MUR) 155 Yb 123
Pocico, El - E (ALM) 154 Xe 126
Pocico, El - E (ALM) 154 Xf 125
Pocico, El - E (GRA) 153 Xa 125
Pocicos, Los - E (ALB) 126 Ya 116
Pocieiro E (PON) 32 Rb 96
Pocilgais P (Sa) 101 Rd 114
Pocinho P (Év) 117 Sc 117
Pocinho P (Fa) 146 Sc 125
Pocinho P (Gu) 52 Sf 102
Pocino, El - E (HUES) 27 Ab 94
Pocitos, Los - E (HUEL) 146 Sf 124
Poço da Amoreira P (Fa) 145 Rf 126
Poço da Cruz P (Av) 67 Rb 106
Poço do Bispo P (Li) 115 Qf 116
Poço do Canto P (Gu) 69 Se 102
Poço dos Cães P (Le) 82 Rc 109
Poço Fundo P (Fa) 144 Rd 126
Poço Redondo P (Sa) 83 Re 111
Poço Seco P (Be) 131 Rf 123
Poço Velho P (Gu) 70 Tb 105
Podame P (VC) 32 Rd 96
Podence P (Ba) 52 Ta 99
Podentes P (Co) 83 Rd 108
Poderosa, La - E (HUEL) 133 Tc 122
Poiares P (Ba) 52 Ta 102
Poiares P (VC) 50 Rc 99
Poiares P (VR) 51 Sb 101
Poio P (Fa) 144 Rc 125
Pojos E (AST) 5 Tb 88
Pol E (LUG) 4 Se 90
Pol E (LUG) 16 Se 91
Pola E (OUR) 34 Sd 94
Pola, La - E (AST) 7 Ud 89
Pola de Allande E (AST) 5 Tc 89
Pola de Gordón, La E (LEÓ) 19 Ub 91
Pola de Laviana E (AST) 7 Uc 89
Pola de Lena E (AST) 7 Ub 90
Pola de Siero E (AST) 7 Uc 88
Pola de Somiedo (La Pola) E (AST) 18 Te 90
Polán E (TOL) 89 Vf 110
Polentinos E (PAL) 20 Vc 91
Poleñino E (HUES) 44 Ze 97
Policar E (GRA) 153 We 125
Polide E (AST) 6 Tf 87
Polientes E (CAN) 21 Wa 92
Polig E (LLE) 46 Bf 97
Polinyà E (BAR) 66 Ca 99
Polinyà de Xúquer E (VAL) 113 Zd 113
Poliñá de Júcar = Polinyà de Xúquer E (VAL) 113 Zd 113
Polituara E (HUES) 26 Ze 92
Polo E (BAL) 99 Cf 111
Polop E (ALI) 129 Zf 117
Polope E (ALB) 126 Yb 117
Polopos E (ALM) 154 Xf 126
Polopos E (GRA) 161 We 128
Polvillar E (JAÉ) 139 Xb 119
Polvorão P (Pg) 102 Sa 112
Polvoredo E (LEÓ) 20 Uf 90
Polvoreira P (Br) 50 Re 100
Polvorilla, La - E (CÁD) 165 Uc 131
Polvorín, El - E (CÁD) 165 Ud 130
Polvorosa de Valdavia E (PAL) 20 Vc 93
Polvorosas P (Pg) 102 Sa 112
Pollença E (BAL) 99 Da 109
Pollos E (VALL) 55 Uf 100
Pomaluengo E (CAN) 9 Wa 89
Pomar E (BUR) 22 Wd 91
Pomar P (Fa) 146 Sc 125
Pomarão P (Be) 146 Sc 123
Pomar da Rainha P (VR) 51 Sa 99
Pomar de Cinca E (HUES) 45 Aa 97
Pomar de Valdivia E (PAL) 21 Ve 92
Pomares E (ALI) 128 Za 118
Pomares P (Co) 83 Sa 107
Pomares P (Gu) 70 Sf 105
Pomar Grande P (Se) 130 Rb 120
Pomarinho P (Év) 117 Sa 117
Pomba P (Fa) 144 Rc 124
Pombal P (Ba) 52 Sd 101
Pombal P (Ba) 52 Ta 100
Pombal P (Le) 82 Rc 109
Pombal P (Pg) 103 Se 113
Pombalinho P (Co) 83 Rd 108
Pombalinho P (Sa) 101 Rc 112
Pombares P (Ba) 52 Ta 99
Pombaria P (Le) 83 Rd 109
Pombas P (CB) 83 Rf 110
Pombas P (Sa) 102 Re 113
Pombeira P (Sa) 83 Re 110
Pombeiro E (LUG) 16 Sb 94
Pombeiro da Beira P (Co) 83 Rf 107
Pombeiro de Riba Vizela P (Por) 50 Re 100
Pombeiros P (Be) 131 Sa 121
Pombriego E (LEÓ) 35 Tb 94
Pomer E (ZAR) 60 Ya 99
Pompenillo E (HUES) 44 Zd 96
Pompià E (GIR) 49 Ce 95
Pómpolos, Los - E (GRA) 161 Wf 128
Ponç E (TAR) 81 Ae 103
Ponderosa, La - E (MAD) 74 Wa 104
Pondras P (VR) 51 Sa 98
Ponferrada E (LEÓ) 17 Tc 93
Ponjos E (LEÓ) 18 Tf 92
Pon Nou des Frares E (BAL) 99 Da 112
Pons = Ponts E (LLE) 46 Bb 97
Ponta P (Ma) 167 II
Ponta Delgada P (Aç) 168 Te 111
Ponta Delgada P (Aç) 170 Zb 122
Ponta do Adoche P (Se) 115 Ra 118
Ponta do Pargo P (Ma) 166 I A 2
Ponta do Sol P (Ma) 166 I B 2
Ponta Garça P (Aç) 170 Zd 122
Ponta Torrais P (Aç) 168 Tf 110
Pont D'Alentorn, el - E (LLE) 46 Ba 97
Pont d'Armentera, el - E (TAR) 65 Bc 100
Pont de Armentera = Pont d'Armentera, el - E (TAR) 65 Bc 100
Pont de Bar, el E (LLE) 29 Bd 94
Pont de Claverol, el - E (LLE) 46 Af 95
Pont de Molins E (GIR) 31 Cf 95
Pont de Suert, el E (LLE) 28 Ae 94
Pont de Vilomara, el - E (BAR) 47 Bf 98
Ponte E (PON) 32 Rd 94
Ponte P (Br) 50 Rd 98
Ponte P (Br) 50 Rd 100
Ponte P (VC) 32 Rb 97
Ponte, A - E (OUR) 35 Ta 95
Ponte (Arnoia), A - E (OUR) 33 Rf 95
Ponte-Aranga (Aranga) E (COR) 3 Rf 89
Ponteareas E (PON) 32 Rd 95
Ponte Barxas E (OUR) 33 Re 96
Ponte-Caldelas E (PON) 32 Rd 94
Ponte Carreira E (COR) 15 Rd 90
Ponte Castrelo, A - E (OUR) 33 Rf 95
Ponteceso E (COR) 2 Ra 89
Ponte da Barca P (VC) 32 Rd 98
Ponte da Mucela P (Co) 83 Re 107
Ponte de Abade P (Vi) 69 Sd 103
Ponte Delgada P (Ma) 166 I C 2
Ponte de Lima P (VC) 32 Rc 98
Ponte de Lousa P (Li) 115 Qe 115
Ponte de Mera E (COR) 4 Sa 86
Ponte de Olo P (VR) 51 Sa 100
Ponte de Sor P (Pg) 102 Rf 113
Pontedeume E (COR) 3 Re 88
Ponte de Vagos P (Co) 67 Rb 106
Pontedo E (LEÓ) 19 Uc 91
Ponte do Ave P (Por) 50 Rb 100
Ponte do Rol P (Li) 100 Qe 114
Ponteira P (VR) 33 Sa 98
Pontejos E (ZAM) 54 Ub 100
Pontelha P (VC) 50 Rb 99
Ponte Maceira E (COR) 14 Rb 91
Ponte Nafonso E (COR) 14 Ra 92
Pontenova, A E (LUG) 5 Se 88
Ponteñas E (PON) 32 Rc 96
Pontepedra (Tordoia) E (COR) 3 Rc 90
Pontes de García Rodríguez, As E (COR) 4 Sa 88
Ponte-Ulla E (COR) 15 Rd 92
Ponte Valga E (PON) 14 Rc 92
Pontevedra E (PON) 14 Rc 94
Pontével P (Sa) 101 Ra 114
Ponte Velha P (Co) 83 Re 107
Ponte Velha P (Pg) 103 Sd 112
Pontezuelas, Las - E (TOL) 89 Vf 109
Pontido P (VR) 51 Sb 100
Pontils E (TAR) 65 Bc 100
Pontinha P (Li) 115 Qe 116
Pontón E (VAL) 112 Yf 112
Pontón Alto E (JAÉ) 139 Xb 120
Pontones E (CAN) 10 Wb 88
Pontones E (JAÉ) 139 Xb 120
Pontons E (BAR) 65 Bd 100
Pontós E (GIR) 49 Cf 95
Ponts E (LLE) 46 Bb 97
Ponzano E (HUES) 44 Zf 96
Póo E (AST) 8 Vb 88
Pópulo P (VR) 52 Sc 100
Porceyo E (AST) 7 Ub 87
Porciles E (AST) 5 Tc 89
Porcuna E (GRA) 140 Xd 121
Porcuna E (JAÉ) 137 Ve 121
Porches P (Fa) 144 Rd 126
Porís de Abona E (TEN) 173 I E 5
Porley E (AST) 6 Td 89
Pôro Negro P (Li) 100 Qe 115
Porquera, La - E (SAL) 71 Te 103
Porquera del Butrón E (BUR) 22 Wb 92
Porquera de los Infantes E (PAL) 21 Ve 92
Porqueras = Porqueres E (GIR) 48 Ce 96
Porqueres E (GIR) 48 Ce 96
Porqueriza E (SAL) 71 Ua 103
Porquerizas E (CÁD) 157 Ub 130
Porquerizas, Las - E (CAN) 9 Wb 89
Porqueros E (LEÓ) 18 Tf 93
Porrais P (Ba) 53 Tb 100
Porrais P (VR) 52 Sd 100
Porreiras P (VC) 32 Rc 97
Porrera E (TAR) 64 Af 101
Porreres E (BAL) 99 Da 111
Porretal, El - E (CÓRD) 150 Va 123
Porriño, O E (PON) 32 Rc 96
Porroig E (BAL) 97 Bb 115
Porrosillo E (JAÉ) 138 Wd 119
Porrúa E (AST) 8 Vb 88
Port, Es E (BAL) 97 Bc 114
Port, Es E (BAL) 97 Bd 114
Port, Es E (BAL) 98 Cf 114
Portaje E (CÁC) 85 Tc 109
Portal, El E (CÁD) 157 Tf 129
Portalegre P (Pg) 103 Sd 113
Portales E (MÁL) 159 Vd 127
Portalrubio E (TER) 79 Yf 104
Portalrubio de Guadamajud E (CUE) 91 Xc 107
Portals Nous E (BAL) 98 Cd 111
Portals Vells E (BAL) 98 Cd 112
Portamieiro E (OUR) 15 Sa 94
Portas do Capitão Mór P (Li) 115 Ra 115
Portas do Mardo do Cão P (Li) 115 Ra 115
Portas do Mouchão da Cabra P (Li) 115 Ra 115
Portazgo E (ZAR) 43 Zb 97
Portazgo, El - E (ZAM) 36 Uc 97
Portazgo o San Antonio E (BAD) 119 Td 118
Portbou E (GIR) 31 Da 94
Port-Bou = Portbou E (GIR) 31 Da 94
Port d'Addaia E (BAL) 96 Eb 108
Port d'Alcúdia E (BAL) 99 Da 109
Port d'Andratx E (BAL) 98 Cc 111
Port de Burriana, el E (CAS) 95 Zf 109
Port de Canonge E (BAL) 98 Cd 110
Port de la Selva, el - E (GIR) 31 Db 94
Port del Balís, el - E (BAR) 48 Cd 99
Port del Comte E (LLE) 47 Bd 96
Port de Llançà, el - E (GIR) 31 Db 94
Port de Pollença E (BAL) 99 Da 109
Port de Sagunt, el E (CAS) 95 Ze 111
Port de sa Savina E (BAL) 97 Bc 116
Port de Sóller E (BAL) 98 Ce 110
Port d'es Torrent E (BAL) 97 Bb 115
Port de Valldemossa E (BAL) 98 Cd 110
Porteirinhos P (Be) 131 Rf 123
Portel P (Év) 117 Sb 119
Portela E (PON) 15 Rc 92
Portela E (PON) 32 Rb 95
Portela E (PON) 32 Rc 95
Portela P (Aç) 168 Wb 117
Portela P (Av) 68 Rd 103
Portela P (Ba) 35 Ta 97
Portela P (Br) 50 Rd 100
Portela P (CB) 83 Rf 110
Portela P (Co) 82 Rc 107
Portela P (Fa) 144 Rc 125
Portela P (Fa) 145 Re 125
Portela P (Fa) 145 Sa 124
Portela P (Fa) 146 Sb 125
Portela P (Por) 50 Re 102
Portela P (Sa) 101 Re 112
Portela P (VC) 32 Rd 97
Portela P (Vi) 68 Rf 104
Portela P (VR) 51 Sb 101
Portela, A - E (COR) 15 Rf 91
Portela, La - E (LEÓ) 17 Ta 93
Portela das Cabras P (Br) 50 Rc 98
Portela de Home E (OUR) 33 Rf 98
Portela de Lamas E (PON) 15 Re 93
Portela de Santa Eulália P (VR) 51 Sb 99
Portela do Fojo P (Co) 83 Rf 109
Portela dos Colos P (Sa) 83 Rf 110
Portela do Trigal E (OUR) 35 Ta 124
Portelárbol E (SOR) 41 Xd 97
Portelas P (Fa) 144 Rb 126
Portelas, Las - E (TEN) 172 I B 4
Portela Susá P (VC) 50 Rb 98
Portelinha P (Se) 130 Rc 122
Portelinha P (VC) 33 Re 96
Portelo P (Ba) 35 Tb 97
Portelo, El - E (LEÓ) 17 Ta 92
Portelrubio E (SOR) 41 Xd 97
Portell E (LLE) 47 Bc 98
Portella, la - E (BAR) 47 Bf 96
Portella, la - E (LLE) 45 Ad 98
Portellada, La E (TER) 80 Aa 103
Portell de Morella E (CAS) 80 Ze 105
Portera, La E (VAL) 112 Yf 112
Portero, El - E (BAD) 119 Tc 118
Porteros E (SAL) 71 Td 106
Porteros E (SAL) 71 Ua 103
Porteros, Los - E (ALM) 154 Xd 124
Portezuelo E (CÁC) 85 Td 110
Portichuelo E (MUR) 127 Yf 117
Portilla E (ÁLA) 23 Xa 92
Portilla E (CUE) 92 Xf 107
Portilla, La - E (ALM) 155 Ya 125
Portilla de la Reina E (LEÓ) 20 Va 90
Portilla de Luna E (LEÓ) 19 Ub 92
Portillejo E (PAL) 20 Vc 94
Portillo E (SAL) 72 Uc 104
Portillo E (VALL) 56 Vc 100
Portillo de Soria E (SOR) 59 Xf 99
Portillo de Toledo E (TOL) 89 Ve 108
Portimão P (Fa) 144 Rc 126
Portinatx E (BAL) 97 Bd 114
Portinho da Arrábida P (Se) 115 Ra 118
Portlligat E (GIR) 49 Db 95
Portman E (MUR) 143 Za 123
Porto E (OUR) 34 Ta 95
Porto E (PON) 15 Rd 92
Porto E (PON) 32 Rc 96
Porto P (Por) 50 Rb 102
Porto, O - E (OUR) 17 Ta 94
Porto Alto P (Sa) 101 Ra 115
Portobravo (Lousame) E (COR) 14 Ra 92
Porto-Camba E (OUR) 34 Sd 96
Portocarrero E (ALM) 154 Xc 125
Porto Carro P (Le) 82 Ra 111
Porto Carvalhoso P (Fa) 145 Sb 125
Porto Carvoeiro P (Av) 50 Rd 102
Porto Colom E (BAL) 99 Db 112
Porto Covo da Bandeira P (Se) 130 Rb 121
Porto Cristo E (BAL) 99 Dc 111
Porto Cristo Novo E (BAL) 99 Dc 111
Porto da Carne P (Gu) 69 Se 105
Porto da Cruz P (Ma) 167 I D 2
Porto da Espada P (Pg) 103 Sd 112
Porto das Barcas P (Be) 130 Rd 123
Porto da Vila P (CB) 84 Sc 109
Porto de Abaixo E (LUG) 5 Sf 88
Porto de Bares E (COR) 4 Sb 86
Porto de Barquiero E (COR) 4 Sb 86
Porto de Espasante E (COR) 4 Sb 86
Porto de Lagos P (Fa) 144 Rc 125
Porto de Mas P (Fa) 33 Rb 126
Porto de Mós P (Fa) 144 Rb 126
Porto de Mós P (Le) 101 Rb 111
Portodemouros E (PON) 15 Re 91
Porto de Ovelha P (Gu) 70 Ta 105
Porto de Santa Cruz E (COR) 3 Rd 88
Porto dos Asnos P (CB) 84 Sc 108
Porto dos Boscoitos P (Aç) 169 Xe 116
Porto Formosa P (Aç) 170 Zd 122
Porto Judeu P (Aç) 169 Xf 117
Portol E (BAL) 98 Ce 111
Portomarín E (LUG) 16 Sc 92
Porto Martins P (Aç) 169 Xf 116
Portomeiro E (COR) 14 Rc 91
Porto Moniz P (Ma) 166 I B 1
Portomourisco E (OUR) 34 Sf 94
Portomouro E (COR) 14 Rc 91
Porto Mouro P (Be) 131 Rd 120
Portonovo E (PON) 15 Rb 94
Porto Novo P (Av) 68 Rd 103
Porto Novo P (Li) 100 Qe 113
Porto Petra E (BAL) 99 Db 112
Porto Santo P (Aç) 169 Xe 117
Porto Santo P (Ma) 167 II
Portosín E (COR) 14 Ra 92
Portoziños E (COR) 3 Rc 90
Portugalejo E (MÁL) 160 Vf 127
Portugalete E (VIZ) 11 Wf 89
Pórtugos E (GRA) 152 We 127
Portunhos P (Co) 82 Rc 107
Portús E (MUR) 142 Yf 123
Portusa E (TOL) 89 Ve 109
Portuzelo P (VC) 32 Rb 98
Porvenir de la Industria E (CÓRD) 121 Ud 119
Porzún E (AST) 5 Sf 88
Porzuna E (CIU) 108 Vf 114
Posada E (AST) 6 Ua 88
Posada E (AST) 8 Va 88
Posada de Colmenas E (CIU) 122 Va 115
Posada de Flores E (CÓRD) 151 Vd 124
Posada de Valdeón E (LEÓ) 8 Va 90
Posadas E (CÓRD) 136 Uf 122
Posadas E (RIO) 40 Wf 95
Posada San Jaime E (VAL) 129 Zf 115
Posadas Ricas E (JAÉ) 138 Wc 121
Posada y Torre E (LEÓ) 36 Tf 95
Posadilla E (CÓRD) 135 Ue 119
Posadilla de la Vega E (LEÓ) 36 Ua 94
Possacos P (VR) 52 Se 99
Postero E (SEV) 150 Uf 126
Posto Fiscal de Penalva P (Be) 132 Se 121
Posto Fiscal de Sopos P (Be) 132 Sd 122
Posto Fiscal de Val Covo P (Be) 132 Sd 122
Posto Fiscal do Caia P (Pg) 103 Sf 115
Posto Fiscal do Retiro P (Pg) 118 Sf 115
Postreragua de Veneguera, La - E (PALM) 174 I B 3
Potes E (CAN) 8 Vc 90
Potiche E (ALB) 126 Xe 117
Potor Salvo P (Li) 115 Qe 116
Potríes E (VAL) 129 Ze 115
Pouca Pena P (Co) 82 Rc 108
Pou Colomer Vell E (BAL) 99 Db 110
Pou de Encalbo E (CAS) 95 Zf 108
Poulo E (OUR) 33 Rf 95
Pou Nou, Es - E (BAL) 99 Db 111
Pousa E (LUG) 16 Sd 93
Pousa P (Br) 50 Rc 99
Pousada E (LUG) 4 Sd 89
Pousada E (LUG) 16 Se 91
Pousada P (Br) 50 Rd 99
Pousada P (Gu) 70 Sf 105
Pousada P (Por) 51 Rf 102
Pousada P (VR) 51 Sa 101
Pousada de Saramagos P (Br) 50 Rd 100
Pousadas Vedras P (Le) 82 Rc 109
Pousadouros P (Co) 83 Rf 107
Pousaflores P (Le) 83 Rd 109
Pousafoles do Bispo P (Gu) 69 Se 106
Pouscarro E (COR) 14 Ra 92
Pousios P (VC) 33 Re 97
Pousos P (Le) 82 Rb 110
Poutena P (Av) 67 Rc 106
Poutomillos E (LUG) 16 Sb 91
Póva e Meadas (Nossa Senhora da Grana) P (Pg) 103 Sc 111
Poveda E (ÁVI) 73 Uf 105
Poveda, La - E (MAD) 89 Ve 107
Poveda, La - E (MAD) 90 Wd 107
Poveda de la Obispalía E (CUE) 92 Xd 109
Poveda de las Cintas E (SAL) 72 Ue 102
Poveda de la Sierra E (GUA) 77 Xf 105
Póveda de Soria, La - E (SOR) 41 Xc 96
Povedilla E (ALB) 125 Xc 116
Povedillas, Las - E (CIU) 108 Vf 113
Póvoa P (Ba) 52 Sf 101
Póvoa P (Ba) 53 Te 99
Póvoa P (CB) 83 Rf 110
Póvoa P (Co) 83 Sa 108
Póvoa P (Év) 132 Sd 119
Póvoa P (Le) 82 Ra 111
Póvoa P (Por) 50 Rc 102
Póvoa P (Sa) 101 Rc 112
Póvoa P (Vi) 51 Sa 102
Póvoa P (Vi) 68 Sa 103
Póvoa P (Vi) 69 Sb 103
Póvoa P (VR) 51 Sa 99
Póvoa P (VR) 52 Sc 101
Póvoa P (VR) 52 Se 99
Povoação P (Aç) 170 Ze 122
Póvoa da Galega P (Li) 100 Qe 115
Póvoa da Isenta P (Sa) 101 Rb 113
Póvoa da Lomba P (Co) 67 Rc 107
Póvoa da Palmeira P (Av) 68 Rd 106
Póvoa da Pegada P (Vi) 68 Sa 106
Póvoa da Rainha P (Gu) 69 Sb 105
Póvoa de Agrações P (VR) 52 Sc 99
Póvoa de Atalaia P (CB) 84 Sd 108
Póvoa de Carrerco P (Av) 67 Rc 106
Póvoa de Cervães P (Vi) 69 Sb 105
Póvoa de Lanhoso P (Br) 50 Re 99
Póvoa d'El-Rei P (Gu) 69 Se 104
Póvoa de Midões P (Co) 68 Sa 106
Póvoa de Mosqueiros P (Vi) 68 Rf 106
Póvoa de Penafirme P (Li) 100 Qd 114
Póvoa de Penela P (Vi) 52 Sd 102
Póvoa de Pereira P (Av) 68 Rd 106
Póvoa de Rio de Moinhos P (CB) 84 Sd 109
Póvoa de Santa Iria P (Li) 115 Qf 115
Póvoa de Santarém P (Sa) 101 Rb 113
Póvoa de Santo P (Li) 115 Qf 116
Póvoa de Santo Amaro P (Vi) 68 Rf 106
Póvoa de São Cosme P (Co) 68 Sa 106
Póvoa de Varzim P (Por) 50 Rb 100
Póvoa do Bispo P (Co) 67 Rc 106
Póvoa do Concelho P (Gu) 69 Se 104
Póvoa do Paço P (Av) 67 Rc 104
Póvoa do Valado P (Av) 67 Rc 105
Póvoa do Vale do Trigo P (Av) 68 Rd 105
Póvoa Nova P (Gu) 69 Sc 106
Povoanza E (OUR) 33 Sa 94
Póvoas P (Sa) 101 Ra 112
Povoinha P (CB) 84 Sb 109

Povolide **P** (Vi) 69 Sb 104
Poyal, El - **E** (ÁVI) 72 Ud 106
Poyales **E** (RIO) 41 Xe 96
Poyales del Hoyo **E** (ÁVI) 87 Uf 107
Poyata, La - **E** (CÓRD) 151 Ve 124
Poyatas, Las - **E** (BAD) 120 Te 116
Poyatas, Las - **E** (TEN) 172 II B 2
Poyato **E** (JAÉ) 138 We 119
Poyatos **E** (CUE) 77 Xf 106
Poyo, El - **E** (TER) 78 Yd 103
Poyo, El - **E** (ZAM) 35 Td 98
Poyos, Los - **E** (ALB) 140 Xd 120
Poyos, Los - **E** (JAÉ) 138 Wa 122
Poyotello **E** (JAÉ) 139 Xc 120
Poza de la Sal **E** (BUR) 22 Wc 92
Poza de la Vega **E** (PAL) 20 Vb 93
Pozal de Gallinas **E** (VALL) 55 Va 101
Pozáldez **E** (VALL) 55 Va 100
Pozalmuro **E** (SOR) 41 Xf 98
Pozanco **E** (ÁVI) 73 Vb 104
Pozancos **E** (GUA) 59 Xc 102
Pozancos **E** (PAL) 21 Ve 92
Pozán de Vero **E** (HUES) 45 Aa 96
Pozo Alcón **E** (JAÉ) 139 Xa 122
Pozo Aledo **E** (MUR) 143 Za 122
Pozoamargo **E** (CUE) 110 Xe 112
Pozoantiguo **E** (ZAM) 55 Ud 99
Pozoblanco **E** (ALI) 128 Zb 118
Pozoblanco **E** (CÓRD) 122 Va 118
Pozo Campo **E** (BAD) 132 Sf 119
Pozo-Cañada **E** (ALB) 126 Yb 116
Pozo Cortijo **E** (BAD) 104 Tb 114
Pozo de Abajo **E** (ALB) 125 Xc 118
Pozo de Almoguera **E** (GUA) 91 Wf 106
Pozo de Guadalajara **E** (GUA) 75 We 106
Pozo de la Higuera **E** (ALB) 127 Ye 116
Pozo de la Higuera **E** (ALM) 155 Yb 124
Pozo de la Peña **E** (ALB) 126 Yb 115
Pozo de la Rueda **E** (GRA) 140 Xe 122
Pozo de la Salud **E** (TEN) 173 III B 2
Pozo de la Serna **E** (CIU) 124 We 116
Pozo del Camino **E** (HUEL) 146 Se 125
Pozo del Captián, El - **E** (ALM) 163 Xf 127
Pozo del Esparto **E** (ALM) 155 Yb 124
Pozo del Esparto **E** (ALM) 155 Yb 125
Pozo del Lobo **E** (ALM) 154 Xc 124
Pozo de los Frailes, El - **E** (ALM) 163 Xf 128
Pozo de los Palos **E** (MUR) 142 Yf 123
Pozo de Urama **E** (PAL) 37 Va 95
Pozo Estrecho **E** (MUR) 142 Za 122
Pozohondo **E** (ALB) 126 Ya 116
Pozo Iglesias **E** (GRA) 154 Xc 124
Pozo-Lorente **E** (ALB) 112 Yd 114
Pozo Muela y Puntalico **E** (TER) 94 Zb 108
Pozón **E** (AST) 6 Td 89
Pozondón **E** (TER) 78 Yd 105
Pozo Pedro **E** (VALL) 37 Uf 97
Pozorrubio **E** (CUE) 91 Xa 110
Pozos **E** (LEÓ) 35 Te 95
Pozos, Los - **E** (JAÉ) 139 We 122
Pozos de Hinojo **E** (SAL) 71 Td 103
Pozos de la Fuente Santa **E** (BAD) 120 Ua 117
Pozos de Móndar **E** (SAL) 71 Ua 103
Pozoseco **E** (CUE) 111 Ya 112
Pozo Usero, El - **E** (ALM) 154 Xf 127
Pozuel de Ariza **E** (SOR) 59 Xf 100
Pozuel del Campo **E** (TER) 78 Yc 104
Pozuelo **E** (ALB) 126 Xf 116
Pozuelo **E** (ALB) 126 Xf 117
Pozuelo **E** (MUR) 127 Ye 117
Pozuelo **E** (NAV) 25 Yc 93
Pozuelo **E** (SOR) 58 Wf 100
Pozuelo, El - **E** (CUE) 77 Xe 105
Pozuelo, El - **E** (GRA) 161 Wf 128
Pozuelo, El - **E** (HUEL) 147 Tb 123
Pozuelo de Alarcón **E** (MAD) 74 Wb 106
Pozuelo de Aragón **E** (ZAR) 42 Yd 98
Pozuelo de Calatrava **E** (CIU) 123 Wa 115
Pozuelo de la Orden **E** (VALL) 37 Ue 98
Pozuelo del Páramo **E** (LEÓ) 36 Ub 95
Pozuelo del Rey **E** (MAD) 90 We 106
Pozuelo de Tábara **E** (ZAM) 36 Ua 98
Pozuelo de Vidriales **E** (ZAM) 36 Ua 96
Pozuelo de Zarzón **E** (CÁC) 86 Td 108
Pozuelos, Los - **E** (ALB) 127 Ye 116
Pozuelos de Calatrava, Los **E** (CIU) 123 Vf 115
Pozuelos del Rey **E** (PAL) 37 Va 95
Prada **E** (AST) 5 Tc 89
Prada **E** (LEÓ) 8 Va 90
Prada **E** (OUR) 34 Se 95
Prada **E** (OUR) 34 Sf 95
Prada **P** (Ba) 34 Ta 97
Prada de Sierra **E** (LEÓ) 35 Td 94
Pradales **E** (SEG) 57 Wb 100
Prádanos de Bureba **E** (BUR) 22 Wd 93
Prádanos del Tozo **E** (BUR) 21 Wa 92
Prádanos de Ojeda **E** (PAL) 21 Vd 92
Pradeda **E** (LUG) 16 Sc 91
Pradejón **E** (RIO) 41 Xf 94
Pradell de la Teixeta **E** (TAR) 64 Af 102
Pradell de Sió **E** (LLE) 46 Ba 98
Prádena **E** (SEG) 57 Wb 102
Prádena de Atienza **E** (GUA) 58 Wf 101
Prádena del Rincón **E** (MAD) 75 Wc 102
Pradenilla **E** (SEG) 57 Wb 102
Pradera de Navalhorno **E** (SEG) 74 Vf 103
Prades **E** (TAR) 64 Af 101
Prades de la Molosa **E** (LLE) 47 Bd 98
Prades del Terri **E** (GIR) 49 Cf 96
Pradilla **E** (GUA) 77 Yb 104
Pradilla de Belorado **E** (BUR) 40 Wf 95
Pradilla de Ebro **E** (ZAR) 43 Ye 97
Pradillo **E** (RIO) 41 Xc 95
Pradillos, Los - **E** (CUE) 77 Ya 105
Prado **E** (AST) 7 Ue 88
Prado **E** (LUG) 16 Sb 90
Prado **E** (OUR) 33 Sa 97
Prado **E** (OUR) 34 Sc 96
Prado **E** (OUR) 145 Sa 95
Prado **E** (PON) 15 Re 92
Prado **E** (PON) 32 Rc 95
Prado **E** (PON) 32 Re 95
Prado **E** (ZAM) 37 Ud 97
Prado **P** (Br) 50 Rd 99
Prado **P** (Gu) 69 Se 105
Prado **P** (VC) 32 Re 96
Prado, El - **E** (ALM) 153 Xb 125
Prado, El - **E** (ALM) 154 Xe 124
Prado, El - **E** (MUR) 141 Yc 120
Pradoalvar **E** (OUR) 34 Se 95
Pradocabalos **E** (OUR) 34 Sf 96
Pradochano **E** (CÁC) 86 Te 108
Prado de Baixo **P** (Vi) 69 Sc 103
Prado de la Guzpeña **E** (LEÓ) 20 Uf 92
Prado de las Yeguas **E** (ALB) 140 Xd 120
Prado del Caño, El - **E** (ALB) 126 Xe 117
Prado del Rey **E** (CÁD) 158 Uc 128
Prado de Paradiña **E** (LEÓ) 17 Tb 92
Prado Gatão **P** (Ba) 53 Td 100
Prado Gil **E** (BAD) 134 Ua 120
Pradolamata **E** (BUR) 22 Wd 91
Pradolongo **E** (OUR) 34 Sf 95
Pradoluengo **E** (BUR) 40 We 95
Prado Negro **E** (GRA) 152 Wd 125
Prado Redondo **E** (ALB) 140 Xe 119
Pradorramisquedo **E** (OUR) 34 Ta 96
Pradorredondo **E** (ALB) 126 Xe 115
Pradorrey **E** (LEÓ) 18 Tf 94
Prados **E** (MUR) 141 Ya 120
Prados **E** (SEG) 74 Ve 104
Prados **P** (Gu) 69 Sd 105
Prados **P** (Gu) 69 Se 104
Prados, Los - **E** (CÓRD) 151 Ve 124
Prados, Los - **E** (JAÉ) 125 Xb 118
Prados, Los - **E** (MUR) 140 Xe 120
Prados de Armijo **E** (JAÉ) 139 Xa 119
Prados de Arriba, Los - **E** (ALB) 140 Xd 120
Pradosegar **E** (ÁVI) 73 Uf 105
Prados Redondos **E** (GUA) 77 Yb 104
Pragança **P** (Li) 100 Qf 113
Prágdena **E** (CÓRD) 137 Vd 122
Praia **P** (Aç) 168 Xa 114
Praia **P** (Le) 82 Ra 109
Praia (Moaña) **E** (PON) 32 Rb 95
Praia da Aguda **P** (Por) 50 Rc 102
Praia da Granja **P** (Por) 50 Rc 102
Praia das Maçãs **P** (Li) 115 Qd 116
Praia de Esmoriz **P** (Av) 67 Rc 103
Praia de Mira **P** (Av) 67 Rb 106
Praia do Almoxarife **P** (Aç) 168 Wc 117
Praia do Norte **P** (Aç) 168 Wb 117
Praia do Sado **P** (Se) 116 Rb 117
Prainha **P** (Aç) 169 We 118
Prainha **P** (Ma) 167 I D 2
Praja do Ribatejo **P** (Sa) 101 Rd 112
Prases **E** (CAN) 9 Wa 89
Prat de Comte **E** (TAR) 63 Ac 103
Prat de Dalt, el - **E** (BAR) 48 Ca 99
Prat de Llobregat, el - **E** (BAR) 66 Ca 101
Pratdip **E** (TAR) 64 Af 102
Prats **E** (LLE) 46 Bb 95
Prats de Cerdanya **E** (LLE) 30 Bf 94
Prats del Rey = Prats de Rei, els - **E** (BAR) 47 Bd 98
Prats de Lluçanès **E** (BAR) 47 Ca 96
Prats de Llusanés = Prats de Lluçanès **E** (BAR) 47 Ca 96
Prats de Rei, els - **E** (BAR) 47 Bd 98
Praves **E** (CAN) 10 Wc 88
Pravia **E** (AST) 6 Tf 88
Prazeres **P** (Ma) 166 I A 2
Prazeres **P** (Pg) 118 Sd 115
Prazins **P** (Br) 50 Re 100
Preguiça **P** (Fa) 146 Sc 125
Preguiças **P** (Fa) 146 Sc 124
Preguinho **P** (Vi) 68 Re 104
Preixana **E** (LLE) 64 Ba 99
Preixens **E** (LLE) 46 Ba 98
Préjano **E** (RIO) 41 Xe 95
Prelo **E** (AST) 5 Tb 88
Premià de Dalt **E** (BAR) 66 Cc 99
Premià de Mar **E** (BAR) 66 Cc 100
Premoño **E** (AST) 6 Ua 88
Prenafeta **E** (TAR) 64 Bb 100
Prenyanosa, la **E** (LLE) 46 Bb 98
Preñanosa = Prenyanosa, la - **E** (LLE) 46 Bb 98
Presa **E** (VIZ) 10 Wd 89
Presa **P** (Av) 67 Rb 106
Presa **P** (Co) 82 Rc 108
Presa **P** (Se) 102 Rf 111
Presa, La - **E** (HUEL) 133 Tb 121
Presa de Almendra **E** (SAL) 53 Te 101
Presa del Villar **E** (MAD) 75 Wc 103
Presa de Puentes Viejas **E** (MAD) 75 Wc 103
Présaras **E** (COR) 15 Rf 90
Prescribanillos **E** (CÁC) 104 Td 111
Presedo **E** (COR) 3 Re 89
Presencio **E** (BUR) 39 Wa 95
Preses, les - **E** (GIR) 48 Cc 96
Presilla, La - **E** (BUR) 10 We 90
Presillas **E** (BUR) 21 Wa 91
Presillas, Las - **E** (CAN) 9 Wa 89
Presillas Bajas, Las - **E** (ALM) 163 Xf 128
Préstimo **P** (Av) 68 Rd 105
Pretarouca **P** (Vi) 51 Sa 102
Prexigueiro **E** (OUR) 33 Re 95
Prexiguieros **E** (OUR) 33 Sb 94
Prezandães **P** (VR) 52 Sd 101
Priaranza de la Valduerna **E** (LEÓ) 35 Te 95
Priaranza del Bierzo **E** (LEÓ) 17 Tb 93
Priede **E** (AST) 7 Ue 88
Priego **E** (CUE) 77 Xe 106
Priego de Córdoba **E** (CÓRD) 151 Ve 124
Priegue **E** (PON) 32 Rb 96
Priero **E** (AST) 6 Te 88
Priesca **E** (AST) 7 Ud 88
Priesca **E** (AST) 7 Ue 89
Prietos, Los - **E** (AST) 6 Ua 88
Primajas **E** (LEÓ) 19 Ue 91
Prime **E** (TOL) 89 Vd 108
Primout **E** (LEÓ) 18 Td 92
Príncipe **E** (CÁD) 165 Ud 133
Prior **E** (BAD) 133 Tc 120
Priorato, El - **E** (SEV) 135 Ud 122
Prioro **E** (LEÓ) 20 Va 91
Priscos **P** (Br) 50 Rd 100
Privilegio, El - **E** (CÓRD) 136 Vb 123
Proame **E** (COR) 2 Rc 89
Proaño **E** (CAN) 21 Ve 90
Proaza **E** (AST) 6 Tf 89
Proba de Burón, A - **E** (LUG) 5 Sf 90
Proença-a-Nova **P** (CB) 83 Sa 110
Proença-a-Velha **P** (CB) 84 Se 108
Proendos **E** (LUG) 16 Sc 94
Progo **E** (OUR) 34 Se 97
Proselo **P** (VC) 32 Rd 97
Prova **P** (Gu) 69 Sd 103
Provadura **E** (PON) 15 Sa 93
Provença **P** (Se) 130 Rb 121
Provencio, El **E** (CUE) 110 Xc 112
Provesende **P** (VR) 51 Sc 101
Provezende **P** (Av) 68 Re 103
Providencia, La - **E** (VAL) 113 Zd 111
Provincias y La Jarosa, Las - **E** (MUR) 141 Yb 123
Pruit **E** (BAR) 48 Cc 96
Prullans **E** (LLE) 29 Be 94
Pruna **E** (SEV) 149 Ue 127
Pruvia **E** (AST) 7 Ub 88
Púbol **E** (GIR) 49 Cf 96
Puçol **E** (VAL) 114 Ze 111
Puda de Montserrat, la - **E** (BAR) 65 Bf 99
Puebla **E** (CIU) 123 Wa 115
Puebla, La - **E** (MUR) 142 Za 122
Puebla de Albortón **E** (ZAR) 61 Za 100
Puebla de Alcocer **E** (BAD) 121 Ue 115
Puebla de Alcollarín **E** (BAD) 105 Ub 114
Puebla de Alfindén **E** (ZAR) 61 Zb 99
Puebla de Almenara **E** (CUE) 91 Xb 110
Puebla de Almoradiel, La **E** (TOL) 109 Wf 111
Puebla de Arenoso **E** (CAS) 94 Zc 108
Puebla de Argeme **E** (CÁC) 86 Td 109
Puebla de Azaba **E** (SAL) 70 Tb 106
Puebla de Beleña **E** (GUA) 75 We 103
Puebla de Benifasar **E** (CAS) 80 Aa 105
Puebla de Castro, La **E** (HUES) 45 Ab 96
Puebla de Cazalla, La **E** (SEV) 149 Ue 125
Puebla de Don Fadrique **E** (GRA) 140 Xd 121
Puebla de Don Rodrigo **E** (CIU) 107 Vc 114
Puebla de Eca **E** (SOR) 59 Xd 100
Puebla de Fantova, La **E** (HUES) 45 Ac 95
Puebla de Farnals, La = La Pobla de Farnals **E** (VAL) 113 Zc 111
Puebla de Guzmán **E** (HUEL) 132 Se 123
Puebla de Híjar, La **E** (TER) 62 Zd 101
Puebla de la Calzada **E** (BAD) 119 Tc 115
Puebla de la Reina **E** (BAD) 120 Tf 117
Puebla de la Sierra **E** (MAD) 75 Wd 102
Puebla del Caramiñal **E** (COR) 14 Ra 93
Puebla del Duc = Pobla del Duc, La - **E** (VAL) 128 Zd 115
Puebla de Lillo **E** (LEÓ) 19 Ue 90
Puebla del Maestre **E** (BAD) 134 Tf 120
Puebla del Mon, La - **E** (HUES) 45 Ac 96
Puebla de los Infantes, La **E** (SEV) 135 Ud 122
Puebla del Príncipe **E** (CIU) 125 Xa 117
Puebla del Prior **E** (BAD) 120 Te 117
Puebla del Río, La **E** (SEV) 148 Tf 125
Puebla del Salvador **E** (CUE) 111 Yb 111
Puebla de Montalbán, La - **E** (TOL) 89 Vd 109
Puebla de Mula, La - **E** (MUR) 141 Yd 120
Puebla de Naciados **E** (CÁC) 87 Ue 109
Puebla de Obando **E** (BAD) 104 Tc 113
Puebla de Parga **E** (LUG) 4 Sa 90
Puebla de Pedraza **E** (SEG) 57 Wa 101
Puebla de Rocamora **E** (ALI) 143 Zb 120
Puebla de Roda, La - **E** (HUES) 45 Ad 95
Puebla de Sanabria **E** (ZAM) 35 Tc 96
Puebla de Sancho Pérez **E** (BAD) 119 Td 118
Puebla de San Medel **E** (SAL) 72 Ub 105
Puebla de San Miguel **E** (VAL) 93 Yf 108
Puebla de San Vicente **E** (PAL) 21 Ve 92
Puebla de Soto **E** (MUR) 142 Ye 121
Puebla de Trives **E** (OUR) 34 Se 94
Puebla de Valdavia, La **E** (PAL) 20 Vc 92
Puebla de Valverde, La **E** (TER) 94 Za 107
Puebla de Vallbona = Pobla de Vallbona, La - **E** (VAL) 113 Zc 111
Puebla de Vallés **E** (GUA) 75 We 103
Puebla de Yeltes **E** (SAL) 71 Te 105
Puebla Larga = Pobla Llarga, La - **E** (VAL) 113 Zd 114
Pueblanueva, La - **E** (TOL) 88 Vb 109
Pueblas, Las - **E** (HUES) 45 Ab 98
Pueblica de Campeán **E** (ZAM) 54 Ub 100
Pueblica de Valverde **E** (ZAM) 36 Ua 97
Pueblo Andaluz **E** (HUEL) 147 Tc 127
Puebloblanco **E** (ALM) 163 Xf 127
Pueblo del Lácara **E** (BAD) 119 Tc 115
Pueblo Nuevo **E** (CÁD) 165 Ud 131
Pueblo Nuevo **E** (HUEL) 146 Sf 123
Pueblonuevo del Guadiana **E** (BAD) 119 Tb 115
Pueblonuevo de Miramontes **E** (CÁC) 87 Ud 108
Pueblo Nuevo de Salinas **E** (HUES) 26 Zb 94
Pueblo Nuevo de San Rafael **E** (ALI) 128 Zd 116
Puelles **E** (AST) 7 Uc 88
Puelles, les **E** (LLE) 46 Ba 98
Puendeluna **E** (ZAR) 43 Zb 96
Puente, El - **E** (CAN) 10 We 88
Puente, El - **E** (HUEL) 147 Ta 124
Puente, La - **E** (CAN) 21 Wa 90
Puente, El **E** (ZAM) 35 Tc 96
Puente-Agüero **E** (CAN) 10 Wb 88
Puente Almuhey **E** (LEÓ) 20 Va 92
Puente-Arenas **E** (BUR) 22 Wc 91
Puente-Avíos **E** (CAN) 9 Vf 88
Puente de Alba **E** (LEÓ) 19 Uc 92
Puente de Domingo Flórez **E** (LEÓ) 35 Tb 94
Puente de Génave **E** (JAÉ) 125 Xb 118
Puente de la Merced **E** (CÁC) 85 Tb 108
Puente del Arzobispo, El **E** (TOL) 87 Uf 110
Puente de las Herrerías **E** (JAÉ) 139 Xa 121
Puente de la Sierra **E** (JAÉ) 138 Wb 122
Puente del Castro **E** (LEÓ) 19 Uc 93
Puente del Congosto **E** (SAL) 72 Uc 106
Puente del Granadero **E** (SAL) 85 Tc 106
Puente del Moriaco **E** (ÁVI) 73 Vb 106
Puente del Obispo **E** (JAÉ) 138 Wc 121
Puente de los Fierros **E** (AST) 19 Ub 90
Puente del Río, El - **E** (ALM) 162 Xa 128
Puente del Villar **E** (JAÉ) 137 Wa 122
Puente de Montañana **E** (HUES) 45 Ae 96
Puente de Rey **E** (LEÓ) 17 Tb 93
Puente de Sabiñánigo **E** (HUES) 26 Zd 94
Puente de Salia **E** (MÁL) 160 Vf 127
Puente de Torres **E** (ALB) 111 Yc 114
Puente de Vadillos **E** (CUE) 77 Xf 105
Puente de Valle **E** (CAN) 21 Wa 92
Puentedey **E** (BUR) 22 Wb 91
Puente Duda **E** (GRA) 139 Xb 122
Puente Duero **E** (VALL) 56 Vb 99
Puentedura **E** (BUR) 39 Wc 96
Puente Fonseca **E** (TER) 79 Zd 104
Puente-Genil **E** (CÓRD) 150 Vb 124
Puente Grande **E** (CÓRD) 151 Vf 124
Puente Hojedo **E** (CAN) 8 Vc 90
Puente Honda **E** (JAÉ) 125 Xc 118
Puente Internacional **P** (Pg) 103 Se 112
Puente La Reina **E** (NAV) 24 Yb 92
Puente la Reina de Jaca **E** (HUES) 26 Zb 93
Puentelasierra **E** (MAD) 74 Vf 106
Puente Mayorga **E** (CÁD) 165 Ud 131
Puentenansa **E** (CAN) 9 Vd 89
Puente Nuevo **E** (JAÉ) 138 Wb 122
Puente-Pumar **E** (CAN) 21 Vd 90
Puentes, Las **E** (AST) 19 Ub 90
Puente-Sampaio **E** (PON) 32 Rc 94
Puentes de Amaya **E** (BUR) 21 Ve 93
Puentetoma **E** (PAL) 21 Ve 92
Puenteviejo **E** (ÁVI) 73 Vc 103
Puente-Viesgo **E** (CAN) 9 Wa 89
Puenticilla **E** (SAL) 70 Tc 105
Puercas **E** (ZAM) 36 Tf 98
Puerta, La - **E** (GUA) 76 Xc 105
Puerta del Sol **E** (VAL) 114 Ze 113
Puerta de Segura, La - **E** (JAÉ) 125 Xb 118
Puertas **E** (AST) 8 Va 89
Puertas **E** (AST) 8 Vb 88
Puertas **E** (SAL) 53 Te 102
Puertas, Las - **E** (CÓRD) 137 Ve 122
Puertecico, El - **E** (ALM) 154 Ya 123
Puerto **E** (AST) 6 Ua 89
Puerto **E** (TEN) 171 B 3
Puerto, El - **E** (ALB) 125 Xd 117
Puerto, El - **E** (ALB) 126 Xf 116
Puerto, El - **E** (ALM) 162 Xc 128
Puerto, El - **E** (AST) 6 Ua 87
Puerto, El - **E** (HUEL) 133 Ta 121
Puerto, El - **E** (MÁL) 159 Va 129
Puerto, El - **E** (ZAM) 54 Ub 99
Puerto Alegre **E** (CÓRD) 150 Vb 124
Puerto Alto **E** (JAÉ) 138 Wb 122
Puerto Azul **E** (CAS) 81 Ac 106
Puerto Blanco **E** (GRA) 152 Wb 124
Puerto Carbón **E** (HUEL) 146 Sd 124
Puerto Castilla **E** (ÁVI) 87 Uc 107
Puerto de Béjar **E** (SAL) 86 Ub 106
Puerto de Güímar **E** (TEN) 173 I E 4
Puerto de la Aldea **E** (PALM) 174 I B 2
Puerto de la Anunciación **E** (SAL) 72 Ub 102
Puerto de la Cruz **E** (TEN) 172 I D 3
Puerto de la Encina **E** (SEV) 149 Ue 126
Puerto de la Estaca **E** (TEN) 173 III C 2
Puerto de la Harina, El - **E** (ALI) 128 Za 117
Puerto de la Laja **E** (HUEL) 133 Sd 123
Puerto de la Luz **E** (PALM) 174 I D 2
Puerto de la Madera **E** (TEN) 173 I E 2
Puerto de la Peña **E** (PALM) 175 II D 3
Puerto de la Selva = Port de la Selva, el - **E** (GIR) 31 Db 94
Puerto de las Eras **E** (MÁL) 158 Ue 129
Puerto de las Nieves **E** (PALM) 174 I B 2
Puerto de la Torre **E** (MÁL) 159 Vc 128
Puerto del Carmen **E** (PALM) 176 C 4
Puerto de los Mozos **E** (TEN) 172 I C 5
Puerto del Pino **E** (ALB) 126 Xe 118
Puerto del Rey **E** (ALM) 155 Yb 125
Puerto del Rosario **E** (PALM) 175 II E 3
Puerto de Mazarrón **E** (MUR) 142 Ye 123
Puerto de Santa Cruz **E** (CÁC) 105 Ua 113
Puerto de Santa María, El **E** (CÁD) 157 Te 129
Puerto de Santiago **E** (TEN) 172 I B 4
Puerto de San Vicente **E** (TOL) 106 Uf 111
Puerto de Vega **E** (AST) 5 Tc 87
Puerto Duquesa **E** (MÁL) 165 Ue 130
Puerto-Gil **E** (HUEL) 133 Td 121
Puerto Hondo **E** (MUR) 140 Xe 120
Puerto Hurraco **E** (BAD) 121 Uc 117
Puerto Lajas **E** (PALM) 175 II E 2
Puerto Lápice **E** (CIU) 109 Wd 113
Puértolas **E** (HUES) 27 Aa 93
Puerto Lobo y Endrinales **E** (HUEL) 134 Te 121
Puerto-López **E** (GRA) 152 Wa 125
Puerto Lumbreras **E** (MUR) 155 Yb 123
Puertollano **E** (CIU) 123 Vf 116
Puertomingalvo **E** (TER) 94 Zd 107
Puerto-Moral **E** (HUEL) 134 Td 121
Puerto Naos **E** (TEN) 171 B 3
Puerto Nuevo **E** (PALM) 175 II C 4
Puerto Real **E** (CÁD) 157 Te 129
Puerto Rey **E** (TOL) 106 Uf 112
Puerto Rico **E** (PALM) 174 I B 4
Puertos, Los - **E** (ALB) 127 Yc 117
Puerto Seguro **E** (SAL) 70 Tb 104
Puerto Serrano **E** (CÁD) 158 Uc 127
Pueyo **E** (HUES) 28 Ad 94
Pueyo **E** (NAV) 24 Yc 93
Pueyo, El - **E** (HUES) 27 Aa 94
Pueyo, El - **E** (HUES) 45 Ad 95
Pueyo de Araguás, El - **E** (HUES) 27 Aa 94
Pueyo de Fañanás **E** (HUES) 44 Ze 96
Pueyo de Jaca, El - **E** (HUES) 26 Ze 92
Pueyo de Marguillén **E** (HUES) 45 Ac 96
Pueyo de Santa Cruz **E** (HUES) 45 Aa 97
Puibolea **E** (HUES) 44 Zc 95
Puig **E** (VAL) 113 Ze 111
Puig, el - **E** (GIR) 31 Da 95
Puig, Es - **E** (BAL) 97 Bc 115
Puigcalent **E** (GIR) 49 Db 97
Puigcercós **E** (LLE) 46 Af 96
Puigcerdà **E** (GIR) 30 Bf 94
Puigcerver **E** (LLE) 46 Af 95

Puigdalba = Puigdàlber E (BAR) 65 Be 100
Puigdàlber E (BAR) 65 Be 100
Puig de Can Damia E (BAL) 97 Bc 115
Puig d'en Valls E (BAL) 97 Bc 115
Puig de Rialb, el - E (LLE) 46 Bb 96
Puig de Ros de Dalt E (BAL) 98 Ce 112
Puig d'es Furnat E (BAL) 97 Bc 115
Puigemma E (GIR) 49 Ce 96
Puigfell E (HUES) 45 Ae 95
Puiggròs E (LLE) 64 Af 99
Puig-Gros = Puiggròs E (LLE) 64 Af 99
Puig-Mola, la E (VAL) 114 Ze 114
Puig Moreno E (TER) 62 Ze 102
Puigpardines E (GIR) 48 Cc 96
Puigpelat E (TAR) 64 Bb 101
Puigpunyent E (BAL) 98 Cd 111
Puig-redon E (LLE) 47 Bc 97
Puig-Reig E (BAR) 47 Bf 97
Puigreig = Puig-Reig E (BAR) 47 Bf 97
Puigventós E (BAR) 47 Be 97
Puigverd d'Aramunt E (LLE) 46 Ba 98
Puigverd de Lleida E (LLE) 64 Ae 99
Puigvert de Agramunt = Puigverd d'Agramunt E (LLE) 46 Ba 98
Puigvert de Lérida = Puigverd de Lleida E (LLE) 64 Ae 99
Puilatos E (ZAR) 43 Zb 97
Puimolar E (HUES) 45 Ad 95
Puipullín E (HUES) 43 Zb 96
Pujal, el - E (LLE) 46 Bb 95
Pujals dels Cavallers E (GIR) 49 Ce 96
Pujals dels Pagesos E (GIR) 49 Ce 96
Pujalt E (BAR) 47 Bc 98
Pujarnol E (GIR) 48 Ce 96
Pujayo E (CAN) 9 Vf 90
Pujerra E (MÁL) 158 Uf 129
Pujol E (GIR) 31 Ce 95
Pujol E (LLE) 46 Ba 95
Pujol E (LLE) 46 Ba 96
Pujol, el - E (GIR) 48 Cb 96
Pujolà E (GIR) 31 Da 94
Pujol de la Muntanya E (GIR) 48 Cc 97
Pujol de Planès, el - E (BAR) 47 Be 97
Pujols, Es - E (BAL) 97 Bc 116
Pulgar E (TOL) 89 Vf 110
Pulgosa, La - E (ALB) 126 Ya 115
Pulianas E (GRA) 152 Wc 125
Pulianillas E (GRA) 152 Wc 125
Pulpí E (ALM) 155 Yb 124
Pulpillo, El - E (MUR) 127 Ye 116
Pulpite E (GRA) 154 Xc 123
Pullas, Las - E (MUR) 142 Ye 120
Pumalverde E (CAN) 9 Ve 88
Pumarabule E (AST) 7 Uc 88
Pumarega E (LUG) 16 Se 91
Pumarejo de Tera E (ZAM) 36 Tf 97
Pumareña E (CAN) 8 Vc 89
Pumares E (OUR) 35 Ta 94
Pumarín E (AST) 7 Ub 88
Punta, La - E (TEN) 171 B 2
Punta, La - E (VAL) 113 Zd 112
Punta, Sa - E (BAL) 99 Db 112
Punta, Sa - E (BAL) 99 Dc 111
Punta Brava E (MUR) 143 Za 122
Punta Brava E (TEN) 172 I D 3
Punta de Cala Mosques E (TAR) 81 Ae 103
Punta del Caimán E (HUEL) 146 Se 125
Punta del Hidalgo E (TEN) 173 I F 2
Punta de Mujeres = Picachos, Los - E (PALM) 176 D 3
Punta Europa E (MÁL) 165 Ue 131
Punta Galera E (BAL) 97 Bb 114
Puntagorda E (TEN) 171 B 2
Puntal, El - E (ALB) 125 Xc 117
Puntal, El - E (ALI) 128 Zb 117
Puntal, El - E (ALM) 154 Xd 124
Puntal, El - E (ALM) 154 Xf 126
Puntal, El - E (AST) 7 Ud 87
Puntal, El - E (MUR) 142 Yf 120
Puntal, El - E (VAL) 128 Za 115
Puntalón E (GRA) 161 Wd 128
Puntallana E (TEN) 171 C 2
Punta Prima E (BAL) 96 Eb 110
Puntarró, Es - E (BAL) 96 Eb 109
Puntarrón E (MUR) 141 Yd 123
Puntas, Las - E (TEN) 173 III C 2
Punta Umbría E (HUEL) 147 Ta 125
Puntes, Ses - E (BAL) 99 Da 112
Puntiro E (BAL) 98 Ce 111
Puras E (VALL) 56 Vc 101
Puras de Villafranca E (BUR) 40 We 94
Purchena E (ALM) 154 Xd 124
Purchil E (GRA) 152 Wb 125
Purgatório P (Fa) 145 Re 125
Purgatorio, El - E (MUR) 141 Yc 122
Purias E (MUR) 155 Yc 123
Purón E (AST) 8 Vb 88
Purroy E (ZAR) 60 Yc 100
Purroy de la Solana E (HUES) 45 Ac 96
Purujosa E (ZAR) 60 Yb 98
Purullena E (GRA) 153 We 125
Pusa E (ALI) 128 Zb 118
Pusmazán E (OUR) 35 Ta 94
Pusol E (ALI) 143 Zb 119
Pussos P (Le) 83 Rd 110
Putxet d'En Puig E (BAL) 97 Bc 115
Puxeda E (LUG) 16 Sa 91
Puxedo E (OUR) 33 Rf 97
Puyarruego E (HUES) 27 Aa 93
Puy de Cinca E (HUES) 45 Ab 95
Puyuelo E (HUES) 27 Zf 94
Puzol = Puçol E (VAL) 114 Ze 111

Q

Quadra P (Ba) 34 Sf 97
Quadrasais P (Gu) 85 Ta 107
Quar, la - E (BAR) 47 Bf 96
Quart E (GIR) 49 Cf 97
Quart, La -= Quar, la - E (BAR) 47 Bf 96
Quart de les Valls E (VAL) 95 Ze 110
Quart de Poblet E (VAL) 113 Zd 112
Quarteira P (Fa) 145 Rf 126
Quartel P (Li) 100 Qf 113
Quartell E (VAL) 95 Ze 110
Quatretonda E (VAL) 113 Zd 115
Quatrim P (Fa) 145 Sb 126
Quatrim do Sul P (Fa) 145 Sb 126
Quatro Lagoas P (Co) 82 Rd 108
Quatro Ribeiras P (Aç) 169 Xe 116
Quebradas E (ALB) 125 Xd 118
Quebradas P (Li) 100 Ra 113
Quebradas, Las - E (ALB) 140 Xe 119
Quecedo E (BUR) 22 Wc 92
Queguas E (OUR) 33 Rf 97
Queijada P (VC) 32 Rc 98
Queimada P (Aç) 169 We 117
Queimada P (Vi) 51 Sb 102
Queimadas, Casa das - P (Ma) 167 I C 2
Queimadela P (Br) 51 Rf 99
Queimadela P (Vi) 51 Sb 102
Queimado P (Be) 144 Rc 123
Queira P (Vi) 68 Rf 104
Queirela P (Vi) 68 Sa 104
Queiriga P (Vi) 69 Sb 104
Queiriz P (Gu) 69 Sd 104
Queirogás E (OUR) 34 Sd 97
Queixa E (OUR) 34 Sd 95
Queixans E (GIR) 30 Bf 94
Queixas E (COR) 3 Rd 90
Queixas E (GIR) 49 Ce 95
Queizán E (LUG) 16 Sd 91
Queizan E (LUG) 17 Sf 91
Quejigal E (ALB) 126 Xe 118
Quejigal E (SAL) 71 Ua 103
Quejigal, El - E (MÁL) 158 Ue 128
Quejigo, El - E (HUEL) 133 Tb 121
Quejo E (CAN) 10 Wc 88
Quel E (RIO) 42 Xf 95
Quelfes P (Fa) 145 Sb 126
Quelhinhas P (CB) 85 Sf 108
Queluz P (Li) 115 Qe 116
Quemada E (ALB) 110 Xe 113
Quemada E (BUR) 57 Wc 98
Quemadas, Las - E (CÓRD) 136 Vb 121
Quemados, Los - E (TEN) 171 B 4
Quembre E (COR) 3 Rd 89
Quenlle E (OUR) 145 Sa 95
Quéntar E (GRA) 152 Wd 125
Quer E (GUA) 75 We 105
Queralbs E (GIR) 30 Ca 94
Querelado P (Por) 50 Rc 101
Querença P (Fa) 145 Sa 125
Querencia E (GUA) 59 Xb 101
Quereño E (OUR) 35 Tb 94
Quer Foradat, el - E (LLE) 29 Bd 95
Quero E (TOL) 109 We 111
Querol E (TAR) 65 Bc 100
Quesa E (VAL) 113 Zb 114
Quesada E (JAÉ) 139 Wf 121
Quiaios P (Co) 82 Ra 107
Quicena E (HUES) 44 Zd 96
Quiemada E (COR) 3 Rf 89
Quijano E (CAN) 9 Wa 88
Quijas E (CAN) 9 Vf 88
Quijorna E (MAD) 74 Vf 106
Quilós E (LEÓ) 17 Tb 93
Quincoces de Yuso E (BUR) 22 We 91
Quindóus E (LUG) 17 Ta 91
Quines E (OUR) 33 Re 95
Quinete E (VAL) 113 Za 112
Quinientas, Las - E (CÁD) 157 Tf 129
Quinta P (Av) 67 Rb 105
Quintã P (Be) 132 Sc 123
Quintã P (Be) 145 Sa 124
Quintã P (Fa) 145 Sa 125
Quinta P (Por) 51 Sa 102
Quintã P (VR) 51 Sa 101
Quinta P (VR) 51 Sc 100
Quinta, A - E (LUG) 16 Se 91
Quinta, Cabano da - P (Ma) 167 I C 2
Quinta, La - E (MAD) 75 Wb 106
Quinta da Cascalheira P (Vi) 51 Sc 101
Quinta da Corona P (Se) 130 Rd 121
Quinta da Deguedinha P (Vi) 69 Sc 104
Quinta da Estrada P (Gu) 69 Sc 103
Quinta da Quarteira P (Fa) 145 Rf 126
Quinta das Quebradas P (Ba) 53 Tb 101
Quinta de Lora E (TOL) 108 Wb 112
Quinta de Nuestra Señora de las Mercedes E (SEV) 150 Uf 123
Quinta de Paulo Lopes P (Vi) 69 Sd 103
Quintã de Pêro Martins P (Gu) 70 Sf 103
Quinta de Santo Amaro P (Gu) 84 Se 107
Quinta de Santo António P (Se) 115 Qe 117
Quinta de São João P (Sa) 101 Rc 113
Quinta de Vale de Peña P (Ba) 53 Tc 98
Quinta de Vista Hermosa E (SEV) 150 Uf 124
Quinta do Anjo P (Se) 115 Ra 117
Quinta do Duque P (Év) 117 Rf 118
Quinta do Estácio P (Be) 131 Sb 121
Quinta do Gato P (Av) 67 Rc 105
Quinta do Gonçalo Martins P (Gu) 70 Sf 106
Quinta do Lago P (Fa) 145 Rf 126
Quinta do Major P (CB) 85 Sf 107
Quinta do Monte Leal P (CB) 84 Sd 108
Quinta do Passarinho P (Gu) 85 Ta 107
Quinta do Paul P (Sa) 101 Rc 112
Quinta do Rio P (Gu) 69 Sb 106
Quinta dos Bernardos P (Gu) 70 Sf 104
Quinta do Sousa P (Év) 116 Rc 117
Quinta dos Ricos P (Av) 67 Rb 104
Quinta Grande P (Ma) 166 I B 3
Quinta Grande P (Sa) 101 Rc 115
Quintán E (LUG) 4 Sb 89
Quintana E (ÁLA) 23 Xd 93
Quintana E (AST) 6 Te 89
Quintana E (AST) 7 Uc 88
Quintana E (CAN) 10 Wc 89
Quintana E (RIO) 40 Wf 94
Quintana, La - E (CAN) 21 Ve 91
Quintanabaldo E (BUR) 21 Wb 91
Quintanabureba E (BUR) 22 Wd 93
Quintana da Ribeira P (Ba) 52 Ta 102
Quintana das Centieras P (Ba) 52 Ta 102
Quintana de Alva P (Ba) 70 Ta 102
Quintana de Fon E (LEÓ) 18 Tf 93
Quintana de Fuseros E (LEÓ) 18 Te 92
Quintana de la Serena E (BAD) 120 Ub 116
Quintana del Castillo E (LEÓ) 18 Tf 93
Quintana del Marco E (LEÓ) 36 Ua 95
Quintana del Monte E (LEÓ) 19 Uf 93
Quintana de los Prados E (BUR) 22 Wc 90
Quintana del Pidio E (BUR) 39 Wb 98
Quintana del Pino E (BUR) 21 Wb 93
Quintana del Puente E (PAL) 38 Ve 96
Quintana de Raneros E (LEÓ) 19 Uc 93
Quintana de Rueda E (LEÓ) 19 Ue 93
Quintana de Rueda, La - E (BUR) 22 Wc 91
Quintana de Toranzo E (CAN) 9 Wa 89
Quintanadiez de la Vega E (PAL) 20 Vb 94
Quintana do Juncal P (Ba) 53 Tb 102
Quintana do Vale do Meão P (Gu) 52 Sf 102
Quintanadueñas E (BUR) 39 Wb 94
Quintanaélez E (BUR) 22 We 92
Quintanaentello E (BUR) 21 Wb 91
Quintana-Entrepeñas E (BUR) 22 We 91
Quintanajuar E (BUR) 22 Wc 93
Quintanalacuesta E (BUR) 22 Wd 91
Quintanalara E (BUR) 39 Wc 95
Quintanaloma E (BUR) 22 Wb 92
Quintanaloranco E (BUR) 22 We 94
Quintanaluengos E (PAL) 20 Vd 91
Quintanamanvirgo E (BUR) 39 Wa 98
Quintana-María E (BUR) 22 We 92
Quintana-Martín-Galíndez E (BUR) 22 We 92
Quintanaopio E (BUR) 22 Wd 92
Quintanaortuño E (BUR) 22 Wb 94
Quintanapalla E (BUR) 39 Wc 94
Quintanar, El E (JAÉ) 139 Wf 120
Quintanar de la Orden E (TOL) 109 Wf 111
Quintanar de la Sierra E (BUR) 40 Wf 97
Quintanar del Rey E (CUE) 111 Ya 112
Quintanar de Rioja E (RIO) 40 Wf 94
Quintana Redonda E (SOR) 59 Xc 99
Quintanar o El Quintanarejo E (SOR) 40 Xb 97
Quintanarraya E (BUR) 40 Wd 98
Quintanarrio E (BUR) 22 Wb 93
Quintanarruz E (BUR) 22 Wc 93
Quintanas E (AST) 7 Uc 89
Quintanas de Gormaz E (SOR) 58 Xa 99
Quintanas de Hormiguera E (PAL) 21 Vf 91
Quintanas de Valdelucio E (BUR) 21 Vf 92
Quintanas-Olmo E (CAN) 21 Wa 91
Quintanas Rubias de Abajo E (SOR) 58 Wf 100
Quintanas Rubias de Arriba E (SOR) 58 Wf 100
Quintanatello de Ojeda E (PAL) 20 Vd 92
Quintana-Urria E (BUR) 22 Wd 93
Quintanavides E (BUR) 22 Wd 94
Quintana y Congosto E (LEÓ) 36 Tf 95
Quintanilha P (Ba) 35 Tc 98
Quintanilla E (CAN) 8 Vd 89
Quintanilla E (LEÓ) 18 Ua 92
Quintanilla E (ZAM) 35 Te 96
Quintanilla, La - E (ALB) 111 Xf 114
Quintanillabón E (BUR) 22 We 93
Quintanilla Cabe Rojas E (BUR) 22 Wd 93
Quintanilla-Cabrera E (BUR) 40 Wd 96
Quintanilla-Colina E (BUR) 22 Wb 91
Quintanilla da Losada E (LEÓ) 35 Tc 95
Quintanilla de Arriba E (VALL) 56 Ve 99
Quintanilla de Babia E (LEÓ) 18 Te 91
Quintanilla de Combarros E (LEÓ) 18 Tf 93
Quintanilla de Flórez E (LEÓ) 36 Tf 95
Quintanilla de la Cueza E (PAL) 38 Vb 95
Quintanilla del Agua E (BUR) 39 Wc 96
Quintanilla de la Mata E (BUR) 39 Wb 97
Quintanilla de la Presa E (BUR) 21 Wa 93
Quintanilla de la Ribera E (ÁLA) 23 Xa 92
Quintanilla de las Carretas E (BUR) 39 Wb 95
Quintanilla de las Dueñas E (BUR) 22 Wf 94
Quintanilla de las Torres E (PAL) 21 Ve 92
Quintanilla de las Viñas E (BUR) 39 Wd 96
Quintanilla del Coco E (BUR) 39 Wc 97
Quintanilla del Molar E (VALL) 37 Ud 97
Quintanilla del Monte E (BUR) 22 Wf 94
Quintanilla del Monte E (LEÓ) 18 Ua 93
Quintanilla del Monte E (ZAM) 37 Ud 97
Quintanilla del Monte en Juarros E (BUR) 40 Wd 94
Quintanilla del Olmo E (ZAM) 37 Ud 97
Quintanilla de los Adrianos E (BUR) 22 Wc 91
Quintanilla de los Oteros E (LEÓ) 37 Ud 95
Quintanilla del Rebollar E (BUR) 22 Wc 90
Quintanilla del Valle E (LEÓ) 18 Ua 93
Quintanilla de Nuño Pedro E (SOR) 40 We 98
Quintanilla de Ojada E (BUR) 22 We 91
Quintanilla de Onésimo E (VALL) 56 Vd 99
Quintanilla de Onsoña E (PAL) 20 Vc 94
Quintanilla de Ricuerda E (BUR) 39 Wc 98
Quintanilla de Riofresno E (BUR) 21 Ve 93
Quintanilla de Rueda E (LEÓ) 19 Uf 92
Quintanilla de San Román E (BUR) 21 Wa 91
Quintanilla de Sollamas E (LEÓ) 18 Ub 93
Quintanilla de Somoza E (LEÓ) 35 Te 94
Quintanilla de Tres Barrios E (SOR) 58 Wf 99
Quintanilla de Trigueros E (VALL) 38 Vc 97
Quintanilla de Urrilla E (BUR) 40 We 96
Quintanilla de Urz E (ZAM) 36 Ua 96
Quintanilla de Yuso E (LEÓ) 35 Td 95
Quintanilla Escalada E (BUR) 21 Wb 92
Quintanilla-Montecabezas E (BUR) 22 We 91
Quintanilla-Pedro Abarca E (BUR) 21 Wb 93
Quintanillas, Las E (BUR) 39 Wa 94
Quintanilla-San García E (BUR) 22 We 93
Quintanilla-Sobresierra E (BUR) 22 Wb 93
Quintanilla-Somuñó E (BUR) 39 Wa 95
Quintanilla-Valdebodres E (BUR) 22 Wb 91
Quintanilla-Vivar o Quintanilla Morocisla E (BUR) 39 Wb 94
Quintanilleja E (BUR) 39 Wb 95
Quinta Nova P (Sa) 101 Rc 123
Quintáns E (PON) 32 Rd 95
Quintás E (COR) 15 Rd 91
Quintás E (OUR) 33 Rf 97
Quintãs P (Av) 67 Rc 105
Quintas P (Av) 68 Rd 107
Quintas P (CB) 84 Se 107
Quintas P (Li) 100 Qe 115
Quintas P (VR) 51 Sb 98
Quintas da Feijoeira P (CB) 84 Se 108
Quintas de São Bartolomeu P (Gu) 70 Sf 106
Quintas do Norte P (Av) 67 Rb 104
Quintela E (LEÓ) 17 Ta 92
Quintela E (LUG) 4 Sd 89
Quintela E (OUR) 33 Rf 97
Quintela E (PON) 33 Re 96
Quintela P (Ba) 34 Ta 97
Quintela P (Vi) 68 Rf 104
Quintela P (Vi) 69 Sc 103
Quintela P (VR) 52 Sd 98
Quintela de Azurara P (Vi) 69 Sb 105
Quintela de Edroso E (OUR) 34 Sf 95
Quintela de Humoso E (OUR) 146 Sf 96
Quintela de Lampacas P (Ba) 52 Ta 99
Quintela de Leirado E (OUR) 33 Rf 96
Quintería, La - E (CIU) 123 Wb 116
Quintería, La - E (JAÉ) 137 Wa 120
Quintería de Mateo E (CIU) 109 Wd 114
Quintiães P (Br) 50 Rc 99
Quinto E (ZAR) 62 Zc 100
Quinto Las Yuntas E (CIU) 121 Va 116
Quintos P (Be) 132 Sb 121
Quinzano E (HUES) 44 Zc 95
Quiñonería, La E (SOR) 60 Xf 99
Quiñones E (VALL) 38 Vc 98
Quiñones, Los - E (MUR) 127 Yf 117
Quión E (COR) 15 Re 91
Quiraz P (Ba) 34 Sf 97
Quireza E (PON) 15 Rd 93
Quiroga E (LUG) 16 Se 94
Quiruelas de Vidriales E (ZAM) 36 Ub 96
Quisicedo E (BUR) 22 Wc 90
Quismondo E (TOL) 89 Ve 108
Quitapellejos E (MUR) 127 Yf 118
Quitapesares E (SEG) 74 Vf 103
Qunitas P (Sa) 101 Ra 113
Qurille E (COR) 14 Rb 92

R

Rabaça P (Gu) 70 Sf 105
Rabaça P (Pg) 103 Se 113
Rabaçal P (Co) 83 Rd 108
Rabaçal P (Év) 117 Re 116
Rabaçal P (Gu) 69 Se 103
Rabaçal P (Ma) 166 I B 2
Rabaceiro P (Le) 100 Qf 112
Rabacinas P (CB) 84 Sb 110
Rábade E (LUG) 4 Sc 90
Rabal E (OUR) 34 Sd 97
Rabal E (OUR) 145 Sc 96
Rabal P (Ba) 35 Tb 97
Rabal (Chandrexa de Queixa) E (OUR) 34 Sd 95
Rabales, Los - E (MUR) 142 Yf 122
Rabanal, El - E (CÓRD) 150 Vb 124
Rabanal de Fenar E (LEÓ) 19 Uc 92
Rabanal del Camino E (LEÓ) 18 Te 94
Rabanal de los Caballeros E (PAL) 20 Vd 91
Rabanales E (ZAM) 35 Te 98
Rabanera E (RIO) 41 Xd 95
Rabanera del Campo E (SOR) 59 Xd 99
Rabanera del Pinar E (BUR) 40 We 97
Rábano E (VALL) 57 Vf 99
Rábano de Aliste E (ZAM) 35 Td 98
Rábano de Sanabria E (ZAM) 35 Tc 96
Rábanos E (BUR) 40 We 95
Rábanos, Los - E (SOR) 59 Xd 98
Rabasqueira P (Év) 117 Rf 116
Rabassa, la - E (LLE) 47 Bc 99
Rabé de las Calzadas E (BUR) 39 Wb 94
Rabé de los Escuderos E (BUR) 39 Wb 97
Rabeia, la - E (BAR) 47 Bf 97
Rábida, La - E (HUEL) 147 Ta 125
Rabilero, El - E (BAD) 119 Td 119
Rabinadas, Las - E (CIU) 108 Vf 113
Rábita, La - E (GRA) 161 We 128
Rábita, La - E (JAÉ) 151 Vf 123
Raboconejo E (HUEL) 147 Tb 124
Rabo de Peixe P (Aç) 170 Zc 122
Rabo do Lobo P (Se) 130 Rb 122
Rábos E (GIR) 31 Cf 94
Rabós d'Empordà E (GIR) 31 Da 94
Rabosera E (MUR) 127 Yf 117
Rabosero, El E (TER) 79 Zb 106
Rad E (SAL) 71 Ub 103
Rad, La - E (BUR) 21 Wa 92
Rada E (CAN) 10 Wd 88
Rada E (NAV) 42 Yc 95
Rada, La - E (ALB) 126 Ya 118
Rada de Haro E (CUE) 110 Xc 111
Rada de Moraira E (ALI) 129 Aa 116
Rades, La E (SEG) 57 Wc 101
Rades de Abajo E (SEG) 57 Wb 102
Rades de Arriba E (SEG) 57 Wb 102
Rádio Marconi P (Év) 116 Rd 117
Radio Nacional E (MAD) 90 Wc 107
Radiquero E (HUES) 44 Zf 95
Radona E (SOR) 59 Xd 101
Rafaeles, Los - E (MUR) 142 Yf 119
Rafael Pudent, Es - E (BAL) 99 Db 111
Rafal E (ALI) 143 Za 120
Rafal, El - E (BAL) 99 Da 109
Rafal d'Ariant E (BAL) 99 Cf 109
Rafal de Casellas E (BAL) 99 Da 110
Rafal des Porcs, Es - E (BAL) 99 Da 113
Rafales E (HUES) 45 Ab 98
Ráfales E (TER) 80 Aa 103
Rafalet, El - E (BAL) 99 Cf 109
Rafalet, Es - E (BAL) 99 Dc 111
Rafalet Drac, Es - E (BAL) 99 Db 111
Rafal Fort E (BAL) 96 Ea 109
Rafal Rubí E (BAL) 96 Eb 109
Rafal Vell E (BAL) 96 Eb 109
Rafelbunyol E (VAL) 113 Ze 111
Rafelcofer E (VAL) 114 Ze 115
Rafelguaraf E (VAL) 113 Zd 114
Rafel Roig E (BAL) 99 Db 111
Rafol de Almunia E (ALI) 129 Zf 116
Ráfol de Salem E (VAL) 128 Zd 115
Rágama E (SAL) 73 Uf 103
Rágol E (ALM) 153 Xb 127
Raigada E (OUR) 34 Se 95
Raiguero E (MUR) 141 Yd 122
Raiguero Bajo E (MUR) 141 Yd 122
Raïmat E (LLE) 45 Ac 98
Raimonda P (Por) 50 Re 101
Rairiz de Veiga E (OUR) 33 Sa 96
Rairo E (OUR) 33 Sa 95
Raiva P (Av) 50 Rd 102
Raiva P (Co) 83 Re 107
Raixa E (BAL) 98 Ce 110
Raiz do Monte P (VR) 51 Sc 100
Raja, La - E (MUR) 127 Ye 118
Raja, La - E (MUR) 127 Yf 118

Rajadell E (BAR) 47 Be 98
Rajita, La - E (TEN) 172 II B 2
Ral, la - E (GIR) 30 Cc 95
Rala E (ALB) 126 Xe 118
Ral de Abajo E (VAL) 112 Za 113
Rales E (AST) 8 Va 88
Raluy E (HUES) 28 Ad 94
Rama E (GIR) 48 Cb 95
Ramacastañas E (ÁVI) 88 Uf 107
Ramadas P (VR) 51 Sa 101
Ramado P (Be) 132 Sc 120
Ramalde P (Por) 50 Rc 102
Ramales de la Victoria E (CAN) 10 Wd 89
Ramalhais de Cima P (Le) 82 Rc 109
Ramalhal P (Le) 83 Rd 110
Ramalhal P (Li) 100 Qe 114
Ramalheira P (Sa) 83 Rd 110
Ramalhosa P (Le) 100 Qf 112
Ramallosa E (PON) 32 Rb 96
Ramallosa (Teo) E (COR) 15 Rc 92
Ramastué E (HUES) 28 Ad 93
Rambla E (HUES) 44 Ze 97
Rambla, La - E (ALB) 126 Xf 116
Rambla, La - E (CÓRD) 150 Vb 123
Rambla, La - E (MUR) 142 Za 122
Rambla, La - E (SEV) 135 Ud 123
Rambla Carlonca E (GRA) 153 Wf 127
Rambla de Balata E (GRA) 153 Xa 124
Rambla de Cauzón E (GRA) 153 We 125
Rambla de David E (CAS) 95 Zd 108
Rambla de Gérgal E (ALM) 154 Xc 126
Rambla de Juan Manchego E (JAÉ) 139 We 123
Rambla del Agua E (GRA) 153 Xa 125
Rambla del Agua E (GRA) 161 We 128
Rambla de la Matanza E (GRA) 153 Wf 123
Rambla de la Teja E (JAÉ) 139 Wf 122
Rambla del Banco, La - E (GRA) 161 We 127
Rambla del Marqués E (ALM) 154 Xe 125
Rambla de los Lobos E (GRA) 139 We 123
Rambla de Martín, La - E (TER) 79 Za 104
Rambla Encira, La - E (ALM) 153 Xc 126
Rambla Grande, La - E (ALM) 155 Ya 124
Rambla Honda, La - E (ALM) 154 Xe 126
Ramblas, Las - E (ALM) 153 Xb 126
Rambla Salada E (MUR) 142 Yf 120
Rambla Seca E (VAL) 113 Za 113
Rambla y Condesa, La - E (VAL) 113 Za 112
Ramblelles, les - E (CAS) 95 Zf 107
Ramela P (Gu) 69 Se 106
Ramil E (LUG) 16 Sb 92
Ramil E (PON) 15 Sa 91
Ramil P (Br) 51 Rf 99
Ramilo E (OUR) 34 Ta 95
Raminho P (Aç) 169 Xe 116
Ramió E (BAR) 48 Cd 98
Ramirás E (OUR) 33 Rf 95
Ramires P (Vi) 51 Rf 102
Ramiro E (VALL) 56 Vb 101
Ramón E (TOL) 108 Wb 111
Ramona, La - E (JAÉ) 138 Wc 123
Ramos P (Fa) 145 Re 124
Ramos, Los - E (MUR) 142 Yf 121
Rancajales, Los - E (MAD) 75 Wb 104
Rancho Cazolita E (SEV) 149 Ud 125
Rancho de Aparicio E (SEV) 150 Uf 125
Rancho de Carbones E (CÁD) 164 Uc 131
Rancho de Coto Ruiz E (SEV) 149 Ud 126
Rancho de Don Manuel Romero E (SEV) 150 Uf 125
Rancho de Frontán E (CÁD) 157 Ua 129
Rancho de Gamarra E (SEV) 150 Ue 125
Rancho de Ibáñez E (CÁD) 157 Ua 127
Rancho de la Asomadilla E (SEV) 148 Ua 125
Rancho de la Atalaya E (CÁD) 164 Ua 130
Rancho de la Ballestera E (SEV) 149 Uc 126
Rancho de la Casilla E (MÁL) 158 Ud 129
Rancho de la Reina E (SEV) 149 Ud 126
Rancho de la Romana E (SEV) 148 Ua 126
Rancho de las Mulas E (SEV) 149 Uc 126
Rancho de las Salinas E (SEV) 149 Ue 126
Rancho de la Teja E (CÁD) 157 Uc 129
Rancho de Lila E (SEV) 148 Tf 126
Rancho del Navazo E (SEV) 149 Ue 127
Rancho de los Rasillos E (SEV) 157 Tf 127
Rancho del Pino E (CÁD) 157 Ua 129
Rancho del Puerto de Picao E (CÁD) 157 Ub 129
Rancho de Malagón E (SEV) 149 Ud 126
Rancho de Manuel Girardo E (SEV) 149 Ub 125
Rancho de Montaño E (CÁD) 158 Uc 130
Rancho de Pozo Santo E (SEV) 150 Uf 126
Rancho de Roceros E (SEV) 149 Ud 126
Rancho de San Antonio E (SEV) 150 Ue 125
Rancho de Sarría E (SEV) 150 Uf 125
Rancho de Sol E (SEV) 150 Uf 126
Rancho de Tenorio E (CÁD) 158 Uf 127
Rancho de Terrones E (SEV) 150 Ue 126
Rancho de Vargas E (SEV) 149 Ud 125
Rancho la Rosa Alta E (SEV) 149 Ue 126
Ranchos, Los - E (MAD) 74 Wa 105
Ranchos del Romeral E (HUEL) 132 Se 121
Randa E (BAL) 99 Cf 111
Rande E (PON) 32 Rc 95
Rande P (Por) 50 Re 101
Randín E (OUR) 33 Sa 97
Randufe E (PON) 32 Rc 96
Ranedo E (BUR) 22 We 92
Ranero E (VIZ) 10 Wd 89
Raneros E (LEÓ) 19 Uc 93
Ranginha P (Pg) 103 Sc 112
Ranha de Baixo P (Le) 82 Rb 109
Ranhados P (Gu) 69 Se 103
Ranhados P (Vi) 68 Sa 105
Ransol AND 29 Bd 93
Rante E (OUR) 145 Sa 95
Rañín E (HUES) 27 Ab 94
Raño E (COR) 14 Rb 93
Rao E (LUG) 17 Ta 91
Rapa P (Gu) 69 Sd 105
Rapariegos E (SEG) 56 Vc 102
Ràpita, la - E (BAR) 65 Bd 101
Ràpita, la E (LLE) 46 Af 98
Ràpita, Sa E (BAL) 99 Cf 112
Raposa P (Sa) 101 Rc 114
Raposeira P (Fa) 144 Ra 126
Raposeira P (Le) 82 Rb 110
Raposeira P (Sa) 101 Rc 115
Raposeira do Logarinho P (Ma) 166 I A 2
Raposo, El - E (BAD) 119 Te 118
Raposo, El - E (GRA) 153 Xa 125
Rapoula P (CB) 84 Sb 109
Rapoula P (Gu) 69 Se 105
Rapoula do Côa P (Gu) 70 Sf 106
Rapún E (HUES) 26 Zd 94
Rarrio e Castelo E (OUR) 17 Ta 94
Rãs P (Por) 50 Re 101
Rãs P (Vi) 69 Sc 104
Rasa P (Pg) 103 Sd 112
Rasa, La - E (SOR) 58 Wf 99
Rasal E (HUES) 44 Zc 94
Rascafría E (MAD) 74 Wa 103
Rascón, El - E (BAD) 119 Tc 117
Raset E (GIR) 49 Cf 96
Rasgada E (CAN) 21 Vf 91
Rasillo E (CAN) 9 Wa 89
Rasillo E (MUR) 127 Yf 117
Rasillo, El - E (RIO) 41 Xb 95
Raso E (ALB) 126 Yb 117
Raso, El - E (ÁVI) 87 Ue 107
Raso Jaurrieta E (NAV) 42 Yb 94
Rasos E (CÓRD) 137 Ve 120
Raspajos, Los - E (MUR) 141 Yb 122
Raspay E (MUR) 127 Yf 118
Raspilla E (ALB) 125 Xd 118
Rasquera E (TAR) 63 Ad 102
Rasueros E (ÁVI) 73 Uf 102
Ratera E (LLE) 46 Bb 98
Ratera Nueva E (SEV) 150 Uf 126
Ratera Vieja E (SEV) 150 Uf 126
Rates P (Por) 50 Rb 100
Ratoeira P (Gu) 69 Sd 105
Rauric E (TAR) 65 Bc 99
Raval de Crist, el - E (TAR) 81 Ac 104
Raval de Jesús, el' - E (TAR) 81 Ad 103
Raval de l'Aguilera, el - E (BAR) 47 Bd 99
Raxó E (PON) 15 Rb 94
Raxoi E (PON) 14 Rc 92
Raxón E (COR) 3 Re 87
Rayo del Serval E (GRA) 153 Xa 124
Razbona E (GUA) 75 We 103
Razo E (COR) 2 Rb 89
Real P (Av) 50 Re 102
Real P (Br) 50 Rd 99
Real P (Por) 51 Re 101
Real P (Vi) 69 Sb 105
Real, El - E (ALM) 155 Ya 125
Real, El - E (MUR) 142 Yf 120
Real, O - E (LUG) 4 Se 90
Real (San Cristóbal) E (LUG) 16 Se 92
Real Cortijo de San Isidro E (MAD) 90 Wc 108
Real de la Jara, El E (SEV) 134 Tf 121
Real de Montroy E (VAL) 113 Zc 112
Real de San Vicente, El E (TOL) 88 Vb 108
Realejo Alto E (TEN) 172 I D 3
Realejo Alto (Los Realejos) E (TEN) 172 I D 3
Realenco, El - E (MUR) 142 Yf 122
Realeng, Es - E (BAL) 99 Db 112
Realenga, La - E (MÁL) 150 Vb 126
Realengo, El - E (ALI) 143 Zb 119
Realengo, El - E (VAL) 113 Zd 114
Real Sanatorio de Guadarrama E (MAD) 74 Vf 104
Reascos E (LUG) 16 Sc 91
Reatillo, El - E (VAL) 112 Za 111
Rebaixia P (CB) 83 Rf 110
Rebalso, El - E (ALI) 128 Za 119
Rebanal de las Llantas E (PAL) 20 Vc 91
Rebate E (ALI) 142 Za 121
Rebato, el - E (BAR) 65 Bf 99
Rebelos P (Le) 100 Qf 111
Reboira E (LUG) 4 Sa 89
Reboiró E (LUG) 16 Sd 92
Reboleiro P (Gu) 69 Sd 104
Rebolia P (Co) 82 Rc 108
Rebolosa P (Gu) 70 Ta 106
Rebollada E (AST) 7 Ub 87
Rebollada E (AST) 7 Uc 89
Rebollada, La - E (AST) 7 Ub 89
Rebollar E (CÁC) 86 Ua 108
Rebollar E (SEG) 57 Wa 101
Rebollar E (SOR) 41 Xc 97
Rebollar, El - E (MAD) 75 Wb 104
Rebollar, El - E (VAL) 112 Yf 112
Rebollar de los Oteros E (LEÓ) 37 Ud 94
Rebolleda, La - E (BUR) 21 Ve 92
Rebolledas, Las - E (BUR) 21 Wb 94
Rebolledillo de la Orden E (BUR) 21 Ve 93
Rebolledo E (ALI) 128 Zc 118
Rebolledo de la Inera E (PAL) 21 Ve 92
Rebolledo de la Torre E (BUR) 21 Ve 92
Rebolledo de Traspeña E (BUR) 21 Vf 92
Rebollo E (SEG) 57 Wa 101
Rebollo, El - E (AST) 5 Tb 88
Rebollo de Duero E (SOR) 59 Xb 100
Rebollosa E (SAL) 71 Tf 106
Rebollosa de Hita E (GUA) 76 Wf 104
Rebollosa de Jadraque E (GUA) 58 Xa 102
Rebollosa de los Escuderos E (SOR) 58 Wf 101
Rebollosa de Pedro E (SOR) 58 We 101
Rebón E (PON) 14 Rc 93
Rebordainhos P (Ba) 53 Ta 98
Rebordaos E (LUG) 4 Sb 89
Rebordãos P (Ba) 35 Tb 98
Rebordechán E (PON) 32 Re 95
Rebordechao E (OUR) 34 Sd 95
Rebordelo E (COR) 14 Ra 93
Rebordelo E (PON) 144 Rd 94
Rebordelo P (Ba) 34 Sf 98
Rebordelo P (VR) 33 Sb 98
Rebordelo P (VR) 51 Sa 100
Rebordelo (Monfero) E (COR) 3 Rf 89
Rebordinho P (Vi) 68 Re 105
Rebordões P (Br) 50 Rd 100
Rebordões P (VC) 32 Rc 98
Rebordondo P (VR) 51 Sc 98
Rebordosa P (Co) 83 Re 107
Rebordosa P (Por) 50 Rd 101
Reboreda P (VC) 32 Rb 97
Reboredo E (COR) 15 Rd 91
Reboredo E (LUG) 4 Sc 89
Reboredo E (LUG) 15 Sa 92
Reboredo P (VR) 52 Sc 100
Reborido E (COR) 14 Rc 91
Recajo E (RIO) 23 Xd 94
Recardães P (Av) 68 Rd 105
Recarei P (Por) 50 Rd 102
Recas E (TOL) 89 Wa 108
Rececende E (LUG) 5 Se 88
Recemel E (COR) 4 Sa 88
Recezinhos P (Por) 51 Re 101
Recios, Los - E (SAL) 72 Ub 105
Recueja, La - E (ALB) 112 Yd 113
Recuenco, El - E (GUA) 77 Xd 105
Recuerda E (SOR) 58 Xa 100
Recueva de la Peña E (PAL) 20 Vc 92
Réculo E (JAÉ) 124 We 119
Redal, El - E (RIO) 41 Xe 94
Redecilla del Camino E (BUR) 22 Wf 94
Redes E (COR) 3 Re 88
Redial P (VR) 34 Sc 98
Redicilla del Campo E (BUR) 22 Wf 94
Redilluera E (LEÓ) 19 Ud 91
Redinha P (Le) 82 Rc 108
Redipollos E (LEÓ) 19 Ue 90
Redipuertas E (LEÓ) 19 Ud 90
Redoba, La - E (CUE) 93 Yc 107
Redonda P (CB) 102 Sa 111
Redonda, La - E (SAL) 70 Tb 103
Redonda el Nuevo E (SEG) 74 Vd 103
Redondela, La - E (HUEL) 146 Se 125
Redondela, La E (PON) 32 Rc 95
Redondelo P (VR) 51 Sc 98
Redondo P (Év) 118 Sc 117
Redondo Alto E (CÓRD) 136 Va 122
Redondo Bajo E (CÓRD) 136 Va 122
Redondos P (Le) 82 Rc 109
Redonella, la - E (GIR) 30 Cb 94
Redón y Venta de Ceferino E (MUR) 155 Yb 123
Redován E (ALI) 142 Za 120
Redueña E (MAD) 75 Wc 104
Redundo P (Por) 50 Rd 101
Reféga P (Ba) 35 Tc 98
Referta P (Ma) 167 I D 2
Refóios do Lima P (VC) 32 Rc 98
Refojos de Basto P (Br) 51 Sa 99
Refojos de Riba de Ave P (Por) 50 Rd 101
Refontoura P (Por) 51 Re 101
Refoxos E (PON) 15 Re 93
Refoxos E (PON) 32 Rb 97
Regadas P (Br) 51 Rf 100
Regadío E (ALI) 128 Zd 116
Regais P (Sa) 101 Rc 112
Regajo, El - E (ALB) 127 Yf 116
Regal E (VAL) 113 Zd 113
Regañada, La - E (SAL) 72 Ub 104
Regates E (TOL) 108 Wb 111
Regato, El - E (VIZ) 11 Wf 89
Regencós E (GIR) 49 Db 97
Régil E (GUI) 12 Xe 89
Regilde P (Por) 50 Re 100
Regla de Perandones, La - E (AST) 5 Tc 90
Rego P (Br) 51 Rf 100
Rego da Murta P (Le) 83 Rd 110
Rego de Vide P (Ba) 52 Se 100
Règola, la - E (LLE) 46 Ae 97
Rego Pequeno E (LUG) 4 Sb 89
Reguard E (LLE) 46 Af 95
Regueira de Pontes P (Le) 82 Rb 110
Regüelo E (JAÉ) 151 Wa 123
Reguenga P (Por) 50 Rd 101
Reguengo E (OUR) 33 Rf 97
Reguengo P (Be) 131 Re 121
Reguengo P (Be) 131 Rf 122
Reguengo P (Év) 117 Rf 115
Reguengo P (Fa) 144 Rc 125
Reguengo P (Pg) 103 Sd 113
Reguengo P (Pg) 103 Se 114
Reguengo do Fetal P (Le) 82 Rb 111
Reguengo Grande P (Li) 100 Qe 113
Reguengo Pequeno P (Be) 130 Rc 123
Reguengos de Monsaraz P (Év) 118 Sc 118
Reguera del Cabo E (AST) 18 Td 90
Regueras, Las = Santullano E (AST) 6 Ua 88
Regueras de Arriba E (LEÓ) 36 Ua 95
Reguers, els - E (TAR) 81 Ac 103
Regumiel de la Sierra E (BUR) 40 Xa 97
Reguntille E (LUG) 4 Sd 89
Rehoya E (HUEL) 147 Tc 124
Rehoyos E (CAN) 10 Wd 89
Rehuerta, La - E (TER) 62 Zf 102
Rei E (LUG) 16 Sd 93
Reig E (VAL) 113 Zd 113
Reiga P (Gu) 70 Ta 104
Reigada, La E (AST) 5 Tc 89
Reigadinho P (Gu) 70 Se 104
Reigosa E (LUG) 4 Sd 89
Reigosa E (PON) 14 Rc 94
Reigoso P (Vi) 68 Re 104
Reigoso P (VR) 33 Sa 98
Reillo E (CUE) 92 Ya 109
Reina E (BAD) 134 Ua 119
Reinante E (LUG) 5 Sf 87
Reina Victoria E (SEV) 148 Tf 126
Reiner E (VAL) 128 Zc 116
Reineta, La - E (VIZ) 10 Wf 89
Reinilla y Ladrillos E (CÓRD) 136 Uf 122
Reinosa E (CAN) 21 Vf 90
Reinosilla E (CAN) 21 Ve 91
Reinoso E (BUR) 22 Wd 93
Reinoso de Cerrato E (PAL) 38 Vd 97
Reiris E (COR) 15 Re 90
Reiris E (PON) 15 Rc 94
Reis Magos P (Ma) 167 I D 3
Rejano E (GRA) 153 Xb 124
Rejano E (SEV) 150 Va 126
Rejas de San Esteban E (SOR) 58 We 99
Rejas de Ucero E (SOR) 58 Wf 98
Relea E (PAL) 20 Vb 93
Reliegos E (LEÓ) 19 Ud 94
Reliquias P (Be) 130 Rd 122
Relógio do Poiso P (Ma) 166 I B 2
Relva P (Aç) 170 Zb 122
Relva P (CB) 83 Rf 110
Relva P (CB) 85 Sf 108
Relva P (Pg) 103 Sd 112
Relva P (Vi) 69 Sa 103
Relva da Louça P (CB) 83 Sa 110
Relvas P (CB) 84 Sb 108
Relvas P (Co) 83 Sa 107
Relvas P (Le) 100 Qf 112
Relvas Verdes P (Se) 130 Rb 121
Relva Velha P (Co) 83 Sa 107
Relvinha P (Co) 83 Rd 107
Relvinhas P (Se) 130 Rc 120
Rellanos E (AST) 5 Tc 88
Rellas E (PON) 15 Re 92
Relleno E (ALM) 153 Xb 126
Relleu E (ALI) 129 Ze 117
Rellinars E (BAR) 47 Bf 99
Rellinás = Rellinars E (BAR) 47 Bf 99
Rello E (SOR) 59 Xb 101
Remedio, El - E (COR) 4 Sa 88
Remédios P (Aç) 170 Zb 121
Remédios P (Le) 100 Qd 112
Remedios, Los - E (BAD) 133 Tc 119
Remei d'Alcover, el - E (TAR) 64 Ba 101
Remelhe P (Br) 50 Rc 100
Remendia E (NAV) 25 Ye 91
Remesal E (ZAM) 35 Tc 96
Remoães P (VC) 32 Re 96
Remolina E (LEÓ) 20 Uf 91
Remolino, El - E (CÓRD) 150 Vb 124
Remolinos E (ZAR) 43 Ye 97
Remondes P (Ba) 53 Tb 100
Remondo E (SEG) 56 Vd 100
Remouco P (Co) 68 Rf 106
Remullà E (TAR) 64 Ae 102
Ren, La - E (AST) 7 Ub 87
Rena E (BAD) 105 Ub 114
Renales E (GUA) 76 Xc 103
Renanué E (HUES) 28 Ad 94
Renau E (TAR) 64 Bb 101
Renclusa, La - E (HUES) 28 Ad 92
Rendar E (LUG) 16 Sd 92
Rendo P (Gu) 70 Sf 106
Rendufe P (Br) 50 Rd 99
Rendufe P (VC) 32 Rc 97
Rendufe P (VR) 52 Sd 99
Rendufinho P (Br) 50 Re 99
Renedo E (CAN) 9 Ve 89
Renedo E (CAN) 9 Wa 88
Renedo E (CAN) 21 Vf 91
Renedo E (VALL) 56 Vc 99
Renedo de Curueño E (LEÓ) 19 Ud 91
Renedo de la Escalera E (BUR) 21 Vf 92
Renedo de la Vega E (PAL) 20 Vb 94
Renedo del Monte E (PAL) 20 Vb 93
Renedo de Valdavia E (PAL) 20 Vc 93
Renedo de Valderaduey E (LEÓ) 20 Va 93
Renedo de Valdetuéjar E (LEÓ) 20 Va 92
Renedo de Zalima E (PAL) 21 Vd 91
Renera E (GUA) 76 Wf 106
Renieblas E (SOR) 41 Xd 98
Rentería E (GUI) 11 Xd 89
Rentería = Errenteriïia E (GUI) 12 Ya 89
Rento Artigas E (CUE) 93 Yc 108
Rento Callejones E (CUE) 93 Yd 108
Rento de Fuente de la Sierra E (CUE) 93 Yb 108
Renuncio E (BUR) 39 Wb 95
Renúñez Grande E (CIU) 124 Wf 115
Reocín E (CAN) 9 Vf 88
Reocín de los Molinos E (CAN) 21 Vf 91
Reolid E (ALB) 125 Xc 117
Reperós E (HUES) 28 Ad 94
Repilado, El - E (HUEL) 133 Tb 121
Reposaderas, Las - E (MUR) 141 Yb 119
Represa P (CÁC) 86 Te 108
Represa P (CB) 84 Sc 110
Represa P (Év) 117 Rf 116
Represa del Condado E (LEÓ) 19 Ud 93
Requeixo E (LUG) 4 Sa 89
Requeixo E (LUG) 16 Sa 93
Requeixo E (OUR) 34 Ta 95
Requeixo E (OUR) 145 Sb 94
Requeixo E (OUR) 146 Sd 95
Requeixo E (OUR) 146 Se 95
Requeixo P (Av) 67 Rc 105
Requejada E (CAN) 9 Vf 88
Requejo E (LEÓ) 17 Tb 93
Requejo E (ZAM) 35 Tb 96
Requena E (VAL) 112 Yf 112
Requena de Campos E (PAL) 38 Vd 95
Requião P (Br) 50 Rd 100
Requiás E (OUR) 33 Sa 97
Requijada E (SEG) 57 Wa 102
Requijada E (SOR) 59 Xc 99
Reriz P (Vi) 68 Sa 103
Rescate, El - E (GRA) 160 Wb 128
Resconorio E (CAN) 21 Wa 90
Resende P (Vi) 51 Sa 102
Resinera E (CUE) 93 Yd 110
Resinera, La - E (GRA) 160 Wa 127
Resoba E (PAL) 20 Vc 91
Respaldiza E (ÁLA) 22 Wf 90
Respenda de Aguilar E (PAL) 21 Vf 92
Respenda de la Peña E (PAL) 20 Vb 92
Restábal E (GRA) 161 Wc 127
Restanca, la - E (LLE) 28 Ae 93
Restande E (COR) 15 Rc 90
Restillo E (AST) 6 Te 89
Restinga, La - E (TEN) 173 III C 3
Reta E (NAV) 25 Yd 92
Retacos, Los - E (ALM) 154 Xe 126
Retamal E (BAD) 119 Tc 116
Retamal E (BAD) 120 Ua 117
Retamalejo E (MUR) 140 Xf 121
Retamales o La Colonia E (GRA) 152 Wa 127
Retamar E (ALM) 163 Xe 128
Retamar E (CIU) 123 Ve 116
Retamar E (MAD) 75 Wc 105
Retamar, El E (TEN) 172 I C 4
Retamosa E (CÁC) 106 Uc 111
Retamoso E (TOL) 88 Vb 110
Retascón E (ZAR) 61 Yd 102
Retaxo P (CB) 84 Sc 110
Retes de Llanteno E (ÁLA) 22 Wf 90
Retiendas E (GUA) 75 We 103
Retorda, A - E (LUG) 16 Sb 91
Retorno E (COR) 4 Sa 87
Retorno, El - E (VAL) 112 Yd 112
Retorta E (OUR) 34 Sd 96
Retorta P (Be) 132 Sc 121
Retorta P (Év) 116 Rc 117
Retorta P (Por) 50 Rb 100
Retortillo E (BUR) 39 Vf 96
Retortillo E (CAN) 21 Vf 91
Retortillo E (SAL) 71 Td 104
Retortillo de Soria E (SOR) 58 Xa 101
Retuerta E (ÁVI) 87 Uc 107
Retuerta E (BUR) 39 Wc 96
Retuerta E (VALL) 56 Vd 99
Retuerta del Bullaque E (CIU) 107 Vd 112
Retuerto E (LEÓ) 20 Uf 90
Reul Alto, El - E (ALM) 154 Xd 125
Reul Bajo y Marchalico, El - E (ALM) 154 Xd 125
Reus E (TAR) 64 Ba 102
Revallos E (SAL) 72 Ud 105
Revel P (VR) 52 Sc 100
Reveladas P (Pg) 103 Sd 113
Reveles P (Co) 82 Rb 108
Revelhe P (Br) 51 Rf 100
Revelhos P (Pg) 103 Se 114
Revellinos E (ZAM) 36 Uc 97
Revenga E (BUR) 39 Wa 96
Revenga E (SEG) 74 Vf 103
Revenga de Campos E (PAL) 38 Vd 95
Reventón E (BAD) 120 Tf 118
Reveses P (Fa) 145 Sa 124
Revilla E (HUES) 27 Aa 93
Revilla E (SAL) 72 Uc 104
Revilla E (SEG) 57 Wb 102
Revilla, La - E (BUR) 40 We 96

Revilla, La - **E** (CAN) 10 Wd 89
Revilla,La **E** (CAN) 9 Vd 88
Revilla-Cabriada **E** (BUR) 39 Wb 96
Revilla de Calatañazor, La - **E** (SOR) 59 Xb 99
Revilla de Campos **E** (PAL) 38 Vb 96
Revilla de Collazos **E** (PAL) 20 Vc 93
Revilla del Campo **E** (BUR) 39 Wc 95
Revilla de Pienza **E** (BUR) 22 Wd 90
Revilla de Santullán **E** (PAL) 21 Ve 91
Revillagodos **E** (BUR) 22 Wd 94
Revillalcón **E** (BUR) 22 Wd 93
Revillarruz **E** (BUR) 39 Wc 95
Revilla-Vallegera **E** (BUR) 38 Vf 96
Revilleja **E** (SAL) 72 Ud 104
Revillo **E** (CAN) 9 Wa 88
Revinhade **P** (Por) 50 Re 100
Reyero **E** (LEÓ) 19 Ue 91
Reza **E** (OUR) 33 Rf 95
Reza **E** (OUR) 33 Sa 94
Rezmondo **E** (BUR) 21 Ve 93
Reznos **E** (SOR) 60 Xf 99
Ria, A - **E** (OUR) 15 Sa 94
Riachos **P** (Sa) 101 Rc 112
Ria de Abrés **E** (AST) 5 Sf 88
Riaguas de San Bartolomé **E** (SEG) 57 Wd 100
Riahuelas **E** (SEG) 57 Wc 100
Rial **E** (COR) 14 Rb 90
Rial **E** (LUG) 16 Sb 92
Rial (Soutomaior) **E** (PON) 32 Rc 94
Rialb **E** (GIR) 30 Cb 95
Rialb **E** (LLE) 29 Ba 94
Rialp = Rialb **E** (GIR) 30 Cb 95
Riana, La - **E** (HUES) 27 Ab 94
Rianxo **E** (COR) 14 Rb 93
Riaño **E** (AST) 7 Ub 88
Riaño **E** (BUR) 21 Wb 91
Riaño **E** (CAN) 10 Wc 88
Riatas **E** (ÁVI) 73 Va 105
Riaza **E** (SEG) 57 Wd 101
Riba **E** (CAN) 10 Wc 89
Riba, A - **E** (COR) 14 Rb 91
Riba, la - **E** (BAR) 48 Cc 97
Riba, La - **E** (BUR) 22 Wd 91
Riba, La - **E** (LEÓ) 20 Uf 92
Riba, la - **E** (TAR) 64 Bb 101
Ribabelide **P** (Vi) 51 Sa 102
Ribabellosa **E** (RIO) 41 Xc 95
Ribadatea **E** (PON) 32 Rc 95
Ribadavia **E** (OUR) 33 Rf 95
Riba de Âncora **P** (VC) 32 Rb 98
Riba de Ave **P** (Br) 50 Rd 100
Riba de Aves **P** (Le) 82 Rb 110
Riba de Escalote, La - **E** (SOR) 58 Xb 100
Ribadelago de Franco **E** (ZAM) 35 Tb 96
Riba de Mouro **P** (VC) 32 Re 96
Riba de Neira **E** (LUG) 16 Se 91
Ribadeo **E** (LUG) 5 Sf 87
Riba de Saelices **E** (GUA) 77 Xe 103
Riba de Santiuste **E** (GUA) 59 Xb 101
Ribadesella **E** (AST) 8 Uf 88
Ribadeume **E** (COR) 4 Sa 88
Ribadoura **P** (Por) 51 Rf 102
Ribadulla (San Mamede) **E** (COR) 15 Rd 92
Ribafeita **P** (Vi) 68 Sa 104
Ribaforada **E** (NAV) 42 Yc 97
Ribafrecha **E** (RIO) 41 Xd 94
Ribafria **P** (Le) 100 Ra 112
Ribagorda **E** (CUE) 92 Xe 106
Ribaldeira **P** (Li) 100 Qe 114
Ribalmaguillo **E** (RIO) 41 Xd 95
Ribalonga **P** (Ba) 52 Sd 101
Ribalonga **P** (VR) 52 Sc 100
Ribamar **P** (Li) 100 Qd 114
Ribamar **P** (Li) 100 Qe 113
Ribamondego **P** (Gu) 69 Sc 105
Ribapinhão **P** (VR) 51 Sc 101
Riba-roja d'Ebre **E** (TAR) 63 Ac 101
Riba-roja de Túria **E** (VAL) 113 Zc 111
Ribarredonda **E** (GUA) 77 Xe 103
Ribarroja de Ebro = Riba-roja d'Ebre **E** (TAR) 63 Ac 101
Ribarroja del Turia = Riba-roja del Túria **E** (VAL) 113 Zc 111
Ribarroya **E** (SOR) 59 Xd 99
Ribas **E** (ZAM) 35 Td 98
Ribas **P** (Br) 51 Rf 100
Ribas **P** (Co) 82 Rb 107
Ribasaltas **E** (LUG) 16 Sd 93
Ribas de Campos **E** (PAL) 38 Vc 96
Ribas de Freser = Ribes de Freser **E** (GIR) 30 Cb 95
Ribas de Miño **E** (LUG) 16 Sc 92
Ribatajada **E** (CUE) 92 Xe 106
Ribatajadilla **E** (CUE) 92 Xf 107
Ribatejada **E** (MAD) 75 Wd 104
Ribazo **E** (MUR) 141 Yb 120
Ribeira **E** (LUG) 17 Sf 91
Ribeira **E** (LUG) 17 Ta 90
Ribeira **P** (Av) 67 Rc 103
Ribeira **P** (Br) 50 Re 98
Ribeira **P** (Co) 83 Re 108
Ribeira **P** (VC) 32 Rc 98
Ribeira Alta **P** (Fa) 145 Re 125
Ribeira Branca **P** (Sa) 101 Rc 112
Ribeira Brava **P** (Ma) 166 I B 3
Ribeira Cha **P** (Aç) 170 Zd 122
Ribeira da Areia **P** (Aç) 169 Wf 117
Ribeira da Gafa **P** (Fa) 146 Sc 125
Ribeira da Isna **P** (CB) 83 Sa 110
Ribeira da Janela **P** (Ma) 166 I B 1
Ribeira das Canas **P** (Fa) 144 Rc 125
Ribeira das Taínhas **P** (Aç) 170 Zd 122
Ribeira de Alte **P** (Fa) 145 Re 125
Ribeira de Fráguas **P** (Av) 68 Rd 104
Ribeira de Machico **P** (Ma) 167 I D 2
Ribeira de Nisa **P** (Pg) 103 Sd 113
Ribeira de Odelouca **P** (Be) 145 Re 124
Ribeira de Pena **P** (VR) 51 Sb 99
Ribeira de São João **P** (Sa) 101 Ra 113
Ribeira de Vaca **P** (Ma) 166 I A 2
Ribeiradio **P** (Vi) 68 Re 104
Ribeira do Cabo **P** (Aç) 168 Wb 117
Ribeira do Fernando **P** (Sa) 102 Rf 112
Ribeira do Meio **P** (Aç) 169 We 118
Ribeira do Nabo **P** (Aç) 169 Wf 117
Ribeira do Salto **P** (Be) 130 Rc 122
Ribeira dos Carinhos **P** (Gu) 70 Sf 105
Ribeira do Seissal **P** (Be) 130 Rc 122
Ribeira do Testo **P** (Aç) 169 Xf 117
Ribeira Funda **P** (Aç) 168 Wb 117
Ribeira Funda **P** (Ma) 166 I B 2
Ribeira Funda **P** (Ma) 167 I C 2
Ribeira Grande **P** (Aç) 170 Zc 122
Ribeirão **P** (Br) 50 Rc 100
Ribeira Quente **P** (Aç) 170 Ze 122
Ribeiras **P** (Aç) 169 We 118
Ribeira Seca **P** (Aç) 169 Xa 117
Ribeira Seca **P** (Aç) 169 Xf 116
Ribeira Seca **P** (Aç) 170 Zc 122
Ribeira Sêca **P** (Ma) 167 I D 2
Ribeirinha **P** (Aç) 168 Wc 117
Ribeirinha **P** (Aç) 168 Wf 114
Ribeirinha **P** (Aç) 169 Wf 118
Ribeirinha **P** (Aç) 169 Xe 117
Ribeirinha **P** (Aç) 170 Zd 122
Ribeirinha **P** (Fa) 146 Sb 125
Ribeirinha **P** (VR) 52 Sc 100
Ribeirinho **P** (VC) 32 Rc 97
Ribeiro **P** (CB) 83 Sa 109
Ribeiro **P** (Fa) 146 Sc 125
Ribeiro de Arade **P** (Fa) 145 Re 125
Ribeiro do Raposa **P** (Ma) 166 I B 2
Ribeiro do Soutelinho **P** (Co) 83 Rf 109
Ribeiro Frio **P** (Ma) 167 I C 2
Ribeiros **P** (Br) 51 Rf 100
Ribela **E** (PON) 15 Rd 93
Ribelles **E** (LLE) 46 Bf 97
Riber **E** (LLE) 46 Bb 98
Ribera **E** (ÁLA) 22 We 91
Ribera **E** (HUES) 28 Ad 94
Ribera, La - **E** (HUES) 45 Ac 95
Ribera, La - **E** (LEÓ) 18 Td 93
Ribera Alta **E** (JAÉ) 152 Wa 124
Ribera Baja **E** (CÓRD) 150 Vb 124
Ribera Baja **E** (JAÉ) 152 Wa 124
Ribera de Cardós **E** (LLE) 29 Bb 93
Ribera de Grajal o de la Polvorosa **E** (LEÓ) 36 Uc 95
Ribera de la Algaida, La - **E** (ALM) 162 Xc 128
Ribera de la Oliva, La - **E** (CÁD) 164 Ua 131
Ribera del Fresno **E** (BAD) 120 Te 117
Ribera de Molina **E** (MUR) 142 Ye 120
Ribera de San Benito **E** (CUE) 111 Xf 112
Riberas **E** (AST) 6 Tf 87
Riberas de Lea **E** (LUG) 4 Sc 90
Riberas do Sor **E** (COR) 4 Sb 86
Ribero, El - **E** (BUR) 22 Wd 90
Riberos de la Cueza **E** (PAL) 38 Vb 95
Ribesalbes **E** (CAS) 95 Ze 108
Ribes de Freser **E** (GIR) 30 Cb 95
Ribolhos **P** (Vi) 68 Sa 103
Ribolinhos **P** (Vi) 68 Sa 103
Ribota **E** (LEÓ) 8 Uf 90
Ribota **E** (SEG) 58 Wd 100
Ribota **E** (ZAR) 60 Yc 100
Rica **P** (Vi) 52 Sd 102
Ricabo **E** (AST) 6 Ua 90
Ricla **E** (ZAR) 60 Yd 99
Ricobayo **E** (ZAM) 54 Ua 99
Ricote **E** (MUR) 141 Yd 120
Riegoabajo **E** (AST) 6 Te 87
Riego de Ambrós **E** (LEÓ) 18 Td 93
Riego de la Vega **E** (LEÓ) 36 Ua 94
Riego del Camino **E** (ZAM) 36 Ub 98
Riego del Monte **E** (LEÓ) 19 Ud 94
Rielves **E** (TOL) 89 Ve 109
Riello **E** (AST) 6 Tf 90
Riello **E** (LEÓ) 18 Ua 92
Riells de Dalt **E** (GIR) 49 Da 96
Riells del Fai **E** (BAR) 48 Cb 98
Riells de Montseny **E** (GIR) 48 Cd 98
Rienda **E** (GUA) 59 Xb 101
Riensena **E** (AST) 8 Uf 88
Riera, La - **E** (AST) 6 Te 90
Riera, La - **E** (AST) 7 Ue 88
Riera, la -= Riera de Gaià, la - **E** (TAR) 65 Bc 101
Riera, sa **E** (GIR) 49 Db 97
Riera de Gaià, la - **E** (TAR) 65 Bc 101
Riez **E** (JAÉ) 138 Wc 121
Riglos **E** (HUES) 43 Zb 94
Rigoitia **E** (VIZ) 11 Xb 89
Riguala **E** (HUES) 45 Ad 95
Rigueira **E** (LUG) 4 Sd 87
Rigüelo **E** (SEV) 150 Vb 125
Rihonor de Castilla **E** (ZAM) 35 Tc 97
Rillo **E** (TER) 79 Za 104
Rillo de Gallo **E** (GUA) 77 Ya 103
Rimada, La - **E** (AST) 7 Uc 88
Rimor **E** (LEÓ) 17 Tc 93
Rincón **E** (BAD) 134 Td 120
Rincón **E** (JAÉ) 139 Wf 120
Rincón, El - **E** (ALB) 126 Yc 115
Rincón, El - **E** (ALI) 129 Aa 115
Rincón, El - **E** (ALM) 155 Yb 124
Rincón, El - **E** (HUES) 45 Ac 95
Rincón, El - **E** (MAD) 89 Ve 107
Rincón, El - **E** (MUR) 141 Ya 121
Rincón, El - **E** (MUR) 155 Yb 124
Rinconada **E** (ÁVI) 73 Uf 104
Rinconada **E** (VALL) 55 Ue 100
Rinconada, La - **E** (ÁVI) 73 Vc 106
Rinconada, La - **E** (SEV) 148 Ua 124
Rinconada, La - **E** (TOL) 89 Vd 109
Rinconada de la Sierra, La - **E** (SAL) 71 Tf 105
Rinconcillo, El - **E** (CÓRD) 136 Va 122
Rinconcillo, El **E** (CÁD) 165 Ud 132
Rincón de la Casa Grande **E** (MUR) 155 Yc 124
Rincón de la Victoria **E** (MÁL) 160 Ve 128
Rincón del Cerezo **E** (VAL) 128 Zc 116
Rincón del Moro **E** (ALB) 126 Yb 117
Rincón del Moro, El - **E** (ALI) 128 Za 117
Rincón del Obispo **E** (CÁC) 85 Td 109
Rincón de Loix **E** (ALI) 129 Zf 117
Rincón de los Olmos **E** (CUE) 77 Xf 106
Rincón del Prado **E** (SEV) 148 Tf 126
Rincón de Martos, El - **E** (ALM) 163 Xe 128
Rincón de Olivedo o Las Casas **E** (RIO) 42 Ya 96
Rincón de Soto **E** (RIO) 42 Ya 95
Rincón de Tallante **E** (MUR) 142 Yf 123
Rincón de Turca **E** (GRA) 151 Vf 124
Rincones **E** (JAÉ) 139 Wf 122
Rincones, Los - **E** (MUR) 142 Ye 123
Rincón y Las Ramblicas **E** (MUR) 155 Yb 124
Riner **E** (LLE) 47 Bd 97
Rinlo **E** (LUG) 5 Sf 87
Rio **E** (LUG) 16 Se 92
Rio **E** (LUG) 17 Sf 90
Río **E** (MÁL) 160 Ve 127
Rio **P** (CB) 84 Sb 108
Río, El - **E** (RIO) 40 Xa 95
Río, El **E** (CIU) 108 Ve 114
Río, El **E** (OUR) 16 Sa 94
Río, El **E** (TEN) 173 D 5
Río-Aller **E** (AST) 19 Uc 90
Rioaveso **E** (LUG) 4 Sc 89
Riobarda **E** (LUG) 4 Sb 86
Río Bermuza **E** (MÁL) 160 Vf 127
Riobó **E** (COR) 2 Ra 89
Riobó **E** (OUR) 34 Sc 96
Riobó **E** (PON) 15 Rd 92
Rio Bom **P** (VR) 52 Sd 99
Riocabado **E** (ÁVI) 73 Vb 103
Rio Cabrão **P** (VC) 32 Rc 98
Rio Caldo **P** (Br) 51 Re 98
Ríocavado de la Sierra **E** (BUR) 40 We 96
Riocerezo **E** (BUR) 22 Wc 94
Río Cofio **E** (MAD) 74 Ve 105
Rio Coro **P** (Av) 68 Rd 107
Riocorvo **E** (CAN) 9 Vf 89
Rio Covo **P** (Br) 50 Rc 100
Río Chico, El **E** (ALM) 162 Xa 128
Riodades **P** (Vi) 69 Sc 102
Río de Aguas, El **E** (ALM) 154 Xf 126
Rio de Couros **P** (Sa) 82 Rd 110
Rio de Fornos **P** (Ba) 34 Sf 97
Rio de Frades **P** (Av) 68 Re 103
Rio de Galinhas **P** (Co) 83 Rd 108
Rio de Galinhas **P** (Por) 51 Rf 101
Río de Lasia **E** (BUR) 10 Wc 90
Río de Lunada **E** (BUR) 10 Wc 90
Rio de Mel **P** (Gu) 69 Sd 104
Rio de Mel **P** (Vi) 68 Sa 104
Rio de Moinhos **P** (Be) 131 Re 121
Rio de Moinhos **P** (Év) 118 Sc 116
Rio de Moinhos **P** (Por) 50 Re 102
Rio de Moinhos **P** (Sa) 102 Re 112
Rio de Moinhos **P** (Se) 131 Re 119
Rio de Moinhos **P** (VC) 32 Rd 97
Rio de Moinhos **P** (Vi) 69 Sb 104
Rio de Mouro **P** (Li) 115 Qe 116
Río de Mula, El **E** (ALM) 140 Xf 123
Rio de Onor **P** (Ba) 35 Tc 97
Río de Rioseco **E** (BUR) 22 Wc 90
Río de Trueba **E** (BUR) 10 Wc 90
Riodeva **E** (TER) 93 Yf 108
Riodolas **E** (OUR) 35 Ta 94
Rio Douro **P** (Br) 51 Sa 99
Riofabar **E** (AST) 7 Ud 89
Riofortes **E** (ÁVI) 73 Vb 105
Riofraguas **E** (ÁVI) 72 Ud 106
Riofrío **E** (ÁVI) 73 Vb 105
Riofrío **E** (CÓRD) 150 Vc 123
Riofrío **E** (GRA) 151 Ve 126
Riofrío **E** (LEÓ) 18 Ua 93
Rio Frio **P** (Ba) 35 Tc 98
Rio Frio **P** (Se) 116 Ra 116
Rio Frio **P** (VC) 32 Rd 97
Riofrío de Aliste **E** (ZAM) 36 Te 98
Riofrío del Llano **E** (GUA) 58 Xb 102
Riofrío de Riaza **E** (SEG) 57 Wd 101
Riogordo **E** (MÁL) 160 Ve 127
Río Grande, El **E** (ALM) 162 Wf 128
Rioja **E** (ALM) 154 Xd 127
Riola **E** (VAL) 113 Zd 113
Riolobos **E** (CÁC) 86 Te 109
Río Madera **E** (ALB) 125 Xe 117
Río Madera **E** (JAÉ) 139 Xc 119
Rio Maior **P** (Sa) 100 Ra 112
Riomalo de Abajo **E** (CÁC) 71 Tf 106
Riomalo de Arriba **E** (CÁC) 71 Te 106
Río-Mañón **E** (AST) 19 Uc 90
Riomao **E** (OUR) 34 Sf 94
Rio Mau **P** (Br) 50 Rc 98
Rio Mau **P** (Por) 50 Rd 102
Rio Meão **P** (Av) 67 Rc 103
Rio Mencal **E** (ALB) 126 Xe 117
Rio Milheiro **P** (Vi) 68 Rf 106
Rio Moinhos **P** (Gu) 69 Sd 104
Riomol **E** (LUG) 16 Se 91
Riomonzanas **E** (ZAM) 35 Tc 97
Riomuíños **E** (OUR) 33 Rf 96
Rionegro del Puente **E** (ZAM) 36 Te 96
Riopanero **E** (CAN) 21 Wa 91
Riópar **E** (ALB) 125 Xd 117
Rioparaíso **E** (BUR) 21 Vf 93
Río Real **E** (MÁL) 159 Va 129
Ríos **E** (BAD) 133 Tc 120
Rios **E** (OUR) 34 Se 97
Ríos, Los **E** (JAÉ) 138 Wb 119
Riosa = La Vega **E** (AST) 6 Ua 89
Riosapero **E** (CAN) 9 Wa 88
Rioscuro **E** (LEÓ) 18 Te 91
Ríos de Abajo **E** (CAS) 94 Zb 109
Ríos de Arriba **E** (CAS) 94 Zb 109
Ríoseco **E** (AST) 6 Ua 89
Ríoseco **E** (AST) 7 Ud 89
Ríoseco **E** (AST) 8 Va 88
Ríoseco **E** (BUR) 22 Wc 91
Ríoseco **E** (CAN) 10 We 88
Ríoseco **E** (CAN) 21 Vf 90
Ríoseco **E** (LUG) 4 Sb 88
Ríoseco **E** (SOR) 58 Xa 99
Ríoseco **E** (VIZ) 10 Wd 89
Rio Seco **P** (Év) 131 Rf 119
Rio Seco **P** (Fa) 145 Sa 126
Rio Seco da Estrada **P** (Be) 131 Re 119
Ríoseco de Tapia **E** (LEÓ) 19 Ub 92
Ríosequillo **E** (LEÓ) 37 Va 94
Ríosequino de Torío **E** (LEÓ) 19 Uc 92
Ríoseras **E** (BUR) 22 Wc 94
Rio Tinto **P** (Av) 67 Rc 106
Rio Tinto **P** (Br) 50 Rb 99
Rio Tinto **P** (Por) 50 Rc 101
Rio Torto **P** (Gu) 69 Sc 105
Rio Torto **P** (VR) 52 Se 99
Riotoví del Valle **E** (GUA) 59 Xb 102
Riotuerto **E** (SOR) 59 Xd 99
Rioturbio **E** (AST) 7 Ub 89
Rioturbio **E** (CAN) 9 Ve 88
Rio Vide **P** (Co) 83 Re 108
Ripa **E** (NAV) 24 Yc 91
Ripodas **E** (NAV) 25 Ye 92
Ripoll **E** (GIR) 48 Cb 95
Ripollet **E** (BAR) 66 Cb 100
Riquer Alto **E** (ALI) 128 Zd 116
Risca, La - **E** (BAD) 119 Tb 116
Risca, La - **E** (MUR) 140 Xf 119
Riscada **P** (CB) 102 Sb 111
Risco **E** (BAD) 121 Uf 115
Risco, El - **E** (SAL) 70 Tb 106
Risco, El **E** (PALM) 174 I B 2
Rissec **E** (GIR) 49 Cf 96
Riu **E** (GIR) 31 Cd 95
Riudabella **E** (TAR) 64 Ba 100
Riudarenas = Riudarenes **E** (GIR) 48 Ce 98
Riudarenes **E** (GIR) 48 Ce 98
Riudaura **E** (GIR) 48 Cc 95
Riudecanyes **E** (TAR) 64 Af 102
Riudecañas = Riudecanyes **E** (TAR) 64 Af 102
Riudecols **E** (TAR) 64 Af 101
Riudellots de la Selva **E** (GIR) 49 Ce 97
Riu de Pendís **E** (LLE) 30 Be 94
Riu de Santa Maria **E** (LLE) 29 Be 94
Riudoms **E** (TAR) 64 Ba 102
Riudovelles **E** (LLE) 46 Bb 98
Riumar **E** (TAR) 81 Ae 104
Riumors **E** (GIR) 31 Da 95
Riu-Rau **E** (VAL) 113 Zd 114
Riva, La - **E** (CAN) 21 Wa 90
Rivabellosa **E** (ÁLA) 23 Xa 92
Rivas **E** (ZAR) 43 Yf 95
Rivas, Los - **E** (GRA) 161 We 128
Rivas de Jarama **E** (MAD) 75 Wc 106
Rivas de Tereso **E** (RIO) 23 Xb 93
Rivela **E** (OUR) 145 Sb 94
Rivera de Cabanes **E** (CAS) 95 Aa 108
Rivera de Vall **E** (HUES) 45 Ae 95
Rivera-Oveja **E** (CÁC) 86 Te 107
Rivero **E** (CAN) 9 Vf 89
Rivero de Posadas **E** (CÓRD) 136 Uf 122
Rivert **E** (LLE) 46 Af 95
Riviera del Sol **E** (MÁL) 159 Vb 130
Rivilla de Barajas **E** (ÁVI) 73 Va 103
Rixoán **E** (LUG) 4 Se 90
Rizos, Los - **E** (MUR) 142 Za 123
Roa **E** (BUR) 57 Wa 98
Roade **E** (COR) 15 Sa 90
Roalde **P** (VR) 51 Sc 101
Roales **E** (VALL) 37 Ud 96
Roales **E** (ZAM) 54 Ub 99
Robalo **P** (Sa) 102 Rf 111
Robeira **E** (OUR) 145 Rf 97
Robelada **E** (AST) 8 Va 88
Robla, La **E** (LEÓ) 19 Uc 92
Robladillo **E** (VALL) 55 Va 99
Robladillo de Ucieza **E** (PAL) 38 Vc 94
Roble, El - **E** (ALB) 126 Xf 116
Robleda **E** (SAL) 70 Tc 106
Robledillo **E** (ÁVI) 73 Va 105
Robledillo **E** (TOL) 88 Vc 110
Robledillo **E** (TOL) 107 Vb 111
Robledillo de Gata **E** (CÁC) 86 Td 107
Robledillo de la Jara **E** (MAD) 75 Wc 103
Robledillo de la Vera **E** (CÁC) 87 Uc 108
Robledillo de Mohernando **E** (GUA) 75 We 103
Robledillo de Trujillo **E** (CÁC) 105 Ua 113
Robledino **E** (LEÓ) 36 Tf 95
Robledo **E** (ALB) 125 Xd 116
Robledo **E** (AST) 7 Ub 88
Robledo **E** (AST) 7 Ue 88
Robledo **E** (CÁC) 86 Td 107
Robledo **E** (OUR) 17 Ta 94
Robledo **E** (ZAM) 35 Tc 96
Robledo, El - **E** (CÁC) 87 Uc 108
Robledo, El **E** (CIU) 108 Ve 113
Robledo de Caldas **E** (LEÓ) 18 Ua 91
Robledo de Corpes **E** (GUA) 58 Xa 102
Robledo de Chavela **E** (MAD) 74 Ve 105
Robledo de Fenar **E** (LEÓ) 19 Uc 92
Robledo de la Valdoncina **E** (LEÓ) 19 Ub 93
Robledo del Buey **E** (TOL) 107 Vb 111
Robledo del Mazo **E** (TOL) 107 Va 111
Robledo Hermoso **E** (SAL) 53 Td 102
Robledollano **E** (CÁC) 106 Uc 111
Robledondo **E** (MAD) 74 Ve 105
Roblelacasa **E** (GUA) 58 We 102
Robleluengo **E** (GUA) 58 We 102
Robles de la Valcueva **E** (LEÓ) 19 Uc 91
Roblido **E** (OUR) 34 Sf 94
Robliza **E** (SAL) 70 Tc 105
Robliza de Cojos **E** (SAL) 71 Ua 103
Robra **E** (LUG) 4 Sc 89
Robredarcas **E** (GUA) 76 Wf 102
Robredo de Losa **E** (BUR) 22 We 91
Robredo-Sobresierra **E** (BUR) 22 Wb 93
Robredo-Temiño **E** (BUR) 22 Wc 94
Robregordo **E** (MAD) 57 Wc 102
Robres **E** (HUES) 44 Zd 97
Robres del Castillo **E** (RIO) 41 Xe 95
Roca, la - **E** (BAR) 48 Cb 97
Roca, la - **E** (BAR) 65 Bd 100
Roca, la - **E** (CAS) 80 Zf 107
Roca, La - **E** (GIR) 30 Cb 95
Roca, La -= Roca del Vallès, la - **E** (BAR) 48 Cb 99
Rocabruna **E** (GIR) 30 Cc 94
Rocacrespa **E** (BAR) 65 Bd 101
Roca de la Sierra, La **E** (BAD) 104 Tb 114
Roca del Vallès, la - **E** (BAR) 48 Cb 99
Rocafort **E** (BAR) 47 Bf 98
Rocafort **E** (HUES) 45 Ac 97
Rocafort **E** (VAL) 113 Zd 111
Rocafort de Queralt **E** (TAR) 64 Bb 100
Rocafort de Vallbona **E** (LLE) 64 Ba 99
Rocaforte **E** (NAV) 25 Ye 93
Roca Grossa **E** (GIR) 49 Cf 98
Rocallaura **E** (LLE) 64 Ba 99
Roca Llisa, Sa **E** (BAL) 97 Bd 115
Rocamador **E** (HUEL) 133 Ta 120
Rocamondo **P** (Gu) 69 Se 105
Rocamora **E** (BAR) 65 Bc 99
Rocamoras de Matanza, Los - **E** (ALI) 142 Yf 120
Rocamoras de Mureda, Los - **E** (ALI) 142 Za 119
Rocamundo **E** (CAN) 21 Wa 92
Rocas **E** (BAL) 97 Bd 114
Roças **P** (Av) 68 Re 103
Roças **P** (Br) 51 Rf 99
Rocas, Los - **E** (MUR) 142 Yf 122
Rocas, Los - **E** (MUR) 143 Za 121
Rocas do Vouga **P** (Av) 68 Rd 104
Rocas Viejos, Los - **E** (MUR) 142 Yf 122
Roces **E** (AST) 7 Ub 87
Rociana del Condado **E** (HUEL) 147 Tc 125
Rocillo **E** (CAN) 10 Wd 89
Rocío, El **E** (HUEL) 147 Td 126
Rocha **E** (PON) 32 Rc 96
Rocha **P** (Fa) 145 Rf 125
Rocha **P** (VC) 32 Rb 98
Rocha Bravo **P** (Fa) 144 Rd 126
Rocha Forte **P** (Li) 100 Qf 113
Rochas de Baixo **P** (CB) 84 Sc 109
Rochas de Cima **P** (CB) 84 Sc 108
Roche **E** (CÁD) 164 Tf 131
Roche Bajo **E** (MUR) 142 Za 123
Rochet **E** (ALI) 128 Zc 118
Rochoso **P** (Gu) 70 Sf 105
Roda **E** (MUR) 143 Za 122
Roda **P** (Br) 51 Rf 99
Roda **P** (Sa) 83 Sa 110
Roda **P** (Vi) 68 Rf 104
Roda, La **E** (ALB) 111 Xf 113
Roda, La **E** (AST) 5 Ta 87
Roda Cimeira **P** (Co) 83 Rf 108
Roda de Andalucía, La - **E** (SEV) 150 Vb 125
Roda de Bará = Roda de Berà **E** (TAR) 65 Bc 101
Roda de Berà **E** (TAR) 65 Bc 101
Roda de Eresma **E** (SEG) 74 Ve 102
Roda de Isábena **E** (HUES) 45 Ad 95
Roda de Ter **E** (BAR) 48 Cb 97
Roda Fundeira **P** (Co) 83 Rf 108
Roda Grande **P** (Sa) 101 Rd 112
Rodalquilar **E** (ALM) 163 Xf 127
Rodanas **E** (ZAR) 60 Yd 99
Rodanillo **E** (LEÓ) 18 Td 93
Rodasviejas **E** (SAL) 71 Tf 103
Rodeche **E** (TER) 94 Zc 108
Rodeios **P** (CB) 84 Sc 110
Rodeiro **E** (COR) 3 Rf 89
Rodeiro **E** (PON) 15 Sa 93
Rodeiros **E** (COR) 15 Rf 91
Rodellar **E** (HUES) 44 Zf 95
Rodén **E** (ZAR) 62 Zc 100
Ródenas **E** (TER) 78 Yc 105
Rodeo, El - **E** (MÁL) 159 Va 130
Rodeo, El **E** (CÁD) 165 Ud 132
Rodeo de Enmedio **E** (MUR) 141 Ye 120
Rodeo de los Tenderos **E** (MUR) 141 Ye 120
Roderos **E** (LEÓ) 19 Ud 94
Rodes **E** (LLE) 29 Ba 94
Rodezno **E** (RIO) 23 Xa 93
Rodical **E** (AST) 6 Td 89
Rodicol **E** (LEÓ) 18 Tf 91
Rodiezmo **E** (LEÓ) 19 Ub 91
Rodilana **E** (VALL) 55 Va 100
Rodillazo **E** (LEÓ) 19 Uc 91

Rodillo **E** (SAL) 72 Ub 103
Rodis **E** (COR) 3 Rc 90
Rodis **E** (LUG) 17 Se 92
Rodis **E** (PON) 15 Rf 92
Rodonyà **E** (TAR) 65 Bc 101
Rodoñá = Rodonyà **E** (TAR) 65 Bc 101
Rodrigas (Riotorto) **E** (LUG) 4 Se 88
Rodrigatos **E** (LEÓ) 18 Te 93
Rodriguero **E** (AST) 8 Vc 89
Rodríguez, Los - **E** (ALM) 154 Xe 124
Rodriguillo, El **E** (ALI) 127 Yf 118
Roelos **E** (ZAM) 54 Te 101
Rofes **E** (BAR) 65 Bd 100
Roge **P** (Av) 68 Rd 103
Rogil **P** (Fa) 144 Rb 124
Roimil **E** (LUG) 16 Sa 90
Róios **P** (Ba) 52 Sf 101
Rois **E** (COR) 14 Rb 92
Róitegui = Erroitegui **E** (ÁLA) 23 Xd 92
Roiz **E** (CAN) 9 Vd 89
Rojales **E** (ALI) 143 Zb 120
Rojalons **E** (TAR) 64 Ba 100
Rojals **E** (TAR) 64 Ba 100
Rojão Grande **P** (Vi) 68 Rf 106
Rojas **E** (BUR) 22 Wd 93
Rojas, Los - **E** (ALM) 153 Xb 125
Rojo **E** (COR) 14 Rc 91
Rola **P** (CB) 83 Rf 110
Rolão **P** (Be) 131 Sa 122
Roldán **E** (MUR) 142 Yf 122
Rolhão **P** (Fa) 144 Rc 125
Roliça **P** (Le) 100 Qe 113
Rollamienta **E** (SOR) 41 Xc 97
Rollán **E** (SAL) 71 Ua 103
Roma **E** (COR) 2 Ra 90
Roma **E** (VAL) 112 Yf 111
Roma **P** (Ma) 167 I D 2
Romadriu, el - **E** (LLE) 29 Bb 94
Román **E** (LUG) 4 Sc 89
Romana, La - **E** (ALI) 128 Za 118
Romana, La - **E** (CÓRD) 122 Vb 118
Romancos **E** (GUA) 76 Xa 104
Romanes, Los - **E** (MÁL) 160 Ve 127
Romangordo **E** (CÁC) 87 Ub 110
Romaní **E** (BAR) 65 Bd 100
Romanillos de Atienza **E** (GUA) 58 Xa 101
Romanillos de Medinaceli **E** (SOR) 59 Xc 101
Romanina Alta **E** (CÁD) 157 Tf 128
Romanones **E** (GUA) 76 Xa 105
Romanos **E** (ZAR) 61 Ye 102
Romántica, La - **E** (TEN) 172 I D 3
Romanyà **E** (GIR) 49 Cf 95
Romanyà de la Selva **E** (GIR) 49 Cf 97
Romaña **E** (VIZ) 10 We 89
Romarigães **P** (VC) 32 Rc 97
Romariz **E** (LUG) 4 Sd 88
Romariz **P** (Av) 68 Rd 103
Romãs **P** (Gu) 69 Sc 104
Romas, Las - **E** (CÁC) 104 Td 113
Romba **P** (Be) 145 Sa 124
Romeán **E** (LUG) 16 Sd 90
Romeira **P** (Pg) 117 Sb 115
Romeira **P** (Sa) 101 Rb 113
Romeiras **P** (Be) 131 Sb 123
Romeiras **P** (Fa) 144 Rb 125
Romeo, La - **E** (ALI) 143 Za 121
Romeor **E** (LUG) 17 Sf 93
Romera **E** (ALM) 153 Xb 126
Romera **E** (MÁL) 158 Uf 129
Romera, La - **E** (SEV) 149 Uc 127
Romera, La - **E** (SEV) 149 Ue 126
Romeral **E** (MÁL) 159 Vc 128
Romeral, El - **E** (ALM) 163 Xf 128
Romeral, El - **E** (TOL) 90 Wd 110
Romeralejo, El - **E** (MUR) 140 Xe 120
Romerales, Los - **E** (CÁD) 157 Ub 129
Romerano, El - **E** (HUEL) 146 Sd 124
Romero, El - **E** (CÁD) 157 Ub 129
Romero, El - **E** (MUR) 141 Yd 122
Romeros, Los - **E** (HUEL) 133 Tb 121
Romeu **P** (Ba) 52 Sf 99
Romica **E** (ALB) 111 Yb 114
Romilla **E** (GRA) 152 Wb 125
Rompido, El - **E** (HUEL) 146 Sf 125
Roncal **E** (NAV) 25 Za 92
Roncão **P** (Be) 145 Sb 124
Roncão **P** (Be) 146 Sc 123
Roncão **P** (Év) 132 Sd 119
Roncão **P** (Se) 130 Rc 120
Roncesvalles **E** (NAV) 25 Ye 90
Ronda **E** (MÁL) 158 Uf 128
Rondana, La **E** (MÁL) 165 Ue 130
Ronfe **P** (Br) 50 Rd 100
Roní **E** (LLE) 29 Bb 94
Ronquillo, El **E** (SEV) 134 Te 122
Róo **E** (COR) 14 Ra 92
Ropera, La - **E** (JAÉ) 137 Vf 120
Roperuelos del Páramo **E** (LEÓ) 36 Ub 95
Roque **E** (PALM) 175 II E 1
Roque **P** (Gu) 70 Sf 104
Roque, El - **E** (TEN) 172 I D 5
Roque del Faro **E** (TEN) 171 B 2
Roqueiro **P** (CB) 83 Sa 109
Roque Negro **E** (TEN) 173 I F 2
Roquer **E** (TAR) 81 Ae 103
Roques Blanques **E** (GIR) 30 Ca 95
Roques d'Aguiló, les - **E** (TAR) 65 Bc 99
Roques de Llaó **E** (CAS) 95 Ze 107
Roquetas = Roquetes **E** (TAR) 81 Ac 104
Roquetas de Mar **E** (ALM) 162 Xc 128
Roquetes **E** (TAR) 81 Ac 104
Róquez **E** (ALM) 154 Xe 123
Roriz **P** (Br) 50 Rc 99
Roriz **P** (Por) 50 Rd 100
Roriz **P** (Vi) 69 Sb 104
Roriz **P** (VR) 34 Se 98
Ros **E** (BUR) 21 Wb 94
Rosa, La - **E** (TEN) 171 C 3
Rosa de Catalina García **E** (PALM) 175 II D 4
Rosa de los James **E** (PALM) 175 II D 4
Rosais **P** (Aç) 169 We 116
Rosal **P** (Be) 132 Sc 120
Rosal, El - **E** (ALM) 153 Xa 126
Rosal, El - **E** (CÓRD) 136 Vb 121
Rosal, O - **E** (OUR) 34 Sd 97
Rosal de la Frontera **E** (HUEL) 132 Se 121
Rosalejo **E** (CÁC) 87 Ud 109
Rosalejo **E** (CIU) 107 Va 112
Rosalejo **E** (MÁL) 158 Uf 128
Rosalejo, El - **E** (CÓRD) 135 Ue 119
Rosales **E** (BUR) 22 Wd 91
Rosales **E** (LEÓ) 18 Tf 92
Rosales, Los - **E** (JAÉ) 139 Wf 122
Rosales, Los - **E** (JAÉ) 152 Wb 124
Rosales, Los - **E** (MAD) 74 Wa 106
Rosales, Los - **E** (SEV) 148 Tf 124
Rosales, Los - **E** (SEV) 149 Ub 123
Rosamar **E** (GIR) 49 Cf 98
Rosário **P** (Be) 131 Rf 123
Rosário **P** (Év) 118 Sd 117
Rosário **P** (Ma) 166 I B 2
Rosário **P** (Se) 115 Qf 116
Rosario, El = La Esperanza **E** (TEN) 173 I E 3
Rosas, La **E** (TEN) 173 I E 3
Rosas, Las **E** (TEN) 171 B 3
Rosas, Las **E** (TEN) 172 II B 1
Rosas, Las **E** (TEN) 173 III C 2
Rosas, Los **E** (PALM) 174 I D 3
Rosas = Roses **E** (GIR) 31 Db 95
Roscales de la Peña **E** (PAL) 20 Vc 92
Rosell **E** (CAS) 80 Ab 105
Roselló = Rosselló **E** (LLE) 45 Ad 98
Rosells, Es - **E** (BAL) 99 Da 112
Rosem **P** (Por) 51 Re 102
Rosende **E** (LUG) 4 Sb 90
Roses **E** (GIR) 31 Db 95
Roses, Los **E** (MUR) 142 Yf 123
Rosico **E** (HUES) 45 Ab 95
Rosinos de la Requejada **E** (ZAM) 35 Tc 96
Rosinos de Vidriales **E** (ZAM) 36 Ua 96
Rosío **E** (BUR) 22 Wd 91
Rosmaninhal **P** (CB) 85 Sf 110
Rosmaninhal **P** (Pg) 102 Sa 113
Rosmaninhal **P** (Sa) 101 Re 113
Rosmaninhal **P** (Sa) 102 Rf 111
Rossão **P** (Vi) 68 Sa 103
Rossas **P** (Vi) 51 Sa 102
Rosselló **E** (LLE) 45 Ad 98
Rossio ão Sul do Tejo **P** (Sa) 102 Re 112
Rosuero **E** (SEG) 57 Wc 101
Rota **E** (CÁD) 156 Td 129
Rotea **E** (PON) 32 Rb 97
Rotes, Les **E** (ALI) 129 Aa 116
Rotgetes de Canet, Ses - **E** (BAL) 98 Cd 111
Rotglá y Corberá **E** (VAL) 113 Zc 114
Rótova **E** (VAL) 114 Ze 115
Roturas **E** (CÁC) 106 Ud 111
Roturas **E** (VALL) 57 Vf 98
Rouças **P** (VC) 33 Re 97
Roupar **E** (LUG) 4 Sb 88
Rourell, el - **E** (TAR) 64 Bb 101
Roussas **P** (VC) 33 Re 96
Routar **P** (Vi) 68 Rf 105
Rovellats **E** (BAR) 65 Bd 100
Rovira Roja, la - **E** (BAR) 65 Bd 100
Rovirola, la - **E** (BAR) 47 Ca 97
Roxo **P** (Co) 83 Rd 107
Royo, El - **E** (ALB) 112 Yd 115
Royo, El - **E** (ALB) 126 Xf 116
Royo, El - **E** (SOR) 41 Xc 97
Royo-Odrea **E** (ALB) 126 Xf 117
Royos **E** (MUR) 140 Xf 121
Royuela **E** (TER) 78 Yc 106
Royuela de Río Franco **E** (BUR) 39 Wa 97
Roza, La - **E** (AST) 7 Uc 88
Roza, La - **E** (CAN) 10 Wc 89
Rozacorderos **E** (CÁC) 85 Tb 108
Rozadas **E** (AST) 5 Ta 88
Rozadas **E** (AST) 7 Uc 88
Rozadío **E** (CAN) 9 Vd 89
Rozalén del Monte **E** (CUE) 91 Xb 109
Rozapanera **E** (AST) 7 Ue 89
Rozas **E** (BUR) 21 Wb 90
Rozas **E** (CAN) 10 Wd 89
Rozas **E** (ZAM) 35 Tc 96
Rozas, Las - **E** (CAN) 21 Vf 91
Rozas, Las - **E** (SEV) 149 Ue 126
Rozas de Madrid, Las **E** (MAD) 74 Wa 106
Rozas de Puerto Real **E** (MAD) 88 Vd 107
Rozuelas, Las - **E** (MAD) 74 Wa 105
Ru (Vilasantar) **E** (COR) 3 Rf 90
Rúa **E** (LUG) 4 Sd 87
Rúa **E** (PON) 144 Rd 95
Rua **P** (Vi) 69 Sc 103
Rúa, A - **E** (COR) 15 Rd 91
Rua, la - **E** (LLE) 46 Ba 96
Rúa, A **E** (OUR) 34 Sf 94
Ruanales **E** (CAN) 21 Wa 91
Ruanes **E** (CÁC) 105 Tf 113
Rua Nova **P** (Br) 50 Rd 100
Rua Nova **P** (Fa) 144 Rc 125
Ruas **P** (Be) 131 Rf 121
Ruatraviesa **E** (COR) 15 Rd 91
Rubalcaba **E** (CAN) 9 Wb 89
Rubayo **E** (CAN) 9 Wb 88
Rubena **E** (BUR) 39 Wc 94
Ruberts **E** (BAL) 99 Cf 111
Rubí **E** (BAR) 66 Ca 100
Rubiá **E** (OUR) 17 Ta 94
Rubia, La - **E** (GRA) 161 We 128
Rubia, La - **E** (SOR) 41 Xd 97
Rubiaco **E** (CÁC) 71 Te 106
Rubiacós **E** (OUR) 33 Sb 94
Rubiães **P** (VC) 32 Rc 97
Rubial **E** (PON) 32 Rd 96
Rubiales **E** (BAD) 120 Ua 118
Rubiales **E** (TER) 93 Ye 107
Rubián **E** (LUG) 16 Sd 93
Rubiás **E** (LUG) 16 Sc 90
Rubiás **E** (OUR) 34 Sf 96
Rubiás **E** (OUR) 145 Sa 96
Rubias, Las **E** (AST) 6 Td 88
Rubiás dos Mistos **E** (OUR) 33 Sb 97
Rubí de Bracamonte **E** (VALL) 55 Va 101
Rubielos **E** (TER) 78 Yd 105
Rubielos Altos **E** (CUE) 111 Xf 112
Rubielos Bajos **E** (CUE) 111 Xf 112
Rubielos de la Cérida **E** (TER) 78 Ye 104
Rubielos de Mora **E** (TER) 94 Zc 107
Rubies **E** (LLE) 46 Af 96
Rubillón **E** (OUR) 15 Re 94
Rubín **E** (PON) 15 Rd 92
Rubinat **E** (LLE) 46 Bb 99
Rubiño **E** (CÁC) 85 Td 108
Rubió **E** (BAR) 47 Bd 99
Rubió **E** (LLE) 29 Bb 94
Rubio, El - **E** (SEV) 149 Ub 127
Rubio, El **E** (SEV) 150 Va 124
Rubió d'Agramunt **E** (LLE) 46 Af 97
Rubiós **E** (PON) 32 Rd 96
Rubios, Los - **E** (BAD) 135 Uc 119
Rubiru **E** (LLE) 29 Bc 93
Rubite **E** (GRA) 161 Wd 128
Rubite **E** (MÁL) 160 Vf 127
Rublacedo de Abajo **E** (BUR) 22 Wc 93
Rublacedo de Arriba **E** (BUR) 22 Wc 93
Rucandio **E** (BUR) 22 Wc 92
Rucayo **E** (LEÓ) 19 Ue 91
Rudaguera **E** (CAN) 9 Vf 88
Rudilla **E** (TER) 79 Yf 102
Ruecas **E** (BAD) 105 Ua 114
Rueda **E** (VALL) 55 Va 100
Rueda de Jalón **E** (ZAR) 61 Ye 99
Rueda de la Sierra **E** (GUA) 77 Ya 103
Rueda de Pisuerga **E** (PAL) 21 Vd 91
Ruedas de Enciso, Las - **E** (RIO) 41 Xe 96
Ruedas de Ocón, Las - **E** (RIO) 41 Xe 95
Ruenes **E** (AST) 8 Vb 89
Ruente **E** (CAN) 9 Ve 89
Ruerrero **E** (CAN) 21 Wa 91
Ruesca **E** (ZAR) 60 Yd 101
Ruesga **E** (PAL) 20 Vc 91
Ruesta **E** (ZAR) 25 Yf 93
Rugat **E** (VAL) 128 Zd 115
Ruge Água **P** (Le) 82 Rc 110
Ruguilla **E** (GUA) 76 Xc 104
Ruices, Los - **E** (MUR) 141 Yd 122
Ruices, Los - **E** (MUR) 142 Ye 123
Ruíces, Los - **E** (MUR) 142 Yf 122
Ruices, Los **E** (VAL) 112 Ye 112
Ruidera **E** (CIU) 125 Xa 115
Ruiforco de Torio **E** (LEÓ) 19 Uc 92
Ruigómez **E** (TEN) 172 I C 3
Ruijas **E** (CAN) 21 Wa 92
Ruilhe **P** (Br) 50 Rd 100
Ruiní, El - **E** (ALM) 154 Xd 127
Ruiseñada **E** (CAN) 9 Ve 88
Ruitelán **E** (LEÓ) 17 Ta 92
Ruivães **P** (Br) 50 Rd 100
Ruivães **P** (Br) 51 Rf 98
Ruivães **P** (Br) 51 Rf 100
Ruivo **P** (Fa) 144 Rb 125
Ruivós **P** (Gu) 70 Ta 106
Ruivos **P** (VC) 32 Rd 98
Ruiza, La - **E** (ALB) 126 Yb 115
Ruiz Cerezo **E** (JAÉ) 152 Wd 123
Ruizgarcía **E** (CIU) 109 We 113
Ruiz Sánchez **E** (ALB) 126 Ya 117
Rumoroso **E** (CAN) 9 Wa 88
Run, El - **E** (HUES) 28 Ac 93
Runa **P** (Li) 100 Qe 114
Rupelo **E** (BUR) 40 Wd 96
Rupià **E** (GIR) 49 Da 96
Rupit **E** (BAR) 48 Cc 96
Rus **E** (BAR) 48 Bf 95
Rus **E** (COR) 2 Rb 90
Rus **E** (CUE) 110 Xd 112
Rus **E** (JAÉ) 138 Wd 120
Rute **E** (CÓRD) 151 Vd 125
Ruvina **P** (Gu) 70 Sf 106
Ruyales del Agua **E** (BUR) 39 Wb 96
Ruyales del Páramo **E** (BUR) 21 Wb 93

S

Sá **E** (PON) 32 Rb 95
Sá **P** (Por) 68 Rc 102
Sá **P** (VC) 32 Rc 98
Sá **P** (VC) 32 Rd 96
Sá **P** (VC) 32 Rd 97
Sá **P** (Vi) 68 Rf 104
Sá **P** (VR) 52 Sd 98
Saá **E** (LUG) 16 Sc 91
Saá **E** (LUG) 16 Se 92
Sabacheira **P** (Sa) 82 Rd 110
Sabadell **E** (BAR) 66 Ca 99
Sabadelle **E** (LUG) 16 Sc 92
Sabadelle **E** (OUR) 33 Sb 94
Sabadim **P** (VC) 32 Rd 97
Sabaiza **E** (NAV) 25 Yd 93
Sabando **E** (ÁLA) 23 Xd 92
Sabanyà **E** (LLE) 47 Bc 95
Sabariego **E** (JAÉ) 151 Vf 123
Sabarigo **E** (PON) 32 Rb 94
Sabariz **P** (Br) 50 Rd 99
Sabayés **E** (HUES) 44 Zd 95
Sabero **E** (LEÓ) 19 Uf 91
Sabina, La - **E** (TEN) 171 C 3
Sabinal **E** (MÁL) 159 Vb 127
Sabinar, El - **E** (ZAR) 43 Ye 96
Sabinar, El **E** (ALB) 140 Xd 120
Sabinar, El **E** (ALI) 128 Zc 118
Sabinar, El **E** (MUR) 140 Xf 119
Sabinares **E** (ALB) 125 Xb 115
Sabinita **E** (TEN) 172 I C 5
Sabinosa **E** (TEN) 173 III B 2
Sabiñánigo **E** (HUES) 26 Zd 93
Sabiote **E** (JAÉ) 138 We 120
Sabóia **P** (Be) 144 Rd 124
Saborida **E** (PON) 15 Re 93
Sabrados **P** (VR) 51 Sc 101
Sabrexo **E** (PON) 15 Re 92
Sabrosa **P** (VR) 51 Sc 101
Sabroso **P** (VR) 51 Sb 101
Sabroso **P** (VR) 51 Sc 99
Sabucedo **E** (OUR) 33 Sa 95
Sabucedo **E** (OUR) 33 Sb 96
Sabucedo **E** (PON) 15 Rd 93
Sabugal **P** (Gu) 70 Sf 106
Sabugeiro **P** (Gu) 69 Sc 106
Sabugo **P** (Li) 115 Qe 116
Sabugosa **P** (Vi) 68 Rf 105
Sabugueira **E** (COR) 3 Sa 90
Sabugueiro **P** (Co) 82 Rc 109
Sabugueiro **P** (Év) 117 Rf 116
Sabugueiro **P** (Gu) 69 Sc 106
Sabuzedo **P** (VR) 33 Sb 97
Sacañet **E** (CAS) 94 Zb 109
Sacavém **P** (Li) 115 Qf 116
Sacecorbo **E** (GUA) 77 Xd 103
Saceda **E** (LEÓ) 35 Tc 95
Saceda del Río **E** (CUE) 91 Xc 107
Saceda-Trasierra **E** (CUE) 91 Xa 108
Sacedillas, Las - **E** (JAÉ) 124 Wf 118
Sacedón **E** (GUA) 76 Xb 106
Sacedoncillo **E** (CUE) 92 Xe 107
Sacedoncillo **E** (GUA) 75 We 103
Saceruela **E** (CIU) 122 Vc 115
Sacoias **P** (Ba) 35 Tb 97
Sacorelhe **P** (Vi) 68 Rf 104
Sacos (Santa María) **E** (PON) 15 Rd 93
Sacoselo **P** (VR) 51 Sa 98
Sacramenia **E** (SEG) 57 Wa 100
Sacramento **E** (SEV) 148 Ua 126
Sacristía, La - **E** (GRA) 139 Xc 122
Sada (Miño) **E** (COR) 3 Re 88
Sádaba **E** (ZAR) 43 Ye 95
Sada de Sangüesa **E** (NAV) 25 Yd 93
Sadernes **E** (GIR) 31 Cd 95
Saderra **E** (BAR) 48 Cb 96
Sadurnín **E** (OUR) 33 Rf 95
Saelices **E** (CUE) 91 Xb 109
Saelices de la Sal **E** (GUA) 77 Xe 103
Saelices del Payuelo **E** (LEÓ) 19 Ue 93
Saelices del Río **E** (LEÓ) 20 Uf 93
Saelices de Mayorga **E** (VALL) 37 Ue 95
Saelices el Chico **E** (SAL) 70 Tc 104
Safara **P** (Be) 132 Se 120
Safira **P** (Év) 116 Re 117
Safres **P** (VR) 52 Sd 101
Safurdão **P** (Gu) 70 Sf 105
Sagallos **E** (ZAM) 35 Td 97
Saganta **E** (HUES) 45 Ac 97
Sagarillo **E** (HUES) 44 Zd 95
Sagarras Altas **E** (HUES) 45 Ad 96
Sagarras Bajas **E** (HUES) 45 Ad 96
Sagàs **E** (BAR) 47 Bf 96
Sagaseta **E** (NAV) 25 Yc 91
Sagastieta = Manzanos **E** (ÁLA) 23 Xa 92
Sagides **E** (SOR) 59 Xe 102
Sago **P** (VC) 32 Rd 96
Sagos **E** (SAL) 71 Ua 103
Sagra **E** (ALI) 129 Zf 116
Sagrada, La - **E** (SAL) 54 Ua 102
Sagrada, La - **E** (SAL) 71 Tf 104
Sagrada, A **E** (PON) 15 Rd 93
Sagrajas **E** (BAD) 119 Ta 115
Sagres **P** (Fa) 144 Ra 126
Sagües **E** (NAV) 24 Yb 92
Sagunt **E** (VAL) 95 Ze 110
Sagunto = Sagunt **E** (VAL) 95 Ze 110
Sahagún **E** (LEÓ) 37 Uf 94
Sahechores **E** (LEÓ) 19 Ue 93
Sahelicejos **E** (SAL) 71 Te 102
Sahuco, El - **E** (ALB) 126 Xf 116
Sahuco, El - **E** (GRA) 154 Xd 123
Sahún **E** (HUES) 28 Ac 93
Saiceira **P** (Fa) 144 Rb 124
Saigós **E** (NAV) 25 Yc 91
Sail **P** (Co) 83 Rf 107
Saja **E** (CAN) 9 Ve 90
Sajazarra **E** (RIO) 23 Xa 93
Sal **E** (ZAR) 43 Ye 97
Sala **E** (HUES) 28 Ac 94
Sala, la - **E** (GIR) 49 Da 96
Salada, La - **E** (SEV) 150 Vb 125
Saladar de López, El - **E** (ALI) 143 Zb 120
Saladar y Leche **E** (ALM) 154 Xf 127
Saladas, Las - **E** (ALI) 128 Zc 119
Saladavieja **E** (MÁL) 165 Ue 130
Saladillo, El - **E** (MÁL) 165 Uf 130
Salado **E** (MUR) 142 Yf 119
Salado, El - **E** (CÓRD) 151 Ve 124
Salamanca **E** (SAL) 72 Uc 103
Salamedia **E** (ZAM) 54 Ub 99
Salamir **E** (AST) 6 Te 87
Salamón **E** (LEÓ) 19 Uf 91
Salamonde **P** (Br) 51 Rf 98
Salão **P** (Aç) 168 Wc 117
Salão **P** (Ma) 166 I A 1
Salão **P** (Ma) 167 I D 2
Salar **E** (GRA) 151 Vf 126
Salardú **E** (LLE) 28 Af 92
Salares **E** (MÁL) 160 Vf 127
Salarsa **E** (GIR) 30 Cc 95
Salas **E** (AST) 6 Te 88
Salas, Las **E** (LEÓ) 20 Uf 91
Salas Altas **E** (HUES) 45 Aa 96
Salas Bajas **E** (HUES) 45 Aa 96
Salas de Bureba **E** (BUR) 22 Wd 92
Salas de la Ribera **E** (LEÓ) 35 Tb 94
Salas de los Infantes **E** (BUR) 40 We 96
Salas de Llierca = Sales de Llierca **E** (GIR) 48 Cd 95
Salàs de Pallars **E** (LLE) 46 Af 95
Salavessa **P** (Pg) 102 Sc 111
Salazar **E** (BUR) 22 Wc 91
Salazar de Amaya **E** (BUR) 21 Ve 93
Salbantone **E** (ÁLA) 22 Wf 90
Salce **E** (AST) 8 Va 88
Salce **E** (AST) 8 Ya 88
Salce **E** (LEÓ) 18 Tf 91
Salce **E** (SAL) 53 Te 101
Salceda **E** (CAN) 20 Vd 90
Salceda, La - **E** (SEG) 74 Wa 102
Salcedillo **E** (PAL) 21 Ve 91
Salcedillo **E** (TER) 79 Yf 103
Salcedo **E** (AST) 7 Ub 88
Salcedo **E** (CAN) 21 Wa 92
Salcedo **E** (LUG) 16 Sd 93
Salcidos **E** (PON) 32 Ra 97
Saldanha **P** (Ba) 53 Tc 100
Saldaña **E** (PAL) 20 Vb 93
Saldaña de Ayllón **E** (SEG) 58 Wd 100
Saldaña de Burgos **E** (BUR) 39 Wb 95
Saldeana **E** (SAL) 70 Tc 102
Saldes **E** (BAR) 47 Be 95
Saldet **E** (GIR) 49 Da 96
Saldias **E** (NAV) 24 Xb 90
Saldise **E** (NAV) 24 Yb 91
Saldoira **E** (LUG) 5 Se 88
Saldón **E** (TER) 93 Yd 107
Saldonha **P** (Ba) 52 Ta 100
Salduero **E** (SOR) 40 Xc 97
Salelles **E** (BAR) 47 Be 98
Salem **E** (VAL) 128 Zd 115
Salema **P** (Fa) 144 Rb 126
Salentinos **E** (LEÓ) 18 Td 92
Saler, el **E** (VAL) 113 Ze 112
Saleres **E** (GRA) 161 Wc 127
Saleros, Los - **E** (ALI) 128 Za 117
Sales **E** (AST) 7 Ue 88
Sales (San Xulián) **E** (COR) 15 Rc 92
Sales de Llierca **E** (GIR) 48 Cd 95
Salga **P** (Aç) 170 Ze 121
Salgadinho **P** (Se) 130 Rc 122
Salgueeiral **E** (PON) 15 Re 94
Salgueiral **P** (Av) 68 Rd 106
Salgueiral **P** (CB) 84 Sc 110
Salgueiral **P** (Gu) 70 Sf 105
Salgueiral **P** (Vi) 68 Rf 104
Salgueiras **E** (COR) 2 Rb 90
Salgueiro **E** (OUR) 33 Sa 97
Salgueiro **P** (Av) 67 Rc 105
Salgueiro **P** (Ba) 53 Tb 100
Salgueiro **P** (CB) 84 Se 107
Salgueiro **P** (Le) 100 Qf 113
Salgueiro **P** (Pg) 102 Rf 114
Salgueiro do Campo **P** (CB) 84 Sc 109
Salgueiros **E** (PON) 15 Re 92
Salgueiros **P** (Ba) 34 Sf 97
Salgueiros **P** (Be) 132 Sc 123
Salgüero de Juarros **E** (BUR) 39 Wd 95
Salgüero del Sauce **E** (BUR) 39 Wd 95
Salgueiros **E** (LUG) 16 Sb 92
Salicos **P** (Fa) 144 Rd 126
Salido Bajo **E** (JAÉ) 138 Wd 119
Saliencia **E** (LEÓ) 18 Tf 90
Saliente Alto **E** (ALM) 154 Xf 123
Salientes **E** (LEÓ) 18 Te 91
Salillas **E** (HUES) 44 Ze 97
Salillas de Jalón **E** (ZAR) 61 Ye 99
Salina de Cuesta Paloma **E** (CÓRD) 137 Vd 122
Salinas **E** (ALI) 128 Za 117
Salinas **E** (AST) 6 Ua 87
Salinas, Las **E** (ALM) 162 Xc 128
Salinas, Las **E** (CUE) 92 Ya 110
Salinas, Las **E** (MUR) 142 Ye 121
Salinas, Las **E** (PALM) 176 D 3
Salinas, Las **E** (VALL) 55 Va 101
Salinas de Añana **E** (ÁLA) 23 Xa 92
Salinas de Bacuta **E** (HUEL) 147 Ta 125
Salinas de Hoz **E** (HUES) 45 Aa 95
Salinas de Ibargoiti **E** (NAV) 25 Yd 92
Salinas de Jaca **E** (HUES) 26 Zb 94
Salinas del Manzano **E** (CUE) 93 Yc 108
Salinas de Medinaceli **E** (SOR) 59 Xd 102
Salinas de Oro **E** (NAV) 24 Ya 92
Salinas de Pinilla **E** (ALB) 125 Xc 115
Salinas de Pisuerga **E** (PAL) 21 Vd 91
Salinas de Rosío **E** (BUR) 22 Wd 91
Salinas de Sin **E** (HUES) 27 Ab 93
Salinas de Trillo **E** (HUES) 45 Ab 95
Salines, Ses **E** (BAL) 96 Ea 108
Salines, Ses **E** (BAL) 99 Da 112
Salinetas **E** (ALI) 128 Zb 118
Salinillas **E** (CÁD) 157 Ub 129
Salinillas de Buradón **E** (ÁLA) 23 Xb 93
Salinillas de Bureba **E** (BUR) 22 Wd 93
Saliònç **E** (GIR) 49 Cf 98
Salir **P** (Fa) 145 Rf 125
Salir de Matos **P** (Le) 100 Qf 112
Salir do Porto **P** (Le) 100 Qf 112
Salmantón = Salbantone **E** (ÁLA) 22 Wf 90
Salmella **E** (TAR) 64 Bb 100
Salmerón **E** (GUA) 76 Xd 105
Salmerón **E** (MUR) 126 Yb 119

Salmeroncillos de Abajo **E** (CUE) 76 Xc 105
Salmeroncillos de Arriba **E** (CUE) 76 Xc 105
Salmoral **E** (SAL) 72 Ue 104
Salo **E** (BAR) 47 Be 97
Salobral **E** (ÁVI) 73 Vb 105
Salobral, El - **E** (ALB) 126 Ya 115
Salobral, El - **E** (CÓRD) 151 Ve 123
Salobralejo **E** (ÁVI) 73 Va 105
Salobralejo, El - **E** (ALB) 127 Yd 115
Salobral-Gascones **E** (TER) 78 Ye 103
Salobrares, Los - **E** (MUR) 155 Yb 123
Salobre **E** (ALB) 125 Xc 117
Salobreja, La - **E** (JAÉ) 138 Wc 120
Salobreña **E** (GRA) 161 Wc 128
Salomó **E** (TAR) 65 Bc 101
Salorino **E** (CÁC) 103 Sf 112
Salou **E** (TAR) 64 Ba 102
Salqueirais **P** (Gu) 69 Sd 105
Salreu **P** (Av) 67 Rc 104
Salsadella **E** (CAS) 80 Ab 106
Salsas **P** (Ba) 53 Tb 99
Salse, El - **E** (ALI) 128 Zb 116
Salselas **P** (Ba) 52 Ta 99
Salselles **E** (BAR) 47 Ca 96
Salt **E** (ALI) 128 Zc 116
Salt **E** (GIR) 49 Ce 97
Saltadero, El - **E** (GRA) 161 We 128
Saltador, El - **E** (ALM) 155 Ya 124
Saltador Bajo, El - **E** (ALM) 155 Ya 126
Salteras **E** (SEV) 148 Tf 124
Salto **E** (COR) 3 Re 89
Salto **E** (CUE) 93 Ye 110
Salto **P** (Be) 131 Sa 122
Salto **P** (VR) 51 Sa 99
Salto, El - **E** (TEN) 172 I D 5
Salto de Aldeadávila **E** (SAL) 53 Tb 101
Salto de Castro **E** (ZAM) 54 Tf 99
Salto del Esla **E** (ZAM) 54 Ua 99
Salto del Lobo **E** (ZAR) 43 Zb 96
Salto del Negro **E** (MÁL) 160 Ve 127
Salto del Oso **E** (CAN) 10 Wd 89
Salto de Millares **E** (VAL) 113 Zb 113
Salto de Saucelle **E** (SAL) 70 Tb 102
Salto de Villalba **E** (CUE) 92 Xf 107
Salto de Villalcampo **E** (ZAM) 54 Tf 100
Saludes de Castroponce **E** (LEÓ) 36 Ub 96
Salut, la - **E** (BAR) 66 Ca 99
Salvacañete **E** (CUE) 93 Yc 108
Salvada **P** (Be) 132 Sb 121
Salvadiós **E** (ÁVI) 73 Uf 103
Salvador **P** (CB) 85 Sf 108
Salvador **P** (Pg) 103 Sd 114
Salvador **P** (Sa) 101 Rd 113
Salvador de Zapardiel **E** (VALL) 55 Va 102
Salvador do Monte **P** (Por) 51 Rf 101
Salvadorinho **P** (Sa) 102 Re 112
Salvadoríquez **E** (SAL) 72 Ub 103
Salvaleón **E** (BAD) 119 Tb 117
Salvarejo y Reverte **E** (MUR) 141 Ya 123
Salvaterra de Magos **P** (Sa) 101 Rb 114
Salvaterra do Extremo **P** (CB) 85 Ta 109
Salvatierra = Agurain **E** (ÁLA) 23 Xd 91
Salvatierra de Escá **E** (ZAR) 25 Yf 92
Salvatierra de los Barros **E** (BAD) 119 Tb 118
Salvatierra de Santiago **E** (CÁC) 105 Tf 113
Salvatierra de Tormes **E** (SAL) 72 Uc 105
Salzedas **P** (Vi) 51 Sb 102
Sallabente = San Lorenzo **E** (GUI) 11 Xd 89
Sallent **E** (BAR) 47 Bf 98
Sallent **E** (LLE) 46 Bb 95
Sallent, el - **E** (GIR) 48 Cd 96
Sallent de Gállego **E** (HUES) 26 Zd 92
Sallent de Solsonès **E** (LLE) 46 Bc 97
Sama **E** (AST) 6 Tf 89
Sama (Langreo) **E** (AST) 7 Ub 89
Samagán **E** (AST) 5 Sf 88
Samaiões **P** (VR) 52 Sd 98
Samaniego **E** (ÁLA) 23 Xb 93
Samão **P** (Br) 51 Sa 99
Samardã **P** (VR) 51 Sb 100
Samasa, La - **E** (SAL) 54 Ua 102
Samasita, La - **E** (SAL) 54 Tf 102
Sambade **P** (Ba) 52 Ta 100
Sambellín **E** (SAL) 72 Ud 104
Sambenet Alto **E** (ALI) 128 Zd 116
Samboal **E** (SEG) 56 Vd 101
Sambreixo **E** (LUG) 15 Sa 91
Sambudio, El - **E** (CÓRD) 151 Ve 123
Sameice **P** (Gu) 69 Sb 106
Sameiro **P** (Gu) 69 Sd 106
Samel **P** (Av) 67 Rc 106
Sames **E** (AST) 8 Uf 89
Samiano **E** (BUR) 23 Xc 92
Samil **E** (ZAM) 35 Tc 96
Samil **P** (Ba) 35 Tb 98
Samir de los Caños **E** (ZAM) 54 Tf 98
Samitier **E** (HUES) 45 Ab 95
Samodães **P** (Vi) 51 Sb 102
Samões **P** (Ba) 52 Se 101
Samora Correira **P** (Sa) 101 Ra 115
Samorinha **P** (Ba) 52 Se 101
Samos **E** (LUG) 16 Se 92
Samouco **P** (Se) 115 Qf 116
Samouqueira **P** (Fa) 144 Rb 124
Sampaio **P** (Ba) 52 Sf 101
Sampaio **P** (Ba) 53 Tb 100
Sampaio **P** (Se) 115 Qf 118
Sampedor = Santpedor **E** (BAR) 47 Bf 98
Samper **E** (HUES) 27 Ab 94
Samper de Calanda **E** (TER) 62 Zd 101
Samper del Salz **E** (ZAR) 61 Zb 101
Sampil **E** (OUR) 34 Sc 94
Samprizón **E** (OUR) 15 Rf 93
Samuel **P** (Co) 82 Rb 108
San Acisclo = Sant Iscle **E** (BAR) 47 Bf 98
San Acisclo de Vallalta = Sant Iscle de Vallalta **E** (BAR) 48 Cd 99
San Adrián **E** (NAV) 42 Ya 94
San Adrián de Besós = Sant Adrià de Besòs **E** (BAR) 66 Cb 100
San Adrián de Juarros **E** (BUR) 39 Wd 95
San Adrián del Valle **E** (LEÓ) 36 Ub 96
San Agustín **E** (CAS) 94 Zb 108
San Agustín **E** (PALM) 174 I C 4
San Agustín de Guadalix **E** (MAD) 75 Wc 104
San Agustín del Pozo **E** (ZAM) 36 Uc 97
San Agustín de Llusanés = Sant Agustí de Lluçanès **E** (BAR) 48 Ca 96
Sanahuja = Sanaüja **E** (LLE) 46 Bb 97
San Amador **E** (BAD) 118 Se 118
San Amaro **E** (OUR) 33 Rf 94
San Ambrosio **E** (CÁD) 164 Tf 131
San Andrés **E** (CAN) 20 Vc 90
San Andrés **E** (CAN) 21 Vf 91
San Andrés **E** (CÓRD) 136 Vc 120
San Andrés **E** (PALM) 174 I C 2
San Andrés **E** (RIO) 41 Xc 96
San Andrés **E** (TEN) 173 III C 2
San Andrés **E** (TEN) 173 I F 2
San Andrés **E** (VALL) 38 Vc 98
San Andrés da Ribeira **E** (LUG) 16 Sc 91
San Andrés de Arroyo **E** (PAL) 21 Vd 92
San Andrés de la Barca = Sant Andreu de la Barca **E** (BAR) 65 Bf 100
San Andrés de la Regla **E** (PAL) 20 Va 93
San Andrés del Congosto **E** (GUA) 76 Wf 103
San Andrés del Rabanedo **E** (LEÓ) 19 Uc 93
San Andrés del Rey **E** (GUA) 76 Xb 105
San Andrés del Terri = Sant Andreu del Terri **E** (GIR) 49 Cf 96
San Andrés de Llevaneras = Sant Andreu de Llavaneras **E** (BAR) 48 Cc 99
San Andrés de Montearados **E** (BUR) 21 Wa 92
San Andrés de Montejos **E** (LEÓ) 17 Tc 93
San Andrés de San Pedro **E** (SOR) 41 Xe 97
San Andrés de Soria **E** (SOR) 41 Xd 97
San Andrés Salou = Sant Andreu Salou **E** (GIR) 49 Ce 97
San Andrés y Sauces **E** (TEN) 171 C 2
San Antolín (Ibias) **E** (AST) 17 Ta 90
San Antón **E** (ALB) 112 Yc 112
San Antón **E** (BUR) 39 Vf 95
San Antón **E** (RIO) 40 Wf 95
San Antón **E** (SEV) 150 Uf 123
San Antonino **E** (AST) 6 Tf 88
San Antoniño (Barro) **E** (PON) 14 Rc 93
San Antonio **E** (ALB) 110 Xd 114
San Antonio **E** (ALI) 129 Aa 116
San Antonio **E** (ALI) 129 Ze 117
San Antonio **E** (BAD) 134 Td 120
San Antonio **E** (GRA) 153 Wf 125
San Antonio **E** (OUR) 145 Sb 97
San Antonio **E** (SEV) 148 Te 124
San Antonio **E** (TEN) 171 C 3
San Antonio **E** (TEN) 172 I D 3
San Antonio **E** (TOL) 88 Vc 109
San Antonio **E** (TOL) 89 Vf 110
San Antonio **E** (VAL) 112 Yf 111
San Antonio **E** (VAL) 113 Zc 113
San Antonio **E** (VIZ) 11 Xb 89
San Antonio Abad **E** (MUR) 142 Za 123
San Antonio de Benagéber **E** (VAL) 113 Zd 111
San Antonio del Fontanar **E** (SEV) 149 Ue 126
San Asenjo **E** (SOR) 40 We 98
San Asensio **E** (RIO) 23 Xb 94
San Asensio los Cantos **E** (RIO) 40 Xa 94
Sanatorio **E** (BAR) 47 Ca 99
Sanatorio de Agramonte **E** (ZAR) 42 Yb 98
Sanatorio de Alcohete **E** (GUA) 76 Wf 105
Sanatorio de San Juan de Dios **E** (PAL) 38 Vc 97
Sanatorio de Santa Teresa **E** (ÁVI) 73 Vb 105
Sanatorio Martínez Anido **E** (SAL) 72 Ub 103
San Augustín **E** (PALM) 174 C 4
Sanaüja **E** (LLE) 46 Bb 97
San Bartolomé **E** (ALI) 142 Za 120
San Bartolomé **E** (CÓRD) 121 Uf 118
San Bartolomé **E** (JAÉ) 137 Ve 122
San Bartolomé **E** (JAÉ) 138 We 120
San Bartolomé **E** (PALM) 174 I C 2
San Bartolomé de Béjar **E** (ÁVI) 72 Uc 106
San Bartolomé de Corneja **E** (ÁVI) 72 Ud 106
San Bartolomé de Geneto **E** (TEN) 173 I F 3
San Bartolomé de las Abiertas **E** (TOL) 88 Vb 109
San Bartolomé de la Torre **E** (HUEL) 147 Sf 124
San Bartolomé del Grau = Sant Bartomeu del Grau **E** (BAR) 48 Cb 97
San Bartolomé de los Montes **E** (CAN) 10 Wd 89
San Bartolomé de Meruelo **E** (CAN) 10 Wc 88
San Bartolomé de Pinares **E** (ÁVI) 73 Vc 105
San Bartolomé de Rueda **E** (LEÓ) 19 Ue 92
San Bartolomé de Tirajana **E** (PALM) 174 I C 3
San Bartolomé de Tormes **E** (ÁVI) 72 Ue 106
San Baudilio de Llobregat = Sant Boi de Llobregat **E** (BAR) 66 Ca 100
San Baudilio de Llusanés = Sant Boi de Lluçanès **E** (BAR) 48 Ca 96
San Benito **E** (CIU) 122 Vb 117
San Benito **E** (VAL) 127 Yf 115
San Benito de la Contienda **E** (BAD) 118 Sf 117
San Bernabé **E** (CÁD) 165 Ud 132
San Bernardino **E** (CÁD) 157 Ub 127
San Bernardo **E** (CÁC) 86 Te 108
San Bernardo **E** (TOL) 89 Vf 109
San Bernardo **E** (VALL) 56 Ve 99
San Blas **E** (CIU) 122 Vd 117
San Blas **E** (MUR) 143 Zb 122
San Blas **E** (TER) 78 Ye 106
San Blas **E** (ZAM) 35 Td 98
San Calixto **E** (CÓRD) 135 Ue 121
San Carlos de la Rápita = Sant Carles de la Ràpita **E** (TAR) 81 Ad 105
San Carlos del Valle **E** (CIU) 124 We 115
San Cayetano **E** (MUR) 142 Za 122
San Cayetano **E** (SEV) 149 Ub 123
San Cebrián de Buena Madre **E** (PAL) 38 Ve 95
San Cebrián de Campos **E** (PAL) 38 Vc 95
San Cebrián de Castro **E** (ZAM) 54 Ub 98
San Cebrián de Mazote **E** (VALL) 55 Uf 98
San Cebrián de Mudá **E** (PAL) 21 Vd 91
Sancedo **E** (LEÓ) 17 Tc 92
San Celoni = Sant Celoni **E** (BAR) 48 Cc 98
San Cibrán **E** (PON) 32 Rb 96
San Cibrao **E** (OUR) 146 Sf 96
San Cibrau **E** (OUR) 34 Sd 97
San Cibrián de Ardón **E** (LEÓ) 19 Uc 94
San Cibrián de la Somoza **E** (LEÓ) 19 Ue 91
San Ciprián **E** (HUES) 27 Ab 94
San Ciprián **E** (LUG) 4 Sd 86
San Ciprián **E** (PON) 144 Rc 96
San Ciprián **E** (ZAM) 34 Ta 97
San Ciprián **E** (ZAM) 35 Tc 95
San Ciprián de Viñas **E** (OUR) 33 Sa 95
San Cipriano **E** (VIZ) 10 Wd 89
San Cipriano del Condado **E** (LEÓ) 19 Ud 93
San Cipriano de Rueda **E** (LEÓ) 19 Ue 93
San Cipriano de Vallalta = Sant Cebrià de Vallalta **E** (BAR) 48 Cd 99
San Claudio **E** (AST) 6 Ua 88
San Clemente **E** (AST) 7 Uc 87
San Clemente **E** (CUE) 110 Xd 112
San Clemente **E** (GRA) 139 Xc 121
San Clemente del Valle **E** (BUR) 40 We 94
San Clemente de Llobregat = Sant Climent de Llobregat **E** (BAR) 65 Bf 100
San Clemente de Valdueza **E** (LEÓ) 17 Tc 94
San Clemente Sasebas = Sant Climent Sescebes **E** (GIR) 31 Cf 94
San Clodio (Ribas de Sil) **E** (LUG) 16 Se 94
San Cosme (Barreiros) **E** (LUG) 5 Se 87
San Cristobal **E** (LUG) 4 Sc 86
San Cristóbal **E** (TEN) 173 I F 2
San Cristóbal **E** (VALL) 38 Vd 98
San Cristóbal **E** (VALL) 56 Vb 99
San Cristóbal = Laguna, La - **E** (TEN) 173 I F 2
San Cristóbal de Aliste **E** (ZAM) 35 Td 98
San Cristóbal de Almendrales **E** (BUR) 22 Wd 91
San Cristóbal de Boedo **E** (PAL) 21 Vd 93
San Cristobal de Cea = Cea (San Critovo de Cea) **E** (OUR) 15 Sa 94
San Cristóbal de Cuéllar **E** (SEG) 56 Vd 100
San Cristóbal de Entreviñas **E** (ZAM) 36 Uc 96
San Cristóbal de la Cuesta **E** (SAL) 72 Uc 102
San Cristóbal de la Polantera **E** (LEÓ) 36 Ua 94
San Cristóbal de la Vega **E** (SEG) 56 Vc 102
San Cristóbal del Monte **E** (BUR) 40 Wf 94
San Cristóbal del Monte **E** (CAN) 21 Vf 91
San Cristóbal del Monte **E** (SAL) 54 Uc 101
San Cristóbal de los Mochuelos **E** (SAL) 71 Te 103
San Cristóbal de Segovia **E** (SEG) 74 Vf 103
San Cristóbal de Trabancos **E** (ÁVI) 73 Uf 103
San Cristóbal de Valdueza **E** (LEÓ) 17 Tc 94
San Cristobalejo **E** (SAL) 71 Te 103
San Cristobo **E** (OUR) 34 Se 95
San Cristobo **E** (OUR) 34 Se 97
Sancti Petri **E** (CÁD) 164 Te 130
Sancti-Spíritus **E** (BAD) 121 Uf 115
Sancti-Spíritus **E** (SAL) 71 Td 104
Sancti-Spíritus de Abajo **E** (CÁC) 86 Tf 109
San Cucufate = Llanera **E** (AST) 6 Ua 88
San Cugat de Sasgarrigas = Sant Cugat de Sesgarrigues **E** (BAR) 65 Be 100
San Cugat de Vallés = Sant Cugat del Vallès **E** (BAR) 66 Ca 100
Sanche **P** (Por) 51 Sa 101
Sancheira -Grande -Pequena **P** (Le) 100 Qf 112
Sanchicorto **E** (ÁVI) 73 Va 105
Sanchidrián **E** (ÁVI) 73 Vc 103
Sanchiricones **E** (SAL) 71 Ua 104
Sancho Abarca **E** (ZAR) 43 Ye 97
Sanchofruela **E** (SEG) 57 Wc 101
Sancho Gómez **E** (JAÉ) 139 Xa 122
Sanchogómez **E** (SAL) 71 Ua 104
Sanchón de la Ribera **E** (SAL) 53 Td 102
Sanchón de la Sagrada **E** (SAL) 71 Tf 104
Sanchonuño **E** (SEG) 56 Ve 101
Sanchopedro **E** (SEG) 57 Wb 102
Sanchopedro de Abajo **E** (SAL) 72 Ud 105
Sanchopedro de Arriba **E** (SAL) 72 Ud 105
Sanchorreja **E** (ÁVI) 73 Va 105
Sanchos, Los - **E** (ALM) 153 Xb 125
Sanchotello **E** (SAL) 72 Ub 106
Sandamias **E** (AST) 6 Te 88
San Daniel = Sant Daniel **E** (GIR) 49 Da 97
Sande **E** (OUR) 33 Rf 95
Sande **P** (Br) 50 Rd 100
Sande **P** (Vi) 51 Sb 102
Sandiães **P** (VC) 50 Rc 99
Sandias **E** (HUES) 26 Ze 94
Sandiás **E** (OUR) 33 Sb 96
San Diego **E** (MÁL) 165 Ue 131
Sandim **P** (Ba) 34 Se 97
Sandim **P** (Por) 50 Rc 102
Sandín **E** (LUG) 17 Sf 93
Sandín **E** (ZAM) 35 Td 96
Sando **E** (SAL) 71 Tf 103
Sandoeira **P** (Sa) 82 Rd 110
Sandomil **P** (Gu) 69 Sb 106
Sandoval de la Reina **E** (BUR) 21 Vf 93
San Emiliano **E** (LEÓ) 18 Tf 91
San Enrique **E** (CÁD) 165 Ue 131
San Esteban **E** (AST) 5 Ta 89
San Esteban **E** (AST) 8 Vc 89
San Esteban **E** (BUR) 39 Vf 95
San Esteban **E** (CAN) 9 Vf 88
San Esteban **E** (OUR) 33 Sc 94
San Esteban de Gormaz **E** (SOR) 58 We 99
San Esteban de la Sierra **E** (SAL) 71 Ua 105
San Esteban de Litera **E** (HUES) 45 Ab 97
San Esteban del Mall **E** (HUES) 45 Ad 95
San Esteban del Molar **E** (ZAM) 36 Uc 97
San Esteban de los Patos **E** (ÁVI) 73 Vc 104
San Esteban del Valle **E** (ÁVI) 88 Va 107
San Esteban de Nogales **E** (LEÓ) 36 Ua 96
San Esteban de Palautordera = Sant Esteve de Palautordera **E** (BAR) 48 Cc 98
San Esteban de Pravia **E** (AST) 6 Tf 87
San Esteban de Valdueza **E** (LEÓ) 17 Tc 93
San Esteban de Villacalbiel **E** (LEÓ) 36 Uc 94
San Esteban de Zapardiel **E** (ÁVI) 55 Va 102
San Esteban do Campo **E** (COR) 15 Re 91
San Esteban Sasroviras = Sant Esteve Sesrovires **E** (BAR) 65 Bf 100
Sanet y Negrals **E** (ALI) 129 Zf 116
San Facundo **E** (LEÓ) 18 Td 93
San Facundo **E** (OUR) 15 Rf 94
San Fausto de Campcentellas = Sant Fost de Campsentelles **E** (BAR) 66 Cb 99
San Felices **E** (HUES) 43 Zb 94
San Felices **E** (RIO) 23 Xa 93
San Felices **E** (SOR) 42 Xf 97
San Felices de Castillería **E** (PAL) 20 Vd 91
San Felices de los Gallegos **E** (SAL) 70 Tb 103
Sanfelices de Solana **E** (HUES) 27 Zf 93
San Felipe **E** (PALM) 174 I C 2
San Felipe de Neri **E** (ALI) 143 Zb 119
Sanfelismo **E** (LEÓ) 19 Ud 93
San Feliú de Buixalleu = Sant Feliu de Buixalleu **E** (GIR) 48 Cd 98
San Feliú de Codinas = Sant Feliu de Codines **E** (BAR) 48 Ca 98
San Feliú de Guixols = Sant Feliu de Guíxols **E** (GIR) 49 Da 98
San Feliú de Llobregat = Sant Feliu de Llobregat **E** (BAR) 66 Ca 100
San Feliú de Pallarols = Sant Feliu de Pallerols **E** (GIR) 48 Cd 96
San Feliú de Veri **E** (HUES) 28 Ad 94
San Feliu Saserra = Sant Feliu Sasserra **E** (BAR) 47 Ca 97
San Félix de la Valdería **E** (LEÓ) 36 Tf 95
San Feliz **E** (AST) 6 Td 88
San Feliz **E** (AST) 7 Ud 88
San Feliz de las Lavanderas **E** (LEÓ) 18 Ua 92
San Feliz de Órbigo **E** (LEÓ) 18 Ua 94
San Feliz de Torío **E** (LEÓ) 19 Uc 92
San Fernando **E** (CÁD) 157 Te 130
San Fernando **E** (PALM) 174 I C 2
San Fernando **E** (SAL) 71 Ua 103
San Fernando de Henares **E** (MAD) 75 Wc 106
San Ferreol = Sant Ferriol **E** (GIR) 48 Ce 95
Sanfins **P** (Vi) 68 Re 105
Sanfins **P** (VR) 52 Sd 99
Sanfins de Ferreira **P** (Por) 50 Rd 101
Sanfins do Douro **P** (VR) 52 Sc 101
Sanfis **P** (Av) 68 Rc 103
San Fiz **E** (COR) 4 Sb 86
San Fiz **E** (OUR) 33 Sa 96
San Fiz **E** (OUR) 34 Sf 94
San Francisco **E** (ALM) 155 Ya 124
San Francisco **E** (AST) 7 Ub 89
San Francisco de Olivenza **E** (BAD) 118 Sf 116
San Fructuoso de Bages = Sant Fruitós de Bages **E** (BAR) 47 Bf 98
San Fulgencio **E** (ALI) 143 Zb 120
Sangalhos **P** (Av) 68 Rd 106
Sangarcía **E** (SEG) 74 Vd 103
San García de Ingelmos **E** (ÁVI) 73 Uf 104
Sangarrén **E** (HUES) 44 Zd 96
San Genis de Vilassar = Vilassar de Dalt **E** (BAR) 66 Cc 99
Sangenjo = Sanxenco **E** (PON) 15 Rb 94
Sangenjo = Sanxenxo **E** (PON) 15 Rb 94
San Gil **E** (CÁC) 86 Te 109
San Ginés **E** (JAÉ) 137 Vf 120
San Ginés de la Jara **E** (MUR) 143 Zb 123
San Ginés de Vilasar = Vilassar de Dalt **E** (BAR) 66 Cc 99
Sangonera La Verde **E** (MUR) 142 Ye 121
San Gonzalo **E** (TEN) 173 I E 2
San Gregorio **E** (GUI) 24 Xe 91
San Gregorio = Sant Gregori **E** (GIR) 48 Ce 97
Sanguedo **P** (Av) 68 Rc 102
Sangüesa **E** (NAV) 25 Ye 93
Sanguijuela **E** (MÁL) 158 Ue 128
San Guim de Freixanet = Sant Guim de Freixenet **E** (LLE) 47 Bc 99
Sanguinhedo **P** (Co) 83 Rf 107
Sanguinhedo **P** (Vi) 68 Sa 104
Sanguinhedo **P** (VR) 51 Sc 101
Sanguinheira **P** (Co) 67 Rc 106
Sanguinheira **P** (Pg) 102 Rf 114
Sanguinheira **P** (Sa) 102 Sa 111
Sanguinheira Velha **P** (Sa) 101 Re 114
Sanguiñedo **E** (PON) 15 Rf 93
Sanguñedo **E** (OUR) 34 Se 96
San Hilario de Sacalm = Sant Hilari Sacalm **E** (GIR) 48 Cd 97
San Hipólito de Voltregá = Sant Hipòlit de Voltregà **E** (BAR) 48 Cb 96
Sanhoane **P** (Ba) 53 Tc 100
Sanhoane **P** (VR) 51 Sb 101
San Ignacio **E** (CÁD) 157 Te 129
San Ignacio **E** (MAD) 74 Vf 105
San Ignacio del Viar **E** (SEV) 148 Ua 123
San Ildefonso o La Granja **E** (SEG) 74 Vf 103
Sanín **E** (OUR) 33 Rf 95
San Isidro **E** (BAD) 119 Td 117
San Isidro **E** (MUR) 142 Yf 123
San Isidro **E** (TEN) 172 I D 5
San Isidro de Albatera **E** (ALI) 143 Za 119
San Isidro de Dueñas **E** (PAL) 38 Vc 97
San Isidro de Guadalete **E** (CÁD) 157 Ua 129
San Isidro del Pinar **E** (NAV) 25 Yd 94
San Isidro de Níjar **E** (ALM) 163 Xe 127
San Jaime de Frontanyá = Sant Jaume de Frontanyà **E** (BAR) 47 Ca 95
San Jaime dels Domenys = Sant Jaume dels Domenys **E** (TAR) 65 Bd 101
San Jaime de Llierca = Sant Jaume de Llierca **E** (GIR) 48 Cd 95
San Javier **E** (MUR) 143 Zb 122
San Jerónimo **E** (HUEL) 133 Tc 121
San Jerónimo **E** (SEV) 148 Ua 124
San Joaquín **E** (CÁD) 164 Tf 130
San Jorde **E** (PAL) 21 Vd 93
San Jordi Desvalls = Sant Jordi Desvalls **E** (GIR) 49 Cf 96
San Jorge **E** (CAS) 80 Ab 105

San Jorge **E** (HUES) 44 Zc 97
San Jorge de Alor **E** (BAD) 118 Sf 117
San José **E** (ALM) 163 Xf 128
San José **E** (PALM) 174 I D 2
San José = Breña Baja **E** (TEN) 171 C 3
San José de la Rábita **E** (JAÉ) 151 Vf 124
San José de la Rinconada **E** (SEV) 148 Ua 124
San José del Valle **E** (CÁD) 157 Ub 129
San Joy **E** (MUR) 142 Ye 119
San Juan **E** (ALI) 128 Za 117
San Juan **E** (BAD) 119 Tc 117
San Juan **E** (BUR) 39 Wc 95
San Juan **E** (CÁC) 85 Tc 107
San Juan **E** (CAN) 10 Wd 89
San Juan **E** (HUES) 27 Ab 94
San Juan **E** (MAD) 89 Ve 106
San Juan **E** (TEN) 171 C 2
San Juan **E** (TEN) 172 I C 4
San Juan **E** (VAL) 112 Ye 111
San Juan **E** (VIZ) 23 Xb 90
San Juan de Alicante **E** (ALI) 128 Zd 118
San Juan de Aznalfarache **E** (SEV) 148 Tf 124
San Juan de Enova **E** (VAL) 113 Zd 114
San Juan de la Cuesta **E** (ZAM) 35 Tc 96
San Juan de la Encinilla **E** (ÁVI) 73 Va 104
San Juan de la Guarda **E** (VALL) 55 Uf 100
San Juan de la Mata **E** (LEÓ) 17 Tc 93
San Juan de la Nava **E** (ÁVI) 73 Vb 106
San Juan de la Rambla **E** (TEN) 172 I D 3
San Juan de las Abadesas = Sant Joan de les Abadesses **E** (GIR) 48 Cb 95
San Juan del Flumen **E** (HUES) 44 Ze 98
San Juan del Molinillo **E** (ÁVI) 73 Vb 106
San Juan del Monte **E** (BUR) 57 Wc 98
San Juan del Olmo **E** (ÁVI) 73 Uf 105
San Juan de los Terreros **E** (ALM) 155 Yc 124
San Juan del Puerto **E** (HUEL) 147 Ta 125
San Juan del Rebollar **E** (ZAM) 35 Td 98
San Juan del Reparo **E** (TEN) 172 I C 3
San Juan de Mollet = Sant Joan de Mollet **E** (GIR) 49 Cf 96
San Juan de Moro **E** (CAS) 95 Zf 108
San Juan de Mozarrifar **E** (ZAR) 43 Za 98
San Juan de Muskiz **E** (VIZ) 10 Wf 89
San Juan de Nieva **E** (AST) 6 Ua 87
San Juan de Ortega **E** (BUR) 39 Wd 94
San Juan de Peñagolosa = Sant Joan de Penyagolosa **E** (CAS) 95 Zd 107
San Juan de Plan **E** (HUES) 27 Ac 93
San Juan de Puntallana = Puntallana **E** (TEN) 171 C 2
San Juan de Raicedo **E** (CAN) 9 Vf 89
San Juan Despí = Sant Joan Despí **E** (BAR) 66 Ca 100
San Juan de Torres **E** (LEÓ) 36 Ua 95
San Juan de Vilasar = Vilassar de Mar **E** (BAR) 66 Cc 99
Sanjuanejo **E** (SAL) 71 Td 105
San Juanico el Nuevo **E** (ZAM) 36 Tf 96
San Juan Los Perales **E** (TEN) 173 I E 2
San Juan-Muskiz = San Juan de Muskiz **E** (VIZ) 10 Wf 89
San Julián **E** (JAÉ) 137 Ve 120
San Julián **E** (MÁL) 159 Vd 129
San Julián **E** (MUR) 141 Yc 122
San Julián de Banzo **E** (HUES) 44 Zd 95
San Julián de Basa **E** (HUES) 26 Ze 94
San Julián de Ramis = Sant Julià de Ramis **E** (GIR) 49 Cf 96
San Julián de Vilatorta = Sant Julià de Vilatorta **E** (BAR) 48 Cb 97
Sanjurge **P** (VR) 34 Sc 98
San Juste **E** (HUES) 27 Zf 94
San Justo **E** (ZAM) 35 Tc 96
San Justo de las Regueras **E** (LEÓ) 19 Ud 93
San Justo de la Vega **E** (LEÓ) 18 Tf 94
San Justo de los Oteros **E** (LEÓ) 37 Ud 94
San Justo Desvern = Sant Just Desvern **E** (BAR) 66 Ca 100
Sanlícar la Mayor **E** (SEV) 148 Te 124
San Leandro **E** (SEV) 148 Ua 126
San Leonardo de Yagüe **E** (SOR) 40 Wf 98
San Lorenzo **E** (AST) 7 Uc 87
San Lorenzo **E** (GUI) 11 Xd 89
San Lorenzo **E** (HUES) 45 Ad 95
San Lorenzo **E** (LEÓ) 17 Tc 93
San Lorenzo **E** (MAD) 74 Vf 105
San Lorenzo **E** (OUR) 34 Ta 95
San Lorenzo **E** (PALM) 174 I D 2
San Lorenzo **E** (ZAM) 36 Ua 98
San Lorenzo de Calatrava **E** (CIU) 123 Wb 118
San Lorenzo de Hortóns = Sant Llorenç d'Hortons **E** (BAR) 65 Be 100
San Lorenzo de la Muga = Sant Llorenç de la Muga **E** (GIR) 31 Ce 95
San Lorenzo de la Parrilla **E** (CUE) 92 Xd 109
San Lorenzo del Flumen **E** (HUES) 44 Ze 97
San Lorenzo de Marur **E** (VIZ) 11 Xa 88
San Lorenzo de Meste **E** (VIZ) 11 Xb 88
San Lorenzo de Morunys = Sant Llorenç de Morunys **E** (LLE) 47 Bd 96
San Lorenzo de Tormes **E** (ÁVI) 72 Ud 106
San Lorenzo Savall = Sant Llorenç Savall **E** (BAR) 48 Ca 98
San Lorién **E** (HUES) 27 Ab 94
Sanlúcar de Barrameda **E** (CÁD) 156 Td 128
Sanlúcar de Guadiana **E** (HUEL) 146 Sd 124
San Luis de Sabinillas **E** (MÁL) 165 Ue 130
San Llorente **E** (VALL) 57 Vf 98
San Llorente de la Vega **E** (PAL) 21 Ve 94
San Llorente del Páramo **E** (PAL) 38 Vb 94
San Mamede **E** (COR) 4 Sb 88
San Mamede **E** (LUG) 16 Sb 93
San Mamede de Edrada **E** (OUR) 34 Se 96
San Mamede de Ferreiros **E** (COR) 15 Re 91
San Mamés **E** (CAN) 20 Vd 90
San Mamés **E** (HUES) 27 Ac 93
San Mamés **E** (LEÓ) 36 Ua 95
San Mamés **E** (MAD) 75 Wb 103
San Mamés **E** (VIZ) 11 Xa 89
San Mamés de Abar **E** (BUR) 21 Vf 92
San Mamés de Burgos **E** (BUR) 39 Wb 95
San Mamés de Campos **E** (PAL) 38 Vc 94
San Mamés de Meruelo **E** (CAN) 10 Wc 88
San Marcial **E** (ZAM) 54 Ub 100
San Marco (Abegondo) **E** (COR) 3 Re 89
San Marcos **E** (CÁC) 87 Ud 109
San Marcos **E** (COR) 3 Rf 88
San Marcos **E** (COR) 15 Rd 91
San Marcos **E** (HUES) 45 Aa 96
San Marcos **E** (TEN) 172 I C 3
San Marcos **E** (VIZ) 11 Xc 89
San Martín **E** (AST) 6 Tf 90
San Martín **E** (CAN) 9 Wa 89
San Martín **E** (CAN) 10 Wc 89
San Martín **E** (GUI) 24 Xe 90
San Martín **E** (HUES) 28 Ad 94
San Martín **E** (JAÉ) 139 Xa 121
San Martín **E** (LUG) 16 Sb 92
San Martín **E** (NAV) 24 Xe 92
San Martín **E** (RIO) 41 Xe 95
San Martín **E** (SAL) 70 Ta 102
San Martín **E** (SEG) 56 Ve 101
San Martín **E** (VIZ) 23 Xa 90
San Martín de Albaredos **E** (LUG) 34 Se 94
San Martín de Boniches **E** (CUE) 93 Yc 109
San Martín de Carral **E** (VIZ) 10 Wf 89
San Martín de Castañeda **E** (ZAM) 35 Tb 96
San Martín de Centellas = Sant Martí de Centelles **E** (BAR) 48 Cb 98
San Martín de Costa **E** (LUG) 16 Sb 90
San Martín de Don **E** (BUR) 22 We 92
San Martín de Elines **E** (CAN) 21 Wa 92
San Martín de Galvarín **E** (BUR) 23 Xb 92
San Martín de Hoyos **E** (CAN) 21 Vf 91
San Martín de Humada **E** (BUR) 21 Vf 93
San Martín de la Cueza **E** (LEÓ) 37 Va 94
San Martín de la Falamosa **E** (LEÓ) 18 Ua 92
San Martín de la Fuente **E** (PAL) 37 Va 94
San Martín del Agostedo **E** (LEÓ) 18 Te 94
San Martín de las Cabezas **E** (ÁVI) 73 Va 104
San Martín de las Ollas **E** (BUR) 21 Wb 91
San Martín de la Tercia **E** (LEÓ) 19 Ub 91
San Martín de Lauquiniz **E** (VIZ) 11 Xa 88
San Martín de la Vega **E** (MAD) 90 Wc 107
San Martín de la Vega del Alberche **E** (ÁVI) 72 Uf 106
San Martín de la Virgen de Moncayo **E** (ZAR) 42 Yb 97
San Martín del Bas = Sant Martí d'Albars **E** (BAR) 47 Ca 96
San Martín del Camino **E** (LEÓ) 18 Ub 94
San Martín del Castañar **E** (SAL) 71 Tf 105
San Martín del Monte **E** (PAL) 20 Vd 93
San Martín del Obispo **E** (PAL) 20 Vb 93
San Martín de Losa **E** (BUR) 22 We 91
San Martín de los Herreros **E** (PAL) 20 Vc 91
San Martín del Pedroso **E** (ZAM) 53 Tc 98
San Martín del Pimpollar **E** (ÁVI) 88 Uf 106
San Martín del Rey Aurelio = Sotrondio **E** (AST) 7 Uc 89
San Martín del Río **E** (TER) 61 Yd 102
San Martín del Rojo **E** (BUR) 22 Wc 91
San Martín del Valle **E** (PAL) 20 Vb 94
San Martín de Llémana = Sant Martí de Llémena **E** (GIR) 48 Cd 96
San Martín de Mancobo **E** (BUR) 22 Wd 91
San Martín de Montalbán **E** (TOL) 90 Vd 110
San Martín de Moreda **E** (LEÓ) 17 Tb 92
San Martín de Ondes **E** (AST) 6 Te 89
San Martín de Oscos (Samartíin) **E** (AST) 5 Ta 89
San Martín de Pusa **E** (TOL) 88 Vc 110
San Martín de Riudeperas = Sant Martí de Riudeperes **E** (BAR) 48 Cb 97
San Martín de Rubiales **E** (BUR) 57 Wa 99
San Martín de Suarna **E** (LUG) 5 Sf 90
San Martín de Tábara **E** (ZAM) 36 Ua 98
San Martín de Torres **E** (LEÓ) 36 Ua 95
San Martín de Torruella = Sant Martí de Torroella **E** (BAR) 47 Be 98
San Martín de Tous = Sant Martí de Tous **E** (BAR) 65 Bd 99
San Martín de Trevejo **E** (CÁC) 85 Tb 107
San Martín de Ubierna **E** (BUR) 22 Wb 93
San Martín de Unx **E** (NAV) 25 Yc 93
San Martín de Valdeiglesias **E** (MAD) 89 Vd 106
San Martín de Valdelomar **E** (CAN) 21 Vf 92
San Martín de Valderaduey **E** (ZAM) 37 Ud 98
San Martín de Valvení **E** (VALL) 38 Vc 98
San Martín de Zar **E** (BUR) 23 Xb 92
San Martinho das Moitas **P** (VI) 68 Rf 103
San Martino **E** (LUG) 17 Se 91
San Martino de Calvos de Sobrecamiño **E** (COR) 15 Re 91
San Martino de Campre **E** (COR) 2 Rb 89
San Martín o el Tesorillo **E** (CÁD) 165 Ud 130
San Martín Sarroca = Sant Martí Sarroca **E** (BAR) 65 Bd 100
San Martín Sasgayolas = Sant Martí Sesgueioles **E** (BAR) 47 Bc 98
San Martiño **E** (OUR) 34 Sc 97
San Martiño **E** (OUR) 34 Sd 94
San Martiño **E** (OUR) 34 Sf 95
San Martiño de Meis **E** (PON) 14 Rb 94
San Martiño de Miñortos **E** (COR) 14 Ra 92
San Martiño dos Condes **E** (LUG) 16 Sb 91
San Martivell = Sant Martí Vell **E** (GIR) 49 Cf 96
San Mateo **E** (CAN) 9 Vf 89
San Mateo de Bages = Sant Mateu de Bages **E** (BAR) 47 Be 98
San Mateo de Gállego **E** (ZAR) 43 Zb 97
San Mauro (Frades) **E** (COR) 15 Re 90
San Medel **E** (BUR) 39 Wc 95
San Medel **E** (SAL) 72 Ub 106
San Miguel **E** (AST) 7 Ub 90
San Miguel **E** (CAN) 9 Vf 88
San Miguel **E** (CAN) 9 Vf 89
San Miguel **E** (HUEL) 133 Tb 122
San Miguel **E** (HUES) 45 Ab 98
San Miguel **E** (JAÉ) 139 We 121
San Miguel **E** (LUG) 16 Sc 92
San Miguel **E** (LUG) 17 Se 91
San Miguel **E** (MAD) 90 Wc 108
San Miguel **E** (OUR) 34 Se 95
San Miguel **E** (PAL) 21 Vd 91
San Miguel **E** (TEN) 172 I D 5
San Miguel **E** (VIZ) 11 Xb 88
San Miguel **E** (VIZ) 11 Xb 89
San Miguel (Monte) **E** (LUG) 16 Sa 92
San Miguel de Aguayo **E** (CAN) 21 Vf 90
San Miguel de Aras **E** (CAN) 10 Wc 89
San Miguel de Artadi **E** (GUI) 12 Xe 89
San Miguel de Asperones **E** (SAL) 71 Tf 105
San Miguel de Bernúy **E** (SEG) 57 Wa 100
San Miguel de Campmajor = Sant Miquel de Campmajor **E** (GIR) 48 Ce 96
San Miguel de Corneja **E** (ÁVI) 72 Ue 106
San Miguel de Cornezuelo **E** (BUR) 21 Wb 91
San Miguel de Fluviá = Sant Miquel de Fluvià **E** (GIR) 49 Cf 95
San Miguel de la Puebla **E** (CAS) 80 Ze 106
San Miguel de la Ribera **E** (ZAM) 54 Uc 100
San Miguel del Arroyo **E** (VALL) 56 Vd 100
San Miguel de las Dueñas **E** (LEÓ) 17 Tc 93
San Miguel del Camino **E** (LEÓ) 19 Ub 93
San Miguel del Esla **E** (ZAM) 36 Uc 96
San Miguel de Linares **E** (VIZ) 10 We 89
San Miguel de Lomba **E** (ZAM) 35 Tb 96
San Miguel del Pino **E** (VALL) 55 Va 99
San Miguel de Luena **E** (CAN) 21 Wa 90
San Miguel del Valle **E** (ZAM) 37 Ud 96
San Miguel de Meruelo **E** (CAN) 10 Wc 88
San Miguel de Montañán **E** (LEÓ) 37 Ue 95
San Miguel de Neguera **E** (SEG) 57 Wa 101
San Miguel de Pedroso **E** (BUR) 40 We 94
San Miguel de Reinante **E** (LUG) 5 Se 87
San Miguel de Salinas **E** (ALI) 143 Zb 121
San Miguel de Serrezuela **E** (ÁVI) 72 Ue 104
San Miguel de Tajao **E** (TEN) 173 I E 5
San Miguel de Valero **E** (SAL) 71 Ua 105
San Millán de Juarros **E** (BUR) 39 Wc 95
San Millán de la Cogolla **E** (RIO) 40 Xa 95
San Millán de Lara **E** (BUR) 40 Wd 96
San Millán de los Caballeros **E** (LEÓ) 36 Uc 95
San Millán de San Zadornil **E** (BUR) 22 Wf 91
San Millán de Yécora **E** (RIO) 22 Wf 93
San Millao **E** (OUR) 33 Sc 97
San Morales **E** (SAL) 72 Ud 103
San Mori = Sant Mori **E** (GIR) 49 Cf 96
San Muñoz **E** (SAL) 71 Tf 104
San Narciso **E** (GUI) 12 Yb 89
San Nicolás de Lastur **E** (GUI) 11 Xd 89
San Nicolás del Moro **E** (GRA) 153 Xb 125
San Nicolás del Puerto **E** (SEV) 135 Uc 121
San Nicolás del Real Camino **E** (PAL) 37 Va 94
San Nicolás de Tolentino **E** (PALM) 174 I B 3
San Pablo **E** (SEV) 148 Ua 124
San Pablo de la Moraleja **E** (VALL) 56 Vb 102
San Pablo de los Montes **E** (TOL) 107 Vd 111
San Pablo de Seguries = Sant Pau de Seguries **E** (GIR) 30 Cc 95
San Pablo o Buceite **E** (CÁD) 165 Ud 130
San Paio **E** (PON) 144 Rc 95
San Paio de Abades **E** (OUR) 145 Sb 97
San Paio de Arcos **E** (LUG) 16 Sd 90
San Pantaleón **E** (JAÉ) 137 Ve 121
San Pantaleón de Aras **E** (CAN) 10 Wd 88
San Pantaleón de Losa **E** (BUR) 22 We 91
San Pantaleón del Páramo **E** (BUR) 21 Wb 93
San Pascual **E** (ÁVI) 73 Vb 103
San Patricio **E** (BAL) 97 Bb 114
San Payo **E** (COR) 3 Rc 89
San Pedrillo de Abajo **E** (CÁC) 86 Te 108
San Pedro **E** (ALB) 126 Xe 116
San Pedro **E** (ALM) 153 Xb 125
San Pedro **E** (AST) 6 Tf 88
San Pedro **E** (AST) 8 Uf 88
San Pedro **E** (BAD) 119 Tc 117
San Pedro **E** (CAN) 10 Wc 89
San Pedro **E** (CAS) 80 Aa 106
San Pedro **E** (COR) 2 Ra 89
San Pedro **E** (JAÉ) 137 Ve 122
San Pedro **E** (JAÉ) 139 We 122
San Pedro **E** (LEÓ) 18 Te 90
San Pedro **E** (LUG) 5 Sf 90
San Pedro **E** (PALM) 174 I B 2
San Pedro **E** (SEG) 56 Ve 102
San Pedro Alcántara **E** (MÁL) 158 Va 130
San Pedro Bercianos **E** (LEÓ) 36 Ub 94
San Pedro Cansoles **E** (PAL) 20 Va 92
San Pedro Castañero **E** (LEÓ) 18 Td 93
San Pedro de Abanto **E** (VIZ) 10 Wf 89
San Pedro de Arlanza **E** (BUR) 39 Wd 96
San Pedro de Ceque **E** (ZAM) 36 Tf 96
San Pedro de Cervás **E** (COR) 3 Re 88
San Pedro de Foncollada **E** (LEÓ) 19 Ue 92
San Pedro de Gaíllos **E** (SEG) 57 Wb 101
San Pedro de la Hoz **E** (BUR) 22 Wd 93
San Pedro del Arroyo **E** (ÁVI) 73 Va 104
San Pedro de las Cuevas **E** (ZAM) 54 Ua 98
San Pedro de las Dueñas **E** (LEÓ) 36 Ub 95
San Pedro de las Dueñas **E** (LEÓ) 37 Uf 95
San Pedro de las Dueñas **E** (SEG) 74 Ve 103
San Pedro de las Herrerías **E** (ZAM) 35 Td 97
San Pedro de las Montañas **E** (AST) 5 Tc 90
San Pedro de Latarce **E** (VALL) 55 Ue 98
San Pedro de la Viña **E** (ZAM) 36 Tf 96
San Pedro del Monte **E** (BUR) 40 Wf 94
San Pedro de los Oteros **E** (LEÓ) 37 Ud 94
San Pedro del Pinatar **E** (MUR) 146 Zb 121
San Pedro del Romeral **E** (CAN) 21 Wb 90
San Pedro del Valle **E** (SAL) 71 Ua 102
San Pedro de Mérida **E** (BAD) 120 Te 115
San Pedro de Nos **E** (COR) 3 Rd 89
San Pedro de Ojeda **E** (PAL) 21 Vd 92
San Pedro de Paradela **E** (LEÓ) 17 Tc 92
San Pedro de Premiá = Premià de Dalt **E** (BAR) 66 Cc 99
San Pedro de Ribas = Sant Pere de Ribes **E** (BAR) 65 Be 101
San Pedro de Riudevitlles = Sant Pere de Riudebitlles **E** (BAR) 65 Be 100
San Pedro de Rozados **E** (SAL) 72 Ub 104
San Pedro de Torelló = Sant Pere de Torelló **E** (BAR) 48 Cb 96
San Pedro de Trones **E** (LEÓ) 35 Tb 94
San Pedro de Valderaduey **E** (LEÓ) 20 Va 94
San Pedro de Vilamajor = Sant Pere de Vilamajor **E** (BAR) 48 Cc 98
San Pedro de Zamudia **E** (ZAM) 36 Ua 97
San Pedro Herrera **E** (GUI) 12 Ya 89
San Pedro Manrique **E** (SOR) 41 Xe 96
San Pedro Palmiches **E** (CUE) 77 Xd 106
San Pedro Pescador = Sant Pere Pescador **E** (GIR) 49 Da 95
San Pedro Samuel **E** (BUR) 21 Wa 94
San Pelaio **E** (VIZ) 11 Xb 88
San Pelaio = San Pelayo **E** (VIZ) 11 Xb 88
San Pelayo **E** (ÁLA) 23 Xa 92
San Pelayo **E** (AST) 5 Ta 89
San Pelayo **E** (AST) 7 Uc 88
San Pelayo **E** (BUR) 22 Wd 90
San Pelayo **E** (CAN) 8 Vb 90
San Pelayo **E** (LEÓ) 36 Ua 94
San Pelayo **E** (VALL) 55 Uf 98
San Pelayo **E** (ZAM) 54 Uc 99
San Pelayo de Guareña **E** (SAL) 54 Ua 102
San Pelayo de Tehona **E** (AST) 6 Td 87
San Pelegrín **E** (HUES) 44 Aa 95
San Platón **E** (HUEL) 133 Tb 122
San Plegrín **E** (HUES) 44 Aa 95
San Pol de Mar = Sant Pol de Mar **E** (BAR) 48 Cd 99
San Privat de Bas = Sant Privat d'en Bas **E** (GIR) 48 Cc 96
San Prudencio **E** (GUI) 23 Xd 90
San Prudentzio = San Prudencio **E** (GUI) 23 Xd 90
San Quintín **E** (CIU) 122 Ve 116
San Quintín de Mediona = Sant Quintí de Mediona **E** (BAR) 65 Bd 100
San Quirce **E** (BUR) 39 Wc 95
San Quirce de Riopisuerga **E** (BUR) 21 Ve 93
San Quirico de Besora = Sant Quirze de Besora **E** (BAR) 48 Cb 96
San Quirico de Tarrasa = Sant Quirze del Vallès **E** (BAR) 66 Ca 99
San Quirico Safaja = Sant Quirze Safaja **E** (BAR) 48 Ca 98
San Rafael **E** (ALB) 127 Ye 115
San Rafael **E** (CÁD) 157 Ua 128
San Rafael **E** (SEG) 74 Ve 104
San Rafael **E** (SEV) 148 Ua 127
San Rafael del Río **E** (CAS) 81 Ac 105
San Rafael de Olivenza **E** (BAD) 118 Sf 116
San Ramón **E** (COR) 3 Rf 87
San Ramón = Sant Ramon **E** (LLE) 47 Bc 98
San Roke/Azcue = San Roque **E** (GUI) 11 Xd 89
San Román **E** (AST) 6 Tf 88
San Román **E** (CAN) 9 Wa 89

San Román **E** (CAN) 9 Wb 88
San Román **E** (COR) 14 Rb 91
San Román **E** (HUES) 44 Zf 95
San Román **E** (LUG) 16 Sc 91
San Román **E** (SAL) 71 Tf 103
San Román (Cervantes) **E** (LUG) 17 Sf 91
San Román = Sariego **E** (AST) 7 Uc 88
San Román de Basa **E** (HUES) 26 Ze 93
San Román de Cameros **E** (RIO) 41 Xd 95
San Román de Campezo **E** (ÁLA) 23 Xd 92
San Román de Hornija **E** (VALL) 55 Ue 100
San Román de la Cuba **E** (PAL) 37 Va 95
San Román de la Vega **E** (LEÓ) 18 Tf 94
San Román de los Caballeros **E** (LEÓ) 18 Ua 93
San Román de los Infantes **E** (ZAM) 54 Ua 100
San Román de los Montes **E** (TOL) 88 Vb 108
San Román de los Oteros **E** (LEÓ) 37 Ud 94
San Román del Valle **E** (ZAM) 36 Ub 96
San Román de San Millán **E** (ÁLA) 24 Xe 91
San Román el Antiguo **E** (LEÓ) 36 Ua 94
San Roque **E** (ALM) 162 Xa 128
San Roque **E** (CÁD) 165 Ud 131
San Roque **E** (CAN) 10 Wd 88
San Roque **E** (GUI) 11 Xd 89
San Roque (Coristanco) **E** (COR) 2 Rb 89
San Roque (Padrenda) **E** (OUR) 33 Rf 96
San Roque de Riomiera **E** (CAN) 10 Wb 89
San Sadurní = Sant Sadurní de l'Heura **E** (GIR) 49 Cf 97
San Sadurní de Noya = Sant Sadurní d'Anoia **E** (BAR) 65 Be 100
San Sadurniño = Avenida do Marqués de Figueroa **E** (COR) 3 Rf 87
San Salvador **E** (CÁC) 86 Ub 107
San Salvador **E** (CAN) 9 Wb 88
San Salvador **E** (VALL) 55 Uf 99
San Salvador de Bastavales **E** (COR) 14 Rc 92
San Salvador de Cantamuda **E** (PAL) 20 Vd 91
San Salvador del Moral **E** (PAL) 38 Ve 96
San Salvador del Valle = Trapago-Causo **E** (VIZ) 10 Wf 89
San Salvador de Meis **E** (PON) 14 Rb 94
San Salvador de Negrillos **E** (LEÓ) 36 Uc 95
San Salvador de Viaña = Sant Salvador de Bianya **E** (GIR) 48 Cc 95
San Sardurniño de Goiáns **E** (COR) 14 Ra 92
San Saturnino **E** (COR) 3 Rf 87
San Saturnino **E** (HUES) 44 Zf 95
San Saturnino de Osormort = Sant Sadurní d'Osormort **E** (BAR) 48 Cc 97
San Sebastián **E** (CAN) 9 Vd 89
San Sebastián **E** (ZAR) 61 Yd 100
San Sebastián de la Gomera **E** (TEN) 172 II C 2
San Sebastián de los Ballesteros **E** (CÓRD) 136 Vb 123
San Sebastián de los Reyes **E** (MAD) 75 Wc 105
San Serafín **E** (CIU) 122 Vd 118
San Silvestre de Guzmán **E** (HUEL) 146 Sd 124
San Simón **E** (PON) 32 Rc 96
San Simon **E** (TEN) 171 C 3
San Simones **E** (ÁVI) 72 Ud 105
Sansoain **E** (NAV) 25 Yc 93
Sansoain **E** (NAV) 25 Ye 92
Sansol **E** (NAV) 24 Xe 93
Sansomáin **E** (NAV) 25 Yc 93
Sansor **E** (LLE) 29 Be 94
Santa **P** (Vi) 68 Rf 104
Santa, La - **E** (PALM) 176 C 3
Santa, La - **E** (RIO) 41 Xd 95
Santa Afra **E** (GIR) 48 Ce 96
Santa Agnès de Corona **E** (BAL) 97 Bb 114
Santa Amalia **E** (BAD) 105 Tf 114
Santa Amalia **E** (MÁL) 159 Vc 128
Santa Amara **P** (Co) 68 Sa 106
Santa Ana **E** (ALB) 126 Xf 116
Santa Ana **E** (ALB) 126 Ya 115
Santa Ana **E** (ALI) 143 Zc 119
Santa Ana **E** (CÁC) 105 Ua 113
Santa Ana **E** (JAÉ) 152 Wa 124
Santa Ana **E** (MUR) 142 Yf 123
Santa Ana **E** (ZAR) 42 Yb 97
Santa Ana, Balneario de - **E** (VAL) 113 Zc 114
Santa Ana de Pusa **E** (TOL) 88 Vb 110
Santa Ana la Real **E** (HUEL) 133 Tb 121
Santa Anastasia **E** (ZAR) 43 Ye 96
Santabaia **E** (LUG) 16 Sb 94
Santa Baia **E** (OUR) 33 Sa 94
Santabaia **E** (OUR) 33 Sb 96
Santaballa **E** (LUG) 4 Sb 89
Santa Bárbara **E** (ALI) 128 Zb 118
Santa Bárbara **E** (ALM) 154 Ya 124
Santa Bárbara **E** (ALM) 163 Xf 128
Santa Barbara **E** (BAL) 96 Df 108
Santa Barbara **E** (BAL) 96 Eb 109
Santa Bárbara **E** (BUR) 39 Vf 95
Santa Bárbara **E** (CAS) 95 Zf 109
Santa Bàrbara **E** (GIR) 31 Cd 95
Santa Bárbara **E** (SEV) 150 Vb 125
Santa Bàrbara **E** (TAR) 81 Ac 104
Santa Bárbara **E** (TEN) 172 I C 3
Santa Bárbara **E** (TER) 78 Yd 106
Santa Bárbara **E** (VAL) 112 Yd 112
Santa Bárbara **E** (VAL) 113 Zd 111
Santa Bárbara **E** (ZAR) 61 Yf 101
Santa Barbara **P** (Aç) 169 We 118
Santa Bárbara **P** (Aç) 169 Xd 116
Santa Bárbara **P** (Be) 144 Rc 124
Santa Bárbara **P** (Li) 100 Qe 113
Santa Bárbara **P** (Vi) 69 Sb 104
Santa Bárbara de Casa **E** (HUEL) 132 Se 122
Santa Bárbara de Nexe **P** (Fa) 145 Sa 126
Santa Bárbara de Padrões **P** (Be) 131 Sa 123
Santa Brígida **E** (CÓRD) 137 Vd 120
Santa Brígida **E** (PALM) 174 I D 2
Santa Càndia **E** (BAR) 65 Bd 99
Santacara **E** (NAV) 42 Yc 94
Santa Catalina **E** (BAL) 96 Ea 109
Santa Catalina **E** (MÁL) 159 Vd 128
Santa Catalina **E** (SAL) 53 Td 101
Santa Catalina **E** (TEN) 172 II B 1
Santa Catalina de Armada **E** (COR) 14 Rb 90
Santa Catarina **P** (Aç) 168 Wb 117
Santa Catarina **P** (Av) 67 Rc 106
Santa Catarina **P** (Le) 100 Qf 112
Santa Catarina **P** (Se) 116 Rb 118
Santa Catarina **P** (Se) 116 Rd 118
Santa Catarina da Fonte do Bispo **P** (Fa) 145 Sb 126
Santa Catarina da Serra **P** (Le) 82 Rb 110
Santa Cecilia **E** (BUR) 39 Wb 96
Santa Cecilia **E** (RIO) 41 Xd 95
Santa Cecilia del Alcor **E** (PAL) 38 Vc 97
Santa Cecília de Voltregà **E** (BAR) 48 Cb 97
Santa Cilia **E** (HUES) 44 Zf 95
Santa Cilia de Jaca **E** (HUES) 26 Zb 93
Santa Cita **P** (Sa) 101 Rd 111
Santa Clara **E** (BUR) 38 Vf 95
Santa Clara **E** (CÓRD) 121 Uf 117
Santa Clara **E** (GUA) 76 Xa 104
Santa Clara **P** (Co) 83 Rd 107
Santa Clara **P** (Sa) 102 Rf 111
Santa Clara-a-Nova **P** (Be) 145 Rf 124
Santa Clara-a-Velha **P** (Be) 144 Rd 123
Santa Clara de Avedillo **E** (ZAM) 54 Ub 100
Santa Clara de Louredo **P** (Be) 131 Sa 121
Santa Coloma **AND** 29 Bc 94
Santa Coloma **E** (LLE) 28 Af 94
Santa Coloma **E** (RIO) 41 Xc 94
Santa Coloma de Cervelló **E** (BAR) 66 Ca 100
Santa Coloma de Farners **E** (GIR) 48 Ce 97
Santa Coloma de Gramenet **E** (BAR) 66 Cb 100
Santa Coloma del Rudrón **E** (BUR) 21 Wa 92
Santa Coloma de Queralt **E** (TAR) 65 Bc 99
Santa Colomba **E** (AST) 5 Ta 88
Santa Colomba de Curueño **E** (LEÓ) 19 Ud 92
Santa Colomba de las Arrimadas **E** (LEÓ) 19 Ue 92
Santa Colomba de las Carabias **E** (ZAM) 36 Uc 96
Santa Colomba de las Monjas **E** (ZAM) 36 Ub 97
Santa Colomba de la Vega **E** (LEÓ) 36 Ua 95
Santa Colomba de Sanabria **E** (ZAM) 35 Tb 96
Santa Colomba de Somoza **E** (LEÓ) 35 Te 94
Santa Comba **E** (AST) 17 Ta 91
Santa Comba **E** (COR) 14 Rb 90
Santa Comba **P** (Gu) 69 Sb 106
Santa Comba **P** (Gu) 70 Sf 103
Santa Comba **P** (Por) 50 Rd 102
Santa Comba **P** (VC) 32 Rc 98
Santa Comba Dão **P** (Vi) 68 Rf 106
Santa Comba da Vilariça **P** (Ba) 52 Sf 100
Santa Comba de Roça **P** (Ba) 53 Tb 98
Santa Combinha **P** (Ba) 52 Ta 99
Santa Creu **E** (HUES) 45 Ac 95
Santa Creu de Castellbò **E** (LLE) 29 Bb 94
Santa Creu de Joglars **E** (BAR) 47 Ca 96
Santa Cristina **E** (CUE) 77 Xe 105
Santa Cristina **E** (OUR) 34 Sf 95
Santa Cristina **P** (Vi) 68 Re 106
Santa Cristina de Aro = Sant Cristina d'Aro **E** (GIR) 49 Da 98
Santa Cristina de la Polvorosa **E** (ZAM) 36 Ub 96
Santa Cristina del Páramo **E** (LEÓ) 36 Ub 95
Santa Cristina de Valmadrigal **E** (LEÓ) 37 Ue 94
Santa Croya de Tera **E** (ZAM) 36 Ua 97
Santa Cruz **E** (ALM) 154 Xc 126
Santa Cruz **E** (CAN) 9 Vf 89
Santa Cruz **E** (CAN) 10 Wd 89
Santa Cruz **E** (CÓRD) 136 Vc 122
Santa Cruz **E** (LUG) 4 Sd 87
Santa Cruz **E** (MUR) 142 Yf 120
Santa Cruz **E** (SEG) 57 Wb 101
Santa Cruz **P** (Ba) 34 Ta 97
Santa Cruz **P** (Be) 145 Sa 124
Santa Cruz **P** (Li) 100 Qd 114
Santa Cruz **P** (Ma) 167 I D 2
Santa Cruz **P** (Se) 130 Rb 120
Santa Cruz, La **E** (BAD) 119 Td 118
Santa Cruz da Graciosa **P** (Aç) 168 Wf 114
Santa Cruz das Flores **P** (Aç) 168 Tf 112
Santa Cruz da Trapa **P** (Vi) 68 Rf 104
Santa Cruz de Abranes **E** (ZAM) 35 Tb 97
Santa Cruz de Alhalma o del Comercio **E** (GRA) 151 Wa 126
Santa Cruz de Andino **E** (BUR) 22 Wc 91
Santa Cruz de Bezana **E** (CAN) 9 Wa 88
Santa Cruz de Boedo **E** (PAL) 21 Vd 93
Santa Cruz de Campezo = Santi Kurutze Kanpezu **E** (ÁLA) 23 Xd 92
Santa Cruz de Grío **E** (ZAR) 60 Yd 100
Santa Cruz de Juarros **E** (BUR) 39 Wd 95
Santa Cruz de la Palma **E** (TEN) 171 C 2
Santa Cruz de la Salceda **E** (BUR) 57 Wc 99
Santa Cruz de la Serós **E** (HUES) 26 Zb 93
Santa Cruz de la Sierra **E** (CÁC) 105 Ua 112
Santa Cruz de la Zarza **E** (PAL) 38 Vc 96
Santa Cruz de la Zarza **E** (TOL) 90 We 109
Santa Cruz del Fierro **E** (ÁLA) 23 Xa 93
Santa Cruz del Monte **E** (PAL) 20 Vd 94
Santa Cruz de los Cáñamos **E** (CIU) 125 Xa 117
Santa Cruz de los Cuérragos **E** (ZAM) 35 Tc 97
Santa Cruz del Retamar **E** (TOL) 89 Ve 108
Santa Cruz del Sil **E** (LEÓ) 17 Tc 92
Santa Cruz del Tozo **E** (BUR) 21 Wa 93
Santa Cruz de Lumiares **P** (Vi) 51 Sb 102
Santa Cruz del Valle **E** (ÁVI) 88 Va 107
Santa Cruz del Valle Urbión **E** (BUR) 40 We 95
Santa Cruz de Llanera **E** (AST) 6 Ua 88
Santa Cruz de Mieres **E** (AST) 7 Ub 89
Santa Cruz de Moncayo **E** (ZAR) 42 Yb 97
Santa Cruz de Montes **E** (LEÓ) 18 Te 93
Santa Cruz de Moya **E** (CUE) 93 Ye 109
Santa Cruz de Mudela **E** (CIU) 124 Wd 117
Santa Cruz de Nogueras **E** (TER) 61 Yf 102
Santa Cruz de Paniagua **E** (CÁC) 86 Td 107
Santa Cruz de Pinares **E** (ÁVI) 73 Vc 105
Santa Cruz de Tenerife **E** (TEN) 173 I F 3
Santa Cruz de Yanguas **E** (SOR) 41 Xd 96
Santa Cruz d'Horta **E** (GIR) 48 Cd 97
Santa Cruz do Lima **P** (VC) 32 Rd 98
Sant Adrià **E** (LLE) 46 Af 95
Sant Adrià de Besòs **E** (BAR) 66 Cb 100
Santa Elena **E** (BAD) 134 Tf 119
Santa Elena **E** (CAS) 80 Ze 106
Santa Elena **E** (JAÉ) 124 Wc 118
Santa Elena de Emerando **E** (VIZ) 11 Xb 88
Santa Elena de Jamuz **E** (LEÓ) 36 Ua 95
Santa Elisabet **E** (BAL) 96 Ea 108
Santaella **E** (CÓRD) 150 Va 123
Santa Engrácia **E** (BAD) 118 Ta 115
Santa Engracia **E** (HUES) 26 Zb 93
Santa Engracia **E** (HUES) 44 Zc 95
Santa Engràcia **E** (LLE) 46 Af 95
Santa Engracia **E** (RIO) 41 Xe 95
Santa Engracia **E** (ZAR) 43 Ye 97
Santa Espina, La **E** (VALL) 55 Uf 98
Santa Eufemia **E** (CÓRD) 122 Va 117
Santa Eufemia **E** (LUG) 17 Se 93
Santa Eufemia **E** (OUR) 33 Sb 95
Santa Eufemia **E** (SEV) 148 Tf 125
Santa Eufémia **P** (Gu) 70 Se 104
Santa Eufémia **P** (Le) 82 Rb 110
Santa Eufemia del Arroyo **E** (VALL) 37 Ue 97
Santa Eufemia del Barco **E** (ZAM) 54 Ua 98
Santa Eugenia **E** (AST) 7 Ud 88
Santa Eugènia **E** (BAL) 98 Cf 111
Santa Eugénia **P** (VR) 52 Sd 100
Santa Eugenia (Ribeira) **E** (COR) 14 Ra 93
Santa Eugènia de Berga **E** (BAR) 48 Cb 97
Santa Eugènia de Relat **E** (BAR) 47 Bf 97
Santa Eugènia de Ter **E** (GIR) 49 Ce 97
Santa Eulalia **E** (ÁLA) 23 Xa 91
Santa Eulalia **E** (AST) 6 Ua 89
Santa Eulalia **E** (AST) 7 Uc 88
Santa Eulalia **E** (AST) 7 Ud 88
Santa Eulalia **E** (AST) 8 Vc 88
Santa Eulàlia **E** (BAR) 47 Ca 97
Santa Eulalia **E** (CAN) 20 Vd 90
Santa Eulalia **E** (JAÉ) 138 Wd 120
Santa Eulalia **E** (LUG) 16 Sb 92
Santa Eulália **E** (OUR) 34 Sf 94
Santa Eulalia **E** (TER) 78 Ye 105
Santa Eulália **P** (Av) 68 Re 103
Santa Eulália **P** (Gu) 69 Sb 106
Santa Eulália **P** (Li) 115 Qe 115
Santa Eulália **P** (Pg) 103 Se 114
Santa Eulalia Bajera **E** (RIO) 41 Xe 95
Santa Eulalia de Gállego **E** (ZAR) 43 Zb 95
Santa Eulalia de la Peña **E** (HUES) 44 Zd 95
Santa Eulalia de las Manzanas **E** (LEÓ) 18 Ua 91
Santa Eulalia del Río **E** (ZAM) 35 Te 96
Santa Eulalia de Oscos (Santalla d'Ozcos) **E** (AST) 5 Sf 89
Santa Eulàlia de Pardines **E** (BAR) 47 Ca 97
Santa Eulàlia de Puig-oriol **E** (BAR) 48 Ca 96
Santa Eulàlia de Riuprimer **E** (BAR) 48 Cb 97
Santa Eulàlia de Ronçana **E** (BAR) 48 Cb 99
Santa Eulalia de Ronsana = Santa Eulàlia de Roncana **E** (BAR) 48 Cb 99
Santa Eulalia de Tábara **E** (ZAM) 36 Ua 98
Santa Eulalia de Tineo **E** (AST) 6 Td 88
Santa Eulalia La Mayor **E** (HUES) 44 Ze 95
Santa Eulalia Smera **E** (RIO) 41 Xe 95
Santa Eulària de Dalt **E** (BAL) 96 Ea 109
Santa Eulària del Riu **E** (BAL) 97 Bd 115
Santa Euxea **E** (LUG) 16 Sc 91
Santa Euxenia (Ribeira) = Santa Eugenia (Ribeira) **E** (COR) 14 Ra 93
Santa Faz **E** (ALI) 128 Zd 118
Santa Fe **E** (GRA) 152 Wb 125
Santa Fe de Escániz **E** (NAV) 25 Ye 92
Santa Fe del Panadés = Santa Fe del Penedès **E** (BAR) 65 Be 100
Santa Fe del Penedès **E** (BAR) 65 Be 100
Santa Fe de Mondújar **E** (ALM) 154 Xc 127
Santa Fe de Segarra **E** (LLE) 47 Bc 98
Santagadea **E** (AST) 5 Ta 87
Santa Gadea **E** (BUR) 21 Wa 91
Santa Gadea del Cid **E** (BUR) 22 Wf 92
Santa Gadía **E** (AST) 7 Uc 89
Santa Gertrudis **E** (MUR) 141 Yc 123
Santa Gertrudis de Fruitera **E** (BAL) 97 Bc 115
Sant Agustí de Lluçanès **E** (BAR) 48 Ca 96
Sant Agusti des Vedrá **E** (BAL) 97 Bb 115
Santa Iglesia **E** (SEV) 149 Ud 124
Santa Inés **E** (BUR) 39 Wb 96
Santa Inés **E** (SAL) 72 Uc 104
Santa Iria **P** (Be) 132 Sc 121
Santa Iria de Azóia **P** (Li) 115 Qf 115
Santa Isabel **E** (ZAR) 62 Zb 98
Santa Juliana **E** (BUR) 39 Wa 95
Santa Juliana **E** (SEV) 149 Ud 124
Santa Justa **E** (HUES) 27 Aa 93
Santa Justa **P** (Ba) 52 Sf 101
Santa Justa **P** (Év) 117 Sa 116
Santa Justa **P** (Fa) 146 Sb 124
Santa Justa **P** (Sa) 101 Re 114
Santalavilla **E** (LEÓ) 35 Tc 94
Santa Lecina **E** (HUES) 45 Aa 98
Santa Leocadia **E** (CÁC) 104 Tc 113
Santa Leocadia **E** (MUR) 141 Yc 122
Santa Leocádia **P** (Vi) 51 Sc 102
Santa Leocádia **P** (VR) 52 Sd 99
Santa Leocádia (Geraz do Lima) **P** (VC) 32 Rc 98
Santa Leocadia de Algama = Santa Llogaia d'Alguema **E** (GIR) 31 Cf 95
Santa Leocadia de Perillo **E** (COR) 3 Rd 88
Santa Leonor **E** (ÁVI) 74 Vd 106
Santalha **P** (Ba) 34 Sf 97
Santa Liestra y San Quílez **E** (HUES) 45 Ac 95
Santa Linya **E** (LLE) 46 Ae 97
Santa Liña = Santa Linya **E** (LLE) 46 Ae 97
Santa Locaia **E** (OUR) 33 Sa 95
Sant Altoni de Calonge **E** (GIR) 49 Da 97
Santa Lucaia Banzá **E** (COR) 15 Re 91
Santa Lucía **E** (CÁD) 157 Uc 127
Santa Lucía **E** (CÁD) 164 Ua 131
Santa Lucía **E** (HUES) 26 Zb 92
Santa Lucía **E** (HUES) 45 Ac 95
Santa Lucía **E** (LEÓ) 19 Uc 91
Santa Lucía **E** (PALM) 174 I C 3
Santa Lucía **E** (RIO) 41 Xe 95
Santa Lucía **E** (TEN) 171 C 2
Santa Lucía (Moraña) **E** (PON) 14 Rc 93
Santa Lucía de la Sierra **E** (ÁVI) 87 Uc 106
Santa Lucrécia de Algeriz **P** (Br) 50 Rd 99
Santa Luzia **P** (Aç) 168 Wd 117
Santa Luzia **P** (Bc) 131 Rd 122
Santa Luzia **P** (Fa) 146 Sc 126
Santa Luzia **P** (VC) 32 Ra 98
Santalla **E** (LUG) 16 Se 92
Santalla **E** (LUG) 17 Sf 92
Santalla de Devesa **E** (LUG) 16 Sb 90
Santa Llogaia d'Àlguema **E** (GIR) 31 Cf 95
Santa Llogaia del Terri **E** (GIR) 49 Cf 96
Santa Llúcia **E** (GIR) 48 Cd 96
Santa Llúcia de Mur **E** (LLE) 46 Af 96
Santa Madalena **P** (Ma) 166 I A 1
Santa Magdalena **E** (LLE) 29 Be 94
Santa Magdalena de Pulpis **E** (CAS) 81 Ab 106
Sant Amanç **E** (GIR) 48 Cd 97
Santa Margalida **E** (BAL) 99 Da 110
Santa Margarida **E** (BAR) 65 Bd 101
Santa Margarida **E** (GIR) 31 Da 95
Santa Margarida **E** (GIR) 49 Db 97
Santa Margarida **P** (Fa) 145 Re 125
Santa Margarida **P** (Fa) 146 Sb 126
Santa Margarida **P** (Sa) 101 Re 112
Santa Margarida da Coutada **P** (Sa) 101 Re 112
Santa Margarida da Serra **P** (Se) 130 Rc 120
Santa Margarida de Bianya **E** (GIR) 48 Cc 95
Santa Margarida de Montbui **E** (BAR) 65 Bd 99
Santa Margarida do Sado **P** (Be) 131 Rd 120
Santa Margarita **E** (CÁD) 165 Ud 131
Santa Margarita de Montbuy = Santa Margarida del Montbui **E** (BAR) 65 Bd 99
Santa María **E** (AST) 6 Tf 89
Santa María **E** (AST) 18 Te 90
Santa María **E** (CÁC) 85 Tb 108
Santa María **E** (HUES) 26 Zb 94
Santa María **E** (HUES) 27 Aa 93
Santa María **E** (JAÉ) 138 Wc 123
Santa Maria **P** (VC) 32 Rb 98
Santa Maria **P** (VC) 32 Rc 98
Santa Maria (Évora Monte) **P** (Év) 117 Sb 116
Santa María Ananúñez **E** (BUR) 21 Ve 94
Santa Maria de Aguiar **P** (Gu) 70 Ta 103
Santa María de Bálsamos **E** (SEG) 57 Wb 100
Santa María de Barbará = Barberà del Vallès **E** (BAR) 66 Ca 99
Santa María de Benevivere **E** (PAL) 38 Vc 94
Santa María de Bonaire **E** (VAL) 113 Zd 114
Santa María de Buil **E** (HUES) 27 Aa 94
Santa Maria de Camós **E** (GIR) 49 Ce 96
Santa María de Cayón **E** (CAN) 9 Wa 89
Santa Maria de Corcó **E** (BAR) 48 Cc 96
Santa María de Dexo **E** (COR) 3 Re 88
Santa Maria de Emeres **P** (VR) 52 Sd 99
Santa Maria de Feira **P** (Av) 67 Rc 103
Santa María de Getxo **E** (VIZ) 11 Wf 88
Santa María de Guía de Gran Canaria = Guía **E** (PALM) 174 I C 2
Santa María de Huerta **E** (SOR) 59 Xe 101
Santa María de la Alameda **E** (MAD) 74 Ve 105
Santa María del Águila **E** (ALM) 162 Xb 128
Santa María de la Isla **E** (LEÓ) 36 Ua 94
Santa Maria de Lamas **P** (Av) 67 Rc 103
Santa María de la Nuez **E** (HUES) 45 Aa 95
Santa María del Arroyo **E** (ÁVI) 73 Va 105
Santa María de las Hoyas **E** (SOR) 40 Wf 98
Santa María de las Lomas **E** (CÁC) 87 Uc 108
Santa María de la Vega **E** (PAL) 38 Vb 94
Santa María de la Vega **E** (ZAM) 36 Ub 96
Santa María del Berrocal **E** (ÁVI) 72 Ud 105
Santa Maria del Camí **E** (BAL) 98 Ce 111
Santa Maria del Camí **E** (BAR) 47 Bc 99
Santa María del Campo **E** (BUR) 39 Wa 96
Santa María del Campo Rus **E** (CUE) 110 Xd 111
Santa María del Cerro **E** (SEG) 57 Wb 101
Santa María de Leiloio **E** (COR) 2 Rb 89
Santa María del Espino **E** (GUA) 77 Xe 103
Santa María del Invierno **E** (BUR) 22 Wd 94
Santa María del Mar **E** (TEN) 173 I F 3
Santa María del Monte de Cea **E** (LEÓ) 19 Uf 94
Santa María del Monte del Condado **E** (LEÓ) 19 Ud 92

Santa María del Oló **E** (BAR) 47 Ca 97
Santa María de los Caballeros **E** (ÁVI) 72 Ud 106
Santa María de los Llanos **E** (CUE) 110 Xb 112
Santa María de los Llanos **E** (SAL) 71 Ua 106
Santa María de los Oteros **E** (LEÓ) 37 Ud 94
Santa María del Páramo **E** (LEÓ) 36 Ub 94
Santa María del Pla **E** (BAR) 47 Be 99
Santa María del Prado **E** (SOR) 59 Xc 100
Santa María del Río **E** (LEÓ) 20 Uf 93
Santa María del Tiétar **E** (ÁVI) 88 Vc 107
Santa María del Val **E** (CUE) 77 Xf 105
Santa Maria de Llorell **E** (GIR) 49 Cf 98
Santa Maria de Marlés = Santa Maria de Merlès **E** (BAR) 47 Bf 96
Santa María de Mave **E** (PAL) 21 Ve 92
Santa Maria de Meià **E** (LLE) 46 Af 97
Santa María de Mercadillo **E** (BUR) 39 Wc 97
Santa Maria de Merlès **E** (BAR) 47 Bf 96
Santa Maria de Miralles **E** (BAR) 65 Bd 99
Santa Maria de Montcada **E** (BAR) 66 Cb 100
Santa Maria de Montmagastrell **E** (LLE) 46 Ba 98
Santa María de Nava **E** (PAL) 21 Ve 91
Santa María de Nava la Zapatera u Hoya de Santa María **E** (BAD) 134 Tf 120
Santa María de Nebra **E** (COR) 14 Ra 92
Santa María de Nieva **E** (ALM) 154 Ya 124
Santa María de Oleiros **E** (COR) 3 Re 88
Santa María de Oló = Santa Maria d'Oló **E** (BAR) 47 Ca 97
Santa María de Ordás **E** (LEÓ) 19 Ub 92
Santa Maria de Palautordera **E** (BAR) 48 Cc 98
Santa María de Redondo **E** (PAL) 20 Vd 91
Santa María de Riaza **E** (SEG) 58 Wd 100
Santa María de Sando **E** (SAL) 71 Tf 103
Santa María de Sardoura **P** (Av) 50 Re 102
Santa María de Trassierra **E** (CÓRD) 136 Va 121
Santa María de Valverde **E** (ZAM) 36 Ua 97
Santa Maria de Vialba **E** (BAR) 65 Bf 99
Santa María de Vigo **E** (COR) 3 Re 89
Santa María en Cameros **E** (RIO) 41 Xc 95
Santa María la Real de Nieva **E** (SEG) 56 Vd 102
Santa Mariana **E** (BAL) 96 Eb 109
Santa María Ribarredonda **E** (BUR) 22 We 93
Santa María-Tajadura **E** (BUR) 39 Wb 94
Santa Marina **E** (AST) 6 Ua 90
Santa Marina **E** (BUR) 22 Wd 94
Santa Marina **E** (CIU) 123 Wa 115
Santa Marina **E** (GUI) 12 Xe 90
Santa Marina **E** (HUEL) 134 Td 121
Santa Marina **E** (JAÉ) 139 Wf 120
Santa Marina **E** (RIO) 41 Xd 95
Santa Marina **E** (SAL) 54 Tf 102
Santa Marina del Rey **E** (LEÓ) 18 Ua 93
Santa Marina del Sil **E** (LEÓ) 18 Td 93
Santa Marina de Somoza **E** (LEÓ) 18 Te 94
Santa Marina de Torre **E** (LEÓ) 18 Td 93
Santa Marina de Valdeón **E** (LEÓ) 8 Va 90
Santa Marinha **P** (Br) 32 Rd 98
Santa Marinha **P** (Gu) 69 Sc 106
Santa Marinha **P** (VC) 32 Rd 96
Santa Marinha **P** (VR) 51 Sb 99
Santa Marinha do Zêzere **P** (Por) 51 Sa 102
Santa Marinica **E** (LEÓ) 36 Ua 94
Santa Mariña **E** (LUG) 16 Sa 93
Santa Mariña da Ponte **E** (OUR) 34 Sf 95
Santa Mariña de Augasantas **E** (OUR) 33 Sb 95
Santa Marta **E** (ALB) 111 Xe 113
Santa Marta **E** (ALB) 111 Xe 114
Santa Marta **E** (BAD) 119 Tc 117
Santa Marta **E** (CÁC) 105 Tf 111
Santa Marta **E** (LUG) 16 Sb 90
Santa Marta **P** (Fa) 146 Sc 124
Santa Marta **P** (Por) 50 Re 101
Santa Marta da Montanha **P** (VR) 51 Sb 99
Santa Marta de Magasca **E** (CÁC) 105 Tf 111
Santa Marta de Penaguião **P** (VR) 51 Sb 101
Santa Marta de Tera **E** (ZAM) 36 Ua 97
Santa Marta de Tormes **E** (SAL) 72 Uc 103
Santa Maura **E** (HUES) 28 Ac 94
Santamera **E** (GUA) 58 Xb 102
Santana **E** (PAL) 20 Vc 92
Santana **P** (Aç) 168 Wd 117
Santana **P** (Aç) 170 Ze 121
Santana **P** (Be) 132 Sc 121
Santana **P** (Co) 82 Rb 107
Santana **P** (Év) 117 Sa 116
Santana **P** (Év) 132 Sb 119
Santana **P** (Ma) 167 I C 2
Santana **P** (Pg) 102 Sb 111
Santana **P** (Se) 115 Qf 118
Santana **P** (VC) 32 Ra 97
Santana da Azinha **P** (Gu) 69 Se 106
Santana da Serra **P** (Be) 145 Re 123
Santana de Cambas **P** (Be) 132 Sc 123
Santana do Campo **P** (Év) 117 Rf 116
Santander **E** (CAN) 9 Wb 88
Sant Andreu **E** (BAR) 48 Cd 99
Sant Andreu de Castellbò **E** (LLE) 29 Bb 94
Sant Andreu de la Barca **E** (BAR) 65 Bf 100
Sant Andreu del Coll **E** (GIR) 48 Cc 95
Sant Andreu del Far **E** (BAR) 48 Cc 99
Sant Andreu del Terri **E** (GIR) 49 Cf 96
Sant Andreu de Llavaneres **E** (BAR) 48 Cc 99
Sant Andreu Salou **E** (GIR) 49 Ce 97
Sant Aniol de Finestres **E** (GIR) 48 Cd 96
Sant Antolí i Vilanova **E** (LLE) 46 Bc 99
Sant Antoni Abat **E** (BAL) 97 Bb 115
Sant Antoni de Vilamajor **E** (BAR) 66 Cc 99
Santanyí **E** (BAL) 99 Da 112
Santa Olaja de Eslonza **E** (LEÓ) 19 Ud 93
Santa Olaja de la Acción **E** (LEÓ) 20 Uf 92
Santa Olaja de la Ribera **E** (LEÓ) 19 Uc 93
Santa Olaja de la Varga **E** (LEÓ) 20 Uf 91
Santa Olaja de la Vega **E** (PAL) 20 Vb 93
Santa Olaja de Porma **E** (LEÓ) 19 Ud 93
Santa Olalla **E** (CAN) 21 Ve 91
Santa Olalla **E** (GRA) 153 Xb 125
Santa Olalla **E** (TOL) 89 Vd 108
Santa Olalla de Aguayo **E** (CAN) 21 Vf 90
Santa Olalla de Bureba **E** (BUR) 22 Wd 94
Santa Olalla del Cala **E** (HUEL) 134 Te 121
Santa Olalla del Valle **E** (BUR) 40 We 94
Santa Olalla de Valdivielso **E** (BUR) 22 Wc 92
Santa Olalla de Yeltes **E** (SAL) 71 Te 104
Santa Oliva **E** (TAR) 65 Bd 101
Santa Ovaia **P** (Co) 83 Sa 107
Santa Pau **E** (GIR) 48 Cd 96
Santa Pellaia **E** (GIR) 49 Cf 97
Santa Pequena **P** (Be) 145 Re 124
Santa Perpètua de Gaià **E** (TAR) 65 Bc 100
Santa Perpetua de la Moguda = Santa Perpètua de Mogoda **E** (BAR) 66 Cb 99
Santa Perpètua de Mogoda **E** (BAR) 66 Cb 99
Santa Pola **E** (ALI) 143 Zc 119
Santa Ponça **E** (BAL) 96 Df 109
Santa Ponça **E** (BAL) 98 Cc 111
Santa Ponça **E** (BAL) 99 Db 111
Santa Quiteria **E** (CIU) 107 Vd 113
Santa Quiteria **E** (TER) 78 Ye 104
Santar **P** (Vi) 68 Sa 105
Santarandel **E** (COR) 15 Rf 90
Santarém **P** (Sa) 101 Rb 113
Santarén de los Peces **E** (ZAM) 54 Ua 102
Santa Rita **P** (Fa) 146 Sc 125
Santa Rito **E** (BAL) 96 Eb 109
Santa Rosa **E** (AST) 7 Ub 89
Santa Rosa **E** (CÓRD) 136 Vb 122
Santa Rosalía **E** (BUR) 39 Vf 95
Santa Rosalía **E** (MÁL) 159 Vc 128
Santas **E** (PON) 32 Rd 96
Santa Sabiña **E** (COR) 2 Ra 90
Santa Sedina **E** (GIR) 49 Cf 98
Santa Sirga **E** (BAL) 99 Db 111
Santas Martas **E** (LEÓ) 19 Ud 94
Santa Sofia **P** (Év) 117 Rf 117
Santa Susana **P** (Be) 145 Re 124
Santa Susana **P** (Év) 117 Sc 117
Santa Susana **P** (Se) 116 Rd 118
Santa Susana = Santa Susanna **E** (BAR) 48 Ce 99
Santa Susanna **E** (BAR) 48 Ce 99
Santa Susanna **E** (LLE) 47 Bd 97
Santa Susanna de Peralta **E** (GIR) 49 Da 97
Santa Teresa **E** (SAL) 72 Uc 104
Sant Augustin **E** (BAL) 98 Cd 111
Santa Ursula **E** (TEN) 173 I E 3
Santa Valha **P** (VR) 52 Se 98
Santa Vitória **P** (Be) 131 Rf 121
Sant Bartomeu de Covildases **E** (GIR) 48 Cc 96
Sant Bartomeu del Grau **E** (BAR) 48 Cb 97
Sant Bartomeu Sesgorgues **E** (BAR) 48 Cc 96
Sant Bernabé de les Tenes **E** (GIR) 48 Cb 95
Sant Bernat **E** (BAL) 96 Eb 109
Sant Boi de Lluçanès **E** (BAR) 48 Ca 96
Sant Carles de la Ràpita **E** (TAR) 81 Ad 105
Sant Carles de Peralta **E** (BAL) 97 Bd 114
Sant Cebrià dels Alls **E** (GIR) 49 Da 97
Sant Cebrià de Lledó **E** (GIR) 49 Cf 97
Sant Cebrià de Vallalta **E** (BAR) 48 Cd 99
Sant Cecilia **E** (SOR) 41 Xd 96
Sant Celoni **E** (BAR) 48 Cc 98
Sant Cerni = Sant Serni **E** (LLE) 46 Af 96
Sant Climenç **E** (LLE) 47 Bc 97
Sant Climent **E** (BAL) 96 Eb 109
Sant Climent d'Amer **E** (GIR) 48 Cd 96
Sant Climent de Llobregat **E** (BAR) 65 Bf 100
Sant Climent de Peralta **E** (GIR) 49 Da 97
Sant Climent Sescebes **E** (GIR) 31 Cf 94
Sant Corneli **E** (BAR) 48 Bf 95
Sant Cristina d'Aro **E** (GIR) 49 Da 98
Sant Cristòfol de Castellbell **E** (BAR) 47 Be 99
Sant Cristòfol de la Donzell **E** (LLE) 46 Ba 96
Sant Cugat del Racó **E** (BAR) 47 Be 97
Sant Cugat del Vallès **E** (BAR) 66 Ca 100
Sant Cugat de Sesgarrigues **E** (BAR) 65 Be 100
Sant Dalmai **E** (GIR) 48 Ce 97
Sant Daniel **E** (GIR) 49 Da 97
Sante **E** (AST) 5 Tb 87
Sante **P** (Por) 50 Rd 102
Santecilla **E** (VIZ) 10 Wd 89
Santed **E** (ZAR) 60 Yc 102
Santeles **E** (PON) 15 Rd 92
Santelices **E** (BUR) 21 Wb 90
Sant Elies **E** (BAR) 47 Bf 96
San Telmo **E** (HUEL) 133 Ta 122
Sant Eloi **E** (BAL) 96 Ea 109
Santerón, El - **E** (CUE) 93 Yd 108
Santervás de Campos **E** (VALL) 37 Uf 95
Santervás de la Sierra **E** (SOR) 41 Xc 97
Santervás de la Vega **E** (PAL) 20 Vb 93
Santervás del Burgo **E** (SOR) 58 Wf 98
Santesteban **E** (NAV) 12 Yb 90
Sant Esteve **E** (BAR) 47 Bf 97
Sant Esteve de Guialbes **E** (GIR) 49 Cf 96
Sant Esteve de la Riba **E** (GIR) 47 Ca 95
Sant Esteve de la Sarga **E** (LLE) 46 Ae 96
Sant Esteve de Llémena **E** (GIR) 48 Cd 96
Sant Esteve d'en Bas **E** (GIR) 48 Cc 96
Sant Esteve de Palautordera **E** (BAR) 48 Cc 98
Sant Esteve de Vallespiráns **E** (GIR) 48 Ca 95
Sant Esteve Sesrovires **E** (BAR) 65 Bf 100
Sant Felip **E** (BAL) 96 Df 108
Sant Feliu de Boada **E** (GIR) 49 Da 97
Sant Feliu de Buixalleu **E** (GIR) 48 Cd 98
Sant Feliu de Codines **E** (BAR) 48 Ca 98
Sant Feliu de Guíxols **E** (GIR) 49 Da 98
Sant Feliù del Racò **E** (BAR) 48 Ca 99
Sant Feliu de Llobregat **E** (BAR) 66 Ca 100
Sant Feliu de Pallerols **E** (GIR) 48 Cd 96
Sant Feliu Sasserra **E** (BAR) 47 Ca 97
Sant Ferriol **E** (GIR) 48 Ce 95
Sant Fost de Campsentelles **E** (BAR) 66 Cb 99
Sant Francesc de Formentera **E** (BAL) 97 Bc 116
Sant Francesc de ses Salines **E** (BAL) 97 Bc 115
Sant Fruitós de Bages **E** (BAR) 47 Bf 98
Sant Gallard **E** (TAR) 65 Bc 99
Sant Genís **E** (BAR) 65 Bd 99
Sant Genís de Palafolls **E** (BAR) 48 Ce 99
Sant Genís de Vilassar = Vilassar de Dalt **E** (BAR) 66 Cc 99
Sant Gregori **E** (GIR) 48 Ce 97
Sant Guim de Freixenet **E** (LLE) 47 Bc 99
Sant Guim de la Plana **E** (LLE) 46 Bb 98
Sant Hilari Sacalm **E** (GIR) 48 Cd 97
Sant Hipòlit de Voltregà **E** (BAR) 48 Cb 96
Santiago **E** (JAÉ) 137 Vf 121
Santiago **E** (LUG) 4 Sb 88
Santiago **E** (VIZ) 23 Xc 90
Santiago **P** (Ba) 53 Tc 100
Santiago **P** (Gu) 69 Sb 106
Santiago **P** (Vi) 51 Sb 102
Santiago **P** (VR) 52 Sd 98
Santiago (Santa Maria de la Peregrina) **E** (COR) 15 Rc 91
Santiago Apóstol **E** (TOL) 89 Vd 107
Santiago da Guardia **P** (Le) 82 Rd 109
Santiago de Alcántara **E** (CÁC) 103 Se 111
Santiago de Aravalle **E** (ÁVI) 87 Uc 107
Santiago de Besteiros **P** (Vi) 68 Rf 105
Santiago de Caçurraes **P** (Vi) 69 Sb 105
Santiago de Calatrava **E** (JAÉ) 137 Ve 122
Santiago de Compostela **E** (COR) 15 Rc 91
Santiago de la Espada **E** (JAÉ) 140 Xc 120
Santiago de la Puebla **E** (SAL) 72 Ue 104
Santiago de la Requejada **E** (ZAM) 35 Tc 96
Santiago de la Ribera **E** (MUR) 143 Zb 122
Santiago del Arroyo **E** (VALL) 56 Vc 100
Santiago de la Torre **E** (CUE) 110 Xc 112
Santiago de la Valduerna **E** (LEÓ) 36 Ua 95
Santiago del Campo **E** (CÁC) 104 Td 111
Santiago del Collado **E** (ÁVI) 72 Ud 106
Santiago de Litém **P** (Le) 82 Rc 109
Santiago del Molinillo **E** (LEÓ) 18 Ub 93
Santiago del Val **E** (PAL) 38 Vd 95
Santiago de Montalegre **P** (Sa) 102 Rf 111
Santiago de Mora **E** (ALB) 127 Yc 117
Santiago de Piães **P** (Vi) 51 Rf 102
Santiago de Riba-Ul **P** (Av) 68 Rd 103
Santiago de Ribeira de Alhariz **P** (VR) 52 Sd 99
Santiago de Tudela **E** (BUR) 22 We 90
Santiago do Cacém **P** (Se) 130 Rb 120
Santiago do Escoural **P** (Év) 117 Rf 117
Santiago dos Velhos **P** (Li) 100 Qf 115
Santiago Major (Aldeia das Pias) **P** (Év) 118 Sd 117
Santiago Millas **E** (LEÓ) 36 Tf 94
Santiais **P** (Le) 82 Rc 110
Santianes **E** (AST) 6 Tf 88
Santianes **E** (AST) 7 Ub 89
Santianes **E** (AST) 8 Uf 88
Santibáñez **E** (CAN) 9 Ve 89
Santibáñez **E** (LEÓ) 19 Uc 92
Santibáñez de Ayllón **E** (SEG) 58 We 100
Santibáñez de Béjar **E** (SAL) 72 Uc 106
Santibáñez de Ecla **E** (PAL) 21 Vd 92
Santibáñez de Esgueva **E** (BUR) 39 Wb 98
Santibáñez de la Isla **E** (LEÓ) 36 Ua 94
Santibáñez de la Peña **E** (PAL) 20 Vb 92
Santibáñez de la Sierra **E** (SAL) 71 Ua 106
Santibáñez del Cañedo **E** (SAL) 54 Ub 102
Santibáñez del Río **E** (SAL) 72 Ub 103
Santibáñez del Toral **E** (LEÓ) 18 Td 93
Santibáñez del Val **E** (BUR) 39 Wd 97
Santibáñez de Montes **E** (LEÓ) 18 Te 93
Santibáñez de Murias **E** (AST) 7 Uc 90
Santibáñez de Porma **E** (LEÓ) 19 Ud 93
Santibáñez de Resoba **E** (PAL) 20 Vc 91
Santibáñez de Rueda **E** (LEÓ) 19 Ue 92
Santibáñez de Tera **E** (ZAM) 36 Ua 97
Santibáñez de Valcorba **E** (VALL) 56 Vd 99
Santibáñez de Valdeiglesias **E** (LEÓ) 18 Ua 94
Santibáñez de Vidriales **E** (ZAM) 36 Tf 96
Santibáñez el Alto **E** (CÁC) 85 Tc 107
Santibáñez el Bajo **E** (CÁC) 86 Te 107
Santibáñez-Zarzaguda **E** (BUR) 21 Wb 94
Santich **E** (VAL) 128 Za 115
Santidad **E** (PALM) 174 I C 2
Santigoso **E** (OUR) 34 Ta 94
Santi Kurutze Kanpezu **E** (ÁLA) 23 Xd 92
Santillán **E** (AST) 7 Uf 89
Santillán **E** (BUR) 39 Wb 96
Santillán **E** (CAN) 8 Vd 88
Santillana **E** (ALM) 153 Xb 126
Santillana **E** (CAN) 9 Vf 88
Santillana **E** (SEG) 74 Vf 103
Santillana de Campos **E** (PAL) 38 Vd 94
Santillán de la Vega **E** (PAL) 20 Vb 94
Santiorxo **E** (OUR) 34 Sc 94
Santiponce **E** (SEV) 148 Tf 124
San Tirso **E** (AST) 7 Ub 89
Santiscal, El - **E** (CÁD) 157 Ub 128
Sant Iscle **E** (BAR) 47 Bf 98
Sant Iscle **E** (GIR) 49 Da 96
Sant Iscle de Vallalta **E** (BAR) 48 Cd 99
Santísimo Cristo del Humilladero **E** (BAD) 119 Td 118
Santiso de Vilanova **E** (COR) 2 Rb 89
Santisteban del Puerto **E** (JAÉ) 139 We 119
Santiurde de Reinosa **E** (CAN) 21 Vf 90
Santiurde de Toranzo **E** (CAN) 9 Wa 89
Santiuste **E** (BUR) 39 Wa 95
Santiuste **E** (GUA) 58 Xb 102
Santiuste **E** (SOR) 58 Xa 99
Santiuste de San Juan Bautista **E** (SEG) 56 Vc 102
Santiz **E** (SAL) 54 Ua 101
Sant Jaume de Frontanyà **E** (BAR) 47 Ca 95
Sant Jaume dels Domenys **E** (TAR) 65 Bd 101
Sant Jaume de Llierca **E** (GIR) 48 Cd 95
Sant Jaume d'Enveja **E** (TAR) 81 Ae 104
Sant Jaume Mediterrani **E** (BAL) 96 Ea 109
Sant Jaume Sesoliveres **E** (BAR) 65 Be 100
Sant Joan **E** (BAL) 99 Da 111
Sant Joan **E** (GIR) 49 Da 97
Sant Joan de Fàbregues **E** (BAR) 48 Cc 96
Sant Joan de Labritja **E** (BAL) 97 Bd 114
Sant Joan de les Abadesses **E** (GIR) 48 Cb 95
Sant Joan del Noguer **E** (BAR) 48 Cb 96
Sant Joan dels Balbs **E** (GIR) 48 Cc 96
Sant Joan de Mollet **E** (GIR) 49 Cf 96
Sant Joan de Montdarn **E** (BAR) 47 Be 97
Sant Joan de Penyagolosa **E** (CAS) 95 Zd 107
Sant Joan de Serra **E** (BAL) 96 Ea 108
Sant Joan Despí **E** (BAR) 66 Ca 100
Sant Joan de Torán **E** (LLE) 28 Ae 92
Sant Joan de Vilassar = Vilassar de Mar **E** (BAR) 66 Cc 99
Sant Joan de Vilatorrada **E** (BAR) 47 Be 98
Sant Joan de Vinyafrescal **E** (LLE) 46 Af 95
Sant Joan Fumat **E** (LLE) 29 Bc 94
Sant Joan les Fonts **E** (GIR) 48 Cd 95
Sant Jordi **E** (BAL) 96 Ea 108
Sant Jordi **E** (BAL) 97 Bc 115
Sant Jordi **E** (BAL) 98 Ce 111
Sant Jordi **E** (BAR) 47 Bf 95
Sant Jordi Desvalls **E** (GIR) 49 Cf 96
Sant Josep **E** (BAL) 96 Ea 108
Sant Josep de sa Talaia **E** (BAL) 97 Bb 115
Sant Julià d'Altura **E** (BAR) 66 Ca 99
Sant Julià de Boada **E** (GIR) 49 Da 97
Sant Julià de Cabrera **E** (BAR) 48 Cc 96
Sant Julià de Cerdanyola **E** (BAR) 48 Bf 95
Sant Julià de Lòria **AND** 29 Bc 94
Sant Julià de Ramis **E** (GIR) 49 Cf 96
Sant Julià de Vilatorta **E** (BAR) 48 Cb 97
Sant Just **E** (LLE) 46 Af 97
Sant Just d'Ardevol **E** (LLE) 47 Bd 97
Sant Just Desvern **E** (BAR) 66 Ca 100
Sant Llorenç **E** (BAL) 96 Df 109
Sant Llorenç **E** (BAL) 96 Ea 109
Sant Llorenc **E** (BAL) 96 Eb 109
Sant Llorenç **E** (BAL) 97 Bc 114
Sant Llorenç **E** (GIR) 49 Cf 98
Sant Llorenç de Campdevànol **E** (GIR) 48 Ca 95
Sant Llorenç de la Muga **E** (GIR) 31 Ce 95
Sant Llorenç de les Arenes **E** (GIR) 49 Cf 96
Sant Llorenç de Morunys **E** (LLE) 47 Bd 96
Sant Llorenç d'es Cardassar **E** (BAL) 99 Db 111
Sant Llorenç d'Hortons **E** (BAR) 65 Be 100
Sant Llorenç Savall **E** (BAR) 48 Ca 98
Sant Lluís **E** (BAL) 96 Eb 109
Sant Magí de Brufaganya **E** (TAR) 65 Bc 100
Sant Marçal **E** (BAR) 65 Bd 101
Sant Marçal de Quarantella **E** (GIR) 49 Cf 96
Sant Maria de Besora **E** (BAR) 48 Cb 96
Sant Martí **E** (GIR) 48 Cd 96
Sant Martí d'Albars **E** (BAR) 47 Ca 96
Sant Martí d'Aravó **E** (GIR) 30 Bf 94
Sant Martí de Canals **E** (LLE) 46 Af 95
Sant Martí de Centelles **E** (BAR) 48 Cb 98
Sant Martí de la Morana **E** (LLE) 46 Bb 98
Sant Martí del Clot **E** (GIR) 48 Cc 95
Sant Martí de Llémena **E** (GIR) 48 Cd 96

Sant Martí de Maldà **E** (LLE) 64 Ba 99
Sant Martí de Riudeperes **E** (BAR) 48 Cb 97
Sant Martí de Toroella **E** (BAR) 47 Be 98
Sant Martí de Tous **E** (BAR) 65 Bd 99
Sant Martiño **E** (OUR) 34 Sf 95
Sant Martí sacalm **E** (GIR) 48 Cd 96
Sant Martí Sapresa **E** (GIR) 48 Cd 97
Sant Martí Sarroca **E** (BAR) 65 Bd 100
Sant Martí sescorts **E** (BAR) 48 Cb 96
Sant Martí Sesgueioles **E** (BAR) 47 Bc 98
Sant Martí Sesserres **E** (GIR) 31 Ce 95
Sant Martí vell **E** (GIR) 49 Cf 96
Sant Martomeu Ses-gorgues **E** (BAR) 48 Cc 96
Sant Mateu **E** (CAS) 80 Ab 106
Sant Mateu d'Aubarca **E** (BAL) 97 Bc 114
Sant Mateu de Bages **E** (BAR) 47 Be 98
Sant Mateu de Montnegre **E** (GIR) 49 Cf 97
Sant Maurici de la Quar **E** (BAR) 47 Bf 96
Sant Medir **E** (GIR) 49 Ce 96
Sant Metjés **E** (BAR) 47 Be 96
Sant Miquel **E** (LLE) 46 Af 95
Sant Miquel de Balansat **E** (BAL) 97 Bc 114
Sant Miquel de Campmajor **E** (GIR) 48 Ce 96
Sant Miquel de Cladells **E** (GIR) 48 Cd 97
Sant Miquel de Fluvià **E** (GIR) 49 Cf 95
Sant Miquel de la Vall **E** (LLE) 46 Af 96
Sant Miquel del Corb **E** (GIR) 48 Cc 96
Sant Miquel de Montella **E** (GIR) 31 Cd 95
Sant Miquel d'Engolasters **AND** 29 Bd 93
Sant Miquel de Pera **E** (GIR) 30 Cc 95
Sant Miquel de Pineda **E** (GIR) 48 Cc 96
Sant Miquel Sacot **E** (GIR) 48 Cd 96
Sant Mori **E** (GIR) 49 Cf 96
Sant Nicolau **E** (BAL) 96 Eb 109
Santo Adrião **P** (Vi) 51 Sc 102
Santo Aleixo **P** (Pg) 118 Sd 115
Santo Aleixo da Restauração **P** (Be) 133 Sf 120
Santo Aleixo de Além Tâmega **P** (VR) 51 Sb 99
Santo Amador **P** (Be) 132 Se 120
Santo Amaro **P** (Aç) 169 We 116
Santo Amaro **P** (Aç) 169 We 118
Santo Amaro **P** (Av) 67 Rc 105
Santo Amaro **P** (Gu) 52 Sf 102
Santo Amaro **P** (Pg) 117 Sc 115
Santo Amaro **P** (VR) 52 Sd 99
Santo Amaro de Bouça **P** (Co) 82 Rb 107
Santo André **P** (Ba) 53 Ta 101
Santo André **P** (Pg) 102 Re 114
Santo André **P** (Se) 115 Qf 117
Santo André **P** (Se) 130 Rb 120
Santo André **P** (VC) 32 Rd 96
Santo André **P** (VR) 33 Sc 97
Santo André das Tojeiras **P** (CB) 84 Sb 110
Santo Ângel **E** (MUR) 142 Yf 121
Santo Antão **P** (Aç) 169 Xa 117
Santo Antão **P** (Gu) 70 Ta 105
Santo Antão do Tojal **P** (Li) 115 Qf 115
Santo António **P** (Aç) 168 Wd 117
Santo António **P** (Aç) 169 Wf 116
Santo António **P** (Aç) 170 Zb 121
Santo António **P** (Fa) 144 Ra 126
Santo António das Areias **P** (Pg) 103 Sd 112
Santo António das Paredes **P** (Pg) 103 Sc 114
Santo António de Charneca **P** (Se) 115 Qf 117
Santo António de Monforte **P** (VR) 34 Sd 98
Santo António dos Olivais **P** (Co) 83 Rd 107
Santo António Velho **P** (Be) 132 Sc 121
Santo Cristo de los Olmedillos **E** (SOR) 41 Xd 98
Santo Cruz do Bispo **P** (Por) 50 Rb 101
Santo Domingo **E** (BAD) 118 Sf 117
Santo Domingo **E** (MAD) 75 Wc 105
Santo Domingo **E** (SAL) 54 Ua 102
Santo Domingo = Garafía **E** (TEN) 171 B 2
Santo Domingo de Herguijuela **E** (SAL) 71 Ua 105
Santo Domingo de la Calzada **E** (RIO) 23 Xa 94
Santo Domingo de las Posadas **E** (ÁVI) 73 Vc 104
Santo Domingo de Moya **E** (CUE) 93 Yd 109
Santo Domingo de Pirón **E** (SEG) 74 Wa 102
Santo Domingo de Silos **E** (BUR) 40 Wd 97
Santo Emilião **P** (Br) 50 Re 99
Santo Estêvão **P** (Év) 117 Sc 115
Santo Estêvão **P** (Fa) 146 Sb 126
Santo Estêvão **P** (Gu) 84 Sf 107
Santo Estêvão **P** (Sa) 116 Rb 115
Santo Estêvão **P** (VR) 34 Sd 98
Santo Estêvão das Galés **P** (Li) 100 Qe 115
Santo Estevo **E** (LUG) 4 Sc 89
Santo Isidoro **P** (Li) 100 Qd 115
Santo Isidoro **P** (Por) 51 Rf 101
Santo Isidro **P** (Co) 82 Rb 108
Santo Isidro de Pègões **P** (Se) 116 Rc 116
Sant Oisme **E** (LLE) 46 Af 97
Santolea **E** (TER) 80 Zd 104
Santomera **E** (MUR) 142 Yf 120
Santonge **E** (ALM) 140 Xf 121
Santoña **E** (CAN) 10 Wd 88
Santopétar **E** (ALM) 154 Xf 124
Santo Quintino **P** (Li) 100 Qf 114
Santorcaz **E** (MAD) 75 We 106
San Torcuato **E** (RIO) 23 Xa 94
Santoréns **E** (HUES) 28 Ae 94
Santo Rita **P** (Aç) 169 Xf 116
Santos **P** (Sa) 101 Rb 112
Santos **P** (Sa) 102 Sa 111
Santos, Los - **E** (ALM) 154 Xc 125
Santos, Los - **E** (CÓRD) 151 Vc 124
Santos, Los - **E** (MUR) 142 Ye 122
Santos, Los - **E** (VAL) 93 Ye 108
Santos, Los **E** (SAL) 72 Ub 105
Santos de la Humosa, Los - **E** (MAD) 75 We 106
Santos Evos **P** (Vi) 69 Sb 105
Santo Tirso **P** (Por) 50 Rd 100
Santotís **E** (BUR) 22 Wd 92
Santotis **E** (CAN) 9 Vd 90
Santotis **E** (GUA) 75 Wf 102
Santo Tomé **E** (JAÉ) 139 Wf 120
Santo Tomé **E** (LUG) 4 Se 88
Santo Tomé **E** (OUR) 33 Rf 95
Santo Tomé de Colledo **E** (SAL) 71 Ua 103
Santo Tomé de Rozados **E** (SAL) 72 Ub 103
Santo Tomé de Zabarcos **E** (ÁVI) 73 Va 104
Santo Varão **P** (Co) 82 Rc 107
Santovenia **E** (SEG) 73 Vd 103
Santovenia **E** (ZAM) 36 Ub 97
Santovenia de la Valdoncina **E** (LEÓ) 19 Uc 93
Santovenia del Monte **E** (LEÓ) 19 Ud 93
Santovenia de Oca **E** (BUR) 39 Wd 94
Santovenia de Pisuerga **E** (VALL) 56 Vb 98
Santo Vitória do Ameixial **P** (Év) 117 Sb 115
Santoyo **E** (PAL) 38 Vd 95
Sant Patrici **E** (BAL) 96 Ea 108
Sant Pau **E** (CAS) 80 Zf 106
Sant Pau de la Guàrdia **E** (BAR) 47 Be 99
Sant Pau de Pinós **E** (BAR) 47 Bf 97
Sant Pau de Seguries **E** (GIR) 30 Cc 95
Sant Pau d'Ordal **E** (BAR) 65 Be 100
Santpedor **E** (BAR) 47 Bf 98
Sant Pere Cercada **E** (GIR) 48 Cd 97
Sant Pere de Comalats **E** (BAR) 47 Bd 99
Sant Pere dels Arquells **E** (LLE) 46 Bb 99
Sant Pere de Premià = Premià de Dalt **E** (BAR) 66 Cc 99
Sant Pere de Ribes **E** (BAR) 65 Be 101
Sant Pere de Riudebitlles **E** (BAR) 65 Be 100
Sant Pere de Torelló **E** (BAR) 48 Cb 96
Sant Pere de Vilamajor **E** (BAR) 48 Cc 98
Sant Pere Esquig **E** (GIR) 48 Cc 95
Sant Pere Pescador **E** (GIR) 49 Da 95
Sant Pere Sacarrera **E** (BAR) 65 Bd 100
Sant Pere Sacosta **E** (GIR) 48 Cd 96
Sant Pere sacosta **E** (GIR) 48 Cd 96
Sant Pere Sallavinera **E** (BAR) 47 Bd 98
Sant Pesselaç **E** (BAR) 47 Bd 98
Sant Pol **E** (GIR) 49 Da 97
Sant Pol **E** (GIR) 49 Da 98
Sant Pol de Mar **E** (BAR) 48 Cd 99
Sant Ponç **E** (GIR) 48 Cc 95
Sant Privat d'en Bas **E** (GIR) 48 Cc 96
Sant Quintí de Mediona **E** (BAR) 65 Bd 100
Sant Quirze de Besora **E** (BAR) 48 Cb 96
Sant Quirze del Vallès **E** (BAR) 66 Ca 99
Sant Quirze Safaja **E** (BAR) 48 Ca 98
Sant Rafel de Forca **E** (BAL) 97 Bc 115
Sant Ramon **E** (LLE) 47 Bc 98
Sant Roc **E** (GIR) 48 Cc 96
Sant Romà **E** (BAR) 65 Bd 100
Sant Romà d'Abella **E** (LLE) 46 Ba 96
Sant Romà de La Clusa **E** (BAR) 47 Bf 95
Sant Sadurní d'Anoia **E** (BAR) 65 Be 100
Sant Sadurní de l'Heura **E** (GIR) 49 Cf 97
Sant Sadurní de Sovelles **E** (GIR) 48 Ca 96
Sant Sadurní d'Osormort **E** (BAR) 48 Cc 97
Sant Salvador **E** (TAR) 65 Bd 101
Sant Salvador de Bianya **E** (GIR) 48 Cc 95
Sant Salvador de Guardiola **E** (BAR) 47 Be 98
Sant Salvador de Toló **E** (LLE) 46 Ba 96
Sant Sebastià de Buseu **E** (LLE) 29 Ba 95
Sant Sebastià del Gorgs **E** (BAR) 65 Be 100
Sant Sebastià de Montmajor **E** (BAR) 48 Ca 99
Sant Serni **E** (LLE) 46 Af 96
Sant Serni de Llanera **E** (LLE) 47 Bc 97
Sant Telm **E** (BAL) 98 Cc 111
Sant Tomàs **E** (BAL) 96 Df 108
Sant Tomàs **E** (BAL) 96 Ea 109
Sant Tomàs de Fluvià **E** (GIR) 49 Da 95
Santuario de Misericordia **E** (ZAR) 42 Yc 97
Santulhão **P** (Ba) 53 Tc 99
Santullán **E** (CAN) 10 We 88
Santullano **E** (AST) 6 Ua 88
Santurde **E** (ÁLA) 23 Xb 92
Santurde **E** (BUR) 22 Wd 91
Santurde **E** (RIO) 40 Xa 94
Santurdejo **E** (RIO) 40 Xa 94
Santurtzi **E** (VIZ) 10 Wf 89
Sant Vicenç de Castellet **E** (BAR) 47 Bf 99
Sant Vicenç dels Horts **E** (BAR) 65 Ca 100
Sant Vicenç de Montalt **E** (BAR) 48 Cd 99
Sant Vicenç de sa Cala **E** (BAL) 97 Bd 114
Sant Vicenç de Torello **E** (BAR) 48 Cb 96
Sant Vincent de Viladassau **E** (BAR) 47 Ca 97
San Valero **E** (HUES) 28 Ad 94
San Velián **E** (HUES) 27 Aa 94
San Vicente **E** (CAS) 94 Zd 108
San Vicente **E** (HUES) 26 Zd 94
San Vicente **E** (NAV) 25 Ye 92
San Vicente **E** (OUR) 17 Sf 94
San Vicente **E** (RIO) 41 Xe 95
San Vicente **E** (SAL) 72 Ud 103
San Vicente **E** (TEN) 172 I D 3
San Vicente **E** (ZAR) 42 Yb 97
San Vicente (A Baña) **E** (COR) 14 Rb 91
San Vicente de Arana **E** (ÁLA) 23 Xd 92
San Vicente de Arévalo **E** (ÁVI) 73 Vb 103
San Vicente de Castellet = Sant Vicenç de Castellet **E** (BAR) 47 Bf 99
San Vicente de la Barquera **E** (CAN) 9 Vd 88
San Vicente de Labuerda **E** (HUES) 27 Aa 94
San Vicente de la Cabeza **E** (ZAM) 35 Te 98
San Vicente de la Sonsierra **E** (RIO) 23 Xb 93
San Vicente del Condado **E** (LEÓ) 19 Ud 93
San Vicente de León **E** (CAN) 9 Vf 89
San Vicente del Palacio **E** (VALL) 55 Va 101
San Vicente del Raspeig **E** (ALI) 128 Zc 118
San Vicente dels Horts = Sant Vicenç dels Horts **E** (BAR) 65 Ca 100
San Vicente del Valle **E** (BUR) 40 Wf 94
San Vicente de Mont-Alt = Sant Vicenç de Montalt **E** (BAR) 48 Cd 99
San Vicente de Toranzo **E** (CAN) 9 Wa 89
San Vicente de Torelló = Sant Vicenç de Torelló **E** (BAR) 48 Cb 96
San Vicente de Villamezán **E** (BUR) 21 Wa 91
San Vicente do Mar **E** (PON) 14 Ra 94
San Vicentejo **E** (BUR) 23 Xb 92
San Vidal **E** (BAL) 96 Eb 109
San Vincente de Alcántara **E** (CÁC) 103 Sf 112
San Vincente de Barakaldo = Barakaldo **E** (VIZ) 11 Xa 89
San Vincente del Monte **E** (CAN) 9 Ve 89
San Vitero **E** (ZAM) 35 Td 98
San Vitores **E** (CAN) 21 Vf 91
Sanvitul **E** (LEÓ) 17 Sf 93
Sanxenxo **E** (PON) 15 Rb 94
Sanxián **E** (PON) 32 Ra 97
San Xiao **E** (COR) 4 Sa 87
San Xoan de Río **E** (OUR) 34 Se 94
San Xorxe de Iñás **E** (COR) 3 Re 89
San Xulián **E** (OUR) 34 Sd 94
San Xulián de Bastavales **E** (COR) 14 Rb 92
San Xulión de Serantes **E** (COR) 3 Re 88
San Xusto **E** (COR) 2 Rb 89
Sanzo **E** (AST) 5 Ta 89
Sanzoles **E** (ZAM) 54 Uc 100
São Antonio **P** (Ma) 167 I C 3
São Barnabé **P** (Be) 145 Rf 124
São Bartolomeu **P** (Fa) 146 Sd 125
São Bartolomeu **P** (Pg) 102 Sa 112
São Bartolomeu da Serra **P** (Se) 130 Rc 120
São Bartolomeu de Messines **P** (Fa) 145 Re 125
São Bartolomeu de Regatos **P** (Aç) 169 Xe 116
São Bartolomeu de Vio Glória **P** (Be) 146 Sb 123
São Bartolomeu do Outeiro **P** (Év) 117 Sa 118
São Bartolomeu dos Galegos **P** (Li) 100 Qe 113
São Benta do Mato **P** (Év) 117 Sb 116
Saõ Bento **P** (Aç) 169 Xe 117
São Bento **P** (Le) 101 Rb 111
São Bento **P** (Se) 116 Rd 119
São Bento da Porta Aberta **P** (VC) 32 Rc 97
São Bento de Ana Loura **P** (Év) 118 Sc 115
São Bento do Ameixial **P** (Év) 117 Sc 115
São Bento do Cortiço **P** (Év) 118 Sc 115
São Bernardino, Praia de **P** (Le) 100 Qd 113
São Bras **P** (Aç) 169 Xf 116
São Brás **P** (Be) 131 Re 123
São Brás **P** (Be) 132 Sc 121
São Brás da Regedoura **P** (Év) 117 Rf 118
São Brás de Alportel **P** (Fa) 145 Sa 126
São Briços **P** (Be) 131 Sa 120
São Brissos **P** (Év) 117 Rf 117
São Brissos **P** (Év) 117 Rf 119
São Caetano **P** (Aç) 168 Wd 118
São Caetano **P** (Co) 67 Rb 106
São Caetano **P** (VR) 34 Sc 98
São Cibrão **P** (Ba) 52 Ta 98
São Cibrão **P** (VR) 51 Sc 101
São Cipriano **P** (Vi) 51 Sa 102
São Cipriano **P** (Vi) 68 Sa 105
São Ciriaco **P** (Ba) 53 Tb 99
São Cosmado **P** (Vi) 51 Sc 102
São Cosme e São Damião **P** (VC) 32 Rd 97
São Cristóvão **P** (Év) 116 Re 118
São Cristóvão de Lafões **P** (Vi) 68 Re 104
São Cristóvão de Nogueira **P** (Vi) 51 Rf 102
São Cristóvão do Douro **P** (VR) 51 Sc 101
São Domingos **P** (CB) 84 Sc 109
São Domingos **P** (Sa) 101 Re 111
São Domingos **P** (Se) 130 Rc 121
São Domingos da Ordem **P** (Év) 117 Sb 117
Sáo Domingos de Ana Loura **P** (Év) 118 Sc 115
São Domingos de Rana **P** (Li) 115 Qd 116
São Donato **P** (Av) 67 Rc 103
São Facundo **P** (Sa) 102 Rf 112
São Félix **P** (Vi) 68 Rf 104
São Félix da Marinha **P** (Por) 50 Rc 102
São Fiel **P** (CB) 84 Sd 108
São Francisco da Serra **P** (Se) 130 Rc 120
São Frutuoso **P** (Co) 83 Rd 107
São Gemil **P** (Vi) 68 Sa 105
São Gens **P** (Br) 51 Rf 100
São Geraldo **P** (Év) 117 Re 116
São Gião **P** (Co) 69 Sb 106
São Gonçalo **P** (Ma) 167 I C 3
São Gregório **P** (Év) 117 Sa 116
São Gregório **P** (Év) 117 Sc 116
São Gregório da Fanadia **P** (Le) 100 Qf 112
São Ildefonso **P** (Pg) 118 Sf 116
São Jacinto **P** (Av) 67 Rb 105
São Joanico **P** (Ba) 53 Td 99
São Joaninho **P** (Vi) 68 Rf 106
São Joaninho **P** (Vi) 68 Sa 103
São João **P** (Aç) 168 Wd 118
São João da Azenha **P** (Av) 68 Rd 106
São João da Boa Vista **P** (Co) 68 Rf 106
São João da Corveira **P** (VR) 52 Sd 99
São João da Fresta **P** (Gu) 69 Sc 105
São João da Madeira **P** (Av) 68 Rd 103
São João da Pesqueira **P** (Vi) 52 Sd 102
São João da Ribeira **P** (Sa) 101 Ra 113
São João da Serra **P** (Vi) 68 Re 104
São João das Lampas **P** (Li) 115 Qd 115
São João da Talha **P** (Li) 115 Qf 116
São João da Venda **P** (Fa) 145 Sa 126
São João de Areias **P** (Vi) 68 Rf 106
São João de Fontoura **P** (Vi) 51 Sa 102
São João de Loure **P** (Av) 67 Rc 105
São João de Lourosa **P** (Vi) 68 Sa 105
São João de Negrilhos **P** (Be) 131 Re 121
São João de Rei **P** (Br) 50 Re 99
São João de Tarouca **P** (Vi) 69 Sb 103
São João de Ver **P** (Av) 67 Rc 103
São João do Campo **P** (Co) 82 Rc 107
São João do Monte **P** (Vi) 68 Re 105
São João do Peso **P** (CB) 83 Rf 110
São João dos Caldeireiros **P** (Be) 131 Sb 123
São João dos Montes **P** (Li) 100 Qf 115
São Jomil **P** (Ba) 34 Se 98
São Jorge **P** (Av) 68 Rd 103
São Jorge **P** (Le) 82 Ra 111
São Jorge **P** (Ma) 167 I C 2
São Jorge **P** (VC) 32 Rd 98
São Jorge da Beira **P** (CB) 84 Sb 107
São José das Matas **P** (Sa) 102 Sa 111
São José de Lamarosa **P** (Sa) 101 Rd 114
São Julião **P** (Ba) 35 Tc 98
São Julião **P** (Pg) 103 Se 113
São Julião **P** (Por) 50 Rd 102
São Julião **P** (VC) 32 Rc 97
São Julião de Palácios **P** (Ba) 35 Tc 98
São Julião do Tojal **P** (Li) 115 Qf 115
São Lourenço **P** (Pg) 118 Se 115
São Lourenço **P** (VR) 33 Rf 98
São Lourenço **P** (VR) 52 Sd 98
São Lourenço (Vila Nogueira de Azeitão) **P** (Se) 115 Qf 117
São Lourenço de Mamporção **P** (Év) 118 Sc 115
São Lourenço de Ribapinhão **P** (VR) 51 Sc 101
São Lourenço do Bairro **P** (Av) 68 Rd 106
São Luís **P** (Be) 130 Rc 122
São Luís **P** (Be) 132 Sb 120
São Mamede **P** (Le) 82 Rb 111
São Mamede **P** (VR) 52 Sd 101
São Mamede de Infesta **P** (Por) 50 Rc 101
São Mamede de Ribatua **P** (VR) 52 Sd 101
São Mamede do Sádão **P** (Se) 131 Rd 120
São Manços **P** (Év) 117 Sb 118
São Marcos **P** (Fa) 146 Sc 126
São Marcos da Abóbada **P** (Év) 117 Sa 118
São Marcos da Ataboeira **P** (Be) 131 Sa 122
São Marcos da Serra **P** (Fa) 145 Rd 124
São Martinho **P** (Av) 68 Rd 105
São Martinho **P** (CB) 84 Sb 108
São Martinho **P** (Gu) 69 Sb 106
São Martinho **P** (Gu) 69 Sc 106
São Martinho **P** (Gu) 69 Se 104
São Martinho **P** (Ma) 167 I C 3
São Martinho **P** (Pg) 102 Rf 114
São Martinho **P** (Vi) 69 Sb 103
São Martinho da Cortiça **P** (Co) 83 Rf 107
São Martinho da Gândara **P** (Av) 68 Rc 103
São Martinho das Amoreiras **P** (Be) 131 Rd 123
São Martinho das Chãs **P** (Vi) 51 Sc 102
São Martinho de Angueira **P** (Ba) 53 Td 99
São Martinho de Antas **P** (VR) 51 Sc 101
São Martinho de Árvore **P** (Co) 82 Rc 107
São Martinho de Mouros **P** (Vi) 51 Sa 102
São Martinho de Sardoura **P** (Av) 50 Re 102
São Martinho do Bispo **P** (Co) 83 Rd 107
São Martinho do Peso **P** (Ba) 53 Tc 100
São Martinho do Porto **P** (Le) 100 Qf 111
São Mateus **P** (Aç) 168 Wd 118
Saõ Mateus da Calheta **P** (Aç) 169 Xe 117
São Matias **P** (Be) 131 Sa 120
São Matias **P** (Év) 117 Rf 117
São Matias **P** (Pg) 102 Sb 111
São Miguel **P** (Be) 144 Rb 124
São Miguel **P** (Br) 32 Rd 98
São Miguel **P** (Le) 82 Rb 109
São Miguel de Acha **P** (CB) 84 Se 108
São Miguel de Machede **P** (Év) 117 Sb 117
São Miguel de Poiares **P** (Co) 83 Re 107
São Miguel de Vila Boa **P** (Vi) 69 Sb 104
São Miguel do Mato **P** (Av) 68 Rd 103
São Miguel do Mato **P** (Vi) 68 Sa 104
São Miguel do Outeiro **P** (Vi) 68 Rf 105
São Miguel do Pinheiro **P** (Be) 145 Sa 123
São Miguel do Rio Torte **P** (Sa) 102 Re 112
São Nicolau **P** (Le) 83 Re 109
São Paio **P** (Gu) 69 Sc 105
São Paio **P** (VC) 33 Re 96
São Paio de Farinha Podre **P** (Co) 68 Rf 107
São Paio de Gramaços **P** (Co) 68 Sa 106
São Paio de Oleiros **P** (Av) 67 Rc 103
São Paulo **P** (Co) 67 Re 107
São Paulo de Frades **P** (Co) 83 Rd 107
São Pedro **P** (Ba) 52 Sd 101
São Pedro **P** (Br) 51 Rf 99
São Pedro **P** (Pg) 102 Sb 111
São Pedro **P** (VR) 33 Sa 98
São Pedro da Afurada **P** (Por) 50 Rc 102
São Pedro da Cadeira **P** (Li) 100 Qd 114
São Pedro da Cova **P** (Por) 50 Rc 102
São Pedro da Gafanhoeira **P** (Év) 117 Rf 116
São Pedro da Torre **P** (VC) 32 Rc 97
São Pedro de Agostém **P** (VR) 52 Sd 98

São Pedro de Alva **P** (Co) 83 Rf 107
São Pedro de France **P** (Vi) 69 Sb 104
São Pedro de Muel **P** (Le) 82 Qf 110
São Pedro de Pomares **P** (Be) 132 Sb 120
São Pedro de Rio Seco **P** (Gu) 70 Ta 105
São Pedro de Serracenos **P** (Ba) 35 Tb 98
São Pedro de Solis **P** (Be) 145 Sa 124
São Pedro de Tomar **P** (Sa) 101 Re 111
São Pedro de Vale do Conde **P** (Ba) 52 Se 100
São Pedro de Veiga de Lila **P** (VR) 52 Se 100
São Pedro do Esteval **P** (CB) 102 Sa 111
São Pedro do Sul **P** (Vi) 68 Rf 104
São Pedro Fins **P** (Por) 50 Rc 101
São Pedro Velho **P** (Ba) 52 Sf 98
Saornil de Voltoya **E** (ÁVI) 73 Vc 104
São Romão **P** (Év) 116 Re 117
São Romão **P** (Gu) 69 Sb 106
São Romão **P** (Pg) 102 Sb 113
São Romão **P** (Vi) 51 Sb 102
São Romão = Cilidas **P** (Ev) 118 Se 116
São Romão de Aregos **P** (Vi) 51 Sa 102
São Romão de Panoias **P** (Be) 131 Rd 122
São Romão do Sadão **P** (Se) 116 Rd 119
São Roque **P** (Aç) 170 Zc 122
São Roque **P** (Ma) 167 I C 2
São Roque **P** (VC) 32 Rc 97
São Roque do Faial **P** (Ma) 167 I C 2
São Roque do Pico **P** (Aç) 168 We 117
São Salvador **P** (Ba) 52 Sf 100
São Salvador **P** (Li) 100 Ra 113
São Salvador da Aramenha **P** (Pg) 103 Sd 112
São Salvator **P** (Vi) 68 Sa 105
São Sebastião **P** (Aç) 169 Xf 117
São Sebastião **P** (Br) 50 Re 98
São Sebastião **P** (Co) 83 Rd 108
São Sebastião da Feira **P** (Co) 83 Sa 107
São Sebastião dos Carros **P** (Be) 146 Sb 123
São Silvestre **P** (Av) 67 Rc 104
São Silvestre **P** (Co) 82 Rc 107
São Simão **P** (Av) 67 Rc 104
São Simão **P** (Pg) 102 Sc 111
São Simão **P** (Sa) 83 Rd 111
São Simão **P** (Se) 115 Ra 117
São Simão de Litém **P** (Le) 82 Rc 110
São Soeiro **P** (Se) 116 Re 119
São Teotónio **P** (Be) 144 Rb 123
São Tomé **P** (Aç) 169 Xa 117
São Tomé do Castelo **P** (VR) 51 Sb 100
São Torcato **P** (Br) 50 Re 100
São Torcato **P** (CB) 84 Sb 109
São Vicente **P** (Be) 131 Rf 120
São Vicente **P** (Ma) 166 I B 2
São Vicente **P** (VR) 34 Se 97
São Vicente da Beira **P** (CB) 84 Sc 108
São Vicente de Lafões **P** (Vi) 68 Rf 104
São Vicente de Pereira **P** (Av) 67 Rc 103
São Vicente do Paul **P** (Sa) 101 Rc 112
São Vicente do Pigeiro **P** (Év) 117 Sc 118
São Vicente e Ventosa **P** (Pg) 118 Se 115
São Vicente Ferreira **P** (Aç) 170 Zc 122
Sapardos **P** (VC) 32 Rc 97
Sapataria **P** (Li) 100 Qe 115
Sapatoa **P** (Év) 117 Sc 117
Sapeira **E** (LLE) 46 Ae 95
Sapeira **P** (Fa) 145 Rd 124
Sapelos **P** (VR) 33 Sc 98
Sapiãos **P** (VR) 51 Sc 98
Sapos **P** (Be) 132 Sb 123
Sapos **P** (Be) 132 Sc 123
Sapos, Los - **E** (ALM) 154 Xc 125
Saracho **E** (ÁLA) 22 Wf 90
Saracho **E** (VIZ) 10 Wf 89
Saragüeta **E** (NAV) 25 Yd 91
Sarais **E** (LLE) 28 Ae 94
Saramaga **P** (Sa) 102 Rf 111
Sárandón **E** (COR) 15 Rd 92
Saranyana **E** (LLE) 46 Bc 96
Sarasa **E** (NAV) 24 Yb 91
Sarasate **E** (NAV) 24 Yb 91
Sarasibar **E** (NAV) 25 Yc 91
Saraso **E** (BUR) 23 Xc 92
Saravigões **P** (Av) 68 Re 103
Saravillo **E** (HUES) 27 Ab 93
Sarceda **E** (CAN) 9 Vd 89
Sardanyola = Cerdanyola del Vallès **E** (BAR) 66 Ca 100
Sardas **E** (HUES) 26 Zd 93
Sardeiras de Baixo **P** (CB) 83 Sa 109
Sardeiras de Cima **P** (CB) 83 Sa 109
Sardina **E** (PALM) 174 I B 2
Sardina **E** (PALM) 174 I D 3
Sardinero **E** (SEV) 135 Uc 122
Sardineros, Los - **E** (VAL) 112 Ye 112
Sardoal **P** (Sa) 102 Rf 111
Sardoncillo o La Granja **E** (VALL) 56 Vd 99
Sardón de Duero **E** (VALL) 56 Vd 99
Sardón de los Álamos **E** (SAL) 53 Te 102
Sardón de los Frailes **E** (SAL) 53 Te 101
Sardonedo **E** (LEÓ) 18 Ua 93
Sarga, La - **E** (ALI) 128 Zd 117
Sargaçal **P** (Fa) 144 Rb 126
Sargadelos **E** (LUG) 4 Sd 87
Sarganella **E** (ALI) 128 Zc 118
Sargentes de la Lora **E** (BUR) 21 Wa 92
Sargento Mór **P** (Co) 83 Rd 107
Sariego **E** (AST) 7 Uc 88
Sariego **E** (AST) 7 Ud 88
Sariegos **E** (LEÓ) 19 Uc 93
Sarilhos de Baixo **P** (Be) 145 Rf 124
Sarilhos Grandes **P** (Se) 115 Ra 116
Sarilhos Pequenos **P** (Se) 115 Ra 116
Sariñena **E** (HUES) 44 Zf 98
Sarnadas **P** (CB) 83 Rf 110
Sarnadas **P** (Fa) 145 Rf 125
Sarnadas de Baixo **P** (CB) 83 Sa 109
Sarnadas de Ródão **P** (CB) 84 Sc 110
Sarnadas de São Simão **P** (CB) 84 Sb 109
Sarnadela **P** (Co) 83 Rf 107
Sarnadinha **P** (CB) 84 Sb 110
Sarnadinha **P** (Fa) 145 Rf 125
Sarnago **E** (SOR) 41 Xe 96
Sarnim **P** (Fa) 145 Re 125
Saro **E** (CAN) 9 Wb 89
Sarón **E** (CAN) 9 Wa 89
Sarracín **E** (BUR) 39 Wb 95
Sarral **E** (TAR) 64 Bb 100
Sarraquinhos **P** (VR) 33 Sc 98
Sarratella **E** (CAS) 80 Aa 107
Sarratillo **E** (HUES) 45 Aa 94
Sarrato **E** (HUES) 27 Aa 94
Sarrazola **P** (Av) 67 Rc 104
Sarreal = Sarral **E** (TAR) 64 Bb 100
Sarreaus **E** (OUR) 33 Sc 96
Sarria **E** (ÁLA) 23 Xb 91
Sarria **E** (LUG) 16 Sd 92
Sarria = Sarriá **E** (ÁLA) 23 Xb 91
Sarrià de Dalt **E** (GIR) 49 Ce 96
Sarrià de Ter **E** (GIR) 49 Ce 96
Sarries **E** (NAV) 25 Yf 91
Sarrión **E** (TER) 94 Zb 108
Sarroca = Sarroca de Lleida **E** (LLE) 63 Ad 100
Sarroca de Bellera **E** (LLE) 28 Af 94
Sarroca de Lleida **E** (LLE) 63 Ad 100
Sarroca de Segre = Sarroca de Lleida **E** (LLE) 63 Ad 100
Sarroqueta **E** (LLE) 28 Ae 94
Sarsa de Surta **E** (HUES) 44 Aa 95
Sarsamarcuello **E** (HUES) 43 Zb 95
Sartaguda **E** (NAV) 41 Xf 94
Sartajada **E** (TOL) 88 Vb 107
Sartalejo de Abajo **E** (CÁC) 86 Te 108
Sartenilla **E** (ALM) 154 Xd 126
Sarvisé **E** (HUES) 27 Zf 93
Sarzeda **P** (Ba) 35 Tb 98
Sarzeda **P** (Vi) 69 Sd 103
Sarzedas **P** (CB) 83 Sb 109
Sarzedas de São Pedro **P** (Le) 83 Re 109
Sarzedinha **P** (CB) 83 Sa 110
Sarzedinho **P** (Vi) 52 Sc 102
Sarzedo **P** (CB) 69 Sd 106
Sarzedo **P** (Co) 83 Rf 107
Sarzedo **P** (Vi) 69 Sc 102
Sas **E** (LLE) 28 Af 94
Sas, El - **E** (HUES) 45 Ae 95
Sasa **E** (HUES) 27 Ze 93
Sasa del Abadiado **E** (HUES) 44 Ze 95
Sasal **E** (HUES) 26 Zd 93
Sasamón **E** (BUR) 39 Vf 94
Sas de Penelas **E** (OUR) 146 Sd 94
Sas do Monte **E** (OUR) 34 Sd 95
Sásdónigas **E** (LUG) 4 Sd 88
Sasé **E** (HUES) 27 Zf 93
Sáseta **E** (BUR) 23 Xc 92
Sástago **E** (ZAR) 62 Zd 101
Sastoya **E** (NAV) 25 Ye 92
Sátão **P** (Vi) 69 Sb 104
Satrústegui **E** (NAV) 24 Ya 91
Satué **E** (HUES) 26 Ze 93
Saturrarán **E** (GUI) 11 Xd 89
Saúca **E** (GUA) 76 Xc 102
Sauceda **E** (CÁC) 86 Td 107
Sauceda, La **E** (MÁL) 158 Uc 129
Saucedilla **E** (CÁC) 87 Ub 109
Saucedilla **E** (SEV) 150 Uf 126
Saucedilla, La - **E** (GRA) 151 Ve 125
Saucedillas **E** (MÁL) 159 Vc 128
Saucejo, El - **E** (SEV) 150 Uf 126
Saucelle **E** (SAL) 70 Tb 102
Sauces, Los - **E** (ÁVI) 72 Ud 106
Saúco **E** (ALM) 153 Xc 125
Saúgo, El - **E** (SAL) 70 Tc 106
Saulet **E** (LLE) 29 Bb 94
Sauquillo de Alcázar **E** (SOR) 60 Xf 99
Sauquillo de Cabezas **E** (SEG) 57 Vf 101
Sauquillo del Campo **E** (SOR) 59 Xd 100
Sauquillo de Paredes **E** (SOR) 58 Xa 100
Sauri **E** (LLE) 28 Ba 94
Saus **E** (GIR) 49 Cf 96
Sauzal **E** (TEN) 173 I E 3
Savallà del Comtat **E** (TAR) 64 Bb 99
Savallá del Condado = Savallà del Comtat **E** (TAR) 64 Bb 99
Savassona **E** (BAR) 48 Cc 97
Savina, Sa - **E** (BAL) 97 Bc 116
Saviñán **E** (ZAR) 60 Yc 100
Sax **E** (ALI) 128 Zb 117
Sayalonga **E** (MÁL) 160 Vf 128
Sayatón **E** (GUA) 76 Xa 106
Saytón, El - **E** (VAL) 113 Zb 115
Sazes da Beira **P** (Gu) 69 Sb 106
Sazes do Lorvão **P** (Co) 68 Rd 107
Seada **P** (CB) 83 Re 110
Seadur **E** (OUR) 34 Sf 94
Seana **E** (AST) 7 Ub 89
Seana **E** (LLE) 46 Ba 98
Seara **E** (LUG) 17 Sf 93
Seara **P** (Br) 51 Re 98
Seara **P** (VC) 32 Rc 98
Seara **P** (VR) 51 Sa 99
Seara, A - **E** (OUR) 33 Rf 95
Seara Velha **P** (VR) 33 Sc 98
Seares **E** (AST) 5 Sf 88
Seavia **E** (COR) 2 Rb 90
Sebadelhe **P** (Gu) 52 Se 102
Sebadelhe da Serra **P** (Gu) 69 Sd 103
Sebal **P** (Co) 82 Rc 108
Sebastianes, Los - **E** (MUR) 141 Yd 122
Sebei **E** (PON) 144 Re 95
Sebes Rotas **P** (CB) 85 Sf 108
Sebolido **P** (Por) 50 Rd 102
Sebradelo **P** (VR) 51 Sc 99
Sebta = Ceuta **E** (CÁD) 165 Ue 133
Sebúlcor **E** (SEG) 57 Wa 101
Seca, La - **E** (LEÓ) 19 Uc 92
Seca, La - **E** (SOR) 59 Xb 99
Seca, La **E** (VALL) 55 Va 100
Secadero del Sauce **E** (CÁC) 87 Ub 108
Secano **E** (GRA) 161 Wd 127
Secarejo **E** (LEÓ) 18 Ub 93
Secarias **P** (Co) 83 Rf 107
Secastilla **E** (HUES) 45 Ab 95
Seceda **E** (LUG) 16 Se 93
Secerigo **P** (VR) 51 Sb 99
Seco de Lucena **E** (GRA) 151 Wa 126
Secorún **E** (HUES) 27 Zf 94
Secos de Porma **E** (LEÓ) 19 Ud 93
Secuita, la - **E** (TAR) 64 Bb 101
Seda **P** (Pg) 102 Sb 113
Sedano **E** (BUR) 21 Wb 92
Sedas **P** (Be) 146 Sc 123
Sedaví **E** (VAL) 113 Zd 112
Sedella **E** (MÁL) 160 Vf 127
Sedes **E** (COR) 3 Rf 87
Sedielos **P** (VR) 51 Sa 101
Sediles **E** (ZAR) 60 Yc 100
Sedó **E** (LLE) 46 Bb 98
Sedra **P** (VC) 33 Rf 96
Segadães **P** (Av) 68 Rd 105
Segán **E** (LUG) 16 Sb 92
Segart **E** (VAL) 95 Zd 110
Sege **E** (ALB) 140 Xe 119
Segões **P** (Vi) 69 Sb 103
Segorbe **E** (CAS) 94 Zd 109
Segovia **E** (SEG) 74 Vf 103
Segoviela **E** (SOR) 41 Xd 97
Segoyuela de los Conejos **E** (SAL) 71 Tf 105
Segude **P** (VC) 32 Rd 96
Següenco **E** (AST) 8 Uf 89
Segueró **E** (GIR) 31 Ce 95
Segur **E** (BAR) 47 Bc 98
Segura **E** (GUI) 24 Xe 90
Segura **P** (CB) 85 Ta 110
Segura de la Sierra **E** (JAÉ) 139 Xc 119
Segura de León **E** (BAD) 133 Tc 120
Segura de los Baños **E** (TER) 79 Za 103
Segura de Toro **E** (CÁC) 86 Ua 107
Segur de Calafell **E** (TAR) 65 Bd 101
Segurilla **E** (TOL) 88 Va 108
Seia **P** (Gu) 69 Sb 106
Seiça **P** (Sa) 82 Rc 110
Seiçal **P** (Pg) 103 Sd 112
Seiceira **P** (Fa) 145 Rd 125
Seide **P** (Br) 50 Rd 100
Seidões **P** (Br) 51 Rf 100
Seima **E** (TEN) 172 II C 2
Seira **E** (HUES) 27 Ac 94
Seirós **P** (VR) 51 Sb 99
Seix **E** (LLE) 29 Bb 94
Seixal **P** (Li) 100 Qd 115
Seixal **P** (Li) 100 Qe 113
Seixal **P** (Ma) 166 I B 2
Seixal **P** (Se) 115 Qf 117
Seixas **E** (COR) 3 Rf 87
Seixas **E** (COR) 4 Sa 87
Seixas **P** (Ba) 34 Sf 97
Seixas **P** (Co) 68 Sa 106
Seixas **P** (Gu) 52 Se 102
Seixas **P** (VC) 32 Rb 97
Seixedo **P** (VR) 52 Sd 99
Seixezelo **P** (Por) 50 Rc 102
Seixo **E** (LUG) 17 Sf 92
Seixo **E** (PON) 144 Rb 94
Seixo **P** (Av) 67 Rb 106
Seixo **P** (Ba) 52 Sf 99
Seixo **P** (Be) 131 Sa 122
Seixo **P** (Év) 117 Sb 117
Seixo **P** (Év) 118 Sd 117
Seixo **P** (Le) 82 Rb 109
Seixo **P** (Vi) 69 Sd 103
Seixo **P** (VR) 52 Sc 99
Seixo, O (Tomiño) **E** (PON) 32 Rb 97
Seixo Alvo **P** (Por) 50 Rc 102
Seixo Amarelo **P** (Gu) 69 Sd 106
Seixo Cimeiro **P** (CB) 83 Re 109
Seixo da Beira **P** (Co) 68 Sa 106
Seixo da Oliveira **P** (Év) 117 Rf 118
Seixo de Ansiães **P** (Ba) 52 Se 101
Seixo de Gatões **P** (Co) 82 Rb 107
Seixo de Manhoses **P** (Ba) 52 Se 101
Seixo do Côa **P** (Gu) 70 Sf 106
Seixón **E** (LUG) 4 Sb 90
Seixos Alvos **P** (Co) 68 Sa 106
Seixosas **P** (Fa) 145 Rd 126
Seixosmil **E** (LUG) 4 Se 89
Sej, El - **E** (ALB) 112 Ye 114
Sejães **P** (Vi) 68 Re 104
Sejas de Aliste **E** (ZAM) 53 Td 98
Sejas de Sanabria **E** (ZAM) 35 Td 96
Sela **E** (PON) 32 Rd 96
Seladinhas **P** (Be) 145 Rd 123
Selas **E** (GUA) 77 Xf 103
Selaya **E** (CAN) 9 Wb 89
Sel de la Carrera **E** (CAN) 9 Wa 90
Sel de la Peña **E** (CAN) 9 Wa 90
Selga de Ordás **E** (LEÓ) 19 Ub 92
Selgua **E** (HUES) 45 Aa 97
Selhariz **P** (VR) 52 Sc 99
Selho **P** (Br) 50 Rd 100
Selho **P** (Br) 50 Re 100
Selim **P** (VC) 32 Rd 97
Selma **E** (TAR) 65 Bc 100
Selmes **P** (Be) 132 Sb 120
Selores **E** (CAN) 9 Ve 89
Selores **P** (Ba) 52 Se 101
Selva **E** (BAL) 99 Cf 110
Selva, la - **E** (LLE) 47 Bd 96
Selva, la -= Selva del Camp, la - **E** (TAR) 64 Ba 101
Selva del Camp, la **E** (TAR) 64 Ba 101
Selva de Mar, la - **E** (GIR) 31 Db 95
Selvanera **E** (LLE) 46 Bb 97
Selviella **E** (AST) 6 Te 89
Sella **E** (ALI) 129 Ze 117
Sellarés, el - **E** (BAR) 47 Be 98
Sellent **E** (VAL) 113 Zc 114
Sellera de Ter, La -= Cellera de Ter, la - **E** (GIR) 48 Cd 97
Sello **E** (PON) 15 Rf 92
Sello **E** (PON) 32 Rb 95
Sellui **E** (LLE) 28 Ba 94
Semblana **P** (Be) 145 Sa 123
Semide **P** (Co) 83 Re 108
Semideiro **P** (Sa) 101 Re 113
Semillas **E** (GUA) 58 Wf 102
Seminario, El - **E** (ZAR) 61 Zb 101
Semitela **P** (Vi) 69 Sc 103
Sempere **E** (VAL) 128 Zd 115
Sena **E** (HUES) 44 Zf 98
Sena de Luna **E** (LEÓ) 18 Ua 91
Senan **E** (TAR) 64 Ba 100
Senande **P** (Av) 68 Rd 104
Senant = Senan **E** (TAR) 64 Ba 100
Sencelles **E** (BAL) 99 Cf 111
Sendas **P** (Ba) 53 Tb 99
Sendim **P** (Ba) 53 Td 100
Sendim **P** (Por) 51 Re 100
Sendim **P** (Vi) 51 Sc 102
Sendim **P** (VR) 33 Sb 97
Sendim da Ribeira **P** (Ba) 52 Ta 101
Sendim da Serra **P** (Ba) 52 Ta 101
Senegüé **E** (HUES) 26 Zd 93
Senés **E** (ALM) 154 Xd 125
Senés de Alcubierre **E** (HUES) 44 Zd 97
Senet **E** (LLE) 28 Ae 93
Senhora da Conceicão **P** (VR) 51 Sc 99
Senhora da Estrada **P** (Vi) 52 Sd 102
Senhora da Graça **P** (CB) 84 Se 109
Senhora da Graça de Padrões **P** (Be) 131 Sa 123
Senhora da Guia **P** (VC) 32 Re 97
Senhora da Hora **P** (Por) 50 Rc 101
Senhora da Peneda **P** (VC) 33 Re 97
Senhora das Neves **P** (VR) 33 Sc 98
Senhora das Preces **P** (Co) 83 Sa 107
Senhora da Vila de Abril **P** (VR) 33 Sa 98
Senhora de Belém **P** (Le) 82 Rc 109
Senhora do Almurtão **P** (CB) 84 Se 109
Senhora do Arrabaça **P** (Pg) 102 Rf 114
Senhora do Monte **P** (Ma) 167 I C 2
Senhorim **P** (Vi) 69 Sb 105
Sénia, la **E** (TAR) 81 Ab 105
Senija **E** (ALI) 129 Aa 116
Senmanat = Sentmenat **E** (BAR) 48 Ca 99
Seno **E** (TER) 80 Zd 104
Senouras **P** (Gu) 70 Ta 105
Senra **E** (LEÓ) 18 Te 91
Senra **E** (PON) 15 Sa 93
Sensui **E** (LLE) 46 Af 95
Senterada **E** (LLE) 28 Af 95
Sentfores **E** (BAR) 48 Cb 97
Sentieiras **P** (Sa) 102 Re 111
Sentinela **P** (Fa) 146 Sd 125
Sentís **E** (LLE) 28 Af 94
Sentiu de Sió, la - **E** (LLE) 46 Af 98
Sentmenat **E** (BAR) 48 Ca 99
Senyera **E** (VAL) 113 Zc 114
Senyús **E** (LLE) 46 Bb 95
Senz **E** (HUES) 27 Ac 94
Señera = Senyera **E** (VAL) 113 Zc 114
Señés **E** (HUES) 27 Ab 93
Señora **E** (CÁC) 105 Ub 111
Señuela **E** (SOR) 59 Xd 100
Seoane **E** (LUG) 17 Sf 90
Seoane **E** (LUG) 17 Sf 93
Seoane **E** (OUR) 34 Ta 95
Seoane de Arriba **E** (OUR) 34 Sf 96
Seoane Vello **E** (OUR) 146 Sc 95
Seo de Urgel = Seu d'Urgell, la - **E** (LLE) 29 Bc 94
Sepins **P** (Co) 68 Rd 106
Sepulcro-Hilario **E** (SAL) 71 Te 104
Sepúlveda **E** (SAL) 71 Te 104
Sepúlveda **E** (SEG) 57 Wb 101
Sepúlveda de la Sierra **E** (SOR) 41 Xd 97
Sequeade **P** (Br) 50 Rc 99
Sequeira **P** (Br) 50 Rd 99
Sequeira **P** (Gu) 69 Se 105
Sequeiro **P** (Por) 50 Rd 100
Sequeiros **E** (LUG) 16 Se 94
Sequeiros **P** (Ba) 70 Sf 102
Sequeiros **P** (Br) 50 Rd 98
Sequeiros **P** (Gu) 69 Sc 103
Sequera de Fresno **E** (SEG) 57 Wc 100
Sequera de Haza, La - **E** (BUR) 57 Wb 99
Sequeros **E** (SAL) 71 Tf 105
Ser **E** (COR) 14 Rb 91
Seragude **E** (LUG) 16 Sc 94
Serandinas **E** (AST) 5 Tb 88
Serantellos **E** (COR) 3 Re 87
Serantes **E** (COR) 14 Ra 92
Serapicos **P** (Ba) 53 Tb 99
Serapicos **P** (VR) 52 Sd 100
Sercué **E** (HUES) 27 Aa 93
Serch = Cerc **E** (LLE) 29 Bc 94
Serchs = Cercs **E** (BAR) 47 Bf 96
Serdedelo **P** (VC) 32 Rc 98
Serém **P** (Av) 68 Rd 105
Serén **E** (LUG) 16 Sb 90
Serena **E** (ALM) 154 Ya 125
Serena **P** (Av) 67 Rc 106
Serés **E** (LUG) 16 Sd 90
Sergude **E** (COR) 15 Rd 92
Serin **E** (AST) 7 Ub 87
Serinyà **E** (GIR) 48 Ce 95
Serinyà **E** (GIR) 49 Cf 97
Seriñá = Serinyà **E** (GIR) 48 Ce 95
Sermonde **P** (Por) 50 Rc 102
Serna, La - **E** (ÁVI) 73 Vb 105
Serna, La - **E** (CAN) 21 Wa 91
Serna, La - **E** (CUE) 92 Yb 107
Serna, La - **E** (JAÉ) 137 Ve 122
Serna, La - **E** (LEÓ) 19 Ue 92
Serna, La **E** (PAL) 38 Vc 94
Sernada **P** (Por) 50 Rd 102
Serna del Monte, La - **E** (MAD) 75 Wc 102
Sernadelo **P** (Av) 68 Rd 106
Sernades **P** (VC) 32 Rd 96
Sernadinha **P** (Vi) 68 Re 104
Sernancelhe **P** (Vi) 69 Sd 103
Sernanda **P** (Ba) 34 Sf 97
Sernande **P** (Por) 50 Re 100
Seró **E** (LLE) 46 Ba 97
Seroa **P** (Por) 50 Rd 101
Serois **E** (OUR) 33 Sb 97
Serominheiro **P** (Fa) 144 Rb 124
Serón **E** (ALM) 154 Xc 124
Serón de Nágima **E** (SOR) 59 Xe 100
Seròs **E** (LLE) 63 Ac 100
Serpa **P** (Be) 132 Sc 121
Serpa Brinches **P** (Be) 132 Sc 121
Serpins **P** (Co) 83 Re 108
Serpos **E** (HUEL) 133 Tb 122
Serra **E** (VAL) 95 Zd 110
Serra **P** (Sa) 101 Re 111
Serra **P** (Sa) 102 Rf 111
Serra **P** (Se) 115 Qe 118
Serra, la - **E** (GIR) 48 Cc 96
Serra Brava **E** (GIR) 49 Cf 98
Serracín **E** (SEG) 58 Wd 101
Serracín de Aliste **E** (ZAM) 35 Te 97
Serracines **E** (MAD) 75 Wd 105
Serrada **E** (VALL) 55 Va 100
Serrada, La - **E** (ÁVI) 73 Vb 105
Serra da Boa Viagem **P** (Co) 82 Ra 107
Serrada de la Fuente **E** (MAD) 75 Wc 103
Serra d'Almos, la - **E** (TAR) 64 Ae 102
Serra da Pescaria **P** (Le) 100 Qf 111
Serra da Piedade **P** (Aç) 169 We 118
Serra da Vila **P** (Li) 100 Qe 114
Serra de Água **P** (Ma) 166 I B 2
Serra de Aires **P** (Pg) 118 Sd 115
Serra de daró **E** (GIR) 49 Da 96
Serra de Dentro **P** (Ma) 167 II
Serra de Fora **P** (Ma) 167 II
Serra de Janeanes **P** (Co) 83 Rd 108
Serradelo **P** (Av) 50 Re 102
Serra d'El-Rei **P** (Le) 100 Qe 113
Serradell **E** (LLE) 46 Af 95
Serra de Mangues **P** (Le) 100 Qf 111
Serra de Outes, A (Outes) **E** (COR) 14 Ra 91
Serra de Rialb, la - **E** (LLE) 46 Bb 97
Serra de Santo António **P** (Sa) 101 Rb 111
Serra de São Domingos **P** (CB) 83 Rf 109
Serra de São Julião **P** (Li) 100 Qe 114
Serradiel **E** (ALB) 112 Yd 113
Serradilla **E** (CÁC) 86 Tf 109
Serradilla del Arroyo **E** (SAL) 71 Td 105
Serradilla del Llano **E** (SAL) 71 Td 106
Serrado **P** (Ma) 166 I A 2
Serra do Amparo **P** (Ma) 166 I A 2
Serra do Bouro **P** (Le) 100 Qe 112
Serra do Cabo **P** (Se) 115 Qe 118
Serra do Mouro **P** (Le) 83 Rd 109
Serra do Porto de Urso **P** (Le) 82 Ra 110
Serra dos Prazeres **P** (Be) 32 Sc 120
Serra dos Prazeres **P** (Pg) 102 Sa 113
Serralhas **P** (Be) 132 Sc 123
Serramo **E** (COR) 2 Ra 90
Serranillo **E** (SAL) 70 Tc 104
Serranillos **E** (ÁVI) 88 Va 106
Serranillos del Valle **E** (MAD) 89 Wa 107
Serrano **E** (CÁD) 157 Te 129
Serranos **P** (Be) 145 Sa 123
Serranos **P** (Le) 100 Qe 113
Serranos, Los - **E** (MUR) 141 Ye 123
Serrão **P** (Sa) 101 Rc 114
Serrapio **E** (PON) 15 Rd 93
Serrasqueira **P** (CB) 84 Sc 110
Serrat, El **AND** 29 Bd 93
Serrata, La - **E** (ALI) 128 Za 117
Serrat de l'Ametlla, el - **E** (BAR) 48 Cb 98
Serrate **E** (HUES) 28 Ac 94
Serrateix **E** (BAR) 47 Be 97
Serratella **E** (ALI) 128 Zd 117

Serratella **E** (VAL) 113 Zd 114
Serrato **E** (MÁL) 159 Va 127
Serrazes **P** (Vi) 68 Rf 104
Serreaus **E** (OUR) 145 Sa 96
Serrejón **E** (CÁC) 86 Ub 110
Serreleis **P** (VC) 32 Rb 98
Serrerías **E** (TER) 79 Zb 104
Serres **E** (TAR) 63 Ad 101
Serres, les - **E** (GIR) 48 Ce 96
Serreta **E** (ALI) 128 Zb 118
Serreta **P** (Aç) 169 Xd 116
Serreta, La - **E** (ZAR) 61 Ye 99
Serrinho **P** (Be) 145 Rd 123
Serrón, El - **E** (PAL) 38 Vc 96
Serro Ventoso **P** (Le) 101 Rb 111
Sertã **P** (CB) 83 Rf 110
Sertusa **E** (ZAR) 62 Zd 101
Serué **E** (HUES) 44 Zd 94
Serval **E** (GRA) 151 Vf 124
Serval, El - **E** (ALM) 154 Xd 124
Servalillo **E** (GRA) 153 Xa 123
Serveto **E** (HUES) 27 Ab 93
Servoi **E** (OUR) 34 Sd 96
Serzedelo **P** (Br) 51 Re 99
Serzedo **P** (Por) 50 Rc 102
Sesa **E** (HUES) 44 Ze 97
Sésamo **E** (LEÓ) 17 Tc 92
Sesar **E** (COR) 15 Re 91
Seseña **E** (TOL) 90 Wb 108
Seseña Nuevo **E** (TOL) 90 Wc 108
Sesga **E** (VAL) 93 Ye 108
Sesimbra **P** (Se) 115 Qf 118
Sesma **E** (NAV) 24 Xf 94
Sesmaria **P** (Fa) 145 Re 126
Sesmaria Nova **P** (Év) 116 Rc 116
Sesmaria Nova **P** (Sa) 116 Rc 115
Sesmarias **P** (Be) 131 Sa 120
Sesmarias **P** (CB) 83 Rf 110
Sesmarias das Correias **P** (Se) 116 Rd 118
Sesmarias das Moças **P** (Se) 131 Rd 120
Sesmarias dos Pretos **P** (Se) 116 Rd 118
Sesmos, Los - **E** (CÓRD) 136 Ue 122
Sesnández **E** (ZAM) 36 Tf 98
Sestao **E** (VIZ) 11 Wf 89
Sestelo **E** (COR) 15 Re 91
Sesto **E** (PON) 15 Rf 92
Sestrica **E** (ZAR) 60 Yc 100
Sesué **E** (HUES) 28 Ac 93
Sesulfe **P** (Ba) 52 Sf 99
Setados **E** (PON) 32 Rd 96
Setares **E** (CAN) 10 We 88
Setcasas = Setcases **E** (GIR) 30 Cb 94
Setcases **E** (GIR) 30 Cb 94
Sete **P** (Be) 100 Sa 123
Sete **P** (Pg) 103 Se 113
Sete **P** (Se) 130 Rd 121
Sete Casinhas **P** (Év) 118 Sd 117
Sete Cidades **P** (Aç) 168 Wc 118
Sete Cidades **P** (Aç) 170 Zb 121
Setefilla **E** (SEV) 135 Ud 122
Setenil **E** (CÁD) 158 Ue 127
Seteventos **E** (LUG) 16 Se 92
Setiles **E** (GUA) 78 Yc 104
Setoáin **E** (NAV) 25 Yc 91
Setúbal **P** (Se) 115 Ra 117
Seu d'Urgell, la **E** (LLE) 29 Bc 94
Seva **E** (BAR) 48 Cb 97
Sever **P** (Vi) 69 Sb 102
Sever **P** (VR) 51 Sb 101
Sever do Vouga **P** (Av) 68 Rd 104
Sevilha **P** (Co) 68 Rf 106
Sevilla **E** (SEV) 148 Ua 124
Sevilla la Nueva **E** (MAD) 89 Vf 106
Sevillana, La - **E** (BAD) 121 Ud 115
Sevillana, La - **E** (CÓRD) 135 Ue 121
Sevillano, El - **E** (SEV) 135 Ud 122
Sevilleja de la Jara **E** (TOL) 106 Va 111
Sexmiro **E** (SAL) 70 Tb 104
Sexta Suerte Tiro Barra **E** (CÁC) 87 Ub 109
Sezelhe **P** (VR) 33 Sa 98
Sezures **P** (Br) 50 Rd 100
Sezures **P** (Gu) 69 Sc 104
Shangri-La **E** (BAL) 96 Eb 109
Siall **E** (LLE) 46 Ba 96
Sidamon **E** (LLE) 64 Af 99
Sidamunt = Sidamon **E** (LLE) 64 Af 99
Sidrós **P** (VR) 33 Rf 98
Sidueña **E** (CÁD) 157 Te 129
Siejo **E** (AST) 8 Vc 89
Sienes **E** (GUA) 59 Xc 101
Siero = Pola de Siero **E** (AST) 7 Uc 88
Siero de la Reina **E** (LEÓ) 20 Va 91
Sierpe, La - **E** (SAL) 71 Ua 105
Sierra **E** (ALB) 127 Yc 117
Sierra **E** (HUEL) 147 Tc 124
Sierra, La **E** (BAD) 120 Te 118
Sierra, La **E** (CÁD) 158 Ud 128
Sierra, La **E** (HUES) 45 Ab 95
Sierra, La **E** (MÁL) 158 Ue 129
Sierra de Fuentes **E** (CÁC) 104 Te 112
Sierra de Ibio **E** (CAN) 9 Vf 89
Sierra de las Villas **E** (JAÉ) 139 Xb 119
Sierra de los Blancos **E** (ZAR) 43 Zb 95
Sierra de Luna **E** (ZAR) 43 Za 96
Sierra de San Critóbal **E** (CÁD) 157 Tf 129
Sierra de Santa Olalla **E** (CÁC) 85 Tb 108
Sierra de Yeguas **E** (MÁL) 150 Va 126
Sierra-Engarcerán **E** (CAS) 95 Zf 107
Sierra Estronad **E** (ZAR) 43 Zb 95
Sierra Gorda **E** (BAD) 119 Tc 118
Sierra Menera **E** (TER) 78 Yc 104
Sierra o Buenavista, La - **E** (CÓRD) 150 Vc 123
Sierra Yegen **E** (GRA) 153 Wf 127
Sierro **E** (ALM) 154 Xd 125
Sierro Ahillo **E** (JAÉ) 151 Vf 123
Sieso de Huesca **E** (HUES) 44 Zf 96
Sieso de Jaca **E** (HUES) 26 Zc 94
Sieste **E** (HUES) 27 Aa 94
Siétamo **E** (HUES) 44 Ze 96
Siete Aguas **E** (VAL) 113 Za 112
Siete Casas **E** (ALI) 142 Yf 120
Sieteiglesias **E** (MAD) 75 Wc 103
Siete Iglesias **E** (VALL) 55 Ue 100
Sieteiglesias de Tormes **E** (SAL) 72 Uc 104
Sietes **E** (AST) 7 Ud 88
Sigarrosa **P** (VR) 51 Sb 101
Sigeres **E** (ÁVI) 73 Va 104
Sigrás **E** (COR) 3 Rd 89
Sigüeiro **E** (COR) 15 Rd 91
Sigüenza **E** (GUA) 59 Xc 102
Siguero **E** (SEG) 57 Wc 101
Sigueruelo **E** (SEG) 57 Wc 101
Sigüés **E** (ZAR) 25 Yf 93
Silveiras **P** (Év) 116 Rd 117
Sijuela **E** (BAD) 121 Ud 117
Silan **E** (LUG) 4 Sc 87
Silanes **E** (BUR) 22 We 92
Silera **E** (CÓRD) 137 Ve 122
Sileras **E** (CÓRD) 151 Vf 124
Siles **E** (JAÉ) 125 Xc 118
Silgueiros **P** (Vi) 68 Rf 104
Silillos **E** (CÓRD) 136 Uf 122
Silillos **E** (MAD) 75 Wc 104
Silio **E** (CAN) 9 Vf 90
Silo del Tío Pavía **E** (TOL) 109 We 111
Silos, Los - **E** (TEN) 172 I C 3
Silos de Calañas **E** (HUEL) 133 Ta 122
Silos de la Atalaya **E** (TOL) 109 Wd 111
Sils **E** (GIR) 49 Ce 98
Silva **E** (COR) 3 Rc 90
Silva **P** (Av) 68 Rd 106
Silva **P** (Ba) 53 Td 99
Silva **P** (Br) 50 Rc 99
Silva **P** (VC) 32 Rc 97
Silva **P** (VR) 52 Sd 99
Silvachá **E** (LUG) 5 Sf 89
Silvã de Cima **P** (Vi) 69 Sb 104
Silva Escura **P** (Av) 68 Rd 104
Silva Escura **P** (Por) 50 Rc 101
Silvalde **P** (Av) 67 Rc 103
Silván **E** (LEÓ) 35 Tb 94
Silvares **P** (Br) 51 Rf 100
Silvares **P** (CB) 84 Sb 108
Silvares **P** (Por) 50 Re 101
Silvares **P** (Vi) 68 Rf 105
Silvarredonda **E** (COR) 2 Ra 89
Silveira **P** (Aç) 168 We 118
Silveira **P** (Co) 83 Re 109
Silveira **P** (Fa) 145 Rd 124
Silveira **P** (Li) 100 Qd 114
Silveira **P** (Sa) 101 Re 114
Silveirinho **P** (Co) 67 Re 107
Silveiro **P** (Av) 68 Rc 105
Silveirona **P** (Év) 117 Sc 115
Silveiros **P** (Br) 50 Rc 100
Silvela **E** (LUG) 4 Sa 90
Silves **E** (HUES) 27 Aa 94
Silves **P** (Fa) 144 Rd 125
Silvestre **E** (BAD) 103 Sf 113
Silvosa **E** (COR) 14 Ra 92
Silla **E** (VAL) 113 Zd 112
Sillar Alta **E** (GRA) 152 Wd 124
Sillar Baja **E** (GRA) 152 Wd 124
Silleda **E** (PON) 15 Re 92
Sillero **E** (JAÉ) 139 Wf 120
Simancas **E** (VALL) 55 Vb 99
Simantorta **P** (Co) 83 Rf 108
Simarro, El - **E** (CUE) 110 Xe 112
Simat de Valldigna **E** (VAL) 114 Ze 114
Simes **E** (PON) 15 Rb 94
Simões **P** (Be) 131 Sb 123
Simões **P** (Co) 82 Rc 108
Simonetes, Los - **E** (MUR) 142 Yf 122
Sin **E** (HUES) 27 Ab 93
Sinagoga **P** (Fa) 146 Sb 126
Sinarcas **E** (VAL) 93 Ye 110
Sinde **P** (Co) 68 Rf 107
Sines **P** (Se) 130 Ra 121
Sinéu **E** (BAL) 99 Da 111
Singla **E** (MUR) 141 Ya 120
Single, el - **E** (CAS) 95 Aa 107
Singra **E** (TER) 78 Ye 105
Sinlabajos **E** (ÁVI) 55 Va 102
Sinova, La - **E** (VALL) 56 Vd 98
Sinovas **E** (BUR) 57 Wc 98
Sintra **P** (Li) 115 Qd 116
Sinués **E** (HUES) 26 Zc 93
Siona, Ca Na - **E** (BAL) 99 Da 109
Siones **E** (BUR) 22 We 90
Sipán **E** (HUES) 44 Ze 95
Sipote **P** (CB) 83 Sa 110
Siresa **E** (HUES) 26 Zb 92
Sirgal **E** (LUG) 16 Sb 92
Siruela **E** (BAD) 121 Uf 115
Sirvián **E** (LUG) 16 Sb 91
Sirvozelo **P** (VR) 33 Sa 98
Sisamo **E** (COR) 2 Rb 89
Sisamón **E** (ZAR) 60 Xf 101
Sisán **E** (PON) 14 Rb 94
Sisante **E** (CUE) 111 Xe 112
Sisla, La - **E** (TOL) 89 Vf 109
Sismaria **P** (Le) 82 Ra 109
Sismundi **E** (COR) 4 Sa 86
Sisoi **E** (LUG) 4 Sc 90
Sispony **AND** 29 Bd 93
Sisquella, la - **E** (LLE) 64 Ae 100
Sisquella, la - **E** (LLE) 64 Bb 99
Sisquer **E** (LLE) 47 Bc 95
Sisquer **E** (LLE) 47 Be 96
Sistallo **E** (LUG) 4 Sc 89
Sistelo **P** (VC) 32 Rd 97
Sisterna **E** (AST) 17 Tc 91
Sisteró **E** (LLE) 46 Bb 98
Sistín **E** (OUR) 34 Sd 94
Sisto **E** (COR) 2 Ra 90
Sisto **E** (LUG) 4 Sb 87
Sisto **E** (PON) 15 Rf 93
Sitges **E** (BAR) 65 Be 101
Sitges, les - **E** (LLE) 46 Bb 98
Sítio das Éguas **P** (Fa) 145 Rf 125
Sitio de Calahonda **E** (MÁL) 159 Vb 130
Sitrama de Tera **E** (ZAM) 36 Ua 96
Siurana **E** (GIR) 49 Cf 95
Siurana de Prades **E** (TAR) 64 Af 101
Siuret **E** (GIR) 48 Cc 96
S. Marcos **P** (Be) 132 Sd 122
Soajo **P** (VC) 32 Re 97
Soalhães **P** (Por) 51 Rf 102
Soalheira **P** (Be) 130 Rc 122
Soalheira **P** (Fa) 145 Rf 126
Soalheiras **P** (CB) 84 Se 110
Soalheiras **P** (Fa) 146 Sc 125
Soalheiro **P** (CB) 84 Sd 108
Soar **E** (PON) 15 Rc 93
Sobarzo **E** (CAN) 9 Wb 88
Sobás **E** (HUES) 26 Ze 94
Sobecos **E** (COR) 3 Re 87
Sober **E** (LUG) 16 Sc 94
Sobirà, el - **E** (GIR) 48 Cd 97
Sobirans **E** (BAR) 48 Cd 99
Sobrada **E** (LUG) 4 Sc 90
Sobrada **E** (PON) 32 Rb 96
Sobradelo **E** (OUR) 34 Ta 94
Sobradiel **E** (ZAR) 43 Yf 98
Sobradillo **E** (SAL) 70 Tb 103
Sobradillo de Palomares **E** (ZAM) 54 Ua 100
Sobradinho **P** (Fa) 145 Rf 125
Sobrado **E** (COR) 15 Rf 90
Sobrado **E** (LEÓ) 17 Ta 93
Sobrado **E** (LUG) 16 Sd 91
Sobrado **P** (Por) 50 Rd 101
Sobrainho da Ribeira **P** (CB) 84 Sb 110
Sobrainho dos Gaios **P** (CB) 84 Sb 110
Sobral **E** (OUR) 145 Sa 94
Sobral **E** (PON) 15 Rc 94
Sobral **P** (Av) 67 Rc 103
Sobral **P** (CB) 83 Rf 109
Sobral **P** (Co) 68 Rf 107
Sobral **P** (Co) 82 Rb 108
Sobral **P** (Co) 83 Rf 108
Sobral **P** (Sa) 101 Rc 112
Sobral **P** (Vi) 68 Re 106
Sobral **P** (Vi) 68 Sa 104
Sobral da Abelheira **P** (Li) 100 Qe 115
Sobral da Adiça **P** (Be) 132 Se 120
Sobral da Lagoa **P** (Le) 100 Qe 112
Sobral da Serra **P** (Gu) 69 Se 105
Sobral das Minas **P** (Év) 117 Sa 118
Sobral de Baixo **P** (Co) 82 Rc 108
Sobral de Casegas **P** (CB) 84 Sb 107
Sobral de Monte Agraço **P** (Li) 100 Qf 114
Sobral de Papízios **P** (Vi) 68 Rf 106
Sobral do Campo **P** (CB) 84 Sc 108
Sobral Fernando **P** (CB) 84 Sb 110
Sobralinho **P** (Li) 115 Qf 115
Sobral--Magro -Gordo **P** (Co) 83 Sa 107
Sobral Pichorro **P** (Gu) 69 Sd 104
Sobral Valado **P** (Co) 83 Sa 108
Sobrão **P** (Por) 50 Rd 101
Sobrecastell **E** (HUES) 46 Ae 95
Sobrecastiello **E** (AST) 7 Ue 90
Sobrêda **P** (Ba) 35 Tb 99
Sobreda **P** (Co) 69 Sb 106
Sobreda **P** (Se) 115 Qe 117
Sobredo **P** (VR) 52 Sd 100
Sobrefoz **E** (AST) 7 Ue 90
Sobregande **E** (OUR) 33 Sb 96
Sobreira **E** (OUR) 15 Sa 94
Sobreira **P** (Gu) 69 Se 106
Sobreira **P** (Li) 115 Qe 115
Sobreira **P** (Por) 50 Rd 102
Sobreira **P** (VR) 52 Sd 100
Sobreira Formosa **P** (Be) 132 Sc 122
Sobreira Formosa **P** (CB) 83 Sa 110
Sobreira Formosa **P** (Fa) 145 Rf 125
Sobreiras **P** (Sa) 101 Re 114
Sobreiro **P** (Av) 68 Rc 104
Sobreiro **P** (Li) 100 Qd 115
Sobreiro de Baixo **P** (Ba) 34 Sf 97
Sobreiro de Cima **P** (Ba) 34 Sf 97
Sobrelapeña **E** (CAN) 8 Vd 89
Sobremazas **E** (CAN) 9 Wb 88
Sobremunt **E** (BAR) 48 Ca 96
Sobrena **P** (Li) 100 Qf 113
Sobrepenilla **E** (CAN) 21 Wa 92
Sobrepeña **E** (BUR) 22 Wc 91
Sobreposta **P** (Br) 50 Re 99
Sobrestany **E** (GIR) 49 Da 96
Sobretâmega **P** (Por) 51 Rf 101
Sobrevia **E** (BAR) 48 Cb 97
Sobrodelo da Goma **P** (Br) 51 Re 99
Sobrón **E** (BUR) 22 Wf 92
Sobrosa **P** (Por) 50 Rd 101
Socarrada, La - **E** (ZAR) 43 Ye 96
Soccoro, El - **E** (TEN) 171 C 3
Socorro, El - **E** (TEN) 173 I E 4
Socovos **E** (ALB) 126 Ya 119
Socuéllamos **E** (TOL) 110 Xb 113
Socueva **E** (CAN) 10 Wc 89
Sochantre, El - **E** (ALI) 128 Za 116
Sodupe **E** (VIZ) 10 Wf 89
Soeima **P** (Ba) 52 Ta 100
Soeira **P** (Ba) 34 Ta 97
Soeirinho **P** (Co) 83 Sa 108
Soengas **P** (Br) 51 Re 99
Sofán **E** (COR) 2 Rc 89
Sofuentes **E** (ZAR) 25 Ye 94
Sogo **E** (ZAM) 54 Ua 100
Sograndio **E** (AST) 6 Ua 88
Soguillo del Páramo **E** (LEÓ) 36 Ub 95
Soietxe **E** (VIZ) 11 Xb 88
Soirana **E** (AST) 5 Tc 87
Sol **P** (Br) 50 Rd 100
Solad **E** (AST) 7 Ub 88
Solana **E** (CÁC) 106 Ud 112
Solana **E** (MÁL) 158 Ue 129
Solana **E** (MUR) 141 Yc 123
Solana, La - **E** (GRA) 152 Wd 125
Solana, La **E** (ALB) 126 Xf 116
Solana, La **E** (ALI) 127 Yf 118
Solana, La **E** (ALI) 128 Zb 116
Solana, La **E** (ALI) 129 Ze 117
Solana, La **E** (CIU) 124 We 115
Solana, La **E** (JAÉ) 125 Xc 118
Solana Alta **E** (ALI) 128 Za 118
Solana Baja **E** (ALI) 128 Za 118
Solana de Béjar **E** (ÁVI) 87 Uc 107
Solana de Fenar **E** (LEÓ) 19 Uc 92
Solana del Chorrillo, La - **E** (PALM) 174 I C 3
Solana de los Barros **E** (BAD) 119 Tc 116
Solana del Pino **E** (CIU) 123 Vf 118
Solana de Padilla **E** (JAÉ) 139 Xb 120
Solana de Pontes, La - **E** (ALM) 140 Xf 122
Solana de Rioalmar **E** (ÁVI) 73 Uf 104
Solana de Torralba **E** (JAÉ) 139 We 121
Solanas del Carrascal, Las - **E** (ÁVI) 72 Ud 106
Solanas de Valdelucio **E** (BUR) 21 Vf 92
Solanell **E** (LLE) 29 Bc 94
Solanelles **E** (BAR) 47 Bd 98
Solanes, les - **E** (TAR) 63 Ad 101
Solaneta, La - **E** (ALM) 153 Xb 127
Solanilla **E** (ALB) 125 Xc 116
Solanilla **E** (HUES) 27 Ab 94
Solanilla **E** (HUES) 27 Ze 94
Solanilla **E** (LEÓ) 19 Ud 93
Solanilla del Tamaral **E** (CIU) 123 Wa 118
Solanillos del Extremo **E** (GUA) 76 Xb 104
Solano **E** (BUR) 21 Wa 93
Solano **E** (MÁL) 160 Ve 127
Solans **E** (LLE) 29 Bb 94
Solarana **E** (BUR) 39 Wc 97
Solares **E** (CAN) 9 Wb 88
Solarte-Gallate = Solarte-Gallete **E** (VIZ) 11 Xc 88
Solarte-Gallete **E** (VIZ) 11 Xc 88
Solà-Ventolà **E** (GIR) 30 Ca 95
Solchaga **E** (NAV) 25 Yc 93
Sol de la Foya, el - **E** (CAS) 95 Aa 107
Sol del Campo **E** (ALI) 128 Zc 118
Sol de Mallorca **E** (BAL) 98 Cd 112
Soldeu **AND** 29 Be 93
Soldon **E** (LUG) 17 Sf 93
Solduengo **E** (BUR) 22 Wd 93
Solduga **E** (LLE) 46 Ba 95
Soledad, La - **E** (HUEL) 147 Ta 125
Soler, El - **E** (HUES) 45 Ac 95
Solera **E** (JAÉ) 138 Wd 122
Solera del Gabaldón **E** (CUE) 92 Ya 110
Soleràs, el - **E** (LLE) 64 Ae 100
Soleres, Los - **E** (ALM) 155 Yb 124
Solete Alto, El - **E** (CÁD) 157 Tf 129
Soliedra **E** (SOR) 59 Xd 100
Solius **E** (GIR) 49 Cf 98
Soliva **E** (HUES) 45 Ae 95
Solivella **E** (TAR) 64 Bb 100
Soliveta **E** (HUES) 45 Ad 95
Solórzano **E** (CAN) 10 Wc 88
Solosancho **E** (ÁVI) 73 Va 105
Solposta **P** (Se) 130 Rc 121
Solsona **E** (LLE) 47 Bd 97
Solveira **P** (VR) 33 Sb 97
Solynieve **E** (GRA) 152 Wd 126
Sollana **E** (VAL) 113 Zd 113
Sollano-Llantada **E** (VIZ) 10 Wf 89
Sollavientos **E** (TER) 79 Zc 106
Solle **E** (LEÓ) 19 Ue 91
Solleiros **E** (COR) 14 Ra 92
Sóller **E** (BAL) 98 Ce 110
Sollerìc **E** (BAL) 98 Ce 110
Somaén **E** (SOR) 59 Xe 101
Somahoz **E** (CAN) 9 Vf 89
Somalo **E** (RIO) 23 Xb 94
Somanés **E** (HUES) 26 Zb 93
Somballe **E** (CAN) 21 Vf 90
Sombrera **E** (TEN) 173 I E 4
Somio **E** (AST) 7 Uc 87
Somo **E** (CAN) 9 Wb 88
Somolinos **E** (GUA) 58 Wf 101
Somontín **E** (ALM) 154 Xd 124
Somosierra **E** (MAD) 57 Wc 102
Somoza **E** (LUG) 15 Sa 92
Son **E** (LUG) 17 Sf 91
Son **E** (LLE) 28 Ba 93
So N'Abalzer **E** (BAL) 96 Ea 108
Sonabia **E** (CAN) 10 We 88
Sonadell **E** (LLE) 63 Ad 99
Son Agusti **E** (BAL) 98 Cf 111
So N'Alegre **E** (BAL) 99 Da 112
So N'Amer **E** (BAL) 99 Db 111
So N'Ametler **E** (BAL) 96 Ea 108
Son Amoixa **E** (BAL) 99 Db 111
So N'Angel **E** (BAL) 99 Dc 110
Son Antich **E** (BAL) 98 Cd 110
So Na Parets **E** (BAL) 96 Df 109
Son Arró Gran **E** (BAL) 96 Ea 109
Son Balagner **E** (BAL) 98 Cd 110
Son Bauza **E** (BAL) 98 Cd 111
Son Besso **E** (BAL) 99 Dc 110
Son Bielo **E** (BAL) 99 Cf 112
Son Bisbal **E** (BAL) 99 Da 110
Son Bosc **E** (BAL) 98 Cc 111
Son Boscana **E** (BAL) 99 Cf 112
Son Bou de Baix **E** (BAL) 96 Ea 109
Son Bruy **E** (BAL) 99 Da 109
Son Busqueret **E** (BAL) 99 Cf 112
Son Calderer **E** (BAL) 99 Da 111
Son Campanario **E** (BAL) 99 Db 111
Son Carabata **E** (BAL) 96 Ea 109
Son Carrio **E** (BAL) 99 Db 111
Son Catany **E** (BAL) 98 Cf 112
Soncillo **E** (BUR) 21 Wb 91
Son Coll Vell **E** (BAL) 99 Cf 111
Son Corno Pons **E** (BAL) 99 Da 112
Son Costas **E** (BAL) 96 Eb 109
Son Danuset **E** (BAL) 99 Da 112
Son de Baix **E** (BAL) 98 Cf 111
Son Delebau Nou **E** (BAL) 98 Ce 112
Son del Puerto **E** (TER) 79 Za 104
Son de Pino = Son **E** (LLE) 28 Ba 93
Son Doctor **E** (BAL) 99 Da 111
Sonega **P** (Se) 130 Rb 121
Soneja **E** (CAS) 95 Zd 110
So N'Escudero **E** (BAL) 96 Df 108
Son Ferrandell **E** (BAL) 98 Cd 110
Son Fonoll **E** (BAL) 96 Df 109
Son Gall Vell **E** (BAL) 99 Db 111
Son Garauet **E** (BAL) 99 Da 112
Son Garcies de S'Aljub **E** (BAL) 98 Cf 111
Son Gornals **E** (BAL) 99 Da 111
Son Grau **E** (BAL) 98 Ce 110
Son Gual **E** (BAL) 98 Cf 111
Son Guillot **E** (BAL) 99 Da 110
So N'Horrac **E** (BAL) 99 Cf 110
Sonim **P** (VR) 52 Se 98
Son Joan Jaume **E** (BAL) 99 Da 111
Son Llubi **E** (BAL) 99 Cf 111
Son Macià **E** (BAL) 99 Db 111
Son Maranet **E** (BAL) 99 Cf 112
Son March **E** (BAL) 96 Df 109
Son Mari **E** (BAL) 99 Db 110
Son Martorellet **E** (BAL) 96 Ea 109
Son Mascaro **E** (BAL) 99 Db 110
Son Matzina **E** (BAL) 98 Cf 111
Son Mesquida **E** (BAL) 99 Cf 111
Son Mesquida **E** (BAL) 99 Cf 112
Son Mesquida **E** (BAL) 99 Da 112
Son Mesquida Vall **E** (BAL) 99 Db 111
Son Morei Vell **E** (BAL) 99 Dc 110
Son Moro **E** (BAL) 98 Cd 110
Son Moro **E** (BAL) 98 Cf 112
Son Moro **E** (BAL) 99 Da 112
Son Moro **E** (BAL) 99 Dc 111
Son Morro **E** (BAL) 96 Df 109
Son Morro **E** (BAL) 99 Da 110
Son Muleta **E** (BAL) 98 Ce 110
Son Muntaner **E** (BAL) 98 Ce 110
Son Negre **E** (BAL) 99 Da 112
Son Negre **E** (BAL) 99 Db 111
Son N'Elegant **E** (BAL) 99 Da 112
Son Nicolau **E** (BAL) 99 Da 112
Son Noguera **E** (BAL) 98 Cd 111
Son N'Oleo **E** (BAL) 96 Df 109
So N'Odre **E** (BAL) 98 Cf 110
Son Oleza **E** (BAL) 98 Cd 110
Son Oliver **E** (BAL) 98 Ce 110
So N'Oliveret **E** (BAL) 98 Ce 111
Son Palou Nou **E** (BAL) 99 Cf 111
Son Parc **E** (BAL) 96 Ea 108
Son Parea **E** (BAL) 99 Da 110
Son Pau **E** (BAL) 99 Cf 112
Son Perdiuet **E** (BAL) 98 Cf 112
Son Perot **E** (BAL) 98 Ce 110
Son Pieras **E** (BAL) 98 Cd 111
Son Planas **E** (BAL) 96 Df 108
Son Pomar **E** (BAL) 96 Df 108
Son Pou Nou **E** (BAL) 99 Da 111
Son Puig **E** (BAL) 98 Cd 110
Son Puig Gran **E** (BAL) 96 Eb 109
Son Ramonet **E** (BAL) 99 Da 112
Son Ribot **E** (BAL) 99 Da 111
Son Roca **E** (BAL) 98 Cd 111
Son Rossinyol **E** (BAL) 99 Da 110
Son Salomon **E** (BAL) 96 De 108
Son Sampoli **E** (BAL) 99 Cf 111
Son San Marti **E** (BAL) 99 Da 110
Son Santandreu **E** (BAL) 99 Da 111
Son Sardina **E** (BAL) 98 Cd 111
Son Sart **E** (BAL) 99 Cf 112
Son Sastre **E** (BAL) 98 Cd 111
Son Sastre **E** (BAL) 99 Da 111
Son Sastre Vell **E** (BAL) 99 Cf 111
Son Saura **E** (BAL) 96 Ea 108
Sonseca **E** (TOL) 108 Wa 110
Son Serralta **E** (BAL) 98 Cd 111
Son Serra Nou **E** (BAL) 99 Db 110
Son Servera **E** (BAL) 99 Dc 111
Son Sestri **E** (BAL) 99 Db 112
Sonsoles **E** (ÁVI) 74 Vd 105
Sonsoto **E** (SEG) 74 Vf 103
Son Suan **E** (BAL) 99 Da 110
Son Tema **E** (BAL) 96 Eb 109
Son Texiquet **E** (BAL) 98 Cf 112
Son Toni Amer **E** (BAL) 99 Da 112
Son Toni Marti **E** (BAL) 96 Df 108
Son Valent **E** (BAL) 99 Da 111
Son Valls de Pac **E** (BAL) 99 Da 111
Son Valls de Sastre **E** (BAL) 99 Cf 111
Son Ve Ce Te **E** (BAL) 96 Df 109
Son Verriol **E** (BAL) 98 Ce 111
Son Virgili **E** (BAL) 99 Da 112
Son Vives **E** (BAL) 96 Ea 108
Son Xorc **E** (BAL) 99 Da 112
Son Xotano **E** (BAL) 99 Cf 111
Soñeiro **E** (COR) 3 Re 89
Sóo **E** (PALM) 176 C 3
Sopalmo **E** (ALM) 155 Ya 126
Sopeira **E** (HUES) 46 Ae 95
Sopela **E** (VIZ) 11 Xa 88
Sopenilla **E** (CAN) 9 Vf 89
Sopeña **E** (CAN) 9 Ve 89
Sopeña **E** (CAN) 21 Vf 91
Sopeña de Carneros **E** (LEÓ) 18 Tf 94
Sopeñano **E** (BUR) 22 We 90
Soperún **E** (HUES) 45 Ad 95
Sopo **P** (VC) 32 Rb 97
Soportújar **E** (GRA) 161 Wd 127

Soprani **E** (CÓRD) 150 Vb 124
Sora **E** (BAR) 48 Ca 96
Sorabilla = Soravilla **E** (GUI) 12 Xf 89
Soraluze **E** (GUI) 11 Xd 89
Sorauren **E** (NAV) 25 Yc 91
Soravilla **E** (GUI) 12 Xf 89
Sorba **E** (BAR) 47 Be 97
Sorbas **E** (ALM) 154 Xf 126
Sorbeda **E** (LEÓ) 17 Tc 92
Sordillos **E** (BUR) 21 Vf 94
Sordos **E** (OUR) 33 Sa 96
Soria **E** (PALM) 174 I C 3
Soria **E** (SOR) 41 Xd 98
Soriana **E** (HUES) 45 Ad 96
Soriguera **E** (LLE) 29 Bb 94
Sorihuela **E** (SAL) 72 Ub 106
Sorihuela de Guadalimar **E** (JAÉ) 139 Wf 119
Sorlada **E** (NAV) 24 Xe 93
Sornàs **AND** 29 Bd 93
Sorozarreta **E** (NAV) 24 Xe 91
Sorpe **E** (LLE) 28 Ba 93
Sorre **E** (LLE) 28 Ba 94
Sorriba **E** (LEÓ) 19 Uf 92
Sorribas **E** (AST) 7 Ue 88
Sorribes **E** (LLE) 47 Be 95
Sorribes de la Vansa **E** (LLE) 47 Bc 95
Sorribos de Alba **E** (LEÓ) 19 Uc 92
Sorripas **E** (HUES) 26 Zd 93
Sort **E** (LLE) 29 Ba 94
Sortelha **P** (Gu) 84 Se 107
Sortes **P** (Ba) 53 Tb 98
Sorts, les - **E** (LLE) 47 Bc 95
Sorval **P** (Gu) 69 Se 104
Sorvilán **E** (GRA) 161 We 128
Sorzano **E** (RIO) 41 Xc 94
Sos **E** (HUES) 28 Ac 93
Sos del Rey Católico **E** (ZAR) 25 Ye 94
Soses **E** (LLE) 63 Ac 99
Sossís **E** (LLE) 46 Af 95
Sota, La - **E** (AST) 6 Ua 88
Sotalvo **E** (ÁVI) 73 Va 105
Sot de Chera **E** (VAL) 113 Za 111
Sot de Ferrer **E** (CAS) 95 Zd 110
Sotés **E** (RIO) 41 Xc 94
Sotiel Coronada **E** (HUEL) 147 Ta 123
Sotiello **E** (AST) 7 Ub 88
Sotillo **E** (SEG) 57 Wc 101
Sotillo **E** (ZAR) 60 Yd 98
Sotillo, El - **E** (CIU) 108 Vf 114
Sotillo, El - **E** (CIU) 110 Xa 114
Sotillo, El - **E** (GUA) 76 Xc 103
Sotillo de Boedo **E** (PAL) 21 Vd 93
Sotillo de Cabrera **E** (LEÓ) 35 Tb 94
Sotillo de Cea **E** (LEÓ) 20 Va 94
Sotillo de la Adrada **E** (ÁVI) 88 Vc 107
Sotillo de la Ribera **E** (BUR) 39 Wb 98
Sotillo de las Palomas **E** (TOL) 88 Vb 108
Sotillo del Rincón **E** (SOR) 41 Xc 97
Sotillo de Rioja **E** (BUR) 22 Wf 94
Sotillo de Sanabria **E** (ZAM) 35 Tb 96
Sotillos **E** (LEÓ) 19 Ue 91
Sotillos de Caracena **E** (SOR) 58 Wf 101
Soto **E** (AST) 6 Tf 87
Soto **E** (AST) 6 Ua 88
Soto **E** (AST) 7 Uc 90
Soto **E** (AST) 7 Ud 89
Soto **E** (AST) 7 Ue 90
Soto **E** (CAN) 9 Wa 89
Soto **E** (CAN) 21 Ve 90
Soto **E** (HUES) 27 Ab 94
Soto **E** (LEÓ) 8 Uf 90
Soto, El - **E** (ALM) 154 Xe 125
Soto, El - **E** (ÁVI) 72 Ue 106
Soto, El - **E** (CÁC) 85 Tb 107
Soto, El - **E** (CÁD) 164 Ua 131
Soto, El - **E** (MAD) 75 Wc 105
Soto, El - **E** (NAV) 42 Yb 95
Sotobañado y Priorato **E** (PAL) 20 Vd 93
Sotoca **E** (CUE) 92 Xd 107
Sotoca de Tajo **E** (GUA) 76 Xc 104
Soto Candespina **E** (ZAR) 43 Yf 98
Soto de Aldovea **E** (MAD) 75 Wd 106
Soto de Cerrato **E** (PAL) 38 Vd 97
Soto de la Barca **E** (AST) 6 Td 89
Soto de la Marina **E** (CAN) 9 Wa 88
Soto de la Vega **E** (LEÓ) 36 Ua 95
Soto del Lugar **E** (MAD) 90 Wb 109
Soto de Lorio **E** (AST) 7 Ud 89
Soto de los Infantes **E** (AST) 6 Te 88
Soto del Real **E** (MAD) 75 Wb 104
Soto de Luiña **E** (AST) 6 Te 87
Soto de Manzaneque **E** (MAD) 75 Wc 105
Soto de Pajares **E** (MAD) 90 Wc 107
Soto de Ribera **E** (AST) 6 Ua 89
Soto de San Esteban **E** (SOR) 58 We 99
Soto de Valdeón **E** (LEÓ) 8 Va 90
Soto de Valderrueda **E** (LEÓ) 20 Va 92
Soto de Viñuelas **E** (MAD) 75 Wb 105
Sotodosos **E** (GUA) 77 Xd 103
Soto en Cameros **E** (RIO) 41 Xd 95
Sotogordo **E** (CÓRD) 150 Vb 124
Sotopalacios **E** (BUR) 22 Wb 94
Sotoparada **E** (LEÓ) 17 Ta 93
Soto-Rucandio **E** (CAN) 21 Wa 91
Sotos **E** (AST) 7 Ue 89
Sotos **E** (CUE) 92 Xf 107
Sotosalbos **E** (SEG) 74 Wa 102
Sotos del Burgo **E** (SOR) 58 Wf 99
Sotos de Sepúlveda **E** (SEG) 57 Wc 101
Sotoserrano **E** (SAL) 71 Tf 106
Sotos Nuevos **E** (MUR) 142 Za 122
Sotovellanos **E** (BUR) 21 Ve 93
Soto y Amío **E** (LEÓ) 18 Ua 92
Sotragero **E** (BUR) 39 Wb 94
Sotres **E** (AST) 8 Vb 89
Sotresgudo **E** (BUR) 21 Ve 93
Sotrobal **E** (SAL) 72 Ue 103
Sotrondio (San Martín del Rey Aurelio) **E** (AST) 7 Uc 89
Sotuélamos **E** (ALB) 110 Xc 114
Soucedo **E** (AST) 6 Td 89
Soudes **P** (Fa) 146 Sc 124
Soure **P** (Co) 82 Rc 108
Souro Pires **P** (Gu) 70 Sf 104
Sous **E** (GIR) 31 Ce 95
Sousa **P** (Por) 50 Re 100
Sousel **P** (Pg) 117 Sb 115
Sousela **P** (Por) 50 Re 101
Souselas **P** (Co) 83 Rd 107
Souselo **P** (Vi) 50 Re 102
Soutadoiro **E** (OUR) 35 Ta 95
Soutaria **P** (Sa) 82 Rc 110
Soutelinho **P** (VR) 51 Sb 100
Soutelinho **P** (VR) 51 Sc 99
Soutelinho **P** (VR) 52 Sc 101
Soutelinho da Raia **P** (VR) 33 Sc 98
Soutelo **E** (OUR) 34 Se 96
Soutelo **E** (PON) 15 Re 93
Soutelo **E** (PON) 32 Rc 96
Soutelo **P** (Av) 68 Rc 104
Soutelo **P** (Av) 68 Rd 104
Soutelo **P** (Ba) 35 Tb 97
Soutelo **P** (Ba) 53 Tb 100
Soutelo **P** (Br) 50 Rd 99
Soutelo **P** (Vi) 68 Sa 103
Soutelo **P** (VR) 34 Sc 98
Soutelo **P** (VR) 51 Sa 101
Soutelo de Aguiar **P** (VR) 51 Sc 100
Soutelo do Douro **P** (Vi) 52 Sd 101
Soutelo Mourisco **P** (Ba) 52 Ta 98
Soutelo Verde **E** (OUR) 34 Sd 96
Soutilha **P** (Ba) 52 Se 98
Soutilha **P** (Ba) 52 Sf 98
Souto **E** (LUG) 16 Sc 93
Souto **E** (PON) 15 Rc 92
Souto **E** (PON) 15 Rd 93
Souto **E** (PON) 32 Rc 96
Souto **P** (Av) 67 Rc 103
Souto **P** (Br) 50 Re 100
Souto **P** (Gu) 70 Ta 106
Souto **P** (Le) 82 Rc 109
Souto **P** (Sa) 102 Re 111
Souto **P** (VC) 32 Rc 98
Souto **P** (VC) 32 Rd 98
Souto **P** (Vi) 68 Sa 103
Souto **P** (Vi) 69 Sd 102
Souto **P** (VR) 51 Sc 101
Souto (Amoeiro) **E** (OUR) 33 Sa 94
Souto (Toques) **E** (COR) 15 Sa 91
Souto Bom **P** (Vi) 68 Rf 105
Soutocico **P** (Le) 82 Rb 110
Soutocobo **E** (OUR) 34 Se 97
Soutochao **E** (OUR) 34 Se 97
Souto da Carpalhosa **P** (Le) 82 Rb 109
Souto da Casa **P** (CB) 84 Sc 108
Souto da Velha **P** (Ba) 52 Ta 101
Souto de Aguiar da Beira **P** (Gu) 69 Sc 104
Souto de Lafões **P** (Vi) 68 Rf 104
Soutolongo **E** (PON) 15 Re 93
Souto Maior **P** (Gu) 69 Se 104
Souto Mau **P** (Av) 68 Re 104
Soutopenedo **E** (OUR) 33 Sa 95
Soutosa **P** (Vi) 69 Sc 103
Soutullo **E** (COR) 3 Rc 89
Sovilla **E** (AST) 7 Ub 89
Soza **P** (Av) 67 Rc 105
Su **E** (LLE) 47 Bd 97
Suances **E** (CAN) 9 Vf 88
Suano **E** (CAN) 21 Ve 91
Suarbol **E** (LEÓ) 17 Ta 91
Suares **E** (AST) 7 Uc 88
Suarias **E** (AST) 8 Vc 89
Suavila **E** (COR) 3 Sa 90
Subijana de Álava **E** (ÁLA) 23 Xb 92
Subilana Gasteiz = Subijana de Álava **E** (ÁLA) 23 Xb 92
Subirats **E** (BAR) 65 Be 100
Subiza **E** (NAV) 24 Yb 92
Subportela **P** (VC) 32 Rb 98
Sucarral **E** (LUG) 16 Sd 92
Sucastro **E** (LUG) 16 Sb 92
Sucçães **P** (Ba) 52 Se 100
Sucina **E** (MUR) 142 Za 121
Sucs **E** (LLE) 45 Ae 98
Sueca **E** (VAL) 114 Ze 113
Suegos **E** (LUG) 4 Sd 90
Sueiro **E** (AST) 5 Ta 87
Suelves **E** (HUES) 45 Aa 95
Suellacabras **E** (SOR) 41 Xe 97
Sueras **E** (CAS) 95 Zd 109
Sueros de Cepeda **E** (LEÓ) 18 Tf 93
Suerri **E** (HUES) 45 Ad 95
Suertes, Los - **E** (MUR) 142 Ye 122
Suertes de Villalba, Las - **E** (MAD) 74 Vf 105
Suesa **E** (CAN) 9 Wb 88
Suevos **E** (COR) 3 Rd 88
Suflí **E** (ALM) 154 Xd 124
Suizo **E** (MÁL) 159 Vc 128
Sujayal **E** (ALB) 126 Xe 119
Sujuela **E** (RIO) 41 Xc 94
Sukarrieta **E** (VIZ) 11 Xb 88
Sul **P** (Vi) 68 Rf 103
Sulfúrica, La - **E** (ZAR) 61 Zb 99
Sumacàrcer **E** (VAL) 113 Zc 114
Sumbilla **E** (NAV) 12 Yb 90
Sume **P** (Pg) 102 Sa 116
Sumio **E** (COR) 3 Rd 89
Sunadell = Sonadell **E** (LLE) 63 Ad 99
Sunyer **E** (LLE) 63 Ad 99
Suñé = Sunyer **E** (LLE) 63 Ad 99
Super Espot **E** (LLE) 28 Ba 93
Super Molina **E** (GIR) 30 Bf 94
Suquets **E** (LLE) 45 Ac 98
Suquillo de Boñices **E** (SOR) 59 Xd 99
Súria **E** (BAR) 47 Be 97
Surp **E** (LLE) 29 Ba 94
Surroca de Baix **E** (GIR) 30 Cb 95
Susana, A **E** (PON) 15 Rd 91
Susañe del Sil **E** (LEÓ) 18 Td 91
Susilla **E** (CAN) 21 Vf 92
Susinos del Páramo **E** (BUR) 21 Wa 94
Suspiro del Moro **E** (GRA) 152 Wc 126
Suterrana = Suterranya **E** (LLE) 46 Af 96
Suterranya **E** (LLE) 46 Af 96
Suzana **E** (BUR) 23 Xa 92

T

Tabaçó **P** (VC) 32 Rd 98
Tabagón **E** (PON) 32 Rb 97
Tabaiba **E** (TEN) 173 I F 3
Tabajete **E** (CÁD) 157 Te 128
Tabanera **E** (BUR) 38 Vf 95
Tabanera de Cerrato **E** (PAL) 39 Vf 96
Tabanera de Valdavia **E** (PAL) 20 Vb 93
Tabanera la Luenga **E** (SEG) 56 Ve 102
Tabaqueros **E** (ALB) 112 Yd 112
Tabar **E** (NAV) 25 Yd 92
Tábara **E** (ZAM) 36 Ua 98
Tabayesco **E** (PALM) 176 D 3
Tabaza **E** (AST) 7 Ub 87
Tabazoa de Hedroso **E** (OUR) 34 Sf 95
Tabazoa de Humoso **E** (OUR) 146 Sf 96
Tabeaio **E** (COR) 3 Rd 89
Tabeirós **E** (PON) 15 Rd 93
Tabera de Abajo **E** (SAL) 71 Ua 103
Taberna **P** (VR) 52 Sd 99
Tabernas **E** (ALM) 154 Xd 126
Tabernas de Isuela **E** (HUES) 44 Zd 96
Taberna Seca **P** (CB) 84 Sc 109
Tabernes = Tavernes de Valldigna **E** (VAL) 114 Ze 114
Tabernes Blanques = Tavernes Blanques **E** (VAL) 114 Zd 111
Taberno **E** (ALM) 154 Xf 124
Tabérnolas = Tavèrnoles **E** (BAR) 48 Cb 97
Taberuela **E** (SAL) 71 Tf 103
Tabla, La - **E** (ZAM) 36 Ub 97
Tablada **E** (MAD) 74 Vf 104
Tablada del Rudrón **E** (BUR) 21 Wa 92
Tablada de Villadiego **E** (BUR) 21 Wa 93
Tabladillo **E** (ÁVI) 73 Vc 104
Tabladillo **E** (CAN) 10 Wc 89
Tabladillo **E** (GUA) 76 Xb 105
Tabladillo **E** (LEÓ) 35 Te 94
Tabladillo **E** (SEG) 74 Vd 102
Tablado **E** (AST) 6 Ua 90
Tablado **E** (CAN) 9 Wa 90
Tablado, El - **E** (TEN) 171 B 1
Tablado, El - **E** (TEN) 173 I E 4
Tablantes **E** (SEV) 148 Te 124
Tablas **E** (GRA) 153 Xb 125
Tablas, Las - **E** (ALM) 154 Xc 126
Tablas, Las - **E** (AST) 7 Ud 89
Tablate **E** (GRA) 161 Wc 127
Tabla-Villafáfila, La - **E** (ZAM) 36 Ub 97
Tablero, El - **E** (TEN) 173 I E 3
Tabliega **E** (BUR) 22 Wd 90
Tablillas, Las - **E** (CIU) 107 Vd 113
Tablones, Los **E** (GRA) 161 Wd 127
Tablones, Los **E** (GRA) 161 Wd 128
Taboada **E** (COR) 3 Rf 88
Taboada **E** (LUG) 16 Sb 92
Taboadela **E** (OUR) 33 Sb 95
Taboadelo **E** (COR) 32 Rc 94
Taboazas **E** (OUR) 34 Sd 95
Taboeira **P** (Av) 67 Rc 105
Taboeira **P** (Co) 67 Rb 106
Taboexa **E** (PON) 32 Rd 96
Taboleiros de Baixo **P** (Év) 117 Rf 118
Taborno **E** (TEN) 173 I F 2
Tabosa **P** (Vi) 69 Sc 103
Tabosa **P** (Vi) 69 Sd 103
Tábua **P** (Co) 68 Rf 106
Tábua **P** (Ma) 166 I B 2
Tabuaças **P** (Br) 51 Re 99
Tabuaço **P** (Vi) 51 Sc 102
Tabuadela **P** (VR) 51 Sa 99
Tabuadelo **P** (Br) 50 Re 100
Tabuado **P** (Por) 51 Rf 101
Tábuas **P** (Co) 83 Re 108
Tabuenca **E** (ZAR) 60 Yc 98
Tabuyo del Monte **E** (LEÓ) 35 Te 95
Tabuyuelo de Jamuz **E** (LEÓ) 36 Ua 95
Tacão **P** (Be) 132 Sb 122
Taco **E** (TEN) 173 I F 3
Tacões **P** (Be) 131 Sa 123
Tacões **P** (Fa) 146 Sc 124
Tacoronte **E** (TEN) 173 I E 3
Tacheras **E** (HUES) 26 Zb 91
Tadim **P** (Br) 50 Rd 99
Tafalla **E** (NAV) 24 Yb 93
Tafe **P** (Fa) 146 Sb 125
Tafira **E** (PALM) 174 I D 2
Tafira Baja **E** (PALM) 174 I D 2
Tagamanent **E** (BAR) 48 Cb 98
Taganana **E** (TEN) 173 I F 2
Tagarabuena **E** (ZAM) 55 Ud 99
Tagariças **P** (Be) 130 Rd 123
Tagarro **P** (Li) 100 Ra 113
Tagarrosa **E** (BUR) 21 Ve 94
Tagilde **P** (Br) 50 Re 100
Tagle **E** (CAN) 9 Vf 88
Taguluche **E** (TEN) 172 II A 2
Tahal **E** (ALM) 154 Xe 125
Tahiché **E** (PALM) 176 C 3
Tahivilla **E** (CÁD) 164 Ub 131
Tahús = Taús **E** (LLE) 46 Bb 95
Taià **E** (BAR) 66 Cb 99
Taialà **E** (GIR) 49 Ce 97
Taião **P** (VC) 32 Rc 97
Taibique **E** (TEN) 173 III C 2
Taide **P** (Br) 51 Re 99
Taina de Vega **E** (CUE) 111 Ya 111
Taipadas **P** (Se) 116 Rc 116
Taipas (Caldelas) **P** (Br) 50 Rd 100
Taja **E** (AST) 6 Tf 90
Tajahuerce **E** (SOR) 41 Xf 98
Tajarja **E** (GRA) 152 Wa 126
Tajonar **E** (NAV) 25 Yc 92
Tajueco **E** (SOR) 58 Xa 99
Tajuña **E** (SEG) 74 Ve 103
Tajuya **E** (TEN) 171 B 3
Tala, La - **E** (ALM) 154 Xd 123
Tala, La - **E** (JAÉ) 125 Xb 118
Tala, La - **E** (SAL) 72 Uc 105
Talaixa **E** (GIR) 31 Cd 95
Talamanca **E** (BAR) 47 Bf 98
Talamanca de Jarama **E** (MAD) 75 Wc 104
Talamantes **E** (ZAR) 42 Yb 98
Talamillo del Tozo **E** (BUR) 21 Wa 93
Talará **E** (GRA) 152 Wc 127
Talarn **E** (LLE) 46 Af 95
Talarrubias **E** (BAD) 106 Ue 114
Talaván **E** (CÁC) 86 Te 110
Talave **E** (ALB) 126 Ya 117
Talavera **E** (BAR) 64 Bc 99
Talavera de la Reina **E** (TOL) 88 Vb 109
Talavera la Nueva **E** (TOL) 88 Va 109
Talavera la Real **E** (BAD) 119 Tb 115
Talaveruela **E** (CÁC) 87 Uc 108
Talayuela **E** (CÁC) 87 Uc 109
Talayuelas **E** (CUE) 93 Ye 109
Talegón **E** (BAD) 118 Sf 117
Taleiros **P** (Fa) 146 Sb 125
Tales **E** (CAS) 95 Ze 109
Talhadas **P** (Av) 68 Re 104
Talhas **P** (Ba) 53 Tb 100
Talheira **P** (Por) 51 Rf 101
Talhinhas **P** (Ba) 53 Tb 99
Talica **P** (Be) 132 Sb 121
Táliga **E** (BAD) 118 Sf 117
Taliscas **P** (CB) 84 Sc 107
Talteüll **E** (LLE) 46 Bc 98
Talurdo **P** (Fa) 145 Rd 125
Talveila **E** (SOR) 40 Xa 98
Tallada, la - **E** (LLE) 47 Bc 99
Tallada d'Empordà, la - **E** (GIR) 49 Da 96
Talladell, el - **E** (LLE) 46 Bb 99
Tállara **E** (COR) 14 Ra 92
Talledo **E** (CAN) 10 Wf 89
Tallón Alto, El - **E** (ALM) 154 Xc 125
Tallón Bajo, El - **E** (ALM) 154 Xd 126
Tallos (Dodro) **E** (COR) 14 Rb 92
Talltendre **E** (LLE) 29 Be 94
Tama **E** (CAN) 8 Vc 89
Tamaduste **E** (TEN) 173 III C 2
Tamagos **E** (OUR) 34 Sd 97
Tamaguelos **E** (OUR) 34 Sd 97
Tamaimo **E** (TEN) 172 I C 4
Tamajón **E** (GUA) 75 We 102
Tamallancos **E** (OUR) 15 Sa 94
Tamame **E** (ZAM) 54 Ua 101
Tamames **E** (SAL) 71 Tf 105
Tamames **P** (Gu) 70 Tb 105
Tamanhos **P** (Gu) 69 Se 104
Támara **E** (PAL) 38 Vd 95
Tamaraceite **E** (PALM) 174 I D 2
Tamaral, El - **E** (JAÉ) 125 Xb 118
Tamargada **E** (TEN) 172 II B 1
Tamarinda **E** (BAL) 96 De 109
Tamarit **E** (TAR) 65 Bc 102
Tamarite de Litera **E** (HUES) 45 Ac 97
Tamariu **E** (GIR) 49 Db 97
Tamariz de Campos **E** (VALL) 37 Uf 97
Tamarón **E** (BUR) 39 Wa 95
Tamayo **E** (ALB) 112 Yd 112
Tamayo **E** (BUR) 22 Wd 92
Tameirón **E** (OUR) 34 Sf 96
Tamejoso **P** (Be) 132 Sc 123
Tamel **P** (Br) 50 Rc 99
Tamengos **P** (Av) 68 Rd 106
Tameza **E** (AST) 6 Tf 89
Tamojares **E** (GRA) 153 Wf 123
Tamujoso **E** (BAD) 120 Ub 116
Tamurejo **E** (BAD) 121 Va 115
Tanarro **E** (SEG) 57 Wb 101
Tanca, Sa - **E** (BAL) 98 Ce 111
Tancal, el - **E** (CAS) 95 Aa 108
Tancos **P** (Sa) 101 Rd 112
Tanes **E** (AST) 7 Ud 89
Tanganhal **P** (Se) 130 Rc 120
Tanganheira **P** (Se) 130 Rb 121
Tangel **E** (ALI) 128 Zd 118
Tangil **P** (VC) 32 Rd 96
Taniñe **E** (SOR) 41 Xe 96
Tanorio **E** (PON) 15 Rc 94
Tanos **E** (CAN) 9 Vf 88
Tanque **E** (TEN) 172 I C 3
Tanque **P** (Ma) 167 II
Tañabueyes **E** (BUR) 40 Wd 96
Tao **E** (PALM) 176 C 3
Tapada **P** (Pg) 103 Se 114
Tapada **P** (Por) 51 Sa 101
Tapada das Valsas **P** (CB) 84 Se 110
Tapéus **P** (Co) 82 Rc 108
Tapia **E** (BUR) 21 Vf 93
Tapia **E** (COR) 14 Rc 91
Tapia (Tapia de Casariego) **E** (AST) 5 Ta 87
Tapia de la Ribera **E** (LEÓ) 19 Ub 92
Tapiela **E** (SOR) 59 Xe 99
Tàpies **E** (GIR) 31 Ce 94
Tapioles **E** (ZAM) 37 Ud 97
Tarabaus = Taravaus **E** (GIR) 31 Cf 95
Taracena **E** (GUA) 75 Wf 105
Taradell **E** (BAR) 48 Cb 97
Taragona **E** (COR) 14 Rb 92
Taragudo **E** (GUA) 76 Wf 104
Taragudo **E** (SAL) 54 Uc 101
Taraguilla **E** (CÁD) 165 Ud 131
Tarahal **E** (JAÉ) 153 Wf 123
Taraíz, El - **E** (MUR) 142 Ye 120
Tarajal, El - **E** (CÓRD) 151 Ve 124
Tarajalejo **E** (PALM) 175 II D 4
Taramay **E** (GRA) 161 Wb 128
Tarambana **E** (ALM) 162 Xa 127
Taramundi **E** (AST) 5 Sf 88
Taranco **E** (BUR) 22 Wd 90
Tarancón **E** (CUE) 91 Wf 108
Tarancueña **E** (SOR) 58 Wf 100
Taranes **E** (AST) 7 Ue 89
Taranilla **E** (LEÓ) 20 Va 92
Tarassó **E** (LLE) 46 Ba 98
Taravaus **E** (GIR) 31 Cf 95
Taravilla **E** (GUA) 77 Ya 104
Tarayuelas, Las - **E** (TER) 79 Zc 105
Taraza **E** (COR) 3 Re 87
Tarazona **E** (SEV) 148 Ua 124
Tarazona **E** (ZAR) 42 Yb 97
Tarazona de Guareña **E** (SAL) 55 Ue 101
Tarazona de la Mancha **E** (ALB) 111 Ya 113
Tárbena **E** (ALI) 129 Zf 116
Tardade **E** (LUG) 4 Sb 89
Tardáguila **E** (SAL) 54 Uc 102
Tardajos **E** (BUR) 39 Wb 94
Tardajos de Duero **E** (SOR) 59 Xd 98
Tardelcuende **E** (SOR) 59 Xc 99
Tardemézar **E** (ZAM) 36 Ua 96
Tardesillas **E** (SOR) 41 Xd 98
Tardienta **E** (HUES) 44 Zc 97
Tardobispo **E** (ZAM) 54 Ub 100
Tarei **P** (Av) 67 Rc 103
Targa **E** (TEN) 172 II B 2
Tariego de Cerrato **E** (PAL) 38 Vd 97
Tarifa **E** (CÁD) 164 Uc 132
Tarifa **E** (GRA) 154 Xd 123
Tarilonte de la Peña **E** (PAL) 20 Vc 92
Tarín **E** (TER) 94 Zb 108
Tariquejo **E** (HUEL) 146 Sf 124
Tarja, La - **E** (ZAR) 62 Zb 100
Tarna **E** (AST) 19 Ue 90
Taroda **E** (SOR) 59 Xd 100
Tarouca **P** (Vi) 69 Sb 102
Tarouquela **P** (Vi) 51 Re 102
Tarragona **E** (TAR) 64 Bb 102
Tarragoya **E** (MUR) 140 Xf 121
Tarrasa = Terrassa **E** (BAR) 65 Ca 99
Tarraula **E** (ALI) 129 Aa 116
Tàrrega **E** (LLE) 46 Ba 99
Tarrés **E** (LLE) 64 Ba 100
Tarriba **E** (CAN) 9 Vf 89
Tarrio **E** (COR) 3 Rd 89
Tarrio **E** (COR) 14 Rb 92
Tarrío **E** (LUG) 16 Sb 91
Tarroeira **E** (COR) 15 Rd 91
Tarroja = Tarroja de Segarra **E** (LLE) 46 Bb 98
Tarroja de Segarra **E** (LLE) 46 Bb 98
Tarrós, el - **E** (LLE) 46 Ba 98
Tartalés de Cilla **E** (BUR) 22 Wd 92
Tartalés de los Montes **E** (BUR) 22 Wd 92
Tartanedo **E** (GUA) 77 Ya 103
Tartareu **E** (LLE) 46 Ae 97
Tasarte **E** (PALM) 174 I B 3
Taucho **E** (TEN) 172 I C 5
Taüll **E** (LLE) 28 Af 93
Tauro **E** (PALM) 174 I B 4
Taús **E** (LLE) 46 Bb 95
Tauste **E** (ZAR) 43 Ye 97
Tavagueira **P** (Fa) 145 Re 126
Tavanca de Tavares **P** (Gu) 69 Sc 105
Tavascan **E** (LLE) 29 Bb 93
Taveiro **P** (Co) 82 Rc 107
Tavernes Blanques **E** (VAL) 114 Zd 111
Tavernes de la Valldigna **E** (VAL) 114 Ze 114
Tavèrnoles **E** (BAR) 48 Cb 97
Tavertet **E** (BAR) 48 Cc 97
Tavila **P** (CB) 84 Sb 110
Tavilhão **P** (Be) 145 Sa 124
Tavira **P** (Fa) 146 Sc 126
Tavizna **E** (CÁD) 158 Ud 128
Távora **P** (VC) 32 Rd 98
Távora **P** (Vi) 51 Sc 102
Tazacorte **E** (TEN) 171 B 3
Tazo **E** (TEN) 172 II B 1
Tazona **E** (ALB) 126 Ya 119
Tazones **E** (AST) 7 Ud 87
Teatinos, Los - **E** (JAÉ) 139 Wf 120
Teatinos, Los - **E** (JAÉ) 139 Xc 120
Teba **E** (MÁL) 150 Va 127
Tébar **E** (CUE) 111 Xe 112
Tébar **E** (MUR) 155 Yc 123
Tebera de Arriba **E** (SAL) 71 Tf 103
Tebongu **E** (AST) 6 Tc 89
Tebosa **P** (Br) 50 Rd 100
Tebra **E** (PON) 32 Rb 96
Tefía **E** (PALM) 175 II E 2
Tegueiro **P** (CB) 85 Sf 110
Tegueste **E** (TEN) 173 I E 2
Teguise **E** (PALM) 176 C 3
Teguital **E** (PALM) 175 II E 4
Teià = Taià **E** (BAR) 66 Cb 99
Teibel **E** (LUG) 16 Sc 92
Teira **P** (Sa) 100 Ra 112
Teivas **P** (Vi) 68 Sa 105
Teivilide **E** (LUG) 16 Sd 92
Teix **E** (ALI) 128 Zd 117
Teixedáis **E** (LUG) 5 Sf 89
Teixeira **P** (Ba) 53 Tc 100

Teixeira **P** (Co) 83 Sa 107
Teixeira **P** (Gu) 84 Sb 107
Teixeira **P** (Por) 51 Sa 101
Teixeira, A - **E** (OUR) 34 Sd 94
Teixeiro **E** (LUG) 4 Sd 90
Teixeiró **P** (Por) 51 Sa 101
Teixeiro (Curtis) **E** (COR) 3 Rf 90
Teixelo **P** (Vi) 69 Sb 103
Teixo **P** (Vi) 68 Re 105
Teixoso **P** (CB) 84 Sd 107
Teja **E** (GRA) 139 Xb 122
Tejada **E** (BUR) 39 Wc 97
Tejadillo **E** (SAL) 70 Tc 105
Tejadillo **E** (SAL) 71 Tf 104
Tejadillos **E** (CUE) 93 Yc 108
Tejadinos **E** (LEÓ) 36 Tf 94
Tejado **E** (SOR) 59 Xe 99
Tejado, El - **E** (SAL) 71 Ua 103
Tejado, El - **E** (SAL) 72 Uc 106
Tejados **E** (LEÓ) 36 Tf 94
Tejar, El - **E** (ÁVI) 73 Uf 104
Tejar, El - **E** (CÓRD) 151 Vc 125
Tejar, El - **E** (MAD) 74 Wa 106
Tejar de sa Moleta **E** (BAL) 99 Da 111
Tejares **E** (BAD) 106 Ue 115
Tejares **E** (SEG) 57 Wa 100
Tejares, Los - **E** (ZAR) 43 Ye 98
Tejeda **E** (PALM) 174 I C 3
Tejeda de Tiétar **E** (CÁC) 86 Ua 108
Tejeda y Segoyuela **E** (SAL) 71 Tf 105
Tejedo del Sil **E** (LEÓ) 18 Td 91
Tejeira **E** (LEÓ) 17 Ta 92
Tejera, La - **E** (ZAM) 35 Ta 97
Tejería, La - **E** (TER) 93 Yd 107
Tejerina **E** (LEÓ) 20 Uf 91
Tejerizas **E** (SOR) 59 Xc 99
Tejina **E** (TEN) 172 I C 4
Tejina **E** (TEN) 173 I E 2
Tejonera de Arriba **E** (BAD) 120 Tf 116
Telde **E** (PALM) 174 I D 3
Teléfono, El - **E** (CÁD) 156 Te 127
Teleña **E** (AST) 8 Uf 89
Telha **P** (Br) 51 Rf 100
Telha **P** (Por) 50 Rd 101
Telhada **P** (Co) 82 Rb 108
Telhada **P** (Co) 83 Rf 108
Telhadela **P** (Av) 68 Rd 104
Telhadela **P** (Co) 83 Rd 108
Telhado **P** (Br) 50 Rd 100
Telhado **P** (CB) 84 Sc 108
Telhado **P** (Co) 83 Rd 107
Telhado **P** (VR) 33 Sa 98
Telha dos Grandes **P** (Le) 101 Rb 111
Telheiro **P** (Év) 118 Sd 118
Telheiro **P** (Fa) 145 Rf 126
Telheiro **P** (Le) 82 Ra 110
Telheiros **P** (Pg) 103 Sd 113
Telo **E** (LUG) 16 Sd 93
Telões **P** (Por) 51 Rf 101
Telões **P** (VR) 51 Sb 100
Tella **E** (COR) 2 Ra 89
Tella-Sín **E** (HUES) 27 Ab 93
Telledo **E** (AST) 18 Ua 90
Telleriarte **E** (GUI) 23 Xd 90
Tellosancho **E** (SAL) 71 Tf 103
Tembleque **E** (TOL) 90 Wc 110
Temiño **E** (BUR) 22 Wc 94
Temisas **E** (PALM) 174 I C 3
Temocoda **E** (TEN) 172 II B 2
Temple, El - **E** (CÓRD) 136 Va 122
Temple, El - **E** (HUES) 43 Zb 97
Tempul, El - **E** (CÁD) 157 Ub 129
Tenada Becedo **E** (BUR) 40 We 95
Tenada de Fresnada **E** (BUR) 39 Wc 95
Tenada de la Cabezada **E** (BUR) 40 We 95
Tenada de la Tejera **E** (BUR) 39 Wc 95
Tenada de Peñalengua **E** (BUR) 40 We 96
Tenada Quiñones **E** (BUR) 40 We 95
Tenadas de Abajo **E** (BUR) 40 We 94
Tenadas de la Pasadera **E** (BUR) 39 Wb 96
Tenadas de la Portilla **E** (BUR) 40 Wd 95
Tenadas de la Rasa **E** (BUR) 39 Wc 96
Tenadas de la Renovilla **E** (BUR) 39 Wc 96
Tenadas del Monte **E** (BUR) 39 Wc 96
Tenagua **E** (TEN) 171 C 2
Tendais **P** (Vi) 51 Rf 102
Tendeira **P** (Ma) 167 I D 3
Tendilla **E** (GUA) 76 Xa 105
Tendrui **E** (LLE) 46 Af 95
Tenebrón **E** (SAL) 71 Td 105
Tenência **P** (Fa) 146 Sd 124
Tenoya **E** (PALM) 174 I D 2
Tentellatge **E** (LLE) 47 Be 96
Tentiniguada **E** (PALM) 174 I C 3
Tentúgal **P** (Co) 82 Rc 107
Tenzuela **E** (SEG) 74 Wa 102
Teo (Santa María) **E** (COR) 15 Rc 92
Teo = Ramallosa **E** (COR) 15 Rc 92
Teones, Los - **E** (ALM) 154 Xf 124
Tera **E** (SOR) 41 Xd 97
Terán **E** (CAN) 9 Ve 89
Terca **P** (Ma) 166 I B 2
Terça **P** (Se) 116 Rc 118
Tercena **P** (Li) 115 Qe 116
Tercia **E** (COR) 3 Re 89
Tercia, La - **E** (MUR) 140 Ya 119
Tercui **E** (LLE) 46 Ae 95
Terena **P** (Év) 118 Sd 117
Tereñes **E** (AST) 8 Uf 88
Teresa **E** (CAS) 94 Zc 109
Teresa de Cofrentes **E** (VAL) 112 Yf 114
Terhal **P** (Sa) 115 Ra 115
Termas da Ganhofeira **P** (Év) 117 Sa 118
Termas Pallarés **E** (ZAR) 60 Ya 101
Términs **E** (LLE) 46 Ae 98
Termes Orion **E** (GIR) 48 Ce 97
Término, El - **E** (SEV) 150 Uf 124
Término de Arriba **E** (MUR) 127 Yd 117
Terminón **E** (BUR) 22 Wd 92
Termo de Évora **P** (Le) 101 Ra 111
Ternero **E** (BUR) 23 Xa 93
Teroleja **E** (GUA) 77 Ya 104
Teror **E** (PALM) 174 I C 2
Terque **E** (ALM) 154 Xc 127
Terra Chã **P** (Aç) 169 Xe 116
Terra Cha **P** (Ma) 166 I B 2
Terra Chã **P** (Ma) 166 I C 2
Terrachán (Entrimo) **E** (OUR) 33 Rf 97
Terradas = Terrades **E** (GIR) 31 Cf 95
Terradelles **E** (GIR) 49 Cf 96
Terrades **E** (GIR) 31 Cf 95
Terradillos **E** (SAL) 72 Uc 103
Terradillos de Esgueva **E** (BUR) 39 Wa 98
Terradillos de los Templarios **E** (PAL) 37 Va 94
Terradillos de Sedano **E** (BUR) 21 Wb 93
Terra do Pão **P** (Aç) 168 Wd 118
Terrados **E** (SAL) 72 Uc 104
Terra Fria **P** (Sa) 101 Rc 112
Terra Rotja **E** (BAL) 96 Ea 109
Terras do Bouro **P** (Br) 32 Re 98
Terrassa **E** (BAR) 65 Ca 99
Terrassola **E** (LLE) 47 Bc 96
Terrateig **E** (VAL) 129 Ze 115
Terraza **E** (GUA) 77 Ya 104
Terrazas **E** (BUR) 40 We 96
Terrazina **P** (Be) 130 Rd 121
Terrazos **E** (BUR) 22 Wd 93
Tercios, Los - **E** (CÁD) 157 Te 129
Terre **E** (GRA) 152 Wc 124
Terreiro da Luta **P** (Ma) 167 I C 2
Terreiro das Bruxas **P** (Gu) 84 Se 107
Terreiros **P** (Aç) 169 Wf 117
Terrelletes **E** (BAR) 65 Bf 100
Terrenho **P** (Gu) 69 Sd 103
Terreno, El - **E** (BAL) 98 Cd 111
Terrer **E** (ZAR) 60 Yb 101
Terreras, Las - **E** (MUR) 141 Yb 121
Terriente **E** (TER) 93 Yc 107
Terrinches **E** (CIU) 125 Xa 117
Terrines **E** (BAD) 121 Ud 115
Terriza de la Virgen **E** (JAÉ) 138 Wd 119
Terroba **E** (RIO) 41 Xd 95
Terrones **E** (SAL) 71 Ua 104
Terroso **E** (OUR) 34 Se 97
Terroso **E** (ZAM) 35 Tb 96
Terroso **P** (Ba) 35 Ta 97
Terroso **P** (Por) 50 Rb 100
Terrugem **P** (Li) 115 Qd 115
Terrugem **P** (Pg) 118 Sd 115
Teruel **E** (TER) 78 Yf 106
Terzaga **E** (GUA) 77 Ya 104
Tesbabo **E** (TEN) 173 III C 2
Teseguite **E** (PALM) 176 C 3
Tesejerague **E** (PALM) 175 II D 4
Tesjuates **E** (PALM) 175 II E 3
Teso **P** (Por) 50 Rb 100
Teso Moreno **E** (CÁC) 85 Ta 108
Tesonera **E** (SAL) 72 Ub 102
Tesorero, El - **E** (GRA) 153 Xb 125
Tesoro, El - **E** (ALM) 154 Xf 126
Tesos Miradores **E** (SAL) 71 Td 104
Tesoureira **P** (Li) 100 Qf 115
Tesouro **P** (Fa) 146 Sc 124
Tetír **E** (PALM) 175 II E 2
Teulada **E** (ALI) 129 Aa 116
Teulada, Sa - **E** (BAL) 99 Da 110
Texugueira **P** (Sa) 101 Rd 114
Teyá = Taià **E** (BAR) 66 Cb 99
Tezanos **E** (CAN) 9 Wb 89
Tharsis **E** (HUEL) 133 Sf 123
Tiagua **E** (PALM) 176 C 3
Tiana **E** (BAR) 66 Cb 100
Tías **E** (PALM) 176 C 4
Tibaldinho **P** (Vi) 68 Sa 105
Tibi **E** (ALI) 128 Zc 117
Tibo **P** (VC) 33 Re 97
Tices **E** (ALM) 153 Xb 126
Tiebas **E** (NAV) 25 Yc 92
Tiedra **E** (VALL) 55 Ue 99
Tielmes **E** (MAD) 90 We 107
Tielve **E** (AST) 8 Vb 89
Tiemblo, El **E** (ÁVI) 73 Vc 106
Tiemblos y Las Cañadas, Los - **E** (MUR) 141 Yb 122
Tiena la Baja **E** (GRA) 152 Wb 125
Tiendas, Las - **E** (BAD) 119 Td 115
Tierga **E** (ZAR) 60 Yc 99
Tiermas **E** (ZAR) 25 Yf 93
Tierra de Costa **E** (TEN) 172 I C 3
Tierrantona **E** (HUES) 27 Ab 94
Tierz **E** (HUES) 44 Zd 96
Tierzo **E** (GUA) 77 Ya 104
Tiesa, La - **E** (HUEL) 147 Tc 123
Tiesas, Las - **E** (ALB) 111 Xf 114
Tiétar del Caudillo **E** (CÁC) 87 Ud 108
Tigaday **E** (TEN) 173 III B 2
Tigalate **E** (TEN) 171 C 3
Tiguerorte **E** (TEN) 171 C 3
Tijarafe **E** (TEN) 171 B 2
Tijoce de Arriba **E** (TEN) 172 I C 4
Tijoco de Abajo **E** (TEN) 172 I C 5
Tíjola **E** (ALM) 154 Xd 124
Timagada **E** (PALM) 174 I C 3
Timar **E** (GRA) 153 We 127
Time, El - **E** (PALM) 175 II E 2
Timoneda **E** (LLE) 47 Bc 96
Tinada, La - **E** (CUE) 93 Yd 109
Tinada de las Casillas **E** (CUE) 92 Yb 108
Tinada del Vallejo del Cerezo **E** (CUE) 92 Yb 108
Tinadas **E** (ALM) 154 Xe 126
Tinadas de Chiriveche **E** (CUE) 92 Ya 107
Tinadas de la Fuente del Soto **E** (CUE) 77 Xf 106
Tinadas del Collado **E** (CUE) 77 Xe 106
Tinajas **E** (CUE) 91 Xc 107
Tinajeros **E** (ALB) 111 Yb 114
Tinajo **E** (PALM) 176 B 3
Tinalhas **P** (CB) 84 Sc 109
Tindavar **E** (ALB) 126 Xe 118
Tindaya **E** (PALM) 175 II E 2
Tineo = Tinéu **E** (AST) 6 Td 88
Tines **E** (COR) 2 Ra 90
Tinhela **P** (VR) 34 Se 98
Tinhela de Cima **P** (VR) 51 Sc 99
Tinieblas **E** (BUR) 40 Wd 95
Tinoca **P** (Pg) 103 Sf 114
Tintoreros, Los - **E** (CIU) 109 We 113
Tiñana **E** (AST) 7 Ub 88
Tiñor **E** (TEN) 173 III C 2
Tiñosa Alta **E** (MUR) 142 Yf 121
Tiñosillas, Las - **E** (CIU) 108 Ve 113
Tiñosillos **E** (ÁVI) 73 Vb 103
Tioira **E** (OUR) 33 Sc 95
Tioira, A - **E** (PON) 144 Rb 94
Tío Miguelete, El - **E** (CUE) 77 Ya 106
Tiradero, El - **E** (CÁD) 165 Uc 132
Tirados de la Vega **E** (SAL) 71 Ua 102
Tiraña **E** (AST) 7 Uc 89
Tirapu **E** (NAV) 24 Yb 93
Tires **P** (Li) 115 Qd 116
Tirgo **E** (RIO) 23 Xa 93
Tiriez **E** (ALB) 126 Xe 115
Tirieza Alta **E** (MUR) 140 Ya 122
Tirieza Baja **E** (MUR) 140 Ya 122
Tirig **E** (CAS) 80 Aa 106
Tirimol **E** (LUG) 16 Sc 90
Tiro de Pichón **E** (CAS) 95 Aa 108
Tirteafuera **E** (CIU) 123 Ve 116
Tírvia **E** (LLE) 29 Bb 93
Tiscamanita **E** (PALM) 175 II D 3
Tiscar **E** (CÓRD) 150 Vb 124
Tiscar-Don Pedro **E** (JAÉ) 139 Wf 122
Tisnada **P** (Be) 130 Rd 122
Titaguas **E** (VAL) 94 Yf 109
Titulcia **E** (MAD) 90 Wc 108
Tiurana **E** (LLE) 46 Bb 97
Tivenys **E** (TAR) 81 Ad 103
Tivisa = Tivissa **E** (TAR) 64 Ae 102
Tivissa **E** (TAR) 64 Ae 102
Tizneros **E** (SEG) 74 Vf 103
Tó **P** (Ba) 53 Tc 101
Toba, La - **E** (CUE) 93 Yb 109
Toba, La - **E** (GUA) 76 Xa 102
Toba, La - **E** (JAÉ) 140 Xc 119
Toba, La **E** (CUE) 92 Ya 107
Tobalinilla **E** (BUR) 22 Wf 92
Tobar **E** (BUR) 21 Wa 94
Tobar **E** (VALL) 55 Va 101
Tobar, El - **E** (CUE) 77 Xf 105
Tobarra **E** (ALB) 126 Yb 117
Tobarrilla **E** (MUR) 127 Ye 116
Tobaruela **E** (JAÉ) 138 Wb 120
Tobazo **E** (JAÉ) 151 Vf 123
Tobed **E** (ZAR) 61 Yd 100
Tobera **E** (ÁLA) 23 Xb 92
Tobera **E** (BUR) 22 We 92
Tobes **E** (BUR) 22 Wc 93
Tobes **E** (GUA) 59 Xc 101
Tobía **E** (RIO) 40 Xb 95
Tobillas **E** (ÁLA) 22 We 91
Tobillas **E** (ALB) 126 Xf 118
Tobillos **E** (GUA) 77 Xf 103
Tobos **E** (JAÉ) 140 Xd 120
Toboso, El - **E** (TOL) 109 Xa 111
Tocina **E** (SEV) 149 Ub 123
Tocinillos, Los - **E** (BAD) 133 Tc 119
Tocodomán **E** (PALM) 174 I B 3
Tocón **E** (GRA) 151 Wa 125
Tocón **E** (GRA) 152 Wd 125
Tocha **P** (Co) 67 Rb 107
Todolella **E** (CAS) 80 Ze 105
Todosaires **E** (CÓRD) 151 Vf 123
Toedo **E** (PON) 15 Rd 92
Toén **E** (OUR) 33 Sa 95
To—es **P** (Vi) 51 Sb 102
Toga **E** (CAS) 95 Zd 108
Toirán **E** (LUG) 16 Sd 91
Toiriz **E** (PON) 15 Rf 92
Toito **P** (Gu) 70 Sf 105
Tojais Novos **P** (Év) 117 Rf 118
Tojal **P** (Év) 117 Rf 118
Tojeirinha **P** (CB) 84 Sb 110
Tojeiro **P** (Co) 82 Rb 107
Tojeiro **P** (Fa) 144 Rb 125
Tojo, El - **E** (CAN) 9 Ve 90
Tojos, Los - **E** (CAN) 9 Ve 90
Tol **E** (AST) 5 Ta 87
Tola **E** (ZAM) 35 Td 98
Tolbaños **E** (ÁVI) 73 Vc 104
Tolbaños de Abajo **E** (BUR) 40 Wf 96
Tolbaños de Arriba **E** (BUR) 40 Wf 96
Toldanos **E** (LEÓ) 19 Ud 93
Toldaos **E** (LUG) 16 Se 92
Toldavia **E** (OUR) 16 Sa 94
Toledillo **E** (SOR) 41 Xc 98
Toledo **E** (TOL) 89 Vf 109
Toledo **P** (Aç) 169 Wf 116
Toledos **P** (Aç) 168 Wc 117
Tolibia de Abajo **E** (LEÓ) 19 Ud 91
Tolibia de Arriba **E** (LEÓ) 19 Ud 91
Tolilla **E** (ZAM) 35 Te 98
Tolinas **E** (AST) 6 Te 89
Tolivia **E** (AST) 7 Uc 89
Tolivia **E** (AST) 8 Uf 90
Tolocirio **E** (SEG) 56 Vc 102
Tolões **P** (Por) 51 Sa 101
Tolomó **E** (ALI) 128 Zb 119
Toloriu **E** (LLE) 29 Bd 94
Tolosa **E** (ALB) 112 Yd 113
Tolosa **E** (GUI) 12 Xf 90
Tolosa **P** (Pg) 102 Sb 112
Tolox **E** (MÁL) 159 Va 128
Tolva **E** (HUES) 45 Ad 96
Tollé, El - **E** (MUR) 142 Yf 119
Tollos **E** (ALI) 129 Ze 116
Tomadas **E** (PON) 32 Rb 96
Tomadias **P** (Gu) 70 Sf 103
Tomar **P** (Sa) 101 Rd 111
Tomares **E** (SEV) 148 Tf 124
Tomases, Los - **E** (MUR) 142 Za 122
Tombrio de Abajo **E** (LEÓ) 17 Tc 92
Tomellosa **E** (GUA) 76 Xa 105
Tomelloso **E** (CIU) 109 Wf 114
Tomet, el - **E** (GIR) 49 Cf 96
Tomillar, El - **E** (ALM) 155 Yb 125
Tomillar, El - **E** (MAD) 75 Wc 103
Tomillares **E** (ZAR) 60 Ya 99
Tomina **P** (Be) 133 Sf 120
Tomonde **E** (PON) 15 Rd 93
Tona **E** (BAR) 48 Cb 97
Tonda **P** (Vi) 68 Rf 106
Tondela **P** (Vi) 68 Rf 105
Tondeluna **E** (RIO) 40 Wf 94
Tondos **E** (CUE) 92 Xe 108
Tonín **E** (LEÓ) 19 Ub 90
Tonosas, Los - **E** (ALM) 154 Xf 123
Tonyà **E** (GIR) 49 Cf 95
Toñanes **E** (CAN) 9 Ve 88
Topares **E** (ALM) 140 Xe 121
Topas **E** (SAL) 54 Uc 102
Topo **P** (Aç) 169 Xa 117
Topogache, de - **E** (TEN) 172 II B 2
Tor **E** (GIR) 49 Da 96
Tor **E** (LUG) 16 Sc 93
Tor **E** (LLE) 29 Bc 93
Torà **E** (LLE) 47 Bc 98
Torà de Tost **E** (LLE) 47 Bc 95
Toral de Fondo **E** (LEÓ) 36 Ua 94
Toral de los Guzmanes **E** (LEÓ) 36 Uc 95
Toral de los Vados (Viladecanes) **E** (LEÓ) 17 Tb 93
Toral de Merayo **E** (LEÓ) 17 Tc 93
Toralino **E** (LEÓ) 36 Ua 94
Toralla **E** (LLE) 46 Af 95
Torallola **E** (LLE) 46 Af 95
Torás **E** (CAS) 94 Zb 109
Torazo **E** (AST) 7 Ud 88
Torbeo **E** (LUG) 16 Sd 93
Tordehúmos **E** (VALL) 37 Uf 98
Tordelalosa-Milanera **E** (SAL) 72 Ub 103
Tordelpalo **E** (GUA) 77 Yb 104
Tordelrábano **E** (GUA) 59 Xb 101
Tordellego **E** (GUA) 78 Yb 104
Tordelloso **E** (GUA) 58 Xa 101
Tordera **E** (BAR) 49 Ce 98
Tordera **E** (LLE) 46 Bb 98
Tordesalas **E** (SOR) 60 Xf 99
Tordesilos **E** (GUA) 78 Yc 104
Tordesillas **E** (VALL) 55 Uf 99
Tordillos **E** (SAL) 72 Ud 103
Tordoia **E** (COR) 3 Rc 90
Tordómar **E** (BUR) 39 Wa 96
Tordueles **E** (BUR) 39 Wc 96
Toreachas, Las - **E** (VIZ) 10 We 89
Torelló **E** (BAR) 48 Cb 96
Toreno **E** (LEÓ) 17 Tc 92
Torete **E** (GUA) 77 Xf 104
Torgueda **P** (VR) 51 Sb 101
Torices **E** (CAN) 8 Vd 90
Toriello **E** (AST) 8 Uf 88
Torienzo Castañero **E** (LEÓ) 18 Td 93
Torija **E** (GUA) 76 Wf 104
Toril **E** (CÁC) 87 Ub 109
Toril **E** (TER) 93 Yd 107
Toril, El - **E** (ALB) 126 Xe 118
Toril, El - **E** (CÓRD) 150 Vb 123
Torilejo Bajo **E** (CÓRD) 136 Uf 121
Torla **E** (HUES) 27 Zf 93
Torlengua **E** (SOR) 59 Xf 100
Tormaleo **E** (AST) 17 Tb 91
Tormantos **E** (RIO) 22 Wf 94
Torme **E** (BUR) 22 Wc 91
Tormellas **E** (ÁVI) 87 Ud 107
Tormillo, El - **E** (HUES) 44 Zf 97
Tormo, El - **E** (CAS) 95 Zd 108
Tormón **E** (TER) 93 Yd 107
Tormos **E** (ALI) 129 Zf 116
Torms, els - **E** (LLE) 64 Ae 100
Torn, el - **E** (GIR) 48 Cd 96
Tornabous **E** (LLE) 46 Ba 98
Tornada **P** (Le) 100 Qf 112
Tornadijo **E** (BUR) 39 Wc 96
Tornadizo, El - **E** (SAL) 71 Ua 105
Tornadizos **E** (SAL) 72 Ub 104
Tornadizos de Arévalo **E** (ÁVI) 56 Vb 102
Tornadizos de Ávila **E** (ÁVI) 73 Vc 105
Tornafort **E** (LLE) 29 Ba 94
Tornavacas **E** (CÁC) 87 Ub 107
Torneiro **P** (Br) 51 Sb 99
Torneiro **P** (Fa) 146 Sd 124
Torneiros **E** (LUG) 4 Sd 89
Torneiros **E** (OUR) 33 Rf 97
Torneiros **P** (VR) 51 Sb 98
Torneros de Jamuz **E** (LEÓ) 36 Tf 95
Torneros de la Valdería **E** (LEÓ) 35 Te 95
Torneros del Bernesga **E** (LEÓ) 19 Uc 93
Tornillar, El - **E** (MAD) 75 Wb 103
Tornín **E** (AST) 8 Uf 89
Torno **E** (OUR) 33 Rf 97
Torno **P** (Por) 50 Re 101
Torno, El - **E** (CÁC) 86 Ua 108
Torno, El **E** (CÁD) 157 Ua 129
Torno, El **E** (CIU) 108 Ve 113
Tornos **E** (TER) 78 Yd 103
Toro **E** (OUR) 34 Sd 96
Toro **E** (ZAM) 55 Ud 99
Toro, El **E** (BAL) 98 Cc 112
Toro, El **E** (CAS) 94 Zb 109
Toronjil **E** (CÁD) 157 Ub 128
Torozo, El - **E** (CÓRD) 121 Ud 118
Torozos **E** (VALL) 37 Va 98
Torquemada **E** (PAL) 38 Ve 96
Torrados **P** (Por) 50 Re 100
Torralba **E** (CUE) 92 Xe 107
Torralba **E** (MUR) 141 Yb 122
Torralba **P** (Fa) 33 Rc 126
Torralba de Aragón **E** (HUES) 44 Zc 97
Torralba de Arciel **E** (SOR) 59 Xe 99
Torralba de Calatrava **E** (CIU) 108 Wb 114
Torralba del Burgo **E** (SOR) 58 Xa 99
Torralba del Moral **E** (SOR) 59 Xd 102
Torralba de los Frailes **E** (ZAR) 60 Yc 102
Torralba de los Sisones **E** (TER) 78 Yd 103
Torralba del Pinar **E** (CAS) 95 Zd 109
Torralba del Río **E** (NAV) 24 Xe 93
Torralba de Oropesa **E** (TOL) 87 Uf 109
Torralba de Ribota **E** (ZAR) 60 Yb 100
Torralbet **E** (BAL) 96 Df 109
Torralbilla **E** (ZAR) 61 Yd 101
Torralta **P** (Fa) 144 Rb 126
Torrano **E** (NAV) 24 Xf 91
Torraño **E** (SOR) 58 We 100
Torrão **P** (Por) 50 Re 102
Torrão **P** (Se) 116 Re 119
Torrão Lameiro **P** (Av) 67 Rc 104
Torre **E** (PON) 32 Rb 96
Torre **P** (CB) 85 Ta 109
Torre **P** (Co) 68 Rf 106
Torre **P** (Fa) 144 Rc 125
Torre **P** (Fa) 144 Rc 126
Torre **P** (Fa) 145 Sa 126
Torre **P** (Gu) 70 Sf 106
Torre **P** (Le) 82 Rb 111
Torre **P** (Li) 115 Qd 116
Torre **P** (Sa) 68 Rd 111
Torre **P** (Sa) 101 Rc 115
Torre **P** (Se) 115 Qe 117
Torre **P** (Se) 115 Rb 118
Torre **P** (VC) 32 Rb 98
Torre, La - **E** (ALI) 128 Zb 117
Torre, La - **E** (ÁVI) 73 Va 105
Torre, La - **E** (JAÉ) 125 Xb 119
Torre, La - **E** (JAÉ) 151 Wa 124
Torre, la - **E** (LLE) 29 Bb 94
Torre, La - **E** (MUR) 141 Yd 119
Torre, La - **E** (NAV) 42 Yb 94
Torre, La - **E** (TEN) 173 III C 2
Torre, La - **E** (VAL) 94 Yf 109
Torre, La - **E** (VAL) 114 Ze 111
Torre, Sa - **E** (BAL) 98 Ce 112
Torre, Sa - **E** (BAL) 99 Da 111
Torre, La **E** (VAL) 93 Ye 110
Torreadrada **E** (SEG) 57 Wa 100
Torre Agicampe **E** (GRA) 151 Vf 125
Torreagüera **E** (MUR) 142 Yf 121
Torrealbilla **E** (MUR) 141 Yb 122
Torre-Alháquime **E** (CÁD) 158 Ue 127
Torrealta **E** (MUR) 142 Ye 120
Torre Alta **E** (VAL) 93 Ye 108
Torreandaluz **E** (SOR) 58 Xb 99
Torrearévalo **E** (SOR) 41 Xd 97
Torre Baja **E** (VAL) 93 Ye 108
Torrebarrio **E** (LEÓ) 18 Ua 90
Torrebeleña **E** (GUA) 75 Wf 103
Torre-Beltrans **E** (CAS) 80 Zf 106
Torre Bermeja **E** (CÁD) 157 Te 130
Torrebesses **E** (LLE) 63 Ad 100
Torreblacos **E** (SOR) 58 Xa 98
Torreblanca **E** (BAR) 65 Bf 99
Torreblanca **E** (CAS) 95 Ab 107
Torreblanca **E** (LLE) 46 Ba 97
Torre Blanca, Sa - **E** (BAL) 96 Eb 109
Torreblanca de los Caños **E** (SEV) 148 Ua 124
Torreblanca del Sol **E** (MÁL) 159 Vc 129
Torreblascopedro **E** (JAÉ) 138 Wc 121
Torrebuceit **E** (CUE) 91 Xc 109
Torrebusqueta **E** (BAR) 65 Bd 100
Tórrec **E** (LLE) 46 Ba 97
Torrecaballeros **E** (SEG) 74 Vf 103
Torre-Calín **E** (MUR) 142 Yf 122
Torrecampo **E** (CÓRD) 122 Vb 118
Torre Carbonera **E** (CÁD) 165 Ue 131
Torre-Cardela **E** (GRA) 152 Wd 124
Torrecera **E** (CÁD) 157 Ua 129
Torre-Cerdá **E** (VAL) 113 Zc 115
Torrecica, La - **E** (ALB) 111 Yb 114
Torrecilla **E** (CIU) 123 Wa 115
Torrecilla **E** (CÓRD) 137 Vd 120
Torrecilla **E** (CUE) 92 Xe 107
Torrecilla **E** (SEG) 57 Wb 101
Torrecilla de Alcañiz **E** (TER) 80 Zf 103
Torrecilla de la Abadesa **E** (VALL) 55 Uf 100
Torrecilla de la Jara **E** (TOL) 88 Vb 110
Torrecilla de la Orden **E** (VALL) 55 Ue 101
Torrecilla de la Torre **E** (VALL) 55 Uf 98
Torrecilla del Ducado **E** (GUA) 59 Xc 101
Torrecilla del Monte **E** (BUR) 39 Wb 96
Torrecilla de los Angeles **E** (CÁC) 86 Td 107
Torrecilla del Pinar **E** (GUA) 77 Xf 103
Torrecilla del Pinar **E** (SEG) 57 Vf 100
Torrecilla del Rebollar **E** (TER) 79 Yf 103
Torrecilla del Río **E** (SAL) 54 Ua 102

Torrecilla del Valle **E** (VALL) 55 Uf 100
Torrecilla de Miranda **E** (SAL) 71 Ua 103
Torrecilla de Valmadrid **E** (ZAR) 61 Za 99
Torrecilla en Cameros **E** (RIO) 41 Xc 95
Torrecillas **E** (CÓRD) 150 Vb 124
Torrecillas, Las - **E** (ALM) 153 Xb 126
Torrecillas de la Tiesa **E** (CÁC) 105 Ub 111
Torrecilla sobre Alesanco **E** (RIO) 40 Xa 94
Torre Cimeira **P** (Pg) 102 Sa 112
Torrecitores **E** (BUR) 39 Wa 97
Torre Concordio **E** (LLE) 64 Ae 99
Torrecuadrada de los Valles **E** (GUA) 76 Xc 103
Torrecuadrada de Molina **E** (GUA) 77 Yb 104
Torrecuadradilla **E** (GUA) 76 Xc 103
Torrecuadros **E** (HUEL) 148 Td 125
Torrechiva **E** (CAS) 95 Zd 108
Torre da Cardeira **P** (Be) 132 Sb 121
Torre da Gadanha **P** (Év) 116 Re 117
Torre d'Amargós, la - **E** (LLE) 46 Ae 96
Torre de Alcotas **E** (TER) 94 Zb 109
Torre de Alejandro Martínez **E** (ZAR) 43 Yf 98
Torre de Arcas **E** (TER) 80 Zf 104
Torre de Ares **P** (Fa) 146 Sb 126
Torre de Baró **E** (HUES) 45 Ad 96
Torre de Benagalbón **E** (MÁL) 160 Ve 128
Torre de Buira **E** (HUES) 28 Ae 94
Torre de Cabdella, la - **E** (LLE) 28 Af 94
Torre de Capdella = Torre de Cabdella, la - **E** (LLE) 28 Af 94
Torre de Claramunt, la - **E** (BAR) 65 Bd 99
Torre de Coelheiros **P** (Év) 117 Sa 118
Torre de Corvinos **E** (HUES) 45 Ab 97
Torre de Dona Chama **P** (Ba) 52 Sf 99
Torre de Don Lucas **E** (CÓRD) 136 Va 122
Torre de Don Miguel **E** (CÁC) 85 Tc 107
Torre de Ésera **E** (HUES) 45 Ac 95
Torre de Esgueva **E** (VALL) 38 Ve 98
Torre de Esteban Hambrán, La **E** (TOL) 89 Ve 108
Torre de Fluvià, la - **E** (LLE) 46 Af 97
Torre de Fontaubella, la - **E** (TAR) 64 Af 102
Torre de Frade **P** (Pg) 118 Sd 115
Torre de Gardiel **E** (HUES) 45 Aa 97
Torre de Gracia **E** (CÁD) 164 Ub 132
Torredeita **P** (Vi) 68 Rf 105
Torre de Juan Abad **E** (CIU) 124 Wf 117
Torre de la Campana **E** (TER) 62 Zd 101
Torre de Laguna **E** (HUES) 45 Aa 97
Torre de la Higuera **E** (HUEL) 147 Tc 126
Torre de la Menudilla **E** (HUES) 45 Ab 97
Torre del Ángel **E** (MUR) 142 Yf 122
Torre de la Reina **E** (SEV) 148 Tf 123
Torre de la Sal **E** (MÁL) 165 Ue 130
Torre de las Arcas **E** (TER) 79 Zb 103
Torre de la Venau **E** (HUES) 45 Aa 97
Torre del Bierzo **E** (LEÓ) 18 Te 93
Torre del Burgo **E** (GUA) 76 Wf 104
Torre del Cabo **E** (VAL) 114 Ze 113
Torre del Calvo **E** (HUES) 45 Aa 97
Torre del Campo **E** (JAÉ) 138 Wa 122
Torre del Compte **E** (TER) 80 Aa 103
Torre del Chiribas **E** (HUES) 45 Ac 97
Torre de Leoz **E** (NAV) 42 Yd 97
Torre de les Comas **E** (LLE) 46 Ae 98
Torre de l'Espanyol, la - **E** (TAR) 64 Ad 101
Torre del Español = Torre de l'Espanyol, la - **E** (TAR) 64 Ad 101
Torre del Mar **E** (MÁL) 160 Vf 128
Torre del Moro **E** (ALI) 143 Zc 121
Torre de los Molinos **E** (PAL) 38 Vc 95
Torre del Peñón **E** (ALM) 155 Ya 126
Torre del Puerco **E** (CÁD) 164 Tf 131
Torre del Puerto **E** (CÓRD) 151 Vc 123
Torre del Rame **E** (MUR) 143 Za 122
Torre del Rico **E** (MUR) 127 Yd 117
Torre del Rico **E** (MUR) 127 Yf 118
Torre dels Canonges **E** (LLE) 63 Ad 99
Torre del Tajo **E** (CÁD) 164 Ua 131
Torre del Valle, La - **E** (ZAM) 36 Ub 96
Torre de Martín Pascual **E** (SAL) 72 Ub 103
Torre de Matella **E** (CAS) 95 Zf 107
Torredembarra **E** (TAR) 65 Bc 102
Torre de Miguel Sesmero **E** (BAD) 119 Tb 117
Torre de Miranda **E** (LLE) 46 Ae 98
Torre de Moncantar **E** (SAL) 55 Ud 102
Torre de Moncorvo **P** (Ba) 52 Sf 101
Torredenegó **E** (LLE) 47 Bc 97
Torre de Norna **E** (TER) 62 Zc 102
Torre d'en Quart **E** (BAL) 96 Df 108
Torre d'en Valls **E** (BAL) 97 Bd 114
Torre de Obato **E** (HUES) 45 Ac 95
Torre de Peñafiel **E** (VALL) 57 Vf 99
Torre de Poblador **E** (ZAR) 63 Aa 101
Torre de s'Almonia **E** (BAL) 99 Da 113
Torre de Sampalo **E** (COR) 15 Rf 91
Torre de San Miguel **E** (ZAR) 43 Za 98
Torre de Santa María **E** (CÁC) 105 Tf 113
Torre de San Vicente **E** (CAS) 95 Aa 108
Torre des Pi des Català **E** (BAL) 97 Bc 116
Torre de Tamúrcia, la - **E** (LLE) 46 Ae 95
Torre de Valdealmendras **E** (GUA) 59 Xc 102
Torre de Vale de Todos **P** (Le) 83 Rd 109
Torre de Velajos **E** (SAL) 71 Tf 104
Torre de Vernet, la - **E** (BAR) 65 Bd 100
Torre do Bispo **P** (Sa) 101 Rc 112
Torre do Couto **P** (VR) 34 Sd 98
Torredondo **E** (SEG) 74 Ve 103
Torredonjimeno **E** (JAÉ) 137 Wa 122
Torre do Pinhão **P** (VR) 51 Sc 100
Torre do Pinto **P** (Be) 131 Sa 120
Torre d'Oristà, la - **E** (BAR) 47 Ca 97
Torre do Terrenho **P** (Vi) 69 Sd 103
Torre-Duero o Ribera del Cubo **E** (VALL) 55 Ue 100
Torre Embesora **E** (CAS) 80 Zf 107
Torre en Cameros **E** (RIO) 41 Xc 95
Torre Endoménech **E** (CAS) 95 Aa 107
Torrefarrera **E** (LLE) 45 Ad 98
Torrefeta **E** (LLE) 46 Bb 98
Torrefiel **E** (VAL) 128 Zb 116
Torreforta **E** (TAR) 64 Bb 102
Torrefrades **E** (ZAM) 54 Tf 100
Torrefresneda **E** (BAD) 120 Tf 115
Torrefuencubierta **E** (JAÉ) 137 Vf 122
Torregalindo **E** (BUR) 57 Wb 99
Torregamones **E** (ZAM) 54 Te 100
Torregassa **E** (LLE) 47 Bc 97
Torre Gavina **E** (BAL) 97 Bc 116
Torre Gorda **E** (CÁD) 157 Te 130
Torregrosa **E** (HUES) 45 Ac 98
Torregrosa = Torregrossa **E** (LLE) 64 Ae 99
Torregrossa **E** (LLE) 64 Ae 99
Torre Guadiaro **E** (MÁL) 165 Ue 131
Torre Guil **E** (MUR) 142 Ye 121
Torregutiérrez **E** (SEG) 56 Vd 100
Torrehermosa **E** (ZAR) 59 Xf 101
Torre Horadada **E** (ALI) 143 Zb 121
Torreiglesias **E** (SEG) 57 Vf 102
Torreira **P** (Av) 67 Rb 104
Torrejón **E** (ALB) 112 Yd 112
Torrejón, El Complejo Turístico **E** (ALI) 143 Zc 121
Torrejoncillo **E** (CÁC) 86 Td 109
Torrejoncillo del Rey **E** (CUE) 91 Xc 108
Torrejón de Ardoz **E** (MAD) 75 Wd 106
Torrejón de la Calzada **E** (MAD) 89 Wb 107
Torrejón del Rey **E** (GUA) 75 We 105
Torrejón de Velasco **E** (MAD) 90 Wb 107
Torrejón el Rubio **E** (CÁC) 86 Tf 110
Torre Juan Gil Alto **E** (CÓRD) 136 Vc 122
Torrelabad **E** (HUES) 45 Ac 95
Torrelacárcel **E** (TER) 78 Ye 105
Torrelaguna **E** (MAD) 75 Wc 104
Torrelameo = Torrelameu **E** (LLE) 46 Ae 98
Torrelameu **E** (LLE) 46 Ae 98
Torrelapaja **E** (ZAR) 60 Ya 99
Torrelara **E** (BUR) 39 Wc 96
Torre la Ribera **E** (HUES) 28 Ad 94
Torre la Sal **E** (CAS) 95 Ab 108
Torrelavandeira **E** (COR) 3 Rf 89
Torrelavega **E** (CAN) 9 Vf 88
Torrelengua **E** (CUE) 91 Xa 110
Torrelisa **E** (HUES) 27 Ab 94
Torrelobatón **E** (VALL) 55 Uf 99
Torrelodones **E** (MAD) 74 Wa 105
Torre los Negros **E** (TER) 78 Yf 103
Torre Los Siles **E** (MUR) 142 Za 122
Torrella **E** (VAL) 113 Zc 115
Torrellano Alto **E** (ALI) 128 Zc 119
Torrellano Bajo **E** (ALI) 128 Zc 119
Torrellas **E** (ZAR) 42 Yb 97
Torrellas de Foix = Torrelles de Foix **E** (BAR) 65 Bd 100
Torrellas de Llobregat = Torrelles de Llobregat **E** (BAR) 65 Bf 100
Torrelles de Foix **E** (BAR) 65 Bd 100
Torrelles de Llobregat **E** (BAR) 65 Bf 100
Torrelletes **E** (BAR) 65 Bd 101
Torrellissa Vell **E** (BAL) 96 Ea 109
Torre Lloris **E** (VAL) 113 Zd 114
Torremanzanas **E** (ALI) 128 Zd 117
Torre María Martín, La - **E** (JAÉ) 138 Wa 121
Torremarín **E** (ALB) 126 Yb 116
Torremayor **E** (BAD) 119 Tc 115
Torremediana **E** (SOR) 59 Xc 100
Torremegía **E** (BAD) 119 Td 116
Torremendo **E** (ALI) 142 Za 121
Torremenga **E** (CÁC) 87 Ub 108
Torremocha **E** (CÁC) 105 Te 112
Torremocha de Ayllón **E** (SOR) 58 We 100
Torremocha de Jadraque **E** (GUA) 76 Xa 102
Torremocha de Jarama **E** (MAD) 75 Wd 103
Torremocha de Jiloca **E** (TER) 78 Ye 105
Torremocha del Campo **E** (GUA) 76 Xc 103
Torremocha del Pinar **E** (GUA) 77 Xf 103
Torremochuela **E** (GUA) 77 Ya 104
Torremochuela **E** (MUR) 142 Yf 122
Torremolinos **E** (MÁL) 159 Vc 129
Torremontalbo **E** (RIO) 23 Xb 93
Torremormojón **E** (PAL) 38 Vb 97
Torre Moya **E** (MÁL) 160 Ve 128
Torremuelle **E** (MÁL) 159 Vc 129
Torremuña **E** (RIO) 41 Xd 95
Torreneral **E** (LLE) 46 Af 98
Torrenostra **E** (CAS) 95 Ab 107
Torre Nova **E** (BAL) 96 Df 108
Torre Nova, Sa - **E** (BAL) 96 Ea 109
Torrent **E** (GIR) 49 Da 97
Torrent **E** (VAL) 113 Zd 112
Torrentas, Las - **E** (MUR) 141 Yb 119
Torrentbò **E** (BAR) 48 Cd 99
Torrente = Torrent **E** (VAL) 113 Zd 112
Torrentes, Los - **E** (ALM) 155 Ya 123
Torrents, els - **E** (LLE) 47 Bd 96
Torrenueva **E** (ALB) 126 Yb 116
Torre Nueva **E** (CÁD) 164 Tf 131
Torre Nueva **E** (CÁD) 165 Ue 131
Torrenueva **E** (CIU) 124 Wd 117
Torrenueva **E** (GRA) 161 Wd 128
Torrenueva **E** (MÁL) 159 Vb 130
Torre-Octavio **E** (MUR) 142 Za 122
Torreón de Badún **E** (CAS) 81 Ac 107
Torreón de Fique **E** (JAÉ) 138 Wd 121
Torreorgaz **E** (CÁC) 105 Te 112
Torre-Pacheco **E** (MUR) 142 Za 122
Torrepadierne **E** (BUR) 39 Wa 95
Torrepadre **E** (BUR) 39 Wa 96
Torre-Pedro **E** (ALB) 126 Xe 118
Torre-Peones **E** (TER) 94 Zb 108
Torreperogil **E** (JAÉ) 138 We 120
Torre Portela **P** (Br) 50 Rd 99
Torrequebrada **E** (MÁL) 159 Vc 129
Torrequebradilla **E** (JAÉ) 138 Wc 121
Torrequemada **E** (CÁC) 105 Te 112
Torrera **E** (HUEL) 133 Ta 123
Torre Real **E** (MÁL) 159 Va 129
Torre Ribera **E** (LLE) 64 Ae 99
Torres **E** (ALI) 129 Ze 117
Torres **E** (BUR) 22 Wd 91
Torres **E** (CAN) 9 Vf 88
Torres **E** (JAÉ) 138 Wc 122
Torres **E** (NAV) 25 Yc 92
Torres **E** (ZAR) 60 Yc 100
Torres **P** (Gu) 69 Se 104
Torres, Las - **E** (CUE) 110 Xd 112
Torres, Las - **E** (PALM) 174 I D 2
Torres, Las - **E** (SAL) 72 Uc 103
Torresandino **E** (BUR) 39 Wa 98
Torresaviñán, La **E** (GUA) 76 Xc 103
Torres Cabrera **E** (CÓRD) 136 Vb 122
Torrescárcela **E** (VALL) 56 Ve 100
Torres de Abajo **E** (BUR) 21 Wb 91
Torres de Albánchez **E** (JAÉ) 125 Xb 118
Torres de Albarracín **E** (TER) 78 Yc 106
Torres de Alcanadre **E** (HUES) 44 Zf 97
Torres de Aliste, Las **E** (ZAM) 35 Te 97
Torres de Arriba **E** (BUR) 21 Wb 91
Torres de Barbués **E** (HUES) 44 Zd 97
Torres de Berrellén **E** (ZAR) 43 Yf 98
Torres de Cotillas, Las - **E** (MUR) 142 Ye 120
Torres de la Alameda **E** (MAD) 75 Wd 106
Torres de la Plana **E** (LLE) 46 Af 98
Torres del Carrizal **E** (ZAM) 54 Ub 99
Torres del Obispo **E** (HUES) 45 Ac 96
Torres del Río **E** (NAV) 24 Xe 93
Torres de Montego **P** (Co) 83 Rd 107
Torres de Montes **E** (HUES) 44 Ze 96
Torres de Sanui, les - **E** (LLE) 63 Ad 99
Torres de Segre **E** (LLE) 63 Ad 99
Torre-serona **E** (LLE) 45 Ad 98
Torresmenudas **E** (SAL) 54 Ub 102
Torres Novas **P** (Sa) 101 Rc 112
Torresolana **E** (GRA) 151 Vf 126
Torrestio **E** (LEÓ) 18 Tf 90
Torres-Torres **E** (VAL) 95 Zd 110
Torresuso **E** (SOR) 58 We 100
Torres Vedras **P** (Li) 100 Qe 114
Torret **E** (BAL) 96 Eb 109
Torreta, La - **E** (ALM) 154 Xf 124
Torre-Tallada **E** (VAL) 128 Za 115
Torretarrancho **E** (SOR) 41 Xe 97
Torretartajo **E** (SOR) 41 Xe 98
Torreta Saura **E** (BAL) 96 Df 109
Torretosquella **E** (LLE) 46 Af 98
Torre Turull **E** (BAR) 48 Ca 99
Torre Vã **P** (Be) 131 Rd 122
Torre Val de San Pedro **E** (SEG) 57 Wa 102
Torre Valentina **E** (GIR) 49 Da 97
Torre Velha **P** (Ma) 167 I D 2
Torrevelilla **E** (TER) 80 Zf 103
Torre Vella **E** (BAL) 96 Df 108
Torre Vella **E** (BAL) 96 Eb 109
Torre-Vellisca **E** (VAL) 128 Zb 116
Torrevicente **E** (SOR) 58 Xa 100
Torrevieja **E** (ALI) 143 Zb 121
Torre y El Charco, La - **E** (MUR) 141 Yc 123
Torre Zapata **E** (SAL) 72 Ub 104
Torrica **E** (VAL) 113 Zd 114
Torrico **E** (TOL) 87 Ue 109
Torrijas **E** (TER) 94 Za 108
Torrijo de la Cañada **E** (ZAR) 60 Ya 100
Torrijo del Campo **E** (TER) 78 Yd 104
Torrijos **E** (TOL) 89 Ve 109
Torrinha **P** (Fa) 145 Re 126
Torrinhas, Casa das - **P** (Ma) 166 I C 2
Torrinheiras **P** (Br) 51 Sa 99
Torroal **P** (Se) 116 Rb 119
Torroella **E** (GIR) 49 Da 96
Torroella de Fluvià **E** (GIR) 49 Da 95
Torroella de Montgrí **E** (GIR) 49 Da 96
Torroelles, les - **E** (GIR) 31 Da 95
Torroja = Torroja del Priorat **E** (TAR) 64 Ae 101
Torroja del Priorat **E** (TAR) 64 Ae 101
Torrón **E** (LUG) 16 Sb 94
Torrona **E** (PON) 144 Rb 96
Torronteras **E** (GUA) 76 Xc 105
Torrosella **E** (ALI) 128 Zc 117
Torrox-Costa **E** (MÁL) 160 Wa 128
Torrozelas **P** (Co) 83 Sa 107
Torrozelo **P** (Gu) 69 Sb 106
Torrubia **E** (CÓRD) 122 Vd 118
Torrubia **E** (GUA) 77 Ya 103
Torrubia **E** (JAÉ) 138 Wb 120
Torrubia del Campo **E** (CUE) 91 Xa 109
Torrubia del Castillo **E** (CUE) 110 Xe 111
Torrubia de Soria **E** (SOR) 59 Xf 99
Torruella de Aragón **E** (HUES) 45 Ac 95
Torruéllola de la Plana **E** (HUES) 27 Zf 94
Tortajada **E** (TER) 79 Yf 106
Tortellà **E** (GIR) 48 Cd 95
Tortilla, La - **E** (JAÉ) 138 Wb 120
Tórtola **E** (CUE) 92 Xf 109
Tórtola de Henares **E** (GUA) 75 Wf 104
Tórtoles **E** (ÁVI) 72 Ue 105
Tórtoles **E** (ZAR) 42 Yb 97
Tórtoles de Esgueva **E** (BUR) 39 Vf 98
Tortonda **E** (GUA) 76 Xc 103
Tortosa **E** (TAR) 81 Ad 104
Tortosa, La **E** (ALM) 154 Xd 123
Tortosendo **P** (CB) 84 Sc 107
Tortuera **E** (GUA) 77 Yb 103
Tortuero **E** (GUA) 75 Wd 103
Tortura **E** (ÁLA) 23 Xa 91
Torviscal, El - **E** (BAD) 105 Ub 114
Torviscoso **E** (CÁC) 87 Ud 109
Torvizcón **E** (GRA) 161 We 127
Tosa **E** (LLE) 45 Ad 98
Tosal = Tossal, el - **E** (LLE) 46 Ba 97
Tosalet **E** (ALI) 129 Ab 116
Tosantos **E** (BUR) 40 We 94
Tosas = Toses **E** (GIR) 30 Ca 95
Toscana Nueva **E** (GRA) 140 Xd 121
Toscas, Las - **E** (TEN) 171 C 2
Toscas, Los - **E** (TEN) 172 II B 2
Toscón, El - **E** (PALM) 174 I C 2
Toscón, El - **E** (PALM) 174 I C 3
Tosende **E** (OUR) 33 Sb 97
Toses **E** (GIR) 30 Ca 95
Tosos **E** (ZAR) 61 Yf 101
Tospe **E** (AST) 7 Ue 88
Tosquilla, La - **E** (MÁL) 151 Vd 126
Tossa de Mar **E** (GIR) 49 Cf 98
Tossal, el - **E** (LLE) 46 Ba 97
Tost **E** (LLE) 46 Bc 95
Tosta = Tuesta **E** (ÁLA) 23 Wf 92
Tostão **P** (CB) 84 Sb 110
Tostón **E** (PALM) 175 II D 1
Totalán **E** (MÁL) 160 Ve 128
Totana **E** (MUR) 141 Yd 122
Totanés **E** (TOL) 89 We 110
Totenique **P** (Be) 144 Rc 123
Toto **E** (PALM) 175 II D 3
Toubres **P** (VR) 52 Sd 100
Touça **P** (Gu) 69 Se 102
Toucinhos **P** (Sa) 82 Rc 111
Tougues **P** (Por) 50 Rb 100
Touguinha **P** (Por) 50 Rb 100
Touguinhó **P** (Por) 50 Rb 100
Toulões **P** (CB) 85 Sf 109
Tourais **P** (Gu) 69 Sb 106
Toural (Vilaboa) **E** (PON) 32 Rc 94
Tourega **P** (Év) 117 Sa 115
Tourém **P** (VR) 33 Sa 97
Tourencinho **P** (VR) 51 Sb 100
Tourigo **P** (Vi) 68 Re 106
Touril **P** (Be) 130 Rb 123
Touril **P** (Be) 132 Se 120
Touris **P** (Fa) 145 Sa 125
Touro **P** (Vi) 69 Sb 103
Tous **E** (VAL) 113 Zc 114
Toutosa **P** (Por) 51 Rf 101
Touza **E** (LUG) 4 Sb 88
Touzosas **E** (PON) 32 Re 96
Tovar, El - **E** (JAÉ) 139 Xb 119
Tóvedas **E** (VAL) 93 Yd 108
Tóvedas de Abajo **E** (VAL) 93 Yd 108
Tovilla **E** (JAÉ) 139 Xc 119
Toxal **E** (OUR) 33 Sb 96
Toxosoutos **E** (COR) 14 Rb 92
Toya **E** (JAÉ) 139 Wf 121
Tozalmoro **E** (SOR) 41 Xe 98
Tozár **E** (GRA) 152 Wb 124
Tozar **E** (GRA) 152 Wb 124
Traba **E** (COR) 2 Rb 89
Trabada **E** (AST) 5 Tb 88
Trabada **E** (LUG) 5 Se 88
Trabadillo **E** (SAL) 54 Tf 102
Trabaledo **E** (LEÓ) 17 Ta 93
Trabanca **E** (SAL) 53 Td 101
Trabazas **E** (LUG) 17 Sf 93
Trabazos **E** (LEÓ) 35 Tc 95
Trabazos **E** (OUR) 34 Se 95
Trabazos **E** (ZAM) 35 Td 98
Trado **E** (OUR) 33 Rf 95
Trafaria **P** (Li) 115 Qe 116
Tragacete **E** (CUE) 92 Ya 106
Tragó **E** (LLE) 46 Bb 96
Tragó de Noguera **E** (LLE) 45 Ad 97
Traguntía **E** (SAL) 71 Td 103
Traibuenas **E** (NAV) 42 Yc 94
Traid **E** (GUA) 77 Yb 104
Traiguera **E** (CAS) 81 Ab 105
Trajano **E** (SEV) 148 Ua 126
Trajouce **P** (Li) 115 Qd 116
Tralhariz **P** (Ba) 52 Sd 101
Trallanta, La - **E** (CAS) 95 Ze 108
Tramacastiel **E** (TER) 93 Ye 107
Tramacastilla **E** (TER) 78 Yc 106
Tramacastilla de Tena **E** (HUES) 26 Ze 92
Tramaced **E** (HUES) 44 Ze 97
Tramaga **P** (Pg) 102 Rf 113
Tramagal **P** (Sa) 102 Re 112
Tramagueira **P** (Év) 117 Rf 115
Tranco **E** (JAÉ) 139 Xb 119
Trancoso **P** (Gu) 69 Sd 104
Trancozelos **P** (Vi) 69 Sb 105
Trandeiras **P** (Br) 50 Rd 99
Trandeiras **P** (VR) 51 Sb 99
Transformador, El - **E** (VAL) 113 Zb 115
Trapa, A - **E** (LUG) 5 Sf 89
Trapa, La - **E** (AST) 7 Ub 89
Trapa, la - **E** (ZAR) 63 Aa 102
Trapaga-Causo **E** (VIZ) 10 Wf 89
Trapero **E** (CÓRD) 121 Uf 117
Trapiche **E** (MÁL) 160 Vf 128
Trapiche **E** (PALM) 174 I C 2
Trapilabado **E** (CÁC) 86 Td 107
Trasalba **E** (OUR) 33 Sa 94
Trás Âncora **P** (VC) 32 Rb 98
Trasancos **E** (COR) 3 Re 87
Trasancos (San Mateo) **E** (COR) 3 Re 87
Trasanquelos **E** (COR) 3 Re 89
Trascastro **E** (AST) 18 Td 90
Trascastro **E** (LEÓ) 17 Tc 91
Trascastro de Luna **E** (LEÓ) 18 Ua 92
Trás do Outeiro **P** (Le) 100 Qe 112
Trasierra **E** (BAD) 119 Tc 118
Trasierra **E** (BAD) 134 Ua 119
Trasierra **E** (CAN) 9 Ve 88
Traslasierra **E** (HUEL) 133 Tc 122
Trasmiras **E** (OUR) 33 Sc 96
Trasmonte **E** (AST) 6 Ua 88
Trasmonte **E** (COR) 15 Rd 90
Trasmonte **E** (LUG) 4 Sb 90
Trasmonte **E** (LUG) 4 Sd 87
Trasmonte **E** (PON) 15 Rd 92
Trasmoz **E** (ZAR) 42 Yb 98
Trasmulas **E** (GRA) 152 Wa 125
Trasobares **E** (ZAR) 60 Yc 99
Traspando **E** (AST) 7 Uc 88
Traspeña de la Peña **E** (PAL) 20 Vc 92
Traspinedo **E** (VALL) 56 Vd 99
Trasponte = Trespuentes **E** (ÁLA) 23 Xb 91
Trasulfe **E** (PON) 15 Sa 93
Trasvía **E** (CAN) 9 Ve 88
Travaço **P** (Av) 68 Rc 105
Travanca **P** (Av) 67 Rc 103
Travanca **P** (Av) 68 Rd 104
Travanca **P** (Ba) 34 Ta 97
Travanca **P** (Ba) 52 Ta 99
Travanca **P** (Ba) 53 Tc 100
Travanca **P** (Por) 51 Re 101
Travanca **P** (Vi) 51 Sb 102
Travanca de Lagos **P** (Co) 68 Sa 106
Travanca do Mondego **P** (Co) 67 Re 107
Travanca do Monte **P** (Por) 51 Rf 101
Travancas **P** (Vi) 50 Re 102
Travancas **P** (VR) 34 Se 98
Travancinha **P** (Gu) 69 Sb 106
Travassô **P** (Av) 68 Rd 106
Travasso **P** (Br) 51 Sa 99
Travassós **P** (Br) 50 Rd 98
Travassos **P** (Br) 51 Re 99
Travassos **P** (Br) 51 Re 100
Travassos **P** (VR) 33 Sa 98
Travassos **P** (VR) 51 Sa 100
Travassós de Cima **P** (Vi) 68 Sa 104
Traveira **P** (Co) 83 Rd 108
Traver **E** (BAR) 47 Bd 99
Traviesas **E** (COR) 3 Rf 89
Trazo **E** (COR) 15 Rc 90
Trébago **E** (SOR) 41 Xf 97
Trebaluger **E** (BAL) 96 Eb 109
Treboedo **E** (OUR) 33 Rf 94
Trebolle (O Páramo) **E** (LUG) 16 Sc 92
Trebuesto **E** (CAN) 10 We 89
Trebujena **E** (CÁD) 157 Te 127
Treceño **E** (CAN) 9 Ve 88
Treceño **E** (CAN) 9 Ve 89
Tredòs **E** (LLE) 28 Af 92
Trefacio **E** (ZAM) 35 Tc 96
Tregandín (Noja) **E** (CAN) 10 Wc 88
Tregosa **P** (Br) 50 Rb 99
Treguajantes **E** (RIO) 41 Xd 95
Tregurà de Dalt **E** (GIR) 30 Cb 94
Treinta, Los - **E** (ALM) 140 Xf 123
Treixedo **P** (Vi) 68 Rf 106
Trejuvell **E** (LLE) 46 Bb 95
Trelle **E** (OUR) 33 Sa 95
Trellerma **E** (OUR) 33 Sa 95
Trelles **E** (AST) 5 Tb 88
Tremaja **E** (PAL) 20 Vd 91
Tremal **P** (CB) 85 Ta 110
Tremañes **E** (AST) 7 Ub 87
Tremedal **E** (ÁVI) 87 Uc 106
Tremedal de Tormes **E** (SAL) 53 Te 102
Tremelgo **P** (Fa) 145 Sb 124
Tremellos, Los - **E** (BUR) 21 Wb 93
Tremês **P** (Sa) 101 Rb 112
Tremoceira **P** (Le) 101 Ra 111
Tremor de Abajo **E** (LEÓ) 18 Te 93
Tremor de Arriba **E** (LEÓ) 18 Te 92
Tremp **E** (LLE) 46 Af 95
Tresabuela **E** (CAN) 20 Vd 90
Tresali **E** (AST) 7 Ud 88
Tresano **E** (AST) 8 Uf 88
Tres Cantos **E** (MAD) 75 Wb 105

Trescares **E** (AST) 8 Vb 89
Trescasas **E** (SEG) 74 Vf 103
Tres Colinas **E** (VAL) 114 Ze 111
Treserra **E** (HUES) 45 Ad 95
Três Figos **P** (Fa) 144 Rb 125
Tresfuentes **E** (ALI) 128 Za 118
Tresgrandas **E** (AST) 8 Vc 88
Tres Hermanos **E** (VAL) 56 Vb 98
Tresjuncos **E** (CUE) 91 Xb 110
Tresminas **P** (VR) 52 Sc 100
Tresmondes **P** (VR) 52 Sd 98
Tresmonte **E** (AST) 8 Uf 88
Tres Morales **E** (ALM) 153 Xc 125
Tresouras **P** (Por) 51 Sa 102
Trespaderne **E** (BUR) 22 Wd 92
Trespeñas **E** (CAN) 8 Vd 89
Trespuentes **E** (ÁLA) 23 Xb 91
Tresserres **E** (BAR) 47 Be 97
Tresviso **E** (CAN) 8 Vc 89
Treto **E** (CAN) 10 Wd 88
Treto **E** (VIZ) 10 Wd 89
Trevejo **E** (CÁC) 85 Tb 107
Trevélez **E** (GRA) 152 We 126
Treviana **E** (RIO) 22 Wf 93
Trevijano **E** (RIO) 41 Xd 95
Treviño **E** (BUR) 23 Xb 92
Trevões **P** (Vi) 52 Sd 102
Trez **E** (OUR) 34 Sd 96
Trezói **P** (Vi) 68 Rd 106
Triacastela **E** (LUG) 16 Se 92
Triana **E** (JAÉ) 151 Wa 123
Triana **E** (MÁL) 160 Ve 128
Trianos **E** (LEÓ) 20 Uf 94
Tribaldos **E** (CUE) 91 Xa 109
Tricás **E** (HUES) 27 Zf 94
Tricias, La **E** (TEN) 171 B 2
Tricio **E** (RIO) 41 Xb 94
Trigaches **P** (Be) 131 Sa 120
Trigais **P** (Gu) 69 Se 106
Trigás **E** (OUR) 15 Rf 94
Trigueira, A - **E** (PON) 15 Re 93
Trigueros **E** (HUEL) 147 Tb 124
Trigueros del Valle **E** (VALL) 38 Vc 98
Triguezuelos **E** (ÁVI) 73 Vc 105
Trijueque **E** (GUA) 76 Xa 104
Trillo **E** (GUA) 76 Xc 104
Trillo **E** (HUES) 45 Ab 95
Trincheto, El - **E** (CIU) 108 Ve 113
Trindade **P** (Ba) 52 Sf 100
Trindade **P** (Be) 131 Sa 121
Trinhão **P** (Co) 83 Rf 109
Trinidad, La - **E** (SEV) 149 Uc 125
Trinta **P** (Gu) 69 Sd 105
Triollo **E** (PAL) 20 Vb 91
Tripeiro **P** (CB) 84 Sc 109
Triquivijate **E** (PALM) 175 II E 3
Trisio **P** (CB) 83 Re 110
Tristanes **E** (ALM) 154 Xf 127
Triste **E** (HUES) 26 Zb 94
Triufé **E** (ZAM) 35 Tc 96
Trobajo del Camino **E** (LEÓ) 19 Uc 93
Trobajo del Cerecedo **E** (LEÓ) 19 Uc 93
Trobal, El - **E** (SEV) 148 Ua 126
Trobo **E** (LUG) 4 Sc 89
Trobo, O - **E** (LUG) 5 Sf 89
Trocadero, El **E** (CÁD) 157 Te 129
Trocóniz **E** (ÁLA) 23 Xc 92
Trofa **P** (Av) 68 Rd 105
Trofa **P** (Por) 50 Rc 101
Trogal **P** (VC) 32 Rb 98
Tróia **P** (Se) 115 Ra 118
Troitosende **E** (COR) 14 Rc 91
Trokoniz = Trocóniz **E** (ÁLA) 23 Xc 92
Trolho **P** (Be) 131 Sa 119
Tronceda **E** (COR) 15 Re 91
Tronceda **E** (OUR) 34 Sd 94
Troncedo **E** (AST) 6 Te 87
Troncedo **E** (HUES) 45 Ab 95
Tronco **P** (VR) 34 Se 98
Tronchón **E** (TER) 80 Zd 105
Tropeço **P** (Av) 68 Re 103
Troporiz **P** (VC) 32 Rc 96
Trouxemil **P** (Co) 83 Rd 107
Troviscais **P** (Be) 130 Rb 123
Troviscal **P** (Av) 67 Rc 105
Troviscal **P** (CB) 83 Rf 109
Troviscoso **P** (VC) 32 Ra 98
Trubia **E** (AST) 6 Ua 88
Trucende **E** (LUG) 17 Sf 91
Truchas **E** (LEÓ) 35 Td 95
Truchillas **E** (LEÓ) 35 Td 95
Truébano **E** (LEÓ) 18 Tf 91
Trujillanos **E** (BAD) 119 Te 115
Trujillas, Las - **E** (MÁL) 159 Vc 127
Trujillo **E** (CÁC) 105 Ua 112
Trujillo **E** (SEV) 149 Ub 125
Trujillos **E** (GRA) 152 Wb 124
Trutas **P** (CB) 83 Re 110
Trutas **P** (Le) 82 Ra 110
Trute **P** (VC) 32 Rd 96
Tua **P** (Ba) 52 Sd 101
Tubaral **P** (Sa) 102 Rf 112
Tubilla **E** (BUR) 22 Wc 91
Tubilla del Agua **E** (BUR) 21 Wb 92
Tubilla del Lago **E** (BUR) 39 Wc 98
Tubilleja **E** (BUR) 22 Wb 91
Tuca, Era - **E** (LLE) 28 Ae 92
Tuda, La - **E** (ZAM) 54 Ua 100
Tudanca **E** (BUR) 22 Wb 91
Tudanca **E** (CAN) 9 Vd 90
Tudela **E** (NAV) 42 Yc 96
Tudela de Agueria **E** (AST) 7 Ub 89
Tudela de Duero **E** (VALL) 56 Vc 99
Tudela de Segre **E** (LLE) 46 Ba 97
Tudela-Veguín **E** (AST) 7 Ub 89
Tudelilla **E** (RIO) 41 Xf 95
Tudera **E** (ZAM) 53 Te 100
Tudes **E** (CAN) 20 Vc 90
Tuéjar **E** (VAL) 94 Yf 110
Tuelas, Los **E** (MUR) 141 Yd 122
Tuesta **E** (ÁLA) 23 Wf 92
Tui **E** (PON) 32 Rc 96
Tuias **P** (Por) 51 Rf 101
Tuilla **E** (AST) 7 Uc 89
Tuimil **E** (LUG) 16 Sd 93
Tuineje **E** (PALM) 175 II D 4
Tuiselo **P** (Ba) 34 Sf 97
Tuixén **E** (LLE) 47 Bd 95
Tuiza de Abajo **E** (AST) 18 Ua 90
Tuiza de Arriba **E** (AST) 18 Ua 90
Tujena **E** (HUEL) 148 Td 124
Tulebras **E** (NAV) 42 Yb 97
Tulhas **P** (Co) 83 Rf 108
Tumbalejo, El **E** (HUEL) 147 Tb 124
Tuna, sa **E** (GIR) 49 Db 97
Tunes **P** (Fa) 145 Re 126
Tunes Gare **P** (Fa) 145 Re 126
Tuña **E** (AST) 6 Td 89
Turballos **E** (ALI) 128 Zd 116
Turbinto **E** (MUR) 155 Yb 123
Turcia **E** (LEÓ) 18 Ua 93
Turcifal **P** (Li) 100 Qe 114
Turégano **E** (SEG) 57 Vf 102
Turieno **E** (CAN) 8 Vc 90
Turilla **E** (ALB) 140 Xe 119
Turís **E** (VAL) 113 Zb 112
Turiso **E** (ÁLA) 23 Xa 92
Turisu = Turiso **E** (ÁLA) 23 Xa 92
Turiz **P** (Br) 50 Rd 99
Turleque **E** (TOL) 109 Wc 111
Turmadén **E** (BAL) 96 Ea 109
Turmiel **E** (GUA) 77 Xf 102
Turón **E** (GRA) 162 Wf 127
Turquel **P** (Le) 100 Ra 112
Turra de Alba **E** (SAL) 72 Ud 104
Turre **E** (ALM) 154 Ya 126
Turrientes **E** (BUR) 40 We 94
Turrillas **E** (ALM) 154 Xe 126
Turrillas **E** (NAV) 25 Yd 92
Turro, El - **E** (GRA) 151 Wa 126
Turrubuelo **E** (SEG) 57 Wc 101
Turruncún **E** (RIO) 41 Xf 96
Turueño **E** (AST) 7 Ud 88
Turza **E** (RIO) 40 Xa 95
Tus **E** (ALB) 125 Xd 118
Tuxent = Tuixén **E** (LLE) 47 Bd 95
Tuyo **E** (ÁLA) 23 Xa 92
Txabarri = Chávarri **E** (VIZ) 10 Wf 89
Txikierdi = Chiquierdi **E** (GUI) 12 Xf 89

U

Ubago **E** (NAV) 24 Xe 93
Ubani **E** (NAV) 24 Yb 92
Úbeda **E** (ALI) 128 Za 118
Úbeda **E** (JAÉ) 138 Wd 120
Ubera **E** (GUI) 11 Xd 90
Ubiarco **E** (CAN) 9 Vf 88
Ubiergo **E** (HUES) 45 Ab 96
Ubierna **E** (BUR) 22 Wb 94
Ubilla-Urberuaga **E** (VIZ) 11 Xd 89
Ubrique **E** (CÁD) 158 Ud 128
Ucanha **P** (Vi) 51 Sb 102
Ucar **E** (NAV) 24 Yb 92
Ucedo **E** (LEÓ) 18 Te 93
Ucenda **E** (MUR) 141 Yb 120
Ucero **E** (SOR) 58 Wf 98
Uces, Las - **E** (SAL) 53 Td 102
Ucieda **E** (CAN) 9 Ve 89
Ucio **E** (AST) 8 Uf 88
Uclés **E** (CUE) 91 Xa 109
Ucha **P** (Br) 50 Rc 99
Uchas **P** (Por) 51 Sa 102
Uchea **E** (ALB) 127 Yc 117
Udalla **E** (CAN) 10 Wd 89
Udave **E** (NAV) 24 Yb 91
Üeñalcázar **E** (SOR) 60 Xf 99
Ufones **E** (ZAM) 53 Te 98
Uga **E** (PALM) 176 B 4
Ugaldecho **E** (GUI) 12 Ya 89
Ugaldetxo = Ugaldecho **E** (GUI) 12 Ya 89
Ugar **E** (NAV) 24 Ya 92
Ugaran **E** (VIZ) 11 Xc 88
Ugarana **E** (VIZ) 11 Xb 90
Ugarte = Nuestra Señora del Rosario **E** (GUI) 24 Xf 90
Ugarte-Berri **E** (GUI) 11 Xe 89
Ugena **E** (TOL) 89 Wa 108
Ugíjar **E** (GRA) 153 Wf 127
Uix, Ca l' - **E** (GIR) 48 Cd 97
Ujados **E** (GUA) 58 Wf 101
Ujo **E** (AST) 7 Ub 89
Ujué **E** (NAV) 25 Yc 93
Ulea **E** (MUR) 141 Ye 120
Uleila del Campo **E** (ALM) 154 Xe 125
Ulibarri **E** (NAV) 24 Xe 92
Ulizarna **E** (RIO) 40 Xa 94
Ulme **P** (Sa) 101 Rd 113
Ulmo **P** (Be) 131 Rf 121
Ultramort **E** (GIR) 49 Da 96
Ulzurrun **E** (NAV) 24 Ya 92
Ullà **E** (GIR) 49 Da 96
Ullastrell **E** (BAR) 65 Bf 99
Ullastret **E** (GIR) 49 Da 96
Ulldecona **E** (TAR) 81 Ac 105
Ulldemolins **E** (TAR) 64 Af 101
Ulle **E** (HUES) 26 Zc 93
Ullíbarri Gamboa **E** (ÁLA) 23 Xc 91
Ullívarri-Arana **E** (ÁLA) 24 Xe 92
Ullívarri-Arrázua **E** (ÁLA) 23 Xc 91
Ullívarri-Jáuregui **E** (ÁLA) 23 Xd 92
Ullívarri-Olleros **E** (ÁLA) 23 Xc 92
Ullívarri-Viñas **E** (ÁLA) 23 Xb 91
Ulloa **E** (LUG) 16 Sa 91
Umbralejo **E** (GUA) 58 We 102
Umbrete **E** (SEV) 148 Tf 124
Umbría **E** (CÓRD) 151 Ve 124
Umbría **E** (TER) 80 Zd 105
Umbria **P** (Fa) 146 Sb 125
Umbría, la - **E** (CAS) 95 Zf 108
Umbría, La - **E** (HUEL) 134 Td 121
Umbría, La - **E** (JAÉ) 152 Wc 123
Umbría, La - **E** (VAL) 128 Zc 115
Umbría Alta **E** (ALI) 128 Za 118
Umbría Baja **E** (ALI) 128 Za 118
Umbría de Arriba, La - **E** (ALM) 154 Xe 123
Umbría de Fresnedas **E** (CIU) 123 Wc 117
Umbría del Factor **E** (MUR) 127 Ye 117
Umbrías **E** (ÁVI) 87 Uc 107
Umbrías, Las - **E** (CAS) 95 Zd 108
Umbrías, Las - **E** (MÁL) 160 Vf 127
Umbrías de Comacho **P** (Fa) 146 Sc 125
Unanua **E** (NAV) 24 Xf 91
Unarre **E** (LLE) 29 Ba 93
Unbe **E** (VIZ) 11 Xa 88
Uncastillo **E** (ZAR) 43 Yf 94
Unciti **E** (NAV) 25 Yc 92
Undiano **E** (NAV) 24 Yb 92
Undués de Lerda **E** (ZAR) 25 Ye 93
Undués-Pintano **E** (ZAR) 25 Yf 93
Undurraga **E** (VIZ) 23 Xb 90
Ungilde **E** (ZAM) 35 Tc 96
Unhais da Serra **P** (CB) 84 Sc 107
Unhais-o-Velho **P** (Co) 84 Sb 108
Unhão **P** (Por) 50 Re 101
Unhos **P** (Li) 115 Qf 116
Unión, La **E** (MUR) 143 Za 123
Unión de Campos, La **E** (VALL) 37 Ue 96
Unión de los Tres Ejércitos, La - **E** (RIO) 41 Xd 94
Universidad Autónoma de Madrid **E** (MAD) 75 Wb 105
Universidad Laboral **E** (CÓRD) 136 Vb 121
Universitario, Albergue - **E** (GRA) 152 Wd 126
Unquera **E** (CAN) 8 Vc 88
Untzaga = Unza **E** (ÁLA) 23 Xa 91
Unzué **E** (NAV) 25 Yc 93
Uña **E** (CUE) 92 Ya 107
Uña, La **E** (LEÓ) 19 Uf 90
Uña de Quintana **E** (ZAM) 36 Tf 96
Uposa **E** (ÁVI) 73 Vc 105
Ura **E** (BUR) 39 Wc 96
Urarte **E** (ÁLA) 23 Xc 92
Urbanización Aguadulce **E** (ALM) 162 Xc 128
Urbanización Atlante del Sol **E** (PALM) 176 A 4
Urbanización Calma Bahía **E** (PALM) 175 II C 5
Urbanización Cambrils Mediterrània **E** (TAR) 64 Ba 102
Urbanización Costa Calma **E** (PALM) 175 II C 5
Urbanización El Guincho **E** (TEN) 172 I D 5
Urbanización el Tarraco **E** (TAR) 64 Ba 102
Urbanización Famara **E** (PALM) 176 C 3
Urbanización Las Cabreras **E** (PALM) 176 C 3
Urbanización Las Fuentes **E** (CAS) 96 Ab 107
Urbanización Los Cocoteros **E** (PALM) 176 D 3
Urbanización Los Lagos **E** (PALM) 175 II D 1
Urbanización Los Pocillos **E** (PALM) 176 C 4
Urbanización Los Pozos **E** (PALM) 175 II E 3
Urbanización Llano del Sol **E** (PALM) 175 II E 3
Urbanización Marabul **E** (PALM) 174 II C 5
Urbanización Montaña Baja **E** (PALM) 176 A 4
Urbanización Oasis de Costa del Sol **E** (ALM) 162 Xb 128
Urbanización Oasis de Nazaret **E** (PALM) 176 C 3
Urbanización Playa Honda **E** (PALM) 176 C 4
Urbanización Playas de Chacón **E** (ZAR) 62 Zf 101
Urbanización Roquetas de Mar **E** (ALM) 162 Xc 128
Urbanización Rosa de la Monja **E** (PALM) 175 II E 2
Urbanización San Antonio **E** (PALM) 176 C 4
Urbanización Vista Graciosa **E** (PALM) 176 C 3
Urbel del Castillo **E** (BUR) 21 Wa 93
Urberuaga = Ubilla-Urberuaga **E** (VIZ) 11 Xd 89
Urbicáin **E** (NAV) 25 Yd 92
Urbiés **E** (AST) 7 Uc 89
Urbina **E** (ÁLA) 23 Xc 91
Urbina, La - **E** (ALB) 110 Xb 114
Urbiola **E** (NAV) 24 Xf 93
Urbisu = Orbiso **E** (ÁLA) 23 Xd 92
Urcal **E** (ALM) 155 Ya 124
Urcamusa **E** (ZAR) 61 Yf 99
Urda **E** (TOL) 108 Wb 112
Urdániz **E** (NAV) 25 Yc 91
Urdánoz **E** (NAV) 24 Ya 92
Urdanta **E** (RIO) 40 Xa 95
Urdax **E** (NAV) 13 Yc 89
Urdiáin **E** (NAV) 24 Xf 91
Urdiales de Colinas **E** (LEÓ) 18 Td 92
Urdiales del Páramo **E** (LEÓ) 36 Ub 94
Urdilde **E** (COR) 14 Rb 92
Urdimalas **E** (CÁC) 86 Ua 109
Urdíroz **E** (NAV) 25 Yd 91
Urdués **E** (HUES) 26 Zb 92
Urdúliz = Campa **E** (VIZ) 11 Xa 88
Urduña = Orduña **E** (VIZ) 23 Wf 91
Ures **E** (GUA) 59 Xb 102
Ures de Medina **E** (SOR) 59 Xe 102
Urgal **P** (Gu) 52 Sf 102
Urgeses **P** (Br) 50 Re 100
Urgueira **P** (Co) 83 Rf 107
Uribarri **E** (ÁLA) 23 Xc 90
Uribarri **E** (GUI) 23 Xd 90
Uribarri-Arratzu = Ullívarri-Arrázua **E** (ÁLA) 23 Xc 91
Uribarri Dibina = Ullívarri-Viñas **E** (ÁLA) 23 Xb 91
Uribarri Ganboa = Ullíbarri Gamboa **E** (ÁLA) 23 Xc 91
Uribarri-Gaubea = Villanueva de Valdegoría **E** (ÁLA) 22 Wf 91
Uribarri-Harana = Ullívarri-Arana **E** (ÁLA) 24 Xe 92
Uribarri-Jauregi = Ullívarri-Jáuregui **E** (ÁLA) 23 Xd 92
Uribarri-Nagusi = Ullívarri-Olleros **E** (ÁLA) 23 Xc 92
Uribe **E** (VIZ) 23 Xb 90
Urigoiti **E** (VIZ) 23 Xa 90
Uriz **E** (LUG) 4 Sc 90
Uriz **E** (NAV) 25 Yd 91
Urizar de Lemóniz **E** (VIZ) 11 Xa 88
Urjais **P** (VR) 34 Se 97
Urkarregi **E** (VIZ) 11 Xd 89
Urkiola = Urquiola **E** (VIZ) 23 Xc 90
Urkizaur **E** (VIZ) 11 Xb 88
Urkizu = Urquizu **E** (GUI) 12 Xf 90
Urmella **E** (HUES) 28 Ad 93
Urnieta **E** (GUI) 12 Ya 89
Urones de Castroponce **E** (VALL) 37 Ue 96
Uroz **E** (NAV) 25 Yd 92
Urqueira **P** (Sa) 82 Rc 110
Urquiola **E** (VIZ) 23 Xc 90
Urquizu **E** (GUI) 12 Xf 90
Urra **P** (Pg) 103 Sd 113
Urrácal **E** (ALM) 154 Xd 124
Urraca-Miguel **E** (ÁVI) 73 Vc 104
Urrategi **E** (GUI) 11 Xd 89
Urrea de Gaén **E** (TER) 62 Zd 102
Urrea de Jalón **E** (ZAR) 61 Ye 98
Urreas, Los - **E** (MUR) 142 Yf 122
Urrejola **E** (GUI) 23 Xd 90
Urrestilla **E** (GUI) 12 Xe 90
Urrexola = Urrejola **E** (GUI) 23 Xd 90
Urrez **E** (BUR) 40 Wd 95
Urría **E** (BUR) 22 Wd 91
Urriales **E** (HUES) 45 Aa 94
Urricelqui **E** (NAV) 25 Yd 91
Urriés **E** (ZAR) 25 Yf 93
Urrizola **E** (NAV) 24 Ya 91
Urrizola-Galáin **E** (NAV) 24 Yc 91
Urrô **P** (Av) 68 Re 103
Urrô **P** (Por) 50 Re 101
Urros **E** (OUR) 33 Sa 95
Urrós **P** (Ba) 53 Td 100
Urros **P** (Ba) 70 Sf 102
Urroz **E** (NAV) 25 Yd 92
Urroz de Santesteban **E** (NAV) 12 Yb 90
Urrúnaga **E** (ÁLA) 23 Xc 91
Urrunaga = Urrúnaga **E** (ÁLA) 23 Xc 91
Urrutias, Los - **E** (MUR) 143 Zb 122
Urrutiña **E** (NAV) 12 Yb 90
Urrutxua **E** (VIZ) 11 Xc 89
Ursuarán **E** (GUI) 24 Xe 91
Ursuaran = Ursuarán **E** (GUI) 24 Xe 91
Urtasun **E** (NAV) 25 Yc 91
Urteta **E** (GUI) 12 Xf 89
Urtg = Urtx **E** (GIR) 30 Bf 94
Urturi **E** (ÁLA) 23 Xc 93
Urtx **E** (GIR) 30 Bf 94
Urueña **E** (VALL) 55 Ue 98
Urueñas **E** (SEG) 57 Wb 100
Uruñuela **E** (RIO) 23 Xb 94
Urús **E** (GIR) 30 Bf 94
Urxal **E** (PON) 144 Rb 96
Urz, La **E** (LEÓ) 18 Ua 92
Urzainqui **E** (NAV) 25 Za 92
Urzante **E** (NAV) 42 Yc 96
Urzelina **P** (Aç) 169 Wf 117
Usagre **E** (BAD) 120 Tf 118
Usall **E** (GIR) 48 Ce 96
Usana **E** (HUES) 27 Aa 94
Usanos **E** (GUA) 75 We 104
Usánsolo **E** (VIZ) 11 Xb 89
Uscarrés **E** (NAV) 25 Yf 92
Used **E** (HUES) 44 Ze 95
Used **E** (ZAR) 60 Yc 102
Useras = Useres, Les **E** (CAS) 95 Zf 108
Useres, Les **E** (CAS) 95 Zf 108
Useu **E** (LLE) 46 Ba 95
Usi **E** (NAV) 24 Yb 91
Usoz **E** (NAV) 25 Yd 91
Ustárroz **E** (NAV) 25 Yc 92
Ustés **E** (NAV) 25 Yf 92
Usúmbelz **E** (NAV) 25 Yd 93
Usún **E** (NAV) 25 Ye 92
Usúrbil **E** (GUI) 12 Xf 89
Usurbil = Usúrbil **E** (GUI) 12 Xf 89
Utande **E** (GUA) 76 Xa 103
Utebo **E** (ZAR) 43 Za 98
Uterga **E** (NAV) 24 Yb 92
Utiel **E** (VAL) 112 Ye 111
Utrera **E** (SEV) 149 Ub 125
Utrera, La - **E** (LEÓ) 18 Ua 92
Utreras, Los - **E** (ALM) 154 Xf 125
Utrilla **E** (SOR) 59 Xe 101
Utrillas **E** (TER) 79 Za 104
Utxafava **E** (LLE) 46 Af 99
Utxesa **E** (LLE) 63 Ad 100
Uva **P** (Ba) 53 Tc 100
Uxes **E** (COR) 3 Rd 89
Uyarra **E** (RIO) 40 Xa 94
Uznayo **E** (CAN) 21 Vd 90
Uzquiano **E** (ÁLA) 23 Xa 91
Uzquiano **E** (BUR) 23 Xb 92
Uzquita **E** (NAV) 25 Yc 93
Uzquiza **E** (BUR) 40 Wd 95
Uztárroz **E** (NAV) 25 Za 91
Uztegui **E** (NAV) 24 Xf 90

V

Vacalar **P** (Vi) 51 Sb 102
Vacar, El **E** (CÓRD) 136 Va 120
Vacaria **E** (PON) 32 Rc 96
Vacaria **P** (Br) 51 Rf 100
Vacariça **P** (Av) 68 Rd 106
Vacarisas = Vacarisses **E** (BAR) 47 Bf 99
Vacarisses **E** (BAR) 47 Bf 99
Vacarizo **E** (JAÉ) 124 We 118
Vaciamadrid **E** (MAD) 90 Wc 107
Vada **E** (CAN) 20 Vb 90
Vade (São Tomé) **P** (VC) 32 Rd 98
Vadeolivas **E** (CUE) 76 Xd 105
Vadera-Baldía **E** (SAL) 71 Td 104
Vadillo **E** (SOR) 40 Wf 98
Vadillo, El - **E** (CÓRD) 151 Ve 124
Vadillo de la Guareña **E** (ZAM) 55 Ud 101
Vadillo de la Sierra **E** (ÁVI) 73 Uf 105
Vadillos **E** (RIO) 41 Xd 95
Vadima, La - **E** (SAL) 54 Tf 102
Vado, El - **E** (BUR) 22 Wc 91
Vadocondes **E** (BUR) 57 Wc 99
Vado del Álamo **E** (MÁL) 159 Vb 127
Vado de las Palomas **E** (CÁC) 86 Tf 108
Vado de los Morales **E** (TOL) 88 Vd 108
Vadofresno **E** (CÓRD) 151 Vd 125
Vados, Los - **E** (GRA) 152 Wb 125
Vados, Los - **E** (MÁL) 160 Vf 128
Vados de Torralba **E** (JAÉ) 138 Wc 121
Vagos **P** (Av) 67 Rb 105
Vaiamonte **P** (Pg) 103 Sc 114
Vainazo, El - **E** (MUR) 141 Yb 123
Vairão **P** (Por) 50 Rc 101
Vajol, la - **E** (GIR) 31 Ce 94
Val **E** (COR) 3 Re 87
Val **E** (PON) 15 Rf 92
Val, O - **E** (OUR) 17 Ta 94
Valacloche **E** (TER) 94 Yf 107
Valada **P** (Pg) 103 Se 114
Valada **P** (Sa) 101 Rb 114
Valadares **E** (COR) 14 Ra 91
Valadares **P** (Por) 50 Rc 102
Valadares **P** (Por) 51 Sa 102
Valadares **P** (VC) 32 Rb 98
Valadares **P** (VC) 32 Rd 96
Valadares **P** (Vi) 68 Re 104
Valadas **P** (Sa) 83 Re 111
Vala da Vaca **P** (Pg) 102 Rf 114
Valado de Frades **P** (Le) 100 Qf 111
Valado de Santa Quitéria **P** (Le) 100 Qf 112
Valados **P** (Fa) 145 Sa 126
Valadouro **P** (Aç) 168 Wb 117
Valareña **E** (ZAR) 43 Ye 96
Valas **P** (Be) 130 Rb 123
Valberzoso **E** (PAL) 21 Ve 91
Valboa **E** (PON) 15 Rd 92
Valbom **P** (Br) 32 Rd 98
Valbom **P** (CB) 84 Sc 109
Valbom **P** (Gu) 70 Sf 104
Valbom **P** (Por) 50 Rc 102
Valbom dos Figos **P** (Ba) 52 Sf 99
Valbom Pitez **P** (Ba) 52 Se 99
Valbona **E** (TER) 94 Zb 107
Valbonilla **E** (BUR) 38 Ve 95
Valbuena **E** (SAL) 71 Ua 106
Valbuena de Duero **E** (VALL) 56 Ve 99
Valbuena de Pisuerga **E** (PAL) 38 Ve 96
Valbuxán **E** (OUR) 34 Sf 95
Valcaba **E** (CAN) 10 Wc 89
Valcabadillo **E** (PAL) 20 Vb 93
Valcabado **E** (ZAM) 54 Ub 99
Valcarca **E** (HUES) 45 Ab 97
Valcárceres, Los - **E** (BUR) 21 Wa 93
Valcargado **E** (JAÉ) 137 Ve 121
Valcarlos **E** (NAV) 13 Ye 90
Valcarri **E** (LUG) 4 Sc 87
Valcarrillo de Alberche **E** (TOL) 89 Vd 107
Valcavado del Páramo **E** (LEÓ) 36 Ub 95
Valcavado de Roa **E** (BUR) 57 Wa 98
Valcerto **P** (Ba) 53 Tc 100
Valcobero **E** (PAL) 20 Vb 91
Valconejo **E** (HUEL) 133 Ta 121
Valcotos **E** (MAD) 74 Wa 104
Valcuende **E** (LEÓ) 20 Va 92
Valcueva, La - **E** (LEÓ) 19 Ud 91
Valcuevo **E** (SAL) 54 Ub 102
Valchillón **E** (CÓRD) 136 Va 122
Valdajos **E** (TOL) 90 We 108
Valdanzo **E** (SOR) 58 Wd 99
Valdanzuelo **E** (SOR) 58 Wd 99
Valdaracete **E** (MAD) 90 We 107
Valdarachas **E** (GUA) 75 Wf 105
Valdastillas **E** (CÁC) 86 Ua 108
Valdavida **E** (LEÓ) 20 Uf 93
Valdavido **E** (LEÓ) 35 Td 95
Valdazo **E** (BUR) 22 Wd 93
Valdeaicalde de Arriba **E** (CÁC) 85 Ta 109
Valdeajos **E** (BUR) 21 Wa 92
Valdealbín **E** (SOR) 58 Wf 98
Valdealcón **E** (LEÓ) 19 Ue 93
Valdealgorfa **E** (TER) 63 Zf 103
Valdealiso **E** (LEÓ) 19 Ue 93
Valdealmendras **E** (GUA) 59 Xc 102
Valdealvillo **E** (SOR) 58 Xa 99
Valdeancheta **E** (GUA) 76 Wf 103
Valdeande **E** (BUR) 39 Wc 97
Valdearcos **E** (LEÓ) 19 Ud 94
Valdearcos de la Vega **E** (VALL) 57 Vf 99
Valdearenales **E** (BAD) 120 Tf 116
Valdearenas **E** (GUA) 76 Xa 104
Valdearnedo **E** (BUR) 22 Wc 93
Val de Asón **E** (CAN) 10 Wc 89

Valdeavellano **E** (GUA) 76 Xa 105
Valdeavellano de Tera **E** (SOR) 41 Xc 97
Valdeavellano de Ucero **E** (SOR) 58 Wf 98
Valdeavero **E** (MAD) 75 We 105
Valdeaveruelo **E** (GUA) 75 We 105
Valdeazogues **E** (CIU) 122 Vd 116
Valdeazores **E** (TOL) 107 Vb 112
Valdebótoa **E** (BAD) 118 Ta 115
Valdebusto **E** (PAL) 37 Vb 97
Valdecaballeros **E** (BAD) 106 Ue 113
Valdecabañas **E** (MAD) 74 Wa 106
Valdecabras **E** (CUE) 92 Xf 108
Val de Cabriel **E** (TER) 93 Yc 107
Valdecabrillas **E** (CUE) 92 Xd 108
Valdecañada **E** (LEÓ) 17 Tc 94
Valdecañas **E** (CÓRD) 151 Vd 124
Valdecañas **E** (CUE) 92 Xe 107
Valdecañas de Cerrato **E** (PAL) 38 Ve 97
Valdecañas de Tajo **E** (CÁC) 87 Uc 110
Valdecarpinteros **E** (SAL) 71 Td 105
Valdecarros **E** (SAL) 70 Tc 105
Valdecarros **E** (SAL) 72 Ud 104
Valdecasa **E** (ÁVI) 73 Uf 105
Valdecastillo **E** (LEÓ) 19 Ue 91
Valdecazorla **E** (JAÉ) 139 Wf 121
Valdecebro **E** (TER) 79 Yf 106
Valdeciervos **E** (ÁVI) 73 Vc 105
Valdecilla **E** (CAN) 9 Wb 88
Valdecolmenas de Abajo **E** (CUE) 91 Xc 108
Valdecolmenas de Arriba **E** (CUE) 92 Xd 108
Valdeconcha **E** (GUA) 76 Xa 106
Valdeconejos **E** (TER) 79 Za 104
Valdecuenca **E** (TER) 93 Yd 107
Valdecuna **E** (AST) 7 Ub 89
Valdeferreiro **E** (AST) 17 Ta 90
Valdefinjas **E** (ZAM) 55 Ud 100
Valdeflores **E** (SEV) 134 Td 122
Valdefresno **E** (LEÓ) 19 Ud 93
Valdefuentes **E** (CÁC) 105 Tf 113
Valdefuentes **E** (LEÓ) 37 Ud 96
Valdefuentes **E** (MAD) 89 Wa 107
Valdefuentes del Páramo **E** (LEÓ) 36 Ub 95
Valdefuentes de Sangusín **E** (SAL) 71 Ub 106
Valdefuentes o Griegos **E** (VALL) 55 Ue 98
Valdegama **E** (PAL) 21 Ve 92
Valdeganga **E** (ALB) 111 Yb 114
Valdeganga de Cuenca **E** (CUE) 92 Xe 109
Valdegas **P** (VR) 51 Sc 98
Valdegranada **E** (CÓRD) 151 Vf 124
Valdegrudas **E** (GUA) 76 Wf 104
Valdegrulla **E** (SOR) 58 Wf 99
Valdegutur **E** (RIO) 42 Ya 97
Valdehermoso **E** (SAL) 54 Uc 101
Valdeherreros **E** (BAD) 104 Tc 114
Valdehierro **E** (BAD) 119 Tb 117
Valdehierro **E** (CIU) 108 Vf 113
Valdehijaderos **E** (SAL) 71 Ua 106
Valdehorna **E** (ZAR) 60 Yd 102
Valdehornillo **E** (BAD) 105 Ua 114
Valdehuesa **E** (LEÓ) 19 Ue 91
Valdehúncar **E** (CÁC) 87 Uc 109
Valdeinfierno **E** (CÓRD) 135 Uc 120
Valdeíñigos **E** (CÁC) 86 Ua 109
Valdejeña **E** (SOR) 41 Xe 98
Valdelacalzada **E** (BAD) 119 Tb 115
Valdelacanal **E** (HUEL) 133 Tb 121
Valdelacasa **E** (SAL) 72 Ub 105
Valdelacasa de Tajo **E** (CÁC) 87 Ue 110
Valdelacuesta **E** (BUR) 22 Wd 91
Valdelafuente **E** (LEÓ) 19 Uc 93
Valdelageve **E** (SAL) 71 Ua 106
Valdelagrana **E** (CÁD) 157 Te 129
Valdelagua **E** (GUA) 76 Xb 104
Valdelagua **E** (MAD) 75 Wc 105
Valdelagua del Cerro **E** (SOR) 41 Xf 97
Valdelaguna **E** (ÁVI) 72 Ud 106
Valdelaguna **E** (LEÓ) 37 Uf 94
Valdelaguna **E** (MAD) 90 Wd 108
Valdelaloba **E** (LEÓ) 17 Tc 92
Valdelaloba **E** (ZAM) 54 Ub 99
Valdelamatanza **E** (SAL) 86 Ua 107
Valdelamusa **E** (HUEL) 133 Ta 122
Valdelarco **E** (HUEL) 133 Tb 121
Val de la Sabina **E** (VAL) 93 Ye 108
Valdelatas **E** (MAD) 75 Wb 105
Valdelateja **E** (BUR) 21 Wb 92
Valdelavia **E** (ÁVI) 73 Vc 105
Valdelavilla **E** (SOR) 41 Xe 97
Valdelcubo **E** (GUA) 59 Xb 101
Valdelinares **E** (SOR) 58 Wf 98
Valdelinares **E** (TER) 79 Zc 106
Valdelipe **E** (JAÉ) 137 Vf 120
Valdelocajos **E** (LEÓ) 37 Uf 94
Valdelosa **E** (SAL) 54 Ub 101
Valdeltormo **E** (TER) 63 Aa 103
Valdelubiel **E** (SOR) 58 Wf 99
Valdelugueros **E** (LEÓ) 19 Ud 91
Valdemadera **E** (RIO) 41 Xf 97
Valdemaluque **E** (SOR) 58 Wf 98
Valdemanco **E** (MAD) 75 Wc 103
Valdemanco del Esteras **E** (CIU) 122 Vb 115
Valdemanzanos **E** (GRA) 153 Wf 123
Valdemaqueda **E** (MAD) 74 Ve 105
Valdemarías **E** (TOL) 88 Vd 110
Valdemarín **E** (JAÉ) 125 Xb 119
Valdemasa **E** (MAD) 75 Wb 105
Valdemeca **E** (CUE) 93 Yb 107
Valdemierque **E** (SAL) 72 Uc 104
Valdemimbre **E** (ZAM) 54 Uc 100
Valdemolinos **E** (ÁVI) 72 Ud 105
Valdemora **E** (LEÓ) 37 Ud 95
Valdemorales **E** (CÁC) 105 Tf 113
Valdemorilla **E** (LEÓ) 37 Ue 95
Valdemorillo **E** (MAD) 74 Vf 105
Valdemorillo de la Sierra **E** (CUE) 93 Yb 108
Valdemoro **E** (MAD) 90 Wb 107
Valdemoro del Rey **E** (CUE) 91 Xc 107
Valdemoro de San Pedro Manrique **E** (SOR) 41 Xe 96
Valdemoro-Sierra **E** (CUE) 93 Yb 108
Valdenarros **E** (SOR) 58 Xa 99
Valdencín **E** (CÁC) 86 Td 109
Valdenebro **E** (SOR) 58 Xa 99
Valdenebro de los Valles **E** (VALL) 37 Va 97
Valdenegrillos **E** (SOR) 41 Xf 97
Valdenoceda **E** (BUR) 22 Wc 91
Valdenoches **E** (GUA) 76 Wf 104
Valdenoguera **E** (SAL) 70 Ta 103
Valdenuño-Fernández **E** (GUA) 75 Wd 104
Valdeo **E** (AST) 5 Tb 88
Valdeobispo **E** (CÁC) 86 Te 108
Valdeolmillos **E** (PAL) 38 Vd 96
Valdeolmos **E** (MAD) 75 Wd 105
Valdeosera **E** (RIO) 41 Xd 95
Valdepardillo **E** (MAD) 90 We 108
Valdepeñas **E** (CIU) 124 Wd 116
Valdepeñas de Jaén **E** (JAÉ) 152 Wb 123
Valdepeñas de la Sierra **E** (GUA) 75 Wd 103
Valdeperdices **E** (ZAM) 54 Ua 99
Valdeperillo **E** (RIO) 41 Xf 96
Valdepiélago **E** (LEÓ) 19 Ud 91
Valdepiélagos **E** (MAD) 75 Wd 104
Valdepinillos **E** (GUA) 58 We 101
Valdepiñuela **E** (SAL) 71 Td 104
Valdepolo **E** (LEÓ) 19 Ue 93
Valdeprado **E** (CAN) 20 Vd 90
Valdeprado **E** (LEÓ) 18 Td 91
Valdeprado **E** (SOR) 41 Xf 97
Valdeprado del Río **E** (CAN) 21 Vf 91
Valdeprados **E** (ÁVI) 73 Vb 105
Valdeprados **E** (SEG) 74 Ve 104
Valdepuertas **E** (CÁC) 106 Uc 112
Valderas **E** (LEÓ) 37 Ud 96
Valderas **E** (MUR) 142 Yf 122
Valderías **E** (BUR) 21 Wa 91
Valderosas **E** (CÁC) 86 Te 108
Valderrábano **E** (PAL) 20 Vc 93
Valderrama **E** (BUR) 22 We 92
Valderrama **E** (VAL) 112 Ye 112
Valderrebollo **E** (GUA) 76 Xb 104
Valderrey **E** (LEÓ) 36 Tf 94
Valderrey **E** (ZAM) 54 Ub 99
Valderrobres **E** (TER) 80 Aa 103
Valderrodilla **E** (SOR) 58 Xb 99
Valderrodrigo **E** (SAL) 53 Tc 102
Valderromán **E** (SOR) 58 Wf 100
Valderrosa **E** (ÁVI) 73 Vc 105
Valderrubio **E** (GRA) 152 Wb 125
Valderrueda **E** (LEÓ) 20 Va 92
Valderrueda **E** (SOR) 58 Xb 99
Valdés **E** (MÁL) 160 Ve 128
Valdesalor **E** (CÁC) 104 Td 112
Valdesamario **E** (LEÓ) 18 Ua 92
Valdesandinas **E** (LEÓ) 36 Ua 94
Val de San García **E** (GUA) 76 Xc 104
Valdesangil **E** (SAL) 72 Ub 106
Val de San Lorenzo **E** (LEÓ) 18 Tf 94
Val de San Martín **E** (ZAR) 60 Yd 102
Val de San Román **E** (LEÓ) 36 Tf 94
Val de Santa María **E** (ZAM) 35 Te 97
Val de Santo Domingo **E** (TOL) 89 Ve 108
Valdesaz **E** (GUA) 76 Xa 104
Valdesaz **E** (SEG) 57 Wb 101
Valdesaz de los Oteros **E** (LEÓ) 37 Ud 95
Valdescapa **E** (LEÓ) 20 Va 93
Valdescorriel **E** (ZAM) 36 Uc 96
Valdesimonte **E** (SEG) 57 Wa 101
Valdesogo de Abajo **E** (LEÓ) 19 Uc 93
Valdesoto **E** (AST) 7 Uc 88
Valdesotos **E** (GUA) 75 We 103
Valdespina **E** (PAL) 38 Vd 96
Valdespina **E** (SOR) 59 Xd 99
Valdespino **E** (SAL) 70 Tc 105
Valdespino **E** (ZAM) 35 Tc 96
Valdespino Cerón **E** (LEÓ) 37 Ud 95
Valdespino de Somoza **E** (LEÓ) 36 Tf 94
Valdespino de Vaca **E** (LEÓ) 37 Uf 95
Valdesquí **E** (MAD) 74 Wa 104
Valdestillas **E** (VALL) 56 Vb 100
Valdeteja **E** (LEÓ) 19 Ud 91
Valdetorres **E** (BAD) 120 Tf 115
Valdetorres de Jarama **E** (MAD) 75 Wc 104
Valdevacas **E** (SEG) 57 Wa 102
Valdevacas de Montejo **E** (SEG) 57 Wc 99
Valdevarnés **E** (SEG) 57 Wc 100
Valdeverdeja **E** (TOL) 87 Ue 110
Valdevigas **E** (RIO) 41 Xe 95
Valdevimbre **E** (LEÓ) 36 Uc 94
Valdezaque **E** (BAD) 104 Td 114
Valdezate **E** (BUR) 57 Wa 99
Valdezcaray **E** (RIO) 40 Xa 95
Valdezorras **E** (SEV) 148 Ua 124
Valdezufre **E** (HUEL) 133 Td 121
Valdibáñez **E** (SAL) 54 Uc 101
Valdigem **P** (Vi) 51 Sb 102
Valdilecha **E** (MAD) 90 We 107
Valdín **E** (OUR) 34 Ta 95
Valdío **E** (SAL) 54 Uc 101
Valdío de Robleda **E** (SAL) 85 Tc 107
Valdivia **E** (BAD) 105 Ub 114
Valdoré **E** (LEÓ) 19 Uf 91
Valdorros **E** (BUR) 39 Wb 95
Valdosende **P** (Br) 51 Re 99
Valdreu **P** (Br) 32 Re 98
Valdrez **P** (Ba) 53 Ta 99
Valduerna **E** (LEÓ) 36 Tf 95
Valduérteles **E** (SOR) 41 Xd 96
Valdujo **P** (Gu) 69 Se 103
Valdunciel **E** (SAL) 54 Ub 102
Valdunquillo **E** (VALL) 37 Ue 96
Valduvieco **E** (LEÓ) 19 Ue 93
Vale **P** (Av) 68 Rd 103
Vale **P** (Br) 50 Rd 100
Vale **P** (Fa) 145 Re 125
Vale **P** (Le) 82 Rc 109
Vale **P** (VC) 32 Rd 97
Vale **P** (Vi) 68 Re 106
Vale (São Martinho) **P** (Br) 50 Rd 100
Vale Abrigoso **P** (Vi) 68 Sa 103
Vale Alto **P** (Sa) 101 Rc 111
Vale Andreu **P** (Fa) 146 Sc 125
Vale Bacias **P** (Be) 130 Rc 122
Vale Benfeito **P** (Ba) 52 Ta 100
Vale Bom **P** (Se) 116 Re 119
Vale Bonito **P** (CB) 84 Sc 109
Vale Canosa **P** (Co) 82 Rc 107
Vale Carneiro **P** (Év) 118 Sd 118
Vale Covo **P** (Fa) 145 Rf 126
Vale Covo **P** (Le) 100 Qe 113
Vale Chiqueiro **P** (CB) 84 Sb 110
Vale da Beja **P** (Be) 130 Rb 122
Vale da Couda **P** (Le) 83 Rd 109
Vale da Feiteira **P** (Pg) 102 Sb 112
Vale da Gama **P** (Sa) 102 Sa 111
Vale da Horta **P** (Fa) 144 Rb 125
Vale da Horta **P** (Sa) 102 Rf 113
Vale da Junça **P** (CB) 83 Sa 110
Vale da Lama **P** (Sa) 101 Rd 113
Vale da Madre **P** (Ba) 53 Tb 100
Vale da Mó **P** (Av) 68 Rd 106
Vale da Mó **P** (Fa) 145 Sa 126
Vale da Moita **P** (Fa) 145 Sa 124
Vale da Moura **P** (Év) 117 Sa 117
Vale da Mua **P** (CB) 84 Sb 110
Vale da Mula **P** (Gu) 70 Tb 104
Vale da Mura **P** (Sa) 102 Sa 111
Vale da Murta **P** (CB) 85 Sf 108
Vale da Nora das Árvores **P** (Fa) 144 Rb 125
Vale da Pedra **P** (Sa) 101 Rb 114
Vale da Pereira **P** (CB) 84 Sb 110
Vale da Pinta **P** (Év) 117 Sa 115
Vale da Pinta **P** (Sa) 101 Rb 113
Vale da Porca **P** (Ba) 52 Ta 99
Vale da Roca **P** (Se) 130 Rb 121
Vale da Rosa **P** (Fa) 145 Sa 125
Vale da Rosa **P** (Fa) 146 Sb 125
Vale das Eguas **P** (Gu) 70 Sf 106
Vale das Eiras **P** (CB) 85 Sf 109
Vale da Senhora da Póvoa **P** (CB) 84 Se 107
Vale das Fontes **P** (Ba) 52 Sf 98
Vale das Onegas **P** (Sa) 102 Rf 111
Vale das Velhas **P** (Le) 82 Rc 109
Vale da Torre **P** (CB) 84 Sd 108
Vale da Trave **P** (Sa) 101 Rb 112
Vale da Ursa **P** (CB) 83 Sa 110
Vale da Ursa **P** (Fa) 145 Re 126
Vale da Vaca **P** (Fa) 146 Sb 125
Vale da Venda **P** (Fa) 145 Sa 126
Vale da Vila **P** (Fa) 145 Rd 125
Vale da Vila **P** (Vi) 52 Sd 102
Vale de Açor **P** (Be) 131 Rf 122
Vale de Açor **P** (Pg) 102 Sa 113
Vale de Açor **P** (Sa) 102 Rf 112
Vale de Afonsinho **P** (Gu) 70 Sf 103
Vale de Agrilhão **P** (Be) 130 Rb 122
Vale de Água **P** (Fa) 144 Rc 125
Vale de Água **P** (Sa) 102 Rf 112
Vale de Água **P** (Se) 130 Rc 121
Vale de Águia **P** (Ba) 53 Te 99
Vale de Algóso **P** (Ba) 53 Tc 100
Vale de Ancho **P** (Év) 116 Rc 117
Vale de Anta **P** (VR) 34 Sc 98
Vale de Arco **P** (Pg) 102 Sa 112
Vale de Asna **P** (Év) 116 Rd 117
Vale de Asnes **P** (Ba) 52 Sf 100
Vale de Avim **P** (Av) 68 Rd 106
Vale de Azares **P** (Gu) 69 Sd 105
Vale de Bajouca **P** (Le) 82 Rb 109
Vale de Boi **E** (LLE) 48 Af 92
Vale de Bouro **P** (Br) 51 Rf 100
Vale de Calvo **P** (Sa) 101 Rd 111
Vale de Cambra **P** (Av) 68 Rd 103
Vale de Carneiro **P** (Vi) 68 Re 106
Vale de Casas **P** (VR) 52 Se 99
Vale de Casca **P** (Se) 130 Rc 122
Vale de Cavalos **P** (Sa) 101 Rc 113
Vale de Coelha **P** (Gu) 70 Tb 104
Vale de Colmeias **P** (Co) 83 Rd 107
Vale de Cuba **P** (CB) 83 Sa 109
Vale de Cunho **P** (VR) 52 Sd 100
Vale de Ebros **P** (Fa) 146 Sc 125
Vale de Égua **P** (VR) 52 Sd 99
Vale de El-Rei de Baixo **P** (Év) 117 Rf 117
Vale de Espinho **P** (Gu) 85 Ta 107
Vale de Estacas **P** (Be) 145 Rf 124
Vale de Estrela **P** (Gu) 69 Se 105
Vale de Évora **P** (Be) 132 Sb 122
Vale de Ferro **P** (Be) 130 Rc 122
Vale de Figueira **P** (Be) 144 Rb 123
Vale de Figueira **P** (Pg) 103 Sd 111
Vale de Figueira **P** (Sa) 101 Rc 113
Vale de Figueira **P** (Vi) 51 Sc 102
Vale de Figueiras **P** (Be) 130 Rc 123
Vale de Figueiras **P** (Sa) 101 Rd 114
Vale de Flor **P** (Sa) 101 Rd 113
Vale de Frades **P** (Ba) 53 Td 99
Vale de Freixo **P** (CB) 84 Se 107
Vale de Gouvinhas **P** (Ba) 52 Se 99
Vale de Grou **P** (Be) 132 Se 121
Vale de Grou **P** (Sa) 102 Sa 111
Vale de Guiso **P** (Se) 116 Rd 119
Vale de Homem **P** (CB) 84 Sc 110
Vale de Hortas **P** (Fa) 145 Re 124
Vale de Ílhavo **P** (Av) 67 Rc 105
Vale de Infern **P** (Sa) 101 Rc 114
Vale de Janeiro **P** (Ba) 34 Sf 98
Vale de Juden **P** (Fa) 145 Rf 126
Vale de Lagôa **P** (Ba) 52 Sf 99
Vale de Linhares **P** (Be) 132 Sc 121
Vale de Lobo **P** (Ba) 52 Sf 99
Vale de Lobos **P** (Li) 115 Qe 116
Vale de Maceira **P** (Le) 100 Qf 112
Vale de Madeira **P** (Gu) 70 Sf 104
Vale de Madeira **P** (Pg) 102 Sa 112
Vale de Madeiros **P** (Vi) 68 Sa 106
Vale de Matos **P** (CB) 83 Sb 111
Vale de Mendiz **P** (VR) 51 Sc 101
Vale de Mir **P** (VR) 52 Sd 100
Vale de Mira **P** (Ba) 53 Te 100
Vale de Moinhos **P** (Be) 144 Rc 123
Vale de Mós **P** (Év) 117 Re 117
Vale de Mós **P** (Sa) 102 Rf 111
Vale de Negueiras **P** (VR) 51 Sb 101
Vale de Nogeira **P** (Ba) 53 Ta 99
Vale de Óbidos **P** (Le) 100 Ra 113
Vale de Odre **P** (Fa) 146 Sb 124
Vale de Paio **P** (Pg) 102 Sa 113
Vale de Paraíso **P** (Ma) 167 I C 2
Vale de Paredes **P** (Le) 82 Qf 110
Vale de Parra **P** (Fa) 145 Re 126
Vale de Pinheiro **P** (Fa) 146 Sc 124
Vale de Porco **P** (Ba) 53 Tb 101
Vale de Porco **P** (Gu) 69 Se 102
Vale de Pradinhos **P** (Ba) 52 Sf 99
Vale de Prados **P** (Ba) 52 Sf 99
Vale de Prazeres **P** (CB) 84 Sd 108
Vale de Remígio **P** (Vi) 68 Re 106
Vale de Rocins **P** (Be) 132 Rc 121
Vale de Salgueiro **P** (Ba) 52 Se 99
Vale de Sancha **P** (Ba) 52 Sf 100
Vale de Santarém **P** (Sa) 101 Rb 113
Vale de São Domingos **P** (Sa) 102 Rf 111
Vale de São Jaão **P** (Pg) 102 Sa 112
Vale de Seixo **P** (Gu) 69 Se 104
Vale de Serrão **P** (Sa) 83 Re 110
Vale de Sobral **P** (CB) 85 Sf 110
Vale de Souto **P** (CB) 83 Sa 109
Vale de Telhas **P** (Ba) 52 Se 99
Vale de Todos **P** (Le) 83 Rd 109
Vale de Torno **P** (Ba) 52 Se 101
Vale de Torno **P** (Co) 83 Se 107
Vale de Urso **P** (CB) 84 Sc 108
Vale de Vargo **P** (Be) 132 Sd 121
Vale de Ventos **P** (Le) 101 Ra 112
Vale de Vinagre **P** (Be) 132 Sb 120
Vale de Zebrinho **P** (Sa) 102 Rf 112
Vale Direito **P** (Por) 50 Rd 101
Vale do Bispo **P** (Pg) 102 Sa 113
Vale do Carvão **P** (Be) 132 Sd 120
Vale do Horto **P** (Le) 82 Ra 110
Vale do Lobo **P** (Fa) 145 Rf 126
Vale do Paradíso **P** (Li) 101 Ra 114
Vale do Pereiro **P** (CB) 83 Rf 110
Vale do Pereiro **P** (Év) 117 Sb 116
Vale do Peso **P** (Pg) 102 Sc 112
Valefanado **P** (Be) 131 Sa 122
Vale Feitoso **P** (CB) 85 Sf 108
Vale Feitoso **P** (CB) 85 Ta 108
Vale Figueira **P** (Fa) 145 Re 125
Vale Flor **P** (Gu) 69 Se 103
Vale Flor **P** (Se) 115 Qe 117
Vale Florido **P** (Le) 83 Rd 109
Vale Florido **P** (Le) 101 Rb 112
Vale Florido **P** (Sa) 101 Rd 111
Vale Fontes **P** (Fa) 145 Re 124
Vale Formosa **P** (CB) 69 Sd 106
Vale Formoso **P** (Sa) 102 Rf 111
Vale Frechoso **P** (Ba) 52 Sf 100
Vale Furado **P** (Le) 82 Qf 110
Vale Fuzeiros **P** (Fa) 145 Rd 125
Válega **P** (Av) 67 Rc 103
Vale Gon—calo **P** (Be) 131 Rf 122
Vale Grande **P** (Av) 68 Rd 105
Vale Grande **P** (Co) 83 Sa 108
Vale Grou **P** (Fa) 145 Rd 124
Valeira **P** (Ev) 117 Sa 117
Valeixe **E** (PON) 32 Re 95
Valeja **P** (Év) 118 Sc 115
Vale Juncalinho **P** (Be) 144 Rb 124
Vale Longo **P** (Be) 131 Rd 122
Vale Loução de Baixo **P** (Be) 132 Sb 121
Vale Manhãs **P** (Se) 130 Rb 121
Vale Maria **P** (Év) 117 Rf 117
Vale Miguel **P** (Se) 130 Rb 121
Vale Mourisco **P** (Gu) 70 Sf 106
Vale Mouro **P** (Sa) 101 Rd 115
Valença do Douro **P** (Vi) 51 Sc 102
Valença do Minho **P** (VC) 32 Rc 96
Valencia **E** (VAL) 113 Zd 112
València = Valencia **E** (VAL) 113 Zd 112
València d' Àmeu **E** (LLE) 28 Ba 93
Valencia de Alcántara **E** (CÁC) 103 Se 112
Valencia de Areo = València d'Àmeu **E** (LLE) 28 Ba 93
Valencia de Don Juan **E** (LEÓ) 36 Uc 95
Valencia de la Encomienda **E** (SAL) 54 Ub 102
Valencia de las Torres **E** (BAD) 120 Tf 118
Valencia del Mombuey **E** (BAD) 133 Sf 119
Valencia del Ventoso **E** (BAD) 134 Td 119
Valenciana, la - **E** (BAR) 65 Bf 100
Valencina de la Concepción **E** (SEV) 148 Tf 124
Valenoso **E** (PAL) 20 Vc 93
Valentín **E** (MUR) 141 Yb 119
Valentines, Los - **E** (ALM) 161 Wf 128
Valentins, els - **E** (TAR) 81 Ac 105
Valenzuela **E** (CÓRD) 137 Ve 122
Valenzuela **E** (JAÉ) 138 Wc 120
Valenzuela de Calatrava **E** (CIU) 123 Wb 115
Valepaço **P** (Ba) 34 Sf 98
Vale Pereiro **P** (Ba) 52 Ta 100
Vale Pereiro **P** (Se) 130 Rc 121
Vale Queimado **P** (Sa) 101 Rd 114
Valer **E** (ZAM) 36 Te 98
Valera de Abajo **E** (CUE) 92 Xf 110
Valería **E** (CUE) 92 Xf 110
Valero **E** (SAL) 71 Ua 105
Valero, El - **E** (ALB) 126 Xf 116
Valeros **E** (SAL) 72 Ud 104
Vales **E** (OUR) 15 Sa 93
Vales **P** (Ba) 52 Ta 100
Vales **P** (Be) 130 Rc 122
Vales **P** (CB) 84 Sc 107
Vales **P** (Fa) 144 Rb 125
Vales **P** (Fa) 145 Sa 125
Vales **P** (Gu) 70 Ta 103
Vales **P** (Por) 50 Rd 101
Vales **P** (VR) 52 Sd 100
Vale Salgueiro **P** (Le) 82 Ra 110
Vale Santiago **P** (Be) 131 Rd 122
Vale Santiago **P** (Se) 131 Rd 121
Vales de Cardigos **P** (Sa) 83 Sa 110
Vales de Pêro Viseu **P** (CB) 84 Sd 107
Vale Serrão **P** (Pg) 103 Sc 112
Vales Luis Neto **P** (Fa) 145 Sa 125
Vales Mortos **P** (Be) 132 Sd 122
Vale Travessos **P** (Be) 132 Sc 122
Vale Verde **P** (Ba) 52 Se 100
Vale Verde **P** (Gu) 70 Ta 104
Vale Zebro **P** (Sa) 101 Rb 114
Valezim **P** (Gu) 69 Sb 106
Valfarta **E** (HUES) 62 Zf 99
Valfermoso de las Monjas **E** (GUA) 76 Xa 103
Valfermoso de Tajuña **E** (GUA) 76 Xa 105
Valfonda de Barbués **E** (HUES) 44 Zd 97
Valgañón **E** (RIO) 40 Wf 95
Valhascos **P** (Sa) 102 Rf 111
Valhelhas **P** (Gu) 69 Sd 106
Valhelhas **P** (Sa) 101 Rc 111
Valhermosa **E** (BUR) 22 Wc 92
Valhermoso **E** (GUA) 77 Ya 104
Valhermoso de la Fuente **E** (CUE) 111 Xf 111
Valhondo y Brocheros **E** (SAL) 70 Tc 105
Valientes, Los - **E** (MUR) 142 Yf 120
Valinha **P** (VC) 32 Rd 96
Valinho **P** (VC) 32 Rb 97
Valjunquera **E** (TER) 80 Aa 103
Valmadrid **E** (ZAR) 61 Za 100
Valmaior **P** (Av) 68 Rd 104
Valmala **E** (BUR) 40 We 95
Valmartino **E** (LEÓ) 20 Uf 92
Valmayor de Cuesta Urría **E** (BUR) 22 Wd 91
Valmojado **E** (BAD) 119 Ta 117
Valmojado **E** (TOL) 89 Vf 107
Valmucina **E** (SAL) 72 Ub 103
Valnera **E** (VIZ) 10 Wd 89
Valões **P** (Br) 32 Rd 98
Valonga **E** (HUES) 45 Ab 98
Valongo **E** (OUR) 33 Rf 95
Valongo **E** (PON) 15 Rd 94
Valongo **P** (Co) 83 Rd 107
Valongo **P** (Fa) 146 Sc 126
Valongo **P** (Pg) 102 Sa 113
Valongo **P** (Por) 50 Rc 101
Valongo **P** (VR) 52 Sd 99
Valongo das Meadas **P** (Ba) 52 Se 99
Valongo de Milhais **P** (VR) 52 Sd 100
Valongo dos Azeites **P** (Vi) 52 Sd 102
Valongo do Vouga **P** (Av) 68 Rd 105
Válor **E** (GRA) 153 Wf 127
Valoria de Aguilar **E** (PAL) 21 Ve 92
Valoria del Alcor **E** (PAL) 38 Vb 97
Valoria la Buena **E** (VALL) 38 Vc 98
Valoura **P** (VR) 52 Sc 99
Valpaços **P** (VR) 52 Se 99
Valpalmas **E** (ZAR) 43 Za 96
Valparaíso **E** (ZAM) 35 Te 97
Valparaíso de Abajo **E** (CUE) 91 Xc 108
Valparaíso de Arriba **E** (CUE) 91 Xc 108
Valpedre **P** (Por) 50 Re 102
Valporquero de Rueda **E** (LEÓ) 19 Ue 92
Valporquero de Torío **E** (LEÓ) 19 Uc 91
Valquemada **E** (SAL) 70 Tc 106
Valrío **E** (CÁC) 86 Td 108
Valsadornín **E** (PAL) 20 Vd 91
Valsaín **E** (SEG) 74 Vf 103
Valsalabroso **E** (SAL) 53 Tc 102
Valsalada **E** (HUES) 44 Zc 96
Valsalobre **E** (CUE) 77 Xf 105
Valsalobre **E** (CUE) 92 Ye 106
Valsalobre **E** (GUA) 77 Ya 104
Valseca **E** (SEG) 74 Ve 102
Valseco **E** (LEÓ) 18 Td 91
Valsemana **E** (LEÓ) 19 Ub 92
Valsendero **E** (PALM) 174 I C 2
Valsequillo **E** (CÓRD) 121 Ud 118
Valsequillo de Gran Canaria **E** (PALM) 174 I D 3
Valsurbio **E** (PAL) 20 Vb 91
Valtablado de Beteta **E** (CUE) 77 Xf 105
Valtablado del Río **E** (GUA) 77 Xd 104
Valtajeros **E** (SOR) 41 Xe 97
Valtiendas **E** (SEG) 57 Wa 100
Valtierra **E** (NAV) 42 Yc 95
Valtierra de Albacastro **E** (BUR) 21 Ve 92
Valtierra de Riopisuerga **E** (BUR) 21 Ve 94
Valtorres **E** (ZAR) 60 Yb 101
Valtravieso **E** (CÁC) 86 Tf 108
Valtrujal **E** (RIO) 41 Xe 95
Valtueña **E** (SOR) 59 Xe 100
Valugas **P** (VR) 51 Sc 99
Valujera **E** (BUR) 22 Wd 91
Valvaler **E** (AST) 17 Tb 90
Valvenedizo **E** (SOR) 58 Wf 101

Valvengo **E** (BAD) 119 Tb 119
Valverde **E** (BUR) 58 Wd 98
Valverde **E** (CIU) 123 Vf 115
Valverde **E** (LEO) 19 Ud 91
Valverde **E** (OUR) 145 Sb 95
Valverde **E** (RIO) 42 Ya 97
Valverde **E** (TEN) 173 III C 2
Valverde **E** (TER) 78 Ye 103
Valverde **P** (Aç) 168 Wc 117
Valverde **P** (Ba) 53 Tb 98
Valverde **P** (Ba) 53 Tb 101
Valverde **P** (CB) 84 Sd 108
Valverde **P** (Fa) 145 Re 126
Valverde **P** (Gu) 69 Sc 104
Valverde **P** (Li) 100 Qd 115
Valverde **P** (Sa) 101 Ra 112
Valverde **P** (VR) 52 Sc 99
Valverde **P** (VR) 52 Se 99
Valverde, Los - **E** (MÁL) 160 Vf 127
Valverde Alto **E** (ALI) 143 Zc 119
Valverde Bajo **E** (ALI) 143 Zc 119
Valverde de Alcalá **E** (MAD) 75 We 106
Valverde de Burguillos **E** (BAD) 119 Tc 119
Valverde de Campos **E** (VALL) 37 Uf 97
Valverde de Gonzaliáñez **E** (SAL) 72 Ud 105
Valverde de Júcar **E** (CUE) 92 Xe 110
Valverde de la Sierra **E** (LEÓ) 20 Va 91
Valverde de la Vera **E** (CÁC) 87 Ud 108
Valverde de la Virgen **E** (LEÓ) 19 Ub 93
Valverde del Camino **E** (HUEL) 147 Tb 123
Valverde de Leganés **E** (BAD) 118 Ta 116
Valverde del Fresno **E** (CÁC) 85 Ta 107
Valverde del Majano **E** (SEG) 74 Ve 103
Valverde de los Ajos **E** (SOR) 58 Xa 99
Valverde de los Arroyos **E** (GUA) 58 We 102
Valverde de Llerena **E** (BAD) 135 Ub 119
Valverde de Mérida **E** (BAD) 120 Te 115
Valverde de Miranda **E** (BUR) 23 Xa 93
Valverde de Valdelacasa **E** (SAL) 72 Ub 106
Valverde-Enrique **E** (LEÓ) 37 Ue 95
Valverdejo **E** (CÁC) 86 Tf 108
Valverdejo **E** (CUE) 111 Xf 111
Valverdín **E** (LEÓ) 19 Uc 91
Valverdón **E** (SAL) 54 Ub 102
Valviadero **E** (VALL) 56 Vc 100
Valvieja **E** (SEG) 58 Wd 100
Vall, la - **E** (GIR) 31 Cf 95
Vall, Sa - **E** (BAL) 99 Da 113
Vallada **E** (VAL) 128 Zb 115
Valladares **E** (SOR) 59 Xd 101
Vallado **E** (AST) 18 Td 90
Valladolid **E** (VALL) 56 Vb 99
Valladolises **E** (MUR) 142 Yf 122
Vallanca **E** (VAL) 93 Yd 108
Vallarta de Bureba **E** (BUR) 22 We 93
Vallat **E** (CAS) 95 Zd 108
Vallbona = Vallbona d'Anoia **E** (BAR) 65 Be 99
Vallbona d'Anoia **E** (BAR) 65 Be 99
Vallbona de las Monjas = Vallbona de les Monges **E** (LLE) 64 Ba 99
Vallbona de les Monges **E** (LLE) 64 Ba 99
Vallcanera **E** (GIR) 48 Ce 97
Vallcarca **E** (BAR) 65 Bf 101
Vallcarca **E** (LLE) 63 Ac 100
Vallcebre **E** (BAR) 47 Be 95
Vallclara **E** (TAR) 64 Af 100
Vall d'Alba **E** (CAS) 95 Zf 107
Valldan **E** (LLE) 46 Bc 96
Valldan, la - **E** (BAR) 47 Be 96
Vall d'Ariet, la - **E** (LLE) 46 Af 97
Valldarques **E** (LLE) 46 Bb 96
Valldavià **E** (GIR) 49 Da 96
Vall de Almonacid **E** (CAS) 94 Zd 109
Vall de Bac **E** (GIR) 30 Cc 95
Vall de Bianya, la - **E** (GIR) 48 Cc 95
Vall de Ebo **E** (ALI) 129 Zf 116
Valldeixils **E** (LLE) 46 Ba 97
Valldemaria **E** (GIR) 49 Ce 98
Valldemosa **E** (BAL) 98 Cd 110
Valldeperes **E** (TAR) 65 Bc 100
Vall de Ros **E** (ALI) 129 Aa 116
Vall de Vianya = Vall de Bianya, la - **E** (GIR) 48 Cc 95
Vall d'Ora, la - **E** (LLE) 47 Be 96
Valldoreix **E** (BAR) 66 Ca 100
Valldossera **E** (TAR) 65 Bc 100
Vall d'Uixó, la **E** (CAS) 95 Ze 110
Vall Durgent **E** (BAL) 98 Cd 111
Valle **E** (AST) 6 Tf 88
Valle **E** (AST) 7 Ub 87
Valle **E** (AST) 7 Ue 88
Valle **E** (AST) 18 Ua 90
Valle **E** (CAN) 10 Wc 89
Valle, El - **E** (ALM) 154 Xc 125
Valle, El - **E** (AST) 5 Tc 89
Valle, El - **E** (JAÉ) 139 Xa 121
Valle, El - **E** (LEÓ) 18 Td 93
Valle, La - **E** (HUES) 27 Aa 94
Valle (San Esteban) **E** (LUG) 4 Sc 86
Valle (San Román) **E** (LUG) 4 Sc 86
Valle (Valle de Cabuérniga) **E** (CAN) 9 Ve 89
Vallebrón **E** (PALM) 175 II E 2
Vallecas (Pueblo) **E** (MAD) 90 Wc 106
Vallecas (Puente) **E** (MAD) 75 Wc 106
Vallecillo **E** (LEÓ) 37 Ue 94
Vallecillo, El - **E** (TER) 93 Yc 107
Vallecosa, La - **E** (RIO) 41 Xd 94
Valle Crispin **E** (TEN) 173 I F 2
Valle de Abdalajís **E** (MÁL) 159 Vb 127
Valle de Cerrato **E** (PAL) 38 Vd 97
Valle de Escombreras **E** (MUR) 142 Za 123
Valle de Finolledo **E** (LEÓ) 17 Tb 92
Valle de Guerra **E** (TEN) 173 I E 2
Valle de Igueste **E** (TEN) 173 I E 3
Valle del Agua **E** (LEÓ) 17 Tc 93
Valle de la Pavona **E** (ÁVI) 73 Vb 105
Valle de las Casas, El - **E** (LEÓ) 20 Uf 92
Valle de la Serena **E** (BAD) 120 Ub 116
Valle del Moro **E** (AST) 7 Ue 89
Valle del Robledillo **E** (TOL) 107 Vd 111
Valle de Mansilla **E** (LEÓ) 19 Ud 93
Valle de Matamoros **E** (BAD) 119 Tb 118
Valle de San Lorenzo **E** (TEN) 172 I D 5
Valle de San Pedro **E** (SEG) 57 Wa 102
Valle de San Roque **E** (PALM) 174 I D 2
Valle de Santa Ana **E** (BAD) 119 Tb 118
Valle de Santa Inés **E** (PALM) 175 II D 3
Valle de Santullán **E** (PAL) 21 Vd 91
Valle de Tabladillo **E** (SEG) 57 Wa 100
Valle de Vegacervera **E** (LEÓ) 19 Uc 91
Valle de Venta **E** (CÁC) 85 Ta 108
Valledor (San Salvator) **E** (AST) 5 Tb 90
Vallegera **E** (BUR) 38 Vf 95
Valle Gran Rey **E** (TEN) 172 II B 2
Vallehermoso **E** (TEN) 172 II B 1
Valle Hermoso Alto **E** (CÁD) 150 Ue 127
Valle Hermoso Bajo **E** (CÁD) 149 Ue 127
Vallehondo **E** (ÁVI) 72 Uc 106
Vallejas **E** (CÁD) 157 Ub 128
Vallejera de Riofrío **E** (SAL) 72 Ub 106
Vallejimeno **E** (BUR) 40 We 96
Vallejo **E** (MÁL) 160 Ve 128
Vallejo, El - **E** (SOR) 41 Xe 97
Vallejo de Orbó **E** (PAL) 21 Ve 91
Vallelado **E** (SEG) 56 Vd 100
Valleruela de Pedraza **E** (SEG) 57 Wb 101
Valleruela de Sepúlveda **E** (SEG) 57 Wb 101
Valles **E** (AST) 7 Ue 88
Valles **E** (CAN) 9 Vf 88
Valles, Los - **E** (CAN) 10 Wd 89
Valles, Los - **E** (PALM) 176 C 3
Vallesa de la Guareña **E** (ZAM) 55 Ue 102
Vallesa de Mandor **E** (VAL) 113 Zc 111
Valle San Francisco **E** (CÁD) 157 Te 129
Valles de Carrasco **E** (HUEL) 133 Tb 120
Valles de Fuentidueñas **E** (SEG) 57 Wa 100
Valles de Ortega **E** (PALM) 175 II D 3
Valles de Palenzuela **E** (BUR) 39 Vf 96
Valles de Valdavia **E** (PAL) 20 Vc 93
Valleseco **E** (PALM) 174 I C 2
Valle Seco **E** (TEN) 173 I F 3
Vallespinosa **E** (TAR) 65 Bc 100
Vallespinoso de Aguilar **E** (PAL) 21 Vd 92
Vallespinoso de Cervera **E** (PAL) 20 Vd 91
Vallet, Sa - **E** (BAL) 99 Da 113
Valleta, la **E** (GIR) 31 Da 94
Valleta, Sa - **E** (BAL) 99 Da 111
Vallferosa **E** (LLE) 47 Bc 97
Vall Ferrera **E** (LLE) 29 Bc 93
Vallfogona = Vallfogona de Ripollès **E** (GIR) 48 Cb 95
Vallfogona de Balaguer **E** (LLE) 46 Ae 98
Vallfogona de Ripollès **E** (GIR) 48 Cb 95
Vallfogona de Riucorb **E** (TAR) 64 Bb 99
Vallfogona de Riucorp = Vallfogona de Riucorb **E** (TAR) 64 Bb 99
Vallgorguina **E** (BAR) 48 Cd 99
Vallgornera **E** (BAL) 98 Cf 112
Vallibona **E** (CAS) 80 Aa 105
Vallín **E** (AST) 5 Tc 87
Vallina **E** (AST) 7 Ud 87
Vallirana **E** (BAR) 65 Bf 100
Vallivana **E** (CAS) 80 Aa 105
Vall-llebrera **E** (LLE) 46 Ba 97
Vall-llobrega **E** (GIR) 49 Da 97
Vallmanya **E** (BAR) 48 Cd 98
Vallmanya **E** (LLE) 47 Bd 97
Vallmanya **E** (LLE) 63 Ac 99
Vallmoll **E** (TAR) 64 Bb 101
Vallo **E** (LUG) 17 Ta 91
Vallobal **E** (AST) 7 Ue 88
Vallobil **E** (AST) 7 Uf 88
Vallonga **E** (ALI) 128 Zc 118
Vallongas **E** (ALI) 128 Zb 119
Vallorla **E** (SOR) 41 Xd 96
Vallromanas = Vallromanes **E** (BAR) 66 Cb 99
Vallromanes **E** (BAR) 66 Cb 99
Valls **E** (TAR) 64 Bb 101
Vallter 2000 **E** (GIR) 30 Cb 94
Valluércanes **E** (BUR) 22 Wf 93
Vallunquera **E** (BUR) 39 Vf 95
Vallverd **E** (LLE) 46 Af 98
Vallverd de Queralt **E** (TAR) 64 Bb 100
Vallverella **E** (GIR) 49 Da 96
Vallvidrera **E** (BAR) 66 Ca 100
Vanacloig **E** (VAL) 94 Zb 110
Vandelaras de Abajo **E** (ALB) 126 Xe 115
Vandelaras de Arriba **E** (ALB) 126 Xe 115
Vandellòs **E** (TAR) 64 Ae 102
Vandoma **P** (Por) 50 Rd 101
Vanidodes **E** (LEÓ) 18 Tf 93
Vañes **E** (PAL) 20 Vc 91
Vaos **E** (LUG) 5 Sf 89
Vaquèira **E** (LLE) 28 Af 92
Vaqueira = Baqueira **E** (LLE) 28 Af 92
Vaqueiros **P** (Fa) 146 Sb 124
Vaqueiros **P** (Sa) 101 Rc 112
Vaquilha **P** (CB) 85 Ta 108
Vaquinhas **P** (CB) 83 Rf 110
Vara de Rey **E** (CUE) 111 Xe 112
Varadero, El - **E** (GRA) 161 Wc 128
Varadero, El - **E** (GRA) 161 Wd 128
Varche **P** (Pg) 118 Se 115
Varela **P** (Sa) 83 Re 110
Varelas, As - **E** (COR) 15 Rf 91
Vargas **E** (CAN) 9 Wa 89
Vargas, Los - **E** (GRA) 161 We 127
Varge **P** (Ba) 35 Tb 97
Vargelas **P** (Ba) 52 Se 102
Vargem **P** (Ma) 166 I B 2
Vargens **P** (Be) 146 Sb 123
Varges **P** (VR) 52 Sd 100
Variz **P** (Ba) 53 Tc 100
Várzea **P** (Av) 68 Re 103
Várzea **P** (Br) 50 Rc 99
Várzea **P** (CB) 83 Rf 110
Várzea **P** (Co) 68 Sa 106
Várzea **P** (Fa) 146 Sc 125
Várzea **P** (Por) 51 Re 100
Várzea **P** (Por) 51 Sa 101
Várzea **P** (Sa) 101 Rb 113
Várzea **P** (Vi) 68 Rf 104
Várzea **P** (Vi) 68 Rf 105
Várzea **P** (Vi) 68 Sa 104
Várzea Cova **P** (Br) 51 Rf 99
Várzea da Azinheira **P** (Fa) 146 Sb 125
Várzea da Ovelha e Aliviada **P** (Por) 51 Rf 101
Várzea da Serra **P** (Vi) 69 Sb 103
Várzea de Abrunhais **P** (Vi) 51 Sb 102
Várzea de Meruge **P** (Gu) 69 Sb 106
Várzea de Pedro Mouro **P** (CB) 83 Re 110
Várzea de Tavares **P** (Gu) 69 Sc 105
Várzea de Trevões **P** (Vi) 52 Sd 102
Várzea do Carvalho **P** (Be) 144 Rc 124
Várzea dos Cavaleiros **P** (CB) 83 Rf 110
Várzea Fresca **P** (Sa) 101 Rb 115
Várzea Nova **P** (Se) 130 Rc 120
Várzeas **P** (Év) 116 Re 116
Várzeas **P** (Le) 82 Ra 109
Várzeas de Vinagres **P** (Fa) 145 Sb 125
Varziela **P** (Co) 67 Rc 106
Varziela **P** (Por) 51 Re 100
Varzielas **P** (Vi) 68 Re 105
Vascões **P** (VC) 32 Rc 97
Vasco Esteves de Baixo **P** (Gu) 84 Sb 107
Vasco Esteves de Cima **P** (Gu) 84 Sb 107
Vasco Gil **P** (Ma) 167 I C 2
Vasconha da Serra **P** (Vi) 68 Rf 104
Vasco Rodrigues **P** (Be) 132 Sb 123
Vascoveiro **P** (Gu) 70 Sf 104
Vassal **P** (VR) 52 Sd 99
Vau **P** (Le) 100 Qe 112
Vázquez, Los - **E** (ALM) 162 Xa 128
Vea **E** (SOR) 41 Xe 96
Vea (San Andrés) **E** (PON) 15 Rc 92
Veade **P** (Br) 51 Sa 100
Veciana **E** (BAR) 47 Bc 99
Vecilla de Curueño, La **E** (LEÓ) 19 Ud 91
Vecilla de la Polvorosa **E** (ZAM) 36 Ub 96
Vecilla de Trasmonte **E** (ZAM) 36 Ub 97
Vecindario **E** (PALM) 174 I D 3
Vecino, El - **E** (SAL) 71 Ua 103
Vecinos **E** (SAL) 71 Ua 104
Vedat, El - **E** (VAL) 113 Zd 112
Vega **E** (CAN) 9 Wa 89
Vega, La - **E** (ALM) 154 Xe 126
Vega, La - **E** (AST) 6 Td 89
Vega, La - **E** (AST) 6 Ua 89
Vega, La - **E** (AST) 7 Ub 89
Vega, La - **E** (AST) 7 Uc 88
Vega, La - **E** (AST) 7 Ud 88
Vega, La - **E** (AST) 8 Uf 88
Vega, La - **E** (CAN) 10 Wb 89
Vega, La - **E** (OUR) 17 Ta 94
Vega, La - **E** (SEV) 148 Tf 125
Vega, La - **E** (SOR) 41 Xd 96
Vega, La - **E** (TEN) 172 I C 3
Vega, La - **E** (TER) 80 Zd 103
Vega, La - **E** (VAL) 112 Yf 114
Vega, La (Vega de Liébana) **E** (CAN) 20 Vc 90
Vega-Alegre **E** (BUR) 39 Vf 96
Vegacervera **E** (LEÓ) 19 Uc 91
Vega de Almanza, La **E** (LEÓ) 20 Uf 92
Vega de Antoñán **E** (LEÓ) 18 Ua 93
Vega de Anzo **E** (AST) 6 Tf 88
Vega de Arure = Arure **E** (TEN) 172 II B 2
Vega de Boñar, La - **E** (LEÓ) 19 Ue 91
Vega de Bur **E** (PAL) 20 Vd 92
Vega de Doña Olimpa **E** (PAL) 20 Vc 93
Vega de Espinareda **E** (LEÓ) 17 Tc 92
Vega de Hórreo **E** (AST) 5 Tb 90
Vega de Infanzones **E** (LEÓ) 19 Uc 94
Vega de la Higuera **E** (JAÉ) 139 Wf 122
Vega de Lara **E** (BUR) 39 Wd 96
Vega del Castillo **E** (ZAM) 35 Td 96
Vega del Fresno **E** (CÓRD) 136 Ue 119
Vega de los Árboles **E** (LEÓ) 19 Ue 93
Vega de Mesillas **E** (CÁC) 87 Uc 108
Vega de Monasterio **E** (LEÓ) 19 Ue 92
Vega de Nuez **E** (ZAM) 35 Td 98
Vegadeo (A Veiga) **E** (AST) 5 Sf 88
Vega de Olleros **E** (SAL) 71 Ua 104
Vega de Pas **E** (CAN) 9 Wb 90
Vega de Pola **E** (AST) 7 Uc 88
Vega de Porras, La - **E** (VALL) 56 Vb 99
Vega de Rey **E** (AST) 6 Tc 88
Vega de Rey **E** (AST) 7 Ub 90
Vega de Riacos **E** (PAL) 20 Vb 92
Vega de Río Palmas **E** (PALM) 175 II D 3
Vega de Ruiponce **E** (VALL) 37 Uf 95
Vega de San Mateo **E** (PALM) 174 I C 2
Vega de Santa María **E** (ÁVI) 73 Vc 103
Vega de Tera **E** (ZAM) 36 Tf 97
Vega de Tirados **E** (SAL) 71 Ua 102
Vega de Triana **E** (JAÉ) 137 Vf 120
Vega de Valcarce **E** (LEÓ) 17 Ta 93
Vega de Valdetronco **E** (VALL) 55 Uf 99
Vega de Villalobos **E** (ZAM) 37 Ud 97
Vegafría **E** (SEG) 57 Vf 100
Vegaipala **E** (TEN) 172 II B 2
Vegalatorre **E** (VALL) 38 Vc 98
Vegalatrave **E** (ZAM) 54 Tf 98
Vegaloscorrales **E** (CAN) 21 Wb 90
Vegalosvados **E** (CAN) 9 Wb 90
Vegallera **E** (ALB) 125 Xe 117
Vega Malilla **E** (MÁL) 159 Vb 128
Veganzones **E** (SEG) 57 Wa 101
Vegaquemada **E** (LEÓ) 19 Ue 92
Vega Redonda **E** (MÁL) 159 Vb 127
Vegarienza **E** (LEÓ) 18 Tf 92
Vegas, Las - **E** (CÓRD) 137 Ve 120
Vegas, Las **E** (TEN) 172 I D 5
Vegas Altas **E** (BAD) 106 Uc 114
Vega San Ildefonso **E** (CIU) 122 Va 116
Vega San Miguel **E** (JAÉ) 138 Wb 121
Vega Santa María **E** (MÁL) 159 Vb 128
Vega Santa María, La - **E** (JAÉ) 138 Wd 121
Vegas de Almenara **E** (SEV) 135 Ud 122
Vegas de Coria **E** (CÁC) 71 Te 106
Vegas de Domingo Rey **E** (SAL) 71 Td 106
Vegas del Condado **E** (LEÓ) 19 Ud 92
Vegas de Matute **E** (SEG) 74 Ve 104
Vegas de Sotres, Las - **E** (AST) 8 Vb 89
Vegas de Tegoyo **E** (PALM) 176 B 4
Vegas de Triana **E** (JAÉ) 137 Vf 120
Vegas de Yeres **E** (LEÓ) 35 Tb 94
Vega Sicilia **E** (VALL) 56 Ve 99
Vegas y San Antonio, Las - **E** (TOL) 88 Vb 109
Vegaviana **E** (CÁC) 85 Tb 108
Vega Vieja **E** (TOL) 90 Wb 109
Veguecilla **E** (BUR) 39 Wa 96
Veguellina, La - **E** (LEÓ) 37 Ue 95
Veguellina de Cepeda, La - **E** (LEÓ) 18 Tf 93
Veguellina de Fondo **E** (LEÓ) 36 Ua 94
Veguellina de Órbigo **E** (LEÓ) 18 Ua 94
Vegueta **E** (PALM) 174 I D 2
Vegueta, La - **E** (PALM) 176 C 3
Veguilla **E** (CAN) 9 Vf 88
Veguilla **E** (CAN) 10 Wc 89
Veguillas **E** (GUA) 76 Wf 103
Veguillas, Las **E** (SAL) 71 Ub 104
Veguillas de la Sierra **E** (TER) 93 Yd 108
Veiga, A **E** (OUR) 33 Sa 96
Veiga, A **E** (OUR) 34 Sf 95
Veiga de Brañas **E** (LUG) 17 Sf 93
Veiga de Cascallá, A - **E** (OUR) 17 Ta 94
Veiga de Lila **P** (VR) 52 Se 99
Veiga de Logares, A - **E** (LUG) 5 Sf 89
Veiga de Nostre **E** (OUR) 34 Se 96
Veigas **P** (Ba) 35 Tc 98
Veigue **E** (COR) 3 Re 88
Veija **E** (LUG) 16 Sb 93
Veiros **P** (Av) 67 Rc 104
Veiros **P** (Év) 118 Sc 115
Vejer de la Frontera **E** (CÁD) 164 Ua 131
Vejo **E** (CAN) 20 Vb 90
Vejorís **E** (CAN) 9 Wa 89
Vela **E** (CÓRD) 151 Ve 123
Vela **P** (Gu) 69 Se 106
Velada **E** (TOL) 88 Va 109
Velada **P** (Pg) 102 Sb 111
Velagómez **E** (SEG) 74 Vd 103
Velamazán **E** (SOR) 59 Xb 100
Velas **P** (Aç) 169 We 116
Velascálvaro **E** (VALL) 55 Va 101
Velasco **E** (SOR) 58 Xa 99
Velayos **E** (ÁVI) 73 Vc 103
Veldedo **E** (LEÓ) 18 Te 93
Velefique **E** (ALM) 154 Xd 125
Velerín, El **E** (MÁL) 165 Uf 130
Veles **P** (VR) 52 Sc 100
Vélez Blanco **E** (ALM) 140 Xf 122
Vélez de Benaudalla **E** (GRA) 161 Wc 128
Vélez-Málaga **E** (MÁL) 160 Vf 128
Vélez Rubio **E** (ALM) 141 Xf 123
Velha **P** (Av) 67 Rc 103
Velhas **P** (Fa) 146 Sc 124
Velilla **E** (RIO) 41 Xd 95
Velilla **E** (SAL) 72 Ud 104
Velilla **E** (TOL) 89 Wa 109
Velilla **E** (VALL) 55 Uf 99
Velilla, La - **E** (LEÓ) 18 Ua 92
Velilla, La - **E** (SEG) 57 Wb 102
Velilla de Cinca **E** (HUES) 63 Ab 99
Velilla de Ebro **E** (ZAR) 62 Zd 100
Velilla de Jiloca **E** (ZAR) 60 Yc 101
Velilla de la Reina **E** (LEÓ) 19 Ub 93
Velilla de la Sierra **E** (SOR) 41 Xd 98
Velilla de los Ajos **E** (SOR) 59 Xe 100
Velilla de los Oteros **E** (LEÓ) 37 Ud 94
Velilla del Río Carrión **E** (PAL) 20 Va 92
Velilla de Medinaceli **E** (SOR) 59 Xd 102
Velilla de San Antonio **E** (MAD) 90 Wd 106
Velilla de San Esteban **E** (SOR) 58 We 99
Velilla de Tarilonte **E** (PAL) 20 Vc 92
Velilla de Valderaduey **E** (LEÓ) 20 Va 93
Velilla o Taramay **E** (GRA) 161 Wc 128
Velillas **E** (HUES) 44 Ze 96
Velillas del Duque **E** (PAL) 20 Vb 94
Velosa **P** (Gu) 69 Se 105
Velle **E** (OUR) 33 Sb 94
Vellés, La - **E** (SAL) 54 Uc 102
Vellisca **E** (CUE) 91 Xb 108
Velliza **E** (VALL) 55 Va 99
Vellón, El **E** (MAD) 75 Wc 104
Vellosillo **E** (SEG) 57 Wb 101
Vellosillo **E** (SOR) 41 Xd 96
Venade **P** (VC) 32 Rb 97
Vencillón **E** (HUES) 45 Ab 98
Venda **P** (Be) 132 Sb 122
Venda **P** (Br) 51 Rf 98
Venda **P** (CB) 84 Sb 110
Venda **P** (Pg) 103 Sd 113
Vendada **P** (Gu) 70 Sf 104
Venda da Costa **P** (Le) 100 Ra 112
Venda da Cruz **P** (Le) 82 Rc 109
Venda da Esperança **P** (Co) 68 Sa 107
Venda da Lamarosa **P** (Sa) 101 Rc 114
Venda da Serra **P** (Co) 83 Rf 107
Venda das Raparigas **P** (Le) 100 Ra 112
Venda do Cepo **P** (Gu) 69 Sd 104
Venda do Dugue **P** (Ev) 117 Sb 116
Venda do Pinheiro **P** (Li) 100 Qe 115
Venda Nova **P** (Co) 67 Rc 106
Venda Nova **P** (Co) 82 Rc 108
Venda Nova **P** (Fa) 144 Rd 125
Venda Nova **P** (Le) 82 Rb 109
Venda Nova **P** (Sa) 102 Sa 111
Venda Nova **P** (VR) 51 Sa 98
Venda Seca **P** (Li) 115 Qe 116
Vendas Novas **P** (Év) 116 Rd 116
Vendejo **E** (CAN) 20 Vc 90
Vendinha **P** (Év) 117 Sc 118
Vendrell, el **E** (TAR) 65 Bd 101
Venero Claro **E** (ÁVI) 73 Vc 106
Veneros **E** (AST) 7 Ub 89
Veneros **E** (AST) 7 Ue 89
Veneros **E** (LEÓ) 19 Ue 92
Venialbo **E** (ZAM) 54 Uc 100
Vensilló **E** (LLE) 64 Ae 99
Venta **E** (JAÉ) 139 We 119
Venta, La - **E** (BUR) 57 Wc 99
Venta, La - **E** (CÓRD) 151 Vf 124
Venta, La - **E** (GRA) 153 Xa 124
Venta, La - **E** (ZAR) 62 Zf 101
Venta Alta, La - **E** (ZAR) 61 Zb 100
Venta Baja **E** (MÁL) 160 Vf 127
Venta Balsaseca **E** (ALM) 163 Xe 127
Venta Cabrera **E** (JAÉ) 139 Xa 119
Venta Casa Blanca **E** (MUR) 140 Xf 120
Venta Curro Fal **E** (SEV) 134 Te 122
Venta Chicharra **E** (MUR) 141 Yc 122
Venta de Alcaudete **E** (SEV) 149 Ub 124
Venta de Alegría **E** (CÁD) 164 Tf 130
Venta de Alhama **E** (ALB) 127 Yc 115
Venta de Ana Vázquez **E** (SEV) 148 Tf 123
Venta de Andar **E** (GRA) 152 Wc 124
Venta de Aquerreta **E** (NAV) 25 Yc 91
Venta de Arracos **E** (NAV) 26 Za 91
Venta de Ballerías **E** (HUES) 44 Zf 97
Venta de Baños **E** (PAL) 38 Vd 97
Venta de Barruezo **E** (TER) 94 Zb 108
Venta de Beas **E** (JAÉ) 139 Xa 119
Venta de Blanco **E** (CAS) 80 Aa 106
Venta de Borondo **E** (CIU) 124 Wc 115
Venta de Cabramontés **E** (GRA) 160 Wb 127
Venta de Cabrera **E** (VAL) 113 Zc 112
Venta de Cadenas **E** (MÁL) 159 Vc 127

Venta de Cadenas o Barrio de la Hornilla **E** (MÁL) 159 Vc 127
Venta de Cadurro **E** (TER) 79 Zb 103
Venta de Calleja **E** (CÁC) 104 Tc 113
Venta de Campillejos **E** (GRA) 140 Xd 121
Venta de Candelas **E** (MÁL) 158 Uf 129
Venta de Cañete **E** (SEV) 150 Uf 125
Venta de Cañicas **E** (ALM) 154 Xd 126
Venta de Cárdenas **E** (CIU) 124 Wc 118
Venta de Cerezo **E** (CÓRD) 137 Ve 119
Venta de Conejo **E** (GUA) 78 Yc 104
Venta de Chiquito **E** (NAV) 42 Yd 94
Venta de Don Quijote **E** (TOL) 109 Xa 111
Venta de Ejerique **E** (TER) 63 Aa 102
Venta de Eligio **E** (HUEL) 147 Tb 123
Venta de Enmedio **E** (TOL) 108 Wb 112
Venta de Follante **E** (TER) 78 Ye 106
Venta de Gaeta **E** (VAL) 113 Za 113
Venta de Gómez **E** (ALB) 110 Xb 113
Venta de Iñigo **E** (ZAR) 43 Ye 96
Venta de la Catalana **E** (CÁD) 157 Tf 129
Venta de la Cebeda **E** (GRA) 161 Wc 127
Venta de la Cruz **E** (LEÓ) 19 Ub 92
Venta de la Chata **E** (JAÉ) 138 Wd 121
Venta de la Esperanza **E** (AST) 7 Uc 87
Venta de la Fam **E** (TAR) 63 Ac 102
Venta de la Inés **E** (CIU) 122 Vd 117
Venta del Aire **E** (CAS) 80 Aa 105
Venta del Aire **E** (JAÉ) 124 Xa 118
Venta de la Jara **E** (CÓRD) 136 Vb 119
Venta del Almirez **E** (ALM) 153 Xc 126
Venta del Alto **E** (BUR) 39 Wb 96
Venta de la Mañana **E** (GRA) 160 Wa 127
Venta de la María **E** (ZAR) 62 Zd 99
Venta de La Menea **E** (ALM) 162 Xc 127
Venta del Amparo **E** (GRA) 153 We 124
Venta de la Nava **E** (GRA) 152 Wc 124
Venta de la Palomera **E** (ÁVI) 73 Vc 105
Venta de la Punta **E** (TAR) 81 Ac 105
Venta de la Romera **E** (ZAR) 61 Ye 99
Venta de la Rubia **E** (MAD) 89 Wb 106
Venta de las Canteras **E** (ALM) 163 Xe 127
Venta de las Cegarras **E** (MUR) 155 Ya 123
Venta de la Serafina **E** (CAS) 80 Ab 105
Venta de la Serrana **E** (CÁD) 156 Te 128
Venta de las Madres **E** (ALB) 110 Xc 113
Venta de las Monjas **E** (GRA) 161 Wd 128
Venta de las Palas **E** (MUR) 142 Ye 122
Venta de las Ranas **E** (AST) 7 Uc 87
Venta de las Revueltas **E** (MUR) 141 Ya 121
Venta de la Trinidad **E** (GRA) 153 Wf 125
Venta de la Vicenta **E** (VAL) 128 Za 115
Venta de la Vieja **E** (GUA) 58 We 102
Venta de la Virgen **E** (MUR) 142 Yf 121
Venta de la Virgen **E** (ZAR) 42 Yd 97
Venta del Barranco Hondo **E** (TER) 78 Ye 106
Venta del Barro **E** (TER) 94 Zb 108
Venta del Bobo **E** (TER) 79 Yf 106
Venta del Camacho **E** (GRA) 153 Xc 123
Venta del Campico **E** (ALM) 154 Xf 125
Venta del Cerezo **E** (CÓRD) 137 Ve 119
Venta del Cobre **E** (SEV) 149 Ud 123
Venta del Cojo **E** (CÁD) 164 Uc 131
Venta del Coscón **E** (ZAR) 43 Za 97
Venta del Cristo **E** (ALM) 154 Ya 125
Venta del Cruce **E** (SEV) 148 Tf 125
Venta del Cuerno **E** (TER) 61 Ye 102
Venta del Culebrín **E** (BAD) 134 Te 120
Venta del Cura **E** (GRA) 140 Xc 122
Venta del Charco **E** (CÓRD) 137 Ve 119
Venta de Ledesma **E** (MUR) 141 Yd 121
Venta del Empalme **E** (ALM) 155 Ya 125
Venta del Estrecho **E** (MUR) 141 Yb 122
Venta del Fangar **E** (TAR) 81 Ac 103
Venta del Feo **E** (ZAR) 60 Ya 101
Venta del Fraile **E** (GRA) 152 Wb 127
Venta del Grullo **E** (GRA) 140 Xc 123
Venta del Hambre **E** (ÁVI) 73 Va 104
Venta del Helechoso **E** (HUEL) 134 Te 121
Venta del Hoyo, La - **E** (TOL) 89 Vf 109
Venta del Junco **E** (TER) 61 Zb 102
Venta del Lino **E** (TER) 79 Yf 106
Venta del Manco **E** (GRA) 140 Xd 121
Venta del Monte, La - **E** (RIO) 41 Xf 95
Venta del Moro **E** (VAL) 112 Yd 112
Venta del Obispo **E** (ÁVI) 73 Uf 106
Venta del Ojo de Mierla **E** (TER) 78 Yd 104
Venta de López **E** (GRA) 160 Wa 127
Venta de los Ángeles **E** (SEV) 135 Ub 121
Venta de los Arrieros **E** (MÁL) 158 Ud 129
Venta de los Caños **E** (TER) 62 Zd 102
Venta de los Poblillas **E** (CIU) 109 Wd 113
Venta de los Santos **E** (JAÉ) 124 Wf 118
Venta del Peral **E** (GRA) 154 Xc 123
Venta del Perdido **E** (GRA) 140 Xd 121
Venta del Pino **E** (MUR) 141 Yb 120
Venta del Pobre **E** (ALM) 154 Xf 127
Venta del Polit **E** (TAR) 81 Ac 105
Venta del Pollo **E** (TAR) 63 Ac 102
Venta del Potro **E** (VAL) 128 Zb 115
Venta del Puente **E** (JAÉ) 138 We 120
Venta del Puente **E** (TER) 94 Yf 107
Venta del Puerto **E** (ALB) 127 Yc 118
Venta del Puerto **E** (GRA) 140 Xd 120
Venta del Puntal **E** (GRA) 152 We 124
Venta del Ranchero **E** (TAR) 81 Ad 104
Venta del Ratón **E** (TER) 78 Ye 106
Venta del Relenco **E** (ZAR) 61 Zb 101
Venta del Rey **E** (HUES) 63 Ab 99
Venta del Robledo **E** (CIU) 123 Wb 118
Venta del Rojo **E** (PAL) 20 Ve 94
Venta del Tollo **E** (MUR) 141 Ye 119
Venta del Vecino **E** (ALB) 125 Xc 116
Venta del Vicario **E** (GRA) 160 Wa 127
Venta del Zapato **E** (ZAR) 25 Ye 94
Venta de Majalimar **E** (SEV) 135 Uc 122
Venta de Mal Abrigo **E** (TER) 78 Yd 105
Venta de Marina **E** (GRA) 160 Wb 127
Venta de Marta **E** (ALB) 125 Xc 115
Venta de Martín **E** (GRA) 151 Wa 127
Venta de Mateo **E** (GRA) 153 Xa 123
Venta de Micena **E** (GRA) 140 Xd 122
Venta de Montesinos **E** (MUR) 127 Yd 117
Venta de Montesoro **E** (GUA) 77 Ya 103
Venta de Muñana **E** (ÁVI) 73 Va 105
Venta de Oliva **E** (MUR) 127 Yd 119
Venta de Paco **E** (CÁC) 86 Tf 109
Venta de Palma **E** (GRA) 160 Wa 127
Venta de Pepearo **E** (GRA) 153 Xb 123
Venta de Pepés o Colonia **E** (ALB) 125 Xd 116
Venta de Pinoda **E** (MÁL) 159 Vd 127
Venta de Pocapena **E** (ÁVI) 73 Vb 105
Venta de Pollos **E** (VALL) 55 Uf 100
Venta de Primitivo **E** (MUR) 127 Yd 116
Venta de Raquilla **E** (ÁVI) 73 Uf 106
Venta de Retamar **E** (ALM) 163 Xe 127
Venta de Retín **E** (CÁD) 164 Ub 131
Venta de Roc **E** (TAR) 63 Ac 103
Venta de Rodrigo **E** (ALB) 127 Yc 117
Venta de Roixa **E** (TAR) 81 Ac 103
Venta de Román **E** (MUR) 127 Ye 119
Venta de Rosa **E** (GRA) 140 Xc 122
Venta de Rufino **E** (MAD) 75 Wd 106
Venta de Rufino **E** (RIO) 41 Xe 94
Venta de San Andrés **E** (JAÉ) 139 We 119
Venta de San Antonio **E** (SEV) 148 Ua 127
Venta de San Antonio o de la Leche **E** (MÁL) 159 Vc 127
Venta de San Miguel **E** (ALB) 125 Xd 115
Venta de San Miguel **E** (NAV) 24 Yb 94
Venta de San Pedro **E** (TER) 62 Zc 102
Venta de Santa Lucía **E** (CAS) 95 Zd 110
Venta de Santa Lucía **E** (SEV) 157 Ua 127
Venta de Santa Lucía **E** (ZAR) 62 Zd 100
Venta de San Vicente **E** (ÁVI) 73 Vc 104
Venta de Segovia **E** (ALB) 126 Xe 115
Venta de Soldado **E** (MUR) 142 Yf 120
Venta de Valdemudo **E** (PAL) 38 Vc 96
Venta de Vicentico **E** (NAV) 25 Yd 94
Venta de Zumbelz **E** (NAV) 24 Yf 92
Venta el Perejil **E** (ALM) 155 Yb 125
Ventafarinas **E** (HUES) 45 Ac 98
Ventajol **E** (GIR) 48 Ce 96
Venta la Barquilla **E** (CÁC) 105 Ua 111
Venta La Cepa **E** (ALM) 163 Xe 128
Venta Lanuza **E** (ALI) 129 Ze 118
Venta La Rambla **E** (CÁD) 164 Ua 131
Venta Leches **E** (CÁD) 158 Ue 127
Ventalles, les - **E** (TAR) 81 Ac 105
Ventalló **E** (GIR) 49 Da 96
Venta María **E** (ZAR) 61 Za 101
Ventanas **E** (HUEL) 147 Ta 125
Ventanas, Las - **E** (MUR) 141 Yd 120
Ventanilla **E** (PAL) 20 Vc 91
Ventanueva **E** (AST) 17 Tc 90
Venta Nueva **E** (CIU) 124 Wf 118
Venta Nueva **E** (GRA) 151 Vf 125
Venta Nueva **E** (JAÉ) 138 Wc 119
Venta Nueva de Galiz **E** (CÁD) 158 Uc 129
Venta Puñales **E** (MUR) 141 Ye 120
Venta Quemada **E** (CÁC) 86 Tf 108
Venta Quemada **E** (GRA) 153 Xa 124
Venta Quemada **E** (GRA) 154 Xd 123
Venta Quemada **E** (NAV) 24 Yc 90
Venta Quemada **E** (VAL) 113 Za 112
Venta Ratonera **E** (ALM) 153 Xa 125
Ventas, Las - **E** (ALI) 128 Za 117
Ventas, Las - **E** (AST) 6 Tf 89
Ventas, Las - **E** (BUR) 39 Wb 95
Venta Santa Bárbara **E** (GRA) 151 Ve 125
Ventas Blancas **E** (RIO) 41 Xe 94
Ventas con Peña Aguilera, Las **E** (TOL) 108 Ve 111
Ventas da Barreira **E** (OUR) 34 Se 97
Ventas de Alcolea **E** (CUE) 110 Xd 113
Ventas de Arraiz **E** (NAV) 24 Yc 90
Ventas de Arriba **E** (HUEL) 133 Tc 122
Ventas de Doña María **E** (CÓRD) 137 Ve 122
Ventas de Garriel **E** (SAL) 71 Tf 105
Ventas de Geria **E** (VALL) 55 Va 99
Ventas de Herrera **E** (ZAR) 61 Za 101
Ventas de Huelma **E** (GRA) 152 Wb 126
Ventas de Judas, Las - **E** (NAV) 25 Yd 93
Ventas del Baña **E** (RIO) 42 Ya 96
Ventas del Carrizal **E** (JAÉ) 151 Wa 123
Ventas del Rio Anzur **E** (CÓRD) 151 Vd 125
Ventas de Muniesa **E** (TER) 61 Zb 102
Ventas de Pando **E** (TOL) 109 Wc 111
Ventas de Poyo **E** (VAL) 113 Zc 112
Ventas de Retamosa, Las - **E** (TOL) 89 Vf 108
Ventas de San Julián, Las **E** (TOL) 87 Ue 108
Ventas de Valpierre **E** (RIO) 23 Xb 94
Ventas de Zafarraya **E** (GRA) 151 Vf 127
Venta Seca **E** (MUR) 141 Yd 120
Ventas Nuevas **E** (CÁD) 158 Ud 128
Venta Valentina **E** (GRA) 152 Wc 124
Venta Valero **E** (CÓRD) 151 Vf 124
Ventavieja **E** (TER) 61 Zb 102
Ventilla, La - **E** (CÓRD) 136 Uf 122
Ventillas **E** (CIU) 122 Ve 118
Ventorillo **E** (JAÉ) 152 Wc 123
Ventorillo del Portichuelo **E** (SEV) 150 Va 125
Ventorrillo **E** (CAN) 21 Vf 90
Ventorrillo **E** (MAD) 74 Vf 104
Ventorrillo, El - **E** (ALB) 127 Yf 115
Ventorrillo de Andorra **E** (TER) 62 Zd 102
Ventorrillo de Hondonera **E** (MUR) 141 Yc 119
Ventorrillo del Álamo **E** (CÁD) 164 Tf 130
Ventorrillo del Colorado **E** (CÁD) 164 Tf 131
Ventorrillo de Rufino **E** (CÁD) 157 Ua 130
Ventorrillo Las Canillas **E** (MÁL) 158 Uc 129
Ventorrillo Nuevo **E** (GRA) 151 Vf 126
Ventorrillos, Los - **E** (MUR) 141 Yd 121
Ventorro, El - **E** (CUE) 92 Ya 108
Ventorro del Cojo **E** (MAD) 75 Wf 106
Ventorro del Chato **E** (GUA) 77 Ya 104
Ventorro del Negro **E** (SEV) 134 Te 122
Ventorro del Quinto **E** (ÁVI) 73 Uf 106
Ventorros de Balerma **E** (CÓRD) 151 Ve 125
Ventorros San José **E** (GRA) 151 Vf 125
Ventosa **E** (AST) 6 Tf 88
Ventosa **E** (GUA) 77 Ya 104
Ventosa **E** (PON) 15 Sa 92
Ventosa **E** (RIO) 41 Xc 94
Ventosa **P** (Br) 51 Rf 99
Ventosa **P** (Li) 100 Qe 113
Ventosa **P** (Li) 100 Qe 114
Ventosa **P** (Li) 100 Qf 113
Ventosa **P** (Li) 100 Qf 114
Ventosa **P** (Vi) 68 Rf 104
Ventosa, La - **E** (SAL) 55 Ud 102
Ventosa, La **E** (CUE) 92 Xd 107
Ventosa de Fuentepinilla **E** (SOR) 59 Xb 99
Ventosa de la Cuesta **E** (VALL) 55 Va 100
Ventosa de la Sierra **E** (SOR) 41 Xd 97
Ventosa del Ducado, La - **E** (SOR) 59 Xc 101
Ventosa del Río Almar **E** (SAL) 72 Ud 103
Ventosa de Pisuerga **E** (PAL) 21 Ve 93
Ventosa de San Pedro **E** (SOR) 41 Xe 96
Ventosa do Bairro **P** (Av) 68 Rd 106
Ventosela **E** (OUR) 33 Rf 95
Ventoselos **P** (VR) 52 Sc 98
Ventoses, les - **E** (LLE) 46 Ba 98
Ventosilla **E** (BUR) 57 Wb 98
Ventosilla **E** (LEÓ) 19 Uc 91
Ventosilla, La - **E** (SEG) 57 Wb 101
Ventosilla, La - **E** (TOL) 89 Ve 109
Ventosilla de San Juan **E** (SOR) 41 Xd 98
Ventosillas **E** (JAÉ) 138 Wb 121
Ventoso **E** (AST) 5 Sf 89
Ventozelo **P** (Ba) 53 Tc 101
Ventrosa **E** (RIO) 40 Xa 96
Venturada **E** (MAD) 75 Wc 104
Veo **E** (CAS) 95 Zd 109
Ver **E** (LUG) 16 Sd 93
Vera **E** (ALM) 155 Ya 125
Veracruz **E** (JAÉ) 139 Wf 120
Vera Cruz **P** (Be) 132 Sb 119
Vera Cruz de Marmelar **P** (Év) 132 Sb 119
Verada, La - **E** (TEN) 171 C 2
Verada de las Lomadas **E** (TEN) 171 C 2
Vera de Bidasoa **E** (NAV) 12 Yb 89
Vera de Erque **E** (TEN) 172 I C 4
Vera de Moncayo **E** (ZAR) 42 Yb 98
Verba **P** (Av) 67 Rc 105
Verbena, La - **E** (SEV) 150 Ue 126
Verbios **E** (PAL) 21 Vd 91
Verdefondo **E** (OUR) 33 Sb 94
Verdejo **E** (PALM) 174 I C 2
Verdel, El - **E** (GUA) 78 Yc 104
Verdelhos **P** (CB) 69 Sd 106
Verdelpino de Cueva **E** (CUE) 92 Xf 108
Verdelpino de Huete **E** (CUE) 91 Xc 108
Verdeña **E** (PAL) 20 Vd 91
Verdiago **E** (LEÓ) 19 Uf 91
Verdiales **E** (MÁL) 159 Vd 128
Verdicio **E** (AST) 6 Ua 87
Verdoejo **P** (VC) 32 Rc 96
Verdú **E** (LLE) 64 Ba 99
Verdugos **P** (Sa) 116 Rd 115
Vereda, La - **E** (GUA) 75 Wd 102
Veredas **E** (CIU) 122 Vc 117
Veredas **E** (HUEL) 133 Tb 121
Veredilla **E** (CIU) 122 Vd 117
Veredilla, La - **E** (CUE) 93 Yb 107
Veredón **E** (CÓRD) 136 Va 121
Vergalijo **E** (NAV) 24 Yb 94
Vergaño **E** (PAL) 20 Vd 91
Vergão **P** (CB) 83 Rf 110
Vergara = Bergara **E** (GUI) 11 Xd 90
Vergas **P** (Av) 67 Rb 105
Vergel **E** (ALI) 129 Aa 115
Verger, Es - **E** (BAL) 98 Cd 111
Verges **E** (GIR) 49 Da 96
Vergílios **P** (Fa) 145 Sa 126
Vergós de Cervera **E** (LLE) 46 Bb 99
Vergós Garrejat **E** (LLE) 46 Bc 98
Verguizas **E** (SOR) 41 Xd 96
Veri **E** (HUES) 28 Ad 94
Verigo **P** (Le) 82 Rc 109
Verim **P** (Br) 50 Re 99
Verín **E** (LUG) 16 Sa 92
Verín **E** (OUR) 34 Sd 97
Verinxel **E** (TAR) 64 Ae 102
Verís **E** (COR) 3 Rf 89
Vermelha **P** (Li) 100 Qf 113
Vermelhos **P** (Fa) 145 Rf 124
Vermil **P** (Br) 50 Rd 100
Vermiosa **P** (Gu) 70 Ta 104
Vermoil **P** (Le) 82 Rc 109
Vermoim **P** (Br) 50 Rd 100
Vermoin **P** (Por) 50 Rc 101
Vermum **P** (CB) 102 Sb 111
Vernet **E** (LLE) 46 Ba 97
Verride **P** (Co) 82 Rb 108
Vertavillo **E** (PAL) 38 Ve 97
Verti **E** (BAR) 48 Cb 98
Vertiendes, Las - **E** (GRA) 154 Xd 123
Vertientes Altas **E** (GRA) 152 We 123
Verudas **P** (Ma) 167 I C 2
Veruela **E** (ZAR) 42 Yb 98
Vesgas, Las - **E** (BUR) 22 Wd 93
Vesolla **E** (NAV) 25 Yd 92
Vesparia **P** (Sa) 82 Rb 110
Vespella **E** (TAR) 65 Bc 101
Vestiara **P** (Le) 100 Qf 111
Vetaherrado **E** (SEV) 148 Ua 126
Veyos **E** (AST) 8 Uf 89
Vezdemarbán **E** (ZAM) 55 Ud 99
Viabaño **E** (AST) 7 Ue 88
Viacamp **E** (HUES) 45 Ad 96
Viadangos de Arbás **E** (LEÓ) 19 Ub 91
Viade de Baixo **P** (VR) 33 Sa 98
Viadores **P** (Por) 51 Rf 102
Viale da Vinha **P** (Pg) 102 Sa 112
Vialonga **P** (Li) 115 Qf 115
Vialonga **P** (Sa) 83 Re 111
Viallán **E** (CAN) 9 Vf 88
Vián **E** (LUG) 4 Sd 89
Viana **E** (NAV) 23 Xd 93
Viana **P** (Év) 117 Rf 118
Viana de Cega **E** (VALL) 56 Vb 99
Viana de Duero **E** (SOR) 59 Xd 99
Viana de Jadraque **E** (GUA) 76 Xb 102
Viana de Mondéjar **E** (GUA) 76 Xc 105
Viana do Alentejo **P** (Év) 117 Rf 118
Viana do Bolo **E** (OUR) 34 Sf 95
Viana do Castelo **P** (VC) 32 Ra 98
Viandar de la Vera **E** (CÁC) 87 Uc 108
Vianos **E** (ALB) 125 Xc 117
Viaña **E** (CAN) 9 Ve 89
Viaño Pequeño (Trazo) **E** (COR) 15 Rc 90
Viar, El - **E** (SEV) 148 Ua 123
Viariz **P** (Por) 51 Sa 101
Viatodos **P** (Br) 50 Rc 100
Viator **E** (ALM) 163 Xd 127
Viavélez **E** (AST) 5 Ta 87
Viboli Alto **E** (AST) 8 Uf 89
Viborera, La - **E** (TOL) 108 Wc 112
Vic **E** (BAR) 48 Cb 97
Vicálvaro **E** (MAD) 75 Wc 106
Vícar **E** (ALM) 162 Xc 128
Vicaría, La - **E** (BAD) 120 Ua 118
Vicaría, La - **E** (BAD) 134 Td 120
Vicarregui **E** (VIZ) 11 Xb 90
Vicedo **E** (LUG) 4 Sc 86
Vicentes **P** (Be) 146 Sc 123
Vicentes **P** (Fa) 145 Rf 125
Vicentes **P** (Fa) 146 Sc 124
Vicentes, Los - **E** (ALI) 142 Za 119
Vicentes, Los - **E** (ALM) 155 Ya 126
Vicentes, Los - **E** (MUR) 142 Ye 122
Vicentinhos **P** (Sa) 101 Rc 114
Viceso **E** (COR) 14 Rb 91
Vicfred **E** (LLE) 46 Bc 98
Vicién **E** (HUES) 44 Zd 96
Vicinte **E** (LUG) 4 Sb 90
Vicolozano **E** (ÁVI) 73 Vc 104
Vicorto **E** (ALB) 126 Xf 118
Viçosa **P** (Év) 117 Sb 118
Viçoso **P** (Fa) 146 Sb 124
Victoria **E** (BAL) 98 Ce 111
Victoria, La - **E** (CÁD) 164 Tf 130
Victoria, La - **E** (CÓRD) 136 Va 122
Victoria de Acentejo, La - **E** (TEN) 173 I E 3
Victoriana, La - **E** (HUEL) 133 Ta 122
Vicuña **E** (ÁLA) 23 Xe 91
Vid, La - **E** (BUR) 57 Wd 99
Vid, La - **E** (LEÓ) 19 Uc 91
Vidago **P** (VR) 51 Sc 99
Vidais **P** (Le) 100 Qf 112
Vidal **E** (LUG) 5 Sf 88
Vidal, el - **E** (GIR) 48 Cc 98
Vidalén **E** (OUR) 34 Sc 95
Vidales, Los - **E** (MUR) 142 Yf 122
Vidales, Los - **E** (MUR) 143 Za 122
Vidanes **E** (LEÓ) 19 Uf 92
Vidángoz **E** (NAV) 25 Yf 92
Vidaurre **E** (NAV) 24 Ya 92
Vidaurreta **E** (NAV) 24 Ya 92
Vidayanes **E** (ZAM) 36 Uc 97
Vid de Bureba, La - **E** (BUR) 22 We 93
Vide **E** (OUR) 145 Sc 95
Vide **E** (PON) 32 Rd 96
Vide **P** (Gu) 84 Sb 107
Vide de Alba **E** (ZAM) 54 Tf 98
Vide entre Vinhas **P** (Gu) 69 Sd 105
Videferre **E** (OUR) 33 Sc 97
Videmala **E** (ZAM) 54 Tf 99
Videmonte **P** (Gu) 69 Sd 105
Vidiago **E** (AST) 8 Vc 88
Vidigal **P** (Év) 116 Re 116
Vidigal **P** (Le) 82 Rb 110
Vidigueira **P** (Be) 132 Sb 119
Vidola, La - **E** (SAL) 53 Td 102
Vidosa = Veyos **E** (AST) 8 Uf 89
Vidrà **E** (GIR) 48 Cb 96
Vidreras = Vidreres **E** (GIR) 49 Ce 98
Vidreres **E** (GIR) 49 Ce 98
Vidrieros **E** (PAL) 20 Vc 91
Vidual **P** (Co) 83 Re 108
Vidual **P** (Co) 83 Sa 108
Viduedo **P** (Ba) 53 Tb 100
Vidural **E** (AST) 5 Tc 87
Viegas **P** (Sa) 101 Ra 112
Viego **E** (AST) 8 Uf 89
Viego **E** (LEÓ) 19 Ue 91
Vieira de Leiria **P** (Le) 82 Ra 109
Vieira do Minho **P** (Br) 51 Rf 99
Vieirinhos **P** (Le) 82 Rb 108
Vieirinhos **P** (Le) 82 Rb 109
Vieiro **E** (LUG) 4 Sc 87
Vieiro **E** (LUG) 17 Sf 90
Vieiro **P** (Ba) 52 Se 100
Vieiro **P** (Gu) 70 Se 104
Viejos, Los - **E** (HUEL) 133 Ta 121
Viela **P** (Br) 51 Sa 99
Vielha (Viella) **E** (LLE) 28 Ae 92
Vielha = Viella **E** (LLE) 28 Ae 92
Vierdes **E** (LEÓ) 8 Uf 90
Vierlas **E** (ZAR) 42 Yb 97
Viérnoles **E** (CAN) 9 Vf 89
Viescas **E** (AST) 6 Ua 87
Viforcos **E** (LEÓ) 18 Te 93
Vigo **E** (AST) 5 Tc 87
Vigo **E** (COR) 3 Rf 89
Vigo **E** (PON) 32 Rb 95
Vigo **E** (ZAM) 35 Tb 96
Viguera **E** (RIO) 41 Xc 95
Viguria **E** (NAV) 24 Ya 92
Vihuela, La - **E** (GUA) 75 Wd 102
Vila **AND** 29 Bd 93
Vila **E** (LLE) 28 Ae 92
Vilá **E** (OUR) 33 Sa 97
Vila **E** (OUR) 35 Ta 94
Vila (Lobera) **E** (OUR) 33 Rf 97
Vila Alva **P** (Év) 131 Sa 119
Vila Azeda **P** (Be) 131 Sb 120
Vilabade **E** (COR) 3 Rc 90
Vila Baleira = Porto Santo **P** (Ma) 167 II
Vilabella **E** (TAR) 65 Bb 101
Vilabertran **E** (GIR) 31 Cf 95
Vilablareix **E** (GIR) 49 Ce 97
Vilaboa **E** (LUG) 5 Se 89
Vilaboa **E** (OUR) 34 Sf 95
Vila Boa **P** (Ba) 35 Tb 99
Vila Boa **P** (Ba) 52 Sd 100
Vila Boa **P** (Br) 50 Rc 99
Vila Boa **P** (Br) 51 Rf 99
Vila Boa **P** (Gu) 70 Sf 106
Vila Boa **P** (VC) 32 Rd 97
Vila Boa **P** (Vi) 68 Re 106
Vila Boa **P** (Vi) 68 Sa 103
Vila Boa **P** (Vi) 69 Sc 104
Vila Boa de Ousilhão **P** (Ba) 34 Ta 98
Vila Boa de Quires **P** (Por) 51 Re 101
Vila Boa do Bispo **P** (Por) 50 Re 102

Vila Boa do Mondego **P** (Gu) 69 Sd 105
Vila Boim **P** (Pg) 118 Se 115
Vilabol **E** (LUG) 17 Sf 90
Vilabuín **E** (LUG) 4 Sc 87
Vilac **E** (LLE) 28 Ae 92
Vilaça **P** (Br) 50 Rd 99
Vilaça **P** (VR) 33 Sa 98
Vilacaiz **E** (LUG) 16 Sc 92
Vila Caiz **P** (Por) 51 Rf 101
Vilacampa **E** (LUG) 4 Sc 87
Vila-casa **E** (BAR) 48 Ca 96
Vilacireres **E** (LLE) 47 Be 95
Vilacoba **E** (COR) 3 Re 89
Vilacolum **E** (GIR) 49 Da 95
Vila Cortês da Serra **P** (Gu) 69 Sc 105
Vila Cortês do Mondego **P** (Gu) 69 Se 105
Vilacova **E** (COR) 14 Rb 92
Vila Cova **P** (Br) 50 Rb 99
Vila Cova **P** (Br) 51 Re 99
Vila Cova **P** (Por) 50 Re 101
Vila Cova **P** (VR) 51 Sa 101
Vila Cova a Coelheira **P** (Gu) 69 Sb 106
Vila Cova a Coelheira **P** (Vi) 69 Sb 103
Vila Cova da Lixa **P** (Por) 51 Rf 101
Vila Cova de Alva **P** (Co) 83 Sa 107
Vila Cova de Perinho **P** (Av) 68 Rd 103
Vila Cova do Covelo **P** (Gu) 69 Sc 104
Vilachá **E** (LUG) 4 Sc 86
Vilachá **E** (LUG) 16 Sd 91
Vilachá **E** (LUG) 16 Sd 94
Vilachá **E** (LUG) 17 Sf 91
Vila Chã **P** (Av) 68 Rd 103
Vila Chã **P** (Br) 50 Rb 99
Vila Chã **P** (Co) 83 Re 107
Vila Cha **P** (Gu) 69 Sd 105
Vila Chã **P** (Le) 82 Rc 109
Vila Chã **P** (Por) 50 Rb 101
Vila Chã **P** (Se) 115 Qf 117
Vila Chã **P** (VR) 51 Sa 100
Vila Chã **P** (VR) 52 Sd 101
Vila Chã (Santiago) **P** (VC) 32 Re 98
Vila Chã (São João Baptista) **P** (VC) 32 Re 98
Vila Chã da Beira **P** (Vi) 69 Sb 102
Vila Chã da Ribeira **P** (Ba) 53 Tc 99
Vila Chã de Braciosa **P** (Ba) 53 Td 100
Vilachá de Mera **E** (LUG) 16 Sb 91
Vila Chã de Ourique **P** (Sa) 101 Rb 113
Vila Chã de Sá **P** (Vi) 68 Sa 105
Vila Chã de São Roque **P** (Av) 68 Rd 103
Vila Chã do Monte **P** (Vi) 68 Rf 105
Vila Chã do Monte **P** (Vi) 69 Sb 103
Vilachán **E** (PON) 32 Rb 97
Vila Chão **P** (VC) 32 Rd 98
Vila Chão do Marão **P** (Por) 51 Rf 101
Vilada **E** (BAR) 47 Bf 96
Viladamat **E** (GIR) 49 Da 96
Viladamí **E** (GIR) 49 Ce 96
Vila da Ponte **P** (Vi) 69 Sc 103
Vila da Ponte **P** (VR) 33 Sa 98
Vila da Rainha **P** (Co) 82 Rb 108
Viladasens **E** (GIR) 49 Cf 96
Viladavil **E** (LUG) 15 Sb 91
Vila de Ala **P** (Ba) 53 Tc 101
Vila de Area **E** (COR) 3 Re 87
Vila de Barba **P** (Vi) 68 Rf 106
Vila de Bares **E** (COR) 4 Sb 86
Viladecaballs = Viladecavalls **E** (BAR) 65 Bf 99
Viladecaballs de Calders **E** (BAR) 47 Bf 98
Viladecavalls **E** (BAR) 65 Bf 99
Vila de Cruces **E** (PON) 15 Re 92
Vila de Cucujães **P** (Av) 68 Rd 103
Vila de Frade **P** (VR) 34 Sd 98
Vila de Frades **P** (Be) 131 Sb 119
Vila de Iglesia (Cerdido) **E** (COR) 3 Sa 87
Viladelleva **E** (BAR) 47 Be 98
Vilademat = Viladamat **E** (GIR) 49 Da 96
Vilademires **E** (GIR) 49 Ce 95
Vilademuls **E** (GIR) 49 Cf 96
Viladepalos **E** (LEÓ) 17 Tb 93
Vila de Punhe **P** (VC) 50 Rb 99
Viladequinta **E** (OUR) 35 Ta 94
Vila de Rei **P** (CB) 83 Rf 110
Vila de Rei **P** (Sa) 101 Rd 113
Viladesuso **E** (PON) 32 Ra 96
Vila de Um Santo **P** (Vi) 69 Sb 104
Vila do Bispo **P** (Fa) 144 Ra 126
Vila do Conde **P** (Por) 50 Rb 100
Vila do Conde **P** (VR) 52 Sc 99
Vila do Mato **P** (Co) 68 Sa 106
Viladomiu Nou **E** (BAR) 47 Bf 96
Viladomiu Vell **E** (BAR) 47 Bf 96
Viladonja **E** (GIR) 47 Ca 96
Vila dos Sinos **P** (Ba) 53 Tc 101
Vila do Touro **P** (Gu) 70 Sf 106
Viladrau **E** (GIR) 48 Cc 97
Vilaestrofe **E** (LUG) 4 Sd 87
Vila Facaia **P** (Le) 83 Re 109
Vila Facaia **P** (Li) 100 Qe 114
Vilafamés **E** (CAS) 95 Zf 108
Vilafant **E** (GIR) 31 Cf 95
Vila Fernando **P** (Gu) 70 Sf 106
Vila Fernando **P** (Pg) 118 Se 115
Vilaflor **E** (TEN) 172 I D 5
Vila Flor **P** (Ba) 52 Sf 101
Vila Fonche **P** (VC) 32 Rd 97
Vilaformán **E** (LUG) 5 Se 88
Vila Formosa **P** (Pg) 102 Sb 113
Vilafortuny **E** (TAR) 64 Ba 102
Vilaframil **E** (LUG) 5 Sf 89
Vila Franca **P** (Ba) 53 Ta 99
Vila Franca **P** (Co) 68 Sa 106
Vila Franca **P** (VC) 50 Rb 98
Vila Franca **P** (Vi) 68 Sa 103
Vila Franca da Serra **P** (Gu) 69 Sc 105
Vila Franca das Naves **P** (Gu) 69 Se 104
Vilafranca de Bonany **E** (BAL) 99 Da 111
Vilafranca del Penedès **E** (BAR) 65 Be 100
Vila Franca de Xira **P** (Li) 100 Ra 115
Vila Franca do Campo **P** (Aç) 170 Zd 122
Vila Franca do Deão **P** (Gu) 69 Se 105
Vila Franca do Rosário **P** (Li) 100 Qe 115
Vila Frescainha **P** (Br) 50 Rc 99
Vilafreser **E** (GIR) 49 Cf 96
Vila Fria **P** (Por) 50 Re 100
Vila Fria **P** (VC) 50 Rb 99
Vilafrío **E** (PON) 16 Sa 92
Vila Garcia **P** (Gu) 69 Se 104
Vila Garcia **P** (Por) 51 Rf 101
Vilagarcía de Arousa **E** (PON) 14 Rb 93
Vila Grande **E** (LUG) 4 Sc 90
Vilagrasa = Vilagrassa **E** (LLE) 64 Ba 99
Vilagrassa **E** (LLE) 64 Ba 99
Vilagrasseta **E** (LLE) 64 Bb 99
Vilahermosa del Río **E** (CAS) 95 Zd 107
Vilahur = Vilaür **E** (GIR) 49 Cf 96
Vilajoan **E** (GIR) 49 Cf 96
Vila Joiosa, la **E** (ALI) 129 Ze 117
Vilajuïga **E** (GIR) 31 Da 95
Vilalba dels Arcs **E** (TAR) 63 Ac 102
Vilalba la Vella **E** (TAR) 63 Ac 101
Vilalba Sasserra **E** (BAR) 48 Cc 99
Vilaleo **E** (LUG) 16 Sd 91
Vila Longa **P** (Vi) 69 Sc 104
Vilalta **E** (LLE) 46 Bf 97
Vilalle **E** (LUG) 16 Se 90
Vilaller **E** (LLE) 28 Ae 94
Vilallobent **E** (GIR) 30 Bf 94
Vilallonga = Vilallonga del Camp **E** (TAR) 64 Bb 101
Vilallonga del Camp **E** (TAR) 64 Bb 101
Vilallonga de Ter **E** (GIR) 30 Cb 94
Vilallovent = Vilallobent **E** (GIR) 30 Bf 94
Vilamacolum **E** (GIR) 49 Da 95
Vilamaior **E** (COR) 2 Rb 90
Vilamaior **E** (LUG) 16 Sc 92
Vila Maior **P** (Av) 50 Rd 102
Vila Maior **P** (Vi) 68 Rf 104
Vilamaior da Boullosa **E** (OUR) 33 Sb 97
Vilamaior de Negral **E** (LUG) 16 Sb 91
Vilamaior do Val **E** (OUR) 34 Sd 97
Vilamajor **E** (LLE) 46 Ae 97
Vilamajor d'Agramunt **E** (LLE) 46 Bb 97
Vilamalla **E** (GIR) 49 Cf 95
Vilamane **E** (LUG) 17 Sf 91
Vilamaniscle **E** (GIR) 31 Da 94
Vilamanya **E** (GIR) 30 Ca 94
Vilamar **E** (LUG) 5 Se 88
Vilamar **P** (Co) 67 Rc 106
Vilamarí **E** (GIR) 49 Cf 96
Vila Marim **P** (VR) 51 Sa 101
Vila Marim **P** (VR) 51 Sb 101
Vilamarín **E** (LUG) 16 Sd 94
Vilamarín **E** (OUR) 15 Sa 94
Vilamartín **E** (OUR) 34 Sf 94
Vilamarxant **E** (VAL) 113 Zc 111
Vilamateo **E** (COR) 3 Rf 89
Vilameá **E** (OUR) 33 Rf 97
Vila Meã **P** (Ba) 35 Tc 97
Vila Meã **P** (Br) 50 Rc 100
Vila Meã **P** (VC) 32 Rb 97
Vila Meã **P** (Vi) 68 Re 106
Vila Meã **P** (VR) 34 Sd 98
Vila Meã **P** (VR) 51 Sc 99
Vila Mendo **P** (Gu) 69 Se 106
Vila Mendo de Tavares **P** (Gu) 69 Sc 105
Vilamitjana **E** (LLE) 29 Bc 94
Vilamitjana **E** (LLE) 46 Af 96
Vilamolat de Mur **E** (LLE) 46 Af 96
Vila Monim **P** (Por) 51 Rf 102
Vila Moreira **P** (Sa) 101 Rb 112
Vilamòs **E** (LLE) 28 Ae 92
Vila Mou **P** (VC) 32 Rb 98
Vilamoura **P** (Fa) 145 Rf 126
Vilamur **E** (LLE) 29 Ba 94
Vilanant **E** (GIR) 31 Cf 95
Vilanna **E** (GIR) 48 Ce 97
Vilanova **E** (LUG) 16 Sb 92
Vilanova **E** (LUG) 16 Sc 92
Vilanova **E** (LUG) 17 Sf 92
Vilanova **E** (OUR) 33 Sa 95
Vilanova **E** (OUR) 34 Ta 94
Vilanova **E** (OUR) 35 Ta 95
Vilanova **E** (PON) 32 Ra 95
Vila Nova **P** (Aç) 169 Xf 116
Vila Nova **P** (Ba) 35 Tb 98
Vila Nova **P** (Ba) 52 Se 99
Vila Nova **P** (Ba) 52 Sf 98
Vila Nova **P** (Ba) 52 Ta 100
Vila Nova **P** (Co) 67 Rc 107
Vila Nova **P** (Co) 83 Re 108
Vila Nova **P** (Vi) 51 Sc 102
Vila Nova **P** (Vi) 68 Re 106
Vila Nova **P** (VR) 51 Sb 101
Vila Nova **P** (VR) 52 Sd 99
Vilanova (Lourenzá) **E** (LUG) 4 Se 88
Vilanova Alpicat **E** (LLE) 45 Ad 98
Vila Nova da Barca **P** (Co) 82 Rb 108
Vila Nova da Baronia **P** (Év) 117 Rf 119
Vila Nova da Barquinha **P** (Sa) 101 Rd 112
Vilanova d'Alcolea **E** (CAS) 95 Aa 107
Vila Nova da Rainha **P** (Li) 100 Ra 114
Vila Nova da Rainha **P** (Vi) 68 Rf 106
Vila Nova da Telha **P** (Por) 50 Rb 101
Vila Nova de Anços **P** (Co) 82 Rc 108
Vilanova de Arousa **E** (PON) 14 Rb 93
Vilanova de Banat **E** (LLE) 29 Bd 94
Vilanova de Bellpuig **E** (LLE) 64 Af 99
Vila Nova de Cacela **P** (Fa) 146 Sc 125
Vilanova de Castelló **E** (VAL) 113 Zc 114
Vila Nova de Cerveira **P** (VC) 32 Rb 97
Vilanova de Escornalbou = Vilanova d'Escornalbou **E** (TAR) 64 Af 102
Vila Nova de Famalicão **P** (Br) 50 Rc 100
Vila Nova de Foz Cõa **P** (Gu) 52 Sf 102
Vila Nova de Gaia **P** (Por) 50 Rc 102
Vilanova de la Aguda = Vilanova de l'Aguda **E** (LLE) 46 Bb 97
Vilanova de la Barca **E** (LLE) 46 Ae 98
Vilanova de l'Aguda **E** (LLE) 46 Bb 97
Vilanova de la Muga **E** (GIR) 31 Da 95
Vilanova de la Sal **E** (LLE) 46 Af 97
Vilanova del Camí **E** (BAR) 65 Bd 99
Vilanova de les Avellanes **E** (LLE) 46 Ae 97
Vilanova de Meià **E** (LLE) 46 Ba 97
Vilanova de Meyá = Vilanova de Meià **E** (LLE) 46 Ba 97
Vila Nova de Milfontes **P** (Be) 130 Rb 122
Vila Nova de Monçarros **P** (Av) 68 Rd 106
Vila Nova de Muía **P** (VC) 32 Rd 98
Vila Nova de Oliveirinha **P** (Co) 68 Sa 106
Vila Nova de Ourém **P** (Sa) 82 Rc 111
Vila Nova de Paiva **P** (Vi) 69 Sb 103
Vila Nova de Poiares **P** (Co) 83 Re 107
Vilanova de Prades **E** (TAR) 64 Af 100
Vila Nova de São Bento **P** (Be) 132 Sd 121
Vilanova de Sau **E** (BAR) 48 Cc 97
Vilanova d'Escornalbou **E** (TAR) 64 Af 102
Vilanova de Segrià **E** (LLE) 45 Ad 98
Vilanova d'Espoia **E** (BAR) 65 Bd 99
Vila Nova de Tazém **P** (Gu) 69 Sb 105
Vila Nova do Ceira **P** (Co) 83 Rf 107
Vila Nova do Couto **P** (Sa) 101 Rb 113
Vila Nova do São Pedro **P** (Li) 101 Ra 113
Vilanova i la Geltrú **E** (BAR) 65 Be 101
Vila Novinha **P** (Gu) 69 Sd 104
Vilanoviña **E** (PON) 14 Rb 93
Vilantime **E** (COR) 15 Rf 91
Vila Nune **P** (Br) 51 Sa 100
Vilaoscura **E** (LUG) 16 Sc 94
Vilaosende **E** (LUG) 5 Sf 88
Vilapedre **E** (LUG) 4 Sc 88
Vilapedre (San Miguel) **E** (LUG) 16 Sd 92
Vila Pequena **P** (VR) 51 Sa 99
Vilaplana **E** (LLE) 46 Bf 97
Vilaplana **E** (TAR) 64 Ba 101
Vila Pouca **P** (Br) 51 Rf 100
Vila Pouca **P** (Co) 82 Rc 107
Vila Pouca **P** (Vi) 51 Sb 102
Vila Pouca **P** (Vi) 68 Rf 106
Vila Pouca da Beira **P** (Co) 83 Sa 107
Vila Pouca de Aguiar **P** (VR) 51 Sc 100
Vila Praia da Vitoria **P** (Aç) 169 Xf 116
Vila Praia de Âncora **P** (VC) 32 Ra 98
Vilaquinte **E** (LUG) 16 Sb 94
Vilaquinte **E** (LUG) 17 Ta 91
Vilar **E** (COR) 14 Rb 92
Vilar **E** (COR) 15 Rd 92
Vilar **E** (LUG) 16 Se 92
Vilar **E** (OUR) 33 Rf 97
Vilar **E** (OUR) 34 Sd 95
Vilar **E** (OUR) 34 Sd 96
Vilar **E** (OUR) 145 Sa 97
Vilar **E** (PON) 15 Re 93
Vilar **E** (PON) 32 Rd 96
Vilar **P** (Av) 68 Re 103
Vilar **P** (Br) 32 Re 98
Vilar **P** (Br) 50 Rd 100
Vilar **P** (Br) 51 Re 100
Vilar **P** (Le) 83 Re 108
Vilar **P** (Li) 100 Qf 113
Vilar **P** (Por) 50 Rb 101
Vilar **P** (Vi) 68 Sa 103
Vilar **P** (Vi) 69 Sc 103
Vilar **P** (VR) 51 Sb 98
Vilar, el - **E** (LLE) 46 Bb 95
Vilaranda Boa **P** (VR) 52 Sd 99
Vilarandelo **P** (VR) 52 Se 99
Vilarbacú **E** (LUG) 17 Sf 93
Vilar Barroco **P** (CB) 84 Sb 109
Vilarchao **E** (LUG) 5 Sf 89
Vilar Chão **P** (Ba) 52 Ta 100
Vilar Chão **P** (Br) 51 Rf 99
Vilarchao (Coles) **E** (OUR) 33 Sa 94
Vilar da Arca **P** (Vi) 51 Re 102
Vilardaga **E** (BAR) 47 Bf 96
Vilar da Lapa **P** (Sa) 102 Sa 111
Vilar da Lomba **P** (Ba) 34 Se 98
Vilar da Luz **P** (Por) 50 Rc 101
Vilar das Almas **P** (VC) 50 Rc 99
Vilar das Prazeres **P** (Sa) 82 Rc 111
Vilar da Veiga **P** (Br) 51 Rf 98
Vilar de Amargo **P** (Gu) 70 Sf 103
Vilar de Andorinho **P** (Por) 50 Rc 102
Vilar de Barrio **E** (OUR) 33 Sc 96
Vilar de Besteiros **P** (Vi) 68 Rf 105
Vilar de Cas **E** (OUR) 33 Sa 96
Vilardecas **E** (OUR) 33 Sc 95
Vilar de Céltigos **E** (COR) 2 Ra 90
Vilar de Cervos **E** (OUR) 34 Sd 97
Vilar de Cima **E** (COR) 2 Rc 90
Vilar de Cunhas **P** (Br) 51 Sa 99
Vilar de Donas **E** (LUG) 16 Sb 91
Vilar de Ferreiros **P** (VR) 51 Sa 100
Vilar de Figos **P** (Br) 50 Rc 100
Vilar de Frades **E** (LUG) 17 Sf 91
Vilar de Lebres **E** (OUR) 33 Sc 97
Vilar de Ledra **P** (Ba) 52 Sf 99
Vilar de Maçada **P** (VR) 51 Sc 101
Vilardematos **E** (PON) 32 Rb 97
Vilardemilo **E** (OUR) 34 Sf 96
Vilar de Mondelo **E** (LUG) 34 Se 94
Vilar de Mouros **E** (COR) 3 Rf 88
Vilar de Mouros **E** (LUG) 4 Se 89
Vilar de Mouros **E** (LUG) 34 Sd 94
Vilar de Mouros **P** (VC) 32 Rb 97
Vilar de Murteda **P** (VC) 32 Rb 98
Vilar de Nantes **P** (VR) 52 Sd 98
Vilar de Ossos **P** (Ba) 34 Sf 97
Vilar de Ouro **P** (Ba) 52 Sf 98
Vilar de Perdizes **P** (VR) 33 Sc 97
Vilar de Peregrinos **P** (Ba) 34 Sf 98
Vilar de Rei **E** (OUR) 33 Sc 96
Vilar de Santos **E** (OUR) 33 Sb 96
Vilar de Soente **P** (VC) 32 Re 97
Vilar de Suso **E** (COR) 14 Rb 91
Vilardevós **E** (OUR) 34 Se 97
Vilardíaz **E** (LUG) 5 Sf 89
Vilardida **E** (TAR) 65 Bc 101
Vilar do Boi **P** (CB) 84 Sb 111
Vilar do Monte **P** (Ba) 52 Ta 99
Vilar do Monte **P** (Br) 50 Rb 99
Vilar do Monte **P** (VC) 32 Rc 97
Vilar do Monte **P** (Vi) 68 Sa 104
Vilardongo **E** (LUG) 5 Sf 90
Vilar do Paraíso **P** (Por) 50 Rc 102
Vilar do Rei **P** (Ba) 53 Tb 101
Vilar do Ruivo **P** (CB) 83 Re 110
Vilar dos Adros **E** (LUG) 17 Se 90
Vilar dos Prazeres **P** (Sa) 82 Rc 111
Vilar do Torno e Alentém **P** (Por) 51 Re 101
Vilar d'Urtx, el - **E** (GIR) 30 Bf 94
Vila-real **E** (CAS) 95 Zf 109
Vila Real **P** (VR) 51 Sb 101
Vila Real de Santo António **P** (Fa) 146 Sd 125
Vilarelho **P** (VR) 52 Sc 99
Vilarelho da Raia **P** (VR) 34 Sd 97
Vilarelhos **P** (Ba) 52 Sf 100
Vilarello **E** (LUG) 16 Sc 93
Vilarello **E** (PON) 15 Rf 93
Vilarellos **E** (OUR) 33 Sb 95
Vilares **P** (Ba) 52 Sf 99
Vilares **P** (Gu) 69 Se 104
Vilares **P** (VR) 52 Sc 100
Vilares de Baixo **P** (CB) 84 Sc 109
Vilares de Vilariça **P** (Ba) 52 Sf 100
Vilar Formoso **P** (Gu) 70 Tb 105
Vilargondurfe **E** (LUG) 5 Se 89
Vilariça **P** (Ba) 53 Tc 100
Vilarig **E** (GIR) 31 Cf 95
Vilarinha **P** (Fa) 144 Ra 126
Vilarinho **P** (Av) 67 Rc 104
Vilarinho **P** (Av) 68 Rd 103
Vilarinho **P** (Ba) 34 Ta 98
Vilarinho **P** (Ba) 35 Ta 97
Vilarinho **P** (Be) 131 Sa 120
Vilarinho **P** (Br) 32 Rd 98
Vilarinho **P** (Co) 83 Re 108
Vilarinho **P** (Por) 50 Rb 100
Vilarinho **P** (Por) 50 Re 100
Vilarinho **P** (VC) 32 Ra 98
Vilarinho **P** (Vi) 68 Re 104
Vilarinho **P** (Vi) 69 Sb 103
Vilarinho **P** (VR) 33 Sb 98
Vilarinho **P** (VR) 34 Sd 98
Vilarinho **P** (VR) 51 Sa 100
Vilarinho da Castanheira **P** (Ba) 52 Se 101
Vilarinho da Mó **P** (VR) 33 Sb 98
Vilarinho das Azenhas **P** (Ba) 52 Se 100
Vilarinho das Cambas **P** (Br) 50 Rc 100
Vilarinho das Paranheiras **P** (VR) 51 Sc 99
Vilarinho de Agrochão **P** (Ba) 52 Sf 98
Vilarinho de Cotas **P** (VR) 52 Sc 101
Vilarinho de Samardã **P** (VR) 51 Sb 100
Vilarinho de São Bento **P** (VR) 51 Sc 99
Vilarinho de São Luís **P** (Av) 68 Rd 104
Vilarinho de São Romão **P** (VR) 51 Sc 101
Vilarinho do Monte **P** (Ba) 52 Sf 99
Vilarinho dos Freires **P** (VR) 51 Sb 101
Vilarinho dos Galegos **P** (Ba) 53 Tc 101
Vilarinho do Souto **P** (VC) 32 Re 97
Vilarinho Seco **P** (VR) 51 Sb 98
Vilariño **E** (COR) 15 Rf 90
Vilariño **E** (LUG) 4 Sa 89
Vilariño **E** (LUG) 16 Se 90
Vilariño **E** (LUG) 34 Se 94
Vilariño **E** (PON) 15 Rf 92
Vilariño das Touzas **E** (OUR) 146 Se 97
Vilariño de Conso **E** (OUR) 34 Se 96
Vilariño Frío **E** (OUR) 34 Sc 95
Vilariz **E** (LEÓ) 17 Ta 93
Vilar Maior **P** (Gu) 70 Ta 106
Vilarmeán **E** (LUG) 5 Sf 89
Vilarmeao **E** (COR) 15 Re 91
Vilarmeao **E** (OUR) 34 Se 95
Vilarmeriel **E** (LEÓ) 18 Tf 92
Vilarmide **E** (LUG) 5 Se 89
Vilarmosteiro **E** (LUG) 16 Sd 91
Vilarnadal **E** (GIR) 31 Cf 94
Vila-robau **E** (GIR) 49 Da 96
Vila-rodona **E** (TAR) 65 Bc 101
Vilaronte **E** (LUG) 4 Se 87
Vila Rosita **E** (TAR) 64 Ba 101
Vilarouco **P** (Vi) 52 Sd 102
Vilarromariz **E** (COR) 15 Rd 91
Vilarrube **E** (COR) 3 Rf 87
Vilarrubín **E** (OUR) 16 Sb 94
Vilars, els - **E** (LLE) 46 Bb 95
Vilar Seco **P** (Ba) 53 Ta 100
Vilar Seco **P** (Ba) 53 Td 99
Vilar Seco **P** (Vi) 68 Sa 105
Vilar Seco de Lomba **P** (Ba) 34 Se 97
Vilartolí **E** (GIR) 31 Cf 94
Vilar Torpim **P** (Gu) 70 Ta 104
Vila-rubla **E** (LLE) 29 Bb 94
Vila Ruiva **P** (Év) 131 Sa 119
Vila Ruiva **P** (Gu) 69 Sc 105
Vila Ruiva **P** (Vi) 69 Sb 105
Vilarxuane **E** (LUG) 5 Sf 89
Vilarxubín **E** (LUG) 5 Sf 89
Vilas **E** (PON) 15 Rd 92
Vila-sacra **E** (GIR) 31 Da 95
Vilas Boas **P** (Ba) 52 Se 100
Vilas Boas **P** (VR) 52 Sc 99
Vilas de Pedro **P** (Le) 83 Re 109
Vilas de Turbón **E** (HUES) 28 Ad 94
Vila-seca **E** (GIR) 49 Db 97
Vila-seca **E** (LLE) 47 Bd 96
Vila Seca **P** (Br) 50 Rb 100
Vila Seca **P** (Co) 83 Rd 108
Vila Seca **P** (Vi) 51 Sc 102
Vila Seca **P** (VR) 51 Sb 101
Vilaseca = Vila-seca de Solcina **E** (TAR) 64 Ba 102
Vila-seca de Solcina **E** (TAR) 64 Ba 102
Vilaseco **E** (OUR) 15 Sa 94
Vilaseco **E** (OUR) 34 Sf 96
Vilasobroso **E** (PON) 32 Rd 95
Vila Soeiro **P** (Gu) 69 Sd 105
Vilasouto **E** (LUG) 16 Sd 93
Vilas Ruivas **P** (CB) 84 Sb 111
Vilassar de Dalt **E** (BAR) 66 Cc 99
Vilassar de Mar **E** (BAR) 66 Cc 99
Vilasusa **E** (OUR) 16 Sb 94
Vilatammar **E** (BAR) 48 Ca 96
Vilate **E** (LUG) 4 Sb 89
Vilatenim **E** (GIR) 31 Cf 95
Vilates, les - **E** (BAR) 65 Bd 100
Vilatuxe **E** (LUG) 4 Sd 87
Vilatuxe **E** (OUR) 33 Sc 94
Vilatuxe **E** (PON) 15 Re 93
Vilaür **E** (GIR) 49 Cf 96
Vilaüt **E** (GIR) 31 Da 95
Vilauxe **E** (LUG) 16 Sb 93
Vilavedelle **E** (AST) 5 Sf 88
Vila Velha de Ródão **P** (CB) 102 Sb 111
Vilavella **E** (OUR) 34 Sf 96
Vilavenut **E** (GIR) 49 Ce 96
Vilaverd **E** (TAR) 64 Bb 100
Vilaverde **E** (COR) 2 Rb 89
Vila Verde **P** (Ba) 34 Ta 97
Vila Verde **P** (Ba) 52 Sf 100
Vila Verde **P** (Br) 50 Rd 99
Vila Verde **P** (Co) 82 Rb 108
Vila Verde **P** (Co) 82 Rc 107
Vila Verde **P** (Gu) 69 Sb 106
Vila Verde **P** (Le) 100 Qf 113
Vila Verde **P** (Li) 115 Qd 116
Vila Verde **P** (Por) 51 Re 101
Vila Verde **P** (VC) 32 Rb 98
Vila Verde **P** (VR) 51 Sc 99
Vila Verde **P** (VR) 51 Sc 100
Vila Verde da Raia **P** (VR) 34 Sd 98
Vila Verde de Ficalho **P** (Be) 132 Se 121
Vila Verde dos Francos **P** (Li) 100 Qf 114
Vilavert = Vilaverd **E** (TAR) 64 Bb 100
Vila Viçosa **P** (Év) 118 Sd 116
Vilavite **E** (LUG) 16 Sb 90
Vilaxoán **E** (PON) 14 Rb 93
Vilaxuso **E** (LUG) 4 Se 89
Vilaxuste **E** (LUG) 16 Sb 91
Vilaza **E** (OUR) 34 Sd 97
Vilches **E** (JAÉ) 138 Wc 119
Vildé **E** (SOR) 58 Wf 100
Vil de Matos **P** (Co) 83 Rd 107
Vil de Souto **P** (Vi) 68 Sa 104
Vile **P** (VC) 32 Ra 98
Vilech = Villec **E** (LLE) 29 Be 94
Vileirz **E** (LUG) 16 Sc 92
Vilela **E** (LUG) 5 Sf 87
Vilela **E** (LUG) 16 Sb 92
Vilela **E** (LUG) 16 Se 92
Vilela **P** (Br) 50 Re 98
Vilela **P** (Br) 50 Re 99
Vilela **P** (Br) 51 Rf 100
Vilela **P** (Por) 50 Rd 101
Vilela **P** (VC) 32 Rd 97
Vilela **P** (VR) 51 Sc 99
Vilela **P** (VR) 51 Sc 101
Vilela **P** (VR) 52 Sd 99
Vilela do Tâmega **P** (VR) 34 Sc 98
Vilela Seca **P** (VR) 34 Sd 98
Vilella **E** (BAR) 47 Be 95
Vilella **E** (LLE) 28 Af 94
Vilella Alta, la - **E** (TAR) 64 Ae 101
Vilella Baixa, la - **E** (TAR) 64 Ae 101
Vilella Baja = Vilella Baixa, la - **E** (TAR) 64 Ae 101
Vileña **E** (BUR) 22 We 93
Vilers **E** (GIR) 49 Cf 97
Vilert **E** (GIR) 49 Ce 95

Vilet, el - **E** (LLE) 64 Ba 99
Vileta, La - **E** (HUES) 45 Ad 95
Vileta, la - **E** (LLE) 46 Ae 95
Vileta, Sa - **E** (BAL) 98 Cd 111
Vilobí del Penedès **E** (BAR) 65 Bd 100
Vilobí d'Onyar **E** (GIR) 48 Ce 97
Vilopriu **E** (GIR) 49 Cf 96
Viloria **E** (ÁLA) 23 Xa 92
Viloria **E** (NAV) 24 Xe 92
Viloria **E** (VALL) 56 Vd 100
Viloria de Rioja **E** (BUR) 40 Wf 94
Vilosa, la - **E** (GIR) 49 Cf 96
Vilosell, el - **E** (LLE) 64 Af 100
Vilouchada **E** (COR) 15 Rc 91
Vilouriz **E** (COR) 15 Sa 91
Vilouriz **E** (OUR) 33 Sb 94
Vilouta **E** (LUG) 16 Se 92
Viloví = Vilobí del Penedès **E** (BAR) 65 Bd 100
Viloví de Oñar = Vilobí d'Onyar **E** (BAR) 48 Ce 97
Vilueña, La - **E** (ZAR) 60 Yb 101
Vilves **E** (LLE) 46 Ba 97
Vilvestre **E** (SAL) 53 Tb 102
Vilviestre de los Nabos **E** (SOR) 41 Xc 97
Vilviestre del Pinar **E** (BUR) 40 Wf 97
Vilviestre de Muñó **E** (BUR) 39 Wa 95
Villa **E** (AST) 6 Ua 87
Villa, La **E** (AST) 7 Ud 89
Villa Amparín **E** (VAL) 113 Zc 113
Villa Antonia **E** (ZAM) 54 Ub 99
Villabajo **E** (AST) 7 Ud 88
Villabalter **E** (LEÓ) 19 Uc 93
Villabandín **E** (LEÓ) 18 Tf 91
Villabáñez **E** (CAN) 9 Wa 89
Villabáñez **E** (VALL) 56 Vc 99
Villabaruz de Campos **E** (VALL) 37 Va 96
Villabáscones **E** (BUR) 22 Wb 90
Villabáscones de Bezana **E** (BUR) 21 Wb 91
Villabasta **E** (PAL) 20 Vc 93
Villabermudo **E** (PAL) 21 Vd 93
Villa Bernardo **E** (SAL) 71 Ua 103
Villablanca **E** (HUEL) 146 Sd 125
Villablino **E** (LEÓ) 18 Te 91
Villabona **E** (AST) 7 Ub 88
Villabona **E** (GUI) 12 Xf 89
Villabona = Billabona **E** (GUI) 12 Xf 89
Villabrágima **E** (VALL) 37 Uf 98
Villabraz **E** (LEÓ) 37 Ud 95
Villabrázaro **E** (ZAM) 36 Ub 96
Villabuena **E** (LEÓ) 17 Tb 93
Villabuena **E** (SOR) 59 Xc 98
Villabuena de Álava **E** (ÁLA) 23 Xc 93
Villabuena del Puente **E** (ZAM) 55 Ud 100
Villabúrbula **E** (LEÓ) 19 Ud 93
Villacadima **E** (GUA) 58 We 101
Villacalabuey **E** (LEÓ) 20 Uf 94
Villacalbiel **E** (LEÓ) 36 Uc 94
Villacampa **E** (HUES) 27 Ze 94
Villacampo del Moral **E** (JAÉ) 152 Wd 123
Villacantid **E** (CAN) 21 Ve 90
Villacañas **E** (TOL) 109 We 111
Villacarli **E** (HUES) 28 Ad 94
Villacarralón **E** (VALL) 37 Uf 95
Villacarriedo **E** (CAN) 9 Wb 89
Villacarrillo **E** (JAÉ) 139 Wf 120
Villacastín **E** (SEG) 74 Vd 104
Villacé **E** (LEÓ) 36 Uc 94
Villacedré **E** (LEÓ) 19 Uc 93
Villacelama **E** (LEÓ) 19 Ud 94
Villacerán **E** (LEÓ) 20 Uf 93
Villacián **E** (BUR) 22 Wf 91
Villacibio **E** (PAL) 21 Ve 92
Villacidaler **E** (PAL) 37 Va 95
Villacidayo **E** (LEÓ) 19 Ue 93
Villacid de Campos **E** (VALL) 37 Uf 96
Villacienzo **E** (BUR) 39 Wb 95
Villaciervitos **E** (SOR) 41 Xc 98
Villaciervos **E** (SOR) 41 Xc 98
Villacil **E** (LEÓ) 19 Ud 93
Villacintor **E** (LEÓ) 19 Uf 94
Villaco **E** (VALL) 56 Ve 98
Villaconancio **E** (PAL) 38 Ve 97
Villaconejos **E** (MAD) 90 Wd 108
Villaconejos de Trabaque **E** (CUE) 77 Xe 106
Villacontilde **E** (LEÓ) 19 Ud 93
Villacorta **E** (LEÓ) 20 Va 92
Villacorta **E** (SEG) 58 Wd 101
Villacorza **E** (GUA) 59 Xb 101
Villacorza **E** (GUA) 59 Xb 102
Villacreces **E** (VALL) 37 Uf 95
Villacuende **E** (PAL) 38 Vb 94
Villada **E** (PAL) 37 Va 95
Villadangos del Páramo **E** (LEÓ) 19 Ub 93
Villa de Don Fadrique, La **E** (TOL) 109 We 111
Villa del Campo **E** (CÁC) 86 Td 108
Villa del Prado **E** (MAD) 89 Ve 107
Villa del Rey **E** (CÁC) 85 Tb 111
Villa del Río **E** (CÓRD) 137 Ve 121
Villademor de la Vega **E** (LEÓ) 36 Uc 95
Villadepera **E** (ZAM) 54 Tf 99
Villadiego **E** (BUR) 21 Vf 93
Villadiego de Cea **E** (LEÓ) 20 Va 93
Villadiezma **E** (PAL) 38 Vd 94
Villadoz **E** (ZAR) 61 Ye 102
Villadún **E** (LUG) 5 Sf 87
Villaeles de Valdavia **E** (PAL) 20 Vc 93
Villaescobedo **E** (BUR) 21 Vf 92
Villaescusa **E** (CAN) 21 Vf 91
Villaescusa **E** (ZAM) 55 Ud 101
Villaescusa de Ebro **E** (CAN) 21 Wa 92
Villaescusa de Ecla **E** (PAL) 21 Vd 92
Villaescusa de Haro **E** (CUE) 110 Xb 111
Villaescusa del Butrón **E** (BUR) 22 Wc 92
Villaescusa de Palositos **E** (GUA) 76 Xc 105
Villaescusa de Roa **E** (BUR) 57 Vf 98
Villaescusa la Solana **E** (BUR) 40 Wd 94
Villaescusa la Sombría **E** (BUR) 40 Wd 94
Villaespasa **E** (BUR) 40 Wd 96
Villaesper **E** (VALL) 37 Uf 97
Villaespesa **E** (MUR) 141 Yc 122
Villaespesa **E** (TER) 93 Yf 107
Villaesteres, Los **E** (VALL) 55 Ue 99
Villaestremerí **E** (AST) 6 Ua 89
Villaestrigo **E** (LEÓ) 36 Ub 95
Villafáfila **E** (ZAM) 36 Uc 97
Villafalé **E** (LEÓ) 19 Ud 93
Villafañe **E** (LEÓ) 19 Ud 93
Villafeide **E** (LEÓ) 19 Uc 91
Villafeliche **E** (ZAR) 60 Yc 101
Villafeliz **E** (LEÓ) 18 Ua 91
Villafeliz de la Sobarriba **E** (LEÓ) 19 Ud 93
Villafer **E** (LEÓ) 36 Uc 96
Villaferrueña **E** (ZAM) 36 Ua 96
Villaflor **E** (ÁVI) 73 Va 104
Villaflor **E** (ZAM) 54 Ua 99
Villaflores **E** (GUA) 76 Wf 105
Villaflores **E** (SAL) 55 Ue 102
Villafolfo **E** (PAL) 38 Vc 95
Villafrades de Campos **E** (VALL) 37 Va 96
Villafranca **E** (NAV) 42 Yb 95
Villafranca **E** (SEG) 57 Wb 101
Villafranca de Córdoba **E** (CÓRD) 136 Vc 121
Villafranca de Duero **E** (VALL) 55 Ue 100
Villafranca de Ebro **E** (ZAR) 62 Zc 99
Villafranca de la Sierra **E** (ÁVI) 72 Ue 105
Villafranca del Bierzo **E** (LEÓ) 17 Tb 93
Villafranca del Campo **E** (TER) 78 Yd 104
Villafranca del Castillo **E** (MAD) 74 Wa 106
Villafranca del Cid **E** (CAS) 80 Ze 106
Villafranca del Guadalhorce **E** (MÁL) 159 Vb 128
Villafranca de los Barros **E** (BAD) 119 Te 117
Villafranca de los Caballeros **E** (TOL) 109 Wd 112
Villafranca del Panadés = Vilafranca del Penedès **E** (BAR) 65 Be 100
Villafranca-Montes de Oca **E** (BUR) 40 We 94
Villafranco del Guadalquivir **E** (SEV) 148 Te 126
Villafranco del Guadiana **E** (BAD) 119 Tb 115
Villafrea de la Reina **E** (LEÓ) 20 Va 91
Villafrechos **E** (VALL) 37 Ue 97
Villafría **E** (ÁLA) 23 Xc 93
Villafría **E** (AST) 6 Tf 87
Villafría de Burgos **E** (BUR) 39 Wc 94
Villafría de la Peña **E** (PAL) 20 Vb 92
Villafruela **E** (BUR) 39 Wa 97
Villafruela **E** (PAL) 38 Vc 95
Villafuerte **E** (VALL) 56 Ve 98
Villafuertes **E** (BUR) 39 Wb 95
Villafufre **E** (CAN) 9 Wa 89
Villagalijo **E** (BUR) 40 We 94
Villagallegos **E** (LEÓ) 36 Uc 94
Villagarcía de Campos **E** (VALL) 37 Ue 98
Villagarcía de la Torre **E** (BAD) 134 Tf 119
Villagarcía del Llano **E** (CUE) 111 Ya 113
Villagatón **E** (LEÓ) 18 Tf 93
Villageriz **E** (ZAM) 36 Ua 96
Villagime **E** (AST) 6 Ua 90
Villagómez la Nueva **E** (VALL) 37 Uf 96
Villagonzalo **E** (BAD) 120 Te 115
Villagonzalo-Arenas **E** (BUR) 39 Wb 94
Villagonzalo de Coca **E** (SEG) 56 Vc 101
Villagonzalo de Tormes **E** (SAL) 72 Ud 103
Villagonzalo-Pedernales **E** (BUR) 39 Wb 95
Villagutiérrez **E** (BUR) 39 Wa 95
Villahán **E** (PAL) 38 Vf 96
Villaharta **E** (CÓRD) 136 Va 120
Villa Herminia **E** (RIO) 23 Xb 94
Villahermosa **E** (CIU) 125 Xa 116
Villahermosa del Campo **E** (TER) 61 Ye 102
Villahernando **E** (BUR) 21 Wa 93
Villaherreros **E** (PAL) 38 Vd 94
Villahibiera **E** (LEÓ) 19 Ue 93
Villahizán **E** (BUR) 39 Wa 96
Villahizán de Treviño **E** (BUR) 21 Vf 94
Villahoz **E** (BUR) 39 Wa 96
Villainclán **E** (AST) 5 Tc 87
Villaires **E** (PAL) 20 Vb 93
Villajimena **E** (PAL) 38 Vd 96
Villa Juana **E** (ALB) 112 Yd 114
Villalaco **E** (PAL) 38 Ve 96
Villalacre **E** (BUR) 22 Wd 90
Villalafuente **E** (PAL) 20 Vb 93
Villalaín **E** (BUR) 22 Wc 91
Villalan de Campos **E** (VALL) 37 Ue 96
Villalangua **E** (HUES) 26 Zb 94
Villalar de los Comuneros **E** (VALL) 55 Uf 99
Villalazán **E** (ZAM) 54 Uc 100
Villalázara **E** (BUR) 22 Wd 90
Villalba **E** (CÁC) 85 Tb 108
Villalba **E** (LUG) 4 Sb 89
Villalba **E** (SOR) 59 Xd 100
Villalba Alta **E** (TER) 79 Za 105
Villalba Baja **E** (TER) 79 Yf 106
Villalba de Adaja **E** (VALL) 56 Vb 100
Villalba de Calatrava **E** (CIU) 123 Wc 117
Villalba de Duero **E** (BUR) 57 Wb 98
Villalba de Guardo **E** (PAL) 20 Vb 92
Villalba de la Lampreana **E** (ZAM) 36 Uc 98
Villalba del Alcor **E** (HUEL) 148 Td 124
Villalba de la Loma **E** (VALL) 37 Ue 95
Villalba de la Sierra **E** (CUE) 92 Xf 107
Villalba de los Alcores **E** (VALL) 37 Va 97
Villalba de los Arcos = Vilalba dels Arcs **E** (TAR) 63 Ac 102
Villalba de los Barros **E** (BAD) 119 Tc 117
Villalba de los Llanos **E** (SAL) 71 Ua 104
Villalba de los Morales **E** (TER) 78 Yd 103
Villalba del Rey **E** (CUE) 76 Xc 106
Villalba de Perejil **E** (ZAR) 60 Yc 101
Villalba de Rioja **E** (RIO) 23 Xa 93
Villalbarba **E** (VALL) 55 Ue 99
Villalba Saserra = Vilalba Sasserra **E** (BAR) 48 Cc 99
Villalbilla **E** (CUE) 92 Xe 107
Villalbilla **E** (MAD) 75 We 106
Villalbilla de Burgos **E** (BUR) 39 Wb 94
Villalbilla de Gumiel **E** (BUR) 39 Wc 98
Villalbilla de Villadiego **E** (BUR) 21 Wa 93
Villalbilla-Sobresierra **E** (BUR) 22 Wc 93
Villalbos **E** (BUR) 22 We 94
Villalbura **E** (BUR) 39 Wd 95
Villalcampo **E** (ZAM) 54 Tf 99
Villalcázar de Sirga **E** (PAL) 38 Vc 95
Villalcón **E** (PAL) 37 Va 95
Villaldavín **E** (PAL) 38 Vc 96
Villaldemiro **E** (BUR) 39 Wa 95
Villalebrín **E** (LEÓ) 37 Va 94
Villalegre **E** (AST) 6 Ua 87
Villalengua **E** (ZAR) 60 Ya 100
Villaleons **E** (BAR) 48 Cb 97
Villalgordo del Júcar **E** (ALB) 111 Xf 113
Villalgordo del Marquesado **E** (CUE) 91 Xc 110
Villalís **E** (LEÓ) 36 Tf 95
Villalmán **E** (LEÓ) 37 Va 94
Villalmanzo **E** (BUR) 39 Wb 96
Villalmóndar **E** (BUR) 22 Wd 94
Villalobar **E** (LEÓ) 36 Uc 94
Villalobar de Rioja **E** (RIO) 23 Xa 94
Villalobón **E** (PAL) 38 Vc 96
Villalobos **E** (ZAM) 37 Ud 97
Villa Lola **E** (ALB) 111 Ya 114
Villa Lola **E** (CAS) 95 Zf 109
Villalómez **E** (BUR) 40 We 94
Villalón **E** (CÓRD) 136 Uf 122
Villalón **E** (MÁL) 159 Vb 128
Villalón de Campos **E** (VALL) 37 Uf 96
Villalones **E** (MÁL) 158 Ue 127
Villalonga **E** (VAL) 129 Ze 115
Villalonquéjar **E** (BUR) 39 Wb 94
Villalonso **E** (ZAM) 55 Ue 99
Villalpando **E** (ZAM) 37 Ud 97
Villalpardillo **E** (CUE) 111 Xe 113
Villalpardo **E** (CUE) 112 Yc 112
Villalquite **E** (LEÓ) 19 Ue 93
Villalta **E** (BUR) 22 Wc 92
Villalube **E** (ZAM) 54 Uc 99
Villa Lucía **E** (VALL) 55 Ue 100
Villaluenga de la Sagra **E** (TOL) 89 Wa 108
Villaluenga de la Vega **E** (PAL) 20 Vb 93
Villaluenga del Rosario **E** (CÁD) 158 Ud 128
Villalumbroso **E** (PAL) 38 Vb 95
Villalumbrós o Villa Eulalia **E** (VALL) 37 Ue 97
Villalval **E** (BUR) 39 Wc 94
Villálvaro **E** (SOR) 58 We 98
Villalverde **E** (ZAM) 35 Te 96
Villalveto **E** (PAL) 20 Vb 92
Villalveto de la Peña **E** (PAL) 20 Vb 92
Villalvilla de Montejo **E** (SEG) 57 Wb 100
Villallana **E** (AST) 7 Ub 89
Villallano **E** (PAL) 21 Ve 92
Villamalea **E** (ALB) 112 Yc 112
Villamalur **E** (CAS) 95 Zd 109
Villamana **E** (HUES) 27 Zf 94
Villamandos **E** (LEÓ) 36 Uc 95
Villamanín **E** (LEÓ) 19 Uc 91
Villamanrique **E** (CIU) 124 Wf 117
Villamanrique de la Condesa **E** (SEV) 148 Te 125
Villamanrique de Tajo **E** (MAD) 90 We 108
Villamanta **E** (MAD) 89 Vf 107
Villamantilla **E** (MAD) 89 Vf 106
Villamañán **E** (LEÓ) 36 Uc 95
Villamarciel **E** (VALL) 55 Va 99
Villamarco **E** (LEÓ) 19 Ue 94
Villa María Luisa **E** (ZAM) 55 Ud 99
Villamartín **E** (CÁD) 157 Uc 127
Villamartín de Campos **E** (PAL) 38 Vc 96
Villamartín de Don Sancho **E** (LEÓ) 20 Uf 93
Villamartín de Sil **E** (LEÓ) 18 Td 92
Villamartín de Sotoscueva **E** (BUR) 22 Wb 90
Villamartín de Villadiego **E** (BUR) 21 Vf 93
Villamartín Pequeño **E** (AST) 5 Se 88
Villa Matías **E** (HUEL) 146 Sd 125
Villamayor **E** (AST) 7 Ue 88
Villamayor **E** (ÁVI) 73 Uf 103
Villamayor **E** (LUG) 5 Sf 89
Villamayor **E** (SAL) 72 Ub 102
Villamayor **E** (ZAR) 62 Zb 98
Villamayor de Calatrava **E** (CIU) 123 Vf 116
Villamayor de Campos **E** (ZAM) 37 Ud 97
Villamayor del Condado **E** (LEÓ) 19 Ud 93
Villamayor de los Montes **E** (BUR) 39 Wb 96
Villamayor del Río **E** (BUR) 40 Wf 94
Villamayor de Monjardín **E** (NAV) 24 Xf 93
Villamayor de Santiago **E** (CUE) 91 Xa 110
Villamayor de Treviño **E** (BUR) 21 Vf 94
Villambístia **E** (BUR) 40 We 94
Villambrán de Cea **E** (PAL) 37 Va 94
Villambrosa **E** (ÁLA) 23 Wf 92
Villambroz **E** (PAL) 37 Vb 94
Villameca **E** (LEÓ) 18 Tf 93
Villamediana **E** (PAL) 38 Vd 96
Villamediana de Iregua **E** (RIO) 23 Xd 94
Villamediana de Lomas **E** (BUR) 21 Wa 91
Villamedianilla **E** (BUR) 38 Vf 96
Villamejil **E** (LEÓ) 18 Tf 93
Villamejín **E** (AST) 6 Tf 89
Villamejor **E** (MAD) 90 Wb 109
Villamelendro **E** (PAL) 20 Vc 93
Villamelle **E** (LUG) 16 Sc 94
Villameriel **E** (PAL) 20 Vd 93
Villamesías **E** (CÁC) 105 Ua 113
Villamiel **E** (CÁC) 85 Tb 107
Villamiel de la Sierra **E** (BUR) 40 Wd 95
Villamiel de Muñó **E** (BUR) 39 Wb 95
Villamiel de Toledo **E** (TOL) 89 Vf 109
Villaminaya **E** (TOL) 89 Wa 110
Villamizar **E** (LEÓ) 19 Uf 93
Villamol **E** (LEÓ) 20 Uf 94
Villamondrín de Rueda **E** (LEÓ) 19 Ue 93
Villamontán de la Valduerna **E** (LEÓ) 36 Ua 95
Villamontiel **E** (TOL) 108 Wb 111
Villamoñico **E** (CAN) 21 Vf 92
Villamor **E** (BUR) 22 Wd 91
Villamor **E** (LUG) 16 Se 93
Villamoratiel de las Matas **E** (LEÓ) 37 Ue 94
Villamorco **E** (PAL) 38 Vc 94
Villamor de Cadozos **E** (ZAM) 54 Tf 101
Villamor de Laguna o Villamorico **E** (LEÓ) 36 Ub 95
Villamor de la Ladre **E** (ZAM) 54 Tf 100
Villamor de los Escuderos **E** (ZAM) 54 Uc 101
Villamor de Órbigo **E** (LEÓ) 18 Ua 94
Villamorico **E** (BUR) 39 Wd 94
Villamorisca **E** (LEÓ) 20 Va 92
Villamorón **E** (BUR) 21 Vf 94
Villamoronta **E** (PAL) 38 Vb 94
Villamoros de Mansilla **E** (LEÓ) 19 Ud 93
Villamudria **E** (BUR) 40 We 95
Villamuelas **E** (TOL) 90 Wb 110
Villamuera de la Cueza **E** (PAL) 38 Vb 95
Villamuñío **E** (LEÓ) 19 Ue 94
Villamuriel de Campos **E** (VALL) 37 Ue 97
Villamuriel de Cerrato **E** (PAL) 38 Vc 97
Villa Narcisa **E** (VALL) 55 Va 100
Villanasur-Río de Oca **E** (BUR) 22 We 94
Villanázar **E** (ZAM) 36 Ub 97
Villán de Tordesillas **E** (VALL) 55 Va 99
Villandiego **E** (BUR) 39 Vf 94
Villandio **E** (AST) 7 Ub 89
Villaneceriel **E** (PAL) 21 Vd 93
Villangómez **E** (BUR) 39 Wb 95
Villanófar **E** (LEÓ) 19 Ue 93
Villanoño **E** (BUR) 21 Vf 94
Villanova **E** (HUES) 28 Ac 93
Villanovilla **E** (HUES) 26 Zd 93
Villantodrigo **E** (PAL) 20 Vc 94
Villanúa **E** (HUES) 26 Zc 92
Villanubla **E** (VALL) 55 Va 98
Villanueva **E** (AST) 5 Tb 88
Villanueva **E** (AST) 6 Tf 90
Villanueva **E** (AST) 8 Va 88
Villanueva **E** (AST) 8 Vc 88
Villanueva **E** (CAN) 9 Wa 88
Villanueva **E** (CAN) 10 We 89
Villanueva **E** (MAD) 75 Wc 105
Villanueva **E** (NAV) 24 Ya 92
Villanueva **E** (NAV) 25 Yd 91
Villanueva **E** (VAL) 93 Yf 110
Villanueva = Vilanova de Castelló **E** (VAL) 113 Zc 114
Villanueva-Carrales **E** (BUR) 21 Wb 91
Villanueva de Abajo **E** (PAL) 20 Vb 92
Villanueva de Aézcoa **E** (NAV) 25 Ye 91
Villanueva de Alcardete **E** (TOL) 109 Wf 110
Villanueva de Alcorón **E** (GUA) 77 Xe 104
Villanueva de Algaidas **E** (MÁL) 151 Vd 125
Villanueva de Araquil **E** (NAV) 24 Ya 91
Villanueva de Argaño **E** (BUR) 39 Wa 94
Villanueva de Argecilla **E** (GUA) 76 Xa 103
Villanueva de Arriba **E** (PAL) 20 Vb 92
Villanueva de Azoague **E** (ZAM) 36 Uc 97
Villanueva de Bogas **E** (TOL) 90 Wc 110
Villanueva de Cameros **E** (RIO) 41 Xc 95
Villanueva de Campeán **E** (ZAM) 54 Ub 100
Villanueva de Cañedo **E** (SAL) 54 Ub 102
Villanueva de Carazo **E** (BUR) 40 We 97
Villanueva de Carrizo **E** (LEÓ) 18 Ub 93
Villanueva de Cauche **E** (MÁL) 151 Vd 127
Villanueva de Córdoba **E** (CÓRD) 122 Vc 119
Villanueva de Duero **E** (VALL) 55 Va 99
Villanueva de Gállego **E** (ZAR) 43 Zb 98
Villanueva de Gómez **E** (ÁVI) 73 Vb 103
Villanueva de Gormaz **E** (SOR) 58 Wf 100
Villanueva de Guadamajud **E** (CUE) 91 Xc 107
Villanueva de Gumiel **E** (BUR) 57 Wc 98
Villanueva de Henares **E** (PAL) 21 Vf 91
Villanueva de Jalón **E** (ZAR) 60 Yc 100
Villanueva de Jamuz **E** (LEÓ) 36 Ua 95
Villanueva de Jiloca **E** (ZAR) 61 Yd 102
Villanueva de la Barca = Vilanova de la Barca **E** (LLE) 46 Ae 98
Villanueva de la Cañada **E** (MAD) 74 Vf 106
Villanueva del Aceral **E** (ÁVI) 73 Va 102
Villanueva de la Concepción **E** (MÁL) 159 Vc 127
Villanueva de la Condesa **E** (VALL) 37 Uf 96
Villanueva de la Fuente **E** (CIU) 125 Xb 116
Villanueva de la Jara **E** (CUE) 111 Ya 112
Villanueva de la Nía **E** (CAN) 21 Vf 92
Villanueva de la Oca **E** (BUR) 23 Xb 92
Villanueva de la Peña **E** (CAN) 9 Ve 89
Villanueva de la Peña **E** (PAL) 20 Vc 92
Villanueva del Árbol **E** (LEÓ) 19 Uc 93
Villanueva de la Reina **E** (JAÉ) 137 Wa 120
Villanueva del Ariscal **E** (SEV) 148 Tf 124
Villanueva del Arzobispo **E** (JAÉ) 139 Wf 120
Villanueva de las Carretas **E** (BUR) 39 Wa 95
Villanueva de las Cruces **E** (HUEL) 133 Sf 123
Villanueva de la Serena **E** (BAD) 120 Ub 115
Villanueva de la Sierra **E** (CÁC) 86 Td 107
Villanueva de la Sierra **E** (ZAM) 34 Sf 96
Villanueva de las Manzanas **E** (LEÓ) 19 Ud 94
Villanueva de las Peras **E** (ZAM) 36 Ua 97
Villanueva de las Torres **E** (GRA) 153 Wf 123
Villanueva de las Tres Fuentes **E** (GUA) 78 Yb 106
Villanueva de la Tercia **E** (LEÓ) 19 Uc 91
Villanueva de la Torre **E** (GUA) 75 We 105
Villanueva de la Torre **E** (PAL) 21 Vd 91
Villanueva de la Vera **E** (CÁC) 87 Ud 108
Villanueva del Campillo **E** (ÁVI) 72 Ue 105
Villanueva del Campo **E** (ZAM) 37 Ud 97
Villanueva del Carnero **E** (LEÓ) 19 Uc 93
Villanueva del Condado **E** (LEÓ) 19 Ud 93
Villanueva del Conde **E** (SAL) 71 Tf 105
Villanueva del Duque **E** (CÓRD) 121 Uf 118
Villanueva del Fresno **E** (BAD) 118 Sf 118
Villanueva del Huerva **E** (ZAR) 61 Yf 100
Villanueva del Monte **E** (PAL) 20 Vc 93
Villanueva de Lónguida **E** (NAV) 25 Yd 92
Villanueva de los Caballeros **E** (VALL) 37 Ue 98

Villanueva de los Castillejos E (HUEL) 146 Se 124
Villanueva de los Corchos E (ZAM) 54 Ua 99
Villanueva de los Escuderos E (CUE) 92 Xe 108
Villanueva de los Infantes E (CIU) 124 Wf 116
Villanueva de los Infantes E (VALL) 56 Vd 98
Villanueva de los Montes E (BUR) 22 Wd 92
Villanueva de los Nabos E (PAL) 38 Vc 94
Villanueva de los Pavones E (SAL) 55 Ud 102
Villanueva del Pardillo E (MAD) 74 Wa 106
Villanueva del Rebollar E (PAL) 38 Vb 95
Villanueva del Rebollar de la Sierra E (TER) 79 Yf 103
Villanueva del Rey E (CÓRD) 136 Uf 119
Villanueva del Rey E (SEV) 150 Uf 123
Villanueva del Río E (PAL) 38 Vc 95
Villanueva del Río Segura E (MUR) 141 Ye 120
Villanueva del Río y Mina E (SEV) 135 Ub 123
Villanueva del Rosario E (MÁL) 151 Vd 127
Villanueva de Mesía E (GRA) 151 Vf 125
Villanueva de Odra E (BUR) 21 Vf 93
Villanueva de Omaña E (LEÓ) 18 Tf 92
Villanueva de Oscos E (AST) 5 Ta 89
Villanueva de Perales E (MAD) 89 Vf 106
Villanueva de Puerta E (BUR) 21 Wa 93
Villanueva de Río-Ubierna E (BUR) 39 Wb 94
Villanueva de San Carlos E (CIU) 123 Wa 117
Villanueva de San Juan E (SEV) 150 Ue 126
Villanueva de San Mancio E (VALL) 37 Uf 97
Villanueva de Sijena E (HUES) 45 Zf 98
Villanueva de Tapia E (MÁL) 151 Vd 125
Villanueva de Teba E (BUR) 22 Wf 93
Villanueva de Valdegoría E (ÁLA) 22 Wf 91
Villanueva de Valdueza E (LEÓ) 17 Tc 94
Villanueva de Valrojo E (ZAM) 35 Te 97
Villanueva de Viver E (CAS) 94 Zc 108
Villanueva de Zamajón E (SOR) 59 Xe 99
Villanueva la Blanca E (BUR) 22 Wc 91
Villanueva-Matamala E (BUR) 39 Wb 95
Villanuevas, Los - E (TER) 94 Zc 108
Villanueva Tobera E (BUR) 23 Xb 92
Villanueva y Geltrú = Vilanova i la Geltrú E (BAR) 65 Be 101
Villanuño de Valdavia E (PAL) 20 Vc 93
Villaño E (BUR) 22 Wf 91
Villaobispo E (ZAM) 36 Ua 96
Villaoliva de la Peña E (PAL) 20 Vb 92
Villaornate E (LEÓ) 36 Uc 95
Villapaderne E (CAN) 21 Vf 90
Villapadierna E (LEÓ) 19 Uf 92
Villapalacios E (ALB) 125 Xc 117
Villapanillo E (BUR) 22 Wd 91
Villapardillo E (JAÉ) 138 Wd 121
Villapeceñil E (LEÓ) 37 Uf 94
Villa Pepita E (HUES) 45 Aa 96
Villapérez E (AST) 6 Ua 88
Villapodambre E (LEÓ) 18 Ub 92
Villaprovedo E (PAL) 21 Vd 93
Villaproviano E (PAL) 20 Vc 94
Villapún E (PAL) 20 Vb 93
Villaquejida E (LEÓ) 36 Uc 96
Villaquilambre E (LEÓ) 19 Uc 93
Villaquirán de la Puebla E (BUR) 39 Vf 95
Villaquirán de los Infantes E (BUR) 39 Vf 95
Villar E (AST) 7 Ue 88
Villar E (CAN) 10 Wc 89
Villar E (CAN) 21 Ve 90
Villar E (CÓRD) 150 Uf 123
Villar E (SEG) 57 Wb 102
Villar E (VALL) 56 Vb 99
Villar, El - E (ALB) 111 Ya 114
Villar, El - E (ALM) 154 Xe 123
Villar, El - E (CIU) 123 Vf 117
Villar, El - E (HUEL) 133 Tb 122
Villar, El - E (RIO) 41 Xe 96
Villar, Es - E (BAL) 99 Da 109
Villaralbo E (ZAM) 54 Ub 100
Villaralto E (CÓRD) 121 Va 118
Villa Ramón E (TER) 79 Zc 103
Villarán E (BUR) 22 Wd 91
Villarán E (SEV) 148 Te 124
Villarana E (CÁD) 156 Te 129
Villa Raquel E (CAS) 80 Aa 106
Villarcayo E (BUR) 22 Wc 91
Villarcazo E (AST) 7 Ue 89
Villar de Acero E (LEÓ) 17 Tb 92
Villar de Argañán E (SAL) 70 Tb 104
Villar de Arnedo, El E (RIO) 41 Xf 95
Villar de Canes E (CAS) 80 Zf 106
Villar de Cantos E (CUE) 110 Xd 112
Villar de Cañas E (CUE) 91 Xc 110
Villar de Ciervo E (SAL) 70 Tb 104
Villar de Ciervos E (LEÓ) 35 Te 94
Villardeciervos E (ZAM) 35 Te 97
Villar de Cobeta E (GUA) 77 Xe 104
Villar de Corneja E (ÁVI) 72 Ud 106
Villar de Cuevas E (JAÉ) 138 Wb 121
Villar de Chinchilla E (ALB) 127 Yc 115
Villar de Domingo García E (CUE) 92 Xe 107
Villardefallaves E (ZAM) 37 Ud 97
Villar de Farfón E (ZAM) 36 Te 97
Villar de Flores E (SAL) 85 Tb 106
Villardefrades E (VALL) 55 Ue 98
Villar de Gallegos E (AST) 7 Ub 89
Villar de Gallimazo E (SAL) 72 Ue 103
Villar de Golfer E (LEÓ) 36 Te 94
Villar de Huergo E (AST) 7 Ue 88
Villar de la Encina E (CUE) 110 Xc 111
Villar del Águila E (CUE) 91 Xc 109
Villar del Ala E (SOR) 41 Xc 97
Villar del Arzobispo E (VAL) 94 Zb 110
Villar de las Traviesas E (LEÓ) 18 Td 92
Villar de la Yegua E (SAL) 70 Tb 104
Villar del Buey E (ZAM) 53 Te 101
Villar del Campo E (SOR) 41 Xf 98
Villar del Cobo E (TER) 78 Yb 106
Villar de Leche E (SAL) 72 Ub 105
Villar del Horno E (CUE) 91 Xd 108
Villar del Humo E (CUE) 93 Yc 109
Villar del Infantado E (CUE) 76 Xd 106
Villar del Maestre E (CUE) 92 Xd 108
Villar del Monte E (LEÓ) 35 Te 95
Villar del Olmo E (MAD) 90 We 106
Villar del Olmos E (VAL) 112 Yf 111
Villar de los Álamos E (SAL) 71 Tf 103
Villar de Los Barrios E (LEÓ) 17 Tc 93
Villar de los Navarros E (ZAR) 61 Yf 102
Villar del Pedroso E (CÁC) 87 Ue 110
Villar del Pozo E (CIU) 123 Wa 115
Villar del Puerto E (LEÓ) 19 Uc 91
Villar del Rey E (BAD) 104 Ta 114
Villar del Río E (SOR) 41 Xd 96
Villar del Salz E (TER) 78 Yc 104
Villar del Saz de Arcas E (CUE) 92 Xf 109
Villar del Saz de Navalón E (CUE) 92 Xd 108
Villar del Yermo E (LEÓ) 36 Ub 94
Villar de Matacabras E (ÁVI) 73 Uf 102
Villar de Maya E (SOR) 41 Xd 96
Villar de Mazarife E (LEÓ) 19 Ub 94
Villar de Olalla E (CUE) 92 Xe 108
Villar de Peralonso E (SAL) 71 Te 102
Villar de Plasencia E (CÁC) 86 Tf 108
Villar de Profeta E (SAL) 71 Tf 104
Villar de Rena E (BAD) 105 Ub 114
Villar de Samaniego E (SAL) 53 Td 102
Villar de San Pedro E (AST) 5 Ta 88
Villar de Santiago, El - E (LEÓ) 18 Te 91
Villar de Sobrepeña E (SEG) 57 Wb 101
Villar de Tejas E (VAL) 112 Yf 111
Villar de Torre E (RIO) 40 Xa 94
Villar de Ves E (ALB) 112 Ye 113
Villardeveyo E (AST) 7 Ub 88
Villar de Vildas E (AST) 18 Td 90
Villardiegua de la Ribera E (ZAM) 54 Te 99
Villardiegua del Nalso E (ZAM) 54 Tf 101
Villardiegua del Sierro E (ZAM) 54 Ub 101
Villárdiga E (ZAM) 37 Ud 98
Villardompardo E (JAÉ) 137 Vf 122
Villardondiego E (ZAM) 55 Ud 99
Villa-Real = Villarreal de los Infantes E (CAS) 95 Zf 109
Villarejo E (ALB) 126 Xf 117
Villarejo E (ÁVI) 73 Vb 106
Villarejo E (RIO) 40 Xa 94
Villarejo E (SAL) 53 Te 101
Villarejo E (SAL) 71 Td 106
Villarejo E (SEG) 57 Wc 101
Villarejo, El - E (TER) 93 Yc 107
Villarejo de Fuentes E (CUE) 91 Xb 110
Villarejo de la Peñuela E (CUE) 92 Xd 108
Villarejo de la Sierra E (ZAM) 35 Td 96
Villarejo del Espartal E (CUE) 91 Xd 107
Villarejo de los Olmos, El - E (TER) 78 Ye 103
Villarejo del Valle E (ÁVI) 88 Va 107
Villarejo de Medina E (GUA) 77 Xd 103
Villarejo de Montalbán E (TOL) 88 Vc 110
Villarejo de Órbigo E (LEÓ) 18 Ua 94
Villarejo de Salvanés E (MAD) 90 We 108
Villarejo-Periesteban E (CUE) 92 Xd 109
Villarejo Seco E (CUE) 92 Xd 109
Villarejo-Sobrehuerta E (CUE) 91 Xd 108
Villarente E (LEÓ) 19 Ud 93
Villareo E (HUEL) 147 Tc 125
Villares E (ALB) 126 Xf 118
Villares, Los - E 125 Xa 115
Villares, Los - E (CÓRD) 151 Ve 124
Villares, Los - E (GRA) 152 We 124
Villares, Los - E (JAÉ) 137 Vf 122
Villares, Los - E (JAÉ) 137 Wa 120
Villares, Los - E (JAÉ) 138 Wb 122
Villares, Los - E (TER) 94 Yf 108
Villares de Jadraque E (GUA) 58 Wf 102
Villares de la Reina E (SAL) 72 Uc 102
Villares del Saz E (CUE) 91 Xc 109
Villares de Órbigo E (LEÓ) 18 Ua 94
Villares de Soria, Los - E (SOR) 41 Xd 97
Villares de Yeltes E (SAL) 71 Td 103
Villargordo E (JAÉ) 138 Wb 121
Villargordo E (SAL) 53 Te 102
Villargordo E (SEV) 134 Td 123
Villargordo del Cabriel E (VAL) 112 Yd 111
Villargusán E (LEÓ) 18 Ua 91
Villarias E (BUR) 22 Wc 91
Villaricos E (ALM) 155 Yb 125
Villariezo E (BUR) 39 Wb 95
Villarijo E (SOR) 41 Xf 96
Villarín E (AST) 5 Ta 88
Villarín de Riello E (LEÓ) 18 Ua 92
Villarinho do Bairro P (Av) 67 Rc 106
Villarino E (LEÓ) 35 Tc 95
Villarino E (SAL) 53 Td 101
Villarino del Sil E (LEÓ) 18 Td 91
Villarino de Manzanas E (ZAM) 35 Td 97
Villarino de Sanabria E (ZAM) 35 Tc 96
Villarino Tras la Sierra E (ZAM) 53 Td 98
Villariño de Cebal E (ZAM) 35 Te 98
Villarluengo E (TER) 79 Zc 105
Villarmayor E (SAL) 71 Ua 102
Villarmentero E (BUR) 39 Wb 94
Villarmentero de Campos E (PAL) 38 Vd 95
Villarmentero de Esgueva E (VALL) 56 Vc 98
Villarmero E (BUR) 39 Wb 94
Villarmiel E (LUG) 17 Sf 94
Villarmienzo E (PAL) 20 Vb 93
Villarmor E (AST) 6 Te 88
Villarmuerto E (SAL) 53 Td 102
Villarmún E (LEÓ) 19 Ud 93
Villarn de Valdivia E (PAL) 21 Ve 92
Villarnera E (LEÓ) 36 Ua 94
Villa Román E (TOL) 90 Wc 109
Villa Rosa E (SAL) 71 Te 105
Villarquemado E (TER) 78 Ye 105
Villarrabé E (PAL) 38 Vb 94
Villarrabines E (LEÓ) 36 Uc 95
Villarramiel E (PAL) 37 Va 96
Villarrasa E (HUEL) 147 Tc 124
Villarraso E (SOR) 41 Xe 97
Villarratel E (LEÓ) 19 Ud 93
Villarreal E (BAD) 118 Se 116
Villarreal E (MUR) 155 Yc 123
Villarreal de Huerva E (ZAR) 61 Ye 101
Villarreal de la Canal E (HUES) 26 Za 93
Villarreal de los Infantes = Vila-real E (CAS) 95 Zf 109
Villarreal de San Carlos E (CÁC) 86 Tf 109
Villarrica E (RIO) 23 Xb 94
Villarrín de Campos E (ZAM) 36 Uc 98
Villarrín del Páramo E (LEÓ) 36 Ub 94
Villarroañe E (LEÓ) 19 Uc 94
Villarrobejo E (PAL) 20 Vb 94
Villarrobledo E (ALB) 110 Xc 113
Villarrodrigo E (JAÉ) 125 Xc 118
Villarrodrigo de las Regueras E (LEÓ) 19 Uc 93
Villarrodrigo de la Vega E (PAL) 20 Vb 94
Villarrodrigo de Ordás E (LEÓ) 18 Ub 92
Villarroquel E (LEÓ) 18 Ub 92
Villarroya E (RIO) 41 Xf 96
Villarroya de la Sierra E (ZAR) 60 Yb 100
Villarroya del Campo E (ZAR) 61 Ye 102
Villarroya de los Pinares E (TER) 79 Zb 105
Villarrubia E (CÓRD) 136 Va 121
Villarrubia de los Ojos E (CIU) 109 Wc 113
Villarrubia de Santiago E (TOL) 90 Wd 109
Villarrubio E (CUE) 91 Xa 109
Villarrué E (HUES) 28 Ad 94
Villarta E (CUE) 111 Yc 112
Villarta de Escalona E (TOL) 89 Vd 108
Villarta de los Montes E (BAD) 107 Vb 113
Villarta de San Juan E (CIU) 109 Wd 113
Villarta-quintana E (RIO) 22 Wf 94
Villartorey E (AST) 5 Tb 88
Villartoso E (SOR) 41 Xd 96
Villas, las - E (VAL) 95 Aa 108
Villasabariego E (LEÓ) 19 Ud 93
Villasabariego de Ucieza E (PAL) 38 Vc 94
Villasana de Mena E (BUR) 22 We 90
Villasandino E (BUR) 39 Vf 94
Villasante E (BUR) 22 Wd 90
Villasarracino E (PAL) 38 Vd 94
Villasayas E (SOR) 59 Xc 100
Villasbuenas E (SAL) 53 Tc 102
Villasbuenas de Gata E (CÁC) 85 Tc 107
Villasdardo E (SAL) 71 Tf 102
Villaseca E (CUE) 92 Xe 107
Villaseca E (RIO) 23 Xa 93
Villaseca E (SEG) 57 Wb 101
Villaseca Bajera E (SOR) 41 Xd 96
Villaseca de Arciel E (SOR) 59 Xd 102
Villaseca de Henares E (GUA) 76 Xb 103
Villaseca de Laciana E (LEÓ) 18 Te 91
Villaseca de la Sagra E (TOL) 89 Wa 109
Villaseca de la Sobarriba E (LEÓ) 19 Ud 93
Villaseca de Uceda E (GUA) 75 Wd 104
Villaseca Somera E (SOR) 41 Xd 96
Villaseco E (ZAM) 54 Ua 100
Villaseco de los Gamitos E (SAL) 71 Tf 102
Villaseco de los Reyes E (SAL) 53 Te 102
Villaselán E (LEÓ) 20 Uf 93
Villaselva E (SAL) 72 Ub 102
Villasequilla de Yepes E (TOL) 90 Wb 109
Villasevil E (CAN) 9 Wa 89
Villasexmir E (VALL) 55 Uf 99
Villasidro E (BUR) 21 Vf 94
Villasila de Valdavia E (PAL) 20 Vc 93
Villasilos E (BUR) 38 Vf 95
Villasimpliz E (LEÓ) 19 Uc 91
Villasinta E (LEÓ) 19 Uc 93
Villasola E (AST) 7 Ub 89
Villasparra E (SEV) 149 Uc 123
Villasrubias E (SAL) 85 Tc 106
Villastar E (TER) 93 Yf 107
Villasur E (PAL) 20 Vb 93
Villasur de Herreros E (BUR) 40 Wd 95
Villasuso E (CAN) 9 Vf 89
Villasuso de Mena E (BUR) 22 We 90
Villas-Viejas E (CUE) 91 Xb 109
Villategil E (AST) 5 Tc 90
Villa Teresa E (VAL) 113 Zc 112
Villátima E (PAL) 37 Va 95
Villatobas E (TOL) 90 We 109
Villatomil E (BUR) 22 Wd 91
Villatoquite E (PAL) 38 Vb 95
Villatoro E (ÁVI) 73 Uf 105
Villatoro E (BUR) 39 Wb 94
Villatoya E (ALB) 112 Yd 112
Villa Trene E (HUEL) 147 Tc 125
Villatresmil E (AST) 6 Td 88
Villatuelda E (BUR) 39 Wa 98
Villatuerta E (NAV) 24 Ya 93
Villaturde E (PAL) 38 Vb 94
Villaturiel E (LEÓ) 19 Ud 93
Villaumbrales E (PAL) 38 Vc 96
Villa Urrutia E (TAR) 64 Ba 101
Villaute E (BUR) 21 Wa 93
Villava E (NAV) 25 Yc 92
Villavaler E (AST) 6 Te 88
Villavaliente E (ALB) 112 Yd 114
Villavante E (LEÓ) 18 Ub 94
Villavaquerín E (VALL) 56 Vd 98
Villavaser E (AST) 5 Tc 89
Villavedeo E (BUR) 22 Wd 91
Villavedón E (BUR) 21 Vf 93
Villavega E (PAL) 20 Vd 94
Villavega de Aguilar E (PAL) 21 Ve 91
Villavega de Micieces E (PAL) 20 Vd 92
Villavega de Ojeda E (PAL) 20 Vd 92
Villavelasco de Valderaduey E (LEÓ) 20 Va 93
Villavelayo E (RIO) 40 Xa 96
Villavellid E (VALL) 55 Ue 98
Villavendimio E (ZAM) 55 Ud 99
Villavente E (LEÓ) 19 Uc 93
Villaventín E (BUR) 22 Wd 90
Villaverde E (ÁLA) 23 Xc 93
Villaverde E (ALB) 125 Xd 116
Villaverde E (AST) 7 Uc 87
Villaverde E (AST) 7 Uf 89
Villaverde E (ÁVI) 73 Va 104
Villaverde E (MAD) 90 Wb 106
Villaverde E (MAD) 90 We 108
Villaverde E (PALM) 175 II E 2
Villaverde de Abajo E (LEÓ) 19 Uc 92
Villaverde de Arcayos E (LEÓ) 20 Uf 93
Villaverde de Arriba E (LEÓ) 19 Uc 92
Villaverde de Guadalimar E (ALB) 125 Xc 118
Villaverde de Guareña E (SAL) 54 Uc 102
Villaverde de Íscar E (SEG) 56 Vc 101
Villaverde de la Abadía E (LEÓ) 17 Tb 93
Villaverde de la Cuerna E (LEÓ) 19 Ud 90
Villaverde del Ducado E (SOR) 76 Xd 102
Villaverde del Monte E (BUR) 39 Wb 96
Villaverde del Monte E (SOR) 41 Xb 98
Villaverde del Río E (SEV) 148 Ua 123
Villaverde de Medina E (VALL) 55 Uf 101
Villaverde de Montejo E (SEG) 57 Wc 99
Villaverde de Pontones E (CAN) 10 Wb 88
Villaverde de Rioja E (RIO) 40 Xb 95
Villaverde de Sandoval E (LEÓ) 19 Ud 94
Villaverde de Volpejera E (PAL) 38 Vc 95
Villaverde la Chiquita E (LEÓ) 19 Ue 93
Villaverde-Mogina E (BUR) 39 Vf 96
Villaverde-Peñahorada E (BUR) 22 Wb 94
Villaverde y Pasaconsol E (CUE) 92 Xe 110
Villaveta E (BUR) 38 Vf 94
Villaveta E (NAV) 25 Yd 92
Villaveza del Agua E (ZAM) 36 Ub 97
Villaveza de Valverde E (ZAM) 36 Ua 97
Villaviad E (CAN) 10 Wd 88
Villavicencio de los Caballeros E (VALL) 37 Ue 96
Villaviciosa E (AST) 7 Ud 88
Villaviciosa E (ÁVI) 73 Va 105
Villaviciosa de Córdoba E (CÓRD) 136 Uf 120
Villaviciosa de la Ribera E (LEÓ) 18 Ua 93
Villaviciosa de Odón E (MAD) 89 Wa 106
Villaviciosa de Tajuña E (GUA) 76 Xa 104
Villavidel E (LEÓ) 19 Uc 94
Villavieja E (CAS) 95 Ze 109
Villavieja del Cerro E (VALL) 55 Uf 99
Villavieja del Lozoya E (SEG) 75 Wb 102
Villavieja de Muñó E (BUR) 39 Wa 95
Villavieja de Yeltes E (SAL) 71 Td 103
Villavite E (LUG) 16 Sc 91
Villaviudas E (PAL) 38 Vd 97
Villayandre E (LEÓ) 19 Uf 91
Villayerno Morquillas E (BUR) 39 Wc 94
Villayón E (AST) 5 Tb 88
Villayuso E (CAN) 9 Vf 89
Villayuste E (LEÓ) 18 Ua 92
Villazanzo de Valderaduey E (LEÓ) 20 Va 93
Villazón E (AST) 6 Te 88
Villazopeque E (BUR) 39 Vf 95
Villec E (LLE) 29 Be 94
Villegas E (BUR) 21 Vf 94
Villegas o Mardos E (ALB) 127 Yc 117
Villeguillo E (SEG) 56 Vc 101
Villel E (TER) 93 Ye 107
Villela E (BUR) 21 Ve 92
Villel de Mesa E (GUA) 60 Ya 102
Villelga E (PAL) 37 Va 95
Villemar E (PAL) 37 Va 95
Villena E (ALI) 128 Za 117
Villerías de Campos E (PAL) 37 Va 97
Villeza E (LEÓ) 37 Ue 95
Villiguer E (LEÓ) 19 Ud 93
Villimar E (BUR) 39 Wc 94
Villimer E (LEÓ) 19 Ud 93
Villivañe E (LEÓ) 36 Uc 94
Villobas E (HUES) 26 Ze 94
Villodas E (ÁLA) 23 Xb 91
Villodre E (PAL) 38 Ve 95
Villodrigo E (PAL) 39 Vf 96
Villoldo E (PAL) 38 Vc 95
Villomar E (LEÓ) 19 Ud 93
Villora E (CUE) 93 Yc 110
Villorejo E (BUR) 39 Wa 94
Villores E (CAS) 80 Ze 104
Villoria E (AST) 7 Uc 89
Villoria E (SAL) 72 Ud 103
Villoria de Buenamadre E (SAL) 71 Te 103
Villoria de Órbigo E (LEÓ) 36 Ua 94
Villorobe E (BUR) 40 We 95
Villorquite de Herrera E (PAL) 20 Vd 94
Villorquite del Páramo E (PAL) 20 Vb 93
Villoruela E (SAL) 72 Ud 102
Villosilla de la Vega E (PAL) 20 Vb 93
Villosino E (SAL) 54 Tf 102
Villoslada E (SEG) 74 Vd 103
Villoslada de Cameros E (RIO) 41 Xb 96
Villota del Duque E (PAL) 20 Vc 94
Villota del Páramo E (PAL) 20 Va 93
Villotilla E (PAL) 38 Vb 94
Villovela de Esgueva E (BUR) 39 Wa 98
Villovela de Pirón E (SEG) 57 Vf 102
Villoviado E (BUR) 39 Wb 97
Villovieco E (PAL) 38 Vd 95
Villsfranqueza E (ALI) 128 Zd 118
Villusto E (BUR) 21 Vf 93
Vimbodí E (TAR) 64 Ba 100
Vimeiro P (Le) 100 Qf 112
Vimeiro P (Li) 100 Qe 113
Vimieira P (Av) 68 Rd 106
Vimieiro P (Év) 117 Sa 116
Vimieiro P (Sa) 102 Rf 111
Vimieiro P (Vi) 68 Rf 106
Vimioso P (Ba) 53 Tc 99
Vinaceite E (TER) 62 Zc 101
Vinaderos E (ÁVI) 73 Vb 102
Vinaixa E (LLE) 64 Af 100
Vinalesa E (VAL) 113 Zd 111
Vinallop E (TAR) 81 Ad 104
Vinaròs E (CAS) 81 Ac 106
Vinaroz = Vinaròs E (CAS) 81 Ac 106
Vindel E (CUE) 77 Xd 105
Vinebre E (TAR) 63 Ad 101
Vingalis E (TAR) 63 Ad 101
Vinhais P (Ba) 34 Sf 97
Vinhal P (Vi) 68 Sa 105
Vinhas P (Ba) 53 Tb 99
Vinháticos, Pousada dos - P (Ma) 166 I B 2
Vinheiros P (Por) 51 Rf 101
Vinho P (Co) 83 Sa 107
Vinhó P (Gu) 69 Sc 106
Vinhos P (Br) 51 Re 100
Vinhos P (VR) 51 Sa 101
Viniegra de Abajo E (RIO) 40 Xa 96
Viniegra de Arriba E (RIO) 40 Xb 96
Vin Roma E (BAL) 99 Da 110
Vinseiro E (PON) 15 Rd 92
Vinuesa E (SOR) 40 Xb 97
Vinyoles d'Orís E (BAR) 48 Cb 96
Vinyoleta, Sa - E (BAL) 99 Cf 112
Vinyols i Arcs E (TAR) 64 Ba 102
Viña E (COR) 3 Rf 89
Viña de Dios E (CÁD) 157 Tf 128
Viña de Raja E (MUR) 141 Ye 123

Viñas **E** (COR) 3 Re 89
Viñas **E** (ZAM) 35 Td 98
Viñas, Las - **E** (GRA) 153 Wf 124
Viñaspre **E** (ÁLA) 23 Xd 93
Viñegra **E** (ÁVI) 73 Uf 104
Viñegra de Moraña **E** (ÁVI) 73 Va 103
Viñicas, Las - **E** (ALM) 154 Xf 126
Viñols y Archs = Vinyols i Arcs **E** (TAR) 64 Ba 102
Viñón **E** (AST) 7 Ud 88
Viñón **E** (CAN) 8 Vc 89
Viñós **E** (COR) 15 Rf 91
Viñuela **E** (CIU) 122 Ve 116
Viñuela **E** (MÁL) 160 Vf 127
Viñuela, La - **E** (CÓRD) 137 Vc 120
Viñuela, La - **E** (JAÉ) 138 We 122
Viñuela de Sayago **E** (ZAM) 54 Ua 101
Viñuelas **E** (GUA) 75 Wd 104
Viñuelas **E** (VAL) 112 Yf 113
Viñuelas de Enmedio **E** (CÁC) 86 Te 108
Vio **E** (HUES) 27 Aa 93
Violeiro **P** (CB) 84 Sc 108
Vioño **E** (CAN) 9 Wa 88
Viquejos **E** (MUR) 155 Yc 123
Virgala Mayor **E** (ÁLA) 23 Xd 92
Virgala Menor **E** (ÁLA) 23 Xd 92
Virgen de Gracia **E** (CAS) 95 Zf 109
Virgen de la Cabeza **E** (JAÉ) 137 Vf 119
Virgen de la Columna **E** (ZAR) 61 Zb 99
Virgen de la Encina **E** (JAÉ) 138 Wb 119
Virgen del Camino, La - **E** (LEÓ) 19 Uc 93
Virgen del Llosar **E** (CAS) 80 Ze 106
Virgen del Rocío **E** (SEV) 149 Ub 124
Virgili **E** (TAR) 65 Bc 102
Viris **E** (LUG) 4 Sb 90
Virtelo **P** (VC) 32 Re 96
Virtudes **P** (Li) 101 Rb 114
Virtudes, Las - **E** (ALI) 128 Za 117
Vis **E** (AST) 8 Uf 89
Visalibons **E** (HUES) 28 Ad 94
Visantoña **E** (COR) 15 Rf 91
Viscarret-Guerendiáin **E** (NAV) 25 Yd 91
Viseu **P** (Vi) 68 Sa 105
Viseus **P** (Be) 131 Sa 123
Visiedo **E** (TER) 78 Yf 104
Viso **E** (PON) 32 Rc 95
Viso **P** (VC) 32 Ra 98
Viso, El - **E** (ALB) 111 Yb 114
Viso, El - **E** (ALB) 112 Ye 113
Viso, El - **E** (ALB) 126 Yb 116
Viso, El - **E** (OUR) 33 Rf 95
Viso, El **E** (CÓRD) 121 Va 118
Viso del Alcor, El **E** (SEV) 149 Ub 124
Viso del Marqués **E** (CIU) 124 Wc 117
Viso dos Eidos **E** (PON) 32 Ra 97
Vista Alegre **E** (BAL) 97 Bb 115
Vista Alegre **E** (HUEL) 133 Tc 122
Vista Alegre **E** (JAÉ) 138 Wc 119
Vista Alegre **P** (Av) 67 Rb 105
Vistabella **E** (TAR) 64 Bb 101
Vistabella **E** (ZAR) 61 Yf 101
Vistabella del Maestrat **E** (CAS) 95 Ze 107
Vista Hermosa **E** (ALI) 128 Zd 118
Vistahermosa **E** (CÁD) 156 Te 129
Vista-Hermosa **E** (SAL) 71 Td 104
Vistahermosa **E** (SAL) 72 Ub 103
Vistalegre **E** (ALB) 111 Yb 114
Vita **E** (ÁVI) 73 Uf 104
Vita, La - **E** (AST) 7 Ue 88
Vite **E** (MUR) 141 Yd 120
Vites **E** (JAÉ) 140 Xd 120
Vitigudino **E** (SAL) 71 Td 102
Vitória **P** (Aç) 168 Wf 114
Vitoria-Gasteiz **E** (ÁLA) 23 Xb 91
Vitoriano **E** (ÁLA) 23 Xb 91
Vitorino das Donas **P** (VC) 32 Rc 98
Vitorino dos Piães **P** (VC) 50 Rc 98
Viu **E** (HUES) 27 Ac 94
Viu **E** (HUES) 27 Zf 93
Viudas, Las - **E** (ALM) 163 Xd 127
Viu de Llevata **E** (LLE) 28 Ae 94
Viure = Biure d'Empordà **E** (GIR) 31 Cf 94
Viúvas **P** (Be) 145 Sa 123
Vivancos, Los - **E** (MUR) 142 Ye 123
Vivar de Fuentidueña **E** (SEG) 57 Vf 100
Vivar del Cid **E** (BUR) 39 Wb 94
Vivares **E** (BAD) 105 Ua 114
Viveda **E** (CAN) 9 Vf 88
Viveiro **E** (LUG) 4 Sc 87
Viveiro **E** (OUR) 33 Sa 95
Viveiro **P** (VR) 51 Sb 98
Vivel del Río Martín **E** (TER) 79 Za 103
Vivente **E** (COR) 3 Re 89
Vivenzo **E** (OUR) 33 Re 95
Viver **E** (BAR) 47 Be 97
Viver **E** (CAS) 94 Zc 109
Viver de la Sierra **E** (ZAR) 60 Yc 100
Viver de Segarra **E** (LLE) 47 Bc 98
Viver de Vicort **E** (ZAR) 60 Yd 100
Viveros **E** (ALB) 125 Xc 116
Viveros, Los - **E** (MAD) 75 Wc 106
Viveros, Los - **E** (SEV) 134 Tf 122
Vivinera **E** (ZAM) 53 Te 98
Vizcaíno **E** (ALM) 155 Yb 124
Vizcaínos **E** (BUR) 40 We 96
Vizcota **E** (VAL) 94 Yf 109
Vizela **P** (Br) 50 Re 100
Vizmalo **E** (BUR) 39 Vf 96
Vizmanos **E** (SOR) 41 Xd 96
Viznar **E** (GRA) 152 Wc 125
Vizoño **E** (COR) 3 Re 89
Voces **E** (LEÓ) 17 Tb 94
Vola, la - **E** (BAR) 48 Cc 96
Voladilla Alta **E** (MÁL) 165 Uf 130
Voladores, Los - **E** (JAÉ) 125 Xd 119
Voloriu **E** (LLE) 46 Bc 95
Voltes, les - **E** (TAR) 64 Af 101
Vouzela **P** (Vi) 68 Rf 104
Vozmediano **E** (LEÓ) 19 Ue 91
Vozmediano **E** (SOR) 42 Ya 97
Voznuevo **E** (LEÓ) 19 Ue 91
Vozpornoche **E** (CAN) 9 Wa 90
Vreia de Jales **P** (VR) 51 Sc 100
Vueltas **E** (TEN) 172 II B 2
Vueltas, Las - **E** (ÁVI) 73 Va 106
Vulpellac **E** (GIR) 49 Da 97
Vulpellach = Vulpellac **E** (GIR) 49 Da 97

W

Wamba **E** (VALL) 55 Va 98

X

Xaba **E** (OUR) 34 Sf 95
Xabarlinar, Es - **E** (BAL) 99 Da 112
Xàbia **E** (ALI) 129 Aa 116
Xalamera **E** (TAR) 81 Ac 103
Xalet Serra **E** (LLE) 47 Bd 96
Xallas **E** (COR) 14 Ra 91
Xamirás (Acebedo del Río) **E** (OUR) 33 Rf 96
Xanceda **E** (COR) 3 Re 90
Xares **E** (OUR) 34 Ta 95
Xarraminha **P** (Év) 131 Re 119
Xàtiva **E** (VAL) 113 Zc 115
Xavestre **E** (COR) 15 Rc 91
Xemena, Na **E** (BAL) 97 Bc 114
Xeraco **E** (VAL) 114 Ze 114
Xerallo **E** (LLE) 28 Af 94
Xercuns **E** (TAR) 63 Ad 101
Xeresa **E** (VAL) 114 Ze 114
Xerez de Baixo **P** (Év) 118 Sd 118
Xermar **E** (LUG) 4 Sc 89
Xermeade **E** (OUR) 145 Sa 97
Xert **E** (CAS) 80 Aa 105
Xerta **E** (TAR) 81 Ac 103
Xertelo **P** (VR) 33 Rf 98
Xesta **E** (PON) 32 Rd 94
Xestal **E** (COR) 3 Rf 89
Xesteda **E** (COR) 3 Rc 90
Xesteira **E** (PON) 15 Rc 94
Xestosa **E** (OUR) 33 Sa 95
Xestoselo **E** (LUG) 4 Sa 89
Xestoso (Santa María) **E** (COR) 4 Sa 88
Xeve **E** (PON) 15 Rc 94
Xia **E** (LUG) 16 Sa 90
Xián **E** (LUG) 16 Sb 92
Xil **E** (PON) 15 Rb 94
Ximeno **P** (Fa) 145 Sa 124
Xindri, La - **E** (BAL) 97 Bd 116
Xinorlet, el **E** (ALI) 128 Za 118
Xinzo **E** (PON) 15 Rc 93
Xinzo da Costa **E** (OUR) 34 Sc 95
Xinzo de Limia **E** (OUR) 33 Sb 96
Xiquena **E** (MUR) 140 Ya 122
Xirazga **E** (OUR) 15 Re 94
Xirivella **E** (VAL) 113 Zd 112
Xironda **E** (OUR) 33 Sc 97
Xistau **E** (HUES) 27 Ab 93
Xisto **P** (VC) 50 Rb 99
Xixona **E** (ALI) 128 Zc 117
Xocín **E** (OUR) 33 Sc 95
Xornes **E** (COR) 2 Rb 89
Xove **E** (LUG) 4 Sc 86
Xubia **E** (COR) 3 Rf 87
Xubial **E** (COR) 15 Rf 91
Xubín (Cenlle) **E** (OUR) 33 Rf 94
Xudán **E** (LUG) 4 Se 89
Xufres **E** (COR) 14 Ra 93
Xuncedo **E** (COR) 3 Re 88
Xunqueira de Ambía **E** (OUR) 33 Sb 95
Xunqueira de Espadañedo **E** (OUR) 33 Sc 95
Xusaos **E** (LUG) 16 Se 92
Xustáns **E** (PON) 32 Rc 94
Xustás **E** (LUG) 4 Sd 89
Xuvencos **E** (LUG) 16 Sc 93

Y

Yábar **E** (NAV) 24 Ya 91
Yaben **E** (NAV) 24 Yb 91
Yaiza **E** (PALM) 176 B 4
Yanci **E** (NAV) 12 Yb 89
Yanguas **E** (SOR) 41 Xd 96
Yanguas de Eresma **E** (SEG) 56 Ve 102
Yano **E** (AST) 7 Ue 89
Yárnoz **E** (NAV) 25 Yc 92
Yaso **E** (HUES) 44 Zf 95
Yátor **E** (GRA) 153 Wf 127
Yátova **E** (VAL) 113 Zb 112
Ye **E** (PALM) 176 D 2
Yeba **E** (HUES) 27 Aa 93
Yébenes, Los **E** (TOL) 108 Wa 111
Yebes **E** (GUA) 76 Wf 105
Yebra **E** (GUA) 91 Xa 106
Yebra **E** (LEÓ) 35 Tb 94
Yebra de Basa **E** (HUES) 26 Ze 94
Yecla **E** (MUR) 127 Yf 117
Yecla de Yeltes **E** (SAL) 71 Td 103
Yécora **E** (ÁLA) 23 Xd 93
Yéchar **E** (MUR) 141 Yc 122
Yéchar **E** (MUR) 141 Yd 120
Yedra, La - **E** (ALM) 154 Xf 125
Yedra, La - **E** (JAÉ) 138 Wa 123
Yedra, La - **E** (PALM) 174 I C 2
Yegen **E** (GRA) 153 Wf 127
Yegua Alta, La - **E** (ALM) 154 Xe 123
Yegua Baja, La - **E** (ALM) 154 Xe 123
Yeguarizas, Las - **E** (ALB) 126 Xe 117
Yegüerizas **E** (JAÉ) 137 Ve 120
Yela **E** (GUA) 76 Xb 104
Yélamos de Abajo **E** (GUA) 76 Xa 105
Yélamos de Arriba **E** (GUA) 76 Xa 105
Yelbes **E** (BAD) 120 Tf 115
Yeles **E** (TOL) 89 Wb 108
Yelo **E** (SOR) 59 Xc 101
Yelz **E** (NAV) 25 Yc 92
Yémeda **E** (CUE) 93 Yb 110
Yepes **E** (TOL) 90 Wc 109
Yéqueda **E** (HUES) 44 Zd 95
Yera **E** (CAN) 9 Wb 90
Yermo **E** (CAN) 9 Vf 89
Yernes **E** (AST) 6 Tf 89
Yesa **E** (NAV) 25 Ye 93
Yesa, La **E** (VAL) 94 Za 109
Yesal, El - **E** (RIO) 42 Ya 96
Yesares, Los - **E** (ALB) 111 Yb 114
Yésero **E** (HUES) 26 Ze 93
Yesos, Los - **E** (ALM) 154 Xe 126
Yesos, Los - **E** (GRA) 161 We 128
Yéspola **E** (HUES) 44 Zd 94
Yeste **E** (ALB) 125 Xe 118
Yeste **E** (HUES) 26 Zb 94
Yetas de Abajo **E** (ALB) 140 Xe 119
Yosa **E** (HUES) 27 Zf 93
Yosa de Sobremonte **E** (HUES) 26 Zd 93
Yuba **E** (SOR) 59 Xd 101
Yudego **E** (BUR) 39 Vf 94
Yugo, El **E** (CÁD) 157 Ua 128
Yugueros **E** (LEÓ) 19 Ue 92
Yuncler **E** (TOL) 89 Wa 108
Yuncos **E** (TOL) 89 Wa 108
Yunquera **E** (MÁL) 159 Va 128
Yunquera, La - **E** (ALB) 126 Xe 115
Yunquera de Henares **E** (GUA) 75 We 104
Yunta, La **E** (GUA) 78 Yb 103
Yurre **E** (ÁLA) 23 Xb 91

Z

Zábal **E** (NAV) 24 Xf 92
Zabala-Belendiz **E** (VIZ) 11 Xc 89
Zabalate = Portilla **E** (ÁLA) 23 Xa 92
Zabalceta **E** (NAV) 25 Yc 92
Zabaldica **E** (NAV) 25 Yc 91
Zabalegui **E** (NAV) 25 Yc 92
Zabalza **E** (NAV) 24 Yb 92
Zabalza **E** (NAV) 25 Yd 92
Zabalza **E** (NAV) 25 Ye 92
Zabalza = Arraiza **E** (NAV) 24 Yb 92
Zabárrula **E** (RIO) 40 Wf 94
Zaé **E** (VAL) 94 Yf 110
Zael **E** (BUR) 39 Wb 96
Zaén de Abajo **E** (MUR) 140 Xf 119
Zaén de Arriba **E** (MUR) 140 Xf 119
Zafara **E** (ZAM) 53 Te 100
Zafarraya **E** (GRA) 151 Vf 127
Zafra **E** (ALI) 128 Za 118
Zafra **E** (BAD) 119 Td 118
Zafra, La - **E** (ALI) 128 Za 116
Zafra, La - **E** (CÁC) 104 Te 113
Zafra de Záncara **E** (CUE) 91 Xc 109
Zafrilla **E** (CUE) 93 Yc 107
Zafrón **E** (SAL) 71 Tf 102
Zafroncino **E** (SAL) 54 Tf 102
Zagra **E** (GRA) 151 Ve 125
Zagrilla **E** (CÓRD) 151 Ve 124
Zahán, El **E** (JAÉ) 137 Ve 121
Zahara **E** (CÁD) 158 Ud 128
Zahara de los Atunes **E** (CÁD) 164 Ua 132
Zahariche **E** (SEV) 149 Ud 124
Zahinos **E** (BAD) 118 Ta 119
Zahora **E** (CÁD) 164 Tf 131
Zahora, La **E** (GRA) 152 Wa 126
Zaida, La **E** (ZAR) 62 Zd 101
Zaidín **E** (HUES) 63 Ab 99
Zaita = Azaceta **E** (ÁLA) 23 Xd 92
Zaitegi = Záitegui **E** (ÁLA) 23 Xb 91
Záitegui **E** (ÁLA) 23 Xb 91
Zaláin **E** (NAV) 12 Yb 89
Zalamea de la Serena **E** (BAD) 120 Uc 117
Zalamea la Real **E** (HUEL) 133 Tc 122
Zalamillas **E** (LEÓ) 37 Ud 95
Zalba **E** (NAV) 25 Yd 91
Zaldibar **E** (VIZ) 11 Xc 89
Zaldibia = Zaldivia **E** (GUI) 24 Xf 90
Zaldierna **E** (RIO) 40 Wf 95
Zaldivia **E** (GUI) 24 Xf 90
Zalduendo **E** (BUR) 39 Wd 94
Zalduondo **E** (ÁLA) 23 Xd 91
Zalea **E** (MÁL) 159 Vb 128
Zalengas **E** (VALL) 37 Ue 97
Zamadueñas **E** (VALL) 56 Vb 98
Zamajón **E** (SOR) 59 Xd 99
Zamáns **E** (PON) 32 Rb 96
Zamarra **E** (SAL) 71 Td 105
Zamarra **E** (SEV) 149 Ud 127
Zamarramala **E** (SEG) 74 Vf 103
Zamayón **E** (SAL) 54 Ub 102
Zambra **E** (CÓRD) 151 Vd 124
Zambrana **E** (ÁLA) 23 Xa 93
Zambroncinos **E** (SAL) 36 Ub 95
Zambujal **P** (Be) 146 Sc 123
Zambujal **P** (Co) 82 Rc 107
Zambujal **P** (Co) 83 Rd 108
Zambujal **P** (Fa) 145 Rf 125
Zambujal **P** (Fa) 146 Sb 124
Zambujal **P** (Le) 83 Rd 110
Zambujal **P** (Le) 100 Qf 112
Zambujal **P** (Li) 115 Qf 115
Zambujal **P** (Se) 116 Rb 117
Zambujal de Baixo **P** (Se) 115 Qf 118
Zambujal de Cima **P** (Se) 115 Qf 118
Zambujal do Conde **P** (Év) 117 Sa 118
Zambujeira **P** (Be) 130 Rb 122
Zambujeira **P** (Be) 130 Rd 123
Zambujeira do Mar **P** (Be) 144 Rb 123
Zambujeiras **P** (Be) 130 Rc 122
Zambujeiro **P** (Co) 82 Rc 107
Zambujeiro **P** (Év) 117 Sb 118
Zambujeiro **P** (Év) 117 Sc 117
Zambujeiro **P** (Fa) 144 Rb 124
Zamocino **E** (SAL) 54 Ub 101
Zamora **E** (JAÉ) 152 Wd 123
Zamora **E** (ZAM) 54 Ub 99
Zamoranos **E** (CÓRD) 151 Ve 123
Zamudio **E** (VIZ) 11 Xa 89
Zancarrones, Los - **E** (MUR) 141 Yd 120
Zandio **E** (NAV) 25 Yc 91
Zangajito **E** (CÁC) 86 Td 108
Zanjas, Las - **E** (ALM) 154 Xd 124
Zanona **E** (CÁD) 164 Ub 131
Zanzabornín **E** (AST) 7 Ub 87
Zañartu **E** (GUI) 23 Xd 90
Zaorejas **E** (GUA) 77 Xe 104
Zapardiel de la Cañada **E** (ÁVI) 72 Ue 105
Zapardiel de la Ribera **E** (ÁVI) 87 Ue 106
Zapata **E** (ÁVI) 72 Ue 106
Zapateras, Las - **E** (BAD) 120 Tf 116
Zapateros **E** (ALB) 125 Xc 117
Zapillo, El **E** (HUEL) 147 Tb 124
Zapillo, El **E** (SEV) 149 Ud 123
Zárabes **E** (SOR) 59 Xe 99
Zaragoza **E** (ZAR) 61 Za 99
Zaramillo **E** (VIZ) 11 Wf 89
Zarapicos **E** (SAL) 71 Ua 102
Zaratamo **E** (VIZ) 11 Xa 89
Zaratán **E** (SAL) 72 Ub 102
Zaratán **E** (VALL) 56 Vb 99
Zárate **E** (ÁLA) 23 Xb 91
Zarate = Zárate **E** (ÁLA) 23 Xb 91
Zarautz **E** (GUI) 12 Xf 89
Zarcilla de Ramos **E** (MUR) 141 Ya 121
Zaricejo, El - **E** (ALI) 128 Za 117
Zarikola **E** (GUI) 12 Xf 89
Zarimutz = Zarimuz **E** (GUI) 23 Xc 90
Zarimuz **E** (GUI) 23 Xc 90
Zariquiegui **E** (NAV) 24 Yb 92
Zariquieta **E** (NAV) 25 Ye 92
Zarra **E** (VAL) 112 Yf 114
Zarracós **E** (OUR) 33 Sa 95
Zarranz **E** (NAV) 24 Yb 91
Zarratón **E** (RIO) 23 Xa 93
Zarza, La - **E** (ALB) 126 Xf 116
Zarza, La - **E** (ÁVI) 87 Uc 107
Zarza, La - **E** (CÓRD) 150 Vb 123
Zarza, La - **E** (MUR) 127 Yf 119
Zarza, La - **E** (MUR) 141 Yd 121
Zarza, La - **E** (SAL) 71 Te 104
Zarza, La - **E** (TEN) 173 I E 4
Zarza, La **E** (VALL) 56 Vb 101
Zarza-Capilla **E** (BAD) 121 Ue 116
Zarza da Alange **E** (BAD) 120 Te 116
Zarza de Don Beltrán **E** (SAL) 53 Td 101
Zarza de Granadilla **E** (CÁC) 86 Tf 107
Zarza de Montánchez **E** (CÁC) 105 Tf 113
Zarza de Pumareda, La **E** (SAL) 53 Tc 102
Zarza de Tajo **E** (CUE) 90 Wf 108
Zarzadilla de Totana **E** (MUR) 141 Yb 121
Zarzaíca **E** (JAÉ) 152 Wa 123
Zarza la Mayor **E** (CÁC) 85 Ta 109
Zarzalejo **E** (MAD) 74 Ve 105
Zarzales **E** (ALM) 154 Xd 125
Zarzo **E** (MÁL) 160 Ve 128
Zarzosa **E** (RIO) 41 Xd 95
Zarzosa de Riopisuerga **E** (BUR) 21 Ve 93
Zarzosillo **E** (SAL) 71 Tf 105
Zarzoso **E** (CÁC) 86 Te 108
Zarzoso **E** (SAL) 71 Tf 105
Zarzuela **E** (CUE) 92 Xf 107
Zarzuela, La - **E** (CÁD) 164 Ub 132
Zarzuela de Galve **E** (GUA) 58 We 102
Zarzuela de Jadraque **E** (GUA) 58 Wf 102
Zarzuela del Monte **E** (SEG) 74 Vd 104
Zarzuela del Pinar **E** (SEG) 56 Ve 101
Zas **E** (COR) 2 Ra 90
Zas de Rei **E** (COR) 15 Rf 91
Zava **P** (Ba) 53 Tb 101
Zayas de Báscones **E** (SOR) 58 We 98
Zayas de Torre **E** (SOR) 58 We 98
Zayuelas **E** (SOR) 58 We 98
Zazpe **E** (NAV) 25 Yd 92
Zazuar **E** (BUR) 57 Wc 98
Zebral **P** (VR) 33 Sb 98
Zebras **P** (CB) 84 Sd 108
Zebras **P** (VR) 52 Sd 100
Zebreira **P** (CB) 85 Sf 109
Zebrinho **P** (Sa) 101 Rc 114
Zebro **P** (Fa) 144 Rb 125
Zebro **P** (Fa) 145 Re 125
Zedes **P** (Ba) 52 Se 101
Zegama **E** (GUI) 24 Xe 91
Zeinka-Zearregi **E** (VIZ) 11 Xc 89
Zeive **P** (Ba) 34 Ta 97
Zekuiano = Cicujano **E** (ÁLA) 23 Xd 92
Zelaia = Celaya o San Pedro de Mendeja **E** (VIZ) 11 Xd 88
Zenarrutza **E** (VIZ) 11 Xc 89
Zeneta **E** (MUR) 142 Za 120
Zenia, La **E** (ALI) 143 Zb 121
Zenzano **E** (RIO) 41 Xd 95
Zerain **E** (GUI) 24 Xe 90
Zerio = Cerio **E** (ÁLA) 23 Xc 91
Zestafe = Cestafe **E** (ÁLA) 23 Xb 91
Zestoa **E** (GUI) 12 Xe 89
Zezere **P** (Pg) 102 Rf 113
Zibreira **P** (Li) 100 Qe 114
Zibreira **P** (Sa) 101 Rc 112
Zicuñaga **E** (GUI) 12 Ya 89
Zido **P** (Ba) 34 Sf 97
Zierbena **E** (VIZ) 10 Wf 88
Zikuñaga = Zicuñaga **E** (GUI) 12 Ya 89
Zimão **P** (VR) 51 Sc 100
Zimbral **P** (Fa) 146 Sc 125
Zimbreira **P** (Sa) 102 Sa 111
Ziordia **E** (ÁLA) 24 Xe 91
Zizurkil **E** (GUI) 12 Xf 89
Zocueca **E** (JAÉ) 138 Wa 120
Zoilos, Los - **E** (ALM) 154 Xc 124
Zoio **P** (Ba) 34 Ta 98
Zolina **E** (NAV) 25 Yc 92
Zollo **E** (VIZ) 11 Xa 89
Zoma, La - **E** (TER) 79 Zc 104
Zomas, Las - **E** (CUE) 92 Xf 109
Zonho **P** (Vi) 69 Sb 104
Zoñán **E** (LUG) 4 Sd 89
Zorita **E** (CÁC) 105 Ub 113
Zorita **E** (SAL) 54 Tf 102
Zorita **E** (SAL) 72 Ub 102
Zorita de la Frontera **E** (SAL) 72 Ue 102
Zorita de la Loma **E** (VALL) 37 Uf 95
Zorita del Maestrazgo **E** (CAS) 80 Zf 104
Zorita de los Canes **E** (GUA) 91 Xa 107
Zorita de los Molinos **E** (ÁVI) 73 Vb 104
Zorita del Páramo **E** (PAL) 21 Vd 93
Zornotza **E** (VIZ) 11 Xb 89
Zorongo, El - **E** (ZAR) 43 Za 98
Zorraquín **E** (RIO) 40 Wf 95
Zorreras, Las - **E** (MAD) 74 Vf 105
Zorrillas, Las - **E** (MÁL) 160 Ve 128
Zotes del Páramo **E** (LEÓ) 36 Ub 95
Zoya, La - **E** (GRA) 140 Xd 123
Zua, La - **E** (ALB) 112 Yd 112
Zuares del Páramo **E** (LEÓ) 36 Ub 95
Zuaza **E** (ÁLA) 22 Wf 90
Zuazo de Cuartango = Zuhatzu Koartango **E** (ÁLA) 23 Xa 91
Zuazo de San Millán **E** (ÁLA) 23 Xd 91
Zuazo de Vitoria **E** (ÁLA) 23 Xb 91
Zuazu **E** (NAV) 25 Yd 92
Zubero-Malats = Zubero-Malax **E** (VIZ) 11 Xc 89
Zubero-Malax **E** (VIZ) 11 Xc 89
Zubia **E** (GRA) 152 Wc 126
Zubialde **E** (VIZ) 11 Xa 90
Zubiaur **E** (VIZ) 23 Xa 90
Zubielqui **E** (NAV) 24 Xf 92
Zubieta **E** (NAV) 12 Yb 90
Zubiri **E** (NAV) 25 Yc 91
Zucaina **E** (CAS) 95 Zd 108
Zudaire **E** (NAV) 24 Xf 92
Zudiviarte **E** (ÁLA) 11 Xa 89
Zuera **E** (ZAR) 43 Zb 97
Zufía **E** (NAV) 24 Xf 92
Zufre **E** (HUEL) 134 Td 121
Zugarramurdi **E** (NAV) 13 Yc 89
Zuhatzu = Zuazo de Vitoria **E** (ÁLA) 23 Xb 91
Zuhatzu Donemiliaga = Zuazo de San Millán **E** (ÁLA) 23 Xd 91
Zuhatzu Koartango **E** (ÁLA) 23 Xa 91
Zuheros **E** (CÓRD) 151 Ve 123
Zujaira **E** (GRA) 152 Wb 125
Zújar **E** (GRA) 153 Xa 123
Zulema **E** (ALB) 112 Yd 113
Zulueta **E** (NAV) 25 Yc 92
Zumaia **E** (GUI) 12 Xe 89
Zumaque **E** (MÁL) 159 Vb 128
Zumárraga **E** (GUI) 24 Xe 90
Zumel **E** (BUR) 21 Wb 94
Zumento **E** (ÁLA) 23 Xb 93
Zuna, La - **E** (ALB) 112 Yd 112
Zunzarren **E** (NAV) 25 Yd 91
Zuñeda **E** (BUR) 22 We 93
Zúñiga **E** (NAV) 24 Xe 92
Zúñiga y La Juncosa **E** (MUR) 141 Yb 122
Zuraurre de Ciga **E** (NAV) 13 Yc 90
Zurbano **E** (ÁLA) 23 Xc 91
Zurbao = Zurbano **E** (ÁLA) 23 Xc 91
Zurbarán **E** (BAD) 105 Ub 114
Zurbitu **E** (BUR) 23 Xb 92
Zureda **E** (AST) 18 Ua 90
Zurgena **E** (ALM) 154 Xf 124
Zuriáin **E** (NAV) 25 Yc 91
Zurita **E** (CAN) 9 Wa 88
Zurita **E** (HUES) 45 Ac 97
Zuriza **E** (HUES) 26 Zb 91
Zurraderas, Las - **E** (MUR) 155 Yc 124
Zurucuáin **E** (NAV) 24 Xf 92
Zuzones **E** (BUR) 57 Wd 99

3. 1994/95

© RV Reise- und Verkehrsverlag GmbH

Berlin · Gütersloh · Leipzig · München · Potsdam/Werder · Stuttgart
Printed in Germany by Neef + Stumme, Wittingen

Planos de ciudades · Planos de cidades · Plans de villes
Stadsplattegronden · Stadtpläne · City maps · Piante di città · Stadskartor
Signos convencionales · Sinais convencionais · Légende · Legenda
Zeichenerklärung · Legend · Segni convenzionali · Teckenförklaring
1:20.000

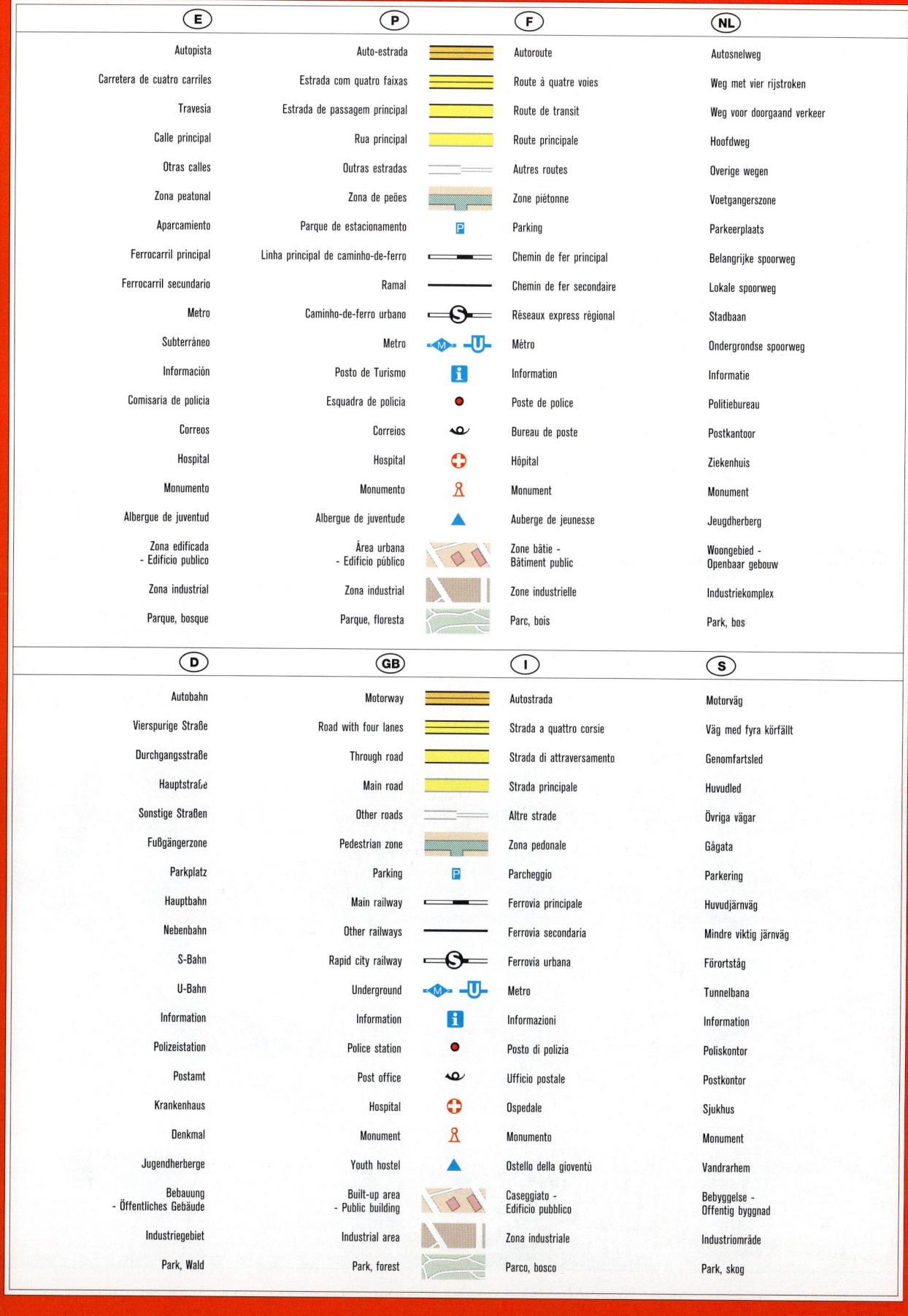

E	P		F	NL
Autopista	Auto-estrada		Autoroute	Autosnelweg
Carretera de cuatro carriles	Estrada com quatro faixas		Route à quatre voies	Weg met vier rijstroken
Travesía	Estrada de passagem principal		Route de transit	Weg voor doorgaand verkeer
Calle principal	Rua principal		Route principale	Hoofdweg
Otras calles	Outras estradas		Autres routes	Overige wegen
Zona peatonal	Zona de peões		Zone piétonne	Voetgangerszone
Aparcamiento	Parque de estacionamento	P	Parking	Parkeerplaats
Ferrocarril principal	Linha principal de caminho-de-ferro		Chemin de fer principal	Belangrijke spoorweg
Ferrocarril secundario	Ramal		Chemin de fer secondaire	Lokale spoorweg
Metro	Caminho-de-ferro urbano	S	Réseaux express régional	Stadbaan
Subterráneo	Metro	M U	Métro	Ondergrondse spoorweg
Información	Posto de Turismo	i	Information	Informatie
Comisaria de policia	Esquadra de policia		Poste de police	Politiebureau
Correos	Correios		Bureau de poste	Postkantoor
Hospital	Hospital		Hôpital	Ziekenhuis
Monumento	Monumento		Monument	Monument
Albergue de juventud	Albergue de juventude		Auberge de jeunesse	Jeugdherberg
Zona edificada - Edificio publico	Área urbana - Edifício público		Zone bâtie - Bâtiment public	Woongebied - Openbaar gebouw
Zona industrial	Zona industrial		Zone industrielle	Industriekomplex
Parque, bosque	Parque, floresta		Parc, bois	Park, bos

D	GB		I	S
Autobahn	Motorway		Autostrada	Motorväg
Vierspurige Straße	Road with four lanes		Strada a quattro corsie	Väg med fyra körfällt
Durchgangsstraße	Through road		Strada di attraversamento	Genomfartsled
Hauptstraße	Main road		Strada principale	Huvudled
Sonstige Straßen	Other roads		Altre strade	Övriga vägar
Fußgängerzone	Pedestrian zone		Zona pedonale	Gågata
Parkplatz	Parking	P	Parcheggio	Parkering
Hauptbahn	Main railway		Ferrovia principale	Huvudjärnväg
Nebenbahn	Other railways		Ferrovia secondaria	Mindre viktig järnväg
S-Bahn	Rapid city railway	S	Ferrovia urbana	Förortståg
U-Bahn	Underground	M U	Metro	Tunnelbana
Information	Information	i	Informazioni	Information
Polizeistation	Police station		Posto di polizia	Poliskontor
Postamt	Post office		Ufficio postale	Postkontor
Krankenhaus	Hospital		Ospedale	Sjukhus
Denkmal	Monument		Monumento	Monument
Jugendherberge	Youth hostel		Ostello della gioventù	Vandrarhem
Bebauung - Öffentliches Gebäude	Built-up area - Public building		Caseggiato - Edificio pubblico	Bebyggelse - Offentig byggnad
Industriegebiet	Industrial area		Zona industriale	Industriområde
Park, Wald	Park, forest		Parco, bosco	Park, skog

A Coruña E

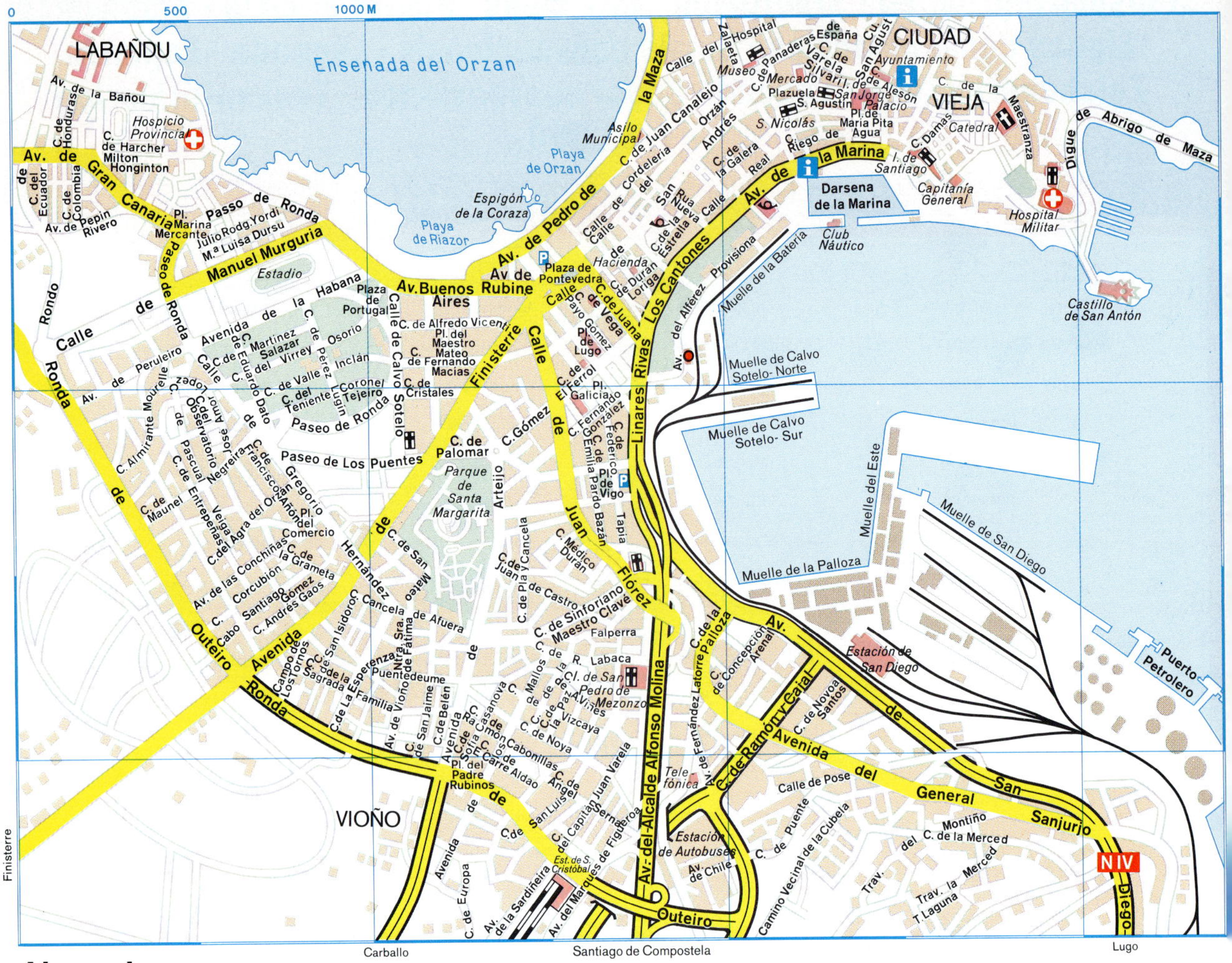

Alacant E

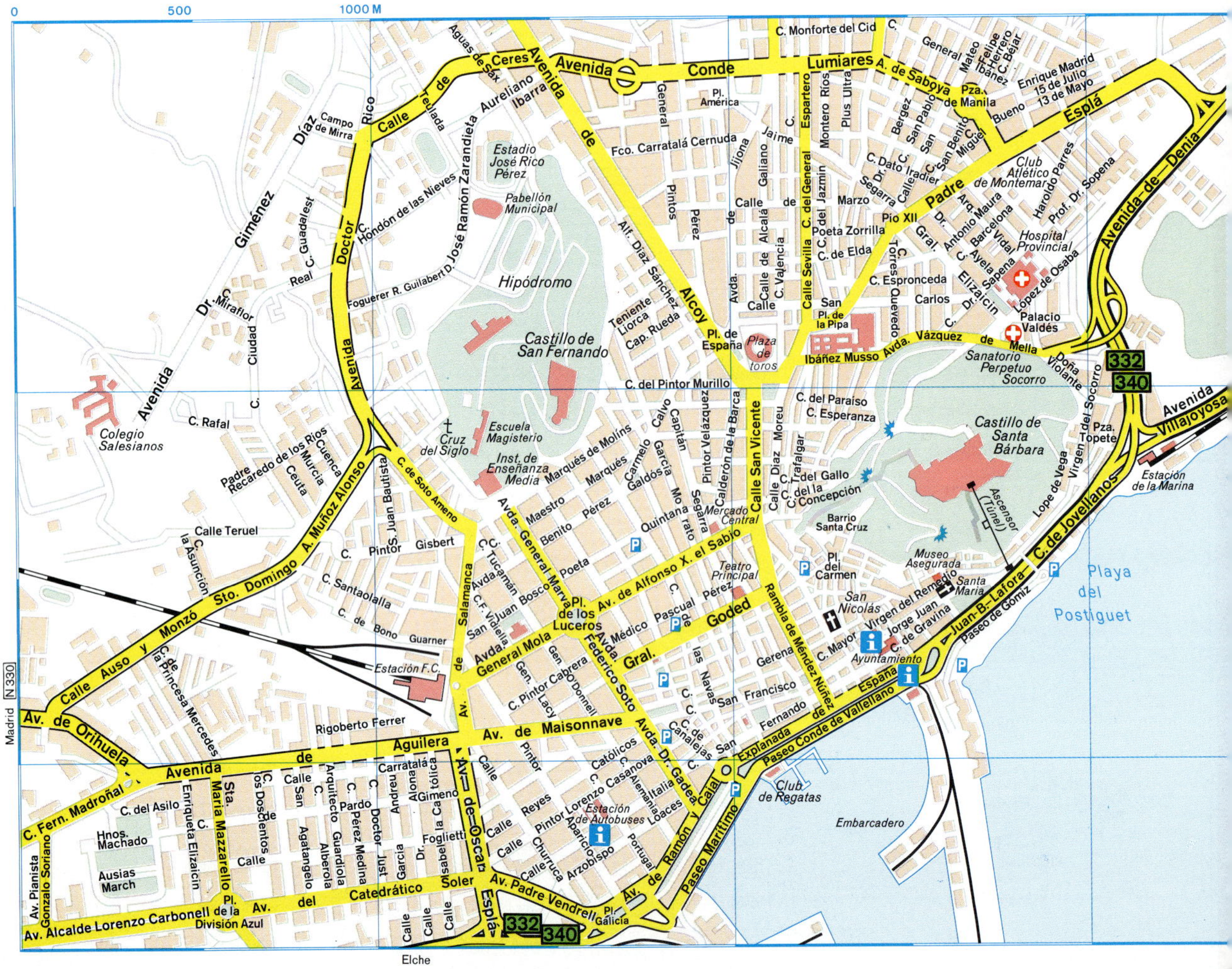

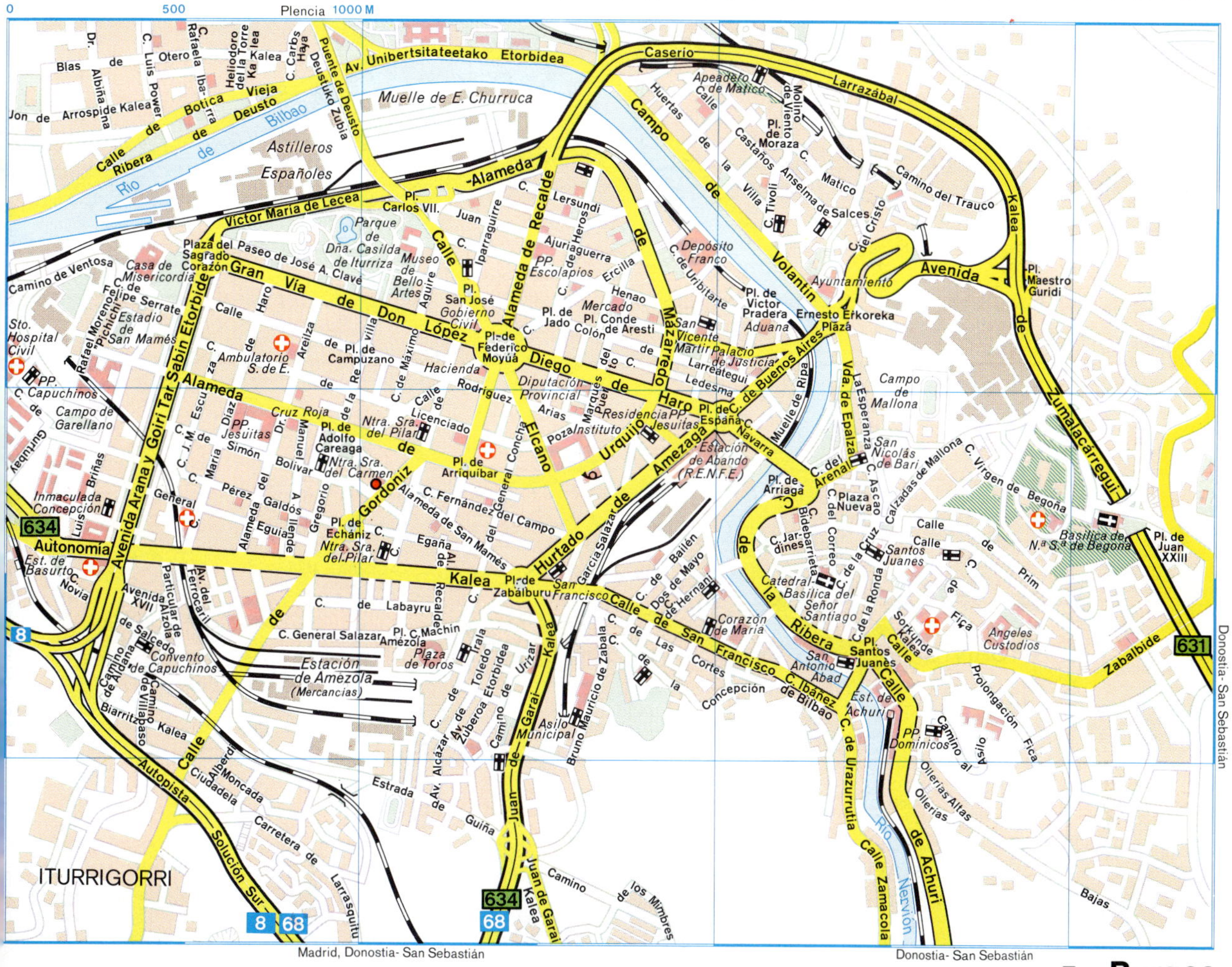

0
500
Plencia
1000 M
Av. Unibertsitateetako Etorbidea
Caserío
Larrazábal
Muelle de E. Churruca
Astilleros Españoles
Ribera de Deusto
Río de Bilbao
Puente de Deusto
Campo de Volantín
Alameda de Recalde
Víctor María de Lecea
Gran Vía de Don Diego López de Haro
Alameda de Mazarredo
Avenida de Zumalacárregui
Camino del Trauco
Pl. Maestro Guridi
Ayuntamiento
Pl. Ernesto Erkoreka
Depósito Franco
Museo de Bellas Artes
Parque de Dña. Casilda de Iturriza
Plaza del Sagrado Corazón
Casa de Misericordia
Estadio de San Mamés
Sto. Hospital Civil
Campo de Garellano
Inmaculada Concepción
Autonomía
Est. de Basurto
Avenida Sabino Arana
Gordóniz
Hurtado de Amézaga
Pl. de Zabálburu
Estación de Abando (R.E.N.F.E.)
Estación de Amézola (Mercancías)
Pl. C. Machín
Plaza de Toros
Asilo Municipal
Convento de Capuchinos
Autopista
Solución Sur
ITURRIGORRI
Calle San Francisco
Catedral
Basílica del Señor Santiago
Santos Juanes
Pl. Santos Juanes
Plaza Nueva
San Nicolás de Bari
Calzadas de Mallona
Campo de Mallona
Basílica de N.a S.a de Begoña
Pl. de Juan XXIII
Zabalbide
Ángeles Custodios
Prolongación Fica
Calle de Urazurrutia
Calle Zamácola
Camino de los Mimbres
Juan de Garai
Río Nervión
Ribera
Muelle de Ripa
Arenal
Est. de Achuri
PP. Dominicos
Olerías Altas
634
631
8
68
Madrid, Donostia- San Sebastián
Donostia- San Sebastián

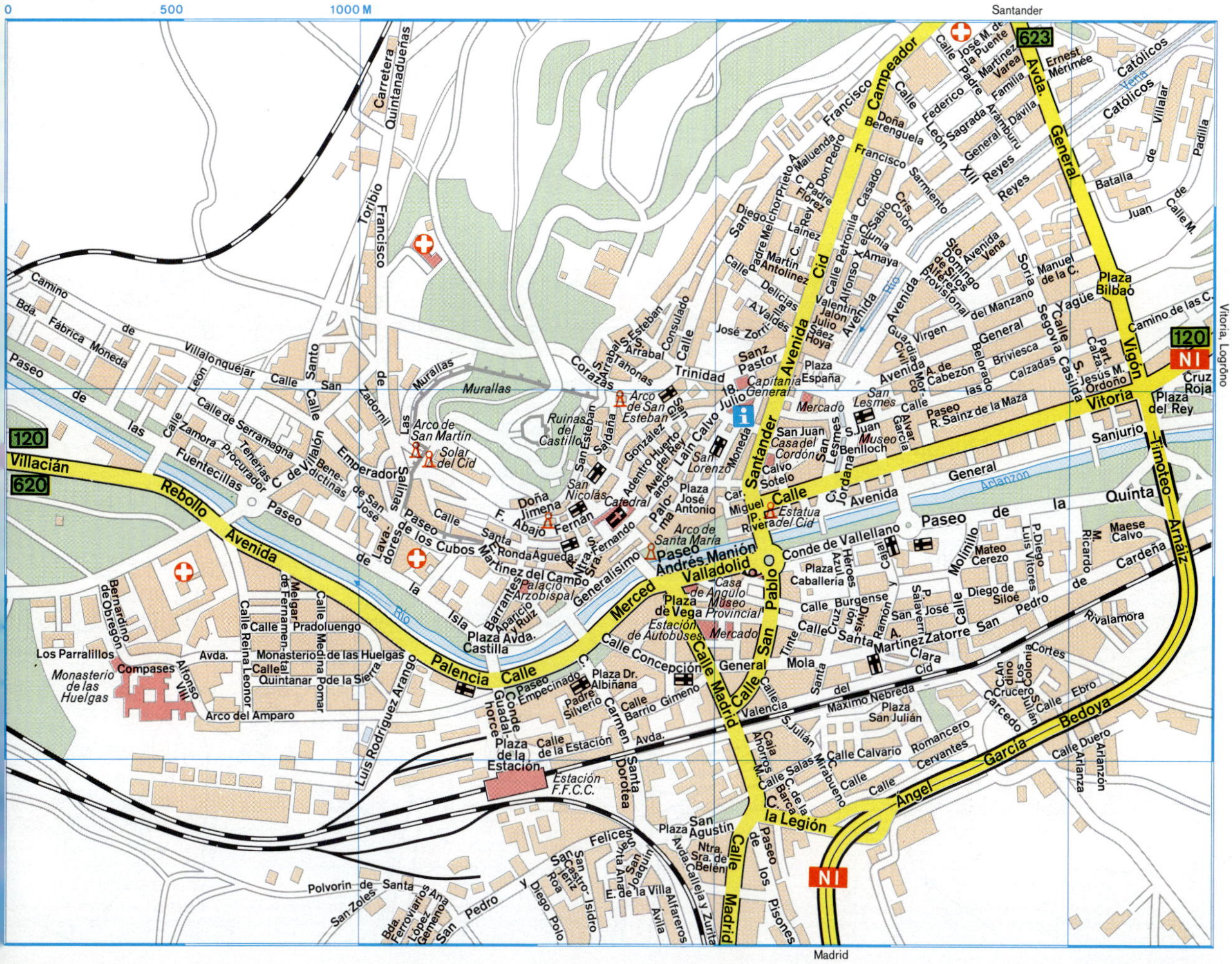

0
500
1000 M
Santander
Carretera Quintanadueñas
Avda. General Vigón
Plaza Bilbao
Calle Campeador
Avenida Cid
Avenida de la Paz
Muralla
Arco de San Martín
Solar del Cid
Arco de San Esteban
Ruinas del Castillo
Catedral
Arco de Santa María
Paseo Andrés Manión
Plaza España
Capitanía General
Casa del Cordón
Museo
Estatua del Cid
Paseo de la Quinta
Avenida General Sanjurjo
Vitoria
Plaza del Rey
Cruz Roja
Timoteo Arnáiz
Villalón
Villacián
Rebollo
Paseo de Fuentecillas
Avenida Palencia
Calle Merced
Plaza de Vega
Estación de Autobuses
Mercado
Plaza Avda. Castilla
Los Parralillos
Monasterio de las Huelgas
Compases
Arco del Amparo
Plaza de la Estación
Estación F.F.C.C.
Calle Madrid
Avenida Cantabria
Calle la Legión
Plaza San Agustín
García Bedoya
Ángel
Plaza San Julián
Río Arlanzón
120
620
623
N I
Vitoria, Logroño
Madrid

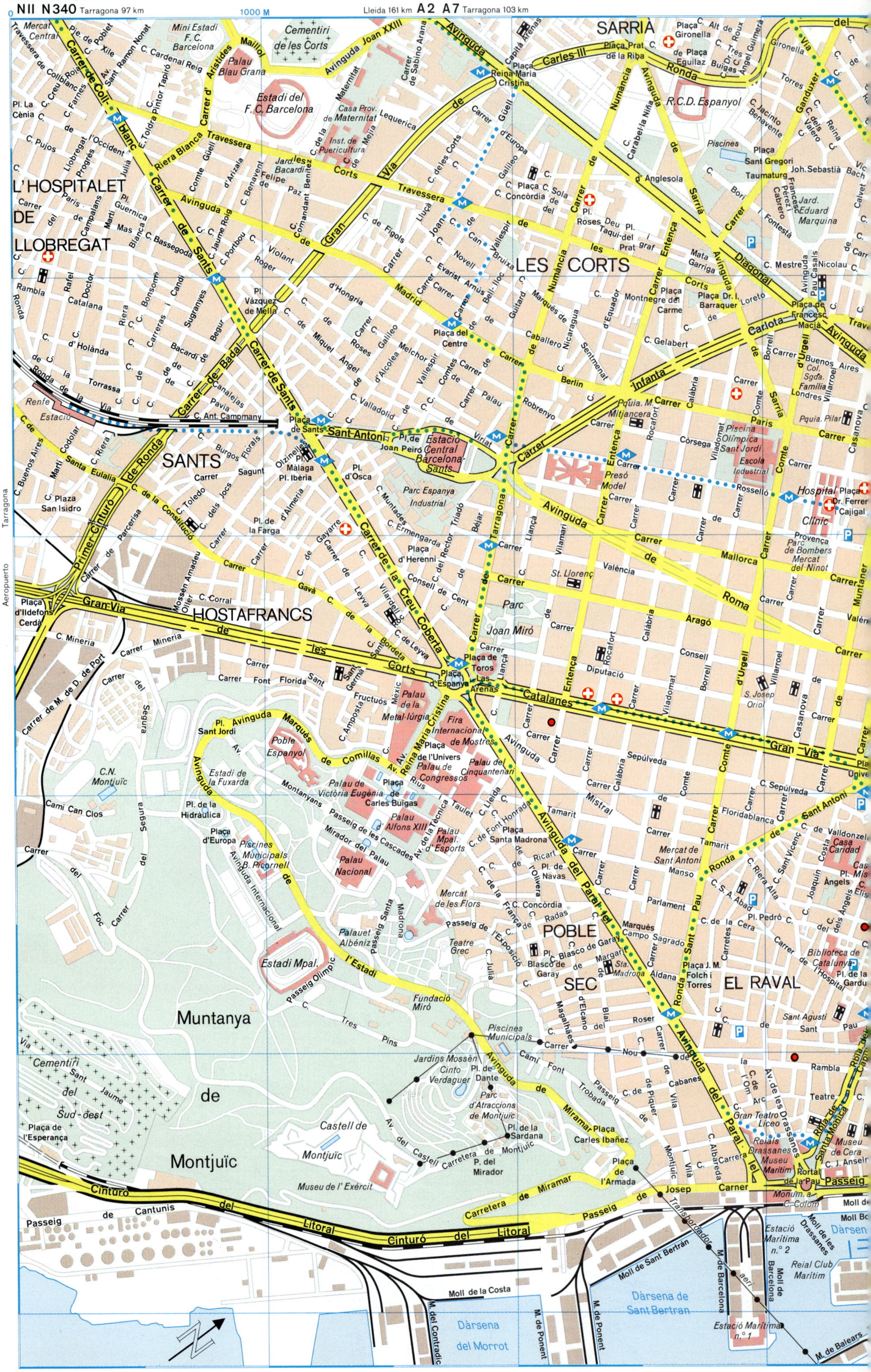

NII N340 Tarragona 97 km
1000 M
Lleida 161 km A2 A7 Tarragona 103 km
SARRIÀ
L'HOSPITALET DE LLOBREGAT
LES CORTS
SANTS
HOSTAFRANCS
POBLE SEC
EL RAVAL
Muntanya de Montjuïc
Cementiri de les Corts
Palau Blau Grana
Estadi del F.C. Barcelona
Mini Estadi F.C. Barcelona
Casa Prov. de Maternitat
Inst. de Puericultura
Jardí Bacardi
R.C.D. Espanyol
Piscines
Plaça Sant Gregori Taumaturg
Jard. Eduard Marquina
Plaça de Francesc Macià
Plaça Reina Maria Cristina
Plaça Pl. Vàzquez de Mella
Plaça del Centre
Estació Central Barcelona-Sants
Plaça de Sants
Pl. Joan Peiró
Pl. Màlaga
Pl. Iberia
Pl. d'Osca
Pl. de la Farga
Parc Espanya Industrial
Plaça d'Herenni
Parc Joan Miró
Plaça de Toros Las Arenas
Plaça d'Espanya
Plaça d'Ildefons Cerdà
Plaza San Isidro
Renfe Estació
Presó Model
Piscina Olímpica Sant Jordi
Escola Industrial
Hospital Clínic
Plaça Dr. Ferrer Cajigal
Parc de Bombers
Mercat del Ninot
St. Llorenç
S. Josep Oriol
Palau de la Metal·lúrgia
Fira Internacional de Mostres
Palau del Cinquantenari
Plaça de l'Univers
Palau de Congressos
Palau de Victòria Eugènia
Plaça Carles Buïgas
Palau Alfons XIII
Palau Mpal. d'Esports
Palau Nacional
Poble Espanyol
Pl. Sant Jordi
Estadi de la Fuxarda
Pl. de la Hidràulica
Plaça d'Europa
Piscines Municipals B. Picornell
Estadi Mpal.
Palauet Albéniz
Teatre Grec
Mercat de les Flors
Fundació Miró
Piscines Municipals
Jardins Mossèn Cinto Verdaguer
Pl. de Dante
Parc d'Atraccions de Montjuïc
Pl. de la Sardana
Castell de Montjuïc
Museu de l'Exèrcit
P. del Mirador
Plaça Carles Ibañez
Plaça de l'Armada
Cementiri Sud-Oest
Plaça de l'Esperança
C.N. Montjuïc
Plaça Santa Madrona
Pl. de Navas
Pl. Blasco de Garay
Mercat de Sant Antoni
Casa Caritat
Biblioteca de Catalunya
Plaça J. M. Folch i Torres
Gran Teatro Liceo
Reials Drassanes Museu Marítim
Museu de Cera
Monum. a C. Colom
Estació Marítima n.° 2
Estació Marítima n.° 1
Reial Club Marítim
Dàrsena de Sant Bertran
Dàrsena del Morrot
Moll de Sant Bertran
Moll de la Costa
M. del Contradic
M. de Ponent
M. de Barcelona
M. de Baleears
Transbordador aeri
Gran Via de les Corts Catalanes
Avinguda Diagonal
Avinguda del Paral·lel
Carrer de Sants
Carrer de la Creu Coberta
Cinturó del Litoral
Passeig de Colom
Tarragona
Aeropuerto

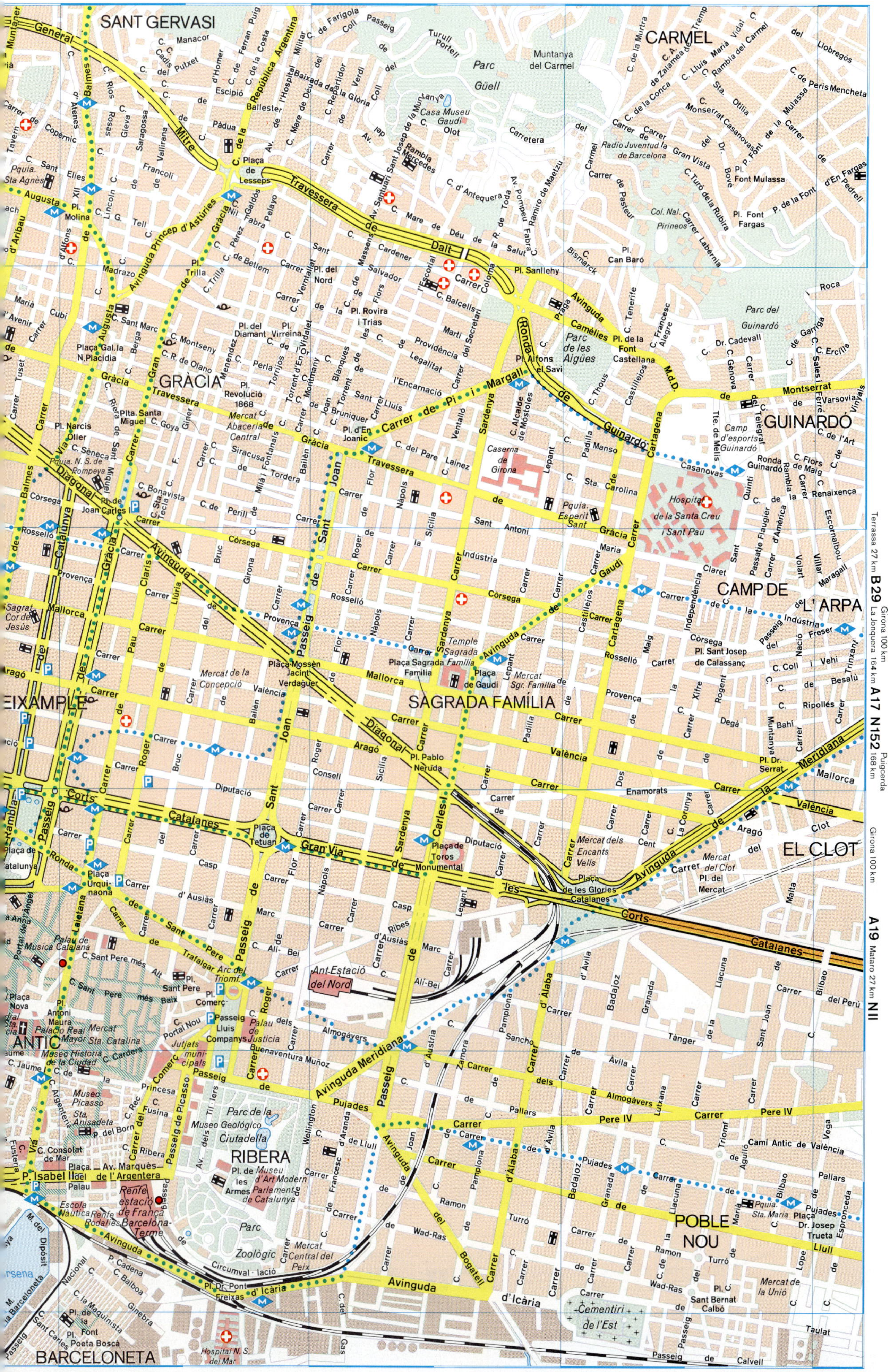
SANT GERVASI
CARMEL
Parc Güell
Muntanya del Carmel
GRÀCIA
GUINARDÓ
Parc del Guinardó
Parc de les Aigües
Hospital de la Santa Creu i Sant Pau
CAMP DE L'ARPA
EIXAMPLE
SAGRADA FAMÍLIA
Temple Sagrada Família
EL CLOT
Ant-Estació del Nord
ANTIC
RIBERA
Parc de la Ciutadella
Parc Zoològic
POBLE NOU
Cementiri de l'Est
BARCELONETA
Avinguda Diagonal
Gran Via de les Corts Catalanes
Avinguda Meridiana
Passeig de Gràcia
Travessera de Gràcia
Travessera de Dalt
Ronda del Guinardó
Plaça de Catalunya
Plaça de les Glòries Catalanes
Plaça de Toros Monumental
Terrassa 27 km B29 Girona 100 km La Jonquera 164 km
A17 N152 Puigcerdà 168 km
Girona 100 km
A19 Mataró 27 km NII

Ceuta E

Coimbra P

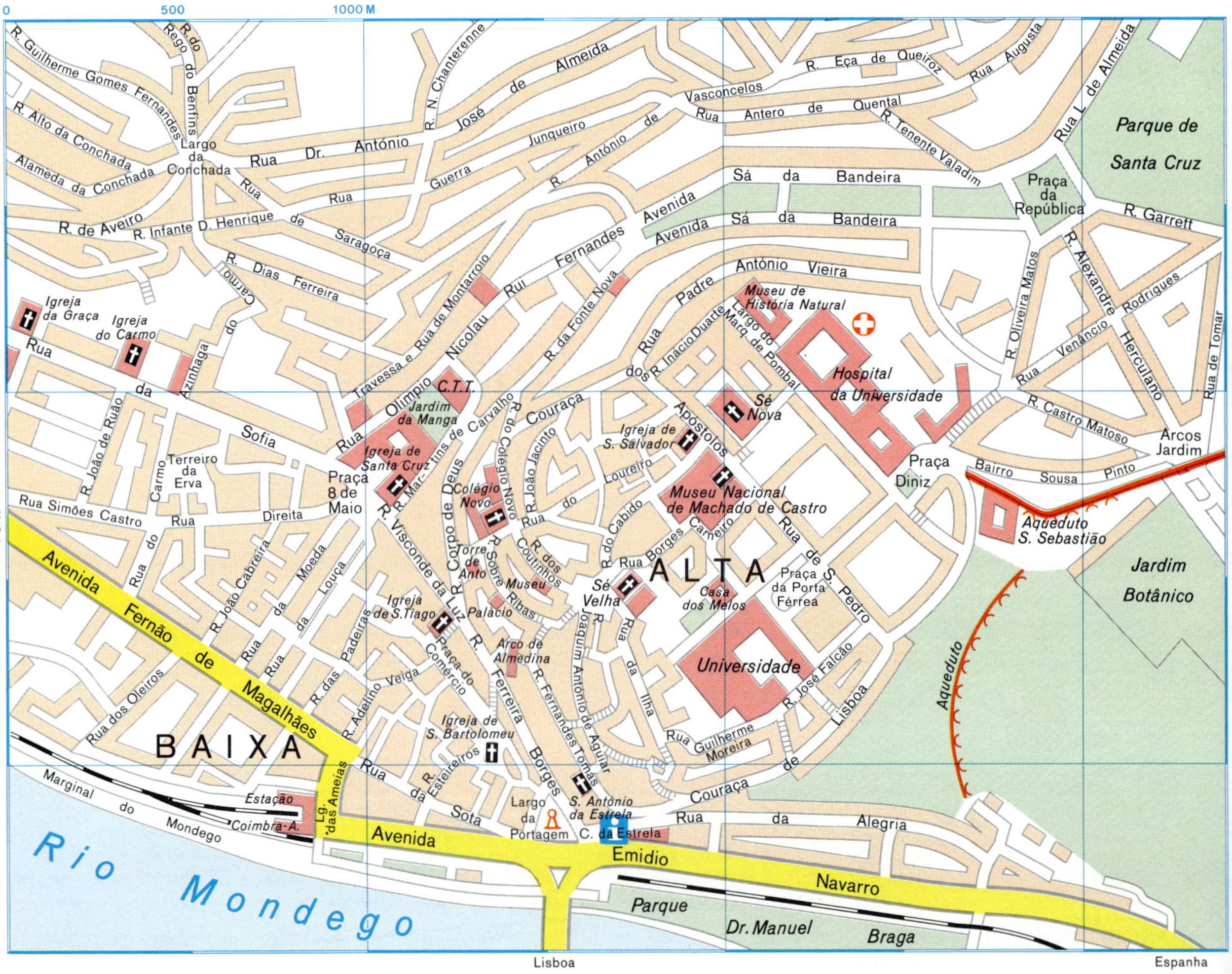

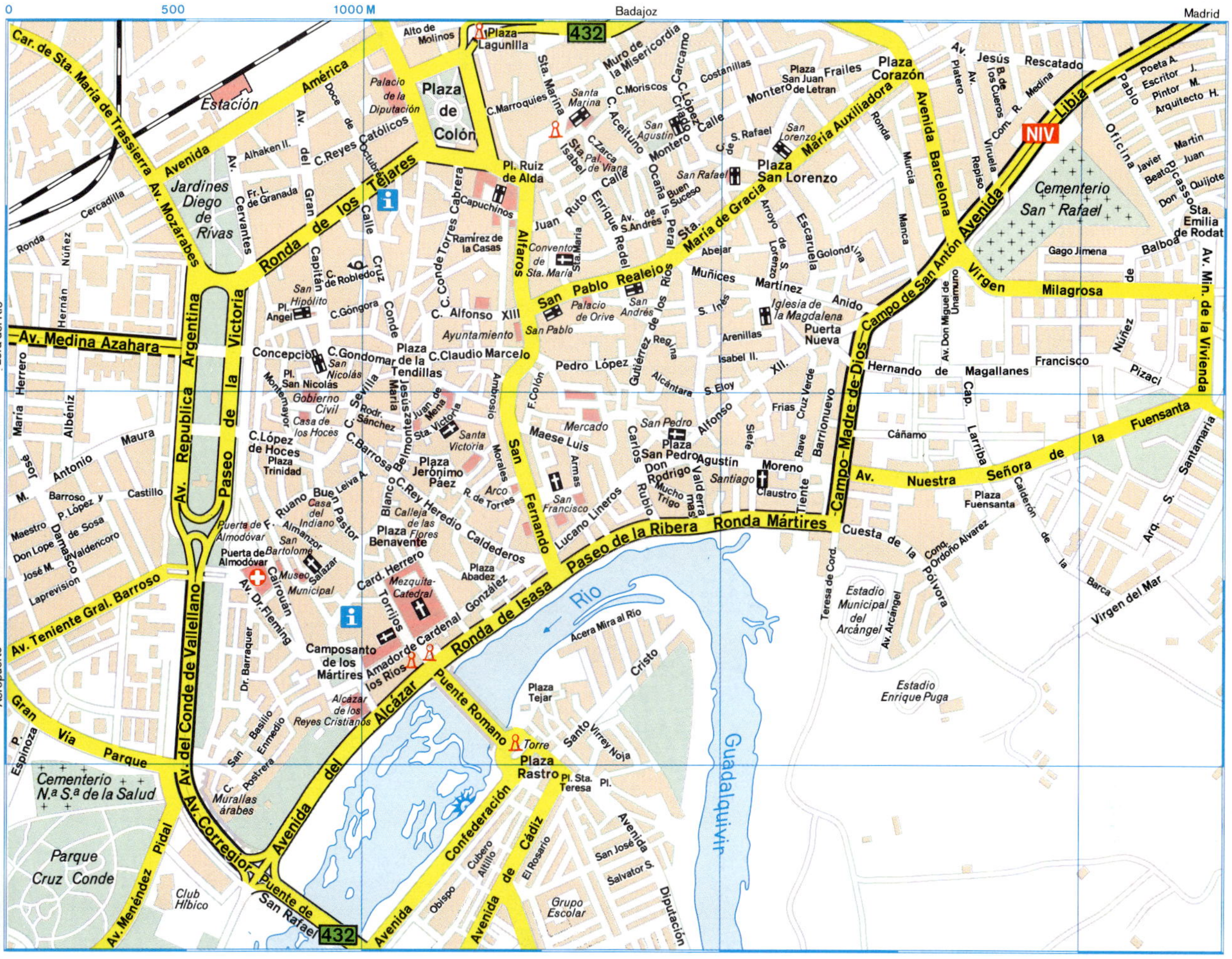
0
500
1000 M
Badajoz
Madrid
Estación
Avenida
América
Jardines Diego de Rivas
Plaza de Colón
Palacio de la Diputación
Av. Mozárabes
Ronda de los Tejares
Plaza Lagunilla
432
NIV
Cementerio San Rafael
Plaza Corazón
Plaza San Lorenzo
María Auxiliadora
Avenida Barcelona
Ronda de Marrubial
Campo de San Antón
Avenida
Virgen Milagrosa
Av. Min. de la Vivienda
Av. Medina Azahara
Av. República Argentina
Paseo de la Victoria
Ronda de la Victoria
Concepción
Plaza Tendillas
C.Claudio Marcelo
Ayuntamiento
San Pablo
Realejo
Alfaros
Pedro López
Puerta Nueva
Hernando de Magallanes
Francisco
Fuensanta
Av. Nuestra Señora de la
Campo Madre de Dios
Cuesta de la Pólvora
Estadio Municipal del Arcángel
Estadio Enrique Puga
San Fernando
Paseo de la Ribera
Ronda Mártires
Plaza San Pedro
Mezquita-Catedral
Camposanto de los Mártires
Alcázar de los Reyes Cristianos
Ronda de Isasa
Río
Puente Romano
Torre
Plaza Rastro
Guadalquivir
Av. Teniente Gral. Barroso
Av. del Conde de Vallellano
Gran Vía Parque
Cementerio N.a S.a de la Salud
Parque Cruz Conde
Av. Menéndez Pidal
Av. Corregidor
Avenida del Alcázar
Puente de San Rafael
432
Avenida Confederación
Avenida de Cádiz
Club Hípico
Grupo Escolar
Diputación
Virgen del Mar

0 V. Viçosa
500
1000 M
V. Viçosa
V. Viçosa
Beja
Circunvalação
Teatro
Aqueduto
Largo da Porta Nova
Rua do Menino Jesus
Palácio Cadaval
Igreja de S. Joao Evangelista
Templo Romano
Paco dos Condes de Basto
Antiga Universidade
Estrada da Circunvalação
Rua J. E. Cordóvil
Câmara Municipal
Praça do Sertório
Convento de S.ta Clara
Santo Antao
Praça do Giraldo
Museu Regional
Sé
Rua de Machede
Rua Mendes Esteves
Igrea da Misericórdia
Largo das Portas de Moura
O Carmo
Igreja Real de Francisco
Igreja da Graca
Igreja das Mercês (Museu)
Rua do Dr. Augusto Eduardo Nunes
R. do Borralho
R. do Eborim
Galeria das Damas do Palácio de D. Manuel
Jardim Publico
Estrada da Circunvalação
Praca de Touros
Estrada da Circunvalação

Granada E

Malaga E

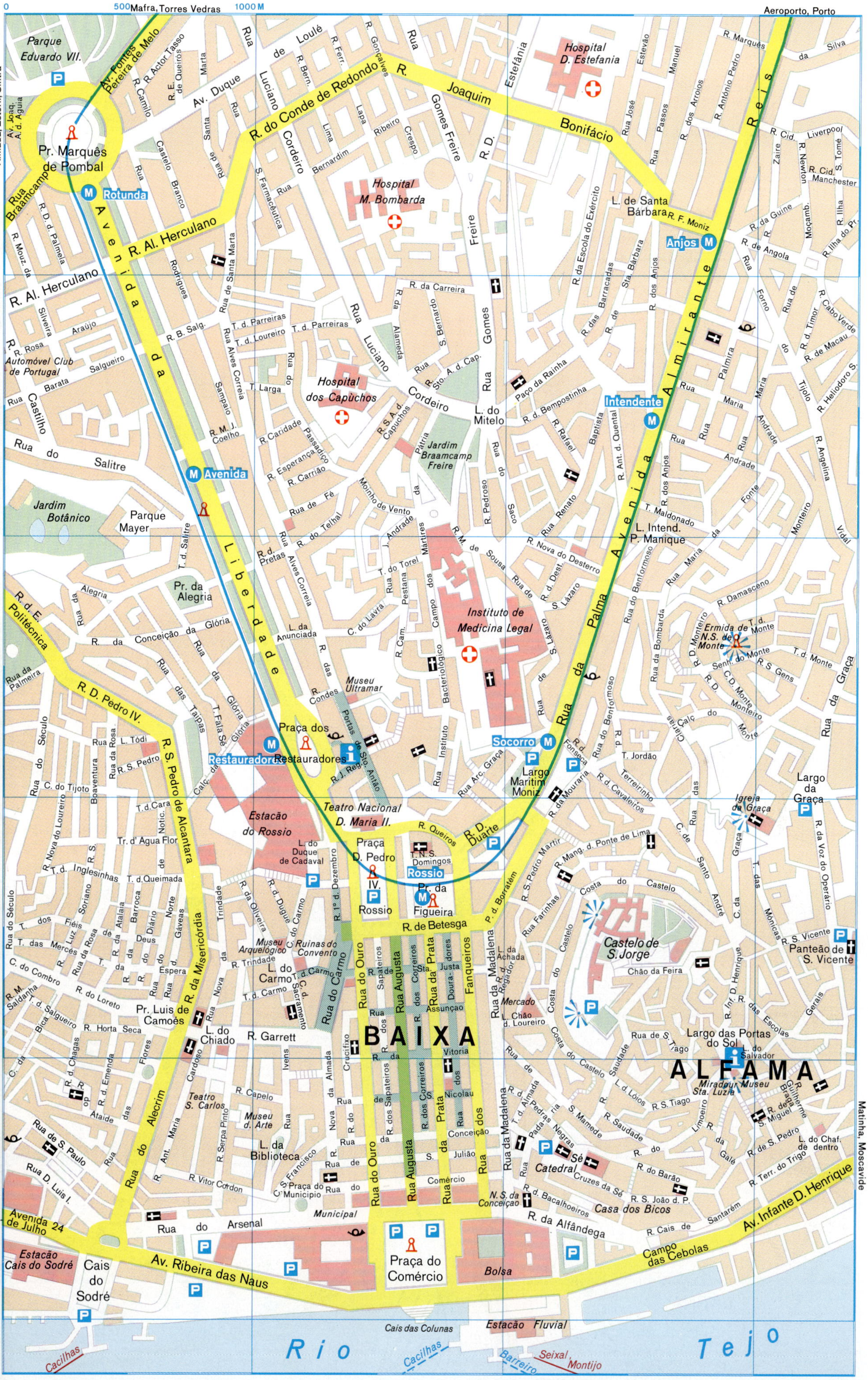
0
500 Mafra, Torres Vedras
1000 M
Aeroporto, Porto
Pr. Marquês de Pombal
Rotunda
Parque Eduardo VII.
Avenida da Liberdade
Hospital D. Estefania
Hospital M. Bombarda
Hospital dos Capuchos
Instituto de Medicina Legal
Avenida Almirante Reis
Anjos
Intendente
Avenida
Socorro
Jardim Botânico
Parque Mayer
Pr. da Alegria
Praça dos Restauradores
Restauradores
Teatro Nacional D. Maria II.
Estação do Rossio
Praça D. Pedro IV.
Rossio
Pr. da Figueira
BAIXA
Castelo de S. Jorge
ALFAMA
Largo das Portas do Sol
Panteão de S. Vicente
Largo da Graça
Catedral
Sé
Casa dos Bicos
Praça do Comércio
Bolsa
Cais do Sodré
Estação Cais do Sodré
Av. Ribeira das Naus
Av. Infante D. Henrique
Campo das Cebolas
Cais das Colunas
Estação Fluvial
Rio Tejo
Cacilhas
Barreiro
Seixal, Montijo
Matinha, Moscavide

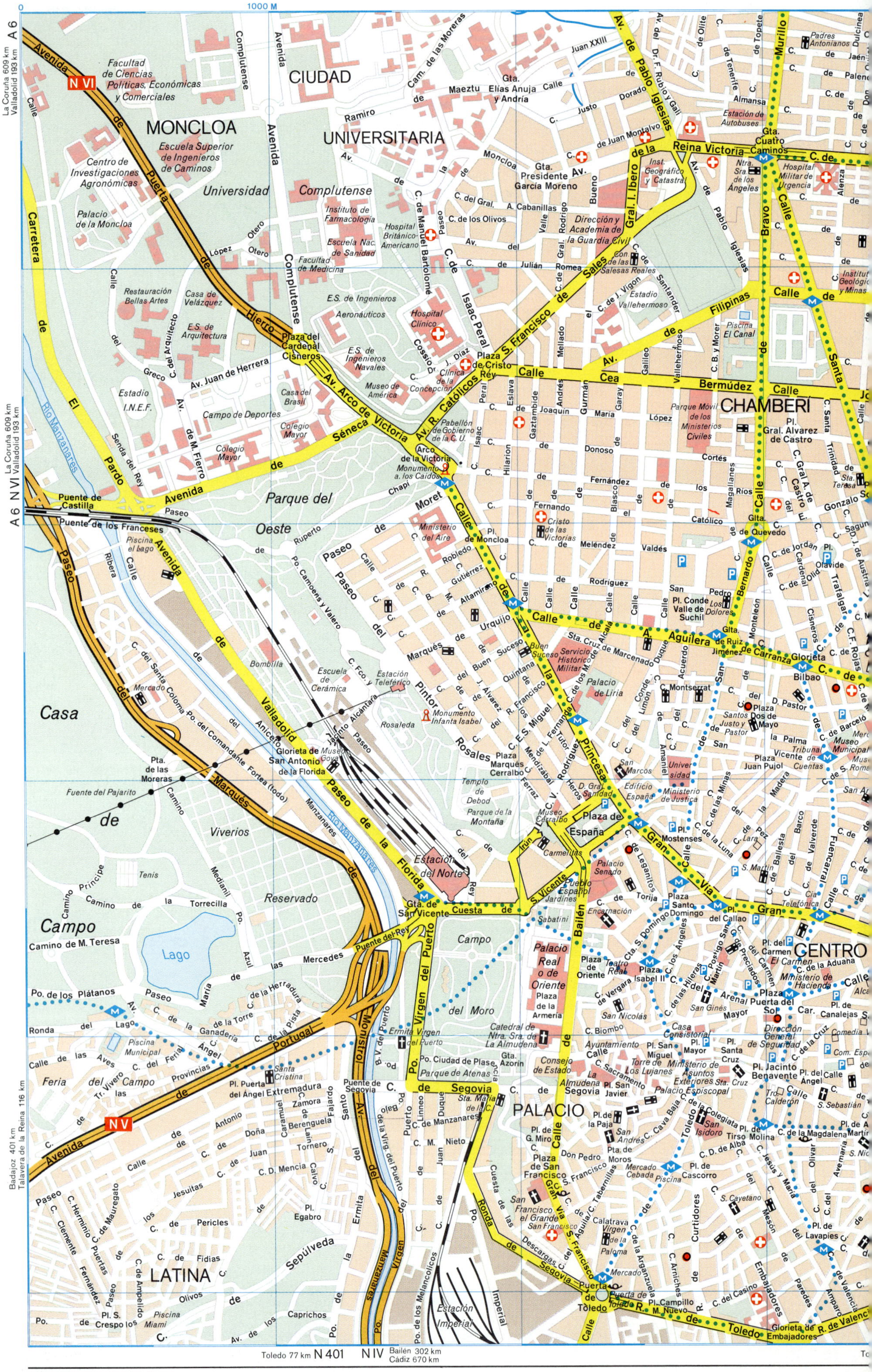

0
1000 M
A 6
La Coruña 609 km
Valladolid 193 km
A 6 N VI
N VI
N V
Badajoz 401 km
Talavera de la Reina 116 km
Toledo 77 km N 401
N IV Bailén 302 km
Cádiz 670 km
MONCLOA
CIUDAD
UNIVERSITARIA
Universidad
Complutense
CHAMBERÍ
CENTRO
PALACIO
LATINA
Casa
de
Campo
Parque del
Oeste
Facultad de Ciencias Políticas, Económicas y Comerciales
Escuela Superior de Ingenieros de Caminos
Centro de Investigaciones Agronómicas
Palacio de la Moncloa
Restauración Bellas Artes
Casa de Velázquez
E.S. de Arquitectura
Estadio I.N.E.F.
Campo de Deportes
Colegio Mayor
Casa del Brasil
Museo de América
Instituto de Farmacología
Escuela Nac. de Sanidad
Facultad de Medicina
E.S. de Ingenieros Aeronáuticos
E.S. de Ingenieros Navales
Hospital Británico Americano
Hospital Clínico
Plaza del Cardenal Cisneros
Plaza de Cristo Rey
Arco de la Victoria
Pabellón de Gobierno de la C.U.
Monumento a los Caídos
Ministerio del Aire
Puente de Castilla
Puente de los Franceses
Piscina el Lago
Escuela de Cerámica
Estación Teleférico
Monumento Infanta Isabel
Rosaleda
Glorieta de San Antonio de la Florida
Museo Goya
Templo de Debod
Parque de la Montaña
Estación del Norte
Gta. de San Vicente
Cuesta de San Vicente
Puente del Rey
Campo del Moro
Palacio Real o de Oriente
Plaza de la Armería
Catedral de Ntra. Sra. de La Almudena
Plaza de Oriente
Teatro Real
Plaza Isabel II
Plaza de España
Palacio Senado
Sabatini
Jardines
Fuente del Pajarito
Viverios
Reservado
Lago
Tenis
Piscina Municipal
Feria del Campo
Camino de M. Teresa
Po. de los Plátanos
Avenida de Portugal
Paseo de Extremadura
Pl. Puerta del Ángel
Santa Cristina
Puente de Segovia
Calle de Segovia
Ermita Virgen del Puerto
Po. Ciudad de Plasencia
Parque de Atenas
Consejo de Estado
Ayuntamiento
Pl. de la Villa
Pl. San Miguel
Pl. Mayor
Puerta del Sol
Pl. de Canalejas
Ministerio de Hacienda
Dirección General de Seguridad
Pl. Santa Cruz
Ministerio de Asuntos Exteriores
Pl. Jacinto Benavente
Pl. del Ángel
Palacio Episcopal
Pl. de la Paja
Pl. de San Francisco
San Francisco el Grande
Gran Vía de San Francisco
Pl. de la Cebada
Mercado Cebada
Pl. de Cascorro
Pl. de Lavapiés
Puerta de Toledo
Glorieta de Embajadores
Ronda de Segovia
Ronda de Toledo
Estación Imperial
Calle de Toledo
Gran Vía
Calle de la Princesa
Plaza Marqués Cerralbo
Museo Cerralbo
Palacio de Liria
Servicio Histórico Militar
Calle de Alberto Aguilera
Glorieta de Ruiz Jiménez
Glorieta de Bilbao
Calle de Carranza
Plaza Dos de Mayo
Pl. Juan Pujol
Museo Municipal
Universidad
Ministerio de Justicia
Pl. Mostenses
Pl. Santo Domingo
Pl. del Callao
Pl. del Carmen
Calle de Fuencarral
Calle de Hortaleza
Pl. Olavide
Gta. de Quevedo
Calle de Bravo Murillo
Calle de Santa Engracia
Gta. Cuatro Caminos
Calle de Reina Victoria
Av. de Pablo Iglesias
Estación de Autobuses
Inst. Geográfico y Catastral
Hospital Militar de Urgencia
Dirección y Academia de la Guardia Civil
Salesas Reales
Estadio Vallehermoso
Piscina El Canal
Av. de Filipinas
Calle de Cea Bermúdez
Parque Móvil de los Ministerios Civiles
Pl. Gral. Alvarez de Castro
Pl. Conde Valle de Suchil
Gta. Presidente García Moreno
Calle Isaac Peral
Calle de Fernández de los Ríos
Calle de Meléndez Valdés
Calle de Rodríguez San Pedro
Paseo del Pintor Rosales
Paseo de Moret
Calle de Marqués de Urquijo
Paseo de Camoens y Valero
Paseo de la Florida
Paseo de la Virgen del Puerto
Avenida de Valladolid
Paseo del Marqués de Monistrol
Carretera del Pardo
Avenida de la Puerta de Hierro
Av. de Séneca
Av. Arco de la Victoria
Av. Juan de Herrera
Avenida Complutense
Río Manzanares
Po. de los Melancólicos
Sepúlveda
Mercedes

C 607 Colmenar Viejo 24 km
N I Irún 494 km Burgos 247 km
Irún 494 km Burgos 247 km
Barcelona 623 km Zaragoza 327 km
N II Cádiz 670 km Bailén 302 km
Cádiz 670 km Bailén 302 km
Valencia 355 km
CHAMARTÍN
CIUDAD
LINEAL
SALAMANCA
RETIRO
ANZUELA
N I
N II
A 2
N III
N IV
Av. de Concha Espina
Av. de Ramón y Cajal
Castellana
Paseo de la Castellana
Plaza República Argentina
Calle de Joaquín Costa
Calle de María de Molina
Avenida de América
Calle de Francisco Silvela
Calle de Alcalá
Calle de Serrano
Calle de Velázquez
Calle del Príncipe de Vergara
Calle de Juan Bravo
Calle de José Ortega y Gasset
Calle de Goya
Calle de Hermosilla
Calle de Jorge Juan
Calle de O'Donnell
Calle del Doctor Esquerdo
Avenida de la Paz
Avenida de Menéndez Pelayo
Calle de Alfonso XII
Paseo de Recoletos
Paseo del Prado
Plaza de Colón
Plaza de Cibeles
Puerta de Alcalá
Plaza de la Independencia
Plaza de Toros Monumental
Museo Taurino
Parque del Retiro
Estanque
Palacio de Cristal
Palacio de Exposiciones
La Rosaleda
Jardín Botánico
Museo del Prado
Museo Arqueológico Nacional
Biblioteca Nacional
Museo de Ciencias Naturales
Museo Lázaro Galdiano
Museo Sorolla
Palacio de Deportes
Plaza de Manuel Becerra
Glorieta del Conde de Casal
Plaza Mariano de Cavia
Avenida Ciudad de Barcelona
Avenida del Mediterráneo
Puente Estrella
Parque de la Fuente del Berro
Estadio de Beisbol
Jardines del Parque de las Avenidas
Fundación Pilar y Pilar Juncosa... Fundación Pilar de la Mata
Estación Atocha Mediodía
Basílica de Atocha
Observatorio Astronómico
Museo Etnológico y Antropológico

Murcia E

0 Madrid 1000 M Alicante, Valencia

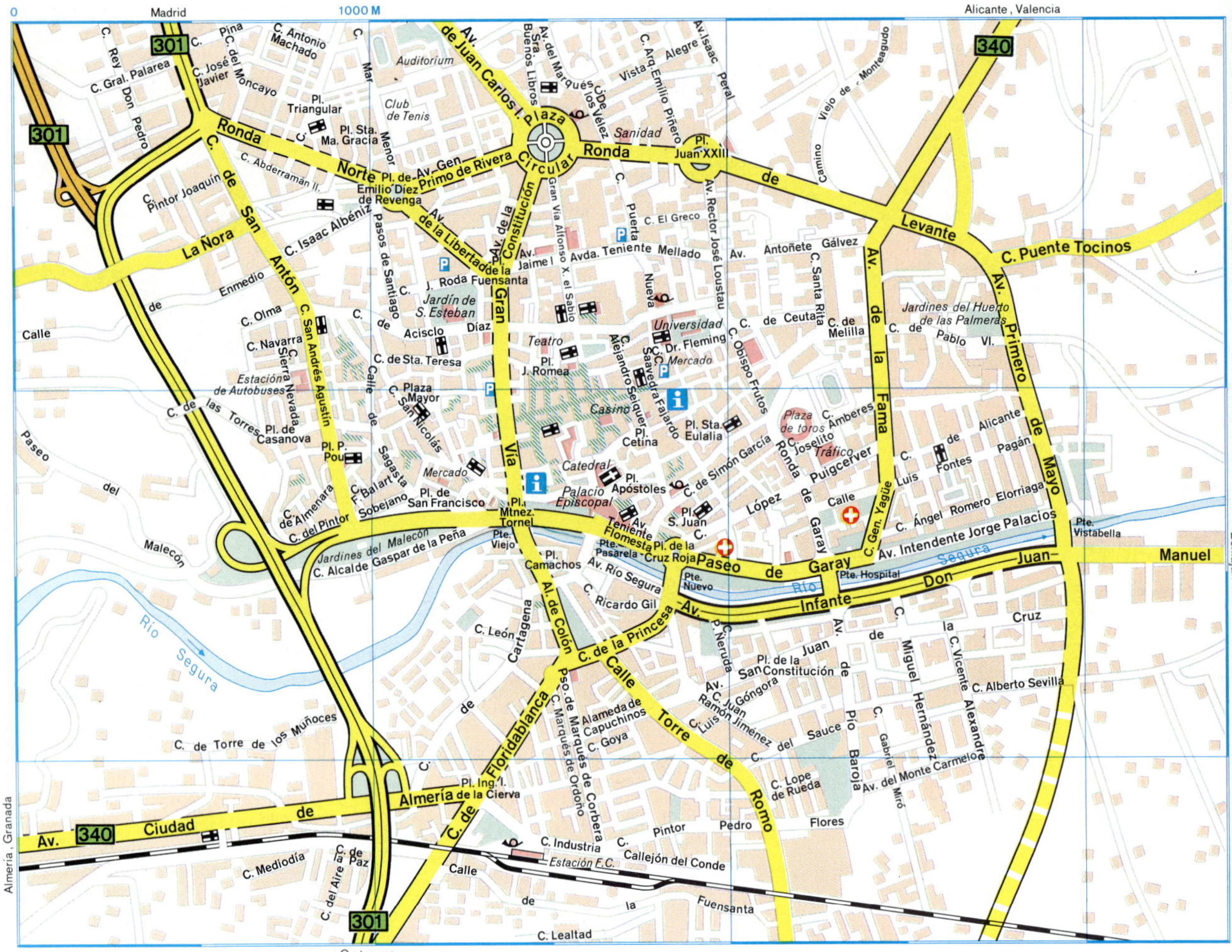

Palma de Mallorca E

0 500 1000 M Sóller

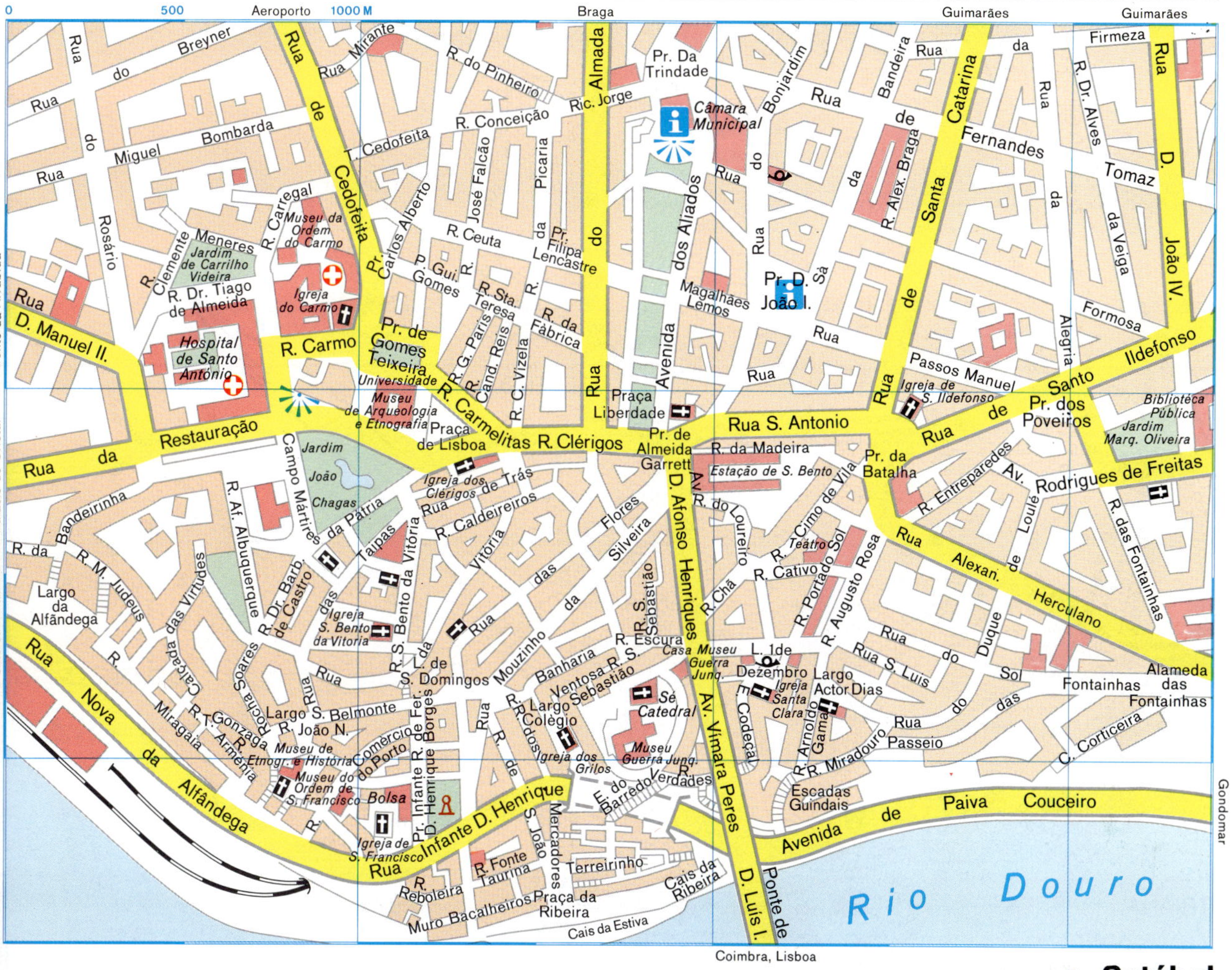
0
500
Aeroporto
1000 M
Braga
Guimarães
Guimarães
Gondomar
Coimbra, Lisboa
Rua do Breyner
Rua Miguel Bombarda
Rua do Rosário
Rua de Cedofeita
Rua Mirante
R. do Pinheiro
R. Conceição
Ric. Jorge
Rua do Almada
Pr. Da Trindade
Câmara Municipal
Rua do Bonjardim
Rua de Santa Catarina
Rua Fernandes Tomaz
R. Dr. Alves da Veiga
Rua D. João IV.
Formosa
T. Cedofeita
José Falcão
Picaria
R. Carregal
Museu da Ordem do Carmo
Pr. Carlos Alberto
R. Ceuta
Pr. Filipa Lencastre
Avenida dos Aliados
Magalhães Lemos
Pr. D. João I.
R. Alex. Braga
R. Clemente Meneres
Jardim de Carrilho Videira
R. Dr. Tiago de Almeida
Igreja do Carmo
P. Gui. Gomes
R. Sta. Teresa
R. da Fábrica
Rua D. Manuel II.
Hospital de Santo António
R. Carmo
Pr. de Gomes Teixeira
R. G. Paris
Cand. Reis
R. C. Vizela
Universidade
Museu de Arqueologia e Etnografia
Praça de Lisboa
R. Carmelitas
R. Clérigos
Praça Liberdade
Pr. de Almeida Garrett
Rua S. Antonio
R. da Madeira
Estação de S. Bento
Passos Manuel
Igreja de S. Ildefonso
Rua de Santo Ildefonso
Pr. dos Poveiros
Biblioteca Pública
Jardim Marg. Oliveira
Pr. da Batalha
Av. Rodrigues de Freitas
R. Entreparedes
Rua da Restauração
Campo Mártires da Pátria
Jardim João Chagas
Igreja dos Clérigos
Rua de Trás
R. Caldeireiros
Flores
Silveira
Av. D. Afonso Henriques
R. do Loureiro
R. Cimo de Vila
Teatro
Sol
R. Cativo
R. Porta do Sol
R. Augusto Rosa
Rua Alexan. Herculano
Loulé
R. das Fontainhas
R. da Bandeirinha
R. M. Judeus
Largo da Alfândega
Calçada das Virtudes
R. Af. Albuquerque
R. Dr. Barb. de Castro
Taipas
R. S. Bento da Vitória
Igreja S. Bento da Vitória
Vitória
Rua das
Mouzinho da Silveira
R. S. Sebastião
R. Escura
Casa Museu Guerra Junq.
L. 1de Dezembro
Igreja Santa Clara
Largo Actor Dias
Rua S. Luis
Duque
Rua do Sol
Fontainhas
Alameda das Fontainhas
Rua Nova da Alfândega
Miragaia
R. T. Gonzaga
R. Armenia
Rocha Soares
Largo S. Belmonte
R. João N.
L. de S. Domingos
Museu de Etnogr. e História do Porto
Museu do Ordem de S. Francisco
Bolsa
Igreja de S. Francisco
Pr. Infante D. Henrique
R. Fer. Borges
Banharia
Ventosa
R. S. Sebastião
Largo Colégio
Sé Catedral
Museu Guerra Junq.
Igreja dos Grilos
E. do Barredo
Verdades
Av. Vimara Peres
Codeçal
R. Arnoldo Gama
R. Miradouro
Escadas Guindais
Rua do Passeio
C. Corticeira
Rua Infante D. Henrique
S. João
Mercadores
R. Fonte Taurina
R. Reboleira
Terreirinho
Muro Bacalheiros
Praça da Ribeira
Cais da Estiva
Cais da Ribeira
D. Luis I.
Ponte de
Avenida de Paiva Couceiro
Rio Douro

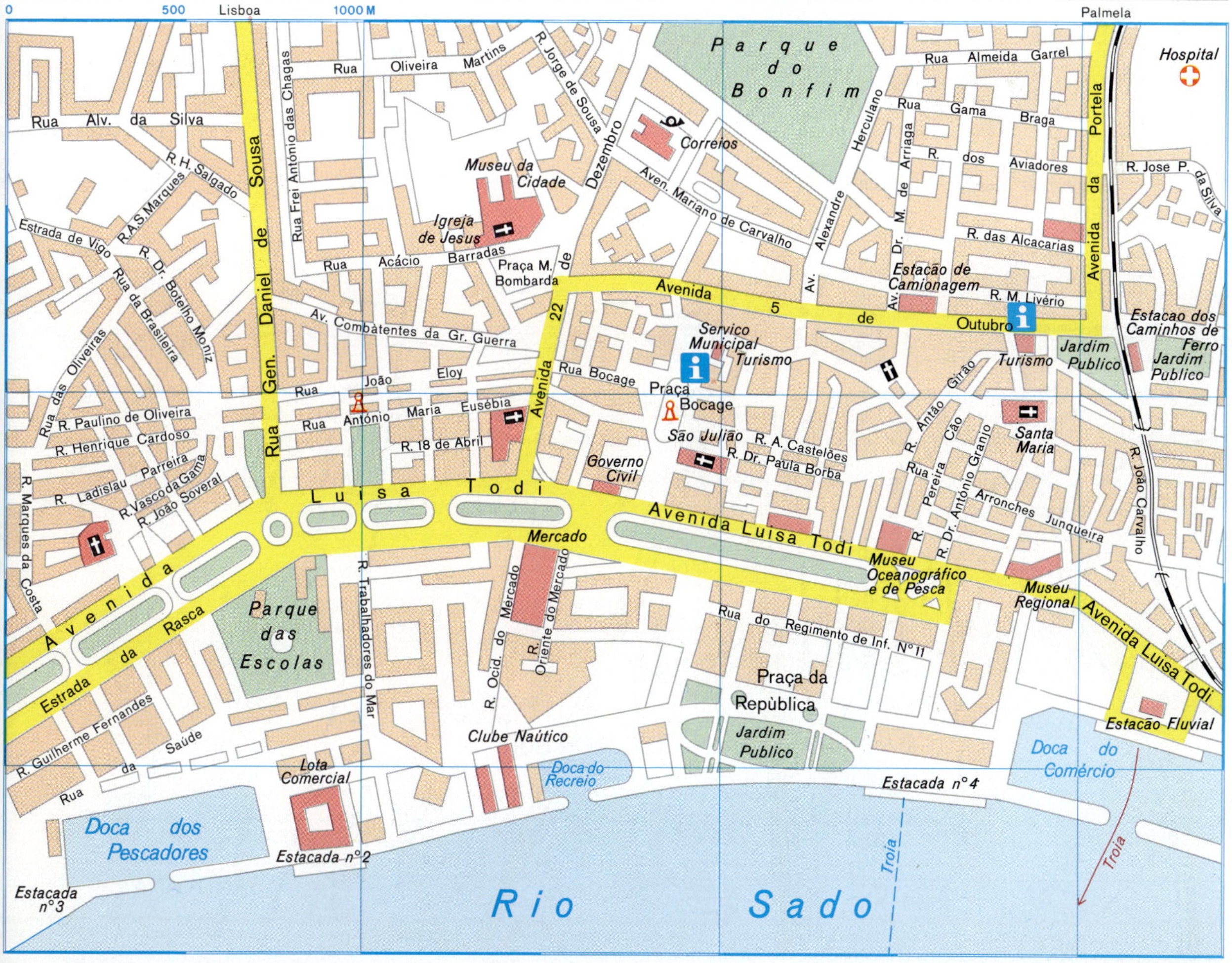
0
500
Lisboa
1000 M
Palmela
Rua Alv. da Silva
R. H. Salgado
R. A. S. Marques
Estrada de Vigo
R. Dr. Botelho Moniz
Rua da Brasileira
Rua das Oliveiras
Av. Gen. Daniel de Sousa
Rua Frei António das Chagas
Rua Oliveira Martins
R. Jorge de Sousa
Dezembro
Parque do Bonfim
Correios
Aven. Mariano de Carvalho
Herculano
Alexandre
Rua Almeida Garrel
Rua Gama Braga
R. dos Aviadores
Dr. M. de Arriaga
Avenida da Portela
Hospital
R. Jose P. da Silva
Museu da Cidade
Igreja de Jesus
Rua Acácio Barradas
Praça M. de Bombarda
R. das Alcacarias
Estação de Camionagem
R. M. Livério
Avenida 5 de Outubro
Av. Combatentes da Gr. Guerra
Avenida 22 de
Servico Municipal Turismo
Turismo
Jardim Publico
Estacao dos Caminhos de Ferro
Jardim Publico
Rua João Eloy
Rua António Maria Eusébia
R. 18 de Abril
Rua Bocage
Praça Bocage
São Julião
R. A. Castelões
R. Dr. Paula Borba
Governo Civil
R. Antão Girão
Rua Pereira Cão
R. Dr. António Granjo
Arronches Junqueira
Santa Maria
R. João Carvalho
R. Paulino de Oliveira
R. Henrique Cardoso
R. Ladislau Parreira
R. Vasco da Gama
R. João Soveral
R. Marques da Costa
Luisa Todi
Avenida Luisa Todi
Mercado
Museu Oceanográfico e de Pesca
Museu Regional
Avenida Luisa Todi
Parque das Escolas
R. Trabalhadores do Mar
R. Ocid. do Mercado
R. Oriente do Mercado
Rua do Regimento de Inf. Nº11
Praça da Repùblica
Jardim Publico
Estação Fluvial
Avenida
Estrada da Rasca
R. Guilherme Fernandes
Rua da Saúde
Clube Naútico
Lota Comercial
Doca do Recreio
Estacada nº4
Doca do Comércio
Doca dos Pescadores
Estacada nº2
Estacada nº3
Troia
Troia
Rio Sado

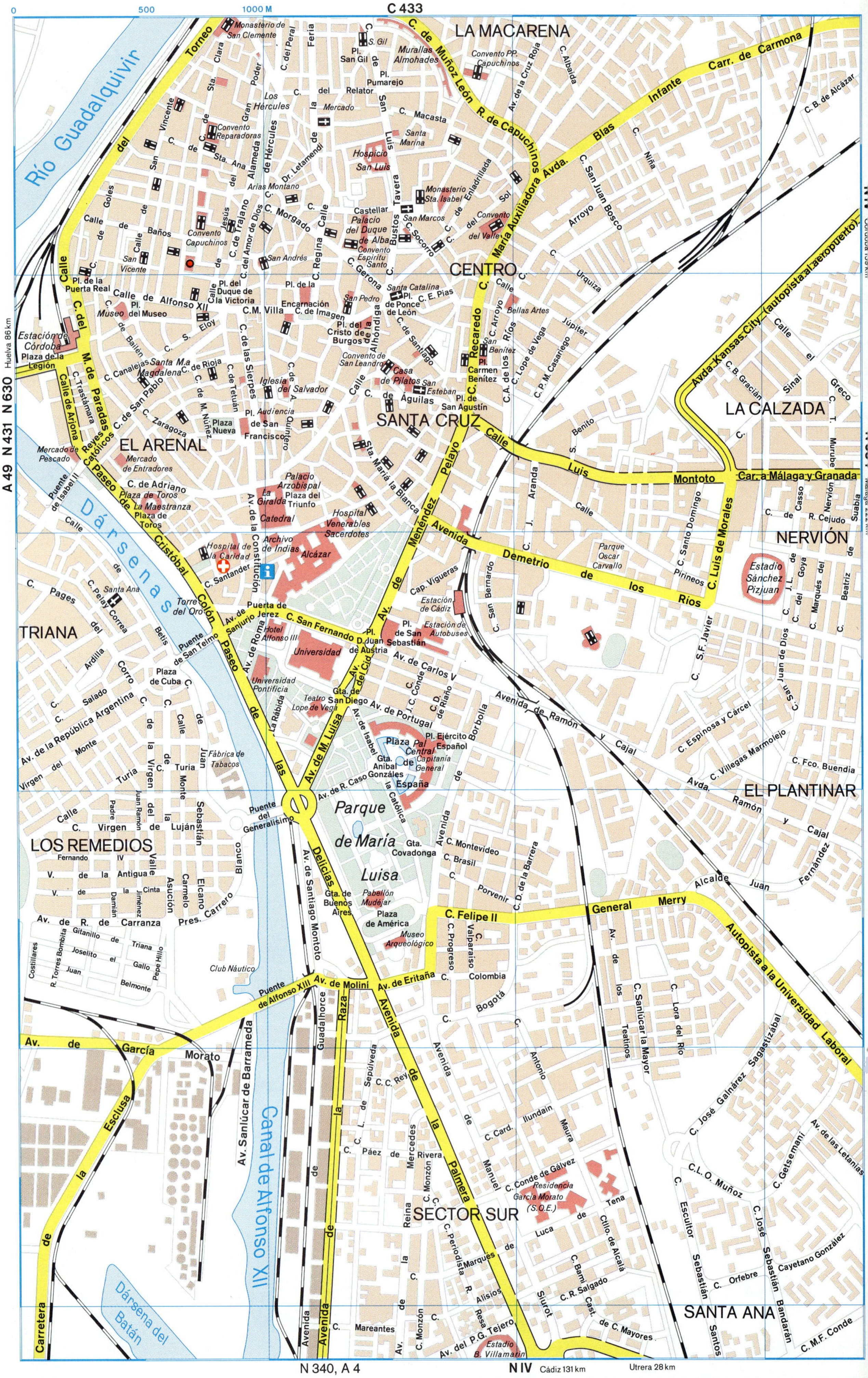
0
500
1000 M
C 433
N 340, A 4
N IV
Cádiz 131 km
Utrera 28 km
A 49 N 431 N 630
Huelva 86 km
LA MACARENA
CENTRO
SANTA CRUZ
EL ARENAL
LA CALZADA
NERVIÓN
TRIANA
LOS REMEDIOS
EL PLANTINAR
SECTOR SUR
SANTA ANA
Río Guadalquivir
Dársenas
Canal de Alfonso XII
Dársena del Batán
Parque de María Luisa
Monasterio de San Clemente
Murallas Almohades
Convento PP. Capuchinos
Hospicio San Luis
Santa Marina
Monasterio Sta. Isabel
Palacio del Duque de Alba
Convento Espíritu Santo
Convento Reparadoras
Convento Capuchinos
Convento del Valle
Estación de Córdoba
Plaza de la Legión
Museo
Bellas Artes
Casa de Pilatos
Iglesia del Salvador
Plaza Nueva
Audiencia
Mercado de Entradores
Mercado de Pescado
Plaza de Toros de La Maestranza
Palacio Arzobispal
La Giralda
Catedral
Plaza del Triunfo
Hospital Venerables Sacerdotes
Archivo de Indias
Alcázar
Hospital de la Caridad
Torre del Oro
Universidad
Universidad Pontificia
Hotel Alfonso III
Teatro Lope de Vega
Estación de Cádiz
Estación de Autobuses
Pl. de San Sebastián
Plaza de España
Capitanía General
Pabellón Mudéjar
Plaza de América
Museo Arqueológico
Fábrica de Tabacos
Club Náutico
Estadio Sánchez Pizjuan
Residencia García Morato (S.O.E.)
Estadio B. Villamarín
Puente de Isabel II
Puente de San Telmo
Puente del Generalísimo
Puente de Alfonso XIII
Paseo de Cristóbal Colón
Paseo de las Delicias
Avenida de la Palmera
Avenida de Menéndez Pelayo
Avenida Demetrio de los Ríos
Av. de la Constitución
C. de Muñoz León
R. de Capuchinos
María Auxiliadora
Avda. Blas Infante
Carr. de Carmona
Avda. Kansas City (autopista al aeropuerto)
Calle Luis Montoto
Car. a Málaga y Granada
C. Luis de Morales
Avenida de Ramón y Cajal
C. Felipe II
General Merry
Autopista a la Universidad Laboral
Av. de García Morato
Carretera de la Esclusa
Av. Sanlúcar de Barrameda
Av. de la República Argentina
Av. de Portugal
Av. de Carlos V
Av. de Eritaña
Av. de Molini
Calle de Torneo
Alameda de Hércules
C. de las Sierpes
C. San Fernando
Calle Reyes Católicos
Calle de Alfonso XII
Calle de Baños
Calle de San Vicente
Calle Pagés del Corro
C. Betis
Virgen de Luján

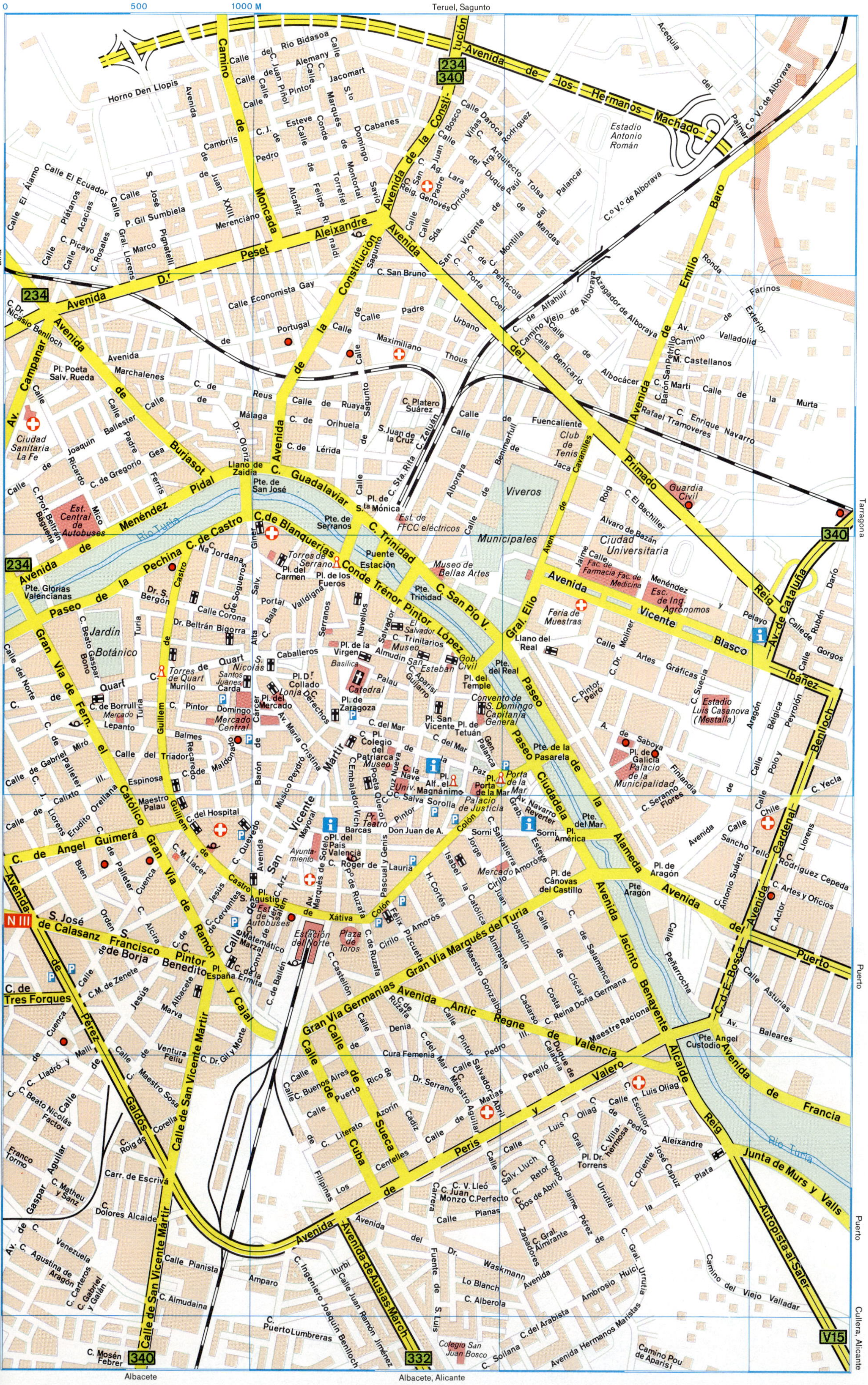
0
500
1000 M
Teruel, Sagunto
Tarragona
Puerto
Puerto
Cullera, Alicante
Albacete
Albacete, Alicante
234
340
332
V15
N III
Avenida de los Hermanos Machado
Estadio Antonio Román
Camino de Moncada
Avenida de la Constitución
Avenida Peset Aleixandre
Avenida del Primado Reig
Avenida de Emilio Baro
C. Vo de Alborava
Horno Den Llopis
Calle El Ecuador
Calle Economista Gay
Portugal
Maximiliano Thous
Avenida de Burjasot
Avenida de Campanar
Ciudad Sanitaria La Fe
Pl. Poeta Salv. Rueda
Avenida Marchalenes
Est. Central de Autobuses
Avenida de Menéndez Pidal
Río Turia
Llano de Zaidia
Pte. de San José
C. Guadalaviar
Pte. de Serranos
Pl. de Sta Mónica
Est. de FFCC eléctricos
Viveros
Municipales
Club de Tenis
Guardia Civil
Ciudad Universitaria
Fac. de Farmacia
Fac. de Medicina
Esc. de Ing. Agrónomos
Avenida Vicente Blasco Ibáñez
Av. de Cataluña
Avenida de Benlloch
Feria de Muestras
Llano del Real
Pte. del Real
Museo de Bellas Artes
Puente Estación
C. Trinidad
Pte. Trinidad
C. San Pío V
Gral. Elío
C. de Blanquerías
Torres de Serrano
Conde Trénor
Pintor López
Paseo de la Pechina
C. de Castro
Pte. Glorias Valencianas
Paseo de la Ciudadela
Jardín Botánico
Torres de Quart
Gran Vía de Fern. el Católico
Pl. del Collado
Lonja
Mercado Central
Pl. del Mercado
Basílica
Catedral
Pl. de la Virgen
Almudín
Museo
Gob. Civil
Pl. del Temple
Convento de S. Domingo
Capitanía General
Pl. de Zaragoza
Pl. San Vicente
Pl. de Tetuán
Colegio del Patriarca
Univ.
Pl. Alf. el Magnánimo
Porta de la Mar
Pl. Porta de la Mar
Palacio de Justicia
Pte. de la Pasarela
Pte. del Mar
Pl. América
Estadio Luis Casanova (Mestalla)
Palacio de la Municipalidad
Pl. de Galicia
Teatro
Pl. del País Valenciá
Ayuntamiento
C. de Angel Guimerá
Gran Vía de Ramón y Cajal
Est. de Autobuses
Estación del Norte
Plaza de Toros
C. de Xátiva
Colón
Gran Vía Marqués del Turia
Gran Vía Germanías
Pl. de Cánovas del Castillo
Pte. Aragón
Pl. de Aragón
Avenida del Puerto
Alameda
Avenida Jacinto Benavente
Avenida Antic Regne de Valencia
Avenida de Peris y Valero
Calle de Cuba
Calle de Sueca
Calle de San Vicente Mártir
Calle de Pérez Galdós
Avenida de Ausias March
Pte. Angel Custodio
Avenida de Francia
Alcalde Reig
Junta de Murs y Valls
Autopista al Saler
Camino del Viejo Vallador
Avenida Hermanos Maristas
Camino Pou de Aparisi
Colegio San Juan Bosco
C. de Tres Forques
Avenida de S. José de Calasanz
Mercado Amorós
Pl. España
Avenida de Gaspar Aguilar
Calle Pianista Amparo
C. Almudaina
C. Mosén Febrer
Carr. de Escrivá
C. Ingeniero Joaquín Benlloch
Calle Juan Ramón Jiménez
Puerto Lumbreras

Valladolid E

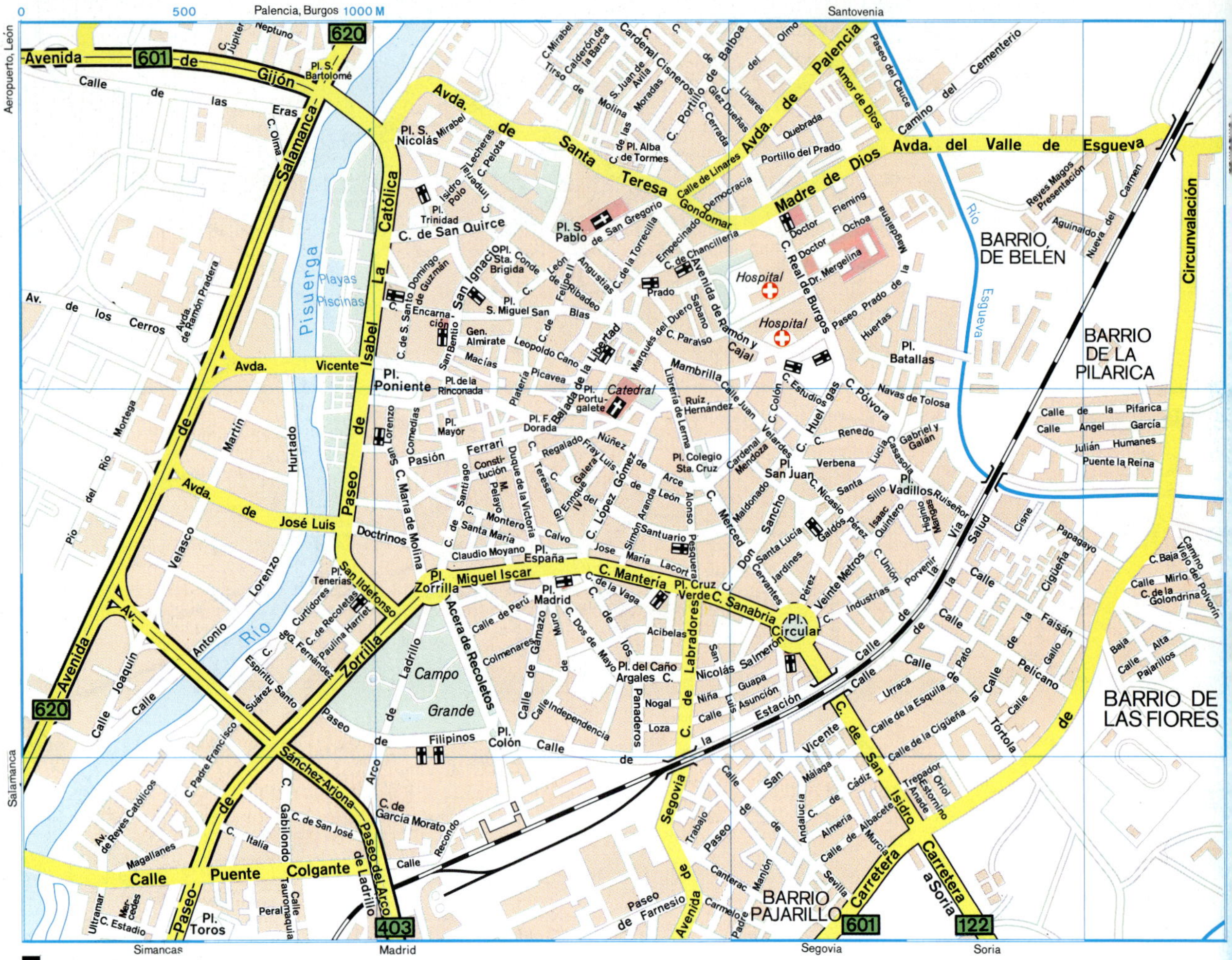

Zaragoza E

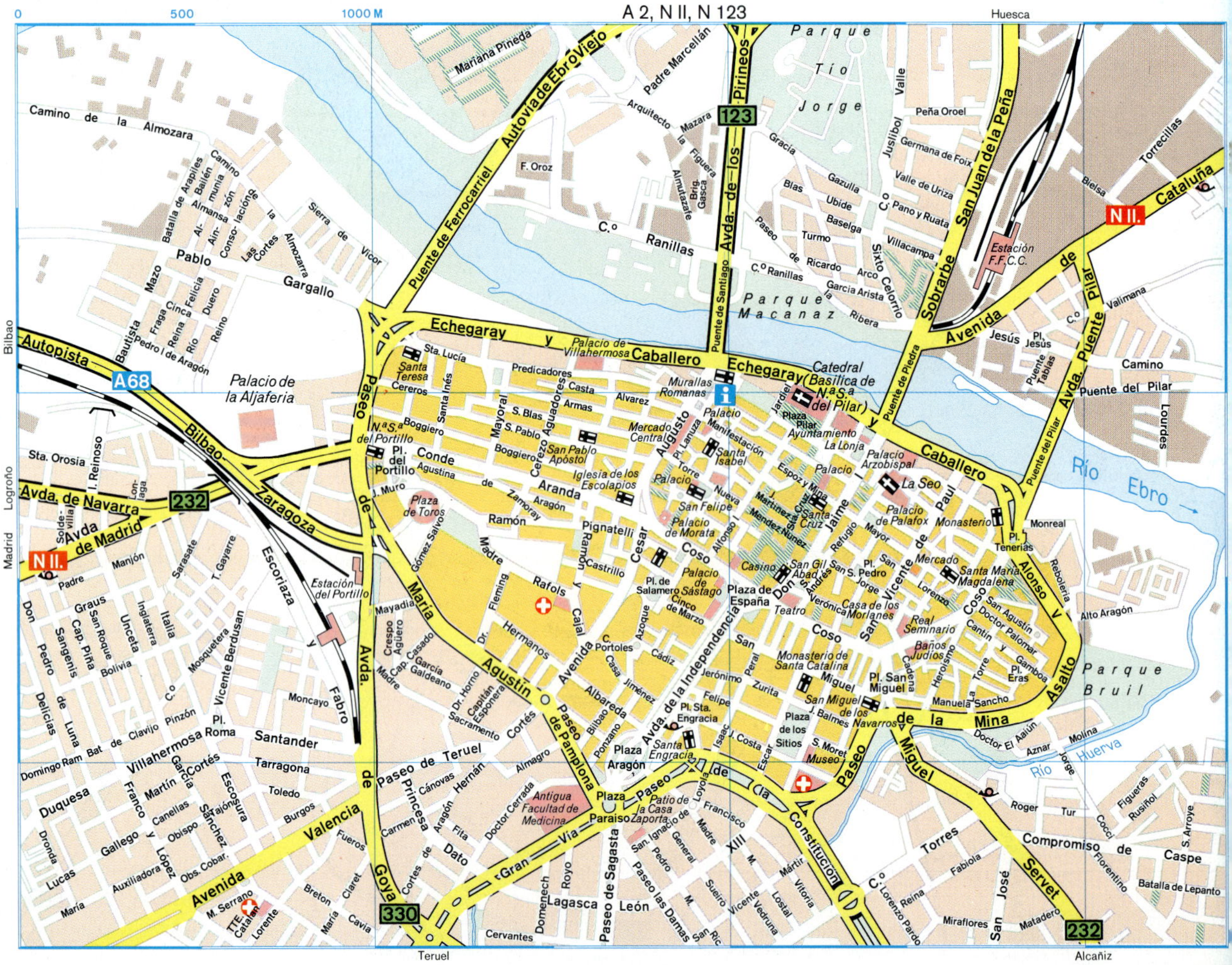

Europa · Europe
1:4.500.000

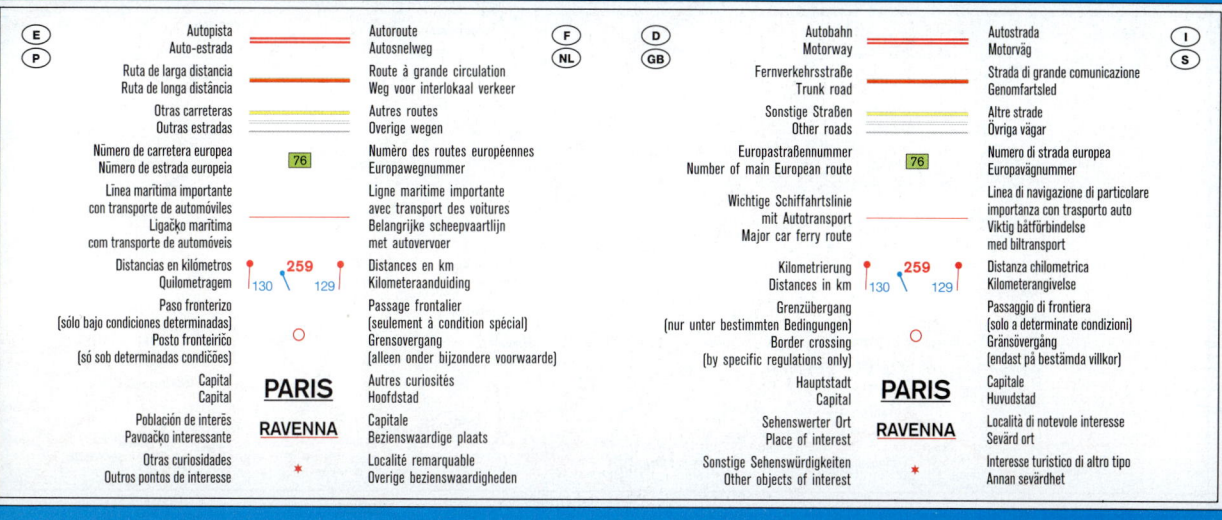

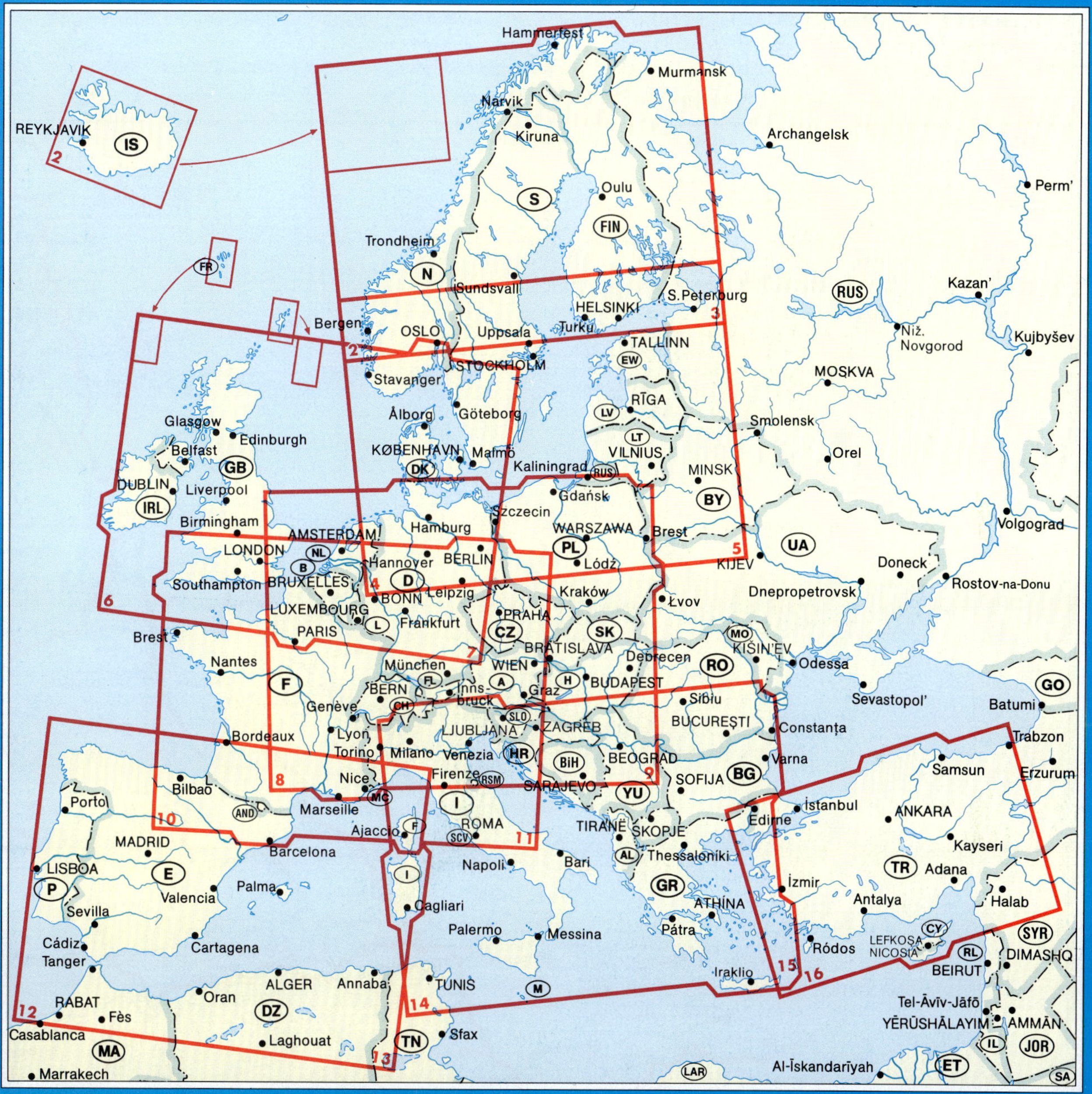

	Español / Português		Français / Nederlands	
(E) (P)	Autopista Auto-estrada		Autoroute Autosnelweg	(F) (NL)
	Ruta de larga distancia Ruta de longa distância		Route à grande circulation Weg voor interlokaal verkeer	
	Otras carreteras Outras estradas		Autres routes Overige wegen	
	Número de carretera europea Número de estrada europeia	76	Numéro des routes européennes Europawegnummer	
	Línea marítima importante con transporte de automóviles Ligaçko marítima com transporte de automóveis		Ligne maritime importante avec transport des voitures Belangrijke scheepvaartlijn met autovervoer	
	Distancias en kilómetros Quilometragem	259 130 129	Distances en km Kilometeraanduiding	
	Paso fronterizo (sólo bajo condiciones determinadas) Posto fronteiriço (só sob determinadas condições)	○	Passage frontalier (seulement à condition spécial) Grensovergang (alleen onder bijzondere voorwaarde)	
	Capital Capital	PARIS	Autres curiosités Hoofdstad	
	Población de interés Pavoačko interessante	RAVENNA	Capitale Bezienswaardige plaats	
	Otras curiosidades Outros pontos de interesse	*	Localité remarquable Overige bezienswaardigheden	

(D) (GB)	Autobahn Motorway		Autostrada Motorväg	(I) (S)
	Fernverkehrsstraße Trunk road		Strada di grande comunicazione Genomfartsled	
	Sonstige Straßen Other roads		Altre strade Övriga vägar	
	Europastraßennummer Number of main European route	76	Numero di strada europea Europavägnummer	
	Wichtige Schiffahrtslinie mit Autotransport Major car ferry route		Linea di navigazione di particolare importanza con trasporto auto Viktig båtförbindelse med biltransport	
	Kilometrierung Distances in km	259 130 129	Distanza chilometrica Kilometerangivelse	
	Grenzübergang (nur unter bestimmten Bedingungen) Border crossing (by specific regulations only)	○	Passaggio di frontiera (solo a determinate condizioni) Gränsövergång (endast på bestämda villkor)	
	Hauptstadt Capital	PARIS	Capitale Huvudstad	
	Sehenswerter Ort Place of interest	RAVENNA	Località di notevole interesse Sevärd ort	
	Sonstige Sehenswürdigkeiten Other objects of interest	*	Interesse turistico di altro tipo Annan sevärdhet	

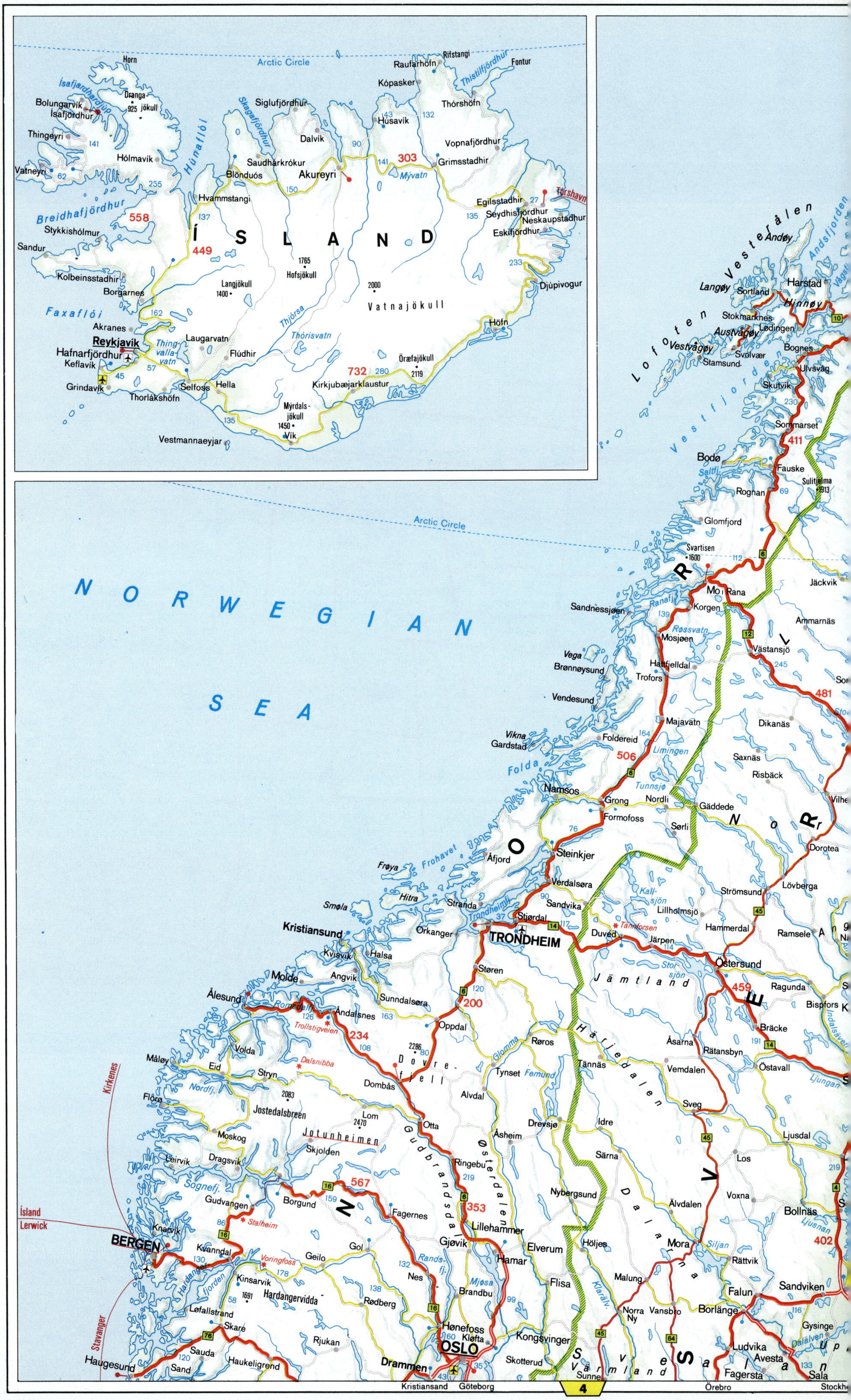
Arctic Circle
Horn
Ísafjardhardjúp
Bolungarvík
Ísafjördhur
Dranga-jökull
925
Thingeyri
Hólmavík
Vatneyri
Húnaflói
Skagafjördhur
Siglufjördhur
Dalvík
Raufarhöfn
Rifstangi
Kópasker
Thistilfjördhur
Fontur
Thórshöfn
Húsavík
Vopnafjördhur
Grimsstadhir
303
Mývatn
Saudhárkrókur
Blönduós
Akureyri
Hvammstangi
Egilsstadhir
Seydhisfjördhur
Neskaupstadhur
Eskifjördhur
Tórshavn
Breidhafjördhur
558
Stykkishólmur
Sandur
449
Í S L A N D
Kolbeinsstadhir
Borgarnes
Langjökull
1400
Hofsjökull
1765
Vatnajökull
2000
Djúpivogur
Faxaflói
Akranes
Reykjavík
Hafnarfjördhur
Keflavík
Grindavík
Thingvallavatn
Laugarvatn
Flúdhir
Thjórsá
Thórisvatn
Höfn
Öræfajökull
2119
732
Kirkjubæjarklaustur
Selfoss
Hella
Thorlákshöfn
Mýrdalsjökull
1450
Vík
Vestmannaeyjar
Arctic Circle
N O R W E G I A N
S E A
Lofoten
Vesterålen
Andøy
Langøy
Sortland
Harstad
Hinnøy
Stokmarknes
Austvågøy
Lødingen
Vestvågøy
Svolvær
Stamsund
Bognes
Ulvsvåg
Skutvik
Vestfjorden
Sommarset
411
Bodø
Fauske
Sulitjelma
1913
Rognan
Glomfjord
Svartisen
1600
Jäckvik
Mo i Rana
Sandnessjøen
Korgen
Ammarnäs
Mosjøen
Vega
Brønnøysund
Hattfjelldal
Trofors
Västansjö
481
Vendesund
Majavatn
Dikanäs
Vikna
Gardstad
Foldereid
506
Saxnäs
Risbäck
Folda
Namsos
Grong
Nordli
Gäddede
Formofoss
Sørli
Steinkjer
Åfjord
Dorotea
Frøya
Frohavet
Verdalsøra
Strömsund
Lövberga
Hitra
Sandvika
Smøla
Stranda
Lillholmsjö
Kristiansund
Orkanger
Stjørdal
Hammerdal
Ramsele
TRONDHEIM
Duved
Järpen
Tännforsen
Halsa
Kvisvik
Støren
Östersund
Molde
Angvik
Jämtland
459
Ragunda
Ålesund
Sunndalsøra
200
Bispfors
Åndalsnes
Trollstigveien
Oppdal
Bräcke
234
Røros
Åsarna
Rätansbyn
Måløy
Volda
Dovrefjell
Tännäs
Vemdalen
Östavall
Eid
Stryn
Dalsnibba
Dombås
Tynset
Nordfj.
Flora
Jostedalsbreen
Alvdal
Sveg
Lom
2470
Otta
Drevsjø
Idre
Ljusdal
Moskog
Jotunheimen
Skjolden
Åsheim
Gudbrandsdal
Østerdalen
Härjedalen
Leirvik
Dragsvik
Ringebu
Särna
Los
Kirkenes
Sognefj.
Gudvangen
Borgund
567
353
Nybergsund
Dalarna
Voxna
Älvdalen
Bollnäs
Ísland
Lerwick
BERGEN
Knarvik
Stalheim
Fagernes
Lillehammer
Elverum
Höljes
Mora
402
Kvanndal
Gol
Gjøvik
Hamar
Siljan
Rättvik
Geilo
Vøringfoss
Kinsarvik
Nes
Mjøsa
Brandbu
Flisa
Malung
Sandviken
Hardangervidda
1691
Rødberg
Falun
Løfallstrand
Skare
Hønefoss
Kløfta
Norra Ny
Vansbro
Borlänge
Stavanger
Rjukan
OSLO
Kongsvinger
Ludvika
Gysinge
Sauda
Drammen
Skotterud
Avesta
Haugesund
Sand
Haukeligrend
Sunne
Värmland
Fagersta
Sala
Kristiansand
Göteborg
Örebro
4

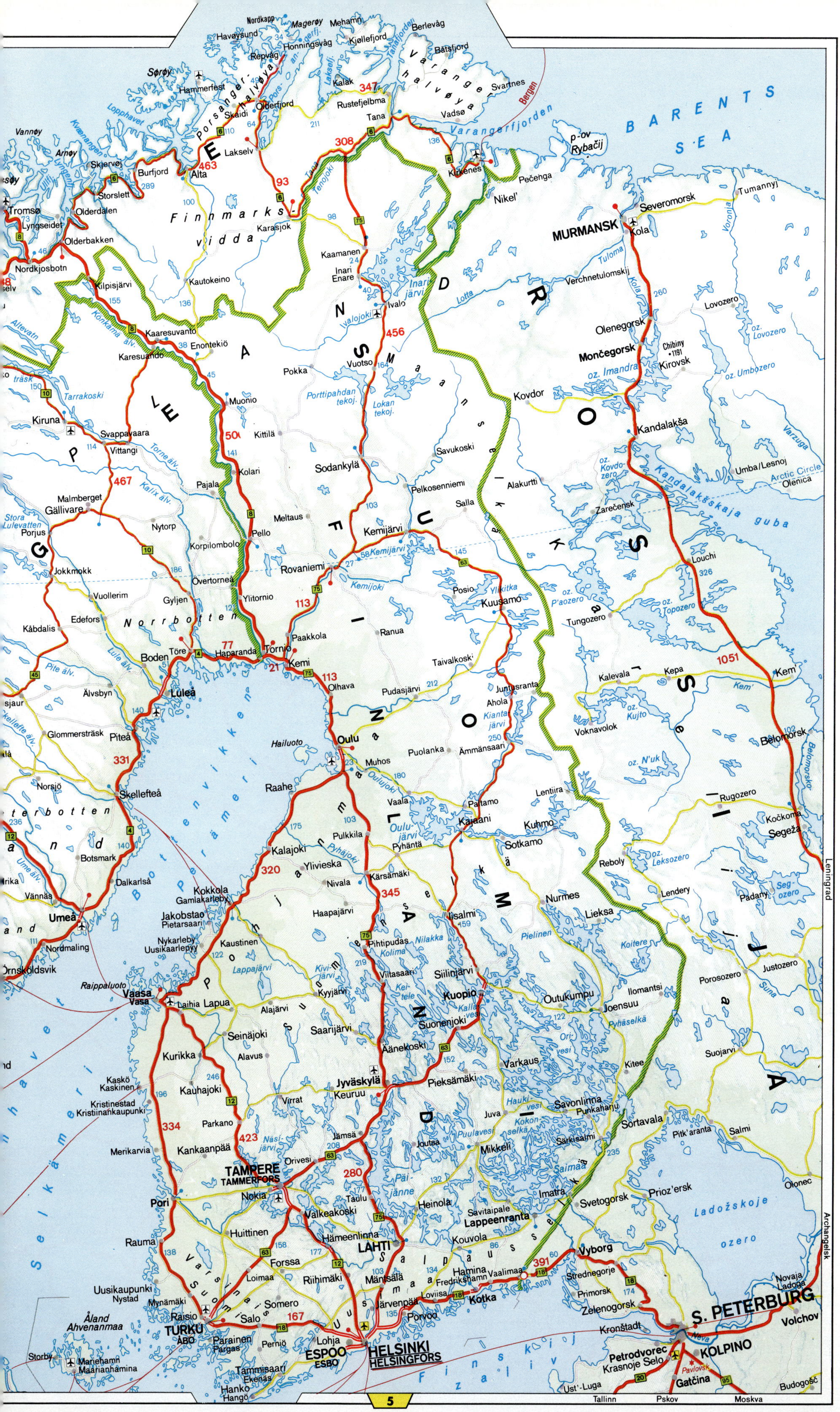
BARENTS SEA
Varangerfjorden
Varanger halvøya
Porsangerhalvøya
Finnmarksvidda
Nordkapp
Magerøy
Hammerfest
Honningsvåg
Vadsø
Kirkenes
Tana
Alta
Lakselv
Karasjok
Kautokeino
Tromsø
Nordkjosbotn
Kilpisjärvi
Kaaresuvanto
Karesuando
Enontekiö
Kiruna
Gällivare
Jokkmokk
Norrbotten
Boden
Luleå
Piteå
Skellefteå
Umeå
Vaasa
Vasa
Kokkola
Gamlakarleby
Jakobstad
Pietarsaari
MURMANSK
Severomorsk
Kola
Mončegorsk
Olenegorsk
Kirovsk
Kandalakša
Kandalakšskaja guba
Arctic Circle
Inari
Inarijärvi
Ivalo
Sodankylä
Kemijärvi
Rovaniemi
Kemi
Tornio
Haparanda
Oulu
Hailuoto
Raahe
Kajaani
Kuhmo
Kuusamo
Iisalmi
Kuopio
Joensuu
Jyväskylä
Savonlinna
Mikkeli
Lappeenranta
Imatra
Kotka
Hamina
Porvoo
LAHTI
TAMPERE
TAMMERFORS
Pori
Rauma
TURKU
ÅBO
Åland
Ahvenanmaa
Mariehamn
Maarianhamina
HELSINKI
HELSINGFORS
ESPOO
ESBO
Hanko
Hangö
Vyborg
S. PETERBURG
KOLPINO
Petrodvorec
Gatčina
Kronštadt
Sortavala
Ladožskoje ozero
Finskij zaliv
Salpausselkä
Pohjanlahti
Perämeri
Selkämeri
Sogn
FINLAND
SUOMI
SVERIGE
RUSSIJA
NORGE
Tallinn
Pskov
Moskva
Leningrad
Archangelsk
5

Trondheim
2
NORGE
SVERIGE
DANMARK
DEUTSCHLAND
NORTH SEA
NORDSEE
Skagerrak
Deutsche Bucht
OSTSEE
MORZE
BERGEN
OSLO
Drammen
Stavanger
Haugesund
Kristiansand
Arendal
Skien
Lillehammer
Hamar
Gjøvik
Elverum
Kongsvinger
Halden
Sarpsborg
Moss
Horten
Tønsberg
Larvik
Kongsberg
Notodden
Fagernes
Jotunheimen
Hardangervidda
Telemark
Setesdal
Agder
Egersund
Flekkefjord
Kirkenes Ålesund
Ísland Lerwick
Newcastle
Lerwick, Tørshavn
Tørshavn
Harwich
GÖTEBORG
Uddevalla
Trollhättan
Vänersborg
BORÅS
JÖNKÖPING
Halmstad
Varberg
Falkenberg
HELSINGBORG
Helsingør
MALMÖ
Lund
Landskrona
Trelleborg
Ystad
Kristianstad
Hässleholm
Karlshamn
Karlskrona
Ronneby
Växjö
Kalmar
Öland
LINKÖPING
NORRKÖPING
ÖREBRO
VÄSTERÅS
Karlstad
Karlskoga
Kristinehamn
Falun
Borlänge
Mora
Skövde
Lidköping
Vänern
Bornholm (Dan.)
Rønne
Hirtshals
Hjørring
Skagen
Frederikshavn
ÅLBORG
Randers
Viborg
Herning
Silkeborg
ÅRHUS
Horsens
Vejle
Kolding
Esbjerg
Ribe
ODENSE
KØBENHAVN
Roskilde
Sjælland
Fyn
Svendborg
Nakskov
Lolland
Falster
Nykøbing F.
Sønderborg
Flensburg
Tønder
Husum
Rendsburg
KIEL
Eckernförde
Neumünster
LÜBECK
Wismar
ROSTOCK
Stralsund
Greifswald
Rügen
Neubrandenburg
SCHWERIN
HAMBURG
BREMERHAVEN
Cuxhaven
WILHELMSHAVEN
Emden
OLDENBURG
BREMEN
Lüneburg
Lüneburger Heide
Celle
WOLFSBURG
HANNOVER
BRAUNSCHWEIG
MAGDEBURG
POTSDAM
BERLIN
Frankfurt
Eberswalde
Brandenburg
Dessau
Wittenberg
HALLE
LEIPZIG
COTTBUS
Hoyerswerda
OSNABRÜCK
MÜNSTER
BIELEFELD
Hildesheim
SALZGITTER
GÖTTINGEN
KASSEL
PADERBORN
DORTMUND
ESSEN
BOCHUM
DUISBURG
DÜSSELDORF
WUPPERTAL
HAGEN
KÖLN
LEVERKUSEN
MÖNCHENGLADBACH
GRONINGEN
Leeuwarden
Assen
Emmen
ENSCHEDE
APELDOORN
Zwolle
Almelo
NEDERLAND
Amsterdam
Rotterdam
SZCZECIN
Stargard Szcz.
Koszalin
Kołobrzeg
Szczecinek
Świnoujście
POZNAŃ
Gorzów Wielkopolski
Zielona Góra
Leszno
Głogów
Kostrzyn
Koblenz Frankf.
Frankfurt
8
Frankf., Würzburg
Nürnberg
Chemnitz
Dresden
Dresden
Wrocław
7

Vaasa
Vaasa
Jyväskylä
3
S U O M I
F I N L A N D
Pori
Rauma
TAMPERE
TAMMERFORS
Nokia
Valkeakoski
Huittinen
Forssa
Loimaa
Riihimäki
Hämeenlinna
LAHTI
Heinola
Mikkeli
Imatra
Lappeenranta
Kouvola
Hamina
Kotka
Loviisa
Porvoo
Järvenpää
HELSINKI
HELSINGFORS
ESPOO
ESBO
Lohja
Salo
Somero
TURKU
ÅBO
Raisio
Uusikaupunki
Nystad
Åland
Ahvenanmaa
Mariehamn
Maarianhamina
Hanko
Hangö
Tammisaari
Ekenäs
Kapellskär
Selkämeri
Suomenlahti
Finskij zaliv
S. PETERBURG
Vyborg
Svetogorsk
Priozersk
Ladožskoje ozero
Zelenogorsk
Kronštadt
KOLPINO
Gatčina
Volchov
Kingisepp
Narva
Kohtla-Järve
TALLINN
Rakvere
Paide
Pärnu
Haapsalu
Hiiumaa
Saaremaa
Kuressaare
E E S T I
TARTU
Viljandi
Võru
Valga
Čudskoje ozero
Pskovskoje oz.
PSKOV
Luga
NOVGOROD
ROSSIJA
Staraja Russa
Dno
Porchov
Ostrov
Gotland
Rižskij zaliv
Ventspils
Talsi
Tukums
Jūrmala
RĪGA
Jelgava
Kuldīga
LIEPĀJA
Cēsis
Valmiera
L A T V I J A
Madona
Rēzekne
Daugavpils
Opočka
Velikije Luki
Nevel
Šiauliai
Panevėžys
Klaipėda
Palanga
Tauragė
Kaunas
Vilnius
Ukmergė
Utena
L I E T U V A
Alytus
Sovetsk
KALININGRAD
R O S S I J A
Černjachovsk
Gusev
Kapsukas
Polock
VITEBSK
Glubokoje
Lepel'
Molodečno
MINSK
BORISOV
ORŠA
MOGILEV
Lida
Grodno
Novogrudok
Baranoviči
Sluck
Soligorsk
BOBRUJSK
Žlobin
Svetlogorsk
Mozyr'
Kalinkoviči
Pinsk
Luninec
BREST
B E L A R U S'
Bobrujsk
UKRAÏNA
Kovel'
Korosten
Ovruč
Olevsk
Sarny
GDAŃSK
ELBLĄG
Malbork
OLSZTYN
Suwałki
Ełk
Augustów
BIAŁYSTOK
Łomża
Ostrołęka
Ciechanów
Płock
Włocławek
TORUŃ
Grudziądz
WARSZAWA
Siedlce
Biała Podlaska
Radom
LUBLIN
ŁÓDŹ
Piotrków
Tomaszów Maz.
Sieradz
Katowice
Kraków
Przemyśl
Rovno
Rovno
Kijev
9
Moskva
Archangelsk

Föroyar
Færøerne
(Danmark)
Streymoy
Nordhuroyar
Eysturoy
Vágar
Tórshavn
Sandoy
Tvöroyri
Sudhuroy
Island
Lerwick
Hanstholm
Esbjerg
Shetland Islands
Lerwick
Mainland
Bergen
Yell
Hillswick
Orkney Islands
Kirkwall
Hoy
Pentland Firth
Thurso
Duncansby Hd
Wick
Durness
Isle of Lewis
Stornoway
Outer Hebrides
Harris
Tarbert
North Uist
Lochmaddy
Little Minch
North Minch
Ullapool
Dornoch
Uig
Skye
South Uist
Lochboisdale
Barra
Kyle of Lochalsh
Dingwall
Inverness
Moray Firth
Elgin
Fraserburgh
Loch Ness
Kingussie
Northwest Highlands
Sea of the Hebrides
Rhum
Mallaig
Invergarry
Fort William
Grampian Mts.
Braemar
ABERDEEN
Coll
Tiree
Salen
Mull
Fingal's Cave
Iona
Oban
Tyndrum
Perth
DUNDEE
St. Andrews
Firth of Lorne
Jura
Islay
Greenock
Firth of Forth
EDINBURGH
GLASGOW
MOTHERWELL AND W.
Ardrossan
Kilmarnock
Berwick-u.-Tw.
Tweed
Galashiels
Port Ellen
Brodick
Ayr
Abington
Alnwick
Hawick
Malin Hd
Giant's Causeway
Campbeltown
Firth of Clyde
North Channel
Coleraine
Londonderry
Strabane
Ballymena
Northern Ireland
Larne
Southern Uplands
Galloway
Dumfries
NEWCASTLE U. T.
SOUTH SHIELDS
SUNDERLAND
Stranraer
Kirkcudbright
Solway Firth
Carlisle
Donegal Bay
Ballyshannon
Lough Erne
L. Neagh
Ballygawley
Dungannon
Bangor
BELFAST
Erris Hd
Belmullet
Ballina
Enniskillen
Armagh
Newry
Workington
Cumbria
Penrith
Darlington
Hartlepool
MIDDLESBROUGH
GREAT BRITAIN
Sligo
Achill
Castlebar
Boyle
Cavan
Isle of Man
Douglas
Kendal
Westport
Connaught
Shannon
Longford
Dundalk
Barrow-in-Furness
Morecambe & Heysham
Thirsk
Scarborough
Bridlington
Clifden
Roscommon
Kells
Drogheda
Lancaster
Skipton
Yorkshire
YORK
Fleetwood
BLACKPOOL
Burnley
BRADFORD
LEEDS
KINGSTON UPON HULL
Lough Corrib
Galway
Galway Bay
Athlone
Mullingar
Kinnegad
Irish Sea
DUBLIN
BAILE ÁTHA CLIATH
PRESTON
BOLTON
MANCHESTER
Humber
Aran Is.
Cliffs of Moher
Naas
Kingstown
Dún Laoghaire
Anglesey
Holyhead
LIVERPOOL
BIRKENHEAD
Doncaster
Grimsby
IRELAND
EIRE
Ennis
Lough Derg
Grand Canal
Portlaoise
Roscrea
Wicklow Mts.
Bangor
Caernafon
Snowdon
Chester
Corwen
SHEFFIELD
Newark
Lincoln
Skegness
UNITED KINGDOM
Shannon
Limerick
Luimneach
Kilkenny
Arklow
Dolgellau
STOKE O.TR.
DERBY
NOTTINGHAM
Boston
The Wash
King's Lynn
NORWICH
Tralee
Cashel
Cahir
Enniscorthy
Shrewsbury
Welshpool
WOLVERHAMPTON
WALSALL
LEICESTER
Slea Hd
Dingle B.
Munster
Mallow
Clonmel
Waterford
Wexford
Rosslare
Cardigan Bay
Aberystwyth
Llangurig
BIRMINGHAM
COVENTRY
Kettering
Peterborough
Lowestoft
Killarney
CORK
CORCAIGH
St. George's Channel
Fishguard & Goodwick
Cambrian Mountains
Builth Wells
Worcester
NORTHAMPTON
Newmarket
CAMBRIDGE
Bantry B.
Bantry
St. David's
Milford Haven
Pembroke
Cardigan
Carmarthen
Wales
Brecon
Hereford
Stratford on Avon
Bedford
LUTON
Colchester
Merthyr Tydfil
Gloucester
Cheltenham
OXFORD
SWANSEA
NEWPORT
SWINDON
Thames
Bristol Channel
CARDIFF
Severn
BRISTOL
READING
LONDON
SOUTHEND-ON-SEA
Bath
Newbury
Windsor
Weston-s.-M.
Stonehenge
Basingstoke
Maidstone
Canterbury
Barnstaple
Taunton
Salisbury
Winchester
Guildford
Kent
Folkestone
Devon
Yeovil
SOUTHAMPTON
Sussex
Worthing
Hastings
Eastbourne
Exeter
Dorchester
Weymouth
POOLE
BOURNEMOUTH
PORTSMOUTH
BRIGHTON
Newhaven
Boulogne
Bodmin
Lyme Bay
TORBAY
I. of Wight
Penzance
Land's End
Cornwall
PLYMOUTH
Falmouth
Isles of Scilly
English Channel
La Manche
Dieppe
Cap de la Hague
Cherbourg
Guernsey
St. Peter Port
Baie de la Seine
LE HAVRE
Seine
Channel Islands
Jersey
St. Helier
Deauville
Bayeux
CAEN
Coutances
St.-Lô
Santander
Granville
Golfe de St. Malo
Le Mont-St. Michel
Avranches
Pontorson
Flers
Argentan
Evreux
Dreux
Roscoff
Lannion
Paimpol
Guingamp
St.-Brieuc
St.-Malo
Morlaix
I. d'Ouessant
BREST

OSLO
Drammen
Kongsberg
Notodden
Haukeligrend
Skare
Sauda
Haugesund
Karmøy
Skudeneshavn
Stavanger
Sand
Bykle
Telemark
Setesdal
NORGE
Agder
Evje
Tonstad
Helleland
Egersund
Flekkefjord
Kristiansand
Arendal
Kragerø
Svenes
Skien
Tønsberg
Horten
Larvik
Moss
Sarpsborg
Halden
Mysen
Karlstad
Kristinehamn
Säffle
Borlänge Stockholm
ÖREBRO
Askersund
Katrineholm
NORRKÖPING
Motala
Vadstena
LINKÖPING
Mjölby
Tranås
Mariestad
Mellerud
Lidköping
Vänersborg
Skara
Skövde
Falköping
Trollhättan
Uddevalla
Lysekil
Orust
Tjörn
Alingsås
Ulricehamn
JÖNKÖPING
Huskvarna
Eksjö
Vimmerby
Vetlanda
BORÅS
GÖTEBORG
SVERIGE
Värnamo
Växjö
Ljungby
Älmhult
Tingsryd
Ronneby
Karlshamn
Kristianstad
Hässleholm
Örkelljunga
Ängelholm
HELSINGBORG
Helsingør
Landskrona
Lund
MALMÖ
Trelleborg
Ystad
Simrishamn
Bornholm (Dan.)
Rønne
Halmstad
Falkenberg
Varberg
Skagen
Frederikshavn
Hirtshals
Hjørring
Læsø
ÅLBORG
Skagerrak
Jammerbugten
Hanstholm
Thyborøn
Skive
Mors
Randers
Grenå
Viborg
Holstebro
Herning
Silkeborg
Ebeltoft
ÅRHUS
Ringkøbing
Horsens
Samsø
Kalundborg
Juelsminde
KØBENHAVN
Roskilde
Sjælland
Grindsted
Vejle
Kolding
DANMARK
ODENSE
Fyn
Nyborg
Korsør
Næstved
Esbjerg
Ribe
Haderslev
Faaborg
Svendborg
Rømø
Tønder
Als
Sønderborg
Nakskov
Lolland
Nykøbing F.
Falster
Møn
Sylt
Föhr
Amrum
Husum
Flensburg
Nordfriesische Inseln
Eckernförde
KIEL
Rendsburg
Heide
Helgoland
Deutsche Bucht
Cuxhaven
Itzehoe
Neumünster
Fehmarn
Oldenburg i.H.
Neustadt
Travemünde
LÜBECK
Wismar
ROSTOCK
Warnemünde
Stralsund
Rügen
Saßnitz
Greifswald
Usedom
Swinoujscie
Anklam
Demmin
Güstrow
Neubrandenburg
SZCZECIN
SCHWERIN
Mecklenburg
Neustrelitz
Prenzlau
Parchim
Ludwigslust
Perleberg
Pritzwalk
Kyritz
BERLIN
Eberswalde
Frankfurt/O.
Potsdam
Brandenburg
Stendal
Salzwedel
Uelzen
Lüneburg
Lüneburger Heide
Soltau
Celle
HAMBURG
BREMERHAVEN
WILHELMSHAVEN
Emden
Borkum
Ameland
Terschelling
Vlieland
Texel
Leeuwarden
GRONINGEN
Leer
OLDENBURG
BREMEN
Cloppenburg
Nienburg
Diepholz
Assen
Emmen
Meppel
Den Helder
Alkmaar
ZAANSTAD
AMSTERDAM
LEIDEN
Amersfoort
'S-GRAVENHAGE
DEN HAAG
UTRECHT
APELDOORN
ARNHEM
Zwolle
Almelo
ENSCHEDE
Lingen
OSNABRÜCK
Minden
Rheine
BIELEFELD
Hameln
HANNOVER
HILDESHEIM
SALZGITTER
BRAUNSCHWEIG
WOLFSBURG
MAGDEBURG
Wittenberg
DESSAU
Halberstadt
Eisleben
HALLE
LEIPZIG
Dresden
Meißen
Görlitz
Cottbus
MÜNSTER
Detmold
PADERBORN
GÖTTINGEN
Nordhausen
HAMM
Lippstadt
ROTTERDAM
NIJMEGEN
's-Hertogenbosch
Wesel
BREDA
EINDHOVEN
GELSENKIRCHEN
BOCHUM
DORTMUND
HAGEN
ESSEN
DUISBURG
KASSEL
Vlissingen
Roosendaal
TILBURG
VENLO
Roermond
WUPPERTAL
MÖNCHENGLADBACH
DÜSSELDORF
LEVERKUSEN
Olpe
SIEGEN
Marburg
BRUGGE
GENT
ANTWERPEN
BRUXELLES
BRUSSEL
Hasselt
MAASTRICHT
AACHEN
KÖLN
Düren
BONN
Kortrijk
LILLE
Douai
Arras
Mons
NAMUR
LIEGE
CHARLEROI
KOBLENZ
Wetzlar
Gießen
Fulda
Bad Hersfeld
Eisenach
Gotha
ERFURT
Weimar
JENA
GERA
ZWICKAU
CHEMNITZ
Plauen
Thüringer Wald
Saalfeld
Meiningen
Coburg
Hof
Cheb
Karlovy Vary
Marianske Lazne
Chomutov
Bayreuth
Bamberg
Schweinfurt
Bad Neustadt
WÜRZBURG
Aschaffenburg
FRANKFURT A.M.
WIESBADEN
MAINZ
DARMSTADT
Limburg
Bad Kreuznach
Worms
LUDWIGSHAFEN
MANNHEIM
HEIDELBERG
HEILBRONN
Rothenburg o.d.T.
Ansbach
Fürth
ERLANGEN
NÜRNBERG
Amberg
Weiden
PLZEN
Klatovy
REGENSBURG
Cham
Straubing
Deggendorf
Ingolstadt
Nördlingen
Aalen
Schwäbisch Hall
Weißenburg
KARLSRUHE
Speyer
Landau
Pirmasens
KAISERSLAUTERN
SAARBRÜCKEN
Trier
Wittlich
Eifel
LUXEMBOURG
Luxembourg
Arlon
Thionville
METZ
Sedan
Charleville-Mézières
Bastogne
Marche-en-Famenne
Valenciennes
Cambrai
St-Quentin
Laon
Compiègne
Soissons
REIMS
Verdun
Châlons-s.-M.
Meaux
PARIS
Sézanne
Nancy
Strasbourg
Basel
Stuttgart
Ulm
München
Linz
Praha
ČESKÁ REP.
POLSKA Gdansk Bydgoszcz
Stockholm Kalmar
Kalmar
OSTSEE
NORDSEE
NORTH SEA
Kattegat

NORTH SEA
NORDSEE
Deutsche Bucht
GREAT BRITAIN
KINGSTON UPON HULL
Grimsby
Skegness
Boston
King's Lynn
NORWICH
Cromer
Peterborough
Great Yarmouth
Lowestoft
CAMBRIDGE
IPSWICH
Felixstowe
Harwich
Colchester
LONDON
SOUTHEND-ON-SEA
Maidstone
Canterbury
Ramsgate
Dover
Folkestone
Hastings
Eastbourne
Calais
Dunkerque
Oostende
BRUGGE
GENT
ANTWERPEN
BRUXELLES
BRUSSEL
Boulogne-s.-M.
Montreuil
ROUBAIX
LILLE
Arras
Douai
Mons
CHARLEROI
NAMUR
LIEGE
Abbeville
Dieppe
AMIENS
St.-Quentin
Cambrai
ROUEN
Beauvais
Compiègne
Soissons
Laon
REIMS
Charleville-Mézières
Sedan
Evreux
Pontoise
Creil
Meaux
Versailles
PARIS
Dreux
Chartres
Etampes
Melun
Fontainebleau
Châlons-s.-M.
Verdun
METZ
NANCY
St.-Dizier
Troyes
Sens
ORLÉANS
Châteaudun
Vendôme
Blois
Tours
Montargis
Auxerre
Chaumont
Langres
Épinal
Lunéville
STRASBOURG
Colmar
MULHOUSE
BASEL
Vesoul
Belfort
Montbéliard
BESANÇON
DIJON
Beaune
Dôle
Chalon-s.-S.
Mâcon
Bourg-en-Br.
Nevers
Bourges
Vierzon
Châteauroux
Montluçon
Moulins
Vichy
Roanne
CLERMONT-FERRAND
Thiers
LYON
ST.-ÉTIENNE
Vienne
Le Puy
Aurillac
Tulle
Figeac
Villefranche-d.-R.
Rodez
Millau
Mende
Alès
NÎMES
MONTPELLIER
Béziers
Sète
Narbonne
Avignon
Arles
AIX-EN-PROVENCE
MARSEILLE
TOULON
Valence
Montélimar
GRENOBLE
Chambéry
Annecy
GENÈVE
LAUSANNE
Neuchâtel
BERN
Biel/Bienne
Luzern
ZÜRICH
Winterthur
St. Gallen
Konstanz
Schaffhausen
Zug
Chur
Davos
Sion
Brig
Martigny
Aosta
Lugano
Locarno
Como
Varese
MILANO
BERGAMO
BRESCIA
VERONA
NOVARA
Vercelli
TORINO
Asti
ALESSANDRIA
Pavia
Cremona
PIACENZA
PARMA
REGGIO N. E.
MÓDENA
BOLOGNA
FERRARA
Mantova
GÉNOVA
Savona
LA SPEZIA
Massa
Lucca
Pistoia
PISA
Livorno
Siena
Viareggio
Cúneo
Pinerolo
Briançon
Gap
Digne
Barcelonnette
Grasse
Cannes
NICE
MONACO
San Remo
Impéria
Golfo di Génova
Côte d'Azur
FRANCE
SCHWEIZ
ITALIA
Massif Central
Den Helder
Alkmaar
ZAANSTAD
AMSTERDAM
LEIDEN
'S-GRAVENHAGE
DEN HAAG
ROTTERDAM
UTRECHT
Amersfoort
APELDOORN
ARNHEM
NIJMEGEN
BREDA
TILBURG
EINDHOVEN
VENLO
Roermond
MAASTRICHT
Hasselt
Leeuwarden
GRONINGEN
Assen
Emmen
Meppel
Zwolle
Almelo
ENSCHEDE
NEDERLAND
Terschelling
Vlieland
Texel
Ameland
Borkum
Emden
WILHELMSHAVEN
BREMERHAVEN
Cuxhaven
Helgoland
HAMBURG
Lübeck
KIEL
Flensburg
Rendsburg
Heide
Husum
Neumünster
Itzehoe
Lauenburg
Lüneburg
Uelzen
Celle
OLDENBURG
BREMEN
Leer
Cloppenburg
Lingen
OSNABRÜCK
Minden
HANNOVER
Peine
BRAUNSCHWEIG
WOLFSBURG
Salzwedel
Soltau
Nienburg
Diepholz
BIELEFELD
Hameln
HILDESHEIM
SALZGITTER
Halberstadt
MÜNSTER
Detmold
PADERBORN
GÖTTINGEN
Nordhausen
HAMM
Lippstadt
DORTMUND
BOCHUM
GELSENKIRCHEN
ESSEN
DUISBURG
Wesel
HAGEN
WUPPERTAL
DÜSSELDORF
MÖNCHEN-GLADBACH
LEVERKUSEN
KÖLN
AACHEN
Düren
BONN
SIEGEN
KASSEL
Mühlhausen
Gotha
Eisenach
ERFURT
Weimar
Marburg
Bad Hersfeld
Fulda
DEUTSCHLAND
Thüringen
Gießen
Wetzlar
Limburg
KOBLENZ
WIESBADEN
MAINZ
FRANKFURT A.M.
Aschaffenburg
WÜRZBURG
Schweinfurt
Bamberg
Coburg
Bad Kreuznach
DARMSTADT
Worms
LUDWIGSHAFEN
MANNHEIM
HEIDELBERG
HEILBRONN
KAISERSLAUTERN
Landau
Speyer
SAARBRÜCKEN
Trier
Luxembourg
LUXEMBOURG
Bastogne
Arlon
Thionville
Pirmasens
KARLSRUHE
Baden-Baden
PFORZHEIM
STUTTGART
Göppingen
Tübingen
Reutlingen
ULM
Aalen
Nördlingen
Schwäbisch Hall
Rothenburg o.d.T.
Ansbach
Fürth
NÜRNBERG
Donauwörth
AUGSBURG
MÜNCHEN
Memmingen
Kaufbeuren
Kempten
Füssen
Lindau (B.)
Bregenz
Friedrichshafen
Ravensburg
Villingen-Schwenningen
FREIBURG
Offenburg
Haguenau
Sarrebourg
St.-Dié
Landeck
Feldkirch
Vaduz
LIECHTENSTEIN
St. Moritz
Bolzano
Trento
Riva d.Garda
Rovereto
Vicenza
Padova
Lecco
Crema
Nogara
DANMARK
Nakskov
Rødbyhavn
Puttgarden
Fehmarn
Oldenburg i. H.
Eckernförde
Wismar
Schwerin
Ludwigslust
Esbjerg
Göteborg

4
ROSSIJA
LIETUVA
Kaunas
BELARUS'
5
Minsk
Rovno
L'vov
UKRAÏNA
15
Bucureşti
Sofija
Skopje
14
Ancona
Split
Mostar
Kap Arkona
Rügen
Stralsund
Greifswald
Zatoka Pomorska
Pommersche Bucht
Zatoka Gdańska
Łeba
Lebork
Słupsk
GDYNIA
GDAŃSK
ELBLĄG
Tczew
Koszalin
Kołobrzeg
Białogard
Kościerzyna
Malbork
Kwidzyn
Bartoszyce
Kętrzyn
Gołdap
Suwałki
Augustów
Ełk
Grajewo
GRODNO
OLSZTYN
Mazury
Szczytno
Ostróda
Grudziądz
Chełmno
TORUŃ
BYDGOSZCZ
Chojnice
Szczecinek
Wałcz
Piła
Neubrandenburg
SZCZECIN
Stargard Szcz.
Prenzlau
Świnoujście
Anklam
Usedom
Wolin
Eberswalde
BERLIN
Frankfurt/O.
Kostrzyn
Gorzów Wlkp.
POZNAŃ
Gniezno
Inowrocław
Włocławek
Płock
Mława
Ciechanów
Przasnysz
Ostrołęka
Łomża
BIAŁYSTOK
Bielsk Podlaski
Siemiatycze
WARSZAWA
Siedlce
Biała Podlaska
BREST
Mińsk Maz.
Międzyrzec Podl.
Włodawa
Chełm
LUBLIN
Krasnystaw
Zamość
Tomaszów Lubelski
RADOM
Kielce
KIELCE
Ostrowiec Św.
Sandomierz
Tomaszów Maz.
Skarżysko-Kamienna
ŁÓDŹ
Kutno
Łowicz
Konin
Koło
Kalisz
Sieradz
Piotrków Tryb.
Wieluń
Leszno
Zielona Góra
Świebodzin
COTTBUS
Lübben
Nowa Sól
Żagań
Głogów
Lubin
Legnica
WROCŁAW
Opole
OPOLE
Brzeg
Nysa
Kłodzko
WAŁBRZYCH
Jelenia Góra
Görlitz
Bautzen
Hoyerswerda
LEIPZIG
DRESDEN
CHEMNITZ
Meißen
Döbeln
Ústí n.L.
Teplice
Chomutov
Karlovy Vary
Kladno
PRAHA
Liberec
Mladá Boleslav
Hradec Králové
Pardubice
Náchod
Kolín
Plzeň
PLZEŇ
Klatovy
Strakonice
České Budějovice
Tábor
Pelhřimov
Jihlava
Jindřichův Hradec
Havlíčkův Brod
Svitavy
Šumperk
OLOMOUC
BRNO
Znojmo
Břeclav
Uherské Hradiště
Zlín
Hranice
OSTRAVA
Opava
Racibórz
GLIWICE
KATOWICE
RYBNIK
BYTOM
SOSNOWIEC
CZĘSTOCHOWA
Dobrodzień
KRAKÓW
TARNÓW
RZESZÓW
Przemyśl
Jarosław
Mielec
Nisko
BIELSKO-BIAŁA
Cieszyn
Český Těšín
Nowy Sącz
Gorlice
Krosno
Sanok
Sambor
Rabka
Zakopane
Tatry
Poprad
Prešov
Žilina
Martin
Ružomberok
Trenčín
Prievidza
Banská Bystrica
Zvolen
Lučenec
Rožňava
KOŠICE
Michalovce
Užgorod
Mukačeve
Beregovo
Nitra
Trnava
BRATISLAVA
WIEN
St. Pölten
Krems
Stockerau
Baden
Wiener Neustadt
Linz
LINZ
Wels
Passau
Steyr
SALZBURG
Bad Ischl
Leoben
Bruck a.d.M.
Mürzzuschlag
GRAZ
Villach
Klagenfurt
Maribor
Celje
LJUBLJANA
Kranj
Trebnje
ZAGREB
Karlovac
RIJEKA
Koper
TRIESTE
Gorizia
UDINE
Sopron
GYŐR
Tatabánya
Komárom
Esztergom
BUDAPEST
Hatvan
Eger
MISKOLC
Salgótarján
Nyíregyháza
SATU MARE
Carei
DEBRECEN
ORADEA
Püspökladány
Berettyóújfalu
Szolnok
Kecskemét
Szombathely
Zalaegerszeg
Veszprém
Balaton
Siófok
Dunaújváros
SZÉKESFEHÉRVÁR
Nagykanizsa
Kaposvár
Szekszárd
PÉCS
Mohács
Baja
Kiskunhalas
SZEGED
Hódmezővásárhely
Békéscsaba
Makó
ARAD
TIMIŞOARA
ROMÂNIA
Lugoj
Caransebeş
Reşiţa
Subotica
Sombor
Osijek
Vukovar
NOVI SAD
BEOGRAD
Pančevo
Vršac
Zrenjanin
Kikinda
Šabac
Loznica
Valjevo
Kragujevac
Kraljevo
Čačak
Titovo Užice
NIŠ
Tuzla
Zenica
SARAJEVO
Banja Luka
Bihać
Jajce
Doboj
Slavonski Brod
Vinkovci
Bjelovar
Koprivnica
Varaždin
Zadar
Šibenik
Knin
Livno
Gospić
Senj
Pula
Rovinj
Poreč
Lošinj
MARE ADRIATICO
POLSKA
ČESKÁ REPUBLIKA
SLOVENSKÁ REPUBLIKA
MAGYARORSZÁG
ÖSTERREICH
SLOVENIJA
HRVATSKA
BOSNA I HERCEGOVINA
JUGOSLAVIJA

GREAT BRITAIN
Birmingham
Leeds
Lowestoft
Worcester
NORTHAMPTON
CAMBRIDGE
IPSWICH
Hereford
Gloucester
Cheltenham
LUTON
Felixstowe
Harwich
Colchester
SWANSEA
NEWPORT
OXFORD
CARDIFF
SWINDON
BRISTOL
READING
LONDON
SOUTHEND-ON-SEA
Bristol Channel
Bath
Basingstoke
Guildford
Maidstone
Ramsgate
Barnstaple
Taunton
Salisbury
Winchester
Canterbury
Dover
Folkestone
Exeter
SOUTHAMPTON
Worthing
Hastings
Eastbourne
BRIGHTON
PORTSMOUTH
BOURNEMOUTH
POOLE
Dorchester
Weymouth
TORBAY
PLYMOUTH
Penzance
Land's End
Falmouth
Bodmin
Cornwall
English Channel
la Manche
AMSTERDAM
LEIDEN
'S-GRAVENHAGE
DEN HAAG
UTRECHT
ROTTERDAM
Vlissingen
BREDA
TILBURG
ANTWERPEN
BRUGGE
Oostende
GENT
Dunkerque
Calais
BRUXELLES
BRUSSEL
Kortrijk
ROUBAIX
LILLE
Boulogne-s.-M.
Mons
NAMUR
CHARLEROI
Arras
Douai
Valenciennes
Cambrai
St.-Quentin
Abbeville
AMIENS
Dieppe
Charleville-Mézières
Sedan
Cherbourg
St. Peter Port
Channel Islands
St. Helier
LE HAVRE
Baie de la Seine
ROUEN
Beauvais
Compiègne
Soissons
Laon
REIMS
Verdun
Bayeux
St.-Lô
CAEN
Coutances
Granville
Evreux
Pontoise
Creil
Meaux
Versailles
PARIS
Châlons-s.-M.
St.-Dizier
BREST
Roscoff
Lannion
Morlaix
Guingamp
St.-Brieuc
St.-Malo
Avranches
Flers
Argentan
Dreux
Chartres
Etampes
Melun
Fontainebleau
Sézanne
Troyes
Quimper
Douarnenez
Lorient
Quimperlé
Pontivy
Loudéac
Dinan
Pontorson
Fougères
RENNES
Laval
Alençon
Nogent-le-Rotrou
Sens
Chaumont
Vannes
Redon
Châteaubriant
LE MANS
Châteaudun
ORLÉANS
Montargis
Auxerre
Tonnerre
Belle Île
St.-Nazaire
La Baule-Esc.
NANTES
Noirmoutier
ANGERS
La Flèche
TOURS
Vendôme
Blois
Chambord
Amboise
Gien
Clamecy
Saumur
Cholet
Bléré
Vierzon
Bourges
Nevers
DIJON
Saulieu
Beaune
Autun
Châlon-s.-S.
la Roche-sur-Yon
les Sables-d'Olonne
Chantonnay
Parthenay
Niort
Châtellerault
Poitiers
Châteauroux
St.-Amand-Mont-Rond
Moulins
Montluçon
Digoin
Mâcon
Bourg-en-Br.
FRANCE
ATLANTIC OCEAN
Île de Ré
la Rochelle
Île de Oléron
Rochefort
Saintes
Cognac
Royan
Angoulême
Confolens
LIMOGES
Guéret
Bellac
CLERMONT-FERRAND
Vichy
Roanne
Thiers
LYON
ST.-ÉTIENNE
Vienne
Voiron
GRENOBLE
Périgueux
Brive-la-Gaillarde
Tulle
Ussel
Massif Central
Aurillac
le Puy
Valence
Bay of Biscay
Golfe de Gascogne
BORDEAUX
Arcachon
Libourne
Bergerac
Langon
Marmande
Figeac
Cahors
Villefranche-d.-R.
Rodez
Mende
Montélimar
Labouheyre
Mont-de-Marsan
Villeneuve-s.-Lot
Agen
Moissac
Montauban
Gaillac
Albi
Millau
Alès
Orange
Avignon
NÎMES
Arles
MONTPELLIER
Côte d'Argent
SANTANDER
Costa Vasca
DONOSTIA
SAN SEBASTIAN
BILBO
Biarritz
Bayonne
Dax
Orthez
Pau
Tarbes
Auch
TOULOUSE
Castres
Lacaune
Béziers
Pézenas
Sète
MARSEILLE
Oloron-Ste-Marie
Lourdes
Pamiers
St.-Martory
Carcassonne
Narbonne
Golfe du Lion
Torrelavega
Balmaseda
Tolosa
Miranda de Ebro
GASTEIZ
VITORIA
Alsasua
Estella
IRUÑA
PAMPLONA
Tafalla
LOGROÑO
BURGOS
Calahorra
Jaca
Foix
Quillan
Ax-les-Thermes
ANDORRA
Andorra la V.
Bourg-Madame
PERPIGNAN
Port-Vendres
Figueres
Lerma
Salas d.l. Inf.
Ejea d.l.C.
Huesca
Barbastro
Benabarre
la Seu d'Urgell
Aranda de Duero
Soria
Tarazona
ZARAGOZA
Sariñena
Lleida
Manresa
Cervera
Vic
Girona
Tossa de Mar
Costa Brava
TERRASSA
Mataró
BADALONA
BARCELONA
Almazán
Calatayud
Bujaraloz
Igualada
Valls
TARRAGONA
Reus
Vilanova i la G.
ESPAÑA
Madrid
Valladolid
Gijón
Plymouth
Santander

BERLIN
POTSDAM
WOLFSBURG
HANNOVER
OSNABRÜCK
BIELEFELD
MAGDEBURG
BRAUNSCHWEIG
HILDESHEIM
SALZGITTER
MÜNSTER
DESSAU
LEIPZIG
HALLE
GÖTTINGEN
KASSEL
ESSEN
DORTMUND
DÜSSELDORF
WUPPERTAL
HAGEN
LEVERKUSEN
SIEGEN
BONN
DEUTSCHLAND
ERFURT
JENA
GERA
ZWICKAU
CHEMNITZ
DRESDEN
COTTBUS
WROCŁAW
WAŁBRZYCH
POLSKA
KOBLENZ
FRANKFURT A.M.
WIESBADEN
MAINZ
DARMSTADT
WÜRZBURG
PRAHA
ČESKÁ REPUBLIKA
PLZEŇ
BRNO
OLOMOUC
ERLANGEN
NÜRNBERG
REGENSBURG
LUDWIGSHAFEN
MANNHEIM
KAISERSLAUTERN
HEIDELBERG
HEILBRONN
KARLSRUHE
PFORZHEIM
STUTTGART
STRASBOURG
ULM
AUGSBURG
MÜNCHEN
LINZ
WIEN
SALZBURG
FREIBURG
BASEL
ZÜRICH
INNSBRUCK
ÖSTERREICH
GRAZ
BERN
LIECHTENSTEIN
SCHWEIZ
BOLZANO/BOZEN
TRENTO
UDINE
TRIESTE
LJUBLJANA
SLOVENIJA
ZAGREB
HRVATSKA
RIJEKA
MILANO
BERGAMO
BRESCIA
VERONA
VICENZA
PADOVA
VENÉZIA
TORINO
NOVARA
PIACENZA
PARMA
MÓDENA
REGGIO
BOLOGNA
FERRARA
RAVENNA
RIMINI
SAN MARINO
ANCONA
GÉNOVA
ALESSÁNDRIA
LA SPÉZIA
PISA
LIVORNO
FIRENZE
PERUGIA
TERNI
PESCARA
CITTÀ DEL VATICANO
ROMA
FÓGGIA
MONACO
NICE
Corse
Ajaccio
JADRANSKO MORE
MARE ADRIATICO
Mar Ligure
Warszawa
Kraków
Ostrava
Budapest
Beograd
Split
Bari
Napoli
MAGYARORSZÁG
8
9
14

Bay of Biscay
Golfe de Gascogne
BORDEAUX
Arcachon
Côte d'Argent
Mont-de-Marsan
Dax
Bayonne
Biarritz
Oloron-Ste-Marie
Plymouth
Pta de la Estaca de Bares
Cabo de Peñas
Costa Verde
Costa Vasca
A CORUÑA
Ferrol
Viveiro
Ribadeo
Luarca
Avilés
GIJÓN
Ribadesella
Cueva de Altamira
SANTANDER
DONOSTIA
SAN SEBASTIAN
BILBO
Tolosa
Irurzun
Cabo de Finisterre
Betanzos
Villalba
Tineo
OVIEDO
Mieres
Unquera
Picos de Europa
Torrelavega
Balmaseda
Santiago d. C.
Lugo
Asturias
Villablino
Cordillera Cantabrica
Riaño
Reinosa
Lalin
LEÓN
Miranda de Ebro
GASTEIZ
VITORIA
Alsasua
Estella
IRUÑA
PAMPLONA
Pontevedra
Ponferrada
Astorga
Herrera de Pisuerga
Tafalla
VIGO
Tui
Ourense
Puebla de Trives
Galicia
BURGOS
LOGROÑO
Puebla de Sanabria
Verín
Mayorga
Calahorra
Viana do Castelo
Benavente
Ponte da Barca
Bragança
Palencia
Lerma
Salas d. l. Inf.
Ejea d. l. C.
Braga
Chaves
Tarazona
Guimarães
Zamora
VALLADOLID
Aranda de Duero
Soria
ZARAGOZA
PORTO
Vila Real
Torre de Moncorvo
Douro
Tordesillas
Cuéllar
Duero
Lamego
Medina del Campo
Almazán
Calatayud
Ebro
Aveiro
Albergaria-a-V.
Viseu
Celorico da Beira
Vilar Formoso
SALAMANCA
Segovia
Medinaceli
Daroca
Belchite
Mondego
Guarda
Ciudad Rodrigo
Villacastín
Sistema Central
Lozoyuela
Alcolea del Pilar
Molina d. A.
Figueira da Foz
Coimbra
Covilhã
Béjar
Ávila
Piedrahita
Guadalajara
Monreal d. C.
ESPAÑA
Valle de los Caídos
MADRID
ALCALÁ DE HENARES
Sacedón
Serranía de Cuenca
Teruel
Castelo Branco
Coria
Plasencia
Talavera de la Reina
Maqueda
Aranjuez
Tarancón
Cuenca
Caldas da Rainha
Leiria
Tomar
Torres Novas
Abrantes
Navalmoral d. l. M.
Tajo
Toledo
Ocaña
Olivares de Júcar
Peniche
Estremadura
Santarém
Portalegre
Apalhão
Valencia de Alcántara
Caceres
Trujillo
Guadalupe
Mora
Madridejos
Alcázar d. S. Juan
Alarcón
Utiel
Requena
Vila Franca de Xira
Sintra
LISBOA
Cascais
Setúbal
Estremoz
Mérida
Badajoz
Guadiana
Puebla d. A.
Puebla d. D. R.
Almadén
Ciudad Real
Manzanares
La Mancha
La Roda
Júcar
ALBACETE
Marateca
Évora
Castuera
Puertollano
Valdepeñas
Almansa
Baía de Setúbal
Alcácer do Sal
Alentejo
Jerez d. l. Cab.
Zafra
Peñarroya-Pueblonuevo
Alcaraz
Hellín
Villena
Grândola
Ferreira d. A.
Fregenal d. l. Sierra
Llerena
Espiel
Sierra Morena
Segura
Sines
Beja
Aljustrel
Serpa
Aracena
Santa Olalla d. C.
Montoro
Bailén
Linares
Úbeda
Villacarrillo
Caravaca d. l. Cr.
Cieza
ELX
Odemira
Mértola
Valverde del C.
Lora del Río
CÓRDOBA
Martos
Baena
JAÉN
Huéscar
Orihuela
MURCIA
Algarve
Portimão
Ayamonte
SEVILLA
Carmona
Écija
Montilla
Lucena
Alcalá l. R.
Cúllar d. B.
Baza
Lorca
CARTAGENA
Cabo de S. Vicente
Sagres
Lagos
Faro
Tavira
HUELVA
Osuna
Loja
Guadix
Águilas
Costa de la Luz
Golfo de Cádiz
Morón d. l. F.
Antequera
GRANADA
Mulhacén
Vera
Guadalquivir
JEREZ DE LA FRONTERA
Ronda
Pico Veleta
Motril
ALMERÍA
CÁDIZ
San Fernando
Marbella
MÁLAGA
Torremolinos
Adra
Costa del Sol
Algeciras
La Línea d. l. C.
Gibraltar (GB)
Tarifa
Estrecho de Gibraltar
ATLANTIC OCEAN
MED
TANGER
Ceuta (Esp.)
TETOUAN
MOSTAGANEM
ORAN
Larache
Al-Hoceima
Cap des Trois Fourches
Melilla (Esp.)
Nador
Chechaouèn
Ksar el-Kebir
Aïn-Témouchent
Ghazaouet
Souk-el-Arba-du-Rharb
Ouezzane
Ketama
Rif
Midar
Ahfir
Maghnia
TLEMCEN
Islas Canarias
Rharb
Fès-el-Bali
Aïn-Aïcha
Aknoul
Saka
Oued Moulouya
OUJDA
Sebdou
SALÉ
RABAT
KÉNITRA
Sidi Kacem
AL MAGHRIB
Taourirt
CASABLANCA
DAR EL-BEIDA
MEKNÈS
Volubilis
FÈS
Sebou
Taza
Guercif
Jerada
El-Aricha
Mohammedia
Chaouia
Ben Slimane
Khemisset
Sefrou
(MAROC)
Aïn-Beni-Mathar
Azemmour
Rommani
Ifrane
Marrakech

Limoges
Clermont-Ferrand
10
Lyon
Grenoble
Torino
Torino
Milano
ITALIA
F R A N C E
Figeac
Cahors
Villefranche-d.-R.
Rodez
Mende
Montélimar
Gap
Aspres-s.-Buëch
Barcelonnette
Cúneo
GÉNOVA
Rapallo
Savona
LA SPÉZIA
Massa
Livorno
Golfo di Génova
Villeneuve-s.-Lot
Agen
Moissac
Montauban
Gaillac
Albi
Millau
Alès
Orange
Avignon
Manosque
Château-Arnoux
Barrême
MONACO
Monaco
San Remo
Impéria
NICE
Cannes
Grasse
TOULOUSE
Lacaune
Castres
NÎMES
MONTPELLIER
Arles
Salon-de-Pr.
AIX-EN-PROVENCE
Gd. Canyon du Verdon
Corniche de l'Esterel
St.-Tropez
Côte d'Azur
Canal du Midi
Pézenas
Béziers
Sète
Camargue
MARSEILLE
TOULON
Îles d'Hyères
Mar Ligure
Capráia
11
Macinaggio
Bastia
Pamiers
St.-Martory
Carcassonne
Narbonne
Golfe du Lion
L'Île-Rousse
Calvi
Belgodère
Corte
Cateraggio
Foix
Quillan
Ax-les-Thermes
PERPIGNAN
Corse (France)
Les Calanche
ANDORRA
Andorra la V.
Puymorens
Bourg-Madame
Port-Vendres
la Seu d'Urgell
Figueres
L'Escala
Ajaccio
Sartène
Propriano
Vic
Girona
Tossa de Mar
Costa Brava
Carretera de la Costa
Ponts
Cervera
Manresa
TERRASSA
Igualada
Mataró
BADALONA
BARCELONA
Valls
Manestir de Poblet
Reus
Vilanova i la G.
TARRAGONA
Costa Daurada
Bonifacio
Bocche di Bonifacio
S. Teresa Gallura
Costa Smeralda
Golfo Aranci
Asinara
Tèmpio Pausània
Ólbia
Porto Tòrres
SÁSSARI
Siniscóla
S.S. Trinità di Saccargia
Alghero
Orosei
Sardegna
Macomer
Nùoro
Lago Omodeo
Tortolì
Oristano
Mandas
Muravera
Iglésias
CÁGLIARI
San Pietro
Sant'Antioco
Capo Teulada
Vinaròs
Illes Balears
Menorca
Ciutadella
Maó
Mallorca
Sóller
Alcúdia
Manacor
Cuevas de Artà
Cuevas del Drach
PALMA D.M.
Santanyí
Cabrera
S. Antoni A.
Eivissa Ibiza
Eivissa
Formentera
14
MEDITERRANEAN SEA
Î. de la Galite
ANNABA
El Kala
Tabarka
Nefza
Béja
SKIKDA
Jendouba
Dougga
ALGER
TIZI-OUZOU
Bejaïa
Jijel
El-Milia
Azzaba
Guelma
Souk-Ahras
El Kef
Azazga
Kabylie
Tiddis
CONSTANTINE
Cherchell
Ténès
Tipasa
Lakhdaria
Bouira
BLIDA
Médéa
Bir Ghabalou
Bordj-Bou-Arréridj
SÉTIF
El Eulma
Aïn-M'Lila
Aïn Beïda
Dahra
Oued Chélif
Ech Cheliff
Khemis Miliana
Tell
Oued Rhiou
Ksar-El-Boukhari
Monts du Hodna
M'Sila
Aïn-El-Hadjel
Batna
Khenchela
Tébessa
Monts de Tébessa
Relizane
Massif de l'Ouarsenis
Tissemsilt
Aïn Oussera
Chott el-Hodna
Barika
Tiaret
Bou-Saada
Massif de l'Aurès
Fériana
Zahrez Rharbi
Sougueur
Biskra
Khangat Sidi Nadji
Frenda
Hauts Plateaux
Djelfa
Monts des Ouled Naïl
Chott Melrhir
Négrine
Gorges du Seldja
Chott el-Rharsa
Djerid
Tozeur
Nefta
Chott ech-Chergui
Aflou
Messaad
Chott Mérouane
Souf
El-Meghaier
Guemar
Atlas Saharien
EL-DJAZÂ'IR (ALGÉRIE)
Laghouat
Ghardaïa
St Rached
TUNISIYAH (TUNISIE)
Thélepte

SVIZZERA
ÖSTERREICH
SLOVENIJA
HRVATSKA
TUNISIYAH (TUNISIE)
MILANO
TORINO
GÉNOVA
VENÉZIA
BOLOGNA
FIRENZE
ROMA
CITTÀ DEL VATICANO
NÁPOLI
BARI
PALERMO
MESSINA
CATÁNIA
SIRACUSA
CÁGLIARI
SÁSSARI
TUNIS
MALTA
Valletta
LJUBLJANA
ZAGREB
RIJEKA
SPLIT
TRIESTE
UDINE
TRENTO
BOLZANO/BOZEN
VERONA
VICENZA
PADOVA
BRÉSCIA
BERGAMO
NOVARA
ALESSÁNDRIA
PIACENZA
PARMA
REGGIO N. E.
MÓDENA
FERRARA
RAVENNA
RIMINI
SAN MARINO
ANCONA
PERÚGIA
TERNI
PESCARA
LA SPÉZIA
LIVORNO
PISA
FÓGGIA
SALERNO
COSENZA
RÉGGIO DI CALABRIA
Lombardia
Toscana
Umbria
Corse (France)
Sardegna
Sicilia
Calabria
MARE TIRRENO
MAR LIGURE
MARE ADRIATICO / JADRANSKO MORE
MEDITERRANEAN
Golfo di Génova
Golfo di Taranto
Golfo di Venezia
Golfo di Manfredónia
Golfo di Sant'Eufémia
Golfe de Tunis
Golfe de Hammamet
Ísole Eólie o Lipari
Ísole Ègadi
Pantelleria
Lampedusa
Linosa
Ústica
Capri
Ìschia
Elba
Gozo
Bizerte
Sousse
Kairouan
Nabeul
Béja
Ajaccio
Bastia
Bonifacio
Olbia
Alghero
Oristano
Nùoro
Iglésias
Trápani
Marsala
Agrigento
Caltanissetta
Enna
Ragusa
Gela
Taormina
Crotone
Catanzaro
Matera
Táranto
Potenza
Benevento
Caserta
Latina
Frosinone
L'Áquila
Chieti
Téramo
Ascoli Piceno
Macerata
Siena
Arezzo
Grosseto
Viterbo
Lucca
Pistóia
Massa
Savona
Imperia
San Remo
MONACO
Cúneo
Asti
Pavia
Cremona
Mántova
Rovigo
Pordenone
Treviso
Belluno
Como
Varese
Lecco
Sóndrio
Vercelli

9
Budapest MAGYARORSZAG
Cluj
TIRGU MURES
Černovcy
Odessa
MOLDOVA
Kiskunhalas
Hódmezővásárhely
SZEGED
Makó
ARAD
Nădlac
Subotica
Sombor
Kikinda
TIMIŞOARA
Osijek
Srbobran
Zrenjanin
Bačka Palanka
Vukovar
NOVI SAD
Ruma
Vršac
Bela Crkva
Pančevo
BEOGRAD
Šabac
Tuzla
Loznica
Valjevo
Kragujevac
Užice
Čačak
Kraljevo
SARAJEVO
Goražde
Foča
JUGOSLAVIJA
NIŠ
Leskovac
Pirot
Zaječar
Knjaževac
Negotin
Vidin
Raška
Novi Pazar
Mitrovica
Vrapče Polje
Rožaj
Peć
Crna Gora
Nikšić
PRIŠTINA
Vranje
Podgorica
Kotor
Budva
Bar
Ulcinj
Shkodër
Kukës
Prizren
Tetovo
SKOPJE
Kumanovo
Štip
Titov Veles
Kičevo
Prilep
Strumica
Bitola
Ohrid
Durrës
TIRANË
Elbasan
SHQIPËRI
Berat
Korçë
Vlorë
Këlcyrë
Gjirokastër
Sarandë
Otranto
Canale d'Otranto
ROMÂNIA
Arad
Alba Iulia
Deva
Sebeş
Mediaş
Sighişoara
Odorheiul Secuiesc
Miercurea Ciuc
Oneşti
Adjud
Tecuci
SIBIU
BRAŞOV
Focşani
GALAŢI
BRĂILA
Izmail
Bolgrad
Tulcea
Hunedoara
Lugoj
Caransebeş
Reşiţa
Petroşani
Transilvaniei
Cîmpulung
Buzău
Tirgu Jiu
Rîmnicu Vilcea
PLOIEŞTI
Urziceni
Hîrşova
Istria
PITEŞTI
Tirgovişte
Slobozia
Orşova
Dobreta Turnu Severin
Filiaşi
Drăgăşani
Slatina
BUCUREŞTI
Călăraşi
CONSTANŢA
CRAIOVA
Băileşti
Caracal
Roşiorii de Vede
Alexandria
Olteniţa
Silistra
Tutrakan
Mangalia
Giurgiu
RUSE
Turnu Măgurele
Bechetu
Dobrič
Šabla
Razgrad
Svištov
Kneža
PLEVEN
B'ala
Popovo
Šumen
VARNA
Montana
Vraca
Zlatna panega
Loveč
Sevlievo
Veliko Târnovo
Târgovište
Gabrovo
BULGARIJA
Sliven
Karnobat
Nesebăr
BURGAS
SOFIJA
Pernik
Karlovo
Kazanlăk
STARA ZAGORA
Nova Zagora
Jambol
Sozopol
Primorsko
Samokov
Panag'urište
Pazardžik
Elhovo
Malko Târnovo
Dupnica
Rila
PLOVDIV
Asenovgrad
Haskovo
Dimitrovgrad
Topolovgrad
K'ustendil
Blagoevgrad
Batak
Lubimec
Kârdžali
Smol'an
Kirklareli
Edirne
Babaeski
Dospat
Rodopi
Pirin
Petrič
Uzunköprü
Istanbul
Tekirdağ
Serres
Drama
Xanthi
Komotini
Kilkis
Nigrita
Kavala
Keramoti
Thásos
Alexandroúpoli
Ardani
Keşan
Sáros Körfezi
Gelibolu
Bursa
Édessa
Véroia
Florina
Kastoría
Kozani
Alexándria
THESSALONIKI
Ierissós
Chalkidike
Néa Moudania
Kariés
Ágio Óros
Samothráki
Gökçeada
Eceabat
Çanakkale
Biga
Çan
Thermaikós Kólpos
Sithonia
Kassándra
Límnos
Mírina
Troja
Edremit
Ayvalık
Bergama
Grevena
Olympos
Ioánina
Trikala
Lárissa
Metéora
Vólos
Ag. Efstrátios
Igoumenitsa
Kerkira
Corfu
Paleokastritsa
Arta
Karditsa
Néo Monastiri
Vóries Sporádes
Skíathos
Alónissos
Skópelos
Skiros
Lésvos
Mitilini
Kalloni
TÜRKIYE
Préveza
Lefkáda
HELLAS
Lamia
Karpenissi
Loutrá Edipsoú
Strofiliá
Évia
Kimi
Psará
Hios
Çeşme
IZMIR
Urla
Agrinio
Messolóngi
Ámfissa
Delphi
Atkitsa
Halkida
Levádia
Thiva
Kefaloniá
Itháki
Argostóli
Sámi
Andirrio
Égio
PATRA
Kalávrita
Kórinthos
Mégara
PIREÁS
ATHÍNA
Lávrio
Káristos
Kusadası
Sámos
Söke
Ikaria
Kirikos
Patmos
Killíni
Zákinthos
Pirgos
Olimpia
Peloponnisos
Mykenai
Náfplio
Epidavros
Egina
Ándros
Tinos
Mikonos
Delos
Siros
Kea
Kithnos
Sérifos
Sifnos
Páros
Náxos
Léros
Kálimnos
Kos
Tripoli
Kiparissia
Spárti
Mistras
Kalamata
Pilos
Messene
Mirtóo Pélagos
Kikládes
Amorgós
Astipálea
Nissíros
Tílos
Areópoli
Githio
Monemvassia
Milos
Íos
Thira
Kithira
Kritikó Pélagos
IONIO
SEA
Egeo Denizi
Ionio
Kriti
Kastélli
Hania
Réthimno
IRÁKLIO
Knossos
Ag. Nikólaos
Sitia
Paleohóra
Hora Sfakia
Idi
Phaistos
Timbáki
Ierápetra
Kárpathos
Kássos
Al-Iskandariyah
16

BLACK SEA
KARA DENİZ
MEDITERRANEAN SEA
AK DENİZ
TÜRKİYE
CYPRUS
KIBRIS
SURİYAH
İSTANBUL
ANKARA
İZMİR
BURSA
ANTALYA
KONYA
ADANA
KAYSERİ
SAMSUN
TRABZON
ESKİŞEHİR
BALIKESİR
DENİZLİ
SİVAS
MALATYA
ELAZIĞ
GAZİANTEP
ŞANLI-URFA
HALAB (ALEPPO)
HAMAH
LEFKOŞA (NICOSIA)
AL-LADHIQIYAH (LATAKIA)
HATAY (ANTAKYA)
İSKENDERUN
İÇEL (MERSİN)
TARSUS
KOCAELİ (İZMİT)
SAKARYA (ADAPAZARI)
Marmara denizi
Dodekánisos
Kriti (Gr.) (Kriti)
Ródos (Gr.)
Anadolu
Toros Dağları
Köroğlu Dağları
Ilgaz Dağları
Kuşadası Körfezi
Antalya Körfezi
Tuz gölü
Thessaloniki
Erzurum
Diyarbakır
Al Mawsil
Baghdad